藏籍译典丛书
ZANGJIYIDIANCONGSHU

安多政教史

（上）

［清］智观巴·贡却乎丹巴饶吉／著
吴均　毛继祖　马世林／译

青海人民出版社

图书在版编目（CIP）数据

安多政教史：全2册 / 智观巴·贡却乎丹巴饶吉著；吴均，毛继祖，马世林译. -- 西宁：青海人民出版社，2017.8（2019.3重印）
（藏籍译典丛书）
ISBN 978-7-225-05407-0

Ⅰ. ①安… Ⅱ. ①智… ②吴… ③毛… ④马… Ⅲ. ①政教合一—政治制度史—脱思麻 Ⅳ. ① D69

中国版本图书馆CIP数据核字(2017)第222432号

藏籍译典丛书

安多政教史（全2册）

［清］智观巴·贡却乎丹巴饶吉　著

吴均　毛继祖　马世林　译

出 版 人　樊原成

出版发行　青海人民出版社有限责任公司

西宁市城西区五四西路71号　邮政编码：810023　电话：（0971）6143426（总编室）

发行热线　（0971）6143516 / 6137730

网　　址　http://www.qhrmcbs.com

印　　刷　陕西龙山海天艺术印务有限公司

经　　销　新华书店

开　　本　720 mm × 1010 mm　1/16

印　　张　77.75

字　　数　1000千

版　　次　2017年11月第1版　2019年3月第2次印刷

书　　号　ISBN 978-7-225-05407-0

定　　价　168.00元（全2册）

目录

上　　册

礼赞词

南无萨日巴加古热唯[1]

远离诸生坏，具足二洁净，法性华竞尽，自性洁光明；

正确观诸法，究竟无漏智，功德极圆满，洞彻诸相藏；

空性眷属中，常发大法音，妙相遍空域，受用备圆满；

事业方便相，一切都圆满，等觉四身[2]尊，甘蔗人[3]佑我！

教证法之理，如放亿光明，皓月之利乐，睡莲得盛开；

为在众生海，信解之池中，无阻而顺利，恒常去入行；

讲修穹窿中，随侍常运行，向印度与藏区，汉地诸地域；

弘扬佛教者，诸大圣哲众，上师足莲前，虔诚来顶礼。

观世音自在，持白莲圣者，行化之境内[4]，北之北区域[5]，

释尊显密教，如何得弘传？为使此神奇，千万珍宝藏，
得以能掌握，辨析著此书：《入史海津梁》。愿我有志者，
含识诸士夫，同事诸会众，以欢乐之舞蹈，运用此资料。

注释：

［1］意为“顶礼全智一切上师尊！”

［2］四身说法，共有三种。此处所述，乃指佛之自性身、智慧法身、受用报身和变化身等四身。赞颂词（མཆོད་བརྗོད།）乃藏区学者于其著作正文之前对佛、菩萨等顶礼赞颂之通例。原文为长偈体，每偈四个长句，译时每句分作四个分句。偈中第一长句颂自性身，第二长句颂智慧法身，第三长句颂受用报身，第四长句前二分句颂变化身，后二分句则祈求怙佑。

［3］为释迦牟尼佛别号之一。

［4］根据佛经神话，藏区乃观世音菩萨行化之区。见《西藏王统记》等。

［5］北之北的解释，见第一章。

第一编

佛教在多麦地区弘传史

第一章　藏族地区概述

自圣域[1]金刚座（རྡོ་རྗེ་གདན།）[2]向北，据说经百由旬[3]，有具祥萨迦大寺（དཔལ་ས་སྐྱའི་ཆོས་གྲྭ་ཆེན་པོ།）[4]，由此再向北经百余由旬，即达多麦（མདོ་སྨད།）[5]地界。藏区分为上、中、下三部。上部为阿里（མངའ་རིས།）[6]三围，这个地区又复分为：布让（སྤུ་རངས།）[7]、芒域（མང་ཡུལ།）[8]、桑噶尔（ཟངས་དཀར།）[9]三部为一围；黎（ལི།）[10]、祝夏（བྲུ་ཤ།）[11]、罢蒂（སྦག་ཏི།）等三部为一围；象雄（ཞང་ཞུང་།）[12]、上下赤代（ཁྲི་ཏེ།）等三部为一围。中部称为卫藏四翼（དབུས་གཙང་རུ་བཞི།）[13]，先前，藏地区分为冶如（གཡས་རུ།）、如拉（རུ་ལག）两翼，卫地区分为伍如（དབུ་རུ།）、约如（གཡོན་རུ།）两翼。但法王固始汗（གུ་ཤྲཱི་ཧན།）征服西藏十三万户，将其献于达赖喇嘛之后，则又分为冶如(གཡས་རུ)、云如（གཡོན་རུ།)、贝日（སྤུས་རི）[14]、贡日(ཀུང་རི།）[15]四翼。下部称为多康六岗（མདོ་ཁམས་སྒང་དྲུག）[16]，即撒茂岗（ཟལ་མོ་སྒང）[17]、察哇岗(ཚ་བ་སྒང་།）[18]、玛尔康岗（སྨར་ཁམས་སྒང་།）[19]、包柏尔岗（སྤོ་འབོར་སྒང་།）[20]、玛尔扎岗（དམར་རྫ་སྒང་།）[21]、木雅岗（མི་ཉག་སྒང་།）[22]，这些都属于中康（བར་ཁམས།）的范围。此外，又划分为三岗（སྒང་གསུམ།)，即原多康区域，被称为玛尔康（སྨར་ཁམས།)，多麦被称为野摩塘（གཡེར་མོ་ཐང་།）[23]，宗喀（ཙོང་ཁ།）被称为吉塘（ཁྲི་ཐང་།）[24]。在《佛说大乘庄严宝王经》（ཟ་མ་ཏོག་བཀོད་པ།）等许多经籍之中，所说的“观世音菩萨行化地雪域国土”，指的就是藏区这个地方。《噶当书》中说：“东方金刚座北方，有补尔嘉（སྤུར་རྒྱལ།）[25]藏族地。”

总之，藏族地区，特别是西藏雪域之所以得名，乃由于“雪山犹如水晶之宝塔，低湖犹如碧玉之曼遮[26]”之说，这里是在说自冈底斯山(གངས་ཏི་སེ།）至玛沁雪山（རྨ་ཆེན་གངས་རི།）之间，有称为“护佑藏区的八大雪峰[27]。”若以佛教之水流源来自何处，蓄积于何地，形象地加以说明其缘起时，则所谓“雪山犹如水晶塔”者，乃指冈底斯雪山和玛沁雪山的雪峰，而所谓“低湖犹如碧玉之曼遮”者，乃指嘉（རྒྱལ།）地区之拉摩神湖(ལྷ་མོ་བླ་མཚོ།）[28]和青海湖（མཚོ་སྔོན་པོ།）以及东方之大海等。虽其说不一，但需结合圣地和补特伽罗两者为宜。

法王松赞干布（སྲོང་བཙན་སྒམ་པོ།）在谈论自己地区的特点时，说道：“咱日（ཙ་རི།）[29]神山上，自生胜乐像，珍贵多曲河（རྫོ་ཆུ།)，导源于其处；冈底斯雪山，五百罗汉像，甘露之神水，即在此山上；结热山岩（ཀྱི་རེའི་བྲག)上，自然显文字，空行手印峰，该处突兀峙；玛旁雍措湖（མ་ཕང་གཡུ་མཚོ།)，龙王菩萨处，具功德之水，即源于该处，赤肖嘉摩湖（ཁྲི་ཤོར་རྒྱལ་མོ་མཚོ།）[30]，龙臣菩萨处，所有大河流，都受它裨益；南措秀摩湖（གནམ་མཚོ་ཕྱུག་མོ།）中有圣菩萨；唐拉雪山岩，五百罗汉像；卜措湖（སྤུབས་མཚོ།）之洲，龙王菩萨处，卡伍雪山（ཁའུ་གངས།）上，众多罗汉像；山高地洁净，历神绕雪峰。”

上述的这雪域，若仅局限于卫藏地区[31]，则其范围似过于狭小。自通天河之色吾河谷（སེ་བོའི་ལུང་རིང་།）[32]，北逾巴颜喀拉山（བ་ཡན་ཧར།），其东麓有阿庆冈嘉雪山（ཨ་ཆེན་གངས་རྒྱལ།）[33]与多拉山（མདོ་ལ།）[34]，据说将这两座山峰之名的首字合并起来，就将自此以下的区域称为“安多”（ཨ་མདོ།）[35]。此处之水，汇合起来流向玛云秀茂川（རྨ་གཞུང་སྤྲུག་མོ།），称为黄河。流经索罗玛（སོ་ལོ་མ།）[36]，或称作扎陵湖川，折向南流，自此河湾以下，才是安多区域。若按三大藏区的划分来说，则自阿里的贡塘至索拉夹窝山（སོག་ལ་སྐྱ་བོ།）以上之区域，称为卫藏法区；自黄河河湾以上的区域，称为多朵（མདོ་སྟོད།）人区；自汉地白塔寺（མཆོད་རྟེན་དཀར་པོ།）[37]以上的区域，则称为安多马区。

复次，分北方雪山邦为卫藏两个地区的宗教，无论从哪一方面来说，都是无与匹敌的，是圣教的出处，而从中康地区各个教派的教理弘传及其权势和享用各方面来看，也都昌盛发达，相形之下，安多地区则在区域、教派各方面都范围狭小、规模不大，似没有值得论述记载之价值。然而班禅[38]噶雅达惹（ག་ཡ་ཧྲི།）说道：“作为修善行者来说，比起印度，则藏区水质甘而美，气候热凉又均匀，一切生物比较少，食物营养又丰富，我今不想回印度，将在藏区常留住。”

如上所述，则安多这个地区，从情、器世间的角度来说，修法之圣地和依止处极为优越。绰浦译师（ཁྲོ་ཕུ་ལོ་ཙཱ་བ།）[39]在敦请班禅释迦师利（པཎ་ཆེན་ཤཱཀྱ་ཤྲཱི།）[40]时所上的请求书中说：“摩揭陀等文明出处地，已被罪恶军队摧毁尽，乌仗那、迦湿弥罗、泥婆罗充满着邪行难以理喻，而今弘扬圣教之地方，只有藏区，敬请莅北地!”

尔时，在印度和尼泊尔等处，虽有许多大班智达，可以视为圣教之出处，但由于圣教需向北方之北方转移之缘起，犹如树木之分丫杈，就发展条件而言，藏区则颇占优势。因此，垂空译师（ཁྲུས་ཁང་ལོ་ཙཱ་བ།）索南嘉措（བསོད་ནམས་རྒྱ་མཚོ།）说道：“总之，三世诸佛之慈悲，佛子白莲之恩德，藏区这片土地上，似同印度等福泽。”这虽是颂扬之词，但也可以想象其实况。

佛子持白莲行化之地，藏区之一、第二北方、多麦区域中圣教逐步发展情况叙述开始部分。

注释：

［1］指古印度。

［2］释迦牟尼证觉成道之所，亦称为菩提道场，在古印度菩提伽耶城，为佛教主要圣地。

［3］古印度长度单位，一由旬约合一十二公里许。

［4］亦译作具德萨迦大寺。

［5］元明时译作脱思麻。

［6］这是吐蕃时代的阿里范围，阿里三围亦音译作“纳里速古鲁孙”，其区域大于今西藏之阿里地区。

［7］阿里普兰县。

［8］西藏自治区阿里普兰至后藏昂仁、吉隆等县地区古名。亦有指为今拉达克地区者。

［9］阿里普兰县境一地名，亦译作桑迦。

［10］吐蕃时代新疆南部于阗一带地区的名称，有的书籍中包括今甘肃的敦煌一带。

［11］即唐时之大小勃律。

［12］即唐时之羊同，其地在阿里地区札达县。

［13］元明时，卫地亦译作“乌思”，藏地则作“藏”，合称为“乌思藏”。

［14］即伍如之新名，亦写作（ཕྱུས་རི།）贝如。伍如（དབུ་རུ།），亦译作

“布如”。

[15] 即约如之新名，亦写作贡如（གུང་རུ།）。

[16] 多康，元明时译作朵甘或朵甘思。

[17] 亦译作色莫岗。即金沙江和雅砻江上游中间一带地区白玉、德格、邓柯、石渠等县地古名，元时属剌马儿刚等处招讨使司，归宣政院管辖。

[18] 亦译作察瓦岗，即怒江和澜沧江中间地带八宿、左贡等县古地名。

[19] 亦译作玛康岗，即金沙江、澜沧江两水上游中间一带地区，昌都、察雅、芒康等县地，元置亦思马尔甘万户府，归宣政院管辖。

[20] 亦译作绷波岗，即金沙江、雅砻江下部中间地带今四川省甘孜藏族自治州南部和云南省西部地区，元于此置奔不儿亦思刚百姓达鲁花赤二员，归宣政院管辖。

[21] 亦译作玛察岗，即今青海省果洛藏族自治州黄河以南的南境至四川省甘孜藏族自治州原泰宁以北地区。

[22] 亦译作木雅热岗（མི་ཉག་རབ་སྒང་།），即雅砻江中游东部地区，今甘孜藏族自治州康定泰宁(乾宁)一带地区。

[23] 系多麦之古名。

[24] 系宗喀之古名。宋时唃厮啰在青海西宁所建之青塘城，可能即源于此，青塘系吉塘之异译。

[25] 补尔嘉亦写作སྤུར་རྒྱལ།，译作悉补野。唐时译作勃悉野，为藏区古称。

[26] 曼遮，译作“曼荼罗”“曼陀罗”“满拏罗”等，系梵文aNdala之音译，藏文意译作“དཀྱིལ་འཁོར།”，意为“坛城”“轮圆具足”“聚集”等。为佛教密宗修法时的一种坛场。

[27] 八大雪峰，指位于阿里、卫藏、多康等处的雅拉香波雪山（ཡར་

ལྷ་ཤམ་པོ།)、念青唐拉雪山（གཉན་ཆེན་ཐང་ལྷ།)、玛沁雪山（རྨ་ཆེན་གངས་རི།)、交钦董惹雪山（སྐྱུགས་ཆེན་ལྷང་རི།)、冈波拉杰雪山（གངས་པོ་ལྷ་རྗེ།)、肖拉纠波雪山（ཞོགས་ལྷ་རྒྱུག་པོ།)、觉沃余嘉雪山（ཇོ་བོ་གཡུལ་རྒྱལ།）和协伍喀惹雪山（ཤེའུ་ཁ་རག)。

［28］“嘉”为西藏山南地区桑日县古地名，“拉摩神湖”亦音译作拉摩喇措湖，为藏族宗教圣地，是观湖景以占卜吉凶及求示大喇嘛转生的方向、地区之处。

［29］在西藏之察隅，为藏区的神山之一，称为胜乐的圣地。

［30］青海湖的别名。全名为“ཁྲི་ཤོར་རྒྱལ་མོའི་མཚོ།”。

［31］此处虽在解释上文所提各地不仅限于卫藏区域，但未能说明松赞干布时代多麦地区尚属于吐谷浑等情况，显系后人托名之作。

［32］亦称为色吾科（སེའུ་ཁོག)，在青海省玉树藏族自治州曲麻莱县。

［33］按阿庆冈嘉雪山，在今青藏公路之东，色吾谷以西，雪峰连绵不绝，为青海省柴达木、玉树和果洛三区的界山，它不在色吾河谷之东，而是巴颜喀拉山系西部的雪山。

［34］亦有指作祁连山主峰者，称为多拉仁摩（མདོ་ལ་རིང་མོ།)。

［35］亦译作阿多、阿木多。

［36］在今青海省果洛藏族自治州玛多县鄂陵湖北，亦译作索洛玛。

［37］在甘肃省永靖县，即今刘家峡水库原址。

［38］班禅原为对博学者之尊称，亦译作“班钦”，与班禅额尔德尼之号有别。

［39］绰浦译师名强白巴(བྱམས་པའི་དཔལ公元1173—1225年)，绰浦噶举派的著名僧人，曾延请三位印度班智达到西藏弘法并建造绰浦弥勒佛大像。

［40］此师系佛教著名寺院那烂陀寺的最后一位座主。

第二章　著述的依据——参考书目

首先，于此列举总论或分论圣教发展情况的教法史、传记等参考书目如下：法王松赞干布的《遗教》(《柱间史》བཀའ་ཆེམས་བཀའ་ཁོལ་མ།)；《桑耶寺志广论》（བསམ་ཡས་དཀར་ཆག་ཆེན་མོ།）即《拔协史》（སྦ་བཞེད།）大、中版；《库敦宗哲雍仲大史》（ཁུ་སྟོན་བརྩོན་འགྲུས་གཡུང་དྲུང་གི་ལོ་རྒྱུས་ཆེན་མོ།）(或作《镇压邪见广史》)；德敦《教法史》（ཉེ་སྟོན་གྱི་ཆོས་འབྱུང་།）；雅垅觉沃《教法史》（ཡར་ལུང་ཇོ་བོའི་ཆོས་འབྱུང་།）；遍知布顿氏《圣教教法总史》（ཀུན་འཁྱེན་བུའི་བསྟན་པ་སྤྱིའི་ཆོས་འབྱུང་།）；《青史》（དེབ་ཐེར་སྔོན་པོ།）；蔡巴《红史》（ཚལ་པའི་དེབ་དམར།）；司徒绛曲坚赞《遗教史》（སི་ཏུ་བྱང་ཆུབ་རྒྱལ་མཚན་གྱི་བཀའ་ཆེམས་དེབ་ཐེར།）；佳摩格隆《圣教教法总史》（འཇའ་མོ་དགེ་སློང་གི་བསྟན་པ་

སྒྲིའི་ཆོས་འབྱུང་།)；周巴·白莲教法史《圣教莲花增盛赤曜教法史》（འབྲུག་པ་པད་མ་དཀར་པོའི་ཆོས་འབྱུང་བསྟན་པའི་པད་མ་རྒྱས་པའི་ཉིན་བྱེད།)；巴卧·邹拉程瓦《贤者喜筵》（དཔའ་བོ་གཙུག་ལག་ཕྲེང་བའི་མཁས་པའི་དགའ་སྟོན།)；圣那饶巴六法请问者第二十二京俄·索南坚赞《千光开眼教法史》（ཆོས་འབྱུང་མིག་འབྱེད་འོད་སྟོང་།)；艾力巴班智达·曼兰楚臣《教法史》（ཨེ་ལ་པ་པཎྜི་ཏ་སྨོན་ལམ་ཚུལ་ཁྲིམས་ཀྱི་ཆོས་འབྱུང་།)；甘木甘巴·敦珠贝《明细圣教教法史》（ཀམ་ཀམ་པ་དོན་གྲུབ་དཔལ་གྱི་ཆོས་འབྱུང་རིན་པོ་ཆེའི་གསལ་བྱེད།)；达波·鄂赛森格（格治瓦·楚臣森格）《教法史》（དྭགས་པོ་འོད་ཟེར་སེང་གེའི་ཆོས་འབྱུང་།)；雪敦材玛《教法史》（ཞོགས་སྟོན་མཚེ་མའི་ཆོས་འབྱུང་།)；夏苏巴·扎喜南嘉《如意利乐极盛满愿教法史》（ཤ་གཟུགས་པ་བཀྲ་ཤིས་རྣམ་རྒྱལ་ཆོས་འབྱུང་ཕན་བདེ་དཔག་བསམ་རབ་ཏུ་རྒྱས་པའི་འདོད་འཇོ།)；《噶丹洛戎教法史》（དགའ་ལྡན་ལྷོ་རོང་ཆོས་འབྱུང་།)；隆钦然绛巴《教法史》（ཀློང་ཆེན་རབ་འབྱམས་པའི་ཆོས་འབྱུང་།)；嘉赛图却多吉《教法珍宝库史》（རྒྱལ་སྲས་ཐུགས་མཆོག་རྡོ་རྗེའི་ཆོས་འབྱུང་རིན་ཆེན་གཏེར་མཛོད།)；勒青衮嘉巴《噶当教法大史》及其附录《明灯再显记》（ལས་ཆེན་ཀུན་རྒྱལ་པའི་བཀའ་གདམས་ཆོས་འབྱུང་ཆེན་མོ་དང་དེའི་ཟུར་འདེབས་ཡང་གསལ་སྒྲོན་མེ།)；班禅伊喜泽摩《噶当教法史》（པཎ་ཆེན་ཡེ་ཤེས་རྩེ་མོའི་བཀའ་གདམས་ཆོས་འབྱུང་།)；索南拉旺《噶当教法史》（བསོད་ནམས་ལྷ་དབང་གི་བཀའ་གདམས་ཆོས་འབྱུང་།)，《噶当教法史意饰》（བཀའ་གདམས་ཆོས་འབྱུང་ཡིད་ཀྱི་མཛེས་རྒྱན།)；喀尔那译师《噶当教法史如意树》（མཁར་ནག་ལོ་ཙཱ་བའི་དགེ་ལྡན་ཆོས་འབྱུང་དཔག་བསམ་སྡོན་པ།)；《黄琉璃论》（བཻ་སེར།)；一切知贡乔吉美旺波《噶丹教法史拾遗》（ཀུན་མཁྱེན་དཀོན་མཆོག་འཇིགས་མེད་དབང་པོའི་དགའ་ལྡན་ཆོས་འབྱུང་རྩོམ་འཕྲོ།)；噶勒丹锡勒图鄂赛巴《教法史》（འོད་ཟེར་པའི་ཆོས་འབྱུང་།)，闹布桑波智者《教法史》（མཁས་པ་ནོར་བུ་བཟང་པོའི་ཆོས་འབྱུང་།)，达垅扎巴《噶丹寺志》（སྟག་ལུང་བྲག་པའི་དགའ་ལྡན་གདན་རབས)，以上三部教法史，一切知喇嘛[1]评为是正确可信的著作。

第一世嘉木样《殊胜教统表(佛历)》（ཀུན་མཁྱེན་གོང་མའི་བསྟན་རྩིས་རེའུ་མིག་ཁྱད་འཕགས།)，塔瓦·隆珠仁钦《噶当教法史》（ཐར་པ་ལྷུན་གྲུབ་རིན་ཆེན་གྱི་དགེ་ལྡན་ཆོས་འབྱུང་།)；被称为木雅·多吉桑布转世的楚臣贡布《噶丹教法史》及《密乘城教法史》（ཚུལ་ཁྲིམས་མགོན་པོའི་དགའ་ལྡན་ཆོས་འབྱུང་དང་གསང་སྔགས་མཁར་གྱི་ཆོས་འབྱུང་།)；藏瓦七传承之第六传承圣·洛锥丹巴《噶当教法史》（རྗེ་བློ་གྲོས་བརྟན་པའི་དགེ་ལྡན་ཆོས་འབྱུང་།)；象雄善知识班

觉尔桑布（དཔལ་འབྱོར་བཟང་པོ།）、善知识·多吉贡布（རྡོ་རྗེ་མགོན་པོ།）、理塘堪布·洛桑曲扎（བློ་བཟང་ཆོས་གྲགས།）等所著的三部《教法史》；《中、印教法史》（རྒྱ་དཀར་ནག་གི་ཆོས་འབྱུང་།）；《印度寺庙志》（རྒྱ་དཀར་གཙུག་ལག་ཁང་གི་ལོ་རྒྱུས།）；觉旦·索南桑布（ཇོ་གདན་བསོད་ནམས་བཟང་པོ།）、曲吉扎巴(ཆོས་ཀྱི་གྲགས་པ།)、赤智·洛桑旦贝尼玛（ཁྲི་སྤྱལ་བློ་བཟང་བསྟན་པའི་ཉི་མ།）等所著《禁食斋传承记》（སྨྱུང་གནས་བླ་བརྒྱུད་རྣམ་ཐར།）；仲巴·嘉察巴（དྲུང་པ་རྒྱལ་ཚབ་པ།）、五世班禅洛桑耶喜（པཎ་ཆེན་བློ་བཟང་ཡེ་ཤེས།）、达然巴·洛桑曲扎（དྭགས་རམས་པ་བློ་བཟང་ཆོས་གྲགས།）、森厦堪布的学生阿旺曲扎（ངག་དབང་ཆོས་གྲགས།）、雍增·耶喜坚赞（ཡོངས་འཛིན་ཡེ་ཤེས་རྒྱལ་མཚན།）等所著《菩提道次第传承记》（ལམ་རིམ་བླ་བརྒྱུད་རྣམ་ཐར）、《八十成就者传》（གྲུབ་ཆེན་བརྒྱད་བཅུའི་རྟོགས་བརྗོད།）；四世班禅确坚[2]《噶当怛特罗秘道传承记》（དགེ་ལྡན་བཀའ་བརྒྱུད་རིན་པོ་ཆེའི་ཟབ་ལམ་བརྒྱུད་པའི་རྣམ་ཐར།）；色拉寺麦扎仓堪布扎巴克著（སེར་སྨད་མཁན་པོ་གྲགས་པ་མཁས་གྲུབ།）《噶丹寺历届堪布传珍宝华鬘》（དགའ་ལྡན་ཁྲི་རྣམ་ནོར་བུའི་ཕྲེང་བ།）及《噶丹寺夏孜扎仓志》（ཤར་རྩེའི་ཆོས་འབྱུང་།）；《大译师达尔玛室利别解脱律仪传承传记微显明灯》（ལོ་ཆེན་དྷརྨ་ཤྲཱིའི་སོ་ཐར་སྡོམ་རྒྱུན་གྱི་རྣམ་ཐར་ཞུང་གསལ་སྒྲོན་མེ།）；班禅·索扎巴（པཎ་ཆེན་བསོད་གྲགས་པ།）与其雍增合著的《毗奈耶教法史》（འདུལ་བའི་ཆོས་འབྱུང་།）；班禅释迦乔登（པཎ་ཆེན་ཤཱཀྱ་མཆོག་ལྡན།）《中观教法史》（དབུ་མའི་ཆོས་འབྱུང་།）；化身佛·索南耶喜旺布（སྤྲུལ་སྐུ་བསོད་ནམས་ཡེ་ཤེས་དབང་པོ།）《圣教总叙》（བསྟན་པ་སྤྱིའི་རྣམ་བཞག）；布顿(བུ་སྟོན།)《胜乐、集密[3]、时轮、瑜伽四教法史》（བདེ་གསང་དུས་ཡོག་གི་ཆོས་འབྱུང་བཞི།）；戎智噶巴（རོང་རིག་པ།）《瑜伽师传承录》（རྣལ་འབྱོར་རྒྱུད་ཀྱི་ཆོས་འབྱུང་།）；恰译师三世仁钦曲嘉（ཆག་ལོ་གསུམ་རིན་ཆེན་ཆོས་རྒྱལ།）《时轮教法史》（དུས་འཁོར་ཆོས་འབྱུང་།）；郭然巴（གོ་རམས་པ།）《胜乐及道果教法史》（བདེ་མཆོག་དང་ལམ་འབྲས་ཆོས་འབྱུང་།）；多罗那他（ཏཱ་ར་ནཱ་ཐ།）《世尊、七代付法藏师、七有缘者传》（སྟོན་པ་དང་གདན་རབས་བདུན། བཀའ་འབབ་བདུན་ལྡན་གྱི་རྣམ་ཐར།）三种,《密集、时轮、大威德、胜乐等教法史》（གསང་འདུས་དུས་འཁོར་འཇིགས་བྱེད་བདེ་མཆོག་རྣམས་ཀྱི་ཆོས་འབྱུང་།），《印度佛教史》（རྒྱ་གར་ཆོས་འབྱུང་།）；成就者·赛尔登巴（གྲུབ་ཆེན་གསེར་སྡིང་པ།）《〈五次第论传承记〉了悟史》（རིམ་ལྔའི་བླ་བརྒྱུད་རྣམ་ཐར་རྟོགས་པ་དོན་གྱི་ལོ་རྒྱུས།）；孔敦班觉尔隆珠（འཁོན་སྟོན་དཔལ་འབྱོར་ལྷུན་གྲུབ།）《大威

德教法史》（འཇིགས་བྱེད་ཆོས་འབྱུང་།）；一切知嘉木样协巴（ཀུན་མཁྱེན་འཇམ་དབྱངས་བཞད་པ།）《大威德教法广史》（འཇིགས་བྱེད་ཆོས་འབྱུང་ཆེན་མོ།）；藏颠（གཙང་སྨྱོན།）《胜乐往事记》（བདེ་མཆོག་སྔོན་བྱུང་གི་ལོ་རྒྱུས།）；夏尔本却巴·贝丹扎巴（ཤར་འབུམ་ཆུ་པ་དཔལ་ལྡན་གྲགས་པ།）《黑鹏教法史》（ཁྱུང་ནག་ཆོས་འབྱུང་།）；嘉敦衮噶宗哲（རྒྱ་སྟོན་ཀུན་དགའ་བརྩོན་འགྲུས།）《白文殊教法史》（འཇམ་དཀར་ཆོས་འབྱུང་།）；绰浦译师·突结钦布（ཐུགས་རྗེ་ཆེན་པོ།）《教法史》；穆增却瓦（སྨུག་འཛིན་འཆོལ་བ།）《教法史》，《庄且尔辛塔仪史》（གྲོང་ཁྱེར་ཤིང་ཐག་ཅན་གྱི་ལོ་རྒྱུས།）；五世[4]《极密大圆满教法史》（ཡང་གསང་ཆོས་འབྱུང་།）；锁堆巴·洛锥坚赞（སོག་བཟློག་པ་བློ་གྲོས་རྒྱལ་མཚན།）《普尔巴[5]教法史》（ཕུར་པའི་ཆོས་འབྱུང་།），《辨析多闻子真赛玛及外尔噶艾德教法史》（རྣམ་ཐོས་སྲིན་གསེབ་མ་དང་བེར་དཀར་ཨར་གཏད་ཀྱི་ཆོས་འབྱུང་།）；噶玛让迥多吉（ཀརྨ་རང་བྱུང་རྡོ་རྗེ།）《证道道歌史》（དོ་ཧའི་ཆོས་འབྱུང་།）；持明·白玛程列（རིག་འཛིན་པདྨ་འཕྲིན་ལས།）《密集经灌顶传承录》（འདུས་པ་མདོ་དབང་གི་བླ་བརྒྱུད་རྣམ་ཐར།）；甘颠·恰多尔闹吾（ཀམ་སྨྱོན་ཕྱག་རྡོར་ནོར་བུ།）《北伏藏传承记》（བྱང་གཏེར་བླ་བརྒྱུད་རྣམ་ཐར།）；拉堆·喜热贡布（ལ་སྟོད་ཤེས་རབ་མགོན་པོ།）《噶举派诸上师传》（བཀའ་བརྒྱུད་བླ་མ་རྣམས་ཀྱི་རྣམ་ཐར།）；向·焦朱喇嘛（ཞང་ཚོག་གྲུ་བླ་མ།）等著《焦派世系史珍宝鬘》（ལོ་རྒྱུས་ཚོག་རབས་རིན་ཆེན་འཕྲེང་བ།）；京俄（སྤྱན་སྔ།）《静修法源流》（རི་ཆོས་འབྱུང་ཁུངས།）；吉麦巴隆木巴曲扎（སྐྱིད་སྨད་པ་ལུམ་པ་ཆོས་གྲགས།）或称为歇伍译师·衮噶曲扎（ཤེའུ་ལོ་ཙཱ་བ་ཀུན་དགའ་ཆོས་གྲགས།）《语录教史》（གསུང་ངག་ཆོས་འབྱུང་།）；贝丹喇嘛（དཔལ་ལྡན་བླ་མ།）《道果传承史》（ལམ་འབྲས་བླ་བརྒྱུད་རྣམ་ཐར་ངོ་མཚར་སྣང་བ།）；喇嘛丹巴索南坚赞（བླ་མ་དམ་པ་བསོད་ནམས་རྒྱལ་མཚན།）、阿里巴·楚臣鄂赛尔（མངའ་རིས་པ་ཚུལ་ཁྲིམས་འོད་ཟེར།）《道果教法史》（ལམ་འབྲས་ཆོས་འབྱུང་།）；博闻者·鲁珠嘉措（གླུ་སྒྲུབ་རྒྱ་མཚོ།）《道果教法史及教历》（ལམ་འབྲས་ཆོས་འབྱུང་དང་བསྟན་རྩིས།）；嘉木样欠孜（འཇམ་དབྱངས་མཁྱེན་བརྩེ།）《道果教诫法源密乘弘广记》（ལམ་འབྲས་གདམས་པའི་བྱུང་ཚུལ་གསང་ཆེན་བསྟན་པ་རྒྱས་བྱེད།）；俄尔巴贡乔隆珠（ངོར་པ་དཀོན་མཆོག་ལྷུན་གྲུབ།）《教法出世记》（ཆོས་འབྱུང་བྱ་བྲལ།）及桑吉隆珠（སངས་རྒྱས་ལྷུན་གྲུབ།）的《补遗记》（ཁ་སྐོང་ཅན）；阿米·阿旺衮索（ཨ་མེས་ངག་དབང་ཀུན་བསོད།）《语录教法史》（གསུང་ངག་ཆོས་འབྱུང་།）；萨迦巴·衮噶索南（ས་སྐྱ་པ་ཀུན་དགའ་བསོད་ནམས།）所著《胜乐、怙主、道果教法史》

(བདེ་མཆོག་མགོན་པོ་ལམ་འབྲས་ཆོས་འབྱུང་།) 三种；夏尔巴强巴衮噶扎喜（ཤར་པ་བྱམས་པ་ཀུན་དགའ་བཀྲ་ཤིས།）《怙主史》（མགོན་པོའི་ལོ་རྒྱུས།）；交·绛曲贝丹（ལྕོག་བྱང་ཆུབ་དཔལ་ལྡན།）《简史及大护法出处记》（རྣམ་ཐར་རགས་བསྡུས་ཆོས་སྐྱོང་ཆེན་པོའི་འབྱུང་ཁུངས་དང་བཅས་པ།）；莱隆(སྒྲི་ལུང་།)《护法神嘉措传奇》（དམ་ཅན་རྒྱ་མཚོའི་རྟོགས་བརྗོད།）；洛隆宗巴·达擦才让嘉布（ལྷོ་རོང་རྫོང་པ་ཏ་ཚག་ཚེ་རིང་རྒྱལ་པོ།）《噶举派教法史》（བཀའ་བརྒྱུད་ཆོས་འབྱུང་།）；桑吉达尔布贝桑（སངས་རྒྱས་དར་པོ་དཔལ་བཟང་།）《噶举派教法史》；司徒丹贝宁歇（སི་ཏུ་བསྟན་པའི་ཉིན་བྱེད）著《噶举派教法史》上函及苏尔莽·松热嘉措（ཟུར་མང་གསུང་རབ་རྒྱ་མཚོ།）著《噶举派教法史》下函；霞俄(ཞལ་རྔོ།)《噶举派教法史》；司徒确吉旺秋（སི་ཏུ་ཆོས་ཀྱི་དབང་ཕྱུག）著《噶玛教法史》（ཀརྨའི་ཆོས་འབྱུང་།）及苏尔莽衮恰（ཟུར་མང་ཀུན་ཁྱབ།）所著的《补遗记》；达隆夏仲·阿旺南结(སྟག་ལུང་ཞབས་དྲུང་ངག་དབང་རྣམ་རྒྱལ།)《达垅派教法史神奇之海》（སྟག་ལུང་ཆོས་འབྱུང་ངོ་མཚར་རྒྱ་མཚོ།）、《娘地区上中下三部教法史及娘上下地区圣地记》（མྱང་སྟོད་སྨད་བར་གསུམ་གྱི་ཆོས་འབྱུང་དང་མྱང་ཡུལ་སྟོད་སྨད་ཀྱི་གནས་བཤད།）、《江孜教法史》（རྒྱལ་རྩེའི་ཆོས་འབྱུང་།）；《木雅教法史》（མི་ཉག་ཆོས་འབྱུང་།）；日奎喇嘛释迦衮噶（རི་ཁྲོད་བླ་མ་ཤཱཀྱ་ཀུན་དགའ།）《木雅五智者传》（མི་ཉག་མཁས་པ་མི་ལྔའི་རྣམ་ཐར།）、《波密教法史》（སྤོ་བོ་ཆོས་འབྱུང་།）；拉贡·彭措南结（ལྷ་མགོན་ཕུན་ཚོགས་རྣམ་རྒྱལ།）著《然拉教法史》（ར་ལའི་ཆོས་འབྱུང་།）；喀那巴·多吉才旦（མཁར་ནག་པ་རྡོ་རྗེ་ཚེ་བརྟན།）著《奥喀教法史》（འོལ་ཁའི་ཆོས་འབྱུང་།）及《声闻传》、《觉巴派史正误明灯》（གཅོད་ཀྱི་ལོ་རྒྱུས་འཁྲུལ་སེལ་སྒྲོན་མེ།）；《新旧玉图传》（གཡུ་ཐོག་གསར་རྙིང་གི་རྣམ་ཐར།）；《医学史知识极明》（གསོ་རིག་ཆོས་འབྱུང་ཤེས་བྱ་རབ་གསལ།）；向麦巴·索南耶喜坚赞（བྱང་སྨད་པ་བསོད་ནམས་ཡེ་ཤེས་རྒྱལ་མཚན།）《医学史日照莲园》（གསོ་རིག་ཆོས་འབྱུང་པད་ཚལ་བཞད་པའི་ཉིན་བྱེད།）；仁钦登瓦·洛桑嘉措（རིན་ཆེན་སྟེང་པ་བློ་བཟང་རྒྱ་མཚོ།）《医学史大仙意饰》（གསོ་རིག་ཆོས་འབྱུང་དྲང་སྲོང་དགོངས་རྒྱན།）；察戎瓦（ཚ་རོང་བ།）《医学史善缘捷径》（གསོ་རིག་ཆོས་འབྱུང་སྐལ་བཟང་འགྲོ་བའི་མྱུར་ལམ།）；苏喀巴（ཟུར་མཁར་པ།）《知识总纲》（ཤེས་བྱའི་ཁོག་ཕུབ།）；第悉（སྡེ་སྲིད།）《医学通论》（གསོ་རིག་ཁོག་འབུབས།）；噶丹巴·圣·耶喜图丹嘉措（དགའ་ལྡན་པ་རྗེ་ཡེ་ཤེས་ཐུབ་བསྟན་རྒྱ་མཚོ།）著《噶丹寺志及夏孜扎仓志妙吉祥心要意饰极明宝镜》（དགའ་ལྡན་ཆོས་འབྱུང་དང་ཤར་རྩེའི་ཆོས་འབྱུང་འཇམ་དཔལ་སྙིང་པོའི་དགོངས་རྒྱན་རབ་ཏུ་

གསལ་བའི་མེ་ལོང་།）、《绛孜扎仓志空前宝录见者颜开》（བྱང་རྩེ་ཆོས་འབྱུང་སྔོན་མེད་ལེགས་བཤད་མཐོང་བ་འཛུམ་མོར།）、《多康教法史开启希奇语言百门宝钥》（མདོ་ཁམས་ཀྱི་ཆོས་འབྱུང་ངོ་མཚར་གཏམ་གྱི་སྒོ་བརྒྱ་འབྱེད་པའི་ལྡེའུ་མིག）、《族谱插叙珍珠娑罗树》（རུས་མཛོད་ལམ་འཕྲོས་པའི་གཏམ་དུ་བསྙད་པ་མུ་ཏིག་འཁྲི་ཤིང་།）等五部；《霍尔五部史》（ཧོར་ཁག་ལྔའི་ལོ་རྒྱུས།）；大成就者·噶登嘉措著《安多教法史总纲》(颂体与散文两种)（གྲུབ་ཆེན་སྐལ་ལྡན་རྒྱ་མཚོས་མཛད་པའི་ཨ་མདོའི་ཆོས་འབྱུང་གི་སྡོམ་ཚིག་བཅད་ལྷུག་གཉིས།）；李家土官喜饶贝桑（ལི་ཀྱཱ་དཔོན་པོ་ཤེས་རབ་དཔལ་བཟང་།）《多麦诸禅林志略》（མདོ་སྨད་ཀྱི་རྟེན་རབས་རིམ་གྱི་དཀར་ཆག）；班禅《香巴拉国土注疏及圣地传奇千奇出处》（པཎ་ཆེན་གྱི་ཤམ་བྷ་ཡུལ་གྱི་རྣམ་བཤད་འཕགས་ཡུལ་གྱི་རྟོགས་བརྗོད་དང་བཅས་པ་ངོ་མཚར་བྱེ་བའི་འབྱུང་གནས།）；嘉赛噶桑图丹（རྒྱལ་སྲས་སྐལ་བཟང་ཐུབ་བསྟན།）著《法王法胤源流》（ཆོས་རྒྱལ་རིགས་ལྡན་བྱུང་ཚུལ།）、《圣教圣地宝录明灯》（བསྟན་པའི་གནས་ཚད་ལེགས་བཤད་གསལ་བའི་སྒྲོན་མེ།）；圣喇嘛[6]贡乔坚赞（དཀོན་མཆོག་རྒྱལ་མཚན།）《汉藏蒙教法史》（རྒྱ་བོད་ཧོར་སོག་ལོ་རྒྱུས།）；敏珠尔呼图克图坚贝确吉丹增程列（སྨིན་གྲོལ་སྤྲུལ་སྐུ་འཇམ་དཔལ་ཆོས་ཀྱི་བསྟན་འཛིན་འཕྲིན་ལས།）《世界广论》（འཛམ་གླིང་སྤྱི་བཤད།）；公·官布嘉（གུང་དགོན་པོ་སྐྱབས།）《汉地教法史》（རྒྱ་ནག་ཆོས་འབྱུང་།）及《五百罗汉史》（དགྲ་བཅོམ་ལྔ་བརྒྱའི་ལོ་རྒྱུས།）；向袁（བྱང་གཞོན།）著《五台山庄严明细志》（རི་ལྔའི་བཀོད་པ་གསལ་བར་བྱེད་པ།）；《清凉志》（དྭངས་བསིལ་དཀར་ཆག），章嘉饶悲多吉（ལྕང་སྐྱ་རོལ་པའི་རྡོ་རྗེ།）述，江隆班智达（ལྕང་ལུང་པཎྜི་ཏ།）补遗；国师·才派（གུ་ཤྲཱི་ཚེ་འཕེལ།）《大蒙古王系》（ཆེན་པོ་ཧོར་གྱི་རྒྱལ་རབས།）；扎巴谢珠（གྲགས་པ་བཤད་སྒྲུབ།）《与王系有关汉藏教法史诸事如意》（རྒྱལ་རབས་དང་འབྲེལ་བའི་རྒྱ་བོད་ཀྱི་ཆོས་འབྱུང་དགོས་འདོད་ཀུན་འབྱུང་།）；松巴大堪布（སུམ་པ་མཁན་ཆེན།）《佛教史如意宝树》（ཆོས་འབྱུང་དཔག་བསམ་ལྗོན་ཤིང་།）、《世界广论希奇妙音》（འཛམ་གླིང་རྒྱས་བཤད་ངོ་མཚར་གཏམ་སྙན།）、《青海历史奇妙梵曲》（མཚོ་སྔོན་ལོ་རྒྱུས་ཚངས་དབྱངས་གསར་སྙན།）等三部；土观·洛桑确吉尼玛（ཐུའུ་བཀྭན་བློ་བཟང་ཆོས་ཀྱི་ཉི་མ།）《藏地诸派源流晶镜史》（བོད་ཀྱི་གྲུབ་མཐའི་བྱུང་ཚུལ་ཤེལ་དཀར་མེ་ལོང་།）；《教法史入佛教之海巨舟》（ཆོས་འབྱུང་བསྟན་པའི་རྒྱ་མཚོར་འཇུག་པའི་གྲུ་ཆེན།）上册，俄尔瓦·贡乔隆珠（ངོར་པ་དཀོན་མཆོག་ལྷུན་གྲུབ།）著，下册，桑吉彭措（སངས་རྒྱས་ཕུན་ཚོགས།）著；《王统记明镜》（རྒྱལ་རབས་གསལ་བའི་མེ་ལོང་།），拉萨香灯师·勒贝喜饶（ལེགས་པའི་ཤེས་རབ།）刻版，署跋萨

迦·索南坚赞（ས་སྐྱ་བསོད་ནམས་རྒྱལ་མཚན།）著；五世达赖阿旺罗桑嘉措《西藏王臣记春华妙歌》（དཔྱིད་ཀྱི་རྒྱལ་མོའི་གླུ་དབྱངས།）、《史鉴圆满青年喜筵》（དེབ་ཐེར་རྫོགས་ལྡན་གཞོན་ནུའི་དགའ་སྟོན།）二部；释迦桑布百户（ཤི་དྲུ་ཤཱཀྱ་བཟང་པོ།）《史鉴宝卷》（དེབ་ཐེར་ཧོག་དྲིལ་ཅན།）；班禅·索南扎巴（པཎ་ཆེན་བསོད་ནམས་གྲགས་པ།）《王统与教历》（རྒྱལ་རབས་དང་བསྟན་རྩིས།）；拉尊·楚臣桑布（ལྷ་བཙུན་ཚུལ་ཁྲིམས་བཟང་པོ།）《王统记》；宝雪巴·柔智叩（ཐུག་ཤོད་པ་རག་སྦྲུལ་སྐྱ།）《王统记》（རྒྱལ་རབས།）；坚贡衮索（འཇམ་མགོན་ཀུན་བསོད།）、萨勤索南泽摩（ས་ཆེན་བསོད་ནམས་རྩེ་མོ།）、俄尔瓦·贡乔隆珠（ངོར་བ་དཀོན་མཆོག་ལྷུན་གྲུབ།）、曲结尼代巴（ཆོས་རྗེ་ཉི་ལྡེ་པ།）、藏瓦·强巴多吉坚赞（གཙང་བ་བྱམས་པ་རྡོ་རྗེ་རྒྱལ་མཚན།）、丹巴衮噶扎（དམ་པ་ཀུན་དགའ་གྲགས།）、夏尔瓦·强巴衮噶扎喜（ཤར་བ་བྱམས་པ་ཀུན་དགའ་བཀྲ་ཤིས།）、喜饶多吉（ཤེས་རབ་རྡོ་རྗེ།）、达仓译师（སྟག་ཚང་ལོ་ཙྰ་བ།）等著《萨迦世系》（ས་སྐྱ་གདུང་རབས།）；洛卧（གློ་བོ།）大堪布古格曲贝桑波（ཀུ་གེ་ཆོས་དཔལ་བཟང་པོ།）、灌顶国师·南喀桑波（ནམ་མཁའ་བཟང་པོ།）等著《俄尔夏瓦世系》（ངོར་ཤར་བའི་གདུང་རབས།）五部，后者曾对克珠杰（མཁས་གྲུབ་རྗེ།）有所批判，对其回答载在全集的《散简集》中；《冈波寺座主世系史琉璃华鬘》（སྣམ་པོ་ཁྲི་གདུང་རྣམ་ཐར་བཻཌྲྱ་ཅུའི་འཕྲེང་བ།）；《章底世系》（བྲང་ཏིའི་གདུང་རབས།）；洛乔多吉（བློ་མཆོག་རྡོ་རྗེ།）《朗氏世系》（རླངས་ཀྱི་གདུང་རབས།），此书亦称为《灵犀宝卷》（པོ་ཏི་བསེ་རུ།）；班禅强巴林巴（པཎ་ཆེན་བྱམས་པ་གླིང་པ།）《雅尔捷巴世系》（ཡར་རྒྱབ་པའི་གདུང་རབས།）；克巴·噶尔厦巴（མཁས་པ་དཀར་ཤག་པ།）著《仁邦巴世系》（རིན་སྤུངས་པའི་གདུང་རབས།）；被称为《多旺传》（མདོ་དབང་རྣམ་ཐར།）的《大小苏尔氏世系》（ཟུར་ཆེ་ཆུང་གི་གདུང་རབས།）；《第巴吉雪巴世系》（སྡེ་བ་སྐྱིད་ཤོད་པའི་གདུང་རབས།），上册，阿喀扎西（ཨ་ཁུ་བཀྲ་ཤིས）著，下册，噶伦多喀瓦·才仁旺结之父夏仲阿旺仓悲央（ཞབས་དྲུང་ངག་དབང་ཚངས་པའི་དབྱངས།）编；《第巴拉嘉日瓦世系》（སྡེ་བ་ལྷ་རྒྱ་རི་བའི་གདུང་རབས།）；多仁班智达·索南丹增（རྡོ་རིང་པཎྜིཏ་བསོད་ནམས་བསྟན་འཛིན།）编《多仁世系》（རྡོ་རིང་གདུང་རབས）；达垅鄂交巴·阿旺丹贝尼玛（སྟག་ལུང་འོད་འཇོ་པ་ངག་དབང་བསྟན་པའི་ཉི་མ།）编《热喀厦世系》（ར་ཁ་ཤག་གི་གདུང་རབས།）；《达垅世系》（སྟག་ལུང་གདུང་རབས།），由夏仲才仁旺结（ཞབས་དྲུང་ཚེ་རིང་དབང་རྒྱལ།）、达垅鄂交巴·阿旺确吉班觉尔（ངག་དབང་ཆོས་ཀྱི་དཔལ་

འབྱོར།）编；《夏鲁向氏世系》（ཞྭ་ལུ་སྐུ་ཞང་གདུང་རྒྱུད།）；强巴衮噶（བྱམས་པ་ཀུན་དགའ།）著《德格世系》（སྡེ་དགེའི་གདུང་རབས།）；《止贡教法史》（འབྲི་གུང་ཆོས་འབྱུང་།），止贡大房丹增白玛坚赞（བསྟན་འཛིན་པད་མའི་རྒྱལ་མཚན།）著，他又著的《止贡传承史》（འབྲི་གུང་གདན་རབས།）；《俄尔传承史》（ངོར་གྱི་གདན་རབས།）及俄钦·桑吉彭措（ངོར་ཆེན་སངས་རྒྱས་ཕུན་ཚོགས།）著《补遗》。尼塘曼嘉瓦（ཉི་ཐང་སྨན་རྒྱལ་བ།）《桑浦传承史》（གསང་ཕུའི་གདན་རབས།）；霍尔智叩·拉卜丹嘉措（ཧོར་སྤྲུལ་སྐུ་རབ་བརྟན་རྒྱ་མཚོ།）编《郭莽·交尔隆教法史补遗》（སྒོ་མང་དང་སྐྱོར་ལུང་ཆོས་འབྱུང་གཉིས་ཟུར་འདེབས།）；《达布扎仓传承史》（དྭགས་པོ་གྲྭ་ཚང་གདན་རབས།），上册，森夏堪布·洛桑克宗（གཟིམས་ཤག་མཁན་པོ་བློ་བཟང་མཁས་བཙུན།）著，下册，由其弟子阿旺曲扎著，后者又著《且噶尔禅林世系》（འཆད་དཀར་ཆོས་སྡེ་གདན་རབས།）。仲钦巴（དྲུང་ཆེན་པ།）著《然瓦麦传承史及其教派支属》（རྭ་བ་སྨད་ཀྱི་གདན་རབས་བསྟན་པའི་ཆ་ལག）；一切知嘉木样协巴及门弟子昌都巴·帕巴（ཆབ་མདོ་པ་འཕགས་པ།）著《昌都传承史》（ཆབ་མདོ་གདན་རབས།）；扎西坚参官人（དཔོན་བཀྲ་ཤིས་རྒྱལ་མཚན།）著《洋登传承史》（ཡང་སྟེང་གདན་རབས།）；夏仲仁钦觉尔丹（ཞབས་དྲུང་རིན་ཆེན་འབྱོར་ལྡན།）著《桑浦传承史》、《琼结山胜乐及具紫金色者志》（འཕྱོང་རྒྱས་རི་བོ་བདེ་མཆོག་དང་གསེར་མདོག་ཅན་གདན་རབས།）；噶桑曲扎（སྐལ་བཟང་ཆོས་གྲགས།）为喇嘛勒巴（བླ་མ་ལེགས་པ།）所著《阿里扎仓传承史》（མངའ་རིས་གྲྭ་ཚང་གི་གདན་རབས།）；大具祥夏鲁巴洛赛丹郡（བློ་གསལ་བསྟན་སྐྱོང་།）著《夏鲁金殿传承稀有教法史信仰入门》（ཞྭ་ལུ་གསེར་ཁང་གི་གདན་རབས་ཆོས་འབྱུང་ངོ་མཚར་དད་པའི་འཇུག་ངོགས་པ།）；古格雍增·洛桑丹增（གུ་གེ་ཡོངས་འཛིན་བློ་བཟང་བསྟན་འཛིན།）著《扎什伦布寺密咒扎仓传承史》（བཀྲ་ཤིས་ལྷུན་པོའི་སྔགས་པ་གྲྭ་ཚང་གི་གདན་རབས།）及被称为白史的古《甘珠尔目录》（བཀའ་འགྱུར་དཀར་ཆག）；《甘珠尔目录朝阳之光》（བཀའ་འགྱུར་དཀར་ཆག་ཉི་མའི་འོད་ཟེར།）、《甘珠尔丹珠尔目录圣教增盛》（བཀའ་བསྟན་དཀར་ཆག་བསྟན་པ་རྒྱས་པ།），上两种俱系卷丹柔惹（བཅོམ་ལྡན་རིག་རལ།）[7] 著；布顿著《夏鲁丹珠尔目录》；大司徒·绛曲坚赞所建内邬栋（སྣེ་གདོང་།）《丹珠尔目录》，由其弟子仁钦南结（རིན་ཆེན་རྣམ་རྒྱལ།）编；司徒邬拉确吉昂瓦（སི་ཏུ་གཙུག་ལག་ཆོས་ཀྱི་སྣང་བ།）编《德格甘珠尔目录》；徐钦巴楚臣仁钦（ཞུ་ཆེན་པ་ཚུལ་ཁྲིམས་རིན་ཆེན།）编《丹珠尔目录》；卫巴洛赛（དབུས་པ་བློ་

གསལ།）《甘珠尔丹珠尔目录及教法史》；隆多喇嘛（ཀློང་རྡོལ་བླ་མ།）在扎雅（བྲག་ཡབ）所建《甘珠尔目录》；雍增编扎喜散丹林《甘珠尔丹珠尔目录》及《浦波且目录》（ཕུག་པོ་ཆེའི་དཀར་ཆག）；格泽活佛·吉美才旺曲珠（དགེ་རྗེ་སྤྲུལ་སྐུ་འགྱུར་མེད་ཚེ་དབང་མཆོག་གྲུབ།）编《宁玛派怛特罗目录》（རྙིང་མ་རྒྱུད་འབུམ་དཀར་ཆག）；喇嘛强巴（བླ་མ་བྱམས་པ）署跋的《奈塘丹珠尔目录》（སྣར་ཐང་བསྟན་འགྱུར་དཀར་ཆག）；一切知吉美旺波（འཇིགས་མེད་དབང་པོ།）编《卓尼丹珠尔目录珍宝鬘》（ཅོ་ནེའི་བསྟན་འགྱུར་དཀར་ཆག་ནོར་བུ་ཕྲེང་བ།）；喇嘛强巴编《四大寺及上下密宗学院形成记》（གྲྭ་ས་ཆེན་པོ་བཞི་དང་རྒྱུད་སྟོད་སྨད་ཆགས་ཚུལ།）；隆多喇嘛著《守持佛教大师及佛教施主传记、著述和文献志》；第悉[8]编《五世达赖喇嘛金塔志广记》（ལྔ་པའི་གསེར་གདུང་དཀར་ཆག་ཤིན་ཏུ་རྒྱས་པ།）；六世班禅贝丹耶喜（པཎ་ཆེན་དཔལ་ལྡན་ཡེ་ཤེས།）著《七世达赖喇嘛噶桑巴金塔志》（རྒྱལ་བ་སྐལ་བཟང་པའི་གསེར་གདུང་དཀར་ཆག）；达浦洛桑确吉旺秋（སྟག་ཕུ་བློ་བཟང་ཆོས་ཀྱི་དབང་ཕྱུག）编《昌明前译佛教莲花上乘者丹贝坚赞金塔志》（སྔ་འགྱུར་བསྟན་པའི་གསལ་བྱེད་པདྨ་ཐེག་མཆོག་བསྟན་པའི་རྒྱལ་མཚན་གྱི་གསེར་གདུང་དཀར་ཆག）、卜尔察美增玛（ཕུར་ཚ་མི་འཛིན་མ།）的《寺志》；叶尔巴著[9]《圣教增盛志》（དཀར་ཆག་བསྟན་པ་དར་རྒྱས་མ།）及《拉隆贝多尔玛》（ལྷ་ལུང་དཔལ་རྡོར་མ།）两部；《桑耶寺志》（བསམ་ཡས་དཀར་ཆག）；《热振寺志》（རྭ་སྒྲེང་དཀར་ཆག），仲木·美捷程瓦(འབྲོམ་མི་ལྡེ་ཕྲེང་བ།）编(包括没有跋页者)两部；孔敦（འཁོན་སྟོན།）著《布达拉志》（པོ་ཏ་ལའི་དཀར་ཆག）；《拉萨志晶镜》（ལྷ་སའི་དཀར་ཆག་ཤེལ་དཀར།）；《帕旺喀志》（ཕ་བོང་ཁའི་དཀར་ཆག）；索南森格（བསོད་ནམས་སེང་གེ）著《后妃园志》（བཙུན་མོ་ཚལ་གྱི་དཀར་ཆག）、《乃琼和拉穆志》（གནས་ཆུང་དང་ལ་མོའི་དཀར་ཆག）、《扎什伦布寺灵塔志》（བཀྲ་ཤིས་ལྷུན་པོའི་མཆོད་རྟེན་དཀར་ཆག）、《塘波且志》（ཐང་པོ་ཆེའི་དཀར་ཆག）、《昌珠寺志》（ཁྲ་འབྲུག་དཀར་ཆག）、《萨迦寺经像塔志》（ས་སྐྱའི་ནང་རྟེན་དཀར་ཆག）；郭容木大堪布衮仁（སྒོ་རུམ་མཁན་ཆེན་ཀུན་རིན།）著《萨迦寺及其经像圣塔志》（ས་སྐྱའི་རྟེན་བརྟེན་པའིདཀར་ཆག）；据日阿旺丹增程列（འཛོག་རི་ངག་དབང་བསྟན་འཛིན་འཕྲིན་ལས།）著《贡塘寺志甘露之水》（གུང་ཐང་དཀར་ཆག་བདུད་རྩིའི་ཆུ་རྒྱུན།）；《木里寺志》（མུ་ལི་ལྷ་ཁང་གི་དཀར་ཆག）；《木里王传》（མུ་ལི་གོང་མའི་རྣམ་ཐར།）；迦玛巴红帽系六世确吉旺秋（ཆོས་ཀྱི་དབང་ཕྱུག）著《工布圣地志》；洛桑丹增图多智叩

著《新建噶丹确派林志》（དགོན་གསར་དགའ་ལྡན་ཆོས་འཕེལ་གླིང་གི་དཀར་ཆག）；隆然巴（གློང་རམས་པ།）著《夏鲁寺志》（ཞྭ་ལུ་ཁང་གི་དཀར་ཆག）；《嘉塘松赞林志》（རྒྱལ་ཐང་སུམ་རྩེན་གླིང་གི་དཀར་ཆག）；《噶雪却科尔寺志》（དཀར་ཤོག་ཆོས་འཁོར་དགོན་གྱི་དཀར་ཆག）；《德钦山志及其传承世系》（རི་བོ་བདེ་ཆེན་གྱི་དཀར་ཆག་དང་བླ་རབས།）；《喀多散旦林传承道歌》（མཁར་རྡོ་བསམ་གཏན་གླིང་གི་བླ་རབས་མགུར་མ།）；《帕巴神庙等经籍灵塔录》（འཕགས་པ་ལྷ་ཁང་སོགས་ཀྱི་རྟེན་ཐོ།）；《夏鲁寺喀撒巴尼目录》（ཞྭ་ལུའི་ཁ་སར་པ་ཎིའི་དཀར་ཆག）；《三次训示瑜伽及多闻韵录》（བཀའ་བབས་གསུམ་གྱི་ཡོ་ག་དང་རྣམ་སྲས་དབྱངས་ཀྱི་དཀར་ཆག）；《夏鲁寺广记》（ཞྭ་ལུའི་ཆེ་བརྗོད།）、《曼荼罗数额》（དཀྱིལ་འཁོར་གྱི་ཞལ་གྲངས།）及《本曲仁波切源流》（དུམ་ཆུ་རིན་པོ་ཆེའི་བྱུང་ཚུལ།）三部，日替翁则曲旺丹贝坚赞（ཆོས་དབང་བསྟན་པའི་རྒྱལ་མཚན།）编；恰译师（ཆག་ལོ།）著《印度指南》（རྒྱ་གར་ལམ་ཡིག）；拉唐译师编（ལྷ་མཐོང་ལོ་ཙཱ་བ།）《尼婆罗指南》（བལ་ཡུལ་གྱི་ལམ་ཡིག）、《金刚座指南》（རྡོ་རྗེ་གདན་གྱི་ལམ་ཡིག）、《邬仗那指南》（ཨུ་རྒྱན་ལམ་ཡིག）。曼隆古鲁（མན་ལུང་གུ་རུ།）与曲结觉尔登扎巴（ཆོས་རྗེ་འབྱོར་ལྡན་གྲགས་པ།）著《香巴拉指南》（ཤམྦྷ་ལའི་ལམ་ཡིག）；那南大德·噶桑确吉嘉措索南旺波（སྐལ་བཟང་ཆོས་ཀྱི་རྒྱ་མཚོ་བསོད་ནམས་དབང་པོ།）、卷丹柔惹（བཅོམ་ལྡན་རིག་རལ།）、陈康译师索南嘉措（ཁྲིམས་ཁང་ལོ་ཙཱ་བསོད་ནམས་རྒྱ་མཚོ།）、波克瓦（བོད་མཁས་པ།）等所著《世尊本传》（སྟོན་པའི་རྣམ་ཐར།）、《藤萝花偈》（འཁྲི་ཤིང་མེ་ཏོག་ཚིགས་བཅད་མ།）、《故事如意树果》（གཏམ་རྒྱུད་དཔག་བསམ་འབྲས་བུ།）；达尔译师（འདར་ལོ།）著《藤萝树疏》（འཁྲི་ཤིང་གི་འགྲེལ་བ།）；布顿著《佛陀大传》（སངས་རྒྱས་རྣམ་ཐར་ཆེན་མོ།）；夏玛尔噶尔旺·确吉旺秋（ཞྭ་དམར་གར་དབང་ཆོས་ཀྱི་དབང་ཕྱུག）著《世尊十二故事记》（སྟོན་པའི་མཛད་པ་བཅུ་གཉིས་རྟོགས་བརྗོད།）；格耶·楚臣森格（དགེ་ཡེ་ཚུལ་ཁྲིམས་སེང་གེ）著《佛陀、声闻传记》（སངས་རྒྱས་ཉན་ཐོས་བཅས་ཀྱི་རྣམ་ཐར།）；多喀尔巴·才仁旺结(མདོ་མཁར་པ་ཚེ་རིང་དབང་རྒྱལ།）印藏文合璧《佛陀传记五百颂》；恰译师、奈塘巴、五世达赖、喀尔那译师、登波且智叩（སྡིངས་པོ་ཆེའི་སྤྲུལ་སྐུ།）、阿旺年扎（ངག་དབང་སྙན་གྲགས།）等著《十六罗汉绕佛记》（གནས་བཅུའི་རྟོགས་བརྗོད）、噶当派《〈祖师问道语录〉及〈弟子问道语录〉笺证》（བཀའ་གདམས་པ་ཆོས་བུ་ཆོས་མཆན་མ།）、《觉阿[10]传》广略两部；桑森乃仁巴·祁美饶吉（ཟང་ཟིང་ནེ་རིང་པ་འཆི་མེད་རབ་རྒྱས།）、路拉·噶卜居巴

（ལྷུ་ལ་བཀའ་བཅུ་པ།）、觉旦索南隆珠（ཇོ་གདན་བསོད་ནམས་ལྷུན་གྲུབ།）、勒桑巴（ལེགས་བཟང་པ།）、乃宁衮噶德勒（གནས་རྙིང་ཀུན་དགའ་བདེ་ལེགས།）、苟交道登巴（ཀུ་ཅོར་རྟོགས་ལྡན་པ།）、阿里巴·阿旺坚阳尼玛丹贝坚赞（མངའ་རིས་པ་ངག་དབང་འཇམ་དབྱངས་ཉི་མ་བསྟན་པའི་རྒྱལ་མཚན།）、玛尔康鄂赛喇嘛·贡乔坚赞（སྨར་ཁམས་འོད་ཟེར་བླ་མ་དཀོན་མཆོག་རྒྱལ་མཚན།）、克巴喜饶仁钦（མཁས་པ་ཤེས་རབ་རིན་ཆེན།）、达擦济咙阿旺确吉旺秋（རྟ་ཚག་རྗེ་དྲུང་ངག་དབང་ཆོས་ཀྱི་དབང་ཕྱུག）、赛尔康曲结古那玛底（གསེར་ཁང་ཆོས་རྗེ་གུ་ན་མ་ཏི།）、雍增·耶喜坚赞（ཡོངས་འཛིན་ཡེ་ཤེས་རྒྱལ་མཚན）、周嘉旺智卟（འབྲུག་རྒྱལ་དབང་སྤྲུལ་སྐུ།）等所著的《宗喀巴传》（རྗེའི་རྣམ་ཐར།）；扎郭然绛巴·彭措坚赞（བྲག་སྒོ་རབ་འབྱམས་པ་ཕུན་ཚོགས་རྒྱལ་མཚན།）著《宗喀巴传》、《佛陀大传》（སངས་རྒྱས་ཀྱི་རྣམ་ཐར་རྒྱས་པ།）；贡如建桑（གུང་རུ་རྒྱན་བཟང་།）著《传记选释》（རྟོགས་བརྗོད་འདུན་ལེགས་མའི་ཊཱི་ཀཱ།）；扎雅·洛桑丹巴（བྲག་ཡབ་བློ་བཟང་བསྟན་པ།）著《圣父子三人传》[11]（རྗེ་ཡབ་སྲས་གསུམ་གྱི་རྣམ་ཐར།）；《克珠杰传》，色拉寺吉尊巴（སེ་ར་རྗེ་བཙུན་པ།）、德勒尼玛(བདེ་ལེགས་ཉི་མ།）等著；藏敦衮噶坚赞（གཙང་སྟོན་ཀུན་དགའ་རྒྱལ་མཚན）、洛追仁钦森格（བློ་གྲོས་རིན་ཆེན་སེང་གེ）二人合著《绛央曲结[12]传》（འཇམ་དབྱངས་ཆོས་རྗེའི་རྣམ་ཐར།）；扎底格喜（བྲ་ཏི་དགེ་བཤེས།[13]著《大慈法王传》（颂体）（བྱམས་ཆེན་ཆོས་རྗེའི་རྣམ་ཐར་ཚིགས་བཅད་མ།）；《巴索曲坚传》（པ་སོ་ཆོས་རྒྱལ་རྣམ་ཐར།），仲泽拉尊（འབྲོམ་ཙེ་ལྷ་བཙུན།）著；《圣喜饶森格传》（རྗེ་ཤེས་རབ་སེང་གེའི་རྣམ་ཐར།），《圣·根敦珠传》[14]（རྗེ་དགེ་འདུན་གྲུབ་ཀྱི་རྣམ་ཐར།），班禅耶喜泽摩（པཎ་ཆེན་ཡེ་ཤེས་རྩེ་མོ།）与勒钦衮结巴（ལས་ཆེན་ཀུན་རྒྱལ་པ།）著；《圣·根敦嘉措自传》[15]（རྗེ་དགེ་འདུན་རྒྱ་མཚོའི་རྣམ་ཐར་རང་རྣམ།）；《圣·根敦嘉措传如意宝树》，洋瓦曲结肖勒南结（གཡང་པ་ཆོས་རྗེ་ཕྱོགས་ལས་རྣམ་རྒྱལ།）著；拉结·贡乔结（ལྷ་རྗེ་དཀོན་མཆོག་སྐྱབས）补遗及班禅索扎巴所著的传；《胜者索南嘉措[16]传幸运之车》（རྒྱལ་བ་བསོད་ནམས་རྒྱ་མཚོའི་རྣམ་ཐར་སྐལ་བཟང་ཤིང་རྟ།）、《索南嘉措十五岁以前之传记(颂体)》及《圣·索南嘉措传》；五世达赖、喀尔那巴、玉康巴·格勒隆珠（གཞུ་ཁང་པ་དགེ་ལེགས་ལྷུན་གྲུབ།）、秘书建赛巴（འཇམ་སྲས་པ།）等著《胜者云丹嘉措[17]传》（རྒྱལ་བ་ཡོན་ཏན་རྒྱ་མཚོའི་རྣམ་ཐར།）；玉康巴、喀尔那译师著，苏·曲英让绰（ཟུར་ཆོས་དབྱངས་རང་གྲོལ།）和曼绰·建央旺嘉多吉(སྨིན་འགྲོ་འཇམ་དབྱངས་དབང་རྒྱལ་རྡོ་རྗེ།）著《五世达赖传》（རྒྱལ་དབང་ལྔ་པའི་རྣམ་ཐར།）；《五世达赖诞生

记甘露滴》（འབྱུངས་རབས་རྣམ་ཐར་བདུད་རྩིའི་ཐིགས་པ།）；帕旺喀·建央扎巴（ཕ་བོང་ཁ་འཇམ་དབྱངས་གྲགས་པ།）著；第悉[18]《云裳补遗》（དུ་ཀཱུ་ལའི་ཁ་སྐོང་།）三函及《仓央嘉措传黄金之穗》（ཚངས་རྣམ་གསེར་གྱི་སྙེ་མ།）；达尔吉诺们汗（དར་རྒྱས་ནོ་མོན་ཧན།）著《仓央[19]氏传》（ཚངས་དབྱངས་པའི་རྣམ་ཐར།）；《第七世达赖喇嘛传》（རྒྱལ་དབང་བདུན་པའི་རྣམ་ཐར།），章嘉饶必多吉著；达擦济咙著《胜者强白嘉措[20]传赡部大地庄严》（རྒྱལ་བ་འཇམ་དཔལ་རྒྱ་མཚོའི་རྣམ་ཐར་འཛམ་གླིང་མཐའ་གྲུ་ཡངས་པའི་རྒྱན།）、《胜者隆朵嘉措[21]确认记导引事业旭日的黎明》（རྒྱལ་བ་ལུང་རྟོགས་རྒྱ་མཚོ་འཁྲུལ་མེད་ངེས་པ་རྙེད་པའི་ལོ་རྒྱུས་འཕྲིན་ལས་ཉིན་བྱེད་འདྲེན་པའི་སྐྱ་རེངས།）；《传记信者意倾》（རྣམ་ཐར་དད་པའི་ཡིད་འཕྲོག），第穆洛桑图丹久麦嘉措（དེ་མོ་བློ་བཟང་ཐུབ་བསྟན་འཇིགས་མེད་རྒྱ་མཚོ།）著；四世班禅洛桑确坚著《温萨巴等三大智者传记》（དབེན་ས་པ་སོགས་མཁས་གྲུབ་ཆེན་པོ་གསུམ་གྱི་རྟོགས་བརྗོད།）、《噶当派秘道传承记略》（དགེ་ལྡན་བཀའ་བརྒྱུད་རིན་པོ་ཆེའི་ཟབ་ལམ་བརྒྱུད་པའི་རྣམ་ཐར་མདོར་བསྡུས།），及其对巴索智叩（བ་སོ་སྤྲུལ་སྐུ）所授的《秘传》与对鄂赛尔智叩（འོད་ཟེར་སྤྲུལ་སྐུ།）所授的《诞生记》（འབྱུངས་རབས།）、《四世班禅大传》（པཎ་ཆེན་བཞི་པའི་རྣམ་ཐར་རྒྱས་པ།）、喀尔那译师著《传奇妙音词章庄严海及补遗》（རྟོགས་བརྗོད་སྙན་ངག་དབྱངས་ཅན་ངག་གི་རོལ་མཚོ་ཁ་སྐོང་།）等；《五世班禅洛桑耶喜传》（པཎ་ཆེན་བློ་བཟང་ཡེ་ཤེས་རྣམ་ཐར།），本仓·根敦端珠（དཔོན་ཚང་དགེ་འདུན་དོན་གྲུབ།）著；《六世班禅贝丹耶喜传旭日之光》（པཎ་ཆེན་དཔལ་ལྡན་ཡེ་ཤེས་ཀྱི་རྣམ་ཐར་ཉི་མའི་འོད་ཟེར།）；班禅·索扎巴（པཎ་ཆེན་བསོད་གྲགས་པ།）《自传道歌》及夏哲·拉旺嘉措（ཞྭ་བྲལ་ལྷ་དབང་རྒྱ་མཚོ།）著《传记精奇稀有戏嬉》（རྣམ་ཐར་ངོ་མཚར་རྨད་བྱུང་རོལ་རྩེད།）；藏那巴（གཙང་ནག་པ།）著《恰瓦曲森传信仰之光分布百方》（ཆ་བ་ཆོས་སེང་གི་རྣམ་ཐར་པའི་འོད་ཟེར་ཕྱོགས་བརྒྱར་འགྱེད་པ།）；《喀契班禅释迦室利传》（ཁ་ཆེའི་པཎ་ཆེན་ཤཱཀྱ་ཤྲཱིའི་རྣམ་ཐར།）；《大译师仁钦桑布传》（ལོ་ཆེན་རིན་ཆེན་བཟང་པོའི་རྣམ་ཐར།），由弟子阿里赤登瓦·室利甲那（མངའ་རིས་ཁྲི་སྟེང་བ་ཤྲཱི་ཛྙཱན།）著，《本生记》（རྟོགས་བརྗོད།），由象雄·曲旺扎巴（ཞང་ཞུང་ཆོས་དབང་གྲགས་པ།）著；伍由巴（ཨུ་ཡུག་པ།）《热译师传信仰之光遍照十方》（ར་ལོའི་རྣམ་ཐར་དད་པའི་འོད་ཟེར་ཕྱོགས་བཅུར་འཕྲོ་བ།）及热·耶喜森格（ར་ཡེ་ཤེས་སེང་གེ）著《补遗》（ལྷན་ཐབས།）等；《教长莲花生传》（སློབ་དཔོན་པདྨའི་རྣམ་ཐར།），多罗那他（ཏཱ་ར་ནཱ་ཐ།）与哦强衮仁（ཕྱོགས་འཆང་ཀུན་རིན།）之子索南旺布（བསོད་ནམས་དབང་པོ།）著；《莲花生

遗教》（པདྨའི་བཀའ་ཐང་།）（颂体及散文两种），跋希乃旦(པག་ཤི་གནས་བརྟན།）著《鲁梅传》（ཀླུ་མེའི་རྣམ་ཐར།)；红帽系四世确吉扎巴（ཞྭ་དམར་པ་བཞི་པ་ཆོས་ཀྱི་གྲགས་པ།）著《陈康译师索南嘉措传》（ཁྲིམས་ཁང་ལོ་ཙཱ་བ་བསོད་ནམས་རྒྱ་མཚོའི་རྣམ་ཐར།）及其《大颂》(བསྟོད་ཆེན)；班禅释迦乔登（པཎ་ཆེན་ཤཱཀྱ་མཆོག་ལྡན།）著《戎智噶巴传》（རོང་ཏིག་པའི་རྣམ་ཐར།)、《萨迦班智达传奇幸运妙道》（ས་སྐྱ་པཎྜི་ཏའི་རྟོགས་བརྗོད་སྐལ་བ་བཟང་པོའི་ལེགས་ལམ།)；他（指班禅释迦乔登）的弟子洛巴·仁钦贝(ལྷོ་པ་རིན་ཆེན་དཔལ།)、八思巴法王(ཆོས་རྒྱལ་འཕགས་པ།)、伍玉巴·柔悲森格（འུ་ཡུག་པ་རིགས་པའི་སེང་གེ)、仁邦·阿旺久扎(རིན་སྤུངས་ངག་དབང་འཇིགས་གྲགས།）等所著的《萨班传》(ས་པཎ་གྱི་རྣམ་ཐར།)；《八思巴传》(འཕགས་པའི་རྣམ་ཐར།)，耶喜坚赞(ཡེ་ཤེས་རྒྱལ་མཚན།）著；涅·宁波坚赞（གཉག་སྙིང་པོ་རྒྱལ་མཚན།）著《磋宫仁波切传》（ཚོགས་སྒོམ་རིན་པོ་ཆེའི་རྣམ་ཐར།)；噶波扎巴（དཀར་པོ་བྲག་པ།）著《自传》（རང་རྣམ།）及《年钦索南丹巴传》（ཉན་ཆེན་བསོད་ནམས་བརྟན་པའི་རྣམ་ཐར།)；格隆贝丹（དགེ་སློང་དཔལ་ལྡན）著《向·贡乔贝巴传》（ཞང་དཀོན་མཆོག་དཔལ་པའི་རྣམ་ཐར)；洛丹著《那萨·扎普巴传》(ན་བཟའ་བྲག་ཕུག་པའི་རྣམ་ཐར།)；《喇嘛丹巴·索南坚赞传》(བླ་མ་དམ་པ་བསོད་ནམས་རྒྱལ་མཚན་གྱི་རྣམ་ཐར།)，贝登楚臣（དཔལ་ལྡན་ཚུལ་ཁྲིམས།）著；另有绛曲泽摩大译师（ལོ་ཆེན་བྱང་ཆུབ་རྩེ་མོ།）著两部；《邦达室利传》（པཎྜ་ཤྲཱིའི་རྣམ་ཐར།)，俄尔瓦(ངོར་བ）著；《日朝巴·洛丹传》（རི་ཁྲོད་པ་བློ་བརྟན་གྱི་རྣམ་ཐར།)，贝登楚丞著；《昧钦贡乔坚赞传》(མུས་ཆེན་དཀོན་མཆོག་རྒྱལ་མཚན་གྱི་རྣམ་ཐར།)，贡如歇尔桑（གུར་རུ་ཤེར་བཟང་།）著；《圣·昧巴大传稀奇之海及补遗》（རྗེ་མུས་པའི་རྣམ་ཐར་རྒྱས་པ་ངོ་མཚར་རྒྱ་མཚོ་ཁ་སྐོང་བཅས།)，索南森格著；《郭然巴传》（གོ་རམས་པའི་རྣམ་ཐར།)，擦尔钦（ཚར་ཆེན།）著；《达钦洛追坚赞传》(བདག་ཆེན་བློ་གྲོས་རྒྱལ་མཚན་གྱི་རྣམ་ཐར།)、《多仁瓦传》（རྫོ་རིང་བའི་རྣམ་ཐར།)、《圣·登玛巴钦波传》(རྗེ་བཙུན་སྡིངས་མ་པ་ཆེན་པོའི་རྣམ་ཐར）等。夏哲·桑吉彭措(ཞྭ་བྲལ་སངས་རྒྱས་ཕུན་ཚོགས།)、古格官人·南喀洛赛（མུ་གེ་དཔོན་པོ་ནམ་མཁའ་བློ་གསལ།)、曲贝桑布(ཆོས་དཔལ་བཟང་པོ།）等著《俄尔瓦衮桑传》(ངོར་བ་ཀུན་བཟང་གི་རྣམ་ཐར།）[22]；《俄尔瓦传》（ངོར་བའི་རྣམ་ཐར།)，昧钦（མུས་ཆེན།）著；《建贡衮索巴传奇稀奇海波及补遗信仰长河》（འཇམ་མགོན་ཀུན་བསོད་པའི་རྟོགས་བརྗོད་ངོ་མཚར་རྒྱ་མཚོའི་ཐ་རླབས་དང་ཁ་སྐོང་དད་པའི་ཆུ་རྒྱུན།)、《擦钦传》（ཚར་ཆེན་རྣམ་ཐར།)，五世达赖著。《擦钦道曲》（ཚར་ཆེན་ལམ་མགུར།)；《建

央欠泽自传》共通本及不共本(འཇམ་དབྱངས་མཁྱེན་བརྩེའི་རང་རྣམ་ཐུན་མོང་དང་ཐུན་མོང་མ་ཡིན་པ།)及旺秋拉卜丹（དབང་ཕྱུག་རབ་བརྟན།）著《补遗》；《欧强衮仁巴传稀奇之海》(ཕྱོགས་འཆང་ཀུན་རིན་པའི་རྣམ་ཐར་ངོ་མཚར་རྒྱ་མཚོ།)；协巴欠泽（བཞེད་པ་མཁྱེན་བརྩེ།）著《郭容木巴·衮噶勒巴传》(གོ་རུམས་པ་ཀུན་ལེགས་པའི་རྣམ་ཐར།)；《仁达巴传》（རིང་མདའ་པའི་རྣམ་ཐར།)，阿里巴·索南泽摩（མངའ་རིས་པ་བསོད་ནམས་རྩེ་མོ།)、杜增扎巴坚赞（འདུལ་འཛིན་གྲགས་པ་རྒྱལ་མཚན།）著。《布顿传珍宝鬘》（བུ་སྟོན་རྣམ་ཐར་རིན་ཆེན་ཕྲེང་བ།)、《布顿本生记》(བུ་སྟོན་རྟོགས་བརྗོད།)，绰浦·索南森格（ཁྲོ་ཕུ་བསོད་ནམས་སེང་གེ）著；《尼摩苟向曲结传》(ཉི་མོ་སྒྲུ་ཞང་ཆོས་རྗེའི་རྣམ་ཐར།)，堆夏巴·释迦旺秋（དུས་ཞབས་པ་ཤཱཀྱ་དབང་ཕྱུག）著；《苟向索南乔珠传》（སྒྲུ་ཞང་བསོད་ནམས་མཆོག་གྲུབ་ཀྱི་རྣམ་ཐར།)，扎阿多吉（ཟ་ལྷ་རྡོ་རྗེ།）著；《夏鲁曲结仁钦欠惹卜乔珠传》（ཞྭ་ལུ་ཆོས་རྗེ་རིན་ཆེན་མཁྱེན་རབ་མཆོག་གྲུབ་ཀྱི་རྣམ་ཐར།）及其《补遗幸运徒众之对治》（ཁ་སྐོང་སྐལ་བཟང་གདུལ་བྱའི་གཉེན།)；《觉敦柔增嘉布传》(སྐྱོག་སྟོན་རིག་འཛིན་རྒྱལ་པོའི་རྣམ་ཐར།)，觉敦索南坚赞（སྐྱོག་སྟོན་བསོད་ནམས་རྒྱལ་མཚན།）著；班禅本叉三世仁钦曲旺(པཎ་ཆེན་འདུས་ཕྲག་གསུམ་པ་རིན་ཆེན་ཆོས་དབང་།）及觉敦仁钦扎喜坚赞(སྐྱོག་སྟོན་རིན་ཆེན་བཀྲ་ཤིས་རྒྱལ་མཚན།）著《夏鲁译师曲郡桑布传》（ཞྭ་ལུ་ལོ་ཙྪ་བ་ཆོས་སྐྱོང་བཟང་པོའི་རྣམ་ཐར།)，及绛瓦大译师热拿巴扎（བྱང་པ་ལོ་ཆེན་རཏྣ་བྷ་དྲ།）著《夏鲁译师传（颂体)》（ཞྭ་ལུ་ལོ་ཙྪ་བ་རྣམ་ཐར་ཚིགས་བཅད་མ།)；《玛尔巴、米拉、热琼传与道歌》（མར་མི་རས་ཆུང་གི་རྣམ་མགུར།)；《米拉传黑库》（མི་ལའི་རྣམ་ཐར་མཛོད་ནག་མ།)；索南隆珠达鄂坚参官人著《冈波寺传记》（སྒམ་པོའི་རྣམ་ཐར།)；蔡巴司徒格洛（ཚལ་པ་སི་ཏུ་དགེ་བློ།)著《喇嘛向之传》（བླ་མ་ཞང་གི་རྣམ་ཐར།)；《善逝帕摩主巴传》[23](བདེ་གཤེགས་ཕག་མོ་གྲུ་པའི་རྣམ་ཐར།)，曲郭巴索南贝（ཆོས་སྒོ་པ་བསོད་ནམས་དཔལ།）著；《藏瓦嘉热传信仰之波》[24](གཙང་པ་རྒྱ་རས་ཀྱི་རྣམ་ཐར་དད་པའི་རླབས་ཕྲེང་།）及《十万道歌集》（མགུར་འབུམ།)、《藏颠呬鲁迦与洛热传》（གཙང་སྨྱོན་ཧེ་རུ་ཀ་དང་ལོ་རས་ཀྱི་རྣམ་ཐར།)，郭仓巴[25](གོད་ཚང་པ།)著；《达垅玛塘传珍珠鬘》（སྟག་ལུང་མ་ཐང་གི་རྣམ་ཐར་མུ་ཏིག་ཕྲེང་བ།)、《达垅阿旺南结降生世系记》（སྟག་ལུང་ངག་དབང་རྣམ་རྒྱལ་གྱི་འཁྲུངས་རབས་རྣམ་ཐར།)、《拔拉瓦·坚赞桑布传记道歌》（འབར་བ་རྒྱལ་མཚན་བཟང་པོའི་རྣམ་མགུར།)、《拔拉瓦继承者阿旺耶喜传》(འབར་བ་བརྒྱུད་འཛིན་ངག་དབང་ཡེ་ཤེས་ཀྱི་རྣམ་ཐར།)，曲英多结（ཆོས་དབྱངས་རྡོ་རྗེ།）著；《红帽系噶

旺确吉旺秋本生记如意牛》（ཞྭ་དམར་གར་དབང་ཆོས་ཀྱི་དབང་ཕྱུག་གི་རྟོགས་བརྗོད་འདོད་འཇོའི་བ་མོ།）；《道力包巴·喜饶坚赞传》（དོལ་པོ་པ་ཤེས་རབ་རྒྱལ་མཚན་གྱི་རྣམ་ཐར།），其弟子噶戎瓦（འགའ་རོང་བ།）及夏鲁译师著；《帕巴拉历世降生记》（འཕགས་པ་ལྷ་རིམ་བྱོན་གྱི་རྣམ་ཐར།），普尔觉苟察噶卜居强巴洛追（ཕུར་ལྕོག་སྐུ་ཚ་བཀའ་བརྒྱུད་བྱམས་པ་བློ་གྲོས།）著；夏鲁译师著《邦译师传》（དཔང་ལོ་ཙཱ་བའི་རྣམ་ཐར།）；《洛丹三世传》（བློ་བརྟན་གསུམ་པའི་རྣམ་ཐར།），其侄大译师绛曲泽摩（ལོ་ཆེན་བྱང་ཆུབ་རྩེ་མོ།）著；《大译师绛泽传》（ལོ་ཆེན་བྱང་རྩེའི་རྣམ་ཐར།），夏鲁巴·扎巴坚赞（ཞྭ་ལུ་པ་གྲགས་པ་རྒྱལ་མཚན།）著，其侄《博洞·屈勒南结传稀奇喜筵》（བོ་དོང་ཕྱོགས་ལས་རྣམ་རྒྱལ་གྱི་རྣམ་ཐར་ངོ་མཚར་དགའ་སྟོན།），又此师之传《言权者》（ངག་དབང་མ།）及文友巴·贡乔坚赞（དཔོན་ཡིག་པ་དཀོན་མཆོག་རྒྱལ་མཚན།）的《随笔录》（ཟིན་བྲིས་མ།），《衮噶卓乔本生记》（ཀུན་དགའ་གྲོལ་མཆོག་གི་འཁྲུངས་རབས་རྣམ་ཐར།）；多闻者龙树巴（མང་ཐོས་ཀླུ་སྒྲུབ་པ།）著《吉雄瓦·桑吉鄂赛尔本生记》（སྐྱིད་གཤོང་བ་སངས་རྒྱས་འོད་ཟེར་གྱི་རྟོགས་བརྗོད།）；《尼多一切知衮噶敦珠传》，教长洪戛拉（ཧཱུྃ་ཀ་ར།）著；《嘉康孜巴·班觉嘉措传》（རྒྱལ་ཁང་རྩེ་པ་དཔལ་འབྱོར་རྒྱ་མཚོའི་རྣམ་ཐར།），曲结转世才让贡布（ཆོས་རྗེ་སྐུ་སྐྱེ་ཚེ་རིང་མགོན་པོ།）等著三部，又此寺之公开与秘密的传记（དགོན་པའི་ཕྱི་ནང་གསང་གསུམ་གྱི་རྣམ་ཐར།）；《展乔敦约坚赞传》（ཉན་མཆོག་དོན་ཡོད་རྒྱལ་མཚན་གྱི་རྣམ་ཐར།），由其父衮噶坚赞（ཡབ་རྗེ་ཀུན་དགའ་རྒྱལ་མཚན།）著；圣·宗喀巴弟子《玛尔庸巴·扎巴桑布传》（སྨད་ཁམས་པ་གྲགས་པ་བཟང་པོའི་རྣམ་ཐར།），达仓译师、班禅确坚著；洛追仁青（བློ་གྲོས་རིན་ཆེན།）著《森巴钦波贝登森格传》（སེམས་དཔའ་ཆེན་པོ་དཔལ་ལྡན་སེང་གེའི་རྣམ་ཐར།）；色拉吉尊巴（སེ་ར་རྗེ་བཙུན་པ།）著《乃宁衮噶德勒传》（གནས་རྙིང་ཀུན་དགའ་བདེ་ལེགས་ཀྱི་རྣམ་ཐར།）；味钦著《森巴循奴坚乔传》（སེམས་དཔའ་ཆེན་པོ་གཞོན་ནུ་རྒྱལ་མཆོག་གི་རྣམ་ཐར།）；仁钦楚臣（རིན་ཆེན་ཚུལ་ཁྲིམས།）著《仲泽拉尊传》（འབྲོང་རྩེ་ལྷ་བཙུན་གྱི་རྣམ་ཐར།）；《仲·森格坚赞本生记》（འབྲོམ་སེང་གེ་རྒྱལ་མཚན་གྱི་རྟོགས་བརྗོད།），达译师著；拜康·洛桑乔珠（སྤོས་ཁང་བློ་བཟང་མཆོག་གྲུབ།）著《塘萨巴·额珠嘉措传》（ཐང་སག་པ་དངོས་གྲུབ་རྒྱ་མཚོའི་རྣམ་ཐར།）；第穆呼图克图旺结敦珠（དེ་མོ་སྤྲུལ་སྐུ་དབང་རྒྱལ་དོན་གྲུབ།）著《本身直系本生记显示明镜》（རང་གི་སྐྱེ་རབས་དྲང་ཐིག་གསལ་བར་སྟོན་པའི་མེ་ལོང་།）；奥喀·洛桑程列（འོལ་ཁ་བློ་བཟང་འཕྲིན་ལས།）著《自传贤者喜筵》（རང་རྣམ་མཁས་པའི་དགའ་སྟོན།）、《奥喀

巴·桑日丹却嘉措师之传希奇之韵》（དགེ་རྒན་འོལ་ཁ་པ་བཟང་ས་རི་དམ་ཆོས་རྒྱ་མཚོའི་རྣམ་ཐར་ངོ་མཚར་རོལ་མོ།）、《济仲智叩根敦曲结旺秋传大成就者意悦乐海》（རྗེ་དྲུང་སྤྲུལ་སྐུ་དགེ་འདུན་ཆོས་རྒྱལ་དབང་ཕྱུག་གི་རྣམ་ཐར་གྲུབ་དབང་དགྱེས་པའི་རོལ་མཚོ།）；《藏瓦·耶喜班觉尔传》（གཙང་བ་ཡེ་ཤེས་དཔལ་འབྱོར་གྱི་རྣམ་ཐར།），措拿·郭泽智叩（མཚོ་སྣ་གོད་ཙེ་སྤྲུལ་སྐུ།）编；《色拉寺结扎仓喇苏尔坚钦堪布洛桑闹吾传开启信仰之门加持之乐海》（བློ་བྲུར་ཐུབ་བསམ་ཆེན་མཁན་པོ་བློ་བཟང་ནོར་བུའི་རྣམ་ཐར་དད་པའི་སྒོ་འབྱེད་བྱིན་རླབས་ཀྱི་རོལ་མཚོ།）；噶登嘉措（སྐལ་ལྡན་རྒྱ་མཚོ།）著《吉雪丹增洛桑嘉措传》（སྐྱིད་ཤོད་བསྟན་འཛིན་བློ་བཟང་རྒྱ་མཚོའི་རྣམ་ཐར།）；章嘉饶必多吉著《热振大座主传》（ར་སྒྲེང་ཁྲི་ཆེན་གྱི་རྣམ་ཐར།）；《达擦济咙洛桑丹贝贡布传》（རྟ་ཚག་རྗེ་དྲུང་བློ་བཟང་བསྟན་པའི་མགོན་པོའི་རྣམ་ཐར།），周嘉旺智叩（འབྲུག་རྒྱལ་དབང་སྤྲུལ་སྐུ།）编；《拿喀巴塔尔悲坚赞传导引珍宝双运之车》（ན་ཁ་པ་ཐར་པའི་རྒྱལ་མཚན་གྱི་རྣམ་ཐར་ཟུང་འཇུག་རིན་ཆེན་འདྲེན་པའི་ཤིང་རྟ།），由其弟子达苏尔·洛桑克尊（དྭགས་ཟུར་བློ་བཟང་མཁས་བཙུན།）著，又《略传》，卜后希噶琐噶拉著；《琚日巴自传水晶宝鬘》（འཇོག་རི་པའི་རང་རྣམ་དྭངས་ཤེལ་ནོར་བུའི་ཕྲེང་བ།），《木里赞拉格西洛追丹增自传》（མུ་ལི་བཙན་ར་དགེ་བཤེས་བློ་གྲོས་བསྟན་འཛིན་གྱི་རྣམ་ཐར་རང་ཚོམ།）；《森厦堪布传》（གཟིགས་ཤག་མཁན་པོའི་རྣམ་ཐར།），其弟子仲然巴·阿旺曲扎（དྲུང་རམས་པ་ངག་དབང་ཆོས་གྲགས།）著；《大登布阿旺年扎传》（སྡིངས་པོ་ཆེ་བ་ངག་དབང་སྙན་གྲགས་ཀྱི་རྣམ་ཐར།），普摩且瓦（ཕུག་མོ་ཆེ་བ།）著；《卫颠衮噶桑波传》（དབུས་སྨྱོན་ཀུན་དགའ་བཟང་པོའི་རྣམ་ཐར།）上函，倪拉班禅阿旺扎巴（གཙུག་ལག་པཎ་ཆེན་ངག་དབང་གྲགས་པ།）著，下函，拉唐译师（ལྷ་མཐོང་ལོ་ཙཱ་བ།）著；森厦堪布弟子喀交喇嘛阿旺丹巴达尔吉（མཁའ་སྤྱོད་བླ་མ་ངག་དབང་བསྟན་པ་དར་རྒྱས།）著《森厦洛巴堪布传》（གཟིགས་ཤག་ལྷོ་པ་མཁན་པོའི་རྣམ་ཐར།），《叶尔巴·彭磋嘉措传》（ཡེར་པ་ཕུན་ཚོགས་རྒྱ་མཚོའི་རྣམ་ཐར།）、《叶尔巴瓦秘传与道歌奥义释》（ཡེར་པ་བའི་གསང་རྣམ་དང་མགུར་འགྲེལ་ཁྱད་འཕགས།）、《达浦国师贝登敦珠传补遗》（སྟག་ཕུ་ཀུ་ཤྲི་དཔལ་ལྡན་དོན་གྲུབ་གྱི་རྣམ་ཐར་ཁ་སྐོང་ཅན།），主巴衮勒智叩（འབྲུག་པ་ཀུན་ལེགས་ཀྱི་སྤྲུལ་སྐུ།）著；《主巴衮勒自传》（འབྲུག་པ་ཀུན་ལེགས་ཀྱི་རང་རྣམ།）、《主巴阿旺南结传大法云之曲》（འབྲུག་པ་ངག་དབང་རྣམ་རྒྱལ་གྱི་རྣམ་ཐར་ཆོས་ཀྱི་སྤྲིན་ཆེན་པོའི་དབྱངས།）、《主巴白噶尔[26]自传大悲之曲》（འབྲུག་པ་པད་དཀར་གྱི་རྣམ་ཐར་རང་ཚོམ་ཐུགས་རྗེ་ཆེན་པོའི་གླུས་གར།）及桑吉多吉（སངས་རྒྱས་རྡོ་རྗེ།）著主巴噶举派每一世喇嘛之传记补遗各一函；

京俄洛追坚赞（སྤྱན་སྔ་བློ་གྲོས་རྒྱལ་མཚན།）著《桑吉仁钦冈巴叔侄传》（སངས་རྒྱས་རིན་ཆེན་སྣང་པ་ཁུ་དཔོན་གྱི་རྣམ་ཐར།）；《苏尔钦传》（ཟུར་ཆེན་གྱི་རྣམ་ཐར།），五世达赖著；端珠嘉布（དོན་གྲུབ་རྒྱལ་པོ།）著《德尔敦热特那林巴传》（གཏེར་སྟོན་རཏྣ་གླིང་པའི་རྣམ་ཐར།）；《噶玛堆松钦巴传表》（གཙང་དུས་གསུམ་མཁྱེན་པའི་རྣམ་ཐར་རེའུ་མིག་མ།），循奴绛曲（གཞོན་ནུ་བྱང་ཆུབ།）著；冈译师（སྣང་ལོ་ཙཱ་བ།）著《传记金洲》、《热噶阿赛传》（ར་ག་ཨ་སྱེའི་རྣམ་ཐར།）一函，《拉孜阿旺桑布传》（ལྷ་རྩེ་ངག་དབང་བཟང་པོའི་རྣམ་ཐར།），由阿旺桑吉多吉（ངག་དབང་སངས་རྒྱས་རྡོ་རྗེ།）笔录；《阿旺索南旺秋传》（ངག་དབང་བསོད་ནམས་དབང་ཕྱུག་གི་རྣམ་ཐར།），其子阿旺衮噶扎喜（ངག་དབང་ཀུན་དགའ་བཀྲ་ཤིས།）著；建央曲结的弟子《工布撒玉巴·仁钦南结传白莲束》（ཀོང་པོ་ཟ་ཡུལ་པ་རིན་ཆེན་རྣམ་རྒྱལ་གྱི་རྣམ་ཐར་པད་དཀར་ཆུན་པོ།），由其弟子楚丞桑布（ཚུལ་ཁྲིམས་བཟང་པོ།）著；《木雅居苏尔洛桑仁钦自传》（མི་ཉག་རྒྱུད་ཟུར་བློ་བཟང་རིན་ཆེན་གྱི་རང་རྣམ།）（未完稿）；《达垅夏仲阿旺扎西贝珠大传》（སྟག་ལུང་ཞབས་དྲུང་ངག་དབང་བཀྲ་ཤིས་དཔལ་གྲུབ་ཀྱི་རྣམ་ཐར་རྒྱས་པ།）一函；《吉康阿阇黎古格宗哲坚赞传》（དཀྱིལ་ཁང་དཔོན་སློབ་ཀུ་གེ་བརྩོན་འགྲུས་རྒྱལ་མཚན་གྱི་རྣམ་ཐར།），嘉赛·洛桑丹增（རྒྱལ་སྲས་བློ་བཟང་བསྟན་འཛིན།）著及琼吉班智达洛桑丹培（འཕྱོང་རྒྱས་པཎྜིཏ་བློ་བཟང་བསྟན་འཕེལ།）著两种；《拉孜耶喜丹增传解脱妙果成就者喜筵》（ལྷ་རྩེ་ཡེ་ཤེས་བསྟན་འཛིན་གྱི་རྣམ་ཐར་རྣམ་གྲོལ་འབྲས་བཟང་གྲུབ་པའི་དགའ་སྟོན།）；《达涅柔惹智叩艾伦木巴·坚巴丹巴自撰本生记如意树》（དྭགས་ཉག་རིག་རལ་གྱི་སྤྲུལ་སྐུ་ཨེ་ལུམ་པ་བྱམས་པ་བསྟན་པའི་རྟོགས་བརྗོད་རང་རྗོམ་དཔག་བསམ་འཁྲི་ཤིང་།）；《圣·扎喜南结巴传稀奇之海》（རྗེ་བཀྲ་ཤིས་རྣམ་རྒྱལ་པའི་རྣམ་ཐར་ངོ་མཚར་རྒྱ་མཚོ།），噶玛程列（གཙང་འཕྲིན་ལས།）著；《周嘉旺智叩自撰本传》（འབྲུག་རྒྱལ་དབང་སྤྲུལ་སྐུའི་རང་རྣམ།）；《达浦噶尔旺确吉旺秋自传水晶明镜》（སྟག་ཕུ་གར་དབང་ཆོས་ཀྱི་དབང་ཕྱུག་གི་རང་རྣམ་དྭངས་ཤེལ་མེ་ལོང་།）；《嘉戎巴·戎敦释迦坚赞传》（རྒྱ་རོང་པ་རོང་སྟོན་ཤཱཀྱ་རྒྱལ་མཚན་གྱི་རྣམ་ཐར།），南喀贝桑(ནམ་མཁའ་དཔལ་བཟང་།）及释迦乔登（ཤཱཀྱ་མཆོག་ལྡན།）著两种，《一切知的上师艾森厦巴·洛桑克宗传》（ཀུན་མཁྱེན་བླ་མ་ཨེ་གཞིམས་ཤག་པ་བློ་བཟང་མཁས་བཙུན་རྣམ་ཐར།），仲然巴·阿旺曲扎（དྲུང་རམས་པ་ངག་དབང་ཆོས་གྲགས།）及喀觉巴·阿旺丹巴达尔吉（མཁའ་སྤྱོད་པ་ངག་དབང་བསྟན་པ་དར་རྒྱས།）著两种；阿阇黎翁泽·曲派坚赞（དཔོན་སློབ་དབུ་མཛད་ཆོས་འཕེལ་རྒྱལ་མཚན།）编《德钦巴·耶喜金巴传幸运者耳中甘露冬卜拉音韵》（བདེ་ཆེན་པ་ཡེ་

ཞེས་སྦྱིན་པའི་རྣམ་ཐར་སྐལ་བཟང་རྣ་བའི་བདུད་རྩི་ཏ་སྦྲུརའི་སྒྲ་དབྱངས།)、《木雅拉止敦巴喜饶多吉传》(མི་ཉག་ལྷ་འབྲི་སྟོན་པ་ཤེས་རབ་རྡོ་རྗེའི་རྣམ་ཐར།)，其弟子嘉戎瓦戎敦洛追村麦（རྒྱ་རོང་བ་རོང་སྟོན་བློ་གྲོས་མཚུངས་མེད།）著(补遗部分)，《谢伍译师之京俄阿旺曲扎坚赞传》（补遗部分）（ཞིའུ་ལོའི་སྤྱན་སྔ་ངག་དབང་ཆོས་གྲགས་རྒྱལ་མཚན་གྱི་རྣམ་ཐར་རྫོམ་འཕྲོ།)；《阿旺群培座主自传广论噶当教义释难》（ཁྲི་ངག་དབང་ཆོས་འཕེལ་གྱི་རྣམ་ཐར་རང་རྩོམ་དགེ་ལྡན་རིང་ལུགས་རྒྱས་བྱེད་དཀའ་ཆེན།)及格勒坚赞（དགེ་ལེགས་རྒྱལ་མཚན།）著《补遗》;《绛曲琼培座主传噶当教义庄严》(ཁྲི་བྱང་ཆུབ་ཆོས་འཕེལ་གྱི་རྣམ་ཐར་དགེ་ལྡན་བསྟན་པའི་མཛེས་རྒྱན།)，堪智洛桑程列南结(མཁན་སྤྲུལ་བློ་བཟང་འཕྲིན་ལས་རྣམ་རྒྱལ།）著；多罗那他著《大成就者邦达主达及教长觉强旺波传》(གྲུབ་ཆེན་བུདྡྷ་གུབ་ཏ་དང་སློབ་དཔོན་སྤྱོད་འཆང་དབང་པོའི་རྣམ་ཐར།)；仁钦南结著《嘉旺曲结衮噶班觉尔[27]传希奇甘露滴》（རྒྱལ་དབང་ཆོས་རྗེ་ཀུན་དགའ་དཔལ་འབྱོར་གྱི་རྣམ་ཐར་ངོ་མཚར་བདུད་རྩིའི་ཐིགས་པ།)；《玉扎巴向·宗哲扎巴自传》（གཡུ་བྲག་པ་ཞང་བརྩོན་འགྲུས་གྲགས་པའི་རང་རྣམ།）（为应格隆喜饶主巴之请而作)；《桑耶寺秘笈记》（两卷）（རྣམ་ཐར་བསམ་ཡས་བཀའ་རྒྱམ་ལེ་ཚན་གཉིས།)、《密咒金刚乘传记密道金刚乘埋藏秘笈》（གསང་སྔགས་རྡོ་རྗེ་ཐེག་པའི་རྣམ་ཐར་གསང་ལམ་རྡོ་རྗེ་ཐེག་པའི་སྦས་པ་བཀའ་རྒྱམ།)、《工布老群则噶桑丹增传显示千奇之水晶》（ཀོང་པོ་ཆོས་མཛད་བགྲེས་པ་སྐལ་བཟང་བསྟན་འཛིན་གྱི་རྣམ་ཐར་ངོ་མཚར་འབུམ་ཕྲག་འཆར་བའི་དྭངས་ཤེལ།)，新群则耶喜宗哲（ཆོས་མཛད་གཞོན་པ་ཡེ་ཤེས་བརྩོན་འགྲུས།）著；《多闻者龙树巴自传》(རྣམ་ཐོས་ཀླུ་སྒྲུབ་པའི་རང་རྣམ།)；《多喀尔巴·美智敦珠坚赞传》（མདོ་མཁར་བ་མི་ཏྲི་དོན་གྲུབ་རྒྱལ་མཚན་གྱི་རྣམ་ཐར།)，京俄穆旁曲嘉措（སྤྱན་སྔ་མི་ཕམ་ཆོས་རྒྱ་མཚོ།）著；尧·喇钦洛追坚赞（ཡོལ་བླ་ཆེན་བློ་གྲོས་རྒྱལ་མཚན།）著《循奴洛追传》(གཞོན་ནུ་བློ་གྲོས་ཀྱི་རྣམ་ཐར།)；《持明咒师·索南群培自传》（སྔགས་འཆང་བསོད་ནམས་ཆོས་འཕེལ་གྱི་རྣམ་ཐར་རང་རྩོམ།）及其供养师贡乔多吉（མཆོད་དཔོན་དཀོན་མཆོག་རྡོ་རྗེ།）所作的《补遗》;《喇松坚赞传》(བསླབ་གསུམ་རྒྱལ་མཚན་གྱི་རྣམ་ཐར།)，旺秋拉卜丹（དབང་ཕྱུག་རབ་བརྟན།）著；五世达赖著《持金刚旺秋拉卜丹传》（རྡོ་རྗེ་འཆང་དབང་ཕྱུག་རབ་བརྟན་གྱི་རྣམ་ཐར།)、《甘珠尔·贡布索南乔登传》（བཀའ་འགྱུར་བ་མགོན་པོ་བསོད་ནམས་མཆོག་ལྡན་གྱི་རྣམ་ཐར།）及《夏鲁巴·仁钦索南乔珠传》（ཞྭ་ལུ་པ་རིན་ཆེན་བསོད་ནམས་མཆོག་གྲུབ་གྱི་རྣམ་ཐར།）等三种。《大成就者衮噶洛追传》（གྲུབ་ཆེན་ཀུན་དགའ་བློ་གྲོས་ཀྱི་རྣམ་ཐར།)，建央贡乔桑布(འཇམ་དབྱངས་

དཀོན་མཆོག་བཟང་པོ།）著；洛扎·恰多尔瓦（ཉ་ཐག་ཕྱག་རྡོར་བ།）著《扎悲俄强衮洛传》（གྲགས་པའི་ཐུགས་འཆང་ཀུན་བློའི་རྣམ་ཐར།）及《施主扎喜吉、南喀曲扎之历世传说故事》、徐卜协敖等人《本生授记》《本传内、外、秘三传》《外传甘露之鬘》《外传世系》《本生传略》等。雍增·耶喜坚赞著《大成就者洛桑南结传圣教庄严及其秘传》（གྲུབ་དབང་བློ་བཟང་རྣམ་རྒྱལ་གྱི་རྣམ་ཐར་ཐུབ་བསྟན་མཛེས་རྒྱན་དང་གསང་རྣམ།）、《十六尊者与森格桑布本生记》（གནས་བརྟན་བཅུ་དྲུག་དང་སེང་གེ་བཟང་པོའི་རྟོགས་བརྗོད།）；嘉瓦建贝嘉措（རྒྱལ་བ་འཇམ་དཔལ་རྒྱ་མཚོ།）著《雍增传开启圣教莲花之旭日》（ཡོངས་འཛིན་རྣམ་ཐར་ཐུབ་བསྟན་པདྨ་འབྱེད་པའི་ཉིན་བྱེད།）及《启请秘传》（གསོལ་འདེབས་གསང་རྣམ།）；达浦·洛桑丹贝坚赞（རྟག་ཕུ་བློ་བཟང་བསྟན་པའི་རྒྱལ་མཚན།）著《本身本生记生长幸福之树种子》（རང་གི་སྐྱེས་རབས་ཕན་བདེའི་ལྗོན་པ་བསྐྱེད་པའི་ས་བོན།）；达擦济咙·洛桑丹贝贡布（རྟ་ཚག་རྗེ་དྲུང་བློ་བཟང་བསྟན་པའི་མགོན་པོ།）著《隆多喇嘛传佛子修习庄严》（ཀློང་རྡོལ་བླ་མའི་རྣམ་ཐར་རྒྱལ་སྲས་སྤྱོད་པའི་མཛེས་རྒྱན།）及达浦著《本生记》。六世班禅贝丹耶喜著《十六罗汉绕佛记》（གནས་བཅུའི་རྟོགས་བརྗོད།）、《喇嘛强巴传》（བླ་མ་བྱམས་པའི་རྣམ་ཐར།）、《圣·洛桑琐巴传稀奇不可思议》（རྗེ་བློ་བཟང་བཟོད་པའི་རྣམ་ཐར་ངོ་མཚར་དཔག་མེད།）等三种。《阿旺曲扎传》（ངག་དབང་ཆོས་གྲགས་ཀྱི་རྣམ་ཐར།），阿旺索南（ངག་དབང་བསོད་ནམས།）著；《斋沃·洛桑闹吾传》（ཇོ་བོ་བློ་བཟང་ནོར་བུའི་རྣམ་ཐར།），弟子色拉寺嘉竭康村（རྒྱལ་བྱད་ཁམས་ཚན།）的某柔然巴编；希瓦拉·贡玛帕巴格勒坚赞（ཞི་བ་ལྷ་གོང་མ་འཕགས་པ་དགེ་ལེགས་རྒྱལ་མཚན།）著《第穆阿旺建贝传》（དེ་མོ་ངག་དབང་འཇམ་དཔལ་གྱི་རྣམ་ཐར།）；《泡冈甘珠尔巴洛桑群培传圣教庄严》（ཕོ་གང་བཀའ་འགྱུར་པ་བློ་བཟང་ཆོས་འཕེལ་གྱི་རྣམ་ཐར་བསྟན་པའི་མཛེས་རྒྱན།）；群则洛桑扎喜（ཆོས་མཛད་བློ་བཟང་བཀྲ་ཤིས།）编《古仓喇嘛南木卓传》（ཀེའུ་ཚང་བླ་མ་རྣམ་གྲོལ་གྱི་རྣམ་ཐར།）；《班禅辛达瓦·洛追坚赞传及本生记妙词幸福出处》（པཎ་ཆེན་ཤི་རྟ་བ་བློ་གྲོས་རྒྱལ་མཚན་གྱི་རྣམ་ཐར་རྟོགས་བརྗོད་སྙན་ངག་ཕན་བདེའི་འབྱུང་གནས།），阿里象雄巴·阿旺索南嘉措（མངའ་རིས་ཞང་ཞུང་པ་ངག་དབང་བསོད་ནམས་རྒྱ་མཚོ།）著；《邹拉确吉昂瓦自述离垢晶镜》（གཙུག་ལག་ཆོས་ཀྱི་སྣང་བའི་རང་ཚུལ་དྲང་པོར་བརྗོད་པ་དྲི་བྲལ་ཤེལ་གྱི་མེ་ལོང་།）及噶玛衮恰（ཀཿཀུན་ཁྱབ།）著《补遗》，又此师之《本生记妙词如意幼枝》（རྟོགས་བརྗོད་སྙན་ངག་ཡིད་འོང་ལྗུག་ཕྲན་གཞོན་ནུ།），噶玛额勒（ཀཿངེས་ལེགས།）编；永夏官人·仲巴才丹

（དྲུང་པ་ཆེ་བརྟན།）编《故事天人喜悦之乐章》（གཏམ་རྒྱུད་ལྷ་མི་དགྱེས་པའི་རོལ་མོ།）；《达鄂循奴故事》（ཟླ་འོད་གཞོན་ནུའི་གཏམ་རྒྱུད།），江仲巴噶桑程列旺秋（ལྕང་གྲོང་པ་སྐལ་བཟང་འཕྲིན་ལས་དབང་ཕྱུག）编；夏仲多喀尔巴·才仁旺嘉（ཞབས་དྲུང་མདོ་མཁར་པ་ཚེ་རིང་དབང་རྒྱལ།）编《循奴达美传奇》（གཞོན་ནུ་ཟླ་མེད་ཀྱི་རྟོགས་བརྗོད།）及《颇罗鼐传世间俱喜之传说》（མི་དབང་རྟོགས་བརྗོད་འཇིག་རྟེན་ཀུན་ཏུ་དགའ་བའི་གཏམ།）；日卧德钦巴（རི་བོ་བདེ་ཆེན་པ།）哲蚌寺格西被称为羊卓巴勒歇嘉措(ཡར་འབྲོག་པར་གྲགས་པ་ལེགས་བཤད་རྒྱ་མཚོ།）著《王统记祖先准绳》（རྒྱལ་རབས་ལོ་རྒྱུས་མེས་པོའི་དྲང་ཐིག）。贡噶尔瓦阿阇黎布达拉巴（གོང་དཀར་བ་དཔོན་སློབ་པོ་ཏ་ལ་པ།）、洛扎喀尔曲巴格隆洛桑拉乔（ལྷོ་བྲག་མཁར་ཆུ་པ་དགེ་སློང་བློ་བཟང་ལྷ་མཆོག）、达那堪钦扎雅巴桑波坚赞（རྟ་ནག་མཁན་ཆེན་བྲག་ཡབ་པ་བཟང་པོ་རྒྱལ་མཚན།）、泽当勒钦（རྩེ་དང་ལས་ཆེན།）的弟子衮噶坚赞（ཀུན་དགའ་རྒྱལ་མཚན།）、格西扎瓦（དགེ་བཤེས་གྲྭ་བ།）、照贡索南坚赞（འགྲོ་མགོན་བསོད་ནམས་རྒྱལ་མཚན།）、多吉丹巴·衮噶坚赞（རྡོ་རྗེ་གདན་པ་ཀུན་དགའ་རྒྱལ་མཚན།）、济仲索南旺布（རྗེ་དྲུང་བསོད་ནམས་དབང་པོ།）、堪卓玛索南贝真（མཁའ་འགྲོ་མ་བསོད་ནམས་དཔལ་འཛིན།）、格西堆隆巴（དགེ་བཤེས་སྟོང་ལུང་པ།）、大成就者·班觉尔桑波（གྲུབ་དབང་དཔལ་འབྱོར་བཟང་པོ།）、帕巴桑吉（འཕགས་པ་སངས་རྒྱས།）、雍增·那旺衮噶隆珠（ཡོངས་འཛིན་ངག་དབང་ཀུན་དགའ་ལྷུན་གྲུབ）、沙尔玛五世弟子恰达主乔旺波（ཁྲིང་བདག་གྲུབ་མཆོག་དབང་པོ）、堪木卓隆巴洛桑仁钦（ཁམས་འབྲོག་ལུང་པ་བློ་བཟང་རིན་ཆེན།）、止本拉嘉（འབྲི་དཔོན་ལྷ་རྒྱལ།）的居巴喇嘛确本（རྒྱུད་པ་བླ་མ་ཆོས་འབུམ།）、吉庄喇嘛格喜洛桑确科尔（སྐྱིད་གྲོང་བླ་མ་དགེ་བཤེས་བློ་བཟང་ཆོས་འཁོར།）、朗塔尔巴·扎雅甲当仁钦彭措（གླང་ཐར་པ་བྲག་ཡག་བྱ་བཏང་རིན་ཆེན་ཕུན་ཚོགས།）、霍尔仓曲结阿旺彭措(ཧོར་ཚང་ཆོས་རྗེ་ངག་དབང་ཕུན་ཚོགས།）、萨桑喇嘛·阿旺丹增（ས་བཟང་བླ་མ་ངག་དབང་བསྟན་འཛིན།）、隆钦三世久麦林巴钦泽鄂赛（འཇིགས་མེད་གླིང་པ་མཁྱེན་བརྩེ་འོད་ཟེར།）、大咒师·洛桑群培（སྔགས་ཆེན་བློ་བཟང་ཆོས་འཕེལ།）、喀尔道·琐巴嘉措（མཁར་རྡོ་བཟོད་པ་རྒྱ་མཚོ།）、洛桑程列旺布（བློ་བཟང་འཕྲིན་ལས་དབང་པོ།）、摩拉巴（མོ་ལྷ་པ།）噶丹寺绛孜扎仓彭措嘉措（ཕུན་ཚོགས་རྒྱ་མཚོ།）、噶玛的戚属尧尔喜巴·绛散喜饶桑波（ཡོར་གཞིས་པ་བྱང་སེམས་ཤེས་རབ་བཟང་པོ།）、琼布达塘（ཁྱུང་པོ་ཟླ་ཐང་།）或称为江雪底高巴（རྒྱང་ཤོད་དིལ་མགོ་པ།）色拉寺结扎仓包底喇嘛·济仲喜饶旺布（པོ་ཏི་བླ་མ་རྗེ་དྲུང་ཤེས་རབ་དབང་པོ།）、达布钟木达巴·扎喜南嘉（དྭགས་པོ་འབྲུམ་མདའ་བ་བཀྲ་ཤིས་རྣམ་རྒྱལ།）、

塘撒堪布（ཐང་སག་མཁན་པོ།）泽当瓦·额珠嘉措（རྗེ་དང་བ་དངོས་གྲུབ་རྒྱ་མཚོ།）、木雅日奎·散珠曲林（མི་ཉག་རི་ཁྲོད་བསམ་གྲུབ་ཆོས་གླིང་།）、堪布藏赛多仅（གཙང་གསེར་མདོག་ཅན།）戚属噶卧扎巴·建央散珠桑波（དཀར་པོ་བྲག་པ་འཇམ་དབྱངས་བསམ་འགྲུབ་བཟང་པོ།）、拜敦（སྟོབས་སྟོན།）释迦衮噶化身释迦达尔吉（ཤཱཀྱ་དར་རྒྱས།）、拜噶尔阿阇黎洛桑乔珠（བློ་བཟང་མཆོག་གྲུབ།）、达摩曼仁巴·洛桑曲扎（དར་མོ་སྨན་རམས་པ་བློ་བཟང་ཆོས་གྲགས།）、浪朗堪布(སློང་སྒང་མཁན་པོ།）热钦达瓦坚赞（རས་ཆེན་ཟླ་བ་རྒྱལ་མཚན།）、班禅耶喜泽摩（པཎ་ཆེན་ཡེ་ཤེས་རྩེ་མོ།）、叉仓巴（ཁྲ་ཚང་པ།）、赛康曲结古拿麻底（གསེར་ཁང་ཆོས་རྗེ་ཀུ་ཎ་མ་ཏི།）、艾郡噶托约尔瓦(ཨེ་རྡུང་དཀའ་མཐོ་ཡོར་བ།）下密学院喇嘛翁则强巴确登（བྱམས་པ་ཆོས་ལྡན།）、大咒师·持金刚·洛桑丹增班觉尔(བློ་བཟང་བསྟན་འཛིན་དཔལ་འབྱོར།）或称为建央曼兰（འཇམ་དབྱངས་སྨོན་ལམ།）、江孜·拉卜丹充衮桑帕巴（རྒྱལ་རྗེ་རབ་བརྟན་ཀུན་བཟང་འཕགས་པ།）等人传记。

此外，木雅地区的每一学者皆有传记一函。又如历世希帕传记，大小扎雅呼图克图历世传记，嘉赛历世传记等皆有许多函，这些都是我见闻的依据，略记于此，有些还要在下文分别引用。

参考书目教法史、传记等部分圆满。

注释：

［1］指第一世嘉木样大师。

［2］确坚（ཆོས་རྒྱན）为确吉坚赞的简称。

［3］亦译作密集。密乘本尊名。

［4］指第五世达赖喇嘛阿旺罗桑嘉措（ངག་དབང་བློ་བཟང་རྒྱ་མཚོ།）。

［5］旧派一本尊名。

［6］指著者的师长拉卜楞寺阿莽仓贡乔坚赞。

［7］汉译作世尊智剑，亦简称世尊剑。

［8］即第悉桑吉嘉措。

［9］为噶举派支派之一。

［10］为阿底峡大师的尊称。

［11］为对宗喀巴、贾曹吉达玛仁钦、克珠吉格勒贝桑师徒三人尊称。

［12］为对修建西藏哲邦寺的圣宗喀巴弟子扎希贝丹之尊称。

［13］名释迦也失（ཤཱཀྱ་ཡེ་ཤེས公元 1352—1435 年），为宗喀巴弟子，于明永乐时，代表宗喀巴赴京，册封为大国师，宣德时，封为大慈法王，于 1418 年，以内地所赠资财修建色拉寺。

［14］即《第一世达赖喇嘛传》。

［15］即《第二世达赖喇嘛自传》。

［16］即第三世达赖喇嘛。达赖之名号，由这一世开始上二世为追认者。

［17］即第四世达赖喇嘛。

［18］即第巴桑吉嘉措。

［19］即第六世达赖喇嘛仓央嘉措之简称。

［20］即第八世达赖喇嘛。

［21］即第九世达赖喇嘛。

［22］俄尔瓦即萨迦派俄尔支派创始人俄尔瓦·衮噶桑波（ངོར་པ་ཀུན་དགའ་བཟང་པོ།），通称俄尔钦（ངོར་ཆེན།公元 1382—1456 年）。

［23］即帕木噶举派创始人帕摩主巴多吉杰波（公元 1110—1170 年）。

［24］即中主巴噶举派创始人藏巴嘉热耶喜多吉（གཙང་པ་རྒྱ་རས་ཡེ་ཤེས་རྡོ་རྗེ།公元 1161—1211 年）。

［25］即上主巴噶举派创始人郭仓巴贡波多吉（རྒོད་ཚང་པ་མགོན་པོ་རྡོ་རྗེ།公元 1189—1253 年)。

［26］中主巴噶举派热隆寺第四世活佛白玛噶布（公元 1527—？年）著名历史学家。

［27］为中主巴噶举派热隆寺活佛第二世。

第三章　圣教在多麦地区弘传情况概述

现在概括地叙述圣教在多麦地区弘传的情况。

世尊正等正觉佛陀薄伽梵于证悟成佛之第二年，即水马（壬午）之岁，在吉祥哲邦宫讲示《吉祥时轮根本续》。此后经六百四十三年，藏区的第一代法王聂赤赞普（གཉའ་ཁྲི་བཙན་པོ།）出世，由此起，经过八百五十一年，火牛（丁丑）之岁，圣·观自在菩萨化身松赞干布（སྲོང་བཙན་སྒམ་པོ།）诞生。他于十岁之时即位称王，制定了在家道德规范十六条，进入卫(དབུས།)地，于玛尔布山（དམར་པོ་རི།）修建王宫；派吞弥（ཐོན་མི།）留学印度，创造了文字；征服了四方邻国。这时，唐和尼婆罗两国权势兴隆，其地佛法甚为昌盛，他认为这是由于两尊释迦觉阿佛像慈悲护佑所致，为了把这两尊佛像迎请到藏区，乃从尼婆罗迎娶尼妃赤尊（ཁྲི་བཙུན།），从唐朝迎娶汉妃文成公主（ཝུན་ཤིང་ཀོང་ཇོ།）。公主前来藏地时，主仆一行来到了多康（མདོ་ཁམས།）。时论噶尔（བློན་མགར།）[1] 被唐朝留作人质，为了等候他，公主在山岩之上雕刻了佛陀头像多尊，及《普贤行愿品》，并造八十肘高的石佛等，以神通驯化雄鹿，使其耕田，又修建水磨，于林中修栈道等，现示出遍历各地，修治峡谷、道路，赏观玫瑰花等等神奇事迹。有的大臣看见她阻留在途中；有的看见她在观赏玫瑰；有的则看见度母和释尊的圣像遍历藏区各地，进行加持，如此等等。

噶尔被留作人质之后，他对唐朝施展了无数的坏心眼，干出了好多坏事，然后，他伪托要到能望见藏区的高峻神山之地祭神，乘机化装逃脱。这座山头，据说即是康区的被称为噶塔尔（མགར་ཐར།）[2] 的那座山。

公主一行，来到郭洞郭摩（སྒོ་དུང་སྒོ་མོ།）之地时，由于唐朝气运衰败，汉地神祇相互骚乱，导致大雪纷飞，各地森林树木相互碰撞跌倒，道路被阻，以致途中耽搁了两个多月。噶尔追到之后，即以香火酒醴，供养汉地神祇，进行法事，大雪立即停止，森林中树木也都立起来让出道路。这时，公主惮于旅途艰辛，怀念故乡，意欲回去。原先，离开唐朝之时，公主曾向父皇请求，把那黄金和白银制就的日月宝镜给她。唐皇舍不得，便向噶尔问计。噶尔建议：“用石头制作一副和日月宝镜相似的伪镜，以金银的粉汁涂于其上，然后用潮湿的牛皮包裹，规定不到卫藏以前，不得开启。这样，不就行了吗。”

唐皇听信噶尔的建议，就那样办了。至此，噶尔便向公主说道：“您的父王和母后，对您是否那样疼爱、看重？请看看日月宝镜吧！”

公主取出日月宝镜观看，由于所涂的金银粉汁粘在湿牛皮上，显出了石头的原貌。她悲愤地将石头的日月镜一左一右扔下山去。于是此地便被称为日月山（རི་ཉི་ཟླ།）[3]，传说，噶尔追赶公主一行之地，就是这里。

看来，当时唐皇的都城就在西安府，这些没有疑问，他们的道程所经，就是这一方向。又说，炳灵寺（བྱམས་པ་འབུམ་གླིང་།）[4]的弥勒佛石像，就是公主雕刻的，等等。由于文成公主、吞弥桑布扎（ཐོན་མི་སམ་བྷོ་ཊ།）、大臣噶尔等迎请了与佛陀本人具有同等加持之力的觉阿释迦牟尼佛像，遍历各方，广行加持，开启了佛法在多麦地区弘扬、传播的缘起之门。

汉地于唐朝时，曾从印度迎请五百位班智达去五台山。彼时，证得阿罗汉果者皆以神通飞往大同寺（ཏི་ཐུང་ཟབ་དགོན།即云冈）进行吉祥颂赞，长净和坐夏，此为圣教弘扬于汉地之始[5]。

圣教在汉地弘扬之初，圣文殊菩萨的化身伍欧曼殊室利（ཨུ་ཤུག་མཉྫུ་ཤྲཱི།）曾相地奠基，因而彼处圣地称为莲花山云。

松赞于土狗年（公元698年，周武则天圣历元年，戊戌?）去世[6]，享年八十有二。此后经80年，至土马年（公元778年，唐大历十三年，戊午岁? [7]）赤松德赞赞普（ཁྲི་སྲོང་ལྡེ་བཙན།）生。他二十一岁土虎之年（公元798年，唐贞元十四年，戊寅岁?）开始修建桑耶寺（བསམ་ཡས་གཙུག་ལག་ཁང་།），经四年而圆满落成。关于这寺的修建年月和世尊降世之年有许多不同的说法，此处根据一切知嘉木样（ཀུན་མཁྱེན།）的《佛历》（བསྟན་རྩིས།）一书中的记载。

经过“堪、师、王三尊”（按即静命大师（ཞི་བ་འཚོ།）、莲花生（པདྨ་འབྱུང་གནས།）大师和法王赤松德赞）会商决定，为了请五尊北海尔（པེ་ཧར།）神为桑耶寺护法，遂派遣俺兰·达扎路恭（ངན་ལམ་ཏ་ར་ཀླུ་གོང་།即唐史之马重英）为元师，摧毁了巴达霍尔（བྷ་ཏ་ཧོར།）的禅院[8]，劫去达玛巴拉（ཧྲཚ་པ་ལ།）王子、自然形成的松绿石的释迦能仁佛像，以及犀皮铠甲等等财物和用具。阿阇黎莲花生入持金刚禅定，摄召毗沙门天及其眷属之部队作护法，将北海尔于财宝洲阁建立神龛，进行调伏云。此处所说巴达霍尔地区，是距甘州不远的裕固地方，而所谓向北方突厥地区进军者，乃指南部突厥（ཟུ་གུ།祝古）的地区云[9]。

当摧毁霍尔的禅院时，从部队之中，选拔了九员骁将带领部属，留驻吐蕃与霍尔交界之处，命令他们：“在没有接到国王命令之前，不得回防！”此后，这九员骁将的后裔，被称为“噶玛洛”（ག་མ་ལོག）部。多麦南北各地人民，好多都是吐蕃法王派来驻防唐蕃边界的部队之后裔，所以他们的语言当中尚保留有许多古代的藏语。类似的还有许多，如称为萨迦昆氏的许多后裔、玛尔巴译师（མར་པ་ལོ་ཙཱ་བ།）的后裔、巴钦嘎洛（དཔལ་ཆེན་ཀ་ལོ།）的后裔、俄·曲苟多吉（རྔོག་ཆོས་སྐུ་རྡོ་རྗེ།）的后裔、藏·嘉瓦洛热（གཙང་རྒྱལ་བ་ལོ་རས།）的后裔等等。现在尚能辨认云。

毗卢遮那大译师为了因缘需要，曾经到过嘉摩察哇戎（རྒྱལ་མོ་ཚ་བ་རོང་།）地方，据说即在现在之察科（ཚ་ཁོ།），他曾收玉扎宁保（གཡུ་སྒྲ་སྙིང་པོ།）等为徒云。乌仗那莲花生大师曾化出许多化身，开启了丹斗（དན་ཏིག）、扬斗（ཡང་ཏིག）、海心山、聂贡（གཉའ་གོང་།）、扎噶尔（བྲག་དཀར།）[10]等无数圣地之门；与此同时，被称为颠瑜伽师者，把多麦的一切山神，都予以调伏。

吐蕃王赤热巴巾（ཁྲི་རལ་པ་ཅན།克黎可足）时，与唐朝皇帝甥舅失和，从吐蕃每一翼中，抽调十八个千户所之兵，旗帜招展，戈戟森森地直捣唐境，唐朝的许多格波(གེན་པོ།）被杀，大败唐军，迫使进献求情的贡品。后由吐蕃的译师、班智达和唐朝的和尚们从中调解，以唐朝的公谷梅如（ཀོང་ཀུ་མེ་རུ།）[11]作为唐蕃两国交界之地，由吐蕃的赞普及唐朝的皇帝于彼处各修寺庙一座云。此寺被认为即现在之白塔寺（甘肃省永靖县境内)。据说赞普赤热巴巾曾亲临这些地方，藏有赞普他头发的佛塔，就在青海省贵德县的某地云。

圣教在多麦地区的弘传，虽然没有前弘期与后弘期之分，但毫无疑问在前弘期时，许多智者、成就大师、法王和大臣们以公开或不公开的方式为众生作过弘法传承，这是存在的事实。尤其是当朗达玛毁灭西藏地区圣教之后，在吉祥曲卧日山（ཆུ་བོ་རི།）的禅院中修行的约尔堆（གཡོར་སྟོད།）的玛班·释迦牟尼（དམར་པ་ཤཱཀྱ་མུ་ནི།）、哲穹多（ཊད་ཚུང་མདོ།）的约格迥（གཡོ་དགེ་

འབྱུང་།)、嘉惹巴（རྒྱ་རབ་པ།）的藏惹赛（གཙང་རབ་གསལ།）三人用骡驮上律部经论，逃往上部阿里，又从那里转往噶洛合（གར་ལོག），由此取道霍尔地区，经多麦南部白日（བེ་རི）的察措湖（ཚྭ་མཚོ།），来到黄河峡谷的金刚岩洞、安穹南宗窟（ཨན་ཆུང་གནམ་རྫོང་།）、丹斗寺等处修行。有一天，被黄河边一位牧童发现了，他于晚上在人群中谈论此事，宗喀地区一位叫作穆苏萨巴尔（དམུ་ཟུ་གསལ་འབར།）的年轻人听见后，产生信仰，请求剃度。于是由藏任亲教师，约和玛二人为轨范师，度其出家，授比丘具足戒，命名为格瓦饶萨（དགེ་བ་རབ་གསལ།）。后来由于学问渊博，洞晓义理，被人们尊称为贡巴饶萨（དགོངས་པ་རབ་གསལ།）。他从上述亲教师和轨范师及北方木雅噶（མི་ཉག་སྒྲ།）[12]的郭戎森格扎（གོ་རོང་སེང་གེ་གྲགས།）处学习律经，又东方拉泽卜斗地方（ལྷ་རྩེ་ཟྷི་ཏིག），有一处昔时曾被许多比丘驻锡的圣地，他于彼处拜瓜·鄂乔扎巴（ཀྭ་འོད་མཆོག་གྲགས་པ།）为师，学习《般若十万颂疏》、《大乘对法藏》等经论，历时一十二载。当他住在丹斗寺时，首先有巴郭尔·伊喜雍仲（སྦ་གོར་ཡེ་ཤེས་གཡུང་དྲུང་།），其次有拜尔·乃丹扎巴（བར་གནས་བརྟན་གྲགས་པ།），被剃度出家，史称为巴、拜二僧；接着有佳瓦·扎巴（ཛ་བ་གྲགས་པ།）和觉钦·喜饶迥乃（ཅོག་ཆེན་ཤེས་རབ་འབྱུང་གནས།）二人，史称佳、觉二僧；有协·贝吉多吉（བཞད་དཔལ་གྱི་རྡོ་རྗེ།）和叟·嘉木措（སྲུགས་རྒྱ་མཚོ།）二人，史称协、叟二僧；有倭瓦·多吉旺秋（འལ་བ་རྡོ་རྗེ་དབང་ཕྱུག）和努·勒喜贝吉旺秋（སྣུབས་ལབ་ཤི་དཔལ་གྱི་དབང་ཕྱུག）二人，史称倭、努二僧；有索却曲迥（ཟོད་མཆོག་ཆོས་འབྱུང་།）和粗·喜饶乔（མཚུར་ཤེས་རབ་མཆོག）二人，史称索、粗二僧，以上十人，恳求恩惠受戒。粗僧的弟子就是从卫藏前来的鲁梅·喜饶楚臣等人云。

又《王统世系明鉴》中说：“从曲卧日山中首先逃出者为玛、约、藏三位，接着则有瓜·鄂乔扎巴（ཀྭ་འོད་མཆོག་གྲགས་པ།）、戎敦·森格坚赞（རོང་སྟོན་སེང་གེ་རྒྱལ་མཚན།）和拉垅·贝多尔（ལྷ་ལུང་དཔལ་རྡོར།）等先后逃出。前三人分别充任亲教师和轨范师，把出身于本教（བོན་པོ།）家庭的孩子穆萨赛（རྨུ་ཟ་གསལ།）剃度出家，命名为释迦格瓦赛（ཤཱཀྱ་དགེ་བ་གསལ།），以此因缘，出现了康区的拜·多吉旺秋（དཔལ་རྡོ་རྗེ་དབང་ཕྱུག）、努·贝吉绛曲（སྣུབས་དཔལ་གྱི་བྱང་ཆུབ།）[13]、洋郭·伊喜雍仲（ཡང་གོར་ཡེ་ཤེས་གཡུང་དྲུང་།）、巴尔·仁钦（སྦར་རིན་ཆེན།）、江·伊喜森格（ལྕང་ཡེ་ཤེས་སེང་གེ）、雄穹·喜饶扎（སོང་ཆུང་ཤེས་རབ་གྲགས།）、嗯·巴瓦绛曲(ཨུན་འབར་བ་བྱང་ཆུབ།)、仲木·伊喜坚赞（གྲུམ་ཡེ་ཤེས་རྒྱལ་མཚན།）、觉热·喜饶绛曲（ཅོ་རེ་ཤེས་རབ་བྱང་ཆུབ།）、努·贝吉绛曲（སྣུབས་དཔལ་གྱི་བྱང་ཆུབ།）[14] 卓·曼殊室利(སྒྲོ་མཉྫུ་ཤྲཱི།）等等许多博学大德。”灭法后八十年，由于桑耶领主察那·伊喜坚参（ཚན་ཡེ་ཤེས་རྒྱལ་མཚན།）的资助和鼓动，卫藏地区的鲁梅·喜饶楚臣（ཀླུ་མེས་ཤེས་རབ་ཚུལ་ཁྲིམས།）、仲·伊喜云丹（འབྲིང་ཡེ་ཤེས་ཡོན་ཏན།）、村格·喜饶森格(ཚོང་དགེ་ཤེས་རབ་སེང་གེ)、洛敦·多吉旺秋(ལོ་སྟོན་རྡོ་རྗེ་དབང་ཕྱུག)、松巴·伊喜洛追（སུམ་པ་ཡེ་ཤེས་བློ་གྲོས།）、嘉·洛追喜饶（རྒྱ་བློ་གྲོས་ཤེས་རབ།）、袁班曲乔（གཞོན་བན་ཆོས་མཆོག）等七人，敦请仲木。伊喜坚参为亲教师，觉饶[15]·喜饶绛曲为轨范师，首先接受恩泽，出家受戒。接着而来的有塔息嘉帕（མཐའ་བཞི་རྒྱལ་འཕགས།）、惹息·楚臣迥乃（རག་ཤི་ཚུལ་ཁྲིམས་འབྱུང་གནས།）、巴宗·洛追旺秋（བ་བཙུན་བློ་གྲོས་དབང་ཕྱུག）、结勒·年占曲加（སྐྱི་ལེགས་ཉང་བྲན་ཆོས་སྐྱབས།）、詹辛·喜饶曼兰（གྲུམ་ཤིང་ཤེས་རབ་སྨོན་ལམ།）等五人”。

有些人认为喇勤（བླ་ཆེན།）[16] 贡巴饶赛是彭域（འཕན་ཡུལ）肖巴（ཞོགས་པ།）地方的本教徒穆赛辛巴尔（རྨུ་གསལ་གཤེན་འབར།）的孩子，叫做穆萨盘（རྨུ་གསལ་འབེན།），在康区被剃度出家后，命为这个名字云，这个说法，尚待考证。

又《广史》（ལོ་རྒྱུས་ཆེན་མོ།）中说：“向达建贝（ཞང་མདའ་འཇམ་དཔལ།）、洋贡·喜饶迥乃（ཡང་གོང་ཤེས་རབ་འབྱུང་གནས།）两人来到康地，经洋贡指引，喇勤从向达建贝受具足戒，而自藏地来的洛、措二人及自卫地来的鲁梅与仲等四人，则从喇勤的弟子觉饶·贝吉旺秋、仲木·青喇仅处受了具足戒。”

但是，普遍的说法，则认为鲁梅·楚臣喜饶[17] 仲·伊喜云丹、拉息·楚臣迥乃、巴·楚臣洛追、松巴·伊喜洛追等五位卫地之人，及洛敦·多吉旺徐、村宗·喜饶森格和博洞巴·乌瓦代噶（བོ་དོང་པ་ཨུ་པ་དེ་ཀར།）等三位藏地之人，连同阿里人哦结（འོ་བརྒྱད།）弟兄两人前来多麦，向喇勤请求，被授予了具足戒。当鲁梅返回上部时，喇勤把一顶涂有黄土色的旧僧帽给了他，说：“戴上它吧!常随念我!”于是，持律者们兴起了戴黄帽子的规矩，而且也给予圣教后弘期的正宗，应是噶当教派者（格鲁派）的授记。《噶当书》（བཀའ་གདམས་གླེགས་བམ།）中说：“分支之名应系以本母，比起身躯分支更发达。”

一般对此有许多不同的理解。

经鲁梅的传承，凡是随派持律者（གཟུས་འདུལ་འཛིན།）四支的学派以及绝大部分嘉派持律者（རྒྱ་འདུལ་འཛིན།）、三大弟兄、郎霞两派、纳塘巴派等噶当派，直至现在，在剃度出家及授具足戒时，都称为是“喇勤的传承”。我们应当明了亲教师菩提萨埵使事业广为弘传的恩德，不能借口于戒律传承清净与否，排斥其他，过分苛求，这方面的拂拭工作已由大智者玛委尼玛（སྨ་བའི་ཉི་མ）辛勤地做了，不应再有所议论，以免玷污圣教。一切知第一世（嘉木样）指出：“个别黑暗角落的人虽想进行扰乱，但佛法已大大地增盛!”信守噶当派教诫的人们对此应当有所了悟。

自松赞即位的土牛年（公元 629 年，唐贞观三年，已丑岁）至赤热巴巾去世的铁鸡年（公元 841 年，唐会昌元年，辛酉岁），共历二百一十一年。这一阶段，在藏区，称为前弘期（བསྟན་པ་སྔ་དར།）。由此而至今第十四胜生（རབ་བྱུང་།）的土鸡年（公元 1849 年，清道光二十九年，已酉岁），已历一千零九年了。朗达玛被刺后五十年，即水鼠岁（公元 892 年，唐景福元年，壬子岁），喇勤贡巴饶赛诞生。此后经七载之土马年（公元 898 年，唐乾宁五年，戊午岁），大译师仁钦桑波（རིན་ཆེན་བཟང་པོ།）诞生。由此又经十五年，即毁灭佛法后七十三年之水鸡岁（公元 913 年，后梁末帝乾化三年，癸酉岁），后弘期（བསྟན་པ་ཕྱི་དར།）开始。这是一切知布顿（བུ་སྟོན།）氏的主张。但仲敦巴（འབྲོམ་སྟོན་པ།）的主张，则认为在此之后的六年土虎年（公元 918 年，后梁末帝贞明四年，戊寅岁）即喇勤二十七岁的这一年，后弘期始开始。喇勤受具足戒后之第五年，特别为来自卫藏的十人授具足戒，其中九人立即返回上部，鲁梅于第二年始返回卫地。此说比较正确。从戊寅年经六十五年，至水马年（公元 982 年，宋太宗太平兴国七年，壬午岁），崇高无比的觉阿（阿底峡）抵藏。这时公认为卫藏六人或十人之中的松巴·伊喜尚在人世。喇勤七十六岁之年，即火兔年，火空海（མི་མཁའ་རྒྱ་མཚོ།）纪年结束，胜生[18]纪年（公元 1027 年，宋仁宗天圣五年，丁卯岁）开始。此后经八年，木猪年（公元 1035 年，宋仁宗景祐二年，乙亥岁）喇勤去世，享年八十四岁。此后经八百一十五年，即是现在的土鸡年。有人说，若把喇勤诞生之岁定于水鼠年，则玛、约、藏三大智者的年龄将会达九十余岁，似过于晚，应是赤热巴仅诞生于火狗年（丙戌岁）之后他二十七岁的水鼠年(公元 832 年，唐文宗大和六年，壬子岁)。如这样，则此后之第十年，法王被弑，又此后之五十八年，土马岁，仁钦桑布大译师诞生。假令喇勤于八十四岁木猪年逝世，则彼时仲敦巴主张的后弘期开始之期，应该还没有到来；若推至此后的木猪年，则其时喇勤年龄已达一百四十四岁矣！鉴于七试士[19]之一瓦热特那（ཕ་རཏྣ།）的弟子为黎·伊喜仁钦，而黎的弟子为约格迥等，普遍认为当卫藏十人向藏（即藏饶赛）请求慈悲授予具足戒时，藏曾说过："我已老迈，无力教诫"。这些都应考虑。看来，上述说法，乃是没有考虑喇勤于四十九岁之年来到丹斗寺，一直驻锡三十五载，晚年，在彼处圣地上修建佛殿，与眷属诸比丘众，居于彼处，直至涅槃的这些记载之所致。因而，两说互相矛盾，似无值得注意之处。总之，由于三大智者和喇勤的恩泽，圣教复兴之火种，从丹斗燃起，因此颂誉丹斗为次于圣域"印度中土"之第二圣地的说法，即由此而来。又据说丹斗为悉达太子[20]曾经到过的圣地，并且是拉垅贝多尔长时期修行之所云。

《噶当书》中曾提到洛追排王子，而他的师尊则为阿哇杜底（ཨ་ཕ་དྷཱུ་ཏི།）、泥婆罗人拉色瓦（ལ་སེར་བ།）、曼殊师利主拜（མ་ཉྫུ་ཤྲཱི་གྲུབ་པ།），以及槃塘瓦（བལ་པོ་ཕམ་མཐིང་པ།）[21]等师也在北方弘法，做过许多饶益众生之事，后者还曾是西夏国王的灌顶上师。彼时，西夏地区在北方蒙藏交界之处，临近黑河[22]。西夏的第一代国王叫司赫格居（སི་ཏུའི་གའི་ཧྲུ།），统治着大部分的汉族及霍尔人。其东方为汉地，南方为南诏，西方为吐蕃，北方为蒙古。在此中间的地区，即是西夏的版图。阔端汗（ཀོ་ཏན་ཏན།）领有的噶（སྨི།）地及其以北之地，就是西夏的本土。据说，热堆察冈（རབ་སྟོད་ཚར་སྒང་།今四川康定、九龙、木里一带）等地也属于西夏云。西夏的第五代国王太和（ཐེ་ཧྭ།）曾迎请噶玛堆松钦巴（ཀརྨ་དུས་གསུམ་མཁྱེན་པ།），但他没有接受邀请，派格喜藏波（དགེ་བཤེས་གཙང་པོ།）作为代表前去，这位国王曾给粗朴寺（མཚུར་ཕུ།）的具祥哲邦宫大宝塔寄去鎏金塔身及华盖等。他的世子就是西夏嘉果（རྒྱལ་གོད།）[23]云。过去，当修建西藏桑耶寺时，为了调伏残暴天魔，堪布（静命）曾指示：“东方木雅噶（西夏）乃多闻子（毗沙门天）的地方，有一位叫作噶瓦·多吉云努者，乃是多闻子的化身，如把他请来，甚为佳妙！”

这些叙述，见于洛哲仁钦森格（བློ་གྲོས་རིན་ཆེན་སེང་གེ།）所著的《建央法王扎喜贝丹传》。（འཇམ་དབྱངས་ཆོས་རྗེའི་རྣམ་ཐར།）。

觉阿（阿底峡）没有到西藏之前，扎贡·曲吉多吉（བྲ་སྒོམ་ཆོས་ཀྱི་རྡོ་རྗེ།）诞生于距浩门河不远之地，出现扎德噶尔庵（བྲ་ཏི་སྒར་པ།）十三处。希解派（ཞི་བྱེད།）帕丹巴（ཕ་དམ་པ།）[24]与能断派（གཅོད་ཡུལ།）玛玖拉卜仲（མ་གཅིག་ལབ་སྒྲོན།）[25]师徒等也曾亲临这些地方，有拉卜（ལབ།）静修院及丹巴（དམ་པ།）静修庵等。一切知（嘉木样）说：“拉卜仲诞生于水马年后之八十三年，或诞生于土兔年后之八十六年，即第三胜生之木龙年（公元1184年，南宋孝宗淳熙十一年，甲辰岁）三月初十日曾在雅日山（གཡའ་རི།）中埋藏了伏藏。”

“蒙古成吉思汗来藏区，征服了自阿里以下的各地区，派员到西藏，向萨勤衮噶宁波（ས་ཆེན་ཀུན་དགའ་སྙིང་པོ།）[26]致送礼品，结成供施(མཆོད་ཡོན།）关系，并送去敦请他到蒙古去的函件，迎去一部分三所依，（身、语、意三所依，即佛像、佛经和佛塔），因此，圣教遂因而弘传于蒙古地区，使蒙古族开始了信仰佛教之纪元，并接受居士戒等，圣教在该地打下了根基。按若把世尊灭度之岁作为铁龙年计算，则此为灭度后之两千零八十七年。若按于火兔年灭度之说推算，则为灭度后之二千零四十一年，即第四胜生之火兔年，迄今第十三胜生之铁龙年，已历五百零三年云。”若于此数之上加第四胜生至土鸡年（己酉岁）之数，约历五百九十三载矣。

成吉思汗之子为窝阔台，彼汗之子为贵由与阔端两人。他们统治这个地区时，阔端聘请萨班（ས་པཎ།）前来。由于和上师的授记相合，于第四胜生之木龙年（公元1244年，宋淳祐四年，蒙古乃马真皇后称制三年，甲辰岁），携带八思巴（འཕགས་པ།）、和恰那（ཕྱག་ན།）前去北地。于火羊年（公元1247年，宋淳祐七年，蒙古贵由汗二年，丁未岁）与王会晤，为阔端王及其部属授予喜金刚的灌顶，显示各种神通，得到王的敬信。当时有一妇人携带锯齿状揉皮工具前来拜见，遂仿其形式，创造了蒙古文字。王弟忽必烈彻辰汗（སེ་ཆེན་རྒྱལ་པོ།）权势强大，统治着汉、藏、蒙及印度之一半地区与克什米尔边境以北的地方。此王迎请众生怙主八思巴大师前往，大师以神变之力使王发生信仰，遂授予灌顶。彼王曾到野摩塘地方、临洮及汉藏交界之地曲玛城（ཆུ་མ་མཁར།）[27]等处。据说，国王为忏悔征服蛮子（སྨན་ཙེ།）[28]的暴行，自皇宫起直至西南地方，共建造一百零八座寺院，卓尼（ཅོ་ནེ）五部落亦于此时兴起云。八思巴的四大弟子把多麦南部的本教，分别予以改宗，在其地建立各自的寺院和基地。由于虔奉萨迦派，彼称为大智者的斯纳格西（ཟི་ན་དགེ་བཤེས།），曾受度母的授记，前来多麦地区，被成吉思汗尊为上师。而斯纳堪布·喜饶伊喜（ཤེས་རབ་ཡེ་ཤེས།），由于作为供施两方的侍者，致力于众生怙主八思巴大师与国王之事业，成绩卓著，由国王赐予宗喀地方的土地，使其作为彼处领主，其后裔历代承袭，颇为圣教与众生之事业效力。

忽必烈法王又迎请主巴（འབྲུག་པ།）[29]噶举派大成就者邬坚巴仁钦贝（གྲུབ་ཆེན་ཨུ་རྒྱན་པ་རིན་ཆེན་དཔལ།）前去接受法惠。蒙古蒙哥汗时，噶玛拔希（ཀརྨ་པཀྴི།）[30]前去北京，曾先后三次显示法力，置于烈火、大水、深渊之中，并无丝毫损伤，引使蒙古人们虔敬信仰。其后，噶玛让迥多吉（ཀརྨ་རང་བྱུང་རྡོ་རྗེ།）、饶悲多吉（རོལ་པའི་རྡོ་རྗེ།）、得银协巴（དེ་བཞིན་གཤེགས་པ།）[31] 等都去北京，显示各种神通，大降法雨，先后建立噶玛噶举派（ཀརྨ་བཀའ་བརྒྱུད།）的许多寺院和静修院。又噶玛噶举派红帽系（ཞྭ་དམར་པ།旧译作沙玛尔巴）吉祥确吉扎巴（དཔལ་ཆོས་ཀྱི་གྲགས་པ།）[32]、曼隆古鲁（མན་ལུང་གུ་རུ）、衮钦确古鄂赛（ཀུན་མཁྱེན་ཆོས་སྐུ་འོད་ཟེར།）、琳·建悲央（མཆིམས་འཇམ་པའི་དབྱངས།）、雍敦多吉贝瓦（གཡུང་སྟོན་རྡོ་རྗེ་དཔལ་བ།）等也都前往，点燃圣教的明灯。

据哲蚌寺鲁本巴阿旺丹增巴（འབྲས་ཀླུ་འབུམ་པ་ངག་དབང་བསྟན་འཛིན་པ།）《夏琼寺志》（བྱ་ཁྱུང་གདན་རབས།）所述，自喇勤圆寂的木猪年经二百七十四年，即第五胜生的土鸡年（公元1309年，元武宗至大二年，己酉岁），曲结敦珠仁钦（ཆོས་རྗེ་དོན་གྲུབ་རིན་ཆེན།1309—？年）生[33]，他四十一岁之年，即第六胜生土牛岁（公元1349年，元顺帝至正九年，己丑岁）修建夏琼寺大乘功德兴盛林（བྱ་ཁྱུང་ཐེག་ཆེན་ཡོན་ཏན་དར་རྒྱས་གླིང་།）；此后经八年，火猴年，斯纳道登建贝嘉措（ཟི་ན་སྟོབས་ལྡན་འཇམ་དཔལ་རྒྱ་མཚོ།）生；第二年，火鸡年（公元1357年，元顺帝至正十七年，丁酉岁），第二佛陀东方圣·宗喀巴罗桑扎巴（ཙོང་ཁ་པ་ཆེན་པོ་བློ་བཟང་གྲགས་པ།）诞生于多麦宗喀地方。犹如世尊降生于世间那样，宗大师的遍满大地的许多学识渊博的弟子之中，被称为早期四大弟子之一察科（ཚ་ཁོ།）官人阿旺扎巴（ངག་དབང་གྲགས་པ།）在洛堆（ཉོ་སྟོད）地方建立了一百零八座寺院，与此同时，被称为护持各方圣教的七杆大旗之一的戎巴吉那巴·根敦坚赞（རོང་པ་ལྷགས་ནག་པ་དགེ་འདུན་རྒྱལ་མཚན།）建噶拉日伽蓝（ཀླུ་ལ་རིའི་སྡེ།）。对岷州戴仓（དེ་ཚང་།）[34] 曲结扎释班丹（བཀྲ་ཤིས་དཔལ་ལྡན།），宗大师也曾吩咐他说：“你有能力，现在，如果在汉族地区，建一座世尊圣教的道场、众所景仰的戒行严谨的伽蓝基地，则在今、后二世，不但对自己和别人都有很大的饶益，而且也为圣教做了事。”

他遵行宗大师的指示，在岷州建立了叫作胜利洲（རྣམ་རྒྱལ་གླིང་།）的寺院，成为实践三事讲辩经论的伽蓝。哲仓（དྲེའུ་ཚང་།）曲结释迦贝桑波（ཤཱཀྱ་

དཔལ་བཟང་པོ།）也依靠宗大师的教诲，护持曲宗寺(ཆོས་རྫོང་དགོན།)。宗大师的亲门弟子，被称为人主冠上庄严的两帝师：大慈法王释迦室利（ཤཱཀྱ་ཤྲཱི།）[35]及向喇嘛确吉嘉布（བྱང་བླ་མ་ཆོས་ཀྱི་རྒྱལ་པོ།）[36]二人事业中，出现了编牛城(མཛོ་མོ་མཁར།马营即鸿化寺）与喀底喀寺（ཁ་དཔའི་ཁ།)；朗噶尔瓦·桑吉扎喜（གླང་དཀར་བ་སངས་རྒྱས་བཀྲ་ཤིས།)、曲结·散木旦罗哲（ཆོས་རྗེ་བསམ་གཏན་བློ་གྲོས།）叔侄二人修建了卓仓寺（གྲོ་ཚང་དགོན།瞿昙寺)；斯纳喇嘛·群培坚赞（ཆོས་འཕེལ་རྒྱལ་མཚན།）修建斯纳散珠林寺（ཟི་ན་བསམ་འགྲུབ་གླིང་།)；仲·敦约坚赞（དྲུང་དོན་ཡོད་རྒྱལ་མཚན།）修建韩寺（ཧན་དགོན་པ།）等，他们都曾任大明的帝师[37]。贾曹吉的亲门弟子夏日瓦宗哲（ཤར་པ་བརྩོན་འགྲུས།）叔侄在夏日瓦地区[38]护持圣教。接着有一切知索南嘉措[39]、四世达赖喇嘛云丹嘉措、五世达赖喇嘛、六世班禅贝丹耶喜、化身佛索南耶喜旺布（བསོད་ནམས་ཡེ་ཤེས་དབང་པོ།)、先后的嘉赛·敦约嘉措，历世东科尔（སྟོང་འཁོར།）呼图克图、冬泽·衮噶贝桑（མདུང་ཚེ་ཀུན་དགའ་དཔལ་བཟང་།)、吉雪第巴曲结（སྐྱིད་ཤོད་སྡེ་པ་ཆོས་རྗེ།）等许多哲士在南北各地[40]亲自加持，由于这些因缘，多麦大地各到去处，遍布着戴金色法冠的纯洁的格鲁派。

复次，多麦这个地区，有被称为第二印度恒河之称的黄河流经其中，因此，被分为南北两部。北部地区西至青海湖，东至宗喀。前者乃是安多地区的上部，彼处有仰华寺（ཆབ་ཚ་ཐེག་ཆེན་ཆོས་འཁོར་གླིང་།）等古寺三处；丹噶尔（湟源）城中则有噶丹旦吉林寺（དགའ་ལྡན་བསྟན་རྒྱས་གླིང་།)，城郊有扎藏寺(གྲྭ་ཚང་དགོན།）及静修庵数处。青海湖海头察罕托罗海（ཚ་གན་ཐོ་ལོ་གི）地区的各水以及左面的诸水汇集于称为噶塘玛尔库措摩（དཀར་ཐང་མར་ཁུའི་མཚོ་མོ།）的哦绕水峡（འོ་རོ་ཆུ་འགག）之中，叫作湟水（ཙོང་ཆུ།)。被它分为南北的北部地区，有供奉喇勤的整个遗体在内的圣地白马寺（དམར་གཙང་བྲག)；有多麦地区诸讲辩院之祖郭隆寺（དགོན་ལུང་བྱམས་པ་གླིང་།)，有土观大悲观音像、哇旺世间怙主[41]像、夏热阿弥陀佛像等许多极为珍贵的佛像所在的圣地；有曲藏静修庵(ཆོས་བཟང་རི་ཁྲོད།)、讲辩院扎喜曲林寺（བཀྲ་ཤིས་ཆོས་གླིང་།)、密宗庵(རྒྱུད་པ་སྒར།)、马营寺（སྣ་ཡང་དགོན།）等寺院及静修院。

郭隆寺之西北，自上而下依次有扎底阿乔庵（ཐྲ་ཏི་ལྷ་མཆོད་སྒར།），芒堆静修院（མང་འདུས་རི་ཁྲོད།），香隆拉卜旦寺（ཤིང་ལུང་རབ་བརྟན།），文巴曲隆寺（ཐུམ་པར་ཆོས་ལུང་།）等。曲藏寺噶丹穆琚日林（ཆོས་བཟང་དགོན་དགའ་ལྡན་མི་འགྱུར་གླིང་།）。赛科合川（གསེར་ཁོག）有赞布之寺噶丹旦曲林（བཙན་པོ་དགོན་དགའ་ལྡན་དམ་ཆོས་གླིང་།），上、下静修院（སྒྲུབ་སྡེ་གོང་འོག）。夏科合川（ཞྭ་ཁོག）有杜哇寺（འདུལ་བ་དགོན།）等，宝库川（བོ་ཁོག）有大、小塔严祈寺（ཐ་ཡན་ཆེ་དགོན།），斗合日山静修院（སྟག་རིའི་རི་ཁྲོད།），义合日山静修院（གཡག་རིའི་རི་ཁྲོད།）等寺院庵堂。浩门河流域有班固寺（བན་རྒྱུད་དགོན།）、甘禅寺大乘解脱林（གན་ཆེན་དགོན་ཐེག་ཆེན་ཐར་པ་གླིང་།）及其静修院撒隆静修院（ཟབ་ལུང་རི་ཁྲོད།）、大通小寺（ཏི་ཐུང་དགོན་ཆུང་།）等。

北面自上部依次有嘉多寺（རྒྱ་རྡོག་དགོན）、仙密寺噶丹达尔吉林（སེམས་ཉིད་དགོན་དགའ་ལྡན་དར་རྒྱས་གླིང）、朱固寺（འབྲུ་གུ་དགོན།）、噶卓扎噶尔圣山（ཀ་རྡོད་ཟླ་དཀར་གནས་རི།）、乔殿堂寺（མཆོད་རྟེན་ཐང་།天堂寺）、甲夏及玛尔夏静修院（རྒྱ་ཞྭ་དང་དམར་ཞྭ་རི་ཁྲོད།）、大通大寺（ཏི་ཐུང་དགོན་ཆེན།）等。吉合容（ཧག་ཙང་།）雅隆图尔钦寺（ཡར་ལུང་ཐུར་ཆེན་དགོན།）、松山达隆寺（ཟུང་ཤན་སྟག་ལུང་།）[42]、扎底拉卜吉寺（ཐྲ་ཏི་རབ་རྒྱས་དགོན།寺），上、下那合洋寺（ནག་ཡང་དགོན་གོང་འོག），上、下江仁寺（གྱང་རིང་དགོན།）等。其他采用色拉寺和哲蚌寺教程，护持讲闻的讲辩院和静修院不可胜计。

甘、凉、肃三方面，有冬那建央寺（མདུང་ནག་འཛམ་དབྱང་དགོན།）等大小寺院。在凉州，有凉州四寺、自然形成的亥母佛像、弥勒大佛像。在甘州，有自然形成的度母佛像、洛哲培王子（རྒྱལ་བུ་བློ་གྲོས་འཕེལ།）降伏龙魔的圣地及其上师阿瓦卜底巴（ཨ་ཝ་དྷུ་ཏི་པ།）静修山洞。在肃州，有自然形成的妙吉祥像等加持灵显的许多圣地。

宗拉山脉[43]南北两侧之北麓及湟水南岸各地，有第二佛陀东方圣·宗喀巴大师诞生圣地衮本木仙巴林（སྐུ་འབུམ་བྱམས་པ་གླིང་།）[44]、撒桑寺格登曲登（ས་བཟང་དགོན་དགེ་ལྡན་ཆོས་སྡིངས།）、赛多寺（གསེར་ཏོག་དགོན།）、斯纳散珠林寺等。西宁城中三大哲士舍利寺（མཁས་པ་མི་གསུམ་གྱི་སྐུ་གདུང་།）[45]、曲结敦珠仁钦大师居住地恰噶尔（ཆ་དཀར།）、噶玛巴四世饶必多吉（ཀརྨ་རོལ་པའི་རྡོ་རྗེ།1340—1383）居住地沙尔宗静修院（ཤར་རྫོང་རི་ཁྲོད།）、大成就者朗噶尔瓦的寺院——卓仓神庙乔答摩院（གྲོ་ཚང་ལྷ་ཁང་གོ་ཏ་མ་སྡེ།）[46]、卓仓寺（གྲོ་ཚང་དགོན།）[47]、唐仁寺噶丹讲修院（ཐང་རིང་དགོན་དགའ་ལྡན་བཤད་སྒྲུབ་གླིང་།）、巴州寺圣教兴盛林（སྤ་རྫོང་འི་དགོན་བསྟན་དར་གླིང་།）等许多讲辩静修寺院。

上部有东科寺讲修院（སྟོང་འཁོར་དགོན་བཤད་སྒྲུབ་གླིང་།）等寺院。

宗拉山脉南麓，有曲结敦珠仁钦与大士[48]师徒两人的寺院夏琼寺大乘功德兴盛林、往昔的超殊静修圣地接日山[49]金殿（སྐྱེས་རིའི་གསེར་ཁང་།）以及夏琼寺所属的化隆县多塔、麦塔等地十八座支寺。

上部有郭密乔典格寺（མཆོད་རྟེན་སྐེམས།）、德钦密咒寺（གསང་སྔགས་བདེ་ཆེན་དགོན།）等。它的西面临近哈拉库图城有日月山。黄河河曲之西，原阿里克之牧地黄额川（ཏང་རི།）[50]，有往昔古寺彭措南结林寺（ཕུན་ཚོགས་རྣམ་རྒྱལ་གླིང་།），与这寺相近处有和咱日神山[51]的加持相等之称的智噶尔拜宗寺（བྲག་དཀར་སྤྲེལ་རྫོང་།）。

夏琼寺之东，有甘都（ཀ་མདོ།）扎喜曲宗寺（བཀྲ་ཤིས་ཆོས་རྫོང་།），有曾在《太子须大拏经》中叙述过，而为三大智者[52]和喇勤居住过的圣地丹斗寺等六座寺院，有扬斗静修圣地（ཡང་ཏིག་སྒྲུབ་གནས།），有乌西岩（ཨུ་ཤི་བྲག）静修圣地及讲修法轮大寺（དགོན་ཆེན་བཤད་སྒྲུབ་ཆོས་འཁོར་གླིང་།），有向喇嘛的喀底喀寺，有称为贡子修建的炳灵寺（བྱམས་པ་འབུམ་གླིང་།）和拉顿寺（ལྷ་མདུན་དགོན），有自然形成的度母像所在地度母谷脑，有白塔寺（མཆོད་རྟེན་དཀར་པོ།），有称为自然形成的胜乐像圣地罗家洞（ལོ་ཀྱཱ་ཏུན།），有自然形成的大悲观音像所在地甘沟寺（ཀན་གོའུ་སྡེ།），有大慈法王的鸿化寺。此处还有许多汉藏寺院，不可胜数。

南部地区，黄河上游大部分为果洛（མགོ་ལོག）、阿树（དཔལ་ཤུལ།）[53]、佐格阴阳、河南蒙古十一佐领、阿柔[54]等部放牧地区，寺院不多。但是，果洛地区有散珠德登（བསམ་འགྲུབ་བདེ་ལྡན།）等新建寺院。阿树地区，则有参绰寺噶登拉卜吉林（མཚན་སྒྲོགས་དགོན་དགའ་ལྡན་རབ་རྒྱས་གླིང་།）。佐格上部于噶、麦两河合流处有琐仓上密学院（རྒྱུད་སྟོད་གྲྭ་ཚང།），与此相近之地有仙美哲蚌寺（བྱམས་མི་འབྲས་སྤུངས་དགོན།），麦曲水汇于黄河之玛麦哲多（རྨ་མེ་འདྲིས་མདོ།）处有察干白相寺（ཚ་གན་པེ་ཤིང།）及泽卫交悲静修院（རྗེ་དབུས་གཅོད་པའི་རི་ཁྲོད།）。蒙旗地区有乌厄盖扎仓（ཨུ་ཀེ་གྲྭ་ཚང་གསང་སྔགས་སྨིན་རྒྱས་གླིང།）。藏阿柔地区有藏戛尔敦珠拉卜旦林寺（གཙང་སྔར་དོན་འགྲུབ་རབ་བརྟན་གླིང།），拉加扎喜迥乃寺（ར་རྒྱ་བཀྲ་ཤིས་འབྱུང་གནས།）等寺。此后，在黄河弯曲之处，有拉摩德钦寺（ལ་མོ་བདེ་ཆེན་ཆོས་གླིང།）、阿噶尔绛曲林寺（ཇ་སྔར་བྱང་ཆུབ་གླིང།），曲结敦住仁钦大师修建的昂拉赛康寺（སྣང་རའི་གསེར་ཁང།），有拉垅贝多尔的静修圣地多吉扎岩（རྡོ་རྗེ་བྲག），与此相邻的洛委玉（བློ་བའི་ཡུལ།），新、老古哇寺（ཀོའུ་བ་དགོན།）等许多大小寺院，有三大智士居住的安穹南宗窟（ཨན་ཆུང་གནམ་རྫོང།）。

在贵德[55]上下地区有齐巴仁波切（ཚས་པ་རིན་པོ་ཆེ།）的静修院智加多吉宗窟（བྲག་སྐྱ་རྡོ་རྗེ་རྫོང།），智噶尔美浪寺（བྲག་དཀར་མེ་ལོང།）等寺院多处，及称为具有加持力的四大佛像等所在地。

苟曲（དགུ་ཆུ|隆务河）[56]流域，热贡（རེབ་གོང།）[57]金川地区中，有大成就自在者噶登嘉措大师（སྐལ་ལྡན་རྒྱ་མཚོ།）叔侄的修习显密大寺院——胜乐法轮洲（བདེ་ཆེན་ཆོས་འཁོར་གླིང།），有以修习密宗的基地扎喜奇寺（བཀྲ་ཤིས་འཁྱིལ）为首的十八座修习讲辩的寺院等，有证得成就的八处圣地，有四寨子[58]各寺。还有第二世一切知嘉木样吉美旺布所兴建麦秀噶布祥（དམེ་ཤུལ་དཀར་པོ་གཞོང།）、瓜什则修沟宁寺（མགར་རྗེ་ཤུག་གུ་ཉིན་དགོན）及其他四座支寺。

在玛尔昂（མར་ནང།）[59]五部有圣噶登嘉措的三处寺院之一香勒喀扎喜曲宗寺（ཤིང་ལས་ཁ་བཀྲ་ཤིས་ཆོས་རྫོང།），尕塄塔尔瓦林寺（ཀྱ་རིང་ཐར་བ་གླིང།）、文都大寺（ཐེས་མདོའི་དགོན་ཆེན།）、中库寺密宗道场（གཙུ་འཁོར་གསང་སྔགས་ཆོས་སྡིངས།）、夕厂古寺（བསེ་ཚང་དགོན་རྙིང།）、古雷扎仓寺（སྒོ་རིས་གྲྭ་ཚང་དགོན།）及其十二座支寺。冬日玉措湖（དུང་རི་གཡུ་མཚོ།）[60]，它的附近有拉隆贝多尔静修处。达隆达尔吉林（སྟག་ལུང་དར་རྒྱས་གླིང།）及其支寺。上下宁川沟有十座寺院，黄河边有自然形成的马头明王像所在地内、外阿贡寺（ཨ་འགང་དགོན་ཕྱི་ནང།）两座，怙主加持所在地玛哈噶拉神庙（མ་ཧ་ཀ་ལའི་ལྷ་ཁང་།）。

桑曲河（བསང་ཆུ།）[61] 流域，有一切知喇嘛师徒的拉卜楞大寺（ལ་བྲང་བཀྲ་ཤིས་འཁྱིལ།），上、下静修院，拉恰嘎尔寺（ལྷ་ཆབ་སྒར།）等；雅日山右侧高阜上有达宗玉措湖（ཏ་རྫོང་གཡུ་མཚོ།），左侧有德尔隆谷（གཏེར་ལུང་།）空行圣地；与它临近之处有赤干活佛阿旺建央扎喜（ངག་དབང་འཇམ་དབྱངས་བཀྲ་ཤིས།）历世居住地德尔隆嘎尔寺（གཏེར་ལུང་སྒར།）。自南流来的桑曲河左岸有阿琼嘎尔寺（ཨ་ཁྱུང་སྒར།）及其禅堂、曼隆嘎尔寺(སྨན་ལུང་སྒར།)、如额嘎尔（རུ་ངར་སྒར།）静修院等。桑曲水上游有郭莽乔丹协尔寺(སྒོ་མང་མཆོད་རྟེན་ཤར།)、佐格（མཛོད་དགེ）三寺，夏热静修处（上、下）。冈察（ཁང་ཚ།）、喀加(ཁ་གྱ།)、合作（གཙོས།）、杂义（ཙ་ཡུས།）、甘加（ཀན་གྱ།）等喀加六部[62] 各有自己的许多寺院，在甘加还有胜乐宫捏贡智噶尔神山，大、小霍尔仓（ཧོར་ཚང་།）[63] 地区十二座寺院，十一处药王佛殿。

自香郭（ཤིང་སྒོ།）以下，有许多汉族寺院，摩尼沟静修庵，郭摩寺(མགོ་མོག་དགོན་བཀྲ་ཤིས་བདེ་ཆེན་གླིང་།)。众生怙主八思巴四大弟子之一、达温波（ཏྲ་དཔོན་པོ།）的新旧韩寺（ཧན་དགོན་པ།）、岗卡静修庵。

河州城内有大寺及弥勒大寺，城外有大长塔及韩家寺等。

洮河（ཀླུ་ཆུ།）流域，上游有曲科嘎尔寺般若洲（ཆོས་འཁོར་སྒར་ཤེར་ཕྱིན་གླིང་།），旄合日寺(ཚོག་རི་དགོན།)、沟钦静修院(ཀྲུག་ཆེན་རི་ཁྲོད།)、娘主巴（ཉང་གྲུབ་པ།）的娘仓当索寺（ཉང་ཚང་གདོང་ཟུག)、邦替静修院（སྤང་མཐིལ་རི་ཁྲོད།）。洮河下游地区，有卓尼昂曼贡玛修建的三座寺院，上、下瓦底寺（ཡ་ཏིས་དགོན་གོང་འོག)，木多寺（རྨུ་ཏོ་དགོན།）等。自北流来的多曲水（རྡོག་ཆུ།）的上游德摩滩（བདེ་མོ་ཐང་།）有噶丹曲科林寺（དགའ་ལྡན་ཆོས་འཁོར་གླིང་།），东部完布滩（སྟོན་པོ་ཐང་།）有噶丹讲修林寺(དགའ་ལྡན་བཤད་སྒྲུབ་གླིང་།)，右侧山谷中有杰仓嘎尔寺（སྐྱིད་ཚང་སྒར)、麦秀新寺（དམེ་ཤུལ་སྒར་གསར།）。洮河与多曲水合流之地有阿郭冈寺扎喜讲修林（ཛ་གོད་སྒང་བཀྲ་ཤིས་བཤད་སྒྲུབ་གླིང་།），其东有惹卜察嘉摩寺散珠林（རིབ་ཚ་རྒྱལ་མོ་དགོན་བསམ་འགྲུབ་གླིང་།），附近各沟岔中大约有属于这个寺院的十八座寺院，有泽卫静修院（ཙེ་དབུས་རི་ཁྲོད།）

等四座冈瓦的静修院（སྣང་བའི་སྒྲུབ་སྡེ་བཞི།）、鲁琼大寺(གླུ་ཆུང་དགོན་ཆེན།）及上密宗学院（རྒྱུད་སྟོད་གྲྭ་ཚང་།）、达仓（སྟག་ཚང་།）师徒静修院、阿科智噶尔神山（ཨ་འཁོར་བྲག་དཀར།）及菩提洲静修院（སྒྲུབ་སྡེ་བྱང་ཆུབ་གླིང་།）、齐巴嘉喀尔（ཆས་པ་རྒྱ་མཁར།）、雅塘寺（ཡར་ཐང་དགོན།）、密宗院等。洮河之阴，有德塘堪布寺（བདེ་ཐང་མཁན་པོ་དགོན།）。切巴系（ཆས་པའི་གཤིས།）等处有许多寺院和静修院，有切巴达尔格寺（ཆས་པ་དར་དགེ་དགོན།）。洮河之阳，有官黎[64]克乔（དགོན་ལི་མཁས་མཆོག）的静修庵，巴泽城（པླ་ཙེ་མཁར།），其附近有玛宁寺（མར་བསྙུང་དགོན།）、结隆静修庵（རྒྱལ་ལུང་རི་ཁྲོད།）、卓尼大寺（禅定寺ཙོ་ནེ་དགོན་ཆེན་ཧིང་འཛིན་དར་རྒྱས་གླིང་།）及历代官人住所永德宫（ཡོངས་འདུས་རྒྱལ་ཁབ།），其背部有叶尔瓦讲辩洲（ཡེར་བའི་བཤད་གྲྭ།），它的前面洮州城（ཐོའུ་ཇུ་མཁར།），临近处有擦多尔寺（ཚ་རྡོར་དགོན།）。卓尼大寺前面有古尔雅静修院（གུར་ཡག་རི་ཁྲོད།）、纳合多寺（ནགས་མདོ་དགོན།），贡琐寺（གོང་སོ་དགོན།）。

岷州城（མིན་ཇུ་མཁར།）附近之处有释迦牟尼佛像所在的圣地隆珠德钦寺（ལྷུན་གྲུབ་བདེ་ཆེན།）、曲宗贝乔寺（ཆོས་རྫོང་དཔལ་མཆོག）两寺及其支寺近六十座，有自然形成的度母像殿堂、冬那宦钦寺（སྟོང་ནག་དཔོན་ཆེན་དགོན།）。

语化形成的法王八思巴像所在地临洮城（ཤིང་ཀུན་མཁར།），有许多属于萨迦派、噶当派的寺院及其支寺——汉族寺院。

洮河向北弯曲流去之阳，有恰格勒谢寺（ཁྲ་དགེ་ལེགས་བཤད་གླིང་།），上、下静修院，与此不太远之处，有松赞干布《遗教》中所说的莲花山（རི་བོ་པད་མ་ཅན།），它的上部，有色拉寺麦扎仓持律师肖瓦仁波切（ཤོག་བ་རིན་པོ་ཆེ།）修建的三座寺院、恰日贝（ཆག་རི་དཔལ།）的森林静修庵；白石崖之背后，依次有祝固（གྲུ་གུ།）[65]十八支寺，其上部有夏日瓦·宗哲仁钦的玛噶郭摩且寺（ན་ག་སྒོ་མོ་ཆེ་དགོན།）及其支寺二十处。在本列(ཐེལ་ལེ།)[66]地区，有自然形成的大悲观音像三座所在圣地及自然形成的大威德像所在地巴咱寺（པླ་ཙ་ཟི།）等汉族寺院多处。

洮河源头山南面不远的地区，有达仓拉摩（སྟག་ཚང་ལྷ་མོ།）修行处，拉摩的南北有显密诸寺院。佐格康撒（མཛོད་དགེ་ཁང་སར།）地方，有詹悲寺（ཇན་པའི་དགོན།），有曼隆巴(མན་ལུང་པ།)，《道程指南》中所说的江察（རྒྱང་ཚ།）温泉，珍瓦（འབྲིང་བ།）白石崖，隆桑小官人（ལུང་བཟང་དཔོན་ཆུང་།）的静修庵。

撒如（གཟའ་རུ།）部的上部有灵鹫岩（བྲག་བྱ་རྒོད།）及撒仓（གཟའ་ཚང་།）和上、下义部(གཡིས་སྟོད་སྨད།）等的许多寺院，有贝喜饶巴尔（དཔལ་ཤེས་རབ་འབར།）的上、下贝喜府邸(དཔལ་ཤེས་ནང་།)。在阿吉（ཨ་སྐྱིད།）地方，有衮邦道卜丹巴（ཀུན་སྤངས་སྟོབས་ལྡན་པ།）的静修庵、卓当浦（སྒོ་ལྡིཿ ཕུག）等一些寺院。这个地区的众水汇在一处，流向戎（རོང་།）[67]地，在其流域中，有王仓寺（བང་ཚང་དགོན།）和赛尔塘寺（གསེར་ཐང་དགོན།）等许多寺院。

黑水（ཆུ་ནག）与白水（ཆུ་དཀར།）的上游，有汉族和本布教的个别寺院。

松州（ཟུང་ཇུ།）地区，松潘城（ཟུང་འཕན་མཁར།）有黄寺（དགོན་སེར་པོ།）和扎热寺（བྲག་ར་དགོན）两座讲辩显宗的寺院。戎地黑河的上游，有毛尔盖寺（དམུ་དགེ་འཁོར་ལོའི་དགོན）等讲辩经论寺院。

阿曲水（རྔ་ཆུ།）流域，阿坝（རྔ་བ།）三部地区，有阿坝郭莽嘎尔寺（སྒོ་མང་སྒར།）等许多寺院和静修庵。热曲水（རྣ་ཆུ།）流域中，有阿乔参尼寺（ཨ་མཆོག་མཚན་ཉིད་དགོན།）等寺院和静修院五处。热曲水与阿曲水合流以下属于察科的地区，有完木巴寺（ཞམ་པ་དགོན།）等许多小寺。

察瓦三部（ཚ་བ་ཁ་གསུམ།）地区，有达仓隆珠林寺（དྭ་ཚང་ལྷུན་གྲུབ་གླིང་།）等，在其上部，有苟日德噶拉日寺（གིཧྲེའི་ཀླུ་ལ་རིའིདགོན།）。阿坝和察科的诸水与大水（ཆུ་ཆེན།）[68]汇合流向嘉摩戎（རྒྱལ་མོ་རོང་།），此处虽有属于格鲁派的雍仲拉登寺（གཡུང་དྲུང་ལྷ་སྟེང་།）等一些寺院，但大都位于康区矣。

北部的湟水、浩门河和南部的苟曲河、洮水、桑曲河等三水注于黄河；达仓拉摩和撒仓等处之水汇在一起，经过迭部戎部（ཐེ་བོ་རོང་།）和噶撒州城（ཀ་ས་ཇུ།）[69]后折向南流；毛尔盖和松州的诸水在茂州城（སྨོ་ཇུ་མཁར།）之北面汇于一处，流向成都府（ཁྲིན་ཏུའུ་ཧྲུ།），这些水系的流域基本上包括整个的安多地区。

注释：

［1］为论布噶尔之简称，即禄东赞。

［2］四川省甘孜藏族自治州乾宁县。

［3］关于文成公主入藏的道程，据“两唐书”《吐蕃传》等记载，筑行馆于河源之国，命江夏王李道宗持节护送，松赞亲迎于柏海与李道宗会见。《新疆发现吐蕃古藏文文书》载有在吐谷浑地区，文成公主受到吐谷浑王莫贺吐浑可汗（མ་ག་ཐོ་གོན་ཁ་གན།）和王后墀旁（བཙན་མོ་ཁྲི་བང་ས།）及吐谷浑大尚论（འ་ཞའི་ཞང་ལོན་ཆེན་པོ）等王臣的盛大欢迎。叙述明确，似没有争议的必要。但藏区人民怀念文成公主对藏区的贡献，都希望公主入藏取道他们那儿，因此有南道乾宁和北道日月山两种说法，还有把两条道路合而为一者，如本书中所说。

［4］即今甘肃省永靖县之炳灵寺，约建于北魏。

［5］著者不明汉地历史，此处说法与历史不符。

［6］按著者此处记载有误。松赞去世于铁狗年，即公元650年，唐高宗永徽元年,“两唐书”记载明确。当时，唐蕃拜交甚笃，松赞曾受封为“西海郡王”，松赞去世后，唐派右武卫将军鲜于匡济带着皇帝的诏书，前往拉萨，参加吊祭仪式。

［7］本书对赤松德赞的生年，记载不同。关于赤松德赞的生卒之年，藏史有争议。

［8］关于此事，本书前后记叙分歧，参阅第六章中关于《噶玛洛》的叙述。

［9］按著者此处所指，可能根据土观·曲吉尼玛《佑宁寺志》中所说。关于“དྲུ་གུ”这一地名，有两种解释，一指西部突厥地区，其二则指吐谷浑地区。关于吐谷浑，藏史只简单地称为阿夏，也指作巴达霍尔（今甘肃裕固族），说法不一。所谓南部突厥，著者指洮河流域临洮附近的一些地区，见本书第十五章。以它作南部突厥，似不确切。

［10］亦译作智噶日。

［11］按此系唐蕃拉萨会盟时两国所定的国界线。从语音及唐蕃当时的控制区和“两唐书”《地理志》推敲，即唐之同谷县西境。同谷即公谷的另一译音。此处作白塔寺，与当时实际控制区有矛盾。

［12］木雅噶为藏史对西夏之称谓，此处之木雅噶则指甘肃之张掖县(甘州)。

［13］［14］《王统世系明鉴》中，此师作“གནབས་དཔལ་གྱི་བྱང་ཆུབ།”与“སྣུབས་དཔལ་གྱི་བྱང་ཆུབ།”，姓氏音虽近而写法不同。本书此名重出。

［15］此师之姓前面ཆོ་རེ(觉热)，此处则作为ཆོ་ར(觉饶)，似雕版有误。

［16］意为“大师”，为藏区对贡巴饶赛之尊称。

［17］前面作鲁梅喜饶楚臣，据一般写法，似以鲁·梅楚臣喜饶为是。

［18］亦译作丁卯纪年，绕迥纪年等。按本书此处计算似有六十年之出入

［19］七试士（སད་མི་བདུན）。藏史载，赤松德赞时，为了考察吐蕃地区的人们能否守持出家为僧的戒律，静命大师按说一切有部戒律，选择了七人剃度他们出家，称为七试人，或称预试七人。此为藏区佛教有出家为僧之始。

［20］佛教《太子须大拏经》中的故事。

［21］参阅第六章中关于罗家墩的记叙。

［22］今内蒙古自治区之额济纳河。

［23］按噶玛巴堆松钦巴（公元1110—1195年）于公元1147年在康区类乌齐的噶玛地方建噶玛丹萨寺讲学，形成噶玛巴派，1187年于拉萨北堆龙地方建粗朴寺。西夏纪元自景宗元昊开始，其第五世为仁宗仁孝(公元1140—1193年在位)，与堆松钦巴有联系之西夏王太和，似当是夏仁宗，其子为桓宗纯佑，文内所称之木雅嘉果，似当是此人。

［24］帕丹巴（？—1117年）印度僧人，亦名桑吉丹巴，曾先后来藏

区三次，传授希解（能寂）法门等。据说还去内地弘法云。

[25] 玛玖拉卜仲，生卒年不详，说法不一，有认为生于公元1031年，逝世于1129年者。为藏传佛教史上著名的女宗教家。为觉派亦称觉域派（གཅོད་ཡུལ།），也作厥域派（སྤྱོད་ཡུལ།），前者意为断，后者意为行，故亦译作能断派、断派，或音译作觉巴，传自帕丹巴。交·索南喇嘛（སྐྱོ་བསོད་ནམས་བླ་མ།）的女弟子，摩觉（女传觉域法）传承人。她所传的教义，融入于藏传佛教各派之中，各派都遵行崇奉。

[26] 按此处所记有误。萨勤衮噶宁波生于公元1092年，殁于1158年，成吉思汗西征时间在十三世纪二十年代中，此时，衮噶宁波早已去世，不会有与成吉思汗书信来往之事。成吉思汗西征时曾征服阿里，可能与萨迦派萨班发生过联系。又有一说，谓成吉思汗1206年曾到达甘青一带藏区，可能与萨迦派教主扎巴坚赞建立了联系云。但必须指出，1206年，成吉思汗正进攻乃蛮，还没有到达阿里地区。

[27] 在甘肃卓尼地区。

[28] 指征服大理及南宋。

[29] 亦译作周巴。

[30] 即被称为噶玛噶举派黑帽系之第二世活佛（公元1283—1283年），为藏传佛教转世制度的创始人。

[31] 为黑帽系之第五世活佛，本名曲贝桑波（ཆོས་དཔལ་བཟང་པོ།公元1384—1415年）。此处所记笼统不清。他是于明永乐四年（公元1406年）应明成祖召请前去南京，受封为“万行具足十方最胜圆觉妙智慧善普应佑国演教如来大宝法王西天大善自在佛领天下释教”(简称大宝法王)。得银协巴即如来之藏文译音。

[32] 红帽系第四世，(公元1453—1583年)，曾到西宁一带并北去蒙古地区传法。

[33] 宗喀巴的师傅，为噶丹派的著名僧人。

[34] 此处似有笔误参阅第三编第十五章关于大崇教寺部分。

[35] 即释迦耶室（ཤཱཀྱ་ཡེ་ཤེས།公元1352—1435 年），明宣德九年（公元1434 年）册封为“万行妙明真如上胜清净般若弘照普慧辅国显教至善大慈法王西大正觉如来大圆通佛”（简称大慈法王）。

[36] 向喇嘛受明廷册封之事，资料不足，具体情况不详。

[37] 此处所记有误，明时没有帝师的封号，见于史书者只有尚师、法王、大国师、国师、朵尔只唱、沙布隆、禅师、高僧以及都刚等名号。

[38] 指岷江上游一带。

[39] 第三世达赖喇嘛。

[40] 指安多地区的南北各地。

[41] 指观世音菩萨像。

[42] 亦译作斗合隆寺，德隆寺等。

[43] 即小积石山脉。

[44] 即塔尔寺。

[45] 即通称之西宁大佛寺。

[46] 即瞿昙寺。

[47] 即药草台寺。

[48] 为宗喀巴尊称之一。

[49] 亦译作吉日山、吉利山、阿米吉利山。

[50] 今通称大河坝草原。

[51] 即昌都察隅地区之咱日神山，为著名神山之一。

[52] 为对藏·饶赛、约格迥、玛·释迦牟尼三人之尊称。

[53] 亦译作阿秀、阿徐等。

[54] 为阿里克部落分支之一，一般为了区别于在青海省祁连县之阿里克，故译作阿柔。

[55] 贵德，藏文作豀噶（ཁྲི་ཀ），亦译作赤尕，宋时译为溪哥城。

[56] 苟曲，意为九水，亦译作九曲，即黄河九曲之地区。

[57] 热贡，亦译作一公，即宋时唃厮啰之一公城地区，汉时之大、小榆谷。热贡、一公、榆谷、皆不同时代之译音。其地包括今青海省之黄南藏族自治州，又海南藏族自治州之一部，循化县全境以及甘肃省甘南藏族自治州夏河县之一部。

[58] 今青海省同仁县属。明初立河州卫，永乐九年，调中左千户一所于贵德居住守备，仍隶河州，计有十屯。其在热贡驻屯者有四屯，通称为四寨子。参阅《明实录·永乐实录》卷一二（馆本）及《循化志》族寨工屯部分。

[59] 今青海省循化县一带。

[60] 今循化县孟达林区的天池。

[61] 即大夏河，古称漓水。

[62] 即明时之涅工川各部。

[63] 亦译作火尔藏。

[64] 亦译作贡黎。

[65] 此处之祝固，系指吐谷浑，因洮河上游曾一度作为吐谷浑属地，故名。亦有作为南部突厥者，似难对应。

[66] 亦译作便勒、鞭勒等。

[67] 指白龙江河谷地，即迭部戎地。这一带也称十八大戎区。

[68] 大水（ཆུ་ཆེན།），流经大金川之大渡河。

[69] 此处原文雕版似有误。按文义，噶撒州（ཀས་ཟུ།）似为“阶州”，即甘肃省的武都区。藏文把（ཀས་ཟུ།阶州）误雕为(ཀས་ཟུ།噶撒州)。“ཀ”与“ས”之间多标了一个音节点“·”。

第四章　青海蒙古诸部首领的历史

本文部分分为南北两部来叙述。由于次序的关系，第一，首先叙述北部地区青海蒙古诸首领的历史。正如《菩萨本生鬘论》中颂大海时所说："此处兰似帝青色光芒，恍如日融太空碧苍苍，举目远眺四周无边际，其深难测入海乐洋洋。"

浩渺广阔，其深莫测，犹如青青的蓝天，炫耀着人们的心意与目光，被称为墀雪尔嘉摩（ཁྲི་ཤོར་རྒྱལ་མོ）的青海大湖就是这样。湖中心的海心山，是一座特殊的静修圣地。圣噶登嘉措曾赋诗赞道："此湖中心形成之山洲，现今称为玛哈德哇岛，过去法王松赞干布、具祥圣·莲花生曾授记：

是龙王菩萨的居住地，众成就者静修之圣地。”

它的上部有海肺山（གློ་བ་རི།），下部有海脾山（མཆེར་བ་རི།），还有称为怙主额（མགོན་པོ་གདོང་།）的岩洞，有许多自然形成的具诸愤怒相及酬补供品样的处所。它的左右两侧，有俗称为耳环湖的两小泊；与此相邻之处，有五世达赖前赴内地时在此讲授修习圣·观音随许法的坛台，俗称为息热滩（ཞི་རི་ཐང་།），现在亦称为襄佐台的登乃图尔台（ཏིང་ཉེལ་ཐུར།）。还有青海蒙古各部首领们侍奉历世达赖喇嘛和班禅的一系列宝座。其西面，就是《胜者索南嘉措传》（རྒྱལ་བ་བསོད་ནམས་རྒྱ་མཚོའི་རྣམ་ཐར།）中所述的阿尼玛沁山神本人化作一位头戴本教帽的首领被二百名骑士簇拥着，前来迎接，亲近供养，请求修习圣·观世音随许法的处所。遍照一切的五世达赖撰写玛沁山神祝文《极白雪峰颂》的处所，被称为阿里克温泉的天然浴池，亦在该处。在同一方向，有当年格萨尔王时，曾如飞禽降落似的驻满过霍尔军队的阿卜齐都塘（ཨབ་ཆི་དུག་ཐང་།），格萨尔王的住所拉隆玉多（ལྷ་ལུང་གཡུ་མདོ།），有称为格萨尔王栓过犏牛地方的一座小山包，其附近处，有形如牲畜的白色岩山，凸出在青色草原之上，称为佐查梗（མཛོ་ཁ་སྡིངས།）。其上部为扎陵湖或称为察罕淖尔（ཚ་གེན་ནོར།），阿拉淖尔（ཨ་ལག་ནོར།）或称为鄂陵湖[1]，百力豆措湖（བའུ་དུག་མཚོ།亦译作苦海），当如措那克湖（སྟོང་རུ་མཚོ་ནག亦意译作黑海），陶素淖尔（ཐོ་སུ་ནོར།）[2]等，被称为措曼秀摩五湖（མཚོ་སྨན་ཕྱུག་མོ་ལྔ།）。

青海湖的北部地区，有柯鲁沟湖（ཁུར་ལུག་གི་མཚོ།）、诺干淖尔（ཀུན་ནོར།）、夏拉图淖尔（ཤ་ལ་ཐུའི་ནོར།）、喀喇淖尔（ཧ་ར་ནོར།）等。青海湖之南及西部地区围绕着巴颜淖尔（བ་ཡན་ནོར།）、贡噶淖尔（ཀུན་དགའ་ནོར།）、西尼淖尔（ཞི་ནེ་ནོར།）等许多小湖泊。青海湖之西及北部地区，还有曲沟（ཆུ་འགི།）及柯鲁沟盐湖。柯鲁沟的上面有鄂尔肯雪山（ཨོའུ་ཁུན་གངས་རི།），其四周流着乌兰美仁河（ཨུ་ལན་མུ་རན།）、布哈河（བོའུ་ཧ།）、艾结接河（ཨེ་ཅེ་ཇེ།）、苏勒托勒河（སུ་རེ་ཐོ་ལི།）等四条大河。

由此至浩门河一带有许多雪山，有被称为沃若策库（བོ་རོ་ཚོད་ཁུག）的噶塘玛尔库湖（དཀར་ཐང་མར་ཁུའི་མཚོ།）；其东为日月山，由此向东南为宗拉仁摩（ཙོང་ལ་རིང་མོ།小积石山）。南面为琐苟山（ཟོ་དགུ།），右面为赛青山（གསེར་ཆེན།），左边为曼兰通布山（སྨན་ལམ་མཐོན་པོ།）。

以上各地的南面，整个安多地区的西部，有矗立天际的阿尼玛沁雪山（ཨ་མྱེས་རྨ་ཆེན་གངས།），它的主峰犹如水晶宝塔，法幢宝顶，光芒四射，兀然挺立。

在青海湖之东岸，有称作海头的察罕托罗海山，海北岸自西而东，有布哈河、乌兰和肖河（ཨུ་ལན་ཧོ་ཧོ།）、哈尔盖河（ཧར་གེལ།）等许多大水，注入湖中。北部有与群科滩水（ཆུང་འཁག་གི་ཆུ།）汇合东流的大水湟水。此外，还有许多药水、矿泉、温泉，各种各样的草药和树木，有各种禽鸟栖止的高山、草原和森林，把这块土地装饰得犹如花园。总之，就地方的物产宝藏和生息于其中的人们的思想信仰、毅志胸怀、享用追求等等各方面来说，乃是值得大大颂誉的处所。

当年法王赤松德赞（ཁྲི་སྲོང་ལྡེ་བཙན།）于柽柳园中，谒见菩提萨埵（བོ་དྷི་ས་ཏྭ།即静命大师）时，王戴帽着靴，但未系腰带，向大师奉献了见面之仪黄金一铜盘。堪布大师说："由于您戴帽的缘起，您的后裔将在上部阿里地区像帽子那样繁衍；由于着了靴，多麦地区将形成靴子那样；由于没有系腰带，法纪将松弛。但是，由于供献黄金，将会使正法弘扬！"正如这个授记指出的那样，赤松王幼子牟笛赞布（མུ་ཏིག་བཙན་པོ།）即赛那勒江元（སད་ན་ལེགས་འཇིང་ཡོན།）之子为达磨（དར་མ），他的儿子为南德哦松（གནམ་ལྡེ་འོད་སྲུང་།），他的儿子为阿达贝科尔赞（མངའ་བདག་དཔལ་འཁོར་བཙན།），他的儿子为赤扎喜邹巴（ཁྲི་བཀྲ་ཤིས་བརྩེགས་པ།），他的儿子是哦德（འོད་ལྡེ།），有四子，其第二子名赤德（ཁྲི་ལྡེ），前来朵甘，在青海开拓基业，担任万户长，宗喀的十八大地区及多麦的大部分区域都在其属下。据说他的后裔，有京俄敦庆巴（སྤྱན་སྔ་དོན་ཆེན་པ།）等人。此外，这个万户的后裔在华热（དཔའ་རི།）[3] 地区者，还保持着他们故乡潘域（འཕན་ཡུལ）的方言。如把万户长称为齐宦（ཁྲི་དཔོན）。又华热这个地区里还有蒙古阔端汗（ཀོ་ཏན་ཏན།），亦译作库腾汗的部下后裔，如吉家、李家、鲁家、杨家等等许多小土官。有一段时间内，藏族的一位叫作阿齐官人（ཨ་ཆེའི་དཔོན།）者因拥有许多马匹而被人们称为赤达玛尔巾（ཁྲི་ཏ་དམར་ཅན）者和他的部属曾统治过这个地区，此时，大成就者白牛大士（གླང་དཀར་བ།）[4] 曾降临过那地方云，确否待考。

第十胜生的铁羊年（公元 1571 年，明隆庆五年，辛未），察哈尔的俺答汗（ཨལ་ཐན་རྒྱལ་པོ།亦译作阿勒坦汗）产生皈依佛法的信念，向在该地的一位名叫佐格阿桑喇嘛（མཛོད་དགེ་ཨ་སེང་བླ་མ།）请教。这位喇嘛给他详细地介绍圣·索南嘉措的事迹。于是汗王产生了极其坚定的信仰，派金字使者 [5] 送去请求光临北方的书信。圣者允许供施双方在青海湖畔晤面，并为了信徒们事先有所供养，特先派遣律部教长宗哲桑布（བརྩོན་འགྲུས་བཟང་པོ།）前来。当大众受用圣者所赐之甘露时，虽有以汗为首的一万人痛饮，亦不见告罄。

土虎年（公元 1578 年，万历六年，戊寅），圣者驾临，大众在阿里克 [6] 地方迎接。初次往迎者，乃永谢卜 [7] 之巴尔郭台吉 [8]、哈坦巴图尔（ཁ་ཐན་བཱ་ཐུར）、土默特（ཐུ་མེད།）之玛哈沁巴克什（མ་ཧིན་པ་ཀྴི།）等为首的八百人。当他们来到时，圣者略示神变，用食指指水，水皆逆流，众皆虔诚信奉。第二批往迎者，为以鄂尔多斯（ཨུར་བཏུས།）王族色青洪台吉[9]，土默特王族达延诺颜 [10] 为首三千骑士。洪台吉曾亲见圣四臂观音云。第三批往迎者，为卓理克台（ཇོ་རིག་ཐའི་ཇི།）[11]、青把图尔（བཱ་ཐུར།）[12] 等。

汗王在青海湖畔谒见圣者，在约有十余万人之大会上，洪台吉发表演说，表示信奉正法的誓愿，由固始（国师）拔希任翻译：“而今福田与施主像太空之旭日皓月，开辟了正法圣道，将涌血之湖转变为溢乳之海，深恩大泽，无与伦比。过去，蒙古人死后，按其身份的高低，要妻子、奴隶、马匹、牛只等殉葬。从今以后，决心改正，供献于上师和比丘，请求回向和祝愿，绝不能杀生。杀人者偿命，杀牛马者罚款；动手欺侮僧人者抄家；过去称为‘窝果尔’每年举行的血祭及一年一次杀生祭祀的那些阎罗的偶像等，一律要火焚之，若不火焚者抄家，兴修六臂怙主（大黑天）圣像，作为它的替代者，用三白[13]供品奉祀。每月望晦及逢八日要持禁食斋。不得抢掠汉、藏人等，要像卫、藏那样对待。”

在供施双方会晤的地方相定土地，召集汉族的能工巧匠多名，在恰卜察（ཆབ་ཚ།）[14]修建恰卜察大乘法轮洲寺（ཆབ་ཚ་ཐེག་ཆེན་ཆོས་འཁོར་གླིང་།）[15]，在佛殿中供奉三世诸佛、圣喇嘛[16]及圣者的塑像；左右及前方则为大威德殿、观音殿等，均为十六根柱子的大殿；各殿之间，又有菩萨殿、夜叉殿二处，皆饰以白琉璃、经幡等；前方之左右两旁建有小寝宫——光明宫及大乐宫，所有屋脊等等装饰，均采用汉式，寺外绕以三重围墙。寺殿落成之后，举行盛大的开光仪式，及进行和平、兴盛、权势、威猛[17]四种护摩（烧祭）。仿照七试士（མི་མི་བདུན།）之故事，由汗下令对以三名王族子弟为首的百多名僧人予以剃度。这个地区的神鬼等都公开显现，前来听经。汗王把他平日供奉的罪业之神，用四面怙主的护摩方式，予以火化。汗王给圣者上“遍主持金刚”（ཁྱབ་བདག་རྡོ་རྗེ་འཆང་།）的尊号，圣者给汗王授以喜金刚（ཀྱཻ་རྡོར།）的灌顶。土兔年（公元1579年，万历七年，己卯），建立神变祈愿法会，从天母施食中流出了甘露，汉、藏、蒙的人们虽尽量享用，不见罄竭。据说五世达赖喇嘛前往内地途中，曾沿察罕托罗海至巴彦淖尔和恰卜察神殿的附近，然后由此前往阿里克温泉。虽有这种说法，但现在好像没有这个寺庙。

鄂尔多斯王子博迪（བིན་དུས།）迎请圣者，举行威猛的护摩，曾亲见大威德金刚圣容，心神安详入定，获得与菩提萨埵毫无二致的感受，一切鬼魔的灾变顿时息灭。圣者对其新建的寺庙命名为吉祥利他兰若，对彻辰岱青所建的寺庙及佛殿命名为吉祥兴盛洲，为之举行阎摩敌（大威德）的威猛护摩，消灭了一切黑暗恶魔云。但这两处寺庙的地址，现不知其所在。

土兔（己卯）年，圣者第三世达赖于前赴康区之际，和汗王会商决定：为了联系汉藏黄金桥[18]等，留科力齐（ཁོ་ལི་ཆི།）[19]、青巴图尔及其部属于青海湖畔；派遣东科尔·云丹嘉措（སྟོང་འཁོར་ཡོན་ཏན་རྒྱ་མཚོ）为代表，前赴蒙古地区。圣·噶登巴（རྗེ་སྐལ་ལྡན་པ།）[20]说："索南嘉措化身佛之时，森康上宫（གཟིམས་ཁང་གོང་།）转世者索南伊喜旺布（བསོད་ནམས་ཡེ་ཤེས་དབང་པོ།）师、东科尔·云丹嘉措、冬泽·衮噶贝桑（མདུང་རྩེ་ཀུན་དགའ་དཔལ་བཟང་།）等，许多佛陀和菩萨，遍布于多麦这地区。"

冬泽瓦（མདུང་རྩེ་བ།）者，系哲蚌寺第二代法王贝丹森格（དཔལ་ལྡན་སེང་གེ）的亲门弟子。《无所缘颂》传承自喇嘛本巴仪（བླ་མ་དུམ་པ་ཅན།）起，修《无所缘》的成就者继续不绝，当四世达赖喇嘛云丹嘉措年幼时，在蒙古地方曾经谒见过的可能就是此师。

四世达赖云丹嘉措，生于俺答汗之弟苏密台吉[21]家中，于水兔年（公元 1603 年，万历三十一年，癸卯）赴卫地。为了缩短路程，从邻近内地长城之外行抵青海湖边，其地首领科力齐以送行礼品准备未周，恳请留住数日，未获俞允，径直前行，他一直赶到扎陵湖与鄂陵湖之间，始行追及云。

大小两位拉尊（ལྷ་བཙུན།）[22]，都先后于四世班禅洛桑确吉坚赞处受近圆戒，聆听一切教谕。第十胜生之土马年（公元 1618 年，万历四十六年，戊午），他们两位曾与彻辰岱青（སེ་ཆེན་དཔའི་ཆིང་།）等土默特王族，哈尔和拉（ཧར་ཧུ་ལ།）、昆都伦曲叩（ཁུན་དུ་ལུང་ཆོས་ཁུར།）等喀尔喀王族，第巴吉雪巴（སྡེ་པ་སྐྱིད་ཤོད་པ།）索南坚赞，色拉寺和哲蚌寺会议中的许多权威人士等结成一体，率蒙古部队和吉雪巴的军队等一同出发。这一年，四世班禅被阿里王请到该处，拉萨觉阿释尊佛像的眼中流出眼泪，后藏王噶玛彭措（ཀརྨ་ཕུན་ཚོགས།）发动卫藏十三万户之兵直冲拉萨。六月十五日，双方宣战，藏巴汗的几千军队进抵拉萨，后藏部队中的许多勇士准备捣毁哲蚌寺，曾登到该寺的靠山顶上，岱青率领蒙古军队，冲入后藏部队中，杀光了后藏部队，使其能生还者没有一个人。第二天，藏巴汗在吉曲河畔扎下比以前更大的军营，蒙古军队们害怕起来，开始撤退；色拉寺及哲邦寺的僧人们、第巴吉雪巴等的军队们也突然溃散，向潘域及达垅等处逃窜。后藏军队捣毁色拉寺和哲蚌寺，并占领了吉雪巴的领地四个宗，第巴曲结（སྡེ་པ་ཆོས་རྗེ།）不得不逃亡于青海。后由达垅巴（སྟག་ལུང་པ།）从中斡旋，订立协议，允许色拉寺及哲蚌寺僧人可以回原来地址，为了赎回寺院，哲蚌寺须要缴纳黄金二百两[23]，色拉寺须要缴纳黄金一百两。藏巴汗限定赎寺的献金，要由协敖（ཞལ་ངོ）[24]索南群培到后藏去缴。索南群培诡称，色拉和哲邦两寺遭受兵劫，罗掘一空，已到山穷水尽地步，无力缴纳，在嘉（རྒྱལ།）地区，有上辈遗留的秘密仓库，须前去挖掘。用欺骗手段，引藏巴汗的使者到嘉地去。途中行至一山，乘其不备而潜逃，经娘、贡（ཉང་ཀོང་།）等地，前去蒙古地区。

铁鸡年（公元 1621 年，明天启元年，辛酉），小拉尊罗桑丹增嘉措（བློ་བཟང་བསྟན་འཛིན་རྒྱ་མཚོ།）、古鲁洪台吉（ཀུ་རུ་ཧོང་ཐའི་ཇི།）二人为首率领蒙古兵二千余人，与藏巴汗部队战于拉萨江塘岗（རྐྱང་ཐང་སྒང་།），藏军不支，退踞夹布日山（ལྕགས་པོ་རི།）[25]。由四世班禅、噶丹寺赤巴楚培群培（ཚུལ་ཁྲིམས་ཆོས་འཕེལ།）、建阳喇嘛贡乔群培（འཇམ་དབྱངས་བླ་མ་དཀོན་མཆོག་ཆོས་འཕེལ།）、达垅夏仲（སྟག་ལུང་ཞབས་དྲུང་།）[26]叔侄的代表等调解，订立协约，重新划定噶丹颇章宫（དགའ་ལྡན་ཕོ་བྲང）的所属为自拉萨至热地（རག）以下的土地；交付属于色拉寺和哲蚌寺的庄园；卫藏地区的格鲁派被强迫改宗的寺院以及它们丧失的领地照旧全部归还，恢复原来的教派。给第巴吉雪巴以潘域城，作为德钦（བདེ་ཆེན）之替代。噶布仓穹（བཀག་པོ་ཚང་ཆུང་།）、协敖索南拉布坦（བསོད་ནམས་རབ་བརྟན།）[27]进住噶丹颇章宫，等等。这个协定使格鲁派在藏区树立了很大的荣誉。拉尊派代表达玛库雅台吉，洪台吉派代表卓尼曲结金巴达尔吉（སྦྱིན་པ་དར་རྒྱས།）[28]和藏巴汗交涉。他答允于水狗年（公元1622 年，天启二年，壬戌），可以迎请五世达赖坐床。

他又声言："将达赖迎往青海。若不前去，将派武装带走，请考虑！"

五世达赖喇嘛为了躲避，不得不暂时潜居于唉日果（ཨེ་རི་སྒོ།）。圣师徒们各按所愿向第巴曲结处求经。火力兹（ཧོ་ལི་ཛེ།）和大拉尊丹迥罗桑嘉措（བསྟན་སྐྱོང་བློ་བཟང་རྒྱ་མཚོ།）二人各修建一寺，延请曲藏·南嘉班觉尔（ཆོས་བཟང་རྣམ་རྒྱལ་དཔལ་འབྱོར）、赛康巴·程列彭措（གསེར་ཁང་པ་འཕྲིན་ལས་ཕུན་ཚོགས།）、后藏日普巴·根敦坚赞（གཙང་རི་ཕུག་པ་དགེ་འདུན་རྒྱལ་མཚན།）等主持讲辩，但没有住多少时间。

洪台吉和他的弟弟发生内讧，由第巴曲结、曲藏活佛二人从中调处，才略转平息。到铁马年（公元1630年，崇祯三年，庚午）岁杪，拉尊等派出部队抢劫洪台吉在北路的土默特各部落，第巴曲结及洪台吉弟兄等率部逃往芒拉(མང་ར།）地方。铁羊年（公元1631年，崇祯四年，辛未），大拉尊死。喀尔喀阿克岱青（ཨ་ཁའི་དའི་ཆེན།）率额鲁特（ཨོ་རོད།）的许多部队以战争姿态前来，由阿克岱青率喀尔喀，墨尔根诺颜（མེར་ཀན་ནོ་ཡོན།）率额土默特的三百骑士到卫地朝圣。

先是土龙年（公元1628年，崇祯元年，戊辰），察哈尔的林丹汗(ལིན་ དན་རྒྱ་གོ།）挑起察哈尔的内讧，因此，永邵卜部四首领于水猴年（公元1632年，崇祯五年，壬申），前往切安木（ཆས་ངམ།）开辟新领地，其中有达垅瓦的施主喇嘛加曲库尔，他们到了达木（འདམ།）地方居住，朝拜了觉阿释尊金像，并向五世达赖喇嘛请求了长寿灌顶。

由于许多察哈尔人前去喀尔喀进行内战，却图汗及其部属被逐出喀尔喀。他于第十胜生的水猴年（公元1632年，崇祯五年，壬申），来到青海，征服了土默特各部。自第十胜生的土兔年（公元1579年，万历七年，己卯）至这一年，五十四年之中，土默特的青巴图尔、洪台吉、两拉尊等势力强大，几乎统治了安多及卫地，此后，则有库雅台吉、帕塔尔（ཕག་ཐར།）火力齐（ཧོ་ལི་ཆི།） [29] 等许多台吉，先后前来黄河以南地区，对许多农业区进行抢掠。据说，小拉尊曾请第巴曲结著《修菩提心教诫》，其他人情况不详。

林丹汗想危害格鲁派，但他行至夏拉塔拉（ར་ཐ་ལ།）死去。却图汗伪称是噶举派信徒，实际上他信仰汉族的道教，是一个异教徒。但是，他却请第巴曲结到青海湖畔，诡称他对于各教派不会偏袒，对所讲经法，极为喜悦。说：“看到喇嘛您，虽使我产生信仰，但一见这种帽子，使我心中火起！”

使与他的一个幼子结成法缘。此外，他又从在该地的萨迦派、主巴噶举派、噶玛噶举派等三派僧人及噶玛巴红帽派的饶降巴[30]处听了许多秘法。鸡年（公元1633年，崇祯六年，癸酉），永邵卜的噶玛冶力安（ཀཆ་ཡིལ་ངན།）到了拉萨，向五世达赖喇嘛请求修《才达法》的随许法，以后又去粗扑寺（མཚུར་ཕུར།）[31]。但是噶玛巴表示不高兴，仅仅予以会晤，没有给予灌顶。台吉大怒，攻打粗扑寺所属的噶美（དཀར་མེ།）部落。

木狗年（公元1634年，崇祯七年，甲戌），阿尔斯兰（ཨར་ས་ལང་།）[32]诱骗喀尔喀的阿克岱青，自相残杀，制造卑劣的事件。先后几年之内，察哈尔人[33]、却图汗、白利土司等阻断了汉藏黄金桥，安多的一些有魄力的人们，绕道内地，经打箭炉转中康地区前去卫地。木猪年（公元1635年，崇祯八年，乙亥），却图汗父子，红帽派饶降巴喇嘛等会商，决定同藏巴汗同心协力，彻底消除格鲁派，作噶玛巴和主巴的施主。派台吉阿尔斯兰带领部队万人来到达木，消灭了永邵卜四部。喇嘛加曲库尔恰好正去上部，得免于难，噶玛穹瓦和浓齐二人被杀，其子闹布仁钦和噶玛钦瓦二人逃脱，他们这次虽然幸免于死，但此后水马年中，闹布仁钦在与固始汗军作战时被杀。

阿尔斯兰满口维护教派的语言，使噶玛巴受其麻痹，信以为真，从粗扑寺前去多接扎（དོལ་བརྒྱད་ཀྲ།），这正中台吉的心意，遂开始胡作妄为。季冬时节，蒙古军的左翼前去止贡，右翼到达了后藏的北部。台吉为首的军队直趋羊卓雍措（ཡར་འབྲོག་གཡུ་མཚོ།），气势汹汹，如凶曜经天，不可一世。蒙古军登上甘巴拉山（གམ་པ་ལ）头瞭望后，伪装从山谷中逃遁模样，实际则用计于新年头上把军队全部拉到吉雪。台吉颁布见了达赖喇嘛不准磕头礼拜的军令。但到噶丹康撒（དགའ་ལྡན་ཁང་གསར།）宫前，一见五世达赖喇嘛，他的嗔怒立即冰消，不但进行了礼拜请求加持，并作了有关佛法的询问。当去小昭寺（ར་མོ་ཆེ།）朝拜时，有人问：“今日是谁破坏了军令？”台吉回答：“乃我改变了主意。”据说台吉的突然发疯被雷电劈击军中，乃是宁玛派咒师施了回转蒙古军咒术所致。

火鼠年（公元1636年，崇祯九年，丙子），固始汗（ཐི་དན།）不考虑自身安危，一心为了圣教，从准噶尔起兵，助战者有巴图尔洪台吉（བྷ་ཐུར་ཧུང་ཐའི་ཇི།）[34]。他率领额鲁特的一万多名军队，自伊犁（ཡི་ལི།）、塔城（ཐ་རིམ།）趁冬季期间大河、沼泽等结冰的时机，顺利越过这些天险，到达青海的布伦格尔（བུ་ལུང་གེར།），即在该地休整。后来把这座靠猎取石羊度过了艰难日子的山头命名为官雅玛图尔（ཀུན་ཡ་མ་ཐུར།）。火牛年（公元1636年，崇祯十年，丁丑）正月，到达青海湖西头，一举消灭了却图汗的近三万军队，鲜血把两座山头染红，因而命名为大小霍肖（ཧོ་ཤོ་ཆེ་ཆུང་），其子达延台吉等率本部健儿追击溃逃残军，一直追至哈尔盖河（ཧར་གེར།）[35]冰桥之上，予以歼灭，有些残军，窜入此地东西山谷之中，也予以解决，现在该地之名，叫夏哈力（ཤ་ཧ་ལ།）。却图汗逃脱后，钻入一个旱獭洞中，乃予以活捉。早在去年，红帽系饶降巴和伦布台金（ཏོ་ཐའི་ཇིན།）二人自西藏派遣信使询问：“你的儿子阿尔斯兰他没有按照父亲您的指示行事，怎么办？”

却图汗欺骗地回答：“杀掉他！”

当阿尔斯兰于转向征讨白利途中被掠得的财物迷得昏头磕脑时，军中发生内讧，首领与伦布三人同时被杀，却图汗方面遂无后援矣。

固始汗请第巴曲结到青海湖畔，多次接受其灌顶、授记、随许；巴图尔洪台吉及其随从等请求了《金刚鬘》灌顶之后，返回家乡。固始汗及其随从、吉雪第巴义雄等前去卫地。噶丹颇章政府在大昭寺觉阿释迦佛像前，给固始汗奉上丹津曲嘉（བསྟན་འཛིན་ཆོས་རྒྱལ།持教法王）名号。土虎年（公元 1638 年，崇祯十一年，戊寅），固始汗派墨尔根噶居喜饶嘉措入藏，去请五世达赖来青海湖畔。这时，正逢后藏第悉为了动工兴建大寺院，派乌拉们在扎什伦布寺后山上采石。大石滚向扎寺，砸坏僧舍等，圣师徒[36]正处于非常苦恼之中。墨尔根噶居喜饶嘉措于兔年（己卯）回青海后把他所见所闻的各种情况，详细向固始汗汇报，汗王极为愤怒。于龙年（公元 1640 年，崇祯十三年，庚辰），提兵指向西藏，半途中，突然改向康区，于庚辰岁的神变祈愿大法会期间，征服朵甘六岗；白利土司虽然一时逃跑得脱，但由于果报异熟，犹如扑灯蛾之向火，终于就擒；把白利土司监禁的萨迦、噶当、噶玛、主巴、止贡、达垅等派喇嘛及土官等从狱中释放。铁蛇年（公元 1641 年，崇祯十四年，辛巳），汗王率领大军经达木到达后藏。在此前前后后，协敖索南拉布坦曾奉劝五世达赖喇嘛说："为了圣教，您应该准备斗争，新派的敌人[37]就算它不错，但是，从它过去作为来看，对于彼方大大有利，而对于我方，没有合乎情理之处。俗语说：'如对疮口有效，则不嫌弃狗的脂肪'，应该让宁玛派他们去干吧!"

于是，命令按宁玛派的仪轨，进行了投掷、护摩、镇压的诛法。对于此事，供施双方应该了解这是为了永久长远地爱护圣教而施的大恩大德[38]。因此，为了圣教大事，一切活动不应失去时机。这时，哲蚌寺大威德的口中整整滴了一天血；法王圣像准备飞出，不得不奉上铁索予以缚住；德瓦（དེལ་བ།）圣像口中亦流出鲜血；噶丹寺法王圣像多次发出吼声，众人都能清晰地听到。在后藏，僧俗大众之后，狂风大作，飞沙走石，许多人曾看见风隙中有一长发垂至脚跟的女人背着许多人的尸体，骑着骡子行走。人们说："第悉的魂魄已被勾去"。哲蚌寺的下面，人们听见像女人声音一样的威猛吼声。时运已衰时，许多无可回转的征兆，一一出现。

第悉·藏巴汗为了镇压色拉寺和哲蚌寺而筑的东噶尔宗（གདོང་དཀར་རྫོང་།）虽然非常坚固，但是勇猛非凡的军队一鼓而上，立即攻克宗城及其城郊各据点，德钦（བདེ་ཆེན།）及内邬宗（སྣེའུ་རྫོང་།）中藏巴汗的地方官员们献贽投降。水马年（公元 1642 年，崇祯十五年，壬午），三月初，持教法王把西藏的所有木扉人户[39]都纳入其统治之下。十一日，由汗王礼请，五世达赖喇嘛亲莅后藏地区，汗王迎于妥加谷口（ཐོབ་རྒྱལ་གྱི་མདའ།）之德钦（བདེ་ཆེན།），献上据传为八思巴的曼朵（མན་ཏོ།）法铃、子母绿宝石碗等珍物及西藏左右两翼的十三万户。难以数计的蒙藏民众聚集在桑主孜（བསམ་འགྲུབ་རྩེ།）的大厅中。当大众就座时，按忽必烈大帝向八思巴大师奉献三次大布施之例，献上阿阇世王的所依圣物——世尊释迦牟尼的舍利子，垂罗（ཁྲིལ་ཡོད།）的小铙，仁邦·那旺久扎亲制的持明帐幔，并特别把全部西藏十三万户献上。五世达赖喇嘛指示说：

“圣教事业不在于争面子，不要去做相互攻击的丢人之事，各个宗派各行其是时，对于自他双方，都有好处。”

并引用八思巴大师的故事[40]，进行解释。汗王心中极为虔信。彼时旧派大寺除个别不能忍耐者外，其余都如《众教秘要》中所说按吩咐于九年之内聚集于卫藏的伍如。《昂孜秘教》中说：“有很多人误解十年之内弘法于卫藏的教导，致许多人有所启请”云云。希博识者予以辨析。

是年秋季，后藏及工布（ཀོང་པོ།）地区噶司巴（ཀར་ཤིད་པ།）家族们发动了企图复辟的叛乱。这时，从关于牢中的噶玛巴的厨师曲英护身佛盒中搜出了噶玛巴的书信，内称杀掉固始汗，把达赖喇嘛和班禅师徒二人迁往工布，摧毁格鲁派的所有寺院，把仁邦巴、洛堆巴（ལྷོ་སྟོད་པ）投入苟布仓（བཀའ་པོ་ཚང་།），藏巴汗在乃伍宗（སྣེ་ཨུར།），请抢救出来！您要作为萨迦派、觉昂派的施主，并非专门为了噶玛巴。把日喀则、象南岭（ཤངས་རྣམ་གླིང་།）、巴南木（བ་ནམ།）三地拿下来，第巴吉雪巴没有左右摇摆，这很合适，应给以德钦蔡（བདེ་ཆེན་ཚལ།）的领地等等。

固始汗见了这封黑会议的秘信之后，极为愤怒，从而成为导致摧毁噶玛巴派的根本原因。水羊年（公元1643年，崇祯十六年，癸未），在调解协议的最后结论中宣布裁决说：“余虽生长在像黑暗洲那样的额鲁特，但由于圣师徒之恩德，得以认识善恶的好坏果报。余投入于他的慈悲心及其事业之后，与格鲁巴教派结为一体。但余虽和黄帽者心投意合，对于我佛圣教则并无徇私偏袒之念。由于不能容忍却图在青海对整个圣教进行的大迫害的行为，余遂兴大军取而伐之，不偏不倚的这义举，对一切出家人来说其有裨益，自不待言。其间白利土司，皈依于本布之教，做出毁灭我佛圣教；劫掠、毁坏安分守己的寺院；关押、法办喇嘛和大德；截断汉藏之间的黄金桥等等许多不法之行为！余遂直趋玛尔康，攻取了白利。

“余对于圣教，总的来说，对各个宗派并不偏袒，特别对于萨迦、噶玛巴、主巴、姜（འཇང།）[41]等曾施以极大的利益，对以噶玛巴为首的喇嘛，僧人等不摊差税，尽可能进行侍奉。

“藏巴汗宣称对佛教各派的政教制度没有偏袒。他虽大言不惭，但实际上则严分彼此，偏见甚大，尤其对属于黄帽派的一方，进行迫害，无所不用其极，如对第巴吉雪巴即撵出其领地。余出于善意，认为和睦解决，乃是上策，先后派出使者，并托戎瓦丹正（རོང་པ་ཏ་མགྲིན།）向他转告：‘我二人心意相投，一南一北，没有矛盾。对于吉雪巴，应在其原有领地之外给以合于余之愿望的待遇。如不能办到，置之不理，则余亲自到你桑主孜宗的门前来。’他不考虑我所说的话，竟回答说：‘为了您的面子，可以给他潘域孜宗(འཕན་ཡུལ་རྩེ།)。于是遂有后藏之行。’

“余从来对各教派没有偏向于任何一方之意念，鉴于却图及白利等罪恶，更不愿有此种行为，因而对整个圣教，尤其是噶玛巴所属，并没有施加过丝毫的危害。当余巡游桑主孜宗时，蛇月五日胜者噶玛巴曾致书说：‘汝此次行为可嘉，若激励奋发则事业可成，以后在卫藏地方晤面时，可详谈一切’。此后，苏日喇嘛（ཟུར་རི་བླ་མ།）与珠嘉林巴（སྒྲུབ་རྒྱལ་གླིང་པ།）前来，说：‘对圣教和众生应抱善念。’余答以‘果如此想，则请您使者们在我和藏巴汗之间，予以和解’。但是，藏巴汗则不听从和解。说什么‘除了外部的颜面外，实际在噶玛和格鲁之间应该有善后的规章’。‘那么，由噶玛和格鲁来谈’。就这样决定了。然而，在商谈善后规章时，噶玛巴的先生们除说应该考虑善后外，至于如何做这做那，则提不出明确方案，说：‘我们使者难于决定’。最后，毫无结果而回去。

“此后，余与藏巴汗之间，虽有高级喇嘛前来说合，余认为难以取得收获，遂向大伙说:‘最好不要来’。当余攻取了藏巴汗之后，仲巴活佛前来，余因其为圣教事务前来，曾给以满意的回答。余认为供施之间似乎有一个好的结局。这时，噶玛巴亲自前来，说：‘藏巴汗虽不是我的施主，但他的父祖，却是噶玛巴的施主，因此，要把日喀则、江孜、巴南木、拉孜（ལྷ་རྩེ།）、南木岭等给他。若不给他，则你我之间供施关系，不能建立。’余答以‘当藏巴汗还没有被攻取时，你说余之行为可嘉；攻取之后，则又提出如此意见，我心中难以同意，余不需要噶玛给藏巴汗帮忙。’这就是供施之间多次谈判经过的详情。最后，不再谈藏巴汗之事，取得了对于噶玛、格鲁善后规章及供施双方和好事宜在卫地举行商谈的决定。我们供施虽很快地来到会场，但圣·噶玛巴则去洛扎（ལྷོ་བྲག），只留下珠嘉林巴作为代表，说：‘按照噶玛派的规矩，世间事务应由各属部的总管们处理，汗王有何指示，需召集总管等前来。’余回答：噶玛本人亲自说对我们供施有事要谈，所以赶快前来，若召集总管们，我没有什么可商谈的。’珠林巴说：‘向洛扎派人去劝’，但是，等了十一天，仍没有到来。为了使噶玛巴有一个好的指示，余遂拨发一部分新的供养豁卡，并使人管理牲畜勿使丢失。又派戎巴丹正、噶尔瓦饶降巴二人前往，但是，除了进行欺骗、没有内容、令人厌烦的回信外，毫无其他表示。

“上、中、下三部地区不太平，卫、达布、工布的许多僧俗，遭受苦难，应该怪谁，只有三宝洞鉴！

“余返回工布以后，噶玛巴来信说：‘料想不到由于对噶尔瓦饶降巴没有给予指示，竟发生如此严重的事件，我的一些僧人的心中被鬼侵入，竟做出如此之事！现在您怎样吩咐，当即听从。噶玛派的没有受到损失的寺院，应请予以照旧居住。’余答以‘使者虽然来迟了，但对于所有寺院，不会给予新的伤害’。

“余请噶玛巴何时前来，即进行会商。答以‘汗王有何指示，由仲巴活佛决定，他就要来’。余以此挂在心中，并不相信南木林的僧俗人等所说的‘不会听仲巴的’以及上部竟会起兵闹事，打算请圣师徒、达拢夏仲等居中调处。所以向噶玛巴处派出使者，‘请让仲巴活佛前来’。但不肯来。

“对于真正参加暴乱的噶尔雄（སྒར་གཞུང་）和寺院们，按它们的所作所为，予以相应的处置，但不会有过分的惩处。至于那些没有直接参加暴乱的人，正如人们都在说的‘只是一次统一的军事行动的经过，犹如匆匆过客。’若真的回顾噶玛派对我们供施双方施加的一切，哪能停止行动！虽然以其人之道还治其人，是合乎世间道理的，但余向大处着眼，没有过于处置这些蔑视因果的人们。我佛总的教导，噶玛圣主的传承，达垅、萨迦、泽当等派教导说‘要存心向善’。

“今请达垅夏仲居中，商定以仲巴活佛为首的特殊照顾的各个寺院为一方和属于一心为自他的利益着想的格鲁派供施双方为一方之间，在教派两方面，互不迫害，互不制造矛盾。订立了教派共同发展，特别要适应圣师徒的意旨的规章，并详细规定了寺院及其所属的地区的地界。”

自此以后，世道安宁，西藏地区由于有了首领和纪律，各派系都各守本分；姜地、印度和尼泊尔以上各地的国王都崇敬送礼；皇帝大主宰也颁布敕书，进行表扬。政教派各个方面都被颂誉为和天地之间的大自在名实相符矣。

木马年（公元 1654 年，清顺治十一年，甲午）固始汗去世，享年七十三岁。《热那授记总集》等书中授记说，汗王乃持金刚的化身云，尤其《大方广菩萨藏文殊师利根本仪轨经》有这样的授记：“哈（ཧ）字名复来，喇啰（ཨཏྲོ།）王供养。哈（ཧ）字具善义，以善事为体。以所欲步态，降临于地区，彼兴其事业，国政俱喜庆。”

这里应指出，所谓“喇啰”者，乃指蒙古王，所谓格格汗（ཀེ་ཀེ་ཧན།）者，系固始汗之名谐音，他无论到那里，以战无不胜的事业，体现噶丹颇章宫的政治云。他的后裔诸王系们都没有错过使政治向上增盛的缘起，一直成为黄帽派的与众不同的施主。

汗王的大福晋托尔郭（ཐོར་གོད།）生四子，二福晋和屯（ཧོ་ཐོན།）生五子，藏族福晋额尔克哈屯（ཨེར་ཁེ་ཧ་ཐོན།）生一子，共有十子。

长子祖谢图汗（ཚོག་ཤེ་ཏུ་ཐོན།）达延王（ཏཱ་ཡན་རྒྱལ་པོ།）[42] 于铁鼠年（公元 1660 年，顺治十七年，庚子）继汗位，享年七十三岁。属相火猴，系其父十五岁时所生。其子为热特那达赖汗（རཏྣ་ཏཱ་ལེ་ཧན།）、墨尔根诺颜、罗桑朋素克贝勒、根敦墨尔根诺颜、索诺木衮布、索诺木达什六人。长子达赖汗于铁猪年（公元 1671 年，清康熙十年，辛亥）继汗位。其长子丹忠旺扎勒无子，幼子拉藏鲁贝（ལྷ་བཟང་ཀླུ་དཔལ།）于水羊年（公元 1703 年，康熙四十二年，癸未）继汗位。他和第悉桑吉嘉措政见不合，第悉准备逮捕拉藏汗，色拉寺和哲蚌寺的喇嘛们予以缓解。木鸡年（公元1705 年，康熙四十四年，乙酉）汗王前赴青海湖，行至黑河，纠集军队返回拉萨，经喇嘛们在汗王与第悉之间进行调解，第悉退住贡噶尔宗（གོང་དཀར་རྫོང་།），把政权交与汗王。火猪年（公元 1707 年，康熙四十六年，丁亥）拜尕尔增巴·阿旺耶喜嘉措（པད་དཀར་འཛིན་པ་ངག་དབང་ཡེ་ཤེས་རྒྱ་མཚོ།）在布达拉宫坐床[43]。摄政十二年，他不但善于护持政务，佛学造诣亦颇高深。

汗王曾与第悉争论关于五决定（金刚五持法）的受用报身问题。汗王认为圣·宗喀巴大师不主张受用报身五决定论。第巴则认为大师是主张五决定论的，双方争持不下。后请教于第一世嘉木样活佛。嘉木样说：“大师于《金鬘论》虽没有明白提出，但事实是主张五决定的。”第悉闻后大悦，继续向色拉寺罗桑闹布（བློ་བཟང་ནོར་བུ།）请教，他引申说：“在胜义光明之阶段，虽没有幻化之身，实有幻化身之光。”汗王拍手大笑。这些记载，出自《奥喀自传》（འོས་ཁའི་རང་རྣམ）。

火鸡年（公元1717年，康熙五十六年，丁酉），阿里宗（མངའ་རིས་རྫོང་།）宗本康济鼐（ཁང་ཆེན་ནས།）送来报告说：“据冶尔禅巴（ཡེར་ཁེན་པ།）传送来的消息说，准噶尔的六千军队已经启程前来，是敌是友，难以预料，应加强边防。”

正在研究安排之际，准噶尔军另取新道，欺骗地说，是送回汗王世子夫妇者，于八月中抵达念青唐拉山（གཉེན་ཆེན་ཐང་ལ།）附近的库堆山（རི་བོ་ཁུ་འདུས།）安营扎寨。汗王急忙征集军队，并请乃琼护法神（གནས་ཆུང་།）预示吉凶。乃琼降神说：“食肉王之子来到北方时，并不曾请示过鬼魅，如何取舍，很难预告。但必须积极征集军队！”

班禅仁波切等许多大活佛虽前去调解，仍无济于事。十月底，准噶尔军进逼城下。颇罗鼐台吉等劝汗王逃往青海。汗王说：“不用担心。我生于华贵门第，安有为了冀求个人生命而把圣教的声誉置于敌人之手，怕死逃奔之理！这岂不是言行不一吗？命运不可逆转时，十颈魔王虽躲入云中，亦难逃罗摩衍那之矢而被射杀。若气数未尽，不会有什么风险。总之，若为圣教而死时，亦属幸运之事。”

准噶尔军的指挥官群培宰桑（ཚེས་འཕེལ་ཇེ་སང་།）、丢噶尔宰桑（གདུགས་དཀར་ཇེ་སང་།）二人老于征战，诡计多端，藏军内部又复混杂着坏人，二十九日这一天，汗王不得不撤退到布达拉宫。觜宿月（藏历十一月）初一日，汗王对苏尔察[44]说：“何必为了我一人之故，而使许多人受这种苦难。我要冲出死战，在我还没有丧失生命之际，看你能不能逃向北路。”

于是他不听左右的劝阻，骑上马，引随从蒙古人罗桑群培，从东门冲出，来到了鲁布郡（ཀླུ་སྦུག་རྫོང་ས།），几个准噶尔兵在后紧追，虽被二人击败，终因弹尽援绝，成为记忆中之人了。

其子为噶尔丹丹忠（དགའ་ལྡན་བསྟན་འཛིན།）、苏尔察（སུར་ཚ།）、纳木扎勒色布腾（ནམ་རྒྱལ་ཚེ་བརྟན།）。长子欲娶准噶尔汗策妄拉卜坦之女，准噶尔索聘金十万两，并须到准噶尔亲迎。汗王心中生疑，把这事搁置起来。长子说："若不让去，恐导致事端。"遂向拉穆吹仲问卜。卜辞曰：

"水池渠中塞杂草，智者紧关水闸门，可怜遵守习规者，涟漪接踵压池底。"未能破解，又重新请卜，辞曰：

"物各有性难强挽，放长去作疑终悟。"父子二人，意见不一，但终遂儿子心愿，让其去准噶尔。生子为巴勒珠尔。

长子去准噶尔后，为了消除汉人[45]的猜疑，把苏尔察送往青海，娶妻成亲，后回到达木，正在举行庆贺喜筵时，准噶尔军到来，被害于拉萨。这位王子据说是空行的化身云。苏尔察有二子，扎克巴和那噶察。

达延汗的第二个儿子墨尔根诺颜之子为额尔德尼青台吉色布腾（ཨེ་རྟེ་ནི་ཆིང་ཐའི་ཇི་ཚེ་བརྟན།）及垂库尔台吉（ཆོས་ཁུར་ཐའི་ཇི།）。前者之子为达什东珠尔，其子为达什巴勒珠尔。后者之子噶勒丹达什公，其子嘉勒参东珠卜、丹津那木扎勒公、公索诺木巴勒济。

罗桑朋素克贝勒之子为罗卜藏达什及博硕图拉卜坦旺布，这二人绝嗣。

更登墨尔根诺颜之子为车凌公及班珠尔。前者之子为公策塄喇布坦及衮楚克扎布。其子为吹济布公及噶勒坦。班珠尔之子为喇嘛更桑、海灿、丹巴扎木素、丹派尔四人。

索诺木衮布之子为车凌公及垂桑扎木素。前者之子为达什多尔济、达什济布公、耶丹特尔。垂桑扎木素之子为班岱。

索诺木达什之子龙珠卜及南木广二人无子绝嗣。次子为诺尔布朋素克，其子达什巴勒珠尔。

固始汗第二子阿咱拉洪台吉（ཨ་ཚ་ར་ཐའི་ཇི།），其子为卓哩克图岱青及墨尔根洪台吉二人。前者之子为罗卜藏达尔吉，其子为济克济扎布扎萨克，其子为车凌多尔济扎萨克（和硕持面合县米其居力盖扎萨）。

墨尔根洪台吉有五子。长子为额尔德尼洪台吉凌青纳木扎勒，其长子青洪台吉珠尔登无子。幼子罗卜藏策旺公之子为拉什杰扎萨克、格勒道什济、坚木参扎巴、车凌索诺木四人。拉什杰之子为恭桑扎萨克。

次子额磷沁达什，其子为巴特玛色布腾、喇布腾、达玛林色布腾、丹津、博贝台吉等五人。其长子之子为伊喜桑布、旺扎勒扎萨克二人。伊喜之子为恭布。喇布腾无子。达玛林色布腾之子为喜饶布尼玛（和硕特北右旗、标口扎落）。

固始汗第三于阿玉什达赖乌巴什（ཨ་ཡུ་ཤི་ཏྲ་ལེ་ཨུ་བ་ཤི།）有前妻子墨尔根洪台吉、额尔克台吉、都如台吉、巴图尔济农和罗哩、哈什哈、博第、班布罗、本布等八人。其中额尔克、都如、班布罗三人无子绝嗣。长子墨尔根洪台吉之子为夏扎耶格拉、夏扎巴图尔、罗卜藏等三人。夏扎耶格拉之子更登诺颜、果力果、达什三人；更登之子为扎勒灿台吉，其子为陀颜垂珠尔；果力果之子为玛摩、其子为哦巴什；达什之子为伊丹木图萨拉齐，其子为车滚、索诺多尔济、尼玛陀颜。罗卜藏之子为诺颜噶布吉。

巴图尔济农之子为巴图尔、玉木穹、乌旺、齐买、本济农、丹津等六人。巴图尔之子贡噶喇布坦及玉木穹之子沙培多尔济贝子二人无子绝嗣。乌旺之子为衮布阿格及罗卜藏多尔济王二人，前者无子，后者之子为根乃舒旺沁班巴尔、玛哈巴拉、阿噶旺沁车凌、永仲色布腾、班迥等五人。齐买之子为衮楚克公、乌巴希、喇嘛达什、夏扎罕等四人。后三者无子绝嗣。衮楚克公之子为达布夏仲、多尔济色布腾公、班岱。本济农无子绝嗣。丹津之子为索诺木多尔济公，其子为窝尔屯司图公。

哈什哈之子为凌青、罗卜桑丹增、额尔德尼三人。罗卜桑之子索诺木达什、班杂尔二人。前者之子为敦多布、衮布、克珠图萨拉齐、乌贝等四人。克珠之子为济克济图萨拉齐。班杂尔之子为达尔济诺们汗。

博第之子为巴特玛策旺，本布之子为巴让台吉，这两个人都无子绝嗣。

又达赖乌巴什后妻有子罗卜藏曲派、诺尔布扎木素、伊特格勒、陀颜、领南达、博特巴、贾瓦、多尔济扎布等八人。后者无子绝嗣。

长子罗卜藏曲派之子为敦多布墨尔根诺颜，其子为盖策台吉、策旺多尔济、索诺木多尔济、罗卜藏尼玛。

诺尔布扎木素之子阿喇希济，无子绝嗣。

伊特格勒有三子，其中车凌太之子衮布，策旺丹津之子为扎克巴，车凌本之子玛纳沙。

阿南达之子巴特玛达什和乌巴什，这两个人，都无子绝嗣。

巴特巴之子为奂齐、阿宝二人，后者之子为策松。

扎卜[46]之子为达叩、衮楚克、曼济、窝窝等四人。达叩之子为桑吉及索诺木策凌二人；窝窝之子为贡楚克车凌。

固始汗第四子达兰泰（ཏཱ་ལེན་ཐེ།）之子为阿齐巴图尔衮布，其子为额尔德尼额尔克托克托王、朋素克、那旺扎巴等三人。长子有乌巴什、阿拉布济、索诺木达什、索诺木丹津王、策凌多尔济等五子。其中乌巴什无子绝嗣。阿拉布济之子为多尔济公、拉恭、陀颜等三人。索诺木达什之子为贡噶车凌。索诺木丹津之子为衮楚克扎卜，其子为敦多布纳木扎勒王。策凌多尔济之子为恭噶扎萨克。朋素克无子绝嗣。那旺扎巴之子为多尔济策凌。

固始汗之第五子策楞伊勒都齐（ཚེ་རིང་ཨེལ་དུ་ཆི།）之子罕都无子绝嗣；达尔济博硕克图之子为巴布、丹津色布腾、载青和硕其、根特尔等四人。巴布之子额力克岱青，敦多布、阿其图诺们汗。丹津色布腾之子为拉察布，其子为察罕喇布坦、旺舒克喇布坦、亲王丹津旺舒克等三人。旺舒克喇布坦之子为阿旺达尔济。亲王之子旺丹多尔济帕拉木。岱青和硕其之子为敦多布旺扎勒。根特尔之子为丹衷。

固始汗第六子多尔吉达赖洪台吉（རྡོ་རྗེ་དྭ་ལའི་ཧུང་ཐའི་ཇི།）之子毕鲁咱纳、噶尔丹策旺、达赖岱青、达颜墨尔根岱青等四人。长子之子为额尔德尼台吉策旺扎布、阿布吉其钦台吉，后者及噶尔丹策旺无子绝嗣。

达赖岱青之子为扎木巴勒额尔德尼台吉、额尔克台吉巴勒多尔二人。后者之子为朋素克旺扎勒王、伊什多勒扎布、多尔济南木扎勒等三人。前者之子为衮楚克达什王、丹木垂、噶尔丹喇布坦王等三人。后者主子为达赖呼图克图。伊什多勒扎布之子达尔杰车凌扎萨克（和硕特西前族，青海王。）

墨尔根岱青之子为达延洪台吉（西后旗）。

固始汗第七子瑚噜木什额尔德尼岱青（ཧུ་རིམ་ཤི་ཨེ་རྟེ་ནི་ཏའི་ཆིང་།）之子为达尔巴、旺钦、朋素克、拉本、乘图济索诺木达尔济、森格哈坦巴图尔等六人。达尔巴之子为阿罕垂巴尔，其子为车凌敦多布。

旺钦之子为垂扎扎诺木其台吉、巴布二人。

拉本之子为丹津喇布坦，其子为罗卜藏朋素克。

索诺木达尔济之子为丹津博硕图、察罕达什、丹津贝子等三人。长子之子为察罕多尔济，幼子之子为恰多布扎布贝子。

森格巴图尔之子为达什敦多布。固始汗第八子衮布察珲（མགོན་པོ་ཚེ་དབང་།）无嗣。

固始汗第九子桑噶尔扎（སརྡ་རྒྱལ།）之子塔博俄罗和硕其[47]，其子为德布特敦多布达什、索诺木达什贝子二人。后者之子为噶勒丹敦多布、噶勒丹旺扎勒、莽鼐贝子等三人。莽鼐之子为罗布藏色布腾贝子、伊旦扎布二人。

固始汗第十子阿库达什巴图尔（ཨ་ཁུ་བཀྲ་ཤིས་བྷ་ཐུར།）之子为唐拉扎布、罗卜藏丹津，后者之子为巴巴热特、察罕额卜根二人。

固始汗在准噶尔的部属自土虎年（公元 1638 年，崇祯十一年，戊寅）起，逐渐到达青海湖畔，起初以青海托勒（ཐོད་ལེ།）为根据地，被称为“额鲁特绒噶尔”（ཨེ་ཡོད་པ་རོན་ཀྱར།）五世达赖喇嘛说：

“彼处是汉、藏、蒙三者会集的要冲之地。现在不同于帕摩主巴的时代，也不同于藏巴汗等时代。戴黄帽者的教派之所以能同北方的施主们接近，关键在于青海地方的安宁。”于是和达延汗等弟兄们通过准许修习大威德法，结成法缘，立了誓言。并说：

“额鲁特蒙古之后裔，统治了松赞王的地区，使它成为喀尔喀准噶尔的地区矣。”给以极大的推崇。并剀切地嘱咐他们：“划分汉、蒙地界，肃清盗贼，开辟商道，善守边界。”

当青海蒙古部起内讧时，达赖喇嘛委派哲蚌寺郭莽扎仓的长老程列隆珠布（འཕྲིན་ལས་ལྷུན་གྲུབ།）到青海湖畔，在浩门河上游秀夏委冬（ཤུག་ཤ་བད་སྟོང་།）地方水流汇合之处，即临近达合那寺（སྟག་སྣ་དགོན།）之地，集合各部首领划分牧地，并区别左右两翼，使地方得以安宁。

第十二胜生之火牛年（公元 1697 年，清康熙三十六年，丁丑），章嘉阿旺罗桑曲丹（ལྕང་སྐྱ་ངག་དབང་བློ་བཟང་ཆོས་ལྡན།）奉旨赴藏给达赖喇嘛送敕书时，适康熙皇帝以巡幸为名，来到宁夏，接见了青海各台吉。交谈时亲切指示，各部首领必须前去（北京）举行朝觐圣上礼仪。各部首领接受这个指示，前去朝见皇帝。封固始汗幼子达什巴图尔为亲王，其余都按其身份封以郡王等，并大加赏赐，从而促进了汉、蒙的关系。达什巴图尔系固始汗与女仆所生之子，五世达赖喇嘛曾对青海蒙古各部首领说：“这确是固始汗之子，是你们的叔叔，应委任为总管。”《汉藏蒙史》中说：“五世达赖喇嘛曾说过丹津法王的第四个福晋所生之子即达什。”似乎就是指此事而言。木马年（公元 1714 年，康熙五十三年，甲午），达什巴图王去世。这时，一切知嘉木样一世曾说过：

“叔叔的死去，乃恶征之先兆，如能暂住人世，对于青海湖边的人们大大有利。但是，今后此地之安乐祸福，实难预料!”

此后，他的儿子丹津王[48]作青海诸部首领，按照叔叔的遗嘱，右翼的长官由济农[49]担任。青海蒙古诸部同心协力，迎请第七世达赖喇嘛噶桑嘉措到塔尔寺，奏请皇上，准予送往西藏，并请赐予如五世达赖喇嘛在世时之册、印。皇上派来皇十七子[50]、将军、王等，赐诏书道：“汉、藏双方应同心同德为布达拉的喇嘛服务，扶持黄教，维护大皇帝政治的声誉。”

铁鼠年（公元1720年，康熙五十九年，庚子），护送七世达赖赴布达拉坐床。除土观一世曲吉嘉措（ཆོས་ཀྱི་རྒྱ་མཚོ།）、赛科巴·达喇嘛·噶居瓦·罗桑程列（བློ་བཟང་འཕྲིན་ལས།）[51]外，还有皇上派遣南北两路的将军[52]、大臣阿达哈达（ཨ་ཏ་ཏ་ཏ།）、科协额增（ཁོ་ཤེས་ཨེ་འཛིན།）等；青海蒙古丹津亲王、噶勒丹额尔德尼济农、额尔德尼额尔克、额尔德尼达赖博肖图、墨尔根岱青、青洪台吉、济克济扎布、格鲁克济农、噶勒丹达什、岱旺台吉等，从阿拉善前来者有额普贝勒；由喀尔喀前来者有敦多布王、公察罕诺尔布、台吉拉旺扎木素等。汉、藏、蒙三方的许许多多的上、中、下人等惊天动地地进行护送，声誉之盛，遍传于三世间[53]。但是，在庆贺坐床典礼的宴会中，汉官的座席被安置在中间，青海蒙古被安置在后排，招待礼遇甚为冷落；请求饶恕第巴达孜巴[54]的性命，又没给面子；希望按照过去的旧例任命为藏王之事，又告落空，而康济鼐则被任命为第悉之职[55]。由于如此等原因，对清廷怨望，发誓要进行叛乱。自卫地返回后，丹津王带头发动叛乱，洗劫了西宁方面的许多汉民村寨，捣毁了三洋井（སན་ཡང་ཇི）城地，一些寺院亦借着蒙古势力，进行反抗清朝的举动。彼此交战时，对捉获的汉族的盗贼，随心所欲，施以前所未闻的种种酷刑，等等。清朝的岳将军（按即岳钟琪），年公爷（按即年羹尧）率领大军，如夏季洪水，一泻而至，丹津王逃往准噶尔。

木龙年（公元1724年，清雍正二年，甲辰），朝廷降旨：阿拉善蒙古全部徙居青海，越七载又复迁回[56]。朝廷为了安抚照顾，对青海蒙古各部授以扎萨克职，其一切赏赐，悉从旧例。《拉摩授记》中说："北方青海热杂宫（ར་ཛའི་སོ་བྲང་།）众们，最好听从观音谕。"这个授记明确指出政治和宗教，不应错过向前发展的缘起。

另据《蒙古册府》（སོག་པོའི་ཡིག་ཚང་།）记载，固始汗丹津法王娶大小两福晋，大福晋生策塄伊勒都齐、多尔济达赖洪台吉、呼鲁木什额尔德尼岱青、桑噶尔扎、衮布车旺、达什巴图尔台吉等六人。小福晋生祖谢图丹津达延王、阿咱拉其钦洪台吉、阿玉什巴颜阿卜该、达兰泰等四人。策塄伊勒都齐（ཚེ་རིང་ཨིལ་ཏྟི་ཅི།）的后裔为青海蒙古右翼，下面将要谈到。另有一种说法，第六子以前的后裔，都属于青海蒙古右翼云。

固始汗第二子多尔济达赖洪台吉（རྡོ་རྗེ་ཏཱ་ལེ་ཧུང་ཐའི་ཇི།）之子为巴图尔洪台吉、达赖岱青洪台吉、毕噜咱纳、噶勒丹岱青等四人。巴图尔洪台吉之子为额尔克诺颜、丹津洪台吉、噶勒丹达什、噶勒丹丹津等四人。老大及老三均无嗣。老二丹津洪台吉之子为丹津纳木扎勒；老四噶勒丹岱青之子为贝勒达什车凌，其子为贝勒丹巴车凌，其子为贝勒济克默特伊什、拉贡或叫巴登阿贝、喇嘛达赖锡勒图或叫济克默特贡噶等三人。长子之子为贝勒扎木巴勒达尔济，其子为贝勒那木喀旺扎勒、贝勒罗卜藏占巴等三人[57]。那木喀旺扎勒之子为贝勒车凌诺尔布，七岁时死去，由其叔叔罗卜藏占巴继承贝勒职，其子为青博布。拉贡之子为加窝台吉，现尚在世。岱青洪台吉之子为额尔克台吉，其子为郡王朋素克、扎萨克多勒玛扎布[58]、多尔济南木扎勒、车扑尔额尔德尼台吉等四人。

朋素克之子为郡王贡楚克达什、罗卜藏丹垂、噶勒丹阿博等三人。贡楚克达什之子为索诺木多尔济王，他父子二人对佛教信仰诚笃、誓愿纯洁。父亲于班禅大师处受具足戒，被称为拉尊嘉木样嘉措，曾兴修都兰寺（ཏུ་ལན་གཙུག་ལག་ཁང་།）等，迎请第二世嘉木样活佛弘法，王母子、达赖呼图克图、博特巴墨尔根曲结等僧俗二百余人被授予时轮、胜乐、密集、长寿、白伞盖等灌顶及许多修习秘法的随许，并聆听了许多经论的见解和指引。这个系统的索诺木达瓦，曾考取了拉仁巴格西的学位，被选送充任七世达赖噶桑嘉措的僧源[59]，在孜布达拉宫（རྩེ་པོ་ཏ་ལ།）中南木扎勒扎仓（རྣམ་རྒྱལ་གྲྭ་ཚང་།）勤习、实践关于时轮方面经典的教授。当时，和后任拉卜楞寺大堪布的索诺木旺扎勒及索南扎巴齐名，被称为青海的三位索南（索诺木）。后往拉卜楞寺，为该寺的时轮学院的僧侣们详细讲授各种仪轨的禅唱韵调、粉彩制法，并亲自动手实际操作粉彩坛场，由一切知嘉木样大师授时轮灌顶。郡王的儿子索诺木多尔济也先后迎请嘉木样大师弘法两次，受弥多罗灌顶和时轮的灌顶等，以及“豆迴”（炼毒）的灌顶并聆听单传的秘诀。信仰极其诚笃。此后不久，没有经过多大的努力，轻易地获得了亲王的爵位。他的儿子为车凌端多布王，其子为邬尔津扎布、林沁南木都勒扎萨克、塔尔寺的木雅（墨尼亥）活佛等三人，

罗卜藏丹却无嗣。噶勒丹喇卜坦阿窝之子为达赖呼图克图噶布藏喇布济。

多勒玛扎布之子为达尔济车凌扎萨克。多尔济南木扎勒无嗣。

嘉华车扑尔之子为罗卜藏车凌，他的儿子为图萨拉齐巴勒珠尔扎萨克[60]，彼无子，由索诺木多尔济王之弟多尔济桑珠布袭扎萨克之爵。其子为旺沁敦多卜扎萨克，其子为巴勒布达什隆珠布扎萨克，他无嗣，由林沁南木都勒继承他所遗的扎萨克之爵，彼有数子。

毕鲁咱纳之子为杜惹力台吉、阿博切沁台吉、松扎布额尔德尼台吉等三人，为了政务关系，受到国法制裁。

固始汗法王第三子呼噜木什额尔德尼岱青（ཧོ་རིམ་ཤི་ཨེ་རྟེ་ནི་ཏའི་ཆིང་།）有达尔巴、朋素克、旺木沁、拉本、旺图吉岱青、森格哈坦巴图尔等六子。达尔巴之子为那旺垂布尔，其子为车凌敦多布。彼与上述朋素克均无子绝嗣。

旺木沁之子为垂尔扎，其子为额尔德尼博肖图及巴勒布二人，均无

子而绝嗣。拉本之子为多尔济色布腾，无子绝嗣。

旺图吉岱青之子为色布腾博肖图扎萨克、丹津贝子二人。色布腾之子为扎萨克车凌多尔济，其子为罗卜藏车凌；其子为巴勒珠尔扎萨克，其子或继承爵位者为噶勒丹丹忠；前者（？）之子为扎萨克格拉克拉布坦及浪合贝二人，后者之子为扎萨克布颜达赖，他有一个儿子。

丹津贝子之子为恰多尔扎布贝子，其子为赛尔多岱青的转世扎木巴勒多尔济、达赖切青肖图素结多尔济贝子、察罕凌增、夏琼寺多瓦夏仲·罗卜藏旺舒克扎木素等四人。

索结多尔济或色布腾多尔济之子热特那森底贝子，其子为索诺木帕杰贝子，现在称彼为赛尔多贝子。岱青诺颜察罕凌增之子为塔尔寺的曼仁巴[61]夏尔巴及陀颜罗合司二人，又另外一子为土敦尼玛，共三人。

森格哈坦之子为达什敦多布，无子绝嗣。

固始汗法王之第四子桑噶尔扎（སང་གར་ཚ།）之子为博罗合斯其，其子为达旺贝勒，索诺木达什二人。达旺之子为林沁纳木扎勒，无子绝嗣。

索诺木达什之子为图萨拉齐噶勒丹敦多布、噶勒丹旺扎勒、莽鼐贝子等三人。其长子、次子均无子绝嗣；莽鼐之子为罗卜藏色布腾贝子、巴勒济特扎萨克、伊丹木、车松等四人。罗卜藏色布腾之子为旺扎勒丹津、朋素克喇布坦、车凌达尔济等三人。旺扎勒丹津之子为格勒克纳木扎勒。又罗卜藏色布腾之子图萨拉齐车凌多尔济、达尔济车凌、衮楚克喇布坦、丹津旺扎勒、拉桑济、森珠扎木素等六人云。

巴勒济特之子拉扎布。伊丹木及车松二人无子绝嗣。

固始汗法王第五子衮布车旺（མགོན་པོ་ཚེ་དབང་།）无子绝嗣。

固始汗法王第六子阿库达什巴图尔（ཨ་ཁུ་བཀྲ་ཤིས་བ་ཐུར།）被五世达赖喇嘛委任为青海蒙古总管。其子为罗卜藏丹津王、唐拉扎布二人。丹津王之子为巴图察罕、伊们罕二人，居于宫中[62]。据传后者之长子及哈济克济扎布二人，在嘉庆时尚在云。

唐拉济布无子绝嗣。

固始汗法王的第七子丹津达延王（བསྟན་འཛིན་དྭ་ཡན།）之子热特那达赖汗、索诺木达什、索诺木多尔济、索诺木衮布、根敦墨尔根诺颜等五人。

热特那之子丹津旺扎勒、拉藏汗二人。前者无子绝嗣。拉藏汗之子噶勒丹丹忠、苏尔察（索尔扎），前者作洪台吉的义子。苏尔察之子色布腾公，居于察哈尔，至今犹在。索诺木达什之子诺尔布朋素克，其子为达什巴勒珠尔，无子绝嗣。

索诺木多尔济之子为垂库尔，其子为噶勒丹公，其子为丹津公、图萨拉齐扎木曾、巴勒沁公等三人，均无子绝嗣。

索诺木衮布之子为车凌公、图萨拉齐垂仲扎木素二人。车凌公之子为达什扎布公，其子为根敦敦多布，其子为伊喜尔什济及台吉勒克协或称为南俊木二人。前者之子珠尔墨特士登车凌公，其子为垂达尔公。垂仲扎木素之子为索诺木多卜济公，因无子由其弟喇特拉锡第承袭。其子为策布尔公。勒克协台吉之子为图萨拉齐达玛林。

根敦墨尔根诺颜之子为车凌公及班珠尔二人。前者之子为色布腾公、衮楚克扎布公二人。前者无子绝嗣。衮楚克公之子为垂仲扎布公及那旺勒克协二人。前者长子为格楞喇布济，其子为达玛林扎布公，据说他有二子，名如瑞及班岱云。

图萨拉济班珠尔之子为衮布扎布、更松、车扑扎木素、色拉寺格西丹扑尔陀颜、图萨拉齐察罕扎巴等五人。长子之子为车松扎布、陀颜垂扑尔、巴伊达等三人。

固始汗法王第八子阿咱拉车臣洪台吉（ཨ་ཆ་ར་ཆེ་ཆེན་ཧུང་ཐའི་ཇི།）[63]之子为墨尔根洪台吉、其钦台吉、卓哩克图岱青等三人。

墨尔根洪台吉之子纳木扎勒额尔德尼洪台吉、墨尔根岱青、阿哇噶喇布坦等三人。纳木扎勒之子为青洪台吉及罗卜藏察罕王二人。后者之子为拉加岱青公、扎木巴勒扎克巴、格勒克道布结、多尔济车凌等四人。

拉加之子为恭桑车凌扎萨克，彼无子，由其叔之子俄勒珠卜旺舒克承袭扎萨克爵。其子为现今之扎萨克达尔玛什哩。俄勒珠卜旺舒克的叔叔为台吉桑布，其子为穆罕台吉。道布结之子为多尔济、陀颜饶降巴次丞桑布等三人。多尔济车凌之子为旺扎勒、达玛林、伊什旺扎勒等三人。后者之子为墨尔根岱青仁钦达什，其子为丹正色布腾、博博扎萨克、巴特玛色布腾等三人。达玛林色布腾之子协喇布尼玛，无嗣，博博亦无子。巴特玛色布腾之子旺扎勒扎萨克，其子为根敦扎布，其子为衮布扎布扎萨克，据说他有几个儿子云。阿哇噶喇布坦之子为扎萨克衮布喇布坦，其子为满吉班岱扎萨克，其子为扎萨克索诺木穆扎勒，其子为敦多卜旺扎勒扎萨克，有子数人。

卓哩克图岱青之子为罗卜藏达什。

其钦岱青[64]之子济克济扎布及车凌多尔济扎萨克二人。后者之子为达克巴纳木扎勒扎萨克，其子为诺尔布林沁扎萨克，其子为济克默特扎萨克、陀颜格派二人。济克默特无子，由图萨拉齐敦果之子陀颜协喇布扎木素之弟索诺木旺扎勒承袭扎萨克爵。其子为陀颜及拉衮策扎勒托萨克。彼有数子云。

固始汗法王第九子阿玉什达赖乌巴什（ཨ་ཡུ་ཤི་དྷ་ལེ་ཨུ་བ་ཤ།）之子为尔力克台吉、森噶墨尔根台吉、巴图尔济农、博杜诺尔布扎木素、多哇曲结、图司叶图哈夏噶、阿特盖、牛克沓、博特巴、博罗班布、多尔济扎布、扎卜等。

森噶墨尔根之子为夏扎郭利。

巴图尔济农之子为罗卜藏多尔济、为皇上的额驸，去阿拉善，即阿宝王（ཝང།）[65]，其子为阿拉善坚江（ངན་ཇང་།）等，直至今日，仍承袭王爵云。

博特巴之子为车凌敦多布、宦其白、阿布诺颜等三人。宦其白之子为利特尔公，其子为桑日杰、旺扎勒、策科、拉本、嘉木样扎巴等五人。

阿布诺颜之子为策松，其子图萨拉齐索诺木达尔济、图道布二人。

扎卜之子为达布扎萨克，其子为桑济伊什，其子为车凌多尔济扎萨克、陀颜班珠尔、拉松[66]扎萨克等三人。后者之子一出家作班弟，一即扎萨克敦松，其子年幼，承袭扎萨克，名不详。其他世系不明确。关于这一支，大众所述，出入颇大。

固始汗法王第十子达兰台吉（ཏཱ་ལན་ཐའི་ཇི།）之子为阿齐巴图尔、朋素克二人。后者无子绝嗣。

阿齐巴图尔（亦作伊齐巴图尔）之子为托克托诺尔额尔德尼王[67]，其子为达尔巴、阿喇布济公、图萨拉齐索诺木达什、郡王索诺木丹津、罗卜藏扎布扎萨克、多尔济公等。达尔巴无子绝嗣。

阿喇布济公之子为图萨拉齐拉衮，其子为图萨拉齐敦多布。

索诺木达什之子为衮木噶。

索诺木丹津王之子为藏咱王（ཚང་ཚ་ཡང།）衮楚克扎布，其子为敦多布旺扎勒王、伊什达尔济、夏井杜噶尔等三人。长子之子为冈噶尔王，无子，由其叔伊什达尔济承袭王位。

罗卜藏扎布扎萨克之子为衮木噶色布腾扎萨克，其子恰多尔[68]扎萨克。因伊什达尔济无子，由彼承袭王爵，遂向上缴销扎萨克之印，两旗合为一旗。其子即今之默勤王（མེ་རིན།）棍楚克济莫特，其子为岱青及在塔尔寺出家的陀颜那旺。据说前者已有一两个孩子云。

多尔济公有子图萨拉齐、格隆等数人。其中幼子敦多布的儿子为巴贝、班穹二人，前者之子为古鲁。

固始汗法王之兄为已巴噶斯（拜巴噶斯）、昆都伦乌巴什二人。拜巴噶斯之子噶勒达玛，后者之子为哈木噶，除此之外不详。

固始汗之弟为多诺扎萨克图[69]、布雅鄂特欢二人。这兄弟五人被称为五虎。加上异母弟哈木格博迪及哈纳克图谢冶图，弟兄共七人。其中哈木格博迪无子绝嗣。

第四只虎多诺扎萨克图的后裔有哈日格[70]扎萨克，其侄系中有策玛扎萨克吹仲扎布，其子为楞衮多尔济扎萨克、喇嘛扎摩久、台吉额力克介日盖等三人。楞衮之子为额尔克巴雅尔[71]扎萨克、玉孜图二人。前者之子为扎萨克济克默特旺舒克、程列南木卡、塔尔寺时轮学院退职喇本陀颜扎木巴勒达尔济，冬群[72]噶尔布扎萨克等四人。长子无嗣。程列之子泰浪、通尕拉及一名僧侣共三人。济克默特旺舒克死后由冬群承袭扎萨克，他承袭之后立即发兵向垂丹（ཚེས་དམ།）攻击。喇嘛扎摩亦有数子。

哈纳克图谢图[73]后裔有垂丹台吉、纳尔扎萨克、达什策扑等。后者之子为扎萨克敦多布纳木扎勒及衮桑二人。前者之子为扎萨克德金，彼无子绝嗣，由衮桑承袭扎萨克。现在彼之近亲，有扎萨克旺钦扎木素。这些都称为和硕特。

又五虎之第一，长兄巴巴噶斯（拜巴噶斯）之子鄂尔齐图切钦汗（ཨོ་ཆེར་ཐུ་ཆེ་ཧན།）及阿巴赖巴图尔弟兄二人。前者之子噶勒达摩，系一英雄，他占领了哈萨克布然特（ཧ་སག་བུ་རད།）及和屯（ཧོ་ཐོན）的大部分地方，将额尔齐斯河（ཨེ་ར་ཅིད་ཀྱི་ཆུ）此岸之俄罗斯人驱逐至彼岸，颇具声威。切丹[74]台吉那尔索等三人也是拜巴噶（བེའི་བ་ཀུ）的后裔。

第二只虎昆都伦之子有青把图尔、哦那克巴图尔等，即以后在青海的丹津图萨拉齐、车凌纳木扎勒图萨拉齐二人。

第四只虎扎萨克图多诺的后裔，即后来之茂扎拉、措龙台吉、哈尔贵扎萨克、扎萨克垂仲扎布等。

第五只虎布颜鄂特欢巴图尔无子绝嗣。

又有一文献中记载，固始汗法王异母兄弟为哈麻黑旺图，及哈纳克图谢雅图二人。前者之子哦木宝、图琥尔绰克图、玛拉墨尔根、巴采日台吉等四人。

图琥尔绰克图有森格林沁、达尔巴、达木巴多尔济、扎木扬等四子。

长子之子为车凌纳木扎勒扎萨克。其子为诺尔布台吉，他有索诺木喇布坦、桑赛什尼、鄂勒珠尔等四子[75]。后者之子为阿喇布济。什尼之子为扎卜。达尔巴之子为林沁敦多布阿喜图，达玛林二人。前者之子阿喇布济、木里青、罗卜藏达什三人。阿喇布济之子为衮布莽科、隆日克、哈玛杜尔等三人。达玛林之子为扎萨克巴勒登。其子为扎萨克达喜垂布尔、巴拉尔达什策布尔[76]二人。前者之子为敦多布纳木扎勒；巴雅尔之子索诺木旺扎勒。扎木扬之子阿旺敦多布及布娄克二人。前者之子色布腾，其子为根敦。布娄克之子恰布、谢尼、宗木哲三人。恰布之子勒协。

玛拉墨尔根台吉之子图萨拉齐车凌，其子多勒玛扎布及丹达尔。多勒玛扎布之子噶布藏、罗卜藏达什、和作三人。噶卜藏之子图萨拉齐昂科，百户罗卜藏达什，其子索诺木。和作之子巴多柔，其子为柯斯科。

哈纳克图谢雅图之子为达赖乌巴什及莫诺克、继纳克、绰尔克图、鄂尔布什等五人。绰尔克图之子衮贡，其子为阿喇布坦及什热。阿喇布坦之子旺扎勒，其子丹木巴，其子为衮木噶、噶勒坦、垂尔扎三人。垂尔扎之子森珠。什热之子措罕，其子甲喇及策扑尔二人。前者之子合细赞根巴布增、合日图、阿勒坦巴布孜三人，长子之子为巴图尔及金巴二人。合日图之子合细赞根索诺木，其子敦多布。阿勒坦之子切丹车拜，其子恰布、垂丹格隆、丹巴格隆三人。恰布之子莫科万。这就是见于记载的垂丹三十三台吉。

另外，不属于固始汗家族的青海蒙古其他各部如下：

过去，苟拉噶斯（ཀལ་ཀ་ཟུ།）准噶尔、土尔扈特（ཐོར་གོད།）等彼此极为亲近，但有一段时间内，发生不睦，准噶尔系统的色布腾台吉来青海游牧，因对六世达赖仓央嘉措赴京之事及水兔年（公元 1723 年，清雍正元年，癸卯）的战乱有功，得车臣王爵。其子为车凌王，其子为多尔济王、色布腾王二人，彼无子，遂由同时代的台吉车木伯勒降袭贝勒爵。其子为垂仲扎布贝勒，其子为贝勒程列巴勒珠尔[77]及台吉桑布二人。前者之子为纳木扎勒达哇[78]贝勒，后者之子为图萨拉齐坚木巴、台吉车凌达尔济、坦永森木丹等三人。车凌达尔济之子为什喇布及恩兰班第二人。

又准噶尔额尔德尼巴图尔洪台吉有十子，其第二子为卓哩克图和硕齐，彼之第二子为纳木齐扎木禅，其子阿喇布坦公为岱青洪台吉之婿。第一世嘉木样赴青海湖弘法时，其子刚出生，请求护佑，遂赐以一庹长之哈达巾打成的金刚结，让其系带，并授记道：“愿汝长寿并有益于我的寺院。”这位库贝图公纳木扎勒车凌当达赖巴图尔作乱时，震摄藏人，使战乱平息下去。把达木蒙古编组为佐领，得到了贝子的封爵，连同卫地的封号，被称为贝子巴图尔岱青。娶拉嘉岱青之女为福晋，无子，遂将她叔叔格勒克道布结刚生下的孩子讨来抚养，命名为齐默特达哇。班禅大师赐名为牟珠尔拉布坦多尔济，联系皇上所赐的封爵，故称为牟珠尔贝子。其子为然那森第[79]贝子，其子为伊丹木车凌贝子。以上两旗称为准噶尔绰罗斯（ཚོ་རོ་སུ།）部。

墨尔根济农来自土尔扈特（ཐོར་གོད།），为阿库巴图尔之婿，固始汗委以军官之职。其子为额尔克济农，其子为额尔德尼济农，其子为纳木锡哩策旺。彼于土鼠年去世时为了超荐，曾迎第二世一切知嘉木样大师，献上祖先担任噶丹颇章宫宗教职务时到手珍藏的依止圣物圣大师的袈裟、披风，四世班禅罗桑确坚的五衣等佛物。由于无子，由同族的都勒玛扎布承袭扎萨克之爵。其子为格宁或称为罗卜藏垂达尔、林沁达哇二人。前者之子为喇卜噶[80]扎萨克、嘉楚克金巴、巴哇、陀颜垂巴勒等，后者之子为垂卓尔或称为克吉、哲蚌寺多仁巴格西陀颜土敦、阿里克罗哇仓转世的呼毕勒罕等三人。前者之子为金巴和班第二人。

又土尔扈特巴丹及塔尔巴弟兄二台吉中，巴丹之子为保拜索诺木达尔济[81]首先获得扎萨克的爵位，其子为栋扎萨克，其子为萨喇扎萨克；其子为达什喇卜坦扎萨克、群则[82]罗卜藏克楚克、萨木都布扎木素扎萨克等三人。

塔尔巴之子为图萨拉齐桑台尔及一名僧人。前者主子为图萨拉齐朋素克、西贝二人。前者之子为扎萨克多尔济旺扎勒，获有“萨木珠扎木素”（如意海）扎萨克之称，其子为敦端多布纳木扎（济）勒扎萨克；其子为察罕仁增、贡楚克宁扎或称尼玛太、索诺木喇卜坦等三人。西贝之子为图萨拉齐曼陀勒。多尔济旺扎勒把扎萨克之爵位传于其子，跟随教长赛康巴（གསེར་ཁང་པ།）去朝拉萨，现住在丹噶尔城（湟源县城）中的一座小寺之中，取名为罗卜藏乔珠。

又土尔扈特诺颜格隆之子为扎萨克策塔尔本，其子为郛仪扎萨克，彼无子，由同一宗族的台吉伊丹（达）木承袭扎萨克爵，彼亦无子，在旗内又没有同宗之人，向萨木都布扎木素扎萨克的旗中迎同一宗族的台吉衮木噶（贡格）袭扎萨克爵。其子为鲁荀、坚木巴、旺舒克、颜派等四人。前后二人无子，旺舒克之子为扎萨克达玛林车凌，他起初没有儿子接养敦多布纳木扎勒扎萨克之小孩索诺木喇卜坦为义子。坚木巴之子为图萨拉齐旺扎克，彼有数子。

又土尔扈特察罕喇布坦的后裔居右翼。以上为土尔扈特部。

又垂觉尔台吉来青海后，在青海暴乱之时，获得“卫藏公”（དབུས་གཙང་གུང་།）之爵。其子为那旺塔尔巴[83]公，其子为旺扎勒敦多布公和图萨拉齐班第二人。前者之子为达玛磷公、旺沁、巴特玛凌增等三人。达玛磷之子为林（灵）沁旺舒克公，其子为多尔济沙木公。旺沁之子为土敦巴勒森、察罕、噶尔玛达什等三人。图萨拉齐班第之子为巴特玛色布腾。这些都称为和硕特[84]。

自喀尔喀来者为更登扎萨克。因与青海诸部不睦，由西宁办事大臣多日格(ཏོ་ཀེ།）遣返原地，在他的遗墟中安置了达什敦多布扎萨克[85]。其子为罗卜藏垂扑尔扎萨克，其子为策塔尔（车德尔）扎萨克，其子为济克济扎布扎萨克及班干二人。前者之子为察罕多尔济[86]扎萨克，据传彼有三子。这些称为喀尔喀部。

总之，青海湖右翼和左翼中共有三十三个大部落，一百零一个佐领。现在有二十九位王、扎萨克。其名称如下：

右翼，王达什旺扎勒、政教合一的拉摩仓[87]、衮布多尔济扎萨克、鲁本木扎萨克、土尔扈特扎萨克，计五位。

左翼，罗卜藏金巴贝勒、车凌敦多布王、林沁南木卓尔扎萨克、布颜哈勒扎萨克、索诺木扑尔结贝勒、格勒克纳木扎勒贝子、垂达尔公，策布克公、达勒济布公、达尔玛什利弘萨克、衮布扎布扎萨克、敦多布旺扎勒扎萨克、拉衮策扎勒扎萨克、扎萨克敦多布之子小扎萨克、默勒王济克济默特、切丹扎萨克冬群噶布及旺青扎木素、准噶尔贝勒纳木扎勒达哇、伊丹车凌贝子；土尔扈特喇卜噶扎萨克、敦多布纳木扎勒扎萨克、达玛磷乍凌扎萨克、索诺木喇卜丹扎萨克；和硕（辉特）多尔济沙木、喀尔喀扎萨克车伯克多尔济等。

以上所述，各种文献颇不一致，著者所知不多，加之语言不通，未能详为考证。兹不惮其繁，引述如上，以供今后历史学家们之参考。

笃信佛法的帝王们，崇奉释尊圣教，他们的传记中，对于因果二者，亦皆随喜。若只颂誉己方，诋毁异己，乃纯属无聊之举。六道众生，各随其善恶之果而流转，对此，应生厌恶之思为宜。

献于达赖喇嘛之部落，称为公庄（གཞུང་སྡེ།），献于班禅额尔德尼之部落，称为祥庄（བཀྲ་སྡེ།），各派有堪布经理。公庄堪布称为索罗玛堪布（སོ་སོ་མའི་མཁན་པོ།），他住在东科尔寺附近之处，有一座小寺。

丹噶尔城（即湟源县城），据说系青海叛乱事件之后新筑者。城内有金佛寺，亦名噶丹丹吉林（དགའ་ལྡན་དར་རྒྱས་གླིང་།），原系为村民们诵经的僧人们所建，后献于东科尔呼图克图嘉木样丹增嘉措（འཇམ་དབྱངས་བསྟན་འཛིན་རྒྱ་མཚོ།）。

扎藏寺（བྲ་ཚང་དགོན།）噶丹曲科尔林，固始汗法王为其施主，系五世达赖喇嘛的亲门弟子扎藏曲结嘉木样喜饶（བྲ་ཚང་ཆོས་རྗེ་འཇམ་དབྱངས་ཤེས་རབ།）于火牛（丁丑）年所建。他转世的活佛为达尔汗呼图克图阿旺衮乔(དར་ཧན།)（དག་

དབང་དཀོན་མཆོག)，现仍在转世云。该寺由曲藏寺活佛图登旺徐（ཐུབ་བསྟན་དབང་ཕྱུག）担任法台，后委派钦吉饶绛巴（ཆེན་ཅི་རབ་འབྱམས་པ།）罗卜藏嘉木样为代理人，历世曲藏活佛仍掌握这个传统云。此寺有固始汗的腰刀，洛扎大成就者的手铃，理塘版《甘珠尔》大藏经等等许多依止圣物。

惹拉静修庵（རི་ལའི་རི་ཁྲོད།），据说系夏琼寺堪布惹拉诺们汗敦约坚赞（ར་ལ་ནོ་མོན་ཧན་དོན་ཡོད་རྒྱལ་མཚན།）所建。

阿里呼图克图（མངའ་རིས་ཧུ་ཐོག་ཐུ།）第一世阿里巴达尔汗曲结，生于达延王（ཏཱ་ཡན་ཡོ་དར་རྒྱལ།）进军阿里时带来的一个家族之中，曾为拉卜楞寺一切知第一世之侍者，晚年住在蒙古地区。其家广有资财，丹津旺舒克王把文杜隆谷（ཨུན་འདུ་ལུང་།）全部地段赐拨于他。有一次搬迁帐房时，看见望不见尽头的羊群。问，“这是谁家的?”是您的。“太多了，不大好!”全部施舍给拉卜楞寺的神变祈愿大法会上。有一天，看见了自己马的前胸，意为之夺。就在旧觉阿释迦殿中，塑了－尊约一层楼高的狮子吼圣像，人们叹为观止，称为妙放瞻部河金光的佛像。又捐献雕刻印版的经费，首先刻了《悟慧论》（བློ་རིགས།）和《因理论》（རྟགས་རིགས།），以及其他许多部典籍，版首由第二世一切知题署。他曾和右翼王色都一同赴卫地，都是崇奉喇嘛上师的高傲的政教首领，在达赖喇嘛的座前，遇汗台吉、诺颜、昂琐等，被设座于他们之下首。于是他不肯就座，说道：“我在多麦时，是他们的上师，而今在教主之前，没有必要把圣教的上下次序颠倒起来!”

诺颜曲结等即起立让座。后于蒙古地方去世，他的呼毕勒罕转世生于阿里克，名罗卜藏丹巴喇卜结，阿里巴仓没有去赎。

噶尔代达赖呼图克图的前一世阿旺谢珠嘉措（ངག་དབང་བཤད་སྒྲུབ་རྒྱ་མཚོ།），是康区被称为达扎（ཟླ་ཁྲ་གས།）二扎之一的达扎转世于青海者。拜西藏敏珠林寺（སྨིན་གྲོལ་གླིང་དགོན།）德尔敦（གཏེར་སྟོན།）活佛昆仲为师，被授记为从安多地区来的大悲观世音的两位施主达洛瓦（ཏ་ལོ་བ།）和哦占贝吉旺徐（འོ་ཟན་དཔལ་

ཀྱི་དབང་ཕྱུག）的转世。从奥力喀济仲（འོལ་ཁ་རྗེ་དྲུང།）学习、听经。他闻听过的许多函经籍，被收藏于协扎喇嘛（ཤེལ་བྲག་བླ་མ།）的书库中云。曾任绛巴林（བྱམས་པ་གླིང་།）的堪布。他到这个地区之后，事业兴盛，曾修建赤噶尔寺（ཁྲི་ཀར་དགོན།）[88]，从西藏收罗宁玛派密宗经典约三十函，带到寺中，后来由色青活佛和郭密当家（སྣ་མི་དྲིང་ཀྱི།）[89]师徒二人负责，运往德格，作为雕版的蓝本。第七世达赖喇嘛噶桑嘉措和赤·阿旺乔登（ཁྲི་ངག་དབང་མཆོག་ལྡན།）师徒二人给曲藏·图登旺徐说：

“青海方面，虽有几位主持宁玛派的人物，但不值得重视，唯有达赖呼图克图曾亲近敏珠林和奥喀济仲，深究宁玛派教义。该地之人恐大有改宗宁玛派之可能，你必须赶快设法纠正。”

偈语云“碎金之堆混赤血，鬼蒽、饿鬼奔且跳，海潮兴兮扰乱至！”授记的时机成熟和缘起机遇难以逆转！当他居于角昂扎萨克旗中时，其僧侣信徒户数达三百余户云。他转世的呼毕勒罕噶桑饶吉嘉措（སྐལ་བཟང་རབ་རྒྱས་རྒྱ་མཚོ།），生于十三胜生土蛇年（公元1749年，清乾隆十四年，己巳）。据说其前世于临终时曾向众人说：“为了护理属民，要发愿转生于有权有势的人家。谁家好些？”众答以“衮楚克王家名气很大。”遂投生为王弟噶勒丹阿博之子云。年幼时，被其父携往拉萨，朝拜圣师徒，和喇嘛强巴结成法缘并听经。回安多后，八岁时，在前一辈曲藏活佛处剃度出家，十二岁受沙弥戒，二十岁时受具足戒。先后得到许多灌顶、经教、随许三方面的教授以及促使宗派纯正的多方面究竟圆满的学习。他加入曲藏寺经院中学习，积极钻研《甘珠尔》大藏经的全部各函。在青海湖边于第二世嘉木样处纤细靡遗地聆听《时轮》和《弥多罗》等经论，三十一岁时前赴西藏，在色拉寺结扎仓中学习，拜赤·罗卜藏丹巴、雍增仁波切、隆多喇嘛等为师，达赖喇嘛授予额尔德尼曼珠室利诺们汗的名号及堪布服饰。三十五岁返回家乡，给章嘉活佛贡献了许多帙经籍。曾担任曲藏寺堪布两次及塔尔寺堪布一次，讲授许多公共听闻的经法和特授私人的经法。谦虚和谐，行止清净。于六十岁土龙之年去世。他转世的呼毕勒罕是曲藏呼图克图的学生，现住在青海。属于这位活佛学习的班级之中，先后出现了大、小玛尔康夏仲（སྨ་ཁམས་ཞབས་དྲུང།），喇察曲结（ར་ཚ་ཆོས་རྗེ།），大、小索布夏仲等。大玛康夏仲在哲邦寺郭莽学院中学习经论时，与贡塘·嘉贝样（གུང་ཐང་འཇམ་པའི་དབྱངས།）[90] 在同一个学习班级里，当返回家乡时，贡塘嘉贝样手绘哲邦寺图以赠。他回答说：“我一睹此图，就回忆起哲蚌寺矣！”晚年又赴卫地，在东西格仓（ཀེའུ་ཚང་།）潜心静修，即在彼处逝世。小玛尔康夏仲霞加仓（བྱ་ཀྱ་ཚང་།）是嘉贝样的学生。

喇察曲结的事业也甚为增盛，把《甘珠尔》和《丹珠尔》大藏经及许多佛物迎至夏琼寺，他曾任这个寺的密宗及时轮学院的赤巴（法台）。

大索布夏仲罗卜藏曲扎嘉措曾在哲蚌寺学习，由于家乡富裕，曾迎请《甘珠尔》《丹珠尔》大藏经等。据说曾向第二世嘉木样大师请问“法座六举”的原因，被戏答以“应居于特殊的帐幔之中”。“当他表现成熟为世尊薄伽梵年幼之像时，十地菩萨都为之扶座”云。后迫于匪患，居于东科尔寺。他有两位呼毕勒罕，其一曾在拉卜楞寺学习后去世，他的家族有夏仲三名，细情不详。

其次，索诺木多尔济王曾建多卜浪寺（རྡོ་བ་ལང་དགོན།）、贝勒垂扎布旗曾建达什噶丹巴勒珠林（བཀྲ་ཤིས་དགའ་ལྡན་དཔལ་འབྱོར་གླིང་།），更登公曾建扎喜垂珠尔林寺（བཀྲ་ཤིས་ཆོས་འབྱོར་གླིང་།）及喇嘛谢惹图寺（བླ་མ་ཤེ་རེ་ཐུའི་དགོན།）等众多寺院云。

注释：

[1] 此处记述有误，阿拉淖尔亦译做阿拉克湖，为柴达河上源湖泊之一，鄂陵湖则为黄河水系湖泊，两者所处水系不同。但元明时，有些地图，也把两湖或鄂陵湖称为阿剌脑儿。

[2] 按陶素淖尔今译作托索湖、托素湖，实际就是当如措那克湖。亦作当给措那克（སྟོང་གི་མཚོ་ནག）。

[3] 今甘肃省天祝藏族自治县及青海省乐都、互助北山地区。

[4] 见下瞿昙寺节中所述。

[5] 金字使者（གསེར་ཡིག་པ），亦译作敕使、钦使，为对皇帝使者的称谓，此处借用作信使之称。

[6] 这个阿里克，为当时在青海兴海曲什安河流域游牧的部落，这个部落于清道光时，大部迁往今青海省祁连县，一小部分迁往今青海省河南蒙古族自治县。当时，以部落之名作为这个地区的地名。

[7] 永谢卜，亦译作永邵卜，藏文作“ཡོང་ཤའི་བུ།”及“ཡོད་ཤ་ཡི་བུ།”，似后者为笔误。

[8] 巴尔郭台吉（བར་ཀུ་ཐའི་ཇི།），《蒙古源流》作巴尔郭岱青，为俺达汗从子。

[9] 此人《蒙古源流》作青巴图尔，即《明史》之青巴部，藏文作色青洪台吉（彻辰洪台吉ཆེན་ཧུང་ཐའི་ཇི།）。但《蒙古源流》则称彻辰洪台吉于第三批往迎。“色青”即“彻辰”之异译。

[10] 达延诺颜（ད་ཡན་ནོ་ཡོན།），《蒙古源流》中作第三批往迎者，第二批往迎者为卓哩克图诺延。

[11] [12] 在《蒙古源流》中，这两个人是第一批前往欢迎之人。

[13] 三白（དཀར་གསུམ།）指奶、酪、酥三者。

[14] 《蒙古源流》作察卜齐雅勒，即今青海省海南藏族自治州恰卜恰。

[15] 即《明史》上之仰华寺。

[16] 指宗喀巴大师。

[17] 亦译作息、增、怀、伏四业。

[18] 汉藏黄金桥（རྒྱ་བོད་གསེར་གྱི་ཟམ་པ།），为藏族历史上自古以来用以颂誉汉藏兄弟民族间坚如金石，牢不可破的团结、和好、亲谊的形象化语言。

[19] 本书对于此名前后书写不一，作“ཁོ་ལི་ཆེ།”“ཁོ་ལོ་ཆེ།”有的资料中

译作考李齐，作为俺答汗之家臣。亦有认为即火落赤（ཧོ་ལོ་ཆི།），似此说合乎实际，见《明史·郑洛传》。

[20] 即圣·噶登嘉措，亦作圣·噶登热巴。

[21] 《蒙古源流》作苏密尔岱青。

[22] “拉尊”为藏族对王族子弟出家为僧者的尊称。

[23] 原文此处作二百钱，似以两为是。

[24] 为管理僧众的执事僧，俗称铁棒喇嘛，佛经中作“维那”。

[25] 在拉萨市布达拉宫右侧。

[26] 夏仲，亦译作沙布隆、晓仲。达垅夏仲系达垅噶举派的夏仲。亦称夏仲仁波切，是当时一位比较活跃的人物，常居中调停五世达赖和其他教派之间的纠纷。

[27] 亦译作索南饶丹，又名索南群培。这个人在对藏巴汗的斗争中是一个重要人物，他曾几次到青海和土默特蒙古汗王共同商议对付藏巴汗的策略，也是请固始汗进藏的策划人之一，后为西藏地方第一任第巴。参阅松巴·益喜班觉尔《青海史》。

[28] 见本书第三编关于卓尼部分的叙述。

[29] 火力齐，本书写法不一，作ཧོ་ལི་ཆི、ཧོ་ལི་ཛི，火力兹、ཁོ་ལོ་ཆི།、科洛齐等，对照《明史》、《蒙古源流》似即火落赤。以后作火落赤。参看前面迎接第三世达赖的部分。帕塔尔为火落赤所属部落之一。

[30] 也有译为噶玛巴红帽系兰占巴喇嘛者。

[31] 粗扑寺即噶玛噶举派在拉萨北之主寺。

[32] 却图汗之子。

[33] 指林丹汗。

[34] 亦译作巴图尔珲台吉。

[35] 今青海省海北藏族自治州刚察县境。

[36] 指五世达赖喇嘛和四世班禅。

[37] 指藏巴汗。

[38] 这段叙述，为格鲁派让宁玛派咒师进行诛法作辩护。圣教乃指格鲁巴本派。

[39] 西藏的别名。

[40] 指八思巴请求元世祖忽必烈，准许藏传佛教各派各自弘扬其教法，不必全宗萨迦派的事。

[41] 历史上为对南诏之称，此时指木里沐土司，系噶玛巴的施主。

[42] “《清史稿》卷五百二十二之藩部五”作“号鄂齐尔汗”。

[43] 即历史上称为拉藏汗拥立的第六世达赖喇嘛伊喜嘉措。

[44] 即拉藏汗之子,《清史》中亦译作索尔扎。

[45] 指清中央政府。本书按《藏史》传统，往往以汉族代中央政府。

[46] 此人之名，前面作ཅ་བ(贾瓦)，此处及后面则作ཅབ(扎卜)，似以扎卜为是。

[47] 亦作塔萨博罗特，藏文作“ཐ་བྲི་བོ་ལོད།”。

[48] 即罗卜藏丹津之简称。

[49] 指察罕丹津。

[50] 原文有误，应为皇十四子。

[51] 此人之名为罗桑程列，赛科巴之意为青海广惠寺僧，达喇嘛为喇嘛职衔之一，噶居巴系学位名。

[52] 指自北路进军的平逆将军延信和由南路进军的征西将军噶尔弼。

[53] 三世间，佛教术语，指天世间、人世间和龙世间。

[54] 即准噶尔军任命的伪第巴达克咱，亦译作达克杂、达克扎。

[55] 此处所记“第悉”之论有误。1721年，清廷废除了总揽大权的第巴(即第悉)职位，沿用拉藏汗时期噶伦组织形式“设四名噶伦”共同主管西藏政务。封康济鼐、阿尔布巴为贝子，隆布鼐为辅国公，颇罗鼐为台吉，俱授为噶伦。见《清实录·圣祖实录》卷二九一。

[56] “《清史稿》卷五百二十二之藩部五青海额鲁特”条中作“三年，诏以博罗充克克地给阿拉善郡王阿宝居之，钤青海族属，越七载始撤归。”是阿拉善蒙古部之迁居青海，在于监督青海蒙古。

[57] 原文此处作三人，实际只列二人，疑有阙漏。

[58] 亦作伊什多勒扎布。

[59] 为旧时指藏区各寺院僧侣名额来源的专门术语，此处指选派充任侍奉达赖的僧侣的来源。

[60] 此人之名中，图萨拉齐为旗下职务名，汉文作协理，扎萨克为爵位，巴勒珠尔为其名。

[61] 曼仁巴（སྨན་རམས་པ།）为藏医明学院的最高学位。

[62] 罗卜藏丹津叛乱被清朝击溃后，他逃奔准噶尔。准噶尔被讨平后，他就擒，清廷宥其罪，隶内蒙古正黄旗（见“《清史稿》卷五百二十二之藩部五”）。此处所说“居于宫中”，当即指此而言。

[63] 前作黄台吉（ཧོང་ཐའི་ཇི།），此处则作鸿台吉（ཧུང་ཐའི་ཇི།），前后不一。

[64] 前作台吉（ཐའི་ཇི།），此处又作岱青（ཏའི་ཆེན།），前后不一。

[65] 见“《清史稿》卷五百二十二之藩部五”，第一四四六〇页及一四四四五页。

[66] 亦作扎苏王龙。

[67] 此人之名《清史稿》作“额尔德尼额尔克托克托鼐”，本书中前后不一。

[68] 亦作沙克都尔。

[69] 一作色棱哈坦巴图尔。

[70] 亦作哈尔噶斯。

[71] 亦作恩克巴雅尔。

[72] 亦作通昌嘎尔布。

[73] 此人之名，记载不一。一作哈纳克图谢冶图（ཧ་ནག་ཐུ་ཤེ་ཡེ་ཐུ།），一

作哈那克图谢图（ཧ་ནག་ཐུ་ཤེ་ཐུ།）。

［74］原文作切丹（ཆས་དམ།），按上文所述，则作垂丹。原文前后不一。

［75］文内只列三个人名，似少了一个人名，或“四”有误。

［76］此处作巴拉尔（བ་ལར།），下面又出一巴雅尔（བ་ཡར།），似两处有一笔误处。

［77］亦作德哩巴勒珠尔。

［78］亦作那木扎勒丹巴。

［79］亦作扎特那西第。

［80］亦作喇布扎喇木楚克。

［81］亦作索诺木喇布坦多尔济者?

［82］群则（ཆོས་མཛད།），为有一定的地位（贵族）和足够的财力的僧人在寺庙中捐纳（或经考试）的一种名衔。一般有三个级别：（1）温群则（དཔོན་ཆོས་མཛད།），为全寺一级群则；（2）扎仓群则（གྲྭ་ཚང་ཆོས་མཛད།），为扎仓一级群则；（3）康村群则（ཁམས་ཚན་ཆོས་མཛད།），为康村一级群则。得到这一名衔者，可以在寺院享受与身份相称的一切豁免和特权。

［83］亦作纳罕塔尔巴。

［84］按青海蒙古分为五部二十九旗，所谓五部乃指和硕特、绰罗斯、土尔扈特、喀尔喀和辉特部等而言。此处把辉特部称为和硕特者，乃由于辉特部起初依附于和硕特部之故。清雍正三年，始别设旗，不再隶属于和硕特。本书作者依据的资料中，似尚未加以区别。

［85］为更登之旗兄。

［86］亦有作车伯克多尔济者。

［87］指察罕诺们汗旗。俗称白佛旗。

［88］原文如是，疑为“ཁྲི་ཀ་དགོན།”即贵德寺，确否待考。

［89］为旧派在青海省共和县所修的一座寺院。

［90］为甘肃省拉卜楞寺大活佛之一。

第五章　论湟水北部地区政教发展情况

第二，论述湟水北部地区的情况。圣·了义·曲吉尼玛（རྗེ་ངེས་དོན་ཆོས་ཀྱི་ཉི་
མ།）颂誉说：

“恒河姊妹河——湟水，著名世间大河流，彼水南北之地区，称为幸福宗喀城。南为峻峭陡峻宗拉山，北部湟水蜿蜒入海去；有第二佛陀罗藏（བློ་བཟང་།）[1] 诞生处——第二蓝毗尼（ལུམྦི།）[2] 大圣地。”

如上颂词所说，第二恒河——湟水的阴阳，宗拉山脉的南北广大地区，古时称为康区野摩塘（གཡེར་མོ་ཐང་།）或东方多麦（མདོ་སྨད།）宗喀神变区，这里是圣·宗喀巴即第二佛陀的诞生地，有第二蓝毗尼林苑大圣地——衮本慈氏洲（བྱམས་པ་གླིང་།）即通称的塔尔寺。为了叙述方便，首先从湟水之阳和浩门河流域开始叙述。

湟水北岸即湟水之阳中区的白马寺（དམར་གཙང་བྲག）[3]，是玛·释迦牟尼（དམར་ཤཱཀྱ་མུ་ནི）和藏·饶赛（གཙང་རབ་གསལ།）居住之圣地。后由贡巴饶赛修建了寺院和僧伽的住处。贡巴饶赛涅槃后，其遗体用药制香泥涂墁，塑成身像。眉间白毫之相清晰，身上所披的袈裟时有肤垢，触摸胸间似感体温尚存，而面部容光时有不同的显示，有时还有汗水。如身像显紫色，乡里就有刀兵之灾；若香气四溢，则乡里幸福、吉祥。土观（ཐུའུ་བཀྭན།）呼图克图曾颂誉说：

"是否顶礼圣教之种子，育成繁盛如意宝树者，大恩大德贡巴饶赛尊，玛藏寺中所留之遗体？慈祥圣容逐日有变化，所披袈裟时时有肤脂，胸留体温戒律香四溢，稀奇特征是否拜见过？"

贡巴饶赛圣像面向湟水，是佛教神圣传承永远长住的缘起。现由郭隆寺（དགོན་ལུང་།）[4]主管这寺，有僧伽们随时前来此处修习长净的传统。这是一座圣教事业极为奇妙的处所。

左边小佛殿中，在金刚手菩萨的位置上，供养着拉隆·贝吉多杰（ལྷ་ལུང་དཔལ་རྡོར།）[5]右手持金刚杵抚胸前，左手作等引状，跏趺而坐。有服青色衣服三怙主像。还有二位增益师和尚像，一位着黑衣，戴僧帽，合掌胸前；一位短褂上穿法衣，交手胸前，作入定状。

右边石岩上有自然形成的弥勒佛像的悬崖。白马寺上、下两个村庄的佛殿内各供奉着一人高的三世佛像。

白马寺右侧山谷中，有大伽蓝佑宁寺郭隆慈氏洲（དགོན་ལུང་བྱམས་པ་གླིང་།）。第三世达赖喇嘛索南嘉措赴内蒙古时，曾住宿在芝加（གྲག་རྒྱ།）地方，看见该地有彩虹入地等等神异征兆，遂授记道："将来此处会有一个大士夫弘扬噶当派的教法。"济仲活佛丹巴嘉措（བསྟན་པ་རྒྱ་མཚོ）塑造了金刚手菩萨像，降伏了凶暴的鬼神，特别是制伏了居住在象罗刹女阴户石岩凶泉之中的孽龙，把它驱逐出谷口。第四世达赖喇嘛云丹嘉措赴藏时，虽然也想兴建一所寺院，但一时没有机会，未曾着手。第十胜生水兔年（公元1603年，万历三十一年，癸卯），在扎底戛尔瓦（བྲ་ཏི་སྣར་བ།）的昂索（ནང་སོ།[6]）喜饶智化（ཤེས་རབ་གྲགས་པ།）和浪加·噶居瓦[7]索南坚赞（སྣང་ཀྱ་བཀའ་བཅུ་པ་བསོད་ནམས་རྒྱལ་མཚན།）两人的倡议下，经阿嘉戛尔瓦（ཨ་ཀྱ་སྣར་བ།[8]）胡募化师（ཧུའུ་འབྲུལ་དཔོན།）、华仁戛尔瓦（དཔའ་རིན་སྣར་པ།）、佐擦戛尔瓦（ཙོག་ཙ་སྣར་བ།）、达拉募化师（མདའ་ར་འབྲུལ་དཔོན།）、赛擦募化师（སེ་ཚ་འབྲུལ་དཔོན།）等商议，由扎底、浪加、胡、达拉募化师等前赴西藏。在哲蚌寺经堂晋见了第四世达赖喇嘛云丹嘉措，呈述了邀请的愿望。

四世达赖喇嘛长叹道：

“正如天喇嘛（ལྷ་བླམ།）叔侄传记中所说那样，你们衷心信仰圣教，无视长途跋涉之苦，这种行为，值得欣喜。虽然前去之心甚切，但现正值第悉藏巴（སྡེ་སྲིད་གཙང་པ།）和噶玛派他们供施双方准备消灭格鲁派之际，此次邀请难以成行。”

过去嘉赛（རྒྱལ་སྲས།）活佛对浪加噶居瓦曾有预示，他准备邀请嘉赛，而达拉募化师则希望邀请森巴仁波切（སེམས་དཔའ་རིན་པོ་ཆེ།）。当第四世班禅罗桑确坚（བློ་བཟང་ཆོས་རྒྱན།）和第四世达赖喇嘛于大昭寺会晤时，两位喇嘛和代表们聚集在一起，由达赖喇嘛占卦问卜：安多（ཨ་མདོ།）和青城（མཁར་སྔོན་པོ།呼和浩特）二地，何处建寺为宜？两位喇嘛由谁去建寺最宜？卦辞指示应由嘉赛喇嘛去安多建寺为佳。当时由于土默特火落赤（ཐུ་མེད་ཧོ་ལོ་ཆེ།）势力强大，遂对他诡称“聘请了一位达仁巴（དཀས་རམས་པ།）学者”，秘密前来筹建寺院。华热地区的各活佛戛尔瓦，各个著名静修禅院以及达隆（སྟག་ལུང་།）[9]、直康囊索（འབྲི་ཁུང་ནང་སོ།）、西纳大国师（ཧི་ན་ཏའི་ཀུ་ཤྲི།）等为了弘扬圣教，都承担供养和积极协助。扎底戛尔瓦的喜饶智华囊索负建寺总责，并且带头施放布施。上、下胡拉古鲁寺（ཧུ་ལ་གུ་རུའི་དགོན།）的小官人、卡勒吉（ཁ་ལི་ཅི།）、尖扎（གཅན་ཚ།）、湟水南北两岸的僧俗群众等为了兴建寺院也都供奉了大量布施。出现了泉水满溢、十月底雷鸣、十一月底开花等许多显示佛法兴盛的吉祥征兆。

当选择寺院地址时虽然出现了许多吉兆，有一位印度的古鲁喇嘛(བླ་མ་གུ་རུ）也前来朝拜。但嘉赛依据第三世达赖的授记及从前在嘉（རྒྱལ།）地方看见拉摩神湖中出现的影像，决定于现在此处建立寺院。明帝天启十八年[10]第十胜生木龙年（公元1604年，甲辰），嘉赛活佛和教长松布（སུམ་པ་སློབ་དཔོན།）等举行吉祥长净，修建了寝室和僧舍百余间；赛擦募化师充当施主修建了两层大殿、厨房；由胡募化师任格贵（དགེ་སྐྱ།）；胡·饶浪巴噶居（ཧོའུ་དཀའ་བཅུ་རོ་ལངས་པ།）任翁则（དབུ་མཛད།[11]）；松布阿阇黎、拉哇曲结扎喜坚赞（ལྷ་བ་ཆོས་རྗེ་བཀྲ་ཤིས་རྒྱལ་མཚན）、土观宦然巴（ཐུའུ་བཀྭན་དཔོན་རམས་པ།）、五供节的募化师喜饶智化（ཤེས་རབ་གྲགས་པ།）等主持讲辩。乙巳年（公元1605年，万历三十三年）举行神变大祈愿法会，由嘉赛亲自主持，一切仪轨都符合顷科杰寺（ཆོས་འཁོར་རྒྱལ།）[12]的要求。祁家老官人扩建了大经堂。嘉赛活佛亲自在智摩加（བྲག་མོ་རྒྱལ།）地方的伏藏中开启了具祥怙主的面具；根据洛散华（ལོ་སེམས་དཔལ།）的授记，委任赤枪多闻天子为护法神；打开了秘密尕布宗（ཐབས་ཡུལ་དཀར་པོ་རྫོང་།）伏藏，同时出现了三座佛像；寺院周围出现了泉水等等，展示了许多成就神通。

嘉赛管理寺院达六年之久。他在尕甘的事迹，总起来可以写成一首偈句来颂誉：

“三宝不忍卡勒（ཁ་ལི།）山下杜鹃兮入障碍网罗，慈悲使卡勒山巅大鹏兮展翅高翔，宗喀鸟类成圣众吉祥兮使障碍变供养，远离戏论天空之中梵音兮到处荡漾。”

佑宁寺座主的传承如下：

第一任堪布嘉赛活佛。他的本生世系是：嘉赛弥札佐格(རྒྱལ་སྲས་མི་ཏྲ་ཛོ་གི)、寂天（ཞི་བ་ལྷ།）、柔巴克秀（རིག་པའི་ཁུ་བྱུག），在西藏为蒲强巴（ཕ་རྒྱང་བ།）、内邬苏尔巴(སྣེའུ་ཟུར་པ།）、嘉赛·托买巴（རྒྱལ་སྲས་ཐོགས་མེད་པ།）、多旦建贝嘉措（རྟོགས་ལྡན་

འཇམ་དཔལ་རྒྱ་མཚོ)、嘉赛·喜饶派（རྒྱལ་སྲས་ཤེས་རབ་འཕེལ།)、曲派嘉措活佛（སྤྲུལ་སྐུ་ཆོས་འཕེལ་རྒྱ་མཚོ）等。这一世嘉赛·端约曲吉嘉措（རྒྱལ་སྲས་དོན་ཡོད་ཆོས་ཀྱི་རྒྱ་མཚོ།)，生于塔波(དྭགས་པོ།）地方，由第三世达赖喇嘛索南嘉措认定后被剃度出家，在塔波扎仓（དྭགས་པོ་གྲྭ་ཚང་།）刻苦学习。对于衣着，虽绫罗绸缎，亦弃之不顾；对于饮食，虽粗如猪食，亦毫不嫌弃；虽常有饥色，但学习绝不中辍；其处艰苦犹如夏僵冬苏之草虫，非一般庸俗之徒，所能望其项背；日常目不旁视，刻苦自励，以常啼菩萨（བྱང་སེམས་རྟག་ངུ།)、善财（ནོར་བཟང་།)、米拉日巴(མི་ལ་རས་པ།）等为向往目标。常说虽学业不成，但行为必须有益圣教之声誉。先后亲近第三世达赖喇嘛索南嘉措、第四世班禅罗桑确坚、大成就者纳卡巴·塔尔悲坚赞（ན་ཁ་བ་ཐར་པའི་རྒྱལ་མཚན།）等，掌握了许多正确的见解。对格鲁派（དགེ་ལུགས་པ།）的传统从不作虚伪的议论，从不吹嘘先知，卖弄神通；从不炫耀见到圣容等等。到潘域居布日山（འཇོག་པོ་རི།）上，在克珠穹波（མཁས་གྲུབ་ཁྱུང་པོ།）的静修禅房静修时曾显示了许多证道的征兆。汉官马三爷（སྨ་སྲུང་ལེས།）曾向东科·多居嘉措（སྟོང་འཁོར་མདོ་རྒྱུད་རྒྱ་མཚོ།）问道：

“我的本尊是谁？今晨如何修习？心中似乎有所证悟，但办不到，这怪谁？”回答道：

“你的本尊是观世音菩萨，今晨仍要修习观世音菩萨。今后我和你与观世音菩萨无缘分，将会遇到一位观世音菩萨的化身喇嘛，他会给你指示。”后来向嘉赛请教时，和先前所讲完全相同，发生了信解。据说于七天之中，改正身中未摩[13]，进行观想，从而得了解脱道云。

在担任塔波扎仓的堪布时，建立了以该寺为主的十三个寺院与十三所静修院。据说后一世嘉赛·洛桑丹增（རྒྱལ་སྲས་བློ་བཟང་བསྟན་འཛིན།）于十一胜生的木蛇年（公元1665年，康熙四年，乙巳）曾到郭隆寺，在护法殿看见了吉祥天女的圣容，在寺院后山右峰上看见了度母的圣容。因此，现在称这山为度母山（སྒྲོལ་མ་རི།)。在此附近有噶玛·饶贝多吉（ཀརྨ་རོལ་པའི་རྡོ་རྗེ།）的足迹。在菩提寺（བྱང་ཆུབ་གླིང་།降曲林）的红岩上看见了兄妹护法圣容，并听到发出的迎请声。此后的一世是嘉赛·吉美耶喜扎巴（རྒྱལ་སྲས་འཇིགས་མེད་ཡེ་ཤེས་གྲགས་པ།）。他的呼毕勒罕是格桑土丹吉美嘉措（སྐལ་བཟང་ཐུབ་བསྟན་འཇིགས་མེད་རྒྱ་མཚོ།）。现在的这一世是洛桑阿旺托买丹增嘉措（བློ་བཟང་ངག་དབང་ཐོགས་མེད་བསྟན་འཛིན་རྒྱ་མཚོ།）。

第二任堪布是松巴·丹曲嘉措（སུམ་པ་དམ་ཆོས་རྒྱ་མཚོ།）。他生于松巴（སུམ་པ།）村庄。按照度母的授记，在扎什伦布寺的夏孜（ཤར་རྩེ།）扎仓学习了《集类学》与《因明学》；在哲蚌寺郭莽扎仓（འབྲས་སྤུངས་སྒོ་མང་།）拜曲桑巴·强巴隆珠（ཆུ་བཟང་པ་བྱམས་པ་ལྷུན་གྲུབ།）为师，学习了《慈氏五论》《中观六论》《俱舍》《戒律》等，又在下密院（སྨད་རྒྱུད།）深入学习了《曼怛罗》（སྔགས།）。在昌都于帕巴拉（འཕགས་པ་ལྷ།）处学习了《弥多罗六法》（མི་ཏྲ་ལྷ་དྲུག），以曾担任昌都寺的教长，遂被称为“教长”。由于山神的鼓励，遂返回家乡。乙酉年（公元 1609 年）任这个寺的堪布，沛降法雨。一时人才聚集，如尖巴曲嘉措（འཇམ་པ་ཆོས་རྒྱ་མཚོ།）、章嘉·智化鄂赛（ཞང་སྐྱ་གྲགས་པ་འོད་ཟེར།）、松巴·丹曲坚赞（སུམ་པ་དམ་ཆོས་རྒྱལ་མཚན།）、丹玛·曲成嘉措（འདན་མ་ཚུལ་ཁྲིམས་རྒྱ་མཚོ།）、鲁嘉·更登达杰（ཀླུ་ཀྱ་དགེ་འདུན་དར་རྒྱས།）大成就者等风云际会，大弘佛法。他的转世据称是赤钦·洛哲嘉措（ཁྲི་ཆེན་བློ་གྲོས་རྒྱ་མཚོ།）云。

其次为夏尔尕让噶居·朋措南嘉（ཤར་ཀུ་རིང་དཀའ་བཅུ་ཕུན་ཚོགས་རྣམ་རྒྱལ།），于壬子年四十七岁时，始任该寺堪布，共五年，在职期间教规十分严厉，讲解精辟。公开教授有《菩提道次第论》《噶当书》等，喻法有《聚宝论》等，品类之多难以数计，三学（戒学、定学、慧学）的修持及僧规，都振饬起来，贯彻下去。并写定寺院清规，被誉为大众共同遵循的标准。过去计划修建经堂，由于出现了许逆缘，谁也没有能力胜任消除，一直搁置下来。他施用巧计，祭祀公开显现或不公开显现的地祇以后，修建了经堂，塑造了以弥勒坐像为首的许多圣像，画了十六罗汉围绕如来画像等壁画，布置了许多曾在汉地、西藏得到加持的依止圣物等，使寺院成为经像庄严的佛刹。

松巴·扎喜朋措（སུམ་པ་བཀྲ་ཤིས་ཕུན་ཚོགས།），生于拉哇（ལྷ་བ།）地方，在哲蚌

寺和下密院求学，丁巳年就任堪布。从辛酉年起松布·丹曲嘉措复任堪布七年。

接着是尖巴曲嘉措，彼师在郭隆寺和扎什伦布寺学习。第十一胜生火兔年（公元 1627 年，天启七年，丁卯）出任堪布。

章嘉·智化鄂赛，开始拜该寺松巴·丹曲嘉措为师求学，又在哲蚌寺学习了《中观》《般若》《毗奈耶》《俱舍》等经论，因天性善良，得到达果比丘（རྟག་སྒྲུའི་དགེ་སློང་།）之大德尊称。在昂仁（ངམ་རིང་།）获得饶降巴（རབ་འབྱམས་པ།）学位，庚午年（公元 1630 年，崇祯三年）任堪布。他转世的呼毕勒罕是阿旺曲丹（ངག་དབང་ཆོས་ལྡན།）尊者。

松巴阿阇黎之弟丹曲坚赞（དམ་ཆོས་རྒྱལ་མཚན།），水鸡年（公元 1633 年，崇祯六年，癸酉）任堪布。在流贼（སོའི་ཇིས།）[14] 事变中与松巴和曲藏·南嘉班觉尔（ཆུ་བཟང་རྣམ་རྒྱལ་དཔལ་འབྱོར།）在西宁施用巧计，并展施铁城伏魔法，因而使该寺免于这场灾难。

大成就者丹玛·曲成嘉措（འདན་མ་ཚུལ་ཁྲིམས་རྒྱ་མཚོ།），于火牛年（丁丑）任堪布。

曲藏·南嘉班觉尔，于土兔年（己卯）任堪布。

赞波·端珠嘉措（བཙན་པོ་དོན་གྲུབ་རྒྱ་མཚོ།），于土鼠年（戊子）任堪布。

散木岗哇·罗桑阿荀旺布（བསམ་སྐང་བ་བློ་བཟང་ངག་གི་དབང་པོ།）于蒙古地区返回途中，曾在铁虎年（庚寅）春季法会上，升座讲经说法后赴西藏。

霍东·端约坚赞（ཧོར་གདོང་དོན་ཡོད་རྒྱལ་མཚན།）。

丹穹·扎喜鄂赛（འདན་ཁྱུང་བཀྲ་ཤིས་འོད་ཟེར།），于水蛇年（公元 1653 年，癸巳）任堪布，彼师在前辈章嘉传中曾有良好的评价。第五世达赖喇嘛由内地返藏时，因昔日东科瓦·呼图克图（སྟོང་འཁོར་བ།）、吉雪曲结等著名大喇嘛突然去世，为了对黑暗方面有所训诫，第穆呼图克图（དེ་མོ་སྤྲུལ་སྐུ།）等在寺院属民三百余骑士拥簇下经西宁，被迎请到寺院，于寺院右侧山上设立新的宝座，向万余名僧俗详细讲授《菩提道次第论》，并于大经堂享用荦素筵，授予修习文殊阿喇巴杂法的随许。对这位堪布，地方上的布施很隆重，他于火猴年（丙申）去世。

塔尔保巴·扎喜坚赞（ཐར་པོ་བཀྲ་ཤིས་རྒྱལ་མཚན།）于火鸡年（丁酉）任堪布。

鲁嘉·端约曲智（ལུ་ཀུ་དོན་ཡོད་ཆོས་གྲགས།）在安多和西藏两处学习了显宗和密宗经典，铁牛年（辛丑）任堪布。木蛇年（乙巳）嘉赛·罗桑丹增（རྒྱལ་སྲས་བློ་བཟང་བསྟན་འཛིན།）来寺，曾举行盛大的欢迎和招待。

德古·班觉尔嘉措（བདེ་སྐྱིད་དཔལ་འབྱོར་རྒྱ་མཚོ།）于木蛇年（乙巳）任堪布。

土观·罗桑拉丹（ཐུའུ་བཀྭན་བློ་བཟང་རབ་བརྟན།）是班禅罗桑确坚的亲门弟子，闻听的显密经典极为广博。水鼠年（壬子）任堪布。由于寿数异熟，在俄饶（ངོ་རོ་ཆུ་འགག）峡去世，该处有他遗体的土瓮。他转世的呼毕勒罕就是阿旺曲嘉措（ངག་དབང་ཆོས་རྒྱ་མཚོ།）尊者。

李嘉·罗桑坚赞（ལུ་ཀུ་བློ་བཟང་རྒྱལ་མཚན།）在本寺院学习了《集类学》《因明学》，后在扎什伦布寺和哲蚌寺学习《中观》《般若》《毗奈耶》《俱舍》等，在哲蚌寺格派院（དགེ་འཕེལ།）静修二十二年。木兔年（乙卯）任堪布。以菩提心与正见结合为主要的修证，著有自己了悟因缘要义的道歌，使大众得到了加持。

曲藏·罗桑丹贝坚赞（ཆུ་བཟང་བློ་བཟང་བསྟན་པའི་རྒྱལ་མཚན།）于铁猴年（庚申）任堪布。邀请赤·罗哲嘉措（ཁྲི་བློ་གྲོས་རྒྱ་མཚོ）到佑宁寺讲经说法，布施隆重。

一切知章嘉·阿旺罗桑曲丹（ལྕང་སྐྱ་ངག་དབང་བློ་བཟང་ཆོས་ལྡན།），于十一胜生水马年（公元 1642 年，崇祯十五年，壬午）出生于湟水之南的依盖（གཡི་དགེ）地方的达秀（ཏ་ཞྭག）村庄。即在该地出家入寺院、记诵、讲辩、颖悟异常，被称为智者。在卫地郭莽扎仓于霍尔诺们汗（ཧོར་ནོ་མོན་ཧན།）处学习了《般若》，赤·罗哲嘉措尊者处学习了《中观》《俱舍论》《毗奈耶》。第一世嘉木样活佛于初进经院的冬季学期会上观察哪一位格西（དགེ་བཤེས།）最好时，在塔秀·曲江嘉措（ཐར་ཤུལ་ཆོས་སྐྱོང་རྒྱ་མཚོ།）之后，一位双眼赤红闪闪发光的僧人站了起来，就关于“分别所起”研讨了许多。经询问，始知他是桑洛院的僧人、章嘉活佛的转世，被誉为知识渊博，无可比拟。由于前世的因缘，产生信仰，遂拜为师。铁狗年（庚戌），二十九岁，在拉萨巡回辩经，并入下密院苦修密乘。第一世嘉木样传中有这样的记载：

“在久郭蔡园（འཇུག་སྒོ་ཚལ།）与洛周热隆寺（ལྷོ་འབྲུག་ར་ལུང་།），修习大威德威猛大施食六十法，在持金刚本体洛哲嘉措前及章嘉活佛转世的大黑天——罗桑曲丹两位之座下，学习听闻绘制曼荼罗与禅唱韵调和鼓谱、天地法轮、线纸符箓之诀窍，被赐以工作者的名号。”自此以后，证得了口耳相传秘诀主之果。

接着第一世嘉木样协巴取道于色（སེ།），这位尊者取道于温萨（དབེན་ས།）方面，叶什群·哦仁巴建央洛哲（གཡེར་གདོང་ཐུགས་རམས་པ་འཇམ་དབྱངས་བློ་གྲོས།）取道霞鲁（ཞ་ལུ།），分别于各该处听到了过去从未听过的圣·宗喀巴大师和一切知布敦大师的教诫，在藏堆（གཙང་སྟོད།）地方，会合于一起。于是同意在西藏与尼泊尔交界地区的互不连接的地点专门进行静修。师徒三人来到达普巴·丹曲坚赞（རྟ་ཕུག་པ་དམ་ཆོས་རྒྱལ་མཚན།）的座前，呈述了这种想法。恳切地答：“仲巴仁波切丢弃圣·宗喀巴的教义，试图他自己一个人出人头地。你们这样的大善知识和他不会相同的。请您放弃这种想法，一心一意去从事于伟大的圣教与众生之事吧!”

这些言谈，一直流传于人们的口中。

那时，彼师把关于见解教诫、菩提道次第和修心，关于生起圆满次第、各种诀窍等，分别用细小字体抄写为三个能藏于怀中的袖珍本。后来，和一切知第一世嘉木样会面时，还在问：“我们的拳头大的十万颂还在吗?”

木虎年（甲寅），三十三岁，前往后藏，向夏孜罗桑班玛（ཞར་རྩེ་བློ་བཟང་པད་མ།）学习《圣·宗喀巴全集》，向咒师阿阇黎更登敦珠（དགེ་འདུན་དོན་གྲུབ།）学习许多关于灌顶、随许方面的教诫。

木兔年（乙卯）又在大咒师衮乔坚赞（དཀོན་མཆོག་རྒྱལ་མཚན།）阿阇黎尊者座

前学习了温萨派（དབེན་ས་ལུགས།）的许多教诫。向仲巴贾察巴（རྫང་པ་རྒྱལ་ཚབ་པ།）处修习时轮指南和修心等。水狗年（壬戌），四十一岁，在色派（སྨད་རྒྱུད།）金刚持尊者座前学习八大指导（ཁྲིད་ཆེན།）[15]，成为金刚持徒弟五金刚兄弟之中得胜乐教诲有缘者。水猪年（癸亥），返回多麦之际，与一切知嘉木样结了开启法施之门的法缘。嘉木样在其自传中颂誉说：

“向弘扬浩瀚显密自在尊[16]，包括阿旺、宗哲等许多师徒处，聆听《经庄严》之诵读与经教，结成讲辩正法良好之缘起。”

赤钦罗哲嘉措（ཁྲི་ཆེན་བློ་གྲོས་རྒྱ་མཚོ།）大堪布为喀尔喀（ཧལ་ཧ།）和厄鲁特蒙古（ཨོ་རོད།）的政教声誉而奔走时，他曾任随从，并于火兔年（公元1687年，清康熙二十六年，丁卯），前赴北京。土龙年（戊辰）担任郭隆寺的堪布，督促僧众学习，讲授《菩提道次第》，用各种方法、方便善巧地大兴讲辩闻听之风。曾给塔秀·曲江嘉措（ཐར་ཤུལ་ཆོས་སྐྱོང་རྒྱ་མཚོ།）、德钦·罗桑扎喜（བདེ་ཆེན་བློ་བཟང་བཀྲ་ཤིས）阿阇黎、巴交喇嘛·罗桑鄂赛（སྤོའི་བླ་མ་བློ་བཟང་འོད་ཟེར།）、噶钦罗桑达尔杰（དཀའ་ཆེན་བློ་བཟང་དར་རྒྱས།）等一些守持圣教的哲士开启修习显密诀要之门。水猴年（壬申），给接近大会法台人员授了金刚鬘灌顶。水鸡年（癸酉），前去京城，由于智悲的威德，受到皇上礼遇，尊为供奉上师（དབུ་བླ།）。火牛年(公元1697年，康熙三十六年，丁丑)，五十六岁，为给达赖喇嘛送诏书前赴西藏，正值第六世达赖喇嘛仓央嘉措（ཚངས་དབྱངས་རྒྱ་མཚོ།）在布达拉宫坐床，乃奉献大量布施。第一世嘉木样奉侍左右奉献了厚礼，被授以甚深妙法。土虎年（戊寅），五十七岁，复赴西藏，这次由于向第悉送礼致敬，被皇上发觉，一时不悦[17]，但坏事却变成了好事，修证得到增进。铁龙年（庚辰），五十九岁，皇上把在措东（མཚོ་བདུན།七海子）地区新建的寺院和建立的所有三所依（佛像、佛经、佛塔）都交付于彼师。火狗年（公元1706年，康熙四十五年，丙戌）六十五岁，被正式封为国师[18]，赐予敕书金印。铁虎年（公元1710年清康熙四十九年，庚寅），六十九岁，返回郭隆寺院，给一些格西讲授他们所要求的经法。特别是上首弟子一切知嘉木样协巴由拉卜楞寺院来到此处，允其请求，传授了由色派（སེར་རྒྱུད།）单传下来的十三尊大威德灌顶及兼修法王的随许。对大经堂里新绘制的比卫藏地区更为神妙的壁画做了开光仪轨，集中精力修建了密宗院等。数年之间实现了圣父子的一系列心愿，弘扬圣·宗喀巴教派，使其与日月争光。以后又复回到内地，遍行善业，木马年（公元1714年，康熙五十三年，甲午），七十三岁圆寂。

昂仁饶绛巴·多哇华丹嘉措（ངམ་རིང་རབ་འབྱམས་པ་རྡོ་བ་དཔལ་ལྡན་རྒྱ་མཚོ།），于庚午年任堪布，许多传记里誉为持三藏之师。

被称为证得大乘加行道者德古喇嘛穹哇（བདེ་ཀུ་བླ་མ་ཀུང་བ།）衮噶坚赞（ཀུན་དགའ་རྒྱལ་མཚན།），于水鸡年（癸酉），任堪布。

后藏达纳巴（གཙང་རྟ་ནག་པ།）庆喜多闻子（ཀུན་དགའ་རྣམ་སྲས།）的转世活佛罗桑丹巴曲吉尼玛（བློ་བཟང་བསྟན་པ་ཆོས་ཀྱི་ཉི་མ།）于十二胜生铁蛇年（公元1701年，康熙四十年，辛巳）任堪布。

桑巴钦布曲嘉措（སེམས་དཔའ་ཆེན་པོ་ཆོས་རྒྱ་མཚོ།）[19]于铁猴年（庚申）诞生。到西藏后，拜第一世嘉木样等诸贤哲为师，精通显密经籍。按嘉赛活佛的指示，木猴年（甲申）任堪布。雍正皇帝尊崇供养，任为宫内[20]掌印喇嘛。从塔尔寺迎请第七世达赖喇嘛噶桑嘉措（སྐལ་བཟང་རྒྱ་མཚོ།）到西藏，倡议授第一世嘉木样和曲藏等为诺们汗（ནོ་མོན་ཧན།）并请赐印册。青海事变期间，郭隆寺被毁，后呈请圣上重新予以恢复修建。昂噶尔（ཨང་དཀར།）赞道：“在大成就者土观尊者前，看到了上师佛陀的形象，听到了慈尊弥勒的妙音。”火龙年（丙辰），五十七岁圆寂。

曲藏·罗桑丹巴坚赞（ཆུ་བཟང་བློ་བཟང་བསྟན་པའི་རྒྱལ་མཚན།）于水龙年（壬辰），又重任堪布。

大成就者丹玛（འདན་མ་གྲུབ་ཆེན།）的转世活佛阿旺丹增程列（ངག་དབང་བསྟན་འཛིན་འཕྲིན་ལས།）于兔年（癸卯）任堪布，正值战乱之时，没有任何讲修等措施。木龙年（公元1724年，清雍正二年，甲辰）一月，清军到来。有一个巫师降预言煽动说：“是英雄好汉们护持圣教的时候了！”于是有些坏人会议决定从农牧区各部落中征集军队进行抗拒。阵战失败后，大经堂、佛堂、庵院、十四部《甘珠尔》、《丹珠尔》大藏经、佛像等全部被焚，荡然无存。后由章嘉呼图克图（ལྕང་སྐྱ་རིན་པོ་ཆེ།）和前世土观呼图克图将僧众收容到菩提寺（བྱང་ཆུབ་གླིང་།）、曲藏寺（ཆུ་བཟང་།）、芒对静修院（མང་འདུས་རི་ཁྲོད།）三处暂时居住。此时汉地京城宫殿里发生地震、石雨等可怕的神变灾异，加之上师师徒[21]措施得体，土鸡年（公元1729年，清雍正七年，己酉）三月初八日，僧众和总喇让（བླ་བྲང་།）分别来到寺院原址，设置了三顶布帐房居住，募化布施，修吉祥长净，并为修复寺院做了祓除不祥的冲吉日的仪式。

寺院恢复后，新的堪布传承：

持律师松巴·朋措南杰（སུམ་པ་ཕུན་ཚོགས་རྣམ་རྒྱལ།），他曾在西藏求学，于昂仁（ངམ་རིང་།）地方巡回辩经，并在下密院长期学习，以戒行谨严著称。

王曲结·智化班觉尔（ཡང་ཆོས་རྗེ་གྲགས་པ་དཔལ་འབྱོར།）于木虎年（公元1734年，清雍正十二年，甲寅）任堪布。

群擦格西拉丹（ཁྱུང་ཚ་དགེ་བཤེས་རབ་བརྟན།）的转世活佛阿旺南杰（ངག་དབང་རྣམ་རྒྱལ།），于火蛇年（公元1737年，清乾隆二年，丁巳）任堪布。

大德古·华旦嘉措（བདེ་རྒྱ་ཆེ་བ་དཔལ་ལྡན་རྒྱ་མཚོ།）的第三世转世活佛阿旺格勒嘉措（ངག་དབང་དགེ་ལེགས་རྒྱ་མཚོ།），彼师曾与哇奥（བ་འོད།）噶居巴先后去西藏邀请嘉赛的转世活佛，由于没有得到颇罗鼐的许可，未能如愿。于铁猴年（庚申）任堪布。

赞波巴（བཙན་པོ་པ།）喇嘛的转世者饶降巴甲底罗桑端珠（རབ་འབྱམས་པ་རྒྱ་ཏིག་བློ་བཟང་དོན་གྲུབ།），于水猪年（公元1743年，清乾隆八年，癸亥）任堪布，有转世传承。

松巴堪钦·耶喜班觉尔（སུམ་པ་མཁན་ཆེན་ཡེ་ཤེས་དཔལ་འབྱོར།）于十二胜生木猴年（公元1704年，清康熙四十三年，甲申）生于固始汗法王之孙——青海额尔德尼台吉仓巴扎布之旗，在贡哇芝噶美隆（གོང་བའི་བྲག་དཀར་མི་ལོང་།）读经修法。一切知第一世嘉木样按前一世章嘉的嘱托，于离开郭隆寺回拉卜楞寺之际，向额尔德尼台吉打招呼，令彼师到郭隆寺。这时他年龄虽小，颇有雄辩之才。一切知问：

“你是谁？”

答：“是想念[22]。”

“没有错，是松巴！”

又问：“从何处来？”

答：“从内地来。”

问：“是徒步来的？还是骑乘而来？”

答：“这两者都不是的，另一种来法！”

一切知说：“是中有[23]，是真实的。”

又问：“既然是喇嘛，为何穿皮袍？”

答：“那么你为何穿皮披风？”

问：“既然是喇嘛，你不会忘掉所讲之经法！”

他压着指头计算道：“我已经过三轮之关。”

一切知说：“将会成为一个有智慧者。”

遂送给一件僧人背心，将坐床的时间、拜塔秀曲郡嘉措为师等等一切应行办理的事宜作了安排，成为他的大恩大德的上师。

铁虎年（庚寅），在塔秀寺（ཐར་ཤུལ་དགོན།）于阿阇黎座下出家。水猴年（壬申）入佑宁寺经院，以学习优良著称。水兔年（公元 1723 年，清雍正元年，癸卯），二十岁，在华热·阿旺扎喜（དཔའ་རིས་ངག་དབང་བཀྲ་ཤིས）处学习了《金刚鬘》。后赴西藏，入郭莽扎仓。拜于准噶尔侵入西藏时期，在八位格西中取得最优秀学位的拉摩南卡（ལ་མོ་ནམ་མཁའ）阿阇黎为师，学习全部教程，于冬季学习会上进入《般若》级。又拜隆本巴莫甲·嘉扬嘉措（ཀླུ་འབུམ་པ་མོག་ཀྱཱ་འཇམ་དབྱངས་རྒྱ་མཚོ།）为师，此时正值济咙呼图克图（རྗེ་ཚག་རྗེ་དྲུང་།）、土尔扈郭莽活佛（ཐོར་གོད་སྒོ་མང་སྤྲུལ་སྐུ།）、阿里活佛（མངའ་རིས་སྤྲུལ་སྐུ།）、赞波诺们汗（བཙན་པོ་ནོ་མོན་ཧན།）等也来到了经院。火马年（丙午）获得林塞噶居（གླིང་བསྲེ་དཀའ་བཅུ།）学位。在哲蚌寺格派扎仓与伍甲年玉巴（པོའུ་ཀྱཱ་མཉམ་བཞག་པ།）、卡多·索巴嘉措（མཁར་རྡོ་བཟོད་པ་རྒྱ་མཚོ）、雪·端约克珠（ཞོགས་དོན་ཡོད་མཁས་གྲུབ།）、曲弥隆巴·喇嘛嘉木样（ཆུ་མིག་ལུང་པ་བླ་མ་འཇམ་དབྱངས།）等结为法侣。先后又在赤·南卡桑（ཁྲི་ནམ་མཁའ་བཟང་།）、赤·阿旺桥丹（ཁྲི་ངག་དབང་མཆོག་ལྡན།）、工布甘珠巴·曲仁钦（ཀོང་པོ་བཀའ་འགྱུར་པ་ཆོས་རིན་ཆེན།）、沙玛尔·喜饶嘉措（ཞྭ་དམར་ཤེས་རབ་རྒྱ་མཚོ）、郭莽喇嘛（སྒོ་མང་བླ་མ།）、散尼丹曲（སེམས་ཉིད་དམ་ཆོས།）等处求学，扩大了闻听领域。于扎底格西（ཕྲ་ཏི་དགེ་བཤེས།）的徒弟佐毛卡巴·莫兰龙智（མཛོ་མོ་མཁར་བ་སྨོན་ལམ་ལྷུན་གྲུབ།）处学习了《因明学》和绘画，在衮本巴·桑洛木同（སྐུ་འབུམ་པ་བསམ་བློ་མི་ཐུང་།）处学习了《藏语文法》和《音势论》，于赞保弥村（བཙན་པོ་མི་ཚན།[24]）杂智巴龙智（ཙ་ཀྲགས་པ་ལྷུན་གྲུབ།）处学习了各种书法及绘曼荼罗方法等，于第悉[25]的亲门弟子，觉摩隆（སྐྱོར་མོ་ལུང་།）的第巴拉昂巴（ལྷ་དབང་པ།）和陈述《白琉璃论》的历算家楼郭拉钦阿旺（ལུག་མགོ་བླ་མཁྱེན་ངག་དབང་།）的徒弟索仁巴阿旺嘉措（སོག་རམས་པ་ངག་དབང་རྒྱ་མཚོ།）处学习了汉藏历算。土蛇年（己巳），朝拜圣地，巡礼了咱日山（ཙ་རི།），远眺与咱日山相连的咱乔庄（རྫ་མཆོག་གྲོང་།）、南方的瑜伽咒师云游地萨莫梭拉山（ས་མི་སུ་ར།）和西藏人称为印度的狮子山等许多高山。铁猪年（元公 1713 年，清雍正九年，辛亥）回到故乡，于贵德上寺（ཁྲི་ཀའི་དགོན་པ་གོང་མ།）参直堪钦更登敦珠（མཁན་ཆེན་དགེ་འདུན་དོན་འགྲུབ།）处学习时轮金刚灌顶等，在拉摩德钦寺（ལ་མོ་བདེ་ཆེན།）向赤钦活佛（ཁྲི་ཆེན་སྤྲུལ་སྐུ།）、噶钦莫兰巴（དཀའ་ཆེན་སྨོན་ལམ་པ།）、茨盖俄仁巴（ཆོལ་ཀའི་ཐུགས་རམས་པ།）等处请教了经教；在卓仓芝寺（གྲོ་ཚང་བྲག）的活佛座前学习了由第一世嘉木样传授下来的三种诀要等许多教诫。辰年在噶丹讲修院(དགའ་ལྡན་བཤད་སྒྲུབ་གླིང་།）传授金刚鬘灌顶。火蛇年（公元 1737 年，清乾隆二年，丁巳）赴内地朝觐皇帝。土马年（戊午）当住在措东寺（མཚོ་བདུན་ལྷ་ཁང་།）背面的贤勒（ཤན་ལི།）河边时，拜谒了转世为喀尔喀瑞珠王（དོན་གྲུབ།）之子的哲布尊丹巴（རྗེ་བཙན་དམ་པ།），这时他正为躲避准噶尔兵而来京。土羊牛（己未），返回家乡。铁猴年（庚申）修建了佑宁寺的静修庵和夏科（ཞྭ་ཁོག）地区安乐静修院两处的大经堂，并兴修佑宁寺噶丹鄂博（དགའ་ལྡན་ལྷ་སྡེ།）；修复伏魔大佛塔、松巴寺院的佛殿、白马寺神殿等；修建了佑宁寺大佛殿内的弥勒佛像、弥勒殿左右两旁佛殿里的三尊佛像、寺院旁边的大佛塔。水狗年（壬戌）赴北京，亥年返回。先后在宝库（བོ་ཁོག）的博肖图寺（བོ་ཤོག་ཐུའི་དགོན།）修建佛殿、佛像等。火虎年（丙寅）任佑宁寺堪布，先后计三次。铁马年（庚午）赴五台山。曾先后任扎喜曲林寺（བཀྲ་ཤིས་ཆོས་གླིང་དགོན）、赛龙寺（སེར་ལུང་དགོན།）、周龙寺（འབྲུག་ལུང་དགོན།）、督哇寺（འདུལ་བ་དགོན།）、噶丹仁钦林寺（དགའ་ལྡན་རིན་ཆེན་གླིང）、波若扎底寺（བོ་རོད་བྲ་སྟི་དགོན།）等处的堪布。对语言学、文学、历史、传奇等方面，知识渊博，谈论时口若悬河。著有《如意宝树佛教史》等多种，关于历法，则著有《噶丹新历法》为世所重。全知者班禅[26]在塔尔寺期间，不论何时会见，即相互谈论关于天文、医学方面的道理；有时则谈论内外典籍、边疆人士、文武官员等等的爱好和行为；有时则谈论飞禽走兽，无一不精确到家。讲经时精辟绝伦，满人所欲，因而收罗了如土观呼图克图等许多弟子。据说供奉阿旺曲吉嘉措（ངག་དབང་ཆོས་ཀྱི་རྒྱ་མཚོ）尊者的遗体时，坐垫底下出现了拇指大小的一点熔滴，吞食后得以延寿富裕云。土猴年（公元 1788 年，清乾隆五十三年，戊申）以八十五岁圆寂。遗体灵塔由第二世嘉木样做开光安神仪轨。有《自传》一种传世。

松巴（སུམ་པ།）系藏族十八大姓之一。这里所谓松巴者，乃是明万历皇帝的母后曾用金液书写了一百部《甘珠尔》大藏经，请求皇帝在多麦地区兴修寺院多处，并分别划拨寺属庄园，这里是她颂誉寺主的十三座寺院之一。有大小松巴阿阇黎、大小甲科等。现在他们那里世世不断有哲士出生。其中小阿阇黎丹曲嘉措（དམ་ཆོས་རྒྱ་མཚོ།）的转世化身罗桑丹贝坚赞（བློ་བཟང་བསྟན་པའི་རྒྱལ་མཚན།）出生于佑宁寺所属的庄园。曾去西藏求学，在神变祈愿大法会上巡回辩经。在本寺修证和善行极其高尚，前世章嘉呼图克图赴京时，做过侍者，在传记中曾予以高度颂誉。他转世的呼毕勒罕就是彼师耶喜班觉尔。他转世的就是嘉华楚臣丹增(འཇམ་དཔལ་ཚུལ་ཁྲིམས་བསྟན་འཛིན་)，在佑宁寺拜松巴拉让巴（སུམ་ཧྲ་ལྷ་རམས་པ།）为师。后又赴西藏，在贡塘·嘉贝样（གུང་ཐང་འཇམ་པའི་དབྱངས།）、云如·罗桑年扎（གཡོན་རུ་བློ་བཟང་སྙན་གྲགས།）阿阇黎等处学习许多经教，戒行谨严，有许多证道征兆，对他人们都异常尊崇。他转世的呼毕勒罕出生在阿里克（ཨ་རིག་ཁྲ）部落，今尚在。

其后曲藏活佛的转世化身阿旺土丹旺秀（ངག་དབང་ཐུབ་བསྟན་དབང་ཕྱུག），于十三胜生土蛇年（公元 1749 年，己巳，清乾隆十四年）任堪布。

李嘉·罗桑坚赞（ལི་ཀུ་བློ་བཟང་རྒྱལ་མཚན།）的转世化身李嘉沙卜隆·朋措智化丹增（འི་རྒྱ་ཞབས་དྲུང་ཕུན་ཚོགས་གྲགས་པ་བསྟན་འཛིན），于木狗年（甲戌）任堪布。

又松巴·耶喜班觉尔阿阇黎任堪布。

土观·罗桑曲吉尼玛（ཐུའུ་བཀྭན་བློ་བཟང་ཆོས་ཀྱི་ཉི་མ།），于十二胜生火蛇年（公元 1737 年，清乾隆二年，丁巳）出生在波若凉州（ཕོ་རོད་ལང་གྲུ།）地区的朋措隆巴谷（ཕུན་ཚོགས་ལུང་པ།）的扎底（ཟ་སྡེ）氏族。水狗年（壬戌）迎至佑宁寺前一世拉让中坐床，在德古（བདེ་ཀྱུ།）活佛亲临下于阿旺格勒嘉措（ངག་དབང་དགེ་ལེགས་རྒྱ་མཚོ།）处受居士戒，并在玛藏（དམར་གཙང་།）官人罗桑曲增（བློ་བཟང་ཆོས་འཛིན）处学习文化。火兔年（丁卯），于松巴大堪布处出家。进入经院后，聪慧过人，学习成绩出类拔萃。土蛇年（己巳），全知者若悲多杰（རོལ་པའི་རྡོ་རྗེ།[27]）来寺时，由章嘉呼图克图任轨范师和德古沙卜隆·阿旺罗赛嘉措（བདེ་ཀྱུ་ཞབས་དྲུང་ངག་དབང་བློ་གསལ་རྒྱ་མཚོ།）任告时师，受沙弥戒。一切知第二世嘉木样来到这个寺院时，会晤之下，心意极为相投。木猪年（公元 1755 年，清乾隆二十年，己亥），十九岁，赴西藏朝礼第七世达赖喇嘛噶桑嘉措。四月学会期间进郭莽扎仓，拜全知者嘉木样活佛为师。早在多麦地区时由于心地纯洁，无论关于教义与世俗的一切事务，就是每日的举止行为都按其教诲取舍行事，已学到大量的经教和诀要。这时在觉摩隆

（སྐྱོར་མོ་ལུང།）圣·宗喀巴的玛克吾居（མར་ཁུ་དུ་སྐྱུར།）寝宫里，听了《瑜伽师地论》与《大乘经庄严论》的教敕，由于和上师极为接近，更增进了知识。春秋季在蒲吾交（ཕུར་བུ་ལྕོག）地方由强巴仁波切（བྱམས་པ་རིན་པོ་ཆེ།）教授了关于《妙吉祥亲教》和《菩提道次精要》等深奥教诫，并多次轮流听闻胜乐、密集、大威德的生起次第和圆满次第的讲解。火牛年（丁丑），二十一岁，受近圆戒。章嘉呼图克图赴藏时，教授了深妙佛法。并从第六世班禅贝丹耶喜（པན་ཆེན་དཔལ་ལྡན་ཡེ་ཤེས）、达蒲·协悲多杰（སྟག་ཕུ་བཞད་པའི་རྡོ་རྗེ）、扬贡·俄仁巴（ཡང་དགོན་རྟོགས་རམས་པ།）、珠拉堪钦·耶西丹仲（འབྲུ་ལ་མཁན་ཆེན་ཡེ་ཤེས་བསྟན་སྒྲོན），以及哇日（བ་རི།）夏哦阿旺端珠（ངག་དབང་དོན་གྲུབ།）等处认真听闻教法。土兔年（己卯），二十三岁，由西藏地方委任为夏鲁寺堪布（ཞྭ་ལུ་མཁན་པོ།），在萨迦达尼钦布金刚持衮噶罗哲（ཀུན་དགའ་བློ་གྲོས།）处学习了许多甚深妙法。向许多格西讲授了《菩提道次第》的三种注释。铁蛇年（公元 1761 年，清乾二十六年，辛巳），二十五岁，返回多麦地区。按照松巴大堪布等许多上师、教长的主张，担任堪布，按过去规定，教授全部教程，整饬教规，严格执行。担任堪布的时间虽短，但因大悲加持和与众不同的善巧督促，因而讲学风气如火如荼。羊年，奉旨赴京。在讨论委派新任喇嘛之际，指示若启请嘉木样呼图克图必获吉利。到京后，由文殊大皇帝册封为禅师，并赐敕书，事业兴旺发达，遍于大地。

密宗学院喇嘛罗桑格勒（བློ་བཟང་དགེ་ལེགས།）、罗噶昂索（སོ་དཀར་ནང་སོ།）、土观强佐（ཐུའུ་བཀྭན་ཕྱག་མཛོད།）等赴拉卜楞大寺请求一切知担任堪布。蒙指示：

“不论能不能担任堪布，活佛需要启程远行，为了见见面，不管怎样，必须前去。”

由于大家再三祈求，遂择吉日就任。同年十一月中，章嘉持金刚耶西丹贝仲美（ཡེ་ཤེས་བསྟན་པའི་སྒྲོན་མེ།）起程前来，政教各方面都如上弦之月顺利圆满，木猴年（甲申），指示：“若于此时由章嘉仁波切继任堪布，则因缘与加持，将与众殊。”遂辞去堪布之职。

章嘉持金刚于十二胜生火鸡年（公元 1717 年，康熙五十六年，丁酉），生于沙玛尔帕叉（ཞྭ་དམར་ཕ་གྲ།）[28] 地方。第一世一切知嘉木样说：“这是我上师的呼毕勒罕，毫无错误。”而且和圣师徒[29] 等的教敕又相符合，遂迎请坐床。八岁时，雍正皇帝迎请至北京。拜赤钦乔珠罗桑丹巴尼玛（ཁྲི་ཆེན་མཆོག་སྤྲུལ་བློ་བཟང་བསྟན་པའི་ཉི་མ།）和噶钦喜饶达杰（དཀའ་ཆེན་ཤེས་རབ་དར་རྒྱས།）为师，学习经义，获得了非凡而超人的辩才。木兔年（乙卯），护送第七世达赖喇嘛噶桑嘉措由噶达（མགར་ཐར།）赴西藏[30]，从达赖喇嘛和赤·阿旺却丹（ཁྲི་ངག་དབང་མཆོག་ལྡན།）圣父子处聆听了格鲁派口耳相传的全部教诲，在郭莽扎仓教授《因缘论》[31]，誉满大地，被尊崇为学者顶庄严，如把阁黎曲智巴（ཆོས་གྲགས་པ།）那样的学者都被辩倒，其他则无论矣！曾给乾隆皇帝授胜乐灌顶，其学问之精博，德行之高尚，无与伦比。铁牛年（公元 1781 年，清乾隆四十六年，辛丑），又去西藏，上下密宗学院请求授予胜乐、密集灌顶。著有《第七世达赖喇嘛噶桑嘉措传》，并认定强白嘉措（འཇམ་དཔལ་རྒྱ་མཚོ།）为七世达赖喇嘛转世的呼毕勒罕。他双目虽有些失明，但用手一摸，即知道是显密经籍哪一部，能高声朗诵、讲解。生平著作甚多，最突出者为《宗派须弥山庄严》，颇有利于圣教事业。曾对赤钦诺们汗阿旺楚臣（ངག་དབང་ཚུལ་ཁྲིམས།）说：

“我这书是嘉木样协巴《宗派大史》的摘要，若要了解各宗派的发展方向，这书还值得一读。”还说：

“研讨学者的说论时，必须要有持不偏不倚态度的学者。”

彼师所处的那个时代，在首都北京，皇上与上师他们供施双方经常会晤；在卫藏，则与达赖喇嘛噶桑嘉措、班禅贝丹耶喜相聚；在多麦地区，则有第二世嘉木样和土观呼图克图等许多有学问有成就的大师，一时风云际会，详细情况，请阅土观所著的《噶丹教派庄严》（དགའ་ལྡན་བསྟན་པའི་མཛེས་རྒྱན།）一书。

章嘉金刚持的转世化身耶西丹贝坚赞（ཡེ་ཤེས་བསྟན་པའི་རྒྱལ་མཚན།），出生于热乐塘（ར་སོ་ཐང་།）。在郭莽扎仓求学，在以热振赤钦·罗桑耶西丹巴拉卜吉（ར་སྒྲེང་ཁྲི་ཆེན་བློ་བཟང་ཡེ་ཤེས་བསྟན་པ་རབ་རྒྱས།）为首的许多喇嘛座前聆听了许多经法，在德赤仁波切（དེ་ཁྲི་རིན་པོ་ཆེ།）处聆听了时轮金刚灌顶法，并互为师徒。第十世达赖喇嘛楚臣嘉措（ཚུལ་ཁྲིམས་རྒྱ་མཚོ）和第十一世达赖喇嘛凯朱嘉措（མཁས་གྲུབ་རྒྱ་མཚོ།）依次坐床时，曾赴西藏。新建曲藏寺释尊殿，贡献颇为巨大。火马年（丙午），二十一岁圆寂。其传记由周嘉旺曲杰（འབྲུག་རྒྱལ་དབང་ཆོས་རྗེ།）撰写。现在的转世化身为罗桑土丹达杰（བློ་བཟང་ཐུབ་བསྟན་དར་རྒྱས།），其事业日益兴盛。

丁亥年，曲藏·阿旺土丹旺秀（ཆུ་བཟང་རིན་པོ་ཆེ་ངག་དབང་ཐུབ་བསྟན་དབང་ཕྱུག）任堪布。

铁虎年（公元 1770 年，清乾隆三十五年，庚寅），赛登夏仲·阿旺曲丹（སེར་སྟེང་ཞབས་དྲུང་ངག་དབང་ཆོས་ལྡན།）任堪布，年底圆寂。许多比丘为了加持堪布之座，咸启请土观呼图克图继任堪布。使经院的全套教材得以完整地教授下去，关于《修心》的初步教诲，也使人们从心底服帖，新的学风如上弦的月亮蒸蒸日上。正在此时，传来需要土观迅速进京的敕书，乃由多哇夏仲·阿旺智化南嘉（རྡོ་བ་ཞབས་དྲུང་ངག་དབང་གྲགས་པ་རྣམ་རྒྱལ）继任堪布。火猴年（丙申），更换堪布期间，写信请示章嘉呼图克图后，按照章嘉的意旨，由其推崇的天堂寺(མཆོད་རྟེན་ཐང་།）德古持律师（བདེ་རྒུ་འདུལ་འཛིན།）及达杰嘉措（དར་རྒྱས་རྒྱ་མཚོ།）先后继任。在他二人担任堪布期间，对寺院的政教各方事务，秉承土观呼图克图的意旨办理，教规谨严，讲学风气浓郁。神变大祈愿法会期间，各方施主之布施极为丰厚，以故政教事业兴盛，使人们羡慕不已。

铁牛年（辛丑）由松巴大堪布（སུམ་པ་མཁན་ཆེན།）继任堪布。

王呼图克图（ཝང་ཧུ་ཐོག་ཐུ།）噶桑耶西达杰（སྐལ་བཟང་ཡེ་ཤེས་དར་རྒྱས།），在土观呼图克图住西藏期间，进入讲经院，虽系大活佛身份，但表现出遵守寺院律规的良好作风。从其幼小时候起，即被土观呼图克图以佛法和财物护理，恩德无量。他也积极亲近，长时作为侍者，被视为得意门徒。后遵命作喀喇沁王（དར་ཆེན་ཡང་།）的供养者多年，在奥吾罕（ཨོ་ཞུ་དན།）处刊刻《菩提道次第四家注》新版。他的转世化身噶桑土丹丹贝尼玛（སྐལ་བཟང་ཐུབ་བསྟན་བསྟན་པའི་ཉི་མ།）是贡塘·嘉贝样(གུང་ཐང་འཇམ་པའི་དབྱངས།）入门弟子，学问渊博，徒弟众多。有著作数部。他的转世化身罗桑建华茨成赞布（བློ་བཟང་འཇམ་དཔལ་ཚུལ་ཁྲིམས་བཙན་པོ།），与现在的土观呼图克图是兄弟，入佑宁寺经院，现在去蒙古地区。

土猴年（公元 1788 年，清乾隆五十三年，戊申），土观呼图克图任堪布兼任夏琼寺堪布。彼师对于经院无著离染，为僧众讲授《入菩萨行论》，教法善巧，无论上下人等，闻听之下，都意为之夺，使寺院的大经堂与经院的护持等，都受其激励。寺院附近，发生有些汉民垦荒种田，不合律规之坏事，乃严予申斥，撤除了汉民的村庄并向外派遣募化者，建立僧人的斋茶及布施制度等。不管他在寺院担任堪布与否，在其整个一生之中，对振兴佛法的讲辩、整饬寺院的律规、亲近承事等的事迹难以数计，新增的佛像、佛经、佛物以及供器等其数量之多，难以想象，对三轮事务 [32] 超越边际地予以护持。总之，对于圣教的持、护、守，犹如觉阿阿底峡与圣·宗喀巴之行止。他作为整个众生之怙主的详细事迹，请阅贡塘·嘉贝样喇嘛所著的《白莲传》。尊者转世的呼毕勒罕罗桑土丹曲吉坚赞（བློ་བཟང་ཐུབ་བསྟན་ཆོས་ཀྱི་རྒྱལ་མཚན།），在一切知遍照见者有益 [33] 圣师徒两位负责下，坐上前一世尊者之床，授受全部甚深诀要的教法传承。于仙密活佛（སེམས་ཉིད་སྤྲུལ་སྐུ།）处听闻了许多经教，又去西藏求学，政教方面的行为，一如前一世，担任了本寺院的堪布。又在拉卜楞寺讲授以《菩提道次第》为首的甚深教法。前赴皇上的首都，使事业遍于大地之际，由于障碍，于二十五岁火猪年（公元 1827 年，清道光七年，丁亥）圆寂。他转世的呼毕勒罕正在迎往寺院之际，法体之花突然零落。

现在转世的化身、圣教太阳、罗桑旺秀夏珠嘉措（བློ་བཟང་དབང་ཕྱུག་བཤད་སྒྲུབ་

རྒྱ་མཚོ།)，于土猪年（公元 1839 年，清道光十九年，己亥）生于沙玛尔庄（ཞྭ་དམར།）。当时发现可能为呼毕勒罕的对象约有三十位，于是向护法请卜。指示说：“当金轮太阳从东方升起时，便会听到南方苍龙吟啸声。”根据这个卜辞，向拉卜楞寺一切知第三世请求，选出了可能性大者三名。这时，贡塘活佛正在卫地，遂专门到布达拉宫按照以往的规矩予以决定，于张宿出现时迎请到寺，邀请遍照见者有益尊者于塔哇林（ཐར་པ་གླིང་།）静房举行出家仪式，受独雄大威德、十三尊大威德、大悲观世音等的灌顶，聆听修习《纳塘百根本法》（སྣར་ཐང་བརྒྱ་རྩ།），黑白怙主等法的随许。尊者又派遣安却罗桑多让巴（ཨ་མཆོག་བློ་བཟང་དོ་རམས་པ།）、华丹智化然降巴（དཔལ་ལྡན་གྲགས་པ་རབ་འབྱམས་པ།）二人先后督促学习，每年还寄去白银五十两做膳食费，从政教各方面关心备至。水鸡年（壬子）赴拉卜楞大寺，由救护主[34]亲自担任经师，教授因明的讲辩。遵照指示，专门研究赛仓（བསེ་ཚང་།）的《集类学》。每日由尊者考试演习，必期无误始止。另外还聆听了文殊法等许多经典。夏季去欧拉（དངུལ་ར།）时，以一个内部随从的身份，师徒同时启程，言谈亲切，面授秘法。水牛年（癸丑），遵照皇上圣旨赴北京，途经西宁，所有照顾一如前世，极为优渥。火龙年（丙辰），十八岁入佑宁寺经院继续攻读。铁猴年（庚申），在拉卜楞大寺，遍照殊胜化身仁波切[35]请求参加磋钦大会，施放大量布施，并由他详细讲说永久居住的报告，为大会僧众讲《兜率上师瑜伽颂》。在德赤（དེ་ཁྲི།）活佛处受胜乐、密集等灌顶，第二年又专门前往受了时轮金刚灌顶。另外又先后在松巴大堪布、丹木巴活佛（འདམ་པ་སྤྲུལ་སྐུ།）、却喜（ཆོས་ཤེས་སློབ་དཔོན།）阿阇黎、雍增相拉（ཡོངས་འཛིན་ཞང་ལ།）经师、丹巴嘉措然绛巴（བསྟན་པ་རྒྱ་མཚོ་རབ་འབྱམས་པ།）等处聆听了许多佛法。现在正在北京弘扬政教善规，事业犹如上弦的明月那样增盛。

土观呼图克图本生世系：菩萨额端洋卓（ངེས་དོན་དབྱངས་སྒྲོགས།）青颈杜鹃的心传弟子西吾达谢（ཁྱིའུ་ཟླ་ཤེལ།）、玛玖拉卜仲的弟子托念散珠（ཐོད་སྨྱོན་བསམ་འགྲུབ།）、扎官·却吉多杰（ཙ་སྒོམ་ཆོས་ཀྱི་རྡོ་རྗེ།）、直贡·世间怙主（འབྲི་གུང་འཇིག་རྟེན་མགོན་

པོ།）、咒师释迦本（སྔགས་འཆང་ཤཱཀྱ་འབུལ།）、督纳巴·贝丹桑保（འདུལ་ནག་པ་དཔལ་ལྡན་བཟང་པོ།）、纳萨扎蒲巴（ན་བཟའ་བྲག་ཕུག་པ།）、博闻者鲁珠嘉措（མང་ཐོས་ཀླུ་སྒྲུབ་རྒྱ་མཚོ།）、木旺萨江钦保（མི་དབང་ས་སྐྱོང་ཆེན་པོ།）、汉地秘书（ཙོན་འདི་ཡིག་མཁན་མཁས་པ།）、罗桑拉丹（ཇེ་བློ་བཟང་རབ་བརྟན།）尊者，直至桑巴钦布曲嘉措（སེམས་དཔའ་ཆོས་རྒྱ་མཚོ།）之间。

木兔年（乙卯），曲藏土丹旺秀（ཆུ་བཟང་ཐུབ་བརྟན་དབང་ཕྱུག）继任堪布。在此期间，许多比丘向西宁办事大臣呈述，目前迫切需要一个能够恢复讲学、修持制度的喇嘛。大家经过议论后，由土观活佛的代表、办事大臣的通事（翻译员）、密宗院喇嘛、寺院执事等一同赴拉卜楞寺邀请嘉样喇嘛丹贝仲美（འཇམ་དབྱངས་བླ་མ་བསྟན་པའི་སྒྲོན་མེ།）。嘉贝样说道：“由于时代的缘故，管理寺院若与政务不发生联系很难治理好；但是若与世间事情发生联系，则争论和纠纷的根源将会增盛，不可避免地陷入斗争等之外缘，《俱舍论》中说，‘这些都是时代纠纷之根源’。《瑜伽师地论》本地分中说，‘众生所言情分，其意义在于实有。’这一阶段中，过去的争论将会继续下去，不会作出值得愉快的事。而且现在又负责拉布楞寺院的堪布之责，彼此两处都是讲辩的伽蓝，很难兼顾。但是，钦差的权势虽大，还可以设法推掉，喇嘛的教诲则不能心口不一，无法扭转！只好接受。”火蛇年（丁巳）阴历五月上旬吉日升于堪布之座，除在经院中勤奋地教授全部教程外，还附带教授许多总法，僧众们同心尊崇信奉，接受教导和安排，比丘们互相心投意合，讲学风气大盛，地方上呈现出一片风调、雨顺、年丰的景象，自己幸福，他人羡慕。

喀喇沁陀颜（ཏར་ཆེན་ཐོ་ཡོན།）图多尼玛（མཐུ་སྟོབས་ཉི་མ།）幼年时期就拜土观呼图克图为师。土观曾说过，王然特那森杜（ཡང་རཏྣ་སི་ཏ།）与图多尼玛在同一个经院学习最好。因而他们两人一同学习了多年。土狗年（戊戌），强佐（ཕྱག་མཛོད）端珠旺嘉（དོན་གྲུབ་དབང་རྒྱལ།）被派赴西藏修行善事时，图多尼玛与赛赤（གསེར་ཁྲི།）的转世活佛一同受到教诲被送入经院，委托热堆（ར་སྟོད།）喇嘛予以照顾，拜根本上师耶西坚赞（ཡེ་ཤེས་རྒྱལ་མཚན།）经师及一切知第二世吉美旺波（ཀུན་མཁྱེན་འཇིགས་མེད་དབང་པོ།）为师，严守戒律，积极学习，认真聆听了佛法，认真修习说实践，逐步获得了拉仁巴（ལྷ་རམས་པ།）学位及郭芒扎仓的堪布职位，成为一心一意以三轮[36]的行为致力于圣教事业的圣徒。在郭芒扎仓堪布易人之际，接到返回家乡的安排。答以“去留须看宿业行事”，因而没有明确决定。火蛇年（丁巳），又接到通知，指示：

“犹如虽然积有吃茶的宿业，而自己本身不去努力，光说还得看看宿业，则口中吃不到茶的。在去留这个问题上，若自己不付出努力，很难自然实现，现在争取返回家乡吧。”

经过认真考虑后，于土羊年（己未）返回家乡。同年九月上旬就任堪布。在喀喇沁（དར་ཆེན།）修建静修庵，舍弃一切，进行静修。有著作数部。宗勒（ཙོང་ལི）堪布著有传记。

铁猴年（庚申）以后，历任堪布者有嘉德夏仲耶西桑格坚赞（རྒྱ་དྲིག་ཞབས་དྲུང་ཡེ་ཤེས་སེང་དགེ་རྒྱལ་མཚན།）、松巴夏仲（སུམ་པ་ཞབས་དྲུང་།）、章嘉呼图克图耶喜丹贝坚赞（ལྕང་སྐྱ་རིན་པོ་ཆེ་ཡེ་ཤེས་བསྟན་པའི་རྒྱལ་མཚན།）、丹玛大堪布华丹土旦嘉措（དཔལ་ལྡན་ཐུབ་བསྟན་རྒྱ་མཚོ）、伍室利夏仲（ཨུ་ཤྲི་ཞབས་དྲུང་།）等，后者有转世化身。

另外，还有松巴夏仲、李嘉居巴夏仲阿旺嘉扬丹增（ལི་ཀྱཱ་རྒྱུད་པ་ཞབས་དྲུང་ངག་དབང་འཇམ་དབྱངས་བསྟན་འཛིན།），又由丹玛大堪布、松巴拉仁巴（སུམ་ཧྲ་ལྷ་རམས་པ།）先后担任，然后由群擦夏仲罗桑丹贝尼玛（ཁྱུང་ཚ་ཞབས་དྲུང་བློ་བཟང་བསྟན་པའི་ཉི་མ།）担任，彼师也有转世化身。

还有土观呼图克图罗桑土丹却吉坚赞（བློ་བཟང་ཐུབ་བསྟན་ཆོས་ཀྱི་རྒྱལ་མཚན།），松巴大堪布嘉华茨成丹增（འཇམ་དཔལ་ཚུལ་ཁྲིམས་བསྟན་འཛིན།）、多哇夏仲罗桑隆柔尼玛（རྫོ་བ་ཞབས་དྲུང་བློ་བཟང་ལུང་རིགས་ཉི་མ།），他是圣·曲吉尼玛（རྗེ་ཆོས་ཀྱི་ཉི་མ།）尊者的侄子，行为善良，成为得意圣徒。他的转世化身是阿柔拉钦（ཨ་རིག་ལྷ་ཆེན།）之子，由这一世土观呼图克图认定后，迎入寺院坐床。

还有王活佛噶桑土丹旦悲尼玛（སྐལ་བཟང་ཐུབ་བསྟན་བསྟན་པའི་ཉི་མ།）、群擦夏仲、德古小喇嘛（བདེ་ཀུ་བླ་མ་ཆུང་བ）、曲藏活佛罗桑土丹达杰（བློ་བཟང་ཐུབ་བསྟན་དར་རྒྱས།）、

李嘉关西活佛茨成丹增嘉措（ལི་ཀྱཱ་སྒོམ་ཞིས་སྤྲུལ་སྐུ་ཚུལ་ཁྲིམས་བསྟན་འཛིན་རྒྱ་མཚོ།）、多哇夏仲，赛登夏仲（སེར་ཉིང་ཞབས་དྲུང་།），土观夏仲官却勒夏（དཀོན་མཆོག་ལེགས་བཤད།），彼师是佑宁寺格西，在密宗学院长期修习，认真实践，曾去西藏学习。在拉卜楞寺曾叩谒贡塘·嘉贝样和德赤活佛圣师徒，又在圣·赛康巴（གསེར་ཁང་པ།）昆季等许多学者处聆听了许多教敕，在该寺密宗学院任法台时，聆听了《四家合注》及《秘事明镜》（སྔགས་དོན་ཀུན་གསལ།）的教言，于经院中全部转述了一次，并传授胜乐、密集、大威德等灌顶，做密集、胜乐护摩。

还有德古夏仲（བདེ་རྒུ་ཞབས་དྲུང་།）、嘉底夏仲嘉华丹增尼玛（རྒྱ་ཏིག་ཞབས་དྲུང་འཇམ་དཔལ་བསྟན་འཛིན་ཉི་མ།），李嘉夏仲嘉华耶西丹增嘉措（ལི་ཀྱཱ་ཞབས་དྲུང་འཇམ་དཔལ་ཡེ་ཤེས་བསྟན་འཛིན་རྒྱ་མཚོ།），彼师与德古古典是昆季，曾拜第三世嘉木样和贡塘·嘉贝样等为师，福泽很大。霍江夏仲阿旺罗桑坚赞（ཧོར་ཚང་ཞབས་དྲུང་ངག་དབང་བློ་བཟང་རྒྱལ་མཚན།）、东嘉堪布罗桑耶西念智（སྟོད་ཀྱཱ་མཁན་པོ་བློ་བཟང་ཡེ་ཤེས་སྙན་གྲགས།）等以上历任堪布，虽都护持寺院，讲经说法，但对他们的事迹不清楚，名字也不能肯定，只有在寺志补充中，聊备一格而已。

密宗学院的情况：

密宗学院从前虽由嘉赛仁波切建成，也有人开始献上了密集圆满次第的经籍，但授记说："现在虽然修建了，恐怕难以长久维持下去，会有后来的修建者。"正和这个授记所讲的时机相合，一切知嘉木样协巴还在卫地时，与前一世章嘉呼图克图通信中写道："佑宁寺虽然有法相的修习，但是尚缺密宗的修习，需要创建密宗学院。"

以后铁虎年（庚寅），圣师徒于佑宁寺相遇时，章嘉尊者向一切知嘉木样谈道：

"昔日你曾谈道需要修建密宗学院，现在时机已经成熟，你应该创建。"他遵照喇嘛的指示，创建了密宗学院，向寺院堪布和丹玛夏仲（འདན་མ་ཞབས་དྲུང་།）等讲授了四家注解经教，授予色派密宗金刚持的黑金刚结，修建了威灵显赫的护法神像，直至现在其像仍存在。委任丹玛夏仲阿旺丹增程列（འདན་མ་ཞབས་དྲུང་ངག་དབང་བསྟན་འཛིན་འཕྲིན་ལས།）为密宗学院的教长，甘禅·罗哲嘉措（ཀུན་ཆེན་བློ་གྲོས་རྒྱ་མཚོ།）喇嘛任翁则。关于修建密宗学院的情况，章嘉呼图克图在其《自传》中曾有叙述：

“大成就者阿旺巴扎巴敦登（གྲགས་པ་དོན་ལྡན།）到来后，前藏、蒙古两地区，布施较大之支付，而他从前就抱有修建密院大心愿，我们大众请求下，给法台丹玛夏仲等众老僧人讲授了《四家合注》之经教，深入指示赐教导。”此时圣师徒对阿旺却吉嘉措（ངག་དབང་ཆོས་ཀྱི་རྒྱ་མཚོ།）尊者[37]说：

“密宗学院虽然由我们三人修建，但是要请你记在心中，于它颓败之时加以修复。”

正如这个授记所讲，青海蒙古事变期间，整个寺院被毁，重建期间，由前一世土观呼图克图予以修复，由惹冬曲结楚臣达杰（རག་དུང་ཆོས་རྗེ་ཚུལ་ཁྲིམས་དར་རྒྱས།）任教长，第二世嘉木样和土观呼图克图两人于水蛇年（癸巳）建造了大经堂。历任教长者有罗桑格勒（བློ་བཟང་དགེ་ལེགས།）、强嘉却吉（ཆིང་ཀྱཱ་ཆོས་རྗེ།）和华热·阿旺散珠（དཔལ་རིས་ངག་དབང་བསམ་འགྲུབ།），后者和拉西噶居·阿旺宗哲（ར་ཞིས་དཀའ་བཅུ་ངག་དབང་བརྩོན་འགྲུས།）曾在拉卜楞大寺立宗辩论。接着由松巴曲结（སུམ་པ་ཆོས་རྗེ།）、嘉德夏仲（རྒྱ་དྲིག་ཞབས་དྲུང་།）、邹徐丹曲（གཙུག་ཤུལ་དམ་ཆོས།）担任，后者是郭芒扎仓的优秀拉仁巴格西，在贡塘（གུང་ཐང་།）活佛举行学位命名于扎仓立宗时，彼师在讲辩正理经教中失去了对《俱舍论》的一次论点的应允云。他以后的传承没有找到。

法相学院的规章制度，由第五世达赖喇嘛制定。学级分为高、初级《集类学》[38]、《悟慧论》与《因理论》《般若七十理义》《新论》《发心》《法轮》《第四品》《中论》《俱舍论》《释量论》《戒律本论》等一十三级。《中论》和《般若》使用郭芒扎仓的旧教程[39],《律本论》用吉康巴（དཀྱིལ་ཁང་པ།）的教程,《对法藏》则使用《导引珍宝之车》(རིན་ཆེན་འདྲེན་པའི་ཤིང་རྟ།)及《俱舍论》，以及章嘉·饶悲多吉所著的《释量论》教程等，五部大论之讲闻，无与伦比。

讲辩学习的时期，计有四个月学期[40]，两个中期学期[41]。春季学期中树立近旁立宗[42]，坐夏期也是讲辩学期，七月上弦中有五部大论的通论辩论（ཐལ་ཕྱིང་།）与专论辩论（ཟུར་བཀོལ།）[43]，包括《集类学》等的磋朗[44]，学习月的月底五天中，要有两名噶居当众立宗，这时若立论及应允的论点不明确时，会受到老僧人们的指责。

年终晦日举行怙主大施食法并跳神。新年元旦，举行元旦施食祭。神变大祈愿法会为期十五天，最后则有按温萨派教授举行铁城护摩跳神大会。据说这是昌都的跳神传统云。金刚教长要把根本咒一定念诵一千万遍，实行关于所缘相的口传，即由前者单独传于后者。在举行铁城正行的时候，取水禁止说话，等等实践，极为严格。包括祈愿法会七天在内的转经会按时所读之经排列有一定的时间次第，固定不变。在密宗学院要把《四家合注》诵读一遍。

关于曼荼罗修习法方面，有大施食供法，四季的抛掷施食法，供养钵法，供养恒特罗法等，都按拉萨下密宗院的规定。还要把据说系一切知第一世所著的大会演讲记熟背诵，并举行圣·宗喀巴逝世忌日供。喇嘛翁则须由参加密宗经院多年者担任，不能使大会诵习中断。除元旦施食祭及廿九日施食祭之外，特别会诵的规定很严格。此外这个寺院还举行四百禳灾法，烧祭法等如圣·曲吉尼玛讲授的施食回遮法及所有供施代替物类等禳解法。四种护摩等韵律、曲调和实践极为清净，异常悦耳动听，令人意夺。

大经堂里供奉着据说是以拉萨觉阿释尊佛像的部分青铜为主铸造的释迦佛转法轮圣像、圣似我母像、印度一位学者建造的三世佛像，还有大慈法王及大明皇帝供施双方供奉的依止圣物，后赐予章嘉·绕悲多杰的《甘珠尔》大藏经[45]“赡部右置”。经堂上层有东印度紫金制成的弥勒像，在一起供奉的还有弥勒尊及其近侍的三尊像，戒律香气四溢的释迦佛银像等。

吉祥天母宫中主要供奉着吉祥天母画像（曼塘巴所绘）系胜者根敦主巴以下的三辈达赖喇嘛的本尊画卷，怙主的秘密画像卷，密修法王画像，第一世一切知嘉木样活佛的本尊摧破金刚像，等等。

青铜殿内，有地震时被埋于地下毫无损伤的大威德立体坛场等许多历史珍贵圣物。

密宗殿里有以圣·宗喀巴和持律法师（འདུལ་འཛིན།）[46]的鼻血绘制，克主杰画线和涂色，并主持开光安神仪轨的十三尊大威德坛城卷轴画，更登主巴的手卷，特别神异的金刚持佛像，贡塘铸的能耐火的释迦佛像以及护法神像，等等。

大佛殿里供奉着松巴大堪布塑造的弥勒佛像。

在各戛尔瓦中，章嘉活佛府内供奉着被达磨赞普破坏损残了的观音菩萨（喀ཀི་ཤྭ་ར།）像，檀香木制成的大慈法王的本尊佛慈尊弥勒像等等佛像。

土观活佛的吉祥辉煌宫（བཀྲ་ཤིས་འོད་འབར།）内有许多长廊环绕的内外庭院，一排排静房。中央主体建筑有文殊大皇帝赐额为“广智洲”的大经堂、离尘寝室、欧提耶奈精舍（ཨོ་ཊི་ཡ་ན།）、大乐洞、长寿园、加持过的净房宝库、猛厉游戏（གཙུམ་དྲག་རྩལ་བ།）宫、依怙清凉苑、大日如来佛殿、证果室等。广智洲殿中，正中供养着狮子吼佛像，右侧有阿閦佛和无量光佛及其眷属，左边有药师佛和能仁佛及近侍菩萨三尊像。这些佛像都约高如一人之身量。另外还有两尊约高如八岁小孩身量的阿閦佛像，左右经架上有八个红檀香木制成的如来宝塔，三肘高的时轮金刚和尊胜塔，硃印本《甘珠尔》和《丹珠尔》大藏经各一部，从五台山迎请来的印度青铜锻制的佛像，永乐皇帝的本尊佛约一箭之高的喜金刚，约一肘高的胜乐、金刚手、大轮菩萨、大威德等金像及许多塑像、画像等。另一边有章嘉·绕悲多吉、东科·索南嘉措、一切知嘉木样活佛及历代土观呼图克图转法轮时所坐的具加持的宝座。上层净房中央水晶阁内供着十三尊大威德的立体坛场。其前方供奉着据贡塘·嘉贝样说乃化身的木工修建的授记弥勒佛像、饶益他人的圣·宗喀巴像。其左右及前方有章嘉·绕悲多吉、强巴喇嘛（བླ་མ་བྱམས་པ།）、第二世嘉木样吉美旺波等的塑像。在他们的左右供奉着一肘高的无量光佛的金像两尊及白度母的金像、毗卢遮那佛的金像、现证佛的金像。其周围有玻璃窗户的佛龛，供奉着全部菩提道次第传承上师的画像、圣师徒画像、历代达赖喇嘛画像、前后辈班禅画像、章嘉世系画像、前后辈嘉赛活佛的画像等及胜乐、密集、大威德画像、时轮画像、大轮画像、嘉哇嘉措（རྒྱལ་བ་རྒྱ་མཚོ།）画像、作明佛母画像、三部空行佛母画像、狮面母画像、白咽噜迦画像、马头明王画像、尊胜佛母画像、白绿度母画像、白伞盖母画像等，还有三十五尊忏悔佛的画像两套，八大近佛子的画像以及许多护法神画像，五幅规格相同的八大佛塔和娑罗树等画像。此外有几百函手抄本经典及许多供器。

右侧净房加被宝库里供奉着药泥塑造的释迦佛像四周环绕着十大行庄严、十一面观世音身像两尊、紫金释迦佛像、无量光佛像、语化释迦牟尼银像、特别超殊的米拉（མི་ལ།）[47]尊者像、圣·宗喀巴骑象金像两尊、卓弥（འབྲོག་མི།）[48] 大喇嘛、止贡·世界怙主(འབྲི་ཁུང་འཇིག་རྟེན་མགོན་པོ།[49])、唐东杰波（ཐང་སྟོང་རྒྱལ་པོ།[50]）、十二位京俄（སྤྱན་སྔ།）、第五世达赖喇嘛等像，一见即能得解脱的帕摩竹巴（ཕག་མོ་གྲུ་པ།[51]）像，达罗那他（ཏཱ་ར་ན་ཐ།）[52] 的等持身像，寒黑林石制成的胜乐金刚像，杂阿日哇（ཛ་ཡ་རི་བ།）的本尊大轮（阳体蛇冠）像，印度青铜铸胜乐、金刚瑜伽母像等许多有稀奇历史的佛像，同时还供奉着作明佛母秘密画像、空行佛母秘密画像、尼泊尔画无量光佛庄严佛士像，雕刻着大小二十八把三棱橛的檀香木神橛，热特那林巴(རཏྣ་གླིང་པ།[53]) 启伏藏取出的霹雳金刚杵，洛扎（ལྷོ་བྲག）恰多尔瓦的颈佩神橛，等等。这些内部佛物的历史在寺志内记载比较清楚。另外，在若干玻璃窗棂的经架里供奉着空行佛母的银像、极密马头明王的身像、檀香木释迦佛像、八尊近佛子身像，以及按汉族习俗制作的两尊莲花座大佛像，若干汉制、藏制的合金和檀香木佛像，布顿大师手抄的梵文《般若八千颂》，许多大士夫的袈裟和用具等等许多圣物。

左侧威猛游戏宫怙主殿最里面，供奉着由擦钦（ཚར་ཆེན།[54]）鼻血绘制的年贡怙主秘密像，及以喇嘛丹巴索南坚赞（བསྟན་པ་བསོད་ནམས་རྒྱལ་མཚན།）[55]的鼻血绘制的又一幅年贡怙主秘密像，以及阿旺却吉嘉措（ངག་དབང་ཆོས་ཀྱི་རྒྱ་མཚོ།）尊者前后两世绘制的两幅秘密像等，具有极为威灵的传说。挂在这些上面的有黑空行佛母的画像，以及用吉祥怙主隐没于卡伍芝宗（ཁའུ་བྲག་རྫོང།）地下的泥土建造的站斯（ཟམ་གཟིགས།护法神之一）塑像，另一个一人高的站斯塑像和四尊明妃的塑像等。在绫罗帐幕中按照秘诀陈设着在一块三角形黑石的三面自然形成的夏珠兑（ཞལ་སྒྲུབ་དུས།神名）、当年仅（གདོང་གཉན་ཅན།神名）和噶保才派（དཀར་པོ་ཚེ་འཕེལ།神名），及一位大成就者的黑石曼遮等内外秘供器。

在依怙殿外庭陈设着觉阿坚赞巴（ཇོ་བོ་རྒྱལ་མཚན་པ།）和护法神的塑像、画像等及观赏供物（སྤྱན་གཟིགས།[56]）供器等。在成就宫的窗棂上有二十一尊按尼玛贝巴(ཉི་མ་སྦས་པ།）方法雕刻的白檀香木度母像，其左右供养着八十八位成就者塑像和许多画像。在依怙殿寒林园里有大黑天，白色依怙包括秘密明妃及四尊药叉，内、外、密三尊法王，冬仅佛母两尊——鲸面和狮面两佛母，八尊骑马的多闻子，护法天女包括外泽、执事等，一人高的五天王的泥像，第一世嘉木样活佛按照秘诀修建的怙主秘密画像，用前世班禅的鼻血绘制的怙主和法王的密像，用嘉赛·罗桑丹增（རྒྱལ་སྲས་བློ་བཟང་བསྟན་འཛིན།）的鼻血绘制的大威德密像和黑白怙主的密像，及前世土观绘制的护法神秘密像，及按照秘诀制做的标准供器等。在依怙殿外庭里有白檀香木制作的大威德全部面手身像及明妃像。玻璃窗棂里有黑白怙主、宝帐怙主和四面怙主的金像，法王、吉祥天母、红黄多闻子、护法外泽的金像，以及各种器械、兵器等观赏供物等。

在普明大日如来佛殿里，有一肘高的三十七尊普度三途佛的塑像，圣·宗喀巴和米拉尊者传记的画像。在离尘精舍的玻璃经架里，供奉着一尺高的尊胜佛母的银像等及许多佛陀、菩萨的金像，左右有明永乐皇帝制造的二尺高的三世佛、金刚持、弥勒佛、观世音菩萨金像等。欧提耶奈（ཨོ་ཏཾ་ཡ་ནར།）精舍里有曲央嘉措（ཆོས་དབྱངས་རྒྱ་མཚོ།）转世活佛绘制的班禅确坚（པན་ཆེན་ཆོས་རྒྱན།）的密传画像及数尊由印度铸造的银佛像。

另外，在大乐洞和长寿园中密布着檀香树，各种造型不一的玻璃窗精巧幻室里有金、银、水晶、象牙、赤白檀香、合金等制成的佛像和佛塔，若干尼泊尔人绘的画轴，按汉族习俗制作的佛陀和菩萨的塑像、画像，许多和尚、成就者的塑像和画像等。

松巴活佛府内供奉的经像有用寒林黑石制成的称为能飞翔的胜乐金刚，是吉祥那烂陀寺（ན་ལེན་ཐ་དགོན）经像之中的珍宝，后经盘塘巴（ཕམ་མཐིང་པ།）、噶洛（ཀ་ལོ།）等传承，作为达垅塘巴（སྟག་ལུང་ཐང་པ།[57]）供奉的经像，后来被迎请到噶丹颇章（དགའ་ལྡན་ཕོ་བྲང་།）供奉，第六世达赖喇嘛仓央嘉措赴内地时携带后失遗。松赞干布的肩胛骨上自然显现观世音菩萨像，西藏政府派遣麻堪布（མལ་མཁན་པོ།）募化时，为了让其顶礼能依佛像遂交付于他，后因青海事变之故，未能上缴而遗留。圣·宗喀巴赐给大慈法王佛牙和舍利。以罗家洞（སོ་ཀྱ་ཕུག།）胜乐像的右手小指为内藏的胜乐身像。白玛林巴（པདྨ་གླིང་པ།[58]）的伏藏三棱撅，由第六世达赖喇嘛随身携带，后落于拉藏汗的卓尼官（典礼官）蒙古族罗桑克珠(ནོ་བཟང་མཁས་གྲུབ།）之手，遂遗失，以及曼通瓦（སྨན་ཐང་བ།）手绘的释迦十大行记等许多画像。

以上三座拉让（བླ་བྲང་།），加上曲藏活佛拉让、王活佛拉让，被称为五大活佛拉让（府邸）。另外还有德古（བདེ་རྒྱ།）活佛府、多巴（རྡོ་པ།）活佛府、群擦（ཁྱུང་ཚ།）活佛府、李嘉（ལི་རྒྱ།）活佛府等。

浪嘉噶居（སྣང་ཀྱ་དཀའ་བརྩི།）的庄园里供养着嘉赛赐给的能显灵的吉祥天母画像。在兴建寺院时，曾听到骡驹叫声，后于该处获得自然形成的吉祥天母石像，供养于某僧舍之中。

环寺的巡礼道中，有济仲丹巴嘉措（རྗེ་དྲུང་བསྟན་པ་རྒྱ་མཚོ།）、第五世达赖喇嘛、两辈嘉赛活佛等的宝座，还有噶玛·饶必多吉、嘉赛·罗桑丹增两人的足迹。多闻子宫门前有吐宝兽的足迹。还有称为邬坚静修洞（ཨུ་རྒྱན་སྒྲུབ་ཕུག[59]）石头像木料似的岩洞。

在神秘的白玉噶布（སྣས་ཡུལ་དཀར་པོ།）地方，有嘉赛活佛初次开启时留下明显足迹的岩石，松巴·丹曲嘉措叔侄的两座灵塔，自然形成的观世音菩萨像。东边石岩上有自然形成的金刚手菩萨、度母、吉祥天母像等，以及许多处圣水等。西北隅的金刚山上有莲花生大师静修洞、祖师岩、十六尊者行长净的山岩。在兄妹护法和站斯（ཟམ་གཟིགས།）护法神石岩上有八十位殊胜成就者的修行岩洞，罗婆巴岩洞（ལྭ་བ་པ།）和夏尼达巴（ཤཧྲི་ང།）修行洞，直至今日仍叫这个名字。

传说在桑托山（རི་བོ་སེང་མགོ།）上有噶玛巴（ཀརྨ་པ།）的手印和显在石岩上的全身影迹，好像雕刻成的印版，及给许多鬼神讲经说法以及给桑托山的山神授居士戒的宝座和部分遗骸云。

空行峰上的寺庙，是土观呼图克图修复的，于其附近修建了一座空行阁、小寝宫。寺庙里供着藏有前世土观曲吉嘉措（ཆོས་ཀྱི་རྒྱ་མཚོ།）的心脏、自然显现文字的遗骨，包括以随身携带的有历史传说的释尊佛像为内藏的一层楼高的银塔，前三代活佛的灵塔——降天佛塔三座。

章嘉活佛的旧寝宫有智化鄂赛（གྲགས་པ་འོད་ཟེར།）尊者的遗骨土塔。嘉赛活佛的寝宫里有他的宝座、座垫、披风等物。松巴活佛的小寝宫里有耶喜班觉尔尊者的灵骨塔。在乃琼护法神殿里，供着由曲吉尼玛（ཆོས་ཀྱི་ཉི་མ།[60]）尊者按照秘诀装藏，由贡塘·嘉贝样举行安神开光仪轨的五尊塑像。地祇殿里供着成吉思汗（ཇིང་གིར་ཧན།）的大臣格尔利图（ཀེ་རེལ་ཐུ།）的身像，他转生为具有大力的非人，居于该处石岩，由济仲丹巴嘉措封为地祇，并把他的名字改为藏语，叫作奥丹嘉措（འོད་ལྡན་རྒྱ་མཚོ།），是威灵显赫的地祇。昔日该处曾建有萨迦寺院，噶玛·饶必多吉曾长期居住此处。元帝时期所建的大门一直到后来还在，现在还可以认出它的遗墟。与《噶当书》里记载的“彼处川中有门径”的说法相吻合。

第十胜生木龙年（公元 1604 年，万历三十二年，甲辰），建立寺院及讲辩经院，至今第十四胜生年土鸡年（公元 1849 年，清道光二十九年，己酉），已经二百四十六年。木龙年后的第九年水鼠岁（壬子），塔尔寺建立了法相学院（མཚན་ཉིད་གྲྭ་ཚང་།）。此后的第八年土羊年（己未）塘让寺（ཐང་ཆུང་དགོན།）和药草台寺（སྨི་ཚང་དགོན།）建成。巴角寺（ཧ་རོ་དགོན།）的修建年月不详，但是肯定在塘让寺建成后才修建的。土羊年以后的第五年水猪年（癸亥），夏琼寺（བྱ་ཁྱུང་དགོན།）建立了法相学院。此后的第四年火虎岁（丙寅）道帏古雷寺（རྡོ་སྦིས་སྒོ་རིས་ཀླུ་དགོན།）建成，以后的第五年即第十一胜生的铁马年（公元 1630 年，明崇祯三年，庚午），圣·噶登巴在隆务寺（རོང་བོའི་དགོན།）建立了法相学院。自此以后的第八年火牛年（公元 1637，明崇祯十年，丁丑），固始汗丹津法王征服了却图汗，此后的第四年铁龙年（庚辰），白利土司（བེ་རི་རྒྱལ་པོ།）被监禁，以后的第三年水马年（公元1642年，明崇祯十五年，壬午）消灭藏巴汗，统治卫藏全境九州。此后的第四年木鸡年（公元 1645 年，清顺治二年，乙酉）[61]，内地的皇位被满清(ཧུར་ཅིད།)[62]所得，第二年火狗年（丙戌），拉摩·罗哲嘉措（ལ་མོ་བློ་གྲོས་རྒྱ་མཚོ།）在尖扎的玛古尔寺（ཆ་མགུར་དགོན།），建立了讲经学法的经院。第四年土牛年（己丑），曲藏·南嘉班觉尔（ཆུ་བཟང་རྣམ་རྒྱལ་དཔལ་འབྱོར།）修建了曲藏寺（ཆུ་བཟང་དགོན།），第二年铁虎年（庚寅），赞普·端珠嘉措（བཙན་པོ་དོན་གྲུབ་རྒྱ་མཚོ།）修建了广惠寺（གསེར་ཁོག་དགོན།）。此后的第三年水龙年（公元 1652 年，清顺治九年，壬辰），第五世达赖喇嘛赴内地。其后的三十一年水狗年（公元 1682 年，清康熙二十一年，壬戌），拉摩德钦寺（ལ་མོ་བདེ་ཆེན་དགོན།）建成。此后二十八年，即第十二胜生土牛年（公元 1709 年，清康熙四十八年，己丑），第一世嘉木样活佛修建了拉卜楞大寺。此后的第六年木马年（甲午）教长智化夏珠（གྲགས་པ་བཤད་སྒྲུབ）在卓尼大寺（ཅོ་ནེ་དགོན་ཆེན།）建立了法相学院。在多麦（མདོ་སྨད།）地区，这座大寺建立法相学院，比其他各寺院较早。在这个地区里，佛子们的发心和事业任远而成，圣教长河通向四面八方，信徒众多，信仰真诚。

关于这座寺院的特点，嘉赛·罗桑丹增所著的《迦陵频加鸟韵》（ཀ་ལ་པིང་ཀའི་སྒྲ་དབྱངས།）一书中赞誉说：

“前方蜿蜒宗喀（ཙོང་ཁ།）长山脉，象征罗桑教派[63]永世存。”“此去东南隅方向，乃是巴燕戎（བ་ཡན་ལུང་བ།）地域，有格萨尔王（གེ་སར་རྒྱལ་པོ།）铠甲，证道标志极明显。由此东南之方向，高耸神山森托日（སེང་མཐོ་རི།[64]），是玛沁邦喇（རྨ་ཆེན་སྤོམ་ར།）的圣地，世间大神之所居，获得神子森托名，这座神山真稀奇！”又说：

“贝域神谷之谷口，嘛勒贡巴饶赛地，由此向东方向行，有阿弥陀佛圣像地。上部哇鄂（བ་འོད།）地区中，有世间怙主之圣像，昌明圣教静修院，弥勒洲等在其地，谁能见闻和忆触，虔敬信仰供奉时，定能获得正善行，播下解脱之种子。”

详细情况，请阅《启发思辩意根使者》一书，会能全面了解。

寺院所属的供养谿卡从前准噶尔汗巴图尔洪台吉（ཇུང་གིར་རྒྱལ་པོ་བཱ་ཐུར་ཧོང་ཐའི་ཇི།）和阿奴（ཨ་ནུ།）福晋等为首的施主，将额济纳（ཨེ་ཇི་ན།）以下的果吾赛（གོད་ཙུ་སེ།）或达纳寺（རྟག་ཛ་དགོན།）[65]以上的地区布施供养寺院。固始汗丹津法王时，将当谢令湖（སྟོང་ཞགས་ཀྱི་མཚོ།）以上，夏科合河（ཞུ་ཁོག་གི་ཆུ།）以下的华热(དཔལ་རིས)、宗喀（ཙོང་ཁ།）地区，浩门河（འཇུ་ལག）流域的农牧部落作为布施，供养寺院，牧业八部还负责承担夏季法会和神变大祈愿法会的费用。阿奴福晋曾在吉雪第巴曲结处学法修习，将黄河岸边的夏尔壮官人（ཤར་དྲུང་དཔོན་པོ།）的部落等布施作为供养。虽然这些地区在历史事变中失于汉族手中。但是现在仍有八个游牧部落、六条居民沟、裕固七部（ཡུ་གུར་ཚོ་བདུན།）、当纳三区（མདུང་ནག་ཁ་གསུམ།）等广阔地域，是寺院所属的谿卡，这儿是黄金国土以上佛教施主们供养的圣地。佑宁寺右侧山谷中，有幽静的密乘德钦（གསང་སྔགས་བདེ་ཆེན།）静修圣地，是章嘉·饶悲多吉尊者任佑宁寺堪布时所修，曾于此进行嘛嘛怙主的念修，有特殊征兆。在沟脑，有前一世嘉赛活佛和松巴阿阇黎共同修建的两个讲修院之一——相曲林菩提寺，松巴称为夏珠林（བཤད་སྒྲུབ་གླིང་།）讲修院。土观呼图克图从政教两方面给予了很大的照顾并兴建了大经堂，在沟口有土观大悲观世音像，据传是多康（མདོ་ཁམས།）地区造的第一尊佛像、佛经和佛塔云，但没有听说过其他历史。传说是用檀香木做成的一人身量高的四臂观世音菩萨像，很灵验。第一世土观活佛曾修建三世佛殿，后破旧不堪，经后一世土观修复并整修旧的佛像，新施金彩，兴建三尺高的八座善逝塔，于其附近又修建了林苑和精舍。章嘉村里有第一世章嘉·智化鄂赛（གྲགས་པ་འོད་ཟེར།）的灵塔。

哇鄂世间怙主（བ་འོད་འཇིག་རྟེན་མགོན་པོ།）是止贡·居热大师（འབྲི་གུང་སྐྱུར་རིན་པོ་ཆེ།[66]）的像。据说居热（སྐྱུར།）的一位官人修布禄金刚（ཛམ་ལ།）法，有一个时期，布禄金刚像的肚腹鼓起变大。官人对着布禄金刚的像说道：

“不给我悉地，而你的肚腹反变大了，有何益处！”

用手指戳布禄金刚的肚皮，戳穿后，银水四溢，用之不竭。以后用最初溢出的银制作了许多尊世间怙主的像，这尊像是其中之一云。流贼（ལྷུའུ་ཅེས།）的军队用宝剑砍银像的耳部，银像便飞起落到寺院的前檐下。复又追到该处，用枪刺银像的腋下，银像又飞落到一个山洞里。此时，哇鄂（བ་འོད།）地区的一个寡妇，一边喊着世间怙主，一边四处寻觅。忽然从一个山洞里传出“我在这儿”的声音。寡妇怕别人抢去，便用自己的衣服包裹起来，带回家中。据说由于被晦气所冲，此像遂不再讲话云。同时，此处还有一只嘉赛活佛的靴子。

历代夏哇尔昂索（ཤབར་ནང་སོ།）供养的夏哇尔无量光佛（ཤབར་འོད་དཔག་མེད།），松赞干部法王的化身阿噶拉玛达（ཨ་ཀ་ར་མ་ཏི།）比丘从海边蛇心栴檀木中发现请来的自然形成的五尊佛像，其中一尊是吉庄帕巴哇德（སྐྱིད་གྲོང་འཕགས་པ་ཝ་ཏི།）、一尊是布达拉宫的观世音菩萨（པོ་ཏ་ལའི་ལོ་ཀི་ཤྭ་ར།），一尊即是夏哇尔无量光佛（ཞྭ་བར་འོད་དཔག་མེད།），另外两尊现在何处，尚未查明。这尊圣像和布达拉的观世音菩萨像的身量和神态非常相似，是二尺高的报身佛像服饰。另外还有自然形成而有灵异传说的圣·宗喀巴师徒三人像、能仁金刚座像、檀香木的无量光佛像、檀香木的释尊小像、嘉赛活佛的披风等许多佛物及前一世昂索曲华桑保（ཆོས་དཔལ་བཟང་པོ།）喇嘛被内地尊为供养上师而颁发的敕书和官印。

曲藏（ཆོས་བཟང་པོ།）静修庵，第一世土观阿旺却吉嘉措尊者曾于此修习过，并且迅速得证悟，曾亲睹大威德金刚、三十五尊佛、十六尊者的圣容。另外还有一处七位避世修禅者的禅院。

曲吉尼玛尊者于前一世尊者见到忏悔佛圣容的寝宫墙壁上，装嵌着千尊阿閦佛的塑像，佛像间隙中则镶嵌着观世音普度六道众生的传说塑像，约八岁儿童身量高的三十五尊佛的香泥塑像，并新建了大经堂和上下两方的佛堂。依怙神殿里供着一人身量高的吉祥怙主站斯（ཟམ་གཟུགས།）的身像和四尊明妃像等。还有甘珠尔经堂（བཀའ་འགྱུར་ཁང་།）等的许多净房，里面陈设超殊，有画像和塑像及各式各样的供器等等，还安置着比丘的卧具和茶食的用具等。尊者亲自为这静修庵做了开光安神仪轨，并命名为德钦曲林（བདེ་ཆེན་ཆོས་གླིང་།）。整顿了祈愿法会，坐夏诵经、五供、二十九日施食祭、送神施食祭、期供等的诵经传统，特别规定圣教永远昌盛期间，不论何时，每月要进行两次金刚瑜伽母的修习供祭。凡曼荼罗所需的资具，用绸缎、金银等所做的祭祀用具、鼗鼓、铃等灌顶法器，等等瑜伽用具，以及跳神用的服装、骨饰等的质量都比较高。在四季曼荼罗修习大法会及阴历十一月廿五和正月、四月、七月等各月的初十日举行列队跳神供养仪式。跳神者服装、骨饰等须按规定穿戴，按照各个不同的时期，拿上供器起舞奏乐，踏着舞步向坛城左转巡礼后在前面站立，司仪轨者按照各个不同的时期献上供品，举行十六明妃舞及金刚曲等。

舞曲韵调和手印必须按传统及有根据的规定进行。凡跳神者的舞步，奏乐者的长号、琐呐、鼓和铙钹等的吹奏法，行茶僧的供品和施食的陈设法，会供器物的摆设等等都由尊者亲自教授。这里所奏的春华之曲的韵调，乃金刚持章嘉·饶必多吉于幼时逐步形成，观妙容空行祈愿音调，是嘉央德委多吉（འཇམ་དབྱངས་བདེ་བའི་རྡོ་རྗེ།）亲自听了金刚空行佛母乐调后所作，形式相同，并曾赐予加被。因此，特别规定这种乐调不能随意更改。这些都是尊者依据瑜伽密乘界限的捷径获得了修习内、外空行证悟而作的。距此不远的地方，从前噶玛·饶必多吉曾长期居住并予以加被。左右山岩上有酷似大自在天夫妇的生殖器官而直接突出的岩石等，是具有续部里称赞的修习瑜伽相的修行处。端珠庄园寝宫中有邬金林（ཨོ་རྒྱན་གླིང་།）庭院，它的附近有悦意兴法林苑，周围树林环绕，林中间杂着草地、假山，中间是一处清凉大湖，湖边滩头和山洼间生长着各种花草树林，其间还有多处千姿百态的殿宇、楼台、稀奇地茅屋，还有名为大乘法阁的殿宇、寝室等建筑群。

扎底产仓（བྲ་སྟི་ཁྲན་ཚང་།）静修处的桑木丹林（བསམ་གཏན་གླིང་།）寺扎底曲结（བྲ་སྟི་ཆོས་རྗེ།）阿旺更登（ངག་དབང་དགེ་འདུན།）所建。大经堂则系土观呼图克图所建。以扎底转世活佛为首僧众和庄园都依靠这座静修庵，他们把扎底戛尔瓦的佛像、佛经和供器等造册移交于尊者，其中有圣·舍利子的祖衣等许多佛物。

曲结更登拉丹（ཆོས་རྗེ་དགེ་འདུན་རབ་བརྟན།）于十二胜生土虎年（公元 1698 年，清康熙三十七年，戊寅），修建了扎玛隆（བྲ་མ་ལུང་།）静修庵。它附近的宗西（རྫོང་ཞི）静修庵，由李嘉（ལི་ཀྱཱ།）地方的智化扎西（གྲགས་པ་བཀྲ་ཤིས།）比丘于木蛇年（公元1725 年，清雍正三年，乙巳）所建。后来在官西巴（སྒོམ་ཞིས་པ།）的住地，当地的官人鲁嘉然绛巴·端约洛者（ལི་ཀྱཱ་རབ་འབྱམས་པ་དོན་ཡོད་བློ་གྲོས།）修建了珠隆噶丹夏珠林(འབྲུག་ལུང་དགའ་ལྡན་བཤད་སྒྲུབ་གླིང་།）寺，于道光元年搬迁寺址，己丑年修建了八岁身量的弥勒佛像。土观活佛（ཐུའུ་བཀྭན་རིན་པོ་ཆེ།）

曾任过该寺的法台。

桑木丹则（བསམ་གཏན་རྩེ།）静修庵鲁嘉老禅师更登达杰（དགེ་འདུན་དར་རྒྱས།）修建。起初他在哲蚌寺学习《集类学》，半月中不能记一词，后在格派院修习白文殊法，据说曾亲见圣容，于是智慧绝顶，立即学完了两三个学级的教程，著有《大威德生起次第论》等书籍。

拉年桑托山（ལྷ་གཉན་སེང་མགོ།）下面的仓嘉佛塔（ཚང་སྐྱ་སྐུ་འབུམ།），由佑宁寺僧人仓嘉噶居昂索（ཚང་སྐྱ་དཀའ་བཅུ་ནང་སོ།）修建。

当西扎喜曲林寺（སྟོང་ཤགས་བཀྲ་ཤིས་ཆོས་གླིང་།）系官西大成就者更登桑保（དགེ་འདུན་བཟང་པོ།）或叫更登洛哲（དགེ་འདུན་བློ་གྲོས།）者修建。他生于十一胜生铁羊年（公元1631 年，明崇祯五年，辛未），是鲁嘉老禅师的侄子，于幼年时偷偷地跑到叔叔老禅师处出了家。虽像玛尔巴禅师惩治米拉日巴那样处治了他，但他心悦意诚地侍奉，获得师长的喜悦，教授了许多显密教诫，后到西藏哲蚌寺郭芒扎仓求学，在达赖、班禅、嘉赛仁波切、智化坚赞活佛等处聆听了许多甚深妙法，取得了噶居学位。又到格派（དགེ་འཕེལ།）学习了《菩提道指引》，并潜心学习胜乐法，获得了圆满次第证悟。向嘉赛活佛呈述了想回多麦地区的念头之后，赐予了修建两处讲修院的授记，并委派觉阿坚赞巴为守护神。回到家乡后，虽有一些汉官不大尊敬，但不论施加怎样的考验，都显示了成就者证道的征兆，因而被称为鲁嘉大成就者。据说在佑宁寺叩见了嘉赛·端约曲嘉措，获得修建弥勒殿因缘。这种说法虽然在颂体本《寺志》（གདན་རབས་ཚིགས་བཅད་མ།）中有记载，但是，是否为后一辈嘉赛？尚待考证。曾向章嘉·阿旺罗桑曲丹（ལྕང་སྐྱ་ངག་དབང་བློ་བཟང་ཆོས་ལྡན།）请求了金刚鬘灌顶，在桑木丹孜（བསམ་གཏན་རྩེ།）静修处修建了佛堂和弥勒佛像。第十二胜生火兔年（公元 1687 年，清康熙二十六年，丁卯），五十七岁时，修建了这座寺院，后被佑宁寺护法颂为扎喜曲林（བཀྲ་ཤིས་ཆོས་གླིང་།）。承事外泽为守护神，设敬神施食祭，修建了弥勒佛像，一日大水冲来了许多磐石，对此施以眼观法（ལྟ་སྟངས།密宗降伏鬼魔的法术），改变了磐石流动的方向。据说从此以后，这里杜绝了水患。辛未年六十一岁时，修建了讲经院（བཤད་གྲྭ།）。他的转世化身乔珠坚赞（མཆོག་སྤྲུལ་རྒྱལ་མཚན།）出生于青海的索若（སོག་རོལ།）部落，六岁迎入寺院坐床。曾在佑宁寺和西藏的郭莽扎仓求学。返回家乡以后，曾任当纳（མདུང་ནག）地方的文殊寺（འཇམ་དབྱངས་དགོན།）和这个寺院的法台，主持政教事宜。复次又赴西藏积资粮，达赖喇嘛授以额尔德尼呼图克图（ཨེ་རྟེ་ནི་ཧུ་ཐོག་ཐུ།）封号，并赐给了三棱橛等许多法器。返回的路途中，从托索诺尔（ཐོ་སུ་ནོར།）至青海湖边，得悉在青海事变中，塔尔寺（སྐུ་འབུམ།）、佑宁寺（དགོན་ལུང་།）、广惠寺（གསེར་ཁོག）等许多寺院受到损失的消息后圆寂。他转世的呼毕勒罕出生于凉州（ལང་ཇུ།）地方的班毛（པནྡོ།）村落，由朋措·智化达杰（ཕུན་ཚོགས་གྲགས་པ་དར་རྒྱས།）禀报了松巴（སུམ་པ།）大堪布。据说在此期间，甲底（རྒྱ་རིག）地方也出生了一个他的转世化身，其详细情况不详。此后的转世呼毕勒罕茨成丹增嘉措（ཚུལ་ཁྲིམས་བསྟན་འཛིན་རྒྱ་མཚོ།）与前世章嘉活佛是弟兄，出生于水虎年（壬寅），为德赤活佛（རྗེ་ཁྲི་རིན་པོ་ཆེ།）的亲门弟子，恪守僧规，曾两赴五台山，也去过西藏，担任过佑宁寺的堪布，水牛年（癸丑）六十二岁时圆寂。就在这一年转世生为现在这一世章嘉的兄弟，名茨成丹巴尼玛（ཚུལ་ཁྲིམས་བསྟན་པའི་ཉི་མ།），拜桑丹朋措拉仁巴（ལྷ་རམས་པ་བསམ་གཏན་ཕུན་ཚོགས།）为师，学习优良，行为端正。

讲辩经院初建时，由五明学者桑保达杰（བཟང་པོ་དར་རྒྱས།）阿阇黎任教长，学习三事修习及舞、画、唪三艺。土兔年（己卯）修建了经堂。水马年（壬午）金刚持罗哲嘉措（རྡོ་རྗེ་འཆང་བློ་གྲོས་རྒྱ་མཚོ།）任法台，修建了有一百一十八根柱子的大经堂。松巴曲结（སུམ་པ།）朋措南嘉（ཆོས་རྗེ་ཕུན་ཚོགས་རྣམ་རྒྱལ།）于铁兔年（辛卯）任法台，设置了《现观庄严论》的学习。水蛇年（癸巳），端珠嘉措（དོན་གྲུབ་རྒྱ་མཚོ།）任法台，讲授《集类学》《悟慧论》和《因理论》《中论》和《般若》《菩提道次第论》等。佑宁寺的王智化班觉尔（ཡང་གྲགས་པ་དཔལ་འབྱོར།），火猴年（丙申）任法台。土猪年(己亥)，大成就者的化身乔珠坚赞（མཆོག་གྲུབ་རྒྱལ་མཚན།）任法台。木龙年（甲辰），由曲旺嘉措（ཆོས་དབང་རྒྱ་མཚོ།）尊者任法台一年，将一切财产施舍给僧众后，赴静修庵修习，彼师著有颂体本《寺志》一书。木蛇年（己巳），由格西琼擦·拉丹(ཁྱུང་ཚ་རབ་བརྟན།）的转世化身阿旺罗桑（ངག་དབང་བློ་བཟང་།）任法台。火羊年（丁未），由洛哲坚赞（བློ་གྲོས་རྒྱལ་མཚན།）任法台。土鸡年（乙酉），由桑保桑木丹（བཟང་པོ་བསམ་གཏན།）善知识任法台。水牛年（癸丑），松巴·耶喜班觉尔到此以后讲授了许多显密经典和《弥罗多》等怛特罗部的灌顶教诫等。土观仁波切又一次任法台，严饬戒律，加强各班级的讲辩及教程的考试，鼓励优秀者。委任拉仁巴端珠嘉措（ལྷ་རམས་པ་དོན་གྲུབ་རྒྱ་མཚོ།）为洛穹（སློབ་ཆུང་།）[67]。第一世噶萨（སྣ་ཟ།）活佛桑丹嘉措（བསམ་གཏན་རྒྱ་མཚོ།）是卫地的格西。他的后一辈出生于哇依（བ་ཡིད།）部落，于茨成嘉措巴(ཚུལ་ཁྲིམས་རྒྱ་མཚོ་པ།）之时到寺。以后由塔尔寺的噶居曲智奥赛（ཆོས་གྲགས་འོད་ཟེར།）和蒲擦夏仲（ཕུར་ཚ་ཞབས་དྲུང་།）两人任法台，但圣·宗喀巴的像在这两位手中没有完成，王佛第二世则迎请了《甘珠尔》《丹珠尔》大藏经等和许多有加持灵异的佛像、佛经、佛塔。自第十二胜生丁卯年建寺以来至己酉年一百六十三年期间，讲经院办理较佳，僧众数逾三百。该寺与桑木丹孜（བསམ་གཏན་རྩེ།）、珠隆寺（འབྲུག་ལུང་།）等三个寺院的庄园有噶萨两部、杨穹哇依（དབྱངས་ཆུང་བ་ཡིད།）部落和祁家拉卡巴依（ཁྱི་གྱ་ལ་ཁའི་སྤྲ་ཡེ།）等四个部落。

下当西（སྟོང་བཤག）的赛当静修庵（སེར་སྟེང་རི་ཁྲོད།），据说是在一位赛登（སེར་སྟེང་།）僧人住过的地方修建起来的。现在由塘让（ཐང་རིང་།）的冈哇活佛主管。

阿嘉（ཨ་ཀྱཱ།）静修庵由曼仁巴阿嘉夏仲·金巴嘉措（སྨན་རམས་པ་ཨ་ཀྱཱ་ཞབས་དྲུང་སྦྱིན་པ་རྒྱ་མཚོ།）修建。玛其（སྨ་ཆེ།）静修庵由赛玉（སེ་ཡུ།）大禅师朋措嘉措（ཕུན་ཚོགས་རྒྱ་མཚོ།）修建。

密乘寺院曲科林（ཆོས་འཁོར་གླིང་།）寺，原系以卫地修习密乘的僧人们派遣的一位募化者住过的地方为基础修建的。至今在这里还保存着达赖喇嘛颁发的珍奇手谕。全知者班禅当年曾给土观呼图克图颁发过修建一座新寺院的指示，经请求授记，认为扎喜曲林寺院所属游牧部落中的杂采（རྫ་ཚེ།）地方风水好，地势吉祥。于是就原来地址修建新寺塔哇林（ཐར་པ་གླིང་།）。铁牛年（辛丑），金刚持来到此地，占卜摩睺罗伽等禳解风水，安置宝瓶，命令阿南（ཨ་ནམ།）部落，将左右方却典隆巴谷（མཆོད་རྟེན་ལུང་པ།）、扎喜隆巴谷（བཀྲ་ཤིས་ལུང་པ།）、拉隆谷(ལྷ་ལུང་།）等地划界封禁。

经堂后部中央，安置着上师[68]的宝座，左右两旁造有传承菩提道次第的约八岁儿童身量高的五十九位上师身像，下方壁画是本师释迦牟尼十大行的传记，圣·宗喀巴全部事迹，屋顶天棚上的壁画是师承传记，屋顶上安置金铜制宝瓶。上方右侧的佛堂里，供奉着以觉阿利见佛为主的许多画像和塑像。左侧依怙神殿里供奉着以嘉地区天母神湖圣水和沙砾，汉藏各个大圣地、依怙殿和寒林等处的沙石，以及许多圣者的头发和衣服等合在一起作为造像的材料，并于胸间画有命脉图像，依法装藏，高度约为十卡的退兵佛母像，这尊圣像非常灵验。还有嘉赛活佛赐给的檀香棍等各种亲眼供物。阿旺噶罗（ངག་དབང་དཀའ་བློ།）比丘修建的汉式佛殿里，供着《甘珠尔》大藏经、大法轮。护法殿内供着七卡高的骑狮护法、财神、骑羊护法等身像，极为威灵显赫。护法殿外悬挂着质地优良的各种绸缎制成的单幅或双幅瓔珞，长度约为八寻的缎制不动佛佛像，各种供器及许多供养比丘的用具等。

活佛府中央的佛堂里，供奉着据称系永乐皇帝的本尊三世佛金像及宝座、背垫等；从扎什伦布寺迎请来的一尺高班禅的檀香木身像；紫檀香木雕八尊善逝佛的佛像和降天大佛塔（ལྷ་བབ་མཆོད་རྟེན་ཆེན་མོ།[69]）；用檀木或金、铜等铸造的圣·林普玛（རྗེ་གླིང་འཕུར་མ།）等许多佛像；本师释尊佛、觉阿大佛、圣·宗喀巴、达赖喇嘛等传记，菩提道次第福田等等画卷多幅；拉萨版《甘珠尔》大藏经及手抄本经籍一百余函；十一面观世音菩萨塑像和画像等。依怙殿里供有酬补供物、吉祥怙主的画像，亲眼供物。寝室里供着强巴（བྱམས་པ།）仁波切等根本上师，胜乐、密集、大威德、纳若空行佛母（ནཱ་རོ་མཁའ་སྤྱོད་མ།）、马头明王密像等本尊的画像和塑像，供品、供物和室内装饰物陈设得有条有理。屋前龙王台是一处生长各种树木花草的林苑。

宗教法事活动：三事实践及大会堂的诵经制度坚持不动尊仪轨；修行供；祈愿法会。举行外泽护法主从三种舞、八位持刀屠夫、具誓护法、两位骨髅、两位游方瑜伽咒师等均按扎什伦布寺的跳神仪式，四月和九月实行禁食斋，六月举行祈愿法会，新年时举行吉祥天母的施食供等，寺规清净严谨。曾邀请以一切知嘉木样协巴为主的许多大士夫作安神开光仪式，大转甚深妙法的法轮，造福情器世间，大降圣智加持。霍尔禅师阿旺拉丹（ངག་དབང་རབ་བརྟན།）喇嘛前后讲授了《菩提道次第指引》和多次授予灌顶，并在寺院附近修建了三层楼房高的大佛塔。彼师系哲蚌寺的格西，居于格派院，已达到气功瑜伽之位，与索南智巴（བསོད་ནམས་གྲགས་པ།）堪布同辈。开始由噶居久买坚参（དཀའ་བཅུ་འཇིགས་མེད་རྒྱལ་མཚན།）任掌堂师，玛仓·罗桑丹增（མར་ཚང་བློ་བཟང་བསྟན་འཛིན།）任教长。其后，依次任命洛噶尔噶居（ལོ་དཀར་དཀའ་བཅུ།）、阿旺丹达（ངག་དབང་བསྟན་དར།）、普擦曲结（ཕུར་ཚ་ཆོས་རྗེ།）等管理该寺。却典隆巴谷（མཆོད་རྟེན་ལུང་པ།）附近也修建了一处静修庵，并曾召集扎喜曲林（བཀྲ་ཤིས་ཆོས་གླིང་།）等六个寺院的执事和寺院的庄园噶蒲（སྣ་ཕུར།）等九个部落的头人等举行庆祝落成典礼。

莲花台噶丹乃居培结林（དགའ་ལྡན་གནས་བཅུ་འཕེལ་རྒྱས་གླིང་།）寺院第十二胜生木狗年（公元 1694 年，清康熙三十三年，甲戌），由李嘉的转世活佛阿旺曲嘉（ངག་དབང་ཆོས་རྒྱལ།）修建，至己酉年，已有一百五十六年的历史。寺院内藏有赞普（བཙན་པོ།）著的《集类学》和大般若经《十万颂》等许多雕版。

佑宁寺西北方雅尔仁巴（ཡར་རིམ་པ།）的扎底阿却（ཟ་སྟི་ལྷ་མཆོད།）寺当年吐蕃国王的一支后裔迁来安多地区时，西藏扎（ཟ།）、珠（འབྲུ）、东（སྟོང་།）三大氏族之一——扎氏部落到安多地区定居，后来人们把扎氏（ཟའི་སྡེ།）讹误为扎底（ཟ་སྟི།）了。这个氏族中，约于阿底峡尊者未到西藏以前，出了一位扎观禅师却吉多吉（ཕྲ་སྒོམ་ཆོས་ཀྱི་རྡོ་རྗེ།），在海心山修行，证得神通和先知。解手时，曾将法衣悬挂在太阳光芒上；调伏附近的乾慧派学者普观，使他得到教诫；有一次，坐禅尚未完结，太阳已经偏西了，便以此为缘起，制止太阳西行，因此得到“索捆太阳”的名气。当时海边一个藏族部落的头人名叫盖科嘉（ཀེ་ཁོད་རྒྱ།），每年要向凶狠的野蛮拉洛（ཀླ་ཀློ།）部落头目交纳男女孩童各十名作为差徭。有一次，拉洛官人生了病，祈求扎观禅师医治而愈，便以“此后不再向藏族头人征收人税”作为酬谢。藏族官人很高兴，献了大量布施，尊为喇嘛上师，并进行宣传，要全区的人尊扎观禅师为喇嘛上师，向远处的藏族部落各派一位僧人作为施供处。这样便出现了十三个扎底戛尔瓦（ཕྲ་ཏྲི་སྒར་བ།庵堂）。藏族官人患了致命的绝症，请求杜绝堕入恶途的灌顶。来年临终时，在海边煨起了隆重的烟祭，有些人看到海面出现了冰桥，有些人看见了官人的双足不沉于水等各种情景。由于向官人灌了顶和做了迁转，以此神通，官人得到往生。后由居住在浩门河岸边的藏族部落请去供养，对此，一个本教首领产生了嫉妒心理，要求斗法。鉴于不战胜这个黑本教徒便显示不出密乘的神威，遂指示“挖一个象征天、地、水三者的三角形地窖”，当人们如式完成时，那个本教徒被浩门河水冲走，后来于河水分向两边，中间现出三角形地方之处，搁着那本教徒的尸体。现在所挖的那个三角地坑的形状，仍保持原样，渡口被称为温拉渡（འོན་རབ།），修行的禅堂遗址也还存在。浩门河原来被称为青水河（ཆུ་སྔོན།）。曾有一条凶狠的孽龙寄身于此，吞食岸边的许多人畜，人们无法可施，悲号“这些人畜被水中怪物抓去杀害了！”于是该水被命名为居拉合（འཇུ་བཅག）河，现在由于讹误而被称为“འཇུ་ལག”了。

对于这条孽龙，施行任何方法，都不能把它制伏，扎观禅师便修缘起，使它爬出水边，予以降伏。在北路，魔鬼进入了一具妇女的尸体，为不害赴西藏的行人，当即予以消灭。据说魔鬼的头盖骨还是某戛尔瓦的供器之一。扎观禅师去西藏，住在桑耶寺，护法北哈尔（བེ་ཧར།）施展神变法术，彼师从伏藏之中挖出了嘉布阿代（རྒྱལ་པོ་ཨར་གཏད།[70]）的教诫，予以降伏。这些事迹在伏藏的师承传记里有记载。据说禅师圆寂时，化为彩虹在天空中消失，显示证得了虹身。这个家族中得成就者很多，在多康（མདོ་ཁམས།）的一支后裔，成为得加被者。扎底才秀盘（བྲ་སྟེ་ཚེ་སྤྱུག་འཕན།）曾为西藏万户，他的后裔中曾出了叫作勒辛本玛（གླེ་གཤེན་བོན་མར།）的本教得道者。他带领许多藏族人民，来到多麦北部，定居于山岭重叠、森林茂密地区。有一天，一场冰雹过后，看见向东延伸的山岭之间，有一匹与众不同的白马，正一跛一拐，举步艰难。他详细一看，只见马蹄缝中有一粒芥子，便把芥子取出，念诵了医治疮伤的密咒，这匹白马立刻驾云腾空飞去。当天夜晚，梦见这匹白马原来是阿尼玛沁山神的坐骑，被一位有法力的防雹者的法物击中。

“蒙您拔出，至深感谢。明天请到西方的一座犹如晶石佛塔的白岩下来，会有奇遇。”

次日在该处看到一位美女和本教占卦彩线和卦书等，遂与这位美女成家。一年后，生下一个肉包，取出八个非常清秀的婴儿，美女立刻消失不见了。由于八个婴儿的母亲是在岩石下得到的，遂被称为智擦捷（བྲག་ཚ་བརྒྱད།[71]）。这位美女是阿尼玛沁山神的女儿，智擦（བྲག་ཚ།）们是阿尼玛沁山神的外甥，于是人们流传玛沁扎的姓来自神种。用占卦彩线和挂书占卦很灵验，蒙古王（ཧོར་རྒྱལ་པོ།）也曾请去占卜吉凶。据说，占卜用的彩线系鹿毛所制，目前尚存云。蒙古王的大臣伊古着洛（ཡས་སྐུ་གྲོང་ལོད།）的女儿与大智擦（བྲག་ཚ་ཆེ་བ།）结为夫妻，生育了三个儿子。大儿子在帽子上装饰了红色盔缨，穿戴蒙古族服装，因而被称为红帽。（ཞྭ་དམར།沙玛尔）。小儿子的后裔是金刚瑜伽师，后裔有能降霹雳的扎底仓巴托拜等许多咒师，后诞生了金刚持曲吉尼玛[72]。扎德阿却募化师喜饶智曾去西藏邀请了嘉赛活佛。当称为“流贼”的康定（དར་མདོ།）的六名盗贼抢夺明朝江山时，被附近的一些回回带领着流贼的军官，想到佑宁寺（དགོན་ལུང་།）来，洗劫了寺院所属的霍尔墩（ཧོར་དུམ།）、多隆（དོ་སོན།）等数处庄园村庄，当他们将要到达佑宁寺时，阿却昂索索巴宗哲（བཟོད་པ་བརྩོན་འགྲུས།）等与汉族的三位总理（ཙུང་ལི།）同心协力熄灭了这次战火。又佑宁寺的僧徒在浩门河上架了一座桥，嘉多（རྒྱ་རྡོག）的强盗过桥抢劫了明朝金库的解送银两的官员。明朝军队准备摧毁寺院，由阿却昂索索巴、昂索桑保、昂索脑吾等毫不吝惜地花费了大量金钱予以赔偿，才算退兵，保住了寺院。在这方面，扎底戛尔瓦各部对佑宁寺贡献很大。

由于前世土司们与达垅派关系密切，供奉智赞（གྲག་བཙན།）为守护神，各个戛日瓦里供奉着从达隆沟的沟脑、谷口等处请来被噶举派加持过的许多佛像、佛物等，如由度母之语中化出能听出语音的丹加尔玛像（དམ་འབྱར་མ།），空行母苏卡森都（མཁའ་འགྲོ་མ་སུ་ཁ་སི་དྡྷི།）的头骨连同头发、耳饰、飘带等，自然显现阿“ཨ”字的圣·宗喀巴的牙齿和整套衣服，班禅罗桑确坚的整套衣服和杜绝恶途的帘幕，俺答汗的帽顶、念珠、金筷子，圣·宗喀巴的本尊大威德像，具有灵异的玛玖拉仲像，圣·宗喀巴的头发，包藏在三层包袱之内，戒香四溢的三种宗喀巴身像等。因此，人们流传着扎底有一千种能依佛物。所以，当寺院失火时，火灾未能波及，或只受了一些轻微的损失。

芒堆（མང་འདུས།）静修庵曲浪格派林（ཆོས་ལུང་དགེ་འཕེལ་གླིང་།）由李嘉·曼仁巴修建。后来土观呼图克图又在该寺修建了一座大经堂，内有洛穹李嘉曲结塑造的土观活佛像。李嘉曲结之后，玛嘉然绛巴（སྣ་ཀྱ་རབ་འབྱམས་པ།）阿旺桑保（ངག་དབང་བཟང་པོ།）任该寺的法台。

佑宁寺僧人哇日·噶居智化（བ་རི་དཀའ་བཅུ་གྲགས་པ།）修建了香浪拉丹桑珠林（ཤེད་ལུང་རབ་བརྟན་བསམ་འགྲུབ་གླིང་།）寺院。

昔日几位静修者居住过的地方，修建了温巴曲隆（དབུམ་པར་ཆོས་ལུང་།）寺院。

※ ※ ※

曲藏寺[73]（ཆུ་བཟང་དགོན）修建者的第一世是圣·宗喀巴的亲门弟子，为博通经论，精研内典的十二位守持佛教法师之首座仲尊·谢江洛哲拜巴（འབྲོམ་བརྩོན་ཤེར་འབྱུང་བློ་གྲོས་སྦས་པ།），他转世为五台山的和尚。佛教在西藏盛兴之前，印度的阿罗汉摩腾伽（མ་ཏི་ཀ་བ།）等来到内地弘扬佛教，信奉者称之为和尚。除了服装和语言外，其他都与藏族的出家者相似，比丘的戒律大部分也相同；看见赤体露肉认为羞耻，须遮蔽起来。为了与俗人的服饰有所区别，衣袖很宽大，红、黄虽为上色，但由于地方上的习俗，穿着青色之衣。内部分鲁门（ལྷུའུ་མིན།）、宗门（ཙོང་མིན།）、居士（ཀྱུའི་ཞུ།）三种。前者为受戒的沙弥、比丘，中间者是禅师，后者是闻思者。涌现了许多精通三藏的班智达和达到很高之位的成就者。许多人能背诵大般若经《十万颂》，疏释般若经者很多。一般见解与唯识派相同，也有持应成派的见解者。因此，不要认为所有和尚是来西藏的玛哈衍那(མ་ཧཱ་ཡ་ན།)[74]的追随者而恼怒和斥责。

此后的转世为曲藏·南嘉班觉尔（ཆུ་བཟང་རྣམ་རྒྱལ་དཔལ་འབྱོར།）。彼师生于第十胜生土虎年（公元1578年，明万历六年，戊寅），出生在多隆噶来的康撒尔（སྟོང་ལུང་དཀར་ལེབ་ཁང་སར།）地方，父名索南贡保（བསོད་ནམས་མགོན་པོ།），母名玛玛择桑（མ་མ་བྲེ་སང་།）。当下密学院于曲弥隆（ཆུ་མིག་ལུང་།）坐夏修习时，他偷偷地跑到居钦·南嘉贝桑（རྒྱུད་ཆེན་རྣམ་རྒྱལ་དཔལ་བཟང་།）处出了家，在热哇堆（ར་བ་སྟོད།）扎仓拜达隆扎巴（སྟག་ལུང་བྲག་པ།）洛哲嘉措（བློ་གྲོས་རྒྱ་མཚོ།）为师，学习了《集类学》和《因明学》，在哲蚌寺的郭芒扎仓拜玉康·格勒龙珠（གཡུ་ཁང་དགེ་ལེགས་ལྷུན་གྲུབ།）为师，学习《中论》《般若》《律本论》《俱舍论》等，获得了林赛（གླིང་བསྲེ།）的学位。曾在色拉寺、噶丹寺、扎什伦布寺、焕科寺（དཔའ་འཁོར་ཆོས་སྡེ།）、昂仁（ངམ་རིང་།）等的许多法相院巡回辩经。在扎什伦布寺院居住期间，藏巴汗于桑主孜豁卡向第四世班禅确坚说：“这里来了萨迦派和噶玛巴派的两名格西，要开展一场辩论，格鲁派方面派人来答辩！”

于是按照班禅确坚的指示，派曲藏·南嘉班觉尔前去应辩，从教理方面辩胜了那两人。他在大会中进行供养说：“对此请圣·罗藏扎巴高兴吧！”第悉藏巴汗等面目为之失色。第悉索南群培（སྡེ་སྲིད་བསོད་ནམས་ཆོས་འཕེལ།）秘密地授以增上缘。任郭芒扎仓（སྒོ་མང་གྲྭ་ཚང་།）的首任格贵，并在下密院修习密乘。铁猪年（辛亥），在班禅座前聆听了金刚鬘灌顶等许多佛法，受了比丘戒。

韩达隆（དན་སྟག་ལུང་།[75]）地区派韩阿吾喇嘛（དན་ཨ་བུ་བླ་མ།）、达隆官人（སྟག་ལུང་དཔོན་པོ།）等向第四世达赖喇嘛云丹嘉措请求派遣一位好的供养喇嘛。虽按照请求，派了兰巴饶绛巴·索南扎巴（ལམ་པ་རབ་འབྱམས་པ་བསོད་ནམས་གྲགས་པ།），但他坚持不去，于是改派彼师前往。土默特火落赤（ཐུ་མེད་ཧོ་ལོ་ཆི།）曾请求讲经，在青海湖南居住约一年后，在塔叩尔（ཐར་ཁིར།）地方居住修习了数年，著有《大威德圆满次第指引》。却图汗消灭土默特蒙古的时候，他来到了边内。在塔尔寺任堪布期间，被却图汗邀请到青海湖边，对其询问的答复很满意，说道：“除了帽子之外，第巴曲结（སྡེ་པ་ཆོས་རྗེ།）和您应该是我的上师。”

火鼠年（公元1636年，明崇祯九年，丙子）的年底，固始汗丹津法王和巴图鲁洪台吉两人消灭了却图汗以后，于火牛年（丁丑），前来叩谒，并请参加了制伏格鲁派的敌人白利土司和藏巴汗的会商。土虎年（公元1638年，明崇祯十一年，戊寅），在佑宁寺举行第巴曲结遗体火化仪式。从土兔年（己卯）起任该寺的堪布共十年。固始汗将全部华热（དཔའ་རིས།）地区献给佑宁寺作为供养该寺的庄园。土牛年（公元1649年，清顺治六年，己丑）在本隆扎喜塘（འབུམ་ལུང་བཀྲ་ཤིས་ཐང་།）地方修建了曲藏寺，铁兔年（公元1651年，清顺治八年，辛卯），六十四岁时圆寂。

南嘉班觉尔的转世呼毕勒罕罗桑丹贝坚赞（བློ་བཟང་བསྟན་པའི་རྒྱལ་མཚན།），于水龙年（壬辰）诞生，在赞普·端珠嘉措（བཙན་པོ་དོན་གྲུབ་རྒྱ་མཚོ།）处出了家。曾在西藏求学，到泽塘（ཙེ་ཐང་།）巡回辩经，于第五世达赖喇嘛处受近圆戒。任过塔尔寺密宗学院的法台。铁猴年（庚申）任佑宁寺堪布。从火鼠年（公元 1696 年，清康熙三十五年，丙子）四十五岁时起，任塔尔寺堪布十七年，曾呈报皇上，于土虎年（公元 1698 年，清康熙三十七年，戊寅），赐给塔尔寺“金轮金陀寺（音译）（གསེར་འཁོར་ཅིན་ཐའོ་དགོན）”藏语意为“入菩提圣道之门”的匾额。建立了春季学期和坐夏学期中立宗辩经、祈愿法会中磋朗辩经等制度，整顿寺院的清规并规定寺纪。铁蛇年（辛巳），制作了锦缎的狮子吼佛像。在青海蒙古的首领叔叔达什巴图尔（བཀྲ་ཤིས་བཱ་ཏུར།）、济农（ཇི་ནང་།）官人、索南扎喜（བསོད་ནམས་བཀྲ་ཤིས།）官人等施主们的赞助下，于土鼠年（戊子），修建了大金瓦寺（གསེར་གདུང་ཆེན་མོའི་ལྷ་ཁང་།），铁虎年（公元 1710 年，清康熙四十九年，庚寅），由济农官人[76]修建了极为庄严的金瓦屋顶。第十二胜生火猴年（公元 1716 年，清康熙五十五年，丙申），第七世达赖喇嘛驻锡塔尔寺，给达赖喇嘛传授修习大威德大灌顶等密宗四部的灌顶、开许、经教、教授等许多教诫。水虎年（壬寅）为达什巴图尔王（ཧོང་བཀྲ་ཤིས་བཱ་ཏུར།）大灵塔和他自己扩建的各项建筑开光，助顺缘白银两万两。水兔年（癸卯）事变期间，嘉多（རྒྱ་རྡོག）寺院的喇嘛赛科巴（གསེར་ཁོག་པ།）浪达勒曲杰（གླིང་ཏ་ལེ་ཆོས་རྗེ།）为军事首领，率领嘉多的部分藏军攻打汉族的城池；赞保赛钦然绛巴（བཙན་པོ་སེ་ཆེན་རབ་འབྱམས་པ།）带领他一派的许多僧徒，前去掠劫三眼井（སན་ཡན་ཅིང་།）[77]等处的物资，被清军生俘。由于这人胡说八道，清军捣毁了广惠寺和曲藏寺，百余名无辜的僧人被杀，大经堂和佛殿等被烧毁，夏科（ཤ་ཁོག）地区的三座寺院、浩门河的嘉多寺、仙米（སེམས་ཉིད།）寺，霍若（ཧོ་རོད།）的扎底寺院等也遭受了很大的损失。“横行无羁，众受祸殃。”无论政教都受了这句谚语指出的遭遇。曲藏仁波切（ཆུ་བཟང་རིན་པོ་ཆེ།）虽毫无罪过，但因彼师是广惠寺现任上师，遂受株连，以他为首的十七名老僧，被欺骗至衙门庄山上遭受火焚的惨祸。由于所化者的表现和业果威势凶猛之故，其结果有不可挽回者，犹如圣目犍连的故事一样。为了不玷污圣哲的行为，每个人应该作不放逸之业为是。这位上师著有自传一部。昂噶尔（ཨང་དཀར།）曾赞誉道：

“是真正的薄伽梵、大威德和大雄，是七世达赖喇嘛的顶庄严！”

他的转世化身阿旺土丹旺秀（ངག་དབང་ཐུབ་བསྟན་དབང་ཕྱུག），于木蛇年（公元1725年，清雍正三年，乙巳）诞生，与章嘉·饶必多吉（ལྕང་སྐྱ་རོལ་པའི་རྡོ་རྗེ།）是昆季。五六岁时，即由丹增嘉措（བསྟན་འཛིན་རྒྱ་མཚོ།）比丘教授诵经，在佑宁寺僧人松巴·朋措南嘉（སུམ་པ་ཕུན་ཚོགས་རྣམ་རྒྱལ།）处受居士戒，命名为阿旺丹增华桑（ངག་དབང་བསྟན་འཛིན་དཔལ་བཟང་།）。七岁时，在前世土观活佛曲嘉措写信严厉催促下才得以坐床。坐床之际，佑宁寺僧人拉东噶居茨成达杰（རག་རྡོང་དཀའ་བཅུ་ཚུལ་ཁྲིམས་དར་རྒྱས།）和广惠寺的卜·然绛巴云丹达杰（ཙུ་རབ་འབྱམས་པ་ཡོན་ཏན་དར་རྒྱས།）两人在大会进行磋朗辩经，对此心中喜悦，鼓掌称善。由卜·罗桑华丹（ཙུ་བློ་བཟང་དཔལ་ལྡན།）阿阇黎撰谛语祝福。到广惠寺，敏珠尔·罗桑丹增嘉措（སྨིན་གྲོལ་བློ་བཟང་བསྟན་འཛིན་རྒྱ་མཚོ།）任堪布，夏鲁哇（ཞྭ་ལུ་བ།）任轨范师出家，同时授沙弥戒，命名为阿旺土丹旺秀，由噶居智化扎喜（དཀའ་བཅུ་གྲགས་པ་བཀྲ་ཤིས་）教授诵经。十一岁时在广惠寺卜阿阇黎处先后聆听了《集类学》和十三依怙尊等许多经法，又拜尖扎噶居阿旺智巴（དཀའ་བཅུ་ངག་དབང་གྲགས་པ།）为师学经，经过一两个学期，即能举因以证宗法。在佑宁寺拜拉东噶居（རག་རྡོང་དཀའ་བཅུ།）为师，进入经院，聆听了在职堪布朋措南嘉（ཕུན་ཚོགས་རྣམ་རྒྱལ།）讲授的教程和《生起次第论》等教授，学习了中高级《集类学》《菩提道次指引》《修心》等，土羊年（己未）进入般若学级。由于个人的意愿和章嘉·饶必多吉的指示，于水狗年（公元1742年，清乾隆七年，壬戌）十八岁时，前赴西藏，在布达拉宫谒见七世达赖喇嘛。达赖喇嘛合掌说道：“是我喇嘛的真正化身。”使残暴者听了也都很惊奇。颇罗鼐也很尊崇，谈论很投机，说：“您的言论符合政教实际，请在这里多待一些时候！”在郭芒扎仓讲辩经教时，大家都称赞不休。由上级委任阿秀格西（དཔལ་ཞུལ་དགེ་བཤེས།）曲嘉措（ཆོས་རྒྱ་མཚོ།）为师。郭莽扎仓的卸职法台拉摩·阿旺南喀（ལ་མོ་ངག་དབང་ནམ་མཁའ།）说道：

“你是个大活佛，应努力通达显密佛法，你的寺院在何处？”

回答道：“在广惠寺和佑宁寺之间的本隆扎喜塘（འབུམ་ལུང་བཀྲ་ཤིས་ཐང་།）地方，只有一处拉让（བླ་བྲང་།）和少量的僧舍，寺院并不出名。”

法台又说道：“不必这样说，以后寺院会兴盛起来的。”接着送了一轴文殊菩萨的画像，要求学习者们供奉祈祷。还说：“我也供奉祈祷着文殊菩萨，因而得了格西南喀之名。”这张文殊菩萨的画像现在供奉在曲藏活佛府内。晋见阿旺坚巴（ངག་དབང་བྱམས་པ།）尊者和夏钦南卡桑（ཤར་ཆེན་ནམ་མཁའ་བཟང་།）时也表示了极大的敬意，还和言权自在者索南扎喜（བསོད་ནམས་བཀྲ་ཤིས།）等数位格西经常亲近，讲经说教，解释疑难，也使他们受益不浅。水猪年（癸亥），在大祈愿法会期间参加巡回讲辩，大家都很敬仰。达赖喇嘛赞誉道：“认识纯正，理路练达，值得欣赏。”提出几处问难，对回答都很满意，送了许多礼物加以鼓励。特别教导说：

“和五部大论的自宗相合的一切，完全包含在《菩提道次第论》中，希望研讨教程和在学习之余，领会广、略《菩地道次第论》。”顶礼后请求道：“愿将佛母般若波罗蜜多的奥意，按圣·龙树论师徒解释那样领悟后，为佛教和众生服务，请求予以保佑。”

于是先后赐以修习战胜摩罗的灌顶和关于修习文殊法的随许，并对他单独赐予允许修习白文殊的教言以及许多诀要和教法。在赤阿旺乔旦（ཁྲི་ངག་དབང་མཆོག་ལྡན།）尊者前聆听《菩提道次第三家合注》后，说道：“我前来西藏，就是要在座主尊前聆听《菩提道次第论》。现开始了在这一生中做好政教事宜的善缘，在喇嘛的加持下，今后虽对乞丐给一顿饭也将显示相同的大悲之心！”

尊者亲切地指示道：“我虽然没有大的教证的本领，但由于喇嘛的慈悲，当皈依时，时时从四无量方面出发，以极大喜悦心情尽量从事。”

当前一世班禅六岁时，彼师曾于扎什伦布寺叩谒时准噶尔的代表前来，请格西们进行辩经，彼师精辟论证，使他们意为之夺。于进行奖励时赞誉道："学级虽低，但颇有大格西的风度"，遂结了法缘。二十岁时，于学习经论之余，也阅读但特罗注解和生起次第及圆满次第论。在喇嘛林（བླམ་གླིང།）寺院与绷波（སྦོ་འབོར།）的一位有名格西在大会上辩论了义和不了义时，就能取与所取从理论上辩胜了对方。又详细地阅读关于其他部分经典许多函，向亲近的格西们提出疑难多处，他们说道："没有费多大的努力，竟在理论上达到了如此练达程度，我们真乃虚度了一生！"

在蒲尔伍交巴钦波（ཕུར་བུ་ལྕོག་པ་ཆེན་པོ།）和赤钦（ཁྲི་ཆེན།）两位尊者前聆听了许多佛法，当修念十三位依怙尊时，赤钦的梦境里，一位可畏的黑汉讲道：

"在你的徒弟中，这一位是阎罗敌[78]护持的特殊的补特迦罗，把我的一切教诫都教授之。"

他把这个梦境给个别内侍讲了。当修喇嘛、怙主无分别时，供养师手一颤动，朵玛落地，但丝毫没有受到损失。赤钦说道：

"你真了不起！事业虽将遇很大障碍，难以抵挡，侍奉与众不同的这位护法神吧！"

说罢，面授了许多秘密修习的法门。木牛年（乙丑）二十一岁时，在布达拉宫日光寝宫，由第七世达赖喇嘛噶桑嘉措任堪布，阿里活佛（མངའ་རིས་སྤྲུལ་སྐུ་）任羯磨师，洛浪喇嘛（བློ་གླིང་བླ་མ།）任屏教师，授予比丘戒。虽然家乡来人迎接，达赖喇嘛圣师徒严肃地说：

"他和一般的活佛不一样，必须通达显密教义，今后会为佛教，特别是为所有的私属，做出大有裨益的贡献，如果现在回去时，对佛教是一次损失。"

在学期的假期中，大多就在噶丹洞（དགའ་ལྡན་ཕུག）、圣·宗喀巴的禅室、格派等处坐禅读经。在噶东文殊殿（དགའ་གདོང་འཇམ་དབྱངས་ཁང་།）念修文殊菩萨法时，获得了不同一般的验证。

火虎年（丙寅），在赤钦（ཁྲི་ཆེན།）尊者处聆听大威德生起次第教授，当听到结尾时，赤钦突然发火，狠狠地申斥了一顿。当夜回向六十施食，供养师告诉听经者说：

“对未能来到者通知一下，让他们继续听昨天的讲授。”当献罢曼荼罗后，上师微笑道：

“你们之间，有一个已经修完了大威德生起次第，将要开始修习圆满次第了，这是谁？”

大家很惊奇，无从回答。

“活佛你祈祷本尊吧！会有可喜的成果。无论怎样，获得不同一般的证悟总是有障碍的，我也多次祈祷本尊，向法王和护法神献施食嘱托事业，会出现回遮障碍的征兆。”

火兔年（公元 1747 年，清乾隆十二年，丁卯），进入中观学级，值颇罗鼐逝世，郭莽扎仓的教长曲智（ཆོས་གྲགས།）向彼师说道：

“大家都说这位王和达赖喇嘛不和，但对我们三大寺（གདན་ས་གསུམ།）很关怀，特别对我们郭芒扎仓很关怀，德泽很大。因为这样，若达赖喇嘛不去噶丹新宫，赐予往生的迁转和祈愿，则其子孙们将会灰心，今后可能对政教不利！他们又不敢向上请求，别人上去请求也很困难，想请你赶快向上呈述一番[79]。”

回答道：“像我这样一个小人物，怎么能向达赖喇嘛面呈这样的事呢？不过阿阇黎是我的恩师，不能违背恩师的意旨，若能为佛教办有益的事，当然去请求。”

立即去噶丹颇章宫呈述颇罗鼐王逝世的情况，他本人的亲属们又不知所措的情况。

“请求现在不要考虑有没有呈报人，应该驾临噶丹新宫赐以回向等法施。对阿里公和达赖巴图尔[80]予以吊唁和安慰。请三世间怙主圣鉴！”

经这样禀请后，达赖喇嘛立即说：

“活佛，你为了圣教声誉，所想就是和别人不一样。”

便带了少数侍从人员前去，赐予迁转往生法事并安慰家属。强巴活佛称赞道：

“阿旺土丹旺秀你是大士夫，在这五浊世间，就要这样巧妙地为众生办事。”

土龙年（戊辰），学习《俱舍论》《律本论》等。桑杰多吉（སངས་རྒྱས་རྡོ་རྗེ།）阿阇黎请求于祈愿法会上巡回讲经。[81]

这时曲藏寺、广惠寺、佑宁寺等又派使者前来迎接。他说：

“现在还没有学到为你们做一件有益事的本领，还有许多佛法要听，若能这样，准备像往日的圣哲一样把修习作为中心。如果不能这样，也想对圣·宗喀巴的圣教和我们的寺院以胜妙功德，进行饶益。现不能回去，圣师徒们也不高兴。”

但是来时他们却鼓起了勇气向达赖喇嘛呈述了请求。达赖喇嘛说道：

“前几年你们来迎接时，我没有同意。现在阿旺土丹旺秀的学习已经圆满，世道的变迁又是如此。现在回自己的家乡去管理自己的寺院，对佛教和众生都有很大的益处。”

他们都很高兴非凡。赤钦仁波切说：

“达赖喇嘛考虑到他前一世的恩惠，毫无遗漏地教授了灌顶、经教，他本人聪明诚实，沉着稳练，修习实践都很认真，全部都能证悟，你们真有福分。”

彼师于是对郭芒扎仓的喇嘛们请求道：

“夏玛曲嘉措（ཞྭ་དམར་ཆོས་རྒྱ་མཚོ།）本性善良，会对佛教有益，我的巡回讲经这份任务，由他来继任。大家回答道：“虽然没有这样的惯例，若是你的授记，也可按你所说照办。”

乃对夏玛瓦给予了定规布施[82]的费用，又谆谆教导了一番。以后他本人在下密院任堪布期间，曾多次发生经院地点的纠纷，从未负于他人，有人认为这是预言。

在布达拉宫的正厅设宴饯别时，达赖喇嘛高声宣布：

“汉、蒙、藏族的僧俗们请注意！遍主轮依怙主金刚持·罗桑丹贝坚赞（བློ་བཟང་བསྟན་པའི་རྒྱལ་མཚན།）的这位转世化身，心识明敏，全部继承了前世的胜妙功德。来到西藏后，以坚韧不拔的毅力，勤奋地从事闻思修，德行纯洁，为人谦逊。前次家乡派来使者迎接，我没有同意，现在他的学业都已经圆满究竟，无法不同意他回家乡。因此，授予他为显扬佛教的额齐图额尔德尼诺们汗（ཨེ་ཆེ་ཐུ་ཨེརྟེ་ནི་ནོ་མོན་ཧན།）名号，并颁发委任状和印信。你们大家要像尊敬我一样地尊敬他。”

临行之际，达赖喇嘛又赐给吉祥佛母画像，吩咐道：

“在你的寺院里要建立讲闻经院，纯洁教派，一切事业，都有吉祥佛母相助，我自己也一心一意虔诚地保佑你。”

说罢，泪流满面。他也泪湿衣襟，难舍难分地退到布达拉宫的山下。达赖喇嘛的近侍噶桑云丹（སྐལ་བཟང་ཡོན་ཏན།）和仲尼云丹拉珠（ཡོན་ཏན་ལེགས་གྲུབ།）等也都泪珠满面地说：

“达赖喇嘛座下的学识高超，贤正善良的门徒无法数计，然而像他这样对下慈爱，对上虔诚感恩的很难找到。当年圣·玛尔巴在那绕巴（ནཱ་རོ་པ།）尊者处的故事今天重现了。”

王达赖（ཝང་ཏཱ་ལེ།）[83]馈赠了礼物，罕东（ཧར་སྟོང་།）康村[84]的僧众邀请到哲蚌寺的多嘉钦莫（རྡོ་བཙལ་ཆེན་མོ།）饯行，奉献了礼物。遂与措索洛玛（མཚོ་སོ་ལོ་མ།）的堪布索南扎喜（བསོད་ནམས་བཀྲ་ཤིས།）和罕东（ཧར་སྟོང་།）堪布索巴嘉措（བཟོད་པ་རྒྱ་མཚོ།）等五十多位噶仁巴（དཀའ་རམས་པ།）一行首先到了广惠寺，接着到了曲藏寺。

在广惠寺立宗时，被问道：“在经院陈设宝座能行吗？”

回答道：“高大的宝座，华丽的服饰，对佛教无益，我是这个寺院的僧徒，不过前去西藏修习而已，现在正在想要诚心诚意地为佛教所缘者办有益之事。若今后从这里去西藏的僧徒们，回来后，都到这里立宗，这样，才是增长智慧和辩才的办法。我可以在石头所砌的位上就座。”

土蛇年（公元 1749 年，清乾隆十四年，己巳），二十五岁时，到塔尔寺和佑宁寺立宗，邹徐噶居·朋措格勒（གཙུག་ཞུལ་དཀའ་བཅུ་ཕུན་ཚོགས་དགེ་ལེགས།）说道：“你竟然不是一个被绸缎裹着的大喇嘛活生物，真稀奇！”

当年任佑宁寺的堪布。章嘉呼图克图回故里时，他和骑队前去松山迎接叩谒时，章嘉提出了许多疑难问题，对他的回答非常满意。章嘉被迎请到曲藏寺时，彼师和索南扎喜（བསོད་ནམས་བཀྲ་ཤིས།）堪布，智化龙珠（གྲགས་པ་ལྷུན་གྲུབ།）喇嘛等一连多日向其提出疑问，进行讨论。章嘉指示说：

“最好建立讲闻的机构！”接着担任裕固（ཡུ་གུར།）地方扎喜曲林（བཀྲ་ཤིས་ཆོས་གླིང་།）寺的寺主。水猴年（壬申），二十八岁任塔尔寺的堪布，由曲藏寺的赛促·智化龙珠（སེར་ཁྲིད་གྲགས་པ་ལྷུན་གྲུབ།）、玛噶居（སྨད་དཀའ་བཅུ།）、佑宁寺的邹徐噶居等五人立宗讲辩，大大地促进了讲闻的深入。并建立大会考试制度，一时出现了许多人互相辅导，奋发夜读的现象。用千余两白银新修了大拉章院。木狗年（甲戌），在塔尔寺改革了五供[85]和新年期间奉献肉食的规定，以薄饼和酥酪糕代替。按照他的指示，由贝子南嘉才让（བེ་སེ་རྣམ་རྒྱལ་ཚེ་རིང་།）等将大经堂的屋檐绘画一新，王贡乔扎喜（ཡང་དཀོན་མཆོག་བཀྲ་ཤིས།）捐资画了壁画。由他和密乘喇嘛噶丹耶西噶桑（དགའ་ལྡན་ཡེ་ཤེས་སྐལ་བཟང་།）、巴州·喜饶龙珠（བྲཧྲས་ཤེས་རབ་ལྷུན་གྲུབ།）阿阇黎等作了开光安神仪轨。以往达赖喇嘛说过要他前去西藏，然而未能实现，于是派遣噶居伊勒其（ཨིལ་ཆི།）前去常住，并寄去大量的布施。在拉科·喜饶曲觉尔（ར་ཁོ་ཤེས་རབ་ཆོས་འབྱོར།）阿阇黎处聆听灌顶，传经时，握着手谈道：

“轮回的浮名俗事，犹如巴蕉无心，并不长久，别轻信随从们的话，你要自己赶快致力自己的事。”

火狗年（丙戌），新修护法神殿和密宗学院。火牛年（丁丑），绘制了大经堂的壁画，建立了医学院。为超荐达赖喇嘛圆寂，募化一千五百两白银等大量布施，派遣噶居才旦嘉措（དཀའ་བཅུ་ཚེ་བརྟན་རྒྱ་མཚོ།）和耶嘉噶居（ཡི་ལྷ་དཀའ་བཅུ།）两人前去。用白银包裹第三世达赖喇嘛索南嘉措的灵塔，令佐格卓仓班智达罗桑丹巴坚赞（བློ་བཟང་བསྟན་པ་རྒྱལ་མཚན།）于土虎年（戊寅）作开光安神仪轨。贡塘·阿旺丹巴坚赞（གུང་ཐང་ངག་དབང་བསྟན་པ་རྒྱལ་མཚན།）回府时，顺道来到塔尔寺，遂邀请到大会上，听他讲《菩提道次第论》等经教，并作祈福禳灾法事，给他也奉献了一些随许灌顶。他献道情一首颂扬道：

“智生智慧虽极尽，但慈悲主宰之化身，见闻忆触具意义，这次晋见机缘妙。”

铁蛇年（辛巳）于梦境中在曲藏向各方观看之后，接连吹法螺多次。在这个梦兆之后，章嘉呼图克图给寺院送来了释迦佛银像。高兴地说道：“这是我的寺院弘扬释尊教法，声誉远扬征兆。”

西藏班禅和第穆诺们汗（དེ་མོ་ནོ་མོན་ཧན།）等送来请彼师担任达赖喇嘛强白嘉措（འཇམ་དཔལ་རྒྱ་མཚོ།）经师的聘书，同时皇帝的谕旨也通过西宁钦差大臣传到，遂辞去塔尔寺的堪布之职，后经章嘉呼图克图请辞，获得准许，未赴拉萨。

水羊年（癸未），父亲逝世，章嘉呼图克图前来参加葬礼。

木鸡年（乙酉），皇上给曲藏寺颁赐图登饶吉林（ཐུབ་བསྟན་རབ་རྒྱས་གླིང་།）的匾额一块[86]。八月份经松山达隆（སོད་ཤན་སྟག་ལུང་།）、阿拉善（ཨ་ལག་ཤ།）、鄂尔多斯（ཨོརྡུ་སུ།）、察哈尔（ཚ་ཀར།）、多伦淖尔（དོ་ལོ་ནོར།）等地，在北京朝拜了旃檀释尊像，在嵩祝寺（ཟང་ཐུ་ཟི།）叩见了章嘉呼图克图。皇上问章嘉呼图克图：“你的兄弟来了没有？听说他是一个有学问的人，还没有见过面。”

遂带他朝觐皇帝致敬，皇上甚为满意。火狗（丙戌）年在彼师的请求下，章嘉呼图克图授予金刚鬘灌顶。后又在罗桑端珠（བློ་བཟང་དོན་གྲུབ།）大禅师处聆听了《宗喀巴全集》的绝大部分教敕。在堪布参直仓罗桑达杰（བློ་བཟང་དར་རྒྱས།）处聆听了《密乘四家注》和圣·更登嘉措（རྗེ་དགེ་འདུན་རྒྱ་

མཚོ།）[87] 文集的教敕。大皇帝曾向章嘉呼图克图和他两人询问关于从遍满所缘境等奢摩他四所缘开始的一些佛理，提出疑难问题。他的答复获得了皇上的笑容嘉许。

朝拜五台山圣地时，在善财洞（ནོར་བཟང་ཕུག）里，一个英俊少年献上了表示缘起的药物。彼师表示体会，说道：

“在西藏时，达赖喇嘛噶桑嘉措给我讲授了白文殊法，智慧增进，对佛经略有领悟，因而获得成长的机会。今在五台山菩提萨埵顶念修文殊菩萨，可能由于圣地的加持，出现了一些象征和预兆。今后对佛法的实质更清楚，智慧更清醒，所见所闻都可以领悟。”

回到家乡后，在塔尔寺拜谒当时任堪布的一切知吉美（ཀུན་མཁྱེན་འཇིགས་མེད།[88]）。双方会面之后，关系很密切，大大促进政教事务兴盛发达。让然绛巴·阿旺华桑（ངག་དབང་དཔལ་བཟང་།）、层杂然绛巴·嘉扬（ཚེན་ཚ་རབ་འབྱམས་པ་འཇམ་དབྱངས།）、夏哇索南（ཤར་པ་བསོད་ནམས།）三人立宗讲辩。火猪年（丁亥），任广惠寺的堪布，调解了仙米寺（སེམས་ཉིད།）与嘉则（རྒྱབ་རྗེ།）之间的纠纷。复任佑宁寺的堪布，开始修建曲藏寺的大经堂。铁虎年（庚寅），在塔尔寺给官嘉·智化坚赞（མགོན་ཀུ་གྲགས་པ་རྒྱལ་མཚན།）等授予前世章嘉呼图克图和第四世班禅罗桑确坚文集的教敕。任夏琼寺（བྱ་ཁྱུང་།）堪布。火猴年（丙申），复任塔尔寺的堪布，修复了干涸的蛤蟆泉（སྦལ་པ་ཆུ་མིག）。土猪年（己亥），偕骑队欢迎班禅[89]并朝拜了智噶尔贝宗寺（བྲག་དཀར་སྤྲེལ་རྫོང་།），向班禅呈述了修建夏琼寺和曲藏寺（ཆུ་བཟང་།）的过程中，来了两条大蛇，喂了牛奶以后，蛇便蜿蜒而去的情景。班禅回答道：

“你作为曲结敦仁巴（ཆོས་རྗེ་དོན་རིན་པ།）时，曾供养修、念依怙主和马头明王，以后中断了，现在修念正是良机，对我他两者也正在围绕着，可予以加持。”赐予许多开许，并讲授了许多甚深妙法。当时奉献了许多种类的布施，针对有人认为这样太过于丰盛的说法，更增进了对本质的感受。

水虎年（公元 1782 年，清乾隆四十七年，壬寅），黄河涨水，下游遭受严重灾害。皇帝颁旨，让曲藏呼图克图祭玛沁（རྨ་ཆེན།）山神，嘱托事业，可能有所裨益。于是前赴噶玛塘（སྐར་མ་ཐང་།）[90]，祭祀后出现了稀奇预兆。又前年仁钦智化（རིན་ཆེན་གྲགས་པ།）小官人赴西藏，向祈愿大法会献了布施，并在大会上向达赖喇嘛贡献大量布施，朝礼释迦佛像，献上供养后，与嘉则拉仁巴·罗桑克珠（རྒྱ་རྗེ་ལྷ་རམས་པ་བློ་བཟང་མཁས་གྲུབ།）等于这时到达，彼师甚为喜悦。火羊年（丁未），给东科（སྟོང་འཁོར།）呼图克图转世化身讲授许多佛法，并著章嘉呼图克图的传记。

铁狗年（庚戌），章嘉呼图克图的呼毕勒罕在佑宁寺坐床时，他和达赖呼图克图（ཏཱ་ལི་ཧུ་ཐོག་ཐུ་ཐོག）、广惠寺的居巴夏仲·噶桑饶吉（རྒྱུད་པ་ཞབས་དྲུང་སྐལ་བཟང་རབ་རྒྱས།）、程列嘉措（འཕྲིན་ལས་རྒྱ་མཚོ།）、卸任堪布阿旺华桑（ངག་དབང་དཔལ་བཟང་།）、赤巴迥乃（ཁྲི་པ་འབྱུང་གནས།）、当纳夏仲阿旺洛萨（མདོང་ནག་ཞབས་དྲུང་ངག་དབང་བློ་གསལ།）、达赖夏仲嘉扬嘉措（ཏཱ་ལི་ཞབས་དྲུང་འཇམ་དབྱངས་རྒྱ་མཚོ།）、裕固夏仲耶喜群培（ཡུ་གུ་ཞབས་དྲུང་ཡེ་ཤེས་ཆོས་འཕེལ།）、层才喇嘛嘉扬（ཚེན་ཚེ་བླ་མ་འཇམ་དབྱངས།）、依台尔夏仲更噶丹增（ཡེལ་ཐེར་ཞབས་དྲུང་ཀུན་དགའ་བསྟན་འཛིན།）等百余位前去参加典礼。铁猪年（公元 1791 年，清乾隆五十六年，辛亥）给卸任堪布阿旺华桑教导说，今年佛教要遭很大灾难，须要烧施威猛火祭。就在这一天，廓尔喀军侵入扎什伦布寺。水牛年（癸丑），给阿嘉·嘉扬嘉措（ཨ་ཀྱཱ་འཇམ་དབྱངས་རྒྱ་མཚོ།）呼图克图授予胜乐、密集、大威德灌顶，给章嘉殊胜化身（ལྕང་སྐྱ་མཆོག་སྤྲུལ།）和经师当纳夏仲等讲授了许多佛法。木虎年（甲寅），在曲藏寺建立修辞学、历算等学习传统。木兔年（乙卯）年底，前去塔尔寺，对斯纳仓（ཟི་ནན་ཚང་།）讲道：

“我的前两世，寿数都没有超过七十三、七十四岁，我也就是如此。这座寺院对我恩惠很大，我极力想对寺院做出一些成绩，这次能够朝拜，使我如愿以偿。”

火龙年（丙辰），在佑宁寺祈愿法会期间说道：

“我的寿数已到，是不是能再次参加祈愿法会讲经，很难预料！这次要努力地去做。”

一直参加法会，没有间断。二月初一日，参加曲藏寺大会以后，回到府邸时说道：

“这寺院已成为大寺院，格贵（དགེ་སྐྱི།）的作风、翁则（དབུ་མཛད།）的领诵，僧众们的诵经等都很好，现在已经如愿以偿了。”

患病期间作了很多次祈寿禳灾经忏佛事。当寺院和王索南多杰（ཡང་བསོད་ནམས་རྡོ་རྗེ།）奉上祈寿禳灾经忏佛事时，指示：

“总的说来，这一方面我自己也无办法，特别是寿数已尽，经忏也无济于事”。

卸任堪布阿旺华桑流着泪诚恳地请求。又说：

“我记得前年一个人说，我的寿数是七十二岁。我认为圣·南嘉班觉尔（རྗེ་རྣམ་རྒྱལ་དཔལ་འབྱོར།）驻世七十三载，我也希望能够这样。然而那个人一算说：‘你的寿数超不过七十二岁。’”遂对卸任堪布和小官人堪布仁钦智巴（རིན་ཆེན་གྲགས་པ།）二人一一交代应做的措施和事务，毫不隐瞒地予以授记。五月十八日太阳升起时圆寂，举行了盛大的超荐法事。著有文集一函多。有大传《如意宝树》行业，系谢热图·嘉样群培华桑（ཤེ་རེ་ཐུ་འཇམ་དབྱངས་ཚོས་འཕེལ་དཔལ་བཟང་།）所著。

他转世的呼毕勒罕罗桑土丹饶吉（བློ་བཟང་ཐུབ་བསྟན་རབ་རྒྱས།）与章嘉呼图克图的呼毕勒罕是昆季。在西藏求学，于热振（ར་སྒྲེང་།）赤钦处聆听了许多佛法。曾前后去过拉卜楞大寺（བླ་བྲང་བཀྲ་ཤིས་འཁྱིལ།），与嘉木样呼图克图关系密切。他转世的呼毕勒罕罗桑土丹夏珠尼玛（བློ་བཟང་ཐུབ་བསྟན་བཤད་སྒྲུབ་ཉི་མ།）于土羊年（己未）生于然洛塘（ར་ལོ་ཐང་།）姓丹玛（འདན་མ།）之家，正在认定中。

曲藏寺于第十一胜生水牛年（公元1649年，清顺治六年，己丑）建成，经过一百零九年至第十三胜生土虎年（公元1758年，清乾隆二十三年，戊寅）四月，由曲藏土丹旺秀委任赛促·智化龙智（སེར་ཚུད་གྲགས་པ་ལྷུན་གྲུབ།）为讲经喇嘛，达隆拉仁巴仁钦（སྟག་ལུང་ལྷ་རམས་པ་རིན་ཆེན།）和噶居却旦（དཀའ་བཅུ་མཆོག་ལྡན།）两人任师傅，建立了讲闻经院。章嘉呼图克图曾前后来过这里，并且说：

“我梦见寺院的四周有三条苍龙和一条金黄色的龙。金黄色龙的尾尖上有像涂了一层污锈一样的云团，不多一会儿，这些消失净尽，光澈天空。又在寺院的东方天空里，逐渐出现了四个圆月，最后出现了许多像启明星的大星和无数小星星照亮了天空。这是这座寺院要出现能够守护、护理、弘扬圣教的四位圣哲和严守戒律，恪守规矩的许多僧伽的征兆。”

当讲辩考试时，章嘉又说：

“经院建立的时间虽不长，但正理和经教的论证和作法都很好。今后将会像扎喜郭芒（བཀྲ་ཤིས་སྒོ་མང་།）那样，征兆非常佳妙！”

“这处圣地位置很好，与胜乐的圣地一个样，若有人修习母续（མ་རྒྱུད།），一定会很容易得到证悟。”

火猪年（丁亥）由然绛巴阿旺华桑（རབ་འབྱམས་པ་ངག་དབང་དཔལ་བཟང་།）任堪布，在此期间，讲学风气极盛，曲藏尊者也常充满信心地授予教谕。木羊年（乙未）由达赖呼图克图噶桑土丹达杰（སྐལ་བཟང་ཐུབ་བསྟན་དར་རྒྱས།）任堪布。复由然绛巴阿旺华桑任堪布。铁牛年（辛丑），由噶居阿旺喜饶（དཀའ་བཅུ་ངག་དབང་ཤེས་རབ།）任堪布。火羊年（丁未），前任堪布逝世。土猴年（戊申）正月初一日，曲藏尊者加持了堪布宝座，委任智慧无比的权威学者拉仁巴夏玛尔巴罗桑迥乃（བློ་བཟང་འབྱུང་གནས།）为堪布。复由达赖呼图克图、多哇大堪布昂秀嘉措（མདོ་བ་མཁན་ཆེན་དབང་ཕྱུག་རྒྱ་མཚོ།）等依次任堪布，推动了讲学事业。章嘉呼图克图和曲藏呼图克图昆季二人从布达拉宫南嘉扎仓请来音韵师教授唪经的韵律和曲调及粉彩绘饰等。从拉卜楞寺院迎请德赤活佛请求灌顶，并建立时轮金刚学院（དུས་འཁོར་གྲྭ་ཚང་།）。

释尊大殿（ཇོ་ཁང་ཆེན་མོ།）显扬解脱道宫里，供着释迦牟尼佛像，其右边有不动尊佛和文殊菩萨，左边有药师佛和金刚手菩萨为首的千尊佛像；上层右侧有以长寿佛三尊（ཚེ་ལྷ་རྣམ་གསུམ།）为主的青铜佛殿，背面为供奉《甘珠尔》大藏经、《丹珠尔》大藏经等经典的佛堂，左侧为夏让卡雪（བྱ་རུང་ཁ་ཤོར།）佛塔和八善逝塔等依止殿；前面向阳窗处有君师三尊[91]为主的莲花生八名号（གུ་རུ་མཚན་བརྒྱད་ལྷ་ཁང་།）佛堂；天窗中央供着热振（ར་སྒྲེང་།）赤钦（ཁྲི་ཆེན།）的缎制像，左右是十六罗汉围绕如来的壁画，上下全部是章嘉呼图克图新绘制的佛本生传画像，由衮斯塘哇端丹（ཀུན་གཟིགས་མཐོང་བ་དོན་ལྡན།）[92]隆务诺们汗（རོང་པོ་ནོ་མོན་ཧན།）[93]、塘让嘉哇仓（ཐང་རིང་རྒྱལ་བ་ཚང་།）等安多和蒙古地区的百余名大喇嘛先后做过开光安神仪轨。

法相大经堂供着初次建立讲辩期间，人们笑眯眯地看见了许多尊笑颜者（རྗེ་འཛུམ་བཞད་མ།）像。

曲藏呼图克图府（ཆུ་བཟང་བླ་བྲང་།）内有语化佛像和印有曲结端仁巴手印的石头。吉祥佛母宫等处有供奉佛像、佛塔、佛经的五处内库，此处还有弥勒殿、龙王殿，等等。

还有章嘉呼图克图府、赛赤活佛府（གསེར་ཁྲི་བླ་བྲང་།）、夏玛尔活佛府（ཞྭ་དམར་བླ་བྲང་།）、玛勒（མ་ལེ།）大成就者阿旺却珠嘉措（ངག་དབང་མཆོག་གྲུབ་རྒྱ་མཚོ།）活佛府等许多戛尔瓦。

曲藏寺自第十一胜生的土牛年（公元1649年，清顺治六年，己丑）建寺，迄今已历二百另一年，自第十三胜生的土虎年（公元1758年，清乾隆二十三年，戊寅）建立讲闻经院，至今土鸡（乙酉）年，计九十二年[94]矣。

广惠寺位于赛科谷（གསེར་ཁོག），通称赞普寺（བཙན་པོ་དགོན།），正式名称为噶丹丹曲林（དགའ་ལྡན་དམ་ཆོས་གླིང་།兜率正法洲）。修建者为赞波·东珠嘉措（བཙན་པོ་དོན་གྲུབ་རྒྱ་མཚོ།），出生于前藏噶瓦东（དགའ་བ་གདོང་།）地方，自幼出家，是郭芒扎仓丹玛·次成嘉措（འདན་མ་ཚུལ་ཁྲིམས་རྒྱ་མཚོ།）的近侍门徒。拜贡如·桑杰扎喜（ཀུང་རུ་སངས་རྒྱས་བཀྲ་ཤིས།）为师，学习经义，又入塔波扎仓（དྭགས་པོ་གྲྭ་ཚང་།）

学习，以贤能著称。教皇达赖喇嘛[95]问赛钦然降巴（སེ་ཆེན་རབ་འབྱམས་པ།）：“桑冈巴（བསམ་སྣང་བ།）和赞波·东珠嘉措两人哪一个的辨析力强些？”夏仲回答道：

“论起辨析力还是赞波强些。虽不精细，但他的辩才很有分量”。又说：“在拉萨设立然绛巴（རབ་འབྱམས་པ།）学位的第二年，他于祈愿大法会上巡回辩经。前年，曾授为敦木尼巴（དོམ་ཉག་པ།）代理者。”

彼师魄力很大，口才尖锐，当达赖喇嘛在哲蚌寺立宗时，他一点不顾面子，提出尖锐的论题。第悉·索南群培听了颇为恼火。但五世达赖喇嘛却说：

“然绛巴东珠嘉措很好地擦拭了佛教。”由于达赖喇嘛很喜欢他，所以没有出麻烦。第巴曾派遣他去布达拉宫呈送《甘珠尔》大藏经。他把所有听闻作为教言，从而获得了义，并将所有教导记录下来。上面[96]教导道：

“到东方去，做饶益众生的事业。”赐予了四头骡子的文物派往多麦地区。噶让噶居（ཀུ་རིང་དཀའ་བཅུ།）对他作了很大的赞扬和尊崇。大通寺（ཏེ་ཐུང་དགོན།）、天堂寺（མཆོད་རྟེན་ཐང་།）、土尔钦寺（ཐུར་ཆེན་དགོན།）等都前来邀请，先后担任仙米寺堪布等。水马年（公元 1642 年，明崇祯十五年，壬午），任塔尔寺堪布。在朱固(འབྲུ་གུ།）地方修建了寺院，派多隆禅师（དོ་ལོན་སྒོམ་པ།）做代理者。为了新建广惠寺，引巴萨禅师（སྣ་ཟ་སྒོམ་པ།）前去。土鼠年（戊子）任佑宁寺堪布。其第三年即铁虎年(公元 1650 年，清顺治七年，庚寅)，由赛钦洪台吉（སེ་ཆེན་ཧུང་ཐའི་ཇི།）和额尔德尼岱青（ཨེ་རྟེ་ནི་ཏའི་ཆིང་།）两人做施主，修建了这座寺院。安置僧源区，募化了畜群。奠基的当天，圣·桑冈巴（བསམ་སྣང་བ།）的僧人闹吾扎喜（ནོར་བུ་བཀྲ་ཤིས།）和朋措云丹（ཕུན་ཚོགས་ཡོན་ཏན།）两人送来白螺等作为布施，并纷纷议论寺院四面的瑙日吾山（ནོར་བུ་རི།）、扎喜塘（བཀྲ་ཤིས་ཐང་།）、朋措浪巴谷（ཕུན་ཚོགས་ལུང་པ།）、云丹浪巴谷（ཡོན་ཏན་ལུང་པ།）等名称恰与这两位布施者的名字相吻合，缘起确属稀奇。当时由汉族的吴贤兴（ཝུའུ་ཤན་ཞིན།）道士看了风水并进行了禳解。据说这位道士的木鱼和锣现在成为寺院的供器之一。此后的第四年水蛇年（公元 1653 年，清顺治十年，癸巳），第五世达赖喇嘛曾到过这里，向大家讲读《大宝积经》（དཀོན་བརྩེགས།）的前三、四页，作为传经仪式，对他们三十多位喇嘛、僧众等作加持，授六臂护法的四灌顶，指点了经堂和经架等的陈设，并指示：寺院供奉吉祥天母、猛相邬摩天女、语圣战神等三尊护法，求其护理，寺院一定会兴旺发达。寺院向五世达赖喇嘛奉献了大慈法王时期的整套《甘珠尔》硃印本，其经夹、经绳都是汉式，以及其他丰盛的物品。赞波他又奉献诵读了十七亿遍的亚玛拉杂（ཡ་མ་ནྡ་ཛོ།）经典祈祷延寿。这部殊印本《甘珠尔》大藏经现藏在哲蚌寺中供养。达赖喇嘛的教诲也载于其中。如此住持寺院十六年之后，于木蛇年（公元 1665 年，清康熙四年，乙巳）圆寂，火化遗体时额骨上出现了大威德身像等。

金刚持霍尔敏珠尔法王程列隆珠（ཧོར་སྨིན་གྲོལ་ཆོས་ཀྱི་རྒྱལ་པོ་འཕྲིན་ལས་ལྷུན་གྲུབ།），最初降生为菩提萨埵噶维多（དགའ་བའི་རྡོག），曾以从龙王处获得的如意宝珠作为发菩提心之礼物奉献而发心，据说他与班玛昂丹（པད་མའི་ངང་ལྡན།）比丘是同时期的人。后转生为圣·玛格巴（མ་འགག་པ།）、贝哲多杰（དཔལ་འབྲས་རྡོ་རྗེ）、焦若·鲁坚赞[97]（ཅོག་རོ་ཀླུའི་རྒྱལ་མཚན།）大译师、达玛巴拉（དྷརྨ་པཱ་ལ།）阿阇黎、达哇循奴（ཟླ་བ་གཞོན་ནུ།）、阿阇黎、向散阿阇黎·达哇坚赞（བྱང་སེམས་ཟླ་བ་རྒྱལ་མཚན།）、贝登官巴哇（དཔལ་ལྡན་དགོན་པ་བ།）、杰尔刚哇（སྐྱེར་སྒང་བ།）、古·耶喜迥乃（ཀུའུ་ཡེ་ཤེས་འབྱུང་གནས།）、克宗循奴端珠（མཁས་བཙུན་གཞོན་ནུ་དོན་གྲུབ།）、察科·阿旺扎巴（ཚ་ཁོ་ངག་དབང་གྲགས་པ།）、衮钦勒巴端珠（ཀུན་མཁྱེན་ལེགས་པ་དོན་གྲུབ།）等。这一世转世化身于第十胜生的水狗年（公元 1623 年，明天启二年，壬戌），诞生于多麦地区南部的曲科（ཆོས་འཁོར།）附近的赞莫纳（བཙན་མོ་སྣ།），父名霍尔·聂徐加格（ཧོར་ཉ་ཤུལ་སྐྱག་གེ），母名玛勒萨曲莫（མལ་ཟ་ཆོས་མོ།）。在前一世散华活佛（སེམས་དཔའ་སྤྲུལ་སྐུ།）处出家，于西藏郭芒扎仓噶如哇·阿旺班觉尔（སྒོ་རུ་བ་ངག་དབང་དཔལ་འབྱོར།）处初步听闻教程，后来在达仓热哇堆（སྟག་ཚང་ར་བ་སྟོད།）向丹却南嘉哇（དམ་

ཆོས་རྣམ་རྒྱལ་བ།）学习《集类学》和《因明》，又在郭莽扎仓聆听了《般若》《入中论》《律本论》《俱舍论》等，获得林赛噶居（གླིང་བསྲེ་དཀའ་བཅུ།）学位。在智慧、年龄、座次等各方面，都出类拔萃。在后藏于阿里仲瓦（མངའ་རིས་དྲུང་བ།）处听《菩提道次第论》，在格派于格勒达杰（དགེ་ལེགས་དར་རྒྱས།）法王尊前聆听了止观（ཞི་ལྷག）、十三尊大威德生起次第和圆满次第。之后，认真修定，得三摩地证悟。曾说道："认真修习生起次第、圆满次第所缘相，则主尊与眷属行相非常明显，犹如起舞时能听到随身的装饰物碰击声一样清晰，生简略的生起次第无大困难。"当在下密院于肖巴·罗桑敦约（ཞོགས་པ་བློ་བཟང་དོན་ཡོད།）处聆听怛特罗大多数注释，生圆满二次第论讲说及默记的经典等时，按照地方政府的旨意，于水龙年（壬辰）三十一岁时，任噶丹扎喜郭莽（དགའ་ལྡན་བཀྲ་ཤིས་སྒོ་མང་།）法台，直至木龙年（甲辰）始解职。任法台时期，宝座的缝隙间生出了菩提花，被认为这是具备了菩提心的征兆。讲授四大部经籍的注释，开展主课通论的辩论和专课的分别辩论等，一时讲辩经教的通才遍于大地。著名者如罗哲嘉措（བློ་གྲོས་རྒྱ་མཚོ།）阿阇黎、甘珠尔巴·金巴嘉措（བཀའ་འགྱུར་བ་སྦྱིན་པ་རྒྱ་མཚོ།）、第一世章嘉（ལྕང་སྐྱ་གོང་མ།）、塔秀然绛巴曲郡嘉措（ཆོས་སྐྱོང་རྒྱ་མཚོ།）、白利然绛巴（བེ་རི་རབ་འབྱམས་པ།）、蒙古然绛巴罗桑扎喜（བློ་བཟང་བཀྲ་ཤིས།）、大温巴当增嘉措（ཏྭ་འོན་པ་ཏིང་འཛིན་རྒྱ་མཚོ།）、桑洛切扎巴拉（བསམ་བློ་ཆོས་གྲོང་གྲགས་པ་ལྷ་ལ།）、杜哇曲结霍尔噶丹（འདུལ་བ་ཆོས་རྗེ་ཧོར་སྐལ་ལྡན།）等无数自认为五部大论和显密方面非我莫属的权威学者。又在帕邦喀（པ་བོང་ཁ།）班觉尔达杰（དཔལ་འབྱོར་དར་རྒྱས།）处聆听依怙主法，获得了以佛法传承利他的征兆。木蛇年（公元1665年，清康熙四年，乙巳），四十四岁，据墨尔根洪台吉（མེ་རྒན་ཧུང་ཐེ་ཇི།）的呈请，由噶丹颇章宫授予了敏珠尔诺们汗（སྨིན་གྲོལ་ནོ་མོན་ཧན།）的名号。来到赞波寺（བཙན་པོ་དགོན།），尔时除大经堂外，密咒院（སྔགས་ཁང་།）只有围墙、走廊、数间僧舍，僧徒也只有牧区僧人卓尊（འབྲོག་བཙུན།）习咒者三四十人而已。彼师建修了法相院，重新招收了僧众，编写《集类学正言库》（བསྡུས་གྲྭ་རིག་གནས་ལེགས་བཤད་བང་མཛོད།），讲授《般若》，出现了许多明慧辩才，僧众发展至七八百人，寺院的面积也扩大至一个俱卢舍[98]。土马年（戊午）赴前藏，住在哲蚌寺的马厩上面，按照上面的命令，建立彩粉坛场，一连串授密集灌顶十八次。粉彩坛场的送行，及此后息灭护摩和乳粥施放修习等，均按照怛特罗和圣哲们的教导，并根据布面画规授密集灌顶二十一次。同样也授予数量相等的胜乐鲁伊巴（མགོན་པོ་ལུ་ཨི་པ།）灌顶和大威德灌顶。向坚贡罗哲嘉措（འཇམ་མགོན་བློ་གྲོས་རྒྱ་མཚོ།）、第一世章嘉、杜哇曲结霍尔噶丹（འདུལ་བ་ཆོས་རྗེ་ཧོར་སྐལ་ལྡན།）、霍尔·阿旺程列（ཧོར་ངག་དབང་འཕྲིན་ལས།）、第一世嘉木样等七位秘传弟子传授念修依怙主的《红黑秘册》《黑袖珍本》和《大施食注释》等实践教授。按照第五世达赖喇嘛门徒之中受到圣妙吉祥亲教的传承，第一世章嘉和一切知嘉木样喇嘛两位分别写出一部精辟超殊的讲义，现今被称为乃表达《菩提道次第论》精义之文，使噶当派的论说传遍大地，是对一切圣师徒的事业的传播无上的贡献。圣者他对于依次略念迅速修习，比较娴熟，有这样的传说，当他外出之时，于骑上马，双足一一认镫之际，就能进行一遍菩提道次第的教授云。

火虎年（丙寅），第二次赴藏时，给一切知嘉木样喇嘛授念修依怙主附体的随许，并单独传授来自阿里曲丹巴（མངའ་རིས་ཆོས་བསྟན་པ།）传承的修习切扎巴拉主尊明妃三业及不共的主尊明妃生命轮，切扎巴拉牵猴母的召请、唆使、秘密三法咒语等秘法。一切知嘉木样曾说：“知道这一系列咒语的，就是在过去，也是很少的。”

木狗年（甲戌），七十三岁，又准备赴藏，起程时经一切知嘉木样喇嘛祈祷后，请求授予白伞盖二十五尊佛母的灌顶，包括具善三尊（ལེགས་ལྡན་མཆེད་གསུམ།）的随许，白度母的随许和教授以及尊者本人的传记。遂于一个月之中，讲授了许多圣哲的传记和彼师个人幼年时期在梦境里经常见到金刚瑜伽母圣容及先后出现受胜乐金刚慈悲摄受的征兆；梦见红色两臂象面会主，拿着装满珠宝的器皿，坐在前面；以及常常梦见恩扎报底

(ཨིནྡྲ་བོ་དྷི།) 国王，还有难陀龙王宿业住在何处，彼方就会得到不发生战争的成就等许多奇特的梦兆。又对一切知嘉木样喇嘛说：“你长期住在西藏，水土不服，和我一道回多麦地区，对佛教一定有很多益处。”

回答道：“我不考虑寿命长短，我是有修习誓愿的，我不去。”

又指示道：“如果我呈请政府[99]强迫你去时，又如何办？”

回答道：“政府下令让我去，我也不走，政府对我这样一个孤单僧徒有何办法，就是杀了我，对生命也无所顾惜！”

“噢！就那样办吧！”

于是经常把内典的教诫，历史上圣教传播情况，以及许多口耳相传的教诲一一传授。由于他和墨尔根喇嘛（མེ་ཀན་བླ་མ།）的恩惠，一切知获得了殊胜成就。嘉木样在自己的秘传的嗢陀南颂中说道：“班智达（墨尔根喇嘛）和霍尔·阿旺程列（ཧོར་ངག་དབང་འཕྲིན་ལས།）两位幻化之召唤，如若心中意愿牢记时，一年工夫一夜间。”喇嘛指示道：“扩大讲授将毁耳口传，连接一起口传将零散，但特罗与喇嘛之教诲，结合相对传授即诀要。”

如此等等说法甚多，深密难解，只略述一点，其余未能全录。

木猪年（乙亥）七十四岁，回到本寺大转法轮，讲经说法四年。土兔年(公元1699年，清康熙三十八年，己卯)，七十八岁圆寂。有传记《噶登津梁》（སྐལ་ལྡན་འཇུག་ངོགས།）。

彼师转世的呼毕勒罕罗桑丹增嘉措（བློ་བཟང་བསྟན་འཛིན་རྒྱ་མཚོ།）于铁龙年(公元1700年，清康熙三十九年，庚辰）十二月十五日诞生在宗喀夏琼寺（བྱ་ཁྱུང་།）附近的春察刚阿（ཁྲིམ་ཚ་གོང་ང་།）地方热（ར་འི་རིགས།）姓家，父名采桑贤（ཚེ་གཟུགས་བྱམས།），母名杨摩吉（གཡང་མོ་སྐྱིད།）。幼时命名为阿旺更登（ངག་དབང་དགེ་འདུན།），舍施衣食和顺法游戏等等行止，甚为稀奇。六七岁时，去夏琼寺学习文字和诵读数年，在夏琼寺堪布座前，受居士戒。火猪年（丁亥），广惠寺喇嘛和僧众，青海蒙古的各首领请第一世嘉木样占卜算卦。在梦境里，上半夜，自己枕在前世活佛的怀抱里睡觉，立即觉得在喇嘛面前睡觉很不妙。于是便从梦中警醒了。下半夜又梦到了同样的梦境，遂确认为就是自己喇嘛的化身，高兴地吩咐其很好学习。又于圣师徒[100]、玛勒珠钦（མ་ལ་གྲུབ་ཆེན།）、拉穆乃琼（ལ་མོ་གནས་ཆུང།）等处请求授记和在释迦牟尼、大悲观音、不动尊佛及哲蚌寺大威德等圣像前奉献糌巴团子，结果都相同。经正式确认之后，于土鼠年（公元1708年，清康熙四十七年，戊子）九岁时，举行坐床典礼。在曲藏丹巴坚赞尊者座前出家，受沙弥戒。卜·罗桑华丹（ཙུ་བློ་བཟང་དཔལ་ལྡན།）阿阇黎任师傅，为了熟读赞波著的《集类学》等，召请赛促·阿旺罗桑（སེར་ཐུད་ངག་དབང་བློ་བཟང།）等在一起学习辨析理路。由于师傅被班固寺（བན་རྒྱུད་དགོན།）请去任法台，又拜噶钦·索南智化(དཀའ་ཆེན་བསོད་ནམས་གྲགས་པ།）阿阇黎为师，他心地直率，词锋犀利，督促颇为认真。十二岁时，参加赛赤呼图克图嘉样嘉措（འཇམ་དབྱངས་རྒྱ་མཚོ།）立宗时，他的犀利提问和喝“羞惭”声，在西藏也博得了声誉，本寺的僧徒们感到非常荣幸。为了避免痘症，到甘禅寺（ཀའ་ཆེན་དགོན།）去，于丹玛珠钦（འདན་མ་གྲུབ་ཆེན།）座前聆听了许多灌顶经教的随许和教授。一个上午即能记熟全部密集自生内容，下午测验卷完毕之后，老师说：“今天能这样熟记，真乃稀奇！”别人也说：“像这样下去，对于我们恩惠真大。”

别人询问为什么能够这样的原因时，则答以乃由于先前的习惯。一切知嘉木样喇嘛也认为是一位非常明敏聪颖的活佛。铁鼠年（庚子）在朋措沟静修庵（ཕུན་ཚོགས་ལུང་བའི་རི་ཁྲོད།）修建寝室时，大会提出怕影响学习，无须修建。他说：“说怕影响我的学习，这是对的，可别说房屋不需要，以后你们可能会有需要的一天。”

至水虎年（壬寅），约五年之间担任洛穹，使讲闻传授极为精进。同年在静修庵闭关期间，梦见一个威武的黑人说道：“今年你必须去西藏，否则以后就去不成了。”于是决定赴藏。一天瑙吾山（ནོར་བུ་རི།）上的玛尼神幡失火了，面对这种情景，说道：“不要考虑我的去留，这是对寺院的一个预兆。不要超过三天，在后山顶上竖起玛尼神幡，僧众们吹奏法螺，祭祀战神则佳。”

好像预料到第二年清军要烧毁寺院，但于木蛇年（乙巳）能够恢复。

赴西藏时，途经青海湖，大家看到从湖中走出两位僧人，犹如在陆地上行走一样。到藏后，向圣师徒和众寺院奉献了大量布施。当去班禅寝宫，刚举步入内时，正值扎什伦布寺吹奏法螺集合僧众；而当于郭莽扎仓施放新入学院的斋茶，赴大会与僧众见面时，正值会上新建立的讲说《东勒玛》（མདུན་ལེགས་མ།）的传奇开始之际，彼师非常高兴，后来就为《东勒玛》做了注释。扎仓虽按规定，给予了大喇嘛的待遇，彼师却提出以普通僧人的身份求学。学期、假期中在格派、觉摩隆（སྐོར་ལུང་།）等地闭户读书，身不解带，废寝忘食，昼夜攻读。拜出身于广惠寺僧源、下密院的堪布扎巴龙珠（གྲགས་པ་ལྷུན་གྲུབ།）为师，认真地上课问难，以后感激地说道：“想到今日能够领会一些佛法，通晓一些显密经咒，全是格西他的恩惠。”

水兔年（公元 1723 年，清雍正元年，癸卯），在格派地方闭户读书时，在一次梦境里，一个人告诉说：“你在多麦地区的寺院已经被毁了。”醒来时心情很沉重，做了经忏佛事。

别人请求道：“看到多麦地区佛教发生如此变化，尊者你是那个地区的圣教主宰，应暂时秘密地去南方门隅（ལྷོ་མོན་ཕྱོགས།），或者去游方？”

回答道：“我自己主观方面对佛教和众生毫无危害，没有做过点滴的违法的罪行，如果是前业所致，不论走到何处也会到来。不论对佛教有无益处，我把这事放在心中，依靠三宝，祈祷上师神明，尽量做经忏佛事，绝不能弃置不管。”

再三地向圣师徒问卜，不断地做经忏佛事。

蛇年，朋措沟静修庵汇集了约五十名僧人，当时没有别的房子，只有昔日的寝室，供集会之用，大家感情激动，信仰之泪，洒湿衣襟。火马年（公元 1726 年，清雍正四年，丙午），二十七岁，噶丹颇章政府赐给职位、印信、敕书等予以表彰。北京派出使者请进京去任堪布。对此，有人议论道："这个时候去内地将怎么样？"但想到多麦地区佛教的荣誉，遂将一部《甘珠尔》大藏经和一人高的释迦佛像等许多珍奇的佛物，经青海北道运至静修处。尊者径赴西宁。这时大部分僧人正躲藏在水边、石岩和森林深处，看见着汉装者必须逃匿，或在庄里换上俗装找饭吃，禅裙上罩着黑白罩衣。在这种情况下，虽然大家都想晋见尊者，但是谁也无法谒见。尊者巧妙地对付西宁钦差大臣之后说道："我的僧徒们四散逃遁，请求不要阻止他们前来我处。"

于是钦差大臣四处张贴告示："谁也不能阻拦愿意谒见喇嘛的僧俗人等。"大家携老扶幼，前来谒见者不可数计。从此僧徒们心情舒畅，可以穿起出家人的服装往来，德泽之深，无与伦比。

经宁夏城（ཉིང་ཤ་མཁར།）、沿鄂尔多斯（ཨོར་དུས།）、土默特(ཐུ་མེད།)、察哈尔（ཚ་ཧར།）等地，到处讲经说法，传授居士戒等。时值冬季，天气寒冷，寒风像箭一样，喇嘛和僧徒们为了佛教的所缘，穿着袈裟，尽量作有益众生之事。在张家口(ཀང་ཀྱ་ཁོའུ།）地方，六皇子前来迎接，结成心意相投的师徒。在皇宫觐见皇上时，受到了双手赐予内库哈达的礼遇。有问必答，口若悬河，应对适宜。大臣们认为在皇帝面前能如此从容不迫地回答问题，真是稀奇。在皇上五十大庆时，献上新版《丹珠尔》大藏经。受到在众堪布之中特别重视的殊遇。在前一世的亲门弟子甘珠尔巴·罗桑次成（བཀའ་འགྱུར་པ་བློ་བཟང་ཚུལ་ཁྲིམས།）处聆听了全部金刚鬘和弥多罗灌顶。为了达赖喇嘛和西藏地方政教的声誉，以及为了给多麦地区的佛教办一些有益的事，有所请求，通过内臣们上报，使安多地方的喇嘛、僧众们得到可以在本地区从事宗教活动的机会。皇上于贾果旗（ཅར་ཀོ་ཆི།）和吾且昔（ཝེ་ཆེ་ཅི།）等地送行之后，批准前往西宁。于火羊年（公元1727年，清雍正五年，丁未）四月三日由京城启程。行至察哈尔时，有五位僧人要求授予比丘戒。回答道："我受比丘戒尚未满十年，不能给别人做亲教师，这是戒律所规定的，不行！”

虽然这样解释，但这五位僧人尾随行至青城（མཁར་སྟོན།[101]），对他们又说道：“我是掌管僧规者，不能做与戒律相违的事！”

遂让然绛巴京巴桑波（རབ་འབྱམས་པ་སྦྱིན་པ་བཟང་པོ།）办理了此事。途经鄂尔多斯、西宁等地，到达了朋措沟静修处。看到僧徒们用具不齐，他们身穿短褂，腰挂火镰，袈裟系于腰间前来集会。对此难以容忍，遂着手制定帽子等等必须合于僧规的规定。时夏鲁瓦（ཞྭ་ལུ་པ།）居于波若（བོད་རོང།）地方，乃敦请前来，建立磋钦大会堂、密宗学院（རྒྱུད་པ་གྲྭ་ཚང།）、密咒学院（སྔགས་པ་གྲྭ་ཚང།）、医学院（གསོ་རིག）等四个学院，分别委任格贵（དགེ་བསྐོས།）等，制定了寺院规则和诵经制度，严格贯彻开创了讲学的新风气，使寺院逐步兴盛起来。由于建立显密的立宗，僧众高兴地说：“看到今天这样多的比丘集会，讲授教程，讲经说教，真是升起了幸福的太阳。此时就是佛陀亲临，也不过如此，愿勿与这位活佛分离！”

赴西藏那一天，选定新建寺院的地址，进行奠基仪轨，出现了吉祥的征兆。特别是当仙密寺丹增程列嘉措（བསྟན་འཛིན་འཕྲིན་ལས་རྒྱ་མཚོ།）活佛的随员闹吾嘉措（ནོར་བུ་རྒྱ་མཚོ།）、丹增达杰（བསྟན་འཛིན་དར་རྒྱས།）、程列拉杰（འཕྲིན་ལས་རབ་རྒྱས།）等人到达后奉献了许多酪糕，刚坐在地上之时，突然响起了很大的雷声。他们惊奇地说道：“您的一切事业将如雷声一般。”师徒大伙听后笑不可遏。主仆们来到了山冈，对后山命名为聂日山（ཉལ་རི།），对平地命名为雅培塘（ཡར་འཕེལ་ཐང།）并说道：“今后我的寺院一定会巩固的。”于是前去西藏，继续求学三年，增广了闻思境界。在格派地方闭户读书期间，昔日经常在梦境里出现的牧民女青年又来请求印行《丹珠尔》大藏经，遂印了《丹珠尔》大藏经，并建造释尊的大小佛像等许多依止圣物，包括收到的达孜（སྟག་རྩེ།）释迦佛像，乃将三尊释迦佛像于下密院，将《丹珠尔》大藏经于上密院隆重地进行开光安神仪轨。土鸡年（公元1729年，清雍正七年，己酉）新建寺院落成，经前后几次恳切地迎接后，于铁猪年（辛亥）与珍贵的圣像、佛经和供器等一同返回。人们对于能迎请到如此珍贵的释尊造像，感到惊奇。就在这一年，雍正皇帝赐来修复寺院的经费、碑文及广惠寺（གསེར་ཁོག་དགོན།）匾额等。此后，直到木虎年（甲寅），寺院的讲学事宜都由尊者自己主持，不论如何忙碌，或者是天阴下雨，从未中断过教学工作，让各个班级轮流地向他立宗、问难，提出疑问，对新出家的青年们教育更严，及时表扬、指责，还经常派人辅导、检查，讲闻风气极为兴盛，彼师也很谦虚地亲临辅导。随员们劝阻说：“疯狗较多不便前往。”回答道：“我和你们不一样，疯狗不咬我。”

在梦境里，圣·宗喀巴与他一同进食乳酪。圣·宗喀巴说：“你的发心很不错，在这污浊世间，教化野蛮众生，就要用这种办法。”

从西藏带来秘书、画师、雕刻匠、泥塑匠、铁匠、浮雕匠、尼泊尔的金匠等他们都具备各种技艺，四年之内向各地扎仓配备了所需之物。委任美如然绛巴罗哲然觉尔（མི་རུ་རབ་འབྱམས་པ་བློ་གྲོས་རབ་འབྱོར།）为跳神舞指挥（འཆམ་དཔོན།），教授新旧跳神法和朱固江孜巴（རྒྱང་རྩེ་པ།）阿阇黎实践的黑帽舞；由佳·美多塘（རྒྱལ་མི་ཏོག་ཐང་པ།）人罗哲拉雍（བློ་གྲོས་རབ་ཡངས།）教授嘉（རྒྱལ།）地方的法螺吹奏法，并于广惠寺和耶日（གཡག་རི།）寺、朱固（ཐུ་གུ།）寺各建造弥勒佛像一尊。水鸡年（癸酉[102]），任朱固寺（ཐུ་གུ་དགོན།）法台。

木虎年（公元1734年，清雍正十二年，甲寅），皇帝敕谕西宁钦差大臣令尊者进京，三月十一日在大会上从头至尾讲授《菩提道次第》《密宗道次第》各一次，向教长夏鲁瓦委托了管理寺院权，给乞求者们发放了衣食，并进行供养、舍施后，于十七日动身起程，五月四日到达北京城黄寺（ལྷ་ཁང་སེར་པོ།）。初八日朝见了皇帝，恭请圣安。蒙圣上垂问身体康健情况，并赏赐许多物品。遵照皇帝的旨意，诵经求雨，甘霖立即沛降，受到温旨表扬，并颁赐奖赏。木兔年（乙卯），由于曾承允在拉萨大祈愿法会上供布施，对此顾虑重重。来年要一定去拉萨施放，如果拖延，则后果很难预料。决定从北京派强佐然绛巴阿旺索巴（རབ་འབྱམས་པ་ངག་

དབང་བཟོད་པ།)，从多麦地区派胞弟岱青、强佐总管家然绛巴闹吾（རབ་འབྱམས་པ་ནོར་བུ།）等赴西藏。自己去七海子避暑，并在那里给乌珠穆沁王（ཨུ་ཇུ་མུ་ཆིན་ཝང་།）等授予了许多灌顶、随许教敕和教授。火龙年（公元 1736 年，乾隆元年，丙辰），拉萨大祈愿法会期间，于十六天之中，给近二万名比丘供养布施，以及向大会布施费用等，共用去了白银四万余两。法会后又向三大寺、扎什伦布寺、上下密宗院、康村、弥村等处进行隆重庆贺，发放布施。此后，尊者身染疾病，逐渐加重，虽在七海子、“三星墩”（སར་ཤན་ཏོན།）等处水边草地设帐幕居住，未见痊愈，于九月十九日清晨在多伦淖尔（ཏོ་ལོན་ནོར།）圆寂。当即举行很隆重的追荐，皇帝曾亲自祭了灵塔。寺院派才仁加果其（ཚེ་རིང་ཅར་གོ་ཆི།）赴京迎接灵塔，于火蛇年（丁巳）元月初八日到达，寺院举行了很大的追荐法事。尊者一生的梦境和预言都很稀奇，见识广博，能记忆转世百余次的事迹。

尊者的转世化身阿旺程列嘉措（ངག་དབང་འཕྲིན་ལས་རྒྱ་མཚོ།），于火蛇年（公元1737年，清乾隆二年，丁巳）诞生在广惠寺北面大雪山的拉肖吉浪沟（ལྷ་ཞོལ་སྐྱིར་ལུང་།），父名旦真嘉卜（ཏ་མགྲིན་སྐྱབས།），母名窝底（ཧྲོ་དྲེ），由大善知识罗桑华丹（བློ་བཟང་དཔལ་ལྡན།）授居士戒，在章嘉·饶悲多吉尊者座前出家。土兔年（公元 1759 年，清乾隆二十四年，己卯），赴西藏求学，由章嘉仁波切授比丘戒，并受现证佛（མངོན་བྱང་།）灌顶。又在第六世班禅贝丹耶喜、强巴喇嘛（བྱམས་པ་བླ་མ།）、热振俄仁巴（ར་སྒྲེང་ཐུགས་རམས་པ།）等处聆听了许多教诲。嘉木样第二世授予听闻、修习、随许等方面的教诲，当他有所遗忘时，授予长寿灌顶、马头明王随许等消除障碍和他所能接受的许多佛法。据说曾亲见瑜伽母和热玛底（རེ་མ་ཏི།）的圣容。到北京后，朝觐皇上，待遇极隆。仁波切[103]到北京时，在寝室里设宴招待，并请求讲授了想学的经法，并在嵩祝寺章嘉呼图克图处一同聆听了仁波切讲授的《五次第论明灯》（རིམ་ལྔ་གསལ་སྒྲོན།）的教敕，结下了深厚情谊。

彼师转世的呼毕勒罕坚化曲吉丹增程列（འཇམ་དཔལ་ཆོས་ཀྱི་བསྟན་འཛིན་འཕྲིན་

ལས།)，于土鸡年（公元 1789 年，清乾隆五十四年，己酉），出生在乌兰木拉(ཨུ་ལན་ནུ་ར།）地方，父亲是牧工，名叫端珠才旦（དོན་གྲུབ་ཚེ་བརྟན།），母名叫噶毛吉（དཀར་མོ་སྐྱིད།），由却吉（ཆོས་རྗེ།）千户和第巴却吉（སྡེ་པ་ཆོས་རྗེ།）两人求神问卜，特别是一心向土观呼图克图虔诚地请求后，遂由土观认定，做了消灾的经忏法事，并恳切地吩咐要“淡泊朴素，不可追求虚华。”奠定了一生沿正道发展的基础。在曲藏呼图克图座前出了家。与第三世嘉木样呼图克图遍照尊者同入郭芒扎仓学习，结下了深厚的情谊。土鼠年（戊子），被邀请到拉卜楞寺给僧众深入地讲授《兜率上师瑜伽颂》的指引，大拉让府（བླ་བྲང་ཆེན་མོ།）奉上白银九百两等作为布施。著有《世界广论》(འཛམ་གླིང་རྒྱས་བཤད།[104]）和医学方面著作多函。土狗年（公元 1838 年，清道光十八年，戊戌），五十岁，正在北京振兴事业之际圆寂。

彼师转世的呼毕勒罕噶桑土丹程列嘉措（སྐལ་བཟང་ཐུབ་བསྟན་འཕྲིན་ལས་རྒྱ་མཚོ།），于土猪年（乙亥）出生在仙密（སེམས་ཉིད།）地区，现正在西藏郭芒扎仓求学。

这座寺院最初由赞波东珠嘉措于第十一胜生的铁虎年（公元 1650 年，清顺治七年，庚寅）建成，到土鸡年（己酉）已有二百年的历史。也有人说是乙丑年或辛卯年修建的。木蛇年（乙巳），霍尔·程列隆珠(ཧོར་འཕྲིན་ལས་ལྷུན་གྲུབ།）到达该寺院后，建立了讲闻经院，终身管理该寺，最后委任法相喇嘛玛勒噶居(མལ་དཀའ་བཅུ།）负责住持。前一世曲藏罗桑丹巴坚赞(བློ་བཟང་བསྟན་པ་རྒྱལ་མཚན།）也任过该寺的堪布。后由敏珠尔呼图克图罗桑丹增嘉措（བློ་བཟང་བསྟན་འཛིན་རྒྱ་མཚོ།）大力负责，认真地管理该寺，于第十二胜生的木虎年（公元 1734 年，清雍正十二年，甲寅）将政教事务交予卜·罗桑华丹（ཙུ་བློ་བཟང་དཔལ་ལྡན།）阿阇黎，彼师被前世衮卓诺们汗（ཀུན་གྲོལ་ནོ་མོན་ཧན།）罗桑仁钦曲智嘉措（བློ་བཟང་རིན་ཆེན་ཆོས་གྲགས་རྒྱ་མཚོ།）认定为夏鲁巴（ཞ་ལུ་པ།）勒巴坚赞（ལེགས་པ་རྒྱལ་མཚན།）的转世，因而被称为夏鲁巴（ཞ་ལུ་པ།）。昂噶尔誉为：“虔诚诵持密咒九亿遍，证悟智慧依怙主果，被称为大成就者夏鲁巴。”

彼师和佑宁寺松巴曲结彭措南嘉（ཕུན་ཚོགས་རྣམ་རྒྱལ།）两人在西藏班禅额尔德尼座前受比丘戒时，被赐予了僧帽和法衣，授以新建寺院的授记。他转世的活佛有阿旺丹增（ངག་དབང་བསྟན་འཛིན།）、格勒嘉措（དགེ་ལེགས་རྒྱ་མཚོ།）等高尚世系。

这座寺院有两处法相学院，先后由丹玛活佛华丹土旦嘉措（དཔལ་ལྡན་ཐུབ་བསྟན་རྒྱ་མཚོ།）达赖呼图克图噶桑土丹拉杰（སྐལ་བཟང་ཐུབ་བསྟན་རབ་རྒྱས།）、赛多诺们汗耶喜土丹嘉措（ཡེ་ཤེས་ཐུབ་བསྟན་རྒྱ་མཚོ།）等担任上法相学院的讲授，面赛促拉仁巴程勒华桑等则负责下法相学院。下法相学院使用郭芒扎仓的教程，上法相学院则用色拉寺的教程，讲学风气，甚为良好。

五世达赖喇嘛向程列隆珠（འཕྲིན་ལས་ལྷུན་གྲུབ།）尊者授了密集灌顶，收为主要的徒弟，赐予了《四家合注》经函并授记；尊者又梦见贡德·南卡坚参（སྒོམ་སྡེ་ནམ་མཁའ་རྒྱལ་མཚན།）授予金刚杵和铃，说：“做这个的主人！”尊者第二次赴藏时，应第一世嘉木样建立密宗学院的请求，以此等等因缘，建立了密宗院，按下密院的实践方法修持，历届上师正确执行，护理有方。后来裕固药水寺（སྨན་ཆུ་དགོན་པ།）曼乃喇嘛嘉扬嘉措（སྨོན་ནེ་བླ་མ་འཇམ་དབྱངས་རྒྱ་མཚོ།）担任法台。当他往佛土迁转之际，嘱咐近侍道：“火葬完毕后，七天之内，不要启封。”然而火一直不熄，怕收不到尸骨，三天时启了封，只见膝盖以上变成了犹如巧匠塑造的大威德神像，其余部分已经烧焦变成黄色。现作为该寺依止的圣物。这座寺院所属有医学院和密乘院等五个扎仓，但其传承世系资料，没有得到。

释尊殿内供奉着语化观世音菩萨像、释迦牟尼佛像、达则（རྟག་རྩེ།）造觉阿释尊像，也有人说这尊佛像已作为释迦牟尼佛像的内藏云。还有觉阿不动金刚佛像（ཇོ་བོ་མི་བསྐྱོད་རྡོ་རྗེའི་འདྲ་ཆག）、檀香释尊像等。

此外，磋钦大经堂、密宗院、密咒院、医学院，山顶上下扎仓的大经堂、乃琼殿、噶冬丹玛等护法殿、吉祥天母宫等处，有无数的佛像、佛经和佛塔。

还有赞波活佛府、曲藏活佛府、夏鲁活佛府、麻（སྨ།）活佛府等许多活佛的戛尔瓦。

寺院所属的供养谿卡庄园，先前有巴萨（དྭ་ཟ།）八部和巴措（དྭ་ཚོ།）四部等牧区部落。后来由于历代活佛事业的发展，从青海湖东至大海一带都成为信徒积福的资粮田。

智隆（ཐག་ལུང།）静修庵和朋措沟（ཕུན་ཚོགས་ལུང་།）静修庵都由磋钦大会供奉，后者之中霍尔禅师丹增桑保（བསྟན་འཛིན་བཟང་པོ།）曾长期居住。这位尊者曾在广惠寺和西藏学习。在赛康巴（གསེར་ཁང་པ།）阿阇黎座下聆听了许多佛法和教诲，并长期实践弘传，并有亲眼见到怙主圣容的传说。后半生在萨卜浪（ཟབ་ལུང་།）静修庵附近勤奋修习，圆寂时以狮卧状迁转，现在还有转世化身传承。

所属支寺有土古寺（ཐུ་གུ།）、土尔钦寺（ཐུར་ཆེན།）、相隆寺（ཤིང་ལུང་།）、本巴曲隆寺（འབུམ་པ་ཆོས་ལུང།）、嘉多寺（རྒྱ་རྡོག）、班固寺（བན་རྒུད།）、拉卜吉寺（རབ་རྒྱས་དགོན།）、达班寺（རྟ་བན་དགོན།）、章山达隆寺（གྲུང་ཤན་སྟག་ལུང་།）等。

上夏科（ཞྭ་ཁོག་སྟོད།）地区都哇寺谢珠达杰林（འདུལ་བ་དགོན་བཤད་སྒྲུབ་དར་རྒྱས་གླིང་།）色钦曲结喜饶坚赞（སེར་ཆེན་ཆོས་རྗེ་ཤེས་རབ་རྒྱལ་མཚན།）修建，由祁嘉·爱克吾都曲结（ཆི་ཀྱ་ཨེ་ཁེ་ཨུ་འདུར་ཆོས་རྗེ།）和都哇·罗桑格达哇（འདུལ་བ་བློ་བཟང་དགེ་དར་བ།）扩建。但在《黄琉璃论》[105]中，没有关于都哇寺的明确记载。色钦曲结接受达赖喇嘛的指示，修建了噶丹旦曲林（དགའ་ལྡན་དམ་ཆོས་གླིང་།），温都尔曲结端珠嘉措（ཨུན་འདུར་ཆོས་རྗེ་དོན་གྲུབ་རྒྱ་མཚོ།）护理了该寺，后又经都哇曲结罗桑格东（འདུལ་བ་ཆོས་རྗེ་བློ་བཟང་དགེ་འདུན།）扩建，据说讲学教程采用热多（ར་སྟོད།）扎仓的《集类学》和郭莽扎仓的《般若》，现在不复存在。有僧人三百余名。土观呼图克图曾任法台，在寺院原有的清规戒律的基础上，又规定在寺院中不得穿带袖子的衣服和乘马等。过去汉族群众对喇嘛、僧徒们颇不尊重，自此以后却非常尊重，佛教的地位显著提高。彼师在拉让的大厅里修建了像八岁儿童身量高的释迦牟尼佛像及舍利弗和目犍连像、密宗事部三怙主

（རིགས་གསུམ་མགོན་པོ།[106]）像、莲花生像、阿底峡像、圣·宗喀巴像等九尊圣像，又捐资修建了大经堂，贡献甚大，并建立了嘉派（རྒྱལ།）跳神等。

新寺夏珠林（དགོན་གསར་བཤད་སྒྲུབ་གླིང་།）按照嘉赛·耶喜扎巴（རྒྱལ་སྲས་ཡེ་ཤེས་གྲགས་པ།）的授记，由松巴阿阇黎于第十二胜生的水牛年（公元1733年，清雍正十一年，癸丑）修建。嘉赛的衣服作为依止的圣物存放着。这个山谷的口子上，有毛白胜城（རྫའི་པྲི་ཤང་མཁར།）[107]。

诺木吉寺噶丹德钦林（ནོམ་ཅི་དགོན་དགའ་ལྡན་བདེ་ཆེན་གླིང་།）阿仁然绛巴罗哲嘉措（ཨ་རིན་རབ་འབྱམས་པ་བློ་གྲོས་རྒྱ་མཚོ།）修建。

宝库（ པོ་ཁོག）地区的塔延其穹瓦噶丹仁钦林（ཐ་ཡན་ཆི་ཆུང་བ་དགའ་ལྡན་རིན་ཆེན་གླིང་།）寺院佑宁寺桑果噶居（བཟང་སྐོར་དཀའ་བཅུ།）衮噶桑布（ཀུན་དགའ་བཟང་པོ།）修建。他转世的活佛是罗桑衮噶（བློ་བཟང་ཀུན་དགའ།），罗桑衮噶的转世活佛是华丹鄂赛（དཔལ་ལྡན་འོད་ཟེར།）。现在的转世活佛贡乔丹增迥乃（དཀོན་མཆོག་བསྟན་འཛིན་འབྱུང་གནས།）在贡塘·嘉木样喇嘛（གུང་ཐང་འཇམ་དབྱངས་བླ་མ།）座下受比丘戒。

右侧的浪噶（ལུང་དཀར།）沟里，有桑果噶居（བཟང་སྐོར་དཀའ་བཅུ།）的转世活佛华丹鄂赛（དཔལ་ལྡན་འོད་ཟེར།）和噶丹则萨尔（དགའ་ལྡན་རྩེས་གསར།）的秘书奠基，松巴阿阇黎扩建的静修庵，叫扎喜则日超桑木丹林（བཀྲ་ཤིས་རྩེའི་རི་ཁྲོད་བསམ་གཏན་གླིང་།）。

塔延其且瓦寺（ཐ་ཡན་ཆི་ཆེ་བ།）是在佑宁寺僧哈嘉禅师（ཧ་ཀྱ་སྒོམ་པ）端仁巴（དོན་རིན་པ།）等居住处修建起来的。

王然绛巴阿旺耶喜修建的王静修庵，青海事变后，未恢复。

在老虎山（སྟག་རི།），有苦修僧数人，汉族的寺庙亦多，流传着自然形成的怙主圣像防御水患的传说。它的上方是奥索静修处（ཨོར་སོ་རི་ཁྲོད།）。

在牦牛山（གཡག་རི།）敏珠尔呼图克图修建了弥勒殿，有静修者十余人。

以上是湟水北岸的白马寺、佑宁寺、曲藏寺、广惠寺等寺的概况。

※　　　　※　　　　※

在高耸入云护佑善业的十三神山所依止的浩门河流域中，有广惠寺噶杂然绛巴罗桑达杰（ཀ་ཙ་རབ་འབྱམས་པ་བློ་བཟང་དར་རྒྱས།）修建的夏果泽静修庵（ཞྭ་ཧོད་རྩེའི་རི་ཁྲོད།）。

班固寺（བན་རྒྱུད་དགོན།），据松巴说，由霍尔曲结（ཧོར་ཆོས་རྗེ།）护理云。但《黄琉璃论》中记载说，是霍尔然绛巴罗桑端珠（ཧོར་རབ་འབྱམས་པ་བློ་བཟང་དོན་གྲུབ།）根据达赖喇嘛的教敕修建的曲浪推桑木林（ཆོས་ལུང་ཐོས་བསམ་གླིང་།）寺。有僧众七十余名，讲授般若《罗桑奥意庄严》和《中论》。又一说法是，彼师修建的这寺，有四十余位僧众，是格鲁派的密乘院，称为会哲夏珠林（དགེ་འཕེལ་བཤད་སྒྲུབ་གླིང་།）寺。似乎这两种说法都可以适用。又《黄琉璃论》中记载，布曲德院（སྤུའི་ཆོས་སྡེ།）和杰佐林（བསྐྱེད་རྫོགས་གླིང་།）寺院，是墨尔根洪台吉（མེ་རྒན་ཧུང་ཐའི་ཇི།）做施主，由阿旺程列隆珠（ངག་དབང་འཕྲིན་ལས་ལྷུན་གྲུབ།）修建的，林中小寺（གཞིས་དགོན།）内有密宗僧徒八十余名，但无法证实。

甘禅寺大乘解脱洲（ཀུན་ཆེན་དགོན་ཐེག་ཆེན་ཐར་བའི་གླིང་།）修建者为第四世班禅罗桑确坚心传的了悟空性的四大成就者之一丹玛茨成嘉措（འདན་མ་ཚུལ་ཁྲིམས་རྒྱ་མཚོ།），彼师于第十胜生的火猪年（公元1587年，明万历十五年，丁亥）诞生在哈勒兹(ཧལ་ཅི།）地方，父名丹玛鲁本秀（འདན་མ་བློ་འབུམ་སྐྱུག），母名噶毛(དཀར་མོ།)。彼师幼时偷跑到僧噶尔（ཟིན་སློར།）出了家，遵照松巴阿阇黎的教导，与鲁嘉·更登达杰（ལུའུ་ལྷ་དགེ་འདུན་དར་རྒྱས།）一同到了佑宁寺，以戒行谨严著称。在嘉赛活佛座下学习了《集类学》和《因明学》，松巴（སུམ་པ།）阿阇黎处聆听了《般若》。赴卫地后，叩谒第四世达赖喇嘛云丹嘉措，拜郭莽扎仓的贡如·桑杰扎喜（གུང་རུ་སངས་རྒྱས་བཀྲ་ཤིས།）为师，学习了《中论》《般若》《律本论》《俱舍论》《释量论》《慈氏五论》等。第悉藏巴汗诬陷大成就自在者索南扎巴（བསོད་ནམས་གྲགས་པ།），挖去了眼珠，但由于证道之故，又复生出双眼，给丹玛等许多格西授《金鬘论》等经教。在塔波扎仓（དྭགས་པོ་གྲྭ་ཚང་།）又一次学习了五大论的教授。据说这个扎仓的各项制度很严格，贪图安逸者是住不下去的云。按着又到了哲蚌寺，正是第四世班禅任色拉寺和哲蚌寺的堪布，准备在拉萨大祈愿法会上，进行格鲁派巡回讲经活动之际，若过早通知怕被藏巴汗阻止，至于临立宗时，向各个阿阇黎下了通知。当时不用看经作准备而能立即立宗者，郭芒扎仓有尊者（丹玛茨成嘉措）和曲藏巴·贡乔曲桑（ཆུ་བཟང་པ་དཀོན་མཆོག་ཆོས་བཟང་།）；洛赛林（བློ་གསལ་གླིང་།）则指定周达巴（འབྲུག་སྒྲག་པ།）和端聂巴（དོམ་ཞག་པ།）二人。尊者按照安排，提出没有先例的立宗，一举成为著名学者。在塔波聆听了由嘉赛仁波切讲授的觉巴派（གཅོད་པ།）全部教诫。尔时为了罕东和桑洛的僧源问题，彼师向藏巴汗控诉，第巴索南群培受到了斥责，发生浪费公家财物的临时事故，乃琼护法先后发出可怕的神变现象。彼师被任命为郭莽扎仓的格贵。在班禅仁波切处受了比丘戒，并听《菩提道次第》教授、大威德灌顶等许多佛法和教诲。遵照班禅的教导，进行上百次《三聚经》忏悔，出现清除罪业的征兆。另外，当请求传授时轮灌顶等传承之时，虽然有人对讲授温萨派耳传的直接传承有所怀疑，但彼师和许多正确的士夫们一致地说，关于教法的根源，除亲近圣·宗喀巴、文殊菩萨、金刚持菩萨以外，其他亲近土石山岩等的说法，不过是一种偏见而已。在格派把觉巴派所缘和般若波罗蜜多心经结合起来修习，并在温寺山后（དབེན་དགོན་གྱི་ལྟག）、纳塘（སྣར་ཐང་།）、相钦（བྱང་ཆེན།）等处居住。在达纳贵（རྟ་ནག་འགོས།）的静修洞里修习了《密集生起次第》和《圆满次第》。在梦境里除了不断出现昔日的神变外，还出现了更多不相称的神变和实际感觉、梦境。虽专门诵持马头明王和宝帐怙主（གུར་དྲག）的经咒，但神变更多。有一次，根据梦境，从达罗那他处聆听了关于这方面观点和教授。后来将此情况向班禅仁波切呈述，班禅面孔变色地说道："他的那些说法是和尚[108]的见解！"

遂推迟启程的日期，请求赐予禳解。班禅说："愿世间一切病和魔全被吸收干净！"说毕吹了一口气。他认识到这是放弃我执的记号。

又于希解派（ཞི་བྱེད།）的许多静修者们居住过的叫作"药噶尔"（ཡོལ་དཀར།）的山洞里，修石子和花汁辟谷术，衣服褴褛，仅能遮体。一位噶举派的得道者说：“修拙火定失误，身体会消瘦。”指示了护持所缘相法，遂得以回转。那位得道者说：“您们格鲁派竟有这种教诫，实出意外。”对格鲁派更加笃信。

从修习大威德法承事法王后，那些神变不能近前，约经一月，身体康复。有一天，看见玛玖拉卜仲的圣容，说：“像这样修习姑娘的教法是不行的！修断我执行吧，妈妈帮助你。”赐予了许多教诫。遂修请法王降临，召集本尊之法，不论出现那样的神变，使其成为菩提心和见解之效应，获得以空性慈悲为中心的证悟，乃琼护法献上相应的护佑。因此，尊者在其自著的颂中说：“那勤奋的瑜伽师，应将珍贵菩提心，纯净的离边中观，两者结合来修习。”

献施食后，引起事业上之纷扰，感觉将成佛法之障碍，遂中断了献施食。

总之，对于一个平凡之人，虽他化自在天子魔，也不会施予障碍，何况特殊者护法们！像这位圣哲能在恶缘之中敢于有所作为，才能得到本尊发挥的效应。若光说上师、本尊之慈悲，营谋暂时之幸福，或满足于得到的所谓成就，则不会杜绝现世的欲望，也就不会有什么佛法的气味，对于这种不论发生什么好坏之缘，不会丧失佛法的事迹，应该口眼向上，衷心赞颂。玛玖拉仲指示道：“对这千尊神鬼像，因是上师去祈祷，因是本尊求悉地，因是护法托事业。”

上述的这些教导，不光是为消除瑜伽师之缘的语言，而是包含显密两者奥意的教诫，应作为心中精要为是。

班禅仁波切曾派遣一位修得神行的拉萨人叫印度古鲁（རྒྱ་གར་གུ་རུ།）者去北方香巴拉国，由丹玛尊者给他写了路证，及致彼方国王们的书信。班禅双手托起口耳传承的经函放在丹玛茨成嘉措的头顶予以加持，这犹如金刚三兄弟（རྡོ་རྗེ་མཆེད་གསུམ།）的传记一样深奥难测。

在准备返回故里时，去文曲顶（འོན་ཆོས་སྡིངས།）叩别嘉赛，恰逢嘉赛圆寂，遂把一个尼姑寺院内供养的嘉赛头盖骨作为他分内的圣物，迎请回去。

回到多麦后，隆务（རོང་བོ།）[109]的曲巴仁波切（ཆོས་པ་རིན་པོ་ཆེ།）曾请他讲经，圣·噶丹嘉措拜为他的主要上师。在佑宁寺任堪布时，吉雪活佛[110]曾来到彼处。给土观噶居次成仁钦（ཐུའུ་བཀྭན་དཀའ་བཅུ་ཚུལ་ཁྲིམས་རིན་ཆེན།）、李嘉噶居（ལིའུ་ཀྱ་དཀའ་བཅུ།）和以后被称为观息大成就者鲁嘉更登洛哲（སྒོམ་ཞིས་གྲུབ་ཆེན་ལུའུ་ཀྱ་དགེ་འདུན་བློ་གྲོས།）等许多人，专门讲授教诫，经过修习，都获得良好的证悟。

在智化官人（དཔོན་ཁྲུགས་པ།）和咒师嘉本则（རྒྱལ་འབུམ་རྗེ）两人邀请下，来到甘禅，由巴萨·桑本嘉（དྷ་ཟ་གཟུངས་འབུམ་རྒྱལ།）提供费用，于木马年（甲午）六十八岁时修建外用金、铜等包裹内有嘉赛头盖骨的佛塔及经堂（གཙུག་ལག་ཁང་།），巴萨朋措（དྷ་ཟ་ཕུན་ཚོགས།）等人修建了僧舍，巴萨相参（དྷ་ཟ་ཞང་ཚན།）布施了五供（ལྔ་མཆོད།）。第二年，僧徒发展，僧舍增加，乃委派寺院执事等，寺院规模大体形成，建立了夜晚诵经、修法制度，尊者准时参加，从未间断过，并指示说：

“暂时定名为‘解脱洲’，待建立讲闻经院后，可命名为噶丹勒夏林（དགའ་ལྡན་ལེགས་བཤད་གླིང་།噶丹善说洲）。”让李嘉然绛巴讲授教程，并举行缘起庆贺。著有《验证道情歌》，如：

“聪明的青年人虽然多，障碍的隘口难通过，冒充好汉没什么意义；虽然不是聪明的人，从障碍的隘口自解脱，在本性空乐的床位上，安睡的瑜伽师多高兴。”又如：“看彼本质之道理，似无破立之词汇，取舍的弃取真稀奇，显示不存在更为奇。”

这样稀奇的歌词虽然很多，却未能付印成册，大部分已经失传。尊者驻世七十载。

他转世的呼毕列罕阿旺丹增程列（ངག་དབང་བསྟན་འཛིན་འཕྲིན་ལས།）于火马年（丙午）诞生，在广惠寺和西藏求学。铁虎年（庚寅），四十五岁，佑宁寺密宗学院建成，被第一世一切知嘉木样委任为密宗院的第一个喇嘛。在相曲林（བྱང་ཆུབ་གླིང་།）静修院居住期间，开启了德钦颇章（བདེ་ཆེན་ཕོ་བྲང་།）圣地之门。水兔年（公元 1723 年，清雍正元年，癸卯），五十八岁，被任为佑宁寺堪布，正值青海发生了事变，和华热曲结（དཔའ་རི་ཆོས་རྗེ།）、松巴曲结（སུམ་པ་ཆོས་རྗེ།）、当纳曲结（མདུང་ནག་ཆོས་རྗེ།）等几位老僧一同赴西宁，向将军[111]申述情况后，认为没有罪过。但于回寺的途中，为求救赛钦然绛巴的生命，两人同时被杀害[112]。

彼师转世的呼毕勒罕阿旺克珍尼玛（ངག་དབང་མཁས་གྲུབ་ཉི་མ།），于火羊年（丁未）诞生。

彼师转世的呼毕勒罕华旦土丹嘉措（དཔལ་ལྡན་ཐུབ་བསྟན་རྒྱ་མཚོ།），于第十三胜生的木马年（公元 1774 年，清乾隆三十九年，甲午），生于嘉雅（རྒྱ་ཡག）牧区地方，父名叫更登嘉（དགེ་འདུན་སྐྱབས།），母名叫扎底才让措（ཕྲ་ཏི་ཚེ་རིང་མཚོ།）。土狗年（戊戌）五岁时坐床，拜然绛巴阿旺闹吾（ངག་དབང་ནོར་བུ།）为师，学习文字，后又从这位师长聆听《甘珠尔》大藏经的教敕。七岁时，在神变祈愿法会上，流利地讲《菩提道次精要》《祝愿经》等经典，对此大家异常感动。当年正值第六世班禅贝丹耶喜锡驻塔尔寺，于是彼师在班禅座下出家受沙弥戒，聆听了白度母（སྒྲོལ་དཀར།）等经典的随许。在佑宁寺和广惠寺两处学习了《集类学》和《因明学》。木兔年（乙卯）赴卫地，入哲蚌寺郭寺芒扎仓，由第八世达赖喇嘛强白嘉措授比丘戒，赐予额尔德尼班智达堪布（ཨེ་ཏི་ནི་པཎྜི་ཏ་མཁན་པོ།）的名号。前后拜哇日格西（བ་རི་དགེ་བཤེས།）、赤钦丹巴拉吉（ཁྲི་ཆེན་བསྟན་པ་རབ་རྒྱས།）、郭芒扎仓的卸任堪布土多尼玛（མཐུ་སྟོབས་ཉི་མ།）等为师，在多麦地区又侍奉第二世嘉木样吉美旺波、贡塘·嘉贝样、土观·曲吉尼玛、曲藏·阿旺土丹旺秀、达赖呼图克图、噶桑土丹拉吉（སྐལ་བཟང་ཐུབ་བསྟན་རབ་རྒྱས།）、巴萨·亦干端约多杰（བྲ་ཟ་ཁྲི་ཀན་དོན་ཡོད་རྡོ་རྗེ།）、果杂·噶桑乔珠（ཀོ་ཙ་སྐལ་བཟང་མཆོག་གྲུབ།）、夏尔哇喇嘛索南尖参（ཤར་པ་བླ་མ་བསོད་ནམས་རྒྱལ་མཚན།）等，聆听显密经典，学习范围极为广博。又在密宗院聆听了下密院《五次第论》的辗转传承。曾任佑宁寺磋钦大会堂的堪布和密宗学院的法台，新建密宗院的房舍。又任塔尔寺、广惠寺、曲藏寺、天堂寺等处的堪布，广行法施。从仙密寺阿强活佛（ཨ་ཁྱུང་སྤྲུལ་སྐུ།）处聆听关于觉域派教法，并且还被赐给玛玖拉仲的画像（མ་གཅིག་ལྷ་སྒྲོན་གྱི་ཞལ་ཐང་།）、觉派禅杖（གཅོད་ཏེ།）、小棹子等。被灌顶为耳传甚深妙法密义的主宰者。巡游一百余处凶煞之地，获得良好证悟。向德格人敏珠尔·阿旺嘉措（སྨིན་གྲོལ་ངག་དབང་རྒྱ་མཚོ།）授予了唪诵的全部佛法，这个人又向德格土司（སྡེ་དགེ་རྒྱལ་པོ།）和萨迦达钦（ས་སྐྱའི་བདག་ཆེན།）等献上所学的佛法，因此这个佛法的传承事业大大弘扬。仙密活佛和赛康巴阿阇黎等许多圣哲曾在此尊者座前听经。火羊年（丁未），七十四岁圆寂。土观呼图克图继任堪布，委任然绛巴阿旺扎喜（ངག་དབང་བཀྲ་ཤིས།）为洛穹。

依怙殿（མགོན་ཁང་།）里面，可能由于护法神凶猛，据说会出现萨迦怙主殿的气氛。那里供养着灵异的占斯（ཁྲམ་གཟིགས།）画像及丹玛（འདན་མ།）大成就者修习的四面尊迅速脱业图，并制定有按照那个圣容所进行的四面怙主舞的跳神。还有历代丹玛（འདན་མ།）的灵塔，章嘉呼图克图赐予的有加持力的无量寿佛像，以及黄金和铜制成的十六尊者像等。自第十一胜生的木马年（公元1654年，清顺治十一年，甲午）寺院建成后，至土鸡年（公元1849年，清道光二十九年，己酉），已历一百九十六年，也有静修庵。

萨隆静修庵（ཟང་ལུང་རི་ཁྲོད།）由嘉底阿阇黎（རྒྱ་ཏིག་དཔོན་སློབ།）贡却雅培（དཀོན་མཆོག་ཡར་འཕེལ།）修建。关于彼师的传记以后另有叙述。现在由历届转世者护持。勤奋实践三事（གཞི་གསུམ།）也有猎人、猎犬等的舞蹈。

玛扬寺扎喜曲林（སྨ་ཡང་དགོན་བཀྲ་ཤིས་ཆོས་གླིང་།）是根据前一世衮卓活佛（ཀུན་གྲོལ།解脱一切）的指示，由阿拉善人（ཨ་ལག་ཤ་པ།）曲结龙珠达杰（ཆོས་རྗེ་ལྷུན་གྲུབ་དར་རྒྱས།）于乾隆皇上御极五年时修建。据说由松巴静修庵迁徙至芒玛（མང་མ།）并由阿嘉活佛府和达波夏仲（དྭགས་པོ་ཞབས་དྲུང་།）给予了资助。

噶丹曲宗（དགའ་ལྡན་ཆོས་རྫོང་།）静修院原在舒合卡尔山（གྲོག་མཁར་རི་རྩེ།）顶之上，由一些僧俗人等修建佛堂后献给松巴，以后形成这座静修院。现在已迁移到沟底。以上这两座寺院由松巴做寺主。它的附近还有扎喜拉日（བཀྲ་ཤིས་ལྷ་རི།）静修处。

洛噶静修庵夏珠班噶林（ལོ་དཀར་རི་ཁྲོད་བཤད་སྒྲུབ་པད་དཀར་གླིང་།）或叫大乘法寺（ཐེག་ཆེན་ཆོས་གླིང་།）由贡哇格西（གོང་བ་དགེ་བཤེས།）阿旺耶喜（ངག་དབང་ཡེ་ཤེས།）修建，由其历代转世活佛居住。

色拉沟（སེ་ར་ལུང་།）的大通[113]小寺（ཏེ་ཐུང་དགོན་ཆུང་།）噶丹旦曲林（དགའ་ལྡན་དམ་ཆོས་གླིང་།）据说比大寺[114]晚十二年，似于铁马年（庚午）或铁羊年（辛未）建成。开始只有九名静修者居住，松巴阿阇黎丹曲坚赞（དམ་ཆོས་རྒྱལ་མཚན།）任大寺的喇嘛时，开始作了安排，后来指示善穹·罗桑扎喜（ཤན་ཆུང་བློ་བཟང་བཀྲ་ཤིས།）住持，并由大通·仁钦坚赞（ཏེ་ཐུང་རིན་ཆེན་རྒྱལ་མཚན།）协助，建立了讲闻经院。接着松巴·耶喜班觉尔任堪布，修复了昔日萨迦时期修建的华素美（ཧྭ་སུ་མེ།）寺庙。

※　　　※　　　※

在北部的上部地区，有加多寺（རྒྱ་རྡོག་དགོན།）[115]。其修建者有上一世的仙密乃典巴（སེམས་ཉིད་གནས་བརྟན་པ།）和仙密寺活佛的两种说法。《黄琉璃》中记载说，有与母寺（མ་དགོན།）相同的显宗讲经院（མདོའི་བཤད་གྲྭ），僧众百人云。

仙密寺[116]噶丹达杰林（སེམས་ཉིད་དགོན་དགའ་ལྡན་དར་རྒྱས་གླིང་།）过去彼处荒凉野蛮，邪见横肆。第十胜生的木猴年（公元1584年，明万历十二年，甲申），全知者第三世达赖喇嘛索南嘉措来到彼处，赐予加持后，佛法开始弘扬，并作了需修建寺院的授记并为寺院命了名。以后又有森巴化身佛阿旺朋措南杰（སེམས་དཔའ་སྤྲུལ་བའི་སྐུ་ངག་དབང་ཕུན་ཚོགས་རྣམ་རྒྱལ།）来到这里，梦见背面山峰上一个穿白衣服的妇女，挥舞彩箭三下，聚集着穿法衣的百名比丘为首的许多僧众，便指示说："这是修建寺院的征兆。后山是金刚玉仲母（རྡོ་རྗེ་གཡུ་སྒྲོན་མ།）圣地。”由于授记时机已到，有美保·喜饶嘉措（མེས་པོ་ཤེས་རབ་རྒྱ་མཚོ།）者，经洛喀（ལྷོ་ཁ།）徒步赴前藏，被地方政府委任为募化师（འབུལ་དཔོན།）与随从博巴迥乃（བོད་པ་འབྱུང་གནས།）等赴藏区各地募化，化来的财物派遣文保衮噶嘉措（དཔོན་པོ་ཀུན་དགའ་རྒྱ་མཚོ།）解往西藏。他向圣师徒及郭芒扎仓供养布施，第四世班禅确坚授予比丘戒，达赖喇嘛指示要坚持这种传统，并用公文予以表扬；郭芒扎仓的拉如·强巴隆珠（ལྷག་རུ་བྱམས་པ་ལྷུན་གྲུབ།）堪布也指示若按前规办理扎仓的公务，则日后喇嘛世系中将出现具有大悲观音、文殊菩萨神通者多人，以及将来有些将如梦境那样发展。授予这样预言之后，并送了传为和拉萨觉阿释尊像同一材料经佛陀自己开光，以后失散了的佛像，檀香木雕的多闻子像，据传原由圣·赛钦（རྗེ་གསེར་ཆེན།）保存，后经绛央曲杰（འཇམ་དབྱངས་ཆོས་རྗེ།）[117]之手到了郭芒扎仓的贡如曲迥（གུང་རུ་ཆོས་འབྱུང་།）阿阇黎手中，极为灵异。此后又向卫地多次送献布施，有一次，文保募化师向西藏地方政府呈述修建寺院，需要一位喇嘛的理由，便派遣了耶拉哇·拉日堪钦才丹端珠（ཡེ་ར་བ་ལྷ་རི་མཁན་ཆེན་ཚེ་བརྟན་དོན་གྲུབ།）。主仆们一同回到这里，由文保·珠巴桑保（དཔོན་པོ་གྲུབ་པ་བཟང་པོ།）、文保·华丹嘉措（དཔོན་པོ་དཔལ་ལྡན་རྒྱ་མཚོ།）、文保·罗哲嘉措（དཔོན་པོ་བློ་གྲོས་རྒྱ་མཚོ།）、满喜华丹（སྨན་ཞིའི་དཔལ་ལྡན།）、才嘉本（ཚེ་རྒྱལ་འབུམ།）老者和鲁则（གྲུ་རྗེ）、拉嘉甲卜（ལྷ་རྒྱལ་སྐྱབས།）等母舅系统的主要人物等共同协商后，于第十胜生之末水猪年（公元1623年，明天启三年，癸亥）为寺院奠了基，修建了十六根大柱的经院。按照过去郭芒扎仓的贡如曲迥和强巴龙珠两人所作的“募化师叔侄的上师世系的护法神应侍奉吉祥天母”的指示，依止为护法。建立长净，经常以美味佳食供养。长净善恶的好坏，取决于供养的饮食好坏。由于福田和施主两者都善巧方便地对村民进行舍施和颂扬三宝的功德；供养比丘，赞扬出家的益处，以及进行与境域相适应的敬奉等等方面的教导，邪念贪欲逐渐消除，建立了三事实践。拉且堪钦才丹端珠于圆寂之际，紧握着佑宁寺教长旦曲坚赞（དམ་ཆོས་རྒྱལ་མཚན།）之手说道：

“这座寺院的政教两方面能否发展以及能否为圣教服务取决于你了。”

说罢任为堪布。彼师教导村民们认识皈依三宝的功德，改变了大家的思想。于火虎年（公元 1626 年，明天启六年，丙寅）修建了高达四层的经堂，出家和受比丘戒者甚多，比丘约达百余名，组成了法相经院，分为三个学级，授《集类学》和《释量论》第一章等。三个辩论班的学习非常勤奋。第十一胜生的水猴年（公元 1692 年，清康熙三十一年，壬申），修建了六十根柱子的大经堂，从佑宁寺请来了汪嘉（བང་སྒྲ།）翁则等教授关于大会时诵经的韵律、曲调和吟腔、乐器的吹奏打击和跳神的方法等，从政教两方面护理该寺达二十年，后来被任为佑宁寺的堪布。

当研究继任的喇嘛人选时，按照彼师指示，向第巴夏仲（སྡེ་བ་ཞབས་དྲུང་།）喇嘛请示后，回答道：

“在我的戛尔瓦，住着然绛巴东珠嘉措（དོན་གྲུབ་རྒྱ་མཚོ།），论起对佛法的造诣，再没有比他更强的。彼正想赴五台山，你们去请，我帮助你们。”

当即向赞波（བཙན་པོ།）[118] 阿阇黎进行邀请，虽然当面呵斥道：

“你们仙密赛促（སེམས་ཉིད་སེར་ཚུད།）地方不好，我去也起不了作用。”

但经再三恳求之后，便答应了。彼师建立起胜乐、密集、大威德法和大日如来的仪轨、手印，依怙主施食修习等。由于他经常动手打人，揭发过失，严格约束，讲话严厉，遂被起了个赞波喇嘛（བླ་མ་བཙན་པོ།严厉上师）的称号。他的接任者为格勒南嘉（དགེ་ལེགས་རྣམ་རྒྱལ།）阿阇黎，这时正值彼师准备赴青海湖，乃请求他担任了堪布。彼师在该寺院的北边修建了菩提塔（བྱང་ཆུབ་མཆོད་རྟེན།）、阿弥陀佛的铜像，并设置了许多供器。这四位阿阇黎在任期间，福田和施主密切结合护理寺院，使佛法日益增盛。

过去佑宁寺阿阇黎曾于浩门河上架起一座桥梁，作为往来通道。寺院所属的豁卡巴萨（སྣ་ཟ།）部落的强盗，拦路抢劫了汉军的军饷，于是军队来到佑宁寺。时由募化师守护寺院，直贡（འབྲི་གུང་།）活佛索南桑格（བསོད་ནམས་སེང་གེ།）、阿却囊索索巴（ལྷ་མཆོད་ནང་སོ་བཟོད་པ།）、扎底囊索噶保（བྲ་ཏི་ནང་སོ་

དཀར་པོ།)、囊索闹吾（ནང་སོ་ནོར་བུ།）等寺院和部落出面承担责任，不惜破费大量财物，才算和前来的军队和解，保住了寺院。寺院和村庄的关系更为密切。又在这段时间里，本寺所属部落的一些贼徒，行为不良，招致鲁嘉（ཀླུ་སྐྱབས།[119]）的军队来到寺院，抓去募化师的文布[120]丹曲（དཔོན་པོ་དམ་ཆོས།）等为首的一些人，投入城中牢内，有人主张给汉人寄封信，送去另外之人代替做人质。募化师同意这种意见，说道：

“我当然需要我的侄子，而且我已老态龙钟，犹如老狗，嘴里虽有新牙也无甚作用。但是，人的生命，没有贵贱之分！决不能送人去顶替做人质。如果向东科呼图克图诉说，他会同情我们，也许对我们有好处。”

遂遵照所述向多居嘉措（མདོ་རྒྱུད་རྒྱ་མཚོ།）尊者呈述了原委。乘彼师去甘州（ཀན་ཅུ།）官员那里的机会，顺便到庄浪城（ཀྲོང་ལང་མཁར།）[121]附近住宿。次日清晨，主仆数人悄悄地来到监狱门口，喊叫每个被扣压人员的名字，他们听到后，暗想这是不是尊者的声音？突然监狱的门哗地开了，遂跑到外面，拉着尊者的衣服，急忙逃出城外。尊者指示说：“不要向后回顾，赶快走去!”于是便得脱了。这是由于对佛法虔诚，对政教心胸宽宏所致云。铁虎（庚寅）年募化师逝世，由侄子丹曲更噶（དམ་ཆོས་ཀུན་དགའ།）、孙子喜饶嘉措（ཤེས་རབ་རྒྱ་མཚོ།）两人依次继承官职，守护地方，世代都任西藏噶丹颇章的募化师。

第五任是斯纳曲结·曲班觉尔（ཟི་ན་ཆོས་རྗེ་ཆོས་དཔལ་འབྱོར།），此后为德洋贡却拉旺（བདེ་ཡང་དཀོན་མཆོག་ལྷ་དབང་།）阿阇黎和塔哇曲结·扎喜坚赞（ཐར་པ་ཆོས་རྗེ་བཀྲ་ཤིས་རྒྱལ་མཚན།），彼师于水龙年（壬辰），修建弥勒佛和近侍八大菩萨殿，后担任佑宁寺堪布。接着是达勒曲结（ཏ་ལེ་ཆོས་རྗེ）、格登坚赞（དགེ་འདུན་རྒྱལ་མཚན།）、銮巴阿阇黎（སོམ་པ་དཔོན་སློབ།）、桑杰扎喜（སངས་རྒྱས་བཀྲ་ཤིས།）、恰尔阿阇黎(ཆར་སློབ་དཔོན།)、桑木旦桑保（བསམ་གཏན་བཟང་པོ།），后是达隆巴·罗桑丹巴却吉尼玛（བློ་བཟང་བསྟན་པ་ཆོས་ཀྱི་ཉི་མ།）阿阇黎。彼师任堪布时，因几个坏人干了坏事，将阿阇黎本人和一大批主要的村民捉到汉族的城里，投入狱中，虽然有很大的危险，然而尊者施展勇行诛法，消灭了汉族的官员们，地方得以安宁。此后是木奈巴（མུ་ནེ་པ།）·罗桑端珠（བློ་བཟང་དོན་གྲུབ།）阿阇黎。彼师鼓励讲学，收益很大。接着是洛居·阿木乔穆多巴（སློ་རྒྱུད་ཨ་མཆོག་མུ་ཏོ་པ།），是郭莽扎仓的阿阇黎，名叫更噶奥赛（ཀུན་དགའ་འོད་ཟེར།），多仓·智巴达杰（རྡོ་ཚང་གྲགས་པ་དར་རྒྱས།）阿阇黎，彼师于火龙年（丙辰）邀请了东科寺的多居嘉措（མདོ་རྒྱུད་རྒྱ་མཚོ།），请求了大日如来灌顶。

第十五代堪布为仙密丹增程列嘉措（བསྟན་འཛིན་འཕྲིན་ལས་རྒྱ་མཚོ།），彼师对该寺院恩德很大。他的本生世系是德甫·桑哦冬布（དེ་ཕུ་གསང་སྔགས་སྡོང་པོ།），仙密曾祖喇嘛塔的儿子尼玛喜念（ཉི་མ་བཤེས་གཉེན།），但是这位在圣·曲吉尼玛著的本生传中不详。此后的是喇嘛扎希（བླ་མ་བཀྲ་ཤིས།）的儿子衮噶喜年（ཀུན་དགའ་བཤེས་གཉེན།），曾住在青海湖上修习，获得成就，降伏青海湖主嘉摩（རྒྱལ་མོ།）等八部众，给玛沁山神授予了金刚乘灌顶，役使玛索玛（དམག་ཟོར་མ།）如仆役，所化甚众。此后是秀保嘉（ཕྱུག་པོ་རྒྱལ།）的儿子持律者金巴嘉措（སྦྱིན་པ་རྒྱ་མཚོ།），由于他大量舍施，有“比丘药叉”的美称。接着是才本木格（ཚེ་འབུམ་དམུ་དགེ）的儿子募化师衮噶嘉措（ཀུན་དགའ་རྒྱ་མཚོ།）。在此以前没有转世化身之称，均未经认定，但都在仙密内部降生。他的转世化身于第十一胜生的木羊年（公元 1655 年，清顺治十二年，乙未），诞生在庄浪城，父名孙家角巴（སུན་ཀྱ་གཅོད་པ།）。出生数月，便自言自语地说道：

“我是藏族，有寺院和僧徒，有哪些佛物。”

个别汉人说：“像这样小的孩子竟会说话，是一种不吉祥的征兆。”

于是喂以狗血，身上涂抹污秽的东西，并且还说：

“你再胡言乱语，就要用赤热的铁烙舌头!”

后由喜饶嘉措（ཤེས་རབ་རྒྱ་མཚོ།）官人认定无误之后，向赞波（བཙན་པོ།）阿阇黎呈述经过，指示说：

“虽然有转世化身确证，但是还需要向班禅仁波切请示。”

由卜·囊索坚赞（ཙུ་ནང་སོ་རྒྱལ་མཚན།）主仆前赴卫地，向第四世班禅罗桑确坚请示后予以决定，并赐予了班禅的像和指示。彼师的母亲不同意将转世化身送往寺院，但是，在梦境里梦到一位头戴班智达帽子的喇嘛来到了自己家里。次日，送来了瑜伽母和班禅的像作为分内的佛物，母亲一看与梦境里完全一样，也就同意将转世化身送给寺院。水虎年（壬寅）八岁时，迎到寺院坐床。能认识寺院的一些佛经、佛像和佛塔及个别僧人。由达察（བརྡ་ཚ།）老禅师罗登喜饶（བློ་ལྡན་ཤེས་རབ།）授居士戒，罗桑班觉尔瓦（བློ་བཟང་དཔལ་འབྱོར་བ།）阿阇黎任老师。初学识字时，不会念读，一个单字需要五六天才能记熟。有人怀疑说：

“像这样愚蠢的汉族孩子，不见得是转世化身!”

达察老禅师说道：“班禅讲的哪里会有错误，可能是邪气障蔽之故。”

于是以摧破金刚和秽迹金刚法进行洗涤，清除了邪秽，赐以修红黄文殊和白文殊的随许、念诵密咒的教敕。念修宗喀巴颂（གམིགས་བརྩེམ།）十万遍和妙吉祥真言（ཨ་ར་པ་ཙ།）百万遍之后，逐渐发音正确，讲话流利。在堪钦桑木旦桑保(མཁན་ཆེན་བསམ་གཏན་བཟང་པོ།）座前出了家。木龙年（甲辰），东科呼图克图多居嘉措由下部（སྨད།）[122]到来，拜谒之后，赐以修习白文殊与依怙主法的随许。火马年（丙午），在嘉赛·罗桑丹增(རྒྱལ་སྲས་བློ་བཟང་བསྟན་འཛིན།）处受沙弥戒，诵记包括酬补的仪轨在内的所有续部的仪轨并修习其中的一部分。铁狗年（庚戌）十六岁，入佑宁寺的经院，勤奋学习八年。火蛇年（丁巳）二十三岁，获得了林赛噶居的学位。次年经夏琼寺到了前世曾经住过的曲隆仁钦岩（ཆོས་ལུང་རིན་ཆེན་བྲག），与文保谢见巴（དགོན་པོ་ཤེར་རྒྱལ་བ།）商议后，决定去卫地。当时，寺院和僧舍大部分破损失修，附体的护法神都离开附体，神像也被从供奉地撤除，僧徒散居在乡村里，寺院呈现出一副衰败的景象。于是在本寺僧徒哇赛索南（པ་སི་བསོད་ནམས།）等的恳切请求下，六月初十日就任堪布，召回七十余名僧人，恢复了讲学制度和三事的实践。从佑宁寺的现任大堪布罗桑嘉措（བློ་བཟང་རྒྱ་མཚོ།）处受比丘戒。

当时依怙主的施食修习，已经中断，尊者担任金刚上师，于十二月下弦恢复，建立为期五天修习法会，二十九日隆重举行了酬补仪轨，抛掷施食，当场宣布抢劫来自各方一些施主的掠劫者之名，大众受益不浅。祭祀佛母之际，出现了圆满的征兆。修建了大经堂，绘制了五寻高的弥勒画像，并举办佑宁寺木鼠年（公元 1684 年，清康熙二十三年，甲子）的祈愿法会。

过去，铁鸡年（辛酉）中，由于有人在本处官人挑拨之故，致招来了巴图尔台吉（བ་ཐུར་ཐའི་ཇི།）的军队。而谷口的一些盗贼的行为，又引起大皇帝的震怒，于铁羊年（公元 1691 年，清康熙三十年，辛未），自西宁派来大批军队，他们在第四世达赖喇嘛云丹嘉措的本尊吉祥天母画像前抛弃残饭，尊者主仆七十多人去军队里，只看到被砍断的人和牲畜的头足，扒出的内脏、头和四肢到处皆是，前后乱扔，有许多尸体被拽在手中或穿在长矛上。拿着各种各样的武器和各种刑具的军队们的呐喊声，使人心胆欲裂，犹如虽没有寿尽而活活地到了阎罗城一样。尊者毫不踌躇，直入军营，巧妙地向官员呈述了原委，证明寺院所属都是无辜的百姓，被予以嘉奖和尊敬。但是，因其他部落的数名罪犯逃走，受其牵连，又将尊者和十余名老僧扣留在军营里，随从人员全部逃回。尊者虔诚地叩求上师和一切皈依处，不分昼夜，念诵上师嘉赛所著的祈祷经。天降大雪，冻得军队们难以忍耐，官兵千余人进驻寺院的同时，尊者也回到了寺院。由于在僧舍里发现了一位被杀军官的铠甲，兵士们抓了几名僧人就要杀害。尊者便高声喊叫“吉祥天母”，跑向前去，向军官请求后，立即予以释放。尊者虽受到各种恐吓、威胁，但由于护法神没有离开事业，因而没有受到大的危险。前后这两起事变的刺激，使尊者灰了心，遂于水猴年（壬申），前去卫藏，向圣师徒呈献供养，祭祀神佛，并向各寺院散发布施。第五世达赖喇嘛对他很器重，授予了额尔德尼达尔汗曲结（ཨེརྟེ་ནི་དར་ཧན་ཆོས་རྗེ།）的名号。在嘉样扎巴（འཇམ་དབྱངས་གྲགས་པ།）阿阇黎处聆听各种佛法和教诲。准备侍奉嘉赛·罗桑丹增嘉措（རྒྱལ་སྲས་བློ་བཟང་བསྟན་འཛིན་རྒྱ་མཚོ།）为主要上师，愿作为近侍，不回家乡。由于嘉赛尊者指示和护法神的预言，乃于水鸡年（癸酉）回到了家乡。

木狗年（公元 1714 年，清康熙五十三年，甲午）修建了乃琼（གནས་ཆུང་།）护法殿，与凉州（ལང་ཀྲུ།）官员席总爷[123]（ཤི་ཙོང་ཡེ།）结为供施关系，并按照上级的指示做了这个地区的地方官。火鼠年（丙子）向鲁土司报告，迎请了一部《甘珠尔》大藏经，任推桑木达杰林（ཐོས་བསམ་དར་རྒྱས་གླིང་།）寺院的堪布。按照佑宁寺的规则，设立吉祥天母的元旦施食（ལྷ་མོའི་ཚེས་གཏོར།）。铁龙年（庚辰），喜饶嘉措（ཤེས་རབ་རྒྱ་མཚོ།）官人逝世。次年修建了三层楼的经堂。由于未能如愿开展讲辩学习，书写厌离的对联贴在门上，并在护法殿门旁写出请求上师护法准予辞职和请求护佑的文书，准备云游各方去，被护法神劝止，未遂所愿。木鸡年（乙酉）准备不再担任堪布，全体僧俗恳求除讲学外，其他事务由老僧干巴（ཀན་པ།）[124]担任，所属村民同意以法律制裁盗贼后，乃答允继续留任。遵照嘉赛仁波切的指示，在大经堂雕塑了弥勒佛像，于寺院的北面建造了息净塔，向章嘉仁波切、敏珠尔·罗桑丹巴坚赞等大喇嘛们献了供养，向塔尔寺等各大寺院散发布施，给佑宁寺的两千四百多名僧众各布施了一盘水果，以及茶和布匹等。请准曲藏仁波切后，做了缎制的圣·宗喀巴佛像，陈设了若干供器。所有僧规和督促修习、辅助、背诵的方法，经院的辩论方式，以及关于仪轨、法行、开光、护摩、酬补仪轨等的韵律、曲调、吟腔、施食的制作，乐器的吹奏等等，都按照佑宁寺的实践及全知者章嘉的说法进行学习，于是百废俱兴。以上的叙述，摘自尊者编著的寺志《琉璃明镜》（དཀར་ཆག་ཤེལ་དཀར་མེ་ལོང་།）一书中。

水蛇年（癸巳），作为额尔德尼额尔克的喇嘛（ཨེ་རྟེ་ནི་ཨེ་རྐའི་བླ་མ།）来到青海乌厄盖寺（མཚོ་སྔོན་ཨུ་ཀེ），赐予了一次经忏法事结了法缘。自木龙年（甲辰）起，在本寺修建了九间佛殿，供达赖使用的十八间两层楼的寝室，十五间三层楼的密乘殿。又自火猪年（丁亥）起，各个时期的学习逐年兴盛起来，由尊者一般地轮流讲授《律本论》和《俱舍论》，重点地讲授《中论》和《般若》等全部教程，辩论班级也日益兴盛。这时经过嘉赛向西藏噶丹颇章请求，准予授予学位权的回答，正好到来，遂按佑宁寺之例，设噶居（དཀའ་བཅུ།）学位，并建立斋茶之间隙，念诵《现观庄严论》《入中论》制度。但是，良好的开端维持不久，便发生了癸卯事变，来了杨提督（ཡང་ཐེ་ཏུས།[125]）、贾道爷（ཀྱ་ཏོ་ཡེ།[126]）、江总爷（ཅང་ཙོང་ཡེ།）等军官和士兵。尊者与随从出去迎接，忘了携带从前颁发的良民证，遭到一阵责骂，几乎痛打致死，随从等不知所措。尊者说道：

“这有什么可怕的，生的最后是死，死也要为往生于兜率天而祈祷。”

高声宣读弥勒佛誓愿的陀罗尼来鼓励大家，众人跟着同声诵读。汉人们看见之后，非常惊奇。后凉州衙门的一个差役拿来良民证乃立即释放。送去了一百只羊，两秤白银，由于随军前行，提督非常满意，向尊者送了供养后，返回了西宁。

木龙年(公元1724年,清雍正二年,甲辰)二月,岳公爷(ཡོང་ཀུང་ཡེ།[127])、思公爷（ཟི་ཀུང་ཡེ།）、西宁和凉州的总爷带领十多万大军到来。尊者无法住在寺院，乃前往相隆赛当（ཤིང་ལུང་སེར་ཐིང་།）地方，被强迫带往军营里。年公爷（ཉེན་ཀུང་ཡེ།[128]）把必须烧毁寺院的公文拿来了。指出“若不烧毁两处佛殿则与法律不容，对其他则不加损害。”指示把尊者和比丘们“可以转送到好一点的地方去。”并送了三百两白银，作为奖励。五月初四日烧毁了两处佛殿，十五日烧毁了全部寺院[129]。当时曾写有这样的道情：

“我于头顶上侍奉三宝，向依怙战神委托一切，与达官贵人们也是和好，为的是致力圣教之事业，所想所谋都完全相同，身语的行为都为人民。”正如上所述，虽衷心为圣教，众生谋利益，为了作好这些事业，不懈地工作。但无常的本质难以改变，终于遭到了这种境遇。清军把尊者等护送到曲藏，即于该地进行坐夏并建立讲辩学习。接着定居于加多·塔果司拉（ཆུ་སྐྱོག་ཐར་ཀོ་ཟི་ར།）[130]即当年仙密的老祖宗多吉塔（རྡོ་རྗེ་ཐར།）曾经扎帐居住过的雍仲奇（གཡུང་དྲུང་འཁྱིལ།）地方。当护送的清军回去时，有一位汉民悄悄地说：

“广惠寺等寺院都已遭烧毁，所有僧人都遭杀害，个别剩下的不但不能穿有黄颜色补丁的服装，听说就是六七十岁的老僧人，也要留辫子。但你们是西宁的代表（ཏི་ཨི་པང་།），我想说不定会让修建寺院予以居住的。你们主仆似乎可以着僧装赴西宁。”

于是尊者穿了活佛服装，随从们身着黄色披单禅裙起程。在巴萨部落帐旁宿夜时，有六个身着俗人服的僧人前来叩见，指着头上新留的蓬松发辫让看，哭着诉说道：

“不能穿着这样的服装前往呀！”

尊者一一给以安慰。一路上凡遇到的藏民，都这样劝说。汉民们也说：“这些僧人不是去送死吗！”到了城门前，清点人数登记后，被带进城里，住在一所寺庙里。次日晋见了公爷，他非常高兴。几个汉民也来叩见，都以藏语交谈，一个人让看衣角下面的袈裟和禅裙。问其原因，才知道是佑宁寺的僧人，被施主叫来的，但不敢穿僧装。即令其改穿僧装，师徒们共同进行忏悔，加持了脱装的堕罪，祈祷佛法增长。大将军给予赏赐，派遣了四名木匠，并发给可以修建寺院的公文。尊者再三恳求让那几名佑宁寺的僧人可以穿僧装，以及出家人都可以着僧装。当即指示“只是惩处了那些穿僧装干违教义事情的人，并不是不许大家穿鸭黄色的袈裟。”得到了良好的命令。在加多寺修建了大经堂，设了五供（ལྔ་མཆོད།），举办了木蛇年（乙巳）神变祈愿法会。春季学期后，西宁方面发出划好了地界的公文给仙密寺，由于托勒大滩（ཐོ་ལི་ཐང་ཆེན།）风水很好，便将寺院修建在那里，比丘们从加多寺迁到该处去了。寺院日渐兴旺，讲学风气也兴盛起来了。

以上摘自噶居巴阿旺曲增（དཀའ་བཅུ་པ་ངག་དབང་ཆོས་འཛིན།）所著《传记珍珠

鬘》（རྣམ་ཐར་མུ་ཏིག་འཕྲེང་མཛེས།）。但松巴说，事变之后，将寺院迁到珠固地区，由曲结程列嘉措（ཆོས་རྗེ་འཕྲིན་ལས་རྒྱ་མཚོ།）守护。继他任堪布者是仙米·索南丹增（སེམས་ཉིད་བསོད་ནམས་བསྟན་འཛིན།）是一位心地善良，举止温雅，小心谨慎之人。

尊者转世的呼毕勒罕罗桑乔珠尼玛（བློ་བཟང་མཆོག་གྲུབ་ཉི་མ།）于水马年（公元1762 年，清乾隆二十七年，壬午）诞生。在一切知嘉木样活佛和土观仁波切等座前聆听了许多深奥的教诲，是一位晓悟修证的大智慧者。著有《甚深耳传秘法露天坐禅一百零八处水泉的实践要诀》等。现在的转世活佛为耶喜丹增却珠（ཡེ་ཤེས་བསྟན་འཛིན་མཆོག་གྲུབ།），在曲藏寺释尊佛殿里于章嘉仁波切耶喜丹贝坚赞（ཡེ་ཤེས་བསྟན་པའི་རྒྱལ་མཚན།）座前出家，入拉卜楞寺的经院学习五部大论和诸明处。

第十六任堪布是罗桑班觉尔（བློ་བཟང་དཔལ་འབྱོར།）尊者，但是《祈祷堪布传承记》上则说彼师为第十五任。以后依次是罗桑丹曲（བློ་བཟང་དམ་ཆོས།）、堪钦罗桑丹增(བློ་བཟང་བསྟན་འཛིན།)、罗桑曲增(བློ་བཟང་ཆོས་འཛིན།)、索南丹增（བསོད་ནམས་བསྟན་འཛིན།），接着是郭芒扎仓堪布转世的活佛索南鄂赛（བསོད་ནམས་འོད་ཟེར།）。彼师的前世是郭芒扎仓的丹曲（དམ་ཆོས།）喇嘛，出生在仙米万科（སེམས་ཉིད་བན་སྐོར།）地方。二十一岁以前在家为俗人，饱受家务的烦恼，一心想出离，悄悄地逃到西藏，在章嘉·阿旺罗桑曲登(ལྕང་སྐྱ་ངག་དབང་བློ་བཟང་ཆོས་ལྡན།）座前出了家。第五世班禅罗桑耶喜（བློ་བཟང་ཡེ་ཤེས།）授予比丘戒。在哲蚌寺郭芒扎仓拜桑洛弥同索南坚赞（བསམ་བློ་མི་ཐུང་བསོད་ནམས་རྒྱལ་མཚན།）为师修习闻思，取得了卓越成就。曾向第一世嘉木样活佛问经并讲辩。立宗结业后，在下密院学习密宗，以实际证悟吉祥应成派（དཔལ་ལྡན་ཐལ་འགྱུར་པའི་ལུགས།）的空性著名。隆多喇嘛（ཀློང་རྡོལ་བླ་མ།）也认为合乎标准。听第一世嘉木样在帕邦喀（པ་བོང་ཁ།）讲授的《正义精要》的教敕，以后又传授给赤钦阿旺乔登（ཁྲི་ཆེན་ངག་དབང་མཆོག་ལྡན།），松巴堪钦·耶喜班觉尔等，功德巨大。另外又讲授《菩提道次第广论》教敕、《八大指引》、《生起次第论》和《圆满次第论》等教授。著有《缘起辨析广论》(རྟེན་འབྲེལ་མཐའ་དཔྱད་ཆེན་མོ།)、《缘起颂注疏》

（རྟེན་འབྲེལ་བསྟོད་ཏིཀ།）等，在讲经、辩论和著述等方面贡献显著。西藏地方政府任为郭芒扎仓的堪布，在格派山等许多幽静处所，潜心修习，证悟高深真实义，忆起自己是贡如曲江的转世。由于未能返回故乡，地方政府寄来十六罗汉围绕如来的画像，作为代替。终年八十三岁。

他的后一世即此师，由第六世班禅贝丹耶喜认定，命令坐床。于东科寺索南嘉措处出家，在本寺学习了五部大论。二十三岁赴西藏，叩谒了强巴仁波切（བྱམས་པ་རིན་པོ་ཆེ།）与嘉赛·吉美扎巴（རྒྱལ་སྲས་འཇིགས་མེད་གྲགས་པ།）等，曾见到了本尊依怙主和大威德的圣容。承担了护理这座伽蓝的责任。专心致志修持本尊，了悟生起次第与圆满次第。由于专心苦修，不贪恋寺院，以出世者行相，巡礼卫地，在咱日山亲自做胜乐主尊和明妃的灌顶。后来经尼泊尔科宽（ཁོ་ཁོམ།）城市尕达（ཧཏ།）去印度朝拜各大圣地。在相荀日山（ཤིང་གི་རི།）朝拜了如现今三个人身量高的瑜伽大自在弥多罗佐格像。回到多麦地区，亲友们欲将他投入水中，以神通广大而得脱。接着又赴西藏，住于热穹洞（རས་ཆུང་ཕུག）修习，向有法缘者讲经灌顶直到圆寂。修习瑜伽气功获得成就，周游四方，毫无困难。圣·达玛班杂（དྷ་མ་བཛྲ）誉为证得八地的菩萨。他转世的呼毕勒罕罗桑隆多·曲觉嘉措（བློ་བཟང་ལུང་རྟོགས་ཆོས་འབྱོར་རྒྱ་མཚོ།），火虎年（丙寅）诞生，彼师三世都诞生于一个地方的智姓（འབྲིའི་རིགས།）人家。于仙密寺乔珠尼玛（མཆོག་གྲུབ་ཉི་མ།）尊者座前出家，在佑宁寺学习《集类学》，在西藏学习《中论》《般若》，熟读、研讨贡如的《般若注疏》《现观庄严论明义释》《善缘开眼大纲》等，念诵《宗喀巴颂》达十万遍，在班禅丹白尼玛（པན་ཆེན་བསྟན་པའི་ཉི་མ།）座前受比丘戒，听了《菩提道次精要》的教授和大轮的灌顶。又向三位赤钦、格仓喇嘛南卓（ཀེའུ་ཚང་བླ་མ་ནམ་གྲོལ།）、霍尔活佛（ཧོར་སྤྲུལ་སྐུ།）等处学习佛法。在本寺任堪布二十年，以政教两种方法，护理寺院和所属。当曲藏寺的释尊佛殿（ཇོ་ཁང་།）做开光仪轨之际，请求第三世嘉木样(ཀུན་མཁྱེན་གསུམ་པ།）讲授《缘起颂》的教敕，并在该寺德赤活佛座前聆听时轮金刚的灌顶，与达隆（སྟག་ལུང་།）[131] 老堪布和松巴活佛结了法缘。多年连续坐禅，念修金刚大威德和空行佛母，曾见到后者的圣容，能洞彻未来，现年六十岁，善行日益增长。

继任堪布有智化程列（གྲགས་པ་འཕྲིན་ལས།）、秀保喇嘛（ཕྱུག་པོ་བླ་མ།）、苏喜·程列曲派（ཟུར་ཞི་འཕྲིན་ལས་ཆོས་འཕེལ།）、奥果·措派嘉措（རྡོ་གོ་ཚོགས་འཕེལ་རྒྱ་མཚོ།）喇嘛、仙密寺活佛罗桑乔珠尼玛（བློ་བཟང་མཆོག་གྲུབ་ཉི་མ།）、多仓夏仲·阿旺嘉措（ཧོར་ཚང་ཞབས་དྲུང་ངག་དབང་རྒྱ་མཚོ།）、甲友洛穹·索南龙珠（རྒྱ་ཡིག་བསོད་ནམས་ལྷུན་གྲུབ།）、嘉样丹增（འཇམ་དབྱངས་བསྟན་འཛིན།）、拜康夏仲·阿旺曲吉嘉措（སྤོས་ཁང་ཞབས་དྲུང་ངག་དབང་ཆོས་ཀྱི་རྒྱ་མཚོ།）、朱固拉仁巴·龙珠丹增（འགྲུ་གུའི་ལྷ་རམས་པ་ལྷུན་གྲུབ་བསྟན་འཛིན།）、果杂·噶桑乔珠（ཀོ་ཙ་སྐལ་བཟང་མཆོག་གྲུབ།）阿阇黎、加多拉仁巴·端珠嘉措（རྒྱ་ལྡོག་ལྷ་རམས་པ་དོན་གྲུབ་རྒྱ་མཚོ།）以及郭芒扎仓堪布的第三世活佛等。

学习的教程，有赞波著《集类学》，贡如著《般若》第一品，丹曲著《缘起论》教程等等。学期有春季学期二个月，夏、秋、冬三季各有学期一个月，四月氐宿出现后吉日学习七天及坐夏期间学期等，九月初八日起举行祈愿法会，举行温萨派（དབེན་ས་ལུགས།）的铁城伏魔法跳神，从这月的十六日开始举行祭奉释尊祈愿法会七天，五供法会七天，最后抛掷施食。十二月有修念依怙主祭，新年举行元旦施食祭等。

自水猪年（癸亥）建立寺院以来，至己酉年已历二百二十七年，还有许多静修处。寺院所属的豁卡有桑巴（གཟུངས་པ།）、哈德（ཧ་རྡེ།）、本甲（འབུམ་རྒྱལ།）、秀保（ཕྱུག་པོ།）、万科（བན་སྐོར།），被称为仙密五部（སེམས་ཉིད་ཚོ་པ།）计一千余户。

朱固寺（གྲུ་གུ་དགོན།[132]），也叫噶丹曲科林（དགའ་ལྡན་ཆོས་འཁོར་གླིང་།）。赞波·东珠嘉措让仙密乃典巴·多隆禅师（རྡོ་ལོན་སྒོམ་པ།）、巴萨禅师（བླ་ཟ་སྒོམ་པ།）等将朱固山区的所有静修者召集到一处，由他给予条件，于第十一胜生木猴年（公元1644年，清顺治元年，甲申）建立。松巴则说是龙年修建的。委任多隆禅师为代理人，辗转又将寺院交给了敏珠尔诺们汗，由阿柔（ཨ་རིག）阿阇黎建立了法相学院。也有由仙密乃典巴管理寺院的说法。中间一个时期，水灾威胁寺院，由土观呼图克图将寺院迁移到了松多(སུམ་མདོ།)。这座寺院的传承世系是：赞波·东珠嘉措、土丹嘉措（ཐུབ་བསྟན་རྒྱ་མཚོ།）、华丹嘉措（དཔལ་ལྡན་རྒྱ་མཚོ།），接着是江泽·罗桑嘉措（རྒྱང་རྩེ་བློ་བཟང་རྒྱ་མཚོ།）。当时，当地的一位村民叫完波意永闹吾（འོན་པོ་ཡིད་བཞིན་ནོར་བུ།）。他前赴西藏，向第四世班禅罗桑确坚请求向本寺派遣一位色派密宗喇嘛，遂派遣此师前来，建立了铁城伏魔法和吉祥天母法等陀罗尼的修习。其次为阿旺桑保（ངག་དབང་བཟང་པོ།）、朋措嘉措（ཕུན་ཚོགས་རྒྱ་མཚོ།）、索南嘉措(བསོད་ནམས་རྒྱ་མཚོ།)、扎喜端珠（བཀྲ་ཤིས་དོན་གྲུབ།）、圣·阿旺丹增程列（ངག་དབང་བསྟན་འཛིན་འཕྲིན་ལས།）、罗桑群培（བློ་བཟང་ཆོས་འཕེལ།）、圣·阿旺曲智嘉措（ངག་དབང་ཆོས་གྲགས་རྒྱ་མཚོ།）。敏珠尔·罗桑丹增嘉措（སྨིན་གྲོལ་བློ་བཟང་བསྟན་འཛིན་རྒྱ་མཚོ།）于水鼠年（癸酉）曾任堪布，修建了弥勒佛像。其后为程列达杰（འཕྲིན་ལས་དར་རྒྱས།）、圣·阿旺坚华丹增(ངག་དབང་འཇམ་དཔལ་བསྟན་འཛིན།)、加多喇嘛拉仁巴桑旦桑保（རྒྱ་སྟོག་བླ་མ་ལྷ་རམས་པ་བསམ་གཏན་བཟང་པོ།），彼师有转世化身。又由程列达杰担任，接着为罗桑桑珠（བློ་བཟང་བསམ་གྲུབ།）、阿旺拉嘉（ངག་དབང་རབ་རྒྱས།）、程列丹增(འཕྲིན་ལས་བསྟན་འཛིན།)、罗桑次成（བློ་བཟང་ཚུལ་ཁྲིམས།）、程列嘉措（འཕྲིན་ལས་རྒྱ་མཚོ།）、圣·阿旺土丹雅派（ངག་དབང་ཐུབ་བསྟན་ཡར་འཕེལ།）、乔尔藏洛穹·阿旺达杰（འབྱོར་ཙང་ངག་དབང་དར་རྒྱས།）、罗桑噶桑（བློ་བཟང་སྐལ་བཟང་།）、阿旺丹增(ངག་དབང་བསྟན་འཛིན།)。其次为巴萨赤干·罗桑丹增程列（བྲ་ཟ་ཁྲི་ཀན་བློ་བཟང་བསྟན་འཛིན་འཕྲིན་ལས།），对于他，隆多喇嘛（ཀློང་རྡོལ་བླ་མ།）曾这样的嘱咐道：

“去多麦地区后，按照土观仁波切教导去修法，以后会有收益。”

他遵照喇嘛的教导，侍奉在土观呼图克图的座下，聆听了显密教法，特别是关于瑜伽母的全部妙法，勤奋修持。赛康巴（གསེར་ཁང་པ།）阿阇黎写有他的传记。他转世的呼毕勒罕罗桑浪多程列曲培（བློ་བཟང་ལུང་རྟོགས་འཕྲིན་ལས་ཆོས་འཕེལ།）于水蛇年（癸巳）诞生，目前尚在。接着是曲藏·阿旺土丹旺秀、巴萨赤干·端约多杰（བྲ་ཟ་ཁྲི་ཀན་དོན་ཡོད་རྡོ་རྗེ།）、阿旺扎喜（ངག་དབང་བཀྲ་ཤིས།）、果杂夏仲·噶桑桥珠（ཀོ་ཙ་ཞབས་དྲུང་སྐལ་བཟང་མཆོག་གྲུབ།），彼师承事的喇嘛较多，特别曾去拉卜楞寺，在嘉木样圣师徒座下积极钻研教诫。据说赛康巴阿阇黎也曾从彼师聆听了四业护摩和什一护摩法等许多念修次第，并且付诸了实践云。彼师转世的呼毕勒罕丹增乔珠尼玛（བསྟན་འཛིན་མཆོག་གྲུབ་ཉི་མ།），诞生于木羊年（乙未）。在丹玛（འདན་མ།）座前出了家，入拉卜楞寺讲经院。其次为曲吉嘉措（ཆོས་ཀྱི་རྒྱ་མཚོ།）、噶桑额珠（སྐལ་བཟང་དངོས་གྲུབ།）、嘉扬桑波（འཇམ་དབྱངས་བཟང་པོ།），又由巴萨赤干担任。接着为果杂·噶桑乔珠（ཀོ་ཙ་སྐལ་བཟང་མཆོག་གྲུབ།）、阿旺丹增（ངག་དབང་བསྟན་འཛིན།）、仙密拉仁巴罗桑鄂赛（སེམས་ཉིད་ལྷ་རམས་པ་བློ་བཟང་འོད་ཟེར།）、多仁巴罗桑达杰嘉措（རྡོ་རམས་པ་བློ་བཟང་དར་རྒྱས་རྒྱ་མཚོ།）、杂扎·罗桑勒夏尼玛（ཙག་ཀྲ་བློ་བཟང་ལེགས་བཤད་ཉི་མ།）、霍尔喇嘛夏珠丹增（ཧོར་བླ་མ་བཤད་སྒྲུབ་བསྟན་འཛིན།）、敏珠尔·嘉华曲吉丹增程列（སྨིན་གྲོལ་འཇམ་དཔལ་ཆོས་ཀྱི་བསྟན་འཛིན་འཕྲིན་ལས།）。其后为拜康夏仲·阿旺曲吉嘉措（སྤོས་ཁང་ཞབས་དྲུང་ངག་དབང་ཆོས་ཀྱི་རྒྱ་མཚོ།），彼师于七十四岁铁猪年（辛亥）圆寂。他的前一世叫茨成吉巴（ཚུལ་ཁྲིམས་བརྒྱག་པ།），他与纳科格西端约丹增（ནག་ཁོ་དགེ་བཤེས་དོན་ཡོད་བསྟན་འཛིན།）、华热仁钦（དཔལ་རེ་རིན་ཆེན།）等是同时期的著名学者。茨成吉巴是一个意志坚强而有心计的人，西藏地方的贵族索巴吉巴（བཟོད་པ་བརྒྱག་པ།）对他开玩笑地说道：

“我叫索巴吉巴，你叫茨成吉巴，我俩是藏区的两个吉巴。”

回答道：“我俩不一样，我叫茨成吉巴乃由于学识渊博，你叫索巴吉巴乃是饭囊粪袋。”

由于这种原因，影响了担任噶丹寺赛赤（金座），只担任了拜康（སྤོས་ཁང་）的堪布。有这样的传说，按照土观呼图克图的主张，一切知吉关旺波虽《般若》没有举行结业庆典，仍可以委任为师傅。他的意愿未能实现，曾说：“新生者们任新生者的师傅云”。其次为阿旺丹增（ངག་དབང་བསྟན་འཛིན།），又由杂扎洛穹（ཙག་ཀྲ་སློབ་ཆུང་）转世的罗桑勒夏尼玛（བློ་བཟང་ལེགས་བཤད་ཉི་མ།）担任，接着为兴江夏仲·噶桑额珠（ཤིན་འབྱུང་ཞབས་དྲུང་སྐལ་བཟང་དངོས་གྲུབ།），以上二师都有转世化身。其后为仙密群则南囊多杰（སེམས་ཉིད་ཆོས་མཛོད་ནམ་སྣང་རྡོ་རྗེ།）与罗桑土丹拉嘉（བློ་བཟང་ཐུབ་བསྟན་རབ་རྒྱས།）任堪布护理寺院。

自第十一胜生的木猴年（甲申）修建寺院至土鸡年（己酉），计历二百零六年。所属有静修处。有神山直噶尔（བྲག་དཀར།），住着觉阿白毡者（ཇོ་བོ་ཕྱིང་དཀར་བ།）护佑各方，还有尕照九尊（ཀ་རྡོད་མཆེད་དགུ）等许多护佑光明方面的山神。传闻从前雪山里有狮子。《迦当书》里记载道："彼处川中有渡口……峰顶之上有宝珠。"此处所谓的峰顶者，即指这座神山，所谓渡口者被认定为浩门河，乃属于咱日（ཙ་རི།）圣地的系统云。寺院东北方有胜乐湖，其形状侮字或字，其他还有的白胜乐、依怙主、吉祥天母和法王的赤三角形的湖，共计五个湖，湖水纵贯寺院的川中。东科·多居嘉措曾认定胜乐和吉祥天母的湖并做了开光仪轨，在岩石上留下足迹，还为朝圣者写出念诵的祝赞词："谁能心中一忆念，即赐殊胜和共同，一切无遗之悉地，对二十四分之翠湖，我们应以身、语、意、虔诚敬信来礼拜。"一切知嘉木样和前世土观呼图克图都曾去过该地。据说圣境大门分为三道石岩，外门有猛虎守卫，中门有苍龙盘卧，内门有空行、罗刹女守护。中门有自然形成的密宗事部三怙主的陀罗尼，最外面的大门乃是格萨尔埋盛许多铠甲的伏藏之处云。石岩之上有许多头盔和箭的痕迹、足迹及守门狗的足迹，甚为明显。还有珠牡（འབྲུག་མོ། ）[133]在岩石上画的棋盘及许多字迹，因此得了朱固[134]之名云。拜康夏仲·曲旺嘉措编有尕照（ཀ་རྡོད།）圣地的述记。其下部有德钦桑宗窟（བདེ་ཆེན་གསང་རྫོང་། ）幽静处，巴萨赤干即在该地修习。

桥典塘（མཆོད་རྟེན་ཐང་། ）[135]地区，邀请圣·多居嘉措[136]前去该地，求他建寺，尊者接受了这个请求。当时寺院所属豁卡有三个部落，都想在自己的地方修建寺院。尊者指示要选择一处风水好的地方，最后决定选择桥典塘为建寺地点。当年噶玛·饶必多吉赴凉州时，行至浩门河，制伏了住在河边的一个残暴的龙魔，为了显示降伏的征兆，便在此处修建了一百零八座佛塔，因而该地得了塔滩之名。建佛塔的遗迹现在尚存。也有人说是扎观禅师制伏了浩门河孽龙云。在此附近有九头孽龙盘卧的浪涛翻滚的泉水，沟脑里住着丹玛大成就者亲门弟子静修者数名，在此基础上，集中了加底（ཇ་དིག）、多仓（དོ་བ་ཚང།）、澳科（ཨོ་ཁ།）等三个寺院的僧众，于第十一胜生的火猪年（1647年，清顺治四年，丁亥）修建了这座寺院，尊者亲自制定集会诵经的章程和寺规。在丹玛的传中则说由圣者[137]他奠定了寺院基础后，献给东科尔呼图克图云。第五世达赖嘛嘛给寺院赐以“扎喜达杰林”（བཀྲ་ཤིས་དར་རྒྱས་གླིང་།）的名称，遵照第四世班禅确坚的指示，供奉梵天（ཚངས་པ།）为护法。松巴《佛教史》（སུམ་པའི་ཆོས་འབྱུང་།）中则记载该寺院位于一位德古禅师的住地，由多居嘉措尊者扩建而成云。此后请丹玛大成就者建立了法相学院，根据扎喜郭芒（བཀྲ་ཤིས་སྒོ་མང་།）的寺规制度，结合当地情况，制定了本寺院的规章制度。定《中论》《般若》《律本论》《俱舍论》《集类学》等为修习的教材。由于丹玛尊者的实践和作风的影响，该寺院很重视戒律，寡欲、知足、观点和修习都很纯洁，一直为大家树立了榜样，出现了许多学识精湛、德行谨严的大德，在西藏其他寺院获得格西学位的也不乏其人，第五世东科尔呼图克图阿旺索南嘉措（ངག་དབང་བསོད་ནམས་རྒྱ་མཚོ།）尊者住持时，制定了清规，采取了一系列发扬讲学的办法，对生活贫困者，则为之修白财神伏藏法，因此，现在僧侣们的生活条件并不贫困。讲授《菩提道次第论》《生起次第》《圆满次第》《铁城伏魔法》等的教诫，并授予以金刚鬘为主的许多灌顶。无世间戏论，专注修习，成为传统。水虎年（壬寅）十月下旬，由尊者任金刚上师，建立了温萨派的铁城伏魔法及十六人跳神舞，二十九日抛掷施食时，响起了猛烈的雷声，出现了雷击等兆相。此外，其他方面的经忏佛事也很多，因此癸卯事变时，大军虽来到寺院，但未受损失，完全是尊者的法力所致云。西宁的官员虽将尊者投入狱中，然而，由于展施神通，安然脱险。尊者对于新旧教派，虽广泛听闻其教法，但不持门户之见，该寺院举行经忏佛事时，寺规中特别规定不准按宁玛派、本教的仪轨办事，并托付护法神查照，现在若有人这样去做，确实也不吉祥。第六世嘉样丹增嘉措（འཇམ་དབྱངས་བསྟན་འཛིན་རྒྱ་མཚོ།）建立甚为威严的修习法王大施食法，这个传统至今还在继承。

下密院格西奥科曲结·智化嘉措（རྫོ་ཁོ་ཆོས་རྗེ་ཤྲཱི་ཀཱིར་ཏི་རྒྱ་མཚོ།）转世的奥科洛苏（སློབ་ཟུར།）[138]阿旺丹增(ངག་དབང་བསྟན་འཛིན།)，是圣·索南嘉措[139]很器重的弟子，彼师著有《大威德生起次第教诫笔记》和许多其他著作；修建了佛像、佛经、佛塔；迎请了《丹珠尔》大藏经和《甘珠尔》大藏经。赴卫地后，在一些圣哲座下聆听各种佛法，其学问与修持没有人能比得上。对于该寺院也有很大的功德。

据热卜干嘉祥（རབ་ཀན་འཇམ་དབྱངས།）说，尊者临圆寂时，发出了猛烈的呵声，在床上翻腾了一下，就停止呼吸。终年七十余岁。

奥科喇嘛丹曲（དམ་ཆོས།）是本寺的格西，胸罗三藏经教，依金刚手菩萨为本尊，咒术超殊，衣服、头发、剩饭等均能扫除邪障。经常念诵《入中论》《现观庄严论》等，曾任雄勒巴（གཞུང་ལས་པ།）[140]九年。任堪布期间，制度严格，对人不分高低贵贱绝不当面奉承，或放任自流，发现谁在背后非议，立即揭露，严厉斥责教训，使其驯服。终年七十余岁。患病期间，一天病情稍微减轻，便召来几个僧人做遗嘱。大家以为在说呓语，并不重视，只是在身边进行守护。第二天清晨，说要穿法衣，大家仍未予以重视，刚穿上法衣便圆寂了。火葬时，出现许多舍利。

多卜仓·阿旺尼玛（དོབ་ཚང་ངག་དབང་ཉི་མ།）阿阇黎，是卫地的格西，癸卯事变时，任扎仓的总管（སྤྱི་གཉེར།），大军进入寺院，他施用巧计让军队退出寺院，在附近的加塘（རྒྱ་ཐང་།）地方安营。这时年刚八岁的章嘉呼图克图为了躲避军队，隐藏在浩门河对岸的恰斯（ཕྱ་ཟི།）森林里。清军知道后，威胁说，不交出活佛就要毁掉寺院，彼师和上层僧俗人等商议后，向活佛呈述情况，按照活佛的决定，准备前去军营。此时军营里若去一个僧人，就有杀头的危险，尤其是名列佑宁寺黑名册中的章嘉拉让里的人员，都不敢前去，彼师背负章嘉呼毕勒罕与奥科·桑嘉贤（རྫོ་ཁོ་གཟུངས་རྒྱལ་བྱམས།）主仆三人向军营前进。途中他说道：

“不知道今天我们有何遭遇，只要活佛没有灾难，就是杀了我们俩人，也心甘情愿，请活佛心中赐予垂注！”

章嘉说道：“这次任何人都不会有灾难，我要去内地，以后你到内地来。”

答以：“如果这次没有任何灾难，我就不会去内地。”

“啊哈，这话很对，你要在这里修建一处禅院。”

以后被认为这是彼师要当喇嘛的授记。

章嘉曾将奥科与多卜仓两人作为他的监护人，介绍给了大兴（ཏཱ་ཞི།）[141]（这种说法与传记里的记载略有出入）。章嘉的言谈，一一使大官们傲气顿挫，大家惊奇不止。后来章嘉呼图克图从内地返回时，彼师专程前去朝礼，送了布施，并请求赐予护佑。章嘉说道：

“你为我的事情，冒着生命的危险，受了很多苦，我铭记在心。”

准备授以职位。彼师考虑到无此必要，没有接受。说道：

“那么，请赐依止的佛物，这最要紧！”

于是把前世章嘉活佛的本尊像嘉赛·罗桑丹增的画像及氆氇、绸缎等作为礼物赠送给他。畅谈眼前和长远的事情，非常投机，终年八十余岁。

德古·达吉嘉措（བདེ་གུ་དར་རྒྱས་རྒྱ་མཚོ།）曾赴前藏，在郭芒扎仓求学，是强巴（བྱམས་པ།）阿阇黎的及门弟子，解说、修持《菩提道次第论》颇有感受。回多麦后虽专门修持，但由于众望所归，堪任喇嘛的呼声很高，一些亲属人物的督促又很严厉，只得出任堪布。修复了弥勒殿，建立了神变祈愿大法会，在他的循循善诱下，修持者逐渐增加，外出不穿有袖衣服，戒行谨严。

彼师还曾出任过佑宁寺的堪布。

圣·多居嘉措及门弟子奥科赤干（རྗེ་ཁོ་ཁྲི་ཀན།）的转世化身索南华桑（བསོད་ནམས་དཔལ་བཟང་།），也叫苏哇嘉果（ཟུར་བརྒྱ་ཀོ།），被称为巴古拉（བ་ཀུ་ལ།[142]）

尊者的化身。彼师没有进过寺院，平常并不显露自己的学问，但通慧无碍。有人请求卜卦时，不慌不忙地说些不相干的话，往往以开玩笑待之，然而结果非常准确。土观呼图克图与香洒（ཤིང་བཟ།）阿阇黎等曾求过卦，所说都成为悉地真言。八十三岁圆寂，火葬时，大家看到停尸房的屋顶上出现了彩虹穹隆。

嘉底阿阇黎阿旺曲登嘉措（ངག་དབང་ཆོས་ལྡན་རྒྱ་མཚོ།），或叫贡乔亚派哇（དཀོན་མཆོག་ཡར་འཕེལ་བ།），与东科尔呼图克图同时期赴拉卜楞寺院求学。拜第二世一切知吉美旺波和甘珠尔哇吉美拉嘉（འཇིགས་མེད་རབ་རྒྱས།）等为师，闻听之面极其广阔。任堪布时，致力讲学，常与格西们商议、切磋、释难，受益匪浅。戒行谨严，知足寡欲，勤奋修持。住在浩门河边曾是丹干巴（འདན་ཀན་པ།）的修行处——普热（ཕུག་རི་ཁོད།）静修庵，不向戛尔哇索取任何生活资料，艰苦卓绝，昼夜诵持，三年之中，诵完六字真言一亿遍。曾有一位当比丘的兄弟去送衣物，即令其一同念诵六字真言数日。有一天，当展开圣·宗喀巴画像时，只见从画像上升起一道白光投入彼师的顶门。修习课时结束后，对彼师讲起此事。他叮咛道：

“可能你出现了幻觉，不要向别人讲说。”

和彼师同一学级的同学拉卜干嘉扬（རབ་ཀན་འཇམ་དབྱངས།）曾对奥科活佛（རྫོ་ཁོ་སྤྲུལ་སྐུ།）说道：

“他说，若你修习亿遍六字真言，兼习显密经论，释难和讲辩都会和以往不一样，这是善行已经到家的征兆。”

不久，也就看到了实际情况，彼师的任何讲述，绝不会有任何欺骗等等之处，成为证悟之中心。

彼师曾创建了撒隆（ཟབ་ལུང་།）静修处，著有《噶丹格言注释》（དགའ་ལྡན་ལེགས་བཤད་ཚིག་འགྲེལ།），《大威德生起次第》（འཇིགས་བྱེད་སྐྱེད་རིམ།）（未完稿），《道情散编》《吉美旺波座前聆听因缘颂教敕的笔记》及《卡嘉达尔杰（ཁ་གྱའི་དར་རྒྱས།）处聆听宗喀巴颂（དམིགས་བརྩེ་མའི་ལས་ཚོགས།）的笔记》等，终年七十多岁，灵骨上出现了两个右旋小白螺的形象。

仓阿（ཚང་ང་།）阿阇黎贡乔嘉措（དཀོན་མཆོག་རྒྱ་མཚོ།）是拉卜楞寺院的格西，与前世嘉底活佛和热卜干嘉样三人同一个学级，经教与理路方面的造诣，无人匹敌，精通显密及各明处，特别精于历算，潜修时轮金刚有独到之处。土观呼图克图在其书信里对前世嘉底和彼师二人颇为赞赏。于后半生四十多年之中，昼夜不断地修持善行，据说曾见过妙音佛母（དབྱངས་ཅན་མ།）的圣容。虽卸去了堪布职务，但一生之中始终为寺院的事务提出各种规划并为之实现而努力，如时轮学院之得以修建，乃是彼师的事业之一，终年七十多岁。

土观呼图克图任堪布，先后委任佑宁寺的霍尔西噶居（ཧོར་ཞིས་དཀའ་བཅུ།）和仙密活佛的转世化身为洛穹。后者的转世多住在芒杜（མང་འདུ།）静修处，彼师修建了大经堂，讲授了《菩提道次精要》的指引。有一个夜晚的后半夜里，曾长时间清晰地响起了两个法螺联合起来吹奏的声音，同时有索南鄂赛（བསོད་ནམས་འོད་ཟེར།）阿阇黎等他们也都听得很清楚。当时还有潘域（འཕན་ཡུལ་བ།）人洛穹罗桑嘉措（སློབ་ཚང་བློ་བཟང་རྒྱ་མཚོ།）、色拉寺的汉族格西罗桑吉美(བློ་བཟང་འཇིགས་མེད་དགེ་བཤེས)等许多著名的格西。汉族格西罗桑原为拉卜楞寺的僧人，是色拉寺麦扎仓拉仁巴，被东科尔呼图克图带至安多，定居在东科寺，有转世化身。又如阿万拉仁巴索南鄂赛(ཨ་བན་ལྷ་རམས་པ།)（བསོད་ནམས་འོད་ཟེར།）曾赴前藏，在郭芒扎仓求学，学业结束后获得了拉仁巴学位，终年七十多岁，也有转世化身。

德古夏仲（བདེ་རྒྱ་ཞབས་དྲུང་།）宗哲森格（བརྩོན་འགྲུས་སེང་གེ），在第二世嘉木样吉美旺波坐床时，代表东科尔[143]呼图克图赴拉卜楞寺庆贺，被授予了堪布职位，因而被称为森格堪布。他转世的化身即德古堪干（བདེ་སྒུ་མཁན་ཀན།），曾赴西藏长期居住，善于言谈，声音美妙，曾任奥托达拜黎（ཨོ་ཐོག་དྲ་པེ་ཝི།）寺院的翁则，后担任天堂寺的堪布。

接着由东科呼图克图嘉样丹增嘉措（འཇམ་དབྱངས་བསྟན་འཛིན་རྒྱ་མཚོ།）担任堪

布，他委任多卜仓夏仲（དོབ་ཚང་ཞབས་དྲུང་།）为洛穹。

苏西·阿旺嘉样曲智（ཟུར་ཞི་ངག་དབང་འཇམ་དབྱངས་ཆོས་ཀྱི་གྲགས།）被认定为卸任堪布奥科·阿旺丹增(ཨོ་ཁོ་ངག་དབང་བསྟན་འཛིན།）的转世化身，在卫地曾叩见热振赤钦（ར་སྒྲེང་ཁྲི་ཆེན།）等，聆听新旧教派的所有佛法，精通宁玛派的护轮秘法仪轨等，并且付诸实践，终年五十余岁，有转世化身。

德古·达杰嘉措（བདེ་ཀུ་དར་རྒྱས་རྒྱ་མཚོ།）的转世化身丹巴拉嘉（བསྟན་པ་རབ་རྒྱས།），曾赴卫地，谙习慈悲菩提心，实践到底，终年五十余岁。圆寂时卧姿如雄狮鼾睡状，火葬时，碧空之中，出现了彩虹。

多卜仓夏仲丹增嘉措(དོབ་ཚང་ཞབས་དྲུང་བསྟན་འཛིན་རྒྱ་མཚོ།)，是多卜仓阿阇黎阿旺尼玛转世的呼毕勒罕。生平一切，往往不经努力，就能取得成就，因而以福泽深厚著称，八十岁圆寂，有转世化身。

丹玛·华丹土旦嘉措（འདན་མ་དཔལ་ལྡན་ཐུབ་བསྟན་རྒྱ་མཚོ།）。东科尔呼图克图多居嘉措的及门弟子森格桑保（སེང་གེ་བཟང་པོ།），他的转世化身释迦桑保（ཤཱཀྱ་བཟང་པོ།）是索南嘉措（བསོད་ནམས་རྒྱ་མཚོ།）[144] 尊者的及门弟子。他的转世化身可能是玛其（མ་ཁྱི།）喇嘛罗桑丹巴拉杰（བློ་བཟང་བསྟན་པ་རབ་རྒྱས།），曾赴西藏学到了祈雨等一切能致损益的本领，曾任该寺堪布。

东科尔呼图克图土旦吉美嘉措（ཐུབ་བསྟན་འཇིགས་མེད་རྒྱ་མཚོ།）。

奥科喇嘛丹曲转世的呼毕勒罕阿旺勒夏尼玛（ངག་དབང་ལེགས་བཤད་ཉི་མ།），诞生于土龙年（戊辰），拜热卜干嘉样为师，在前世嘉底活佛座下出家受比丘戒。赴拉卜楞寺求学。火猴年（丙申），由赤钦阿莽金刚持（ཁྲི་ཆེན་དཔལ་མང་རྡོ་རྗེ་འཆང་།）在密宗院新造文殊菩萨像，首次为他举行磋朗讲辩的法会。阿莽尊者高兴地说道：

“你是华热（དཔའ་རིས།）地区的僧人，名字也很吉祥，而今在文殊菩萨像前，首次进行讲辩，这很好。”彼师曾在嘉木样圣师徒仓阿（ཚང་ང་།）阿阇黎等二十多位佛法精湛的喇嘛处聆听过许多教诫，曾任时轮学院新建后的首任法台。

加吾（སྐྱ་བོ།）夏仲阿旺云丹·派杰（ངག་དབང་ཡོན་ཏན་འཕེལ་རྒྱས།），彼师以前还有两世转世，第一世是佑宁寺的格西。彼师曾入塔尔寺的讲经院求学，智慧超群，勤奋学习，戒行纯洁，经常为修集资粮，清除业障，坚持修持不懈，曾任时轮学院的法台，设立了相地仪轨和护摩。

奥科·索南华桑（ཨོ་ཁོ་བསོད་ནམས་དཔལ་བཟང་།）转世的呼毕勒罕坚华丹增尼玛（འཇམ་དཔལ་བསྟན་འཛིན་ཉི་མ།），聪明、稳健，别人很难揣测。被认为将来会有很大的声誉，但于三十九岁圆寂，有转世化身。

嘉底·贡乔雅培（རྒྱ་དིག་དཀོན་མཆོག་ཡར་འཕེལ།）的转世化身，此人政教知识渊博，专门致力于利济他人的事情。

仓阿·贡乔嘉措（ཚང་ང་དཀོན་མཆོག་རྒྱ་མཚོ།）的转世化身，清心寡欲，不务世务，对弱小的徒众颇为慈悲尊重。

德古堪珠耶喜丹增(བདེ་རྒྱ་མཁན་གྲུབ་ཡེ་ཤེས་བསྟན་འཛིན)，当彼师任堪布时，由于一些人的行为而卸任。此时东科尔呼图克图正在北京，曾向其说明情况，乃以尊者之号加持堪布之座，并委加吾阿阇黎为洛穹。

曾为吐尔钦寺院（ཐུར་ཆེན་དགོན།）的僧人，拉卜楞寺院的格西，被称为玛尼喇嘛（མ་ཎི་བླ་མ།）的夏主曲嘉措（བཤད་གྲུབ་ཆོས་རྒྱ་མཚོ།），专门利济他人，讲经修习，曾任堪布。

扎喜曲林寺甫杂拉仁巴(བཀྲ་ཤིས་ཆོས་གླིང་ཕུར་ཙ་ལྷ་རམས་པ།）的转世化身任座主几天便圆寂了，由玛其（མཆི།）阿阇黎继任。

寺院主要佛像有圣·索南嘉措修建的三世诸佛的佛殿。修建之际，几位游方僧向尊者送了各种佛像、佛经和佛塔，即作为佛像的内藏。同时在康区东科与西宁的东科尔（湟源）各修建了同样的三座大佛殿，由尊者在此做了开光的仪轨，康区东科寺的佛殿上落下开光时所撒的被除不祥，表示吉庆的青稞。据赛康巴（གསེར་ཁང་པ།）说，重病患者绕佛殿巡礼一定数目后，病势自然痊愈。佛殿内供养着尊者按照秘诀绘制的内修法王画像，甚为威严。还有能避火的依怙尊像，珍贵的佛母像。大经堂里供奉着由多居嘉措尊者做开光安神仪轨的无量寿佛像以及包括三部《甘珠尔》大藏经，一部《丹珠尔》大藏经的许多佛经、佛像和佛塔。弥勒殿里供养着多居嘉措尊者的身像，嘉样丹增嘉措的灵塔。

活佛府邸有大德古·华旦嘉措（བདེ་རྒྱ་ཆེ་བ་དཔལ་ལྡན་རྒྱ་མཚོ།）的转世化身朋措安噶（ཕུན་ཚོགས་མངོན་དགའ།）的德古戛尔瓦、嘉底戛尔瓦、奥科·阿旺丹增桑保（ཨོ་ཁོ་ངག་དབང་བསྟན་འཛིན་བཟང་པོ།）等转世化身的两座奥科戛尔瓦、仓阿戛尔瓦，玛其戛尔瓦、多卜仓戛尔瓦等。这些戛尔瓦里，供有两部《甘珠尔》大藏经，一部《丹珠尔》大藏经，以及许多佛像、佛经和佛塔等。寺院所属的谿卡有奥科部、浩门河流域部、多卜仓流域部，以及北方的加让哇部（ངག་རོང་བ།）等。

自第十一胜生的火猪年（公元1647年，清顺治四年，丁亥）修建寺院，至土鸡年（公元1849年，清道光二十九年，己酉），已经历二百零三年。

昔日，多居嘉措曾将一处毒水命名甘露后，该处成为能医治血胆疾病的药水泉滩，并出现了效能不同的许多药水泉。

佑宁寺的加夏然绛巴罗泽（རྒྱ་ཞྭ་རབ་འབྱམས་པ་བློ་གྲོས།）修建加夏寺（རྒྱ་ཞྭ་དགོན།）这座寺院也叫噶丹达杰林（དགའ་ལྡན་དར་རྒྱས་གླིང་།），或称赛促寺（སེར་ཁྲུད་དགོན།）。也有人说，它是与曲浪寺（ཆུ་ལུང་དགོན།）同时由鲁嘉喇嘛喜饶尼玛(ལྷུ་རྒྱ་བླ་མ།)(ཤེས་རབ་ཉི་མ།）修建的。原来仙密寺与它很接近，因此有些传记里记载的是赛促噶丹达杰林（སེར་ཁྲུད་དགའ་ལྡན་དར་རྒྱས་གླིང་།）寺，究竟哪种说法正确，没有考证。

玛喜（དམར་ཞེ།）静修庵喜饶尼玛（ཤེས་རབ་ཉི་མ།）的转世化身喜饶多杰(ཤེས་རབ་རྡོ་རྗེ།）创建。

大通大寺（ཏེ་ཐུང་དགོན་ཆེན།）[145]，也叫推桑木达杰林（ཐོས་བསམ་དར་རྒྱས་གླིང་།），据说是鲁嘉喇嘛（ལུ་རྒྱ་བླ་མ།）喜饶尼玛（ཤེས་རབ་ཉི་མ།）于土羊年（己未）修建。过去有许多萨迦派和噶玛派的圣哲到过这儿，他们赠送了许多佛像、佛经和佛塔。达隆·罗桑尼玛（སྟག་ལུང་བློ་བཟང་ཉི་མ།）也曾任过堪布。鲁嘉夏仲(ལུ་རྒྱ་ཞབས་དྲུང་།）和他的兄弟土司[146]（དཔོན་པོ་ཐོ་སི།）等全体鲁西万(སོའུ་ཤི་པན།）[147]邀请前世衮卓（ཀུན་གྲོལ།）任堪布，彼师为寺院制定了寺规。第二世嘉木样赴雅隆寺（ཡར་ལུང་དགོན།）[148]时，据说在这里授独雄大威德灌顶，并讲经说法，当时授予比丘戒者有一百三十一人，授予出离及沙弥戒者更多，似僧侣很多云。现在有密宗院两处，讲修显密风气很盛。

大通直关寺（ཏེ་ཐུང་ཟག་དགོན།），昔日萨迦班智达圣叔侄赞誉此地可以与五台山的加持媲美，修建了萨迦派的静修院乔噶林（མཆོག་དཀའ་གླིང་།）。明时，萨迦派的曲吉坚赞（ཆོས་ཀྱི་རྒྱལ་མཚན།）和格鲁派的喇嘛鲁本·桑木旦森格（བླ་འབུམ་བསམ་གཏན་སེང་གེ）和鲁土司结为供施关系。由汉、藏、蒙的施主们奉献财物，提供条件，在中央山峰上修建了自然显现的五位一体的弥勒佛及近侍像三尊；南山修建了迦叶佛，有以佛陀舍利装藏的释迦及二胜像[149]，壁上绘有十六尊者像；西山修建了普贤佛及其眷属像，北山修建了由普陀洛迦的各种佛物造成和普陀洛迦的圣观世音一样的像，当时，从普陀洛迦方向飞来一只令人喜悦的白鹦鹉钻入佛像里，东山有用五台山的泥土塑造的文殊语狮菩萨及其近侍像三尊，壁上画有清凉庄严乐土。这五座寺庙的佛像内藏里都装有难以数计的藏区、印度、汉地各个圣地的各种佛物、佛陀和菩萨的舍利及各圣哲们的衣物等。鲁本巴·桑木旦森格尊者在此处胜乐岩洞里长期修习，见到了无量寿佛和空行母的圣容。遵照授记，将静修院乔噶林迁移于彼处，修建了佛殿与僧舍，创立了静修处，住有三十多名比丘。佛殿里供奉着迦叶佛和本师释尊等许多佛菩萨的舍利。有以印度的班智达和成就者阿底峡和仲敦巴[150]圣师徒，萨迦派的萨钦及两教皇[151]萨班和八思巴叔侄二人，玛尔巴、米拉热巴和热穹哇[152]、后藏的七文殊等许多圣哲的尸骨和头发形成的舍利等为内藏的圣父子三人[153]的圣像，独雄大威德、妙吉祥童子、六臂怙主、四臂吉祥佛母、法王主尊及明妃等像。松巴说，该寺为藏哇系统的一位修习密宗的僧人所建。第二世一切知吉美旺波曾派遣静修者甘家（ཀན་ཀྱ།）的转世化身到过这里，每天修习至中午也不歇息，因而大家很笃信。附近还有宣华寺(ཧོན་ཧྭ་ཟི།）等几处汉族的寺院。鲁嘉·喜饶尼玛（ལུ་རྒྱ་ཤེས་རབ་ཉི་མ།）的静室，室内供养着非常灵验的大威德神像，还有称为一百零八座佛塔的塔院。

大通城（དའི་ཐུང་མཁར།[154]）里有金刚持寺（རྡོ་རྗེ་འཆང་གི་ལྷ་ཁང་།）这座寺内的佛像等历史是这样的，大成就者德洛哇（ཏི་ལོ་པ།[155]）见到了金刚持圣容后虽然获得了以紫金制造神像征兆，但实际却很难制造。此时从天空降下一尊一卡高紫金制的金刚持神像，并且说道：“我乃你分内佛像，最后要到红面域[156]。”如此说了几遍。以后他（德洛哇）又把这尊紫金造的金刚持神像交给了纳饶巴(ན་རོ་པ།）[157]。当玛尔巴尊者去接纳饶巴的遗骨及骨饰时，金刚持神像说道：“我也要去。”于是一同到了卓吾隆（གྲོ་བོ་ལུང་།）地方。此后金刚持神像又传到潘域那烂陀后裔的第十八代曲结手中。蒙古察哈尔王（ཧོར་ཆ་ཧར་རྒྱལ་པོ།）统治藏区时，佛像和纳饶巴尊者的遗骨等又被他接去。藏区的神鬼跟在后面，施展神通，把这些佛像等隐藏在库库尔图勒（ཁུ་ཁུར་ཐུའི་ལའི།）彼岸的雪山里。纳饶巴的遗骨现在还存放在那里，而佛像则以神通来到这里。被一个人看到后，告诉了鲁土司，他想请到自己的家里，虽使用各种办法，但没有成功，却听佛像说：“在这里修建一座小庙吧!”遂修建了这座寺庙，虔诚供奉。经过了几代之后，有叫作洛登巴（བློ་སྡིངས་པ།）喇嘛者扩建了该寺庙，塑造现在的这尊金刚持佛像，把原来佛像作为内藏装了进去，供在那里。另外还有智慧尊直接隐入的药泥塑造的法王像等许多塑像及画像。还有从瞿昙寺迎来的青铜铸造的三世佛像，当时迎请时，有只牛跟在后面，据称此佛像为佛语所化者，及以银汁书写的《甘珠尔》大藏经和朱红书写的《丹珠尔》大藏经等。寺庙后边有两座大佛塔等许多佛像、佛经和佛塔。从前由推桑木达杰林寺院的比丘们举行奉祀金刚持定期大法会。火羊年（公元 1727 年，清雍正五年，丁未），由衮卓仁波切（ཀུན་གྲོལ་རིན་པོ་ཆེ།）阿旺曲智嘉措（ངག་དབང་ཆོས་

གྲགས་རྒྱ་མཚོ།）做施主，创建了祈愿神变法会，讲授佛法，举行抛掷施食祭，聚有比丘一千五百名，由尊者教授黑帽跳神。鲁干（ཀླུ་འགན།）土司将尊者邀请到宣化寺，在佛殿的三处立体坛场中左右转了几圈，适一个汉人被水冲走，尊者略一注视，立即救出。于是想到此时正值祈愿法会开始之际，最好有一部关于佛像、佛经和佛塔历史的记载，但是没有。初二日晚间，看到了宝帐怙主圣容，次日晚上，从看不见形象的处所发出的声音讲述了关于佛像的来源经过，尊者根据授记，著成《白莲妙树寺志》(དཀར་ཆག་པད་དཀར་ཕྲེན་བཟང་།)，有雕版行世。这座寺院现在由鲁嘉阿阇黎的历世转世化身和鲁土司供施双方把它和大寺结合一起共同护理。由四个寺院的比丘们共同办理祈愿法会，大寺和曲浪寺的僧人们轮流地在祈愿会上举行巡回讲辩及磋朗，政教两方面都很兴盛。

吉让雅隆图尔钦寺噶丹贤巴林（ཇག་རུང་ཡར་ལུང་ཐུར་ཆེན་དགོན་དགའ་ལྡན་བྱམས་པ་གླིང་།)、达纳活佛罗桑丹巴曲吉尼玛(ཏ་ནག་སྤྲུལ་སྐུ་བློ་བཟང་བསྟན་པ་ཆོས་ཀྱི་ཉི་མ།）国师修建。松巴《佛教史》中称为噶丹曲登（དགའ་ལྡན་ཆོས་འདུན)。此外，还有中间一个时期由丹玛（འདན་མ།）管理的说法，但没有依据可考。前世衮卓达波·罗桑仁钦曲智嘉措(དྭགས་པོ་བློ་བཟང་རིན་ཆེན་ཆོས་གྲགས་རྒྱ་མཚོ། ）到广惠寺时，以曲藏·丹巴坚赞为首的僧众请求结法缘，彼时因旧吉让寺是广惠寺的附属寺院，所以请求尊者护理这座寺院，并说明依怙殿中有曲央嘉措（ཆོས་དབྱངས་རྒྱ་མཚོ།）活佛亲手绘制的吉祥天母像，曾经显过圣容，蒙予以答允。尊者三十九岁铁牛之年（公元1721年，清康熙六十年，辛丑）来到这寺院。由扎底昂索（ཟ་ཏི་ནང་སོ།)、止贡昂索(འབྲི་གུང་ནང་སོ།)、塘日刚阿（ཐང་རིད་གང་།）活佛、吉让昂索(ཇག་རུང་ནང་སོ།）等为首的六部和十三个寺院迎请到神奇的大帐幕里，奉献布施，并且呈述说：

“我们六部和十三个寺院在一起时，寺院负责人之一的桑保坚赞(བཟང་པོ་རྒྱལ་མཚན།）昂索于邀请第五世达赖时，缝制了这顶大帐幕，吉让人(ཇག་རུང་པ།）奉献了宝座，昂索曾奉献了像骆驼一样大小、通身雪白、耳朵为另一种毛色的一对骏马。”

于是尊者向吉祥天母像献上神饮金酒，被立即亲临歆享。委任秀孜（ཞུག་རྩེ།）喇嘛为洛穹，并且对嘉莫噶居（འཇའ་མོ་དཀའ་བརྒྱུ།）说道：

“你会遇到危险，到那时，我来帮忙。”

此后的第三年，癸卯事变期间，旧寺院被烧毁了，尔时，嘉莫噶居觉得后山顶上尊者大声呼唤他，遂得以逃脱。后于雍正皇帝御极的第五年火羊年(公元 1727 年，清雍正五年，丁未)，在悬岩峡谷中新建了这座推桑达杰林（ཐོས་བསམ་དར་རྒྱས་གླིང་།）寺院，皇帝赐额为噶丹勒措林（དགའ་ལྡན་ལེགས་ཚོགས་གླིང་།），汉民称为石门寺（ཤི་མིན་སི།）。城内官人把一些异教徒用巧计和证道征兆收服了他们。塑造了一层楼高的弥勒佛像和一人多高身量的近侍佛子像，并向皇上的书库里迎请了《甘珠尔》大藏经和《丹珠尔》大藏经，奉献了各种供物。苏木台(སུ་མེ་ཐེ།）地方伏藏中曾挖出一人高内地所造的青铜观世音圣像，别处的人们虽想迎请，但没有办到，在尊者指示下，新寺院没有付出任何辛勤即迎请到来，作为主要依止佛像，现仍然放射着虹光异彩，很有加持力。根据扎喜郭芒学院的规定，建立了三事和《中论》《般若》讲学制度、四季法会、经院的规则等；密咒方面，则按下密院清规；唪诵天母经典的韵律等则依嘉倾科尔寺的规定。尊者亲自教授面具和跳神法，并向第五世班禅罗桑耶喜请求制定了寺规。铁猪年（公元 1731 年，清雍正九年，辛亥）完成了大经堂的佛像、佛经和佛塔等依止圣物的修造，并修建了僧舍。尊者先后担任新旧两处寺院的堪布二十五年，以无与伦比的恩德护理了这座寺院。

尊者的洛穹秀孜洛干巴（སློབ་ཆུང་ཞུག་རྩེ་སློབ་ཀན་པ།）后被任为堪布，彼师和章嘉·阿旺罗桑曲丹（ལྕང་སྐྱ་ངག་དབང་བློ་བཟང་ཆོས་ལྡན།）同辈，是一个掌握教证，学问出众的好格西，教授认真，教学风气盛兴。

多卜仓·班玛丹桑（དོབ་ཚང་པད་མ་བསྟན་སེང་།）的儿子多卜仓喇嘛（དོབ་ཚང་བླ་མ།）是旧寺的僧源，一生在好几处静修地修习，获得证悟，怙主亲临护佑。

他转世的呼毕勒罕索南昂秀（བསོད་ནམས་དབང་ཕྱུག），出生在当云玛久嘉（སྟོང་ཡོན་མ་ཅིག་སྐྱབས）、因而称为当云夏仲（སྟོང་ཡོན་ཞབས་དྲུང་།）。拜达尔杰诺们汗（དར་རྒྱས་ནོ་མིན་ཧན།），松巴堪钦（སུམ་པ་མཁན་ཆེན།）、一切知吉美旺波等许多喇嘛为师，造诣极深，成为显密宗经典诀要的宝藏。彼师任堪布二十余年，设高初级《集类学》和《悟慧论》《因理论》等关于《释量论》的课程，设置了例茶（རྒྱུན་ཇ།）和斋茶（ཀུ་ཇ།）的基金，规定僧众集会诵经时，只能念诵《现观庄严论》和《入中论》，不准念诵其他经典。新修大经堂的飞檐，壁画上绘制了千尊佛陀像，并为了学僧们长寿，修建了数百尊长寿三尊的佛像。长期致力讲学，出现了很多格西。有一次在达尔杰诺们汗处听经，还未听完时，即行示寂。火葬时出现了许多天蓝和白色的舍利子。

达波活佛衮卓诺们汗罗桑土丹嘉措（དྭགས་པོ་སྤྲུལ་སྐུ་ཀུན་གྲོལ་ནོ་མིན་ཧན་བློ་བཟང་ཐུབ་བསྟན་རྒྱ་མཚོ།），是固始汗法王之后裔，诞生在阿拉善（ཨ་ལག་ཤ།）公府中，拜达尔杰诺们汗为经师。曾谒见了全知者第六世班禅贝丹耶喜等，广泛地聆听了显密佛法。任该寺堪布期间，邀请一切知吉美旺波言说太阳[158]（ཀུན་མཁྱེན་འཇིགས་མེད་སྨྲ་བའི་ཉི་མ།）到寺，给以彼师为首的加多·莫兰木龙珠（རྒྱ་དོན་སྨོན་ལམ་ལྷུན་གྲུབ།）、赛促·阿旺茨成(ངག་དབང་ཚུལ་ཁྲིམས།）喇嘛、大通大寺的赤丹苏(ཁྲི་གདན་ཟུར།）喇嘛、法相学院的端珠扎喜（དོན་གྲུབ་བཀྲ་ཤིས།）阿阇黎等僧俗二千多人授金刚鬘与密乘事部相结合的全部灌顶，附带聆听修念宝生佛、洛扎耳传（ལྷོ་བྲག་སྙན་བརྒྱུད།）的随许。请求撰著《菩萨地道安立论》。嘉木样尊者在该处新修密宗院，并为之制定寺规及委任哇日·端珠扎喜（བ་རི་དོན་གྲུབ་བཀྲ་ཤིས།）为喇嘛。彼师虽起初再三请求辞职，但后来在这座密宗院的讲经说法，一切行为等各方面都超群绝伦，格西[159]也特别高兴地说：

“我们这里有如此严格的合乎标准的密宗院，全是嘉木样协巴尊者的大恩大德。拿我来说，以前只打算独自修行，现在只要不死，决不请假辞职。”

任法台十五年。后来有名叫阿其坚赞（ཨ་ཁྲི་རྒྱལ་མཚན།）者，去西藏下密院学习，曾担任音韵师，他按下密院实践创建了密乘僧侣供奉有关的讲闻及胜乐、密集、大威德三法的仪轨和护摩，绘制曼荼罗粉彩画规及大施食供的腔调乐曲等。

当第二世一切知尊者第一次来这里时，主仆少数几个人先行启程，其余的驮马等随后跟进。某一天，住宿在一个汉族的村庄里，夜间雷雨猛降，霹雳交加，便祈祷尊者护佑。次日黎明，整个村庄被水冲走了，废墟上只剩下寓所这一家的房屋，显示了证道的标志。正如秘传里赞誉的：

“大河泛滥，冲走村庄，遭灾难者，祈祷圣者，最胜怙主，对有情众，不施诳欺，难中得救！”

这个时期，因有卫地的诸多著名格西，教授讲学，极为精深。

当云（སྟོན་ཡོན།）活佛杰仲堪布（རྗེ་དྲུང་མཁན་པོ།）转世的呼毕勒罕生于阿拉善王(ཨ་ལག་ཤ་ཝང་།）府里。自幼学习文字和大小五明，后到卫地学习《中论》《般若》等，在隆多喇嘛尊者等座前广泛聆听显密经典，修建了阿拉善寺院，土观呼图克图誉为拉尊班智达。彼师任堪布的时间虽然仅有两三年，但整顿了比丘的公共财产及寺规，促进了讲学，奖励守规矩的学僧，严厉制裁不守规矩者，使后来者有所警惕，很有益处。

达波第三世罗桑曲达嘉措（བློ་བཟང་ཆོས་དར་རྒྱ་མཚོ།）任堪布，彼师为曲藏呼图克图之侄，智慧超群，善于思考。达尔杰诺们汗的转世托云迥乃达杰(ཐོ་ཡོན་འབྱུང་གནས་དར་རྒྱས།）任堪布的时间较长，筹措了例茶的资金。现在由章嘉仁波切的侄子杰仲（རྗེ་དྲུང་།）活佛任堪布。

这个寺院出了许多人才，如协噶日（ཤེལ་དཀར།）和哲蚌寺的戒律堪布(འདུལ་བ་མཁན་པོ།)，色拉寺结扎仓的达智堪布（མཁན་པོ་བློ་གྲགས།)，卓堪布拉仁巴智化曲达尔（གྲོ་མཁན་པོ་ལྷ་རམས་པ་གྲགས་པ་ཆོས་དར།）及被西藏地方政府授予喀尔喀大库伦喇嘛（ཁལ་ཁ་དྲྭ་ཁུ་རེའི་བླ་མ།）的嘛·拉让巴曲达日（སྔ་ལྷ་རམས་པ་ཆོས་དར།)，彼师曾任塔尔寺时轮喇嘛，广惠寺拉卡扎仓的喇嘛哇如拉让巴贤巴（བ་རུ་ལྷ་རམས་པ་བྱམས་

པ་）和堪钦诺们汗寺院的喇嘛江·拉让巴（གུང་ལྷ་རམས་པ།），曾任阿拉善东西两寺院、王府衙门寺（ཡང་གི་ཡྺ་མོན་གྱི་དགོན་པ།）、大通大寺、赛促曲隆寺（སེར་ཚུད་ཆུ་ལུང་།）等堪布的嘉莫（འཇའ་མོ།）喇嘛等，以及曾任安多与西藏各寺院堪布者数名和拉让巴二十多人。哲蚌寺的格西罗桑达杰（བློ་བཟང་དར་རྒྱས།）虽然没有取得最高学位，但是他学习很好，上师[160]甚为器重，鼓励他去拉卜楞寺院。著名的华热阿丹（དཔའ་རི་ཡ་བསྟན།），是第悉桑结嘉措的历算方面的及门弟子，他的侄子华热智化（དཔའ་རི་གྲགས་པ།）曾给阿柔年智（ཨ་རིག་ལྷན་གྲགས།）等讲授了天文历算。第二世一切知来到此处时，华热罗哲（དཔའ་རི་བློ་གྲོས།）、华夏尔阿旺朋措（དཔའ་ཞར་ངག་དབང་ཕུན་ཚོགས།）、桑杰程列（སངས་རྒྱས་འཕྲིན་ལས།）、朋措云丹（ཕུན་ཚོགས་ཡོན་ཏན།）等做了随从，后赴拉卜楞寺入讲经院，都是同一个学级的学僧。华同·意希丹增(དཔའ་ཐུང་ཡེ་ཤེས་བསྟན་འཛིན།）精通显密经典，又有很好的实践，逝世时本尊显现。还有许多精通显密经典和大小五明等，取得拉卜楞寺格西的僧人，如华热·久美丹曲（དཔའ་རི་འཇིགས་མེད་དམ་ཆོས།）等。

这座寺院建于第十二胜生的火羊年（公元1727年，清雍正五年，丁未）至土鸡年（公元1849年，清道光二十九年，己酉），已历一百二十三年。

扎底拉卜吉寺（ཟ་སྟི་རབ་རྒྱས་དགོན།）原系扎观禅师曲吉多杰（ཆོས་ཀྱི་རྡོ་རྗེ།）拥有的十三座扎底戛尔瓦之一，本部落的喇嘛与官人政教合一，由历世戛尔瓦昂贝等管理。过去，这个地区的僧众都为吉让寺（ཛག་རུང་དགོན།）的僧源，后来由扎底昂贝华桑（དཔལ་བཟང་།）修建了这座寺，始由自己独立自主，把生于塘秀被怀疑为前一世衮卓活佛转世化身之一的阿旺曲培嘉措(ངག་དབང་ཆོས་འཕེལ་རྒྱ་མཚོ།）赎为喇嘛。彼师转世的化身，生在甲嘉（འཇའ་སྐྱ།）部落，叫作罗桑夏珠尼玛（བློ་བཟང་བཤད་སྒྲུབ་ཉི་མ།），曾在广惠寺和前藏等处求学，以聪慧、敦肃，德行贤良著称。其转世约有三世。

扎底昂索森格（ཟ་ཏི་ནང་སོ་སེང་གེ），是一位在政教方面有远见谋略的人，他逝世后，头盖骨上自然显出阿字，大伙儿发生信仰，将其转世者赎为活佛，称为堪布仓（མཁན་པོ་ཚང།）。曾赴广惠寺和前藏等处学习，叩谒侍奉隆多喇嘛等，聆听了许多甚深妙法，一生勤奋修持。彼师转世的化身，由赛康巴阿阇黎认定，目前在塔尔寺学习。

这座寺院的三事实践，大威德、毗卢遮那、十六尊者等的供奉仪轨，药师佛、酬补仪轨、跳神、抛掷施食祭、祈愿等实践，都很认真纯正。这座寺院乃是给皇上诵经祝寿，请领香火钱粮的寺院之一，土观仁波切曾任堪布，扎德夏仲（ཟ་སྙི་ཞབས་དྲུང།）曾任洛穹。

达隆寺噶丹旦曲林（སྟག་ལུང་དགོན་དགའ་ལྡན་དམ་ཆོས་གླིང།兜率正法洲）为达纳（ཏ་ནག）活佛罗桑丹巴曲吉尼玛（བློ་བཟང་བསྟན་པ་ཆོས་ཀྱི་ཉི་མ།）国师修建。他的前世叫达纳巴·更噶南赛（ཏག་ནག་པ་ཀུན་དགའ་རྣམ་སྲས།），是班禅意希则摩（པཎ་ཆེན་ཡེ་ཤེས་རྩེ་མོ། [161]）的转世。曾在扎什伦布寺学习，是第四世班禅确坚最为器重的及门弟子，奉班禅的指示到安多地区，曾给甘肃永靖县炳灵寺（འདུམ་གླིང།）的弥勒佛像涂了金液，在临夏韩土司达隆寺（སྟག་ལུང་དགོན）院建立了法相院。圆寂后的转世化身就是这位国师。他出生于夏琼寺附近的多哇（མདོ་བ།）地方，在郭芒扎仓求学，于昂仁（ངམ་རིང།）地方巡回辩经，担任过扎什伦布寺院的密宗喇嘛。根据班禅仁波切的授记来到多麦（མདོ་སྨད）地区，先后任韩达隆寺、天堂寺、仙密寺、大通大寺等处的喇嘛。修建了吉让（ཛག་རུང།）地方的雅隆寺（ཡར་ལུང་དགོན།）和这座寺院。为这两个寺院所属谿卡庄园事，前赴北京，清康熙皇帝（བདེ་སྐྱིད་རྒྱལ་པོ།）很重视，委任为皇宫的恰甘白（ཆ་ཀུན་བེ།）的喇嘛，先后四次赴西藏和内地，曾任佑宁寺的堪布。有著作和授记。彼师转世的呼毕勒罕为罗桑南嘉（བློ་བཟང་རྣམ་རྒྱལ།）。罗桑南嘉转世的呼毕勒罕为罗桑丹贝坚赞（བློ་བཟང་བསྟན་པའི་རྒྱལ་མཚན།）国师。罗桑丹贝坚赞转世的呼毕勒罕为罗桑丹贝尼玛（བློ་བཟང་བསྟན་པའི་ཉི་མ།），曾有在第六世班禅贝丹耶喜座前受沙弥戒时，由以扎萨喇嘛[162]罗桑土丹嘉措（བློ་བཟང་ཐུབ་བསྟན་རྒྱ་མཚོ）为首的寺院执事等举办了庆贺筵席的传说。彼师就是达隆寺的华丹土旦嘉措巴（དཔལ་ལྡན་ཐུབ་བསྟན་རྒྱ་མཚོ་པ།），他著有《凉州四寺志》。

又松布说：“自达纳活佛建立寺院后，由额尔德尼曲结罗哲丹达哇（བློ་གྲོས་བརྟན་དར་བ།）护理寺院。”彼师转世的呼毕勒罕是隆多喇嘛的及门弟子堪干罗桑土丹嘉措（མཁན་ཀན་བློ་བཟང་ཐུབ་བསྟན་རྒྱ་མཚོ།），驻世一百年。彼师的转世化身是罗桑嘉样嘉措（བློ་བཟང་འཇམ་དབྱངས་རྒྱ་མཚོ།）。以后历代的转世被称为“赤干仓（ཁྲི་ཀན་ཚང་།）”。据说华丹巴（དཔལ་ལྡན་པ།）著有这两支传承世系的祈祷书文。

止贡寺噶丹勒夏林（འབྲི་གུང་དགོན་དགའ་ལྡན་ལེགས་བཤད་གླིང་།）寺，昔日止贡（འབྲི་གུང་།）噶举派的一个募化者，在村中小寺西面的隆务（རོང་བོ།）地方修建，当桑保坚赞(བཟང་པོ་རྒྱལ་མཚན།）昂索的庄园被汉族的军队摧毁时，护理寺院的桑保仁钦（བཟང་པོ་རིན་ཆེན།）逃至下吉让（ཇག་ཙང་སྣད།），修建了该寺院。现在信奉阿息玛（ཨ་ཕྱི་མ།祖婆）为护法。

达万寺曲科达杰林（ལྡ་བན་དགོན་ཆོས་འཁོར་དར་རྒྱས་གླིང་།）寺，阿洛（ཨ་ལོད།）然绛巴班觉尔嘉措（དཔལ་འབོར་རྒྱ་མཚོ།）修建。

珠苏（འབྲིག་སུག）地方的扎喜曲林（བཀྲ་ཤིས་ཆོས་གླིང་།）寺，第十二胜生土鸡年（公元1729年，清雍正七年，己酉），由奥索噶居丹增桑保（ཨོར་སོ་དགའ་བཅུ་བསྟན་འཛིན་བཟང་པོ།）修建。己未年，扎德夏仲·丹巴奥赛（བསྟན་པ་འོད་ཟེར།）修建了吉祥沟格丕山静修院。

达赖喇嘛的亲门弟子苟向然绛巴·智化嘉措（འགག་ཤིང་རམ་འབྱམས་པ་གྲགས་པ་རྒྱ་མཚོ།）修建的甲雅寺曲科达杰林（རྒྱ་ཡག་དགོན་ཆོས་འཁོར་དར་རྒྱས་གླིང་།），后由土观仁波切任堪布，遵循土观的迁寺重建的教导，根据他所选定的地址及规模和提供的经费，修建了活佛府，大经堂的中枢建筑，柽柳女墙瓦顶楼房，讲经院的门房、厨房等。大经堂下边的十六间殿堂里供养着土观尊者本生传像、贤劫千佛像、大日如来圣海会众、利见佛布面画像、观世音菩萨传等画像，天窗前檐供奉着佛陀、六庄严（རྒྱན་དྲུག）[163]、二胜（མཆོག་གཉིས།）[164]，圣·宗喀巴等简略传承和八十位成就者（གྲུབ་ཆེན་བརྒྱད་བཅུ།）、十六尊者。里面供着药泥塑造的无量寿佛大像，释迦青铜像以及土观尊者的帽子、披风、坐垫、靠背和各种金银锦缎的供器。护法神殿里有一人身量高的按诀要装藏的五尊天王像，在祈愿法会上展出用缎制而成弥勒佛大像，以及按照佑宁寺实践的跳神法建立的缎制跳神服装、面具、用具，并设置有数量可观的施放各项斋茶的资金。当新建讲经院时，给各个学级发放教程，建宗立宗之际，土观尊者起立向大家讲授关于发菩提心、转法轮等教诫。指示：“不论长幼，同声诵念《现观庄严论》与《入中论》。”全体僧众、教长同声诵念后，尊者又讲授了《圣教增盛颂》（བསྟན་འབར་མ།）表示庆贺。奏报皇帝后，赐予聚善寺（དགེ་ཚོགས་གླིང་།）的匾额。洛穹之职，依次由丹玛喇嘛、玛仓曲结罗桑索南（བློ་བཟང་བསོད་ནམས།）、胡甲曲结（ཧུ་ཀྱ་ཆོས་རྗེ།）、艾散然绛巴桥登嘉措（ཨེ་སེན་རབ་འབྱམས་པ་མཆོག་ལྡན་རྒྱ་མཚོ།）等担任，讲学风气非常良好。

班禅仁波切赴内地时[165]，据说从塔尔寺启程，于西宁城短暂休息后，途经平中驿（ཕིན་ཀྲུང་ཡི།），正对此地的湟水彼岸，有白马寺（དམར་གཙང་།），经高店子（ཀོན་ཏི་ཙི།）渡过湟水，到了碾伯城（ནེམ་པེ་མཁར།），再经老鸦城（ལོ་བ་ཆེང་།），当天到达蒙古人叫腾格日达板（ཐང་གེ་རི་ད་པ།）的冰沟山（པིང་ཀུ་ཤན།），下山后在冰沟（པོང་ཀུ།）歇息。渡过从大通（ཏའི་ཐུང་།）流下的浩门河，途经河桥驿（ཧོ་ཚེའུ་ཡི།）、桃角驿（ཐོད་ཛེ་ཡི།），穿过红土深谷，由松山达隆寺（རྟག་ལུང་།）的喇嘛执事和鲁土司等迎请到了庄浪城（ཀྲོང་ལིང་མཁར།）。由此经过一条长长的峡谷，由衮卓诺们汗图钦寺（ཐུར་ཆེན་དགོན།）的夏仲、昂索等迎请到平羌堡（ཕིང་ཆིང་བྲུ།），接着由达隆寺、止贡寺、甲雅寺等迎请到松山。由此越过一座小山，经一些零星散布的村庄抵康果（ཁང་ཀོ），越过大滩、小丘，穿过深谷断涧，到达三眼井（སན་ཡན་ཛིང་།）[166]。由此越过干旱的大滩抵宏兹（ཧུན་ཙི།），经德热苏（ཏེ་རེ་སུ།）蒙古人称为奥布日（ཨོ་པིར།）的大沙漠，到达长城外的营盘墟（ཡན་ཕིང་བྲུ།）[167]，此处为总督（ཚོད་འདུ།）[168]与阿拉善（ཨ་ལག་ཤ）的分界处。由此越过许多沙漠，经爱克多隆（ཨེ་ཁེ་ཏོ་ལོན།），爱勒苏霍多（ཨེ་ལེ་སུ་ཧོ་ཏོག）、越过难以行走的爱勒苏达哇（ཨེ་ལེ་སུ་ད་བ།）沙丘之后，到达耶开塘格（ཡེ་གེ་ཐུང་གེ）。由此经过胡兰（ཧུ་ལན།）、辉图多伦

(ཧོས་ཐུ་ཧོ་སོན།)、霍摇尔霍道（ཧོ་ཡོར་ཧོ་ཧོག）、奥龙霍道（ཨོ་ལོན་ཧོ་ཧོག）等地到长城外的土目尔哈拉噶（ཐུ་མུར་ཧྭ་ལ་ཀ），越过大滩途经平城堡（ཕིན་ཆིང་སྦུ།）、宁夏城（ཉིང་ཤ་མཁར།）到了黄河边云。

又从《云裳秘笈》（ཟླ་གྲུ་ལ།）的记载来看，自青海湖药水峡（རོ་རྩ་འགག）到达摇勒图（ཡོ་ལེ་ཐུ།），经大树参天的森林峡谷，来到恰罕托科（ཆ་འགན་ཐོ་ཁོ།），过山峦河流全被边墙连在一起的汉族郭家堡（ཀོ་ཀྱ་མཁར།）至三眼井（ཟན་ཉེན་ཙིང་།），这一路大半为草原和树木，饮食、柴火和花草都好。自塔尔寺经西宁城，与喇勤（བླ་ཆེན།）[169]不远的平中驿抵碾伯城，城外有大桥，经集市大街到老鸦城。再过深山长峡，到赛日底东（སེ་རི་ཏི་ཏུང་།），沿途有大通（ཏ་ཐུང་།）昂索索巴仁钦（བཟོད་པ་རིན་ཆེན།）、喜饶智（ཤེས་རབ་གྲགས།）官人、赛隆寺（སེར་ལུང་དགོན།）、大通大寺、鲁嘉曲结等供施大众集合在一起奉献供养。由此经大河上的大桥附近的大靖（ཏ་འཛམས།）[170]，越红土沟到了庄浪城（ཀྲོང་ལིང་མཁར།）附近。由此经平城堡（ཕེང་ཧྲིང་ཚང་།），于城墙围绕的城池附近的三元宗（ཟན་ཡོན་ཙང་།[171]），在一处石座上讲授修观音菩萨的随许法。中途过木门和山麓的大涧沟，左右山岭上有树木，犹如守望者在瞭望。又经几处山洼里有森林，草虽好而无水的峡道，地势逐渐平坦，到达属于兰州（ལན་ཀྲུ།）管辖的永泰城（ཡུན་ཐའི་ཆིང་།）。由此经过蒙古人称为郭唯日（སྒོ་བེར）的无草无水的干滩荒地，到了长城外的芦堂（ལུ་ཐང་།[172]）地区的营盘墟（ཡིང་པན་ཤུ།）。由于前面没有水，径行一百四十里干旱地带，便到了宁夏的叫作强鲁墟（ཆང་ལུའུ་ཤུ།）深谷，该谷为沼泽地带，芦苇丛生，飞鸟、花卉以及白色的蛇类较多。然后经中卫（ཀྲུང་ཝེ།）到砖堆砌和树木围绕的底日苏库多（ཏི་རི་སུ་ཁུ་ཏོའི་མཁར།）城边的静虏府（ཛིན་ལུ་ཧྲུའུ།[173]），前行至西果萨（ཤུ་ཀོ་ཟའི་མཁར།）城附近的西果寺（ཤི་ཀོ་ཟི།），该寺有著名的一个人用十一天修成的汉式金瓦屋顶的经堂，有两步弓高的自然显现的释迦佛像，断岩洞里有三世佛的大殿等。再向上行，便是张义堡（ཀྲང་ཡི་བུ།）城，旁边有一处寺院，它的附近有汉族人们认为是昔日佛陀授记的《圣朗如授记经》中的佛堂（སྣང་ཏ་ཞུང་བསྟན་ཀྱི་གཙུག་ལག་ཁང་།）和果玛萨拉犍陀罗（གོ་མས་ལ་གནྡར།）佛塔，这些和位于河彼岸举目一望即能看清楚的广武城（ཀོང་ཤུའུ།）不远。由此经过许多村庄和城镇，有供养观世音菩萨的琉璃瓦顶的佛堂。城墙高耸的宁夏城内有大白塔（ཐྲ་པས་ཐ།）、报恩寺（དྲིན་བཟོའི་ལྷ་ཁང་།），寺内有著名的琉璃瓦顶经堂供养着三世诸佛等。然后经长城外藏有叶迦佛法衣、钵等的佛塔，经堂等、于密林深处，沿犹如铺了毯子一样的大道至金积堡（ཇིང་ཅ་པུའུ།），至此就要渡著名的黄河。这条河的水量和水面超过雅甲藏布（ཡར་རྒྱབ་གཙང་པོ།）江三倍，湛湛青天溶于水中，映着红霞，红光闪烁，在这里有汉民驾着两层大船前来迎接。

松巴在其《自传》里写道：

“浪日（སྣང་རི།）山前，黄河岸边的果木拉萨拉（གོམ་ལ་ས་ལ།）佛塔，在铁兔年（辛卯），有一位玛尼喇嘛为了修缮该塔，将外面的佛塔拆除了一寻半，于挖土时，在浅蓝色的坚石堆里，又露出了一人高的石宝塔瓶部的上半部，瓶部的前面放着一个箧盒，里面装着红黄色的法衣和一函袖珍本经典，瓶部下部好似牢牢地长在石头上，无法挖掘。瓶部的上面有九个像碗口大的洞口。前边是黄河，东边是五台山和宁夏城，西边是凉州居古美尔（ཙུ་གུ་མེར།）地方的德委迥乃大佛（བདེ་བའི་འབྱུང་གནས།）与《圣·朗如授记经》所说很相符。”

此外还有许多记载，以无必要，未再引用。关于这方面，我自己毫无所知，录此供参考之用。有关这方面的历史，松巴堪布很熟悉。为了证实历史，此处根据他写的佛教史加以引用。但是，对于一些喇嘛的名字和寺院没有实地考察过，可能有许多疑点。另外还遗漏了各大寺院的附属寺院和独立的寺院，以及蒙古地区的寺院情况等，希望能予以补充纠正。

波若（བོ་རོད།）地区的隆噶尔（ཞུང་དཀར།），有红帽扎庇寺扎喜曲林（ཞྭ་དམར་པ་སྤྱི་དགོན་བཀྲ་ཤིས་ཆོས་གླིང་།）寺，或噶丹曲科林（དགའ་ལྡན་ཆོས་འཁོར་གླིང་།）寺按嘉赛·

罗桑丹增（རྒྱལ་སྲས་བློ་བཟང་བསྟན་འཛིན།）的授记，由扎底昂索智化隆珠（གྲགས་པ་ལྷུན་གྲུབ།）修建。达隆国师加以扩建，讲学修习风气较兴盛。土观仁波切兴修了大经堂，委任了桑仁然绛巴阿旺达杰（བཟང་རིན་རབ་འབྱམས་པ་ངག་དབང་དར་རྒྱས།）为洛穹。

多希寺（དོར་ཞི་དགོན།）第五世达赖喇嘛门徒多希·昂仁然绛巴丹曲坚赞（དོར་ཞི་ངམ་རིང་རབ་འབྱམས་པ་དམ་ཆོས་རྒྱལ་མཚན།）修建。但《云裳秘笈》中则说，罕东多希·然绛巴曾打算修建寺院，向本尊十一面大悲观音和护法玛索玛问卜是否合适？被命名为噶丹曲林（དགའ་ལྡན་ཆོས་གླིང་།）寺云。此种说法是否真实，尚需进一步考证。

臧（ཛབ།）喇嘛衮噶坚赞（ཀུན་དགའ་རྒྱལ་མཚན།）修建了上纳杨寺（ནག་ཡངས་དགོན་གོང་མ།），也叫措作林（ཚོགས་རྫོགས་གླིང་།）。俄仁巴喜饶罗哲（ཐགས་རམས་པ་ཤེས་རབ་བློ་གྲོས།）修建了下纳扬寺（ནག་ཡངས་དགོན་འོག་མ།），也叫扎喜曲科林（བཀྲ་ཤིས་ཆོས་འཁོར་གླིང་།）寺。在此附近有丹玛曲杰（འདན་མ་ཆོས་རྗེས།）护理的夏斯（ཞལ་གཟིགས།）静修庵。

甲则（རྒྱབ་རྗེ།）然绛巴修建了上江让寺噶丹朋措林（རྒྱང་རིང་དགོན་དགའ་ལྡན་ཕུན་ཚོགས་གླིང་།）。下寺则由苟·曲杰曲嘉措（འགྲུ་ཆོས་རྗེ་ཆོས་རྒྱ་མཚོ།）于第十一胜生的火马年（公元 1666 年，清康熙五年，丙午）修建。由曲结土多嘉措（ཆོས་རྗེ་མཐུ་སྟོབས་རྒྱ་མཚོ།）和汉族的宋将军（སུན་ཙང་ཧུན།）供施双方修建了供奉佛陀、叶迦佛、狮子吼佛等的佛殿七座及两座佛塔。第五世达赖喇嘛誉为噶丹曲林（དགའ་ལྡན་ཆོས་གླིང་།）寺。它作为色拉寺结扎仓的附属寺，采用杰尊巴（རྗེ་བཙུན་པ།）[174]编的教程，讲学风气浓厚。

以上所说的这些寺院中还有一座霍尔秀恰寺（ཧོར་ཤུག་ཚའི་དགོན།），是霍尔一位大成就者的转世居住的地方。还有洛哇（སྟོབ་དགོན་ཆུང་།）小寺、奥徐（སྟོ་ཤུར་རི་ཁྲོད།）静修庵。

约常相拉（ཡོད་ཁང་ཤེད་ར།）寺，土观仁波切曾任堪布，委任琼察夏仲（ཁྲུང་ཚ་ཞབས་དྲུང་།）贡却达杰（དཀོན་མཆོག་དར་རྒྱས།）为洛穹。另外还有许多小寺和禅院。

北部浩门河流域，有冈噶尔雪山，有迤逦东去的石山，气势磅礴，高耸云天。是地祇大神的圣地。它的背面便是波若地区。下游是松山城(ཟུང་ཤན་མཁར།)，东面与内地相连，北面与阿拉善接壤。宗喀、华热、波若三者的上部与青海（མཚོ་སྔོན།）地区相接壤。

凉州四寺院（ལང་གྲུའི་སྡེ་བཞི།）。上面说过的甲雅寺与凉州毗邻，行五里许路程便是张义堡（ཅང་ཡེ་བུ།）小城，在居古美尔（ཇ་ཀུ་མེར།）地方，有大佛寺(ཏཱ་ཧྥོ་ཞ་དགོན།）[175]，这里有一尊与炳灵寺的弥勒佛像相似的高三十六寻的弥勒佛大像，左右各有与主尊身量一半高的三尊雕像。据石碑上的记载说，右边是舍利子（ཤཱ་རིའི་བུ།）尊者、观世音菩萨、忿怒明王（ཁྲོ་རྒྱལ།)，左边是阿难（ཀུན་དགའ་བོ།）尊者、大势至菩萨（མཐུ་ཆེན་ཐོབ།)、忿怒明王，这六尊佛像其高约为十岁儿童的身量。顶层是释尊的塑像，殿内屋顶藻井有佛陀，菩萨、阿罗汉、护法神等的各种画像。据说当初修建八层佛殿，困难很多，汉族的木工祖师鲁班爷（ལྷུ་བན་ཡེ།）化为一位汉民老者的模样前来，说："若以美味佳肴款待，可以修建佛殿。"于是就按他所说办理，一夜之间就修成了这座佛殿云。石碑上说，"大佛像是文殊菩萨的仪态"，"这里是文殊菩萨加持过的圣地"。过去，这座山谷充满着水，被称为积水潭。据说尔时水边有一个汉民牧工正在放牧，一连几次听到从山里面问道：

"门打开了没有？"第二天，他回答道："门开了。"于是出现了自然形成的佛像一尊，大水沿着西边的石峡流了出去云。有泥像一尊，据说就是这位汉民牧工的塑像。有药泥塑的无量寿佛像和近侍佛子像和许多护法围绕着的大威德佛像的两处佛殿。此外，据说还有自然形成的依怙主像的佛殿云。还有格萨尔和他的部属以及许多汉族神像的庙堂。门房处也有数尊神像。左侧山巅之上有一大佛塔，右侧石崖之上，有二十六处石窟，绝大部分的栈道已经损坏，不能通行，但还可以看见窟内有许多尊佛菩萨的塑像。石碑上说，二十六处石窟里，供养佛陀像多尊，都是形成世间神，护佑国家保平安。”以上这些是旧志书中的说法，《圣·朗如授记经》中则说：“果玛萨拉（གོ་མ་ས་ལ།）[176]佛塔西，有一郭乡（གོ་ཤང་།）之地区，供养德委迥乃佛，护佑辽阔之国土。”指的就是这尊像。由此向东偏南行，约数日之程，就是被认定为朗如授记之地。据石碑中说：“从前佛堂里住着一位名叫依格（དཱི་དགེ།）的藏族僧人，很有学识，从事利济众生之事，他被敕封的名号为‘妙善通慧国师（མིའོ་ཞན་ཐུང་ཧུའི་ཀུ་ཤྲི།）索南坚赞（བསོད་ནམས་རྒྱལ་མཚན།）[177]’，佛堂之名为‘广善寺’（ཀོང་ཤན་དགོན།）”。一般认为就是约·格迥[178]（གཡོ་དགེ་འབྱུང་།）。大明正统十三年（公元 1448 年）曾经维修，至今道光二十九年土鸡年(公元 1849 年，己酉)，己历三百九十六年矣[179]。

在此附近的西方，有洛哇（ལོ་བ།）静修庵，汉民叫庆平寺（ཆན་པང་ཟི།）传说这里有乌仗那（ཨོ་རྒྱན།）的禅室，飞行时的遗迹，自然形成的取暖石屋，吉祥天母宫，岩洞里有骡子的蹄迹。大神像右侧的具富山（འབྱོར་ལྡན་རི།）上有许多银矿石，从前曾开设炼银厂，是产生宝物的地方。

在此以下，有汉族称为白莲寺（པེ་ལེན་ཟི།）的噶玛巴静修处。这里原是一处颇为灵异的静修地，后有噶玛噶举派的许多大喇嘛在此参禅修行，由于曾是几个民族的栖止之处，因而获得了这个名称。曾有过这样的传说：古时，有四位瑜伽师在此长期修行，最后都飞上了天。据说其中有一位瑜伽师没有飞很远便落到附近的一处石岩上，从前每逢节日就能听到各种悦耳之音云。佛殿内有释尊等许多佛像。唐朝（ཐང་ཁྲོའུ།）的第二代皇帝太宗誉为大乐神宫（བདེ་ཆེན་ལྷ་ཁང་།），大明第三代皇帝永乐曾加以维修。正统七年（公元 1442 年），太监李贵（ལི་ཀུས།）、善通慧国师（ཞན་ཐུང་ཧུའི་ཀུ་ཤྲི།）索南坚赞[180]、释迦比丘喇嘛索巴华（བཟོད་པ་དཔལ།）、沙弥达日玛室利（ཤྲམ་ཤྲི།）等修建了三间佛殿，两条环行路，左右各二十间厢房，天王殿、释尊涅槃殿，三座佛塔及鼓房、钟房等，题名为福寿庙，其修建历史树有石碑。至清道光二十九年，十四胜生的土鸡年(公元1849 年，己酉)，已经一百零二年[181]。

卓仓静房（གྲོ་ཚང་རི་ཁྲོད།），亦叫相排寺（ཤེད་ཕད་དགོན།）有卓仓扎寺（གྲོ་ཚང་ཟག）[182]三代阿阇黎的灵塔。这座寺院和以下的汉族各寺中，都有三世诸佛，近侍佛子等佛像。夏贵场（ཞྭ་གུས་ཁང་།）寺院里供奉着十六尊者、大威德、胜乐、喜金刚、金刚手菩萨、大轮、六臂怙主、四臂怙主、宝帐怙主、法王、吉祥天母等佛像。还有卓仓各代活佛的灵塔也在此寺的说法。

参旁洞（ཚན་ཕུང་ཏུང་།）寺院里供着千尊佛陀像和无量寿佛，观世音菩萨像及中阴关浮雕。相贵场（ཤང་གུས་ཁང་།）有供着释迦宫城尊像的佛堂，这尊佛像虽然称为自然形成者，但是在古书里却说是木制的，头顶上有个小释迦佛像，是自然形成者，本来装在内藏之中，但却自行出现云。还有佛陀和十六尊者像、大威德、胜乐、依怙主、护法神等像。另外还有一处陶工的作坊。

以上摘自达隆寺（སྟག་ལུང་།）华丹巴（དཔལ་ལྡན་པ།）著的《凉州四寺志清净明镜》，此外，还有记载不甚清楚的占岩（གྲམ་ལེན།）度母佛堂。

图吾寺（ཐུ་བོ་དགོན།）据说有一尊头顶上有无量寿佛像的自然形成的释尊像，是否就是上述的释尊像，待考。

庄严寺（གྲོང་ཡང་དགོན།）供奉着无量寿佛、喜金刚等佛像。

黄华寺（ཧོང་ཧྭ་དགོན།）有释迦入涅槃像。它是仿照附近的山里有明显的释迦佛睡卧像的行相而修建的。

弥陀寺（མིས་ཐྭ་དགོན།）供奉着金刚持、观世音菩萨等圣像，有持杖马头明王的佛殿，佛像为自然形成者云。过去佛像能发光和出汗，非常威严。后似乎由于邪魔的嗾使，朝圣者都畏惧不敢近前。另外还有其他佛殿、佛像等。

凉州城以南三十里处，有称为蛤蟆洞（ཧེ་མོ་ཏུང་།）的金刚亥母寺，不列于凉州四寺院之内。从前这里有一位张屠夫，一个八岁的女孩多次从他那里买心肺内脏。一天，屠夫为索要肉钱，尾追上去，见到五个女孩子在进行会供。屠夫由于没有拿到肉钱，便生气地将为首的一个女孩子拦腰抱住，立即飞上了天空，身体留在有情世间，以后覆抹了薄薄的一层药制香泥。其他四个女孩子也全部飞上了天空。屠夫得到了信解，现在还有屠夫们前来祭祀的风俗。从前吉日良辰之时，从香泥覆抹的身体的私处，常流出红色甘露。后来霍尔王的一位妃子说道："这真是给女人出丑！"用黄金堵塞了子宫口，随之发生了不吉祥的事情。曼隆（མན་ལུང་།）上师说："从前脚离地面一寻，现在离地面一卡[183]。"这尊像在红砂岩的岩洞中，洞口修建有佛堂，山上开辟的环行巡礼的道路，很仄狭，仅能通行。据传原来石岩上存放着昔日的心、肺和内脏，后被朝山者作为圣物而拿光。现在许多人还把岩洞的红土作为圣物拿去，据说可以消除病魔。右边有约一人高的释尊香泥塑像，听说里面有屠夫的尸体，左边是金刚持和度母像。外面佛殿里有喜金刚等许多浮雕像，墙壁上绘有神变庄严画。这座佛殿曾遭火灾，但金刚亥母佛像没有受损。这是汉族地区四尊金刚亥母像之一，其他据说一尊在庄浪，一尊在肃州（ཤུའུ་ཀྲུ）,一尊在山东（ཤན་ཏུང་།）。曼隆上师说：

"金刚亥母佛堂的北面，有弥勒佛侧卧像，从头至脚的距离，需步行半天。自远处眺望，看得面向东，头朝西，形象非常清晰。"其地甚峻险，被认为就是叫作"图山台"的那山脉。该处经典中说，若有人于其处排大小便或搞其他不应做的事，会招来不吉利。但若虔诚敬信，则会得到福寿增盛的好结局云。

《道路指南》中说，此处西边有一珠巴寺，但似乎在其东北方。

从金刚亥母寺（ཕག་མོ།）行五里，是金塔寺（ཀྱིན་ཐ་དགོན།），即围金腰带的洛·昂德(ལོ་ངང་དེ།）王的墓地。据一古书记载，众生怙主八思巴给金腰带王授予了大灌顶。有人认为按此说法，似乎是元世祖忽必烈（ཧོར་སེ་ཆེན་རྒྱལ་པོ།）的墓地。寺庙正中的释迦佛像是萨迦班智达所修建，当调和塑像的泥土时，用秽迹金刚与摧破金刚宝瓶里的水拌制，曾显出两尊佛隐入其中的形象，没有费多大力气自然形成，以许多加持过的圣物为内藏。做开光安神仪轨时，出现了虹光弥漫，智尊入窍的征兆。宝帐怙主像内装有觉巴师占赛纳保（གྲུམ་ཟེ་ནག་པོ།）的禅带、头发以及尊者的经卷等并加以禳解。还有当时向国王及随从灌顶用的四方形曼荼罗石台（对于这次的灌顶，众说不一）。此外有众生怙主八思巴修造的三世诸佛、近侍佛子等像。其他佛殿里供着萨迦班智达、金刚持、无量寿佛、宝帐怙主、四臂怙主等佛像及大慈法王像。古书记载说，圣·八思巴在此授予金刚鬘灌顶并做四业护摩，在做伏业勇行护摩时，各种紧握武器的忿怒明王将佛教的公敌邪魔直接摄召到来，掷于火祭坛内云。坛址上筑有吉祥佛塔，塔内装有从乌仗那（ཨུ་རྒྱན།）迎请来的迦叶佛的舍利，其大小约如鸟卵，许多空行母的像和佛物，邬仗那莲花生大师加持过的各种圣物，以纯洁清净上师的念珠等装满的白梅檀佛塔，无垢上师授予贡却王子和属民的一尺高的纯金佛像等等。从前每逢节日便出现虹光闪烁，香气氤氲，乐声不绝，花雨绵绵的稀奇景象。嘉庆七年当地曾降石雨，佛塔顶上出现虹光，石雨立即销迹。后山称为宝帐怙主的圣地，其他山则是眷属等圣地云。

以上两者之间有西宝顶寺（ཞིས་པོ་ཏིང་དགོན།），也叫宝顶寺（སྣོ་ཏིང་དགོན།），以及汉族供奉各种神道的寺庙。

城（凉州城）西三十里处，有莲花寺（ལེན་ཧྭ་དགོན），寺内供着一人身量高的黑忿怒明王青铜像，并有像释迦宫城尊行相的称为索巴让摩（བཟོད་པ་རིང་མོ།）的遗体。有人说是整个遗体，也有人说是遗骨，还有人说是两颗牙齿，尚有微温。总之众说纷纭，莫衷一是。达隆巴的《寺志》中说：

“头上有宝髻，如是女像则当是发髻，看到胸部以上用褐色泥土涂抹，已裂断，其余部分则是空的，从远处瞭望好像活着，招引了许多信徒。”

她是文殊上师萨迦班智达的妹妹，尊者赴蒙古后，她以出世者行相来到这里。据说会晤时，法王说道：

“索巴让摩来了吗？足迹踏遍地面否？打过老狗嘴巴否？”

她回答道：“萨迦班禅来了吗？金刚鬘灌顶授与否？背誓者布满大地否？是否做了地狱的基石？”

索巴让摩长期在静修处坐禅修行，法王在珠巴寺（སྒྲུལ་བ་དགོན།）患病期间，她经常去探视，并询问永别的时间。一次听到大班智达圆寂的消息，说道：

“藏族的后代今后躺着死，索巴让摩站着死。”语音刚落便圆寂云。其左侧有出土的一口大钟，据说佛殿中央的大梁是自然形成者云。有东科尔·多居嘉措挖出的药水泉。其他佛殿里供着三世佛、弥勒佛、八尊近侍佛子、大威德、胜乐、喜金刚、大轮、依怙主、护法五天王、观世音菩萨、无量寿佛的报身与化身、度母等还有许多汉族供奉的神道。第五世达赖喇嘛指出这儿是萨迦班智达广授显宗佛法的地点。后山嘴上有大佛塔，据说是索巴让摩圆寂的地点，也是班禅授灌顶时取净瓶水与彩粉的地方。拉强沟（ཉི་ཆང་ལུང་པ།）的水边磐石上有索巴让摩的足迹。传说此处原来无水，她用足挪动了磐石后出现了泉水云。该处有供奉慈尊弥勒佛及其眷属、释迦及二胜的两处佛殿写有索巴让莫（བཟོད་པ་རིང་མོ།）的字迹，这可能是赛隆巴（བཟད་ལུང་པ།），就是和萨班辩论的外道对手，待考。

城（凉州城）北五里处，有海藏寺（ཧེ་ཙང་དགོན།）。古书记载说，萨迦班智达在此处曾讲经说法，大转法轮，并收服了使蒙古阔端汗（ཁོ་ཏན་ཏན་ན་རྒྱལ་པོ།）患龙病的龙魔。该寺有称为当时的圣地之门具有加持力的水井一处。主要的依止处有灵验的佛塔、三世佛、近侍佛子、金刚持、大日如来、无量寿佛、十六尊者等像。院中墙壁上画有各种佛像，有供奉大威德和许多护法神的依怙殿，汉地版的《甘珠尔》大藏经。还有汉族缁衣和尚的寺庙等。由此向北一日多的路程是永昌（ཡོང་སྨང་།），有金刚亥母在石岩上自然形成的像，肤色呈现白色，足下流圣水。此处有汉民叫做灰灰夏（ཧུས་ཧུས་ཞུ།）的小石片，粉碎后与水搅拌涂在刀口上，可以作成似羊脂玉等的珍贵物品。再行三日多的路程就可到达阿拉善沙漠。

离城（凉州城）四十里，有白塔寺（ཟི་སྡ་དགོན།），也叫夏珠巴第寺（ཤར་སྤྲུལ་པ་སྡེ།[183]）。蒙古阔端汗邀请萨迦班智达法王，供施双方于火羊年（公元1247年，宋淳祐七年，蒙古贵由汗二年，丁未），会晤，多次举行庆贺与谈论。有一次班智达讲述了龟无毛的道理，而阔端汗指着一张金光闪闪的皮张坚持说：

“这就是龟皮。”

问：“它有什么用处？”

“只要柔软而好看，就可以了。你没有察觉到龟皮是有毛的！”

法王便从头部提起这张皮子，指出皮上具有千尊佛陀身体上的毛纹，“这是贤劫菩萨调伏的妙相身子，这张皮好像一只龟，实际不是龟。”

说罢，君臣们面颊有些心愧。因此，为了试探摸底，让一位幻术师幻化一座极为庄严美妙的经堂，国王（阔端汗）邀请法王一同到那经堂里去。法王嘱咐守门的忿怒本尊后，即撰出祝福颂《永恒妙高峰》，用手一撒后就座。幻术师虽想解除幻术，但解除不了。法王讲道：

“这是三宝的依止处，摧毁不了的！你们从很远的地方请上师供养，却又如此藐视，这样做恐怕不好吧！”

国王（阔端汗）害怕起来，顶礼赎过。这些情况，在《道路指南》和一些佛教史中都有记载。法王在此居住了五年，讲授了许多甚深妙法，铁猪年（公元1251年，宋淳祐十一年，蒙古海迷失皇后称制三年，辛亥），七十岁圆寂。火化时，头盖骨上现显喜金刚、文殊菩萨、胜乐、佛陀等佛像，膝盖骨正面上现显了观世音菩萨、羯沙流波尼（ཁ་སར་པ་ཎི།）、度母、不动佛等佛像，手指骨上现显了弥勒佛像、ཨ字和ཧཱུྃ字，两耳骨上现显了尊胜塔（རྣམ་རྒྱལ་མཆོད་རྟེན།）像并出现了许多舍利。修建了一座装有一位阿罗汉和一位菩萨的灵骨和舍利，其他舍利十颗，用金银和墨水书写的许多份陀罗尼咒、许多经书的章节及十万泥塑小佛像等为内藏，仿迦当佛塔形式高十六寻的灵骨塔。古籍中则记载，在具祥萨迦寺中，修建了灵骨金塔，上述的自然现显各圣物作为内藏，都装入这座灵塔之内，由圣·八思巴法王等做了开光安神仪轨云。在这寺的被称为—百零八座的佛塔群中确有大小不等的许多佛塔，但是人们却数不清，因为是空行化身佛塔，幻化寺之称据说就由此而得云。达隆巴的《寺志》记载：“菩萨龟行相的皮张是为了调伏海藏寺（རྒྱ་མཚོ་སྙེ།）的龙魔，由法王亲自带来的。”又说：“尊者（指华丹巴）和随从十人用一整天的时间，以各种方法计算了塔数，然而没有得到一个确切数字，多次出现了四十八、四十九这个数字，因而流传有四十九座佛塔的说法。”寺院外面有一座白塔院，内有砖瓦修建的许多塔以及数座土佛龛，这是守护圣地的汉族和尚们的墓地。

众生怙主八思巴时期，这座萨迦寺院（ས་སྐྱའི་དགོན་ཆེན།）有比丘千余名，大经殿背面的佛塔内装有贵重的十万小泥佛像。萨班圣师徒时期，有令人目眩意夺的数处稀奇的佛堂和拉让，此后由于发生了火灾逐渐破落了。大明初期，佛塔、佛殿又遭火灾，有重新维修了的文字记载。康熙皇帝御极初期，又把佛殿修葺了一次。古籍记载说：“大经堂中央供着金刚持，左右是金刚手菩萨和度母，右侧是释迦能仁佛，左右是二胜，在此右侧是利见佛，他的左右是须菩提（རབ་འབྱོར།）和迦叶。主尊左侧是无量光佛，其左右是黄独雄本尊（དཔའ་བོ་སེར་པོ།）和则噶温保（འཛེས་དཀའ་སྟོན་པོ།），他的右侧是药师佛（སྨན་ལྷ།），其左右是达图（ཏ་ཐུལ།）和芒钦（མིང་ཆེན།），东西两边各有四尊近侍佛子。右侧顶端有持杖马头明王，传说在此以前，佛殿发生火灾时，他的一只脚站在水边，用手洒水扑灭了火灾。左侧顶端有蓝色不动佛（མི་གཡོ་བ་སྔོན་པོ།）。天花板六个大方格藻井的中央，是释尊和十六尊者。右侧是十尊忿怒尊围绕宝髻转轮忿怒明王（གཙུག་ཏོར་འཁོར་བསྒྱུར།），左侧是近侍佛子围绕着释尊。前面中央部分是普明大日如来，其左右是阿閦佛和三尊无量寿佛的曼荼罗。二百六十个小方格藻井中，门头上方是四尊忿怒明王，其余为三十五尊忏悔佛（བཤགས་ལྷ།）、五部佛（རྒྱལ་བ་རིགས་ལྔ།）等佛陀、菩萨、声闻与独觉等共二千六百尊佛像。”左右各有六层壁画，右边第一层是止贡噶居派历代上师传承：金刚持、德洛瓦、纳若瓦、玛尔巴、米拉热巴、岗波巴（སྒམ་པོ་པ།）[185]、帕摩竹（ཕག་གྲུ།）等，第二层是全知者圣·罗桑扎巴[186]、白文殊菩萨、扎巴坚赞（གྲགས་པ་རྒྱལ་མཚན།）等，第三层是数尊时轮金刚佛像，第四层是各成就者怛特罗中所说的五尊佛母、六面阎罗的五佛母、大轮五佛母海会众、大威德等，第五层是度母、瑜伽部中所说的五部佛、文殊菩萨、妙音佛母，红、白观世音菩萨，尊胜佛母、叶衣母（ལོ་གྱོན་མ།）等及事业阎罗王，第六层是五尊奥赛见玛（འོད་ཟེར་ཅན་མ།）、多闻子、黑财神（ཛཾ་ནག）、黄财神（ཛཾ་སེར།），时轮金刚部中所说的十二尊长供天女（མཆོད་པའི་ལྷ་མོ།），赤事业阎罗王。左边第一层是萨迦班智达、金刚持、无我母（བདག་མེད་མ།）、布瓦哇（བིརྺ་པ།）等萨迦道果的传承，第二层是萨桑·麻迪班钦（ས་བཟང་མ་ཏི་པཎ་ཆེན།）、大轮上师传承（འཁོར་ཆེན་བླ་བརྒྱུད།）、布顿仁钦竹（བུ་སྟོན་རིན་པོ་ཆེན།）、大译师释迦桑波（ལོ་ཆེན་ཤཱཀྱ་བཟང་པོ།）等和各种佛母（ལྷ་ཚོགས་ཡུམ།），第三层是时轮金刚部中所说的六尊佛母，第四层是五部六面阎罗王（གཤིན་རྗེ་གདོང་དྲུག་རིགས་ལྔ།）、五部三面大威德（འཇིགས་བྱེད་ཞལ་གསུམ་སོགས་རིགས་ལྔ།）、五部死神（གཤེད་དམར་རིགས་ལྔ།）、五部大轮（འཁོར་ཆེན་རིགས་ལྔ།），第五层是尼拜派（ཉི་སྦས་ལུགས།）的二十一尊度母，第六层是威猛相金刚手菩萨（ཕྱག་རྡོར་གཏུམ་པོ།）、二部不动佛（མི་གཡོ་བ་རིགས་གཉིས།）、二部金刚瑜伽、十六尊明妃。门上面是时轮金刚、释迦能仁王佛、七位法王、香巴拉二十五王、梵天、帝释、梵天之子迦叶、大小对夏巴（དུས་ཞབས་པ་ཆེ་ཆུང་།）、卡契达贡（ཁ་ཆེ་ཟླ་མགོན།）、卓译师（འབྲོ་ལོ་ཙྪ་བ།）等时轮金刚的上师传承。大门右侧壁上是五部胜乐、四臂怙主及其师承，大门左侧壁上是五部喜金刚、无我母、作明佛母（ཀུ་རུ་ཀུ་ལླེ།），以及几部喜金刚、宝帐怙主、十二尊怙主、蓝色大鹏等本尊的使者。四部先行等佛母化身的使者及其师承。外边东面女墙上飞檐是十二尊无量光佛，其他三处是四十九座大菩提佛塔。由于佛殿已经破损不堪，这些佛像虽然说是从前原有的，但从法王圣师徒的像来看是以后时期的，从壁画上一些上师传承也可以识别出是以后的建筑。此外，还有新修的供奉本尊、护法等药泥佛像的数座佛殿。

自大明第十三代皇帝万历十三年立碑至第十四胜生的火猪年（公元1827年，清道光七年，丁亥），已经有二百一十多年的历史，再加道光二十九年土鸡年（己酉）以前的二十三年，共计历二百三十三年多。

这座石碑虽记载噶玛巴（ཀརྨ་པ།）活佛坚赞（རྒྱལ་མཚན།）[187] 诞生之地为兴都府（ཤེན་ཏུ་ཧུ།），在噶玛（ཀརྨ།）[188] 地方居住，由阿丹汗（ཨ་སྟན་རྒྱལ་པོ།）、鄂尔多斯贝图（ཨུར་ཏུ་སི་པེ་ཐུ།）等邀请前往鄂尔多（ཨུར་ཏུ།），土默持（ཐུ་མེད་）、喀喇沁（ཁལ་ཆེན།）、其卡尔（ཆེན་ཁར།）、喀尔喀（ཁལ་ཁ།）等地弘法，使该地君臣属民都皈依了佛法，犹如利剑斩线结似地制伏了恶魔，于郡伦（ཙུང་ལོན།）地方修建了许多佛殿，迎请《甘珠尔》大藏经等。东蒙古王的大军西征，占领了汉地的大城池，屠杀了许多军官和十万士兵。于是称为强排（ཆང་ཕེ།）的数万汉族军队来到这里，对垒多年未能解决纠纷。噶玛（ཀརྨ།）的喇嘛与僧众三百多人来到此地，给汉族、藏族、蒙古族等政府送了很多财物，汉族与蒙古族的大军各自返回了自己的地方，拯救了众生的性命。虎年，维修了此处的佛塔等。上面规定供养噶玛灵塔的佛殿、佛塔等，任何人都不得侵犯，违者依法严惩云云。但据达隆巴（སྟག་ལུང་པ་）说，"这是对萨迦班智达的灵塔故意歪曲的叙述，否则，是哪一位噶玛巴活佛的灵塔，究竟如何？竟无法确认!"

在此以南，有东日寺（དུང་རི་དགོན།），其内供着佛陀，药师佛、无量光佛、近侍佛子、 观世音菩萨、大威德、依怙主、护法神等。这里供奉的怙主佛像，据说是自然形成者。传说在黄羊川（ཧོང་ཡང་ཁྲོན།）地方，有一叫戴兴（ཏཱ་ཤིན།）者听到了晨钟暮鼓之声，惊奇不已。于是，自己专门侍奉起这座佛殿云。

在凉州城与珠巴第寺之间，有供奉着称之为大佛爷（ཏཱ་ཧྥོ་ཡེ།）的一人高的金铜合金铸造的释迦佛像的佛殿。于大明永乐时期装了藏。到最后一个皇帝崇祯十六年，发生灾荒，许多汉族乞丐把佛像抬出殿外，用武器正要挖取佛像额部的光华闪闪夜明珠时，佛像口中发出声音，并闪出像火花一般地亮光，动武器的坏人昏倒在地，口吐鲜血。次日把佛像埋于地下。灾年过后，仍供在原地。此事记载于汉文志书中。此处还有青铜铸造的萨迦班智达法王像和汉族塑造的十六罗汉围绕如来像。

凉州四寺的中心凉州城内，有名叫青英寺（ཆིན་ཡིན་དགོན།）的十三层佛塔殿，与它媲美的有德英寺（ཏེ་ཡིན་དགོན།）。另外还有数尊泥塑佛像的佛殿，附近有两处小湖，与此相邻的有数间并列的佛殿，内有释迦涅槃像、三世诸佛、《甘珠尔》大藏经，以及许多汉文的经函和各种珍宝合金铸造的大钟。

霍家寺（ཧོ་ཅུ་དགོན།）四周有两座三世诸佛的佛殿和依怙殿，有金刚持、文殊菩萨、无量寿佛像及两部《甘珠尔》大藏经等。

万果寺（བན་ཀོ་དགོན།）里供着大日如来、三世诸佛、地藏菩萨、五部陀罗尼（གཟུངས་གྲྭ་ལྔ།）、药师佛、十六罗汉围绕如来、多闻子等佛像。

东坡寺（ཏུང་པོ་དགོན།）是供奉佛陀和金刚持的佛殿。

白莫寺（པད་མོ་དགོན།）里供奉着本师释尊像。

徐波寺（ཤུ་པོ་དགོན།）内供奉着三世诸佛像。

西门外供有印度圣哲帕丹巴桑结（རྒྱ་གར་བ་དམ་པ་སངས་རྒྱས།）的自然形成像、三世诸佛、妙音佛母像。以上自万果寺以下诸寺，虽然在达隆巴的《庄严寺志》之中没有记载，但在其他著作中有此记载，故附述于此。

东门外有金铜合金造的度母像。南门外梭罗池（ཟ་ལྡོ་ཁྲི།）佛殿里，供着大威德全身像，有一些汉族和尚的僧寮。北门内多塔寺（ཧོ་ཐཱ་དགོན།）内据说有噶玛勒喜(ཀ་མ་ལི་ཤི།）佛塔。有些人认为是噶玛拔希（ཀརྨ་པ་ཤི།）[189] 的灵塔，有人说是噶玛拉喜拉（ཀ་མ་ལ་ཤི་ལ།）来到此地，被汉族的四个屠夫探肾杀害，遗体修建了佛塔。按噶玛拔希于水羊年（癸未）八十岁时在楚普寺（མཚུར་ཕུ་དགོན།）圆寂，遗骨做了佛像并有舍利，眼、舌、心脏被安置在自己的上下寺院里[190]。他的转世化身让迥多杰（རང་བྱུང་རྡོ་རྗེ།）[191]于第五胜生的木猴年（甲申）诞生，两次去蒙古地方，于他五十六岁的土兔年（己卯），在蒙古王宫圆寂，部分遗骨被迎请到本寺院里去，部分遗骨作为楼式灵塔的内藏。蒙古人对法王名号的叫法没有按前世的名称来称呼，致发生鹬转，讹为噶玛勒喜（ཀ་མ་ལེ་ཤི།）了。门廊中塑有肌肉瘦削的一尊像，据说是法王让迥的像。以上记载见于《寺志清净明镜》。由这座城市沿着大滩向西偏北行进，经过汉地、准噶尔（ཇུང་གར།）、拉洛（ལ་གློ།）等以及由内地管辖或不管辖的一些地区，即与印度西北部地区相接。

从凉州向西北行，约六七天的路程，便到达甘州城（ཀན་ཀྲུའུ་མཁར།）。彼城统辖着十三个万户的土地，皇帝的大臣甘州提督（ཀན་ཀྲུའུ་ཐི་དུས།）曾迎请第三世达赖喇嘛索南嘉措，遵照皇帝的圣旨，约有十三万大军在马蹄寺（རྨ་ཐིགས་དགོན།）迎接。据说彼寺是吉巴尔王（རྒྱལ་པོ་ཀྱེ་གས་འབར།）之子洛泽培（བློ་གྲོས་འཕེལ།）以智慧利剑驯服了龙魔的地方。当时大家曾经看到在大滩中部，方正如骰子一样的磐石旁边，一位身穿蓝衣的仙人向尊者献上一碗黄金。据说是一长寿的持明咒者。到达宫城的那天，官员的仆从们都看到尊者的坐骑是只狮子。香烟缭绕里出现了驱散黑暗的日月和“天神之子”的汉文字形。官员们清楚地忆起自己过去的三世，授予了三要义妙法，在街市上，由翻译用汉语、裕固语、蒙古语口译了观世音菩萨的修行法，释放了都堂（ཏུ་ཐང་།）属下牢内的囚徒，新剃度出家为僧者约有一百人，地方官员焚香后，香灰里出现了尊者是“佛陀海众事业者”的汉文字形。以察哈尔王系（ཚ་ཧར་གྱི་རྒྱལ་བརྒྱུད།）为主的万余大军来到长城外，大家都惊慌起来。尊者以财物满足他们之后，打发返回自己的家乡去。城里塑有佛陀涅槃相的大像，城外砂岩上有萨班的手印，石上有突起的足迹。从此再行一日的路程，彼处有以自然形成的绿度母装了藏的度母像和自然形成的马头明王像的稀奇佛殿，有驯服孽龙镇压其头和身驱的遗迹和以智慧利剑装藏的佛塔。石崖上有二十五处佛窟，许多雕刻在石岩上的佛陀像，一座大石崖上有两座新佛窟、大经堂及称为西夏王的大塔（མི་ཉག་རྒྱལ་པོའི་མཆོད་རྟེན།），崖面光滑得像粉刷过的墙壁。

马蹄寺以其右侧石岩上有格萨尔王马蹄的足迹而得名，藏语叫噶丹旦曲林（དགའ་ལྡན་དམ་ཆོས་གླིང་།）寺。该寺院由琼察格西拉丹（ཁྱུང་ཚ་དགེ་བཤེས་རབ་བརྟན།）修建。他转世的活佛阿旺南嘉（ངག་དབང་རྣམ་རྒྱལ།）任彼寺的喇嘛。寺内有大经堂和密宗院。以喜饶云丹（ཤེས་རབ་ཡོན་ཏན།）昂贝等官员为首的拉、（རཁྱུད།）琼两大部落曾向达赖喇嘛献过百件布施（བརྒྱ་འབུལ།）。彼寺由一些学识精湛，德行高尚的人及德古夏仲、阿旺格勒嘉措（ངག་དབང་དགེ་ལེགས་རྒྱ་མཚོ།）、拉让巴·阿旺喜饶（ལྷ་རམས་པ་ངག་དབང་ཤེས་རབ།）、章徐噶居·华丹茨成（འབྲིང་ཤེས་དགའ་བཅུ་དཔལ་ལྡན་ཚུལ་ཁྲིམས།）等依次任堪布，后由土观呼图克图担任堪布，由他委任密宗院的法台群纳夏仲·阿旺茨成（ཁྱུང་ནག་ཞབས་དྲུང་ངག་དབང་ཚུལ་ཁྲིམས།）为洛穹。由赛赤活佛（གསེར་ཁྲི་སྤྲུལ་སྐུ།）罗桑图丹尼玛（བློ་བཟང་ཐུབ་བསྟན་ཉི་མ།）任常住寺院代表。彼师生于凉州，按许多圣哲的授记，在土观尊者主持下虽然认定为赤甘珠尔巴·金巴嘉措（ཁྲི་བཀའ་འགྱུར་པ་སྦྱིན་པ་རྒྱ་མཚོ།）转世的呼毕勒罕，却又为了适应坚贡阿美（འཇམ་མགོན་ཨ་མེ།）传承的需要，说成是阿旺华桑（ངག་དབང་དཔལ་བཟང་།）堪布的转世。铁虎年（庚寅）结合庆贺扎喜奥巴（བཀྲ་ཤིས་འོད་འབར།）拉让的能依和所依的圣像等开眼仪轨（སྤྱན་དབྱེའི་ཆོ་ག）之际，当众坐床。土狗年（戊戌）赴西藏求学，现仍在转世。彼师新建了大殿并做了开光仪轨，先后讲授《菩提道次精要》教诫等许多经法。当通过钦差大臣启奏皇上，请赐匾额之际，恰收到了南方军事取得胜利的报告，皇上甚为喜悦，认为是美妙缘起，于是赐名为神奇寺（རྨད་བྱུང་རྒྱལ་བའི་གླིང་།）。珍徐喇嘛扎喜华旦（འབྲིང་སོས་བླ་མ་བཀྲ་ཤིས་དཔལ་ལྡན།）、拉让巴阿旺喜饶（ལྷ་རམས་པ་ངག་དབང་ཤེས་རབ།）等都有转世和活佛府。寺院所属的谿卡有瓦囊（བ་ནང་།）、俄萨（སྟོ་ཟ།）、嘉卜斯（རྒྱབ་ཟི།）、盘徐（བན་ཤུཞུ།）、项诺（ཧང་ནོཞུ།）、珍徐（འབྲིང་སོཞུ།）、琼息

(ཁྱུང་ཞི།)、琼察（ཁྱུང་ཚོ།）、琼纳（ཁྱུང་ནག）、拉曲（ར་ཆུ།）、拉嘉（ར་རྒྱག）等拉琼（ར་ཁྱུང་།）十四个部落，有四名大官人，十名小官人，属民众多。

由一些香客住过的地方而发展起来的汉族寺院，叫噶丹曲科林（དགའ་ལྡན་ཆོས་འཁོར་གླིང་།）。彼寺前面的山沟处，有称为罗哲培王子的喇嘛阿哇杜德瓦（ཨ་ཝ་རྡུ་ཏི་པ།）等三师居住修行的上、中、下三处清净静修院。土观呼图克图赞颂道：

“多麦北边区域里，有称拉琼之地方，古时有一大菩萨，称为罗哲培王子，制伏毒龙之圣地，即此凉爽之大滩。人们认为这里是‘喇嘛阿哇杜德瓦’三位师尊住过的上、中和下三静室。石崖之上雕刻着许多佛塔和佛窟，遍布山谷甚稀奇，应是殊胜之圣地！尤其崖上掘静房，幽僻清净令人喜，想见古时修行者，会有许多幸运士。彼处生息牧民们，信仰笃实而淳朴，不堕二边具富裕，彼此和好无纷争。”

在裕固地方，至今还有一处称为巴达如哇（བྷ་ཏ་རུ་བ།）的父族部落和几处禅院废墟，认为这就是当年被摄召为桑耶寺护法的圣地巴达霍尔（བྷ་ཏ་ཧོར།）的禅院。蒙古语作夏拉吾尔格（ཤར་ཨུ་ཀེ），意为黄色帐幕，吾尔格（ཨུ་ཀེ）一字被讹转后称为裕固（ཨུ་གུར།）了。也有人说即霍尔黄帐王（ཧོར་གུར་སེར།）的地方。现在护理财物的神祇很凶狠，有与嘉倾科尔寺的祭祀相似的祭祀法。此处有霍尔禅师修建的扎西曲林（བཀྲ་ཤིས་ཆོས་གླིང་།）寺还有洛瓦昂索的佛殿、郭嘉夏仲（ཀོ་རྒྱ་ཞབས་དྲུང་།）的佛殿、海寺静修庵（ཏས་ཟི་རི་ཁྲོད།）、苟夏仲（འགུ་ཞངས་དྲུང་།）修建的浪嘉寺（ལུང་སྐྱ་དགོན་པ།）院等，由历代苟夏仲、琼察夏仲、戎格夏仲（རོང་འགད་ཞབས་དྲུང་།）等护理。曲结阿旺罗桑（ངག་དབང་བློ་བཟང་།）修建的唯仁静修庵（བེ་རིན་རི་ཁྲོད།），由历代依勒盖夏仲（ཡིལ་གེར་ཞབས་དྲུང་།）护理。噶居喜饶（དཀའ་བཅུ་ཤེས་རབ།）修建者有兰保隆谷静修院（སྨན་པོ་ལུང་གི་སྒྲུབ་སྡེ།）。药泉寺（སྨན་ཆུ་དགོན།）有曼乃喇嘛（སྨོན་ནེ་བླ་མ།）、桑仁夏仲（བཟང་རིན་ཞབས་དྲུང་།）、依勒盖夏仲等的转世活佛系统。这里还有浪赛（ལུང་སེར།）静修庵，霍要尔爱克（ཧོར་ཡོར་ལེ་ཁེ།）静修庵、索嘉（སོ་ཀྱ།）喇嘛修建的马头寺（རྟ་མགོ）等许多小寺院。寺院所属的豁卡有依勒盖部落（ཡིལ་གེར་ཚོ་བ།）、戎岗部落（རོང་འགང་ཚོ་བ།）等一百零五个部落，官人和庶民甚众。

从甘州城西行数日，便是汉族的肃州城（ཤུས་ཀྱུའི་གྲོང་ཁྱེར།）。它的西边有嘉峪关（ཀྱཱ་ཡི་བ་ཀྭན།），是昔日内地的边界，长城木门要塞，重兵防守之地。乾隆皇帝时期，疆域远至从彼城外行走一月零数昼夜的路程。昔日尼泊尔（བལ་ཡུལ།）的拉撒尔（ལྷ་སར།）诞生在肃州（ཤུས་ཀྱུའི།）。到印度修行，证得成就，称为曼珠室利珠贝（མ་ཉྫུ་གྲུབ་པ་ཡེ།）或圣尊（རྗེ་བཙུན།），密号为勒拉多杰（ལས་རབ།）。彼师遵循上师的授记，去汉蒙地方，曾做蒙古火落赤（ཧོ་ལོ་ཆི།）供养的喇嘛。

彼师于七十四岁木兔年（乙卯）的九月上旬，说道：

“我要闭关七昼夜，在此期间，任何人不得进来。”

初九日，限期已满，进去一看，喇嘛不在了，座上只留下了法衣，中间有高约一尺右手所持莲花上有五股金刚杵，左手所持莲花上有函卷的红、黄文殊菩萨像一尊，遂作为依止的圣像。火落赤之子诺们其台吉（ནོམ་ཆི་ཐའི་ཇི།）等在佛殿里建造了檀香木的事部三怙主像，后被希哇王（ཤི་བའི་རྒྱལ་པོ།）率兵烧毁了佛殿。以后萨迦班智达来到此处，听了这尊圣像的历史，带领君臣庶民四处找寻，在北边形如佛塔的一座山根下，找到了光华闪烁的这尊文殊菩萨像。元世祖忽必烈修建了新佛殿，建造了三世诸佛、十六尊者等像，请萨迦班智达做了开光安神仪轨，并修建了一座小寺院。第三世达赖喇嘛索南嘉措来到此处时，亲自看见了彩虹拥绕着骑狮的文殊菩萨，随从人员也看到了白人牵着白狗。尊者在此居住了三个月，重新开挖了一座石窟，建造了文殊菩萨像，把这尊自然形成的文殊菩萨像作为藏装了进去。又建造了以尊者自用的金刚杵装藏的金刚手菩萨像，以佛陀舍利、达赖喇嘛自己的念珠、萨迦班智达的头饰等装藏的观世音菩萨像。尊者及比丘三百多人做了开光安神仪轨。多年以后，被阔端王（གོ་དན་རྒྱལ་པོ།）率兵侵犯，造成的危害较大，一段时期无人居住[192]，后由河州的斯嘉（ཟི་ཀྱཱ།）比丘华丹索南（དཔལ་ལྡན་བསོད་ནམས།）护理。万历（ཝན་ལི།）四十三年，肃州城的汉族官员叫作觉阿胡爷（ཧུ་ཡེ།）者前来朝拜，文殊菩萨幻化为一位老翁以小米粥相待，他更加虔诚信仰，劝勉其他人修建佛殿并进行祈愿。康熙皇帝御极时期，斯嘉比丘金巴嘉措（སྦྱིན་པ་རྒྱ་མཚོ།）又维修该寺院。这期间，拉吉爱日克（ར་ལྷགས་ཟེ་ཀེ།）昂索和苏嘉（ཟུ་ཀྱཱ།）蒋老爷（ཅང་ལོ་ཡེ།）两人在文殊菩萨像的前面修建了一座高大庄严的佛殿，塑造了弥勒佛像。东科尔·多居嘉措做开光仪轨时授记说："这座佛殿时来会成为一座僧众集会的大经堂。"东科尔呼图克图自己虽然想修建寺院，然因没有人请求而被搁置下来。

大寺的第一个修建者苟·曲结嘉措（འགུ་ཆོས་རྗེ་རྒྱ་མཚོ།），诞生在凉州莲花寺所属的苟（འགུ）村，是喀底噶（ཁ་ཏི་ཀ）人郭斯（ཀོ་ཟི།）后裔。幼年时依盖更（གེ་གེན།）喇嘛出家，在扎喜曲培林（བཀྲ་ཤིས་ཆོས་འཕེལ་གླིང་།）寺院和喀底噶寺两处长期居住进行闻修。回到家乡，被凉州孙大老爷（ཟུན་ཏྭ་ལོ་ཡེ།）尊为喇嘛，供施双方修建了凉州莲花寺静修庵和江让寺（ཀྱང་རིང་དགོན་པ།）。孙大老爷任甘州提督期间，请彼师在三谷地区的曲隆佛堂（ཆོས་ལུང་ལྷ་ཁང་།）修习摩尼宝瓶，法事完毕之后，前去朝拜文殊殿，给多人授出离与具足戒。临返回时，遗忘了法螺等，缘起巧合，该处的官员庶民们请求彼师修建寺院，他很满意，并向孙大老爷作了指示。孙说：

"肃州（སུག་ཅུ།）[193] 汉、藏民们的心中有这种想法是很好的事，我也起顺缘作用。"

遂向西藏圣师徒寄去报告。回文说："修建扎仓（གྲྭ་ཚང་།），对佛教会有裨益。"

第五世达赖喇嘛赐寺名为噶丹磋斯林（དགའ་ལྡན་ཚོགས་བསགས་གླིང་།），并授予了印玺。嘉赛仁波切为之制定寺规。第十一胜生的木虎年（公元 1674，清康熙十三年，甲寅），寺院落成。官民信仰者众多，坐夏和定期法会的倡导者托徐赛钦曲结（ཐོག་ཞུལ་སེ་ཆེན་ཆོས་རྗེས།）于法会上建立了讲经院，定名为

“当纳嘉扬寺” （མདུང་ནག་འཇམ་དབྱངས་དགོན།）。苟曲结 （འགུ་ཆོས་རྗེ།） 圆寂后，他的侄子拉仁巴丹增嘉措（ལྷ་རམས་པ་བསྟན་འཛིན་རྒྱ་མཚོ།） 任堪布。彼师出生在凉州，曾在江让寺和色拉寺的结扎仓求学，著有《简明集类学》，并任过纳扬扎喜格培林 （ནགས་ཡངས་བཀྲ་ཤིས་དགེ་འཕེལ་གླིང་།） 寺院的堪布。接着由获得色拉寺杰扎仓巴之名号的凉州多希寺曲结继任，后又由拉仁巴丹增嘉措接任。彼师转世的呼毕勒罕也诞生在苟 （འགུ།） 部落。

上一世曲结的侄子罗桑丹增（བློ་བཟང་བསྟན་འཛིན།） 在江让寺和色拉寺杰扎仓学习，曾去喀尔喀募化布施，修建了三层楼高的文殊菩萨殿。

肃州 （སུག་ཇུ།） 郭嘉·曲结阿旺拉卜丹 （ཀོ་ཀྱུ་ངག་དབང་རབ་བརྟན།） 虽然两次赴卫地，但未能进入寺院。遵照嘉赛仁波切的教导，在佑宁寺学习，获得了林赛的学位。曾作为章嘉呼图克图的随从人员去过内地，由于身体不适，按关息珠钦（སྨོན་ཞིས་སྒྲུབ་ཆེན།） 的教导，即在文殊像前修习，后任堪布，授予了许多灌顶和随许。癸卯事变后期，住佑宁寺静修处，广事讲经传法。他的转世化身为郭嘉夏仲·阿旺罗桑坚华嘉措 （ཀོ་ཀྱུ་ཞབས་དྲུང་ངག་དབང་བློ་བཟང་འཇམ་དཔལ་རྒྱལ་མཚོ།），是土观呼图克图极为亲信的弟子，其后由关息更敦桑保（སྨོན་ཞིས་དགེ་འདུན་བཟང་པོ།） 的转世化身桥珠坚赞 （མཆོག་གྲུབ་རྒྱལ་མཚན།） 及罗桑丹增继任。他的转世化身诞生在凉州方向。

苟夏仲 （འགུ་ཞབས་དྲུང་།） 诞生在苟 （འགུ） 部落，在纳扬格培林寺院出家为僧，九岁来到这座寺院，十二岁在该寺坐床，十五岁时虽想请假赴西藏，后来却按达波夏仲 （དྭགས་པོ་ཞབས་དྲུང་།） 的教导，在江让寺求学并且获得了学位。

肃州巴浪巴 （སུག་ཇུའི་བྲ་ལང་པ།） 曲结罗桑龙珠 （ཆོས་རྗེ་བློ་བཟང་ལྷུན་གྲུབ།） 系佑宁寺林赛。他的转世化身也诞生在肃州。

肃州玛江曲结 （སུག་ཇུ་སྨ་ཀྱུང་ཆོས་རྗེ།） ·阿旺茨成 （ངག་དབང་ཚུལ་ཁྲིམས།），系佑宁寺的格西，任堪布后曾迎请《甘珠尔》大藏经。他的转世化身与霍尔夏仲为昆季。

在肃州右翼诞生的江英曲结·嘉扬坚赞（ཅང་ཡིན་ཆོས་རྗེ་འཇམ་དབྱངས་རྒྱལ་མཚན།），是郭芒扎仓的格西。他的转世化身诞生在肃州的刚达日（ཀཧྲར།）。

以上数任堪布之后由荀夏仲继任，彼师修建了极为超殊的大经堂，遵循达波仁波切的教导，鼓励施主们于火猴年（丙申）建立神变祈愿法会，法王施食、跳神等。第十二胜生的铁狗年（公元1730年，清雍正八年，庚戌）嘉雅夏仲察罕呼图克图（རྒྱ་ཡག་ཞབས་དྲུང་ཚ་གན་ཧོ་ཐོག་ཐུ།）撰该寺的寺志，记载着自建寺至土鸡年（己酉）已经有一百零七十五年。以后由土观呼图克图担任堪布，委任拉吉（ར་རྒྱག）阿阇黎为洛穹。

另外还有浦仓（ཕུར་ཚང་།）佛殿和由当嘉然绛巴·念智嘉措（རིང་ཀྱུ་རབ་འབྱམས་པ་སྙན་གྲགས་རྒྱ་མཚོ།）发展的曲科林（ཆོས་འཁོར་གླིང་།）小寺院。大小寺院中有耶库夏仲（ཡེར་ཁུ་ཞབས་དྲུང་།）、郭嘉夏仲（ཀོ་ཀྱུ་ཞབས་དྲུང་།）、玛察夏仲（སྨ་ཚ་ཞབས་དྲུང་།）、托徐夏仲（ཐོག་ཤུའི་ཞབས་དྲུང་།）、江耶夏仲（ཅང་ཡིན་ཞབས་དྲུང་།）、居日夏仲（གཙུར་ཞབས་དྲུང་།）等许多喇嘛。寺院所属豁卡，自当纳（མདུང་ནག）边沿的托勒（ཐོའུ་ལི།）至当纳三部（མདུང་ནག་ཁ་གསུམ།）共有六个部落，计为浦察（ཕུར་ཚོ།）官人、琼察（ཁྱུང་ཚོ།）官人、玛察（སྨ་ཚོ།）官人、浪（གླིང་།）官人等六个部落以及广大的右翼地区。

另外还有拉吉（ར་རྒྱག）阿阇黎的戛尔瓦、耶库（ཡེར་ཁུ།）佛殿、萨迦班智达足迹殿、善知识佛殿（བཤེས་གཉེན་ལྷ་ཁང་།）、曲隆多扎喜（བཀྲ་ཤིས།）佛殿、嘉扬寺（འཇམ་དབྱངས་དགོན།）庄园附近的罗桑（བློ་བཟང་།）佛殿等。

北部的河水大部注入湟水和浩门河两条河流，在兰州城上面的地方与黄河汇合。黑水（ཆུ་ནག）发源于青海的北部，从肃州与甘州（གན་ཇུ།）中间流过，向东北流去。

以上为浩门河流域、华热、波若三地区，甘州、凉州、肃州三部分

(ཀན་ལང་ཤུས།) 中圣教弘传的情况。

注释：

[1] 圣·宗喀巴大师名。

[2] 佛教圣地，相传为释迦牟尼出生地。现属尼泊尔。

[3] 白马寺为当地汉族称谓，原名意为玛藏岩，即以玛·释迦牟尼和藏·饶赛二师之姓氏作为山岩之名。今当地又引申其意，译为红岩寺。

[4] 现通称佑宁寺。

[5] 简称拉隆，或拉隆贝多尔。为公元842年，刺杀吐蕃国王达磨的僧人名。

[6] 原为侦察边境以内情况和派往边境负责守望的官员之职务名。但在安多区，则成为一些政教合一部落中在政教合一首领活佛或寺院的安排下，管理部落行政事务的官员，其产生有家族世袭，轮流掌权或选派者。

[7] 噶居瓦（དཀའ་བཅུ་བ།），为粗略学习完《释量论》（ཚད་མ་རིག་འགྲེལ།）、《现观庄严论》（མངོན་རྟོགས་རྒྱན།），《入中论》（དབུ་མ་འཇུག་པ།），《戒律本论》（འདུལ་བ་མདོ་རྩ་བ），《俱舍论》（མངོན་པ་མཛོད）等五部大论及其注释十部而考取的一种学位。其地位有高有低各寺不一。亦译作噶居巴。

[8] 夏尔瓦（སྒར་བ།）与昂欠（ནང་ཆེན།）或昂（ནང་།）之意大体相同，意为活佛府邸或寺院，庵赏。亦译作噶尔瓦或噶尔哇。

[9] 今甘肃省天祝藏族自治县松山地区。

群众等为了兴建寺院也都供献了大量布施。出现了泉水满溢、十月底雷鸣、十一月底开花等许多显示佛法兴盛的吉祥征兆。有一位印度的古鲁喇嘛（བླ་མ་གུ་རུ）也前来朝拜。

[10] 原文有误，天启没有十八年，应为万历三十二年。

[11] 为僧众集体诵经时，引众念经的执事僧，通称领诵师，提经头

师，佛经中称“悦众”。

［12］在西藏山南专区桑日县，为第二世达赖喇嘛更登嘉措于公元1509年（明正德四年）建，由于嘉赛有嘉地区拉摩神湖的预示，故一切以此寺为准。

［13］佛学术语，在修习密宗时，指在禅定中所观察安置的身体七要点。

［14］此处雕版似有误。似指李闯王的军队，姑译作“流贼”，待考。

［15］为主巴噶举派藏巴嘉热所传修行要诀。

［16］曾任第四十四任甘丹赤巴，即赛赤呼图克图之第一世。1682年，任第44任甘丹赤巴，1686年赴喀尔喀，1688年在青海圆寂。参阅第八章拉摩德钦赤部分。

［17］见《清实录·圣祖实录》卷一九一，第一一页至一二页。

［18］应作灌顶国师。

［19］即土观呼图克图第二世阿旺曲吉嘉措（公元1680—1736年）。

［20］原文作“宫内”似有误，当为“雍和宫”。

［21］指章嘉呼图克图与土观呼图克图。

［22］想念，藏文作（སེམས་པ།），读法接近“松布（སུམ་པ།）。”

［23］佛教名词。指人死后至转生前中间之有情。亦作中阴。《大乘义章》卷八：“命报终谢名为死有，生后生前，名为本有。对死及中故说为本。两身之间，所受阴形，名为中有。”即此死彼生，于中间所受之阴影。

［24］弥村（མི་ཚན།），是大寺院中最低层的僧侣织织，为康村（ཁམས་ཚན། 亦作ཁམ་ཚན།），的分支。康村是一种带地域性的组织，凡一个扎仓内，来自同一地区或有关地区的僧人（不考虑民族）都被划归一个康村。这种地区的划分，与自然地理或行政区划不发生联系，而是沿历史传统和习惯固定下来的，因而不能轻易更动。一个僧人入寺，都必须按照这种传统

编入于所属的康村，个人没有选择的自由，康村和弥村还可以同传统地区的俗人发生联系，甚至充当保护人。如拉萨、日喀则等处的各寺院康村、弥村就是这样。

［25］指第悉桑吉嘉措。

［26］按指乾隆时进京的第六世班禅额尔德尼贝丹耶喜。

［27］即章嘉呼图克图大国师。

［28］亦作红帽儿帕叉，属青海省互助土族自治县。

［29］指达赖喇嘛和班禅额尔德尼。

［30］《清实录·世宗实录》卷一四五，《卫藏通志》卷一三，《纪略上》。

［31］为宗喀巴大师所著，亦译作《缘起颂》。

［32］三轮，佛教名词，有多种意义。就布施而言，乃指施者、施物与受施者。就讲辩而言，乃指辩论时所引出的三重判断，即用、违、遍。

［33］拉卜楞寺第三世一切知嘉木样。

［34］［35］指拉卜楞寺第三世嘉木样。

［36］三轮，此处指因明学中之能立因、所立法与周延三者。

［37］即土观呼图克图第一世。

［38］《集类学》（བསྡུས་གྲྭ།）亦译作《摄类学》《辨理初阶》《辨理初级》等。为初学法相理论者必修课。一般依研习者程度不同，分别编为广本、中本、略本三种（བསྡུས་གྲྭ་ཆེ་འབྲིང་ཆུང་གསུམ།），其学习年限及班级编组，各寺不尽相同。

［39］哲蚌寺郭莽扎仓学习《般若》《中观》的教程有新旧两种。新教程系第一世嘉木样协巴所著，旧教程为贡日曲郡（ཀུང་རི་ཆོས་འབྱུང་།）所著。

［40］四个月学期（ཟླ་ཚོས་བཞི།），指每一季度中一个月的学期，全年共四个月。

［41］中期学期（བར་ཚོས།），指季度与季度间隙时间的学期。

[42] 近旁立宗（ཉེ་སོགས་དམ་བཅའ།），法相学院按因明学的逻辑推理形式互助辩驳。其立宗有近旁立宗与敌旁立宗（དགྲ་སོགས་དམ་བཅའ།）。

[43] ཐལ་ཕྱིན། 为一般通论的辩论，时间在早晨，亦译为主课辩论；ཟུར་བཀོལ། 为分别解决重点的辩论，举行的时间在下午，亦译为专题分别辩论。

[44] 磋朗（ཚོགས་ལ་གླིང་།）亦有写作（ཚོགས་གླིང་།）者。在学期中，寺院让学习成绩优良者在全寺僧侣大会中，离开自己的席位，对众讲辩经论。意为“在大会上辩论”或“大会上起立讲辩。”

[45] 即明万历时，内府用金粉录抄的大藏经，后由清廷赐予章嘉大国师。参阅土观《佑宁寺志》。

[46] 宗喀巴大师的弟子持律法师扎巴坚参（གྲགས་པ་རྒྱལ་མཚན།）。

[47] 米拉，即米拉日巴（公元 1040—1123 年），为藏传佛教著名人物。是塔波噶举派（དྭགས་པོ་བཀའ་བརྒྱུད།）创始人塔波拉杰（དྭགས་པོ་ལྷ་རྗེ། 公元 1079—1153 年）之师。

[48] 卓弥，即卓弥译师释迦耶歇（འབྲོག་མི་ཤཱཀྱ་ཡེ་ཤེས། 公元 994—1078 年），为藏传佛教后弘期著名译师之一。他所传的道果法，为萨迦派的主要教法。

[49] 上贡世界怙主，本名仁钦贝（རིན་ཆེན་དཔལ། 公元 1143—1217 年），世界怙主为其尊号。为帕摩主巴的弟子，止贡噶举派创始人。

[50] 唐东杰波（公元 1385？—1464 年），本名宗哲桑布（བརྩོན་འགྲུས་བཟང་པོ།），俗传与宗喀巴同时。为萨迦派的佛学家（一说谓香巴噶举派僧人）。相传他以藏戏作为募捐手段，利用募款修建了一百多座铁索桥。

[51] 帕摩竹巴，本名多吉杰波（རྡོ་རྗེ་རྒྱལ་པོ། 公元 1110—1170 年），为塔波拉杰的著名弟子，帕竹噶举派的创始人。

[52] 亦译作多罗那他。

[53] 热特纳林巴，约为十五、十六世纪时藏传佛教宁玛派的著名掘藏者，为藏区伏藏“南藏”的汇刻人。

[54] 擦尔钦，名罗赛嘉措（བློ་གསལ་རྒྱ་མཚོ།公元 1494—1566 年），原为格鲁派扎什伦布寺僧人，后成为萨迦派名宿，常住萨迦以西图丹根培寺（ཐུབ་བསྟན་དགེ་འཕེལ།），形成了一个传承，称为萨迦派的擦尔支派。

[55] 喇玛丹巴索南坚赞（公元 1312—1375 年），曾任萨迦寺座主，系宗喀巴大师的师傅之一。

[56] 观赏供物。藏传佛教各派寺院陈列在护法神殿里以象征威猛的兵器及完整的猛兽全皮等。亦译作亲眼供物。

[57] 达垅塘巴，名扎喜贝（བཀྲ་ཤིས་དཔལ།公元 1142—1210 年），达垅塘巴为其号，为帕摩竹巴的弟子，是达垅噶举派的创始人。

[58] 白玛林巴，亦名林热白玛多吉（གླིང་རས་པད་མ་རྡོ་རྗེ།公元 1128—1188 年），为帕摩竹巴的弟子，是主巴噶举派中主巴支系的开创者。这个支系形成于藏巴嘉热耶喜多吉（གཙང་པ་རྒྱ་རས་ཡེ་ཤེས་རྡོ་རྗེ།）。

[59] 意为莲花生大师静修洞。

[60] 指土观·曲吉尼玛。

[61] 此处所记之年有误。

[62] 按满清在藏文中，作མན་ཇུ与མཉྫུ曼殊一词音义相关，此处满清作ཇུར་ཅིད།当系另一称谓。但书写不一，有作ཇུར་ཆིད།者。

[63] 指圣·宗喀巴的格鲁派。

[64] 此山在宗教徒的信念中，认为属于玛沁邦喇山神之系统，但并非指位于果洛地区之阿尼玛沁雪山。

[65] 亦译作代合那寺，意为虎耳寺，亦写作（སྟག་སྣ་དགོན།）意为虎鼻寺。

[66] 止贡噶举派创始人仁钦贝是四川省甘孜藏族自治州丹玛（འདན་མ།）人，属于居热（སྐྱུ་ར།）氏族，所以藏史有时称他为居热大师。

[67] 意为小教长。

[68] 指土观呼图克图。

[69] 为纪念释迦牟尼佛在三十三天为生母说法后回转人间之塔。

[70] 为非人部鬼众之一。

[71] 意为八个山岩外甥。

[72] 指土观呼图克图曲吉尼玛。

[73] 亦译作朝藏寺，清廷赐额为广济寺。

[74] 参阅《拉萨僧诤记》和土观·曲吉尼玛《诸派源流》，及《西藏王统记》等有关部分。

[75] 藏区以达隆为部落之名者较多，此处乃指甘肃省临夏县韩家集之韩土司。但与前藏的达垅派无关。

[76] 此处指郡王额尔德尼济农，据说他曾捐助黄金一千三百两，白银一万二千余两，见赛多《塔尔寺志》。又本书多处以济农称察罕丹津世系，在此应加以区别。

[77] 第四章中作“三洋井སན་ཡང་རིང་།”？在今青海省湟中县通海镇附近。

[78] 指大威德。

[79] 颇罗鼐与第七世达赖喇嘛噶桑嘉措之间的矛盾，实质是西藏世俗领主和宗教首领争夺领导权的斗争。主要表现在1746年（清乾隆十一年）发生的所谓达赖喇嘛大索本扎克巴达颜指使秘书仓吉诅咒颇罗鼐之事。详见《噶伦传》。清廷对达赖喇嘛和颇罗鼐的矛盾，采取调和态度，详见《清实录·高宗实录》卷二八〇。关于颇罗鼐死后，达赖喇嘛即欲吊奠诵经，但遭珠尔默特那木扎勒的拒绝。后经副都统傅清劝导，始愿请达赖喇嘛吊祭。详见《清实录·高宗实录》卷二九六。

[80] 阿里公为颇罗鼐长子珠尔默特策布登，曾被封为阿里公。达赖巴图尔即珠尔默特那木扎勒，时已袭郡王爵。

[81] 即准备应试格西。

[82] 定规布施（ཀ་དྲང་སྙོམས），三大寺中，在未参加格西考试以前，必须

进行的一次大的定规布施。

[83] 指袭郡王爵的珠尔默特那木扎勒。

[84] 为三大寺按自然区域划分的主要属于湟水流域以北地域的康村，亦译作“汉东”。

[85] 五供（ལྔ་མཆོད།），亦译作燃灯节。格鲁派于藏历十月二十五日宗喀巴忌辰时，燃灯供佛，举行纪念仪式。

[86] 汉文作“广济寺”，此为意译。

[87] 即第二世达赖喇嘛更登嘉措。

[88] 第二世嘉木样协巴吉美旺波。

[89] 指第六世班禅额尔德尼贝丹耶喜（དཔལ་ལྡན་ཡེ་ཤེས།公元1738—1780年）。于清乾隆四十五年（公元1780年，庚子）奉命抵北京，居黄寺。赐玉册、玉印、优遇有加。同年圆寂于北京。此处所述己亥年，系其赴京途中之时，当时曲藏·阿旺土丹旺秀曾赴青海省兴海县境迎接，故朝了智噶尔贝宗寺。

[90] 即黄河上游星宿海。

[91] 意为亲教师、轨范师和法王。是藏史上对静命大师、莲花生教长和赤松德赞赞普三人的尊称。

[92] 指拉卜楞寺第二世嘉木样，意为“遍照利见”。

[93] 即同仁隆务寺弘化修妙语国师夏日诺们汗。

[94] 原文如此，似计算有误。

[95] 指第五世达赖喇嘛。

[96] 指第五世达赖喇嘛。

[97] 古时译作属芦·鲁坚赞。

[98] 印度里程之名。旧译为五里，说法不一。约长三千二百尺左右。

[99] 指西藏地方政府。

［100］指达赖喇嘛和班禅额尔德尼。

［101］今内蒙古自治区呼和浩特市。

［102］原稿有误，按上下文义，似应为水鼠年（壬子）。

［103］原文没有提出名号，乃指第六世班禅贝丹耶喜进京事。

［104］此书主要为关于藏区地理的概述，较为著名，但只有抄本流行，国外有俄文等译本。

［105］亦译作《黄琉璃宝鉴》，第悉·桑吉嘉措著，内容记述格鲁派在各处的寺院和高僧传记。

［106］指佛部文殊、金刚部金刚手和莲花部观音。

［107］即青海省大通县旧县城。

［108］指吐蕃王朝时汉僧摩诃衍那弘传的顿门教法，参阅《拉萨僧诤记》。

［109］指青海省黄南藏族自治州同仁县的隆务。

［110］即吉雪曲结。

［111］指清抚远大将军年羹尧。

［112］关于此事经过，参阅土观·曲吉尼玛《佑宁寺志》及《清实录·世宗实录》卷一五，九至十页。《清实录》中丹玛译作“达克玛胡土克图。”

［113］此处的大通（读作代通），乃指今青海省海北藏族自治州门源县，不是大通县。在清时，当地称今大通县为毛白胜。

［114］指大通寺。

［115］《清实录》中译作加尔多寺。

［116］仙密寺，《清史稿》及《清实录》中作“先密寺”。

［117］名扎希贝丹（བཀྲ་ཤིས་དཔལ་ལྡན།公元1379—1449年），通称绛央曲杰（འཇམ་དབྱངས་ཆོས་རྗེ།），宗喀巴弟子，于公元1416年（明永乐十四年），在拉萨西部创建哲蚌寺。

[118] 即创修广惠寺（赞波寺）的赞波·东珠嘉措，通称赞波。

[119] 指甘肃省原永登县连城鲁土司。

[120] 文布，对贵族喇嘛的幼弟和侄子之称谓。

[121] 按此处系指庄浪卫，明时所置，其治所在今甘肃省永登县，亦有以古浪县城作庄浪者。

[122] 指内地和蒙古地区。

[123] “总爷”为对总兵的称呼。

[124] 干巴，意为“老者”，是每个寺院堪布或学院法台的助手和代理人。在安多地区，它产生于和各个寺院有特殊关系的地区或部落的僧团之中，它们实际掌握着这个寺院的大部分权力。因此，这些人既是这个寺院的僧人，又是领导这个寺院的统治集团。

[125] 据《甘肃新通志·兵防志·戎事》中53页载，雍正元年十一月“大将军年羹尧遣凉州总兵扬尽信率兵击庄浪番。”似此杨提督可能即杨尽信。

[126] 道爷，为对道台之称呼。

[127] 即岳钟琪。

[128] 即年羹尧。

[129] 此事前后经过，见《清实录·世宗实录》卷十六，二六页及二八页，卷二十、十五、十七及《甘肃新通志·兵防志》五五页。

[130] 即《清实录》所载被指定居住之加尔多寺。

[131] 达隆（སྟག་ལུང།）在安多地区不止一处，此处所指为甘肃省天祝藏族自治县的达隆。

[132] 亦译作珠固寺。

[133] 珠牡，亦译作珠姆，为岭·格萨尔之妃。

[134] 按此处朱固与朱固寺与《岭·格萨尔传》中之朱固似不相同。《岭·格萨尔传》中之朱固，乃指突厥，《岭与朱固之战》中指出它在西

藏西境之外。

[135] 桥典塘，意为塔滩，亦叫作天堂寺。

[136] 即湟源东科寺的东科尔呼图克图多居嘉措。

[137] 指丹玛。

[138] 卸任教长。

[139] 指第五世东科尔呼图克图。

[140] 藏传佛教寺院法相学院中执事僧之一，意为公务员，是管理僧众学经事务的人。

[141] 译音，似为清廷派去保护章嘉的官员。

[142] 为主持佛教的十六尊者之一。

[143] 此处藏文原稿，对于东科寺有两种写法，སྟོང་འཁོར与སྟོང་སྐོར།先后互用。但在本编第六章中关于东科寺部分中，则一律作东科（སྟོང་འཁོར།），见藏文原稿第 181—186 页。按东科寺现普通都作སྟོང་འཁོར།,སྟོང་སྐོར།为另一种写法。译文一律按历史上的定名及现今通用者，译作东科寺，至于སྟོང་སྐོར།在阿坝部分中则按四川通行译法作东科。

[144] 指东科尔呼图克图索南嘉措。

[145] 大通大寺，读作代通大寺。

[146] 即甘肃省原永登县之鲁土司，鲁嘉即“鲁家”之对音。

[147] 鲁西万为音译，亦可译作鲁西班，是否为鲁西番之译名，待考。

[148] 按这个寺院，即下文之吉让雅隆图尔钦寺，不是西藏山南雅垅地区的寺院。

[149] 指释迦牟尼佛的两位弟子，舍利弗和目犍连。

[150] 仲敦巴，名嘉委迥乃（རྒྱལ་བའི་འབྱུང་གནས།公元 1005—1064 年），阿底峡大师的继承人，噶当派创始人。

[151] 指萨迦第二世教皇（亦称二祖）索南孜摩（བསོད་ནམས་རྩེ་མོ།公元

1142—1182年）及第三世教皇（亦称三祖）扎巴坚赞（གྲགས་པ་རྒྱལ་མཚན།公元1147—1216年）。

［152］热穹哇（རས་ཆུང་པ།公元1083—1161年）为米拉热巴的弟子。

［153］指宗喀巴及其弟子贾曹杰（རྒྱལ་ཚབ་རྗེ།公元1364—1432年）、达玛仁钦（དར་མ་རིན་ཆེན།）和克珠杰（མཁས་གྲུབ་རྗེ།公元1385—1438年）、格勒贝桑（དགེ་ལེགས་དཔལ་བཟང་།）。亦译作圣师徒三尊。

［154］亦可读作代通城。此处指甘肃省永登县之连城而不是青海省之门源县城，待考。

［155］德洛哇，亦译作迪鲁哇，印度人，为噶举派传承的祖师之一。

［156］红面地域（གདོང་དམར་ཡུལ།），西藏地方别称。

［157］为德洛哇的弟子，玛尔巴之师，噶举派传承的祖师之一。

［158］即第二世嘉木样呼图克图吉美旺波，“言说太阳”为其美誉。

［159］指哇日端珠扎喜。

［160］指嘉木样呼图克图。

［161］此处这位“班禅”乃藏族对博学者的尊称。藏传佛教史上有班禅尊称者不少，这些都与班禅额尔德尼世系无关。

［162］清时藏传佛教中的教阶之一。

［163］六庄严，亦称世界六庄严，是对佛教六大论师龙树（མགོན་པོ་ཀླུ་སྒྲུབ།）、圣天（ཨཱརྱ་དེ་བ།）、无著（ཐོགས་མེད།）、世亲（དབྱིག་གཉེན།）、陈那（ཕྱོགས་གླང་།）和法称（ཆོས་གྲགས།）等之尊称。

［164］二胜为功德光（ཡོན་ཏན་འོད།）和释迦光（ཤཱཀྱ་འོད།）二持律大师，亦称为赡部二胜。

［165］指第六世班禅贝丹耶喜于清乾隆四十五年（公元1780年）奉命进京事。

［166］此处之三眼井是今甘肃省景泰县所属，与他处之三眼井有别。甲雅寺前作甲友寺。

［167］似即指营盘水。

［168］指清时陕甘总督。

［169］喇勤即指藏传佛教后弘期的先驱者喇勤贡巴饶赛，此处则指喇勤的寺院，即白马寺。

［170］甘肃省永登县河桥驿附近一地名，与古浪县之大靖有别。

［171］似即三眼井，又似指今甘肃省永登县县城，待考。

［172］今甘肃省景泰县治所。

［173］原文作此，似有误？似为今甘肃省景泰县所属地正路堡，待考。

［174］杰尊巴名曲吉坚赞（ཆོས་ཀྱི་རྒྱལ་མཚན།），系色拉寺高僧，其所编的教程，由色拉寺系统的各寺作为讲习的文献与第一世嘉木样编的教程齐名，亦译作吉尊巴。

［175］原文作ཧྭ་ཧོ་ཞ་ཟི།，似为大佛寺ཧྭ་ཧོ་ཞ་ཟི།之误。

［176］关于这座佛塔之名，本书前后书写不一，计有果玛萨拉犍陀罗（གོ་མ་ས་ལ་སྐར།）、果木拉萨拉（གོ་མ་ལ་ས་ལ།）及果玛萨拉（གོ་མ་ས་ལ）等。

［177］原文前后此词书写不一，有མི་འོ་ཞེན་ཐུང་ཧྭའི་ཀུ་ཤི། ཤེན་ཐུང་ཧྭང་ཧྭའི་ཀུ་ཤྲི།等，《明实录》中作“妙善通慧国师索南坚参”。见《英宗正统实录》，梁本卷一〇一，一页下，及梁本卷一〇三，七页上。藏文མི་འོ为排印之误，当为མེའི།。

［178］即本编第三章所述避吐蕃赞普达磨灭法，逃至多麦的三哲士之一，此处似为附会之说。

［179］此数计算似有误。

［180］原文此处可能掉了一མེའོ།字（妙），应为妙善通慧国师。

［181］按原文如此，似计数有误。

［182］此处之卓仓扎寺，意为卓仓岩寺，与瞿昙寺地区及卓仓寺（药草台寺）同名。据瞿昙寺地区民间传说，三罗喇嘛在甘肃省武威（凉

州）上房寺当过高僧，明廷进军新疆时，因他有功，为他建寺云。这两处同名寺院，互有渊源。又民间传说之上房寺，与相排寺之音相近，原文（ཤིང་ཕད་ཐི）是否为（ཤིང་ཕང་ཐི།）之误？

［183］一卡（མཐོ་གང་།），伸开拇指与中指后，两指头之长度。

［184］意为东幻化寺，汉文记载中有时亦译为“珠必第寺”。

［185］岗波巴（སྒམ་པོ་པ།），米拉热巴的大弟子塔波拉结（དྭགས་པོ་ལྷ་རྗེ།公元1079—1152年），本名索南仁钦（བསོད་ནམས་རིན་ཆེན།），是藏传佛教噶举派的创始人。塔波拉结为其尊称。因他常住岗波寺弘法，故又称岗波巴。塔波拉结弟子中，有四人先后在西藏建寺收徒，形成四个支派，计为噶玛噶举、蔡巴噶举、拔绒噶举、帕竹噶举。其中帕竹噶举又分出八个支系，计为止贡噶举、达垅噶举、主巴噶举、雅桑噶举、绰浦噶举、修赛噶举、叶尔巴噶举、玛仓噶举。噶举派人把这些支派支系，总称为：“四大八小”。

又藏传佛教噶举派分为香巴噶举派与塔波噶举派。香巴噶举派的规模势力，不如塔波噶举派，通常若不提香巴噶举派而仅称噶举派时，则指塔波噶举派。

［186］即宗喀巴大师。

［187］按原文如此，这段记载，与藏史噶玛巴传承的一般记载略异。

［188］噶玛，地名，在西康类乌齐寺附近。噶玛噶举派的创始人堆松钦巴（དུས་གསུམ་མཁྱེན་པ། 公元1110—1193年）于公元1147年在此处建噶玛丹萨寺（ཀརྨ་གདན་ས།），噶玛派即由此寺而得名，为噶玛噶举派两主寺之一(另一处为拉萨西北堆隆地方之楚普寺)。

［189］噶玛拔希（公元1204—1283年），本名却吉喇嘛（ཆོས་ཀྱི་བླ་མ།），藏传佛教噶玛噶举派黑帽系的第二世上师，藏传佛教传说中认为是仅次于莲花生的一位成就者。曾于公元1253年在四川绒域色堆（རོང་ཡུལ་གསེར་ཐོད།）地方晋见忽必烈，随侍左右。公元1256年，受元宪宗蒙哥召见，赐以金

缘黑帽，尊为拔希（蒙语，意为法师），赐金印。以后陷入忽必烈与阿里不哥争位政潮之中，被忽必烈逮捕入狱，旋被流放。公元1264年释放回西藏，公元1283年去世。他是藏传佛教活佛转世制度的创始人。自他开始，确立了噶玛派的转世相承的制度。由于他在甘青宁一带弘法多年，在该地颇有影响。

［190］即噶玛派西藏堆垅地方的粗朴寺和西康类乌齐地方的噶玛丹萨寺。

［191］让迥多吉（公元1284—1339年），为噶玛噶举派黑帽系第三世上师。曾于公元1332年受元文宗之召到过北京，并在甘、青、宁、西康一带弘法。公元1336年，受元顺宗之召来到北京，公元1339年，圆寂于北京。他的弟子扎巴森格（གྲགས་པ་སེང་གེ公元1283—1349年），由于元帝室曾赐给一顶红帽，遂成为噶玛噶举派红帽系第一世。

［192］按以上这一段叙述，颠倒火落赤、元世祖忽必烈、萨迦班智达、阔端汗等历史时间，显系摭拾口传，未加考证之说。

［193］似即肃州之异译。此处译作苏居。

第六章　论湟水南岸与黄河北岸地区圣教发展情况

在北依湟水，南靠黄河的这片辽阔的土地上，有佛教，特别是圣喇嘛[1]创建的显宗与密乘相结合的教派永远兴盛的缘起的标志，被称为宗拉让摩的这条山脉[2]，其东端与兰州接近，西端则是行程数日的大山脉。这个地区分为南北两个部分，北部为湟水南岸，有圣地中心塔尔寺(སྐུ་འབུམ།)，全名为衮本贤巴林（སྐུ་འབུམ་བྱམས་པ་གླིང་།）[3]。成吉思汗（ཇིང་གིར།）王朝的土观帖睦尔（ཐོ་གན་ཐེ་མུར།[4]）的二十五年[5]，即第六胜生的火鸡年（公元 1357 年，元顺帝至正十七年，丁酉）圣大师诞生于此处。当剪脐带时，血滴于地，该处即生长出一棵栴檀树，具有十万树枝和树叶，每片树叶上有自然形成的犹如画师绘制、诸处圆满，令人意夺的狮子吼佛像一尊，因而圣地之名遂称为衮本（སྐུ་འབུམ།）[6]。

圣大师三岁时，在噶玛·饶悲多吉（ཀརྨ་རོལ་པའི་རྡོ་རྗེ།）尊者座前受居士戒。尊者对父母授记道：

“这个孩子是一地位崇高的大菩萨，要特别加以爱护。我梦见此处生长出一棵特别高大的树木，树荫之下有无数众生在乘凉休息。不久将在脐血滴地之处生长出一棵奇异的树，彼树将于未来之时裨益众生”。

圣大师也曾向夏鲁·觉钦巴（སྒོམ་ཆེན་པ།）[7] 讲述过诞生地长出檀香树，彼树的十万叶片上长有十万佛像的情况。圣大师二十二岁时，母亲寄去一绺白发，催促大师返回多麦。于是宗喀巴大师派遣扎巴坚赞（གྲགས་པ་རྒྱལ་མཚན།）[8] 官人为代表向母亲和姐姐送去大师自己的一轴画像，胜乐如来藏（བདེ་མཆོག་འདུས་པ་སྐུ）和狮子吼像的印版等，并且指示道：“在我诞生之地，打印这座佛像（指狮子吼像）十万尊，作为内部的依止圣像，以檀香树做轴心修建一座佛塔。则我自己回到故乡没有任何区别。”

母亲立即承担这项任务，修建了莲聚塔（པད་སྤུངས་མཆོད་རྟེན།）。第七胜生的土猪年（公元 1419，明永乐十七年，己亥）大师涅槃，后经一百四十一年，至大明嘉靖三十九年，即第九胜生的铁猴年（公元 1560 年，庚申），仁钦宗哲（རིན་ཆེན་བརྩོན་འགྲུས།）禅师开始建立了寺院的基地。又经过了十七年，到第十胜生的火牛年（公元 1577 年，丁丑），即明万历五年，修建了弥勒殿，塑起慈尊十二岁时的身像等所依和能依圣像等，以大如鸡蛋的佛陀舍利、大师父亲鲁本格（ཀླུ་འབུམ་དགེ）的上有文殊菩萨像的头盖骨等为内藏。自宗喀巴大师诞生的丁酉年起，经过二百二十六年，至万历十一年，即第十胜生的水羊年（公元 1583 年，癸未），由申中（ཞིང་སྐྱོང་།）昂索邀请第三世达赖喇嘛索南嘉措亲临塔尔寺，禳解了地祇，进行镇地法事，建立了讲经院，委任前杜哇曲结·宗哲坚赞桑波（བརྩོན་འགྲུས་རྒྱལ་མཚན་བཟང་པོ།）为喇嘛。此后的第五年土狗年（戊戌），按照第三世达赖喇嘛的指示，将大灵塔（མཆོད་སྡོང་ཆེན་མོ།）改建成菩提塔（བྱང་ཆུབ་མཆོད་རྟེན།）。自水羊年（癸未）经二十一年，至水兔岁（公元 1603 年，万历三十一年，癸卯），第四世达赖喇嘛云丹嘉措由蒙古地区去上部西藏时，在此整顿了寺院的各项制度。若按后杜哇曲结·鄂赛嘉措（འོད་ཟེར་རྒྱ་མཚོ།）于其四十七岁之年，任为寺院的堪布之说，则此时应为火蛇年（丁巳）[9]。过了九年，第十胜生的水鼠年（公元 1612 年，明万历四十年，壬子），创建了讲学制度，彼师担任堪布之职计五年。

第二任是古哇·曲嘉措（ཀོ་ཞུ་བ་ཆོས་རྒྱ་མཚོ།），于第十胜生的火蛇年（公元 1617 年，明万历四十五年，丁巳）任堪布。

复次鄂赛嘉措又任堪布，对此《传承悦耳精英》（གདན་རབས་རྣ་བའི་བཅུད་ལེན།）记载说，自辛亥年又任两年堪布，是否有误，需考证。水猪年（癸亥），六十七岁圆寂。

继任者为潘保哇·喜饶华桑（འཕན་པོ་བ་ཤེས་རབ་དཔལ་བཟང་།），于土蛇年（己巳）向第巴曲杰（སྡེ་པ་ཆོས་རྗེ།）请求了金刚鬘灌顶，在寺院的北面修建了佛塔。

大明崇祯十六年，即第十一胜生的水马年（公元 1642 年，壬午）[10]，曲藏·南嘉班觉尔从喀尔喀回来，额尔德尼洪台吉（ཨེ་རྟེ་ནི་ཧུང་ཐའི་ཇི།）提供经费，将昔日的菩提塔（བྱང་ཆུབ་མཆོད་རྟེན།）以各种珍宝装饰后改建为神变银塔（དངུལ་གདུང་ཆོ་འཕྲུལ་མཆོད་རྟེན།），由曲藏·南嘉班觉尔做开光安神仪轨。嘉哇曲结扎喜端珠（རྒྱལ་བ་ཆོས་རྗེ་བཀྲ་ཤིས་དོན་གྲུབ།）遵照达赖喇嘛的指示，做了赛庆汗（སེ་ཆེན་རྒྱལ་པོ།）的供奉喇嘛。

第十一胜生的水马年（公元 1642 年，明崇祯十五年，壬午），赞波·东珠嘉措任堪布。

冬克却喜·华丹嘉措（གདོང་ཁབ་ཆེ་ཤོས་དཔལ་ལྡན་རྒྱ་མཚོ།）时期，第五世达赖喇嘛于水龙年（公元 1652 年，清顺治九年，壬辰）来到这里，在寺院前面原为第三世达赖喇嘛索南嘉措讲经时的宝座上讲授了《菩提道次第论》。

其次为琼塔哇·索南仁钦（ཁྱུང་ཐར་བ་བསོད་ནམས་རིན་ཆེན།）、拉科·曲扎喜（ར་ཁོ་ཆོས་བཀྲ་ཤིས།）、道帏·贤巴华桑（རྡོ་སྦིས་བྱམས་པ་དཔལ་བཟང་།）、上森康嘉扬班觉尔（གཟིམས་ཁང་གོང་མ་འཇམ་དབྱངས་དཔལ་འབྱོར།）、里塘哇·丹巴达杰（ལི་ཐང་བ་བསྟན་པ་དར་རྒྱས།）、噶保巴·云丹罗哲（དཀར་པོ་པ་ཡོན་ཏན་བློ་གྲོས།）、琼塔巴·桑杰龙珠（ཁྱུང་ཐར་པ་སངས་རྒྱས་ལྷུན་གྲུབ།）等。

清康熙二十五年火虎年（公元 1686 年，丙寅），阿嘉·喜饶桑波（ཨ་ཀྱཱ་ཤེས་རབ་བཟང་པོ།）任堪布。修建了达赖喇嘛居住过的行宫——大拉让和达赖喇嘛坐过的宝座亭及具有八十根柱子的僧众集会的大经堂。

第十二胜生的铁羊年（公元 1691 年，清康熙三十年，辛未），当彩·罗桑多杰（སྟག་མཚེར་བློ་བཟང་རྡོ་རྗེ།）任堪布。

清康熙三十五年火鼠岁（丙子），曲藏·罗桑丹贝坚赞（ཆུ་བཟང་བློ་བཟང་བསྟན་པའི་རྒྱལ་མཚན།）任堪布。彼师就任后的十三年土鼠年（公元 1708 年，清康熙四十七年，戊子），第七世达赖喇嘛格桑嘉措诞生，彼师扩建了大金塔（གསེར་གདུང་ཆེན་མོ།），重建了屋顶。

水蛇年（癸巳），觉摩隆哇·嘉扬坚赞（སྐྱོར་མོ་ལུང་བ་འཇམ་དབྱངས་རྒྱལ་མཚན།）任堪布，火猴年（公元 1716 年，清康熙五十五年，丙申）第七世达赖喇嘛九岁，来到塔尔寺。

清康熙五十六年，火鸡年（丁酉）嘉堪布诺们汗罗桑端珠（རྒྱལ་མཁན་པོ་ནོ་མོན་ཧན་བློ་བཟང་དོན་གྲུབ།）任堪布[11]。

赛哲·茨成仁钦（སེར་དྲིས་ཚུལ་ཁྲིམས་རིན་ཆེན།），彼师六十一岁时，发生青海事变。木龙年（公元 1724 年，清雍正二年，甲辰），由清朝官员会商后，任命为堪布。

土鸡年（己酉）当彩·罗桑达杰（སྟག་མཚེར་བློ་བཟང་དར་རྒྱས།），于其七十一岁时任堪布。

铁猪年（辛亥），拉科阿阇黎喜饶曲觉尔（ཤེས་རབ་ཆོས་འབྱོར།）于其五十九岁时任堪布。

木虎年（甲寅），贡哇参智大堪布格东端珠（གོང་བ་མཚན་སྒྲོགས་མཁན་ཆེན་དགེ་འདུན་དོན་གྲུབ།）于其六十七岁时任堪布。在颇罗鼐赞助下，于铁猴年（公元1740年，清乾隆五年，庚申）在大佛殿（ལྷ་ཁང་ཆེན་མོ།）屋顶修建了金瓦屋顶[12]。

乾隆六年铁鸡年（辛酉），斯纳·阿旺丹巴（ཟི་ན་ངག་དབང་བསྟན་པ།），五十九岁，任堪布。

火虎年（丙寅），赛多诺们汗阿旺丹贝坚赞（གསེར་ཏོག་ནོ་མོན་ཧན་ངག་དབང་བསྟན་པའི་རྒྱལ་མཚན།）于其六十三岁时任堪布，在寺院北面修建了四门佛塔。丹增旺舒克（བསྟན་འཛིན་དབང་ཕྱུག）亲王和爱尔克夏（ཨེ་ཁེ་ཤར།）福晋两人给大佛殿建造金钢合金造就的飞檐。

土蛇年（己巳），木雅[13]·罗哲达杰（མི་ཉག་བློ་གྲོས་དར་རྒྱས།）于其七十五岁，任堪布。同年章嘉全知者来到塔尔寺。

水猴年（壬申），曲藏活佛阿旺土丹旺秀于其二十八岁时任堪布。

水马年（壬午），当彩·耶喜噶桑（སྟག་མཚེར་ཡེ་ཤེས་སྐལ་བཟང་།）于其五十八岁任堪布。在阿嘉·罗桑丹贝坚赞（ཨ་ཀྱཱ་བློ་བཟང་བསྟན་པའི་རྒྱལ་མཚན།）和贡楚克达喜（དཀོན་མཆོག་བཀྲ་ཤིས།）郡王两人的赞助下，第二世嘉木样著《新建大佛殿志梵子喜悦妙乐》（ཚངས་སྲས་དགྱེས་པའི་སྒྲ་དབྱངས།）。第二世嘉木样贡乔吉美旺波于木鸡年（公元1765年，清乾隆三十年，乙酉）（三十八岁）的六月初八日任堪布。当邀请的人员到达的那天夜晚，尊者梦见接到一封信，读毕之后看印章时，忽然发出“观世音菩萨印玺胜利”之声。所以尊者的《密传》里写道：

“对多麦地区各大寺院，当以三转事等治理时，圣·观世音菩萨赐授记，会能慈悲利他去受用。”

由于这所寺院是不同于黄帽派其它各主属寺院的大伽蓝，尊者从政教两方面深切关注，积极督促，针对学僧们的智慧高低不同，灵活地根据大小经论，一一指示教导，帮助他们立宗讲辩，给他们教授推理方式，通过文字及经义的考试，奖励优秀者，鼓励他们积极学习，讲学风气如火炽盛，并破除了以往老僧不能入讲经院的陈规陋习，建立了修习《菩提道次第论》的班级，让老僧们得以入班学习。另外根据当时当地的情况，恢复一些废弛了的寺规并建立了一些适合当地当时的制度，接受福田、施主们一致的请求，并撰写《讲习林清规白莲鬘》（བཤད་སྒྲུབ་གླིང་གི་བཅའ་ཡིག་པད་མ་དཀར་པོའི་འཕྲེང་བ།）。经常在不妨碍修习共同经法的基础之上，加授密集、胜乐、大威德、金刚手菩萨、大轮等灌顶，讲授纳塘百八法（སྣར་ཐང་བརྒྱ་རྩ།）、宝生佛修习随许，以及《噶当六论》（བཀའ་གདམས་གཞུང་དྲུག）、一百八小法等。在如此大转法轮的情况下，老幼僧众犹如亲见佛陀，发生无比敬信。尊者说道：

“就我来说，对于拉卜楞寺和塔尔寺，只有住在何处之区别，实际没有任何不一样之处。”

随时随地，以“执为我所有”的负责态度，进行护理，因而使卸任的喇嘛和格西等凡当时居于寺内者，都顶礼成为及门弟子。铁猪年（辛亥）在喀的喀寺医生贡乔雅培（དཀོན་མཆོག་ཡར་འཕེལ།）的请求下，授《般若八千颂》（བརྒྱད་སྟོང་པ།）教敕之际，几位有缘者见到了奇景。《密传》里记载道：

“犹如仲敦巴尊者，摄集大空之精要，将此庄严之色身，摄于本源去磨砺，咽喉内部之ཨ字，显现灿烂之本性，凡属有缘幸运者，咸皆清楚得目睹。”犹如正等觉出自阿ཨ字，是一切器情世间出处的教导那样，将是未来的特殊缘起。

此后是官嘉·智化坚赞（མགོན་སྐྱ་གྲགས་པ་རྒྱལ་མཚན།）于其三十九岁，土鼠年（公元 1768 年，清乾隆三十三年，戊子）任堪布。阿嘉夏仲（ཨ་ཀྱ་ཞབས་དྲུང་།）和拉撒尔（ལ་སར།）达喇嘛罗桑曲达（དྭ་བླ་མ་བློ་བཟང་ཆོས་དར།）结合顺缘，于火猴年（丙申）扩建了大经堂，拉科（ར་ཀོ།）官人桑杰隆珠（སངས་རྒྱས་ལྷུན་གྲུབ།）在商场修建了八善逝塔（བདེ་གཤེགས་མཆོད་རྟེན་བརྒྱད།）。

第十三胜生的火鸡年（公元 1777 年，清乾隆四十二年，丁酉），曲藏仁波切阿旺土丹旺秀复任堪布。清乾隆四十四年，土猪年(乙亥）无量光佛第六世班禅贝丹耶喜前来塔尔寺，各方面曾恳切地请求留住。铁鼠年(庚子）六十四岁的却喜巴·阿旺丹巴（ཆེ་ཤོས་པ་ངག་དབང་བསྟན་པ།）遵照怙主班禅的指示任堪布。

第十三胜生的木蛇年（公元 1785 年，清乾隆五十年，乙巳），五十二岁的斯纳堪钦·阿旺茨成达杰（ཟི་ན་མཁན་ཆེན་ངག་དབང་ཚུལ་ཁྲིམས་དར་རྒྱས།）任堪布。

土鸡年（公元 1789 年，清乾隆五十四年，己酉），五十三岁的土观呼图克图罗桑曲吉尼玛出任堪布。老幼比丘皆自动地心向佛法，所有指示都敬受奉行，听闻学习如上弦之月，日日增盛。敦请第二世嘉木样一切知吉美玛唯尼玛（འཇིགས་མེད་སྨྲ་བའི་ཉི་མ།）讲授了《宗喀巴全集》；甘珠尔巴吉美拉卜嘉（འཇིགས་མེད་རབ་རྒྱས།）授《甘珠尔》大藏经教敕；尊者（罗桑曲吉尼玛）亲自讲授《无著全集》（ཐོགས་མེད་བཀའ་འབུམ།）、《章嘉·饶悲多吉全集》(ལྕང་སྐྱ་རོལ་པའི་རྡོ་རྗེའི་གསུང་འབུམ།)、尊者自己文集的教敕，授大印（ཕྱག་ཆེན།）、大威德、纳若空行（ན་རོ་མཁའ་སྤྱོད།）生起次第、圆满次第的感受教诫等。水鼠年(壬子）讲授《菩提道次精要》，尊者说道：

“这次的讲经，是我珍重地向塔尔寺奉送的一些贡献，这种贡献和贡献者比较少见，亦很稀奇，望大家不要忽视，认真对待。”

这种认真的教诲，对塔尔寺的政教事务，恩德无量。

第十三胜生的水牛年（公元 1793 年，清乾隆五十八年，癸丑），瞿昙寺的五十岁的堪钦罗桑丹贝尼玛（མཁན་ཆེན་བློ་བཟང་བསྟན་པའི་ཉི་མ།）任堪布。土马年（戊午），赛热堪钦贡却南嘉（སེར་རིས་མཁན་ཆེན་དཀོན་མཆོག་རྣམ་རྒྱལ།）于其五十二岁时任堪布。敦请阿柔格西鄂赛日（ཨ་རིག་དགེ་བཤེས་འོད་ཟེར།）讲授《菩提道次第广论》（ལམ་རིམ་ཆེན་མོ།），并请求土观呼图克图授《文殊亲教》的教敕。

水狗年（壬戌），木雅堪钦茨成丹贝尼玛（མི་ཉག་མཁན་ཆེན་ཚུལ་ཁྲིམས་བསྟན་པའི་ཉི་མ།）于四十八岁时任堪布。向阿嘉呼图克图呈递了修建大佛殿的敦请书。这件事在贡塘·嘉贝样（གུང་ཐང་འཇམ་དབྱངས།）所著的彼师大传《宝鬘记》（རྣམ་

ཐར་རྒྱས་པ་ནོར་བུའི་ཧྲེ་ཤེལ།）里有所论述。

木鼠年（甲子），达赖呼图克图（ཏཱ་ལའི་ཧུ་ཐོག་ཐུ།）噶桑土丹拉卜杰嘉措（སྐལ་བཟང་ཐུབ་བསྟན་རབ་རྒྱས་རྒྱ་མཚོ།）于其五十六岁任堪布。

第四胜生[14]的火兔年（公元 1270 年，清嘉庆十二年，丁卯），阿嘉·罗桑嘉样嘉措（ཨ་ཀྱཱ་བློ་བཟང་འཇམ་དབྱངས་རྒྱ་མཚོ།）于其四十岁时任堪布。火鼠年（丙子），把大佛殿重新建成为结构极为神奇的佛殿。尊者收喀尔喀哲布尊丹巴（ཛེ་བཙུན་དམ་པ།）和德赤仁波切嘉样土丹尼玛（འཇམ་དབྱངས་ཐུབ་བསྟན་ཉི་མ།）等诸圣哲为徒，授以金刚界（རྡོར་དབྱིངས།）灌顶等，大弘佛法，事业大兴。他转世的化身耶喜噶桑克珠嘉措（ཡེ་ཤེས་སྐལ་བཟང་མཁས་གྲུབ་རྒྱ་མཚོ།）火牛年（丁丑）诞生，在北京任掌印喇嘛[15]。

斯纳拉仁巴索南丹增（ཟི་ན་ལྷ་རམས་པ་བསོད་ནམས་བསྟན་འཛིན།），在第二世一切知嘉木样尊者座前受比丘戒，戒行谨严，以持律者著称。火兔年（丁卯）于其六十六岁任堪布。

以后铁马年（庚午），多哇堪钦·罗桑昂秀嘉措（མདོ་བ་མཁན་ཆེན་བློ་བཟང་དབང་ཕྱུག་རྒྱ་མཚོ།）于其三十七岁时任堪布。木猴年（壬申）官嘉（མགོན་ཀྱཱ།）的转世化身曲丹增嘉措（ཆོས་བསྟན་འཛིན་རྒྱ་མཚོ།）于其三十五岁时任堪布。水鸡年（癸酉），香洒阿阇黎罗桑达杰（ཤིང་བཟའ་དཔོན་སློབ་བློ་བཟང་དར་རྒྱས།）于其五十五岁时任堪布。火鼠年（丙子）却喜阿阇黎阿旺夏珠丹贝尼玛（ཆེ་ཤོས་ངག་དབང་བཤད་སྒྲུབ་བསྟན་པའི་ཉི་མ།）于其三十岁任堪布后，从拉卜楞寺邀请甘珠尔巴贡确华曾（དཀོན་མཆོག་དཔལ་འཛིན།），聆听《甘珠尔》大藏经的教敕。土兔年（己卯），当彩·罗桑克珠尼玛（སྟག་མཚོར་བློ་བཟང་མཁས་གྲུབ་ཉི་མ།）于其三十六岁时任堪布。铁龙年（庚辰），赛多堪钦耶喜土丹嘉措（གསེར་ཏོག་མཁན་ཆེན་ཡེ་ཤེས་ཐུབ་བསྟན་རྒྱ་མཚོ།）于其三十五岁时任堪布。授修习宝生佛灌顶和随许，先后计三次。彼师以传授经教打开了法施不竭之门。

水马年（公元 1822 年，清道光二年，壬午），嘉雅堪布罗桑丹贝尼玛（བློ་བཟང་བསྟན་པའི་ཉི་མ།）于其二十六岁时任堪布。他的第一世是第四世班禅洛桑确坚和第五世达赖喇嘛的徒弟。嘉雅苟相然绛巴（རྒྱ་ཡག་འགག་ཤིང་རབ་འབྱམས་པ།）智化坚赞（གྲགས་པ་རྒྱལ་མཚན།）曾向达赖喇嘛请求撰著塔尔寺的寺规。彼师的后一世为曼巴（སྨན་པ།）阿阇黎罗桑达杰（བློ་བཟང་དར་རྒྱས།），由西藏地方政府授予额尔德尼恰干呼图克图（ཨེ་རྟེ་ནི་ཆ་གན་ཧུ་ཐོག་ཐུ།）的名号，曾请来了缎制圣·宗喀巴像。彼师的后一世据说圆寂于拉萨学习期间，详情不明，与前世活佛智化坚赞同名。以上材料摘自《喜筵本生录》等书。

木猴年（公元 1824 年，清道光四年，甲申），本巴尔（དུམ་པར།）阿阇黎阿旺曲吉尼玛（ངག་དབང་ཆོས་ཀྱི་ཉི་མ།），五十七岁任堪布。曾督促雕成《圣·宗喀巴全集》的印版。土鼠年（戊子），瞿昙寺堪布噶桑扎喜嘉措（སྐལ་བཟང་བཀྲ་ཤིས་རྒྱ་མཚོ།）于其五十岁时任堪布。

却喜（ཆེ་ཧོས།）经师阿旺嘉样旺嘉（ངག་དབང་འཇམ་དབྱངས་དབང་རྒྱལ།），在第二世一切知嘉木样尊者座前受比丘戒，因此在名字中间加了嘉样（འཇམ་དབྱངས།）两个字。铁虎年（庚寅），六十八岁任堪布。参直（མཚན་སྒྲོགས།）堪布格敦端珠（དགེ་འདུན་དོན་གྲུབ།）的转世化身格东扎喜尼玛（དགེ་འདུན་བཀྲ་ཤིས་ཉི་མ།）任堪布十三年。由嘉雅堪布丹贝尼玛（བསྟན་པའི་ཉི་མ།）复任堪布一年。火羊年（丁未），卓尼夏仲噶桑丹增嘉措(ཅོ་ནེ་ཞབས་དྲུང་སྐལ་བཟང་བསྟན་འཛིན་རྒྱ་མཚོ།）任堪布。他的第一世是卓尼曲结·金巴达杰（སྦྱིན་པ་དར་རྒྱས།）的师长曲结罗桑尼玛（བློ་བཟང་ཉི་མ།）。彼师的后一世与木雅·茨成丹贝尼玛（མི་ཉག་ཚུལ་ཁྲིམས་བསྟན་པའི་ཉི་མ།）是兄弟。

第五十五任堪布，经所有的阿阇黎僧众一再地请求，第三世嘉木样遍照利见罗桑图丹吉美嘉措（ཀུན་གཟིགས་མཐོང་བ་དོན་ལྡན་བློ་བཟང་ཐུབ་བསྟན་འཇིགས་མེད་རྒྱ་མཚོ།）于铁狗年（公元 1850 年，清道光三十年，庚戌）三月十五日，升无畏法座，正在开创政教的有利局面。

塔尔寺自第十胜生的水鼠年（公元 1612 年，明万历四十年，壬子）建立讲学制度以来，讲学风气极盛。但是由于中间历经战乱[16]大受影响，有一段时间略有衰退的现象。经第二十三任堪布拉科·喜饶曲觉向第五世班禅全知罗桑耶喜请示敕言与名称。蒙指示：

“最好另设法相院，命名为讲习林（བཤད་སྒྲུབ་གླིང་།）。” “为了发展，可出现十六罗汉拱佛之情景。”

于是按照教导，成立了法相学院，内设三个《集类学》班、《因理论》班（རྟགས་རིགས།）、《悟慧论》班（བློ་རིགས།）和《新论》班（གཞུང་གསར།），吉尊巴的《般若》第一品教程班（རྗེ་བཙུན་པའི་སྐབས་དང་པོ།）、郭芒扎仓《般若》第一品教程班、《般若》第四品教程班、《中论》班、《俱舍论》班、《戒律本论》班、噶仁巴班等共计十三个班级。定期学法的学期，计有：一个月的冬季学期，两个月的春季学期，一个月的夏季学期，一个半月的坐夏期间辩经学期。一个月的秋季学期，半个月的秋末学期，共七个学期。噶仁巴必须精通《菩提道次第论》。五部大论等讲闻，无与伦比。历代出现了许多才识精湛，法行谨严，心意善良的大善知识，成为佛教基地之一，在此获得格西学位者都是大地的庄严。

密宗学院（རྒྱུད་པ་གྲྭ་ཚང་།）遵照第四世班禅洛桑确坚的指示，由斯纳曲结勒巴嘉措（ལེགས་པ་རྒྱ་མཚོ།）于第十一胜生的土牛年（公元1649年，清顺治六年，己丑）建成。所有仪轨、实践、讲闻等等都与拉萨下密院的规定相同。圣·噶丹嘉措赞颂道：“辛卯年在塔尔寺，智者勒巴嘉措，建成密乘讲修院。时间大体相同。担任法台者有索南仁钦（བསོད་ནམས་རིན་ཆེན།）、丹曲朋措（དམ་ཆོས་ཕུན་ཚོགས།）、智化扎喜（གྲགས་པ་བཀྲ་ཤིས།）、阿嘉·喜饶桑波（ཨ་ཀྱཱ་ཤེས་རབ་བཟང་པོ།）、曲藏·罗桑丹贝坚赞、阿旺华旦（ངག་དབང་དཔལ་ལྡན།）、当彩·罗桑多杰、格勒华旦（དགེ་ལེགས་དཔལ་ལྡན།）、琼塔·端珠鄂赛日（ཁྱུང་ཐར་དོན་གྲུབ་འོད་ཟེར།）、斯纳官人阿旺罗桑（ངག་དབང་བློ་བཟང་།）、郭密·智化嘉措（སྒོ་མི་གྲགས་པ་རྒྱ་མཚོ།）、罗桑仁钦（བློ་བཟང་རིན་ཆེན།）、阿旺丹增(ངག་དབང་བསྟན་འཛིན།)、拉科·阿旺曲吉坚赞(ར་ཁོ་ངག་དབང་ཆོས་ཀྱི་རྒྱལ་མཚན།)。对于彼师昂噶尔曾颂誉道：“颂彼拉科夏仲（ར་ཁོ་ཞབས་དྲུང་།）尊，如母护持幼儿之步态，在后执持众生们。”

其后继任法台者为斯纳·阿旺嘉措（ཟི་ན་ངག་དབང་རྒྱ་མཚོ།）、拉科·喜饶曲觉(ར་ཁོ་ཤེས་རབ་ཆོས་འབྱོར།)、木雅·罗哲达杰（མི་ཉག་བློ་གྲོས་དར་རྒྱས།）、安嘉苏·罗桑更噶

（ཨན་ཇ་སུ་བློ་བཟང་ཀུན་དགའ།）、阿嘉·罗桑丹贝坚赞（ཨ་ཀྱཱ་བློ་བཟང་བསྟན་པའི་རྒྱལ་མཚན།）、噶保·罗桑仓央（དཀར་པོ་བློ་བཟང་ཚངས་དབྱངས།）、当彩·耶喜噶桑（སྟག་མཚེར་ཡེ་ཤེས་སྐལ་བཟང་།）、本巴尔·茨成嘉措（དུམ་པར་ཚུལ་ཁྲིམས་རྒྱ་མཚོ།）、噶丹·耶喜噶桑（དགའ་ལྡན་ཡེ་ཤེས་སྐལ་བཟང་།）、巴州·喜饶龙珠（བ་རྫུ་ཤེས་རབ་ལྷུན་གྲུབ།）、官嘉·智巴坚赞（མགོན་ཀྱ་གྲགས་པ་རྒྱལ་མཚན།）、阿珠·罗桑曲智（ཨ་འབྲུག་བློ་བཟང་ཆོས་གྲགས།）、斯纳夏仲·阿旺茨成嘉措（ངག་དབང་ཚུལ་ཁྲིམས་རྒྱ་མཚོ།）、却喜·阿旺丹巴（ཆེ་ཤོས་ངག་དབང་བསྟན་པ།）、赤嘎哇·嘉扬端珠（ཁྲི་ཀ་བ་འཇམ་དབྱངས་དོན་གྲུབ།）、赛哲·贡乔南杰（སེར་ཁྲིས་དཀོན་མཆོག་རྣམ་རྒྱལ།）、木雅·茨成丹贝尼玛（མི་ཉག་ཚུལ་ཁྲིམས་བསྟན་པའི་ཉི་མ།）、安嘉苏·罗桑曲智（ཨན་ཇ་སུ་བློ་བཟང་ཆོས་གྲགས།）、斯纳格西·索南丹增(བསོད་ནམས་བསྟན་འཛིན།）、本巴尔·曲吉尼玛（དུམ་པར་ཆོས་ཀྱི་ཉི་མ།）、官嘉丹增嘉措（མགོན་ཀྱ་བསྟན་འཛིན་རྒྱ་མཚོ།）、乃隆·阿旺曲智嘉措（ནིས་ལུང་ངག་དབང་ཆོས་གྲགས་རྒྱ་མཚོ།）、却喜阿阇黎·丹巴尼玛（བསྟན་པ་ཉི་མ།）、卓仓·噶桑扎喜嘉措（གྲོ་ཚང་སྐལ་བཟང་བཀྲ་ཤིས་རྒྱ་མཚོ།）、赛多转世化身耶喜土丹嘉措（ཡེ་ཤེས་ཐུབ་བསྟན་རྒྱ་མཚོ།）、嘉雅堪布·丹贝尼玛（བསྟན་པའི་ཉི་མ།）、参直·堪珠扎西尼玛（མཚན་གྲོགས་མཁན་སྤྲུལ་བཀྲ་ཤིས་ཉི་མ།）、鄂尔多斯（ཨོར་དུ་སུ།）格西夏珠尼玛（བཤད་སྒྲུབ་ཉི་མ།）、卓尼夏仲·噶桑丹增嘉措（སྐལ་བཟང་བསྟན་འཛིན་རྒྱ་མཚོ།）、斯纳·噶桑达杰嘉措（ཟི་ན་སྐལ་བཟང་དར་རྒྱས་རྒྱ་མཚོ།）、盖嘉·索南丹贝尼玛（ཀེ་ཀྱ་བསོད་ནམས་བསྟན་པའི་ཉི་མ།）、赛哲·贡乔丹增嘉措（སེར་ཁྲིས་དཀོན་མཆོག་བསྟན་འཛིན་རྒྱ་མཚོ།）、才仲（ཚེ་འགྲུམ།）夏仲、色拉寺杰扎仓的夏珠格勒拉卜杰（བཤད་སྒྲུབ་དགེ་ལེགས་རབ་རྒྱས།）、安嘉苏·嘉扬丹增尼玛（ཨན་ཇ་སུ་འཇམ་དབྱངས་བསྟན་འཛིན་ཉི་མ།）、霍尔登（ཧོར་སྟེང་།）禅师的转世罗桑格勒坚赞（བློ་བཟང་དགེ་ལེགས་རྒྱལ་མཚན།）、斯纳拉仁巴的转世化身夏珠丹增南杰（བཤད་སྒྲུབ་བསྟན་འཛིན་རྣམ་རྒྱལ།）等。

时轮学院（དུས་འཁོར་གྲྭ་ཚང་།）法胤明慧林（རིགས་ལྡན་བློ་གསལ་གླིང་།）这座学院按香洒阿阇黎的建议，由却喜阿阇黎·夏珠丹贝尼玛（བཤད་སྒྲུབ་བསྟན་པའི་ཉི་མ།）修建，所需材料及公共积累等，自始至终由他负责，并且还授了时轮金刚灌顶。时轮学院大经堂的修建非常庄严，无论政教任何一方，受彼师恩泽甚深。依次担任法台者有当彩格西·丹增噶桑（བསྟན་འཛིན་སྐལ་བཟང་།）、郭芒拉仁巴华热·罗桑曲达尔（དཔའ་རི་བློ་བཟང་ཆོས་དར།）、却喜经师嘉扬旺嘉（འཇམ་དབྱངས་དབང་རྒྱལ།）、派嘉（པེ་ཀྱཱ།）呼图克图阿旺鄂赛（ངག་དབང་འོད་ཟེར།）、东车（སྟོང་ཆེ།）格西·耶喜噶桑（ཡེ་ཤེས་སྐལ་བཟང་།）、赛哲活佛贡乔丹增嘉措（དཀོན་མཆོག་བསྟན་འཛིན་རྒྱ་མཚོ།），彼师的名号亦叫上森康。接着继任者为阿嘉村的曲噶夏仲·格勒罗桑丹增尼玛（དགེ་ལེགས་བློ་བཟང་བསྟན་འཛིན་ཉི་མ།）、王嘉（ཡང་ཀྱཱ།）格西·贡乔曲培（དཀོན་མཆོག་ཆོས་འཕེལ།）、医药上师聂嘉（ཉ་སྐྱཱ།）格西的化身达才巴（སྟག་མཚེར་པ།）、浪柔闹吾嘉措（ལུང་རིགས་ནོར་བུ་རྒྱ་མཚོ།）、堪布喇嘛的化身木雅巴（མི་ཉག་པ།）丹巴拉卜杰（བསྟན་པ་རབ་རྒྱས།）、翠丹陀颜·嘉扬达尔杰（ཚས་དམ་ཐོ་ཡོན་འཇམ་དབྱངས་དར་རྒྱས།）等。现在由阿布噶（ཨ་པོ་ཀ།）北京曲结罗桑达卜杰（བློ་བཟང་དར་རྒྱས།）的转世北京夏仲·曲吉京丹夏珠丹贝赛息（ཆོས་ཀྱི་སྤྱན་ལྡན་བཤད་སྒྲུབ་བསྟན་པའི་གསལ་བྱེད།）任法台。

医学院（སྨན་པ་གྲྭ་ཚང་།）虽然开始由曲藏·丹巴坚赞建成，然而在青海蒙古事变中被毁。事变后，按照霍尔盖（ཧོར་གེ）[17]钦差大臣的指示，重新建修，由念智（སྙན་གྲགས།）医生任教长，经过几代上师传承之后，曲藏土丹旺秀任堪布。火牛年（丁丑）卓班智达·罗桑丹贝坚赞（བློ་བཟང་བསྟན་པའི་རྒྱལ་མཚན།）任教长，修建了僧舍，促进了很好的讲闻风气。此后，依次任法台者有：墨尔根曲结·喜饶丹增（ཤེས་རབ་བསྟན་འཛིན།）、霍尔呼图克图华丹嘉措（དཔལ་ལྡན་རྒྱ་མཚོ།）、嘉雅堪布·罗桑达杰（བློ་བཟང་དར་རྒྱས།）、曲如卡巴夏仲（ཆུ་རུ་ཁ་པ་ཞབས་དྲུང་།）罗桑达杰（བློ་བཟང་དར་རྒྱས།）、却喜·阿旺丹巴（ཆེ་ཤོས་ངག་དབང་བསྟན་པ།）、赛哲（སེར་དྲིས།）夏仲·贡乔南嘉（དཀོན་མཆོག་རྣམ་རྒྱལ།）、木雅·丹贝尼玛（མི་ཉག་བསྟན་པའི་ཉི་མ།）、卓仓堪布·罗桑丹贝尼玛（བློ་བཟང་བསྟན་པའི་ཉི་མ།）、斯纳拉仁巴·罗桑更敦（བློ་བཟང་དགེ་འདུན།）、多哇（མདོ་བ།）堪布·旺秀嘉措（དབང་ཕྱུག་རྒྱ་མཚོ།）、阿旺拉卜嘉（ངག་དབང་རབ་རྒྱས།）、聂嘉（ཉ་ཀྱཱ།）格西·坚赞闹吾（རྒྱལ་མཚན་ནོར་བུ།）、罗桑贡乔尼玛（བློ་བཟང་དཀོན་མཆོག་ཉི་མ།）、当彩·克珠尼玛（སྟག་མཚེར་མཁས་གྲུབ་ཉི་མ།）、苏尼特·阿旺丹曲（སུ་ཉིད་ངག་དབང་དམ་ཆོས།）、扎喜喇嘛·阿旺嘉样（ངག་དབང་འཇམ་དབྱངས།）、上森康的强佐·罗桑南杰（བློ་བཟང་རྣམ་རྒྱལ།）,彼师的转世夏仲扎喜土丹嘉措（བཀྲ་ཤིས་ཐུབ་བསྟན་རྒྱ་མཚོ།），现在任密乘院的喇嘛翁则师，学问渊博。卓嘉夏仲(གྲོ་ཀྱ་ཞབས་དྲུང།) 三川（ཟན་ཁྲོན།）[18] 格西·丹增嘉措（བསྟན་འཛིན་རྒྱ་མཚོ།），曾讲授了许多佛法。哦托旗（ཨོ་ཐོག་སོག）的阿哇噶夏仲（ཨ་བ་ཀ་ཞབས་དྲུང།）·罗桑土多尼玛（བློ་བཟང་མཐུ་སྟོབས་ཉི་མ།）、曲如喀巴（ཆུ་རུ་ཁ་པ།）·阿旺罗桑程列（ངག་དབང་བློ་བཟང་འཕྲིན་ལས།）、小派·嘉夏仲（ཟི་ཀྱ་ཞབས་དྲུང།）、三川人（ཟན་ཁྲོན་པ།）·阿旺噶桑（ངག་དབང་སྐལ་བཟང་།）、卓尼夏仲·噶桑丹增(སྐལ་བཟང་བསྟན་འཛིན།)、却喜经师、斯纳·噶桑达杰嘉措（ཟི་ན་སྐལ་བཟང་དར་རྒྱས་རྒྱ་མཚོ།）、盖嘉·索南丹贝尼玛（སྐེ་ཀྱ་བསོད་ནམས་བསྟན་པའི་ཉི་མ།）、鄂尔多斯（ཨུར་དུ་སུ།）乌兴旗（ཨུ་ཤིན་སོག）的拔希·阿旺群培（ངག་དབང་ཆོས་འཕེལ།）、卓仓智活佛·罗桑旺秀噶桑嘉措（བློ་བཟང་དབང་ཕྱུག་སྐལ་བཟང་རྒྱ་མཚོ།）、巴州夏仲、夏珠程列拉卜杰（བཤད་སྒྲུབ་འཕྲིན་ལས་རབ་རྒྱས།）、木雅夏仲·华丹夏珠曲吉尼玛（དཔལ་ལྡན་བཤད་སྒྲུབ་ཆོས་ཀྱི་ཉི་མ།）、安嘉苏喇嘛·嘉扬丹增尼玛（འཇམ་དབྱངས་བསྟན་འཛིན་ཉི་མ།）、他的哥哥曲噶尔（ཆུ་དཀར།）喇嘛·格勒罗桑丹增尼玛(དགེ་ལེགས་བློ་བཟང་བསྟན་འཛིན་ཉི་མ།)、色拉寺杰扎仓的拉仁巴·罗桑曲达尔（བློ་བཟང་ཆོས་དར།）。现在由扎喜喇嘛·耶喜克珠尼玛（ཡེ་ཤེས་མཁས་གྲུབ་ཉི་མ།）任法台。

以上后三个扎仓的历世上师之传承，调查时所遇之困难，比之建筑西藏桑耶寺更为艰辛，此处仅能将全部的名单得以录全而已。

塔尔寺的主要依止圣物，是大金瓦殿中作为大灵塔（མཆོད་སྡོང་ཆེན་མོ།）内藏的神奇的上面自然显现圣像和字母的栴檀树。《噶当书》中记载说：

“偶尔祈作妙音身，偶为陀罗尼字体，实乃扎巴比丘像，常在圣地中来去。”

这就是说，这是圣·宗喀巴化身驻世之授记，关于这一点，是许多值得信赖的大士夫们一致公认的。又如说：

“北方妙高永恒峰，我所摄受狮子像，哲士遗体依止处，慈悲光辉照十方；聚集信徒数百名，长吁悲叹又流泪，此与金刚座相同，处处望去都明显。我化身为一哲士，有时化为比丘身，由彼护佑彼圣地。”

上述论说，前后综合起来看，在《噶丹教法史》中，虽和纳塘大菩提塔相对应，但噶丹赛赤鄂赛尔和第一世嘉木样则认为乃和圣·宗喀巴和《噶丹授记》相对应。《长寿金刚曲》中明确地说：“所谓‘常在圣地中来去’者，乃指千百化身常常往来之义。”此外，还这样说：

“总之,这些神圣地，首由四僧来住持，后聚二千五百众，具备三学释迦子，成为众生之怙主；各个方面之信徒，无量数众聚此地，又去各方办事业，犹如极边之大海，百川汇流注不满，如何描述难叙论！”

根据这一系列记载，无论从比丘的聚集、圣地的规模、殊胜的依止圣物等等各方面来考虑，这处圣地，确与授记相吻合。就从“这些神圣地”这一句话来看，以我的信仰中所记忆者，就是和这处圣地相吻合的说法。

大灵塔的左边是上一世章嘉罗桑曲丹（བློ་བཟང་ཆོས་ལྡན།）的灵塔，它的前面是第一世拉科和第一世却喜两师的银灵塔。大灵塔的右边是巴索济垅·贡乔尼玛（པ་སོ་རྗེ་དྲུང་དཀོན་མཆོག་ཉི་མ།）[19] 的银灵塔，它的前面是阿嘉前两世的银灵塔、弥勒佛金像、圣大师的足迹非常凸出的稀奇石头。前面经架上有赤钦嘉那巴·罗桑尼玛（ཁྲི་ཆེན་རྒྱ་ནག་པ་བློ་བཟང་ཉི་མ།）、第一世赛多、当彩·耶喜噶桑（སྟག་མཚེར་ཡེ་ཤེས་སྐལ་བཟང་།）、耶喜尖参（ཡེ་ཤེས་རྒྱལ་མཚན།）经师等的银制灵塔。经堂里的经架上有嘉哇茨成玛（རྒྱལ་བ་ཚུལ་ཁྲིམས་མ།）像，一同还陈设着第七世达赖喇嘛噶桑嘉措所献的盖有印信的顶饰、能避雷的纳塘造释迦佛像、圣·宗喀巴的牙齿、强巴仁波切活佛的牙齿、狮子吼佛像、圣·宗喀巴的缎制像、赤洛哲嘉措（བློ་གྲོས་རྒྱ་མཚོ།）的本尊及数部以珍宝嵌镶的《甘珠尔》大藏经和《丹珠尔》大藏经为首的各种经论和重要供品等。天窗上有数尊威灵显赫的神像，屋顶壁画是却喜地方画师绘制的灵验的阎罗像。佛殿前面有根部来自灵塔内栴檀树的大树，可以看到树叶上有自然显现的佛像和藏文字母，称为新噶丹。此树有三株，其中一株已干枯，护法神授记说，这是圣大师教派的三大施主中的准噶尔（ཙུན་གར།）衰败的征兆。此树被献于第二世嘉木样吉美旺波后，即在该寺修建了三尺高的弥勒佛像，其后边特别修建了十六罗汉围绕如来像和数尊圣·宗喀巴像，作为这座寺院拉让府自己供奉的圣物。

大经堂里供奉着圣·宗喀巴像、第三世达赖喇嘛索南嘉措和第七世达赖喇嘛噶桑嘉措、前一世班禅[20]等的宝座、降天佛塔、药泥造不动尊佛大佛像、第八世达赖喇嘛强白嘉措和前一世班禅[21]的像、八尊如来佛像、弥勒佛金像等。顶上佛殿天窗上供着圣·宗喀巴作为礼物给母亲送来的曾清楚嘹亮地喊过“阿妈”的画像为主的九轴画卷，紫檀木雕制的释尊像和属于唐太宗父子与唐三藏法师供施双方以内地响铜铸造的一百零八尊佛像之一的释尊像。当青海事变时，贪婪的士兵们挥刀乱砍这尊佛像，它立即显示灵异，突然呼出“啊唷！”呼痛声，士兵们胆战心惊，遂因而保全了其他佛像等没有遭到损害。还有檀香木造的观世音菩萨像，共姑（གུང་རུ།）[22]空行母建造的圣·宗喀巴像，昂噶尔喇嘛嘉扬克宗嘉措（ཡང་དཀར་འཇམ་དབྱངས་མཁས་བཙན་རྒྱ་མཚོ།）奉献以第七世达赖喇嘛噶桑嘉措幼年时的头发装饰起的米拉日巴像等难以数计的灵异佛像。

依怙殿（མགོན་ཁང་།）里供奉着勒强哇（སྐྱེ་ཚང་བ།）活佛亲手制作的圣·宗喀巴金像及以彼师的全部头发为主塑造的圣父子三尊圣像为主的许多金像和画像。

在青铜殿里，有印度东方、西方、南方和中部造的青铜佛像，法王青铜像、内地造的青铜佛像、紫金佛像等许多佛像。阳台上有以印度金刚座全知者班智达大善知识用阿尚它（ཨ་ཧོ་ཐ།）制做的观世音菩萨像，西藏响铜制做的具有灵异的佛陀铜像等三百余尊及其他依止圣物等。

新青铜殿即大金瓦殿右侧的慈尊弥勒殿里，供奉着由瑜伽行者仁钦宗哲（རིན་ཆེན་བརྩོན་འགྲུས།）建造的慈尊弥勒佛十二岁时的身像，其右侧有瑜伽行者彼师的整个遗骨的灵塔，左侧有曲结鄂赛嘉措的灵塔。

经院后面为文殊普照殿[23]，里面供奉着却喜塑师罗桑喜年（བློ་བཟང་བཤེས་གཉེན།）塑造的文殊普照像，其内藏为圣·宗喀巴给姐姐送的语化画像。

右侧殿是圣·宗喀巴像，左侧殿是狮子吼大佛像等及有曲结端珠仁钦（དོན་གྲུབ་རིན་ཆེན།）足迹和手杖迹的磐石等。

全知殿（ཐམས་ཅད་མཁྱེན་པའི་ལྷ་ཁང་།）里有以第三世达赖喇嘛索南嘉措的尸盐等装藏的菩提塔。新佛殿里供养着圣·宗喀巴的大金像。甘珠尔法轮殿即大金瓦殿左边的释尊殿（ཇོ་ཁང་།）里，供着曲结鄂赛嘉措建造的弥勒佛七岁时的身像，上面是由曲结曼兰仁钦（སྨན་ལམ་རིན་ཆེན།）奉献的圣·宗喀巴的大金像等。

斯纳国师班觉尔坚赞（དཔལ་འབྱོར་རྒྱལ་མཚན།）和国师班觉尔仁钦（དཔལ་འབྱོར་རིན་ཆེན།）叔侄两人修建的怙主殿（མགོན་ཁང་།）里，供奉着大威德、依怙主、法王等佛像。李嘉郡台喇嘛（ལི་ཀྱ་ཅུན་ཐའི་བླ་མ།）为祝贺第七世达赖喇嘛噶桑嘉措长寿，于火鸡年（丁酉）修建的祈寿殿里有十六罗汉围绕如来佛的主属像、法王的磐石，在开光安神和护摩祭祀时长出的自然显现字形的栴檀树，嘉样活佛府寝室花园里也长出了自然显现字形的稀奇栴檀树。

密宗院里供奉着药泥造弥勒佛像，右边在第七世达赖喇嘛噶桑嘉措的宝座上，有以斯纳曲结·勒巴嘉措（ཟི་ན་ཆོས་རྗེ་ལེགས་པ་རྒྱ་མཚོ།）的心脏、舌头、眼睛等装藏的圣·宗喀巴像，左边是十三尊大威德的立体坛场。另外还有立体坛场殿（བློས་བསླང་ཁང་།）、曼荼罗殿（དཀྱིལ་འཁོར་ཁང་།）。下护法殿（བཙན་ཁང་འོག་མ།）里有猛相护法像，经堂上层有许多四业的事业征兆极其迅速的大士夫像等，有班禅为其奉献的许多供物，阳台中有自然显现约三颗谷粒大小字迹的圣·大师母亲的头盖骨为主及其他圣物等供品。

医学院的大经堂里，供奉着灵异的弥勒佛像、圣·宗喀巴的大像等。上面有铜佛殿、怙主殿。护法殿里供奉着灵异的骑狮护法像（དམ་ཅན་སེང་ཞོན།）。

时轮金刚殿（དུས་འཁོར་གྲྭ་ཁང་།）里供奉着释迦佛大金像和许多时轮金刚金像的佛龛等。

大护法殿（བཙན་ཁང་ཆེན་མོ།）[24]，第三世达赖喇嘛索南嘉措嘱咐委托幻变的大法王（ཆོས་རྒྱལ་ཆེན་པོ།）为寺院护法，指定鲁嘉（ཀླུ་རྒྱ།）的霍尔仓家族为护法附体者，专心致志为事业服务。自第十胜生的水羊年（公元 1583 年，明万历十一年，癸未）起，经一百零九年，至清康熙三十一年，即第十二胜生的水猴年（公元1692 年，清康熙三十一年壬申），当彩·罗桑多杰（སྟག་མཚེར་བློ་བཟང་རྡོ་རྗེ།）重新建了护法殿。水龙年（公元 1712 年，康熙五十一年，壬辰），古典（སྐུ་རྟེན།神巫）曲结·丹巴拉嘉（ཆོས་རྗེ་བསྟན་པ་རབ་རྒྱས།）塑造了殊胜的语化王像。自此经过了廿九年，铁鸡岁（庚酉）古典曲结·仁钦华丹（སྐུ་རྟེན་ཆོས་རྗེ་རིན་ཆེན་དཔལ་ལྡན།）塑造了其他秘密明妃和大臣像。小护法殿（བཙན་ཁང་ཆུང་བ།）里有独雄马头明王像，古典坚赞桑保（རྒྱལ་མཚན་བཟང་པོ།）塑造的大臣猛相金刚（རྡོ་རྗེ་དྲག་ལྡན།）像等。

吉索钦摩（སྐྱི་སོ་ཆེན་མོ།）[25] 里，有第三世达赖喇嘛索南嘉措以来，各世达赖喇嘛随身常带而由第五世达赖喇嘛赐予的能耐火的吉祥天母像及其眷属。

玛钦殿（མ་ཆེན་ཁང་།）佛堂（མཆོད་ཁང་།）的中央供奉着镀金檀香释迦像、弥勒佛像及其眷属等像。

印经院（པར་ཁང་།）里藏有《圣·宗喀巴全集》《贾曹杰全集》《克珠杰全集》《般若八千颂》《现观庄严论》《入中论》《俱舍论》《释量论》等等的经版，被称为佛法流通之宝库。

各个戛尔瓦（活佛府）扎喜康洒（བཀྲ་ཤིས་ཁང་གསར།）大经堂里，有许多火灾时未受损失的灵异的金像、许多画像和《甘珠尔》大藏经。上森康府班禅活佛的寝宫里，有前世班禅的像等，小寝宫里有前世班禅的宝座等等灵物。此外则有斯纳戛尔瓦府（ཟི་ན་སྒར་བ།）、木雅戛尔瓦府（མི་ཉག་སྒར་བ།）、嘉扬戛尔瓦府（འཇམ་དབྱངས་སྒར་བ།）、土观戛尔瓦大乘法库府（ཐུའུ་བཀྭན་སྒར་བ་ཐེག་ཆེན་ཆོས་མཛོད།）、曲藏戛尔瓦圆满欢喜府（ཆུ་བཟང་སྒར་བ་ཕུན་ཚོགས་མདོན་དགའ།）、赛多戛尔瓦府（གསེར་ཏོག་སྒར་བ།）、阿嘉戛尔瓦府（ཨ་ཀྱཱ་སྒར་བ།）、却喜戛尔瓦府（ཆེ་ཤོས་སྒར་བ།）、当彩戛尔瓦府（སྟག་མཚེར་སྒར་བ།），拉科戛尔瓦府（ར་ཀོ་སྒར་བ།）、关嘉戛尔瓦府（མགོན་ཀྱུ་སྒར་བ།）、本巴尔戛尔瓦府（དུམ་པར་སྒར་བ།）、参直戛尔瓦府（མཚན་

སྒྲོགས་སྐར་བ།）、麻嘉戛尔瓦府（མ་ཀྱ་སྐར་བ།）、巴州戛尔瓦府(བླ་རྡུས་སྐར།）、嘉雅戛尔瓦府（རྒྱ་ཡག་སྐར།）、安嘉苏戛尔瓦府（ཨན་ཧ་སུའི་སྐར་བ།）、珠嘉戛尔瓦府(ཀྲུའུ་ཀྱ་སྐར།）、派嘉戛尔瓦府（ཕྲི་ཀྱ་སྐར།）、聂嘉戛尔瓦府（ཉེ་ཀྱ་སྐར།）、盖嘉戛尔瓦府(ཀེ་ཀུ་སྐར།）、才本戛尔瓦府（ཚེ་འབུམ་སྐར།）、察千曲杰戛尔瓦府（ཚ་གན་ཆོས་རྗེའི་སྐར།）、苏尼特戛尔瓦府（སུ་ཉིད་སྐར།）、乃浪戛尔瓦府（ནེས་ལུང་སྐར།）、鄂尔多斯戛尔瓦府（ཨོར་དུ་སུའི་སྐར།）、额汗戛尔瓦府（ཨའི་ཧན་སྐར།）、察哈尔戛尔瓦府（ཚ་ཧར་སྐར།）、岗哇戛尔瓦府（གོང་བ་སྐར།）、噶丹戛尔瓦府（དགའ་ལྡན་སྐར།）、古典曲杰和大臣戛尔瓦府等许多大大小小的戛尔瓦府。

历代堪布传记和经像佛塔等详细记载，见一切知嘉木样著的《塔尔寺志珍珠鬘》（གདན་རབས་མུ་ཏིག་འཕྲེང་བ།）及赛多补充的《悦耳精英》（རྣ་བའི་བཅུད་ལེན།）等，本书未再详细引述。

《圣地颂》中赞美塔尔寺的地势说：

“天似八辐轮，地如八瓣莲。后山秀丽而雄伟，前山如麦积成堆；南面拉摩日（ལྷ་མོ་རི།）山上，有自显莲花生像，西面高耸石崖上，有自显弥勒佛像；北面达日山（སྟག་རི།）之巅，有自显无量光佛像；南方三具卢舍处，雪山耸峙而连绵，东南二具卢舍处，乃是著名桑拉塘（སེང་ལག་ཐང་།）；西方二具卢舍处，则是广漠野摩塘（གཡེར་མོ་ཐང་།）；北面群山峡谷中，湟水渊远而流长。”

这处圣地自第六胜生的火鸡年，（公元 1357 年，元顺帝至正十七年，丁酉），圣·大师诞生在这里后，已经四百九十三年。自第三世达赖喇嘛索南嘉措于第十胜生的水羊年（公元 1583 年，明万历十二年，癸未）修建寺院后，已经二百六十七年；于水鼠年（公元 1612 年，明万历四十年，壬子）创建讲学制度后，至今第十四胜生的土鸡年（公元 1849 年，清道光二十九年，己酉），已历二百三十七年矣。

寺院所属的谿卡有切嘉（ཚས་ཀྱཱ།）、肖巴（ཕྱུགས་པ།）、斯纳（ཟི་ན།）、鲁本（ཀླུ་འབུམ།）、木雅（མི་ཉག）、申中（ཞིང་སྐྱོང་།）等六个部落，属民众多，地域广阔。总之，无论从政教任何方面来说，都较昌盛兴旺。正如土观呼图克图赞颂的：

“蓝毗尼园第二中，诞生圣大师罗桑，政教兴盛而伟大，是否超过衮本寺？此处受用比海洋，讲修事业如浪涌，十方比丘鹅群聚，感有庄重自豪否？文殊化为婴孩体，脐血滴处栴檀生，用作内藏大灵塔，威德光耀超过否？”

距塔尔寺不远的地方是黄寺岗（ཧུང་ཟི་སྒང་།）或叫作洒桑拉卡（ས་བཟང་ལ་ཁ།）水牛年（癸丑）土观呼图克图令夏琼寺的噶布夏仲（ཀ་ཐུག་ཞབས་དྲུང་།）划定基线，修建禅堂，噶丹法台上，开始由哲蚌寺郭莽扎仓的格相哇（འགག་ཤིང་བ།）·智加哦仁巴格西的徒弟嘉日宗（རྒྱར་ཚང་།）大禅师罗桑坚赞（བློ་བཟང་རྒྱལ་མཚན།）升座，讲授了许多经教。以后由阿嘉经师罗桑尼玛（བློ་བཟང་ཉི་མ།）就任，彼师曾朝过五台山，一生勤奋修持，解释过《修心初阶》（ཐོག་མའི་བློ་སྦྱོང་།）及《菩提道次第论》的要义和疑难。另外还勉励仙密·罗桑云丹（སེམས་ཉིད་བློ་བཟང་ཡོན་ཏན།）积极修习，告诫说：

“行动不要过多，如果多了，就会到活剥黄牛皮那样的地方死去！”

他遵照教诫，勤奋修持，即在此圆寂云。当时，讲修方面，对此三师无人可及。当第二世嘉木样吉美旺波在塔尔寺任堪布期间，彼师常于后门随时到尊者座前，学习显密经典，成为博学多闻而又专心致志修持的门徒，与尊者极为亲密。

桑格宗格培法轮寺（སེང་གེ་རྫོང་དགེ་འཕེལ་ཆོས་འཁོར།）从前霍尔时期，此处为桑格（སེང་གེ）官人的城堡，故称为桑格城（སེང་གེ་མཁར།），中间有一段较长的时间，该城成为荒墟。后有首建塔尔寺密宗院的斯纳曲结·勒巴坚赞居于该地，逐渐形成为寺院。接着有塔尔寺的堪布阿嘉·喜饶桑波（ཨ་ཀྱཱ་ཤེས་རབ་བཟང་པོ།）先后居于该寺，并且实践三事的修持。冬噶（དུང་དཀར།）活佛仓央珠扎（ཚངས་དབྱངས་འབྲུག་སྒྲ）在去任米纳寺堪布（མི་སྣ་མཁན་པོ།）的路途被邀请前去，建立国王形式的大悲观世音的修法仪轨“太阳藏”（ཉི་མའི་སྙིང་པོ།）与玛尼真言合在一起的修习，并新建经堂等。管理有方，成绩卓著。另外曲如卡巴·罗桑达杰（ཆུ་རུ་ཁ་པ་བློ་བཟང་དར་རྒྱས།）等许多大士夫。夏琼寺的卸任堪布斯纳曲结叔侄两人、斯纳额尔德尼昂索等都先后依次护理过该寺。此后由阿嘉·罗桑丹贝坚赞（ཨ་ཀྱཱ་བློ་བཟང་བསྟན་པའི་རྒྱལ་མཚན།）作为寺主护理该寺。于第十三胜生的火牛年（公元1757年，清乾隆二十二年，丁丑）修建了大经堂，其经过载在寺志之中。

丹隆达杰寺（བསྟན་ལུང་དར་རྒྱས་དགོན།）这座寺院于第三世达赖喇嘛索南嘉措在世期间，由尖扎（གཅན་ཚོ།）的桑波扎喜（བཟང་པོ་བཀྲ་ཤིས།）动员鲁本（ཀླུ་འབུམ།）等八个部落的施主修建的。据《黄琉璃论》中记载：以后由格勒扎西（དགེ་ལེགས་བཀྲ་ཤིས།）、噶丹扎喜（སྐལ་ལྡན་བཀྲ་ཤིས།）、噶桑嘉措（སྐལ་བཟང་རྒྱ་མཚོ།）、阿旺华丹嘉措（ངག་དབང་དཔལ་ལྡན་རྒྱ་མཚོ།）等护理，是一座村中密乘寺院。松布则说：由让哇·帕依噶居（རོང་བ་ཕ་བཞི་དཀའ་བཅུ།）管理。

琼察（ཁྱུང་ཚོ།）堪布·丹仁巴（བསྟན་རིམ་པ།）的噶布曲浪（དཀར་པོ་ཆོས་ལུང་།）寺。

苏仓（ཟུར་ཚང་།）然绛巴的苏仓静修庵（ཟུར་ཚང་རི་ཁྲོད།）。

湟水（ཙོང་ཆུ།）彼岸背面的却喜静修庵（ཆེ་ཤོས་རི་ཁྲོད།）。

本巴静修庵（འབུམ་པ་རི་ཁྲོད།）。

斯纳（ཟི་ན།）的拉撒尔静修庵（ལ་སར་རི་ཁྲོད།）。

拉库（ན་ཁུ།）的洋巴寺（གཡང་འབབ།）。

赛多寺（གསེར་ཏོག་དགོན།），也叫克尊达杰林（མཁས་བཙུན་དར་རྒྱས་གླིང་།）寺据说开始由静修者丹增（བསྟན་འཛིན།）修建。第一世赛多兰州·奥措哇（ལན་ཇུས་ཨོར་ཚོག།）曲结阿旺程列嘉措（ཆོས་རྗེ་ངག་དབང་འཕྲིན་ལས་རྒྱ་མཚོ།），由于给小昭寺屋顶修盖了金瓦，西藏地方政府颁给赛多岱青（གསེར་ཏོག་ཏའི་ཆིང་།）的称号。彼师转世的呼毕勒罕是韩达隆巴·罗桑程列南嘉（ཏན་སྟག་ལུང་པ་བློ་བཟང་འཕྲིན་ལས་རྣམ་རྒྱལ།）。彼师转世化身是青海诺们汗（མཚོ་སྔོན་པ་ནོ་མོན་ཧན།）阿旺丹贝坚赞（ངག་དབང་བསྟན་པའི་རྒྱལ་མཚན།）。彼师转世的呼毕勒罕是青海贝子恰多扎布（ཐུག་རྡོར་སྐྱབས།）的儿子阿旺坚巴勒多济（ངག་དབང་འཇམ་དཔལ་རྡོ་རྗེ།），在前一世曲藏尊者座前出家为僧，去过西藏，在拉萨圆寂。彼师的转世化身为耶喜土丹嘉措（ཡེ་ཤེས་ཐུབ་བསྟན་རྒྱ་མཚོ།）。赛多历世活佛管理这座乡村小寺有方，每年去塔尔寺参加密宗学院坐夏期间的学习。

距嘉果（རྒྱ་སྒོ།）不远处有拉科静修庵（ར་ཁོ་རི་ཁྲོད།）由喜饶曲觉尔（ཤེས་རབ་ཆོས་འབྱོར།）阿阇黎修建。彼师于水牛年（癸丑）出生在拉科（ར་ཁོ།）地方，曾在西藏郭芒扎仓求学，拜一切知嘉木样协巴、赤钦更敦朋措（དགེ་འདུན་ཕུན་ཚོགས།）、霞扎·罗桑仁钦（ཞྭ་དམལ་བློ་བཟང་རིན་ཆེན།）等为师，成为一位著名大学者。木猪年（乙亥）八十三岁，在此静修庵圆寂。昂噶尔夏仲（ཨང་དཀར་ཞབས་དྲུང་།）赞誉道：“彼师一生勤奋修习，与米拉尊者相同。”他的转世化身阿旺丹增嘉措（ངག་དབང་བསྟན་འཛིན་རྒྱ་མཚོ།）与曲藏仁波切是昆季。

霍尔登静修庵（ཧོར་སྟེང་རི་ཁྲོད།）。

嘉则静修庵（རྒྱ་རྩེ་རི་ཁྲོད།）。

木雅静修庵（མི་ཉག་རི་ཁྲོད།）。

上森康的佐嘉静修庵（གཟིམས་ཁང་གོང་མའི་རི་ཁྲོད་གཙོ་རྒྱལ།）。

斯纳桑珠林寺（ཟི་ན་བསམ་གྲུབ་གླིང་།）斯纳喇嘛曲帕坚赞（ཆོས་འཕགས་རྒྱལ་མཚན།）修建。斯纳（ཟི་ན།）[26]姓氏，源于西藏四大姓氏之一的董氏（ལྡོང་།）。它又分白色天董为萨迦（ས་སྐྱ།），黄色日董为斯纳，淡红色地董为郭冷（གོན་ཤིང་།）。曾有这样的说法，“人们的一半属于董氏，董氏的一半属于斯纳。”从前有一斯纳·多杰坚赞（ཟི་ན་རྡོ་རྗེ་རྒྱལ་མཚན།）者，曾消灭过多康（མདོ་ཁམས།）绷波岗（སྤོ་འབོར་སྒང་།）的一支凶悍的军队，是一位英雄。他的儿子斯纳兰巴（ཟི་ན་ལྷན་པ།）和斯纳格西，弟兄两人到了西藏。哥哥在彼处建立基业，后又发展为宗吉坚赞桑波（ཙོང་ཅི་རྒྱལ་མཚན་བཟང་པོ།）和多杰仁钦（རྡོ་རྗེ་རིན་ཆེན།）官人等支系，弟弟到了萨迦，读了许多经典，学习显密经教，后来成为著名的学者。他于结业后闭关修习期间，见到了文殊菩萨和度母圣容。度母还授记“前往北方蒙古地区，弘扬佛法。”于是从后藏觉摩隆（སྐྱོར་མོ་ལུང་།）、拉萨和贡塘（གུང་ཐང་།）三地各带领一位最有学识的格西作为随从前往北方。觐见正在相多（ཤང་ཏོ།）地方居住的成吉思大汗（ཇིང་གིར་གནམ་གྱི་རྒྱལ་པོ།）。大汗问道：

“你们四人从哪里来？是哪个民族？有什么本领？”

回答道：“我们四人从后藏萨迦来，是藏族，我们懂得佛法。”

大汗说：“佛法我也懂，我是一切大地的主人。在当今的世界上，没有比我再伟大的人物，你们说是有本领的人，那赶快下起雨来吧!”

他们四人闭目一弹指，立刻倾盆大雨覆盖大地，江河横溢。又说道：

“把雨止住!”

像前那样一弹指，顿时大雨停了下来。大汗和随从们说：

“你们竟能支配老天爷!”

视为稀有，便重予嘉奖。同年冬季，大汗准备返回皇宫，他们请求给假去五台山朝拜自然显现的文殊菩萨像和去普陀朝拜自然显现的观世音菩萨像。大汗回答道：

“你们四人是有学识的知识分子，须留在我的皇宫里。”经过固请之后，大汗说：

“那么，让斯纳格西留在这里。”

没有给彼师准假。成吉思汗有四个儿子，大的两个儿子被敕封为外地的国王，三儿子窝阔台（ཨོ་ཀོ་ཏྲི།）留在宫内继承皇位。小儿子拖雷诺颜（ཇོ་ལོ་ནོ་ཡོན།）和他的王后索绕达（ཟོ་རོ་ཀ་ཏྲི།）生有元世祖忽必烈彻辰汗（སེ་ཆེན་རྒྱལ་པོ།）等兄弟三人，但把斯纳泽觉（ཛི་ན་ཅེ་འཛོ།）自幼作为义子抚育，因而有兄弟四人之说。当时王子安晋阔端汗（ཨེན་ཅེན་ཁོ་དན་དན།）邀请文殊怙主（འཇམ་མགོན།）萨迦班智达来到北方，正在珠巴第寺（སྤྲུལ་པའི་སྡེ།）的依齐泽（ཡིད་ཆེ་རྩེ།）传授灌顶和经教。忽必烈派使者前去邀请说：

“萨迦班智达必须去做我的应供喇嘛!”

王子说道：“我老头子除了上师和佛法，没有其他的想望，请求不要下这样的命令！”

忽必烈说：“那么把彼师的侄子八思巴派到这里来！”

回禀：“因年纪尚幼，还没有受比丘戒。”

指示说：“那么让回萨迦去，受了比丘戒后，再到这儿来！”

在送八思巴赴西藏的年长一些随从人员行列里，派斯纳堪布·喜饶耶喜巴藏卜（ཤེས་རབ་ཡེ་ཤེས་དཔལ་བཟང་པོ།）前去。西藏的各大小寺院各尽心愿，恭敬利养。为了实现许诺，又回到国王的宫里。圣·八思巴与元世祖忽必烈结成了施主与福田，堪布[27]把政教两方面事务处理得比较称心。于是国王说道：

“要给你一些赏赐，你需要哪些地方与百姓，就按你愿意的报告上来。”

回答道：“我必须先看看藏区哪些地方好一些，然后再行报告呈述，请求给我派差役、乌拉，赐给公文。”

于是回到藏区，把东面的宗喀、肃甘（སུ་ཀན།）、贵德（ཁྲི་ཀ།）、般托（སྤེན་ཐོག）、东康（གདུང་ཁང་།）、噶甘居（འགའ་གམ་རྒྱུ།），北面的卜德寺（རྡི་ཏི་སྡེ།）、切督寺（ཆེད་དུམ་སྡེ།）、康萨寺（ཁང་སར་སྡེ།）、拉桑寺（ལ་སོང་སྡེ།）、仁钦林（རིན་ཆེན་གླིང་།）寺等广大地区的许多村庄、寺院和百姓都写在报告里，回来将文书呈送圣上。降旨：“令文书内所列各地，一体知晓。”施主、福田各颁珍珠敕书一份，敕封为宣济院（ཞོན་ཛེ་དབེན།）的根本院使（རྩ་བའི་དབེན་ཁྲི།），敕授先皇抚育的义子斯纳·泽觉为岱青桑（ཐའི་ཆིང་སང་།），罗哲华桑（བློ་གྲོས་དཔལ་བཟང་།）为郡东（ཛིང་དུང་།），并赐予大师公（ཏྲའི་ཞི་གུང་།）[28]的金印，班觉尔桑波（དཔལ་འབྱོར་བཟང་པོ།）为同知（ཐུང་ཊི།），穆钦拉卜麻它尔（ལབ་མ་ཐར།）为御前侍从。以后又给斯纳·华本（ཟི་ན་དཔལ་འབུམ།）赐了嵌三颗珠宝虎头印，敕授为宗喀万户。当时，蒙古王族与斯纳家族互相联姻结为姻亲。蒙古王朝结束后，大明永乐八年，斯纳喇嘛曲帕坚赞（ཆོས་འཕགས་རྒྱལ་མཚན།）被尊为皇帝的上师，赐予国师的诰封，管辖的地区和百姓，以及象牙印、敕书等。永乐十年敕封为慈智禅师（ཚི་ཏྲི་ཁན་ཤྲི།）[29]。宣德二年封为通慧净觉国师（ཐུན་ཧུ་ཅིན་ཀྱོ་ཀོ་ཤྲི།），赐银印，彼师修建斯纳桑珠林寺和经堂。大明正统八年对斯纳喇嘛格勒坚参（དགེ་ལེགས་རྒྱལ་མཚན།）敕封同样的名号[30]。大明嘉靖皇帝对索南勒巴（བསོད་ནམས་ལེགས་པ།）喇嘛敕封同样的名号；四十三年对班觉尔勒巴（དཔལ་འབྱོར་ལེགས་པ།）喇嘛也敕封同样的名号。万历五年，对班觉尔坚赞（དཔལ་འབྱོར་རྒྱལ་མཚན།）喇嘛敕封同样的名号。大明崇祯七年，马南王（མནན་ཡང་།）百姓起义，占领了西宁城，斯纳的武力收复西宁城，献于皇上，封喇嘛班觉尔仁钦（དཔལ་འབྱོར་རིན་ཆེན།）为灌顶国师（ཀོན་ཏིང་ཀོ་ཤྲི།），赐金印和敕书等，并在西宁城的东关（ཏུན་ཀོན།）敕建记功大牌楼一座，予以表扬[31]。上述叔侄二师修建了塔尔寺怙主殿。大明顺治（ཤུན་ཏྲི།）[32]十年敕封班觉尔朋措（དཔལ་འབྱོར་ཕུན་ཚོགས།）喇嘛，为斯纳演教寺（ཟི་ན་ཡེ་ཀྱིའུ་ཟི།）之职，在其前世的通慧净觉国师的名号上又加了灌顶大国师（ཀོན་ཏིང་ཏཱ་ཀོ་ཤྲི།），拥有双重的名号。大明朝代结束后，居期（ཇུར་ཆེད།）满清王朝的康熙（ཁང་ཞི།）三十七年，对班觉尔达杰（དཔལ་འབྱོར་དར་རྒྱས།）喇嘛颁赐诏书，依前朝之例加封了职位。五世达赖喇嘛封阿旺罗桑（ངག་དབང་བློ་བཟང་།）喇嘛，为额尔德尼达赖曲结（ཨེ་རྟེ་ནི་ཏཱ་ལི་ཆོས་རྗེ།）之职，并以公文详细阐述斯纳戛尔瓦就是圣·宗喀巴的诞生地、八纯洁弟子[33]之首具证嘉华嘉措（རྟོགས་ལྡན་འཇམ་དཔལ་རྒྱ་མཚོ།）为斯纳的京哦；自世尊第二[34]的教派弘传发展以来，斯纳的历代喇嘛及官人们对佛教，特别是对黄帽格鲁派的发展积极负责，增上意乐，尤其是阿勒坦黄金王（ཨལ་ཐན་གསེར་གྱི་རྒྱལ་པོ།）[35]，邀请全知者第三世达赖喇嘛索南嘉措之时，斯纳仓（ཟི་ན་ཚང་།）[36]沿途侍候，殷勤周到。当时圣者曾向所有施主宣布修建塔尔寺衮本贤巴林之后，斯纳仓做出的贡献，别人无法能比，而且于每年的光明月（ཟླ་བ་དཀར་པོ།）向塔尔寺的扎仓发放祈祷法会的布施等等，这些情况，圣者曾详细记载，给予了文书。

阿旺罗桑担任过夏琼寺的堪布及塔尔寺密宗学院法台。他转世的呼毕勒罕阿旺茨成达杰（ངག་དབང་ཚུལ་ཁྲིམས་དར་རྒྱས།），担任过塔尔寺密宗学院的法台及塔尔寺大经堂的堪布，以讲学为主管理寺院，成绩卓著。斯纳喇嘛阿旺嘉措（ངག་དབང་རྒྱ་མཚོ།）也担任过塔尔寺密宗学院的法台和法相学院的堪布及夏琼寺的堪布。但在堪布、喇嘛传承的记载中将他记为阿旺丹巴（ངག་དབང་བསྟན་པ།），他转世的呼毕勒罕是阿旺丹贝尼玛（ངག་དབང་བསྟན་པའི་ཉི་མ།）。斯纳·且钦曲结（ཚེ་ཆེན་ཆོས་རྗེ།）耶喜达杰（ཡེ་ཤེས་དར་རྒྱས།）曾在色拉大乘寺（སེ་ར་ཐེག་ཆེན་གླིང་།）求学，斯纳·阿旺嘉措在塔尔寺求学，后来都成了学者。第六世达赖喇嘛仓央嘉措时期，斯纳·罗桑克乔（ཟི་ན་བློ་བཟང་མཁས་མཆོག）被西藏地方政府授予额尔德尼昂索（ཨེ་རྡེ་ནི་ནང་སོ།）之职。雍正元年，由于青海蒙古变乱，斯纳所属的土地、百姓以及诰封等都被公家没收。但乾隆十四年，对斯纳昂索·噶居·喜饶南嘉（དཀའ་བཅུ་ཤེས་རབ་རྣམ་རྒྱལ།），乾隆十七年对昂索·然绛巴·阿旺华丹（ངག་དབང་དཔལ་ལྡན།）两人都先后封为斯纳官（ཟི་ན་བཀྲུང་།）职务，并赐敕书。后者以自己的财产和化募的四百六十两白银，修建了怙主殿；以四百五十两白银修建了密集佛殿（གསང་འདུས་ལྷ་ཁང་།）；以八百余两白银修建了十六罗汉拥绕如来佛像、十一面观音殿等；又以七十余两白银维修寺院垣墙外的菩提塔。十六罗汉拥绕如来殿内供着镀金的三世诸佛、大日如来、圣·宗喀巴、十六罗汉拥绕如来、居世施主[37]等铜像。十一面观音殿里供着观世音菩萨、白度母、绿度母。给佛像装藏的贵重物很多，有许多舍利，大如豌豆。

又斯纳上下寺里，供着许多佛像、佛经和佛塔，时经多代，无法说明何时由何人建造的历史。但根据记载，上寺里有观世音菩萨殿、十六尊者殿、密集佛殿、怙主殿、三层楼的大经堂等，里面供奉着金银汁书写的两部《甘珠尔》大藏经，硃红书写的一部《丹珠尔》大藏经，金银书写的三部《大般若经》，一部墨写的大藏经等。以及历世活佛们的二十余座灵骨塔、空行母的头盖骨、第三世达赖喇嘛索南嘉措的珍珠装饰的帽子、大慈法王的帽子、第四世班禅额尔德尼洛桑确坚的法衣和披单、盖有印章的五幅护法神画像、第七世达赖喇嘛噶桑嘉措的背心、披单、禅裙、靴子，另外还有数位圣哲的帽子、披风、靴子等等。下寺中有三世诸佛殿、十六罗汉拥绕如来殿、怙主殿、天王殿等，殿内供奉金银汁相间书写的《甘珠尔》大藏经、金汁书写的《大般若经》、银汁书写的《大般若经》及以圣·宗喀巴所赐的右旋法螺为主体藏的一人身量高的佛塔。还有圣·宗喀巴的碗和空行母的头盖骨等。这些圣物，多年来一直由塔尔寺迎请来作为大祈愿神变法会供养的圣物。

多哇新寺（མདོ་བ་སྐར་གསར།）。

塔尔寺沟口的西宁城内，有供奉据称三大哲士遗体的大佛寺（བྱམས་ཁང་།）、三世诸佛殿和显示来世因果报应的由汉族修建的城隍庙（གཤིན་རྗེའི་ལྷ་ཁང་།）。西宁城附近有释迦涅槃寺（ཐུབ་པ་མྱང་འདས་མའི་ལྷ་ཁང་།），有印度禅师的禅堂，里面有他的像。

寺院[38]前面的白水沟里，当初住着端仁巴（དོན་རིན་པ།）法王[39]，尊者在梦境里见到了本尊，预言明年要到沟口来，并且用手指示了预言的地方。后来噶丹[40]的亲门弟子班觉尔（དཔལ་འབྱོར།）比丘在此处修建了寺院，每年由医学院前去采挖草药。

琼塔尔（ཁྱུང་ཐར།）静修庵。

下部地方[41]有现在由当彩阿阇黎护理的峡宗寺（ཤ་རྫོང་སྒྲུབ་སྡེ།）[42]噶玛巴·饶悲多吉、曲结端珠仁钦、杜哇曲结鄂赛嘉措等曾经长期居住过。大成就者南完然绛巴（གནས་སྟོན་རབ་འབྱམས་པ།）在此修建了噶玛巴的灵塔和经堂。后韩达垅（ཧན་སྟག་ལུང་།）活佛又新建静修院，呈报第五世达赖喇嘛，供奉依怙主和法王，赐寺名为噶丹园（དགའ་ལྡན་སྐྱིད་ཚལ།）。后来有峡宗寺大禅师华热当夏巴·桑波扎喜（དཔའ་རི་སྟོང་ཞག་པ་བཟང་པོ་བཀྲ་ཤིས།）或称为阿旺罗桑（ངག་དབང་བློ་བཟང་།）者，自幼出家为僧，学习经论，作为达隆活佛的侍从来到此处，春季在隆务扎喜奇寺（རོང་པོ་བཀྲ་ཤིས་འཁྱིལ།）朝礼大成就者噶丹嘉措，勤奋学习，秋冬则在此修习，如此者多年。后又作为达隆活佛侍从前去西藏，向拉穆曲迥（ལ་མོ་ཆོས་སྐྱོང་།）询问在此处的噶玛巴遗体的真伪。回答“是真的”。

遂建立了良好的寺规和作风。以后依次由塔尔寺的堪布当彩·罗桑多杰（སྟག་མཆོར་བློ་བཟང་རྡོ་རྗེ།）、曲结阿旺丹增（ཆོས་རྗེ་ངག་དབང་བསྟན་འཛིན།）、曲如卡哇大成就者·罗桑达杰（ཚ་རུ་ཁ་བ་གྲུབ་ཆེན་བློ་བཟང་རྡོ་རྗེ།）、罗桑多杰（བློ་བཟང་རྡོ་རྗེ།）活佛、玛夏仲（སྨར་ཞབས་དྲུང་།）、塔尔寺堪布当彩·罗桑达杰（སྟག་མཆོར་བློ་བཟང་དར་རྒྱས།），对于彼师昂噶赞誉为“得到胜者宗哲巴尔（བརྩོན་འགྲུས་འབར།）授记的大成就者”及塔尔寺密宗学院卸任堪布安嘉苏·罗桑更噶（ཨན་ཇ་སུ་བློ་བཟང་ཀུན་དགའ།）等先后护理。后者护理寺院之时，正是第十二胜生之末，新建了大经堂，阿嘉·丹巴坚赞著有《修建大经堂志》。后由当彩阿阇黎耶喜噶桑（ཡེ་ཤེས་སྐལ་བཟང་།）作寺主，由南完夏仲和寺院的施主们的敬献布施，于曲结他享年七十四岁之时，即第十三胜生的土猪年（公元 1779 年，清乾隆四十四年，己亥），兴修了释迦佛像、弥勒佛像、不动尊佛像等，内藏有许多殊胜的圣物。第二世一切知吉美旺波著有《新修寺志》。当彩堪布转世的呼毕勒罕罗桑克珠尼玛（བློ་བཟང་མཁས་གྲུབ་ཉི་མ།）也重修了大经堂。殿前有噶玛巴·饶悲多吉于圣喇嘛（རྗེ་བླ་མ།）[43] 三岁之时授居士戒时，披剃落发处生长出来的柏树。

圣·噶丹嘉措说：

“吉日山[44]之赛康（སྐྱིས་རིའི་གསེར་ཁང་།）静修处、乌尔古（ཨུར་དགུ）地方的峡宗寺（ཤ་རྫོང་དགོན།），丹斗寺（དན་ཏིག་དགོན）与洋斗寺（ཡང་ཏིག་དགོན），炳灵寺与扎喜奇寺，等等众多静修寺，被誉为著名的大静修处。”

撒卡（ཟ་ཁར།）静修庵离该处不远有一药水泉。

安嘉寺（ཨན་ཇ་ཟེ།）当彩·耶喜噶桑维修了大经堂。彼师的转世化身罗桑尼玛（བློ་བཟང་ཉི་མ།）修建了大殿。

还有拉干（ལ་ཀན།）静修庵等，均按松巴说法作为附记载入。

卓仓佛殿（གྲོ་ཚང་ལྷ་ཁང་།），亦称瞿昙寺（ཀོ་ཏམ་སྡེ།）修建者是著名大成就者青海湖海心山人（མཚོ་སྙིང་བ།），或称为白牛大士（གླང་དཀར་པ།）、海喇嘛·桑杰扎喜（ཧེ་བླ་མ་སངས་རྒྱས་བཀྲ་ཤིས།）。彼师出生在洛扎（སྟོ་ཐག）[45] 地区的卓窝隆（གྲོ་བོ་

ལུང།）地方。遵循佛陀和喇嘛的授记来到多麦地区，曾在青海湖海心山长期修持。松巴说：“当时骑着白牛来往行走。”其他人则认为是骑白牛者的化身，故称为海喇嘛。章嘉·饶悲多吉说：“汉语称青海湖为海，似因此而得名”。以后来到贡隆扎（དགོན་ལུང་བྲག），修习毗那夜迦（ཚོགས་བདག）时，见到一处皇宫的兆相。大明开国皇帝洪武于第六胜生的土蛇年（公元1368年，明洪武元年，戊申）登基，不久，想请一位应供喇嘛，令星相家们占卜。禀告道：

“西陲牧区寺院的山坳里，有一位大成就者上师，若迎请前来，最为适宜。”于是派遣使者前往。他们来到各种野兽出没，石山森林交错，行走困难，有缕缕炊烟萦绕的地方，在一处岩洞里看见彼师正在勤奋修持，意为之夺。遂返回向皇上禀告详情。皇上高兴，派遣钦使前去迎请，即予以接受。当使者问怎样启程，如何准备等事时，答以不需任何准备，到某一日便可到达皇宫。到了约定的日期，人们在各城门迎候。这时，皇上看到从天空里来了一位骑白牛，穿着三法衣的比丘，顿时出现了彩虹弥漫，花雨缤纷等吉兆。在宴会上，皇上给尊者赐了一瓶御酒，却被他抛于空中。几个仇视佛法的大臣向皇上进谗道：

“从来没有这种规矩。”

皇上下旨道：“这次是例外，告诉喇嘛

今后不能这样无礼。”

大成就者禀道：“总的来说，比丘是不饮酒的，这次因为皇上统治的国土内某处发生了火灾，看看这酒有没有作用。”

不久，皇上的某处城堡的国库发生了火灾，虽用尽了各种办法但毫不奏效。这时突然浓云密布，酒味横溢的滂沱大雨从空倾盆而下，顿时熄灭了熊熊大火。报告的时刻，正是进行欢宴的时候，从此更加敬重。

有一次皇上问道：

“上师年事已高，亲属在何处？”

经禀明情况后，当即派去使者把尊者的兄弟们叫到北京。尊者渴望回贡隆扎，当即谕允，并指示：

“修建经堂和比丘讲习的法园，致力于圣教事业；昆季们在那里侍候喇嘛，家族可为官吏，由朕护持。”

于是主仆们在贡隆扎地方建立了基业。因为是卓隆（གྲོ་ལུང།）地方的人，故称为卓仓（གྲོ་ཚང།），因为属于玛尔巴氏族，故称为玛仓（མར་ཚང།）。四面有禳解地祇的四座佛塔，中间修建了寺庙，主要的佛像有三世诸佛、近佛子。左侧怙主殿里供着四臂依怙主、宝帐依怙主及眷属的塑像，壁画绘制着六臂依怙主及眷属等七十五尊吉祥依怙主、四臂依怙主及眷属等，还有在一次战事期间，佛殿香火执事举行激励法事之后，右足当即立于地上的灵验的法王像，以及祖婆像，因此又称为祖婆依怙殿。右侧佛殿里供着萨迦大灵塔，壁画绘着哲蚌规格的佛塔，四门廊里各有金刚持像一尊，各层为时轮金刚、胜乐、喜金刚觉派（ཀྱཻ་ལུགས།）大威德等无上瑜伽部佛像，以及其他三密部的无数佛像和许多金刚橛等宁玛派的本尊。狮子宝座上绘有四大天王像，威光熠熠光圜的顶端则绘有各种护法和十方护法及龙王等像，各层大柱由祭祀神亲手托起。整个壁画安排得十分庄严稀有。这些景象，据说乃尊者于朦胧中想象到的。但瞿昙寺堪布噶桑巴（སྐལ་བཟང་པ།）则说：“这是尊者考虑到修建金刚持的佛殿的缘起。”[46] 现在的诸佛像布局与以往的不同，有噶让（ཀུ་རིང།）·阿旺朋措隆珠（ངག་དབང་ཕུན་ཚོགས་ལྷུན་གྲུབ།）曾进行维修的记载，可能在维修时期予以改变。

皇上拨出经费，修建了许多佛殿，赐额为瞿昙寺，誉为金刚座（རྡོ་རྗེ་གདན།）[47] 第二。永乐帝仍如往昔那样敬信供奉[48]。尊者曾呈请皇上，提出迎请圣·宗喀巴到北京的建议。永乐十二年四月十五日尊者圆寂，遗体涂墁了药泥，戒香四溢，衣服之上，时有肤脂污渍。目前供奉在释尊殿里。

第二世一切知吉美旺波和圣·曲吉尼玛（རྗེ་ཆོས་ཀྱི་ཉི་མ།[49]）圣师徒说道：

“尊者的教派可以说成萨迦派或噶举派，是修持胜乐轮瑜伽，获得了最上上悉地者，遗体胸口有温热感，乃是与自然显现的胜乐同等加持之征。”

松巴《佛教史》中记载：大明洪武帝供养的噶玛·海喇嘛（གཙན་རི་བླ་མ།）的官人三旦罗哲（བསམ་གཏན་བློ་གྲོས།）[50]，属于色拉寺和哲蚌寺的桑洛康村，于水猴年（壬申）在此建立基业。永乐帝与宣德帝期间，三旦桑波（བསམ་གཏན་བཟང་པོ།）[51] 官人塑造了释迦佛像和金刚持佛像，被赐予十三个寺院和七个地区的百姓为寺院拉德[52]。永乐年又给尊者的侄子华丹桑波（དཔལ་ལྡན་བཟང་པོ།）[53] 和索南坚赞（བསོད་ནམས་རྒྱལ་མཚན།）兄弟两人赐予了金印，特别对华丹桑波先后颁赐敕书，予以赞扬，又赐自然显现的觉阿释尊像，由国库拨出经费，令其在与皇宫相距犹如一日路程之地修建佛殿供奉[54]。释尊殿里有许多珍宝供器。它的后面有宣德帝为体现其父皇之志而修建的被誉为司江林（སྲིད་སྐྱོང་གླིང་།）的佛殿[55]，壁画绘着修建该殿时出现的彩虹如穹隆和柱子，以及似车轮辐等等各种奇景。由于皇帝虔诚信仰之故，从天空中降下了金刚持佛像。汉族人们认为是永乐皇帝的遗体。石碑上写道：“若朕志所存，惟祖考在天之灵，用资福祐于无穷；惟国家宝祚之重用，隆本支于蕃盛；惟海宇生民之众用，保太平于悠久。”[56] 该寺有扎活佛（བྲག་སྤྲུལ་སྐུ།）罗桑丹巴尼玛（བློ་བཟང་བསྟན་པའི་ཉི་མ།）撰写但未完成的寺志及噶让噶居修建弥勒殿和吉祥佛母宫（ལྷ་མོའི་ཕོ་བྲང་།）时，李嘉（ལི་ཀྱཱ།）禅师喜饶森格（ཤེས་རབ་སེང་གེ།）所作大威德法开光安神仪轨的寺志。各个佛殿里，有御赐的玉石宝座、水晶供桌等等。殿外有石栏杆，汉藏两文合璧记载建寺历史的御制碑文，极为稀有的大钟和大鼓，开关时能发出大象声调，变化无穷的门户等。

土观呼图克图赞誉道：

“大成就者朗噶哇，永乐宣德嘉奖下，修建而成瞿昙寺，是否曾经朝拜过？稀有两层石座上，金刚持像威德显，一见定能起信仰，是否曾经礼供过？本师释迦牟尼等，灵异像、经、塔满殿，是否虔诚上供养，曾经朝拜顶礼过？”

与此不远的贡隆扎（དགོན་ལུང་བྲག[57]）岩，大成就者修建有格吉德钦林（དགེ་རྒྱས་བདེ་ཆེན་གླིང་།）禅院，围廊的壁画里，绘有皇帝敬奉瞿昙寺的情景及僧众们去内地的情况。华丹桑波喇嘛的侄子三旦桑波（བསམ་གཏན་བཟང་པོ།）[58]、仁钦桑波（རིན་ཆེན་བཟང་པོ།）、端约桑波（དོན་ཡོད་བཟང་པོ།）[59]、官却桑波（དཀོན་མཆོག་བཟང་པོ།）、南卡桑波（ནམ་མཁའ་བཟང་པོ།）、华丹坚赞（དཔལ་ལྡན་རྒྱལ་མཚན།）、班觉尔桑波（དཔལ་འབྱོར་བཟང་པོ།）、华丹嘉措（དཔལ་ལྡན་རྒྱ་མཚོ།）、衮噶仁钦（ཀུན་དགའ་རིན་ཆེན།）、更噶娘杰（ཀུན་དགའ་སྙིང་རྗེ།）等上下昂索的历世喇嘛们依次住持该寺，都受大明历代皇帝的供养。顺治（ཤུན་ཀྲི།）皇帝曾给衮噶丹增(ཀུན་དགའ་བསྟན་འཛིན།）赐过金字诏书[60]。上述的华丹坚赞在嘉·美多塘（རྒྱལ་མེ་ཏོག་ཐང་།）修建了金瓦屋顶，因而被赞誉为色多桑波（གསེར་ཏོག་བཟང་པོ།）[61]，彼师曾敦请第三世达赖喇嘛索南嘉措到寺，呈述金刚持的佛殿与村庄杂居，欲另建寺院。被赐予建寺地址的授记及命寺名为扎喜定喀（བཀྲ་ཤིས་སྡིང་ཀ）。吉雪第巴曲结也到过此处，曾讲授许多佛法，所得的布施，悉数资助于扎仓，作为法事经费，并修建了数座佛塔。

第五世达赖喇嘛诞生于火蛇年（丁巳），此后的第三年土羊年（公元1619年，明万历四十七年，丁未），华丹嘉措（དཔལ་ལྡན་རྒྱ་མཚོ།）昂索和曲嘉朋措（ཆོས་རྒྱལ་ཕུན་ཚོགས།）两人做施主，由桑洛（བསམ་བློ།）的李嘉然绛巴喜饶却旦（ལི་ཀྱ་རབ་འབྱམས་པ་ཤེས་རབ་མཆོག་ལྡན།）根据昔日达赖的授记，在勒奥定（ལྷས་སྔོ་ཏིང་།）地方，修建了卓仓寺扎喜龙布（སྒྲོ་ཚང་དགོན་བཀྲ་ཤིས་ལྷུན་པོ།[62]）。《噶丹佛教史》中记载：

“曲吉喜饶却旦于己未年在卓仓地方，兴建扎仓及阿练若（དགོན།）。迄今已历卅四年。”第一世嘉木样著的《教统年表》（ཀུན་མཁྱེན་བསྟན་རྩིས་རེའུ་མིག）里即以此为根据，似有充分的所本。也有认为是铁猪年（辛亥）所建者。这寺的寺主，由历代扎洛本（ཟག་སློབ་དཔོན།扎教长）担任。

关于彼师的本生记，昂噶尔夏仲罗桑克宗（བློ་བཟང་མཁས་བཙུན།）曾有叙述。在天界里，为阿弥陀佛的大弟子布木噶日巴（ཧྲུ་མིག་ཞྭ།），为兜率天栴檀噶日巴（དགའ་ལྡན་ཙན་དན་དན་གཞ།），为长老美杰（ཁྱིམ་བདག་མེ་སྐྱེས།），为赞扎果目（ཙནྡྲ་གོ་མི།），为纳若巴（ནཱ་རོ་པ།）、为赛林巴·曲吉扎巴（གསེར་གླིང་པ་ཆོས་ཀྱི་གྲགས་པ།）为迪蒲巴（ཏི་ཕུ་པ།）。然后转生在广阔文殊[63]国土中，幸福江南（ཅང་ནན།）区域里，为守护圣谛具誓者蔡和尚（ཚེ་ཧོ་ཤང་།）、为京俄巴·茨成巴尔（ཚུལ་ཁྲིམས་འབར།）。此后是观音菩萨护持地，普陀附近南京城（ནན་ཅིང་།）的王和尚（ཝང་ཧོ་ཤང་།），是大明万历皇帝之顶饰，天府库藏的掌握者，众生福泽供养树。此后为茨成桑波（ཚུལ་ཁྲིམས་བཟང་པོ།），为贾察吉达玛仁钦。为文殊童子幻化处，雄伟五台山圣地，成就千万神通者海京（ཧེ་ཀྱིན།），被奉天承运宣德皇帝，誉为政治与寂静的顶庄严之事业者。为仁钦桑波（རིན་ཆེན་བཟང་པོ།），虽为虚幻不净体，却获清净文殊身，修成双运的大乘师。为曲丹饶觉尔（ཆོས་ལྡན་རབ་འབྱོར།），为嘉乔华桑（སྐྱབས་མཆོག་དཔལ་བཟང་།）和导师热特纳哇日达（རཏྣ་བྷདྲ།），为弘扬圣教事业者，修建嘉甲大乘寺（རྒྱ་ཀྱ་ཐེག་ཆེན་ཆོས་གླིང་།）的大禅师卜杂尔（བི་ཛར།）。康熙皇帝赞誉为三宝威德“全面护持者”，“众生顶礼的灌顶师，祈祷的圣者无上师”，是白牛氏族的首领班觉尔丹增（དཔལ་འབྱོར་བསྟན་འཛིན།），因被康熙皇帝誉为三宝威德全面护持者和智慧圣妙者，故敕封为灌顶净觉宏济大国师（ཀོན་ཏིང་ཛིང་ཇོའུ་ཧུང་ཅི་ཏཱ་གོ་ཤྲཱི།）。

彼师由于在大成就者[64]的贡隆扎居住修习，故被称为扎洛本。有一首道歌道：“被汉族侍从拥簇下勤听闻，在汉族城市里度过两三年。”似乎在汉族城池里曾经长久居住过。彼师拜一切知嘉木样协巴、章嘉·阿旺罗桑曲丹、夏琼寺居乃（ཇུ་ནེ།）堪布等为师，聆听了许多经教义理，修白文殊菩萨的摩沙羯磨（མ་ཤའི་ལས།）时，获得幼苗；闭关修习大威德时，证得一些感受和关于未来的授记；在扬宗（ཡང་རྫོང་།）静修庵修习时，著《鹦鹉问难》（ནེ་ཙོ་ཞིག་དང་དཀའ་གནས་དྲི་ལན།）等文集两函。松巴堪布也在尊者座下聆听了由前世嘉木样传授的三诀要，于八十五岁圆寂。他的弟弟阿旺闹吾（ངག་དབང་ནོར་བུ།）的本生，虽然不属于同一系统，然而昂噶尔说：“获得如意轮悉地，延年益寿永长生，称为阿旺罗桑闹吾（ངག་དབང་བློ་བཟང་ནོར་བུ།）师。”兄弟两人不但担任过这座寺院的堪布，而且是昂噶尔的喇嘛和舅父。阿旺闹吾转世的呼毕勒罕罗桑贡乔尼玛（བློ་བཟང་དཀོན་མཆོག་ཉི་མ།）是贡塘仁波切的及门弟子，据说出身于曼巴仓（སྨན་པ་ཚང་།）家族。彼师的侄子阿旺宗哲（ངག་དབང་བརྩོན་འགྲུས།）或叫宗哲桑波（བརྩོན་འགྲུས་བཟང་པོ།）者也受过皇上的封敕。叔叔扎教长曾斥责说：

“现在你是喇嘛、官人，若和那些悖理咒师，刁钻坏蛋为伍，违背因果时，则毫无疑问，今后，将会自食其果！那时，要念诵《皈依经》，文殊真言阿惹巴杂纳等等”，给予了授记。癸卯年事变期间，曾在兰州监禁七年多，诵读《皈依经》一百万遍，证得了特殊的晓悟。印玺丧失之后，虽经呈报，说可以补发，但世间事务，哪有推心置腹之举，因而也就与世不争。昔日对叔叔不够尊重，返回家乡后，遂将其转世的喇嘛罗桑丹贝尼玛（བློ་བཟང་བསྟན་པའི་ཉི་མ།）迎至寺院坐床。

罗桑丹贝尼玛于第十二胜生的木鼠年（公元1744年，清乾隆九年，甲子）出生在凉州的纳洋（ནགས་ཡངས།），拜贡哇（གོང་བ།）阿阇黎为师，在本寺学习《集类学》《中论》《般若》，附带兼学了各明处学科。二十岁时，依松巴堪钦受比丘戒。二十五岁赴前藏，在哲蚌寺郭芒扎仓勤奋学习，与德赤浪柔嘉措（ཧེ་ཁྲི་ལུང་རིགས་རྒྱ་མཚོ།）[65]同一学级，承事隆多喇嘛和知嘉（ཟག་རྒྱབ།）阿阇黎为师，巡礼多处圣地，在曲隆于圣大师的曼荼罗之上又敬献了曼荼罗，出现了石上降落甘露的奇迹。修觉宇派的断我执，依据两种菩提心，虔诚地修习金刚瑜伽母的二次第，出现内供甘露沸腾溢出的现象及本尊摄益的许多景象。在第二世一切知吉美旺波座前，聆听了《宗喀巴全集》教敕，在甘珠尔巴拉卜吉（བཀའ་འགྱུར་བ་རབ་རྒྱས།）处聆听了《甘珠尔》大藏经的教敕。承事土观仁波切、贡塘嘉贝样、木雅·丹贝尼玛（མི་ཉག་བསྟན་པའི་ཉི་མ།）等许多善知识为师。担任过塔尔寺医学院的法台和塔尔寺的堪布，讲授了公共学习的佛法和单独学习的许多佛法。火兔年

（丁卯）三月十九日，六十四岁圆寂时，天空里出现彩虹环绕，形成三角形图案的奇迹。他转世的呼毕勒罕罗桑旺秀噶桑嘉措（བློ་བཟང་དབང་ཕྱུག་སྐལ་བཟང་རྒྱ་མཚོ།），曾在塔尔寺求学并在许多静修院修习，修证大为增长，多次去过拉卜楞寺。在德赤仁波切和道杂（རྡོ་རྗེ།）尊者[66]处聆听过许多经教。在扬宗（ཡང་རྫོང་།）修建了不热宫（མ་དྲོས་པའི་ཕོ་བྲང་།）。铁猪年（辛亥）四十八岁，任塔尔寺的堪布，诸凡措施甚为良好，各方事业兴旺。

圣·宗哲桑波（བརྩོན་འགྲུས་བཟང་པོ།）转世的呼毕勒罕堪钦噶桑扎喜嘉措（མཁན་ཆེན་སྐལ་བཟང་བཀྲ་ཤིས་རྒྱ་མཚོ།）于第十三胜生的土猪年（公元 1779 年，清乾隆四十四年，已亥）诞生，由前一世卓仓（གྲོ་ཚང་།）认定，在土观呼图克图座前出家，依前世卓仓受比丘戒，在塔尔寺求学，水鸡年（癸酉）担任密宗院阿阇黎，曾赴喀尔喀三音诺颜（ཧལ་ཧ་སེན་ནོ་ཡོན།）地方利济众生，后来任塔尔寺堪布。彼师转世传承，称为居巴仓（རྒྱུད་པ་ཚང་།）。

堪布传承：第一代堪布朋措南杰（ཕུན་ཚོགས་རྣམ་རྒྱལ།），生于第九胜生火虎年（公元 1566 年，明嘉靖四十五年，丙寅），出身于云哇（གཡུང་བ།）家族。八岁时，拜喜饶曲登（ཤེས་རབ་ཆོས་ལྡན།）为师学习文字。土虎年（戊寅），十三岁时，于青海湖畔，依第三世达赖喇嘛索南嘉措出家。水羊年（癸未）十八岁赴前藏，依赤强巴嘉措(ཁྲི་བྱམས་པ་རྒྱ་མཚོ།）堪布受沙弥戒。在阿里扎仓（མངའ་རིས་གྲྭ་ཚང་།）拜端拉巴（དོན་ལེགས་པ།）堪布为师，三年之中苦学《集类学》和《因明学》。又在哲蚌寺学习《中论》《般若》《戒律本论》《俱舍论》等全部教程。铁虎年（庚寅），二十五岁，在桑浦寺(གསང་ཕུ།）进行噶居学位巡回辩经，东部噶让噶居（ཤར་ཀ་རིང་དཀའ་བཅུ།）的声誉传遍了雪域。在逆境之中，能坚定信念，弘扬佛法，护法神祇们为之完成事业。回到多麦地区，更加夜以继日、孜孜不倦地钻研经教义理，学识大为增长。第十胜生的水鼠年（公元 1612年，明万历四十年，壬子）四十七岁，任佑宁寺堪布。被卓仓色多巴（གསེར་ཏོག་པ།）[67]邀请去在卓仓[68]建立五供，任翁则师。据说遵循在嘉赛仁波切前所立的誓言，自五十六岁的铁鸡年

（公元1621年，明天启元年，辛酉）起，二十三年之中敦请比丘近四百人，创建了普贤行愿法会（བཟང་སྤྱོད་སྨོན་ལམ།）。于支那巴（汉族）认为六十甲子的第一年，即甲子岁（公元1624年，明天启四年，木鼠）由卓仓昂索在扎喜定喀（བཀྲ་ཤིས་ལྡིང་ཁ།）划基线奠基，初步修建石垣和僧众公共厨房等[69]，于火牛年（公元1637年，明崇祯十年，丁丑）尊者七十二岁时，祈请建立讲闻，遂以消除罪孽的方法，答允了请求云。关于这一过程，与《黄琉璃》中的记载相同。但若按土羊年（己未）计算，应是尊者五十四岁时。尊者他不顾心忧身劳，正确地讲授了五部大论，获得如皈依等每一个所缘内，能把道的全部精要结集在一起的成果。据说，在往生国土的时候，站了起来豪迈地说道：

“众生大都是睡卧而死，我噶让噶居却要站着而死!”说毕即圆寂云。

彼师转世的化身阿旺朋措隆珠（ངག་དབང་ཕུན་ཚོགས་ལྷུན་གྲུབ།），出生在前世的家乡，曾在扎什伦布寺学习《释量论》，在哲蚌寺学习全部五部大论，在敏珠林（སྨིན་གྲོལ་གླིང་།）寺德敦（གཏེར་སྟོན།）法师处聆听了许多教诲。被噶丹颇章任为参卓（མཚན་སྒྲོགས།）堪布，返回多麦本寺，任堪布多年，在彼寺修建名叫朋措衮迥（ཕུན་ཚོགས་ཀུན་འབྱུང་།）的四座佛殿。他转世的化身诞生于昂拉（སྣང་ར།），名叫阿旺嘉扬（ངག་དབང་འཇམ་དབྱངས།），在卫地求学，后任本寺的堪布，和前世朋措隆珠一样，他们两人各先后赴卫地求学两次。彼师身体情况不佳，患有烦躁病，经第二世嘉木样恳求护法护佑后得愈。他转世的化身贡乔丹贝坚赞（དཀོན་མཆོག་བསྟན་པའི་རྒྱལ་མཚན།），出生在昂拉。到十九岁时，根据第二世嘉木样一切知吉美旺波的指示，在拉卜楞寺求学，无论现行的调柔，政教的妙慧，显密的学习，都堪称是圣教的大庄严。五十二岁任本寺的堪布，五年之中讲学和措施颇见成效。现在这一世，由官人然绛巴磋尼嘉措（ཚོགས་གཉིས་རྒྱ་མཚོ།）负责，进入拉卜楞寺的讲经院，智慧出众，学习显密经教和各大明处，成绩优异。担任时轮学院的金刚喇嘛，督促明处的学习，收效颇大。圣·阿莽仓著有前世历代喇嘛的略传。

第二代堪布噶让（ཀུ་རིང་།）官人然绛巴隆珠坚参（ལྷུན་གྲུབ་རྒྱལ་མཚན།），其后则由噶让活佛阿旺朋措（ངག་དབང་ཕུན་ཚོགས།）等依次护理寺院，寺规严谨，三百余僧众都能熟记郭芒教程《七十理义》《因理论》《悟慧论》和赞波著的《集类学》等全部经论，形成良好的讲习传统。

这个扎仓，若按第十胜生的土羊年（公元1619年，明万历四十七年，己未）修建计算，已有二百三十一年的历史，若按木鼠年（甲子）计算，至今土鸡年（公元1849年，清道光二十九年，己酉），已有二百二十六年的历史。大经堂的里面有噶让噶居巴经药泥涂复处理的尸体像、八药师如来佛。三世诸佛殿。第三世达赖喇嘛索南嘉措的小寝宫里面有尊者的塑像。吉祥天母怙主殿，元旦施食祭期间，据说年迈的老僧们会见到天母的圣容云。三珠瑙布邦佐石岩宫（བསམ་འགྲུབ་ནོར་བུའི་བང་མཛོད་བྲག་བླ་བྲང་།）里，供着佛陀、文殊菩萨、白度母等的大塑像，布绘的宗喀巴传记一百五十三幅，昂噶尔夏仲奉献的有绰洛（ཁྲོ་ལོ།）[70] 的手与足迹的石头等依止圣像等。有寺志《明慧颈饰珍珠束》（བློ་གསལ་མགུལ་རྒྱན་མུ་ཏིག་ཆུན་པོ།）。噶让（ཀུ་རིང་།）活佛府里，供着观世音菩萨狮音圣像等。刚哇（ཀོང་བ།）戛尔瓦府里，有前世老太爷（ཨ་ཐེ་ཡེས།）年逾八旬时，土观仁波切向其询问古时历史的影像。

在瞿昙寺（ཇོ་ཇེ་འཚང་།）附近有卓仓上下庄园。从前，彼处两昂索曾调解拉摩德钦寺与夏琼寺纠纷，在其所得的和解报酬中，有圣大师的檀板，目前在下庄园的昂索家里供奉着，犍椎尚供在夏琼寺那里。有三大哲士为喇勤贡巴饶赛出家及授比丘戒而迎请的释迦佛像，后圣·宗喀巴又在此像上献了髻顶，眉心有右旋法螺形的舍利，称为右旋法螺本师像。还有四角各有一朵莲花，上下装有珠宝的圣大师的袒衣，这些都在上庄园昂索家中供奉着。另外还有象牙雕的五部佛像，《甘珠尔》大藏经，念修一亿遍六字真言后造的国王形式的十一面观世音菩萨像及空行母形式的像两尊，白牛大师大成就者的缎披风和红背心、黄帽子、金丝缘边的黑帽子，第三世达赖喇嘛索南嘉措的缎披风、颅骨䥫鼓，第五世达赖喇嘛阿旺·罗桑嘉措的禅裙，第五世班禅罗桑耶喜的靴子，第六世班禅贝丹耶喜的长飘带僧帽、手帕，第巴曲结的长飘带僧帽，冬噶·仓洋珠扎（ཏུང་དཀར་ཚངས་དབྱངས་འབྲུག་སྒྲ།）的长飘带僧帽，尼塘·阿旺循奴扎巴（ཉི་ཐང་ངག་དབང་གཞོན་ནུ་གྲགས་པ།）的法衣，洛·森巴（སོ་སེམས་དཔལ།）和嘉赛（རྒྱལ་སྲས།）两师的背心，第一世一切知嘉木样协巴的背心，第二世嘉木样吉美旺波的修行帽，土观·曲吉尼玛的衣服，阿里·阿旺嘉样钦则丹吉（མངའ་རིས་ངག་དབང་འཇམ་དབྱངས་མཁྱེན་བརྩེ་བསྟན་རྒྱས།）的背心，吉散（ཕྱུགས་ཟམ།）活佛的五部佛像和腰带，堪钦·罗桑曲洋（མཁན་ཆེན་བློ་བཟང་ཆོས་དབྱངས།）的法衣和班智达帽，圣·班觉尔嘉措（དཔལ་འབྱོར་རྒྱ་མཚོ།）的五佛冠、长飘带僧帽、修行帽，居乃（རྒྱུ་ནེ།）成就者的僧帽，俄西（ངོ་ཤྲི།）禅师的背心，扎教长的腰带，弘化寺（མཛོ་མོ་མཁར།）嘉样尼玛（འཇམ་དབྱངས་ཉི་མ།）的短飘带僧帽等许多内供物。

据松巴氏说，曾经大元和大明皇帝赐金印的国师有：瞿昙、喀的喀（ཁ་ཏི་ཀ）、弘化寺、丹保（བརྟན་པོ།）、交杂（ཅོག་ཙེ།）国师等；赐银印者有：当哇森（སྟང་བ་ཟེན།）、申中、隆奔（ཀླུ་འབུམ།）、多哇、木雅、玛藏（མར་ཙང་།）国师；玛巴依盖（སྨད་པ་གཡོ་དགེ）、其勒（ཁྲི་ལི།）、颜徐（ཡེན་བཀྲུ།）、江交（ཅང་ཇོ།）等国师；伍钦（ཨུ་ཆེན།）、吉祥（ཅི་ཤང་།）等禅师；小寺院则赐青铜和象牙印玺；给各各大佛殿都赐予了佛像、佛经和佛塔等。但是，以上有的不但没有实物，而且文字是否正确，也不清楚，录于此处仅作参考。

瞿昙寺背面有宗塔（ཙོང་ཐར།）静修庵、杰拉（གྱི་ལག）静修庵、嘉红（རྒྱ་དགོན།）静修庵。前方有相钦（ཤིང་ཆེན།）静修庵。

距瞿昙寺东面十余俱卢舍的地方，是五个部落之一的噶让氏族形成的村庄，称为东噶让（ཤར་ཀུ་རིང་།）。其后代中信仰觉囊派（ཇོ་ནང་།），先后有噶让·交桑（ཀུ་རིང་ཇོ་བཟང་།）者，乃噶玛·饶贝多吉灵塔志的作者以及噶让噶居等，历世传承都是一些圣哲上师。在被称为达嘉玛（ཏ་བཀྲ་མ།）的噶让·桑珠林（ཀུ་རིང་བསམ་འགྲུབ་གླིང་།）佛刹里，供奉着三世诸佛、二胜、八大菩萨、忿怒两本尊等，是一所二层楼宫殿式的佛殿。还有大经堂和四柱楼式喜金刚大殿，据说建成已有近四百年的历史矣。据松巴说，瞿昙寺有雅昂多杰知玛尔寺（ཡར་ནང་རྡོ་རྗེ་བྲག་དམར།）、角推（ཇོ་ཐོས།）静修庵、角嘉（ཇོ་རྒྱ།）静修庵、藏·饶赛和玛·释迦牟尼二师的修行地班毛曲宗窟（པདྨ་ཆོས་རྫོང་།），或称为甫拉扬宗窟（ཕུ་ལ་ཡང་རྫོང་།）等十个属寺。此窟与智噶尔贝宗窟（བྲག་དཀར་སྤྲེལ་རྫོང་།）[71]、安穹南宗窟（ཨུན་ཆུང་གནམ་རྫོང་།）[72]、峡宗窟(ཤ་རྫོང་།）是多麦地区著名的四个窟。

还有前世卓仓（གྲོ་ཚང་།）活佛见到大威德圣容的禅室。

※　　　　※　　　　※

塘让寺噶丹夏珠林（ཐང་རིང་དགོན་དགའ་ལྡན་བཤད་སྒྲུབ་གླིང་།）它的修建者嘉哇喇嘛桑洛巴更敦仁钦（རྒྱལ་བ་བླ་མ་བསམ་བློ་པ་དགེ་འདུན་རིན་ཆེན།），彼师生于第十胜生铁羊年(公元1571年，明隆庆五年，辛未)，二十岁赴卫地求学，获得林赛噶居(གླིང་བསྲེས་དཀའ་བཅུ།）的学位。二十九岁任哲蚌寺的嘉哇喇嘛（རྒྱལ་བ་བླ་མ།）。三十四岁回到了多麦地区，恰和过去第三世达赖喇嘛索南嘉措去过的地方建立伽蓝的缘起相适应。土羊年（公元1619年，明万历四十七年，己未）四十九岁时，按第四世班禅罗桑确坚给噶居端珠嘉措（དོན་གྲུབ་རྒྱ་མཚོ།）所做的指示和赐予的寺院名称，修建了这座寺院，建立实践三事和扎仓，任刚哇曲结智化仁钦（གྲགས་པ་རིན་ཆེན།）为洛穹。木狗年（甲戌）夏季，彼师和证悟者噶哇华桑（དཀའ་བ་དཔལ་བཟང་།）群则、依盖（ཀཡི་དགེ）官人等全体福田与施主邀请第巴曲结在六月祈祷法会上传授灌顶、教敕和随许三方面的许多经法。七十岁圆寂。彼师转世的化身罗桑更登（བློ་བཟང་དགེ་འདུན།），于第十一胜生的水马年（公元1624年，明崇祯十五年，壬午）诞生，曾赴卫地求学，在第四世班禅罗桑确坚座前受比丘戒，命名为图多嘉措(མཐུ་སྟོབས་རྒྱ་མཚོ།)。遵循第五世达赖喇嘛教导，修造了弥勒佛像和释尊佛像，在拉萨释尊殿供奉七天，祈求加持后，于铁猪年（辛亥）迎请到多麦地区，作为本寺主要依止的佛像。曾任凉州江让寺（བྱང་རིང་དགོན།）和甘州（ཀན་ཀྲུའུ།）马蹄寺（སྣ་ཐིས་དགོན།）的喇嘛。

水牛年（己丑），第一世章嘉·智化鄂赛（གྲགས་པ་འོད་ཟེར།）任堪布。第十一胜生开始的丁卯年（公元 1627 年，明天启七年，丁卯），修建了三世诸佛殿、弥勒殿、怙主殿，深入教授了《中论》《般若》《俱舍论》《戒律本论》，讲学风气很盛。

云·索南达杰（གཡུང་བསོད་ནམས་དར་རྒྱས།）在该寺院和炳灵寺任过堪布，并有转世化身。

接着任堪布者有大成就者丹玛茨成嘉措、兰巴·宗哲茨成（ལམ་པ་བརྩོན་འགྲུས་ཚུལ་ཁྲིམས།）、当阿·茨成嘉措（ཞང་ང་ཚུལ་ཁྲིམས་རྒྱ་མཚོ།）、曲卡·朋措桑波（ཆུ་ཁ་ཕུན་ཚོགས་བཟང་པོ།）、宁夏·阿旺朋措（ཉན་ཞང་ངག་དབང་ཕུན་ཚོགས།）、刚玉·智化扎喜（གོང་བཞི་གྲགས་པ་བཀྲ་ཤིས།）、夏哇·更登鄂赛（ཤར་བ་དགེ་འདུན་འོད་ཟེར།）、嘉梯·索南喜饶（སྒྱུ་ཐི་བསོད་ནམས་ཤེས་རབ།）、嘉哇喇嘛转世的活佛罗桑更登（བློ་བཟང་དགེ་འདུན།）等。

刚哇·阿旺金巴（གོང་ང་ངག་དབང་སྦྱིན་པ།），在哲蚌寺郭芒扎仓学习，并取得了学位，曾任了大通寺和赛隆寺等处的喇嘛。

云·阿旺嘉措（གཡུང་ངག་དབང་རྒྱ་མཚོ།）、唯日·罗桑喜饶（བེ་རི་བློ་བཟང་ཤེས་རབ།）、卜隆·丹巴龙珠（བུ་ལུང་བསྟན་པ་ལྷུན་གྲུབ།）、扎察·罗哲嘉措（སྒྲ་ཚ་བློ་གྲོས་རྒྱ་མཚོ།）、芒拉·罗桑扎喜（མང་ར་བློ་བཟང་བཀྲ་ཤིས།）、罗桑丹增(བློ་བཟང་བསྟན་འཛིན།）千户、阿贡·阿旺茨成（ཨ་མགོན་ངག་དབང་ཚུལ་ཁྲིམས།）、当阿·阿旺端珠（ཞང་ང་ངག་དབང་དོན་གྲུབ།）、曲卡·罗桑宗哲（ཆུ་ཁ་བློ་བཟང་བརྩོན་འགྲུས།）。

霍尔嘉·罗桑森格（ཧོར་རྒྱ་བློ་བཟང་སེང་གེ），赴卫地学习五部大论，达赖喇嘛授予曲结（ཆོས་རྗེ།）名号。第五世达赖喇嘛赴内地时，彼师正担任法台职位，与扎仓全体人员一同去塔尔寺朝拜达赖喇嘛，蒙给予可以授予噶居学位之权。曾赴青城（མཁར་རྫོན།）任扎萨（ཇ་སག）喇嘛。在本寺以三百两白银雕刻《大般若经》等印版。彼师历代转世，均护理该寺院。

三嘉·罗桑格勒（ཟན་རྒྱ་བློ་བཟང་དགེ་ལེགས།）在哲蚌寺郭芒扎仓求学，依第五世班禅罗桑耶喜受比丘戒，又进下密院，修习怛特罗，成绩优异。第一世嘉木样在格派时，彼师前去叩谒，曾给他授《菩提道次第广论》教敕数次及许多灌顶和随许等，聆听许多甚深显密教授，修习实践，获得了中观见，据说曾见过大威德圣容。任堪布五年，勤奋讲学，著有关于《中论》方面的教程，雕版行世。第十二胜生的水鼠年（公元 1732 年，清雍正十年，壬子）建立了密宗学院，任刚哇·阿旺意希（སྒང་བ་ངག་དབང་ཡེ་ཤེས།）为法台。

云·坚赞闹吾（གཡུང་རྒྱལ་མཚན་ནོར་བུ།）。

刚哇·阿旺意希，是前藏的格西，依班禅仁波切受比丘戒，在多麦地区重新住持洛噶寺特钦曲林（ལོ་དཀར་དགོན་ཐེག་ཆེན་ཆོས་གླིང་།），任该寺堪布，并担任过卓仓寺的堪布。在彭措岗（ཕུན་ཚོགས་སྒང་།）居住时，与第六世达赖喇嘛仓央嘉措心意相投，曾邀请至该寺讲经说法。

恰噶·罗桑达杰（ཆག་ག་བློ་བཟང་དར་རྒྱས།）。

嘉德·丹增嘉措（སྒྲ་དི་བསྟན་འཛིན་རྒྱ་མཚོ།），曾赴内地，与章嘉·饶悲多吉关系密切。清乾隆皇帝赐予了呼图克图名号，于阿巴帕西热他拉（ཨ་ཕག་ག་ཤེ་ར་ཐ་ར།）修建了寺院。

罗桑格勒（བློ་བཟང་དགེ་ལེགས།）千户、南嘉·阿旺桑波（ནན་ཀྱི་ངག་དབང་བཟང་པོ།）、云·罗桑南嘉（གཡུང་བློ་བཟང་རྣམ་རྒྱལ།）、曲卡·阿旺端珠（ཆུ་ཁ་ངག་དབང་དོན་གྲུབ།）、唯日·扎巴仁钦（བེ་རི་གྲགས་པ་རིན་ཆེན།）。

塔尔寺嘉雅·丹增桑波(རྒྱ་ཡག་བསྟན་འཛིན་བཟང་པོ།),曾于建造圣·宗喀巴大铜像、绘制五十幅无量寿佛的画像、维修大经堂时,奉献白银五百两作为修缮费。

其次为刚哇·阿旺耶喜（སྒང་བ་ངག་དབང་ཡེ་ཤེས།）、多哇·阿旺桑格（མདོ་བ་ངག་དབང་སེང་གེ）、斯纳·意希班觉尔（ཟི་ན་ཡེ་ཤེས་དཔལ་འབྱོར།）、扎察·朋措嘉措（སྦྲ་ཚ་ཕུན་ཚོགས་རྒྱ་མཚོ）、玛章·阿旺端珠（མ་གྲང་ངག་དབང་དོན་གྲུབ།）、云·阿旺嘉措（གཡུང་ངག་དབང་རྒྱ་མཚོ།）、宁夏·罗桑丹增(ཉིན་ཞ་བློ་བཟང་བསྟན་འཛིན།)。

曲卡·罗桑丹贝坚赞（ཆུ་ཁ་བློ་བཟང་བསྟན་པའི་རྒྱལ་མཚན།），于第十三胜生的木猪年（公元 1755 年，清乾隆二十年，乙亥）诞生。在哲蚌寺郭芒扎仓学习，获桑浦噶居（གསང་ཕུའི་དཀའ་བཅུ།）学位，依热振赤钦（ར་སྒྲེང་ཁྲི་ཆེན།）受比丘戒。在蒙古地区任奥托贝勒（ཨ་ཐོ་བེ་ལི།）喇嘛。任这寺堪布时，适第六世班禅贝丹耶喜驻锡塔尔寺，拜见后，赐予长飘带僧帽等圣物。又任凉州江让、洋庆（ཡོང་ཆིང་།）等寺堪布。曾先后遵照皇上命令办理巴乃亥（སྦ་ནག）[73]地区的事务，蒙授予特木齐达喇嘛(ཐེན་ཆེན་དྷ་བླ་མ།）职位，西藏噶丹颇章宫也授以堪布的服装。维修大经堂和释尊殿，前者由贡塘·嘉贝样作开光安神仪轨，后者由曲藏仁波切作开光安神仪轨并授予了大悲灌顶。土虎年(戊寅)，六十四岁，邀请全知者章嘉至寺结法缘，享年八十五岁圆寂。

此后为云·嘉扬罗哲班觉尔（གཡུང་འཇམ་དབྱངས་བློ་གྲོས་དཔལ་འབྱོར།)、宁夏·罗桑念知嘉措（ཉིན་ཞ་བློ་བཟང་སྙན་གྲགས་རྒྱ་མཚོ།)、刚哇·丹巴嘉措（གོང་བ་བསྟན་པ་རྒྱ་མཚོ།)、苟·罗桑丹贝旺秀（འགུ་བློ་བཟང་བསྟན་པའི་དབང་ཕྱུག)、十地惹丕林（གནས་བཅུ་རབ་འཕེལ་གླིང་།)寺院的勒嘉·阿旺茨成嘉措（ལི་ཀྲུང་ཀ་དབང་ཚུལ་ཁྲིམས་རྒྱ་མཚོ།）等，采用郭芒教程，讲辩的胜幢飘扬空际，僧众约有五百余人。

在这寺的后山，有第一世嘉哇喇嘛修建的拉隆（ལྷ་ལུང་།）静修院塔哇林（ཐར་པ་གླིང་།)，另外有扎喜曲科林（བཀྲ་ཤིས་ཆོས་འཁོར་གླིང་།)、噶丹隆珠林（དགའ་ལྡན་ལྷུན་གྲུབ་གླིང་།)、噶丹三珠林（དགའ་ལྡན་བསམ་འགྲུབ་གླིང་།)、本康塘（འབུམ་ཁང་ཐང་།）等。

这座寺院在宗拉山脉左侧有一十八座大小寺院。苟咱巴燕（འཁག་ཙ་བ་ཡན།）[74]地区有六座寺院和静修院，共计有二十四处支寺，寺院所属的谿卡有三条大沟等，这座寺院与卓仓寺扎喜定喀药草台寺都属于同一时期修建的伽蓝。

东面的约格沟（གཡོ་དགེ་ལུང་།)，有当年约·格迥的禅堂。

巴觉寺（བ་ཇོའི་དགོན།)[75]也叫丹巴达吉林（བསྟན་པ་དར་རྒྱས་གླིང་།）从事佛陀事业者色钦曲杰（སེ་ཆེན་ཆོས་རྗེ།)[76]金巴嘉措（སྦྱིན་པ་རྒྱ་མཚོ།）修建。彼师生于尼塘寺（ཉི་ཐང་དགོན།）附近。当时，由于满清（ཇར་ཆེ།)[77]皇帝的势力日形强大，根据第四世班禅罗桑确坚和第五世达赖喇嘛提出它能不能做我方施主的指示，彼师乃于第十三胜生的铁龙年（公元1640年，清太宗崇德五年，庚辰）前去目顿（ཐུག་ཏུན།)。一到该地区，立刻瑞相纷陈，被皇帝尊为应供喇嘛。木猴元年（公元1644年，清顺治元年，甲申），东方皇帝的广大国土中发生了事变，流贼（ལིའུ་ཙེམ།）虽夺取了大明崇祯[78]的帝位。但是，他未能保持得住，丢失于满清之手。彼师对众敬王[79]的皇位，由顺治[80]皇帝前去登极等日期时辰，都作了预告，和皇帝一同到了北京。皇上登上御座之后，为了使社稷永固，于皇宫之中称为“僧山”（ཟེན་ཤན།）的顶上，修建了一座佛塔[81]，塔前树立吉祥天母和狮面母两尊依止的幡三杆，这三根杆幡，现在人们不知道它的作用，改为汉式的三根长旗杆。在皇宫外的背面，为了护佑社稷，修建了黄寺（ཧྭ་ཁང་སེར་པོ།）和佛像、佛经和佛塔。在一段时间内，为了缘起，规定在城墙之上，吹号角、海螺，并进行巡礼，现在已成为制度，一直在奉行。由于彼师贡献很大，授予灌顶的敕诰，批准新建伽蓝，并赐了匾额。

贤巴曲乔嘉措（བྱམས་པ་ཆོས་མཆོག་རྒྱ་མཚོ།），被康熙皇帝尊为上师。曾赐给圣父子三尊等许多贵重的佛像、佛经和佛塔。清乾隆帝邀请嘉样隆殊嘉措巴（འཇམ་དབྱངས་ལྷུན་གྲུབ་རྒྱ་མཚོ་པ།），在目顿（སྨུག་ཏུན།）修建了依杂拉杰林（གཞི་ཙ་རབ་རྒྱས་གླིང་།）寺，创立讲学制度。以上三师是弟兄[82]，现在仍由其官府家族执掌寺院，受历代皇帝的尊重。

罗桑勒夏尼玛（བློ་བཟང་ལེགས་བཤད་ཉི་མ།），在西藏卫地求学，获得拉仁巴学位后，返回多麦地区，在自己的寺院里设立了法相学院。其次由罗桑官却坚赞（བློ་བཟང་དཀོན་མཆོག་རྒྱལ་མཚན།）、贤巴坚赞（བྱམས་པ་རྒྱལ་མཚན།）、嘉样吉美嘉措（འཇམ་དབྱངས་འཇིགས་མེད་རྒྱ་མཚོ།）、罗桑程列尼玛（བློ་བཟང་འཕྲིན་ལས་ཉི་མ།）等依次护理该寺院。

经巴觉（སྣ་ཇོ།）昂索等请求后，木兔年（乙卯），土观仁波切任堪布，并任浦察噶居（ཕུར་ཚེ་དཀའ་བཅུ།）为洛穹。众僧有二百余名。大经堂里供奉着栴檀释尊像、八药师如来佛像；上层供着圣·宗喀巴的牙齿、舍利和腰带，历代达赖圣师徒的衣服，康熙皇帝的两顶帽子、三串念珠、黄金和碧玉镶嵌的小刀、鱼须把的马鞭子、金制佛盒、珍珠颈饰、轿子、吠琉璃托钵、红宝石花瓶、羊脂玉的观赏摆设，及曲结自己的念珠、轿子等。

大经堂背面的佛殿里，供着硃红印刷的宫版《甘珠尔》大藏经，其中开始的四函则为金汁书写者，经函夹板及捆经函的带子等都是特制的。有班禅本生画像等。另外还有三世诸佛殿、怙主殿等。据松巴说：

“虽然以往是塘让寺院的支寺，由墨尔根曲结李嘉·萨噶尔喇嘛（མི་ཀུན་ཆོས་རྗེ་ལི་ཀྱཱ་ས་དཀར་བླ་མ།）住持，但现在已是独立的寺院。

赛哲（སེར་དྲིས།）静修庵是它的支寺。”

沟脑有巴觉（བྲ་རྡོ།）静修庵。

塔尔寺上部有西宁东科寺（ཟི་ལིང་སྟོང་འཁོར་དགོན།）[83] 是圣·多居嘉措（རྗེ་མདོ་རྒྱུད་རྒྱ་མཚོ།）的历世化身住持的寺院。彼师的本生原为对一位消除过对于佛陀曾持邪念者的化身奉献过斋饭并祝愿信奉佛教的婆罗门孩童，在兜率天是慈尊的弟子息哇洛哲（ཞི་བའི་བློ་གྲོས།），于婆娑世界是佛陀座前的息委扎样（ཞི་བའི་སྒྲ་དབྱངས།），在三十三天是天神之子金吉陈瓦（སྨིན་ཀྱི་འཕྲེང་བ།），在西藏是松赞干布的大臣吞弥桑布扎（ཐོན་མི་སམ་བྷོ་ཊ）、莲花生大师的心传弟子玉扎宁波（གཡུ་སྒྲ་སྙིང་པོ།）、圣·仲敦巴（འབྲོམ་རྗེ།）的大弟子博多哇（པོ་ཏོ་བ།），持律者扎巴坚赞（གྲགས་པ་རྒྱལ་མཚན།），能言善辩者扎西吉美（བཀྲ་ཤིས་འཇིགས་མེད།），然后是东科·达哇坚赞（སྟོང་འཁོར་ཟླ་བ་རྒྱལ་མཚན）。彼师于第八耶生的火候年（公元1476年，明成化十二年，丙申）出生在大蕃巴尔康（བར་ཁམས། 中康）地区的东科（སྟོང་འཁོར།）杂尔额（ཚར་རོས།）地方的一户乞丐的家里，父名叫隆务浪巴（རོང་བུ་ལོང་པ།），与第二世达赖喇嘛更登嘉措（དགེ་འདུན་རྒྱ་མཚོ།）同庚。

父亲请求一位本教的喇嘛为孩子算命。回答道：

“你的儿子对佛教犹如明亮的月亮，有消除我们本教黑暗的预兆”。

尊者自幼出家，拜森巴·扎喜坚赞（སེམས་དཔའ་བཀྲ་ཤིས་རྒྱལ་མཚན།）等为经师，去木雅热冈（མི་ཉག་རབ་སྒང་།）深造。修习大黑天、大威德等三法，主要修习退敌母法。后到西藏卫地，首先去色拉寺杰扎仓朱倭康村（སེར་བྱེས་ཀྱི་བོ།）学习，不见长进，改入色拉寺麦扎仓的隆务康村（རོང་པོ་ཁམས་ཚན།），拜谒隆务·噶尔德曲结（རོང་པོ་ཀ་ཧྲི་ཆོས་རྗེ།）[84]，从《集类学》入门，逐步学习《般若》

《中观》《释量论》《戒律本论》《俱舍论》等。这个时间，正是第二世达赖喇嘛更敦嘉措、班禅索南扎巴（པན་ཆེན་བསོད་ནམས་གྲགས་པ།[85]）、色拉寺的吉尊巴等聚集在一起的时期。返回故乡后，将从前本教寺院本康刚哇（བོན་ཁང་སྒང་བ།）的地址，募化过来，在彼处修建了东科寺桑钦多杰林（སྟོང་འཁོར་དགོན་གསང་ཆེན་རྡོ་རྗེ་གླིང་།东科大密金刚洲），并修建分支经堂，新铸五庹高的弥勒像，以及其他佛像、佛经和佛塔等，树立三事的实践，建立显密经论的讲闻制度，委托大红司命主（ལྷམ་སྲིང་།）为护法。迎请《甘珠尔》大藏经。尊者神通广大，如霍尔部[86]的一位官人领兵前来，准备捣毁寺院，大众亲眼看到护法神扒出那个官人的心脏，投向大经堂中，那官人立刻死去，其心脏用毛毡包着献于护法神像手中，现在仍然保存在该殿。另外有个名叫曲结循奴（ཆོས་རྗེ་གཞོན་ནུ།）的人激起凶曜，落到寝宫的柱子上，别说能进行什么危害，连他自己也动不得了，尊者由于慈悲才放了它，而那个曲结不久便坠入惹春（རག་ཁྲིམ།）峡谷的深渊之中。护法维护正法事业的威势，传布于远近。八十一岁火龙年（丙辰）圆寂。

彼师转世的呼毕勒罕云丹嘉措（ཡོན་ཏན་རྒྱ་མཚོ།）于第九胜生的火蛇年（公元1557年，明嘉靖三十六年，丁巳），出生在巴尔康地区的哇多保（ཡ་ཏོ་སྟོ།）地方，八岁时在桑珠孜（བསམ་འགྲུབ་རྩེ།）依堪钦贡乔坚赞（མཁན་ཆེན་དཀོན་མཆོག་རྒྱལ་མཚན།）出家。在堪布（མཁན་པོ།）和索南端珠（བསོད་ནམས་དོན་གྲུབ།）噶居等处闻听了许多灌顶、教敕和随许等经法，曾亲见大威德及白依怙主等圣容，能忆起过去的许多本生，曾巡礼杂扎喜桑珠林（རྫ་བཀྲ་ཤིས་བསམ་གྲུབ་གླིང་།）寺、德肖（ཏེ་ཤོད།）、波达（སྤོ་མདའ།）等地。为了弘扬圣教，利济众生，曾就前去康定（དར་རྩེ་མདོ།）或炳灵寺进行占卜，得到去后者吉利的指示。于是就去隆务苟尔德寺（རོང་པོ་ཀིརྟི་དགོན།）、达仓寺（ཏྭ་ཚང་དགོན།）、毛尔盖寺（དམུ་དགེ་དགོན།）、松曲寺（ཟུང་ཆུ་དགོན།）等处，于佐格（མཛོད་དགེ）地区，阅读热戎（ར་རོང་།）阿阇黎曲扎嘉措（ཆོས་གྲགས་རྒྱ་མཚོ།）所著佛陀和圣·宗喀巴的传记之后，对其产生了信仰。同时，在两人梦境里出现了互为师徒的奇妙梦兆。会晤后出现了在这位圣哲座前聆听各种经教的奇特兆相。应佐格官人扎巴索南（གྲགས་པ་བསོད་ནམས།）的请求，在优端（བཞག་སྟོམ།）地方的曲藏则嘉（ཆུ་བཟང་རྩེ་རྒྱལ།）府邸等处留下了许多事迹，修马头金刚的瑜伽师喜饶桑格（ཤེས་རབ་སེང་གེ།），也拜倒在座下。在鲁肖（ཀླུ་ཤོད།）[87] 讲授了许多经教，曲结华丹桑波（དཔལ་ལྡན་བཟང་པོ།）等许多比丘常聚集在左右。应卓尼（ཅོ་ནེ།）土司的迎请，在杨杜（ཡོངས་འདུ།）府中住了一个月。后来经过洮州，在洋哇卡松（གཞོང་པ་ཁ་གསུམ།）讲授了许多佛法，见到了莲花生大师的圣容。去珠措湖（འབྲུག་མཚོ།）时，指出湖神的本像，当师徒们朝海之时，出现了许多神异，认为是退敌军母的神湖。又去炳灵寺、韩达垅、卡加（ཁ་སྒྱ།）、甘家（ཀན་རྒྱ།）等地，复经洮州（ཐོའུ་ཏྲེ།）、察多尔（ཚ་རྡོར།）、苦夏查吾（ཁུ་ཤ་ཁྲ་བོ།）等处到达卓尼，在这里著了《怛特罗部总述持咒者喜筵》（རྒྱུད་སྡེ་སྤྱི་རྣམ་རིག་འཛིན་རོལ་པའི་དགའ་སྟོན།）。在优端驯服了若干凶狠的神魔，开启了称为莲花生大师驯服魔鬼罗刹的圣地达仓拉摩（སྟག་ཚང་ལྷ་མོ།）之门。二十三岁时，为了在青海湖畔朝拜第三世达赖喇嘛索南嘉措，前往仰华寺恰卜察特钦林，在那里请求了比丘戒，请求了许多佛法。作俺答汗的供养师数年[88]，遵循达赖喇嘛的指示前去察哈尔，以神通扫除了祭祀祖神（མཚན་ལྷ།）的传统。大明万历皇帝也非常赞赏。尔时土默特等部落虽然前来邀请，但没有去，于水马年（壬午）赴前藏，在长江边，事业誓愿法王显出将头巾抛掷江中作为桥梁的兆相，顷刻结成了冰桥。向色拉寺、哲蚌寺、噶丹寺、宗摩园（བཙུན་མོ་ཚལ།）、叶尔巴（ཡེར་པ།）寺等许多大小寺院奉献了布施，给第巴吉雪巴（ཉེ་བ་སྐྱིད་ཤོད་པ།）主仆等授金刚鬘灌顶，并任色拉寺堪布者数年。返回时，途经止贡（འབྲི་གུང་།），和济仲喜饶旺波（རྗེ་དྲུང་ཤེས་རབ་དབང་པོ།）结成法缘，经昌都绛巴林寺（བྱམས་པ་གླིང་།）等回到自己的扎喜伦布寺（བཀྲ་ཤིས་ལྷུན་པོ།）。火猪年（丁亥），三十一岁圆寂，遗体供在西康东科寺。

彼师转世的呼毕勒罕有喀尔喀的曼殊室利（མཧ་ལ་ཧ་མ་མཉྫུ་ཤྲཱི།）与鄂尔多斯曼殊室利阿旺嘉样隆珠（ཨུར་དུ་སུ་མཉྫུ་ཤྲཱི་ངག་དབང་འཇམ་དབྱངས་ལྷུན་གྲུབ།）和巴尔康地区达

桑（སྟག་བཟང།）地方出生的这位嘉哇嘉措（རྒྱལ་བ་རྒྱལ་མཚོ།）等三人，都诞生于土鼠年（戊子）。经索南坚赞（བསོད་ནམས་རྒྱ་མཚོ།）昂索等确认为前世转世的呼毕勒罕后，于东科寺坐床，在达波克乔曲结（དྭགས་པོ་མཁས་མཆོག་ཆོས་རྗེ།）转世者罗桑丹巴嘉措（བློ་བཟང་བསྟན་པ་རྒྱ་མཚོ།）座前出家。过去达哇坚赞曾说过：

“在北方将出现一游牧大部落，彼处将成为余之教化者。”

这个预言实现了。木马年（甲午）七岁时，到了青海湖边火落赤部落，受到俺答王后裔的弟兄们的尊崇信奉。在吉更（རི་གིན།）修行岩，见到了吉祥天母圣容。到过东车（སྟོང་ཆེ།）、贵德（ཁྲི་ཀ།）、阿柔（ཨ་རིག）等地，返回后，闭关修习三年。解除闭关后，浦察阿树（ཕུར་ཚའི་དཔལ་ཤུལ།）等各部落的官人们邀请至吉噶拉莫达尔塘（འདི་སྐ་ལྷ་མོ་དར་ཐང།），给旁察（ཕུང་ཚོ།）官人喜饶扎（ཤེས་རབ་གྲགས།）、阿树（དཔལ་ཤུལ།）官人本嘉雅（འབུམ་སྐྱབས་ཡག）、果洛（མགོ་ལོག）官人阿什江（ཨ་སྐྱོང།）、才本塔（ཚེ་འབུམ་ཐར།）等讲授了许多佛法。在黄河里乘船前进，受到阿树官人却杰仁钦（ཆོས་རྒྱལ་རིན་ཆེན།）、朝嘉贤木（ཁྲོ་རྒྱལ་བྱམས།）等侍奉尊崇。经苟日德、达仓、毛尔盖、桑曲等村庄小寺到达青海湖边，调解汉蒙纠纷，为之订立和约。于吉雪第巴曲结处受比丘戒，聆听了金刚鬘灌顶。以后又邀请至厄鲁特蒙古。赴西藏朝拜第四世达赖喇嘛云丹嘉措。复次又返回青海湖边，到华热地区、凉州四部等处。土兔年（己卯），五十二岁时圆寂。圆寂后未经过投胎，恰值这时苏曲（སུག་ཆུ།）河边有一个十九岁的汉族青年的尸体正送往墓地，即像飞鸟似的刹那之间，予以转趋，喊叫“我是东科哇（སྟོང་འཁོར་བ།）。”经确认后，与前世的遗体一同赴东科寺。途中在曲藏·南嘉班觉尔尊者座前重新出家为僧，命名为嘉样嘉措（འཇམ་དབྱངས་རྒྱ་མཚོ།），聆听了无数的灌顶、教敕和诀要。《云裳秘笈》里说：

“犹如卓弥（འབྲོ་མི།）传里所述那样，大成就自在者们虽说可以转趋自己的尸体，但是像这样很容易地实现夺舍，则还没有呈现过。”

一般来说，虽值得思考，但也很有必要。圣·噶丹充分予以肯定，说道：

“密乘乃是佛教之精华，以此慈悲顺利夺舍者，具祥多居嘉措来转世。”

火狗年（公元 1646 年，清顺治三年，丙戌）赴西藏，在第四世班禅罗桑确坚座前受近圆戒，命名为多居嘉措（མདོ་རྒྱུད་རྒྱ་མཚོ།）。在哲蚌寺朝拜了第五世达赖喇嘛，受到第悉索南群培和固始汗两者的极大崇敬，向达赖呈述想在多卡尔（མདོ་མཁར།）[89] 修建寺院，请赐一地址。蒙赐予文书。复经青海湖边到达多卡尔，修建了噶丹曲科林（དགའ་ལྡན་ཆོས་འཁོར་གླིང་།兜率法轮洲）寺院及大经堂、怙主殿等。水龙年（公元 1652 年，清顺治九年，壬辰），在噶尔塘玛库措摩（ཀར་ཐང་མར་ཁྲིའི་མཚོ་མོ།）拜谒第五世达赖喇嘛。木蛇年（公元 1665 年，清康熙四年，乙巳）去内地，被康熙皇帝（གོང་མ་ཁང་ཞི།）赐予曼殊室利禅师（ཆན་ཤི་མཉྫུ་ཤྲཱི།）诰封。途经五台山，来到青海湖边去巴尔康的东科寺。在宁塘（སྙིང་ཐང་།）新建了扎喜达杰林（བཀྲ་ཤིས་དར་རྒྱས་གླིང་།）寺院。被噶居·释迦嘉措（དཀའ་བཅུ་ཤཱཀྱ་རྒྱ་མཚོ།）等邀请至毛尔盖寺，后与他一起多次去青海湖边。在华热地区，确认了药水泉与胜乐神湖，并开启圣地之门，在岩石上留下了手印的痕迹。到隆务寺（རོང་བོ་དགོན།）和涅贡智噶尔（གཉའ་གོང་བྲག་དཀར།）。在毛尔盖寺修建弥勒殿、怙主殿、大经堂、卧室等，供奉了许多佛像、佛经和佛塔，《甘珠尔》大藏经，《丹珠尔》大藏经等。水猪年（癸亥）四十五岁圆寂。

彼师转世的呼毕勒罕索南嘉措（བསོད་ནམས་རྒྱ་མཚོ།），于木鼠年（公元 1684 年，清康熙二十三年，甲子）出生在昂拉（སྣང་ར།）[90] 的占巴昂（གྲམ་པ་ནང་།）村的尖扎（གཅན་ཚ།）官人家中，父名邹多嘉（གཙུག་ཏོར་སྐྱབས།），母名本摩（འབུམ་མོ།），也有认为出生年为火虎（丙寅）岁者。在兄弟姐妹八人中年最长。在拉摩夏仲·罗桑丹贝坚赞（བློ་བཟང་བསྟན་པའི་རྒྱལ་མཚན།）处出家。后来又于彼师处受近圆戒。曾在达赖呼图克图夏珠嘉措（བཤད་སྒྲུབ་རྒྱ་མཚོ།）、泽当夏仲·阿旺更噶云堆（ངག་དབང་ཀུན་དགའ་ཡོངས་འདུས།）、曲班觉尔（ཆོས་དཔལ་འབྱོར།）、李嘉端约巴（ལྷི་ཀུ་དོན་ཡོད་པ།）、雍增罗桑尼玛（བློ་བཟང་ཉི་མ།）、教长罗桑扎喜（བློ་བཟང་བཀྲ་ཤིས།）、无与伦比的南卡桑珠（ནམ་མཁའ་བསམ་འགྲུབ།）、圣·华丹曲江（དཔལ་ལྡན་ཆོས་

སྒྲིང་།)、阿旺格勒坚赞（ངག་དབང་དགེ་ལེགས་རྒྱལ་མཚན།）活佛、叶什郡俄然巴（གཡིང་གཞོང་སྟགས་རམས་པ།）等师座前广泛地聆听了新旧灌顶、随许、教敕和诀要，成为一位不拘教派之见，精通各派教法者。曾去巴尔康的东科寺和卓尼大寺（ཅོ་ནེ་དགོན་ཆེན།）等处。癸卯年事变时，住在叶什郡。由于军队摧毁了多卡尔寺院，乃于第十二胜生的火龙年（公元 1736 年，清乾隆元年，丙辰）修建了现在的东科寺土丹夏珠林（ཐུབ་བསྟན་བཤད་སྒྲུབ་གླིང་།圣教讲修洲）。彼师之弟阿旺南嘉（ངག་དབང་རྣམ་རྒྱལ།）从事政务，为之诵经修法，因此，第二世一切知嘉木样就出生在彼处。当第二世一切知刚出生不久，彼师即在各方予以护持，为之授沙弥戒，又授金刚鬘灌顶等许多佛法，并为坐床之事等负责奔走，恩泽无比。水猴年（公元 1752 年，清乾隆十七年，壬申）六十九岁，赴五台山，后一年，于返回的途中圆寂。也有一种说法认为水猴年（壬申）三月，由内地启程，同年七月十三日，在该寺圆寂云。请曲藏仁波切火化遗体时，在灵堂里，一片约大如拇指的头盖骨迸起落到了前面供桌，其上有许多自然形成的形像。彼师的弟子相曲桑保（བྱང་ཆུབ་བཟང་པོ།）著有颂体传记。

他转世的呼毕勒罕嘉样丹增嘉措（འཇམ་དབྱངས་བསྟན་འཛིན་རྒྱ་མཚོ།）。《拉摩授记》中说：

“奔腾东流之黄河，聚集吉祥和福泽，该河彼岸山之上，森林茂密郁苍苍，山上悬岩层峰中，埋有奇珍与宝藏。”

正与此说法相同，于木狗年（公元 1754 年，清乾隆十九年，甲戌）出生在隆务地区的相勒卡（ཤིང་ལེ་ཁ།）。铁龙年（公元 1760 年，清乾隆二十五年，庚辰），在塔尔寺依曲藏·图丹旺秀尊者出家，拉卜楞寺讲经院，以明慧超群，无人能比而著称。犹如文殊菩萨圣容出现，成为障碍的预兆[91]。在一切知嘉木样座前，学习诸明处，聆听了极力向往的灌顶、教敕、诀要和教授的传承。于乾隆皇帝御极四十年之岁，即木羊年（乙未），赴北京朝觐圣上，皇帝赐以没有前例的垂注和优遇。于赴卫地之际，来到拉卜楞寺，在嘉木样尊者座前聆受了应如何善处正理和如何进行闻、思、修的教导，在饯行宴会上又送赆仪白银三百两。在色拉寺麦扎仓学习了五部大论，于第六世班禅贝丹耶喜座前受近圆戒。所拜的经师有意希坚赞（ཡེ་ཤེས་རྒྱལ་མཚན།）和帕邦喀瓦·嘉措塔伊（པ་བོང་ཁ་བ་རྒྱ་མཚོ་མཐའ་ཡས།）及色拉泽格西·托美（ཐོགས་མེད།）、隆多喇嘛等许多权威大善知识，接受正法的传承。与哲蚌藏巴堪布（གཙང་པ་མཁན་པོ།）和噶桑额珠（སྐལ་བཟང་དངོས་གྲུབ།）堪布结法缘，听闻教授。木龙年（公元 1784 年，清乾隆四十九年，甲辰）正月十三日，于拉萨大祈愿法会上立宗辩论，以持论卓越受到奖励，被擦多诺们汗（ཚ་རྡོར་ནོ་མོན་ཧན།）[92] 立刻委任为色拉寺麦扎仓的堪布。在任期间，整饬寺规，使讲学之风蒸蒸日上。又任嘉波日（ལྕགས་པོ་རི།）、夏鲁（ཞྭ་ལུ།）等处堪布，著有《正论精华注疏》（ལེགས་བཤད་སྙིང་པོ་ཡང་འགྲེལ།）、《阿赖耶注疏》（ཀུན་གཞིའི་འགྲེལ་པ།）、《狮面佛母法》（སེང་གདོང་ཆོས་སྐོར།）、《马头金刚法》（རྟ་མགྲིན་ཆོས་སྐོར།）等许多著作。及门弟子有珠拉堪钦（འབྲུ་ལ་མཁན་ཆེན།）、冬噶尔活佛（དུང་དཀར་སྤྲུལ་སྐུ།）、达巴活佛（དག་པ་སྤྲུལ་སྐུ།）、第穆经师仁钦坚赞（དེ་མོའི་ཡོངས་འཛིན་རིན་ཆེན་རྒྱལ་མཚན།）、诺门汗活佛、绛孜法王罗桑格勒（བྱང་རྩེ་བློ་བཟང་དགེ་ལེགས།），色拉寺麦扎仓有罗桑图杰（བློ་བཟང་ཐུགས་རྗེ།）、扎巴克珠（གྲགས་པ་མཁས་གྲུབ།）和扎巴嘉措（གྲགས་པ་རྒྱ་མཚོ།）三人，东科寺和天堂寺两寺的法台达完·阿旺罗桑（རྟ་འོན་ངག་དབང་བློ་བཟང་།），五台山坐夏喇嘛罗桑喜饶（བློ་བཟང་ཤེས་རབ།），天堂寺的堪布端珠嘉措（དོན་གྲུབ་རྒྱ་མཚོ།），嘉戎（རྒྱལ་རོང་།）四部官人贤巴朋措（བྱམས་པ་ཕུན་ཚོགས།）等等。火马年（丙午）返回家乡。羊年赴内地，土马年（公元 1798 年，清嘉庆三年，戊午）四十五岁圆寂。

他转世的呼毕勒罕噶桑嘉样嘉措（སྐལ་བཟང་འཇམ་དབྱངས་རྒྱ་མཚོ།），土羊年（己未），出生在阿里克（ཨ་ལིའི་ཁྲི།）官人家中，依香洒（ཤིང་བཟའ།）阿阇黎出家，聆听了许多佛法。铁羊年（辛未）经大河坝曲梅美隆（རྟང་ཆུ་མིག་ལོང་།）、大河坝山等沿北道赴前藏，晋谒第九世达赖隆多嘉措（ལུང་རྟོགས་རྒྱ་མཚོ།），入色拉寺麦扎仓，同年十一月逝世。

他转世的呼毕勒罕图丹吉美噶桑（ཐུབ་བསྟན་འཇིགས་མེད་སྐལ་བཟང་།），在世只有七年。现在的图丹吉美嘉措（ཐུབ་བསྟན་འཇིགས་མེད་རྒྱ་མཚོ།）于铁龙年（公元 1820 年，清嘉庆二十五年，庚辰）出生，在塔尔寺求学，依曲藏仁波切出家，并依次授予近圆戒。在圣·赛康巴（རྗེ་གསེར་ཁང་པ།）尊者座下学习多年，现任宫中印玺喇嘛[93]。

这座寺院开始虽依色拉寺教程建立讲闻制度，但没有实行多久。神变祈愿法会和依据粉彩坛场建立的胜乐、密集、大威德的修行供很好。

大经堂里，有曼殊室利及第五世索南嘉措的银灵塔，由一切知吉美旺波建造。还有噶桑嘉样嘉措活佛等的许多灵塔。

弥勒殿里有许多依止圣物。另外还有东科拉让府（སྟོང་འཁོར་བླ་བྲང་།）、阿树拉让府（དབལ་ཞུལ་བླ་བྲང་།）、一切知嘉木样的及门弟子青海夏仲·罗桑却扎嘉措（བློ་བཟང་ཆོས་གྲགས་རྒྱ་མཚོ།）转世系统的蒙古拉让府等。

寺院所属的谿卡，过去固始汗给多居嘉措划分了多卡尔（མདོ་མཁར།）、多查子（དོ་ཁྲ་ཙི།）、库苦库图（ཁུ་ཁུ་ཁུ་ཐུལ།）、道达耶（རྡོ་སྟག་གཡག།）、夏拉库图（ཤ་ར་གུ་ཐུ།）、日月山（རྡོ་ཉི་ཟླ།）、塔尔湾库图（ཐར་ཕོན་ཁུ་ཐུལ།）、拉萨扎子（ལྷ་ས་གྲ་ཙི།）以上为其管辖范围，自青海的基地被收回后，被称为西宁东科尔寺（ཟི་ལིང་སྟོང་འཁོར།）。与此较近之处有阿柔格西的静修庵，庵里有彼师的神奇塑像。

以上为宗拉山脉北侧塔尔寺系统的主、支寺院，瞿昙寺，塘让寺，巴觉寺及上部之东科寺等情况。

※　　　※　　　※

宗拉山脉南侧的圣地中心夏琼大乘功德昌盛洲（བྱ་ཁྱུང་ཐེག་ཆེན་ཡོན་ཏན་དར་རྒྱས་གླིང་།），通称为夏琼大寺。多麦（མདོ་སྨད།）地区圣教传播开拓者曲结敦珠仁钦（ཆོས་རྗེ་དོན་གྲུབ་རིན་ཆེན།）就出生在这个北方地区。诞生地虽无明确文字记载，但是有一种记载说，彼师出生之地是热贡（རབ་གོང་།）[94] 地区的敦仁宁（དོན་རིན་ཉིན།）云。自幼出家为僧，在前藏从聂塘巴·扎喜森格（སྙེ་ཐང་པ་བཀྲ་ཤིས་སེང་གེ།）[95] 等师学习了《般若》和慈氏经论（བྱམས་ཆོས།）；在纳塘（སྣར་ཐང་།）寺于卷丹柔贝（བཅོམ་ལྡན་རིགས་དཔལ།）[96] 的大弟子党敦·柔贝森格（སྟོང་སྟོན་རིགས་པའི་སེང་གེ）[97] 座下聆听、学习了《量决定论》（རྣམ་ངེས།）。但在理论破立方面还有领悟不够的地方，思想烦闷，就去夏鲁寺，在自然显现的观世音菩萨像前进行祈祷，不顾磨烂足底，鲜血染地，一直巡礼朝拜，终于获得打开了慧悟之门。在彼处巡回辩经之际，正值布顿仁波切（བུ་སྟོན་རིན་པོ་ཆེ།）大师在讲辩大会上讲说经教，对尊者的讲辩予以高度肯定，一时声名鹊起，称为“东部的理论大雄”。在耶希贝瓦（ཡེ་ཤེས་དཔལ་བ།）喇嘛处圆满地聆听了阎摩敌大威德灌顶等。又在钦·罗桑扎巴（ས་ཆིམ་བློ་བཟང་གྲགས་པ།）座前聆听许多显密经法，有一次授记道：

“你的寺院和教化的对象在多麦地区，特别须在夏琼和沙卜浪（ཤ་སྦྲང་།）[98] 两处修建寺院，弘扬讲修，尤其要在夏琼修习佛法，会有许多贤哲门徒，其中并将出现一位无人匹敌者，对彼就以我的名字命名，则对于圣教有特殊裨益。”

一切知嘉木样说：

“《弟子问道语录》中载有‘热振的灵泉流向后藏，然后光辉射向彼处’，似乎与这个情况相合。”

罗桑扎巴又指示道：

“虽然勤奋修习关于大威德的教诫，然而若果真想直接见到大威德，必须前往多麦地区。”

彼师回到了安多之后，担任临洮新寺（ཤིང་ཀུན་སྡེ་གསར།）的堪布，传授了许多显密佛法。为了种种需要又复前赴西藏[99]，携带了足够的资具，隆重供养第瓦仅寺（བདེ་བ་ཅན།）和纳塘等寺，并修建了经堂。在尧曲顶（ཡབ་ཆོས་སྡིངས།）向具证桑丹贝瓦（རྟོགས་ལྡན་བསམ་གཏན་དཔལ་བ།）聆听希解派教义，专心致志地进行修持，证得息灭和妙观，产生了大手印（ཕྱག་རྒྱ་ཆེན་པོ།）的了悟。返回多麦之后，按照上师的指示，首先修建了沙卜浪寺（ཤ་སྦྲང་དགོན།）。为了寻找夏琼圣地，在黄河边能看到夏琼（བྱ་ཁྱུང་།）石岩的一个村庄里，听一个面孔表现丑相的老婆子正在给女仆说：

“赶快收拾摊晒的粮食,从夏琼岩那里要来雨哩。”彼师向那老婆子问：

“哪里是夏琼岩？”老婆婆很生气地用期剋手印一指，面带怒容说：

“想干什么？那个就是！”

原来这位老婆子是金刚忿怒佛母（ཁྲོ་གཉེར་ཅན་མ།）的化身，据说她把禳解地祇和介绍情况一并给完成了云。另据传说，当时曾在赛古夏琼（སེ་གུ་བྱ་ཁྱུང།）修建了静修庵。尊者见到度母佛的圣容，激励地说：“彼处不是你授记中的圣地！”于是为了寻找圣地，沿古让峡（དགུ་རོང།）[100] 来到昂拉，彼处有一位老婆子给指示了夏琼的圣地云。尊者修建昂拉赛康庙（སྣང་རའི་གསེར་ཁང།）。温夏仓（བོན་བྱ་ཚང།）[101] 地方有一位妇女乃是亲戚，敦请尊者用餐，看到该地妇女们在耕耘除草时遇到的辛劳，产生了大悲之心，便修建一座佛塔，自此以后，彼处就灭绝了杂草。为此妇女们便奉献了一条山羊毛的坐垫，以后就以这条垫子作为金塔内的依止圣物，现在仍在保存云。尊者运用神变，于六月暑天，在黄河上结了一条像氆氇似的冰桥，即沿这条冰桥渡过黄河，此后这个村子就被命名为达尔（དར།）[102]。在过山梁时，所携的那条狗留在那里，因而这座山坡被命名为祁干拉（ཁྱི་ཀན་ལ།）[103]。起初，尊者住在大鹏背（ཁྱུང་ལྟག）[104] 上。在温布日山（བོན་པོ་རི།）[105] 有本的一处寺院，彼寺住持邀尊者到那里，献上以坐垫为主的许多物品，这表示缘起美妙。尊者回赠以靴子等物，那个本师知道这是要把他赶走的征兆[106]。于是便展施恶咒，开始一个阶段，略微出现了一些纷扰现象。便命：“向哇尊穹（ཞིང་པ་བཙུན་ཆུང།）[107] 为教长，建立修习法。”这样进行之后，那些本徒们就纷纷逃散。有的迁往祖卜让（རྫབ་རིང།），有的迁往一些小沟岔中去，而且各个的身体干瘦，不能活动而死，那些地方以后就管它叫温江昂（བོན་སྒང་ནང།）[108]。有一次，一头驮经箱驮子的骡子突然丢失了，找来找去，发现骡子在后山麓的一处青草蒙茸，大树扶疏的地方喝了口水后卧在地上。无论用什么方法，都不能把它拉起来。随从们就向尊者报告了这种情况，尊者说道：

“我们弄错了住地，到那里去！”

于是就在该处修建了寺院。僧众有百余人，主要讲授《般若》《因明》，并广泛地授慈氏经论、《喜金刚续部第二品》（བརྟག་གཉིས།）、《入菩行论》（སྤྱོད་འཇུག）等。在龙王邹纳仁钦（གཙུག་ན་རིན་ཆེན།）的龙宫有灵异的泉眼，于其上修建了佛堂（གཙུག་ལག་ཁང་།），后来称为怙主殿，供养大威德全身像及六臂怙主像等护法神像，进行加持，祝愿这所寺院成为长期讲学修习的处所。此后得以如愿实现。

尊者专心修习大威德金刚，在梦境里，见到了大威德金刚的圣容，又进行祈祷，恳求更清楚地见到圣容时，以手指指看一座山峰说道，“明年再来这个沟口。”领悟到本尊的转世将要降生，于是派侍者向圣大师的父母寄去甘露宝丸、文殊宝丸、护身结等，嘱咐道：

“要诞生一个特殊的婴儿。婴儿一旦降生下来，就把这些宝丸随同乳汁一向喂下，佩戴这条护身结，注意秽气冲污，要诵经祝福，妥慎侍奉。”

当侍者于黎明到达时，正值圣大师刚刚诞生。当时尊者正住在塔尔寺沟脑曲噶尔(ཆུ་དཀར།）静修处，圣大师的父母便邀请尊者到家中。尊者说道：“将这个婴儿给我吧!”父母也同意了。圣大师三岁时，于纳云夏哇宗（ནགས་ཡོན་ཤ་བ་རྫོང་།）[109]，在噶玛·饶贝多吉处受居士戒。当圣大师四岁时，父母将儿子送来。尊者给侍从们说：

“在那个地方将有我的一名徒弟来到，你们去看看!”

侍者遵循前去，看见在嘉噶滩（རྒྱ་གའི་གཞུང་།）[110] 中人群众多，犹如军队前来。接着逐步减少，到了莎桑岗（ས་བཟང་།）时，见到一位骑虎者。后来称此岗为久斗合岗（གཅིག་སྟག་སྒང་།）[111]。僧徒们瞭望的山冈，称为索德拉岗（སོ་ཏི་ལ་སྒང་།）。圣大师来到尊者座前之后，首先被授予胜乐、喜金刚、大轮、顶位（ཅེ་སོ།）等许多上下怛特罗部的灌顶，命秘密名为敦约多杰（དོན་ཡོད་རྡོ་རྗེ།）。剃度出家授沙弥戒后，按上师授记，命名为与上师相同的名字

“罗桑扎巴”。进行文殊室利主尊与明妃法增长智慧仪式。有一天因圣大师贪图玩耍，便打了一记耳光，赶出门外，接着派遣一名僧人察看。回来向尊者报告道：

“在后山巅背侧，以面贴地，双手抓地哭泣。一会儿站了起来，拣起许多石子，里里外外摆了数层，高声宣讲，显出进行灌顶姿态，在所有的石子上，一个个地抚摩，然后再用石子垒起的中间跏趺打坐，显出讲经的模样。”

尊者听罢后说道：“缘起良好。”便差人叫了回来，讲道：

“能消除障碍的佛是大轮，增进智慧的佛是文殊五字阿惹巴杂纳（འཇམ་དབྱངས་ཨ་ར་པ་ཙ་ན།），长寿佛是无量寿杂达日（ཛ་ཏ་རི།），随缘助成者是多闻子，从人和恶魔的灾难里拯救者和成立事业者是六臂怙主，这些都是我的本尊，现在授予于你”。

便详细教授灌顶和随许等全部修习法连同实践等。嘱咐道：

“专心修念并进行施食，切勿间断！”

令在石岩上的茅屋里修习文殊五字真言。看到茅屋里的每一根茅草尖上现显出无数怛特罗和器械，好像支撑成帐幕，圣主尊和明妃也一一出现。十七岁，派赴西藏求学，谆谆教导如何守护和学习。圣大师尊为恩德广大的上师。临行之际，尊者郑重殷亲地说：

“在那个路口上，回头再望望我这为师的老僧三次！”同时，尊者以恋恋不舍，略抱不愿意的样子又说道：

“虽然疼爱孩子，但孩子最后还是把老头子抛弃吗!”

说罢，将茅屋推至岩下。立刻空中出现彩虹，卷起茅屋在空中翻腾了好长时间，后来又拿回到寺院里，修建了佛塔和佛殿。据说现在每逢节日时，仍然出现彩虹穹隆。尊者的先知神通无与伦比，于圣大师赴西藏卫地之后，又新建佛像、佛经、佛塔等。当临终之时，在天空里仿佛出现了诸佛打击饶钹，敬献鲜花等，空中彩云缭绕，北方锣鼓齐鸣，诸声齐奏说：“往生于北方鼓音如来佛土。”

尊者的事略，有夏琼寺卸任堪布达东·罗桑曲央（ཏ་གདོང་བློ་བཟང་ཆོས་དབྱངས།）所著的传记，本文摘自该书。

传承第二代是达温·云努桑格（ཧྭ་དབེན་གཞོན་ནུ་སེང་གེ）的弟子云努相曲鄂赛（གཞོན་ནུ་བྱང་ཆུབ་འོད་ཟེར།），曾作圣大师出家及受沙弥戒时的教长。以后由圣·洛哲嘉措（བློ་གྲོས་རྒྱ་མཚོ།）继任。

接着依次是：

阿仲·噶居·喜饶坚赞（ཨ་འགྲོན་དཀའ་བཅུ་ཤེས་རབ་རྒྱལ་མཚན།），据说他学识渊博，德行高妙，是敦仁巴（དོན་རིན་པ།）的转世，乃第二世达赖喇嘛更敦嘉措（དགེ་འདུན་རྒྱ་མཚོ།）的心传弟子，被誉为“多麦黑暗地区里，出现阿仲一明灯”。彼师长时期护理寺院，大降金刚鬘等许多法雨，维修灵塔、佛龛，并用金粉等涂饰，进行侍奉，还修建了许多经堂。藏巴·扎巴坚赞（གཙང་པ་གྲགས་པ་རྒྱལ་མཚན།）或称嘉措。

桑波奥赛（བཟང་པོ་འོད་ཟེར།）。

塔哇桑波（ཐར་པ་བཟང་པོ།），出生在洛扎（ལྷོ་བྲག）是桑浦寺（གསང་ཕུ།）的僧人。

洛扎巴·洛哲嘉措（ལྷོ་བྲག་པ་བློ་གྲོས་རྒྱ་མཚོ།），是桑浦尼玛塘（ཉི་མ་ཐང་།）僧人。

绛巴林巴·丹巴仁钦（བྱམས་པ་གླིང་པ་བསྟན་པ་རིན་ཆེན།），是热堆（ར་སྟོད།）寺的僧人。他在第十胜生水猪年（公元 1623 年，明天启三年，癸亥）修建了法相院。

觉摩隆哇·强巴达杰（སྒོར་མོ་ལུང་བ་བྱམས་པ་དར་རྒྱས།），是热堆寺（ར་སྟོད།）的僧人。

桑卡巴·爱珠嘉措（ཟངས་མཁར་པ་དངོས་གྲུབ་རྒྱ་མཚོ།），是桑浦尼玛塘的僧人。

藏噶叩尔哇·格敦楚臣（གཙང་འགའ་ཁུར་པ་དགེ་འདུན་ཚུལ་ཁྲིམས།），是扎什伦布寺闻思院（ཐོས་བསམ་གླིང་།）的德觉哇（བདེ་འབྱོར་བ།）。

藏哇·阿旺索南（གཙང་པ་ངག་དབང་བསོད་ནམས།），彼师不见于《黄琉璃论》中。

厄鲁特和硕特巴哲蚌寺僧人意希嘉措（ཡེ་ཤེས་རྒྱ་མཚོ།），是第五世达赖喇嘛的徒弟，曾先后呈献了章则罗桑（འབྲོང་རྩེ་བློ་བཟང་།）画的三种水墨画及白依怙主画像、退敌母画像、护螺龙王（དུང་སྐྱོང་མ།）画像等，并先后呈献了许多物资等布施。曾请喀尔喀哲布尊丹巴·罗桑丹贝坚赞（བློ་བཟང་བསྟན་པའི་རྒྱལ་མཚན།）为吉拉堪布（སྤྱི་བླ་མཁན་པོ།），彼师为教长。虽然在寺院堪布传承中没有把哲布尊丹巴列入，但是他在政教方面以及为寺院募捐马匹、差款等方面，成绩显著[112]。

藏旺登巴·阿旺敦珠（གཙང་དབང་ལྡན་པ་ངག་དབང་དོན་འགྲུབ།），是扎什伦布寺闻思院的德觉巴。据说是土拉哇·茨成嘉卜（ཐུར་ལ་བ་ཚུལ་ཁྲིམས་སྐྱབས།）的转世。

霍尔噶嘉哇·哲蚌寺僧敦约坚赞（ཧོར་ག་ཀྱ་བ་འབྲས་དོན་ཡོད་རྒྱལ་མཚན།），也叫热拉诺们汗（ར་ལ་ནོ་མོན་ཧན།）。是赤·楚臣达杰（ཁྲི་ཚུལ་ཁྲིམས་དར་རྒྱས།）被剃度出家时的堪布。

郭密阿交哇·哲蚌寺僧华丹嘉措（སྣ་མི་ཨ་ཇོ་བ་འབྲས་དཔལ་ལྡན་རྒྱ་མཚོ།），有些古籍中称为阿柔·丹曲嘉措（ཨ་རིག་དམ་ཆོས་རྒྱ་མཚོ།）。

木雅达秀巴·程列嘉措（མི་ཉག་སྟག་ཤུག་པ་འཕྲིན་ལས་རྒྱ་མཚོ།），是哲蚌寺桑洛院的僧人。

厄鲁特巴·哲·罗桑坚赞（འབྲས་བློ་བཟང་རྒྱལ་མཚན།），曾任库伦哲布尊丹巴供奉的上师，被称为夏琼诺们汗。

申中强拉哇·哲蚌寺僧格相索南仁钦（ཞིང་སྐྱོང་ཁྱུང་ར་བ་འབྲས་འགག་ཤིང་བསོད་ནམས་རིན་ཆེན།），虽然列入塔尔寺的寺志里，但其生平事迹不详。

郭密噶让哇哲蚌寺僧鲁本·班觉尔嘉措（སྣེ་མི་ཀ་ཞར་བ་འབྲས་གླུ་འབུམ་དཔལ་འབྱོར་རྒྱ་མཚོ།），是一位有名的学者，修建了大经堂的殿脊和吉祥塔。

藏哇·阿旺龙珠（གཙང་བ་ངག་དབང་ལྷུན་གྲུབ།），是扎什伦布寺闻思院章摩且瓦（བྲང་མོ་ཆེ་བ།）。

申中扎巴扎喜（ཞིང་སྐྱོང་གྲགས་པ་བཀྲ་ཤིས།），出生在宗喀的江嘉（ཙོང་ཁའི་ཀུང་ཀྱ།），在龙珠嘉措（ལྷུན་གྲུབ་རྒྱ་མཚོ།）座前出家。拜善知识敦珠嘉措（དོན་གྲུབ་རྒྱ་མཚོ།）为

师，学习了《般若》《因明》和《中论》，在多麦的大部分寺院的辩场中，曾巡回讲辩。后赴西藏，在哲蚌寺的郭莽扎仓学习了五部大论，依第四世班禅确坚授近圆戒和接受各种佛法经教。返回多麦，任塔尔寺的堪布。第十一胜生木兔年（公元 1675 年，清康熙十四年，己卯），任夏琼寺的堪布，讲辩之风大为增盛，制作了锦缎佛像，新修大经堂的中央部分和拉让等。新建自入坛场（བདག་འཇུག）等，从政教两方面护理寺院达十五年。第二次赴西藏卫地时，曾向第五世达赖喇嘛、第悉桑吉嘉措等奉献了丰厚的布施。西藏地方政府授予印信等，委为夏琼寺的吉拉堪布(སྤྱི་བླ་མཁན་པོ།)。曾得到达赖洪台吉（ཏཱ་ལའི་ཧུང་ཐའི་ཇི།）的资助，使寺院面貌大改旧观。六十岁时，在曲噶（ཆུ་དཀར།）静修处圆寂。圆寂时有吉祥征兆。

遗体建塔，塔内有觉阿建贝多结（ཇོ་བོ་འཇམ་དཔལ་རྡོ་རྗེ།）塑像。

尖扎囊思多巴（ནང་སྟོད་པ།）[113]色拉寺结扎仓的桑洛康村意希嘉措(བསམ་བློ་ཡེ་ཤེས་རྒྱ་མཚོ།)，或称为阿旺茨成（ངག་དབང་ཚུལ་ཁྲིམས།)，是赤·阿旺却旦（ཁྲི་ངག་དབང་མཆོག་ལྡན།）的伯父，第十二胜生土蛇年（公元 1668 年，清康熙二十八年，己巳）任堪布，任期约六年，六十一岁圆寂。

隆吾杂哇（རོང་བོའི་ཙ་བ།)[114]的色拉寺结扎仓的罗桑曲央（བློ་བཟང་ཆོས་དབྱངས།)，自幼即能忆记自己是成就者秀保乎尔同（ཞིག་པོ་ཧུར་ཐུམ།）的转世，诞生时被胞衣包裹，头顶有肉包。父亲在梦境里梦到在一座大桥上行走，桥头两端各有一尊胜幢树立。后来才知道这是生育尊者弟兄俩人的征兆。第十二胜生木狗年（公元 1694 年，清康熙三十三年，甲戌）任堪布。有几个邪恶的外道徒曾修习恶咒进行危害。有一天黎明时，人们隐约地看到为首者的房屋上空，罗睺星拉满弓搭着箭对准他欲射，中午他口吐鲜血身亡，其余有的坠在马下被踏死，有的病死，另外一部分则做了忏悔。神通轮与禅定的权势圆满，四业成就。三年之后，辞去寺院的堪布职务，修建达当噶保（ཏ་ག་རྫོང་དཀར་པོ།）静修庵以及经堂、依止圣物等，著有《曲结敦仁巴传记》等。昂噶夏仲赞誉道："彼师大悲之神力，能使飞禽得人身，颂大成就者罗桑曲央尊。”年高寿长，利济众生之事众多，恰洽（ཆ་དགེ）阿阇黎和达仓（སྟག་ཚང་།）阿阇黎两人也曾前来叩谒。

热译师（རྭ་ལོ།）的转世罗桑散珠（བློ་བཟང་བསམ་འགྲུབ།），出生在藏嘉卡尔（གཙང་རྒྱ་མཁར།），母亲分娩时，生下一个蠕动的肉包，便扔到野外去，有两只老乌鸦守护在旁边，一看是一个孩子，于是传出是热译师的转世。入扎什伦布寺闻思院，是第五世班禅罗桑耶喜极为看重弟子之一。彼师心地善良，举止温和，一见便能倾心相交。第十二胜生火鼠年（公元1696年，清康熙三十五年，丙子）任夏琼寺的堪布，护理寺院达十年之久，修建了弥勒殿、上下两处的金塔、上下两处的大经堂、拉让、讲经院等。另外还修建了药师佛殿，塑造了十一面观音像、释尊像、曲结敦仁波切像、圣·宗喀巴像等许多佛像，土鼠年（戊子）圆寂。

斯纳的色拉寺结扎仓桑洛哇·阿旺罗桑（བསམ་བློ་བ་ངག་དབང་བློ་བཟང་།），土牛年（己丑）任堪布，从哲布尊丹巴处迎请来锦缎制的佛像，在德扬（བདེ་ཡངས།）修建寺院弘扬圣教，又任塔尔寺密宗院的法台。

称为大学者拉摩扎干（ལ་མོ་གྲགས་ཀན།）的扎巴罗桑扎喜（གྲགས་པ་བློ་བཟང་བཀྲ་ཤིས།）。

青海巴（མཚོ་སྔོན་པ།）库拉夏仲（ཁུ་ར་ཞབས་དྲུང་།）哲蚌寺僧意希嘉措（ཡེ་ཤེས་རྒྱ་མཚོ།），也称阿旺丹增(ངག་དབང་བསྟན་འཛིན།）或阿旺坚赞（ངག་དབང་རྒྱལ་མཚན།）。

隆吾扎巴·居乃云巴（རོང་བོའི་ཙ་བ་རྒྱུད་ནི་གཞོན་པ།），是色拉寺结扎仓的罗桑扎喜珠钦曲扬巴（བློ་བཟང་བཀྲ་ཤིས་གྲུབ་ཆེན་ཆོས་དབྱངས་པ།）的弟弟。

下密院格西阿旺闹吾（ངག་དབང་ནོར་བུ།），出生于隆吾扎巴，父名古如嘉卜（ཀུ་རུ་སྐྱབས།），母名嘉萨（སྐྱ་ཟ།）。在嘉哇格桑哇（རྒྱལ་བ་སྐལ་བཟང་བ།）[115]的传记里叫茨成达杰（ཚུལ་ཁྲིམས་དར་རྒྱས།）。入夏琼寺修习佛法，十七岁时赴西藏卫地，在色拉寺结扎仓学习。二十五岁时，获林赛学位；二十八岁时，获得拉萨祈愿大法会的拉仁巴学位。能背诵五部大论和《金鬘疏》，入下密院学习并立宗。返回家乡后，看到怙主殿的依止圣物多有损坏，煞气太盛，由于没有维修，产生障碍，加上妖魔作祟，致先后在任的五位堪布身亡。在人们对这任寺院领导有所忌虑之际，彼师毅然出任堪布，于火猴年（公元1716年，清康熙五十五年，丙申）就职。根据第五世班禅罗桑耶喜和拉摩乃琼护法等的授记，请直噶尔（ཟག་དཀར།）俄仁巴镇压了恶魔。此时第七世达赖喇嘛噶桑嘉措正驻锡塔尔寺，向其呈述情况后，指示需要对怙主殿进行维修，彼师和阿嘉昂索供施双方共同进行维修，扫除了恶魔的危害。按色拉寺结扎仓的规矩，建立授予林赛噶居学位及新建四月祈祷法会的制度，并向第五世班禅罗桑耶喜和第七世达赖喇嘛噶桑嘉措请求了认可的文书。新修安乐殿（བདེ་བ་ཁང་ལྷ་ཁང་།）及建立佛像、佛经和佛塔等。任职期约六年，曾从库伦迎请了《甘珠尔》大藏经。以后退住德扬，七十岁圆寂。火化后舍利上显出文殊菩萨圣像，作为依止圣物，修了灵塔，供奉在金塔殿内。

继任者隆吾采尔甫温嘉哇·阿旺曲扎（རོང་བོའི་འཚེར་ཕུག་དོན་རྒྱ་བ་ངག་དབང་ཆོས་གྲགས།），在夏琼寺修习完《新论》，接着赴色拉寺结扎仓求学，获门仁巴（སྨོན་རམས་པ།）学位，精通历算与修词学。铁牛年（辛丑年）任夏琼寺堪布。水兔年（癸卯），虽然发生了青海事变但由于师徒们知足寡欲，安分守己，未受任何损失。教授讲辩和历算，还著有有关历算等著述。水蛇年（己巳年）在采毛旦（མཚེར་མོ་ཆེ།）圆寂。

斯纳色拉寺结扎仓的桑洛巴·阿旺丹巴（བསམ་བློ་བ་ངག་དབང་བསྟན་པ།），水猪年（癸亥）出生在斯纳（ཟི་ན།）家族。在塔尔寺学习了《集类学》，在色拉寺结扎仓学习了各大论，获得了噶居学位。拜珠康巴（སྒྲུབ་ཁང་བ།）成就者为师，在安多桑格宗（སེང་གེ་རྫོང་།）静修处修习菩提道，曾任塔尔寺的堪布。火虎年（丙寅年）六十四岁圆寂。

阿旺嘉措（ངག་དབང་རྒྱ་མཚོ།），龙年出生在尖扎岗玉尔（གཅན་ཚའི་གོང་ཡུར།）地方，父名贡乔嘉卜（དཀོན་མཆོག་སྐྱབས།），母名娘毛吉（སྙིང་མོ་སྐྱིད།）。在夏琼寺学习《集类学》《悟慧论》和《因理论》。二十八岁时，赴西藏卫地，在色拉寺结扎仓求学，获得了林赛学位。返回多麦后，住在村中小寺达当噶保寺（རྟ་གདོང་དཀར་པོ།）。遵循多格（དོར་གི）钦差大臣的委任，于铁狗年（庚戌年）任堪布，振兴了讲辩，扶正了大经堂。他勤奋诵经修习，夜以继日，受到一切知吉美旺波和赤·阿旺年扎（ཁྲི་ངག་དབང་སྙན་གྲགས།）两人的赞赏。每天功课，非读完十三串念珠之数不肯休息，七十三岁时圆寂。

德康巴·罗桑拉丹（བདེ་ཁང་པ་བློ་བཟང་རབ་བརྟན།），于十一胜生水猪年（公元1683年，清康熙二十二年，癸亥）在阿米吉日山赛康（གསེར་ཁང་།）静修院附近的采尔甫诞生，父名南拉本（གནམ་ལྷ་འབུམ།），母名班玛措（པད་མ་མཚོ།）。十岁时在大禅师更敦德勒（དགེ་འདུན་བདེ་ལེགས།）座前出家。火鼠年（丙子年）十四岁，入夏琼寺讲经院，聆听圣哲热洛巴（ར་སོ་བ།）讲授的教程。十八岁时，在塔尔寺辩场立宗参加辩论。二十一岁时，赴西藏卫地，在色拉寺结扎仓拜桑洛格西（བསམ་བློ་དགེ་བཤེས།）阿噶·阿旺宗哲（ཨ་ཀ་ངག་དབང་བརྩོན་འགྲུས།）为师，学习了《中论》《般若》《戒律本论》《俱舍论》等。二十六岁获得林赛学位。二十九岁向珠康巴（སྒྲུབ་ཁང་པ།）尊者请求了近圆戒，聆听了《妙吉祥亲教》。三十二岁入下密院，在大堪布更登朋措巴(དགེ་འདུན་ཕུན་ཚོགས་པ།）座前聆听了《四家合注》的经教。另外又在第五世班禅罗桑耶喜、强巴仁波切（བྱམས་པ་རིན་པོ་ཆེ།）上师、索巴桑波（བཟོད་པ་བཟང་པོ།）、色拉班智达(སེ་ར་པཎྜི་ཏ།）、直噶（ཟག་དཀར།）俄仁巴等处聆听许多教诲，特别在较长时期内住在古尔曼(གུར་སྨོན།）与拉科仓（ར་ཁོ་ཚང་།）、拉日仓（ལྷ་རི་ཚང་།）在一起向金刚持敦约克珠（དོན་ཡོད་མཁས་གྲུབ།）请求大威德生起次第和圆满次第等甚深妙法。三十五岁返回故乡，在夏琼寺立宗讲辩。次年在噶丹弘法洲（དགའ་ལྡན་ཆོས་འཕེལ་གླིང་།）静修院修行。水鼠年（壬子年）五十岁时，任夏琼寺堪布直至铁鸡年（辛酉年）。十年期间讲授了《菩提道次第论》等，大降公共学习的教法和特别学习选科的法雨，新立《俱舍论》教学，创建了六月祈祷法会和在法会期间授摩兰然绛巴（སྨོན་ལམ་རབ་འབྱམས་པ།）学位的制度，造就了许多学者。用佛金贴新大金塔，珠宝镶嵌了殿宇大门，塑造了曲结敦仁波切的银像和宝座。当用金汁和珠宝修饰大金塔和门窗。工程开始时，大金塔祥光闪烁，普降甘露。彼师还维修了安乐殿等的十座佛殿及许多能依和所依的供物，并新建密宗院（རྒྱུད་ཁང་།）等，功绩卓著。卸任之后，仍然新建佛像、佛经和佛塔等，对扎仓进行多方面的供养。章嘉·饶悲多吉来到夏琼寺时，相互结了法缘。向上一世木雅·罗桑达杰（མི་ཉག་བློ་བཟང་དར་རྒྱས།）处聆听了全部《金刚宝鬘论》。有关于阐述《毗奈耶》《中观》和《修心》等的著作一函，保存在当久（གདོང་འདུག）拉让里。确认了阿卓·喜饶坚赞（ཨ་གྲོ་ཤེས་རབ་རྒྱལ་མཚན།）转世的呼毕勒罕。享年八十四岁圆寂。其传记经上热卜杂（རེབ་ཙ།）的热卜格·罗桑阿旺洛赛（རེབ་དགེ་བློ་བཟང་ངག་དབང་བློ་གསལ།）等请求，由噶居·罗桑敦丹（དཀའ་བཅུ་བློ་བཟང་དོན་ལྡན།）撰写。

其后继任者为阿旺敦珠（ངག་དབང་དོན་གྲུབ།），诞生在多哇玛尔囊（མདོ་བ་མར་ནང་།）地方，父名才卡（དཔོན་པོ་ཚེ་མཁར།）官人，母名嘉茂（འཇའ་མོ།）。在夏琼寺和色拉寺杰扎仓求学，获拉仁巴（ལྷ་རམས་པ།）学位，后入下密院，拜赤·阿旺却丹（ཁྲི་ངག་དབང་མཆོག་ལྡན།）等为师，聆听教诲，以博闻强记著称。水狗年（壬戌）任堪布，维修了小金塔，当赤·阿旺却丹向金塔供奉了锦缎外罩，贴饰佛金等之后，计划新建金瓦殿顶时，彼师在温保（དཔོན་པོ།）然绛巴卸任堪布罗桑拉丹（བློ་བཟང་རབ་བརྟན།）等的鼓励之下，于第十三胜生土龙年（公元 1748 年，清乾隆十三年，戊辰）为舍利殿建了金瓦屋顶。青海蒙古的许多首领尊为施供处，并做多济帕兰木（རྡོ་རྗེ་ཕ་ལམ།）亲王的守护师。享年七十七岁圆寂。

华曲堪布丹巴达杰（དཔལ་ཆོས་མཁན་པོ་བསྟན་པ་དར་རྒྱས།），或称阿旺克珠嘉措（ངག་དབང་མཁས་གྲུབ་རྒྱ་མཚོ།），铁兔年（辛卯）出生于尖扎日兰（གཅན་ཚའི་རི་ལམ།）地方的阿嘉（ཨ་སྐྱ།）家族中，父名多杰才旦（རྡོ་རྗེ་ཚེ་བརྟན།），母名卓玛吉（སྒྲོལ་མ་སྐྱིད།）。赤·阿旺却丹确认是自己的伯父的转世。在夏琼寺和色拉寺结扎仓求学，获得了林赛学位。在第七世达赖喇嘛噶桑嘉措和赤钦座前聆听了许多佛法，遵循教导担任护理华曲寺（དཔལ་ཆོས།）堪布之职达七年之久。被赤仁波切派遣运送修建金顶瓦时，由西藏噶丹颇章政府授予了堪布职位。彼师愉快地接受了担任夏琼寺堪布的邀请，于土龙年（戊辰）就任。土蛇年（己巳）邀请章嘉·饶悲多吉来夏琼寺，大会堂请求结了法缘。彼师护理寺院，开展讲辩，成绩非常良好，木马年（甲午）享年六十四岁圆寂。

扎巴且哇·罗桑坚赞（གྲགས་པ་ཆེ་བ་བློ་བཟང་རྒྱལ་མཚན།），铁龙年（庚辰）诞生，父名贡保才旦（མགོན་པོ་ཚེ་བརྟན།），母名措毛（མཚོ་མོ།）。幼时，当大成就者罗桑曲央（བློ་བཟང་ཆོས་དབྱངས།）在曲当日则（ཆོས་གདོང་རི་རྩེ།）游方之际，他就在尊者足下出家。在夏琼寺学习《新论》以前的经籍，水龙年（壬辰）十三岁，赴西藏卫地，入色拉寺结扎仓求学，获得了林赛和拉萨大祈愿法会上的拉仁巴学位，后又入下密院拜圣师徒[116]、赤仁波切[117]、强巴喇嘛（བྱམས་པ།）等为师。在夏琼寺新建密宗院，任金刚上师达十二年。创建了讲辩、闻听、修行、供奉等规章，物资方面的贡献也很多。著作有《了义与不了义辨析》（དྲང་ངེས་རྣམ་འབྱེད་ཀྱི་བཤད་པ།）等。六十一岁时就任堪布，任期长达一十三年，讲授《菩提道次第论》《本生记》等，以及灌顶、随许等方面的教诫，满足了众僧的要求。每日修习胜乐、密集、大威德法从不间断，长年念诵《四大赞颂》《尊胜长陀罗尼》《般若八千颂》，并不间断地修习了一百零八尊尊胜佛母。在卫藏广行善业，曾向前一世班禅为夏琼寺请求文书。享年八十四岁圆寂。他转世的呼毕勒罕生在自己的庄园里。

接着由曲藏仁波切阿旺土丹旺秀继任。彼师于初次来夏琼寺时，在大佛殿里说道："我在这儿放有金刚杵和铃。"说毕，就从一尊菩萨像手中的莲花茎上摘下了一副金刚杵和铃。这副杵铃原是从前曲结敦仁巴放置的，因而彼师以曲结敦仁巴的转世而闻名，在化隆达官寺（བ་ཡན་སྟག་དགོན་པ།）授毗卢遮那灌顶时，一些老僧报告说：

"这次不能仅仅作授予灌顶之事。这里的三百名咒师只诵习静猛百种姓本尊，从无奉诵毗卢遮那佛者。"灌顶结束之日，尊者说道：

"这些经教，只能授予僧众。与会的俗人请回去，僧众留下来。"

于是尊者领诵佛经，一天之内，讲述了大威德法和法王法，以及回向六十施食法。从此以后，咒师们都各自离散，不用说聚会修习静猛法，就连一块聚集的机会也没有了。

第十三胜生水龙年（公元 1748 年，清乾隆十三年，戊辰）任堪布。在查甫（ཚ་ཕུག）素宴上，堪布呼图克图说道：

“来任夏琼寺的堪布，恩德匪浅。从前我们主仆团聚之时，赤·仁波切如何说，我虽尽力照办，但内心则抱‘将有所裨益’之想。今天与您会面，心情舒畅。您所说的完全是真谛。世道如何，今后很难预知，然而你们如能永世相助，一定会有好结果。”扎巴·罗桑坚赞也说道：

“应按前一世赤钦的指示，最好永远居住在这里，至少也要留驻十年，对您的不混杂世间法的纯正的教导，我们只有感激。我只有祈祷三宝，尽力侍奉。”

卸任时，达隆·嘉扬扎巴（སྟག་ལུང་འཇམ་དབྱངས་གྲགས་པ།）奉献了曼荼罗赞供。任期计十年。

当久·夏仲阿旺曲扎（གདོང་འཇུག་ཞབས་དྲུང་ངག་དབང་ཆོས་གྲགས།）诞生于隆务嘉依（རོང་པོའི་སྐྱ་ཡིས།），父名古如才让（ཀུ་རུ་ཚེ་རིང་།），母名雅措吉（གཡའ་མཚོ་སྐྱིད།）。由大堪布阿旺却扎（ངག་དབང་ཆོས་གྲགས།）认定为活佛，在夏琼寺和色拉寺结扎仓求学，拜赤·阿旺却丹（ཁྲི་ངག་དབང་མཆོག་ལྡན།）、蒲吾觉巴（ཕུར་བུ་ལྕོག་པ།）、堪布班觉尔扎巴（དཔལ་འབྱོར་གྲགས་པ།）等为师，聆听经教。在夏琼寺历任密乘院喇嘛翁则师和金刚教长。铁牛年（辛丑）任堪布，任期达四年。

多哇宦穹·阿旺丹培（མདོ་བ་དཔོན་ཆུང་ངག་དབང་བསྟན་འཕེལ།），火兔年（丁卯），出生在多哇玛昂（མདོ་བ་མར་ནང་།）地方。父名达杰（དཔོན་པོ་དར་རྒྱས།）官人，母名曲吉（ཆོས་སྐྱིད།）。曾在夏琼寺和色拉寺结扎仓求学。与夏琼寺的翁则喇嘛互为师徒，木龙年（甲辰）任堪布。

土观金刚持·罗桑曲吉尼玛五十一岁时，火羊年（丁未）七月二十二日任堪布，在开展讲辩，教授公共经法和单独讲论《菩提道次精要》等经教，督饬政教各方，都享有很高的声誉。尊者曾将夏琼寺这座寺院系噶当教法发祥之地的情况，奏闻皇上，蒙题赐丹吉林（བསྟན་རྒྱས་གླིང་།）的匾额，同时颁发“多麦地区除弘扬格鲁派教法外，不得任意传播其它各教派教法”的圣旨。土鸡年（己酉）五十三岁时，介绍邀请一切知嘉木样协巴为堪布，他辞去堪布职位。

文殊法王一切知贡乔吉美旺波（འཇམ་དབྱངས་ཆོས་ཀྱི་རྒྱལ་པོ་ཀུན་མཁྱེན་དཀོན་མཆོག་འཇིགས་མེད་དབང་པོ།）在同年六月上旬的良辰吉日，升无畏正法宝座，担任堪布。向僧众们讲授经院教程和《妙吉祥亲教》的随许。指示全体僧众和阿阇黎等牢记圣·宗喀巴教法和各自的今生及未来之事，勤修三学，特别是比丘的戒律与德行，告诫大众勤奋不倦地致力于讲辩闻听。尊者事务繁忙，因此委任卸任的堪布当久夏仲为洛穹，规定不许中断讲辩闻听，督促各主要执事人员各负其责地执行各项有效办法。以讲辩闻听为标志的妙汇，如上弦之月，日日增盛。

其次，继任者为扎巴穹哇·阿旺格勒（ཟ་བ་ཚང་བ་ངག་དབང་དགེ་ལེགས།），曾获得夏琼寺的林赛学位。担任过翁则喇嘛和密宗学院的法台，铁猪年（辛亥）任夏琼寺堪布。

达隆巴·嘉扬扎巴（སྟག་ལུང་བ་འཇམ་དབྱངས་གྲགས་པ།），在色拉寺求学，获得了林赛学位。曾先后担任过翁则喇嘛和密乘教长及法台等职务。彼师对每一个讲说经教化异者，都及时予以赞扬，鼓舞其努力学习，收效颇丰。

斯纳·茨成达杰（ཟི་ན་ཚུལ་ཁྲིམས་དར་རྒྱས།），于第十三胜生火蛇年（公元 1797 年，清嘉庆二年，丁巳）任堪布。维修大金瓦殿堂，创建医学院，曾任过塔尔寺的堪布。

当额·更登曲培（སྟོང་ངེ་དགེ་འདུན་ཆོས་འཕེལ།），在夏琼寺和色拉寺结扎仓求学深造，获得了多麦和西藏两处的林赛学位。曾先后两次任本寺的密乘喇嘛和大会堂堪布，也曾讲授过一些经教。

尖扎·金巴衮桑（གཅན་ཚ་སྦྱིན་པ་ཀུན་བཟང་།），出生尖扎日桑杂（རི་བཟང་ཙ།）

的修习密乘传统世家。在夏琼寺和色拉寺结扎仓勤奋学习，结业时取得拉仁巴学位。彼师学识渊博，是色拉寺结扎仓公认的理论权威。曾拜强巴[118]仁波切、班禅贝丹耶喜的经师意希坚赞、色孜格西托美（སེ་ཆེ་དགེ་བཤེས་ཐོགས་མེད།）等许多圣哲为师。后在本寺任密乘教长和堪布，对讲辩闻听贡献甚多。曾按经师的教法，讲授了五部大论和《般若八千颂》经教。卸任后，仍继续讲授《菩提道次第论》、《妙吉祥亲教》经教、《宝道三要论》指引和《圣·宗喀巴全集》等，大启佛法传承不绝之门。经常念诵胜乐、密集、大威德，阅读《圣·宗喀巴全集》、《经师全集》（ཡོངས་འཛིན།）等七十多部经籍，念诵六字真言两亿遍，直至寿数成熟之时。

噶布巴·罗桑敦珠（སྐ་ཐུག་པ་བློ་བཟང་དོན་གྲུབ། ）。第一世噶布贡穹（ཀ་ཐུག་སློམ་ཆུང་།），生于噶布三部之一的拉章（ལྷ་སྒང་།），系噶布贡钦（ཀ་ཐུག་སློམ་ཆེན།）的兄弟贡保(མགོན་པོ།）之子，族姓为尖扎。彼师自幼出家，在安穹南木宗寺(ཨན་ཆུང་གནམ་རྫོང་།）拜佐格(མཛོད་དགེ）医生为师。彼师为哲布尊丹巴某一世的经师，被称为曾得到度母授记者，也曾是昂噶尔夏仲的上师。他在彼师处聆听了许多经教，重视修行，在与喀尔喀的一位强佐（ཕྱག་མཛོད།）结伴同赴五台山修行之际，圆寂于五台山。他的转世为嘉扬旺秀（འཇམ་དབྱངས་དབང་ཕྱུག)，诞生在族姓尖扎的嘉甲部落的一个官宦之家。自幼出家，在拉摩德钦寺（ལ་མོ་བདེ་ཆེན།）求学深造，并担任格贵（དགེ་བསྐོས།）职务。正值勤奋地利济众生事业之际圆寂于故乡。彼师的转世是现任堪布，于第十二胜生铁猴年（公元1740年，清乾隆五年，庚申）诞生在当纳(གདོང་སྣ།）色嘉(སེ་ཀྱ།）族姓之家，父名洛摩（ལོ་མོ།)，母名巴果（འབའ་ཀོ)。见到噶布村的水果时，便说：“这是我的。”见到拉日（ལྷ་རི།）俄仁巴的手书时，便说：“我也有这样的手迹。”于是拉日巴问道：

“你是哪方人氏？”

回答道：“我是噶布求拉仓（ཁྱུག་ལ་ཚང་།）人，我的一些衣物藏在箱子里。”遂因此被确认为是噶布巴转生的呼毕勒罕。由当纳巴（གདོང་སྣ་བ།）和噶布两人共同迎来拉日时，能清楚地认识白螺和温保喇嘛（དགོན་པོ་བླ་མ།）等。七岁时在该处拉日哇·罗桑迥乃（ལྷ་རི་བ་བློ་བཟང་འབྱུང་གནས།）座前出家。由舅父夏当（ཞ་ལྷང།）活佛达日吉（ཞ་ལྷང་ཨ་ལགས་དར་རྒྱས།）教授读书、诵经。扎巴·罗桑坚赞（ཚ་བ་བློ་བཟང་རྒྱལ་མཚན།）前来拉日聆听《四家合注》时，曾与他一起聆听了《修行法海藏》（སྒྲུབ་ཐབས་རྒྱ་མཚོ།）等许多经籍。木狗年（甲戌），十五岁那年来到夏琼寺，先后拜斯浪宦穹（གཟི་ཤུང་དཔོན་ཚང།）和科采格西·罗桑索南（ཁོ་ཚེ་དགེ་བཤེས་བློ་བཟང་བསོད་ནམས།）两人为师，刻苦地修习法行，背诵、钻研和辩论《现观庄严论》《中论》《集类学》《般若》等。在卸任堪布德扬巴（བདེ་ཡངས་པ།）座前受沙弥戒。火狗年（丙戌），二十七岁赴西藏卫地，于冬季学期之际入郭莽扎仓经院修习。在阿旺格勒（ངག་དབང་དགེ་ལེགས།）堪布座前聆听了全部教程。叩谒了第八世达赖喇嘛强白嘉措和赤·扬增·阿旺曲扎（ཁྲི་ཡངས་འཛིན་ངག་དབང་ཆོས་གྲགས།）经师，然后又赴后藏叩谒班禅仁波切等。在丁吉林寺（བསྟན་རྒྱས་གླིང།），向卸任的郭莽堪布更敦德钦（དགེ་འདུན་བདེ་ཆེན།）尊者前请求了比丘戒。猪年返回夏琼寺继续求学。铁兔年（辛卯）获得了学位。彼师精通语法、藏汉历算、声明学、书法、绘画、塑像等。先后曾拜拉日巴（ལྷ་རི་བ།）、德康·罗桑拉丹（བདེ་ཁང་བློ་བཟང་རབ་བརྟན།）、扎巴·罗桑坚赞、多哇·阿旺敦珠、曲藏·阿旺土丹旺秀、一切知嘉木样协巴、土观·曲吉尼玛、拉卜楞寺的甘珠尔巴·吉美拉吉（བཀའ་འགྱུར་བ་འཇིགས་མེད་རབ་རྒྱས།）、阿柔格西钦摩（ཨ་རིག་དགེ་བཤེས་ཆེན་མོ།）、赛康巴·罗桑丹增嘉措（གསེར་ཁང་བ་བློ་བཟང་བསྟན་འཛིན་རྒྱ་མཚོ།）、叶什郡·更登运扎（གཡེར་གཤོང་དགེ་འདུན་ཟླ་གྲགས།）、聂哇阿阇黎·罗桑丹贝尼玛（རྙེ་བ་དཔོན་སློབ་བློ་བཟང་བསྟན་པའི་ཉི་མ།）等为上师，获益颇多。对希求者需要何种灌顶、传经和随许时，立刻不厌其烦地进行认真教导；对才疏学浅的人，彼师从不歧视。土猪年（己亥）四十岁时，遵循察罕诺们汗·罗桑土丹格勒坚赞（ཚ་གན་ནོ་མོན་ཧན་བློ་བཟང་ཐུབ་བསྟན་དགེ་ལེགས་རྒྱལ་མཚན།）的指示，担任古尔南杰林（མགུར་ཆོས་རྒྱལ་གླིང།）[119] 寺院的堪布，创立了元旦施食（ཚེས་གཏོར།），为护理寺院修建了拉让，工作井井有条。木蛇年（乙巳）四十六岁时，由拉摩（ལ་མོ།）[120]任为拉东喇嘛(ལྷ་འདུན་བླ་མ།）并授予额尔德尼锡勒图（ཨེ་རྡེ་ནི་ཤི་རེ་ཐུ）名号和印玺。后赴夏琼寺时，在南宗扎西塘寺（གནམ་རྫོང་བཀྲ་ཤིས་ཐང་དགོན་པ།）讲授了许多经教。在宗昂丹吉林（བསྟན་རྒྱས་གླིང་།）密乘夏季学期间，给更登曲培（དགེ་འདུན་ཆོས་འཕེལ།）堪布、翁则喇嘛金巴更桑（བླ་མ་དབུ་མཛད་སྦྱིན་པ་ཀུན་བཟང་།）等全体讲授大威德灌顶和《四家合注》，在大经堂作密乘开光仪轨，其功德匪浅。给德康夏仲·罗桑闹吾（བདེ་ཁང་ཞབས་དྲུང་བློ་བཟང་ནོར་བུ།）、莫嘉活佛（མོག་ཀུ་སྤྲུལ་སྐུ།）、桑卓活佛（གསང་སྒྲོགས་སྤྲུལ་སྐུ།）等授大威德、普明的灌顶等。令由夏琼寺前来的求学者们在该圣地立宗讲辩。铁鸡年（辛酉）六十二岁时，在文殊五字真言禅室与数位格西闭关修文殊室利内修悉地的丹药，给僧众们讲授随许和发放悉地丹药。医学院的首任喇嘛德扬夏仲辞职后，尊者继任了这一职务。任职期间，密宗喇嘛拉仁巴阿旺索南（ངག་དབང་བསོད་ནམས།）请求“若从头讲授《时轮金刚根本续》，将有好的缘起”。于是就在堪布拉让通读《甘珠尔》大藏经中的一函，说：“怛特罗就在这里”。说完后，非常喜悦地给讲了一遍。适曲结达杰嘉措（ཆོས་རྗེ་དར་རྒྱས་རྒྱ་མཚོ།）由内地返回故里，请求设立时轮金刚学院时，回答说：“不必另设。”以后就把医学院改建为时轮学院。在狗年三月的节日里，在庆贺时轮金刚学院建成的宴会上，施放整天斋茶和布施，并陈设银曼遮等，向扎仓授时轮俱生随许、大日如来灌顶、修习二十一度母的随许。水猪年（癸亥），六十四岁任夏琼寺堪布，在讲授教程时，解决了许多疑难。第二年，辞去堪布职务，维修了曲结敦珠仁波切时期修建的大佛殿，并做开光仪轨。先后曾授许多灌顶随许。

在夏琼寺期间，轮流参加法会从未间断过。同时，发放布施以及给密宗僧人赐授胜乐灌顶和集咒的随许（ཐུགས་བཅུའི་རྗེས་གནང་།）。七十二岁至七十四岁期间，身患黄水症，于水鸡年（癸酉）痊愈。过去头发花白，此后头发和眉毛乌黑，面如孩童。七十七岁上，派遣罗桑丹增（བློ་བཟང་བསྟན་འཛིན།）官人赴西藏卫地。牛年春季，在夏琼寺传授《宝道三要论》经教。土虎年

（戊寅），在安穹南木宗寺密乘坐夏期间，给阿旺年智（ངག་དབང་སྙན་གྲགས།）格西等讲授了许多佛法发放了布施。兔年，在夏琼寺负责春季学期。铁蛇年（辛巳）在丁吉林（བསྟན་རྒྱས་གླིང་།）寺密乘坐夏期间，在大经堂里设立胜乐立体坛场。维修南木宗新寺（གནམ་རྫོང་དགོན་གསར།）大经堂并做开光仪轨。火狗年（丙戌）八十七岁时，向夏琼寺奉献布施并讲授了许多经教。火猪年（丁亥）八十八岁圆寂。夏琼寺的居昂·阿旺年智（ཧྲམ་ནང་ངག་དབང་སྙན་གྲགས།）格西撰有略传。

阿旺索南（ངག་དབང་བསོད་ནམས།），生于多哇雅昂（མདོ་བ་ཡར་ནང་།），在夏琼寺和色拉寺结扎仓求学。与金巴衮桑（སྦྱིན་པ་ཀུན་བཟང་།）为同学级且同岁，又是前后的拉仁巴。在下密院和夏琼寺学习密宗，尔时曾讲授《正论精要》。历任雄勒巴、喇嘛翁则、密宗喇嘛等职务，任堪布九个月后圆寂于自己的家乡。

多哇堪布·阿旺敦珠（མདོ་བ་མཁན་པོ་ངག་དབང་དོན་འགྲུབ།）转世的夏仲罗桑旺秀嘉措（ཞབས་དྲུང་བློ་བཟང་དབང་ཕྱུག་རྒྱ་མཚོ།），于第十三胜生木马年（公元1774年，清乾隆三十九年，甲午），出生于青海蒙古谢多尔扎（པེ་སི་ཐུག་རྡོར་སྐྱབས།）贝子家中。七岁时在班禅仁波切座前出家并受沙弥戒，曾在曲藏寺和色拉寺的结扎仓求学，依第八世达赖喇嘛强白嘉措受比丘戒。水狗年（壬戌）任却典格寺（མཆོད་རྟེན་སྐྱིས།）的堪布。木牛年（己丑）三十二岁任夏琼寺堪布四年，并担任塔尔寺和曲藏寺的堪布。

多哇古肖干巴·扎巴坚赞（མདོ་བ་སྐུ་ཕྱོགས་ཅན་པ་གྲགས་པ་རྒྱལ་མཚན།），出生于黄河边多哇雅日昂（མདོ་བ་ཡར་ནང་།）地方的一个贫苦人家。二十六岁以前，在夏琼寺吉哇公所的磨坊中当磨工，被称为花子班弟（ཧྲ་ཙེ་བན་དེ།）。生活困顿不堪，虽以为僧众背水行乞度日，但参加会传学习，往来时，常背着《噶当书》行走，讥笑者甚众。二十九岁赴卫地，在色拉寺结扎仓学习了二十二年。虽明敏强记，但从不外露。在进入《般若》班级时，熟记《慈氏五论》、《现观庄严论明义释》（འགྲེལ་པ་དོན་གསལ།）、《疏要庄严论》（རྣམ་

བཤད་སྙིང་པོ་རྒྱན།）、吉尊巴的《般若》全部教程及专题辑要等。在第六世班禅贝丹耶喜处先后两年聆听了五部大论的解说、《陀罗尼集》教敕，以及修习二十一尊度母的随许等。在雍增耶希坚赞处先后聆听了《般若八千颂》《菩提道次第广论》的解说和教敕《菩提道次精要》十八次，《速修圣道论》（མྱུར་ལམ།）和《文殊亲教》各一次。在贡塘·嘉贝样的倡议下，入哲蚌寺聆听《戒律本论》以及《现观庄严论》《释量论》解说等等。在学习《中论》时，熟背《中观六论》（རིགས་པའི་ཚོགས་དྲུག）[121]、《四百论》（བཞི་བརྒྱ་པ།）、《入菩萨行论》、《入中论释奥意极明论》（འཇུག་ཊཱི་ཀ་དགོངས་པ་རབ་གསལ།）、《释量论正文》（རྣམ་འགྲེལ་ཙ་བ།）、吉尊巴的《总义福运颈庄严论》（སྤྱི་དོན་སྐལ་བཟང་མགུལ་རྒྱན།）等。在学习《俱舍论》时，熟背《俱舍论正文》（མཛོད་ཙ།）、《阿毗达磨导引珍宝之车》（ཆོས་མངོན་རིན་ཆེན་འདྲེན་པའི་ཤིང་རྟ།）以及《戒律本论》（འདུལ་བ་མདོ་ཙ།）等。生活虽然异常贫苦，但甘之如饴，艰苦修行。第八世达赖喇嘛强白嘉措曾数次周济衣物。彼师真是藏区的一位够得上标准的学者。曾对森康群则（གཟིམས་ཁང་ཆོས་མཛད།）夸口说："够得上取第一名的就是我。"

彼师取得色拉寺结扎仓的林赛噶居学位后，又从色拉孜的格西托美（དགེ་བཤེས་ཐོགས་མེད།）[122]、格西年扎（དགེ་ཤེས་སྙན་གྲགས།）、喇嘛嘉样巴（བླ་མ་འཇམ་དབྱངས་པ།）、格根冈耶噶居（དགེ་རྒན་སྒང་ཡེ་དཀའ་བཅུ།）等各位师尊座前聆听了《圣·宗喀巴全集》和《甘珠尔》大藏经的教敕，从格根老师处聆听了《五次第明灯论》（རིམ་ལྔ་གསལ་སྒྲོན།）、《正义精要》[123]等解说和教敕，并在一段时间内，来到热卡扎（ར་ཁ་བྲག）地方，熟读《正义精要》和《五次第明灯论》。曾于一切知吉美旺波赴后藏后期，前去晋见，此后，不论讲授何种经教，都到场聆听。自己说道："现在我聆听到了渊博如大海的学问。"以第六世班禅贝丹耶喜、雍增仁波切、一切知吉美旺波三师为主要的三位上师。一提及上师的名字，就泪流满面，虔诚合掌，进行别人难以想象的赞颂。一切知吉美旺波回多麦之际，求见、求护佑时，热泪纵横。

一切知讲道：

“不要这样，今后还会见面的。”雍增仁波切讲道：“你若在热卡扎居住，顺缘由我来承担。”于是遵循教导，决定住在热卡扎。赤巴·嘉那巴（རྒྱ་ནག་པ།），一再请求其前赴内地，但是没有答应。

第八世达赖喇嘛强白嘉措将彼师召唤来讲道：

“皇上御前应有一位宗教内务大臣，已定噶丹赛赤嘉那巴[124]前去，你无论如何必须一同前往！你若一定不去，则第一你是格西，第二你是他乡的僧人，不便给予处罚。但是，今后再不能来见我。”

彼师向达赖喇嘛报告了雍增上师的指示和安排的意见后，达赖喇嘛说：“关于这个，我可适当地予以解决。”

于是雍增仁波切赏赐了圣·宗喀巴的像和《菩提道次第广论》，并就修持善行、弘扬圣·宗喀巴教义等等各方面，进行了耐心的教导。被迫无奈，只好与赛赤仓一同来到曲藏寺。正值一切知吉美旺波在夏琼寺任堪布，再三令其来寺院立宗讲辩。于是在师徒大众聚集之处进行立宗。虽然一切知吉美旺波说：

“关于《中观》和《般若》应以卫地的为准绳，如若不进行这方面的话，那么就讲辩《俱舍》和《律经》。”

但是，彼师就《五大论》立宗，辩才无碍。一切知又说：

“现在不辩五大论，可进行诗学的探讨！”

于是一切知座前的数位格西站了起来，提出“赋《具祥云措玛》（དཔལ་ལྡན་ཡོན་ཚོགས་མ།）”的要求。彼师争辩道：

“这诗应怎样去做，似乎是要分为三部分了！”

一切知吉美旺波说道：“若分做三部分，哪是我佛的教诫中不能分吗？”

彼师接着说：“是！若分为三部分，那我岂不成为邪魔、护法神，或八部众了吗？”

说罢，长时间地笑了一阵，接着就给《云措玛》加了注释。一切知又指示道：

“现在说吉祥颂赞的话！你可以去拉卜楞寺。”

乃将达赖喇嘛的指示，作了复述。一切知极为赞赏，加以谅解，馈送了财物和长带比丘帽等礼品。

遵循一切知提示的“顺路去土观处聆听经教”的教导，与赛赤仓一同来到白马寺（དམར་གཙང་།），聆听了密修马头明王的随许。遵循土观呼图克图的长净和长期念修马头明王相结合之教诲，虔修忏悔，前后累积叩长头一百三十万个和向释尊像礼足十万次，长期不断地念修马头明王。在内地居住了十年，前六年为赛赤仓授《菩提道次第论》的解说和教敕《菩提道次精要》《速修圣道论》《文殊亲教》《疏要庄严论》《般若八千颂》的注释等许多经籍。接着任敦尼蒲相林（དོན་གཉིས་ཕུལ་བྱུང་གླིང་།）寺院的堪布七年。虽然前任的堪布们常遭精灵的危害而身亡，这次由于修马头明王法遂制伏了精灵。对前后两世一切知嘉木祥协巴的生平事业和正论的著述推崇备至。曾建立诵读第一世嘉木样秘传及其所著《五部大论教程》的规定，彼师自己也能将绝大部分背诵。绘制前后两世一切知嘉木样生平事迹的画轴，僧众发展到八百余名，至今讲辩闻听的风气仍很兴盛云。在内地居住期间，熟读《菩提道次第广论》《菩提道次第精要》《修心初阶》（ཐོག་མའི་བློ་སྦྱོང་།）等，一生依之而进行闻、思、修，从未间断过。佑宁寺王呼图克图（ཝང་ཚང་།）向土观活佛呈述了曾向彼师聆听过《菩提道次第广论》经教的情况，土观呼图克图大为欢喜。他们两人商议后，致函赤嘉那巴：

“请将你的格西给我借三年，到期即送回！”

彼师立即应邀而来，虽土观活佛为利他而逝去。但对王呼图克图、巴咱活佛（བ་ཟ་ཚང་།）、相哇（ཞང་བ།）大禅师等为首的五百余僧众讲授了《菩提道次第论》的注释等许多佛法。曾说道：

"从前一切知常指示我与土观仓结法缘，曾受马头明王法得以制伏精灵。那时只注意返回家乡的顺缘，否则，将会留在内地。"

后内地先后两次派来邀请的使者，但是没有允应。在夏琼寺曾先后担任时轮学院法台、密宗学院法台和全寺的堪布，给僧众讲授《怛特罗》、五部大论等，博大精深，无与伦比。特别是曾先后三次讲授《四家合注》，并广泛讲授《菩提道次精要》《供养上师颂》，对圣教贡献匪浅。卸任后修建了一座僧舍，说道：

"我的上师遍知三时嘉木样协巴昔日赐予我一顶长带比丘帽，它象征着要我担任堪布之座，又给我赐予觉阿帽，乃是要我像觉阿阿底峡在西藏居住十七年那样，今后在此居住十七年的授记，我将遵循教诲居住十七年。"

修造了一尊小型的阿底峡大师像，修持《菩提道次第广论》和《菩提道次精要》，密修胜乐、密集、大威德三本尊的二次第。享年八十八岁，圆寂时，口诵喜金刚及许多道歌而高高兴兴地寂灭。他转世的呼毕勒罕生于拉萨宇妥公（གཡུ་ཐོག་ཀུང།）家，被称为宇妥群则（གཡུ་ཐོག་ཚོགས་མཛད།）。

卑塘夏仲·意希达杰（བིས་ཐང་ཞབས་དྲུང་ཡེ་ཤེས་དར་རྒྱས།），来自哲蚌寺桑洛院文都[125]弥村（བིས་མདོ་མི་ཚན།），是一位大格西。任夏琼寺堪布后不久，遂即圆逝。

底察格西·阿旺奥赛（རྡི་ཚང་དགེ་དབང་འོད་ཟེར།），生于江嘉（ལྗང་སྐྱ།），父名肖多才让（སྟག་རྡོར་ཚེ་རིང།），母名才让吉（ཚེ་རིང་སྐྱིད།）。入哲蚌寺郭莽扎仓鲁本康村院（བློ་འབུམ་ཁམས་ཚན།），声誉很大。任夏琼寺堪布，在后山顶上修建了狮子吼佛殿和底察弥勒殿。

多哇·阿旺丹增（མདོ་བ་ངག་དབང་བསྟན་འཛིན།），是多哇堪布阿旺敦珠（ངག་དབང་དོན་གྲུབ།）和阿旺丹培（ངག་དབང་བསྟན་འཕེལ།）两人的侄子。在夏琼寺和色拉寺求学，曾任夏琼寺的雄来巴和密宗喇嘛等职，后被推选为堪布，任职四年，塑造了数尊佛像。曾做赛康巴的门徒。卸任后随即在静修处勤奋修习。

德扬夏仲·罗桑闹吾（བདེ་ཡངས་ཞབས་དྲུང་བློ་བཟང་ནོར་བུ།）生于青海芒拉（མང་ར།），被认定为大堪布阿旺闹吾（ངག་དབང་ནོར་བུ།）的转世。在拉摩德钦（ལ་མོ་བདེ་ཆེན།）寺和夏琼寺求学，熟记《菩提道次第广论》，勤于分析钻研，曾任夏琼寺医学院曼巴喇嘛和德钦寺堪布。己卯年任夏琼寺堪布，不久即卸任。

罗桑旺秀（བློ་བཟང་དབང་ཕྱུག），历世出生在上多哇（མདོ་ཡར་ནང་།）噶哇仓（སྣར་པ་ཚང་།）家中，曾在夏琼寺和色拉寺结扎仓求学，获得了色拉寺林赛格西学位，并进入下密院，做赤钦阿旺年扎（ངག་དབང་སྙན་གྲགས།）任妥林堪布（ཐོ་ལིང་མཁན་པོ།）时的随从，有时曾代表堪布办事。担任过数处寺院的上师。返回家乡后，任寺院的雄来巴和翁则喇嘛等职，后任密宗学院的法台，授时轮金刚灌顶，讲授了《四家合注》。任堪布期间，从政教两方面治理寺院，卸任后即圆寂。

居昂堪布（ཇུ་ནང་མཁན་པོ།）阿旺年智（ངག་དབང་སྙན་གྲགས།），丙戌年出生在青海蒙古左翼（གཡོན་རུ།）居昂扎萨克（ཇུ་ནང་ཇ་སག）旗[126]，姓热察（ར་ཚ།），父名贡楚克扎卜（དཀོན་མཆོག་སྐྱབས།），母名卓玛措（སྒྲོལ་མ་མཚོ།）。七岁时，随热察曲结（ར་ཚ་ཆོས་རྗེ།）学习文化，八岁时拜阿旺贤巴（ངག་དབང་བྱམས་པ།）格西为师，受居士戒，剃度出离。十三岁入夏琼寺，拜阿旺索南（ངག་དབང་བསོད་ནམས།）大堪布为师受沙弥戒，进入经院学习，成绩超群，在僧众大会上，讲辩《正义精要》《现观庄严论明义释》等。二十一岁时，于阿旺丹巴（ངག་དབང་བསྟན་པ།）大堪布处受比丘戒。三十七岁时获得了林赛格西的学位。先后拜阿旺索南、土观呼图克图、贡塘·嘉贝样、阿柔大格西、金巴更桑（སྦྱིན་པ་ཀུན་བཟང་།）、大堪布噶布巴（ཀ་ཐུག་པ།）、噶哇仓（སྣར་པ་ཚང་།）、赛康巴等为师，所受的灌顶、经教、诀要等极为广博，修习实践优异。四十九岁时，任雄来巴职，五十岁任翁则喇嘛僧职。五十三岁时，任密宗学院法台。五十九岁时，任夏琼寺堪布。八年任职期间，督促讲辩闻听，成效显著。彼师尽管修葺拉让等处，但由于魔障作祟，大经堂被火焚烧，公物损失惨重。六十七岁时卸任，诵修《菩提道次第广论》颇有增益。铁牛年

(辛丑)，七十六岁时圆寂，有化身转世。

下多哇罕曾·嘉样坚赞（ཏན་འཛིན་འཇམ་དབྱངས་རྒྱལ་མཚན།），水蛇年（癸巳）出生在化隆县噶玉沟（བ་ཡན་ཀ་བཞི་ཁུག）地方，父名官保嘉卜，母名嘉毛吉（རྒྱ་མོ་སྐྱིད།）。彼师的前世，曾任夏琼寺的上师，修造了十六角铁堡伏魔法坛城（ལྕགས་མཁར་ཟུར་བཅུ་དྲུག་པ།）。彼师七岁在扎巴·罗桑坚赞（གྲོང་ཀ་པ་བློ་བཟང་རྒྱལ་མཚན།）处出家为僧，十一岁入夏琼寺经院，向扎巴穹仓（གྲོང་ཀ་པ་ཆུང་ཚང་།）请求了沙弥戒和比丘戒，学习了《新论》以前的课程。水牛年（癸丑）二十一岁，前去卫地，进入色拉寺结扎仓学习。在热振大堪布处聆听了许多经教。二十五岁返回家乡，二十二岁任时轮学院金刚上师，任期五年。水龙年（壬辰）六十岁时，担任堪布职务，新修依怙殿的佛像。卸任后精进修持，至土鸡年（己酉），已享年七十七岁，修证有所增进。

曲藏呼图克图罗桑图丹拉杰（བློ་བཟང་ཐུབ་བསྟན་རབ་རྒྱས།），火蛇年（丁巳）任堪布一年。在此前，由于负责修建了大经堂，曾担任夏琼寺的寺主，并委任寺院雄来巴、翁则喇嘛和三个扎仓的法台之责。

卡芒吾居（ཁ་མང་དུ་རྒྱུད།）曲培敦珠（ཆོས་འཕེལ་དོན་གྲུབ།），火蛇年（丁巳）出生在化隆甘都霍尔仓地方。父名班玛才让（པད་མ་ཚེ་རིང་།），母名噶毛吉（དཀར་མོ་སྐྱིད།）。八岁时在格勒曲派（དགེ་ལེགས་ཆོས་འཕེལ།）座前出了家，由阿旺格勒（ངག་དབང་དགེ་ལེགས།）阿阇黎授予沙弥戒。十一岁，进入夏琼寺经院学习五部大论，毕业后，二十一岁，在前一世曲藏呼图克图座前受比丘戒，三十三岁获得林赛格西学位。四十七岁任雄来巴僧职，以后任密宗学院的金刚上师。火鸡年（丁酉），六十二岁任堪布。六十五岁卸去堪布职务，专事修持至土鸡年（己酉），享年七十四岁。

车玛活佛（ཁྲི་མར་སྤྲུལ་སྐུ།）意希丹增（ཡེ་ཤེས་བསྟན་འཛིན།），木虎年（甲寅）出生于噶嘉唯嘉（ཀ་རྒྱའི་བེ་ཀྱཱ།），父名坚赞（རྒྱལ་མཚན།），母名官毛吉（མགོན་མོ་སྐྱིད།）。七岁在意希达杰（ཡེ་ཤེས་དར་རྒྱས།）堪布座前出家为僧，十岁入化隆县敦它寺（བ་ཡན་སྟོན་ཐའི་དགོན།）学习、诵经。十五岁那年进入夏琼寺经院，拜曲培敦珠

(ཚེས་འཕེལ་དོན་གྲུབ།) 阿阇黎为师，学习《新论》等。水鸡年（癸酉）二十岁赴卫地，入色拉寺结扎仓深造，毕业时获得了学位，向班禅仁波切请求授比丘戒后返回故乡。三十岁担任雄来巴僧职多年，四十岁任时轮学院金刚上师，曾修缮僧舍，管理寺院数年。铁鼠年(庚子)，四十七岁任堪布职，从政教两方面管理寺院，颇有声誉。卸任后追随赛康尊者，从事修持。彼师在政教两方面见识广，法心贤良，若住在夏琼寺，对寺院将大有裨益，但由于勤奋修持，退居甘都当玛乃静修处，验证超殊。至土鸡年（己酉）时，享年五十六岁。

官塘下仲·罗桑云丹（མགོན་ཐང་ཞབས་དྲུང་བློ་བཟང་ཡོན་ཏན།），壬申年出生在尖扎地区阿达恰干（ཨ་འདར་ཆ་གན།）村阿嘉（ཨ་རྒྱ།）昂索的家族中，父名罗桑拉丹(བློ་བཟང་རབ་བརྟན།）官人，母名拉日（ལྷ་རི།）。彼师的前世是官仓噶居·阿旺茨成（མགོན་ཚང་དཀའ་བཅུ་ངག་དབང་ཚུལ་ཁྲིམས།），乃夏琼寺的大格西，一生勤奋修持。彼师八岁时，在卸任堪布德扬巴（བདེ་ཡངས་པ།）座前出家。从十三岁起，在夏琼寺求学数年，并进入密宗学院。二十九岁担任翁则喇嘛，三十一岁担任密宗学院金刚上师之职。木蛇年(乙巳)，三十四岁任堪布。年龄虽轻，但是各方面都遇机缘，一年后，请求离职，时年三十八岁。

卡芒吾居·噶桑勒谢（ཁམང་དབུ་རྒྱུད་སྐལ་བཟང་ལེགས་བཤད།），水鼠年（壬子）出生在甘都塘相拉卡（ཀ་མདོ་ཐང་ཞིང་ལ་ཁ།），父名斯它尔（སྲིད་ཐར།），母名才仁毛（ཚེ་རིང་མོ།）。七岁在吉拉寺（སྐྱི་ལ་དགོན།）自己的叔叔意希噶桑（ཡེ་ཤེས་སྐལ་བཟང་།）堪布座前出家。九岁入夏琼寺学习诵经，十三岁入讲经院。十五岁，阿旺索南堪布授予沙弥戒,二十二岁，在阿旺奥赛（ངག་དབང་འོད་ཟེར།）堪布座前受比丘戒。遵循密宗堪布意希噶桑的指示，于木狗年（甲戌）二十三岁赴卫地，进入色拉寺桑洛院，重新认真地学习了五部大论。铁虎年（庚寅），三十九岁，获得了林赛的学位，以学习成绩优异著称。四十九岁返回故里，进入夏琼寺密宗学院，五十一岁任翁则喇嘛，五十四岁任密宗学院法台。火马年（丙午），五十五岁，任堪布职位。土鸡年（己酉）卸去堪布职务，时年五十八岁。

塔尔寺的却西堪布，于其六十三岁，即土鸡年（乙酉）任堪布，铁狗年（庚戌）卸去堪布职务。

噶桑闹吾（སྐལ་བཟང་ནོར་བུ།）堪布，铁牛年（辛丑）出生在查甫噶嘉（ཚ་ཐུག་ཀ་སྐྱ།），父名本美（འབུམ་མེ།），母名吾交吉（ནོ་ཅོག་སྐྱིད།）。七岁在采毛且（མཚེར་མོ་ཆེ།）地方于多哇曲杰（མདོ་བ་ཆོས་རྗེ།）座前出家。九岁入夏琼寺，拜阿旺奥赛堪布等为师求学，获得了学位。六十一岁任雄来巴僧职，六十五岁任翁则喇嘛，六十六岁任密宗学院法台。铁狗年（庚戌）七十岁，任堪布管理寺院。

密宗学院下密院的俄仁巴阿旺扎西（ངག་དབང་བཀྲ་ཤིས།），从内地返回卫地后，向第七世达赖喇嘛噶桑嘉措和阿旺却旦（ངག་དབང་མཆོག་ལྡན།）堪布、拉穆垂忠等请求授记后，于第十三胜生火兔年（公元1747年，清乾隆十二年，丁卯），修建了密宗学院。起初由当时现任堪布阿旺敦珠（ངག་དབང་དོན་གྲུབ།）主持讲辩闻听。火兔年（戊辰）委任扎巴·罗桑坚赞（གྲགས་པ་བློ་བཟང་རྒྱལ་མཚན།）为法台，直至铁牛年(庚辰)。以后的法台依次是：热格西（ར་དགེ་བཤེས།）、噶居·罗桑龙珠（བཀའ་བཅུ་བློ་བཟང་ལྷུན་གྲུབ།）、多哇噶居·阿旺桑保（མདོ་བ་དཀའ་བཅུ་ངག་དབང་བཟང་པོ།）、当久夏仲·罗桑曲扎(གདོང་འདུག་ཞབས་དྲུང་བློ་བཟང་ཆོས་གྲགས།)、多哇宦穹·阿旺丹培（མདོ་བའི་དཔོན་ཚང་ངག་དབང་བསྟན་འཕེལ།）、扎巴穹哇·阿旺格勒(གྲོང་ག་པ་ཚང་བ་ངག་དབང་དགེ་ལེགས།)、达隆哇·嘉样扎巴（སྟག་ལུང་བ་འཇམ་དབྱངས་གྲགས་པ།）、当埃·更登曲培（སྟོང་དེ་དགེ་འདུན་ཆོས་འཕེལ།）、尖扎拉仁巴·金巴更桑(སྦྱིན་པ་ཀུན་བཟང་།)、多哇拉仁巴·阿旺索南（ངག་དབང་བསོད་ནམས།）、多哇温穹·阿旺丹增(མདོ་བའི་དཔོན་ཚང་ངག་དབང་བསྟན་འཛིན།)、多哇格西·扎巴坚赞（མདོ་བའི་དགེ་བཤེས་གྲགས་པ་རྒྱལ་མཚན།）、卑塘夏仲·意希达杰（བིས་ཐང་ཞབས་དྲུང་ཡེ་ཤེས་དར་རྒྱས།）、多哇噶贝夏仲·罗桑昂秀（མདོ་བ་སྐར་བའི་ཞབས་དྲུང་བློ་བཟང་དབང་ཕྱུག）、巴燕格西·意希喜饶（བ་ཡན་དགེ་བཤེས་ཡེ་ཤེས་ཤེས་རབ།）、青海居昂格西·阿旺年智（མཚོ་སྔོན་ཇུམ་ནང་དགེ་བཤེས་ངག་དབང་སྙན་གྲགས།）、甘都格西·意希噶桑（ཀ་མདོའི་དགེ་བཤེས་ཡེ་ཤེས་སྐལ་བཟང་།）、卡芒吾居·曲培敦珠（ཁ་མང་དུ་རྒྱུད་ཆོས་འཕེལ་དོན་

གྲུབ)、卡昂夏仲·程列达杰（མཁར་ནང་ཞབས་དྲུང་འཕྲིན་ལས་དར་རྒྱས།)、官仓夏仲·罗桑云丹（མགོན་ཚང་ཞབས་དྲུང་བློ་བཟང་ཡོན་ཏན།)、甘都的色拉寺格西·噶桑勒谢（ཀ་མདོའི་སེ་རའི་དགེ་བཤེས་སྐལ་བཟང་ལེགས་བཤད།)、查蒲阿阇黎噶桑闹吾（ཚ་ཕུག་དཔོན་སློབ་སྐལ་བཟང་ནོར་བུ།)、青海哇热察夏仲·罗桑华丹嘉措（མཚོ་སྔོན་པ་ར་ཚ་ཞབས་དྲུང་བློ་བཟང་དཔལ་ལྡན་རྒྱ་མཚོ།）于铁狗年（庚戌）任法台。

时轮学院斯纳·茨成达杰（ཟི་ན་ཚུལ་ཁྲིམས་དར་རྒྱས།）任堪布期间，由三川谢洮(ཟན་ཁྲིན་ཕྲུག་པོ།）地区的曲杰然降巴·达杰嘉措（ཆོས་རྗེ་རབ་འབྱམས་པ་དར་རྒྱས་རྒྱ་མཚོ།）做施主，于第十三胜生火蛇年（公元 1797 年，清嘉庆二年，丁巳），开始建成医学院，并由德扬夏仲·罗桑闹吾（བདེ་ཡངས་ཞབས་དྲུང་བློ་བཟང་ནོར་བུ།）任喇嘛。后由噶布夏仲·罗桑敦珠（ཀ་ཕུག་ཞབས་དྲུང་བློ་བཟང་དོན་གྲུབ།）向先前的施主请求后，改为时轮学院。自此以后，法台依次是：多贝格西·扎巴坚赞（གྲགས་པ་རྒྱལ་མཚན།)、库拉夏仲·阿旺奥赛（ཁུ་ར་ཞབས་དྲུང་ངག་དབང་འོད་ཟེར།)、多哇阿阇黎·阿旺桑保（ངག་དབང་བཟང་པོ།）的化身嘉样丹增(འཇམ་དབྱངས་བསྟན་འཛིན།)、底察格西·阿旺奥赛（ལྡི་ཚའི་དགེ་བཤེས་ངག་དབང་འོད་ཟེར།)、雄先然降巴·嘉样茨成（ཞོང་ཤན་རབ་འབྱམས་པ་འཇམ་དབྱངས་ཚུལ་ཁྲིམས།)、纳嘉噶居·阿旺索南（སྣ་ཀྱཱ་དཀའ་བཅུ་ངག་དབང་བསོད་ནམས།)、多唯相武盖夏仲·阿旺曲扎（མདོ་བའི་ཞིང་པོ་སྐྱའི་ཞབས་དྲུང་ངག་དབང་ཆོས་གྲགས།)、车玛夏仲·意希丹增(ཁྲི་མར་ཞབས་དྲུང་ཡེ་ཤེས་བསྟན་འཛིན།)、阿兹夏仲·罗桑年扎（ཨ་འཛི་ཞབས་དྲུང་བློ་བཟང་སྙན་གྲགས།)、热察活佛罗桑华丹嘉措（ར་ཚ་སྤྲུལ་སྐུ་བློ་བཟང་དཔལ་ལྡན་རྒྱ་མཚོ།)、当久夏仲·噶丹曲扎（གདོང་འདུག་ཞབས་དྲུང་སྐལ་ལྡན་ཆོས་གྲགས།）等。现任法台是觉杂噶居·阿旺嘉样（ཅོག་ཙ་དཀའ་བཅུ་ངག་དབང་འཇམ་དབྱངས།)。

曲藏呼图克图所著的寺志与鲁本巴（ཀླུ་འབུམ་པ།）所著的寺志中，虽然对第八任堪布赛康巴·罗哲嘉措认为是阿召瓦（ཨ་གྲོ་བ།)[127]。但是以往的说法乃是第二世达赖喇嘛更敦嘉措指派的多麦巴·喜饶坚赞（མདོ་སྨད་པ་ཤེས་རབ་རྒྱལ་མཚན།)，这与第七世达赖喇嘛噶桑嘉措的说法相吻合。关于阿召瓦，曾是第二世达赖喇嘛更敦嘉措的侍者的这一点，是无可争议的。在赛康巴之后，据说贤浪巴·丹巴仁钦（བྱམས་གླིང་པ་བསྟན་པ་རིན་ཆེན།)，于第十胜生末期水猪年（公元1623年，明天启三年，癸亥），修建了法相院一事，仅是一个大约估计的时间。不论怎么说，阿召瓦的遗体就是现在的小金塔。鲁本巴说，阿底峡大师诞生后的三百零二十八年，第五胜生的土鸡年（公元1309年，元武宗至大二年，己酉）才诞生了曲结敦仁巴。曲结二十一岁时，即第六胜生的土牛年（公元1349年，元顺帝至正九年，己丑）建成了夏琼寺。丁酉年四十九岁，圣·宗喀巴大师诞生。宗喀巴大师二十九岁时，即第六胜生的木牛年（公元1385年，明洪武十八年，乙丑），曲结享年七十七岁圆寂。如是，则曲结诞生后至第十四胜生的土猪年(公元1839年，清道光十九年，己亥）间，历五百三十一年，夏琼寺建成后已经历四百九十一年，是曲结圆寂后的四百五十四年。如此计算，则曲结诞生后的九个六十丁卯，便是五百四十一年，是夏琼寺院建寺后的五百零一年，圆寂后的四百六十四年，正是现在的第十四胜生的土鸡年（公元1849年，清道光二十九年，己酉）。夏琼寺是多麦地区各大寺院的祖寺。

主要依止所。金塔殿宗喀巴大师的师傅曲结仁波切的整个遗体，从前在简陋的土筑神龛内供奉着。第十胜生的水羊年（公元1583年，明万历十一年，癸未），第三世达赖喇嘛索南嘉措来这里，敦劝别人献资，并自己赐予了大量黄金。寺院的住持者们遵循他的吩咐，选择吉祥之地修建了外部包铜镀金灵塔，僧俗人等感德无已，形成经常颂祷的传统：

“释教圣父敦珠仁钦尊，释教之王罗桑扎巴尊，殊胜圣子索南嘉措尊，顶礼祈祷圣父子三尊。”

现在每逢四月等月，芳香四溢的甘露经常自空而降，人们都能尝到。由于这个瑞征，金塔的金色转变为红色，香气笼罩于寺院的四周。土观尊者赞誉道：

“第二佛陀全面护持者，圣教珠仁钦于未来时，在鼓音佛土中成正觉，他的舍利曾否朝拜过？曾获加被耸峙之圣地，为弘圣教和世间之安乐，常有瑞征吉日降甘露，是否亲自舌尝享用过？”

金塔前面玻璃门窗的院落里，供奉着语化观世音菩萨像。这是迎自古印度而作为布让玉德（བུ་རངས་བཞི་སྡེ།）经堂里的主要圣物。玉德的后裔断绝后，西藏地方政府没收了他们供奉的佛像、佛经和佛塔。这尊菩萨像由岱青巴图尔迎来供奉，在赤钦·阿旺却丹任妥林堪布期间，赎买回来作为修持的本尊，另外还有曾散失在上部阿里地区的佛舍利，阿底峡大师的遗骨，作为有灵异的主要圣物，还有由华曲堪布呼图克图奉献的萨迦·扎巴坚赞（ས་སྐྱ་གྲགས་པ་རྒྱལ་མཚན།）修持的本尊能仁仲且玛佛像等，都是这座寺院的主要圣物。右边供奉着赤·阿旺年扎（ཁྲི་ངག་དབང་སྙན་གྲགས།）的管家夏琼巴迎请来的殊胜的圣·宗喀巴像。中央供奉着赤·阿旺却丹任噶丹寺赛赤时使用的伞盖。左边供奉着赤·阿旺曲扎（ཁྲི་ངག་དབང་ཆོས་གྲགས་པ།）送来的释尊像和内地响铜铸造的曲结敦仁巴和圣·宗喀巴的像等，赛康巴阿阇黎送来的有历史传说的释尊仲且玛像，密集、文殊和金刚持的药泥像，德康巴（བདེ་ཁང་པ།）的灵塔。十三尊大威德立体坛场，用檀香木雕制的胜乐五佛的立体坛场。佛像背面供奉着的是下密院俄仁巴阿旺扎喜（ངག་དབང་བཀྲ་ཤིས།）由内地迎请来的《甘珠尔》大藏经和《丹珠尔》大藏经，泰东鲁嘉（ཐེའུ་དུང་གླུ་སྐྱབས།）奉献的用金银汁书写的《甘珠尔》大藏经，达仓译师修持的本尊佛母。

底察（ཁྲི་ཚོ།）弥勒殿里，供奉着弥勒佛、文殊菩萨像、观世音菩萨像、曲结敦仁巴和圣·宗喀巴像。

五字文殊殿里有以圣·宗喀巴修持文殊菩萨时所居的茅屋为内藏而修建的佛塔。多哇夏仲和三川巴·曲杰达杰嘉措两人用银片包裹的门廊里，有檀香雕刻文殊菩萨像和圣·宗喀巴的金像，前面有圣·宗喀巴三岁、四岁、八岁时的三种身像和狮子吼佛像，门上是昔日的寝室茅屋，屋梁尚未变色，其上显现着阿、拉、巴、杂（ཨ་ར་པ་ཙ།）等字形。

弥勒望水殿里，供奉着弥勒佛像、观世音菩萨像和大势至菩萨像及其眷属像。弥勒殿的右边是第巴曲结（སྡེ་པ་ཆོས་རྗེ།）的禅室——岩洞。

小灵塔殿里供奉着阿召瓦的镏金灵塔，藏哇·曲结扎巴坚赞（གཙང་བ་ཆོས་རྗེ་གྲགས་པ་རྒྱལ་མཚན།）等的数尊灵塔及释尊像、弥勒佛像、文殊菩萨像、白度母像、绿度母像、增禄天母圣父母像、阿嘉昂索（ཨ་རྒྱ་ནང་སོ།）塑造的弥勒佛像。

狮子宝座殿里，有曲结敦珠仁钦、第三世达赖喇嘛索南嘉措、哲布尊丹巴等三人的具有灵异的宝座，观赏供物有固始汗的铠甲和宝剑等。此殿的右边，第巴曲结丹增罗桑嘉措曾长期居住，并且降伏了一些非人鬼魔。铁马年（庚午），这位尊者三十八岁时，修建了弥勒佛坐姿的佛殿，委托白合泽（བེག་ཙེ།）为护法神，并创建了依怙殿和长期朵马祭，热洛活佛罗桑三珠（བློ་བཟང་བསམ་འགྲུབ།）任堪布期间，曾予以培修，据说因启开长期朵马盒曾流失鼻血云，显示严厉非常，也有人传说佛殿里还有他的灵塔。在达孜佛殿（སྟག་ཙེ།）里，尊者第巴为了僧伽消除隔阂、和睦相处，还修建了息诤塔。他的弟弟第巴依云巴（སྣེ་བ་ཡིད་བཞིན་པ།）遭藏巴汗迫害，曾来安多地区，在化隆杂佐塘（བ་ཡན་ཆ་མཛོད་ཐང་།）暂时安家云。在昔日骡子卧过的悬岩处，曲结敦仁巴自己修建的佛殿里，供奉着五部佛像、自然形成的金刚亥母像。土观呼图克图前来朝拜时，门徒弟子们看见这尊佛像非常庄严、巍巍颤动，并给圣者以欢迎。周围有十六尊菩萨像、依怙主像、佛母像。在其上面为了消除鬼神危险，塑造了莲花生大师像。

大经堂里供奉着由赛康巴尊者集资塑造的宗喀巴大师的许多塑像和画像等，两部纳塘版《甘珠尔》大藏经。上部的护法殿里，供奉着护法神像，由伏藏中掘出的金刚杵。这些护法神们自动地护佑这座圣地，成就事业的传说甚多。

山顶佛殿里供奉着释迦降魔图，密宗学院里有胜乐、集密的内地造坛场，千尊佛像等。

时轮殿和极乐殿里，供器圣物比较多。

后山顶峰有狮子吼声如来殿，下面是龙王玛哲巴（ཀླུ་མ་དྲོས་པ།）殿。经院下边深谷口的白石岩，有俄仁巴在流氓撒拉那向（ནག་ཤང།）的整张人皮上修建的伏魔经塔，据说其下虽被河水冲刷为深渊，但对其上面则无危害，空行母罗桑曲仲（བློ་བཟང་ཆོས་སྒྲོན།）也为寺院做了许多有益之事。

这座大丛林和位于卓日山下的噶丹寺（དགའ་ལྡན།）一样，燃料和饮水的路程较远，但能脱离不正常生计。对庸俗人们和追求嗜好者有一定困难，但苦修者却不感觉怎样。此处的比丘们不贪图财物，不贪图热闹，寡欲知足，能勤奋讲修，不羡慕他人的名利。

经院里把赞波（བཙན་པོ།）著《集类学》，穹初巴（ཁྱུང་སྤྲུག་པ།）的《第一品》，吉尊巴著《中观》，德勒尼玛（བདེ་ལེགས་ཉི་མ།）的《戒律本论》，章钦巴（དྲུང་ཆེན་པོ།）的《俱舍论》等列为教程，但特罗的讲辩闻听，统依下密院的规定。时轮学院的讲辩闻听也比较好。有春季学期和夏季学期，坐夏期间辩经学期和秋冬季学期各有十五日辩经学会。有四月和正月的祈愿法会、五供节祭、二十九日施食祭，旧年有铁城伏魔法等跳神。宗教活动的各个方面，一切贤哲们都一致地赞颂。土观呼图克图颂誉道：

“此地远离世俗尘嚣过，抛弃影响学法之享用，具足阿兰若特点之圣地——夏琼岩寺是否朝礼过？此处多有博闻诵习者，律仪严谨勤奋在修持，护持圣教弘法之事迹，是否倾心向往敬信过？”

关于夏琼寺的寺志，曲藏土丹旺秀、桑卓活佛（གསང་སྒྲོགས་སྤྲུལ་སྐུ།）、扎巴穹哇·阿旺格勒和哲拜寺鲁本巴阿旺丹增（ཀླུ་འབུམ་པ་ངག་དབང་བསྟན་འཛིན།）等四师撰有传承记，但很难到手，因此于此作了比较详细的叙述，并搜集数位多哇老僧的传记，及其及门弟子等的说法，加以补充，其目的在于祝愿信仰佛陀的圣教有永不退转之授记。

这座寺院的主要拉让府有：曲藏拉让府（ཆུ་བཟང་བླ་བྲང་།）、巴秀拉让大乘正法宫（དཔལ་ཤུལ་བླ་བྲང་ཐེག་ཆེན་ཆོས་ཀྱི་ཕོ་བྲང་།）、大小扎巴的拉让府（ཙ་པ་ཆེ་ཆུང་གི་བླ་བྲང་།）、卡芒吾居的拉让府（ཁ་མང་དབུ་རྒྱུད་བླ་བྲང་།）、大阿阇黎的拉让府（དཔོན་སློབ་ཆེ་བའི་བླ་བྲང་།）、嘉达拉让府（སྐྱ་མདའ་བླ་བྲང་།）、底察拉让府（ཧྲི་ཚ་བླ་བྲང་།）、智康拉让府

(བྲག་ཁང་བླ་བྲང་།)、居昂拉让府(ཇུ་ནང་བླ་བྲང་།)、斯纳拉让府（ཟི་ན་བླ་བྲང་།)、当埃拉让府（སྟོང་རེ་བླ་བྲང་།)、达隆拉让府（སྟག་ལུང་བླ་བྲང་།)、纳嘉拉让府（ན་ཀྱ་བླ་བྲང་།)、当久拉让府（གདོང་འཇུག་བླ་བྲང་།)、热拉让府（ར་བླ་བྲང་།)、罕曾拉让府（ཧན་འཛིན་བླ་བྲང་།)、卑塘拉让府（རིས་ཐང་བླ་བྲང་།)、大小多哇拉让府（མདོ་བ་ཆེ་ཆུང་བླ་བྲང་།)、阿曾拉让府(ཨ་འཛིན་བླ་བྲང་།)、噶布拉让如意喜绕宫（ཀ་བྲུག་བླ་བྲང་བསམ་འགྲུབ་དགའ་འཁྱིལ།)、噶哇拉让府（སྐར་བ་བླ་བྲང་།)、堪布拉让府（མཁན་པོ་བླ་བྲང་།）等等。

在北面铁索岭（ལྕགས་ཐག་ཁ་སྣང་།)，有据说是圣·宗喀巴大师于赴卫地时竖立的玛尼神幡“妙高天界”鄂博。在此附近是赤·阿旺曲扎（ཁྲི་ངག་དབང་ཆོས་གྲགས།）和阿旺年扎（ངག་དབང་སྙན་གྲགས།）两师的诞生地。

支寺有夏琼山背面的底察寺（ཧྲི་ཚའི་དགོན།)，此处沟脑有群嘉（ཁྱུང་རྒྱ།）静修院，名叫吉祥静虑洲（བཀྲ་ཤིས་བསམ་གཏན་གླིང་།)。据《噶丹传记》（སྐལ་ལྡན་རྣམ་ཐར།）的记载，该处为丹巴仁钦（བསྟན་པ་རིན་ཆེན།）修建的群嘉禅院（ཁྱུང་རྒྱའི་སྒྲུབ་སྡེ།)，由塔尔寺管理。

在卡夏底（ཁ་ཤ་མཐིལ།）地方，有赛康巴尊者修建的灵塔，建筑规模比较宏伟。

吉日山赛康（སྐྱིས་རིའི་གསེར་ཁང་།)，昔日是著名的修行处。吉雪第巴曲结，按梦境里班禅仁波切的鼓励，于第十一胜生火兔年（公元 1627 年，天启七年，丁卯）来到此处修持，修建了这座装有他亲手打印的小泥佛像的尊胜塔。因而成为许多贤哲们依止的修行处。

雄先（ཞོང་ཤན།）静修院供奉有毗首羯磨天（བི་ཤ་ཀརྨ།）塑造的一百零八尊佛像之一。曾有一些盗匪认为佛像是黄金铸造，于是用斧子乱砍佛像，但他们立刻产生畏惧而惊慌失措地逃跑，有的盗匪逃至门口吐鲜血而死；有的盗匪亲眼看见佛像发射的光芒照亮了寺院，以后遂被称为神威显赫大佛。这些情况记载于堪钦·格登嘉措（མཁན་ཆེན་དགེ་འདུན་རྒྱ་མཚོ།）的传记里。寺志中记载：噶保国师喇嘛是内地唐和国王（ཐང་ཧོ་རྒྱལ་པོ།）的上师，国王为了承侍尊者，遂迎这尊释尊像，供奉于修行圣地吉日山赛康院的前方，左右的燃灯佛和迦叶佛像是为了纪念萨迦班智达和八思巴大师，遵循国王的旨意，由大司徒（ཏཱའི་སི་ཏུ།）绛曲坚赞（བྱང་ཆུབ་རྒྱལ་མཚན།）修建云。

采毛且（མཚེར་མོ་ཆེ།）静修院。

东面有居乃干巴·罗桑曲央（རྒྱུ་ནེ་ཀན་པ་བློ་བཟང་ཆོས་དབྱངས།）修建的达当噶保（ཧ་གདོང་དཀར་པོ།）。

麻然（སྨར།）大成就者修建的嘉玉寺（སྐྱ་ཡུས་དགོན།），其附近即是泽塘堪布（རྩེ་ཐང་མཁན་པོ།）班觉扎巴（དཔལ་འབྱོར་གྲགས་པ།）的诞生地嘉玉（སྐྱ་ཡུས།）。堪布曾为夏琼大经堂奉献了金铜合铸的宝幢一对。

豆嘉寺（ཏིག་རྒྱའི་དགོན།），或称为红岩寺（བྲག་དམར་དགོན།）。

智合隆寺（བྲག་ལུང་དགོན།）为尖扎堪布阿旺茨成（ངག་དབང་ཚུལ་ཁྲིམས།）所建，有僧众百余人，有《甘珠尔》大藏经和《米拉日巴传记》的卷轴画等许多圣物。

噶绕寺（ཀ་རོ་དགོན།）是噶绕俄仁巴所建，已传承三代。

尖扎玛尼转经轮（གཙན་ཚ་མ་ཎི་ཆུ་འཁོར།）[128]由曲结敦珠仁钦和噶玛·饶悲多吉做开光仪轨，其中之一，每逢良辰吉日时常降药丸。其处与赤·阿旺却丹（ཁྲི་ངག་དབང་མཆོག་ལྡན།）的出生地噶摩甫（དཀར་མོ་ཕུག）相近。

北面与巴秀拉让豁卡相近之处，有库拉夏仲（ཁུར་ཞབས་དྲུང་།）修建的格秃寺（དགེ་ཕྲུག་དགོན།），由莫仓（མོ་ཚང་།）管理。一切知第二世吉美旺波的剃度堪布格秀曲杰·杜增敦珠嘉措（དགེ་ཕྲུག་ཆོས་རྗེ་འདུལ་འཛིན་དོན་གྲུབ་རྒྱ་མཚོ།）住在此处。

南而靠近黄河岸之处，是夏宗仓（ཤ་རྫོང་ཚང་།）的堂采嘎尔寺（ཐང་ཚེ་སྐར།）。

安达恰干卡昂寺（ཨན་འདར་ཆ་གན་མཁར་ནང་དགོན།）。

扎苍仓（གྲྭ་ཚང་ཚང་།）的贯热（སྒོམ་རིས།）静修院。

贯息仓（སྒོམ་ཞིས་ཚང་།）的贯息寺（སྒོམ་ཞིས་དགོན།）。

丹巴仓（བསྟན་པ་ཚང་།）的温保居卡尔昂寺（བོན་པོ་རྒྱུད་མཁར་ནང་དགོན།）。

贡玉仓（གོང་ཡུ་ཚང་།）的噶保当寺（དཀར་པོ་གདོང་དགོན་པ།）。

科采仓（ཁོ་ཚེ་ཚང་།）的科采卡尔昂（ཁོ་ཚེ་མཁར་ནང་དགོན་པ།）。

卑塘仓（ཞིས་ཐང་ཚང་།）的噶嘉芝康寺（ཀ་རྒྱ་ཐུག་ཁང་དགོན།）。

达隆仓（སྟག་ལུང་ཚང་།）的卡日岗寺（མཁར་སྒང་དགོན་པ།）。

阿噶·阿旺宗哲（ཨ་ཀ་ངག་དབང་བརྩོན་འགྲུས།）诞生在纳嘉（ན་རྒྱ།）地方。在色拉寺结扎仓求学，以博学著称，是珠康巴（གྲུབ་ཁང་པ།）尊者的门徒，赤·阿旺却丹的师傅。晚年回到故乡，在出生地附近修建了纳嘉寺（ན་རྒྱ་དགོན།）。他的后一世的情况不明，以后的转世为阿旺克宗（ངག་དབང་མཁས་བཙུན།）、罗桑嘉样（བློ་བཟང་འཇམ་དབྱངས།），夏珠丹巴尼玛（བཤད་སྒྲུབ་བསྟན་པའི་ཉི་མ།），在土观呼图克图座前出家为僧。现在的夏仲·罗桑克珠嘉措（ཞབས་དྲུང་བློ་བཟང་མཁས་གྲུབ་རྒྱ་མཚོ།），于土狗年（戊戌）诞生。

化隆城附近有索仓（སོ་ཚང་།）的巴燕敦它寺（པ་ཡན་སྟོན་ཐའི་དགོན་པ།），有僧众百余名，生活较富裕。

曲如卡哇仓（ཆུ་རུ་ཁ་བ་ཚང་།）的麦它寺（སྨད་ཐའི་དགོན་པ།），其新近迁移的地点，由土观呼图克图选定，有僧众五十名。

索仓（སོ་ཚང་།）的玉察寺（གཡུ་ཚ་དགོན།）。

以上夏琼寺共有支寺二十多座。寺院的供养豁卡有底察昂索、采尔甫官人（མཆེར་ཕུག་དཔོན་པོ།）、交嘉官人（ཅོ་ཀྱ་དཔོན་པོ།）、浪桑官人（ལུང་བཟང་དཔོན་པོ།）等所属的隆布宁图（རོང་པོ་ཉིན་ཐུབ།）[129] 十个部落。安达恰干官人（ཨན་འདར་ཆ་གན་དཔོན་པོ།）、科采官人（ཁོ་ཚེ་དཔོན་པོ།）、多哇雅昂和玛昂两个官人，息兴官人（ཤིན་ཞིན་དཔོན་པོ།）等五官人所属的尖扎宁图八部落等。

在巴燕城附近的苟察（འགག་ཚ།）地方，有药草台寺大禅师修建的大乘正法洲嘉甲寺（རྒྱ་རྒྱའི་དགོན་པ།）。寺院附近的巴奥（འབའ་འོག）是阿噶·索南桑保（ཨ་ཀ་བསོད་ནམས་བཟང་པོ།）的诞生地。彼师在此寺院出家为僧，入色拉寺结扎仓求学，于拉卡岩(ར་ཁ་ཐག）长期修行，是强巴（བྱམས་པ།）喇嘛及效·敦约克珠巴（འོག་ས་དོན་ཡོད་མཁས་གྲུབ་པ།）的门徒。第七世达赖喇嘛噶桑嘉措很欣赏他，多方给予顺缘。彼师到处搜集圣·宗喀巴语录，他总结了经教传承，由隆多喇嘛等印行，对圣教贡献很大。圆寂后，心脏没有烧焦，以此作为内藏塑造了圣·宗喀巴像，现供奉在色拉寺结扎仓桑洛康村中。彼师有两代传承，名叫巴奥夏仲（འབའ་འོད་ཞབས་དྲུང།）。

惹撒达合寺（ར་ཟའི་སྟག་དགོན་པ།）。恰曲寺（འཁྱག་ཆུ་དགོན་པ།），有僧徒约五十名。以及吉斯寺（སྐྱིད་ཟིལ་དགོན།），是塘让（ཐང་རིང།）的支寺。

巴觉寺（ནྲ་ཚོ།）的支寺赛哲寺（སེར་དྲིས་དགོན།）由塔尔寺的赛哲（སེར་དྲིས།）阿阇黎、日空仓（རི་ཁུང་ཚང།）、蹇哲玛尼巴（སེར་དྲིས་མ་ཎི་པ།）二人管理。后者转世的呼毕勒罕诞生在道帏（རྡོ་སྲིབས།），名叫罗桑奥赛（བློ་བཟང་འོད་ཟེར།），现在世。有阿贯（ཨ་མགོན།）静修院等。

夏琼寺的上方，有上下郭密（སྒོ་མི།）。下郭密有叫作噶丹吉祥昌隆洲（དགའ་ལྡན་བཀྲ་ཤིས་དར་རྒྱས་གླིང།）的却典格（མཆོད་རྟེན་སྙིགས།）大寺。这座寺院开始由语圣郭密·扎巴嘉措（སྒོ་མི་གྲགས་པ་རྒྱ་མཚོ།）修建。彼师诞生在黄河边郭密霍尔嘉（སྒོ་མི་ཧོར་རྒྱ།）地方，因此也叫霍尔嘉·扎干(ཧོར་རྒྱའི་གྲགས་ཀན།)。赴卫地求学于上龙本吉康（ཀླུ་འབུམ་སྐྱི་ཁང་གོང་མ།），为了彻夜学习，彼师在僧舍头悬于梁，锥刺肱股，以此刻苦自励。僧辈称他为郭莽大格西和能以卓越的智慧消除邪说谬论的倔强法相学者。第一世嘉木样在铁猪年（辛亥）冬季学期间，于噶让巴（དཀའ་རམས་པ།）学级的《般若》庆贺会上立宗时，开始由霞扎（ཞྭ་ཟལ།）然绛巴、热合玛（རག་མ།）起立发言。一切知嘉木样提出“具有犬体的菩萨之身体仍是犬体，这位菩萨之躯体不能称之为善道躯体，因不周延”。

许多人都承认这种论点可以应允，但是，理路的根据不足。接着扎坚巴[130]起立说：

“对你抱有很大的希望。但这种应允，与任何理路都不合。”他简单地发表高论，并就《二十僧伽论》出发，进行辩论。一切知说：

“理由在于独觉有八向位！”

扎坚巴听了，十分愕然地说道：“这都是卖弄三轮的空话，论据与教程不合。”又问道：“声闻顿悟者于世间最后期有没有可能入独觉道?”

一切知答：“从瑜伽行者中观自续派的观点来讲，没有此道。”尊者引经据典地说："是《阿毗达磨集论》的主张。"

彼师虽手舞足蹈，盛气凌人，但当教师询问如何立宗，有何情况时？则答以"应允之人很多，但也有不同意见"的公正评论。

一切知在传中戏谑说："法相者喊空转声，本教徒喊贤声，乞丐的号叫声，对于这三者有何定准之有!""世间十二显扬主，云雾灰尘不能遮，四洲莲花盛开日，具有二资粮的佛子又如何？"

这正是说许多二资粮羽翅丰满的英勇佛子立誓在北方之北显扬般若波罗蜜多之时，对此应虔诚敬信。彼师后在多麦地区拜噶登嘉措为师，闻思修都有增长。火牛年（丁丑）夏去卫地，谒见第一世嘉木样，请求讲授《菩提风轮论》。回答说：

"这是宁玛派的经论，你是一位大格西，难道不懂正法吗？"

扎巴嘉措傲气十足，起初认为只是结法缘而已，并没有予以更大的注意。但是由于许多稀奇的显密正论引人入胜，不由自主地树立了不可分离的敬信，聆听了大威德的生圆二次第等许多佛法及经教。出自内心进行颂扬，对别人说：

"阿吗！阿吗！阿吗！格派然绛巴·那旺桑吉已成为过去的了！"

彼师任塔尔寺密宗学院法台。在第十二胜生的土牛年（公元1709年，清康熙四十八年，己丑），修建了这座寺院，建立了讲辩闻听的制度。铁鼠年（庚子），在塔尔寺讲经院给第七世达赖喇嘛噶桑嘉措讲经说法。木蛇年（己巳），邀请了赤钦·丹巴尼玛（བསྟན་པ་ཉི་མ།）活佛讲授许多灌顶、随许、教诫、教敕等一月有余，因而得享长寿。

彼师的转世扎巴坚赞（གྲགས་པ་རྒྱལ་མཚན།），于第十二胜生铁狗年（公元1730年，清雍正八年。庚戌），诞生在郭密地区的江拉关嘉（ལྕང་རའི་མགོན་ཀྱ།）地方。进塔尔寺讲经院求学，后任该寺的密宗学院阿阇黎。在一切知吉美旺波等处聆听了经教。自一切知卸去塔尔寺堪布的戊子岁起，十年之中管理寺院。于火鸡年四十八岁圆寂。

彼师转世的呼毕勒罕关嘉·曲·丹增嘉措（མགོན་ཀྱཱུ་ཆོས་བསྟན་འཛིན་རྒྱ་མཚོ།），于第十三胜生的土狗年（公元1778年，清乾隆四十三年，戊戌），诞生在曲藏寺附近。七岁时在前世曲藏尊者座前出家，进入塔尔寺讲经院学习《集类学》。二十二岁时，由阿柔格西（ཨ་རིག་དགེ་བཤེས།）授予比丘戒。在拉卜楞寺的甘珠尔巴·吉美拉吉处聆听《甘珠尔》大藏经的经教。在卫地郭莽扎仓，拜东纳夏仲·阿旺罗赛（མདུང་ནག་ཞབས་དྲུང་ངག་དབང་བློ་གསལ།）为经师，钻研经典。并从数位善知识者处聆听了许多教诫。甲子年，二十七岁，返回故里，在密宗院学习怛特罗。二十九岁丙寅年，任塔尔寺密宗学院的阿阇黎。第十四胜生的水猴年（公元1912年，清嘉庆十七年，壬申）三十五岁时，担任磋钦堪布职务。给大众授予胜乐、密集、大威德、不动佛、九尊无量寿佛等大灌顶，及修持宝生佛法、纳塘百法、哇日一百零八法（བ་རི་བརྒྱ་རྩ།）、十三尊依怙主等的随许等公共佛法，以及《班禅全集》等无数特殊佛法。并提供顺缘财物，将自己的却典格旧寺院迁移至被称为形成世间的九神之一果则知（སྙེ་ཅེའི་བྲག）岩之麓，修建了经堂及珍贵的经、像、圣物等。勤奋修持，严守戒律，接受迦当诸师修习的方式，在寂静处修持了一生。

彼师转世的化身于第十四胜生的土狗年（公元1838年，清道光十八年，戊戌），诞生在郭密地区噶让（ཀ་ཞར།）[131]官人家，迎入寺院坐床。

这座寺院，享受着皇上规定的给三百僧侣每年发给钱粮的待遇[132]。

学习方面，按照郭莽扎仓的教程进行讲学。学期有第一个春季学期、第二个春季学期、夏季学期等，各为期一个月，由四个部落轮流供应坐夏期间学习和进行讲辩会的费用。第三个春季学期、第一和第二个秋季学期、冬季学期，各有十五日举行讲辩会，僧徒们轮流进行五供节祭诵经二十五天。正月和六月有祈愿法会，旧年的铁堡伏魔、五供和正月祈愿法会上都举行跳神和晒佛。总拉让有依怙主施食等宗教活动都比较好。拉让里供奉文殊普照佛的药泥像、《甘珠尔》大藏经、护法和依怙主像。

大经堂里面供奉着十六尊者的药泥像、新修的圣·宗喀巴像、一层楼房高的弥勒佛像、两部《甘珠尔》大藏经。

上下铜佛殿里有檀香木雕的释尊像、八尊药师如来佛像、释尊像、噶玛·饶悲多吉塑造的灵验的胜乐像。依怙殿内有吉祥天母像、护法神乃穹的画像等。

活佛府第一世达秀（སྟག་ཕྱུག），出生在采古达秀（ཚེ་འགུ་སྟག་ཕྱུག），可能是曾任夏琼寺堪布职位的哲蚌寺桑洛巴·程列嘉措（བསམ་བློ་པ་འཕྲིན་ལས་རྒྱ་མཚོ།）。噶让仓古秀噶丹巴（ཀ་ཞར་ཚང་སྐུ་ཕྱོགས་དཀའ་ལྡན་པ།），彼师前世曾任过塔尔寺密宗学院法台。这一世与关嘉活佛（མགོན་ཀླུ་སྤྲུལ་སྐུ།）的父亲是兄弟。上乃浓仓（ཉིས་ལུང་ཚང་།），彼师前世阿旺曲扎（ངག་དབང་ཆོས་གྲགས།），曾任塔尔寺密宗学院的法台。当一切知第二世吉美旺波任塔尔寺堪布期间，曾请求讲授《菩提道次精要》，发心供养法，还被授予文殊室利法、纳塘一百零八法等随许经教，聆听了《胜乐集咒》（བདེ་མཆོག་སྔགས་བཏུ།）、《温萨巴全集》、《噶当六论》、《曲穹一百零八法》（ཆོས་ཆུང་བརྒྱ་རྩ།）等。此外彼师还有一个侄子，也是化身转世，因此一个拉让里住着两个活佛。乃浓俄仁巴诺颜曲结（ནོ་ཡོན་ཆོས་རྗེ།）也有转世传承。关嘉、达秀、乃浓、噶丹巴等在塔尔寺都有嘎尔瓦府。后来，由曲藏活佛的代表噶居·嘉样喜饶（དཀའ་བཅུ་འཇམ་དབྱངས་ཤེས་རབ།）、多哇堪钦·罗桑昂秀嘉措（བློ་བཟང་དབང་ཕྱུག་རྒྱ་མཚོ།）、塔尔寺的赤巴参直合活佛（མཚན་གྲོགས་སྤྲུལ་སྐུ།）长期护持这座寺院，由郭密的塔尔寺拉让巴等新建讲习一切知嘉木样《悟慧论》《因理论》教程的班级。此外还有唵嘉思夏仲（ཨན་ཇ་སུ་ཞབས་དྲུང་།）·嘉样丹增尼玛（འཇམ་དབྱངས་བསྟན་འཛིན་ཉི་མ།）和择科西宁噶本仓（ཛྲིད་ཁོག་ཟི་ལིང་སྨར་དཔོན་ཚང་།）的格西等。现在由达秀活佛等主持讲学。

寺院的供养谿卡有采古五部（ཚེ་དགུ་སྡེ་ལྔ།）、郭密玉察（སྒོ་མི་གཡུ་ཚ།）、噶让七部（ཀ་ཞར་སྡེ་བདུན།）、江拉五部（ལྕང་ལ་སྡེ་ལྔ།）和黄河边的霍尔加等。在此附近有衮桑年智嘉措（ཀུན་བཟང་སྙན་གྲགས་རྒྱ་མཚོ།）的住所当嘉静修院（ཏིང་ཀླུ་རི་ཁྲོད།）。

寺院右边沟口的霍尔当（ཧོར་ཉིང་།）静修院，哲蚌寺的苟相巴（འགག་ཤིང་

བ།）·霍尔当禅师罗桑坚赞（བློ་བཟང་རྒྱལ་མཚན།）修建。彼师在吉庄（སྐྱིད་སྒོང་།）地方奉侍过雍增经师。在故乡给寺院和静修院设了十六罗汉拥绕如来佛礼供，他也是一切知吉美旺波的得意门徒。他转世的呼毕勒罕罗桑格勒坚赞（བློ་བཟང་རྒྱལ་མཚན།），担任过塔尔寺密宗学院的法台，现在住持关嘉拉让。另外还有霍尔加（ཧོར་སྒྲ།）寺院。上下郭密的交界处有被称为大积石山玛沁邦拉山神的妹妹凭临的索苟央措秀摩（ཟོ་དཀྱུ་གཡང་མཚོ་སྨུག་མོ།）湖。

在上郭密有前一世堪热（ཁམ་རིས།）活佛修建的桑俄德钦寺（གསང་སྔགས་བདེ་ཆེན་གླིང་།）密乘大乐洲寺院，其后献于一切知吉美旺波护持。一切知应相嘉喇嘛（བྱང་ཀྱ་བླ་མ།）等请求，为之制定清规，并派遣知宾僧噶居喜饶嘉措（མགྲོན་གཉེར་དཀའ་བཅུ་ཤེས་རབ་རྒྱ་མཚོ།）为代表。他以四百两白银建立了大威德修行供。由群则然绛巴扎喜（རབ་འབྱམས་པ་བཀྲ་ཤིས།）等历届喇嘛管理寺院，时轮金刚供、五供、祈愿法会等法行纯洁清净。

出生于目东（ཟུག་ཏུན།）的嘉完太钦（རྒྱ་བན་ཐེག་ཆེན།），在拉卜楞寺学习了《新论》以前的经论，遵循嘉木样到“郭密”去的指示，到了郭密厌离尘世，苦行禁食斋戒，善行极其良好。因而，被尊为太钦（大乘）禁食师，成为人们效法的榜样。

在赛康巴阿阇黎修建的静室基地上建成的有曲浓赛关寺（ཆོས་ལུང་གསེར་དགོན།）。

秀曲（ཤུགས་ཆུ།）静修院。

温泉[133]附近有巴科尔（བད་ཁོར།）静修院。

朗麻河（གླང་མའི་ཆུ།）边，有东科·嘉样丹增嘉措（སྟོང་འཁོར་འཇམ་དབྱངས་བསྟན་འཛིན་རྒྱ་མཚོ།）于丙戌年修建的扎喜曲林寺（བཀྲ་ཤིས་ཆོས་གླིང་།）吉祥正法洲，有僧徒百余名。

上述寺院的供养豁卡有八个农牧村庄。它的西面是哈拉库图城（ཧ་ར་ཧོ་ཐོའི་མཁར།），距此不远，便是据说昔日文成公主于赴西藏的征途中，思想上恋念家乡逗留不前，大臣噶尔施展诡计，把父王母后所赠的银制日月宝镜用赝品代替，请公主查看的地方。蒙古名叫那拉萨拉（ན་ར་ས་ར།），藏名叫多尼达[134]。

黄河河曲的西边，有阿柔（ཨ་རིག）部落[135]。从前中坝多杰（འབྲོང་པ་རྡོ་རྗེ།）有阿柔（ཨ་རིག）、班玛旺扎（པད་མ་དབང་དྲག）、喇嘛贡（བླ་མ་མགོན།）三个儿子。据说大儿子前去朝拜玛沁雪山时，曾看到阿"ཨ།"字，因而其后裔遂以阿柔[136]作为氏族之名；后两者的后裔，据说是年措如哇[137（ཉ་མཚོ་རུ་བ།）等。另有一种流传，说在曲纳（ཆུ་ནག）青石岩旁，地祇生了一个儿子，称为阿柔班第（ཨ་རིག་བན་དེ།），名叫扎巴旺秀（གྲགས་པ་དབང་ཕྱུག），他武艺超群，有九个儿子，其后裔发展为阿柔九部，现在约有一千多户云。第三世达赖喇嘛索南嘉措的传记里记载着从阿钦塘（ཨག་ཆེན་ཐང་།）沿平坦大道前往，有被称为玛沁雪山神祇后裔的桑杰嘉卜（སངས་རྒྱས་སྐྱབས།）官人率领仆从及许多人众前来迎接。据说这位官人曾亲见观世音云。在阿柔噶保塘（ཨ་རིག་དཀར་པོ་ཐང་།）支起宿营帐幕时，他们献上骏马千匹，各类牲畜近万头作为布施，空中彩虹环绕，花雨缤纷，为众生播下了得到解脱的种子云。其后他们又迎请第五世达赖喇嘛，曾在当初一切知索南嘉措在噶保塘居住过的宝座上，向蒙藏大众授予了修习四臂观世音的随许。阿柔的信徒们献骏马八百匹、黄金五十钱等作为布施，人们扎满帐幕纷纷请求加持。从此以后，绝大部分人们一看见出家者，都非常信仰，当年法王祖孙行为延续于此地云。五世达赖又在大河坝地区（རྔང་རིའི་གཞུང་།）穹洮（ཁྱུང་ཐོད།）附近，给上阿柔（ཨ་རིག་སྟོད་པ།）的约百户人家授予修习白伞盖母的随许。其他有叫作贡乌厄盖（གུང་ཨུ་ཀེ）的非常峻险峡谷、雅玛图河（ཡ་མ་ཐུ།）等流经它的南面注入黄河。

大河坝地域有彭措南木吉林（ཕུན་ཚོགས་རྣམ་རྒྱལ་གླིང་།圆满殊胜洲）寺院。戊寅年，由第三世达赖喇嘛为之举行开光仪轨，对寺院的事务曾予以指示，并委任曲杰宗哲桑波（ཆོས་རྗེ་བརྩོན་འགྲུས་བཟང་པོ།）为寺院的阿阇黎。彼师可能就是修建塔尔寺的阿阇黎，在《塔尔寺志》中称为宗哲坚赞桑波（བརྩོན་འགྲུས་

རྒྱལ་མཚན་བཟང་པོ།)。这寺昔日讲修风气很盛，在《噶丹佛教史》里记载道，“从前卓尼的耶尔哇（ཡེར་བ།）和岷州（མིན་ཏྲེ།）的曲宗（ཆོས་རྫོང་།）寺院，马营（མཇོ་མོ་མཁར།）、文都（བིས་མདོ།）、大河坝、沙沟（ཟ་མདོ།）等寺院，是长期讲修显密，学风很盛的伽蓝，”现在成为只有一两位僧人居住的小寺院。《黄琉璃论》中记载：“以额巴勒诺颜（ཨས་དཔལ་ནོ་ཡོན།）地方为例，他们数次邀请第三世达赖喇嘛索南嘉措前去，奉献了在六根大柱支撑的帐幕中，堆满的锦缎和各种珍宝及骏马千匹，牛羊牲畜无数和管理人员十户为布施。时值寒冬十一月，人们明显地看到尊者口中呼出的气里显出具有“ཨ།”字的白莲花，香烟在空中形成华盖，非常稀奇。”

《款敦传》（མཁོན་སྟོན་རྣམ་ཐར།）里记载：“在玛沁雪山近峰顶处的车（ཁྲིབ།）地方，有一修习大威德的瑜伽师释迦坚赞（ཤཱཀྱ་རྒྱལ་མཚན།），为了顺利地前去卫地，闭关修持三个月，祈祷神佛后，于即将解除闭关之际，他得到了‘即和大批旅行者前去，谒见大慈法王的转世，今后会诸事圆满’的授记。到达卫地之后，在色拉寺吹响斋茶号角之际，梦境里梦到：‘今晨能谒见你的喇嘛大慈法王转世的呼毕勒罕，心情愉快地去吧！’当巡香之时，见到了尊者，这一景象与梦境里的情景完全一样。兴奋之余，遂请求授予许多正法。并请做授比丘戒的阿阇黎云。此间称彼师为洛哇（ལྷོ་བ།）的觉巴仲（གཅོད་པ་སྒྲུང་།），以大威德瑜伽师闻名于各地。有一个人死于刀下变成了鬼怪，它常常作祟，蛊惑许多男女，使他们发疯，死于刀下者为数很多。有一次，一个妇女发疯，被带到觉巴身边。她逃走后爬上大树之顶，登上悬岩，难以捉到。人们请求仲师解救。仲师指出‘她非死不可’”，经再三地请求后，说道：

“在哪儿？出去看看！”

人们报告说：“在人们难以通过的石岩上的一棵独树尖上。”于是就到了能看见的地方，戟指斥声“呸”！那棵大树和女人一同落在山岩之下去了。又有一次，一个觉巴将一位病人带到一处凶山之前，梦境里梦到一位满脸胡须的老人讲道：

“像你这样的人，我不会收缩我的脚。”

又说：“不要把仲师带到这儿来，我把病人给你。”

次日在路上等待遇到了仲师，恳求：

“请给一个面子，到那儿去吧!”

于是说道：“会去的。”

说着随手割了一把草拿回去了。当夜那位觉巴又于梦境里看到了那位老人，但没有胡须云。据说目前在青海的阿柔洛哇呼图克图就是他的转世云。

圣·宗喀巴大师及门弟子岷州曲杰·班丹扎释（མིན་ཏྲུ་ཆོས་རྗེ་དཔལ་ལྡན་བཀྲ་ཤིས།），有一次赴卫地时，由拉加（ར་རྒྱ།）渡口乘船渡黄河，刚要到达彼岸之际，来了一位六十多岁的本教老者，从很远的地方就顶礼朝拜，并进行巡绕之礼。一位随从问道：

“我们是佛教僧侣，你一身本教服装，为什么这样做？”

回答道：“我是本教的一位仙人，在玛泌雪山峰顶之下已经修持九年，目前在一座石洞里居住。几天之前，玛沁山神被随从簇拥着蔽空而来，进行迎接。目下山神正在这里奉茶行巡礼，这位喇嘛肯定是一位利济众生的贤哲，想谒见请求摩顶，结法缘，除此而外，别无他求。”

一连三天，每天巡礼、送行，并对随从人们说道：

“对这位喇嘛，切不可抱平凡之心，要发对佛陀之想，使其喜悦。”

说完，径直返回他自己的处所去了。这段情节，见于彼师的传记。像这样的佛教和本教的成就者，瑜伽师在这个地区曾出现过许许多多云。

这个地区的人们，由于对圣教真诚信仰，虔敬笃实，有许多稀奇的传说，有曾被拉萨大昭寺释尊佛赐予语化像，达赖喇嘛显现圣观世音像[138]等等。五世达赖喇嘛也曾说过：

“叫作噶保塘地方的阿柔的人们，永恒、坚定、不移的信仰之威德，虽用十万须弥山也不能表明，虽遍入天的强大部队也难以抢夺！”

现在任何地方，都比较缺乏先前那样的情况，所以阿柔格西讲道：

“过去由于安多的地方好，西藏的正法好，所以，情器会合在一起。现在安多的三毒之上，又加上西藏的三毒，真是不妙。”

这种看法，应予以考虑。不过比起其他地方，这块地方还算富饶，人们性情正直，信仰虔诚。

从前，阿柔游牧在温泉[139]以上和玛沁雪山的阿沁岗（ཨ་ཆེན་གངས།）背面的一带，其官人世系一直延续不断。后来归于内地管理之下[140]。其官人程列嘉措（འཕྲིན་ལས་རྒྱ་མཚོ།）和克珠（མཁས་གྲུབ།）两人被封为百户（བེ་ཧུ།），每人所属有百长五人。克珠部落在百长罗桑才仁（བེ་ཧང་བློ་བཟང་ཚེ་རིང་།）时期，阿柔部落大部分迁到黄河以南的地方，与先前在该地的藏阿柔巴（གཙང་ཨ་རིག་པ།）藏鲁哇嘉本（གཙང་སྤྲུ་བ་རྒྱལ་འབུམ།）部落同住。后被热安（རངན།）部落侵害，又迁到黄河以南上下析（གཤི།）地区[141]定居。在才仁的儿子昂秀（དབང་ཕྱུག）时期，又因受果洛抢掠，复迁至青海湖边。他的儿子叫却丹（མཆོག་ལྡན། ）。

阿柔泡果尔格西（པོ་སྐོར་དགེ་བཤེས།）夏扎阿旺索南（ཞྭ་བྲལ་ངག་དབང་བསོད་ནམས།），自幼前赴卫地，在热多扎仓（ར་སྟོད།）长期求学，精通《释量论》，当时在色拉寺、哲蚌寺、噶丹寺三大寺中无人匹敌。拜一切知吉美旺波为师，虽年龄老迈但敬信奉侍甚勤，曾被授予核桃木碗作为依止物。他常说：

“我之所以不感贫困，就是由于这个圣物的恩泽。”彼师还曾拜谒其他大德。在阿旺格勒（ངག་དབང་དགེ་ལེགས།）堪布之后，彼师众望所归，大家希望由他任郭莽扎仓的堪布，但是由于罕东康村（ཧར་སྟོང་ཁམས་ཚན།）负责之故，由噶桑额珠（སྐལ་བཟང་དངོས་གྲུབ།）任堪布。彼师乃回到故乡，经常去拉卜楞寺院，在嘉木样前聆听《正见歌注疏语灯》（ལྟ་མགུར་འགྲེལ་པ་ཚིག་གི་སྒྲོན་མེ།）的经教和大印的教授，说道：“我们非常需要这些教诫。”又经请求，被授予《单传炼毒诀要》，成为最大的功德。彼师供养了许多物资，并多次向寺院献了布施。起初在纳多宗窟（ནགས་རྗེ་རྫོང།）修建了寺院，开始了《集类学》讲辩。当教学颇见成效之时，不幸身患疾病，放弃了建法相学院的事情，来到拉卜楞寺院，请求一切知授密集灌顶，并奉献黄金五秤、酥油七千斤和配有鞍具的犏牛一百头等大批财物，请求指示在其寺院里设密宗学院与法相学院何者适宜。一切知回答设法相学院比较好些，能长久依止，并命名为噶丹曲科尔林（དགའ་ལྡན་ཆོས་འཁོར་གླིང།噶丹法轮洲）。现在，寺院在青海的上部，名叫阿柔帐幕寺院（ཨ་རིག་གུར་སྒར།），有僧侣近四百名，经藏的讲辩闻听比较好。

夏扎索南的弟子松秀格西·贤巴达杰（གཟུངས་ཞུལ་དགེ་བཤེས་བྱམས་པ་དར་རྒྱས།），从西藏来到这里会晤时，索南巴曾对贤巴讲：

“一切知说‘雍增仁波切（ཡོངས་འཛིན་རིན་པོ་ཆེ།）是一位贤哲，是发大乘心，证大乘果的菩提勇识。隆多喇嘛证悟很高，是一位大成就者，加被大’。”这些评论，由其弟子昂娄喇嘛南嘉（སྣང་ལུག་བླ་མ་རྣམ་རྒྱལ།）证实，他曾修建过帐幕寺院，被恶浪淹没。他搬迁至拉加寺（ར་རྒྱ་དགོན།）时，在途中连人带马坠于深渊之中。

赤钦活佛丹巴尼玛曾向阿柔然绛巴克尊（མཁས་བཙུན།）指示，应在仲它多（འབྲོང་ཐའི་མདོ།）修建寺院。他把这个地方上从前有一些人曾准备修建寺院，但是由于地祇黑暗方面的邪恶势力，未能建成的原因呈述后。遂对地祇用朵玛祭祀，把事业委托于它们。于是在一座大山里，长时间地发出像雷鸣般的响声，即在那里建寺，据说大众都曾听见云。

阿里呼图克图（མངའ་རིས་ཧུ་ཐོག་ཐུ།）的化身罗桑丹巴拉杰（བློ་བཟང་བསྟན་པ་རབ་རྒྱས།），诞生在阿柔泡果尔（ཨ་རིག་པོ་སྐོར།）。彼师起初在藏噶日（གཙང་སྒར།）寺，后来前往卫地，拜一切知的侄子贡乔森格（དཀོན་མཆོག་སེང་གེ）为师。第八世达赖喇嘛强白嘉措授予呼图克图名号，委任为相纳（ཤིང་ནགས།）喇嘛。他转世的呼毕勒罕罗桑丹巴达杰（བློ་བཟང་བསྟན་པ་དར་རྒྱས།）现在管理着寺院。

在大河坝先木多寺（བྱ་མདོ།）附近的拜塘（སྤེལ་ཐང།）地方，有与咱日山

(ཙ་རི།)[142] 同样具有加持力之称的圣地智噶尔贝宗（བྲག་དཀར་སྤྲེལ་རྫོང།）寺[143]。它的寺志是止贡伍颠·曲吉扎巴（དབུར་སྟོན་ཆོས་ཀྱི་གྲགས་པ），别名叫柔增贡乔丹江桑波（རིག་འཛིན་དཀོན་མཆོག་བསྟན་སྐྱོང་བཟང་པོ།），按照噶玛巴的口述撰写的。

他叙述道：

“未来五浊恶世时，教长莲花生大师，来到青海湖之地，在湖边野摩塘之中，降伏鬼魔九兄弟，埋藏多种神藏和法藏，显出圣地法场门。此后黄昏黎明时，血色发辫之罗刹，巨口獠牙罗刹女，他俩生育的七鬼魅，逃居贝宗石岩上。教长昂扎巴哇他[144]（ངབང་དྲག་འབར་བ།），闭关静修于洞中，入于等持三摩地。魔运磐石堵洞门。教长使用金刚杵，钻透岩顶出洞顶。

那堆摩宗（འདུས་མོ་རྫོང།）左石岩上，岩顶好像火焰燃，岩麓弥漫着黑暗，教长入于三摩地，飘浮在两者滚翻处，金刚霹雳轰击下，磐石纷纷成碎片。当前诛戮遗墟上，尚有男女魔鬼脸，仍能清楚看得见！鬼魔心中弃恶愿，因此未来时间里，鬼魔变化的一些人，修持正法读经文。

还有危害正法者，犯戒、作诸恶行者，屠夫和凶手等等，毁坏地方之鬼魔，教长为了调伏它，居于贝宗之白岩，绝顶洞中之奥地，金刚洛噶（རྡོ་རྗེ་གློ་དཀར།）神宫中，进行修持和对治。躯体仍为人之身，头部显现为猴头。说：‘我乃这处圣地守护者，被调伏后受委托，接受护法之任务，灌顶调伏赐名字，叫作念哲达哇钦保（གཉེན་སྤྲེལ་ཟླ་བ་ཆེན་པོ།）猴’于是莲花生大师行祝愿：‘在未来时光年月里，这些鬼魅妖魔等，不得再行施危险。’大师埋藏许多种伏藏，当抛撒修炼的施食时，进行舞蹈踏步诸法行，舞蹈踏步的足迹，遍布四方岩石上。

三谷合拢的贝宗白石岩，是昔日调伏鬼魔之圣地，是调伏四边各个鬼魔中，是最为超殊大圣地。

金刚洛噶圣地里，呈现五部佛种子，中、绕、江[145]脉之形状，犹如三身佛文字，断绝六道轮回受生门。有自然形成古鲁僧底像。其中上部是如来坛城殿，若要前往朝拜时，须解身上之服饰，单衣手持火炬前往。上面一线天之处，有胜乐、集密、喜金刚、大威德等四续部，立体坛城之浮雕，由此折回转向左边时，有清净吉祥水晶洞，手持火炬到此处，可以见到吉祥空行母，天然生成的无量宫，自然形成的各种像，有四大峡谷、四大海、二千八百天众的立体像，上面四部空行很明显，一见即断坠入三途门。由此折回仍持火炬行，便到三层楼式殿，有如来意化大鹏噶如扎（ག་རུ་ཌ།）像，鹏首高昂向空间，鹏角镶嵌如意宝，一见能除贫穷苦，鹏翅伸展向左右，鹏爪、尾翎极清楚，一见能除龙、地祇作祟所生种种病。大鹏右方有千佛像，左方有止贡观世音像，它的右边铜壁上，火炬沿足迹向上照，从坛城下部向上观，色究竟天空性宫，突出显现极庄严，四方和中央供着五部佛，中央及四隅供有殊胜五部佛，形状千姿复百态。它的外壁岩面上，显现邬仗莲花生像，其左供有八大法行[146]阁、法轮、华盖和宝顶、百尊静猛相金刚；又其左有十尊忿怒明王等，左侧有吉祥天母像，一角里边有莲花生圣水，饮用沐浴能除病，还能息阍灭恶魔障。

它的后面有三处圣地门，由此出门向左右，门边外层有四大天王像。其左一侧之沟口，有一洞门向东南，由此向上观望时，有虎纹八十斑点之坛城，门右站立一大象，门上有十一面释尊像，莲花生于此潴甘露，不动金刚像明显。另一侧无量寿佛像、金刚亥母像等很明显，撞击门侧铜铃石，其声响彻天神界。沿旁梯阶走上去，有观世音像和法胜像、曜星之主罗睺罗等像，这处圣地各门户，有临时将其开启状。从门口天窗观望时，可见玛尔巴大译师、丹巴桑吉[147]等师像，门边地上有邬仗大师足迹石，对之应虔诚去顶礼。它的阴面有岩洞，洞口面向正北方，高举火炬向前往，有莲花生大师之托钵，明显无误地映出梵文字，初劫之时钵口向上张，中劫之时钵口向侧开，现值末劫钵口向下扣，以此表示时间和劫数。

由此向前是盆地，中央聚有小湖泊，由此俯身拾级上，有空行奉献之供品，前有邬仗大师座，其下火炬照耀时，则有伏藏之经箱，其上伏藏文字极清晰。由此去对面之左侧，水晶岩石呈碧色，中有药师四方琉璃钵，充满各种珍贵之药物，装在金箱银箱之里面，上有七层之封条，若能触到和看到，定能解除灾荒和病魔，上面左侧天然凸起处，供着八位药师佛，是消除三毒疫病的药师佛，能医治四百零四种疫病。由此向上的岩洞顶，有一较小之岩洞，内有自然生成诸天众，业果清净者能看到，一般俗人无缘难望见。

由此返回到左侧，有一面向东南隅洞口，点燃明亮之火炬，看到路右岩壁上，有十六尊猛相大自在，守护着金刚大神橛。由此逐步向上去，有缘者向左观看时，可见经堂、无量宫，四根大柱支撑的牌坊，法轮、华盖、宝幢之中间有天然形成的本师和十六尊者像，门边则有四大天王像，隧道里面有如意牛，有法缘者能饮上乳汁，能去里面的众生，今生所欲定能如愿以偿。由此向里三寻处，夏季积水难前往，秋冬季节能到达，彼处有几处圣伏藏。由此外出到门边，右侧有一中有关，若能穿过这座中有关，能除将来死亡时，堕入中有之恐惧，左右岩壁有多处圣地门，内有伏藏许多处，有无谒见之机缘，则由各自业决定。

进入东面圣地门，门边左右之石山，犹如两条白罗幔，中间仅见一线天。其右南沟口向北，石岩如悬白罗幔，有一向南之洞口，点燃火炬入内去，有弥勒佛与八近侍像，由此返回南边岩壁上，仅能辨认路途之去处，西边石岩犹如绸幔悬，岩上洞口向东开，燃起神灯叩谒时，极乐世界庄严极灿烂，石壁之上诸神像，天然形成很明显。由此进入盘山路右边，有四十九阶天堂解脱梯，每步都把轮回扔后边。由此折回左边岩面上，观世音菩萨像好像说：‘善男子呀，善女人，到极乐世界享解脱！’虔信授记者能听到。在背面草地与石岩交界处，有一洞口，燃灯入内时，可以看到毗卢遮那佛、八尊菩萨眷属等。由此折回直向前，有一峻险青石岩，上有莲花生大师的足迹。由此向上前进时，岩上犹如烈火燃，岩下是可怕的阎罗阴阳坑，消灭鬼魅的痕迹，历历在眼前。无数盘山道尽处，则有三处石岩洞，它能解除三途苦，鬼魔一一钻这里。然后向上再前去，有许多特殊的修行处，洞中坐着莲花生，供器手鼓等痕迹，清楚呈现在眼前。红岩之上水晶无量宫，供着五部和三部，密宗事部百圣尊；在清净广大的无量宫，供养七百二十尊，八大法行诸天众；其他岩洞有五部佛佛土，供养着无数天众之庄严，有古鲁八名号神像[148]。外有密宗三部依怙主藏，天然形成的文字经函等。有八大法行之坛城，被许多九层箱箧供养着，其中有许多之伏藏，了解者们看到摄取时，正如赤铅中有红白之菩提，自己何所需要能摄取，详于医学《解释论》疏中。

西北隅有解脱梯，行走三道能解三障苦。此处下有阎罗法王像，寒热地狱魔鬼声声叫，聪慧之人考虑会知晓，行时定会涤洗平庸想。圣门左边的山嘴下，流有具备六味之甘露，饮浴会有十七种功德，定能消除病魔诸恶障，山嘴之上有手印，天然形成文字等，自己去望能看清。右边妙水白岩上，阳山空行之住地；沟中玛沁邦喇之足迹，能解人畜诸疫病；左边叫作拜摩岩（སྦེལ་མོ་བྲག），是阴山女空行的住地，前面是披发护法像，左面乃红胸妃之像，两者是守护佛土的阴阳辅国护法神。”

上面所引这段记载，保留了原著面貌，其词句结构有些毛病，可能经不起分析。它把四方、四海、四隅、四种山神、地祇纳入于外巡礼道，中巡礼道约有三由旬距离，内围巡礼道，即现在这条巡礼道约有六卢舍之遥。该记载还叙述有许多功德，但为免除文字冗杂，不再一一摘引。

※ ※ ※

郭密黄河古渡口附近，夏琼寺以下有拉摩仓（ལ་མོ་ཚང་།）的奥卜索寺院（ཨོབ་སོ་དགོན།）。

卡芒吾居寺（ཁ་མང་འུ་རྒྱུད་དགོན།）院。

甘都扎喜曲宗寺（ཀ་མདོ་བཀྲ་ཤིས་ཆོས་རྫོང་།）吉祥正法窟是一切知吉美旺波在

昔日的一座寺院的基础上，修建大经堂和寝宫而成的。当他管理期间，大家提出在这样的穷山恶水处，为何要这样干的疑问。他回答道：“这是安多地方像拉萨的地区。”土观活佛询问缘由时，一切知认为这处地方风水很好，并且说：“今后我也要在这里长期居住。”明确地表示了他的主张。当他授观世音菩萨五种灌顶时，大家看到寝宫顶上笼罩着五光十色的彩虹穹隆，对僧众们说道：

“每个人要立誓断除罪行，消除障蔽，集聚资粮。”巧妙地使大家修持善业，功德深重。

第一任法台是瓜什则然绛巴（མགར་རྩེ་རབ་འབྱམས་པ།）。他起初在瓜什则寺院（མགར་རྩེ་དགོན།）攻读《集类学》《因理论》《悟慧论》和《般若》等。以后又在瓜什则寺院赤干仓（ཁྲི་ཀན་ཚང་།）座前聆听教程，后又在拉卜楞寺院就《集类学》《悟慧论》和《因理论》立宗，成绩出众。进入《般若新论》学级和在学习《中论》和《般若》时，任班级辅导员（སྐྱོར་དཔོན།），学习优异，戒行严谨，修持良好，辩才超群，虽然被推选为僧众会议的长老，他认为会影响学习，故很快请求免去。接着学习《俱舍论》，进入密宗学院，又就密乘立宗，结业后任这座寺院的法台。三年后请假返回本寺，闭关修持，此后，在瓜什则谢官寺（མགར་རྩེའི་ཤེལ་དགོན།）修行，直至谢世。

此后的法台为阿坝扎巴（ཇ་བ་གྲགས་པ།），彼师与贡塘·嘉贝样同一学级，是一位颇有学问的好格西，修持觉巴派教义，大力利济众生。同时，他也深得撒拉族（ཟ་ལར།）群众的尊敬。他之后的法台是霍尔仓喜饶（ཧོར་ཚང་ཤེས་རབ།）和撒然多丹（ས་ར་སྟོབས་ལྡན།）。后者颇有建树，现被拉卜楞寺继续委任为各寺院住持人，曾在一切知寝宫及东噶（གདུང་སྐལ།）灵塔等处居住。

黄河沿加入庄（རྒྱ་ཕུར།），据传是喇钦贡巴饶赛大师的诞生地。

丹斗寺，亦名丹斗谢吉扬关寺（དན་ཏིག་ཤེལ་གྱི་ཡང་དགོན།）。《太子须大拏经》里记载，雅哇（ཡ་བ།）国王妙善的太子悉达（རྒྱལ་བུ་དོན་འགྲུབ།），将一匹尼泊尔大象舍施给予自己为敌的国王。因此父王将太子、王妃、王子、公主等流放于丹斗（དན་ཏིག）山，长达十二年。山前有一条难以泅渡的大河，山中有位名叫阿吉达（ཨ་ཅི་ཏ།）的比丘，修持达百年。在此山中太子将自己的王妃、王子兄妹等一起舍施了。这位太子此后转世，就是我们的本师，比丘是目犍连，父母是净饭王和摩耶夫人，王妃等是扎曾玛（གྲགས་འཛིན་མ།）等。有一部《圣地颂》中说：

“昔日王子智美更登（དྲི་མེད་ཀུན་ལྡན།），他在此山中修行了十二年。”

据说现在的孟达天池（དུང་རིའི་གཡུ་མཚོ།）是太子的眼泪汇积而成的。督日哈相山（བདུད་རི་ཏ་ཤིང་།）位于丹斗山的东边云。总之，由于悉达太子菩萨行深广，因而被其加持。三大哲士在此曾给贡巴饶赛授予了比丘戒，原来在该地居住的非人，有势力的魔鬼神九兄弟[149]，向贡巴饶赛奉献了圣地。巴科·耶喜雍仲（སྦ་ཁོར་ཡེ་ཤེས་གཡུང་དྲུང་།）等卫藏十人奉侍贡巴饶赛后，开始了圣教的后弘期，帝释等欲界主尊及其许多眷属，常于夜间前来供养，光芒照澈大地，他们聆听正法，满足愿望。此处就是这样超殊的圣地。第三世达赖喇嘛索南嘉措也到过这里，并长期闭关修行，曾亲见胜乐的圣容，尊者著有《胜乐五佛颂》。此处还有太子净治障孽的圣地，被称为胜乐宫禅室，成就佛母的寿水；金刚手菩萨制伏凶猛龙王的圣地及天然显观的龙体；第三世达赖喇嘛索南嘉措的禅室，禅室岩壁上有当时猛然见到胜乐圣容时，心内一惊，身体向后一靠，印下的背影及长飘带僧帽的遗迹，岩壁上的指印，石上搁置长柄瓷碗的遗迹等等，极为明显。还有天然形成的弥勒石岩，阿吉达比丘的禅室等。在堪布的拉让里，有悉达太子的，也有人说是第三世达赖喇嘛索南嘉措用过的马镫和称为靴子的石头。在三大哲土供养千尊佛的禅室里，贡巴饶赛曾在此受比丘戒。大经堂位于阿柔格西的静室、释尊殿、弥勒殿和龙王殿等之间，约有百余名僧众勤奋实践三事。

从丹斗寺向丹斗替圣地去的道路上，有十六尊者、二十一度母、三怙主等圣像自然显现的石岩；神像的道场里，有自然显现的日月以及据说是迦叶佛时期修建的许多佛像。贡巴饶赛的传记里说：

“由于不作任何善行的所谓顿悟的瑜伽师邪见者很多，为了破除他们，特建造了许许多多的佛殿和佛塔，颜料取自当地，工匠由自己承当，努力去修有为法的善根。”这些说法，似即指此而言，一些明慧的智士，都抱有这种看法。丹斗替圣地中，有泥封的莲花生大师的禅房、萨拉甘达（ས་ལ་གཏྲི།）佛塔，还有称为自天降下、层次分明、莲瓣清晰的佛塔岩和前世达赖的宝座等等。

提巴静修院（ཐིས་པ་རི་ཁྲོད།）从前非常兴盛，现在已经荒废。据说贡巴饶赛受戒时，充任增益师的两位汉族阿阇黎，就是这个地方的人，但目前则是藏族居住的地区。

去扬斗（ཡང་ཏིག）的路上，有达赖喇嘛的宝座。扬斗寺是第三世达赖喇嘛索南嘉措开启的。在其传记里有这样的记载：

“这里有许多天然生就的佛、菩萨圣像、八瑞相等，见到了邬仗大师的圣容和守护伏藏的神祇，并看到石崖峭壁之上，有正法伏藏和长寿净瓶，当时准备去取，一些人劝阻道：‘石壁峻峭，不宜前去。’因此，遂未再开放，任其弃置。”

另外，索南耶喜旺波（བསོད་ནམས་ཡེ་ཤེས་དབང་པོ།）活佛、嘉赛·敦约曲嘉措、第巴曲结等也到达过此地。这里还有邬仗大师的禅室，天然生就的圣水净瓶，《甘珠尔》大藏经等稀奇石岩。

图哇寺（ཐོའུ་བ་དགོན།），噶托寺（ཀ་ཐོ་དགོན།）。

托嘉寺吉祥静虑洲（ཐོ་ཀྱའི་དགོན་བཀྲ་ཤིས་བསམ་གཏན་གླིང་།）、唯嘉寺噶丹昌盛洲（ཝིས་ཀྱའི་དགོན་དགའ་ལྡན་དར་རྒྱས་གླིང་།）、瑙哇寺（ནོར་བ་དགོན།），这三座寺院是喀底喀寺的附属寺院，后者现在还前去参加祈愿法会云。

才丹寺（ཚེ་ཏན་དགོན།）和丹斗寺等六个寺院的住持者是历辈才旦堪布（ཚེ་ཏན་མཁན་པོ།）和才旦夏茸（ཚེ་ཏན་ཞབས་དྲུང་།）。前者转世的世系先后有伍·华丹嘉措（པོའུ་དཔལ་ལྡན་རྒྱ་མཚོ།）、罗桑拉丹（བློ་བཟང་རབ་བརྟན།）等。现在是出生在热洛塘（རྔ་སོ་ཐང་།）的罗桑吉美拉丹（བློ་བཟང་འཇིགས་མེད་རབ་བརྟན།），正在曲藏活佛座前求学。第一世可能是伍·茨扎巴（པོའུ་ཚུལ་ཁྲིམས་པ།）。后者据说是达珠钦（སྟག་གྲུབ་ཆེན།）的转世云。

贡嘉寺（གོང་ཀུའི་དགོན།）。由此以上是藏族地区。

汉族和土族[150]地方上有巴觉（བ་རྗོ།）寺的附属寺院七里寺（ཁྲིས་ལི་ཟི།）或称药水滩静修院（སྨན་ཆུའི་དར་རྒྱས་རི་ཁྲོད།），据说是丙辰年间由玛尼巴（མ་ཎི་པ།）修建的。

本康塘（འབུམ་ཁང་ཐང་།）地方的噶丹讲修洲（དགའ་ལྡན་བཤད་སྒྲུབ་གླིང་།），由王家噶居·罗桑宗哲（ཝང་ཀུ་དཀའ་བཅུ་བློ་བཟང་བརྩོན་འགྲུས།）住持。

相巴寺（ཤ་སྦྲར་ཟི།）。

噶玛洛（བཀའ་མ་ལོག）。当年赤松德赞法王（ཆོས་རྒྱལ་ཁྲི་སྲོང་ལྡེ་བཙན།）御极之时，及其第四子赤德松赞（ཁྲི་ལྡེ་སྲོང་བཙན།）为王期间，为了巩固边疆，向藏区的四陲派遣防御使，他们率领数万藏军，摧毁了吐谷浑（ཧ་ད་ཧོར།）的寺院，取得了战争的胜利。当论功行赏后，准备返回之际，从军中抽出九名骁将和许多士卒，留驻在吐谷浑与藏区的边界。守军请示：

"我们何时返回？"

国王讲道："没有我的命令，不能返回!"

以后，这九位骁将们的后裔遂被称为噶玛洛部。时间一久，这个噶玛洛部逐渐发展成为许多从事牧业的藏族云。据说岭·格萨尔雄狮王（སེང་ཆེན།）的大臣桑噶庆（ས་སྐྱི་ཆེན།）出于噶玛洛部桑姓的家族，他们是从长房系统（ཆེ་རྒྱུད།）中分出者，传说居于东方宗喀青海湖者，是其分支云。

遵照达赖喇嘛的指示，由嘉窝哇（སྒྱུར་པོ་བ།）设计，达尔汗曲结（དར་ཧན་ཆོས་རྗེ།）、阿旺班觉尔（ངག་དབང་དཔལ་འབྱོར།）等，于虎年修建的散旦达尔吉林（བསམ་གཏན་དར་རྒྱས་གླིང་།静虑昌盛洲），目前由墨尼亥喇嘛（མི་ཉག་པ།）等建立讲辩闻听制度，现尚存在。

三川谢托塘（ཟན་ཁྲིན་ཞུག་ཐོ་ཐང་།）有见普（གཙན་ཕུག）静修庵。

乌西岩（ཨུ་ཤི་བྲག）有些人指为是卫地与边地分界处的马兰草山或乌西日山（ཨུ་ཤི་རི།）。若就名称相同这一点来考虑，是可以的，但实际上是郭热那山（གོར་རེ་ན།）。前一世持律师们认为是藏区边地驿站之名，并进行许多论述。如上所述，显然与此相互矛盾。

扎喜达吉林静修修庵（བཀྲ་ཤིས་དར་རྒྱས་གླིང་།吉祥昌盛洲）据说是伍·茨扎巴（བོའུ་ཚུལ་གྲགས་པ།）所建。昂噶尔夏仲在《圣地颂》中赞誉道：

"无比殊胜之圣哲，摩兰丹增扎巴（སྨོན་ལམ་བསྟན་འཛིན་གྲགས་པ།）尊，在北方霍尔愚昧地，点燃圣教明灯者，救主哲士生于此。"

这似乎是与前世章嘉的大弟子门仁巴·丹增扎巴（སྨོན་རམས་པ་བསྟན་འཛིན་གྲགས་པ།）为一个人。彼处有天然形成的释迦佛像、释迦涅槃像、历史珍物——斋僧大铁锅等。

乌西岩大寺讲修法轮洲（ཨུ་ཤི་བྲག་དགོན་ཆེན་བཤད་སྒྲུབ་ཆོས་འཁོར་གླིང་།），是桑洛院（བསམ་བློ།）的阿向曼殊室利（ཨ་ཞང་མཉྫུ་ཤྲི།）向第三世达赖喇嘛索南嘉措请求授记后修建的。在寺院的前六辈上师传承中，寺院一直昌盛不衰，原来的寺址不能容纳僧众，由金巴嘉措（སྦྱིན་པ་རྒྱ་མཚོ།）法台的及门弟子阿向锡勒图（ཨ་ཞང་ཤེ་རེ་ཐུ།）和巴觉昂索（སྣ་ཚོའི་ནང་སོ།）两人，向第五世达赖喇嘛阿旺·罗桑嘉措请求后，将寺院迁移至沟脑。《黄琉璃论》中记载：

"自迁寺以后，任法台者有塘让·仁钦喜饶（ཐང་རིང་རིན་ཆེན་ཤེས་རབ།）、卓仓·喜饶仁钦（གྲོ་ཚང་ཤེས་རབ་རིན་ཆེན།）、巴居·朋措坚赞（སྣ་ཙུ་ཕུན་ཚོགས་རྒྱལ་མཚན།）、达徐·阿旺朋措（ད་ཤུག་ངག་དབང་ཕུན་ཚོགས།）、朋措坚赞（ཕུན་ཚོགས་རྒྱལ་མཚན།）、西热·茨成扎巴（ཤེ་ར་ཚུལ་ཁྲིམས་གྲགས་པ།）、嘉·罗桑奥赛（རྒྱ་བློ་བཟང་འོད་ཟེར།）、多麦·阿旺群培（མདོ་སྨད་ངག་དབང་ཆོས་འཕེལ།）、巴居·龙珠群培（སྣ་ཙུ་ལྷུན་གྲུབ་ཆོས་འཕེལ།）等。采用郭莽扎仓的教程。阿向锡勒图，可能是第五世达赖喇嘛赴内地时，担任黄寺（ཧུ་ཀང་སེར་པོ།）喇嘛的那位上师。另外，有斗嘉夏仲（ཧིག་ཀྲུ་ཞབས་དྲུང་།）、索嘉曲结（སོ་ཀྲུ་ཆོས་རྗེ།）、古旁呼图克图（ཀུ་འབོང་ཧུ་ཐོག་ཐུ།）、散邦夏仲（ཟན་སྤང་ཞབས་དྲུང་།）等转世活佛。

喀底喀寺（ཁ་ཏི་ཀ་ར།）[151] 宗喀巴的亲门弟子，作为人主顶庄严的两位帝师之一，向·喇嘛曲吉嘉波（བྱང་བླ་མ་ཆོས་ཀྱི་རྒྱལ་པོ།）任大明耶王（ཏཱའི་མིང་ཡེ་དབང་རྒྱལ་པོ།）的帝师 [152] 时修建。另外，彼师在凉州（ལང་ཏྲུ།）地方还修建了几座寺院，并在西藏为宗摩蔡寺（བཙུན་མ་ཚལ།）奠了基。据说国王逝世后，一些不信仰正法的大臣，用兵器砍死彼师，从伤口中流出的不是红色的血液，而是洁白的乳汁。圣·宗喀巴曾颂誉道：

护持正法贤佛子，贡巴饶赛之首徒，耶喜坚赞（ཡེ་ཤེས་རྒྱལ་མཚན།）见此处，过去圣教虽昌盛，由于时机今荒废，听说为了复兴它，动员信徒大众们，负起结修习义责。

多麦这块大地区，人天最佳之福田。‘恪守能仁之律仪，兴修弘法之基地，五大阿练若道场，彼师善妙创建起。’教谕之书到达时，意绪高兴而激荡，心中产生稀奇想。”并指示：

“建立的五伽蓝，须根据其性质，依据其纯正的教典建立闻思等，并设法使其增盛发展，使其声誉遍于各到处去。”

圣大师念念不忘，关心垂注，谆谆教诲的这两封书信，均见于《圣·宗喀巴全集》之《散简集》中。

传说宗喀巴大师赴卫地以后，曾托止贡·程列巴（འབྲི་གུང་འཕྲིན་ལས་པ།），给母亲寄去一封信和自画的一轴画像，这轴画像现在供养在此处。这轴利他大画像，据称乃宗喀巴大师以自己的鼻血画成者，大师左右为贾曹和杜增，直到现在仍供人们瞻仰。另外有些人说，索南桑保（བསོད་ནམས་བཟང་པོ།）国师曾迎请来一尊具有灵异的释尊像，思虑在何处修建佛堂。次日下了一场大雪，在雪地里清楚地留下了孩童的足迹，沿着足迹前去，走到一棵松香树底下，看见树梢上有一只乌鸦正发出悦耳的叫声，口水下垂，犹如金丝华鬘和旗幡，因有这些征兆，并听到乌鸦嘴里传出“就在这里修建经堂寺院”的声音，因而建了此寺云。以后依次由索南森格（བསོད་ནམས་སེང་གེ）、班觉尔桑波（དཔལ་འབྱོར་བཟང་པོ།）、索南仁钦（བསོད་ནམས་རིན་ཆེན།）、索南华桑（བསོད་ནམས་དཔལ་བཟང་།）、索南敦珠（བསོད་ནམས་དོན་གྲུབ།）等师管理这座寺院。寺院里保存有历代皇帝的封诰和石碑。松巴堪布说：

“这寺原为相达玛（ཞང་དར་མ།）的住地，以后由伍·茨扎巴住持管理，即喀底喀城里的集密寺（གསང་འདུས་དགོན།）”。《黄琉璃论》中说：

“汉皇胡玛吾碌（ཧུ་མ་ཨུ་ལུ།）[153] 曾封仲钦曲结（དྲུང་ཆེན་ཆོས་རྗེ།）为大国师并赐拨建寺地址，第三世达赖喇嘛索南嘉措曾到该处加被寺址并给依怙殿做开光仪轨，指示索南则摩（བསོད་ནམས་རྩེ་མོ།）大国师，按色拉寺吉尊巴的教程展开讲辩闻听。”

历任这寺堪布传承的有黎嘉·喜饶却丹（ཀ་སྐྱི་ལི་ཀྲཱུ་ཤེས་རབ་མཆོག་ལྡན།）、喀底喀·喜饶扎巴（ཁ་ཏའི་ཀ་ཤེས་རབ་གྲགས་པ།）、楞托哇·程列嘉措（ལིན་ཐོའི་བ་འཕྲིན་ལས་རྒྱ་མཚོ།）、喀替噶·喜饶坚赞（ཁ་ཐི་ཀ་ཤེས་རབ་རྒྱལ་མཚན།）、噶嘉·喜饶仁钦（ཤེས་རབ་རིན་ཆེན།），旧寺的喜饶云丹(ཤེས་རབ་ཡོན་ཏན།)、程列南嘉（འཕྲིན་ལས་རྣམ་རྒྱལ།）、噶嘉·喜饶却丹（ཀ་སྐྱ་ཤེས་རབ་མཆོག་ལྡན།）等。

圣·噶登说：“由古旁（ཀུ་འཕོང་།）然绛巴建立讲辩制度的。”第巴曲结传记里则说：

“为了追荐索南嘉措昂索逝世，由索南敦珠昂索和桑杰仁钦（སངས་རྒྱས་རིན་ཆེན།）管家等主仆邀请前去，曾布施骡子一百头，大降所欲法雨。有该处的应供喇嘛金刚瑜伽师臧瓦然绛巴（རྫང་པ་རབ་འབྱམས་པ།）请求讲经，拜谒了喀底喀及伍西岩等处的圣物。”

依止塔像有据说由喀底喀的商人迎请来的圣·岭普玛（སྤྲིང་འཕུར་མ།）的画像，实际乃第五世班禅罗桑耶喜的手迹，还有布达拉山上的天然生成的佛陀及其眷属的岩石像，五台山上显现各种奇景的岩石，有供奉千尊佛像的大小五座檀香木佛塔，供养迦叶佛牙的大佛塔，昔日每当贤妙日之时，此塔常光芒四射。如此等等圣物甚多。

甘珠尔瓦活佛的拉嘉寺（ར་རྒྱ་དགོན།）。

江嘉寺（ཅང་ཀླུ་དགོན།）在第巴·曲结传记里记载：

“前往喀底喀寺时，由文殊菩萨亲自摄受的黎嘉阿阇黎·喜热森格（ཤེས་རབ་སེང་གེ）迎至他自己的村中小寺江嘉岩（ཅང་ཀྱཱ་བྲག），为新建的经堂诵经，做了开光仪轨。”

摩兰呼图克图寺（སྨོན་ལམ་ཧུ་ཐོག་ཐུའི་དགོན།）。

珠嘉寺（གྲུ་ཀྱཱ་དགོན།）。

浪槃夏仲（ལང་ཕན་ཞབས་དྲུང་།）的胡嘉寺（ཧུའུ་ཀྱཱ་དགོན།）。

派嘉喇嘛寺（ཕེ་ཀྱཱ་བླ་མའི་དགོན།）。

玉嘉寺（ཡང་ཀྱཱ་དགོན།）、邢嘉寺（ཞིན་ཀྱཱ་དགོན།）。这两个寺院均由王嘉夏仲（ཝང་ཀྱཱ་ཞབས་དྲུང་"）住持。

本康夏仲（འབུམ་ཁང་ཞབས་དྲུང་།）的木嘉寺（མི་ཀྱཱ་དགོན།）。

甘嘉寺（ཀན་ཀྱཱ་དགོན།），即萨木卜扎寺（སམྦྱིར་དགོན།），据说是由犏牛城（མཛོ་མོ་མཁར།）马营分出者云。

森格静修院（སེང་གེ་རི་ཁྲོད།），居住着一位活佛。

多哇寺噶丹法轮洲（མདོ་བ་དགོན་དགའ་ལྡན་ཆོས་འཁོར་གླིང་།）。甘嘉官人的寺院（ཀན་ཀྱཱ་དཔོན་གྱི་དགོན།）。

哈子寺（ཧ་ཙེ་དགོན།）、韩嘉寺（ཧན་ཀྱཱ་དགོན།）。

※　　　※　　　※

炳灵寺（འབུམ་གླིང་།）据说文成公主曾于一个时期居住于其沟脑，由她加持，出现瑞兆，有自然显现的度母像等云。佛堂外面，丁香林郁郁葱葱。寺志中说，从前在益格浪谷（ཡིད་དགེ་ལུང་པ།）居住着一位大成就者，门徒们先后连续丢失了两个滤水器，正在疑虑之际，一天早晨，看见雪地上留有兔子的足迹，于是他们跟随足迹来到一处岩洞，在一尊度母像前看见了这两个丢失的滤水器，回去后将情况禀告上师。上师便前去将度母像安置在神龛里带到热水塘住宿处。次日早晨，度母像不见了，复而又从原地找了回来。如此迎请了数次，仍然返回了原处，遂供奉在该处云。有人说，益格浪谷可能是约格浪谷（གཡོ་དགེ་ལུང་།），可能由大成就者约格迥之名而来。土观呼图克图赞誉道：

“圣·噶登嘉措修持六字明丸，亲见充满天空佛陀之圣容，他所赞颂功德之圣地，度母洞中圣像是否朝礼过？”

此处佛堂、静修庵等皆由历世杨嘉夏仲（ཡང་ཀྱཱ་ཞབས་དྲུང་།）管理。松巴活佛说：“它的支寺有甘果寺（ཀན་གོའི་དགོན།）、郭嘉寺（ཀོ་ཀྱཱ་དགོན།）、朋嘉寺（ཕུན་ཀྱཱ་དགོན།）等。”后者在河流彼岸，有称为米拉热巴修持洞，其中有自然显现的米拉日巴像。

炳灵寺弥勒大佛像据传是贡子（ཀོང་ཙེ།）修建的，由于这种原因，贡子之名，又称匠师贡子（བཟོ་ཀོང་ཙེ།）或贡子神变王（ཀོང་ཙེ་འཕྲུལ་གྱི་རྒྱལ་པོ།）。有人则说，这尊佛像原是本教的神像，当初是敦巴辛饶（སྟོན་པ་གཤེན་རབ།）的像，后来加上发髻等变成了弥勒佛像云。土观呼图克图的看法与此相同。他赞誉道：

“昔为辛饶鲁金（གཤེན་རབ་ལོའུ་གྱིན།）之形状，现改胜者佛陀之化身，炳灵寺中我佛加被者，弥勒佛像是否朝礼过？佛像、佛塔、净瓶、杵铃等，各种供器显形于石岩，如此圣地曾否朝礼过？”

《噶丹佛教史》中记载：

“贡子神变王修建了以弥勒佛为首的十万弥勒像。对此，第三世达赖喇嘛索南嘉措、索南意希旺波（བསོད་ནམས་ཡེ་ཤེས་དབང་པོ།）活佛、东科·云丹嘉措、嘉哇嘉措（རྒྱལ་བ་རྒྱ་མཚོ།）、第巴夏仲（སྡེ་པ་ཞབས་དྲུང་།）等曾专程朝拜过。”

达隆（སྟག་ལུང་།）曲结·程列华桑（འཕྲིན་ལས་དཔལ་བཟང་།）于此圣地新修佛塔时，传说达隆[154]地区的群众看见了佛塔顶部的上空和佛塔内部燃起了佛灯，虹光笼罩着佛塔云。

这座寺院的寺志，包括苟什底丹饶巴（གྷི་རྟི་བསྟན་རབ་པ།）于马年在南嘉林（རྣམ་རྒྱལ་གླིང་།）中所著，曾见的有三部[155]。

贡子是汉地的一位贤哲，是藏区五行算术四大哲士之一，乃孔夫子（ཁུང་ཕུའུ་ཙེ།）或孔子（ཁུང་ཙེ།）之音的讹转。他于本师释尊降世不久之时，于周王朝末年周灵王（ཅིའུ་ལིན་ཝང་།）[156] 时期，出生在内地十三地区之一的山东（ཤན་ཏུང་།）。虽然改朝换代发生过多次，但是国家的法律和上中下人们遵循的道德规范、行为、依据等都以他提出的孝道典籍做准绳，因而尊称为国家政治之师。历代皇帝塑造他的像或树立他的牌位，虔诚顶礼朝拜，历经今日不衰。他的后裔，据传被皇帝封为公爵，已传七十多代。他的传记在内地传播甚广，但是没有记载他是神变之王和精通工巧明匠师之事。

贡塘·嘉贝样说：

“当年文成公主赴藏时，因在途中等待伦布噶尔，在石岩上刻了这尊弥勒佛像。虽也有一些人说：‘公主曾以神术役使雄鹿耕地，并在岩石上雕造高达八十肘的弥佛像’，但此外并无他说。按当时皇帝的都城在西安府，这里供奉的释尊宝座，目前尚保存完好。此后，公主一行经湟源至日月山，伦布噶尔随后赶到。这种传说，比较广泛。从而可知公主所经道路，肯定就是这一条大道，而贡子可能就是公主之音的讹传。”

另外有一些明察者认为《玛尼宝训》记载有：

“内地格相赤郭（ཀེ་ཤིང་ཁྲི་སྒོ།）的主宰贡子神变王的王子，叫作贡子小神变王，其女公子则称为公主。”

因此，可能由女公子建立佛像后，说成为她父亲之名。其次，在康区本拉山[157] 之下，有一尊十八肘高的大日如来（རྣམ་སྣང་།）石像，据说是公主修建的。总之，炳灵寺这尊石佛像造型美妙，比例匀称，供品托钵中绘有法轮，石像高约八十八尺，上下准线精确无误——至为稀有；还有释迦涅槃像及不同造型的十万尊弥勒佛像和无数的佛和菩萨像，此外尚有自然现显的观世音菩萨像和圣水等。

此处附近有拉东寺（ལྷ་མདུན་དགོན།），修建者不详。后来寺院很昌盛，由仁钦嘉措（རིན་ཆེན་རྒྱ་མཚོ།）喇嘛、喜饶嘉措（ཤེས་རབ་རྒྱ་མཚོ།）、茨成嘉措（ཚུལ་ཁྲིམས་རྒྱ་མཚོ།）、采旺嘉措（ཚེ་དབང་རྒྱ་མཚོ།）等先后住持，现在由云（གཡུང་།）活佛转世的程列茨成（འཕྲིན་ལས་ཚུལ་ཁྲིམས།）、嘉扬洛哲华增（འཇམ་དབྱངས་བློ་གྲོས་དཔལ་འཛིན།）、夏仲坚赞（ཞབས་དྲུང་རྒྱལ་མཚན།）等依次管理护持，法行有所增进。《卡尔纳教法史》（མཁར་ནག་ཆོས་འབྱུང་།）中说：

“黄河岸边之神变佛殿，乃匠师贡子神变王修建的炳灵寺，弘扬圣·宗喀巴的教义，住持者曾建立大祈愿法会”云。

自罗家洞（སོ་ཀུ་ཏུན།）至噶脑滩巴（ཀ་ནོ་ཐན་པ།）都是炳寻寺的支寺，由历代云活佛转世护理。

在一位名叫白喇嘛（པེ་བླ་མ།）的成就者修建的称为“极乐世界庄严”的宗托佛殿（རྫོང་ཐོག་ལྷ་ཁང་།）里，有天然成就的观音菩萨像。这尊菩萨像每年由白塔寺等用筏子迎请去供奉。按嘉贝样说：“原来的菩萨像由龙王请去，现在的是其替身。”另外，还有许多佛殿及稀奇的岩洞。

露嘉寺（ལུ་རྒྱ་སྡེ།）、协嘉寺（ཤད་རྒྱ་སྡེ།）。

白塔寺（བྲེ་སྟུ་སྡེ།），或称一见普度的白塔寺（མཆོད་རྟེན་དཀར་པོ་མཐོང་བ་ཀུན་འདྲེན།）在噶居·阿旺更敦（དཀའ་བཅུ་ངག་དབང་དགེ་འདུན།）撰写的寺志中记载：

“约两万年前时，讫栗积王（རྒྱལ་པོ་ཀྲི་ཀྲི།）做施主，用各种珍宝一夜之间修建了一千万座佛塔，由迦叶佛做开光仪轨，以后分布在天、龙、人三界之中，成为各自的福田。这座塔乃其中之一。”土观呼图克图对炳灵寺的赤仁波切讲道：

“历史记载，佛陀涅槃后的二百多年，阿罗汉摩腾伽（དགྲ་བཅོམ་པ་མ་ཏིཀྐ་ག།），携带佛陀舍利、一净瓶、大小乘的许多经籍、布面上画的佛陀像等前来，汉明帝及其臣子们产生信仰，修建了以舍利为内藏的许多佛塔，此塔为其中之一。据说这座佛塔常常放射光芒，此后的数代帝王也虔诚信仰，曾多次真诚地进行维修”云。

虽然有人确认它就是汉藏区边界上的汉地小白塔，但也有些人认为是其他的佛塔，莫衷一是。

※　※　※

关于罗家洞的天然成就的胜乐像，虽有不同的说法，但公认为巴索济仲（བ་སོ་རྗེ་དྲུང།）撰写的寺志中的记载则和第六世班禅贝丹耶喜的说法相同。明王、明妃两者的身体并未毁损，尚保存完好。称为天然成就的胜乐之说和圣·宗喀巴的一些说法相同，看来并没有误解之处。小槃塘瓦（བལ་མཐིང་པ་ཆུང་བ།）修持业上胜定，获得了最上悉地，藏族群众称他为尼泊尔槃塘瓦，但在尼泊尔则称为阿德瓦钦布（ཨ་དེ་བ་ཆེན་པོ།）。他的弟弟叫尼泊尔米智或叫堆科瓦，他的另一弟弟是塘曲瓦（སྣང་ཆུ་བ།）或叫一切知善知识。他们三人是昆仲，是纳若瓦（ན་རོ་བ།）的门徒。兄长大槃塘瓦的主要大弟子为苏玛德苟什底（སུ་མ་ཏི་ཀིརྟི།）即罗哲桑波（བློ་གྲོས་བཟང་པོ།），通称为尼泊尔巴丹达（ཧ་དཏྟ།），他吃了塘曲哇修语自在悉地的残余药物，听觉非常敏捷。塘曲瓦赴西藏化缘，在戎欧穆（རོང་ངུར་སྨིག）于章得（ཟང་ཏི།）处聆听对法藏，修持后获得了坚定的生起次第，并证得各种共同悉地。后来因与外道的一位班智达和瑜伽母辩论，使其失败。那两人说：“要将你驱逐到外境大海边!”回答以对胜乐瑜伽师来说，什么也无妨碍，听凭处治。不加防护，漠然置之。据说因此遭到他俩施展的驱逐轮的暗算云。他又说：

“无论怎么样，我要去内地五台山寻找悉地成就的一些物品”。

不听任何人的劝阻，前来藏区。曾在西夏[158]，作为国王的灌顶上师，暂时居住了一段时间，后游方至内地，看见内地极边地区一座高耸入云天的洁白大山，问了一声：

“这是何处?”

人们回答：“这是极边外海。”

于是忆起了往事，说道：

“我当时若采取防卫，予以回转，是没有什么困难的。但是现在尼泊尔老头，可能见不到自己的故乡了!”

说完遂即折回，立志在内地某处。修建了一座名叫巴丹达（ཧ་དན་ཏ།）的胜乐佛殿，住在那里为无数众生讲授胜乐经义和灌顶，获得异熟和解脱者甚多。据说至今该地吉祥胜乐法仍然很盛行云。以上的这种说法，系根据布顿《胜乐教史》里的叙述，似应认定彼师就是小槃塘瓦。槃塘是地名，寺院的名称可能叫巴达寺（ཧྲ་ཏྲ་དགོན།）。这部佛教史里又说：

“槃塘瓦昆仲四人，长者名叫曲吉洛哲（ཆོས་ཀྱི་བློ་གྲོས།），遵循纳若哇上师指示的赴内地五台山修习，可证悉地的授记。独自来到五台山，后来不知去向，下落不明。”汉文古籍中记载和口头流传中说：

“尼泊尔小槃塘瓦，遵循圣·瑜伽母授记来到此处，把一位卖饮食的小女孩子作为手印母，在山洞里闭关修习了十二年，获得双运之身。大明成化二年（丙戌）秋天，一位名叫罗运（ལོ་ཡུན།）老头的长工来到这儿耕地，忽然看见眼前有两只兔子在跳来跳去，并听到了‘开山洞门吗？’的问话声三次。他用心注意一听，原来问话声音发自红岩深处。恐惧之下回到家里告诉了老头。罗运道：‘你不会在做梦吧！明天要是再喊，你可以回答说开！’次日如此回答后，突然雷声隆隆，山摇地动，虹光弥漫，洞门开启，洞里端坐着拥抱接吻的本尊明王和明妃的圣体，且完好无损。从当时至现在，已经十一代皇帝，至辛卯年，已有三百六十七年之久。卖饮食的那位女孩子，当槃塘瓦来到此处时，才十二岁，额间有所修习的黄丹喜旋吉祥痣，认为合乎征兆。遂向她的母亲结为施主，在其附近修行。有一天，女孩子于送饭时说，明天，亲戚们将她嫁给黄河对岸的一个村子里做新娘。现在已经到了出家的时辰了，母亲年迈行走不便，应另找一个施主才行。回答道：‘明天你经过这里时，下马向我拜三拜，会有良好的缘起。’次日，送行者们没有让女孩子下马，女孩子便从内心顶礼祈祷。顿时狂风大作，女孩子忽然不知去向。”

第六世班禅贝丹耶喜、前世和后一世的章嘉大国师、土观金刚持、嘉木样上师前世和后一世等，都向本尊明王和明妃圣体献了衣服、骨严、法器等。在岩洞口修建了栏杆，悬挂帐幔，并修缮了佛殿，设置了胜乐修行供。贡塘·嘉贝样亲手向本尊明王和明妃圣体涂了金液，向口中奉上秘咒清凉饮料，立即从手源源不断地流出。正如传记所说：

“虚空犹如一粒芝麻子，诸佛慈悲暖融断证界，请用珍贵神圣之饮料，金刚体城高高超越起。”

对此，一般难以想象理解。德赤仁波切（སྡེ་ཁྲི་རིན་པོ་ཆེ།）嘉样土丹尼玛（འཇམ་དབྱངས་ཐུབ་བསྟན་ཉི་མ།）也曾这样讲过：“在梦中曾隐约听到几位尼泊尔人交谈，但其内容难以谈得出来”云。

从前的一些佛教史里记载的许多小乘灭尽定者，住山划地静修，于是出现了迦叶佛在何处居住？讫栗积王在何处居住？等等的询问。因此，出现了一些为了利他，直到劫空，仍入灭尽定的圣者。但续部里说：“虽历劫皆空，但智慧则圆满配合而存在。”如所说，原始智资粮如何增进，福德资粮也会相应增进，这是怛特罗的无上之特征。虽然获得清净或不清净的幻身是果报所致，所依与能依的关系虽有断与未断之分，但对所依，似乎可以如所欲而获得。至于能依，虽依附于正觉者身体寿数，但果报之分清净，即能成佛云。然而，无论学与不学，除称为舍利而外，双运坛城是佛陀的神圣化身，乃依密咒无上道而想即身成佛的修持者的最高的眼前现显的外缘。毫无疑问，它具有见、闻、忆、触的深远意义。贡塘仁波切说：

“入双运境之大成就者，檠塘瓦所依宝箧庄严身，建立圣雄、瑜伽母圣像，向众生怙主献上幻变戏。”

圣·曲吉尼玛[159]说：

“尼泊尔檠塘瓦在罗家洞，将汉女形象金刚亥母尊，作为手印母证入双运境，是否朝礼如意之宝舍利子？在彼像前是否以内、外、密供，以及会供轮和金刚歌舞等，颂祝圣雄、空行、会众皆喜悦，祈祷成就、空行、净土、悉地否？”

圣地的形势是这样的，原来堵塞洞的岩石，坠落在山麓之下，显出本尊明王、明妃接吻形状之圣体，禅室前方左右两边还保存着大自在天夫妇生殖器的形状及寒林之人尸体等等形状的地势。总之，完全具备胜乐地的特征。前面有左右两条小沟，黄河虽向下流去，但使人们看来有向上回流的感觉。山河相互辉映，红光荡漾，显示着金刚体的状况，从内外的因缘来看，充分表现着圣地在加被众生。

它后面的甘古寺（ཀན་གོའུ་དགོན།），石崖层层堆砌，有紫丁香树林、各种香花和清幽的泉水等回萦的洞里，天然成就的圣·观世音菩萨像安然地坐在那里。《寺志》记载：大明永乐皇帝时，一位本地人放牧至此，在一座面向北方的石崖处，看到两只兔子在来回跑动，从石崖里传出“门开了没有”的声音。他将此事告诉了伴侣，后来按伴侣的意思回答道：“门开了。”于是石崖上开了一处洞门，洞里出现了一尊碧玉观世音菩萨像。牧人尽管多次将菩萨像请至家中，但观世音菩萨像却立即又返回到岩洞里去了。所以，此后形成了一座寺院。后来将原来自然显形的观世音菩萨像作为内藏塑造了一尊现在供奉的主宰三界的观世音像云。另外，寺院里还有第九世达赖喇嘛隆朵嘉措（ལུང་རྟོགས་རྒྱ་མཚོ།）的靴子、释迦涅槃大像等。

孔家寺（ཁུན་ཀྱཱ་དགོན།）。

吴家寺（ཝོའུ་ཀྱཱ་དགོན།）。

江佐寺（ཀྱང་ཚོར་དགོན།）。

敕建鸿化寺（ཁྲི་ཀྱིན་ཧུང་ཧྭ་དགོན།）或骟牛城圣·宗喀巴上首弟子皇帝的顶庄严、两位帝师之一大慈法王释迦也失（བྱམས་ཆེན་ཆོས་རྗེ་ཤཱཀྱ་ཡེ་ཤེས།），其生年若按干支推算时，则长圣·宗喀巴三岁。彼师具有宿住通等证悟功德，在多闻子摄受之下，代表圣·宗喀巴应大明皇帝的邀请前去北京，被封为无与伦比的上师，福田与施主修建了华严寺（ཧྭ་ཡན་དགོན།），弘扬格鲁派的教义。回到卫地后，在色拉却顶（སེ་ར་ཆོས་སྡིངས།）承侍圣·宗喀巴大师，大转法轮，并按吩咐修建了色拉大乘洲（སེ་ར་ཐེག་ཆེན་གླིང་།）。后又去京都，这时，大明永乐皇帝虽已逝世，太子[160]宣德却分外尊崇。利济众生，声誉很高。自京都返回西藏，路经骟牛城时圆寂。以上说法，见于《噶丹教法史》。《黄琉璃论》中又说：

“法王赴内地的途中，曾预言若在这里修建寺院十分吉祥。当在内地迁转佛土，遗骨运回西藏时，马车在此陷于泥沼之中，无法前行。于是忆起往日的授记，永乐[162]皇帝乃在此修建了一座城池，兴建了灵塔等许多依止物。留大弟子森格桑波（སེང་གེ་བཟང་པོ།）在此住持”云。

第三世达赖喇嘛索南嘉措曾来此圣地讲经、灌顶、授比丘戒等。还有，首先传送第四世达赖喇嘛云丹嘉措诞生于蒙古地区的喜讯者佐摩卡巴（མཛོ་མོ་མཁར་པ།）昂索，就是此地之人。大慈法王从内地途经理塘（ལི་ཐང་།）赴西藏。返回时途经青海湖、宗喀、西宁、犏牛城、河州、临洮，洮州、岷州、西安府、山西、五台山（ཨུ་ཐའི་ཧྲན།）等到达首都。此时，这座圣地被加持后，由大弟子释迦茨成（ཤཱཀྱ་ཚུལ་ཁྲིམས།）修建了正法解脱洲（དམ་ཆོས་ཐར་གླིང་།）寺院。萨迦派索南意希(བསོད་ནམས་ཡེ་ཤེས།）有曾修建了四续部经院的说法。圣·噶登嘉措则说：

“大慈法王和仲夏热吾（དྲུང་ཤ་རི་བུ།）在犏牛城修建佛殿与伽蓝似与此同一件事。大慈法王享年八十二岁，木兔年（公元1435年，明宣德十年，乙卯）十月二十四日圆寂。遵循皇帝旨意，由曲结索南喜饶（བསོད་ནམས་ཤེས་རབ།）、曲结森格桑波两人将灵骨塔迎请至犏牛城，建造了神圣的佛殿供养。接着修建了比丘伽蓝，至今昌盛不衰。”土观呼图克图赞誉道：

“人主大明皇帝之福德，结合大慈法王之善业，建成犏牛城中大佛殿，是否朝礼过内外依止物？特别第二佛陀大弟子，大慈法王舍利作内藏，灵骨塔和修持本尊像，曾否前去拜谒顶礼过？”

在传记里还有这样的记载：“第巴曲结曾前往朝拜过，并给藏哇噶居巴（ཚང་བ་དཀའ་བཅུ་པ།）和昂索等为首的汉藏数百名信徒讲经说法。”

依止的佛经、佛塔、佛像等圣物，有大慈法王的灵塔、皇帝塑建的身像、金汁书写的《甘珠尔》大藏经、金银相间书写的《甘珠尔》大藏经、砞印本《丹珠尔》大藏经、大慈法王的本尊像、檀香木的双身胜乐金刚像、胜乐画像、尊胜塔、大慈法王的帽子为首的全套袈裟、罗甸嵌镶的床、长柄杯子、珍奇的镀金火炉、全套鞍具辔头等。应该寻找一位转世化身系统。

马营寺（མ་ཡིན་དགོན།）。

上述这些地区的河流从北面南流汇于黄河，因方位相同，故叙述于此。

夏琼寺系统，宗拉山脉以南，黄河以北的情况至此圆满。

注释：

［1］意为圣上师，系对宗喀巴大师之尊称。其所以称宗喀巴者乃就宗喀地望而起的尊称，非大师之名。

［2］宗拉山脉，汉文作小积石山脉，亦称湟南山脉。

［3］意为十万佛慈氏洲，或十万佛弥勒洲。

［4］即元顺帝。

［5］时轮胜生纪元之གསེར་འཕྱང།岁。

［6］衮本意为十万佛，藏文中无“塔尔寺”之称。塔尔寺一名，为汉族人士所起，源于以栴檀树为中心藏的大佛塔。亦有人谓该寺有八座善逝塔，故得名。两说可并存。

［7］夏鲁·觉钦巴，名夏鲁瓦扎喜嘉措（ཞྭ་ལུ་བ་བཀྲ་ཤིས་རྒྱ་མཚོ།），圣大师的弟子，被称为具有勤奋学习的能力者二贤之一。

［8］按大力扶持宗喀巴大师事业者，有明阐化王扎巴坚赞（གྲགས་པ་རྒྱལ་མཚན།公元 1374—1432 年）《明史》作吉剌思巴坚藏巴藏卜，即གྲགས་པ་རྒྱལ་མཚན་དཔལ་བཟང་པོ།之译音，此处之扎巴坚赞官人，是否即系此王，文中无明确的叙述。藏史对阐化王扎巴坚赞常作王扎巴坚赞（དབང་གྲགས་པ་རྒྱལ་མཚན།）或王扎巴坚赞巴藏波（དབང་གྲགས་པ་རྒྱལ་མཚན་དཔལ་བཟང་པོ།），并不称为官人（དཔོན།），而且阐化王扎巴坚赞本人也没有到过内地。此处所派遣的这个人，可能为

某一地区的部落头目。

［9］以上戊戌及丁巳之说在有关塔尔寺的各种资料中有争议，此处作为一说而已。

［10］按壬午年为崇祯十五年，原稿时间似误，参阅却西著《塔尔寺志略》。

［11］此人就是被年羹尧以“唆令罗卜藏丹津叛逆，又令伊等喇嘛与我兵交战”之罪正法的塔尔寺住持。见《清实录·世宗实录》卷一四，一〇页。参阅土观著《塔尔寺志》。

在一些汉文记载中，将此“堪布诺们汗”误为“察罕诺们汗”。堪布诺们汗虽为察罕丹津之侄，但其称号上并没有“察罕”字样。察罕诺们汗则为另一人，其事迹见后。

［12］现通称大金瓦殿。

［13］“木雅”现塔尔寺通称为“墨尼亥”。

［14］原文此处纪年有误，“第四胜生”应为第十四胜生。因第四胜生之时，还没有塔尔寺。参阅赛多《塔尔寺志》。

［15］即雍和宫掌印喇嘛，参阅妙舟《汉蒙藏佛教史》。

［16］指公元1723年（清雍正二年）的罗卜藏丹津叛乱事件，即本书所称的癸卯事变。

［17］此处似笔误，应为多尔格（རྡོར་གེ），即对清西宁钦差大臣达鼐之尊称，以后相沿成为西宁钦差大臣之代名。

［18］指青海省民和县官亭土族地区。

［19］即被第五世达赖喇嘛派往青海充任教习喇嘛，又于准噶尔噶尔丹侵入喀尔喀与土谢图汗构衅时，应康熙帝之请，派往外蒙，进行调解争取准噶尔部罢兵归顺之济垅呼图克图第六世。他表面上进行调解，实际上反而密嗾准噶尔部噶尔丹侵入漠南。1690年（清康熙二十九年），清军在内蒙古乌兰布通打败噶尔丹，他又出面向清军乞和，“以误追师”。

1698年（清康熙三十七年），清廷饬悉桑结嘉措解送至北京后，发“正阳门东城下龙泉庵，交步军统领及近庙官兵看守。”参阅《清实录·圣祖实录》卷一八八。济垅亦译作济隆。

［20］指第六世班禅贝丹耶喜。

［21］指第六世班禅贝丹耶喜。

［22］参看第二编第十五章。

［23］通称为九间殿。

［24］通称小金瓦殿。

［25］塔尔寺的组织机构，虽基本上与格鲁派三大寺等组织形式相同，但由于地区和建寺过程中形成的特点，也有一些不同之处。塔尔寺的最高权力机构是全体僧人经堂会议，但实际权力操在噶尔克会议（通称磋杜）。噶尔克会议实际为全体僧人经堂会议的常务委员会。噶尔克会议和全体僧人经堂会议的执行机关为吉索，它办公的地点称大吉哇，所以通常以大吉哇代替吉索。大吉哇负责管理全寺的钱财收入（经商和放债等等）、租粮收入、布施收入，制定等级分配原则，负责僧人法会期间斋茶等供应、各佛殿的香火和其管理人员的配备、对外联络、管理属民等等。

塔尔寺的噶尔克会议等于拉萨三大寺等磋钦一级的喇吉。但其特色是，其九人成员中，必须有一人为塔尔寺所属六族僧人的干巴代表，而没有各扎仓的法台。三大寺则没有地区的代表，而各扎仓的堪布则为当然成员。所以塔尔寺的吉索，虽和三大寺喇吉之下的吉索同名，但各有特色。

［26］按斯纳这个部落之名最早见于《宋史》及《续资治通鉴长编》关于唃厮啰部的有关各部分。明时译为洗拏，今作为西纳。

［27］指斯纳堪布。

［28］以上官职，均系音译，汉文名称待考。

［29］见《明实录·太宗实录》，梁本卷八二,八页汉文作“大国师”。

［30］见《明实录·英宗正统实录》，梁本卷一〇二，一页下。

［31］按张雨《边政考》卷九载：“西纳族，男妇八百余名，住牧西宁乩迭沟，纳马”。是嘉靖时，该部户口不多，势力并不强大。此处所叙马南王起义占据西宁城事，指崇祯七年被太监张守礼卖马激变，攻陷西宁城的镇海堡马安邦。见顾炎武《天下郡国利病书》。又西宁城内只有东关并没有“中关”。

［32］按原文此处似误。顺治为清世祖年号，系大清开国皇帝，“大明”二字可能系误记。若把原文ཧུན་ཏི།勉强作“弘治”之对音，则文内叙述的次序有误，且与后面在关于瞿县寺的记述中所引“顺治”音发生矛盾，前后不一。

［33］八纯洁弟子（འཁོར་དག་པ་རྣམ་བརྒྱད།），指宗喀巴弟子之中以戒行纯洁著称的八人，前藏四人，即坚噶尔瓦（འཇམ་དཀར་བ།）、桑郡瓦（བཟང་སྐྱོང་བ།）、仁嘉瓦（རིན་རྒྱལ་བ།）、向巍瓦（བྱང་སེང་བ།）;朵甘四人，即圣·具证坚华嘉措（རྗེ་རྟོགས་ལྡན་འཇམ་དཔལ་རྒྱ་མཚོ།）、喜饶扎巴（ཤེས་རབ་གྲགས་པ།）、坚贝扎喜（འཇམ་དཔལ་བཀྲ་ཤིས།）、具郡瓦（དཔལ་སྐྱོང་བ།）等。

［34］指圣·宗喀巴。

［35］即俺达汗。

［36］指斯纳家族和部落。仓为对府邸、家族以及部落之通称。

［37］为十六罗汉中之一。

［38］指塔尔寺。

［39］指宗喀巴大师的师长端珠仁钦。

［40］指圣·噶丹嘉措。

［41］指塔尔寺东部地区。

［42］俗作峡峻寺。在今青海平安县。

［43］指宗喀巴大师。

［44］指青海省化隆回族自治县阿米吉日山，亦称八宝山。

［45］为西藏山南地区的洛扎。

［46］通称瞿昙寺为多吉强（རྡོ་རྗེ་འཆང་།）即源于此。多吉强即金刚持的藏文读音。

［47］参阅《明实录·太祖实录》，梁本卷二二五，四页上、下，《明史》列传第二百三，西域二。按《明实录》及《明史》都作“西宁番僧三剌”，明永乐六年树立的皇帝敕谕碑文中作“剌麻三罗”，本书则作“桑杰扎喜”。据瞿昙寺藏手抄本《贡节奉敕诰代辈相传亲供底册》称，清顺治八年，瞿昙寺二国师衮葛丹增（ཀུན་དགའ་བསྟན་འཛིན།）及扎喜欢迥儿（བཀྲ་ཤིས་དཔལ་འབྱོར།）报告说：“始师祖三罗喇嘛，法名桑儿加查实。”“桑儿加查实”即桑杰扎喜的另一译音，盖三罗（三剌）喇嘛为其另一名号。

又按，公葛丹净与扎失欢着儿所奏，确有其事，可以从《清实录·世祖实录》卷七八，六页下、七页上所载公葛丹净等“俱仍旧号，改给敕印图书，仍颁谕西宁等处官吏军民人等，毋得侵扰”一事，得到证明。实录中扎失欢着儿作“杂习桓卓尔。”

［48］参阅永乐六年在瞿昙寺树立的“皇帝敕谕碑”的碑文。

［49］指土观·曲吉尼玛。

［50］三旦罗哲一词，按藏族习惯可以简称“三罗”。但本书原稿引述松巴氏文中则称“噶玛·海喇嘛的官人三旦罗哲”，似与海喇嘛桑吉扎喜为两个人，与上面所引注的顺治八年“亲供底册”所载不同，而且“官人”之意不可解。文内的དོན་པོ།是否为（དོན་པོ།）？可能系雕版时之误。因藏文前者之意为“官人”，后者之意为弟、侄、甥，系藏族僧俗贵族的幼弟及侄、甥之总称。此词明廷官方文书音译作“完卜”，如《明实录·孝宗实录》，梁本卷三三，二页及梁本卷一八六，一页中俱有“瞿昙寺番僧完卜工葛领占”和“西番瞿昙寺番僧完卜工葛藏卜及弘觉寺番僧完卜工葛藏卜喃加尔”等记载。从松巴所说似可以把本书海喇嘛桑吉扎喜与

《明史》上之“三剌”的区别，划分清楚。《明史》上之“三剌”，明碑上之“三罗”，有可能即三旦罗哲之简称，而其身份则系海喇嘛之弟（或侄?），即招降罕东诸部之“三剌”。按藏族历史上屡见不鲜的事实说明许多有影响的大喇嘛经办世俗事业时，都由其弟侄等代表执行，如止贡、岗波等等发展势力过程莫不如是。但据瞿昙寺藏手抄本《贡节奉敕诰代辈相传亲供底册》所称“始祖为三罗喇嘛，法名桑儿加查实”来看，则上述推论，仍有疑问。同时，海喇嘛之时，哲蚌寺与色拉寺尚未修建，则三旦罗哲入桑洛康村学习之说，乃不是事实。详情待考。

[51] 瞿昙寺树立的永乐十六年“御制瞿昙寺金佛像碑”碑文中作“净觉弘济大国师班丹藏卜”，与此说有异。

[52] 拉德，为藏传佛教寺院对它管辖下属地百姓的通称。

[53] 华丹桑波，明时译音为“班丹藏卜”。

[54] 参阅“御制瞿昙寺金佛像碑”碑文。这座佛殿，通称宝光殿，现仍保持其本来的宏伟建筑面貌，见谢佐《瞿昙寺志》。

[55] 通称“隆国殿”，与藏文之意相同。建筑宏伟壮丽，今仍保持原貌。参阅瞿昙寺树立的宣德二年“御制瞿昙寺后殿碑”碑文。

[56] 此处按碑文的汉文录出。

[57] 亦译作官隆洞。

[58] 明时译作三丹藏卜，见《明实录·太宗实录》，梁本卷一八二，五页下。

[59] 明时译作端约藏卜。亦作端岳藏卜。见同上书。

[60] 指瞿昙寺藏手抄本《贡节奉敕诰代辈相传亲供底册》所载，顺治八年（公元 1651 年）七月，瞿昙寺两国师衮噶丹增（ཀུན་དགའ་བསྟན་འཛིན།）和扎失欢着儿（བཀྲ་ཤིས་དཔལ་འབྱོར།）向清廷所上的报告及清廷改给敕印事。公葛丹净即衮噶丹增之异译。

[61] 意为“金顶桑波”。

［62］通称为“药草台寺”。

［63］指内地皇帝。

［64］指海喇嘛。

［65］拉卜楞寺大活佛之一，见第二编第十一章。

［66］指著者的师长拉卜楞寺阿莽仓活佛贡乔坚赞。

［67］指上文的色多桑波。

［68］原文叙述不清，按年推算，此卓仓应为卓仓佛殿，即瞿昙寺，盖上文叙述卓仓寺即药草台寺，建于万历四十七年，万历四十年不可能在卓仓寺建五供。

［69］参阅 168 页。

［70］指绰浦大译师绛巴拜（ཁྲོ་ཕུ་ལོ་ཙཱ་བ་བྱམས་པ་དཔལ།公元 1731—1825 年）为绰浦噶举派开创人，著名的译师。

［71］在青海省兴海县。

［72］在青海省尖扎县。

［73］指青海省海南、黄南、海北等处牧区。

［74］今青海省化隆回族自治县。

［75］亦译巴州寺。

［76］色钦亦译作御辰或车臣。请史于顺治九年载有达赖使臣车臣昂素。见《清史录·世祖实录》卷六三，三页下。根据文内所述，似即系彼师。

［77］本书原稿对满清的译名居奇（ཇར་ཆི།）写法不一，除作ཇར་ཆིད།、ཇར་ཆིང་།外，此处又作（ཇར་ཆི།），莫衷一是。

［78］本书对崇祯的译音写法不一，此处译作ཁྲུང་ཅིང་།。

［79］众敬王，为佛教经籍中称人类社会最初出现的部落首领，指其后裔繁衍成为印度的释迦王族云云，此处借喻。

［80］本书对顺治的译音，前后写法不一，此处作ཤུན་ཅི།。关于这位金

巴嘉措事迹中提到的清太宗和五世达赖喇嘛、四世班禅联系的情况，参阅《清实录·太宗实录》中自崇德二年（公元1637年）至崇德八年（公元1643年）的卷三八、卷四九、卷五一、卷五三、卷六三、卷六四中有关各条。

［81］即北海中之白塔。

［82］此处叙述似有误，仅崇德、顺治和康熙三朝已历时九十余年，弟兄之说，难以成立。

［83］东科寺，亦译作“栋科尔寺”、“栋阔尔寺”及“东科尔寺”。

［84］似为苟什德曲结（ཀིརྟི་ཆོས་རྗེ།），待考。

［85］此处指哲蚌寺的大堪布圣·索南扎巴，不是班禅额尔德尼系统中的“班禅”。

［86］指西康甘孜地区霍尔五部之一，不是北方的霍尔人或蒙古人。

［87］洮河域流一地名。

［88］参阅《蒙古源流》卷七。

［89］亦译作丹噶尔。

［90］青海省尖扎县境内。

［91］此处原文如此。

［92］即雍和宫之额尔德尼诺们汗·阿旺楚尔提木。亦译做噶勒丹锡勒图，萨玛第巴克什阿旺楚勒提穆，曾敕封为衍宗禅师，时任摄政。

［93］指雍和宫掌印喇嘛。关于东科呼图克图传记参阅妙舟《汉蒙藏佛教史》。

［94］今青海省黄南藏族自治州等地，即《宋史》之“一公城”地区。

［95］为当时聂塘第瓦仅寺（该寺为噶丹派著名寺院之一）的堪布，噶丹派的著名学者。

［96］即元时曾在内地弘法之世尊创，为藏文本《甘珠儿》《丹珠

尔》大藏经写本的收集整理者。参阅吕澂《西藏佛学原论》。

[97] 为纳塘寺堪布。原稿作སྡོད་སྟེན།似误，应是སྡོང་སྟེན།，见才旦夏茸《夏琼寺志》。

[98] 沙卜浪，在青海省同仁县境，当地读为夏卜浪，亦译为霞章。

[99] 指当时第瓦仅寺派人到临洮，请教珠仁钦出任该寺堪布。由于当时的交通条件，到西藏时，该寺已另行请人担任了堪布。参阅才旦夏茸《夏琼寺志》。

[100] 青海省黄南藏族自治州同仁、尖扎两县的交界处。亦译作古朗峡。

[101] 这个地名，本书作བོན་བྱ་ཚང།意为本教的鸟窝，才旦夏茸《夏琼寺志》作宝霞仓（བོད་བྱ་ཚང།）意为藏民的鸟窝。

[102] 意为冰，俗语亦指作冰桥。

[103] 意为老狗岭。

[104] 夏琼意为大鹏或凤凰，以地势而得名，故其地有鹏背等各地名。

[105] 意为本教山，此处按当地读法音译。

[106] 这是佛本双方斗禅锋。坐垫意为安坐，而靴子则是行走用具，故本教师知道将撵他们走开。又才旦夏茸《夏琼寺志》中，关于佛本两教争夺夏琼寺基地斗争的叙述，与此略有不同，他认为本书作者智观巴的叙述倒果为因云。

[107] 本书原文似有误，(ཞིང་བ།) 应为 (ཞང་བ།)，见才旦夏茸的《夏琼寺志》。

[108] 意为本教吃亏的地方。

[109] 即沙宗寺（峡宗寺）。

[110] 才旦夏茸《夏琼寺志》认为本书新述的这个地名不确，应为查甫。

［111］意为一只老虎山冈。

［112］关于这一段事迹，参阅才旦夏茸《夏琼寺志》一一八页至一二二页。

［113］今青海省化隆回族自治州县昂思多。

［114］今青海省化隆回族自治县扎巴。这处隆务当地称为上山十族，与同仁隆务同名，在藏区以隆务为名的地区很多，有译作戎布、隆布、隆保等等。

［115］指第七世达赖喇嘛噶桑嘉措。

［116］指达赖喇嘛和班禅。

［117］指赛丹赛赤。

［118］亦译作贤巴仁波切。

［119］在今青海省尖扎县境内。

［120］原文不清，似指察罕诺们汗。

［121］指龙树所著《根本般若论》《宝鬘论》《回诤论》《七十空性论》《广破入微沦》《六十正理论》等六部阐述中观之书。

［122］与前面简称色孜格西托美为一人。

［123］亦译作《正论藏》。

［124］嘉那巴，一译亦作嘉那化。参阅第八章拉摩德钦寺部分。

［125］文都（བིས་མདོ།），原译作边都。

［126］亦译作角昂，在青海省祁连县。

［127］前面作阿仲（ཨ་འགྲོན།）。

［128］在青海省化隆县昂思多。

［129］隆布，即今之十族。张雨《边政考》卷九载：“隆卜族部落，人马二千有余，住牧碾伯所静觉寺地方，纳马。”据此，则夏琼寺即明之静觉寺。

［130］即扎巴嘉措之简称。

［131］ཀ་ཞར།一词今译作尕让。

［132］按即清廷于平定青海罗卜藏丹津之乱后，规定青海各寺僧侣多者三百名，少者十数人，每年派官员稽查三次，寺院不得向百姓摊收租粮，由地方官发给衣箪粮。但实际上，寺院的政治、经济特权并未废除。衣箪粮成为寺院的一种特殊收入。

［133］指今青海省贵德县境内的温泉。

［134］即日月山。

［135］阿柔，清时译作阿里克，即清雍正时达鼐宣抚的阿里克四十土司中之间里克部落。今对其移居于青海省海北藏族自治州祁连县者仍称为阿里克，对其移居于河南蒙古族自治县者，译为阿柔。

［136］音译，意为“看见了阿字”。

［137］年措如哇，亦写作（ཉ་མཚོ།），今属青海玉树藏族自治州称多县，即阿里克四十土司中之“尼雅木措族”，亦译作“娘磋”。

［138］指第三世达赖喇嘛在阿里克弘法之事。

［139］这个温泉，藏语作阿柔曲参（ཨ་རིག་ཆུ་ཚན།），今属青海省兴海县。

［140］阿里克属于玉树地区的部落，见《卫藏通志》卷十五，亦译作阿哩克族。

［141］即析曲流域。

［142］指在西藏珞瑜地区之咱日神山，据称为上乐金刚圣地。

［143］意为白石岩猴窟寺。

［144］莲花生大师八名号之一。

［145］藏医所论的人体三主脉，见《医学四续》。

［146］八大法行，指宁玛派生起次第所修的主要法行，计出生五法行和世间三法行。前五者为秒吉祥（身）、莲（花语）、真（实意）、甘露（功德）、橛（事业），后三者为召遣非人、猛咒咒诅、供赞世间神。一般认为后者和本教有某种牵连。

［147］即藏传佛教希解派创始人帕丹巴。

［148］指莲花生八名号。

［149］亦有译为侏儒九兄弟者，按ཐེའུ་རང།意为魔鬼神，系饿鬼道之一种，为本教信奉的神道。此处可能指信奉本教的一个氏族，ཐེའུ་རང།为其家神或族称。

［150］霍尔（ཧོར།）一词，藏史中泛称北方民族。就青海而言，对土族、蒙古族和裕固族都在一段时期被称为“霍尔”。此处原文作“霍尔”，乃指土族。

［151］亦译作喀底噶寺。

［152］按明时没有封藏传佛教喇嘛为帝师的制度，本书系根据流传而记载，似无可信的根据。又此处所说之“耶王”，系译音，其正式名称待考。

［153］原文如此，不知是明朝哪一代皇帝，其正式年号待考。可能为永乐皇帝。

［154］按此处之达隆，乃指以甘肃省临夏县以韩家集为中心的过去韩土司的辖区。

［155］按本书对炳灵寺的叙述，错误颇多。炳灵寺位于今甘肃省永靖县积石山脉东端群峰之中，黄河右岸大寺沟内，今傍临刘家峡水库。甘肃省博物馆与永靖县炳灵寺文物保管所编的《炳灵寺石窟》载，炳灵寺石窟169窟中，西秦建弘元年（公元420年）墨书题记下面有两排供养人，为首供养人像的侧面，题有“护国大师昙摩毗之像”字样。按《高僧传》记载，西域高僧昙摩毗来到鲜卑族乞伏氏所建的西秦（公元385—431年）国都枹罕（今甘肃省临夏县），“领立徒众，训以禅道，西秦奉为国师”。根据上述题记则西秦时期，炳灵寺已成为西秦境内的佛教圣地。其建立的时代，虽难以详考，但绝不会早至孔子之时，本书所记，属于齐东野语而已。本书所记的炳灵寺弥勒大佛像，可能即该寺171窟

石雕弥勒大佛像。

[156] 此处藏文似有笔误，ཇེའུ་ཧྲིང་ཝང་།系ཇེའུ་ལིང་ཝང་།之误，即周灵王。

[157] 即青海省玉树县结古市南之毗卢遮那庙，俗称为文成公主庙。

[158] 原文作མི་ཉག但据第三章中所述，应是西夏，而不是西康的木雅。

[159] 指土观·曲吉尼玛。

[160] 原文如此，似误，应为孙。

[161] 按此处所记有误，大慈法王逝世于宣德十年，未在永乐时逝世。

第七章　论黄河上游玛多、果洛地区圣教发展情况

第二，南部地区的情况按如下叙述。

从巴颜喀拉山（བ་ཡན་ཧ་རི།）向北瞭望，条条河流汇向玛云秀摩川（མ་གཡང་ཕྱུག་མོ་གཞུང་།），这就是黄河的源头。由此向南流至年保玉则（གཉན་པོ་གཡུ་རྩེ།）的左侧，逐渐向北弯曲至噶伍（དཀར་ཆུ།）、噶曲注入之，在察干白相（ཚ་གན་ལེ་ཤིང་།）的前方，与墨曲河（དམེ་ཆུ།）汇合转向西流，是为黄河第一曲。在析多（གཞི་མདོ།）和泽多（རྫེ་མདོ།）地方，与析曲河（གཞི་ཆུ།）及泽曲河（རྫེ་ཆུ།）汇合，流至拉加（ར་རྒྱ།）地方，复转北流至巴多（འབལ་མདོ།），径直转

向东流是为黄河的又一个曲。从罗家墩东偏向北方，又逐渐向东流至内地十三省区之一的兰州城，经兰州城北流向蒙古地区。

在泽多的东侧附近，有漓水（བསང་ཆུ།大夏河，桑曲）的分水岭接摩岗瓦（ཁྱི་མོའི་གོང་བ།），有三条河流发源于此处。其中的黑水河（ཆུ་ནག）流向北方，与官秀曲玛尔河（མགོན་ཤུལ་ཆུ་དམར།）相汇合后流入隆务河（དགུ་ཆུ།），漓水向东流去，克曲河（ཁག་ཆུ།）向南流去，经科采川（ཁོ་ཚེའི་གཞུང་།）在穹卓（ཁྱུང་འཛོག）与洮河（ཀླུ་ཆུ།）汇合。隆务河、洮河和漓水等三条大河先后均注入滔滔的黄河。

朗木寺（སྟག་ཚང་ལྷ་མོ།达仓拉摩寺）、珍科（འབྲིང་ཁོག）、萨村（གཟའ་ཚོང་།）、阿吉（ཨ་སྐྱིད།）等处的河流汇合在一处流经戎麦旺仓寺（རོང་སྨད་བང་ཚང་དགོན།），在嘉桑南泽山（རྒྱལ་བཟང་གནམ་རྩེ།）麓之附近，与赛尔塘（གསེར་ཐང་།）的河流汇合，经西固城（ཟི་གོའུ་མཁར།）和阶州城（ཀེ་ཇུའི་མཁར།）向南蜿蜒流去。

松潘（ཟུང་ཆུ།）的嘉曲河（རྒྱ་ཆུ།）、若尔盖（དམུ་དགེ）[1]峡谷的黑河、察科雅夏拉山（ཚ་ཁོ་ཡག་ཤ་ལ།）以下的赤居川（ཁྲི་བཅུའི་གཞུང་།）诸河流逐渐汇合流向灌县（བཀྲན་ཞན།）。

多曲（རྡོ་ཆུ།）源于玉则峰（གཡུ་རྩེ།）之麓，与果洛的玛尔曲（རྨ་ཆུ།）河、下游的拉曲（ར་ཆུ།热曲）河、察哇卡松（ཚ་བ་ཁ་གསུམ།）三部的河流等全部入大渡河上游之一称为大水（ཆུ་ཆེན།）的欧曲河（དངུལ་ཆུ།），经金川河谷流向成都府（ཆེན་ཏུ་ཧུ།）。现在按以上河流的流域依次叙述。

从前黄河上游全部地区，在岭·格萨尔（གླིང་གེ་སར།）王治理之下。他出生的年月一种说法是庚子年，也有一种说法是癸巳年。不论哪一种说法，都是属于藏历第一胜生时期。他邀请朗·绛曲哲果（རླངས་བྱང་ཆུབ་འདྲེ་བཀོལ།）和米底赞纳荀什德（སྨྲི་ཏི་ཛྙཱན་ཀིརྟི།）讲经建寺。他诞生之地，一说是恰卜察寺院（ཆབ་ཚ་དགོན།）附近咱曲（ཛ་ཆུ།）流域的措果卡（མཚོ་གོར་ཁ།），也有人认为乃居达尔的达撒那隆谷（རྫ་དར་ཀྱི་དར་ས་ནག་ལུང་།）。总之，他的历史情况，众说纷纭，莫衷一是。现在这部分地区绝大部分属于果洛地区。

在佛教前弘期之时，从巴尔康（བར་ཁམས།中康）南部果洛地方，来了一个珠(འབྲུ་རིགས།）氏官人的部落，其后裔数代都住在古科隆（འགུ་ཁོའི་ལུང་།）谷，后来出现了珠拉嘉（འབྲུག་ལྷ་རྒྱལ།）官人部落。他的儿子名叫阿本（ཨ་འབུམ།），他曾向噶妥寺（ཀ་ཐོག）[2]的喇嘛和数位本教师学法，成为修持佛、本两教教法的严厉咒师。他因和地方官岭土司发生了矛盾，离开原来的地方到多饶多格隆（རྡོ་རོལ་སྟོད་ཀས་ལུང་།）谷地区的玛莫玉多（མ་མོ་བཞི་མདོ།）地方扎帐游牧。这个时候，上玛绕（སྨར་རོལ་སྟོད།）地区属于年则官人（གཉན་རྗེ།），中玛绕地区属于卡热（མཁར་རེ།）官人，下玛绕地区属于萨勒（ས་ལེ།）官人。卡热属民玛察（མ་ཚ།）氏家族中出了称为玛察教祖喇捷（ན་བརྒྱུད།）的许多喇嘛[3]，官民人等皆畏忌其咒力[4]，发生争战，年则官人浪钦本（སྙང་ཆེན་འབུམ།）被杀死，于是年则、卡热、萨勒三部都向他投降。阿本连同部落来到奥措湖（སྐོ་མཚོ།）边。阿本有三个儿子，长子名叫本嘉卜（འབུམ་སྐྱབས།）、次子名叫本格（འབུམ་དགེ）、幼子名叫本雅（འབུམ་ཡག）。长子和次子各自另外成家立业，幼子守祖业。他的后裔遂发展成为果洛三部，热多（ར་མདོ།）以上都是他的属民。有歌谣唱道：

“果洛阿本犹如潴聚的大海，一些藏民如像海边的蜜蜂。”

阿本到玉泽山（གཡུ་རྗེ།）朝拜时，在谷口息伍措湖（ཞིའུ་མཚོ།）打尖吃茶。他入睡后，梦见天上和地面布满了军队，被“捉到厉神之子了”的呼喊声惊醒。当即看到一只鸟噙着一条蛇，于是他一边投掷帽子，一边呼喊，这只鸟一惊之下，将蛇弃于地上，蛇便跳入了湖中。知道这是一种吉祥之兆，便住宿在这里。夜晚在梦境里，看见从湖里出来了一位美女。她说道：

“因为你救了我儿子的命，要将你带到父亲年泽的面前去。他的面前，有一条花毯子，一只拐杖和一条狗，请你索要这三件东西。”

说罢，便带他走去。在一座水晶宫里，有一位头缠绫巾，长须浓眉，身着蓝缎袍的人端坐在宝座之上，面带笑容地问需要什么？回答以需要这三件东西。于是便被赐予。后来知道这是赐给小姐额珠的预兆。回到自己家里的时候，又梦到：

“年保玉则说，在奥措湖里，有黑白两只牦牛相斗，你把那只黑色的牦牛杀掉，我给你一个儿媳妇。”

有一次，果真发生这件事，他就用箭射死了黑牦牛。当天夜里，又梦到玉则说：

“明天你的帐幕被浓雾笼罩雷霆轰鸣之时，你仔细观察，若看见来了一只绿鬃丰满的白狮子时，即用彩箭接触她，那是我的大女儿。”

次日，由于厉神的视毒作祟，虽然挥动了彩箭，但是未能接触到，狮子逃走了。当天夜晚又梦到，

“明天要来一只碧鬃鬖鬖的苍龙，用彩箭接触她。”

次日仍然未能触及苍龙。当夜又梦到：

“明天去湖泊源头石岩下，煨上桑，以后会来一条蛇，挥舞彩箭接触它。”

次日照办后，把厉神之女接到手，给儿子成了家，命名为年摩额珠(གཉན་མོ་དངོས་གྲུབ།)。一头海牛化作牛只，拿来饲养，逐步繁殖，发展成为富翁。为了消除大儿死去的障业，书写、供奉《大般若经》，年摩（厉神之女）立即生育了一个儿子，取名为本嘉卜（འབུམ་སྐྱབས།），猪年又生了儿子，取名帕塔尔（ཕག་ཐར།）。阿本在九十三岁时，遵循年则的要求送年摩回到年域（གཉན་ཡུལ།厉神境）地方。享年九十七岁时，一天唱道：

“玛沁救主（མ་རྒྱལ་སྐྱོབ་པ།）和观世音菩萨，是我不可分离无二致本尊，今天我要到他们的座前去，愿子子孙孙和属民们得安乐！”

唱毕后逝世。在帕塔尔的时期，由于年神的悉地摄受，统治着玛绕六部的土地和属民，在玛绕钦莫（སྨར་རོལ་ཆེན་མོ།）谷口的赛云（གསེར་གཞོང་།）盆地和科勒岗（ཁོ་ལེ་སྒང་།）修建了两座城堡。

大明宣德皇帝派唐老爷（ཐང་ལོ་ཡེ།）封他为万户（ཁྲི་དཔོན།）并赐敕书，他

有四个儿子。一个儿子是噶妥寺的喇嘛曲本（ཆོས་འབུམ།），让大儿子多杰本（རྡོ་རྗེ་འབུམ།）管理多饶地方及属民，二儿子班玛本（པདྨ་འབུམ།）管理孜噶科（འཛི་ཀའི་ཁོག།）地区，小儿子班玛雅（པདྨ་ཡག།）管理玛绕地区及属民。把阿科（ཛ་ཁོག）部落属民、赛科（གསེར་ཁོག）部落的赋税、玉（གཡུ།）和臧科（ཚང་ཁོག）地区及属民等作为共同所有，享年八十九岁后去世。

多杰本的长子叫本秀嘉（འབུམ་ཕྱུག་རྒྱལ།），次子名叫旺钦本（དབང་ཆེན་འབུམ།）。本秀嘉有两个儿子，长子叫阿什羌（ཨ་སྐྱོང་།），他既富裕又有权势，有七个儿子：贡玛官人（དཔོན་གོང་མ།）、康干（ཁང་རྒན།）、康撒（ཁང་སར།）、麦咬仓（མེ་ཉ་ཚང་།）、德囊措站巴（སྡེ་ནང་མཚོ་འཁྲུམ་པ།）、德囊拉卡达官人（སྡེ་ནང་རབ་ཁ་མདའི་དཔོན།）等全部是阿什羌的后裔。

这个家族里出现了夏相仓（བྱ་གསོང་ཚང་།）、更登嘉措（དགེ་འདུན་རྒྱ་མཚོ།）喇嘛、云丹嘉措（ཡོན་ཏན་རྒྱ་མཚོ།）喇嘛、吉美却珠（འགྱུར་མེད་མཆོག་གྲུབ།）喇嘛、当浦曲杰（ཧྲི་ཕུག་ཆོས་རྗེ།）活佛、索南拉噶（བསོད་ནམས་རབ་དགའ།）喇嘛等许多著名人物。玛·霍哇仓（སྨར་ཧོར་པ་ཚང་།），是他的外孙辈后裔。

阿什羌弟弟坚赞（རྒྱལ་མཚན།）的后代名叫采嘉本（ཚེ་རྒྱལ་འབུམ།）者，娶华妃（དཔལ་བཟའ།）生六子，称为卡热华果尔（མཁར་རེ་དཔལ་སྐོར།）。红帽派第七世噶尔旺耶歇宁波[5]，以及自玛绕的孜达（འཛི་མདའ།）以下，玛绕的目达（སྨ་མདའ།）以上的官人，都出自这个家族。另外，在华妃的其他五子的后裔里也诞生了索南仁钦（བསོད་ནམས་རིན་ཆེན།）、赞塘[6]藏哇（འཛམ་ཐང་གཙང་པ།）的转世化身、赞塘曲结（འཛམ་ཐང་ཆོས་རྗེ།）的转世化身，以及藏（གཙང་།）活佛等。

汪钦本（དབང་ཆེན་འབུམ།）在玛尔宁（སྨར་ཉིན།）布察（སྤུ་ཆ།）大地区的冬（གདོང་།）地方修建了四座土堡及取名叫卡郭那玛（མཁར་མགོ་ནག་མ།乌头堡）的石砌楼房。他的儿子为纳泰尔（ནག་ཐེར།）和噶玛仁钦（ཀུན་རིན་ཆེན།）喇嘛，前者有以纳泰尔四子著称的后裔，繁衍很广，一直扩大到麦仓（དམེ་ཚང་།）等处。他的后裔里，诞生了噶玛巴第九世旺秋多吉（ཀུན་དཀྱབ་དབང་ཕྱུག་རྡོ་རྗེ།）[7]和司徒·却吉坚赞（སི་ཏུ་ཆོས་ཀྱི་རྒྱལ་མཚན།）的门徒噶玛扬曾（ཀུན་ཡོངས་འཛིན།）等学证兼优的贤哲，以及噶玛茨成（ཀརྨ་ཚུལ་ཁྲིམས།）喇嘛、智美相江贡波（དྲི་མེད་ཞིང་སྐྱོང་མགོན་པོ།）的门徒衮桑丹增（ཀུན་བཟང་བསྟན་འཛིན།）喇嘛、闹吾嘉措（ནོར་བུ་རྒྱ་མཚོ།）喇嘛，此师精通医学。另外还有丹增（བསྟན་འཛིན།）喇嘛、丹禅师曲扎（འདན་སྒོམ་ཆོས་གྲགས།）的转世旺达（དབང་མདའ།）活佛、索南才朗（བསོད་ནམས་ཚེ་རིང་།）喇嘛、仁钦南嘉（རིན་ཆེན་རྣམ་རྒྱལ།）喇嘛、乌坚仁钦（ཨུ་རྒྱན་རིན་ཆེན།）喇嘛、柔卓（རིག་གྲོལ།）喇嘛、程列嘉措（འཕྲིན་ལས་རྒྱ་མཚོ།）喇嘛、隆扬（ཀློང་ཡངས།）喇嘛等其他宗派的许多贤哲。

帕塔尔的小儿子班玛雅在年（གཉན།）地守祖业的后裔，现在属于阿什羌。另外，果洛地区还有昂哇仓（ངང་བ་ཚང་།）、咬卜洛仓（ཉོབ་སོ་ཚང་།）、培勒仓（འཕེལ་ལེ་ཚང་།）等许多部落。吉摩[8]氏族（ལྕགས་མོ་རིགས།）诞生了住持哈立麻。得银协巴（ཀརྨ་བདེ་བཞིན་གཤེགས་པ།）大寺的吉摩（ལྕགས་མོ།）国师，吉摩伦波泽（ལྕགས་མོ་ལྷུན་པོ་རྩེ།）经师和德格（སྡེ་དགེ）土司的大臣阿洛哇仓（ཨ་ལོ་བ་ཚང་།），此人的后裔中诞生了司徒·却吉迥乃（སི་ཏུ་ཆོས་ཀྱི་འབྱུང་གནས།）[9]等。现在班玛本、汪钦、阿什羌三者称为果洛三部（མགོ་ལོག་ཁ་གསུམ།）。

玛索贡波（དམག་ཟོར་མགོན་པོ།）的儿子索南丹巴（བསོད་ནམས་བསྟན་པ།）作为年保玉则神山（གཉན་པོ་གཡུ་རྩེ།）眷属，神能附体，由于修习玉则近事男戒，现在降为凡人，不再附体，虽属于玛沁大山神的仆从之一，但每年只能见神容一次，除此之外，很难见到。因主管大地上的水草林木和诸水，故没有空闲。由于煨桑[10]献祭者甚多，虽饮食富裕，但对红桑仍然接受。据说，对素桑认为是谛力，予以回向时，虽能获功德，但没有享用的空间云。关于红桑，许多圣哲们经常说，系异教徒以牲畜作供施，皆为邪法，与己与他人均无益。除此之外，信奉他们的五浊恶世的人们为了希求好处，也不应该做这种损害别人之因的事，这些他也了悟清楚。

在班玛本的地方，有热敦·图却多杰（ར་སྟོན་ཐུགས་མཆོག་རྡོ་རྗེ།）转世的贡却土丹嘉措（དཀོན་མཆོག་ཐུབ་བསྟན་རྒྱ་མཚོ།）修建的吉隆（སྐྱིད་ལུང་།）静修院或称吉热寺（སྐྱིད་རའི་དགོན།）吉隆活佛，出身于果洛的宦族家中，八九岁时豪气十足，十四岁时在多珠钦（རྡོ་གྲུབ་ཆེན།）座前出家为僧，拜格财·吉美采昂却珠（དགེ་འགྱུར་མེད་ཚེ་དབང་མཆོག་གྲུབ།）为师，学习诸明处，在色拉寺结扎仓的索南敦珠（བསོད་ནམས་དོན་གྲུབ།）格西处聆听大小《菩提道次第论》等，在拉卜楞寺贡塘·嘉贝样座前请求了近圆戒，并请授《般若》和大威德灌顶。从西钦·索南华丹（གཞི་ཆེན་བསོད་ནམས་དཔལ་ལྡན།）[11] 处学习了宁玛派和噶举派的许多经典，在阿木去乎（ཨ་མཆོག）[12] 格西座前又聆听了许多正法。从多杰雍仲（རྡོ་རྗེ་གཡུང་དྲུང་།）山挖出了伏藏。

奥多（རྫོ་མདོ།）地区的桑主德登（བསམ་འགྲུབ་བདེ་ལྡན།）新寺，阿木去乎活佛修建，由库交（ཁུ་རྗེ།）官人贤巴丹达（བྱམས་པ་བསྟན་དར།）等护理。此寺是这个地区黄帽派所建的唯一寺院。古时候，哇尔玉（བར་བཞི།）地方有四座大寺院，称为四方四主。由于果洛纳泰尔（ནག་ཐེར།）部落侵扰，现在这些寺院全无遗迹。德登新寺的山后，是拉雅尔（ལྷ་ཡར།）三兄弟山，其谷口有称为玉则神山的守门者达哇赛差（ཟླ་བའི་གསེར་ཁྲབ།）等许多著名土地神。

噶玛·曲英多吉（ཀརྨ་ཆོས་དབྱིངས་རྡོ་རྗེ།）[13] 诞生地卡热（མཁར་རེ།）有居德寺（རྒྱུད་སྡེ་དགོན།）。

旺钦多巴（དབང་ཆེན་སྟོད་པ།）有嘉塘（རྒྱལ་ཐང་།）觉派（གཅོད་པ།）断派弘传，有衮钦冈巴（ཀུན་མཁྱེན་གངས་པ།）的后裔和灵塔等圣物。这座灵塔可能是冈坚曲结（གངས་ཅན་ཆོས་རྗེ།）释迦喜宁（ཤཱཀྱ་བཤེས་གཉེན།）的灵骨塔。

旺钦玛巴（དབང་ཆེན་སྨད་པ།）有旧派寺院，由噶妥巴（ཀ་ཐོག་པ།）住持。称为贡波温（མགོན་པོ་ཐེང་།）圣地的果洛吉日山（མགོ་ལོག་ལྷ་གས་རི།），有敦察胡孜（རྫམ་ཚ་ཧུ་ཏི།）的佛殿遗址，第十世噶玛·耶希多杰（ཀརྨ་བཅུ་པ་ཡེ་ཤེས་རྡོ་རྗེ།）[14] 诞生在古达（འགུ་མདའ།）地方。

康干（ཁང་ཀན།）部落有浪噶寺（ལུང་དཀར་དགོན།）。阿什羌地方有却典（མཆོད་རྟེན།）喇嘛修建的佛塔。哇尔玉地方有称为古印度阿育王修建的一百零八座佛塔之一吉祥郭莽佛塔。多曲（རྡོ་ཆུ།）和孜曲（འཛི་ཆུ།）汇合地多曲多（རྡོ་ཆུ་སྟོད།多曲上游）地，有大成就者衮桑彦潘（གྲུབ་དབང་ཀུན་བཟང་གཞན་ཕན།）驻锡地秀庆达郭（ཤུག་ཆེན་སྟག་མགོ།）。有称为从前董（སྟོང་།）姓氏族析居的地点——六座石房。

孜尕（འཛོ་ཀ་）地区，有曲结道力波巴（དོལ་པོ་པ།）[15]及门弟子贡乔桑（དཀོན་མཆོག་བཟང་།）修建的赞塘伽蓝（འཛམ་ཐང་ཆོས་སྡེ།）等。

玛尔曲河（སྨར་ཆུ།）、达曲（རྡ་ཆུ།）和黄河三水汇合之地，有年保玉则山，在其周围有称为鄂甫达摩宗窟（ཟོ་ཕུག་སྟག་མོ་རྫོང་།）、帕格洋宗窟（འཕག་གི་ཡང་རྫོང་།）、夏祁热玛宗窟（ཤ་ཁྲི་ར་མ་རྫོང་།）、阿泽查卜宗窟（ཨ་རྩེ་ཁྲབ་རྫོང་།）、章摩达宗窟（འབྲམ་མོ་ཏ་རྫོང་།）等十八大岩窟。

※　　※　　※

玛科包底多（རྨ་ཁོག་པོ་ཏིའི་མདོ།）等地，有上下阿树（དཔལ་ཤུལ།），它们都属于董氏族姓。有这样的歌谣："三大山峰归董氏，董氏帽顶高耸乃由此。"它们权势甚大。白日（ནེ་རི།）也属于董氏。噶玛噶举派红帽系第三世却贝耶喜（ཆོས་དཔལ་ཡེ་ཤེས།）[16]的弟子称为清静无为者南夸坚赞（ནམ་མཁའ་རྒྱལ་མཚན།），没有抛弃肉身即空行逝去，彼师氏族也是董姓，他的家族住在安木屑（ངམ་ཤོད།）。

在多康（མདོ་ཁམས།朵甘）地区，称为董氏十八大树（ཤུལ་ཆེན་བཅོ་བརྒྱད།）[17]者有阿树、柔合树（རག་ཤུལ།）、息树（ཞག་ཤུལ།）等。其中阿树的来源是这样的：在董·华钦嘉卜（སྟོང་དཔལ་ཆེན་སྐྱབས།）的氏族中，有一段时期，有一位叫作阿树甫哇塔（དཔལ་ཤུལ་ཕུར་པ་ཐར།）者，肤色黝黑，身体高大而驼背，声音酷似山羊叫，因而被起了个别名叫董·木那格苟热革（སྟོང་མི་ནག་གུག་ར་སྐད།）[18]。他的牧地在玛科拉加[19]曲卡（རྨ་ཁོག་ར་རྒྱ་ཆུ་ཁ།）等处。当董（སྟོང་།）、珠（འབྲུ།）两氏族争战时，玛沁大山神护佑董姓黑汉，赐予了称为如意能断的九股利剑作为悉地，因而董氏在战争中取胜了。但是董姓黑汉和他的儿子格力（གེ་ལི།），另外还有阿树宦族阿嘉（ཨ་སྐྱབས།）和其小儿子吾穹和属民等一起到玛绕戎（སྨར་རོལ་རོང་།）地区的丝合督（སག་ཏུ།）地方居住。格力的儿子为格则（གེ་ཚེ།）、格槃（གེ་འཕན།）、格嘉（གེ་རྒྱལ།）、完第嘉卜（བན་དེ་སྐྱབས།）等四人，于黑汉死后，遵循他的遗嘱，请一位本教师在帕德杂嘉（ཕག་བདེའི་ཛ་རྒྱལ）山下火化，由华钦噶洛（དཔལ་ཆེན་ཀ་ལོ།）以法力将如意能断九股利剑团为三刃剑，连同遗骨和盔甲等各种兵器作为内藏，修建了灵塔。据说这座灵塔至今尚存。当为了相地卜卦求问因缘时，父亲格力献了颈饰瑰玉，被称为格力瑰玉之王权势大，孩子格则献了一滴鼻血，称为格则之血染红一切，格粲献了一支箭，称为格粲之箭能克敌；格嘉献了一寻长的红褐子，称为格嘉之马比众劣；完夏日（བན་ཞར།瞎眼完第）献了一条哈达，称为完夏日哈达盖太空。

在别的历史记载里，甫哇塔有儿子格力、格则、格粲三人。格力和格则的后裔是本嘉雅（འབུམ་སྐྱབས་ཡག）和乔科（ཁྲོ་ཁོ།）；格粲的后裔是阿树完本（དཔལ་ཤུལ་བན་དཔོན།），这个家族里诞生了一切知喇嘛（ཀུན་མཁྱེན་བླ་མ།）。另外，格粲的另一支后裔又迁移到拉加河滨，以后向蒙古和安多地区发展，成为许多阿树系统。这个系统的一部分向南发展，占据了玉科（གཡུ་ཁོག）、臧科（ཚང་ཁོག）和盖科（སྒེག་ཁོག）地区，因而称为格粲玉臧盖三部。在赛多（གསེར་སྟོད།）和尼多（སྙི་སྟོད།）定居的有格粲宁哇（གེ་འཕན་སྙིང་བ།）、扎果玛（ཟླ་སྐོར་མ།）两部，称为上格粲洒仓（གེ་འཕན་བཟའ་ཚང་།）。现在格粲的后裔在川康藏区比较多。格则的后裔，称为格则玛拉塘（གེ་རྗེ་མ་ལག་ཐོང་།）等三部，颇有声名。雅砻江（ཟླ་ཆུ།）上游德格部所属的官吏们也是格则的后裔、格则官人与格则朝树（གེ་རྗེ་ཁྲོ་ཤུལ།）也是由此繁衍分出。在朝树家族里，诞生了噶妥寺的格则活佛。格嘉的后裔虽然也在川康藏区，但由于相土的因缘，没有出现作官员者。甫哇塔这个家族原先繁衍在青海，由于癸卯事变之故，又返回理塘（ལི་ཐང་།）附近，形成云如玛（གཡོན་རུ་མ།）和德扬玛（སྡེ་གཞུང་མ།）官人家族，还有称为阿树朝塔玛（དཔལ་ཤུལ་ཁྲོམ་ཐལ་མ།）的。

格力的小儿子完夏日的后裔阿树达嘉卜（དཔལ་ཤུལ་སྟག་སྐྱབས།）从道多杰达果洛（རྫོ་སྟོད་རྗེ་མདར་མགོ་ལོག）要了地方，建筑了城堡。他有两个儿子，长子达拉粲（སྟག་ལྷ་འཕན།），其子在徐科（ཤོས་ཁོག）驻牧，其后裔是赛塔（གསེར་ཐལ།）

官人。完夏日传了数代，后来到了乔科（ཚོ་ཁོ།）的长子，在玛尔（སྨར།）地区的木囊（མུ་ནང་།）地方以牧为生，称为木它（མུ་ཐལ།）部落，小儿子在开多（ཁེ་སྟོད།）地方以牧为生，其后裔是开塔官人（ཁེ་ཐལ་དཔོན་རིགས།），称为阿树乔科（དབལ་ཤུལ་ཚོ་ཁོ།）的就是他们。

阿树吾穹（དབལ་ཤུལ་དུ་ཆུང་།）的后裔是吾穹（དུ་ཆུང་།）、达雅（རྟ་ཡག）、曲（ཆོས）、槃（འཕན）等四支。曲树（ཆོས་ཤུལ།）一支里诞生了多珠钦（རྡོ་གྲུབ་ཆེན།）喇嘛，阿嘉卜（ཨ་སྐྱབས།）一系，在赛塔玛（གསེར་ཐལ་མ།）部落属下居住。阿树桑吉本（དབལ་ཤུལ་སངས་རྒྱས་འབུམ།）的儿子本嘉卜雅（འབུམ་སྐྱབས་ཡག）有三个儿子：在多麦地区的儿子，名叫贡保龙珠（མགོན་པོ་ལྷུན་གྲུབ།）；在道多（རྫོ་སྟོད།）地区的儿子，名叫额尔克台吉南卡才让（ཨེ་ཐའི་ཇི་ནམ་མཁའ་ཚེ་རིང་།）；在孜盖达（འཛི་ཀེ་མདར།）地区的儿子，名叫南嘉扎西（རྣམ་རྒྱལ་བཀྲ་ཤིས།）。台吉受济农（ཇི་ནང་།）王的照顾，恩德较大。司徒（སི་ཏུ།）的施主贡保龙珠（མགོན་པོ་ལྷུན་གྲུབ།）邀请了司徒班钦（སི་ཏུ་པཎ་ཆེན།），在多麦地区修建了达丹增林寺（རྟག་བརྟན་ཆོས་གླིང་།），桑吉本的后裔，现在还住在孜盖哇芝果（འཛི་ཀེ་ཝ་འབྲི་མགོ）、斯达(བསེ་མདའ།)、道多吉拉（རྫོ་སྟོད་སྐྱིར།）、道麦噶达（རྫོ་སྨད་ཀ་མདའ།）等处。曲雅（ཆོས་ཡག）之后的曲树和息树是现在的息察氏族（ཕྱུག་ཚའི་མི་རིགས།）。噶妥寺的息察活佛，就出生在这个氏族里。

著名的多察（ཏོག་ཚ།）、莫察（སྨོག་ཚ།）、果察（མགོ་ཚ།）、布察（སྦུ་ཚ།）、岗察（ཀང་ཚ།）等十八个察钦（ཚ་ཆེན།）都属于董氏。

在恰尕玛（ཆ་ག་མ།）地方，乌金拉秀·觉巴丹萨（ཨུ་རྒྱན་བླ་ཞུར་གཅོད་པ་བསྟན་གསལ།）修建了静修院，数位静修者在此修持。

阿树玛巴地方，有参直的噶丹扎喜曲培林寺（དགའ་ལྡན་བཀྲ་ཤིས་ཆོས་འཕེལ་གླིང་། 吉祥弘法洲）修建者参直堪布（མཚན་སྒྲོགས།）的化身官却程列（དཀོན་མཆོག་འཕྲིན་ལས།）。彼师于第十三胜生火羊年（公元 1787 年，清乾隆五十二年，丁未）诞生在佐格尤端（མཛོད་དགེ་བཞག་སྟོམ།）地方的阿树氏族。在一个时期，由西仓霍尔囊钦（ཤིས་ཚང་ཧོར་ནང་ཆེན།）迎请去任喇嘛，后确认为是参直堪布的化身，由阿坝（ངབ།）的嘉多（རྒྱ་སྟོད།）从霍尔赎回。因与家族不和来到察科，他掌握祈雨法术，受到丹巴（དམ་པ།）土司与臣民等的尊崇，丹巴土司派员送至阿坝后，签订了内部协议规定以后送到阿树，逐渐被穆居（མི་འགྱུར།）官人和坚赞（རྒྱལ་མཚན།）官人尊为喇嘛，在阿树的各个部落的属民中和欧拉（དངུལ་རྭ།）、佐格（མདོ་དགེ།）等处作了许多事业。向第七世班禅丹贝尼玛(བསྟན་པའི་ཉི་མ།）请求后，修建了这座寺院，寺院的名称也由班禅赐予。给这座寺院僧徒大众，授予灌顶、教敕、随许三方面的许多教诫，物资的供应，由彼师一生负责供给。彼师按照供施双方的主张及经上下阿树赤巴（ཁྲི་པ།）冈卡（སྐང་ཁ།）活佛的介绍，向拉卜楞寺第二世一切知嘉木样献了这座寺院。尊者给各个福田送了马匹、氆氇、绸缎等，在大经堂屋脊修建了宝瓶，以及以各色绸缎多匹制作供品，修建密宗院，建立与下密院相同的清规戒律。以后一切知尊者又专门来到这寺院，给寺院发放布施，给各戛尔瓦、村庄等讲授了经教，恩德深重。从此以后，依次委任阿阇黎主持怛特罗的闻听讲解。

在此附近，有拉卜楞寺院的才识精湛，戒行谨严的格西克塔·茨成达杰(ཁེ་ཐལ་ཚུལ་ཁྲིམས་དར་རྒྱས།）的静修院。此处有彼师挖掘的自然显形的马头明王、持金刚和大鹏石像等伏藏。他精通显密教义，曾写有几部修习笔记，著有《集类学浅释入门》、《般若波罗蜜多心经疏》，传授了许多经教，现在仍有转世。其弟子有贵喇嘛罗桑达杰（སྨིན་བློ་བཟང་དར་རྒྱས།）、日朝巴扎巴塔耶（གྲགས་པ་མཐའ་ཡས།）等，修证颇为增进，

在岗多（སྐོང་སྟོད།）的黄河边赛隆（གསེར་ལུང་།）地方，有扎喜达吉林寺静修院（རི་ཁྲོད་བཀྲ་ཤིས་དར་རྒྱས་གླིང་།）。起初由嘉堪布扎巴坚赞（རྒྱལ་མཁན་པོ་གྲགས་པ་རྒྱལ་མཚན།）选定了地点，向一切知遍照尊圣师徒呈述后，由大拉让颁发了释尊佛像，贡塘·嘉贝样赐予了给嘉尧襪解净地时用过的语化度母像作为依止圣物。著名的称为大、中、小三扎巴密乘喇嘛中的小扎巴喇嘛，因多珠钦（རྡོ་གྲུབ་ཆེན།）大禅师曾有在此处修建寺院的授记，也提供顺缘，彼师曾

超度在霍尔章谷地震时被埋的三千男女的亡灵，进行禳解，自此以后，再也没有发生冤魂作祟之事，被称为有法力的上师，由多喇嘛（རྫོ་བླ་མ།）授记为是赞扎果木（ཙནྡྲ་ཀོ་མི།）等的转世。由彼师指示了地址，阿坝的明慧者担任了格贵，建成了静修院。后者神通很大，圆寂时出现了稀奇的征兆。拉卜楞寺院的最优秀的格西迭部·罗桑喜饶（ཐེ་བོ་བློ་བཟང་ཤེས་རབ།）教授长净等实践。他在西藏上密院长期修习，曾邀请阿察卜喇嘛（ཨ་ཚབ་བླ་མ།）教授怛特罗，上师询问显密经典的许多要点时，对其回答感觉满意，曾大加赞扬。阿察卜喇嘛在具祥南赛尔德（དཔལ་རྣམ་སེར་སྡེ།）伽蓝建立了大威德自入灌顶仪轨，圆寂时本尊现显，修持圆满。此外，还有多仁巴（རྫོ་རམས་པ།）罗桑喜饶（བློ་བཟང་ཤེས་རབ།），第二世嘉木样吉美旺波的及门弟子本桑哇·华措喇嘛（འབུམ་སོང་བ་དཔལ་མཚོའི་བླ་མ།）、扎喜奇哇·吾日吉喇嘛（བཀྲ་ཤིས་འཁྱིལ་བ་དབུར་རྒྱས་བླ་མ།）、郎木寺的达合喇嘛（སྟག་བླ་མ།）等许多德行高超的老僧。华措喇嘛圆寂时也显示了证得修持圆满的征兆。嘉堪钦曾赐予弥多罗百法等许多妙法，修建了寝室屋脊，创设公共财产、例茶（རྒྱུན་ཇ།）及节日费用金等。将静修处托嘱于苦夏（ཁུ་ཤག）活佛。此师自幼跟随堪钦，多方受照顾，因他还管理着苦夏寺院，虽住持这座静修院，未能经常在彼处居住，现在该静修院已荒废。

在佳多（ཀཅའ་མདོ།）附近有参让寺（མཚམས་རིང་།），其喇嘛由拉卜楞寺拉让指派，现由哲蚌寺郭莽扎仓的博学多闻的格西、精通新旧教典者向·阿旺群培（ཞང་ངག་དབང་ཆོས་འཕེལ།）在此主持教学。

从前佐格（མཛོད་དགེ）某官人迎娶了热卜萨（རེབ་བཟའ།）、达让萨（སྟག་རིང་བཟའ།）、巴萨（འབབ་བཟའ།）等三妃。三妃生了三个儿子，父亲在巴（འབབ།）地方逝世。长子与二子要堪舆家找寻一处将父亲安葬在要他们各自兴旺发达的地方。这样的地方很难找到，最后还是安葬在大家都能兴旺发达的地方。小儿子没有说什么话，但是小儿子的后裔特别兴旺。大儿子是热卜萨妃的儿子，管理美多（མེ་སྟོད།），其后裔现在称为佐格多玛（མཛོད་དགེ་

སྟོད་ལ།)。有一个时期，多玛有一称为阿则（ཨ་ཙེ།）的富户，他去西藏向圣师徒献了许多匹良马，被选入坐骑之列。二儿子是达让萨妃所生，管理玛（རྨ།）、美（སྨེ།）、噶（ཀ）三地之间的地方，他的后裔称佐格仙美（མཛོད་དགེ་བྱམས་མེ།），其间又分出娶唐萨妃（ཐང་བཟའ།）生出的后裔这一支，称为唐果尔（ཐང་སྐོར།）。他们的官人扎喜旺（བཀྲ་ཤིས་དབང་།）与索仓（སོག་ཚང་།）官人在噶玛两河汇流处修建了静修院献给赤钦（ཁྲི་ཆེན།）罗桑坚森（བློ་བཟང་རྒྱན་སེང་།）。彼师建立上密院教授，逐步开展了讲辩闻听。由噶达则（ཀ་སྟག་རྩེ།）发源的噶曲河（ཀ་ཆུ།）上游有阿乔玛桑林（ཨ་མཆོག་སྨ་སེང་གླིང་།）的供养西豁卡热科（ར་སྐོག）等八个牧业区部落。

仙美官人后裔扎巴散珠（གྲགས་པ་བསམ་འགྲུབ།）喇嘛在达仓拉摩寺的密宗院取得了学位，担任了协敖（ཞལ་ངོ་།）。他的父亲曾向赤钦·坚赞森格（ཁྲི་ཆེན་རྒྱལ་མཚན་སེང་གེ）请求了金刚鬘灌顶。此师向香洒（ཤིང་བཟའ།）阿阇黎请求了弥多罗和金刚鬘灌顶法，奉献了三十锭马蹄银和三百匹良马和牛。曾先后赴西藏卫藏两次，向圣师徒奉献了厚礼。由他做施主，哲蚌寺郭莽扎仓的募化师潘波（འཕན་པོ།）医生阿旺京巴（ངག་དབང་སྦྱིན་པ།）修建了仙美寺噶丹殊胜洲（བྱམས་མེ་དགོན་དགའ་ལྡན་རྣམ་རྒྱལ་གླིང་།），由于修建者的缘故被称为哲蚌寺。寺内供奉着灵验的依怙主像和《甘珠尔》大藏经等许多依止圣物。又由扎散巴（གྲགས་བསམ་པ།）喇嘛的侄子谢多才让（ཤུག་རྡོར་ཚེ་རིང་།）和他家族的佐格喇嘛年智（སྙན་གྲགས།）两人建立了讲辩制度，后由赤钦罗桑坚森把密宗院合在一起。年智喇嘛向第二世一切知嘉木样献了许多匹坐骑。他为人性情贤良，能卜卦，很准确，深受人们的笃信和尊敬。龙珠丹增（ལྷུན་འགྲུབ་བསྟན་འཛིན།）喇嘛二次赴西藏，在哲蚌寺修建了迭部（ཐེ་བོ།）康村的公房，向圣师徒请求了法缘。从卓尼寺迎请了《甘珠尔》大藏经，从拉加寺迎请了《圣·宗喀巴全集》，住持本寺任堪布数年，享年五十岁圆寂。当询问需要他转世时，回答道：

“若我有自由的话，不想再来这浊世。”

索南嘉波（བསོད་ནམས་རྒྱལ་པོ།）邀请了第三世一切知嘉木样讲授正法，奉献牛马近三百匹，被授予了修持哲蚌寺狮面母主从三尊的随许。他给大经堂放了许多布施，一对长喇叭、一对唢呐等，结下了深厚的法缘。

担任郎木寺北寺堪布的夏孜扎仓（ཤར་རྩེ།）的拉仁巴（ལྷ་རམས་པ།）桑桑阿旺仁钦（སང་སང་ངག་དབང་རིན་ཆེན།）的文布（侄子）罗桑丹(བློ་བཟང་བསྟན་འཛིན།）等依次管理着这寺。彼师曾在哲蚌寺郭莽扎仓求学，毕业后取得了拉仁巴学位，在隆多喇嘛座前受近圆戒，任郎木寺北寺的堪布。在职期间于大会上告诫僧众：

“享用比丘的财产，需要具有可以享用的证悟，你们只是吃东西相似而已！从今天起，要认识到各方面的福分要断缺!”

“在这儿居住时，对僧人们来说，应喝口清茶，修持正法，乃是最要紧之事。但是，你们大伙儿，可能认为喝清茶是一种丢人的事。要知道，储蓄许多财物，不会修到正法的!”

彼师的侄子是持禁食斋者罗桑丹增(བློ་བཟང་དམ་ཆོས།），他将戛尔瓦的豁卡交给官人，在寺院附近修建了禅室修行。据说七十四岁以前一直持禁食斋，念诵六字真言达二十四亿遍，昼夜顶礼上供，修持终生。对信徒送来的财物毫不悭吝地献给上师和三宝。

巴萨妃的后裔罗哲桑（བློ་གྲོས་བཟང་།）曾在第四世班禅确坚年老时朝拜过，并请求班禅派一名喇嘛作代表去他们那里。班禅赐予了一部他自己看的用金汁书写的《般若八千颂》。说道；“以后会有这部经的主人来，他就是你的上师。”

后来班禅迁转于净土，座前侍者桑吉桑波（སངས་རྒྱས་བཟང་པོ།）请假去塔尔寺朝拜，在回去的途中，来到了他们的家中，认识了班禅看读的《般若八千颂》，因与预言相符，尊为上师。《般若八千颂》经函，目前供奉在江察（རྒྱང་ཚ།）的嘉格（རྒྱལ་དགེ）静修院。自此以后，扎什伦布寺的喇嘛来这里者络绎不绝。

郜官人（འབོས་དཔོན་པོ།）、浪哇官人（གླིང་བའི་དཔོན་པོ།）、尤端官人（བཞག་སྟོམ་དཔོན་པོ།）、下佐格五部的官人们等都是罗哲桑的后裔。郜官人是巴萨妃后裔守祖业的一支，但是巴字（འབལ།）被讹转变了音，成为郜（འབོས།）了。浪哇官人拉丹（རབ་བརྟན།）邀请了第一世嘉木样，奉献了数百匹骡马。为了家族兴旺，请一切知嘉木样埋藏了银制宝瓶伏藏，因此，后裔兴旺发达，还授予了今后我们福田施主之间会产生遮遣趋入的预言。起初，年巴才旦桑（མཉམ་པ་ཚེ་བརྟན་བཟང་།）官人的后裔住在措果尔卡哇（མཚོ་སྒོར་ཁ་བ།）；拉丹的儿子阿珠（ཨ་འབྲུག）住在玛麦两水汇合处玛麦哲多（རྨ་མེ་འདྲེས་མདོ།）一带，八十余年来和睦相处，没有任何偷、抢和纠葛等诉讼。他有七个儿子，其后裔分布在各地，共同建造用金银汁相间书写的《甘珠尔》大藏经。其后他们又建造用金银汁书写的《般若波罗密多经》广、中、略三部，《贤劫经》和《解脱经》。长子罗桑达杰（བློ་བཟང་དར་རྒྱས།）多次赴德格与德格土司结为密友，与卓尼官人结为兄弟。他的儿子是阿吾的喇嘛（ཨ་བུའི་བླ་མ།），侄子是鲁本它尔（ཀླུ་འབུམ་ཐར།）的喇嘛，他两人都是哲蚌寺郭莽扎仓的僧徒。后者给阿旺格勒（ངག་དབང་དགེ་ལེགས།）堪布做随从多年，从西藏迎请来了一肘高檀香木的释尊像，从卓尼迎请来了《甘珠尔》大藏经。这两件圣物目前供奉在察干白相寺（ཚ་གན་པེ་ཤིང་།）。拉丹的长子吉嘉（ལྕགས་རྒྱལ།）的部落里，有许多迭部温巴（ཐེ་བོ་དུམ་པ།）的牧户，因而被称为温果尔（དུམ་སྐོར།）。二儿子阿娘（ཨ་སྙིང་།）也有后裔。三儿子阿鲁木（ཨ་གླུམ།）在达玛云（མདའ་དམར་གཞུང་།）地方守护祖业，其后裔繁衍在上中下三喜拉（ཕྱི་ར།）地区，上中下三乎拉（ཧུ་ར།）地区也有他的后裔，在中乎拉的后裔里，诞生了苟什底（ཀིརྟི།）活佛的化身土丹尼玛（ཐུབ་བསྟན་ཉི་མ།）。

阿鲁木小儿子的后裔，居巴桑格喇嘛（རྒྱུད་པ་སེང་གེའི་བླ་མ།）茨成仁钦（ཚུལ་ཁྲིམས་རིན་ཆེན།）入郎木寺不久，又进了拉卜楞寺长期学习，取得了学位。彼师心情温和，知识渊博，在贡塘·嘉贝样座前授了近圆戒，领悟了许多甚深妙法。在故乡修建了热旺寺吉祥正法昌盛洲（ར་བོང་དགོན་བཀྲ་ཤིས་ཆོས་འཕེལ་གླིང་།），寺名是一切知嘉木样命名的。

麦曲（མེ་ཆུ།）河在麦当雅（མེ་གདོང་ཡག）向西流去，上游有纳仓（ནགས་ཚང་།）和曲结的拉代村庄，与从夏科噶让口（ཤར་ཁོག་ཀ་རིང་ཁ།）发源的热曲（རེ་ཆུ།）河在纠拉赛德（རྒྱུག་ལའི་གསེར་ཏེའུ།）山阜下汇合。这里有达察（སྟག་ཚ།）的戛尔瓦、上佐格和阿吉（ཨ་སྐྱིད།）的游牧部落和多杂普卜（མདོ་ཙ་ཕུབ།）等部。

唯噶吾浪谷（ཝིས་དགའ་བོ་ལུང་།）静修院，色拉寺的蒙古僧人达哇扎巴（ཟླ་བ་གྲགས་པ།）修建。彼师出生在阿吉的农业区，在西藏卫地入色拉寺结扎仓求学，西藏地方政府委任为穿堪布服饰的募化师。在蒙古地区时，来到玛古科库地方的贡却（དམར་སྐྱག་ཁོ་ཁུའི་དཀོན་མཆོག）家中，适此人的女儿患病，乃建立白伞盖母禳解法。中午掷朵玛时对施主道：

“女儿的寿数，只有今日一天，但不要愁苦，我给她诵《普明经》（ཀུན་རིག）超度。”

施主认为病人还不至于到这步，请求进行经忏法事。彼师没有听从，念诵了《普明经》，在进入对面生起之际，该女即时迁转。自此以后声名骤起，事业大兴，势力遍及安多巴乃亥（སྦ་ནག|黑帐房）以上地区。神通及证道的象征较多，被称为热洛（ར་ལོ།）的转世，曾三次向西藏卫地送了布施。最后一次，给色拉寺、哲蚌寺、噶丹寺献了蕨蔴融酥的斋饭；向拉卜楞寺院也献了布施，修建了静修处，建立大威德修行供和实践三事的清净修持，设立每年念诵六字真言一亿遍的费用。现在有转世传承。当赎迎香洒（ཤིང་བཟའ།）活佛转世怀疑对象时，曾在此暂住，还有西藏的几位格西。这里有上下萨如（གཟའ་རུ།）的许多游牧部落。

在拉康噶茂（ལྷ་ཁང་དཀར་མོ།）沟口，有赤钦罗桑坚森修建的噶茂寺（དཀར་མོའི་དགོན།）。该寺院建立经论讲辩闻听制度，虽然曾一度兴盛，但是没有能坚持下来。

佐格阿珠（མཛོད་དགེ་ཨ་འབྲུག）之妾霍萨妃（ཧོ་བཟའ།）有三个儿子，其后裔叫霍萨后代。她是一切知吉美旺波的主要施主。怙主尊者于霍萨妃的儿子茨成木死亡后进行超度法事时，曾第一次到达这个地区。她献布施骡马一百匹，白银三百两。自此以后，不论任何时候到达那地区，她都在附近扎帐侍奉，一切知心中非常喜欢她，特称为“阿妈仓”。接着依次去阿扎果尔（ཨ་བཀྲའི་སྐོར།）、多玛果尔（སྟོད་མའི་སྐོར།）、霍撒（ཧོ་ས།）、多杂（མདོ་ཚ།）、班玉（བན་ཡུ།）以及仙美（ཐམས་མི།）等处。谢多嘉卜（ཐུག་རྡོར་སྐྱབས།）官人请求委派一名喇嘛作代表，随即委派郭莽群则（སྒོ་མང་ཆོས་མཛད།）、密宗院卸任堪布罗桑京巴（བློ་བཟང་སྦྱིན་པ།）、时轮院的卸任教长古·敦约茨成（ཀུ་དོན་ཡོད་ཚུལ་ཁྲིམས།）等到那里去弘法。佐格昂嘉（མཛོད་དགེ་དབང་རྒྱལ།）时期，如第一世嘉木样预言的拉让与施主之间发生了遮遣趋入。由迭部浪桑囊（ལུང་བཟང་ནང་།）活佛调解后，委派华热（དཔའ་རི།）活佛前去。自此以后直至现在，派去的历任喇嘛都利济众生，饶益有情。

尤端（བཞག་སྡོམ།）的一位祖先曾和浪哇（སྨིང་བ།）不和，以后克服了不和之因，断除了它，因而得到了这个名称。他的后裔尤端喇嘛是拉卜楞寺院的僧人，曾是前世嘉木样和赤干仓（ཁྲི་ཀན་ཚང་།）的随从，新建郎木寺时，与阿吾喇嘛两人轮流连续担任格贵和翁则，被誉为益友。密宗阿阇黎更登华桑（དགེ་འདུན་དཔལ་བཟང་།）也出生于这个氏族。扎喜桑官人邀请第一世嘉木样，请求授予修习白度母的随许，他和阿扎（ཨ་བཀྲ།）两人在修建郎木寺和苟尔德寺（གཉེའི་དགོན།）时都尽了义务。尤端喇嘛罗桑坚赞（བློ་བཟང་རྒྱལ་མཚན།）曾在苟尔德寺担任密宗喇嘛，现在拥有谿卡庄园，也有转世传承。

达杰嘉措（དར་རྒྱས་རྒྱ་མཚོ།）喇嘛，入拉卜楞寺学习，是第三世嘉木样圣师徒的及门弟子。彼师由于水土不服之故，回到了故乡在苟什德寺新建的法相院潜心学法，并任这个寺院的堪布。前世章嘉授予曲结的名号。佐巴曲结·罗桑曲增（མཛོད་པ་བློ་བཟང་ཆོས་འཛིན།）和他的精通诸明处的侄子丹巴，后者曾担任合作寺强佐（ཕྱག་མཛོད།）。

旺仓（ཝང་ཚང་།）的后裔有旺仓喇嘛。彼师将从前在这里弘扬的宁玛派的经典统统弃于河水之中，禁止人死之时，念诵《闻解经》（ཐོས་གྲོལ།）[20]，特别尊崇格鲁派的传播。历代佐格官民，虔诚顶礼膜拜于嘉木样圣师徒、嘉察诺们汗、赤钦坚赞森格、历代夏日仓（ཤར་ཚང།）活佛、阿柔大格西和历代香洒活佛等许多大喇嘛的足莲之下，获得弥多罗和金刚鬘等甚深妙法的甘露，福业极佳。

黄河由东向西弯曲地玛麦两水汇合处的察干白相噶丹拉吉林（ཚ་གན་པེ་ཤིང་དགའ་ལྡན་རབ་རྒྱས་གླིང།噶丹殊盛洲）形成的情况是这样的：当年，班禅全知者赴内地时，对依怙主尊者嘉木样指示道：

“从前岭·格萨尔统治的佐格地方，已经繁衍了数代人，此地今后的情况如何？不能预料。若在那儿的中心要冲地区修建一处寺院，似乎益处很多。望你在那里修建一座寺院!”

尊者遵循班禅的教诲，到处考察建寺地址，后来确定在这里修建寺院，好处较多。但是，佐格华官（མཛོད་དགེ་དཔལ་དགོན།）[21] 等不肯献出地址。乃对他们解释说：

“在这里修建寺院，对你们会有益处，不管怎样，我要在此修建一座寺院。”

于是在上下扎隆（ཟག་ལུང་།）察看地形，举行相地仪轨，做了吉祥长净，给霍尔仓赛赤（ཧོར་ཚང་གསེར་ཁྲི།）活佛下达指示，于铁鼠年（公元1780年，清乾隆四十五年）修建了大经堂。从贝斯旗聚集多仁巴·罗桑（བློ་བཟང་།）和噶居巴·华丹嘉措（དཔལ་ལྡན་རྒྱ་མཚོ།）等一些僧徒，由多仁巴任格贵，冈察·索南嘉措（ཀང་ཚའི་བསོད་ནམས་རྒྱ་མཚོ།）任翁则师，建立了扎仓。多仁巴仓和察日察的格勒嘉措（ཚར་ཚའི་དགེ་ལེགས་རྒྱ་མཚོ།）两人在会上进行磋朗讲辩，从而因缘和合。怙主多杰强（རྡོ་རྗེ་འཆང་།）[22] 也先后来过两次。后一次，授予了持铃派的胜乐灌顶并给予必要的告诫，详情均见本传。丁未年（公元1787年，清乾隆五十二年）又为之制定清规。赤钦担任磋钦堪布，直至己酉年，九年之中，都住在该寺院。讲授《班禅确坚全集》等许多经法，并给一些僧徒授沙弥戒与比丘戒。一心勤奋修持，间隙时间还为僧众讲经，讲道情等。使寺院成为大伽蓝。详情具见《寺志》。以后由赤钦桑木察（ཁྲི་ཆེན་ཟམ་ཚ།）活佛继任堪布住持寺院。佐格华官带领二百骑，在拉摩夏茸尕布（ལ་མོ་ཞབས་དྲུང་དཀར་པོ།）[23]的行帐中向班禅奉献了马匹、银两等大量布施。他在临终时，对郭莽仓活佛说：

“对没有允许修建寺院之事，内心非常悔恨，现在愿在哪里修建寺院，就在哪里修吧。”

按照他所留遗嘱，由索多（བསོད་རྗོར།）和玉木嘉（ཡུམ་སྐྱབས།）喇嘛等承担这份任务。怙主尊者嘉木样对赤钦桑木察活佛讲道：

“玛麦哲多区域，鬼神猖獗，地方凶险，此处应该修建一座镇压凶煞的寺院。第一世嘉木样就有此意，同时众所周知，全知者班禅仁波切也有此意。但是愿望没有实现，因而才在扎隆沟地方建了寺院，现在需要迁移寺址。”

尊者享年六十三岁的铁狗年（公元1790年，清乾隆五十五年，庚戌），索多和玉木嘉两人星夜前赴察干白相地方，察看了寺址，划线勘定方位，并做了祝福，仔细设计了大经堂、寝宫、僧舍等。赤钦负责修建寺院后管理寺院直至土马年（公元1789年，清嘉庆三年，戊午）。以后嘉堪钦·扎巴坚赞巴（རྒྱལ་མཁན་ཆེན་གྲགས་པ་རྒྱལ་མཚན་པ།）三次担任堪布，督促僧源，僧人达八十余人。向贡塘·嘉贝样求卦问卜，遵循设法相院较好的卦示，设立了《现观庄严论》《中论》和《集类学》等学科，由色拉寺的一位噶居讲授《因理论》《悟慧论》。第三世嘉木样遍照尊者从头开始讲授五部大论教程，进行背诵考试，建立了讲辩经院。于是从北方响起了雷声，云层里降了花雨。尊者多次前去该寺，从政教两方面给予了极大的关怀。

这个寺院按照拉卜楞寺院的规矩，设有四个月学期、五个中期学期、五供节祭、灵塔祭（གདུང་མཆོད།）、掷施食祭、祈愿法会十五天，外围巡礼和跳神、正理研讨（རིགས་གྲྭ།）十五天等八个部分。密宗学院的程序则按以往的规定。另外，大经堂和修行供所需的供器等开支，全部由堪钦自己支付，创立显密结合的修持规程，并新建嘉木样大活佛的寝宫。堪钦森底（སི་ཧྲི།）担任堪布后，为大经堂能依所依圣物一一进行镀金和油画。他们两位都大力发展一般和个别结合的法施，另外，堆夏巴钦波（དུས་ཞབས་པ་ཆེན་པོ།）、阿旺敦珠（ངག་དབང་དོན་གྲུབ།）、密宗院卸任教长更登华桑（དགེ་འདུན་དཔལ་བཟང་།）、赤钦朗仓的化身活佛贡乔杰贝洛哲（དཀོན་མཆོག་དགྱེས་པའི་བློ་གྲོས།）等依次担任过堪布，护理寺院，讲辩闻听有所增进。拉卜楞寺院的格西董喇嘛曲达杰（ཐོང་བླ་མ་ཆོས་དར་རྒྱས།）担任雄来巴，在主、客与家居、外出者当中弘扬了许多法统。

以上是自第十三胜生的铁鼠年（公元1780年，清乾隆四十五年，庚子），从扎隆沟建寺算起，已历八十六年之情况，若从铁狗年（庚戌）迁移寺址，重新建寺算起，至木牛年（己丑）也历七十六年。情况叙述圆满。

在此附近，有历世泽卫·觉干（ཙེ་དབུས་གཙོད་ཀན།）的桑珠林寺（བསམ་གྲུབ་གླིང་།）。然绛巴·贡乔奥赛尔（དཀོན་མཆོག་འོད་ཟེར།）修建了大经堂，并建立坐夏制度，设立大日如来、大威德、密集的自入坛场、会诵等，年底举行圣教总经忏法事。固定修持八大法行的施食祭。彼师家族的先辈们原住在泽曲河（ཙེ་ཆུ།），因出了一位称为地祇泽果（ཙེ་གོད།）之子的人，被称为泽吾（ཙེ་བུ།）。他的后裔里诞生了本教的数位贤哲，在后藏娘堆（ཉང་སྟོད།）地方修建了本教十八座寺院之一的泽贡寺（ཙེ་དགོན།）。在赤松德赞国王时期，该寺院被予以拆除，遭到破坏，又以泽秀（ཙེ་ཞིག）[24] 称。泽秀·鲁古噶果（ཙེ་ཞིག་ལུག་གུ་དཀར་མགོ）和桑杰丹巴（སངས་རྒྱས་དམ་པ།）两者神通广大，看到东方下多康地区有应教化的徒众，遂来到该地。前者的后裔里，出生圣·宗喀巴亲炙弟子戎务·吉纳巴（རོང་པོ་ལྷགས་ནག་པ།）等；后者的后裔又分为查树（ཁ་ཤུལ།）与仙树（ཁྲམས་ཤུལ།）两支系。前者是洮河（ཀླུ་ཆུ།）流域的泽卫（ཙེ་དབུས།）部落，后者的后裔中有泽卫·更登嘉（ཙེ་དབུས་དགེ་འདུན་སྐྱབས།）的儿子赤钦·更登朋措（ཁྲི་ཆེན་དགེ་འདུན་ཕུན་ཚོགས།）。他的兄长是觉干[25] 罗桑达杰（གཙོད་ཀན་བློ་བཟང་དར་རྒྱས།）。在阿坝（རྔ་བ།）的玛喜塔莫·班玛扎喜（མ་ཞི་ཐར་མོ་པདྨ་བཀྲ་ཤིས།）座前聆听了衮噶本巴派（ཀུན་དཀའ་འབུམ་པའི་ལུགས།）的断我执教法。

觉巴·意希楚臣（གཅོད་པ་ཡེ་ཤེས་ཚུལ་ཁྲིམས།）生于戊辰年，父名桑塘（སང་ཐུང་།），母名乃勒（ནེ་ལེ།），称为前一世觉干的转世，在唯鲁·噶玛扎喜（ཞི་ལུར་ཀརྨ་བཀྲ་ཤིས།）的弟子阿坝的约格·阿旺雅培（གཡོ་དགེ་ངག་དབང་ཡར་འཕེལ།）座前聆听了断我执教法，曾先后赴西藏两次。首次去藏时，在第六世班禅贝丹耶喜座前受了比丘戒，又与桑木察赤钦（ཟམ་ཚ་ཁྲི་ཆེན།）活佛一同赴西藏时，彼师为济垅呼图克图举行祝寿经忏佛事，抛施食的前夜，梦到：

“明天在你的右肩方向，有金刚手菩萨的化身注视着，对此要警惕！”

次日，在此方向坐着萨迦达勤（བདག་ཆེན།）[26]，遂集中精力投掷施食，产生了良好的效果。据说是济垅呼图克图的福德之力所致云。桑木察活佛在他座前多次聆听过正法，两者较量瑜伽师本领的稀奇传说也比较多，辛未年，享年六十四岁圆寂。他的转世化身罗桑华丹嘉措（བློ་བཟང་དཔལ་ལྡན་རྒྱ་མཚོ།）是阿树空行（ཨ་ཞུལ་མཁའ་འགྲོ།）的后裔，父名敦珠（དོན་གྲུབ།），母名噶毛（དཀར་མོ།），水鸡（癸酉）年出生。在募化师噶丹喇嘛尊者前出家为僧，于第三世一切知嘉木样遍照尊者座前受近圆戒，对尊者历世转世非常崇拜。

泽卫静修者贡确桑格（དཀོན་མཆོག་སེང་གེ），辰年诞生，在强佐堪布（ཕྱག་མཛོད་མཁན་རིན་པོ་ཆེ།）尊者座前出家为僧，岭·贡确杰贝罗哲（གླིང་དཀོན་མཆོག་དགྱེས་པའི་བློ་གྲོས།）座前受近圆戒。于觉干（གཅོད་ཀན།）的亲门弟子约格的侄子罗桑敦珠（བློ་བཟང་དོན་གྲུབ།）处聆听旧觉派（རྙིང་གཅོད།）教法；在赤钦索扎（ཁྲི་ཆེན་བསོད་གྲགས།）活佛座前聆听了嘉样贡波（འཇམ་དབྱངས་མགོན་པོ།）传承下来的断我执教法；在拉卜楞寺院一切知圣师徒处承受各种正法；一生圆满地念修时轮金刚等许多本尊。

火鸡（丁酉）年，嘉木样曾于佐格阿玛仓（མཛོད་དགེ་ཨ་མ་ཚང་།）处安置了一百匹马及两个牧马人。以后这两个牧马人各自成立了家业，发展成为夏哇南嘉（ཤར་བ་རྣམ་རྒྱལ།）、佳仓（རྒྱ་ཚང་།）、阿旺仙巴（ཨ་ཡོ་བྱམས་པ།）等约二十户人家，再加上从桑科和科采两部落来的二十户人家，全部委托给拉果（ལྷ་

སྐོད།）官人、贡采(མགོན་ཚེ།)、索南（བསོད་ནམས།）三者，使其在欧拉（དངུལ་རྭ།）地区放牧，以后形成了欧拉拉德部落。现在人户发展得更多。

※　　　※　　　※

依真实义者固始丹津法王的族姓，是众敬王的氏族。关于法王的族姓，众说不一，但是一些情况已经在青海蒙古左翼一章里已经讲述了。法王的儿子策楞伊勒都齐（ཚེ་རིང་ཨིལ་དུ་ཆི།）有两个儿子，一曰罕都（མཁའ་འགྲོ།），一日达尔济博硕克图（དར་རྒྱལ་བོ་ཤོག་ཐུ།）。前者的儿子名叫丹巴（བསྟན་པ།），他的后裔目前似在青海角昂扎萨克旗（མཚོ་སྔོན་ཇུ་ནང་ཛ་སག）里。达尔济博硕克图有三位福晋。大福晋与小福晋各有一个儿子，中间的这位福晋有三子，共五个儿子。这些情况，在《汉藏蒙族政教史》中有记载。也有罕都没有子嗣，达尔济博硕克图只有四个儿子的说法。我看到一部史书里有这样的记载：济农达尔济博硕克图迎娶了两位福晋。大福晋的儿子墨尔根诺颜丹津色布腾（མེ་རྒན་ནོ་ཡོན་བསྟན་འཛིན་ཚེ་བརྟན།）、载青和硕齐察罕丹津（ཏའི་ཆིང་ཧོ་ཤུས་ཆི་ཚེ་དབང་བསྟན་འཛིན།）、根特尔噶丹博肖图（ཁེན་ཐར་དགའ་ལྡན་པོ་ཤོག་ཐུ།）三人；小福晋的儿子巴布岱青（དཔལ་འབར་ཏའི་ཆིང་།）、察罕拉布丹（ཚེ་དབང་རབ་བརྟན།）二人，后者无子嗣。

墨尔根诺颜的儿子拉察布墨尔根岱青（ལྷ་སྐྱབས་མེ་རྒན་ཏའི་ཆིང་།）。他的儿子扎萨克察罕喇布坦（ཛ་སག་ཚེ་དབང་རབ་བརྟན།）、扎萨克旺舒克喇布坦（ཛ་སག་དབང་ཕྱུག་རབ་བརྟན།）、亲王丹津旺舒克（ཆིན་ཝང་བསྟན་འཛིན་དབང་ཕྱུག）等三人。扎萨克察罕喇布坦的儿子名叫多尔济色布腾（རྡོ་རྗེ་ཚེ་བརྟན།），他也没有子嗣。扎萨克旺舒克喇布坦有五个儿子：阿旺达尔济（ངག་དབང་དར་རྒྱས།）、罗卜藏丹增（བློ་བཟང་བསྟན་འཛིན།）、喜饶程列（ཤེས་རབ་འཕྲིན་ལས།）、衮噶桑格（ཀུན་དགའ་སེང་གེ）、赤钦嘉那巴（ཁྲི་ཆེན་རྒྱ་ནག་ངའི་སྤྲུལ་སྐུ།）活佛等。由于阿旺达尔济获得了王爵之后，被称为昏沉的扎萨克，因而将王位交给了罗卜藏丹增护理。由于他曾向皇上请求在蒙藏边界上掘一壕沟以分疆界，获得了扎萨克的职位，后来将爵位让给了弟弟，故称为程列扎萨克（འཕྲིན་ལས་ཛ་སག）。他的儿子有衮布多尔济扎萨克（མགོན་པོ་རྡོ་རྗེ་ཇ་སག）和群则桑波（ཆོས་མཛད་བཟང་པོ།）。前者的儿子是香洒活佛，称为拉嘉苏柔青（ར་རྒྱ་སུ་རུག་ཆེན།）。

根特尔的儿子名叫丹郡（བསྟན་སྐྱོང་།）[27]，没有子嗣，部落分给了两个扎萨克管辖。在格力噶（ཀུ་ལ་ག）的四佐领，也在他的旗内。

巴布岱青有三个儿子：爱力克岱青（ཨེར་ཁེ་དྷའི་ཆིང་།）、却图岱青（ཆོས་ཐུ་དྷའི་ཆིང་།）、堪布诺们汗（མཁན་པོ་ནོ་མིན་ཧན།）等。后者在其他的传记里有记载。长子无子嗣，第二子的儿子公达什那木扎勒（ཀུན་བཀྲ་ཤིས་ནམ་རྒྱལ།），在青海叛乱期间，在一位藏族福晋陪伴下逃至农业区，生了一个儿子，名叫隆本（ཀླུ་འབུམ།）。后来在蒙古地区与后一位福晋豆噶日（གདུགས་དཀར།）生了一个儿子名叫拉卜丹（རབ་བརྟན།）。他被接入府中继承了爵位，在巡视各地期间，被果洛的军队杀害。由隆贲继承了扎萨克爵位。他的后裔统领着五个佐领之地。东起一棵柳树，南至野驴湖，西至方形石山，北到克玛（ཁག་མ།）以内。他沿袭祖辈传统，向拉卜楞寺院继续供养五供祭和祈愿会。

附近叩曲河（ཁག་ཆུ།）流域，有科采拉德（ཁོ་ཚེ་ལྷ་སྡེ།）部落，它是猴年嘉木样怙主尊者向乌厄盖（ཨུ་ཀེ།）授予金刚鬘时作为布施奉献的牧户，连同哈拉西如（ཧ་ར་ཤི་རུག）地区的拉德部落，占了爱力克多多纳（ཨེར་ཁེ་ཧོ་ཧོ་ན།）地方的空地。对这个地区和拉卡（ལ་ཁ།）活佛奉献的甘加纳尔（ཀན་ཅུ་ནར།）两地，常派遣赤巴（ཁྲི་པ།）前去。从前赞莫纳（བཙན་མོ་སྣ།）地方的地祇凶残暴厉，下午时分，凡到此处的人畜，经常被它弄死，后来被噶妥寺的图多卜多杰（མཐུ་སྟོབས་རྡོ་རྗེ།）降伏了。据说曾点石化为金刚手菩萨石像，它可能是现在称为多卡梅建（རྡོ་ཁ་མིན་ཅན།）的地方。霍尔敏珠尔（ཧོར་སྨིན་གྲོལ།）也诞生在这里。在拉摩·罗桑格勒坚赞（ལ་མོ་བློ་བཟང་དགེ་ལེགས་རྒྱལ་མཚན།）时期，和垂巴尔扎萨克（ཆོས་དཔལ་ཇ་སག）不和睦，上面给尊者赐予扎萨克的爵位，以后历代都以政教合一的形式治理这块地方。

土尔扈特部的察罕喇布坦（ཚེ་དབང་རབ་བརྟན།），在雍正皇帝时，背叛清政府，被钦差大臣法办，将扎萨克的爵位，给予于同一族姓名叫达尔济

（དར་རྒྱས།）者承袭。他的儿子扎萨克·色布腾多尔杰（ཛ་སག་ཚེ་བརྟན་རྡོ་རྗེ།）没有子嗣，由叔叔雍沙布衮楚克（ཡོང་ཤ་བོ་དཀོན་མཆོག）承袭扎萨克爵位。他的儿子名叫扎萨克玛齐克策楞（ཛ་སག་མ་གཅིག་ཚེ་རིང་།）。玛齐克策楞的儿子名叫扎萨克索南木喇布坦（ཛ་སག་བསོད་ནམས་རབ་བརྟན།）。属下有两个佐领，现在驻牧在喇措云（ལྷ་མཚོའི་གཞུང་།），其地和从前蒙古人在此饮牛，牛群有所发展的地方哇朗达尔代（བ་ཡང་དར་ཏེ།）相近。圣·噶登嘉措所住地称为千佛神山的吉根（ཇི་གིན།）圣地和尊者对神湖（ལྷ་མཚོ།）圣地赞美的论述，都收录在尊者的道情歌中，特附记于此。

达尔济博硕图，原住在青海湖西边。尔时土默特火落赤（ཐུ་མེད་ཧོ་ལོ་ཆི།）部居住在黄河南岸的佐格朗杜（མཛོད་དགེ་སྒིང་འདུལ།），几位台吉以那里的一指厚肥膘的羊羔肉等设筵前来庆贺，并报告了那里牧场良好及部落不多的情况，便拔帐而起，率领部落占据了泽巴（ཙེ་འབབས།）地方。以后土默特部落解体，因之出现了"土默特部落解体时羊羔上膘"的谚语。土默特是蒙古喀尔喀部（ཁལ་ཁ།）一支，起初居住在青海湖边，却图汗（ཚོག་ཐུ།）来到湖边时，他们逃至丹科（འདམ་ཁོག）地区。有向圣师徒致敬的许多传说。火落赤（ཧོ་ལོ་ཆི།）一词，是官秩之名，但是在一些传记里将它写成科洛且（འཁོར་ལོ་ཆེ།）。还有叫作帕塔尔火落赤（ཕག་ཐར་ཧོ་ལོ་ཆི།）部的。在阿木去乎的卓曲河（གྲོག་ཆུ།）边，有帕塔尔水磨的遗址，可能就是他们的。我在五岁时，见过土默特火落赤后裔的一个人。现在人们在法会上念诵的"意希噶哇玛"（ཡི་ཤེས་བསྐལ་བ་མ།）腔调，就是土默特的腔调云。赤干仓（ཁྲི་ཀན་ཚང་།）未赴西藏以前，曾到该处村中做经忏师时，记得有几位老僧人操着这种腔调，当即记在心中，后在大会堂规定了这种腔调。此后拉摩仓（ལ་མོ་ཚང་།）逝世，举行追荐法事期间，尊者前去参加，听见几位拉摩寺僧人所操腔调与它稍有不同，他们不知道是什么腔调。让他们教授后，知道是拉摩寺腔调。两种腔调似是精通觉摩隆寺（སྒོར་མོ་ལུང་།）腔调的两个师傅分别传授的缘故。这种觉摩隆调就是一切知吉美旺波为时轮金刚院设计的腔调。

拉摩腔调是对比了尊者达杂（ཧྲ་ཧོ།）和相占荣秀（ཁྲིང་འདྲེན་རོང་ཕྱུག）两位的两种调子后产生的，曾教授给一些人。现在这两种腔调传承下来的很稀少，若有从事者应该继续发掘。土默特后裔除杜尔白特措培（དུར་བེད་ཚོགས་འཕེལ།）外，从未见过。土尔扈特部也有人说是土默特族姓，是否如此，无从知晓。阿果（ཛ་གོད།）活佛说，多杰台吉（རྡོ་རྗེ་ཐའི་ཇི།）是土默特火落赤的族姓云。

达尔济博硕克图统辖着卓尼以上的全部农业区和上下热贡（རེབ་གོང་སྟོད་སྨད།）、阿坝拉多（ཛ་བ་ར་མདོ།）、松潘（ཟུང་ཆུ།）以上的大片土地。他曾对众儿子之中，以福德、权势、显赫著称的载青和树[28]齐察罕丹津济农，或称为济农王（ཇོ་ནང་རྒྱལ་པོ།）被称为“鸟类之耳”者说：“我的这些凶狠的部落，若我第二个儿子以福德不能统治时，其他人就很难统治。”济农王把从前丹衷官人统辖的地区[29]和上下热贡、农业区十八个部落、阿坝拉多、迭部萨措（ཐེ་བོ་གཟའ་ཚང་།）等都作为他的部属。他有三位妃子，准噶尔福晋南木济多勒玛（ནམ་རྒྱལ་སྒྲོལ་མ།）的儿子惇多布旺扎勒（དོན་གྲུབ་དབང་རྒྱལ།），幼年夭折；过继了前面叙述的墨尔根岱青的儿子丹津旺舒克（བསྟན་འཛིན་དབང་ཕྱུག）为继子，与爱力克夏热（ཨེར་ཁེ་ཤ་ར།）福晋结合。他们生育的孩子男女五人。噶丹散珠（དཀའ་ལྡན་བསམ་གྲུབ།）和垂派勒台吉（ཆོས་འཕེལ་ཐའི་ཇི།）两人幼年夭折，小儿子多尔济帕兰木（རྡོ་རྗེ་ཕ་ལམ།）未出生前父亲逝世了，诞生后未成年，母亲又相继去世。皇上谕其舅父克维土更（ཁེ་བེ་ཐུ་ཀུན།）说：

“他的前辈祖先与众不同，委任其小儿子为亲王（ཆིང་ཝང་།），由你在其十八岁以前，教育其能处理事务。”

这位亲王，在庚寅年逝世，没有后嗣。前面叙述过的扎萨克旺舒克喇布坦（ཇ་སག་དབང་ཕྱུག་རབ་བརྟན།）的儿子纳罕达尔济（ངག་དབང་དར་རྒྱས།）被立为郡王（ཇུན་ཝང་།）。这些历代王公，都虔诚无比地敬信依怙尊圣师徒[30]和历代一切知嘉木样喇嘛以及安多、卫藏等地区的许多大喇嘛。曾向西藏的四大寺院、拉卜楞大寺、塔尔寺、夏琼寺等奉献过许多布施。用金银汁书写了《甘珠尔》大藏经数部，建立了佛像、佛经、佛塔无其数。维护西藏噶丹颇章宫的政教，为了国家和皇上的政务，对敌人的侵略曾多次出兵作战。他们维护西藏法王的事业的详情，备见于语自在达杂（ཧྲ་ཏོ།）喇嘛所著《汉蒙藏政教史》，此处不再冗叙。在这一阶段中，乌厄盖的摄理喇嘛、十三都拉官人（ཏུ་རལ་དཔོན་པོ།）、达尔汗官人、阿莽宰桑官人（དབལ་མང་ཇེ་སང་།）、喜饶宰桑（ཤེས་རབ་ཇེ་སང་།）和秘书阿卜奇（དྲུང་ཡིག་ཨ་བི་ཅི།）等都是对政教颇有建树的人物。

摄理喇嘛罗桑雅培（བློ་བཟང་ཡར་འཕེལ།），显密经教和诸明处的知识非常渊博，其生平事略，在达杂（ཧྲ་ཏོ།）尊者《广闻录》里有记载。他的著作有《纳塘译师读法疏》（སྣར་ཐང་ལོ་ཙ་བའི་བཀླག་ཐབས་ཀྱི་ཊཱི་ཀ།）、《语法三十颂和音势论注疏》。阿莽（དབལ་མང་།）官人阿旺嘉措（ངག་དབང་རྒྱ་མཚོ།）学识渊博，特别精通天文历算，著有不参照半曜分数等的《万年历五要素速算法》和《五曜疾行定数法》。这两者比基本运算比较正确，编有许多新表，已列入拙著《算余新移》（རྩིས་འཕྲོ་གསར་སྦྱོས།）之中。

爱力克夏热（ཨེར་ཁེ་ཤར།）福晋赴西藏期间，报告西藏地方政府按医生和秘书所说，从西藏人唯吉吉（བི་ཅི་ཅི།）处学习书法，现今拉卜楞寺的草书学风，就源于该处。

喜饶宰桑（ཤེས་རབ་ཇེ་སང་།）的零星著作有《蒲隆巴日月食实测记录笺注》等。大善知识卡加达杰巴（ཁ་ཀྱུའི་དར་རྒྱས་པ།）任医学院法台期间，曾赴蒙古地区募化布施，此人来到府门口，问道：

“喇嘛是谁？”

回答道：“是卡加达杰。”

次日，请其用茶，详细询问关于切脉方面的一些问题，对其答案很满意，立即在彼师附近居住，请求教授。并说道：

“对别人就不该这样，对我们拉卜楞寺院的僧徒很是应该。”

在彼师任医院法台期间的一切开支和修行供等施主，全由他一人承担。他天资聪明，行为高尚，作风正派。在达参（མདའ་ཚན།）地区的雅塘（ཡར་ཐང་།）修建了寺院，但没有长期居住。

纳罕王[31]临逝世时，没有将念诵古鲁僧底（གུ་རུ་སིདྡྷི།）一亿遍的念珠从颈上解下来，说："不要把它取下，这样则于火葬时，将会出现新旧两派的征兆。"照他所说办理之后，念珠没有被火烧焦，天灵盖骨上出现了佛陀自显像，小臂骨之上出现了独雄大威德自显像。他的儿子是达什仲鼐（བཀྲ་ཤིས་འབྱུང་གནས།）。达什仲鼐的儿子是达什旺扎勒（བཀྲ་ཤིས་དབང་རྒྱལ།）昆季三人，现在嗣子达什垂扎勒（བཀྲ་ཤིས་ཆོས་རྒྱལ།）继承前辈的宝座。对他们三者，皇上依次敕封为郡王和诏命大臣。他用金汁书写了《甘珠尔》大藏经，从拉加和卓尼迎请了两部《甘珠尔》大藏经，向第三世一切知遍照尊者请求了金刚鬘灌顶，在拉卜楞寺院多次举行祈愿法会，继承了历代前辈的事业。王达什仲鼐逝世之际，将他一直穿着的第三世嘉木样幼年时的坎肩，系着的贡塘·嘉贝样的腰带令人解下，派人邀请尊者。在尊者前来之际，由于拉卡仓（ལ་ཁ་ཚང་།）是一位高尚比丘，嘱其守灵，说完逝世。这位郡王智力明慧，德赤（སྡེ་ཁྲི།）活佛对其意见亦常依以为据。他的属民里，出现了德尔敦如代（གཏེར་སྟོན་རུ་སྡེ།）法师和周洛（འབྲུག་ལོ།）化身等一些转世系统。

乌厄盖扎仓密乘敏吉林寺（ཨུ་ཀེ་གྲྭ་ཚང་གསང་སྔགས་སྨིན་རྒྱས་གླིང་།）是达尔济博硕克图从西藏邀请达赖的代表巴索济仲贡确尼玛（པ་སོ་ཛེ་དྲུང་དཀོན་མཆོག་ཉི་མ།）为其修建的举行经忏的扎仓。由德塘堪布（བདེ་ཐང་མཁན་པོ།）罗桑仓扬（བློ་བཟང་ཚངས་དབྱངས།）、阿树曲杰（དཔལ་ཤུལ་ཆོས་རྗེ།）等依次住持该寺院，第一世嘉木样担任堪布之时赐予了寺名。赤干（ཁྲི་ཀན།）和德干（སྡེ་ཀན།）两位曾兼理拉卜楞寺和这座寺院。德赤活佛年迈后，果达·罗桑克乔（མགོ་ར་བློ་བཟང་མཁས་མཆོག）才三十余岁，被称为果达锡勒图（མགོ་ར་ཤེ་རེ་ཐུ།），继任堪布。他的后继者是密宗学院的阿阇黎·嘉样华旦（འཇམ་དབྱངས་དཔལ་ལྡན།）、阿莽·罗桑敦珠（དཔལ་མང་བློ་བཟང་དོན་གྲུབ།）。彼师按新建扎仓时的毡幕为模式，制作了四方形磋钦帐幕，建立夏季举行诵经的大法会，有时僧徒很多，经常多次轮流做经忏法事。一直延续到隆务墨尔根曲结·阿旺嘉措（ངག་དབང་རྒྱ་མཚོ།）、特木齐·罗桑敦珠（ཐར་མི་ཆི་བློ་བཟང་དོན་གྲུབ།）、朗·敦珠嘉措（སྒིང་དོན་གྲུབ་རྒྱ་མཚོ།）、恰格（ཆ་དགེ）活佛罗桑扎喜（བློ་བཟང་བཀྲ་ཤིས།）等之时。贝斯官人处理王府事务的时候，第二世嘉木样吉美旺波也担任过堪布，制定了名为《珍珠鬘》的寺规。郡王纳罕达尔济时期，尊者福田与施主之间和睦一致，常驻寺的僧徒有一百零八人，给每人每年布施松茶三十筐。划分三个班级修习《菩提道次第论》；建立沙弥、比丘等的学处；教授生起次第、圆满次第等讲辩闻听；实践修行供、大施食祭、施食修习，四大回遮等，并制定学习明处、委任法台、翁则喇嘛、格贵喇嘛、老师等的制度。委任了密宗学院卸任教长索南扎巴（བསོད་ནམས་གྲགས་པ།）为法台，多仁巴阿旺却珠（ངག་དབང་མཆོག་གྲུབ།）为翁则喇嘛。后依次由罗桑年扎（བློ་བཟང་སྙན་གྲགས།）、密宗学院卸任堪布罗桑金巴（བློ་བཟང་སྦྱིན་པ།）、华热·关却德钦（དཔལ་རི་དཀོན་མཆོག་བདེ་ཆེན།）等任法台，三十年来弘扬佛法，至为兴盛，出现了雍沙布苟察喇喇（ཡོང་ཤ་ནས་སྐྱ་ཚབ་བླ་མ།）、阿旺关却（ངག་དབང་དཀོན་མཆོག）、却拉官人喇嘛（ཆོག་ལ་དཔོན་པོའི་བླ་མ།）、嘉样扎喜（འཇམ་དབྱངས་བཀྲ་ཤིས།）、祁却达尔汗曲结（ཁྲི་མཆོག་དར་རྒྱན་ཆོས་རྗེ）、强佐喇嘛（ཕྱག་མཛོད་བླ་མ།）、祁却噶钦（ཁྲི་མཆོག་དཀའ་ཆེན།）、果察喇嘛（མགོ་ཚ་བླ་མ།）、托徐群则（ཐོག་ཤུལ་ཚོས་མཛད།）、阿莽喇嘛格勒（དཔལ་མང་བླ་མ་དགེ་ལེགས།）、喇嘛罗丹（བླ་མ་བློ་ལྡན།）、喇嘛群培（བླ་མ་ཚོས་འཕེལ།）、阿嘉（ཨ་ཀྱཱ）的侄子达尔汗噶居（དར་རྒྱན་དཀའ་བཅུ།）、依钦喇嘛罗丹（ག་ཡིས་ཆེན་བླ་མ་བློ་ལྡན།）、苏柔诺颜然绛巴（ཟོ་ཡོན་རབ་འབྱམས་པ།）等许多噶仁巴学者。还有却霍尔格根喇嘛（ཚོ་ཧོར་དགེ་རྒན་བླ་མ།）和扎喜华丹（བཀྲ་ཤིས་དཔལ་ལྡན།）等学识渊博学者被称为大拉让和王府的支柱。有一个时期，为了巩固扎仓的建筑，向嘉木样呈报需要建筑房屋，回答道：

“不需要修建，如果非修建不可时，则在曲玛尔河（ཆུ་དམར།）上游修建，该处地势最好。”

达汗噶居等尽力向王呈述若搬迁地址则不便前去的理由之后，仅在桑格托哇（སེང་གེ་ཐོད་པ།）地方，修建了墙垣，现在遗址尚存。

当济农王前半生住在巴（འབལ།）地区的克热卜（ཁེ་རེབ།）和拉扎（ལྷ་བཀྲ།）等地时，该地有叫作阿莽扎仓（དཔལ་མང་གྲྭ་ཚང་།）的寺院。阿莽是从阿树（དཔལ་ཤུལ།）氏族里分出来的，诞生了有薰习法力的阿南嘉勒喇嘛（ཨ་གནམ་རྒྱ་ལི་བླ་མ།）。他于前来途中遭果洛的强盗抢劫，由于行李中的法螺自鸣，便将被劫物资全部送回。这个包着黄铜的法螺目前保存在拉卜楞寺院的寝宫里。有一次，桑噶日（ཟངས་དཀར།）地方的商人前往康地区，遇到了强盗抢劫，大部分商人受伤返回了家乡，一个受了伤的商人因为朋友们没有发现而被遗留下来，到了一个村庄，遇到一位亲朋的妇女，暂时住在那里。家乡的人们认为此人已经死了，便邀请了嘉勒（རྒྱ་ལི།）喇嘛念诵迁转经。喇嘛没有赐予提识上升的吹气声，也没有收布施就走了。在当天念诵迁转经时，此人昏了过去，于醒来后说道：

“我感觉到了嘉勒喇嘛在呼唤我，鼻子里有焦烟味，似乎家乡人们将我列入死者之内了。”

其人说完后，赶快起身回家乡去了。又彼师部属初到这里住在拉扎滩时，强盗们抢去了马匹。他拉着护法画像上的哈达说道：

“你有灵验而存在时，就将强盗头子抛在灰堆上！”

说罢，立刻出现了马驮着强盗头子掷于村边灰堆上的情景。如此等等的成就征兆很多。他的侄子仁钦嘉措（རིན་ཆེན་རྒྱ་མཚོ།）是西藏噶丹寺的格西，曾任噶居和康村的老师。修建了名叫夺拉拉玉玛（དོག་ར་ར་ཡུས་མ།）的公房。第五世达赖喇嘛向康村发了执照。回到家乡任济农王的特木齐和拉卜楞寺院还住毡幕期间的格贵。在隆噶尔（ལུང་དཀར།）与扎喜噶日合（བཀྲ་ཤིས་སྐྲ་རགས།）之间修静修庵居住，以后被称为阿树老僧的禅室。后来在蒙古地区修持，享高龄而逝世。其叔侄们被尊为乌厄盖（ཨུ་རྒེ།）的应供喇嘛，由于住处相距太远，遵循济农王和福晋之命将部落迁至巴云滩（འབལ་གཞུང་།），后来赐予了革玛尔（གད་དམར།）的地方。南木措（གནམ་མཚོ།）、苏柔（སོག་རུ།）等部也搬迁来与阿莽一同居住。由于阿莽、纳木措、苏柔、曲却、雍沙布、下革玛尔的果察、罗桑金巴仓的属民、阿柔医生等部都有扎仓的部属，到了哈屯王（ཧ་ཐོན་ཡང་།）时期，在上述基础上，集中了所有的扎仓，加上巴日嘉果（སྤ་རིའི་རྒྱ་སྒོ།）以上的地方，委任程列达尔济（འཕྲིན་ལས་དར་རྒྱས།）为居本（བཅུ་དཔོན།）[32]。苏柔诺颜然绛巴（སོག་རུ་ནོ་ཡོན་རབ་འབྱམས་པ།）和阿莽官人华丹（དཔལ་ལྡན།）两人由于是美德齐（མེ་དེ་ཆི།），虽奉献了一个扎仓，仍承担拉卜楞寺院祈愿法会事务。哈屯王以后，又各自分开，回到原来的部属中去了。昂索部落、阿嘉伍察四部（ཨ་ཀྱ་དུ་ཚའི་ཚོ་བཞི།）、甘加仓（ཀན་ཀྱ་ཚང་།）、旺洛仓（དབང་ལོ་ཚང་།）、厄藏堪布仓部落（ཨུས་ཙང་མཁན་པོ་ཚང་གི་སྐོར།）、华却仓（དཔལ་མཆོག་ཚང་།）、夏吾乃尔格隆仓（ཤ་བྲ་ནར་དགེ་སློང་ཚང་།）、库唯宰桑喇嘛（ཁུ་བེད་ཇེ་སང་བླ་མ།）、库唯俄仁巴（ཁུ་བེད་སྔགས་རམས་པ།）等均有扎仓。后来又建立宁玛派扎仓和普哇（ཕུར་བ།）的跳神，所有的僧徒都被吸收到了那里。泽曲河（རྩེ་ཆུ།）以外的夏吾玉赤塘（ཤ་བོའི་བཞུགས་ཁྲིའི་ཐང་།）则由王的乌厄盖管辖。

从前纳罕达尔济王邀请了罗丹（བློ་ལྡན།）巫师前去降神。他说道：

“梵天降神说：在多麦这个地区由嘉布五天王[33]轮流护理。现在是我治理的时期，当然没有问题；但此后之十三年开始时，将由乃琼（གནས་ཆུང་།）治理。到那个时期，由于你们被罪恶的伙伴煽惑，与根本上师将有遮遣趋入，这是乃琼从中作梗之故”。

由这年计算，此后之第十三年，正是惹程喜饶王（རབ་འཕྲིན་ཤེས་རབ་ཡང་།）之时，也是依怙尊正在授予金刚鬘灌顶之际，他向尊者说了“寻找皈依处”的话，以致法缘被分离，虽然给他给了很大的面子，但却被他自己搞糟了。罗丹被罚牛马二百匹，羊三百只，从佐领之列开除出去，遂与誓愿发生遮遣。这时巫师罗丹虽然身有疾病，但派十三都拉官人（བཅུ་གསུམ་དུ་རལ་དཔོན་པོ།）让其上道。巫师请求说：

“您有何事情要问，一定给予回答，请让后代们从事降神。”

但是，无论怎样请求，回答是：

“这个神体和我两者，过去关系甚为密切，信仰虔诚而自性坚定，乃是由于尊者有指示而那样降神的，今后不会再这样了。”巫师请求说：

“虽然神脱离了我的身体，现在我的身体病也成这样，恐不见好。但请对王府说，请其不要下达这种差役！几年之后，部落将离散。那时，去看吉根贡扎岩山！从那石山的那面，若不回过头转向这边居住时，请割掉我的耳朵！”

然而，由于各种因缘，苏柔部落离散，寺院也衰败下来了。

这位巫师是果达锡勒图（མགོ་ཏ་ཤི་རི་ཐུ།）的神属之一。有一天，给他赐了一个银盘，说道：

“你在这盘子之内，放上一些施食，向哲蚌寺护法作回向，以后我也要把这些部属付托于他。”

有一次，他于朦胧中仿佛感到被一位骑着白马的白衣人抓住臀部带到太空中，指示了许多地方。他向下观望时，看到一处很深而长的峡谷之中，大火熊熊燃烧。问：

“这是哪里？”

“是地狱。”

他有点害怕。

“我乃玛沁山神，我和乃琼两人过去和你关系密切，业缘很深。若勤奋地以施食回向，则这一生一世护佑你，也不让你后世到那伙的那边去。”

由于将《笃实祝愿颂》（རྣམ་དག་སྨོན་ལམ་མ།）和《自在成就经》（གྲུབ་པའི་དབང་ཕྱུག་མ།）各念诵了十万次，梵天与玛沁山神附于他身上。遵循玛沁山神的授记，念诵《般若波罗蜜多心经》十万次。圆梦和卜卦都很灵异，一切知圣师徒也以他所说为依据。尔时，还有叫作曲却（ཁྲུ་མཆོག）的巫师，护法神直接降附于他身上，当神降临之时，做出两手相互拍掌的姿势，大家清楚地听到犹如鼓风皮囊中发出的嗡嗡声，特附记于此。

火鸡（丁酉）年达什仲鼐王想修建扎仓，我曾看到与达杂（ཧྭ་ཛོ།）尊者商议后回答的信函。他们的愿望后代人们应该努力加以实现。一直到当今，去乌厄盖做应供上师者继续不断，各个时期的施食修持也保持经常，成为规矩，奉行不衰。

莲花生大师敕言指定的泽堆山（ཙེ་འདུས།），一切知嘉木样占算决定要新建寺院的圣地夏吾日泽（ཤ་བོ་རི་ཙེ།）峰等七泽（峰）八宁（藏）以及巴地区的十三高山，都是护佑光明方面的圣地。《噶当书》授记的伊泽（གཞི་ཙེ།）圣地就是巴云滩这个地方。此地东面有羊头鄂博，南面佐格之阳山环水绕，西边多拉山有拉钦（ལྷ་ཆེན།）巨像，北方是历神山杂玛尔（ཛ་དམར།），在此中间是王的领地。地大物博，富饶非常，真乃稀奇之宝地。在泽多（ཙེ་མདོ།）地区，有第一世嘉木样长期居住的地方，命名为扎喜曲宗（བཀྲ་ཤིས་ཆོས་རྫོང་།）。尊者修持的圣像被称为泽云弥勒（ཙེ་གཞུང་བྱམས་པ།），并有关于未来的授记，在尊者的有些著作中，在书末也常有“编于弥勒道场大乘正法内库”的话句。

※　　　　※　　　　※

由此约一日之路程的地方果司卜（ཀོ་སིབ།）之阴，有藏噶尔寺敦珠林（གཙང་སྐར་དོན་གྲུབ་གླིང་།），是藏（གཙང་།）活佛丹巴嘉措（བསྟན་པ་རྒྱ་མཚོ།）修建的。他的前一世诞生在后藏纳玛（ནགས་མ།）被称为藏格（གཙང་དགེ།）。彼师戒行严谨，勤奋修行，在拉摩护法中称为守舍者就是彼师。有些人称他为藏格然降巴（ཙང་དགེ་རབ་འབྱམས་པ།），曾在色拉寺长期学习。彼师转世的化身丹坚巴（བསྟན་རྒྱལ་པ།公元 1737—1780 年），丁巳年诞生，父亲是阿柔麻尔干（ཨ་སྐམ།）的人，叫阿米曲佳（ཨ་མྱེས་ཆོས་སྐྱབས།），母亲名叫噶热（དཀར་རིས།）。在隆务大寺（རོང་བོ་དགོན་ཆེན།）学习《释量论》时曾这样说过：“别忘了我们用《释量论》的第一、二品和大堪布更登嘉措（དགེ་འདུན་རྒྱ་མཚོ།）应试过，不要忘记这儿，将来你还有用它的时候。”

后来在色拉寺结扎仓求学期间，第六世班禅贝丹耶喜来到寺院，他与阿里（མངའ་རིས།）格西托麦（ཐོགས་མེད།）一同在集会之上就《释量论》进行磋朗（ཚོགས་གླེང་།）辩论。彼师的对手格西对于五部大论精通纯熟，因而以托麦[34]著称。是色拉寺、哲蚌寺、噶丹寺三大寺的格西们在教学与疑难方面请教的对象，然而这次彼师从经教和道理方面予以折服。

班禅非常高兴，开玩笑地说道：

“今天安多夏仲可把托麦给难住了。”

班禅问色拉寺结扎仓教长强巴摩兰木（བྱམས་པ་སྨོན་ལམ།）道：

“这位夏仲取得拉仁巴学位几年了？”

“他是新手。”

班禅又说道：

“像这样的人，就是在学习赤白显色的学级[35]也可以称得上拉仁巴。”

彼师在入经院的第五年，就获得了拉仁巴学位。强巴阿阇黎又说：

“有人说此人是赛仓（བསེ་ཚང་།）活佛的转世，可能是真的。他讲起经教来，会使人想起龙本学院的老金巴。”

那时，一切知吉美旺波正在西藏，彼师在尊者足下完全无缺地聆听所讲的许多经教。他多次徒步去普吾交（ཕུར་བུ་ལྕོག），听人们说在出世者公宅用五分钱买了一副胸椎骨作为五次午餐用时，可以积福德。他高兴地就这样去做。人们又说在多麦地区时，这位尊者与大堪布更登嘉措每年都要相会一次。有一次，堪布正准备朝拜拉卜楞寺，当马骡等已经驮上了驮子前往嘉木样住处时，听说“藏仓”[36]到来了，立即推迟了行程，在彼师座前解决了一些疑难问题，一直在彼师返回索村之际，于随从班第铺开的毡片之上，打开许多卷经函，增益了一些论断。

彼师于木鸡（乙酉）年，修建了这座寺院，开展了讲辩闻听活动。迎来和拉萨释尊像身量等高的卫地铸造的青铜释尊像为主要佛像，还陈设以圣·宗喀巴师徒及历代班禅全集为主的许多经籍。火猴（丙申）年，聆听了一切知尊者在密乘敏吉林寺授予的金刚鬘灌顶后，彼师也献上长寿永生经。土猪（己亥）年，修建了大经堂和寝宫等，请一切知尊者做了开光仪轨。同时，彼师又印刷了拉卜楞寺院版的《集类学》多部，分发于僧众。当听到一切知尊者说：“你的寺院虽然很好，但是供器较少”之后，又返回置办了一些供器，献了一连串布施。按一切知尊者的鼓励，撰写了《本生传》上部的注释和《释量论》注疏。此时，班禅大师在塔尔寺居住，于是晋见了班禅，请求了寺院的清规，奉献了以乌金碧玉镶嵌的曼遮为首的三十万两银的布施。班禅说：

“你应该赶快想法教化果洛。”

对其行止赞扬备至，于是声誉更加鹊起。又向达日玛巴杂（ཏྲ་ཆ་པ་ཛོ།）尊者请求讲授空行全部经典，据说一天晚上，授完迁转经返回寝室时，出现了空行的迎接，一直到闻听讲授圆满后不久，才逐渐消逝云。在班禅的传记里，也载有曾给藏活佛修建的勒夏林（ལེགས་བཤད་གླིང་།）寺院订立清规的情节，享年四十四岁，庚子年圆寂。从前曾向巫师罗丹询问过寺院的名称，回答是：“敦珠拉丹扎喜拉杰（དོན་གྲུབ་རབ་བརྟན་བཀྲ་ཤིས་རབ་རྒྱས།）……”询问寺院发展情况及护理事务时，回答“年是一年是鼠年……”，又询问寺院应委托于何人时，回答：

“对于东方善知识，衷心虔诚去祈祷。教义弘扬在东南，教派不同两教义，格西你会去摄服。”

对“东方”一说，有些怀疑，请求清楚地释疑时，回答道：

“东方虽多不是国王之宫殿，在东方至尊上师宫殿里，欢乐的吉祥之结向右旋。若把众生怙主大自在天之子、文殊名号至尊仁达巴作为根本上师供头顶，马羊年之际教义定弘扬，授记乃是万能绫罗结。”

由于有这一系列授记，乃再三地向一切知呈请给藏噶尔敦珠林寺院派来执事并请乌厄盖王等去寺院护理等。于铁牛（辛丑）年答允了请求。虽然有“玉莫勒珠”（གཞི་མོ་སྨས་དྲུག）地势较好，若把寺院移至该处，关于大经堂的修建费用由我负责的指示，但没有同意。委任密宗学院卸任教长贡却德钦巴（དཀོན་མཆོག་བདེ་ཆེན་པ།）为堪布，从政教两方面管理寺院。现在有十三个班级，按照色拉寺结扎仓的教程教学，从事经藏方面的讲辩闻听，密乘与时轮金刚院则实行显密结合。有祈愿、正理研讨、五供等法会均按大寺院的规则举行，法行不断向上增盛。

上面叙述的“教派不同”，乃指彼师再次转世时，发生了两种可疑的转世化身。遂向护法神请问，请其指示转生在雪域西藏的哪个区域？是哪个王侯的属民？距离远近如何？按其所说，将更登土丹雅培（དགེ་འདུན་ཐུབ་བསྟན་ཡར་འཕེལ།）即诞生为夏吾乃尔部落尼古·豆噶嘉卜（ཉི་གུ་གདུགས་དཀར་སྐྱབས།）的儿子，迎至寺院坐床。听说曾邀请一切知吉美旺波，献上以金汁书写的《诸经》为首的许多布施，但只是传说而已，在传记里没有记载。十岁时，彼师前赴西藏入色拉寺结扎仓求学，二十五岁时获得拉仁巴学位。彼师在家乡正着手开展事业时，不幸突然逝世。这正应了护法神授记里所讲的“白银宝镜，被锈所污，污锈与镜，很难分离”。这也与前述班禅的旨意相同。前面所说的另一个可疑的转世化身，乃系果洛姚达（ཡོལ་སྟག）地方娘嘉本（ཡོལ་སྟག་སྙིང་རྒྱལ་འབུམ།）的儿子索南群则（བསོད་ནམས་ཆོས་འཛིན།）。三十岁时，才迎入寺院坐床。当为前一次转世化身请求授记的末尾部分，有这样的句子：“智慧之教敕，真身只有一”等，又说：“浪玛（སྣང་མ།）避虎年，要从树梢弯”等。此处是说母亲是属牛的。若把上下文句子组织一下，寓意比较清晰。就是说姚达[37]，乃是对此师之授记。他开始在赞木塘（འཛམ་ཐང་།）修习觉囊教派，闭关九年，掌握了这一派的见解。去西藏卫地奉献了大量的布施，享年近六十岁。他的转世化身为罗桑曲扎嘉措（བློ་བཟང་ཆོས་གྲགས་རྒྱ་མཚོ།），铁鼠（庚子）年诞生在果洛的旺达（དབང་མདའ།），在第三世嘉木样座前出家为僧，十一岁，进入本寺院修习会传经法。学习了《正义精要》、《注释浅释》（འགྲེལ་ཆུང་དོན་གསལ།）、《菩提道次第略论》（ལམ་རིམ་ཆུང་ངུ།）及教程中的《般若概述》等。十七岁赴西藏卫地，二十五岁在红眼格西（མིག་དམར་དགེ་བཤེས།）座前受近圆戒，聆听了各种经典。

藏哇尔麻（གཙང་བར་མ།）活佛是青海阿里克百户华本嘉（དཔལ་འབུམ་རྒྱལ།）的儿子罗桑丹巴坚赞（བློ་བཟང་བསྟན་པ་རྒྱལ་མཚན།）。他的后一世诞生在阿里克（ཨ་རིག）纳仓（ནགས་ཚང་།），目前尚在。

第一世噶高日（ཀ་གོར།）丹增嘉（བསྟན་འཛིན་ཆོས་རྒྱལ།），据说生于吉然哈西哈（ཧི་རན་ཏ་ཤི་ཏ།），即称为六十哈西哈之一的格杨哈西哈（གི་ཡང་ཏ་ཤི་ཏ།）氏族，系隆贲扎萨克（ཀླུ་འབུམ་ཇ་སག）的属民巴那亥噶高（ཟླ་ནག་ཀ་གོར།）部落。由于诞生了他，似被命名为噶果日仓（ཀ་གོར་ཚང་།）。也有人说被讹转为戛果日（སྒར་སྐོར།）云。现在，巴那亥部落仍然作为彼师的娘家和主人。与藏巴班智达为兄弟的是罗桑丹增嘉措（བློ་བཟང་བསྟན་འཛིན་རྒྱ་མཚོ།）。在彼之前，已经传承了三代。这一代赴西藏卫地求学，据说由藏格·扎喜敦珠（གཙང་དགེ་བཀྲ་ཤིས་དོན་གྲུབ།）做施主，班智达和他两人修建了这座寺院，享高寿逝世。他的转世化身罗桑年智嘉措（བློ་བཟང་སྙན་གྲགས་རྒྱ་མཚོ།），木猴（甲申）年出生在土尔扈特（ཐོར་གོད།）地方，在赛康巴阿阇黎座前受近圆戒，在本寺求学，精通诸明处。拜红眼格西喇嘛为师，学习了许多教法，写有一些著作。

康拉卡（ཁམས་ལ་ཁ།）大成就者，是巴索济仲（བ་སོ་རྗེ་དྲུང་།）的兄长，在达尔济博硕克图时期，他两人赴蒙古地区。他的后一世为达赖呼图克图阿旺克宗年智（དཱ་ལི་ཧུ་ཐོག་ཐུ་ངག་དབང་མཁས་བཙུན་སྙན་གྲགས།），彼师在党日（དུང་ས་རི།）山修建了鄂博。此时蒙古很富裕，埋藏了七个元宝作为伏藏，并撰写了煨桑祝文。在贵德（ཁྲི་ཀ）多措湖（རྡོ་མཚོ།）烧施护摩，在大火熊熊燃起之后，进入火堆之中，只闻铃声不见其人，护摩仪式一毕，立刻从火海出来，从此以后，多措湖便干涸了。

彼师转世的化身年智嘉措（སྙན་གྲགས་རྒྱ་མཚོ།），出生在甘加（ཀན་ཀྱ།），诞生后与部落全部赴苏呼（སོག་པོ།）[38] 地区，称为甘加纳尔（ཀན་ཀྱ་ནར།）。延请赤钦贡塘仓在智噶尔（ཟབ་དཀར།）修建了密宗院。对这座密宗院和瓜什则寺两寺照顾备至，贡献甚大。建立金汁书写的《甘珠尔》大藏经。藏·班智达曾在这寺院新建的时候来过这里，并说：“大经堂小了一些。”随即由尊者他做了顺缘，进行扩建。由于贵德多措湖又复漏溢，邀请彼师前去。他说：

“我不会像我们的前一世那样，跃入火中。但可以进行浇祭护摩的经忏法事。”

当天晚上，把施食掷入湖中，驱使多措湖离开这个地区。送行的礼物等出现在贵德下面的一个地方，那儿便成为疾病灾荒日常侵袭的地区云。后于圆寂之际，对甘加纳尔的群众说道：

“你们还是回到藏族地区，较为妥善。”

邀请一切知怙主尊者到来，把部落献于尊者，要求“世世……”，当说到“世世”之后，没有说出“护佑”一词，便把手指挽成结子。逝世后，这部分甘加部落便迁到科采（ཁེ་ཚོ།）地区。

他转世的化身格登图多嘉措（དགེ་འདུན་མཐུ་སྟོབས་རྒྱ་མཚོ།），在叶什郡格登达扎座前出家，进拉卜楞寺院的经院学习。遵循藏（ཙང་།）活佛的转世化身索南群则（བསོད་ནམས་ཚོགས་མཛད།）的意图，在这寺修建了寝室长期定居。修建八十根大柱的大经堂。他转世的化身于前一世化身罗桑索南嘉措（བློ་བཟང་བསོད་ནམས་རྒྱ་མཚོ།），生于前一世出生地乃古仓（ཉི་གུ་ཚང་།），在第三世嘉木样座前出家，正在求学，成绩优异。他们三人都是大拉让。

前一世拉卡赛赤（ལ་ཁ་གསེར་ཁྲི།），是称为甘加诅咒师豆然巴（དུག་རམས་པ།）的侄子，水马（壬午）年诞生，在隆务大寺经院里学习《集类学》。由于部落去苏呼地区，他也一同前去。彼师被认为是圣·阿旺丹巴坚赞（རྗེ་ངག་དབང་བསྟན་པ་རྒྱལ་མཚན།）转世的候选人之一，大家都很尊敬，事业也有所昌盛发达。曾请求其撰述对尊者的祈祷词，他写道：

“大轮、集密之心乃本性身，无阻慈悲吉祥与双运道，顶礼具体现显狃习者——殊胜圣哲大众等足下。”

一时推崇备至。德赤仁波切在乌厄盖圆寂，火化时，天灵盖上显现了“吽”（ཧྃ）字，据说保存在彼师之手中云。他转世的化身，诞生在土尔扈特的土默特部，现居于寺中云。

红眼格西嘉样敦珠巴（འཇམ་དབྱངས་དོན་གྲུབ་པ།），是噶丹寺格西，后来在这里教学，讲授了许多教法，现这寺有他的拉让，据说噶高尔活佛撰有传记云。

另外，参果仓（མཚམས་སྒོར་ཚང་།）、戛尔哇堪布（སྒར་བའི་མཁན་པོ།）、阿树堪布（དཔལ་ཤུལ་མཁན་པོ།）、大小吉（སྐྱི་ཆེ་ཆུང་།）、大小日杰（རི་བྲིས་ཆེ་ཆུང་།）、麻尔康活佛、关木塔仓（སྒོམ་ཐང་ཚང་།）、藏·格西（གཙང་དགེ་བཤེས།）、聂仓（རྙེ་ཚང་།）、应欧合俄然巴（ཡི་ངོགས་སྔགས་རམས་པ།）、扎约仓（སྦྲ་ཡོད་ཚང་།）、阿柔赤巴（ཨ་རིག་ཁྲི་པ།）、卓仓活佛（སྒྲོ་ཚང་སྤྲུལ་སྐུ།）等都有转世传承及戛尔瓦。拉卜楞寺院往昔的僧源嘉木样阿孜（འཇམ་དབྱངས་ཨ་རྫེས།）、嘉木样饶巴（འཇམ་དབྱངས་རག་པ།）、嘉木样卡且（འཇམ་དབྱངས་ཁ་ཆེ།）等三者是著名的藏戛尔（གཙང་སྒར།）的三位嘉木样。诞生在扎萨克（佳斯）巴那亥（ཇ་སག་སྦ་ནག）的饶佳孜依仓（རོག་གྱུའི་བརྩེ་བཞག་ཚང་།）、阿旺钦惹卜（ངག་དབང་མཁྱེན་རབ།）和他的叔叔嘉木样，都是名实相符的格西，后者可能是藏噶尔的三位嘉木样之一。

寺院的供养豁卡有鲁哇佳本（ཀླུ་བ་རྒྱལ་འབུམ།）等黄河南岸的阿柔（ཨ་རིག）部落。

※　　　※　　　※

距此不到一日路程，便是穹贡山（ཁྱུང་མགོན།）前的拉加寺吉祥永安洲（ར་རྒྱ་དགོན་བཀྲ་ཤིས་ཀུན་བདེ་གླིང་།），或叫讲习慈氏洲（བཤད་སྒྲུབ་བྱམས་པ་གླིང་།），以后被称为噶丹扎喜迥乃（དགའ་ལྡན་བཀྲ་ཤིས་འབྱུང་གནས།）。它是阿柔格西·坚赞奥赛瓦（རྒྱལ་མཚན་འོད་ཟེར་བ།）修建的，彼师也叫贤巴格勒坚赞（བྱམས་པ་དགེ་ལེགས་རྒྱལ་མཚན།）。第十二胜生火马年（公元1726年，清雍正四年，丙午）出生在阿柔的且卜（ཆིབ།）地区，父名玛且·帕巴嘉（མ་ཆི་འཕགས་པ་སྐྱབས།），母名阿吉桑保交吉（ཨ་སྐྱིད་བཟང་པོ་ཅོག་སྐྱིད།）。自幼生性善良，聪明颖悟。嘉黎（རྒྱ་ལི།）活佛罗桑丹达尔（བློ་བཟང་བསྟན་དར།）从其父母处领来抚育。十七岁遣往卫地，在色拉寺结扎仓求学十三年，能背诵《疏要庄严论》、《俱舍论疏显扬解脱道》（མཛོད་ཊཱི་ཀ་ཐར་ལམ་གསལ་བྱེད།）、吉尊巴的般若概论（རྗེ་བཙུན་པའི་སྤྱི་ཐལ།）等经典。在拉仁巴考试的立宗第一天，隆本经院格西罗桑达杰（བློ་བཟང་དར་རྒྱས།）站起来提出辩论题。彼师说，按数论师[39]的说法，阿柔山谷中不生草。虽可以承允，但是，这只是咬文嚼字，无甚意思，不过是从婆罗门的遮断方法出发的因缘的中止处而已。对此特提出了评论。第二天，佳桑格（རྒྱ་སེང་གེ）等许多对俱舍、戒律方面有研究的年轻的格西们站起来展开了辩论，就《俱舍论》入手，内部虽然发生了一些矛盾，但由于都是有名的勤奋学者，没有失败，考试取得了第一。在下密院学习了密乘。于普吾觉地方住了六年，一直在阿旺强巴（ངག་དབང་བྱམས་པ།）尊者足下，聆听甚深妙法，参禅修持之余，又学习了圣·宗喀巴著的《菩提道次第论》和《密宗道次第论》，一直诵习至圆寂时，嘉赛也担任授了近圆戒时羯磨师，曾任了六年的摄政喇嘛。向阿旺曲扎（ངག་དབང་ཆོས་གྲགས།）经师献了《甘珠尔》大藏经的教敕等许多教授。向喇嘛的主尊——班禅处聆听时轮金刚灌顶时，提出献上身、语、意及享用等的誓言，后来又奉献了寺院，可能在这位圣者之前还受了近圆戒。与第七世达赖喇嘛噶桑嘉措结了法缘；以对佛陀的真正意念谒见了赤阿旺却丹（ཁྲི་ངག་དབང་ཆོས་ལྡན།）；在章嘉饶悲多吉座前聆听了许多教法，当授灌顶时，仅在许多格西大众们接受灌顶之际，担任解释音义者，其他三分之二的时间，只心心相印外，不大显露，被章嘉誉为具有真正佛陀之想。遵照班禅仁波切指示“回家乡修建寺院”的鼓励，返回多麦，临行之际，隆多喇嘛来到果勒昂（སྐོ་ལའི་ནང་།）互相握手祝愿。土牛年（公元1769年，清乾隆三十四年，己丑）尊者四十四岁，在拉加吉祥域修建了这所寺院。在《祖师问道语录》第二十六品里有这样的话：“拉（ར）字系出离微尘意”，“加（རྒྱ）字是智慧之河面前流”，点出了圣地之名；“四面高耸四无量”，这是点出北面红岩高耸壁立，面向四方，说明对圣地详细伺察之法；“我就像举起空行之胜幢”，“放射十善正法之光辉”[40]，明显地点出修建者的名字。如此等等可以对照之词非常之多，以限于篇幅，仅摘录了这些。寺院献给班禅以后，赐以额尔德尼墨尔根堪布的职衔。按班禅指示，创建法相学院，依色拉寺结扎仓的规章，建立讲辩闻听制度。委任拉卜楞寺院的格西、赤干（ཁྲི་ཀན།）僧源的应欧合（ཡི་ཇོགས།）喇嘛更桑（ཀུན་བཟང་།）为堪布，让其教授全部教程。负责宣讲与考试。几年来地祇为害，由东车卡纳合（སྣང་ཆེའི་མཁར་ནག）的本教徒予以禳解，制伏了地祇。开始有僧人四百余名，后因阿柔部落及蒙古的部落离散，僧徒只剩近百名。尊者乃赴牧业区募化，将得到的酪糕驮回寺院，平分给僧众，发放茶叶、酥油和青稞口粮，将募化来的毛毡和布匹，按照僧徒的身量一一分配，让做毡坎肩，所有披单、禅裙、帽子等，甚至针线之类，也由尊者供应。对于外出的僧人指示道：

“要穿着我缝给的服装外出，须要安分守己。”又说道：

“比这样生活舒适一些，我也能办到。但是，作为僧人，过于享受时，则将产生其他许多想法，只要合适就可以了，要像俗谚所讲的‘对于雇工不要使其肥胖，也不要使其瘦弱’的那样，由我来抚养。”

“法相学科，乃需要由多人辩论的学科，学习辩论，当然有困难。要对圣·宗喀巴的教义，潜心钻研，求其能熏习，要抓紧反复背诵，以求精通！”

由于尊者的督促，阿柔桑热（ཨ་རིག་གསུང་རབ།）说：一年之内能背诵《疏要庄严论》者达二十五人。其他能背诵《正义精要》、吉尊巴的《般若》教程等者也有多人云。

彼师修建了许多佛殿、佛经、佛像、佛塔等，主持该寺达二十四年之久。水鼠（壬子）岁，将寺院交付于香洒活佛，尊者以遁世者身份云游多麦地区的大部分静修圣地。当阿坝扎巴任甘都寺法台时，前去该处看见那些红山谷后，说道：

“按这个地方的地势和生物分布情况来看，似乎是死于饿鬼的猴鬼的后裔!”

“上下的蒙古人喜欢玩耍，故作为王侯。隆布、热贡对降生者喜欢，但不是王侯。”

“对于阿坝阿柔兰巴（ཨ་རིག་སྨིན་པ།[41]）曾说，似乎是由畜生道转生者。”

如此等等的许多评论流传较多。在黄额多（ཧང་རི་མདོ།）[42] 的阿柔曲什安河（ཆུ་རྫོན།）口，有一处野柳丛生的地方叫佐摩斡（ཙ་མོ་ཇོ།），曾长时住在那里。给每一棵树木都挂上了哈达。问其原因，回答说：

“它与众不同，每个根部都有贤劫时期的每个佛的发心，其数说不清。”

曾在阿柔肖玛（ཨ་རིག་ཞོ་མ།）岩洞居住过，还在称为声闻入灭定（འགོག་སྙོམས་པ།）居住过的圣地——神庙谷的山洞和东科城（སྟོང་འཁོར་མཁར།）两处，于冬夏之际轮流居住，也由此处一再向寺院寄送氆氇、僧帽等布施。不论收入多少金银，都向卫藏寄去作为布施之用，并常向圣师徒寄献礼物，剩余部分全用于书写经函和绘制画像。常说：“这是写经者阿木却赛息（ཨ་མཆོད་གསེར་ཞག）的主张”云。为了断绝巴那亥三部牧民惯于盗窃的习俗，曾向夏日活佛[43] 作过建议。凡得到零星小钱一一用细绳子串起来储存，先后以此救济乞丐五六百人，又收回细绳子再继续储蓄。为了整顿寺规等，被邀请至寺院居住了一个冬季，指出如果没有香洒阿阇黎参与辩论，口宣手示，就不会有法相学院的名称，并提出：

“请考虑！如果不慎重考虑，鲁莽地喊出‘苟’声，这就是一个过失，拍巴掌又是一个，讥笑也是一个[44]，会生出如此过失。”对多次违犯纪律者讲道：

“我在这儿修建寺院，乃希望僧众们安分守己，读书诵经。你们作生意追求利润，储积钱财，这会对勤奋修持的上流僧徒声名有害。从今天起，愿你平安!”

教诲后，给每人布施了一块糌粑逐出寺院。

当请求把寺院付托于加咱部落的察洛（རྒྱ་ཟའི་ཚག་སོ།）和汪什代克部落的如洛（བོང་སྟག་རྩ་སོ།）时，回答道：

“不要这样说，圣教只有护法来保护，哪会有强盗头子保护的说法！”

再三请求之后，乃叫他们来用茶和酪糕招待之后讲道：

“我们之间名称相同。我们是善知识，你们是非善知识。现今非善知识者的势力强大，据说需要把寺院交付给你们！我的零星金银只想用于正法和给佛像涂金，这儿各有一两；我还有几匹马让你们挑选，各取一匹。我经常考虑的是经忏和尚一昼夜之事，希望今后再不要械斗盗窃，若有械斗盗窃者要规劝。”

说完就把寺院交付于他们。有授记道：

“阿柔部落众多。在阿柔曲参、拉加黄河两岸的卓日、且卜等地，东方玛沁神山之右侧，犹如野牛犊拥绕母牛的阿柔部落等，若前进在碧湖的岩山，最为最佳妙！”

并做了到“贡波敦（མགོན་པོ་གདོང།）去为佳”的布置。七十八岁时，去郭密当加（སྣོ་མི་དིང་ཀྱ།）静修院附近的谷脑，说道：

“为了寻找死所，找到这地方来了。从这儿可以见到玛沁雪山，要把头朝向它而死去。”

“《玛沁庄严颂》中说，卡尔多石版是印菩提道的资粮田，因此，玛沁神山等可以作为迁转的国土”。

“它当初发心的遍照一切导师，似是本教的祖师辛饶。”

以香洒阿阇黎为首的许多僧徒前来，祈求长住回答道：

“我没有权力，如果有权力也无法维持这个血肉之躯。假若自己有权选择时，倒愿意去上界神国嬉戏居住。”

请求回到自己的寺院和需要转世化身时，回答道：

“色拉寺的喇嘛死在内地[45]，因没有自由，不再转世；如果有自由，更是不再转世，不会再来到这个动乱世间。我对于《菩提道次第广论》

和《密宗道次第广论》就是狗在后面追逐，也不会从口中乱诵，这是我的功德。若遇到能流利地背诵《菩提道次第广论》的小孩子时，你们把他赎回来。”

就在这一年的九月初二日圆寂。吩咐将遗体埋葬在上面的断岩上。僧众们没有敢这样做，用药泥涂于遗体之上，塑造了尊者像，供在那个圣地之上。

当佑宁寺对汉人发生仇恨时[46]，曾向地主神问卜，指出：“若激发拉摩护法神，会使对手发疯。”

这些人们抱着七日之间能否有何征兆的希求，于几个七天之中，连续激发拉摩护法，仍然不见显灵。请求尊者指示。尊者讲道：

“你们才是表现了发疯特征！我们说，我们的护法是具誓法王（དམ་ཅན་ཆོས་རྒྱལ།），是吉祥天母。我们又说，我们的国王是皇帝。这两者之间有什么区别呢？若以我遵守的戒律和修持闻思的情况来看，那么，任何神鬼犹如汉人的通事，等于我们给他行点贿赂，催促他们将我的所有事情呈报皇上！这两种激发，又有什么区别？”

又有一个施主为狼叼羊之事请求卜卦。问道：

“你有多少只羊？”

“有这么一些羊。”

“有那么多羊只，可以全部卖掉，毫不痛惜地捐献给西藏卫地的大小寺院和多麦地区的所有寺院，剩下的你还可以用来糊口。”

了解到这是在开玩笑。说：

“你说得对。”尊者接着指出：

“你拿着让狼扑来的东西，狼当然会扑上前来。”

“从前沙弥、比丘一定要离开家庭，严守三戒，所以称为‘出家’。现在的僧人接受三戒之后，反过来又主持俗家的一切事务，这哪能算出家呢？若果需要给起一个名字时，那是‘鬼混’！”

从这些与众不同的神奇说法，可以领会其意义和作用。兹将听闻到的附记如上。

尊者对蒙藏大小喇嘛和官人，塔尔寺等以北，拉摩德钦（ལ་མོ་བདེ་ཆེན།）寺院等以南的许多寺院、静修院等都予以传经、灌顶、沛降法雨。出现了章嘉仁波切、察罕诺们汗、赞波诺们汗、东科诺们汗等许多弟子、大士夫和贤哲。另外在尊者的遗嘱里说道：

“有七十秤白银，用它建造释尊像，送给色拉寺；你们自己用七十秤白银，建造释尊像，供养在拉加寺。”

弟子香洒阿阇黎领会到是转世的征兆，在阿柔惹唯仓（རབ་ཞེ་ཚང་།）诞生了与再转世的察罕诺们汗是昆季的罗藏丹增群培（བློ་བཟང་བསྟན་འཛིན་ཆོས་འཕེལ།）迎来坐床。以后住在阿柔帐房寺院。

尊者的继承者香洒[47]活佛罗桑达杰（བློ་བཟང་དར་རྒྱས།），于第十三胜生土兔年（公元1759年，清乾隆二十四年，己卯），诞生在阿柔地方。父名关秀谢多嘉卜（མགོན་ཞུལ་ཕྱུག་རྡོར་སྐྱབས།），母名阿柔萨采旺吉（ཨ་རིག་བཟའ་ཚེ་དབང་སྐྱིད།）。八岁时，在藏哇·罗桑曲培（གཙང་བ་བློ་བཟང་ཆོས་འཕེལ།）座前出家为僧，十岁时，谒见了大格西，[48]确认为是香洒大禅师的化身。前一世出生在持律者阿柔竹向索巴（རྒྱ་ཤིང་བཟོ་བ།）的家里，由于读音讹传之故，称为香洒。十三岁坐床，暂在本寺院经院修习。因对《因理论》和《悟慧论》不易了解，乃修持红妙音天女（དབྱངས་ཅན་མ་དམར་པོ།），即有所长进。十七岁时，遵循格西指示前赴西藏，进色拉寺结扎仓拜夏扎额珠（བྱ་བྲལ་དངོས་གྲུབ།）为师。十三年之中，掌握了一千余页的教程，参加了磋钦会考，聆听了班禅给第八世达赖喇嘛强白嘉措讲授的《菩提道次第广论》的教敕。从此以后，逐渐获得研究经典的门路，据认为这是喇嘛的慈悲所致云。比丘戒也由班禅授予，被赐予大家公认的样坚杰白洛哲（དབྱངས་ཅན་དགྱེས་པའི་བློ་གྲོས།）的名字。曾在意希坚赞（ཡེ་ཤེས་རྒྱལ་མཚན།）经师、隆多喇嘛（ཀློང་རྡོལ་བླ་མ།）、嘉赛·噶桑（རྒྱལ་སྲས་སྐལ་བཟང་།）、热喇活佛（ར་ལ་སྤྲུལ་སྐུ།）、吉拉·阿旺程列（ཕྱུགས་ར་

ངག་དབང་འཕྲིན་ལས།）等尊者座前聆听了许多正法，获得了第一名拉仁巴的学位。在下密院学习四年，立怛特罗宗并任格贵。在奥托（ཨ་ཐོག）地方主持讲辩闻听，居住了一年。遵循喇嘛格西的教诲，于水鼠（壬子）年回到了故里，被班禅活佛的代表磋索巴·罗桑格登（ཚོགས་བསགས་པ་བློ་བཟང་དགེ་འདུན།）和喇嘛格西两人委任为寺院堪布，于同年十月上旬坐床，亲自主持讲辩闻听，给本寺僧侣及外来者授金刚鬘灌顶十五次，弥多罗四次，时轮灌顶近十次，附带授胜乐、密集等的灌顶多次；讲授《菩提道次第广论》《四家合注》《正义心要》《般若八千颂》等经教数次；讲授《菩提道次精要》、大印（ཕྱག་ཆེན།）、《供奉上师颂》等指引及难以数计的经法。任塔尔寺堪布时，大力弘扬佛法，详情具见于《塔尔寺寺志》之中。除此而外，也曾任过隆务大寺及拉摩德钦寺的堪布，依法禁止了阿柔、巴那亥三部桑木察（ཟམ་ཚ།）、果洛等处的盗匪。在下部几位施主请求下，前去鄂尔多斯，迁移了鄂多达贝勒（ཨོ་རྡོག་ཏ་བེ་ལེ།）寺院，命名为吉祥光耀洲（བཀྲ་ཤིས་དཔལ་འབར་གླིང་།）。木猴（甲申）年，六十六岁，在自己的寺院圆寂。据说在未逝世之前，仲敦巴（འབྲོམ་སྟོན་པ།）骑着一只鹿来到这里云。逝世后，本尊度母的左手无名指指尖滴着甘露，一直滴到解除趺坐[49]始行停止。尊者的前一世是圣·宗喀巴母亲香洒阿姐（ཤིང་བཟའ་ཨ་ཅེ།）和那喀巴·塔畦坚赞（ན་ཁ་པ་ཐར་བའི་རྒྱལ་མཚན།）大成就者。彼师转世的化身是罗桑丹贝昂秀楚臣朋措（བློ་བཟང་བསྟན་པའི་དབང་ཕྱུག་ཚུལ་ཁྲིམས་ཕུན་ཚོགས།）现在尚在世，给巴那亥至佐格之间的大部分牧民部落，讲授了许多弥多罗和金刚鬘法统，其事业正广播发展中。

这个寺院，自大格西时期以来，以读诵《疏要庄严论》、《中论大疏》、广略《菩提道次第》等许多经论，作为讲辩主要依据，与色拉寺的结扎仓一样。例茶不断。有六个月学期，十五天两次中期学期会、神变祈愿法会、五供祈愿法会、普贤菩萨行愿祈愿法会等。在这些法会上，都有一定的供给例茶制度。寺院清规严谨。香洒阿阇黎又建立了密宗院、时轮金刚院和医学院。在密宗院里，修习密宗典籍十七品全部；时轮金刚院里修习集密第一品、《入菩萨行论》、《曼殊室利名号赞》等，医学院修习背诵《经藏要义》《医学叙述论》《医学根本论》等。第十三胜生的火虎年（公元1806年，清嘉庆十一年，丙寅）以来，建立了胜乐、集密、大威德、时轮、喜金刚、大轮、十六明点、毗卢遮那现证菩提、金刚界、普明大日如来、白伞盖、无量寿等十二曼荼罗；现在的这位香洒又新建立大悲观世音胜者海和不动佛两者的修供仪轨，依粉彩坛场进行，每年三月初八至十四日举行供养，从未间断过。十五日，各自做酬补护摩，结合大圆满修行供进行酬补、激发、施食祭和回遮灌顶护摩；秋季法会依据布面画规除没有最后的护摩以外，其他活动与前述相同。每年诵念一次《甘珠尔》大藏经和《般若波罗蜜多心经》十万遍，年终做十六隅铁堡伏魔法会七次；按时做怙主大施食祭、白伞盖大回遮、大圆满施食和回遮法会等，从未间断过。寺院里还有遵循喇嘛的遗嘱，用三十秤白银和各种物资塑造的比拉萨释尊像装饰更丰富的释尊像，有由下部地区迎请来的度母像；有供奉六庄严、二胜等青铜像的佛龛；及以前一世香洒的遗体为内藏的灵塔、用一万多两白银建立的金汁缮写的《甘珠尔》大藏经，由德格迎请来的《甘珠尔》《丹珠尔》大藏经、八十尺高的缎制弥勒佛像等佛像、佛经、佛塔无其数。由于政教光辉照耀，大皇帝也誉这寺为勒夏林（ལེགས་བཤད་གླིང་།）。雕有《甘珠尔》大藏经和《圣·宗喀巴全集》等许多经论的印版。

自从第十三胜生土牛年（公元1769年，清乾隆三十四年，己丑）修建寺院以来，至木牛年（公元1865年，清同治四年，乙丑）九十七年的情况如此。

达赖喇嘛隆朵嘉措转世化身的候选人之一，诞生在阿柔，前世香洒将他送到西藏学习。返回后，将寺院交付于他，现在香洒仓和他两者任寺院吉拉堪布（སྤྱི་བླ་མཁན་པོ།），有传承化身系统。

前一世嘉黎（རྒྱ་ལི།），是色拉寺结扎仓的夏扎格西·达稠（བྱ་བྲལ་དགེ་བཤེས་རྟག་སྟུག）。他不愿去村庄，在阿柔的居特神山德噶尔（འཛོག་འཕྲིའི་ལྷ་རི་ཏེའུ་དཀར།）前面修建了一所寺院，被果洛捣毁。后来将寺院迁至项额日干（ཧང་ངེ་རི་ཀན།）山附近，又遭行恶的部落危害，乃迁移至绛穹（འཇང་ཆུང་།），现在寺院颓败，已成荒芜之区。他的后继者是罗桑丹达（བློ་བཟང་བསྟན་དར།）。罗桑丹达转世的化身是隆务寺堪钦大堪布的侄子更登雅培（དགེ་འདུན་ཡར་འཕེལ།）。在叶什郡更登达扎（གཡེར་གོང་དགེ་འདུན་ཟླ་གྲགས།）的传记里记载有：曾将嘉样扎巴（འཇམ་དབྱངས་གྲགས་པ།）比丘邀请到嘉黎戛尔瓦中，请求讲授了北亥泽（བེག་ཙེ།）法、《手册》（བེའུ་བུམ།）[50]的教敕。当时嘉黎仓向喇嘛格隆巴讲道：

"我到宗赛尔（རྫོང་སེར།）修玛尼丸药（མ་ཎི་རིལ་སྒྲུབ།）时，梦见在一处大滩的中间，出现了一个大湖，四周围着人群，一边是东科活佛，另一边是前一世叶什郡，他们身着三法衣，头带长带僧帽端坐在湖边说：'我于四十六岁时，修建了这座寺院。你一定这样记着！'四周的人群有的从这处湖里饮了各自应得的一份水，也有没有饮到湖水的人们。情况各式各样，我饮完自己的份子，觉得满足。"

喇嘛格隆巴说："以后看了传记，建寺的年月恰如上所述。"

上述的这位尊者可能就是根登雅培。现在的这位于铁蛇（辛巳）年诞生在加咱部落。加咱赤干（རྒྱ་བཟའི་ཁྲི་ཀན།）迎至拉加寺坐床后，他卸任告退，将豁卡交付予此师。他是三位尊者之一。

赛康巴·罗桑丹增嘉措（གསེར་ཁང་པ་བློ་བཟང་བསྟན་འཛིན་རྒྱ་མཚོ།），在第十三胜生铁鼠年（公元 1780 年，清乾隆四十五年，庚子）诞生在阿柔曲多（ཨ་རིག་ཆུ་སྡོད།）。七岁在噶高尔（ཀ་སྐོར།）活佛座前出家受沙弥戒，阿柔格西确认为是拉约卜·嘉样衮噶（ར་ཡོབ་འཇམ་དབྱངས་ཀུན་དགའ།）转世的化身。在尊者座前受大威德灌顶，聆听了《菩提道次第广论》。十三岁进入拉加寺经院学习《疏要庄严论》《正义精要》、吉尊巴《中论》教程、《律经根本律》教程及全部大论。聆听了由香洒阿阇黎讲授的《中论》《般若》的疏释、《现观庄严论》与大、中、略三《般若经》对照的教敕，并请求讲授《释量论》先后三次，及讲授《明照解脱道》等。二十岁时，尊者授予了近圆戒。讲授《般若八千颂》和圣·宗喀巴的显密两部《菩提道次第论》《四家合注》《五次第论明灯》《无垢光大疏》及《正义精要》疏解教敕两次，以及《菩提道次第修心》《供奉上师颂》、胜乐、集密及大威德的生圆二次第论等教授。又先后聆听了集密、大威德及金刚鬘灌顶、纳若空行母加持等。当热撒（ར་ཟ།）活佛罗桑丹巴额珠（བློ་བཟང་བསྟན་པའི་དངོས་གྲུབ།）到香洒阿阇黎座前请求经教时，乘机向其请求了《菩提道指引》《文殊室利亲教》、达普的度母（སྟག་ཕུའི་སྒྲོལ་མ།）等经典。入密宗院学习经典的诵读和怛特罗等。长期居住在拉加附近的果波宗窟（ཀོད་པོ་རྫོང་།），在海心山闭关修行三年；在赛康地方，泥封门户坐禅数年，因而以赛康巴（གསེར་ཁང་པ།）著称。在拉卜楞寺院，于贡塘·嘉贝样座前请求了《圣道三要》教授及敏吉发心（སྨིན་རྒྱལ་སེམས་བསྐྱེད།）供养法，在夏琼寺的阿拉巴杂（ཨ་ར་པ་ཙ།）禅室闭关静修，金塔之上降落甘露。先后讲解了《正义精要》《菩提道次第广论》、《蓝色手册》（བེའུ་བུམ་སྔོན་པོ།）、《供奉上师颂》和《捷道》合注等。在贵德森保山（སེན་པོ་རི།）幽静岩洞里长期居住，在德庆寺（བདེ་ཆེན།）于玛卡（མར་ཁ།）活佛阿旺丹增(ངག་དབང་བསྟན་འཛིན།）处请求讲授《圣·宗喀巴全集》；在噶尔哇仓(སྐུ་ཕྱུགས་སྨར་བ་ཚང་།）活佛请求了大圆满灌顶。在此处曾向许多会众先后授胜乐、集密、大威德灌顶，讲授《正义精要》教敕、《供奉上师颂》的教授。曾去隆务的大部分修行处及各寺院。在隆务大寺讲授《菩提道次第广论》两次，并传《捷道》和《正义精要》释解和教敕，在拉加寺讲授了《菩提道次第广论》教敕。途经西宁在直贡·巴萨珠钦（འབྲི་གུང་པ་བཟང་གྲུབ་ཆེན།）座前，聆听了八大教授、胜乐、集密、大威德生圆二次第、什一护摩等。与凉州四寺结了法缘，冬春之时，在上房寺（ཞིང་ཤིང་ཟི།）修持大威德；在天堂寺授《胜乐道》教授和时轮金刚灌顶。向丹玛仓（ཞུན་མ་ཚང་།）请求讲授班禅确坚的全集，向果尔杂（ཀོར་ཙ།）活佛请求了许多灌顶，在佳塘（རྒྱ་ཐང་།）岩洞闭关静修。在罗家墩奉献三嗡（ཨོཾ།）护摩十六万遍；在阿岗（ཨ་འགང་།）和古哇（ཀོའུ་བ།）寺院闭关静修；在佑宁寺密宗院，于纷彩坛城之上授密集灌顶，并授《正义精要》释解说和教敕；在广惠寺的磋钦大会堂授大小《菩提道次第论》教敕；在恰干果拉（ཆ་གན་གོ་ལ།）修行本尊五个月；在塔尔寺讲授《供奉上师颂》和《捷道》的疏解及金刚鬘灌顶；在扎德夏玛尔（བྲ་དེ་ཞྭ་དམར།）及拉卜吉（རབ་རྒྱས།）两处，讲授了《菩提道次精要》；在吉让（ཛག་རུང་།）大寺讲解《供奉上师颂》，并曾到过丹斗（དན་ཏིག）寺和扬斗（ཡང་ཏིག）寺院。朝拜五台山圣地时，在那里曾居住过一段时期。在青城呼和浩特应卡完仓（མཁར་སྔོན་ཚང་།）的请求，授《菩提道次第广论》疏解及密集、胜乐、大威德灌顶。在北京期间，朝拜檀香释尊像；在阿拉善先后三次授《菩提道次第广论》教敕、时轮金刚灌顶；在大通寺（ཏའི་ཐུང་དགོན་ཆེན།）应鲁嘉夏仲（ལུ་ཀྱུ་ཞབས་དྲུང་།）的请求，授《菩提道次第广论》教敕、时轮金刚灌顶。在瞿昙寺授《菩提道次第广论》教敕；在东科寺授金刚鬘灌顶。在苏拉寺（སུ་ལ་དགོན།）讲授《菩提大道》释；于秀曲（ཤུག་ཆུ།）讲授初期修心指引；在木雅宗（མི་ཉག་རྫོང་།），将塔多回遮法（ཐལ་བཟློག）与《入中论疏》结合起来讲授；在先多（ཐ་མདོ།）讲解了《菩提道次精要》和《五次第论明灯》释；在隆务大寺讲授了《修心日光论》（བློ་སྦྱོང་ཉི་མའི་འོད།），给扎仓设置《释量论》的学科；向香洒活佛献了洛扎（ལྷོ་བྲག）耳传灌顶；在曲隆赛贡寺（ཆོས་ལུང་གསེར་དགོན།）闭关静修三年。在贵德刚哇扎仓献发菩提心供养，给聂活佛（ཉེ་ཞལ་སྤྲུལ་ནས།）授时轮金刚灌顶。总之，曾到过多麦地区南北各大讲修寺院和皇上的皇宫，为弘扬能仁教法精华，圣·宗喀巴大师的善妙的修习结合的教派做出了重要的贡献。以上这些资料摘自享年六十八岁以前的传记（据说这个传记还有下卷，但没有见到）。曾教授许多大士夫弟子实践修行本尊和供祭，得到究竟圆满的遁世者遍于大地。

其弟罗桑丹巴嘉措（བློ་བཟང་བསྟན་པ་རྒྱ་མཚོ།）也是这个寺院的僧源，跟随其兄赛康巴在几处静修庵静修，大力弘扬佛法，也有不少舍弃尘世弟子。

夏尔果（ཤར་གོ།）格西格勒桑保（དགེ་ལེགས་བཟང་པོ།），在色拉寺结扎仓求学。在夏鲁寺罗萨丹·江瓦（བློ་གསལ་བསྟན་སྐྱོང་བ།）尊者座前，聆听了金刚界灌顶（རྡོར་དབྱིངས་ཀྱི་དབང་།），并向噶丹寺磋钦僧众讲授。在故里修葺了大经堂，维修了铜佛殿（ལི་མ་ཁང་།）。赎回老师穹爱（ཁྱུང་རེ།）喇嘛转世的化身，两人在一处居住。还有由前一世香洒活佛赎回的阿柔静修者转世的化身丹巴曲派坚赞（བསྟན་པ་ཆོས་འཕེལ་རྒྱལ་མཚན།）等许多大小喇嘛化身以及有相同数目的嘎尔瓦，详情不大了解。

寺院的谿卡有巴那亥三部和上下达武（རྟ་བོ།）等。

赛拉（གསེར་ལག་དགོན།赛娄后寺）寺，佳桑赤哇（རྒྱ་བཟའ་ཁྲི་བ།）修建，由彼师历代转世者主持。

在巴多（འབལ་མདོ།）地区，有前世塔秀（ཐར་ཤུལ།）活佛修建的寺院，现在已经荒废圮了。

芒拉（མང་ར།）川的吉合拉松多（འཇག་རའི་སུམ་མདོ།）地方，有芒拉哇·坚赞桑格（མང་ར་བ་རྒྱལ་མཚན་སེང་གེ）的禅室。芒曲河（མང་ཆུ།芒拉曲）附近的相浪多（ཤིང་ལུང་མདོ།）地方，从前由拉美的乌厄盖（ལ་མེའི་ཨུ་ཀེ།）[51]占领，有第七世达赖喇嘛的宝座。有红壤岩石相间称为芒拉空行母的一百零八座神山，据说甚为凶险，不能数其数目。第三世嘉木样赴西藏学习返回到达千卜录时，曾说过这里若有一座寺院那就更好，并撒了吉祥青稞。后来夏噶尔瓦（ཞབས་དཀར་བ།）就住在塔脑其（ཐ་ནོ་ཆེ།）的禅室里，在千卜录和曲藏（ཆུ་བཟང་།）各修建一处佛殿。曲藏岗察（ཀང་ཚ་དགོན།）寺院不久即荒废，前者由德庆寺噶仁巴千卜录活佛茨成年扎（ཚུལ་ཁྲིམས་སྙན་གྲགས།）管理，有拉加寺噶仁巴等近三十名戒行严谨的僧徒。彼师心地善良，是一位不费辛勤即能完成事务的福运者。修建德庆寺大经堂和佛像做出了贡献。他一生修习《文殊室利亲教》，并负责带动老少僧众一齐讽诵。在修习《菩提道次精要》的基础上修持《菩提道指引》。由千卜录十二个部落作寺院谿卡。虽然多次向他呈述寺院规模已经具备，应建立仪轨。但回答：“我们向喇嘛祈祷。”当进行上师供祭时，讽诵了《无所缘大悲颂》许多亿遍，施食之上降落了黄色甘露；当进行广大的怙主施食祭时，依怙主与大威德两者的施食之上出现蜂蜜味的甘露。对圣·宗喀巴的教法虔诚笃信，每日尽力唪诵独雄大威德根本咒，并不间断地诵十忿怒明王咒一百零八遍及法王施食仪轨（ཆོས་རྒྱལ་གཏོར་ཆོག）、六十施食等。遵循赛康巴阿阇黎的指示，和古让（དགུ་རོང།）老师及主仆们设了铁伏魔法，获得了成就的验证。印刷宗喀巴、不动佛、龙王、白文殊、度母等的佛像各一俱胝，建立布禄金刚伏藏和招引富运的加被等，顺法的生活并不短少。目前在青海有帐幕寺院，实践三事，戒行严谨，弘法事业日益增盛。

论黄河上游玛多、果洛地区政教发展情况之部圆满。

注释

[1] “毛尔盖”之又一译音。

[2] 为藏传佛教旧派（红教）的三系之一。

[3] 原文此处作“མ་ཚའི་གོང་མ་རབ་བརྒྱད་ཟེར་བའི་བླ་མ་མང་པོ་བྱུང་།”，文内似有误排之处。就文义而言，若作“玛察教祖八代”则“代”字之原文“རབ”中，明显地掉了一个又后缀字“ས”；若作为人名拉卜吉（རབ་རྒྱས）则“བརྒྱད”字之义为“八”，显然不是“རྒྱས”，似不可能，而且后面还有“许多”一词，暂译如上。

[4] 原文此处，似误排，神咒法力，应为“མཐུ”原文作“འཐུ”。

[5] 即噶玛噶举派红帽系第七世（公元1639—1649年）。

[6] 亦译作壤塘。

[7] 即噶玛噶举派黑帽系第九世（公元1556—1603年）。

[8] 古摩亦译作夹摩。

[9] 即于公元1727年（清雍正五年），建德格八邦寺的司徒·却吉迥

乃。

[10] 桑（བསང་།），即神香，烟祭。以香柴和糌粑及乳、酪、酥三素焚烧祭祀者，称为素桑。混有肉类甚至以活山羊烧祭的烟祭，称为红桑，即荤桑。此句似有错字，按意译出。

[11] 西钦寺在西康德格地区，为宁玛派的一个支派。

[12] ཨ་མཆོག།系地名，其在甘肃省甘南地区者通译作阿木去乎，其在四川省阿坝一带者，译作阿乔。

[13] 噶玛·曲英多吉（公元 1604—1674 年），即噶玛噶举派黑帽系第十世，是十七世纪噶玛派、藏巴汗与黄教及固始汗争夺卫藏政教统治权的中心人物。

[14] 原文此处有误。噶玛·耶希多吉（公元1676—1703 年），乃噶玛噶举派黑帽系第十一世，不是第十世。原文在“十”之后；可能掉了一个“一”字。

[15] 亦译为堆波巴，藏文原名有写作“ཏོལ་ཏུ་བ།”者，为博多瓦པོ་ཏོ་བ（公元 1031—1105 年）子。

[16] 噶玛噶举派红帽系第三世却贝耶喜（公元 1406—1552 年）。

[17] ཤུལ།意为“遗迹”。此字有许多不同的译音，如阿秀、阿树、阿虚、完秀、完受等等。

[18] 意为驼背山羊声的黑汉。

[19] 此地名有拉嘉、拉加等译法，今通译作拉加。

[20] 宁玛派伏藏大师噶玛林巴（ཀརྨ་གླིང་པ།）从伏藏中取出的《猛静神变经》之别名。

[21] 原文དགོན།字有误，下文作མགོན།。

[22] 拉卜楞寺嘉木样活佛的尊称。

[23] 指青梅尖扎县德钦寺察罕诺们汗。

[24] 河曲一带本教徒和本教寺院多有以ཞིག字作为标志。ཞིག字一般意

为坏灭，本教徒之特殊释不详。

[25] 意为觉宇断我执派老僧。

[26] 藏传佛教萨迦派自八思巴以后，兼摄政教两权者之称号。

[27] 亦译作丹忠、丹衷。

[28] 此字原稿排版有误，应译作“硕”。

[29] 参阅《清史稿》，藩部五，青海额鲁特。

[30] 指达赖喇嘛和班禅额尔德尼。

[31] 即纳罕达尔济郡王。

[32] 即什长。

[33] 一种护法神。

[34] 意为无阻、无碍。

[35] 指学习《集类学》第一品的学级。

[36] 藏仓，即藏活佛丹巴嘉措。

[37] 姚（ཡལ།）意为越过、超过、避开；达（སྟག）意为虎，即十二属相中之寅年。以此与姚达地方相附会。

[38] 青海省河南蒙古族自治县地区的俗称。

[39] 数论师（གྲངས་ཅན་པ།），古印度一教派名，创始人为迦毗罗，亦有说为黑自在者。以二十五谛（ཤེས་བྱ་ཉེར་ལྔ།）说明宇宙万有开展状况顺序。

[40] 此处之“胜幢”，藏文音读作“坚赞”，“放射光辉”之藏文读音为“奥赛”合起来就是读“坚赞奥赛”，故说出了“名字”，“可以对照”。

[41] 阿柔兰巴，意为“阿柔呆子”，传为与第七世达赖极为熟识的阿柔地方藏民，生性戆直，其行止和言谈，流传于安多藏区，为人们所乐道。

[42] 青海省兴海县大河坝河口。

[43] 即青海省黄南州同仁县隆务大寺的夏日诺们汗弘修妙悟国师。

[44] 喊“苟”、拍巴掌、讥笑等均为辩论时的动作。

[45] 指大慈法王释迦也失，死于自北京返回西藏途中之事。

[46] 指佑宁寺附和罗卜藏丹津叛乱事。对此文内时间混乱。

[47] 亦译作兴萨、兴洒等。

[48] 指上文阿柔格西坚赞奥赛。

[49] 逝世后，尸体仍然跏趺而坐之尊称。

[50] བེའུ་བུམ།有两种，一为《彩色手册》（བེའུ་བུམ་ཁྲ་མོ།），为噶当派格西朗塘巴所著，一为《蓝色手册》（བེའུ་བུམ་སྔོན་པོ།）为噶当派格西博多瓦所著。此处不知指哪一种。

[51] ལ་མེའི་ཨུ་ཀེ，可能为ལ་མོའི་ཨུ་ཀེ即夏让噶布之乌尔赞布。

第八章 论黄河下游贵德等地区圣教发展情况

黄河下游地区，黄河绕了两个大弯流，成太极图形。在黄河向北弯曲的太极图形似的河湾之滨，有一座藏传佛教格鲁派寺院，名叫玛古尔南杰林（རྨ་མགུར་རྣམ་རྒྱལ་གླིང་།），即古尔寺[1]。该寺由拉摩·洛哲嘉措（ལ་མོ་བློ་གྲོས་རྒྱ་མཚོ།）[2]修建。

拉摩·洛哲嘉措，原是佛祖释迦牟尼的侍从色杰王（རྒྱལ་པོ་གསལ་རྒྱལ།）。此后，历代转世为莲花生大师的亲传弟子大成就者嘎亚瓦德（ཀ་ཡ་བ་དེ།），为仲敦巴的大弟子京俄楚臣巴尔（ཚུལ་ཁྲིམས་འབར།）、具祥喇嘛索南坚参（བསོད་ནམས་རྒྱལ་མཚན།）和京俄洛哲坚参（བློ་གྲོས་རྒྱལ་མཚན།）等的化身。

拉摩·措尼嘉措（ལ་མོ་ཚོགས་གཉིས་རྒྱ་མཚོ།）出生于西藏卫地拉摩（དབུས་ལ་མོ།）地方，在才尔赛（ཚེར་གསེབ།）出家为僧，入拉萨哲蚌寺郭莽经院学习法相经论，后又入下密院（རྒྱུད་སྨད།）学习密乘，遂成为一位大学者。在下密院任喇嘛翁则师时，达赖喇嘛索南嘉措派他到安多地区，住持阿噶尔香曲林（ཙ་སྨར་བྱང་ཆུབ་གླིང་།阿噶尔菩提寺），受到蒙古族土默特火落赤（ཐུ་མེད་ཧོ་ལོ་ཆེ།）的供养。

拉摩·措尼嘉措转世的呼毕勒罕，出生在土默特家族里，名叫拉摩·洛哲嘉措[3]。班禅罗桑确坚赐给他一幅吉祥天母的神像和经卷，嘱托他供奉。这两种圣物遂成为拉摩转世系统历代活佛的守舍神。他长期住在阿噶尔菩提寺和洛多吉扎寺（ལོ་རྡོ་རྗེ་བྲག）等寺院。却图汗信奉邪教，被固始汗和巴图尔洪台吉消灭后，尊拉摩·洛哲嘉措为供施处，布施了许多物品和献了一大批农牧区的村庄、部落作为豁卡。由于拉摩·洛哲嘉措精通经论，戒行严谨，是一位有学有证的上师，受隆务曲巴仁波切（ཆོས་པ་རིན་པོ་ཆེ།）的尊崇，圣·噶登嘉措亦曾顶礼亲近，赤金巴嘉措（ཁྲི་སྦྱིན་པ་རྒྱ་མཚོ།）也献上顶发[4]。满清得到汉地天下的第二年，即藏历第十一胜生火狗年（公元1646年，清顺治三年，丙戌），为了修建寺院，亲临这个黄河之滨，由于开始建立的是帐房寺院，后读音讹转，称为“古尔”（མགུར།）寺。陆续建成了许多佛殿和经堂，集聚了三百上下的僧人，创设了讲辩五大论的经院，委任丹麻曲结·鄂赛扎喜（འདམ་ཚོས་རྗེ་འོད་ཟེར་བཀྲ་ཤིས།）为喇嘛。《松巴·佛教史》中说：“古尔寺由措尼嘉措创建。”《黄琉璃论》中说：“该寺由措尼嘉措于土虎年（公元1638年，明崇祯十一年，戊寅）所建。”但圣·噶登嘉措于五世达赖喇嘛起程去内地的水龙年（公元1652年，清顺治九年，壬辰）所著的《佛教史》中说：

“火狗年在黄河畔古尔，洛哲嘉措、鄂赛扎喜尊，共同商定建立讲经院，从此至今已经过七年。”

五世达赖喇嘛去内地途中，彼师率骑队在西热滩（ཞི་རི་ཐང་།）举行了隆重的欢迎仪式，并聆听了许多经教，献上以骏马三百匹为主的许多布施作为供养。

在曲结鄂赛扎喜之后，先后由达赖曲结（ཏཱ་ལའི་ཆོས་རྗེ།）、尕让·华丹却智（ཀ་རིང་དཔལ་ལྡན་ཆོས་གྲགས།）、芒拉洛桑丹江（མང་ར་བློ་བཟང་བསྟན་སྐྱོང་།）、郭密·华丹嘉措（སྒོ་མི་དཔལ་ལྡན་རྒྱ་མཚོ།）、巴燕·洛哲闹吾（བ་ཡན་བློ་གྲོས་ནོར་བུ།）、喀底喀·东珠扎西（ཁ་ཐི་ཀ་དོན་གྲུབ་བཀྲ་ཤིས།）、坎布拉·罗桑拉旦（ཁམས་ར་བློ་བཟང་རབ་བརྟན།）等依次担任该寺堪布，主持经论的闻听和讲辩。

古尔寺内塑造有一尊释迦牟尼佛像，身量大小与拉萨大昭寺内释迦牟尼佛像一样，威仪赫奕，内藏为以大圣哲琼布头颅骨为首的许多圣物。并为了特殊需要，用白银铸造了却图汗的塑像，使其作为司库财神。班禅喇嘛所赐的吉祥天母像，原供在德庆寺（བདེ་ཆེན།），后来飞到古尔寺，供在经堂西侧，奉为主要的守护神。

拉摩·洛哲嘉措转世的呼毕勒罕、德庆寺的创建者阿旺洛桑丹贝坚参（ངག་དབང་བློ་བཟང་བསྟན་པའི་རྒྱལ་མཚན།），于藏历第十一胜生的铁鼠年（公元 1660 年，清顺治十七年，庚子），出生在森宝山（སེད་པོ་རི།）山下的曲察阳桑村（ཆོས་ཚའི་ཡང་བཟང་།），亦称玛克塘（མར་ཁུ་ཐང་།）村，父名娘吾杰（སྙིང་པོ་སྐྱབས།），母名鲁萨吾交（ཀླུ་བཟའ་བོ་ཅོག）。当他投胎之后，不论尊卑贵贱，一到他家帐房里，就觉得森严畏怖，而且人们还看到雪一落到他家的帐房顶上，就立即消融的稀奇景象。当他降生之际，他母亲眼前显出了这样的幻象：一位自称班禅的喇嘛，将禅杖头对着她说：“你将此杖抓住!”就在说此话的刹那间降生了他。他一出生就睁开了双眼，望着人们。请了一位会观相的汉人，给这位灵童观相。他留下的神奇预言说：

“这位童子若留家中，将来要成为一位大官；若出家为僧时，定会成为一位大活佛。”

五世达赖喇嘛和拉摩垂仲认定他是上一世拉摩·洛哲嘉措的呼毕勒罕。在丹喜仓（འདན་ཞིས་ཚང་།）尊者座前出家。十二岁时，和直合干巴（གྲགས་

ཀན་པ།）一同前去西藏卫地，在五世达赖喇嘛座前受沙弥戒。拜哲蚌寺郭莽扎仓现任法台洛哲嘉措为师，接受五大论全部教程的讲解及背诵和考试。由于脚部患了病，在拉摩垂仲的教敕下，不得不返回故乡。但他说：

“除非晚上趁着黑夜逃遁而外，白天怎能离开这么多的贤哲而走呢?”说着眼泪涔涔而下，哭肿了双眼。在直合干巴的安慰下，于十三岁那年起程返回故乡。

彼师在二十岁的那年，即土羊年（公元 1679 年，清康熙十八年，己未），又立志进藏学习经法。到了西藏，本想即刻进经院学习，可是又因身患疾病未能如愿。铁猴午（公元 1680 年，清康熙十九年，庚申），他同直合干巴、阿加昂索·华丹嘉措（ཨ་ཀྱཱ་ནང་སོ་དཔལ་ལྡན་རྒྱ་མཚོ།）、华热曲隆曲结·宦角桑保（དཔའ་རི་ཆོས་ལུང་ཆོས་རྗེ་དཔལ་འབྱོར་བཟང་པོ།）等一起在五世达赖喇嘛座前受近圆戒，献马二百匹和骆驼一百峰作为供养。直合干巴尊者在下密院修习，岱青昂索（དྭའི་ཆིང་ནང་སོ།）再三地邀请他担任这位尊者的经师，于是师徒二人于铁猴年末，一同起程返里。途中在赞波寺（བཙན་པོ་དགོན།）中，和直合干巴一起听了霍尔·敏珠尔程列隆珠（ཧོར་སྨིན་གྲོལ་འཕྲིན་ལས་ལྷུན་གྲུབ།）讲授的许多经法。另外，他还先后拜赤钦华丹扎巴（དཔལ་ལྡན་གྲགས་པ།）和直合干巴等五十多位喇嘛为师，求法学经，光是听讲的笔记就记了两大函。

黄河边古尔寺建成后的三十七年，即水狗年（公元 1682 年，清康熙十一年，壬戌），由岱青昂索承担功德主之责，将古尔寺的全部积累和从芒、巴、夏（མང་འབའ་བྱ།）三地，巴那亥三部（སྣ་ནག་ཁ་གསུམ།）[5]、本加吾居部（འབུམ་རྒྱལ་དུ་རྒྱུད།）、巴燕（化隆）以内诸地征集僧差，建立拉摩德钦曲林（ལ་མོ་བདེ་ཆེན་ཆོས་གླིང་།），即德庆寺。后来，皇帝御赐了“集善寺”（དགེ་ཚོགས་གླིང་།）的匾额。为了增多僧侣，特在四面建修了四座佛殿。

有授记说：

“在那名叫‘ཏ’ 地那一边，有一座名叫‘ཏོལ’的山，那里要建名叫‘ལ’寺院。”

这本来预示着要在肖布山（རི་ཞོལ་པོ།）建德钦寺。但是，据说由于特殊需要，拉摩德钦寺建立在现在的寺址上云。直合干巴·罗桑扎西（གྲགས་ཀན་པ་བློ་བཟང་བཀྲ་ཤིས།）阿阇黎担任该寺的第一任讲闻辩论堪布。

彼师亲临经院，聆听阿阇黎讲授的金刚鬘灌顶和《甘珠尔》大藏经教敕，智慧达到了一定的高度和顶点。

彼师四十岁，即藏历第十二胜生的土兔年（公元1699年，清康熙三十八年，己卯），又前赴西藏卫地朝拜了第六世达赖仓央嘉措（ཚངས་དབྱངས་རྒྱ་མཚོ།）和全知班禅额尔德尼，献了丰盛的供养，并在西藏的各寺院，广事布施。

阿旺洛桑丹贝坚参他于铁虎年（公元1710年，清康熙四十九年，庚寅），邀请嘉木样协巴多吉（འཇམ་དབྱངས་བཞད་པའི་རྡོ་རྗེ།）来到该寺，以隆重的宗教仪式和丰富的物品进行供养。他俩志同道合，亲切地畅谈。由彼师和赤钦（ཁྲི་ཆེན།）活佛直合干巴阿阇黎三人为首，近万名僧众请一切知嘉木样举行了两天讲经法会，成熟而圆满地接受了正见正论的教授和洛扎（ཉེ་ཟག）耳传的全部教敕、随许，以及其他一些想听的经法。嘉木样协巴活佛也从夏茸仁波切（ཞབས་དྲུང་རིན་པོ་ཆེ།）处[6]聆听了《四面依怙》的随许。

火鸡年（公元1717年，清康熙五十六年，丁酉），一切知嘉木样协巴和阿旺洛桑丹贝坚参察罕诺们汗，调解了济农王(དཔོན་ཇ་ནང་།)和丹津（བསྟན་སྐྱོང་།）内部的冲突，双方立了和解书[7]。遵从青海蒙古各级大小官员的意愿，阿旺洛桑丹贝坚参担任七世达赖喇嘛遍知者噶桑嘉措（སྐལ་བཟང་རྒྱ་མཚོ།）出家的堪布，并给七世达赖授灌顶、教敕。因此被赐封“阿齐图欧凑更察罕诺门汗”（ཨ་ཆི་ཐུ་ཨོ་ཆོག་གེན་ཚ་གན་ནོ་མོན་ཧན།）的名号，以示褒扬。此外，还担任东科·阿旺索南嘉措（སྟོང་འཁོར་ངག་དབང་བསོད་ནམས་རྒྱ་མཚོ།）、赤钦活佛洛桑丹贝尼玛(ཁྲི་ཆེན་སྤྲུལ་སྐུ་བློ་བཟང་བསྟན་པའི་ཉི་མ།)、直合干转世的活佛阿旺罗桑丹增嘉措（གྲགས་ཀན་སྤྲུལ་སྐུ་ངག་དབང་བློ་བཟང་བསྟན་འཛིན་རྒྱ་མཚོ།）等活佛的堪布。

火羊年（公元1727年，清雍正四年，丁未），敦请达赖喇嘛来到芒拉乌厄盖（ཨང་རའི་ཨུ་རེ།）[8]行帐，受长寿灌顶，并供奉很多财物。

彼师先后五次赴西藏，所献的供养和布施极丰。最后一次时，向参加神变大祈愿法会的每个僧侣，一天之中布施了黄金一钱、白银一两、缎子半方，人们称这次布施为“拉摩大布施”。拉摩垂仲授记说：

“吉雪的白色母犏牛，有可能逸向北方去。”

彼师按授记所说，将数次降生甘露的灵异的圣·宗喀巴像、达赖喇嘛自己供奉的主要本尊观音菩萨语化像、释迦牟尼的舍利、洛扎大成就者（ལྷོ་བྲག་གྲུབ་ཆེན།）的灵牙舍利、五世达赖喇嘛闭关修行大威德用过的颅骨念珠等许多稀有的圣物，一一迎请到安多来。还新建和维修拉摩大寺（ལ་མོ་དགོན་ཆེན།）、洛多吉扎寺（ལོ་རྡོ་རྗེ་བྲག）、贡戎寺（དགོན་རོང་།）、捷尔当寺（སྐྱེར་སྟེང་།）等寺院，修建佛殿，塑造佛像，建造佛塔，印写佛经，等等，诸方面都取得了很大成就。当时在汉、蒙地区，根据当地的习俗而规定的极其详细具体的戒律，就是许多大喇嘛活佛都难以遵守，只有彼师能条条遵守不逾。他遵行戒律，极为严格，每天过午不食，甚至在下午连乳酪和牛乳等也不吃一口。他写的所有信函内容，全都符合经义，看了会意为之夺。他秉性慈善，平易近人，雍容安详，人们到他的跟前都觉得愉快自如，即使修习邪道的人对于他也油然起敬。诸护法神，特别是他的前世活佛所供奉依止的具祥四面依怙护法神，他可以驱使如仆人。有一次，他的一位近侍虽得到护法神的随许杀死了一只乌鸦，但因违了誓言，立即患病，脸歪朝后，几临死亡，禳解之后，才离死境。像这样神奇之事，流传很多。第七世达赖喇嘛噶桑嘉措说：

“他已成为青海蒙古左右翼地区的众位官员的上师，他把乌厄盖内外的一切事务，处理得如同天宫一般。”

尊者在古尔寺建立胜乐、集密、大威德三本尊修习，后改为密宗院。享年六十九岁，于土猴年（公元 1728 年，清雍正六年，戊申）圆寂。

遵照遗嘱，恭请拉卜楞寺大堪布（བཀྲ་ཤིས་འཁྱིལ་ཁྲི་ཆེན།）阿旺扎西（ངག་དབང་

བཀྲ་ཤིས།)，念了七天超度经。念诵等仪式，使众人感动不已。小官人罗桑东珠（དཔོན་ཆུང་བློ་བཟང་དོན་གྲུབ།）和宰桑等几位大官人在大堪布阿旺扎西座前受了比丘戒。那里有一位僧人，名叫奥色次果（འོད་ཟེར་ཚེས་སྐར།），他在西藏时，曾在嘉木样协巴尊者前听过《幻轮灌顶》。因此大堪布阿旺扎西派了几位僧人去聆受《幻轮灌顶》教敕和解释。由扎萨克主持，在安多和西藏两地举行了超荐大会。火化时，心、舌、眼完好无损，以此作为内藏装在灵塔内。塔用纯金制成，上面镶嵌着各种珠宝，精巧玲珑，巧夺天工。

阿旺洛桑丹贝坚参转世的呼毕勒罕洛桑土丹·格勒坚参（བློ་བཟང་ཐུབ་བསྟན་དགེ་ལེགས་རྒྱལ་མཚན།），于土鸡年（公元1729年，清雍正七年，己酉），出生在阿柔鲁德（ཨ་རིག་སྨྲ་ཏེཝ།）山下的阿尼家族（ཨ་མྱེའི་རིགས།）里，父名拉尕次成嘉措（ལ་ཀ་ཚུལ་ཁྲིམས་རྒྱ་མཚོ།），母名扎喜吉（བཀྲ་ཤིས་སྐྱིད།）。在大堪布赤钦·丹贝尼玛（ཁྲི་ཆེན་བསྟན་པའི་ཉི་མ།）主持下，于水牛年（公元1733年，清雍正十一年，癸丑）举行坐床典礼，拜曲贡徐瓦（ཆོས་མགོན་ཞུ་པ།）为经师。

十八岁以前，在芒拉学经，一天正在诵经之际，有大梵天王、玛沁山神、赤雪错曼嘉摩[9]等诸神亲来致敬，并应诺说："只要不断施食供奉和委托事业，保证四业成就。"他还亲眼看到了四面怙主护法神的圣容。

彼师曾两次赴卫地。第一次在西藏时，同以扎涅·阿旺格勒（ཟ་ཧེ་ངག་དབང་དགེ་ལེགས།）为首的康村僧侣进行了辩论，因而同时兼在罕东院（ཧར་སྟོང་།）和扎涅院（ཟ་ཧེ།）的两个学级中学习。汉地敕封为扎萨克，兼管政教，因而在歇武隆（ཤེའུ་ལུང་།）谷和芒拉（མང་ར།）等地建立了乌厄盖行帐，长期居住在蒙古地方。彼师虽财产丰富，政教两方面事业的权势广大，但是，他行止温和，戒行谨严，勤奋地致力于佛教的整个事业和具体事务，为使佛法增盛而鞠躬尽瘁。乌厄盖行帐附近拥有许多大帐房，供彼师使用的三座大帐房顶上，装着鎏金宝瓶，在青海蒙古官员中，最为显赫荣耀，为人们所敬仰。在古尔寺设立时轮学院，拉卜楞寺时轮学院的学者嘉那华仓朝拜圣地时，拉摩然绛巴（ལ་མོ་རབ་འབྱམས་པ།）随行，学习了关于讽诵时轮经典韵调。一切知嘉木样吉美旺波曾多次来古尔寺和乌厄盖行帐拜会。由于前后两世的关系良好，赤钦·吉美柔贝桑格（ཁྲི་ཆེན་འཇིགས་མེད་རིགས་པའི་སེང་གེ）赴藏的来往途中，都被邀请至乌厄盖行帐热情款待。赤钦化身阿旺格勒（ངག་དབང་དགེ་ལེགས།）活佛任堪布时，火猴年（公元 1776 年，清乾隆四十一年，丙申）于彼师第二次进藏时，赤钦特在达完禅室（ད྄་འོན་གཟིམས་ཤར།）设茶招待，并赠黄色僧帽一顶。彼师说道："这是好兆头！"说着将黄色僧帽搭在肩上，径直往哲蚌寺郭莽扎仓经院前去。进入郭莽扎仓后，戴上黄色僧帽高声吟诵圣·文殊菩萨种子ཧྲཱིཿ和僧众击掌开辩。和贡塘·嘉贝样等过从很密。彼师和圣师徒的关系极为良好。在拉萨，达赖喇嘛强白嘉措受近圆戒时，他任持传钵师。第六世班禅赴京时，为班禅做了各方面的充分准备，奉献了丰盛的礼物，并特别设大宴送行。六十八岁时圆寂。

洛桑土丹格勒坚参转世的呼毕勒罕潘德旺徐克宗嘉措（ཕན་བདེ་དབང་ཕྱུག་མཁས་བཙུན་རྒྱ་མཚོ།），生于欧日山（དངུལ་རི།）下的前一世诞生过的阿柔家族里，父名土丹拉卜杰（ཐུབ་བསྟན་རབ་རྒྱས།），母名德吉（བདེ་སྐྱིད།）。十六岁时进藏学法，有先知神通。

潘德旺徐克宗嘉措转世的呼毕勒罕洛桑楚臣嘉措（བློ་བཟང་ཚུལ་ཁྲིམས་རྒྱ་མཚོ།），又名阿旺乔珠丹贝坚参（ངག་དབང་མཆོག་གྲུབ་བསྟན་པའི་རྒྱལ་མཚན།），于水龙年（公元 1832 年，清道光十二年，壬辰），降生在宗喀木雅[10]（ཙོང་ཁ་མི་ཉག）地方，父名曲江扎喜（ཆོས་སྐྱོང་བཀྲ་ཤིས།），母名措科（མཚོ་ཁོ།）。在赛康阿阇黎·罗桑丹增嘉措（གསེར་ཁང་བློ་བཟང་བསྟན་འཛིན་རྒྱ་མཚོ།）座前出家为僧。由于比较调皮，按照西宁钦差大臣的安排，入了塔尔寺经院。彼师天资聪慧，勤奋好学，尊敬喇嘛。铁狗年氐宿月（公元 1850 年四月，清道光三十年，庚戌）时，从第三世嘉木样·罗桑土旦吉美嘉措（ཀུན་མཁྱེན་སྐུ་འཕྲེང་གསུམ་པ་བློ་བཟང་ཐུབ་བསྟན་འཇིགས་མེད་རྒྱ་མཚོ།）受近圆戒。现正在潜心深造。

拉摩德钦寺的第一任堪布，是精通显密乘教理的大格西智华嘉措（གྲགས་པ་རྒྱ་མཚོ།），又名阿旺罗桑扎喜（ངག་དབང་བློ་བཟང་བཀྲ་ཤིས།）。于藏历第十一胜生的火猪年（公元 1647 年，清顺治四年，丁亥），出生在巴云滩（འབལ་ཀཞུང།）年措（ཉ་མཚོ།）官人的家族里。父名才让格（ཚེ་རིང་གེ།），母名曲准（ཆོས་སྒྲོན།）。他生来就能背诵《三摩地王经》二十页，彼师生时毫无痛苦，安详欢乐。

智华嘉措师从小不吃野生动物的肉，不穿有袖的衣服。他的舅舅坚参仁钦（རྒྱལ་མཚན་རིན་ཆེན།）郑重地说："这孩子与众不同，要注意洁净。"十岁时，于舅父处受居士戒。十二岁时，从舅父出家为僧，受沙弥戒。

十八岁去西藏卫地，起程时，他母亲举其足在头上顶礼，表示尊崇。到西藏后，在达赖喇嘛座前受近圆戒。他本想在西藏修持，不打算返回故里。可是，他的随行人员尕玛杰（ཀུན་སྐྱབས།）等人却说：

"如果您不回去，我们也就不回去了。"

这样，他无可奈何，只得起程返里。

二十五岁的那年，即铁猪年（公元 1671 年，清康熙十年，辛亥），一天早晨，他猛然想起西藏寺院的经院里众多僧侣辩论的情景，情不自禁地双手击掌，口诵《现观庄严论》和《入中论》中的一些经句，入藏的欲望再也无法抑制了，就去禀告父母。父母劝说道：

"现在我们的条件不具备。"

他说：

"条件不足也要走，请准行。"

不听劝阻，在叔叔项嘉（དབང་སྐྱབས།）的帮助下，同年与察罕诺们汗一起进藏，入哲蚌寺郭莽扎仓学习，加入《集类学》学级，先后在洛哲嘉措（བློ་གྲོས་རྒྱ་མཚོ།）阿阇黎和东智嘉措（དོན་གྲུབ་རྒྱ་མཚོ།）阿阇黎任扎仓法台的座前，听受五大论教程的宣讲并参加背诵和考试。开始时，有些僧人轻视地说：

"老瘦猴来经院干什么？连行走的起码知识都不懂。"

但是，他天资敏悟，勤奋学习，智慧如烈焰炽燃，同时攻读了七个学级的教程，辩论超群绝伦，名望骤起。他以前虽然受了比丘戒，据说对传授文义还没有真正领悟，于是于二十六岁时，由达赖喇嘛亲自兼任堪布（亲教师)和轨范师，帕邦卡巴·嘉木样扎巴（ཕ་བོང་ཁ་པ་འཇམ་དབྱངས་གྲགས་པ།）任屏教师，郭莽阿阇黎·洛哲嘉措（སྒོ་མང་དཔོན་སློབ་བློ་གྲོས་རྒྱ་མཚོ།）等人任增益师，重新受近圆戒。在拉萨苦学了七年，即取得拉仁巴格西学位。他向这一年巡回辩经者夏琼然洛瓦（ཞྭ་ཁྲུང་ར་སོ་བ།）说：

“您来经院几年了？”答道：

“我是新来的，才过了十六年。您来多少年了？”他回答说：

“我来七年了。”夏琼然洛瓦非常惊奇，说道：

“您别骗人啦！”

“别的立宗者都博览经籍。您是新来的，恐不见得像他们那样读的多。但是您的解说和立宗命义两者都非常突出。”

个别人想贬低他，却如吹火燃须，自失脸面。郭莽扎仓的喇嘛东珠嘉措（དོན་གྲུབ་རྒྱ་མཚོ།）很喜欢他，将他请到拉让，献上了洁白的哈达，说道：

“您为本扎仓和安多、蒙古族地区赢得了声誉。”

让他主持扎仓的学僧的教程背诵和考试，对他非常器重。三十二岁时，他虽在聆听《甘珠尔》大藏经教敕，但也没有间断对教程的宣讲和对学僧的背诵和考试的工作。塔秀·曲江嘉措（ཐར་ཤུལ་ཆོས་སྐྱོང་རྒྱ་མཚོ།）合掌赞扬说：

“常说显密知识不能像降神一样，神变一下即能得到，但这位德庆曲结却在这样短暂的时间里，学到了如此全面、圆满的知识，确实像降神那样的达到了，这是不可以言说的！”

三十三岁那年，即土羊年（公元1679年，清康熙十八年，己未），他进下密院学习密乘。帕邦卡瓦·阿旺旦增（ཕ་བོང་ཁ་པ་ངག་དབང་བསྟན་འཛིན།）提议让他受持班禅戒统为好，因此，达赖喇嘛亲自任授戒堪布，帕邦卡瓦·阿旺旦增任羯磨师，楚康巴·勒巴东珠（ཚུལ་ཁང་པ་ལེགས་པ་དོན་གྲུབ།）任屏教师，比丘嘉木样扎巴（དགེ་སློང་འཇམ་དབྱངས་གྲགས་པ།）任告时辰师，曲结那萨林巴（ཆོས་རྗེ་ན་བཟའ་གླིང་པ།）等人任增益师，重新受戒。向比丘嘉木样扎巴等许多喇嘛处聆听了经教。当被聘请担任察罕诺们汗的经师时，洛哲嘉措阿阇黎曾几次说道：

“你竟放弃担任甘丹寺赛赤的机会，而去任古尔寺的堪布吗？”

郭莽喇嘛土尔扈特巴（ཐོར་གོད་པ།）等许多格西也都劝他道：

“留在西藏吧！对现在和将来都有益处。”

当时，密宗学院的堪布是赤·金巴嘉措（ཁྲི་སྦྱིན་པ་རྒྱ་མཚོ།），岱青昂索等人先后几次敦促他劝彼师去古尔寺。他说：

“按这位格西的造诣，就噶丹赤巴和郭莽喇嘛两者位置来说，要么可任噶丹赤巴，要么可任郭莽堪布，这些都是你们所已了解的。这不是什么派充差使，而是才尽其用。现在你们给我说清楚你们的敬奉情况，就可明白该不该让他去。”

众僧们提出力所能及地侍奉的保证。这位阿阇黎以前很关心拉摩德钦寺的僧源，于是再三地敦促彼师返里。彼师对夏茸（ཞབས་དྲུང་།）说：

“请给我几年时间，让我钻研怛特罗，让我继续听闻经义。然后很快地回到家乡去。”

彼师虽提出这样的打算。但甘珠巴（བཀའ་འགྱུར་པ།）阿阇黎斥责说：

“你真不明白，乘现在有权时，应该允邀前去为好，以后很难得到这种机会。对化身活佛贡献学识和建立新寺院两者来说，这件事对于圣教和众生特别有益，我有权准许你回去。”

于是，彼师乃于铁猴年（公元1680年，清康熙十九年，庚申）年末，起程返里，铁鸡年年初到达故乡。抵达古尔寺的那天，约有三十位僧徒组成仪仗队列在桥头迎接，他心里说，“啊，就是这样的扎仓！”泛起了一阵忧伤之情。

彼师回来之后，即遍历安多地区的大部分寺院，立宗讲辩，智者之名遍布于大地。在塔尔寺时，敏珠尔法王（སྨིན་གྲོལ་ཆོས་ཀྱི་རྒྱལ་པོ།）适来西宁，他前去拜见，聆听了许多经教。木狗年（公元 1682 年，清康熙二十一年，壬戌），他首次担任讲辩经院的法台，讲授各大论教程，从不间断，并写出寺院清规《取舍明鉴》，建立纯净的寺院禁约。彼师对经论讲闻极为勤勉，每天与格西们商谈切磋；对青年僧侣教经授课、考问词语和经义、教导讲辩方式等，认真督促，教育极为严格，成为学者们庇荫处所；并劝导在家人量力广行善事。创立正月祈愿法会、迎请弥勒法会、佳节法事、四月祈愿法会、三事实践等。鼓励在家俗人根据自己的情况多做近住戒等善事。

四十八岁那年，即木狗年（公元 1694 年，清康熙三十三年，甲戌）领着三十位僧徒赴藏。起程时，扎仓请他尽快回寺，特别是夏茸仁波切率领骑队亲自送到扎西曲迥（བཀྲ་ཤིས་ཆོས་འབྱུང་།）地方，含泪祈求他早回，彼师也含泪承应。到了西藏，依次向三大寺、上下两密宗学院、扎什伦布寺、热振寺、叶尔瓦寺（ཡེར་པ།）等寺供奉布施。叶兴法师（སྐྱ་ཞབས་ཡས་བྱིན།）虽然正在闭关修行，但还是殷勤地对献上的礼品予以接受。于一切知嘉木样协巴处聆听了许多经法，请教了许多显密经籍方面的疑难问题。他俩十分亲密，心心相印，因为他俩原先是同窗师兄弟。彼师鼓励嘉木样著了《中观教理宝库》一书。这本书大开欲求解脱之人的心窍眼界。那时，朝拜班禅洛桑耶喜（པཎ་ཆེན་བློ་བཟང་ཡེ་ཤེས།）很有困难，但彼师却朝拜了两次。班禅给他赐了佛像、佛经等许多依止圣物。和经师索南扎巴（ཡོངས་འཛིན་བསོད་ནམས་གྲགས་པ།）互相授受了许多经法。拉让大商卓特巴留彼师在扎什伦布寺暂住一年，彼师说：

“骑乘马匹都在北方，随从僧人都于朝拜圣地寺院之后，正在拉萨等候，难以久留。”拉让大商卓特巴说：

“这不要紧，很好办。可以叫随从僧侣和驮马都来后藏，给他们提供方便。”彼师说，

“安多夏茸活佛来信，准备于近期很快驾临卫地；同时，还有达尔汗长官（དར་ཧན་དཔོན་པོ།）准备委我任郭莽扎仓喇嘛；门仁巴恰巴·曲培（སྨོན་རམས་པ་ཆགས་པ་ཆོས་འཕེལ།）通过西藏地方政府要我任一个大寺院的喇嘛。我若不速快回去，这些问题也无法解决。”

于是，彼师谢绝了挽留，处理了一些未了之事，于木猪年（公元1695年，清康熙三十四年，乙亥）年末，起程返回本寺。

为了着重提高对于经法的授受程度，彼师于火牛年（公元1697年，清康熙三十六年，丁丑）向赤钦活佛丹贝尼玛（ཁྲི་ཆེན་སྤྲུལ་སྐུ་བསྟན་པའི་ཉི་མ།）、塔秀·曲江嘉措、夏卜浪·嘉样洛哲（ཤ་སྦྲང་འཇམ་དབྱངས་བློ་གྲོས།）、相曲木拉（བྱང་ཆུབ་མི་ལ།）、霍尔仓巴·阿旺扎巴（ཧོར་ཚང་པ་ངག་དབང་གྲགས་པ།）等为首的隆务寺、夏琼寺和措阿寺（ཚོ་ལྷ།）等地的一千多位僧众，授金刚鬘和密宗事部相结合的全部灌顶，还授予《毗沙门十五经》等经法的随许。先后给夏茸活佛等人讲授圣·宗喀巴、一世班禅克珠吉和第二世达赖喇嘛根敦嘉措等的《全集》以及《迦当书》《迦当教法史》《喻法论》《蓝色手册》《中观六论》等一些大论，并多次讲授京俄洛哲坚参（སྨན་ཞྭ་བློ་གྲོས་རྒྱལ་མཚན།）的许多著述、若干修心经论，《疏要庄严论》《大毗奈耶因缘经》《温萨巴全集》，玛尔巴和米拉日巴及热穹巴[11]师徒三人（མར་མི་དུས་ཆུང་གསུམ།）的传记和道歌，《菩提道次第广论》《四家合注》等注疏和教敕，并曾多次讲授学习《菩提道次第广论》的领会和传授金刚鬘灌顶等等，大降佛法甘霖。彼师自己出资新建拉让和神殿，建成后召集众多僧徒作集密法大开光仪轨，给本寺和外寺的千位僧众送了开光功德谢仪，向大喇嘛们致了谢词并供养了丰盛的礼物。彼师住在济农王的乌厄盖寺时，一天忽然草原上大火漫延，不可向迩。彼师出去一瞥，大火立即熄灭，使一些城镇免遭焚毁，人们誉为这是他证道的象征。

木羊年（公元1703年，清康熙四十二年，癸未），彼师到塔尔寺参观了大经堂，回来之后立即亲赴农牧区各地募化，于木猴年（公元1704年，清康熙四十三年，甲申）开工新建本寺大经堂。翌年，即木鸡年，描绘壁画等全部工程也都完工。经堂后殿里，请却西地方工匠塑造文殊菩萨像，高约两层楼；还有其他许多佛像、佛塔和佛经等身语意依止圣物。完工后，彼师著《遍照佛赞》。是年底，请夏茸活佛和赤殊胜化身活佛(ཁྲི་སྤྲུལ་མཆོག）为首的一千多位喇嘛僧众，举行了开光仪轨，并献了许多牛马，作为供品和供灯的功德金。新置了《甘珠尔》大藏经等许多经典和佛塔、佛像。在大会堂向僧众赐修玛尼宝瓶法，并施放了很多布施，并将布头缎头积累起来，缝成小面袋，布施给僧众。总之，他所募化的财物，一点一滴也都没有浪费过。不仅如此，他还不时调解了几次大的动乱，一生行为，颇多神奇。

火狗年（公元 1706 年，清康熙四十五年，丙戌），他和夏茸活佛商定，在寺院建立授予然降巴学位和噶希巴[12]学位的巡回讲经的制度，并对立宗以及授予学位进行广大布施等等，都予以适当的安排。请霍尔·敏珠尔法王讲授依怙主的经法，设立关于这个经法的施食修持法，巴索济垅阿旺贡却（བ་སོ་རྗེ་དྲུང་ངག་དབང་དཀོན་མཆོག）也前来赴会，胞弟拉卡大成就者（ལ་ཁ་གྲུབ་ཆེན།）做四业护摩。一切知嘉木样协巴从西藏来到安多地区，在建立拉卜楞寺的铁虎（公元 1710 年，清康熙四十九年，庚寅）那年，彼师曾前去拜谒，并到济农王的乌厄盖，聆听嘉木样授关于文殊经法的随许和教敕。嘉木样协巴令自己的随从许多三藏修持者向彼师请求结法缘，并允请求一切知嘉木样协巴纠正了拉摩寺僧众唪诵阎罗咆哮腔的韵调。一切知嘉木样协巴和彼师心意相投，亲切畅谈，并应彼师之邀，于同年闰七月的前十三日亲临拉摩德钦寺传授经法，倾听意见，如此等等的事绩甚多，对佛教的弘传有极其重要意义。

水龙年（公元 1712 年，清康熙五十一年，壬辰），彼师任夏琼寺堪布，两大丛林互相建立讲闻各大论的联系。水蛇年（公元 1713 年，清康熙五十二年，癸巳）圆寂。

火化遗体时，颅骨裂为三片，上面清晰地显出胜乐、集密、大威德像。心、舌、眼完整无缺，都作为内藏装入了舍利灵塔。这座灵塔和叶什郡俄仁巴亲手塑造的毗卢遮那像两者之上都降落了甘露。在安多和西藏两地，举行了盛大的追荐法会。彼师生前著有关于中观和戒律方面的摘谬和教法史等。亲授弟子有：察罕诺门汗、赛赤·洛桑丹贝尼玛、塔秀·曲江嘉措、叶什郡·嘉木样洛哲（གཡེར་གཤོང་འཇམ་དབྱངས་བློ་གྲོས།）、夏玛尔·阿旺程列（ཞྭ་དམར་ངག་དབང་འཕྲིན་ལས།）、尕庆·曼兰巴（དཀའ་ཆེན་སྨོན་ལམ་པ།）、上一世章嘉大国师的秘书铁巴·罗桑尼玛（ཐིམས་པ་བློ་བཟང་ཉི་མ།）、莫合加·嘉木样嘉措（མོག་ཀླུ་འཇམ་དབྱངས་རྒྱ་མཚོ།）、阿铁·丹巴嘉措（ཨ་ཐིམས་བསྟན་པ་རྒྱ་མཚོ།）、华丹扎西活佛（ཨ་ལག་དཔལ་ལྡན་བཀྲ་ཤིས།）等等。

续任堪布为尕庆·曼兰班角尔（དཀའ་ཆེན་སྨོན་ལམ་དཔལ་འབྱོར།），是夏科合（ཞ་ཁོག）地方称为僧达襄佐（ཟེན་འདར་ཐུག་མཛོད།）的外甥，父名坎智（ཁམ་དྲིས།），母名窝交吉（བོ་ཅོག་སྐྱིད།），出生于铁猴年（公元1680年，清康熙十九年，庚申），从小举止不凡，取名为更登杰（དགེ་འདུན་སྐྱབས།）。入德庆寺经院学经，向直合干巴尊者请求了沙弥戒和近圆戒，赐名为阿旺贡波(ངག་དབང་མགོན་པོ།)。于尊者处学习《菩提道次第广论》《妙吉祥亲教》《第二世达赖根敦嘉措全集》《迦当书》《罗桑全集》等。彼师从身、语、意三门尊敬上师的情形，是别人所难以想象的。上师患病时精心护理，圆寂后料理建造灵塔以及为转世灵童提供顺缘等等，都做得圆满周到，并和别的许多喇嘛们结下了深厚的法缘。他戒律严谨，时时以检查皈依之见，诵六字真言和严守禁食斋戒为主要的修持。他遵从赛赤仁波切的教谕，到处劝人持禁食斋戒，念玛尼。十年之间，他劝人念诵玛尼近一万亿遍，守禁食斋戒者约有二十万人，向卫藏以下的藏区喇嘛们上供养，给各寺院的僧众们放布施，并讲授了许多经法；如松巴堪布也曾前来谒拜请教。享寿九十岁圆寂。他的弟子们的行止在下面大都要谈到。

直合干巴·罗桑扎西（གྲགས་ཀན་བློ་བཟང་བཀྲ་ཤིས།）转世的化身罗桑丹增嘉措

(བློ་བཟང་བསྟན་འཛིན་རྒྱ་མཚོ།)，生于藏历第十二胜生的火猴年（公元 1716 年，清康熙五十五年，丙申），六十六岁时圆寂。他转世的化身为阿旺罗桑丹贝坚参（ངག་དབང་བློ་བཟང་བསྟན་པའི་རྒྱལ་མཚན།）。彼师入德庆寺经院学习，拜格西罗桑年扎（དགེ་བཤེས་བློ་བཟང་སྙན་གྲགས།）为经师。曾去卫地勤奋学习经法，究竟圆满后返回本寺。在本寺建佛宫，塑佛像，印佛经，造佛塔。在文殊普照殿的屋顶加盖绿色琉璃瓦。捐资塑造觉阿释迦牟尼佛像，还给寺院资助了一个月法会的经费五百两白银。上述两位活佛，曾先后担任过德庆寺的堪布。

阿旺罗桑丹贝坚参转世的化身罗桑年扎嘉措（བློ་བཟང་སྙན་གྲགས་རྒྱ་མཚོ།），于土猴年（公元 1848 年，清道光二十八年，戊申）生于夏科合地方，父名阿旺曲智（ངག་དབང་ཆོས་གྲགས།），母名文昌（ཏུན་ཁང་།）。现在德庆寺学习经法。

夏玛尔·阿旺程列（ཞྭ་དམར་ངག་དབང་འཕྲིན་ལས།），于藏历第十一胜生的铁牛年（公元 1661 年，清顺治十八年，辛丑）出生在夏玛尔（ཞྭ་དམར་རིགས།）家族里，父名嘎麻杰（ཀརྨ་སྐྱབས།）。彼师去西藏卫地进入哲蚌寺郭莽扎仓学习，精研佛法，成为当时讲论正理的最高权威人士。据说当时在西藏三大寺的高僧智者之中很难有一个和他辩论的对手。曾参加大祈愿法会的巡回辩论，并入下密院学习续部经法。回到安多地区后，同许多自称为博学智者的格西们辩论经教，他答辩精辟，常常挫败对方，声誉远扬。特别是一切知嘉木样协巴莅临德庆寺时，举行的第一次隆重的欢迎仪式上，他与钦德尔噶居·阿旺扎西巴（མཁྱེན་གཏེར་དཀའ་བཅུ་ངག་དབང་བཀྲ་ཤིས་པ།）[13]进行磋朗讲辩，这场辩论好像印度的佛教大师陈那和法称两人来到此地辩论一样，所有的福田和施主被这种空前无比的喜筵陶醉。噶居巴引用新教程所同意的论据来重复辩论，而夏玛尔则以乾慧固执派的共理反驳道：

“如果这样，则对作者和辩者都进行三轮的辩驳（即因、违、遍的三重判断）了！”

噶居巴内心惊恐地说：

“你已经被信财烧熟了。”

夏玛尔答道：

“是的，我已烧焦了，你也将要被烧焦。”

噶居巴后来任拉卜楞寺的堪布，所化甚众，内心很后悔地说：

“我已落在阿旺程列的预言之上了！”

当地一些人问彼师：“嘉木样协巴是很有名望的大智者，到底怎么样？”他答道：

“印度的六严二胜和我的老喇嘛这两方面，如果放在天平上称量，可能我的老喇嘛要把六严二胜拖着走。”

夏玛尔·阿旺程列于其五十四岁时，即木马年（公元1714年，清康熙五十三年，甲午）担任堪布，直至六十六岁时，即火马年（公元1726年，清雍正四年，丙午）为止。

彼师转世的后一世阿旺丹增嘉措（ངག་དབང་བསྟན་འཛིན་རྒྱ་མཚོ།），于藏历第十四胜生的火兔年（公元1807年，清嘉庆十二年，丁卯），出生在青海地区的阿柔家族，父名夏玛尔·益丹木（ཞྭ་དམར་ཡི་དམ།），被认定为夏玛尔·阿旺程列转世化身的灵童。入德庆寺学习，曾担任堪布讲授经法。后来，他舍去一切，拜赛康巴阿阇黎为师，成为其主要弟子。曾在五台山住过三年，沿内地驿路到达噶塔尔（མགར་ཐར།），谒拜木雅格西楚臣南杰巴（ཚུལ་ཁྲིམས་རྣམ་རྒྱལ་བ།）。由于能熟背《菩提道次第广论》《正义精要》和《密宗道次第广论》等，对于这种神奇的智力，喇嘛心中非常满意。土鸡年（公元1849年，清道光二十九年，己酉）圆寂于进藏学经的途中。

阿旺丹增加措转世的化身，是更登丹增桑波（དགེ་འདུན་བསྟན་འཛིན་བཟང་པོ།），生于水鼠年（公元1852年，清咸丰二年，壬子），父亲是上一世阿旺丹增嘉措的兄弟，名叫万木（བན་ཧུག），现化身正在学法讲经中。

赛赤化身洛桑丹贝尼玛（གསེར་ཁྲི་སྤྲུལ་སྐུ་བློ་བཟང་བསྟན་པའི་ཉི་མ།），于藏历第十二胜生的土蛇年（公元1689年，清康熙二十八年，己巳），出生在青海右翼黄河边阳桑村（ཡང་བཟང་།），父亲是拉摩乌厄盖察罕诺们汗（ལ་མོའི་ཨུ་ཀྲེ་ཚ་གན་ནོ་མོན་

ཏན།）的哥哥唯庆台吉（ཨུའི་ཆིང་ཐའི་ཇི།），母名鲁毛吉（ཀླུ་མོ་སྐྱིད།）。上一世赤钦洛哲嘉措于去内地返回时，来到降生地穆尼亥。诺门汗的哥哥前去拜见，请他去寺院。洛哲嘉措说：

“您在这座寺院内盖一座三层楼，即使您不邀请，我也要来！”并问了哥哥台吉的名字，口里接连重复说了几次。接着又说道：

“看起来身材端庄，眼含慈祥，似是一位英武坚强的人。”

显出非常喜悦的情态。人们认为这些话是后一世灵童将要出生在台吉家的征兆。

一些流传说，铁马年（公元 1690 年，清康熙二十九年，庚午），追荐青海赤巴·达赖洪台吉（མཚོ་སྔོན་ཁྲི་པ་ཏཱ་ལེ་ཧུང་ཐའི་ཇི།）的会场上，经章嘉一切知阿旺罗桑曲旦（ལྕང་སྐྱ་ཐམས་ཅད་མཁྱེན་པ་ངག་དབང་བློ་བཟང་ཆོས་ལྡན།）和诺门汗仁波切两人会面秘密商定，祈请班禅喇嘛和拉摩乃琼予以授记，认定为赤钦转世的化身。从医师阿旺嘉措（ངག་དབང་རྒྱ་མཚོ།）学习诵读。水鸡年（公元 1693 年，清康熙三十二年，癸酉）迎入德庆寺，于察罕诺们汗座前出家为僧，法名嘉木样嘉措（འཇམ་དབྱངས་རྒྱ་མཚོ།）。火鼠年（公元 1696 年，清康熙三十五，年，丙子），入讲经院拜罗桑扎西（བློ་བཟང་བཀྲ་ཤིས་པ།）阿阇黎为经师，学习《集类学》。火牛年（公元 1697 年，清康熙三十六年，丁丑），去乌厄盖一住四年。土虎年（公元 1698 年，清康熙三十七年，戊寅），章嘉全知者临莅彼师住处时，他前去拜谒。从铁蛇年（公元 1701 年，清康熙四十年，辛巳）起，学习《般若》等五部大论，深入钻研，究竟圆满。铁虎年（公元 1710 年，清康熙四十九年，庚寅），一切知嘉木样协贝多吉来德庆寺时，彼师在嘉木样协巴尊者前立宗辩论。嘉木样协巴高兴至极，甚为赞赏，传授了一些想学的经法。铁兔年（公元 1711 年，清康熙五十年，辛卯）章嘉仁波切来佑宁寺，他前去拜谒。曾在经堂石砌院辩场上进行辩论。尔时他以聪明机智自负，追求名利和权势，约一年之间，没有真正的进步，引起章嘉怀疑是否为赛赤仁波切的化身？但是，彼师具有赛赤活佛转世的真实无误的标记；经师阿阇黎又与众不同，常予以督促；察罕诺们汗亦给予与众不同的胜上士夫之赞誉，赐了前世赛赤活佛的书籍、佛像、佛塔以及全部法器，并让彼师聆受《巴索中观次第指引》和《自身修胜乐金刚坛城法》灌顶。彼师在广惠寺立宗，与经师霍尔活佛（ཧོར་སྤྲུལ་པའི་སྐུ།）等讲辩经论。玛三木旦格西（མ་དགེ་བཤེས་བསམ་གཏན།）立宗时，彼师和拉摩巴（ལ་མོ་པ།）们一起进行辩论。在塔尔寺立宗，与格西们轮流辩论并相互研讨教理。尔时，德庆寺阿阇黎任夏琼寺堪布，彼师以洛穹的身份，每天于喇嘛的座上给十二个班级讲授教程两次，有时还参与晚课，当宣讲完教程之后，就在自己座下和自己的班级钻研《俱舍论》和《释量论》，并附带积福德资粮和净治罪恶等等，如此稀奇传说到处流传。

彼师于十二岁时，即在德庆寺阿阇黎前首次受大威德灌顶，以后依次聆听喜金刚力佛、金刚鬘等灌顶，并在这位阿阇黎和叶什郡活佛处聆听《宗喀巴全集》及《五世达赖传》中《鲁拉锦衣》等经教。尤其是听了京俄洛哲坚参（སྤྱན་སྔ་བློ་གྲོས་རྒྱལ་མཚན།）所著《胜义菩提心修法》《修心智者意乐》《致力菩提修行法》《教诫正义海》《甘露善教》《正义消除世间黑暗论》《尘世事务论》《修心清净顶珠》《饶益贵贱补特伽罗记》《圣·坚白嘉措传》《耳传宝珠鬘》《见导耳传深奥教诫》《利他本注》《修心初阶除烦论》《哇查译师与夏尔巴译师问答》等经论。这些经教的传承在此地一直没有间断，延续至今。

木马年（公元 1714 年，清康熙五十三年，甲午）藏历八月，在几位格西的随行下，路经叶什郡寺、隆务寺、捏贡直噶寺（གཉའ་གོང་བྲག་དཀར།）到达拉卜楞寺，在遍主金刚持一切知嘉木样协巴（ཁྱབ་བདག་རྡོ་རྗེ་འཆང་ཀུན་མཁྱེན་འཇམ་དབྱངས་བཞད་པ།）尊者座前和许多格西领头的一万多僧众，聆受了弥多罗的全部灌顶。在讲经间休之时，彼师立宗讲辩，弘扬经教正理的喜筵。

第七世达赖噶桑嘉措来青海时，彼师前去拜谒，和达赖喇嘛一起在察罕诺门汗活佛座前聆听了许多经法。另外，还聆听了《修行百法海》

等经典。在塔秀·曲郡嘉措活佛座前，受胜乐、集密、大威德三本尊的灌顶及生起次第和圆满次第以及塔秀·曲郡嘉措的所有著述。还从叶什郡嘉木样洛哲（གཡེར་གསྒོང་འཇམ་དབྱངས་བློ་གྲོས།）处聆听讲授的萨迦派十三种金法、《俱卢洲长寿经》的教授和上一世章嘉大国师的《全集》等教敕。

水虎年（公元 1722 年，清康熙六十一年，壬寅）动身赴西藏卫地，向达赖喇嘛圣师徒敬献礼品，向色拉、哲蚌、噶丹三大寺广施布施，在扎什伦布寺从班禅洛桑耶喜受近圆戒，向与会僧众诵传所求诸经；向赤阿旺却丹[14]诵献热译师经函的教敕，彼师自己也聆听了阿旺却丹诵传的几部深奥经典。水兔年（公元 1723 年，清雍正元年，癸卯）在神变大祈愿法会上巡回讲辩，与罗桑智美（བློ་བཟང་དྲི་མེད།）等辩论师进行辩论，智者美誉传遍大地，当年返回故里。

彼师三十八岁的那年，即火马年（公元 1726 年，清雍正四年，丙午）任本寺堪布，一直到四十六岁，即木虎年（公元 1734 年，清雍正十二年，甲寅）主持本寺的政教事务。

铁猪年(公元 1731 年，清雍正九年，辛亥)，在宗噶尔达尔吉林（རྫོང་དཀར་དར་རྒྱས་གླིང་།昌隆寺)，向该寺的曲结玛尼巴（མ་ཎི་པ།）及彼地十八座寺院的大部分喇嘛为主的僧众，授金刚鬘灌顶。水牛年（公元 1733 年，清雍正十一年，癸丑)，在德庆寺授弥多罗灌顶。木虎年（公元 1734 年，清雍正十二年，甲寅）藏历七月十日，应文殊大皇帝(འཇམ་དབྱངས་གོང་མ།雍正帝）的邀请，自德庆寺起身赴京。九月，抵达北京。朝见皇帝时，圣上就《中观》疑难之处提出了许多问题，他都一一做了回答。彼师还拜谒了章嘉仁波切，皇帝颁赐了禅师封诰和印信。木兔年（公元 1735 年，清雍正十三年，乙卯)，因上一世土观活佛辞朝，皇帝敕彼师为掌印喇嘛。从乾隆皇帝登基的火龙年（公元 1736年，清乾隆元年，丙辰）起，至铁猴年（公元 1740 年，清乾隆五年，庚申）期间，大都夏秋住在七海子，冬春住在皇宫里，给第十七王子等人讲授大量经法。从水狗年（公元 1742 年，清乾隆七年，壬戌）起，和章嘉国师奉皇帝的圣旨，把《丹珠尔》大藏经译为蒙文。木鼠年（公元1744年，清乾隆九年，甲子），北京雍和宫（ཡུང་དུ་དགོན་དགའ་ལྡན་བྱིན་ཆགས་གླིང་།甘丹兴恰林）新建落成。木牛年（公元1745年，清乾隆十年，乙丑），在雍和宫分别成立神变大祈愿法会、法相学院、密宗学院、医学院、声明诗学院等。从此起，开创了按拉萨大祈愿法会授予学位之例。以上这些详见第七世达赖喇嘛噶桑嘉措所著的传中，此处仅略载一二。据说传记的下部有加固活佛·洛桑丹增拉卜吉（རྒྱབ་སྐུ་ཕྱུགས་བློ་བཟང་བསྟན་འཛིན་རབ་རྒྱས།）所编的一函，但未曾目睹[15]。彼师著作有《般若辨析》《律部羯磨仪轨圣教明灯》《普贤菩萨行愿品疏解脱津梁》《慈氏愿文疏解脱道明灯》《玛玖拉仲觉派典籍广论》《百法注疏》等四函。这些著作由埃普·罗桑东珠（ཨེ་ཕུ་བློ་བཟང་དོན་གྲུབ།）雕版印行。第二世嘉木样贡确吉美旺波专程来向他求弥多罗金刚灌顶时，彼师回忆起当年自己在第一世嘉木样协巴尊者前受弥多罗金刚灌顶时的情景说：

“有一天，嘉木样协巴的念珠串的线断了，几颗念珠散落在地上，立即拣起四粒呈上，又找着了一粒，一共拣起五颗。嘉木样协巴授记说，你一生之中要给人进行五次弥多罗金刚灌顶。以前，只给人进行过这样的灌顶四次，现已年迈力衰，虽一切似有些困难，但是，竟出现要法归原主这件事，这是一件好事，理所当然，一定要尽我的力量奉上圆满的灌顶。”于是，给第二世嘉木样进行了圆满无上的灌顶。

彼师七十四岁时，即水马年（公元1762年，清乾隆二十七年，壬午），在德庆寺圆寂。迎请第二世嘉木样一切知在遗体前念诵了《速回人间颂》。

赛赤洛桑丹贝尼玛转世的呼毕勒罕，是嘉木样丹增程列嘉措（འཇམ་དབྱངས་བསྟན་འཛིན་འཕྲིན་ལས་རྒྱ་མཚོ།），生于青海右翼的墨尔根岱青（མཚོ་གཡས་རུ་མེ་ཏན་དྷུའི་ཚང་།）的家族里，父名旺秀拉旦（དབང་ཕྱུག་རབ་བརྟན།）。铁兔年（公元1771年，清乾隆三十六年，辛卯），去内地，翌年圆寂。

嘉木样丹增程列嘉措转世的呼毕勒罕，是阿旺图旦旺秀华旦程列嘉措（ངག་དབང་ཐུབ་བསྟན་དབང་ཕྱུག་དཔལ་ལྡན་འཕྲིན་ལས་རྒྱ་མཚོ།），于水蛇年（公元 1773 年，清乾隆三十八年，癸巳），出生在曲藏滩的曲藏·土旦旺秀呼图克图的司膳官阿旺隆珠（ངག་དབང་ལྷུན་གྲུབ།）的侄儿家。一天夜里，曲藏·土旦旺秀在梦里梦见，在东方的天空里显现出一条五彩缤纷的彩虹，宛如一座拱桥，一端伸到曲藏滩。虹桥之上有许多天神和仙女手持许多供品，在前作先导，一位头戴长飘带僧帽，身披法衣者徐徐走来，问道：

"是谁?"

答道："是赛赤。"

梦醒时，这位灵童降生了。

火鸡年（公元 1777 年，清乾隆四十二年，丁酉），被迎请到曲藏寺。七岁时，即土猪年（公元 1779 年，清乾隆四十四年，己亥），从曲藏·土旦旺秀呼图克图出家。班禅一切知贝丹耶喜来塔尔寺时，铁鼠年，彼师在班禅尊者座前受沙弥戒。木龙年（公元 1784 年，清乾隆四十九年，甲辰），进京朝觐皇帝。火羊年（公元 1787 年，清乾隆五十二年，丁未）入曲藏寺经院学习，不久，即赴西藏卫地。土鸡年（公元 1789 年，清乾隆五十四年，己酉），返回故乡。在曲藏寺的法会上，弘扬佛陀的事业，不断地进行讲辩，辩才无碍，大家都誉为征兆非常佳妙。二十四岁时，即火龙年（公元 1796 年，清嘉庆元年，丙辰），由曲藏·土旦旺秀任堪布，卸任堪布阿旺华桑（ཁྲི་ཟུར་ངག་དབང་དཔལ་བཟང་།）任羯摩师，达赖呼图克图为屏教师，堪布迥乃（ཁྲི་པ་འབྱུང་གནས།）为告时辰师，授近圆戒。原先曾呈请达赖喇嘛，迎请夏琼寺多哇·智华坚参（མདོ་བ་གྲགས་པ་རྒྱལ་མཚན།）传授经教，聆听《菩提道次第广论》等许多经法。嘉庆皇帝（ཀྱ་ཆིན་རྒྱལ་པོ།）时，曾任宫内掌印喇嘛。彼师作风纯朴，秉性慈善，学问渊博，德行谨严。第九世达赖喇嘛隆朵嘉措坐床时，他曾去西藏朝贺。如此等等的事迹甚多。

阿旺图旦旺秀华旦程列嘉措转世的呼毕勒罕，是阿旺图旦丹贝尼玛

（ངག་དབང་ཐུབ་བསྟན་བསྟན་པའི་ཉི་མ།）。他出生在塔尔寺附近的穆尼亥部落，是现世拉摩活佛的兄弟。他曾在塔尔寺学经，赴内地不久圆寂。

阿旺图旦丹贝尼玛转世的呼毕勒罕，是罗桑土旦嘉措（བློ་བཟང་ཐུབ་བསྟན་རྒྱ་མཚོ།），出生在切杂头人家族。属于这个切杂地方的恰多氏族（ཆོས་ཚའི་ཁྲི་དོའི་རྒྱུད་པ།）中，先后出生拉摩·洛桑丹贝坚参活佛和他的哥哥埃尔克台吉拉赤活佛丹贝尼玛（ལ་ཁྲི་སྤྲུལ་སྐུ་བསྟན་པའི་ཉི་མ།），前一位为人贤良，后一位为人也贤良，因而他俩的故乡也获得贤良的美名。台吉有直合茂（ཏག་མོ།）和坚参（རྒྱལ་མཚན།）两个侄子，拉摩垂仲有这样的授记：

"直尕尔（ཡུལ་ཟག་དཀར།）地方神山下，要出生名为坚参的人，以福德之力转法轮，此人将作圣教护持者。"

他作为七个住黑帐房从事畜牧业村落的官人，据说在当地的藏族头人中，没有比他更好的。皇上御赐蓝晶顶和孔雀花翎的顶戴者，就是彼师的侄子。罗桑图旦嘉措上京朝觐圣上回来后，住持德庆寺，事业大有发展。

直合干转世的活佛罗桑丹增嘉措（གྲགས་ཅན་སྤྲུལ་སྐུ་བློ་བཟང་བསྟན་འཛིན་རྒྱ་མཚོ།），从十九岁那年即木虎年（公元 1734 年，雍正十二年，甲寅）起，至六十六岁即铁牛年（公元 1781 年，乾隆四十六年，辛丑）期间，任德庆寺堪布，从政教两方面管理寺院，出现了许多有学有证的贤哲。

涅巴大禅师罗桑南卡（ཉེ་པ་སྒོམ་ཆེན་བློ་བཟང་ནམ་མཁའ།）转世的化身是阿旺旦增尼玛（ངག་དབང་བསྟན་འཛིན་ཉི་མ།），从水虎年（公元 1782 年，乾隆四十七年，壬寅）起，至铁猪年（公元 1791 年，乾隆五十六年，辛亥）期间，任德庆寺堪布，他断除谬论，摄授教理，消除懈怠，加强纪律，开展讲听，展开讲辩，对该寺恩重无比云。

阿柔大格西·贤巴格勒坚参（བྱམས་པ་དགེ་ལེགས་རྒྱལ་མཚན།），于铁猪年来本寺住了约三年。三年之中，他传授了许多灌顶、教敕和随许。使此地的僧俗贵贱都心向佛法，恩重德大，人们对他至今还赞扬不止。

塔秀活佛阿旺群培（ཐར་ཤུལ་སྤྲུལ་སྐུ་ངག་དབང་ཆོས་འཕེལ།）的上一世活佛是大学者曲郡嘉措（ཆོས་སྐྱོང་རྒྱ་མཚོ།）。曲郡嘉措生于塔秀部落。塔秀是拉丹（ར་དན།）地方董姓（སྟོང་རིགས།）氏族的都秀（བདུན་ཤུལ།）、完秀（བན་ཤུལ།）、盘秀（ཕན་ཤུལ།）、官秀（མགོན་ཤུལ།）、曼秀（སྨན་ཤུལ།）等众多部落之一。他幼年放牧时，梦见一位盛装女人骑着骡子来到他跟前，对他授记说：

“你的名字叫曲郡嘉措，一切障碍由我来消除。”

醒来后向叔叔说此事，从此他的名字就称为曲郡嘉措。入西藏哲蚌寺郭莽扎仓学习，乃霍尔阿阇黎的僧源，是当时智者之中很出色的一员。土猴午（公元1668年，清康熙七年，戊申）冬天，举行冬季学期立宗辩论时，第一世嘉木样协巴初入哲蚌寺郭莽经院，尊者细心地观察着哪位格西学问高超。开始有几位智慧超殊的老僧起来讲经说法，接着一位身躯高大，口齿清晰，智慧最为超殊的僧人站了起来，提出“遍计所执无自性”的论点，立宗人一下子蜷缩得越来越小，好像要蜷缩到地下去了。此时，嘉木样协巴尊者问一位知情的僧人：

“彼师是谁？”那位僧人答道：

“他是遁世然绛巴（བྱ་བྲལ་རབ་འབྱམས་པ།）曲郡嘉措，现在的格西当中，没有比他再强的。”

《大威德教法史》中说：

“那时，我们的各个学级里有不少明慧僧人。如遁世者然绛巴曲郡嘉措、霍尔尕旦（ཧོར་སྐལ་ལྡན།）、章嘉夏茸仁波切（ལྕང་སྐྱ་ཞབས་དྲུང་རིན་པོ་ཆེ།）、豆旦堪布扎加达纳（ཏག་བཏན་མཁན་པོ་པྲ་ཛྙཱ་ན།）、阿达尔（ཨ་དར།）、达尔卫（དར་བེ།）等老一辈高僧，他们常根据教理讲辩，究竟圆满。中年僧侣也各能立宗，根据教理起立辩驳，很多人可从傍晚一直讲到天明。还有那些虽然不专是精辟地阐述离系矛盾之蕴的文献著作，但是能善妙地解释和著述的贤哲则大有人在，如端、西（དོན་ཤེར།）二人，章嘉（ལྕང་སྐྱ།）、曲郡（ཆོས་སྐྱོང་།）二人，两位格丹（སྐལ་ལྡན།），两位嘉木样（འཇམ་དབྱངས།）等等。”

端、西二人是指土尔扈特·端智嘉措（ཐོར་གོད་དོན་གྲུབ་རྒྱ་མཚོ།）和尼塘·西热金巴（ཉིན་ཐང་ཤེས་རབ་སྦྱིན་པ།）；两位格丹其中的一位是指杜瓦曲结霍尔·格丹（འདུན་པ་ཆོས་རྗེ་ཧོར་སྐལ་ལྡན།），另一位格丹是谁，则不清楚。塔秀·曲郡嘉措曾拜仲巴·加查巴（དྲུང་པ་རྒྱལ་ཚབ་པ།）、达普巴（རྟ་ཕུག་པ།）、上一世章嘉、甘珠巴·金巴嘉措（བཀའ་འགྱུར་བ་སྦྱིན་པ་རྒྱ་མཚོ།）等多位喇嘛为师。

铁猪年（公元 1671 年，清康熙十年，辛亥），塔秀·曲郡嘉措返回安多地区，在直噶尔白宗（བྲག་དཀར་སྤེལ་རྫོང་།）石窟、那多宗（ནགས་རྫེ་རྫོང་།）石窟、格巴阳拉岩（གདན་པ་ཡང་ར།）等处修行，证得幻身。人们称他是印度圣者那波交巴（ནག་པོ་སྤྱོད་པ།）的化身。他在巴地芒拉的后面建了一处帐房寺院住在那里。著有《供养上师颂讲义》《菩提道次第论笔记》《度中阴关注释》等多种。

铁虎年（公元 1710 年，清康熙四十九年，庚寅），彼师为了拜会嘉木样协巴前去拉卜楞寺。嘉木样协巴授以《诸欲界天》的随许和讲传了嘉木样协巴自己的著作《因明论明析》《大威德教法史》上卷。彼师并请教了显密二宗的许多疑难处。嘉木样协巴的回答，使这位格西信服得五体投地。嘉木样协巴也因为彼师是位老格西也特别尊重。问他修持什么？他谦虚地回答道：

"为了消除孽障，念一些《陀罗尼经》。"

嘉木样协巴又问道：

"您是大格西，可能传授了一些经验？"

彼师回答：

"虔信《菩提道次第》教诫，仅能做到经常不断地诵传着。"

嘉木样协巴极其高兴地说道：

"恩德无比，今后请继续这样做下去。"

彼师年事虽高，还是日夜不断地进行修持，晚上依然打坐，根本不吃肉食，虽勤奋地博览经籍，据说视力不减，犹如当年。其主要原因彼师认为乃由于自己住进寺院以来，从未间断过佛灯香火，也没有为自己之事而亲手或叫别人杀过牲，可能是这个原因。火鸡年（公元 1717 年，清康熙五十六年，丁酉）和土狗年（公元 1718 年，清康熙五十七年，戊戌）两年之中，他给赤钦嘉那巴（ཁྲི་ཆེན་རྒྱ་ནག་པ།）转世的呼毕勒罕授胜乐、集密、大威德三本尊的灌顶和讲授生起次第与圆满次第。彼师任过松巴大堪布出家的堪布。多旦俄仁巴（རྟོགས་ལྡན་སྤྲུགས་རམས་པ།）拜为经师，深受教益，成为通晓证悟秘法的“宝库”。彼师临圆寂时，僧众恳求他化身转世，与一位施主因缘会合，就转世在那位施主家。一生下来聪慧无比，能依稀记得前生。土鸡年（公元 1729 年，清雍正七年，己酉），由赤钦丹贝尼玛（ཁྲི་ཆེན་བསྟན་པའི་ཉི་མ།）迎请到塔秀寺（ཐར་ཤུལ་དགོན།），披剃出家。先后听了不少经法。在拉卜楞寺学经时，因患痘疹而圆寂，时年十七岁。

他转世的化身生于青海地方的一户蒙古族人家。曾去卫地学习了一些经籍，在下密院学了几年，曾拜谒班禅喇嘛。回到安多后，在曲纳（ཆུ་ནག）地方建了一座小寺院，念亚玛拉扎真言一亿遍。曾任德庆寺堪布，劝导僧俗，广作善事，念六字真言数亿遍，持禁食斋戒数千次。

彼师转世的化身是更登曲郡嘉措（དགེ་འདུན་ཆོས་སྐྱོང་རྒྱ་མཚོ།），于铁马年（公元 1810 年，清嘉庆十五年，庚午）出生在青海蒙古地方，父名多杰拉丹（རྡོ་རྗེ་རབ་བརྟན།），母名华宗（དཔལ་འཛོམས།），被迎往前世的寺院坐床。十四岁到二十几岁，在德庆寺学经，参加讲闻辩论。二十九岁时，拜赛康巴大师为师，努力勤奋修习。土鸡年（公元 1849 年，清道光二十九年，己酉）到塔尔寺，聆听噶丹铁吾（དཀའ་ལྡན་ཞེ་སོ།）活佛讲传的许多经法。师长赞扬他虽有很高的才学，但谦虚自处，寡欲知足，至为稀奇。在拉卜楞寺，先后聆听过喜饶嘉措尊者讲传的许多经法。当前，在德庆寺及其所属各寺、上下贵德（ཁྲི་ཀ་གོང་འོག）和巴那亥等地，护理众生事务，当地所有的活佛都拜彼师为师，事业至为增盛。

被称为玛克（མར་ཁ།）活佛的阿旺丹增（ངག་དབང་བསྟན་འཛིན།）的前一世是

华旦扎西（དཔལ་ལྡན་བཀྲ་ཤིས།），彼师出生在鲁加（ཀླུ་ཀྱི།）地方。取得西藏卫地的格西学位，拜直合干巴阿阇黎为师，相传他证得空性。著作有《因缘颂释智者意趣庄严》等多种。

他转世的化身就是阿旺丹增，出生在寺院所属的拉德闹尔哇（ལྷ་སྡེ་ནོར་བུ།）村。从小虔奉大威德为本尊，有惊人的天才，善于讲、辩、著。在第二世嘉木样处聆听大手印修行法讲解等并向雅尔昂涅巴活佛（ཡར་ནང་རྗེ་པ་སྤྲུལ་སྐུ།）和阿柔格西（ཨ་རིག་དགེ་བཤེས།）活佛等求教。彼师任这个寺堪布时，讲闻辩论，整饬纪律，极其认真严肃，对圣教的弘扬颇多建树。塑造了释迦牟尼佛、利见佛等多尊佛像。将自己住室和所有器具都献于扎仓，离尘出世。著作有《涅·洛桑丹增尼玛传》等多种。

彼师转世的化身是阿旺罗桑旦增闹吾（ངག་དབང་བློ་བཟང་བསྟན་འཛིན་ནོར་བུ།），于木蛇年（公元 1883 年，清道光十三年，癸巳）出生在尕杰夏尔（སྐ་རྒྱས་ཤར།）地方，父名索南达吉（བསོད་ནམས་དར་རྒྱས།），母名仁乃（རིན་ནེ།）。入德庆寺经院学习，生性颖悟，学习成绩卓著。拜涅·罗桑丹贝坚参等为经师，学习经法。曾任德庆寺堪布。

拉摩环群·罗桑达吉（ལ་མོའི་དཔོན་ཚང་བློ་བཟང་དར་རྒྱས།），出生在夏科（བྱ་ཁོག）地方的埃津台吉（ཨུས་ཅིང་ཐའི་ཇིང་།）家族里。曾在哲蚌寺郭莽扎仓学习，读完各大论。回到安多地方后，继续勤奋修习，弘扬了许多甚深妙法，从德格（སྡེ་དགེ）印经院迎请来《甘珠尔》大藏经；塑造了十六尊者药泥像等很多佛像、佛经和佛塔等依止圣物。任德庆寺堪布时，详细教习了法会诵经的音韵和腔调。建立了秋季学期，并设置了费用的资金。

拉摩环群·罗桑达吉转世的化身是罗桑旦增喇卜吉（བློ་བཟང་བསྟན་འཛིན་རབ་རྒྱས།），生于青海蒙古地方。他曾在德庆寺学经并任该寺堪布。所以，人们称他为加卜阿阇黎（རྒྱལ་དཔོན་སློབ།）。他是赛康巴大师亲传弟子，在塔尔寺先后多次聆听噶丹铁吾活佛讲传的许多经法。著有《赤钦丹贝尼玛传》的下部，现在去内地弘法。

香洒阿阇黎罗桑达吉（ཤིང་བཟའ་དཔོན་སློབ་བློ་བཟང་དར་རྒྱས།）。

拉日·阿旺罗桑嘉措（ལྷ་རི་ངག་དབང་བློ་བཟང་རྒྱ་མཚོ།）活佛，曾住持过德庆寺，他厌烦寺内琐事太多，不能专心修心学经，堪布任期满后，立即去拉日（ལྷ་རི།）山静修庵中修行。

阳穹活佛华旦扎西巴夏茸（ཡང་ཆུང་སྤྲུལ་སྐུ་དཔལ་ལྡན་བཀྲ་ཤིས་པ་ཞབས་དྲུང་།），出生在达参多哇（མདའ་ཚན་དོ་བ།）地方。在德庆寺取得格西学位。他努力积善消障，积极修持，获得证悟。曾去西藏卫地，朝拜、供养两尊觉阿释迦牟尼佛像[16]，朝拜和供养达赖喇嘛圣师徒，布施三大寺院僧众。在安多地区的许多寺院，也广施布施供养。他多方募化铜等为德庆寺铸造了一尊觉阿释迦牟尼铜像，并在寺院中央建了一座菩提塔。

他转世的化身生于穆尼亥地方，是穆尼亥夏茸·阿旺却珠丹贝坚参（མི་ཉག་ཞབས་དྲུང་ངག་དབང་མཆོག་གྲུབ་བསྟན་པའི་རྒྱལ་མཚན།）的兄弟，年幼时夭亡。

他转世的化身又生于穆尼亥地方，名为更登旦巴喇卜吉（དགེ་འདུན་བསྟན་པ་རབ་རྒྱས།）。曾入德庆寺学经，任古尔寺堪布。

直合干活佛再转世活佛阿旺罗桑丹贝坚参，当第五世拉摩活佛进藏时，从铁羊年（公元1811年，清嘉庆十六年，辛未）起，至木猪年（公元1815年，清嘉庆二十年，乙亥）期间，曾委任彼师住持拉摩活佛所管辖的一切政教事务。

夏琼寺的德阳夏茸·罗桑闹吾（བྱ་ཁྱུང་བདེ་ཡངས་ཞབས་དྲུང་བློ་བཟང་ནོར་བུ།）。

元治（གཡོན་ཙུ།）格西洛桑年智合（བློ་བཟང་སྙན་གྲགས།），曾在德庆寺刻苦就学，勤奋攻读，究竟圆满。由于学习了十明，享有广博贤名。他勤奋而不间断地学习胜乐、集密、大威德三本尊，以及《时轮》《菩提道次精要》等，夜晚在酥油灯下阅读《甘珠尔》大藏经等。在这座寺院，曾两次任洛穹并担任堪布之职。他大力弘扬《般若八千颂》《菩提道次第广论》《四家合注》等教授，传授金刚鬘灌顶等。著有《三戒广释》等许多经籍，赛康巴大师和松巴堪布都曾前来拜谒求教。

彼师转世的化身是洛桑年智嘉措（བློ་བཟང་སྙན་གྲགས་རྒྱ་མཚོ།），于水蛇年（公元 1773 年，清乾隆三十八年，癸巳）出生在元治部落里，父名才太尔（ཚེ་ཐར།），母名坎卓（མཁའ་འགྲོ།）。曾入德庆寺学经，聆听赛康巴大师和塔秀阿阇黎等讲传的经法，在拉卜楞寺院，拜喜饶嘉措尊者为师。先后任古尔寺和德庆寺的堪布，大力弘扬佛法。

戎西智华嘉措（རོང་ཞིས་གྲགས་པ་རྒྱ་མཚོ།）。

热杂（ར་ཟ།）活佛洛桑元丹嘉措（བློ་བཟང་ཡོན་ཏན་རྒྱ་མཚོ།），曾任德庆寺堪布，极力督促僧众钻研各大论教程，住持寺院颇有贡献。

以后继任堪布者有涅·罗桑丹贝坚参活佛（རྗེ་སྤྲུལ་སྐུ་བློ་བཟང་བསྟན་པའི་རྒྱལ་མཚན།）、阿拉合罗桑喜饶活佛（ཨ་ལགས་སྤྲུལ་སྐུ་བློ་བཟང་ཤེས་རབ།）、夏琼热章活佛克宗嘉措（ཞྭ་ཁྱུང་ར་སྒྲེང་སྤྲུལ་སྐུ་མཁས་བཙུན་རྒྱ་མཚོ།）、夏玛尔殊胜化身阿旺丹增嘉措（ཞྭ་དམར་མཆོག་སྤྲུལ་ངག་དབང་བསྟན་འཛིན་རྒྱ་མཚོ།）、多合活佛阿旺环觉尔（ཏོག་སྤྲུལ་སྐུ་ངག་དབང་དཔལ་འབྱོར།）、塔秀活佛第四世更登曲郡嘉措（ཐར་ཤུལ་སྐུ་ཐོག་བཞི་བ་དགེ་འདུན་ཆོས་སྐྱོང་རྒྱ་མཚོ།）等。

阳穹拉仁巴·阿旺智华（ཡང་ཆུང་ལྷ་རམས་པ་ངག་དབང་གྲགས་པ།），生于阳穹村（ཡང་ཆུང་།）。他在噶丹寺隆本康村学习，曾任噶丹寺协敖，后取得拉仁巴格西学位，人们称他为"隆本巴尔察"（ཀླུ་འབུམ་འབར་ཚག），成了著名的格西。他是赤·阿旺年智合的徒弟，谦虚谨慎，乐于利人。

彼师转世的化身是罗桑丹增嘉措（བློ་བཟང་བསྟན་འཛིན་རྒྱ་མཚོ།），父亲是汪什代克（བོང་རྟག）部落莫合仓（སོག་ཚང་།）家族的关曲乎加（དཀོན་མཆོག་སྐྱབས།），母亲是娘毛加（སྙིང་མོ་རྒྱལ།）。先入德庆寺学经，后去西藏深造，回来后任古尔寺的堪布。

加卜（རྒྱབ།）活佛罗桑旦增喇卜吉（བློ་བཟང་བསྟན་འཛིན་རབ་རྒྱས།）。

居·旦巴雅佩（འཇུ་བསྟན་པ་ཡར་འཕེལ།）活佛，被称为有能力的阿阇黎。

拉日（ལྷ་རི།）活佛第三世洛桑扎西（བློ་བཟང་བཀྲ་ཤིས།）和阿铁（ཨ་ཐིས།）活佛罗桑旦增加措（བློ་བཟང་བསྟན་འཛིན་རྒྱ་མཚོ།）。

刚察（ཀང་ཚ།）活佛罗桑旦巴嘉措（བློ་བཟང་བསྟན་པ་རྒྱ་མཚོ།）的上一世是然绛

巴·更登喜饶（རབ་འབྱམས་པ་དགེ་འདུན་ཤེས་རབ།）。彼师入德庆寺学习经法，后进藏入哲蚌寺郭莽扎仓，学习究竟圆满后返回故乡，担任拉加寺的翁则喇嘛。在德庆寺塑造和绘画以两套千佛像画轴为主的许多佛像，修建了四座佛殿，殿内供奉从纳塘迎请来的两部《甘珠尔》大藏经等佛经，全都献给了寺院。成立玛尼月会，念了几个月之后，出现了玛尼药丸飞舞的奇景。著有《藏语语法三十颂音势论释》和《散简集》等。

他转世的化身，就是现在的这位活佛，于铁龙年（公元1820年，清嘉庆二十五年，庚辰），出生在上一世活佛的故乡即巴那亥刚察地方（སྦྲ་ནག་ཀང་ཚ།），父名华则本（དཔལ་རྗེ་འབུམ།），母名卡热（མཁར་རེག）。从元治·洛桑年智合（གཡོན་རུ་བློ་བཟང་སྙན་གྲགས།）受戒为僧，八岁时迎入德庆寺经院，对所有仪轨、法行等大都掌握。九岁时，在法会上应试，能背诵《俱舍论本论》《佛名号颂》《现观庄严论》《入中论》《更登嘉措尊者论教派》等。直到二十几岁，一直在德庆寺刻苦学习，坚持不懈，成绩良好，由赛康巴大师授近圆戒。后又赴西藏卫地学习，精通诸明处。三十一岁时，即铁狗年（公元1850年，清道光三十年，庚戌），任德庆寺堪布，扩建了大经堂，其负责精神无与伦比。先后在拉卜楞寺，聆受喜饶嘉措尊者等传讲的经法，受益颇深。是塔秀阿阇黎的主要弟子。水狗年（公元1862年，清同治元年，壬戌）舍弃一切，遁世修行。

其后继任者为玛克活佛阿旺洛桑旦增（མར་ཁའི་སྤྲུལ་སྐུ་ངག་དབང་བློ་བཟང་བསྟན་འཛིན།）、铁哇活佛洛桑丹贝坚参（ཐིགས་པ་སྤྲུལ་སྐུ་བློ་བཟང་བསྟན་པའི་རྒྱལ་མཚན།）、加卜查活佛洛桑旦增达吉（རྒྱབ་ཚ་སྤྲུལ་སྐུ་བློ་བཟང་བསྟན་འཛིན་དར་རྒྱས།）。

元治活佛洛桑年智嘉措（གཡོན་རུ་སྤྲུལ་པའི་སྐུ་བློ་བཟང་སྙན་གྲགས་རྒྱ་མཚོ།），彼师三十岁时，即水狗年（公元1862年，清同治元年，壬戌），任德庆寺堪布。

以上所述，均摘自寺志，仅在词语方面略加修饰，记载于此。

另外，住在本寺的还有郭莽堪布阿旺楚臣（སྒོ་མང་མཁན་པོ་ངག་དབང་ཚུལ་ཁྲིམས།），于藏历第十三胜生水马年（公元1762年，清乾隆二十七年，壬午），出生在乌如（ཨུ་རུ།）地方，父名才旦扎西（ཚེ་བརྟན་བཀྲ་ཤིས།），母名吾有（བོ་ཡག།）。曾在德庆寺和西藏卫地学习，究竟圆满，取得了拉仁巴学位。第三世一切知嘉木样进藏学习时，拜他为经师。西藏地方政府委任他为郭莽堪布，举行了两次正理学部辩论大会，恩德很大，与众不同地圆寂在郭莽经院的僧房顶上。

彼师转世的化身楚臣扎巴（ཚུལ་ཁྲིམས་གྲགས་པ།），出生在上一世的故乡乌如地方，父名塔惹（ཐར་རེ།），母名吉瑞（སྐྱིད་རིས།）。德庆寺嘎尔瓦迎至拉让扶养。他常看见在怙主神殿里有白须老人等各种形象，有明显的先知神通，不久圆寂。

楚臣扎巴转世的化身是阿旺楚臣（ངག་དབང་ཚུལ་ཁྲིམས།），生于昂拉（སྣང་ར།）地方，父名才让卡尔（ཚེ་རིང་མཁར།），母名拉毛（ལྷ་མོ།）。赛康巴大师曾授记说：

“这位活佛一直到十七岁时，要在吉尔当寺（སྐྱེར་སྟེང་།）为法会背水，要像普通僧侣一样对待，不要举行坐床仪式。”

但是，由于急躁无宏图大略，致过早圆寂。

现转世的化身更登旦巴达吉（དགེ་འདུན་བསྟན་པ་དར་རྒྱས།），于土鸡年（公元1789年，清乾隆五十四年，己酉），出生在东车（སྟོང་ཆེ།）地方，父名南杰（རྣམ་རྒྱལ།），母名祖果（གཙུག་གོ།）。入德庆寺学习，天资聪颖，学业优良。

德庆寺内的依止圣物，有历世拉摩活佛的舍利塔，有降成就甘露的圣·宗喀巴像，有赤钦洛桑丹贝尼玛（ཁྲི་ཆེན་བློ་བཟང་བསྟན་པའི་ཉི་མ།）捐资，用金铜铸造的高达五尺的金刚持佛像和八大弟子像，有三尺高的圣·宗喀巴像、弥勒佛像、文殊菩萨像等等。玛克活佛阿旺旦增修建的觉阿释迦牟尼佛殿里，供有贡塘·嘉贝祥誉为“化身工匠”的彼师（玛克活佛）亲手塑造的觉阿释尊像。

自藏历第十一胜生的火狗年（公元1646年，清顺治三年，丙戌），在黄河边建立古尔寺以来，至今已历二百零四年[17]；德庆寺自水狗年（公元1682年，清康熙十一年，壬戌）建寺以来，至今木牛年（公元1865年，清同治四年，乙丑），已历一百八十四年。

德庆寺（བདེ་ཆེན།）、阿哇寺（ཨ་བ།）、古尔寺（མགུར།），合称阿古卡松（ཨ་མགུར་ཁ་གསུམ།），义为阿古三寺；此外还有吉尔塘寺（ཀྱིར་ཐང་།）和昂荣寺（ངང་རོང་།）等。共有主寺和支寺二十五座。

德庆寺右面有条小河，河畔有地名叫吉尔塘滩（ཀྱིར་ཐང་།），建有一座山间静修院，名叫先欠曲宗寺（བྱམས་ཆེན་ཆོས་རྫོང་།），是噶登（སྐལ་ལྡན།）[18]的亲传弟子阿哇（ཨ་བ།）尊者修建的，后来，拉摩直合干巴住在该寺。又传说是察罕诺们汗于土蛇年（公元1689年，清康熙二十八年，己巳）修建的，还有人说俄仁巴·阿哇嘉木样洛哲（སྔགས་རམས་པ་ཨ་བ་འཇམ་དབྱངས་བློ་གྲོས།）在该寺创立了药师仪轨大法会云。第二世一切知嘉木样七岁时，曾在这座寺院学习诵读。那时，第一世一切知嘉木样协巴的亲传弟子扎巴隆主曾住在该寺云。

新寺扎喜喇卜丹寺（དགོན་གསར་བཀྲ་ཤིས་རབ་བརྟན།），东科呼图克图索南嘉措修建。就在这座寺院，第二世一切知嘉木样在这位尊者的座前受了金刚鬘灌顶。

阿嘎尔相曲林（ཨ་སྐར་བྱང་ཆུབ་གླིང་།菩提寺）阿科（ཨ་ཁོག）地方来的喇嘛多尔桑（རྡོར་བཟང་།）所建。因他供奉的护法神是宝帐怙主，据传，他似乎是萨迦派的一位僧侣。经过几位寺主之后，臧日普巴·曲结更登坚赞（ཚང་རི་ཕུག་པ་ཆོས་རྗེ་དགེ་འདུན་རྒྱལ་མཚན།），以《菩提道次第论》进行教化，管理该寺，把许多人引向修持之道。又彼师传承了几世之后，由阿哇曲结·曼兰扎西（ཨ་བ་ཆོས་རྗེ་སྨོན་ལམ་བཀྲ་ཤིས།）建立了长净、安居、解制三根本制度。圣·噶登嘉措（རྗེ་སྐལ་ལྡན་རྒྱ་མཚོ།）的上师格秀然绛巴·桑杰嘉措（དགེ་ཕྲུག་རབ་འབྱམས་པ་སངས་རྒྱས་རྒྱ་མཚོ།）和诺桑嘉措（ནོར་བཟང་རྒྱ་མཚོ།）、格勒华旦（དགེ་ལེགས་དཔལ་ལྡན།）等，曾先后来到这座寺弘扬佛法。德庆寺先后委派阿阇黎管理该寺。这座寺院内有桑杰嘉措的灵塔，威严灵异的护法神殿、阿哇的千佛像、那饶巴宝瓶水等许多灵异圣物。

※　　　※　　　※

昂拉达加神庙（སྣང་རའི་ཏ་བརྒྱ་ལྷ་ཁང་།）里，供有三世佛像。

多亥嘎尔瓦寺（ཏོག་སྐར་བ།）是多亥活佛阿旺环觉尔（ཏོག་སྤྲུལ་སྐུ་ངག་དབང་དཔལ་འབྱོར།）住持的寺院。彼师上一世名叫多亥闹吾（ཏོག་ནོར་བུ།），于第二世一切知嘉木样五岁时，授予居士戒，命名为诺吾坚参（ནོར་བུ་རྒྱལ་མཚན།）者似就是彼师。现在的这一世活佛更登旦巴嘉措（དགེ་འདུན་བསྟན་པ་རྒྱ་མཚོ།），于火鼠年（公元 1816 年，清嘉庆二十一年，丙子）出生在科采部落，父名班玛东周（པདྨ་དོན་གྲུབ།），母名尕藏卓玛（སྐལ་བཟང་སྒྲོལ་མ།）。

昂拉赛康寺（སྣང་རའི་གསེར་ཁང་།）。据说当初曲结端主仁庆寻找夏琼寺的寺址之时，来到昂拉的一位名叫端珠桑格（དོན་གྲུབ་སེང་གེ）的老头跟前——那位指点夏琼寺寺址的金刚忿怒母化身的老太婆也是这家之人——由端智桑格老头作为施主，修建了昂拉赛康寺云。又说，一位汉人彩线占卜者曾向穆尼亥索南（མི་ཉག་བསོད་ནམས།）指示预言，他按其所讲的“有一只神变鹞子向前飞行，朝它飞去的方向跟踪寻找”的指示，只见那鹞子降落在此处山丘之上，就在那里修建了神殿云。曲结端仁巴曾为寺址作了赞说词，后来，当夏琼寺大殿建成时，同时为二寺开光，天降花雨，花瓣至今还保存在该寺依止的圣物宝匣里。委任阎摩护法神为守护神，用曲结的鼻血画了一副神像的画轴，非常威严灵异。此后，第二世一切知嘉木样塑造了骑狮者药泥像，进行了委托事业的酬补仪轨，才变得稍微温和一些。这座寺里有三世佛像、八大近侍像、蓝色不动金刚像、持棒马头明王像等。前一世章嘉大国师和圣·噶登的亲传弟子隆务大成就者古哇·洛桑端珠（རོང་པོ་གྲུབ་ཆེན་ཀུ་བ་བློ་བཟང་དོན་གྲུབ།）及其徒弟洛桑却丹巴两人，在该寺建了静房，长期居住修行。从这里翻越古浪山（དགུ་རོང་ངོས་ཀྱི་ལ།）就到隆务（རོང་པོ།）地区。

古浪堤（དགུ་རོང་མཐིལ།）附近，有自然形成的密宗事部三怙主之陀罗尼咒文等；还有留在石头上的许多手印足迹，非常罕见。在这处圣地上，建有圣·噶登的静修房。

昂拉八庄或七庄，是指昂拉（ཞང་ར།）、勒松（ལྷས་གསུམ།）、措玉（ཚོ་བཞི།）、昂科（ནང་ཁོག）、勒岗（ལྷས་ཀང་།）、当索（ཧྲེང་སོ།）、尖扎（གཙན་ཚ།）等。尖扎头人本义亥嘉（འབུམ་ཡག་རྒྱལ།）的孙子邹多杰（གཙུག་ཏོར་སྐྱབས།），有东科·索南嘉措、桑卓德庆活佛（གསང་སྒྲོག་བདེ་ཆེན་སྤྲུལ་སྐུ།）、埃江昂索（ཨུས་ཇང་ནང་སོ།）、尧·阿旺南杰（ཡབ་ངག་དབང་རྣམ་རྒྱལ།）、永美官人（དཔོན་པོ་ཡུམ་མེ།）、东科·鲁本才让（སྟོང་འཁོར་བླ་འབུམ་ཚེ་རིང་།）等八个儿子。尧·阿旺南杰的儿子即第二世一切知嘉木样，出生在尖巴昂庄（གྲམ་པ་ནང་།）的家中，而今住室里还保存着第二世一切知嘉木样的衣物。曲察（ཆོས་ཚ།）和尖扎（གཙན་ཚ།）两部落虽是亲戚关系，但是头人彼此不和。在调解这一内讧时，上级政府封尧·阿旺南杰为管理本义亥嘉系统两千户人家事务的百户。永美官人有洛哲（བློ་གྲོས།）千户、尼玛（ཉི་མ།）百户、本美（འབུམ་མེ།）和西毛太（ཞིས་མོ་ཐར།）等四个儿子。西毛太没有儿子。洛哲有堪仁波切·贡乔桑格（མཁན་རིན་པོ་ཆེ་དཀོན་མཆོག་སེང་གེ）、更藏官人（ཀུན་བཟང་།）、贡乔三巴（དཀོན་མཆོག་བསམ་པ།）、彭措（ཕུན་ཚོགས།）、河南蒙古郡王达什仲鼐的福晋等五个子女。尼玛有山居静修者阿旺坚赞（རི་ཁྲོད་པ་ངག་དབང་རྒྱལ་མཚན།）、贡保(མགོན་པོ།)、娘尕太（སྙིང་གར་ཐར།）、嘉样达尔吉（འཇམ་དབྱངས་དར་རྒྱས།）、嘉样（འཇམ་དབྱངས།）、加洛（རྒྱལ་ལོ།）等六个儿子。本美有吉美（འཇིགས་མེད།）和拉卜旦（རབ་བརྟན།）两个当僧人的儿子，还有万德（བན་དེ།）、龙本加（བླ་འབུམ་རྒྱལ།）、贡乔（དཀོན་མཆོག）、宗哲（བརྩོན་འགྲུས།）共六个儿子。东科·鲁本才让的女儿招仲尼尔·贡乔扎巴（མགྲོན་གཉེར་དཀོན་མཆོག་གྲགས་པ།）为赘婿。第二世一切知嘉木样，将一、二世嘉木样的亲属集聚到桑科河川（བསང་གཞུང་།），排列台吉世系，安置为第一世一切知嘉木样父亲阿树华本加（དཔལ་ཤུལ་དཔལ་འབུམ་རྒྱལ།）神帐的头目。从昂拉迁去了第二世一切知嘉木样的亲属，安置在乎拉（ཧུ་ར།）。从此，嘉本样达尔吉（འཇམ་དབྱངས་དར་རྒྱས།）和万德（བན་དེ།）的后裔在夏河地区居住，其余的亲属都在昂拉居住，侄孙等担任头人。

另外，在黄河之阴和黄河之阳两岸，有释迦吾居（ཤཱཀྱ་ཨུ་རྒྱུད།）、石乃亥（ཐྲི་ནག）、瓦家(ཡ་རྒྱ།)、才旦吾居(ཚེ་བརྟན་ཨུ་རྒྱུད།)、贺尔加（ཧོར་ཀྱ།）、莫合加（མིག་ཀྱ།）、那加（ནཱ་ཀྱ།）、贾加（ཀྱ་ཀྱ།）、多加（དོ་ཀྱ།）等许多村庄。

德庆寺的左面，有条洛科河（ལོ་ཁོག་ཆུ།），河边有座洛多吉直岩（ལོ་རྡོ་རྗེ་བྲག 洛金刚岩）。此处是拉隆贝多和三大哲士加持的静修圣地，那里有座据说是萨迦班禅所建的装有一碗桑杰朗保舍利为内藏的灵异本康（འབུམ་ཁང་།）塔。索南益西旺波（བསོད་ནམས་ཡེ་ཤེས་དབང་པོ།）活佛曾来此地。他说道：

“前世来过此地，今日又来到了此地，感到无比愉快！”

章嘉大国师亲传弟子石乃亥瑜伽行者程列彭措（འཕྲིན་ལས་ཕུན་ཚོགས།）在这里的石岩上凿出一窟，于其中修建神殿，设立佛像、佛经和佛塔等，在此闭关修行二十年，念了三千万遍《忏悔经》、九亿遍《六字真言》等，修行功夫很深。阿哇曲结·曼兰扎喜（ཛ་བ་ཆོས་རྗེ་སྨོན་ལམ་བཀྲ་ཤིས།）和乃古大成就者（ནེ་གུ་གྲུབ་ཆེན།）两人，在佛窟中设置了许多佛像、佛经和佛塔。在石岩上有很多天然形成和人工雕凿的佛像。这些圣物曾遭汉兵的重大毁坏，大都由赛康巴大师（གསེར་ཁང་པ།）修复。附近村庄的一户人家，藏有称为舍利子化身所写的贝叶《大般若经》（ལོ་བའི་ཡུམ།），很是珍贵。

洛科沟（ལོ་ཁོག）的沟脑，有座名叫日聂务（རི་ཉོལ་བོ།）的山，又名日宁务（རི་སྙིང་བོ།）山。山上长期住着一位名叫罕东噶居（དར་སྟོང་དཀའ་བཅུ།）的修行者，他虔诚地供奉观世音菩萨的本尊，不分白天黑夜，甚至在没有光线的黑暗地方也能看书，从而得到了证悟。他临终时，有人求他在圆寂后显个灵兆。他答应说道：“看着焚尸处近旁的那块大石头吧！”尸体焚化后，大家观察了那块大石头，只见一块大石上自然显出了《六字真言》，另一块大石头上显出了ཨ་ཐཾ字样。所以，现在人们称这个地方为玛尼滩（མ་ཎི་ཐང་།）。第二世一切知嘉木样的弟子普华（འཕགས་པ།）曾加持过这个地方。则仓（རྫིག་ཚང་།）的持禁食斋者洛桑扎西（སྨྱུང་གནས་པ་བློ་བཟང་བཀྲ་ཤིས།）在这里建立了一所静修院。这位建寺者，以前住在吉仓温泉（སྐྱིས་ཚང་ཚ་ཆུ།）山中，苟什德洛桑丹贝坚参（ཀིརྟི་བློ་བཟང་བསྟན་པའི་རྒྱལ་མཚན།）曾去该地。当大家向尊者请问自己应特别供奉哪位本尊佛为好时，可是他什么也没有讲，却对持禁食斋的彼师说：

“你要供奉大悲观世音菩萨，一定会有殊胜成就。”

其他人开玩笑说：“疯僧也会得到殊胜成就啰！”

有一次，他睡在一个牧人家里，梦中明显地现出了拉卜楞寺的景象。于是，成为他去拉卜楞寺的外缘。他在萨嘎尔禅房（ས་དཀར་སྒོམ་ཁང་།）等许多寂静地方，先后持禁食斋三千次，为了准备在拉卜楞寺修建一座住所，就住在一座有厉鬼的房子里。一到晚上，响起很大的砰砰的撞击声和沙沙走路的响声。他见房上堆着一堆锦鸡儿刺柴火，就去掀开刺堆，只见老鸹和乌鸦在刺堆中纠集在一起，他没有加以理会，就在灶火门上进行火神空行护摩烧祭，把那堆刺柴全部烧光，以后再没有发生什么恶劣声响。乃在这座房子的地基上修建了一座两层楼的鞭麻作饰的住室，第二世一切知嘉木样派他到昂拉去当尊者他母亲的诵经师，彼师就在该地建起了一处静修院和住室。后来，他为了建立《甘珠尔》大藏经和《丹珠尔》大藏经法轮而进藏时，藏巴堪布益西环觉（གཙང་པ་མཁན་པོ་ཡེ་ཤེས་དཔལ་འབྱོར།）对他微有呵责。时阿里的一个地区，十年之间连降冰雹，造成大灾。班禅贝丹耶喜说：

“关于禳解雹灾之事，去请问嘉木样协巴的持禁食斋师吧!”

当把雹灾之情向这位持禁食斋者如实报告之后，彼师向各地送去一尊他亲手塑造的小泥佛。自此之后，雹灾就停止了。

这位持禁食斋师转世的化身生于昂拉，名叫洛桑旦增嘉措（བློ་བཟང་བསྟན་འཛིན་རྒྱ་མཚོ།）。

洛桑旦增嘉措转世的化身是阿旺曲藏（ངག་དབང་ཆོས་བཟང་།），现在还在。

拉郭日超寺（རྭ་རྒོད་རི་ཁྲོད།）。拉郭·洛桑东珠（རྭ་རྒོད་བློ་བཟང་དོན་གྲུབ།）修建。他曾去西藏卫地。他转世的化身是格登土多旺秀（དགེ་འདུན་མཐུ་སྟོབས་དབང་ཕྱུག），

入德庆寺经院学习。

昂荣扎西曲倍林（ངང་རོལ་བཀྲ་ཤིས་ཆོས་འཕེལ་གླིང་།）寺。修建人莫合加堪欠·嘉木样嘉措（སིག་ཀླུ་མཁན་ཆེན་འཇམ་དབྱངས་རྒྱ་མཚོ།），于藏历第十二胜生的土龙年（公元1688年，清康熙二十七年，戊辰），出生在莫合加的班玛登（སོག་ཀླུ་པདྨ་སྟེང་།）地方，父名蕃察·更登杰（བོད་ཚའི་དགེ་འདུན་སྐྱབས།），母名班玛吉（པདྨ་སྐྱིད།）。他经常去能望见夏琼寺的一座佛塔前叩拜，并作讲辩经论的姿态，忆起他是古哇却嘉措（ཀོའུ་པ་ཆོས་རྒྱ་མཚོ།）的转生。在德庆寺曲结罗桑扎西（བདེ་ཆེན་ཆོས་རྗེ་བློ་བཟང་བཀྲ་ཤིས།）座前受戒为僧。当时，阿阇黎梦见有一人献给他一顶金光闪闪的胜幢，认为是吉兆，感到非常高兴。彼师入经院学习《集类学》和《释量论》等学科，眼前出现了妙音佛母的形象，于是智慧增长，聪明无比。到西藏卫地进郭莽扎仓，入般若部的《新论》班级学习，辩驳诘难，犀利莫当。因而桑洛弥通（བསམ་བློ་མི་ཐུང་།）格西一天专门前来立宗。当辅导师刚站起来准备发问时，弥通立即制止道：

“你坐下！这里有一位新来的辩论犀利者，让他起来辩论。”

他俩相互辩诘，驰骋才智，致使寺院未能按时开出斋茶。弥通握着彼师的手称赞道：

“你的这些学问，无疑不是你这一生学来的！”

从班禅洛桑耶喜受比丘戒，拜肖·敦约克珠（ཞོག་དོན་ཡོད་མཁས་གྲུབ།）和嘉木样德卫多吉（འཇམ་དབྱངས་བདེ་བའི་རྡོ་རྗེ།）等为师。那时，赤·更登彭措（ཁྲི་དགེ་འདུན་ཕུན་ཚོགས།）任下密院堪布，他聆听了这位堪布讲授的《四家合注》，常于讲经空隙，向堪布请问一些疑难问题。堪布说：

“你还没有通达五部大论，问这些干什么？白白地挠脑袋！”彼师答道：

“我没有来卫地之前，已经通达五部大论。”

对堪布提出的一些疑难问题，凌厉犀利地予以辩驳。堪布鼓掌称善。说道：

“新来的僧人瞧你这骄傲的劲头，如果化为形象，恐怕这间房子也容纳不下！听说郭莽扎仓新来了一位很高傲而辩才犀利的人，难道就是你吗？”回答道：

“是我。”

堪布给他赐了一些钱币，又告诫说：“不要骄傲！”

彼师与热哇多巴（ར་བ་སྟོད་པ།）的一位著名格西辩论，那位格西辩败了。于四十三岁的那年，即铁狗年（公元1730年，清雍正八年，庚戌），被委任为吉祥时轮经院的堪布，任职七年返回故乡。彼师是第一世一切知嘉木样极为亲信的弟子，后来与第二世一切知嘉木样在昂拉会见时，他俩谈论契经，嘉木样活佛的天才智慧使他折服。他对第二世嘉木样恳切地进言说：

“嘉木样协巴多吉有你这样智慧至上的呼毕勒罕降生在人间，一定要去西藏卫地精研显密二宗，以期究竟圆满，否则就是佛教的灾难。无论如何，应去西藏学经。”

说着说着流下真诚的泪水。第二世一切知嘉木样赞扬说：

“在对我佛的经典和注释能讲、能辩、能著，以智者的行止护持圣教的人们当中，你犹如胜幢之上的顶珠，至高无上，一切圆满，是圣教之主。”

彼师著有《嘉木样传祈祷宝藤》一书。于五十一岁时，即土马年（公元1738年，清乾隆三年，戊午），修建昂荣扎西曲倍林寺，集聚僧侣一百多人。他曾见到画在经堂墙壁上的栩栩如生的圣·宗喀巴图像前，几位山神地祇前来顶礼。彼师多次授胜乐、集密、大威德三本尊灌顶，讲传《菩提道次第广论》等许多经典。当佛殿竣工后举行开光仪轨时，出现了奇异的吉兆。壁画佛像上流出了能一口一口地吸饮的成就圣水，据传现在每逢佳节良辰还散发出香气。七十四岁那年，即铁蛇年（公元1761年，清乾隆二十六年，辛巳）圆寂。弟子有松巴堪钦、涅哇·阿旺旦增（ཉེ་བ་ངག་དབང་བསྟན་འཛིན།）、叶什群·更登达智、则仓持禁食斋者洛桑扎西等。

彼师的叔叔蕃察·曲智嘉措（བོད་ཚའི་ཆོས་གྲགས་རྒྱ་མཚོ།）通晓五明，猛咒法术高强。他转世的化身洛桑曲智（བློ་བཟང་ཆོས་གྲགས།），出生在尕塄（ཀ་རིང།），曾由堪欠·罗桑曲智亲自关照护持，由他来住持寺院。洛桑曲智转世的化身出生在尖扎的洛哇村（གཙན་ཚའི་སྟོ་བ།），父名龙加本（ཀླུ་རྒྱལ་འབུམ།），他的名字未定。他转世的化身更登却培（དགེ་འདུན་ཆོས་འཕེལ།），于土鼠年（公元 1768 年，清乾隆三十三，戊子），出生在班沙尔村（བན་ཤར།），父名索南（བསོད་ནམས།），母名卡尔毛（མཁར་མོ།）。

堪欠·嘉木样嘉措转世的化身是，更登丹贝坚参（དགེ་འདུན་བསྟན་པའི་རྒྱལ་མཚན།），出生在甘加（ཀན་ཀྱ།）村。他转世的化身是嘉木样格哇华（འཇམ་དབྱངས་དགེ་བ་དཔལ།），生于贾加（སྐྱ་ཀྱ།）村，现住持寺院，功德很高。

昂荣扎西曲倍林静修院从建立的那年算起，至今年木牛年（公元 1865 年，清同治四年，乙丑），已历一百二十八年。

※　　　※　　　※

岗哇（སྐང་བ།）地区的古哇新寺（ཀོའུ་བ་དགོན་གསར།），起初由古哇云努相曲奥赛（ཀོའུ་བ་གཞོན་ནུ་བྱང་ཆུབ་འོད་ཟེར།）住持。他出生在贵德的阿什贡村（ཁྲི་ཀའི་ཡར་སྐོང།），拜达温·云努桑格（དྷཱ་དབོན་[19]གཞོན་ནུ་སེང་གེ）为师。据传他的法术高强，苟萨沟（འཁག་ཟའི་ལུང་བ།）原先没有水，他用法术使沟里流出一条大河。所以，后来人们称彼师为“古哇开山者”。他有学有证，声誉卓著，因而霍尔（ཧོར།）和莫合（མོག）两部落尊他为供奉上师。曲结敦珠仁钦请他到这处圣地，诵传了许多经法。彼师曾任夏琼寺堪布，任宗喀巴大师受戒出家的羯磨师。后来，这个官宦家族之中有喇嘛却吉坚参（བླ་མ་ཆོས་ཀྱི་རྒྱལ་མཚན།）者，把这处山间静修院加以扩建，新建了大经堂和厨房，因此叫作新寺。

古哇喇嘛却吉坚赞的侄子古哇噶居·曲嘉措（ཀོའུ་བ་བཀའ་བཅུ་ཆོས་རྒྱ་མཚོ།），于藏历第十胜生的铁羊年（公元 1571 年，明隆庆五年，辛未），出生在下贵德（ཁྲི་ཀ་འོག་མ།）黄河边的尕尔玛塘村（སྐར་མ་ཐང།），父名索南仁青（བསོད་ནམས་རིན་ཆེན།），母名班玛措（པད་མ་མཚོ།）。他从七岁到十七岁时，在新寺跟却吉坚参喇嘛学习藏文，并听了许多经法。他十四岁的那年，即木猴年（公元1584年，明万历十二年，甲申）从三世达赖喇嘛索南嘉措出家，拜东科·云丹嘉措（སྟོང་འཁོར་ཡོན་ཏན་རྒྱ་མཚོ།）和索南益西旺波（བསོད་ནམས་ཡེ་ཤེས་དབང་པོ།）等活佛为师。他十七岁的那年，即火猪年（公元 1587 年，明万历十五年，丁亥），由叔叔却坚（ཆོས་རྒྱན།）资助去西藏卫地学习。在噶丹寺赤·完噶哇·强巴嘉措（ཁྲི་མངོན་དགའ་བ་བྱམས་པ་རྒྱ་མཚོ།）处重受沙弥戒，聆听了贡德南卡坚参（སྒོམ་སྡེ་ནམ་མཁའ་རྒྱལ་མཚན།）诵传的有关经法，结成了法缘。入哲蚌寺郭莽经院，先后拜曲藏巴·强巴隆珠（ཆུ་བཟང་པ་བྱམས་པ་ལྷུན་གྲུབ།）和黄帽然绛巴·宗哲嘉措（ཞྭ་སེར་རབ་འབྱམས་པ་བརྩོན་འགྲུས་རྒྱ་མཚོ།）为师，学习了《集类学》《中论》《般若》《律戒》和《俱舍》等经典。二十六岁的那年，即火猴年（公元 1596 年，明万历二十四年，丙申），在林赛会上立宗。火鸡年（公元 1597 年，明万历二十五年，丁酉），去后藏地区入扎什伦布寺，拜吉康巴·桑杰嘉措（དཀྱིལ་ཁང་པ་སངས་རྒྱས་རྒྱ་མཚོ།）为师，学习了《释量论》，并在昂仁（ངམ་རིང་།）进行巡回辩论。土狗年（公元 1598 年，明万历二十六年，戊戌），在万贡寺（དབེན་དགོན།）从四世班禅罗桑确吉坚赞受近圆戒，并聆听了班禅喇嘛讲的许多经法，产生了特殊证悟。在下密院详细聆听了南嘉巴桑法王（ཆོས་རྗེ་རྣམ་རྒྱལ་དཔལ་བཟང་།）传授的集密金刚生起次第与圆满次第教敕。他还聆听了哲蚌寺密宗法师南卡桑波（ནམ་མཁའ་བཟང་པོ།）、尼登·森巴钦波·阿旺却吉嘉措（ཉི་སྡིངས་སེམས་དཔའ་ཆེན་པོ་ངག་དབང་ཆོས་ཀྱི་རྒྱ་མཚོ།）、达隆扎巴·洛哲嘉措(སྟག་ལུང་བྲག་པ་བློ་གྲོས་རྒྱ་མཚོ།)讲传的经法。他三十四岁的那年，即木龙年（公元 1604 年，明万历三十二年，甲辰），动身返回故乡时，上书班禅仁波切，被赐以永远做他的继承者许诺。彼师四十七岁那年，即火蛇年（公元 1617 年，明万历四十五年，丁酉），任塔尔寺堪布。

土羊年（公元 1619 年，明万历四十七年，己未），第巴曲结临莅塔尔寺，彼师虔诚侍奉，并聆听了第巴曲结教授的经法。水猪年（公元 1623 年，明天启三年，癸亥），他辞去堪布职务，回到尕尔玛塘村建修寺庙。

在安穹南宗（ཨན་ཆུང་གནམ་རྫོང་།）窟、郭波宗（སྐོད་པོ་རྫོང་།）窟、直噶静修院（ཟབ་དཀར་རི་ཁྲོད།）等处勤奋修行；同时，维修了新寺，并为修建隆珠曲宗静修院（རི་ཁྲོད་ལྷུན་གྲུབ་ཆོས་རྫོང་།）奠基，一直到火虎年（公元1626年，明天启六年，丙寅）住持该寺。土龙年（公元1628年，明崇祯元年，戊辰），到热贡给曲巴仁波切（ཆོས་པ་རིན་པོ་ཆེ།）等许多有缘者赐予正法甘露。土蛇年（公元1629年，明崇祯二年，己巳），在塔尔寺于第巴曲结座前聆听《金刚鬘》教授。六十五岁的那年，即木猪年（公元1635年，明崇祯八年，己亥）正月朝礼塔尔寺。当年三月二十五日，在宗喀地区的阿则村（ཨ་ཙེ།）圆寂。灵骨上显出右旋海螺状的吉祥图像，以此为内藏建了灵塔，现在供奉在本寺。

古哇噶居·曲嘉措的侄儿嘉木样华旦（འཇམ་དབྱངས་དཔལ་ལྡན།）住持这座寺院。彼师拜第一世一切知嘉木样协巴和叶什郡俄仁巴为师，供奉六臂依怙主等为护法神，创设每年供大施食祭法会的制度。彼师转世的化身是罗桑坚参（བློ་བཟང་རྒྱལ་མཚན།），出生在切杂（ཆོས་ཚོ།）村。罗桑坚参转世的化身是更登隆波（དགེ་འདུན་ལྷུན་པོ།），生于甘加（ཀན་རྒྱ།）村。现在在世的这位活佛，生于切察部的日务仓（རི་བོ་ཚང་།）家。历世活佛住持古哇新寺。

古哇新寺所属的豁卡村庄，有霍尔和莫合两个部落，由活佛兼头人实行政教合一制。属于新寺的支寺，有尕尔玛塘村的神庙和黄河边的年保护法神殿。护法神殿的对面有古哇曲嘉措修行圣地隆主曲宗窟，离黄河不远的地方有交·阿洛合（གཙོ་ཨ་ལགས།）活佛所建的七尊弥勒佛像。

※　　※　　※

贾加村（སྐྱ་ཀྱ་སྡེ་བ།）的谷脑有桑卓德庆寺（གསང་སྒྲོག་བདེ་ཆེན།），又名夏智培吉林（བཤད་སྒྲུབ་འཕེལ་རྒྱས་གླིང་།），传说该寺由年托乎·然绛巴（གཉའ་ཐོག་རབ་འབྱམས་པ།）住持过。藏历第十二胜生的水马年（公元1702年，清康熙四十一年，壬午），恭请叶什郡俄仁巴来寺讲授经咒，建立实践长净、夏令安居和解制三事；另外，还建立了药师和胜乐法会诵等规章，委任一位代理喇嘛住持寺务。后来，由德庆寺活佛阿旺更登扎西(བདེ་ཆེན་སྤྲུལ་སྐུ་ངག་དབང་དགེ་འདུན་བཀྲ་ཤིས།)住持该寺；彼师出生在甘加（ཀན་ཀྱ།）村。他转世的化身是年智嘉措（སྙན་གྲགས་རྒྱ་མཚོ།），于水龙年（公元1712年，清康熙五十一年，壬辰），出生在贾加的哇尔凑村（སྤྱི་ཀུའི་བར་ཚིག），父名松嘉（གཟུངས་རྒྱལ།），母名卡毛先（མཁར་མོ་བྱམས།）。这个寺院有近百位僧侣，建有弥勒佛殿。现在由大叶什郡（གཡེར་གཞོང་ཆེ་བ།）住持寺务，古哇活佛担任法台。另外，还有塔秀活佛等的戛尔瓦府。

多加（དོ་ཀྱ།）地方的次噶村（ཚིས་ཀ།），建有拉日桑太旦林（ལྷ་རི་བསམ་གཏན་གླིང་།拉日禅定寺），该寺系次噶俄仁巴（ཚིས་ཀའི་སྔགས་རམས་པ།）所建。彼师于藏历第十一胜生木鼠年（公元1684年，清康熙二十三年，甲子），出生在次盖村。据说他是第巴曲结和圣噶登嘉措的亲传弟子，是修胜乐金刚和观世音菩萨的瑜伽行者，是著有许多历算等书的大学者阿仲克宗加措（ཨ་འགྲོན་མཁས་བཙུན་རྒྱ་མཚོ།）转世的化身。彼师一直到三十岁时在家居住，学习宁玛派经法，著了一些日常需要的书。后来，他改宗格鲁派，采用巧妙的方法，于三十五岁那年，即土狗年（公元1718年，清康熙五十七年，戊戌）去西藏卫地出家为僧，法名为益西桑珠（ཡེ་ཤེས་བསམ་གྲུབ།）。又从班禅洛桑耶喜受比丘戒，赐法名洛桑迥乃（བློ་བཟང་འབྱུང་གནས།）。入下密院学习，敬聆堪布·桑洛弥通（མཁན་པོ་བསམ་བློ་མི་འཁྲུང་།）和赤欠·阿旺却旦（ཁྲི་ཆེན་ངག་དབང་མཆོག་ལྡན།）讲授的《四家合注》《八大解释》[20]等。他熟悉长净、夏令安居和解制三事以及下密院的规章。他和夏琼德康哇（བྱ་ཁྱུང་བདེ་ཁང་བ།）一起聆听肖·敦约克主巴（ཞོག་དོན་ཡོད་མཁས་གྲུབ་པ།）讲传的许多灌顶教敕和诀要，经常勤奋修行本尊金刚。三十九岁那年，即水虎年（公元1722年，清康熙六十一年，壬寅）返回故乡，在拉日贡玛（ལྷ་རི་གོང་མ།）和雅尔昂噶尔宁（ཡར་ནང་སྒར་སྙིང་།）等地潜心修行。按照神和喇嘛的授记，于四十二岁那年，即木蛇年（公元1725年，清雍正三年，乙巳）建立了静修院。由于管理贤妙，聚集了比丘一百多人。按照下密院的规章，建立了胜乐、集密、大威德三本尊修行供祭法会。寺内制度严格，法行增盛，比之别的寺院特别突出。彼师在更藏直盖麦隆（ཀུན་བཟང་བྲག་དཀར་མི་ལོང།）沟，受直盖俄仁巴·罗桑旦巴拉卜吉（བློ་བཟང་བསྟན་པ་རབ་རྒྱས།）传授的灌顶和生起次第与圆满次第、幻轮、铁城、大手印、六法等许多重要法门；赤钦丹贝尼玛（ཁྲི་ཆེན་བསྟན་པའི་ཉི་མ།）向他传授了《弥多罗》。其次，还聆听了拉摩·丹贝坚参（ལ་མོ་བསྟན་པའི་རྒྱལ་མཚན།）、噶庆·曼兰环觉（དཀའ་ཆེན་སྨོན་ལམ་དཔལ་འབྱོར།）、热·日超巴·阿旺克宗（ར་རི་ཁྲོད་པ་ངག་དབང་མཁས་བཙུན།）、日超巴·敦珠嘉措（རི་ཁྲོད་པ་དོན་གྲུབ་རྒྱ་མཚོ།）、尊者·阿旺曲扎（རྗེ་ངག་དབང་ཆོས་གྲགས།）、司隆本穹（གཟི་ལུང་དཔོན་ཚང།）等传授的许多经法。彼师也向别人大降灌顶、教敕和诀要的法雨。《松巴堪布传》中写道：

“从彼师聆听了传自第一世一切知嘉木样协巴的弥多罗和金刚鬘等共通灌顶等，以及其他许多经法。”

彼师的著作也很多。

彼师转世的化身是阿旺嘉措(ངག་དབང་རྒྱ་མཚོ།)，也出生在次噶村，曾在德庆寺和西藏卫地学习，严格遵守三律，戒行严谨，奉胜乐金刚为本尊，曾任德庆寺堪布。人们十分尊敬地称彼师为“拉日多吉强”(ལྷ་རི་རྡོ་རྗེ་འཆང།[21])。他临圆寂时，住处出现了彩虹，火化后呈现骨骼各关节联结不散等等奇兆。

阿旺嘉措转世的化身是洛桑扎西（བློ་བཟང་བཀྲ་ཤིས།）。彼师于铁龙年（公元 1820 年，清嘉庆二十五年，庚辰），出生在贵德珍珠寺的萨列（ས་བདག）家中，父名珍珠·万德（རྡོ་རྡོའི་བན་དེ།）。起初，他长期服侍赛康巴阿阇黎，后来，他被认定为是拉日活佛转世的化身。在德庆寺学习，成绩优异，任该寺堪布。到拉卜楞寺拜圣·喜饶嘉措为师，请讲了《供奉上师颂》教授等。他不喜欢热闹，敦厚稳重。

这座静修院自木蛇年（公元 1725 年，清雍正三年，乙巳）建立，至木牛年（公元 1865 年，清同治四年，乙丑），已历一百四十一年。

※　　　※　　　※

宗昂寺（རྫོང་ནང་དགོན།）原为尕普·关穹（ཀ་ཕུག་སྒོམ་ཆུང་།）所建。他转世的夏琼老堪布(བྱ་ཁྱུང་མཁན་རྒན།）尕普·罗桑端智（ཀ་ཕུག་བློ་བཟང་དོན་གྲུབ།）认为他的上一世所建的宗昂寺的寺址不好，因而，于他五十四岁时，即藏历第十三胜生的水牛年（公元 1793 年，清乾隆五十八年，癸丑），修建了现在的宗昂寺。拉摩殊胜化身格勒坚参（ལ་མོ་མཆོག་སྤྲུལ་དགེ་ལེགས་རྒྱལ་མཚན།）给该寺题名为“桑俄丹吉林”（གསང་སྔགས་བསྟན་རྒྱས་གླིང་།），给寺内拉让题名为“扎西格勒”（བཀྲ་ཤིས་དགེ་ལེགས།），并给该寺送了多尊鎏金铜佛像和《甘珠尔》大藏经。后来司膳官格西（གསོལ་དཔོན་དགེ་བཤེས།）又给该寺献了一部《甘珠尔》大藏经。于是将拉摩殊胜化身送的那部《甘珠尔》大藏经作为内藏做了转经大法轮，逐步建立了良好的寺规，由尕普三部落（ཀ་ཕུག་ཚོ་གསུམ།）作为供养的豁卡，并参加夏琼寺居巴扎仓法会。这座静修院自建立到木牛年（公元 1865 年，清同治四年，乙丑），已历七十二年。

那合哇尔寺（ནགས་བར་དགོན།），系维加穹哇（ཞིས་ཀྱུ་ཆུང་བ།）所建。该寺在黄河沿的坎木拉的阿则（ཁམ་རའི་ཕྱོགས་ཨ་མཛེས།）地方。

安琼南宗窟（ཨན་ཆུང་གནམ་རྫོང་།）。藏传佛教后弘期的三大哲士长期在此居住、闭关修行，并进行教授。安琼南宗窟的对面为当年拉隆贝多居住和修行的石岩山。一些业缘清净者曾看见那两座山之间，有光束互相联结在一起。这里的地祇阿桑王是暴戾之神。第巴曲结曾来过此地。古哇曲结曾在此地长期闭关修持。尕普·洛桑端智巴曾在山顶建立禅房，住持护理。

藏历第十三胜生的木虎年（公元 1794 年，清乾隆五十九年，甲寅），在扎西塘（བཀྲ་ཤིས་ཐང་།）建立了坎木拉扎仓（ཁམ་རའི་གྲྭ་ཚང་།）。该寺的僧侣参加夏琼寺居巴法会，由坎木拉村供养。

从这里翻过扎麻拉山（གྲྭ་མའི་ལ།），就到了上贵德（ཁྲི་ཀ་གོང་མ།）。

据说，在上下贵德（ཁྲི་ཀ་གོང་འོག）之间，有松巴（སུམ་པ།）所说的卡尔庆(མཁར་ཆེན།）[22]，圣·噶登所说的尕尔财寺（མཀར་ཆེས་དགོན།）。说是豆盖仲仁波切

(རྟག་དགེ་བྱུང་རིན་པོ་ཆེ།) 建立的，究竟在上下贵德哪个地方无从认定。上下贵德分界处有森宝日山（སྲིན་པོ་རི།）。《直盖俄仁巴传》中说：

“森宝日山的山神，上身是人形，下身是蛇尾盘曲，形如妙音琵琶。直盖俄仁巴来往隆务，路经森宝山时，这位山神都进行迎送。”

※　　　※　　　※

黄河自西向东不尽滚滚地向前奔流在南岸的郭拉沟（ཀོ་ར།）[23]、贡哇沟(གོང་བ།)[24]、尕饶沟(ཀབ་ཙོན།)[25]三条河沟的沟口，有贵德城（ཁྲི་ཀའི་རྒྱ་མཁར།）[26]。城外有三世佛殿、大威德金刚佛殿、六臂依怙主殿、法王殿等，有众位护法神齐集列座的穆尼亥护法神殿，又称穆尼亥九层殿。年公爷（ཉེན་གོང་ཡེ།）[27]的兵士来到时，阎罗法王神像显怒容向下直视门口，因此兵士畏惧，未敢破坏该神殿。至今，法王神像依旧怒目而视。曾经有位汉人官员在殿旁附近建了一座庄园，出现了法王阎罗的坐骑水牛和牛角等变异征兆，未敢居住。又说，同时出现了阎罗法王和骑狮护法神显现的许多神变。现在，当地的汉人也供奉这些神祇。

在县城外正南不远的东纳（གདོང་སྣ།）地方，有大慈大悲南海观音殿。

桑俄德钦林（གསང་སྔགས་བདེ་ཆེན་གླིང་།）和扎仓扎西曲培林（གྲྭ་ཚང་བཀྲ་ཤིས་ཆོས་འཕེལ་གླིང་།）两处寺院，是由上一世穆尼亥活佛洛哲达吉（བློ་གྲོས་དར་རྒྱས།），在达罗那他（ཏཱ་ར་ནཱ་ཐ།）的后一世化身俄钦·程列本（སྔགས་ཆེན་འཕྲིན་ལས་འདུས།）修行地穆尼亥（木雅）宗窟（མི་ཉག་རྫོང་།）修建的，并在这寺正对面的黄河北岸，修建了贺尔加扎仓桑木旦林（ཧོར་ཀུའི་གྲྭ་ཚང་བསམ་གཏན་གླིང་།）。这位活佛于藏历第十一胜生木兔年（公元 1675 年，清康熙十四年，乙卯），生于本巴尔底穹(བུམ་པར་རྟེའུ་ཆུང་།)，从塔尔寺密宗学院喇嘛格加·格勒华旦（སྐྱི་ཀྲུ་དགེ་ལེགས་དཔལ་ལྡན།）处受戒为僧。他在西藏卫地学习究竟圆满后，获得桑浦寺噶居学位。从直盖俄然巴等师处聆听了许多经法。回到安多地区后，于七十五岁那年，即土蛇年（公元 1749 年，清乾隆十四年，己巳），任塔尔寺堪布，给僧众先后授胜乐、集密、大威德等灌顶，讲传纳塘百法的随许、《菩提道次第广论》和《密宗道次第广论》等许多经典的教敕和注解，著有《三十四佛本生传》上卷的注解。于七十九岁那年，即水鸡年（公元1753年，清乾隆十八年，癸酉）圆寂。

他转世的呼毕勒罕是楚臣丹贝尼玛（ཚུལ་ཁྲིམས་བསྟན་པའི་ཉི་མ།），于藏历第十三胜生的木猪年（公元1755年，清乾隆二十年，乙亥），出生在青海蒙古地区。他从本巴尔阿阇黎楚臣嘉措（བུམ་པར་དཔོན་སློབ་ཚུལ་ཁྲིམས་རྒྱ་མཚོ།）出家为僧和受沙弥戒，在塔尔寺闻思经院和密宗学院学习显密二宗和诸明处。他常通宵不眠，苦读经典，并能背诵几部大论。两年之中，先后两次通过了大会堂背诵会试，从曲藏呼图克图处受近圆戒。在第二世一切知嘉木样吉美旺波和阿阇黎曲日卡巴（ཆུ་རི་ཁ་པ།）等座前聆听了许多深奥的经法。曾任塔尔寺医学院法台、密宗学院法台和磋钦大会堂的大堪布。给僧众授胜乐、集密、大威德、《四十九母》《八种起死回生经》灌顶，讲授巴日译师百八法等随许、《圣·宗喀巴全集》和《菩提道次第指引》等许多教敕。

彼师先后常住在扎西曲培林寺的拉让里。藏历第十三胜生的火虎年（公元1806年，清嘉庆十一年，丙寅），独立自主地建立了四月祈愿法会。当年吐蕃赞布赤热巴巾（མངའ་བདག་ཁྲི་རལ་པ་ཅན།）率兵北征时，曾在这处唐蕃交界地区，以他的头发为内藏修建了一座宝塔。彼师对此塔进行维护，并在塔顶安装了金光闪闪的鎏金铜日月；还从塔尔寺穆尼亥戛尔瓦里迎请来许多金铜铸造的大小佛像、多幅画卷，《甘珠尔》大藏经、《圣·宗喀巴师徒全集》等经籍一百多函，以及噶当塔等的许多佛像、佛经和佛塔，都供奉在这座寺院内。彼师还维修了桑俄德钦林寺（གསང་སྔགས་བདེ་ཆེན་གླིང་།）的寝宫，并建立了坐夏制度。

他于五十五岁那年，即土蛇年（公元1809年，清嘉庆十四年，己巳）赴内地。五十九岁那年，即水鸡年（公元1813年，清嘉庆十八年，癸酉）赴西藏卫地。一生之中功德善业很大，六十三岁那年，即火牛年（公元

1817 年，清嘉庆二十二年，丁丑）圆寂。

遗体火化后，心、舌、眼完整无损，还有很多舍利，遂以这些为内藏建了舍利塔，并分别安放在塔尔寺穆尼亥戛尔瓦里。贡塘·嘉贝样著有彼师的传略。

楚臣丹贝尼玛转世的呼毕勒罕华旦丹贝尼玛 (དཔལ་ལྡན་བསྟན་པའི་ཉི་མ།)，生于土兔年 (公元 1719 年，清嘉庆二十四年，乙卯)，现健在。

居乎戎扎仓 (ཅོག་རོང་གྲྭ་ཚང་།)，由居乎戎夏珠嘉措 (ཅོག་རོང་བཤད་སྒྲུབ་རྒྱ་མཚོ།) 修建。后来，由曲藏寺达赖呼图克图接管。

唯加扎仓 (ཝིས་ཀྱི་གྲྭ་ཚང་།)，关德活佛 (སྒོམ་སྡེ།) 的化身唯加活佛 (ཝིས་ཀྱི་ཨ་ལགས།) 所建。历世唯加活佛住持该寺的寺务。

以上这些寺为汉寺 (རྒྱ་དགོན།)，贵德地区的四十八个部落中，有汉人村庄二十九处，供养着这些寺庙。

彭措曲林 (ཕུན་ཚོགས་ཆོས་གླིང་།)，位于城南右侧的尕卜容沟 (ཀབ་རོན་ལུང་།) 的支沟日安德吉沟 (ཪ་ཨན་བདེ་སྐྱིད།) 里，铁哇昂索 (ཐེས་པ་ནང་སོ།) 的前辈修建。

贵德地区的地方神的神庙 (ཁྲི་ཀའི་ཡུལ་ལྷའི་ཕོ་བྲང་།)，位于日安德吉沟的沟口。这座庙的后山，远看像个宝座，所以被称为“赤尕” (ཁྲི་ཀ) 宝座台。

加毛扎仓德勒曲林 (འཇའ་མོ་གྲྭ་ཚང་བདེ་ལེགས་ཆོས་གླིང་།)，隆务地方加毛村 (རོང་པོའི་འཇའ་མོ།) 的阿旺直巴 (ངག་དབང་གྲགས་པ།) 修建。彼师于藏历第十一胜生的土马年 (公元 1678 年，清康熙十七年，戊午)，出生在七庄 (སྡེ་བདུན། [28]) 之一的加毛村 (འཇའ་མོ།)。从夏日仓第二世阿旺程列嘉措 (ངག་དབང་འཕྲིན་ལས་རྒྱ་མཚོ།) 处受沙弥戒和比丘戒，在隆务寺学习经论，后来，担任新建密宗学院的第一任法台。由于本尊大威德慈悲摄受，获得怙主护持事业的证兆。从堪庆·更登嘉措 (མཁན་ཆེན་དགེ་འདུན་རྒྱ་མཚོ།) 处聆听了《疏要庄严论》等疏解和教敕。六十八岁那年，即木牛年 (公元 1745 年，清乾隆十年，乙丑) 圆寂。

加毛赞布·玛尔智华关曲丹增尼玛 (འཇའ་མོ་བཙན་པོ་མར་གྲགས་པ་དཀོན་མཆོག་བསྟན་འཛིན་ཉི་མ།)，出生于藏历第十三胜生的铁猪年 (公元 1791 年，清乾隆五十六年，辛亥)。清道光皇帝于道光三年册封他为陕甘总督的大喇嘛 (ཤན་བཀན་ཙང་དུའི་ཏཱ་བླ་མ།)。六十四岁那年，即木虎年 (公元 1854 年，清咸丰四年，甲寅) 圆寂。

他转世的呼毕勒罕克宗丹增嘉措 (མཁས་བཙུན་བསྟན་འཛིན་རྒྱ་མཚོ།)，生于火龙年 (公元 1856 年，清咸丰六年，丙辰)，现健在。

墨尔根扎仓 (མེ་རྒན་གྲྭ་ཚང་།) 原系德庆寺属寺，寺名讹转为木堪寺 (སྨུ་ཁེན།)，由墨尔根曲结 (མེ་རྒན་ཆོས་རྗེ།) 创建。

瓦加扎仓彭措达吉林 (ཝ་ཀྱུའི་གྲྭ་ཚང་ཕུན་ཚོགས་དར་རྒྱས་གླིང་།)，据说由第二世加毛活佛修建。这座寺院的护持者有娘埃 (སྙིང་རེ།) 活佛、觉 (ཀ་ཙོ) 活佛和德吉 (བདེ་སྐྱིད།) 活佛。三位活佛资助塑造了三世佛像，迎请拉萨大昭寺觉阿释尊像上的金粉，给三世佛镀了金面。他们还修建了大经堂的殿脊。现在的第三世娘埃活佛阿旺益西 (ངག་དབང་ཡེ་ཤེས།) 生于水马年 (公元 1822 年，清道光二年，壬午)。第一世觉活佛，系扎什伦布寺的密宗高僧，任本寺的跳神师，由他教练培训，先后在贡哦寺(གོང་ངང་།)[29]、瓦加寺(ཝ་ཀྱུ།)、加毛寺 (འཇམ་མོ།) 建立了跳神会。他转生三世，后一世现健在。

当车 (སྟོང་ཆེ།) 有四座寺院，其中一座是本教喇嘛却魔仓 (བོན་གྱི་བླ་མ་ཁྱུང་མོ།) 住持的。松巴活佛说：“阿柔程列雅培 (ཨ་རིགས་འཕྲིན་ལས་ཡར་འཕེལ།) 建当车下寺。”待考。

阿铁寺桑木旦林 (ཨ་ཐིས་དགོན་བསམ་གཏན་གླིང་།)，阿铁旦巴嘉措(ཨ་ཐིས་བསྟན་པ་རྒྱ་མཚོ།) 创建。这位活佛生在当车色加村 (སེ་ཀྱུ།)，曾赴西藏学习经法。

阿铁旦巴嘉措的转世化身出生在日安百户 (ཙངན་བེ་ཧུ།) 家族里，名不详。

他转世的化身是洛桑丹增嘉措 (བློ་བཟང་བསྟན་འཛིན་རྒྱ་མཚོ།)，于铁蛇年 (公元 1821 年，清道光元年，辛巳)，出生在才子村 (ཁྲི་ཙོ།)[30]，父名文昌保 (ཝེན་ཆང་པོ།)，母名菩萨奶 (ཕུ་ས་ནེ།)。曾任德庆寺堪布。

关荣直加多吉宗寺 (དགོན་རོང་བྲག་སྐྱ་རྡོ་རྗེ་རྫོང་།) 位于尕卜容玉桑 (ཀབ་རོན་གཡུ་

བཟང་།) 附近，是隆务曲巴仁波切的寺院。彼师规定本寺的僧侣不应多，多了会影响和睦和清规戒律，僧侣绝对不能外出去村庄念经作法事。彼师修行的山洞顶部的岩石裂了一条缝，近侍人担心地说：“这孔石洞不久将要崩塌。”

他回答说：“没有关系，不会塌下来。”

说着，彼师用两指向岩石上一戳，就像插入稀泥一样，两根手指钻进石头里。后来，赛康巴大师在两眼指洞里涂了金粉，到现在还可以看到。这孔修行洞中，设有胜乐立体坛城，壁上画有千佛像和菩提道次第资粮田。按照曲巴仁波切的指示，画有曲巴仁波切居中，十八位弟子围绕在周围的图像，在每位弟子图像下书有他们的名字，画面最下部曲巴仁波切亲笔题了“不准出寺念经作法事”的字句。圣·噶登的亲传弟子夏卜浪洛桑嘉措（ཤ་སྦྲང་བློ་བཟང་རྒྱ་མཚོ།）将此处建为修行院。建立三事仪轨从未间断。并建立依布画修习胜乐、集密、大威德三本尊的自入法会，依粉彩坛城修习时轮金刚供养，举行护摩的法会。夏日仓和拉摩仓两位活佛，住持本寺寺务。

这条沟的沟脑有嘉哇扬关巴（རྒྱལ་བ་ཡང་དགོན་པ།）的修行圣地完摩宗（ཛོན་མོ་ཛོང་།）窟。这位活佛出生在巴燕的豆合徐（བ་ཡན་ཏིག་ཐུགས།）地方。他建立了丹斗替（ཏན་ཏིག་མཐིལ།）、杨华替（ཡང་ཧྭ་མཐིལ།）和卡夏底（ཁ་ཤ་མཐིལ།）等三座小寺，合称三替寺。

珍珠寺（ཇོ་ཇོའི་ལྷ་ཁང་།觉觉寺），位于城左的郭拉沟（ཀོ་རའི་ལུང་པ།）里。当年文殊上师萨班·贡噶坚赞（འཇམ་དབྱངས་ས་པཎ་ཀུན་དགའ་རྒྱལ་མཚན།）应元朝皇帝之邀，路经青海时，专程到贵德城考查宝塔，恰好收到元朝皇帝赐赠的一骡驮珍珠。彼师即以御赐珍珠为资，在贵德修建了释迦牟尼殿，塑造了释迦牟尼佛像等。在举行开光仪轨时，仿佛看到有许多佛、菩萨化入佛像之中，人们以汉语“珍珠”之音称呼该寺，后来其音讹转，称为觉觉寺了。另有一个记载说：“这座释迦牟尼佛殿，开始由曲结隆珠嘉措（ཆོས་རྗེ་ལྷུན་གྲུབ་

རྒྱ་མཚོ།) 修建。殿中用药泥塑了一尊释迦牟尼佛大像，后由穆尼亥·楚臣丹贝尼玛献了镀金冠冕，著了《珍珠寺寺志》，并在新建的佛殿殿脊上安装了鎏金宝瓶。由赤察 (ཁྲི་ཚབ།) 格西阿雅喜饶旺秀 (ཨ་ཡག་ཤེས་རབ་དབང་ཕྱུག) 做了开光仪轨。”

白佛寺（ལྷ་དཀར་པོ།）位于城东黄河南岸。据传此地原有一块白石头，几个牧童曾见有一位比丘身着三法衣化入石中。圣·噶登说：“白石上有天然显现的弥勒佛像。”于是，以此为内藏在此地修建了弥勒佛像和神殿。这座寺也叫自生佛寺（ལྷ་རང་སྐྱེས།）。后因失火被烧坏，由涅·洛桑丹贝坚参（རྗེ་བློ་བཟང་བསྟན་པའི་རྒྱལ་མཚན།）修复，请塔秀·更登曲郡嘉措（ཐར་ཤུལ་དགེ་འདུན་ཆོས་སྐྱོང་རྒྱ་མཚོ།）做了开光仪轨。修复中很多人目击那块白石头上有天然形成的三个字。弥勒佛殿有上下两座，上面的一座非常破旧，由赛康巴大师重修了佛殿，重塑了佛像，请涅夏俄（རྗེ་ཞལ་ངོ།）做了开光仪轨。

更桑美隆直尕尔寺（ཀུན་བཟང་མེ་ལོང་བྲག་དཀར།）在白佛寺后山森宝山的山下，有更桑麦隆直尕尔石岩，原为直尕俄仁巴·洛桑丹巴饶吉（བྲག་དཀར་སྔགས་རམས་པ་བློ་བཟང་བསྟན་པ་རབ་རྒྱས།）创建的修行禅院，取名卡交华吉苟尔康宫（མཁའ་སྤྱོད་དཔལ་གྱི་གུར་ཁང་།）[31]。他著的《寺赞》中说：“寺的背山有圣度母像。”石岩上有许多的天然形成法王像和六字真言字迹，传说神像威灵显赫，享有盛名。禅房近处的石岩上，现在还有凿成的修行岩洞。由于盗贼的袭窃，该寺迁移到德旦（བདེ་ལྡན།）。开始破土兴建时，出土了一口斋僧大铜锅，锅内有祭品法物和一些碎银子。寺中有二十几位僧人，他们和睦相处，戒行清净，根本没有做买卖和放债盘剥的现象。二月和三月间，各举行一次千万供祭法会后，大多数僧侣就闭关修行《大威德十三尊》《自身修化持铃胜乐金刚坛城》《大日如来自入法》和郭译师三天母施食祭法，护法神主要供奉吉祥天女。自密宗俄仁巴时建立实践三事仪轨制度以来，至今依然清净奉行如旧。贡哇寺的下属寺院德钦玛克寺的历世活佛住持本寺。

贡巴寺推散木达吉林（གོང་པ་གྲྭ་ཚང་ཐོས་བསམ་དར་རྒྱས་གླིང་།贡巴扎仓闻思昌隆洲）位于珍珠寺附近。贡格噶居巴（གོང་དགེ་དཀའ་བཅུ་པ།）创建。贡格噶居巴只传三世，现在不再转世。《噶登佛教史》中写道：

“贡格噶居巴在贵德大作佛事，弘扬佛法，侍奉白佛寺。”

这里所指的就是这位贡格噶居巴。《第巴曲结传》中说：

“在贵德有贡巴然绛巴·索南隆珠（གོང་པ་རབ་འབྱམས་པ་བསོད་ནམས་ལྷུན་གྲུབ།）和随从，阿措然绛巴（ཨ་མཚོ་རབ་འབྱམས་པ།）和随从，以及从西藏来的大智者敦珠嘉措（དོན་གྲུབ་རྒྱ་མཚོ།）等人，前来请求经法。”

《直尕俄仁巴传》中说：“贡巴的活佛呼图克图被巴图尔台吉等人，拜为上师。”

这座寺院，现由参卓堪布更登敦珠（མཚན་སྒྲོགས་མཁན་པོ་དགེ་འདུན་དོན་གྲུབ།）住持寺务。

参卓堪布更登敦珠，于藏历第十一胜生的土猴年（公元 1668 年，清康熙七年，戊申），出生在贵德的贡巴村（ཁྲི་ཀའི་གོང་བ།）。十三岁去西藏卫地，入哲蚌寺郭莽扎仓学习。二十七岁参加大祈愿法会巡回辩论，拜第一世嘉木样协巴、遁世者洛桑仁青和直尕尔俄仁巴等为师。曾任布达拉宫的仲尼尔翻译师。二十八岁被委任为戒律喇嘛，曾先后两次被派为赴内地的人员及任参卓堪布。六十七岁那年，即木虎年（公元 1734 年，清雍正十二年，甲寅），在安多地区任塔尔寺堪布。彼师与藏王颇罗鼐关系十分密切，由藏王出资，请彼师负责在大金瓦寺殿脊上安置了金顶宝瓶。彼师在塔尔寺，先后授过三次金刚鬘灌顶、两次弥多罗灌顶、一次时轮金刚大灌顶，并讲授《圣·宗喀巴全集》教敕等许多教法。

更登敦珠转世的呼毕勒罕更登扎西尼玛（དགེ་འདུན་བཀྲ་ཤིས་ཉི་མ།），于藏历第十四胜生的木龙年（公元 1844 年，清道光二十四年，甲辰），当修缮贡巴寺的工程即将完工之际圆寂。

更登扎西尼玛转世的呼毕勒罕，是更登丹贝尼玛（དགེ་འདུན་བསྟན་པའི་ཉི་མ།），出生在火羊年（公元 1847 年，清道光二十七年，丁未），现在塔尔寺经院学习。

噶丹达吉林（དགའ་ལྡན་དར་རྒྱས་གླིང་།噶丹昌隆寺）是穆尼亥·洛哲达吉（མི་ཉག་བློ་གྲོས་དར་རྒྱས།）所建。

洛哲达吉转世的呼毕勒罕，是楚臣丹增尼玛（ཚུལ་ཁྲིམས་བསྟན་འཛིན་ཉི་མ།）。彼师任噶丹达吉林寺的堪布时，给该寺经堂殿顶安装了鎏金宝瓶。

阿仁·益西噶桑（ཨ་རིན་ཡེ་ཤེས་སྐལ་བཟང་།），出生在阿仁村（ཨ་རིན།）。他曾入西藏噶丹寺学习，成为一位著名的格西，有几部著作，曾任塔尔寺密宗院法台。他经常住在噶丹达吉林寺，因而转世的历世活佛都住持这个寺的寺务。

朗察·桑木旦林静修院（གླིང་ཚའི་རི་ཁྲོད་བསམ་གཏན་གླིང་།），由朗察·象喇嘛（གླིང་ཚའི་ཤངས་བླ་མ།）修建。

色加寺（སེ་ཀུའི་དགོན།）西藏的著名格西色加拉仁巴（སེ་ཀུ་ལྷ་རམས་པ།）常住该寺。后来，赛康巴大师迁移寺址，修建了新佛殿，建立了实践三事仪轨。每日念诵《供奉上师颂》《药师经》，并从不间断地进行千供，建立大日如来的自入坛城。

上述这三座寺院，是塔尔寺的属寺。

然洒扎仓桑木旦却林（ར་ཟ་གྲྭ་ཚང་བསམ་གཏན་ཆོས་གླིང་།）是上一世然洒活佛阿旺格勒嘉措(ར་ཟ་ཁོང་མ་ངག་དབང་དགེ་ལེགས་རྒྱ་མཚོ།)所建。这位活佛出生在然洒村（ར་ཟ།）。

他转世的化身于兔年出生在夏科拉让(ཞ་ཁོག་ལྷ་ཟང་།)，父名公保(མགོན་པོ།)，母名鲁荀（ལུ་གུ）。在德庆寺学习，能背诵《密意极明论》，曾任德庆寺堪布。他见然洒寺和村庄靠得太近，神殿等只能各就相应的地址修建，于是领着七位戒行严谨的僧侣来到赛康巴大师前。后来，他在距离村庄较远的地方，重新建立了寺院。他性情严肃，遵守寺规戒律非常严格。现在有四十几位戒行清净的僧侣住在本寺，从来不让他们去村庄，如果僧侣的父母等主要亲属患病或死亡时，可以请假去探望，但不能在村庄里住宿过夜。寺内定期举行毗卢遮那佛自入法会和大威德金刚自入法会，每天用一千个铜盏供净水，从不间断。始终坚持三事仪轨的实践。由于有几个盗贼犯罪，汉兵将洛多吉直合寺焚毁，并决定捣毁德庆寺和古尔寺，拉摩活佛和嘉那巴堪布不敢住在自己的寺院，外出避乱。这时，然洒活佛鼓着勇气，亲自到汉人官员面前婉转说情，并送礼物，使德庆寺和古尔寺免遭大难，恩德之大无与伦比。

彼师转世的化身更登丹增嘉措（དགེ་འདུན་བསྟན་འཛིན་རྒྱ་མཚོ།），出生在都秀的鲁仓（བདུད་ཤུལ་སྐྱའུ་ཚང་།），现健在。

阿达尔曲倍林（ཨ་དར་ཆོས་འཕེལ་གླིང་།），朱阿拉合活佛（སྐྱའུ་ཨ་ལགས།）修建。从隆务来的隆西喇嘛(རོང་ཞིས།)住持本寺，因而人们又称该寺为隆西扎仓（རོང་ཞིས་གྲྭ་ཚང་།）。

彼师的化身出生在青海蒙古地方，岗噶尔王（གངས་དཀར་ཡང་།）尊为上师，进行供养和保护。曾去卫地学经，西藏地方政府给他颁发了纳塘版《甘珠尔》大藏经等。

彼师转世的化身智华坚参（གྲགས་པ་རྒྱལ་མཚན།），出生在阿仁隆务仓（ཨ་རིན་རོང་བོ་ཚང་།）。在德庆寺取得格西学位，曾任德庆寺堪布。他戒行严谨，致力于善行。曾任赤庆活佛的经师，到拉卜楞寺谒拜贡塘·嘉贝样陈述情由，贡塘活佛送给他雍增经师《十六罗汉拥绕如来礼供书》。他回到本寺后，画了十六罗汉拥绕如来的金粉画轴，设立供奉仪轨。

智华坚参转世的化身丹增智华嘉措（བསྟན་འཛིན་གྲགས་པ་རྒྱ་མཚོ།），生于铁虎年(公元1770年，清乾隆三十五年，庚寅)，父名旦正（ཏ་མགྲིན།），母名吾科(བོ་ཁོ།)。曾在德庆寺学习，住持阿达尔曲倍林寺的寺务，历时四十多年。严守三事仪轨的实践，寺规戒律极严。本寺藏有某一位达赖喇嘛的灵骨，大如铜钱，其上面有自然形成的“མ”字，字形很清晰，还藏有西藏政府颁赠的《甘珠尔》大藏经，宗喀巴大师的八十幅行化像的画轴等。

阿达尔曲倍林寺和然洒寺，合称为兰角上下寺（ལག་སྒྲིའི་དགོན་གོང་འོག），

《松巴佛教史》中所说的“兰角楚臣坚参巴的静修院（ལན་ཇ་ཚུལ་ཁྲིམས་རྒྱལ་མཚན་པའི་རི་ཁྲོད།）和兰角夏茸的寺院等二寺”，即上述的这两座寺。这两座寺院都是德庆寺的属寺。供养这两座寺院的村庄中，有一个村庄名叫温尕尔（ཨོན་དཀར།），是德赤仁波切·洛桑东珠巴（རྗེ་ཁྲི་རིན་པོ་ཆེ་བློ་བཟང་དོན་གྲུབ་པ།）的诞生地。

上才子[32]寺旦杰三派林（ཁྲི་ཙེ་གོང་མའི་དགོན་བསྟན་རྒྱས་བསམ་འཕེལ་གླིང་།俗称周屯寺）。当初，曲巴仁波切来到此地与一位名叫班加鲁杰（སྤན་ཀུ་གླུ་སྐྱབས།）的猎人结下了供施关系。据说班加鲁杰是米拉日巴大师的弟子公保多杰(མགོན་པོ་རྡོ་རྗེ།)的转世化身，又有人说他是护法神四面依怙主的化身云。当地流传着这样的故事，曲巴仁波切寻找寺的地址时，这位猎人充当向导来到这条山沟。这位猎人打猎时曾住过一孔很好的岩洞，但此洞被兽血污染，因而他未敢领入此洞，顺便指给了附近的另一孔岩洞。可是，驮经卷的骡子走失了。寻找时，只见那头骡子卧在班加鲁杰猎人住过的那孔岩洞前。因而曲巴仁波切就选定那座洞窟作为静修庵的地址。曲巴仁波切在周屯寺住了很长一段时间，亲手和泥打印佛像修建的十万佛像本康塔现在还在。他的亲传弟子加格·索南坚参（རྒྱ་དགེ་བསོད་ནམས་རྒྱལ་མཚན།）就在这里奠基建寺。后来，尕贡（ཉེར་གོང་།）在该寺附近为赛康巴大师修建了禅院，赛康巴曾住在这里修行。隆却[33]日超巴（བློན་ཆོས་རི་ཁྲོད་པ།）也长期住此静修。塔秀阿阇黎（ཐར་ཤུལ་དཔོན་སློབ།）将禅院扩建，春秋两季轮流在此静修一个时期。现在，遵从塔秀活佛的吩咐，作为刚察活佛罗桑丹巴嘉措（ཀང་ཚ་སྤྲུལ་སྐུ་བློ་བཟང་བསྟན་པ་རྒྱ་མཚོ།）居住的主要地址，学习修持，蒸蒸日上。

加卜查扎仓（རྒྱབ་ཚ་གྲྭ་ཚང་།）是塔尔寺的属寺，由尕玉·仁钦智（དཀའ་བཞི་རིན་ཆེན་གྲགས།）修建。皇帝曾给这位活佛敕封职位，并颁赐了诰封。他转世的化身是加卜查·古鲁却旦（རྒྱལ་ཚ་གུ་རུ་ཆོས་ལྡན།），享有很大声誉。古鲁却旦转世的化身出生在麦加（དམེ་ཀུ།），是阿乙亥·金巴嘉措（ཨ་ཡག་སྦྱིན་པ་རྒྱ་མཚོ།）的侄儿，名不详。现在的罗桑旦增达吉（བློ་བཟང་བསྟན་འཛིན་དར་རྒྱས།），生于兰角的阿仁村（ལན་གྲོའི་ཨ་རིན།）。他曾在德庆寺学习，并任该寺堪布。拜赛康巴大师师徒为师，聆听了很多经法。长期修念本尊，致力于礼佛供神等修证。

霍尔然扎仓（ཧོར་རན་གྲྭ་ཚང་།）是德庆寺的下属寺院。

苟洒后扎仓（འཁག་ཟའི་གྲྭ་ཚང་།）原先位于常牧沟（འཕྲང་དམར་ལུང་།）的苟后洒村（འཁག་ཟ།）附近。与村庄连在一起，系臧俄噶居（ཙང་ང་དཀའ་བརྒྱུ།）所建。后来，由隆朵喇嘛（སྔོང་རྡོལ་བླ་མ།）的弟子念“ཧྲཱིཿ ཧྲི”咒一亿零一百八十万遍，法力很大的卓活佛(འབྲོ་ཨ་ལགས།）将该寺迁移到离村较远的地方，使寺院清净，戒行严谨。

铁哇寺扎喜曲宗（ཐེམས་པ་དགོན་བཀྲ་ཤིས་ཆོས་རྫོང་།），第一世章嘉大国师的秘书替哇·洛桑尼玛（མཐིལ་པ་བློ་བཟང་ཉི་མ།）修建。赛康巴大师曾拜彼师为师，聆受赤钦索南智华（ཁྲི་ཆེན་བསོད་ནམས་གྲགས་པ།）传授的觉宇派灌顶。

彼师转世的化身是洛桑丹贝坚参（བློ་བཟང་བསྟན་པའི་རྒྱལ་མཚན།），于木猴年(公元 1824 年，清道光四年，甲申)，出生在尖扎头人家里。曾在德庆寺学习，并任过德庆寺堪布。曾去西藏卫地学习，现年四十二岁。

涅珠德·隆珠曲宗（རྙེ་སྒྲུབ་སྡེ་ལྷུན་གྲུབ་ཆོས་རྫོང་།）禅院，第二世涅活佛阿旺旦增尼玛（ངག་དབང་བསྟན་འཛིན་ཉི་མ།）修建。第一世为大成就者洛桑南卡（རྙེ་གྲུབ་ཆེན་བློ་བཟང་ནམ་མཁའ།），曾在西藏下密院学习会传经法，一度到印度佛教圣地拘尸那城（རྒྱ་གར་རྩྭ་མཆོག་གྲོང་།）一带朝圣。彼师在这座静修禅院长期居住修行。

涅珠德禅院修建者阿旺旦增尼玛，是上一世活佛的侄儿，据说他是甘珠尔巴·金巴加措（བཀའ་འགྱུར་བ་སྦྱིན་པ་རྒྱ་མཚོ།)的转世。彼师在德庆寺像一般僧侣那样学习经法，一切知吉美旺波赞扬他教理纯正，功德卓越，成为吉美旺波的高足弟子，向其讲授了《大手印》等许多他所渴求的经法。另外，彼师还拜华旦扎西尊者（རྗེ་དཔལ་ལྡན་བཀྲ་ཤིས།）、莫合加堪钦（སོག་ཀུ་མཁན་ཆེན།）和江隆赤干（ལྕང་ལུང་ཁྲི་ཀན།）等为师，聆听了很多教敕。他专心致力修持大威德瑜伽，曾亲见几尊本尊佛的圣容，有先知的神通。曾任德庆寺堪布十年，讲授《菩提道次第广论》注释和教敕数遍，还授过金刚鬘灌顶等。在上一世活佛修行地修了佛殿，建起寺院。据说玛克活佛阿旺旦增（མར་

ཁའི་སྐྲུ་ཕྱོགས་ངག་དབང་བསྟན་འཛིན།）编有彼师的传记，但未曾目睹。

涅·阿旺旦增尼玛转世的化身是洛桑丹贝坚参（བློ་བཟང་བསྟན་པའི་རྒྱལ་མཚན།），于水狗年（公元 1802 年，清嘉庆七年，壬戌）出生在阿柔地方，父名旦增（བསྟན་འཛིན།），母名宗吉（འཛོམས་སྐྱིད།）。他小时常梦见去一座大门朝南的寺院，后来，他到了东科寺，说道："过去梦见的寺院，就是这座寺院。"因而，人们说他是东科阿阇黎（སྟོང་འཁོར་དཔོན་སློབ།）的化身。曾在德庆寺学习，并任过德庆寺堪布。他敏慧好学，学识渊博。去西藏卫地学习，拜赤钦阿旺曲培（ཁྲི་ཆེན་ངག་དབང་ཆོས་འཕེལ།）为师，聆受《释量论》注释的教敕。彼师住持禅院期间，按照下密院的规章，建立依彩粉坛城之上举行胜乐、集密、大威德三本尊的正行供养；建立依布面彩画坛城举行时轮金刚正行供养护摩法；时常进行千供的供养，从不间断。聚集各方的五百位遁世修行者讲授《菩提道次第广论》注释和教敕，听经者供养布施时，彼师却让他们念三亿遍《无所缘大悲颂》。他向这座寺院的僧侣们讲授了《捷道》《供奉上师颂》和胜乐、集密、大威德三本尊的生起次第和圆满次第。三十九岁那年，即铁鼠年（公元 1840 年，清道光二十年，庚子），从四月十七日起至六月初四日期间，敦请赛康巴大师为首以及其眷属数百位持胜幢者，上午进行供养，下午请大师在纳加那卡尔（ནགས་ཀུའི་སྣ་ཁར།）恶龙泉边讲授《菩提道次第广论》疏释，彼师和普通僧人一起聆听。赛康巴大师和贡巴活佛（ཨ་ལགས་སྨོན་པ།）谈话时说，彼师是印度大成就者的化身，他们不止一次地作过共同祝愿。之后，彼师成为赛康巴大师的主要弟子。彼师著有《赛康巴传》上部、《玛克活佛阿旺旦增传》和《德庆寺志》。四十八岁那年，即土鸡年（公元 1849 年，清道光二十九年，己酉）十月圆寂。

洛桑丹贝坚参转世的化身，是根敦旦巴饶吉（དགེ་འདུན་བསྟན་པ་རབ་རྒྱས།）。彼师铁猪年（公元 1851 年，清咸丰元年，辛亥），出生在贵南日安（རུ་ངན།）部落，父名苟娄格（ཀུ་ལུག་ཀེ），母名宗吉（འཛོམས་སྐྱིད།）。入德庆寺学习会传经法。

这座禅院寺规严格，住在该寺的僧侣很敦肃，生活朴素，寡欲知足，长期念诵，坚持修行几位本尊，观行纯净。本寺绘制的许多续部彩粉坛城、佛偈经颂和实践仪轨诸方面都很卓绝。这绝不是偏私之谈，该寺的确成为众僧向往之地。

仲木扎仓扎西曲林(སྒྲོམ་གྲྭ་ཚང་བཀྲ་ཤིས་ཆོས་གླིང་།),琼喜俄仁巴（ཁྱུང་ཤེས་སྔགས་རམས་པ།）修建。

他转世的化身是万色（བན་གསར།），由万色历世活佛住持该寺寺务。

阿乙亥新寺（ཨ་ཡག་དགོན་གསར།）起初，麦加（དམེ་ཀྱ།）的贺尔毛（ཧོར་མོ།）部落里出生了一位名叫贺尔毛贡干(ཧོར་མོའི་སྒོམ་ཆེན།)的修行者，在贡隆沟（དགོན་ལུང་།）沟脑修建了禅房，一生在那里修行。第六世班禅贝丹耶喜赴内地途经贵德时，当地僧侣众人向班禅请求说：

“需要一位能够代表您的活佛。”

班禅说：“你们这里有一位名叫贺尔毛贡干的老修行者吗?”

答道：“确有其人。”

班禅说：“不再需要比他更好的喇嘛了。”

因此，人们对贺尔毛贡干十分尊敬。

他转世的化身是阿乙亥金巴嘉措（ཨ་ཡག་སྦྱིན་པ་རྒྱ་མཚོ།），出生在麦加的阿乙亥仓家族（ཨ་ཡག་ཚང་།）里。曾去西藏卫地学习，勤奋钻研，无人能比，在快要就任噶丹寺赛赤时返回故里。从麦加村和切杂村召集僧侣，在雄毛且（གཞོང་མོ་ཆེ།）地方修建了经堂和僧舍，并建立了寺院。

阿乙亥金巴嘉措转世的化身，是洛桑喜饶（བློ་བཟང་ཤེས་རབ།）。彼师出生在上瓜什则（མགར་རྩེ་གོང་མ།）的宁玛派咒师家里，父名旦正（རྟ་མགྲིན།），母名仁毛（རིན་མོ།）。入德庆寺经院学习五部大论究竟圆满，兼学诸明处，特别精通诗学，著有《妙音佛母赞》等几部著作。他曾住持德庆寺、古尔寺和阿盖寺的寺务。除了他的寝室外，他将经堂和僧舍全部迁至奥迴（ཨོ་

འཛང།）地方，建立了扎西拉卜旦林（བཀྲ་ཤིས་རབ་བརྟན་གླིང་།）新寺。

现在的洛桑旦达尔吉美（བློ་བཟང་བསྟན་དར་འཇིགས་མེད།）活佛，于铁虎年（公元 1830 年，清道光十年，庚寅），出生在瓜什则豆合仁村（མགར་རྩེ་སྟག་རིང་།），父名才塔尔本（ཚེ་ཐར་འབུམ།），母名拉毛塔尔（ལྷ་མོ་ཐར།）。入德庆寺学习。按照塔秀阿阇黎的教谕，将寺院迁到雄毛且附近，献给塔秀阿阇黎，阿阇黎将该寺命名为仁钦格派寺（རིན་ཆེན་དགེ་འཕེལ།）。

雄毛且扎西且寺（གཤོང་མོ་ཆེ་བཀྲ་ཤིས་འཁྱིལ།）。阿乙亥金巴嘉措的文布洛桑环觉（བློ་བཟང་དཔལ་འབྱོར།）就先前的旧寺址，重新修建一寺，名为相曲德钦林（བྱང་ཆུབ་བདེ་ཆེན་གླིང་།）。洛桑环觉又名阿乙亥喜饶（ཨ་ཡག་ཤེས་རབ།）。曾去西藏卫地学习，据说成了有法力的摧破金刚瑜伽者。

他转世的化身是洛桑丹贝坚参（བློ་བཟང་བསྟན་པའི་རྒྱལ་མཚན།），于火猴年（公元 1836 年，清道光十六年，丙申）出生在切杂的奥荣村（ཚོས་ཚའི་ཨོ་རུང་།），父名鲁本（ཀླུ་འབུམ།），母名拉毛加（ལྷ་མོ་རྒྱལ།），现仍健在。

摇铃塔（མཆོད་རྟེན་དྲིལ་གསིལ་མ།），位于雄毛且寺的附近。鲁加文布·喜饶华桑（ལུ་ཀྱ་དཔོན་པོ་ཤེས་རབ་དཔལ་བཟང་།）著的寺志中说：

“丹巴加尕尔（དམ་པ་རྒྱ་གར།）去五台山[34]途经此地时，一位老人看到他在空中飞行显出各种神通，因而对他非常崇信敬仰。圣者把自己的瑜伽禅杖作为分内依止物，留给老人。于是，以这条禅杖和几位佛菩萨的灵骨、许多法身舍利为内藏，建立了这座灵塔。瑜伽师却阳仲（རྣམ་འབྱོར་པ་ཆོས་གཡུང་དྲུང་།）做了开光仪轨。后来，贡如·堪卓玛（ཀུང་རུའི་མཁའ་འགྲོ་མ།）维修了该塔并外涂白色。当供祭祈祷时，出现了彩虹弥漫，花雨缤纷等奇观瑞兆。这些情况，通慧者曾经亲见，并讲述如此。”

还有这样的传说：当时，空中响起了梵铃之声，人们抬头仰望，只见圣·帕丹巴（ཕ་དམ་པ།）显出神变飞去。现在，每值盛世佳节时，仍然能够听到梵铃之声。所以，人们称该塔为摇铃塔。

又传说，这是阿育王显神作法，于一夜间修建的一百零八座宝塔中之一。曾听塔秀活佛说：“哲蚌寺的环行道上也有一座这样的灵塔。”

上述的白塔、珍珠寺、自显南海观音殿和白佛寺，是贵德地区有加持的四大依止圣地。

黄河下游拉摩和贵德地区的情况圆满。

注释：

[1] 古尔寺今讹称古雷寺，与青海省循化县古雷寺相混。

[2] 洛哲嘉措亦译作罗追嘉措。

[3] 俗称为夏茸活佛或夏茸尕布活佛，汉文译为白佛，即察罕诺们汗。

[4] 意为受剃度戒。藏俗僧人初出家时，由堪布动手剃一撮头发。

[5] 指今青海省同德县属芒拉、巴、沙沟（先木多）三地。又巴那亥三部，通指①宁朗五部（千卜录族），②上下汪什代克三部，③冈察六部。广义的巴那亥则指环海各藏族部落。

[6] 即察罕诺们汗阿旺洛桑丹贝坚参。

[7] 见《清史稿》，藩部五，青海额鲁特。

[8] 按第七世达赖并没有于清雍正四年到青海芒拉乌厄盖，（此时第七世达赖已赴西藏坐床）。此处所指，是否为同名之另一地方?待考。根据克珠嘉措经师所著的《察罕诺们汗略传》中所述，则于第七世达赖剃度后，曾请至芒拉上下谢隆谷的拉摩噶尔云（ལ་མོའི་སྐར་གཞུང་།）、乌厄盖（ཨུ་ཀེ）等处。此处时间及地名都不同，丁未是否为丁酉（清康熙五十六年之误）?这样，似与历史能吻合。

[9] 即青海湖神。

[10] 当地读作穆尼亥，或墨尼亥。

[11] 热穹巴（རས་ཆུང་པ།）（公元 1083—1161 年），本名多吉扎，为米拉日巴著名大弟子。

[12] 噶希巴（བཀའ་བཞི་པ།）指精通《中论》《现观庄严论》《俱舍论》

和《律经》四部佛学经典者。

[13] 即拉卜楞寺之赤干仓。

[14] 即第七世达赖喇嘛之师噶丹寺赤巴阿旺却丹，亦译作阿旺乔登。

[15] 参阅释妙舟《蒙藏佛教史》关于彼师记的叙述。

[16] 指拉萨大昭寺和小昭寺内的两尊释尊像。

[17] 按此数似误，似应为二百二十年。

[18] 指圣·噶登嘉措。

[19] ཏཱ་དབོན།亦写作ཏཱ་དབོན།，即大元的译音。安多地区，译作达温。

[20] 八大解释，亦称八大指导。系主巴噶举派喇嘛藏巴嘉热所传的八种修行要诀，计为：上师三身解、慈悲解、因果缘起解、五支甘露解、俱生和合解，纳若六法解、八风平等解和密行逆修解。

[21] 意为拉日的金刚持。

[22] 此处原文有脱落,似为“松巴大堪布及圣·噶登所说的尕尔采寺。”

[23] 通称西河。

[24] 通称东河。

[25] 通称东车沟。

[26] 贵德藏文作ཁི་ཀ།，通称“祈噶”，宋时译作谿哥，亦称谿哥城。

[27] 即年羹尧。

[28] 通称为隆务七庄，今青海省同仁县隆务镇。

[29] 下作贡哇寺，此处似为笔误。

[30] “才子”为寨子之藏语对音，指青海省贵德县周屯、王屯和刘屯。详见下文。

[31] 意为空行吉祥虹宫。

[32] 明永乐九年（1411 年），自河州卫调中左千户一所于归德（贵德）居住守备，分兵屯田，当时计分十屯，归德有六屯，而保安（今同仁）有其四。屯军筑有土寨，称为寨子。故贵德，同仁藏族亦按汉语称

之为“寨子”。后讹转为“才子”云。

[33] 隆却为ཀློན་ཆོས།的译音，当地有伦切、銮切、伦且等不同的译法。

[34] 此处原文如此，是否为“圣·帕丹巴由印度去五台山时”？按下文所述，即是此意，可能原稿雕版时之误。

第九章　论隆务河流域等地圣教发展情况

隆务河[1]上游有尕戎（ཀ་རོང།）、雅戎（ཡ་རོང།）和德戎（བདེ་རོང།）三条支流，中游有措戎（མཚོ་རོང།）、哇戎（རྨ་རོང།）和赛戎（བསེ་རོང།）三条支流；下游有堤戎（ཐེའུ་རོང།）、怒戎（ནོའུ་རོང།）和古戎（དགུ་རོང།）。这九条支流汇合成苟曲（དགུ་ཆུ།）。隆务河流经热贡川[2]，至古戎口（དགུ་རོང་མདོ།）[3]注入黄河。隆务河流域自南至北，分为上中下三区。其中枢之地是位于惹卜查三沟（རེབ་ཆ་ལུང་པ་གསུམ།）的上沟的热贡赛摩疆（རེབ་གོང་གསེར་མོ་ལྗོངས།）地方，建有隆务寺德钦曲科林（རོང་བོ་དགོན་བདེ་ཆེན་ཆོས་འཁོར་གླིང།大乐法轮寺）。

当初，在西藏地方念青唐拉山（གཉན་ཆེན་ཐང་ལྷ།）下的达木库隆务（འདམ་

ཁོག་རོང་བོ།）地方，诞生了一位医术高明的医生。他是一位修行密宗证得成就的瑜伽师。众生怙主[4]八思巴令他奉宝帐怙主为护法，并赐了萨迦色贡（金铸怙主像）和禅杖，授记说：

“你去安多地方吧！有一座山，形如金刚杵，你就住在这座山的山腰繁衍生息，对继承和弘扬佛法很有必要。”

这位瑜伽师遵照圣·八思巴的授记来到安多地方，途经多哇（མདོ་བ།）地方时，有几个强盗来抢劫他。彼师施展退敌咒语和施食，施食碰在石岩上，石岩之嘴倾顷崩塌。因此，人们称他为拉吉直纳哇（ལྷ་རྗེ་བྲག་སྣ་བ།）[5]。彼师他在年桑（སྙན་བཟང་།）地方安家居住。他的儿子隆庆多德本（རོང་ཆེན་མདོ་སྡེ་འབུམ།）生了九个儿子，大的三个儿子出家为僧。长子隆务·桑丹仁钦（རོང་བོ་བསམ་གཏན་རིན་ཆེན།）拜曲结敦仁巴为师，聆听了许多深奥的经法。他与萨吉大百户（ས་དཀྱིལ་དྭ་བེ་ཧུ།）结下了供施善缘，创建了大小寺院十八座，在贡库（དགོན་ཁུག）沟地方创建了隆务寺德钦曲科林（རོང་བོ་བདེ་ཆེན་ཆོས་འཁོར་གླིང་།）。彼师在隆务寺修建了佛殿，塑了三世佛像。他的二弟智华坚参（གྲགས་པ་རྒྱལ་མཚན།），从小就以强力断绝此世贪欲，专心从事修行，他曾见到了观世音菩萨的圣容。他的三弟洛哲桑格（བློ་གྲོས་སེང་གེ།），曾拜几位格西为师，听闻极广，学识渊博，戒律清净，通晓五明，大明宣德皇帝（ཏཱ་མིང་ཟོན་ཏེ།）尊他为上师。彼师向皇帝和侍从献《白摧破金刚母》的随许，还显示了将自己的法衣挂在太阳光束上的证道形象。宣德皇帝册封他为大国师（ཏཱ་ཀུ་ཤྲཱི།）[6]，予以赞颂。彼师在本寺修建了黄金佛殿、热结怙主（མགོན་པོ་ར་སྐྱེས།）殿和护法威灵殿等。把上下热贡等地纳入属下，征收僧差，建立政教合一统治。这个家族中，先后出生过几位德行高超、地位崇高的大德和管理世俗政事的大人物。拉吉直纳哇的曾孙关却坚参（དཀོན་མཆོག་རྒྱལ་མཚན།），也于宣德二年，即火羊年（公元1427年，明宣德二年，丁未）得到赐予印信诰敕的宠遇。接着敦珠仁钦（དོན་གྲུབ་རིན་ཆེན།）和洛哲曲珠（བློ་གྲོས་མཆོག་གྲུབ།）、敦珠桑格（དོན་གྲུབ་སེང་གེ།）、洛哲华旦（བློ་གྲོས་དཔལ་ལྡན།）等，也依次得到国师的封号。其后有一段时期稍有衰落，昂索固日（ཉང་སོ་གུ་རུ།）[7]依靠蒙古成吉思汗的后裔曲库岱青（ཏཱའི་ཆིང་ཧུ་ཐུར།）[8]为领袖。由叶尔哇曲结（ཡེར་བ་ཆོས་རྗེ།）等负责，于藏历第十胜生的木蛇年（公元 1605 年，明万历三十三年，乙巳）修建了佛殿和尊胜塔，并于寺院的四方修建四座镇地佛塔，用金粉书写了《甘珠尔》大藏经；绘制了千尊宗喀巴金粉像的画轴。曲库岱青长官派阿柔曲结（ཨ་རིག་ཆོས་རྗེ།）征收户口税和僧差等等，开始与蒙古族结成了福田和施主关系。

在赛疆加唐滩（གསེར་སྟོངས་རྒྱལ་ཐང་།）有一位大成就喇嘛，向隆务·夸本加（རོང་པོ་མཁའ་འབུམ་རྒྱལ།）授记说：“你将会有三个知名的儿子。”后来，他生了四个儿子。长子名叫喇嘛玛玛（བླ་མ་དམར་དམར།），是位有学有证的贤哲，但成年不久即去世。次子是曲哇[9]仁波切洛桑旦贝坚参（ཆོས་པ་རིན་པོ་ཆེ་བློ་བཟང་བསྟན་པའི་རྒྱལ་མཚན།），彼师历世曾先后转世为米拉协贝多吉（མི་ལ་བཞད་པའི་རྡོ་རྗེ།）、罗热巴德哇迥（སོ་རས་པ་བདེ་བ་སྐྱོང་།）、象雄·却旺扎巴（ཞང་ཞུང་ཆོས་དབང་གྲགས་པ།）和《传奇诗山须弥》的著者达玛活佛（དྷརྨའི་ཞལ་སྔ་ནས།）等。彼师这一世生于藏历第十胜生的铁蛇年（公元 1581 年，明万历九年，辛巳），十四岁那年，随曲结仁青三主（ཆོས་རྗེ་རིན་ཆེན་བསམ་འགྲུབ།）出家为僧。先后聆受了几部续部经法的灌顶，长期闭关修行本尊自入法，从未间断。他看了米拉日巴的传记和道歌后，衷心虔信，因而见到了米拉日巴显圣的尊容。二十岁那年，即铁鼠年（公元 1600 年，明万历二十八年，庚子）由卓尼（ཅོ་ནེ།）曲结桑吉坚参（ཆོས་རྗེ་སངས་རྒྱས་རྒྱལ་མཚན།）授近圆戒。二十三岁那年，即水兔年（公元 1603 年，明万历三十一年，癸卯），随从第四世达赖喇嘛云丹嘉措赴西藏卫地。二十四岁，即木龙年，他游学热多曲扎寺（ར་སྟོད་ཆོས་གྲྭ།），在那里居住了几个月，向嘉木样喇嘛关却曲派（འཇམ་དབྱངས་བླ་མ་དཀོན་མཆོག་ཆོས་འཕེལ།）请求了经法。当年夏天，他便进入密宗院，先后聆听达隆扎巴·洛哲嘉措（སྟག་ལུང་བྲག་པ་བློ་གྲོས་རྒྱ་མཚོ།）传授的龙树菩萨著《五次第论》等许多经法，经其指导，修学了一个半月就获得证悟。另外，还拜谒班禅全知者、吉吾曲结·

阿旺曲扎（སྤྲུལ་སྐུ་ཆོས་རྗེ་ངག་དབང་ཆོས་གྲགས།）、赤更登坚参（ཁྲི་དགེ་འདུན་རྒྱལ་མཚན།）、却尼扎巴（ཆོས་གཉེར་གྲགས་པ།）、森康贡（གཟིམས་ཁང་གོང་།）、玉康巴·格勒隆珠（གཞུ་ཁང་པ་དགེ་ལེགས་ལྷུན་གྲུབ།）、密乘曲结·南卡桑波（སྔགས་པ་ཆོས་རྗེ་ནམ་མཁའ་བཟང་པོ།）、大成就者·宗哲宁波（གྲུབ་ཆེན་བརྩོན་འགྲུབ་སྙིང་པོ།）、兰巴然绛巴·索南扎巴（ལམ་པ་རབ་འབྱམས་པ་བསོད་ནམས་གྲགས་པ།）等师，聆听授受了所需的灌顶、教诫、诀要及依持的教敕等。二十八岁，即土猴年（公元 1608 年，明万历三十六年，戊申）在达隆扎巴尊者座前重新受近圆戒。彼师像爱护自己的眼珠一样爱护戒律，遵守戒律，所以很有名望。

这一年，他返回故乡，主持隆务寺的政教事务。从三十五岁起，即木兔年（公元 1615 年，明万历四十三年，乙卯），一心致力于修行，主要修行地是隆务扎西奇寺（རོང་པོའི་བཀྲ་ཤིས་འཁྱིལ།）和关荣直加宗（དགོན་རོང་བྲག་སྐྱ་རྫོང་།）寺。另外，还在夏琼寺、塔尔寺、丹斗、佑宁寺嘉赛禅洞（དགོན་ལུང་རྒྱལ་སྲས་སྒྲུབ་ཕུག）、捏贡直尕尔（གཉའ་གོང་བྲག་དཀར།）、雄普禅洞（ཞོམ་ཕུག）等处修行。修行期间，彼师采花粉和石精为生。向古哇·曲嘉措（ཀོ་ཞུ་པ་ཆོས་རྒྱ་མཚོ།）、吉雪第巴曲结、文殊菩萨摄受者李家·喜饶桑格（ལི་ཀྱཱ་ཤེས་རབ་སེང་གེ）、先巴活佛更登华桑嘉措（བྱམས་པ་སྤྲུལ་སྐུ་དགེ་འདུན་དཔལ་བཟང་རྒྱ་མཚོ།）等拜求经法，被赐予讲修结合法门。

三十九岁，即火蛇年（公元 1617 年，明万历四十五年，丁巳），彼师又赴西藏卫地，拜谒了嘉木样达隆扎巴（འཇམ་དབྱངས་སྟག་ལུང་བྲག་པ།）。由于他勤奋好学，戒行谨严，因而喇嘛十分喜悦。先后聆听上述诸师和曲结江洛坚巴（ཆོས་རྗེ་ལྷུང་ལོ་ཙན་པ།）、加康则瓦·却觉嘉措（རྒྱལ་ཁང་རྩེ་བ་ཆོས་འབྱོར་རྒྱ་མཚོ།）、昆敦·班觉隆珠（མཁོན་སྟོན་དཔལ་འབྱོར་ལྷུན་གྲུབ།）、第穆·阿旺却吉坚参（དེ་མོ་ལྷ་དབང་ཆོས་ཀྱི་རྒྱལ་མཚན།）、达察济龙·阿旺却吉旺秀（རྟ་ཚག་ངག་དབང་ཆོས་ཀྱི་དབང་ཕྱུག）[10]、济仲·旦巴嘉措（རྗེ་དྲུང་བསྟན་པ་རྒྱ་མཚོ།）、森巴·阿旺却吉嘉措(སེམས་དཔའ་ངག་དབང་ཆོས་ཀྱི་རྒྱ་མཚོ།）等讲传的众多经法。给色拉寺、哲蚌寺和噶丹寺的僧众献了布施，朝拜热振寺（ར་སྒྲེང་།）和桑耶寺（བསམ་ཡས།）等圣地。

土马年（公元1618年，明万历四十六年，戊午），彼师回到了故乡。先后朝拜临洮八思巴大寺、凉州四部各寺、居古美尔（ཙུ་གུ་མེར།）的弥勒佛像等，并打算前去朝拜五台山，但被李家阿阇黎（ལི་ཀྲུ་སློབ་དཔོན།）劝阻。木猴年（公元1644年，明崇祯十七年，甲申），彼师重修隆务寺的大经堂，水龙年（公元1652年，清顺治九年，壬辰）五世达赖喇嘛来到青海湖畔时，彼师前去拜谒，聆听了《大悲心陀罗尼经》等随许，献了丰盛的供养。彼师在西藏时，先后向喇嘛们上供养，多次给许多大小寺院的僧众放布施，结下了颇有意义的法缘。对所化众人则以正法和财物护持。七十九岁，即土猪年（公元1659年，清顺治十六年，己亥），以米拉日巴尊者的坐姿圆寂。遵照他的遗嘱，圣·噶登嘉措住持两座寺院和禅院[11]发展，昌隆显密两乘的讲修，完成了彼师的遗志。彼师有详细的传记《利见获益》行世。

大成就者圣·噶登嘉措，是曲哇仁波切的同父异母兄弟，生于藏历第十胜生的火羊年（公元1607年，明万历三十五年，丁未）。《噶登嘉措本生记》中说：

“彼师是舍利子(ཤཱ་རིའི་བུ།)、白莲法王(རིགས་ལྡན་པད་དཀར།)[12]、佛护大师（སློབ་དཔོན་སངས་རྒྱས་བསྐྱངས།)[13]、仲敦巴意所化的化身切伍尕布（ཁྱེའུ་དཀར་པོ།)、普穹瓦·循奴坚赞（ཕུ་ཆུང་བ་གཞོན་ནུ་རྒྱལ་མཚན།)[14]、珀董·却勒南杰（པོ་དོང་ཕྱོགས་ལས་རྣམ་རྒྱལ།)[15]、贾曹杰·达玛仁钦(རྒྱལ་ཚབ་དར་མ་རིན་ཆེན།)[16]、哲蚌寺第四任堪布巴丹桑格（དཔལ་ལྡན་སེང་གེ།)、大成就者塔维坚参（ཐར་པའི་རྒྱལ་མཚན།)、关德·南卡坚参（སྒོམ་སྡེ་ནམ་མཁའ་རྒྱལ་མཚན།）等圣哲的化身。”

尼唐活佛（ཉི་ཐང་སྤྲུལ་སྐུ།）著的《圣·噶登嘉措本生记》中说：

“安多隆务河流域，闻思摩尼珠宝洲，桑丹·仁钦之化身，演示摄持智慧舞。”

其意思是说彼师是隆务寺创建人桑丹仁钦转世的化身。据传从桑丹仁钦活佛至圣·噶登嘉措之间的化身有戎敦·罗桑智华（རོང་སྟོན་བློ་བཟང་གྲགས་པ།)、隆务喇嘛的座前师桑珠仁钦（བསམ་འགྲུབ་རིན་ཆེན།）、瓜什则·喜饶尼玛（མགར་རྩེ་ཤེས་རབ་ཉི་མ།）等活佛。桑珠仁钦曾受白文殊（འཇམ་དབྱངས་དཀར་པོ།）亲自加持，他的肩上有白文殊佛，第三世达赖喇嘛索南嘉措曾亲眼看见并赞扬过。据说圣·噶登嘉措是喜饶尼玛转世的化身。四五岁时，跟兄长曲哇仁波切学习诵读经文，七岁时受居士戒，十岁时出家为僧，取名为噶登措尼（སྐལ་ལྡན་ཚོགས་གཉིས།）。十一岁，即火蛇年（公元1617年，明万历四十五年，丁巳），师徒一起赴西藏卫地。在噶丹寺朝拜了达隆扎巴，受沙弥戒，被赐以噶登嘉措的法名。在冬季法会时入绛孜经院（བྱང་རྩེའི་ཚོས་གྲྭ།），拜楚臣曲培尊者（རྗེ་ཚུལ་ཁྲིམས་ཆོས་འཕེལ།）和藏巴噶钦·洛哲南杰（གཙང་པ་དཀའ་ཆེན་བློ་གྲོས་རྣམ་རྒྱལ།）为师，学了三年《集类学》。后又拜嘉戎哇·克珠旦巴达吉喇嘛（རྒྱལ་རོང་བ་མཁས་གྲུབ་བསྟན་པ་དར་རྒྱས་བླ་མ།）为师，在七年之中学习了《中论》《般若》《戒律》《俱舍论》《释量论》及其附录专论等经教。二十岁，即火虎年（公元1626年，明天启六年，丙寅），在桑浦寺噶居巡回辩论中获得吉尕哇（རྗེ་ཀ་བ།）[17]称号。当年，在西藏拉萨大昭寺释迦牟尼佛前，由班禅罗桑确吉坚赞授近圆戒，并聆听赤楚臣曲培和达布·索南尼玛（དྭགས་པོ་བསོད་ནམས་ཉི་མ།）等师讲传的许多经法。

彼师二十一岁那年，即火兔年（公元1627年，明天启七年，丁卯），离藏返回故乡。临行前，克珠旦巴达吉大师曾三次告诫说：

“你不要去蒙古地区，直接回到故乡自己的寺院去。”

当时，克珠桑杰益西活佛（མཁས་གྲུབ་སངས་རྒྱས་ཡེ་ཤེས།）转世的化身要去蒙古地方。彼师就结伴同行，返回了故乡，拜谒了曲哇仁波切。古哇曲嘉措来到隆务扎西奇寺时，他和阿仲克宗（ཨ་འགྲོན་མཁས་བཙུན།）一同聆听了集密金刚灌顶等许多经法。拜以古哇曲嘉措和第巴曲结·旦增洛桑嘉措（སྡེ་པ་ཆོས་རྗེ་བསྟན་འཛིན་བློ་བཟང་རྒྱ་མཚོ།）、丹麻·楚臣嘉措等称为耳传法师三嘉措为首，以及嘉赛·洛桑旦增（རྒྱལ་སྲས་བློ་བཟང་བསྟན་འཛིན།）、李家·喜饶桑格、拉摩·罗哲嘉措、东科·多居嘉措等三十三位喇嘛为师。能熟背《菩提道次第论》中部。先后在丹斗寺、扬斗寺、安琼南木宗窟（ཨན་ཆུང་གནམ་རྫོང་།）等黄河沿岸的许多圣地，和亚尔昂（ཡར་ནང་།）[18]的八处得道圣地及宗宁岩洞（རྫོང་ཉིན་བྲག་ཕུག）、玛尔昂[19]直尕尔（མར་ནང་བྲག་དཀར།）、捏贡直尕尔（གཉའ་གོང་བྲག་དཀར།）、上下喜合热（གཤག་རལ་གོང་འོག）、吉根关直岩（རི་གིན་སྨམ་བྲག）、达仓拉摩（སྟག་ཚང་ལྷ་མོ།）、娘仓达合隆直合（ཉང་ཚང་སྟག་ལུང་བྲག）、西格隆哇（ཤིས་དགེ་ལུང་བ།）等佐格（མཛོད་དགེ），喀加六部落（ཁ་གྱ་ཚོ་དྲུག）以上的几百处圣地中专心致志地修习六座瑜伽和四座瑜伽观行，犹如滚滚河流不断地修持。在隆务大寺建立法相经院，在扎西奇寺建立了修行院。彼师虽在寿高年老时，从不间断地阅看经书，经常研读五部大论。对《中观》和《般若》研读更勤，特别对《中观》的学习，更为精进。常说：

“我从十一二岁起，到七十岁的六十年间，从未间断过学习，才对佛经的内容有所理解。总之，光在上半生学习，这还不行，下半生也还要学习，特别是在临终之时，能在学习中去世，就能接上来世的学习，这就叫融合。”

对彼师的这种教导，必须铭记在心。彼师的弟子遍于安多南北的广大地区，他们在各地建立了许多修行寺院。

和硕特前首旗济农王[20]拜彼师为福田，曾献了很多供养。这位济农王为了超荐其母亲，向彼师送度了一百名僧徒。火龙年（公元 1676 年，清康熙十五年，丙辰），济农王赴西藏卫地之前，来到尕绒温泉（ཀབ་རོན་ཆུ་ཚན།），请彼师莅临直加多吉宗窟（བྲག་སྒྲ་རྡོ་རྗེ་རྫོང་།），为了消除路途灾难，请求了许多经教，彼师亦向济农王赠送了许多礼品。向亲王再三托付他的寺院，亲王成为该寺的主要施主。另外，几位贵族也敬信供奉，因而事业昌盛。

圣·噶登嘉措一生之中，勤奋地讲学修习，从未有所怠懈，积极为弘扬圣教而努力。七十一岁，即火蛇年（公元 1677 年，清康熙十六年，丁巳），在扎西奇寺圆寂。相曲米拉阿旺索南（བྱང་ཆུབ་མི་ལ་ངག་དབང་བསོད་ནམས།）著

《噶登嘉措传增长智慧自在之王》中说：

“遗体火化后，灵骨灰篋供在扎西奇寺。一天晚上，灵骨灰篋飞至隆务寺，就以灵骨灰为内藏在该寺建立了灵塔，多年来一直供奉在该寺。有一次，忽然灵塔腾空而飞，降落在隆务玛尔昂（མར་ནང།），至今还在那里护佑着众生。”

曲麻日·洛桑嘉措（ཆུ་དམར་བློ་བཟང་རྒྱ་མཚོ།）著的《噶登嘉措传》中也有这样的说法。彼师的主要弟子有：显宗继承者洛桑却智（བློ་བཟང་ཆོས་གྲགས།），密宗继承者夏当·洛桑嘉措（ཞྭ་བཏང་བློ་བཟང་རྒྱ་མཚོ།）；大弟子玛尼巴·桑旦嘉措（མ་ཎི་པ་བསམ་གཏན་རྒྱ་མཚོ།），心传弟子玛尼巴·嘉饶扎西（མ་ཎི་པ་ཤེས་རབ་བཀྲ་ཤིས།）；功业遍地昌盛者叶什郡·嘉样洛哲（གཡེར་གཞོང་འཇམ་དབྱངས་བློ་གྲོས།）和三藏之海的主宰者贝·喜饶却旦（འབེ་ཤེས་རབ་མཆོག་ལྡན།）、郭密·智华嘉措（སྒོ་མི་གྲགས་པ་རྒྱ་མཚོ།）、卡力岗·才旦嘉措（མཁར་གོང་ཚེ་བརྟན་རྒྱ་མཚོ།）三位；像阿难尊者一样的承事弟子有曲麻日·洛桑嘉措（ཆུ་དམར་བློ་བཟང་རྒྱ་མཚོ།）、上座弟子迺旦·推桑嘉措（གནས་བརྟན་ཐོས་བསམ་རྒྱ་མཚོ།）等等。其他讲经说法，勤奋修持弟子之众多，不可思议。第一世嘉木样协巴赴西藏的那年患了病，尊者来到甘加为之讲《黑文殊》的随许，即获痊愈。《一切知传》中说：

“临行向无比成就自在者，圣·噶登嘉措献马祈护佑，由于赐予《黑文殊》之随许，病魔灾障立即消除尽。”

第一世嘉木样协巴对噶登嘉措的行为无比敬信，常洋溢于其著作及言谈之中。在其传中赞扬说：

“真正的僧伽是彼师，但不知道我何时才能成为这样的教徒。彼师证悟菩提心与事理本性，视一切法皆虚幻，成为获得生起和圆满次第瑜伽的自在者。”又说：

“可以这样说，像彼师那样全知全能获得大成就的上师，在印度恒河以上的地区是极为稀有的。我将彼师著作和道歌用上好的彩绸包好，放在枕旁经常翻阅。你们也应按这位上师的教诫去修行。有这样好的教诫，不去领悟修行，而去另找高明，实无必要。”

圣·噶登嘉措于临圆寂前，让隆务的每个俗人拿来一函经籍，隆务的贡保（མགོན་པོ།）送来了一函木刻版印的《般若八千颂》，在彼师的禅室放了一夜，送回时连同系有哈达的禅杖一起赐给了贡保。当请问他的转世时，说：“大多数人死后，常转生在自己的故乡，这似乎是留恋的缘故吧。隆务昂索（རོང་པོ་ནང་སོ།）是位有福气的人，已做了在那里转生的约定。”

圣·噶登嘉措转世的呼毕勒罕夏日阿旺程列嘉措（ངག་དབང་འཕྲིན་ལས་རྒྱ་མཚོ།），如前世遗嘱所说，于藏历第十一胜生土马年（公元1678年，清康熙十七年，戊午），出生在隆务昂索贡保家。于巴索济垅·阿旺贡却尼玛座前出家为僧，入闻思堂学经，与堪钦·更登嘉措（མཁན་ཆེན་དགེ་འདུན་རྒྱ་མཚོ།）在同一个学级学习。

彼师二十岁，即火牛年（公元1697年，清康熙三十六年，丁丑），赴西藏卫地，朝拜了第五世班禅洛桑耶喜和第六世达赖仓央嘉措。入哲蚌寺学法求经时，由于生活贫穷，卓·金巴嘉措（འབྲོ་གྲུབ་ཆེན་སྦྱིན་པ་རྒྱ་མཚོ།）大成就者将他请到格派寺（དགེ་འཕེལ།），授予白布禄金刚修习法，因而生活逐渐宽裕起来。达赖喇嘛[21]授予诺们汗的名号。向赤钦更登彭措（ཁྲི་ཆེན་དགེ་འདུན་ཕུན་ཚོགས།）和绛孜法王敦珠嘉措（བྱང་རྩེ་ཆོས་རྗེ་དོན་གྲུབ་རྒྱ་མཚོ།）等师处聆听经法，向第一世嘉木样协巴请求了显密二宗的许多经法，聆听了玛德（མ་ཏི།）派的《白文殊修行法甘露之光》。又和文穹旦增达吉（དཔོན་ཆུང་བསྟན་འཛིན་དར་རྒྱས།）一起敦请第一世嘉木样协巴著《妙音佛母修行法甘露宝瓶》，并敬献了用高级黄色团龙缎缝制的宝盖，这顶宝盖至今还悬挂在拉卜楞寺大经堂内宝座的顶上。一切智衷心虔诚地说：

“噶居仁波切（བཀའ་བཅུ་རིན་པོ་ཆེ།）是我的上师。”

彼师从二十五岁那年，即水马年（公元1702年，清康熙四十一年，壬午）起，敬聆诵持密咒者嘉样洛哲（སྔགས་འཆང་འཇམ་དབྱངས་བློ་གྲོས།）讲授的所有深奥的密宗经法。

彼师五十五岁，即水鼠年（公元1732年，清雍正十年，壬子），在隆务寺建立集中大小讲、修寺院的所有僧众举行大祈愿法会的制度。五十七岁，即木虎年（公元1734年，清雍正十二年，甲寅）建立了密宗学院。六十二岁即土羊年（公元1739年，清乾隆四年，己未）圆寂时，身上飘散着芬芳四溢的戒香气。曾将脚印清晰地留在石面上，把长束线香打成结子。当圆寂后举行迁转往生仪轨时，尸体从宝座之上跳到地上，具有如此等等神通和证道的行迹。

彼师的著作有文集一小函，有木刻版。他曾多次预言：拉藏汗和准噶尔将发生战争，青海要受到战祸之灾等。

阿旺程列嘉措转世的呼毕勒罕是更登程列拉杰（དགེ་འདུན་འཕྲིན་ལས་རབ་རྒྱས།），于藏历第十二胜生的铁猴年（公元1740年，清乾隆五年，庚申），出生在年都乎（གཉན་ཐོག）官人的家族里，父名索南旺秀（བསོད་ནམས་དབང་ཕྱུག），母名华毛吉（དཔལ་མོ་སྐྱིད།）。他的生年就是圣·噶登嘉措圆寂的第六十四年。由东科·索南嘉措活佛和赤坚参森格（ཁྲི་རྒྱལ་མཚན་སེང་གེ）认定为上一世活佛转世的呼毕勒罕，从洛桑喜饶比丘（དགེ་སློང་བློ་བཟང་ཤེས་རབ།）学习诵读。在堪钦·更登嘉措（མཁན་ཆེན་དགེ་འདུན་རྒྱ་མཚོ།）座下受戒出家。九岁那年，即土龙年（公元1748年，清乾隆十三年，戊辰），由一千名僧侣组成的仪仗队迎至隆务大寺坐床，在磋钦大经堂由现任堪布嘉堪钦（རྒྱལ་མཁན་ཆེན།）和昂索阿旺索南丹增（ནང་སོ་ངག་དབང་བསོད་ནམས་བསྟན་འཛིན།）等侍奉，又去塔尔寺夏日大拉让（སྒོ་འདུམ་ཤར་གྱི་བླ་བྲང་ཆེན་མོ།）居住。

彼师十三岁的那年，即水猴年（公元1752年，清乾隆十八年，壬申）入讲经院学习，由堪钦仓授胜乐、集密、大威德三本尊灌顶和普明大日如来等灌顶，及大威德生起和圆满两次第指引的教授，聆听赤仁波切江隆·更登丹增（ཁྲི་རིན་པོ་ཆེ་ལྕང་ལུང་དགེ་འདུན་བསྟན་འཛིན།）教授的《纳塘百法》《宝生经》《噶登全集》。拜洛桑坚参阿阇黎（དཔོན་སློབ་བློ་བཟང་རྒྱལ་མཚན།）即嘉样仁钦（འཇམ་དབྱངས་རིན་ཆེན།）为副经师，聆听了《迦当书》等众多教敕和经法。

从堪钦·程列（མཁན་ཆེན་འཕྲིན་ལས།）聆听《温萨全集》《桑吉益西全集》，从云增·洛桑达吉（ཡོངས་འཛིན་བློ་བཟང་དར་རྒྱས།）聆听达布斋南巴（དྭགས་པོ་བཀྲས་རྣམ་པ།）的夏玛那修行法。阿柔格西·先巴格勒坚赞（ཨ་རིག་དགེ་བཤེས་བྱམས་པ་དགེ་ལེགས་རྒྱལ་མཚན།）授《宗喀巴全集》，洛桑嘉措阿阇黎（དཔོན་སློབ་བློ་བཟང་རྒྱ་མཚོ།）授《弥多罗》《金刚鬘》《持铃胜乐金刚内外经》《白伞盖诸佛母与十七佛》《十三尊大依怙主》《毗沙门十五密经》，吉雪·旦增嘉措（སྐྱིད་ཤོད་བསྟན་འཛིན་རྒྱ་མཚོ།）的《本尊修行法》，五世达赖的《本尊修行法》等许多经法。

彼师十七岁，任密宗学院法台。二十岁，即土兔年（公元 1759 年，清乾隆二十四年，己卯）任隆务大寺闻思堂的堪布。二十一岁，即铁龙年（公元 1760 年，清乾隆二十五年，庚辰）由堪钦仓授近圆戒。木猴年（公元 1764 年，清乾隆二十九年，甲申），在佑宁寺谒拜章嘉·饶悲多吉大国师，结了法缘。木鸡年（公元 1765 年，清乾隆三十年，乙酉），彼师派遣达尔汗·然绛巴土丹达吉（དར་ཧན་རབ་འབྱམས་པ་ཐུབ་བསྟན་དར་རྒྱས།）和仲科尔·夏热吾（དྲུང་འཁོར་ཤྲཱ་རི་འི་བུ།）两人去北京，由章嘉大国师引见，朝觐乾隆皇帝，蒙皇上赐诰封敕书，火猪年（公元 1767 年，清乾隆三十二年，丁亥）回到本寺。指示珠旺桑杰（གྲུབ་དབང་སངས་རྒྱས།）转世的活佛墨尔根呼图克图·更登旦巴拉杰（མེ་རྒན་ཧུ་ཐོག་ཐུ་དགེ་འདུན་བསྟན་པ་རབ་རྒྱས།），于香巴拉镇伏王之四十七年，即水蛇年（公元 1773 年，清乾隆三十八年，癸巳），建立了时轮金刚密乘昌盛洲（དུས་འཁོར་གྲྭ་ཚང་གསང་སྔགས་དར་རྒྱས་གླིང་།）学院，并任时轮学院法台。彼师曾几次去上佐格（མཛོད་དགེ་སྟོད།）和青海蒙古地区，教化众多。土猪年（公元 1779 年，清乾隆四十四年，己亥），第六世班禅赴内地，驻锡塔尔寺，彼师前往朝拜，以右旋白螺、佛像、佛经、佛塔和僧衣、用具等许多法器供物，五两黄金、三十锭马蹄银元宝、缎子九十多匹、马一百匹等礼物作为供养，先后聆听了《供奉上师颂》和《大手印指引》等许多经法。

彼师四十七岁，即火马年（公元 1786 年，清乾隆五十一年，丙午），进藏朝圣，朝拜了第八世达赖喇嘛强白嘉措，又朝拜了班禅，敬献了许多礼品作为供奉，聆听了益西坚参经师（ཡོངས་འཛིན་ཡེ་ཤེས་རྒྱལ་མཚན།）讲授的《菩提道次第指引》。达赖喇嘛赐赠礼品和堪布的服饰，并将襄佐然绛巴·敦珠嘉措（ཕྱག་མཛོད་རབ་འབྱམས་པ་དོན་གྲུབ་རྒྱ་མཚོ།）予以昂索（ནང་སོ།）的职位，颁发文书。

彼师从西藏回到隆务寺后，对加毛大成就者阿旺智华（འཇམ་མོ་གྲུབ་ཆེན་ངག་དབང་གྲགས་པ།）、洛桑嘉措经师（ཡོངས་འཛིན་བློ་བཟང་རྒྱ་མཚོ།）、隆务喇嘛根登克却（རོང་པོ་བླ་མ་དགེ་འདུན་མཁས་མཆོག）、维哇·木盘达哇（འོས་པ་མི་ཕམ་ཟླ་བ།）等传授《宝帐怙主秘密指引》。土鸡年（公元 1789 年，清乾隆五十四年，己酉）去曲藏寺拜谒章嘉大国师，对这处圣地表示了留恋之情。在仙密寺给仙米活佛传授《圣·噶登道歌全集》的教敕。铁猪年（公元 1791 年，清乾隆五十六年，辛亥），应直尕尔活佛洛桑丹贝坚参（ཟག་དཀར་སྤྲུལ་སྐུ་བློ་བཟང་བསྟན་པའི་རྒྱལ་མཚན།）的请求，于大法会上授普明大日如来灌顶，并授《圣·噶登全集》的教敕等。先后指示权威画家华旦嘉措（དཔལ་ལྡན་རྒྱ་མཚོ།）绘了七轴《噶登画传》、弥多罗和金刚鬘坛城画；从西藏纳塘印请《甘珠尔》大藏经和《丹珠尔》大藏经等，对寺院贡献很大。五十五岁，即木虎年（公元 1794 年，清乾隆五十九年，甲寅）圆寂。著作有《宝道三要疏》等。

更登程列拉杰转世的呼毕勒罕洛桑曲扎嘉措（བློ་བཟང་ཆོས་གྲགས་རྒྱ་མཚོ།），出生在木兔年（公元1795 年，清乾隆六十年，乙卯），父亲是前一世章嘉大国师的侄子尕藏土丹南杰（སྐལ་བཟང་ཐུབ་བསྟན་རྣམ་རྒྱལ།）。在曲藏寺章嘉拉让从赤珠洛桑坚参桑格（ཁྲི་སྤྲུལ་བློ་བཟང་རྒྱལ་མཚན་སེང་གེ）出家为僧。坐床以后，拜哲蚌寺隆本经院学者蒙古人格西丹增（འབྲས་ཀླུ་འབུམ་པ་སོག་པོ་དགེ་བཤེས་བསྟན་འཛིན།）和经师的及门弟子加吾·嘉样（རྒྱ་བོའི་འཇམ་དབྱངས།）两位为经师，建立侍读班子，学习《集类学》《因理论》《悟慧论》《七十理义》《般若》等经论，无论对一般通论辩讲或分别专题辩讲，大都能背诵如流融会于心。先后聆听拉摩寺赛赤活佛、赛康巴大师、两位经师等讲授的许多经法。

彼师二十三岁，去西藏卫地入噶丹寺绛孜学院，拜洛桑坚参巴格西

(དགེ་བཤེས་བློ་བཟང་རྒྱལ་མཚན་པ།) 为师，精研《中论》和《般若》，并向色拉寺和哲邦寺供养布施，在绛孜学院留学期间，每年给每个人布施藏币“章尕”一枚。另外，还听了洛桑扎西 (བློ་བཟང་བཀྲ་ཤིས།) 活佛讲授的一些经法，从班禅贝登丹贝尼玛受近圆戒。

彼师于二十七岁回到隆务寺，建立藏经馆，藏有《甘珠尔》大藏经等典籍近一千函，而且还建了一座怙主殿。木马年（公元 1834 年，清道光十四年，甲午），去曲藏寺为觉阿释尊殿举行开光仪轨。他还修建了隆务寺礤钦大经堂及院内走廊。敦请亲王提供礤钦例茶的经费，计为寺院供例茶一百次。在寺院的大拉让负责建修了公所，并委任了第巴 (སྡེ་པ།)。他经常督促讲闻辩论的开展，监督寺纪戒律的执行，所以寺院兴旺，学风大盛。彼师通晓五明，尤其精通医明，日常以医药饶益众生。戒行严谨，堪称典范。四十九岁圆寂。

彼师转世的呼毕勒罕洛桑程列嘉措 (བློ་བཟང་འཕྲིན་ལས་རྒྱ་མཚོ།)，是曲藏仁波切的侄子，时隔不久就圆寂。

洛桑程列嘉措又转世于上一世转世的家族之中，名洛桑噶登丹贝坚参 (བློ་བཟང་སྐལ་ལྡན་བསྟན་པའི་རྒྱལ་མཚན།)，于藏历第十四胜生的土羊年（公元 1859 年，清咸丰九年，己未）出生，现已被迎请坐床。[22]

当圣·噶登巴二十四岁时，即藏历第十一胜生的铁马年（公元 1630 年，明崇祯三年，庚午），他的兄长曲哇仁波切对尊者说：

“我见你与众不同，天资聪慧，没有依大哥昂索之意，自作主张，让你出家为僧，送你去卫地绛孜经院学习。其目的是希望你成为有利于整个佛教，特别是有利于宗喀巴大师所创的格鲁派。我真诚地祝愿你成为这样的僧人。今后，要为佛教，要为众生；要公正无私不偏不倚；要为讲修显密二宗不遗余力。首先，要建立起讲经院。”

尊者按照嘱咐，建立了法相扎仓闻思堂 (མཚན་ཉིད་གྲྭ་ཚང་ཐོས་བསམ་གླིང་།)。开院的第一天，给五个僧侣授五部大论的教程。后来，出现了隆却赤哇等适合上师之称的五位喇嘛。尊者于法会期间为僧众讲经，法会的间隙时间，则在几处幽静处所苦修。三十八岁，即木猴年（公元 1644 年，明崇祯十七年，甲申），开始修建大经堂，信徒供养的布施全部用作寺院的开支，从政教两方面来护持寺院。《佛教史》中说：

“尊者以十年的时间主持讲闻辩论，以后委任然绛巴·洛桑却智（རབ་འབྱམས་པ་བློ་བཟང་ཆོས་གྲགས།）为喇嘛。”《道歌》中唱道：

“廿四岁时建扎仓，住持直到五十六，卅三年中勤护持。”

藏历第十四胜生的木牛年（公元 1865 年，清同治四年，乙丑），是圣·噶登嘉措诞生后的二百五十九年，是建立扎仓后的二百三十六年，也是他圆寂后的一百八十九年。

隆却赤仁波切洛桑却智(སློན་ཆོས་ཁྲི་རིན་པོ་ཆེ་བློ་བཟང་ཆོས་གྲགས།)，出生在隆却（སློན་ཆོས།）地方的隆务（རོང་བོ།）家族里，从曲哇仁波切受戒为僧。在曲哇仁波切和圣·噶登巴处聆听了许多深奥经法。彼师在本寺里学习《释量论》《中论》和《般若》等经典。后赴西藏卫地入噶丹寺绛孜经院学《律典》和《俱舍》等全部大论，造诣很深，直攀正理之顶峰。回到本寺后，立宗讲辩，后任堪布，大力督促僧众对各大论教程的学习，对辨析理路的钻研，对经论的背诵、复习等，使成为经常不懈的传统，对兴隆佛法贡献颇大。

应欧乎·桑丹嘉措（ཡི་དགས་བསམ་གཏན་རྒྱ་མཚོ།），于藏历第十胜生火龙年（公元 1616 年，明万历四十四年，丙辰）出生在措玉（མཚོ་བཞི།）格年后裔迁至苏柔（སོག་རུ།）部落的家族里。他出生的这年，正是第四世达赖喇嘛云丹嘉措圆寂之年。十一岁时，从圣·噶登巴受戒为僧，入寺院学经。他十五岁时隆务大寺建立了法相扎仓，他似是扎仓的第一代僧源，聆听李加·喜饶桑格（ལི་ཀྱཱ་ཤེས་རབ་སེང་རྒྱས།）讲授的采花精练丹法等许多经法，还聆听了吉雪第巴曲结、古哇曲嘉措和阿仲·克宗加措等师讲传的经法。十七岁，去安多大部分地区的各讲经院辩场巡回辩论。彼师曾到达隆华热右方的隆珠宗峰（ཕུན་གྲུབ་རྫོང་གི་རྩེ།）玉龙通泽峰（གཡུ་ལུང་མཐོང་རྩེ།）、扎西奇（བཀྲ་ཤིས་འཁྱིལ།）等地修行，得到上师的赞赏。二十八岁时，从圣·噶登巴受近圆戒。三十一岁那年，遵从曲哇仁波切的指示，赴西藏卫地入噶丹寺绛孜经院学了两年经法，拜更登丹达巴阿阇黎（དཔོན་སློབ་དགེ་འདུན་བསྟན་དར་བ།）、阿里巴·贝丹坚赞（མངའ་རིས་པ་དཔལ་ལྡན་རྒྱལ་མཚན།）和岭雅巴·贡却曲培（གླིང་ཡག་པ་དཀོན་མཆོག་ཆོས་འཕེལ།）等为师。土鼠年（公元 1648 年，清顺治五年，戊子），入哲蚌寺郭莽扎仓，拜尕如瓦·阿旺班觉阿阇黎（དཔོན་སློབ་སྙ་རུ་བ་ངག་དབང་དཔལ་འབྱོར།）为师，勤奋踏实地学习，聆受第五世达赖喇嘛讲授的全部金刚鬘灌顶，聆听《菩提道次第论》和《密宗道次第论》《圣宗喀巴全集》等大部分的教敕。曾两次赴扎什伦布寺，班禅罗桑确吉坚赞高兴地向其讲授了他所想听的经法，取得了桑浦寺噶居格西的学位。入下密院聆听了赛康巴·丹却南杰阿阇黎（དཔོན་སློབ་གསེར་ཁང་པ་དམ་ཆོས་རྣམ་རྒྱལ།）讲授的《四家合注》和《生起次第》和《圆满次第》，熟练地掌握了绘制坛城的画规。曾去居巴曲藏（རྒྱུད་པ་ཆུ་བཟང་།）、曲弥隆（ཆུ་མིག་ལུང་།）、兰木巴（ལམ་པ།）和觉摩隆（སྐྱོར་མོ་ལུང་།）等处巡礼，朝拜了那里的佛像、佛经和佛塔等依止圣物。在格派山（རི་བོ་དགེ་འཕེལ།）拜敦拉瓦·格勒达吉大成就者（གྲུབ་ཆེན་དོམ་ར་བ་དགེ་ལེགས་དར་རྒྱས།）为师，三年之间聆悟了很多深奥的经法。彼师回到隆务寺住持扎仓的讲闻辩论，向隆务地区的寺院和修行院的僧众传授了公共听受的经法和个别传授的很多经法。在曲哇仁波切和师徒二人[22]点燃圣教明灯之时，当初这个地区很少知道顶礼时必须合掌，彼师乃进一步规定顶礼之时要双手合十，掌心要夹念珠的寺规，这条寺规至今尚保持。彼师云游各地，劝导人们念诵六字真言，饶益众生。六十三岁那年，即土马年（公元 1678 年，清康熙十七年，戊午）圆寂。这年是圣·噶登巴圆寂的第二年。彼师著有《道歌汇集》一小函，还有《供奉上师颂导引》等。

赤干·洛桑旦巴达吉（ཁྲི་ཀན་བློ་བཟང་བསྟན་པ་དར་རྒྱས།）是切钦昂索·索南（ཆེ་ཆེན་ནང་སོ་བསོད་ནམས།）的侄子。从隆却赤仁波切受戒为僧。相传彼师是嘉戎·旦巴达吉（རྒྱལ་རོང་བསྟན་པ་དར་རྒྱས།）的化身。入隆务大寺学《释量论》。进藏入噶丹寺绛孜扎仓，学完全部课程，取得了拉仁巴学位。《黄琉璃论》中曾说："隆本旦巴主持讲听辩论。"从赤洛哲嘉措（ཁྲི་བློ་གྲོས་རྒྱ་མཚོ།）受近圆戒，并聆听了许多经教。他在安多拜卡加·楚臣扎西巴（ཁ་བྱུའི་ཚུལ་ཁྲིམས་བཀྲ་ཤིས་པ།）翁则为师，聆听了许多传承的经法。曾应嘉摩戎（རྒྱལ་མོ་རོང་།）地区的再三敦请，赴该地讲经传法，满足了他们的心愿。曾赴西藏进行盛大的供养和布施。在本寺先后任堪布达三十年。彼师出生之家荒废破落，空无所有，于是把农田和房产全部修葺、整理后献给寺院，作为堪布的拉让。他的家族计有十户，也献给寺院做供养谿卡。彼师于水牛年（公元 1733 年，清雍正十一年，癸丑）圆寂。一生戒行严谨，对厌离与菩提心两者，领悟透彻。

其后继任堪布者有夏日[24]活佛·阿旺程列嘉措，接着为赤干·洛桑旦巴达吉、帝仓玛尼巴·喜饶扎西（ཉིས་ཚང་མ་ཎི་པ་ཤེས་རབ་བཀྲ་ཤིས།）、宗尕琼哇·阿旺旦增程列（རྫོང་དཀར་ཆུང་བ་ངག་དབང་བསྟན་འཛིན་འཕྲིན་ལས།）等。

堪钦多吉强·更登嘉措（མཁན་ཆེན་རྡོ་རྗེ་འཆང་དགེ་འདུན་རྒྱ་མཚོ།），于藏历第十一胜生的土羊年(公元1679 年，清康熙十八年，己未）出生在措玉村（ཚོ་བཞི།）。被认定为上一世桑丹嘉措转世的化身。十岁时，即土龙年（公元 1688年，清康熙二十七年，戊辰)迎请坐床。在隆务活佛弟弟额珠喇嘛(བླ་མ་དངོས་གྲུབ།）座前受戒为僧，进入经院后勤奋于讲辩。同隆务活佛程列嘉措（རོང་པོ་སྤྲུལ་སྐུ་འཕྲིན་ལས་རྒྱ་མཚོ།）一起进行过《释量论》的磋朗辩论。在按吉尊巴教程进行《般若》辩论时，对贡如教程（ཀུང་རུའི་ཡིག་ཆ།）产生了信解，因而进一步摘抄、精读、研究。从曲麻日禅师洛桑嘉措（ཆུ་དམར་སློབ་ཆེན་བློ་བཟང་རྒྱ་མཚོ།）受胜乐、集密、大威德三本尊及普明大日如来的灌顶。还聆听了叶什群·嘉样智华（གཡེར་གཞོང་འཇམ་དབྱངས་གྲགས་པ།）、德钦·洛桑扎西阿阇黎（བདེ་ཆེན་དཔོན་སློབ་བློ་བཟང་བཀྲ་ཤིས།）、曲培嘉措阿阇黎（དཔོན་སློབ་ཆོས་འཕེལ་རྒྱ་མཚོ།）等讲传的许多经法。

彼师二十五岁，即水羊年（公元 1703 年，清康熙四十二年，癸未），去北方朝拜各圣地，首先前去拉摩德钦寺，立宗讲辩时，经院僧众云集，讲闻辩论极为热烈。接着去曲藏寺、佑宁寺巡回辩场辩论。本想在夏琼寺和塔尔寺立宗，但是没有得到机会。

木猴年（公元 1704 年，清康熙四十三年，甲申）和德唐堪布（བདེ་ཐང་མཁན་པོ།）、香曲米拉（ཞང་ཆུབ་མི་ལ།）、白·阿旺特乔旺秀活佛（འབེ་སྨྲ་སྐྱིད་ངག་དབང་ཞེག་མཆོག་དབང་ཕྱུག）、合作·噶居乔旦（གཙོས་དཀའ་བཅུ་མཆོག་ལྡན།）、杂义·彭措（ཚ་ཡུས་ཕུན་ཚོགས།）等结伴前往西藏卫地。在哲蚌寺郭莽扎仓的拉让拜谒一切知嘉木样协巴多吉，聆听了《中观》《般若》《戒律》《俱舍》教程的宣讲，聆受了无数的灌顶、随许、教敕和教诫，并请一切知嘉木样协巴为其授沙弥戒和近圆戒的堪布，是对他恩德最大的一位上师。一切知嘉木样协巴之后，拜尼唐哇·洛桑喜饶（ཉི་ཐང་བ་བློ་བཟང་ཤེས་རབ།）、准噶尔·洛桑彭措（ཅུང་ཀར་བློ་བཟང་ཕུན་ཚོགས།）以及作为嘉木样回安多后的代理上师嘉赛·益西扎巴等为师，一直至准噶尔哇[25]返回期间，即在经院学习。藏王拉藏汗从南方布丹来到色拉寺时，他与桑洛弥通两人在色拉寺立宗辩论，藏王也向他提出许多问题。彼师曾与色拉寺结扎仓堪布洛桑诺布(སེར་བྱེས་མཁན་པོ་བློ་བཟང་ནོར་བུ།)就“遍智对照见的所有境有无现见为所有性的遍智”进行过辩论。一切知嘉木样协巴在帕邦卡（ཕ་བོང་ཁ།）时期，彼师聆听关于宗喀巴大师的《正义精要》等大部分经法的教授和教敕。另外，还聆听了嘉木样德维多吉（འཇམ་དབྱངས་བདེ་བའི་རྡོ་རྗེ།）讲传的《菩提道次第广论》的释解和教敕。在曲藏静修院（ཆུ་བཟང་རི་ཁྲོད།）听了遁世者洛桑仁钦（བྱ་བྲལ་བློ་བཟང་རིན་ཆེན།）讲传的经法。三十六岁那年，即木马年（公元 1714 年，清康熙五十三年，甲午），取得了拉仁巴学位。

火鸡年（公元 1717 年，清康熙五十六年，丁酉），准噶尔蒙古的军队进入西藏。彼师四十岁，即土狗年（公元 1718 年，清康熙五十七年，戊戌），神变大祈愿法会后，为了考核格西，在拉萨集中了一百多位格西，互相进行辩论。结果，评选出如下的名次：当时除哲蚌寺的拉茂·南卡（ལ་མོ་ནམ་མཁའ།）外，彼师数第一；第二是色拉寺的喀尔喀夏茸（ཧལ་ཧ་ཞབས་དྲུང།）；第三是噶丹寺的尼戎·达完巴（ཉག་རོང་དྭ་འོན་པ།）。由寺院首先派彼师去巴科曲德寺（དཔལ་འཁོར་ཆོས་སྡེ།）任喇嘛，派色拉哇到亚德周寺（ཉག་སྡེ་དྲུག）任喇嘛，派噶丹巴去坚巴林寺（བྱམས་པ་གླིང།）任喇嘛，共计向一百多座寺院派出了喇嘛。当准噶尔的军官问寺院和村庄之间有多少距离才算合适时，由洛赛林的雄勒巴格西吾坤太（གཞུང་ལས་པ་དགེ་བཤེས་བོ་ཁོན་ཐར།）和郭莽扎仓的彼师两人，根据《俱舍论》的叙述作了回答。这一年，彼师继赤·更登彭措（ཁྲི་དགེ་འདུན་ཕུན་ཚོགས།）之后，兼任巴科曲德寺和则庆曲德寺（རྩེ་ཆེན་ཆོས་སྡེ།）堪布。住在克珠尕尔布寝宫（མཁས་གྲུབ་གཟིམས་ཁང་དཀར་པོ།）。他在巴科曲德寺和迺旦活佛洛桑旦增（གནས་བརྟན་སྨྲ་སྐྱེ་བློ་བཟང་བསྟན་འཛིན།）的驻地兰直温（ལྷག་ཐག་རྫོན།）两地，聆听了迺旦活佛洛桑旦增教授的许多经法。此处附带地叙述一下，上述这位大德是扎什伦布寺推桑林即闻思堂的德觉巴（བདེ་འབྱོར་པ།），曾长期游学于密乘学院，拜持金刚贡却坚参（རྡོ་རྗེ་འཛིན་པ་དཀོན་མཆོག་རྒྱལ་མཚན།）活佛的经师和萨迦等派藏卫两地的许多喇嘛为师，听闻广博，造诣极深。晚年曾应皇上的征召，去呼和浩特，在彼处圆寂，著有《大威德禳解法》等。

彼师又迎请喇嘛嘉样巴（བླམ་འཇམ་དབྱངས་པ།）到巴科曲德寺聆受金刚鬘灌顶。还从工布·旦巴坚参（ཀོང་པོ་བསྟན་པ་རྒྱལ་མཚན།）聆听《甘珠尔》大藏经的教敕，从郭莽·丹却巴（སྒོ་མང་དམ་ཆོས་པ།）聆听《四家合注》。拜赤·更登彭措（ཁྲི་དགེ་འདུན་ཕུན་ཚོགས།）、赤·阿旺乔登（ཁྲི་ངག་དབང་མཆོག་ལྡན།）、阿尕·索南桑布（ཨ་ཀ་བསོད་ནམས་བཟང་པོ།）、一切知嘉木样协巴的弟子德阳巴·东尕尔（བདེ་ཡངས་པ་གདོང་དཀར།）和雪巴·云丹达吉（ཤོད་པ་ཡོན་ཏན་དར་རྒྱས།）等众多喇嘛为师，聆听诸师讲传的经法。达波格西端智旺加（དྭགས་པོ་དགེ་བཤེས་དོན་གྲུབ་དབང་ཕྱུག）在巴科曲德寺承侍在彼师座下，彼师以《声明学》《诗学》和解释显密二宗的许多疑难，满足其愿望。而达波·洛桑金巴（དྭགས་པོ་བློ་བཟང་སྦྱིན་པ།）则聆听了《章嘉全集》的教敕。彼师从巴科曲德寺退位后，曾在能木却隆（ཉིམ་ཆོས་ལུང།）短暂居住。五十三岁那年，即铁猪年（公元 1731 年，清雍正九年，辛亥），按藏王颇罗鼐发来的公文回到卫地拉萨，聆听了肖·敦约克珠（ཞབས་དྲོན་ཡོད་མཁས་གྲུབ།）和喇嘛强巴仁波切（བླ་མ་བྱམས་པ་རིན་པོ་ཆེ།）诵传的《菩提道次第指引》，并担任“上师久住世间”的祈求者。

水鼠年（公元1732年，清雍正十年，壬子），隆务诺们汗（རོང་པོ་ནོ་མོན་ཧན།）和叶什群阿阇黎、昂索·索南达吉（ནང་སོ་བསོད་ནམས་དར་རྒྱས།）三人，派遣专人去拉萨迎请，遂于当年启程返回故乡。途经大河坝公的乌尔盖（ཧང་རེ་གུང་ཨུ་ཀེ།），涉过曲什安河（ཆུ་རྫོན།），在巴多（འབའ་མདོ།）[26]坐船渡过黄河，经曲乃亥（ཆུ་ནག）、尕千（ཀ་ཆེན།）、尕群（ཀ་ཆུང་།）、大小牛秀（ཉིན་ཤིག）、司马沟（ཟི་མའི་གྲོག་ཁེད་ཡན།）峡、豆尤合（སྟག་གཡག）、浪麻加达（སྣང་མ་རྒྱ་འདལ།）、拉顿（ལ་བདུན།）等处，从塔木(མཐའ་སྨུག)直达德钦寺[27]，再经瓜什则寺(མགར་རྩེ་སྒར།)、达尔香（དར་ཞིང་།）、阿仲寺（ཨ་འགྲོན་སྒར།），翻越赛亚隆沟脑（བསེ་ཉ་ལུང་གི་ཐུ།），从后沟脑第一次来到了叶什群（གཡེར་གཞོང་།）。回去时，途经索乃亥（སོ་ནག）、戎务（རོང་པོ།）、江加村（ཀུང་ཀུའི་སྡེ་བ།）、昌拉西(འཕྱང་ལ་བྱས།)，在卫哇曼加塘滩（ཐིས་པ་མན་རྒྱལ་ཐང་།）由仪仗队迎请到隆务大寺。

彼师在隆务大寺任堪布七年。给德钦寺诺吾嘉措教长（བདེ་ཆེན་སློབ་དཔོན་ནོར་བུ་རྒྱ་མཚོ།）、扎西奇寺阿阇黎卓仓大成就者（བཀྲ་ཤིས་འཁྱིལ་དཔོན་སློབ་སྒྲོ་ཚང་གྲུབ་ཆེན།）、尕尔日·洛桑达吉阿阇黎（དཀར་རིས་སློབ་དཔོན་བློ་བཟང་དར་རྒྱས།）、闻思堂教长贺尔加仓（ཐུ་ཚང་སློབ་དཔོན་ཧོར་རྒྱ་ཚང་།）、密宗学院教长端珠（རྒྱུད་པ་སློབ་དཔོན་དོན་གྲུབ།）、格当·喜饶旦增阿阇黎（སྐྱེས་སྙིང་སློབ་དཔོན་ཤེས་རབ་བསྟན་འཛིན།）、萨尕尔夏日教长桑波（ས་དཀར་ཤར་སློབ་དཔོན་བཟང་པོ།）、文都寺扎仓（ཐིས་མདོ་གྲྭ་ཚང་།）和协贡寺（ཤེལ་དགོན།）两寺的阿阇黎曲麻日仓（ཆུ་དམར་ཚང་།）、卡索活佛（ཁ་སོ་སྤྲུལ་སྐུ།）等及众僧讲授了《菩提道次第广论》的疏解和教敕。

第二世一切知嘉木样吉美旺波从墨尔根曲结·阿旺嘉措（མཁན་ཆོས་རྗེ་ངག་དབང་རྒྱ་མཚོ།）口中听到了这位格西的生平事略，于火虎年（公元1746年，清乾隆十一年，丙寅）迎请为经师。在迎请使者来临之前的一天夜里，梦见第一世嘉木样向彼师请求灌顶，急忙阻拦说：“我是您的弟子，哪能如此!”可是，第一世嘉木样仍请求不已。当迎请使者来到之后，彼师说：“这是喇嘛的法旨，我就去。”于是，起程前往拉卜楞寺，途经吉琴木（ཀྱིལ་ཁྱིམ།）、库贝云（ཁུག་པའི་གཞུང་།）、维完拉（ཞིས་སྔོན་ལ།）、色庆（གསེར་ཆེན།）等地。在拉卜楞寺向吉美旺波授密集、大威德灌顶，并讲授所需求的经法及《噶登嘉措全集》等。彼师于吉美旺波赴卫地时，骑马送行直到班钦拉（པཎ་ཆེན་ལ།）山根。从西藏回来后，彼师虽然年事已高，还在铁龙年(公元 1760 年，清乾隆二十五年，庚辰)，讲授《正义精要》教敕和《文殊师利亲教》释义，彼师弘扬的这种传统，而今遍于各地。彼师也从一切知吉美旺波座前聆听了结汤瓦（རྒྱལ་ཐང་པ།）传承的觉宇派经论和《红妙音佛母经》随许等许多经法。并请第二世嘉木样吉美旺波到隆务大寺，同往修行静地扎西奇寺。为禳除第二世嘉木样三十七岁的关煞魔障，他还著《通晓诸明处》的祝寿祈祷诗。还向上一世贡唐仓（གུང་ཐང་སྨན་གོང་མ།）授弥多罗经。按照第一世嘉木样为了消除魔障首次赐授的红害阎摩法仪轨，举行实践法会。由于智慧尊未曾降临融入，遂于灵塔前祈祷，翌日果向铁吾噶居（ཐེ་བོ་དཀའ་བཅུ།）和华热活佛（དཔའ་རི་སྤྲུལ་སྐུ།）等身上逐步融入。他在大寺中授《金刚鬘经》，并为了吉美旺波活佛便于学习，撰著《集类学》一函。彼师又任隆务寺堪布五年，主持讲闻辩论，施放布施，供斋餐，修建佛塔，塑造佛像等，在闻思修诸方面都有很大贡献，彼师亦认为诸凡策划，已达佳妙的高度。

彼师八十七岁，于木鸡年（公元 1765 年，清乾隆三十年，乙酉）圆寂。

堪钦多吉强·更登嘉措转世的呼毕勒罕是贡乔严派(དཀོན་མཆོག་ཡར་འཕེལ།)。彼师出生在麦秀尕布雄（དམེ་ཤུལ་དཀར་པོ་གཞོང་།），是堪钦仁波切（མཁན་ཆེན་རིན་པོ་ཆེ།）的侄儿，是一切知吉美旺波的弟子。

贡乔严派转世的化身是敦约嘉措（དོན་ཡོན་རྒྱ་མཚོ།）。他于藏历第十三胜生的土狗年（公元1778 年，清乾隆四十三年，戊戌），出生在曲麻（ཆུ་མ།）

地方的一户牧人之家。入隆务大寺学习，洞晓经论，精研诸明处，成为一位大学者。从才贡喇嘛（ཚེ་མགོན་བླ་མ།）受近圆戒，学风戒行极为严谨。从仲哇·洛桑嘉措（དྲུང་བ་བློ་བཟང་རྒྱ་མཚོ།）圆满地聆听甚深的密法。在拉卜楞寺侍奉贡唐·嘉贝样活佛，学了显密二乘的许多经典和释论。在彼处有许多学者提出诘难，彼师和卡瓦·然绛巴（ཁ་ཕའི་རབ་འབྱམས་པ།）两人作了解答。彼师在致多吉强阿莽仓活佛（རྡོ་རྗེ་འཆང་ཧྲ་ཧོའི་ཞལ་སྔ་ནས།）的信中说：

“诸经难点之结子，力微手笨难开解；心怀诚意来求教，语剑利刃何不解？”

在回信中答道：

“虽然老鸦喉咙里，难唱杜鹃悦耳歌；不见路遥尘雾茫，见时责难何不说？”

看来他们两位相互请教过一些疑难问题。彼师还从香洒阿阇黎和叶什郡·更登达智合聆听了经法。任隆务寺堪布先后达十年之久。在磋钦大会堂给僧众传授、弘扬大威德金刚灌顶等，夏日诺们汗去西藏的三年之中，彼师代表夏日仓主持政教事务，修复了弥勒佛像等，闻思、禅定和所作等三轮事业极甚宏广，有著作一函。彼师四十八岁，即木鸡年（公元 1825 年，清道光五年，乙酉）圆寂。

敦约嘉措转世的化身洛桑华旦嘉措（བློ་བཟང་དཔལ་ལྡན་རྒྱ་མཚོ།），于火狗年(公元 1826 年，清道光六年，丙戌)，出生在刚察（ཀང་ཚ།）的达那（དན།）地方，父名是应欧乎南加（ཡི་དགས་རྣམ་རྒྱལ།），母名交毛（ཇོ་མོ།）。由仲尤活佛(དྲུང་ཡིག་སྤྲུལ་པའི་སྐུ།）授居士戒，从赤珠·洛桑坚参桑格活佛（ཁྲི་སྤྲུལ་བློ་བཟང་རྒྱལ་མཚན་སེང་གེ）出家为僧，后又从这位尊者受近圆戒。从赛康巴大师受沙弥戒。德亦仁波切活佛亲临大寺，主持彼师入经院仪式和追荐上一世活佛的事务。德赤仁波切给彼师授时轮金刚灌顶和很多经法，因而尊为恩德深重的唯一上师。彼师先后拜称为卫地格西顶峰的旦巴达吉（བསྟན་པ་དར་རྒྱས།）和尕洒尔拉仁巴·贡乔嘉措（སྐ་སར་ལྷ་རམས་པ་དཀོན་མཆོག་རྒྱ་མཚོ།）二师为师，精研五部大论。

还聆听夏日·洛桑却智嘉措（བློ་བཟང་ཆོས་གྲགས་རྒྱ་མཚོ།）、赛康巴大师、郭玛尔·日超巴（སྒོ་དམར་རི་ཁྲོད་པ།）、塔秀·更登曲迥嘉措（ཐར་ཤུལ་དགེ་འདུན་ཆོས་སྐྱོང་རྒྱ་མཚོ།）、阿绕（ཨ་རོལ་ཞལ་སྔ་ནས།）活佛等讲授的经法，广闻博学，并多次到拉卜楞寺，拜请第三世嘉木样遍照尊者师徒授《耳传密诀》等许多经法的传承，因而，他们历世活佛之间的关系亲密无间。在三十岁那年，即土马年（公元1858年，清咸丰八年，戊午），任隆务大寺堪布，住持政教事务。辞去堪布之职后，离俗遁世，在本寺和达香德作木（དར་ཞིང་བདེ་འཛོམས།）等地静虑修行，道行日增。

嘉堪钦·洛桑尼玛（རྒྱལ་མཁན་ཆེན་བློ་བཟང་ཉི་མ།），出生在朗加的麦宝东氏（སྨང་གྱར་མེས་པོ་སྟོང་།）官人家里。未出家前，同几位俗人书法家一起出外以抄写经卷为生。堪钦（མཁན་ཆེན།）对他讲述了出家入寺的好处后，从家里脱逃，来到静修禅院扎西奇寺（སྒྲུབ་གྲྭ་བཀྲ་ཤིས་འཁྱིལ།），从喇嘛闹吾活佛（བླ་མ་ཨ་ལགས་ནོར་བུ།）出家为僧。入隆务大寺经院，勤奋精进，学习优良，学完《集类学》之后，继续学习《释量论》《般若》《中论》等。在经院中，学业最突出的数彼师和堪钦巴两位。他二人情投意合，一起赴拉摩德庆寺、夏琼寺、塔尔寺、东科寺、赞布寺、佑宁寺、白马寺、瞿昙寺等各寺的法相学院立宗辩论，并到没有法相学院的各寺院朝圣礼佛。回寺时，取道药草台沟（སྨོ་ཚང་ལུང་།）沟脑，翻越维文拉山（ཝིས་སྟོན་ལ།），沿夏琼寺东至黄河边，在古尔滩（མགུར་གྱི་ཐང་།）渡过黄河，再经古尔寺、昂拉色康寺，沿着古戎堤（དགུ་རོང་མཐིལ།）和那加（ནག་གྱི།）之间的小路，到外科尔琼吾（བད་སྐོར་ཁྱུང་བོ།）等地。玛尼巴·喜饶扎西（མ་ཎི་པ་ཤེས་རབ་བཀྲ་ཤིས།）在隆务大寺授金刚鬘灌顶时，彼师立宗辩论，博得僧众的赞扬。

堪钦去西藏卫地十年之后，彼师也去西藏。入哲蚌寺郭莽经院学习，拜尼塘·洛桑喜饶（ཉི་ཐང་བློ་བཟང་ཤེས་རབ།）、准噶尔·洛桑彭措（ཇུང་གར་བློ་བཟང་ཕུན་ཚོགས།）为师，详细而系统地精研五部大论，考取了拉仁巴学位。准噶尔军为了统一任命嘉（རྒྱལ།）等六七个经院的堪布，将色拉、哲蚌、噶丹三大寺的十来个格西集中到一起，让他们接连辩论了几天，以彼师最为出色。因而，被任命为嘉寺的堪布。当时答（མདའ།）、达（དགས།）、嘉（རྒྱལ།）三师聚到一起，他们的学识威光映覆一切。塔波格西·敦珠旺杰（དགས་པོ་དགེ་བཤེས་དོན་གྲུབ་དབང་རྒྱལ།）欲求深造，彼师荐他到堪钦尊者座前，说明原因后，堪钦说：

“论名言和诸明的造诣，嘉比我强。但是，我知道什么，就教给你什么吧。”

彼师还聆听了班禅罗桑耶喜和赤·阿旺乔丹（ཁྲི་ངག་དབང་མཆོག་ལྡན།）讲传的经法。被藏王颇罗鼐尊为上师，请求法施。当彼师欲辞去堪布之职返回安多时，恰好青海衮楚克王（མཚོ་སྔོན་དཀོན་མཆོག་ཡང་།）向西藏地方政府要求派一位饶益众生的喇嘛。所以，西藏地方政府派他到青海地区住一个时期。隆务活佛派遣专人请他回隆务寺，堪钦辞去堪布之职，即将座主之责托付于他。从铁猴年（公元 1740 年，清乾隆五年，庚申）起，连续十三载住持寺院的事务。新修闻思院的大经堂，殿内设置了十一面观音菩萨像，《丹珠尔》大藏经等许多佛像、佛经和佛塔等依止圣物。火牛年（公元 1757 年，清乾隆二十二年，丁丑）圆寂。

嘉堪钦·洛桑尼玛转世的化身更登丹贝尼玛（དགེ་འདུན་བསྟན་པའི་ཉི་མ།），出生在上一世嘉堪钦的亲属之家，对上一世活佛的用物能认识清楚，因此，被认定他是嘉堪钦的转世，举行坐床，从应欧乎堪钦（ཡི་དགས་མཁན་ཆེན།）出家为僧。由江隆·赤干（ལྕང་ལུང་ཁྲི་ཀན།）授近圆戒。十一岁入经院学习《般若》和《释量论》。十七岁任堪布，恢复中断了的例茶，维修了经堂、寝宫和弥勒佛殿等。哲蚌寺隆本巴·霍尔那亥阿旺嘉措（འབྲས་སྤུ་འབུམ་པ་ཧོར་ནག་ངག་དབང་རྒྱ་མཚོ།）曾侍奉为师。彼师住持和执掌道帏古雷扎仓（རྡོ་སྦིས་སྒོ་རུའི་གྲྭ་ཚང་།）[28] 等十多座讲修寺院的政教事务。

更登旦白尼玛转世的化身格勒土旦嘉措（དགེ་ལེགས་ཐུབ་བསྟན་རྒྱ་མཚོ།），出生在加咱（རྒྱ་ཟ།）部落。入隆务寺学习，成就突出，任过磋钦大会堂的堪布，现已辞去，从事修持。

措杜堪布洛桑程列（ཚོ་འདུ་མཁན་པོ་བློ་བཟང་འཕྲིན་ལས།），曾在隆务大寺请堪钦仓授金刚鬘灌顶。他转世的化身，出生在加吾村（རྒྱ་གོ།），被称为持咒师多吉南杰（སྔགས་འཆང་རྡོ་རྗེ་རྣམ་རྒྱལ།），从堪钦仓受戒出家。精通显密二宗和诸明处。老年时衣证道者服装，降雨、防雹、镇剑魔等，法力高强。这位活佛先后转世两次，后世活佛现仍健在。

接着又由堪钦仓于木猪年（公元 1755 年，清乾隆二十年，乙亥）出任堪布，任命江隆·根登旦增（ལྕང་ལུང་དགེ་འདུན་བསྟན་འཛིན།）为洛穹。

隆务活佛更登程列拉杰（རོང་པོ་སྤྲུལ་པའི་སྐུ་དགེ་འདུན་འཕྲིན་ལས་རབ་རྒྱས།），二十岁任隆务寺堪布[29]。

江隆巴·更登旦增（ལྕང་ལུང་པ་དགེ་འདུན་བསྟན་འཛིན།），生于藏历第十一胜生的铁猴年（公元 1680 年，清康熙十九年，庚申）。彼师入隆务寺经院学习，于其五十年僧腊的岁月里，一直精研显密二宗。在桑格泽·桑珠德登（སེང་གེ་རྩེ་བསམ་འགྲུབ་བདེ་ལྡན།）静修院等处坐禅静修。彼师是堪钦活佛和第二世嘉木样等人的弟子，曾亲见圣·噶登嘉措的圣容，按尊者的鼓励，编辑《噶登嘉措道歌集》，提供所需经费，雕成木版，详细校对，并写了卷末的跋文。从德格印经院迎请了《甘珠尔》大藏经和《丹珠尔》大藏经各一部。木鸡年（公元 1765 年，清乾隆三十年，乙酉），任隆务大寺的堪布。他有先知的神通，著作有《道歌》《教诫》《施食仪轨》等数部。

江隆巴·格登旦增转世的化身，出生在隆务的曲麻日（ཆུ་དམར།）村。入隆务大寺经院学习。曾朝五台山，后来居住在蒙古喀尔喀地方。彼师七十岁返回隆务寺院，供献了许多供品，并施放布施。又去喀尔喀地方，据说现在仍在世云。

土牛年（公元 1769 年，清乾隆三十四年，己丑），隆务活佛又担任隆务大寺堪布。铁兔年（公元 1771 年，清乾隆三十六年，辛卯），三十三岁的赛·阿旺嘉样扎西活佛（བསེ་སྤྲུལ་སྐུ་ངག་དབང་འཇམ་དབྱངས་བཀྲ་ཤིས།）任堪布。木马年（公元1774年，清乾隆三十九年，甲午）起，嘉堪钦·更登丹贝尼玛（རྒྱལ་མཁན་སྤྲུལ་དགེ་འདུན་བསྟན་པའི་ཉི་མ།）住持寺务，任堪布七年。

才贡喇嘛格登钦饶（ཚེ་མགོན་བླ་མ་དགེ་འདུན་མཁྱེན་རབ།），生于藏历第十二胜生的火龙年（公元1736年，清乾隆元年，丙辰），父亲是第二世夏日诺们汗活佛的兄长才贡扎西（ཚེ་མགོན་བཀྲ་ཤིས།），母亲名才让吉（ཚེ་རིང་སྐྱིད།）。被他的叔叔圣·阿旺程列嘉措认定为嘉绒瓦活佛赤干·克珠旦达尔（རྒྱལ་རོང་བའི་སྤྲུལ་སྐུ་ཁྲི་ཀན་མཁས་གྲུབ་བསྟན་དར།）转世的化身，从江龙赤干（ལྕང་ལུང་ཁྲི་ཀན།）受戒出家。彼师先后聆听嘉堪钦（རྒྱལ་མཁན་ཆེན།）和措杜堪布（ཚོ་འདུ་མཁན་པོ།）等讲授的许多经法。十一岁入经院学习，修持语狮文殊和红妙音佛母，同时静修静猛文殊，出现了加持的征兆，证得诵读经籍的无碍智慧。背读经文时，从早饭时到午饭时之间，背诵的经页叠起来能达五箭的高度，背熟了吉尊巴的教程《中观》等许多大部头的经典。从德钦活佛阿旺嘉样华旦（བདེ་ཆེན་སྤྲུལ་སྐུ་ངག་དབང་འཇམ་དབྱངས་དཔལ་ལྡན།）等学习《声明》和《诗学》。

彼师和江嘉的赛活佛（ལྕང་ཀྱའི་བསེ་སྐུ་སྐྱེ།）两人在拉卜楞寺立宗辩论，双方对于相互引证的教与理都意为之夺，乃同赴西藏卫地，入郭莽扎仓学习，辩才超群。后赛活佛在郭莽扎仓圆寂。彼师从藏巴堪布（གཙང་པ་མཁན་པོ།）受近圆戒。拜班禅额尔德尼仁波切、赤阿旺却扎（ཁྲི་ངག་དབང་ཆོས་གྲགས།）、加赛活佛（རྒྱལ་སྲས་ཞལ་སྔ་ནས།）、隆多喇嘛等为师，广闻博学。在觉摩隆（སྐྱོར་མོ་ལུང་།）和格派（དགེ་འཕེལ།）等地潜心静修，曾亲眼见到特殊修持的几位本尊的圣容，从身后莅临顶上。

据说，彼师离开西藏来到拉卜楞寺时，在拉萨哲蚌寺郭莽扎仓的走廊上留下了踏凹的足痕。在一切知嘉木样尊者座前聆听许多经法，以及在德毛滩（བདེ་མོ་ཐང་།）聆听一切知嘉木样讲授金刚鬘经法时，旦正才让（དྲ་མགྲིན་ཚེ་རིང་།）充任秘书，记录了彼师的全部讲话。此外，还有许多其他著作。正当大家热望他出任拉卜楞寺磋钦大会堂堪布之际，隆务活佛派员敦请。彼师请示了一切知，同意他回隆务寺。

彼师回到隆务寺后，先任密宗学院法台，后于铁牛年（公元 1781 年，清乾隆四十六年，辛丑），任磋钦大会堂堪布。按照哲蚌寺郭莽扎仓的学习制度，在隆务寺建立了学级之间的辩论制度，为僧众发放衣冠布施钱；在新修的寝宫里，用药泥塑造了三十五尊佛像和八如来像，绘制以供奉上师净土法会为主的画轴近六十幅。彼师于八十岁那年，即木猪年（公元 1815 年，清嘉庆二十年，乙亥）圆寂。

才贡喇嘛格登钦饶转世的化身洛桑钦饶华丹（བློ་བཟང་མཁྱེན་རབ་དཔལ་ལྡན།），入隆务寺学经。同霍尔仓殊胜化身仁波切（ཧོར་ཚང་མཆོག་སྤྲུལ་རིན་པོ་ཆེ།）一起进藏学习，学业优良，梵行清净。

水虎年（公元 1842 年，清道光二十二年，壬寅），彼师返回故乡。拜赛康巴大师（དཔོན་སློབ་གསེར་ཁང་པ།）为师，敬聆讲传的许多经法，并在几处幽静处勤奋地修行本尊长期念修法，经常复习背诵《菩提道次第广论》和《密宗道次第广论》。还授时轮金刚灌顶等。有著作数种，于三十五岁圆寂。

洛桑钦饶华丹转世的化身洛桑钦饶（བློ་བཟང་མཁྱེན་རབ།），现健在。

从才贡喇嘛更登钦饶起，这一转世系统的活佛，称为隆务仓（རོང་བོ་ཚང་།）。

尕尔则东哇·洛桑程列（གར་རྩེ་གདོང་བ་བློ་བཟང་འཕྲིན་ལས།）是西藏卫地的格西，曾先后向隆多喇嘛、益西嘉参经师（ཡོངས་འཛིན་ཡེ་ཤེས་རྒྱལ་མཚན།）、第二世一切知嘉木样等师聆听许多经法，取得了拉仁巴格西学位，并任绛孜学院的堪布职务。第八世达赖喇嘛强白嘉措来到噶丹寺时，在达赖喇嘛座前进行过精辟的辩论，达赖喇嘛十分欣赏。彼师在应邀去拉卜楞寺的途中，拜谒进藏的夏日活佛。由于夏日活佛的再三邀请，遂应约去隆务寺，于火羊年（公元 1847 年，清道光二十七年，丁未）任隆务大寺堪布。铁猪年（公元 1851 年，清咸丰元年，辛亥）圆寂。

此后，堪钦仓敦约却嘉措继任堪布。接着，又由嘉堪钦更登旦白尼玛任堪布。

昂索苟吉仓活佛格登克乔（ནང་སོ་སྐུ་སྐྱེས་དགེ་འདུན་མཁས་མཆོག），出生在隆务家族里。据说，彼师是过去使热贡十二部落建立神变大祈愿法会的一位著名昂索的转世化身。十三岁时入经院，同时，静修静猛文殊合修法，出现了加持征象。彼师先后任时轮学院、密宗学院的法台和磋钦大会堂堪布，并担任过益尕却增静修院（ཡིད་དགའ་ཆོས་འཛིན།）的喇嘛。藏历第十四胜生的火兔年（公元1807 年，清嘉庆十二年，丁卯）圆寂。

格登克乔转世的化身格登勒协嘉措（དགེ་འདུན་ལེགས་བཤད་རྒྱ་མཚོ།），是现在这一世赛仓活佛（བསེ་སྤྲུལ་པའི་སྐུ།）的胞兄。入隆务大寺，潜心精研《中观》《般若》和《释量论》等经论。曾朝拜过西藏卫地、五台山及栴檀释迦牟尼佛像等。任隆务大寺磋钦大会堂堪布。于五十岁的那年圆寂。

维哇·阿旺木盘达哇（ཞིས་པ་ངག་དབང་མི་ཕམ་ཟླ་བ།），于藏历第十三胜生的火猪年（公元 1767 年，清乾隆三十二年，丁亥），出生在玛昂措阿(མར་ནང་ཚོ་ལྔ།)地方的卑塘[30](ཞིས་ཐང་།）的加毛家族（འཇའ་མོ།）。被认定为堪钦的亲传弟子维哇格西喜饶旦增转世的化身。十三岁入隆务大寺经院，精于辩说正理，超群绝伦。在德钦巴·喜饶鄂赛（བདེ་ཆེན་པ་ཤེས་རབ་འོད་ཟེར།）座前学习藏文文法等，在阿琼阿旺钦饶（ཨ་ཁྱུང་ངག་དབང་མཁྱེན་རབ།）座前学习诗学；在香洒阿阇黎(ཤིང་བཟའ་དཔོན་སློབ།）座前不但学习了声明学，并将钻研吉尊巴教程后提出的许多问题也请阿阇黎做出了解答。由夏日诺们汗仁波切授近圆戒。在隆务寺聆听江隆赤干（ལྕང་ལུང་ཁྲི་ཀན།）、才贡喇嘛（ཚེ་མགོན་བླ་མ།）、赤干仓阿旺嘉样扎西（ཁྲི་ཀན་སྤྲུལ་སྐུ་ངག་དབང་འཇམ་དབྱངས་བཀྲ་ཤིས།）和堪钦秘书等活佛讲传的许多经法，并在佑宁寺聆听王佛尕藏益西达结（ཡང་སྐལ་བཟང་ཡེ་ཤེས་དར་རྒྱས།）和香哇大修行者洛桑达哇（ཞང་བ་སྒོམ་ཆེན་བློ་བཟང་ཟླ་བ།）等讲传的所有经法。特别是一次又一次地承事在土观仁波切的座前，聆听了《菩提道次精要释亲训密诀严饰》和《不共怛特罗大手印深奥导引》等，当这些经典刚刚讲毕之际，恰好寺院里响起了法会的螺号声，出现了天降花雨，每朵花有五六片花瓣，撒满了大地等自然现显的吉祥征兆。土观仁波切也很高兴，赞扬说：

“像贡塘活佛和这位维哇活佛一样的精通显密和诸明处的人，现在是很罕见的。”

彼师曾任密宗学院和时轮院的法台。藏历第十四胜生的火兔年（公元 1807 年，清嘉庆十二年，丁卯），任磋钦大会堪布。由于当年就圆寂，对于讲闻辩论的一切措施未能实现。著作有《夏日化身佛更登程列拉杰传》等三部，被称为当时最好的典范著作。

彼师转世的化身为敦约丹贝嘉参（དོན་ཡོད་བསྟན་པའི་རྒྱལ་མཚན།）。

直尕尔活佛洛桑旦白嘉参（ཐག་དཀར་སྤྲུལ་སྐུ་བློ་བཟང་བསྟན་པའི་རྒྱལ་མཚན།），彼师的前一世是直尕尔俄仁巴·洛桑旦巴拉杰巴（ཐག་དཀར་སྔགས་རམས་པ་བློ་བཟང་བསྟན་པ་རབ་རྒྱས་པ།）。

直尕尔俄仁巴·洛桑旦巴拉杰巴的父亲是直尕尔持咒师才松本（སྔགས་འཆང་ཚེ་གཟུངས་འབུམ།），母亲是务萨多吉曼（བོལ་ཟ་རྡོ་རྗེ་སྨན།）。他十三岁时，从圣·噶登嘉措受戒出家，一直到二十九岁侍奉师尊圣·噶登嘉措，精研许多甚深妙法和《铁城幻轮》等。十七岁时入扎西奇禅院。二十岁时，从嘉赛·洛桑旦增（རྒྱལ་སྲས་བློ་བཟང་བསྟན་འཛིན།）受近圆戒。三十岁时，奉上师之命去西藏卫地，在下密院学习怛特罗九年，担任金刚法师，举行了几次铁城镇魔施食法，镇伏了仇视圣教的敌人，因而享有一定盛名。据说他是热译师（རྭ་ལོ།）的化身。彼师向下密院请求解除职务后，于三年之中聆听了讲传的经法，念诵本尊大威德根本咒三亿遍。回到安多后，任夏琼寺堪布，根除为害该处僧伽的魔祟。在扎西奇禅院、宗尕寺(རྫོང་དཀར།)、麦隆直尕尔（མེ་ལོང་ཐག་དཀར།）等处，开展弘扬密宗的讲学。东科·索南嘉措（སྟོང་འཁོར་བསོད་ནམས་རྒྱ་མཚོ།）说：

“关于这位圣者亲见本尊圣容，证悟和本生等议论，回答是这样的：据彼师的上师和几位师兄弟所谈，是那波交巴大成就者（ནག་པོ་སྤྱོད་པ།）、绒索曲藏（རོང་ཟོམ་ཆོས་བཟང་།）和则唐羌麻哇·环觉索南隆珠（རྩེ་ཐང་བྱང་མ་བ་དཔལ་འབྱོར་བསོད་ནམས་ལྷུན་གྲུབ།）等的化身。虽然也有一些人对亲见本尊圣容的感受有‘不一定’的想法，然而，彼师虽没有广博的闻思学问，但于二十岁时即受了近圆戒；在隆务扎西奇寺，侍奉圣·噶登巴，于十三年之中，有传授共同和不共经法的经历；有每日勤奋修持的实践；我想这就是彼师亲见本尊圣容和得到授记的最明显的标志，这是毫无疑误的。”

彼师为弘扬佛法，做了极其重要的工作。他通晓热译师派（ར་ལུགས།）的大威德修行法。说：

“我在西藏时不太忙，本想若能遇上秘书配合的话，可以阐述格鲁派有关修行大威德法的全面完整而尽妙尽善的一部经法，但是没有机缘。”

彼师于临圆寂时，在荐新小盏之内，盛满头茶，连念六声长音“吽——”（ཧཱུྃ）。说道：“现在，我和这位黑衣人结伴走了!”说罢就圆寂了。听说彼师有一函著作，由拉日仓（ལྷ་རི་ཚང་།）收藏。彼师之“语加持”的教敕和教授及“镇魔铁城施食”的教敕，享有盛名，为众所称道。彼师住世的年代，似和夏卜让俄仁巴（ཤ་སྦྲང་ཐུགས་རམས་པ།）相同。堪钦仁波切著有彼师的全传《甘露水花》。

直尕尔俄仁巴·洛桑旦巴拉杰巴转世的化身，就是这一世直尕尔活佛洛桑丹贝嘉参，也出生在直尕尔（ཟག་དཀར།）地方。入隆务大寺学经，拜夏日活佛等许多大德为师，聆听讲授的许多经法。于火兔年（公元 1807 年，清嘉庆十三年，丁卯）任隆务大寺的堪布。

直尕尔活佛洛桑丹贝嘉参转世的化身敦约旦白坚参（དོན་ཡོད་བསྟན་པའི་རྒྱལ་མཚན།），出生在上贵德的刚察（ཁྲི་ཀའི་སྟོད་ཀང་ཚ།）[31]地方，四十岁就圆寂。

曼宗德庆巴·洛桑旦增坚参 (སྨན་ཅོང་བདེ་ཆེན་པ་བློ་བཟང་བསྟན་པའི་རྒྱལ་མཚན།)，于藏历第十三胜生的火牛年 (公元 1757 年，清乾隆二十二年，丁丑)，出生在森格雄（སེང་གེ་གཤོང་།）[32] 地方。从格西喜饶旦增 (དགེ་བཤེས་ཤེས་རབ་བསྟན་འཛིན།) 受戒为僧。彼师是被怀疑为措杜堪布 (ཚོ་འདུ་མཁན་པོ།) 转世化身的对象之一。所以，于十岁时在隆务大寺以普通夏茸的身份入经院学习，精研《中观》和《般若》，对许多地方有独到的探讨，并熟背《现观庄严论金鬘疏》。二十岁时，从江龙赤干（ལྕང་ལུང་ཁྲི་ཀན།）受近圆戒。曾任时轮学院和密宗学院的教长。彼师任密宗学院法台时，墨尔根翁则洛桑旦增（མེ་ཀན་དབུ་འཛོད་བློ་བཟང་བསྟན་འཛིན།）来到安多捐献白银四百两，由彼师负责整修了密宗佛殿。土蛇年(公元1809年，清嘉庆十四年，己巳)，彼师任磋钦大会堂堪布。有天晚上，在半夜里，不想在床上安寝，乃来到院中散步，这时，寝宫突然坍塌，自此以后，息灭了导致前几任堪布逝世的灾殃，因而称彼师为具有铁发马头明王神力的瑜伽师。有《马头明王法》和《时轮金刚自入诵法》等数部著作。彼师经常在上半夜复习《菩提道次第广论》和《现观庄严论金鬘疏》，下半夜主要背诵《大手印》等，勤奋修持，不分昼夜，遵守戒律极其严谨。

曼宗德庆巴·洛桑旦增坚参转世的化身洛桑华丹（བློ་བཟང་དཔལ་ལྡན།），出生在加吾（རྒྱ་བོ།）部落。曾入隆务大寺学经，任时轮学院、密宗学院法台和磋钦大会堂的堪布。现已辞职修行。

绛孜堪布活佛更登丹增（བྱང་ཆེ་མཁན་སྤྲུལ་དགེ་འདུན་བསྟན་འཛིན།），于铁羊年（公元1811年，清嘉庆十六年，辛未）任堪布，木猴年（公元1812年，清嘉庆十七年，壬申）卸任。彼师在贵德的莫居乎（མོ་ཀྱུག）建有一所寺院。

参直合[33]堪布活佛阿旺加华旦巴拉杰（མཚན་སྒོགས་མཁན་སྤྲུལ་ངག་དབང་འཇམ་དཔལ་བསྟན་པ་རབ་རྒྱས།）的上一世活佛是参直合堪钦洛桑达结（མཚན་སྒོགས་མཁན་ཆེན་བློ་བཟང་དར་རྒྱས།）。

参直合堪钦洛桑达结，是西藏卫地名列前茅的格西。第二世一切知嘉木样入经院学经时，开始拜彼师为师。彼师任参直合堪布与去内地时所需费用，全由第二世嘉木样提供。当第二世嘉木样去内地时，彼师在叶贺尔（ཡེ་ཧོར།）地方，给第二世嘉木样传授了第一世嘉木样传给他的弥多罗灌顶，听受者还有几位大活佛。喀喇沁王然特那斯都（ཧར་ཆེན་ཡང་རབ་སི།）也前来听讲，彼师事业之门，大大开启。

在认定阿旺加华旦巴拉杰是参直合堪钦洛桑达结转世的化身时，章嘉饶悲多吉对第二世嘉木样说：

“直接上奏皇上不大合适，您应通过西宁办事大臣转奏为好。”

第二世嘉木样遵照章嘉的指示，通过西宁办事大臣上了奏折。皇上对于由章嘉师徒二人认定，并由上一世活佛的僧众们于火羊年（公元1787年，清乾隆五十二年，丁未），迎请到扎西奇寺供奉一事，赞颂备至。于是授予近事戒和举行出离仪式，取名为嘉样喜宁（འཇམ་དབྱངས་བཞེས་གཉེན།）。在隆务大寺和西藏哲蚌寺郭莽扎仓学经。从觉合日·阿旺旦增程列(འཇོག་རི་ངག་དབང་བསྟན་འཛིན་འཕྲིན་ལས།）、萨迦·那练扎巴森奥活佛（ས་སྐྱ་ན་ལེ་དྲ་པ་གཟིགས་འོག་སྤྲུལ་སྐུ།）、强巴阿旺旦增程列（བྱམས་པ་ངག་དབང་བསྟན་འཛིན་འཕྲིན་ལས།）等师，请求了《宝帐怙主法》等萨迦派和格鲁派的许多经法。在隆务大寺担任磋钦大会堂的堪布，修建了寝宫。先后到北京数次，曾任掌印喇嘛之职。[34]在北京时，彼师还先后拜见了郭莽拉尊土多尼玛（སྒོ་མང་ལྷ་བཙུན་མཐུ་སྟོབས་ཉི་མ།）等萨迦派、格鲁派、宁玛派的许多圣哲，聆听了很多教授。在寺院塑造了极其奇异的千尊无量光佛像等所依和能依的圣像圣物。于水蛇年或木马年（公元1833年，清道光十三年，癸巳或公元1834年，道光十四年，甲午），在皇宫圆寂，有数部著作。

彼师转世的化身是洛桑旦巴拉杰（བློ་བཟང་བསྟན་པ་རབ་རྒྱས།）。

此后担任堪布者有赤珠·洛桑坚参桑格（ཁྲི་སྤྲུལ་བློ་བཟང་རྒྱལ་མཚན་སེང་གེ）和香洒·洛桑达吉嘉措（ཤིང་བཟའ་བློ་བཟང་དར་རྒྱས་རྒྱ་མཚོ།）。

更登吉美南杰（དགེ་འདུན་འཇིགས་མེད་རྣམ་རྒྱལ།），于藏历第十三胜生的木蛇年(公元1785年，清乾隆五十年，乙巳)，出生在才贡喇嘛的家族里，是才贡喇嘛（ཚེ་མགོན་བླ་མ།）的侄儿。十五岁时入经院学习，聆听叔叔赤仁波切和索南嘉措曲结（ཆོས་རྗེ་བསོད་ནམས་རྒྱ་མཚོ།）等讲传的经法。二十岁去西藏卫地，入哲蚌寺隆本（གླུ་འབུམ།）康村，精研《中观》和《般若》。拜益西坚参经师（ཡོངས་འཛིན་ཡེ་ཤེས་རྒྱལ་མཚན།）等众多喇嘛为师。为隆务寺迎请了《甘珠尔》大藏经。又在本寺学习声明和历算，并敦请桑卓德庆活佛（གསང་འདྲོག་བདེ་ཆེན་སྤྲུལ་སྐུ།）

来到寺院，彼师同参直合活佛一同学习桑卓活佛讲传的大威德四业幻轮和铁城镇魔施食法教授。曾先后任夏日诺们汗拉让的襄佐，密宗学院法台，于水羊年 (公元 1823 年，清道光三年，癸未) 任磋钦大会的堪布。侍奉赛康巴大师，勤奋地修证本尊。于五十九岁，即水兔年 (公元 1843 年，清道光二十三年，癸卯) 圆寂。

更登桑珠嘉措 (དགེ་འདུན་བསམ་འགྲུབ་རྒྱ་མཚོ།)，被认定为夏日·更登程列拉杰的经师多哇·嘉木样 (མདོ་བའི་འཇམ་དབྱངས།) 转世的化身。入隆务大寺学经，曾任密宗学院法台和磋钦大会的堪布，给扎仓的例茶投放了资金。辞去堪布职务之后，还几次给僧众大施布施，僧众对他非常尊敬，有传记行世。

其后，由德庆活佛久美嘉措 (བདེ་ཆེན་སྤྲུལ་སྐུ་འཇིགས་མེད་རྒྱ་མཚོ།) 任堪布。

宗尕尔琼哇·久美隆柔嘉措 (རྫོང་དཀར་ཆུང་བ་འཇིགས་མེད་ལུང་རིགས་རྒྱ་མཚོ།)，于水龙年 (公元 1832 年，清道光十二年，壬辰) 任磋钦大会堪布。由于曲结活佛 (ཆོས་རྗེ་སྤྲུལ་པའི་སྐུ།) 的请求，讲授《宝生经》的随许，讲授五部大论正文和《法行明析》等教敕，并向密宗学院授大威德集咒和法王内外密法随许。当赤珠·洛桑坚参桑格巴活佛 (ཁྲི་སྤྲུལ་བློ་བཟང་རྒྱལ་མཚན་སེང་གེ་པ།) 来到隆务大寺时，曾在寝宫院内，接连五天召集僧众立宗辩论，请赤珠考察指正。赤珠说："对经文的辩论虽然很好，但深入辨析较差。"彼师乃亲自讲授进行示范。特邀赛康巴大师请求讲授《修心日光论》疏释教授及授胜乐、集密、大威德三本尊的灌顶，并按赛康巴大师指示，附设《释量论》学级，建立以后藏达那巴教程为教本讲辩全部大论的制度。

丹活佛洛桑克乔 (འདན་སྤྲུལ་སྐུ་བློ་བཟང་མཁས་མཆོག)，出生在赛曲麻尔 (བསེ་ཆུ་མར།) 地方，在杂义协卓静修院 (ཙ་ཡུལ་ཞལ་རྡོའི་རི་ཁྲོད།) 坐床。入拉卜楞寺经院学经。因机缘来到隆务寺，建禅室定居，进入隆务寺经院学经。历任时轮学院，密宗学院的法台和磋钦大会的堪布，七十岁时圆寂。

彼师转世的化身出生在曲麻尔地方，现还健在。

墨尔根曲结活佛阿旺更登敦约 (མེ་ཀན་ཆོས་རྗེ་སྤྲུལ་སྐུ་ངག་དབང་དགེ་འདུན་དོན་ཡོད།)，他

的上一世活佛是曲结阿旺嘉措（ཆོས་རྗེ་ངག་དབང་རྒྱ་མཚོ།）。出生在隆务的夏吾乃尔（ཤ་ཧུ་ནར།）部落，赴西藏卫地学习显密乘和诸明处。返回故里后，任乌厄盖扎仓寺（ཨུ་ཀེ་གྲྭ་ཚང་།）的法台和第二世一切知嘉木样吉美旺波的诸明处老师。现世的这一位活佛阿旺根登敦约，正在隆务大寺学经。

其后叶什郡活佛更登坚参（གཡེར་གཤོང་སྤྲུལ་སྐུ་དགེ་འདུན་རྒྱལ་མཚན།）和维哇活佛敦约旦白坚参（ཝིས་པ་སྤྲུལ་སྐུ་དོན་ཡོད་བསྟན་པའི་རྒྱལ་མཚན།）、昂索荀吉活佛更登勒协嘉措（ནང་སོ་སྐུ་སྐྱེ་དགེ་འདུན་ལེགས་བཤད་རྒྱ་མཚོ།），先后任隆务寺堪布。上述诸位堪布任职期间，按照热多（ར་སྟོད།）和赞布（བཙན་པོ།）的《集类学》，藏哇达那巴（གཙང་བ་ཏ་ནག་པ།）的《释量论》，色拉寺吉尊巴师徒（སེ་ར་རྗེ་བཙུན་པ་ཡབ་སྲས།）的《悟慧论》《因理论》《中论》《般若》和《四部专论秘式》及仲却欧珠巴（དྲུང་ཆོས་དངོས་གྲུབ་པ།）的《俱舍论》疏，德勒尼玛（བདེ་ལེགས་ཉི་མ།）的《律本论》等进行讲闻辩论。隆务寺的僧规寺纪，原先按照绛孜扎仓的寺规制度。后来，由于华却堪布（དཔལ་ཆོས་མཁན་པོ།）和嘉堪布（རྒྱལ་མཁན་པོ།）、贤木钦堪布（ཞམས་ཆེན་མཁན་པོ།）等先后担任堪布，所以，部分也参照郭莽经院的规章制度执行。堪钦仓新著《集类学》问世后，也作为教程学习。

隆务寺的讲辩学期，有下述几种：春季讲辩学期（དཔྱིད་ཆོས།），为期一个月。从四月一日起，举行夏季讲辩学期（དབྱར་ཆོས།），为期也一个月。在这个学期中，学级之间进行辩论，并进行磋朗辩论。坐夏讲辩学期（དབྱར་གནས་ཆོས།），为期一个半月。秋季讲辩学期（སྟོན་ཆོས།），为期十天。冬季讲辩学期（དགུན་ཆོས།），为期一个月。宗喀巴大师圆寂纪念日，即农历十月二十五日举行五供节祭（ལྔ་མཆོད།），为期五天。这时三个扎仓在一起集会，用布绘画规坛城或堆成坛城，举行胜乐、集密、大威德三本号和毗卢舍那佛自入法会，唪诵《供奉上师颂》和举行许多法行。这次法会和祈愿法会时，下午一般是非全体性的集会，会上举行经忏法事或进行辩论。在讲经学期的间休期，则在扎仓的常茶会上进行辩论，从不间断。每月上旬的每天下午进行复习和轮流辩论。

神变大祈愿法会（ཆོ་འཕྲུལ་སྨོན་ལམ།），会期一十五天，二十几个属寺的近两千僧众都来大寺集会。在这次法会上，举行展拜缎制大佛仪式[35]和弥勒环寺巡行的仪式[36]活动。神变大祈愿法会和纪念宗喀巴大师圆寂法会上，举行跳神舞和镇魔施食法事等盛大法行活动。法会后期，在磋钦大会上奉献一千万供，在闻思院举行宗喀巴大师的千供。

密宗学院的修行、供祭等实践制度，与拉萨下密院的制度相同。冬春两季讲辩修习的时间，各二十五天。夏季的第一次学期，为期十五天，期中去浪加寺（སྣང་གྱ།）修持。坐夏学期，为期一个半月。秋季学期，为期十天。

时轮学院讲习学期的次数与密宗学院相同。另外，三月十五日，举行时轮金刚供祭修行法会，为期八天。隆务大寺的显密两宗的讲闻辩论，僧伽的集会和学习，各方面都很兴盛。

密宗学院密乘宝库（རྒྱུད་པ་གྲྭ་ཚང་གསང་སྔགས་བང་མཛོད།），由夏日诺们汗阿旺程列嘉措按照班禅罗桑耶喜的指示和金刚瑜伽佛母在几次梦境中的授记，于五十七岁时，即藏历第十一胜生的木虎年（公元 1674 年，清康熙十三年，甲寅）建立。夏日诺们汗将夏鲁巴·勒巴坚参（ཞྭ་ལུ་ལེགས་པ་རྒྱལ་མཚན།）遗体火化时舍利子形成的大威德像和胜乐、集密、大威德三本尊根本仪轨经送给加毛·阿旺扎巴（འཇའ་མོ་ངག་དབང་གྲགས་པ།），并委任他为法台。此后，由多哇·罗桑程列（མདོ་བ་བློ་བཟང་འཕྲིན་ལས།）、多哇·罗桑达结（མདོ་བ་བློ་བཟང་དར་རྒྱས།）、热安·罗桑达结（ར་ངན་བློ་བཟང་དར་རྒྱས།）等依次任扎仓的法台。热安·罗桑达结修建了密乘殿，曾向堪钦多吉强（མཁན་ཆེན་རྡོ་རྗེ་འཆང་།）请求了胜乐、集密、大威德三本尊灌顶。但在本寺《寺志》里，除在第五代传承时轮一章中约略有记载外，对法台等名号并没有作清楚的记载。又如曼宗德庆阿阇黎（སྨན་ཚོང་བདེ་ཆེན་དཔོན་སློབ།）曾任法台，在他的传记里有详细的叙述，但在《寺志》里则没有明确记载。关于这位阿阇黎法台的年代等，还需要进一步考证。阿柔曲结阿旺克宗（ཨ་རིག་ཆོས་རྗེ་ངག་དབང་མཁས་བཙུན།）于丁卯年担任密宗学院法台，在其任铁城施食镇魔法会的阿阇黎时，出现了事业成就的吉兆。其后，则有多哇·洛桑奥色（མདོ་བ་བློ་བཟང་འོད་ཟེར།）、多哇·洛桑坚参（མདོ་བ་བློ་བཟང་རྒྱལ་མཚན།）、达盖活佛阿旺更登旦增（སྟག་གེ་སྤྲུལ་སྐུ་ངག་དབང་དགེ་འདུན་བསྟན་འཛིན།）等依次任法台。

达盖·阿旺更登旦增长期游学卫地各密乘经院，曾向浪加俄仁巴·洛桑扎西详细地请教过续部的实践仪规，把本学院的学级分为菩提道次（ལམ་རིམ།）、金刚本尊生起（བསྐྱེད་རིམ།）、大疏（ཊི་ཀ་ཆེ་བ།）、小疏（ཊི་ཀ་ཆུང་བ།）等四级。在春季学期和坐夏学期时，前两个学级先有《菩提道次精要》的教授，其次则有塔布《生起次第》的教程的宣讲背诵考试；后两个学级则有疏释的讲解和教敕传授。秋季学期中有大威德生起次第与圆满次第的讲解和胜乐法会上有胜乐生起次第与圆满次第的讲解，并建立了修炼观音菩萨丸药成就的制度。集密金刚、胜乐五本尊和自身坛城灌顶等一般和特殊的讲授极为精确。断除了为祭祀骑狮护法神而宰杀山羊和举行施食法会时，宰杀牛只把牛肉作为布施的陋习。当彼师辞去法台时，把剩余的财物，全部献给寺院作为坐夏的资金。大家看见彼师回寝宫时，只带着经卷和法衣外一无他物，因而人们对彼师更加尊敬。他转世的化身更登旦巴拉杰（དགེ་འདུན་བསྟན་པ་རབ་རྒྱས།）。更登旦巴拉杰转世的化身嘉样旦增加措（འཇམ་དབྱངས་བསྟན་འཛིན་རྒྱ་མཚོ།），在德赤仁波切嘉样土丹尼玛（སྡེ་ཁྲི་རིན་པོ་ཆེ་འཇམ་དབྱངས་ཐུབ་བསྟན་ཉི་མ།）座前出家。他转世的化身现健在。此后由赤干活佛更登钦饶（ཁྲི་ཀན་སྤྲུལ་སྐུ་དགེ་འདུན་མཁྱེན་རབ།）任法台。

应欧乎曲结·更登克珠（ཡི་དགས་ཆོས་རྗེ་དགེ་འདུན་མཁས་གྲུབ།）的上一世是更登嘉措（དགེ་འདུན་རྒྱ་མཚོ།）。更登加措是上一世堪钦桑旦加措（མཁན་ཆེན་བསམ་གཏན་རྒྱ་མཚོ།）的胞兄。入扎西奇禅院（བཀྲ་ཤིས་འཁྱིལ་གྱི་སྒོམ་གྲྭ།）修习，因诵经声音美妙，曾任翁则师。闭关静修大威德和大悲观音秘密修行时，出现了本尊加持的征兆，由“北合泽”（བེག་ཙེ།）护法神护佑他的事业。彼师曾任夏日诺们汗的经师。六十三岁时圆寂，在尸骨上出现了许多字迹和佛像。

更登嘉措活佛转世的化身桑杰嘉措（སངས་རྒྱས་རྒྱ་མཚོ།），是堪钦格坚木巴

(དགེ་རྒྱམ་པ།) 的兄长咒师华本加 (སྔགས་པ་དཔལ་འབུམ་རྒྱལ།) 的儿子，生于木鸡年 (公元 1705 年，清康熙四十四年？乙酉)，入隆务大寺学《般若》和《因明》。奉上一世叶什郡活佛之命，来到文都寺 (བིས་མདོའི་གྲྭ་ཚང་།) 学习五大论，熟背《简明释义》和《菩提道次第略论》。赴西藏卫地时，取道往拉卜楞寺，拜见了钦德尔阿旺扎西巴 (མཁྱེན་གཏེར་ངག་དབང་བཀྲ་ཤིས་པ།)，然后经博拉 (འབོ་ར།)、阿木去乎 (ཨ་མཆོག)、果洛 (མགོ་ལོག) 等地，到达拉萨。时堪钦仓正住持贝科曲德寺 (དཔལ་འཁོར་ཆོས་སྡེ།)，即去拜谒，并立了宗。入哲蚌寺郭莽经院，在洛桑旦却巴阿阇黎 (སློབ་དཔོན་བློ་བཟང་དམ་ཆོས་པ།) 座前聆听了教程的宣讲。拜莫合加·堪欠 (མོག་བླ་མཁན་ཆེན།) 为师，与墨尔根曲结 (མེརྒན་ཆོས་རྗེ།) 同级学习。正在学习期间，于铁猪年 (公元 1731 年，清雍正九年，辛亥) 圆寂。

彼师转世的化身就是应欧乎曲结·更登克珠，是堪钦仓的侄子，生于水鼠年 (公元 1732年，清雍正十年，壬子)[37]。十三岁时于堪钦仓座前出家，入隆务大寺精研显密二乘，精通诸明处。二十一岁那年，即水猴年 (公元 1752 年，清乾隆十七年，壬申)，获得大祈愿法会的然绛巴 (སྨོན་ལམ་རབ་འབྱམས་པ།)。由第二世一切知嘉木样提议，章嘉国师授予曲结的名号。堪钦仓圆寂后，供养白银一千二百两建造了灵塔。于铁鼠年 (公元 1780 年，清乾隆四十五年，庚子) 任密宗学院法台。彼师以胜乐金刚为主奉本尊。有著作数部。七十岁，即铁鸡年 (公元 1801 年，清嘉庆六年，辛酉) 圆寂。

应欧乎曲结·更登克珠转世的化身更登云旦嘉措 (དགེ་འདུན་ཡོན་ཏན་རྒྱ་མཚོ།)，政教学识渊博，任密宗学院法台。

更登云旦嘉措转世的化身官却坚参 (དཀོན་མཆོག་རྒྱལ་མཚན།)，出生在应欧乎 (ཡི་ཛོ་གས།) 地方，现健在。

卡尔贡荀吉活佛更登旦巴拉吉 (མཁར་གོང་སྤྲུལ་སྐུ་དགེ་འདུན་བསྟན་པ་རབ་རྒྱས།)，出生曲麻尔 (ཆུ་དམར།) 村，入隆务大寺学经。闭关静修大威德本尊时，念珠末端的大珠上现出了清晰的“ཨ”字，并从该字上渗出了鲜血等，神通广大，役使神仙犹如家奴，他对人开玩笑时，会使随从人等身子蜷曲扭行，吹一口气能即刻使其复原。彼师与青海蒙古的郡王纳罕达尔济（ཇུས་སྲང་ངག་དབང་དར་རྒྱས།）等好几位首领结成法缘。当时西宁衙门[38]闹恶鬼，彼师念经驱鬼，得到安宁。钦差大臣十分高兴，拨农牧区的几个农庄归他管辖，并发给象牙印章等，以示奖励。时轮学院建成后，彼师任阿阇黎，向西藏卫地达赖喇嘛圣师徒献供养礼品和布施。由西藏地方政府颁给额尔德尼墨尔根呼图克图（ཨེརྟེ་ནི་མེ་ཀན་ཏུ་ཧོག་ཐུ།）的名号。这位活佛的上一世是持咒师桑杰嘉措（སྔགས་འཆང་སངས་རྒྱས་རྒྱ་མཚོ།），曾拜萨迦派、格鲁派、宁玛派三派的许多高僧为师，传承了他们的经法。是圣·噶登嘉措的亲传弟子，乃修行马头明王金刚具有神威的瑜伽师。著有《修行实尊法》等几部经籍和《依附莲花生大师打开修行至上瑜伽悉地海之门》等宁玛派修法书多种。

仲义·罗桑嘉措（དྲུང་ཡིག་བློ་བཟང་རྒྱ་མཚོ།），出生在麦秀尕布雄（དམེ་ཤུལ་དཀར་པོ་གཤོང།）地方。幼时，没费多少气力即通达读写。十一岁时，到宗玛尔寺（རྫོང་དམར།），在德庆禅师洛色（བདེ་ཆེན་སྒོམ་པ་བློ་གསལ།）座前聆听了大威德灌顶。十三岁时出家为僧，在隆务大寺学习经论，究竟圆满。曾拜第二世一切知嘉木样等一百多位喇嘛为师，聆听上师等讲传的经法。还聆听了京俄巴·洛哲坚参（སྤྱན་སྔ་པ་བློ་གྲོས་རྒྱལ་མཚན།）讲传的许多教敕。这一切法缘和具真实佛陀之想的口传，毫无谬误之处，应是侍奉圣哲寻求解脱之道的人们向往之所。特别是当彼师任堪钦仓的秘书时，抄录了一百多函经书，还担任奉祀师等，办理周到，颇得上师的赞赏。他毕生专门修持菩提道次第的对境教敕和胜乐、集密、大威德三本尊生起次第与圆满次第之法。戒行严谨，寡欲知足，一心离世修行，奉行禁戒。由夏日诺们汗拉让提供法衣等顺缘，委为密宗学院法台。在拉卜楞寺，同持金刚阿莽仓活佛互相交流一些经法。由于他妙演法旨，讲辩经论，涌现了夏日诺们汗更登程列拉杰、堪钦活佛敦约嘉措、嘉堪钦活佛旦白尼玛、维哇·阿旺木盘达哇（ཞིས་པ་ངག་དབང་མི་ཕམ་ཟླ་བ།）、阿琼·阿旺钦饶（ཨ་ཁྱུང་ངག་དབང་མཁྱེན་རབ།）等众多弟子，有

《直尕尔俄仁巴传》和《六臂护法神施食修行法》等著作数部。彼师享高寿后圆寂。先后转世了三世，最后的一位正在隆务大寺学经。

此后直尕尔活佛洛桑丹贝坚参（བྲག་དཀར་སྤྲུལ་སྐུ་བློ་བཟང་བསྟན་པའི་རྒྱལ་མཚན།）、昂索苟吉活佛更登克却（ཞང་སོ་སྐུ་སྐྱེས་དགེ་འདུན་མཁས་མཆོག）、维哇·阿旺木盘达哇依次任密宗学院法台。其后，直尕尔活佛再次任法台。接着，由元治的孜尕哇·更登洛桑（གཡོན་ཏུའི་རྗེ་དཀར་བ་དགེ་འདུན་བློ་བཟང་།）、环柔·更登久美南杰（དཔོན་རིགས་དགེ་འདུན་འཇིགས་མེད་རྣམ་རྒྱལ།）、德钦活佛吉美智华嘉措（བདེ་ཆེན་སྤྲུལ་སྐུ་འཇིགས་མེད་གྲགས་པ་རྒྱ་མཚོ།）、宗尕琼哇·吉美隆柔（རྫོང་དཀར་ཆུང་བ་འཇིགས་མེད་ལུང་རིགས།）、丹活佛洛桑克却（འདན་སྤྲུལ་སྐུ་བློ་བཟང་མཁས་མཆོག）、叶什郡活佛洛桑更登坚参（གཡེར་གཤོང་སྤྲུལ་སྐུ་བློ་བཟང་དགེ་འདུན་རྒྱལ་མཚན།）、墨尔根曲结阿旺更登端耀（མེཀན་ཆོས་རྗེའི་སྤྲུལ་སྐུ་ངག་དབང་དགེ་འདུན་དོན་ཡོད།）、应欧乎曲结活佛更登敦约嘉措（ཡི་དོགས་ཆོས་རྗེ་སྤྲུལ་སྐུ་དགེ་འདུན་དོན་ཡོད་རྒྱ་མཚོ།）、更登克珠（དགེ་འདུན་མཁས་གྲུབ།）、更登丹增（དགེ་འདུན་བསྟན་འཛིན།）、甘加的贺尔活佛（ཀན་ཀྱའི་ཧོར་སྤྲུལ་སྐུ།）、曲加活佛洛桑托美嘉措（ཆུ་ཀྱ་སྐུ་སྐྱེས་བློ་བཟང་ཐོགས་མེད་རྒྱ་མཚོ།）等，依次任密宗学院法台。

曲加·洛桑土美嘉措活佛的上一世是柔增巴旦扎西（རིག་འཛིན་དཔལ་ལྡན་བཀྲ་ཤིས།）。曲加原先是哲蚌寺的一位格西，后又到敏珠林寺（སྨིན་གྲོལ་གླིང་།），深入研究宁玛派教法，因而，触犯了哲蚌寺的寺规，不得不通过四威仪房面逃跑。他来安多地方，大力发展“伏藏秘籍”修行法，掘出三种非佛教亦非本教的“伏藏”，与堪钦仓发生了矛盾。他扎了许多背负施食的草人，持咒作法，使草人渡过隆务河来到隆务寺堪钦仓的拉让之中。堪钦仓使那些草人转回身，说了声“去泅水！”，草人即沿着隆务河逆流返回。有一次，堪钦仓和彼师在一位施主家相遇。堪钦仓看见曲加扎了很多草人放在那里，就抛散那些草人，对他说道：

“头头，你有多大法力，就使这些草人走动吧！”

他虽念咒作法来驱动草人，可是一个草人也没有驱动。曲加羞怒，就召集了很多持咒者进行修炼，要在堪钦仓未死之前，进行诅咒使其死去。当时，隆务寺以热安·洛桑达吉阿阇黎（ར་ངན་དཔོན་སློབ་བློ་བཟང་དར་རྒྱས།）为首，举行六臂护法大施食法，使其回转。有一天，曲加对众持咒者说道：

“我们已到快结束的日子了。我梦见一个人端来一盆血，倒在每个持咒者的碗里，那个人指着信服堪钦仓的一个年幼持咒者说‘你不要喝！’其余的人全都喝了”

就如梦中所说，除了信服堪钦仓的那个人外，其余的持咒者全都死了。他的转世传承现在还有。

此后，由卡索活佛 (ཁ་སོ་སྤྲུལ་སྐུ།) 等任密宗学院的法台，主持密宗的讲闻教授。

时轮扎仓艾温曲登 (དུས་འཁོར་གྲྭ་ཚང་ཨེ་ཝཾ་ཆོས་གླིང་།)，亦称为密乘达吉林 (གསང་སྔགས་དར་རྒྱས་གླིང་།时轮学院密乘昌盛洲)。由第三世夏日诺们汗更登程列拉杰按照堪钦金刚持 (མཁན་ཆེན་རྡོ་རྗེ་འཆང་།) 和尕塔大修行者 (འགའ་དྭགས་སྒོམ་ཆེན།) 的授记，于藏历第十二胜生的水蛇年 (公元 1713 年，清康熙五十二年，癸巳) 创建，委任卡尔贡活佛更登旦巴拉杰为阿阇黎。彼师提供资金修建了僧舍，购置了所需的法器，用银汁书写了《甘珠尔》大藏经等经典，塑造了佛像，修建了佛塔等，并建立了时轮金刚修供仪轨及四月法会等。唪诵《文殊师利一百零八名梵赞》的韵调和毗卢舍那佛修供仪轨等都和拉卜楞寺的仪轨相同，极为清净。

其次担任时轮学院法台的活佛先后有昂索活佛更登克却、维哇·阿旺木盘达哇、曼宗德欠阿阇黎洛桑旦增坚参、直尕尔活佛洛桑丹贝坚参、堪钦仲仁波切的胞兄索南加措 (བསོད་ནམས་རྒྱ་མཚོ།)。索南加措弘扬了仲义活佛 (དྲུག་ཡིག་ཞལ་ངོ།) 传给他的很多经法，他转世的传承现在还在。其后，任时轮学院法台者依次有德庆活佛吉美智华嘉措、更登桑珠嘉措 (དགེ་འདུན་བསམ་འགྲུབ་རྒྱ་མཚོ།)、更登洛桑 (དགེ་འདུན་བློ་བཟང་།)、洛桑旦增嘉措 (བློ་བཟང་བསྟན་འཛིན་རྒྱ་མཚོ།)，更登洛桑、直尕尔活佛端耀嘉措 (བྲག་དཀར་སྤྲུལ་སྐུ་དོན་ཡོད་རྒྱ་མཚོ།)、更登克珠、德庆琼哇·尕藏丹贝坚参 (བདེ་ཆེན་ཆུང་བ་སྐལ་བཟང་བསྟན་པའི་རྒྱལ་མཚན།)、曲加活佛洛桑托美嘉措、洛桑旦增 (བློ་བཟང་བསྟན་འཛིན།)、仲尤活佛、环柔·洛萨嘉措 (དཔོན་རིགས་བློ་གསལ་

རྒྱ་མཚོ།）等。

上述时轮学院的兴建和传承等，主要摘自宗尕琼哇吉美隆日嘉措（རྫོང་དཀར་ཆུང་བ་འཇིགས་མེད་ལུང་རིགས་རྒྱ་མཚོ།）编著的《寺志和传承稀有智者之路》，并参考其他材料写成。

端珠活佛（ཨ་ལགས་དོན་གྲུབ།），出生在吉仓（ཁྱི་ཚང་།）地方，是隆务大寺的格西，曾去西藏卫地和内地。任章嘉大国师饶悲多吉（ལྕང་སྐྱ་རོལ་པའི་རྡོ་རྗེ།）的主管祭坛和祭品的奉祀官，在昂涅大贝勒（ཨོང་ཉོད་ཏྭ་བེ་ལི།）的地方建立了一座寺院。这位活佛先后转世了三世，现在的这一世在内蒙古地区护理着众生，在隆务寺也有府邸。

隆务大寺中，另外还有卡尔贡·才旦端珠（མཁར་གོང་ཚེ་བརྟན་དོན་གྲུབ།）、曲麻·杜哇增巴（ཆུ་མའི་འདུལ་བ་འཛིན་པ།），被大悲观世音摄受的曼徐堪布（སྨན་ཞུལ་མཁན་པོ།），亲见救度佛母圣容者曲家格西（ཆུ་སྐྱ་དགེ་བཤེས།）等许多执掌修持胜幢者，以及在西藏卫地和安多的各寺院里学习取得格西学位的为数众多的学者，和许许多多的大小活佛。他们的详情难以一一叙述，个别的还要在其他章节中加以论列。

隆务大寺的佛像、佛经和佛塔中最主要的是曲哇仁波切塑造的文殊普照像和供奉的诸圣物，由吉雪第巴曲结和古哇·曲嘉措举行了开光仪式，威灵显赫，颇有加持力。此外，有在曲结桑木仁巴（ཆོས་རྗེ་བསམ་རིན་པ།）[39]镇地之处修建的持地佛殿，殿内有自然形成的大威德佛像。还有隆务喇嘛噶噶尔（བླ་མ་དཀར་དཀར།）白活佛和喇嘛玛玛尔（བླ་མ་དམར་དམར།）红活佛的灵塔。堪钦仓同昂索·阿旺洛桑（ནང་སོ་ངག་དབང་བློ་བཟང་།）商定后维修寺公所增高旧经堂向阳窗而塑造的高大的弥勒佛像，还在生长头发的曲哇仁波切的肉身灵塔、圣·噶登巴为追荐曲哇仁波切塑造的圣·宗喀巴大师像等以及许多前前后后上师的灵塔、玛尼巴·喜饶扎西（མ་ཎི་པ་ཤེས་རབ་བཀྲ་ཤིས།）塑造的释尊和十六尊者的像、圣·宗喀巴像以及曲哇仁波切师徒像等等众多佛像[40]。

夏日诺们汗的拉让闹吾珠增宫（ཤར་བླ་བྲང་ནོར་བུ་གྲུ་འཛིན།摩尼普陀宫）内，有能避火的释迦牟尼佛像，有原为塔尔寺供奉的佛像之一具有能熄灭火灾传说的红黄文殊像，还有聂塘的语化救度母佛像、班禅先巴朗哇（པཎ་ཆེན་ཐམས་པ་གླིང་བ།）亲手塑造的圣·宗喀巴像、宗喀巴·大师的法衣、贾曹杰和克珠杰两师的法帽、杜增巴上师[41]的法衣和装衣袋、历世达赖和班禅及圣·噶登巴的法衣和用物等等很多圣物。每在神变大祈愿法会上，即将这些圣物陈设出来，让信徒们顶礼。

上一世应欧乎堪钦塑造的弥勒佛像和建造的弥勒佛殿，在拉让里有以彼师的遗体为内藏的银塔。

参卓·阿旺加华丹巴拉杰所建的无量光佛殿中塑有一千尊无量光佛像，还有他的拉让。

隆务大寺还有曼宗德庆拉让（སྨན་ཚོང་བདེ་ཆེན་བླ་བྲང་།）和赛仓拉让（བསེའི་བླ་བྲང་།）等许多戛尔瓦。

隆务大寺的大经堂和三处扎仓内，供奉着以《甘珠尔》大藏经和《丹珠尔》大藏经为首的许多佛像、佛经和佛塔；还有《噶登嘉措全集》、达纳巴洛桑更登《释量论释》、堪钦仓《集类学》和《堪庆仓传》等许多经籍的木刻版。

宗赛尔夏珠林寺（རྫོང་སེར་བཤད་སྒྲུབ་གླིང་།）位于隆务河上游北岸，由密宗学院卸任法台阿柔曲结阿旺克宗（རྒྱུད་ཟུར་ཨ་རིག་ཆོས་རྗེ་ངག་དབང་མཁས་བཙུན།）修建，现已荒圮。该寺附近有谢谛成就圣地（ཤིས་ཏུཨུ་གྲུབ་གནས།）。

宗噶尔噶当颇章扎西林寺（རྫོང་དཀར་བཀའ་གདམས་ཕོ་བྲང་བཀྲ་ཤིས་གླིང་།宗噶尔噶当宫吉祥洲）由谛仓玛尼巴·喜饶扎西（རྟིས་ཚང་མ་ཎི་པ་ཤེས་རབ་བཀྲ་ཤིས།）创建。彼师于藏历第十一胜生的火猪年（公元 1647 年，清顺治四年，丁亥）出生在上热贡（རེབ་གོང་སྟོད།）地方的永敦日超巴（གཡུང་སྟོན་རི་ཁྲོད་པ།）和永敦超杰（གཡུང་སྟོན་ཁྲོ་རྒྱལ།）的家族中，父名秀多杰（ཤུག་རྡོར་རྒྱལ།）。比第一世一切知嘉木样大一岁。《教统年表》中说：“彼师出生之年是本师释迦牟尼诞生后两千五百六十一年。”彼师于十三岁的那年，即土猪年（公元 1659 年，清顺治十六年，己亥)，在叔叔阎罗瑜伽师喜饶坚参 (གཉེན་རྗེ་རྣལ་འབྱོར་པ་ཤེས་རབ་རྒྱལ་མཚན།) 处出家。十六岁，即水虎年 (公元 1662 年，清康熙元年，壬寅)，入隆务大寺经院学经，在圣·噶登嘉措处学习了《集类学》，先后聆听圣·噶登嘉措讲传的许多经法。二十岁，即火马年 (公元 1666 年，清康熙五年，丙午)，赴西藏卫地，入哲蚌寺郭莽经院，与赤更登彭措 (ཁྲི་དགེ་འདུན་ཕུན་ཚོགས།) 同一学级，关系极为密切。当时，彼师生活虽很贫穷，但刻苦地学习《中论》《般若》《律部》和《俱舍论》等经论的通论和专论等。在洛哲嘉措法师 (དཔོན་སློབ་བློ་གྲོས་རྒྱ་མཚོ།) 座前，聆听了一般讲说的共法，还单独聆受了不共法密集、大威德金刚和毗卢舍那等经法的灌顶；聆听了《菩提道次第论》的指引等许多经法的教敕和随许。另外,还敬聆了敦珠嘉措阿阇黎(སློབ་དཔོན་དོན་གྲུབ་རྒྱ་མཚོ།)、嘉样扎巴比丘 (དགེ་སློང་འཇམ་དབྱངས་གྲགས་པ།) 和然绛巴·却培嘉措 (རབ་འབྱམས་པ་ཆོས་འཕེལ་རྒྱ་མཚོ།) 等师讲传的许多经法。在第五世达赖喇嘛座前受近圆戒。于二十五岁，即铁猪年 (公元 1671 年，清康熙十年，辛亥)，取得拉仁巴学位。二十七岁，即水牛年 (公元1673 年，清康熙十二年，癸丑) 返回家乡。向圣·噶登嘉措请教《中观》和《般若》中的许多疑难问题，深受尊者的赞许。当圣·噶登嘉措临圆寂时，得到了一些关于未来之事的授记。其后，又向大成就者达玛巴 (རྟམ་པ།)、东科尔·多居嘉措、直尕尔俄仁巴 (བྲག་དཀར་རྟོགས་རམས་པ།)、叶什郡·嘉样洛哲、卡加翁则师楚臣扎西 (ཁ་གྱའི་དབུ་མཛད་ཚུལ་ཁྲིམས་བཀྲ་ཤིས།)、巴索济垅呼图克图等人请求经法。并在拉摩·直合干巴 (ལ་མོ་གྲགས་ཀན་པ།) 处聆听了《金刚鬘经》，于丹贝坚参 (བསྟན་པའི་རྒྱལ་མཚན།) 处聆听了《洛桑全集》。彼师先后在圣·噶登嘉措的静修地德阳普 (བདེ་ཡངས་ཕུ།)、色固夏琼的山下 (སེ་ཀུ་བྱ་ཁྱུང་གི་ཞོལ།)、上下喜合热 (གཤག་རལ་གོང་འོག)、达仓拉摩 (སྟག་ཚང་ལྷ་མོ།) 等地修行。当在直合桑格山 (བྲག་སེང་གེ) 之顶闭关修行时，出现了特殊征兆。彼师著有关于见解方面的教程。曾召集雅尔昂 (ཡར་ནང་།) 地区的身穿赤褐色法衣者 (僧众)，连续两三个月举行玛尼丸药修行，如是者多次，向各地开展广泛念诵玛尼六字真言的善业。铁猴年 (公元 1680 年，清康熙十九年，庚申），十月一日，天空出现了彗星，彼师预言说："出现慧星是五世达赖不能长久住世的先兆。"

彼师于三十七岁，即水猪年（公元1683年，清康熙二十二年，癸亥），修建了宗噶尔噶当颇章扎西林寺这座静修伽蓝。塑造了本师能仁王佛像、十六罗汉拥绕如来像为首的佛像多尊及十二尺高的弥勒佛像，用银汁书写了《大般若经》，从理塘迎请了《甘珠尔》大藏经。从火虎年（公元1686年，清康熙二十五年，丙寅）起，建立了法会上常念颂词制度：

"一见获益乃是圣教华，饶益众生无比智慧身，衷心虔修法轮之莲花，祈祷圣者遍知足莲下！"

后来，将第二句改为"众生事业无比宝海尊。"彼师于其六十一岁，即火猪年（公元1707年，清康熙四十六年，丁亥），任隆务大寺堪布七年。曾向隆务活佛（རོང་བོ་སྤྲུལ་སྐུ།）为首的三千多位僧众授金刚鬘灌顶。土牛年（公元1709年，清康熙四十八年，己丑），第一世一切知嘉木样从西藏卫地来到安多地方，彼师在河南蒙古济农王的乌厄盖拜见了第一世嘉木样。他想改变为了欢迎第一世嘉木样而宰杀很多羊只来设宴的习俗，可是在梦中梦见一个身穿白衣的人赶着许多绵羊在走。

彼师问道："赶这么多的羊干什么？"

那人答道："为嘉木样协巴设宴，嘉木样要把这些羊只引度到极乐世界去。"

于是，他放弃了原来的想法。

拉摩垂仲（ལ་མོ་ཆོས་སྐྱོང་།）于水蛇年（公元1713年，清康熙五十二年，癸巳）所降的大授记说：

"东北方有释迦开光的，神奇的宫殿享大乐。"彼师常引用这两句话说：

"这座郭莽寺将来将非常宏大昌盛，对佛教和众生极为有益[42]。"

彼师于六十八岁，即木马年（公元1714年，清康熙五十三年，甲午），前往拉卜楞寺，聆受第一世一切知嘉木样传授的弥多罗金刚的全部灌顶。七十岁的那年，即火猴年(公元1716年，清康熙五十五年，丙申)，正月二十三日圆寂。火化后，骨灰结成舍利，舍利上现出字母，心脏完整无损。就以心脏为内藏建造了灵塔，安放于本寺。僧众请求第一世一切知嘉木样让他快速转生人世。

上述记载摘自《大弥勒佛像志》和夏日诺们汗程列嘉措著的《传记》。

谛仓玛尼巴·西饶扎西转世的呼毕勒罕洛桑克却（བློ་བཟང་མཁས་མཆོག），入拉卜楞寺经院学经，拜阿莽·洛桑东主巴（དབལ་མང་བློ་བཟང་དོན་གྲུབ་པ།）为师，师傅有时事务繁忙时，就请辅导师格拉（སྐྱོར་དཔོན་སྐེ་ལ།）教授。彼师政教两方面的知识渊博，严守噶当派的教规戒律。他曾通过阿柔比丘洛桑喜饶(ཨ་རིག་དགེ་སློང་བློ་བཟང་ཤེས་རབ།）向贡塘·嘉贝样转告说：

“听说您的教敕功德高尚，乃是证德之果。我有为了利他应于六波罗蜜多和四摄事方面出发的重要报告，并有我自己的一件大事相托，请您牢记莫忘。”

这是在他圆寂后，请贡塘仓前来并主持寻找其转世化身之事的嘱托。

洛桑克却转世的化身关却洛桑旦增（དཀོན་མཆོག་བློ་བཟང་བསྟན་འཛིན།），生于火蛇年（公元1797年，清嘉庆二年，丁巳），由贡塘·嘉贝样授出家戒和沙弥戒。

他转世的化身出生在瓜什则（མགར་རྩེ།），现在隆务大寺学经。

卡加翁则师楚臣扎西巴（ཁ་གྱུའི་དབུ་མཛད་ཚུལ་ཁྲིམས་བཀྲ་ཤིས་པ།），出生在卡加（ཁ་གྱུ།）地方。据说他乃护持这座寺院的文布阿旺程列（ངག་དབང་འཕྲིན་ལས།）的上一世，是对迦叶佛的圣教具诸功德和离诸过患的权威者比丘仁青宁布（དགེ་སློང་རིན་ཆེན་སྙིང་པོ།）的神变之身。他在隆务扎西奇寺担任翁则师。《章嘉国师自传》中所说的“卡加翁则等居者和行者”，即指这位学者。他曾聆听曲哇仁波切师徒讲授的许多深奥经法。和喜饶扎西尊者（རྗེ་ཤེས་རབ་བཀྲ་ཤིས།）两人前去宗玛尔，在济垅·关却尼玛呼图克图座前请求经法。他奉五世达赖喇嘛的敕令，恪守班禅传授的比丘戒传承，被许多学者尊为上师。

他转世的化身阿旺程列（ངག་དབང་འཕྲིན་ལས།）是谛仓玛尼巴的侄子，于藏历第十二胜生的木猪年（公元 1695 年，清康熙三十四年，乙亥），出生在玉仲琼（གཡུ་འབྲོག་ཁྱུང་།）三山之下的阿拉普（ཨ་ལ་ཕུ།）谷脑地方的庸氏（གཡང་རིགས།）家族里。叔叔玛尼巴·喜饶扎西认定他是卡加翁则师转世的化身。在隆务大寺和西藏哲邦寺郭莽经院完成学业后，返回安多。又聆听夏当·洛桑嘉措（ཞ་བདྲུང་བློ་བཟང་རྒྱ་མཚོ།）诵传的《甘珠尔》大藏经教敕和聆听叶什郡·嘉样洛哲传授的很多经法。奉玛尼巴喇嘛之命，熟背达布的《菩提道次第论》教授，护持所缘相。在各地广泛传播念修玛尼丸药的传承，并负担住持静修禅院之责，修建了经堂和护法殿，从德格请来《丹珠尔》大藏经。任隆务大寺堪布时，对谢贡寺（ཞིལ་དགོན།）、扎西奇寺（བཀྲ་ཤིས་འཁྱིལ།）和加吾的察嘉寺（རྒྱལ་བོའི་ཚ་རྒྱལ།）等都同宗喀尔寺一样护理，于其四十四岁的那年，即土马年（公元 1738 年，清乾隆三年，戊午）圆寂。

阿旺程列转世的化身洛桑丹贝尼玛（བློ་བཟང་བསྟན་པའི་ཉི་མ།），是一位对佛教和世务都有广博知识的上师。

洛桑丹贝尼玛转世的化身吉美隆柔嘉措（འཇིགས་མེད་ལུང་རིགས་རྒྱ་མཚོ།），出生在阿柔曲多果尔部落（ཨ་རིག་ཆུ་སྟོད་མཚམས་སྐོར་ཚོ་བ།），父名万德塔尔（བན་དེ་ཐར།），母名热岳萨才让吉（ར་ཡོབ་བཟའ་ཚེ་རིང་སྐྱིད།）。在藏噶尔敦珠拉丹林寺（གཙང་སྐར་དོན་གྲུབ་རབ་བརྟན་གླིང་།）尕果活佛（ཀ་ཀོར།）座前出家。七岁时举行坐床仪式。学习《现观庄严论》《中论》《胜乐》《大威德》《毗卢舍那》《药师仪轨经》等念涌；从仲仁波切的胞兄索南嘉措（བསོད་ནམས་རྒྱ་མཚོ།）处聆听了《十三尊大威德金刚》的一些灌顶和随许；从香洒阿阇黎处聆听金刚鬘灌顶等。曾任密宗学院法台三年。于水羊年（公元 1823 年，清道光元年，癸未）赴西藏卫地入哲蚌寺郭莽经院，敬聆阿旺楚臣教长（སློབ་དཔོན་ངག་དབང་ཚུལ་ཁྲིམས།）讲授的教程，拜贺尔·洛桑贡布格西（ཧོར་དགེ་བཤེས་བློ་བཟང་མགོན་པོ།）、嘉赛经师洛桑年扎（རྒྱལ་སྲས་ཡོངས་འཛིན་བློ་བཟང་སྙན་གྲགས།）、贡如·洛哲旦巴（གུར་རུ་བློ་གྲོས་བརྟན་པ།）等师为师，请求教授经法。在法会休假期间，无论在什么地方讲经，他都去听讲，从不间断。土鼠年（公元1828年，清道光八年，戊子），由策却林寺（ཚེ་ཚོགས་གླིང་།）益喜旦增阿阇黎（སློབ་དཔོན་ཡེ་ཤེས་བསྟན་འཛིན།）授比丘戒。当年神变月的月底，准备启程返回家乡，自此开始，至四月十九日，每天直至天晚掌灯之前，从不间断地向各位上师请求了许多经法。有时他也向别人讲授了一些经法。返回家乡后，在拉卜楞寺，于持金刚阿莽仓尊者座前，敬聆了《菩提道次第指引》的教授及《四家合注》等许多经典的疏释和教敕。还在赤达隆巴·洛桑尼玛（ཁྲི་སྟག་ལུང་པ་བློ་བཟང་ཉི་མ།）座前，敬聆了他讲授的《嘉贝样全集》。彼师还向干钦丹玛活佛（ཀུན་ཆེན་འདན་མ་སྤྲུལ་པའི་སྐུ།）请求了许多经法。水龙年（公元1832年，清道光十二年，壬辰），任隆务大寺堪布。木羊年（公元1835年，清道光十五年，乙未），辞去堪布职务，放弃一切财物到几处幽静处所致力静修。在宗噶尔寺，重新修建经堂和上下寝宫。向以阿饶活佛洛桑隆柔嘉措（ཨ་རོལ་སྤྲུལ་སྐུ་བློ་བཟང་ལུང་རིགས་རྒྱ་མཚོ།）为首的各方的活佛和僧众讲授经部的许多典籍及《班禅确吉坚赞全集》《章嘉阿旺洛桑却登全集》《益西坚参经师全集》等和密乘方面的许多函经典的教敕及《文殊法》《怙主十三尊》随许等，并授大悲观音菩萨和马头明王密修灌顶及《律经根本律》疏解和教敕。在瓜什则贡工麻寺（མགར་རྩེ་དགོན་གོང་མ།）和玛尔昂扎西曲林寺（མར་ནང་བཀྲ་ཤིས་ཆོས་གླིང་།瓜什则上寺）等处先后授《菩提道次精要》和《供奉上师颂》的教授以及《大威德》《白伞盖十七尊佛母》灌顶等许多经法的教授。有《隆务大寺志》等著作数部。

吉美隆柔嘉措转世的化身出生在牧区，现健在。

宗完扎西曲宗寺（རྫོང་སྟོན་བཀྲ་ཤིས་ཆོས་རྫོང་།）更登达哇智华（དགེ་འདུན་ཟླ་བ་གྲགས་པ།）所著《佛教史补遗》中说：

“谛仓·玛呢巴原先在彼处修建了禅室，长期关闭静修。后来，几位修静虑者聚集在那里，由遁世者更尕却培哇（བྱ་བཏང་བ་ཀུན་དགའ་ཆོས་འཕེལ་བ།）出资修建了禅院。甘珠巴·噶居云旦（བཀའ་འགྱུར་བ་དཀའ་བཅུ་ཡོན་ཏན།）、噶居萨尔哇（དཀའ་བཅུ་གསར་བ།）、加样嘉措活佛（འཇམ་དབྱངས་རྒྱ་མཚོ།）、才旦嘉措活佛（སྨྲ་སྐྱེ་ཚེ་བརྟན་རྒྱ་མཚོ།）和他转世的化身更尕嘉措活佛（ཀུན་དགའ་རྒྱ་མཚོ།）等先后住持本寺事务。”

也有多哇喇嘛达吉（མདོ་བ་བླ་མ་དར་རྒྱས།）修建的说法。这个活佛系统称为“宗完仓”（རྫོང་སྟོན་ཚང་།）。现在这一世活佛出生在上一世的故乡贺尔应欧乎（ཧོར་ཡི་ཧོགས།）部落里，曾入拉加寺（རྭ་རྒྱ།）经院学习，常住本寺静修，有先知之术，梦兆明确，有益众生。他因喜爱宁玛教法，所以人们说他是措玉古鲁杰（ཚོ་བཞི་ཀུ་རུ་སྐྱབས།）的转世。

德庆贤巴林寺（བདེ་ཆེན་བྱམས་པ་གླིང་།），又名扎西曲林寺（བཀྲ་ཤིས་ཆོས་གླིང་།）。圣·噶登的亲传弟子官秀·更尕曲派嘉措（མགོན་ཤུལ་ཀུན་དགའ་ཆོས་འཕེལ་རྒྱ་མཚོ།）在那里修建禅室，用泥糊住门户，在里面长期静修，后来门徒日增，形成了一座静修院。

官秀·更尕曲派嘉措转世的化身阿旺加样华旦（ངག་དབང་འཇམ་དབྱངས་དཔལ་ལྡན།），有《堪钦传》等很多著作。

阿旺加样华旦转世的化身吉美嘉措（འཇིགས་མེད་རྒྱ་མཚོ།），于藏历第十三胜生的土猪年（公元1779年，清乾隆四十四年，己亥），出生在纳罕王（ངག་དབང་ཡང་།）的领地西勒爱莫（ཤི་ནེ་ཨེ་མག）部落，父名康巴阿维（ཁམས་པ་ཨ་བེ།），母名尕本吉（བཀའ་འབུམ་སྐྱིད།）。有一次搬迁帐房时，让小孩吉美加措骑在马背，把马拴在橛子上，突然马受惊到处狂奔，但没有出危险。马被抓住后，问他：“你害怕了没有？”

他说：“马惊跑时，有两人在左右扶着我，所以我没有害怕。”

他天资聪慧，十岁时举行坐床仪式。在隆务大寺学习经法，聆听香洒活佛和赛康巴大师讲授的《大威德》《胜乐》和《毗卢舍那》等法灌顶。曾先后任隆务大寺密宗学院和时轮学院的法台及磋钦大会堂的堪布。他从隆务大寺密宗学院请来音韵师，建立了修大威德法的供奉仪轨；又派僧侣到拉加寺学习修毗卢舍那法的供奉仪轨，并建立了学习各种文字和五明的制度。规定在法会上唪诵《上师五十颂》、班禅确吉坚赞著的《六座瑜伽》和《回向三律仪》等。督促僧侣逐年轮流长期闭关静修本尊。一直到现在，这座寺的法行极为良好。据说吉美加措活佛是金刚手菩萨的化身。他朝拜吉更措湖（ཇི་གིན་གྱི་མཚོ།）时，看见了吉祥天母的骡子和鲸面神等影像。于六十一岁时圆寂。他的化身先后转了两世，后一世现在仍健在。

更尕曲派的弟弟楚臣加措（ཚུལ་ཁྲིམས་རྒྱ་མཚོ།）和官人[43]闹吾加措（དཔོན་པོ་ནོར་བུ་རྒྱ་མཚོ།）两人，先后住持德庆贤巴林寺的寺务。前者转世的化身端珠曲达尔加措(དོན་གྲུབ་ཆོས་དར་རྒྱ་མཚོ།)，曾在安多和卫地两处拜了许多圣哲为师。特别在普吾觉巴尊者（རྗེ་ཕུར་བུ་ལྕོག་པ།）座前聆听了全部深奥经法的教授。他精通《菩提道次第》《甚深妙道五次第》和《纳若六法》，使该寺成为修持生起与圆满二次第的证悟中心。他转世的化身为尕藏丹贝坚参（སྐལ་བཟང་བསྟན་པའི་རྒྱལ་མཚན།）。这位活佛系统的历代转世者被称为“德庆琼哇”（བདེ་ཆེན་ཆུང་བ།）[44]。

瓜什则寺（མགར་རྩེ་དགོན།）对这座寺院有这样的传说：

“玉隆华寺（གཡུ་ལུང་དཔལ་གྱི་དགོན་པ།）是瓜敦·丹巴曲登（མགར་སྟོན་དམ་པ་ཆོས་སྡིངས།）成就地。”这里所讲的寺院，被认为就是这座瓜什则替（མགར་རྩེ་ཐེལ།），但并没有计算在成就者圣地之内。若把这位大成就者认为是世间怙主（འཇིག་རྟེན་མགོན་པོ།）[45]的亲传弟子涅、瓜、却（གཉོས་མགར་ཆོས།）[46]三位中的一位，则他生于止贡寺(འབྲི་གུང་།)建成的翌年，即藏历第三胜生的木赛噶尔寺（དམུ་གསལ་སྒར།）由木赛禅师（དམུ་གསལ་མཚམས་པ།）创建。彼师原是德钦寺的僧侣，曾去西藏卫地拜卡尔多（མཁར་རྡོ།）为师，改宗宁玛派，学习宁玛派的经法，精通诸明处。这位活佛先后转生了两世，后一世现仍健在。

木赛寺的附近有一处本教小寺。

古德寺（ཀོའུ་རྡེ་མགོན།）贡布云旦（མགོན་པོ་ཡོན་ཏན།）创建。有些记载的跋文

中则说：“由却央道卜旦多吉（ཆོས་དབྱངས་སྟོབས་ལྡན་རྡོ་རྗེ།）所建。”贡布云旦原是谢贡寺（ཤེལ་དགོན།）的僧侣，曾去西康地区拜多珠钦（རྡོ་གྲུབ་ཆེན།）大成就者为师。有《经续库》等著作十三函，雕有印版。彼师由于修持大自在天，所以很富裕。他的这一世化身转生于青海王占穆纳克（མཚོ་སྔོན་ཡང་འགྲམ་ནག）之地。

亚隆寺（ཉ་ལུང་དགོན།）由西康地区来的南木卡（ནམ་མཁའ།）喇嘛所建。他有转世化身。

上述木赛寺、古德寺和亚隆寺三寺，均系宁玛派寺院。

热尕嘉参丹波寺（རབ་དགའ་རྒྱལ་མཚན་བརྟན་པོ།）位于亚隆寺的后方，由叶什郡·更登达智创建。该寺所属的豁卡敦日宁村（རྡོན་རི་ཉིན།），据说是曲结·敦珠仁庆尊者的出生地。

桑珠德丹寺（བསམ་འགྲུབ་བདེ་ལྡན།）是圣·噶登嘉措的静修禅院。

卡尔贡来当寺（མཁར་གོང་ཟླད་སྟེང་དགོན།）距桑珠德丹寺不远的下方，有卡尔贡圣地。系才旦嘉措格西（ཚེ་བརྟན་རྒྱ་མཚོ།）奉圣·噶登嘉措之命，在这里修建的一寺，命名为卡尔贡来当寺。

热贡（རབ་གོང་།）上、中、下三地，是按地理形势划分的。隆务大寺以上的隆务河两岸的村庄叫作上热贡（རབ་གོང་སྟོད།），寨子（ཁྲི་ཙེ།）[47]以上叫作中热贡（རབ་གོང་བར།），邦尕塘滩（སྤང་དཀར་ཐང་།）以下叫作下热贡（རབ་གོང་སྨད།）。

当格玉玛村（སྟེང་གི་གཞི་མ།）属中热贡。当年敦珠仁钦尊者寻找夏琼寺寺址时，曾在本村居住，以此作为基地，因而得了此名。敦珠仁庆尊者曾说要在这里修建一座寺院。但又有赛敦（བསེ་སྟོན།）修建的说法，其修建情况另作叙述。据说这位大成就者的后代有兼摄曲玛政教的活佛兼头人尕如夏仲洛桑独卷（སྣ་རུ་ཞབས་དྲུང་བློ་བཟང་བདུད་འཇོམས།）和曼塘哇（སྨན་ཐང་པ།）画法继承者尕如塑画师洛桑喜饶（སྣ་རུ་ལྷ་བཟོ་བློ་བཟང་ཤེས་རབ།），他们都有转世继承。

夏卜浪寺（ཤ་སྦྲང་།）是曲结敦珠仁钦奉喇嘛的授记而创建的。他在夏琼和本寺连年以《般若》和《释量论》为前导，讲授《慈氏五论》《喜金刚续第二品》和《入菩萨行论》等，但未达到预期的目的，心中感到颓丧。遂将侄子释迦桑布（ཤཱཀྱ་བཟང་པོ།）委任为本寺寺主。据说，当早晨太阳刚刚升起时，太阳好像在寺院的怀抱之中，因而把寺名叫“夏尔旺（ཤར་བང་།）”，后被讹为“夏卜浪”了。此外尚有一说，敦珠仁钦开始在这里建寺时，一位猎人送给他一块野味胸脯肉，尊者认为不是吉兆，因而放弃本寺又去建夏琼寺，所以把本寺叫“夏章寺（ཤ་ཟང་།）”。现在，这座寺院只有一座弥勒佛殿。佛殿的山顶上有一座内藏敦珠仁钦尊者的一套法衣的土本康（土塔），现在还可以朝拜。

叶什郡桑旦曲派林寺（གཡེར་གཞོང་བསམ་གཏན་ཆོས་འཕེལ་གླིང་།），这座寺院由嘉样洛哲持咒师（སྔགས་འཆང་འཇམ་དབྱངས་བློ་གྲོས།）创建。嘉样洛哲咒师于铁兔年（公元1651年，清顺治八年，辛卯），出生在夏卜浪村，他住在现在的寺址之上，念修大威德的生起与圆满次第获有成效。后在嘉样嘉措巴（འཇམ་དབྱངས་རྒྱ་མཚོས།）尊者座前出家，聆受大威德灌顶，并聆听《金刚顶经曼珠室利五字心陀罗尼》的随许。他遵从父母的愿望，学了雕塑，技术很精，塑了很多佛像。在扎西奇寺，由圣·噶登嘉措授近圆戒，并聆听了无数的深奥经法。遵从圣·噶登嘉措的鼓励，前往西藏卫地，入下密院和扎什伦布寺密宗学院学习。奉赤洛哲嘉措（ཁྲི་བློ་གྲོས་རྒྱ་མཚོ།）之命，考取了俄仁巴学位，聆听了这位赤钦讲授的大威德生起与圆满次第的疏解，并做了笔记。他以真心诚意的意乐加行拜上一世章嘉和一切知嘉木样协巴等西藏、安多的三十五位喇嘛为师，聆听了很多显密宗经法，因而成为教敕丰富的饱学之僧。特别是聆听嘉木样协巴传授弥多罗灌顶时，追根究底地请教了所有的疑难，著有《弥多罗坛城仪轨珍宝鬘》一书，第七世达赖喇嘛噶桑嘉措将这部书视之为标准著作，作为教敕传承之典籍。另外还有其他著作两函。彼师在下密院时，教证功德和直尕尔俄仁巴一样高超，享有齐名盛誉。彼师于其四十六岁那年，即火鼠年（公元1696年，清康熙三十五年，丙子），修建了这座叶什郡桑旦曲培林寺。过去，曲哇仁波切曾长期住在此地，想建一座静修禅院，但没有人捐献土地，未能如愿。为此他有意地转世于夏卜浪村。当隆务大寺想给文殊普照佛镀金粉时，这位尊者听到了这话后说道：

“不需要重新准备黄金，上金粉的黄金，就在普照佛的头上。”

众人看时，黄金果然如彼师所讲在普照佛的头上。因而，人们坚信他确实是曲哇仁波切的再世。八十三岁圆寂。尕如塑画师洛桑尼玛（སྐ་རུ་ལྷ་བཟོ་བློ་བཟང་ཉི་མ།）辑有彼师的全传。

嘉样洛哲咒师转世化身阿旺更登达哇智华（ངག་དབང་དགེ་འདུན་ཟླ་བ་གྲགས་པ།），于藏历第十二胜生的木虎年（公元 1734 年，清雍正十二年，甲寅）出生在上甘加（ཀན་ཀྱ་སྟོད་མ།）头人家族里，父名拉本扎西（ལྷ་འབུམ་བཀྲ་ཤིས།），母名果萨措毛加（མགོ་བཟའ་མཚོ་མོ་རྒྱལ།）。他从小就想做一名胜乐藏（བདེ་མཆོག་སྙིང་པོ།）的弟子。五岁时被迎请坐床。七岁时在堪钦更登嘉措（མཁན་ཆེན་དགེ་འདུན་རྒྱ་མཚོ།）座前出家，当时他就请教从五眼六神通开始的很多问题，人们感到非常奇怪。十一岁时建立侍读，背诵堪钦的《集类学》《集量论》《因明七论》，嘉木样协巴的《因理论》《悟慧论》《般若第一品》，钦德尔阿旺扎西（མཁྱེན་གཏེར་ངག་དབང་བཀྲ་ཤིས།）的《二十僧伽》《了义与不了义能辩阿笈摩》《因缘论》等经论，学习了需要学的全部经籍，并在墨尔根尊者座前学习《诗鉴论》。又聆听持金刚加样智华（རྡོ་རྗེ་འཛིན་པ་འཇམ་དབྱངས་གྲགས་པ།）传授的弥多罗灌顶和从彼师上一世传承下来的所有经法。彼师于其十六岁那年，即土蛇年（公元 1749 年，清乾隆十四年，己巳），在昂拉新寺扎西拉旦寺（སྣང་རའི་དགོན་གསར་བཀྲ་ཤིས་རབ་བརྟན།），同第二世一切知嘉木样吉美旺波一起，聆听东科尔·索南加措（སྟོང་འཁོར་བསོད་ནམས་རྒྱ་མཚོ།）传授的金刚鬘灌顶。当时，拉卜楞寺的格西达塔哇（དགེ་བཤེས་ད་ཐུ་བ།）、洛桑金巴（བློ་བཟང་སྦྱིན་པ།）等，和隆务大寺的嘉样更登旦增（འཇམ་དབྱངས་དགེ་འདུན་བསྟན་འཛིན།）等十五位格西以及从拉摩德庆寺和夏琼寺前来的几位格西聚集在一起，每天进行辩论，彼师进行了巡回辩论。一切知吉美旺波也和他立宗辩论。聆听了莫合加堪庆嘉样嘉措（སོག་ཀྱི་མཁན་ཆེན་འཇམ་དབྱངས་རྒྱ་མཚོ།）讲授的《菩提道次第广论》疏解和教敕，阿柔格西（ཨ་རིག་དགེ་བཤེས།）讲授的《宗喀巴全集》教敕和《文殊师利亲教》疏解等很多经法。彼师去佑宁寺向章嘉·饶悲多吉大国师请教了一些经法和疑难问题，得到了额尔德尼班智达呼图克图（ཨེརྟེ་ནི་པཎྜི་ཏ་ཧུ་ཐོག་ཐུ།）的名号。达赖喇嘛强白嘉措也在札萨克喇嘛贡却隆珠（ཛ་སག་བླ་མ་དཀོན་མཆོག་ལྷུན་གྲུབ།）面前赐给他堪布的全副服饰、仪仗[48]。彼师还敬聆第二世一切知嘉木样讲授的许多经法。他们两人心意相投，因而第二世一切知嘉木样请他出任拉卜楞寺的堪布。彼师推辞说：

“直到现在，我无论到哪儿去，所作所为都看星相、会合、日期、时辰、方向而行。这样行事，对大寺的讲闻辩论和定规布施的传统不相合。”

陈明了不能担任的原因，请求予以谅解，并奉献了布施。

彼师还聆听了赤洛桑丹贝尼玛（ཁྲི་བློ་བཟང་བསྟན་པའི་ཉི་མ།）讲授他自己著述《依宗喀巴大师修习丹药》的教敕和《大白怙主》的随许。木狗年（公元1754年，清乾隆十九年，甲戌）彼师开始刊刻《般若十万颂经》木版，五年之内全部刻完。请尕如塑画师绘制释尊传记的画轴七幅。土虎年（公元1758年，清乾隆二十三年，戊寅），由堪钦仓授近圆戒。将曲哇仁波切禅室的遗址扩建为经堂，全部完成后，从德格印经院迎请了《丹珠尔》大藏经和《萨迦五祖全集》等近二百四十函经籍。木羊年（公元1775年，清乾隆四十年，乙未）来到郡王的乌厄盖时，赤钦索南智华（ཁྲི་ཆེན་བསོད་ནམས་གྲགས་པ།）尊者任这里的法台，彼师向福田与施主们授《怙主入藏法》的随许。铁鼠年（公元1780年，清乾隆四十五年，庚子）在塔尔寺朝拜了班禅大师[49]，他和格隆活佛（དགེ་སློང་སྤྲུལ་པའི་སྐུ།）两人分别奉献布施，请求结法缘。由于上一世制定的本寺规章制度较为简略，彼师予以增益使之趋于完善。在彼师不断鼓励和督促下，寺院的法行日益增盛。

当寺院的施主和头人等响应巴那亥三部（སྣ་ནག་ཁ་གསུམ།）时，由于施主之中多属强盗，清廷派来军队准备摧毁寺院。在这危急时刻，众说纷纭，有人说要战，有人说要逃，向彼师请求主意。彼师说：

“向大慈大悲的本师能仁王佛祈祷吧！我们是信佛之人，别说动枪动箭，如此的恶念一闪也是不应该的。”

过了几天，清军来到寺院附近，僧众集中在经堂里念诵《般若八千颂》。彼师说：

“我不逃跑，我就坐在这里。”遂如所说，稳坐不动。正在这时，隆务昂索（རོང་བོ་ནང་སོ།）赶到这儿，进行缓颊，把军队挡了回去，免除了一场灾难。

彼师于其七十八岁那年，即铁羊年（公元 1811 年，清嘉庆十六年，辛未）圆寂。尸骨完全变成金色。正如世间的传说，格鲁派的人们肉黄骨也黄，真是稀奇之至。遂以彼师的骨灰为主要内藏，用一千两白银建造灵塔。维哇·阿旺木盘达哇(བིས་པ་ངག་དབང་མི་ཕམ་རྣ་བ།）著有彼师的传记，尕德合夏仲（འཁའ་དག་ཞབས་དྲུང་།）又作了补充。上述资料即引自传记和补充。

阿旺更登达哇智华转世的化身洛桑更登坚参（བློ་བཟང་དགེ་འདུན་རྒྱལ་མཚན།），出生在曲哇仁波切师徒的头人家族中。精通显密经法和诸明处，声望很高，住世二十七年。

洛桑更登坚参转世的化身嘉样更登竖参（འཇམ་དབྱངས་དགེ་འདུན་རྒྱལ་མཚན།），生于铁鼠年（公元 1840 年，清道光二十年，庚子），从赛康哇大师出家。

叶什郡琼哇·嘉样智华比丘（གཡེར་གཤོང་ཆུང་བ་དགེ་སློང་འཇམ་དབྱངས་གྲགས་པ།），从小就在俄仁巴嘉样洛哲尊者前当管家和司膳师，辛勤服侍，因而成了上师称心的弟子，把一切教诫毫无遗漏地全部讲授给他，并且将寺院交给他住持。第二世一切知嘉木样来到这座寺院时，彼师报告说：“您的上一世是黄帽派（ཞྭ་སེར།）的法主。”告诉了上一世上师的种种情况。水鸡年（公元 1753 年，清乾隆十八年，癸酉）圆寂。

嘉样智华转世的化身更登旦巴达吉（དགེ་འདུན་བསྟན་པ་དར་རྒྱས།）于木狗年

（公元 1754 年，清乾隆十九年，甲戌）出生在赛（སེ།）地方的曲麻村。由大叶什郡阿旺更登达哇智华负责住持迎请坐床，并在这位尊者座前出家，聆听了大叶什郡讲授的许多深奥经法。于土猪年（公元 1779 年，清乾隆四十四年，己亥）起，继续负责住持寺院的政教事务。三十岁那年，即水兔年（公元 1783 年，清乾隆四十八年，癸卯）圆寂。

更登旦巴达吉转世的化身，现在仍然健在。

在历世活佛师徒的主持下，这座寺院纪律严谨。有胜乐、集密、大威德三本尊修供仪轨、药师修供大法会、怙主大施食修供法会、上一世叶什郡活佛口传的菩提道次第教授等，法行日益增盛。这座寺院还藏有《米拉日巴传和道歌》等的木刻版。

加干勒摩寺（སྐྱ་ཀན་གནས་མོ།）这座寺院的附近有许多能治愈多种疾病的药水泉。

珠固君石房（འབྲུ་ཀུ་ཅུང་གི་རྡོ་ཁང་།）这座石房是自然形成的，圣·噶登巴曾在这座石房内产生了菩提心，石房内还有向直尕尔俄仁巴学铁城坛城画规的石板台。

奥摩·洛桑却智的隆务寺（འོལ་མོ་བློ་བཟང་ཆོས་གྲགས་ཀྱི་རོང་བོ་དགོན།）。洛桑却智是圣·噶登巴的亲传弟子。这位活佛传了四世，现在的这一世，才识精湛，德行高超，心地善良，名望很高。拜赛康巴大师兄弟二人、阿绕阿阇黎、尕德合夏仲（འགའ་དྲགས་ཞབས་དྲུང་།）等为师，精研闻思。

曲麻塘寺（ཆུ་མ་ཐང་།）现已不存在。

扎西奇寺（བཀྲ་ཤིས་འཁྱིལ།），这座寺院是热贡地区所有禅院之祖寺。曲哇仁波切于木牛年（公元 1625 年，明天启五年，乙丑）选定了寺址，再三地对圣·噶登巴说：

“看能否在此地建立一处静修僧四众的禅寺。开始时用物质进行布施摄，而后讲经说法以法布施。最后，可以完成自利和利他的要求[48]。要依靠从排头至排尾坚信因果而才识精湛的那些山居修行僧伽，要坚守先前圣哲们制定的寺规制度，这些很重要。”

圣·噶登巴乃于其四十二岁那年，即土鼠年（公元1648年，清顺治五年，戊子），建成了这座扎西奇寺。圣者于睡梦中梦见来了一位穿白衣服的人，授记说经堂应命名为“噶当颇章”（བཀའ་གདམས་ཕོ་བྲང་།）。于是，就依此命名。曲哇仁波切建了弥勒佛殿，并亲手塑造了米拉日巴像。圣·噶登巴以自己的身量为标准，让谛仓·玛尼巴亲手塑造了恍如自然形成，具有加持力的曲哇仁波切像。山居修行者们逐渐增多，静修的比丘达二百余人。委任修行者的补处夏卜浪·洛桑加措（ཤ་སྦྲང་བློ་བཟང་རྒྱ་མཚོ།）为第一任教长阿阇黎。这位上师曾去西藏学经，在仲哇杰查巴师徒（དྲུང་པ་རྒྱལ་ཚབ་པ་ཡབ་སྲས།）座前求法，在郭仓禅寺（གོད་ཚང་སྒྲུབ་སྡེ།）内长期静修。他本想到西藏珞隅的咱日山（ཙ་རི།）终生修行，但在教友的催促下仍回到了安多。彼师是一位典型的遁世修行者，成为大家学习的典范。他按照郭仓禅寺的规章：除外出化缘外，不准穿皮衣和长袖衣；午饭不能超过规定的时间等等。还建立了每年闭关静修制度。彼师是曲哇仁波切再传的主要弟子，因而曲哇仁波切在临圆寂时，给他赐了文殊佛密修法画轴。彼师在其后半生，住在贵德尕让直合加多吉宗窟（ཀབ་རོན་བྲག་སྒྲ་རྡོ་རྗེ་རྫོང་།）修行。

此后由洛桑达吉（བློ་བཟང་དར་རྒྱས།）、夏日诺们汗阿旺程列嘉措、卓仓阿阇黎·洛桑程列（སྒྲོ་ཚང་དཔོན་སློབ་བློ་བཟང་འཕྲིན་ལས།）、堪钦·更登嘉措、夏日诺们汗第三世更登程列拉杰等先后住持本寺。夏日诺们汗第三世之后，由卓仓·嘉样洛桑嘉措（སྒྲོ་ཚང་འཇམ་དབྱངས་བློ་བཟང་རྒྱ་མཚོ།）活佛长住本寺住持寺务，并转世了几世。后来噶居巴活佛长期住持本寺，对许多静修者授近圆戒，大弘法统。这位噶居巴生于年都乎（གཉན་ཐོག），在拉卜楞寺学《中论》《般若》和《释量论》等。又去西藏卫地学习，修习圆满后取得了桑普寺的噶居巴学位，拜隆多喇嘛和经师益西坚参二师为师，闻听了许多经法。享寿九十四岁。他转世的化身现在还在世。

这座圣地确为胜乐金刚的宫殿。无论何时修供胜乐金刚和举行法会，都要举行仪轨，念诵关于胜乐的经典。护法神宝帐怙主常显现真容，寺周围的树林，据说是曲哇仁波切的头发撒于地上后生长出来的。寺院下方的树林中，有圣·噶登巴证得大乘菩萨第一地——“欢喜地”的修行处“饶尕”（རབ་དགའ།极喜）圣地，还有石座，两尊对坐盘道歌的石像等神奇的佛像和佛塔。

年都乎寺扎西达吉林（གཉན་ཐོག་སྨར་བཀྲ་ཤིས་དར་རྒྱས་གླིང་།），丹大成就者（འདན་གྲུབ་ཆེན།）修建，由夏日诺们汗更登程列拉杰一生护持并参加本寺的祈愿法会和其他法会等。此后，应僧俗大众的要求，由堪钦·更登嘉措任本寺喇嘛。从此以后，历世堪钦仓住持本寺寺务、寺中有很多传绍尕如（སྨར་ཐ།）派画法的画师。后来，卑塘·华旦（བིས་ཐང་དཔལ་ལྡན།）塑造了弥勒佛像，并于墙壁上画了十六罗汉拥绕如来圣像和故事。此时，他的徒弟才让端珠（ཚེ་རིང་དོན་གྲུབ།）等成为能工巧匠，当弥勒佛像装内藏时，献上了很多画笔以表祝愿，由此因缘，现在画师传承颇为增盛。叶什郡·阿旺更登达哇智华著有《弥勒佛殿志》。大多数僧侣修造了和弥勒佛殿一样高的许多圣像。

郭麻日噶尔瓦噶丹彭措林寺（སྒོ་དམར་སྨར་དགའ་ལྡན་ཕུན་ཚོགས་གླིང་།），由叶什郡阿阇黎于铁鸡年（公元 1801 年，清嘉庆六年，辛酉）修建了三层弥勒佛殿，并塑造佛像，设置佛经等。应洛扎端尼林寺（ལྷོ་བྲག་དོན་གཉིས་གླིང་།）的卸任堪布拉仁巴·嘉样（མཁན་ཟུར་ལྷ་རམས་པ་འཇམ་དབྱངས།）的请求，叶什郡阿阇黎著《祝愿词》，主持了新成立的神变祈愿法会，讲授了许多需要的经法。郭麻日日朝巴洛桑嘉措（སྒོ་དམར་རི་ཁྲོད་པ་བློ་བཟང་རྒྱ་མཚོ།），生于郭麻日村，拜赛康巴大师为师，到山间静修禅寺修行，念了七亿句本尊胜乐金刚双尊的三字真言，曾见过空行金刚佛母圣容。彼师一生传授灌顶、教敕、大降秘法的法雨，有许多舍身修行的徒弟。享年八十岁。莫合加堪珠活佛（མོག་གྱུ་མཁན་སྤྲུལ།）著有彼师的传记。

尕洒日噶尔瓦寺（སྐ་སར་སྨར།）是维哇·阿旺木盘达哇修建的。本寺中藏有《玛尼宝训全集》等木刻版。本寺所属的供养豁卡尕洒日村里，出生了拉仁巴官却加措（ལྷ་རམས་པ་དཀོན་མཆོག་རྒྱ་མཚོ།），据说他是郭麻日拉仁巴转世的化身。彼师在隆务大寺学经后前往西藏卫地，拜拉仁巴嘉措(ལྷ་རམས་པ་རྒྱ་མཚོ།)为师，学习五部大论，取得了拉仁巴学位。拜赤嘉样楚臣（ཁྲི་འཇམ་དབྱངས་ཚུལ་ཁྲིམས།）为师，闻思结合地在西藏整整度过了四十个春秋。回到安多后，在隆务大寺和拉摩德庆寺多次讲授《释量论疏明照解脱道》本文和疏释，收效甚宏。任扎仓堪布后，仍亲自主持讲听辩论，深入教诲，成效颇著。五十五岁时，圆寂。

宗玛尔扎西曲林寺（རྫོང་དམར་བཀྲ་ཤིས་ཆོས་གླིང་།），此寺位于隆务河分岔处。由夏日诺们汗更登程列饶吉提供经费并作指示后，由医生俄仁巴洛桑嘉措（འཚོ་བྱེད་སྔགས་རམས་པ་བློ་བཟང་རྒྱ་མཚོ།）作禳地仪轨，修建了佛殿和寝宫。

麦秀尕布雄扎西曲宗寺（དམེ་ཤུལ་དཀར་པོ་གསོང་བཀྲ་ཤིས་ཆོས་རྫོང་།）位于宗玛尔扎西曲林寺下方不远的地方。由麦秀比丘（དམེ་ཤུལ་དགེ་སློང་།）等人捐献土地，救世主金刚持吉美旺波[51]于藏历第十三胜生的水蛇年（公元1773年，清乾隆三十八年，癸巳）修建。起初煨桑时，前山山头出现了彩虹，光彻天空，现出一派奇异的吉兆。该寺附近，原来有块突出的石岩，人们认为是影响寺院的凶煞，尊者对那块石岩一瞥后说："没有这块石岩就好了。"过了几天，那块石岩就自行崩碎，对此大家更感到惊奇。当地僧俗要求尊者派一位有所裨益的喇嘛，于是派赤庆索南智华（ཁྲི་ཆེན་བསོད་ནམས་གྲགས་པ།）任该寺第一任教长。此后，由达合让活佛（སྟག་རོང་སྤྲུལ་སྐུ།）、果达活佛嘉样克却(མགོ་སྟ་སྤྲུལ་སྐུ་འཇམ་དབྱངས་མཁས་མཆོག)、佐格然绛巴·益希达吉（མཛོད་དགེ་རབ་འབྱམས་པ་ཡེ་ཤེས་དར་རྒྱས།）、色康·尕居（གསེར་ཁང་དཀའ་བཅུ།）等依次任法台，其后又由佐格然绛巴益希达吉继任。现在由索南智华活佛仁波切住持，新建有尊者拉让宫，塑造了弥勒佛像，并修建了彼师的寝宫。本寺建立了法会上念诵猛黑现证坛城等经的制度。成为发展耳传甚深妙法的清净圣地。本寺有西藏埃哇画师（ཨེ་བ་ལྷ་བཟོ།）塑造的三世诸佛像，上一世索南智华活佛赠送的《甘珠尔》大藏经等经典及佛像、佛塔和经典等依止圣物。到木牛年（公元

1865年，清同治四年，乙丑）时，本寺建寺已历九十三年。

官秀曲麻尔拉卜杰噶尔寺（མགོན་ཤུལ་ཆུ་དམར་རབ་རྒྱས་སྒར།）由曼宗德钦活佛（སྨན་ཚོང་བདེ་ཆེན།）的上一世活佛洛桑旦增坚参（བློ་བཟང་བསྟན་འཛིན་རྒྱལ་མཚན།）创建，塑造了佛像，安置了佛经、佛塔等。

丹吾直尕尔色康寺（འདམ་བུ་བྲག་དཀར་གསེར་ཁང་།）位于隆务河上游的南岸。

达香德宗寺（དར་ཞིང་བདེ་འཛོམས།）这座寺院未建立以前，应欧乎·桑旦加措（ཡི་དགས་བསམ་གཏན་རྒྱ་མཚོ།）就在此处长期修行，彼师在修习大威德时，照见了本尊的圣容。后由遁世者更尕曲派（བྱ་བཏང་ཀུན་དཀའ་ཆོས་འཕེལ།）提供顺缘，在此地修建了禅寺。又由圣哲声誉的格勒坚参喇嘛（སྐྱེས་བུ་དམ་པའི་རྣམ་ཐར་ཅན་བླ་མ་དགེ་ལེགས་རྒྱལ་མཚན།）、大善知识喜饶桑格格西（དགེ་བའི་བཤེས་གཉེན་ཤེས་རབ་སེང་གེ）、喜饶东珠（ཤེས་རབ་དོན་གྲུབ།）、嘉样比丘（དགེ་སློང་འཇམ་དབྱངས།）等先后任本寺教长。第二世一切知嘉木样曾在这位比丘座前听过许多经法。现在由历世堪钦仓住持本寺。

达隆日朝旦禅房闹吾阳宗窟（སྟག་ལུང་རི་ཁྲོད་པའི་སྒྲུབ་ཁང་ནོར་བུ་ཡང་རྫོང་།）。达隆日朝巴出生在阿措（ཨ་མཆོ།）部落，在凉州松山达隆（ཟུང་ཤན་སྟག་ལུང་།）拜堪干巴（མཁན་ཀན་པ།）为师。彼师曾去西藏朝拜圣地，又奉经师堪干巴之命，朝拜五台山圣地。拜赛康巴大师为师，守了七百次禁食斋戒，亲见五文殊的圣容。据说，彼师能熟背全部《甘珠尔》大藏经。奉赛康巴大师之命，来到此地，在这座山间静修禅寺念修了三十载。彼师非常注意福斋，一生只饮净水，只食糌粑。曾亲见胜乐金刚双尊、大威德本尊、宝帐怙主护法神等圣容，特别是能随意见到空行佛母并可随意求问，神通无碍。彼师治疗和养活了很多麻风病人，行医济世，德高恩重。彼师还修建了许多水力转动的玛尼经轮。享高寿后圆寂。尸骨之上显出字迹，堪钦活佛就以此骨灰为内藏，建造了灵塔，安放在达香寺。

扎西曲宗静修圣地（སྒྲུབ་གནས་བཀྲ་ཤིས་ཆོས་རྫོང་།）和江隆噶尔沙寺（ལྕང་ལུང་སྒར་གསར།），由阿柔活佛洛桑隆日嘉措住持这两处寺院。上一世阿柔活佛智华嘉措（གྲགས་པ་རྒྱ་མཚོ།），出生在赛端日宁山阿柔部落（བསེ་དོན་རི་ཉིན་ཨ་རོལ་ཚོ་བ།）。彼师原是第二世夏日诺们汗程列嘉措转世的化身候选者之一，在认定上一世夏日诺们汗的用物时，正确无误，同年都乎出生的候选化身认定的一模一样。因而，杰堪钦洛桑尼玛（རྒྱལ་མཁན་ཆེན་བློ་བཟང་ཉི་མ།）用巧妙的方法进行辨认，认定彼师是隆务·赤干活佛（རོང་བོའི་ཁྲི་ཀན་སྤྲུལ་སྐུ།）转世的化身。彼师虽没有正式被选为夏日诺们汗的化身，但作为群则入隆务寺学经。后去西藏入噶丹寺绛孜经院刻苦学习，熟背《现观庄严论明义释》《疏要庄严论》、吉尊巴的《中观》，德洛尼玛（བདེ་ལེགས་ཉི་མ།）的《戒律》等经籍教程，取得了拉仁巴学位，住持加玛仁青岗寺（རྒྱ་མ་རིན་ཆེན་སྒང་།）和洛扎端尼林寺(ལྷོ་བྲག་དོན་གཉིས་གླིང་།)。彼师在隆多喇嘛座前聆听了上师讲授的《宗喀巴师徒三人全集》教敕。回到安多后，由赛活佛（བསེ་སྤྲུལ་པའི་སྐུ།）委任为瓜什则寺的堪布。彼师在该寺给阿琼活佛（ཨ་ཁྱུང་སྤྲུལ་སྐུ།）等人授《宗喀巴全集》的教敕。还担任了宗玛尔寺（རྫོང་དམར།）和乌厄盖寺（ཨུ་ཀེ།）的上师，饶益众生，功德极大。

现世的这位洛桑隆日嘉措活佛，出生在江隆村，入隆务大寺学习五部大论，聆听赛康巴大师讲授的许多经法，曾聆听了大师讲授《菩提道次第广论》疏释十余次。二十岁时，入山间静修院修行，勤苦地念修一些本尊的修持实践，获得验证。彼师在尕布雄寺（དཀར་པོ་གཞོང་།）聆受索直活佛关却嘉措（བསོད་གྲགས་སྤྲུལ་པའི་སྐུ་དཀོན་མཆོག་རྒྱ་མཚོ།）传授的空行耳传经法灌顶等许多教授。先后前往拉卜楞寺聆听赤庆拉旦嘉措（ཁྲི་ཆེན་རབ་བརྟན་རྒྱ་མཚོ།）的侄子多仁巴嘉样（རྡོ་རམས་པ་འཇམ་དབྱངས།）和喜饶嘉措尊者传承的一些经法。彼师也对别人讲授弘传了很多经法，因此，夏日诺们汗等许多大士尊为上师。彼师有一百多位实践“一生不定住，生活靠化缘”，专门修持菩提道次第和修心法门的徒弟。彼师有近四函的著作，现在正在讲经说法，著书弘法，成就日益增盛。

琼贡寺（ཁྱུང་དགོན།）这座寺院由江隆巴·华庆南卡吉美（ལྕང་ལུང་པ་དཔལ་ཆེན་

ནམ་མཁའ་འཛིགས་མེད།）修建。彼师前去西藏和西康等地，学习宁玛派经法，回来后弘扬这一派的传承。彼师于修诵金刚心的同时，还念了一亿遍“百字真言”。据说，身旁之人能听见他胸中陀罗尼轮转动的声音。这位活佛转生了三世，第三世现在还健在。

桑格则寺（སེང་གེ་རྩེ།）是由金巴达吉阿阇黎（སློབ་དཔོན་སྦྱིན་པ་དར་རྒྱས།）创修。圣·噶登巴曾在此处修行过。有人说该寺同多日卡索拉日泽寺（རྡོ་རིས་ཁ་སོ་ལྷ་རི་རྩེ།）一样由麦秀俄仁巴（དམེ་ཤུལ་སྔགས་རམས་པ།）修建。现在由卡索活佛洛桑旦巴嘉措（ཁ་སོ་སྤྲུལ་སྐུ་བློ་བཟང་བསྟན་པ་རྒྱ་མཚོ།）住持护理。

格伍登噶丹旦却林寺（སྐེའུ་སྟེང་དགའ་ལྡན་དམ་ཆོས་གླིང་།）由措都堪布洛桑程列（ཚོ་འདུ་མཁན་པོ་བློ་བཟང་འཕྲིན་ལས།）修建。

查杰塔巴林寺（ཚ་རྒྱལ་ཐར་པ་གླིང་།）。《噶登嘉措传》中说：“这座寺院由尼合日活佛仁波切（ཉག་རི་སྤྲུལ་སྐུ་རིན་པོ་ཆེ།）修建。”尼合日活佛仁波切也叫尼合日喇嘛尕尕尔（ཉག་རི་བླ་མ་དཀར་དཀར།）。后来，加吾的朗仓（རྒྱལ་པོའི་གླིང་ཚང་།）将本寺献给了才贡喇嘛更登钦饶（ཚེ་མགོན་བླ་མ་དགེ་འདུན་མཁྱེན་རབ།）。这位尊者修建了经堂、弥勒佛殿，塑造了弥勒佛像，设置了佛经等。由这位尊者转世的历世活佛住持护理。

德庆日朝寺（བདེ་ཆེན་རི་ཁྲོད།）这座寺院也是由尼合日喇嘛修建的。现在，由历世曼宗德庆活佛（སྨན་རྫོང་བདེ་ཆེན།）住持。《噶登嘉措传》中说，乃是“加吾尕居（རྒྱལ་པོ་དཀའ་བཅུ།）修建的德庆静修禅院（བདེ་ཆེན་སྒྲུབ་སྡེ།）”。

瓜什则加洒尔夏珠土旦却科寺（མགར་རྩེ་རྒྱ་སར་བཤད་སྒྲུབ་ཐུབ་བསྟན་ཆོས་འཁོར་གླིང་།）和秀格宁（ཤུག་གུ་ཉིན།）静修禅院（སྒྲུབ་སྒྲ་ཤུག་གུ་ཉིན།）。《噶登嘉措传》中说：“瓜什则尕居仁波切（མགར་རྩེ་དཀའ་བཅུ་རིན་པོ་ཆེ།）在瓜什则修建了讲修二寺。”《第一世嘉木样传》中称赞的两座静修禅院似乎就是指这两座寺院。

瓜什则喇嘛吉昌坚（མགར་རྩེ་བླ་མ་ལྕགས་ཕྱེད་ཅན།）将这两座寺院迁至卓贡孔（སྒྲོག་དགོན་ཁུང་།）地方。但在该处没有稳定下来，后由赤干·克却嘉措（ཁྲི་ཀན་མཁས་མཆོག་རྒྱ་མཚོ།）、昂干巴·阿旺喜饶（ནང་ཀན་པ་ངག་དབང་ཤེས་རབ།）和拉卡大成就者

(ལ་ཁ་སྒྲུབ་ཆེན།) 三位，又将二寺移建在绒琼多（རོང་ཆུང་མདོ།）沟口，即是现在的寺院，并由第二世一切知嘉木样赐了寺名。这座寺院以郭莽经院教程为基础建立了经论的讲闻辩论制度，辩经学期有四季学期的月学期、十月宗喀巴圆寂纪念学期、四月释迦牟尼转世和成佛纪念学期、正月大祈愿神变法会和跳神大舞等，都按拉卜楞寺实行的办法进行，戒行清净。瓜什则地方虽降生了很多活佛系统，但历世活佛都出生在自己的氏族里。瓜什则·喜饶尼玛（མགར་རྩེ་ཤེས་རབ་ཉིམ།）是著名的大贤哲，是隆务曲哇仁波切的上师，这位上师临圆寂时，对曲哇仁波切说：

“我曾发过建立一处法相学院，兴讲闻辩论之风的祝愿。”

据说，圣·噶登热巴（སྐལ་ལྡན་རས་པ།）是彼师转世的化身。赤干·克却嘉措活佛转世的化身，是出生在瓜什则本族的吉美阿旺嘉样（འཇིགས་མེད་ངག་དབང་འཇམ་དབྱངས།），于五十九岁那年，即木蛇年（公元 1845 年，清道光二十五年，乙巳）圆寂。彼师转世的化身贡却旦巴严排(དཀོན་མཆོག་བསྟན་པ་ཡར་འཕེལ།)，于火马年（公元 1846 年，清道光二十六年，丙午）出生在干加的苏柔(ཀན་ཀྱའི་སུ་རུག) 村的瓜什则万干（མགར་རྩེ་བན་ཀན།）家中。

文布喜饶尼玛（དཔོན་པོ་ཤེས་རབ་ཉིམ།）是瓜什则松本（མགར་རྩེ་གཟུངས་འདུས།）的儿子，是吉美若贝桑格尊者（རྗེ་འཇིགས་མེད་རིགས་པའི་སེང་གེ།）[52]的侄子。彼师在其叔叔处学经外，还在谢贡寺（ཤེལ་དགོན།）拜请直尕尔·噶居仁波切（བྲག་དཀར་དཀའ་བཅུ་རིན་པོ་ཆེ།）为师，请求了许多经法。在叶什郡更登达智尊者座前，聆听了讲授的菩提道次第要义的疏释和教敕。彼师于其五十九岁那年圆寂。他转世的化身官却嘉措（དཀོན་མཆོག་རྒྱ་མཚོ།）于木牛年（公元 1865 年，清同治四年，乙丑）出生在瓜什则部落，父名才让东珠（ཚེ་རིང་དོན་གྲུབ།）。入拉卜楞寺经院学习。

从此，瓜什则寺有了两位活佛的系统。两位活佛的豁卡都在秀格宁(ཞུག་གུ་ཉིན།)。寺院由历任洛穹管理。经堂由赤干活佛修建，经堂内供奉着从尕热寺（དཀར་རིས་དགོན།）请来的用东印度响铜铸成的千尊佛像，主要佛像有内地用响铜铸成的释尊像。还有多卜仓吉美多吉（སྟོབས་ཚང་འཇིགས་མེད་རྡོ་རྗེ།）用黄金和黄铜铸成的千尊无量寿佛像和三十五尊忏悔佛像等，及许多佛经、佛塔。这位活佛是吉美噶桑（འཇིགས་མེད་སྐལ་བཟང་།）的亲传弟子。彼师由于去内地，章嘉国师对他很关心，因而督拜大王（དུར་བེད་དྭ་ཡང་།）奉为上师。在瓜什则寺彼师修建了寝宫，宫内供奉着檀香木雕刻的释尊像、三世诸佛、善逝宝塔等，并给寺院献了堆绣大佛像和跳神舞蹈的服装。彼师著有《自传》。

赛活佛阿旺嘉样扎西（བསེ་སྤྲུལ་པའི་སྔགས་དབང་འཇམ་དབྱངས་བཀྲ་ཤིས།）建造了文殊普照佛殿，并将宗喀巴大师《密宗道次第广论》一书卷起来放在佛像喉咙内，作为喉中的内藏陀罗尼。

这座寺院有五座支寺，计为格伍登寺（སྒོའུ་སྟེང་།）、谢贡寺（ཤེལ་དགོན།）、娄热寺（ལུག་རྭ།）、亚玛扎西切寺（གཡའ་མ་བཀྲ་ཤིས་འཁྱིལ།）、秀格宁寺（ཤུག་གུ་ཉིན།）等五座静修禅院。当瓜什则寺举行祈愿法会时，除五座属寺外，洒尕尔夏日静修禅院（ས་དཀར་ཤར།）和浪加寺（སྣང་གྱའི་དགོན།）都来参加法会。寺属谿卡有农牧区的五个部落：为措都（ཚོ་འདུ།）、扎仲香曲（བཀྲ་དྲུང་བྱང་ཆུབ།）、双朋拉（ཞོ་འཕང་ལ།）、双朋西（ཞོ་འཕོང་གཤིས།）、阿瓦日铁吾（ཨ་བར་ཐེ་བུད།）等。

瓜什则噶尔哇（མགར་རྩེ་སྒར་བ།）、昂索（ནང་སོ།）、百户（བེ་ཧུ།）三人，原是同胞弟兄[53]，后来分房另立门户。他们的咒师具有神通，蒙古族和硕特黄河南前首旗济农王尊为上师。当西宁办事大臣达鼐前来划分藏蒙地界时，经过济农王的请求，西宁办事大臣达鼐分别委为昂索和百户，给予牌照。

瓜敦·丹巴曲登（མགར་སྟོན་དམ་པ་ཆོས་སྡིངས།）有三个儿子，他们的后代形成瓜什则三部，分别称为瓜什则替（མགར་རྩེ་མཐིལ།）、臧噶尔（ཙང་སྒར།）及其附近的瓜什则窝吾土（མགར་རྩེ་སྔོ་བུ་ཐུ།）。

亚玛扎西切寺位于双朋（ཞོ་འཕོང་།）地方，是由嘉堪珠更登丹贝尼玛（རྒྱལ་མཁན་སྤྲུལ་དགེ་འདུན་བསྟན་པའི་ཉི་མ།）修建的。彼师修建了经堂、弥勒佛殿和寝宫。

后来由夏尕尔哇（ཞབས་དཀར་བ།）住持护理。这位活佛的经历，详见他的《自传》。他著有《神化纪》四卷以及其他论述。他转世的化身现还健在。

谢贡寺德钦却吉颇章宫（ཤེལ་དགོན་བདེ་ཆེན་ཆོས་ཀྱི་ཕོ་བྲང་།），又名扎西宗寺（བཀྲ་ཤིས་རྫོང་།）由圣·噶登巴的近侍被称为阿难第二的曲麻日大修行者洛桑嘉措（ཆུ་དམར་སྒོམ་ཆེན་བློ་བཟང་རྒྱ་མཚོ།）修建。他并新修普照佛。

曲麻日·洛桑嘉措转世的化身洛桑丹增（བློ་བཟང་བསྟན་འཛིན།），也出生在曲麻日地方。他给谢贡寺德钦却吉颇章宫修建了经堂。

洛桑丹增转世的化身更登程列隆珠（དགེ་འདུན་འཕྲིན་ལས་ལྷུན་གྲུབ།），曾任文都寺（བིས་མདོ།）堪布。

现世的这位活佛洛桑托美楚臣（བློ་བཟང་ཐོགས་མེད་ཚུལ་ཁྲིམས།），本布教徒们认为他是本教的上师双朋活佛久美桑布（འཇིགས་མེད་བཟང་པོ།）转世的化身，要赎回去。但他的叔叔果断地将他送入拉卜楞寺经院学经，后成为著名的格西。彼师行医济世，饶益众生。后半生在意尕曲增静修院（རི་ཁྲོད་ཡིད་དགའ་ཆོས་འཛིན།）和谢贡寺德钦却吉颇章宫修行，获得终极证悟。给德赤仁波切（རྗེ་ཁྲི་རིན་པོ་ཆེ།）、喜饶嘉措尊者、阿绕活佛等传了很多深奥经法。

谢贡寺德钦却吉颇章宫内有《底洛哇传》《纳若哇传》《玛尔巴译师传》《热琼哇传》等书的木刻版。

浪加洒尕尔夏日曲梅岩静修院（སྣང་གྱའི་ས་དཀར་ཤར་ཆུ་མིག་རྫོང་གི་རི་ཁྲོད།）这座禅院，一说是圣·噶登巴修建者，又有一说认为是曲麻日活佛修建的。

娄热寺拜尕尔曲林（ལུག་རྭ་དགོན་པད་དཀར་ཆོས་གླིང་།）由曲麻日琼哇活佛（ཆུ་དམར་ཚང་བ།）住持。本寺下侧有通往下隆务玛尔昂（རོང་པོ་མར་ནང་།）的赛卡（གསེར་ཁ།）大路。上自加尕垭豁（སྐྱུག་གའི་ཉག་ག）以下，下自赛卡垭豁（གསེར་ཁའི་ཉག་ག）以上的中间地区，称为“热贡赛摩疆（རེབ་གོང་གསེར་མོ་ལྗོངས།）”。

古摩固尔康禅院（གོབ་མོའི་གུར་ཁང་།）以及附近相连的意尕曲增静修院（ཡིད་དགའ་ཆོས་འཛིན་རི་ཁྲོད།），这二座静修院在《噶登嘉措传》中说：“是由那合加（ནགས་ཀྱི།）的然绛巴仁钦（རབ་འབྱམས་པ་རིན་ཆེན།）修建的。”后由昂索活佛更登克却（ནང་སོ་སྨྲ་སྐྱི་དགེ་འདུན་མཁས་མཆོག）任喇嘛，建立了于每月吉日集会举行五次法会和二月间举行十天供修胜乐金刚仪轨法会的制度，从不间断，并制定了寺规。

扎西泽静修院（རི་ཁྲོད་བཀྲ་ཤིས་རྩེ།）。叶什郡·更登达直著《增补教法史佛光普照》中说：“卡加的玛尼巴（ཁ་ཀྱའི་མ་ཎི་པ།）修建了扎西泽静修院。”有些记载则说，密宗学院卸任法台洛桑达吉（རྒྱུད་པ་སློབ་ཟུར་བློ་བཟང་དར་རྒྱས།）修建了这座静修禅院和尕热寺（དཀར་རིལ་དགོན།）云。

邦尕塘寺（སྤང་དཀར་ཐང་དགོན་པ།），据说这座寺院是圣·噶登热巴（རྗེ་སྐལ་ལྡན་རས་པ།）修建的。现由历世的夏日诺们汗住持，管理本寺的寺务。这座寺有弥勒佛殿，还有以宗喀巴大师的头发为内藏具有加持力的宗喀巴大师像。本寺的阎罗法王护法，颇为灵异。

脱家噶尔瓦（ཐོ་ཀྱའི་སྒར།）由上一世措都堪布（ཚེ་འདུ་མཁན་པོ།）修建。

图摩扎西拉旦寺（ཐུལ་མོའི་དགོན་བཀྲ་ཤིས་རབ་བརྟན།）由直尕尔俄仁巴洛桑旦巴饶吉修建。本寺塑有文殊像。

森格雄寺（སེང་གེའི་གཤོང་དགོན།）据说由热安阿阇黎洛桑达吉（རང་ནན་དཔོན་སློབ་བློ་བཟང་དར་རྒྱས།）修建。虽然看到过这样的记载，但不知指的是上寺还是下寺？在上寺——华旦曲觉林（དཔལ་ལྡན་ཆོས་འཁོར་གླིང་།），有释尊佛像和具有加持力的弥勒佛铜像、堆绣的释迦牟尼佛大像、《甘珠尔》大藏经等。在下寺——噶丹彭措林（དགའ་ལྡན་ཕུན་ཚོགས་གླིང་།），有两层楼高的弥勒佛像及弥勒佛殿、《甘珠尔》大藏经、八十尺长的堆绣弥勒佛像等。在上、下寺中，每位僧伽在每一座弥勒佛殿好像都有一尊相对应的或塑或画的佛像，威灵显赫。作为本寺大祈愿法会的依怙者，常从隆务大寺请一位深受人们崇拜的喇嘛来担任。这座寺院和年都乎寺、郭麻日寺、尕洒尔寺、脱家寺称为四寨子的寺院（ཁྲིའུ་ཙེ་བཞིའི་དགོན།）。

隆务大寺系统的十八座静修院是扎西奇寺、叶什郡寺、戎务寺、意尕寺、洒尕尔夏日寺、图摩寺、谢贡寺、格当寺、查加寺、达香寺、多日卡索寺、亚昂德庆寺、宗噶尔寺、宗完寺、宗赛尔寺、宗玛尔寺、曲麻日寺、卡尔贡勒当寺。隆务大寺举行神变大祈愿法会时，十八座寺的僧众都要赴会，现在赴会的有比上述寺院更多的寺院和僧众。寺院的豁卡有：隆务昂索（རོང་པོ་ནང་སོ།）、年都乎百户（གཉན་ཐོག་པེ་ཧུ།）、坚木百户（འཛམས་པེ་ཧུ།）、赛百户（བསེ་པེ་ཧུ།）、曲玛喇嘛兼官人（ཆུ་མའི་བླ་དཔོན།）、贺尔昂百户（ཧོར་སྣང་པེ་ཧུ།）、浪加官人（སྣང་ཀྱའི་དཔོན་པོ།）、加吾百户（རྒྱལ་པོ་པེ་ཧུ།）、贺尔官人（ཧོར་དཔོན་པོ།）、多哇官人（མདོ་པའི་དཔོན་པོ།）等所辖的隆务七村（རོང་པོ་སྡེ་བདུན།）、麻巴七村（སྨད་པ་སྡེ་བདུན།）、四寨子（ཁྲིའུ་རྩེ་བཞི།亦称四屯）、浪加（སྣང་ཀྱ།）、吉卡三部（སྐྱི་ཁ་གསུམ།）、加吾朗仓（རྒྱལ་པོ་གླིང་ཚང་།）、赛三沟（བསེ་ལུང་པ་གསུམ།）、曲库四部（ཆུ་ཁོག་ཤོག་བཞི།）、贺尔六大部（ཧོར་ཚོ་ཆེན་དྲུག）、隆务夏吾乃尔（རོང་པོ་ཤ་བི་ནར།）、赛川地浅山脑山三地（བསེ་རི་ཆུ་བར་གསུམ།）、贺尔年桑上下（ཧོར་སྣན་བཟང་སྟེང་འོག）等十二部落。另外，还有六个小部落和十八处农牧区等很多村庄和部落。以上所述诸地的总活佛是圣·噶登巴转世的历世化身夏日诺们汗，总头人是历任隆务昂索，合称为隆务的“上师和官人”（རོང་པོའི་བླ་དཔོན།）系统。

上述诸部地区大都与隆务河流域相连，因而称为热贡隆务河河阴河阳地区（རེབ་གོང་དགུ་ཉིན་སྲིབ།）。

圣·噶登嘉措说：

“邬坚莲花生大师，降临藏地雪域境，首先开启无量数，空行圣地之门户，接着同时现神变，分出成百之化身，东起捏贡直尕尔（གཉའ་གོང་ཟག་དཀར།）和第十一处圣地——谢古贡巴寺（ཤེལ་གྱི་དགོན་པ།）等处，开启空行宫百座，降伏神鬼和妖魔。前弘期时安多区，热贡八大成就地，名声显赫如日月。”

此处所说的“证得成就八大圣地”或“证得成就九大圣地”，都围绕在隆务大寺的后山色固（སེ་ཀུ།）和夏琼山脉（བྱ་ཁྱུང་རི་རྒྱུད།）相连接的这个区域之内。若把圣地和成就者结合在一起来说，在中部地区：

“巴（འབབ།）地卡尔贡拉卡（མཁར་གོང་ལ་ཁ།）山之下，保（འབོལ།）地菩萨

证得成就地。”

这里指的是作为这个区域的中心或心脏地方雅昂峡（ཡར་ནང་འཕྲང།）沟脑的卡尔贡敦苟山（མཁར་གོང་གདོང་གི་རི།），其成就悉地的处所，是一座突起的小山丘，周围有“非人”精灵围绕的痕迹。阿仲·克宗贤哲(ཨ་གྲོན་མཁས་བཙུན།)说：

“雅昂峡谷本代（འབུམ་གཉེར།）山脚下，玛索[54]华吉多吉证得成就地。”此处所说是否与前述含义一样？待考。

在东方：

“达隆华吉日(སྟག་ལུང་དཔལ་གྱི་རི་བོ།）山上，谢吉沃德贡杰[55](ཞེལ་གྱི་འོ་དེ་གུང་རྒྱལ།)证得成就地。”

这个圣地的岩石上有自然形成的硃红色的花纹和三个字形。其北侧有曲恰塘滩（ཆུ་ཚའི་ཐང།），是曲多尼玛科洛(ཆུ་སྟོད་ཉི་མའི་འཁོར་ལོ།)证道之地。彼师曾将法衣搭在太阳光束之上而不掉下来。上角摩多昌峡（རྒྱ་མོའི་རྫོ་འཕྲང་གོང་མ།），是莲花生大师降伏罗刹女的地方，为了压制罗刹女，大师留有足印。谢尕尔（ཤེལ་དཀར།）山的近旁，有形成天、龙等所依止的白色神石和硫青等矿物药和宝石等。史书记载，止贡世间怙主的亲传弟子止贡喇嘛仁钦桑波(འབྲི་གུང་བླ་མ་རིན་ཆེན་བཟང་པོ།）师徒于土鼠年来过此地云。根据这条记载，止贡世间怙主生于藏历第二胜生的水猪年（公元 1143 年，宋高宗绍兴十三年，癸亥），他二十五岁那年，即火猪年（公元 1167 年，宋孝宗乾道三年，丁亥），前去拜见帕摩主巴，翌年土鼠年（公元 1168 年，宋孝宗乾道四年，戊子），就是此处所说的土鼠年。从这一年算起，过了十二年，即土猪年（公元 1169 年，宋孝宗淳熙六年，己亥），修建了止贡寺（འབྲི་གུང།）。从此年起，过了六年，即木龙年（公元 1184 年，宋孝宗淳熙十一年，甲辰），这一年，玛玖拉仲发现了埋藏在石山上的伏藏秘籍。

上师他们开始住在直麻尔赛康岩（ཟབ་དམར་གསེར་ཁང།）。兔年（1195 年？似指宋宁宗庆元元年，乙卯）从东方来了强盗，于是在达仓拉摩(སྟག་ཚང་ལྷ་

སོ།）施法放咒，显示了威猛诛法的征兆。仁钦桑波上师在措荣河边（མཚོ་རྔང་ཆུ་ཁ།）留下了足迹。在该地，玉迥华桑（ཡུལ་སྐྱོང་དཔལ་བཟང་།）曾骑着一只茸角尚未脱落的雄鹿，像骑着骏马一样在滩上奔跑，在巴泽（སྦ་རྗེ།）附近的一处草坡上，鹿角刺进草皮里。所以，现在人们还把这个地方叫作“夏如搜”（ཤ་རུ་ཟུག）。宗喀·多尔桑（ཙོང་ཁའི་རྡོར་བཟང་།）曾把一柄黄金九尖金刚杵抛向空中，没有即刻落向地面，而在虚空中悬了三天三夜。措玉格年（མཚོ་བཞིའི་དགེ་བསྙེན།）跏趺坐在大鼓上，用手一敲，转瞬就飞到山顶上了。

龙年（公元1196年？似指宋宁宗庆元二年，丙辰），彼师（仁钦桑波）前去年玛尔（གཉན་དམར།）闭关修行，镇伏了凶恶的山神地祇。寻找上师授记的曼日那屑药山（སྨན་རི་ནགས་སྟོད།）和直合桑格（བྲག་སེང་གེ）狮子岩。有三只乌鸦引导去路，经过谢贡寺（ཞིལ་དགོན།）址，来到热贡沟口（རེབ་གོང་གི་ལུང་མདོ།），遇见了一位汉族模样、发辫盘在头顶成髻、髻中簪有人髌骨的人，领他们来到卡尔贡山嘴（མཁར་གོང་གདོང་སྣ།）三岔处，从腰间抽出宝剑指明道路后，即刻变得无影无踪。那三只乌鸦落在直合桑格狮子岩顶上，不住地鸣叫。当他们想住在那里的时候，那三只乌鸦又飞落在石岩右方的草坡上，一会儿就不见了。他们师徒等来到乌鸦降落的地方，找到了止贡寺具祥护法殿内的主神四面怙主画像，感到无比地高兴。这尊画像现在仍供奉在隆务的措玉（རོང་བོའི་ཚ་བཞི།）部中。人们称这尊画像为“乌鸦飞腾之像”。师徒们就在那里修建了禅室闭关静修。由于生活较为贫困，遂向本尊神祈祷。本尊神授记说：

“在禅房右方有许多水泉，泉中藏有蓝宝石和修大鹏法的一套法器，如在恶龙依附的四方形石板上留上足迹，食物和钱财的悉地，将不会有任何困难。”

他们按照本尊神的授记，做了七天法事后，有两个汉人模样而面目清秀微带青色的人来到禅房门口，问道：“喇嘛在吗？”

仆从不察底细，答道：“在。”

两人一听，即刻面色变紫，口里喘着粗气，变得无影无踪了。彼师说道：

“恶龙之气危险较大。”

乃更加努力念修。七天以后，那两个人又来问，仆从们答道：

“喇嘛师徒们都不在。”

便把二人叫到里面，给了食品，刚刚送至门口，措玉格年看见那两个人死了。一个的发辫中有一颗子母绿宝石，另一个的发辫中有一颗拇指大的水晶石。于是把它们都取了下来。把两个天灵盖上的发辫一起割掉，将两颗宝石放入天灵盖内，霎时，天灵盖内五宝满盈，由于修持财宝成就，满沟遍布龙宫财宝。于是彼师将念了猛咒的土撒在宝石上，凡撒上咒土的宝石依然存在，没有撒上咒土的宝石全都消失了。因而，这条沟称为果日隆沟（དཀོར་ལུང་།财宝沟）。羊年（公元1199年？似指宋宁宗庆元五年，己未），来到一座状如卧象的山上。翌年，仁钦桑波上师给措玉格年赐了铁质九股金刚杵，许多函经卷和从前找到的那幅四面怙主的画像，并将达隆华山的狮子岩圣地交付给他。格年有固日仁增（ཀུ་རུ་རིག་འཛིན།）、万玛仁增（པད་མ་རིག་འཛིན།）和多吉仁增（རྡོ་རྗེ་རིག་འཛིན།）三个儿子，后代繁衍成四个村庄，称为“措玉”。经过了一段时间，他们的后代在卡尔贡地方繁衍得比措玉的还多。两地的后裔中都有得成就者，尤其是卡尔贡方出现了许多威猛诛法高强的人，也曾出现过一些伏藏秘籍。仁钦桑波上师将很多经卷和佛像赐予玉迥华桑和宗喀·多尔桑两位徒弟，并将直麻尔赛康岩和状如卧象的山上圣地分别交付给他们两人。后者就是现在的圣地扎西奇寺。在通宝多（མཐོན་པོའི་མདོ།）谷口像右旋海螺状的地方埋藏了几处伏藏。卡隆沟（མཁར་ལུང་།）右侧的岩洞铁匠炭窑地方，建立了顶部与座部颠倒的塔，称为尕卫帝查塔（མགར་བའི་ཏི་ཙ།铁匠的铁砧），用以镇摄龙、魔、煞、妖。此后，仁钦桑波上师返回西藏卫地去了。

在东南方：

江浦沟脑的拉直尕保（སྤྱང་ཕུའི་ལྷ་བྲག་དཀར་པོ།狼沟脑的白色神岩）白石岩上，圣·噶登巴曾亲见观音菩萨化身羯沙流波泥和十六尊者等的圣容。石岩上有天然形成的法身、报身和化身的影像，还有五部佛、密宗事部三怙主、菩萨和女菩萨等四续部诸天会众等众多圣像，还有缘起等的字母，圣·马巴拉哈从罗刹地区救出一些落难众生的故事图等等无数天然形成的图像。《莲花生传》中说：

“在希玛拉尕沙滩（ཤྲི་མ་རབ་དཀར།）中，降伏神魔八部众，在若哈隆哇叉毛沟（རོ་ཧ་ལུང་བ་ཁྲ་མོ།），制伏麻严（མ་ཡམ།）部多鬼，在若敦隆哇纳保沟（རོ་དོང་ལུང་བ་ནག་པོ།），降伏凶恶罗刹众……”

其中所说的“若敦隆哇纳保沟”，被认为是江隆（སྤྱང་ལུང་།）沟。在江什加的拉都塘滩（ཞང་སྐྱིའི་ལྷ་འདུ་ཐང་།）的大盘石上，能清楚地看到罗刹仰卧的痕迹。此地及其附近的江苟日泽岩洞（སྤྱང་གི་ར་ཚེ་ཕུག་པ།），有玛索西立欧哇（མ་གསོད་ཞི་ལི་ཨུར་བ།[56]）圣地和近侍文书欧尔哇（ཨུར་བ།）的圣地。西立为了消除杀母之罪孽，书写了很多经典，大声念诵，因而得道，飞到空中落在一个湖边。因他的业障甚大，使湖水干涸，此地被称为措干木（མཚོ་སྐམ།）。他又飞起来，落在一棵树梢，树又枯死，此地就称为敦干木（སྡོང་སྐམ།）。他见此情状，心中非常悔恨，更加努力消障积善，因而亲睹佛容。在他静修的石岩上，能清楚地看到佛像、字母和用具的图纹。

在南方：

“有当吾直尕尔赛康（འདམ་བུའི་བྲག་དཀར་གསེར་ཁང་།）地，乃圣·立超教长（སློབ་དཔོན་འཕགས་པ་ལི་ཁྲིད།）证得成就处。”阿仲（ཨ་འགྲོན།）说：

“白岩水晶山洞内，大婆罗门立超证得成就地。”

在这石岩上有天然形成佛塔的图纹，还有建修过佛殿的遗迹。此地有一位名叫普巴的住山修行者，因患了麻风病，就在这里奉修金刚手菩萨，获得成就而痊愈。病主的三摩地迫使病魔奉献了能医治炎症、疮痈、黄水等病的药水，现在叫当吾温泉（འདམ་བུའི་ཆུ་ཚན།）。

在西南方：

“塔牟宗玛尔贡巴寺（མཐའ་སྨུག་རྫོང་དམར་དགོན་པ།），阿替咒师玉多（ཨ་ཐུའི་སྔགས་པ་གཡུ་རྡོག）证得成就地。”

塔牟宗的洞窟，是阿替的儿子色保玉多（ཨ་ཐུའི་སྲས་པོ་གཡུ་རྡོག）证得成就悉地之处，他又叫阿图玉益热哇坚（ཨ་མཐུ་གཡུ་ཡི་རལ་བ་ཅན།）。他是应欧乎咒师们的祖师，曾亲见本尊圣容，吉祥天母曾答应做他们氏族的守舍神，他对八部神魔众像家奴一样随意使唤。他能使木杵冒火，因而称为华泽麦巴尔（དཔལ་རྩེ་མེ་འབར།）。他有一面名叫能使邪魔头裂的鼓，据说现在还在。直玛尔保克基（བྲག་དམར་པོ་ཁེར་སྐྱེས།）石岩上，有曾经修建城堡的遗迹。石岩下面还有修行者的洞窟。

在西方：

“谢德却吉颇章宫（ཤེལ་དེལ་ཆོས་ཀྱི་ཕོ་བྲང་།），谢吉尕德奥杰（ཤེལ་གྱི་ཀ་དེ་འོ་རྒྱས།）证得成就地。”

此处又叫导师奥德贤波（སྟོན་པ་འོ་དེ་ཤམ་པོ།）的成就地。若不算这处圣地，就是八处圣地。瓜什则贡工麻的后山有座山叫西帝山（ཞི་དེ་ཞི།），在那圣地石岩前有一眼泉，山上是茂密的柏树林。

在西北方：

“加干乃摩（སྒྱ་ཀན་གནས་མོ།）环绕处，赛·加哇香曲（བསེ་ཡི་རྒྱལ་བ་བྱང་ཆུབ།）证得成就地。”

这里岩洞中有字母形象，石山顶上有天然形成的五部佛种子。在多日宁山（རྡོ་རི་ཉིན།）上也有彼师修行之地。阿仲（ཨ་གྲོན།）说：

“在那具祥多日山顶上，有国王上师赛敦证得成就地。”

据说，彼师从山尖飞升时，石头上留下了足迹；在山上建寺时，曾将建佛殿的木料托付给护法神，运用水轮从水上运来了大森林的木料云。

在北方：

“贡毛固康直合（གོང་མོའི་གུར་ཁང་བྲག）石岩下，有本教导师南木卡（བོན་གྱི་སྟོན་

པ་ནམ་མཁའ།）证得成就地。”阿仲（ཨ་ཀྱོན།）说：

“唐干木直合（ཐང་སྐམ་ཟག）石岩里，有本教咒师占巴南木卡（སྔགས་བོན་དྲན་པ་ནམ་མཁའ།）证得成就地。”

在这处成就悉地的岩壁上，有天生的沉香树。

在东北：

“第十一处谢吉贡巴寺（བཅུ་གཅིག་ཤེལ་གྱི་དགོན་པ།），噶托多吉旺波（ཀ་ཐོག་རྡོ་རྗེ་དབང་པོ།）证得成就地。”圣·噶登说：

“从那夏日噶托(ཤར་ཀ་ཐོན།)前来的，殊胜咒师噶哇多吉旺(ཀ་བ་རྡོ་རྗེ་དབང་།)，在此谢贡寺（ཤེལ་དགོན།）中证虹身。

“这里有天然生成的胜乐、金刚亥母像、八大近侍菩萨像、莲花生大师影像等；还有天然形成的佛塔、小佛像，发生犍椎响声水晶瓶、杵铃、莲花、宝伞和胜幢、飞幡、乐器，神髻、菩提木杵、长柱、斗栱等等之形状，许多稀奇天生佛法物。”

曲哇仁波切和李加大修行者喜饶桑格（ལི་ཀྰ་སྒོམ་ཆེན་ཤེས་རབ་སེང་གེ）两人曾前来此地修行。珠加大修行者更登喜饶（གྲུ་གུ་སྒོམ་ཆེན་དགེ་འདུན་ཤེས་རབ།）在此地修建了佛殿。圣·噶登巴也曾在此长期修行，曾在石岩台阶上留有圣者的手印和足迹，以及放置法衣的痕迹，就像在泥面上打出的印迹一样地清楚。圣者亲传弟子坚木然绛巴·金巴加措（འཇམ་རབ་འབྱམས་པ་སྦྱིན་པ་རྒྱ་མཚོ།）曾在此闭关修行十三载。对于这些事物，圣·噶登巴认为都是修得成就的典型例证。但有人认为他们都是拉隆贝多（ལྷ་ལུང་དཔལ་རྡོ།）的弟子，以及成就者们围绕着拉隆贝多的图像云。总而言之，必须将圣·噶登热巴所讲的“这些是安多地区的佛教前弘期的圣物”的说法作为准绳。

另外，有些人说，这里先后来过阿加·亚玛麦布（ཨ་ལྕགས་གཡའ་མ་མེ་འབུད།）、玛尔康·尼玛陀多（སྨར་ཁམས་ཉི་མ་ཐག་སྟོད།）、曲多·尼玛科洛（ཚ་སྟོད་ཉི་མའི་འཁོར་ལོ།）、吉东·科洛居哇（སྐྱིད་སྟོང་འཁོར་ལོ་བསྒྱུར་བ།）、多毛·益喜措杰（དོ་མོ་ཡེ་ཤེས་མཚོ་རྒྱལ།）、琼波·琼尕仓巴（ཁྱུང་པོ་ཁྱུང་དཀར་ཚང་པ།）、江如·江喜（སྐྱང་རུ་ཅང་ཤེས།）、阿卓·图哇

（ཨ་གྲོ་མཐུ་བ།）等佛教和本教的很多大成就者云。达罗那他（ཏཱ་ར་ནཱ་ཐ།）在其所著的他的上师大成就者邦达固巴（གྲུབ་ཆེན་བུདྡྷ་གུ་ཧྱ།）的传记中说：

“在天然形成的邬摩天女石像前住了几夜，头一夜出现了大的幻变。第二夜黎明时，那尊石像变成一位盛装的女人，送来了一些用具，说道：‘瑜伽者不可太傲慢！你虽有些静虑术，但不是得成就者，因而我不叩拜你。’”

由此可以了悟，有一点念修的小小领受而骄傲自满者，就是对世间的强有力者也难愚弄。在冈底斯雪山上，纳若本琼（ན་རོ་བོན་ཆུང་།）骑在鼓上飞升，至尊米拉日巴略一瞥视，鼓就滚下了深渊。对于此人，周巴班噶尔（འབྲུག་པ་པད་དཀར།[57]）说：“本琼兄妹俩人中，能力大者是其妹子。”本教的历史中记载说：“在桑耶（བསམ་ཡས།）出生的觉沙本毛（ཅོ་ས་བོན་མོ།）是喇嘛才旺仁增（བླ་མ་ཚེ་རིང་རིག་འཛིན།）的大妃子，她证得持明。纳若本琼就是这位女持明的徒弟。”也有人说是达拉麦巴尔（སྟག་ལ་མེ་འབར།[58]）转世的化身。但无论怎样，米拉日巴尊者以神通制服了他，而对其妹则是用手印摄伏其精英予以驯服云。如同以依静虑而得的六通中前五通，内外道共同皆有之，就是未得色界无色界静虑者，也可以凭修持与后得之神变、诵持密咒、持丹药之力、业力所感等五种神变，会有各种神通。然而，要想真正解脱，就得要寻找真正无误的解脱之道，那些会产生痛苦的修持法门有何用处？总之，往昔贤哲们说过：“外道者也有明显心感神之我慢，丹田火气和合，气火燃息升降等修行法。”狂妄地自高自大有什么用呢？自己的心修到什么程度，自己检验一下就会知道，从而应该精进。不要像傻瓜一样随波逐流说什么“我做什么都能掌握！”要遵循阿底峡大师和圣·宗喀巴大师走过的清静解脱之路修行，乍看虽对现世和后世两者虽不彰明较著，但实质上则会得到巨大成效。慈尊说过：“是否得成就，要看胜义法在自续上是否得成就。”因而，以《甘珠尔》和《丹珠尔》大藏经为准，这是非常重要的。

※　　　　※　　　　※

下隆务玛尔昂五部落（རོང་བོ་མར་ནང་ཚོ་ལྔ།）地方，有香来卡扎西曲宗寺（ཤིང་ལས་ཀ་བཀྲ་ཤིས་ཆོས་རྫོང་།），隆务族的祖先隆钦多德本的九个儿子中，中间三个儿子的后代，分别是上下隆务雅尔昂和玛尔昂及道帏隆务（རྡོ་སྦིས་རོང་བོ།）三部的昂索。此外，还有别的说法，如在此三部，曲结桑旦仁钦（བསམ་གཏན་རིན་ཆེན།）建立了寺院，由隆务喇嘛固登巴（རོང་བོའི་བླ་མ་སྐུ་མདུན་པ།）等人住持寺务云云，这一说法就是其中之一。这里（指玛尔昂）的昂索桑丹嘉措（བསམ་གཏན་རྒྱ་མཚོ།），系曲哇仁波切师徒的侄子，他在任雅尔昂昂索时，曾作为随从去过西藏两次。他返回故里时，请来一些佛像、佛经和佛塔，供奉在本寺。他之后的昂索是旺智合达吉（དབང་གྲགས་དར་རྒྱས།），曾去西藏朝拜嘉戎·更登旦巴达吉（རྒྱལ་རོང་དགེ་འདུན་བསྟན་པ་དར་རྒྱས།），受长寿灌顶。嘉戎上师给昂贝赐了有加持力的无量寿佛像，这尊佛像现在供奉在这里的寺院经堂内。由此因缘，寺内僧人多享长寿。他之后的昂索是赞布玛（བཙན་པོ་མ།），曾作为河南蒙旗济农王的随从前去西藏，请求班禅仁波切赐给他敕文。他之后的昂贝是加当·洛桑三珠（རྒྱ་ཞང་བློ་བཟང་བསམ་འགྲུབ།）。在这一段期间，这座寺院由隆务大寺主持建立显宗的讲闻辩论制度，后来逐渐放松。昂索加当向隆务大寺报告，专要嘉堪布去该寺任喇嘛，从而得罪了夏日拉让。因此，以昂索为首的寺院的大小人物共同商定，将该寺献于拉卜楞寺的第二世一切知嘉木样吉美旺波。当时，第二世一切知嘉木样吉美旺波住在甘都，他推辞说：“暂缓一时再商量。”

藏历第十三胜生的铁鼠年（公元1780年，清乾隆四十五年，庚子），班禅去内地时，夏日诺们汗和襄佐等到塔尔寺拜见第六世班禅贝丹耶喜。在班禅尊者前，第二世一切知嘉木样吉美旺波提到了下隆务昂索来献香来卡扎西曲宗寺而没有接受的情况，并要求隆务大寺派一名他们同意的活佛，依旧按原有的传统管理该寺。夏日诺们汗回答道：

“我们很难派出他们中意的喇嘛，您可以派出一位这样的喇嘛。”

班禅裁决了这个问题，并立了裁决书。从此以后，第二世一切知嘉木样住持该寺寺务。他给了重修经堂的资金，并派了木匠和画师，做了广泛而具体的安排。第二世一切知嘉木样曾先后几次前去该寺，以正法和财物予以扶持，恩德无比，并派曾任时轮学院法台的拉卜旦加措（རབ་བརྟན་རྒྱ་མཚོ།）担任第一任讲辩师。

曲结多仁巴色哲（ཆོས་རྗེ་རྡོ་རམས་པ་སེར་དྲིས།），他从小就是谢贡寺的一位山居修行的日朝巴，因穿黄色衣服，人们称他为色哲（སེར་དྲིས།）。彼师曾入拉卜楞寺经院学经，起初拜德干仓（ སྡེ་རྐན་ཚང་།）为师，聆听了经论的教程宣诵并经过背诵的考试。接着向迺旦巴（གནས་བརྟན་པ།）和文都·洛桑达吉（ཝིམ་མདོ་བློ་བཟང་དར་རྒྱས།）两师请教立宗，向仓赛杰贝多吉（ཚངས་སྲས་དཀྱིལ་པའི་རྡོ་རྗེ།）请教了未学完的各大论和大部分经法，成为当时经院僧侣之中出类拔萃的辩才无碍者，取得了多仁巴（རྡོ་རམས་པ།）学位，任磋钦大会堂的格贵。对分设闻思院（ཐོས་བསམ་གླིང་།）时，整顿和加强了纪律。他于所写的寺院纪律和寺院的规章中都写有简要清楚的前言，人们视为意乐清净的标准。曾任土尔扈札萨克的喇嘛和香来卡扎西曲宗寺的法台。他向第二世一切知嘉木样请求不要再派他任法台，常念诵《毗卢舍那经》等善行终生，于高寿八十四岁时圆寂。

多仁巴色哲之后，喇嘛尕尕尔（བླ་མ་དཀར་དཀར།）活佛、喇嘛直尕哇（བླ་མ་ཟིག་དཀར་བ།）、郭莽堪珠尕藏格勒嘉措（སྒོ་མང་མཁན་སྤྲུལ་སྐལ་བཟང་དགེ་ལེགས་རྒྱ་མཚོ།）、嘉堪庆智华坚参（རྒྱལ་མཁན་ཆེན་གྲགས་པ་རྒྱལ་མཚན།）等，依次任香来卡扎西曲宗寺的法台。嘉堪庆智华坚参认为该寺僧侣少，不具备学习法相的条件，因而改为密宗学院。接着由然绛巴·喜饶普循（རབ་འབྱམས་པ་ཤེས་རབ་ཕུལ་བྱུང་།）、岗察的香拉格西吉美克却（ཀང་ཚའི་ཞང་ལའི་དགེ་བཤེས་འཇིགས་མེད་མཁས་མཆོག）、达格活佛关却嘉措（སྟག་གེ་སྤྲུལ་སྐུ་དཀོན་མཆོག་རྒྱ་མཚོ།）、尕楞·旦增（ཀ་རིང་བསྟན་འཛིན།）、达隆活佛洛桑尼玛（སྟག་ལུང་སྤྲུལ་སྐུ་བློ་བཟང་ཉི་མ།）、杂义·托尕夏茸（ཙ་ཡུས་ཐོག་ཀ་ཞབས་དྲུང་།）、泽仓·娘乃巴活佛（རྩེས་ཚང་སྙུང་གནས་པའི་སྤྲུལ་སྐུ།）、佐格·洛桑旦巴（མཛོད་དགེ་བློ་བཟང་བསྟན་པ།）、甘都夏

茸·贡却曲觉（ཀ་མདོའི་ཞབས་དྲུང་དཀོན་མཆོག་ཆོས་འབྱོར།）等依次担任法台。后又委任杂义·托尕夏茸、曾任措都密宗学院法师的更登坚参（ཆོ་འདུ་རྒྱུད་ཟེར་དགེ་འདུན་རྒྱལ་མཚན།）的转世活佛昂拉多仁巴·阿旺元丹（སྣང་རའི་རྡོ་རམས་པ་ངག་དབང་ཡོན་ཏན།）、岗察多仁巴·端耀（ཀང་ཚའི་རྡོ་རམས་པ་དོན་ཡོད།）等依次担任法台，执掌寺务。

圣·噶登嘉措的灵塔原在上隆务，当发生争执之时，下隆务昂索赞布玛想偷走灵塔，但是他没有抬动。因而，对灵塔抱怨说：

“我们上下隆务都是您的血裔，为什么有亲疏之别呢？”

于是那座灵塔腾空而起，飞到了下隆务。原萨迦寺座主赐给祖上的宝帐怙主护法神像，也供奉在护法神殿，威灵显赫。另外还有许多佛像和佛塔等依止圣物。第三世一切知嘉木样塑造的一层楼高的大弥勒佛像，须弥座靠背上塑有神态各异的十六尊罗汉像。贡塘·嘉贝样活佛投放了举行四月学期的资金，并讲传《供奉上师颂》的教授，授《毗卢遮那金刚》的灌顶等，大降正法之雨。《黄琉璃论》中说：

“下寺（དགོན་འོག་མ།）起初也属萨迦派，后来由桑洛华旦曲智合（བསམ་བློ་དཔལ་ལྡན་ཆོས་གྲགས།）改宗格鲁派，建立格鲁派的法相学院，现在曲彭措嘉措（ཕུན་ཚོགས་རྒྱ་མཚོ།）住持寺务。”

这里所说的“下寺”，似就是香来卡扎西曲宗寺。

中央政府所说的四个昂索是：上隆务昂索（འཕྲང་ཡར་ནང་།,即长雅昂）、下隆务昂索（མར་ནང་།，即玛尔昂）、瓜什则昂索和道帏昂索。

直尕尔彭措林（བྲག་དཀར་ཕུན་ཚོགས་གླིང་།）是圣·噶登嘉措的三个寺院中之一，尊者长期住在这座寺院，依附者有百余名山居修行的日朝巴。曾向第五世达赖请求了寺院的名字。据说，两座讲修院都是由文保尕居哇彭措（དབོན་པོ་བཀའ་བཅུ་པ་ཕུན་ཚོགས།）所建。也有人把这座寺院算在十八座禅寺之内。曲哇仁波切师徒两人、喇嘛尕尕尔智华隆珠（བླ་མ་དཀར་དཀར་གྲགས་པ་ལྷུན་གྲུབ།）、玛玛尔彭措达吉（དམར་དམར་ཕུན་ཚོགས་དར་རྒྱས།）四人是弟兄，后者可能与尕居哇彭措是一个人。

尕居哇·彭措转世的化身喇嘛戎干（བླ་མ་རོང་ཀན།），是西藏的著名格西，长期住在这座山寺修行，因而称为直尕仓（ཟབ་དཀར་ཚང།）。

喇嘛戎干转世的化身甘都夏茸·贡却曲觉（ཀ་མདོ་ཞབས་དྲུང་དཀོན་མཆོག་ཆོས་འབྱོར།），曾入拉卜楞寺经院学习，取得了第一名，曾在这座寺院任法台。

贡却曲觉转世的化身嘉样旦贝坚参（འཇམ་དབྱངས་བསྟན་པའི་རྒྱལ་མཚན།），曾入拉卜楞寺学习经法，精通五部大论等显密宗经教及诸明处。由第三世一切知嘉木样遍照尊者授近圆戒，并聆听第三世嘉木样师徒讲授的许多经法。曾任乐都药草台寺和乔典夏尔寺（མཆོད་རྟེན་ཤར།）的法台。现在护理这座寺院。

达格·端约嘉措（སྟག་གི་དོན་ཡོད་རྒྱ་མཚོ།）和他的侄子直尕尔噶居仁波切阿旺智华（ཟབ་དཀར་དཀའ་བཅུ་རིན་པོ་ཆེ་ངག་དབང་གྲགས་པ།）长期住在本寺。彼师生于隆务河和黄河汇合处附近的扎郡村（ཟ་སྒོང།）。他曾于赛卡巴·索南嘉措（གསེར་ཁ་པ་བསོད་ནམས་རྒྱ་མཚོ།）座前聆听讲授的第一世一切知嘉木样师徒传承的许多教诫，曾去西藏卫地学习。彼师虽比第二世一切知嘉木样大几岁，但是在学《般若》新论时，他俩同级，学习成绩优良。在喇嘛强巴仁波切（བླ་མ་བྱམས་པ་རིན་པོ་ཆེ།）座前聆听了讲授的《菩提道次第广论》和胜乐、集密和大威德三本尊生起与圆满次第疏解等许多经论，一一熟记于心中，并能模仿强巴活佛的姿势一字一句不错地讲给别人听。彼师同第二世嘉木样一起在扬贡寺俄仁巴（ཡང་དགོན་སྔགས་རམས་པ།）座前聆听讲授的《修法宝源》和《幻轮》等经法的疏解时，所有的陈设和图案的绘制等等，都是彼师和措卡的索南达哇（མཚོ་ཁའི་བསོད་ནམས་ཟླ་བ།）两人所作。从西藏回来后，向嘉木样请了假，又来到赛卡哇座前，彻底地解决了对要诀的疑虑困惑。因此，师尊很满意，说道："无论如何，必须把这些要诀传到拉卜楞寺去。"

彼师立即遵照师尊的要求，圆满完成。嘉木样给纳罕王（ངག་དབང་ཡང།）祈寿禳灾念修《僵硬幻轮》时，他当助手，按照指示所有布置一一按修习标准完成。当修习院的几头黄乳牛被盗时，再三地要求彼师施行威猛诛法，使盗贼出现了恶兆。当时彼师说：

“山居修行的日朝巴们要求这次一定要显示征兆，我无可奈何，没有别的办法，只好狠狠地念了念迦拉日哇真言（ཀ་ལ་རུ་བ།）。”

一天晚上，梦见在经堂的后面，坐着黄河南前首旗亲王旺丹多尔济帕拉木，面前摆着许多煮熟了的内脏肉食，当拿起来向口中送时，却变成了血淋淋的生肉，就顺手丢向背后，背后有一只老虎，就将那些生肉吃了。就这样，老虎将肉全部吃完了，然后又全部吐出来，慢慢咀嚼。彼师说道：

“这显示着见了役使未开化的野蛮者，从此开始，就要勤奋地开始羯磨加行啊！”

彼师平时没有学者的架子，也不显示法力，故弄玄虚。博学多闻，牢记上师的教诫要诀，已证得生起与圆满次第的瑜伽，成为大密要诀的宝库。他常常来到拉卜楞寺，大降甚深妙法要诀的法雨。当彼师听见经院中僧伽们辩论时击掌高呼的声音后，祝愿说：“闻见此声，不坠恶途！”

正如彼师的祝愿，转世的化身也入拉卜楞寺经院。后来因前世活佛结的法缘，拜赛卡活佛为师，住在那里学习经法。

这座寺院建有供奉喇嘛玛玛尔（བླ་མ་དམར་དམར།）塑造的具有加持力、脸上不落尘埃的弥勒佛像和弥勒佛殿。本寺曾出了几位典型的山居修行的日朝巴，如嘉样（འཇམ་དབྱངས།）圆寂后火葬时，灵骨上出现了字母；再如尕尔格（དཀར་དགེ）临圆寂时，看见天空降下蓝色花朵，这是他去妙喜佛土（མི་འཁྲུགས་པའི་ཞིང་།）的吉兆，等等。现在人们还十分敬信这座寺院。

勒吾桑珠德丹寺（ལེ་བོ་བསམ་འགྲུབ་བདེ་ལྡན།）是达格活佛阿旺更登旦增（སྟག་གི་སྤྲུལ་སྐུ་ངག་དབང་དགེ་འདུན་བསྟན་འཛིན།）修建。由雅尔昂（上隆务）历世达格活佛（ཡར་ནང་སྟག་གི）执掌本寺寺务。

秀日静修院（ཤུགས་རི་རི་ཁྲོད།）由尕德合夏茸（འགའ་དགས་ཞབས་དྲུང་།）掌管本寺

寺务。

卫塘[59]拉卡噶尔瓦寺（ཐིམ་ཐང་ལ་ཁའི་སྒར།），这里的日朝扎西格排静修院（རི་ཁྲོད་བཀྲ་ཤིས་དགེ་འཕེལ།），好像是由上一世曲麻日活佛所建。现在由维哇仓活佛（ཐིས་པ་ཚང་།）掌管寺务。

尕楞日超塔尔哇林静修院（ཀ་རིང་རི་ཁྲོད་ཐར་པ་གླིང་།）。该寺所在的这条沟的中间，直立着一块柱状大石，因而这条沟就叫尕楞沟（ཀ་རིང་།长柱沟）。这座寺院系智慧之王达格·端约嘉措活佛所建。《噶登嘉措传》中说：

“阿仲尕居（ཨ་གྲོང་དཀའ་བཅུ།）在塔尔哇林寺修建了静修禅院。”

所说寺和这寺不是一座寺，待考。建寺的这位上师[60]生于扎郡（ཐ་རྒྱང་།）村，据说是嘉赛·洛桑丹增（རྒྱལ་སྲས་བློ་བཟང་བསྟན་འཛིན།）转世的活佛。拜曲哇仁波切师徒为师，聆听了许多甚深妙法。曾在赛康静地（གསེར་ཁང་དབེན་གནས།）和安琼南宗窟（ཨན་ཆུང་གནམ་རྫོང་།）等处专心修持。按照家乡人们的意愿，建立了这座禅院。起初，让僧侣集中在佛殿念胜乐、集密、大威德三本尊经和《六臂护法和法王护法酬补仪轨经》并建立了寺规。彼师曾多次讲授《菩提道次第广论》，所以本寺出了能熟背《菩提道次第广论》的僧人江芒然绛巴（རྒྱང་མང་རབ་འབྱམས་པ།）和噶居隆珠（དཀའ་བཅུ་ལྷུན་གྲུབ།）等，还有从不下山，坚守世间八法一味誓愿的僧人楚臣达吉（ཚུལ་ཁྲིམས་དར་རྒྱས།）、大修行者端珠巴（སྒོམ་ཆེན་དོན་གྲུབ་པ།）等人，以及能布黑白石占算的弟子多人。彼师著有《见解除愚论》《白伞咒义释》《道歌》等，以及几篇《煨桑祝文》于八十三岁时圆寂。

达格·端约嘉措转世的化身阿旺更登旦增（ངག་དབང་དགེ་འདུན་བསྟན་འཛིན།），于土狗年（公元 1738 年，清乾隆三年，戊午）出生在卫塘加毛村（ཐིམ་ཐང་འཇའ་མོ།）。父名鲁本加（ཀླུ་འབུམ་རྒྱ།），母名久吉（འཇིགས་སྐྱིད།）。由上一世活佛的侄子噶居仁波切阿旺智华（དཀའ་བཅུ་རིན་པོ་ཆེ་ངག་དབང་གྲགས་པ།）赎回。十三岁时，入隆务大寺学经，和藏活佛洛桑丹巴嘉措（གཙང་སྤྲུལ་སྐུ་བློ་བཟང་བསྟན་པ་རྒྱ་མཚོ།）同在一个学级。他们两人曾共同在大法会上应试《总义·正理庄严论》。彼师能熟背《现观庄严论明义释》《中观大乘入海之舟》《对法藏导引珍宝之车》、吉尊巴的《律典》教程等，并精通全部大论。当堪钦活佛著《集类学》时，彼师充当侍者。当向第二世一切知嘉木样授《正义精要》疏解时，被赐以书翰。彼师拜第二世一切知嘉木样吉美旺波、嘉堪布等多位上师为师，在德庆阿阇黎座前学习《声明》和《诗鉴论》。在邦娄直岩(སྤང་ལུང་བྲག)，曾于一个上午就背熟了《菩提道次精要》，此后，就能进行讲解。任隆务大寺密宗学院法台，主持讲闻辩论，成就很大。从隆务寺密宗学院请来音韵师，在本寺建立了供修大威德仪轨和供修六臂怙主大施食仪轨。他亲自视察僧侣有无吃晚饭违犯戒律者[61]，如发现有不守清规戒律者即驱除出寺。由于管理适宜，使这座静修院戒行严谨，成为清净无垢伽蓝。彼师临圆寂时，兄长切排嘉措（ཆོས་འཕེལ་རྒྱ་མཚོ།）请求详细指示修持方法。彼师答道：

“现阶段，修持上风息虽使识有高低之别，但心如专一，一切验征就会清楚地出现，您不要害怕。”彼师有著作两函。

阿旺更登旦增转世的化身出现了两位。一位由卫塘方面做主认定，历世活佛住在隆务大寺和勒吾寺。另一位生于尕楞，名叫关却嘉措（དཀོན་མཆོག་རྒྱ་མཚོ།），由第二世一切知嘉木样认定，在拉卜楞寺学习五部大论教程，究竟圆满之后，任香来卡寺、甘加滩直尕尔寺（ཀན་ཀྱའི་བྲག་དཀར།）、甘都寺等处的法台。

这位活佛转世的化身阿旺嘉措（ངག་དབང་རྒྱ་མཚོ།），现在还健在并掌管寺务。

尕楞寺扎西却林（ཀ་རིང་དགོན་བཀྲ་ཤིས་ཆོས་གླིང་།）。在一段时间，这座寺院请宗噶尔琼哇·阿旺旦增程列（རྫོང་དཀར་ཆུང་བ་ངག་དབང་བསྟན་འཛིན་འཕྲིན་ལས།）住持，建立了寺规纪律。此后，由宗噶尔切哇(རྫོང་དཀར་ཆེ་བ།)和宗噶尔琼哇（རྫོང་དཀར་ཆུང་བ།）两位活佛依次住持。因在本寺的豁卡里，出生了郭莽阿阇黎洛桑切达尔哇（སྒོ་མང་དཔོན་སློབ་བློ་བཟང་ཆོས་དར་བ།）和曾任时轮学院教长的阿旺扎西（དུས་འཁོར་སློབ་

ཟུར་ངག་དབང་བཀྲ་ཤིས།)，由于这种关系，他俩在本寺分别修建了寝宫。郭莽阿阇黎洛桑切达尔哇给本寺献了约有三层楼高的缎绣弥勒佛像。

达多静修院（སྟག་རྫོ་རི་ཁྲོད།）在文都（བིས་མདོ།）附近的山中。

※　　　※　　　※

文都[62]大寺扎西却科林（བིས་མདོ་དགོན་ཆེན་བཀྲ་ཤིས་ཆོས་འཁོར་གླིང་།），最初由喇嘛尕玉瓦喜饶坚参（ལྷམ་དཀའ་བཞི་པ་ཤེས་རབ་རྒྱལ་མཚན།）于水马年（公元1402年，明建文四年，壬午）修建。这位喇嘛就是宗喀巴大师的亲传弟子敦木宗·喜饶坚参（སྟོམ་བརྩོན་ཤེས་རབ་རྒྱལ་མཚན།）。据说建寺的时间是西藏噶丹寺建修前的水马年。经过几位上师住持之后，由曲结索南隆珠住持本寺寺务。他在札安（ཛ་ཛམ།）、昌都（ཆབ་མདོ།）、仲良（ཀྲུང་ལིང་།）、文都等地广作善事，利乐众生。圆寂时，显出了他是神的化身的奇迹，天上降下了碧玉花雨。《噶登教法史》中说："经几世主持者之后，曲结嘉样（ཆོས་རྗེ་འཇམ་དབྱངས།）建立了扎仓。"

传记中说："尊者弟子善知识智华坚参（དགེ་བའི་བཤེས་གཉེན་གྲགས་པ་རྒྱལ་མཚན།）在文都寺建立了讲经院和修习院。"

《松巴佛教史》中说："文都寺由尕玉瓦喜饶坚参建立。"

又在笺注中说："尕玉瓦喜饶坚参又叫智华坚参。"

同书中又说："切扎巴拉格西（ཁྲི་ཏ་པ་ལ།）在文都寺建立了讲经院，夏卜浪俄仁巴（ཤ་སྒང་ཐུགས་རམས་པ།）进一步加以发展。"

切扎巴拉格西是西藏哲蚌寺郭莽学院桑洛康村的格西。第一世一切知嘉木样说：

"切扎巴拉格西是霍尔阿阇黎（དཔོན་སློབ་ཧོར།）时的格西，自认为'在五部大论及显密宗方面只有数我'，乃是一位名望很高的权威人士。"

据说，他转世的化身是夏琼堪布阿旺闹吾（ཞ་ཕྱུང་མཁན་པོ་ངག་དབང་ནོར་བུ།）。第五世达赖喇嘛来青海湖畔时，文都噶居瓦曾前去拜见。《黄琉璃论》中说：

“桑洛智华嘉措（བསམ་བློ་གྲགས་པ་རྒྱ་མཚོ།）修建了文都寺，现在由噶居敦珠（དཀའ་བཅུ་དོན་གྲུབ།）住持寺务。”

总而言之，以曲结智华坚参为首的僧俗大众将文都寺献给了叶什郡·嘉样洛哲（གཡེར་གཤོང་འཇམ་དབྱངས་བློ་གྲོས།）。叶什郡·嘉样洛哲委任尕德合·阿旺鄂赛尔（འགའ་དག་ངག་དབང་འོད་ཟེར།）住持这座寺院。

尕德合活佛是西藏的格西，是扎涅·阿旺格勒（ཐ་ཉེ་ངག་དབང་དགེ་ལེགས།）的徒弟。他在文都寺住持讲闻辩论，督促僧侣，大弘讲辩传统，因而给这座寺院的法相学院扎下了根基。

尕德合·阿旺鄂赛尔转世的化身丹增智华（བསྟན་འཛིན་གྲགས་པ།），在西藏住了四十年，取得了拉仁巴学位，任哲蚌寺的雄勒巴。于火猪年 (公元 1767 年，清乾隆三十二年，丁亥) 返回文都寺，任堪布，于火羊年 (公元 1787 年，清乾隆五十二年，丁未) 圆寂。

丹增智华转世的化身阿旺格登邹坚土旦闹吾巴委鄂赛尔（ངག་དབང་དགེ་འདུན་གཙུག་རྒྱན་ཐུབ་བསྟན་ནོར་བུ་འབར་བའི་འོད་ཟེར།），在叶什郡·更登达智（གཡེར་གཤོང་དགེ་འདུན་ཟླ་གྲགས།）座前受沙弥戒。在文都寺法相学院学经，拜娄热阿阇黎（ལུག་ར་དཔོན་སློབ།）为师，精研诗学有著作数篇。六十九岁时圆寂。

阿旺格登邹坚土旦闹吾巴委鄂赛尔的转世化身，现已正式认定嘉样克珠（འཇམ་དབྱངས་མཁས་གྲུབ།），他是阿旺格勒活佛的侄孙。

藏历第十三胜生的水马年（公元 1762 年，清乾隆二十七年，壬午)，叶什郡·更登达智活佛向第二世一切知嘉木样请示后，委任拉玉·洛桑尼玛（ལྷ་ཞིས་བློ་བཟང་ཉི་མ།）为文都寺堪布，并赠了活佛的全副仪仗。拉玉·洛桑尼玛转世的化身阿旺丹增（ངག་དབང་བསྟན་འཛིན།），于铁鸡年 (公元 1801 年，清嘉庆六年，辛酉) 任文都寺堪布。他转世的化身洛哲嘉样（བློ་གྲོས་འཇམ་དབྱངས།），现在任堪布。

叶什郡琼哇·更登丹达尔（གཡེར་གཤོང་ཆུང་བ་དགེ་འདུན་བསྟན་དར།），从土狗年 (公元 1778 年，清乾隆四十三年，戊戌) 开始任堪布十年。接着曲麻日活佛更登程列隆珠（ཆུ་དམར་སྤྲུལ་སྐུ་དགེ་འདུན་འཕྲིན་ལས་ལྷུན་གྲུབ།），于土猴年（公元1788年，清乾隆五十三年，戊申）开始任堪布。卑塘·华旦嘉措（ཞིས་ཐང་དཔལ་ལྡན་རྒྱ་མཚོ།）从木虎年（公元1794年，清乾隆五十九年，甲寅）开始连任堪布七年。彼师通晓各门学问，特别是画神像的技术非常高明。他转世的化身为欧珠华旦彭措（དངོས་གྲུབ་དཔལ་ལྡན་ཕུན་ཚོགས།），欧珠华旦彭措转世的化身为洛桑楚臣丹增嘉措（བློ་བཟང་ཚུལ་ཁྲིམས་བསྟན་འཛིན་རྒྱ་མཚོ།）。

其后任堪布者为赛卡·索坚巴（གསེར་ཁ་བསོད་རྒྱམ་པ།）转世的化身更登欧珠加措（དགེ་འདུན་དངོས་གྲུབ་རྒྱ་མཚོ།）、曲麻日琼哇、娄热活佛土旦扎西隆柔闹吾（ཞུག་ར་སྤྲུལ་སྐུ་ཐུབ་བསྟན་བཀྲ་ཤིས་ལུང་རིགས་ནོར་བུ།）等活佛。历届内部人员、转世的化身们负责住持这座寺院的讲闻辩论。

这座寺院有尕玉哇喇嘛从西藏萨迦寺迎请来的用萨班（ས་པཎ།）的鼻血绘画的四面怙主像，供在本寺护法殿；有尕玉哇喇嘛修建的弥勒佛像、金铜铸造的大悲观音像、菩提宝塔等；有以东科·多居加措的法衣为内藏的灵塔、三世佛殿、十一面观音殿、称作“古尔仓佛殿”的弥勒佛殿；大经堂供奉有手写的和木版印刷的几部《甘珠尔》大藏经等很多佛经、佛像和佛塔。这座寺院举行夏令安居学期四十五天，纪念宗喀巴圆寂学期二十天，四个季度中，每月都有学期，采用郭莽学院的新教程，讲闻辩论日益增盛。在为期二十天的正月大祈愿法会上，本寺和所属四座寺院的僧侣都前来参加，举行盛大祈愿诵祝。法会后期展出酥油花，晒佛像，弥勒环寺巡行、跳米拉日巴舞和其他神舞、抛施食镇魔等。

多普静修院（རྡོ་ཕུག་རི་ཁྲོད།）由大曲麻日活佛（ཆུ་དམར་ཆེ་བ།）住持寺务。

萨毛静修院（ཟབ་མོ་རི་ཁྲོད།），第二世达格活佛（སྟག་གི་བར་མ།）修建，由卑塘·华旦（ཞིས་ཐང་དཔལ་ལྡན།）等历世活佛住持寺务。

热科[63]的康茂静修院（ར་ཁོའི་ཁང་མོ་རི་ཁྲོད།）。《噶登嘉措传》中说：

“密宗学院曲结（རྒྱུད་པ་ཆོས་རྗེ།）建康庆静修院（ཁང་ཆེན་རི་ཁྲོད།）。”这里指的似是康茂静修院。现在由叶什郡琼哇（གཡེར་གཞོང་ཆུང་བ།）活佛执掌寺务。

以上诸静修院里，有修习胜乐、集密、大威德三本尊和药师佛、观音菩萨、龙王等许多本尊的传统，颇为兴旺发达。

中库尔[64]密乘曲定寺（གཙུ་འཁོར་གསང་སྔགས་ཆོས་སྡིངས།），从前这座寺院和附近的康茂[65]地方有热科喇嘛（བླ་མ་ར་ཁོ་བ།）修建的一座静修庵，后献于第二世一切知嘉木样，委任热科喇嘛益喜（ར་ཁོ་བླ་མ་ཡེ་ཤེས།）掌管。从藏历第十三胜生的火鸡年(公元1777年，清乾隆四十二年，丁酉)起，在这座曲定寺，逐步修建起经堂和寝宫，于火羊年(公元1787年，清乾隆五十二年，丁未)完工，举行了开光仪轨。按下密学院的规章，建立了供修集密、大威德仪轨，实践清净严谨。土观仁波切为建立供修胜乐仪轨，先后给这座寺院捐献了二百两白银、五十套上装的衣冠[66]和三十对杵铃等所需的法器。嘉堪庆智华坚参捐资新修经堂，还新置了《丹珠尔》大藏经等很多经典。历世上师有：主管静修院和本寺这两处寺院的热科喇嘛益喜、然绛巴·益喜达吉（རབ་འབྱམས་པ་ཡེ་ཤེས་དར་རྒྱས།）、然绛巴·阿旺坚参（རབ་འབྱམས་པ་ངག་དབང་རྒྱལ་མཚན།）、达合让夏茸（སྟག་རིང་ཞབས་དྲུང་།）、多仁巴·洛桑桑珠（རྡོ་རམས་པ་བློ་བཟང་བསམ་འགྲུབ།）、贺尔·洛桑嘉样（ཧོར་བློ་བཟང་འཇམ་དབྱངས།）的转世活佛等。俄仁巴·嘉样德钦（སྔགས་རམས་པ་འཇམ་དབྱངས་བདེ་ཆེན།）任喇嘛上师时，恢复了中断的《四家合注》的讲闻制度。这座寺院的弥勒佛殿内供有弥勒佛像、大像左右供有宗喀巴大师像和第二世一切知嘉木样像及《甘珠尔》大藏经一部。经堂之内供有觉阿释迦牟尼佛像和《丹珠尔》大藏经等很多佛像、佛经。在经堂上层有护法神神龛。

赛强寺（བསེ་ཚང་དགོན།）[67]在赛强沟里原先有座旧寺，经道帏昂索（རྡོ་སྦིས་ནང་སོ།）等僧俗共同商定，将那座寺院献给第一世一切知仁波切[68]。嘉木样协巴看了寺址后，将寺院迁移于现在的这个地方，下谕说，寺院要保持清净，并捐助新建经堂的资金和公积金。在尊者的慈悲护持下，这座寺院成为依彩粉坛城供修毗卢遮那金刚和时轮金刚的洁净纯正殊胜福田。首任喇嘛上师是然降巴·官却丹增（རབ་འབྱམས་པ་དཀོན་མཆོག་བསྟན་འཛིན།），彼师生于木猴年（公元 1644 年？清顺治元年，甲申），是一位实践时轮金刚仪轨达到登峰造极的人物。彼师建立了供修毗卢遮那金刚仪轨的法会。其后，丁科巴佐格·洛桑华旦（དུས་འཁོར་པ་མཛོད་དགེ་བློ་བཟང་དཔལ་ལྡན།）等先后被委为上师。香拉·却直（ཞང་ལའི་ཆོས་གྲགས།）任法台时，建立了供修时轮金刚仪轨的法会。

赛强禅院(བསེ་ཚང་སྒོམ་གྲྭ།),据说这座禅院由贺尔·洛萨加措（ཧོར་བློ་གསལ་རྒྱ་མཚོ།）和赛卡·索南嘉措（གསེར་ཁ་བསོད་ནམས་རྒྱ་མཚོ།）两位活佛共同修建。

穆宏禅院（དམག་དཔོན་སྒོམ་གྲྭ།），《松巴佛教史》中说：“本寺由贺尔·洛萨加措修建。赛强禅院则由丹巴坚参（བསྟན་པ་རྒྱལ་མཚན།）修建”云。

※ ※ ※

道帏宝塔，这座宝塔位于道帏地方的藏族和撒拉族交界处。据说，过去由八十位成就者修建，塔内有一钵迦叶佛的舍利作为内藏。因而，被称为“秘密埋藏的伏藏物”。这座宝塔露出地面的部分原是一座方丘。后来，由赛康巴大师在此方丘上建了塔。

柳家噶尔寺（སོཁྲ་སྒར།），这座寺院的寺主是柳家活佛更登彭措（སོཁྲ་ཁྲུའི་སྤྲུ་སྐྱེ་དགེ་འདུན་ཕུན་ཚོགས།）。他拜赛康巴大师和郭玛尔·洛桑加措（སྒོ་དམར་བློ་བཟང་རྒྱ་མཚོ།）为师，云游各日朝静修院，后在夏宗窟（ཤ་རྫོང་།）修行。

代卜麻噶尔寺（འདབ་མ་སྒར།）。道帏昂索的庄园内，有座有加持力的宝帐怙主护法殿，亦名喇嘛隆哇噶尔瓦（བླ་མ་ལུང་པའི་སྒར།）。

东那噶尔新寺（གདོང་སྣའི་སྒར་སོ་མ།）。洛桑尕哇活佛（བློ་བཟང་དགའ་བ།）转世的化身曾向第三世一切知嘉木样请求指定寺址，从古雷寺（སྒོ་རིས་གྲྭ་ཚང་།）分出来，另建了本寺。建寺人名叫东那苟杰（གདོང་སྣའི་སྤྲུ་སྐྱེ།）。本寺的拉德庄园有百余户人家。

多什泽噶尔寺（མདོ་རྩེ་སྒར།）。

孜江禅院（རྩེ་རྒྱང་སྒོམ་གྲྭ།）和白隆修习院吉普尼玛宗（ཐེལ་ལུང་སྒྲུབ་སྡེ་སྐྱིད་ཕུག་ཉི་མ་རྫོང་།）。《松巴佛教史》中说：

“白隆修习院吉普尼玛宗由上世隆务格仁（རོང་པོ་དགེ་རིན།）修建。孜江禅院由宗尕尔巴活佛（རྫོང་དཀར་བ།）修建”云。

江协噶尔寺（ལྕང་ཤར་སྒར།）[69] 这座寺院乃卡西班·索南扎西（ཁ་ཤི་བན་བསོད་ནམས་བཀྲ་ཤིས།）和曲结根尕勒巴（ཆོས་རྗེ་ཀུན་དགའ་ལེགས་པོ།）两位施主按照堪卓玛·洛桑曲仲（མཁའ་འགྲོ་མ་བློ་བཟང་ཆོས་སྒྲོན།）空行母的旨谕修建的。《噶登教法史》中说：

“曲结扎西隆珠（ཆོས་རྗེ་བཀྲ་ཤིས་ལྷུན་གྲུབ།）、赛康曲结程列彭措（གསེར་ཁང་ཆོས་རྗེ་འཕྲིན་ལས་ཕུན་ཚོགས།）、曲结程列人哲蚌嘉措（ཆོས་རྗེ་འཕྲིན་ལས་རྒྱ་མཚོ།）等，先后执掌本寺的寺务。接着由噶登嘉措和他的小徒弟然绛巴彭措扎西（རབ་འབྱམས་པ་ཕུན་ཚོགས་བཀྲ་ཤིས།）执掌寺务。”

《噶登嘉措传》中说：“称为甘加喇嘛尕尕尔（ཀན་ཀྱའི་བླ་མ་དཀར་དཀར།）的仁钦扎西活佛（རིན་ཆེན་བཀྲ་ཤིས།），是一位汉藏两族的群众都很尊重的福德高僧，被他邀请作了甘加喇嘛扎仓的喇嘛。”

建寺者似即《第巴曲结传》中所说的尤加噶居更尕勒巴（དབྱིག་ཀྱ་དཀའ་བཅུ་ཀུན་དགའ་ལེགས་པ།）和卡加宗里索南扎西（ཁ་ཀྱའི་རྫོང་ལི་བསོད་ནམས་བཀྲ་ཤིས།）两位福田和施主。汉族称为卡加寺（ཁ་ཀྱ་ཟེ་པ།），可能是以施主之地名而命名的。现在有昂索，有江协大小活佛（ལྕང་ཤར་ཨ་ལགས་ཆེ་ཆུང་།），各有转世系统。这座寺院的修建年代，第一世一切知嘉木样协巴著《教统表》中说：

“距护国法王[70]说法已历一百年，即藏历第十胜生的最后一年火虎年(公元1626年，明天启六年，丙寅) 修建。”

从此年算起，到藏历第十四胜生的木牛年 (1865年)，已历二百三十九年。本寺有曲哇仁波切捐资、倡议、主持塑造的弥勒佛像，还有三世佛殿。

夏宗石窟（ཤ་རྫོང་།）在距江协寺不远的地方，是圣·噶登的修行处。

卫日禅院（དབུས་རིའི་སྒོམ་གྲྭ།）由历世唐让活佛（ཐང་རིང་ཨ་ལགས།）掌管。

安格禅院（ཨན་གི་སྒོམ་གྲྭ།）由宗尕尔·达尔吉（རྫོང་དཀར་དར་རྒྱས་པ།）修建。

古雷寺 (སྒོ་རིས་གྲྭ་ཚང་།古雷扎仓)，这座寺院原先是萨迦派寺院，由隆务寺堪布洛桑尕哇（རོང་བོའི་ཁྲི་བློ་བཟང་དགའ་བ།）改为格鲁派寺院，命名为格丹派吉林寺（དགེ་ལྡན་འཕེལ་རྒྱས་གླིང་།）。曾邀请嘉洛桑尼玛（རྒྱལ་བློ་བཟང་ཉི་མ།）建立了法相扎仓，历世活佛住持讲闻辩论。采用的教程除《集类学》用赞波所著外，其它按郭莽教程进行，学风很盛。这座寺院有附属寺院十三座，除江协寺外，上下禅院、寺院都是它的属寺。寺属豁卡有道帏五部落（རྡོ་སྦིས་ཚོ་ལྔ།）和麻巴七部落（སྨན་པ་ཚོ་བདུན།）。寺内有宝帐怙主护法神殿、十方佛殿、自在成就者噶登巴曾为之开光。自在成就者噶登巴给十方佛殿进行开光仪轨时所撒的青稞，落在走廊木柱上和壁面的，现在还可以看到。

道帏地方还有下列小禅寺：欧米噶尔寺（ངོ་མའི་སྒར།）、奥玛尔多噶尔寺（འོད་དམར་མདོའི་སྒར།）、索合格噶尔寺（སོག་དགེ་སྒར།）、贺隆堡噶尔寺（ཧོར་རོན་པོའི་སྒར།）、德卡隆噶尔寺（གཏེར་ཁ་ལུང་སྒར།）、亚毛噶尔寺（ཉ་མོ་སྒར།）。索合格噶尔寺和贺隆堡噶尔寺中，只各有一座佛殿，没有经堂。

东日玉措湖（དུང་རི་གཡུ་མཚོ།）[71]在道帏北面的东日山（དུང་རི།）。

拉隆静修禅堂（ལྷ་ལུང་སྒྲུབ་ཁང་།）是拉隆贝吉多吉（ལྷ་ལུང་དཔལ་གྱི་རྡོ་རྗེ།）[72]居住修行地[73]，位于东日玉措湖的下方。在贤妙佳日，洞中能听到乐声，奇妙莫测。《索扎毗奈那史》（བསོད་གྲགས་འདུལ་བའི་ཆོས་འབྱུང་།）中说：

“喇勤贡巴饶赛受近圆戒时，缺少二位比丘，乃到汉族集市上寻找能胜任增益轨范师的比丘，拜谒了拉隆贝吉多吉，向彼师说明了原因。彼师说：‘我杀了罪恶国王，已犯戒条，不能当增益轨范师。’因而，请了两位汉族比丘，补足了轨范师之数。”

有人说“‘龙塘’（ཀློང་ཐང་།）就是指这里的黄河边。”

东平寺（ཏུན་ཕེང་ཟེ།）、张家寺（ཀྲང་ཀྱ་ཟེ།）、安措寺（ཨམ་ཚོ་དགོན།）、安措静修院（ཨམ་ཚོ་རི་ཁྲོད།）。在安措寺和安措静修院两座寺院里，有各种念诵经籍和护身符等的印版多种。这座寺院经当地僧俗共同商定，献于第二世一切知嘉木样，第二世一切知嘉木样曾委派喇嘛掌管寺务。

金张寺（ཅིན་ཀྲང་ཟེ།），又名阿贝噶尔哇寺（ཨ་འབིས་སྒར་བ།）。

※　　　　※　　　　※

乩藏大寺（ལྡི་ཚང་དྲ་ཟི།），又名达隆达吉寺（སྟག་ལུང་དར་རྒྱས་དགོན།达隆昌盛寺）从前，护法神给索南泽摩尊者[74]（རྗེ་བཙུན་བསོད་ནམས་རྩེ་མོ།）的侄子索南达吉（བསོད་ནམས་དར་རྒྱས།）授记说：

“你到东方的丹科合（འདན་ཁོག）地区去成家立业，繁衍后代。后代子孙中将不断地出现上师和官人，对佛法将会有裨益。”

他遵照护法神的授记，到丹切科林（འདན་ཆོས་འཁོར་གླིང་།）安家定居，娶了曲结索那巴（ཆོས་རྗེ་སོ་ནག་པ།）的侄女为妻，生了八个儿子，中间的一个儿子索察阿喜（སོ་ཚ་ཨ་ཞིས།）来到安多，占据了达隆（སྟག་ལུང་།）地方。当地的人们尊他为头人。他有几个儿子，皇帝封他大儿子为百户，人称为玛卡尔百户（སྨད་མཁར་བེ་ཧུ།）。这位百户的儿子桑格华（སེང་གེ་དཔལ།）前往后藏，请来了嘉德然绛巴（སྐྱུ་ཧྲི་རབ་འབྱམས་པ།）和喇嘛雅宣（བླ་མ་ཡར་རྫོན།）等修建了本寺。经过几代上师之后，达隆头人旦正（ཏ་མགྲིན།）。请来了曲结达那巴更尕南赛（ཆོས་རྗེ་ཏ་ནག་པ་ཀུན་དགའ་རྣམ་སྲས།），在本寺建立了法相扎仓，进行讲闻辩论。接着，唐尕然绛巴·扎西隆珠（ཐང་ཀའི་རབ་འབྱམས་པ་བཀྲ་ཤིས་ལྷུན་གྲུབ།）、拉萨然绛巴（ལྷ་ས་རབ་འབྱམས་པ།）、绛巴林然绛巴（འབྱམས་པ་གླིང་རབ་འབྱམས་པ།）、觉隆然绛巴（སྐྱོར་ལོང་རབ་འབྱམས་པ།）、玛尼巴（མ་ཎི་པ།）等先后任本寺总上师。上述的桑格华的后代中出了一位堪布桑波东珠（མཁན་པོ་བཟང་པོ་དོན་གྲུབ།），因为血缘关系成为本寺的寺主。他后来转世的化身有扎西隆珠（བཀྲ་ཤིས་ལྷུན་གྲུབ།）、洒库大禅师（ཟ་ཁྱུ་སྒོམ་ཆེན།）、洛桑旦贝坚参（བློ་བཟང་བསྟན་པའི་རྒྱལ་མཚན།）、阿旺程列南杰（ངག་དབང་འཕྲིན་ལས་རྣམ་རྒྱལ།），直至阿旺洛桑程列（ངག་དབང་བློ་བཟང་འཕྲིན་ལས།），依次住持寺务。

阿旺洛桑程列生于甘桑（གན་སྡང་།）地方，尕东曲江（དགའ་གདོང་ཆོས་སྐྱོང་།）认定他是上一世阿旺程列入哲蚌南杰转世的化身。入噶丹寺夏孜经院（དགའ་ལྡན་ཤར་རྩེ།）学经，拜赤南木桑瓦（ཁྲི་ནམ་བཟང་བ།）为师。曾在本寺请第二世一切知嘉木样授长寿灌顶。彼师曾去鄂尔多斯欧托贝勒（ཨོར་དུ་སུ་ཨོ་ཐོག་བེ་ལེ།）的地方弘法，利乐众生。在本寺建立了讲闻辩论制度，亲任堪布。参照噶丹寺夏孜经院的寺规纪律等，建立和加强了这座寺院的寺规。他圆寂后，由色拉班智达（སེ་ར་པཎྜི།）转世的化身阿旺旦坚巴（ངག་དབང་བསྟན་རྒྱན་པ།）任法台，主管寺务。建立每月十五日和二十五日为贤妙日，二十九日则按鼓谱念修，正月举行祈愿神变法会，并新建实践三事仪轨等制度。铁城伏魔法会则按下密院的规定进行。开始的几年之中，彼师亲任金刚法师，其后，由持咒者洛桑仁钦（སྔགས་འཆང་བློ་བཟང་རིན་ཆེན།）任持金刚法师。曾出现了几个不敬寺院的悖逆者，彼师以威猛伏魔法的羯摩和按法律程序进行控诉等适宜于政教方面的各种有效方式，予以铲除，使寺院的政教事务得以稳定发展。于水虎年（公元1782年，清乾隆四十七年，壬寅）三月二十六日圆寂。

阿旺洛桑程列转世的化身为赤钦洛桑旦白尼玛(ཁྲི་ཆེན་བློ་བཟང་བསྟན་པའི་ཉི་མ།)，彼师于土龙年（公元1808年，清嘉庆十三年，戊辰）恢复了业已中断的讲闻辩论制度。按在西藏卫地时阿里活佛（མངའ་རིས་སྤྲུལ་པའི་སྐུ།）的授记，教学的教程和寺规一律按郭莽经院的规定进行，由彼师首先教授教程并进行背诵考试。郭莽堪布洛桑曲达（སྒོ་མང་མཁན་པོ་བློ་བཟང་ཆོས་དར།）、赤庆吉美南卡（ཁྲི་ཆེན་འཇིགས་མེད་ནམ་མཁའ།）、贡塘·嘉贝样（གུང་ཐང་འཇམ་པའི་དབྱངས།）等也曾依次来本寺任大经堂堪布，并于本寺的经院宣讲教程并进行背诵考试，获得良好的效益。这位上师管理妥善，督促有力，因而在恢复扎仓不久，有十位僧侣通过了《七十理义》和《集类学》的会考，并敦请第三世一切知嘉木样对经院进行加持，讲辩事业日益增盛。嘉贝样活佛著有《历世活佛传承记》和彼师二十九岁以前的略传。

现在由洛桑丹曲嘉措活佛（སྤྲུལ་པའི་སྐུ་བློ་བཟང་དམ་ཆོས་རྒྱ་མཚོ།）执掌本寺寺务，使历世活佛的事业传统不断兴盛。

色拉班智达洛桑金巴（སེ་ར་པཎྜི་བློ་བཟང་སྦྱིན་པ།），出生在犏牛城。入色拉寺结扎仓达完康村（སེར་བྱེས་དྲ་བོན་ཁམས་ཚན།）学习，是藏王拉藏汗极为敬重的上师。彼师在娘占（ཉང་བྲན།）地区的豆日山（གདུགས་རི།）山脚下建了静修院扎西曲林（རི་ཁྲོད་བཀྲ་ཤིས་ཆོས་གླིང་།），现在叫豆玉寺（གདུགས་ཡུ་དགོན།）。彼师在达完康村铸造了文殊菩萨金像，是札德格西（ཐ་དི་དགེ་བཤེས།）受近圆戒的亲教师和根本上师。第一世一切知嘉木样在格派（དགེ་འཕེལ།）时，彼师以徒弟的身份聆听了许多经法。有一天，彼师求嘉木样卜算，看他能否胜任色拉寺结扎仓的堪布。嘉木样活佛说："捏造六十施食[75]拿到这儿来！"他很快捏了六十个施食送去。嘉木样说："躬下！"接着将六十个施食丢在他背部肩胛上，说："你现在就去！"彼师去色拉寺后，不久，准噶尔军队来到西藏，他没有发生危险，秘密地来到安多地区。卓尼土司对他很尊敬，在鲁日（ཀླུ་རི།）石山顶上盖了禅房，长期住于彼处修行。扎巴谢珠阿阇黎（དཔོན་སློབ་གྲགས་པ་བཤད་སྒྲུབ།）等拜彼师为师学经。后来，他返回原籍。

色拉班智达洛桑金巴转世的化身叫作年察仓（ཉན་ཚ་ཚང་།），真名是阿旺丹贝坚参（ངག་དབང་བསྟན་པའི་རྒྱལ་མཚན།），出生在鄂尔多斯地方。皇帝赐以额尔德尼班智达呼图克图的封号和敕书。任本寺的堪布，为修建经堂捐资甚多，敦请第二世一切知嘉木样为经堂和弥勒佛像开光。他的传里说："曾给七百多位僧侣上布施，供斋茶"云。

年察仓转世的化身洛桑格勒嘉措（བློ་བཟང་དགེ་ལེགས་རྒྱ་མཚོ།），入拉卜楞寺学习，任查干白相寺的法台。

洛桑格勒嘉措转世的化身贡乔楚臣嘉措（དཀོན་མཆོག་ཚུལ་ཁྲིམས་རྒྱ་མཚོ།），现在正在学习经法。

这座寺院的下方，曲结程列华桑（ཆོས་རྗེ་འཕྲིན་ལས་དཔལ་བཟང་།）建了一座高大佛塔，庄严宏伟。

在乩藏大寺的附近，有达隆静修院（སྟག་ལུང་རི་ཁྲོད།）和达隆寺的附属寺院仙寺（ཡོན་ཞན་དགོན།）、东拉寺（སྟོང་ར་དགོན།）、唐阁寺（ཐང་ཀེ་དགོན།）、朗家寺（གླང་ཀྱ་དགོན།）、昂索寺（ནང་སོ་དགོན།）和乩藏切寺（སྡེ་ཙང་ཁྲིས་དགོན།）、雅哦寺（ཨར་ངེ་དགོན།）。另外还有大庄寺（ཏྭ་གྲོང་དགོན།）、潘王家寺（ཕྱིན་བང་ཀྱ་དགོན།）、杨家寺（ཡང་ཀྱ་དགོན།）等，以宁川沟（ཉིན་ཁྲོན་ལུང་པ།）为上下界址，上面的寺叫上五寺，

下面的寺叫下五寺，共有十座寺院和静修院。

阿岗寺（ཨ་འགང་དགོན།）在黄河边上。佛殿内正中供奉释迦牟尼佛像，左右供文殊菩萨像和观世音菩萨像。释迦牟尼佛像前面的左右供有不动佛像和持棒马头明王像，共有佛像五尊。请八思巴法王给五尊佛像举行开光仪轨。虽然八思巴法王没有亲临，但是人们目击他所撒的青稞飞到佛殿内。撒拉族兵几次来烧佛殿，马头明王显示出现在的这种圣相，左脚蹬殿，右脚踏在黄河边，手捧黄河之水灭火，显出了回转别人危害的神变，马头明王像虽是人工塑造的，但它神变莫测，所以称为天生之像。土观活佛说：

“野蛮人们焚烧佛殿时，红忿怒王用水熄灭火，有加持力马头明王像，稳坐阿岗寺内朝拜否？”

从前有口大钟被水冲到这里的河滩时，自鸣出“岗”的响声，这口钟就供在本寺佛殿上，因而人们将这座寺叫作“阿岗寺”。据说，这口钟有很大的加持力，百姓的庄稼遭受冰雹袭击时，敲敲这口钟就能回转雹灾。

阿岗外寺（ཨ་འགང་ཕྱི་མའི་དགོན།），土观活佛给本寺题名为“贤真林”（བྱམས་སྤྲིན་གླིང་།慈云寺）。

尕奈塔静修院（ཀ་རྡོ་ཐའི་རི་ཁྲོད།），这座静修院内有具有加持力的六臂护法神玛哈尕拉神殿。

达摩寺（ཏ་མོ་དགོན།）和河滩寺（རྡོ་ཐན་དགོན།）等，是汉语名字的寺庙，都住有僧伽。

隆务河流域的隆务十八座寺院和修习院，四寨子寺、瓜什则寺和其附属寺院，黄河南岸的玛尔昂五部落的各寺院和修习院，文都寺及其四属寺、中库寺、赛强寺、道帏寺及其附属寺十三座，阿措寺、达隆寺及其附属寺院全部叙述圆满。

注释：

[1] 隆务河，藏名苟曲（དགུ་ཆུ།），意为九水河。隆务河为汉名，是按其流经隆务（亦译作戎吾）七庄的情况所取之名，非译音也。龚景瀚《循化志》则称其为清水河。它流经今黄南藏族自治州同仁、泽库两县，自成一小流域。自元、明以来，形成一个自成体系的政教合一的实体，直至解放时。

[2] 热贡（རེབ་གོང་།），宋时译为“一公”，亦译作“一公城”。热贡地区的范围一般有不同的解释，广义的热贡，包括青海的循化（及原属循化的今甘肃夏河的一部分）、贵德、同德和贵南等地部分地区；狭义的热贡仅指隆务河流域。但据新中国成立前热贡十二族（རེབ་གོང་ཕྱོགས་པ་བཅུ་གཉིས།）的游牧地及其所属寺院，则其范围超出隆务河流域，而包括两汉时代之大、小榆谷，榆谷即热贡之古译音。

[3] 古戎，今俗称古朗。

[4] 为八思巴的尊称之一。

[5] 意为“神医碎岩者”。

[6] 此处所记有误，根据解放前隆务寺夏日拉让所藏的明宣德元年所颁诰封，则为“弘修妙悟国师”，并赐有缘金的黑色僧帽。

[7] 亦作昂索古鲁。

[8] 亦译你岱青揣库尔，为火落赤之子。亦作洪萨巴图尔。

[9] 亦译作曲巴、切哇等。

[10] 第五世济垅呼图克图。

[11] 指隆务地区扎喜奇寺。与拉卜楞寺同名，但一在青海省同仁县，修建较早；一在甘肃省夏河县，形成较迟。

[12] 白莲法王，据传为时轮香巴拉二十五代法胤的第二代，公元前177年著《时轮摄略广释无垢光大疏》（དུས་འཁོར་བསྡུས་རྒྱུད་ཀྱི་རྒྱ་ཆེར་བཤད་པ་འགྲེལ་ཆེན་དྲི་མེད་འོད་མཛད།）。

[13] 佛护，古印度佛教中观派一论师，著有《佛护论》。

[14] 普穹瓦（公元 1031—1106 年），为仲敦巴大师三大弟子之一，开迦当派“口诀”一派。

[15] 珀董·却勒南杰（公元 1375—1451 年）。又名吉美扎巴（འཇིགས་མེད་གྲགས་པ།）和确吉坚赞（ཆོས་ཀྱི་རྒྱལ་མཚན།）等。出身于珀董埃经院（བོ་དོང་ཨེ་ཝཾ་བཤད་གྲྭ།），显密学识极为渊博，著述甚富。倡建拜摩却顶寺(དཔལ་མོ་ཆོས་སྡིངས་དགོན།)等，创珀董学派，

[16] 贾曹杰·达玛仁钦，系宗喀巴大师的大弟子，继宗喀巴任噶丹寺赛赤堪布，为格鲁派第一任噶丹赤巴。

[17] 意为圣大师教派的支柱。

[18] 指青海省同仁县长亚昂以南地区。

[19] 指青海省循化县地区。

[20] 按此处之济农王，从时间上推断，似不是本书多处叙述的济农，即察罕丹津，而是其父达尔济博硕克图济农。

[21] 指六世达赖仓央嘉措。名号全文为ཏཱ་ལའི་བླ་མ་སྐུ་ཕྲེང་དྲུག་པ་ཚངས་དབྱངས་རྒྱ་མཚོ།。

[22] 1887 年达赖十三世封为གསལ་བྱེད་ཨེར་ཏི་ནོ་ཐོག་ཐུ་མཁན་པོ名号。

[23] 此处指圣·噶登巴及隆却活佛。

[24] 噶登嘉措转世系统从第二世起，称为夏日仓。

[25] 指准噶尔·洛桑彭措。

[26] 青海省同德县巴水入黄河之处。

[27] 此指青海省同德县之德庆寺，为属于隆务大寺系统的寺院，与尖扎县之拉摩德钦寺有别。

[28] 此寺在循化道帏乡。

[29] 参阅本章关于圣·噶登嘉措第三世传略部分。本书对夏日诺们汗有时作“隆务活佛”有时作“夏日仓”，叙述混乱。

[30] 在青海省循化县，亦译作维塘。

[31] 今青海省贵德县常牧。

[32] 今青海省同仁县吴屯。亦译作伍屯。

[33] 亦有译作参卓者。众称参卓诺们汗。

[34] 封为胡备克备。

[35] 俗称晒大佛。

[36] 俗称晾宝会。

[37] 原文于此处作水狗年 (壬戌年)，即公元1774年，与下面所述，时间上无法联系，似有误？

[38] 指“总理青海蒙古番子事务大臣衙门”，通称“西宁夷情衙门”，俗称“西宁办事大臣衙门”“西宁钦差大臣衙门”等等。

[39] 即初创隆务寺的桑丹仁钦。

[40] 按隆务大寺弥勒殿悬有天启四年明廷颁赐的“西域胜境”之匾，为该寺文物之一，藏文缺载。

[41] 指宗喀巴大师弟子中以持戒著名的杜增巴·扎巴坚赞 (འདུལ་འཛིན་པ་གྲགས་པ་རྒྱལ་མཚན།)，通称杜增巴。

[42] 著者在此以拉摩垂仲的预言来粉饰拉卜楞寺的地位。

[43] “དཔོན་པོ།官人”似为“དཔོན་པོ།文布”之误。

[44] 意为小德庆仓。

[45] 世间怙主，是对止贡噶举派创始人仁钦贝大师的尊称。

[46] 涅、瓜、却,乃指止贡大师弟子涅·嘉哇拉昂瓦(གཉོས་རྒྱལ་བ་ལྷ་ནང་པ།)、瓜·丹巴曲登巴 (མགར་དམ་པ་ཆོས་སྡིངས་པ།)、贝庆却伊 (དཔལ་ཆེན་ཆོས་ཡེ།) 三人。

[47] 指吴屯等四寨子。

[48] 通称这位活佛系统为大叶什郡堪布，下文所述的叶什郡琼哇嘉样智华活佛系统为小叶什郡堪布。

[49] 即第六世班禅贝丹耶喜。

[50] 即四摄法：1.布施摄，2.爱语摄，3.利行摄，4.同事摄。

[51] 对第二世嘉木样吉美旺波的美称。

[52] 指上述的吉美阿旺嘉样。

[53] 这一系统乃明必里卫的后裔，这个寺院藏有明廷先后颁发的诰敕印信。青海省档案馆藏有诰敕抄件。

[54] 此人故事见下所述。

[55] 西藏山南专区一雪山有此名，为藏区神山之一。此处系指隆务河流域之传说。

[56] 意为“因杀母而呼号的孩子”。

[57] 指周巴噶举派中周巴的第四世喇嘛白玛噶布，即藏族历史学家白莲。

[58] 本教神祇之一。

[59] 卫塘旧译作卑塘。

[60] 指达格·端约嘉措。

[61] 静修僧戒律规定过午不食。

[62] 文都旧译作边都及边多。

[63] 亦译作喇科。

[64] 按藏文之音应作居科尔。现已通称“中库”。

[65] 按原文在此叙述不清楚，上面说热科的康茂静修院，由“叶什郡琼哇住持”，而此处又说“康茂地方，有热科喇嘛修建的静修院，由热科喇嘛献于第二世嘉木样”，成为拉卜楞寺的属寺。实际上中库寺的教务由拉卜楞寺掌管，康茂静修院并不属于拉卜楞寺系统，而且它也不在中库寺附近，两寺相距约十五里，中间隔一座山，两条沟。本书著者为拉卜楞寺系统的僧人，往往持门户之见，行文时有曲笔，因本书写成之时，正是拉卜楞大寺与隆务大寺两个地区的政教合一系统互相斗争的时期，从上文叙述双方关于香来卡扎喜曲宗寺的争夺中，可见一斑。

[66] 这是密宗灌顶进行入内坛场仪轨时，受灌顶的诸弟子众，穿着

具有加持力的红衣红裙、佛冠、发髻、衬肩等。

[67] 赛强，通常亦译作夕厂。

[68] 即第一世嘉木样协巴。

[69] 通称为张沙寺。

[70] 护国法王（རིགས་ལྡན་ས་སྐྱོང་།），据传为香巴拉廿五代法胤的第十六代。

[71] 今称为孟达天池，为旅游胜地。

[72] 即刺杀吐蕃王达磨之僧人。一译作拉隆毕多或拉隆贝多尔。

[73] 此处又称为“仙人洞”，在孟达天池附近，据《河州志》所载，乃明时道士希阳子修真之处，今已荒废。

[74] 似指萨迦五祖中之第二祖索南泽摩（公元1142—1182年）。

[75] 为祭祀十五位护方神和阎罗以求四业（息业、增业、怀业和伏业。亦译作和平、增盛、权势和威猛四种事业）成就的一种宗教活动。

藏籍译典丛书
ZANGJIYIDIANCONGSHU

安多政教史

（下）

［清］智观巴·贡却乎丹巴饶吉／著
吴均　毛继祖　马世林／译

青海人民出版社

目录

下　册

第二编

拉卜楞大寺志、传承世系及其附录

第十章　拉卜楞大寺志及其传承世系

拉卜楞寺地区的地形、地势，和迦当教法长河流遍四方的缘起中所称颂的圣地十分相像。它位于从桑苟捷毛贡哇（བསང་གི་གྱེས་མོའི་གོང་བ།），滚滚流来的大夏河(བསང་ཆུ།桑曲河)岸，是显密二乘教法的出处，它的全名为“噶丹夏珠达吉扎西根乃奇威林寺”(དགེ་ལྡན་བཤད་སྒྲུབ་དར་རྒྱས་བཀྲ་ཤིས་ཀུན་ནས་འཁྱིལ་བའི་གླིང་།噶丹讲修兴盛吉祥普绕洲，通称为拉卜楞扎西奇寺或拉卜楞寺)。现在概括地叙述这座伽蓝的传承世系。

《佛子津梁传》（རྣམ་ཐར་རྒྱལ་སྲས་འཇུག་ངོགས།）中说:“两千五百年的末尾，诞生了一切知嘉木样协贝多吉(ཀུན་མཁྱེན་འཇམ་དབྱངས་བཞད་པའི་རྡོ་རྗེ།一切知妙音笑金刚),

最后一期五百年开头的第四十五年，创建了这座寺院。”按照《克珠大疏》（མཁས་གྲུབ་ཊཱི་ཀ་ཆེན་མོ།）中的说法：“最后一期五百年开头的第二十六年，即第十一胜生的土鼠年(公元1648年，清顺治五年，戊子)，一切知诞生，他六十一岁的那年，即第十二胜生的土牛年(公元1709年，清康熙四十九年，己丑)，倡建了这座寺院。”从这年算起，其第一百五十七年，就是木牛年(公元1865年，清同治四年，乙丑)。《般若波罗蜜多经》中授记说：

“后世的后世，北方的北方，般若经的讲闻修行，将会发达兴旺。”

这里所说的后一个“北方”，是指安多藏族地区，也指西藏和整个藏区，所说的“后世的后世”，虽指最后一期五百年，但看法不一致。有的说是指十个五百年的后五个五百年。《天女无垢光授记经》中说：

“我涅槃之后的两千五百年，正法将会在赤脸者的地方弘扬。”从这一说法就可以清楚地知道这个时限的含义。安多南北两地区的讲闻法苑，大都包括在第一个五百年中。因此，这座伽蓝是我佛授记的根本道场，乃是无可辩驳的。被颂为我佛授记的圣地，也是符合事实的。

一切知嘉木样协巴的族姓属于哇秀(དབལ་ཤུལ།[1])。有一段时间里，哇秀部落分为三支，其中称为格班（གེ་འབན།）的一支，繁衍在黄河上游的玛多（རྨ་སྟོད།）地区。其中有称为哇秀·万宏（དབལ་ཤུལ་བན་དགོན།）者和阿里克[2]·万德（ཨ་རིག་བན་དེ།）联姻。当举行庆贺宴会的那一天，按照乡俗陈列了许多盔甲、武器和弓箭。阿里克·万德认为这是在炫耀武力，他很生气，夸口说道：“现在，看不把你们驱逐到嘉昂才扎玛智化（རྒྱའི་བོང་མཚོ་གྲྭམ་གྲགས་པ།）地方去!”[3]

于是，摆开战场进行战斗。阿里克·万德的儿子被杀死，因而，哇秀·万宏被驱逐出境。阿里克部发兵一万，跟踪追击。这位先祖箭穿了路旁的许多石头土块，显示其武艺非凡，追兵不敢接近，后来，追到了坦波山垭壑（མཐིན་པོའི་ཞག་ག）。此地适有一头驴子在吼叫，阿里克人认为已证实了上述的誓言，遂撤回了追兵。于是，哇秀·万宏部就在甘加川（ཀན་ཀྱ།）

中住牧，其后裔哇秀·华本嘉（དབལ་ཤུལ་དཔལ་འབུམ་རྒྱལ།）就是这位尊者的父亲。后来，一切知喇嘛回到安多地区，许多帐房部落迁来聚居，于是哇秀部分为新老两部。据说青海事变[4]以前，桑云（བསང་གཞུང་།）地方还住有哇秀·夏吾那尔（དབལ་ཤུལ་ཤ་བུ་ནར།）部的一百多户人家。

一切知嘉木样协巴五岁时，适第五世达赖喇嘛去内地，来到青海湖畔，尊者前去朝拜。七岁时，在叔叔比丘索南隆珠（དགེ་སློང་བསོད་ནམས་ལྷུན་གྲུབ།）座前学习藏文。这位叔叔，信守誓言，坚持斋戒，供修江都（འཇུང་འདུལ།）本尊，是一位占算时显示往生金刚手菩萨柳叶宫的大德。十三岁时，从曲乔·益喜嘉措（ཁྱུ་མཆོག་ཡེ་ཤེས་རྒྱ་མཚོ།）受戒出家，并请求了独雄大威德本尊的随许。闭关修行，念诵雅玛拉札（ཡམ་རྡ་ཛ།）咒一千万遍，钻研堪舆、医药、历算等学科，掌握了高妙的本领，按学者的准则，广行裨益众生之事。

尊者二十一岁时，前往西藏入哲蚌寺郭莽学院[5]，拜洛哲嘉措（དཔོན་སློབ་བློ་གྲོས་རྒྱ་མཚོ།）阿阇黎为师，闻听各学科教程的宣讲和参加背诵，能默诵许多不同师承的《集类学》《因理论》《悟慧论》《疏要庄严论》《金鬘论》《明义论略释》《四部专录秘籍》《正义精要》《疏深密极明论》及教程中之《中论》《毗奈耶经教宝藏》《俱舍》等经文。日常生活清苦，饿时仅以一些豌豆充饥，渴时只饮净水。二十五岁时，取得桑普寺噶居（དཀའ་བཅུ།）的学位。次年，游学曲赤赛波（ཆོས་ཁྲི་སེར་པོ།）参加巡回辩经。二十七岁时，在第五世达赖喇嘛座前受近圆戒，兼学一些密咒经籍及《声明学》《诗学》等。拜请嘉木贡·洛哲嘉措（འཇམ་མགོན་བློ་གྲོས་རྒྱ་མཚོ།）、甘珠尔巴·金巴嘉措（བཀའ་འགྱུར་བ་སྦྱིན་པ་རྒྱ་མཚོ།）、嘉赛·麦尔根仁波切（རྒྱལ་སྲས་མེ་ཀན་རིན་པོ་ཆེ།）、帕邦卡哇·嘉木样扎巴（ཕ་བོང་ཁ་བ་འཇམ་དབྱངས་གྲགས་པ།）、密咒法师楚成（སྔགས་པ་དཔོན་སློབ་ཚུལ་ཁྲིམས།）、隆本·却嘉措（ཀླུ་འབུམ་ཆོས་རྒྱ་མཚོ།）、大成就者夏沃哇尔扎巴（གྲུབ་ཆེན་ཤ་བོ་བར་གྲགས་པ།）、喇嘛索南（བླ་མ་བསོད་ནམས།）等为师，聆听了许多深奥经法。二十九岁时，入下密院学习密乘，在居钦·洛哲嘉措（རྒྱུད་ཆེན་བློ་གྲོས་རྒྱ་མཚོ།）座下聆听讲传《疏释的言教》和从温萨（དབེན་ས།）大师直传下来的《幻轮》等所有甚深妙法。遵照噶丹颇章宫命令，在山南周（འབྲུག）地建立铁城法坛城时，从居钦和章嘉仁波切（ལྕང་སྐྱ་རིན་པོ་ཆེ།）两位上师处认真细致地学习了关于这方面的教授讲解及实践方法，圆满地予以实施，并学习了绘制各续部的坛城、八塔、四业的护摩仪轨的方式方法等以及续部所有的舞步、音律和曲调等。在巴索（བ་སོ།）钻研中观的见释，证悟了深奥的中观殊胜真实义之见；在曲弥隆（ཆུ་མིག་ལུང་།）钻研《五次第论》的解释，产生了密乘经典所讲的证悟，发出了对密乘的大誓愿。三十三岁，到了格派山（རི་བོ་དགེ་འཕེལ།），此时，色派密宗（སྨད་རྒྱུད།）的持金刚上师贡乔严排（སྨད་རྒྱུད་རྡོ་རྗེ་འཆང་དཀོན་མཆོག་ཡར་འཕེལ།）年寿已高，彼师为了交付事业，向具誓阎摩护法神嘱托说：

“希望有一位能够交付圣大师[6]口耳相传的教诫传承的弟子，现在就要把他召引到这里来。”

一切知嘉木样协巴多吉适时来到这位尊者座前，乃将口耳相传的教诫密诀全部赐予。绛巴派大医师更登端智（དགེ་འདུན་དོན་གྲུབ།）著的《大续密传》中说：“具有福缘的弟子嘉木样协巴曾亲眼见到了吉祥大威德圣容。”

尊者又从理塘大堪布雅日·却扎（ལི་ཐང་མཁན་ཆེན་ཞག་རི་ཆོས་གྲགས།）处聆听彼师讲述的《菩提道次第广论》教授和教敕，并从觉旦堪布洛桑克宗（རྫོ་དགོན་མཁན་པོ་བློ་བཟང་མཁས་བཙུན་）处聆听彼师传授的弥多罗金刚灌顶，使这一濒临失传的传承得到了恢复。还聆听了昌哇巴·彭措勒觉（ཕྲེང་བ་པ་ཕུན་ཚོགས་ལེགས་འགྲོར།）、比丘嘉样扎巴（དགེ་སློང་འཇམ་དབྱངས་གྲགས་པ།）、大成就者西桑哇（གྲུབ་ཆེན་ཞི་བ་བཟང་བ།）、敏珠乔吉加布（སྨིན་གྲོལ་ཆོས་ཀྱི་རྒྱལ་པོ།）、吉雪活佛丹增程列（སྐྱིད་ཤོད་སྤྲུལ་སྐུ་བསྟན་འཛིན་འཕྲིན་ལས།）等讲传的许多经法。著《了义与不了义辨析》《识色辩解广论》《宗印正论和注释》等。这时，达洛的珠塔衮喜（རྟག་ལོའི་གྲུབ་མཐའ་ཀུན་ཤེས།），邀请他并说：“他与别人不同，不能随随便便。”于是，请尊者居于高台讲座之上，面前摆满了供品。尊者专心致志地坐在高座之上，时时将袈裟裹在腰间亲自参加辩论，进行示范。有一次，为了参考，向地方政府请借江孜台邦玛（རྒྱལ་རྩེའི་ཐེམ་སྤངས་མ།）大藏经，第悉（སྡེ་སྲིད།）说[7]：

“这些《甘珠尔》大藏经是布顿大师亲笔审定的，乃标准范本。但是，不能拿出门槛以外。因而，称他为‘台木邦玛’。[8] 您与别人不同，可以借阅，但只可借一天，逾期不行。”

尊者如所嘱，将《甘珠尔》大藏经请到格派，献上盛大的供品，整个这一夜端坐在《甘珠尔》大藏经之前。次日，将书送还。从此，无论梵文经典，还是藏文经籍，都可称心如意地阅读。

五十三岁时，奉第六世达赖喇嘛之命，出任郭莽扎仓的堪布。当时，罕东（ཏར་རྩེ་དོང།）康村邀请饮茶，请尊者坐在铺有七层软垫的座位之上。以此因缘，应了罕东地区要出七位喇嘛的授记，从尊者算起，有法师洛桑喜饶（དཔོན་སློབ་བློ་བཟང་ཤེས་རབ།）、法师洛桑彭措(དཔོན་སློབ་བློ་བཟང་ཕུན་ཚོགས།)、法师洛桑却扎（དཔོན་སློབ་བློ་བཟང་ཆོས་གྲགས།）、法师洛桑丹却（དཔོན་སློབ་བློ་བཟང་དམ་ཆོས།）、法师洛桑南卡（དཔོན་སློབ་བློ་བཟང་ནམ་མཁའ།）、法师桑杰多吉（དཔོན་སློབ་སངས་རྒྱས་རྡོ་རྗེ།）等七位喇嘛。八年之中主持讲闻辩论，按照扎仓的意愿，研究著述了五部大论之外的许多经典的辨析。丢失多年的寺院规章，此时又找到了；同时，恢复了中断的般若及庆贺宴会等一些被废弛了的制度；建立了《入中论》大会背诵制。这些措施起了榜样作用，发展到安多和卫地各处。扩大了上经院的规模，堵塞了彼处称为桑敦玛颇章宫（སེང་གདོང་མའི་ཕོ་བྲང་།）的洞门，栽上了一枝热振金柏树枝，很快成活生长。现在还有这样的传说：“这棵柏树的根系旺盛，是郭莽扎仓兴盛的祥兆；枝叶茂盛，是拉卜楞扎西奇寺兴盛的祥兆。”修复了密咒殿本尊大威德像和郭莽拉让府。恢复了废弛的“食海”制度，建立了供应扎仓开支的几处庄园等等。据说，尊者在政教两方面做出的伟大功绩，前前后后的郭莽喇嘛谁也不能比拟云。

在布达拉宫（ཕོ་བྲང་པོ་ཏ་ལ།）坐班时，第悉问道：“这位尊者，午饭在吃什么？”

说道："陈肉和乌头。"

当端上酸奶时，第悉说："由我招呼郭莽喇嘛。"把酸奶倒在素食中搅拌多时，交予尊者。

尊者一点不剩地吃了下去之后，说道："现在不是闲坐的时候。"

说罢，立即站起来走了。他来到江塘岗（ལྗང་ཐང་སྒང་།）坐在一块石头上进行炼毒。后来传说这块石头显出了中央是黑色，周围有毒汁形成的条条黑色纹理。据说摄理喇嘛洛桑严排（བློ་བཟང་ཡར་འཕེལ།）曾亲眼看见云。这一过程，可能是第悉为了突出这位尊者的高大，而做出了这样的事，提出那些问题的[9]。

五十六岁时，尊者身染疾病，大成就者桑杰却培（གྲུབ་ཆེན་སངས་རྒྱས་ཆོས་འཕེལ།）前来视疾，撰《至尊法王颂》安排在扎仓内唪诵，疾病痊愈。这位大成就者为显示他的一些大法力，进行梅甫巴（དམིགས་ཕུག་པ།）的威猛教诫，手足扭成芦苇模样，让放入地坑之中，然后用几块大石头堵塞了这所洞门。次日，所有的大石块都推倒在四处，他却在布达拉山顶上歌舞，显示了种种威风后离去。这里有一位名叫洒玉·达尔吉（ཟ་ཡུའི་དར་རྒྱས།）的人，在朝礼圣地的路上，看见大成就者像个忧愁的病人，显出走不动的样子坐在那里。他便到彼师的身旁，问道："你是谁？"说明情况之后，对其很信仰，请求作为看护彼师疾病的侍者。一天晚上，洒玉·达吉想道："他为何不在自己的身边？"于是就去寻找，看见他在那一边和一位戴长飘带僧帽的喇嘛交谈。等他回来后问："那位喇嘛是谁？"

答道："他是班禅仁波切，给了我许多责备。"

第二天，彼师说："我就要这样走去，对谁也不要说。"

说完消失得无影无踪了。赐给侍者的一块绸子，后来送给赤干仓（ཁྲི་ཀན་ཚང་།）作为护法殿法王的内藏圣物。这些传说都听自喇嘛的口中，在彼师传记中也有"这是具誓法王的神变"的说法。

从以前在格派时期起，先后讲传《菩提道次第广论指引》五十次，并多次授金刚鬘灌顶、三种百法等随许，讲传胜乐、集密、大威德三本尊的生起、圆满次第的教授，以及多次讲授《四家合注》《五次第明灯》《隐义普显论》《菩提道次第广论》《集学论》《正义精要》《中论》及《入中论》两论的疏释等教敕。在安多卫藏两地；普降了佛法甘霖。根据本传记载，弟子之中有成为“圣教的主持者”持白莲者·阿旺益希嘉措（པད་དཀར་འཛིན་པ་ངག་དབང་ཡེ་ཤེས་རྒྱ་མཚོ།）[10]和担任继承佛陀第二[11]教派的噶丹寺赛赤者四人，有引渡众生的大喇嘛十人，有住持大寺院法座的大堪布五人，有执掌修行胜幢的瑜伽师四人，有高举讲闻辩论胜幢的法师二十九人，有讲经说理的格西四人，有精通五明的班智达三人；还有如《寺志》中所说的二十七位活佛转世系统传承，等等；受教者为数之多，难以数计。从这些记载来看，尊者讲修弘扬佛法的丰功伟绩，无人可以比拟。虽想详述，但限于篇章暂且放下。

藏历火猪年（公元1707年，清康熙四十六年，丁亥）辞去郭莽堪布的职务，任帕邦卡寺（པ་བོང་ཁ།）的堪布，为其选定修建新寺的地址并为之举行镇地的仪式等。

尊者发心的时机成熟了，应青海蒙古和硕特部前首旗黄河南济农王察罕丹津（དཔོན་ཇུ་ནང་།[12]）的邀请，于土牛年（公元1709年，清康熙四十八年，己丑）启程返回安多。是年冬，居于济农王在泽云（ཚེ་གཞུང་།）的乌厄盖行帐中，派出几位徒弟在年吉贡温山的山脚（ཉན་རྗེ་གོང་སྔོན་གྱི་རི་ཞོལ།）下，举行吉祥长净、选址祝福仪轨，选择建寺的良辰吉日。由此因缘，现在形成了拉卜楞扎西奇寺建于土牛年的口头传说。铁虎年（公元1710年，清康熙四十九年，庚寅）三月，在夏沃如则多（ཤ་བོའི་རུ་ཚེའི་མདོ།）地方，给连同王府献上的十五名僧源僧人在内的一百多位僧人，讲授显密经法，王府布施了十五天法会的用度，建立了扎仓。在这里居住的日子里，有位名叫埃札格·洛桑达吉（ཨེ་ཚག་གལ་བློ་བཟང་དར་རྒྱས།）的侍奉人，工作很尽心，应他的请求，让他吞下带在身上已有多日的糌粑丸，再让他吐出来，说道：

“现在，你请来了许多尊胜母，得到了长寿，至于财富方面，就念唵嘛呢叭咪吽六字真言好了。”

这位侍奉人就这样做了，如同尊者所说，他得了所求。在亲王察罕丹津父子的陪同下，乘马来到扎西奇（བཀྲ་ཤིས་འཁྱིལ།）。刚察·噶居（ཀང་ཚའི་དཀའ་བཅུ།）等人奉献了寺址，鉴于此地风水佳妙，是授记中所说的寺址，乃决定在此建寺。这处寺址的殊胜情况，与圣·阿底峡、仲敦巴师徒在《迦当书》中授记的“和热振寺一样”的说法完全相符，一些特点除了这里，别处是没有的。曾听达普尕旺·却吉旺秀（སྟག་ཕུ་གར་དབང་ཆོས་ཀྱི་དབང་ཕྱུག）说：

“热振和倾科尔嘉寺（ཆོས་འཁོར་རྒྱལ།）等地，是以其名称和其地风水相配合，是以轮王七宝来推测的。但像扎西奇则是以八吉祥相作为标志的。”

这种传说，确切不移。如广略两种《热振寺寺志》中说：

“背面的泽吉羌尕尔巴峰（རི་རྗེ་རྗེ་འཕྱིང་དཀར་བ།）高大、雄伟、宽阔，状如国王高坐于宝座，额抹头巾；东有青石岩山（བྲག་རི་ནག་པོ།），状如将军手执武器，东南有查日宗波山（ཁྲབ་རི་འཛོམས་པོ།），状如施主珍宝充满的宝库；南有加杂达雅山（རྒྱ་ཙ་ཏ་ཡག），状如大臣躬身奏事；东南有日宗徐摩山（རི་བཙུན་སྨུག་མོ།），状如妃后绫装缎裹，风姿婀娜；西南有纳哇雅保山（ནྡ་བ་གཡག་པོ།），状如大象在喝水；西有治多布尔哇山（བྲག་རྫོད་འབུར་བ།），状如如意宝珠闪闪发光；西北有达尕贡山（ཏ་སྣ་གོང་།），状如骏马备着宝鞍；帕旺塘滩（ཕ་བོང་ཐང་།），状如宝轮铺在地面。还有东方的石山（བྲག་རི།），状如猛虎扑腾，欲上蓝天；南方有清清的流水，状如玉龙发出悦耳吟声；西面的嘉曲滩（བྱ་མཆུ་ཐང་།），状如红色孔雀顾盼开屏展翅；北方高耸德卜拉山（ཞབས་ལ།），状如神龟之背浴着阳光。”

这种说法，仅仅是结合授记而论列的，而不是结合八吉祥相来说的。倾科尔嘉的地理风水，据说也是结合轮王七宝，分别加以认识观察而说的。就河水而论，热振寺北面的三旦岗桑河（བསམ་གཏན་གངས་བཟང་།）、八绒河（འབབ་རོམ།）、桑云曲（བསང་གཞུང་གི་ཆུ།）等河，在热振寺前汇入丹贝曲炯让摩河

(བསྟན་པའི་ཆུ་རྒྱུད་རིང་མོ།)。第二世一切知喇嘛说：“我们的桑曲（བསང་ཆུ།）也是源于这眼曲弥让摩泉（ཆུ་མིག་རིང་མོ།）的。”这话是朝拜热振寺时说的，自有其根由。总之，观世音菩萨掌管整个雪域，使高处形成雪山，低地形成湖海。因而，雪山水晶之塔，是岗底斯雪山（གངས་ཏི་སེ།），而低地湖海碧玉曼扎（གཡུ་ཡི་མཎྜལ།），在第二世达赖喇嘛更登嘉措的时期，被认为是嘉（རྒྱལ།）地区的拉摩拉措湖（ལྷ་མོའི་བླ་མཚོ།）。但自第四世达赖喇嘛云丹嘉措等起，逐渐认为乃是青海湖，这一点也可以结合别地的山山水水来认识。以上所说，是从值得信赖的上师口传中听到的。由于黄河的流向，安多地区位于黄河形成的太极图形之中，其边缘则被几座大寺和几处圣地围绕着，因而其地势也像西藏的卫区。《迦当书》等经典中的授记，是结合别的一些寺院而说的，不应该只以一个寺院为准而排除其他的寺院，因为据说对此还有另一种说法云。以前，圣·噶登嘉措也曾考虑过在此建立寺院。他进行考察、相土时，梦见许多头戴圆帽的僧人说：“在我们的地方，你想干什么？”显出了以手拍帽准备撕打的形象，这和向趣弥拉在修建静修院时期相土考察的经过完全相同，从而毫无疑问地说明这里是尊者的不共清净地区。岗察哇（ཁང་ཚབ།）等人奉送了《甘珠尔》大藏经和五位僧人，因而称为“阿德”(ལྔ་སྡེ།[13])。寺基有一处泉眼和许多蛇，对此举行了迁移龙地法事；相度四周方位、形势、土色等进行相土仪轨，埋了宝瓶。首先，为了不使经院学习中止，派然绛巴·智华（རབ་འབྱམས་པ་གྲགས་པ།）宣讲教程，因缘配合佳妙。

这时，济农王和福晋南杰才旦（རྣམ་རྒྱལ་ཚེ་བརྟན།）各送来了一百名僧人，堪布诺们汗（མཁན་པོ་ནོ་མོན་ཧན།）[14]和埃热克岱青（ཨེརྟ་དའི་ཆིང་།）两人也送来了几位僧人，共聚集了约三百名僧人。任噶居哇·阿旺扎西（དཀའ་བཅུ་བ་ངག་དབང་བཀྲ་ཤིས།）为大会堂格贵师(掌堂师)，华热大翁则阿旺克却（དཔལ་རི་དབུ་མཛད་ཆེན་མོ་ངག་དབང་མཁས་མཆོག）为大会堂翁则师(维那师)。亲王府送了一座能容纳八百名僧众的方形大蒙古包，作为大经堂帐。僧众熬茶的大锅，是甲勒加·觉巴师（སྐྱུལ་གྱིའི་གཙོད་པ།）奉献的。

每日晨会，诵《十忿怒明王经》及《独雄大威德经》，从未间断。尊者指示：大会堂的规章制度按哲蚌寺的执行，经院的制度按郭莽扎仓的执行。尊者亲自去经院宣讲教程，并委派钦德尔·阿旺扎西（མཁྱེན་གཉེར་ངག་དབང་བཀྲ་ཤིས།）主持讲闻辩论，指示：在辩经学期和学期休假期间，都进行教程的宣讲。彼师按照尊者的指示完成了任务。

一切知嘉木样协巴尊者于享年七十四岁，即铁牛年(公元1721年，清康熙六十年，辛丑)逝世，在这之前一直住持政教事务，奠定了显密讲修的基础。为了医缘，建立四季讲辩的四处讲经院，每处都埋了法物伏藏珍宝。有人说，冬季学期讲经院会场的法物伏藏应埋在大象的喉部，但由于心意不专，真正的喉头区，乃今密宗学院的经院云。无论怎样，在这处讲经院学习的老格西们都嗓亮声清。现在，只有春秋两季的讲经院两处。春季讲经院法台座位的后面，华热哇·赤钦·官却德钦（དཔལ་རེ་བ་ཁྲི་ཆེན་དཀོན་མཆོག་བདེ་ཆེན།）塑了宗喀巴大师的像。济农王命卡加六族（ཁ་གྱ་ཚོ་དྲུག）搬运木料，从乔科（ཆོས་འཁོར།）、桑木察（ཟམ་ཚ།）、戎措钦十八大部（རོང་ཚ་ཆེན་བཅོ་བརྒྱད།）、隆务雅尔昂和玛尔昂（རོང་བོ་ཡར་ནང་མར་ནང་།）、道帏、文都、阿坝（ཛ་བ།）、拉多（ར་མདོ།）、察科（ཚ་ཁོ།）等部落征集乌拉民夫，修建了八十根柱子的大经堂和内殿。泽云、巴云奉献了一些地方；拉多部奉献了五百户；堪布诺们汗奉献了双朋拉卡和双朋西（ནོ་འབོང་ལ་དབྱི།）；额尔德尼台吉（ཨེ་རྟེ་ནི་ཐའི་ཇི།）奉献了迭部洒如（མཐེ་བོ་གཟའ་རུ།）等地，作为供养寺院的庄园。

先前，达赖喇嘛授尊者以“郭莽额尔德尼诺们汗”（སྒོ་མང་ཨེ་རྟེ་ནི་ནོ་མོན་ཧན།）名号，现在大皇帝敕封为“护法禅师班智达额尔德尼诺们汗”（བསྟན་པ་འཛིན་ཅིང་སྐྱོང་བར་བྱེད་པ་པཎྜི་ཏ་ཨེ་རྟེ་ནི་ནོ་མོན་ཧན།），并受到夏茸尕布[15]仁波切（ཞབས་དྲུང་དཀར་པོ་རིན་པོ་ཆེ།）等青海蒙古的活佛、僧侣、官员等的尊敬。准噶尔王洪台吉（ཧུང་ཀར་རྒྱལ་པོ་ཧུང་ཐའི་ཇི།）承应给拉卜楞寺输送僧人和供奉布施。玛卡（མ་ཁ།）画师刚刚画完壁画法王像的轮廓草图时，从工作架上摔下来昏了过去。向尊者报告后，前来观看画像草图，斥责道："你为何现在还不入像？"叫人献上哈达，加上帏幔，着色刚完，就用红绫遮住了法王像的面部，这块红绫一直到后来，还保存在那里。大经堂的绘画完工后，尊者看了左面的壁画后说道："这些像的面部系汉人的面容，象征我寺要从北方和东方来许多僧人。"尊者从密宗院的经院看到尼琼山（ཉིས་ཆུང་གི་རི།）后，说道："啊呀!这象征我的一位施主暂时有些困难。"据说这是指准噶尔衰落而言云。当进行弥多罗金刚灌顶时，正发生时疫，尊者向许多僧人散发宝瓶中的净水，时疫立止。但是，许多人还咳嗽，咳嗽声影响了听讲经法，尊者突然发怒，连说几声："将这些败坏盟誓者逐出门去!"郭达·洛桑克乔（མགོ་ཏ་བློ་བཟང་མཁས་མཆོག）将墙脚下放着的一件衣服打了几下，丢出门去，咳嗽声立即停止。当作护摩时，刮起了几阵狂风。尊者说："将它压住!"向施供者给了一块扁石头，丢向疯狂旋刮的狂风中，霎时，狂风顿止，一连几天之中，连一点微风也没有。报告了这一情况后，尊者说道："噢，野种还在被压着哩，把扁石头拿起来!"当把扁石头拿起来后，从石头底下吹出了一股小小的旋风，消失在天空。另外还流传着将一个鬼放逐到巡礼路之外，由于拿着纸袋的人打开了纸袋之口，以致未能放逐。以及在前面的山坡上，撒上了头发，长出了无数的树木，等等。右山的莫合隆谷（རྨོག་ལུང་།）发现了伏藏，伏藏文字中附有授记，尊者乃为之作摄颂道：

"圣哲你分内，神秘之伏藏，虽为别人有，封识仍存在；圣教与持教、众生幸福等，增盛之妙法，圣教最殊胜；慈、悲与空乐，犹如虚空界，虔诚勤承持，此乃最首要。污浊之内中，恶行最污浊，内乱与外患，乃产灾荒根。寂静安乐时，伽蓝发展时，奉持经忏等，须按教诫行；勤修寂灭业，作业之友者，威武依怙主、六臂大黑天、阎摩护法神，等等守护神，向其依生命，如诀托事业。志趣要高超，你值此时际，已届高龄期，行年七二岁，勤作众生事，吾等臂助你!"

此时的授记虽多，但文字极奥秘，秘藏极机密，交付守护又极严密。这篇摄颂是嘉堪布额尔德尼诺们汗（རྒྱལ་མཁན་པོ་ཨེ་རྡེ་ནི་ནོ་མོན་ཧན།）和然绛巴·阿旺华丹（རབ་འབྱམས་པ་ངག་དབང་དཔལ་ལྡན།）拿着一张黄色纸读给我听，由我记录的。当伏藏经卷迎请到寺院时，从神水面上看到了多隆垭壑（རྡོ་ལུང་ཉག་ག།）。尊者对德干仓（ཟི་ཀན་ཚང་།）说：“阿妈和我，以前去过这地方。”没有讲明“阿妈是谁?”秘而不宣。在一篇《祈祷自赞》中，有获得“萨纳扎玛拉萨玉孜尔吉（སན་ཀུ་མ་ར་ས་ཡུ་རྡིར་གྱི།）”、“密满十相等密集五次第”、“时轮六合悟道”等说明，确有许多隐秘神奥之处。

全集中没有收集进去的著作还有：《般若波罗蜜多第七品》、《中观二谛辨析》、大译师洛桑鄂赛尔(ལོ་ཆེན་བློ་བཟང་འོད་ཟེར།)记录的《律戒时节》、《旃陀罗声明学疏补遗》、《佛历偈颂》、《诸种佛母宝瓶仪轨》、《施食论》、《幻轮和铁城断疑小册》多种，不同的《十忿怒王仪轨》、关于《大黑天引满》许多章节、《释量论疏》等。还有许多没有听说过书名的著作。一切众生应从各方面，特别是准噶尔和康地，是尊者弟子较多的地区，更应该多方进行考察。我的上师常常提到这一点，传承的弟子们应努力想方设法，完成这一工作。

一切知嘉木样协巴多吉转世的呼毕勒罕是以了义遍知一切、照见宽广的贡乔吉美旺波(རྗེ་བཙུན་དཀོན་མཆོག་འཇིགས་མེད་དབང་པོ།)尊者，族姓东氏(སྟོང་།)，父亲是尖扎部落官人阿旺南杰(གཙན་ཚའི་དཔོན་པོ་ངག་དབང་རྣམ་རྒྱལ།)，母亲是南木吉(གནམ་སྐྱིད།)，于藏历第十二胜生的土猴年(公元1728年，清雍正六年，戊申)出生在昂拉的赛康(སྣང་སའི་གསེར་ཁང་།)附近。卡交大成就者(མཁའ་སྤྱོད་གྲུབ་ཆེན་པ།)莅临那儿，作了是一切知尊者转世的呼毕勒罕的授记，并进行防护。五岁时，从多合·闹吾坚参(ཧོག་ནོར་བུ་རྒྱལ་མཚན།)受居士戒。六岁时，从格徐曲结(དགེ་ཕྱུག་ཆོས་རྗེ།)出家为僧。从七岁起，在叔叔东科尔仁波切(སྟོང་འཁོར་རིན་པོ་ཆེ།)座前，聆听了许多深奥经法。后来听说，自从受独雄大威德金刚灌顶后，从未间断过念诵。从舅父比丘洛哲嘉措(དགེ་སློང་བློ་གྲོས་རྒྱ་མཚོ།)学习藏文经典读法。虽由女官人南杰钟玛(དཔོན་མོ་རྣམ་རྒྱལ་སྒྲོལ་མ།)负责，供施双方于木兔年(公元1735年，清雍正十三年，乙卯)所上的认定报告没有错误。但是，赤干仓卜算的相兆中出现了一只黄鼠狼，而王丹津旺舒克(ཡང་བསྟན་འཛིན་དབང་ཕྱུག)的儿子噶登三珠卜(དཀའ་ལྡན་བསམ་གྲུབ།)出生时，有天降花雨的梦兆，因而发生了认为后者才是一切知尊者转世的呼毕勤罕的偏袒。《迦当书》中说：

“在这时之后，这位化身降生于何处，如同在千条恒河沙粒中寻找，仅模模糊糊地认为十六。愚人分为两个指示，前者不明难分辨，后来十六才显露出真像来，真是恒河川里迷了途，梦魔着身入了魔。另有侍从受了鬼嗾使，迷惑真真假假一二中，双方争来争去难确定。”

正如这段授记所说，由于种种外缘，遂拖了一段时间。十三岁时，从东科尔仁波切受沙弥戒。有些著作中说尊者名叫宗巴嘉样程列(འཛམས་པའཇམ་དབྱངས་འཕྲིན་ལས།)，就是这时候起的名字。亲王府派人去卫藏，向几位护法神请求授记，这时回答，乃让僧众集在石砌院中宣读授记文字。赛卡·索南嘉措(གསེར་ཁ་བསོད་ནམས་རྒྱ་མཚོ།)说，他要去王府申请，要求不可迎请这位呼毕勒罕。骑马外逃，被朗仓(གླིང་ཚང་།)活佛阻拦未能得逞。他和刚察·钦然卜(ཀང་ཚ་མཁྱེན་རབ།)、阿坝·卡热日(ཛ་བ་མཁར་རིལ།)等为首闹事之人被驱逐出境。当噶然学级(དཀའ་རམས་འཛིན་གྲྭ)向赤仁波切德哇·洛桑敦珠(ཇོ་བ་བློ་བཟང་དོན་འགྲུབ།)求情时，德哇说道：

“这些人不让迎请我的喇嘛的化身，以后不能让他们回来。我的面前的这幅大威德本尊画像是以圣大师的鼻血绘画的，上一世尊者作了一百零八次开光，我以这幅圣像为证起誓。”

他起誓后，又说：“需要我去见皇帝时也可以去，对我德哇洛桑敦珠，汉藏蒙到处都是知道的。”

词严义正，罪恶毒蛇之结不解自解了。

吉美旺波于十六岁时，才被迎请坐床。以前，要委派赛卡(གསེར་ཁ།)任协敖时，赤干仓的梦中显出春季辩经会的植树长得很好，被赛卡砍断了，乃提出“不宜委派”的建议。

德干(སྡེ་ཀན།)说：“已经委派了，没有办法了。”

赤干仓说：“那么，虽然在我任职期间没有什么关系，但是在你任职期间好像不利。”

德干说：“让他和我碰吧!”

两位喇嘛私下的隐情，都赤裸裸地反映出来了[16]。

赛卡哇后于其八十六岁时，前来尊者座前进行朝拜，并对直尕尔·噶居哇(ཟག་དཀར་དཀའ་བཅུ་པ།)说：

“今年有机会拜见了尊者非常幸运。从色派多吉强(སེད་རྒྱུད་རྡོ་རྗེ་འཆང་།)传承的一些密诀曾传给了你，这对别人来说是不需要的，希望能设法很快回去，再把它交付给拉卜楞扎西奇寺。”

这些说法虽曾看到记载于寺志之中，但不足为凭。阿莽·洛桑端珠(དཔལ་མང་བློ་བཟང་དོན་གྲུབ།)虽然也被驱逐出境，但是，德干说：“此人今后不是流浪之人。”那时，他是王府的管家，因而在观世音菩萨殿开光时，他自己来了。准噶尔的使者到来时，向尊者送了特别美妙的宝伞，据说曾集齐僧众让其引诵《具德三域颂》云。

于是派侍读僧辅导听学经法。二十二岁时，圆满地进行般若级辩论，在扎仓中立了宗。权威学者拉卜丹嘉措（མཁས་དབང་རབ་བརྟན་རྒྱ་མཚོ།）按照典籍提出无“大约到达彼岸”和“将近到达彼岸”的问题，尊者承许“没有大约到达彼岸”。有一次在正理论证过程中，碰到需要承许“马背上大约手掌大的一块没有毛”如此等等的问题，以及难以克制的困难，如纠缠于咬文嚼字的戏论等。从而，促使他发心要去卫藏学习。这一年，在章嘉遍知一切饶悲多吉(ལྕང་སྐྱ་ཐམས་ཅད་མཁྱེན་པ་རོལ་པའི་རྡོ་རྗེ།)座前受近圆戒。聆听堪钦·更登嘉措(མཁན་ཆེན་དགེ་འདུན་རྒྱ་མཚོ།)、多丹俄仁巴(སྟོབས་ལྡན་སྔགས་རམས་པ།)、恰格贡木钦(ཁ་དགེ་སློམ་ཆེན།)等讲传的一些经法，学习了隆务·墨尔根曲结(རོང་པོ་མེ་རྒེན་ཆོས་རྗེ།)讲授的诗学，尤加然绛巴(དབྱིག་ཀུ་རབ་འབྱམས་པ།)讲授音韵学和修辞学等。后来，在噶玛·邹拉更尕(ཀརྨ་གཙུག་ལག་ཀུན་དགའ།)讲授的博克瓦(བོད་མཁས་པ།)[17]《诗鉴论疏释》(སྙན་འགྲེལ།)基础之上，又重新进一步钻研诗学，并学习韵律、修辞、星算等，精通了这些学科。

二十五岁时，前往西藏卫地，进入哲蚌寺郭莽扎仓的经院，在桑杰多吉(དཔོན་སློབ་སངས་རྒྱས་རྡོ་རྗེ།)阿阇黎座前学习宣讲的五部大论教程。拜龙本格西洛桑达吉(ཀླུ་འབུམ་དགེ་བཤེས་བློ་བཟང་དར་རྒྱས།)和加森格(རྒྱ་སེང་གེ)两人为师。在安多和西藏的十六年中，先后学习了关于《集类学》的全部论述，《悟慧论》和《因理论》《般若》等学科教程的通论和四部专论秘籍,《明义略释》《中观广论》《疏深密极明论》，以及更登嘉措尊者的《宗印论》等经典，都能熟记背诵，圆满地学完了五部大论，取得了桑浦寺噶居学位。聆听了达赖喇嘛讲授的《四家合注》的教敕、班禅仁波切讲授的《大威德二次第》和《幻轮》及《铁城坛城》等经法的教授，并看了许多密咒的经典，解决了一些疑难问题。在实践中深入观察、传承、解析，全面地学习显密两宗的各学科，西藏地方政府赞誉为显扬格鲁派教法的班智达诺们汗(དགེ་ལྡན་བསྟན་པའི་གསལ་བྱེད་པཎྜི་ཏ་ནོ་མོན་ཧན།)，实为当之无愧。另外，还广泛地聆听了卫、藏、康三地和上下萨迦(ས་སྐྱ་གོང་འོག)等处的许多大士夫讲传的经法。兔年(公元1759年，清乾隆二十四年，己卯)启程返回安多时，班禅仁波切莅临热振寺，彼师前去朝拜，在聆听赐予法王内外密三秘法随许时，从班禅喇嘛身上发出的光芒中看到了圣·宗喀巴仁波切的圣容。他还聆听了许多秘密处的授记。

广泛流传着这样的说法。有些人曾问班禅：“现在格鲁派的神变经卷放在哪里呀？”

班禅罗桑确吉坚赞经常对一部经籍供奉礼拜。司膳堪布想道：“这是什么呀？”于是，偷偷地翻看了经卷，然而只见全是无字白纸。于是去请问班禅，班禅说：“只看见白纸，也是你的缘分好。”

还听人们说，上一世班禅洛桑耶喜也存有格鲁派的神变经卷。那时，

格鲁派的神变经卷放在甘丹颇章宫(བཀའ་གདམས་ཕོ་བྲང།)。班禅曾说:

“我在梦中曾梦见，在这座小禅房中把恒河从纳木措湖流出后，直至向大海右旋流去的途中一切，毫无疑惑地都容纳在一起。进行祈祷后，虽感到庆喜，但没有精进地去做。”

九月十五日，尊者回到寺院。次年(公元1760年，清乾隆二十五年，庚辰)升堪布之座。有一位降神的巫师名叫洛丹（ལྷ་པ་བློ་ལྡན།)，此人的预言和梦兆都很清楚，受到一切知前后两世的重视。这时，他说：曾梦见一张骆驼皮被割成四块，每块都有一个头跳了起来接触到大经堂的鞭蘼枝垒的女墙上。尊者自己的梦兆也很凶恶，早先也说过好像要发生败誓鬼魅的捣乱。铁马年[18]春季辩经学期之时，经院里有几位僧侣不听宣讲的教程，不同众僧一起学习，另坐在一旁密商。这样的事虽发生了多次，但是在任堪布年智活佛（སྙན་གྲགས།)视若无睹，放任不管。有叫作霍尔仓柔玛（ཧོར་ཚང་རིག་མ།）[19]者和本学级不合，被告到执事人员处，因而怀恨在心，认为有失颜面。一天，堪布被叫到尊者的面前说：

“听说不论是对您或朗仓，几个人要写出一封信。若给了您的话，不要给这儿隐瞒。”

不久，就有人将信交给了堪布转送到尊者那儿。尊者看了后露出很不高兴的样子。乃请求由尊者宣讲教程，并赐予没有障碍的护佑。

尊者说道：“您自己就和以前那样不露声色地坐着，没关系。”

后来他们聚集在一棵小树旁密商，被人们从密咒兴盛楼的窗口看见了，由博巴仲尤（བོད་པ་དྲུང་ཡིག)秘书和阿柔唵木齐（ཨ་རིག་ཨེམ་ཆི།）医生两人记下了名单。夏季辩论学期的二十日，逮捕了捣乱的首要分子阿柔活佛（ཨ་རིག་སྤྲུལ་སྐུ།)、霍尔仓柔玛、加萨喇嘛（རྒྱ་ཟའི་བླ་མ།）等人。参加那天夜里商谈过的三百名僧人都外逃了。审讯阿柔活佛时，供出他们于十六日夜想潜入拉让，来到上边侧门时，被许多木匠阻碍了道路。十九日夜又想潜入，到达秋季辩经会场时，天降暴雨未能行事。乃定于二十一日夜晚群星尚隐匿时潜入。这期间，他们被捕了。阿柔活佛去了隆务，别的大都通过亲王府等说情。尊者说：

“从我以前来到这里的时候起，这些僧侣分成两派。问其原因，有的说，是不是前世活佛转世的呼毕勒罕？需要调查。有的说，不愿让德哇仓任堪布。无论怎样，我在一直到现在的这些年里，任命了两位协敖、两位寺公所的总管吉哇（སྤྱི་པ།）等，凡宜于同时任命者即同时任命。又任命了大会堂翁则师、大香灯师等，凡宜于单独任命者总是轮流任命。就这样，设置了多仁巴学位。随从人等进修噶仁巴也没有给予一点特殊不同之处。虽用尽各种妥善办法，但是，没有得到适当的协调。”

“讲听辩论，是否合于佛法，关键在于僧侣们的心意是否一致！只要心投意合，说四句祝愿词，就会合于佛法；若是心不投意不合，就是讲听五部大论，也不合于佛法。最重要的是今后不怀恨记仇，兴风作浪。”

这些话是给阿阇黎赤仁波切（དཔོན་སློབ་ཁྲི་རིན་པོ་ཆེ།）和朗·端智嘉措（གླིང་དོན་གྲུབ་རྒྱ་མཚོ།）两人讲的。他们两人按尊者所述，妥善处理“悔谢”工作，从此以后，才断除了结党徧私的恶习。

乾隆皇帝敕封尊者为“护法禅师额尔德尼诺们汗”（བསྟན་པ་འཛིན་ཅིང་སྐྱོང་བར་བྱེད་པའི་ཨེརྟེ་ནི་ནོ་མོན་ཧན།）。

吉美旺波尊者三十六岁时，任佑宁寺（དགོན་ལུང་བྱམས་པ་གླིང་།）堪布。三十八岁，任塔尔寺（སྐུ་འབུམ།）堪布。四十二岁时，他去内地，向章嘉多吉强（ལྕང་སྐྱ་རྡོ་རྗེ་འཆང་།）请求了《五次第明灯》教敕，向参卓堪布洛桑达吉（མཚན་སྒྲོགས་མཁན་པོ་བློ་བཟང་དར་རྒྱས།）请求了上一世一切知所传的弥多罗金刚法灌顶。这时有一个六只手的黑人，一次又一次出现，并指着寺院的方向，从一座大雪山里出来一个白人打手势招呼；又有一个颜色非常白的老汉，眉毛像水晶筷子一般，来到面前的桌子上将所有的眉毛丢下，说道：“现在不可坐在这里。”说完摸摸额头。出现了如此等等的征相。尊者认为这是怙主护法神和玛沁山神催促返回寺院的征兆。有一位老汉迫切地恳求在他临死时能见到尊者，当即予以允诺。后来，老汉临死时，真的在光圈的中心看到了尊者的面容。因而，大家都很信仰。仙米寺达喇嘛却培（ཏྲེ་བླ་མ་ཆོས་འཕེལ་བ།）赴西藏时，途中水土不服，患了病，被同伴们遗弃。他心口一致地向尊者祈祷，因而在环形彩虹的中心清楚地看到了尊者的面容。他非常高兴，用手触摸尊者之像，遂吐了许多泡沫状黏液，病体即刻痊愈。杂尕柔祈仓（ཙ་ཀ་རིག་ཆི་ཚང་།）财势日衰，子嗣不昌。因此，他认真迫切地祈求护佑。尊者书写了“以我比丘贡却吉美旺波严谨守护戒行的真实威力，愿此人有子”的祷词，折叠起来将食用的一团糌粑用哈达包起，一并封在福箭之内，告诉他说：“今后，心中要常常记着寺院！”后来，人财两旺。因此，给寺院献上了全套跳神服装，逐年供献布施，成为根本的施主。据说这时，该处有几位格西想道，箭上会有尊者的深奥密诀，乃将卷起的哈达打开，看到赐有真谛之言，因而特别信奉。在内地期间，人们每天供养，收入的布施虽约有白银几万两，但是，丝毫没有用作自己的享受，没有贪欲钱财的意念。

尊者四十五岁时，回到了自己的寺院。有一次，在塔尔哇泽山峰（ཐར་བ་རྩེ།）闭关静修邬摩天女七日禅。听文布堪仁波切（མཁན་རིན་པོ་ཆེ།）说：尊者亲自听见邬摩天女指示说，“三天之后，即可解除，久坐无必要，这地方像热锅炒麦子一样！”

土猪年（公元1779年，清乾隆四十四年，己亥）班禅去内地，尊者前去迎接，师徒并辔赴塔尔寺驻锡。一天晚上，怙主[20]来到大襄佐[21]的住处，让侍从阿旺云丹（ངག་དབང་ཡོན་ཏན།）拿着禅帽坐在房门口。一会儿，班禅仁波切带着侍从们说说笑笑地来了，从阿旺云丹的手中夺下帽子，用拳在他的头上敲了敲，说道：“您坐在这里，我随便走走。”

从司膳堪布的帐房向回走时，忽然，尊者悄悄地走来。班禅说：“这位嘉木样协巴……”

说着握住他的手，拍拍地上坐在那儿，一直谈论到半夜。返回时，在房门口说道：

“老喇嘛，这是您的帽子。”

将帽子还给尊者。尊者顶礼三次后，才接过帽子，等等。他俩心投意合，亲密无间的传说流传很多。一天晚上，大家都在花园里闲谈，远远望去，看见月亮下面有片树林。认识到那里是班禅仁波切的大商卓特巴等二百四十位随从人员在接种牛痘，很关心地让办完这事。几位大人物谈论这种病的各种危险时，尊者戏谑说：

“如果一个人出了问题，可以奉送和他的身量一样大的金子。”

这时，有一位名叫阿杂若（ཨ་ཙ་ར།）的人，病情比较重一些，班禅说道：

“和阿杂若身量相等之金子，虽然想取吉美幻变大如天，圣者的同乡们前来这地方，虽然努力徒劳无益难取得。”

这段佳话载于《传记》的卷尾，曾在当时的信件中确实看到过。尊者的侍从中有一位名叫佐格·耀格固奠（མཛོ་དགེ་གཡོ་དགེ་སྐུ་རྟེན།）的巫师，能降奥丹尕保战神，在种牛痘时问他：“在察罕诺们汗、曲藏呼图克图、松巴大堪布、吉美旺波尊者四位中付托哪一位为好？”仲科尔们暗暗地问：“哪位的小便温和[22]？”据说授记道：

“请你仔细听明白，服饰举止怎样扮，都像画灯没有光，口渴煎熬找阳焰，劳而无益不解渴；无论哪位怎样作，难和嘉木样协巴来比量。”

这段传说经常在人们口头流传。

水虎年（公元1782年，清乾隆四十七年，壬寅），尊者向大会堂讲传《正义精要》教敕时，一天，固始尕藏（གུ་ཤྲཱི་སྐལ་བཟང་།）来到赤钦阿莽仓（ཁྲི་ཆེན་དབལ་མང་ཞལ་སྔ་ནས།）的座前，说道：“任何地方没有任何东西，这就是空，其余的一切就是有。”这种说法与觉昂派（ཇོ་ནང་།）的看法非常一致。赤钦仁波切说：“不要这样说为好。提请注意。”向尊者做了报告，到了后一座法[23]之时，尊者眯了眯眼睛说：

“有些人提出了这样的说法，这种说法和觉昂派的观点是相同的！虽然有持这种论点之人，但是，这是不对的。”

尊者他深入广泛地进行了解释。提出这种论点的那僧人，当时就在法座的旁边，他听后表现出极其崇信的样子。关于这一事件，我是听我的上师说的。

尊者在五十七岁的那年，前往西藏卫地。这一年，拉卜楞寺发生了大地震，一夜之间连续震动十八次。其他许多地方，也有达五六次者。因而，一些人唧唧喳喳地乱说乱讲。隆务诺们汗仁波切[24]听到后，说道：

“我在梦中见嘉木样协巴说‘圆满次第已告圆满’。因此，似不可乱说。”

人们听到后，觉得这个意见很值得重视。

吉美旺波尊者在西藏时，向达赖和班禅为首的各位大喇嘛和三大寺院、扎什伦布、续部上下两院等所有寺院，供养了白银七万多两。尊者无论到达哪个地方，积极访求稀有的经书，进行赎买，或有赠送者，共得到三千余函。大多数进行了抄录，每函酬费白银十八两，先后得到的经书逾一万函。有一次，尊者对卡加·达吉（ཁ་གྱིའི་དར་རྒྱས་པ།）说：

“你去对面的那座寺院，若有需要的旧书就拿来。”

卡加·达吉按照所述，来到这座寺院看见有许多旧书，但是原先没有问清哪些是需要的，遂拿了一本没有后面的跋文而抄写很好的手写本献于尊者。尊者翻看了一会，说道：

“这是洛哇一切知（སྣ་བ་ཐམས་ཅད་མཁྱེན་པ།）的《对法集疏》，绛央曲结（འཇམ་དབྱངས་ཆོས་རྗེ།）曾熟记于心中，讲传过十六次。”

尊者在藏卫两地、萨迦、夏鲁等处，向几位圣哲请求了一些经法，也向对方送了一些稀有的传承。

火马年（公元1786年，清乾隆五十一年，丙午），尊者返回本寺。土猴年（公元1788年，清乾隆五十三年，戊申），用了将近五万两的白银，修建了弥勒佛殿，塑造了弥勒佛像，设置了依止圣物。在此之前，用了将近两万两白银修建了大经堂；用了一万多两白银，置了许多供物和作为公积金；在东科寺（སྟོང་འཁོར་དགོན།）建造了圣索南嘉措（རྗེ་བསོད་ནམས་རྒྱ་མཚོ།）的银塔；在昂拉（སྣང་ར།）塑造了弥勒佛像。土鸡年（公元1789年，清乾隆五十四年，己酉），任夏琼大乘讲修洲（བྱ་ཁྱུང་ཐེག་ཆེན་བཤད་སྒྲུབ་གླིང་།）的堪布，住持讲闻辩论，六十四岁时圆寂。

尊者的足迹遍及于从具祥萨迦寺起至旺肖嘉措湖（དབང་ཕྱུགས་རྒྱ་མཚོ།）畔止的大部分地区。在这些地方讲经说法，授灌顶，赐随许，讲传教敕，传授诀要，教授声明和诗学，等等。显密经教和诸明处方面的传授像大河的流水奔腾不息，因而门徒众多，详情具见于本传之中。没有写进传记之中的弟子还有：赤欠·阿旺群培（ཁྲི་ཆེན་ངག་དབང་ཆོས་འཕེལ།）、夏尔孜阿阇黎洛桑德勒（ཤར་རྗེ་དཔོན་སློབ་བློ་བཟང་བདེ་ལེགས།）、绛孜堪布·洛桑程列（བྱང་རྗེ་མཁན་པོ་བློ་བཟང་འཕྲིན་ལས།）、绛孜喇嘛·洛桑班觉（བྱང་རྗེ་བླ་མ་བློ་བཟང་དཔལ་འབྱོར།）、郭莽阿阇黎·丹巴塔尔哇（སྒོ་མང་དཔོན་སློབ་བསྟན་པ་ཐར་བ།）、洛岭堪布·程列桑布（བློ་གླིང་མཁན་པོ་འཕྲིན་ལས་བཟང་པོ།）。这位程列桑布在传记中说成程列年智（འཕྲིན་ལས་སྙན་གྲགས།）系笔误。另外还有：称为德阳喇嘛高都惹（བདེ་ཡང་བླ་མ་གོ་ཏུ་རལ།）的尕藏丹增（སྐལ་བཟང་བསྟན་འཛིན།）、色拉寺结扎仓堪布·斋沃·洛桑闹布（སེར་བྱེས་མཁན་པོ་ཧྲེ་བོ་བློ་བཟང་ནོར་བུ།）、夏扎直合日·阿旺端智（བྱ་བྲལ་བྲག་རི་ངག་དབང་དོན་གྲུབ།）、嘉戎拉卜丹堪布·桑杰奥赛（རྒྱ་རོང་རབ་བརྟན་མཁན་པོ་སངས་རྒྱས་འོད་ཟེར།）、加敦活佛洛桑坚巴敦智（རྒྱ་སྟོན་སྤྲུལ་སྐུ་བློ་བཟང་འཇམ་དཔལ་དོན་གྲུབ།）、旺钦诺们汗洛桑才旺（དབང་ཆེན་ནོ་མིན་ཧན་བློ་བཟང་ཚེ་དབང་།）。尊者也曾向旺钦诺们汗洛桑才旺请教过经法。还有：西察云增活佛堪钦·洛桑丹巴饶杰（བྱེ་ཚ་ཡོངས་འཛིན་སྤྲུལ་སྐུ་མཁན་ཆེན་བློ་བཟང་བསྟན་པ་རབ་རྒྱས།）、格仓·绛巴曼兰木（ཀེའུ་ཚང་བྱམས་པ་སྨོན་ལམ།）、夏扎格西·洛桑年扎（བྱ་བྲག་དགེ་བཤེས་བློ་བཟང་སྙན་གྲགས།）弟兄两人、加斗尕智华（རྒྱ་ཏི་ཀ་གྲགས་པ།）、郭隆哇·阿旺拉丹（དགོན་ལུང་བ་ངག་དབང་རབ་བརྟན།）、藏地的吉康·洛桑南杰（དཀྱིལ་ཁང་བློ་བཟང་རྣམ་རྒྱལ།）、夏鲁的圣者丹增程列（ཞ་ལུའི་རྗེ་

བརྩོན་བརྟན་འཛིན་འཕྲིན་ལས།)、康地的达布·洛桑曲吉旺秀（སྟག་དྭ་བློ་བཟང་ཆོས་ཀྱི་དབང་ཕྱུག）、安多的敦纳夏茸·阿旺却智（མདུང་ནག་ཞབས་དྲུང་ངག་དབང་ཆོས་གྲགས།）、加尔藏大禅师洛桑坚参（རྒྱར་ཟང་སྒོམ་ཆེན་བློ་བཟང་རྒྱལ་མཚན།）、仙米禅师洛桑云丹（སེམས་ཉིད་སྒོམ་པ་བློ་བཟང་ཡོན་ཏན།）、年泽活佛阿旺程列（གཉན་རྗེ་སྤྲུལ་སྐུ་ངག་དབང་འཕྲིན་ལས།）、程木·喇嘛干巴（ཁྲིམས་བླ་མ་ཀན་པ།）、罕木塔贡却森格（ཧམ་མཐའ་དཀོན་མཆོག་སེང་གེ）、肖益群则·洛桑托迈（ཕྱོགས་བཞི་ཆོས་མཛད་བློ་བཟང་ཐོགས་མེད།）、完木巴格西·阿旺彭措（ཡམ་པ་དགེ་བཤེས་ངག་དབང་ཕུན་ཚོགས།）、唐拉·洛桑丹增（ཐང་ལ་བློ་བཟང་བསྟན་འཛིན།）、卡西阿阇黎·阿旺彭措（ཁ་ཤེ་དཔོན་སློབ་ངག་དབང་ཕུན་ཚོགས།）、底吾曲结·阿旺却扎（ཏྲི་དྭ་ཆོས་རྗེ་ངག་དབང་ཆོས་གྲགས།）、霍尔活佛嘉样克珠（ཧོར་སྤྲུལ་སྐུ་འཇམ་དབྱངས་མཁས་གྲུབ།）等多人。特别是在本寺时，何时有空，即抓紧时间讲传许多相应的经法，向察哈尔甘珠尔哇（ཚ་ཧར་བཀའ་འགྱུར་བ།）讲授了《甘珠尔》大藏经的教敕，向直尕尔噶居哇（བྲག་དཀར་དཀའ་བཅུ་བ།）讲传了上一世一切知所传的色派教诫（སྨད་ཀྱི་གདམས་པ།）等等。有一次在小卧室里，聚集了少数几位阿阇黎讲传《迦当书》传承教敕时，说道：

“我想就像这样地给僧侣们讲授希望口传的经法。但是，由于这个地位，未能如愿。你们要记在心里。”

说着，斜视恩师[25]阿莽达札（རྗེ་བླ་ངོ་ཞལ་ཟ་ནས།）。师长遵照尊者的指示，于其享年九十岁之间，一生广泛地讲传经法成为教法的出处，我们应该铭记这种恩惠。

尊者一生修建了许多寺院、静修院、扎仓等。拉卜楞寺有时轮学院（དུས་འཁོར་གྲྭ་ཚང་།）和医学院（སྨན་པ་གྲྭ་ཚང་།）。其他附属寺院，则有阿木去乎寺（ཨ་མཆོག་དགོན།）、扎西格排静修院（རི་ཁྲོད་བཀྲ་ཤིས་དགེ་འཕེལ།）、麦秀尕尔保雄寺（དམེ་ཤུལ་དཀར་པོ་གཞོང་།）、察干白相寺（ཚ་གན་པེ་ཤིང་དགོན།）、上阿坝居巴寺（རྔ་སྟོད་རྒྱུད་པ།）、若尔盖寺（དམུ་དགེ་དགོན།）、华热图钦寺（དཔལ་རི་ཐུར་ཆེན་དགོན།）、佐格旧寺（མཛོད་དགེ་སྣར་སྙིང་།）等。还作为寺主，对合作嘉卡尔戛尔瓦（གཙོས་རྒྱ་མཁར་སྣར།）、却宗寺（ཆོས་རྫོང་དགོན།）、却旦夏尔寺（མཆོད་རྟེན་ཤར།）、温布塘寺（སྟོན་པོ་ཐང་།）[26]、刚察寺（ཀང་ཚའི་དགོན།）、杂义戛尔瓦寺（ཙ་ཡུས་སྣར།）、拉日古寺（བླ་རི་མགུལ།）、达仓

寺（ད་ཚང་དགོན།）、藏戛尔瓦端智拉丹寺（གཙང་སྐར་དོན་གྲུབ་རབ་བརྟན།）、甘加直尕尔寺（རྐན་གྱི་བྲག་དཀར།）、香勒卡寺（ཤིང་ལེ་ཁ།）、甘都寺（ཀ་མདོ།）、夕厂戛尔瓦（སེ་ཆང་སྐར།）、中库寺（གཙུ་འཁོར།）、郭密寺（སྒོ་མི།）等近四十座寺院，以无可比拟恩惠从政教方面进行护理。不包括在属寺之中的寺院，其发展就像宝塔之顶建于塔基一样，也完全依随着拉卜楞寺云。曲麻俄然巴曾于朦胧之中，听见至尊度母把黄河南岸的地名，大都一一列举出来，指示说："这些地方都是你的喇嘛调伏的份内地，因而，不可歪曲是非，要谦虚安分，不急不躁地为众生广做善事。这是我对喇嘛的寄语，要告诉他。"曲麻俄然巴遵照所述，写了信呈于尊者。当初，新选寺址择吉日时，钦德尔阿旺扎西（མཁྱེན་གཉེར་ངག་དབང་བཀྲ་ཤིས།[27]）梦见：从不见形色的空中传来了歌声，唱道："曲麻尔（ཆུ་དམར།）、曲那（ཆུ་ནག）、曲完（ཆུ་སྔོན།）三地区，现在唱鲁拉拉拉摩歌。"据说这是黄河南岸所有地区都是不寻常的佛土的征兆。像这样的传说非常之多。这些地区的所有寺院依止的根本道场就是拉卜楞寺。

拉卜楞寺大会堂诵经的声韵腔调等规则，大多是按照哲蚌寺建立的。闻恩院（ཐོས་བསམ་གླིང་།）的法会诵经方式、韵律、腔调，辩经学期会上的辩论等等均和扎西郭莽经院（བཀྲ་ཤིས་སྒོ་མང་།）一模一样，都是因时因地细密地建立起来的。密宗学院按下密院（རྒྱུད་སྨད་རྒྱུད།），时轮学院和医学院则按照布达拉宫的南杰扎仓（རྣམ་རྒྱལ་གྲྭ་ཚང་།）和嘉日柔谢林（ལྕགས་རི་རིག་བྱེད་གླིང་།铁山明论洲）等规则新建的，各自制定了清规制度。四季有大辩经会期各一个月；春季第三学期和宗喀巴大师忌辰之五供祭节，七月中的正理部学期的会期各十五天；春季第二学期和秋季第二学期各二十天。辩讲学期会共有九次。十三个学级之中，《集类学》部有四个学级，要学习全部《因明学》。学习《因理论》者，以教程《悟慧论》和《因理论》为依据，对此不清楚的，以及关于"似因"之词等等，则由赤干仁波切（ཁྲི་ཀན་རིན་པོ་ཆེ།）宣讲教程和考问，由许多辅导员分别做出记录。在《因理论本义》

《因明七论心意除暗》《总义正理庄严论》等的基础上，进行透彻的辩论。坐夏期间，学期休假期，午饭后，按热哇多巴扎仓（ར་བ་རྡོང་པ།）[28]惯例进行《集类学》的磋朗辩论。春季学期休假期间，到四位宣讲考问教程的格西座前，听讲几种不同的《集类学》，务期辩论研讨，究竟到家，从而产生了任何推理家也难以相比的谙练正理法则的辩论人才。第二世一切知为了建立一个释量论学级，曾说道：

“在《俱舍论》之后，学习《释量论》后面部分的两品的通论和专论。第一品、第二品两者结合《悟慧论》和《因理论》去学习就可以。同时对色拉·吉尊巴的《释量论》的宣讲考问也应列入。”

这些措施对弘扬佛法有无比的恩惠，应按尊者的教导去办，期其贯彻。

《般若》学部有四个学级，通学第一品、第二品、第四品。其余部分，每年轮流作为傍晚辩论的内容，求圆满地学完。专题学习则有《识色广论》《识色正义开门》《思色善论宝瓶》《三解脱门安立善说海波》《了义与不了义辨析》广中略三种、《缘起广论》繁简两种、《缘起大全》《缘起经教宝库》、《阿赖耶识辨析学者津梁》、《二十僧伽大全》、《二十僧伽简编》《第八品辨析恒河之流》《三智白莲藤》等。以及一切知嘉木样一世和二世所写的这方面的一系列教程应手不释卷地钻研，而且各按所有通论和专论相应其繁简，有一些僧侣还手捧一切知教程《第八品》的ཀ部、《四大专论秘籍》《明义略释》《疏要庄严论》《金鬘论疏》等熟读背诵。为了辩论中不留破绽，怙主尊者还著了辩论程式一书，对全部大论都能详细地进行辩论。这些学级间的交流和般若庆典的规矩也日益增盛。

《中观》学部有两个学级，以《经教宝库》上部作为通论的学习，下部作为专题讨论的部分来进行辩论，最低限度必须背熟诵习《经教明灯》。熟背《疏要庄严论》和《正义精要》的人也很多。还有把《显句论大纲》《因明广疏》作为傍晚辩论的典籍规定。

《俱舍》《律典》两学部各学习两年，把两部《辨析大全》作为背诵的经文。一切知嘉木样的《俱舍大疏》和《总论补遗》、贡塘仁波切的《俱舍律典摄颂》、热赤钦的（རྭ་ཁྲི་ཆེན།）《总论》等则作为辩论的钥匙，以此进行律典和对法的详细辩论。

为了修持闻思要义，从春季学期的第二学期起至正理学部期间，阿阇黎在经院向各学级深入地讲授《菩提道次第广论》。春季学期进行经教考试。秋季和春季学期，则进行两次所宣讲的教程考试。不管天资如何，若通不过《现观庄严论》和《入中论》的考试，则不能超越《新论》[29]这一学级。中观新论[30]级也要进行背诵宣讲的教程考试。达到这个阶段之后，则可以自愿地学习想学的任何明处、藏文正草书法、雕刻印版等。在怙主和法王供祭仪轨考试及格之后，升入考取噶仁巴等学位时，则有固定的资格排列。有些人还于各学期休假期间，每两天立宗辩论一次，背诵和听课每天夜晚还要进行复习，夜以继日地勤奋学习。

神变大法会会期十五天。在此期间，由阿阇黎以《本生经》和《慈氏五论》中的一论为基础，详细地讲解两三段经论，神变大法会上唪诵的经文均按照宗喀巴大师制定的进行。陈列着以五百两白银制成的曼荼罗、黄金和铜造的冠饰、锦缎绣制的供物等，光辉灿烂，极其庄严。祈愿法会上巡回辩经者立宗辩论，喇嘛玛尼哇（བླ་མ་མ་ཎི་པ།）则会在会场当中吟诵玛尼六字真言和劝善道歌并讲经说法。下午，密咒僧人轮流向各地隅掷施食，供祭缎绣大佛像，按照扎什伦布寺实行的规例跳大舞、骨髅舞（ཀང་འཆམ།），举行盛大的“弥勒环寺”（བྱམས་པ་གླིང་སྐོར།）等各项佛事。在进行林赛（གླིང་བསེ།）[31]讲经时，每天大讲两次，中讲两次，后讲四次，共八次。八次中轮流地讲《般若》和《释量论》各四次，每次讲经互相辩论。对于“喇嘛林赛”，由大会的堪布彻底地讲授五部大论中的两部，其他三部只提示词义纲要。其他三个扎仓的法台轮流地就《四家合注》

《续疏》《时轮大疏》《大疏》任讲一部。医药阿阇黎则讲授五明的解释，要圆满地讲说各经论的科判。四个扎仓的阿阇黎、卸任法台、大格西和老格西等都参与辩论。正理部级于为期半月中，在每次会上，以五部大论的几部为依据进行辩驳和“磋朗”。缎绣佛像前供盛开的鲜花，朝拜内部依止圣物，跳狩猎三匝舞等，增植解脱种子，都按郭莽例规进行。

在夏季辩经学期和冬季辩经学期授予学位的大会上，由门仁巴（སྨན་རམས་པ།）和林赛、噶居四人各按自己所学的经论立宗辩论。在秋季辩经学期和春季辩经学期上，石阶然绛巴依《五部大论》立宗辩论。以五供祭为主的纪念宗喀巴大师忌辰和纪念历世一切知嘉木样圆寂日的法事，由供祭者举行年供月供诵经。宗喀巴大师忌辰五供祭和一切知嘉木样的年供时，各个学级作为吉庆贤妙之日，举行林美（སྲིང་མེ།晚间祭灯），平常早晨供奉念诵独雄大威德本尊和十忿怒明王的颂祷经文，从不间断。每天中午，在举行辩经学期时期，每月上弦供祭十六罗汉绕佛，下弦时按照噶丹寺绛孜扎仓的法规举行怙主和法王的酬补仪轨并持鼓俸诵仪轨。按照噶丹寺大会堂的规程每天举行三次六十施食祭，从未间断。所有夏季和冬季辩经学期，石阶辩论和吉时等全年举行法事数目等等的章程，由圣·阿莽达扎和格西华热旦木曲（དགེ་བཤེས་དཔལ་རེ་དམ་ཆོས།）两位奉命写成，历届负责人贯彻执行，迄今仍继续发展中。

其他三个扎仓的讲经学期，也和上述一样。密宗院供奉胜乐、集密、大威德三本尊。从春季讲经学期至秋季讲经学期的每月初九和每月晦日两天，举行怙主大施食法。秋季学习会的第二日，会上专门讲授指定的经法，也有直接教授《五次第论》者。时轮学院则举行时轮地舞和献供仪式舞，讲授《普明大日如来经》《毗卢遮那现证菩提经》。医学院则举行为期七天的不动佛等的依彩粉坛城的修供仪轨。密宗学院春季讲经学期中，讲授大小《疏释》、达布《密集金刚生起次第》，秋季讲经学期第二月讲授《生起次第成就之海》《五次第明灯》，达布的《集密金刚圆满次第》，钟泽哇的（འཛོང་ཆེ་བ།）《大威德生起次第》，及班禅讲述的《胜乐生起次第》《大威德生起次第》。时轮学院讲授《续部总论》、贾曹杰著《时轮生起次第》《普明大日如来经疏释》。医学院则讲授一切知喇嘛著《文殊亲教》讲义、《医学四续》的《论述续》和《后续续》等作为必须背诵的课程，还讲授《四家合注》《时轮大疏》《菩提道次第广论》等传承史；同时，还传授诵经的音律、腔调、坛城彩粉画规、施食制作法、乐器吹奏法和声明医药历算等学习传承史，皆清净严谨。

总的经忏法事，则有冬至日大施食祭，按上密院规定进行，年末有按色派规律的铁城坛城法，法会中有按温萨派规律的铁城坛城法等。铁城坛城法有不同的几种。正理学部则举行按下密院法的大施食。秋季有马头明王法和怙主法结合在一起的施食回遮法，怙主息增施食供修法（ཞི་རྒྱས་ཀྱི་གཏོར་སྒྲུབ།）等等几种大节日的经忏施食法。念诵十万遍《度母经》和《甘珠尔》大藏经的诵经声从未间断过。还有息、增、怀、伏四业幻轮法，怙主不共大施食法、大力回遮法、十忿怒明王和护国施食回遮法，白伞盖母回遮法、度母回遮战争法、天女酬补灵器法、狮面母施食回遮法等。另外，还有开光仪轨，护摩仪轨等等密宗中所说的以广泛之业为标志的修供法。使佛法在这雪域一直弘扬发展。

以上这些，是按照闻思决定行事的善知识们所说的传承世系而说的。此外，还有虽然没有充当讲经说法的阿阇黎，但通晓全部显密经法的许多僧人，如赛卡·索南嘉措、刚察·钦然卜。他两人精通全部教授，受到亲王府的尊敬，有希望作赤干的代理人。前者弘扬上一世一切知嘉木样所传的三部诀要等耳传教诲的传承，在此处流传很广，恩德亦很大，历世活佛住在文都寺。又如阿坝·曲江（ཨ་བ་ཆོས་སྐྱོང་།）属于新建拉卜楞寺院时的僧差之列，所以又被命名阿坝·卡若（ཨ་བ་མཁལ་རིལ།），成为戒行清净的典范，奋勉精进，一直到圆寂之前，背诵五部大论，对其词语和疏释熟烂于胸中。有一次，他去拜见怙主嘉木样二世，给了一部《释量论》本文，指示他作词语疏释，遂刻意写出，头头是道。如对“薄膜米熟透似的”一词不知是何义，思忖是否煮米之器皿？即前去请问。对赤干讲述的有五百页的《中观广论》和五十页的简编，《四部专论秘籍》以及《般若》第四品以前的讲义，都记有笔记。郭托·阿旺嘉措（སོ་ཐོབ་ངག་དབང་རྒྱ་མཚོ།）对阿坝也很推崇。郭托师精通十明，赤干曾和众格西们切磋经法，轮流请他们吃饭。一天，请他前来提出一个难题，他还没有回答。请他吃肉和酪糕后又提问，他还是默不作声。侍从们再三催他回答，彼师将拇指衔在口中，说道：“啊呀！不是水中的石头在说，而是水边的泡沫说着。”在一次对缘起的磋朗会辩中，有人确定大缘起周偏，他认为确定颠倒了，对他说道：“有没有提出没有周偏于恒河以内的人？”第二天，彼师去赤干尊者前领奖，赤干说道：“昨天你说的那话是针对我说的吆，你立宗吧，我俩辩一辩。”

他说：“哎呀！是您推崇的哪！”

有一次，赤钦（ཁྲི་ཆེན།）指责说：“因法混淆了，若要这样做，那就把观点亮出来吧!”

他回答说：“哎呀！那可不是我们的规矩。”

阿莽·端智（དཔལ་མང་དོན་གྲུབ།）、阿坝·拉卜丹（ཛ་བ་རབ་བརྟན།）、阿坝·曲江(ཛ་བ་ཆོས་སྐྱོང་།）三人不睦。当学级交流会晤时，同伴们很担心。阿莽·端智说道：

“请您们注意，花头（མགོ་ཁ།）和黄梨（སེལ་ལི།）死画（གུམ་རིས།）[32]和我碰上了！”

甘加吾毛（ཀན་ཀྱའི་བུ་མོ།）问他：“你和曲江两人谁强一些？”

阿莽·瑞智说：“先前我强一些。他于立宗时抛出一个观点，我认为就能排除这个问题的矛盾。我对教理者们很生气。他在辩经立宗时，我认为他能这样做，也就能这样确定，所以我对立宗者们很生气。此后，我没有看书，现在我想，这条黑狗他也许强一些。”

在赴讲辩会场的路上，他看见一只狗在吃反刍畜的反刍物。[33] 于是研究是否是草？一直到散会以后，还得要别人去叫。诺颜卡夏尕（ནོ་ཡོན་ཁ་ཤག་ག）建立玛尼会，每人布施一包茶。彼师在会上整天睡觉，结束时高声念了一遍玛尼。有的人说：“他没有念多少。”

他回答：“玛尼的价钱再怎样便宜，还是值得一包茶。”

附带地交代一下，这位诺颜是王府的一位有封诰的好官员。他逝世时，上一世一切知喇嘛亲自前往，给他作了三要义的迁转法事。除他之外，一切知从未到过死者尸前，因此，他是一位有福运的人。他的儿子是才卜克台吉（ཚེ་དཔག་ཐའི་ཇི།），获得袭王爵的资格。

彼师的外号叫“安详体轻扬金刚”，因为他心意安详，手巧体轻，常在临近的座位边放一金刚杵，所以得了这个外号。有一位格贵在会场上拿着这样的理由发表演讲训斥道：

“在木碗口上喊一声‘苟’时，难道碗底会不知道？”

“按您所说，”瑞智驳道，“那么在背山上喊一声‘苟’，毫无疑问，寺中就会知道在这座大经堂里集会啰！”

彼师在去巴素（བལ་བསོད།）的途中，曾两次碰到强盗来抢劫。头一次，被丢进巴曲河（བལ་ཆུ།）河沟，有一具死马躯腔，他就背上这具马躯腔坐着，盗匪以为他是疯子，没有再理他。第二次，他扯着羊毛，口喊吉祥，因而又脱了险。关于他的幻变和善辩的传说很多。有一位老汉给他教琵琶，他让老汉坐在排首，老汉不敢就座，彼师说：“没关系！您给我教了我不知道的东西呦。”

彼师住在尼拉（ཉི་ར།）期间，有一位赛多（སེ་དར།）向拉让上上下下，来来往往，走了几趟，在最后一趟问他：“还在坐着，有何贵干？”

他说：“啊呀！空喊着呐，闭坐呗。”

如此等等的传说，也听到过许多。甘加吾毛对彼师说：“对您有说好说坏的各种说法，您自己的看法怎么样？”

彼师答道：“我在研究佛经的奥义时，不能说不知道一些，因而自认似乎是好的。倘在想想罪恶和不善行为时，不敢说不想这些，因而也自认为是坏的。我的好坏程度，我自己定不了！”

赤钦在排列格西的名字时，将阿莽·端智和阿坝·曲江排在第一，将百班（འབེ་བན།）和佐格·端桑（མཛོད་དགེ་དོན་སེང་།）两人排在第二，将堪布班第（མཁན་པོ་བན྄ྡེ།）和恰夏尔班第（ཕྱ་ཞར་བན྄ྡེ།）排在第三位。赤干给他先后发了三次法衣，阿莽·端智都卖掉了。赤干问道：“你是怎样想的？”

彼师答道：“哎呀！让一个小孩去扛前面的这座山头，他该怎么办啊！”

赤干责备道：“现在，若不让你伴着这条桑曲河去边远地方，那就割掉我的耳朵！”

后来，终于离开了寺院。有一部散乱的《释量论》，谁也不要它，他就给了一位阿坝的新来僧人。因此，有这样的传说，一直到现在，阿坝的僧人大都尽是些学僧，就是由于这件事的缘起所致云。

按照喇嘛的教令，彼师沿桑曲河流域到了卡加（ཁ་ཀྱ།），住在寺院旁边的一座喇嘛房。怙主一切知嘉木样二世来到这里时，给了几斗青稞，并说道：“真实安住享受等，在于念经、布施等。”

彼师又说道：“不需要！”

嘉木样活佛说：“我也不是真实安住，您也不是在念经，没关系。以后，要回到寺院里来。”

他答应了。可是，就在这时圆寂了。

百班·丹增嘉措（འབེ་བན་བསྟན་འཛིན་རྒྱ་མཚོ།），出生在合作（གཙོས།）地方的钟结（འབྲོང་སྐྱེ།）村的百·旦正公保（འབེ་རྟ་མགྲིན་མགོན་པོ།）家。彼师是拉卜楞寺还是蒙古包寺院时的僧人；第一名学僧，聆听了赤干讲传的《菩提道次导引》，并记有笔记。彼师对政教二规的学识很广博，和阿莽·洛桑端智（དཔལ་མང་བློ་བཟང་དོན་གྲུབ།）两人，是德干（རྡེ་ཀན།）最赏识之人，德干怎么说，他俩就怎么去做。因此，触犯了王丹津旺舒克（དཔོན་བསྟན་འཛིན་དབང་ཕྱུག），通过达尔汗台吉（དར་ཧན་ཐའི་ཇི།）才解除了这个矛盾。于是，前往西藏卫地。赤钦·阿旺丹白坚参（ཁྲི་ཆེན་ངག་དབང་བསྟན་པའི་རྒྱལ་མཚན།）的坐骑走失时，他说："现在正自由自在地奔跑着，会藏在普德（ཕུག་བདེ།）那面的山中。"结果，正如彼师所说。若有人请求卜卦时，彼师运一运气后，所有的说法，都能眼看得见，手摸得着。贝勒（བེ་ལི།）请求章嘉仁波切说："阿如（ཨ་རུ།）、科尔沁（ཧོར་ཆེན།）、和秀（ཧོ་ཤུལ།）诸旗总寺院中需要一位喇嘛。"他被派到那里去。章嘉活佛问他何为了悟空性究竟在于密咒等问题，他的回答合乎经典，特别是陈述了关于修断微细障智，乘风入灭定之对治是大乐智慧的看法，更合于章嘉之意。尊者去西藏卫地时，曾向许多格西也问了上述这个问题，可是没有人能回答。尊者自豪地说："拉卜楞寺的一位高僧这样说了……"

彼师在该处建立了两座显密扎仓弘扬佛法。著有称为"曲结喇嘛的《集类学》一书。"后察尔察的嘉纳合巴（ཚར་ཚའི་རྒྱ་ནག་པ།）游方来住此寺，称为后一位曲结。相传隆乃亥活佛（ལུང་ནག་སྤྲུལ་སྐུ།）就是他转世的云。

阿坝·卡尕尔（ཇ་བ་མཁར་དཀར།）和阿坝·卡乃亥（ཇ་བ་མཁར་ནག）两人是阿木去乎卡秀（ཨ་མཆོག་མཁར་ཤུལ།）人，姓氏属卡尔惹（མཁར་རེ།）氏，是有名的格西，修持良好。赤钦圆寂后，两人返回故乡，善业昌盛。卡尕尔曾拜会了年泽阿阇黎（གཉེན་རྗེ་དཔོན་སློབ།），对其谈论的回答，甚为满意。一天，卫地的一位格西和彼师交谈了从《中论》开始的许多问题，作了满意的回答。卫地的格西再也没有问什么，过了一会儿才说："空性之见出过失，将会败坏无智人！"

以此来进行讥诮。彼师回敬说：

"虽然仅仅是怀疑，将能败坏这世间！"

作了针锋相对地回答。阿阇黎说："安多格西胜利了。"

达大哇·仁钦曲藏（ད་ལྷ་བ་རིན་ཆེན་ཆོས་བཟང་།），出生在赛尔保多哇（གསེར་པོ་མདོ་

བ།）地方的鄂氏（ཛོག）家族。上一世一切知嘉木样赴卓尼时，他前往相仓登卡（ཤིང་ཚང་སྟེན་ཁ།）朝拜，请求法缘。进入拉卜楞寺经院，成为赤钦和德干的亲密弟子。作一切知怙主嘉木样二世的教理侍从辅导教程等。同时和仓赛介贝多吉（ཚངས་སྲས་དགྱེས་པའི་རྡོ་རྗེ།）[34]心意非常相投。一同聆听了《甘珠尔》大藏经的教敕。彼师和文都寺的称为大胡子的洛桑达吉（ཞིས་མདོ་ཡ་ར་ཅན་ཆེ་བ་བློ་བཟང་དར་རྒྱས།）进行会辩时，洛桑达吉说：“你今天以前是‘现在’，我今天叫你变成‘过去’。”

虽然气势汹汹地这样说着，但仁钦曲藏却谦卑地坐着。彼师在各讲经院巡回辩论时，平和而温良，说话正直，因而，大家很敬重他。土尔扈特札萨克（བོར་གོད་ཛ་སག）尊为第一喇嘛。仁钦曲藏向他讲授了《般若十万颂》等《甘珠尔》大藏经的许多部经典的教敕。这时，只要有人提起疏释的头一句，彼师就能把后面的背诵如流。从喇嘛职位卸任后，在寺院专门进行修持。圆寂前来到一切知尊者座前，将尊者的脚顶在头顶，说了声“这样广阔的虚空界啊！”如此等等，显出奇异的圆寂前征兆。

称为更尕绛拉（ཀུན་དགའ་འབྱམས་ར།）的更尕扎西霍仓巴（ཀུན་དགའ་བཀྲ་ཤིས་ཧོར་ཚང་བ།），是德干的得意门生，著有德干仓传记。王妃南杰卓玛（དཔོན་མོ་རྣམ་རྒྱལ་སྒྲོལ་མ།）来到寺院时，患了疾病，诊断是血症，乃减少其所穿的衣服，按照《摧毁》之说，向上身淋了冷水，身体立即清爽，病患告愈，被视亲密挚友。彼师通晓《怙主大威德教诫》（མགོན་འཇིགས་ཀྱི་གདམས་པ།）颇有实践经验。对请求洗疗者都一一予以洗疗，并为之诵速成母及寒林母的祝祷词。

丹增嘉玉玛（བསྟན་འཛིན་རྒྱ་ཡུ་མ།）是从霍尔康巴（ཧོར་ཁམས་པ།）迁来这个地方的人之一，讲辩正理没有对手，被称为“堪作艾典巴的辩论对手的人只有他”。彼师通晓诸明处，著有《赤干传》。当时流传着这样的说法，阿莽·端智一发出辩论之声，卡尕尔（ཁ་དཀར།）就知道其本义。“端智的辩题，嘉玉玛的智慧，郭托（ཀོ་ཐོབ།）的理解，江饶（འཁྱུང་རོ།）的击掌声。”都被誉为出类拔萃之人。在佑宁寺立宗辩论时，有一位曾在色拉寺、哲蚌寺和噶丹寺三大寺中辩论没有对手的格西叫华热恰科（དཔལ་རེ་ཁྱོ་ཁོ།），站起来说：

“因为你具有三个不需要的东西，即嘴上不需要的胡子、手上不需要的佛珠手串、心上不需要的空虚。”

如此诙谐地开了个玩笑。嘉玉玛站起来发出三轮辩论，说道：

“在我一切需要齐全之中，是有三个不需要的。然而您不齐全三个需要：即身体要肉而没有肉，一也；语言要辩词而无辩词，二也；手掌要击出掌声，而无掌声，三也。”

就这样回敬过去。这位格西说：

“这才是在谈色拉寺、哲蚌寺和噶丹寺三寺中被认为疯话的一些废话。”

有人说：“这是承许了纠缠于字面的诡辩，在补特伽罗的相续中没有遍智。”因而，引起了哄堂大笑。他站起来辩道：

“在补特伽罗的相续中有遍智。”

那人辩道：“许诺。”

“那么，补特伽罗的上身穿有法衣啰？”

那人辩道：“许诺。”

“那么，补特伽罗的下身穿着靴子啰！如果‘许诺’，补特伽罗的上身穿着法衣，下身穿着靴子，兼而有之啰！”抛出了这样周遍的答辩。关于彼师像这样机智的巧辩非常之多。

彼师曾三次去青海蒙古地方。第一次去时，由于作乡村经忏师不顺利，他在四个装满酥油的牛肚子上面点燃了灯火，放于青海湖中让风吹去，一直没有沉入水底，而是燃烧着漂向远方。一时，弘传他的法力很大，事业从而很兴盛。后一次，从家乡出发时，对侄子赛·华丹（བསེ་དཔལ་ལྡན།）说：

“我梦见十二个少女拿着我的座毡。青海地方居有十二丹玛神[35]，不知这次能不能返回家乡来？”

在途中，给侄子赛·华丹指着隆波赛钦山（སྔོན་པོ་གསེར་ཆེན།）山坡的一孔地穴说：“我死后送到这里来！”后来，他圆寂后，就按他的遗嘱办了。

卡加的昂夏（ཁ་གྱའི་ཨོང་ཤ།）也是一位有名的格西，他是折隆多（ཕྱིལ་ལུང་མདོ།）人。郭莽喇嘛丹却（སྒོ་མང་བླ་མ་དམ་ཆོས།）时，听说准备抛弃我们的教程，彼师和丹增嘉玉玛、百班丹增三人为了辩论前往西藏。他们是这儿第一批去西藏的僧人。后来这位阿阇黎想，引用许多经教，这是很容易的。然而，放下自己的观点，另行引用一种经教，则必须对比上下词语，因而，一天之中只能援用两种经教，别的经法不能引用。因此领悟了看来毫无阻碍地引用经教可能是阿阇黎仁波切们的特长。于是，乃去聆听赞扬教程的赤钦·索南旺嘉（ཁྲི་ཆེན་བསོད་ནམས་དབང་རྒྱལ།）讲传的经法，感到这才是不偏不倚地对经典精要的阐述。彼师在上下学级任何一级中立宗辩论时，据说在他们三人面前，能通过三轮的人很不容易。其他两人智慧很高，因而在经院中游学了几年。彼师由于另有指示，不能久居，遂返回故里。此地所有立宗的人，都被他以理法辩败。

赤钦规定门仁巴们的午饭和雄勒巴相同对待。玛卡·嘉那化（མ་ཁ་རྒྱ་ནག་པ།）按照赤钦的安排没有端出午饭。在立宗辩论的那一天，彼师抛出“因为经是佛的教诫，以周遍故”的论题。

赤钦说:“因周遍。”

彼师乃提出三轮辩法，说道：“有法为‘嘉尧多’（རྒྱབ་ཡོལ་མདོ།），应成佛的教诫，以是经[36]故。”

赤钦说：“因不成立。”

“那么，”昂夏说，“‘嘉尧谷’的谷脑，应成不是谷脑，以‘嘉尧多’不是谷口地故。”

赤钦说，“不周遍。”

“我懂这个，”昂夏说，“有教导你的人，我对彼提出辩诘。”

说着，以讥笑的方式，对着一块石头抛出三轮辩法，进行理法的辩论。

经院散会以后，彼师被嘉那化揍了一顿。他告到赤仁波切那里，嘉那化受到驱逐出寺的处分。过了几天，嘉那化看到大经堂的向阳窗前朝拜的人们熙熙攘攘，他乘此机会，换了一件布袍，腰间挂了一把长刀也前去朝拜。被赤钦看见斥责道："你为什么还没有走？"

他答道："待我杀了昂夏再走，大约在今天夜晚，能够杀掉他。"

赤钦马上给协敖下令，让他献上供灯和哈达，重新收留了他。尔时的格西们心计灵变，行为粗犷，如此稀奇的传说非常之多。

听说有一次，卡加格西病了，弟子们认为他要圆寂了，乃陈设阿弥陀佛佛土的庄严，献上了一次往生净土的佛经请他过目。他说道："不要这些。将我的医生朋友请来。"

医生来后诊了脉，用街巷的陈骨头熬汤。滤出汤汁，加上药物，再熬一熬后让其内服。第二天，又请医生诊脉。彼师说："备上我的马。"

弟子们说："病好以前，要安居静养。"

"我要走一走，"他说，"我做了您们的无量光和无量寿佛呀。"

彼师三律仪清净，具有神通，晚年住在故乡。临圆寂时说道："铺座！要信守誓愿。人们会说'昂夏在色、哲、噶三大寺中，辩论时口若悬河，而在临终时则死气如丝'。会落人们的闲话。"说着说着，即在座位上迁转圆寂。

相拉·阿旺索南（ཞང་ལ་ངག་དབང་བསོད་ནམས།），是桑科（བསང་ཁོག）人。赤干说他是"持戒的楷模，精通供诵音韵，诵经的韵调与六十支韵'等流'。"

郭加格西（ཀོ་ཀྱ་དགེ་བཤེས།）也是戒行严谨，学识超群的学者。霍尔仓仁波切（ཧོར་ཚང་རིན་པོ་ཆེ།）曾聆听他讲授《般若八千颂》教敕。他曾作有全部《集类学》的笔记。他任协敖时寺纪严明。

阿柔曲结·宗哲（ཨ་རིག་ཆོས་རྗེ་བརྩོན་འགྲུས།）出生于刚察（ཀང་ཚ།）地方，是当

初五户村向寺院首次送采的僧源之一。寺院兴建的那一年的新年中，昂索（ནང་སོ།）向一切知请求道：“我送来的僧侣中，有一位略晓因法，是否可以参加磋朗会辩？”

嘉木样回答说：“可以。”

于是，宗哲参加了磋朗会辩。他参加辩论使大家非常稀奇。一些僧侣在他跟前说：“看这些小孩子伶牙俐齿的样子，对因法能辩论清楚，真可怜见的！”

他说：“您们不要说可怜见。这些小孩中间，说不定可能有琼楚·贤巴扎西（ཁྱུང་སྤྲུག་བྱམས་པ་བཀྲ་ཤིས།）的化身。”

他从曲宗（ཆོས་རྫོང་།）去拉卜楞寺院时，正值桑曲河水泛滥，所有的河川平滩都被淹没了，涉渡非常困难，请他等候几日。他说：“这不行，难道无比的佛祖没有降临么？随便哪一处都可以渡！”按他所述做了，平安无事。他临圆寂时，去第二世嘉木样尊者座前，敬献了一些财物，专门找来了一个小胶袋奉上，拜请主持护佑后世之事。之后，坐在座位上。一切知说道：“老喇嘛好像去了似的。”大家看时，他已圆寂了。听经的和迎接尸体的僧众，都看到他的尸体就在座上如入定状。彼师和达大哇、切巴活佛（ཆོས་པ་སྤྲུ་སྐྱེ།）、博拉群则（འབོ་ར་ཆོས་མཛད།）四人，称为四曲结。

后者出生在博拉地方，住在草原的兄弟家，后来到拉卜楞寺。在经院中学习五部大论、医学和历算，学业出类拔萃。先后任大会堂格贵，佐格豪必十二（མཛོད་དགེ་རྟོ་བི་བཅུ་གཉིས།）的喇嘛。彼师以医药和经忏裨益众生，因而大家很敬重他。他将怙主嘉木样活佛迎请到大会堂，奉上包括一百匹马、酥油、酪素、毡等等的千献。向大会僧众，每人布施了一匹大布。彼师让兄弟阿坝·才旺扎西（ཇ་བ་ཚེ་དབང་བཀྲ་ཤིས།）在桑云掌管畜牧，安排了几户拉德民户，把一百匹马，七百只绵羊放牧在苏柔部落（སུ་རུག），作为寺院的供祭资金。他说：“我想能否在寺院一直存在期间，为每份奶粥贡献一些力量。”在临圆寂时，对自己的司膳师说道：“从来没有对怙主仁波切产生过庸俗之想，现在点点星星地有一点，好像是财物的原因。”说着以雄狮卧姿圆寂。

彼师转世的灵童，从贡塘·嘉贝样（གུང་ཐང་འཇམ་པའི་དབྱངས།）出家，并受近圆戒。他信守过午不食等律戒，学习出类拔萃，取得门然巴学位的第一名。

他的转世活佛，曾任新寺丹培林寺（དགོན་གསར་བསྟན་འཕེལ་གླིང་།）的法台，现在圆寂。《寺志》中说：

“以上的几位，大都是赤干仓任堪布时集中到中观学级的众多格西中的几位格西。这个学级被称为发愿供奉学级，中观的讲听辩论精辟独到，因而，对中观本论不是仅仅了解几个词义，而是正确了悟真谛，各自将自己的见解写成不同的悟道歌。”

此时，还有这样的传说，德干说：“不勤奋地诵经修法事佛，光从事于空说，喇嘛和弟子像疯狗一般。”待考。

堪布诺们汗（མཁན་པོ་ནོ་མིན་ཧན།）在西藏卫地时，为了隔离天花，避居在一条空谷之中。有一位同乡僧侣作看护他天花病的侍者，后来被授予卫江堪布（ཨིས་རིང་མཁན་པོ།）的职位。这位卫江堪布兄弟的儿子称为堪布万德（མཁན་པོ་བཛྲ།）的人，就是洛桑曲培（བློ་བཟང་ཆོས་འཕེལ།）。叔叔堪布说：“不知他和精通全部经卷的格西谁的慧根大。”洛桑曲培和合作恰夏尔·万德克却（གཙོས་བྱ་ཤར་བཛྲ་མཁས་མཆོག）同一个学级，在磋朗会辩“了义与不了义”期间，不事休息辩论了一整天，到散会时，日影已落到了大殿金顶之上。同级的人们说：“洛桑一天能背诵五十页经，克却还比此数多十五页。”勒丹巴（གནས་བརྟན་པ།）从西藏回来后，立宗辩论。第一天，克却提出理法题目进行辩论，全扎仓的僧侣围了起来，在敬事的击掌声中进行答辩。经院散会后，勒丹巴的弟子合作·阿旺楚臣（གཙོས་ངག་དབང་ཚུལ་ཁྲིམས།）来到其师的跟前，请问道：“不是在看《分辨了义与不了义大疏》吗？为什么这样啦！”勒丹巴说：

“我也是郭莽扎仓的一位说理法者，却压不住克却的细微理解。”据说，理法克却好，了悟洛桑好。赤钦把他两人交给郭托让其教导。有一天赤钦问：“他俩人对经典意义有无疑问？”

郭托答道：“克却没有疑问。洛桑有时有，有时没有。”

洛桑的叔叔堪布临圆寂时说道：“或者我愿寿终后成为一位活佛，或者祝愿去极乐世界。”

侄子格西说：“您不要错过祝愿对象，我们不需要活佛。”

这些话见于有分辨智慧的智者们的谈论中。

尕吾·洛桑克却（སྨ་ཧུ་བློ་བཟང་མཁས་མཆོག），出生在博拉，曾在赤干座前聆听《集类学》和在德干座前聆听其余的经论。当汉蒙两族发生战争时，他向喇嘛怙主无差别的虔诚进行祈祷，因而做了一个梦。梦见先有一人牵着一对犏牛犁地，手扶着犁逐渐来到身边，接着向远方犁去，听说道：“不要到他那儿的行列中去。”在去西藏的途中，拜见了去内地的达察济垅仁波切（ཏ་ཚག་རྗེ་དྲུང་རིན་པོ་ཆེ།），请求指示今后转世何处？达察告诉他说：

“避开对财物的依恋，致力于善行，能生于兜率天。”会见赤南木桑哇（ཁྲི་ནམ་བཟང་བ།）时，指示说：

“向兜率天祝愿！虽然不能去山间小寺修行，但要有住山修行者的风度。”

普尔吾交巴尊者（རྗེ་ཕུར་བུ་ལྕོག་པ།）也说：“去掉住山修行者的架子，祝愿极乐世界！”

到拉卜楞寺后，参加大会堂的讲辩，并辅导教程的学习。五十岁时任大会堂的协敖，坐在称为净水瓶、茶桶的大总管位上，因患胃病圆寂。彼师曾梦见在一孔喷火的地洞口，放上一个搅茶桶，铺毡坐在上面，忽然掉入地洞，他被惊醒。尔时，已到了协敖去大会堂的时间，前来迎接净水瓶者恰好同时到达。因此，彼师任此职后，立誓要忠于职守，也要抓紧坐禅。总而言之，把僧众的公共财物作为自己所有而挥霍之罪果，在律典中多有讲述。现在时时刻刻要把管好公共事务放在心中。要警惕《迦当书》中说的“贪欲会召恶魔来”的授记！必须清楚，使正教衰败的外缘，是只把追求贪欲放在心中的那些行为，这是毁坏自己和别人之因，对此必须提高警惕。彼师从辞去协敖后直至八十三岁之间，一直闭关修行，把胜乐、集密、大威德三本尊和怙主法密咒各诵了一千万遍。先后三次向怙主[37]请求指示往生极乐世界之因。第一次，指示诵完《甘珠尔》大藏经；第二次，指示念诵《金光明经》和《般若八千颂》并建立佛土庄严；第三次，指示念诵《祈祷往生极乐世界经》和《善逝母》。他在卧室所供的巡礼依止经典有《宗喀巴全集》，彼师边巡礼边诵《祈祷往生极乐世界经》十万次，拌食糌粑时，念诵《善逝母》十万遍。嘉木样活佛前往西藏时，他请到家中，献了白银五十两，鞍鞯齐全的骏马一匹，还请指示往生极乐世界之因。指示“念诵《祈祷往生极乐世界经》和《善逝母》就行”。他经常蹲坐在修行座上念修，就在念修座次中圆寂。彼师转世的灵童，出生在甘加（ཀན་རྒྱ།），名叫尕吾夏仲·贤巴嘉措（སྣ་དུ་ཞབས་དྲུང་བྱམས་པ་རྒྱ་མཚོ།），进入经院学经。被委派为送给德干仁波切作为庄园的西仓阿萨昂欠（ཤིས་ཚང་ཨ་གསལ་ནང་ཆེན།）部落的喇嘛，就在那里圆寂。

阿哇日噶居（ཨ་བར་དཀའ་བཅུ།），出生在阿哇日（ཨ་བར།）地方。学识超群，是当时拉卜楞寺学僧中的第一名。曾去西藏哲蚌寺郭莽扎仓游学三年。返回故乡后，先后去塔尔寺、佑宁寺等寺院中进行了前所未有的立宗辩论，获得多仁巴（རྡོ་རམས་པ།）学位。他曾任德赤转世灵童隆日嘉措（ལུང་རིགས་རྒྱ་མཚོ།）的经师。对政教两方面，都有所建树。又同隆日嘉措一起去西藏，进入郭莽扎仓的噶仁学级（སྒོ་མང་དཀའ་རམས་འཛིན་གྲྭ།），曾在大祈愿法会上作巡回讲辩僧。在下密院进行密咒立宗辩论并任格贵，临任喇嘛翁则师时圆寂。当时，土尔扈特的噶居乔丹（ཐོར་གོད་དཀའ་བཅུ་མཆོག་ལྡན།）曾允其“向我讲讲《达布的生起次第与圆满次第科判》”的请求。因而，他很高兴，交往密切。

阿哇日·索巴（ཨ་བར་བཟོད་པ།），出生于居住在阿哇尔地方的一户拉西（ལྷ་

ཞིས།）部落之人的家中。他曾聆听了德干宣讲的教程，在了悟和说理方面均为格西之冠。他和辅导师洛桑仁青（སྐྱོར་དཔོན་བློ་བཟང་རིན་ཆེན།）两人同取得林赛噶居和多仁巴的学位。怙主嘉木样任佑宁寺堪布时，章嘉仁波切自内地来到安多，德赤活佛前去拜见，阿哇日·噶居和阿哇日·索巴两人作为随从。章嘉活佛问了一些显密乘方面的问题，回答如流，并就《宗印广论》[38]进行了详细的谈论，章嘉特别喜欢。在从西藏新来的和华热地方原有的许多格西当中，他俩享有盛誉。特别是噶居的理法，使章嘉意为之夺。章嘉问嘉木样二世道："您的寺院里还有这样的人吗？"

答道："还有一个洛桑金巴（བློ་བཟང་སྦྱིན་པ།）。"

就于该时，请求讲授了《本生传胜者海》（འཁྲུངས་རབས་རྒྱལ་བ་རྒྱ་མཚོ།）。松潘的阿吾嘉巴玛（ཟང་དྭའི་ཨ་བོ་རྒྱག་པ་མ།）在这里立宗辩论。他问："尊者座前理法谁好？"

答曰："有位阿哇日·索巴，对他要小心谨慎。"

立宗辩论时，他虽然不认识阿哇日·索巴，但对条理严密的辩论有些疑惑，于是恭恭敬敬地问道："您的大名叫什么？"

答道："叫索巴。"

他说："噢，索巴黑小子，是一把干灰。拿来！请放吧！"

轻蔑地进行诋毁。索巴心里一惊，有点害怕，没有充分地发挥原有的理法效果。从此隐居在山间小寺意尕却增（ཡིད་དགའ་ཆོས་འཛིན།）静修院中，致力于修行，比以前更加了悟空性。《寺志》中记载："僧人中相传，和彼师同一级的法师洛桑却珠巴（དཔོན་སློབ་བློ་བཟང་མཆོག་གྲུབ་པ།）曾赞扬说：'现在，没有比他更高的了悟者。'"

与阿哇日·索巴同时，还有一位名叫泉楚·索巴（ཚེམ་ཕྲུག་བཟོད་པ།）的僧人，也很有名。他是察尔察仓德干（ཚར་ཚ་ཚང་སྡེ་ཀན།）的随从。当时，他新来不久，为正理部取牛奶前去卡尕尔勒（ཁ་དཀར་ཀླད།），打了一位密咒者家中的狗，与密咒者发生争吵，密咒者念了禁口咒。泉楚·索巴努力念诵《般若心经》禳退法，密咒者死了。他和怙主嘉木样二世非常亲近，他对任何事情，无论嘉木样二世平和或发脾气的时刻都能够启请说话，因而经常商谈一些事。一切知去内地时，曾坚决阻止。当从内地返回时，尊者说道：“察尔察仓很重要。”送了一尊高约一尺余的观世音菩萨塑像，供奉在密宗院。

阿旺端智格西（དགེ་བཤེས་ངག་དབང་དོན་གྲུབ།），是最初的雄勒巴之一。嘉木样二世指示他：

“在祈愿会时，戴上长飘带僧帽走出拉卜楞寺的侧门，劝念玛尼，前来拜见的群众会很多。讲述一些如《贤愚经》故事，也可以讲例如朗萨却吉（གླིང་བཟའ་ཆོས་སྐྱིད།）的《死亡经》等。这样，对劝化人心非常有益。此后，向群众宣说一切知一世所著的以‘您们聚集在这里的善男信女们’开始的等等教导，劝他们回向祝愿和念诵玛尼。”

彼师按照吩咐做了之后，文都寺翁则师也请为随从，一同劝人们念玛尼，因而劝化了僧俗人众之心。雄勒巴们活动的仪则、规矩等，都兴创于彼师之手。

杂义·阿旺却培（ཚ་ཡུས་ངག་དབང་ཆོས་འཕེལ།），获得气瑜伽的法力。赤钦·索南智华（ཁྲི་ཆེན་བསོད་ནམས་གྲགས་པ།）曾说：“肚腹不动比较易为，但以丹田的拙火为衣，则极佳妙。”

卡萨克却（ཁ་གསལ་མཁས་མཆོག）出生在泽云（རྩེ་གཞུང་།）地方的高查（མགོ་ཚ།）村。是朗阿阇黎（གླིང་སློབ་དཔོན།）座前的僧源。有一段时间，学习不上进，从新旧《中论》级降到学习红白显色的学级，努力学习后，成为没有对手的说理者。经常复习《金鬘论》《疏要庄严论》等经典。后又每年完整地复习五部大论教程一遍，从不间断。进行了前所未有无与伦比的多仁巴立宗辩论，获得多仁巴学位。按照嘉木样尊者之命，前往时轮学院。学习和精通了念诵和实践仪轨，多次担任持金刚的代理法师。担任扎仓格贵时，想改变学风，依据《修心》的许多教敕，在僧众大会宣布训词。

在各个学级督促僧侣学经。常常说，您们还没有辩论这些经典和那些经典，在这个学期中应辩论这一点和那一点。由于督促得法，因而收益不小。彼师被他的家乡人和和日（ཧོར།）、达参（མདའ་ཚན།）等地尊为上师。遵照一切知尊者“到青海蒙古地方去”的派遣，前往该处。当时，该地瘟疫蔓延，他进行了经忏法事，瘟疫绝灭。彼师虽想在该地创兴事业，但由于达参和家乡人们的邀请，又返回家乡。由于遭遇凶岁，苏柔部落流散，乃重新收集流亡，不久，他圆寂了。

参巴·洛桑官却（མཚམས་པ་བློ་བཟང་དཀོན་མཆོག）于水狗年（公元1742年，清乾隆七年，壬戌，）出生在作格（མཛོད་དགེ），父名宝仓·文贝公保（སློབ་ཚང་བུམ་པའི་མགོན་པོ།），是密宗教徒。所以，他从小学习《祖师问道语录》和医药。双亲想给他娶妻成家，但他坚决地出了家。怙主嘉木样来到这里后，他和佐格翁则师两人逃离家乡，前去拉卜楞寺。在年智合巴阿阇黎（སློབ་དཔོན་སྙན་གྲགས་པ།）座前，聆听宣讲的教程。拜拉卜丹嘉措格西（དགེ་བའི་བཤེས་གཉེན་རབ་བརྟན་རྒྱ་མཚོ།）为师，学习了五部大论。打算去西藏哲蚌寺郭莽扎仓立宗辩论，扬扬名声，但被故乡的僧侣们劝阻了。大家评论说：“他对于经论理解很深，一定能立宗辩论。”他精通显密二乘，并精通诸明处。彼师把查干白相寺（ཚ་གན་པེ་ཤིང་།），特别是把拉卜楞寺作为经常居住的中心，闭关修行，终生行善弘法，承传他的教授者很多。亲传弟子有恩师阿莽道扎尊者等人，彼师的事略附见于尊者的《闻道录》（གསན་ཡིག）中。怙主嘉木样曾作“将在香巴拉国（ཤམྦྷ་ལ།）像仁波切[39]那样进行教化”的悬记。彼师在八十岁的那一年圆寂。据说这一年就是嘉堪庆巴（རྒྱལ་མཁན་ཆེན་པོ།）所讲的阿库仓（ཨ་ཁུ་ཚང་།）叔叔拿着干枯头骨去欧提耶奈（ཨོ་ཏི་ཡ་ན།）的那年。

吉美饶卜杰巴格西（དགེ་བཤེས་འཇིགས་མེད་རབ་རྒྱས་པ།），出生在塘尕尔（ཐང་དཀར།）地方。他曾入时轮学院，由于僧侣的限额是一百五十人，他超员了，又因他是秃指，所以被淘汰了。转入闻思堂（ཐོས་བསམ་གླིང་།）聆听阿阇黎作仁巴（གཙོས་རམས་པ།）宣讲的教程，还经常背诵《中论广论》等关于中观和般若的全部教程，及《了义与不了义辨析》，勤奋自学精通诗学，在学了《俱舍论》后，又自学了声明和算学。熟背索扎巴的《律戒疏》考取了祈愿法会的然绛巴。还聆听了怙主嘉木样二世、两位色赤活佛、两位赤钦索南活佛（ཁྲི་ཆེན་བསོད་ནམས།）等讲传的许多经法。遵照怙主嘉木样的命令，前去朝礼五台山。由于他勤奋静修，得到彻底的证悟。拜章嘉仁波切为师，聆听了讲传的各种深奥经法。遵照这位尊者之令，在皇帝驾前进行磋朗会辩。当章嘉逝世后，他于一年之中，侍奉在灵塔之前。此后，去各处朝礼圣地，并前往西藏卫地，讲传了许多经法。铁猪年（公元1791年，清乾隆五十六年，辛亥），在拉卜楞寺中，察哈尔·甘珠尔哇（ཚཧར་བཀའ་འགྱུར་བ།）讲授《甘珠尔》大藏经的教敕时，彼师正在自己家乡，怙主嘉木样专门去信通知，请他来听讲。他在拉卜楞寺、塔尔寺、康托达吉林寺（ཁང་ཐོག་དར་རྒྱས་གླིང་།）等处寺院，多次讲授《甘珠尔》大藏经的教敕。过去，他于赤钦·索南智华（ཁྲི་ཆེན་བསོད་ནམས་གྲགས་པ།）处听《宗喀巴全集》教敕时，由于赤钦的讲述从应成派和自续派的差异观点出发引申，因而出现空虚，彼师惊恐地抓住了左右两边的人。在塔尔寺讲授《甘珠尔》大藏经教敕时，由于梦兆，作空性因缘起而现的悟道之歌。

多仁巴·楚臣森格（རྡོ་རམས་པ་ཚུལ་ཁྲིམས་སེང་གེ），出生在阿木去乎隆勒卜（ཨ་མཆོག་ལུང་ལེབ།）地方。十五岁时，同乡去拉卜楞寺举办祈愿法会，他也跟着去朝礼。在经堂屋顶平台上朝拜了大会堂，发出要入这座寺院的心口如一的真诚心愿。返回家乡的路上心里暗想道："不让入寺为僧时，就要偷跑前去。"于是，在路畔的山崖等地作了记号。在放牧时，一边放牧一边学习藏文。十六岁那年，在和日然多（ཧོར་རན་སྟོད།）放牧时，丢失了马匹等，阿妈打了他一顿，于是他拿着鞍鞯去找马。他向三宝祈祷后，抛出套索，抓住了一匹马，戴上了辔头，备上了鞍，翻身跃上马背，奔跑到拉乔（ར་འཕྲོག）地方的桑曲河边。这天夜里，他就露宿在那登沟（ལུང་པ་ནག་ཞིང་།）。次日来到寺院，穿着村民服装拜见了德干。这时哈绕增（ཧ་རོལ་ཙེན།）

的一位施主，向每位僧人布施一只羯羊，德干仓让给他两份，因而以此作为备办僧衣禅裙的费用，进入经院学经。时间不久，就掌握了《集类学》二十五个节目的内容，能背诵《中论》全部、《正义精要》《俱舍论疏释》《明照解脱道》等，常常勤奋地通宵苦读。在中观学级学了七年。由于泽桑活佛（ཛེ་སང་སྤྲུལ་སྐུ།）临圆寂时，向其赠送了《菩提道次第略论》一书，以此善根的外缘，他背熟了这部经书。彼师取得多仁巴学位后，前去密宗学院学习。掌握了胜乐、密集、大威德三本尊仪轨，《五次第精义》等，在拉卜楞寺祈愿法会时，聆听了怙主一切知嘉木样讲传的《文殊亲教》的讲解。从此以后，直到当年秋末，彼师传授讲解，修持实践，从未间断。当觉阿佛像被请到大经堂时，彼师列于十六长老赞香者之列，正理学部的洛桑（བློ་བཟང་།）对他戏谑说：“您是长老中的巴枯拉（པ་ཀུ་ལ།）[40]。”他还充任过完波塘寺（སྟོན་པོ་ཐང་།）的法台和拉卜楞寺的喇嘛翁则师。怙主一切知嘉木样二世住在甘都时，彼师前去祈祝长住世间，但他到达中库寺之日，听到了怙主已为利他而圆寂的消息，无比伤心，潸然泪下，双手合十说：

“我的喇嘛吉美旺波……”等语，即在彼处圆寂。当时，出现了彩虹笼罩等等奇异征兆。

多仁巴·三木旦（རྡོ་རམས་པ་བསམ་གཏན།），于怙主一切知嘉木样二世任堪布时，入经院学经。成为讲说理法方面的超群拔萃的人物，在大会堂应试了《毗奈耶》上下部的考试。赛哲多仁巴（སེར་དྲིས་རྡོ་རམས་པ།）立宗辩论时，彼师抛出了按“如此行相的其他经藏，仅由以不了义这经教而显扬”的指示，这个教言是不是指出了五大经义的观点，从应成派的观点来看是了义，而从唯识论的观点来看，是不了义呢？当时无人吭声。彼师作为东科尔活佛（སྟོང་འཁོར་སྤྲུལ་སྐུ།）的随从，前往天堂寺，在华热地区的所有讲经院，都立宗辩论。

藏敦·丹巴达吉巴（གཙང་སྟོན་བསྟན་པ་དར་རྒྱས་པ།），出生在西藏曲培（གངས་ཅན་ཆོས་

འཕེལ།）附近的地方。曾入哲蚌寺郭莽扎仓学经。扎仓发生内讧时，西藏地方政府令僧众集聚在石阶院，询问属于哪一方面造册登记。当时谁也不敢询问原因，彼师坐在排尾，站起来走到政府人员跟前，磕了三个头，说道：

“我因为想学习，所以从藏地来到这里。我不是愿意作乱者，但偏偏遇到这样的时光。能否开恩让我和以前一样作一个参加会传游学者？如若不能，请开恩让我返回故乡吧！”

政府人员说：“好汉子，做一个地道的普通僧人，就应该这样。请走开！”

此后，全体僧众像他一样地谈了实情，除了一两个祸首外，没有罪及他人。彼师与怙主一切知嘉木样二世同一学级，遵从尊者的强邀作了随从。在拉卜楞寺做《中论》新级学僧，和阿哇尔·噶居同一学级。在安多和西藏两地，修习究竟圆满。拜请衮尕桑杰（ཀུན་དགའ་སངས་རྒྱས།）讲解了《妙善疏释》的教敕。这时，有这样的盟誓：“除了三人以外，在其他多人面前不得念诵。”所以他和刚察觉尔洪（ཀང་ཚའི་སྐྱོར་དཔོན།）两人虽学习元音数术，但还缺乏实践传承，有志者须前去挖掘为是。觉尔洪的手上生了一个疮，就做了“刺武曜齿迁移图”，即依规定的时刻转移，灵验不爽。到内地访问时，在土观庄园夏拉苏木（ཐུའུ་བཀྭན་གཞིས་ཀ་ཤར་སུ་མི།）丢失了二十五两白银。他用元音数术图推算后，说道：“由家中之人拿走，埋在内外交界处。”

原来由一个家奴拿去后，藏在前后三进大院的中院界墙的水洞里。如此等等的占卜，真是准确如神。因而，恩师阿莽道札向他学了星算，向仲尤·环觉（དྲུང་ཡིག་དཔལ་འབྱོར།）学了诗学《妙音歌》本文和疏释。他两人的传略附载于《闻道录》之中。

仲尤·却智（དྲུང་ཡིག་ཆོས་གྲགས།），青海蒙古人。他作为怙主嘉木样二世的随从，前往西藏，在彼处攻读了藏文。后被任为印版的管理人，在他的督促下，雕版事业，有所发展，那时所刻的印版行列整齐，版面清洁，堪称为标准印版。现在沿用的楷体字木刻版和天成体梵文和乌尔都文木刻版，都是由他传下来的。

以上所述的从拉卜楞寺院兴建至怙主一切知嘉木样二世时期所出格西的这些史略，是恩德无比的师长金刚持阿莽道扎反复讲述的。或有可供参考之处，故不计叙述的工拙及次序不一，汇集于此。从那时至现在，善讲经教理法的智者、了悟显密二宗的格西、精通诸明处的学者班智达层出不穷，难以数计，未能一一详书。

关于流传的“将有八万僧侣聚会”的悬记，隆多喇嘛仁波切（ཀློང་རྡོལ་བླ་མ་རིན་པོ་ཆེ།）曾说过：“是入菩提道者八万人。”还有称为白经堂者，屹立在嘉尧多（རྒྱབ་ཡོལ་མདོ།）谷口的宝塔前面，砌它的石块是从贡尕日山（མགོན་དཀར་རི།）的山中开采运来的；在措奇（མཚོ་འཁྱིལ།）水面建有铁桥；大会堂的大锅是从隆尕尔塘滩（ལུང་དཀར་ཐང་།）伏藏中发掘的等等传说很多，这里是难以推测的圣地。

第二任堪布钦德尔·阿旺扎西（མཁྱེན་གཉེར་ངག་དབང་བཀྲ་ཤིས།）[41]，是西藏卫地的格西。阿阇黎强巴仁波切（དཔོན་སློབ་བྱམས་པ་རིན་པོ་ཆེ།）进行拉仁巴立宗辩论时，彼师以理法辩败之。后来，这位尊者住在普吾觉（ཕུར་བུ་ལྕོག）时，说道：

“龙本金干（ཀླུ་འབུམ་སྦྱིན་ཀན།）在这里的话，我有一些疑难要请问，除了他之外，别人谁也讲不清楚。我听赤钦索南仁钦巴讲过这样的话，以前，我立宗辩论时，一次，有一位密宗学院的赤足僧人走来问道：‘对你从哪里提出理法论题？’我说：‘《律典》《俱舍》《释量论》，前面的格西们都愉快地提出过论题。现在，请从《中观》《般若》提出论题吧！’他边掸着帽子，边说道：‘啊呀！你敬事的方向大约没有对头！提起《中观》和《般若》，是我最拿手的本事’。于是，展开辩论，可是，驳得我无处可走。哎呀呀！他眼比眼大，鼻比鼻大。后来，一见他就有些心惊胆战！”

拉藏汗曾问一切知嘉木样一世说："您去安多兴建寺院，日后的住持者是谁？"

答道："如同'儿子见了老子像碰见了印章'的俗语一样，会有一两个。"说着瞟了彼师一眼。

一切知师徒前来拉卜楞时，一天，在卓格日肖尔山（སྒྲོག་གི་རི་ཕུར།）的山根下安下了行帐。

钦德尔·阿旺扎西说道："这些山沟，就好像以前居住过的家乡似的，一看就让人喜欢。"

一切知取笑说："以前可能生为一只鹿和一只黄羊在这里住过啰！"

扎仓初建时，他担任格贵。铁虎年（公元1710年，清康熙四十九年，庚寅），八月上旬，一切知亲自把自己用过的长飘带僧帽和披风等赐予彼师，使其代理住持寺务。彼师运用政教二规住持寺务三十二年。由于财物穷乏，有一次连糌粑也断顿了。恰在这时，六十分施食的制作者前来领取糌粑，没有别的办法，就将曼荼罗供品的青稞交给他磨成糌粑，供做六十分施食之用，并指示说：

"一切知曾经说过，'不可间断佛殿的每次供奉。'若每次六十分施食的回向，真的有中断的事，则不会有这样的指示，把盛施食的糌粑破盒拿去坐在石阶上，僧侣当中，总会有糌粑的人吆。"

江绕活佛阿旺丹增（འཀྱུང་རོ་སྤྲུལ་པའི་སྐུ་ངག་དབང་བསྟན་འཛིན།），从家里拿来了一驮糌粑，把大部分裱分给了僧众。第二天早晨，大家都向破盒中倒一点点新糌粑，好够几天做施食用。此后，各农业区听到糌粑很重要，就出现了很多人前来献糌粑的事情。一切知为了利他，暂时由自己出资供例茶，并指示说："这事重要，必须长久固定下去。"把堪布诺们汗的住所作为寺公所，委任贡如·绛巴才让（ཀུང་རུ་འབྱམས་པ་ཚེ་རིང།）和阿坝·多结（ཇ་བ་རྡོ་རྗེ།）两人为寺公所的第巴。每顿茶要放一包松州茶等，把所有的一点财物都提出来使用了。一天，供僧众的例茶断了茶叶，有一位名叫达尕尔阿旺索南（ཟླ་དཀར་ངག་དབང་བསོད་ནམས།）的僧人说道：“去吉欠·帕巴（སྐྱི་ཆེན་འཕགས་པ།）家，告诉他断茶了。”

彼师说道：“不要去告诉断茶了。若真的断了茶的话，一切知嘉木样协巴不会建立这样的供茶制度。一点小困难，不要紧。”

站起来以后，看见乃琼护法座前献有茶叶，就取了够供一顿茶的茶叶给了熬茶人。彼师面孔挨着乃琼像上的哈达小声说：“没有供例茶的茶叶了。”说毕，彼师重新安适地坐在床上的绵垫上。当时在场的人们都觉得有点奇怪。可是，那天晚上，松潘茶商来到了桑科滩。从此以后，手中常存有供茶的茶叶，这毫无疑问地说明由于根本发心纯净和笃信神佛、上师的虔诚汇合在一起，因而护法神按情况来办理事业。现在，把自己的事放在心上，对扎仓的事搁在一边，不顾任何因果，一心为力争实现不合正法的生活而奔忙的人，应该效法这些正人善士的良好事迹。后来，王妃阿尕（དཔོན་མོ་ཨ་ཀ།）买下了阿里巴·达尔汗曲结（མངའ་རིས་པ་དར་ཧན་ཆོས་རྗེ།）的房产献给寺院，和头人赞布玛（མགོ་བོ་བཙན་པོ་མ།）的房子合在一起，作新的寺公所的公房。前者和拉让连在一起。

赤欠曾于他匆忙之时，不留意地在经堂顶上的卧室门侧石板上留下了足迹。后来彼师看见后说道：“我出这事儿，是妖魔的加持。”他让把足迹凿去，因而石板上凿了一个坑。现在，这块石头还留在门旁。

圣·甘珠尔巴洛桑尼玛（རྗེ་བཀའ་འགྱུར་པ་བློ་བཟང་ཉི་མ།）身患疾病，彼师进行了泄毒治疗，痊愈康复。当从得尔隆沟（གཏེར་ལུང་།）取出伏藏后，师徒们回到寺院时，彼师说：“像我们这样的上师，确实少有。”显得非常激动，表现了神意被夺的态度。德干说道：“还有一些秘传，有这些秘传的备忘录《秘传总纂》。”

就将此书给了彼师。一回到寺院，请一切知讲述《秘传》的教敕。一切知说：“拿了布施再来。”

于是，送来了包括一匹白缎和一匹绿绸等十三种礼品，说道：“我祝愿在此寺院护持十三世。”

一切知把两匹绸缎一量，各有十三托，说：“虽然绸缎的口面太窄，会达到这样的请求。”

彼师将讲述的《秘传总纂》一一作了注释。后来按讲稿著成《秘传色究竟天大乐者》。彼师在一切知一世灵前献了一架有十三具供铃的铃架，作了如前所述的祝愿。临圆寂时，彼师说道：

“我作了这样的祈愿，将有一位转世灵童，您们要左右扶持，让他尽快完成学业。首先是不要让他贪图捐献的财物。在我之后，向德干仓活佛祈祷，会对您们照顾。”

我曾看见过彼师给弟子们嘱托的一卷遗嘱。

第三任堪布珠白旺徐钦波·洛桑敦智（གྲུབ་པའི་དབང་ཕྱུག་ཆེན་པོ་བློ་བཟང་དོན་གྲུབ།），彼师住在郭莽德哇村（སྒོ་མང་སྡེ་བ།）时，仅有一方栽绒坐垫和一个核桃木碗。后来，他就拿着这些来到了拉卜楞寺。一直到卸任时，仍然拿着这两件东西，始终保持着寡欲知足的清苦生活。扎仓初创时，发生了恶性时疫，彼师敲打了法王画像，疫病即刻消除。任大会堂堪布时，举行阖寺讲经的林赛那天，彼师面前高桌上的长柄碗掉了下去，发出极为响亮的“当啷”声，使很远地方的人们也都听到了。但是，碗却完整无损，可在石板上却显出了很清晰的碗口砸下的痕迹，现在尚能清楚地看到。这位尊者排除众议，总揽安排第二世嘉木样启驾来寺的一切事务。在这一段时间内，关于派骑队迎请路程的远近，清除江仓峡（ལྕང་ཚང་འགག）等必经路线上的石块等一切大小事情，都由他吩咐布置。有人向他递送了闹事者的人名录，彼师说：“没有这些时，寺院才安静。”

立即将人名录投入火中化为灰烬。将上一世一切知所有遗嘱和所有认可的事务，全部向第二世一切知做了报告，并将全部政教职权作了交代。因此，从前的僧侣们不分老幼都称颂为“喇嘛赤干（老堪布）和德干（རྗེ་རྒན།）”。两师的巨大恩德，永远存在于人们的心中。

第四任堪布江绕活佛阿旺丹增（འཇུང་རོ་སྤྲུལ་པའི་སྐུ་ངག་དབང་བསྟན་འཛིན།）。

第五任堪布赤钦贡塘哇的殊胜化身仁波切·仓赛介贝多吉（ཁྲི་ཆེན་གུང་ཐང་བའི་མཆོག་སྤྲུལ་རིན་པོ་ཆེ་ཚངས་སྲས་དགྱེས་པའི་རྡོ་རྗེ།）。

第六任堪布上一世阿莽·洛桑端智尊者（དཔལ་མང་གོང་མ་རྗེ་བློ་བཟང་དོན་གྲུབ།）。当时，丹津旺舒克亲王（ཚང་ཡང་བསྟན་འཛིན་དབང་ཕྱུག）和福晋双方去世，王子年幼，坚持为了代表喇嘛和长官办理事务，在两个扎仓的两位阿阇黎中任选一位，充任乌厄盖的喇嘛（ཨུ་རྐེའི་བླ་མ།）之职。这位尊者向密宗学院的阿阇黎艾丹巴（རྒྱུད་པ་དཔོན་སློབ་གནས་བརྟན་པ།）说：

“怙主一切知嘉木样二世对我说，他从西藏没返回以前，要设法不要使寺院空虚。您去权任乌厄盖寺的堪布之职，仅任三年，我设法请您回来。”

可是，艾丹巴坚决不答应。达尔汗台吉（དར་ཧན་ཐའི་ཇི།）虽进行了糌粑占卜[42]，请他前去，说道：“就是嘉木样协巴拿着问卜后的糌粑团子让我去，我还是说‘不去！’”

达尔汗台吉说：“那么，您比嘉木样协巴还高尚殊胜啰！”

虽然使用这样的激将法，还是没有起作用。只好由洛桑端智尊者自己去了。艾丹巴担任第七任大会堂的堪布，不久就圆寂。乃由仓赛介贝多吉尊者暂时代理大会堂堪布。按照怙主一切知嘉木样二世信中的严厉要求，让阿莽尊者兼任乌厄盖寺和拉卜楞寺的堪布。上述诸位，都算在法嗣堪布的数内。

第十任堪布朗阿阇黎敦智嘉措（སྙིང་དཔོན་སློབ་དོན་གྲུབ་རྒྱ་མཚོ།）。

第十一任堪布有寂顶饰一切知贡乔吉美旺波（སྲིད་ཞིའི་གཙུག་རྒྱན་ཀུན་མཁྱེན་དཀོན་མཆོག་འཇིགས་མེད་དབང་པོ།）。

第十二任堪布赤干殊胜化身仁波切阿旺嘉样扎西（ཁྲི་ཀན་མཆོག་སྤྲུལ་རིན་པོ་ཆེ་ངག་དབང་འཇམ་དབྱངས་བཀྲ་ཤིས།）。

第十三任堪布赤钦·洛桑年智（ཁྲི་ཆེན་བློ་བཟང་སྙན་གྲགས།）。玛玖拉仲的授记中说的“螺牙喇嘛”，据说就是这位尊者。他七岁时出了丘疹。有人说：“念念《无所缘大悲颂》会有益处的。”当时没有念珠，就用手指数着念了三十万遍《无所缘颂》。几个人开玩笑地给了一副柳木弓箭作玩具，说道：“把您所念的《无所缘大悲颂》给我们吧!”再三强求，还是说：“不给!”说着说着就哭了。后来，闭关修供法王时，梦见接受所赐的一捧白菩提。享高寿八十三岁。

第十四任堪布作仁巴·阿旺程列（གཙོས་རམས་པ་ངག་དབང་འཕྲིན་ལས།）。玛玖拉仲授记说的“银须喇嘛”，据说就是这位尊者。

第十五任堪布拉·索南旺加（རླ་བསོད་ནམས་དབང་རྒྱལ།）。

第十六任堪布德干殊胜化身仁波切吉美隆柔嘉措（སྡེ་ཀན་མཆོག་སྤྲུལ་རིན་པོ་ཆེ་འཇིགས་མེད་ལུང་རིགས་རྒྱ་མཚོ།）。

第十七任堪布赤钦·索南智华（ཁྲི་ཆེན་བསོད་ནམས་གྲགས་པ།）。这位堪布在一次求雨的时候，在一个净瓶之上安放了宗喀巴大师的塑像，看到塑像在流汗。嬉戏说：“我的圣仁波切出现了天花瘢痕了。”这尊佛像现在作为寝宫内的主供佛像。有时，在袈裟上还形成膜状物质，真是奇异。他于任乌厄盖喇嘛之职进行依怙神施供法事时，担任金刚法师（རྡོ་རྗེ་དཔོན་སློབ།），梦见了一匹布、绳索、长矛把形状的长杆等三样东西，量了一量每件之长恰好是十三托。这象征着他之后是年智阿阇黎，其后是洛桑金巴（བློ་བཟང་སྦྱིན་པ།），依次任职共十三年，使拉卜楞和王府之间的心愿得到满足的先兆。

第十八任堪布赤钦·拉卜丹嘉措（ཁྲི་ཆེན་རབ་བརྟན་རྒྱ་མཚོ།）。他转世的灵童是贡乔却丹（དཀོན་མཆོག་ཆོས་ལྡན།）。彼师出生于水鼠年（公元1792年，清乾隆五十七年，壬子），由贡塘·嘉贝样（གུང་ཐང་འཇམ་པའི་དབྱངས།）认定。入经院闻听、学习了五部大论，从甘加医生格登拉卜杰（གན་གྱའི་སྨན་པ་དགེ་འདུན་རབ་རྒྱས།）学习医药。有一次，他在梦中梦见：从多加塘滩（རྡོ་བཅལ་ཐང་།）至鲁得（ཀླུ་དེའུ།）的园林间，开满了鲜花，鲜花丛中一位老僧领着他，让他采药。在鲁得园，这位老僧说：“我要去甘加，您也要去那个地方。”

不久，他被委派为直尕尔寺（བྲག་དཀར།）的法台。三年后，他请求辞职，但是，他们向上请求，又留任了三年。他在这座寺院修建了怙主殿，上一世活佛的施主苏尼特左旗（སུ་ཉིད་གཡོན་རུའི་སོག）的人们前来请他到那里。决定前去之后，彼师回到了嘉贝样座前，趁休闲时报告说：

“以前住持直尕尔寺时，有鞍辔齐备的马三百匹，还有其他马牛羊等，都是信徒们为超度亡灵而献给寺院的一笔不小财物，可是向扎仓熬茶布施的一点权也没有。这次去下面蒙古地区，由于上一世的慈悲，可能收到一批法财，但是，毫无用处，心中也没有这样考虑。”

嘉贝样听了之后，非常高兴。劝说文布[43]（དཔོན་པོ།）中止了苏尼特之行。但是，文布态度非常蛮横，当彼师从前在经堂闻听会传经法时，使其过着仅能维持生命的生活，衣食都不周，这次由于希望落空，怨恨不已，使彼师吃了许多苦头。但彼师毫不在意，含辛茹苦，因此患了一年病。有一次，在病床听说遍照尊者[44]给朝拜者摩顶，乃拄着手杖前去拜见。由于人挤，倒在地上无人拉他，躺了一会后，站起来上前拜见。回去时，嘉木样尊者不时远远地看他，当天晚上把文布叫去，指示他要多做经忏佛事，他都一一答应，于是疾病也慢慢地减轻了。

彼师进行无定所的游方，经直尕尔（བྲག་དཀར།）、和日仓（རྡོར་ཚང་།）[45]等地，曾在刚察的切察禅房（ཀང་ཚའི་ཆོས་ཚའི་སྒོམ་ཁང་།）和喜合惹艾匡（ག་ཤག་རལ་གནས་ཁང་།）等处居住。当文布去世时，彼师来到拉卜楞寺请遍照尊者到他府邸。在大会堂广请僧众进行超荐，将所有的财物都做了布施。他五次到瘟疫流行区去，用手术和药物治疗疾病，使众生受益很大。过去，彼师还年幼时，一位是前一世的兄弟，指着头上的艾灸痕说道：

“这是我患头疼昏迷病时，你的上世给我艾灸时留下的。认识这种病的人和会治这种病的人很少，因而要牢记心中。”

彼师牢记这位老人之言，治愈许多患这种病的病人。现在，普通医生也会治疗这种病了。从土猴年（公元1848年，清道光二十八年，戊申）

起，住在拉卜楞寺和曼扎静修院（མཛུལ་རི་ཁྲོད།）等地，年末身染疾病。土鸡年（公元1849年，清道光二十九年，己酉）四月间，日渐沉重。恩师阿莽道札是上一世尊者的亲传弟子，彼师又是尊者的口授弟子、知心之交，前去探病。他俩对坐交谈了许久。彼师泣诉道：

“我没有严重疾病，禅定时需要等待，但旁边的人们说不能睡着。常常叫起来，使难以如愿。此外，这一生对扎仓没有能够做件有益的事，心里有懊丧。”道扎尊者说道：

“以后只要心中想着扎仓就行了。你的上一世在圆寂之际，将怙主嘉木样请到寝室来。当时尊者指示道：‘虽往生净土，希以巨大的悲悯力量起心动念，以无所阻碍的神变，前来不净之土地，按照众生的愿望弘扬佛法，发愿把众生安置在我佛颂扬的清净之道！’望把这个祈愿牢记心中。除此之外，我别无他说。”

起身返回时，道扎尊者向侍从们说：“让他如愿地安睡，暂时保守秘密。”进行了全面的安置。

这时，索南智华仁波切活佛（བསོད་ནམས་གྲགས་པ་སྤྲུ་རིན་པོ་ཆེ།）正在别的地方，彼师每天派人去看是否来了。这位尊者一回到寺院，即去看望彼师，并坚决地请求道：

“就是异生凡夫，当他寿命、福运、业果三者未尽，或仅有一个方面已经完尽，也宜设法延寿。因此，请行寿命永固的施食法事。”

虽然强求，但彼师没有答应。这位尊者又说道：

“那么，还没有去佛祖指示的世间之前，千位导师的佛法在哪里昌盛，应在哪里如法地进行协助。弘扬佛法的这些祝愿，您早就发出并铭记在心，我的心里也有此愿。”

彼师心中非常喜悦，交谈良久。这天晚上，彼师向侍病随从说道：

“我一生之中，对别人没起过坏心，没有发过脾气，尽力去做善行。和僧众同伴，游学会传，也留下了一些成绩。”

心中舒畅地于二十四日黎明，以雄狮卧姿圆寂。按照彼师生前“我死后要举行顶礼、供养、祈祷福田回忆”的嘱托。进行了祈祷本尊的回忆。先前，彼师几次去温泉旁的加切（བརྒྱ་མཆེད།）地方，对此地非常中意，大为赞赏。有人说：“可是，我们的这个地方，大喇嘛谁也没有降生过。”

他说：“别人不知怎样？像我和索南智华会有一人将来转世在这里。”

前几年，曾向加切·阿旺（བརྒྱ་མཆེད་ངག་དབང་།）指教过医药。他于彼师临圆寂前十三天中，不分昼夜，尽心护侍，彼师极为高兴。对几位贴身侍从说道：“我今后若转生在阿旺家时，不知他喜欢不喜欢？”

这话曾说过几遍。真的如愿地转生在这个家里。灵童名叫贡乔丹增嘉措（དཀོན་མཆོག་བསྟན་འཛིན་རྒྱ་མཚོ།），出生在水鼠年（公元1852年，清咸丰二年，壬子），至现在木牛年（公元1865年，清同治四年，乙丑）已有十四岁。

第十九任堪布华热活佛贡乔德钦（དཔལ་རི་སྤྲུལ་པའི་སྐུ་དཀོན་མཆོག་བདེ་ཆེན།）。他任堪布时，一天从经院走出来，口中吟诵着“按第一法轮要义演说妙义”，边诵边走。桑木察殊胜化身仁波切吉美南卡（ཟམ་ཚ་མཆོག་སྤྲུལ་རིན་པོ་ཆེ་འཇིགས་མེད་ནམ་མཁའ།）[46] 看见后，向恩师阿莽道扎问道：“赤哇仓的心里想着什么呀？”

“好像忧愁的样子。”

道扎尊者说：“对的。好像是因为不能容忍的一个残暴的教敌，在显示法力。”

正如所说，果洛（མགོ་ལོག）的土匪头子黄加哇（དབྱང་རྒྱལ་བ།）恃有年保玉泽山神（གཉན་པོ་གཡུ་རྩེ།）的法力，为非作歹。乃向他射出法箭，举行热钎制服护摩法。霎时，从玉泽峰顶直至护摩炉之间雨雪交加，哗啦啦地降了下来。十一月十五日的夜晚，在密宗院的护法神殿院中举行护摩，因而发生大地震等，显示了以三摩地征服傲慢者的法力。著有彻底修持《圣道三要》的许多证道歌，并著有《菩提道次第指引广释》等著作，在彼师府邸中雕有印版。德赤钦仁波切·嘉木样土丹尼玛（སྡེ་ཁྲི་ཆེན་རིན་པོ་ཆེ་འཇམ་དབྱངས་ཐུབ་བསྟན་ཉི་མ།）曾聆听彼师讲授的《菩提道次第广论》的疏解和教敕，并受在密宗院授予的密集法灌顶，效益很大。

第二十任堪布和日仓仁波切吉美柔贝森格（ཧོར་ཚང་རིན་པོ་ཆེ་འཇིགས་མེད་རིགས་པའི་སེང་གེ།）。彼师在安多和西藏卫地，彻底圆满地学习了显密二乘全部经典和诸明处。隆多喇嘛对萨赤干（བཟའ་ཁྲི་ཀན།）说：“和日仓赛赤（ཧོར་ཚང་གསེར་ཁྲི།）学完了生起次第，现在快学完圆满次第了。”他在噶丹寺护法殿向法王的舌上奉献了黄金，看到直接享用。虽是一位获得经教具证知识的学者，但是依然谦恭地勤苦学习。曲吉尼玛尊者（རྗེ་ཆོས་ཀྱི་ཉི་མ།）[47] 说道：

像和日仓活佛这样下功夫的人，从来没有听见过，他真坚毅。

“在拉卜楞寺院里，有以三位赛赤[48] 为首的这样的大喇嘛，大家除了一切知嘉木样和佛法教义外，别无他想，这是圣师徒们的无比的特点。在别的寺院，若有一两位大人物时，就用高压手段让其钻到牛角袋中去，尽做一些不走正路的事情。”

这些说法，我正确无误地听说过。怙主嘉木样二世也曾说过：“和日仓和这位赛赤仓，从小就熟知我脸色的黑白，没有言语违犯。”

这一切寺志中有明确记载。

第二十一任堪布赤钦贡塘哇殊应化身了义的嘉贝样贡乔丹贝钟美（ཁྲི་ཆེན་གུང་ཐང་བའི་མཆོག་སྤྲུལ་ངེས་པ་དོན་གྱི་འཇམ་པའི་དབྱངས་དཀོན་མཆོག་བསྟན་པའི་སྒྲོན་མེ།）。

第二十二任堪布郭莽阿阇黎洛桑却达尔（སྒོ་མང་དཔོན་སློབ་བློ་བཟང་ཆོས་དར།）。彼师任堪布时，有一个人请他卜卦，彼师不清楚他的请求，就说：“你想要我说些什么？”

那人说道：“需要说说授记。”

彼师说道：“啊呀呀！现在需要说屁话了。”显得很忧郁，使那些以算卦取悦众生者们处于羞惭之境。

彼师转世的灵童是洛桑贡乔却达尔（བློ་བཟང་དཀོན་མཆོག་ཆོས་དར་བ།），出生在拉西（ལྷ་ཞིས།）地方。他有正人君子的良好熏习，举止庄重，毫不骄横，专门致力于闻思。但是，不幸于二十五岁圆寂。现在的这位转世灵童，名叫洛桑楚臣嘉措（བློ་བཟང་ཚུལ་ཁྲིམས་རྒྱ་མཚོ།），出生在哇秀（དཔལ་ཤུལ།）地方，父名却徐雅培（ཆོས་ཤུལ་ཡར་འཕེལ།），母名哇贡萨贡却吉（དཔལ་དགོན་བཟའ་དཀོན་མཆོག་སྐྱིད་སྒྲིད།），生于铁牛年（公元1841年，清道光二十一年，辛丑），时赛赤·洛桑坚参桑格（གསེར་ཁྲི་བློ་བཟང་རྒྱལ་མཚན་སེང་གེ）正去该地，说道："这个孩子是一位转世灵童，但不是我所能决定的。"于是，由遍照尊者认定。他七岁时进寺坐床，剃度出家，受沙弥戒。拜请豆加·贡却（ཏིག་གྱུའི་དཀོན་མཆོག）为诵读经师，学习诵经。十三岁时入经院学经。拜请才识精湛、德行严谨的欧拉格西桑丹嘉措哇（དངུལ་རྣའི་དགེ་བཤེས་བསམ་གཏན་རྒྱ་མཚོ་བ།）为师，学习《集类学》《悟慧论》《因理论》《般若》的全部通论和专论，《明义略释》《正义精要》《释量论》本文、《俱舍论》本文等，强记背诵，精研《般若》《因明》，成为出类拔萃的正理论者。他还从诗学家曲麻（སྙན་ངག་མཁན་ཚུམ།）学习了藏文文法和诗学；从时轮学家贡却塔克（དུས་འཁོར་བ་དཀོན་མཆོག་ཐབས་མཁས།）处学习了历算、音韵、声明、声律学等。二十二岁时，由德赤仁波切任亲教师，喜饶嘉措尊者（རྗེ་ཤེས་རབ་རྒྱ་མཚོ་བ།）任羯磨师，受近圆戒。还在这两位师徒座前，另外在遍照尊者、贡塘殊胜化身贡乔丹贝嘉措（གུང་ཐང་མཆོག་སྤྲུལ་རྗེ་དཀོན་མཆོག་བསྟན་པའི་རྒྱ་མཚོ།）、和日仓赛赤仁波切、圣喇嘛道扎、索扎活佛（བསོད་གྲགས་སྤྲུལ་བའི་སྐུ།）等座前，聆听了他们讲授的所有深奥经法。他曾去瘟疫流行的曲梅合（ཚུ་མིག）地方巡回医疗百次。还任过乌厄盖寺亲王的喇嘛，现在正在卫藏佛土，弘扬善业。

以上这些历任法嗣堪布传承的详细历史，备见于恩师阿莽道扎著《法嗣传承神圣大鼓》《一切知嘉木样一世传净水珠鬘》和《贤劫津梁》《怙主嘉木样二世传佛子津梁》《赤干传信仰之穗》，德干的亲传弟子更尕扎西（ཀུན་དཀའ་བཀྲ་ཤིས།）著《德干传》和贡塘仁波切著《大密经法颂乐》、贡塘嘉贝样撰《信仰莲开之太阳》、郭莽堪布却达尔哇（སྒོ་མང་མཁན་པོ་ཆོས་དར་བ།）

撰《正直不偏学者耳饰》等著作之中，本书仅记录了一些未见于上述诸书的传说。

第二十三任堪布嘉堪庆·智华坚参（རྒྱལ་མཁན་ཆེན་གྲགས་པ་རྒྱལ་མཚན།）。这位尊者的本生，据班禅第七世遍知一切罗桑贝丹丹贝尼玛（པན་ཆེན་ཐམས་ཅད་མཁྱེན་པ་བློ་བཟང་དཔལ་ལྡན་བསྟན་པའི་ཉི་མ།）所说，自圣观世音、大成就者弥扎作格（གྲུབ་ཆེན་མི་ཏྲ་ཛོ་གི།）、善知识·洛桑仁青（བཤེས་གཉེན་བློ་བཟང་རིན་ཆེན།）直至堪布·桑杰多吉（མཁན་པོ་སངས་རྒྱས་རྡོ་རྗེ།）等人。后一位出生在青海湖右翼的卫尕措霍尔（མཚོ་གཡས་རུའི་བེ་ག་ཚོ་ཧོར།）地方，父名埃莫格多尔吉（ཨེ་མིག་གེ་རྡོ་རྗེ།）。他曾入拉卜楞寺经院与勒丹多吉同一学级，相传他们辩说正理时没有对手被称为两多吉。他曾前往西藏卫地入哲蚌寺郭莽扎仓学经，学业圆满获得拉仁巴学位。又在下密院长期学习密咒。被七世达赖噶桑嘉措先后任为布达拉宫及密宗学院噶丹曲科林（རྒྱུད་པ་དགའ་ལྡན་ཆོས་འཁོར་གླིང་།）的喇嘛，又出任郭莽堪布十二年。他曾被两次派往正理经院，后一次时，正值怙主嘉木样二世前往西藏，从彼师聆听了宣讲的教程并受大威德灌顶等，结下了法缘。虽然还想请教其他经论，但因年事已高只好中止。这位阿阇黎向怙主尊也献礼物，说道：

“在我们黑暗的安多地方（མདོ་སྨད་མུན་པའི་གླིང་།），嘉木样协巴尊者建立了拉卜楞寺，点燃了佛法明灯，希望继承和发展这个法统。”

并向尊者表述了愿转生寺院附近等一些心愿，尊者予以应诺。藏历第十三胜生的水马年（公元1762年，清乾隆二十七年，壬午），彼师出生在博拉（འབོ་ར།）的加尕尔塘滩（རྒྱ་སྣར་ཐང་།），父名玉木嘉（ཡུམ་སྐྱབས།），母名拉毛措（ལྷ་མོ་མཚོ།）。他一出生，左手有清晰的白螺图纹，左脚有清晰的法轮图纹，并过了七天，出现了会喊“阿妈”如此等等的奇兆。五岁的那年，怙主一切知嘉木样二世来到德毛塘滩（བདེ་མོ་ཐང་།），前往拜见，无比高兴。他说道：“我是贡塘巴，我的拇指内有胜乐金刚。”被怀疑为贡塘尊者的转世化身。

七岁起，随茫埃比丘楚程嘉措（མང་རི་དགེ་སློང་ཚུལ་ཁྲིམས་རྒྱ་མཚོ།）学习藏文和诵习经文。十一岁时，从色拉阿阇黎洛桑却培（སེ་ར་དཔོན་སློབ་བློ་བཟང་ཆོས་འཕེལ།）出家。次年，在拉卜楞寺经院的阿旺程列阿阇黎（དཔོན་སློབ་ངག་དབང་འཕྲིན་ལས།）座前聆听宣讲的教程，拜彭措拉智巴（ཕུན་ཚོགས་ལྷ་གྲགས་པ།）的侄子洛桑华丹（བློ་བཟང་དཔལ་ལྡན།）为师，和师傅住在一起。常和师傅的侄子卫日曲·洛桑达吉（བེ་རི་ཆུ་བློ་བཟང་དར་རྒྱས།）一起去拉恰卜（ལྷ་ཆབ།）和斋欠（ཟེ་ཆེན།）等地去拣烧柴，并作背水、倒灰等仆人劳动。十六岁时，从索南智华阿阇黎（དཔོན་སློབ་བསོད་ནམས་གྲགས་པ།）受沙弥戒。学习《集类学》《悟慧论》《因理论》《因理论本义》《宗印宝鬘论》等，强记背诵，参加了大会堂考试。怙主嘉木样二世一次又一次地询问了解他的人，说：“博拉活佛的学业如何？”对于他的辩论方式和辨析能力的培养，均由尊者加以教导，比别人更加仁慈关怀。

这一年，认定为“桑杰多吉阿阇黎的转世”，给他的父亲送了大批礼品，在拉让确定了他的活佛地位。从此以后，政教两方面的一切措施均由拉让负责。请拉西·噶居（ལྷ་ཞིས་དཀའ་བཅུ།）和卡加·达尔吉（ཁ་གྱིའི་དར་རྒྱས།）两位讲授经典。怙主嘉木样二世指示说：“人们流传着精研桑冈瓦的《七十理义》，就能作格西的口碑。”说着就把这本经论给了他，让他背诵。当《二十僧伽论》举行磋朗会辩时，在总述和词语两方面，怙主嘉木样二世亲自写了论述和引言。尊者无论讲什么经法，都让他听讲。需要什么指示吩咐，立即下达等等，对他爱护备至。指定与每次辩论相应的《般若》通论、赤干的《二十僧伽论》、郭莽喇嘛丹曲巴（སྒོ་མང་བླ་མ་དམ་ཆོས་པ།）的《缘起辨析》、《了义与不了义辨析》大疏、《识色善说宝瓶》等经论，让其进行练习，并让和恩师阿莽道扎尊者两人，进行了义和不了义辨析的磋朗会辩。他们两位的智慧和卓绝的理法之辩才使众位学者们为之倾倒。二十一岁时，在怙主嘉木样二世座前受近圆戒。从尊者系统地学习诗学时，先从第二品开始，当学习直叙修饰法时，曾写例句说：

“鼻子坚硬牙齿尖，脖颈弯曲两眼小，鬃毛厚密蹄裂开，肮脏母猪井中闹。”

以如此的打油句取笑。全部课程学完后写出习作进行了考试，尊者非常欢喜。对此事传中则说是正理部的洛桑吉美（རིགས་གྲུ་བློ་བཟང་འཇིགས་མེད།）教授的云。实际是这位智者和固始尕藏（ཀུ་ཤྲཱི་སྐལ་བཟང་།）两人曾向彼师教授过其他明处。他还聆听了索南智华阿阇黎、赤钦·洛桑年智（ཁྲི་ཆེན་བློ་བཟང་སྙན་གྲགས།）、达大哇·仁钦洛桑（ད་ལྟ་བ་རིན་ཆེན་བློ་བཟང་།）等师讲传的经法。怙主一切知嘉木样二世从各方面为之准备行装，始终以偈句形式的教言作为净善的礼品。在尊者送行下，于二十二岁那年，即水兔年（公元1783年，清乾隆四十八年，癸卯），前往西藏卫地，入哲蚌寺郭莽扎仓经院，在霍尔·噶桑欧珠阿阇黎（དཔོན་སློབ་རིན་པོ་ཆེ་ཧོར་སྐལ་བཟང་དངོས་གྲུབ་པ།）座前聆听宣讲的教程，请教了总论典籍和关于承许方面的一些题义。拜贡塘·嘉贝样为师，详细教导了《般若辨析大全》。尔时，启请按照讲授加上笺注，贡塘仓乃将上部加了注释，下部则由彼师按所述作了记录。为了学习，贡塘仓将其《正义精要》的注释也送于彼师。作为熟读的经论，著有《缘起经教宝库》和《第四品总纲》，对弘扬佛法恩德很大。有一次，嘉贝样来到这位尊者的住所，看见在纸质很差的纸面墨汁渗透地记着一些笔记，因而奇异地写道：“纸色应白黑如漆，墨色应黑白如螺，笔端墨水不流利，泼洒三行劳累不？”

有一天，拿着一本摄类方面的书籍，说道：“这本书里，一些要引用的经句，我都作了记号，你找出来一一加以贯通。”说罢，交给彼师。

他按所述办完后，在最后写道：“摄类海藏之教言，好似鱼儿藏水中，笨脑拙手虽难抓，公正总纲网恩深。”写后，呈给了贡塘·嘉贝样，如此等等事情，说明了两位心意相投的实况。

木龙年（公元1784年，清乾隆四十九年，甲辰），怙主嘉木样二世去西藏卫地，彼师前来迎接。从此，一直到怙主返回安多之前，聆听了传授的许多经法，在怙主座前，恭敬侍奉，如同侍从。木蛇年，怙主一切知嘉木样二世前往后藏时，他随从前往，朝拜了许多圣地和依止圣物。怙主嘉木样二世和贡塘·嘉贝样活佛一起返回拉卜楞寺时，他送法驾起程。二十五岁那年，即火马年（公元1786年，清乾隆五十一年，丙午），西藏噶丹颇章地方政府委任为倾科尕嘉寺堪布（ཆོས་འཁོར་ཀ་རྒྱལ་གྱི་མཁན་པོ།），赴任后发展了政教事业。他从中观旧级进入噶仁木学级。（དཀའ་རམས་འཛིན་གྲྭ）。同时学习《俱舍论》和《律典》，在格派熟背《经教宝库》的五品以上的各论，在觉摩隆熟背《俱舍本义》，究竟圆满地完成了五部大论的学习，取得拉仁巴格西学位，立宗辩论时取得第一名。遵从怙主一切知嘉木样二世先前的嘱托，前往圣地萨迦寺，向一位高寿喇嘛请教了雅桑瓦（གཡའ་བཟའ་བ།）禳曜法等的一些诀要。另外，还在隆多喇嘛（སློང་རྡོལ་བླ་མ།）、嘉赛活佛（རྒྱལ་སྲས་སྤྲུལ་པའི་སྐུ།）、达察济垅·洛桑丹贝贡布（རྟ་ཚག་རྗེ་དྲུང་བློ་བཟང་བསྟན་པའི་མགོན་པོ།[49]）、色拉寺结扎仓格西洛桑格勒（སེར་བྱེས་དགེ་བཤེས་བློ་བཟང་དགེ་ལེགས།）、郭莽阿阇黎·尕桑欧珠（སྒོ་མང་དཔོན་སློབ་སྐལ་བཟང་དངོས་གྲུབ།）、阿拉科尔沁夏仲·益西程列饶卜杰（ཨ་ར་ཧོར་ཆེན་ཞབས་དྲུང་ཡེ་ཤེས་འཕྲིན་ལས་རབ་རྒྱས།）等师座前，以及在安多地区向土观·曲吉尼玛、贡塘嘉贝样、恰哈尔·甘珠尔哇钦波（ཆ་ཧར་བཀའ་འགྱུར་བ་ཆེན་པོ།）、甘珠尔哇·吉迈饶卜杰（བཀའ་འགྱུར་བ་འཇིགས་མེད་རབ་རྒྱས།）、参巴洛桑贡乔（མཚམས་པ་བློ་བཟང་དཀོན་མཆོག）等师座前，先后学了许多奥密经法，这些在其听法笔记中都有清楚的记载。拉卜楞寺派然绛巴洛桑楚臣（རབ་འབྱམས་པ་བློ་བཟང་ཚུལ་ཁྲིམས།）前往迎接，于铁狗年（公元1790年，清乾隆五十五年，庚戌）八月上旬，回到了拉卜楞寺，向怙主嘉木样二世敬献了氆氇百匹、僧冠五十顶、特尔玛哔叽、红芸香等清净物品，作为见面之仪；在大会堂中，向僧众放了布施；在大经堂天窗上献了卫地的画轴。遵照上面的指示，在秋季学期会上以五部大论立宗辩论，对《疏要庄严论》《金鬘论疏》等论点，非常明确真实，按照辨析理路，答辩明确、迅速，既适合于经教，但又不给对方以诽谤，使其信心倍增，从而成为在大寺院中解决论点的得自在者的楷模，赢得僧众的真诚赞扬。这时，有一次，贡塘·嘉贝样在一块剪纸花上又压了一块剪纸花，然后折叠起来，在上面写了“请给个中等木碗”几个字，戏要着给了他。彼师即刻送上一个咱卜（ཙབ།）地区的木碗，并说：“这是从您总括发出的七个字的精义而作出的，行不行，请求赐教。”

贡塘·嘉贝样尊者佯装不懂，又写了“您这在讲什么呀”几个字给了他。

他回书道：“有法为所说的纸笺，是出自您的总括，以纸笺从您折叠中发出故；有法为茶碗，是七个字的中心，以所说的七个字从它发出故。”

贡塘仓赞扬他心机灵巧。有一次，怙主嘉木样二世给彼师授以做别处堪布时的对佛像和羯磨仪轨的例则等，并向大会说:

“我去别处不在寺院时，一切大小事务，可以去请问夏仲堪布（མཁན་པོ་ཞབས་དྲུང།）进行处理。”

实际上给予了他代理的权力。新建金殿时，彼师亲自前往欧拉（ངང་ལ་ར།）以下的一些牧区和蒙古各旗募化布施，所化到的一切财物都献作新建金殿的经费。

铁猪年（公元1791年，清乾隆五十六年，辛亥），怙主一切知嘉木样二世迁转于极乐佛土。彼师主办后事，修建灵塔，出现了呼毕勒罕降世不会有误，并慈悲摄受的各种征兆。为了新建寝宫，彼师前往青海地区募化布施，途经郭密（སྣ་མི།）时，遇到了一位退职的塔尔寺翁则师，向其学习了金刚鬘、胜乐、集密、大威德三本尊法，护摩坛城等的《尺度经》《立体坛场建立法》等。为中库寺塑造两层楼高的弥勒佛像捐助了资金，设置了《甘珠尔》大藏经；并为在拉日古（ལྷ་རི་མགུལ།）修建怙主嘉木样寝宫捐助了资金。在任相勒卡寺法台时，设置大威德金刚自入坛场和在日常法会上念诵《无所缘大悲颂》一千万遍的传统，还为修复山神庙和供给例茶捐助了资金。土马年（公元1798年，清嘉庆三年，戊午）神变月的上旬，他负全责主持怙主殊胜化身仁波切转世的呼毕勒罕坐床大典。四十岁的那年，即铁鸡年（公元1801年，清嘉庆六年，辛酉），奉嘉木样三世之命，出任大会堂堪布。三年之中，支出大部由大拉让负担，免去了游方募化的劳苦，一切事务自然而然地妥善完成，使原有的传统增盛发展。彼师严守斋戒，由于有病，每餐除了进食一点面糊糊外，从不进其他食物，因而身体很弱。但是，他还不断地去经院，亲自主持讲听辩论。同时，彼师还背诵《经庄严论》，并精心钻研。应近侍嘉木样宗哲的请求，给西藏大小昭寺的两尊释迦佛面贴了金，向郭莽扎仓的僧众每人布施了一枚银章喀。曾先后三次任查干白相寺（ཚ་གན་པེ་ཤིང་།）堪布之位，在该地用五千两银子为怙主嘉木样新建了一处寝宫；建立法相讲辩制度，制定和母寺一样的讲辩学期和讲辩学期休假期间的各项规禁制度；为供养和公共积累献了大批资财。在闭关修法期间，修行怙主嘉木样二世的《喇嘛瑜伽行》，日磕长头三百次；设置许多曼荼罗，轮流供修集密、胜乐自入坛场；在诵读《菩提道次第教授》《大咒菩提道次第》时念修《菩提道次第导引》；在大生起次第上忆念修生起、圆满二次第。彼师在上午修持《大威德自入坛场法》，午间休息间隙诵读《甘珠尔》大藏经若干页，午夜温习《第四品的摄颂》。彼师创建了十万佛像塔龛，塔中供有怙主不动尊像十万尊、无量寿佛像十万尊、白度母像十万尊、拉多喇嘛（ར་སྟོད་བླ་མ།）的像一亿尊、泥印的小佛像一百三十余万等等，他经常旋绕巡礼，从不间断。彼师经常背诵数位本尊及护法的修行法，圣·噶登热巴著《观自在佛海生起次第》《大手印讲义》，恰盖法师（ཁྲི་དགེ་དཔོན་སློབ།）的《大威德生起次第》，达罗那他的《胜乐长赞》和《不动佛国土经集要》，扎巴谢珠（གྲགས་པ་བཤད་སྒྲུབ།）的《简明五次第论》等，在经法中度过日日夜夜。彼师辞去拉让的执事后，又遵照遍照尊者要在寺院新建寝宫的严令，修建了具有鞭蔴屋檐的三层楼寝宫，室内有两层楼高的无量寿佛像，一人多高的弥勒佛像，从卓尼印经院请来的《丹珠尔》大藏经。彼师先后多次向遍照嘉木样三世供献礼品，向大经堂僧众施放布施。侄子然绛巴朝礼北方各处圣地时，彼师寄去向各大寺和三所依奉献的许多供养和向僧众施放的布施。本寺的密宗院塑造大胜乐自入坛场，彼师捐助了五十两白银。还捐助德毛塘寺（བདེ་མོ་ཐང་དགོན་པ།）修建怙主嘉木样二世的寝宫和灵塔。为完布塘寺（སྟོན་པོ་ཐང་།）捐资设置四大曼荼罗并设置了宝盖、供器等。在本寺和所去过的寺院，先后授《持铃五大自在金刚经》《身曼荼罗》《阿閦佛国经》《无量寿佛经》《白伞盖大佛顶陀罗尼》《十一面观音陀罗尼》等的单独教授和《弥多罗金刚鬘》全部教授；还授予《修法宝源》《文殊法》《十三金法》《十三怙主教授》《食毒自在孔雀广博仙人经》、《五具誓护法随许》等的全部或单独教授的随许；还讲传《菩提道次第广论》《经本论》《正义精要》《大威德金刚生起圆满次第经》等教授。讲授《修心》《生起圆满次第》的指引，温萨派和加唐哇的（རྒྱལ་ཐང་པ།）《觉派灌顶》，雅桑瓦（གཡའ་བཟང་པ།）的《禳曜经》《宇妥精滴》《疗毒经》等教诫，以及《甘珠尔》大藏经和《丹珠尔》大藏经中许多部经的读法教敕，每一部都讲授了几遍。

彼师用经典甘露之精华哺育的弟子有：赤钦·阿旺曲培（ཁྲི་ཆེན་ངག་དབང་ཆོས་འཕེལ།）、德赤仁波切·嘉样土丹尼玛（སྡེ་ཁྲི་རིན་པོ་ཆེ་འཇམ་དབྱངས་ཐུབ་བསྟན་ཉི་མ།）、江隆班智达（ལྕང་ལུང་པཎྜི་ཏ།）、大乘持斋者（ཐེག་ཆེན་སྨྱུང་གནས་པ།）、察哈尔甘珠尔哇（ཚ་ཧར་བཀའ་འགྱུར་བ།）等等众多的正人哲士。详细事迹，记载于大诗人朗·官却杰白洛哲（གླིང་དཀོན་མཆོག་དགྱེས་པའི་བློ་གྲོས།）著的《摩尼珠宝鬘传》中。著作有：《经庄严论笺注》《入菩萨行》及《圣道三要》和《律海》精要、《佛子实践论》《贡塘仁波切正见道歌》等等的疏释，以及《大威德金刚生起次第》等许多函，在他的府邸中都有木刻印版。在阿秀（དཔལ་ཤུལ།）地方黄河边的赛尔隆沟（གསེར་ལུང་།）建有修行静房。彼师从早年起一生以实践、念诵坚持修行。自六十九岁起，连续两年多的时间里，不间断地修《大威德十三尊金刚自入法》。从此以后，胜乐、集密等的全部仪轨，则以体弱难以实行，每天结合念诵《上师供养颂》《无所缘大悲颂》及诸上师颂赞等一些偈文并坚持念六字真言五千遍，从不间断。就这样讲修结合，于七十六岁的那年，即火鸡年（公元1837年，清道光十七年，丁酉）圆寂。

彼师转世的灵童吉美智华嘉措（འཇིགས་མེད་གྲགས་པ་རྒྱ་མཚོ།）,于土狗年（公元1838年，清道光十八年，戊戌）出生在察科赞拉（小金）四部（ཚ་ཁོ་བཙན་ལྷ་ཁ་བཞི།）之一的索南雅部落（བསོད་ནམས་ཡག་གི་སྡོག）小金土司管辖的达饶阿辛（ད་རོ་ཨ་ཤེད།）家族，父名德索·彭措多吉（སྡེ་སྲིད་ཕུན་ཚོགས་རྡོ་རྗེ།），母亲是达饶·加尕尔加（ད་རོ་རྒྱ་གར་སྐྱབས།）的小姐霍拉（ཧོ་ལ།）。这位灵童和父母一起，在嘎塔尔（མགར་ཐར།四川泰宁）地方拜见十一世达赖喇嘛克珠嘉措[50]时，仲科尔们把他们推了出去。达赖流泪说：“把他带进来！”因而又带他们进来，吉迈智华嘉措贴近达赖身旁，两人玩了好长时间。以前，上一世尊者通过察科·嘉样智华（ཚ་ཁོ་འཇམ་དབྱངས་གྲགས་པ།）向吉美智华嘉措的父母赠送了护身三棱橛等礼物，并让置办两面鼓，这些现在藏在护法神殿中，并给赞拉寺扎希曲林（བཙན་ལྷའི་དགོན་བཀྲ་ཤིས་ཆོས་གླིང་།）的新经堂殿的顶上寄去了镀金宝瓶等，显示了要在这里降生的许多征兆。三世嘉木样遍照尊者认定他是嘉堪庆·智华坚参转世的灵童，于火马年（公元1846年，清道光二十六年，丙午）氐月上弦三重节之日[51]迎来坐床，在尊者座前出家并受沙弥戒，按照尊者的安排逐步诵读《现观庄严论》《中论》《怙主、法王、大威德三本尊法》和《集类学》的总别等，学习藏文写读和文法。于土鸡年（公元1849年，清道光二十九年，己酉）夏季学期会上，入闻思堂经院。在此前一年，特别向三世嘉木样遍照尊者请求讲传了《兜率上师瑜伽颂》教敕；熟习了《大威德十三尊金刚坛城法》，被赐秘密名号为仁钦多吉（རིན་ཆེན་རྡོ་རྗེ།）。木虎年（公元1854年，清咸丰四年，甲寅），在德毛塘寺（བདེ་མོ་ཐང་།）聆受了金刚鬘灌顶。另外，还在德赤活佛座前聆听了《弥多罗金刚百法》，在贡塘殊胜化身仁波切·贡却丹贝嘉措（གུང་ཐང་མཆོག་སྤྲུལ་རིན་པོ་ཆེ་དཀོན་

མཆོག་བསྟན་པའི་རྒྱ་མཚོ།）座前，聆听《修法宝源》；在喜饶嘉措尊者座前，接受了《甘珠尔》大藏经等许多经典的教敕。曾任阿木去乎寺（ཨ་མཆོག་དགོན་པ།）的堪布一年。木牛年（公元1865年，清同治四年，丁丑）前往卫地哲蚌寺郭莽扎仓经院，现正在重学《中观》和《般若》，并学习其他各大论。

第二十四任堪布正教圆满的主宰贡乔坚赞喇嘛尊者（རྗེ་བླ་མ་དཀོན་མཆོག་རྒྱལ་མཚན།），于藏历第十三胜生的木猴年（公元1764年，清乾隆二十九年，甲申）出生在桑云（བསང་གཞུང་།）地方的察尔察家族（ཚར་ཚོ།），父名旺周加（དབང་དྲག་སྐྱབས།），母亲德萨拉毛加（བདེ་བཟའ་ལྷ་མོ་རྒྱལ།）。上一世尊者于火鸡年（公元1756年，清乾隆二十一年，丙子）圆寂后，一段时间内没有发现转世的灵童。但是，怙主第二世一切知嘉木样说："阿莽仓（དཔལ་མང་ཚང་།）有一位活佛为好，应该访察。"根据传说，就在说此话的同时，就有声音答应说："我是阿莽仓。"这似是彼师加持力的感应。六岁时，从第二世一切知嘉木样出家，同年迎请坐床，第一个庆贺典礼在桑云的吉毛贡哇克（གྱེས་མོའི་གོང་བ་ཁེངས།）地方举行，规模非常盛大。由密宗格西·桑丹森格（རྒྱུད་པ་དགེ་བཤེས་བསམ་གཏན་སེང་གེ）任经师，负责教授供佛念经的法行和教读《现观庄严论》《入中论》《酬补仪轨》等经论，全面细致地教授唪诵这些经典的音律的缓吟、急诵和腔调，鼗鼓和铃的休止法与摇法及鼓谱等等的传统实践方法，尊者都一一心领神会。另外，还讲传了上一世一切知嘉木样的《菩提道次第指引》和班禅确吉坚赞的《三地经疏释》、嘱咐心意须转向于心法和宗印学说纯正的重要性，尊者都一一铭记心中。木马年(公元1774年，清乾隆三十九年，甲午）十月二十五日，五供节时进入经院学习，于在任堪布热·索南旺加哇（ཁྲི་ཐོག་པ་ར་བསོད་ནམས་དབང་རྒྱལ་བ།）座前聆听了宣讲的教程，拜多仁巴·楚臣森格（རྡོ་རམས་པ་ཚུལ་ཁྲིམས་སེང་གེ）为师，学习《集类学》《悟慧经》《因理论》《因理论本义》《宗印宝堂》《二十僧伽辨析大全》《了不了义辨析大疏》、贡如的《缘起颂》疏、《识色善说宝瓶》、《般若》第四品以前的各品、《宗印大全》等，都一一背诵，熟烂于胸中，每晚复习全部《集类学》，对《第一品》的四秘意以及别的经典也经常如此钻研。学习《集类学》中本之时，怙主嘉木样二世按照拉萨热哇多巴经院之制，新设《集类学》的磋朗会辩，尊者第一个起立讲辩。当时，历任阿阇黎们指导讲闻异常深刻，格贵也都由格西们担任，因而纠察督促甚严。怙主金刚持[52]不时选择适当的对象，让在他的面前立宗辩论，藉以观察其回答方式、经教的应用、判断的能力等等，并几次作了改革。由于内外条件具备，希望求学烈火之堆上加添了干柴。当为了进行《释量论》和《般若》的贤妙日，特请音韵师教授法事诵经的音律，分清新旧音律之别，以期不使相混，一一熟悉于胸，并能改正别人弄错了的音律。这些时日，因用度贫乏，只能煎熬岩茶解渴，把干施食煮成面糊充饥，没有坐垫，日夜坐在光地之上。在僧寮，每当寒冷之时，除披着一件披风僵坐而外，没有其他衣服。生活上虽有这种种困苦，依然苦修如故。其所以无丝毫之懈怠，一心专注于闻思者，由于无可匹敌地对正法之所缘缘。水虎年（公元1782年，清乾隆四十七年，壬寅）冬季学期时，举行了般若庆贺会。第二年从怙主一切知嘉木样二世受近圆戒。在这位尊者座前，应试了教程的通论和专论，《中观教理明灯》《宗印大全》《律经根本律》等。怙主尊者高兴地说“会为佛法做出成绩”。并应试了《宗印大全》的大会堂会试。从《中观》旧级落到《新论》级，对《中观》和《般若》进行复习，对《集类学》《悟慧论》《因理论》等等，都一一细致无遗地钻研。对于大会堂的会传从未间断。木蛇年（公元1785年，清乾隆五十年，乙巳）于祈愿神变大法会上参加然绛巴的巡回辩经。在怙主一切知二世嘉木样座前，充当嘉贝样学习诗学的抄录例句等的侍从，因而被二世嘉木样一起教授了诗学。猴年（公元1788年，清乾隆五十三年，戊申），为了新建金殿，前去青海蒙古等地区募化布施。

冬季学期时，进入《俱舍》学级，学习了《俱舍论》本论，在《俱舍论疏释》《释量论明照解脱道》基础上尽可能地将词义的解释熟记于胸。

在代理喇嘛洛桑雅培（སྤྱི་ཚབ་བླ་མ་བློ་བཟང་ཡར་འཕེལ།）和藏巴然绛巴·丹巴达吉（གཙང་པ་རབ་འབྱམས་པ་བསྟན་པ་དར་རྒྱས།）两位座前，学习了历算学。在墨尔根曲结、华热格西·吉迈旦却（དཔའ་རེ་དགེ་བཤེས་འཇིགས་མེད་དམ་ཆོས།）和格西·却霍尔金巴（དགེ་བཤེས་ཆོས་ཧོར་སྦྱིན་པ།）等师的座前，学习了《声明学》图解。土鸡年（公元1789年，清乾隆五十四年，乙酉）冬季学期中，进入噶仁巴学级（དཀའ་རམས་པ་འཛིན་གྲྭ），学习律典。自进入经院后，对怙主一切知嘉木样二世每次所讲经法，都前去聆听，有些还作了记录。每当第二世嘉木样怙主尊者为首的喇嘛们书写经文等时，都去做侍从，使所有工作都完美地完成，受到赞赏。彼师还请贡塘·嘉贝样、吉美柔贝森格尊者（རྗེ་འཇིགས་མེད་རིགས་པའི་སེང་གེ）、四大赤钦、堪钦仲优活佛（མཁན་ཆེན་དྲུང་ཡིག）、直尕尔·噶居仁波切(བྲག་དཀར་དཀའ་བཅུ་རིན་པོ་ཆེ།）等师讲传了许多深奥的经法。有时在时间可能之时，则闭户读经研习和进行相应的修持。铁猪年（公年1791年，清乾隆五十六年，辛亥），在察哈尔·甘珠尔钦布（ཚ་ཧར་བཀའ་འགྱུར་བ་ཆེན་པོ།）座前，聆听了《甘珠尔》大藏经教敕。金殿建成后，彼师位于开光者之列，青海蒙古各旗首领奉上了许多布施请求长久住时，给他们讲传《曼荼罗疏释》；同时还进行本学级的磋朗会辩。先前于大经堂建成开光和这次开光，彼师两次都列于领诵韵律师之中，因而对诵经的腔调韵律，通过观察实践，都详细予以掌握。这年冬天，怙主一切知嘉木样二世尊者往生净土后，彼师负责前去甘都寺，迎请灵塔等。取得了多仁巴（རྡོ་རམས་པ།）的学位之后，为了在水牛年（公元1793年，清乾隆五十八年，癸丑）春季学期会上立宗辩论，在经院中攻读了一年，仔细地精读印度和藏地的许多大论。他说道：“可能是习气所致，凡读完每一部经典，都发了大的祈愿。”

这年的祈愿神变大法会上，按照郡王（ཇུན་ཝང་།）的严令，就任密宗学院法台。以前，辅导师洛桑仁青（སྐྱོར་དཔོན་བློ་བཟང་རིན་ཆེན།）曾说过：

“对这位尊者来说，进密宗院学习密咒，与只看密宗经书来学习的两者之间，加持功力自不一样，以后应以赴密宗学院修行为好。”

彼师将这话报告了贡塘·嘉贝样。贡塘·嘉贝样说：“这了解显密二乘要义的格西的话是对的。”

尔时，虽然心中曾考虑过此事，但还是没有去。这时，为了在主持密宗学院的这一阶段中有所获益，乃积极负责，每年讲《四家合注》一次，还极力纠正将“鸡足当作鸭爪”的学习方法，把名词等等按一切知先后两世教导的口传，硬是如同以手传石的办法，一一予以教授；把原来实行的传授生起、圆满两次第的全部教授，大小疏教程的宣讲——直至十三品等，每年一一予以实施，从不间断；并教传唪诵方面的教敕，并亲口进行示范，凡大施食祭和自入法各个法会都一一参加，从不间断。

过去，彼师从密宗院僧人三旦桑格（རྒྱུད་པ་བསམ་གཏན་སེང་གེ）座前，详细地学习了仪轨实践并都熟记在心里。这时又详细地向几位道行高超的密宗院老僧请教，阅读许多密宗经典，深入无误地掌握了生满二次第的要义。常听见他说：

“正如尊者[53]在《疏释科判》中所说的‘先学习《五次第论》，然后入于密’，必须把胜乐、集密、大威德三大本尊的仪轨精熟于胸中。掌握了这些之后，研究胜乐仪轨时，才能了解光净的要义；研究集密仪轨时，才能洞晓光明幻化之身，才能自然而然地引入。”

又说：“密宗经典的腔调和韵律，对众人来说，也会给予他们以领悟生起、圆满二次第的要领，甚至研究开始实践阶段以上时，我认为不可能没有‘不会碰到这方面的这个要领的’想法的。当听诵空行光聚度母和金刚空行龙等腔调时，就会出现到达乌仗那空行密库的感觉。”

以上这些说法，会使闻者认识到这是难以估量的境界。在各个修供仪轨的护摩、缘钵供养、密咒立宗辩论等法会，以及举行供地仪轨和画规仪轨时，彼师有时也亲自莅临。每年秋天，他都严格地考察和校正跳神、画规施线、音调三方面工夫，并规定：凡没有应试《疏释正源》者，不准进行《大疏》级；没有应试《虚空称集密金刚生起次第》者，不得进入《小疏》级。他创立了夏季建立立体坛场的传统；开创每年建立堪以胜任的胜乐、集密、大威德三本尊、怙主法王羯磨的制度；调整幻身供奉的诵经安排和持“曲弥谷（ཆུ་མིག་ལུང་།）教诫”传承不使衰落的规定，并使正常成规的支出有所增长。为新建的内殿提供经费白银三百余两，塑造高逾人身的胜乐、集密、大威德三本尊像，在经堂殿脊装上一对金胜幢和宝瓶。后来，还绘了护法神怙主和法王像。彼师在密宗院传授集密、大威德灌顶，讲传达布喇嘛的生起、圆满次第，以政教二规住持护理密宗学院四年。

火蛇年（公元1797年，清嘉庆二年，丁巳），为了确定怙主殊胜化身一切知嘉木样二世转世的呼毕勒罕，派遣人员进藏以稽粑团占卜之责落在这位尊者和东科尔噶居（སྟོང་འཁོར་དཀའ་བཅུ།）两师的肩上。为了尽快明确殊胜化身转世的呼毕勒罕，先后两次进行永世长寿的法事，曾几次出现意所化的化身坐床的梦兆。当年的三月十三日起程前往西藏，因这年有闰六月，于七月二十二日抵达拉萨。尊者的政教智慧超群出众，所有向各方面的报告和联系都很佳妙。当时，卫藏地区的上一世怙主一切知嘉木样的许多弟子都聚集在这里，政教两界的显要人士都信仰和敬信尊者，因而他们各个负责地予以协助，使事情完成得非常顺利。彼师朝拜了达赖喇嘛和班禅额尔德尼的金颜，结了法缘，并作“恳求殊胜化身嘉木样永世”的祈祷。在朱沃赤钦·洛桑扎西（ཇོ་བོ་ཁྲི་ཆེན་བློ་བཟང་བཀྲ་ཤིས།）及哇日格西·恰达（བ་རི་དགེ་བཤེས་ཁྱབ་བདག）及扎什伦布寺两位雍增活佛（བཀྲིས་ལྷུན་ཡོངས་འཛིན་ཞལ་སྔ་ནས།）座前，聆听了许多传承极为稀少难得的经法。他说：

“在安多、卫两地，拜请过三十位大善知识，聆听了他们讲授的广泛的经法，所记的笔记足有一函厚，可以说是我可以趋入解脱之门的依据。”

尊者也向对方讲传了一些经法。他还仔细全面地朝拜拉萨大昭寺和小昭寺的两尊释迦牟尼像、噶丹寺宗喀巴大师的大灵塔、叶尔瓦岩寺(བྲག་ཡེར་པ།)、扎什伦布寺等许多圣地。

摄政达察济珑仁波切(རྒྱལ་ཚབ་རྟ་ཚག་རིན་པོ་ཆེ།) 说："住在西藏吧!各方条件佳妙，活佛您闻听广博，每听一次经法，都对弘扬佛法有益。"

两位雍增活佛也说："留住藏地为好。"

下密院堪布洛桑图丹（རྒྱུད་སྨད་མཁན་པོ་བློ་བཟང་ཐུབ་བསྟན།）说："以前，噶丹寺赛赤这个座位，似由我们郭莽扎仓住持担任。以您的年龄和学识来说，无论从哪个方面来说，只要在下密院住上两年，然后想干什么就容易了。"

他们直接或通过间接关系，从各个方面进行劝说，希望彼师留下，与此同时，第穆诺们汗（དེ་མོ་ནོ་མིན་ཧན།）也要求尊者他担任丹吉林寺（བསྟན་རྒྱས་གླིང་།）的阿阇黎。尊者说："丢开了寺院和怙主一切知，追求一点地位干什么呢？这才是白费时光。"

土马年（公元1798年，清嘉庆三年，戊午）三月十三日，起程返回安多，九月初一回到拉卜楞寺。拜见殊胜化身三世嘉木样时，看见一切行止，同上一世一模一样，意为之夺。土羊年（公元1799年，清嘉庆四年，己未）正月间，贡塘·嘉贝样住在河州，彼师前去拜见，担任编写怙主一切知嘉木样二世传记的秘书和侍从。当年秋天，在佑宁寺曲吉尼玛尊者座前聆听了《六臂护法手册》指引等的教授，并给奥汗噶居（ཨོ་ཧན་དཀའ་བཅུ།）等讲传经法。铁猴年（公元1800年，清嘉庆五年，庚申）在大会堂聆听贡塘·嘉贝样讲传的《菩提道次精要》并做了记录。上级委派担任新建的佐格新寺拉卜吉林（མཛོད་དགེ་དགོན་གསར་རབ་རྒྱས་གླིང་།）的金刚法师。在该寺授胜乐、密集的灌顶，讲传《疏释》教授和教敕、《宗喀巴全集》的教敕等想学的经法，不懈地督促学习，因而在任职的四年当中，打下了大密教法的基础，并前后两年在拉卜楞寺，讲传《甘珠尔》大藏经的教敕。

四十一岁那年，即木鼠年（公元1804年，清嘉庆九年，甲子）被委为拉卜楞寺大会堂堪布，六月上旬升座就职。彼师每年都逐词逐句地解释闻思堂的规章，由于熟记前任大多数堪布的大会诫词，以此作为缘起，详尽地在大会进行训诫。对于纪律，虽细微之处，也予以整顿并严格进行管理，使一度松弛的一些规章制度又得以恢复。在经院的各个学级，不断地宣讲考试教程，并分别进行谈话。每天早晚辩论两次，每次都当面指定几位僧人令其按等次回答，因而要奸弄滑者不能得逞。所有宣讲的那些教程，督促各个学级的僧侣按次复习背诵，因而收益不小。春季学期会上，尊者授《菩提道次第广论》等经法时，都结合世间的论据和前辈们的讲说，进行讲传，因而使僧侣们对所讲的内容都能容易理解。有时讲到神奇处，僧侣们常常急于想听下文。由于谆谆不倦的教诲，僧侣老少都不愿迟到经院。总之，无论怎样疑难的问题在这位尊者的口中，没有解答不清楚的。凡教程考试不合格者则令其学习明处，《中观》学级以下考试不合格者，令其降级辩论。对其他三个扎仓，也进行讽诵、腔调、韵律、坛城的施线、粉彩的画规、工艺制作等的考试。密宗学院考试《疏释正源》《生起圆满次第》的文词义理内容；时轮学院考试明处；医药学院考试《医学四续》；对诵经僧人考试唪诵和音律，并反复予以校正。对应试了上述科目的僧人，严格管理，因而使显密经法的讲闻辩论大有发展。六年之中，举行了五次正理部辩论会，各项开支制度逐年予以改进。彼师专门以讲闻辩论为主，别说前去募化布施，就是夏季化缘和冬季化缘[54]，一生之中也没有进行过。但手头财物时常充裕，在大经堂楼上楼下，新造供奉无比阿底峡大师和包括库·宗哲雍仲（ཁུ་བརྩོན་འགྲུས་གཡུང་དྲུང་།）、鄂·勒巴喜饶（རྔོག་ལེགས་པ་ཤེས་རབ།）、仲敦巴嘉委迥乃（འབྲོམ་སྟོན་པ་རྒྱལ་བའི་འབྱུང་གནས།）等噶当派诸祖师青铜像的“噶当”神龛，凡天花板藻井、供器等等一切都重新设置。

其次，还新立了密宗殿。在怙主殿塑造了依怙、法王、大威德像，连同开光，共捐资白银四百五十多两。常年为祈祷怙主嘉木样三世永世长寿举行白度母修供法会；在时轮学院艾温法轮洲（ཨེ་ཝཾ་ཆོས་འཁོར་གླིང་།）新设了时轮护摩法会;修建了医药学院经堂，每项各捐资白银一秤。在寺院中新建了寝宫、佛塔、佛像，设置了《甘珠尔》大藏经为主的经籍一千多函，包括先后向第三世嘉木样遍照尊者供养八次大布施。多次向嘉木样师徒等奉献了许多财物。为十五天的祈愿神变大法会供茶、布施；为上一世一切知嘉木样灵塔供施两次，连同五供节祭各供茶、放布施三次；还为别人供给财物，为五供节祭和灵塔祭供茶、米饭；为各扎仓单独散发的布施也有数次。还为两个佐格寺和德摩塘寺新置了许多佛像、佛塔、佛经等。在这三座寺中，为嘉木样三世遍照尊者和尊者自己修建了府邸。为阿木去乎寺捐助了许多法事经费和雕刻经版的资金；为丹培林寺（བསྟན་འཕེལ་གླིང་།）修建了弥勒佛殿和塑造了弥勒佛像。新建了塘萨噶尔寺（ཐང་སར་སྒར།），在该寺修建了经堂和寝室。普德噶萨尔寺（ཕུག་བདེ་སྒར་གསར།）的经堂，由于地基潮湿不固，先后修建了四次，其他还为许多寺院新立修供法会制度，并拨发资金、设置公积金、上布施等，毫无剩余地散尽了全部财物。如此等等，仅是以事业之轮，为圣教所做的事业一部分。对此，尊者却说：

“噶当派祖师说：‘禅师自己不滚下坡去，食团自会向上滚上来。’”

须知，在世间作一件事不是不可能的。但由于思想不注意谨慎，因而难以满足众人之意。却不可以法嗣们曾引用过“你姑娘美女朋友们”等离奇的说法，听到之后，而去进行“邪命之业！”切不可和世间八法混淆一起！切不可浪费信徒和死者奉献的财物！应以此做出了重大善事为是。

甲子年，住持西仓德钦林寺（ཤིས་ཚང་དགོན་བདེ་ཆེན་གླིང་།），火虎年（公元1806年，清嘉庆十年，丙寅），又住持如多玛寺丹培林（རུ་སྟོད་མའི་དགོན་བསྟན་འཕེལ་གླིང་།），同时住持三座寺的寺务。土蛇年（公元1809年，清嘉庆十四年，己巳）卸去本寺堪布的责任后，又立即被再三请任贡隆拉卜吉林寺（རབ་རྒྱས་གླིང་།）的堪布，住持该寺的寺务，先后计十余年之久。木狗年（公元1914年，清嘉庆十九年，甲戌）起，先后住持阿木去乎寺九年，住持丹培林寺二十五年。在此期间，分别在各寺建立了显密经法的讲闻辩论制度，整顿寺纪、清规，并反复进行，这些寺院能打下讲修的坚实基础，全是尊者的恩德。另外，还数次前去北起祝固国（བྲུ་གུའི་རྒྱལ་ཁབ།）[55]，南到四川境内的广大地区的所有寺院和静修院讲传经法，从各方面督促教务，对每一座寺院的政教事务，颇多建树。详细情况在传记《欲脱津梁》中都有记载。一些还附见于下文的各有关的部分中。尊者曾说："我们是从事闻思事业的，因而要终生力行闻思修。在学习经法时，就像翻越山峰的垭口，可能也有失错之虑！若不护持它的传承，此生就会忘记一切，不能成就为培育来世习气的依托，欺诳就太大了。"

尊者一生一世专注地阅读经典，讲闻辩论，念诵经咒，撰述论著等。他的著作将近十函，在阿木去乎寺藏有木刻印版。在他圆寂的前一年，将所有的绸缎新衣和常用贵重物品全都进行施舍。于九十岁的那年，即水牛年（公元1853年，清咸丰三年，癸丑）六月初，如意所欲地将色身庄严摄收示寂。现在的这位殊胜化身嘉样丹增嘉措（འཇམ་དབྱངས་བསྟན་འཛིན་རྒྱ་མཚོ།），正作为正教众生的救星驻世。

兹再附述一点，上一世尊者贡却坚赞，无论在自己的寺院或所到的地方，他的座前都挤满了求学经法的僧众，他没有片刻休息的空闲时间。但是尊者毫无厌倦之态，一律根据其各自的意愿，讲授公众和个人想学的许多经法，因而徒弟遍于大地。特别是心传弟子喜饶嘉措瓦（ཤེས་རབ་རྒྱ་མཚོ།），每次于尊者讲传显密二乘各种经法时，不但专心听讲，而且好多经法还听讲过许多次，大都记入笔记，享受着善说的甘露。心传弟子巴彦王的属民库卫阿岱觉巴（ཁུ་བེད་ཨ་དའི་གཙོད་པ།），是一位宁玛派僧人的侄子。这位宁玛派僧人精于宁玛派的修行事业，除依照功德者的惯例为在家者作诵经法事外，经常忏悔罪过直达深夜，顶礼不止。彼师生于水猪年（公元1803年，清嘉庆八年，癸亥），幼时适嘉堪庆智华坚参前来这个地方，他的一位邻人曾敦请至家中款待。彼师好奇地想，这位活佛何时前来？遂长时进行等待。不一会儿，当他从牛粪堆上看见嘉堪庆骑在马上的羸瘦身影时，立即生出这就是“喇嘛”的感觉，发生极其虔敬的信仰。后来，跑到拉卜楞寺，找寻尊者的禅房进行朝拜。从此以后，他随时前去拜谒，从不间断地聆听所讲的教授。秘书和司膳师等交给他做一些侍从的工作时，他都随时做好，因而成为称心的弟子。他从小深受经法熏习，精于写、诵、读。在一个阶段中，需要跟随叔叔交巴为在家人诵经，因而也精通了《祖师问道语录》。十六岁那年，即土虎年（公元1818年，清嘉庆二十三年，戊寅）来到拉卜楞寺，从益噶曲增静修院（རི་ཁྲོད་ཡིག་དགའ་ཆོས་འཛིན།）的艾典巴贡乔更登（གནས་བརྟན་པ་དཀོན་མཆོག་དགེ་འདུན།）剃度出家。入闻思堂经院学习，后又拜请医学院法台岗察格西·贡乔端月（ཀང་ཚའི་དགེ་བཤེས་དཀོན་མཆོག་དོན་ཡོད།）为师，学习了显密经法和诸明处，因而获得了智者的声誉。彼师谦虚恭让，心地善良谨慎。十七岁时，从贡塘·嘉贝样受沙弥戒。二十八岁时从遍照一切知嘉木样三世受近圆戒。还在德赤仁波切嘉样土丹尼玛（སྡེ་ཁྲི་རིན་པོ་ཆེ་འཇམ་དབྱངས་ཐུབ་བསྟན་ཉི་མ།）、喇嘛阿莽道扎尊者师徒和别的许多名僧座前，无厌地聆听了许多深奥的经法，掌握了广博的经教教敕。他时常谨守听闻的正念正知，无论聆听什么经教，从不忘记仔细认真地于细微处实践。对每次讲经、灌顶中所传授的具量合典的正法传承，都能纯正精湛地实践。在赤钦·索智巴（ཁྲི་ཆེན་བསོད་གྲགས་པ།）的殊胜化身贡乔嘉措尊者（རྗེ་དཀོན་མཆོག་རྒྱ་མཚོ།）的座前，圆满地聆听了深奥的口耳相传的教诫，并在一百零八处凶恶的水泉坐禅修行。有一次，他在家乡举行迁“水”法事时，村中的一位老妇人去世，晚上强留他住下，给他献了一头犏牛，要求给予他的贫困的母亲，但是他没有听从，让他们将牛献给索智仁波切。如此等等。对信徒和死者奉献的财物非常回避。对于放逸于世间八法行为坚决断绝，脱离世俗，山居修行，修持信念非常坚定。他在甘珠尔巴钦波贡乔华增（བཀའ་འགྱུར་བ་ཆེན་པོ་དཀོན་མཆོག་དཔལ་འཛིན།）座前，聆听了《甘珠尔》大藏经教敕。后来，在本寺和若尔盖等寺院讲传了几遍。

另外，由于尊者大力发扬灌顶、教敕、诀要等传承，被怙主嘉木样殊胜化身师徒们尊为顶庄严，讲修事业不断增盛，特附记于此。

第二十五任堪布为学识通达，德行高超的大学者贡乔森格（མཁས་གྲུབ་ཆེན་པོ་དཀོན་མཆོག་སེང་གེ），是怙主嘉木样活佛兄弟昂拉百户（སྔང་རའི་བེ་ཧུ།）洛哲（བློ་གྲོས།）的儿子。洛哲原无儿子，经苏乎察的星相家（སོག་ཚའི་རྩིས་པ།）占算后，娶了母亲的侄女娘摩加（སྙིང་མོ་རྒྱལ།）为小房，生了彼师、贡却三木巴（དཀོན་མཆོག་བསམས།）、彭措（ཕུན་ཚོགས།）三兄弟，彼师居长。生于藏历第十三胜生的土鼠年（公元1768年，清乾隆三十三年，戊子）。后正室也生了儿子，就是头人更桑（དཔོན་པོ་ཀུན་བཟང་）及亲王达什仲鼐（དཔོན་བཀྲ་ཤིས་འབྲུང་གནས།）的福晋，被称为“阿妈仓”者。怙主嘉木样活佛在卫地时，曾来信说：“若生下属鼠的男孩时，要谨慎保持洁净。”怙主曾在梦中梦见说是赤嘉那化(ཁྲི་རྒྱ་ནག་པ།）的宝座，自天降到他们家的屋顶，据说这就是这位大堪布化身降世的梦兆。后来，怙主座前的拉仁巴仓对彼师说：“我们不但没有拜见过我们的本师释迦能仁，而且也没有见过圣大师的容颜。”当时彼师虽然说过好像记得他前世是圣大师座前的一位秘书，但是他忘记了名字云。彼师向阿阇黎更登达吉（དཔོན་སློབ་དགེ་འདུན་དར་རྒྱས།）说：“说我是这样和那样的人虽然很多，但我自己却不知道。”

常常忆起黄河畔一座石洞的门前，有树林和笔直的灰色大路，曾于该处来来往往。反复回想，可能是塔秀·曲郡嘉措（ཐར་ཤུལ་ཆོས་སྐྱོང་རྒྱ་མཚོ།）云，也约略地说了转生为有神通的掘伏藏者德敦僧人（གཏེར་སྟོན་གྲྭ་པ།）的情况。在向多大成就者（རྡོ་གྲུབ་ཆེན།）请问自身，回信中也曾说：“法身在前世显然是朗钦华吉森格。”这一切毫无疑问地表明是正人哲士不断转生的相续。有一位幼年时一同玩耍的朋友入德钦寺经院学经，回来时穿着袈裟禅裙，他一看觉得很好看，意为之夺。心中常想能否同他一样，一连两日不思饮食。此后不久，怙主嘉木样莅临昂拉，问他道：“你想当僧人，还是想当俗人？”

由于被以前那位僧人所迷，遂答道：“愿为僧人。”

嘉木样活佛说道：“那位僧人和你，两人不一样，您无信仰。”

他答道：“有信仰。”

嘉木样活佛问道：“那么，信仰是怎样的？”

他答不上来，只弯着指头说：“就是这样的。”

惹得大家发笑。他的父亲表示要让他当本加伍居（འབུམ་ཀུ་བུ་རྒྱུད།）的头人。嘉木样活佛说：“这样做对你无益。”

遂纳于随从之列，带着他回拉卜楞寺。尊者亲自为之剃度出家和授沙弥戒，让他住在乔柔图官人（ཚེ་རིག་ཐུ་དཔོན་པོ།）跟前学习藏文。教他背诵《入中论》，每天对他进行考试。可是无论怎样努力，一天只能记住短页半页，再多了就记不住。怙主嘉木样居于塔尔哇泽山时，他把尊者洗了头的一盆水完全喝了下去，立即产生了记忆。此后，让他住在司膳官藏敦巴（གསོལ་དཔོན་གཙང་སྟོན་པ།）的家里，拜藏端巴为师。后又入闻思堂学习理路法则，成为善于辩理的超群人物。怙主嘉木样前往卫地的前一年，去西宁时，顺便带着彼师同返家乡。怙主嘉木样问母亲：“明年，我想带桑格去卫地，阿妈同意吗？”

阿妈说：“我想您去卫地，留他在此地，我心中安一些。若两人都去，我不同意。”

说着流下眼泪。怙主嘉木样握着阿妈的手说：“我在开玩笑哩。”

同时奉献了水果和糖。木龙年（公元1784年，清乾隆四十九年，甲辰）怙主嘉木样活佛起程去卫地的前一天，将彼师叫到跟前说：“到卫地去吧。”

彼师说道：“我正在学习呀，不去怎样？”

嘉木样活佛说道：“可以在卫地学习。”并向襄佐说：“给他准备一下行装。”

襄佐说：“已经到了起程的时候了，难得空闲。”

嘉木样活佛说道：“一个人的行装要那么多干啥？带上要缝的衣服，在路上可以缝。”

就这样，彼师就起程前往西藏。曾听恩师阿莽道扎尊者说过：“这年他十七岁，被委派为管理驮队的头人，整天都立于鞍镫之上，扬起头张前望后。下午，拜见怙主嘉木样时，指示说：“不要这样，要用眼睛和心来督察。这种方式，以学习上的闻思为例，也是这样，对于任何事情，都是很重要的。”

在拉萨，住在巴觉尔饶丹寺（དཔལ་འབྱོར་རབ་བརྟན།）时，隆多喇嘛仁波切（ཀློང་རྡོལ་བླ་མ་རིན་པོ་ཆེ།）前来拜会。怙主嘉木样二世给他一条哈达，让其拜见并介绍说：“这是我的侄儿，要送他进寺院里学习，将他拜托给您了。”

“来吧！但不知道名字，不好认识，要把名字记确实，这很重要。”隆多喇嘛说着，把彼师的名字一连重复念了几遍，并指示说，“无论您何时来，对我跟前的人说一声‘我是嘉木样协巴的侄子森格’就行。”

遂遵照指示行事，虽门禁森严，但谁也不阻挡他，因而无论何时想拜见，都能接近隆多喇嘛。彼师连续不断地聆听了《菩提道次第广论》和《略论》等许多经法。每当讲传经法时，隆多喇嘛就问：“嘉木样协巴的侄子坐在什么地方？”如果坐在排尾时，就让他坐到身旁，如此等等的关照，极其周到的。怙主嘉木样二世也常常让他去隆多喇嘛座前，请求教导。

“喇嘛是大成就者，有加持之力。”

彼师对所有指示，都能按要求完成。隆本康村会议请彼师作扎仓的群则，但是怙主嘉木样二世说：“会影响学习，没有必要，作康村的群则就可以了。”

又向彼师叮咛道：“要好好看书，不可摆阔气。我每年给你白银二十两，这足够一年的衣食费用，比此数再多就不好了。”

临行前又将嘉堪钦活佛和彼师二人叫到面前，指示道：

“要勤奋学习。嘉堪钦可以附带学学世俗道理，森格学习经论最重要，不需要学世俗道理。”贡塘嘉贝样给了七个“章喀”银币，一个书夹，并说道：“学法间休时，不要离开这个书夹。”

又给了一串念珠，并说道：“讲辩会上不要离开这串念珠。”

由于彼师早就精通理法，并且努力学习、复习、背诵，虽是一个新来的学经者，但很快跻于知名学僧的行列。在格派寺第一世一切知嘉木样协贝多吉的禅房中和松潘的格勒坚参（ཟུང་ཧུ་དགེ་ལེགས་རྒྱལ་མཚན།）一起学经，中间休息时曾看见天空云间虹彩之中，显出了一位仙女。格勒坚参他一遍又一遍地反复念叨自己非常想念阿妈，她是否去世了？一天，忽然听到彼师叫喊着说：

“你的阿妈从村子对面的林边背了水，从村子下边的桥上走过来了。”把他母亲的容貌形状一一说了出来，从而获得了他的信赖。自从彼师来到学级之后，无论到拉萨等什么地方去，总是有一个白色小孩追踪跟随。在途中休息时，白色小孩也在近旁坐着，有时还给一颗好像不是地上生长的果子。对自己的弟子松潘·格勒说：“这好像是供我受用。”

如此等等所显的神通和感受很多。同朱沃格西·桑杰扎西（ཇོ་བོ་དགེ་བཤེས་སངས་རྒྱས་བཀྲ་ཤིས།）一起进行了《般若》磋朗会辩；和朱沃格西·才旺本（ཇོ་བོ་དགེ་བཤེས་ཚེ་དབང་འབུམ།）一起进行了《律典》磋朗会辩。一次拜谒隆多喇嘛仁波切时，喇嘛看了看见面礼哈达后，说道：“这象征着无明已觉醒，因而，晚年你会证悟空性。”

后来，彼师本人也曾亲口承认证悟了空性。一次，隆多喇嘛说：“这是拉仁巴开支的费用。”说着赐了许多白银和哈达。不久，获得了拉仁巴格西学位。以前，怙主嘉木样去卫地时，在潘域隆珠宗（འཕན་ཡུལ་ལྷུན་

ཀྱབ་རྗེང་།)，色拉东科尔夏茸（སེ་ར་སྟོང་འཁོར་ཞབས་དྲུང་།）前来迎接。看见彼师在嘉木样活佛身边，问道：“这是谁？”

嘉木样活佛说：“乱石河滩中的拉仁巴。”

这时，恰好给这个戏谑作了适当的回答。在这一段时期内，彼师身体长期不适，这是考取拉仁巴的障碍。因而，他说：“需要奉还这个名额。”

弟子松潘·格勒劝说道：“以前，两位喇嘛曾作了授记，不会有诳骗之处。但是，需要在郭莽护法怙主前进行供养，并求占卜。”

于是，在怙主神殿潜心祈祷，同时进行糌粑团占卜。结果，降下的指示还是以当拉仁巴为好。由于患病未能参加《俱舍论》的详细辩论。病一痊愈，因堪布阿旺达吉（མཁན་པོ་ངག་དབང་དར་རྒྱས།）当时还是孤单僧人，常请他来到僧寮，进行关于《俱舍论》的义理的谈论，从而领悟了《俱舍论》的真义。怙主嘉木样二世通过德哇的厨师带来了米、银子和酥油等大批费用。在扎仓中立宗辩论时，有几位格西认为彼师对于《中观》和《般若》确有理解和掌握，但对于《律典》和《俱舍论》因病未能答辩，应就其中的最大难点，进行理路和经教的辩论。但是，无论几位格西分别提出《俱舍论》中的一些难点，拿出全部经教的本领进行辩论，他的答辩浑融得体，不给对方一些可乘之机，于是“文波森格的智慧”的盛名大振。在大祈愿神变法会巡回辩论时，因他是有名的学僧，三大寺院和密宗上下两院高傲的格西们提出的理路和经教诘问，像悬岩瀑布一样倾泻而来，但是彼师的回答承许谁也难不倒，损伤不了，因而取得了拉仁巴格西的第一名。后来彼师说：“‘言称干瘦’的这个名号，虽然不好听，但这是我之业缘，所以就得到了这个‘言称干瘦’的名字。那时就出现了叫扎巴干布（གྲགས་པ་སྐམ་པོ།言称干瘦）的人。”

在八世达赖喇嘛强白嘉措座前，受了大乘长净戒；在五位天成[56]之前，守了几次禁食斋戒。还在雍增仁波切(ཡོངས་འཛིན་རིན་པོ་ཆེ།）座前，聆听了《菩提道次精要》《供养上师颂》《大手印》等讲解，受觉派《虚空开门》灌顶，时轮和《噶当十六明点》等等灌顶。自从聆听了《菩提道次第指引》之后，在以《功德根本成就颂》为基础之上从不间断地勤修《指引》。他说：

“只想在一块坐垫之上，修持显密全部经法，是否可行？除了作一点积资蓄粮，消除罪障之外，从未想过声誉和名望。”

在赤钦嘉戎瓦·洛桑曼兰木（ཁྲི་ཆེན་རྒྱལ་རོང་པ་བློ་བཟང་སྨོན་ལམ།）座前聆听了《四家合注》等经法，在赤钦朱沃巴（ཁྲི་ཆེན་ཏི་རོ་བ།）座前聆听了《隐义普显论》。还在格西恰达夏俄奈（དགེ་བཤེས་ཁྲབ་བདག་ཞལ་སྔ་ནས།）跟前，请讲了许多经论。在去经院的同时，还顺便在隆本热郭阿阇黎端珠（ཀླུ་འབུམ་ར་སྒོད་དཔོན་སློབ་དོན་གྲུབ།）和格派艾丹巴（དགེ་འཕེལ་གནས་བརྟན་པ།）两位座前，聆听了《那饶六法》的实践经验，学习了体功和气功。据说虽然出现了气聚丹田很容易的想法，但也认为这只是修习小有所得的征兆。在修习温萨派口耳相传的觉派心法之时，曾几个夜晚在郭莽经院的狮面母的圣地和哲蚌寺天葬场等处舍身，经受了几乎被无形的手抓住的惊险，这些传说我都亲耳听说过。

铁猪年（公元1791年，清乾隆五十六年，辛亥），听到怙主嘉木样二世逝世的消息，趁拉仁巴立宗辩论已完之机，下定决心在卫地格派山（ཡུལ་དབུས་རི་བོ་དགེ་འཕེལ།）等处作一生修持的准备，认为故乡已无可留恋。后来，当决定殊胜化身之时，虽接到拉卜楞寺所属的各位高僧和老僧们下达的必须返回家乡的严令，仍没有回乡的愿望。但当阿莽仓给他严肃地讲述了现已找到的怙主嘉木样转世的呼毕勒罕，是毫无疑问的，应前去朝拜；应去叩谒喇嘛嘉贝样的教证的功德；心中要牢记上一世怙主嘉木样的恩德；无论如何必须回去，不敢再行违抗。后来彼师常说：

“若于尔时在一座禅寺努力修法，我想后世会能有所出头。虽然有如此想法，但是欺诳太严重啊！”

火蛇年（公元1797年，清嘉庆二年，丁巳）八月初一日，结合认定嘉木样活佛转世的殊胜化身呼毕勒罕，在达赖喇嘛、摄政和驻藏大臣商定的基础上，上奏嘉庆皇帝，被敕封为额尔典图墨根堪布（ཨེ་རྟེམ་ཐུ་མེ་ཀན་མཁན་པོ།），并钦定彼师为呼毕勒罕的师傅。土马年（公元1798年，清嘉庆三年，戊午），彼师同恩师阿莽道扎一同起程返回，两师日日夜夜不断地相互进行显密经法的探讨，心中都很满意。是年九月初一日，抵达拉卜楞寺。一到寺院，即首先前去朝拜怙主嘉木样二世的殊胜化身。次日，又献上丰富的见面礼物，请求单独谒见，非常喜悦地详细讲述了自夏吾那尔（ཞ་ཐུ་ནར།）地方有人献绸缎衣服以后，一直到寺院的经过，因而敬重倍增。初五日，设宴款待从西藏返回的全体人员。同时，两位色赤活佛和大襄佐等高级侍从都齐集在三世嘉木样活佛座前，在大庭广众面前，宣布了大皇帝的敕书，向彼师授雍增之职。前任雍增卑塘拉仁巴·洛桑丹增（ཞིས་ཐང་ལྷ་རམས་པ་བློ་བཟང་བསྟན་འཛིན།），于彼师在西藏之时，即是他的师傅，因而两人心意相投，齐心协力地进行教学，贡献学识。西宁钦差大臣邀请彼师前去，下达了皇帝的谕示，通知了驻藏钦差大臣的来文，进行颂扬。从此以后，汉族官员们也很尊重，无论请办任何事情，都能照准。由于执法廉正，西宁钦差大臣称之为佛菩萨。拉萨松大臣[57]升任兰州总督，彼师听到后派员祝贺，被赏赐了物品，受到嘉许。襄佐洛桑（ཕྱག་མཛོད་བློ་བཟང་།）圆寂后，提出彼师、嘉堪布和达尔汗叔叔（ཨ་ཁུ་དར་ཧན།）三位为候选人，用糌粑团占卜后，落于彼师名下，因而又被委派为襄佐。

按照土观尊者的教令，向皇帝上了奏折，在三世嘉木样活佛没有达到二十岁以前，准由彼师护印。听他常说：

“阿阇黎强巴仁波切说，若想舍生，当于学完缘起之后，即前往山中静修院，阅览经典为好。如参加噶仁学习时，还得对伙伴们的讲话态度和地位看一看，我根本办不到这些。因而，无论怎样做，无法不坠入世俗深渊。我本人虽然没有这样的作风，但是，由于业缘，对于教法方面，没有做出相适应的大的缘起，对于世俗，倒做了些合适的缘起，不免心灰意冷啊。”

彼师对于包括四个扎仓在内在座前应试者们予以奖励；对内地、蒙古和西藏为首的安多南北地区的有密切关系的大活佛、大官员们，都进行有计划的拜访；对前来拜谒遍照尊者的人们，都按其尊卑地位，凡抚慰、额外赏赐、奖励等等都按上一世嘉木样二世时的成规办理；直至卸去襄佐之职都谨慎从事，从不懈怠。三世嘉木样遍照尊者无论去北部各大寺院，从昂拉至察科之间的各寺院，从果洛至卓尼之间的各寺院时，彼师都随侍在侧，负责政教各方面的事情。据说当时这位尊者在前开道，以内瑜伽之威力压伏全部的神和人云。

土蛇年（公元1809年，清嘉庆十四年，己巳），第三世嘉木样要去西藏，下命让他随从前往。但是，在从西藏没有返回以前，请贡塘·嘉贝样担任拉卜楞寺的堪布，住持寺务的请求没有达成协议，彼师只好留下，担任堪布之职，住持寺务。对前往西藏的准备、接待各方面的客人、送行队伍远近的安排、临时传唤、禀报等等事务，都一一圆满完成，受到赞赏，并一直送到厄尔克奥吾滩（ཨེ་ཁོ་ཨོ་བོ་ཐང་།）。这一年有两个四月，彼师于闰四月的十五日就职。不论在哪一个学期，他经常不断地宣讲、考试教程，因而对寺公所中的事务，常忙到深夜还忙不完，然后又察看教程的学习，所以常常由两三个近侍轮流地提醒“天已拂晓”。黎明时，虽双目赤疼，但仍不显示一点倦意。这些都像《一切知嘉木样弟子传》中记载那样。对于没有学过《俱舍论》噶仁学级（མཛོད་དཀའ་རམས།）而年限又少一些的人，降入下一级，为之设立了小《集类学》的学级；对一些学习好的僧人，在经过应试一部大论后，让其进入各自的学级；因此，其他人都抓紧学习，产生了良好效果。对资质比较低下的僧侣，则让其学习雕版印经和文字。对每个学级都进行谈话，切磋辩论。当时许多年长和年轻的格西学者们都一致认为：

“虽持有和教程一致的承许，但偶尔在一两次的辩论当中维护不住承许，抛出应成派论点，这也是难以避免之事。然而彼师对每一论题，常从成百种经教中反复查，真是‘胸罗三藏’啊!”

因此，经院中讲辩时间经常延长，敬事诵经和辩论掌声直到黄昏时分，才能结束，从而使其他学院也不便任意结束，因而使讲闻辩论常常夜以继日。在一次祈愿讲经法会上，彼师从“下有下的看法，上有上的台子”的说法出发，对所有各个学派要点，集中在这一说法论题之上，作了广大无边的阐述。对此，雄辩无比的大善知识时轮学院的阿阇黎达尔吉（དུས་འཁོར་དཔོན་སློབ་དར་རྒྱས།）真挚地颂誉说：

“由此看来，各自对自己明见证知的智慧所行境，犹如对声音进行争辩，无可阐述，只是打妄语而已。”

彼师对其他扎仓的诵经腔调、韵律、坛城的施线、粉彩画规的制作、乐器奏法等等，都进行了细致的查看和管理，并将几个犯色酒戒者逐出寺院，凡此等等，适当地整顿了寺纪清规。此时彼师听说有几个僧人没有请假，擅自去卫地，现住在噶丹寺。就说道：

“今后，您们请了假再去！总的来说，对本扎仓声誉不能有一个不净信者。但若故意违犯扎仓的规章纪律，别说您们到了噶丹寺，就是到了天上的兜率宫，我去一封信就行了。我执掌着本寺的政教二权。”

从此以后，据说在僧众中，由于彼师宣布的训诫很严厉，难以抗拒彼师威慑之力，自问有愧之人都不寒而栗。对于正理部、大施食法等的所有经费，则按计划、按以前的惯例执行，没有损减。每年念经维持费用浩大，如每次斋茶就需茶叶一百五十余包。彼师说：

“闻思院举行讲辩会的次数多而收入差，在学期会上，若能使其有一次米粥，是很重要的事情。”

于是捐资白银二十三秤。西仓官人格隆金巴（དགེ་སློང་སྦྱིན་པ།）和宗哲（བརྩོན་འགྲུས།）两人将阿木去乎格桑（ཀེད་གསང།）的地租献给了这位尊者，作为寺院的公积基金，每年能供粥十三次，布施每人银一钱。另外，动员蒙古地区的檀越施主，让他们承担大多数学期会上衬资衬饭，并分别发出了催促的公文。让桑木察活佛（ཟམ་ཚ་རིན་པོ་ཆེ།）的仲尼负责，由拉让备办锦缎，制造了八幅金顶长幡装饰在大经堂的长柱上。当时，贡塘·嘉贝样活佛住在加尧静修院（རྒྱལ་ཡོལ་རི་ཁྲོད།），听说他对身体不甚注意，情况严重。彼师立即前往静修院，强请贡塘·嘉贝样活佛回寺。说道：

“怙主现在在遥远的地方，您是执掌、管理这座寺院的唯一领导，您若这样下去，我除了自杀再无别法。”

说着头撞床边，泪流不止。过了一会，贡塘仓略略抬起了上半身，说道：“阿莽仓的智慧广阔，您的智慧深沉。”

布置了举行祈福禳灾法事的一些措施。彼师立即负责举办念经祝寿法事，和僧众一道祈请尊者久住世间，尊者逐渐恢复了健康。

彼师梦见从北方出现了许多妇女，走在前面的一位将发辫浸入血中，抖落的血点落在衣服之上。乃以天界瑜伽的方式对准了她，使其连声叫喊着转身回去。于是于前后一年之中，进行会供，修念《雅玛拉扎》两亿遍，《十忿怒明王》一亿遍，彼师从不间断地坐在会场之首。赤干活佛阿旺嘉样扎西（ཁྲི་ཀན་སྤྲུལ་པའི་སྐུ་རིན་པོ་ཆེ་ངག་དབང་འཇམ་དབྱངས་བཀྲ་ཤིས།）说：

“玛玖拉仲曾有授记说：‘将出现一个具有兽王名号的人，当执掌拉让一切事务时，一切都归顺于它的权力之下。’授记中所说的就是这位。”

我确实听到过这些话。无论怎样说，当时政教的主持者都是他一人。他宽宏大量，善于克制自己，办理内外一切事务都方方正正。贡塘·嘉贝样说:

“这位堪布，给他说一件小事，就急急忙忙去办，但若遇着大事却沉着从容，心里的机变和办法谁也比不上。”

彼师在贡塘·嘉贝样尊者座前，聆受弥多罗金刚鬘和一些附属经法的灌顶，聆听《菩提道次精要》和《大手印》指引的教授和圣·宗喀巴大师的《因缘颂》等教敕及其他许多单独的教敕，并和遍照尊者在吉美柔白桑格尊者（རྗེ་འཇིགས་མེད་རིགས་པའི་སེང་གེ）座前，一起聆听《修法宝源》和两种《百八法》等。还在华热仙米活佛（དཔལ་རེ་སེམས་ཉིད་སྤྲུལ་པའི་སྐུ）座前聆听《空行法要》，在佐格（མཛོད་དགེ）的参巴·洛桑贡却（མཚམས་པ་བློ་བཟང་དཀོན་མཆོག）座前聆听《菩提道次精要》实践教授，《怙主诀要共不共法》《胜乐、集密、大威德三大本尊生起、圆满次第》教授等。还在巴仁拉尊（བླ་རིན་ལྷ་བཙུན）、甘珠尔哇·拉卜杰（བཀའ་འགྱུར་བ་རབ་རྒྱས）、嘉尧寺长老贡乔根登（རྒྱལ་ཡོལ་གནས་བརྟན་དཀོན་མཆོག་དགེ་འདུན）、根邦·智华坚参（ཀུན་སྤངས་གྲགས་པ་རྒྱལ་མཚན）、杜增·曼隆喜饶（འདུལ་འཛིན་སྨན་ལུང་ཤེས་རབ）、塔尔寺达赖呼图克图（སྐུ་འབུམ་ཏཱ་ལའི་ཧུ་ཐོག་ཐུ）、尕蒲仓（སྐ་ཕུག་ཚང）等众多高僧座前，聆听了无数奥密经法。彼师还应华热·古杂夏茸（དཔལ་རེ་ཀོའུ་ཙ་ཞབས་དྲུང）、娘仓活佛（ཉང་ཚང་སྤྲུལ་སྐུ）等的请求，授《集密、文殊金刚》《妙吉祥具密经》《事部密乘如来之尊三重牟尼》等经法的灌顶以及《修法宝源》和《大黑天引满》等众多经法的随许。在扎西格派寺（བཀྲ་ཤིས་དགེ་འཕེལ）授《噶当十六明点》灌顶，并在该寺建立了修供制度，制办了坛城幕幔等所有的供器，设置了卫地制做的青铜供杯一百三十五个；在德毛塘寺兰仁扎仓（བདེ་མོ་ཐང་ལམ་རིམ་གྲྭ་ཚང）授《具密吉祥》经法的灌顶，建立了修供之制，并赐予尊胜宝瓶、铃杵、白螺等许多供品；在各个支寺中委任了喇嘛负责人，新设拉德豁卡；对原有的各个拉德中委派了头人，管理、整顿包括田地牲畜在内的内外各项财产等。大拉让的大小事务都由他负责，没有一点懈怠的表现。他常说：

“无论什么事情，从没有不和贡塘·嘉贝样和霍尔仓仁波切(ཧོར་ཚང་རིན་པོ་ཆེ）两位商议取得他们同意而自以为是地干过。”

虽然佐格阿库仓曾说过“向年钦山神煨一次桑”的话，但并未予以大的关注。这时，由于寺院的事情，前往河州向年钦石山（གཉན་ཆེན་ཤྲི་བྲག་རི）望了一下，出现了这样的幻象：年钦山神抛出了许多铁绳捆住了身体，乃以大威德金刚的高傲，挥动手中宝剑，将铁绳砍成了小段。

猴年（公元1812年，清嘉庆十七年，壬申），为了迎请嘉木样三世遍照尊者回寺，派遣江饶活佛（འཇུང་རོ་སྤྲུལ་པའི་སྐུ།）、喇嘛翁则师贡乔旺秀（བླ་མ་དབུ་མཛད་པ་དཀོན་མཆོག་དབང་ཕྱུག།）、襄佐然绛巴（ཕྱག་མཛོད་རབ་འབྱམས་པ།）等人前去迎接，并为购置一些经籍，带去白银一百五十两。次年，嘉木样三世遍照尊者莅临寺院时，凡骑队迎接和设灶迎接的距离远近、执事仪仗等，都由彼师详细安排并亲自前去远迎。遍照尊者来到寺院后，一连多日举办庆贺盛宴，对各方面前来庆贺的人员一一进行抚慰、额外奖赏和嘉奖，都做得令人非常满意。以前，嘉木样三世遍照尊者前往西藏时，内地、蒙古的喇嘛活佛、官员头人和施主檀越们都前来送行，一一登记在册，现在为了分别致谢，特派拉摩然绛巴（ལ་མོ་རབ་འབྱམས་པ།）和宰桑却智（རྗེ་སང་ཆོས་གྲགས།）主仆前往。于是，将执掌政教的权力，纹丝不损地交于嘉木样三世遍照尊者的手中，并依次辞去大会堂堪布和襄佐之职。一天晚上，在他面前出现卫鲁克图官人（ཞི་ལུག་ཐུ་དཔོན་པོ།）面色灰白慢慢地隐入地下的幻象，接着有人前来报告说他已死去，请求予以护佑。卓尼·克珠（ཅོ་ནེ་མཁས་གྲུབ།）死后，彼师前往超荐，返回时说道：

“我的面前有一位可能是喇嘛幻影，说逝世已经三天，但是灵魂还没有从色法自身迁转。”

以前，为了文殊怙主赤仁波切转世化身之事，西宁方面曾发布公文说：

“这位赛喇嘛（བསེ་བླ་མ།），原是嘉木样协巴从西藏带来的，曾任拉卜楞寺扎仓的堪布，他的舍利塔也在这座寺的大经堂，他的侄子等亲属也住在这地方。大家根据事实合理的共同看法是，对拉卜楞还是怀有好感。”[58]

但是，由于经忏供奉失去净洁，因而，木猪年（公元1815年，清嘉庆二十年，乙亥）隆务兵前来侵扰。因此缘由，贡塘·嘉贝样法体染病。彼师恳切地请求不能因为我们的污浊而灰心，竟意欲向往别的净土。将不应该的道理陈述后，贡塘·嘉贝样给予了许多坚强而富有感情的回答。彼师的妹妹阿妈拉嫁到厄尔盖时，为了七有[59]，彼师斋戒闭关七天。梦见：一个庭院中的木柱上，拴着三只绵羊和一只山羊，说是亲王府的。又梦见：有一位名叫万玛卡日舅舅的老人，威光非常赫奕。彼师想道：

“他可能在施展法术，这样做不应该。”

那人说：“我对你不那样做。原先虽搞了一点，但对你无妨。”彼师说：

“可能舅神护法方面有厌胜的东西。”就向昂拉的喇嘛嘉措（སྣང་རའི་བླ་མ་རྒྱ་མཚོ།）说：“在昂拉赛康佛殿门前的路上，有一具狗头内放有魔鬼俑像烧成的灰。”让他挖了出来。

嘉木样三世遍照尊者担任拉卜楞寺院堪布时，正理部的施食也由彼师主持。这时，彼师尽量找一个机会想做一个住山修行者，但是，上面下了命令，让他住持察科达仓寺（ཚ་ཁོ་དར་ཚང་།）和查干白相寺。他向嘉贝样活佛请求说：“如果这样，则将顾此失彼。”

嘉贝样说:“不会长久兼任。此后达仓寺将是一座有大加持力的伽蓝，这样做，没有什么不可以的。”

彼师从参巴仓（མཚམས་པ་ཚང་།）那里听说:“上佐格的人们性情善良，山神们虔信佛法。若在该处长住，修证念诵，会如所想增进。”

乃遵照此说，前往查干白相寺。在该寺宣讲教程，从不间断。一切开支用度，在原有基础上大有发展，对诵经韵调进行考试和调整。彼师让他的侍从然绛巴·洛桑尼玛（རབ་འབྱམས་པ་བློ་བཟང་ཉི་མ།）学习怙主法王供祭仪轨的韵调，由他严格督察。应阿吉静修僧达尔吉（ཨ་སྐྱིད་རི་ཁྲོད་པ་དར་རྒྱས།）的请求，讲传《菩提道次第广论》十五天，并讲传《菩提道次精要》和《供奉上师颂》的指引、《圣道三要》的指引，《缝纫析解》《室利玛纳经》的随许，讲传《十一护摩法》指引以及彼师著《胜处长寿仪轨》的指引，《圆光占卜仪轨教言》《圆光占卜本经》教敕，二世嘉木样的《语禁食仪轨上师传承祝愿经》教敕。又应禁食者阿旺鄂赛（སྨྱུང་གནས་པ་ངག་དབང་འོད་ཟེར།）的请求，讲传了《菩提道次精要》指引广论。在雍增所讲的《菩提道次第颂》的基础上讲传《菩提道次第》八天。应东蒙古喇嘛克珠（བླ་མ་མཁས་གྲུབ།）的请求，授《十六明点》灌顶，讲传钟孜（འབྲོང་རྩེ།）《大威德金刚生起圆满次第》、一切知嘉木样的《大集密圆满次第析解》、《觉囊派百法教诫》、《幻术手册》等教敕，以及《善友秘密诀要白黑花三经》等。应根邦智坚（ཀུན་སྤངས་གྲགས་རྒྱན།）的请求，讲传共不共法吠陀经籍、《吠陀密修》《白布禄金刚五神》《法王内外密三经》《黑文殊经》等随许，以及讲传古文《黑文殊经》随许、结汤巴（རྒྱལ་ཐང་པ།）的觉派灌顶及达罗那他著觉派灌顶仪轨、结汤巴觉派经论、《大力回遮经》《道灯》《行所摄明灯》等经教敕言，还讲传了《缝纫析解》《三精义》等解释。还在艾娘哇（གནས་རྙིང་བ།）所说的基础上讲传了《怙主入心仪轨》释。应阿坝觉巴（ རྔ་བ་གཙོད་པ།）的请求，讲授《供奉上师颂》和《大手印》的讲解，讲传迦湿弥罗班禅（ཁ་ཆེ་པན་ཆེན།）派的《绿度母经》和绿度母无上派、主、属三经，还先后讲传了《丹陀玖玛（གདན་ཐོག་གཅིག་མ།）导引经》和贡塘活佛讲述的许多经法的教敕。在阿秀（དཔལ་ཤུལ།）、参木让（མཚམས་རིང་།）等地授普明毗卢遮那如来、大悲观世音菩萨和不动佛等灌顶。还同阿秀、佐格仙美林哇（མཛོད་དགེ་བྱམས་མེ་གླིང་པ།）等寺的僧人调解桑木察，佐仓（མཛོད་ཚང་།），拉德（ལྷ་སྡེ།）阴阳两地等处的导致彼此不和的所有重大纠纷，使之和好如初，地方得到安宁吉祥。前往仙美滩（བྱམས་མེ་ཐང་།）时，苟什德殊胜化身仁波切（ཀོ་ཧྲི་མཆོག་སྤྲུལ་རིན་པོ་ཆེ།）邀请彼师到他的行帐按其意愿，讲传《纳塘百法》梵文的教敕和《功德根本成就颂》的导引，也向苟日德活佛请求了长寿灌顶，并献了礼物。用五千余匹布新建了查干白相寺的大经堂，在楼上走廊建立供养上师资粮田画，恭请嘉木样三世普照尊者开光后，献上白银百两、马牛五十、绸缎、氆氇等礼物。这时，由于出现了地煞，乃长期闭关念诵《花金翅大鹏经》，梦见许多蛇逃向山上，想道“可能伤害了龙族”，乃进行了甘露冲洗治疗，结束闭关念诵。

彼师在这里待了两年，达仓寺派人迎请，于是前往达仓寺。他们按着乡俗举行了盛大的欢迎会，梭磨（སོ་མང་།）、交泽（ཅོག་ཙེ།）、藏尕（རྫིང་འགག）等地的致敬者也来了。宴会上奉上茶、米饭、斋饭，并每人布施一匹红布进行供养，有些还每人献上两匹大布。以前这个地方禁食斋戒的习俗不是很盛行，乃在寺院建立了禁食斋戒制度，禁食斋戒的习俗随之大为盛行。举行庆贺就职的宴席，给僧众赐予《因缘颂》教敕。另外，还授予《十三尊大威德金刚》《普明大日如来》《佛顶大白伞盖陀罗尼》等灌顶，让僧众在怙主殿举行了两天酬补仪轨。在怙主像前，彼师亲任金刚法师，由森巴活佛（སེམས་དཔལ་སྤྲུལ་པའི་སྐུ།）等举行怙主施食素供。又向以这位活佛为主的该地的静修僧们授《噶当十六明点》灌顶。应梭磨土司（སོ་མང་རྒྱལ་པོ།）的邀请，由交泽土司的辖地乌拉登（ཨུ་ལག་སྟེང་།）启程前往，晚上迎宿在土司的帐幕之内。次日，按照当地习俗举行欢迎酒会，会上由土司属下伦且[60]拉科仲·扎西加（བློན་ཆེན་ར་ཁོ་དྲུང་བཀྲ་ཤིས་རྒྱལ།）致词。此后，福田和施主聚会于神庙之中，土司叙说了从一切知嘉木样起形成的与众不同的深厚关系。彼师非常高兴，给土司的父母赐了以数匹骏马为首的呢绒、锦缎、氆氇、各种野牲皮张等礼物，授予长寿灌顶，并举行白伞盖母回遮法。彼师说：“曾出现了各位宾客拿走替身物品[61]等，还说‘比这更多一点才好’的幻影”云。

为新建的神庙撒了开光之花。应土司的奉祀官那尼（ལྷ་མཆོད་ནག་ཚོ་དཔོན་པོ།）的请求，讲传了《觉囊派百法教诫》等教诫。返回的那一天，在衙门的后门支起帐篷，进行简略的献礼；同时，土司的妻和公子祈请护佑和祈祷平安。从乌拉当来到交泽土司（ཅོག་ཙེ་རྒྱལ་པོ།）的宫殿，给土司和其父母赐了马匹等，按照土司的心愿授予长寿灌顶和《入中论》教敕。这时，阿饶·纳加才让（ང་རོ་ནམ་རྒྱལ་ཚེ་རིང་།）正在狱中，向土司求情予以释放，立下了以后永为达仓活佛（ད་ཚང་སྤྲུལ་སྐུ།）的拉德的协议。在这条沟的沟脑，有堪钦·阿旺智华（མཁན་ཆེན་ངག་དབང་གྲགས་པ།）的灵塔，在灵塔前举行了大威德金刚自入仪轨，进行了供养，并为这里的居山中静修的僧人们散了布施。参加达仓寺举行的祈愿讲经法会数次。应阿坝的请求，经阿乔合和麦果尔（དམེ་སྒར།）一带，在赛尔亚噶尔寺（སེར་ཡ་སྒར།）、东卡噶尔寺（གདོང་ཁའི་སྒར།）、卡西噶尔寺（ཁ་ཤི་སྒར།）等地，授长寿等灌顶。在郭莽噶尔寺[62]（སྒོ་མང་སྒར།）休息三月，向寺院扎仓僧众发放了布施，向各山间静修院提供了费用，向寺院僧众授予《十三尊大威德金刚》的灌顶。还向八部落的喇嘛、居民和头人分别酌情给予奖赏，并去各地授予《普明大日如来》《十一面大悲观音菩萨》《无量寿佛》《佛顶大白伞盖陀罗尼》等灌顶，并传授《白度母》《具光者》《马头明王》《狮面母》等经法的随许，还讲传了《超荐门》《往生》《开光》《六十施食》等经法。凡来请求者，都按其意愿，分别赐予，令其满意。这时，为了调解三部落和多夏尔（རྡོར་ཞར།）不和睦的纠纷，江拉城(རྒྱང་ལའི་མཁར།)[63]里派来了一名汉人副爷（ཐུ་ཡེ།）。由尊者和副爷两人共同调解，平息了这场纠纷。斯哇（ཟི་བ།）和隆仓（ལྡོན་ཚང།）两部由于纠纷，多年讼争不息，尊者从中调解，平息了斗争，使地方安宁。

此后，前往查干白相寺。一时，尊者身体欠安，派人去拉卜楞寺向贡塘·嘉贝祥活佛请求卜卦，嘱咐道：

“我在梦中，梦见一个人乘着龙，降下霹雳，想把我追到地下去。又有一个人配制了十三剂药，说：‘一剂无效，还有一剂，这十三剂药，你过不去。’一个午夜，鸦声噪啼，把我从梦中惊醒，房中被亮光照得通明，我想是不是失火了，从窗孔向外看时，墙头有仙人降临，我闭着眼诵经，一会儿睁眼看时，已无踪影。将这一切，都报告给尊者。”

在派遣使者动身的这天，又吩咐说：“早晨我在诵经阶段中祈祷了一次，好像是圣大师或贡塘仁波切从头顶渗入，既有这样的情况，就可以从灾难中解脱，似乎不会有灾害。但是，你去后必须将这些缘由告诉给尊者。”

使者遵照嘱咐，到拉卜楞寺将情况告诉贡塘·嘉贝祥。贡塘·嘉贝祥说：“虽然是梦，可也怕人，但对他没有妨碍。”

同时又给了极为贴己的书信。因而，病情很快转好。有一次梦见在寺院的沟口，一位喇嘛骑着一匹黑骡子，竟毫不回避彼师，直向身上踏来，彼师手中拿着一个马头用力砸去，人和骡子都退回去了。于是，彼师和僧众们在沟口堆了一座马头明王石塔。从此以后，寺院再不受魔鬼精怪之害。初来这里时，在古拉山顶（སྒུ་ལའི་རི་རྩེ།）煨桑时，去隙里显现玛沁山神的形影。古拉颇章宫也像察科（ཚ་ཁོ།）土司们的房舍一样，屋前面是湖，内有许多蛇蛙。曾看见上方的山神土地，如雾一般地进入门里。彼师心中出现了“玛沁山神是世间之神，事业是否迅速”的念头。刹时，天空中传来了“事业很迅速”的声音。彼师说：“古拉山神和玛沁山神实际似是一体。”从前，前往阿乔合进行《妙吉祥具密经》灌顶时，看见贡翁山（གོང་སྔོན།）山坡好像天地相接，大雾茫茫的山间，有一位肤色褐紫、胡须很长、怒气冲冲的老人。煨了桑，施了素施食后，老人才隐去。现在，在桑曲河脑一座相连不断的石岩上，有每年都施素施食的传统。总之，对于山神，不能分依居的山岩有大有小，如同世间的儿子有好有坏一样。彼师曾指出过毛曲河口的形如肾状的科伦托洛海（ཁོས་ལུན་ཐོག་གི）山和阿坝的加饶岩石嘴（ངལ་རོམ་བྲག་མཆུ།），各有一位威严的山神，这就是很确切的例子。彼师无论到何处，确能看见山神。前往贡赛尔（སྒོར་སེར།）的阿秀才端仓（དབང་ཕྱུལ་ཚེ་དོན་ཚང་།）时，出现了看见未来的梦兆。住在这座寺院时，彼师亲手印制度母和依怙主的像，并让别人印制，共打印了一千余万。

木鸡年（公元1825年，清道光五年，乙酉），遵照嘉木样三世尊者严令，在拉卜楞寺修建寝宫，两年内完工，被嘉贝样誉为“化身工匠”所造。彼师用白银六百三十五两，铜钱两千串，塑造了觉阿释迦牟尼佛像，请德完参坚尊者（རྗེ་དེ་བི་མཚན་ཅན།[64]）撰述《佛像志》。嘱托娘仓活佛（ཉང་ཚང་སྤྲུལ་བའི་སྐུ།）用白银一千六百两塑造了八药师如来佛像；用白银一百多两塑造了三十五尊忏悔如来佛像。另外，还造了两排八药师如来佛像，胜乐、集密、大威德三本尊像，白文殊菩萨像、圣·宗喀巴大师像、秘密主像以及护法神像等多尊铜像。还有各根本上师的画像、六臂怙主千尊画像等十幅。用白银五百两从卓尼迎请了《甘珠尔》大藏经，从克塔（ཁེ་ཐ།）迎请了用银汁书写的《丹珠尔》大藏经，计《甘珠尔》大藏经三套。又从德格迎请了《丹珠尔》大藏经等，凡身、语、意圣物难以数计。于六十岁那年，即火猪年（公元1827年，清道光七年，丁亥），从查干白相寺迁入新建寝宫。请遍照尊者举行了善住仪轨，献银一秤，骏马两匹。从这年年末起至水龙年（公元1832年，清道光十二年，壬辰）的五年之中，闭关修持，悄悄地坚持不断地修独雄大威德自入法，每日除供施食百余外，其他修证诵读的次第，则秘不告人，因而谁也不能估量。几位亲近侍从说："入定时，在他面前取放任何东西都听不见。"曾说：

"佐格参巴仓（མཛོད་དགེ་མཚམས་པ་ཚང་།）说：'睡时的善行和醒时的善行二者之中，睡时的善行更为有效，因而今后更加努力地修睡时的合和。'觉得他所讲乃真实之谈。但我本来很少睡着，这可能是我修善行的障碍。"

曾听贡塘·嘉贝样活佛对彼师说："对我说来，虽有真言的化机像珍宝一样的补特伽罗您，但是世俗的事务太多，怎么办哪！"

土牛年（公元1829年，清道光九年，己丑），在静房之中彼师按照甘珠尔哇钦布·贡却华增（བཀའ་འགྱུར་བ་ཆེན་པོ་དཀོན་མཆོག་དཔལ་འཛིན།）的意愿，择要地讲了《克珠全集》《总义纲要》。有一次，当讲传《红妙音佛母》随许时，说：

"这经能念修一次会有好处。所谓事业不逾时限，也就是说当摄益之时到来时，不会逾限。以前，我虽念修《红白二妙音佛母经》，但那时受益还不大。后来，在去克塔途中，有红妙音佛母溶渗于我的感觉，当时我心中暗想不一定会如此。我以前很健忘。但从此以后，所看经典都能牢记于心中，这无疑是神力加持之兆。"

又曾向嘉堪庆说："闭关修念白文殊时，既有成就的征兆，也发生了障碍。”

铁虎年（公元1830年，清道光十年，庚寅）夏天，应昂曼森藏活佛（ཨང་སྨོན་སེང་བཟང་སྤྲུལ་པའི་སྐུ།）的请求，讲传了萨迦派的《十三金法》；秋天，在嘉尧静修院，应鄂尔多斯的甘珠尔哇·贡却饶杰（བཀའ་འགྱུར་བ་དཀོན་མཆོག་རབ་རྒྱས།）的请求，郑重地讲传了《五次第明灯论》、《那若六法指引信解》的教诫、《色派密宗六大指引》教敕，并和这位甘珠尔哇把俄仁巴嘉样德庆（སྔགས་རམས་པ་འཇམ་དབྱངས་བདེ་ཆེན།）等人著作的缩简本、土观活佛的教言《大乐道精要》、西桑活佛（ཞི་བཟང་སྤྲུལ་པའི་སྐུ།）的《大集密成就施愿印》等互相编排成《金刚瑜伽母生起次第秘释》。兔年（公元1831年，清道光十一年，辛卯）春天，应宗尕尔活佛（རྫོང་དཀར་སྤྲུལ་པའི་སྐུ།）的请求，讲传了《菩提道次第论》略本等教敕。水龙年（公元1832年，清道光十二年，壬辰）春天，讲传了《吠陀明论》全部的教敕。应察科夏茸（ཚ་ཁོ་ཞབས་དྲུང་།）的请求，向几位求学者讲传了热译师各论经典（རྭ་ཏྭ།）、贝译师各论（དཔལ་ལོ་ཏྭ།）、《觉囊派百法指引》《贡布手册》等重要经典的教敕。这时，由于没有找到《觉囊派百法指引》，请求讲传贡布的《蓝色手册》，彼师笑着说：

“不能将觉囊派的经法作为法会假期之法。今生、后世和中有三者的希望处所是益希贡布（ཡེ་ཤེ་མགོན་པོ།智怙主），应以《贡布手册》作为法会假期之法。”

后来证明这是一种非常重要的主张。阿秀官人坚参（དཔལ་ཤུལ་དཔོན་རྒྱལ་མཚན།）等和欧拉、拉德部落发生争执，谁也难以调解，会议恳切地邀请彼师前去说合。乃于这年夏天起程前往该处。当时彼师说：

“这次之行，不会是顺利的，有一骑白马的山神要求推延行期。他是古拉山神，此去不知会发生怎样的事。但是，这是一件重大事情，不去也没有办法。”他和恩师阿莽道扎尊者两人作了稀奇的极为秘之又密的谈论，但是这里不敢记述。

前往科采和王科扎萨克（དབང་ཁོ་ཛ་སག）地区，分别给他们授长寿灌顶并讲传所想听的经法，为茂合日·霍尔贤木（ཚོག་རིའི་ཧོར་འབུམས།）作按时诵读经法的引路。泽、茂、堪三部（ཛེ་མོག་མཁན་གསུམ།）拉德豁卡的僧俗人等的骑队前来欢迎，和他们来到查干白相寺。时佐格仙美林哇（མཛོད་དགེ་བྱམས་མི་གླིང་བ།）、尤端（བཞག་སྟོམ།）、阿秀克塔（དཔས་ཞུལ་ཁེ་ཐ།）三方合兵抢夺了佐格居美（མཛོད་དགེ་འགྱུར་མེད།）等部阳山的一百多座帐房，双方都死了许多人。乃委派代表前去订立协议，让仙美索加（བྱམས་མི་བསོད་རྒྱལ།）和热高尔堪卓（ར་སྐོར་མཁའ་འགྲོ།）等来到行帐，按身份赐予马匹、氆氇、绸缎等许多东西。将纠纷各方的头目分开来，商定次年春天进行说合。冬天，仙美朗哇、参木让（མཚམས་རིང་།）、克塔等地的众多富户邀请彼师，满足了他们的希望。适阿秀坚参（དཔང་ཞུལ་རྒྱལ་མཚན།）将万根拉年（བན་ཀུན་བླ་སྨོན།）等几名贼人捕入狱中，经彼师请求后，将万根隆珠（བན་ཀུན་ལྷུན་གྲུབ།）等叫来，从中说合交回贼人。冬末，闭关念修。水蛇年（公元1833年，清道光十三年，癸巳）新年，给僧众摩顶并设宴款待。应法台阿莽琼哇·阿木去乎活佛（དཔལ་མང་ཆུང་བ་ཨ་མཆོག་སྤྲུལ་པའི་སྐུ།）的邀请，没有返回拉卜楞寺。应该寺大会众的启请，在祈愿法会上讲了几次经。应静修僧阿旺鄂赛（རི་ཁྲོད་པ་ངག་དབང་འོད་ཟེར།）的请求，为卸任法台更登华桑活佛（ཁྲི་ཟུར་དགེ་འདུན་དཔལ་བཟང་སྤྲུལ་སྐུ།）和敦喇嘛却达尔吉（གདོན་བླ་མ་ཆོས་དར་རྒྱས།）等人，圆满而广泛地赐《菩提道次精要》的讲解。自上一年的年末起，常说梦兆凶恶，作了多次祈寿禳灾的经忏法事。这时凶兆很大，乃派使者前往拉卜楞寺，向护法神进行盛大的修供。并让他们设法向嘉木样三世请求，准他暂时返回拉卜楞寺。嘉木样三世也在说让彼师返回。但是，去的人未能送到通知，因而未能成行。卸任襄佐嘉样（ཕྱག་མཛོད་ཟུར་པ་འཇམ་དབྱངས།）、嘉木样三世代表卑塘然绛巴（ཞིས་ཐང་རབ་འབྱམས་པ།）等人，为了调解纠纷，于四月到达，叫来仙美官人等立下了和解的议定书，关于双方应付和应取的各项，在拉让的人员们和双方相互会面以后进行。彼师指示：“交接手续，需要您们当面进行。”事后证明这是一个极为重要的办法。

欧拉和河南蒙旗（སོག་པོ།）发生纠纷，彼师致书乌厄盖寺的法台朗·官却捷白洛哲（ཨ་ཀྱེ་ཁྲི་པ་གླིང་དཀོན་མཆོག་དགྱེས་པའི་བློ་གྲོས།）请他亲自前往，由他们两位调解了这场纠纷。察科藏噶土司（ཚ་ཁོ་ཛིང་འགག་རྒྱལ་པོ།）前往拉卜楞寺，并去曲藏寺朝拜了章嘉呼图克图，顺便前来拜见，彼师和他作了详细的谈话。向尤端喇嘛（བཞག་སྟོམ་བླ་མ།）详尽地嘱托了关于朗哇（གླིང་བ།）和拉德（ལྷ་སྡེ།）间纠纷之事，并郑重严肃地委托了他叔叔转世的灵童之事，说道："不知今后能不能还有谈话的机会。"此后从五月初起，身感不适，日渐加重。卸任囊佐和代表负责派人去求嘉木样三世遍照尊者卜卦；上下寺院的僧人和拉德阴阳二处各部的僧众，夜以继夜的举行祈寿禳灾的经忏法事。札萨克的医生奉上内服药，但是没有大的效果。彼师说道：

"好像有一位年老的出家人一样的人来到这里，嬉笑之声折磨得心里难受。现在看来很难痊愈，再能不能在幽静之地诵经度过一个座次啊！"

于是，在面前的桌子上放了六粒座次石子，每过一个座次，即将一粒座次石子推过去，一天要用六粒座次石子。让仙美·格勒（བྱམས་མེ་དགེ་ལེགས།）和贺萨·却培（ཧོ་ཟའི་ཆོས་འཕེལ།）两人诵《独雄本尊自入经》，尊者护持着所缘相。遍照尊者当着彼师的侄子更桑（ཀུན་བཟང་།）之面，指示进行怙主的"紧急托咐事业"等祈寿禳灾的一些法事，赐了护身神橛、珍宝药丸。当这些送到彼师手中时，心中非常高兴，说道："珍宝药丸是怙主法座赐的，虽对疾病难有益处，还是要服。"

由阿莽·贡却曲培（དཔལ་ཨང་དཀོན་མཆོག་ཆོས་འཕེལ།）按照药丸说明，仔细调配后，于六月初一日黎明时服下。请建立"紧急托嘱法事"时，嘱咐道：

"不需进行诛灭仪轨，'紧急托嘱法事'可以同意。"

文波恳切地请求卜卦，请求指示心愿。彼师说道：

"修建了一座宝塔，竟未成而毁！只有放弃此生的希冀，一心考虑来世，此外别无他求。"

彼师详细地安排了短期和长远之事。当恳切地请问灵童真确转世之事时。彼师指示道：

“你们不要性急乱猜，不要希求于豪门高位，常常去请示遍照仁波切，按其指示办理会有好处。贡塘仁波切虽年纪幼小，但不要考虑这点，是前一世的真正化身，任何事情去请问他。”

又说：“以前，为了让护法神性情温和一些，乃使遁世者智坚巴（ཀུན་སྤངས་གྲགས་རྒྱན་པ།）修造乃琼护法像。但是，逐渐转向于严厉。看来，今后在府邸祭祀较困难，应请到大经堂为好。”

又指示说：“以前，任拉卜楞寺襄佐时，事务繁忙，曾对各方面的一些地方山神煨桑供奉。因此，这些非人们常常希望再这样。”

乃让进行四百分禳解的法事。彼师又指示说：“初八下午，贵德的土地神要回到他自己的驻地，为了酬谢，要准备一条哈达和洁净的煨桑之物，煨桑送行!”

指示了火化遗体的地点，说道：

“在这里要修建一座十万文殊菩萨像和十万依怙神像的佛龛，要举行三昼夜，至少举行一昼夜的密乘仪轨。”

如此等等的所有事务，都做了详尽吩咐。次日仍进行六座次的念诵，像以前一样地听诵《大威德金刚自入经》。先前曾将更登华桑活佛（དགེ་འདུན་དཔལ་བཟང་སྤྲུལ་སྐུ།）作为随从，带到这里安置在经师贺萨·却培(ཧོ་ཟའི་ཆོས་འཕེལ།)座前，学习读写。

这时嘱咐道：“十五岁以前不要入经院。在这期间，就住在这里，要尽心照料。”经师说道：

“尊者谢世以后，化身和我两人如同丢弃在荒滩的小孩一般，请赐予牢记于心中的指示。”彼师说道：

“怙主龙树虽曾说：‘犹如头或衣服突起火，应将这些灾难回遮来，只有努力勤求无后有[65]，除此再无殊胜勿他求。’但是，初业有情，由于宿业烦恼，需一再反复于生死之中，这是很繁难的。在得到一次好缘起的这时，要力求能否产生出离的思想，要怀着慈善的菩提之心，反复看读我佛的经典和注疏，看读圣·宗喀巴师徒的经典。在此基础上，要很快地树立起对正见的习气。有道是‘只此犹豫之一念，将使生有成残破’。修任何善行皆是往生净土之因，应该回向这一方面。万一不能往生净土，不能随便地造堕入轮回之因。这一点最紧要，这些要牢记在心间!”

这是尊者留下的最后教诫。初十上午辰时，尊者面向东方，金刚跏趺，在噶丹曲吉颇章宫（དགའ་ལྡན་ཆོས་ཀྱི་ཕོ་བྲང།）圆寂。十一日解除保密，让瞻仰遗容。依次敦请堪布·阿旺格勒（མཁན་པོ་ངག་དབང་དགེ་ལེགས།）、朗·贡乔捷白洛哲（གླིང་དཀོན་མཆོག་དགྱེས་པའི་བློ་གྲོས།）等和两个扎仓的各个学级进行百供，盛大地念诵《现观庄严论》《入中论》和密乘经典等，给上下寺院发放了布施。十九日火化遗体，将骨灰迎入拉卜楞寺。迎请遍照尊者来到寝宫，蒙赐马蹄银一锭，马牛五头以作祭奠费用，并切实地作了愿望圆满的修持所缘境法事和为快速转生著了祈祷文。献了白银百两、骏马两匹等礼物，作为谢仪。另外，向所有堪布、卸任堪布、法台、大小喇嘛活佛等奉送了丰盛的酬谢念诵回向的礼物。向大会堂献了财物，襄佐万丑向僧众们布施铜钱，请求念诵尊者快速转生的祈祷文。建造镶有珍宝非常稀奇的灵塔，现在大殿中主要依止的圣物就是这座灵塔。关于这位哲士的传记，很想另行撰述，可惜尚力不从心，这里为了避免多占篇幅，仅仅记述了这些，作为今后撰写传文的种子。

彼师转世的灵童洛桑年智加措（བློ་བཟང་སྙན་གྲགས་རྒྱ་མཚོ།）于火猴年（公元1836年，清道光十六年，丙申）六月十七日，出生在欧拉地方，父名贡布旺加（མགོན་པོ་དབང་རྒྱལ།），母名扎西吉（བཀྲ་ཤིས་སྐྱིད།）。父亲和土尔扈特蒙古医生洛苏尔·洛桑吉美（སོག་པོ་ཐོ་གོད་སྨན་པ་སློབ་ཟུར་བློ་བཟང་འཇིགས་མེད།）同姓，是欧拉贝子阿固（པེ་སི་ཨ་གོ།）的义子。铁牛年（公元1841年，清道光二十一年，辛丑）十一月初四日，遍照尊者从有异议的六七名孩童中决定了这位。虎年（公元1842年，清道光二十二年，壬寅）翼宿月二月十一日迎请坐床。就在这一日，在遍照尊者座前出家受沙弥戒，赐予了《兜率上师瑜伽颂》《如此虚空颂》《白绿度母经》《法会施食回向经》等念诵教敕。聆听经法，精研各种教授，从中观学级前去乌厄盖寺任亲王的喇嘛。到今年，即木牛年（公元1865年，清同治四年，乙丑）年三十岁。

第二十六任堪布江饶活佛吉美坚参（འཁྱུང་རོ་སྤྲུལ་པའི་སྐུ་འཇིགས་མེད་རྒྱལ་མཚན།）。这位活佛的第一世是怙主嘉木样的经师阿旺丹增尊者（ཡོངས་འཛིན་རྗེ་ངག་དབང་བསྟན་འཛིན།）；阿旺丹增尊者转世的活佛是吉美程勒（འཇིགས་མེད་འཕྲིན་ལས།），于水马年（公元1762年，清乾隆二十年，壬午），出生在佐格（མཛོད་དགེ།）。十岁那年，即铁兔年（公元1771年，清乾隆三十六年，辛卯）圆寂。吉迈陈勒转世的活佛即彼师吉美坚参。于藏历第十三胜生水蛇年（公元1773年，清乾隆三十八年，癸巳）翼宿月十一日，出生在泽云（རྩེ་གཞུང་།）地方的阿秀达参（དཔལ་ཤུལ་མདའ་ཚན།）部所属的赛曲玛（བསེ་ཆུ་མ།）部落的一户人家，父名尕如·俄居贤巴（སྣ་རུའི་སྡུགས་རྒྱུད་ཕྱམས་པ།），母名阿秀萨才旺吉（དཔལ་ཤུལ་བཟའ་ཚེ་དབང་སྐྱིད།）。临产时，母亲在睡梦中梦见：来了自称是拉卜楞寺的喇嘛主仆三人，其中一人吹着一把长喇叭，喇叭越伸越长，一直搭在帐篷顶上；又从西面来了一位白人，骑着白马，拿着一枝长枪；又从东方来了一黑人，骑着黑马，也拿着一枝长枪，二人一再地走到帐房门口。出生时雷声隆隆。四岁的那年，即火猴年（公元1776年，清乾隆四十一年，丙申），怙主嘉木样二世在亲王乌厄盖寺讲传《金刚鬘经》时，对阿加宰桑（ཨ་ཇ་རེ་སང་།）说道：

"住在您附近的贤巴仓（ཕྱམས་པ་ཚང་།）有一个小孩，我要去看看他。"答以：

"这家人非常贫穷，请不要去。"但是，怙主不听劝阻，特地前往给这个小孩赐了护身神橛，授予长寿灌顶，并进行六十施食回向仪轨。说道："洁净最重要，若不穿僧衣，就有灾难。"

于是就受了居士戒。上述的名字，也是这时命名的。给小孩的母亲作了安排，让其聆听了全部金刚鬘和十三大威德、普明大日如来等的灌顶。在这期间，这个小孩走到怙主嘉木样二世的座前，用手拍打着胸膛，一连说了两声“是我”。怙主嘉木样二世临行时，从坐骑上伸手摸着这个孩子的头，说道：“我想法来接你。”七岁时，被迎请到拉卜楞寺坐床。十二岁时，进卡加寺（ཁ་གྲུའི་དགོན་པ།）的经院，拜佐格活佛（མཛོད་དགེ་རིན་པོ་ཆེ།）的亲传弟子巴日坚参（འབའ་རི་རྒྱལ་མཚན།）为师，学习《集类学》的一些单元。十六岁那年，即土猴年（公元1788年，清乾隆五十三年，戊申），二月十三日这天，向拉卜楞寺的大法堂僧众供斋僧茶，并每人布施了一包茶，进入大法堂，聆听堪布华热活佛贡却德钦巴（ཁྲི་ཐོག་པ་དཔའ་རི་སྤྲུལ་པའི་སྐུ་དཀོན་མཆོག་བདེ་ཆེན་པ།）宣讲的教程。拜卡加·达尔吉（ཁ་གྲུའི་དར་རྒྱས།）为师，学习五部大论。铁狗年（公元1790年，清乾隆五十五年，庚戌[66]）在怙主嘉木样二世座前，应试了《集类学》《因理论》《七十理义》《明义释》等。经常通宵达旦地诵读教程，学习非常勤奋。从贡塘·嘉贝样活佛受近圆戒。被赐予吉美丹白坚参（འཇིགས་མེད་བསྟན་པའི་རྒྱལ་མཚན།）的名字。二十二岁的那年，获得曼兰然绛巴（སྨོན་ལམ་རབ་འབྱམས་པ།）学位。先后任本寺密宗院、卡加寺、甘加的直尕尔寺（གན་གྲུའི་བྲག་དཀར།）等寺院的法台。卸去密宗院的法台后，为迎请遍照·尊者嘉木样三世前往卫藏。任大会堂堪布期间，主持政教事务，一仍前例，还为大经堂缝制了能覆盖两间房的锦缎大华盖，为以金铜铸造全部手和脸的大威德金刚像捐献了资金。此后，先后任王府乌厄盖寺和查干白相寺的喇嘛。于七十八岁的那年，即铁狗年（公元1850年，清道光三十年，庚戌）圆寂。转世的活佛嘉木样丹增嘉措（འཇམ་དབྱངས་བསྟན་འཛིན་རྒྱ་མཚོ།）现健在。

第二十七任法台是一切知嘉木样第三世唯一怙主利见·吉尊洛桑图丹吉美嘉措华藏波（རྗེ་བཙུན་བློ་བཟང་ཐུབ་བསྟན་འཇིགས་མེད་རྒྱ་མཚོ་དཔལ་བཟང་པོ།），于藏历第十三胜生第四十六年水鼠年（公元1792年，清乾隆五十七年，壬子）八月上弦初十日，出生在《噶当书》中所授记的真正圣地泽、巴两地（ཛེ་འབལ་

གཉིས།）中的巴云十三高峰（འབལ་གཞུང་མཐོན་པོ་བཅུ་གསུམ།）之一的牛秀直尕尔神山（ཉིན་ཤིག་བྲག་དཀར།）下，父亲仁钦嘉措（རིན་ཆེན་རྒྱ་མཚོ།），母名卡姆吉（མཁའ་མོ་སྐྱིད།）。前一世怙主嘉木样于想利他之事[67]的略前一点之时，常向内侍们说道：

“我下辈转生何处为好？”

有一次，司膳堪布尤宁（གསོལ་དཔོན་དབྱིག་གཉེན།）嬉戏说：“就像头上的帽子脚上的鞋，从各方面来说，自然是昂拉。”

在前往年都乎时，坐骑死了。据恩师阿莽道扎讲，和同上一世一切知嘉木样的坐骑卧在昂拉的姿势一模一样。于去桑格雄的途中，在隆务大寺前山的山岗之上下了马向四方瞭望后说道：

“历世圣·噶登嘉措，的确都像佛教徒般的住在这儿，有了这样的部落和百姓，可以像西藏那样了。”

觉得地区环境甚合心意，赞誉不止。《密传》中说：“胜义无漏，智金刚身；生灭戏论，虽不详察；再世童子，持宝箧者；随无欺谛，圣言而降。”

父亲为四寨子总管（ཁྲི་ཅེ་བཞིའི་སྤྱི་དཔོན།）[68]，是皇帝圣主敕封的高级官员，隆务夏日仁波切更登程勒拉吉巴（རོང་པོ་ཤར་སྤྲུལ་པའི་སྐུ་རིན་པོ་ཆེ་དགེ་འདུན་འཕྲིན་ལས་རབ་རྒྱས་པ།）有选择地降生在这个家族，种姓圣洁。母亲也行止高尚，性情善良，是佛子异熟子嗣入胎成孕的善愿威力所生之化身。投胎之前，母亲在梦中梦见：夏日拉让怙主神殿的香灯师呼喊着她的名字，说道：“您家里来了一位喇嘛。”她走上前去观看，只见有一位年长的老喇嘛上前拜见。老喇嘛用手抚摸着她的头和身子，然后进入帐篷。又一次梦见：一轮红日升在天空，一朵乌云遮住阳光，她走到乌云的前面时，阳光照射到她的身上，顿时觉得心身舒畅。这样的梦兆曾梦见了多次。同样，程列（འཕྲིན་ལས།）叔叔[69]等其他人，也曾多次梦见了各种神奇的梦。由于篇幅的限制，此处不再一一写出。《密传》中说：

“如兜率天，白幢佛王下界投胎，摩耶夫人，本尊便智，入定她身，智慧化身，转生相续。”

又说道：“三世诸佛，承继哲嗣，生具奇兆，为化众生；具相生母，广大家人，吉祥梦兆，皆为神示。”

以前，拉卜楞寺的神马和神狗走失了，都跑到这户人家，如此等等，出现了护法神随后跟随的种种征兆，出现了色身之月新临照耀景象。同书中又说：“观音菩萨，具德黑天，时聚不离，守护其身；外依宝马，护财等等，神通多变，守望侦察。”

又说：“脱离胎水，虚空之界，奇特胎儿，现如月牙；缘福相承，笑逐颜开；正教星主，全面引摄。”

出生三月，到了冬天，叔叔诺们汗的寝宫中，夏天供奉的一枝枯花，忽然萌发开了三朵鲜花；房间的一盏小酥油灯，一连长明了七天。诺们汗在梦中也梦见一个人送来了一具长约及肘的大铃，说道：“是拉卜楞寺拉让中寄来的。”

他心里想着：“这样的大铃真罕有。”

那人说道：“真是罕有。它能发出遍闻于南赡部洲的声音。”诺们汗想，这是照见未来的梦兆，于是说道：“你们对小孩，要精心抚育，注意洁净，这是您们出头之望。”

长到三岁时，有一次夏天下大暴雨，帐房漏水。他说：“您们的这座帐房不好，我住的是房子。”

又笑着说：“我不是您家的。”有时说：“我要去寺院。”有时说，“要向东方去。”如此等等回忆以前住处的说法和生来就有合于教法的行为举止，正如《密传》中所说：

“寒冬出生，鲜花成鬘，作为供品，奇特鲜艳；降世佛子，勇士神变，成就法眼，定识尊颜。”

又说：“村童顽行，戒而远之；所作所为，游戏于法；圣哲抉择，必证教诫；崇敬信仰，如愿以偿。”

以前，曲吉尼玛尊者在如意珠摩尼灵塔前，作早早转生的祈祷文时，梦见：一座东向的石山的平坦坡地上有一座房子，房中坐着一位身着和尚衣饰的白须喇嘛，说道：“屋子后面是嘉木样协巴的宝座。”这个梦兆与其母梦见夏日拉让怙主神殿香灯师呼唤的梦兆完全吻合。赤仁波切吉美南卡活佛（ཁྲི་རིན་པོ་ཆེ་འཇིགས་མེད་ནམ་མཁའ།）说：

“您们的方域有千千万万，佛的庄严也有千千万万，我不知道这些。但是，我不但准确知道会出现一位毫无疑问的转世灵童，而且会知道于十一月二十三日投胎。”

从此日至次年降生之时，包括闰月，共历九个月又十日，恰和他所讲的相符合。有位叫帕兰木班如（ཕ་ལམ་བན་རུལ།）者，护法乃琼直接降附其身，授记说：“这一位确实是转世化身。”

藏历木兔年（公元1795年，清乾隆六十年，乙卯）六月二十日，认定上世遗物时，将两个相像的法铃和一个真的法铃混在一起给了他。他先取了一个相像的给了父亲。霍尔仓赛赤仁波切（ཧོར་ཚང་གསེར་ཁྲི་རིན་པོ་ཆེ།）问道：“那个铃子是不是您的？”

他答道：“不是。我的铃子是这个。”

说着将上一世用过的法铃揣到怀里。如此等等的认定，非常明确。昂拉百户洛哲（སྣང་རའི་པེ་ཧུ་བློ་གྲོས།）和尼玛（ཉི་མ།）两人的儿子，虽也摸了摸上一世的每件用物，但显出了孩童的神态，仅是摸摸而已。又日安·都拉加（རུ་ངན་བདུད་ལྷ་རྒྱལ།）的小儿子，虽然摸了上一世用过的三件物品，但还要仔细辨认，因而有怀疑者说：“是密宗上院堪布松州·阿旺扎西（ཟུང་ཇུང་ངག་དབང་བཀྲ་ཤིས།）转世的灵童。”为此，特邀曲吉尼玛尊者（རྗེ་ཆོས་ཀྱི་ཉི་མ།）来寺，请问这四位有怀疑的孩童中，有无真确无误的转世灵童。曲吉尼玛尊者说：“需要在两位赛赤等全体活佛一起聚会的时候，于舍利灵塔殿中进行糌粑团问卜。”

这天晚上尊者梦见：他和上一世大主宰一起住在歇霍尔（ཞེ་ཧོར།），有一个自称是嘉木样协巴的拉德的人，腰带上插着四支箭，手中拿着三支箭向靶发射，第二箭中了靶心，余下的不再射了。因出现了这个疑难，需派人去卫地。尊者说：“就是派人到卫地，必能落到我的梦兆之上，而且似乎可以落到。”

西宁办事大臣亲自到拉卜楞寺，详细地观察了各怀疑对象，上奏圣上。火蛇年（公元1797年，清嘉庆二年，丁巳）藏历正月十三日圣旨到达寺院。遵照圣旨需去西藏处理。于是派恩师阿莽道扎和仲尼噶居·喜饶嘉措（མགྲོན་གཉེར་དཀའ་བཅུ་ཤེས་རབ་རྒྱ་མཚོ།）主仆，于藏历三月十三日起程前往西藏，连同闰六月在内途中共历五月余，于七月二十二日抵达拉萨，向诸位护法请求授记。乃琼护法授记说：“暂时，似第一位可能性大，但于糌粑团问卜时，将会正确无误，会于无色中决定。”丹玛地母授记：“第二位仁钦嘉措（རིན་ཆེན་རྒྱ་མཚོ།）的儿子尕藏本（སྐལ་བཟང་འདུས།）为真确无误的灵童，糌粑团问卜时，也会落在他的身上，会于无色中决定。”喜面护法的授记也认为第一位为好，认识过程也与圣教的次第相符，要进行一些长寿经忏。向佛王胜者达赖喇嘛祈求保佑后，回答道：

“圣·嘉木样协巴与佛教别的各支派不同，因而这次认定转世灵童不能搞错，要坚持广泛地举行经忏祈祷。各位护法神所降的授记，由于经忏祈祷太少，不可仅仅依赖于此。还要向三大寺院的僧众广施布施，念诵《甘珠尔》大藏经，呼名祈赐护佑。我也要经常铭记心中，向三宝祈祷。”

乃祈请班禅全知者决定，将所有情况连同祈赐保佑的信函派员骑马送去。立刻回文说：

“想到圣·嘉木样协巴是佛教的无比核心，因而不要发生错误为要。今在扎什伦布寺举行大法会和在各密宗院举行法事进行祈祷，在决定转世灵童的一天，班禅要亲往各佛殿和护法神殿敬献哈达，求佛保佑。”

西藏摄政达察济垅呼图克图（རྒྱལ་ཚབ་ཏ་ཚག་རིན་པོ་ཆེ།）也鉴于上一世尊者对

他自己比三世诸佛还要德大恩深，也负起责任进行。众望一致地于祥瑞月上弦初一日，在布达拉宫艾温小寝宫，佛王胜者莲座前，会同西藏佛教的许多本支和两位驻藏大臣，在皇帝的画像前举行金瓶掣签，予以决定。这时，佛王胜者达赖喇嘛撰写了“名签真实地从瓶中自动跳出”的真言，令众侍读和布达拉宫南杰扎仓（རྣམ་རྒྱལ་གྲྭ་ཚང་།）的大翁则师为首的唪诵僧等大会众齐声念诵。这时，尊者的名签立即向上跳出。两位驻藏大臣看后，随着念诵《圣教炽盛颂》《法王颂》《自他颂》的韵律声中，心诚意真地作了介绍。这当儿正和哲蚌寺喇嘛、会众共同游方，前来朝拜的机缘相会合，因而向各位送了庆贺哈达等，隆重祝贺。决定后，达赖喇嘛赐了赞扬公文，并赐了洛桑图丹吉美昂波德（བློ་བཟང་ཐུབ་བསྟན་འཇིགས་མེད་དབང་པོའི་སྡེ།）的名号；班禅仁波切赐了洛桑图丹吉美嘉措（བློ་བཟང་ཐུབ་བསྟན་འཇིགས་མེད་རྒྱ་མཚོ།）的名号。达赖、班禅二位分别撰写了祈福禳灾长寿的颂文。大皇帝圣主为了此事，先后派驿马向藏区各地宣示金字圣谕，世间福田和施主结合起来，给予了无比的关怀。《密传》中说：

“智慧圣眼，观察三世，无挂无障，具威圣众；唯一轮主，转世化身，真实授记，正确无误。

“所有用物，展现目前，真真假假，试验辨认；了解他心，记忆前生，信授有据，抓取无误。”

找到真正殊胜化身的消息，经由西宁传到后，于当月十五日迎请至拉卜楞寺院。七岁那年，即藏历土马年（公元1798年，清嘉庆三年，戊午）正月十一日，在离灭正法宝座正式坐床。农历二月上弦吉日，在土观·洛桑曲吉尼玛仁波切座前出家，取法名为洛桑土丹吉美尼玛（བློ་བཟང་ཐུབ་བསྟན་འཇིགས་མེད་ཉི་མ།），成为圣教众生的怙主。《密传》中说：

“机运慧众，仰敬太空，贤妙行止，千光圆周，殊胜化身，书怙捧起，奉献吉祥[70]，正法宝座。

“佛子随顺，悉达多[71]后，掌僧胜幢，禁行高尚；执取之后，天人赞颂；第二释日，再次当空。”

拜拉仁巴洛桑丹增（ལྷ་རམས་པ་བློ་བཟང་བསྟན་འཛིན།）为经师，学习读写等，所有学业，不待督促，都毫不困难而精通。背诵《法王赞》繁简经时，恩师阿莽道扎为了了解其对《四坛城》的掌握情况，引用了胜乐、集密等几个坛城进行测试。尊者回答是“四大坛城”。能对其文字、义理，做出无误的讲述。《密传》中说：

“初时表现，不熟悉状，速知读写，洞晓仪轨，学习之时，不仅词语，所讲事物，详明无误。”

一天晚上，具德大威德金刚显现了圣容，惊恐地站在寝室中说道：“噢，是大威德金刚哟！”

有一次，向空中观看，说见有许多文字，接着就流利地读出《佛说文殊师利一百八名梵赞》中的一些词句。一天，佐格静修僧日朝旺波·克珠丹增（མཛོད་དགེ་རི་ཁྲོད་དབང་པོ་མཁས་གྲུབ་བསྟན་འཛིན།）在尊者座前奉上积累了一天修持的曼荼罗，进行祈祷时，看见在尊者心口清楚地出现了“吽”（ཧཱུྃ༔）字。但没有上一世尊者之时那样熠熠发光，因而他说道：“好像暂时还不露相。”以前，怙主一切知嘉木样二世曾对贡塘·嘉贝样再三地说道：“著作需词藻流利而内容易懂。您的著作内容难懂，词句生硬。”这时，让其看一本薄薄的小书，嘉贝样活佛问道：“这是什么书？”

答道：“是我上一世的《密传》。”

嘉贝样活佛问道：“写得怎么样？”

答道：“看来，似生硬一些。”如此等等的神奇，出现了很多。《密传》中说：

“夜晚安寝，光净现时，骤然惊立，见时敌主[72]，一看真确，身心快乐，内外苦难，喜得救脱。

“妙语之王[73]，胜义金刚，不可摧毁，字鬘长虹，缥缈虚空，显整齐体，诵真谛言，妙泻法乐。

“通知精义，为一“吽”字，心相祥结，眼窍玲珑，机缘信眼，显现拜谒；文殊坚轮[74]，确定必临。

“底翁[75]喇嘛，善说著述，上世教导：‘量裁词句’，如是悟果，真确无讹，圣哲心田，稀奇重现。”

一天，侍从拉仁巴等人谈论一些关于著述的道理时，尊者说道：“所谓‘著述’是怎样的？”答道：“新编偈颂散文谓之著述。”遂请求道：“请您赐撰一篇。”

尊者一气呵成写道：“敬奉菩提道野兽，敬奉圣菩提萨埵，顶礼无上之菩萨，顶礼不动佛陀尊。”

这是将大乘《经庄严论》所述的全部内容融为菩提道体，概括为四句偈文。与上一世嘉木样所说的“若要把一切经论归结为一句话而讲述时，也可以会说”的说法相符合。

这正如昔日世尊薄伽梵应大声闻舍利子问：“广严城无垢称从哪处佛土来到这里？”答以：“无垢称本在自己的妙喜世界，于水蕴至色究竟天之间，像陶工车盘似地立于其侧，右手掌中拿着花鬘，毫无疑虑地入护卫庵摩罗园中，向无数徒众演示圣教神变加行”的往事一样。又不动尊佛当在修学道位之际、戒行清净，毫不沾染罪恶之行的习气，圆满了佛子的修行，因而获得了在一切在学或不在学习道位之时，形成了“不动”者之名号。而且我佛也以戒律之妙香和戒律之语好，对所化教化无余。如上所述，尊者在这一生，以摄集神人之心的威仪，和极细微之差也不逾越破、立、开许三者的圆满戒律之蕴，而且正是在这一方面，安置所化于正道的将来行止的一切律仪，想是即以“顶礼不动佛陀尊”这一句话来表达的。《密传》中也说：

“虽无词藻，蕴之堆砌，而其义理，深如佛旨；简略善言，如右旋螺，徒众称颂，‘胜者喜韵’。”

九岁那年，即铁猴年（公元1800年，清嘉庆五年，庚申）一月十五日，于无敌神变节法会任法会怙主，领诵《三十四本生经》《入菩萨行论》《宗喀巴传·信奉津梁》等三部经典，从经文开始领诵了一个座次。词句清晰悦耳，音韵正确，断句恰当，僧众易懂。下午祈祷时，流利地领诵偈、散文相间的回向文等，轨范仪则都丝毫不差，因而听众不由自主地喜、信、忧三者交加，双目泪盈。在此之前，还从嘉贝样处聆听了彼师讲传的三段经文的教敕，熟背《法行极明论》《现观庄严论》《入中论》以及胜乐、集密、大威德三本尊仪轨，《酬补仪轨》等必需的经文。在曲吉尼玛尊者、贡塘·嘉贝样、霍尔仓·赛赤仁波切(ཧོར་ཚང་གསེར་ཁྲི་རིན་པོ་ཆེ།）等座前聆听《皈依经》《菩提道次精要》等显密经典的注解，受《弥多罗》《金刚鬘》《修法宝源》《修法海》等经法的总的教诫或专论的教诫及大部分灌顶和随许，以及许多经典论著的读法教敕等众多的深奥经法。由于襄佐·却吉死去，委墨尔根堪仁波切(མི་ཀན་མཁན་རིན་པོ་ཆེ།)继任。铁鼠年（公元1840年，嘉庆二十年，庚子）[76]祈愿神变大法会由嘉贝样活佛主办，被请至大会任讲法怙主，满足了心愿。

先前，为了合作[77]嘉卡尔（གཙོས་རྒྱ་མཁར།）之纠纷，然绛巴·洛桑楚臣（རབ་འབྱམས་པ་བློ་བཟང་ཚུལ་ཁྲིམས།）和昂拉格西（སྔང་རའི་དགེ་བཤེས།）曾前往北京，正当此事大有转机之时，恰遇上一世一切知嘉木样去世，遂暂时予以搁置。这时，涅尔哇洛萨（སྙོ་གསར།）等人又来拉让，报告纠纷的根源以及发生了人命事件的情况。尊者他虽以因果之说严肃地进行劝说，但暂时没有被他们接受，乃指示道：

“您们这样做，我再不愿留在这个尘世。”于是他们不得不进行收敛。这些行径真正表现了佛子的神奇举止。水狗年（公元1802年，清嘉庆七年，壬戌)，郡王纳罕达尔济（ཇུན་ཝང་ངག་དབང་དར་རྒྱས།那旺达尔济[78]）请求尊者首次莅临王府，进行了盛大的庆贺。曲吉尼玛尊者迁转于佛土，尊者奉献了隆重丰盛的祭奠布施，并做了殊胜化身从速转世的祈祷。次年，聆听了贡塘·嘉贝样宣讲、考试的教程。同巴浪夏茸贡却曲培（འབའ་ཤིང་ཞབས་

བྲང་དཀོན་མཆོག་ཆོས་འཕེལ།）、土尔扈特曲丹（ཐོར་གོད་ཆོས་ལྡན།）、苏尼特诺吾（སུ་ཉིད་ནོར་བུ།）、科采德欠（ཁོ་ཚེ་བདེ་ཆེན།）和吉美（འཇིགས་མེད།）等几位格西一起学习具德曲吉扎巴（དཔལ་ཆོས་ཀྱི་གྲགས་པ།[79]）的论著，在两三个讲法座次之后，完全熟悉了正理的密意，很难有辩胜他的对手。熟背《集类学》《悟慧论》和《因理论》等，并详细地阅读了《释量论》等许多经论，在安多和西藏两地，对五部大论的奥义，以正理进行抉择成为雪域学者的顶上庄严。《密传》中说：

“正理辨析，百经奥义，学识渊博，威击胜鼓；诸大学者，压制无遗，真如月称，亲临嬉戏。”

当时，为了帮助学习，巴浪夏茸还作了《集类学》《悟慧论》《因理论》《开启车道论》等辩论记录。以前，尊者年纪小时，让大会堂和两经院修供《度母经》多次。一些近侍戏谑说：“为何这样多次地修供《度母经》?”

答道：“是帕丹巴让供修的吆。”

说明与玛玖拉仲圣母子之时有甚深连联，玄机难以猜度。《密传》中说：

“如一切知，圣帕丹巴，真实到来，谆谆教诫，‘随时修供，消灾守护’。藉以战胜，各种灾难。”

这时候，在贡塘·嘉贝样活佛的寝宫上空，多次出现胜乐圣海会众以及所依和能依等圣物，敦请尊者飞游太空的形象。为此进行了尊胜圣母千供，一时获得裨益云。《密传》中说：

“空行持明，千万会众，圣呬噜迦，恭敬催请。真实照见，具德胜乐，坛城神众。暂予辞谢。”

不但如此，就如大成就自在者嘉华嘉措（གྲུབ་པའི་དབང་ཕྱུག་འཇམ་དཔལ་རྒྱ་མཚོ།）刚一诞生之时，在格派的一切知嘉木样禅室的上空，即看见了密集金刚的全部坛城。当他十岁时，拜见一切知嘉木样，立刻就不待请求即授予了龙树所传的无上密乘本尊集密金刚灌顶的记载那样，毫无疑问，这是上师和本尊无差别的特殊征兆。后来，德赤仁波切从内地回来后，请求给他讲述以前给他讲过的秘而不宣的许多奥密。说道：

“我记不清楚这样说过，你以后也不要这样谈论。”

“以后要严守秘密。”

这些是我从这位活佛处亲自听见过的，这也与格西贡巴瓦（དགེ་བཤེས་དགོན་པ་བ།）向奈伍苏尔瓦（ཉི་ཤུ་ཟུར་པ།）所说相符合，想是阿底峡尊者迦当派的无比特点。

十六岁那年，即火兔年（公元1807年，清嘉庆十二年，丁卯），在大经堂向三千余僧众授独雄大威德金刚灌顶，毫无减损地进行加行、正行、结行三阶段仪轨，及时对所缘相交代清楚，并对请问予以回答，与上一世一切知嘉木样的神态没有半点差别，因而人们敬信倍增。章嘉仁波切从西藏回来时，前去迎接，并经西宁前往塔尔寺。侍读们同北部各大寺院的僧众立宗辩论。在曲藏寺，向章嘉仁波切请求了《兜率上师瑜伽》指引和《成就佛母经》随许。返回时，途经夏琼寺，雄先拉庆华巴尔寺、拉摩古尔寺、德钦寺、昂拉寺、阿贡寺、吉尔当寺、洛多吉智合寺等地，向各寺僧众无一遗漏地发放了布施。接着，足迹遍及直至卓尼之间的农业区各寺院和嘉摩察瓦绒（རྒྱལ་མོ་ཚ་བ་རོང་།）以下的各地。十八岁，即土蛇年（公元1809年，清嘉庆十四年，己巳），前往卫藏，在哲蚌寺郭莽经院入《新论》学级，在华热阿阇黎座前聆听宣讲、考试的教程，拜后来任郭莽堪布的拉摩格西·阿旺楚臣（ལ་མོ་དགེ་བཤེས་ངག་དབང་ཚུལ་ཁྲིམས།）为师，诵习教程的通论和专论等，详细阅读了《般若》的许多经论，从未间断过经院的学习。据说一天早晨，在经院里和著名格西阿吾加巴（ཨ་བོ་རྒྱ་པ།）立宗辩论，大降教理之雨，使其失于承许。高学级的辩论结束后，僧人们都围过来看热闹，致寺院里的午茶也推迟了。一些僧人问阿吾加巴格西说：“今天怎么样？”

阿吾加巴幽默地笑道：“不是我阿吾加巴不行了，而是嘉木样协巴太好了。”

尊者经常力行谦恭，绝不加思考就草率行事，温良谨慎，甚称众心。立宗辩论时，无论是谁坐（主辩者）谁立（问难者），对有面子的和一般人一律平等对待，进行辩诘。如遇高傲而盛气凌人者，尊者即非常有兴趣地予以承许，滔滔不绝地按数理辩诘。以上这些都是从当时经院的服务人员日朝巴却智（རི་ཁྲོད་པ་ཆོས་གྲགས།）口中听说的。像这种自己的善说之舟，飘扬着辩驳教理的千万旗幡，使深广宝库之中，满盈全部智藏的情况，《密传》中也予以说道：

“雪域法库，圣地中心，讲修海洋，珍宝之部；善言之舟，自乘而行，智库满盈，引导后人。”

在卫藏两地，向怙主师徒[80]为首的诸大尊者奉献供养，并向四大寺院等各寺院的僧众发放了布施，向两尊觉阿释尊像敬献了丰富的供献。特别是在马年（公元1810年，清嘉庆十五年，庚午）请雪域怙主第九世达赖喇嘛隆朵嘉措莅临大祈愿法会，供养了大批财物供品，献上精湛卓绝，才华横溢的祈求长寿永生祝词。大家颂誉说：“学识如此圆满，还艰苦地听学，一定是佛陀的举止。”声名因而大增。在尊贵的胜者之主（གོང་ས་རྒྱལ་བའི་དབང་པོ།）、班禅无量光尊[81]（པཎ་ཆེན་སྣང་བ་མཐའ་ཡས།）、嘉赛仁波切(རྒྱལ་སྲས་རིན་པོ་ཆེ།）等座前聆听了各种深奥经法。在赤钦阿旺年智（ཁྲི་ཆེན་ངག་དབང་སྙན་གྲགས།）座前聆听了《菩提道次第广论》《四家合注》教诫等众多的经法。这位赤钦嘱咐说：

“应如一切知嘉木样协巴那样，要成为后来的一位圣教之主!”尊者答复：“一定要继承一切知嘉木样上两世的事业，作正法之主，负起弘扬佛法之责。”

附带说一下，这位赤钦，先前从夏琼寺前往西藏之时，适第二世嘉木样怙主尊者驻锡塔尔寺，他前去拜谒。会见时，怙主嘉木样二世曾说：

“您虽不是拉卜楞寺的僧源，现在需要去西藏要尽力学习。”对其各方面都做了详细的布置。后来，第二世嘉木样在西藏传授弥多罗金刚灌顶时，他坐在排尾，专门让他上装并给金刚杵铃。私自拜见时，指示道：“您取得有益佛法之地位后，需回拉卜楞寺去。”如此等等情况，说明形成的亲密关系确实与众不同。

尊者对于听闻不仅是积累所听闻的品类，而是首先合理地承事讲传经论的上师们，认为这是妙集的根本，从意乐加行方面欢欢喜喜地进行这一工作，根据上师所说的诀要，掌握了显密经典和奥意疏释等，从而洞晓理论教诫，通过观察，细致而详尽地学习了坛城绘制修供法的实践，充分掌握了密乘经义诀要等，获得了对显密经典和诸明处不需依赖别人的辩才，成为一位到达自他宗派大海的彼岸者。《密传》中说：

“班禅弥陀，怙主圣等，所传经教，诀要甘露；汝心大海，勤奋钻研，福缘友善，成众津梁。

“有寂妙汇，正果之基，观佛国土，意乐加行；如理承事，善财追随，佛子等众，为汝经师。

“三藏密续，浩瀚无边；理论恒河，智慧浪涛；摄持普见，无比自在；众贤百神，顶礼足莲。”

二十岁，在后藏从班禅全知者洛桑丹贝尼玛（པཎ་ཆེན་ཐམས་ཅད་མཁྱེན་པ་བློ་བཟང་བསྟན་པའི་ཉི་མ།）受近圆戒，丝毫不染遮性二罪，犯戒过失，戒律之香，无风自飘，众皆感到无比和谐。约略梗概，前面已经说过。《密传》中也说：

“在此末世，围绕圣者；如说依止，成圣教藏；具纯净戒，能仁上座；世间大德，众圣之冠。”

水猴年（公元1812年，清嘉庆十七年，壬申）冬天，拉卜楞寺院派出的江饶活佛吉美丹贝坚参、大善知识贡却旺秀（དཀོན་མཆོག་དབང་ཕྱུག）、仲尼然绛巴洛桑楚臣（རབ་འབྱམས་པ་བློ་བཟང་ཚུལ་ཁྲིམས།）等人到达西藏，前来迎接。经过无数次的请求后，才于《般若》宴会之后，作起程返回的准备。二十二岁，即水鸡年（公元1813年，清嘉庆十八年，癸酉），和赞布诺们汗活佛（བཙན་པོ་ནོ་མིན་ཧན）一同起程，他们两人一路广泛地谈论政教二规。抵达达措岗（རྟག་མཚོ་སྒང།）时，第一批欢迎骑队前来迎接，就在此地扎帐歇宿。他们两人互相邀请到行帐，一连举行了多日盛宴。这年八月上弦返回寺院，对寺院和扎仓分别进行供养，向大会僧众各布施了一件氆氇披单。委任辅导师刚察·端耀（ཀང་ཚའི་དོན་ཡོད།）、嘉样尼玛（འཇམ་དབྱངས་ཉི་མ།）、霍尔仓阿旺然丹（ཧོར་ཚང་ངག་དབང་རབ་བརྟན།）和阿柔·却培（ཨ་རིག་ཆོས་འཕེལ།）等人为经教侍读者，几年之中学完了《中观》《俱舍》《律典》等的全部大论，学习圆满究竟。冬天，前往塔尔寺在大经堂讲《因缘颂》，众贤哲们意为之夺，受到真诚的赞誉。在夏琼寺时，应魏家活佛（ཞིས་ཀྱ་སྤྲུལ་སྐུ།）等请求，结了法缘。尊者和赞布诺们汗自入经院之后，心投意合。这时，彼师特邀到赞布寺[82]受到盛大的欢迎与尊崇。接着，前往安多南部的各大寺院，所到之处，供养、布施都很丰盛。应乔木格法师阿旺丹增（ཚོས་དགེ་དཔོན་སློབ་ངག་དབང་བསྟན་འཛིན།）之邀，前往康托达吉林寺（ཁང་ཐོག་དར་རྒྱས་གླིང་།），返回途中取道恰合日山（ཆག་རི།）。这时，亲眼看到尊者早晚按照学期假期背诵经典的制度，背诵所宣讲的教程，在旅途之中也不间断地进行闻、思、修，成为传统。这些都记载于《喜愿解脱传》。

二十六岁，即火牛年（公元1817年，清嘉庆二十二年，丁丑），足莲登上大会堂堪布宝座。指示说："决断辩论，应以熟练《集类学》为最要。"让每两个《集类学》学级相互对辩，从各个方面，一连多日展开讲辩，进行观察，经常在大会堂训诫说：

"前两世一切知建立这座寺院的目的，是为了弘扬显密经法的讲闻辩论；您们自己来这里的目的也是为了能不能学习显密经法；我坐法台的目的也是想能否进行显密经法的讲听辩论。因此，各自不要错了本意为要。一些人说什么没有学习的时间，这完全是没有意义的废话，这是为了做生意赚钱而分散了精力的人们的说法。每一学法期间，讲讲训诫，这对学习教程和辩论各方面，对经院一些僧人来说大有好处。”

在训诫中指出的这些不合道理的事和人，确实存在，因此，应遵从教诲，致力于修供为佳。以前去西藏时，所下的谕示中也曾指出：

“前世喇嘛们创建本寺，恩惠无限地进行护持，其中心目的乃是为了能否将本寺办成为一个弘扬佛法的基地，能真正做到这样，最根本的是我寺院的全体僧众和法师们同心同德，戒行清净。总的要求是要按照律典，戒行严谨，特别是遵循前一世上师制定的清规，使纪律和道德行为一丝一毫不致衰败。在此基础之上，各个扎仓按时进行显密经法、诸明处的讲闻辩论。学习者要勤于学习、背诵、复诵、复习等不得稍行懈怠，积极努力要如河水一样奔流不息；寺院执事人等不得阿谀逢迎，放任自流，偏袒亲私；绝不可使扎仓纪律废弛而猎取个人的好名誉等等，要促使符合于寺规纪律的精神。上级对下级要依次进行指示，下级必须遵从各自上级的指令，要如禽鸟的羽毛层层递压，井然有序。这样，才能符合大伽蓝的模范作用。正如老僧们都熟悉的那样，第一世一切知之所以不辞辛苦地游方安多、西藏各地都是为了本寺。现我又要去卫地，其主要意义也是为了对本寺能否有些裨益。”

一心为圣教着想的这些措施，僧众们不难推测，应感念恩德为是。

对于喇嘛林赛们，则深入讲述五部大论，论点精辟，指导性强，许多大德哲士们说，开讲之际，甘雨淋湿了大地，晚上瑞雪又落满大地，一片洁白，这是功业遍及大地的瑞兆。在各学期会上经常宣讲并考试教程从不间断。无论政教哪一方面，都善巧护持，从无一丝一毫的衰落。九月二十六日，宣讲教程中止时，老小僧侣都深感忧伤泪珠滚滚。尊者由于事务繁忙，虽不能长久担任堪布之职，但每年对新任执事人员，都进行安排，谆谆指示其维护和执行纪律。对教程和经教理法的考试，学期对辩，磋朗会辩，林赛讲辩等，对各个扎仓修供诵经的腔调、韵律和诵法，对仪轨实践等等，任何方面都经常加以管理和整顿，因而寺院的发展犹如新月，日日增辉。

三十六岁，即火猪年（公元1827年，清道光七年，丁亥），鄂尔多斯方面派人前来邀请，虽经再三恳求答应前往。但由于其他事务难以分身，终于未能成行。土鼠年（公元1828年，清道光八年，戊子），应佛教众生的怙主赞布诺们汗嘉白却吉丹增程列（བཙན་པོ་ནོ་མོན་ཧན་འཇམ་དཔལ་ཆོས་ཀྱི་བསྟན་འཛིན་འཕྲིན་ལས།）的特别邀请前往该寺。僧侣们列队举行盛大的欢迎仪式，举行座次磋朗会辩等，政教二规的庆祝热烈非凡，并请看了跳神大舞、围猪三舞、狮子舞等。尊者在大经堂给僧众们讲传了《兜率上师瑜伽颂》的导引，该寺献上白银九百两作为供养，并做了久住世间的祈祷。这一年苟尔德仁波切衮噶却帕（ཀེ་ཧྲེ་རིན་པོ་ཆེ་ཀུན་དགའ་ཆོས་འཕགས།）前来拜会，按照他的请求授予长寿灌顶及《白度母经》随许。后来圆寂时尊者接受邀请前往，对其追荐事宜各方予以满足，并以白银五百两和许多匹大马作为祭奠费进行供养，对其灵骨舍利安放亲自作了安排，并专门派了执行人员；对于现在的这位转世灵童，予以认定，授以长寿灌顶，口传了几部陀罗尼经教敕。如此等等，体现了很深的友谊。四十二岁那年（公元1833年，清道光十三年，癸巳），应赡部洲佛教众生顶庄严章嘉仁波切之邀，前往曲藏寺为新建的壮丽而神奇的释尊殿和新塑的佛像以集密仪轨进行开光。南北各地的几位喇嘛活佛聚在一起，对尊者予以无限尊崇和赞扬，教证功德的威仪极其殊胜，心意一致地谈论，日日增盛。四十四岁，即木羊年（公元1835年，清道光十六年，乙未）起，三年之间，先后去过图麦（ཐུ་མེད།）、卫苏（བེ་སུ།）、欧拉（ངང་ལ་ར།）、哇秀（དཔལ་ཤུལ།）、参木让（མཚམས་རིང་།）、上下阿坝（ཛ་བ་སྟོད་སྨད།）、郭莽噶尔寺（སྒོ་མང་སྒར།）等寺院和静修院，也去过达仓寺（ད་ཚང་དགོན།）及若尔盖寺院和禅院（དབུ་དགེ་དགོན་སྒྲུབ་སྡེ།）等。在这里，接受察科（ཚ་ཁོ།）等部落的顶礼。返回途中在上下佐格（མཛོད་དགེ་སྟོད་སྨད།）、仙美哲蚌噶尔寺（བྱམས་མི་འབྲལ་སྤུངས་སྒར།）、苟日德的苏的托（ཀེ་ཧྲེའི་སུ་ཏུག་ཐོག）、华固尔（དཔའ་སྦུར།）、西仓（ཤིས་ཚང་།）等处，护持众生事业。五十二岁，即水兔年

（公元1848年，清道光二十三年，癸卯），前往欧拉，在此住了一个短暂时期。从此以后，拉德百姓兴旺发达。年末，前往阿木去乎，在此度过了木龙年（公元1844年，清道光二十四年，甲辰）春节，然后途经完布塘（སྟོན་པོ་ཐང་།）、阿郭静修院（ཛ་གོད་རི་ཁྲོད།）、阿科直尕尔（ཨ་འཁོར་བྲག་དཀར།）、嘉卡尔寺（རྒྱལ་མཁར་སྒར།）等寺，前往恰格寺（ཁྲ་དགེ）。先前，木马年（公元1834年，清道光十四年，甲午）卓尼土司却嘉吉美多杰（ཅོ་ནེ་དཔོན་ཆེན་ཆོས་རྒྱལ་འཇིགས་མེད་སྟོབས་རྒྱས།）在拉卜楞寺朝拜了尊者，辞别时请求道："我死时祈请驾临。"这一请求被答应了。这次在沿途尽管有所延误，但在恰格向邀请的人士问道："卓尼有何消息？多贡寺（མདོ་དགོན།）知晓我来这里的原因吗？"

他们从尊者的话中知道去他们那里有所顾虑，乃进行担保。过了不久，土司逝世，邀请予以超度，遂立即前往。在该处住了月余，每日都去棺材前严肃地进行本尊所缘境等法事，由于敬信的因缘和合，真实显现了大悲加持的真谛。堪钦·旦乔嘉措（མཁན་ཆེན་དམ་ཆོས་རྒྱ་མཚོ།）和摄理土司丹增多吉（སྲིད་སྐྱོང་ཆེན་པོ་བསྟན་འཛིན་རྡོ་རྗེ།）弟兄两人无比亲切地进行了承事。

五十七岁，即土猴年（公元1848年，清道光二十八年，戊申），文殊大皇帝[83]敕封为"扶法禅师"[84]，颁赐金册金印给予褒奖。这时，德赤活佛（ཏེ་ཁྲི་རིན་པོ་ཆེ།）在各方面近侍承事，在尊者座前聆受了具德时轮灌顶等一些经教。五十九岁，即铁狗年（公元1849年，清道光三十年，庚戌），就任塔尔寺堪布，讲闻辩论和定规布施都较前有所发展，还多次授予单独和分别传授的经法。这时，曾发表大会训词，告诫僧众："经院之中原有统一的十方僧众应行遵守的内部法纪，并有因时因地的一般特殊的详尽细微之具体规定。前世贤哲们早以文字形式固定下来，因而不能有不知法规戒律的疑虑。"使那些怀有尊者不熟悉该寺法规的邪念之人胆怯收敛。水鼠年（公元1852年，清咸丰二年，壬子），土观殊胜化身洛桑旺徐夏珠嘉措（ཐུའུ་བཀྭན་མཆོག་སྤྲུལ་རིན་པོ་ཆེ་བློ་བཟང་དབང་ཕྱུག་བཤད་སྒྲུབ་རྒྱ་མཚོ།）莅临拉卜楞寺，委派为教理近侍，听学法相。尊者以师长对弟子的态度亲自教授经论，并讲传了许多深奥经法。夏天，同去欧拉等地时，也不时让立宗辩论。尊者一有空闲，更不断地讲授经论、讲传经法。次年，他前往内地时，以良马七匹、白银千两作为馈赠，如此等等的照顾极其深重。土观活佛对尊者敬仰之情也与众不同，表达了两位活佛历世深厚发心之真实情况。尊者任塔尔寺堪布期间，应察罕诺们汗仁波切、阿柔格西活佛（ཨ་རིག་དགེ་བཤེས་སྤྲུལ་པའི་སྐུ།）、百户拉欠（བེ་ཧུ་ལྷ་ཆེན།）等人的邀请，先后前往拉摩的乌厄盖寺、阿柔固噶尔寺（ཨ་རིག་གུར་སྒར།）、固始汗的寺院扎藏克寺（གུ་ཚང་ཁེད།）等寺院。如此，尊者的足迹遍及于从措索洛玛（མཚོ་སོ་ལོ་མ།）至四川（སི་ཁྲོན།）间的广大地区，向各地所有请求者讲传了他们所求的各种经法，以见、闻、忆、触做了有关的有益事业。正如《秘密不可思议经》中所说：

“由于法身详细分辨，所见为众生之事，所闻、所触，亦为众生之事。”

尊者给人的感觉是温良谨慎、真诚无伪。这些行为乃应运而成，一见尊容，就会使人心意变化。当慧眼一看时，聚集在跟前的所化者有多少就会以那样多少喜悦心情想着“看到我了”。敬爱之情更加倍增。这些是尊者的身之事业。众生的意愿和随眠，都如实地看待，那些口中不谈心事的狡诈之人，一经交谈，便会使其自知其罪，胆怯而悔。阿饶才旺（ང་རོ་ཚེ་དབང་།）的儿子，将一些情况通过翻译申诉，但还没有说出口来，尊者就说：“不需翻译，”接着一口气回答了所述事项。一些大人物从政教二规出发，辛勤构成的虚文戏论，略一交谈即能彻底加以克服，使其无言可答如此等等，皆是尊者的语之事业。摒弃各种习气，心怀大悲大悯，对浊世人们的任何好坏善恶辨察其苦乐，坚定不移地制伏桀骜不驯的魔类。这是尊者的心之事业。任何作为完全致力于利他。正如所论，智是从先前的因中产生的，因而智为先行，而且与智同行，随智而行。一切现前的种种，对照显密经典，不难推知。《密传》中说：

“仁慈悲悯，菩提心力，所作仅为，益众生因；伟大普贤，行止种种，海会圣众，应致顶礼。”

二十九岁那年，即铁蛇年（公元1821年，清道光元年，辛巳），在佐格新寺——喇卜吉林寺（མཛོད་དགེ་དགོན་གསར་རབ་རྒྱས་གླིང་།）讲传《金刚鬘经》，在萨如寺（གཟའ་རུ།）授弥多罗灌顶。三十二岁，即水羊年（公元1823年，清道光三年，癸未），在欧拉寺讲传《金刚鬘经》。四十一岁，即水龙年（公元1832年，清道光十二年，壬辰），在拉卜楞寺大经堂讲传《金刚鬘经》。第二年，在甘南德毛滩(བདེ་མོ་ཐང་།）噶丹却科林寺（དགའ་ལྡན་ཆོས་འཁོར་གླིང་།），讲传了《弥多罗百法》。四十七岁，即土狗年（公元1838年，清道光十八年，戊戌），又在拉卜楞寺大经堂讲传了《弥多罗百法》。六十岁那年，即铁猪年（公元1851年，清咸丰元年，辛亥），在亲王的乌厄盖寺，讲传《金刚鬘经》。这时，给具戒比丘为首的一些僧人授灌顶并降神。六十三岁，即木虎年（公元1854年，清咸丰四年，甲寅），在阿木去乎寺授金刚鬘和事续相结合的灌顶，并授《纳塘百法》的随许和教敕。这一切不仅仅弘扬某一种传承，而是增补某一位神佛的念修使其成为标准法而去进行去完成的，并且还阐述怛特罗和大论的根源，续部的特点，各位证果者的论述以及如何传承的历史、实践的细节等，结合当时所缘相，释词解义，简明概要。关于这一方面的详细的记述，看看圣·喜饶嘉措的《弥多罗金刚赏经笔记》等，就会知晓。

另外，还在大伽蓝塔尔寺讲传《兜率上师瑜伽颂》的指引，授《十三尊大威德金刚》《金刚手大势至》《大轮》《普明大日如来》《白伞盖诸神与十七佛母》等灌顶和《文殊法》《怙主十三教诫》等随许。在新建的塔尔瓦林寺（ཐར་བ་གླིང་།），授《独雄大威德金刚》和《十三尊大威德金刚》《大悲观世音菩萨》等的灌顶和《纳塘百八法》《黑白怙主》的随许。同样，还在曲藏寺、广惠寺、夏琼寺等处，讲传各种经法。在卓尼大寺（ཚོ་ནེ་དགོན་ཆེན།）授《大威德金刚》灌顶，为堪仁波切(མཁན་རིན་པོ་ཆེ།）弟兄授《作明佛母》的共和不共的随许。在恰盖勒谢林寺（ཁྱུ་དགེ་ལེགས་བཤད་གླིང་།）授《白伞盖十七佛母》和《九无量寿佛》的灌顶。在康托寺授空行母铁的大悲观世音菩萨灌顶。在切巴工吾昂（ཆས་པ་ཀོང་བུ་ནང་།）授《十三大威德金刚》灌顶。给卓尼的寺院和阿郭静修院（ཛ་སྟོད་རི་ཁྲོད།）、嘉摩桑珠林寺（རྒྱལ་མོ་བསམ་གྲུབ་གླིང་།）等惹卜察（རེབ་ཚོ།）的十八座静修庵包括在察科以上的所属支寺和静修禅院等，以及农牧区的寺属百姓们，分别授《胜乐、集密、大威德三本尊》《普明大日如来》等灌顶和经法，并讲传怙主、法王和度母等许多本尊的一些经典的随许。当寺院学习新跳神舞时，随时授《独雄大威德金刚》灌顶，坚持不断地授法王内外密三者的随许等。如此等等凡需要任何教敕、灌顶、诀要都及时赐予。每年至少要为一百多人剃度出家、授沙弥戒和近圆戒。讲、辩、著三善业贤妙卓绝。高举着圣教的不落胜幢。《密传》中说：

“讲传佛法，八万四千；善巧方便，三种随顺；解脱之门，诱导不误；无上教敕，如义安置。

“讲结益缘，如不败主；辩论理法，语如文殊；善言悦耳，如妙音母；随顺三圣，弘扬佛法。”

不仅如此，尊者博闻诸大论，凡所抉择的显密乘奥义，都按思、修方式进行实践；考虑诱导所化，须按次第，经常坚决谢绝喧嚣戏论，闭关静修。就是原来接近的僧伽们也多一两年之中见不到尊容，当地的大喇嘛和头人名流、承事足莲者们，虽不断地前来，但是别说接近座前，就是请示什么也得等一月半月才能得到答复。即是如此，没有不尊敬的，敬信之情由衷倍增。人们常说，由于戒律清净成就之力，不需强迫，众人自然尊崇敬仰。尊者行止正是这样。经常不让僧人们穿着美衣，自己身边不让设置水晶白银等用具，甚至用绑扎木箱的板条、木柴作箸，如此等等，力行遁世修行者的禁行。当寺院前面的山岗涌来清兵之时，为首的军官一见尊者顿消恶念，说道：“你真像一位出家念玛尼的人！”表示非常尊敬。平常在念经的座次时间内，谁也不准接近，就是前去，一心专注修持，从不看人一眼。近侍们说，有时手中拿着一叠经卷，心无二致，眼不旁视地通宵达旦。有一次向恩师阿莽道扎说：“拉让之中有什么珍奇的书？”回答了一些珍贵的书名后说：“这些书的目录不清楚，藏书过万，很难找到。”

尊者说道：“对于所藏的书，虽没有未曾看过的，但是这些书还没有看过。”

联系口头流传的绛央曲结说：寺院的垣墙以内，有书就可以了；嘉木样协巴认为寝宫之中有书就可以的说法，我想这都是一脉相承，大有根据的。第二世嘉木样于临近圆寂之前的一个时期中说道：

“上一世一切知嘉木样像胜者师徒[85]那样在西藏弘扬佛法，不建这座寺院是可以的，但是他建立了。那时福田与施主会晤于青海达尔吉岗（མཚོ་སྔོན་དར་རྒྱས་ཀྱི་སྒང་།），建立了这座大伽蓝。当时可以建立一座具有宫殿式屋顶的大殿，但没有允许。我一直为了扩建这座寺院而奔忙，因而没有闲空时间，要念诵的经典很多，但没有念诵，需要在后一世中念诵。”并嘱咐了一些事情，说道：

“这些在我在世的时候，是容易办到的。今后，若遇到头枕着一函书，手里拿着念珠坐着之人，则很难碰到。”

这些吩咐和安排，都很奇特而值得深思。就这样，阅读显密乘经典和疏释，修持共和不共圣道，犹如长流之水勤奋坚持，从不间断。因而，彻底证悟三学二次第[86]。正如人们经常所说的那样“为了把众生安置于寂静之业和涅槃之中”，对如此浩瀚事业，都予以掌握。甚至，从病疫邪魔等的危难之中予以拯救的故事也非常之多。住在河州城（ཀ་ཇུའི་མཁར།）里时，对汉人们留下了各种各样的印象。曾允祈雨的请求，前去白塔寺（མཆོད་རྟེན་དཀར་པོ།）的西山顶上坐了片刻，甘霖如愿而降。前往阿科直尕尔时，大旱酷热，禾苗枯焦，收成无望，但是，自从在神山埋了伏藏之日起，何时盼雨即能于该时沛降。因而，附近的宗教信仰不一样的汉族人们也无限地敬仰。该处圣地的前面有一块大石，上面留有上一世一切知嘉木样的手印。当尊者仔细察看时，用左手扶石而坐，就在那石上也留下了很清晰的手印。显示了情器世间的一切事物和无漏智的体相无二成就的无比标记。《密传》中说：

“经法甘露，汇聚如海；博闻之山，搅动生成；三学二次，彻底证悟；光辉日月，照亮心空；妙善放光，圣瑞圆满。

“内外情器，形成真物；无漏智慧，寂灭幻相；柔软之手，斑斓画痕；坚硬石上，明显留存。”

以前，尊者年纪幼小时，曾看到具德月称论师真实显示的圣容，以及无量无数的神和上师的影像，其中一些可以根据特点能够进行推测，但尊者则秘而不宣。但是，有一次在北方的天空，清楚地看到了香巴拉国庄严的景象。这时，有一位玛沁和尚（མ་ཆེན་ཧྭ་ཤང་།）在旁，尊者让他依在肩头上观看，因而他也看到了这个情景。他开玩笑说：“你在那里有一座房子就好了。”意想不到地显示了未来的秘密。正如《密传》中所说：

“静猛广阔，无边云天；障蔽全无，一切普见；恒河尘沙，掩像不现；未经考虑，突发奇言。

“吉时良辰，北方晴空；大密圣域，迦拉哇城（ཀ་ལཱ་པ།），全部庄严，顿时显现；应运信徒，耳闻目见。”

过去和现在的护法大海如理完成事业的情况，也是这样的。当尊者色身之花刚一开放，一只乌鸦落在门旗上，不分昼夜地把它惊走，但它就是不飞开。又如上面所述，护法殿的神马和神狗，跑向几天才能跑得到的地方去。具祥宝帐怙主也专心地进行巡逻护持。出现了如此等等一些净妙的祥兆。后来，年老之后，有一次尊者坐在拉让怙主神殿的门槛之上，摄政华贡（དཔལ་མགོན།）依照前两世一切知嘉木样时那样，向尊者请问传记原委，得到了一些资料，想这也是护法神促使的标志。尊者小时，曾经常说看见幻化的大护法神法王和玛沁山神来来往往。后来，准备去内地时，一次又一次出现了寺院东面被雪山围绕无路可走的梦兆。说："这是玛沁山神的神变。"这和二世嘉木样住在内地时，为了催请他返回寺院也现示了一些神变，这都是一个时期的需要。又尊者梦见在书写梦境秘籍时，乃琼事业王来了，他身上光芒之中有日月星和禾穗。如此等等秘密情况，在一些资料中有所记述，此处不便再写。《密传》中说：

"世间出世，护教神众；如仆完成，四业事业；幻化法王、玛沁大神；眼见来往，时而说出。"

总之，尊者想到弘扬圣教的基础是寺院。先后护持本寺和各支寺及佐格寺、佐格新寺、却科噶洒尔寺（ཆོས་འཁོར་སྒར་གསར།）、吉仓噶尔寺（སྐྱིས་ཚང་སྒར།）、塘萨噶尔寺（ཐང་སར་སྒར།）、佐格卓仓（མཛོ་དགེ་སྦྲ་ཚང་།）、河州的显庆寺（ཀ་ཧྲེའི་ཤན་ཆེན་མགོན）等寺院。特别在本寺新建供奉近千尊高约一肘的绿度母铜像的寝宫和庭院；在大经堂添置了红氆氇的全部柱包；为新年施放油煎薄饼，提供一千两白银的公积金。同样，给若尔盖寺例茶捐助合白银一百五十两的牛马；为达仓寺夏令安居捐资白银四百两，并为其怙主施食修供捐资白银二百余两、大小茶二十包、牛马五十头匹；为阿坝的郭莽噶尔寺捐资新建大经堂和寝室；为则仓噶尔寺（ཛེས་ཚང་སྒར།）夏令安居捐资铜钱六百串；为塘萨尔寺供修空行母和集密金刚捐资铜钱五百余串，并为其大经堂和寝室捐资铜钱六百串折算为牛马。在达仓寺和佐格寺等及其他寺院新建寝室，并进行与三轮[87]有关的讲修，功绩巨大。

尊者的这些行止，丝毫没有掺杂利己的私心杂念，仅仅考虑这是为了佛法兴盛之因。《密传》中说：

"三轮相随，讲修善事；寂灾之门，安乐之因；毫厘不差，胜者宗旨；弘法祈愿，纯正清净。"

当二十四岁那年，即木猪年（公元1815年，清嘉庆二十年，乙亥），隆务方面的军队首次来到寺院。从此以后，虽隆务方面的军队曾几次侵扰寺院，但是，尊者一次又一次地下严厉的命令，别说僧众持械或徒手搏斗，就是口出恶言等舌战也不准许。老少僧众都接受四沙门法[88]。因而，师徒和寺院的声誉，遍于大地。

六十二岁，即水牛年（公元1853年，清咸丰三年，癸丑），被曲藏仁波切特别请去，受到无限的尊崇。在大经堂讲传了《供奉上师颂》指引，公众供养的布施十分丰盛。尊者也请求了长寿灌顶，以白银一千两、骏马数匹作为供养，隆重丰盛，并依照心愿传授了一些口传经法的随许。关于和隆务寺的纠纷，请曲藏仁波切作调解人，他应许承担，于兔年氐宿月（公元1855年，清咸丰五年四月，乙卯），再次前去调解，终于和解了这场纠纷。当时，尊者严肃地下命令，不论调解后，谁胜诉谁败诉，若自己一方中有不遵调解者，尊者一再强调以自身担保。因而使争论按佛法趋于平息。总体来说，如此等等的举止，正如第一世一切知嘉木样所说的：“依照大乘师经典发宏愿，按弥勒怙主地论学六度，按四摄法积极利他自，遂成利他大海依怙主”那样，无可争辩地流传在人们口碑之中。《密传》中说：

“悲悯利他，心想众生；慈悲怙主，号示此土；犷戾举止，干戈浩劫；善巧平息，南北动乱。”

自前年以来，尊者即身染疾病，四月间有些加重。全寺僧众听到此消息，来到寝室庭院，即于这晚彻夜念诵《佛顶大白伞盖陀罗尼》多遍。从次日起，一连几日，四个扎仓联合或单独举行了各种经忏法会，祈祷住世。两位赛赤活佛为首的在位堪布、法台、退位堪布、退位法台、僧众、阿木去乎寺的吉索代表和全体侍从人员等，各启献上供养。在新寝宫中，在任堪布霍尔仓赛赤仁波切再三迫切认真地祈祷久住人世。尊者的回答，叙述了护持圣教的人士来到世间，就是为了弘扬佛法的情况；大主宰[89]来到世间，开创了纯净无垢的显密经法之门的情况；第一世一切知嘉木样创建本寺，建立讲闻辩论制度的情况；第二世一切知嘉木样发展显密经法诸明处的讲闻辩论，使本寺成为卫藏第二的等等情况。若住在本寺的阿阇黎等各自遵守清规，衷心尽力，不使其衰败而促其发展，则将向三宝祈求保佑，向护法委托事业。并述说了以前六十岁的那年，即铁猪年（公元1851年，清咸丰元年，辛亥）夏季法会时，曾一连几天前去经院，详尽地训诫清规纪律的重要性。特别指出：比起杀戮三千大千世界众生的屠夫，糟蹋本寺的清规之罪更重等等情况。吩咐了未来的事情，同时，先后颂赐了甘露般的金玉良言。《密传》中说：

“大寺政教，如意之宝；拂拭洁净，期盛勿衰；师长寺众，努力奉行；供奉灵童，赠此教诲。”

尊者不进汤水，已逾七日，但是从这日起，饮食恢复如常，身体逐渐清爽。在正理学部讲闻辩论时，委派贡塘殊胜化身仁波切贡却丹贝嘉措（གུང་ཐང་མཆོག་སྤྲུལ་རིན་པོ་ཆེ་དཀོན་མཆོག་བསྟན་པའི་རྒྱ་མཚོ།）为大会堂堪布。九月上弦下达了霍尔仓仁波切吉美丹贝尼玛（ཧོར་ཚང་རིན་པོ་ཆེ་འཇིགས་མེད་བསྟན་པའི་ཉི་མ།）进住拉让的严令，并让立即移住。向两位上首弟子堪布活佛、襄佐贡却雅培（ཕྱག་མཛོད་དཀོན་མཆོག་ཡར་འཕེལ།）、司膳堪布丹巴（གསོལ་དཔོན་བསྟན་པ།）等人下令叮咛说：“关于转世灵童的遗嘱，装在密封的铁匣里，不到时间不可打开。”同时，交代了向几座支寺和各拉德部众留交的盖有印信的信件，并向他们两人托付了住持寺院政教事务之责。他们两人祈求说：

“请不要这样做，请求足莲久留。”

尊者说道：“大圣师虽有留住的自由，有请求留住的弟子，但终不留住而去。上两世一切知嘉木样都是这样讲的，我也有这样的作风，您两人该做的已做完了，还有什么要求，可以指点。”

这是化机已经圆满，如意示寂而留下的临终遗言。初六日，对日常观测日影的日标让看了又看，当日影一到时辰，穿上法服袒衣端坐于敷具之上，双手结印抱于胸口，面容现出极其喜悦神态停止呼吸，尸体留于所教化的福地，意生之身逝于色究竟天佛土。《密传》中说：

“生圆妙通，金刚瑜伽；实现双远，趋于彼岸；空乐二无，双手结印；具五决定，入于本界。”

两位赛赤活佛，各著迅速降生的祈祷词，全寺阿阇黎和众生积极进行圆满无漏之心的超荐。尊贵的遗体受到相应的孝敬祭，奠后全尸殓入大银塔，安放在灵塔殿。上述尊者所证的不可思议的秘密境界，乃应是胜者们各自明见证知的智慧境界，其他则不足论矣。尊者亲自所做的任何一支分，都是佛教众生的无比良药，是不可想象也难以言宣的，为了把尊者的行止介绍给每个人，作为各自分内的所行处，对其持密成就的歌舞，参照了德赤仁波切嘉木样土丹尼玛（སྡེ་ཁྲི་རིན་པོ་ཆེ་འཇམ་དབྱངས་ཐུབ་བསྟན་ཉི་མ།）所著的《密传义释》并依据尊者的语言甘露，记载如上。

现在的这位怙主殊胜化身仁波切、遍照智太阳、至尊噶桑图丹旺秀华桑波[90]（སྐལ་བཟང་ཐུབ་བསྟན་དབང་ཕྱུག་དཔལ་བཟང་པོ།），于藏历第十四胜生末的火龙年（公元1856年，清咸丰六年，丙辰），出生在德格地区斯日百户辖地加德尕瓦（སྡེ་དགེའི་ཁུལ་ཟེར་བེ་རུའི་མངའ་ཞབས་རྒྱ་སྡེ་དགའ་བ།）地方。父名严潘德勒迥乃（གཡན་ཕན་བདེ་ལེགས་འབྱུང་གནས།），母名严潘曲措（གཡན་ཕན་ཆོས་མཚོ།）。降生之前，父母等人的梦中出现了一些好的梦兆。降生时，大地摇动，房顶上出现瑞气彩虹，房子附近开出了前所未有的各种鲜花。一生下来，经堂里能点一夜的供灯却一连亮了三夜。这里有一座有加持力的摩尼法轮慢慢地自转起来。如此等等，出现了很多奇兆。灵童的行为举止与一般孩子根本不同，有时跏趺而坐，双手合十，音调清晰正确地念诵《四皈依》《阿拉巴杂》和六字真言等。对一些能辨认出笔画的字迹，从不让人跨越。手中拿着佛像、佛经和佛塔给别人摩顶，拿起经卷和念珠时就做出诵读说法的姿态。说道：“我所依止的主佛是怙主弥勒佛。”常喜击钹。遇下冰雹时，即用手指叠起期尅印做出回遮的模样。有时候，拿起木剑在肩上挥动，并说：“我喜欢剑。”如此等等，所作所为都显示嬉戏于教法之中。也曾听说先后显示过一些神奇的形象，但由于时机还未成熟，暂时予以搁置。

土马年（公元1858年，清咸丰八年，戊午），司膳堪布丹巴（བསྟན་པ།）去果洛时，康干隆保部落（ཁང་ཀན་བློན་པོ་སྡེ་ཚོ།）的才塔尔本（ཚེ་ཐར་འབུམ།）说：“化身转生在加德卡松三部[91]。”乃将此话报告了德赤仁波切。为了详细调查，派欧拉医生阿旺金巴（ངག་དབང་སྦྱིན་པ།）去找才塔尔本。他说：“不但没有此话，而且也没有听到过此话。”因此，此事仅能作为参考。羊年（公元1859年，清咸丰九年，己未），藏历二月十一日，在德赤活佛座前，两位赛赤活佛、大襄佐、大小司膳堪布等都聚会一起，议定为了观察阿柔拉庆（ཨ་རིག་ལྷ་ཆེན།）的儿子，派郭密司膳堪布前去，派司膳堪布丹巴前去德格送辨认之物；并为了观察年都乎官人扎西才让（གཉན་ཐོག་དཔོན་པོ་བཀྲ་ཤིས་ཚེ་རིང།）的儿子，给隆务堪钦仁波切写了信。据后来解除了保密的传说，司膳堪布丹巴梦见他单独去尊者新寝室拜谒尊者，看见众多前来拜谒者当中，有一位身穿红羔皮袄的小孩。他走上前去时，尊者好像打算去经院似的，拿着经书，戴上帽子走了过来。会见后，尊者一连说了几声“是汉活佛”。他们两位走下来之后，尊者指着上述的那位小孩介绍说“汉活佛就是这位”云。派去的人员于藏历三月初十日来到拉卜寺（ལབ་དགོན་པ།）。拉卜隆堪仁波切（ལབ་ལུང་མཁན་རིན་པོ་ཆེ།[92]）洛桑丹巴雅培（བློ་བཟང་བསྟན་པ་ཡར་འཕེལ།）担负起全部责任，于十一日，在该寺让三位怀疑对象辨认遗物。尊者拿起了上一世的真正念珠。司膳堪布为了考验，穿着一件旧布衣坐在排中间。让斗加的纳木嘉（ཏིག་ཀུའི་རྣམ་རྒྱལ།）请问道：“这些人都是活佛他的侍从，这里面谁是最贴心的？”他用手指从排头一位一位地向后点着，当点到司膳堪布时，就指着不动，大家不由地流下了热泪。

藏历五月十七日，回到拉卜楞寺向德赤活佛师徒报告了缘由，大伙欣喜万状。十九日，丹巴主仆前去西宁，通过西宁办事大臣，将三位怀疑对象辨认遗物的情况向皇帝上了奏折。遵从“由卫藏决定”的谕旨，派驿使向拉萨的驻藏大臣驰送公文，按照先前规定的手续做出了决定，和前世尊者的遗嘱及德赤活佛的愿望完全符合，因而无限地虔信和敬仰。

司膳堪布丹巴同拉德部落的一些骑队，去献哈达，于十月二十五日抵达拉卜寺。殊胜化身仁波切也恰于这一日来到寺院，因缘自然会合。前去迎接的全体人员，由于路途困难等原因，于藏历十二月十八日，同拉卜堪庆、佛父、佛母以及兄弟亲属等主仆侍从起程，在巴颜孜日山（བ་ཡན་རི།）同摄政霍尔仓活佛吉迈丹贝尼玛为首的迎接者们相会，献上了一顶班智达帽。拿在手中，说道：“这是班禅仁波切的帽子。”接着放到右边，又献了一顶长飘带僧帽。尊者说道：“愿吉祥不衰噶丹派，处处昌盛降吉祥！”同时，将帽子戴在头上。如此等等，显现了神奇的行止。从此以后，乘坐轿子，伞马旗帜组成的盛大的仪仗队围着轿子前进，沿途的寺院和村庄都乘马列队远迎，设灶郊迎，如此等等的供养喜筵连绵不断。对前来拜谒的无数僧侣、俗人等，一一给以满意的摩顶。此后，寺院里派出的远迎马队日益增多。铁猴年（公元1860年，清咸丰十年，庚申），正月二十九日，众多的远迎骑队，在卓合塘滩（སྒོག་ཐང་།）附近的梅多合岗（མེ་ཏོག་སྒང་།）迎上了法驾，在琼则塘滩（ཁྱུང་རྩེ་ཐང་།）劝拉卜楞寺吉索、拉让设灶郊迎，住宿了一夜。德赤活佛率领许多仆从、东蒙古人和穿满族服装的人用许多骆驼驮着驮子，高高兴兴地前来夜迎。次日一同起程。二月——即按一些经论派的推算法的岁首神变月上弦第一个喜日，即初一日，由穿着祖衣的数千名僧人的仪仗队在前开道，捧着各种供物，敲着鼓钹锣钲，吹奏唢呐洞箫，迎接到拉卜楞寺中自己的拉让吉祥右旋图丹宫（ཐུབ་བསྟན་ཕོ་བྲང་།）的大经堂，足莲登上一切愿望聚集离灭的法座，排座欢宴会上还进行了磋朗会辩。土观殊胜化身仁波切按他上一世在时那样，送来颂吉祥的贺词，就在法座之前，进行朗诵（这年春季举行庆贺宴会期间，这位尊者亲自莅临祝贺）。塔尔寺医学院阿阇黎等人敬献了礼物，同时，作了长寿永生的祈祷。次日，在大经堂接受了“海会僧伽怙主”的称号，举行盛大贺宴，进行盛况如云的理法辩论。各地寺院和拉德部众接连举行了多日庆贺喜宴。

先前，尊者在拉卜楞寺堪钦座前，已受居士戒，被命名为阿旺吉扎肖勒南杰（ངག་དབང་འཇིགས་བྲལ་ཕྱོགས་ལས་རྣམ་རྒྱལ།）。这时，德赤仁波切嘉木样图丹尼玛命名为噶桑图丹旺秀（སྐལ་བཟང་ཐུབ་བསྟན་དབང་ཕྱུག），并撰写了祈祝长寿永生的颂文，在各处分别进行祈祷。这位尊者在其寝室新造时轮金刚像，于铁鸡年（公元1861年，清咸丰十一年，辛酉）六月初四日，进行了开光仪轨，完成后立即前去拉让，给尊者授《皈依颂》《兜率上师瑜伽颂》《功德根本成就颂》等经的教敕，并由他开始教学藏文读写。派道帏拉仁巴·丹增加措（རྡོ་སྲིས་ལྷ་རམས་པ་བསྟན་འཛིན་རྒྱ་མཚོ།）承侍于座前，任何督促，都能毫无困难地领悟。这位拉然巴，生于火兔年（公元1807年，清嘉庆十二年，丁卯），小时父亲拉本加（ལྷ་འབུམ་རྒྱལ།）送他到大达隆（སྟག་ལུང་ཆེ་བ།）洛桑丹贝尼玛（བློ་བཟང་བསྟན་པའི་ཉི་མ།）座前，十一岁时，来到拉卜楞寺的经院。在《集类学》中级学习，后遵从赤钦的催促转入密宗院，由于迫切希望学习，遂逃往卫地，入哲蚌寺郭莽扎仓，进入《七十理义》学级，又被上级从《新论》降至《悟慧论》学级。后担任辅导师，学习了五部大论全部，熟背《般若》第一品和《明义释》等，获得了拉仁巴学位。于火羊年（公元1847年，清道光二十七年，丁未）完成了立宗辩论之后，入下密宗院学习。水鼠年（公元1852年，清咸丰二年，壬子）返回故乡，拜谒遍照尊者嘉木样三世，受到很大的爱护和照顾，被委任为贡萨喇卜杰林寺（དགོན་གསར་རབ་རྒྱས་གླིང་།）的堪布。后来，遍照尊者于逝世时，吩咐彼师担任殊胜化身仁波切的经师，现在正竭心尽职，特附述于此。

尊者七岁那年，即水狗年（公元1862年，清同治元年，壬戌）九月二十三日，从大长老圣·喜饶嘉措（གནས་བརྟན་ཆེན་པོ་རྗེ་ཤེས་རབ་རྒྱ་མཚོ།）出家并受沙弥戒。在这位哲士座前，先后受了《皈依颂》、《兜率上师瑜伽颂》、《圣道三要》的指引，《菩提道次第广论》教敕，胜乐、集密本尊等所有专门传授的灌顶，《弥多罗》《金刚鬘》等总的教授，以及《大日如来消除三恶途十二坛城》《修法宝源》、三部《百法》《文殊法》《萨迦十三金法》、全部《依怙教敕》和《多闻子十五教诫》等随许大部分，聆听和正在聆听着《圣师徒全集》教敕等深奥经法的传承。九岁那年，即木鼠年（公元1864年，清同治三年，甲子），首次游方来到德毛塘噶丹曲科林寺（བདེ་མོ་ཐང་དགའ་ལྡན་ཆོས་འཁོར་གླིང་།），进行长寿法成熟圆满灌顶。还去完波塘（རྫོན་པོ་ཐང་།）、乔典夏尔（མཆོད་རྟེན་ཤར།）、佐格寺等四处。次年，应郡王达什垂扎勒（ཧྲན་ཡང་བཀྲ་ཤིས་ཆོས་རྒྱལ།）之请，前往河南蒙古十一苏木（སོག་པོ་མདའ་བཅུ་གཅིག）、科采、拉德等处满足了他们各自的愿望和要求。这年的十月上弦，在大经堂向上首弟子们、阿阇黎、在位堪布、卸任堪布等为首的无数僧俗人等，授独雄大威德金刚四灌顶及其加行。如同上世尊者年幼时突然做出符合道果的偈颂那样，尊者未去寺院前，曾说：

“鲜花未被过失污，吉美吾心澈一切， 众顶庄严珍宝珠，获得尊胜之称号。”

人们认为这是可以料想到的表达着始终一贯行为。

第二十八任堪布朗·贡却结白洛哲（གླིང་དཀོན་མཆོག་དགྱེས་པའི་བློ་གྲོས།）于水蛇年（公元1773年，清乾隆三十八年，癸巳），出生在桑地的拉卜楞寺吉哇所属的拉德（བསང་གི་སྤྱི་བའི་ལྷ་སྡེ།）的一户从康地迁来的人家里，父名阿旺（ངག་དབང་།）。由二世嘉木样怙主尊者[93]认定为朗·端珠嘉措（གླིང་དོན་གྲུབ་རྒྱ་མཚོ།）转世的灵童，予以剃度出家授沙弥戒，委派昂拉格西桑布扎西（སྔང་རའི་དགེ་བཤེས་བཟང་པོ་བཀྲ་ཤིས།）为教授诵读的师傅。上一世的文布朗·肖德（གླིང་ཞྭ་ག་བདེ།）任欧拉的头人时，随着前往该地居住。十二岁那年，即木龙年（公元1784年，清乾隆四十九年，甲辰），由朗·嘉阳（གླིང་འཇམ་དབྱངས།）负责进入经院学习，向僧众每人布施了一钱银子的铜钱。据说以前寺院自己的卸任堪布转世的灵童进入大会堂时，不需布施。但是，从此以后，就形成了制度。彼师在大会堂的邻座是密宗院的卸任领腔师霍尔·益西乔佐巴（ཧོར་ཡེ་ཤེས་ཆོས་རྫོགས་པ།）。曾取笑其神态说：“发呼相连乱蓬蓬，口水鼻涕雨纷纷。”写作诗文的习气极深。在拉丹嘉措阿阇黎（དཔོན་སློབ་རབ་བརྟན་རྒྱ་མཚོ།）座前，聆听教程的宣讲和背诵。勤学全部五部大论，依次取得门仁巴和多仁巴的学位。兼通了天文历算、数术、声明、医药，并自学《诗鉴论》，反复阅读《如意藤》，因而所有著作颇具这一派的神韵。当进入《因理论》学级时，为了向正理学部的洛桑吉迈（བློ་བཟང་འཇིགས་མེད་པ།）借阅象雄瓦著《罗摩衍那传奇》，献诗说：

“笑容妩媚真神奇，鹿目姣女艳如莲，双眉俏丽更多姿，拢意爱侣戏蹁跹；

“意愿勤苦长修持，纤手金钏望无拦，意志坚定拉玛纳，奇行语如琵琶弦；

“妙音盈喉象雄士，法王智慧手尖弹，声谐歌音之七品，擒住意猿赐我边。”

呈献之后，这位权威人士意为之夺，向几个人说道：

“我那时虽负有诗人之名，但却被他压服了。”

彼师有《赞颂集》和一些没有脱稿的关于《般若》的著作等一些零散作品。经常在晚上灯下阅读萨迦、格鲁、噶举、周巴、宁玛等派和本教的许多典籍，因而知识面极为广博。曾任大会堂翁则师，声音洪亮，曲调韵律都极准确。在先后两世一切知嘉木样、达日玛班杂尊者（རྗེ་ཉམས་བཟོ།）、贡塘·嘉贝样、霍尔仓赛赤仁波切、甘珠尔巴·吉美拉卜杰（བཀའ་འགྱུར་བ་འཇིགས་མེད་རབ་རྒྱས།）等师座前，聆听了众多的经法。完成多然巴的立宗后，任若尔盖寺和佐格贡萨尔拉卜吉林寺（དགོན་གསར་རབ་རྒྱས་གླིང་།）的喇嘛。前赴卫藏，向达察济垅仁波切(ཏ་ཚག་རྗེ་དྲུང་རིན་པོ་ཆེ།）座前，献了二世嘉木样的全集，在南北两地满意地朝拜各圣地。在赤·阿旺年智（འཁྲི་ངག་དབང་སྙན་གྲགས།）等人座前，聆听了许多经法，弘扬了许多法统。依次任拉卜楞寺密宗院法台、大会堂堪布，讲闻辩论和布施支出较前更有所发展。任堪布时，请遍照尊者莅临大会，所上供养丰盛如云。卸去密宗院法台时，外面神像上的哈达剥落在前面，认为这是护法神在缠磨，乃铸造具誓护法的青铜像，供在护法殿。授《宗喀巴全集》《温萨巴全集》《般若十万颂》等一些想学的经论。在寝宫、护法殿和毗沙门殿等处新绘壁画，绘了许多班智达、成就师和宝生佛圣海会众，塑造两层楼高的弥勒佛像，设置了《甘珠尔》大藏经两部和许多部珍贵的经书，以及辛勤搜集到的经卷数百函。专门去五台清凉山和北京朝礼了栴檀佛像。据说，尔时，在一片草坡打尖时，尊者身躯逐渐变大遍满天空；又逐渐变小，小如尘埃。这样，一连交替地变化了数次。自莲花山至峨眉山，沿途所经汉地寺庙和各个圣地都一一前去朝拜。信徒们供奉的任何财物，都作为各自的供佛基金。曾任查干白相寺和王府乌厄盖寺的喇嘛。在拉卜楞寺供养了五供节和祈愿神变法会的全部经费，每昼夜用酥油五百大斤，还供奉蕨麻酥油米饭，以及受用品千种，送了锦缎大荷包等。恭请遍照尊者莅临法会，以一百零八匹马作为放生的供养，并献了大批财物。当尊者住在若尔盖时，即迎请到寺院作白胜乐法事，祈祷永生长寿，献上许多衣服和常用品，同时朗声讽诵了颂词。遍照尊者非常喜悦，立即将衣服穿在身上。五供节时，彼师亲往供祭，把许多大哈达放在廊栏杆之间，由索南仁波切收拾起来交给了管家文布。次日，两位聚会时，说是很冷，叫生起了火炉。对文布说：“把昨天这位叠起的哈达拿来。”送到手中后，全都抛进火里。一个人请求赐一块护身符包，就从一匹红布的中间剪丁一方块给予小孩，有次去西宁，花了二十五两白银买了许多玩具，返回来时都压坏了。侄子文布说：“您不是小孩，这样干为啥？”

答道：“我们干什么事，都是这样？”

在去峨眉山的途中，店家不转睛地瞧着骑骡，知有贪爱之心，就将骡子给了店家。对于财物很少贪爱。对于有为法本性的看法，如此明显的态度很多很多。有一次，他和桑木察·赛赤仁波切（ཟམ་ཚ་གསེར་ཁྲི་རིན་པོ་ཆེ།）一道向寺院送来的折款马匹被强盗抢去。后来，准备让其进入黑牌[94]予以惩处。彼师说：“您们送来了马匹得到了好处，但是让谁拿去，这有何区别呢？”于是没有让列入黑牌。祈愿大法会时热粥未到，为此特加上许多包葡萄干。彼师说：“花去多少钱就来多少效果。”晚年时，邀请遍照尊者莅临寝室，将寝室的所有什物连同侄子文布管家一起献出。他以离世者的姿态安居在查干白相寺的小庵棚日月棚（ཉི་ཟླའི་གུར་ཁང་།）。曾在若尔盖寺授金刚鬘灌顶，尔时，在途中一座大城镇的人群中看见一位汉族女人，身约三人高，脸闪红光，爱恋地看着他微微含笑，而在进行灌顶时，看见一位金刚瑜伽母跏趺而坐，光华闪耀。曾塑造了空行佛田庄严佛土，敬请护法神降临托护寺院部众。以前，任这座寺的堪布时，新修了怙主殿。如此等等，恩德很大。彼师身无任何疾病，安然在该寺圆寂。

转世的灵童是现世章嘉活佛父亲的兄弟扎西华巴尔（བཀྲ་ཤིས་དཔལ་འབར།）和曲藏前世活佛的妹妹扎西措（བཀྲ་ཤིས་མཚོ།）的儿子，出生在土猪年（公元1839年，清道光十九年，己亥）。由遍照尊者认定后剃度出家，命名为吉美洛哲嘉措（འཇིགས་མེད་བློ་གྲོས་རྒྱ་མཚོ།）。先前，前一世曾多次去曲藏寺，在释尊殿献了上好锦缎绣造的佛像。章嘉仁波切颁赐了非常赏识的信函，因而心交极深。快要圆寂时，一次又一次地说道：“我们去曲藏。”这是灵童转生于该处的征兆。纳仓巫神授记说：“猪淖之中生出珍宝，成为具鸽辩者之顶饰。”

灵童降生于猪年，木鸡年[95]迎到寺院。这年有闰月，恰与“鸽辩”之说相吻合。在怙主嘉木样三世师徒座前，聆听了许多经法。十三岁那年（公元1851年，清咸丰元年，辛亥），入经院学习。灵童的赎金和进入经院的布施，均由大拉让提供。圆满学习了全部五部大论。担任贡萨尔拉卜吉林寺的堪布六年，现正为王府乌厄盖寺的喇嘛。

第二十九任堪布阿莽琼瓦[96]·贡却曲培瓦（དཔལ་མང་ཆུང་བ་དཀོན་མཆོག་ཆོས་འཕེལ་བ།）。父亲喇嘛扎西（བླ་མ་བཀྲ་ཤིས།）和母亲曲吉（ཆོས་སྐྱིད།）均系隆务吉（རོང་བོ་སྐྱིད།）人，行乞来到赖舟（ཟླས་རྡུག）。火猪年（公元1767年，清乾隆三十二年，丁亥）生下了他。父母子三人行乞，来到苏呼部落阿莽村（དཔལ་མང་།）

中，父亲的兄弟，叔叔格隆惹惹(དགེ་སློང་རིས་རིས།) 是阿莽扎西（དཔལ་མང་བཀྲ་ཤིས།）的经忏师，因而让他们当收工放牧。怙主尊者嘉木样二世曾说：“寺庙属民寻求化身活佛，乃是一般惯例，但化身活佛寻找属民的人，就是你的喇嘛。”被认定为密宗院阿阇黎扎西嘉措（བཀྲ་ཤིས་རྒྱ་མཚོ།）转世的灵童。

六岁时，由阿莽仓赎身。七岁那年，即水蛇年（公元1773年，清乾隆三十八年，癸巳），怙主嘉木样前往王府乌厄盖寺时，予以剃度出家。火猴年（公元1776年，清乾隆四十一年，丙申），在该寺受怙主尊者传授的金刚鬘、大威德十三金刚、大日如来等灌顶。次年，入经院学习，在热赤钦巴（ར་ཁྲི་ཆེན་པོ།）座前，请求了入学仪式。春季学期会时，在德赤殊胜化身仁波切(རྗེ་ཁྲི་མཆོག་སྤྲུལ་རིན་པོ་ཆེ།) 担任堪布的座前聆听宣讲的所余教程及接受背诵的考试。熟记《明义释》和《般若》的全部通论和专论；并参加大会堂的会考。贡塘·嘉贝样任堪布时，长期担任噶仁级的辅导师。彼师生活清贫，财物非常匮乏，没有侍从，但始终参加大会堂讲传的经法，从不间断。究竟圆满地学完五部大论，获得了多仁巴的学位。曾任密宗院喇嘛翁则师和三个扎仓的法台。讲述《四家合注》时，无人可以相比，大受僧众的赞扬。还先后担任甘加直尕尔寺、查干白相寺、德毛塘寺等寺院的堪布。任大会堂堪布时，宣讲教程，考试背诵，从不间断。严肃地处理、折服谬论，正确地继承管理事务。讲话和大会训示，词锋犀利，颇为稀有。曾举办三期正理部学级。在大经堂塑造了特别神奇的般若佛母金身，还扩建了面积不小的寝宫楼。和三世嘉木样怙主尊者心心相印，内心有何想法都能毫不隐瞒地相告。曾三次任王府乌厄盖寺的法台，作为王府的代表先后赴西藏三次，西藏地方政府给予班智达的名号。曾前往阿坝的阿乔合寺等处，讲传他们想学的所有经法。六十八岁的那年，即木马年（公元1834年，清道光十四年，甲午）正月二十五日圆寂。过了三年，即火鸡年（公元1837年，清道光十七年，丁酉）化身转生在哇秀超卡（དཔལ་ཤུལ་ཁྲོ་ཁ།）地方，被命名为洛桑丹增嘉措（བློ་བཟང་བསྟན་འཛིན་རྒྱ་མཚོ།）。

父名年智（སྙན་གྲགས།），母名曲措（ཆོས་མཚོ།）。经遍照尊者认定后，剃度出家受沙弥戒，进入经院学习。到现在即木牛年（公元1865年，清同治四年，乙丑），年已二十九岁。

第三十任堪布持密成就的歌舞者德赤仁波切嘉木样土丹尼玛（སྡེ་ཁྲི་རིན་པོ་ཆེ་འཇམ་དབྱངས་ཐུབ་བསྟན་ཉི་མ།）。这位尊者多数人相传是洛扎·南卡坚参（ལྷོ་བྲག་ནམ་མཁའ་རྒྱལ་མཚན།）转世的。其本生世系详见于大成就者自己所著的略传《耳传钥匙》。依次是：大成就者咱瓦日瓦（ཛ་ཕ་རི་བ།）、法师云丹奥（ཡོན་ཏན་འོད།）、库敦·宗哲雍仲（ཁུ་སྟོན་བརྩོན་འགྲུས་གཡུང་དྲུང་།[97]）、拉隆·贝吉多吉（ལྷ་ལུང་དཔལ་གྱི་རྡོ་རྗེ།）、热琼·多吉扎巴（རས་ཆུང་རྡོ་རྗེ་གྲགས་པ།[98]）、达相却吉（ཏ་ཤིང་ཆོས་རྗེ།）等，这些在其他人著作中也曾提到。其后，是德干洛桑东珠（སྡེ་ཀན་བློ་བཟང་དོན་གྲུབ།）。他转世的化身是吉美隆日嘉措（རྗེ་འཇིགས་མེད་ལུང་རིགས་རྒྱ་མཚོ།），曾任大会堂堪布，三十一岁那年，即土狗年（公元1778年，清乾隆四十三年，戊戌），藏历十二月初三日圆寂。怙主嘉木样作了速快转生的祈祷文，交付大会僧众诵祝时，僧众们悲泣不止，这位尊者转世的灵童，于次年七月初八日生为泽云（ཙེ་གཞུང་།）哈团达参（ཧ་ཐོན་མདའ་ཚན།）地方名叫更登万德（དགེ་འདུན་བཟེ།）的侄子，命名为嘉木样土丹尼玛。初生时，耳朵黏合不开，到了足月时自行展开。五岁那年，即水兔年（公元1783年，清乾隆四十八年，癸卯），怙主嘉木样去王府乌厄盖寺时，前去朝拜。能清楚地记忆前生，虽怙主说确实是德赤的转世灵童，但由于月份不足，叔叔万德对他非常疼爱，又见其有些调皮，因而有些人心存怀疑，乃在拉卜楞寺灵塔之前，进行糌粑团问卜。怙主尊者写出祝文，令在一切知上师嘉木样协贝多吉、本尊大威德金刚像前及威灵智明的六臂护法、内外密三尊具誓法王、乃琼百哈尔王等众位护法神前诵祝。众人祈祷：

“祈慧眼明察，这三个孩子之中哪位是德赤活佛正确无误的转世灵童，能否饶益众生，请让其名签先出，请赐予正确无误的指示！”

一连如此祈祷三遍后，拆开名签看时，与先前指定者相同。怙主说道：“您们对我不相信时，对嘉木样协巴可相信的吆！”

木龙年（公元1784年，清乾隆四十九年，甲辰）四月上弦迎请坐床，从怙主嘉木样剃度出家。在怙主尊者座前受弥多罗和大威德十三尊的灌顶，聆听了《毗奈耶三百颂》《星曜经》《阿底峡尊者小百八法》等教敕。拜华热格西·吉迈旦却（དཔའ་རིས་དགེ་བཤེས་འཇིགས་མེད་དམ་ཆོས།）为师，他新编《字母圆满法》在此基础上用速拼法进行教学。后来，彼师说：“现在，会念文字者，除我和阿莽仓外，鲜为人知。”

十一岁时，入经院学习，依次拜噶丹然绛巴和岗察噶居（ཀང་ཚའི་དཀའ་བཅུ།）两人为师，学习理法。十四岁时，从贡塘·嘉贝样受沙弥戒。就在这位尊者任堪布之时，详细地听讲《菩提道次第略论》和《明义释》，在此基础之上，并配合听了《经庄严论》《现观庄严论》的讲解，以及许多通传和分别讲传的经法的随许；聆听《菩提道次精要》并做了笔记。另外，还在土观·曲吉尼玛（ཐུའུ་བཀྭན་ཆོས་ཀྱི་ཉི་མ།）、吉美柔白桑格尊者（རྗེ་འཇིགས་མེད་རིག་པའི་སེང་གེ）、杰堪庆·智华坚参（རྒྱལ་མཁན་ཆེན་གྲགས་པ་རྒྱལ་མཚན།）、郭莽堪布洛桑却达尔（སྒོ་མང་མཁན་པོ་བློ་བཟང་ཆོས་དར།）、华热·贡却德钦（དཔའ་རིས་དཀོན་མཆོག་བདེ་ཆེན།）等众多哲士座前聆听了广泛深奥的经法。二十岁那年即土马年（公元1798年，清嘉庆三年，戊午），从贡塘·嘉贝样受近圆戒。按照贡塘·嘉贝样的教谕，坚持不断地致力于会传经法，兼修力所能及的几位本尊的补充法事，同时进行自授灌顶、礼供和曼荼罗供积数等，将闻思和善行集中于一起进行。将每日修行，依次安排进行并撰写摄颂。虽衣食不周，依然勤奋苦行。在时轮阿阇黎阿旺东珠（དུས་འཁོར་དཔོན་སློབ་ངག་དབང་དོན་གྲུབ།）座前。受时轮灌顶高举讲修制度不衰的胜幢。进入中观学级后，为了求学，接连不断地想往卫地。乃向贡塘·嘉贝样请示。指示道：

“在五台山闭关修行一次，学业就会完备。若在蒙古地区塑造神像，更是佳妙。”

彼师也将照见未来的一些话句，赠予门徒嘉样华丹（འཇམ་དབྱངས་དཔལ་ལྡན།）。

与此同时，彼师梦见了许多奇异的梦兆。遍照尊者嘉木样也赐予许多秘密的经要。彼师看到称为成就者东纳坚（དུང་སྣ་ཅན།）的修证歌的歌尾使现了三个“吽”（ཧཱུྃ།），三个“呸”（ཕགས།），三个“波”（ཧྲཱིཿ།）。说道：

“三个‘吽’是关上恶趣之门的誓愿歌，三个‘呸’是洁净三毒烦恼誓愿歌，三个‘波’是空性明慧相合的誓愿歌。我可以去作这个誓愿歌之友。”

如此等等奇特说法难以想象。二十七岁，即木牛年（公元1805年，清嘉庆十年，乙丑），任查干白相寺的堪布住持两年。三十岁，即土龙年（公元1808年，清嘉庆十三年，戊辰），应阿如科尔沁（ཨ་རུ་ཧོར་ཆེན）贝勒父子的邀请，前往该地。向喀尔喀哲卜尊丹巴（ཧལ་ཧ་རྗེ་བཙུན་དམ་པ།）和赤钦吉美纳木卡（ཁྲི་ཆེན་འཇིགས་མེད་ནམ་མཁའ།）二位座前，请教了经法。特别是在阿嘉经师洛桑嘉样嘉措（ཨ་ཀྱ་ཡོངས་འཛིན་བློ་བཟང་འཇམ་དབྱངས་རྒྱ་མཚོ།）座前，聆听了《金刚界经》《大威德四十九尊经》《八起尸经》等。在奥瓦海喇嘛洛桑丹培（ཨོ་བ་ཏེ་བླ་མ་བློ་བཟང་བསྟན་འཕེལ།）座前，聆听了传自一切知嘉木样二世的《喜金刚经》《驴面胜乐金刚》等一些经法，获得很大的功德。新建多伦乌拉寺（དོ་ལོན་ནུ་ལག་དགོན།），并在彼寺和哈喇沁贝勒寺（ཧར་ཆེན་པེ་ལིའི་དགོན་པ།）建立时轮扎仓，授予时轮灌顶多次，以及授《修法海》等灌顶和随许，大转菩提道次第修心教授等法轮。接着朝拜五台山圣地，进行修证，获得了开悟。和章嘉仁波切益西丹白坚参巴（ལྕང་སྐྱ་རིན་པོ་ཆེ་ཡེ་ཤེས་བསྟན་པའི་རྒྱལ་མཚན་པ།）两人互传经法，心交深密。四十四岁，即水马年（公元1822年，清道光二年，壬午）起程返回寺院。水羊年，主办祈愿神变大法会，向每一名僧人布施白银一两。请遍照尊者嘉木样亲临法会，供养了以白银一千两为首的许多品类的东西。在此以前，彼师派人修建了以普见佛像为首的千佛殿，塑造佛像，设置经典、佛塔等，并修建了寝宫。这时，全部工程竣工，请遍照尊者嘉木样师徒举行开光仪轨。当筹建千佛殿等时，派管家嘉阳、弟子万周两人前去蒙古、内地。为了使他们沿途平安和使工作人员等念诵，彼师撰写“祈祷密主噶旺勒吉多尔吉，成就大自在者洛桑东智尊，克宗钦波吉美隆柔嘉措尊，嘉阳土丹尼玛师长之足下”一文，赐给他们。嘉贝样活佛[99]赐予了无量寿佛的画像和《菩提道次第广论》，委托了弘扬圣教的重任，不久之后，就显示了往生其他国土的征兆[100]。

木猴年（公元1824年，清道光四年，甲申）二月十一日，遍照尊者嘉木样委为大会堂堪布。在辩经时期，无论何时，坚持不断地开展午、晚讲辩，以很长的时间研讨教程、宣讲、考试，尽力增盛辩经活动。在四月学期会和五供节时，傍晚的辩经会上，彼师都亲临主持，从不间断。春季学期第二月，进行背诵考试，对《般若》贺筵以下的没有及格者们，采用设立《集类学》小班等方法，严厉督促，使其在秋季学期会考试中有所提高。学级间辩论、林赛的立宗辩论、正理部磋朗会辩、春秋学期会多仁巴学位立宗辩论、冬季学期会的《般若》宴会的立宗辩论、祈愿神变法会上的然绛巴的立宗辩论等等无论哪一时期的辩论中，对于开辩声吟法、理由、相违和周延三轮辩法、击掌法、周遍断法、理法推论等等，都要按作为大寺院典型的规程行事，绝不能使其有所衰损，反复监察管理。由于兴诤者和答辩者们都认真负责，使理法辩论进行得非常透彻，卓有成效。在夏季学期大会上，结合寺规详尽地进行大会训诫。经常尽其所知，结合自相续的闻思，精辟地进行教诲，对于违犯规章纪律者视其情节进行恰当的训诲，因而收益很大。春季学期会时，对《菩提道次第广论》、林赛讲经、祈愿会说法等所遇的一些疑难问题，就像摊晒粮食一般，再三地翻搅不厌其烦，进行善巧的讲说，使学习者心意倾折，同声赞扬。以前，赤钦吉美南木卡曾对彼师担任堪布的时限做过授记。真同授记所说，木鸡年（公元1825年，清道光五年，乙酉）三月初，移交了堪布的职责，一切明慧者成为冰封湖面之鸭不知所措。这月十五日，在贤劫佛殿授时轮灌顶，进行了《无垢光广释》教授以及《大威德金刚四十九尊》《八起尸法》《驴面胜乐金刚》等灌顶。火狗年（公元1826

年，清道光六年，丙戌）临去蒙古、内地时，授《菩提道次第略论》等教授。在阿如科尔沁贝勒寺授《喜金刚》灌顶，并在该寺建立了喜金刚扎仓。次年，返回拉卜楞寺。

土牛年（公元1829年，清道光九年，己丑），任乌厄盖寺法台，在大会堂上按名发放了铜钱一串，五百文折为牲畜的费用布施。水龙年（公元1832年，清道光十二年，壬辰）聆受遍照尊者嘉木样在本寺授予的金刚鬘灌顶。应卓班智达（གྲོ་པ་ཎྜི་ཏ།）的请求，为其授金刚鬘灌顶和金刚界的灌顶。按照嘉堪布的意愿，进行了大悲观世音菩萨的灌顶。是年冬天，先后大规模地讲述了《章嘉全集》等经论。在恩师阿莽道扎座前聆听了许多耳传的深奥经法；在甘珠尔瓦钦波·官却华增座前聆听了许多大论和一些全集的教敕。火猴年（公元1836年，清道光十六年，丙申），在隆务大寺的时轮学院经堂授时轮灌顶。在大会堂向每位僧人布施了一包茶，向密宗学院和时轮学院的僧人每人布施半包茶。恭请夏日殊胜化身仁波切（ཤར་མཆོག་སྤྲུལ་རིན་པོ་ཆེ།）莅临法会，供养千供。夏日诺们汗请彼师赴其拉让，举行了盛大的宴会。他们两位广泛交谈，心意相投。这一年，在拉卜楞寺授时轮灌顶，并在时轮学院新建护摩法坛，授《宝生佛经》的随许，讲授《四家合注》《五次第明灯》等教授，以及《供养上师颂》和《大印》的指引。

土猪年（公元1839年，清道光十九年，己亥），遍照尊者嘉木样三世被河州官员阻止在河州城。彼师负责送上白银五百两的财物，拉卜楞寺公众吉索和各拉让送上白银数百两，特派侍从东蒙古人迥乃前赴兰州活动。彼师自己亲去河州，请遍照尊者返回寺院，彼师则在解决事件的那些日子里，一直留在那里，不久，顺利合理地解决了事件。铁鼠年（公元1840年，清道光二十年，庚子），新建了却科噶尔寺谢尔兴林（ཆོས་འཁོར་སྒར་ཤེར་ཕྱིན་གླིང་།），并在该寺授胜乐、集密、大威德三本尊灌顶。在曲藏寺给章嘉仁波切和其弟曲藏呼图克图两人先后授时轮金刚灌顶。前去内地在五台山住了很长的时间。铁牛年（公元1841年，清道光二十一年，辛丑），在北京雍和宫给遍知一切章嘉、赤嘉纳华（ཁྲི་རྒྱ་ནག་པ།）、阿嘉呼图克图（ཨ་ཀྱཱ་ཧུ་ཐོག་ཐུ།）等授时轮金刚灌顶。六十八岁那年，即火马年（公元1846年，清道光二十六年，丙午），正月上弦返回拉卜楞寺，向大会堂僧众每人布施了一包茶。在曲藏寺拜会了章嘉仁波切，并向他授普明大日如来灌顶。不久，章嘉圆寂，为他念诵心愿圆满经进行超荐。这年冬天，遵照大皇帝的圣旨送章嘉仁波切灵塔前往五台山时，彼师专门前往进行护送。火羊年（公元1847年，清道光二十七年，丁未）春天，在拉卜楞寺院授《修行法海》、巴日译师的《修行百法》、《十三金法》等随许及《大日如来消除三恶途十二坛城》灌顶等，配合五供祭，进行了《菩提道次第广论》四家注的教授。

先前，去蒙古地方时，曾向上级[101]献银六千七百两，为遍照尊者嘉木样三世请求禅师的诰敕印信，于土猴年（公元1848年，清道光二十八年，戊申）送到寺院。为了庆贺，特请遍照尊者莅临大会堂，献上白银七百两等，彼师始终如一功德广布，遍照尊者嘉木样也向彼师献了白银五百两的财物，同时祝愿他长寿永生。土鸡年（公元1849年，清道光二十九年，己酉）藏历三月十五日，在时轮学院经堂，向遍照尊者嘉木样奉授时轮金刚灌顶。在新修寝宫中，授胜乐、集密、大威德三本尊的分别进行的灌顶及《喜金刚》《大轮》《金刚界》等许多经法的随许。这一年的夏天，前去却科噶尔新寺（ཆོས་འཁོར་སྒར་གསར།），恭请遍照尊者嘉木样驾临该寺，献上寺院和寺院的庄园等（为了修建这座寺院，曾用去白银两万余两）。冬天，在拉卜楞寺，给弥勒呼图克图（མཻ་ལི་ཧུ་ཐོག་ཁུ་ཐོག）授一些稀有的灌顶的传承。次年，又授予弥多罗灌顶。水牛年（公元1853年，清咸丰三年，癸丑），又去蒙古地方，遍照尊者嘉木样送程仪白银五百两。彼师无论何时去内蒙地方，都前赴五台山朝拜圣地；在北京内外的寺院及寺院庄园等处，按各自的意愿讲经说法，新剃度出家及受近圆戒者多达数百人。如此等等。对圣教和众生所立的尽善尽益的功业，在土观殊胜化身仁波切殊胜智慧自在者在为彼师所著的传记《三密吉祥庄严图》一书中，有详细记载可以参阅。火龙年（公元1856年，清咸丰六年，丙辰）年底返回本寺。次年，为了新建遍照尊者嘉木样三世的灵塔，请来银匠建造银塔，并做了开光仪轨。在时轮学院建立地舞和祭舞，置办了舞衣等一切需用品。为了拜会章嘉殊胜化身仁波切，前往曲藏寺为这位活佛授胜乐、密集、大威德三本尊灌顶等。在佑宁寺，拜会了土观殊胜化身仁波切。土马年（公元1858年，清咸丰八年，戊午），为大经堂内殿的弥勒佛像重行献装内藏，尊者亲自指挥和监工，并进行开光仪轨。土羊年（公元1859年，清咸丰九年，己未）藏历三月，应时轮学院的请求，授予时轮大灌顶。对现在在位的怙主嘉木样殊胜化身，由彼师负责认定，于铁猴年（公元1860年，清咸丰十年，庚申）迎请坐床。春天，为土观殊胜化身仁波切授《圣道三要》的指引，集密和胜乐内外铃灌顶等。在彼师自己的拉让中补充塑造菩提道次第师承像，新塑时轮金刚身像，并为哲蚌塔开了光。新建密宗殿的屋脊并开了光，建立每年在密宗殿进行开光安神降吉祥甘霖的常例。铁鸡年（公元1861年，清咸丰十一年，辛酉），为在时轮学院建立现觉供修之制，进行了毗卢遮那现证佛经法灌顶，让苏尼特夏茸（སུ་ཉིད་ཞབས་དྲུང་།）供养这一方面的费用。土观殊胜化身仁波切特意为请求时轮灌顶前来，满足了所求。应噶仁学级之请求，讲传《律经根本律》教授和《毗奈那三百颂》的教敕。高寿八十四岁那年，即水狗年（公元1862年，清同治元年，壬戌）二月初四日，无疾无苦，有意地显示了收摄色身庄严之像。现在，转世的殊胜化身如同旭日，即将露出笑容。

第三十一任堪布教证功德的宝库贡乔旺徐巴尊者（ཇེ་དཀོན་མཆོག་དབང་ཕྱུག་པ།）。彼师是怙主嘉木样二世舅父洛哲坚参（བློ་གྲོས་རྒྱལ་མཚན།）的侄子，于藏历第十三胜生的土鼠年（公元1768年，清乾隆三十三年，戊子），出生在东加

(གདོང་ཀྱ།）地方的姓赛仲噶敦（སེ་དྲུང་ལྷ་དུས།）家族。这个家族中，有被称为赛仲叔叔者。防雹有术，能使其不往左也不往右行，直向黄河水面上降落。库务洛哲（ཁུ་བོ་བློ་གྲོས།）和阿尼阿本（ཨ་མྱེས་ཨ་འདུམ།）是同胞兄弟。阿尼阿本去世时，请吉仓·娘乃巴（སྐྱིད་ཚང་སྙིང་གནས་པ།）前来超荐。遗体火化的晚上，彼师的母亲梦见在火化遗体的地方有三座塔而无法轮。乃将此梦告诉了娘乃巴，他说道："阿尼阿本他自己念了三亿遍玛尼，是不是念漏了'唵'字？"彼师年幼时，按照头人喇嘛的愿望，于一个时期中学习藏文。后来，请求作怙主尊者嘉木样的秘书。见其是有功德的赛仲家族后裔，因而令其前来寺院，入拉卜楞寺经院学习，作为拉丹嘉措哇阿阇黎（དཔོན་སློབ་རབ་བརྟན་རྒྱ་མཚོ་བ།）的僧源。与襄佐堪布同庚，当他背诵《入中论》时，彼师已读《词义疏释》。拜华热·旦木却为师，学习五部大论，成为讲辩正理之顶峰，并向这位哲士请学了施食修供法、大施食法、幻轮、铁城等法的画规和制作方法，以及依怙、法王、大威德三者的全部教诫。在秘书俄仁巴·却增达吉（དྲུང་ཡིག་སྟགས་རམས་པ་ཆོས་འཛིན་དར་རྒྱས།）座前，学习藏文的真草书法，以及天成体梵文、乌尔都文，一一熟练精通。由于诵经韵调都很正确，语音非常优美，被列入于堪任大会堂翁则师的名册之内。贡塘·嘉贝样活佛详尽地讲传《经庄严论》和《现观庄严论》时，彼师作了记录，并另外还作了听讲其他经法的记录。当这位尊者任大会堂堪布时，给彼师授予多仁巴学位，安排他首先立宗辩论。当准备了书夹打算去学密宗时，适遍照尊者嘉木样坐床，根据安排，让他去蒙古地方致意访问，由司膳堪布尤宁（གསོལ་དཔོན་དབྱིག་གཉེན།）负责内部，彼师负责外交事务，分别去各位施主檀越前致意，共得白银两万两，因而基本上足够大拉让去西藏的开支费用。彼师还将遍照尊者嘉木样请到家中，献上白银一百两和许多物品。他作为法相科目的闻习侍读，对教程的复诵背记等尽力做到称职。土蛇年（公元1785年，清乾隆五十年，己巳）遍照尊者法驾起程第二次前往卫地时，彼师献了白银五十两。这年，委派为密宗学院的喇嘛翁则师，对会传从不间断；加强寺纪清规的管理；修建公房，并给僧众分工，圈起了经院垣墙；按照嘉木样喇嘛师徒的嘱咐在怙主殿塑造了依怙神、法王、大威德金刚等三尊药泥身像。画匠所塑的法王像造型呈喜悦状，乃将此事告诉了贡塘·嘉贝样活佛，这位尊者前往观看，亲手在塑像的肩腋做了哈达绶络，誉之为先前的铁绳。从此以后，佛像内向恭顺，面如月，胸如囊。现在，有时还出现铁绳时松时紧的加持征兆。水猴年（公元1812年，清嘉庆十七年，壬申），江饶活佛和彼师两人，为了迎请遍照尊者嘉木样三世前往卫地。在赤阿旺年智（ཁྲི་ངག་དབང་སྙན་གྲགས།）座前，聆听了《四家合注》教授等。

木狗年（公元1814年，清嘉庆十九年，甲戌），任王府乌厄盖寺的喇嘛，三年后委任为贡萨拉卜吉林寺的堪布，住持了四年。为贡塘·嘉贝样念修永生长寿经时，衬资六十串铜钱，并按贡塘·嘉贝样的吩咐，建立铁城坛城。铁龙年（公元1820年，清嘉庆二十五年，庚辰）先后请遍照尊者师徒授弥多罗、金刚鬘灌顶，并在这寺新建密宗殿，尽心负责，无与伦比。在拉卜楞寺中，在恩师阿莽道扎座前，勤奋地聆听了《丹珠尔》大藏经和噶当派先后哲士们所讲的经法的教敕。水马年（公元1822年，清道光二年，壬午）任密宗学院法台，正在主持讲闻辩论之际，于其五十七岁那年，即木猴年（公元1824年，清道光四年，甲申），四月十五日就任大会堂堪布。所有讲闻辩论和施供等各方面，都按前例进行并且有所发展。由于彼师除寺院之事外，别无他想，护法神显示了完成事业的各种兆象。先前，郭莽堪布却达尔瓦（སྒོ་མང་མཁན་པོ་ཚེས་དར་བ།）曾再三说："供奉乃琼护法神大有好处。"依照其所说，供奉了乃琼护法神画像，向彼师座前求开光的青稞后，神像的眉间确实出现了花痣，于辞去堪布后，适仲尼贡却智华（མགྲོན་གཉེར་དཀོན་མཆོག་གྲགས་པ།）供有他请求达察济垅仁波切（རྟ་ཚག་རིན་པོ་ཆེ།）后，由手工铸造的弥勒佛铜像和班禅本生十三幅画轴，于他圆寂之时，以五十两白银为赎金，赎回后供在大经堂。彼师还在经堂的天窗，设置了一幅能覆盖六间房子的织有水纹、岩石、云彩、龙等四种图案的缎子天幕。将遍照尊者请到大会堂，献上白银三百两、铜钱百串、土布五十匹，真诚地祈祷足莲永存。建立了在经堂唪诵《弥勒赞梵天五佛冠颂》的会诵制度，并开创了每年四月十五日在金瓦殿弥勒佛像前由十五比丘讲述《慈氏五论》的制度。新建密宗殿的经费以前虽然给了很多，但是没有完成心愿，因而在卸去堪布之职后，亲自负责前往卓尼地方募化布施，共花了一万多串铜钱全部作为经费，非常美妙地完成了修建经堂、油漆镀金和壁画的工程。六十四岁那年，即铁兔年（公元1831年，清道光十一年，辛卯），同时住持阿木去乎寺和杂义寺（ཙོ་ཡུས་དགོན།）。在阿木去乎寺大会堂讲传《四家合注》的教授，塑造了弥勒身像，筹建了公积基金。在杂义寺新建了密宗学院，彼师和喇嘛翁则程列嘉措（བླ་མ་དབུ་མཛད་འཕྲིན་ལས་རྒྱ་མཚོ།）两人心投意合地教授腔调、韵律，进行疏释生圆次第的讲听辩论，对大施食自入法事进行卓越的供养。该寺大经堂破旧严重，特献资新修，这时木匠们曾晕倒，喇嘛翁则师又圆寂，如此等等的凶兆接连发生，向他报告是天魔的神变。彼师说道：

“对它不需煨桑供施，因是密宗院，有依怙及法王两护法就可以了，给具誓护法神进行一次祭祀。”

按照此说进行后，逐渐缓和。先后在拉卜楞寺院中，讲传历世嘉木样、先世噶当派、宗喀巴师徒们著作的教敕，讲述《五次第论》直传释解和直传导引等等各种深奥的经法。六十岁，即水蛇年（公元1833年，清道光十三年，癸巳），听到襄佐堪仁波切圆寂的消息后，说道：“我俩的八卦牢固地连在一起。”虽然心里有点烦躁，但是又想道：“哪能会这样？”乃请求遍照尊者进行了大灌顶，供养了马蹄形白银一锭、绵羊五十只、马牛十五头匹。这年的十月初六日，显示了业尽之像。在此之前，曾说道：

“我无转世灵童。赤索南旺嘉瓦（ཁྲི་བསོད་ནམས་དབང་རྒྱལ་བ།）曾对华热·旦却

（དཔའ་རིས་དམ་ཚོས།）说：‘我这生虽积下了不断消除罪障之业，也约略洗刷干净，但对涎液之疾没有功效。后世将得到一个特别的五蕴之身。’这是有转世灵童的信号。虽然经过遍照尊者上下人等认定，不会有错，至于行为，就是眼所看见这些了。看到许多担任过大会堂堪布堪称哲士所转世的活佛之行为，对于转世根本没有欲望。我一直到现在，从年轻时的学习，年老时的地位，历任寺院执事时，都没有出过丑，败坏过名誉，这都是遍照尊者的恩惠。现在若有转世灵童，除了丢丑外，再不会有其他。”

让近侍人等将这些话报告遍照尊者，嘉木样三世指示道：“有无转世灵童，由此间进行考察，可以知道。不要把庄园等分散掉。”

于是这一问题，按照指示暂予保留。向遍照尊者师徒献了回向物，向僧众布施了三百文一串的铜钱，圆满地完成了无漏之心的意愿。

第三十二任堪布达隆切瓦·洛桑丹贝尼玛（སྟག་ལུང་ཆེ་བ་བློ་བཟང་བསྟན་པའི་ཉི་མ།）[102]，相传是无比圣哲达波拉杰（མཉམ་མེད་དྭགས་པོ་ལྷ་རྗེ།）[103] 转生的。夏日诺们汗（ཤར་ནོ་མིན་ཧན།）作的启白文中说，已证得八地菩萨之果云。于水虎年（公元1782年，清乾隆四十七年，壬寅）出生在隆务地方的萨吉村（རོང་པོའི་ས་དཀྱིལ།）。在夏日诺们汗尊者座前出家，受沙弥戒。铁狗年（公元1790年，清乾隆五十五年，庚戌）八月上弦被迎请在本寺坐床。水鼠年（公元1792年，清乾隆五十七年，壬子），遵照隆务诺们汗（རོང་པོ་ནོ་མིན་ཧན།）的吩咐，入隆务大寺的经院，学习《集类学》和星算，在嘉森格活佛和色拉寺班智达活佛（སེ་ར་པཎྜི་ཏའི་སྤྲུལ་སྐུ།）阿旺丹贝坚参（ངག་དབང་བསྟན་པའི་རྒྱལ་མཚན།）座前聆听大威德金刚十三尊灌顶等。火猴年（公元1797年，清嘉庆二年，丁巳）前往卫藏，朝拜第八世达赖喇嘛，聆听所讲经法，结下了法缘。在哲蚌寺郭莽扎仓，拜拉仁巴仁青嘉措（ལྷ་རམས་པ་རིན་ཆེན་རྒྱ་མཚོ།）为师，聆听了经义总括及桑浦寺夏季学期会上所讲的经法。冬季法会时，在热哇多学院学习《集类学》。在扎什伦布寺朝拜第七世遍知一切班禅仁波切。向赤洛桑扎西（ཁྲི་བློ་བཟང་བཀྲ་ཤིས།）和热振赤钦（ར་སྒྲེང་ཁྲི་ཆེན།）等处请学了经法。听到根本上师阿旺丹白坚参圆寂的消息后，尽力设法超荐进行追悼。十九岁那年，即铁猴年（公元1800年，清嘉庆五年，庚申），在阿里活佛洛桑格勒益西扎巴（མངའ་རིས་སྤྲུལ་པའི་སྐུ་བློ་བཟང་དགེ་ལེགས་ཡེ་ཤེས་གྲགས་པ།）座前受近圆戒，聆听了这位尊者讲传的《多闻子十五法》等随许。这年，返回本寺。铁鸡年（公元1801年，清嘉庆六年，辛酉）的祈愿大法会上，讲说了《文殊亲教》。以前怙主尊者嘉木样二世有让他进拉卜楞寺经院的吩咐，这时时机已经成熟，为了继续完成未完的学业，乃于次年前往拉卜楞寺，拜多仁巴塔益嘉措(རྡོ་རམས་པ་མཐའ་ཡས་རྒྱ་མཚོ།）为师，向他学习了一些经法，复习《般若》的全部通论和专论《中观教理明灯》。在遍照尊者、贡塘·嘉贝样活佛、霍尔仓赛赤仁波切(ཧོར་ཚང་གསེར་ཁྲི་རིན་པོ་ཆེ།)、嘉堪庆智华坚参（རྒྱལ་མཁན་ཆེན་གྲགས་པ་རྒྱལ་མཚན།)、恩师阿莽道扎、拉尊洛桑格勒丹增（ལྷ་བཙུན་བློ་བཟང་དགེ་ལེགས་བསྟན་འཛིན།)、密宗学院卸任法台根登华桑（རྒྱུད་ཟུར་དགེ་འདུན་དཔལ་བཟང་།)、时轮学院卸任阿阇黎贡却达吉（དུས་འཁོར་སློབ་ཟུར་དཀོན་མཆོག་དར་རྒྱས།)、参木巴·洛桑贡却（མཚམས་པ་བློ་བཟང་དཀོན་མཆོག）等师的座前聆听了广泛的经法。究竟圆满地学习了五部大论，获得多仁巴的学位。在自己的寺院[104]建立了法相讲辩制度，讲传了许多通传的总法和分别讲传的经法。先后任香勒喀寺堪布（ཤིང་ལས་ཁའི་ཁྲི།）和密宗学院的法台四年，每年都讲传《疏释》等经法，讲闻辩论精辟绝伦。后任直尕尔寺（ཐག་དཀར།）的堪布。土鼠年(公元1828年，清道光八年，戊子）任拉卜楞寺大会堂堪布之时，曾恭请遍照尊者亲临大经堂；在大经堂天窗上做了能覆盖六间房子的锦缎天幕；请乃丹多仁巴（གནས་བརྟན་རྡོ་རམས་པ།）去寝室请教了许多经法。请德赤仁波切讲传《章嘉饶悲多吉全集》的教敕和《修法宝源》的随许。彼师曾多次讲传《贡塘·嘉贝样全集》的教敕等，大力弘扬佛法传承。此后任若尔盖科洛寺（དབུ་དགེ་འཁོར་ལོའི་དགོན།）和查干白相寺的堪布。五十五岁那年，即火猴年（公元1836年，清道光十六年，丙申），在查干白相寺圆寂，显示至为明显的修证功夫。彼师转世的灵童洛桑旦却嘉措（བློ་བཟང་དམ་ཆོས་རྒྱ་མཚོ།），于上一世圆寂四年后的铁鼠年（公元1840年，清道光二十年，庚子）出生，父亲为霍尔仓官人喜饶多丹（ཧོར་ཚང་དཔོན་པོ་ཤེས་རབ་སྟོབས་ལྡན།）。五岁时，迎入达隆寺（སྟག་ལུང་དགོན་པ།）。七岁时，请到拉卜楞寺举行坐床典礼。这时，遍照尊者由于患病，正闭关修行，断绝内外往来，门禁极为严厉。但是，特为这位哲士在闭关的禅房予以披剃出家和授沙弥戒。拜达隆瓦·洛桑云丹（སྟག་ལུང་བ་བློ་བཟང་ཡོན་ཏན།）为启蒙诵读师学习诵读，十一岁时，在洛桑金巴法师（དཔོན་སློབ་བློ་བཟང་སྦྱིན་པ།）座前请求开讲经义，依次拜察卡的华丹嘉措（ཚ་ཁའི་དཔལ་ལྡན་རྒྱ་མཚོ།）和卓尼的格登华桑（ཅོ་ནེ་དགེ་འདུན་དཔལ་བཟང་།）两人为师，学习《集类学》《悟慧论》《因理论》《七十理义》《现观庄严论明义释》、《般若》第一品等，十九岁即土马年（公元1858年，清咸丰八年，戊午），在德赤仁波切座前，受近圆戒。这年，参加了般若宴会的立宗辩论。在怙主遍知一切师徒座前，聆受了许多经法。委任为却宗寺（ཆོས་རྫོང་དགོན་པ།）法台，同时住持却宗寺和乔典夏尔寺（མཆོད་རྟེན་ཤེར།）二寺。木鼠年（公元1864年，清同治三年，甲子），怙主殊胜化身游方时，曾敦请到这两寺。现在，彼师还住持这二寺的政教事务。

第三十三任堪布郭莽堪珠噶桑格勒嘉措（སློ་མང་མཁན་སྤྲུལ་སྐལ་བཟང་དགེ་ལེགས་རྒྱ་མཚོ།）。彼师的前世是扎尼·阿旺格勒（བྲ་ཉེ་ངག་དབང་དགེ་ལེགས།），出生在合作地方，父亲是仲吉官人南贤嘉（འབྲོང་ལྡེ་དཔོན་པོ་གནམ་བྱམས་རྒྱལ།）。第一世一切知嘉木样建立寺院时，曾指示合作地方的各位官人各承担一名僧源。按照吩咐，达拉仓（སྟག་ལ་ཚང་།）送来了他。当时，正理学部的晨会，好像在午夜，起初他坐在最后一排末尾，散会时则到了头一排的末尾，如此等等，行为调皮。十六岁时，前往卫地，作郭莽堪布准噶尔·洛桑彭措巴（ཇུང་གར་བློ་བཟང་ཕུན་ཚོགས་པ།）的僧源，一时由于行为粗野，不去学习。阿阇黎在众人中说：“阿旺格勒这人悟性很高。”又使一些人劝说：“学习为上，若不然，就别作积恶所依之基地。”催促他去学习。班禅贝丹耶喜莅临哲蚌寺时，一次在间谈时，戏问郭莽阿阇黎道：“您们郭莽的僧人中，谁是著名的多多(དོལ་དོལ།)[105]？”

回答道：“这样的人很多，扎尼·阿旺格勒就是一个。”

班禅授记说：“他是八十大成就者之一、阎摩敌的一位瑜伽师转生的。”

彼师自己却称是救主龙树论师转生的。在《俱舍》学级时，为一位格贵师去领东西发生短少的事，让他在各个学级去净罪，因而出现了净罪的征兆。这人与辅导师阿旺格勒不一样。玛尔苟喇嘛（དམར་སྨྱུག་བླ་མ།）去卫地时曾发誓赌咒地议论说：

“关于他学习的事，在拉卜楞寺就根本没有听到过，当然在这里也听不到。在拉卜楞寺，他根本没有世间的财产，后来听说有，但认为可能是谎言。可是，你一个单身僧人，竟有这样多秤的钱财，可能有了世间财产啰！以前赤干仓和德干仓两位喇嘛，要是有他这样的钱，还有何说！”

彼师在桑杰多尔吉巴阿阇黎（དཔོན་སློབ་སངས་རྒྱས་རྡོ་རྗེ་པ།）的任期中，被授予拉仁巴学位，还曾任过郭莽扎仓的格贵师。返回故里之心殷切，怙主尊者也答允说：“可以和我一起返回。”但临动身之际，前去拜会怙主时，却指示说：

“您这次还是不回去为妙。托靠你帮助我的徒弟两个索南木让他们快一点出人头地，以后，可派人来接。”

乃心情沮丧，不喜悦地问道：“孤单僧人如何能帮助孤单僧人出头呀？”

曲吉尼玛尊者（རྗེ་ཆོས་ཀྱི་ཉི་མ།）说：“修修长寿仪轨将有好处。”

于是，按照吩咐，修长寿仪轨。梦见身披金甲。曾拜谒嘉赛·益西扎巴（རྒྱལ་སྲས་ཡེ་ཤེས་གྲགས་པ།）等人。在下密宗院学习密乘咒语，在密咒立宗中无比卓越。同泽当堪布两人作密宗院的喇嘛翁则师。这时，他梦见自己好像在江唐岗（ལྕང་ཐང་སྒང།）行走，骑乘的犏牛和黄牛相斗，把前者拿到了手。不久，就被委任为郭莽堪布，对怙主尊者的话才倍加相信，按照尊者的吩咐，对两位索南木授予拉仁巴的学位。把一切知嘉木样喇嘛的教程列为经常必读的经籍，在大会中就此发表了训诫词。让几位明慧者记诵拉卜楞寺的《集类学》。对本寺的僧源，凡辩讲已进入前列者们，让他们从《七十理义》开始学习，严加管理，也及时予以表扬。修建了康村公房，举行正理部大会两次。木羊年（公元1775年，清乾隆四十年，乙未）八月初一日，于修证时圆寂。哲蚌寺现任堪布们和僧众瞻仰遗容时，洛赛林喇嘛（བློ་གསལ་གླིང་བླ་མ།）当场颂扬说：

“彼师是一位大丈夫，呈现如此圆寂之相，乃给噶丹山派的政教增添了荣誉和光辉，将有一位正确无误的饶益佛教众生的转世化身，三昼夜之后，要把修证之相解开！”

按照吩咐，在透把岗（ཐིག་པ་སྒང།）火化遗体，出现了彩虹弥漫等神奇征兆，相传第八世达赖喇嘛也特别出来观望。遗骨上显出了依怙佛像、字母和许多舍利。

彼师转世的活佛，就是这位堪布，于藏历第十三胜生的火蛇年（公元1776年，清乾隆四十一年，丙申），出生在潘域（འཕན་ཡུལ།）地方，属鄂·却固多吉（ངོག་ཆོས་སྐུ་རྡོ་རྗེ།）[106]姓氏，父名索勒多（གསོལ་ཏོག），母名华毛（དཔའ་མོ།）。扎加·洛桑却培（བྲག་རྒྱབ་བློ་བཟང་ཆོས་འཕེལ།）是上一世的主要上师，据说扎加地方的地势和景物与故乡相似，彼师每去尊者座前求教，就像到了故乡一样，心里感到喜悦，因此，就转生在这里云。扎加喇嘛是一位噶当派的大格西，为彼师讲传了许多经法，他收到的任何布施礼物，都用来塑造佛像，建立经塔并给僧众散发布施，曾向西藏地方政府捐送了许多秤银子，请其刻印《京俄全集》[107]，由他认定彼师转世的灵童后，即由上一世的司膳堪布阿旺更桑（ངག་དབང་ཀུན་བཟང་།）负责抚育，送入郭莽经院。十一岁的那年，即火马年（公元1786年，清乾隆五十一年，丙午），遵照怙主尊者的吩咐，一同起程回到安多地方。一路之上，怙主常将拌好的糌粑揣在怀中，在途中拿出来，热气腾腾地给他吃，如此等等，真是爱护无比。到拉卜楞寺后，住在拉让之中，为他提供了进入大会堂，布施僧众等等一切条件，学习诵读时，每天都亲自考试。有一次，嘉木样二世前往西仓，为西仓南塔尔（ཞིས་ཚང་གནམ་ཐར།）作迁转法事，对他说："在我回来以前，要背熟直至《行菩提心六度》以前的经文"，嘉木样二世走后，他贪玩游耍，没有背熟。怙主回来后，他一直不去拜见。一天晚上，叫他前去，给了一个热贡地方的馍馍，问道："书念会了吗？"

他没有吱声。又问道："菩提心六度都一一记住了吗？"

他还是什么也没有回答。又说道："还是把书念会参加考试为好。以后作大会堂堪布，要对别人考试吆。"

后来，在就任堪布的那天，发表就任演说时，回忆起这事，热泪禁不住滚了下来。依次拜阿柔·桑热（ཨ་རིག་གསུང་རབ།）和合作·贡却（གཙོས་དཀོན་མཆོག）两人为师，学了《集类学》《悟慧论》《因理论》《中论》《般若》等经典。后任圣·噶登巴的寺院隆务扎西却宗寺的堪布四年。适逢大旱，为五屯各村念诵《无所缘大悲颂》，进行祈雨。甘霖如愿降下，因而人们对其特别敬仰。其后，任王府乌厄盖寺的喇嘛三年。先后前往内地、蒙古地方，在科尔沁、土默特、苏尼特、蒙古沁（སོང་གོལ་ཆེན།）等处，授弥多罗金刚鬘等灌顶。在北京，朝拜了梅檀释尊佛像，看到极为神奇的景象；朝五台山时出现了许多奇兆；在七佛殿内闭关修行时，清清楚楚地梦见怙主嘉木样二世在拉卜楞寺吩咐，如何修建殿宇和寝室，还把以前指示过的话又重述了一遍，正在高高兴兴地把这些指示记在心中之时，突然梦醒了，只见屋内一切光亮如昼，想到是不是太阳已经升起了，起来一看时间，还不到黎明。

前往七海子（མཚོ་བདུན།[108]）地方的途中，梦见一位头戴花冠的漂亮妇人，在各地吹奏海螺。当身患黑天花病危之时，梦见一座高大的石山，周围处处大火熊熊，山下有一对男女。那个女人说：“这山是宝帐怙主的神山。”彼师说：“那么，您俩就是宝帐怙主明王和明妃了。请赐一些悉地吧！”于是给了一点白色食物的粉末，食后身体清爽，解除了病痛灾难。

铁兔年（公元1831年，清道光十一年，辛卯）就任大会堂堪布。五十八岁那年，即水蛇年（公元1833年，清道光十三年，癸巳）十月二十日圆寂。彼师的本生世系，有他所著的传记，载于无量光佛殿扎西贤泽林（འོད་དཔག་མེད་ཀྱི་ལྷ་ཁང་བཀྲ་ཤིས་བྱམས་བརྩེ་གླིང་།）述记之中。此处仅记载了一些没有收入该寺寺志的口传。

第三十四任堪布张家夏茸·嘉样噶丹（ཀང་ཀྱ་ཞབས་དྲུང་འཇམ་དབྱངས་སྐལ་ལྡན།），生于土牛年（公元1796年，清乾隆三十四年，己丑）。德赤仁波切说：

“他在拉卜楞寺，以孤单僧人的身份，学习会传经法，刻苦勤奋，学业优良。听见他人受苦，常情不自禁地流下眼泪。因而，同学级的僧人们，为了开玩笑，时时在他近旁常常以这样的事情说着取闹。”

曾获得多仁巴学位。应乌珠穆沁（ཨུ་ཅི་མུ་ཆིན།）旗的邀请，曾两次前往内地。有一次，在阿拉善（ཨ་ལག་ཤ།）沙漠迷了路，让侍从们煨桑祭神，彼师念了煨桑的回向词。就有一位妇女骑着骆驼走来为他们带路，走出了沙漠。转眼之间，这位妇女不知走向哪里，再也找不见了。据说是冬神女王，现在称为护法女神。在拉卜楞寺神变祈愿大法会上，曾先后向僧众每人布施白银五钱和一两。曾任时轮学院和密宗学院的法台。在自己的扎喜德庆林寺（བཀྲ་ཤིས་བདེ་ཆེན་གླིང་།）修建大经堂、佛殿，塑造了精巧绝伦的佛像，请求遍照尊者开光。六十三岁那年，即铁兔年（公元1831年，清道光十一年，辛卯），被任为大会堂堪布，对教程的宣讲、导引、述说、督促检查从不间断。作风谦虚，常以低级人员的态度与人接触，令其转变，勤奋读书，闭关修行。藏历十月十一日这一天，正在佛殿礼佛供祀的时候，突然圆寂。相传这一天纳仓巫师降神说：“今天，在北方的一座大寺院里，收摄了巴怙拉罗汉的化身。”人们认为所指的就是这位哲士。

他转世的灵童是洛桑楚臣嘉措（བློ་བཟང་ཚུལ་ཁྲིམས་རྒྱ་མཚོ།）。其舅氏为医生更登饶杰（སྨན་པ་དགེ་འདུན་རབ་རྒྱས།），属于甘加诺颜（ཀན་ཀྱའི་ནོ་ཡོན།）的后裔，是拉卜楞寺的老僧，医术高妙，济世救人，享有盛誉。和赛·阿旺嘉样扎西（བསེ་ངག་དབང་འཇམ་དབྱངས་བཀྲ་ཤིས།）同一部落，心意相投，过从甚密，因而被赛仓赠以嘉木样协巴尊者所绘的白度母画卷和吉祥天母画卷。更登饶杰的侄子是然绛巴·官却桑格（རབ་འབྱམས་པ་དཀོན་མཆོག་སེང་གེ），在拉卜楞寺获得学位后曾担任恰达玛（ཆབ་སྟག་མ།）[109]，后来向喜饶嘉措瓦尊者讲传《明照解脱道》等颇有益于佛法传承。官却桑格的妹妹华毛吉（དཔལ་མོ་སྐྱིད།），就是这位哲士的母亲。他生于水龙年（公元1832年，清道光十二年，壬辰）。六岁那年，即火鸡年（公元1837年，清道光十七年，丁酉），朗加（སྣང་ཀྱ།）兵洗劫了部落[110]，由于他的母亲被杀害，舅父将他带到寺院抚育。十岁时，在赤钦·饶丹嘉措瓦活佛（ཁྲི་ཆེན་རབ་བརྟན་རྒྱ་མཚོ་བའི་སྤྲུལ་སྐུ།）座前剃度出家。在经院中拜甘加的却桑（ཀན་ཀྱའི་ཆོས་བཟང་།）为师，学习《集类学》并参加会传经法学习。十一岁时，经遍照尊者认定为上一世尊者的转世灵童。熟背《集类学》《悟慧论》《因理论》等等教程的全部通论，并应试了第一品的大会考试。般若宴会后，去内地、蒙古地方。回来后入《中观》新级，学习《中论》和《俱舍论》。现在，正在蒙古地方饶益众生，弘扬佛法。

第三十五任法台是苏尼特·官却诺吾（སུ་ནིད་དཀོན་མཆོག་ནོར་བུ།），于铁虎年（公元1770年，清乾隆三十五年，庚寅）出生在苏尼特左翼（སུ་ནིད་གཡོན་ཇ།）地方，父名苏门图美仁（སུ་སྨན་ཐུ་མེ་རིན།）。这时，嘉木样二世住在土默特（ཐུ་མེད།），苏门图美仁特前去朝拜，说他的妻子有孕，请求保佑并请给胎儿赐名。嘉木样二世赐以嘉样诺吾的名字。他请求嘉木样二世去苏尼特，嘉木样二世说道：

“每年给幼儿进行祈福禳灾法事，正月初一这一天，要念诵《维摩诘所说经》，这样去做就无碍。以后，要送到拉卜楞寺当僧人。”

无论哪年的正月初一日，黎明时分都要拜天，这是这个地方的风俗。这位哲士幼小时，有一年的新正，让他出去看看曙光升出了没有。他出外观看时，只见白光照遍天空，白光当中出现了白文殊菩萨骑着狮子，手拿宝剑和经卷的形影。他以小孩的行相说道：“天色黎明了！”别人看后说还不到黎明的时分。从此以后，他就继续不断地向往着去拉卜楞寺。十六岁时，私自逃到拉卜楞寺。在本寺经院，拜请恩师阿莽道扎为师，学习集类学科，正理的辩论无人匹敌。又前去卫地，入哲蚌寺郭莽扎仓重学《中观》和《般若》，在上下学级间立宗辩论时，据说很难通过他的三轮辩诘。在返回拉卜楞寺的途中，结合阅读了《俱舍论》本论和《明照解脱道》，因而精通了本论和疏释。在噶仁学级学习了《律经》，熟背《般若》和《律经》的全部教程、《中观经教宝库》《宗印大全》等。在多仁巴的立宗辩论中出类拔萃，无人匹敌。任遍照尊者的闻习侍从时，对他的智慧、自悟和看法都非常欣赏。如同大博学者贤德巴（ཤེར་པ།）在心中产生意识和外境、他物为空的证悟观一样，获得最高的证悟。因而，他经常说：

“如像我一样，作为习气，当然也可以呐。”

襄佐堪仁波切曾说：“所谓柱子位置上有虚空的说法，可说不通之论。”

他说：“那么，柱子位置上有瓶吗？”

襄佐堪仁波切回答说：“没有。”

他说：“那么，柱子位置上是由于否定没有了瓶子，看来，是存在着有否定的了？”

此说甚合堪仁波切的心意。另外，堪仁波切就五部大论的一些难点作一些磋商，他都一一做了回答。堪仁波切说：

“诺吾仓（ནོར་བུ་ཚང་།[111]）的天资和别人的智慧不相似。无论难点怎样大，他都能逐步研究逐步加深深度。”

这样真诚的赞扬，我确实亲自听到过。彼师在贡塘·嘉贝样和恩师阿莽道扎两位座前多次听闻正见与导引的讲说，从而对正见特殊相续产生了许多自觉了悟，口中常说着：

“以前，金殿弥勒佛像开光时，举行了磋朗会辩，结束时，阿阇黎们都诵《因缘颂》‘顶礼这位大导师，妙述缘生因缘法。’同时，怙主尊者嘉木样二世予以摩顶灌顶。因而，希望在此生对缘起甚深之见的形成，能有所了悟。”还听到他说过：

“没有这个菩提心，只凭己见，绝不会到达任何彼岸。若只单独空洞地观修，会堕入断边极端，这是毫无疑问的。”

真如常言所说的谚语一样，“背草前行，羔羊后跟”。有《中观应成之回遮》《宗印疑向广略》《正理研讨》《四法印论述》《正见歌》等几部著作。彼师曾请求返回故乡，真像俗谚所讲的“向墙面撒豆那样，八暇十满只能得到一次”的比喻那样，没有如愿以偿。彼师说，看来要我在这儿居住下去了。于是就在本寺长住下去，依次任医药学院和密宗学院的法台。铁兔年（公元1831年，清道光十一年，辛卯）冬季学期会上，就任大会堂堪布，举办了三次正理部学习，无论在何时，都热忱地督促他们遵守寺规制度，辛勤地钻研讲闻辩论，对经费开支等各方面也积极负责，使寺院事业日见兴旺。水龙年（公元1832年，清道光十二年，壬辰），遍照尊者在大经堂传授金刚鬘灌顶时，他作为首座弟子。还担任过乌厄盖寺和阿木去乎寺的堪布。在任阿木去乎寺堪布时，由于身患疾病日渐加重，乃返回拉卜楞寺。恭请遍照尊者嘉木样三世和德赤仁波切两位莅临寝舍，为他依次授予普明大日如来和大威德独雄金刚的灌顶。恩师阿莽道扎特地前去彼师之处，说道：

“现在，按照你的愿望进行祈祷祝愿，尽量满足你的心愿。以后寓所的一切事务，我们可以安排。因此，你放心好了。”他回答说：

“有您师徒的恩德，我没有其他众多的想法。以前的那些日子，我致力于世俗和胜义菩提心的所缘相。现值临死弥留及前赴中有之时，仍希望如此做下去，请赐怙佑！”恩师阿莽道扎竖起大拇指说：“好汉子，我对你就有这样的愿望！”

在场的人们都看到恩师流下了眼泪。七十岁，即土猪年（公元1839年，清道光十九年，己亥）圆寂。他转世的活佛是吉美程列嘉措（འཇིགས་མེད་འཕྲིན་ལས་རྒྱ་མཚོ།），生于水兔年（公元1843年，清道光二十三年，癸卯），到木牛年（公元1865年，清同治四年，乙丑）时，已二十三岁了。

第三十六任堪布科采·贡却索南（ཁོ་ཚེ་དཀོན་མཆོག་བསོད་ནམས།），于铁虎年（公元1770年，清乾隆三十五年，庚寅）出生在科采拉德（ཁོ་ཚེ་ལྷ་སྡེ།）阿柔部落姓纳杂（ནག་ཛོ།）的家中，父名却智（ཆོས་གྲགས།），母名尕梅（ཀ་མི།）。十二岁那年，即铁牛年（公元1781年，清乾隆四十六年，辛丑），怙主尊者临莅该地时，他正在放羊，被叫到跟前，对他说道：“和商人们一道来寺院”并赐了护身结。叔叔纳孜嘉样（ནག་ཛི་འཇམ་དབྱངས།）请求留在家乡，但是没有获得同意。来到寺院后，尊者就让他在蕃巴司膳堪布（བོད་པ་གསོལ་དཔོན།）座前学习藏文读写。科采有四位学习藏文书法，在雕版时，唯有他和帕兰木隆珠（པ་ལམ་ལྷུན་གྲུབ།）两人的字最好，后来精通医药。怙主尊者把他交付于霍尔仓活佛，因而移居到这位尊者的府邸之中，曾担任秘书和供祀师等侍从，工作都很称意，聆听了讲传的各种经法。曾任遍照尊者的教理侍读。尊者去北部地方时，彼师和巴浪夏茸（འབའ་ལིང་ཞབས་དྲུང་།）、苏尼特诺吾（སུ་ཉིད་ནོར་བུ།）、土尔扈特却丹（ཐོར་གོད་ཆོས་ལྡན།）四人随从，在各寺院里进行了无比的立宗辩论。尊者曾说道：

“除在夏琼寺时，产生了一些并非本意的咬文嚼字的留难外，在经典大论上，他还没有失败过。”

取得了多仁巴学位，任扎仓的格贵，后任喇嘛翁则师和密宗学院的法台。为了清净罪障，绘制了能仁王佛身旁围绕着至尊文殊师利、救主金刚持、师尊吉祥燃灯智等的纯金描绘画像，又绘制了具光者的画像。木马年（公元1834年，清道光十四年，甲午）起，任大会堂堪布三年，讲传了《明义释》，开讲之时，法台之上升出一弯彩虹，毛毛细雨和缕缕阳光交织在一起。后来，在临圆寂前，忆起了是阿阇黎森格桑布（སློབ་དཔོན་སེང་གེ་བཟང་པོ།）等的转生。在法摩塘居住时，一次好像出现了边地鬼魔为害的灾难，由于观修大威德金刚的骄慢没有得逞。乃将此事告诉了德赤仁波切。德赤仁波切说：

“若是颈上戴有佛珠者，则不像这地方传说的汉鬼。以前，桑木察上一世坐在座次之时，看见座次末尾有一位织金彩绣衣衫的人，他想道：‘若是一位大客人，要给他一个座位的空间，但对此谁也没有注意，若不是客人，则不会穿织金彩绣的衣衫，可能就是左面河边的叫阿却格隆的那个恶鬼。’这次也像是这个恶鬼作祟。”

彼师在去瓦德曲江（བ་དེ་ཆེས་སྒྲང་།）逝世之地的途中，在打尖之时，忽然他的脖颈上骑上了一个灰白色的人，手拿长刀要割取他的头。他高呼“乃琼护法神”，那个灰白色的人掉在地上，抓住他的手拉来扯去。因此，身体不适。德赤仁波切替他讲传了祈愿法会上所讲的经法。霍尔仓赤钦（ཧོར་ཚང་ཁྲི་ཆེན།）说：“进一点饮食，到大会堂宝座附近走走为好。”乃诵修黑文殊咒三千万遍，因而疾病告愈，身体清爽。遂绘制了黑文殊画像。以前，索乎察（སོག་ཚོ།）星算家卜算说：“眼要生疾”。为此先后绘制了三幅千手千眼观世音菩萨画像，供在本寺密宗学院和西仓新寺（ཤིས་ཚང་སྣར་གསར།）等处。一天早上，双目突生翳障，便请恩师阿莽道扎进行医治作了清洗，立即复明，除残留一点翳痕外没有留下大的疾病，说是观世音菩萨护佑所致云。有一次去欧拉途中，从马上跌下来掼烂了金帽。说道：“这是跛足魔在作祟，现在可以佯作它给了好处。”真如所言，不久，阿瓦仓的经忏喇嘛从马上跌下摔死，派人来请。任阿木去乎寺堪布时，为了一位僧人求情之事，引起一场纠纷，这时想到这也是它的一种神变在作祟，乃进行调解，纠纷立即平息。曾说道：“我念诵（ཧྲཱིཿ ཧཱུཿ）一千万遍，十忿怒明王咒三百多万遍，像这样的事虽造成不了危害，但对于事务也有些妨碍。”卸去该寺的堪布职后，立即在家修建了布禄金刚的十万尊像的神龛。还任过贡洒尔寺喇卜吉林（རབ་རྒྱས་གླིང་།）的堪布。七十五岁那年，即木龙年（公元1844年，清道光二十四年，甲辰），三月十三日的那天，为徒弟东蒙古·格登达吉（སྨད་སོག་དགེ་འདུན་དར་རྒྱས།）敬献的高达一肘的无量寿佛像和画匠舍乔（ཅེ་ཚོ།）绘画的药师佛像开了光。这天，托嘎夏茸（ཐོག་ཀ་ཞབས་དྲུང་།）被委任为密宗学院法台，彼师前去拜会。说道：“不需要铺坐垫，我是谢绝世间之人了。”

十四日下午，他说：“虽说死亡要经受很大的痛苦，但也不是很痛苦，虽说要吼叫，但也不那样。”请问道：“要不要念诵名号赞？”

说道：“不需要，记在心里了。”

以雄狮卧姿圆寂。临死前，请恩师阿莽道扎授予独雄金刚灌顶，请索南木智华活佛进行了普明大日如来大灌顶。彼师去阿木去乎寺时，遍照尊者正住在该寺，前去朝拜，献上了哈达，说道：

“我无转世活佛，如若转生，还是像以前一样做一名孤单僧人就行。很希望于您返回拉卜楞大寺以前留在世间，也可以留住，但是，身体似支持不了。为了不相离摄持之缘起，请尽快赐一条护身结！”

遍照尊者赐予慰问，并送去了护身结。

第三十七任堪布碌雪巴·彭措森格（ཀླུ་ཤོད་པ་ཕུན་ཚོགས་སེང་གེ）。于水蛇年（公元1773年，清乾隆三十八年，癸巳）出生在洮河流域碌肖吉察（ཀླུ་ཤོད་སྐྱིད་ཚ།）地方，父名多杰才旦（རྡོ་རྗེ་ཚེ་བརྟན།），母名卓玛措（སྒྲོལ་མ་མཚོ།）。他于十九岁那年，即铁猪年（公元1791年，清乾隆五十六年，辛亥）离家外逃，同碌肖巴·仓央（ཀླུ་ཤོད་པ་ཚངས་དབྱངས།）一起来到拉卜楞寺。在当时任堪布的霍尔仓赛赤仁波切座前聆听了宣讲的教程，参加背诵考试。拜刚察·克却（ཀང་ཚའི་མཁས་མཆོག）为师。长期任学级的辅导师，长期辅导背诵《二十僧伽大疏》

《了义与不了义辨析》、全部《般若》、《中观正理明灯》《俱舍论疏释》《明照解脱道》等。在修施供之时，整天主持依怙神的全部施供仪轨，日常也不断地念诵。在大学者正理部的洛桑（བློ་བཟང་།）座前学习了《声明学》《声律学》《诗学》等；在乔霍尔金巴（ཚོ་རྡོར་སྨིན་པ།）格西座前学习了全部《历算学》。在参加《律经》磋朗会辩时，前去拜见贡塘·嘉木样。问：“在背诵哪些关于《律经》的教程？”

答：“您所著的《摄颂》。”

贡塘仓面色表现不悦地说道：“这不是辨析入微的书呵！”

彼师心中慌恐，赶快复习背诵《律经辨析大全》的全部和《律经根本律》等。尊者非常高兴，授予了多仁巴学位。先后连续担任扎仓的格贵、时轮学院金刚师和法台、密宗学院的法台、大会堂堪布，如意圆满地完成各个阶段的事务。接着住持佐格新寺和德毛塘寺（བདེ་མོ་ཐང་།）的显密经法的讲闻辩论。七十二岁那年，即木龙年（公元1844年，清道光二十四年，甲辰）圆寂。

第三十八任堪布华丹智华（དཔལ་ལྡན་གྲགས་པ།），为下佐格地方的玛尔藏·端珠森格（དམར་གཙང་དོན་གྲུབ་སེང་གེ）的僧源。端珠森格讲辩正理没有敌手，当学级对辩时，阿坝·郭托也说道：“您们要注意端珠森格！”但他于年轻之时死去。这时赤干莅临说道：“他如果能长寿，可以作这些僧人的上师。”表示非常的疼爱和惋惜。于火狗年（公元1766年，清乾隆三十一年，丙戌）转生为彼师的侄子，据说是德尔浦（གཏེར་ཕུ།）静修院的坭成就者（གྲུབ་ཐོབ་ཉིབ།）转世的。从阿高·日超巴（ཞ་གོད་རི་ཁྲོད་པ།）披剃出家。十三岁，即土狗年（公元1778年，清乾隆四十三年，戊戌），怙主尊者前往佐格归寺时，在座前受授沙弥戒。在佐格·克珠丹增巴（མཛོད་དགེ་མཁས་གྲུབ་བསྟན་འཛིན་པ།）的足莲下，聆听了《菩提道次第论》《修心》等许多经法。二十五岁入拉卜楞寺经院，在霍尔仓赤仁波切座前，聆听了所宣讲的教程并参加背诵考试。此后，担任学级的辅导师，学习了全部五部大论，取得了多仁巴学位。曾奉遍照尊者之命，前往担任土观殊胜化身仁波切转世的呼毕勒罕洛桑土丹却吉坚参（བློ་བཟང་ཐུབ་བསྟན་ཆོས་ཀྱི་རྒྱལ་མཚན།）的经师。在拉卜楞寺任金刚持师，火狗年（公元1826年，清道光六年，丙戌）任时轮学院法台，于香巴拉第二十代法胤巨力王（སྟོབས་པོ་ཆེ།）于迦拉瓦（ཀ་ལ་བ།）城登上宝座的火猪年（公元1827年，清道光七年，丁亥）三月十五日，在时轮学院经堂殿顶献装了两个金幢。曾向遍照尊者请求了普明大日如来灌顶。彼师也讲传了《土观全集》教敕等许多经法。还任过若尔盖寺的堪布。无论公私任何事情，都要进行一次阎罗王六十施食回向法，即使请其作调伏刀剑时也是除六十施食法外再没有其他的说法，可是，颇有裨益。七十四岁那年，即土猪年（公元1839年，清道光十九年，己亥）任大会堂堪布。铁鼠年[112]十一月十六日，向后任堪布交代了寺规等后，于当日圆寂。

第三十九任堪布大格西作万·官却丹达尔瓦（གཙོས་བན་དཀོན་མཆོག་བསྟན་དར་བ།）。藏历第十三胜生的木龙年（公元1784年，清乾隆四十九年，甲辰），出生在钟接（འབྲོང་རྩེ།）官人达合拉（སྟག་ལྷ།）家族，父名周格（འབྲུག་གེ），母名益丹措（ཡི་དམ་མཚོ།）。怙主尊者前往切巴寺（ཆས་པ་དགོན།）时，家人携至钟接尕尔徐（འབྲོང་རྩེ་སྣར་ཤུལ།）拜见。嘉木样二世说：“让他以后到寺院里来！”贡塘·嘉贝样尊者任堪布期间前来请求开讲。正值尊者念《八千颂》，就作了“这人将来会是一位通晓《八千颂》奥义的人”的照见未来的授记。后来进入《中观》新学级时，赤欠作仁巴家属们在尊者的面前说道：“若我们的上师真的没有转世灵童时，要把房屋处理掉。”

尊者说：“房屋可以处理掉。可是，要么还没有转世，要么隐藏在孤单僧人之中，在《中观》新旧学级正在学习着哩。”

实际上这是把彼师作为转世灵童的授记。于是把上一世赤欠的寝室作为医学院的公所。彼师进入大会堂的那天，刚刚新制的铜锣正在正面座前敲着，缘起佳妙。坚持聆听大会上讲传的经法，从不间断，究竟圆满地学完了五部大论，思路清楚，言谈流利，智慧敏锐，承许极力细致，因而享有盛誉。多仁巴的立宗辩论结业后，转入密宗学院，长久学习密咒，通过了密咒立宗辩论，熟记胜乐、集密仪轨等许多仪轨，进行了许多堪以胜任的念修功课，任扎仓的格贵。木猴年（公元1824年，清道光四年，甲申）任大会堂的协敖，按照寺院规章很好地督察纪律，收效很大。香巴拉法胤巨力王登上宝座的火猪年（公元1827年，清道光七年，丁亥），被委任为金刚持师，主持时轮全部仪轨及所有的念诵仪轨。铁虎年(公元1830年，清道光十年，庚寅)，任时轮学院法台。在三年任期之中，主持吉祥时轮的讲闻辩论。从火鸡年（公元1837年，清道光十七年，丁酉）起，任直尕尔寺的堪布两年。从土猪年（公元1839年，清道光十九年，己亥）起，任拉卜楞寺密宗学院法台两年。五十八岁那年，即铁牛年（公元1841年，清道光二十一年，辛丑）在冬季学期时，任大会堂堪布。在这期间，有一次在往琼泽（ཁྱུང་ཚེ།）途中，与多（མདོ།）地强盗相遇，随从们都准备拣石头抵御。彼师说道："不要拣石头，诵《雪域成就者颂》好了。"

大家一起按着指示虔诚念诵。一个骑白马的强盗向前冲来，立即从马上跌了下去，别的强盗都围聚在他的身旁，一会儿都散了。先前，任时轮学院法台时，前往科采部落化布施。有一次，彼师的骡马和施主的马匹被强盗抢走了，主仆们都念诵《雪域成就者颂》，一霎时，由彼师的坐骑领头，马、骡一一跟随，一头不缺地从强盗抢走的行列中跑了回来。西仓·扎纳才科（ཤིས་ཚང་བྲ་ནག་ཚེ་ཀོ།）的妻子患癫狂症，也由彼师诵《雪域成就者颂》，进行禳解，立即清爽痊愈。初去该地时，病人疯疯癫癫地说："帐房后面失火了！"经常骑匹烈马乱跑。但是在供奉的具有灵异的嘉木样二世画像前则敬献哈达，请求护佑。彼师专一念诵《雪域成就者颂》等，集中念修甚深上师瑜伽，使她了悟正法如此等等传说很多。如叫作卡纳鄂力（ཁ་ནག་རྔོ་ལི།）者合伙前去行劫，他没有回来。许多喇嘛都肯定他没有死，彼师则说已经死去并予以迁转。没有经过多少时光，得到了死去的确切消息。在欧拉时，年都乎村金巴（སྦྱིན་པ།）的妻子被鬼迷去了，一些喇嘛说，“没有生还之望。”彼师却说：“在某处有一处石岩，去那个石岩缝里找找就会找到。”真如所说，就在石岩缝里找到了这位女人。任时轮学院法台时，还兼任大拉让的铁城镇魔法金刚法师。他说：“从梦兆看来虽能长生永寿，但我觉得有凶险。”确如他所说，久病不起。如此等等先知先觉的传闻甚多。彼师任大会堂堪布之时，对政教两方面颇有建树，建立了灵塔前迎请献浴之规。从此以后，少欲知足，心中产生神奇的验证，人们无可估量。水兔年（公元1843年，清道光二十三年，癸卯）三月十三日，卸去大会堂堪布之职时，恭请遍照尊者亲临法会供献了佛像、佛经和佛塔、衣物用具、法螺一对、珊瑚二百颗、白银百两、铜钱百串、布百匹、锦缎、氆氇七匹等财物，并做了长寿永生的祝愿。下午敬献了《菩提道次第四家注》，并在小寝室单独朝拜。彼师为大经堂缝制了锦缎天幕，为神奇殿塑造能仁像提供了公积金。这年的夏季，在桑科牧区休养。一天，他说：“应该返回寺院了。”就起程回寺，请医生诊治。说道：“有赤痢之兆。”

指示说：“只在灵塔前供盏灯，敬献哈达，作迎请献浴，其他则没有什么可做的了。”

在灵塔前献浴仪式结束后，即泻了血。八月初二日早晨，衣冠齐整，跏趺而坐，双手合十，连诵数声“祈怙主金刚持明鉴！”手结等引结，随着强烈的嘻迦之声溘然圆寂。初七日下午，时轮学院参灵时，身微左偏，鼻孔中流出菩提之液，显示了修证解脱之相。他的转世灵童是洛桑次成嘉措（བློ་བཟང་ཚུལ་ཁྲིམས་རྒྱ་མཚོ།），生于火马年（公元1846年，清道光二十六年，丙午），现正在学习中。

第四十任堪布华热活佛贡却丹曲严培（དཔའ་རིས་སྤྲུལ་པའི་སྐུ་དཀོན་མཆོག་དམ་ཆོས་ཡར་འཕེལ།），于火蛇年（公元1797年，清嘉庆二年，丁巳）出生在鲁本札萨克

(རྒྱ་འབུམ་ཛ་སག) 旗的第五佐领的巴纳亥（སྣ་ནག་སོག）部落，父名托吉（ཐོད་སྐྱིད།），是阿柔·年智（ཨ་རིག་སྙན་གྲགས།）的侄子。这位格西因未被授予多仁巴学位，思想上不满意，离寺返回故乡。当贡塘·嘉贝样任大会堂堪布时，有一次他同商人一起前来寺院，被授予了多仁巴学位。彼师虽去乡下，但对教程一点也没有忘记，立即参加立宗辩论，除发生急躁时，一些承许不那么站得住脚外，其他理法逻辑分毫不差，如此等等，普遍颂誉为一位好格西。这位灵童，被认定为华热·贡却德庆巴（དཔལ་རིས་དཀོན་མཆོག་བདེ་ཆེན་པ།）转世的灵童后，于五岁时迎请到寺院，六岁时剃度出家。十二岁时入经院学习，在恩师阿莽道扎座前聆听宣讲的教程并参加背诵考试，在一世华热活佛的属民桑波朗瓦座前学习藏文读写，并拜为经院的经师，学习辩论理法。木猪年（公元1815年，清嘉庆二十年，乙亥），和托嘎夏茸（ཐོག་ག་ཞབས་དྲུང་།）、刚察·端约（ཀང་ཚའི་དོན་ཡོད།）、科采·贡却（ཁོ་ཚེ་དཀོན་མཆོག）等一起，进行了祈愿神变法会然绛巴的立宗辩论。上一世活佛富有资财，彼师藉此修建了石砌的两层楼的寝室。从贡塘·嘉贝样尊者座前受近圆戒。尊奉尊者、遍照尊者恩师阿莽道扎等为上师之首，还在德赤仁波切、堪钦·司达参坚（མཁན་ཆེན་སི་ཏུའི་མཚན་ཅན།[113]）等座前，广泛地聆听了经法。木猴年(公元1824年，清道光四年，甲申）冬季学期会时，被任为乌厄盖寺的堪布。次年，在正理部学级打算进行多仁巴的立宗辩论，但是没有成功。土猪年（公元1839年，清道光十九年，己亥），和霍尔仓仁波切一道前往卫地。任密宗院法台时，恭请遍照尊者亲临密宗院，请求怙主法王供祭仪轨的随许，供养了丰盛的物品。常年进行《疏释》的讲闻辩论。

水兔年（公元1843年，清道光二十三年，癸卯）任大会堂堪布，发展、增盛历任堪布的一切措施。曲科噶尔寺谢尔兴林(ཆོས་འཁོར་སྒར་ཤེར་ཕྱིན་གླིང་།)新建后，首次的讲闻辩论也由他主持进行。当前去该寺时，一天夜里，宿营地的马骡被贼人赶去，次日早晨告诉了他。他指责随从人员一顿后，在一块石板上施焦烟法后，前去丢在附近的一眼水泉中。去时态度显得有些急躁，回来时却又谈笑风生。忽然大雾笼罩，盗匪迷途，晕头转向地来到住处。在河南蒙旗耀干多（ཡོལ་ཀན་མདོ།）居住时，有一次也被盗匪抢去了骡马。次日早晨，他在宿营地左右捡了几块小石子，上面写了字，都扣在地上说道：“现在去追赶!”按照他所说追赶时，盗匪们在干木巴（ཀམ་པ།）地方的华毛切（ཧྭ་མོ་ཆེ།）附近又转了回来，来到住地附近的一座山岗，骡马被追了回来。如此等等显示神奇的次数很多。六十四岁那年，即铁猴年（公元1860年，清咸丰十年，庚申）圆寂。身躯变得很小，德赤仁波切看后说道：“这是密咒证悟高之兆。”转世的灵童是索智（བསོད་གྲགས།）活佛的弟弟，生于铁鸡年（公元1861年，清咸丰十一年，辛酉），名吉迈钦饶嘉措（འཇིགས་མེད་མཁྱེན་རབ་རྒྱ་མཚོ།），已迎请至寺中坐床。

第四十一任堪布甚深密义耳传之主贡却嘉措瓦尊者（རྗེ་དཀོན་མཆོག་རྒྱ་མཚོ་བ།），于藏历第十三胜生的铁狗年（公元1790年，清乾隆五十五年，庚戌），出生在乔拉（ཆོག་ལ）官人被王府给予的翁则夏吾那尔（དབུ་མདོང་ཤ་བུ་ནར།）地方的塔秀家族之中。父名阿旺扎西（ངག་དབང་བཀྲ་ཤིས།），母亲是阿柔·益欠萨吉木错（ཨ་རིག་གཡས་ཆེན་བཟའ་སྐྱིད་མཚོ།），出生地在泽云措干（ཙེ་གཞུང་མཚོ་ཁན།）附近。上一世尊者的亲传弟子被称为数得着的学者柔丹觉巴（རིགས་ལྡན་གཅོད་པ།），听说这户人家诞生了一位转世灵童，于四岁的那年前来拜访。他脖颈上戴着一串刺桃核念珠，腰间插着一把胫骨号筒。灵童从背后走过去手指指着念珠串中间一颗琥珀片，说道：“这是我的，送给了你。”又从前边走过来手摸着腰间的胫骨号筒，说：“这是我的，我需要它。”说着强行拿走，交给阿尼塔秀才丹（ཐར་ཤུལ་ཚེ་བརྟན།）的妻子、阿莽·洛桑坚参（དཔལ་མང་བློ་བཟང་རྒྱལ་མཚན།）的侄女阿玉（ཨ་ཡུས།），两人将胫骨号筒放在一个小箱中关上了盖子。母亲给他喂奶，转过头让他睡觉。从阿玉的手中夺过胫骨号筒，交还给柔丹觉巴。灵童睡醒后，看见胫骨号筒不见了，哭了好一会。后来，迎请到寺院坐床后，柔丹觉巴陈述了前一世尊者暂时借给我的，现在需要交还的情由。关于这把胫骨号筒，还有这样的一段来历。前一世尊者前往年超（གཉན་ཁྲོད།）时，在格热木玛纳毛（གེ་རེ་ཞིག་མ་ནག་མོ།）进行第一次七日闭关修行。接着，将一片帐篷布片缠在腰间，帐篷杆作为手杖拄着，把糌粑袋挎在肩上起程上路。一连几日，天降大雪，靴子也破烂了，脚上冻裂了口子，裂口里凝着血珠，经受着如此等等的困苦。一天夜里，梦见一个人说："明天，对面的那条山沟里，将有一位得道者背着一具死尸前来。若能得到这具死尸的两条胫骨，这生就可修得殊胜成就；若能得到一条胫骨，这一生就可以修得共通成就；若一条也得不到，这一生就修不到任何成就。"次日，前往对面的山沟，真的看见一位得道者背着一具死尸走来，有两个修道者以一个银喀咯一条胫骨的代价买去了那两条胫骨。还说："用一块红绸包着拿走。"心中非常懊丧。过了几天，在途中拣到一个红绸包打开一看，原来就是以前的那两条胫骨，因而心中充满了喜悦。后来，做成了两把胫骨号筒。一把在华热活佛贡却德欠授予觉派灌顶时送给了他，另外的一把就是这个云。

当认定前生用过的物品时，看见一块旧包袱包着过去念诵的《知识虚空论》《尊胜母陀罗尼》《眼陀罗尼》《佛号赞》等，还散发着戒香的气息；一件红毡雨衣，用布补成花斑。一看到这两件旧物，心情非常怅惘而哭泣了好久。由贡塘·嘉木样尊者用糌粑食团占卜认定。五岁时迎请到拉卜楞寺坐床。拜雅秀持律戒师曲桑达尔吉（གཡག་ཤུལ་འདུལ་འཛིན་ཆོས་བཟང་དར་རྒྱས།）为读写师，后又返回故乡。次年，贡塘·嘉贝样前往索托（སོག་ཐོག），应邀来到出生之地请求剃度出家。当时，老师不慎将蕨蔴油米饭泼洒在毡上，他表现了责难的神态。贡塘·嘉贝样说："看来他将来很厉害。"火龙年（公元1796年，清嘉庆元年，丙辰）后，常住在寺院里。生活困苦，据后来听彼师说，这年仅仅没有断过口粮。从八九岁起，进入经院，勤奋学习，经常十天、二十天不食一口糌粑。十一岁时，在经院学习，请郭莽堪布曲达尔瓦（སྒོ་མང་མཁན་པོ་ཆོས་དར་བ།）开讲经法，拜前一世曾为之剃度出家的索南奥赛（བསོད་ནམས་འོད་ཟེར།）为师。这年卡索仓（ཁ་སོ་ཚང་།）主持五供节法会，他应试了《集类学》会试。在《因理论》级拜土尔扈特却丹（ཐོར་གོད་ཆོས་ལྡན།）为师，究竟圆满地学完了五部大论。聆听会传的经法从不间断。十六岁那年，即木牛年（公元1805年，清嘉庆十年，乙丑），恩师阿莽道扎任大会堂堪布时，聆听了共同讲传的所有经法。火虎年（公元1806年，清嘉庆十一年，丙寅）秋季，聆听了法王内外密三经的随许。从此以后，如仪顶礼足莲，坚持不断地聆听讲传的所有经法，成为唯一最称心的弟子。曾听尊者说：

“信奉我的人，除了索智仓（བསོད་གྲགས་ཚང་།）和刚察·霍尔阿玉（ཀང་ཚའི་ཧོར་ཨ་ཡུས།）外还有谁呢？”

进入中级学级后，每天坚持不断地温习《般若》第一品。《中观》新级之年，授予了祈愿法会然绛巴的名称。有一段时期，他认为教程的考试是自下而上进行的，还有空闲的时间，于是放松了教程的背诵。但是，考试一开始，则自上而下地进行，乃将一枝线香的时间分为三十等分，加紧苦诵，赶上了考试。从贡塘·嘉贝样受近圆戒。聆受了《开虚空门》灌顶等。另外，还在遍照全知尊者、德赤仁波切、赤钦·久迈柔白森格（ཁྲི་ཆེན་འཇིགས་མེད་རིགས་པའི་སེང་གེ）、朗·贡却捷白洛哲（གླིང་དཀོན་མཆོག་དགྱེས་པའི་བློ་གྲོས།）等师座前，聆听了各种经法。在甘珠尔瓦钦波·贡却华增座前聆听了《甘珠尔》大藏经的教敕。水羊年（公元1823年，清道光三年，癸未），在正理部学级进行了多仁巴的立宗辩论。此后，虽然很想入密宗学院学习，但是在秋季学期会上，被委任为德毛塘噶丹曲科林寺（བདེ་མོ་ཐང་དགའ་ལྡན་ཆོས་འཁོར་གླིང་།）的堪布，主持讲闻辩论，使定规布施等各方面都继续增盛。土鼠年（公元1828年，清道光八年，戊子）在拉卜楞寺阿莽仓拉让担任依怙主息静施供法的金刚上师。

铁虎年（公元1830年，清道光十年，庚寅），起程前往卫地，逐步抵达具祥法轮之地拉萨，住在噶丹康萨（དགའ་ལྡན་ཁང་ས།），供养了两尊释迦，朝礼了布达拉宫等，向各个寺院一个不缺地捐献了布施。从这年冬天起，先后朝礼了本多贡波寺（འབུམ་སྟོད་དགོན་པ།）、叶尔巴寺（བྲག་ཡེར་པ།）、噶丹寺（དགའ་ལྡན།）、拉摩寺（ལ་མོ།）、供奉圣·杜增巴（རྗེ་འདུལ་འཛིན་པ།）灵塔散发着戒香的拉卜丹彭措林寺（རབ་བརྟན་ཕུན་ཚོགས་གླིང་།）、证悟者绛白嘉措的寺院墨竹邦萨寺（མལ་དྲོ་སྤང་གསར།）、仁庆林寺（རིན་ཆེན་གླིང་།）、噶普寺（གར་ཕུག）等等以及沃喀（འོལ་ཁ།）地方的圣·宗喀巴大师修行各圣地，三丹林寺（བསམ་གཏན་གླིང་།）的圣·似我者像、克珠杰（མཁས་གྲུབ་རྗེ།）塑造的一系列雅玛拉扎佛像和萨太居热（ས་མཐེབ་རྒྱ་རི།）塑造的大威德金刚、精奇弥勒佛像（རྗེང་ཕྱིས་བྱམས་པ།[114]）、丹萨替寺（གདན་ས་མཐིལ།[115]）玛玖拉仲（མ་ཅིག་ལྷ་སྒྲོན）的修行地和桑日卡玛尔寺（ཟངས་རི་མཁར་དམར།[116]）、阿里扎仓（མངའ་རིས་ག་གྲྭ་ཚང་།）、雅隆（ཡར་ལུང་།）的三所依和三圣地、宗喀巴大师受近圆戒的圣地尊胜佛殿（ནམ་རྒྱལ་ལྷ་ཁང་།）、桑耶寺（བསམ་ཡས།）、江孜寺（རྒྱལ་རྩེལ།）、扎什伦布寺（བཀྲ་ཤིས་ལྷུན་པོ།）、具祥萨迦寺（དཔལ་ས་སྐྱའི་ཆོས་གྲྭ།）、绒·绛青寺（རོང་བྱམས་ཆེན།）、具祥曲沃日圣山（དཔལ་ཆེན་ཆུ་བོ་རི།）、聂塘寺（སྙེ་ཐང་།）、哲蚌寺（འབྲས་སྤུངས།）等等古刹和圣地，尽力供养发愿。先前，恩师阿莽道扎前往卫地时，想在拉泽·益西丹增（ལྷ་རྗེ་ཡེ་ཤེས་བསྟན་འཛིན།）的座前，请学由雍增传下来的《密宗道次第广论》敕言、《三昧耶金刚念诵法》、《罗刹空行母导引》三经法，但是没有时间，未能如愿。此时，彼师遵照师长的吩咐，在赤钦阿旺曲培（ཁྲི་ཆེན་ངག་དབང་ཆོས་འཕེལ།）座前聆听了《密宗道次第广论》敕言，在夏孜阿阇黎·绛那曲卡瓦·洛桑扎西（བྱང་ནག་ཆུ་ཁ་བ་བློ་བཟང་བཀྲ་ཤིས།）座前聆受了《雪·端约克珠巴全集》在曲藏（ཆུ་བཟང་།）格西尕桑克珠（སྐལ་བཟང་མཁས་གྲུབ།）座前聆听了夏惹瓦·云丹扎（ཤར་བ་ཡོན་ཏན་གྲགས།）讲传的中本《菩提道次第论》等教敕，收获巨大。

铁兔年（公元1831年，清道光十一年，辛卯），起程返回安多前夕，在北部热振寺（བྱང་རྭ་སྒྲེང་།）闭关念修七天。行至治曲卡（འབྲི་ཆུ་ཁ།）虽碰上了果洛（མགོ་ལོག）的盗匪，但没有受到危害，据说是慈悲威力所致云。有一次，宿营扎帐时，让将帐房向上移一移，说道：“看看附近有没有人骨之类的枯骨。”按照他所说一看，附近有许多枯骨，检来放在他的面前，彼师认真地作了回向祈祷。回到寺院后，朝拜遍照尊者师徒们，奉献了诸事成就礼物。之后，被任为乌尔盖噶尔桑阿敏吉林寺（ཨུ་གེ་སྨར་གསང་སྔགས་སྨིན་རྒྱས་གླིང་།）的堪布。尽其手中所有，将大批财物送予隆主卜官人（དཔོན་པོ་ལྷུན་གྲུབ།）作为前往西藏的赆仪，曾几次前往尕尔沃雄（དཀར་པོ་གཞོང་།）修建嘉木样拉让和塑造弥勒佛像，同时并新建了彼师自己的寝室。应阿饶活佛（ཨ་རོལ་སྤྲུལ་པའི་སྐུ།）之请，去那里，授《噶当十六明点》的灌顶；讲传了强巴喇嘛（བླ་མ་བྱམས་པ།）和雍增仁波切(ཡོངས་འཛིན་རིན་པོ་ཆེ།）关于噶当方面的经典；授予独雄金刚和大轮的灌顶；授耳传的静猛经法灌顶和关于这一方面的全部经典的讲传；授杰汤（རྒྱལ་ཐང་།）觉派的灌顶和这一方面的经典讲传；讲传了噶登六法（སྐལ་ལྡན་ཆོས་དྲུག）的羯磨修持法、灌顶仪轨和《三种导引》、《蓝色手册》以及雍增的《供养上师颂》的指引等各种菩提道次第修心的经书。讲传了一切知嘉木样前后各世、贡塘·嘉贝样、阿莽道扎尊者等人的许多论著的教敕，《缝纫教诫》《入藏随许》等广泛的经典。水兔年(公元1843年，清道光二十三年，癸卯）春，阿莽道扎尊者住在扎西格派寺（བཀྲ་ཤིས་དགེ་འཕེལ།），彼师在尊者座前聆听了《菩提道次精要》的指引等许多经法。前一年，有一次梦见被密宗学院众人邀请献上了曼荼罗。这时，又梦见了这样的梦。在居住在那里之际，被委任为密宗学院的法台，于藏历四月二十五日就任。在密宗学院授胜乐、集密、大威德三本尊的灌顶。木龙年（公元1844年，清道光二十四年，甲辰），藏历三月二十三日，被任命为大会堂堪布，坚持不断地宣讲教程，督促背诵考试。曾说道：

“可能是由于具誓护法神是财神之故，当任密宗学院法台之时，曾连续不断地去乡村作经忏法事，甚至一天有两三次者，如是者好多起。自任大会堂堪布以后，暂时不需要再去作经忏法事。人们说，乃琼护法喜欢讲辩闻听，好像是真的。”

举办了三期正理部学级。新建了寝室德祥宫，供奉、设置了许多佛像、佛经和佛塔。当时，又一次前去科采时，由于有多哇（མདོ་བ།）部落的匪盗在路中拦截，头目等率十五骑前来迎接，彼师行至多哇匪盗能看见的一座山峰上，下马休息了好长时候，让迎接的人催马先行。当师徒们重新上路之时，多哇的匪徒们冲了过来，看见头目等人不在跟前，相率前来顶礼而去。有一叫夏尔东·万玛加（ཤར་སྟོང་པདྨ་རྒྱལ།）者，在去和日地方行劫时，因受伤落在后边不知下落，来请彼师给他念诵迁转，只作了六十施食回向法。说道："过几天就会好。"后来，这个人就回到了家中。如此等等先知的传说很多。侄子文布离开人世后，彼师将遍照尊者请到寝室，供养了白银百两，绵羊五百只，牛马五十头匹，锦缎、氆氇等财物，合银近千两，作为超荐。

在拉卜楞寺中，先后讲传了各种大论的教敕，特别是从仙米寺阿琼活佛洛桑却珠尼玛（སེམས་ཉིད་ཨ་ཁྲུང་སྤྲུལ་པའི་སྐུ་བློ་བཟང་མཆོག་གྲུབ་ཉི་མ།）处聆听了从彼师的上一世传下来的玛玖拉仲静猛法灌顶等，广泛传授，传承弟子遍及各地。德赤仁波切身染疾病时，为之作空行回转魔鬼的禳解，同时作了永生长寿的祈祷；桑木察活佛身体不适，为之进行觉派灌顶，立即痊愈。这时，可能由于敌对方面的恶意恶行作怪，因而在这里的湖水旋涡中淹死了许多僧人。按照遍照尊者的命令，彼师任金刚上师，进行大轮护摩法事，自此以后再没有淹死过人。对身染癫痫和昏厥病魔的病人，只要进行觉派舍身法和禳解，就能立即苏醒痊愈。如此等等，显示了成就者的征兆。任若尔盖寺堪布时，整顿寺纪，讲传《修法宝源》的随许等一般的通传的和个别讲传的讲闻，精辟绝论。任阿木去乎参尼寺（ཨ་མཆོག་མཚན་ཉིད་དགོན་པ།）的堪布时，向赤瓦·瓦尔相仓（ཁྲི་བ་བར་ཞང་ཚང་།）等众多僧众授大威德十三尊的灌顶，为大经堂举行开光仪轨，为了寺院永久长存，在经院举行大威德护摩法事。在直合热寺（ཟག་ར་དགོན་པ།）授大威德灌顶，为成木活佛（ཁྲིམས་སྤྲུལ་པའི་སྐུ།）授沙弥戒。接着走遍阿坝、佐格山阴山阳各处、哇秀、河南蒙旗、和日及戎区十八大部落等处，如愿地满足了各自的愿望。在赴乡村作经忏法事时，无论怎样忙碌，都讽诵《皈依经》《三聚经》《善逝经》《发愿祈祷经》《大普明经》；在进行迁转时，虔诵许多佛陀名号，对无量光佛名号虔诵百遍至二百遍。吃肉后，将所有骨块积攒起来，进行骨骼仪轨，刻上佛像；将死者的念珠、日用品等许多东西放在威仪房中，每去一次，都念诵《不动尊陀罗尼》，然后向上面吹气。曾听彼师说过以卜卦为例，使一切有情的头脑中清楚地忆起金刚心修诵，进行甘露净障，诵三遍百字明。禳解病魔时也说，这个办法能使一切有情的头脑中清楚地回忆金刚大威德，充分加强甘露净障的所缘相，充分进行回向祈愿云云。总之，所作所为全部是为了利他，为大众的共同利益。

被委任为麦桑林（སྨི་སེང་གླིང་།）寺的堪布，水牛年（公元1853年，清咸丰三年，癸丑）夏天，去麦桑林寺途中，顺便在科采寺授普明大日如来灌顶，在参尼寺，尽力整饬寺规。由于僧众太少，便在加高（རྒྱ་མགོ།）、绒如（རོང་རུ།）、桑尕尔（ཟངས་དཀར།）、阿木去乎上中下三地等处，收集了四十位僧源扩大了僧众。对着僧人为壮年夭亡鬼魂所纠缠之事，乃闭关进行黑忿怒明王修持，举行护摩法事，并给广大僧众授大威德十三尊灌顶。在察科（ཚ་ཁོ།）的恰参（ཆབ་ཚན།）温泉地方，清净休养。在郭莽噶尔寺（སྒོ་མང་སྒར།）授大威德十三尊灌顶，讲传法王内外密三法的随许，对应试密宗经典和胜乐、集密仪轨僧人们进行奖励，为大经堂镀金彩画提供了经费。在这里，和库相仓（ཁུ་ཞང་ཚང་།）两人互相讲传了一些经法，供奉了缎制佛像，为三十位僧人作授近圆戒的安排。在参卓寺（མཚན་སྒྲོགས་དགོན་པ།）授集密、大威德灌顶，并讲传了集密、大威德法仪轨的教敕。去玛麦折多（སྨ་མེ་འདྲིས་མདོ།）时，贡塘·嘉贝样正住在那里，向贡塘活佛拜献了礼物，并为了他永生长寿进行了六十施食的回向。也前往查干白相寺和泽卫静修院（རྩེ་དབུས་རི་ཁྲོད།）应两位泽卫喇嘛的请求，授予胜乐金刚的灌顶。在拉卜楞寺以阿莽道扎尊者去世的灵骨灰，亲手和泥打印了多尊佛像等进行追荐，尽力满足了心愿。以前，曾向尊者请讲《菩提道次第四家合注编》释解和教敕，暂时没有予以讲传。指示：“铁鼠年（公元1840年，清道光二十年，庚子），将在恰干寺诵传，到这寺来。”即遵照所述，前往恰干寺，聆听了讲传的所有经法。和赛尔哇商人（གསེར་བའི་ཚོང་པ།）两人，作了发菩提心供祭的施主。每日上午，尊者分别授普明大日如来灌顶；讲传《红黄文殊》《白文殊》《白绿度母》《十一面大悲观音菩萨》《十六尊者》《白伞盖陀罗尼》《摧破金刚》《药师重叠诸师》《具光者》《衣叶佛母三尊》《金刚心诵修》《马头明王》《彩鹏》《集密具生母》《大胜乐》《依怙尊》《法王内外密三法》《吉祥天母》《多闻子》《大红司命主》等随许；诵传了《释量论疏·明照解脱道》等教敕，聆听者有卓尼堪钦·丹却嘉措（ཅོ་ནེ་མཁན་ཆེན་དམ་ཆོས་རྒྱ་མཚོ།）等众多的喇嘛活佛。阿莽道扎尊者会集恰格寺的上师、吉索和寺属村落的头人等供施人等，将彼师介绍给他们，从此以后，彼师前后来此地几次，讲传《菩提道次精要》的指引，授无量寿九佛灌顶，为每年六月初九日不断举行《普贤菩萨行愿王经》讲经会提供经费，并亲自讲了几次《普贤菩萨行愿王经》，作了几次玛尼会的领诵师。彼师在两座静修院，尤其是在三丹林寺多次进行闭关念修。还听说曾附带地进行过宿住随念的说法。从这个地区的徒众们不同寻常的表现，就可以清楚师徒二人的功业。为了建立法相讲辩制度提供顺缘，捐助洮州地方通行的铜钱一千三百串，并先后多次授沙弥戒和近圆戒。另外，还去直尕尔香曲林寺（ཟག་དཀར་ཤང་ཆུབ་གླིང་།）、嘉隆南木加林寺（རྒྱལ་ལུང་རྣམ་རྒྱལ་གླིང་།）、云哇（གཞུང་བ།）三部等处，讲传了各种经法，三轮功业卓著。由于资料不全在此不敢草率撰写。先前，恩师阿莽道扎曾对彼师说：

“您避一避上一世的年灾为好，今后可以由您酌情办理，以后年纪太老了，身体就难以承受。”

彼师按照此说，避了六十七岁的年灾。此后的第二年，即土马年（公元1858年，清咸丰八年，戊午）正月初九日，显示了暂住极乐世界之像。初八日下午，德赤仁波切派甘都夏茸（ཀ་མདོ་ཞབས་དྲུང་།）前来问疾。显得非常喜悦，说道：

“我不显现世俗之像，需要极力忆念，其中显现了前几世之像，还出现了一个小孩。”

将此话汇报了德赤仁波切后，说道：“他不显现世俗之像时，将要进入胜义啊！”

这时，赤温尕哇贤巴嘉措（ཁྲི་མདོན་དགའ་བ་བྱམས་པ་རྒྱ་མཚོ།）活佛、弥扎呼图克图（མི་ཏྲི་ཧུ་ཐོག་ཁུ་ཐོག།）正住在这里。梦见：好像有许多妇女准备来邀请。在专心致志地向往利他之事[117]的夜晚，又梦见有两位妇女说我俩初四日要走。就在这一天，修证之相，得到解脱。肌肤洁白，肌肉丰满，当修证之相解脱期间，没有一缕风丝，天空明净，如此等等出现了如同圆满次第中所说的征兆。初十这天，邀请了贡塘·嘉贝样殊胜化身。以前，彼师曾请求尊者授予胜乐金刚灌顶，当身染疾病之时，曾使人请求说：“现到了授予的适宜时光。”

贡塘·嘉贝样说：“要请问德赤仁波切的意愿。”

他说：“初十日可以进行。”依照指示，就于这一天，进行了胜乐轮自入灌顶，念诵了意愿圆满的各种经，并主持了遗体的火葬。心传弟子喜饶嘉措哇（ཤེས་རབ་རྒྱ་མཚོ་བ།）侍奉遗体，将灵骨灰和泥打印佛像后造了灵塔。转世灵童久迈索南嘉措（འཇིགས་མེད་བསོད་ནམས་རྒྱ་མཚོ།）出生在曲科尔（ཆོས་འཁོར།）地方，现已迎请坐床。

第四十二任堪布托噶夏茸·贡却格勒坚参（ཐོག་ཀ་ཞབས་དྲུང་དཀོན་མཆོག་དགེ་ལེགས་རྒྱལ་མཚན།），于藏历土狗年（公元1778年，清乾隆四十三年，戊戌）生于桑云达交滩（བསང་གཞུང་དར་ཅོག་ཐང་།）的春木托（ཁྲིམ་ཐོག）家族，父名永木加（ཡུམ་སྐྱབས།），母亲是杂义阿南木萨周毛吉（ཙ་ཡུས་ཨ་གནམ་བཟའ་འབྲུག་མོ་སྐྱིད།），是嘉堪钦的异母兄弟。父亲请求嘉木样二世怙主尊者赐名为阿旺扎西（ངག་དབང་བཀྲ་ཤིས།）。四岁的那年曾说“我是杂义的”等话，被认定为松拉玛夏茸（སུམ་ར་མའི་ཞབས་དྲུང་།）转世的灵童。水虎年(公元1782年，清乾隆四十七年，壬寅）迎请到寺院坐床。由于身体不适，前往桑（བསང་།）地。次年，和故乡的部落一起前往杂义。这年，从赤钦·索南旺嘉（ཁྲི་ཆེན་བསོད་ནམས་དབང་རྒྱལ།）剃度出家，赐名阿旺丹巴饶吉（ངག་དབང་བསྟན་པ་རབ་རྒྱས།）。七岁时，在比丘丹增嘉措（དགེ་སློང་བསྟན་འཛིན་རྒྱ་མཚོ།）座前学习藏文读写、诵经等知识，由于生性慧敏，记忆力强，一天之内即能记住《诸佛名号赞》。十一岁时，梦见八名骑士送他上天后又接了回来。后来，见到准噶尔僧人时，就认识了。在吉美柔白森格尊者（རྗེ་འཇིགས་མེད་རིག་པའི་སེང་གེ）座前，聆受了大威德金刚的灌顶。在查干白相寺，聆受了嘉堪庆所授的全部金刚鬘灌顶，及《菩提道次第广论》的疏解和教敕。在参巴·洛桑贡却（མཚམས་པ་བློ་བཟང་དཀོན་མཆོག）座前，请求了《般若八千颂》，《无所缘大悲颂》的《羯摩集》的教敕。随后，入拉卜楞寺学习。二十岁时，从贡塘·嘉贝样受近圆戒。二十二岁时，由于侄子文布洛桑尼玛（བློ་བཟང་ཉི་མ།）去世，杂义背叛，二十五岁那年经调解重归于好。次年，前往内地、蒙古地方，于水猴年（公元1812年，清嘉庆十七年，壬申）返回。敦请遍照尊者莅临寝室，敬献了佛像、佛经、佛塔、长寿瓶、白色法螺一对、水晶碗、白银百两、锦缎七匹。 给杂义寺（ཙ་ཡུས་དགོན་པ།）布施白银一百二十两，并建立大威德立体坛场，布施了栽绒毯柱包一对、以及香末大荷色、锦缎门帘等。木猪年（公元1815年，清嘉庆二十年，乙亥）获得祈愿法会然绛巴名号，这年秋天，被委任为香勒卡寺（ཤིང་ལས་ཁ།）的堪布。杜尔伯特（དུར་བེད།）来人邀请，于是于火牛年（公元1817年，清嘉庆二十二年，丁丑）经塔尔寺前往。先后给五百僧人授沙弥戒和近圆戒，授《宝生》《白伞盖十七佛母》《大悲心观世音菩萨》《大威德十三尊》等灌顶各两次，讲传了一些想念诵的经法。在第七世达赖喇嘛噶桑嘉措题名的准噶尔德钦饶吉林寺（ཇུང་གར་དགོན་བདེ་ཆེན་རབ་རྒྱས་གླིང་།）建立了三事实践仪则，并在该寺绘制了宗喀巴大师本生传，建立了五供节日灯祭制度。水羊年（公元1823年，清道光三年，癸未）在拉卜楞寺敦请遍照尊者莅临法会，供养了白银一百两，锦缎七匹，并献了几位僧源，向大会僧众发放了丰盛的布施。向自己的杂义寺及香勒卡寺的僧众施放了布施，向二寺的弥勒佛殿装上殿脊宝瓶，并设置了一些供物。木猴年（公元1824年，清道光四年，甲申）又任香勒卡寺堪布四年。土牛年（公元1829年，清道光九年，己丑）统计了杂义地方全体僧俗人等数字，将寺院连同寺属庄园一并献给了遍照尊者。大善知识贡却旺秀巴（དཀོན་མཆོག་དབང་ཕྱུག་པ།）任堪布时，和他一起按下密院规程整饬戒律，使其清净严谨。水龙年（公元1832年，清道光十二年，壬辰）任医学院法台三年，请遍照尊者为医学院僧院开了光，并在大会堂聆听了嘉木样三世所授的金刚鬘灌顶。木羊年（公元1835年，清道光十五年，乙未），任哇秀绰科寺（དཔལ་ཤུལ་ཚོ་ཁོ།）的喇嘛，调解了该寺和欧拉的纠纷，订立了协议。请遍照尊者授弥多罗灌顶，成为嘉木样三世的首座弟子。六十二岁那年，土猪年（公元1839年，清道光十九年，己亥）起，任德毛塘寺的堪布五年。

木龙年（公元1844年，清道光二十四年，甲辰），任拉卜楞寺密宗学院法台。次年，寺院来了汉军[118]，彼师几次去军营力争促其撤退。其后，又任乌厄盖寺堪布。火马年（公元1846年，清道光二十六年，丙午）秋季，任大会堂堪布，在三年任期中，主持讲听辩论，举办了一期正理部学级，于土猴年（公元1848年，清道光二十八年，戊申）卸任。以前，他念修狮面母时，有一次在梦中梦见一位牧妇装束的妇女以偈颂音韵督促他念修。彼师对历史博闻强记，卓有见识。经常护持“耸立瑜伽”念修。高寿近八十岁时圆寂。

第四十三任堪布苏尼特·根登达吉（སུ་ཉིད་དགེ་འདུན་དར་རྒྱས།），生于火马年（公元1786年，清乾隆五十一年，丙午）。彼师在经院学习时，熟背大部分教程应试了贡塘·嘉贝样活佛的考试。精研全部五部大论，获得了多仁巴学位。完成立宗辩论之后，进入时轮学院学习密咒，先后担任金刚持师和法台，主持政教事务，为僧院铸造高约肘余的七尊法王像、香巴拉国二十五代法胤王像、修建寺院破土仪轨所用的十个金铜橛和缝制张在坛城四边有穗的七政宝绣幕等筹集了资金。曾任若尔盖寺的堪布，在遍照尊者师徒座前聆听了许多显密深奥经法，特别是在堪钦吉美柔白森格座前聆听了一些秘传诀要密法。曾任密宗学院法台。六十三岁那年，即土猴年（公元1848年，清道光二十八年，戊申），任大会堂堪布，这年举办了正理部学级。土鸡年（公元1849年，清道光二十九年，己酉）祈愿神变大法会后辞去堪布之职。先后回故乡苏尼特几次，在其根本寺院噶丹德钦林寺（ཙ་དགོན་དགའ་ལྡན་བདེ་ཆེན་གླིང་།）建立和这里下密院相适应的戒行清净的密宗学院。查干俄沃寺（ཚ་གན་ཨོ་བོའི་དགོན་པ།）的法相讲经院衰败不堪，德赤仁波切派彼师担任堪布，重新予以恢复。在喀尔喀阿勒坦沃西勒图呼图克图寺(ཧལ་ཧ་ཨལ་ཐན་ཨོ་ཤིར་ཐུ་ཧུ་ཐོག་ཐུའི་དགོན་པ།)，彼师建立了法相讲经院。现在，这两寺的讲闻辩论和僧众正在兴盛发展，彼师并大力弘扬金刚鬘灌顶传承等。相传，他在五台山看戏因而证悟了空性，一位和尚向他献了长寿禅杖。在拉卜楞寺向嘉木样三世为首的喇嘛们供养了丰盛的财物。在大会堂向僧众每人先后布施了白银一两和铜钱一串。向几位弟子和侍从们讲传了各种经法。经常从不间断过午不食的戒律，晨昏念诵经典，中午看阅经卷，坚持闻思修一直到圆寂前。七十岁（公元1855年，清咸丰五年，乙卯）时，在苏尼特圆寂。这时，让侍者格丹嘉措格西（དགེ་བཤེས་སྐལ་ལྡན་རྒྱ་མཚོ།）等七人念诵《集密经》，他转过脸去坐着当以寂灭歌催情时，转过脸来显得很喜悦，笑容收敛的同时呼出强烈的嘻迦之声，随即气绝。寝帐顶上，出现了彩虹弥漫等等的奇兆。

第四十四任堪布洛桑贡却巴（བློ་བཟང་དཀོན་མཆོག་པ།）活佛，出生在从果洛迁来住在河南蒙旗台高特（ཐེ་ཀོད།）地方的一户人家。怙主嘉木样二世第一次去卫地时，曾邀请到他家，坐垫铺了十三层白毡，由此因缘授记说：“当来十三位喇嘛。”首先诞生了正理部学级的阿阇黎，这位师长的侄女玛玛（མ་མ།）就是洛桑贡却巴师的母亲。以前，彼师的前一世洛桑金巴

（བློ་བཟང་སྒྲོན་པ།）来这家时，问了她的名字后给了护身结。狗年（公元1802年，清嘉庆七年，壬戌）洛桑金巴临往净土之时，请来贡塘·嘉贝样尊者。贡塘·嘉贝样嘱咐说："要转生一位正确无误的灵童。"

洛桑金巴说："我无自由，也无主人。"

贡塘·嘉贝样说："您任怙主尊者嘉木样二世的理法侍读时，尊者曾说：'现在不但要闻思五部大论，今后还要发愿做有益佛法的事。'因而，主人就是怙主仁波切，我也不会不重视此事。"

洛桑贡却巴四岁的那年，患了影障症（脑溢血），请阿高禅师（ཨ་གོ་རི་ཁྲིད་པ།）洗沐治疗。这时，他梦见前世喇嘛的翁则师西饶隆珠（ཤེས་རབ་ལྷུན་གྲུབ།）说："曼荼罗生了锈要擦拭一下。"说罢将曼荼罗给了他。他将这个梦告诉了前世活佛的拉德属民夏日娃南杰（ཤར་བ་རྣམ་རྒྱལ།）。夏日哇南杰又将此梦告诉了文保益西（ཡེ་ཤེས།）。五岁那年，即藏历第十四胜生的火兔年（公元1807年，清嘉庆十二年，丁卯），当认定前世遗物时，他扑到文保的怀里，文保脖颈上戴着一串念珠，念珠串上有前世的念珠串上的一颗珊瑚珠，他一下子就认出来了。这天，有一只乌鸦绕着帐房飞旋啼叫，他说："这是依怙主之鸟，今天飞来家乡。"如此等等表现了一些宿住随念之举。在舅父正理部学级阿阇黎座前学习藏文读写等。七岁那年，就在这位阿阇黎座前剃度出家，法名洛桑丹增（བློ་བཟང་བསྟན་འཛིན།）。这年秋天，迎在拉卜楞寺坐床。次年正月十五日，在嘉贝样尊者座前受沙弥戒，赐名贡却图丹（དཀོན་མཆོག་ཐུབ་བསྟན།）并送了一尊文殊菩萨的铜像。吩咐说：前一世所做的一切事业要自己接着去做，并作了未入经院之前应熟背和念诵经典的安排。有一次，前去拜见嘉贝样活佛，嘉贝样活佛说："《大威德经》还在读吗？"

他答道："我在念修大威德胜魔法。"

一面说，一面作着行相，嘉贝样看了非常喜欢。从此以后，从不间断地念修大威德金刚。火鼠年（公元1816年，清嘉庆二十一年，丙子）

二月十一日，遍照尊者任大会堂堪布，这天的中午，在经院和嘉那华活佛（རྒྱ་ནག་པའི་སྤྲུལ་སྐུ།）一起作了入院仪式。彼师立宗辩论，立了宝生如来佛的颜色是否一概是黄色的正理论题，并引经文：“圣智如何遍及时，圣身亦如何遍及。”恰好这时，上经院的集会正在开始，缘起非常巧合。依照贡塘·嘉贝样的吩咐，于铁蛇年（公元1821年，清道光元年，辛巳），取得了祈愿法会的然绛巴。二十一岁时，在遍照尊者座前受近圆戒。三十四岁，拜见了嘉堪钦活佛。嘉堪钦活佛授记说：“学好五部大论，以后讲闻辩论时没有困难。”

彼师于勤奋地学习会传的同时，还在遍照尊者师徒座前聆受了一些深奥经法，积极积蓄资粮清除障蔽，致力于修证。三十八岁时，通过了多仁巴的立宗辩论。次年，任查干白相寺堪布，指定闭关诵修依怙主、大威德的一些修行者，彼师自己也进行闭关修行，和僧众一起进行了依怙主，大威德二本尊的护摩浇祭法事，使该处以前的凶兆稍形息除。建立学习嘉堪钦巴的《律经》的制度，开创辩论五部大论全部经典之例。木龙年（公元1844年，清道光二十四年，甲辰）彼师卸去堪布职务，按照遍照尊者的教令，在该寺修建大经堂，彼师资助了十一秤多银子，当庆贺经堂落成的典礼时，被泽卫·扎西嘉（ཙེ་དབུས་བཀྲ་ཤིས་རྒྱལ།）请到法会中，嘱咐唪诵《三聚经》十万遍。彼师亲自为经堂开了光，为法会布施了庆贺开光典礼的茶，授《功德根本成就颂》的指引和《噶登正教燃炽颂》的教敕，建立了会诵制度。土猴年（公元1848年，清道光二十八年，戊申），任德毛塘噶丹却科林寺（བདེ་མོ་ཐང་དགའ་ལྡན་ཆོས་འཁོར་གླིང་།）堪布。同年九月又委任为拉卜楞寺时轮学院讲闻师，十二月初一举行就职典礼，曾听德赤仁波切说过：“怙主嘉木样二世曾有若在经院中有配合《无垢光广释》的讲闻为好的想法。”于是，彼师自己讲授疏解和教敕。土鸡年（公元1849年，清道光二十九年，己酉）二月初一日，上面委任他为大会堂堪布。彼师说：

“从政教各方面来看，这不合适。”

“大伙早就同意，都共同有这样的祈愿，您不但条件适合，而且还要发扬清规寺纪。这不是看有没有财富而决定的。”

以上这些话，在几位哲士的传记中都有所记载。这月的十五日，就任大会堂堪布。在三年的任期中，开展讲闻辩论，监督寺纪清规，颇有建树。卸任后，轮流住在本寺和欧拉寺，进行饶益众生的事业。

第四十五任堪布辅导师的化身贡却尼玛（དཀོན་མཆོག་ཉི་མ།），木兔年（公元1795年，清乾隆六十年，己卯），出生在桑云滩边钦（བསང་གཞུང་སྤྱིལ་ཆེན།）地方，父名才让（ཚེ་རིང་།），母名才让内琼（ཚེ་རིང་ནོར་ཆུང་།）。和前一世尊者诞生的那户从阿柔迁来的人家是邻居，能认识他家所存的前一世用过的乘骑的辔头，因而由贡塘·嘉贝样认定坐床，并在这位尊者的座前出家，后又由这位尊者授近圆戒。前一世的哥哥修持具誓护法为守舍神，他的弟弟则做彼师的文布。家境贫困，衣食不周，文布是德哇仓拉让经忏僧，因此他们两人仅依此糊口。拜拉卜楞寺经院拉丹嘉措哇（རབ་བརྟན་རྒྱ་མཚོ་བ།）的侄子多仁巴为师，学习显密乘经论。在一切知嘉木样师徒座前聆听了许多经法。幼年时期曾见到以黄缎子印制的圣·宗喀巴的像，从其上下来了一个土老头经常过问背诵，若遇贪玩时，则予以打骂，有一次，在德赤仁波切座前聆听尊者讲述的经法，忽然看见老头坐在供案之上，产生了一点恐惧的心情。德赤仁波切说道：“你的老头来了啊！”后来又多次出现了这种感觉，竟将秘密情况变成了现实。学习结束后，初次外出游方时，一户人家布施了一头黑牦牛，由于护法神严厉，从此以后收入增加。于是为了开支，请示嘉贝样。尊者以开玩笑的方式，作极其亲切的指示道：

“你的住房已破损失修，目前需要把它整修一番，这是当务之急。我想，你要在这里为怙主法座和扎仓办事，为自己进行闻思修。要往长久方面着想，修缮完毕之后，即赶快观修正常。”

彼师安排了木工泥工等，往返于各地之际常常前来照看。全部工程稳妥地完成之后，在寝室中供奉了从前去西藏时曾向第七世班禅供养白银一百两，请求依止的圣物，被赐予的一尊有一肘之高的檀香木雕刻的十一面观音菩萨像。当时班禅双手捧起祝愿道：“愿发生巨大的利他功德！”这是以真实语加持的有灵异的圣像；被嘉贝样誉为化身工匠修造的前一世的灵塔；从卓尼迎请的《甘珠尔》大藏经；五种姓佛和无量寿佛像画卷等。曾任密宗学院翁则师和医学院的法台三年，还出任过开塔（ཁེ་ཐ།）寺和群科噶赛尔（ཆོས་འཁོར་སྒར་གསར།）寺的法台。在群科噶赛尔寺开创正理部讲辩时间再加两天共计七日的规则。在开塔寺院居住期间，虽然有称为仁交（རིན་སྐྱོལ།）的鬼魅公开进行侵扰，然而没有得逞。但是眼得翳障症，尊者自己讲道：“这个恶鬼常从寝帐后边小洞中偷视，似乎是被煞气射中。”在拉卜楞寺任大会堂堪布一年，除寺院事务繁忙时以外，经常参加经院和傍晚讲辩会，从不间断。虽然由于眼病不能亲眼看经典，但对每个班的教程，每日各讲授三行，并进行背诵考察。首先是令其慢慢地背诵一遍侧耳倾听，然后不时令其背诵两三次，除此而外，不要求全部背诵。凡祈愿法会上讲传的经法，夏季学期会上讲授的《菩提道次第论》与正理部的林赛讲辩等都扼要简洁地进行讲解，使听者心领神会，惊奇不已。在大施食法会上，前排各位夏仲装作请求摩顶时，都能一一指名道姓地给予摩顶。对一般常例的开支都照常进行，没有损减。卸去堪布职责后，勤奋修持，享年六十三岁，于火蛇年（公元1857年，清咸丰七年，丁巳）氐宿月（藏历四月）十五日逝世。十三日这一天，有曾于先前任堪布期间，请求讲授过教程的桑甫（སངས་འཕགས།）前来谒见。对他说道：

“我虽然没有很多财产，然而信财[119]的大部分还能尽力使进入三宝佛土，没有进行过浪费。”

谈了许多过去和未来的教诲，表现了思想上的关注。但是由于没有一些病状，因而也没有注意教诲的用意。他转世的化身吉美洛哲嘉措（འཇིགས་མེད་བློ་གྲོས་རྒྱ་མཚོ།），在同年的鬼宿月（藏历十二月）二十二日诞生在科采拉德（ཁོ་ཚེ་ལྷ་སྡེ།），父名完盖（བོན་དགེ།），母名噶毛（དཀར་མོ།）。有人议论说他没有足月，目前迎入寺院坐床。

第四十六任堪布拉仁巴·罗桑曲增（ལྷ་རམས་པ་བློ་བཟང་ཆོས་འཛིན།），于第十三胜生的木龙年（公元1784年，清乾隆四十九年，甲辰），诞生在姓塘噶尔（ཐང་དཀར།）的家中，父名关巴先（སྨོན་པ་བྱམས།），母名沃交吉（བོ་ཅོག་སྐྱིད།）。兄妹七人中他是长子，在准备给他娶妻成家之际，逃至阿琼夏仲（ཨ་ཁྱུང་ཞབས་དྲུང་།）座前出家为僧。曾被授记为前一世塘噶尔拉仁巴的转世，以前世的名号称他。十五岁赴西藏入了噶丹寺南结林经院，察科桑迦尔哇杂纳（ཚ་ཁོ་བཟངས་དཀར་བ་ཙན།）的侄子关确雅培（དཀོན་མཆོག་ཡར་འཕེལ།）任世间老师并住在一起，彼师与拉卜楞寺院的僧人前一世的浪仓（གླིང་གོང་མ།）是同一个学级。拜阿柔格西格勒桑保（དགེ་ལེགས་བཟང་པོ།）为经院的老师。曾任学级的辅导师，寺院多次令其进行磋朗会辩。曾在《般若》级庆贺典礼上立宗辩论及布施斋僧茶。

彼师二十二岁时，于喇嘛强巴（བླ་མ་བྱམས་པ།）座前受近圆戒。二十五岁获得了林赛噶居（གླིང་བསྲེའི་དཀའ་བཅུ།）学位，进入《俱舍论》班级时，担任了多拉（ཏོག་ར།）康村的师傅。当时遍照尊者前往噶丹寺，朝佛时令彼师带头诵经，并正确回答关于大威德、法王两尊历史的询问；在巡礼朝圣时，对圣地的解说详尽细致，对答如流，颇受赏识。铁龙年（公元1820年，清嘉庆二十五年，庚辰）三十七岁，取得了拉仁巴学位。年底任嘉拉德庆贝巴（ལྕགས་ནྲ་བདེ་ཆེན་དཔལ་འབར།）寺院的堪布职务。该寺有众生怙主八思巴建造的三层楼释尊殿；有圣·宗喀巴大师到这寺时在石头上留下的身子的痕迹；石头上有自然显现的密宗事部三怙主像和十六尊者的像等许多圣物。彼师住持该寺并兼管贤木浪（བྱམས་གླིང་།）寺院。四十三岁返回多麦地区，在嘉绒则拉（རྒྱལ་རོང་རྩེ་ལྷ།）禅室闭关修行三年。达若勒佳（ད་རོ་ལེགས་སྦྱར།）在捷麦（ཉི་སྨད།）修建了一座静修院献给彼师。在这里，于堪布噶哇钦波（དཀའ་བ་ཆེན་པོ།）前赴拉萨的八年之间，给他讲传了许多学识。此后，为了向北方朝圣，乃向施主请假，返回了故里。在拉卜楞寺院聆听了遍照尊者传授的全部金刚鬘灌顶，以后又在甲茂喜合热（རྒྱ་མོའི་གཤག་རལ།）修持了数年。被委任担任甘加直噶尔寺的堪布三年。此外，还担任参让（མཚམས་རིང་།）、查干白相、参直合（མཚན་སྒྲོགས།）等寺院的堪布。在拉卜楞寺院担任时轮学院的金刚上师、密宗学院的法台及大会堂的堪布，组织了一次正理部讲辩。曾于大会演讲训诫道：

“我是一个在格丹解脱洲（དགེ་ལྡན་ཐར་གླིང་།）与松鸡、画眉鸟相依为伴者，而不是马马虎虎地在财物之中过活者。”

如此犀利、讽刺而稀奇的话很多。卸任后，在自己的如阿尔寺闻思昌盛洲（རུ་ངར་ཐོས་བསམ་གླིང་།）夜以继日地勤奋修持，水狗年（壬戌）圆寂，享年七十九岁。

第四十七任堪布大慈主宰吉美丹巴尼玛（འཇིགས་མེད་བསྟན་པའི་ཉི་མ།）尊者[120]。火鼠年（公元1816年，清嘉庆二十一年，丙子）诞生，父亲是哇秀（དབལ་ཤུལ།）官人坎卓本（མཁའ་འགྲོ་འབུམ།），母名索毛嘉（བསོད་མོ་རྒྱལ།）。彼师的叔叔名丹增（བསྟན་འཛིན།），于梦境里见第二世嘉木样赐予了一面镜子，要求妥善地保管起来。也有人说是泽唯觉干（ཚེ་དབུས་གཙོད་ཀན།）赐予了一个宝瓶云。有一位称为通慧者的阿坝人具有先知神通，他们主仆从西藏卫地返回故里的路途中，一天突然狂风大作，对此，一位欧拉人问道：“这预兆着什么？”

回答道：“北方的一位名叫桑格（སེངྒེ།）的喇嘛逝世了，现在他正从这里向上面卫地去，折回头到了与我们很近的地方了。”

他们回到故里时，听到前一世喇嘛确已逝世，对其所讲发生了兴趣。第二年，此人又遇见了那位通慧者，又询问道：“据说坎卓本家诞生了一位化身，这是真的吗？”

回答道：“可能就是在西藏的路途中我向你说了的那位喇嘛的化身。”

当参卓堪布询问时，他说道：

“他不但是一位化身，而且是在你们的头上赐予摩顶者”。

那时候，赛赤化身罗桑坚参桑格（བློ་བཟང་རྒྱལ་མཚན་སེང་གེ།）来到这里，在座前聆听过长寿灌顶。前一世尊者的哈巴狗还在赛赤的手里，于是他到尊者的那里显出与众不同的亲热。赛赤活佛他到哇秀坚参（དབལ་ཤུལ་རྒྱལ་མཚན།）的那里时，他问道：

“听说坎卓本家诞生了霍尔藏赛赤（ཧོར་ཚང་གསེར་ཁྲི།），这种说法是否正确？”

答道：“他的哈巴狗在我的手中，这狗做出了认识的表示，可能就是化身。”

他不高兴地说：“不为人所识，而好像为狗所识！”

彼师幼小的时候，对于佛经虽没有学过也没有看过，但能领悟，经常以戏言形式谈论经法。与同庚的儿童玩耍时，稍微不如意时，便以“我是吉美柔贝森格（འཇིགས་མེད་རིགས་པའི་སེང་གེ）”来威胁。在舅父家有一位习旧译密咒的阿阇黎进行护摩祭，妈妈领他去看，他哭着说：“像老鸹的声音，啊啊地叫着！”不肯坐在那里。曾被认为是一位宁玛派活佛的化身，前来赎迎，没有答允。五岁时，遍照全知者、贡塘·嘉贝样和僧众等在两位尊者灵塔前，隆重地举行法事，专心一致地用糌粑团问卜后做出了决定。

嘉贝样说：“前一世尊者认为没有必要在古拉（སྐུ་བླ།）建造那个鄂博，可能主要是考虑到化身的诞生。”

嘉堪庆也说道：“我在查干白相寺院居住期间，看见古拉的补酬旗帜常常指向赛卡多（གསེར་ཁ་མདོ།），犹如迁徙夏季草场和冬季草场那样。这表明化身已经降生了的缘故。”

当年鬼宿月（藏历十二月）奉献了哈达、衣服、帐篷等必要的用具，由密宗学院的老僧、后来居住在静修院的久美（འཇིགས་མེད།）侍奉在身边教授念诵。铁蛇年（辛巳）秋季迎至拉卜楞寺坐床。在坐床的庆祝宴会上，遍照尊者、贡塘·嘉贝样等圣师徒都前来参加。遍照尊者授予了修习无量寿佛与马头明王合修的随许；讲授了《兜率上师瑜伽颂》、白度母、绿度母等经典的教敕，并赐予了厚礼。在贡塘拉让隆重设筵欢宴，席间赠以红绫系带的右旋白螺等礼物及“右旋白色之海螺、红色映红之冕旒”颂文。声华传播于十方的缘起焉于形成云。还赐予了圣·宗喀巴大师像及《现观庄严论》《入中论》等经籍。七月在遍照尊者座前出家并受沙弥戒，聆听独雄大威德灌顶及部分随许。德赤仁波切从内地回来后，前去叩谒，在他的拉让设宴款待并赠送了礼物。返回时，在千佛殿（སྟོང་སྐུའི་ལྷ་ཁང།）里赐予了盛满糖类的蓝晶石碗及哈达等。据说这预示今后将在这座佛殿聆听时轮金刚灌顶的征兆云。向这位尊者呈述了结法缘的愿望，被赐予了修习独雄大威德的随许。后来说道：

“你的前一世，有一天叫我前去，说要口授教授。去时，陈列着独雄大威德连同明妃的随许的资具，随许和仪轨的经典也放置在面前，虽然回禀：‘没有勇气接受。’但没有答允，于是战战兢兢地诵读下去了。思想上认为这会是将有所指。现在就向您首次奉上。”

九月，由于要在木猴年（甲申）入经院，在科采·索南（ཀོ་ཚེ་བསོད་ནམས།）座前学习念修，熟背《现观庄严论》《入中论》等经典。冬季到了霍尔仓（ཧོར་ཚང།），在僧俗集会上讲授了《兜率上师瑜伽颂》的指引。第二年又赴甘加，满足了他们的愿望。同年在德赤仁波切座前聆听了时轮金刚灌顶、阎摩敌全部经典、驴面胜乐等部分灌顶经典等许多甚深妙法。狗年在诞生地朝科（ཚོ་ཁོ།）安置了古拉鄂博。当时听到遍照尊者即将前往内地，单人独马返回后，在寝室进行邀请，宴会上奉献了妙净的贶仪。十三岁，土鼠年（公元1828年，清道光八年，戊子）角宿月（藏历三月）

十三日，在大会堂布施了斋茶及索达（བསོད་བཏགས།）[121]作为进入大会堂的礼物，斋僧茶时每人布施了布一匹。春季学期会二月上弦间进入经院。在赤钦达隆·罗桑尼玛（སྟག་ལུང་བློ་བཟང་ཉི་མ།）座前聆听教程，由于前经师担任了持金刚上师，科采贡确（ཁོ་ཚེ་དཀོན་མཆོག）侍奉在左右，依次熟背《集类学》《悟慧论》《因理论本义》《宗印宝鬘》、《俱舍论》正文（མཛོད་རྩ།）等，并分别请求了详细地指讲。在遍照尊者座前应试了《现观庄严论明义释》《宗印正文》，被赐予阿底峡尊者被七付法藏师、二胜、六庄严、噶当派四本尊簇拥图及衣服等大量礼物。十七岁时身体患病略有不适，为了除病赴直噶尔（བྲག་དཀར།）朝圣。同年在遍照尊者座前聆听《金刚鬘》灌顶，并先后不间断地聆听所授的大日如来、长寿九尊灌顶等经法。冬季学期会上参加了经论的考试，并请求讲授了《现观庄严论》《入中论》的教敕。熟背《般若》第一品、第四品，《二十僧伽小集》、《缘起经教宝库》（རྟེན་འབྲེལ་ལུང་རིགས་བང་མཛོད།），《识色善说宝瓶》《了不了义明慧喉庄严》（དྲང་ངེས་བློ་གསལ་མགྲིན་རྒྱན།）及《正义精要》唯识以上的各论等，彻底究竟地学习了《般若》《因明》的经论，并在僧众集会上作了《悟慧论》《缘起颂》《识色论》等磋朗会辩。二十岁时，在遍照尊者座前受了近圆戒。第二年，在举行《般若》宴会上立宗。熟背《中观经教明灯》积极参与辩论。土狗年（戊戌）夏季，在遍照尊者座前聆听了全部弥多罗灌顶经教。为了前赴卫地，曾请求遍照尊者予以同意，并向卫地去信请求占卜，这时回答恰好到达。为了做好去卫地的准备，乃去哇秀、欧拉、佐格宁、外斯（བེ་སི།）、科采、甘加、霍尔仓（ཧོར་ཚང་།）等地区，满足了他们各自的愿望。土猪年（公元1839年，清道光十九年，己亥）春季，遍照尊者从河州回来，前往相郭（ཤིང་སྒོ།）迎候，同年降下了准许赴西藏的教令，并于回到寺院之后，立即专门授予了修习《十七种面容》（ཞལ་རྣམ་འགྱུར་བཅུ་བདུན།）的随许。

藏历六月起程赴藏，经过热振于娄宿月（藏历九月）到达拉萨。谒见了摄政擦多诺们汗(ཚ་རྡོར་ནོ་མིན་ཧན།[122])、赤钦·坚贝楚臣（འཇམ་དཔལ་ཚུལ་ཁྲིམས།)、达擦济垅（ཏ་ཚག་རྗེ་དྲུང་།)、第穆活佛（དེ་མོ་སྤྲུལ་པའི་སྐུ།）等并奉献了礼物。隆重地供养了两尊释迦佛像，对哲蚌寺大会堂僧众每人布施银章嗒一枚，对扎仓除布施茶饭外，每人再发放三钱白银，于五供节加入《七十理义》学级，向扎德·罗藏坚巴（ཟ་ཧི་བློ་བཟང་འཇམ་དཔལ།）堪布进行了见面礼，拜持律堪布贡如·洛哲丹巴（གུང་རུ་བློ་གྲོས་བརྟན་པ།）为经师复习《般若》。对上密院也施放了布施。铁鼠年（庚子）夏季，主仆三人朝拜了噶丹寺、沃喀（འོལ་ཁ།)、顷科杰寺（ཆོས་འཁོར་རྒྱལ།)、塔拉冈波寺（དྭགས་ལ་སྒམ་པོ།）[123]、桑日康玛寺（ཟངས་རི་མཁར་དམར།）[124]、丹萨替寺（གདན་ས་མཐིལ།）[125]、桑耶寺、泽当寺（རྩེ་དང་།）[126]、雅隆寺（ཡར་ལུང་།)、洛扎（སྙེ་ཐང)、扎什伦布寺、纳塘寺、上下萨迦、拉孜(ལྷ་རྩེ།)、彭错林（ཕུན་ཚོགས་གླིང་།）等寺隆重供施，虔诚发愿。在扎什伦布寺院发放布施后，于班禅仁波切座前聆听了长寿灌顶，并圆满地受了近圆戒。请求噶钦·格勒坚参（དཀའ་ཆེན་དགེ་ལེགས་རྒྱལ་མཚན།）教授静猛合修的一些经法。经绒钦（རོང་ཆེན།）到达了哲蚌寺，参加会传经法的讲辩，从不间断。在释罗[127]（ཤྲི་ལ།）堪钦座前聆听了胜乐灌顶。《般若》第四品学级中虽没有群则这一级，但彼师辩才超群，他们再三向堪布请求准予彼师参加了这个学级。铁牛年（辛丑）冬季，于庆贺《般若》宴会上进行了立宗。第二年（公元1842年，清道光二十二年，壬寅）为了迎请殊胜化身胜者[128]，章嘉仁波切到达卫地，彼师和贡塘活佛两人赴墨竹（མི་དྲོད།）迎接，章嘉下马来亲手接住谒见的哈达，颇受尊敬。章嘉到哲蚌寺时，曾特别到彼师的寝室两次，进行了亲切机密的谈话。但进入密宗学院的主张没有被接受。第十一世达赖喇嘛克珠嘉措(མཁས་གྲུབ་རྒྱ་མཚོ།）坐床时，曾乘马远迎并列坐于班次之中。班禅仁波切去拉萨时也乘马远迎，并在郭莽扎仓聆听讲传的《圣道三要论》的教敕。水兔年（癸卯），申请考拉仁巴学位时，由于有入密宗学院的愿望，根本没有考虑这事。但在康村和僧众的恳切请求下，向赛查（བསེ་ཁྲབ།）护法神和地母神进行卜筮，请求决定。问卜的结果是以申请参加学位的考试较好。乃先取得学级的噶仁巴。因经师担任持律堪布，工作很忙，乃在广惠寺僧人丹增拉杰（བསྟན་འཛིན་རབ་རྒྱས།）座前，详尽地请教了全部《俱舍论》和《律经》的讲解，熟背《律经根本律》。木龙年(甲辰）在冬季学期会时，向大会堂及扎仓都放了布施，在寺院立宗讲辩了两天，取得承许良好的评价。蛇年，取得了大祈愿神变法会上立宗讲辩的第一名。由于没有实现入密宗院学习的心愿，专程前去噶丹寺朝拜了宗喀巴大师的灵塔。当时，班禅仁波切驻锡于拉萨，聆听了他所著的《上师瑜伽》的教敕和长寿灌顶后，向班禅仁波切和布达拉宫、罗布林卡等处进行告别礼拜，于这一年的藏历四月间，起程返回安多。时遍照尊者住在科采拉德，即去该处叩谒，奉献了以洁净的披风为主的全套衣服、呢绒、藏香等礼品，受到了很大的欢迎。这年冬天，向阿木去乎活佛学习了《诗鉴论》和曼荼罗等《尺度经》。第二年，德赤仁波切由内蒙古返回后，在座前聆听了巴日译师修行百法（བ་རི་བརྒྱ་རྩ།）等许多经法。担任王府乌尔盖寺的应供喇嘛。土猴年（公元1848年，清道光二十八年，戊申），遍照尊者嘉木样三世奉到新赐的封诰和印信，彼师在迎接圣旨典礼中服务周到，尽力最多。与此同时，巴林王（ནྦ་རིན་ཡང་།）[129]的使者大喇嘛丹巴达杰（བསྟན་པ་དར་རྒྱས།）和梅塄保当噶（མེ་རིན་པོ་ཏང་ཀ།）主仆前来向遍照尊者致敬，并请求派一位喇嘛。上面决定让彼师前去。临近起程时，在尊者座前聆听了四业天母灌顶(ལས་བཞིའི་ལྷ་མོའི་དབང་།）和全部《柔代》（རིགས་གཏད།）。和巴林王派遣迎接的使者丹正达喇嘛（ཏ་མགྲིན་དྷ་བླ་མ།）等于土鸡年（公元1849年，清道光二十九年，己酉）闰四月前由拉卜楞寺起程，德赤仁波切送到甫德（ཐུག་བདེ།），并送了炊具，陪同前去的有排通达乌拉杰德盖日(པེ་ཐུན་དྷ་ཨུ་ལ་ཇེ་ཏེལ་གེར།）主仆，呼和浩特的图萨拉其贤却图（ཐུ་ས་ལག་ཆི་ཤན་ཆོག་ཐུ།）、藏格夏（ཚང་གི་ཤ）等人，携带帐篷、炊具、马车、骡马等，来到阿拉善旗王的衙门。巴林王的叔叔郭交图萨拉其嘉钦扎卜（ཀོ་ཀྱུག་ཐུ་ས་ལག་ཆི་རྒྱལ་ཆེན་སྐྱབས།）、王的弟弟托颜堪布（ཐོ་ཡོན་མཁན་པོ།）等在七海子迎接；另外骑乘迎接，设灶迎接者络绎不绝。巴林王和属下官员等主仆三百余人在巴林旗边界恭候，箕宿月（藏历六月）贤妙日到达了乌厄盖衙门（ཨུ་ཇེའི་ཡ་མོན།）。一连数日举行欢迎宴会，观看了许多汉族和蒙古族习俗的游艺节目，主持了霍秀寺（ཧོ་ཤུལ་དགོན།）十一月祈愿法会，向王等授大威德灌顶及长寿灌顶。三年之中到大小巴仁（བཱ་རིན་ཆེ་ཆུང་།）、乃门（ནེ་མེན།）、阿如科尔沁（ཨ་རུ་ཧོར་ཆིན།）、佳若特（ཇ་རོད།）、昂辽特（ཨོང་ཉོད།）、叩西店（ཁ་ཤིག་ཏེན།）、阿巴噶（ཨ་བ་ག་ག）、江苏尼特（ཇུང་སུ་ཉིད།）、察哈尔（ཆ་ཧར།）等地的各个寺院和村庄讲经说法，进行除灾、生死迁转、回向、祓除鬼祟、禁制呵护等法事，尽量满足了他们的愿望。铁猪年（辛亥）冬季，经热河（ཡེ་ཧོར།[130]）前去北京朝拜梅檀释尊像。水鼠年(公元1852年，清咸丰二年，壬子）夏季，朝拜五台山的各寺庙和圣物，并一一进行供养，发弘扬佛法的誓愿，并进行环山巡礼。同年十月，起程返回安多，于水牛年（癸丑）祈愿法会结束之际回到了拉卜楞寺。当天在大拉让晋谒了遍照尊者，犹如父子相逢，欣喜非凡。翼宿月（藏历二月）十一日，迎请至大会堂，彼师献一人高无量寿佛铜像一尊，白银五百两、玻璃灯笼一对等作为供养；向大会堂每个僧人布施铜钱一串；由于德赤仁波切快要前赴蒙古、内地，奉献了鞍具齐全的骆驼十一峰、白银五十两、大缎一匹、和足够一套衣料的呢绒；向贡塘仁波切奉献白银一秤、栽绒地毯、玻璃用具等；为新修的藏经殿（དཔེ་མཛོད་ལྷ་ཁང་།）献新制的一人高圣·宗喀巴像一尊。对上下各处前来看望奉献盘供[131]的许多施主及各个寺庙，各布施佛像一尊；对霍尔仓部落十一尊药师佛殿的每个僧伽每人布施铜钱五百和哈达一条，并以白银五十两作为衬资，供公共使用。就在这年修缮了寺院的大寝宫的女墙，建造了庭院，设置依止圣物，美轮美奂，庄严肃穆。冬季回到了出生庄园，在阿坝郭莽噶尔寺、参直合寺、查干白相寺院，布施了斋僧茶和念珠。

木虎年（甲寅）翼宿月（藏历二月）十一日，担任了大会堂堪布。两年来，放弃外出游乐，讲授考核教程从不间断，督饬正理部并附带任命经管财务人员，使以往的开支常规有所发展。为了整顿寺院的清规戒律，请求遍照尊者给予督促的教令。

第十四胜生木虎年（公元1854年，清咸丰四年，甲寅）五月十二日，遍照尊者发布整顿寺院清规命令如下：

“根据赤钦化身彼师鉴于本寺清规逐渐废弛，须行整顿之请求，鉴于扎仓清规极其重要，不能使其有所衰退，特规定本寺现在必须遵守之清规如次：

“沙弥比丘等须知严守戒律乃圣教之基础，凡入本寺之僧伽，任何人等必须严禁邪恶、饮酒和偷盗。如无特许时，妇女不得进入寺内。卖草、卖柴、乞讨等妇女不得随时前来寺院；从远方前来之施主人等，如是妇女须报告执事人等点清数目，除白天外，夜间不得住宿；粉刷房屋时，除总拉让、大会堂和堪布住所外，其他任何活佛府邸和僧寮都不许妇女进入施工；大会堂和吉哇清除粪肥时，妇女可以从巡礼道之外除送，不得进入寺院除送。

“僧伽内部禁止射箭、掷骰子、着俗装、持武器外出。明知其为盗贼，不得包庇资助路费、马匹；不得暗中宰杀牛羊，或无顾忌在鲁当（ཀླུ་སྡིང་།）以下，措奇（མཚོ་འཁྱིལ།）以上地区内杀牲，对此，僧伽人等不得进行协助。凡偷窃前山和曼扎森林树木等等在家俗人亦须严受处分之事，僧人坚决不得违犯！作为僧伽一律不得有家室，若有家室，其惩处办法，应按照原来规定处理；有家室者不能再行进入扎仓，也不得做随从人员。参加会传讲经、巡回辩经僧人之中，若出现有无所顾忌从事饮酒邪行者，应开除寺籍。违犯禁酒戒者或从其他地方前来之犯酒戒者，不得以作为拉让或活佛府邸随从人员名义领取会供份子。凡旧随从人员之中，或各活佛府邸随从人员之中，发现有于非规定时间，在僧寮留宿妇女和饮酒者，同样应予开除寺籍。

“关于畜养骑乘，原来规定入噶让学级不满三十年者不得畜养，由于如此高龄僧伽不多，改为今后进入扎仓不满三十年者不得畜养。除了拉让养狗两三条外，各大小活佛府邸都不得养守门犬。担任吉哇管家而请假或以狡诈手段在大会堂请长假而不参加会传之僧伽越多，对于会传极为不利，除有印鉴证明长年闭关或一生闭关者外，任何僧伽不得请假不参加会传而经常自由自在，在外游逛，必须参加会传集会，即令年长老僧亦须参加会传，应如以往早有之规定执行。除个别大活佛府与个别文布、群则以外，孤单僧人参加会传之内，不得混有流浪汉。僧人不得作中买卖菜牛菜羊，不得倒卖糌粑面粉等谋取佣金，不得做各种生意。

“寺规之基础有赖于执事管理人员之好坏，委任执事人员时，必须选择称职者造册向上报告。不得看情面徇私；不得凭自己好恶行贿受贿，互相授受。执事人员不得以私枉法，不得无视清规，宽大无边，如发生此事必须彻查处理。执事人员因严格执行寺院清规，势不能尽如人意，任何人等不得任意诬陷枉加恶名。关于发放份子标准和年龄规定，参阅附录执行。

“总之，寺院清规是一切之基础，为维持会议之必需，今后必须遵照执行，极为重要。如执行者和遵循者任何一方，不按规定执行，发生凭借权势任意违犯者，则将按其情节轻重，进行处理和追查。望大众遵循，不得有违！

“第十四胜生木虎年（公元1854年，清咸丰四年，甲寅）五月十二日订于拉卜楞寺图登颇章宫（ཐུབ་བསྟན་ཕོ་བྲང་།）。”

鉴于寺规纪律对于弘扬圣教、发展圣师徒的事业，是至关重要的特殊部分，因而在此完整地保留下来。

木兔年（公元1855年，清咸丰五年，乙卯）春季，遍照尊者身体欠佳，彼师布置僧众积极做经忏佛事，角宿月（藏历三月）初三日，又在寝宫与僧众大伙共同为尊者长寿永生而祈祷诵经，于是尊者身体逐渐康复，吉兆不断出现。随着正理部结业，彼师乃请准辞去堪布职务，在大会堂布施僧众并献锦缎大荷包一对，覆盖三间殿宇的天幕等作为公积财物。九月初三日，遍照尊者把负责大拉让政教事务的责任交付于彼师[132]。虽向尊者恳切地报告个人能力有限，不能承担重任，特别请求足莲长住！没有得到允许。乃于初五日迁往拉让，举凡超荐的法事，遗体的安排，银塔的制作，殊胜化身转世的一切事宜，以及拉让内外事务等等都一力承担，管理得体。七年之中，护理寺院使其蒸蒸日上。铁鸡年（公元1861年，清咸丰十一年，辛酉）卸任，弘扬讲修妙善事业。现在佛教众生的救星足莲正雄伟高耸于天壤之间。

第四十八任堪布嘉样喇嘛贡乔丹贝嘉措（དཀོན་མཆོག་བསྟན་པའི་རྒྱ་མཚོ།），木猴年（公元1824年，清道光四年，甲申）觜宿月（藏历十一月）十一日，诞生在杂义唵奇（ཙ་ཡུས་ཨོ་འཁྱིལ།）地方，父名关巴依合（སྨོན་པ་ཡག）。这一天全知遍照尊者居住在贡萨丹派林寺（དགོན་གསར་བསྟན་འཕེལ་གླིང་།），正准备动身起程，曾长时间凝视这个方向后，显出了喜悦的神态。同时，并出现了彩虹弥漫等吉祥征兆。土牛年（公元1828年，清道光九年，己丑）心宿月（藏历四月）十五日，遍照尊者、德赤仁波切、霍尔仓赤钦活佛及两位堪布等在前两世嘉木样的灵塔前以糌粑食团问卜后，确认为底完（ཏྲི་བེ།）[133]喇嘛的化身。箕宿月（藏历五月）初四日，文布然绛巴、关却龙珠（དཀོན་མཆོག་ལྷུན་གྲུབ།）、多仁·关却华桑（རྡོ་རམས་པ་དཀོན་མཆོག་དཔལ་བཟང་།）、时轮学院金刚持关却丹达尔（དཀོན་མཆོག་བསྟན་དར།）等寺公所和内部各方人员一起奉献了油炸盘供、晋见哈达及以黄缎为衣面的带袖的羔裘等物。虽想尽办法，然而不肯接受皮袍，不得不献上披单禅裙。藏历十月初三日，迎至拉卜楞寺坐上不灭法床。七岁时，即铁虎年（庚寅），于神变月（藏历正月）吉日，在遍照尊者座前出家并受沙弥戒，聆听了《功德根本成就颂》的教敕。在前一世尊者的秘书贡却更噶（དཀོན་མཆོག་ཀུན་དགའ།）座前学习藏文及诵读，彼师都能正确领悟。接着学习背诵五种怙主法（མགོན་ཆོས་ལྔ།）、《律经根本律》等。水龙年（公元1832年，清道光十二年，壬辰），在遍照尊者座前聆听金刚鬘灌顶，尔时因患麻疹，遍照尊者暂停传法，三月之后疾病痊愈，又前去参加传法道场。木马年（公元1834年，清道光十四年，甲午），委任霍尔仓多仁巴·俄旺拉丹（རྡོར་ཚང་རྗེ་རམས་པ་ངག་དབང་རབ་བརྟན།）为经师，在府邸学习理法，这一年学完了总别部分以上的辩论，第二年春季学期会在上会场入赤白显色级（ཁ་དོག་དཀར་དམར།），次日又升入上显色级。在赤仁波切科采索南（ཁོ་ཚེ་བསོད་ནམས།）处聆听宣讲的教程，牢记《集类学》《悟慧论》《因理论》等，在辩驳方面掌握了理法的法则，对《宗印宝鬘论》和《现观庄严论明义释》也能熟背不忘。前一世尊者曾对安木去乎格西的化身说过：“你修建了一座寺院，我将记在心中。”连年来，这位格西邀请前去那里。在德赤仁波切的同意下，火鸡年（丁酉）赴约前去。顺路在泽唯（ཙེ་དབུས།）静修院赐《兜率上师瑜伽颂》和《功德根本成就颂》教敕。去华丹玛桑林寺（དཔལ་ལྡན་སྨྲ་སེང་གླིང་།）授独雄大威德灌顶及修习马头明王的随许。所属庄园的各个村庄虽然诚恳地邀请，但由于忙碌没有承允，大伙乃集结在一起设灶迎接，隆重地奉献供养的布施。麦务（དམེ་བོ།）官人丹增（བསྟན་འཛིན།）再三抱怨没有应许其第一次的邀请，乃于当年正理部结业后赴佐格之际，在诞生地住了一夜；在贡萨拉吉林寺（དགོན་གསར་རབ་རྒྱས་གླིང་།）向以恩师阿莽道扎为首僧俗，授十三尊大威德灌顶；在丹派林寺授《颂云海》（བསྟོད་སྤྲིན་རྒྱ་མཚོ།）教敕。前往麦务官人及属民各个的家庭满足了他们的愿望。恰格（ཁྲ་དགེ།）等地农业区若干寺院虽然再三地邀请，然而没有承允，回到了寺院。土狗年（公元年1838年，清道光十八年，戊戌）夏季，在大会堂聆听了遍照尊者讲授的全部弥罗灌顶。在这一年的正理部讲辩会上与巴林托颜（སྣ་རིན་ཐོ་ཡོན།）一起进行了《因慧论》磋朗讲辩。熟记《般若》第一品、《缘起教理宝库》《二十僧伽大全》等，彻底钻研《般若》妙义。在《新论》级，当学级间接触交流之时，就“离一异”方面弘扬经教宝鬘，对辩者们的论据被驳斥得无地立足。在德赤仁波切座前先后聆听讲授的《四家合注》《五次第明灯论》教言和《大日如来消除三恶途十二坛城》（སྦྱོང་རྒྱུད་དཀྱིལ་འཁོར་བཅུ་གཉིས།）等许多灌顶法、《修法宝源》《修法海》《十三金法》等一般与分别的修习法随许，以及《大印和供奉瑜伽上师颂合修指引》（ཕྱག་ཆེན་དང་བླ་མཆོད་སྦྲགས་པའི་ཁྲིད།）等教授，同时也听到亲口说："圣·宗喀巴大师也认为除此以外再无殊胜。"对此具有不共的虔信。还把这位尊者祖衣作为常佩物。在参加会传经法之余，念修独雄大威德静猛合修及十三尊大威德、依怙尊、法王、吉祥天母、马头明王、白文殊、绿度母等法，在延长《兜率上师瑜伽颂》之上，同时念诵了《无所缘大悲颂》。在闭关修行依怙尊时，梦境里出现了一个俗人腰悬长刀，口言"我就是四臂依怙护法。"解除闭关后，立即绘制了画像，并指示不准揭开画幔。

铁鸡年（公元1840年，清道光二十年，庚子）为了募化赴西藏的费用，前去桑科滩科采、大小外斯（ཝེ་སི་ཆེ་ཆུང་།）、扎萨克五佐领（ཛ་སག་མདའ་ལྔ།）、欧拉、佐格宁（མཛོད་དགེ་ཉིན།）、仙美（ཟྭམས་མེ།）、塘果日（ཐང་སྐོར།）等地区，所有联系事务都如意完成。在阿木去乎玛桑林寺（སྨ་སེང་གླིང་།）授十三尊大威德灌顶和长寿灌顶；在噶钦（སྐར་ཆེན་རི་ཁྲོད།）静修院授予修习绿度母的随许；到了肖玉（སྤོགས་བཞི།）为僧众授《兜率上师瑜伽》的教敕；在德摩塘噶丹曲科林寺授《颂云海》教敕；到八措哇（ཚོ་བ་བརྒྱད།）、杂义寺院（ཙ་ཡུས་དགོན།）和寺属庄园等地，满足了各方的愿望。在拉卜楞本寺院和各个活佛府邸隆重设宴送行，铁牛年（公元1841年，清道光二十一年，辛丑）四月初六日，准备好了帐篷等行装，于五月初五日起程。临起程之际，请求遍照尊者授予《慈氏五论》和《中观六论》教敕，恩师阿莽道扎也设宴送行，并奉献供养的礼品，再三呈述须按照前一世的所作所为行事，献上寻找藏族前辈许多哲士们的珍本书籍的目录小册，一直送至穹泽多（ཆུང་རྩེ་མདོ།）地方，在此把德摩塘寺和佐格寺也郑重地嘱托了一番。阿木去乎格西活佛在玛麦折多会见后，一直送到果洛泽哇（རྩེ་བ།）。祥瑞月贤妙日，郭莽扎仓和夏扎（ཞྭ་བྲལ།）康村各设灶远迎，到达拉萨后住在嘉样府。霍尔仓仁波切(རྗེ་རྒྱང་རིན་པོ་ཆེ།) 派遣欧拉楚臣（དངུལ་རའི་ཚུལ་ཁྲིམས།）在黑河迎接，他又提前返回拉萨，进行充分的准备和了解一些情况。彼师和霍尔仓一起朝礼释尊像，圆满了自己的心愿。由于这时正值认定第十一世达赖喇嘛殊胜化身，遍知一切班禅仁波切驻锡拉萨，晋见时，供养白银百两、马和犏牛五十四头等，向摄政擦多诺们汗座前供养白银一秤，马和犏牛五十四头。以他为首的各个拉让回赠了丰盛的礼物。时怙主克珠嘉措（མཁས་གྲུབ་རྒྱ་མཚོ།[134]）驻锡在日加（རི་རྒྱལ།）静修处，乃请求谒见赐予摩顶，并朝礼佛经、佛像和佛塔。在欢迎章嘉仁波切到西藏时，彼师骑乘远迎于墨竹嘉湊（མེ་དོད་རྒྱ་ཚོགས།）。关于彼师情况，德赤尊者对章嘉早已作过介绍，因此大大受到称赞。冬季学期会上，进入《七十理义》学级，拜持律堪布洛哲(བློ་གྲོས།)为经师讲授课程。向哲蚌寺大会堂每个僧人布施银章喀一枚，给郭莽扎仓每个僧人，布施银章喀两枚，在康村会茶上给每个僧人布施银章喀四枚。学期后期闭关念修白文殊法和白度母法。水虎年（壬寅）神变祈愿法会时，住在班觉拉丹（དཔལ་འབྱོར་རབ་བརྟན།），向大会每个僧人布施银币七分五厘。同年，胜者达赖喇嘛殊胜化身坐床，彼师参加于欢迎骑乘之列并列坐于宴会。献白银百两、马和犏牛五十四头等。第二年，在后藏，于全知一切班禅丹白尼玛的座前受近圆戒，向大会众每人布施银章喀一枚。为了使寺院常年会传不衰，对《般若》写出《闻思释疑》。临返多麦时，再一次前赴后藏，专门晋见班禅仁波切恳求赐写《度母修行法》，此后这部经典经常不离身边，并听受了这部《修行法》的教敕及班禅的其他大部分著述的教敕。还朝拜了具祥萨迦寺。

龙年冬季学期会的《般若》庆祝宴筵上立宗讲辩。蛇年和霍尔仓活佛一起返回故里，行至曲玛莱河（ཆུ་དམར་ལེབ།），当渡河时，水势汹涌，几及于难。一天晚上，恩师阿莽道扎尊者突然回向六十施食后，从大夏河（བསང་ཆུ།）桥上投掷水中。第二天，就是彼师遇险的那一天，圣师徒的行为确实使人不可测度。八月上弦，遍照尊者正住在科采，乃备了大量礼物前去晋见。当时遍照尊者说："我是前来欢迎你们二位的。"一连数日畅叙离情，并赠送了大马一匹。同年在遍照尊者座前，聆听了独雄大威德灌顶、修习法王内外密三密的随许。给拉卜楞寺献了跳神的靴子一全套，向各个扎仓及各方的寺院也奉送了令人满意的礼物。霍尔藏多仁巴（རྡོར་ཚང་རྗེ་རམས་པ།）侍奉在尊者左右，继续钻研全部《中观》的奥义，探讨疑难；对其他经典也一一阅读，并牢记《真言总义》（སྔགས་ཀྱི་སྤྱི་དོན།），对浩瀚的显密经典，深入彻底地进行闻思修，到达自他诸宗的彼岸。火马年（公元1846年，清道光二十六年，丙午）祈愿神变法会期间，德赤仁波切由蒙古、内地返寺，彼师骑乘迎接并设宴庆贺，聆听了全部怙主十三法（མགོན་བཀའ་བཅུ་གསུམ།）。角宿月（藏历三月）上弦，来到麦务官人丹增逝世的地方，认真地做了祈愿回向法事。在新寺大经堂授予修习马头明王的随许，在拉卜楞寺修建了黄寝宫。第二年（丁未），在德赤仁波切座前聆听《菩提道次第论四家合注》、时轮经《无垢光广释》的教言等。卓班智达·那旺程勒龙智布（གྲོ་བ་རྗེ་ད་ངག་དབང་འཕྲིན་ལས་ལྷུན་གྲུབ།）邀请德赤仁波切，彼师受托作为代表，前往班智达居住的噶吾隆（དགའ་བོ་ལུང་།）附近的帐房，授修习成就《圣母长寿灌顶》（སྒྲུབ་རྒྱལ་ཚེ་དབང་།）、《白胜乐》(བདེ་མཆོག་དཀར་པོ།)、《司命依怙尊》（ཚེ་བདག་མགོན་པོ།）、《威猛三合》(དྲག་པོ་གསུམ་སྒྲིལ）等经法的随许。从前，水马年（公元1822年，清道光二年，壬午），前一世尊者在恰参卡（ཚབ་ཚན་ཁ།）温泉居住期间，这位班智达曾邀请去他的寺院，答应于羊年前往。告别时，反复恳切请求，指示说：

"是否能够前去尚不一定。拿我们来说，若发生有时患病，有时死去，则先前之说很难兑现啊！"

这就预示了于今年的羊年，化身将亲自莅临，因此产生了真诚无比的虔信。到达该处后，向萨如（གཟའ་རུ།）官人和属民们授予长寿灌顶，受到了他们的供养。土猴年（戊申）应娘仓（ཉང་ཚང་།）活佛与苏尼特夏仲（སུ་ཉིད་ཞབས་དྲུང་།）两人的请求，授《洛扎全集》里的灌顶、随许和教敕。同年被委任为圣·俄旺丹巴坚参（རྗེ་ངག་དབང་བསྟན་པའི་རྒྱལ་མཚན།）新建的直噶尔下密院的法台，八月上旬就职。应贡如·卡卓玛（གུང་རུ་མཁའ་འགྲོ་མ།）的请求，在他的拉让授修习双身胜乐金刚的随许，在直噶尔的住地接受她谒见后，详细介绍了与会供曼荼罗有关的发愿回向。九月，赴自入灌顶诵经会，会上诵经的韵律、腔调、仪轨实践，使尊者意为之夺，因而对密乘有深刻的领悟。这些言论，曾听尊者亲口谈说。鸡年（己酉），应佐格寺法台热贡·端珠（རེབ་གོང་དོན་གྲུབ།）的请求，授《四家合注》释解和教敕；在嘉卡尔·拉萨日（རྒྱ་མཁར་བླ་སར།）的请求下，授予内外铃灌顶（དྲིལ་བུ་ཕྱི་ནང་གི་དབང་།），并赐予那若空行母的黄丹法加持，冬季增加了闭关修念《胜乐法补充》等。铁狗年（庚戌）委任为乌厄盖的法台。心宿月（藏历四月）上弦赴桑俄合敏吉林（གསང་སྔགས་སྨིན་རྒྱས་གླིང་།）寺院，在此居住期间，在彼师的私人医生达扎合（ཟླ་གྲགས།）再三劝告下，完成了历算支分图的绘制工作。冬季，在拉卜楞寺院居住闭关念诵《密集》。铁猪年（辛亥）春季，聆听了遍照尊者讲授的十三尊大威德灌顶，夏季在乌厄盖聆听讲授的全部金刚鬘灌顶之后，敦请遍照尊者莅临彼师府邸，献骏马三匹。宗噶尔（རྫོང་དཀར།）活佛圆寂后，再三恳切地延请彼师赐予超荐，乃前往该寺圆满地满足了他们的愿望。秋季向拉卜楞寺大会堂僧众每人布施铜钱一串，折合牛马二百匹头，给喀尔喀托颜达扎（ཧལ་ཧ་ཐོ་ཡོན་ཟླ་གྲགས།）授独雄大威德灌顶及修习《依怙主尊十三法》的随许。冬季，念修黑大威德引满法（འཇིགས་ནག་མདའ་འགེང་།）及其补充等。水鸡年（癸酉）夏季，赴阿木去乎的法相寺（མཚན་ཉིད་དགོན།）之际，遍照尊者与土观仁波切圣师徒正居住在欧拉，专程前赴欧拉叩谒，并满足了华南木（དཔལ་རྣམ།）官民等邀请的愿望。在玛桑林寺（སྨ་སེང་གླིང་།）授胜乐和十三尊大威德灌顶。在玉徐寺（གཞུ་ཤུབ་དགོན།）向完巴（ཡམ་པ།）活佛等授独雄大威德灌顶，还在多哇寺（མདོ་བ་དགོན།）讲授了一些经教，应交则·达若采旺（ཙོག་ཙེ་ཏ་རོ་ཚེ་དབང་།）的邀请，在扎西尼玛郭（བཀྲ་ཤིས་སྙེ་མའི་སྒོ།）为佛殿做盛大的开光仪轨并进行护摩法事。在纳德佳萨（ཉ་དག་རྒྱལ་ས།）地区向达若·多杰本（ད་རོ་རྡོ་རྗེ་འབུམ།）和达若·曲囊（ད་རོ་ཆོས་སྣང་།）授长寿灌顶，并赴佳果（སྐྱ་མགོ）、戎如（རོང་རུ།）、上下阿木去乎等地做有益的联系。冬季，在拉卜楞寺内授修习《三空行母法》（མཁའ་སྤྱོད་སྐོར་གསུམ།）及《白文殊法》的随许等。自这一年底至木牛年（乙丑）春季，深入学习《妙音声明学本注》（དབྱངས་ཅན་སྒྲ་མདོ་རྩ་འགྲེལ།）图例和《诗鉴论本注》（མེ་ལོང་རྩ་འགྲེལ།）并写作了例句。夏季在恰卜参温泉休养之际，顺便去河南蒙旗给达参（མདའ་ཚན།）地区民众授胜乐、集密、大威德灌顶；在日沃且山（རི་བོ་ཆེ།）头上安置了鄂博（ལ་བཙས།），按各自的请求，前往各个家中满足了他们的愿望。木虎年（甲寅），整个一年闭关修行，每日修习白胜乐、大威德各一座次及大轮正行等，念诵根本真言达十万遍，年底又做大轮胜任护摩。

木兔年（公元1855年，清咸丰五年，乙卯），在正理部学期开始的藏历七月初三日委任为大会堂堪布，八月十一日举行就职庆典。九月初三日，遍照尊者指定霍尔仓仁波切和彼师两人主管政教事务。初六日遍照尊者示寂。彼师撰写《忆念誓愿》《祈祷迅速转世》的颂偈，每日与僧众一起在灵塔前隆重地念诵。冬季，比较长时期地去南木拉（གནམ་ལྷ།）、霍尔藏（ཧོར་ཙང་།）、曼隆（མན་ལུང་།）等地。火龙年（丙辰），应采参巴·程列（ཚེ་མཚམས་པ་འཕྲིན་ལས།）的请求，授胜乐、集密、大威德三本尊灌顶；应佐格寺院及村庄的恳切邀请，于七月十八日起程，在贡萨拉吉林寺（དགོན་གསར་རབ་རྒྱས་གླིང་།）向僧众授予胜乐、集密、大威德三本尊灌顶；在丹派林寺（བསྟན་འཕེལ་གླིང་།）授修习法王内外密三法的随许；在噶娘寺（སྣར་སྙིང་།）讲传《白布禄金刚法》（ཛམ་དཀར།）；在岗察寺（ཀང་ཚའི་དགོན།）授予修习狮面母（སེང་གདོང་མ།）的随许。五供节时返回拉卜楞寺。火蛇年（丁巳）正理部结业后，在恰格勒谢林寺（ཁྲ་དགེ་ལེགས་བཤད་གླིང་།）给僧众每人布施三钱白银的铜钱，并将一部分牛马作为公共财产；与惹卜察（རེབ་ཚ།）那边的三个寺院结法缘，对僧众每人布施白银三钱；在恰合日山（ཆག་རི།）住了一昼夜进行护持；在关黎（དགོན་ལི།）静修院做定时长净；在直噶相趣林寺（ཐག་དཀར་བྱང་ཆུབ་གླིང་།）授予修习多闻子的随许。五供节时返回拉卜楞寺。马年（戊午）先后授修习大悲观世音菩萨的灌顶及随许，禁食斋仪轨教敕；授独雄大威德、胜乐、内外铃等的灌顶；授修习大威德集咒、法王内外密三法、白文殊法等的随许。为艾特古室利寺（ཨེ་ཐེའི་ཀུ་ཤྲིའི་དགོན།）制订清规，创建了夏季学期会的讲经法座，为圣·宗喀巴、六庄严、二胜等的壁画书写了标题，并撰写了祝愿和委托事业的颂偈：

“在此神奇之大闻思洲，明慧士夫增盛如夏海，愿纯洁圣教三轮之事业，直至劫尽永远兴盛之；虽长寂静但在魔众前，显示凶猛威武六臂主，主宰阎罗王具白光者，愿护此寺兴旺昌盛之！”

在竹幕上以巧妙方式用正楷大字书写前一世尊者的求学教诲，建造闪耀着身、语、意所依的无上加持之威光的庭院、寝宫及能依和所依的圣物。在大经堂最里面，原有赤干建造的弥勒佛像，因佛像的内藏有缺陷，遵循赤仁波切的指示重新按标准奉上内藏。这年八月二十二日起，连续三天由圣师徒们共同隆重地举行开光仪轨。秋季学期会后期，在阿科直噶尔（ཨ་འཁོར་བྲག་དཀར།）圣山埋了伏藏，安置了鄂博，给寺院僧众供应斋僧茶及每人布施白银三钱，授予五铃佛（དྲིལ་བུ་ལྷ་ལྔ།）灌顶并创立它的自入灌顶法。设置了公共费用的基金。在嘉卡尔寺（རྒྱ་མཁར་དགོན།）为关却丹坚巴（དཀོན་མཆོག་བསྟན་རྒྱན་པ།）堪布的灵塔举行简单的开光仪轨，在其大经堂与僧众结了法缘。在德塘寺（བདེ་ཐང་དགོན།）的能仁王佛戒律尊（ཐུབ་པ་ཚུལ་ཁྲིམས་མ།）像前，主持堪布的化身活佛嘉样图丹嘉措（འཇམ་དབྱངས་ཐུབ་བསྟན་རྒྱ་མཚོ།）出家仪式，并为之撰写祈祷长久住世的颂偈。这时卓尼土司派遣的头目丹正多杰（ཏ་མགྲིན་རྡོ་རྗེ།）等以及多关寺（མདོ་དགོན།）的致敬人员到达这里，在大经堂授予十三尊大威德和白伞盖母灌顶；传授修习具善三尊（ལེགས་ལྡན་མཆེད་གསུམ།）、红文殊、黄文殊、玛德（མ་ཏི།）派的白文殊、具光者（འོད་ཟེར་ཅན།）、依怙尊法王、吉祥天母等的随许；向僧众每人布施三钱白银和一条哈达，创立大施食法，以价值铜钱二百串的牲畜作为经费。在恰合郭滩（ཆག་སྒོ་ཐང་།）

应隆多·贤巴嘉（ལུང་མདོའི་བྱམས་པ་སྐྱབས།）的请求，于却巴希（ཆོས་པ་གཞིས།）[135] 上峡和下峡的僧俗集聚的大会上授胜乐、集密、大威德三本尊灌顶，在隆纳当卡（ལུང་ནག་སྟོང་ཁ།）授予十一面观世音菩萨灌顶，指示创建自入灌顶法的措施并且安排了基金。对居住这里的僧众每人布施折合白银三钱的铜钱和哈达一条。对曲炮科（ཚུ་བོ་ཁོག）的全体僧俗，授予成就佛母长寿灌顶；给嘉底寺（རྒྱལ་ཏེའུ་དགོན།）授予白伞盖佛母灌顶；主持囊秀合（སྣང་ཞིག）活佛关却丹增嘉措（དཀོན་མཆོག་བསྟན་འཛིན་རྒྱ་མཚོ།）出家的仪式，每人布施三钱白银和一条哈达。在佳且寺（བརྒྱ་མཆེད་དགོན་པ།）授白伞盖佛母灌顶；主持拉丹嘉措哇（རབ་བརྟན་རྒྱ་མཚོ་བ།）活佛转世的灵童关却丹增嘉措（དཀོན་མཆོག་བསྟན་འཛིན་རྒྱ་མཚོ།）出家为僧的仪式。五供节前起程返回拉卜楞寺。做完二十九日掷抛施食的仪轨之后，立即前往红土沟各寺院和村庄等处，以及鲁穹嘉卡尔（ཀླུ་ཚང་རྒྱ་མཁར།），向每人发放一条哈达和折合白银三钱的铜钱布施。由此前行，坚冰封路，行走困难。彼师让全体人员走在前面，他本人压后，诵经多时，此后几年之中，这条道路从未结过冰。被水冲走的一位年迈妇人的冤魂时常危害地方，尊者为她诵完回向文后，冤魂自动寂灭。如此等等的神奇传说很多。

在嘉摩桑珠林寺（རྒྱལ་མོ་བསམ་འགྲུབ་གླིང་།），每人布施白银三钱和哈达一条，为扎仓的经忏法事活动特指示必须塑造圣·宗喀巴像，布施基金铜钱洮州串一百串。另外还去鄂盖扎仓（རྫོག་དགེ་གྲྭ་ཚང་།）、擦多寺（ཚ་མདོ་དགོན།）、相拉寺（ཤིང་རའི་དགོན།）等处。在吉浪寺（གྱི་ལིང་དགོན།）授予白伞盖佛母灌顶，向僧众每人布施白银三钱。冬季学期会期间，返回拉卜楞寺。

土羊年（己未）春季，向察哈尔扎喜（ཚ་ཧར་བཀྲ་ཤིས།）授予修习依怙尊住心（མགོན་པོ་སྙིང་ཞུགས།）的随许。时轮扎仓（དུས་འཁོར་གྲྭ་ཚང་།）向德赤仁波切请求授予具祥时轮金刚灌顶时，彼师建议："大会堂僧众集体听讲比较好些。"由彼师提供经费做破土仪轨的施主。氐宿月（藏历四月）十五日在大经堂向僧众授予了具祥时轮金刚灌顶。根据推算，由于前一年有闰月，法会的日期恰好与三月份和合相值。新制发髻，垂带佛冠等服装，彼师入装，佩带骨饰等，担任金刚持比丘，威仪赫奕，庄严非凡。据说前一年一位汉族人士曾看到各种神奇的情景，经常看见人们的头顶天灵盖上显示着新的“ཨ”字云。

彼师除前面所述的短暂云游期间外，五年之中，一直在经堂讲学，再没有去过他处。若有傍晚讲辩会时，常一起讲辩三个座次，每日正午和早晨，在经院为《般若》第四品以下的各学级讲授教程各一页；为《中论》新级以上各学级讲授教程各一面，从不间断。计一个月学期中讲授教程五百页；每一个中期学期中，常讲授教程三百页，由于经院的辩论时间较长，学习效果显著。同样，其他扎仓的经院讲授听闻也蒸蒸日上。祈愿大法会上，结合《噶当六书》认真讲传，大降法雨。春季学期的第二月，讲授《菩提道次第广论》的诀要经验概述。由于讲授的教理辨析，精深广博，一些老僧们赞誉说：“真与前一世尊者一模一样，毫无分别。”当林赛讲辩期间，贯通五部大论任何一论的辩论，以及对其他论著摄义科判讲述等等，使先前优良传统继续发扬，毫无逊色。第一年的秋季学期会上，仅仅进行了教程的考试，第二年的春秋学期会时，严格教程的考试，对不及格者从重处分，使不及格率逐渐减少。理法考试更加严格，凡《中论》新级以下者，不得自由游逛，放弃学习，严加管理，进行督促；《中论》以上，学习不及格者，则贯彻执行过去的规定，让其自愿选修一门其他明处。严格管理印刷事宜及印刷品字体，收到了良好的效益。对学习念诵者单独进行腔调、韵律的考试，因此，使这时的学习者都成为诵读准确的能手。不论老幼只见一面，即都能认识；对每一座次法的参加者，稽查严厉，不讲情面，使人们不敢不去经院而自由散漫。指示两位执事要坚持学期休假期间的环寺巡查，它对于复习课程有益。在非重要节日期间，为了监督流窜到寺院的乞丐里有无妇女，派遣巡逻人员对取水者实行监督。指示寺院的各主事者负责管理清扫各个巷道，不许流浪人进入寺院。严禁随时游山玩水、在寺院附近山头煨桑、从事与教法不容的掷骰子等游戏、互相斗殴、从事生意从中谋利、倒卖牛羊、僧人穿着俗装、佩带武器四处行走等等。拉让的大襄佐、司膳堪布、厨师、两位仲尼、两位郭巴（འགོག་པ།护卫官）、两位得琼瓦（ཉེ་ཚང་བ། 大昂小管家）、两位管理员、代表[136]、两位大吉哇、王府管家等人员中，要限制穿有袖衣服的人数，其他任何活佛府邸的文布、管理等人员一律不能穿有袖衣服。开除了一些不守纪律的纠察和随员中有饮酒嫌疑者的寺籍。由于先后几年整顿了清规，严格管理，收效很大。因为当年有闰四月，所以在四月上弦，经恰盖前往莲花山（ལེན་ཧྭ་ཤན།），由甘洮（ཀན་ཀོཁ།）、康家（ཁང་ཀྱ།）等地的一些信徒作为施主，建立修行玛尼丸法会，彼师莅临会场，在楼上一切知嘉木样像前，隆重地传授《佛说文殊师利一百八名梵赞经》等，发愿回向并作吉祥长净。在惹卜擦寺（རབ་ཚའི་དགོན།）、松居新寺丹培林（གསུམ་བརྒྱུད་དགོན་གསར་བསྟན་འཕེལ་གླིང་།）授予金刚手大势至、大轮灌顶；在拉卜楞寺建立大夏季学期会。自此以后，在经院不断地宣讲教程，正理部的施主每年不断，常规各种纯净布施源源不绝。正理部学期休假期间，彼师因阿果文布（ཇ་སྐོད་དཔོན་པོ།）逝世，应邀前往予以超荐，由于秋季学期准备事先召开，时间紧迫，于初五日[137]上午回到了拉卜楞寺，中午在经院宣讲了课程。当日，彼师身体显示有病，此后病情逐渐恶化，八月十九日出现了摄收色身庄严的情况。我们的本师应享年一百二十岁，但将此数的三分之一为了饶益继承者化机之故，祈愿回向，于八十岁逝世，这一情况见于《大悲白莲花经》。彼师的情况，亦复如此，应知恩惠非浅。总之，一切经藏都汇集于圣哲的事迹之中，应考虑其共同行止方面，详尽写出为是。但由于资料尚未完全到手，因而不敢贸然动笔。

现在化身仁波切嘉样丹贝尼玛（འཇམ་དབྱངས་བསྟན་པའི་ཉི་མ།），于铁猴年（公元1860年，清咸丰十年，庚申）诞生，由怙主殊胜化身正确无误地认定为彼师的再次化身，木鼠年（公元1864年，清同治二年，甲子）娄宿月（藏历八月）上弦迎请坐床，善业犹如上弦之月，蒸蒸日上。

第四十九任堪布由懒散者鄙人我担任。四年之中，办理了三次正理部等，政教方面还没有出纰缪，应知这是上师和扎仓的恩惠。

第五十任堪布拉果拉萨·嘉样嘉措（བླ་གོའི་བླ་སར་འཇམ་དབྱངས་རྒྱ་མཚོ།）水猪年（公元1803年，清嘉庆八年，癸亥）诞生。父名喇嘛嘉（བླ་མ་སྐྱབས།），母名卡卓吉（མཁའ་འགྲོ་སྐྱིད།）。未诞生之前，母亲的梦境里出现了从夏拉则峰（ཞ་ལག་རྩེ།）方向，发生了三次螺声的梦兆。彼师首先入时轮扎仓获得噶让巴学位。由于诵经达到佳妙标准，获得了积聚资粮的然绛巴（ཚོགས་བསགས་རབ་འབྱམས་པ།）的称号。以后，进入闻思堂《俱舍论》学级；后请降至《赤白显色》学级学习了《集类学》《悟慧论》《因理论》等；熟背全部经论的通论，究竟圆满地学完了《般若》《因明》为主的五部大论，牢记《明义简释》《俱舍论本论》《宗印本论》等三部，以后经常背诵。向德赤仁波切请求了近圆戒。三十七岁时，被授“恰达玛”（ཆབ་རྟགས་མ།）职务，第二年申请多仁巴学位，此后三年之间从不间断地在经院讲辩阅经，应考索扎巴（བསོད་གྲགས་པ།）的律经。水兔年（公元1843年，清道光二十三年，癸卯）立宗取得学位，同年冬季任扎仓格贵之职。木蛇年（乙巳）起，任甘都寺和科采寺的法台各一年；任金刚上师（རྡོ་རྗེ་འཛིན་པ། ）四年，密宗学院法台和查干白相寺的堪布各二年；复次，又任密宗学院法台一年，乌厄盖和若尔盖寺（དབུ་དགེ）的堪布各三年，水狗年（1826年，清同治元年，壬戌），六十岁时任大会堂堪布职务。水猪年（癸亥）随着正理部结业请准辞职，又被委任为参直寺（མཚན་སྒྲོགས་དགོན།）的堪布。彼师自己曾讲道：

“从前在梦境里出现了夏拉泽地方降下了许多伞，我拿到了十三顶，这就预示要任若干寺院的法台职务。

“又一次梦见从夏拉泽以一条披单作为翅膀飞行，碰着大经堂的侧门，降落在地上。”

木牛年（乙丑），享年六十三岁，在参直寺院逝世，遗骨上出现了文字云。

第五十一任堪布俄旺格勒（ངག་དབང་དགེ་ལེགས།）转世的化身俄旺图丹嘉措（ངག་དབང་ཐུབ་བསྟན་རྒྱ་མཚོ།）。火猴年（公元1836年，清嘉庆十六年，丙申）诞生在卡加保拉（ཁ་རྒྱའི་འབོར།）地方，父名贡保（མགོན་པོ།），母名卓玛措（སྒྲོལ་མ་མཚོ།）。根据前一世尊者临圆寂之际，有在该处再次降生化身的说法和意图，当地人们的梦兆，化身本人的宿命随念智证等等各方面的许多象征，都明确证实是转世化身。经遍照尊者认定后，出了家，授予沙弥戒，由文布多仁巴喜饶（དཔོན་པོ་རྗེ་རམས་པ་ཤེས་རབ།）教授识字等。入经院后，拜阿坝格西金巴（སྦྱིན་པ།）为师，学习了《集类学》和各大论教程的通论和专论。熟背《正义精要》《明义简释》等，研讨经教，理解能力和智慧，犹如上弦之月日日增长。在遍照尊者座前受近圆戒。在尊者和德赤仁波切、恩师阿莽道扎、索扎的化身贡却嘉措（དཀོན་མཆོག་རྒྱ་མཚོ།）、阿木去乎格西的化身等师座前学习了各种甚深妙法。特别在圣·喜饶嘉措哇（ཤེས་རབ་རྒྱ་མཚོ་བ།）座前，聆听了《甘珠尔》大藏经教敕等，闻听的领域极为广博。又在这位圣哲座前精研《诗鉴论本注》、阿柔（ཨ་རིག）静修者处学习了《声明学》图例。进入修习《俱舍论》学级时，应下部蒙古施主们的邀请，在该处讲授《时轮金刚》灌顶等经法，满足了他们的愿望。又在拉卜楞寺以噶仁巴身份继续学习未完的课程，曾参加《律典》的磋朗会辩。在乌厄盖任法台期间，被委任为大会堂堪布。三年之中主持了一期正理部。卸任后为大经堂的楼上走廊布施了九间缎制帷幕，向德塘（བདེ་ཐང་།）堪布的化身嘉样图丹嘉措（འཇམ་དབྱངས་ཐུབ་བསྟན་རྒྱ་མཚོ།）、阿莽殊胜化身仁波切等许多求学者讲传第七世达赖喇嘛噶桑嘉措、第二世嘉木样吉美旺波、贡塘·嘉贝样、章嘉饶贝多吉等文集的教敕和许多经法、讲修善业正蒸蒸日上。

第五十二任堪布曲宗（ཆོས་རྫོང་།）的化身贡乔丹贝华桑（དཀོན་མཆོག་བསྟན་པའི་དཔལ་བཟང་།），出生于合作相泽（གཙོས་འཛོང་རྩེ།）官宦人家，父名娘噶尔嘉（སྙིང་

གར་རྒྱལ།)，母名拉摩才让（ལྷ་མོ་ཚེ་རིང་།）。据说曾向赛·俄旺嘉样扎喜巴（བསེ་ངག་དབང་འཇམ་དབྱངས་བཀྲ་ཤིས་པ།）请求关于转世化身的事宜时，清楚地说明了诞生的方向村落及家庭等情况，并且命名为罗桑丹贝华桑（བློ་བཟང་བསྟན་པའི་དཔལ་བཟང་།），不久这位转世化身就诞生了。因身体欠佳，曾于夜间抱到加卡寺（རྒྱ་མཁར།）的宝帐怙主殿（གུར་མགོན་ལྷ་ཁང་།）时，庙祝梦见一位黑大汉说："曲宗仓到来了。"恰与此同时，听到了敲庙门之声等，出现了却西转世化身的种种征兆。向贡塘·嘉贝样呈述后，经遍照尊者和贡塘仓两人一起在灵塔前以糌粑食团问卜后，正式予以认定。当时正值新建塘卓殿（མཐོང་གྲོལ།）打线奠基之际。值年属相为火兔年（公元1807年，清嘉庆十二年，丁卯）。水猴年（壬申）迎请坐了床，在恩师阿莽道扎座前出家，同时受沙弥戒进入当地的经院。亲近遍照尊者及前后世贡塘·嘉贝样、德赤仁波切、索扎活佛等；在大甘珠尔巴·贡却华增座前聆听《甘珠尔》大藏经等教敕，在荀什德·更噶曲帕丹贝尼玛（གིརྟི་ཀུན་དགའ་ཆོས་འཕགས་བསྟན་པའི་ཉི་མ།）座前受近圆戒。先后三次到达下部蒙古等地，最后一次曾赴五台山朝圣。遵循恩师阿莽道扎的指示，闭关修行一年，念诵"(ཧྲཱིཿ ཧྲཱུ)"真言一百万遍。四十岁时，被委任为密宗学院的喇嘛翁则师。从此以后，历任时轮学院、密宗学院法台和却科尔噶萨寺（ཆོས་འཁོར་སྒར་གསར།）、查干白相寺、佐格旧寺（མཛོད་དགེ་སྒར་རྙིང་།）等寺院的堪布职务。木牛年（公元1865年，清同治四年，乙丑）五十九岁，任大会堂堪布一年。现在已经卸任，足莲康健永固。

第五十三任堪布桑木察（ཟམ་ཚ།）转世化身仁波切吉美桑珠嘉措（འཇིགས་མེད་བསམ་འགྲུབ་རྒྱ་མཚོ།）。彼师的第一世是赤钦南卡桑（ཁྲི་ཆེན་ནམ་མཁའ་བཟང་།），在哲蚌寺郭莽扎仓学习，是一位出类拔萃的讲辩教理者。曾在上密院修习曼荼罗，证得怛特罗和教诫的自在，在哲蚌寺格派（དགེ་འཕེལ།）修习正行藏。准噶尔纠纷时期，由于是一位出类拔萃的学者，被推荐为堪任噶丹寺赛赤的候选人，出任上密院的喇嘛翁则师。经任夏孜（ཤར་རྗེ།）法王后，出任噶丹寺赛赤。尊者手绘的本尊文殊菩萨画卷，现存于噶丹寺索巴

(སོག་པ།) 康村。因此，这个康村出了许多格西。隆多喇嘛曾讲过，由于文殊菩萨画卷的悲悯，至少，格西一个又一个不断地出现着。于达赖巴图尔（ཏཱ་ལའི་བཱ་ཐུར།）暴行期间[138]安详地示寂。根据尊者生前经常谈论前往多麦地区，由门徒洛日拉干·罗桑丹增（ལོ་རི་བླ་ཀན་བློ་བཟང་བསྟན་འཛིན།）携带了大部分佛经、佛像、佛塔、书籍和用具等返回了故里。火牛年（公元1757年，清乾隆二十二年，丁丑）完保滩（རྫོན་པོ་ཐང་།）仲巴（དྲུང་པ།）家，诞生了一个稀奇的孩子，说他是噶丹寺的赛赤，因此拉摩寺（ལྷ་མོ།）与桑木察分别到各地求神问卜。有的人说是赤坚参森格（ཁྲི་རྒྱལ་མཚན་སེང་གེ）的再次化身；有的人说是赤南卡桑转世的化身。因此，亲属内部发生了大的冲突。遵循章嘉仁波切的教令，由怙主尊者、多尔济帕拉木（རྡོ་རྗེ་ཕ་ལམ།）郡王、贝子巴图尔岱青（བེ་སེ་བཱ་ཐུར་ཏཱའི་ཆིང་།）等从中调解，订立协议，原先的化身归于拉摩寺方面。洛日喇嘛到怙主尊者座前抱怨说：把我的活佛给予了他人呐！

指示道："现在若不让拉摩寺把这位活佛接去，寺院将会衰败的呐！请你考虑这一点，今后，喇嘛的化身您会请来坐床嘛。"

殊胜化身仁波切吉美南卡（འཇིགས་མེད་ནམ་མཁའ།），土鼠年（公元1768年，清乾隆三十三年，戊子）诞生于巴伍噶钦滩（འབའུ་སྐར་ཆེན་ཐང་།）地方，父名那旺丹增（ངག་དབང་བསྟན་འཛིན།），是完穆（བན་མུག）扎萨克旗的宰桑，母名麻玛（མ་མ།），后来母亲出家为尼，改名贡却曲贞（དཀོན་མཆོག་ཆོས་སྒྲོན།）。化身处于胎中时，母亲的梦境里，梦到枕头之边长出了一颗栴擅树，诞生时出现了彩虹弥漫的情景。三岁时，喊叫需要披单禅裙，不奉上时不肯罢休。不愿在父母的怀抱里睡眠，要给他安置一个宝座才肯就寝。天空里还出现了一位神灵喊道"念诵阿拉巴杂纳（ཨ་ར་པ་ཙ་ན།）"的景象。怙主尊者赐予了净瓶圣水及护身结，指示要注意洁净，安排了抚育的措施，并对洛日喇嘛讲道："你上师的化身已经诞生了，需要前去赎回。"

这位老僧回答道："神灵和上师，对我有很清楚的预示。虽有了一位颇有希望的化身，您竟给予了别人！我年岁已大，生活贫寒，不管是什么样的化身，对我来说，是不需要的。”

“不论需要多少钱，可由拉让来支付。今后，对你会有益处的。”

这位老僧不听怙主的劝说，赤索南昂嘉（ཁྲི་བསོད་ནམས་དབང་རྒྱལ།）和直噶尔噶居（ཟག་དཀར་དཀའ་བཅུ།）两人和他是亲密朋友，怙主尊者乃让他两人进行劝说。火猴年（公元1776年，清乾隆四十一年，丙申）九岁时，怙主尊者前赴佐格，他来到江措卡（རྒྱང་མཚོའི་ཁ།）的营帐里被剃度出家。同时，授沙弥戒，并授普明与十三尊大威德灌顶，修习依怙尊法王供祭仪轨的随许。对其父母由怙主尊者给予了备齐马鞍和辔头等的坐骑，牛马二十五匹头，绵羊一百一十三只，白银五十两；由桑木察部落给予牛马三百匹头，布料一百匹，氆氇一百匹作为赎金，然后迎至桑木察寺院坐床。在前往桑木察的路途中，河南蒙旗王府迎请到他们那里，奉献了骑乘用具一套，牛马二十五匹头，绵羊一百一十三只，白银五十两。这些布施大部分也作为赎金之用。对蒙古护送者回送马一百匹和氆氇一百匹。在叔叔曼巴格隆（སྨན་པ་དགེ་སློང་།）的督促下学习识字和诵读。在此期间，由于身体情况欠佳，虽然做了大量经忏佛事，但疾病反而加重，乃遵循怙主尊者“前来拉卜楞寺院”的指示，十岁时，来到了拉卜楞寺。拉让以达尔汗台吉（དར་ཧན་ཐའི་ཇི།）的房屋宽敞，进行准备，晚上到达，暂时居住在那里。后拉让购置了五间楼房，于这个院落修建了小寝宫，设置了炊具和用具，供给了主仆五人足够一年享用的口粮、衣服等，并专门供给了府邸的费用。于是迁移到该处，拜松替多仁巴·贡却龙珠（སུམ་མཐིལ་རྡོ་རམས་པ་དཀོན་མཆོག་ལྷུན་གྲུབ།）为师。曾患重病多次，怙主尊者赐予做经忏佛事的大量费用。有一天晚间，专门前来授予了密修马头明王的随许，并向乃琼（གནས་ཆུང་།）护法神认真地付托事业。彼师自己也闭关念修马头明王，疾病逐渐痊愈。铁鼠年（公元1780年，清乾隆四十五年，庚子），十三岁进入经院，在赤索南扎巴（བསོད་ནམས་གྲགས་པ།）座前聆听了初级教程，参加大会堂的斋僧茶费用及哈达等布施，统统由拉让供给。就这样，长年提供衣服、口粮等费用，从不短缺。彼师于各学期休假期间，不顾风雨，长期在屋顶之上复习熟背教程。在求学期间，凡遇怙主尊者讲授任何经法，从不间断，一一聆听。有一次授予独雄大威德灌顶，当谈到“面容黝黑，如水牛面，形状表现极其忿怒”的词句时，霍尔仓赛赤仁波切当即询问：“极其忿怒的情态，究竟是个什么样子？”

怙主尊者把鼻子一竖，说道：“就是这个样子！”彼师一看，完全真实地显现了大威德面容那样的忿怒形状。

学习大论时，熟悉《般若》第一品及所有的专论，但于平常谈论及请求释难时，则说：

“你们晓得的嘛，我不清楚啊。”

“请询问无著（ཐོགས་མེད།）叔叔和龙树（ཀླུ་སྒྲུབ།）叔叔，他们会知道的。”

“嘉木样尊者哥哥会知道，……”

有时候，则以开玩笑的态度说：“在一生里，要解决所有的问题，那是办不到的，还是留下一两个疑问，让后世的人们再解决吧！留点习气好，不要太贪婪呀！”

从不作正面的回答。有时候，如学级间辩论和磋朗会辩时，彼师则对一些疑窦提出看法，解决疑难。每次辩论时，滔滔不绝地抛出教理，引证圣·宗喀巴师徒三尊者的著作和诸大论，口若悬河。但事后就这一方面询问时，却回答说：“不知道。”若提出“过去您曾谈过这样的看法”等等时，则说：“嘴巴肯定是被咒人者操纵着呐！”或者说：“可能是巫师跳神着哩！”对于经典里的个别词义，则教导别人说：“据说这是难点，应在灵塔前虔诚的顶礼启白，会有益处。”如此等等的奇异之处很多。

火羊年（公元1787年，清乾隆五十二年，丁未）二十岁，在怙主尊者座前受近圆戒。年幼的时候，有一次去噶徐头人（སྒ་ཤུལ་མགོ་བ།）喇嘛嘉

(ནམ་སྐྱབས།) 处，路途中看见乌云密布之上有许多人正在集会，将此情景告诉了老文布，他只看到彩云翻滚而外，其他一无所见。有一次，从西仓上行时，看见大鹏落在旷野里。说道：“把头发梳一梳，扔到水中去，一根根汗毛会化为一个个哲士”云。

又说：“头发若到了大海，那么我也有必要去大海。”

忆念起是温敦杰岗哇（དབོན་སྟོན་སྐྱེར་སྒང་བ།）的转世。如此等等的神奇难以测度。一位流浪的牧民因为女孩患病，前来请求问卜。回答道：“是一个讨债者，给焰口母多多奉献施食，但是不会平安。”他们回向焰口母后，立即死亡。如此等等卦词非常灵验。总之，怙主尊者由于贡塘·嘉贝样年轻时卦象灵验，常给人们决断。曾指示：“不可乱讲!”霍尔仓赛赤仁波切享年四十岁时，怙主尊者授予一副骰子，讲道：“今后可以卜卦。”在此以前，不准卜卦的约束非常严格。然而，当问卜者一出现时，彼师常常说：“可能认为是如此，可以这样认为。”立即明显地指示出来予以回答。当询问“这样做是不是可以”时，则以开玩笑的态度说：“口中有什么就讲什么呐!”显示着神秘不可捉摸的语气。曲吉尼玛（ཆོས་ཀྱི་ཉི་མ།）尊者为其六十岁的年灾问卜时，梦境里梦见一切知尊者的灵塔前排列着许多神灯，一个人正在一个个地清点，突然一个很大的银灯内酥油融汁已经耗尽，但从灯芯射发的灯光熠熠闪耀，把其他酥油灯光全部压了下去，各方面的黑暗，似乎全部被它的威力扫除。那个人手指指着这个灯说道：“这是土观仁波切的灯。”

与此同时，一个身着鲜亮蓝色汉装的人手中拿着五六两的酥油，站在一旁。问他：“你是谁？这酥油干什么用？”

回答道：“我是司命怙主，土观仓的这座神灯，从前定为六十一两，现在若有心愿添补，即用这点酥油补充。”

由于这个梦兆，乃提出若修司命怙主法，似可以延长几年寿命的决断。如此等等事迹很多，有些已见于别处记载。

进入《俱舍论》学级后，任查干白相寺的堪布，另外还担任了阿坝郭莽寺及若尔盖科洛寺两个寺院的堪布职务。在此期间，应蒙古的客人息夏委（ཤག་ཤ་བད།）、美仁（མེ་རིན།）、土默特加兰（ཐུ་མེད་ཇ་ལན།）等三人的请求，授予了修习《依怙尊住心》（མགོན་པོ་སྙིང་ཞུགས།）的随许，高兴地接受了他们请求赴内地的建议。经他们和曲娘保（ཆོས་སྙིང་པོ།）多仁巴的介绍，前赴察哈尔。在北京时，曾担任雍和宫（ཡུང་ཧྭ་དགོན།）的堪布和副院（ཐུ་ཡན།）僧职。时值战乱，隆纳夏仲（ལུང་ནག་ཞབས་དྲུང་།）提供实物，进行了护摩烧施，嘉庆皇帝非常满意夏仲的学识，皇帝极为赏识，询问道："他是哪里人氏？"

回奏道："他是擦尔擦嘉那巴（ཚར་ཚའི་རྒྱ་ནག་པ།）的化身。"

土蛇年（公元1809年，清嘉庆十四年，己巳），在拉卜楞寺院的祈愿神变法会上，向全体僧众每人布施白银一两，迎请遍照尊者莅临大会堂，供养了以三百两白银制作的曼扎、佛经、佛像、佛塔、晶石制的八瑞相、一肘高的七政宝、整匹五色呢绒羽缎，及蒙古缎和黄色团龙绣山水图纹库缎等共计一百二十三匹、白银六十秤、备有价值六十两白银的马鞍和鞍垫等的白色骏马一匹、内库哈达三百条、一般曲端（ཆོས་འདོན།）哈达三千条。又在寝宫里隆重设宴，席间供养白银曼扎一座、佛经、佛像、佛塔、七锭马蹄形银元宝、十匹黄色团龙库缎、各种药品、卜拉罕皮（བི་ལ་ཏན།）十三张等。从前坐床时，曾先后布施了十五匹缎子，一千两白银等大量布施，这时提供白银数万两，修建狮子吼佛殿及塑造佛像、佛经和佛塔等。为赴西藏卫地，向遍照尊者上下人等都献了布施，向各个扎仓也大量施放了布施，对政教二规贡献很大。此处仅提供一些资料，不再详细记叙。铁龙年（公元1820年，嘉庆二十五年，庚辰）曾给恩师阿莽道扎寄一封信，其中有"老翁在本尊护佑之下有困倦之感，有向涎病屈服的情况"之句。不久，铁蛇年（公元1821年，清道光元年，辛巳），五十四岁，安详地摄收了身体庄严。临示寂时，向道光（ཏོ་བ་ཀྭང་།）皇帝奉献了念珠和书信，皇上震悼落泪。彼师转世的化身罗桑程列嘉措（བློ་བཟང་འཕྲིན་ལས་རྒྱ་མཚོ།），同年诞生在蒙古苏如沁措安仓（སུ་རུག་ཆེན་མཚོ་སྔོན་ཚང་།）家中，水龙年（壬辰）十二岁逝世。

第二年（公元1833年，清道光十三年，癸巳），现在的殊胜化身仁波切诞生在赤格东朋措（ཁྲི་དགེ་འདུན་ཕུན་ཚོགས།）家族迁至科采的一个家庭之中，父名德勒（བདེ་ལེགས།）、母名贡保措（མགོན་པོ་མཚོ།）。母亲曾梦见从排列的许多胜幢之间隙里，射过来的阳光照射到站在帐篷门口的她的身上，感到胎儿在打嗝儿。出生后立刻睁开眼睛，出示念珠时，能注目而视，拿到哪里眼光即跟到那里。贡塘殊胜化身仁波切贡乔丹贝嘉措哇（དཀོན་མཆོག་བསྟན་པའི་རྒྱ་མཚོ་བ།）命名为贡保嘉卜（མགོན་པོ་སྐྱབས།），给了一只象牙狮子作玩具。刚会说话时，给他出示前一世赤钦修持的本尊圣·宗喀巴像。立刻说出是圣·宗喀巴，后停了一下又说是萨萨（ཟ་ཟ།）[139]，因有如此等等的奇迹被列于转世化身的对象之内。四岁时，在寺院于德赤仁波切座前受居士戒，穿戴了袈裟披裙。六七岁时，每个午夜即能见到出现说是依怙尊、法王、大威德三本尊的圣容的神奇景象。八岁时，在舅父多仁巴·贡却科才（རྡོ་རམས་པ་དཀོན་མཆོག་ཁོ་ཚེ།）任法台的座前，学习诵读。在坐床之前，已经熟记了大部分仪轨和法事程序等。水虎年（公元1842年，清道光二十二年，壬寅）十岁，德赤仁波切驻锡于下部蒙古内地，负责在雍和宫的主要佛像——龙树大师的常佩佛像能仁王佛像前，摇动金瓶，依照规定掣签，做出是呼图克图的呼毕勒罕的决定。第二年遍照尊者于赴欧拉之际，顺便前去科采，在尊者座前出家并受前期沙弥戒，同年十月初三日迎请坐床。木龙年（公元1844年，清道光二十四年，甲辰），在正理部集会上进入经院，聆听索扎活佛宣讲的教程。第一个老师是科采多仁巴，讲授了《集类学》。这位多仁巴强闻博学，所有的教程都熟烂于胸中，于任哇秀寺法台时示寂。在天葬其遗体的地址上，生出了从未见过的稀奇大莲花等，是一位特殊的补特伽罗。他教导说："若背熟《七十理义》，对于不忘记大论的因法很有益处。”因此，复习了五百余次。每天自刚能辨认字迹时起，至后山顶上升起太阳为止的这一段时间内，即能念会《集类学》二页。由于记忆力强，对《集类学》《悟慧论》《因理论》《般若》的全部通论、《二十僧伽简论》《缘起教理宝库》《识色善说宝瓶》《现观庄严论明义释》等都能一一熟记胸中。进入《因理论》学级时，闭关念诵白文殊，获得了证悉地的标记。自此以后，凡过目的书籍都能牢记，很少遗忘。遍照尊者在王府乌厄盖寺授金刚鬘灌顶时，彼师专程前往聆听。另外，在德赤仁波切、赛赤活佛、圣·阿莽仓·贡乔坚参活佛等座前，先后聆听他们讲授的所有经法；在喜饶嘉措尊者座前聆听了《甘珠尔》大藏经教敕等许多甚深妙法。水鼠年（公元1852年，清咸丰二年，壬子）二十岁，在遍照尊者座前受近圆戒。同年奉到须赴北京的折子，虽然遍照尊者说：“若愿于举行《般若》级庆典时进行立宗，可以将冬季学期会提前举行。”

但是，德赤仁波切却说：“立宗对你来说有什么收获，还是不要把学期提前为好。”

于是按照后一种说法办了。觜宿月（藏历十一月）初一日，由拉卜楞寺动身起程，鬼宿月（藏历十二月）初一日到达了京城，初四日朝觐了皇帝。圣上高兴地垂询年龄多大等情况；初七日前往举行成规《白伞盖佛母大回遮法》的地方。水牛年（癸丑），德赤仁波切赴内地，在七海子谒见了德赤仁波切。从这一年九月起，任副院（ཧྲུ་ཡན།），即玉玺小喇嘛三年。在此期间，有一次四十万长毛（ཆང་མོ།）[140]大军来到离北京三百里的地方，尊者把翁则师和随从中的六名拉卜楞寺院中的僧人及雍和宫的三名念修僧人，共计主仆十人，建立了色派的《铁堡伏魔法》七日，使对方的军营里出现了不吉利的征兆，陷于都洛（ཏོ་ཞུ་ལོར།）[141]地区，附近的湖泊也结了冰，天又下了大雪遮盖了冰层，敌军逃遁时，大部分落入水中，残余部队陷于高唐州（ཀོ་ཐང་གྲུའུ།）和连镇（ལེན་ཅིང་།）两个村落之中，全部予以消灭，俘虏了两名汉族主将，全被法办，从而奠定了太平的基础。圣上赏赐团龙绣山水图纹库缎衣料数匹，十两重银筷子十双以及珊瑚念珠等。木虎年（甲寅）春季，和东科尔呼图克图两人任金刚阿阇黎，修持了吉祥天母施食法。夏季，去七海子时，德赤尊者驻锡在乌其木沁（ཨུ་ཅི་མུ་ཆུན།），前去谒见。冬季，尊者前往京城供养了全套衣服，白银百两，并以五百两白银购买需要的东西进行奉献，使彼师位于授一百余名近圆者羯磨座次之中，教授羯磨的实践。这一年夏季，察哈尔地方由于建立了鄂博，当地的拉德和随从中出现了不祥事项。向彼师呈述后，答道："在那里用汉族方法，设置一个汉人的像就会平安。"当让塑匠建造时，说道："汉族中不会有那样平凡的图像，必须加上蛇、蛙、大刀等。"遵循指示建造之后，第二年，他们谒见时，又呈述凶险的情况。彼师答道："可能是那一头蛇或者是蛙发怒了，没有关系！"由于情况与图画相符，更加强了信念。自此以后，不祥事项完全熄灭了。

大皇帝亲自仔细观察了皇宫中所有神殿里的每个神像后，令彼师逐个标上标签。对《二十一铁链法》之上增添的喜金刚根本咒、近心咒等，在迦叶佛的禽蛋大小的舍利上装银的乌金方格架子，一位大成就者把黑石块像泥巴那样拌揉等等内部依止圣物让其一一观看，并回答了垂询。木兔年（公元1855年，清咸丰五年，乙卯）夏季，在多伦吾拉（རྡོ་ལོན་ཐུ་ལག）寺谒见了德赤仁波切，让彼师向僧众讲授《时轮摄略续》（དུས་འཁོར་བསྡུས་རྒྱུད།）的教敕，聆听了这位尊者在土默特大寺神奇地用蒙语授药师灌顶及《功德根本成就颂》指引的讲授。尊者对彼师讲道："您最好前往大海，还能享长寿。"就遵循指示照办了。

秋季，遍照尊者在拉卜楞寺为了利他，付托心意[142]之后，彼师于梦境中梦到尊者坐在一座帐幕之中，他前去谒见后，说了一声"走"！便被带到金莲花盛开的地方，赐予了一碗小便一口气饮完了；又见在另外一处房间里居住，通过十道门前去谒见，被赐予了菩提子念珠一串及一个神橛。彼师忆念这象征着尊者将有什么信息时，梦中所现的征兆逐步显现。

火龙年（公元1856年，清咸丰六年，丙辰）被授予掌院（ཀང་ཡན།）即掌印喇嘛。冬季，圣上赐予极为珍奇的黄缎团龙绣花的衣服等，恩宠无比。火蛇年（公元1857年，清咸丰七年，丁巳），在苏尼特于拉卜楞寺的卸任堪布格东达杰（དགེ་འདུན་དར་རྒྱས།）座前，聆听了关于《作明佛母法》和《大威德息增怀伏的神通论》等。秋季前往五台山朝圣，当前去北山下朝礼禅杖泉时，迷失道路受苦不少，到达佛殿时，见一位头发斑白、眼眵黏合着眼睛，问一句答一句的人用一口破锅正在煮茶，旁边放着做好了的几个小米饼。彼师主仆各自拿起来就吃，那人什么反应都没有，也不说要钱的话，然而，还是放下了几枚铜币走开了。白眉岩（ཏྣེ་མིས་ཡོན།）的石缝中，有各种景观，前去观看时，看到塑有圣·宗喀巴的像，面部侧向一旁，像很小。还有称为长寿神的像，形态像一位天仙。彼师的前一世圣·吉美南卡有在此曾看到一柄神橛和一串五十四粒的念珠传说，显示得到享长寿的授记。在中央山前大乐殿（ཏའི་ལོ་ཞུ་ཏེན།）里，于夜晚时看到在遥远地方，显有许多佛殿的遗墟。各个佛殿和佛塔发出五色灿烂的光芒，黎明时，各个山峰发出的光芒，时集时散，相互辉映而交织在一起。在供奉章嘉·饶悲多吉灵塔的静海寺（ཀུན་ཏེ་ཟི།）闭关修习了依怙主七日禅（མགོན་པོའི་བདུན་མཚམས།）。在此见到彼师初入经院时就请其讲经授课，后任经师的大善知识贡却森格哇（དཀོན་མཆོག་སེང་གེ་བ།）住在这里，即邀请去北京，请其讲授了许多甚深妙法。

这位经师生在阿木去乎吉（ཨ་མཆོག་སྐྱིད།），是热贡吉（རེབ་གོང་སྐྱིད།）密乘院僧人，密咒的修持极为神妙。属铁狗（庚戌）相，在大甘珠尔瓦·贡乔华增（དཀོན་མཆོག་དཔལ་འཛིན།）座前出家并受沙弥戒，入阿木去乎寺菩提道次扎仓（ཨ་མཆོག་ལམ་རིམ་གྲྭ་ཚང་།）学习了全部念诵仪轨。当创立跳鹿舞时，他扮演阿杂拉（ཨ་ཙ་ར།行脚僧）。为了参加跳神会考，便来到拉卜楞寺。夏季学期会时，朝礼石阶院（རྡོ་བཅལ།），产生了入经院的念头，十八岁时偷偷地跑到寺院，被引见于圣·阿莽道扎座前，指定出类拔萃的格西佐格·罗桑喜饶（མཛོད་དགེ་བློ་བཟང་ཤེས་རབ།）任他的老师。这时顿浪卡卜（དོན་ལུང་ཁ་བུག）让他住在他的院里，并且说道：

“用不着去求学，应付一下考试就行了。替我好好做仆人，今后购置一套房屋，一面做生意，一面搞一个学位。”

于是就按照他的说法，暂时住下了。当今，一般人都颠倒了追求的目标，还以为这样做对他很有好处！应该明辨是非利害，这一点十分重要。老师告诉他说：

“你若做顿浪卡卜的仆人，还不如返回故里侍奉父母能积点福德。若愿意求学，就应该从他那儿迁出来！”

遵循老师的教导，迁移了住所，熟记了《集类学》《悟慧论》《因理论》《般若》第一至第八品、《二十僧伽大全》《缘起教理宝库》《识色善说宝瓶》《了不了义明慧颈庄严》（དྲང་ངེས་བློ་གསལ་མགྲིན་རྒྱན།）等。曾于两个夜间记熟第一品，其他教程也能如此学习，讲辩理法被称为没有对手。在贡塘·嘉贝样座前受近圆戒。后于巡礼时，结合巡礼学习《中观广论》《疏深密极明论》，经过长期勤奋刻苦地背诵和伺察，获得了正确的见解。经常诵读《宗印本论》。向赤钦·相曲群培（བྱང་ཆུབ་ཆོས་འཕེལ།）请求指示将来往生何处？答道：“念诵《佛说文殊师利一百八名梵赞》一定能往生香巴拉国土。”因此经常念诵《佛说文殊师利一百八名梵赞》、《般若波罗密多摄颂》《密集根本续》等经典。多次聆听了遍照尊者圣师徒讲授的许多经法。进入噶仁学级时，遍照尊者虽然指示说：“可以越级申请多仁巴学位，进行多仁巴立宗辩论。”

他回答：“不需要这样做，想做一个一生闭关修行者。”

于是准许按照他自己的要求办理。从此以后，每日不间断地修习积净（བསགས་སྦྱང་།）和《菩提道次精要》《菩提道次第指引》以及一些真言仪轨等。在五台山闭关禁语静修七个月。在五台山居住了五年，每年定例讲授《菩提道次第广论》的教言半月。应色拉寺拉仁巴嘉绒（རྒྱལ་རོང།）活佛的请求，为他讲授所有的经法传承，在祈愿喇嘛寺（སྨོན་ལམ་བླ་མའི་དགོན་པ།）授予修习弥多罗、金刚鬘灌顶及《修法宝源》的随许。这位经师目前正在寺院弘扬佛法传承，修持增盛，特附录于此。

赤钦的化身彼师于其二十六岁时，即土马年（公元1858年，清咸丰八年，戊午）冬季，章嘉殊胜化身赴北京之际，谒见了章嘉国师谈论十分亲切。德贝子（བདེ་བུ་སེ།）是彼师的根本施主，由于他和僧王（སེང་ཝང།[143]）等自己人死去，圣上降下圣旨彼师可以回故里，于铁猴年（公元1860年，清咸丰十年，庚申）动身返回。于是先后为这里的各个和硕（ཧོ་ཤུལ།）讲授各种经法。铁鸡年（辛酉），向巴林贝子的和硕（བ་རིན་བེ་སེའི་ཧོ་ཤུལ།）授予时轮金刚灌顶，并建立了时轮扎仓。第二年的藏历十月二十五日由该地起程返故里，于水猪年（癸亥）翼宿月（藏历二月）十一日到达拉卜楞寺。敬请怙主殊胜化身[144]莅临大会堂，供养了以白银三百两为主的一千种礼品。给大会堂僧众每人布施铜钱七百和一条哈达。有一叫作戴达兴（དའི་དྭ་ཞིན།）者，于大战乱时，被派为军官前往织缎子的地方，曾寄去白银近万两托他代办各种供祭物品和祈愿法会上的用品，以及珍奇的织物。这一年的十月十三日，任却科噶萨尔寺（ཆོས་འཁོར་སྒར་གསར།）的法台，木牛年（乙丑）觜宿月（藏历十一月）十五日，任拉卜楞寺大会堂堪布，现正高举讲闻胜幢前进中。

注释：

[1] 亦译作阿树、哇树、哇受、阿秀。

[2] 阿里克为清初译音，现一般对居住在黄河以南者通称为阿柔，对居住在祁连一带者通称为阿里克。

[3] 意为汉地驴叫的地方。

［4］指青海蒙古罗布藏丹津叛乱事件。

［5］郭莽亦译作郭芒。

［6］指宗喀巴大师。

［7］指第巴·桑吉嘉措。

［8］意为禁止越出门槛的经典。

［9］这一段过程，本书从宗教角度叙述，隐晦不清，没有说明桑吉嘉措放毒的过程，这段过程，说明当时西藏上层派系斗争尖锐。参阅有关桑吉嘉措与藏巴汗斗争的著作，可以明了当时的政治形势与宗教状况及嘉木样应请返回安多的客观因素。

［10］拉藏汗所立之第六世达赖，后被废。

［11］为宗喀巴大师之尊称。

［12］关于聘请嘉木样一世回安多建寺之人，有两种说法。一为和硕特前首旗察罕丹津之父博硕克图济农，一为察罕丹津戴青和硕齐。本书只称为济农王。据察罕丹津于康熙四十年入朝被封为贝勒之事来看，则嘉本样一世回安多时，博硕克图济农已死，故译作济农王察罕丹津。

［13］意为“五户村”。

［14］即察汗丹津之侄，塔尔寺堪布，雍正元年12月(公元1724年1月)以“唆令罗卜藏丹津叛逆”并令喇嘛抗拒清军，被清廷处决。参阅第一编第六章塔尔寺部分。

［15］即青海察罕诺们汗。

［16］这两位喇嘛对于迎吉美旺波为嘉木样的呼毕勒罕之事，互相矛盾，一拒一迎。此处隐晦地作一叙述。

［17］西藏噶举派著名学者，名弥旁·格勒朗杰（མི་ཕམ་དགེ་ལེགས་རྣམ་རྒྱལ།）(公元1618—？年)，博克瓦为其尊称。

［18］原文如此，铁马年，即公元1750年。清乾隆十五年，那时，吉美旺波还在拉萨学习。按下文所述，似发生在他在拉萨之时，所以有

“在任堪布视若无睹”之语。可能他回寺任堪布后，此事仍在发展。

［19］这是含有侮辱性的绰号，柔玛意为“明妃”。

［20］吉美旺波之尊称。

［21］旧时亦译作“商卓特巴。”

［22］藏俗，病人有喝活佛小便的迷信习惯。

［23］佛教徒进行一段讲经或修法的时间。

［24］指同仁夏日仓诺们汗。

［25］本书作者系阿莽·贡乔坚赞的弟子，故在书中等称为ཡབ་རྗེ།，意为“圣父”，译为“恩师。”

［26］亦译作“完波塘寺”。

［27］即赤干仓。

［28］亦译作拉多扎仓（ར་རྟོད་གྲྭ་ཚང་།），以学习因明著称。是拉萨三大寺僧人每年冬季补习因明的场所，名义上是一个独立单位（扎仓），但实际上则同于三大寺组织以内的一个单位。它可以提出拉仁巴的候选人，每隔二年，考送一名格西。

［29］《新论》，亦译作《论新》（གཞུང་གསར།），为《般若》学部第一年学级和第二年学级，前者称为《新论》（下）（གཞུང་གསར་འོག།），后者称为《新论》（上）（གཞུང་གསར་གོང་།）。

［30］《中观新论》（དབུ་མ་གསར་བ།）为《中观》学部之第一年学级，《中观旧论》为《中观》学部之第二年学级。

［31］各大寺院集会阖寺僧众，混合讲辩经论的一种制度。在这种集会上考取学位的称为林赛格西。

［32］以上三名，系诨号。

［33］原文此处刻印不清，似是方言，故译为此。

［34］即担任拉卜楞寺第五任堪布的仓赛介贝多吉。

［35］山神名，被称为永宁地母十二尊。

[36] 彼师在此展施狡狯手法。“嘉尧多”意为“嘉尧谷口冲积地”。藏文中མདོ།这个字除“谷口冲积地”之外，又是佛经之“经”。他利用同音字难倒对手。讥笑他不懂门仁巴与雄勒巴应有的区别。门仁巴为格西学位，雄勒巴则为负责因明学级的主持人。

[37] 指一切知嘉木样。

[38] 宗印，实作宗轮。指佛教内外各派各自心目中依经教、依正理树立对于基、道、果位的一定见解或理论。

[39] 此处刻板似有脱落，此“仁波切”没有指明是何人。是宗喀巴大师或班禅？

[40] 为佛教十六尊者之一。

[41] 通称此师为赤干，他的转世系统称为赛仓（བསེ་ཚང་།），在合作沙沟有其独立寺院。此师的传承系统与拉卜楞寺互有矛盾，本书对此，偶有叙述，但很隐晦。

[42] 一种占卜方法。即用大小相同的两个糌粑团，内装卜问的是和非的两张纸条，在佛像前举行宗教仪式后，祝祷摇转，就其中掉下的一个，掰开后以判定是非。

[43] 意为侄或甥。过去，活佛喇嘛的侄甥，常用寺院、府邸的监理人，即管家。这些人实际上掌握财权，左右着活佛的行动。

[44] 为嘉木样第三世尊号。

[45] 亦译作火尔藏。

[46] 曾任噶丹寺赛赤，通称为赤钦南卡。曾被清廷敕封为呼图克图。

[47] 指土观·曲吉尼玛。

[48] 指拉卜楞寺的曾任噶丹寺赛赤的三活佛，即贡塘仓一世、桑木察南卡和这一位和日仓吉美柔贝森格。

[49] 济垅呼图克图第八世。

[50] 十一世达赖喇嘛克珠嘉措（公元1838—1855年）生于四川泰宁。这时，因需金瓶掣签决定及西藏阿里地区发生战争，清廷将克珠嘉措暂时安置在泰宁寺。

[51] 即藏历四月十五日，是释迦牟尼佛入胎、证觉和涅槃三大行迹纪念日，故有此名。

[52] 指第二世一切知嘉木样。

[53] 指第一世嘉木样。

[54] 藏区各地寺院的活佛等人，常于一年之夏、冬等季节，前去村落帐房等处化缘；籍以收入酥油等等生活用品。名之曰“夏季化缘”和“冬季化缘”。

[55] 原文如此。旧时一些封闭地区的部落首领都有自称其地区为“国家”的说法，它仅是旧时对一个地区的部落长们管辖的范围的称呼，而不能和现代国家的含义相混。“祝固”之名，藏史上于不同的时代指不同的地区，此处指甘肃河西地区祁连山脉一些地区或临洮、康乐地区。

[56] 指拉萨大昭寺十一面观音菩萨像，称为“天成五位一体”。因这尊塑像本身，系未经塑造天然形成者；像之内藏为一尊蛇心栴檀树天然形成的观音像；后来藏王松赞干布和文成公主、尼泊尔赤尊公主同时去世时，灵魂都隐入于这尊像内，故有此名。

[57] 似指乾隆五十九年至嘉庆四年任驻藏大臣的松筠。

[58] 此事错综复杂，本书先后叙述，闪烁隐晦，据《清实录》记载，还牵涉到清西宁办事大臣纳尔松阿的被撤职。参阅《清实录·仁宗实录》，卷三四四。

[59] 指一、地狱有；二、旁生有，即畜牲也；三、饿鬼有；四、天有；五、人有；六、业有；七、中有。

[60] 伦且（བློན་ཆེན།），意为大臣。安多区洮河上游和河曲等地和康区习俗一样，土司一般自称为杰波（རྒྱལ་པོ།），意为王，其属下往往设有“大

臣”之职。

[61] 宗教徒说法，“宾客”指施“回遮法”时摄召来的神鬼；“替身物品”指施“回遮法”送崇时施舍的财物。

[62] 通称郭莽仓，为拉卜楞寺在阿坝部落的据点。

[63] 即四川松潘章腊营之音译。

[64] 为贡塘·嘉贝样丹仲美的尊称。

[65] 指得解脱，不求化生转世。

[66] 原文作铁鼠年，庚子岁，即乾隆四十五年，系笔误。按上文所述的十三胜生，应为铁狗年，即庚戌岁。

[67] 借用为去世。

[68] 青海省同仁县年都乎千户。

[69] 指夏日诺们汗第二世。

[70] 拉卜楞寺之名，义为“吉祥绕”，此处取义相近。

[71] 释迦牟尼之名。

[72] 大威德金刚名号之一。

[73] 文殊菩萨名号之一。

[74] 文殊菩萨名号之一。

[75] 为贡塘·嘉贝样丹白仲美之梵文名号。

[76] 此处若按本书编年叙述的体例，似有笔误。

[77] 旧译作“黑错”，关于这寺与拉卜楞寺的纠纷，可参阅龚景瀚《循化志》。

[78] 纳罕达尔济《清实录》中译作“纳汉达尔济”。

[79] 即称为赡部六庄严之一的法称论师。

[80] 指达赖喇嘛和班禅额尔德尼。

[81] 为达赖喇嘛与班禅额尔德尼之尊称。

[82] 赞布诺们汗，即敏珠尔呼图克图。赞布寺，即青海省大通县广

惠寺，参阅第一编第五章。

[83] 指清道光皇帝。

[84] 参看《拉卜楞寺概况》所附原件照片。此处藏文作“བསྟན་པ་འཛིན་ཅིང་སྐྱོང་བར་བྱེད་པའི་ས་མཧི་བཀྲ”。

[85] 指达赖喇嘛和班禅额尔德尼。

[86] 三学，指戒、定、慧三学；二次第，指修习密乘的生起次第与圆满次第。

[87] 三轮在经律论三藏中各有不同的解释。此处指讽颂闻思轮，断弃禅定轮，所作羯磨轮。

[88] 四沙门法，即他骂不还骂，他怒不还怒，他打不还打和寻过不还报。

[89] 指宗喀巴大师。

[90] 华桑波为དཔལ་བཟང་པོ།之安多地区读音，元明时代，则按康藏读音，译作“巴藏卜”等等，意为贤德。藏传佛教徒常在活佛及大格西等姓名之后，用此修饰词语表示尊敬。

[91] 为青海省玉树地区称多县、雅砻江上游诸部的通称，意为“三汉部”（རྒྱ་སྡེ་ཁག་གསུམ།）。实际，该处的部落不限于三部。

[92] 意为拉卜沟的堪布，即通称的拉卜寺，在今青海省玉树藏族自治州称多县。

[93] 本书著者对于历世嘉木样，除有时直叙为第几世外，常用通常的称呼作“一切知”“怙主尊者”“遍照尊者”等，译时按原文译出，酌加其为第几世。

[94] 一种宗教惩罚。在寺院的正月神变祈愿法会上，将罪犯的名字写在黑布（黑牌，叫作缠尤）上，于送鬼之时，在僧俗群众之中宣读进行诅咒后，一并送出，令被诅咒者倒霉终生的迷信活动。

[95] 原文如此，似笔误，应为土鸡，己酉岁。

［96］阿莽琼瓦，意为小阿莽，以别于阿莽仓。

［97］阿底峡大师著名弟子之一。

［98］简称热琼瓦（公元1083—1161年）为米拉热巴著名弟子。

［99］指贡塘·嘉贝样。

［100］指圆寂。

［101］指清中央政府。

［102］达隆切瓦，意为大达隆。

［103］即开创达波噶举派的达波拉杰·索南仁钦大师（公元1079—1153年）。

［104］指达隆寺。

［105］多多（ཏོབ་ཏོབ），亦写作多秃（ཏབ་ཏོབ།），原意为鲁莽汉。藏传佛教各寺院，尤其格鲁派的各大寺院，都有这种僧人，是寺院的一种下层组织。他们重义气，喜勇好斗，但尊重师长。他们多出身贫苦，其外形和生活，都和一般僧人不同。如留发、佩刀等，不用心读经，喜练武。寺院内的日常笨重体力劳动，如充当厨役、背水、熬茶、搬运什物、给大殿内诵经的僧众倒茶、分饭食等等，都由他们担任。他们还充当协敖、格贵、翁则师等执事人员的扈从，执行他们的命令。每逢重大法会典礼，他们用煤烟涂面，腰佩长刀，手执皮鞭等，为协敖等开路喝道，维持秩序；在经院讲辩学习时，也由他们巡逻。

［106］亦作鄂敦·曲固多吉（公元1036—1102年），为玛尔巴大师四大弟子之一。

［107］京俄巴，为噶当派仲敦巴大师的三大弟子之一，名楚臣跋(ཚུལ་ཁྲིམས་དཔལ།公元1038—1103年)，一生为仲敦巴的近侍，故称为京俄巴，亦译为京俄瓦。

［108］即多伦淖尔地区。

［109］等于副协敖级的寺院执事人员。

[110] 参阅第二世及第三世嘉木样传和上列第三十任堪布德赤嘉样土丹尼玛传等，关于青海同仁与甘南夏河两地历史上各自为维护其政教合一统治势力而械斗的事，本书叙述隐晦，多一笔带过。此处之朗加，指同仁属朗加部落。

[111] 仓意为寓所。藏区一般于活佛、头目及知名人士的名后加“ཚང་”以表示这个人的寓所或府邸，另一方面，也作为对于这个人或这个人家的尊称。有的汉文书中以仓作为活佛的“教阶”，可能乃误解。

[112] 按原文此处有误，若就下一任堪布接任之年推算，似应为铁牛年，即公元1841年，清道光二十一年，辛丑岁。

[113] 司达为赤钦吉美柔白森格的梵名。

[114] 在西藏阿喀宗北，为藏区10世纪时的古寺，这座寺的弥勒佛像为藏区著名的佛像，以后逐渐荒芜颓败，公元1394年，宗喀巴大师曾加以修复。

[115] 在西藏桑日县，公元1158年，为噶举派帕摩主巴多吉杰波创建。

[116] 在西藏山南桑日县境，公元1139年，为觉域派玛玖拉仲创建。

[117] 意为示寂。

[118] 参阅嘉木样三世传。

[119] 指信徒奉献的资财和实物。

[120] 即赛赤霍尔仓活佛。

[121] 一种质量较差的哈达。

[122] 《清实录》作“噶勒丹锡呼图萨玛第巴克什”“噶勒丹锡呼图萨玛第巴克什额尔得额诺们汗阿旺扎木巴勒粗勒齐木”及“阿旺扎木巴勒粗勒齐木”，此人摄政时的行为参阅《清实录·宣宗实录》，卷三三〇、四〇六、四〇七、四一〇各卷中有关条文，牙含章《达赖喇嘛传》八〇至八一页，及张其勤原稿、吴丰培增辑《清代藏事辑要》四一一至

四四一页。

[123] 为达波噶举派创始人达波拉结于公元1121年所创建，系达波噶举派祖寺。亦简称冈波寺。达波亦译作塔波。

[124] 桑日，清时译作桑里城，桑日康玛寺为玛玖拉仲于（南宋高宗绍兴九年，公元1139年）所创建。为觉派的古寺之一。

[125] 丹萨替寺，帕主噶举派主寺，系该派创始人帕摩主巴多吉杰波于（南宋绍兴二十八年，公元1158年）所创建。

[126] 即帕主大司徒绛曲坚赞于（元顺帝至元十一年，公元1251年）创建的泽当寺。

[127] 系ཚུལ་ཁྲིམས།之梵音。

[128] 指第十一世达赖喇嘛克珠嘉措。参阅《清实录·宣宗实录》，卷三五五、卷三八七；牙含章《达赖喇嘛传》八一页；张其勤《清代藏事辑要》四〇五页。

[129] 属今内蒙古自治区赤峰市（昭乌达盟）。

[130] 指承德市。

[131] 安多藏族习俗，凡新年等节日及活佛远行回来时，常于盘中陈放各色精美的油炸食品三、五、七、九层不等，佐以各种水果、干果等等。品种最多为十三种，最少亦须有两种，作为表示庆祝的供品。亦有音译作“德尔卡”者。

[132] 意为令霍尔仓担任摄政。按第三世嘉木样圆寂于这个月的初六日。参阅嘉木样三世传。

[133] 即贡塘·丹贝仲美。

[134] 即第十一世达赖喇嘛。

[135] 地名，在甘南藏族自治州卓尼县，系卓尼的土语。一般在文书中写作却巴向（ཆོས་པ་ཞིང་།），讹作“赤巴沟”。

[136] 亦译为“更察布”，为拉卜楞寺派驻属寺等处的代表。

[137] 指藏历七月初五日。

[138] 指颇罗鼐之子珠尔墨特之乱。

[139] 此字为藏文拼成“桑木”一字之语基，此处意味着即“桑木察”。

[140] 指太平天国北伐军。

[141] 似为“独流”之译音。

[142] 指第三世嘉木样逝世。

[143] 似指僧格林沁。

[144] 指第四世嘉木样。

第十一章　大密正法游戏海具德下密学院法嗣史

大密正法游戏海具德下密学院（གསང་ཆེན་ཆོས་ཀྱི་རོལ་མཚོ་དཔལ་ལྡན་སྨད་རྒྱུད་གྲྭ་ཚང་།）建于拉卜楞寺建成后的第八年，即火猴年（公元1716年，清康熙五十五年，丙申[1]）。初建之时，由第一世一切知嘉木样大师亲自给僧众讲传《续部注疏》和《生起次第与圆满次第》等教程一个时期。其后，一切知嘉木样将《续部注疏》经卷、书夹和内供器等传给霍尔·洛赛嘉措哇（ཧོར་བློ་གསལ་རྒྱ་མཚོ་བ།），并委任他为本院的讲闻师。此后，由果达·洛桑克却（མགོ་ཏ་བློ་བཟང་མཁས་མཆོག）任法台。第一世一切知嘉木样曾三次派遣他代表嘉木样访问准噶尔洪台吉策旺阿喇布坦（ཇུང་གར་ཧུང་ཐའི་ཇེ་ཚེ་དབང་རབ་བརྟན།）。据说最后一次访问时，他问策旺阿喇布坦说：

“您们官府有多少家财？”答以如此这般的多。

果达活佛手拍着膝盖说：“您们官员没有我的牧羊人的尘世之福。”策旺阿喇布坦说：

“我确没有那里的一个放羊人的佛法福气。我想用大象拉的金车将嘉木样协巴迎请到这里来，可是已被济农王策马前去迎请走了。”

果达活佛之后，华热哇·阿旺华丹（དཔའ་རི་བ་ངག་དབང་དཔལ་ལྡན།）、措杜·更登坚参（ཚོ་འདུ་དགེ་འདུན་རྒྱལ་མཚན།）、德赤仁波切洛桑敦珠(སྡེ་ཁྲི་རིན་པོ་ཆེ་བློ་བཟང་དོན་གྲུབ།)、哇秀·嘉样华旦（དཔལ་ཤུལ་འཇམ་དབྱངས་དཔལ་ལྡན།）、赤钦活佛阿旺丹贝坚参（ཁྲི་ཆེན་སྤྲུལ་པའི་སྐུ་ངག་དབང་བསྟན་པའི་རྒྱལ་མཚན།）苏呼[2]·洛桑乃旦（སོག་པོ་བློ་བཟང་གནས་བརྟན།）、赛尔立贡玛·喇卜旦嘉措（སེར་ལི་གོང་མ་རབ་བརྟན་རྒྱ་མཚོ།）、阿莽·扎西嘉措（དཔལ་མང་བཀྲ་ཤིས་རྒྱ་མཚོ།）、华热活佛贡却德钦（དཔལ་རི་སྤྲུལ་པའི་སྐུ་དཀོན་མཆོག་བདེ་ཆེན།）等师依次任法台。这期间，第二世嘉木样虽曾在一个学期的期间到密乘经院进行讲传，但没有列于法台传承之列。其后，察尔察·喜饶多吉（ཚར་ཚ་ཤེས་རབ་རྡོ་རྗེ།）、赤钦索南智华（ཁྲི་ཆེན་བསོད་ནམས་གྲགས་པ།）、苏呼·洛桑金巴（སོག་པོ་བློ་བཟང་སྦྱིན་པ།）、赛尔力官人[3]洛桑却智（སེར་ལི་དཔོན་པོ་བློ་བཟང་ཆོས་གྲུབ།）、措杜活佛端智嘉措（འཚོ་འདུ་སྤྲུལ་སྐུ་དོན་གྲུབ་རྒྱ་མཚོ།）、杂义·南卡坚参（ཙ་ཡུས་ནམ་མཁའ་རྒྱལ་མཚན།）、果达活佛久美克却（མགོ་ཏ་སྤྲུལ་སྐུ་འཇིགས་མེད་མཁས་མཆོག）（果达活佛久美克却转世的活佛洛桑索南加措བློ་བཟང་བསོད་ནམས་རྒྱ་མཚོ།现还健在）、多吉强·贡却坚参（རྡོ་རྗེ་འཆང་དཀོན་མཆོག་རྒྱལ་མཚན།）和松替多仁巴·贡却龙珠（སུམ་མཐིལ་རྡོ་རམས་པ་དཀོན་མཆོག་ལྷུན་གྲུབ།）等依次任法台。上述这段历史的详细记载，见于寺志《天神大鼓》。

作格·更登华桑（མཛོད་དགེ་དགེ་འདུན་དཔལ་བཟང་།），于铁猪年（公元1731年，清雍正九年，辛亥）出生在优端（བཞག་སྟོམ།）头人家族里。他从小时候起就有到拉卜楞寺学习经法的迫切愿望，但没有实现。年近三十岁时，同家乡去北方圣地朝拜的几位香客结伴来到拉卜楞寺。他瞒着同伴躲藏起来，待同伴们起程去北方后，他就进入了拉卜楞寺经院。彼师生活十分清贫，夏天靠吃荨麻菜维持生活，一次不缺地参加大会堂会传和经院的讲辩会。最初，他一天只能背诵一两行教程，可是在背水的路上和炒、磨糌粑的时候，彼师不知疲倦地在背诵。当背诵《正义精要》时，开始时，一天只能背诵半页，逐渐一天能背诵五六页。彼师自己曾说：“背完宗喀巴大师的《现观庄严论金鬘疏》的第一品时，产生了骄傲自满，因而没有再往下背。”他熟背《中观》和《般若》的全部教程，《了义与不了义辨析》《菩提道次第广论》《疏深密极明论》和章嘉活佛著的《宗印源流》等。他边复习经卷，边忏悔罪障，经常通宵达旦。他超越学级命名的规定，破格进行了多仁巴的立宗辩论，取得了多仁巴学位。据说，当时藏敦·丹巴达吉（གཙང་སྟོན་བསྟན་པ་དར་རྒྱས།）依理法问难。问难者提出依园林而生的柏树，是园林之果，在推理过程中，彼师使其承诺依糌粑袋而存在的糌粑，是糌粑袋之果。

“那么，”反驳道：“有法为糌粑，你自己本来应成是空的，以你肚里的糌粑是你的果故。”

他在密宗院学习密咒后，通过了密宗的立宗，在怙主嘉木样二世座前，应试了几部大部头经典的考试。向第二世嘉木样请求大威德十三尊的灌顶，乃在大经堂之中，给他和全体大众一起授予。他平时多次说：“对我来说，念诵五部大论和念修本尊大威德金刚就行了。”我曾亲耳听到森达堪钦（མཁས་ཆེན་སེ་ནྡའི་མཚན་ཅན།།）[4] 对更登华藏（དགེ་འདུན་དཔལ་བཟང་།）说：“他可能认为证得大威德金刚，产生了已无根本位和后得位之分的骄傲。”

他在西藏卫地时，教授了很多明慧的学生。曾请问隆多喇嘛说：“我想下一世往生睹史多天，从哪方面努力积蓄因及资粮为好？”隆多喇嘛说：

“您们拉卜楞寺的贡却达吉格西（དགེ་བཤེས་དཀོན་མཆོག་དར་རྒྱས།）和正理部的洛桑（བློ་བཟང་།）两人，同我一起商定，我们下世往生香巴拉国土，您不想去香巴拉吗？”

他说：“我想往生睹史多天。”

隆多喇嘛想了片刻说：“可能是某一习气种子之故吧！”

向噶钦格西（བཀའ་ཆེན།）请求撰著了祈祷怙主颂词，感到非常高兴。他先后任拉卜楞寺密宗学院的喇嘛翁则师和法台，讲辩听闻极为精辟。还担任苟什德寺（གི་ཏེ།）的堪布。他住在查干白相寺时，有一次他的牲畜被盗贼抢走了。于是，他施行六十施食回向法，两个盗贼被虫食而死。又有一次，他到黄河对岸的村庄里念经，因经过了多日，黄河里漂流冰凌，断了渡河之路，不知怎么办，露宿在黄河边上。晚上，过了一个时辰，他对随行人员说：

“您们起来去看看！我梦见嘉木样二世来到这里，帮助我们消除了灾障。”

随从人员按照所说前去观看时，果然黄河上结成了一条仄小的能行人马的冰桥，他们就从这冰桥上安全地渡过了黄河。如此等等显示了他证道的许多奇迹。彼师在拉卜楞寺，请求遍照尊者授予独雄大威德金刚灌顶，请求贡塘·嘉贝样讲传了《缘起颂》的疏解和教敕。彼师又再次去查干白相寺，不久，于土蛇年（公元1809年，清嘉庆十四年，己巳）圆寂，终年七十九岁。

彼师转世的化身是久美丹增嘉措（འཇིགས་མེད་བསྟན་འཛིན་རྒྱ་མཚོ།），生于作格地方，住在康萨尔寺（ཁང་སར་དགོན།）。

更登华桑后，由江若活佛久美嘉参（འཇུང་རོ་སྤྲུལ་པའི་སྐུ་འཇིགས་མེད་རྒྱལ་མཚན།）任密宗院法台。

久美嘉参后，由阿木去乎木多·塔叶嘉措（ཨ་མཆོག་མུ་ཏོ་མཐའ་ཡས་རྒྱ་མཚོ།）继任。彼师开始入德摩塘寺，后来到拉卜楞寺入《中观》旧学级，过着艰苦清贫的生活，勤苦攻读经论。向嘉木样二世学习《辨析大全》，感到称心合意，复习诵读，经常通宵达旦。他曾在西藏学完了全部大论。在哲蚌寺，塔叶嘉措格西的名声大噪，人皆钦佩。他曾拜见了隆多喇嘛和噶钦格西，在拉萨各寺叩头朝拜，巡礼大昭寺，努力进行寺周巡礼和中间巡礼道巡礼，积善消障，并背运供养大昭寺觉阿释尊像前的净水。到嘉·梅多塘（རྒྱལ་མེ་ཏོག་ཐང་།）作嘉堪庆的侍从。在拉措湖（བླ་མཚོ།）亲眼看到了显现金殿庄严的图景。正在准备进行拉仁巴学位的立宗辩论时，返回了故乡。彼师先后任密宗学院的金刚师、时轮学院的法台等，进行密宗经法的讲辩闻听。彼师经常坚持过午不食的净行。晚年在格培寺修持，直至圆寂。

其后，朗活佛贡却杰白洛哲（གླིང་སྤྲུལ་པའི་སྐུ་དཀོན་མཆོག་དགྱེས་པའི་བློ་གྲོས།）、阿莽琼玛·贡却曲培（དཔལ་མང་ཆུང་མ་དཀོན་མཆོག་ཆོས་འཕེལ།）、达隆活佛洛桑丹贝尼玛（སྟག་ལུང་སྤྲུལ་པའི་སྐུ་བློ་བཟང་བསྟན་པའི་ཉི་མ།）、却吉杰·贡却旺秀（ཆོས་ཀྱི་རྗེ་དཀོན་མཆོག་དབང་ཕྱུག）、苏尼特·贡却闹吾（སུ་ཉིད་དཀོན་མཆོག་ནོར་བུ།）、科采·贡却索南（ཁོ་ཚེ་དཀོན་མཆོག་བསོད་ནམས།）、章嘉夏茸·嘉样格丹（ལྕང་སྐྱ་ཞབས་དྲུང་འཇམ་དབྱངས་སྐལ་ལྡན།）、华热殊胜化身·贡却丹乔雅培（དཔའ་རེའི་མཆོག་སྤྲུལ་རིན་པོ་ཆེ་དཀོན་མཆོག་དམ་ཆོས་ཡར་འཕེལ།）、鲁雪巴·彭措森格（ཀླུ་ཤོད་པ་ཕུན་ཚོགས་སེང་གེ）、佐格巴·玛尔藏华丹智华（མཛོད་དགེ་བ་དམར་གཙང་དཔལ་ལྡན་གྲགས་པ།）、作万·贡却丹德尔大善知识（གཙོས་བན་དཀོན་མཆོག་བསྟན་དར།）等，依次任本扎仓的法台。

其后，由科采·德钦活佛（ཁོ་ཚེ་བདེ་ཆེན།）任法台。科采·德钦活佛生于铁鼠年（公元1780年，清乾隆四十五年，庚子）。彼师学习了全部五部大论，究竟圆满，取得了多仁巴学位。在贡塘·嘉贝样尊者座前受近圆戒。他五十岁的那年，即土牛年（公元1829年，清道光九年，己丑），在路上遇到了几个安多强盗。有个叫尕藏萨立的强盗，用刀背敲击彼师的胳膊。彼师诅咒道："你们要短命呐！"结果强盗们都碰到灾殃，一一走上了死路。他患了呕吐病，于是接受觉派的灌顶，去年超（གཅན་ཁྲོད།）凶煞地修行。产生了如同经典中所说的等起善和证悟，而病也痊愈了。他就在这一方面，作了许多有益众生之事。享年六十八岁圆寂。他转世的灵童，小时夭亡。

其后，索智活佛贡却嘉措（བསོད་གྲགས་སྤྲུལ་པའི་སྐུ་རིན་པོ་ཆེ་དཀོན་མཆོག་རྒྱ་མཚོ།）和托噶夏茸·贡却格勒坚参（ཐོ་ག་ཞབས་དྲུང་དཀོན་མཆོག་དགེ་ལེགས་རྒྱལ་མཚན།）依次任法台。

其后，由年智活佛洛桑隆多尼玛（སྙན་གྲགས་སྤྲུལ་པའི་སྐུ་བློ་བཟང་ལུང་རྟོགས་ཉི་མ།）任法台。他于铁鸡年（公元1801年，清嘉庆六年，辛酉）出生在鲁本扎萨克（ཀླུ་འབུམ་བཀྲ་སག）家，父名嘉塔尔（རྒྱ་ཐར།），母名才吉（ཚེ་སྐྱིད།）。按照玛玖拉仲的授记，认定为洛桑年智华尊者（རྗེ་བློ་བཟང་སྙན་གྲགས་པ།）转世的化身。木牛年（公元1805年，清嘉庆十年，乙丑）迎请坐床。当时，他从寝室的阳台上掉了下来落到院子里，就像鸟儿落地一样，一点没有跌伤。火兔年（公元1807年，清嘉庆十二年，丁卯），在嘉贝样尊者座前披剃出家，铁羊年（公元1811年，清嘉庆十六年，辛未）入经院学经，拜多仁巴钦饶（རྡོ་རམས་པ་མཁྱེན་རབ།）为师，学习《集类学》各品，也应试了《集类学》会考。在这期间，承诺了在香巴拉国土法胤勇武轮王[5]即位时，将在彼国土证得双运地位，并与此相配合撰著了《发愿祈祷词》。他住在桑云（བསང་གཞུང་།）时，突然失踪，三天后才找见，而他自己却说："只过了一会儿。"向嘉贝样活佛请问此情时，嘉贝样活佛说："是由于某种外缘而得到正见的证悟。"从此以后，他不断地发生独自一人致力于静修的想法。二十岁的那年，即铁龙年（公元1820年，清嘉庆二十五年，庚辰），在贡塘·嘉贝样尊者座前受近圆戒。他拜这位尊者、三世嘉木样尊者、德赤仁波切嘉样土丹尼玛、恩师阿莽道扎等师为师，广泛地聆听了讲传的经法。学完了全部五部大论，究竟圆满，获得祈愿法会然绛巴名号和多仁巴学位。应大将军札萨克图汗嘛呢班扎（དཔོན་ཆེན་ཙང་ཙུང་ཛ་སག་ཐུ་ཧན་མ་ཎི་བཛྲ།）的邀请，于三十二岁的那年，即水蛇年（公元1833年，清道光十三年，癸巳）前往喀尔喀右翼地区，任夏珠培吉林寺（བཤད་སྒྲུབ་འཕེལ་རྒྱས་གླིང་། 增盛洲）讲修的堪布，为当地的官员、僧众和百姓们点燃了佛法的明灯。在大库伦（ཁུ་རེ་ཆེན་མོ།）地方，专门拜谒了哲布尊丹巴·洛桑楚臣吉美坚参（རྗེ་བཙུན་དམ་པ་བློ་བཟང་ཚུལ་ཁྲིམས་འཇིགས་མེད་རྒྱལ་མཚན།）结了法缘，被授予《佛说文殊师利一百八名梵赞》

的教敕，授记是黑行者的受生化身，并显现了许多世互有因缘的标记。还在该地向江孜贝隆活佛（རྒྱལ་རྩེ་དཔལ་ལྡན་ཀྱི་སྤྲུལ་སྐུ།）等人讲经说法。三十七岁那年，即火鸡年（公元1837年，清道光十七年，丁酉）返回拉卜楞寺。向三世嘉木样活佛为首的喇嘛和比丘会众们竭尽所有的财物，进行供养。铁牛年（公元1841年，清道光二十一年，辛丑），任乌尼盖扎仓密咒敏吉林寺（ཨུ་ཤི་གུ་ཚང་གསང་སྔགས་སྨིན་རྒྱས་གླིང་།）的堪布。木龙年（公元1844年，清道光二十四年，甲辰），任本寺院具德下密学院的法台。但是，他厌烦忙碌于琐事，向上提出请求，从当年秋后开始闭关静修。在两年的闭关静修中，诵读研讨了《甘珠尔》大藏经、《丹珠尔》大藏经、圣·宗喀巴和历世班禅等许多圣者的著作，熟背《纳若六法导引》《观导指引》等各种详简本导引。彼师一生之中，在塔尔巴泽寺（ཐར་པ་རྩེ།）、曼扎罗勒寺（མཛོལ་ཀྲོད།）、杂义果达夏尔寺（ཙ་ཡུས་མགོ་འདུལ་ཤར།）等处，尤其主要在拉卜楞寺，闭关静修，因而嘉贝样尊者贡却丹贝嘉措哇（དཀོན་མཆོག་བསྟན་པའི་རྒྱ་མཚོ་བ།）说他像印度寂天，这个赞扬很切合实际。他曾亲眼看见过圣·宗喀巴大师、历世嘉木样活佛、白绿度母等佛和喇嘛上师显示的形象，关于神秘的处所也能使它公开予以显现。他应恩师阿莽道扎尊者的特邀，诵传了尊者的上一世所著的《二世嘉木样赞》和《菩提道次第广论》卷首几页。向喜饶嘉措尊者讲授了《律藏大疏宝鬘论》的教敕。另外，同隆务堪钦活佛洛桑华丹嘉措（བློ་བཟང་དཔལ་ལྡན་རྒྱ་མཚོ།）、拉卜楞寺正副大襄佐兄弟、蒙古喀尔喀地区的僧源等结下了法缘。怙主殊胜化身仁波切被迎请来寺坐床时，德赤活佛让彼师首先敬献第一条内库哈达、白绿度母像、弥勒佛像。后又敬献了颂、疏、金刚三者齐全金粉写就的《入中论》和《现观庄严论》，举行了盛大的庆祝。

六十二岁那年，即水狗年（公元1861年，清同治元年，壬戌），身体显示有疾，逐渐沉重。闰九月二十九日黎明时圆寂。圆寂前，在举行第四世嘉贝样活佛灵塔祭的那天，向大法会供养白银五十两作为祈求解脱疾病的施舍，将纳塘版最先印刷的有七世达赖喇嘛撒的吉祥青稞的《甘珠尔》大藏经供奉在大金瓦殿的上下层，将《丹珠尔》大藏经供奉在大经堂的旧书库内，并安排了后事。按噶当派的传统将尸体施鸟。遗骨火化后，骨灰上显现出“ཧྲཱི་ཧྲཱིཿ”等字形并出现了许多舍利等神奇现象。详细记载见于《传记·青莲藤》。

其后，德塘活佛洛桑丹增嘉措（བདེ་ཐང་སྤྲུལ་པའི་སྐུ་བློ་བཟང་བསྟན་འཛིན་རྒྱ་མཚོ།）、苏尼特·更登达吉（སུ་ནིད་དགེ་འདུན་དར་རྒྱས།）和措杜活佛更登坚参（ཚོ་འདུ་སྤྲུལ་སྐུ་དགེ་འདུན་རྒྱལ་མཚན།），依次任法台。

措杜活佛更登坚参，出生在蒙古库德（སོག་པོ་ཁུ་བདེ།）地区。贡塘·嘉贝样尊者认定他是措杜·端智嘉措（ཚོ་འདུ་དོན་གྲུབ་རྒྱ་མཚོ།）活佛转世的化身。即在尊者座前披剃出家，受沙弥戒和近圆戒。起初一段时间内，入阿木去乎寺经院学习，以后入拉卜楞寺。拜鲁肖巴·彭措桑格（བློ་གྲོད་པ་ཕུན་ཚོགས་སེང་གེ）为师，学习讲辩理路法则，因而在这一代僧人中成为成绩优异的格西。曾任阿木去乎寺、完波塘寺（རྫོན་པོ་ཐང་།）、却科尔尕萨寺（ཆོས་འཁོར་སྒར་གསར།）、香勒卡寺等寺的堪布。在香勒卡寺建立了《毗卢舍那经》韵调复诵制度。此后任密宗学院的法台，如同历任法台一样，发展了历任修法传承。有一次，他在外出的路上遇见了瓜什则的盗匪抢走了他的驮骡。彼师展示神通，让盗匪们看见骡子的左右耳朵里有两条黑白蛇出来进去，立即把所抢的全部东西一一送还。彼师获得治疗鼠疫等传染病不会传染的功夫。曾在家乡修建禅室，修持了很长时间。向苏如沁（སུ་རུ་ཀ་ཆེན།）的广大僧众授予独雄大威德金刚的灌顶。他念修依怙尊和大威德两本尊，具誓护法神公开显现护佑事业。圆寂前两年，不间断地致力于依禅定念修独雄金刚自入法。临终时让人敬献曼荼罗，随着灵魂升降的嘻迦二声，跏趺坐着圆寂。临终前，他要求不转世。但由于遍照尊者说：“虽对圣教没有多大益处，但对拉卜楞寺来说，需要措杜仓世（ཚོ་འདུ་ཚང་།）这个名号。”最后，还是答应了转世。

其后，戎达拉仁巴·洛桑曲增（རོང་རྟ་ལྷ་རམས་པ་བློ་བཟང་ཆོས་འཛིན།）、曲宗活佛贡却丹贝华桑（ཆོས་རྫོང་སྤྲུལ་སྐུ་དཀོན་མཆོག་བསྟན་པའི་དཔལ་བཟང་།）、拉果·拉色尔·嘉样嘉措（ལྷ་གོའི་ལྷ་སེར་འཇམ་དབྱངས་རྒྱ་མཚོ།）、南木拉·华丹智华（གནམ་ལའི་དཔལ་ལྡན་གྲགས་པ།）等，依次任本扎仓的法台。

南木拉·华丹智华生于南木拉（གནམ་ལ།）的久合勒（འཇིགས་ལེ།）地方，父亲耀格班玛嘉（གཡོ་དགེ་པད་མ་སྐྱབས།）。彼师善于诵读背诵，熟记有关的教程，学业优良取得了祈愿会然绛巴的名号。遍照尊者委派为土观仁波切的经师。后来，返回本寺后，立即被委任为密宗学院的法台。现在在蒙古地区弘扬佛法，饶益众生。

其后，桑木卡时轮活佛洛桑华丹嘉措（ཟམ་ཁའི་དུས་འཁོར་སྤྲུལ་པའི་སྐུ་བློ་བཟང་དཔལ་ལྡན་རྒྱ་མཚོ།），任本扎仓法台。洛桑华丹嘉措生于欧拉地方苏合茹（སོག་རུ།）。曾拜阿坝·曲扎（ཇ་བ་ཆོས་གྲགས།）为师，究竟圆满地学完了全部五部大论。曾任若尔盖寺和阿木去乎寺的堪布。在阿木去乎寺讲授教程至为精辟，使众辅导师不敢马虎从事。还任过佐格朗哇寺（མཛོད་དགེ་སྒང་བ།）的堪布。其后，任密宗学院的喇嘛翁则师，木虎年（公元1854年，清咸丰四年，甲寅）任密宗学院的法台，不久圆寂。他的上一世是堆夏巴阿旺东珠巴（དུས་ཞབས་པ་ཆེན་པོ་ངག་དབང་དོན་གྲུབ་པ།）。洛桑华丹嘉措的转世化身是洛桑东珠嘉措（བློ་བཟང་དོན་གྲུབ་རྒྱ་མཚོ།），生于土马年（公元1858年，清咸丰八年，戊午），现仍健在。

其后，又由拉果·拉色尔·嘉样嘉措任法台。之后，由偷懒者[6]贡却丹巴饶吉（སྙོམས་ལས་པ་དཀོན་མཆོག་བསྟན་པ་རབ་རྒྱས།）我继任，任期三年。

其后，由甘加·洛桑贡却（རྐན་ཀྱའི་བློ་བཟང་དཀོན་མཆོག）任法台。彼师生于甘加地方卡加部落（ཁ་ཀྱའི་ཚོ་བ།），后来家庭搬迁到完更（བན་རྐྱན།）地方。于十六岁那年逃到了拉卜楞寺，入闻思院的经院学习各大论。向贡塘·嘉贝样请求了近圆戒，由舅父卡加·索果（ཁ་ཀྱའི་བསོད་དགོ）帮助申请学位名号，彼师立宗辩论，取得了祈愿法会然绛巴名号和多仁巴的学位。曾任本扎仓的却程巴（ཆོས་ཁྲིམས་པ།法纪师），有一天夜晚，通宵达旦地大声诵读伸屈母和司命主母圣号。当天晚上，热地方[7]的强盗抢劫了甘加部落的很多帐圈。但是，彼师的家和他家所在的帐房圈子平安无事。曾任杂义寺、阿木去乎寺、香勒卡寺等处的密宗学院的喇嘛翁则师。接着依次任医学院、时轮学院和密宗学院的法台。卸任之后，按照过去和嘉堪庆谈话时“念修禅定的自入为好”的指示，坚持不懈地念修大威德自入法，每天供献曼荼罗，念诵续部经典。七十三岁那年的十一月二十三日，身患风症。他说：“我想有一位转世活佛。”请人向霍尔仓仁波切去请示。霍尔仓活佛说：“你身后无人，还是照以前那样转世就可以了。”二十四日圆寂。彼师常对人说：“我只有七十三岁的寿命。”恰是这样。

其后，由苏呼·贡却尼玛（སོག་པོ་དཀོན་མཆོག་ཉི་མ།）继任本扎仓法台。彼师生于铁鸡年（公元1801年，清嘉庆六年，辛酉），父亲益丹木杰(ཡི་དམ་སྐྱབས།)，母亲万玛吉（པདྨ་སྐྱིད།），是卓玛哈屯（སྒྲོལ་མ་ཧ་ཐོན།）的陪嫁部属之一。据说，他是宰桑喜饶（རྗེ་སང་ཤེས་རབ།）转世的灵童。十四岁入拉卜楞寺，在贡塘·嘉贝样尊者座前剃度出家并受沙弥戒。在经院时，于江饶活佛（འཇང་རོ་སྤྲུལ་པའི་སྐུ།）座前，聆听了宣讲的教程。拜阿木去乎·贡却丹巴（ཨ་མཆོག་དཀོན་མཆོག་བསྟན་པ།）为师，学习《集类学》等教程的大部分通论《二十僧伽大全》《缘起教理宝库》《正义精要》《中观教理明灯》《宗印本论》和《宝鬘论》等，全部都能熟背。有一次，于各学级间互相辩论时，梦见了这样一个梦：拉卜楞寺前山的主峰和山沟长满了成熟的庄稼，他走到田野拾了一株青稞穗，搓出稞粒，说了声“为我等和眷属众人而供养”就撒向四方。再一看时，看见了贡塘·嘉贝样的府邸，想向贡塘·嘉贝样处请求护佑，就走进了府邸，只见贡塘·嘉贝样微笑地坐着，上前拜见，请求在各学级间辩论时赐授护佑。贡塘·嘉贝样活佛讲授了《般若波罗密多心经》。从此以后，大开讲辩经法正理智慧之门，成为一位无敌的胜辩者。在遍照尊者座前受近圆戒，并在嘉木样师徒座前，敬聆了各种经法。考取了多仁巴学位立宗辩论中的第一名。曾任阿木去乎寺密宗学院的喇嘛翁则师，接着任兰仁木扎仓（ལམ་རིམ་གྲྭ་ཚང་།菩提道次扎仓）、夕厂寺(བསེ་ཚང་དགོན།)、查干白相寺、佐格朗巴（མཛོད་དགེ་སྒིང་པ།）寺等处的法台。其后，任本寺时轮学院金刚持师和法台及密宗学院的法台，进行经教的讲闻。现在已六十五岁，在故乡苏呼地方专门修持，日益精进增盛。

曾听彼师说：“我和夏茸果恰（ཞབས་དྲུང་མགོ་ཁྲི།）两人念修红色妙音佛母时，一天夜里，曾清楚地看到了无量寿佛的形象，但智慧上没有多大变化。后来，拜见嘉堪布仓活佛时，堪布说：‘您修过什么智慧神吗？’我答道‘没有’。堪布说：‘您肯定修过，因为您已得到长寿悉地。’看来暂时还不会死去云。”

其后，由岗卡活佛嘉样丹增尼玛（སྐང་ཁ་སྤྲུལ་པའི་སྐུ་འཇམ་དབྱངས་བསྟན་འཛིན་ཉི་མ།）任法台。彼师于火兔年（公元1807年，清嘉庆十二年，丁卯）出生在息居嘎波当（ཞག་རྫའི་དཀར་པོ་སྡིང་།）地方。父亲是卡加（ཁ་གྱུ།）头人后嗣，名叫龙本太（ཀླུ་འབུམ་ཐར།），母亲是娘毛吉（སྙིང་མོ་སྐྱིད།）。赛·阿旺嘉样扎西活佛（བསེ་སྤྲུལ་པའི་སྐུ་ངག་དབང་འཇམ་དབྱངས་བཀྲ་ཤིས།）认定为岗卡·旺智坚参（སྐང་ཁ་དབང་དྲག་རྒྱལ་མཚན།）转世的化身，在达隆·洛桑丹贝尼玛活佛（སྟག་ལུང་སྤྲུལ་པའི་སྐུ་བློ་བཟང་བསྟན་པའི་ཉི་མ།）座前剃度出家。十四岁那年，贡塘·嘉贝样活佛前往达隆寺（སྟག་ལུང་དགོན།），将他作为随从带到拉卜楞寺，让入经院学习。先前彼师的上一世，曾请二世嘉木样尊者亲临达隆寺，祈愿下一世成为拉卜楞寺的僧侣。二世嘉木样尊者给他赐了一顶法帽，承诺说：“愿望一定会实现。”这时，就像二世嘉木样承诺那样，真正成了拉卜楞的僧侣了。熟背《般若论》第一品及《现观庄严论明义释》，参加了大会堂考试。在二十六岁那年，取得了毛兰木然降巴的名号。进入《俱舍论》学级时，在自己寺院的山间静修院住了一段时期。此后先后任上下阿树寺、阿坝的郭茫噶尔寺（སྒོ་མང་སྐར།）、贤庆寺（བྱམས་ཆེན་དགོན།）、参直合寺（མཚན་སྒྲོགས་དགོན།）等处的堪布。其后，任密宗学院喇嘛翁则师四年，继任法台三年，一切行止，俱按成规进行护持。卸任后上书请求不再担任内外任何职务的文书，专心弘扬善行，日见增盛。

其后，甘都夏茸·贡却楚臣（ཀ་མདོ་ཞབས་དྲུང་དཀོན་མཆོག་ཚུལ་ཁྲིམས།）继任。彼师出生在甘都地方，据说是东科·苏呼夏茸（སྟོང་འཁོར་སོག་པོ་ཞབས་དྲུང་།）转世的化身。在拉卜楞寺，从贡塘·嘉贝样披剃出家，并给他赐了亲手在黄缎上印的兜率上师像。入经院学习理法，成为名冠群伦的辩经者。彼师精通显密宗的一切理论和诸明处，曾同科采·措杜活佛（ཁོ་ཚེ་ཚོ་འདུ་སྤྲུལ་པའི་སྐུ།）进行过《悟慧论》的磋朗会辩。

措杜活佛的上一世是热贡（རེབ་གོང་།）地方措杜村（ཚོ་འདུ།）人，曾去西藏卫地请来了阿底峡尊者和米拉日巴大师传的画卷等很多佛像和佛经，念诵马头明王密咒产生了神通，能知晓未来之事。由于他的文布杀了人，在隆务不便继续居住，乃请求怙主尊者保护，予以避难，彼师有几户亲族人家，让他们住在科采免除差税。彼师则在拉卜楞寺勤奋念修，在本寺圆寂。他转世的化身就是这位措杜活佛，于入《新论》学级学习时圆寂。密宗学院翁则师阿都（ཨ་སྡུག）说："我们五人曾发愿同去香巴拉。"如所云，彼师和五位僧人同时圆寂。有一位转世灵童，年幼夭亡。现在没有转世系统。

甘都夏茸二十一岁时去卫地入哲蚌寺郭莽扎仓，在桑洛康村院内立宗辩论时，理法无比，因而一些老格西们也前来请教。返回拉卜楞寺后，和霍尔仓活佛同在一个学级学习，依次获得祈愿法会然绛巴名号和多仁巴学位。在贡塘·嘉贝样座前受近圆戒。他的上一世和本世于贡塘·嘉贝样活佛、遍照全知一切、德赤仁波切、恩师阿莽道扎、夏阿奈索智活佛和喜饶嘉措尊者等师座前，聆听了许多经法。喇嘛上师们对他很器重，成为称心如意的侍从。他对一些学僧，讲传了《宗喀巴全集》的教敕。后来，还向列龙堪钦巴（ལབ་ལུང་མཁན་ཆེན་པོ།）奉献了许多种经法的教敕、随许和指引。德赤仁波切被邀请赴蒙古地方时，彼师奉德赤活佛之命，在阿拉善旗嘉赛寺（རྒྱལ་སྲས་དགོན་པ།）、王子寺等处讲传了许多经法，还给查干波夏茸（ཚ་གན་པོའི་ཞབས་དྲུང་།）讲传了关于依怙尊的大部分念修法。曾任本扎仓的格贵师和大会堂协敖。辞去协敖之职后，索智活佛曾供斋茶，为他讲传初步修心法，说道：“以前闻思学得可以，现在要依此加紧修行。”任雄勒巴时，他的能力、智力、教理等各个方面，都吸引了许多新僧。为了章嘉殊胜化身要听讲法相学科，乃前往曲藏寺讲传了《中论》《般若》以及《释量论》等。著有《噶丹教法燃炽论疏释》。彼师在政教方面的学识渊博，无论贤愚都很佩服。现在，任密宗学院法台，正在沛降大密法雨中。

注释:

[1] 原文作火蛇年（丁巳），查系原文排印之误。据史料改正。

[2] 即今青海省河南蒙古族自治县，当地沿旧俗称为“苏呼”，即蒙古意。

[3] 似为文布（དགོན་པོ།）?

[4] 指赤钦吉美柔贝森格。

[5] 为藏传佛教时轮派所述的未来香巴拉国——法胤。其出世即位的时间，就是佛说的后四时开始之年，一般指为公元2424年。

[6] 偷懒者（སྙོམས་ལས་པ།），系自谦之称，即本书的作者智贡巴·丹巴饶吉。

[7] 原文རེབ།似指热贡（རེབ་གོང་།），热贡与甘加，历史上相互械斗以至于今。本书中对此虽有叙述，但多偶尔提及，且多隐晦。

第十二章　时轮学院艾旺[1]法轮洲法嗣史

时轮学院艾旺法轮洲（དུས་འཁོར་གྲྭ་ཚང་ཨེ་ཝཾ་ཆོས་འཁོར་གླིང་།），是奉班禅仁波切法旨，怙主尊者第二世嘉木样于火羊年（公元1763年，清乾隆二十七年，癸未）建立的。第二世嘉木样亲自担任首任法台，加持这座伽蓝。后来，尊者在本院经堂内授时轮金刚灌顶和讲传《无垢光广释》的疏解和教敕，并于进行灌顶讲经时，面朝北方，以示祝愿。说道：

“灌顶的传统，各个方面都会存在，但是口头讲解的传统，除此之外还没有得到，现在，两者都会集在一起了，善哉！善哉！”

其后，洛瓦俄仁巴洛桑扎西（ལྷོ་བ་སྔགས་རམས་པ་བློ་བཟང་བཀྲ་ཤིས།）担任讲闻法

台。此后为夏阿奈·拉丹嘉措（ཞལ་སྔ་ནས་རབ་བརྟན་རྒྱ་མཚོ།）和洛桑仁钦辅导师（སྐྱོར་དཔོན་བློ་བཟང་རིན་ཆེན།）依次任法台。洛桑仁钦著有《专论》和《〈俱舍论〉和〈戒律〉提要散记》。此后，恰盖活佛洛桑扎西（ཁྲ་དགེའི་སྤྲུལ་སྐུ་བློ་བཟང་བཀྲ་ཤིས།）、尼固端约楚臣（ཉི་གུ་དོན་ཡོད་ཚུལ་ཁྲིམས།）、丁科嘉那华·阿旺彭措（དུས་འཁོར་རྒྱ་ནག་པ་ངག་དབང་ཕུན་ཚོགས།）、萨木卡丁科·阿旺端智（ཟམ་ཁའི་དུས་འཁོར་ངག་དབང་དོན་གྲུབ།）、曼隆·嘉样智华（སྨན་ལུང་འཇམ་དབྱངས་གྲགས་པ།）、卡加·贡却达吉（ཁ་གྱ་དཀོན་མཆོག་དར་རྒྱས།）等，依次任本扎仓的法台，他们的简历在《拉卜楞大寺志》中已有记载，不再赘述，仅对卡加·贡却达吉的简历补充《寺志》中未曾收入的一些记述。

卡加·贡却达吉的母亲快要怀他之时，当地的一些人梦见玉格西（གཡུ་དགེ་བཤེས།）转着法轮走向这家。喇卜夏果布（རབ་བྱ་གོང་པོ།）也梦见玉格西给他一顶五佛冠。因而，相传卡加·贡却达吉是玉格西的转世。他在此生之中少言寡语，相传这是他的上一世曾将安多和卫地等处许多学者格西们辩驳得哑口无言从而所证之等流果云。他从卡加寺来到拉卜楞寺时，卡加寺掷放经部的供修灵器[2]。向怙主尊者请示此事，回答说：“这是个吉兆，是以般若波罗密多的灵器为你送行呐！”他开始背诵经书时很吃力，当背熟《正义精要》后，智慧如泉喷发。先前，大经堂座次排得密集，更登华桑（དགེ་འདུན་དཔལ་བཟང་།）和这位活佛两人进行磋朗会辩时，他们两人都智慧非凡，辩才出众，气势严肃，人们拥挤难忍，因而规定以后大会堂座次中间的空隙要留宽。他曾说：“怙主尊者进藏时，随从服侍，肩抬轿杆，无比敬信，心里经常兴起这是亲近金刚持佛之想的相续。”在恩师阿莽道扎任金刚持师，为怙主尊者转世的呼毕勒罕祈愿长生永寿，和彼师及几位师徒在拉让进行多次护摩法事时，有一天管祭品的僧人传达金刚杵铃时，彼师微微一笑。法事结束后，问他为什么笑。答道：

“不是常说举行仪轨要自始至终为了解智悲双运而持杵铃嘛？但是，这位竟毫无所想地说‘用手握紧杵铃’，这岂不令人发笑！”

其后，合作·贡却格勒（གཙོས་དཀོན་མཆོག་དགེ་ལེགས།）任法台。他是珍哇·端珠喇嘛（འབྲིང་བ་དོན་གྲུབ་བླ་མ།）的侄子，在寺虽粗食破衣，但从不间断会传的讲辩，勤奋感人。建夏尔（འཇམ་ཞར།）将他接到自己的住处，提供了顺缘条件。他在《集类学》学级辩论时，辩驳犀利，智慧敏锐，在《中观》和《般若》学级辩论时，改变了表态，行为超越群伦。学习《中观教理宝库》时，通宵复诵熟背。进入《俱舍》学级时，成绩更为优良，名声大噪。他的学问造诣与当时有名的卡加·达吉（ཁ་གྱའི་དར་རྒྱས།）和作格·更登（མཛོད་དགེ་འདུན།）两位相等，但他还在干背水和磨糌粑等活计，谦虚自处。夜晚，借着线香火头的微光诵读《菩提道次第广论》。取得了多仁巴学位。那时，应考大都考《戒律广释》，他按照要求应考了全部《毗奈耶辨析》，他曾任恰达玛（ཆབ་འཕྲུག་མ།）和本扎仓的格贵，任满后入密宗学院学习。被推为堪任胜乐、密集、大威德三本尊经讽诵者，并在经院中从不间断地听闻疏释的讲解。任大会堂协敖时，王府的美拉（མི་ལ།）管家等人违犯寺规，彼师予以开除寺籍的处分。依次任金刚持师和时轮学院法台，住持院务。任作格寺喇嘛时，有个坏心肠的人给他食了某种食物，回到寺院后，于五十三岁时圆寂。贡塘·嘉贝样活佛将他的全部骨灰合上泥土，脱印成文殊菩萨像。

其后，柔扎·洛桑吉美（རིགས་གྲུ་བློ་བཟང་འཇིགས་མེད།）和阿木去乎的木多·塔叶嘉措（ཨ་མཆོག་མུ་ཏོ་མཐའ་ཡས་རྒྱ་མཚོ།），依次任本院法台。

此后，作格·洛桑（མཛོད་དགེ་བློ་བཟང་།）任法台。彼师属佐巴（མཛོད་པ།）氏族，出生在江查（རྒྱང་ཚ།）地方。在本寺经院拜作格·更登华桑（མཛོད་དགེ་དགེ་འདུན་དཔལ་བཟང་།）为师，学习各大论。后来，在这位师长座前，聆听了讲传的《大威德金刚生起次第、圆满次第经》和《幻轮经》的指引。熟背《集类学》《悟慧论》《因理论》《般若》的通论和《正义精要》等。有一次，各学级间对辩时，他理法精湛，博得二世嘉木样的赞赏。彼师和若尔盖官人（དམུ་དགེ་དཔོན་པོ།）、达尔汗贝勒·嘉样贡却（དར་ཧན་བེ་ལེའི་འཇམ་དབྱངས་

དཀོན་མཆོག）三人，同去塔尔寺和佑宁寺等处立宗辩论。取得多仁巴学位立宗辩论的第一名。彼师还通诸明处，尤其擅长《声明学》，关于这方面的著作也很多。聆听贡塘·嘉贝样尊者讲传的所有经法，大都作了笔记，有些注释的笔记还雕版印刷成书。贡塘·嘉贝样前往佑宁寺时，带着他和秘书更登（དགེ་འདུན།）两人作随从。让他给一些学僧讲授《诗鉴论》和《声明学》，还讲授了《中观》和《般若》方面的经论。资具、加持等几律典所规定的教诫都详细具体地执行。当时，有秘书更登、土尔扈特·却丹（ཐོར་གོད་ཆོས་ལྡན།）、仓央（ཚངས་དབྱངས།）等许多人，都是这样的戒行严谨者。后来，还多次担任会传时的行茶僧，从未缺过席。另外，还出现过几位像他一样的行茶僧。在学期休假时，精进不懈地进行以忏悔罪孽为主的善行。任时轮学院金刚持师和法台之职。其后，还任作格寺和克塔寺（ཁེ་ཐར་དགོན།）堪布，勤奋地进行利他事业。后于山中静修院念修时圆寂。

其后是巴良夏茸贡却曲培（འབའ་ལིང་ཞབས་དྲུང་དཀོན་མཆོག་ཆོས་འཕེལ།），又名关西活佛（སློམ་ཞིས་སྤྲུལ་སྐུ།），出生在甘加的热安（རང་ན།）部落。他是翁则师巴良的侄子，叔侄在一起生活，因而人们称他为巴良夏茸。在进入《新论》学级之前，对于因法理解有困难。这年冬天，请示贡塘·嘉贝样说："念修妙音佛母如何？"

贡塘·嘉贝样活佛说："念修七天就可以了。"

他遵照指示，闭关念修了七天，出现了悉地的征兆。继续念修了几天，出现了异常的一些征兆。又向贡塘·嘉贝样请示。回答说："念修马头明王。"从此以后，终生念修马头明王作为本尊。曾听彼师讲过：

"开始念修时，先念一遍《现观庄严论》，睡醒之后就不断地念密咒，不再念《现观庄严论》。"显示了傲慢与光明稳固的性相。

自从念修了妙音佛母之后，无论看什么经论，都一看就能通晓其直接和间接的意义。学级中，佐扎巴（རྫོང་གྲྭ་པ།）们的权势很大，不让喇居巴（ན་ཆུང་པ།）[3] 随意起来立宗辩论。第二年春季学期会期间，有一天特别寒冷，没有人起来立宗。一些人说：“夏茸，你起来立宗！”他站起来后，提出了一个很好的周遍断语。同学级的僧人们互相低声说：“啊！这人厉害！”他依理法引经据典地问难，使那些自称“学级辩论权威就是他自己”之辈皆哑口无言。他说：“从此以后，就从除非非常寒冷，不可随意起来立宗辩论的束缚一下解脱了。”

他在一个月至三个月时间内背熟了《中观广释》，精通全部义理，因而博得贡塘·嘉贝样的赞赏和好评。他诵经时，声音洪亮，韵调清楚，堪称典范。任遍照尊者的理法侍读，书写了《集类学》等一些常用的经书。他在北部一带的多数大寺院中，曾立宗辩论。在本寺，考试多仁巴学位立宗辩论时，声音高昂，回答敏锐，击掌有力，声威夺人，因而轮到下面的几个学级时好像不再有这样的辩才。恩师阿莽道扎在阖寺辩论时，他起来立宗不讲虚华，提出理法严谨，言辞严厉地辩论，因而博得喇嘛的喜悦赞赏。

彼师任时轮学院金刚持师和法台时，督促遵守寺规极为严厉，详细慎重地讲传《无垢光广释》、贾曹杰和巴索的《生起次第、圆满次第》《续部经典总释》等经论，因而培养了许多领悟续部经义的明慧之人。正如《自传》中所说：

“彻骨透石，学习经论；当被任为，金刚持时，教化对象，虽顽如石，顽石回头，接受教化；此后时光，转如时钟，执掌法座，兼理政教，难符人意，失之秋毫；正法胜鼓，天神来敲。”

任若尔盖寺堪布时，许多青老年多仁巴都敬重他。长期任拉日固寺（ལྷ་རི་མགུལ།）的堪布，建立讲传《菩提道次第精要》的贤妙日制，并建立了经院。有一次，从寺院中前往拉日固时，在卓昂（སྒྲོགས་ནང་།）遭盗匪抢劫，返回寺院后，向认识的人们写信说：“几个残酷盗匪，对我无福老僧，作了无拳较量，皮肤也未留着。”

土尔扈特·却丹仓（ཐོར་གོད་ཆོས་ལྡན་ཚང་།）等几位知心者派人安慰，劝其不要沮丧伤感，并问现在该怎么办，他写信答道：

“关于被几个盗匪抢劫之事，除了进行一次符合施供修持祈祷外，想到若委托诅咒等，则有损失戒律之险，因而我只好承受其害。若上下会堂不放松念修祈祷，几个月就会有顺缘。虽然想从盗匪手中以智慧之剑达到希望，但是怎样办才好，还犹豫不决。”

虽然如此，但是据传盗匪们都遭厄运。著作有《般若、俱舍释难散记》《五堕罪总义辨析》和《金刚鬘笔记》等许多零散篇段。他的传略用七言偈颂等写成，词锋锐利，气势磅礴，一气贯通。是否圆寂于六十一岁那年，即水马年（公元1822年，清道光二年，壬午），待考。

其后，尕楞·阿旺扎西（ཀུ་རིང་ངག་དབང་བཀྲ་ཤིས།）任法台。他出生在尕楞·卓玛仓（ཀུ་རིང་སྒྲོལ་མ་ཚང་།）。在本寺学习经论成为出色的格西。委派他跳神也出类拔萃。任时轮学院金刚持师和法台，因而被称为丁科·阿旺扎西仓（དུས་འཁོར་ངག་དབང་བཀྲ་ཤིས་ཚང་།），声誉日盛。他有察知隐蔽者[4]的高超神通。有一次，前去赤钦·阿莽仁波切(ཁྲི་ཆེན་དཔལ་མང་རིན་པོ་ཆེ།）座前，谈论时对答如流。赤钦·阿莽活佛说：“您没有忘记教程嘛？”

他回答说：“忘掉是由于没有懂，若懂了的话，就不会忘掉。”

彼师一生致力于阅读经籍，念诵修持。

其后，章嘉夏茸嘉样尕丹（ཀྲང་ཀྱ་ཞབས་དྲུང་འཇམ་དབྱངས་སྐལ་ལྡན།）任法台。

其后，土尔扈特·却丹（ཐོར་གོད་ཆོས་ལྡན།)任法台。土尔扈特旗札萨克（ཐོར་གོད་ཛ་སག）承办祈愿大法会时，在土尔扈特噶居（ཐོར་གོད་དཀའ་བཅུ།）的敦促下，将第二世嘉木样怙主尊者请到闻思院的法会中，献上了五十名僧源，其中就有这位土尔扈特·却丹和土尔扈特·云丹（ཐོད་གོད་ཡོན་ཏན།）、阿旺宗哲(ངག་དབང་བརྩོན་འགྲུས།)、土尔扈特·钦饶（ཐོར་གོད་མཁྱེན་རབ།）等几位无与伦比的格西。拜恩师阿莽道扎为师，勤奋学习，精通全部《中观》和《般若》及《俱舍论辨析大全》等经论和诸明处。他曾任遍照尊者的理法侍读，并奉尊者的命令在黄河对岸的几座大寺院中立宗辩论。前往西藏朝圣时，得到赤钦·阿旺年智（ཁྲི་ཆེན་ངག་དབང་སྙན་གྲགས།）的赏识，并赠送了几部经书。贡塘·嘉贝样尊者在经院讲授《经庄严论》和《现观庄严论》时，彼师聆听后，都做了笔记。任时轮学院的金刚持师和法台，对身、语、意三依止全部仪轨，都熟记于胸中，被誉为堪任者。恩师阿莽道扎在护摩坛城图像上进行实践练习时，彼师进行了补充护摩。任若尔盖寺的堪布时，许多格西都表示尊敬。在德摩塘寺进行五部大论讲闻时，由于障碍，意外地示寂。

其后，鲁雪巴·彭措桑格（ཀླུ་ཤོད་པ་ཕུན་ཚོགས་སེང་གེ）、作格·华丹智华（མཛོད་དགེ་དཔལ་ལྡན་གྲགས་པ།）两位依次任法台。

其后，甘加·贡却华丹（ཀན་ཀྱུ་དཀོན་མཆོག་དཔལ་ལྡན།）任法台。他于木蛇年（公元1785年，清乾隆五十年，乙巳）出生在甘加，父亲是甘加·更登加（ཀན་ཀྱུའི་དགེ་འདུན་སྐྱབས།）。入拉卜楞寺经院学经，当初有些顽皮，后按照恩师阿莽道扎的吩咐从广本《集类学》起，努力学习，因而获得了多仁巴格西学位。三十八岁那年，即水马年（公元1822年，清道光二年，壬午），进行了立宗辩论。在贡塘·嘉贝样座前受近圆戒。德赤仁波切任堪布时，他被委任为学院的格贵，颇为赏识。任时轮学院金刚持师三年后，任法台两年，于水蛇年（公元1833年，清道光十三年，癸巳）圆寂。

其后，作万·贡却丹达尔（གཙོས་བན་དཀོན་མཆོག་བསྟན་དར།）大善知识任法台。

其后，岗察拉仁巴·洛桑（ཁང་ཚའི་ལྷ་རམས་པ་བློ་བཟང་།）任法台。他出生在岗察的赛卡（ཁང་ཚའི་གསེར་ཁ།）地方，曾入哲蚌寺郭莽扎仓学经，因而被称为遁世者洛桑，颇负盛名，获得拉仁巴的学位。任拉卜楞寺时轮学院法台，执掌政教二规。卸任后，于勤奋修持中圆寂。

其后，苏尼特·更登达吉（སུ་ཉིད་དགེ་འདུན་དར་རྒྱས།）、科采·德钦（ཁོ་ཚེ་བདེ་ཆེན།）两位依次任本院法台。

其后，嘉那华活佛嘉样丹贝尼玛（རྒྱ་ནག་པའི་སྤྲུལ་སྐུ་འཇམ་དབྱངས་བསྟན་པའི་ཉི་མ།）任法台。他于火虎年（公元1806年，清嘉庆十一年 ，丙寅）出生在阿如霍尔沁（ཨ་རི་ཧོར་ཆེན།）地方。据说，在洒脐血的地方长出一片竹林。七岁那年，德赤仁波切认定为时轮学院嘉那华·阿旺彭措（དུས་འཁོར་རྒྱ་ནག་པ་ངག་དབང་ཕུན་ཚོགས།）转世的化身，剃度出家。学习《慈氏五论》《中观六论》《俱舍论本论》《释量论本论》《明义释》等，都能一一熟背。十二岁那年，入拉卜寺经院。从此以后，熟背《俱舍论本论》的词语疏释《总义正理庄严论》《悟慧论》《因理论》《般若》通论与专论的大部分，《疏要庄严论》《中观广释》《正义精要》《俱舍、律典摄颂》《律经根本律》《索智巴律戒辨析》等，圆满地学习了五部大论，因而成为一位慧悟与正理相结合，论述正理无人能比的辩才。念修《妙音佛母》，因而证得悉地之兆。由于学习了显密经论和诸明处，成为一位著名学者。二十五岁那年，通过了多仁巴学位的立宗辩论。在遍照尊者师徒座前聆听了各种经法。在德赤仁波切座前聆听了《修法宝源》的随许。特别在赤钦·索智活佛座前，专门请求了关于各大部经论的教敕。彼师曾几次前往内地、蒙古地区，多次传授灌顶、教敕、诀要等，弘扬正教传统。在喀尔喀左翼（ཁལ་ཁ་གཡོན་ཟུ།）地方，由忽必郡王（ཧུ་བི་ཅུང་ཝང་།）作施主，按照胜乐立体坛场的规格建立了佛殿。在其四门，分别建立了密宗院、时轮院、医学院和明处院等四个扎仓。他曾任德摩塘·噶丹却科林寺（བདེ་མོ་ཐང་དགའ་ལྡན་ཆོས་འཁོར་གླིང་།）的堪布，在拉卜楞寺任时轮学院法台，显密经法的讲闻颇为精辟。新建了以五照见佛为主尊的“八十宗喀”琉璃瓦佛殿[5]以及庭院。著作有《中边论疏释》《乘云传奇》等。五十二岁那年，即土马年（公元1858年，清咸丰八年，戊午），在乌齐穆沁左旗（ཨུ་ཆི་མུ་ཆེན་གཡོན་ཟུའི་སོག）埃仁（ཨེ་རིན།）地方圆寂。转世的化身是隆朵云丹嘉措（ལུང་རྟོགས་ཡོན་ཏན་རྒྱ་མཚོ།），出生在德格，现已迎请坐床。

其后，鲁雪巴·索南嘉措（ཀླུ་བོད་པ་བསོད་ནམས་རྒྱ་མཚོ།）任法台。他于木蛇年（公元1785年，清乾隆五十年，乙巳）出生在鲁雪吉察（ཀླུ་བོད་སྐྱིད་ཚལ།）地方，父名岗索贡乃（སྣང་བསོད་དཀོན་ནེ།）。曾在乔丹俄寺（མཆོད་རྟེན་རི།）学习念诵。此后，在拉卜楞寺经院拜鲁雪巴·彭措桑格（ཀླུ་གོང་པ་ཕུན་ཚོགས་སེང་གེ）为师学习理路法则。学习《集类学》时，有一次遇到了背诵教程的考试，由于没有记住所背诵的教程，受到老师的斥责。晚上，他捧着书在佛堂借着香火的微光，在箭长的一炷香燃尽时，已背熟了八页，去老师座前应试，老师很高兴。通过了多仁巴学位的立宗辩论后，获得多仁巴学位，任桑木林寺（བསམ་གླིང་།）的法纪师。又任阿木去乎密宗学院法台、夕厂噶尔寺（སེ་ཚང་སྒར།）法台、阿秀寺堪布，并长期任金刚持师。后任时轮学院法台，三年之中，依例住持院务。修持怙主、大威德教诫，多次担任铁城施食供修法的金刚法师。一次，进行铁城法事时，看见法王画像上的哈达在摆动。六十八岁那年，即水鼠年（公元1832年，清咸丰二年，壬子）藏历二月十九日，彼师说："转世灵童和灵塔之类，对像我这样的人是不合适的。"让人进行了密宗仪式，下午随着三声嘻迦之声，以狮卧姿态示寂。

其后，却宗活佛贡却丹贝华桑（ཆོས་རྫོང་སྤྲུལ་སྐུ་དཀོན་མཆོག་བསྟན་པའི་དཔལ་བཟང་།）和洛桑金巴转世化身洛桑贡却（བློ་བཟང་དཀོན་མཆོག）两位依次任法台。

其后，卓尼·贡却华丹（ཅོ་ནེ་དཀོན་མཆོག་དཔལ་ལྡན།）任法台。彼师出生在迭部戎麦巴（ཐེ་བོ་རོང་སྨད་པ།），和夏桑活佛克珠程列旺秀（ཞྭ་བཟང་སྤྲུལ་སྐུ་མཁས་གྲུབ་འཕྲིན་ལས་དབང་ཕྱུག）是兄弟。入拉卜楞寺经院学习了大量的经论。当学习《俱舍论》时，遵照嘉堪庆巴的吩咐，背诵了《俱舍论本论》一千遍，因而智慧大增。通过了多仁巴学位的立宗辩论，获得了多仁巴学位。先后任作格朗哇寺和卓仓寺（གྲོ་ཚང་དགོན།）的堪布，及拉卜楞寺时轮学院金刚持师和法台，尽心管理教务。彼师晚年，于故乡广积善业时圆寂。他转世的化身嘉样丹增（འཇམ་དབྱངས་བསྟན་འཛིན།），按照一个普通僧人的身份，勤奋地参加会传讲辩。

其后，尤加活佛贡却达吉（དབྱིན་ཀ་སྤྲུལ་སྐུ་དཀོན་མཆོག་དར་རྒྱས།）任法台。

其后，尼固活佛吉美丹贝尼玛（ཉི་གུའི་འཇིགས་མེད་སྤྲུལ་པའི་སྐུ་བསྟན་པའི་ཉི་མ།）任法

台。彼师于土龙年（公元1808年，清嘉庆十三年，戊辰）出生在桑科滩地区拉德（བསང་གི་ལྷ་སྡེ།）的察尔察（ཚར་ཚེ།）氏族。贡塘·嘉贝样尊者认定为尼固·端约楚臣嘉措（ཉི་གཞི་དོན་ཡོད་ཚུལ་ཁྲིམས་རྒྱ་མཚོ།）转世的化身。在吉美柔贝桑格尊者（རྗེ་འཇིགས་མེད་རིགས་པའི་སེང་གེ།）座前剃度出家。从此以后，不断地念诵大威德金刚。拜郭莽嘉样（སྒོ་མང་འཇམ་དབྱངས།）为师，学习和背诵了教程的大部分通论，参加了会考，还在遍照尊者和贡塘·嘉贝样尊者座前应试，直至进入噶仁巴学级，仍勤奋学习。此后，前赴卫藏，求达赖喇嘛和班禅额尔德尼为首的许多哲士们的摩顶加持，结了法缘。朝拜了上下萨迦寺等圣地。返回故乡后，依次任完波塘寺堪布、杂义寺堪布，以及拉卜楞寺时轮学院法台。任阿坝郭莽噶尔寺（ཛ་བའི་སྒོ་མང་སྒར།）堪布时，听说果洛的兵要来，为此专程前往向这时住在欧拉的遍照尊者报告。遍照尊者说："没关系，我记在心里了。"在座前晤面的第二天，果洛兵果然来了。由尊者为首的僧众们，进行了六十施食回遮法事，果洛军中出现了狼乱跑等不祥之兆，因而果洛兵撤回。他还任土默特土尔扈特寺（ཐུ་མེད་ཐོར་གོད།）和查干白相寺两寺的堪布。现在，正在寺中修持。

其后，苏呼·贡却尼玛（སོག་པོ་དཀོན་མཆོག་ཉི་མ།）任法台。之后，由懈怠者贡却丹巴饶吉我来任法台，于木虎年（公元1854年，清咸丰四年，甲寅），八月初到任，至火龙年（公元1856年，清咸丰六年，丙辰）祈愿法会时调任密宗学院法台，任期三年。此后，由甘加·洛桑贡却（ཀན་ཀྱ་བློ་བཟང་དཀོན་མཆོག）任堪布。

其后，阿柔喇萨·丹巴嘉措（ཨ་རིག་བླ་སར་བསྟན་པ་རྒྱ་མཚོ།）任法台。他出生在苏柔沁干加（སུ་རིག་ཆེན་ཀན་ཀྱ།）地方。入拉卜楞寺经院学习，拜阿柔·却培（ཨ་རིག་ཆོས་འཕེལ།）为师，与师长同住在一个僧寮里，学业优异，获得祈愿会然绛巴和多仁巴学位。曾任阿木去乎寺兰仁木扎仓（ཨ་མཆོག་ལམ་རིམ།）的法台。后任拉卜楞寺时轮学院金刚持师，掌握全部时轮仪轨，钻研了所有的实践。又任医学院的法台，任期三年。后在噶仁巴学级讲传《菩提道次第》

析解，圆满后，又讲授《菩提道次精要》的教程。其次，任时轮学院法台，接着任若尔盖寺堪布，主持显密经法的讲闻。后在拉卜楞寺修持时圆寂。

其后，西仓·嘉样托迈（ཤིས་ཚང་འཇམ་དབྱངས་ཐོགས་མེད།）任法台。彼师出生于铁猴年（公元1800年，清嘉庆五年，庚申），是拉卜楞格西年超巴·坚参（གཉན་ཐོད་པ་རྒྱལ་མཚན།）的侄子。入拉卜楞寺经院，拜昂拉的多仁巴阿旺云丹（ངག་དབང་ཡོན་ཏན།）为师。曾担任从《赤白显色》学级至《俱舍论》学级的辅导师，并负责学级间的交流辩论等。由于勤奋与智慧结合，对五部大论获得正确的领悟。和苏呼·贡却尼玛在同一学级，是名望相等的格西。曾任恰达玛。进行多仁巴立宗时，辩才出众，无人匹敌，获得多仁巴学位。任时轮学院法台，卸任后不久就圆寂。

其后，贾加·贡却索巴（སྐྱུ་ཀྱུ་དཀོན་མཆོག་བཟོད་པ།）任法台。于火龙年（公元1796年，清嘉庆元年，丙辰）出生在作格泽卫（མཛོད་དགེ་རྩེ་དབུས།）地方的塘噶尔（ཐང་དཀར།）氏族。七岁时随家乡的帐房部落迁到科采。十四岁，即土蛇年（公元1809年，清嘉庆十四年，己巳）进入经院，拜萨拉噶居（ས་ར་དཀའ་བཅུ།）为师，从《赤白显色》学级起，连续十一年担任学级的辅导师。在贡塘·嘉贝样尊者座前受沙弥戒。在贡塘·嘉贝样和遍照全知者座前，应试了《集学类》、《般若》第一品、《中观教理明灯》等，并在大会堂应试了上述经论和《悟慧论》《因理论》的会试，掌握了大部分专论，学习努力，成为无比博学的格西。在遍照尊者座前受近圆戒，赐名嘉样嘉措（འཇམ་དབྱངས་རྒྱ་མཚོ།）。曾任恰达玛及札仓格贵。通过多仁巴立宗，获得多仁巴学位。任贡萨尔饶吉林寺（དགོན་གསར་རབ་རྒྱས་གླིང་།）的法台，任期四年。后任阿木去乎寺密宗学院喇嘛翁则师，又任若尔盖寺堪布，任期各为三年。接着任拉卜楞寺时轮学院金刚持师。一年后任法台，任期三年。此后，被委为科采寺堪布，任期四年。卸任后在寺中修持。

其后，热贡·贡却嘉措（རེབ་གོང་དཀོན་མཆོག་རྒྱ་མཚོ།）任法台。彼师出生于宗扎郡（ཛོང་གྲུ་འགྲོང།）地方。入拉卜楞寺经院，拜江玛（ལྕང་མ།）多仁巴·吉美年智（འཇིགས་མེད་སྙན་གྲགས།）为师，学习了大量的经论。同嘉那华活佛在上下学级中以雄辩齐名。曾任恰达玛，掌管了六个月的寺规法纪，积极负责。获得祈愿法会然绛巴和多仁巴学位，立宗辩论，雄辩无敌。先后任贡萨尔饶吉林寺和杂义寺、乔典夏尔寺、香勒卡寺、却科噶洒尔寺等处的法台。在却科噶洒尔寺新建法相讲辩时，讲授经法，贡献卓著。在拉卜楞寺任密宗学院的喇嘛翁则师，后任时轮学院法台，对所有传统及仪轨法则，一一付诸实践。现在，在完波塘的噶丹夏珠林寺（ཐོན་པོ་ཐང་དགའ་ལྡན་བཤད་སྒྲུབ་གླིང་།），进行显宗经典讲闻中。

其后，双朋（ཞོ་འཕོང།）多仁巴阿旺楚臣（ངག་དབང་ཚུལ་ཁྲིམས།）任法台。他入寺时年龄幼小，因而没有学经。由于是参卓堪钦（མཚན་གྲོགས་མཁན་ཆེན།）的亲属，因而跟随着前往蒙古、内地等处。向拉卜楞寺大经堂献了一对呢绒的柱包。从噶仁巴学级退至《赤白显色》学级，勤奋学习，获得了多仁巴学位。曾任扎仓的法纪师六个月。后虽担任时轮学院法台，但是常常说想变动职位。卸任后不久圆寂。

其后，豆盖活佛阿旺嘉措（ཏག་གི་སྤྲུལ་པའི་སྐུ་ངག་དབང་རྒྱ་མཚོ།）任法台。彼师出生在岗察的赛卡（ཁང་ཚའི་གསེར་ཁ།）地方。由遍照尊者认定为豆盖活佛贡却嘉措（ཏག་གི་སྤྲུལ་པའི་སྐུ་དཀོན་མཆོག་རྒྱ་མཚོ།）转世的化身。在拉卜楞寺经院学习了五部大论，并获得祈愿法会然绛巴之名号。学习名言术语和诸明，成为一位学者。于遍照尊者座前受近圆戒。在遍照尊者师徒们的座前，聆听了各种甚深妙法。先后任卓仓寺法台，本寺密宗学院喇嘛翁则师。现在，任时轮学院法台，继承发扬时轮学院历任法台的全部传统，使其继续增盛，发扬光大。

注释：

[1] 藏传佛教密乘用语，为“ཨེ་ཝཾ”之译音。“ཨེ”字表示智慧、空，“ཝཾ”字

表示方便、大乐。故亦译为智慧与方便。以“艾旺”作密宗学院之名者，除格鲁派外，其他教派亦有之，如宁玛派于16世纪中即有“艾旺教团”（ཨེ་ཝཾ་ཚོགས་འཁོར།）。

[2] 指卡加寺投掷供修经部的法物——灵器。此经部指宁玛派密乘生、圆、大圆满之三部主要密乘经典中之《经部·密意集经》（མདོ་དགོངས་པ་འདུས་པ།），此处表示宗教斗争，含有送鬼祓除不祥之意，盖灵器可以上供神佛，下则驱鬼魅。

[3] 等于曾经是留级生。

[4] 指鬼物等。

[5] 当地亦称为“悟真寺”，也称为“小绿瓦寺”。

第十三章　医学院医方明利他洲法嗣史

医学院医方明利他洲（སྨན་པ་གྲྭ་ཚང་གསོ་རིག་གཞན་ཕན་གླིང་།），建于第二世嘉木样怙主尊者五十七岁的那年，即木龙年（公元1784年，清乾隆四十九年，甲辰），尊者亲坐法座进行加持。其后，由柔扎·洛桑吉美（རིགས་གྲྭ་བློ་བཟང་འཇིགས་མེད།）和曼隆·洛桑坚参（སྨན་ལུང་བློ་བཟང་རྒྱལ་མཚན།）两人依次任法台，其简历在大寺志中已有叙述。他们两位同时游学于密宗学院，在修习大威德自入法的一天，中午在一起共进午餐，传粥时，柔扎仓打算喝两碗。曼隆瓦说："久美，为了今后之计，只喝一碗吧！"

柔扎仓说："修习大威德自入法时间短，因此，若有斋僧茶时就去喝。”

曼隆瓦答道：“盘坐时膝盖疼，因而不应连续进行大施供。”

如此等等的谈论，后来编成了奇特的一些偈颂。多仁巴钦饶萨瓦（མཁྱེན་རབ་གསལ་བ།）由于心区不舒，前去柔扎仓阿阇黎座前请教，柔扎仓授“马头明王”的刹那生起。钦饶萨瓦的心里闪过“这是宁玛派本尊，还是大威德金刚为好”的念头。柔扎仓接着说道：“马头明王杀了你的父亲了吗？”于是，就念诵大威德金刚禳解其病灾，如此等等，具有先知他人之心神通的事例很多。阖寺辩经之期，柔扎仓进行五明讲说，打动了贡塘·嘉贝样尊者之心。说道：

“他若是在印度时，很可能是位撑十五顶伞或十三顶伞而行的班智达之列的大学者！”

惹卜察噶举瓦活佛（རིབ་ཆ་བཀའ་འགྱུར་བའི་སྤྲུལ་སྐུ།）整理有他的传记，彼师自己也供给了一部分资料。

其后，阿莽琼瓦·贡却曲培（དཔལ་མང་ཆུང་བ་དཀོན་མཆོག་ཆོས་འཕེལ།）任法台。

其后，阿莽·丹达尔（དཔལ་མང་བསྟན་དར།）任法台。彼师出生在厄力克岱青（ཨ་ནེ་དྲྭའི་ཆེང་།）的旗下，母亲是阿莽琼瓦·洛桑嘉哇仓（དཔལ་མང་ཆུང་བ་བློ་བཟང་རྒྱལ་བ་ཚང་།）的妹妹。彼师住在阿莽昂欠（དཔལ་མང་ནང་ཆེན། [1]）时，就侍奉在阿莽琼瓦·洛桑哇跟前。由于诵读学习优异，成为格西之冠。获得祈愿法会然降巴和多仁巴学位后，长期游学于密宗学院。进行密咒立宗辩论后，任扎仓的格贵和协敖。据说他训责人时，疾言厉色，如同翻了天。对于他的能力，二世嘉木样佑主尊者也很喜悦赏识。曾任阿秀克塔寺（དཔལ་ཤུལ་ཁེ་ཐ་དགོན།）喇嘛。这时，一位喇嘛圆寂，尸体跏趺坐着不动，几位喇嘛说：“他有这样的愿望。”据说献了遮面的哈达。嘉堪庆活佛这时住在查干白相寺，前往邀请。在帐房门口下马时，这位喇嘛的尸体就倒下来了。这地方突然瘟病流行，一些病人疯言疯语地说：“惧怕拉卜楞寺的堪布，快从尸腔内出走！”然而，这位哲士毫无顾忌地前往死亡了很多人的地方。有些人进行劝阻，陈述了不宜前去的情由。彼师念诵了一遍《无比敦巴玛》（ཟླ་མེད་སྟོན་པ་མ།）说道：“祈祷怙主就无关系嘛。”显示着信仰坚定的征兆。任医学院法台时，寺院塔哇村的一位尼姑死了，请彼师前去诵经迁转，献了一头黄牛。彼师说：

“这牛一定要献给扎仓，我没有做任何有益之事。一个人没有两个灵魂呀！”

这位妇女由于没有生下孩子而死的，后来，证明确实是这样。如此等等，证明彼师是一位掌握教证的哲士。

其后，赛尔力活佛贡却坚参（སེར་ལི་སྤྲུལ་པའི་སྐུ་དཀོན་མཆོག་རྒྱལ་མཚན།）任法台。他于水蛇年(公元1773年，清乾隆三十八年，癸巳）出生在桑云（བསང་གཞུང་།）地方，父亲是云夏万穆（ཡུང་ཤྭ་བན་ནུག）。他被认定为阿坝·拉卜丹嘉措（རྔ་བ་རབ་བརྟན་རྒྱ་མཚོ།）转世的化身。入拉卜楞寺经院学经，熟背《般若》教程的专论和《中观广释》的全部，长时期钻研闻思。任医学院法台后，在阖寺林赛讲经时，恩师阿莽道扎对其大降理法之雨，如此事迹很多。为了新建医学院大经堂，前往蒙古地方。在鄂尔多斯（ཨོར་དུ་སུ།）讲传《甘珠尔》大藏经教敕，彼师从甘珠瓦·饶卜吉（བཀའ་འགྱུར་བ་རབ་རྒྱས།）处聆听了这一方面的传承，因而在该处大力弘扬这一教敕的传承。四十三岁，即木猪年(公元1815年，清嘉庆二十年，乙亥）在该处圆寂。他转世的化身是贡却华丹（དཀོན་མཆོག་དཔལ་ལྡན།），出生于火鼠年（公元1816年，清嘉庆二十一年，丙子），父亲是贝斯[2]万穆（བེ་སུ་བན་ནུག）。由贡塘·嘉贝样尊者认定，并在这位尊者座前出家，受沙弥戒和近圆戒。十一岁那年，进入经院拜桑科多仁巴喜饶（བསང་ཁོག་རྡོ་རམས་པ་ཤེས་རབ།）为师，学习理路法则。进入《中观》学级时，应夕厂寺的请求，委派他为该寺的法台。后又任杂义寺、香勒卡寺堪布。于三十七岁那年，即水鼠年（公元1852年，清咸丰二年，壬子）圆寂。贡却华丹转世的灵童是久迈洛赛嘉措（འཇིགས་མེད་བློ་གསལ་རྒྱ་མཚོ།），出生在土尔扈特旗（ཐོར་གོད།），现正在学习中。

其后，拉西活佛吉美程列（ལྷ་ཞིས་སྤྲུལ་པའི་སྐུ་འཇིགས་མེད་འཕྲིན་ལས།）任法台。他的第一世是绛孜曲结·洛桑喜饶（བྱང་རྩེ་ཆོས་རྗེ་བློ་བཟང་ཤེས་རབ།），出生在尕楞（ཀུ་རིང།）地方所属的扎吾坎卓仓（ཟ་བོ་མཁའ་འགྲོ་ཚང།）家，和郭莽·却达尔玛（སྒོ་མང་ཆོས་དར་མ།）同族，在拉卜楞寺完成学业后前往卫地，取得了格西学位。曾任七世达赖喇嘛噶桑嘉措的教理侍读，后任绛孜曲结。第二世嘉木样怙主尊者前往卫地时，各方面全凭彼师引援。他圆寂于彼处，遗体火化，由文布拉西噶居（ལྷ་ཞིས་དཀའ་བཅུ།）保管其经书等遗物。转世的化身吉美参坚（འཇིགས་མེད་མཚན་ཅན།），于水马年（公元1762年，清乾隆二十七年，壬午）出生在甘加的拉西（ཀན་གྱའི་ལྷ་ཞིས།）村，父亲是鲁徐（ཀླུ་སྡུག），母亲娘毛吉（སྙིང་མོ་སྐྱིད།），属塘噶尔（ཐང་དཀར།）氏族，昆仲三人，排行第二。八岁时，怙主尊者认定为绛孜曲结转世的化身，进入拉卜楞寺的经院正与上世绛孜曲结活佛所说的“只要稍有路费盘缠，就去游学拉卜楞寺经院”的话相吻合。一天早晨，由于看跳神舞，没有背会经书，他按自己制定的警戒规章，以戒尺自击手心。当上课的鼓点响后，他去拜见怙主，嘉木样二世在他头上打了一巴掌，说道：“不要光贪玩！”就这样，每天对他的背诵、复习、教授严加管理。他与贡塘·嘉贝样活佛同一学级。据说阿旺丹贝坚参尊者（རྗེ་ངག་དབང་བསྟན་པའི་རྒྱལ་མཚན།）前往内地、蒙古地方时，在西宁换穿了汉服。曾说道：“没有变换五蕴之身，竟去穿俗家的衣服呐！”显得心里很懊丧。因此于临近逝世前[3]，曾对上一世拉西活佛说过：“我们从读《赤白显色》学级起就可以在一块儿。”看来这时，绛孜曲结似在蒙古地方。待考。

彼师又前住西藏学习，加入扎尼康村，该处有上一世的塑像，彼师对僧众很尊敬，一些老僧人见到他的仪表、容貌、谈论举止和上一世一样，为之泪下。彼师曾向隆多喇嘛问道：

“在寺院居住，或在山间静修院居住，哪一处好一些？念修哪位本尊为好？”

答道：“本尊宜修怙主和长寿黄财神，无论住在寺院或山间静修院都要长期积善，要观想生死无定，力戒十不善，可以获得人身。”

在拉卜楞寺于火龙年（公元1796年，清嘉庆元年，丙辰），进行了多仁巴学位的立宗。在时轮学院聆听会传经法，精通《声明学》和历算，被任命为时轮学院格贵和金刚持师。此后，闭关长期修行，专心致志地进行积善，研讨《菩提道次第广论》并经常复诵。他和德赤活佛两人前往格培野游时，德赤活佛说道：“您在复诵《菩提道次第广论》啊！”

他说：“是在复诵。”

德赤活佛说：“大乘经法障碍大，要闭关修行几次大威德金刚为好。”

第三世嘉木样前往西藏后，阿秀等寺请求说：“需要一位贤妙的喇嘛。”襄佐堪仁波切就派彼师去，给寺院发展了牲畜、经费。五十三岁，即木狗年（公元1814年，清嘉庆十九年，甲戌），任医学院法台，无论讲闻或定规布施等等各方面的事情都积极负责，但由于意外的障碍，于木猪年（公元1815年，清嘉庆二十年，乙亥）藏历三月二十八日圆寂。转世的灵童贡却嘉措（དཀོན་མཆོག་རྒྱ་མཚོ།），于虎年（公元1818年，清嘉庆二十三年，戊寅）出生在彼师自己的家乡，由遍照尊者和贡塘·嘉贝样两师正确无误地予以认定。

其后，苏尼特·贡却闹吾（སུ་ཉིད་དཀོན་མཆོག་ནོར་བུ།）任法台。

其后，麦秀·楚臣嘉措（དམེ་ཤུལ་ཚུལ་ཁྲིམས་རྒྱ་མཚོ།），又名贡却三培（དཀོན་མཆོག་བསམ་འཕེལ།）任法台。彼师出生在麦秀官人家族，入拉卜楞寺经院，在华热·丹却（དཔའ་རེ་དམ་ཆོས།）座前学习藏文读写，彻骨透石地学习了五部大论，通过了多仁巴的立宗。每当他高声长吟文殊菩萨种子（དྷཱིཿ）字母，击掌起辩时，就能使对方心惊胆战，被称之为典型固执推理派，在参加会传经法之余，努力积善念佛，念诵几位本尊的咒语多达千万、亿遍。先后任扎仓格贵和大会堂协敖。担任大会堂协敖时，感善果异熟，连献在灵塔前面的哈达也没有浪费过一条，一切都一一交代清楚。任密宗学院喇嘛翁则师时，严格督行寺规纪律。就在这一时期，他撰著了《嘉贝样讲传〈菩提道次精要〉笔记·解除苦恼甘露之滴众妙会集》。任医学院法台时，向遍照尊者请求了医学院的清规，在学院讲传《四部医典》的教敕。后任贡萨尔饶吉林寺（དགོན་གསར་རབ་རྒྱས་གླིང་།）堪布，举行抛掷驱除施食法，回遮了合作部落之兵。临圆寂时，由于泻痢严重，一夜要出门几次，每次都整齐地着好僧衣如此等等，戒行严谨，一丝不苟。曾顶礼恩师阿莽道扎尊者，捧尊者之足于顶，诵克主吉撰《登赞玛》颂词，不久就迁转示寂。他转世的化身嘉样次成（འཇམ་དབྱངས་ཚུལ་ཁྲིམས།），现正致力于学业中。

其后，图尔玛·嘉样端智（ཐུར་མ་འཇམ་དབྱངས་དོན་གྲུབ།）任法台。他于土龙年（公元1748年，清乾隆十三年，戊辰）出生在哈饶津（ཧ་རོལ་ཅིན།）地方，原属噶尔孜（མགར་རྩེ།）氏族，由于他们的一位祖先身体细而长，故得到了“图尔玛”[4]之名。彼师是密宗学院图尔玛·索巴（ཐུར་མ་བཟོད་པ།）的侄子。索巴和阿坝·果托（ཇ་བ་ཀོ་ཐོབ།）的弟子洛桑喇嘛（བློ་བཟང་བླ་མ།）两人修持胜乐、密集、大威德三本尊，松饶喇嘛（གསུང་རབ་བླ་མ།）经常念诵《金鬘疏》，他们三人都是哈饶津人。图尔玛仓在洛桑喇嘛座前学习藏文读写，在塔尔木其（ཐར་མི་ཆེ།）座前剃度出家。由于念修妙音佛母，因而智慧日增。在经院中学习了显密经论和《声明学》《诗鉴论》以及天文历算等，获得博学者誉盛。家人每年在寺院布施僧众。许多念诵修持达到典范效能。强调不褊袒任何一门诀要，举凡开光、护摩、各种医药诊治、施食造法和程序、塔像内装藏，以及一些塑像工艺、护身符法轮的画叠等浩瀚广博的羯磨仪轨都进行钻研，精通掌握。一位西宁钦差大臣给寺院制造了苦难，破坏了许多公物，几位格西商议进行诅咒。这位正士却说：“您们不需麻烦，早已做了让其晚上头脑不清静的事。”当时，大家开玩笑说：“您华热哇仓的头脑清静呐！”土马年（公元1798年，清嘉庆三年，戊午），任扎仓格贵。七十三岁，即铁龙年（公元1820年，清嘉庆二十五年，庚辰）任医学院法台，水羊年（公元1823年，清道光三年，癸未）退位。八十三岁，即铁虎年（公元1830年，清道光十年，庚寅）圆寂。留有一些片段著作。他转世的化身更登嘉措（དགེ་འདུན་རྒྱ་མཚོ།）。上一世于圆寂的那一年，曾向更登嘉措的妈妈送了一块茶砖和一个碗，向藏瓦喇嘛（གཙང་བ་བླ་མ།）说：“我祈愿在您的近处……”如所说，于铁兔年（公元1831年，清道光十一年，辛卯）转生为藏瓦喇嘛的侄子。行为纯真，学业优异，但于达到中观学级时圆寂。现在的这位转世灵童吉美端智嘉措（འཇིགས་མེད་དོན་གྲུབ་རྒྱ་མཚོ།），正致力聆听会传经法。

其后，科采·吉美达吉（ཁོ་ཚེ་འཇིགས་མེད་དར་རྒྱས།）任法台。他出生科采，属阿柔（ཨ་རིག）氏族。彼师坚持不断地聆听会传经法。贡塘·嘉贝样尊者任大会堂堪布时，一次又一次在会上训示说：

“只有依靠词语的手杖，义理的老人才会奔跑，所以背诵教程的考试很重要。”

彼师背诵教程的考试没有及格而受到了惩罚。当学级间辩论时，本学级为他求了情，让他立宗辩论，对教理的发挥令人折服。他挖苦堪布仁波切说：“是要词语呢？还是要义理？”

他曾任遍照尊者的教理侍读，也曾游学西藏卫地。任密宗学院喇嘛翁则师，后任医学院法台，炮制成真正的铜灰，大大提高了药效。也曾任贡萨饶吉林寺的堪布。于勤奋致力修持积善之际圆寂。

其后，阿木去乎·嘉样彭措（ཨ་མཆོག་འཇམ་དབྱངས་ཕུན་ཚོགས།）任法台。他和甘珠尔哇钦波尊者（རྗེ་བཀའ་འགྱུར་བ་ཆེན་པོ།）是弟兄。彼师在拉卜楞寺结合会传努力学习。曾任直尕尔寺（ཟག་དཀར་དགོན་པ།）堪布，任职期间，前往北方各地朝圣，在那里聆听了《依怙十三法》和《多闻子十五法》等的一些经法。在曲藏寺、广惠寺等处也讲传了各种经法。任阿木去乎兰仁木扎仓（ཨ་མཆོག་ལམ་རིམ།）法台时，撰写了寺院清规初稿，整顿了大施食供法事，授《文殊密法》灌顶等许多经法。任拉卜楞寺医学院法台时，护持妙行，勤于功业。卸任后，向遍照尊者请求舍去一切，遁世修持。虽身患重病，但是毫无畏怯，虔诚祈愿一切苦恶都在自己身上成熟。于土牛年（公元1829年，清道光九年，己丑）圆寂。

其后，觉拉·索南仁青（ཀྱོ་ར་བསོད་ནམས་རིན་ཆེན།）任法台。彼师出生在桑云的相拉（ཞང་ལ།）家族。在拉卜楞寺完成学业后，被批准应试多仁巴，但于立宗辩论时请求退让。任扎仓的格贵，后任参木让寺（མཚམས་རིང།）的喇嘛。在参木让寺迎请供奉了《甘珠尔》大藏经和金汁书写的《大般若经十万颂》，从卫藏请来了妙音天母佛像。任医学院法台后，在新建佛殿雕刻了不动尊佛像和马头明王像。建造了大宝塔，塔内装有图巴·更登培（ཐུབ་པ་དགེ་འདུན་འཕེལ།）等画像、金汁书写的《贤劫经》和《大般若经十万颂》等内藏。造不动佛为主的四十万尊佛像的紫檀座，一切都是按照恩师阿莽道扎尊者的吩咐，认真办理，清净善妙。在经院中讲传《菩提道次第广论》和第一世嘉木样一切知的《菩提道次第教授》等经论的教敕，恩德匪浅。后任贡萨尔丹培林寺（བསྟན་འཕེལ་གླིང་།）堪布，同时兼任杂义寺的堪布，在丹培林寺建立阿莽道扎尊者为之撰写在大经堂会传时会诵的回向发愿文，于发展政教事业之际示寂。转世的化身洛桑端智嘉措（བློ་བཟང་དོན་གྲུབ་རྒྱ་མཚོ།），出生于铁鼠年（公元1840年，清道光二十年，庚子），在寺中致力于学业，现在护持参木让寺，为饶益众生而努力。

其后，托噶夏茸贡却格勒坚参（ཐོག་ག་ཞབས་དྲུང་དཀོན་མཆོག་དགེ་ལེགས་རྒྱལ་མཚན།）任法台。

其后，铁吾·贡却彭措（ཐེ་བུད་དཀོན་མཆོག་ཕུན་ཚོགས།）任法台。彼师出生于水蛇年（公元1773年，清乾隆三十八年，癸巳），是阿哇日铁吾（ཨ་བར་ཐེ་བུད།）人。十七岁时入经院学习，究竟圆满地学完全部五部大论，任直尕尔寺堪布。六十三岁，即木羊年（公元1835年，清道光十五年，乙未）任医学院堪布，任期四年，于土狗年（公元1838年，清道光十八年，戊戌）退位。土猪年（公元1839年，清道光十九年，己亥）藏历正月上弦圆寂。

其后，鲁雪巴·阿旺达吉（ཀླུ་ཤོད་པ་ངག་དབང་དར་རྒྱས།）任法台。于土牛年（公元1769年，清乾隆三十四年，己丑）出生在鲁雪（ཀླུ་ཤོད།）地方的阿宝村（ཨ་འབོ།），父亲喇嘛嘉（བླ་མ་སྐྱབས།）。彼师年近三十岁时，还是一位称为阿宝万亚（ཨ་འབོའི་བན་ཡ།）的有名流浪汉。此后，抛弃妻子来到拉卜楞寺致力学习，取得格西学位。彼师戒行极其严谨，直到临死前，一直念修密集金刚。于七十岁那年，即土狗年（公元1838年，清道光十八年，戊戌）任医学院法台。七十七岁那年圆寂。

其后，夕厂·贡却索南木（སེ་ཚང་དཀོན་མཆོག་བསོད་ནམས།）任法台。彼师出生于木蛇年（公元1785年，清乾隆五十年，乙巳）。入拉卜楞寺经院学习经论，获得博学者称号。在贡塘·嘉贝样尊者座前受近圆戒，修持非常勤奋。任科采寺堪布时，被请到一处杀死了人的地方，此后施主请周洛活佛进行禳解刀灾，彼师在梦中梦见：在一座寺院的花园中有一株牡丹绽蕾欲放，刚伸手要摸时，突然有一人说道："不要摸！这是夕厂多仁巴栽的。"因此，他对施主说："不需禳解刀灾。"五十七岁那年，即铁牛年（公元1841年，清道光二十一年，辛丑）任医学院法台。木龙年（公元1844年，清道光二十四年，甲辰）退位，次年圆寂。

其后，阿柔·洛桑却培（ཨ་རིག་བློ་བཟང་ཆོས་འཕེལ།）任法台。他出生在鲁本扎萨克旗（ཀླུ་འབུམ་ཛ་སག་ཧོག）下的巴那合部落（སྦྲ་ནག་ཚོ་བ།）。在拉卜楞寺拜佐格·更登华桑（མཛོད་དགེ་དགེ་འདུན་དཔལ་བཟང་།）为师学习，精通理路。木龙年（公元1844年，清道光二十四年，甲辰）二月十一日任法台，两年之中，发展了前任诸位法台的良好传统。卸任后，于勤奋修持积善之际示寂。

其后，觉尔宦活佛贡却尼玛（སྐྱོར་དཔོན་སྤྲུལ་པའི་སྐུ་དཀོན་མཆོག་ཉི་མ།）、甘加·洛桑贡却（ཀན་ཀྱའི་བློ་བཟང་དཀོན་མཆོག）两位依次任法台。

其后，刚察·贡却端约（ཀང་ཚའི་དཀོན་མཆོག་དོན་ཡོད།）任法台。他于火羊年（公元1787年，清乾隆五十二年，丁未）出生在达乃多（ད་ནའི་མདོ།）地方。十三岁时，在拉卜楞寺于恩师阿莽道扎尊者座前出家。十九岁，即木牛年（公元1805年，清嘉庆十年，乙丑）尊者任大会堂堪布时，他在座前请求介绍排座，蒙指定赤钦·饶嘉木巴（ཁྲི་ཆེན་རབ་རྒྱམས་པ།）的文布多仁巴·嘉样（རྡོ་རམས་པ་འཇམ་དབྱངས།）为师。他在赤仁波切尊者座前学了哲旁（རྩིས་འཕང།）算术，高出群伦，大受赞扬。在贡塘·嘉贝样尊者座前受近圆戒，聆听了六座瑜伽导引，从此以后，坚持不断地修持，从《中论》的旧学级起资具加持一直到临终前坚持实行。木猪年（公元1815年，清嘉庆二十年，乙亥）这位哲士和华热活佛（དཔལ་རི་སྤྲུལ་པའི་སྐུ）、托噶夏仲（ཐོག་ག་ཞབས་དྲུང།）、科采·贡却（ཁོ་ཚེ་དཀོན་མཆོག）四人，进行了曼仁巴学位的立宗辩论。科采·贡却著有《无量寿佛颂》，词佳义切。德赤仁波切任大会堂堪布时，彼师虽是一位新噶仁巴，但是作为特殊，赐予参加多仁巴学位的辩论。在经院中长期学经，通过立宗辩论后，入密宗学院学习密咒。任贡萨饶吉林寺堪布，在四年任期中讲传续释三遍，后任直尕尔寺堪布，三年之中也讲传了续释两遍等，弘扬密乘的讲闻不遗余力。后任香勒卡寺堪布，任期两年。在却科噶洒尔寺（ཆོས་འཁོར་སྔར་གསར།）安详地居住三年，附带建立了法相讲辩，并亲自进行讲授。此后，任拉卜楞寺喇嘛翁则师，又任医学院法台，五年之中住持院务，督促寺规，极为负责。经常在藏历每月十五日、三十日、初八日三个贤妙日念修大威德金刚，每月上下弦十日（初十日及二十日）修持独雄本尊自入法，每日晨昏守座次念经，阅读经卷，进行闻思修，一直到临终。七十三岁那年，即土羊年（公元1859年，清咸丰九年，己未），正月初十日准备进行独雄本尊自入法修持时，感到有些气喘，此外再无其他任何病象，十三日圆寂。十六日举行密乘仪式，遗体天葬施鸟。

其后，阿柔喇萨尔·丹巴嘉措（ཨ་རིག་བླ་སར་བསྟན་པ་རྒྱ་མཚོ།）任法台。

其后，香拉·贡却丹达尔（ཞང་ལ་དཀོན་མཆོག་བསྟན་དར།）任法台。以前这个家族的香拉·噶居曾向第一世嘉木样一切知敬献了寺院；还出了担任第二世嘉木样怙主尊者的高级侍从及受达赖喇嘛赐予护持和文书的噶居·洛桑丹增（དཀའ་བཅུ་བློ་བཟང་བསྟན་འཛིན།）等。家族之中噶居辈出，一直到现在没有中断过。恩师阿莽道扎也常常说：“没有将自己的僧寮落入他人之手，这很佳妙。”香拉·贡却丹达尔这位哲士就出生在这个家族之中，父亲香拉·玉木嘉（ཞང་ལ་ཡུམ་སྐྱབས།），母亲卡热（མཁར་རེ།）。弟兄三人，除彼师外，还有多仁巴·却智（རྡོ་རམས་པ་ཆོས་གྲགས།）和格隆·洛萨嘉措（དགེ་སློང་བློ་གསལ་རྒྱ་མཚོ།）。他们三位是拉卜楞寺的模范格西和僧人。前两位都得到推送应试提名，并取得了多仁巴的学位。特别是彼师为医学院阿阇黎师时，却丹拉仁巴（ཆོས་ལྡན་ལྷ་རམས་པ།）前来进行立宗辩论。大家都认为提问者发挥了理法才智，而答辩者也很有力，是一场无与伦比的辩论。彼师曾任恰达玛和扎仑的法纪师。其后依次任夕厂寺法台，多尕尔·乔丹夏尔寺（རྡོ་དཀར་མཆོད་རྟེན་ཤར།）法台、本寺医学院法台，负责护持政教事务甚为佳妙。老二多仁巴·却智能熟背许多部大论，曾在贡塘·嘉贝样尊者座前应试了《慈氏五论》的考试。他们三位都享长寿。尤其老三格隆·洛萨嘉措念修马头明王、金刚手菩萨和大鹏明王陀罗尼各一亿遍，大威德金刚根本咒两亿遍，因而咒力很大。巡礼大金瓦殿和现见解脱释迦牟尼佛殿十万遍，巡礼别的佛殿等也各一万遍，绕寺外巡礼道两万遍，如此等等，积下了意想不到的善业。临圆寂时，进行了大威德近摄，正好在气绝之时圆满完成。

其后，卫娄图·吉美嘉措（བེ་ལུག་ཐུ་འཇིགས་མེད་རྒྱ་མཚོ།）任法台。彼师于火羊年（公元1787年，清乾隆五十二年，丁未）出生在苏尼特右旗（སུ་ཉིད་གཡས་རུའི་ཧོག）。一直到十八岁时，虽未受戒出家，但由于本性虔信佛法，熟记了胜乐、密集、大威德三本尊和《普明》等许多念诵经文。敏珠尔诺们汗（སྨིན་གྲོལ་ནོ་མིན་ཧན།）前去寺院时，苏尼特王（སུ་ཉིད་ཝང་།）派他护送，因而得以朝拜塔尔寺等北部地区的诸大寺院，非常向往拉卜楞寺，在佛殿中发愿起誓。于其二十九岁那年，即木猪年（公元1815年，清嘉庆二十年，乙亥）来到这里，拜拉丹嘉措哇活佛贡乔却丹（དཀོན་མཆོག་ཆོས་ལྡན།）为师。曾应《般若》第一品的会试，并熟记《现观庄严论明义释》。他和西藏格西苏尼特·贡却（སུ་ཧྲིད་དཀོན་མཆོག）两位，前往塔尔寺、广惠寺、曲藏寺等寺院立宗辩论，心识精纯，博得大家的尊敬。来到拉卜楞寺院后，二十九年之间没有回过故乡，后父亲派人来接，才返回故乡。按照恩师阿莽道扎尊者的敕令，去五台山闭关修持七个月。于多伦淖尔塑造向尊者敬献的圣·宗喀巴大师师徒像。在北京朝拜了栴檀佛。在本寺立宗辩论，向在座的许多西藏格西谈论经义，博得他们的赞赏。两年后西上，重来拉卜楞寺。以前，临去蒙古时，已授有多仁巴学位，这时通过立宗辩论。彼师每年在大灵塔前叩拜十万遍，直至逝世。请准不委任他为喇嘛，在密宗学院勤奋学习了九年，并通过了密咒立宗辩论。任土观殊胜化身仁波切的理法侍读。六十九岁那年，即木兔年（公元1855年，清咸丰五年，乙卯），委任为完波塘寺的法台。此后，又任喇嘛翁则师数年，又任医学院法台。由于身体衰弱，力不从心，一年之后请准卸职。彼师经常不解腰带，以蹲坐瑜伽行日夜专注修持胜乐、密集、大威德三本尊等。

卫苏多仁巴勒谢嘉措（དབུས་སུའི་རྡོ་རམས་པ་ལེགས་བཤད་རྒྱ་མཚོ།）继任堪布。彼师于火兔年（公元1807年，清嘉庆十二年，丁卯）出生在苏呼·苏如沁（སོག་པོ་སུ་རུག་ཆེན།）地方的康木（ཁམས།）家族。十六岁时，入拉卜楞寺经院拜杂义·多仁巴克珠（ཙ་ཡུས་རྡོ་རམས་པ་མཁས་གྲུབ།）为师，学习五部大论，勤奋努力，不分学期和学期间休息时间，积极背诵钻研教程，对于会传从不缺席一次。铁虎年（公元1830年，清道光十年，庚寅），在祈愿法会上获得然绛巴名号。水鼠年（公元1852年，清咸丰二年，壬子）进行了多仁巴学位的立宗。从这年起，先后任多尕尔（རྡོ་དཀར།）的却典夏尔寺，以及科采寺、直尕尔寺等寺院的法台，在直尕尔寺讲传了《续释》疏解。五十四岁，即铁猴年（公元1860年，清咸丰十年，庚申）任密宗学院喇嘛翁则师。一年后任医学院法台，三年之中，护持院务甚为佳妙。现在退位，致力修持。

其后，王府群则·洛追嘉措（དཔོན་ཚང་ཆོས་མཛད་བློ་གྲོས་རྒྱ་མཚོ།）任法台。彼师生

于火鼠年（公元1816年，清嘉庆二十一年，丙子）。他的母亲是亲王达什仲鼐（ཆིང་ཝང་བཀྲ་ཤིས་འབྱུང་གནས།）的福晋阿玛拉，即堪钦森达（མཁས་ཆེན་སེ་ཧྲའི་མཚན་ཅན།）的妹妹。他被列入吉美柔贝桑格尊者（རྗེ་འཇིགས་མེད་རིགས་པའི་སེངྒེ།）转世的对象之一。七岁时，住拉卜楞寺僧医嘉贝（སྨན་པ་འཇམ་དཔལ།）家内学习胜乐、密集、大威德三本尊酬补仪轨和法事，背诵念习经典。加入大会堂时，向僧众每人布施了一块茶砖，取得大会堂群则名号，坐在翁则师座排之首。拜赛尔沃绒哇·洛桑丹增（སེར་པོ་རོང་བ་བློ་བཟང་བསྟན་འཛིན།）为师，刻苦学习，反复背诵，学业优异，精通一般的修持和名言术语之学。彼师虽出身于华贵高门，但并不骄傲自满，以普通僧人身份谦恭逊让。获得祈愿大法会然绛巴名号后，虽取得多仁巴学位应试资格，但于进行立宗辩论时请求退出。在遍照尊者座前受近圆戒。彼师拜遍照尊者、贡塘·嘉贝样、德赤活佛、恩师阿莽道扎等为首要上师并在其他几位哲士座前聆听了许多深奥经法，被授予邬摩天母等多位本尊的增益念修仪轨。先后任刚察三珠林寺（ཀང་ཚའི་དགོན་བསམ་གྲུབ་གླིང་།）、科采寺堪布及拉卜楞寺医学院法台，都能应时制宜完成事业。现已退位，勤奋虔诚地进行修持。

其后，时轮院阿旺扎西巴转世的活佛洛桑楚臣嘉措(བློ་བཟང་ཚུལ་ཁྲིམས་རྒྱ་མཚོ།)任法台。彼师上一世曾对亲属说：“我作了祈愿，今后若有一位男孩，就送到寺里来。”洛桑楚臣嘉措是上一世活佛的侄孙。生于火猴年（公元1836年，清道光十六年，丙申），父亲是上一世活佛的侄子拉周（ལྷ་འབྲུག），母亲是鲁毛雅（ཀླུ་མོ་ཡག）。他小的时候，出现了能忆记《现观庄严论》的一些词语等前生旧事的征相，因而认定为转世灵童。十一岁时，在拉卜楞寺于遍照尊者座前剃度出家，这年进入经院，拜欧拉·嘉措（དངུལ་རྣའི་རྒྱ་མཚོ།）为师，曾从《新论》学级降至《因理论》学级，继任《中论》新级的辅导师，熟读《般若》第一品等经典，勤奋努力地致力于诵、背、辩，因而获得格西学位。十九岁时，在遍照尊者座前受近圆戒，在尊者师徒座前聆听了各种经法。学完了《俱舍论》后，任香勒卡寺堪布，其后任贡萨丹培林寺的堪布，任期各三年。现任医学院法台，住持院务，开展讲闻中。

注释：

[1] “昂欠”意为活佛府邸。有的地方，也称作“昂”。

[2] 地名，在青海省河南蒙古族自治县。通称“贝苏”“卫苏”“外斯”。亦称大小卫苏。

[3] 指上一世贡塘仓。

[4] 意为“筷子”。

附录

拉卜楞大寺的一些佛殿和修行地简述

大会堂和各扎仓各自的公共和单独举行的法行次第，上面已概略记述。大经堂、三学院、大悲观世音菩萨殿等处的诸圣物目录，已详见于《拉卜楞大寺志》之中，此处不再赘述。

弥勒利见佛像为主的大金瓦殿——才噶林洲(ཚེ་དགའ་གླིང་།寿禧寺)、现见解脱大宝塔(མཐོང་གྲོལ་ཆེན་པོ།)、千佛殿——根度扎西林洲(ཀུན་དུ་བཀྲ་ཤིས་གླིང་།)、狮子吼佛殿——德丹林洲 (བདེ་ལྡན་གླིང་།寿安寺)、祈寿佛殿 (ཞབས་བརྟན་ལྷ་ཁང་།)、忏罪佛殿——扎西贤泽林洲(བཀྲ་ཤིས་བྱམས་བརྩེ་གླིང་།)、藏经殿、五照见尊者(རྗེ་གཟིགས་པ་ལྔ་ལྡན།)

为主佛的悟真佛殿（གསལ་རྗེགས་ལྷ་ཁང་།）、释尊殿——加持威灵殿(བྱིན་རླབས་གཟི་འབར་གླིང་།)等处大小佛像,多如芝麻之荚,难以一一记述,有些也编有目录。

释尊殿的修建者是洛桑益西达吉活佛（སྤྲུལ་པའི་སྐུ་བློ་བཟང་ཡེ་ཤེས་དར་རྒྱས།）。当年班禅仁波切前往内地住在青海湖滨地方时，准噶尔人（ཅུང་གར་བ།）们请求说：“堪布洛桑彭措（མཁན་པོ་བློ་བཟང་ཕུན་ཚོགས།）需有一位转世化身。”于是，认定出生在东科尔仁波切亲族中的洛桑宗哲（བློ་བཟང་བརྩོན་འགྲུས།）为他转世的灵童，虽然迎请坐了床，但于十五岁时夭折了。其后就是这位洛桑益西达吉活佛，彼师于牛年（公元1781年，清乾隆四十六年，辛丑）出生为第二世嘉木样怙主尊者的侄子。尊者于他幼小时向其父母要去教养，十三岁时，步行前去卫地，以普通僧人的身份入哲蚌寺郭莽经院学习，获得多仁巴学位。前往后藏，在班禅丹贝尼玛尊者座前受近圆戒。被赐以常佩的释迦能仁佛像。指示说：“需要完成授比丘戒一千人。”结果达到了一千五百人。顶礼侍奉喇嘛强巴（བླ་མ་བྱམས་པ།）。本来打算住在西藏，但是出现了需要返回家乡的几次梦兆，因而回到昂拉。前往蒙古时，在阿拉善旗拜见赤钦·吉美南卡（ཁྲི་ཆེན་འཇིགས་མེད་ནམ་མཁའ།）。指示道：“所化徒众在准噶尔地方，塑一尊五照见尊者像为好。”并给了敕令。

三十三岁时，在准噶尔地区，应桑达王（གསང་བདག་ཡང་།）之请，授大威德和大悲观世音的灌顶。铸造了一尊五照见尊者的镀金大铜像，献给第三世嘉木样供在新建的寝宫内。又应准噶尔曼兰木达尔吉安班（ཅུང་གར་སློན་ལམ་དར་རྒྱས་ཨལྷན།）的迎请，遍照尊者指出：“是准噶尔·洛桑彭措转世的活佛。”并据此赐了敕令。彼师先后赴该地五次。塑造和安置了释尊佛像及各项圣物并建造了寝宫。七十五岁时，在卡冲静修院（ཁ་ཐོན་རི་ཁྲོད།）圆寂。他转世的化身是吉美彭措嘉措（འཇིགས་མེད་ཕུན་ཚོགས་རྒྱ་མཚོ།），生于火龙年（公元1856年，清咸丰六年，丙辰），现健在。

还有大拉让的寝宫——如愿尊胜胜幢（བསམ་གྲུབ་རྣམ་པར་རྒྱལ་བའི་རྒྱལ་མཚན།）、小寝宫——圣教宫(ཐུབ་བསྟན་ཕོ་བྲང་།)、僧众大会堂——如意汇聚（འདོད་དགུ་འཁྱིལ་བ།），

小寝宫——善说乐园（ལེགས་བཤད་དགའ་ཚལ།）等等。其他如德赤仁波切和三位赛赤活佛、各位堪布等的大小府邸——昂次，难以数计，各个的寝宫内都有身、语、意的宝库，为免于记载杂芜，不再叙述。

萨噶雅卡的勒周峨（ས་དཀར་ཡར་ཁའི་ སླས་བྲུག་ངོས།）是文殊怙主赤仁波切遗体火化处，遗址上建有宝塔，塔内装藏有许多文殊菩萨的像。丹津旺舒克王的儿子噶丹桑珠（དགའ་ལྡན་བསམ་འགྲུབ།）的遗体也在这里火化。为了超荐他，在此建有扎西曲林静修院（རི་ཁྲོད་བཀྲ་ཤིས་ཆོས་གླིང་།），这是该地最早修建的山间静修院。最初，有叫金巴若却（སྦྱིན་པ་རག་ཚོབ།）者住在这里，后他不愿居住，前来拉卜楞寺进入经院学习。这时正是撰著《有缘动心》悟道歌之时，当他站起来立宗辩论时，据说麦加·桑杰（དམེ་ཀྱའི་སངས་རྒྱས།）作歌戏谑说：

“现前金巴老叔，听经之时逃禅，后弃禅寺立宗，麦加桑杰忧伤。”

德赤仁波切考虑到若有座一两位断行者居住的静修院也好，于是，向达什仲鼐王要了地址，修建了交加（ཚོའུ་ཅི།）小寝舍。此地近处，有位见解同于萨迦派，行为奇特，人们称为珠巴敦那坚（གྲུབ་པ་དུང་སྣ་ཅན།）的成就者修建了禅堂，曾敬请遍照利见尊者和德赤金刚持师徒进行加持。

拉卜楞寺右侧的沟脑处，有幽静的修行处——扎西格丕静房（དབེན་གནས་བཀྲ་ཤིས་དགེ་འཕེལ།）。以前，这里原有圣·噶登嘉措（རྗེ་སྐལ་ལྡན་རྒྱ་མཚོ།）的修行处所。二世嘉木样活佛于三十四岁时，即铁蛇年（公元1761年，清乾隆二十六年，辛巳）在此修建修行禅室。考虑到纪律行为的重要，依据圣·宗喀巴大师制定的弥勒寺（བྱམས་པ་གླིང་།）寺规，作了一些特殊补充，制定了寺院清规。委任博闻持律师仁青曲藏（མང་ཐོས་འདུལ་བ་འཛིན་པ་རིན་ཆེན་ཆོས་བཟང་།）为长老，定禅寺的僧众数额按十六尊者之数，为了缘起，对每一名山居静修僧各以一位尊者之名命名。其中的曼隆·曼兰嘉措（སྨན་ལུང་སྨོན་ལམ་རྒྱ་མཚོ།）将第二世嘉木样怙主尊者上半生的所有著作汇编抄录成三大函。临圆寂前新建了藏经馆，请来了《中观六论》等经论。他于穿着祖衣念修时示寂。当遵照他的遗嘱请来了达达哇·仁钦洛桑（དཔྱ་བ་རིན་ཆེན་བློ་བཟང་།），随着迁转的嘻迦之声，解脱了跏趺端坐之相。其他如查科·娘乃巴（ཚ་ཁོ་སྙིང་གནས་པ།）等人，也都是持律证悟者。堪布森达尊者（མཁན་པོ་སི་ཏྲ།）也在此建立了修持十六明点的传统，历世嘉木样也在此修持。

拉卜楞寺后山的峰顶德却勒（བདེ་མཆོག་ཁྲད།），第一世嘉木样一切知说该地是胜乐宫。第二世嘉木样怙主尊者于木马年（公元1774年，清乾隆三十九年，甲午）首次在此搭起蒙古包居住。著述《中观论辨析》一书，后来在此建了寝宫，命名为塔尔瓦泽（ཐར་པ་བརྩེ།）。曾在此进行过数次闭关修行，出现了亲眼见到胜乐本尊圣容等等的奇兆。贡塘·嘉贝样曾赞为空行自然集汇之地。第三世嘉木样遍照尊者衬资举行了现证菩提节盛会。依此，这里常有一百名僧伽守禁食戒，从不间断。

拉卜楞寺右侧的山沟中有益噶却增静修院（རི་ཁྲོད་ཡིད་དགའ་ཆོས་འཛིན།），是赤钦活佛阿旺丹贝坚参（ཁྲི་ཆེན་སྤྲུལ་པའི་སྐུ་རིན་པོ་ཆེ་ངག་དབང་བསྟན་པའི་རྒྱལ་མཚན།）于第十三胜生的木猪年（公元1755年，清乾隆二十年，乙亥）建成的。由于没有泉水而打水井汲取。规定了聚集僧众的限额。经堂诵经时，于念诵胜乐自入法的同时，举行密集、大威德、不动金刚等的仪轨，以及举行《菩提道次精要》《供养上师颂》《药师佛攒》，百施食法、酬补仪轨等，新正元旦举行三有主母长寿施食仪轨，建立三事实践轨范仪则和长净中念诵《三律仪》还净制度。制定每年有四人整年闭关修行，经常晨昏闭关打坐、绝对不许外出到乡村中念经等制度。由于历世嘉木样活佛的护持，这座静修院非常兴盛。还有供祭文殊上师贡塘·丹贝仲美灵塔的同时，供奉缎制不动金刚佛像的制度。

拉卜楞寺东山的曼荼罗德钦勒峰（མཎྜལ་བདེ་ཆེན་ཁྲད།），有华热活佛贡却德钦（དཔའ་རེ་སྤྲུལ་པའི་སྐུ་དཀོན་མཆོག་བདེ་ཆེན།）的修行禅房。这位哲士还有在本处和敦木隆沟（དོམ་ལུང་།）、达合摩宗窟（སྟག་མོ་རྫོང་།）两地修行的事迹。

拉卜楞大寺及其静修院等各部分圆满。

吉祥如意！

第三编

自喀加措周至嘉摩察瓦戎等地较大寺院情况概述

第十四章　论大夏河[1]流域南北地区及喀加措周等地政教发展情况

喀加措周在藏区噶（དཀའ།）、东（སྟོང་།）、治（འབྲི།）三大姓氏之中属于“东氏”十八个大部落中之义察（གཡི་ཚ།）氏。当吐蕃克黎可足（ཁྲི་རལ་པ་ཅན།[2]）赞普向汉地（大唐）进军时，他被委任为将领，称为“义察将军”。他的后裔繁衍在黄河南北各地，后其在河北巴燕（སྣ་ཡན།）[3]的一支，有弟兄三人迁来这个地区。他们曾在道帏（རྡོ་སྲིབས།）地方的冬日山(དུང་རི།)[4]一带居住过一个时期，现在还有甘加官人家族住在那里。也有人说是尖扎官人的儿子玉杂（གཡུ་ཙ།）军官的后裔繁衍在这个地区云。总而言之，后者这位官人曾在桑云（བསང་གཞུང་།）居住过，有大小三个妻子，小妻有三子，名帕乃（ཕ་ནེ།）、朝加(ཁྲོ་རྒྱལ།)和南木拉（གནམ་ལྷ།）。帕乃的后裔繁衍成喀加(ཁ་གྱི།) 部落，朝加的后裔繁衍成甘加（ཀན་གྱི།），小者的后裔繁衍成南木拉部落[5]。

南木拉之子为旺嘉（དབང་རྒྱལ།），他的儿子为多吉嘉卜（རྡོ་རྗེ་སྐྱབས།），他的儿子为肖多尔加（ཤུག་རྡོར་རྒྱལ།）等四人。肖多尔加有子二人：才让（ཚེ་རིང་།）和才喀尔（ཚེ་མཁར།）。前者之子有二人出家为僧，二人称为智士，二人称为勇士，弟兄共六人。出家为僧者名森当玛（སེང་གདོང་མ།）和罗桑（བློ་བཟང་།），两位智者为索南本(བསོད་ནམས་འབུམ།)和却巴(ཆོས་པ།)；两位勇士名贡黎秀（དཀོན་ལི་ཤུག）和宁噶尔加（སྙིང་གར་རྒྱལ།）。玉杂军官之兄被尖扎所杀，其后裔为甘加觉巴加卜（གཙོད་པ་སྐྱབས།），其子就是甘加班智达（ཀན་གྱིའི་པཎྜི་ཏ།）。甘加班智达曾向喀加措周[6]各部征派僧人差和粮米差，令向直噶尔（ཟག་དཀར།）输送。索南本说：

“圣·嘉木样协巴是圣·观世音菩萨，拉卜楞寺是玛玖拉仲授记的圣地，若需僧差和粮差，应向拉卜楞寺交纳。”

据说，班智达听到后非常生气。索南本之子有三人出家为僧，有四人是俗人，计七人。出家为僧之中，有名叫克乔（མཁས་མཆོག）者，被一切知嘉木样大师赐过内库哈达。这位僧人的侄子名叫加仓古鲁塔尔（རྒྱ་ཚང་གུ་རུ་ཐར།），是一位宁玛派咒师，他善于按《迦当书》所载那样观察风水，颇得嘉木样大师赏识。冈察昂索(ཀང་ཚ་ནང་སོ།)和喀加百户二人，曾于拉卜楞寺修建时，奉献了寺址，贡献颇大。冈察赛卡（ཀང་ཚ་སེར་ཁ།）[7]和朗加（གླང་གྱི[8]）邻近，以其地作为与隆务[9]地区分界之处，后被讹称为赛尕(གསེར་སྙི།)。它和佐格冈察（མཛོད་དགེ་ཀང་ཚ།）、达乃冈察（དུ་ནའི་ཀང་ཚ།）等从前是甘加百户的部属。它和喀加、甘加、合作（གཙོས།）、杂义（ཙ་ཡུས།）[10]、南木拉等部，被称为喀加六部。也有将冈察不计在内，而将甘加分为上下两部合称六部者。佐沃（གཙོ་བོ།）的先祖鲁加贤（ཀླུ་རྒྱལ་ཁྱམས།）和扎义的始祖鲁吉合（ཀླུ་

ཀྱག）二人是同胞弟兄，属于玉杂军官的后裔，所以被称为“大小佐沃”和“彼此佐沃”。

大伽蓝拉卜楞寺的寺址属于喀加六部领地。由此东行，有圣·噶登巴亲授弟子霍尔噶居、霍尔然绛巴二人创建的拉恰噶尔寺（ལྷ་ཆབ་སྒར།）和索庆静修院（ཟོམ་ཆེན་རི་ཁྲོད།），三事实践至为兴盛。有赛·阿旺嘉样扎喜（བསེ་ངག་དབང་འཇམ་དབྱངས་བཀྲ་ཤིས།）[11] 创建的兰木隆噶尔寺（ལམ་ལུང་སྒར།）[12] 和沃卜丹噶尔寺[13]（ཨོབ་བསྟན་སྒར།）及古代修建的旧庵堂——恩资静修院（ཨེན་ཇི་རི་ཁྲོད།）等。拉恰以下有库泽神山（ཁུ་རྩེ།），是八大神山之一。雅日山（གཡའ་རི།）[14] 右侧之达宗玉措湖（རྟ་རྫོང་གཡུ་མཚོ།），被认为就是人们称道的藏区的“碧玉曼遮湖”，这座山左侧的山谷中，有玛玖拉仲师徒所埋的伏藏。

一切知嘉木样尊者说：“这个地区，是空行母圣众集会的圣地，若于其地修建一座念诵胜乐轮法的庵堂，将很佳妙。”

尊者命令年波噶居（ཉན་པོ་དཀའ་བརྒྱུ།）修建了德尔隆意噶却增寺（གཏེར་ལུང་ཡིད་དགའ་ཆོས་འཛིན།）。此后，第一世赛仓活佛为之制订寺规，作为寺主。阿旺嘉样扎喜活佛卸去拉卜楞寺堪布之职后，就在这座寺院内念修，直至示寂之前护理该寺。原先建有密宗学院，但没有能够持久。据说，为了重建曾向苟什德活佛洛桑丹贝坚赞（གི་རྟི་བློ་བཟང་བསྟན་པའི་རྒྱལ་མཚན།）请求授记。指示说：

“这处圣地是玛玖拉仲埋藏伏藏之处，若不取得一切知嘉木样协巴的谕示，很难建立。”[15]

因此遂作罢休。洛桑扎喜拉卜吉（བློ་བཟང་བཀྲ་ཤིས་རབ་རྒྱས།）活佛[16] 于第十四胜生的铁猪年（公元1851年，清咸丰元年，辛亥），迁移寺址于现在这处，修建为现在的贡洒尔意噶却增林寺（དགོན་གསར་ཡིད་དགའ་ཆོས་འཛིན་གླིང་།意喜持法洲）[17]。彼师诞生于隆务官人的家中，属相木狗，即甲戌岁（公元1814年，清嘉庆十九年），入隆务大寺学习。水虎年，即壬寅岁（公元1842年，清道光二十二年），前往西藏卫地，曾进入郭莽扎仓学习一个时期，即去朝礼各圣地。在巴日宁瓦（སྣ་རི་སྙིང་པ།）向该地活佛聆听了《修法宝源》等经法。水兔年，即癸卯岁（公元1843年，清道光二十三年）返回家乡，任隆务大寺堪布。承事赤殊胜化身洛桑坚参森格（ཁྲི་སྤྲུལ་བློ་བཟང་རྒྱལ་མཚན་སེང་གེ）。当擦多尔赤钦扎木巴勒（ཚ་རྫོར་ཁྲི་ཆེན་འཇམ་དཔལ་མཚན་ཅན།）[18]前来土尔扈特[19]时，彼师曾前往该地谒见，并护理该处众生事务。关于历代赛仓的事迹详载于寺志《神圣大鼓》，可以查阅。

此谷之谷口处，有由南向北流的元曲水（གཡོན་ཆུ།），此水之阴，有阿琼·仲仁巴克却耶喜（ཨ་ཁྱུང་དྲུང་རམས་པ་མཁས་མཆོག་ཡེ་ཤེས།）的寺院“阿琼禅院”塔尔瓦林（ཐར་པ་གླིང་།）[20]，彼师又名克却华沃（མཁས་མཆོག་དཔལ་བོ།）。当年，一切知嘉木样协巴大师回多麦地区时，他曾敦请一切知到该处。一切知大师指示说：“你们的静修院，乃念修胜乐法之地，应建立胜乐法的念诵。”

彼师按照指示办理。后来去卫地，成为一名出类拔萃的格西。一切知的传记中，对他赞誉为“超群的讲辩经论的大善知识”。彼师转世的化身为阿琼·阿旺钦热（ཨ་ཁྱུང་ངག་དབང་མཁྱེན་རབ།），精通诸明处，特别擅长诗学，有著作一函，已雕版印行。他转世的化身为贡乔洛哲嘉措（དཀོན་མཆོག་བློ་གྲོས་རྒྱ་མཚོ།），曾入拉卜楞大寺学习，诵读佳妙，曾讲传《宗喀巴全集》等许多经论的教敕。现在的这位化身名叫贡乔程列隆珠（དཀོན་མཆོག་འཕྲིན་ལས་ལྷུན་གྲུབ།），与历世阿琼夏仲共住一座昂欠府邸，进行护持。

茹额尔寺推桑达吉林（རུ་ངར་དགོན་ཐོས་བསམ་དར་རྒྱས་གླིང་།闻思兴隆洲）[21]，由恰格·敦珠嘉措（ཆ་དགེ་དོན་གྲུབ་རྒྱ་མཚོ།）察勘地址并进行净地仪式，塘噶尔拉仁巴·洛桑却增（བློ་བཟང་ཆོས་འཛིན།）修建。有八十宗喀[22]、胜乐、密集、大威德三本尊大幅画卷。彼师转世的化身为曾任拉卜楞大寺堪布之职的戎达拉仁巴（རོང་རྟའི་ལྷ་རམས་པ།）。

奇尼静修院意噶却增林（ཁྱི་སྙི་རི་ཁྲོད་ཡིད་དགའ་ཆོས་འཛིན་གླིང་།），此寺为吉仓（སྐྱིས་ཚང་།）俄仁巴所创建。彼师和多卜登（སྟོབས་ལྡན།）俄仁巴为同一时代的人物，转世的化身名贡乔坚赞(དཀོན་མཆོག་རྒྱལ་མཚན།)。现在的化身活佛为洛桑勒谢（བློ

བཟང་ལེགས་བཤད།），由他护持这寺。

茹琼寺扎喜南结林（རུ་ཆུང་དགོན་བཀྲ་ཤིས་རྣམ་རྒྱལ་གླིང་།），秦噶尔甫（ཁྱིང་དཀར་ཕྱུ།）的官人嘉果（རྒྱལ་གོ）等为施主，由塘尕尔然绛巴（ཐང་དཀར་རབ་འབྱམས་པ།）和措察活佛（མཚོ་ཚའི་སྤྲུལ་སྐུ།）两人修建。有一段时间内，厉鬼侵入为祟，致许多僧人死亡，乃请求赤干活佛阿旺嘉样扎喜[23]禳解。

赤干活佛说：“我对于你们那里的鬼王妖魔无能为力，还是去求教于措杜·热喀智合（ཚོ་འདུ་ར་ཁ་དྲུག）和木多仓（སྨུ་ཏོ་ཚང་།）。他们两位中哪一位都行。”

遵照指示，僧俗大众前去木多阿阇黎嘉措多卜登（རྒྱ་མཚོ་སྟོབས་ལྡན།）处请求护佑，并献上寺院。彼师在寺院的四方修建了四座尊胜塔，断绝了壮年夭亡鬼魂的作祟。从此以后，这座寺院由历世木多活佛作为寺主，木多化身贡乔端登（དཀོན་མཆོག་དོན་ལྡན།）建立修持大威德供修法仪轨，接着又建立大日如来供修法仪轨。拉卡（ལ་ཁ།）活佛吉美端珠（འཇིགས་མེད་དོན་གྲུབ།）建立坐夏制度，有一位阿郭（ཇོ་གོད།）日朝巴建立修持大悲观世音胜者海的丹丸法仪轨，现这些传统颇为兴盛。与这座寺院不远之处的干塘拉卡（སྐམ་ཐང་ལ་ཁ།），有第一世江绕（འགྱང་རོ།）活佛修建的三世诸佛殿，壁画有传为自然现显的具誓护法神像，现在香火很盛。

杂义寺扎喜却丕林（ཙ་ཡུས་དགོན་བཀྲ་ཤིས་ཆོས་འཕེལ་གླིང་།吉祥兴法洲）[24]，由杂义朋措乔登（ཙ་ཡུས་ཕུན་ཚོགས་མཆོག་ལྡན།）创建。彼师曾向第五世班禅罗桑耶喜请求指示建寺的地址。班禅指示于“形似羊的胸脯和头部之山的山麓下建寺，将甚佳妙”云云。乃选定现在的这所寺址。起初只有九名僧人，让他们各建了一座佛殿。彼师自热贡(རེབ་གོང་།)敦请丹大成就师阿旺洛桑丹增(ངག་དབང་བློ་བཟང་བསྟན་འཛིན།)，遵照其指示修建了弥勒大佛殿等，壁画上有大成就者彼师亲手描绘的五龙王及其眷属的像，并为所有能依与所依圣物举行开光仪式，还有具有加持力的混有彼师的鼻血描绘的法王外修画轴，供奉为主要的守护神。

这位大成就师于回遮阿尔斯兰（ཨར་ས་ལང་།）[25]之兵的时日，建立酬谢满愿法事，被称为十八大法事，现仍在进行。

朋措活佛为了把他的弟弟索南尼玛（བསོད་ནམས་ཉི་མ།）接回来，曾先后去西藏卫地三次，但是没有接回来。第一次，请来了杂义（ཙ་ཡུས་ཨ་ལགས།）活佛，第二次，把恰格阿阇黎请了回来，彼师护理寺院二十余年，享寿七十多岁。最后一次，启请一切知嘉木样协巴大师。大师高兴地接受了邀请。尔时，一切知大师对索南尼玛喇嘛说：

“为了你，老喇嘛备受辛苦，你现在应该回家乡去，不会过多久，我也要回去创建一座寺院。那时，你要到我那里来。”

按照一切知大师的指示，索南尼玛于其五十四岁那年，和他哥哥一起来到家乡。他侍奉圣·噶登嘉措的阿阇黎措玉·索南雅培（ཚོ་བཞི་བསོད་ནམས་ཡར་འཕེལ།），专心修持，证得成就。如某个地方降冰雹时，寄去靴子和念珠，就能阻挡得住。彼师十七岁时，前去拉萨长时就学于下密学院，在格派静修院叩谒一切知嘉木样大师，遵照指示以大威德作为本尊，能于修持时感受到能依与所依毫不摇动地显现出来，约达行走一俱舍卢之遥的时间。回到家乡后，谢绝对寺院的护理，终生在修夏（ཤུག་ཤ།）山间静修。当一切知嘉木样大师修建寺院时，他前去拜谒，大师给他赐了僧帽一顶，僧氅一件，要他参加大会堂的会传。彼师把僧帽作为缘起，领受起来，把僧氅奉还大师，并恳求给予不参加会传的长假，六十四岁时示寂。临去世时对哥哥喇嘛朋措说：“我对你没有带来什么好处，今后请记在心中。”

按其所说，转世的化身程列丹增嘉措（འཕྲིན་ལས་བསྟན་འཛིན་རྒྱ་མཚོ།）诞生于合作玛尔岗（མར་སྣང་།），前赴西藏卫地，被称为扎尼松热夏仲（ཟ་ཉེ་སུམ་རའི་ཞབས་དྲུང་།），回到家乡护持寺院五十四年后圆寂。转世的化身就是曾任拉卜楞大寺堪布的贡乔格勒坚参（དཀོན་མཆོག་དགེ་ལེགས་རྒྱལ་མཚན།），他被称为托噶仓（ཐོག་ག་ཚང་།）。现在的化身活佛是洛桑丹增嘉措（བློ་བཟང་བསྟན་འཛིན་རྒྱ་མཚོ།），他和被上一世赎迎的托噶夏仲·洛桑格勒嘉措（བློ་བཟང་དགེ་ལེགས་རྒྱ་མཚོ།）二人由一座昂欠府邸供养。十三胜生火羊年，即丙午岁（公元1786年，清乾隆五十一年），当迎请第二世怙主尊者的时候，怙主尊者说：

“第一世一切知大师在察勘寺址时，绕过这些道路，自杂义的右边前去，把杂义搁在一边；当去卓尼时，又取那一边的道路，自杂义的左边过去，又把杂义搁在一边，没有能够到你们那里，现在专门到这里来了。”

杂义百户贡保拉卜旦（མགོན་པོ་རབ་བརྟན།）和合作的僧俗大众会商之后，向尊者奉献了杂义噶尔瓦寺并签订文书，盖了指印。怙主尊者喜悦地作了一些必要的指示，并新建了金刚界仪轨。十四胜生土牛年，即己丑岁（公元1829年，清道光九年）由托噶阿阇黎负责又把寺院连同供养的庄园全部奉献于第三世嘉木样，尊者委任大善知识贡乔旺秀（དཀོན་མཆོག་དབང་ཕྱུག）为法台，建立洁净的密宗学院。自此以后，拉卜楞大寺依次委任阿阇黎，进行护持。

拉丹阿旺程列（རབ་བརྟན་ངག་དབང་འཕྲིན་ལས།）活佛，诞生于南木拉，是西藏卫地的格西，第一世可能就是主持杂义活佛出家的拉丹喇嘛程列朋措，待考。他的后一世，是诞生于木雄西肖的居乃（རྒྱ་གསོང་ཞི་སོའི་རྒྱུ་ནེ།）的拉丹夏仲（ལྷ་བརྟན་ཞབས་དྲུང་།），他转世的化身为阿旺丹增程列（ངག་དབང་བསྟན་འཛིན་འཕྲིན་ལས།），诞生于工隆拉丹拉卜索（ཀུན་ལུང་ལྷ་བརྟན་རབ་ཙོབ།）地方，前赴内地蒙古一带弘法，事业甚为兴盛。曾给寺院奉献了装饰经堂柱子的柱包，现在不再转世。拉丹然绛巴·阿旺年智合（ངག་དབང་སྙན་གྲགས།）和噶居·喜饶坚赞（དཀའ་བཅུ་ཤེས་རབ་རྒྱལ་མཚན།）二人是同胞弟兄。前者是拉卜楞大寺的老僧，以具有诅咒法力而闻名，曾依甘珠瓦钦波·贡乔华增和喀加吉代尔（ཕྱུགས་རྗེར།）官人等取得庄园。后者取得卫地格西的学位，曾参加桑浦寺噶居的巡回辩经会。他转世的化身是生于双朋系（ཚོ་འཚོང་གཞིས།）的贡乔丹增（དཀོན་མཆོག་བསྟན་འཛིན།），在贡塘·嘉贝样座前受近圆戒。他转世的化身活佛，就是现在的这位贡乔丹增嘉措（དཀོན་མཆོག་བསྟན་འཛིན་རྒྱ་མཚོ།）。

杂义活佛（ཙ་ཡུས་ཨ་ལགས།）噶居·程列拉卜丹（དཀའ་བཅུ་འཕྲིན་ལས་རབ་བརྟན།）的寺院伊格·扎喜却科尔林寺（གཞི་དགེ་བཀྲ་ཤིས་ཆོས་འཁོར་གླིང་།吉祥法轮洲），这座寺院的创建者彼师出生于杂义梅多夏尔（མེ་ཏོག་ཤར།），是合作官人家族宁尕尔先（སྙིང་གར་བྱམས།）和觉玛塔尔（གཙོད་མ་ཐར།）夫妇之子，兄妹五人，彼师居长，属火羊相（公元1667年，清康熙六年，丁未）。在拉丹喇嘛程列朋措座前出家为僧。十八岁时，于秀夏尔静修院拜圣·噶登亲传弟子俄仁巴索南雅培（བསོད་ནམས་ཡར་འཕེལ།）为师，直至二十多岁。此后前往西藏卫地，在哲蚌寺郭莽扎仓的经院学习经论，取得桑浦寺噶居的名号。有一次，在睡梦之中，梦见去潘域的一座石洞之中朝拜博多瓦[26]，被问道："夏惹瓦[27]来了吗？"相互谈论多时。天亮时，有人通知"嘉木样协巴在格派静修院授密集灌顶"，邀他同去。途中想这位喇嘛可能系博多瓦化身。后来，第二世一切知坐床时，又梦见有人对彼师说道：

"你的喇嘛博多瓦到来了，去不去迎接他？"因此，人们多称彼师为夏惹瓦之化身。遵照一切知大师的指示，又在下密院学习密乘，成为精通显密二乘的大学者。一切知大师还鼓励彼师去敏珠林寺（སྨིན་གྲོལ་གླིང་།）[28]向德敦（གཏེར་སྟོན།）喇嘛处学习宁玛派的经法。据伏藏秘籍（གཏེར་བྱང་།）的教敕说，彼师"是证道果的君臣二十五人[29]中之朗卓贡乔仲鼐（ལང་གྲོལ་དཀོན་མཆོག་འབྱུང་གནས།）之化身，为多麦地区弘扬大悲观世音法之主"云。彼师回到故乡后，在秀夏尔静修院、杂义噶尔寺、拉卜楞寺、夏卓寺（ཞལ་དྲོ།）、阿祖寺（ཨ་རྫུ།）、堆庆寺（དུས་ཆེན།）、伊格寺、佐格直合惹寺（མཛོད་དགེ་ཐྲག་ར།）、喀加达隆寺（ཁ་གྱའི་སྟག་ལུང་།）等远近闻名的九座禅院和各个不甚著名的寺院等处讲传密集法、大威德法，胜乐录、纳、智三法（བདེ་མཆོག་ལྕུ་ནག་དྲིལ་གསུམ།），玛哈玛雅法（མ་ཧཱ་མ་ཡཱ།）、护乐佛（སངས་རྒྱས་ཐོད་པ།）法、时轮金刚法、普明佛法、毗卢遮那现证佛法、不动尊佛法、药师佛仪轨、摧破金刚法、白伞盖法、度母法等怛特罗部的许多经法以及摩诃伽罗三大部等许多护法、守护神等念修法。对于宁玛派的许多经法也进行念修。在农业区各到去处弘扬佛法，事业兴盛，福德无量。曾修建极为壮丽的经堂五座，并塑造许多佛像佛塔和迎请了许多佛经等身、语、意圣物，在家乡和客地各处大力弘扬新旧两派法统。座下传承讲修的弟子著名者如次：胞弟洛赛嘉措（བློ་གསལ་རྒྱ་མཚོ།）修得丹田拙火，严冬时只穿一件布衫。在修建经堂时，背运石块脊背被压成疮，上师圆寂后曾作摄理人住持寺院。其他如拉丹夏仲、木多喇嘛衮噶鄂赛尔（ཀུན་དཀའ་འོད་ཟེར།）、吉塘·洛桑南结（སྐྱི་ཐང་བློ་བཟང་རྣམ་རྒྱལ།）、达温活佛（ཧྭ་དཔོན་སྤྲུལ་སྐུ།）、惹卜察（རིབ་ཚ།）活佛、娘仓夏仲（ཉང་ཚ་ཞབས་དྲུང་།）、杂义法台丹巴达吉（བསྟན་པ་དར་རྒྱས།）、阿郭（ཛོ་གོད།）活佛、木多活佛等。七十八岁时，于木鼠年，即甲子岁（公元1744年，清乾隆九年）神变祈愿月初十日圆寂。有著作一函，详细事迹，见于彼师弟子木多·嘉措端登（མུ་ཏོ་རྒྱ་མཚོ་དོན་ལྡན།）所著的传记《神奇之海出处》及阿郭活佛南卡森格（ནམ་མཁའ་སེང་གེ）所编的《传奇白莲束》两书之中。彼师转世系统第一世噶居巴，曾被卫藏地区的一位证道的成就者授记说：“你这一世出生于汉藏交界地区，其后还要转生三世。”遵照这个授记，转世的化身阿旺洛桑丹增（ངག་དབང་བློ་བཟང་བསྟན་འཛིན།）于木牛年，即乙丑岁（公元1745年，清乾隆十年），诞生于佐格的一家自康区噶托（ཀ་ཐོག）迁来的家族之中。祖先叫持咒师多吉森格（རྡོ་རྗེ་སེང་གེ），曾受莲花生大师亲自加持，据说曾在印度以夺舍法转生十三次云。当持法阻挡冰雹时，霹雳下劈，他捡起来做成铁锤。他的后裔有名叫当增加卜（ཏིང་འཛིན་སྐྱབས།）者，即是彼师之父。在拉丹夏仲座前出家，从前一世的徒弟东额·洛桑端珠（ཕོང་ངེ་བློ་བཟང་དོན་གྲུབ།）学习藏文，念修白文殊法，在梦中出现了稀奇的征兆。在娘仓阿阇黎处聆听《修法宝源》的随许；从阿郭南卡森格聆听《文殊亲教》的指引；从上一世胞弟洛赛嘉措处聆听关于胜乐、密集等正法藏的大部分修持法统；从阿阇黎洛桑达吉嘉措处聆听第一世噶居瓦全集的教敕等。第一世的亲传弟子察尔察·嘉那化（ཚར་ཚ་རྒྱ་ནག་པ།）曾请求彼师入拉卜楞大寺经院学习，彼师虽心中甚为喜悦，但被侍从人员等阻止。后来常说：“诸事没有获得成就，再没有比这件事更大的了！”

彼师从苟什德·洛桑丹贝坚赞座前受近圆戒。土鼠年，即戊子岁（公元1768年，清乾隆三十三年）与德赤活佛隆柔嘉措一同前赴卫地朝礼第八世达赖喇嘛降贝嘉措，并去后藏朝礼第六世班禅贝丹耶喜。班禅垂询：“嘉木样协巴仓现住在何处?”等，同时，与彼师进行了亲切的谈话。请求再次授予近圆戒，聆听了《白度母经》的随许。由于多吉扎寺(རྡོ་རྗེ་བྲག)[30]柔增活佛已前赴打箭炉（དར་རྩེ་མདོ།康定），即去谒见他的襄佐。在敏珠林寺，于堪布邬金丹增巴（ཨུ་རྒྱན་བསྟན་འཛིན་པ།）座前聆听三大伏藏经法的的大部分灌顶，并让文布朋措森格（ཐུན་ཚོགས་སེང་གེ）在供祀师处学习大修供法实践仪轨。此外，还聆听了一些宁玛派其他经法，随后在德钦林（བདེ་ཆེན་གླིང་།）静修院进行会供曼荼罗并发放了布施。上师赐予了关于胜乐、密集的全部伏藏经籍和五世达赖封识的《意滴》伏藏书等等许多经籍及全套衣服。于济垅呼图克图处聆听了金刚瑜伽母灌顶，于郭莽喇嘛根敦德钦（དགེ་འདུན་བདེ་ཆེན།）处聆听了《秘密封识》的灌顶。在色拉寺朝礼马头明王本尊像，看见了金光熠熠的圣容。二十五岁时,即土牛年（公元1769年，清乾隆三十四年，乙丑），于大祈愿法会上聆听了达赖喇嘛亲临讲传的经法。在此期间，马匹在寄放处被贼人劫去，由于出现了各式各样的凶兆，贼人把乘骑送回。这一年返回故里。土狗年（公元1778年，清乾隆四十三年，戊戌），在阿郭·南卡森格座前聆听金刚鬘灌顶。土猴年（公元1788年，清乾隆五十三年，戊申），在拉卜楞寺于怙主尊者座前受弥多罗灌顶。于捏冈直尕尔（གཞའ་གོང་བྲག་དཀར།）和嘉摩喜合热（རྒྱལ་མོ་གཤག་རལ།）两地从事念修，看见了特殊神奇的形象。在农业区各地受人们的极大尊敬，事业兴盛。火兔年，即丁巳岁（公元1797年，清嘉庆二年），修建寝宫及供奉莲花生大师及大悲观世音像的神殿、怙主殿和《甘珠尔》大藏经殿，迎请《甘珠尔》大藏经供于殿内。

彼师又修建勒多噶尔寺（ལི་མདོ་སྒར།）及这个寺的经堂，杂义噶尔寺的经堂，并于寺的东边修建伏魔宝塔，及赞木德噶尔寺（ཙམ་སྡེར་སྒར།）的经堂等，敦请遍照尊者至静修院，请求讲传《兜率上师颂》的指引。前去卓尼地区，在石崖上留下了足迹，在撒吉祥青稞时，显现出六字真言的形象，照见了许多奇异的情景，对护法和地方神祇驱使如仆役。遍入天（ཁྱབ་འཇུག）遵守命令，直接完成事业。大力弘传密集、大威德、大日如来等灌顶和胜乐灌顶等新旧教派许多法统。座前有大甘珠尔瓦·贡乔华增、阿郭南森、泽卫觉巴·耶喜楚臣（རྗེ་དབུས་གཙོད་པ་ཡེ་ཤེས་ཚུལ་ཁྲིམས།）、霍尔仓活佛、塘隆觉干·噶桑尼玛（ཐང་ལུང་གཙོད་སྨྲམ་སྐལ་བཟང་ཉི་མ།）、阿琼·阿旺钦惹（ཨ་ཁྱུང་ངག་དབང་མཁྱེན་རབ།）、娘仓（ཉང་ཚང་།）活佛、那亥云噶居（ནག་གཞུང་བཀའ་བརྒྱུ།）、仙噶尔（ཤམ་དཀར།）活佛等众多弟子。六十八岁的水猴年（公元1812年，清嘉庆十七年，壬申）示寂。临去世时，召集僧俗大众说：

“今后将有一位种姓华贵比我殊胜的化身出世，你们若不把他送到有名的伽蓝，就是没有忆念我！”这时睡梦之中梦见一位青年姑娘手拈黄色鲜花，说：“我是生生世世，与你不会分离的，现在需要前往不动尊佛的国土。”

彼师转世的化身，生于梅多夏尔村（མི་ཏོག་ཤར།），为雇工旦正之子，名贡却丹增（དཀོན་མཆོག་བསྟན་འཛིན།），入拉卜楞寺经院学习，但早夭亡。现在由诞生于合作的化身洛桑丹增嘉措巴（བློ་བཟང་བསྟན་འཛིན་རྒྱ་མཚོ་པ།）住持寺院。

夏卓寺静修院扎西却培林（ཞལ་བྲག་རི་ཁྲོད་བཀྲ་ཤིས་ཆོས་འཕེལ་གླིང་།），由丹仓大成就师阿旺洛桑丹增（ངག་དབང་བློ་བཟང་བསྟན་འཛིན།）创建。彼师的世系自帕巴达图（འཕགས་པ་ཏ་ཐུབ།）起，至牛日·多吉坚赞（གཉུག་རི་རྡོ་རྗེ་རྒྱལ་མཚན།）已降生十二世。这位尊者诞生于康区，曾任邓柯却科林寺（འདན་ཆོས་འཁོར་གླིང་།）的堪布。当年，却图汗的儿子阿尔斯兰的军队围困这座寺院，尊者激励护法法王，从寺中驰出幻化的许多军队，消灭了阿尔斯兰军。后与这个地区之王（土司）不协，前来热贡地区，在泽摩塘（རྩེ་མོ་ཐང་།）居住，用金汁书写了许多卷经籍。噶钦根敦嘉措巴（མཁན་ཆེན་དགེ་འདུན་རྒྱ་མཚོ་པ།）前去拜谒，请求了授记结为法缘，并传授教授。

这位尊者在热贡地区，传授书法及绘画的技术，使热贡地区流传了许多画师的传统。开始传于本教徒查沃本（ཁྲ་བོ་འབུམ།）。他的徒弟为热贡玛巴（སྨན་པ།）的琼沃·洛桑扎喜（ཁྱུང་བོ་བློ་བཟང་བཀྲ་ཤིས།），他传于儿子琼沃·雍仲嘉（གཡུང་དྲུང་རྒྱལ།）等。其流传于南者有鲁雪玛卡（ཀླུ་ཤོད་མ་ཁ།）的才仁扎西（ཚེ་རིང་བཀྲ་ཤིས།）。他传于儿子玛卡·格隆（མ་ཁ་དགེ་སློང་།）等，出现了许多出类拔萃的画师，各地都有其流派。后来这位尊者被邀请至拉卜楞寺绘制大经堂的壁画。杂义·朋措却登请大成就者彼师去他那里，奉献了杂义寺和夏卓的地面，就于该处修建了静修院。尊者派喇嘛朋措去康区邓柯调解了却科官人和他之间的嫌隙。尊者返回故乡之心殷切，想把在热贡用金汁书写的《甘珠尔》大藏经也运到那里去，每四函作为一包外用乌拉皮包裹。但是没有完成心愿。此外还修建了八善逝宝塔等以及许多佛像、佛塔并迎请了许多佛经。是一位具有先知，神通无碍，经教的学问也很渊博的学者。

彼师转世的化身洛桑丹达尔（བློ་བཟང་བསྟན་དར།）诞生为赛·洛桑坚赞（བསེ་བློ་བཟང་རྒྱལ་མཚན།）的儿子，属相火羊（公元1727年，清雍正五年，丁未），比第二世嘉木样怙主尊者长一岁，由叶什群俄仁巴认定为丹仓转世的化身，于其座前出家，迎至本寺静修院中坐床，入拉卜楞寺经院中学习。二十一岁，火兔年，即丁卯岁圆寂。

他转世的化身阿旺洛桑丹贝坚赞（ངག་དབང་བློ་བཟང་བསྟན་པའི་རྒྱལ་མཚན།），于其二十岁时，赴上佐格（མདོ་དགེ་སྟོད།）等处募化，赴西藏卫地，在第七世达赖喇嘛噶桑嘉措座前受近圆戒，被授予“额尔德尼堪布”的名号，并颁赐文书受到褒扬。承侍嘉木样第二世怙主尊者、额尔底·洛桑丹贝坚赞（ཨེ་རྟེ་བློ་བཟང་བསྟན་པའི་རྒྱལ་མཚན།）、色拉寺阿阇黎、塔尔木其·洛桑东珠（ཐར་མི་ཆེ་བློ་བཟང་དོན་གྲུབ།）、塘乃亥（ཐང་ནག）阿阇黎等师请求了许多经法。每年参加于春托（ཁྲིམ་ཐག）举行的修持玛尼宝瓶法会。完波塘地方奉献了地址，彼师和塔尔木其两人在该地修建了噶丹谢珠林寺（དགའ་ལྡན་བཤད་སྒྲུབ་གླིང་།兜率讲修洲），建立了显乘的讲闻制度。土猪年（己亥）将寺院奉献于怙主尊者，该寺成为一座戒行谨严的清净道场。迎赎老持律师转世的化身杜哇夏仲（འདུལ་བ་ཞབས་དྲུང་།）吉美洛哲嘉措（འཇིགས་མེད་བློ་གྲོས་རྒྱ་མཚོ།），将静修院连同庄园交付于他，并向怙主尊者恳切地嘱托后，于土猴年，即戊申岁（公元1788年，清乾隆五十三年）圆寂，银灵塔供奉在完波塘寺。

彼师转世的化身洛桑克乔（བློ་བཟང་མཁས་མཆོག），由杜哇夏仲迎赎到寺，但由于某种原因，前往隆务大寺，此后历世转世，均在该处出生。

杜哇夏仲创建嘉吉勒扎喜德庆林寺（རྒྱལ་རྗེ་ཁྲོད་བཀྲ་ཤིས་བདེ་ཆེན་གླིང་།）塑造了有二层楼高的弥勒佛大像，彼师自传中有一偈颂说："超荐前世丹玛师，迎请转世者坐床，赎金牛马百余匹，乃我生平最大事。"

著者曾看见过这部著作底稿的纸卷。前面那座静修院已经荒圮，后者由杜哇夏仲转世的化身洛桑索南嘉措（བློ་བཟང་བསོད་ནམས་རྒྱ་མཚོ།）护持。现这座静修院供奉着由旧静修院中移来的内部能依圣物计有：我们的导师当年投身为大象时的肩胛骨，其上有据说由龙树菩萨所造的七世佛像[31]，玛玖拉仲的颅骨，宗喀巴大师的念珠和用过的钵，觉阿阿底峡亲手打泥印制的"噶当宝塔"，班禅第七世丹必尼玛亲手打泥印制的他自己的像，释迦牟尼佛金刚座像，自康定迎请来的青铜无量寿佛像，在这座像前若修持长寿法，会自然降下甘露，受到吐蕃国王达磨（朗达玛）破坏的药师佛像，第一世丹仓的扎玛如鼓，一世丹仓亲手绘画的十六尊者单幅像的印版等。

木多·嘉措端登修建有底琼静修院（དེའུ་ཆུང་རི་ཁྲོད།）和秀夏尔（ཤུག་ཤར།）静修院等，现在均已荒圮，只有遗迹。

※　　　※　　　※

合作寺[32]·格丹却林（གཙོས་དགོན་དགེ་ལྡན་ཆོས་གླིང་།格丹法洲），由拜·喜饶却

登（འབའ་ཞིས་རབ་ཆོས་ལྡན།）创建。彼师是圣·噶登巴亲传弟子，生于甘加的察卡（ཚ་ཁ།），虽被说成为隆务喇嘛玛玛尔（བླ་མ་དམར་དམར།）的转世，但也有人考定这位哲士系隆务玛昂直噶尔仓（རོང་བོ་མར་ནང་བྲག་དཀར་ཚང་།）转世云。曾去西藏卫地学习，成为讲辩超群、没有对手的学者。理法自在者噶让（ཀུ་རིང་།）噶居曾贴出这样的对联："讲者是我，辩者是我，著作者也是我。"对他予以驳斥者就是彼师。取得拉仁巴学位后，有一位白须老头动员他返回多麦，据说这是玛沁山神所化，现在对它还在祭祀云。彼师的父亲前去接他，有黄金一两，他让父亲把黄金布施于萨迦的达勤（བདག་ཆེན།）[33]。彼师供奉霞昂哇（ཞལ་གདང་བ།）为护法。起初在合作东神庙居住，尔时从康洒（ཁང་སར།）得到的释迦牟尼佛像，现在是这个寺院的主要依止的圣像。拉本（ལྷ་འབུམ།）官人从西藏拉萨前来这里，由他作为施主，原先，加喀尔寺（རྒྱ་མཁར་དགོན།）之地有昂索庄园，即在该地修建了怙主殿等，逐渐形成了伽蓝。

彼师转世的化身是阿旺泰乔旺秀（ངག་དབང་ཐེག་མཆོག་དབང་ཕྱུག）。他同合作的噶居乔登（དཀའ་བཅུ་མཆོག་ལྡན།），博拉·图多卜（འབོར་མཐུ་སྟོབས།）、杂义·朋措（ཙ་ཡུས་ཕུན་ཚོགས།）等于木猴年（公元1704年，清康熙四十三年，甲申）一起前赴西藏卫地，叩请一切知嘉木样大师驾临多麦，并承担新建寺院的施主。大师于土牛年(公元1709年，清康熙四十八年，己丑)返回家乡时佐仁巴（གཙོས་རམས་པ།）的兄弟、文布拉卜旦食物中毒，由大师进行治疗，予以泻毒，即告痊愈。第二年，铁虎岁，被迎请至加喀尔寺，入座之时，即令两名格西进行磋朗会辩，缘起会合佳妙。喇嘛和官员人等意愿一致地将寺院献于大师，当即予以接受。动员济农王，于一天之中为之安排了五十名僧源。此后，第二世嘉木样和德赤仁波切二人告诉亲王丹津旺舒克和福晋额尔克夏拉（ཨ་ཀེ་ཤ་ར།）说：

"赤钦坚赞森格（ཁྲི་ཆེན་རྒྱལ་མཚན་སེང་གེ），是一切知大师弟子中四大赤钦之一，位于当年在拉萨觉阿释尊像前发愿向北方地区护持圣教者之列，应把他敦请前来！"

由于亲王和福晋接受了要求，火兔年（公元1747年，清乾隆十二年，丁卯），动身返回多麦，到了拉卜楞寺，虽然热情地准备担任怙主尊者的雍增经师，但在大经堂排座时，没有被请坐于前世一切知大师的宝座之上，心中不高兴，如此等等的原因，缘起略受损坏。由拉让和亲王府供施双方协商后报告彼师，于第十三胜生之第三年土蛇年，即己巳岁（公元1749年，清乾隆十四年），在这座寺院建立讲辩制度，至今木牛年，即乙丑岁（公元1865年，清同治四年），已历一百一十七年矣。亲王府任命白日（འབའ་རི།）阿阇黎图多嘉措（མཐུ་སྟོབས་རྒྱ་མཚོ།）为最初的讲辩师。这位讲辩师生于西仓白日（ཤིས་ཚང་འབའ་རི།）家族，在上密院僧木多·嘉措端登（སྨུ་ཏོ་རྒྱ་མཚོ་དོན་ལྡན།）座前出家为僧，入拉卜楞寺经院一直学习到《俱舍论》学级。在赤干座前聆听《集类学》的教程，并参加考试，记有学习笔记，在该寺雕有印版。可能是从辅导师外尔格（བེར་དགེ）《集类学笔记》（有五百页）中摘要成书。据说有一次，赤仁波切[34]从经院向外行时，吐了一口痰。当时，两个学级的僧众争相拥挤，彼师于人群空隙中抢到手后吞了下去，自此以后智慧突增云。去西藏卫地后重新学习，取得了格西学位。又进入上密院钻研密乘，向当贡·朋措嘉措（གདོང་གོང་ཕུན་ཚོགས་རྒྱ་མཚོ།）求教供修北合泽（བེག་ཙེ།）护法的实践仪轨。充任赤坚森（ཁྲི་རྒྱན་སེང་།）[35]返回多麦时的随从，在西仓及佐格玛尔库宁（མཛོད་དགེ་མར་ཁུ་ཉིན།）两处，修建了山间静修院。曾讲传《菩提道次第广论》多遍。从前，彼师的师傅阿阇黎强巴（བྱམས་པ།）仁波切讲传《菩提道次第广论》时，对于宁玛派之见，曾大加破斥，教诫道：“你们不要害怕他们会‘放咒’，我有称为菩提心的坚固堡垒，有称为正确之见的坚固堡垒。”

彼师即遵照师长的教导，按师长的讲授的神态进行讲传。有一次，在讲法行列中见有拉卜楞寺的僧人名叫凑格（ཚིག་དགེ།）者，曾说“因不成立”云。著作有《五蕴品类属著》。八十岁，木马年（公元1774年，清乾隆三十九年，甲午），于生起次第之破灭转为法身之路证中示寂。彼师转世的化身嘉样喜年，亦称嘉样噶委喜年（འཇམ་དབྱངས་དཀའ་བའི་བཤེས་གཉེན།），诞生于佐格茹多玛（ཙ་སྟོད་མ།），属土狗相（公元1778年，清乾隆四十三年，戊戌），入拉卜楞大寺拜喀加·达尔济（ཀ་བྱའི་དར་རྒྱས།）为师，学习经论。但由于在赛仓活佛座前求了近圆戒，缘起遭到损失云[36]。总而言之，彼师行止完全按修道者要求，于六十九岁的火马年圆寂（公元1846年，清道光二十六年，丙午）。现在仍有转世系统。

其次，依次委任赛卡·索南嘉措（གསེར་ཁ་བསོད་ནམས་རྒྱ་མཚོ།）、阿坝·曲群嘉措（ཛ་བ་ཆོས་སྐྱོང་རྒྱ་མཚོ།）、然降巴阿丹增（རབ་འབྱམས་པ་ངག་དབང་བསྟན་འཛིན།）、恰格活佛洛桑扎喜（བློ་བཟང་བཀྲ་ཤིས།）等主持讲闻。阿坝·郭托曾长时居于该寺进行经论的讲授。拉卜楞大寺的密宗学院于每年中期学期前来该寺，在密宗院学习的多仁巴等在此进行立宗并考取学位，显密两乘的讲闻非常兴盛。但由于福德不佳，水龙年，即壬辰岁（公元1772年，清乾隆三十七年），兴起战祸，拆毁了尊者[37]的寝宫，该寺的僧人扎喜嘉措（བཀྲ་ཤིས་རྒྱ་མཚོ།）等随心所欲地自行委任法台。火鸡年，即丁酉岁（公元1777年，清乾隆四十二年），仍如前规定把寺院归大拉让和亲王府管理[38]。自这一年起，委任于第一次在该寺进行多仁巴立宗讲辩者阿柔年智（ཨ་རིག་སྙན་གྲགས།）、斗合仁活佛（སྟག་རིང་སྤྲུལ་སྐྱེས།）、察尔察阿阇黎程列丹增(ཚར་ཚ་དཔོན་སློབ་འཕྲིན་ལས་བསྟན་འཛིན།)、松替（སུམ་མཐིལ།）多仁巴·贡乔隆珠（དཀོན་མཆོག་ལྷུན་གྲུབ།）等为法台。在从前战争时期，有人向怙主尊者建议说："和加喀尔寺和好干什么？还需要给他们修盖经堂，除了添麻烦而外，什么也得不到呀！"

尊者说道："那是一座很好的山谷，想派去一位法台主持讲闻，看能不能做出一些好事来。"

这种传说，著者曾真实地听到过。关于这种情况，有关的各方应该予以理解为是。

尊者曾多次亲去该寺，尽量给他们讲经说法，并发放斋僧茶、布施、公积金以及修建经堂的大批经费。合作官人和部下不和，尊者又把这种内部的矛盾予以调和。赤珠洛桑坚赞森格被认为桑木察仁波切的化身，双方发生争执之时，尊者又负责为之认定，使取得了前世的化身之身份，如此等等，一生护持该寺，关怀备至，无与伦比。

赤钦仁波切化身洛桑坚赞森格（བློ་བཟང་རྒྱལ་མཚན་སེང་གེ），于火牛年，即丁丑岁（公元1757年，清乾隆二十三年）诞生为春托（ཁྲིམ་ཐོག）地方的仲哇·吉贺保贤（དྲུང་བ་ལྷུགས་པོ་བྱམས།）之子。忆念前世的行止甚为明显，被认定为前世赤钦的化身。七岁时，拉摩寺·噶登谢珠林（ལྷ་མོའི་དགོན་དགའ་ལྡན་བཤད་སྒྲུབ་གླིང་།兜率讲修洲）迎请坐床。在阿坝·却郡嘉措座前披剃出家。由洛藏推桑（བློ་བཟང་ཐོས་བསམས།）教授诵读，在拉摩宁（ལྷ་མོ་ཉིན།）阿阇黎·克珠嘉措（མཁས་གྲུབ་རྒྱ་མཚོ།）座前受沙弥戒，并受大威德十三本尊法灌顶等许多经法。安排了经教的侍读，听学《集类学》，附带地学习历算、数术、《三十颂》、《音势论》、《声明学》等，都登峰造极。以一万多两白银修建了大经堂，班禅第六世贝丹耶喜前赴内地，驻锡于曲弥梅隆喀（ཆུ་མིག་མི་ལོང་ཁ།）时，在其座前受近圆戒。请求了《圣道三要》的疏解秘教敕。水虎年,即壬寅岁（公元1782年，清乾隆四十七年），在西藏卫地，朝礼第八世达赖喇嘛降贝嘉措。和擦多诺们汗心意极为相投，被各方面予以引导扶持。入哲蚌寺郭莽扎仓经院学习，每日从不间断地以读十三页的速度熟背《般若》第一品、第三品、第四品，《了义与不了义辨析广释》《金鬘疏》《善缘开眼大纲》等，向郭莽扎仓霍尔噶桑额珠阿阇黎（དཔོན་སློབ་ཏོར་སྐལ་བཟང་དངོས་གྲུབ།）、陈（ཁྲིམས།）班智达索南扎喜两师处请求讲授经论和解决疑难，学习了大量的经论。水兔年，即癸卯岁（公元1783年，清乾隆四十八年），请第八世达赖赴大祈愿法会。向雍增耶喜坚赞（ཡེ་ཤེས་རྒྱལ་མཚན།）、隆多喇嘛、帕邦喀巴嘉措塔耶（པ་བོང་ཁ་པ་རྒྱ་མཚོ་མཐའ་ཡས།）、尼塘·阿旺敦珠（ཉི་ཐང་ངག་དབང་དོན་གྲུབ།）、夏孜堪布洛桑金巴（ཤར་རྗེ་མཁན་པོ་བློ་བཟང་སྦྱིན་པ།）等师处听闻了许多法统。水猴年，即壬申岁（公元1812年，清嘉庆十七年），返回多麦之际，被达赖喇嘛授予显扬噶丹圣教额尔德尼班智达（དགའ་ལྡན་བསྟན་པའི་གསལ་བྱེད་ཨེ་རྟེ་ནི་པཎྜི་ཏ།）

名号，并予以与此相适应的褒扬。

彼师在拉卜楞寺对大会众讲授《菩提道次第广论》的疏解和教敕，授大威德十三本尊法灌顶等。先后两次前去内地、蒙古，又一次前去拉萨，向嘉赛活佛请求了一些极其缺少的经法传统。先前曾于曲弥噶布（ཆུ་མིག་དཀར་པོ།）修建了一座寺院，此后由于形势的需要，来到这座寺院，作为居住的中心。第二次去内地、蒙古后，供献白银许多万两，修建金铜铸造的高大善妙的阿弥陀佛为主佛的大金瓦寺（གསེར་ཁང་ཆེན་མོ།）、释尊殿、千佛阁、印刷院等能依与所依。随时配合需要讲传经法，经常督促，管理寺规，收效颇大。曾任隆务大寺的堪布，并在曲藏寺、拉加寺，拉摩宁和拉摩赛（ལྷ་མོ་སྲིབ།）等处的大小寺院弘扬灌顶、教敕、诀要等法统，教授了许多弟子。九十三岁，土鸡年（公元1849年，清道光二十九年，己酉），藏历八月二十二日，于佐格尼玛（མཛོད་དགེ་ཉི་མ།）谷口的夏徐朗宁（ཤར་སྒྲུབས་གླིང་ཉིན།）圆寂。有著作八函，已雕版印刷行世。彼师是一位讲、辩、著三者和三轮方面卓有贡献的伟大学者，详细的记载备见于彼师自己所写的《传记白昼之光》及其补充之中。

现在这位化身仁波切洛桑坚华丹增森格（བློ་བཟང་འཇམ་དཔལ་བསྟན་འཛིན་སེང་གེ）正足莲高耸，妙行增盛。

此外还有索察阿阇黎（སོག་ཚང་དཔོན་སློབ།）、冬丑活佛（ཏུང་སྤྲུག）等转世系统。

拉本官人虽说来自卫地，主要似乎是老先祖鲁嘉仙（ཀླུ་རྒྱ་ཐམས།）的后裔。拉本的四个儿子是达合拉本（སྟག་ལྷ་འབུམ།）、贡波（མགོན་པོ།）、仁钦本（རིན་ཆེན་འབུམ།）、仁钦嘉措（རིན་ཆེན་རྒྱ་མཚོ།）。后者是称为上下金顶弥勒殿下殿的主人，与此相同，其他三人也各有自己的府邸。

桑丹达吉林（བསམ་གཏན་དར་རྒྱས་གླིང་།）或称为桑达尔林（བསམ་དར་གླིང་།）被人们讹称为赞德噶尔寺（ཙམ་ཏིར་སྒར།）。那合干（ནག་ཀན།）官人卜美（འདུ་མེད།）在行窃时被拉丹文布捉住，因此事，他害怕拉丹夏仲（ལྷ་བརྟན་ཞབས་དྲུང་།）进行诅诛，乃将寺院奉献，由拉丹夏仲和拉丹然绛巴·阿旺年智（ངག་དབང་སྙན་

གྲགས།）二人护持。后者是拉卜楞寺老僧，他就把寺院转献于嘉木样，由拉丹夏仲转世的活佛阿旺丹增程列（ངག་དབང་བསྟན་འཛིན་འཕྲིན་ལས།）持护了五十年之久。其间一段时间内，和拉丹噶居转世的活佛两人不和，由圣·大甘珠尔·贡却华增调解，命令寺院归夏仲转世的活佛。但是，他圆寂后没有再转世，寺院荒芜破落。

冬丑静修院。色拉寺阿阇黎洛桑尼玛（བློ་བཟང་ཉི་མ།）被上师强巴（བྱམས་པ།）赐予释迦牟尼佛像一尊，说道：“独居修持，善行将增进。”彼师遵照怙主尊者的教令，修建了这座静修院。一切知传中作热紫新寺（རིས་རྫི་དགོན་གསར།），系笔误。阿阇黎在这寺曾长期居住，对冬丑贡玛（དུང་ཕྱུར་གོང་མ།）等众多求学者，广传经法。现在由色拉活佛吉美嘉措（འཇིགས་མེད་རྒྱ་མཚོ།）护持。

热紫新寺，由外日·图多嘉措（བེ་རི་མཐུ་སྟོབས་རྒྱ་མཚོ།）修建，依次由前一世冬丑智化森格（གྲགས་པ་སེང་གེ）及其转世的化身贡乔嘉样智化（དཀོན་མཆོག་འཇམ་དབྱངས་གྲགས་པ།）二人先后护持，后者在贡塘·嘉贝样座前受近圆戒。

乔典夏尔寺·噶丹扎喜拉吉林（མཆོད་རྟེན་ཤར་དགའ་ལྡན་བཀྲ་ཤིས་རབ་རྒྱས་གླིང་།），由哲蚌寺募化师博巴曲结（བོད་པ་ཆོས་རྗེ།）修建，伍合察喇干（བག་ཚ་བླ་ཀན།）一生护持这寺。郭宗（སྒོ་རྫོང་།）官人的后裔然降巴丹津（བསྟན་སྐྱོང་།）把土地和百姓作为郭莽扎仓的供养费用，一并献于该寺。为了不使寺院受到侵害和发生矛盾，第五世班禅罗桑耶喜曾于铁狗年（公元1699年，清康熙三十八年，己卯）颁发保护的文书。一段时间内，由郭莽扎仓予以扶持，派僧官进行管理。后来，第二世一切知嘉木样前赴卫地时，按照郭莽扎仓的意愿，将土地和百姓代为管理，奉送了公积基金和二十秤白银。自此以后，就把这座寺院和其庄园作为拉让哨所属，先后派翁则师嘉仁巴（རྒྱ་རམས་པ།）、玛喀·阿旺丹增（མ་ཁ་ངག་དབང་བསྟན་འཛིན།）、唐噶尔·却群（ཐང་དཀར་ཆོས་སྐྱོང་།）、玛喀·乔登(མ་ཁ་ཆོས་ལྡན།)等为喇嘛兼管家。前一世智观巴（བྲག་དགོན་པ།）的文布洛桑图多（བློ་བཟང་མཐུ་སྟོབས།）等僧俗大家请求第三世一切知嘉木样派出辅导师重新学习《大日如来经》韵律、腔调等，并请整顿纪律，拟定寺规，建立法台的任免制度。委任塔尔穆其活佛（ཐར་མི་ཆེའི་ཡང་སྤྲུལ།）为法台。自此以后，直至现在由这一系统的历世喇嘛不间断地进行护持。在大会堂中建立讽诵《佛说文殊师利一百八名梵赞》的制度，依粉彩画规进行时轮、密集、大威德、大日如来等修供仪轨，三事实践洁净。有才参巴·丹巴嘉措（ཚེ་གཚམས་པ་བསྟན་པ་རྒྱ་མཚོ།）兴修的极为神奇的不动尊佛殿，郭莽扎仓派遣的历任代理人员居住的府邸中有具有加持力的怙主塑像，当年和加喀尔寺械斗时，显示出像上哈达自动飘扬，大鼓自动发声等征兆，现在仍显示神奇预兆，如佛像前供奉的施食上若不发生丝状物时，当年的庄稼不会有好收成。

那卜禅院（ན་བུག་སྒོམ་ཁང་།）。圣·噶登嘉措及弟子香趣木拉（ཞང་ཚུབ་མི་ལ།）二人曾在此长时期居住，有许多极为清晰的显示各种树叶的圣石，人们流传着这里是空行的圣地，有些传记中也有此说。喇嘛们说从这处圣地的名字和地势等考察，似可以说同二十四圣地中的郭萨拉（ཀོ་ས་ལ།）完全相同。当年，拜·活佛阿旺泰乔旺秀（འབའི་སྤྲུ་སྐྱེས་ངག་དབང་ཐེག་མཆོག་དབང་ཕྱུག）[39] 把加喀尔寺献于一切知嘉木样大师后，彼师就于这里修了一座寝室住了下来，也被称为拜赤巴（འབའི་ཁྲི་པ།）。彼师诞生地是南木拉，据说是巴沽拉尊者（བ་ཀུ་ལ།）的化身，有风息瑜伽的神通，在入定时能飞行于虚空，他修持的本尊为语化度母。向拉卜楞寺赤干请求后，派密宗院阿阇黎华热巴阿旺华丹（དཔལ་རེ་པ་ངག་དབང་དཔལ་ལྡན།）和彼师两人于水龙年（公元1712年，清康熙五十一年，壬辰）建立密宗院。第一世一切知大师赴加喀噶尔寺时，营帐中的书籍被狂风卷走，其中《现观庄严论明义释》和《四家合注》两书有两页丢失了，让大伙努力寻找。于找得前书一页的地址建修了加喀噶尔寺的经院，后一部书的一页就在这儿找到。于是分别授记说："将有显密二乘的讲辩兴起于此。"此后落实了这项愿望。彼师被乌厄盖王尊为上师，在新建密宗学院时提供了顺缘，并于铁牛年（公元1721年，清康熙六十年，辛丑）发给各色人等必须尊崇这座寺院的文书以及任为西勒图达尔汗曲结的委任状等。这座寺院供奉着绘有圣·宗喀巴大师生平的用锦缎装帧的“八十宗喀”画卷两套，有用银汁书写的《丹珠尔》大藏经和迎请的木版印刷的《甘珠尔》大藏经各一部，以及让尼泊尔金工铸造的金铜弥勒佛像等。彼师手头富裕，自甘加的赛钦（གསེར་ཆེན།）至苏柔（སུག་རུ།）一带，都归其所属，骑乘马匹等放牧于南卡琼徐（ནམ་མཁའ་ཁྱུང་ཤུར།）、闹卜洋连（ནོར་བུ་གཡུང་ལེ།）、恰甘德吉（ཆ་གན་བདེ་སྐྱིད།）等处。据说现在还有称为拜喇嘛黑痣的遗址和喀尔松城（མཁས་ཟང་།）遗墟等刻在石上，可以参观云。有一次，寝宫上方的悬崖裂开，彼师说：“今天晚上将要坠下。”果然，如他所说，坠于寝宫中楼彼师居住的院中。天亮后，用袈裟一拂散为粉末，令收拾到外边去。院内出现了许多黑白色的蛇，进行护摩烧祭，说：“我就是为了这事住在这儿的。”

前往超荐香趣木拉圆寂的那个地方，作了关于未来的指示，事后一一出现。在后山之上修建了禅房。当铺展卧具时，手抓在岩石上好像插入泥巴似的而留下了痕迹。享寿九十四岁，示寂之际，将水瓶的柏木盖插于地中，说道：

“它繁盛之时，转世不会中断。”果然，不可思议地长出了一株柏树，但在加喀尔寺战乱之时，竟被砍断了。彼师曾说：“把肉身留下装塔，寺院和昂欠将会兴旺。”但是，文布没有照办，致缘起受损。为了补偿这损失，塑造了一座以彼师用过的马鞍等用具为内藏的像。

彼师转世的化身吉美智化（འཇིགས་མེད་གྲགས་པ།），诞生于那卜（སྣ་དུག）部落的拜·鲁高仓（འབེ་བླུ་གོ་ཚང་།）。在拉卜楞寺拜喀加·达尔吉（ཁ་གྱུའི་དར་རྒྱས།）大善知识为师，学习经论。苟什德丹贝坚赞（ཀི་རྟེ་བསྟན་པའི་རྒྱལ་མཚན།）授记说：“他和隆桑宦琼（ལུང་བཟང་དཔོན་ཆུང་།）两人是隆务吉乃亥巴（ལྷགས་ནག་པ།）的弟子却吉森格（ཆོས་ཀྱི་སེང་གེ）和衮桑森格（ཀུན་བཟང་སེང་གེ）的转世”云。但也流传着他是察向丹丑向玛尔（ཚ་ཞང་འདམ་སྤྱུག་ཞང་དམར།）和杂义活佛丹丑祁拉卡且（འདམ་

སྨུག་ཁྲི་ལ་ཁ་ཆེ།）的转世云。曾任苟什德密宗学院的法台，于火兔年，即丁卯年（公元1747年，清乾隆十二年）示寂。转世的化身就是贡乔丹贝华桑（དཀོན་མཆོག་བསྟན་པའི་དཔལ་བཟང་།），他三十七岁的水兔年，即癸卯岁（公元1783年，清乾隆四十八年），由于外缘，寺院衰败下去。于土羊年，即己未岁（公元1799年，清嘉庆四年）于扎底塘（ཟ་ཏྲིའི་ཐང་།）修建了现在的这座寺院。先前，当旧日的寺院被鬼魅侵扰时，曾报告贡塘·嘉贝样，指示说：

“用经忏法事难以回遮，把寺院迁移为佳。迁移的地址以扎底塘最好！”

乃请贡塘殊胜化身仁波切·贡乔丹贝嘉措（དཀོན་མཆོག་བསྟན་པའི་རྒྱ་མཚོ།）按续部经中所说，进行地址的察看、占卜及乞地仪轨。由曲宗活佛负责新修经堂、寝宫和嘉木样尊者的拉让等。经堂大殿顶上安置金铜合制的胜幢一对和宝瓶、雌雄鹿等。殿内塑造三尺高的嘉木样协巴大师像、二尺高的第二世一切知和第三世一切知两位尊者的像，以及其他本生像、圣·阿莽道扎的像、一尺高的八药师如来的像、七尺高的千手千眼大悲观世音像。寝宫中塑造一尺高的二十一度母像、密宗事部三怙主像、长寿佛三尊像等许多佛像，都是用黄金和铜合铸的。从卓尼迎请《甘珠尔》大藏经，并设置了许多装饰殿柱的柱包等供品和用具。给大吉哇、禁食斋戒和夏令安居等提供洮州地区通用的七百多串制钱，奠定了政教的基础。由拉卜楞寺派阿阇黎按照下密院的规章，进行讲闻的护持。珍贵的所依圣像有据称为世尊能仁亲自为之开光的一百零八尊度母佛像之一的语化绿度母像、散发着戒香的世尊像及马头明王的两柄神橛，据说是当年癸卯事变[40]时，飞来这里的云。从前，亲王府曾指定多噶尔科（རྡོ་དཀར་ཁོག）、华嘉才尔（དཔལ་རྒྱ་མཚེར།）、肖芒戎（ཤོམ་རོང་།）、那卜（སྣ་དུག）等部落为这座禅院承担供养的费用，并发有文书，它们和曲宗（ཆོས་རྫོང་།）七庄共同供奉这座禅院。

泽托静修院（ཚེ་ཐོག་རི་ཁྲོད།）。

佐格噶尔宁寺扎西却派林（མཛོད་དགེ་སྐར་རྙིང་བཀྲ་ཤིས་ཆོས་འཕེལ་གླིང་། 吉祥兴法洲）[41]。这座寺院在一段时间内曾作为五个部落（ཚོག་པ་ལྔ།）的总寺。

佐格五部落，原系上佐格（མཛོད་དགེ་སྟོད།）官人洛哲桑（བློ་གྲོས་བཟང་།）的后裔迁来这里。经过几代之后，有松塔尔（གཟུངས་ཐར།）者，生有五个儿子，繁衍成为五个部落。由历世达温作总喇嘛。铁虎年，即庚寅岁（公元1710年，清康熙四十九年）第一世一切知大师前来加喀尔时，该处的喇嘛和官人等都来到座前，报告了他们的本康（འབུམ་ཁང་།）地方有座朗沃山（རི་གླིང་པོ།），拟在该处修建一座寺院。一切知大师派佐格活佛前去该地察看地形。彼师在该地上上下下踏看一番之后，报告说：

“该处只能容纳一千只羊和一百匹马，超过此数难以承载。玛库宁（མར་ཁུའི་ཉིན།玛库的阳山）的地势，像位于八狮子之座，有修建聚齐僧伽千人之寺院的地址，在草场后山，有八对黄金柱之相，若在该地形成村落则甚佳妙。本康的朗日山，若看作是大象之形，则象鼻已经垂下来了，需要向上扶起，似乎是羯磨之山，作为寺址恐不吉利。”

尔时，这一带大半是济农王所属的区域，为了避免给新修的拉卜楞寺承担僧差，佐格八位噶仁巴向恰格阿阇黎请求说“要在本地区修建一座寺院”，请他转告一切知大师。经过彼师再三地恳求，一切知大师不悦地斥责说：“我在西藏卫地声华籍甚，在此也是声华籍甚。”

略略斥责之后，将寺扯予以考虑，让上首弟子恰格阿阇黎前去建寺。阿阇黎还向一切知大师请求了寺规。经达温·楚臣森格（ཏཱ་དཔོན་ཚུལ་ཁྲིམས་སེང་གེ）、八位噶仁巴和地方官人、头目等在文书上各捺上指印后，将寺院献于一切知大师，并请撰写颂佛赞文。赐以《四佛赞》，启殿门颂《童子之时颂》。供北合泽为护法神，甚为严厉。后来，第二世嘉木样怙主尊者于铁龙年（公元1760年，清乾隆二十五年，庚辰），前赴该寺，授大威德十三尊的灌顶并提供经费，建立不动尊九佛的仪轨。给寺院的执事和五部落的官人等说：

“这座寺院虽具有有利条件，和便于僧伽聚集，但是没有讲闻经法的场所，似不佳妙，应该修建一座密宗院。”

大伙儿接受了这个指示。怙主尊者并察看了修建密乘经堂的新址，提供了所需要的大量顺缘。于是妥善地集聚了僧众，建立了和下密院规程相同的密宗学院。水马年（公元1762年，清乾隆二十七年，壬午）订立寺院清规《澄水宝珠鬘》。火羊年，即丁未岁（公元1787年，清乾隆五十二年）授密集和胜乐的内外灌顶。以政教二规终生护持，使这座寺院成为一切密宗院众所向往之所。但是，由于地方人们的福缘浅薄，听信然绛巴·端约森格（རོན་ཡོད་སེང་གེ）的所作所为，与怙主尊者发生誓言大背离！因此，麦务（དམེ་བོ།）和茹多玛（རུ་སྟོད་མ།）两部落把他们的僧人分离出去另建寺院，其他三个部落的僧侣，则住在这座寺院。

众生怙主八思巴帝师座下有娘温·贡波洛哲（ཉང་དཔོན་མགོན་པོ་བློ་གྲོས།）。贝·喜饶巴尔（དཔལ་ཤེས་རབ་འབར།）、旺官人洛桑楚臣（དབང་དཔོན་པོ་བློ་བཟང་ཚུལ་ཁྲིམས།）、达温波（ཏྲ་དཔོན་པོ།[42]）等四大僧人。达温·仲·仁钦扎（ཏྲ་དཔོན་འབྲུང་རིན་ཆེན་གྲགས།）作为八思巴帝师去西藏后之代表，皇帝对其宠遇一如八思巴。彼师修建了临洮华吉德钦寺（དཔལ་གྱི་སྡེ་ཆེན།）[43]等称为三大寺的寺院。彼师的文布（侄子）仲·泽白多（འབྲུང་མཛེས་པའི་ཏོག），亦称为贡乔仁钦（དཀོན་མཆོག་རིན་ཆེན།）者，被朝廷敕封为“一切教法之主”并赐八思巴文的玉印大小两颗。因大印之上有狮纽，所以直至现在这个系统的僧人名字之中都加有“森格”（狮子）之号。彼师叔侄二人，处于八思巴帝师的时代，执行了对多麦地区的本教令其改宗佛教等等的事务，厥功甚伟。据说后者亦列在四大僧人之中，待考。

仲·贡仁巴[44]在喇嘛贡玛[45]的临洮寺及在西藏卫地所建的德瓦仅寺（བདེ་བ་ཅན།）中建立讲辩制度，彼师的侄子——文布循奴森格（གཞོན་ནུ་སེང་གེ）在捏贡直噶尔查沃（གཞའ་གོང་བྲག་དཀར་ཁ་བོ།）修建寺院。据说聚有僧人万人，持神橛的宁玛派咒师千人，军队十万人云。涌出圣·宗喀巴大师披剃出家时充任羯磨师的循奴绛曲（གཞོན་ནུ་བྱང་ཆུབ།）等高僧多人。彼师的官人[46]达温南喀森格（ཏཱ་དབོན་ནམ་མཁའ་སེང་གེ）前去拉萨，成为宗喀巴大师的亲传弟子。彼师在噶丹寺修建达温康村（ཏཱ་དབོན་ཁམས་ཚན།），盖了公所，他的文布为洛哲森格（བློ་གྲོས་སེང་གེ），其文布为释迦森格（ཤཱཀྱ་སེང་གེ），其文布为云丹森格（ཡོན་ཏན་སེང་གེ），锡热图曲结端约森格（ཤེས་རལ་ཐུ་ཆོས་རྗེ་དོན་ཡོན་སེང་གེ），他在哲蚌寺捐助夏令安居的经费，修建密宗堂，敦请密乘师，并在色拉寺及哲蚌寺修建了达温康村。这个系统还有达温韩仓（ཏཱ་དབོན་ཧན་ཚང།）等等的许多分支。

达温拉尊（ཏཱ་དབོན་ལྷ་བཙུན།）管辖着上下佐格、鲁雪（ཀླུ་ཤོད།洮河下游）等处，也有人说由达温南森（ནམ་སེང་།）[47]管理云。父祖扎沃丹正（ཟ་བོ་རྟ་མགྲིན།）有僧俗儿子五人。其中完第仲·贡乔森格（དྲུང་དཀོན་མཆོག་སེང་གེ）和俗人年本（གཉེན་འབུམ།）二人把达温贡玛泽白多时的诰封公文、四方形水晶印、小印，以及供器自鸣白海螺、褐色玉牛等带到这里。现在这些圣物供在达温府邸之中，据说已历约七十代上师传承云。前面提到的然绛巴·端约森格属于这一部分达温的文布世系之中。他入拉卜楞寺经院钻研全部五部大论，曾向第二世嘉木样怙主尊者请求撰写尊者与白度母无二致的《上师瑜伽颂》和给北合泽护法煨桑的祷文《堪畏寒林母颂》两文。彼师博闻显密二乘经论，遵照怙主尊者的指示，在他们自己的寺院建立密宗学院，负责护持，尽心尽力，是与众不同的上师与弟子关系。但是，到了后来，出现了障碍，使他转变了心意。他奉白度母为本尊，可以随心所欲地如时看见圣容，是一位学问渊博，德行高妙，有学有证的大士夫。七十二岁时，即木猪年（公元1815年，清嘉庆二十年，乙亥）圆寂。尸骨上出现了许多佛像和舍利子，以此作为内藏，修建了灵塔。转世的化身洛桑图丹吉美森格（བློ་བཟང་ཐུབ་བསྟན་འཇིགས་མེད་སེང་གེ），属相水虎（壬辰），现在世。

达温喇嘛根登程列森格（ཏཱ་དབོན་བླ་མ་དགེ་འདུན་འཕྲིན་ལས་སེང་གེ）。赤巴然绛巴·端森[48]的胞弟南结扎喜（རམ་རྒྱལ་བཀྲ་ཤིས།）有三子，彼师是第二个儿子，据说是惹卜察（རེབ་ཚ།）噶居巴·洛桑尼玛（བློ་བཟང་ཉི་མ།）的转生，他于幼小的时候，曾多次说过这话。在达仓拉摩寺（སྟག་ཚང་ལྷ་མོ།）钻研经论曾取得学位。叔叔赤端森圆寂后，彼师住持寺院。以密修马头明王为本尊，吉祥天母如理办理事业。据说曾将一些信仰徒众的前世，予以授记，是一位掌握修证之师云。七十岁时，即铁猪年（公元1851年，清咸丰元年，辛亥）圆寂。彼师转世的化身端珠嘉措（དོན་གྲུབ་རྒྱ་མཚོ།），属相水鼠（公元1852年，清咸丰二年，壬子），和端森的化身活佛住在一处府邸，两人轮流护持寺院。

达温活佛嘉阳却吉森格（ཏཱ་དཔོན་སྤྲུལ་སྐུ་འཇམ་དབྱངས་ཆོས་ཀྱི་སེང་གེ།），曾于一段时间内护理这座寺院。第一世曾任昂欠（达温府邸）下院的戒律师。他转世的化身于二十五岁时逝世。其后就是这位。曾被授记为察科·阿旺智化（ཚ་ཁོ་ངག་དབང་གྲགས་པ།）的转世，彼师自己也承认。自性瑜伽的标记——虎皮裙纹在其身上非常明显。厌弃尘世的繁华，以读经和念修本尊度日。第十四胜生木龙年（公元1844年，清道光二十四年，甲辰）示寂。

俄仁巴多卜丹嘉措（སྔགས་རམས་པ་སྟོབས་ལྡན་རྒྱ་མཚོ།），生于青海蒙古额尔德尼台吉后裔家中，承事塔秀·曲郡嘉措（ཐར་ཤུལ་ཆོས་སྐྱོང་རྒྱ་མཚོ།）和直噶尔俄仁巴·洛桑丹巴拉卜吉（བྲག་དཀར་སྔགས་རམས་པ་བློ་བཟང་བསྟན་པ་རབ་རྒྱས།）二师，接受了显密二乘甚深妙法的教授，又去后藏入扎什伦布寺的密宗院，钻研密咒，取得俄仁巴学位。曾向第五世班禅罗藏耶喜、推林（ཐོས་གླིང་།）阿阇黎贝丹耶喜（དཔལ་ལྡན་ཡེ་ཤེས།）、大密咒师洛桑柔卓（བློ་བཟང་རིག་གྲོལ།）、第一世一切知嘉木样协巴等座前，聆听了无数的教法。并向达尼钦波·衮噶隆珠（ཀུན་དགའ་ལྷུན་གྲུབ།）学习了萨迦《十三金法》以及四面怙主教法等诸法，后奉献于赤钦根登朋措，又从赤钦聆听了许多经法。班禅仁波切赐予法王的面具、杖、索，命令他在多麦地区弘扬密乘教法。彼师回到家乡后，被青海蒙古的大多数蒙旗的官员尊为喇嘛。被噶尔丹博肖克图（དགའ་ལྡན་བོ་ཤོག་ཐུ།）[49]敦请前去，尊为他儿子丹津（བསྟན་སྐྱོང་།）的上师，青海蒙古叛乱时，他前去西宁，在那里每天不间断地念修六十施食法。由于和丹津[50]是供施关系，许多向衙门申述情况的文书，又是彼师的手笔，被官方获悉后，准备给予重大的处分。当被拘留的人们被一前一后押赴官员面前时，有一位汉族人士拉住彼师之手说道："你往这儿去！"将他推向一座门内，遂由此来到了城外。说明这是护法公开显灵承办事业。后流落到卓尼，受到土司玛索贡波（དམག་ཟོར་མགོན་པོ།）的尊崇，曾长期居住在鲁日直果山岩（ཀླུ་རི་བྲག་མགོ）之上，大转法轮。和茹多玛（ཙ་སྟོད་མ།）部落官人才旺贡布（ཚེ་དབང་མགོན་པོ།）结成供施关系，在该地苏柔顶（ཟུ་ཙ་ག་སྟེང་།）搭起帐房作为寺院，住在那儿。尔时噶尔宁寺（སྣར་སྙིང་།）[51]是五部落的总寺，乃在该寺修建了寝宫。在拉卜楞寺向第二世一切知嘉木样和圣·仓赛杰贝多吉（རྗེ་ཚངས་སྲས་དགྱེས་པའི་རྡོ་རྗེ།）二人及广大会众讲传了许多经法。在该寺曾先后建立怙主施食法两次，当抛掷施食之时，满天黑云密布，电光下射，霹雳猛降，据说是威猛诛法事业完成征兆云。念诵ཧི་རྡུ密咒两亿四百万遍，ཀ་ལ་རྡུག།密咒一亿遍。举行念修六字明真言丹丸法会一百二十五次。在十二胜生的木牛年（公元1745年，清乾隆十年，乙丑）又在这个寺院建立念修六字真言的玛尼丹丸会，并撰写了念修丹丸的仪轨颂《白莲妙鬘》，从此以后，直到现在，共念诵六字真言将满八十亿之数。于转向逝于法身之路证中，示寂于这座寺院，灵塔供奉在寝宫之内。

彼师转世的化身，诞生于喀加的巴义仓（སྦ་ཡུས་ཚང་།），前赴青海蒙古与前一世亲属建立了供施联系，据说在哈尔盖（ཧ་ལ་གེ）[52]地区，直至现在还有几家亲属云。在返回佐格之际，于拔泽药水泉（བྲ་ཙི་སྨན་ཆུ།）示寂，享年近三十岁。他转世的化身嘉样贤巴嘉措（འཇམ་དབྱངས་བྱམས་པ་རྒྱ་མཚོ།），于十三胜生的铁狗年（公元1790年，清乾隆五十五年，庚戌）生于冈察之那亥果（ནགས་མགོ）家族中，在恰苟静修院（ཚག་གི་རི་ཁྲོད།）的杜增图丹巴（འདུལ་འཛིན་ཐུབ་བསྟན་པ།）座前，学习文字及诵读并钻研《菩提道次第论》等；在第三世嘉木样遍照尊者、贡塘·嘉贝样、恩师阿莽道扎等师座前，聆听了许多经教；在甘珠尔巴·贡乔华增尊者座前聆听讲传的《甘珠尔》大藏经和《圣·宗喀巴全集》等教敕；在赤珠洛桑坚森瓦（ཁྲི་སྤྲུལ་བློ་བཟང་རྒྱན་སེང་བ།）座前聆听《弥多罗》等许多经法的一般传授和单独传授的灌顶等；在措喀巴·贡乔群培（མཚོ་བ་པ་དཀོན་མཆོག་ཆོས་འཕེལ།）座前聆听《菩提道次第广论》的疏解和教敕，并在彼师的兄弟洛桑丹巴嘉措（བློ་བཟང་བསྟན་པ་རྒྱ་མཚོ།）座前聆听《菩提道次精要》的指引等。曾弘扬一些教敕和随许的法统，于五十五岁的木龙年，即甲辰岁（公元1844年，清道光二十四年）圆寂。

转世的化身贡乔多卜丹嘉措（དཀོན་མཆོག་སྟོབས་ལྡན་རྒྱ་མཚོ།），属相火羊（丁未），按前一世的遗嘱，入拉卜楞寺经院学习显密，现任这座寺[53]的堪布，护持历任阿阇黎的事业传统。

前一世蒂热（ཏེའུ་རིས།）原是惹卜察（རེབ་ཚོ།）地区人氏。由于机缘前来此地，于蒂热地方潜心静修，因而被称为蒂热仓。现在的这位转世活佛贡乔年智（དཀོན་མཆོག་སྙན་གྲགས།），亲近大甘珠尔巴贡乔华增尊者，被传授了许多经法，接受了全部学处。其次，在以遍照尊者师徒为首的许多哲士处聆听了显密二乘的许多经法，正积极精进于念修之中。

与这座寺院不远之处，原有圣·克珠丹增巴（རྗེ་མཁས་གྲུབ་བསྟན་འཛིན་པ།）长时居住的本康日朝静修院（འབུམ་ཁང་རི་ཁྲོད།）充满着许多身、语、意的圣物。铁猪年（辛亥），有几个心意恶毒的人，捣毁了噶尔宁寺的密宗院[54]，极力迫害这位尊者，使其不能安居，这座静修院也就衰落下去了。茹多玛官人才旺贡布（ཚེ་དབང་མགོན་པོ།）、白玛多吉（པད་མ་རྡོ་རྗེ།）等全部僧俗于心不忍，再三恳求在他们的地区修建一座寺院，暂时没有被接受。在尊者的根本上师喀专昂巴（ཁ་སྒོན་ནང་པ།）等许多哲士们的鼓励下，乃于第十三胜生的火龙年（公元1796年，清嘉庆元年，丙辰）角宿月（藏历三月）望日，举行吉祥长净仪式给寺院奠基，此后逐步扩建，形成现在的这座噶丹丹巴丕吉林寺（དགའ་ལྡན་བསྟན་པ་འཕེལ་རྒྱས་གླིང་།噶丹圣教兴盛洲），新建了佛殿，塑造了佛像，设置了佛塔，迎请了佛经，举凡特殊的满愿设施，内外密的庄严，以及财物的开支等各个方面，极其神奇。木鼠年（公元1804年，清嘉庆九年，甲子），敦请第三世嘉木样献上寺院，订立了永久作为拉让支寺的文约。第二年，彼师转向清净佛土，按所立的遗嘱，迎请恩师阿莽道扎为堪布。于火虎年（丙寅）箕宿月（藏历六月）上弦，举行就职典礼，直至铁虎年（公元1830年，清道光十年，庚寅），共负责任职二十五年。坐夏之际，讲传《菩提道次精要》的教程；经常在大会堂中念诵的经文有《菩提道次第精要》《胜乐、密集仪轨》和《自入法》等，以及关于大日如来、大威德等酬补等经文；长年举行《菩提道次第精要》《供养上师颂》《兜率上师瑜伽颂》等闭关修行，以及本尊、护法等许多佛尊的堪任法事；氐宿月（藏历四月）由三个学级献圣水供祭千次，蓄集供修曼荼罗之数；年终之时，每人诵《白伞盖陀罗尼》三百遍；新年时大会堂僧众一定要每人诵《无所缘大悲颂》十万遍；关于三事的实践等，则配合地方和时间的需要。建立详细的寺纪，并请遍照尊者颁布与此相适应的寺院清规。此后还举行依布绘画规，进行金刚手、大势至大轮的修供仪轨。

拉卜楞寺依次向这座寺院委派住持，护持一切传统使其日益增盛。圣·日朝旺波说：

“若由法座仁波切委派一位格西轮流担任堪布，还有什么可说的！甚至就是派来一条黑狗，我也要尊重他。你们若不这样去做，那就是没有尊重我。”

彼师的这个指示，此后历代人们遵照执行，政教事务正妙集增盛。这座寺院有圣·日朝旺波以四百余两白银绘制的十六尊者绕佛像以及许多本尊画卷，彼师所穿的衣服和许多日常用具散发着芬芳的戒香。还有恩师阿莽道扎捐献六百五十两白银迎请前来的一切知嘉木样的本生像，主像之高度如人身量，眷属等则较主像小一些；尼玛（ཉི་མ།）官人造圣·宗喀巴大师被无垢八大弟子拥绕的木雕像；贡乔桑珠（དཀོན་མཆོག་བསམ་གྲུབ།）比丘捐献的世尊《三十四本生传》及“八十宗喀”画像；帕格（འཕགས་དགེ）捐献的《百本生传》画像；塑师贡乔丹培（དཀོན་མཆོག་བསྟན་འཕེལ།）塑造的胜乐、密集、大威德三本尊、大轮、大日如来等全体圣众海会像。如此等等的或绘画、或塑造的威光熠熠圣像很多。每年藏历四月十五日还有朝礼缎制弥勒佛及内供依止圣物的典礼。如此光明圣洁的传统，正在增盛。这座伽蓝自火龙年（丙辰）兴建起，至木牛年（公元1865年，清同治四年，乙丑），已历七十年矣。

圣·日朝旺波（རྗེ་རི་ཁྲོད་དབང་པོ།）于水猪年（公元1743年，清乾隆八年，癸亥）诞生为佐巴官木巴杰（མཛོད་པ་སྨོན་པ་རྒྱལ།）、珠姆吉（འབྲུག་མོ་སྐྱིད།）二人之子，八岁时出家为僧。从此时起，于何处得到能拜访的所护者处所消息时，当即询问清楚后前去实践。亲近诵读师，学习文字及诵读，即把这位师长作为上师，如仪承事，如此等等洞晓正法奥义的传说很多。学习《三十颂》及《音势论》，精通其奥义。十八岁时，于扎喜曲派林寺朝礼怙主尊者，产生了与众不同的信仰。自此以后，自认为昼夜从未忘记过一切知嘉木样协巴。聆听了尊者所授的大威德十三尊灌顶。二十岁时，在管黎·克珠仁波切(དཀོན་ལི་མཁས་གྲུབ་རིན་པོ་ཆེ།）座前受沙弥戒，并在这位哲士座前闭关静修一年。每天于《菩提道次第精要》之上聆听与之相适应的各种指引，务求有所感受，谨守奉行。主要念诵六字真言，并于结尾时念修大威德。在家乡，于每年的冬季闭关修习，春秋两季则每季闭关一个月，从不间断，如是者多年。有一个时期，在拉卜楞寺朝礼嘉木样怙主尊者，出现了照见上师和圣文殊菩萨并无二致的殊胜征兆。在喀专乃典(ཁ་སྒྲོན་གནས་བརྟན།)、白日阿阇黎（པེ་རི་དཔོན་སློབ།)、智观巴·洛桑喜饶（བྲག་དགོན་པ་བློ་བཟང་ཤེས་རབ།)、本康日朝巴·洛桑金巴（བློ་བཟང་སྦྱིན་པ།）等师座前及在拉卜楞寺于赤钦洛桑年智（ཁྲི་ཆེན་བློ་བཟང་སྙན་གྲགས།）和赤钦索南木（ཁྲི་ཆེན་བསོད་ནམས།）两师等座前聆听了许多甚深妙法。献出大批财物，先后绘制了《三十四本生传》、“八十宗喀”的画卷献于第二世嘉木样怙主尊者。三十四岁时，闭关坐禅一年。自此以后，每年奉献四百多斤酥油作点燃供灯之用，并于好几年之中，彼师偕同其侍从等打泥印造一百万尊文殊菩萨圣像。喀专昂哇（ཁ་སྒོན་ནང་པ།）和智观巴二师各建立弥勒佛像时，彼师作为仆从，供其使役。三十七岁，土猪年（公元1779年，清乾隆四十四年，己亥），在喀专昂哇的座前受近圆戒，并立即在持律师耶希嘉措巴（ཡེ་ཤེས་རྒྱ་མཚོ་པ།）处详细聆听《毗奈耶》的学处和实践。第六世班禅贝丹耶喜前去内地时，这位持律师为了祈祝圣者长寿，打泥印造白度母的圣像几十万尊，并让彼师和其他人员进行大量的延寿法事。怙主尊者新建密宗学院时，彼师充任各方面的侍从仆役。请卓尼的喀外（ཁ་བརྡ།）画师绘制上师传承略传、以及许多本尊、护法的画卷献于密宗学院供奉，现在成为贡萨拉吉林寺（དགོན་གསར་རབ་རྒྱས་གླིང་།）主要依止的圣像。被聘为苟什德殊胜化身仁波切的雍增经师，在彼处传授大威德的念修时，在睡梦中照见上师和本尊并无二致。又梦见一棵大树高耸入云，枝叶繁茂，彼师攀登于树顶之上向四方瞭望，赡部洲的一切全收入眼底。当时他非常强烈地提出了这个愿望："愿圣上师的教法弘传于这些地方！"并想到此事须向圣度母进行祈祷，立即撰写了两首祝告偈文进行颂祷，出现了一些神奇的征兆。

木龙年（公元1784年，清乾隆四十九年，甲辰），怙主尊者前赴西藏卫地，为了祈求平安，彼师用金汁以楷体书写《般若八千颂》，全部满四函，一一用锦缎包裹献于尊者，进行了不可想象的祈祷平安法事。长年有计划地讲传经教，为本乡和外地的大众大量地弘传佛法。按照怙主尊者的指示，负责"为新建的大金瓦殿大弥勒佛像装藏"的一切事务，以大量的财物执行这项任务，完成得清净纯洁，无可比拟。怙主尊者指示说：

"当未来之时，胜者弥勒怙主降临世间的那时，将莅临这所圣地。尔时，我也以上首弟子身份列于眷属之中。弥勒怙主从地下取出这座圣像托于掌中，向众眷属指示说：'这是为了胜者释迦牟尼的圣教，由这位比丘建立的。’”

讲述了许多不可估计的所化都被置于成熟解脱之途的秘密情况，并赐予念修白、青、红三度母尊、金刚手以及白赡巴拉、怙主、法王等护法的经法及其补充。从这时起，在彼师住世期间，为了怙主尊者的大事，常年专门进行三度母尊的护摩，各供献酥油一百斤，护摩木各一驮，各色粮食各一石。特别为红度母的护摩供献铜钱三十串，购买各种药物。又每年从正月初一日开始至四月十五日之间，供献酥油五百斤，专为点燃神灯之用，这些都成为常年的定规。据说作明佛母曾降谕示云。铁猪年（公元1791年，清乾隆五十六年，辛亥）怙主尊者迁转于净土时，灵塔的内藏，即由彼师负责完成，为了祈祷呼毕勒罕迅速降世，造每页需赤金纸千片的《贤劫经》一部及金银汁相间书写的《贤劫经》一部，在拉卜楞寺的鲁杜（ཀླུ་བདུད།龙魔）方向建宝塔一座。当时有这样的传说：“苟什德丹贝坚参（གོ་ཤྲཱི་བསྟན་པའི་རྒྱལ་མཚན།）说：‘嘉木样语所化的化身，就在这里，只是现在不公开现显。’”

众多静修者们认为这就是彼师云。堪钦森达[55]说：

“对我来说，佐格阿喀仓[56]和怙主尊者两人，我认为在自性方面并二致，长时间崇信不渝。”

著者当时曾听到这些说法，确实可以考虑之处颇多。自火龙年起，连年在寺院修建经堂等。有一次彼师前去施工地方，该处有一道门，彼师准备回到那儿去。弟子贤巴报告说：“不能到那儿去，门框之上有一双妇女的靴子。”

彼师伸手把那双靴子取了下来，在头上一绕，说道：“贤巴，这不是象征着我们在轮回之中流转吗！”

我曾听到过这话，这确是需要了解的处所。

六十三岁时圆寂。尔时，曾分别向各有关法缘者们送达遗嘱说：

“不要参拜灵骨，不要修建灵塔，不要找转世化身等，这些都是不需要的，无意义的，绝对不能去作！”

指示把遗体进行天葬，施于鸟类。彼师一生之中，始终遵循实践噶当先师们善妙正行，其意义至为重大。详细情况有文殊上师所著的《传奇妙会启门》（རྟོགས་བརྗོད་ལེགས་ཚོགས་འབྱེད།）和惹卜察甘珠尔哇活佛所编的《明照妙乘善道之日》（ཐེག་མཆོག་ལམ་བཟང་གསལ་བའི་ཉི་མ།）可以详阅。弟子之中有许多高举修持胜幢之师，其中心传弟子贤巴，彼师曾指定为代理人，并予以灌顶。

该寺建有供奉妙高庄严弥勒佛大像、《甘珠尔》大藏经和《丹珠尔》大藏经等许多身、语、意依止圣物的弥勒佛殿；还有嘉木样的拉让“吉祥喜园”、贡塘仓拉让、阿莽仓拉让、多卜丹昂欠等一些府邸。

在智观扎喜拉顶（བྲག་དགོན་བཀྲ་ཤིས་ལྷ་སྡིངས།）有一处由恩师阿莽道扎亲自创建并长时居住的静修院——塔尔瓦林（ཐར་པ་གླིང་།）。

佐格贡萨尔寺·噶丹拉吉林（མཛོད་དགེ་དགོན་སར་དགའ་ལྡན་རབ་རྒྱས་གླིང་།佐格新寺）第十三胜生的土马年（公元1798年，清嘉庆三年，戊午），麦武（དམེ་བོ།）官人贡乔拉丹（དཀོན་མཆོག་རབ་བརྟན།）将寺院地址连同僧源献于大拉让[57]，供施双方为了新建寺院，敦请贡塘·嘉贝样于当年的藏历三月十七日莅临该处，举行吉祥长净、卜勒寺址和乞地等仪轨，并进行划线奠基，建起了寺院。从前向圣·曲吉尼玛请求卜勒寺址时，尊者好像直接观看了这座寺址似的，把该处的地势地形说得非常详细。后来，该处一些僧人前往北部朝圣时，这位尊者问道：

“您们的寺院就是修建在这样的地方吧？我虽没有能够详细地去勘察过，但是，寺院的前面有一条水，或者一潭泥沼，黑乎乎的一片呵。”

前辈官人喜饶桑爷（ཤེས་པོ་ཤེས་རབ་བཟང་།）向前一世一切和大师请求白帐怙主（གུར་དཀར།）煨桑颂时，其中有将僧伽、庄园予以托付之语。指示将来可以照管。当噶尔宁寺（旧寺）的密宗院被捣毁，恶行猖狂的时侯，拿多（ན་ཏོ།）官人程列嘉措（འཕྲིན་ལས་རྒྱ་མཚོ།）召集了一部分人，晚上，大伙儿聚集在经堂之前，他让大伙儿手握门上的铁环，发誓说：“除了嘉木样法座之外，别无他想！”

尔时，贡乔拉丹官人年纪尚幼，他跟在大伙儿的后面去摸铁环。他说：“铁环没有发出声响。”

拿多官人申斥道：“用不着去考虑铁球有没有发出声响！说了的话要兑现！”

把所讲的话变成为现实者，除了这位官人和茹多玛官人二人外，再无他人。圣·日朝旺波也曾对这位官人说：

“听说你为了忏悔罪恶，想写献一部《解脱经》。可是，只要一听嘉木样协巴名号，则不会坠入恶趣。虽然您快要谢世了，但是，只要不把头上的灰帽脱下来，不会有什么过失的。”

该官人遵照彼师所说，一心崇信历世怙主，政教的权势极其增盛。该官人手下的大头目约格古典（གཡོ་དགེ་སྐུ་ཏེན།）巫师于第六世班禅前赴内地之时，前来作怙主尊者的侍从。怙主一上道，他就承办各事，成为赏识的仆役。尔时，有两个匣子，尊者去到哪里都带在身边，晚上要搁在寝帐之中，钥匙由尊者自己带在身上。这个巫师想：“这个匣子之中，似乎有黄金一样贵重的东西。”有一次，尊者把钥匙交给巫师，让他打开匣子，把里面的所有书籍都拿了出来，笑着说：“还有什么？”第二次去西藏时，在一匹奉献来的骏马之上，配备了松石的缇胸，供养于班禅仁波切，请求护佑。事后，尊者把这种情况讲给他听，如此等等，对他很为疼爱。他心中证得“住分”，拥有先知的神通。如在很远的地方，谁喊叫一声“勾”就能听到。成为圣·日朝旺波心爱的弟子，有听闻师长讲传《菩提道次第论》时的笔记，雕成印版行世。由这两个官人和头目为首，带动大众，承担责任，于三年之中顺利地建成了经堂、僧舍等等，由旧密宗院的僧人鲁却丹郡（ཀླུ་ཆོས་བསྟན་སྐྱོང་།）、佐巴耶喜（མཛོད་པ་ཡེ་ཤེས།）等作为基地，召集册上有名的大德们，共二百五十名进行修持。

铁猴年（公元1800年，清嘉庆五年，庚申），遵照贡塘·嘉贝样的意见委任恩师阿莽道扎为堪布。在尊者和嘉贝样师徒等意见一致下，按照下密学院的规程，并按这个地区和时间的具体情况，详细制定了一些规章制度。关于《四家合注》和生起次第、圆满次的等讲闻按密宗学院进行。为了使耳中娴熟《菩提道次第论》《修心》和《律经》的术语，对高一学级轮流地宣讲《菩提道次第论》和《律经》的教程，关于《修心》则依其所宜，作为专题的讲经，依照冬季学期那样，集合于经院让三个学级都得以闻听。关于胜乐、密集、大威德三本尊法的仪轨，自入法的腔调、韵律和手印、怙主、法王法的韵律等则由香占玉勒丹增（ཁྲིད་འདྲེན་ཡུ་ལེ་བསྟན་འཛིན།）和两位尊者教授，再由香占楚臣（ཁྲིད་འདྲེན་ཚུལ་ཁྲིམས།）详细校正。由朋措丹增（ཕུན་ཚོགས་བསྟན་འཛིན།）的徒弟唵却嘉帝（ཨ་མཆོད་རྒྱ་སྡེ།），或叫朋措丹增，或他的徒弟察科扎西教授施线粉彩画规。建立了胜乐、密集、大威德三本尊的修供法，以及各个的护摩的施线实践，立体坛场的修建方式等传统。三事的实践极为细密。定期举行五供节和历世一切知师徒各个逝世忌辰的祭灯，祈愿神变法会、晒大佛法会，以及长年按下密院的规定举行的大施食法、寂静法王的施食修供法、色派的衣叶母的丹丸修持法、护法北合泽（བེག་ཙེ།）的施食修供法，轮流地举行定期的铁城伏魔法的时法和许多时次第，而且与这些措施相配合，制定了寺规。由于大伽蓝拉卜楞寺依次派遣许多阿阇黎、善知识前来，依靠这个恩德，僧侣会众，日形增盛，辅以政教的财富，形成为值得颂扬的大密伽蓝，圣教出处的圣地。

这座寺院有大密乘师宗哲帕（བརྩོན་འགྲུས་འཕགས།）的《怛特罗疏》（རྒྱུད་ཊཱི་ཀ）、塔波（དྭགས་པོ།）的《圆满次第》、圣·喜饶嘉措巴（རྗེ་ཤེས་རབ་རྒྱ་མཚོ་པ།）的笔记等印版。有贡塘·嘉贝样塑造的衣国王服饰的大悲观世音像，以及由贡塘仓和贡乔交接班丹官人两人供养白银七百两作为功德迎请来的约及一楼之高的弥勒圣像等，身、语、意的依止圣物不可数计。以嘉木样法座的拉让为首的府邸等也很多。这座寺院自十三胜生的土马年（戊午）建成，至今木牛岁经六十八年矣。

佐格八位噶仁巴之一，铁吾（ཐེ་བོ།）然绛巴·华丹森格（དཔལ་ལྡན་སེང་གེ）曾在西藏卫地取得学位，在噶尔宁寺修建寝宫，塑造二层楼高的弥勒佛圣像。在查仓静修院（ཁ་ཚང་རི་ཁྲོད།）潜心静修，觉派的瑜伽师在彼师门前下以迁转者，大都有验证。彼师转世的化身是约格鲁且（གཡོ་གེ་ཀླུ་ཆེ།）的阿阇黎洛桑丹增（བློ་བཟང་བསྟན་འཛིན།）的兄弟，名洛桑坚赞（བློ་བཟང་རྒྱལ་མཚན།），享寿六十岁。精研经论，极力学习觉派经法和总摄轮（胜乐）的瑜伽，据说曾被本尊佛度母予以加持云。他转世的化身洛桑丹增（བློ་བཟང་བསྟན་འཛིན།）生于第十三胜生的水兔年（公元1783年，清乾隆四十八年，癸卯），五岁时起，在本康静修院承事圣·克珠丹增（རྗེ་མཁས་གྲུབ་བསྟན་འཛིན།），于土鸡年（己酉）在其座前披剃出家。九岁时，即铁猪年（辛亥），在拉卜楞寺朝礼第二世嘉木样怙主尊者被赐予大批的东西，受到很大的爱抚。在圣·日朝旺波亲授的弟子洛桑坚参（བློ་བཟང་རྒྱལ་མཚན།）的座前学习诸明处，造诣很深。铁猴年（庚申），游学于贡萨拉吉林寺的密宗院，熟悉了仪轨实践等续部事务的教诫，在当时任这座寺院的堪布恩师阿莽道扎座前，聆听了讲传的所有总法和单独分别讲传的诸法，而且终生亲近，事奉不衰。其次还从遍照全知一切尊者、德赤仁波切、前后两世贡塘·嘉贝样、朗·贡乔捷白洛哲（གླིང་དཀོན་མཆོག་དགྱེས་པའི་བློ་གྲོས།）、嘉堪庆、堪钦森达尊者、圣·甘珠尔哇软波贡乔华增、赤钦贡乔旺秀（ཁྲི་ཆེན་དཀོན་མཆོག་དབང་ཕྱུག）等座前聆听许多基深妙法。在圣·日朝旺波的座前，接受了比丘的律仪，把戒律当作眼珠一样护持。从索扎（བསོད་གྲགས།）活佛座前聆听觉派灌顶，积极精进地进行修持。新建寝宫，塑造贡塘·嘉贝样像为所依的主要圣像，像的头部由德赤仁波切亲手塑造。还绘制供奉以三大上师的三幅画卷和觉阿阿底峡、八大如来、三十五尊忏悔佛、十六尊者等画卷为主的许多身、语、意的依止圣物。雕刻了贡塘仁波切的传记《光明法螺音韵》，大金瓦寺弥勒佛殿的寺志《登大菩提解脱之梯》《约格菩提道次第论笔记》《噶丹正教燃炽颂》等经籍的印版。有一次，当在山间静修院静修时，对比丘克珠说道：“您到寺院去向怙主殿奉献哈达，请求护佑。”

就把他打发前去。第二天，寝宫虽遭受了雷击，但房屋和内部供奉的圣物以及器具等等没有受到任何损失。有一次，主仆几个人正在路上行走，彼师突然说：“你们坐下，把帽子转过来，使口朝上，待在那儿。”又说道：“一会儿，将发生凶曜的灾害。”这时有一头犏雌牛猛冲进来，但又突然死去，他们主仆一行没有遭到危害。据说这是由于慈悲之力的护持云。对手下的许多执事人员先后给他们教学藏文文法《三十颂》和《音势论》以及书法、诵读等，并讲授一些教敕和随许。直至临终之前，每天晚上从不解衣带，以瑜伽师蹲坐姿态进行念修，犹如长河之水从不间断。并熟背《菩提道次第广论》《慈氏五论》《宗印本论》《地道[58]安立》等许多显密经论。一生讲修双修，于六十四岁的火马年（公元1846年，清道光二十六年，丙午）圆寂。博拉（འབོ་ར།）多仁巴·贡乔端主编有传记。彼师转世的化身，诞生于佐格宁玛（མཛོད་དགེ་ཉི་མ།）的浩哇贡波（ཏོ་བ་མགོན་པོ།）家中，名赛奥嘉卜（གསེར་འོད་སྐྱབས།），于幼小时夭亡。贡塘·嘉贝样认定前次的另一个怀疑对象贡乔洛桑嘉样嘉措（དཀོན་མཆོག་བློ་བཟང་འཇམ་དབྱངས་རྒྱ་མཚོ།）为化身，现正入拉卜楞寺学习会传经法。

查仓日朝（ཁ་ཚང་རི་ཁྲོད།）静修院，系铁吾然降巴华丹森格（དཔལ་ལྡན་སེང་གེ）所建。洛桑丹增活佛建立夏令安居制度，每年从贡萨拉吉林寺派遣数名坐夏的比丘和常住在那里的僧人护持，使其增盛。热贡地方的一位有密乘传承能力的咒师，抛弃家庭出家为僧，名贡却隆珠（དཀོན་མཆོག་ལྷུན་གྲུབ།），他亲近杂义活佛的化身洛桑丹增、措喀巴·贡乔群培（མཚོ་ཁ་པ་དཀོན་མཆོག་ཆོས་འཕེལ།）等师，也弘传宁玛派的一些灌顶和教授的传承。一生修持，从不间断，对查仓日朝巴（ཁ་ཚང་རི་ཁྲོད།）大众非常尊重。他静修的禅堂就在这座静修院的附近。

冈察寺·噶丹桑珠林（ཀང་ཚ་དགོན་དགའ་ལྡན་བསམ་གྲུབ་གླིང་།），由仲巴嘉察巴（རྡུང་པ་རྒྱལ་ཚབ་པ།）的弟子鄂玛日朝巴（ངོམ་རི་ཁྲོད་པ།）修建，他谙习风息、拙火之法，常常于上午、下午在山阳、山阴往来飞行。他的鄂玛日朝静修院（ངོམ་རི་ཁྲོད།）就在这寺的附近。属于他的宦族的措秀（མཚོ་ཤུལ།）和济秀（ལྕགས་ཤུལ།），曾入拉卜楞寺经院学习，充任第一世一切知大师和赤干的仆役，终生修持，享寿八十余岁。又有被称为多然嘉沃（དཔག་ར་རྒྱལ་པོ།）的噶居·索南达吉（བསོད་ནམས་དར་རྒྱས།），居住在噶丹寺的多合热康村（རྟག་ར་ཁམས་ཚན།），充当赤完噶哇·强巴嘉措（ཁྲི་མདོན་དགའ་བ་བྱམས་པ་རྒྱ་མཚོ།）的襄佐。他迎请来许多天上、地上、地下各到去处很难找到的以龙界之泥塑造的称为吉祥多喀玛（བཀྲ་ཤིས་དོ་ཁམ།）的圣·宗喀巴像等，牙齿上出现了宝塔一样的舍利子等，被神和上师们授记为秘隐的大瑜伽师云。恩师阿莽道扎编有《圣物志》，可以参阅。

他的官人为然绛巴·索南乔登（བསོད་ནམས་མཆོག་ལྡན།），他之后官人赤噶居·索南衮噶（བསོད་ནམས་ཀུན་དགའ།）、江秀（རྒྱང་ཤུལ།）官人曾向他献上寺院。自此以后，历世官人作为寺院的主人。然绛巴·阿旺贡乔（ངག་དབང་དཀོན་མཆོག）承侍赤南桑哇（ཁྲི་ནམ་བཟང་མ།），当他练习密乘经籍读法时，赤钦于他读经籍的空隙之际进行询问，一直问到密集的“两枝莲花，是两柄宝剑”之处。他戏谑着报告说：“我在想作一合格的密乘师哩。”据说政教二规会合兴旺，成为掌握“息、增、权、势”四业者云。当临近逝世时，说要看一看圣·宗喀巴历史画卷，但是找不到。把这种情况向他说明后，就说：“现在不需要了，在睡梦之中被赤钦南桑哇指给我看了。”不久之后，就示寂了。

噶居·阿旺克珠是多卜丹俄仁巴的弟子，师长赐给他一具鼓和铃，指示说：“在乡村当经忏师时，每次要回向六十施食法。”

彼师专门念修大威德金刚和《无所缘大悲颂》，圆寂后尸骨之上出现了许多“雅玛惹杂”真言的字形等。以上的这些前辈阿阇黎们，都曾在西藏卫地学习显密经论，取得各种学位。

赤干化身活佛阿旺嘉样扎喜（ངག་དབང་འཇམ་དབྱངས་བཀྲ་ཤིས།）亲传弟子俄仁巴·阿旺克乔（ངག་དབང་མཁས་མཆོག）和然绛巴·贡乔贤巴（དཀོན་མཆོག་བྱམས་པ།）两人在拉卜楞寺取得了最高学位。前者被称为白伞盖成就者，别人都看见过“伞盖”云。他的文布然绛巴·智化嘉措（གྲགས་པ་རྒྱ་མཚོ།）入拉卜楞寺的经院，如仪承事遍照利见尊者师徒们的足莲。曾于一段时间内护持这里的寺院，他卸任之后，另由拉让委派法台。他还担任过佐格宁玛寺（མཛོད་དགེ་ཉིན་མ་དགོན།）和噶尔宁寺（སྣར་རྙིང་།）的法台。 寝宫之中有多合热嘉沃迎请来的圣像。为了怕散失，把大部分圣像作为内藏塑造了世尊释迦能仁王佛及二胁侍的像三尊和弥勒佛、文殊菩萨、圣·宗喀巴大师、觉阿阿底峡大师、胜者狮子吼、松赞干布法王、嘉木样历世三尊等像，加持的威光显赫熠熠。其次还有《甘珠尔》大藏经等身、语、意的许多依止圣物。这座寺院的怙主殿中具誓护法非常灵验威严云。现在有进行闭关一年和闭关一月的规定，修持日日增盛，足莲永固。

恩师阿莽道扎曾于此授白伞盖十七尊灌顶，并提供了公积金，遍照尊者为之新撰仪轨和自入法的经文，并建立根据粉彩画规进行七天的供修。又遵照遍照尊者的指示，建立《医学四续》的讲闻。在五供节的七天中，依布面的画规进行不动尊佛九尊的念修供施。神变祈愿法会期间，进行大日如来念修供施及粉彩法。在大转法轮的节日举行念修与之相联系的六字真言丹丸法会计六天。在四月中有八方禁食戒法事，还有坐夏长净等传统，一切正处于兴盛之中。

这条沟的沟脑，有成就圣地上下喜合热（གཤག་རལ།）。圣·噶登热巴曾大加颂扬说：“南方上下喜热成就地，曾被许多先哲赐加持，现有各种自然显现像，修法徒儿在此圣地居!”

这两处圣地，曾被教长莲花生亲自加持过，上成就圣地有教长帽子的痕迹，还有其他许多圣哲的足印，以及许多自然显现的各种圣像。静房里面有一大象的像，长鼻下垂俯视，山顶之上有称为密宗事部三怙主静房等。后者之中察科娘乃巴（སྙིང་གནས་པ།）贡乔楚臣（དཀོན་མཆོག་ཚུལ་ཁྲིམས།）曾长时间居住。彼师和被称为察科金巴（ཚ་ཁོ་སྦྱིན་པ།）格西是同乡，他们是察科三土司中的下三部的后一个地区人氏。金巴曾被关押于监牢中，他捣毁班房的天窗，背起伙伴，跳出逃跑。娘乃巴听到了这个消息后，想道：先前，他们两人曾约定前去拉卜楞寺，这时，干这事的人是不是彼师？乃随后赶去。一同进入拉卜楞寺经院，列于格丕的十六名静修僧之数，修炼花汁辟谷术。他与托年巴（ཐོག་མཉམ་པ།）尕让楚臣（ཀུ་རིང་ཚུལ་ཁྲིམས།）两人被瓶风[59]所中，足部肿伤，经修拙火定，由丹田降火换了一层皮。他们两人被称为两“楚臣”云。曾去五台山朝礼章嘉仁波切受到赏识。曾在撒拉族孟达工[60]日合恰山谷口（རླུའི་མདོ།）当年拉隆多吉的静房以及在这处圣地以念修禁食斋行为主，进行修持，由冈察噶尔寺和村庄作为施主，建立藏历四月中修八方禁食斋行的传统。在寺院右侧石崖上，像用土修建似的建成房屋式三层宝塔。完成之后，虽想再建八如来宝塔，但家乡之人前来迎接，临行之际，说道：

“您们不要中断禁食斋行的修持，我就是处于无间地狱，也要于四月十五日这一天，来到这座佛堂。”

据传，后来在寺院下面修建菩提宝塔的昌都静修僧强巴格勒（བྱམས་པ་དགེ་ལེགས།）就是彼师的转世云。

嘉赛钦波嘉样喜饶（རྒྱལ་སྲས་ཆེན་པོ་འཇམ་དབྱངས་ཤེས་རབ།）曾于这座静房如仪亲近承事喇嘛娘乃巴的足莲，师徒二人在一起修持花汁辟谷术，并前往北部各地朝圣，专心修持云。

这座成就者圣地的下面，有自然显现金刚亥母圣像的佛堂。它的狮子岩下面，鸡年，新建了遍照尊者的寝宫。恩师阿莽道扎曾在该处长时居住，一切知师徒们也亲临数次。底仓嘛呢巴·喜饶扎西（རྗེས་ཚང་མ་ཎི་པ་ཤེས་རབ་བཀྲ་ཤིས།）的传中说：

“彼师曾在成就者圣地的下面，亲手塑造圣·噶登嘉措等上师们的约有一人身量高的身像，并进行开光仪轨。每逢贤妙之日，常有圣水下滴云，还去过玛库塘（མར་ཁུ་ཐང་།）。”

如上所说，圣·噶登热巴师徒们在这处圣地曾大力弘扬了修行密续的教法。有一处石崖之上，有交叉金刚杵的图纹和摩崖刻出的汉文非常显著。曾听卓尼地区有一位认识汉文的雕塑师看后说：“汉文意为‘西方有一座大伽蓝’云。可能是在说拉卜楞大寺。”上喜热圣地的《圣地记》系苟什德洛桑丹贝坚赞（ཀིརྟི་བློ་བཟང་བསྟན་པའི་རྒྱལ་མཚན།）所著，彼师的文布桑丹嘉措（བསམ་གཏན་རྒྱ་མཚོ།）还编有下喜热圣地的《圣地记》。与此山峦相接之处，有冈察法台昂娄噶居·索南贡噶（སྔང་ཞུགས་དཀའ་བཅུ་བསོད་ནམས་ཀུན་དགའ།）居住地热隆静修院（ར་ལུང་རི་ཁྲོད།）。在这妙相圣地之一侧，还有称为胜幢岩等处所。听说从这处圣地的形势来观察，在这处寺院包括禅院和热振寺一样，而佐格贡萨寺和这圣地可以代替色寺（སད།）[61]和温萨寺（དགོན།）[62]，德摩塘寺则可以代替嘉（རྒྱལ།）寺[63]云。这些传说，并非误传或出于想象而任意加上者，是许多圣地记和许多补特伽罗一起授记所致。因为这一切都必须一一具足有情器世间之各种特征呵！

如仪护持三事实践的秀乙亥静修院（ཤུག་ཡག་རི་ཁྲོད།），圣·耶喜嘉措（རྗེ་ཡེ་ཤེས་རྒྱ་མཚོ།）曾长期居住于此处，故被称为秀乙亥仓（ཤུག་ཡག་ཚང་།）。彼师对律典所规定的极其细微之处，也都特别重视，如此等等的事迹很多。佐格的日朝旺波师也曾承事于彼师的足下。在《传奇妙会开门》中誉为对四分律的一切精神，具有不依赖他人的才能，确是一位大持律师。著有《毗奈耶教诫》，已雕版行世。

蒂伍禅院（ཏིའུ་བུར་སྒོམ་ཁང་།）被称为尼卜（ཉག།）成就师转世的阿郭日朝巴（ཛ་ཀོད་རི་ཁྲོད་པ།）曾长期居住。因禅院附近有一处断裂的石岩，岩上钉有桩橛，故被讹称为带尔甫（གཏེར་ཕུར།伏藏橛）。后来，措喀巴圣·贡乔群培曾在此处修行，建有上下禅院的寝宫。彼师具有很明显的先知之能，铁吾杂日山（ཞི་བོའི་ཛ་རི།）以下的人们，信仰者不可数计。彼师亲传弟子铁吾贡乔（ཞེ་བོ་དཀོན་མཆོག）写有传记。彼师转世的化身与喀加活佛为同胞弟兄，名贡乔楚臣嘉措（དཀོན་མཆོག་ཚུལ་ཁྲིམས་རྒྱ་མཚོ།），由麦武官人作为主人，由上一世的侄子贤巴（བྱམས་པ།）负责迎接至贡萨拉吉林寺坐床。曾于一段时间内在该寺的密宗院学习，现正在拉卜楞寺学习。这座禅院之中，还有长时亲近承事上千世喇嘛足莲的持律师贡乔丹巴（འདུལ་འཛིན་དཀོན་མཆོག་བསྟན་པ།）和多尔格·贡乔楚臣（རྡོར་དགེ་དཀོན་མཆོག་ཚུལ་ཁྲིམས།）两人，积极精进地从事以禁食斋行为主的善行。

喀加噶尔寺（ཁ་གྱིའི་སྒིང་།），这是一座记载于《黄琉璃论》中的古寺。据说是某一世江绕活佛创建，彼师已转生十三世云。最初的是生于阿坝的江绕古顿巴（འཇུང་རོ་སྐུ་མདུན་པ།），姓“江”。彼师之后为江绕活佛（འཇུང་རོ་ཨ་ལགས།）。彼师来到此处在于塘拉喀（སྐམ་ཐང་ལ་ཁ།）建帐房寺院，被称为“红色金顶帐房寺”。与干塘相近的一处村落，现在还叫秦苟尔甫（ཕྱིར་གུར་བུ།[64]）。后第一世一切知大师三师徒亲传弟子阿旺丹增（ངག་དབང་བསྟན་འཛིན།）活佛曾任拉卜楞寺堪布，就在拉卜楞寺修建寝宫。此后，历世活佛兼管这寺和寝宫。这座寺院中，还把一位文布的化身赎回来称为江绕琼瓦（江绕）。彼师转世系统中坚华丹贝卓美（འཛམ་དཔལ་བསྟན་པའི་སྒྲོན་མེ།）属火狗（丙戌）相。在这里的寺院中学习并担任法台。在贡塘·嘉贝样座前受近圆戒，遵照尊者的指示在赛赤化身活佛洛桑坚森巴座前学习藏文文法《三十颂》和《音势论》以及《医药学》《声律学》等；从拉卜楞寺的声明学者图多卜（མཐུ་སྟོབས།）处学习《声明学》；从噶茹仓（སྣ་རུ་ཚང་།）学习演算；从历算家玛扬（མ་ཡང་།）处学习汉历等，通晓数种文字，声誉卓著。现在有转世系统。这座寺院的寝宫里，有青铜铸造的觉阿释尊大像，用药泥塑造的十六尊者像，还有红色金顶帐房寺时设置的以银汁书写的《甘珠尔》大藏经为主的两部大藏经等许多身、语、意的圣物。鲁仓（ཀླུ་ཚང་།）活佛曾建立因明讲辩制度，但没有能持久。

江绕·阿旺丹增订立了和下密院相同的寺院清规，密集、大威德的仪轨，大日如来的自入法，按下密院规程那样的补酬仪轨和腔调、韵律等，现在仍在执行，并建有两层楼高的弥勒佛像等所依、能依的圣物。

鲁仓·洛桑坚赞（ཀླུ་ཚང་བློ་བཟང་རྒྱལ་མཚན།），生于喀加的鲁且阿云（ཀླུ་ཆེ་ཨ་ཡོན།）部落。曾游学于哲蚌寺夏扎（ཞྭ་ཟླ།）康村，成为著名格西。亲近承侍一切知大师接受了显密二乘的广大教法。有一段时间内彼师没有请示一切知大师，私自向敏珠林寺（སྨིན་གྲོལ་གླིང་།）朝礼德敦（གཏེར་སྟོན།），学习明处，和土默特拉尊一起请求学习了《轮回救度经》等许多经法。回来之后，向一切知大师报告了经过。一切知大师大加斥责，最后，抬起了脚摆出准备踢打姿势，喝道：“去！”于是，没有经多少时间，即返回家乡。一切知大师在讲《四家合注》未完部分于听法者聚集之时，问道：

“鲁仓在不在？”

“洛桑坚赞没有来。”

于是把讲授停了下来，如是者先后经过三次。由于这个缘起，后来他在本寺建立因明讲辩制度时，曾中断了三次。土默特拉尊作为施主建立了《轮回救度经》的会诵制度。一切知大师回到多麦时，经喀加官人唯江台吉（ཤུས་ཧང་ཐའི་ཇི།）敦请，把寺院献上。大师命两位格西进行辩论，由于缘起会合，自此以后，讲闻的传统遂延续下去了。鲁仓的化身嘉样却吉旺秀（འཇམ་དབྱངས་ཆོས་ཀྱི་དབང་ཕྱུག）入拉卜楞寺，除了学习内典经论外，还学习了三派《声明学》《声律学》《星算学》《诗鉴论》《词藻学》等，皆妙极精博。担任苟什德活佛更登却吉旺秀（དགེ་འདུན་ཆོས་ཀྱི་དབང་ཕྱུག）钻研因明的经师，并讲授了许多明处的学问。彼师转世的化身，与铁吾洛桑丹增（ཐེ་བོ་བློ་བཟང་བསྟན་འཛིན།）是同胞弟兄，名嘉样智化坚赞（འཇམ་དབྱངས་གྲགས་པ་རྒྱལ་མཚན།），曾在阿柔拉加寺学习闻思，后去西藏卫地。在香洒阿阇黎座前受近圆戒。彼师的前一世和这位阿阇黎曾先后任苟什德寺密示学院的法台，也有转世系统。为了在本寺恢复因明讲辩，特请赤干化身活佛阿旺嘉样扎喜巴订立寺院清规乃在该寺修建了彼师的寝宫，由其历世的活佛负责住持。先后委任拉卜楞寺著名格西达热多仁巴（རྟ་རི་རྡོ་རམས་པ།）、扎察华增（བྲག་ཚ་དཔལ་འཛིན།）、佐格辅导师恰勒哇（མཛོད་དགེ་སྐྱོར་དཔོན་ཕྱུ་ལི་བ།）等三师担任堪布，依次护持。前两位有噶尔克（སྒར་ཁག）。府邸和转世系统。这座寺院按一切知大师的教程，分设九个学级，学习全部大论进行讲辩。据说第五世班禅洛桑耶喜曾授记说：

“这座寺院若修建在鼓、旗、海螺三者齐集之处，讲修将会兴盛。”

但没有找到这样的处所云。此话可能是真实的。预示未来的传说虽还很多，但由于暂时机缘没有成熟，不再叙述。

贡黎夏尔静修院（དགོན་ལི་ཤར་རི་ཁྲོད།），由吉塘·洛桑南杰（སྐྱིད་ཐང་བློ་བཟང་རྣམ་རྒྱལ།）创建，并由他的转世系统护持。有喀加百户铸造的具有加持力的青铜弥勒佛像。这座静修院被称为金刚手菩萨宫，摧破金刚的洗礼仪轨对众生颇有裨益。

达隆静修院（སྟག་ལུང་རི་ཁྲོད།），由杂义话佛创建。称为仁宝仓（རིན་པོ་ཚང་།）和尼干仓（གནས་ཀན་ཚང་།）的二师曾长期居住于此，二师都能飞翔云。火化他们尸体的地方，各长出一株柏树，现在作为熏香之用。藏有第五世达赖法铃、饭碗。静修院下面的菩提宝塔内藏中有拉喀大成就师（ལ་ཁ་གྲུབ་ཆེན།）的牙齿。

曼隆寺扎喜却培林（སྨན་ལུང་དགོན་བཀྲ་ཤིས་ཆོས་འཕེལ་གླིང་།吉祥法兴寺），然绛巴·曼兰乔珠（སྨོན་ལམ་མཆོག་གྲུབ།）创建。彼师亦称为冈察喇嘛哦巴仅（འོག་སྤྲ་ཅན།）。他向嘉赛·洛桑丹增（རྒྱལ་སྲས་བློ་བཟང་བསྟན་འཛིན།）请求指示建寺地址时，详细地指示说：“寺院的处所，上面虽有，但暂时只能在这样的地形上修建。”

另外，还流传着这样一种说法：德干·洛桑东珠（ཉི་ཀན་བློ་བཟང་དོན་གྲུབ།）曾在这处圣地上看见了胜乐、密集、大威德三本尊的立体坛场，而且送给这寺一种乐器“盏儿”云。大遁世者贤巴和持律师嘉样喜饶（འདུལ་འཛིན་འཇམ་དབྱངས་ཤེས་རབ།）二师也是这寺的。这两位是佐格·日朝旺波最为欣赏的弟子，在尊者的丹培林寺（བསྟན་འཕེལ་གླིང་།）中，恩师阿莽道扎每年按计划授《菩提道次第广论》教授的前一段时期，每天上午，这两位以洛穹师的身份对诸听经者大力弘扬正法传统。前者居住于这座寺院，护持上师弘传的一切法统并有所增盛。关于彼师看见法王水牛的情况，在《传奇妙会开门》中有所叙述。后者属于喇嘛哦巴巾宦族，人们对他极为尊重，由他带头把寺院献于第二世嘉木样。据说列为第十三支寺云。这座寺院有药泥塑的大弥勒佛像，内藏中有大金瓦寺弥勒佛像内藏的各种依止圣物，佛像戒香氤氲，一见之下会立即引起人们的信仰，其他如被苦难折磨者一见或听见之后多会不由自主地流下眼泪，全身颤动。圣·日朝旺波为首和他的许多持律弟子们为祈祷一切知大师长寿，举行狮面佛母施食法事，所有程序轮流地承担，特请圣者主持斩糌粑做成的魔鬼俑像的伏魔仪轨。这时，圣者以难以容忍的姿态，热泪盈眶地说：“这个造孽者！”显示了以菩提心之因从各方面引发对所缘相真实制伏的能力多完全和续部相同，应认为是无可比拟的承办事业本相。

这个伽蓝供奉吉祥天母为主要守护神。圣·吉美柔贝森格绘制了吉祥天母的画卷赠予该寺，曾听到天母坐骑骡子的嘶叫声云。第三世嘉木样写订了寺院清规，历世护持这座寺院。与这座寺院不远之处热司（རཟི།）白石崖之上，有称为盘腾瓦（པམ་མཐིང་བ།）修持住过的洞府。在这座洞府之中，阿郭娘乃巴和智观巴·洛桑喜饶（བྲག་དགོན་པ་བློ་བཟང་ཤེས་རབ།）等曾坐禅修持。这位娘乃巴他和拉卜楞寺喀加达吉（ཁ་གྲུའི་དར་རྒྱས།）同一学级，在年钦石洞（གཉན་ཆེན་བྲག་ཕུག）中守禁食斋行时，晚上有老虎在守卫。向北部朝礼圣地时，被酷暑所苦，向一个人乞求水喝，他给了各种食品让其上道，当他向后面观望时，什么也没有。当渡黄河时，甘加的一位姑娘说：“河上有桥。”但因没有渡船钱，不让过去。彼师说：

“当我怒不可遏地向河中跳去时，由于圣·观世音慈悲加持，没有出什么麻烦。”

彼师住在琼泽（ཁྱུང་རྩེ།）静房，撰写了煨桑的颂文。向各方大力弘扬禁食斋行和念诵六字真言的传统。当瘟疫流行时，曾说绕山巡礼可能有效。所指之山，即称为衣叶母的那座神山。这座山据说有莲花生大师的泥塑像神龛，石崖之上有许多自然显现的图像，矿物药和植物药类也很多。与后山相连接处有年钦山神与其明妃、王子的石崖。煨桑山谷的形势，像守门者那样。传说那是当年遵守法王陛下的旨意，驻守在那里的三大将军。有人也讽刺地说，那是药叉的三部属，作为救护者去侍奉是不应该的云。然而，在一段时间内，权宜地对部多鬼类作为圆满特殊善业的伙伴的情况，可以从本师的妙贤本生中了解其意义，把调柔者名为所化，在怛特罗中也有叙述。关于这些，很难做出断语。阿柔大格西举行钉金刚橛镇魔法时说：

“胜者持金刚对于魔鬼哪会有进行钉金刚橛予以镇压之事！它会身、语、意三方面不可动摇呐！”

这个意义是说魔鬼也会成佛的。从一刹那的这期限观看所化的表现，会圆满无数三大阿僧企耶劫善业，证得正果。这是一刹那即劫波，而劫波即一刹那加持的情况。

这种神奇的说法，很可以供哲士们探索的参考。

云曲水（གཡོན་ཆུ།）汇入桑科水（大夏河）之处的东面，有阿琼·阿旺嘉措（ཨ་ཁྱུང་ངག་དབང་རྒྱ་མཚོ།）和耶希嘉措（ཡེ་ཤེས་རྒྱ་མཚོ།）等修建的阿琼噶尔寺·扎喜曲林（ཨ་ཁྱུང་སྐར་བཀྲ་ཤིས་རྒྱ་མཚོ།），现在由洛桑楚臣嘉措（བློ་བཟང་ཁྱུང་ཆེན་རྒྱ་མཚོ།）活佛护持。寺内有称为印度“香泽玛”（རྒྱ་གར་ཤིང་རྩེ་མ།）的释迦牟尼佛像、“吉祥多喀玛”的圣·宗喀巴像、文殊菩萨像和颇有加持力的布顿大师像，有供奉以本师世尊的舍利（其大如羊粪蛋）为主及其他舍利五百粒等不可思议的圣物为内藏的弥勒佛大像“一见解脱”及眷属等像的弥勒殿——愿见宫，这座佛殿有志书行世。

肖喇嘛（ཞོ་བླ་མ།）于龙年向第二世嘉木样献上的肖玛甫静修院（ཞོ་མ་ཕུག་རི་ཁྲོད།）这座静修院里有曲巴仁波切亲手塑造的圣·米拉大师像，在曲巴仁波切的传中有关于这事的记载。

※ ※ ※

在大小霍尔仓（ཧོར་ཚང་།）[65]地方，有药师殿十一处，禅院四处，噶尔寺八座。其中：郭宁（ཀོ་ཉིན།）有药师殿三处，赤钦华丹智化（ཁྲི་ཆེན་དཔལ་ལྡན་གྲགས་པ།）即诞生于它所属的豁卡红果尔（དགོན་སྐོར།）庄，他有所属的紫紫合（ཙག་ཙག）豁卡庄园，珠占（འབྲུ་འདྲེན།）有药师殿两处，现在则作三处计算，该处住有伍泽（དབུ་ཛེ།）活佛；哦赛（ཨོ་སེ།）有药师殿三处；香郭（ཤོང་སྐོ།）有药师殿三处，以上共计十一处。这些药师殿，每月的上弦和下弦的十日举行胜乐、密集的仪轨，从不间断。四处禅院是由历世丹巴（བསྟན་པ།）活佛护持的娄合仓禅院（སློག་ཚང་སྒོམ་གྲྭ།），以及喀外尔禅院（ཁ་བར་སྒོམ་གྲྭ།），曲完禅院（ཆུ་སྔོན་སྒོམ་གྲྭ།）和宗托禅院（རྫོང་ཐོག་སྒོམ་གྲྭ།），均由圣·噶登大师创建。各个的三事实践及贤妙日念修胜乐、密集、大威德三本尊等法行，甚为佳妙。后者之中，拉卜楞寺的格西霍尔仓喇嘛拉卜吉（ཧོར་ཚང་བླ་མ་རབ་རྒྱས།）长期居住，供有曾任第十二世达赖洛桑程烈嘉措（བློ་བཟང་འཕྲིན་ལས་རྒྱ་མཚོ།）的侍从堪布霍尔仓洛桑（ཧོར་ཚང་བློ་བཟང་།）手中所藏的真确无误的圣·宗喀巴大师像“格勒玛”（དགེ་ལེགས་མ།），此像系多仁巴·格勒嘉措（དགེ་ལེགས་རྒྱ་མཚོ།）从这位堪布处请来作为这座禅院的主要依止圣物。八座噶尔寺是措喀喇嘛噶尔寺（མཚོ་ཁའི་བླ་མ་སྐྱབས།）；玛尔塘噶尔寺（མར་ཐང་སྒར།），这座噶尔寺院中供奉各种依止圣物佛像、佛塔和佛经的弥勒殿是霍尔仓公共的经堂，现在由玛尔塘活佛吉美尼玛（འཇིགས་མེད་ཉི་མ།）护持多完噶尔寺（བན་སྒར།），历世的霞噶尔及措杜活佛居于此寺，后者不属于八座噶尔寺之内；霍尔仓喇嘛噶尔寺（ཧོར་ཚང་བླ་མ་སྒར།），有拿洒智甫巴（ན་བཟའ་བྲག་ཕུག་པ།）的鼻血所绘的四面怙主像画卷，喀伍智宗（ཁའུ་བྲག་རྫོང་།）的神魄石，硃砂印刷的《甘珠尔》大藏经，一层楼高的弥勒佛像，以及郭哇喇嘛（མགོ་བ་བླ་མ།）、玛委喇嘛（མར་བའི་བླ་མ།）、雅秀喇嘛（ཡ་ཤུལ་བླ་མ།）、香钦喇嘛（ཤིང་ཆེན་བླ་མ།）等的噶尔寺。后五座噶尔寺现在由其喇嘛的后裔管理；噶洒尔喇嘛（སྒར་སར་བླ་མ།）[66]的后裔已绝嗣。

此外，这八座噶尔寺轮流举办五供节祭。每年藏历四月十五日念诵玛尼法会时，所有的噶尔寺、禅院及药师殿都在玛尔塘集会，霍尔仓仁波切系总喇嘛堪布，由措喀喇嘛的噶尔寺作为地主来主办，也举行五供祭。霍尔仓仁波切轮流地委派代理喇嘛担任霍尔仓公共法台，现在由恰格·端珠活佛贡乔洛哲嘉措(དཀོན་མཆོག་བློ་བཟང་རྒྱ་མཚོ།) 护持。

哦赛尔苟什德噶尔新寺（འོད་ཟེར་ཀིརྟིའི་སྒར་གསར།)，由历世苟什德尊者住持。

北部喀加六部之一，甘加川中有大圣地捏冈直噶尔寺（གཉའ་གོང་བྲག་དཀར།）[67]。这座圣地在《噶登教法史》中说：

“邬坚大师分为许多化身，开启了丹斗、海心山、捏贡直噶尔等处圣地之门，后者则被八思巴喇嘛，达温循奴森格（གཞོན་ནུ་སེང་གེ）等使其趋于明确。索南耶希旺波（བསོད་ནམས་ཡེ་ཤེས་དབང་པོ།）于直噶尔体现了邬坚莲花生、度母、观世音等居住于该处的验证。东科·云丹嘉措则看见二十四处的空行和空行母们如云聚集，举行会供曼荼罗。圣地之中，现有藏文元音和辅音字母、如意宝牛、如意宝树、天生稻、池沼、树木等像，外部有大寒林围绕。第巴曲结、丹巴拉卜吉活佛和空行母洛桑曲贞（མཁའ་འགྲོ་མ་བློ་བཟང་ཆོས་སྒྲོན།）等则说是胜乐之宫云。”

圣·达尼钦波（རྗེ་བདག་ཉིད་ཆེན་པོ།）[68] 于《生起次第满愿》中说：

“在婆罗门、刹帝利、贵族[69]、首陀罗取边地民族居住的地市之中，金刚瑜伽母们也同住在这个城市之内，所以藏族和汉族筹地区也有如此等等的圣地。”

看来这种说法和上述情况相同，可以互相印证。这座圣地的石崖之上有自然显现的 字可以看得见。土观仁波切来到此处，手持火炬在ཨ字之上，加上ˇ和。符号，使成为ཨོཾ，并说道：“不是ཨ字，是ཨོཾ(唵）字呀！”

接着他写上ཨཿ和ཧཱུྃ字，使连接起来成为ཨོཾ་ཨཿཧཱུྃ，现在人们都可以看得见。赛喀（གསེར་ཁ།）然绛巴·程列彭措（འཕྲིན་ལས་ཕུན་ཚོགས།）和尤加（དབྱིག་ཀྱཱ།）噶居·衮噶勒化（ཀུན་དགའ་ལེགས་པ།）等敦请第巴曲结到此举行祈愿法会，彼师传中曾有记载。第五世达赖喇嘛居住于沃若水峡（བོ་རོ་ཆུ་འགག）时，说有尤加噶居前来朝礼，似即是这位噶居。成就者之主圣·噶登嘉措曾多次到过这里，在圣地山顶看见了大悲观世音，在禅房之上的石崖上看见了总摄轮胜乐六十二圣的曼荼罗；在谷口大盘石之上看见了米拉和玛尔巴大译师，在三怙主山之顶看见了六臂怙主及其眷属等等许多佛、菩萨的圣容，乃提供顺缘，新建了禅院，委派塔尔寺然绛巴才丹嘉措（ཚེ་བརྟན་རྒྱ་མཚོ།）为喇嘛。

达延王（རྒྱལ་པོ་དར་རྒྱས།）为诸子划分部落时，甘加班智达因担任丹津王[70]的秘书，想把喀加六部作为他的润笔尖的费用（工资），乃靠拢丹津王作为自己所有。但是，当桑塔（བསང་མཐའ།）三部之中的察尔察（ཚར་ཚ།）和洒玉（ཟ་ཡུ།）两部为土地发生争持时，冈察昂索曾居中调解，为了酬谢调解者，在扎西奇[71]和来周（སློས་དྲུག）划给了部分基地，由他买了过去。第一世一切知大师为寻找寺址前来时，冈察人们的骑队迎接于鲁底察果（ཀླུ་ཏྲིའུ་ཚལ་མགོ）报告了情况后，首先敦请至扎西奇。班智达表示不高兴，对地址风水的察勘进行挑剔。如众所周知，夸大缺点，到处宣扬。当一切知大师来到甘加时，请求建立法相学院。大师说：

"石崖头部为草原围绕，像龙身那样的脐部上形成了寺院，地势风水不太美妙，作为法相学院不会兴旺。然而，此地显示着是胜乐宫空行的处所，若建为密宗学院，则甚佳妙。"

一切知大师尽管这样指示，但是，暂时把建寺的事搁置下来。大博学者尤加然绛巴·阿旺嘉样（ངག་དབང་འཇམ་དབྱངས།）是一切知大师的司膳师和卫地的著名格西。彼师和霍尔·洛赛嘉措（ཧོར་བློ་གསལ་རྒྱ་མཚོ།）、郭达·洛桑克却（མགོ་ཏ་བློ་བཟང་མཁས་མཆོག）等三人对于阿阇黎赤干巴长期担任堪布，据说不大高兴，于密宗学院嘉样华丹巴（འཇམ་དབྱངས་དཔལ་ལྡན་པ།）进行林赛的讲辩时，彼师按照从前的规程戴长飘带僧帽进行立宗，恭恭敬敬地提出了辩论。使阿阇黎答以"龙王也是龙"，承许了这一点。于是回到家乡按照甘加班智达的想法，建立了法相学院，用贡如（གུང་རུ།）的教程进行宣讲。有人提出使用一切知的教程。彼师说道：

“这本教程比较简明，若这些人们另一方面又去学新的本子，恐怕有不满处！。”

彼师曾向第二世嘉木样献上《声明妙音论》和全部声明演算。他转世的化身诞生于甘加，和赛仓第二世是同胞兄弟，名嘉样丹却南杰（འཇམ་དབྱངས་དམ་ཆོས་རྣམ་རྒྱལ།），有时被赛·诺颜文布（བསེ་ནོ་ཡོན་དཔོན་པོ།）带去，有时则自己强行返回直噶尔寺，更改了护法赛查巴（བསེ་ཁྲབ་པ།）的施食法，把怙主殿的钥匙交给尤加阿旺掌管，说道：“今后的施食由你自己更换。”回去后即示寂。他转世的化身嘉样贡乔（འཇམ་དབྱངས་དཀོན་མཆོག），属狗相。精通显密经典和诸明处，二十五岁圆寂。他转世的化身就是现在的这师。上一世的文布尤加然绛巴是卫地的哲然巴（འབྲས་རམས་པ།），向蒙古地方去化缘，当进行回向时，颂词和韵律都很美妙，使尔力克岱青意为之夺。说道：“这位喇嘛应是我命运中的上师。”敦请前去尊为供养的对象。所有牧户也取自蒙古地区，后来就定居于科采。这座寺院自前一世尤加之时起，依次由达仁赤干（སྟག་རིང་ཁྲི་ཀན།）、嘉秀（རྒྱ་ཞུལ།）阿阇黎等护持，前者有转世系统。其间有一段时间，康拉喀（ཁམས་ལ་ཁ།）大成就师的转世化身，生于甘加，年智嘉措（སྙན་གྲགས་རྒྱ་མཚོ།）多方进行照管，设置了金汁书写的《甘珠尔》大藏经。彼师的妹妹，称为拉喀堪卓玛（ལ་ཁའི་མཁའ་འགྲོ་མ།），享寿一百岁。年智嘉措敦请贡塘·阿旺丹贝坚参（གུང་ཐང་ངག་དབང་བསྟན་པའི་རྒྱལ་མཚན།）前来，以法相学院衰落，按过去的授记改为密宗学院，对讲闻等给予了极大关照。第十三胜生的水兔年（公元1783年，清乾隆四十八年，癸卯），启自第二世嘉木样作为寺主进行管照。尊者乃以白银二百两，牛马五十头匹，羊三百只等作为公积金，使其不致短缺费用。自此以后，依次由阿阇黎·衮噶扎喜（ཀུན་དགའ་བཀྲ་ཤིས།）、卡日冈（མཁར་སྒང་།）桑吉活佛、然绛巴·阿旺乔主(ངག་དབང་མཆོག་གྲུབ།)、赤钦吉美柔贝森格——在彼师护持时，土观仁波切为念修胜乐供施提供经费白银三百两。霍尔活佛洛桑嘉样（བློ་བཟང་འཇམ་དབྱངས།）、密宗学院卸任法台吉美克乔(འཇིགས་མེད་མཁས་མཆོག)、然绛巴·阿旺坚赞(ངག་དབང་རྒྱལ་མཚན།)、江绕殊胜化身·吉美坚参（འཇིགས་མེད་རྒྱལ་མཚན།）——彼师将为追荐逝世者举行的善事，凡过去前赴村庄者都收归于寺院之中进行。其次是达隆活佛洛桑尼玛（བློ་བཟང་ཉི་མ།）、唵却巴·嘉样朋措（ཨ་མཆོག་པ་འཇམ་དབྱངས་ཕུན་ཚོགས།）、赤拉卜丹嘉措（ཁྲི་རབ་བརྟན་རྒྱ་མཚོ།）活佛、赤珠贡乔智化（ཁྲི་སྤྲུལ་དཀོན་མཆོག་གྲགས་པ།）等进行护持。又由赤拉卜丹嘉措再任住持。其次由年察（ཉན་ཚོ།）活佛嘉样丹增尼玛（འཇམ་དབྱངས་བསྟན་འཛིན་ཉི་མ།）、合作多仁巴·贡乔丹达尔（དཀོན་མཆོག་བསྟན་དར།）、冈察参仁巴·贡乔端约（དཀོན་མཆོག་དོན་ཡོད།）等直至贡塘殊胜化身仁波切贡乔丹贝嘉措都前来这寺，进行管理，现在仍依次委派阿阇黎住持。

第一世贡如堪卓玛（ཀུང་རུ་མཁའ་འགྲོ་མ་གོང་མ།），起初可能作为拉泽（ལྷ་རྩེ།）官人的近侍？被称为拉泽夫人索南建（ལྷ་རྩེ་དཔོན་མོ་བསོད་ནམས་རྒྱན།），是康地区的人氏。款敦（འཁོན་སྟོན）的传中说：

“拉泽夫人拿着据说是从拉萨掘出的一些籍，并说：‘要在帕邦喀（ཕ་བོང་ཁ།）挖掘伏藏’来到法座之处。经加以详细考察，所谓‘伏藏’全属虚伪，对她的所谓证果的行止，乃心存怀疑，于是说道：‘您自己的事业，可能在拉萨地区兴盛，在这个地区，若挖掘伏藏会损坏地脉！’用善巧的方法打发她回去。不久，这位夫人传染了天花症，敦请尊者前去予以灌顶和洗礼，疾病告愈。后来她又说是五世达赖自己所理的伏藏谷，曾多次前去看望。赤惹（ཁྲི་རབ།）说：‘她讲的前拉仲（ལབ་སྒྲོན་ཊཱ་བ།）等等不合理的伪证之兆很多。’不懂得因果的人的大胆行为，真是漫无边际！”

《云裳秘记》中也说：“拉泽夫人可能是和‘猴子和松香’那个比喻一样，摧毁了格鲁派出家人，自己的各方面也……”

对其授记予以讥诮。她由于某种因缘机遇来到了多麦，名洛桑曲仲（བློ་བཟང་ཆོས་སྒྲོན།），在夏琼寺和塔尔寺等许多寺院，做了一些有益的事。曾承事第巴曲结的足莲；从谢贡寺（ཤེལ་དགོན།）伏藏中掘出了寿水宝瓶；到各方游行，据说亲手修造了许多土神龛和神庙。关于这种说法很多。圣·噶登嘉措说：“她神通无碍，具有先知力，是标准的证果者”云。

她转世的化身洛桑卓玛（བློ་བཟང་སྒྲོལ་མ།），从西藏卫地经过康区至贡如地方，说是“要朝礼怙主殿”。告诉她：“自从堪卓玛示寂之后，怙主殿之门从未开启过，也不知道钥匙放在哪儿？”

她说：“钥匙在这儿呐。”

从许多画像哈达的缝隙中把钥匙拿了出来。当殿门开启后，看见堪卓玛圆寂时点燃的神灯还在燃着，遂被认为堪卓玛转世的化身。由政府[72]发给公文予以颂扬。她转世的化身贡乔曲仲（དཀོན་མཆོག་ཆོས་སྒྲོན།），在第二世嘉木样座前聆听了《弥多罗》等许多经法。以上这两位都生于甘加地方西郭尔（ཤིས་སྒོར།）的伍仓(ཝེའུ་ཚང་།)家。她转世的化身贡乔柔增卓玛（དཀོན་མཆོག་རིག་འཛིན་སྒྲོལ་མ།），在嘉贝样座前出家，在一切知尊者座前聆听了《弥多罗》《金鬘论》；在德赤仁波切等座前聆听了许多经法。现在住世。这座寺院的依止圣物有第一世从伏藏中掘出的寿水宝瓶连同陀罗尼金刚杵，塑有释迦牟尼佛像在装藏时献上的陀罗尼绳子的一端，露在外边有时长，有时短，至为神奇。嘉贝样著有《寺志》，其他还有许多圣物，土观仁波切赐予经费建立了胜乐五佛的仪轨。

尼玛隆静修院（ཉི་མ་ལུང་རི་ཁྲོད།），由密乘阿阇黎霍尔·洛赛嘉措（བློ་གསལ་རྒྱ་མཚོ།）的转世化身、才识精湛、德行严谨的善妙主宰洛桑嘉样巴（བློ་བཟང་འཇམ་དབྱངས་པ།）创建。现在由其转世化身洛桑格勒嘉措（བློ་བཟང་དགེ་ལེགས་རྒྱ་མཚོ།）护持。以第一世一切知大师所读的《四家合注》以及书夹作为内部的依止圣物。还有曾任第一世一切知大师秘书的甘都人桑洛院的禅师（བསམ་བློ་སྒོམ་པ།）仁钦丹增（རིན་ཆེན་བསྟན་འཛིན།）因系持诀要的上首第子，被赐予的关于色派三诀要的教授“城灶”（མཁར་ཐབ།）的断疑的文稿。这是由阿阇黎赤干巴、赛卡·索南嘉措和彼师他们三位于修怙主、法王、大威德三本尊的许多业加行时，捧起一切知大师的足顶在头上说：“除了圣教之事而外，还能作啥！”上师喜悦地赐予的。他在家乡居住时看门之狗丢失了，进行诅诛法后，杀狗之人的老虎（？原文作此）死掉了。当拉卜楞寺新建之时，一切知法座的坐骑丢失了，仅仅作了六十施食，还没有进行回向时，立即显灵，偷马者在坐骑的脖颈上系了九条色布奉送前来。由于事业已经进行完结，没有予以处理，一连几天，放在帐房圈子之边。某一夜，在年钦神山的石崖上，马踟跌而坐死了过去，骨架子长时间留在那里。他被称为禅师活佛阿旺坚赞（ངག་དབང་རྒྱལ་མཚན།），是有学有证的学问家，有转世系统。

热安[73]静修院格培寺(ར་ངན་རི་ཁྲོད་དགེ་འཕེལ།)，由拉安阿阇黎洛桑达尔吉(བློ་བཟང་དར་རྒྱས།)修建。彼师曾在隆务大寺学习，并担任密宗学院的法台。由于本尊大威德金刚和三大护法的加持，掌握着诅诛法，修建了这座静修院专门进行念修。

喀尕噶尔寺·噶丹丹培林（ཁ་དཀར་སྒར་དགའ་ལྡན་བསྟན་འཕེལ་གླིང་།），由叶什郡更登达智（དགེ་འདུན་ཟླ་གྲགས།）于木马年（甲申）修建并订立寺规。后由赛活佛和彼师二人护持。与此不远之处，就是第一世一切知大师诞生之地勒查顶(སྙས་ཁྲ་སྡིངས།)。

本敦当尼夏赛尔（དཔོན་སྟོན་སྟོང་ཉིད་ཞྭ་སེར།）修建的泽秀寺（རྩེ་ཞིག་དགོན།），一段时间内由其家族护持后由雍仲活佛（གཡུང་དྲུང་ཨ་ལགས།）和阿代喇嘛（ཨ་དེ་བླ་མ།）历世转世护持[74]。

距离香郭(ཤིང་སྒོ།)不远之处有杨家拉喀寺（ཡང་ཀྱ་ལ་ཁའི་དགོན།）、沈家寺（ཞེན་ཀྱི།）的杨家台子(ཡང་ཀྱ་ཐས་ཙི།)、导马家寺（རྟ་མྭ་ཀྱ་དགོན།）、兰达寺（ལན་ཏྭ་དགོན།）。隆川寺（ལུང་ཁྲིན་དགོན།）。

卓尼活佛的静修院——云昙寺（ཡིན་ཐན་དགོན།）。彼师第一世生于卓尼伍噶尔霍尔仓（དབུ་དཀར་ཧོར་ཚང་།），曾去西藏卫地和印度等处，游方无定。遁世修行的行为，甚为佳妙。传说曾被年钦山神降霹雳，没有得逞云。彼师所著煨桑颂文虽很纯净，但流行不广。被称为是一位往生佛土之人。包括现在的这一位吉美图丹嘉措（འཇིགས་མེད་ཐུབ་བསྟན་རྒྱ་མཚོ།）已转生四世云。

雷护院寺（སའི་རྟེའུ་བན་དགོན།）。摩泥沟静修院（མོ་ནི་ཀུའི་རི་ཁྲོད།）有一段时期内，这座寺院衰落下去，只有个别僧人居住。第二世嘉木样于水虎年（公元1782年，清乾隆四十七年，壬寅）前赴该地，给附近之人讲了话，约有十六名僧人聚集，怙主尊者提供了公共基金计铜钱三百串，以及许多牛只、马匹并做了修建寝宫的布置。该处的一棵树上有恶鬼附住，尊者略一注视，立即寂净。

索力关寺(ཟོལ་བཀྲུན་དགོན།）[75]。八里寺（སྤྲ་ལིས་དགོན།）[76] 亦称郭茂扎喜德钦林寺（སྒོ་མོག་བཀྲ་ཤིས་བདེ་ཆེན་གླིང་།），被大皇帝誉为祥大乐寺（ཞང་ཏས་ལོ་དགོན།）[77] 并拨有衣单粮。张家夏仲（ཀང་ཀྱ་ཞབས་དྲུང་།）第一世是色拉寺的拉仁巴，据说转生了许多世，但没有得到详细的资料。有政府颁赐的堪布服饰和大加表扬的文书。彼师转世系统的贡乔噶桑（དཀོན་མཆོག་སྐལ་བཟང་།）曾向嘉贝样请求撰写“总督先行”(ཙོན་དུ་ཤར་ཞིན།）煨桑颂。他转世的化身吉美洛赛嘉措（འཇིགས་མེད་བློ་གསལ་རྒྱ་མཚོ།）现在住世。张家夏仲洛桑吉美华丹（བློ་བཟང་འཇིགས་མེད་དཔལ་ལྡན།）转世的化身嘉样噶登（འཇམ་དབྱངས་སྐལ་ལྡན།），曾担任拉卜楞寺的堪布。他转世的化身就是学识精湛、德行严谨的洛桑楚臣嘉措（བློ་བཟང་ཚུལ་ཁྲིམས་རྒྱ་མཚོ།）。有圣·宗喀巴大师的帽子等许多内部依止圣物。郭茂静修院（སྒོ་མོག་རི་ཁྲོད།），有赤钦华然哇的寝宫。玛尼寺（མ་ཧི་ཟེ།），是沈家活佛的寺院。

韩家新寺（ཧན་ཀྱ་ཞིན་ཟེ།）的韩仓（ཧན་ཚང་།）是众生怙主八思巴侄子大小两达温中之小者。仲哇端约坚赞巴（དྲུང་བ་དོན་ཡོད་རྒྱལ་མཚན་པ།）从大明皇帝取得了帝师 [78] 的封诰，在河州地区修建寺院，命名为韩家寺。在达温的传记中则说仲巴·贡波森格（དྲུང་པ་མགོན་པོ་སེང་གེ）在韩地方修建了寺院。他们进行喇嘛与官人结合的统治即政教合一制统治。现在的化身活佛却智嘉措(ཆོས་གྲགས་རྒྱ་མཚོ།）诞生于达乃冈察（དནའི་ཀང་ཚ།），已历十三世，据说是巴沽拉尊者的化身云。另外有昂索。佛堂宏伟壮丽，戒行清净。《第巴曲结传中说》：

“被韩官人敦请前去为金汁书写的《甘珠尔》大藏经开光，有以圣·宗喀巴大师的牙齿为首的依止圣物，曾详细地进行朝礼。”

正如上所述，有以圣·宗喀巴大师的牙齿和察科·阿旺智化（ཚ་ཁོ་ངག་དབང་གྲགས་པ།）的舍利塑造的释尊像，有第三世胜者索南嘉措的祖衣，大慈法王的法衣，皇帝的帽子等。《达温传记》中说，众生怙主八思巴的金头法铃，供奉在这座寺院云。

烟筒山（ཡན་ཏུན་ཤན།）彭老爷的寺院——彭家寺（ཕུན་ཀྱ་དགོན།）。这位师长在行法阻挡雹雨时，周围虽降落了霹雳，但他一点也没有损伤。他不贪信徒奉献的财物，不贪死者供养的财物，保持着僧人的本色，有转世系统。关洒寺（བཀྭན་ཟེ་དགོན།），或叫作贡萨尔寺（དགོན་གསར་དགོན།）新寺。韩家旧寺（ཧན་ཀྱ་ཀྱིའུ་དགོན།[79]），有韩达温成就者的灵塔。西乃墩（ཤི་ནས་ཏུང་།），或叫西皇寺（ཤི་ཧྭང་དགོན།），在这寺的一处石洞中有圣·米拉的像。

都纲寺（ཏུ་ཀོའུ་དགོན།）或叫冈秀寺[80]曲科尔林（སྨང་ཤུལ་དགོན་ཆོས་འཁོར་གླིང་།）系由曾任桑浦寺（གསང་ཕུ་དགོན།）噶居的色拉寺麦扎仓格西喜饶（ཤེས་རབ།）从达隆寺分出另行修建的。他转世的化身阿旺坚赞（ངག་དབང་རྒྱལ་མཚན།）[81]曾游学于色拉寺麦扎仓，在对廓尔喀战争时，奉政府的命令参加了军队，由护法神赛查巴（བསེ་ཁྲབ་པ།）如仪承办事业，取得了战争的胜利，政府给予了巨大奖赏，在康村设置了供祭需用的大批财物等。他转世的化身旺智坚赞（དབང་དྲག་རྒྱལ་མཚན།）与韩仓是同胞兄弟，在色拉寺麦扎仓学习，取得格西学位，和擦多(ཚ་རྡོར།)摄政同一个学级。去内地土默特地方，作降雨的法事颇为灵验，事业兴盛。在自己的寺院修建了经常和法轮。在前去迎请卓尼版《甘珠尔》大藏经时，于卓尼大寺立宗讲辩。乾隆皇帝御极三十六年[82]之时，修建了静修院，在斋僧例茶时，从不间断地念诵大威德、《供养上师颂》，并设置念修胜乐、密集、大威德三本尊的法事。彼师于何时有会传，即前去参加。在各会传中对静修僧们讲传《噶当师弟问道录》，讲玛尔巴大师和米拉日巴大师的道歌，专门进行转变思想的工作。第六世班禅前赴内地时，去塔尔寺进行朝礼，赐静修院之名为“台钦瑙伍林”（ཐེག་ཆེན་ནོར་བུའི་གླིང་།大乘摩尼洲），遵照指示及所颁的经费于罗家墩[83]建立胜乐的仪轨及自入法传统，于每月的上下弦的十日，从不间断地进行念诵。多次讲授《弥多罗》《金鬘论》等经法。敦请第二世嘉木样到寺，询问有没有转生为拉卜楞寺僧人的福运？怙主尊者赐予自己的僧帽，答允可以转生，并请求撰写念修毗卢遮那佛的颂文，七十三岁时圆寂。由于和霍尔仓赛赤化身在西藏卫地交谊甚笃，迎请其作超荐的法事。现彼师转世的化身嘉样丹增尼玛（འཇམ་དབྱངས་བསྟན་འཛིན་ཉི་མ།），护理着这两座静修院。

何家寺（ཧོཞ་ཀྱ་དགོན།）、卡家寺（ཁ་ཀྱ་དགོན།）、张家寺（ཀྲང་ཀྱ་དགོན།）、兰家寺（ལན་ཀྱ་དགོན།）。

河州城内有大寺（ཏཱ་དགོན།）。大慈寺（བྱམས་ཆེན་དགོན།），有大慈法王的帽子和索南仁青（བསོད་ནམས་རིན་ཆེན།）比丘被大明朝廷敕赐的封诰等许多圣物。与这同一院落里有三世诸佛殿，献于第三世一切知尊者。

鲁家寺、城隍庙。城外有塔儿寺（ཐཱ་རི་དགོན།），即长塔，古老的口传说：是贡子（ཀོང་ཙེ།）幻化王的儿子于一夜之间修建的。这是用砖块建起的屋子，造型神奇。后来，因中间有鸟巢而出现裂缝。有一天，来了一位道士，在神殿中游逛。这天晚上，狂风怒吼，一直吹到天明。第二天，裂缝不见了，鸟巢掉在地上。原来塔顶之上有三个尖顶，这时其中之一连同和尚都不见了云。大夏河经韩家寺（ཧན་ཀྱ་དགོན།）至玛哈尕拉（མཧཱ་ཀཱ་ལ།）汇于黄河。

以上是大夏河（桑曲河）与云曲水流域的喀加六部、佐格五部、大小霍尔仓等地[84]的寺院、禅院、郭茂扎喜德钦林寺、冈秀日贡寺等连同汉族的一些小寺的情况部分。

※ ※ ※

洮河（ཀླུ་ཆུ།鲁曲、碌曲）发源于鲁恰卜直合（ཀླུའི་ཆབ་བྲག）石岩之下，汇合著曲（ཀྲུའུ་ཆུ།）[85]、叩合曲（ཁག་ཆུ།）[86]两水向南流去。在这两水合流后的上游地方，有座曲科噶洒尔寺·噶丹曲科林（ཆོས་འཁོར་སྒར་གསར་དགའ་ལྡན་ཆོས་འཁོར་གླིང་།曲科新寺噶丹法轮洲）。这片地区，从前有色拉寺阿阇黎·洛桑尼玛（བློ་བཟང་ཉི་མ།）修建的玛额寺[87]·噶丹仁钦林（མ་ངེ་དགོན་དགའ་ལྡན་རིན་ཆེན་གླིང་།）；有经第一世一切知大师勘定寺址并亲自设计由亲传弟子云巴丹巴（གཞུང་པ་བསྟན་པ།）修建的拉日古贡寺[88]·扎西曲培林（ལྷ་རི་མཁྱུལ་བཀྲ་ཤིས་ཆོས་འཕེལ་གླིང་།）；西仓寺·德钦曲林（ཤིས་ཚང་དགོན་བདེ་ཆེན་ཆོས་གླིང་།），一切知大师新传弟子霍尔达古尔巴（ཧོར་སྟག་མགྱུར་པ།）修建的霍尔尕哇寺（ཧོར་སྒར་བ།）[89]；拜日（པེ་རི།）阿阇黎·图多嘉措（མཐུ་སྟོབས་རྒྱ་མཚོ།）修建的拜日噶尔寺（པེ་རི་སྒང་།）、松木替噶尔寺（སུམ་མཁིལ།）及古格噶尔寺（ཀོའུ་དགེ་སྒང་།）、阿洒噶尔寺（ཨ་གསལ་སྒར།）、嘉苟尔噶尔寺（རྒྱ་སྒུར་སྒར།）[90]、麦如噶尔寺（མེ་རུ་སྒང་།）[91]、年仓噶尔寺（ཉང་ཚང་སྒར།）[92]、曲科尔噶尔（ཆོས་འཁོར་སྒར།）、恰热噶尔寺（ཆ་རིས་སྒར།）[93]、宰察噶尔寺（ཛས་ཚ་སྒར།）[94]等。松木替喇嘛（སུམ་མཁིལ།）曾向第二世嘉木样请求，要将这些小寺合并成为一个总寺。指示说：“现在还不到时候，哪儿有佳妙地址？”

答道：“苟什德丹贝坚赞（ཀི་རྟི་བསྟན་པའི་རྒྱལ་མཚན།）曾说‘嘉苟尔（རྒྱ་སྒུར།）地方好’。但是地名叫‘多代尔塘（གཏོར་སྡེར་ཐང་།）’。”

“地名没有关系，可以迁移”。

玛额（མ་ངེ།）阿阇黎洛桑坚赞（བློ་བཟང་རྒྱལ་མཚན།）请求时，也曾予以这样的答复。第十四胜生的土猪年（公元1779年，清乾隆四十四年，己亥），一切知指示的时机成熟了，怙主尊者心传弟子德赤仁波切嘉样图丹尼玛（འཇམ་དབྱངས་ཐུབ་བསྟན་ཉི་མ།）被阿洒喇嘛洛桑（ཨ་གསལ་བླ་མ་བློ་བཟང་།）敦请前去，将静修院和拉德庄园等献于彼师，开始了新建寺院的筹备工作。铁鼠年（公元1780年，清乾隆四十五年，庚子），这位尊者又去该地，授胜乐、密集、大威德三本尊自入法灌顶。各噶尔哇寺院的执事喇嘛等和西仓官人索南嘉措（བསོད་ནམས་རྒྱ་མཚོ།）、唐隆郭哇（ཐང་ལུང་མགོ་བ།）等曲科尔（ཆོས་འཁོར།）十二部的僧俗人等承担起修寺的责任，献西仓部落的冬季草场为寺址，举行了吉祥长净，相地、乞地、定线等仪轨，开始修建经堂、僧舍等工程，把上述各寺院、禅院集中在一起，建立了扎仓。这年年底，这位尊者前赴内地、蒙古地区，由恩师阿莽道扎按照指示，常年前赴该地，负责一切。火马年（公元1786年，清乾隆五十一年，丙午），尊者从内地回来之后，即于该寺经堂的殿顶，安置了金铜合制的胜幢一对、宝瓶、鞭蔴女墙等。设置以纳塘版《甘珠尔》大藏经为首的身、语、意依止圣物、供物、供器以及常用器具等，并修建了彼师的规模较大的寝宫。土鸡年（公元1789年，清乾隆五十四年，已酉），请遍照尊者为经堂和所依、能依圣物以及噶哇夏仲（སྨ་བའི་ཞབས་དྲུང་།）塑造的弥勒佛像等举行开光仪式，将寺院和寺院的用豁卡庄园都献了上去。凡正理学部、五供节祭、祈愿法会、学期和学级的数目大都按母寺[95]规程执行，建立了讲闻制度，大拉让为之写订寺院法规。大皇帝誉为“谢尔辛林”（ཤེར་ཕྱིན་གླིང་།般若寺），供奉吉祥天母为护法，威灵显赫异常。将甘都寺的旧跳神仪式略予更改，加上法王尊和明妃、吉祥天母主从三尊等建立了跳神制度。这一方面所需的一切事物，完全由尊者予以备办。因为这座寺院是扩建的，单是白银一项，就花费了两万余两，其他财物等也用去无数。一切知遍照尊者新盖了拉让府，设置了斋僧例茶的费用，订立了委任堪布，翁则师和法纪师，以及教学的教师等制度。遍照尊者和德赤仁波切也登上宝座进行加持。当年喇嘛强巴的亲传弟子曲玛（ཆུ་མ།）俄仁巴被本尊度母就第六世班禅贝丹耶喜和第二世嘉木样的功业进行授记时，已经授记了这座寺院的建立。这座寺院，到木牛年（公元1865年，清同治四年，乙丑），虽只经历二十六年，但无论从僧侣的聚集，讲闻的弘扬等任何方面来说，都蒸蒸日上，成为圣教的美妙庄严道场。

霍尔噶钦·宗哲嘉措（ཧོར་དཀའ་ཆེན་བརྩོན་འགྲུས་རྒྱ་མཚོ།），是第一世一切知大师

的亲传弟子。他静修的庵房门前曾来了一只老虎，彼师作了一首道歌，故被称为达苟尔巴（སྟག་མགུར་པ།[96]），这只老虎据说是山神幻化的云。撰有寓意教诫的《道歌》和《缘起释略》等数种。彼师转世的化身嘉样克珠（འཇམ་དབྱངས་མཁས་གྲུབ།），在苟什德洛桑丹贝坚参（ཀིརྟི་བློ་བཟང་བསྟན་པའི་རྒྱལ་མཚན།）座前受近圆戒。这位尊者又特别在彼师处聆听了大悲观世音、胜乐、密集的灌顶，被委任为苟什德寺密宗学院的法台，并在其撰写的一些文章中曾大加颂扬。这时，彼师还新写详细的寺院清规，其他还有一些零星著作。亲见圣容的感受甚多。第二世嘉木样传中提到的先后被曲科尔霍尔活佛敦请前去，聆听了时轮灌顶等法情况，就是指这位哲士。木鼠年（公元1744年，清乾隆九年，甲子）圆寂，曾迎请贡塘·嘉贝样前去举行超荐。彼师转世的化身生于苟什德，十一岁时示寂。据说尸体的体温虽已消失，但口中还闪着光芒云。恩师阿莽道扎给进行火化，出现了铺在尸床的布单竟没有被烧化和虹光弥漫等等神奇的景象。他转世的化身，生于阿加直苟（ཡ་ཀྱུ་ཟམ་འགག），入拉卜楞寺经院学习，十七岁时示寂。现在有转世系统。

霍尔·桑丹端珠（ཧོར་བསམ་གཏན་དོན་གྲུབ།），是华热当息（དཔའ་རི་སྟོང་ཤག）地方人。为了找经法，来到南部地区，被嘉样克珠(འཇམ་དབྱངས་མཁས་གྲུབ།）认定为霍尔噶居喜饶森格（ཤེས་རབ་སེང་གེ）的化身活佛。在贡塘·嘉贝样座前受近圆戒，从恩师阿莽道扎·阿阇黎赛康巴（གསེར་ཁང་པ།）等师处聆听经教。曾两任苟什德寺密宗学院的法台及华热扎喜却林寺（བཀྲ་ཤིས་ཆོས་གླིང་།）的法台。向戎知噶巴（རོང་ཏི་ཀ་པ།）请教了关于发心和阿赖耶的指教，作有笔记。有《黑忿怒明王生起次第》等著述数种。曾给昂曼（ཨང་སྨན།）活佛授《菩提道次第广论》的指引《文殊亲教》，以及《声明学》《诗鉴论》等指引，并曾弘扬宁玛派的经法和灌顶，以及作“角咒[97]”等法事，此处不再叙述。

一切知喇嘛的弟子古格存波玛（ཀོའུ་དགེ་ཚན་པོ་མ།[98]），彼师的官人曾让尼泊尔金匠姿那米扎（ཛི་ན་མི་ཏྲ།）塑造神妙的弥勒佛大像，请求赤干予以开光。

据说在秀化隆谷（ཞུག་པ་ལུང་།）道中坐骑骛诧，鼻孔中被风吹进，发现有恶鬼作祟，将它掷向冈隆谷（སྐོང་ལུང་།）中云。乃依吉雪教授进行开光，所有仪轨就是由这位尊者进行云。他曾心意安详地说：“似乎从前在这个地方出生过。”

圣·噶登热巴曾在年仓达隆（ཉ་ཚང་སྟག་ལུང་།）谷中的石洞及喜格隆巴（ཤིས་དགེ་ལུང་པ།）谷长期居住，所以认为是圣者的化身。这种说法，似正和瓜什则喜饶尼玛（མགར་རྗེ་ཤེས་རབ་ཉི་མ།）两者的本生系统不发生矛盾。然而，是不是古格冈玛（ཀོའུ་དགེ་སྐང་མ།）或古格授记者（ཀོའུ་དགེ་ལུང་བསྟན་པ།），两者是不是一个人？没有了解清楚。后者是拉卜楞寺的僧人，享寿八十岁，在曲科尔示寂。其后为古格官人、古格金巴（ཀོའུ་དགེ་སྦྱིན་པ།）等，都是宦族，有昂欠府邸，银汁书写的《甘珠尔》大藏经等依止圣物很多。

包仓（སྦོ་ཚང་།）的一位格西，被曲科尔迎请去供养，这位格西把曲科尔十二部的僧人集合在一处，建立了五供节祭，新修了经堂和寝宫等。因为地处谷口的三角地带，故叫做松替（སུམ་མཐིལ།）。这位格西的时代和事略不清楚。在一切知大师师徒之时，该地有拉卜楞寺的僧源，此后依次出松替郭查（སུམ་མཐིལ་མགོ་ཁྲ།）、松替噶居、松替然绛巴等人。多仁巴·贡乔隆珠（དཀོན་མཆོག་ལྷུན་གྲུབ།）曾任拉卜楞寺密宗学院的法台，《寺志》有传，他和郭查二人有转世系统。

阿洒桑波（ཨ་གསལ་བཟང་པོ།），是哲蚌寺扎喜郭莽扎仓的格西，一切知大师的亲传弟子。似于色密宗学院的持金刚示寂后，被委任为色密宗院的堪布，确否待考。未久，即返回家乡，于洮河畔树林密茂处修建了一处茅庵。专心致志地进行修持，被人们尊为供奉处。一切知大师返回多麦之后，于授弥多罗灌顶时，彼师前去座前，一切知嘱咐说：“你创建一座密宗院呀！这将给拉卜楞寺的密宗院以佛教徒的规范。”

彼师虽遵照指示，修建了一座密宗院，但是没有昌盛起来。他转世的化身入拉卜楞寺密宗学院，和阿莽琼哇同一学级。在家乡虽专门闭关念修，由于水土不服，依托西仓官人才旺本（ཚེ་དབང་འབུམ།）为施主，居于牧区帐房之中。后来，施主于西仓噶尔寺（ཤིས་ཚང་སྒར།）给他修了一处小寝宫，于该处示寂没有转世化身。他的文布阿拉洛桑（ཨ་ལགས་བློ་བཟང་།）和丹巴奢沃（བསྟན་པ་ཏྲེ་བོ།）、吉美奢沃（འཇིགས་མེད་ཏྲེ་བོ།）三人同一学级，学习同样勤奋，无与匹敌。在家乡西仓噶尔寺的后山，有一处原为玛额阿阇黎进行修持的静房，即于该处致力善行，对于显密二乘的理解，较前更为透彻。曾任完波塘寺的法台约三年，在自己的庄园修葺了一所密宗院，塑造弥勒佛大像，将谿卡庄园和拉德属民一起奉献于德赤仁波切后圆寂。有一段时间，由尕伍夏仲（སྒ་དུ་ཞབས་དྲུང་།）作为代理喇嘛，现在由德哇拉让管理。

此外该寺还有桑木察赛赤、阿郭活佛和拉加活佛等师的寝宫。

曲科噶尔寺的寺属供养谿卡，是曲科尔十二部落的农牧各部。这个地区居民的世代源流是这样的：当年，众生怙主八思巴大师在世时，派遣了许多侄甥辈防守[99]汉藏边界地区，其中，有大师自己家族的名叫藏哇南木拉本（གཙང་བ་གནམ་ལྷ་འབུམ།）者，他有两个妻子，两妻于同一天各生下一个男孩。这时，恰有称为桑耶寺的遁世者来到门前， 认为是一个因缘，乃请其为孩子取一名字。于是一个被名为曲科尔嘉（ཆོས་འཁོར་སྐྱབས།），另一个被命名为桑耶扎喜（བསམ་ཡས་བཀྲ་ཤིས།）。曲科嘉随同上师前去内地得到了金印，在临洮和甘加直噶尔一带韩达隆地方定居。这种说法与前面所述的达温历史有些不同，但似乎是同一个时期之事。他作了大众的总管，娶霍尔仓之女为夫人，生有三子。长子班第（བནྡེ།）住在家中，次子肖多尔扎喜（ཤུག་རྡོར་བཀྲ་ཤིས།）前往边多[100]，在该处称为曲科四部，据说现在还有后裔。小的孩子周乙合（འབྲུག་ཡག）前往隆务（རོང་བོ།），被唵仲（ཨ་མགྲོན།）部落尊为官人，娶了蒙古族的一位女人为妻。因喜欢游牧，起初在甘加接着在嘉钦贡哇（རྒྱལ་ཆེན་གོང་བ།）和拾合登（ཤིག་སྟེང་།）两处兼事农牧。他有楚臣森格（ཚུལ་ཁྲིམས་སེང་གེ）等八个儿子。其后裔为阿庄（ཨ་གྲོང་།）、尕玉（ཀ་ཞུར།）

和云（གཞུང་།）及拾合多（ཤེག་མདོ།）三部也是他的后裔。周乙合给达隆[101]的亲属们去信，有曲吉稳巴（ཆོས་སྐྱིད་འོན་པ།）、鲁本（ཀླུ་འབུམ།）、雍仲噶（གཡུང་དྲུང་དགའ།）三人，率领部属前来该处，在曲科扎喜登卡（ཆོས་འཁོར་བཀྲ་ཤིས་སྟེང་ཁ།）占领土地定居。曲吉的后裔有稳卡（འོན་ཁ།）等三部。鲁本的后裔有尕果仓（ཀ་མགོ་ཚང་།），雍仲的后裔有拉（ར།）、温（འོན།）、熊（ཤོམ།）三部。尕果给他的父亲送葬时，因葬在玉美仓（ཡུ་མོས་ཚང་།）的地方，得到“西仓”的名字。尕果、阿切（ཨ་ཆེ།）连同恰惹玛（ཆ་རིས་མ།）三部都是鲁本的后裔。阿切的儿子扎喜桑（བཀྲ་ཤིས་བཟང་།），赘于玛额加卡（མ་དེ་རྒྱལ་ཁ།）家为婿，他的儿子完玛嘉（པད་མ་སྐྱབས།）的家中出了切钦[102]昂索（ཆེ་ཆེན་ནང་སོ།）、定增才桑秀（ཏིང་འཛིན་ཚེ་གཟུངས་ཕྱུག），他被青海蒙古委为官人，以侄子吉合先（ལྕགས་བྱམས།）为义子。因昂索被玛额部所杀，于是把多盘刻（རྡོ་ཕུང་ཁིད།）至桑（ཟངས།）以至曲多（ཆུ་མདོ།）之间的土地作为命价占领过来。给旧属三部分配了土地。使他们承担汉官差役，现在自惹哇（རལ་བ།）的郭苟（མགོ་དཀུ）以下，加刻桑兰木（ཀྱུ་ཁིས་གསང་ལམ།）以上，冬沃克接（སྟོང་བོ་ཁེར་སྐྱེས།）[103]一带，是唵仲西仓（ཨ་མགྲོན་ཤིས་ཚང་།）的公共土地。吉合先的儿子为才旺本（ཚེ་དབང་འབུམ།）和南木塔尔（གནམ་ཐར།）。前者后裔中诞生了色拉活佛，管理着官人的土地。南木塔尔的后裔中，诞生阿莽殊胜化身仁波切。

在称为《螺书史鉴》中说，桑耶扎喜的侄子推桑多吉（ཐོས་བསམ་རྡོ་རྗེ།）前往内地皇宫学习文字，向上返回前往卫地时，在青海拜谒法王固始汗担任他的秘书，赐女儿叩秀贞琼玛（ཁུ་དྲུག་སྒྲོན་ཆུང་མ།）为妻，封为达尔汗布紫紫（དར་ཧན་པི་ཙི་ཙི།），备极宠遇。后逐步占领尤端（བཞག་སྟོམ།）及阿歇登卡（དཔལ་ཤེས་སྟེང་ཁ།）等地定居。敦请阿官人（དཔལ་དཔོན་པོ།）修建了隆务寺（རོང་བོའི་དགོན།[104]）。听说鲁雪（ཀླུ་ཤོད།）地方有曲科部落便来到这个地区。有儿子多人，大儿子南拉加（གནམ་ལྷ་རྒྱལ།），因怀孕一周年，被命名洛存（ལོ་མཚོ།）。其他后裔为吉察(སྤྱི་ཚ།)、横仓（ང་ཚང་།）等以及茂合日（སྨུག་རི།）、美然（མི་རན），——被讹称为麦如（མེ་རུ།）、则察（ཛས་ཚ།）等。据说两位女婿也属于这一系统的后裔。

如上所述，显然是没有考虑法王固始汗的时代。阿官人似乎是属于后面所述者，待考。

又另一份文书中说，西藏的那些驻防人员们，没有占据领地定居，只从事狩猎。众生怙主的大臣达尔汗布紫紫藏哇南拉本正在内地，他乃向上师请求，前来该地占领了这儿的土地云。又说，曲科尔嘉依附于达温波（རྡ་དཔོན་པོ།），曾作其仲科尔（དྲུང་འཁོར།[105]）云。

西仓、嘉荷尔、阿拉、恰热、年仓、曲科尔等为河阳的西仓六部。拉日古、华古尔、玛额霍尔吉、宰察、多热（རོ་ར།）、麦如宁（མེ་རུ་ཉིན།）等为河阴六部，总称为唵仲曲科尔十二部（ཨ་གྲོང་ཆོས་འཁོར་བཅུ་གཉིས།）。

在措甫（མཚོ་ཕྱུག）有噶陀[106]巴（ཀཿ ཐོག་པ།）多吉森格（རྡོ་རྗེ་སེང་གེ）居住的地方，有他的杵、铃等一些用具。在曲梅噶尔波（ཆུ་མིག་དཀར་པོ།）有南木夸日朝巴（ནམ་མཁའ་རི་ཁྲོད་པ།）的禅院，在这座禅院的附近，有厄力克夏热（ཨེ་ཀེ་ཤ་ར།）福晋为划分蒙藏地界[107]所栽的柏树。在洮河对岸的松木替噶尔寺豁卡有《甘珠尔》大藏经和《丹珠尔》大藏经。在年仓有卡隆曼干（ཁ་ལུང་སྨན་ཁན།）的豁卡庄园。彼师曾担任过皇帝的御医，有金汁书写的《甘珠尔》《丹珠尔》大藏经和出自御库的许多珍贵用具。

茂合日[108]寺桑派林（རྫོག་རི་དགོན་བསམ་འཕེལ་གླིང་།）第二世嘉木样赴温泉就浴时，看中了建寺的地址，命洛日喇嘛洛桑丹增（ལོ་རི་བླ་མ་བློ་བཟང་བསྟན་འཛིན།）在此建寺。洛日老喇嘛是赤钦南桑哇（ཁྲི་ཆེན་ནམ་བཟང་བ།）的亲戚，是一位专门致力于胜乐、密集、大威德的念修，实践生起、圆满两次第仪轨的哲士。彼师向赤钦的转世化身吉美南木夸（འཇིགས་མེད་ནམ་མཁའ།）请求后，于这位尊者十三岁的铁鼠年（公元1780年，清乾隆四十五年，庚子），让松木替多仁巴举行镇地仪轨，修建了这寺院。此后，又由赞乃咒师（བཙན་ནའི་སྔགས་པ།）举行镇地仪轨。由于向前移动，接近斗日山（གདུགས་རི།）山根，有些人说，这寺恐怕不会长久云。该寺密宗学院，清净严谨，经堂中有觉阿释尊像，青铜铸造约一人身量高的圣·宗喀巴大师等的圣像很多；有赤钦第一世的灵塔、《甘珠尔》大藏经和《丹珠尔》大藏经以及具有加持力的吉祥天母的画卷。在桑木察拉让中，有供奉能避霹雳的吉祥天母像及一楼高的密修马头明王像等佛堂。

沟青隆哇（སྒུག་ཆེན་ལུང་བ།）有绒钦夏仲却嘉措（རོང་ཆེན་ཞབས་དྲུང་ཆོས་རྒྱ་མཚོ།）的寺院噶丹扎喜拉卜吉林寺（དགའ་ལྡན་བཀྲ་ཤིས་རབ་རྒྱས་གླིང་།）。彼师是韩达隆家族的人，也有人说，他生于合作官人家族云。彼师亲传弟子格隆阿旺（དགེ་སློང་ངག་དབང་།）编辑的传中对他的本生有这样的记载：

“自拉黎达班杂（ལ་ལི་ཏ་བཛྲ།[109]）、萨乐合（ས་ར་ཧ།[110]）米底（མཻ་ཏྲི།）、大成就师阿杂拉（གྲུབ་མཆོག་ཨ་ཙ་ར།）、喀伽班钦（ཁ་ཆེན་པཎ་ཆེན།）、布顿（བུ་སྟོན།）、擦钦（ཚར་ཆེན།[111]）、德敦惹特拿林巴（གཏེར་སྟོན་རཏྣ་གླིང་པ།[112]）、跋然哇坚参桑波（འབའ་ར་བ་རྒྱལ་མཚན་བཟང་པོ།）、大慈法王、大成就师却多吉（གྲུབ་ཆེན་ཆོས་རྡོ་རྗེ།）、雍仲衮都桑波（གཡུང་དྲུང་ཀུན་ཏུ་བཟང་པོ།）、克珠索南旺波（མཁས་གྲུབ་བསོད་ནམས་དབང་པོ།）至曲结尼玛桑波（ཆོས་རྗེ་ཉི་མ་བཟང་པོ།）之间，是彼师的本生。”

彼师的生年不详，据说享年六十八岁，于水鼠年（壬子）圆寂。这样似于第二世嘉木样五岁时（公元1732年，清雍正十年）之壬子岁示寂。生于第一世一切知大师十八岁之年，即木蛇年（公元1665年，清康熙四年，乙巳）。于十七岁之铁鸡年（辛酉）前去西藏卫地，直至四十岁之木猴年（甲申）。二十四年之中，钻研显密二乘经典，广泛地听闻了萨迦派、格鲁派和宁玛派教法。在桑浦寺考取学位时，没有向护法赛查巴（བསེ་ཁྲབ་པ།）献哈达，以忿嗔的姿态在辩论时，从柱子之上掉下了一张手足俱全的整张人皮坐垫，连同一声巨响一具人的死尸落在上面，彼师没有予以理会。接着‘嗒’的一声一把弯刀落下来插在尸体之上，彼师转过头一看害怕了。由于此因身体患了疾病，乃念修花大鹏金翅鸟经法，从麻风病中解脱出来。大鹏神像显现甚为坚定，闭关修行的座次间，别的人们也会看见大鹏的角和啄。多麦桑木察[113]地方的一些官们为了禳解鬼魅，请他到多麦。彼师回到临洮以上各地，好像为了禳解多麦整个地区，所到处所，建立了许多鄂博和神龛。在年察、达隆多地区，为了整治地煞，用手指在石崖上写出了六字真言，现在还可以看得清楚。按照喀加的一位官人的意愿，在称为年青图哇（གཉན་ཆེན་ཐུ་བ།）的地方，掘去地下凶煞垦为田地。回来的道路上，那位官人牵彼师的马向前走去。不一会儿，彼师说道:“停一停。”年钦山神使起神变，一连两次劈下霹雳。彼师接在所披毡衫襟中，怒气冲冲地说：“降霹雳和降霹雳会有所不同!大威德金刚有没有能力，现在看吧!”

准备把霹雳祭起。那位官人恳求宽恕，赏一面子。彼师说道：“那么，就灌注在这儿吧!”

抓起霹雳扔在该处。一时，就像霹雳猛炸似地轰的一声钻入地下。由于这种原因，这位年钦山神对喀加的各官人和地方甚有感情，作为守舍之神云。

彼师在举行一些护摩之时，当火焰快要烧着鼓鐩之际，眼睛略一瞥视，火焰只在台子上燃饶，不再向外冒出。显示了是一位名实相符的证道者。他曾先后三次讲授《金刚鬘》及许多经法，详见于各弟子的传记之中。彼师于其晚年，修建了这座静修院，修起了经堂，设置依止圣物，供献白银一千余两，细研细磨用以书写《甘珠尔》和《丹珠尔》两部大藏经。圆寂后进行超荐时，按其遗嘱又书写了银汁的《甘珠尔》大藏经。彼师转世的化身为洛桑丹增坚赞（བློ་བཟང་བསྟན་འཛིན་རྒྱལ་མཚན།），现在由生于固塘（སྐུ་ཐང་།）的洛桑程列嘉措（བློ་བཟང་འཕྲིན་ལས་རྒྱ་མཚོ།）护持这座寺院。寺内有前两世的灵塔，有据称是赤钦坚赞森格亲手所写的《贤劫经》，有第一世夏仲在接霹雳时出现的霹雳铁所制的阿弥陀佛像，有称为“多尔丹玛（金刚座像）”“楚臣玛（戒律像）”的释迦能仁王佛像、觉阿释尊像、弥勒佛像，还有从伏藏掘出的地藏菩萨语化像等许多依止圣物。

称为娘仓（ཉང་ཚང་།）[114]部的当搜寺（གདོང་ཟུག）者，乃是娘部落九成就者家族的寺院。法王松赞（སྲོང་བཙན།）的臣子噶尔丹巴（མགར་དམ་པ།）[115]的后裔，繁衍于后藏娘堆（ཉང་སྟོད།）地区者甚多，其中有娘·定增桑波（ཉང་ཏིང་འཛིན་བཟང་པོ།），承事班禅比玛拉米扎（བི་མ་ལ་མི་ཏྲ།）[116]和大译师毗卢遮那（ལོ་ཆེན་བེ་རོ་ཙ་ན།）[117]，学习旧译的密乘怛特罗获得验证。他的后裔有称为娘敦·却吉科洛（ཉང་སྟོན་ཆོས་ཀྱི་འཁོར་ལོ།）或主宰娘·尼玛奥赛尔（མངའ་བདག་ཉང་ཉི་མ་འོད་ཟེར།）等人，出了许多讲传密咒者。其后裔经过许多代之后，诞生了娘官人贡波洛哲（ཉང་དཔོན་མགོན་པོ་བློ་གྲོས།）。从幼小之时起，侍奉众生怙主八思巴，授以父法（ཡབ་ཆོས།）和萨迦派的许多教授，他潜心修持获得证悟。上师命令他到蒙古地区，被皇帝敕封为娘官人。供施双方[118]指示他和达温波二人到多麦本教徒的地区，令他们改信佛教，他献上所有财物及九方缎子。

上师授记道：

"在那仄狭的山谷和大河之滨，像日、月、摩尼宝和心形施食等会合似的山下，进行念修，则后代之中将出许多证道的大成就师。但是你献上的缎子只有九方，将来真正证得成就的只有九人；以成就者姿态出现，具有神通的寺院住持者将很多。"

起初，他到了岷州曲德宗窟（ཆོས་སྡེ་རྫོང་།）说道：

"若不设法调伏自相续，难能用力调伏他相续，因此为了调伏自相续，应独自居住于幽静处。"

遂专心念修。据说达温波带领侍从来到了该地，他们两人暂时一同进行念修。有这样的传说：后来曾把直到玛沁雪山之间的本教徒一一令其改宗云。他看见现在的这座圣地，下面有如月牙形的大滩，上面的山坡下有像日形的曼荼罗，后山像摩尼宝，左边的山峰则像心形施食。认为完全和上师的授记相符，乃建立了神殿佛堂等在该地定居下来。从后藏来的一些亲属的后裔中出了娘·达塔尕达（ཉང་ཏ་ཐཱ་ག་ཏ།）、娘·曼殊师利（ཉང་མཉྫུ་ཤྲཱི།）、娘·洛格肖然（ཉང་ལོ་ཀི་ཤྭ་ཡ།）、娘·阿耶提婆（ཉང་ཨཱརྱ་དེ་བ།）、娘·冬木徐巾（ཉང་རོམ་ཞུ་ཅན།）、娘·惹哇巾（ཉང་རལ་བ་ཅན།）、娘·夏麦冈噶尕尔（ཉང་ཤ་མེད་གངས་དཀར།）、娘·喜饶巴尔（ཉང་ཤེས་རབ་འབར།）、娘·尼玛坚赞（ཉང་ཉི་མ་རྒྱལ་མཚན།）等人。娘·夏麦冈噶尕尔于热空（ར་ཁོང་།）山谷中人不能通行的石崖上修一静室，让一头化生的白驴子驮水，显示着像鸟飞行一样的证果行迹。娘·达塔尕达、曼殊[119]、洛格室利肖然[120]等都证得虹身金刚体。他们都是弟兄，都是娘官人[121]徒弟，都是成就自在者。后藏萨迦的家族桑木察的作仓（ཟམ་ཚའི་མཛོ་ཚང་།）作为施主建立了噶丹五供节。于是，逐步变成传承格鲁派的寺院，接连不断地出了许多哲士。有一段时间，出了一位称为娘仓噶干（ཉང་ཚང་དཀའ་ཅན།）的人，长期居于卫地参加桑浦寺噶居的巡回讲辩，奉大威德金刚为本尊，念诵本尊的根本密咒一千万遍，凡疯癫等病症，只要彼师一加禳解，立即痊愈。禳解刀剑等颇有效验。在寺院塑造、设置了佛像、佛经、佛塔等许多依止圣物。有转世系统，化身活佛洛桑贤巴（བློ་བཟང་བྱམས་པ།）现仍在世。

被称为娘仓拉果仓（ཉང་ཚང་བླ་གོ་ཚང་།）的洛哲衮噶丹增（བློ་གྲོས་ཀུན་དགའ་བསྟན་འཛིན།），生于恰格文卜（ཆ་དགེའི་འོམ་བུ།）部落之中，由恰格阿阇黎抚育，再三地予以洗礼，并为之披度出家，出现了忆念前世的明显征象，遂赎了回来。居于谿卡寺院的仲吉日朝巴阿旺丹增（འབྲང་རྒྱས་རི་ཁྲོད་པ་ངག་དབང་བསྟན་འཛིན།）座前，并向他请求，授予了沙弥戒，有第六世班禅贝丹耶喜所著的本生传。二十三岁时，去蒙古地区。该地有班禅仁波切的代表医生，受其崇奉，事业兴盛。二十五岁时，在七海子的克文（ཁེ་དུན།），于济垅洛桑贝丹坚赞（རྗེ་དྲུང་བློ་བཟང་དཔལ་ལྡན་རྒྱ་མཚོ།）[122]座前受近圆戒。二十九岁时，去卫地大事布施，拟住在拉萨学习，被侍从和施主们再三敦请，又返回蒙古。担任了皇帝的呼图克图，修建了延寿寺。在章嘉饶悲多吉等处聆听了许多甚深妙法。曾授《甘珠尔》大藏经的教敕七次，每日授四函，最少授三函。为了消除其他人的错乱想法，让两三个人掩住经籍页面，但是，彼师仍能一点不错乱或掉落字句。还授予《圣师徒全集》教敕许多次。对于灌顶和随许的传承则不甚弘扬。回到拉卜楞寺，向怙主尊者献了请求书，由怙主尊者予以安排，说：

“让娘仓殊胜化身修建寝宫”。这位化身正在派代理人去内地之际，于五十九岁，即土鸡年（公元1789年，清乾隆五十四年，己酉）圆寂。在铁猪（辛亥）年的祈愿大法会上进行超荐，请怙主尊者亲临会场。灵塔供奉在噶丹额端特钦林的拉让中。江隆（ལྕང་ལུང་།）班智达阿旺洛桑丹贝坚赞（ངག་དབང་བློ་བཟང་བསྟན་པའི་རྒྱལ་མཚན།）的《听闻录》（གསན་ཡིག）中附有彼师的略传。

彼师转世的化身生于卓尼，承事称为吉仓格隆（སྐྱིས་ཚང་དགེ་སློང་།）的持律师，请求了《菩提道次精要》及《文殊亲教》的详细指引。曾前去内地。于木鼠年（公元1804年，清嘉庆九年，甲子）进入拉卜楞寺经院，学习良好。长时居住在内地、蒙古的谿卡庄园阿哇噶（ཨ་ཝ་ག）。贡塘·嘉贝样的传中说，在土兔年（公元1819年，清嘉庆二十四年，己卯），曾向嘉贝样奉献胜乐六十二尊的特别神奇的莲花如来藏，水马年（壬午），曾请求了胜乐五尊和身曼荼罗的灌顶云。与章嘉仁波切心意相投，章嘉于曲藏寺修建千佛阁时，曾进行服务。前赴卫地，示寂于该处。彼师转世化身贡乔楚臣嘉措（དཀོན་མཆོག་ཚུལ་ཁྲིམས་རྒྱ་མཚོ།）生于拿班（ན་འབབ།），父名贡波才旦（མགོན་པོ་ཚེ་བརྟན།），入拉卜楞寺经院学习，示寂于内地、蒙古地区。

洛哇娘仓（ལོ་བའི་ཉང་ཚང་།）和吉仓娘仓（སྐྱིས་ཚང་ཉང་ཚང་།），也是这座寺院的。现在还有一位称为索拉(སོག་བླ།)活佛洛桑楚臣嘉措（བློ་བཟང་ཚུལ་ཁྲིམས་རྒྱ་མཚོ།）者。

寺内有极为超殊的汉地版《甘珠尔》大藏经和《丹珠尔》大藏经、娘仓拉干兴建的弥勒佛像、主宰娘（མངའ་བདག་ཉང་།）从伏藏中掘出的自然形成的具誓护法像——安置于宝箧之中，供奉在怙主殿中，鲁子（ལོ་ཙི།）的军事事件中，有一位汉人开启了盖子，护法的口中发出声响，他口吐鲜血而死。自此以后，断绝了对三宝圣物进行亵渎危害的行为，是具有加持力的灵异神像。死去的那位汉人的祖神[123]进行危害，现在把他事奉在那里。

阿拉（ཨ་ལ།）地方共委昂院（འགོང་བའི་ནང་།），由卓尼昂曼（ཨང་སྨན།）修建，护法神塔鄂（ཐོ་འོག）甚为威严。

阿拉巴察尔寺（ཨ་ལ་འབར་ཚར།），有历世阿拉喇嘛的寝宫。该处有三世诸佛像，具有加持力的教长莲花生像的脸上，从来不落灰尘。阿拉雅如（ཨ་ལ་ཡ་རུ།）有称为赛格（བསེ་དགེ）的一位密乘师，据说具有能将太阳当作马骑，使石山燃烧等等的证果的神通云。在寝宫中有弥勒佛等圣像，这两处供奉宝帐怙主为护法。后来，拉摩宁寺(ལྷ་མོ་ཉིན།)的法台扎雅喇嘛（བྲག་ཡ་བླ་མ།）嘉样端珠（འཇམ་དབྱངས་དོན་གྲུབ།）担任阿拉寺的法台，他迁移贤林禅院（སྒྲུབ་སྡེ་བྱམས་གླིང་།），改建为蒂郭噶尔寺·德钦塔哇林（ཏི་ཙུ་མགོའི་སྒར་བདེ་ཆེན་ཐར་པ་གླིང་།）。

河阳（ཉིན་ཛོངས།）地方，在贡萨尔（དགོན་གསར།）以下有直合秀寺（ཐག་ཤུག）或叫作邦替上下寺（སྤང་མཐིལ་དགོན་གོང་འོག），若按达温拉尊（ཏཱ་དབོན་ལྷ་བཙུན།）占领上下佐格和鲁雪地区这种传说来看，则这座禅院似乎就是他的寺院。现在下昂[124]的坚赞衮噶(རྒྱལ་མཚན་ཀུན་དགའ།)的转世系统，就住在这里，而且合作达温和他们任何一方都在护持这座寺院。有活佛曼拉哇（སྨན་བླ་བ།）绘造的十六尊者拥绕如来的画卷，莲花生《遗教》偈文本和散文本二种[125]，具有加持力的邬坚大师[126]像，由众多空行拥绕，功德巨大。

格当噶尔寺（དགེ་སྡིང་སྒར།），现在已经荒圮。

拉摩赛赤化身洛桑丹仲巴（བློ་བཟང་བསྟན་སྒྲོན་པ།）把第一世赤钦诞生地的尕底郭（ཀ་ཏི་ཙུ་མགོ།）谿卡拿过来和一切知第二世的侍从玉拉文布（གཡུ་ལ་དབོན་པོ།）两人修建了旺仓寺（དང་ཚང་དགོན།），后者的戒行极为严谨，是甫德贡乔坚赞巴（འཕྲུག་སྡེ་དཀོན་མཆོག་རྒྱལ་མཚན་པ།）亲传弟子，曾念诵六字真言三亿遍，因而生出了三颗象征念诵了一亿遍真言的牙齿，他还念诵了马头明王咒亦达一亿遍。有扎雅（བྲག་ཡཱ།）喇嘛塑造的称为具有加持力的法王像。

卓尼·昂曼（ཅོ་ནེ་ཨང་སྨན།）、霍尔·达固尔哇（ཧོར་སྟག་མགུར་བ།）、吉察·噶哇然

绛巴（སྨིད་ཚ་སྐལ་བ་རབ་འབྱམས་པ།）三人一同前赴卫地，三人都成为圣·主康巴（རྗེ་སྒྲུབ་ཁང་པ།）的弟子，位于成就自在者之列。在多麦地区，霍尔·达固尔哇创建了霍尔寺，噶然绛巴创建了乔典哦寺（མཆོད་རྟེན་དོ།），后者没有长时间存在下去。昂曼·洛桑曼兰（ཨང་སྨོན་བློ་བཟང་སྨོན་ལམ།）创建秀波寺（ཞྭག་པོའི་དགོན།），现在按扎什伦布寺规程有大日如来修供仪轨。甫德贡坚巴[127]建立有大悲观世音胜者海的修供仪轨。供养的豁卡庄园有吉仓巴（སྐྱིས་ཚང་པ།）等，是阿木去乎之一部。

一切知大师曾讲过吉察沟[128]口（སྐྱིད་ཚ་མདའ།）的阿塘（ཨ་ཐང་།），有一处可建大伽蓝的地址，离那儿不远之处，从前第巴吉雪巴曾修建佛殿并塑造了许多神像，被称为吉察的王（土司）。这寺经过一段时间衰落下去了。有一尊具有加持力的阿弥陀佛像，系张巴（འབྲངས་པ།）王（土司）从荀什德寺请来者云。据传记中说，系墨尔根巴图尔府中圣像，供奉在荀什德寺，下面将予以叙述。

恰直通布等十三宗拉神（ཆབ་བྲག་མཐོན་པོའི་རྫོང་ལྷ་བཅུ་གསུམ།）分布地区于此结束。

昂曼所建的贤巴林（བྱམས་པ་གླིང་།），由于寺院迁移，该处只有一处供奉弥勒佛像的佛殿。阿拉包察噶尔寺（ཨ་ལ་བོག་ཚའི་སྒར།）。

木多寺[129]扎喜桑旦林（མུ་ཏོ་དགོན་བཀྲ་ཤིས་བསམ་གཏན་གླིང་།吉祥禅定洲），这是一座从前的旧寺，新建念修喜金刚的修供仪轨，清净严谨，以宝帐怙主为护法守舍神，出了许多哲士。报请第三世嘉木样后，派参加会传的朗加夏仲智化嘉措（གླང་ཀྱའི་ཞབས་དྲུང་གྲགས་པ་རྒྱ་མཚོ།）为喇嘛，现在与阿木去乎木多昂贡玛（མུ་ཏོ་ནང་གོང་མ།）两方面进行护持。与此不远之处的巴热昂（བ་རས་ནང་།）有扎喜玉隆奇哇院（བཀྲ་ཤིས་གཡུ་ལུང་འཁྱིལ།），由赤钦阿莽道扎让卓戴喇嘛更登嘉措（འབྲོག་རིས་བླ་མ་དགེ་འདུན་རྒྱ་མཚོ།）修建。禅院的名字则由杂义阿拉合活佛命名，献于郭芒堪布的化身洛桑贡乔曲达尔（བློ་བཟང་དཀོན་མཆོག་ཆོས་དར།），由其历世转世化身护持。建有大威德修供仪轨，有搜通（སུག་ཐང་།）阿阇黎的转世系统，在村庄豁卡中有弥勒佛像等。

在鲁曲多合曲（ཀླུ་རྡོག）两水合流之处，有阿郭[130]静修院扎喜谢珠林（བཀྲ་ཤིས་བཤད་སྒྲུབ་གླིང་།吉祥讲修洲），修建者是阿郭·南木夸森格（ཇ་སྒོད་གནམ་མཁའ་སེང་གེ）。他的转世系统，是最初阿木去乎阿郭部的鲁本秀（ཀླུ་འབུམ་སྐྱག）的家族出了两位墨尔根噶居，两人是同胞弟兄。墨尔根噶居多吉坚赞（རྡོ་རྗེ་རྒྱལ་མཚན།）在塔尔寺学习，取得学位后被青海丹津王[131]尊为上师，授以墨尔根的职衔并拨给阿木去乎的土地，建立政教合一的体系。噶居喜饶嘉措（ཤེས་རབ་རྒྱ་མཚོ།）在哲蚌寺郭莽扎仓学习，取得林赛噶居学位，由于和青海蒙古关系密切，擅长蒙语，被第五世达赖喇嘛任为翻译，授墨尔根职衔。在《云裳秘笈》中，曾多次出现过擅长两种语言的墨尔根噶居喜饶嘉措之名。当返回多麦时，五世达赖把自己所用长柄茶杯连同剩茶一并赏赐给他。回到家乡后，于塑造弥勒佛像时献上去装于藏中，此像现在在阿郭的村庄之中。有《传记水晶明镜》（རྣམ་ཐར་དྭངས་ཤེལ་མེ་ལོང་།），传中所述事迹与此略有不同。后者的转世化身生于阿郭，于二十岁左右示寂。他的后一世就是圣·南木夸森格，生于赛沃多（གསེར་པོ་མདོ།）的鄂氏家族（ཇོག་རིགས།），属水龙相（公元1652年，清顺治九年，壬辰[132]），五岁时迎请坐床。事奉曼仁巴洛桑班爵尔（བློ་བཟང་དཔལ་འབྱོར།）为师，听闻经法，兼习医药。这位师长于色拉寺麦扎仓取得拉仁巴学位，又从尼塘夏仲（ཉི་ཐང་ཞབས་དྲུང་།）学习医药，在加日柔谢林（ལྕགས་རི་རིག་བྱེད་གླིང་།）取得曼仁巴学位。木龙年（公元1724年，清雍正二年，甲辰），被雍正皇帝任命为百户，进行政教合一的统治，并修建了牙日寺（ཡ་རི་དགོན།）。他转世的化身为坚赞却迥（རྒྱལ་མཚན་ཆོས་འབྱུང་།），是一位作者，现在没有转世系统。

南木夸森格他于十九岁时，在达温巴座前受近圆戒。由于外缘发生了堕罪，被赐以忏戒，出现了还净征兆。从泽卫（ཚེ་དབུས།）数学家索南坚赞（བསོད་ནམས་རྒྱལ་མཚན།）学习声明和历算。前往卫地行至黑河时与第七世达赖喇嘛噶桑嘉措被迎请前往拉萨的行列相遇，进行朝礼。在前后藏地区力所能及地朝礼圣地和散放布施。在赤坚赞森格（ཁྲི་རྒྱལ་མཚན་སེང་གེ）、达仓（སྟག་ཚང།）阿阇黎、却巴（ཆས་པ།）活佛、裕固·班角尔（ཡུ་གུར་དཔལ་འབྱོར།）、直噶尔·罗桑扎喜（ཟག་དཀར་བློ་བཟང་བཀྲ་ཤིས།）等师座前听闻经法。后者著有《大传如意树》一书。从遁世者桑木旦仓（བསམ་གཏན་ཚང།）听闻讲传的《甘珠尔》大藏经教敕。从杂义阿拉合听闻宁玛派的经法《如来汇集》（བདེ་གཤེགས་ཀུན་འདུས།）等，按照上师的指示，弘扬这一经法的念修。曾照见了圣·米拉大师和吉祥天母的圣容。广传《金刚鬘》《修法宝源》等经法，弟子有杂义阿拉合转世化身洛桑丹增（བློ་བཟང་བསྟན་འཛིན།）、阿琼·阿旺钦热（ཨ་ཁྱུང་ངག་དབང་མཁྱེན་རབ།）、夏仲活佛、阿吉多卜旦（ཨ་སྐྱིད་སྟོབས་ལྡན།）、茶卡（ཚ་ཁ།）日朝巴等人。六十九岁，铁鼠年（庚子）圆寂时出现了虹光缭绕，音乐声悠扬的情景。彼师三十岁时，即第十二胜生的铁鸡年（公元1741年，清乾隆六年，辛酉），在赛喀岗（བསེ་མཁར་སྒང་།）修建了这座禅院，长期苦行修持。水猪年（公元1743年，清乾隆八年，癸亥）连同召集来的各地僧人，计有静修僧九人进行夏令安居，建立彩粉画规之上修供大威德法的仪轨。有一位白衣人如授记所述那样，修起了经堂和寝宫。彼师转世的化身洛桑贤巴拉卜吉（བློ་བཟང་བྱམས་པ་རབ་རྒྱས།）， 把原来修建的那座经堂扩建为二层，把寝宫建成三层，并扩大了寺院面积。这位化身生于西仓的委伍雄（ཟེའུ་གདོང་།）的家族中，属铁牛相（辛丑），享寿六十九岁， 详细事迹见于《自传水晶明镜》（རང་རྣམ་དྭངས་ཤེལ་མེ་ལོང་།）。这座寺院的经堂壁画有贤劫千佛像等。供奉的主要依止圣物有上一世亲手塑造的千手千眼观世音菩萨像，据说这尊像的上部是自然形成的云。还有以一百二十五两白银修造的菩提塔，阿及曲结（ཨ་གཙི་ཆོས་རྗེ།）奉献的金铜铸造的十六尊者像，大威德立体坛场，卓尼版《甘珠尔》大藏经和《丹珠尔》大藏经，及以彼师尸骨——上有文字和杵、铃的形象为内藏的灵塔。彼师的后一世也塑造了一人多高的觉阿释尊像、《栴檀释迦佛像记·水晶明镜》中式样的栴檀释尊像和觉阿羯沙流波坭（ཇོ་བོ་ཁ་སར་པ་ཎི།）等青铜铸佛像，设置了供器和一切用具等等，并建立背诵大日如来经韵律、腔调等。管理寺规，严加督促，形成传统。寺内有四十余位僧人，是一处严谨清净的道场。怙主殿中有前一世团土成泥，用拇指每掐下一小块，即念诵一遍真言塑造而就的具有加持力的怙主像，寝宫之中有青铜铸造的五尺多高的弥勒佛像和胁侍两位上首弟子像以及用木雕就的近佛子的立像，彼师的灵塔自然显现五位一体的大悲观世音像和尊胜宝塔。其他在文殊殿、马头明王殿、怙主殿等各佛殿佛像也非常多。还有《百本生传》、玛尔巴译师、米拉日巴大师等生平事迹等画卷多幅，一百多函经籍，以及供器、用品等。无论从哪一方面来看，堪称为清洁整齐的楷模。现在由生于土尔扈特旗嘉样桑珠（འཇམ་དབྱངས་བསམ་གྲུབ།）护持，彼师正在拉卜楞寺的经院中学习。这座禅院自修建迄今木牛年（乙丑）年，已历一百二十四年矣。

※　　※　　※

在多合曲水（རྡོ་ཀ་ཆུ།）[133]的上部，形成世间的大神年杰贡完山（གཉན་ཛེ་གོང་སྔོན།）[134]下面有阿木去乎德摩塘寺·噶丹曲科尔林（ཨ་མཆོག་བདེ་མོ་ཐང་དགའ་ལྡན་ཆོས་འཁོར་གླིང་།噶丹法轮洲）。土牛年（公元1709年，清康熙四十八年，己丑）以赤干、德干为首的弟子们为新建拉卜楞寺而举行的占卜吉凶日时的仪式，就在这山之下举行。第二年，为寻找寺址，一切知大师也来到这里举行了为期九天的极为广大精深的讲经法会。进行了一系列的吉祥长净、相地、乞地、占卜、划线等仪式，把整个地区的地方，进行了镇地禳解之后，上师指示说："就在这儿修建。"在所著的给年杰煨桑祭的颂文中说："把供养僧伽的谿卡、人众、财宝、眷属等等都付托于您！"并将"使僧伽讲修的伽蓝兴盛起来等等事业"予以嘱咐，进行授记。不久，阿郭噶居·多吉坚赞（རྡོ་རྗེ་རྒྱལ་མཚན།）从青海蒙古王定增喇卜坦（ཏིང་འཛིན་རབ་བརྟན།）处乞求了这处土地[135]。从前从阿坝然多（ང་བ་ར་མདོ།）来了喀郭（ཁ་གོད།）和格班（དགེ་འབན།）两个人。前者之子阿郭·鲁本秀（ང་གོད་ཀླུ་འབུམ་ཚྭག）等分为牙如（ཡ་རུ།）的四个"秀（ཚྭག）"部落，后者之子木多·完波嘉（ཨུ་ཏོ་

སྟོན་པོ་རྒྱལ།）等分为玛如（མ་རུ།下部）的四个“嘉（རྒྱལ）”部落，他们家族共形成为八个部落。分布在鲁雪一带的部众，把这个地方作为牧场。第二世嘉木样第一次去卫地时，班禅全知者贝丹耶喜授记说：“要修建这座伽蓝”。兔年返回寺院之时，在琼泽（ཁྱུང་རྩེ།）宿营地，有阿郭官人珍哇[136]肖多尔本（འབྲིང་བ་ཐུག་རྡོར་འབུམ།）前来叩谒。给他们谈修建寺院的事。肖多尔本推托说，庆贺典礼结束之后再谈。怙主尊者回到拉卜楞寺后，即召请木多阿阇黎和阿郭阿阇黎等。那时阿郭·南木夸森格于梦中梦见：

“在现在建了寺院的这块土地上，有几个小沙弥向四方吹海螺，螺声响彻四方，大地摇摇晃晃，一位身材高大的比丘，从巴隆垭合（སྦ་སྔོན་ཉ་ཀ་ཀ）摇展一面大红旗，把这片土地全部覆盖起来了。”

第二天，前往尊者的座前叩谒时，在小寝宫的院子中正碰着色拉巴（སེ་ར་པ།）主从们在举行红布禄金刚的护摩，和睡梦中的那位比丘一模一样。肖多尔本说：“我们磕个头吧！”

于是缘起会合。怙主尊者仍像先前那样谈说要修建寺院的事。肖多尔本说：

“我们每一个部落，都有一个小寺院，两位喇嘛也都有一座寺院，用不着再新建寺院。您有权势，也用不着赐一个！”

一连多日，婉言谢绝。法座说：

“自卓尼的噢卜卡（འོབ་ཀ།）以上，是我的区域，您们当然也是我的所属嘛！”

肖多尔本没有正式回答，从座上突然起立走了出去。两位喇嘛也于后面到来。尊者方便善巧地说：

“这是有关圣教之事，您两位若不承允‘是’，则将招来人们的非议！”

让承诺下来。先前，约于第一次谈论修建寺院事之后，苟什德丹贝坚赞（བསྟན་པའི་རྒྱལ་མཚན།）来到肖多尔本的家中。肖多尔本问道：

“有人说一切知二世是第悉[137]转世的？若不是嘉木样协巴的化身，则不让修建寺院。”答道：

“嘉木样协巴有三位化身，有一位是比丘，就是吉美旺波法座，有一位是国王，就是乾隆皇帝，此外，还有既像喇嘛也像咒师的一位。”

“最后一位是谁？”再三恳切地问。”

“他呀，可能正把牙齿咬在猪的胸脯肉上哩！”

承认后一位就是他。这个时候，有叫作耶希坚赞（ཡེ་ཤེས་རྒྱལ་མཚན།）者，梦见南赡部洲的所有的山神们集合在一起，有一位骑着黑马的说：

“不能让嘉木样协巴修建寺院，会把树林全部砍了，把山崖全部毁掉，把我们的圣地搞得一塌糊涂。”

穿着青领白袍骑着白马的一位说：

“是在他的地方上修建嘛，您们对它有何嫉妒之有？”

为首的这一位说：“对，这是真的啰。”

叫作乔·阿旺嘉措（ཚོ་ངག་དབང་རྒྱ་མཚོ།）者的睡梦中也出现：

“在德摩塘滩中有四座宝座。第一个宝座上坐着一位撑有宝伞的上师，当问一位人时，说那是嘉木样协巴，他要在这里修寺院，第二座宝座上坐着一位白人、白马、矛旗也是白色的人，第三座宝座上坐着一位青人、青马、矛旗青色的人；最后一座宝座之上坐着一位俗人，手中拿着红旗。他前面的那两个人是玛沁山神和贡完山神（青领山神），作为修建寺院的帮助。最后的那个人是药叉鸠跋罗的化身，就是珍哇·肖多尔本（འབྲིང་བ་སྦུག་རྡོར་འབུམ།），是寺院的施主。手中所拿的那面红旗，据说象征着僧人兴旺。”

关于前一个梦兆也听到有人说，是拉卜楞寺新兴之时，有一位能眼见神鬼者的人所说云。在这年的冬天，怙主尊者观察了地形，举行吉祥长净。铁龙年（公元1760年，清乾隆二十五年，庚辰）夏天，进行相地，乞地和划线奠基等仪式。把所有的小寺，合并为一，集聚的僧侣约有六百余人。尊者并作为六月祈愿法会的怙主，从不间断地参加。按从前班禅大师在授时轮灌顶时所讲的指示，如所允诺的那样建立时轮学院，把画规、粉彩、仪轨、腔调、韵律等等的情况，详细地对肖多本予以讲说。他报告说：“虽然不懂这一切，这是站起来讲辩呢，这是坐在地上念诵呢?”

答以：“是坐在地上念诵的。”

“念诵的经院，这儿从前已有许多，现在需要建立一座辩论的经院。”

按照他的意愿，把牙如（ཡ་རུ།）的菩提道次学院和玛如（མ་རུ།）的上密学院两者照前予以保存，另建一因明学院，对经堂和僧舍等都予以规划，并订立简略的寺规。蛇年，尊者在这三座学院宣讲教程，考试背诵，并对正法的宝座，予以加持。

第二任堪布是色尔（སེར།）阿阇黎洛桑尼玛（བློ་བཟང་ཉི་མ།），生于热贡江加（ཞུང་སྐྱུ།）的密咒师家族。彼师精研《祖师问道语录》，曾把门泥封起来闭关三年，身上生出黄水疮，在坐垫上略一转动，臀部的皮肤就会粘脱，经历了这样的苦行。这时叔叔堪布托麦（ཐོགས་མེད།）住在卫地，听到这种消息后说：“这样的苦行，没有必要，到卫地来！”

按照指示，前去拉萨游学于噶丹寺的会传，事奉具誓护法，因进行焦烟祭而受到大会的训诫、乃入色拉寺结扎仓的经院。梦见一张新的头、手、足俱全的人皮之上，肠子像缨络似的悬着，鲜血淋漓，他堕在其上。心中疑忌不安，这样的情况出现了好几次。乃向隆多喇嘛请示，指示念诵大圆满。按所讲，事奉为本尊，即行息灭。积极钻研学习，从第七世达赖喇嘛噶桑嘉措，喇嘛强巴（བྱམས་པ།）等处聆听《菩提道次第》的指引和所有甚深妙法。怙主尊者第一次去卫地，从寺院起程之时，即把哲蚌寺的松州格西阿旺（ངག་དབང་།）、藏巴格西丹巴达尔吉（བསྟན་པ་དར་རྒྱས།）、噶丹寺的夏琼僧人阿玛（ཨ་མ།）格西，色拉寺的彼师当作侍从。他们四位在拉卜楞立宗，和各伽蓝的个别格西一起进行磋朗辩论。当这座寺院新建之时，彼师在维持人们朝礼秩序，人群之中一位妇女的乳酪被打翻，酪汁溅到他的披单之上。怙主尊者指示道，“你和这个地方关系密切。”任为第一任讲辩师让修建寝宫。在传记之中被称为“宣说教理的色拉寺格西洛桑却培（བློ་བཟང་ཆོས་འཕེལ།）。”这寺的敬事制度，系按照拉萨热哇多巴学院（ར་བ་སྟོད་པ།）的会场规程建立的，由后一任法台措杜活佛予以制定。给闻思堂（ཐོས་བསམ་གླིང་།）设置了大部分公共财物，曾用一只牦牛购买了僧人用木碗，布施于大会堂，被人们称为色拉仓的牦牛木碗。曾长期担任法台，以政教二规进行护持。由于寝宫之内，多次被盗贼侵入，心中厌烦。向怙主尊者请求说：“愿到拉卜楞寺或那个静修院中去。”

怙主尊者指示道：“这没有关系，可以向三宝委托嘛。”

乃展施诅咒，立即显示征兆。为了消除这种罪障，在四月的整个一个月内，在府邸中进行念修，并让一百多名僧俗每年持禁食斋戒，这个传统现在仍在执行。凡举行任何加行法事，彼师一定要讲授《菩提道次精要》的指引。在吉仓塔玛尔（མཐའ་དམར།）修持红布禄金刚法，当进行护摩之时，即有西仓委伍雄（ཤིས་ཚང་ཞིའུ་གཡོང་།）的迎请使者同时到达。七十八岁圆寂。在此之前，彼师专门到西仓官人家中去，让其儿媳供施六字真言亿宝供祭。并嘱咐道：

“若生一化身，最好让去卫藏，否则去拉卜楞学习。”

如彼师所说，第十三胜生末的火虎年（公元1806年，清嘉庆十一年，丙寅），这个家庭诞生了殊胜化身仁波切吉美嘉措（འཇིགས་མེད་རྒྱ་མཚོ།），父亲贡布扎喜（མགོན་པོ་བཀྲ་ཤིས།），母亲贡乔措（དཀོན་མཆོག་མཚོ།）。虽经第三世嘉木样遍照尊者认定，但祖父才仁本（ཚེ་རིང་འབུམ།）不愿给予，说道：

“嘉木样协巴是个孩童，他如何能决定孩童之事?我们还有请求的地方?”

向泽卫觉干（ཇེ་དབུས་གཙོད་ཀན།）处询问。他也指示说：

“毫无疑问是一位化身活佛，最好让去卫藏，否则要送到拉卜楞寺去！”

七岁时，被迎请坐床。由则·嘉样敦珠（ཛས་འཇམ་དབྱངས་དོན་འགྲུབ།）和冬丑（དུང་ཕྲུག）日朝巴丹增（བསྟན་འཛིན།）两师依次担任经师，学习文字及关于经文的诵读，熟背《修心·武器轮》（བློ་སྦྱོང་མཚོན་ཆའི་འཁོར་ལོ།）等经籍，并从后一位经师听闻了许多经法。八岁时，向恩师阿莽道扎座前请求了大日如来的灌顶。按照尊者“须送到拉卜楞寺”的指示，于十三岁之时，进入拉卜楞寺经院。自此以后，承事尊者的足莲，凡有何指示都能按照命令完成，成为尊者最赏识的弟子。熟背《集类学》《悟慧论》《因理论》《七十理义》《般若》第一品、《了义不了义辨析》《二十僧伽略释》《缘起教理宝库》《中观教理明灯》《律经根本律》等经论，学习成绩出类拔萃。二十一岁时，在遍照尊者座前受近圆戒。取得噶仁巴学位后，在密宗学院学习密咒两年。在一切知三世师徒座前听闻所有甚深妙法。在圣·甘珠尔巴座前听闻《甘珠尔》大藏经的教敕，向托颜拉尊（ཐོ་ཡོན་ལྷ་བཙུན།）请求了马头明王经法等教敕。取得多仁巴学位后，又应试了吉尊巴的律经教程的考试。彼师任完波塘寺法台六年，讲授大悲观世音灌顶和赤干著《一切知传》的教敕等。一般及个别的讲授极其精辟。当遍照尊者被请去担任卓仓寺堪布三年，新修密宗院之际，彼师曾前去参加服务。任查干白相寺堪布三年，曾专门敦请遍照尊者莅临该寺。接着于任曲科噶洒尔寺堪布三年之时，被任为这寺的堪布。七年之中，按政教二规如仪进行护持。卸任之后，对于寺院和村庄的事务，仍予以负责，从不懈怠。僧俗大众对彼师具有不共的信仰和尊敬。每年于冬春之际，闭关修持许多本尊法，现正力所能及地进行讲修结合，大力弘法。

彼师之后，继任者为措杜活佛敦珠嘉措。接着是洛措（ལོ་ཚོ།）阿阇黎·洛桑朋措（བློ་བཟང་ཕུན་ཚོགས།）。彼师诞生于南木拉（གནམ་ལྷ།）的洛措地方，入拉卜楞寺经院学习。任圣·阿旺丹贝坚赞（རྗེ་ངག་དབང་བསྟན་པའི་རྒྱ་མཚན།）的司膳师、秘书和奉祀师，曾随从前去内地。回来后，委任为这座寺院的喇嘛翁则师。彼师说：

“所谓喇嘛翁则者，顾名思义不光是领腔念诵经文，而是不间断地作会传会上之头。”

就这样地予以实践。接着任密宗院法台和大会堂的堪布，其后又由措杜活佛继任。

赛·嘉样索南嘉措（བསེ་འཇམ་དབྱངས་བསོད་ནམས་རྒྱ་མཚོ།），祁干（ཁྲི་ཀན།）[138]的兄长喀尔泽（མཁར་རྩེ།）和家人一道来桑科（བསང་ཁོག）放牧。他梦见了一只公羊羔，它象征着后裔繁衍。首先是迁居娄苟诺颜官人（གནས་བརྩུ་ལུ་གུ་ནོ་ཡོན།），他的下面为娄苟才仁（ལུ་གུ་ཚེ་རིང་།）。后者之子就是这位尊者和诺颜然绛巴阿旺嘉措（ངག་དབང་རྒྱ་མཚོ།），他们两位都是拉卜楞寺的格西。前者是阿坝曲郡（ཇ་བ་ཆོས་སྐྱོང་།）的徒弟，所有《中观》和《般若》的笔记文稿，都由他编在一起，是背诵佳妙的楷模。曾取得祈愿法会上的祈愿会然绛巴，侍奉塔尔木其（ཐར་མི་ཆེ།）为上师，致力于生起次第和圆满次第的瑜伽，获得坚定的三摩地，曾任佐格多寺的喇嘛和这座寺院的堪布。记忆力强，每行过目不忘，背诵教程，无人匹敌。他转世的化身塔乙嘉措（མཐའ་ཡས་རྒྱ་མཚོ།），十三胜生的水猪年（公元1803年，清嘉庆八年，癸亥），生于龙本扎萨的旗下，父亲名丹巴雅培（བསྟན་པ་ཡར་འཕེལ།），母名才科（ཚེ་ཁོ།）。赤干化身佛阿旺嘉样扎喜（ངག་དབང་འཇམ་དབྱངས་བཀྲ་ཤིས།）给了白银五十两，作为赎金。准备迎请在德尔隆谷寺(གཏེར་ལུང་།）坐床，但由于属民亲属之故，乃被阿木去乎迎去坐床。在持律师杜增贡乔洛哲（འདུལ་འཛིན་དཀོན་མཆོག་བློ་གྲོས།）座前出家并受沙弥戒；于第三世嘉木样的座前受近圆戒。在这个寺院的经院中学习，并取得了曼仁巴的学位。曾任喇嘛翁则和密宗学院法台及大会堂的堪布，并任甘加的直噶尔寺、西仓的噶洒尔寺和完波塘寺的堪布。现在家乡扎萨的部落中饶益众生，日形增盛。

多仁巴贡乔索南祁乔（དཀོན་མཆོག་བསོད་ནམས་ཁྱུ་མཆོག），总的来说祁乔是具有功德的一个家族，遁世者洛桑仁钦（བློ་བཟང་རིན་ཆེན།）也属于祁乔氏。祁乔索南和亲属堆桑林哇（དོལ་གསུང་སྒྲིང་བ།）、甘珠尔哇·洛桑仁钦、达合扎（དགས་སྒྲ）阿阇黎洛桑仁钦三位都同名又是同时代之人。同样，尼塘（ཉི་ཐང་།）阿阇黎阿旺敦珠（ངག་དབང་དོན་འགྲུབ།）、杰夏俄乃（བྱིས་ཞལ་སྔ་ནས།）阿旺敦珠、德觉尔哇（བདེ་འབྱོར་བ།）阿阇黎阿旺敦珠三位也是同名人物。祁乔然绛巴·阿旺多吉（ངག་དབང་རྡོ་རྗེ།）是拉卜楞寺的格西，后来在蒙古地方圆寂时。说：“我好像有点不舒坦。”遂安排了夜间看护人，于让他们讽诵《解脱中有关》经文之际示寂。祁乔觉干（ཁྱུ་མཆོག་གཙོད་ཀན།）和粟茂噶居（སོག་མོའི་བཀའ་བརྒྱུ།）二人的家和部落分别住在尕曲（ཀ་ཆུ།）两岸，互相比赛法力，噶居抛出一块施食落在尕曲河中约一尺[139]之处，没于水中。祁乔的施食则到达对岸，但是造成的危害则前者较严重，直到现在，还需要向对岸回遮。为第一世一切知嘉木样披剃出家的师长是祁乔益喜嘉措（ཁྱུ་མཆོག་ཡེ་ཤེས་རྒྱ་མཚོ།）。说是霍尔藏治治（ཧོར་ཚང་འབྲི་འབྲི།）的人，后来举家迁往苏呼（སོག་པོ།）。他的侄子是祁乔三培（ཁྱུ་མཆོག་བསམ་འཕེལ།）和达尔汗曲结（དར་ཧན་ཆོས་རྗེ།）。一切知曾抄写了一部《般若八千颂》，说道，“像我这样的书写者会有的，像我这样的念诵者不会有。”现在这部《般若八千颂》就在这户人家云。这位哲士就出生在这一家族之中，在赤干司膳师的兄弟祁乔噶西（ཁྱུ་མཆོག་དཀའ་ཞིས།）处学习文字，在拉卜楞寺学习究竟圆满，取得多仁巴学位，又入时轮学院学习密咒，于若尔盖寺及这座寺院内建立讲辩制度。

群则阿旺雅培（ཆོས་མཛད་ངག་དབང་ཡར་འཕེལ།），生于托秀（ཐོག་ཤུལ།）部落中的郭察（མགོ་ཚ།）家族。在拉卜楞寺大会堂取得群则学位，在闻思堂和密宗学院中潜心钻研显密二乘。巡行一百零八处凶煞地方，用觉派的密法饶益众生，贡献颇大。曾担任乌厄盖寺的喇嘛翁则师和堪布及这座寺院大会堂堪布，绘制《三十四本生传》的画卷，并迎请了《甘珠尔》大藏经。

郭察（མགོ་ཚ།）活佛，生于欧拉（དངུལ་ར།），名阿旺丹增嘉措（ངག་དབང་བསྟན་འཛིན་རྒྱ་མཚོ།），现住在拉卜楞寺。

接着是时轮学院卸任法台曼隆·嘉样智化（སྨན་ལུང་འཇམ་དབྱངས་གྲགས་པ།）、密宗学院松替多仁巴·贡乔隆珠（དཀོན་མཆོག་ལྷུན་གྲུབ།）。

阿坝·然绛巴洛桑嘉样（རྔ་བ་རབ་འབྱམས་པ་བློ་བཟང་འཇམ་དབྱངས།）。当年兴建拉卜楞寺时，承担修建任务的几户阿坝民工，安家于阿木去乎，他出生在这个阿坝家族，入这座寺院，虽然衣食不周，生活非常困苦，但他勤苦学习。常说：

"轮流地进行立宗辩论，研讨教理，这就是信仰法座的表现。"

铁猪年（辛亥）祈愿法会时，到拉卜楞寺叩谒怙主尊者，由于跳神舞时跟踪缓慢。曾指示说："再来！"给予丰盛的饮食。指示说：

"您虽不住在这儿，但对您按照这儿的老僧一样对待。"并给了一件祖衣。彼师经常说：

"德赤仁波切、圣阿莽道扎和贡塘·嘉贝样三师依次是一切知上师的身、语、意的化身未摄收者。"

哲士的说法，值得参考。他的后一世，生于桑（བསང་།）地麦秀仓（དམེ་ཤུལ་ཚང་།），二十四岁时示寂，没有转世化身。

此后是冈察（ཀང་ཚ།）噶居·索南智化（བསོད་ནམས་གྲགས་པ།），彼师是拉卜楞寺的格西，曾取得林塞噶居。曾任德赤仁波切的雍增经师及协俄师、克他（ཁི་ཐལ།）寺喇嘛，这座寺院的堪布和甘加直噶尔寺堪布，护持显密二乘的讲闻。

圣·甘珠尔哇钦波·贡乔华增。

恩师阿莽道扎于木狗年（公元1814年，清嘉庆十九年，甲戌）藏历九月十三日担任堪布。十年之中，授弥多罗金刚鬘灌顶、《四家合注》《菩提道次第广论》《正义精要》的教敕等，一般及个别的讲传极为精到。尊者认为闻思堂应是僧伽重要集会处所，于是对其他两个扎仓的人数规定了限额。为使讲辩不趋于粗疏，特制定闻思堂的辩驳书，为使清规不至于衰落，对三个扎仓及大会堂的规章写出草稿，报告遍照尊者审阅后执行。尊者指出僧人在村中居住者过多，则不利于大会堂的僧众集会。规定：凡过去已有者一概令其加入大会堂的集会，今后，不准再有如此的行为！给予大量的讲经资金，并把各学期中的费用予以增加。由尊者亲自指导并指定音韵师，凡法事活动中的韵律调中，怙主法五经事中的韵律，音调和吟腔的旧调，一律予以改变，令其学习新调。按嘉寺(འན་རྒྱལ་དགོན།) [140] 的实践，在大会堂中建立吉祥天母的元旦施食。寺院四周的草架和一些空废房屋，一律予以清除。扩建经堂内殿为三层楼，提供雕版的经费使刻印成为定制。尊者卸去堪布之责后，仍每年莅临这座寺院，讲授相适应的讲辩，并督促管理直至谢世。这些事迹，备见于尊者传记之中。据说，当年第六世班禅让怙主持金刚修建这座寺院时授记说，今后将有一位和您的名字相同的人进行护持。所指即是这位尊者云。

了义者嘉贝样、贡乔丹贝仲美于水羊年（公元1823年，清道光三年，癸未)，藏历二月十一日任堪布。此后，依次为索智（བསོད་གྲགས།）化身仁波切·贡乔嘉措（དཀོན་མཆོག་རྒྱ་མཚོ།)、阿莽琼瓦、贡乔群培、土尔扈特·却登（ཆོས་ལྡན།)。霍尔然绛巴·吉美却增的化身索南拉卜丹嘉措(བསོད་ནམས་རབ་བརྟན་རྒྱ་མཚོ།)，彼师生于惹卜察多（རེབ་ཚའི་མདོ།）的吉丑仓（སྐྱིས་ཕྱུག་ཚང་།)，有寝宫和转世系统。接着是多仁巴·贡乔旺秀（དཀོན་མཆོག་དབང་ཕྱུག)、鲁雪巴·朋措森格(ཀླུ་གཞོད་པ་ཕུན་ཚོགས་སེང་གེ)。在彼师任堪布时，遍照尊者在此授弥多罗灌顶。其次是称为阿坝曲郡的化身洛措·洛桑丹增（ལོ་ཚོ་བློ་བཟང་བསྟན་འཛིན།)、东蒙古的贡乔闹吾（དཀོན་མཆོག་ནོར་བུ།)、科采·贡乔索南（ཁོ་ཚེའི་དཀོན་མཆོག་བསོད་ནམས།)、托尕夏仲·贡乔嘉措格勒（ཐོག་ག་ཞབས་དྲུང་དཀོན་མཆོག་དགེ་ལེགས་རྒྱ་མཚོ།)、德塘（བདེ་ཐང་།）活佛洛桑丹增嘉措（བློ་བཟང་བསྟན་འཛིན་རྒྱ་མཚོ།)、时轮学院嘉那化（རྒྱ་ནག་པ།）活佛化身嘉样丹贝尼玛（འཇམ་དབྱངས་བསྟན་པའི་ཉི་མ།)、措杜活佛更登嘉措（དགེ་འདུན་རྒྱ་མཚོ།)、洛桑金巴的转世化身洛桑贡乔（བློ་བཟང་དཀོན་མཆོག)、散木卡（ཟམ་ཁ།） [141] 时轮学院化身活佛洛桑化丹嘉措(བློ་བཟང་དཔལ་ལྡན་རྒྱ་མཚོ།)甘加多仁巴·洛桑（བློ་བཟང་།)、赛活佛塔冶嘉措（མཐའ་ཡས་རྒྱ་མཚོ།）等。

密宗学院第二任法台木多（མུ་ཏོ།）阿阇黎·华桑嘉措（དཔལ་བཟང་རྒྱ་མཚོ།)，彼师长期在卫地的上密学院学习成为阿阇黎，修持极为精进。当修建这座寺院时，彼师在其予以护持的本寺——玛如噶尔寺（མ་ཧུའི་སྒར།）中修建密宗学院，弘扬讲闻及一些经法的传统。曾转生三世，最后的一世生于察多（ཚ་དོ།），名贡乔德钦（དཀོན་མཆོག་བདེ་ཆེན།），被称为木多昂奥玛（ཐུ་དོ་ནང་འོག་མ།）。其次为洛措阿阇黎·洛桑朋措（བློ་བཟང་ཕུན་ཚོགས།）、木多·朋措丹增（ཐུ་དོ་ཕུན་ཚོགས་བསྟན་འཛིན།）、卡玛尔格西·阿旺扎喜（ངག་དབང་བཀྲ་ཤིས།）、雅戎（ཡ་རོང་།）然绛巴，彼师曾在智噶寺取得俄仁巴，精于医药及仪轨实践，对修持极为勤奋，心境的感应和梦境的现示极为明显。当彼师带头把科采、甘加和夏吾乃尔献于嘉木样法座时，有人问他："怎么这样呢?"

答道："我梦见克祁合杂玛尔（ཁིས་ཆག་རྫ་དམར།）山头上，有吹奏海螺之声，象征佳妙！"

彼师现在有转世系统住于科采。其次为噶丹然绛巴，是乌厄盖王府献给色拉、哲蚌、噶丹三大寺的僧源之一，取得噶丹寺的然绛巴。又返回故乡入拉卜楞寺《新论》学级，学习良好，与怙主尊者心交密切，曾担任拉卜楞寺扎仓的格贵师。接着是然绛巴·嘉样噶登（འཇམ་དབྱངས་སྐལ་ལྡན།）、木多活佛·洛桑柔贝森格（མི་དོ་བློ་བཟང་རིགས་པའི་སེང་གེ།），据说彼师是木多阿阇黎的化身，待考。圣·甘珠尔巴热特那（རྡོ།）、吉塘（སྐྱིད་ཐང་།）然绛巴·贡乔尼玛（དཀོན་མཆོག་ཉི་མ།）、热冈（རིས་སྨང་།）然绛巴·宗哲（བརྩོན་འགྲུས།）、霍尔活佛·索南拉卜丹嘉措、洛措·洛桑丹增、古格（ཀོཙ་དགེ）然绛巴·贡乔却登（དཀོན་མཆོག་ཆོས་ལྡན།）、铁吾（ཐེ་བུད།）多仁巴·洛桑朋措（བློ་བཟང་ཕུན་ཚོགས།）、宦波拉洒尔（དཔོན་པོའི་ལྷ་སར།）、松替然绛巴·鲁雪巴·索南木、古格然绛巴·贡乔金巴（དཀོན་མཆོག་སྦྱིན་པ།）、赛活佛·塔冶嘉措、阿木去乎多仁巴·贡乔喜饶(དཀོན་མཆོག་ཤེས་རབ།）、曲宗（ཆོས་རྫོང་།）然绛巴·贡乔达尔吉（དཀོན་མཆོག་དར་རྒྱས།）、苏乎·然绛巴·贡却华旦（དཀོན་མཆོག་དཔལ་ལྡན།）、扎萨多仁巴·华桑（དཔལ་བཟང་།）、西仓多仁巴·托美（ཐོགས་མེད།）。

菩提道次学院第二任法台是南木夸森格。继任者为玛额（མ་ངེ།）阿阇黎洛桑坚赞（བློ་བཟང་རྒྱལ་མཚན།）。彼师曾在拉卜楞寺的经院任辅导师，被称为辅导师加太（སྐྱོར་དཔོན་ཇ་ཐིས།），是出类拔萃的格西。在《皈依处总汇》（སྐྱབས་གནས་ཀུན་འདུས་མ།）的补编中说：

圣·阿旺丹贝坚赞(རྗེ་ངག་དབང་བསྟན་པའི་རྒྱལ་མཚན།)曾颂彼师道：‘以洛藏[142]诀要显密之妙道，如贤劫殊胜导师圣智主，启请以精进不懈之发心，永远执掌圣教之胜幢。’

前一世阿莽主张收入于《诸寺记》之末，他们提出要加在赤干之前的要求，因而发生牵扯被予以搁置。在家乡修了静修茅庵，致力善行获得证悟。他梦见在岩山边门中飞行，想起可以得到蔗糖，结果，堕下来了。后来彼师经常说：“贪欲是不妙的事！”临示寂时，据说回忆起是贡如坚藏（གུང་རུ་རྒྱན་བཟང་།）的化身云。其后继任护持者为霍尔然绛巴·却增桑波（ཆོས་འཛིན་བཟང་པོ།）、珍哇（འབྲིང་བ།）阿阇黎·敦珠嘉措（དོན་གྲུབ་རྒྱ་མཚོ།）、热洛（རྭ་ལོ།）阿阇黎·洛桑旦增（བློ་བཟང་བསྟན་འཛིན།）、木多阿阇黎·嘉样丹增拉卜旦（འཇམ་དབྱངས་བསྟན་འཛིན་རབ་བརྟན།）、阿坝然绛巴、洛桑嘉样（བློ་བཟང་འཇམ་དབྱངས།）、霍尔活佛·索南拉卜旦嘉措、医学院卸任喇嘛珍哇·嘉样朋措（འབྲིང་བ་འཇམ་དབྱངས་ཕུན་ཚོགས།）、色拉寺噶居·吉美嘉样（འཇིགས་མེད་འཇམ་དབྱངས།）、然绛巴·贡乔喜饶（དཀོན་མཆོག་ཤེས་རབ།）、多仁巴·吉美年智（འཇིགས་མེད་སྙན་གྲགས།）、鲁雪巴·阿旺达尔吉（ངག་དབང་དར་རྒྱས།）、南拉（གནམ་ལྷ།）多仁巴·贡乔（དཀོན་མཆོག）、噶居·贡乔丹达尔（དཀོན་མཆོག་བསྟན་དར།）、玛额多仁巴·乔珠（མཆོག་གྲུབ།）、欧拉多仁巴·南木夸（ནམ་མཁའ།）、尤加活佛·贡乔达尔吉（དཀོན་མཆོག་དར་རྒྱས།）、阿坝阿阇黎的官人[143]然绛巴贡乔隆珠（དཀོན་མཆོག་ལྷུན་གྲུབ།）。彼师曾念诵白伞盖母长陀罗尼十万遍，以这经咒的大回遮等为村庄作经忏法事，甚有禅益，现在有转世系统。苏乎多仁巴·贡乔尼玛（དཀོན་མཆོག་ཉི་མ།）、木多活佛·贡乔德钦（དཀོན་མཆོག་བདེ་ཆེན།）等。显密二乘的讲辩，日见增盛。

以上三个扎仓的历届法嗣传承世系的大部分事迹不一定对，有些人还在别处所叙述，可以对照。怙主尊者于其三十四岁之铁龙年（公元1760年，清乾隆二十五年，庚辰），修建了这座寺院，至今木牛年（乙丑）已历一百零六年矣。

这座寺院于藏历正月十七日起，开始春季大学期，计二十天；藏历三月初二日开始春季第二阶段学期，计十五天；三月二十七日开始春季第三阶段学期，计十一天。藏历四月有禁食斋戒，这个月的二十二日起，开始夏季大学期，计二十五天。六月初二日起，举行祈愿大法会，计十一天，这个月的十七日起，开始夏令安居辩经学期，计一个月。藏历八月十七日起，开始秋季大学期，计二十余天。藏历十月十七日至五供节，有十五天的辩经学期。藏历十一月十七日开始冬季大学期，计二十天，十二月二十五日起，念修吉祥天母施食，计五天，新年元旦日，奉献吉祥天母元旦施食。对于理路与经教学习和教程的考试，都有细密的规定，任何辩经学期，辩驳极为精到，各学期休会期间，因复习良好，提高也很快。不追求放债吃息，不作生意求利润，以及不忙于世间俗务，寺内僧伽的作风表现和孤单僧人的行为完全一致。

密宗学院中，按上密院的规定举行胜乐、密集、大威德三本尊的供修仪轨，实践清净严谨。菩提道次学院中，原有的关于妙吉祥秘法的供修等仍然照前进行，从不损减，在此之上，怙主尊者向各方巡行的第一步，就先到这座寺院。鉴于第一世一切知大师的发心时机已经成熟，乃新建具德时轮的供修仪轨等。由于历世尊者对彼此两所伽蓝[144]同样对待，进行护持的恩德使这座寺院成为显密兼修的圣教出处。怙主尊者为新建这寺莅临这里时，在卓合谷的赛聂大磐石之处，有一位身穿三衣，手持禅杖的比丘前来叩谒，礼毕后向前走去，向人们授记说：

“这座伽蓝，有拉卜楞寺的京俄，人们，这是你们的京俄兴旺发达的征兆。”并说：

“在智化坚赞活佛的石崖庵篷里，一些鹫鸟筑了巢，鹫雏生长良好。

“有些的身体支分甚为发达。”

这预示了这座寺院发达的情景。

还有“可以代替倾科尔嘉寺（ཆོས་འཁོར་རྒྱལ།），吉祥天母自然而然地前来作守舍神”等等的谈论很多。在此暂时只叙述这一些。

在经堂和各扎仓中，具有加持力的身、语、意的依止圣物和供器、用具等很多。以嘉木样尊者的拉让为首拉卜楞寺的大活佛大都在此修有府邸，其他还有如色拉阿阇黎、阿郭、上下木多、阿坝、霍尔等许多活佛府邸（噶尔克）。印经院雕有恩师阿莽道扎的全集，《日光论》《庄严论》，寂天菩萨的《集学论》，噶当派博尕瓦的《喻法论》本论和注释，故事《珍宝鬘》，上密学院的《疏释》，循奴贝的《青史》等以及许多大论的印版，印刷事业日益发展。

这座寺院的右侧多合曲水（དོག་ཆུ།）的上游，有班禅索南扎巴（པན་ཆེན་བསོད་ནམས་གྲགས་པ།）的化身索南益西旺波（བསོད་ནམས་ཡེ་ཤེས་དབང་པོ།）长时期居住念修的庵堂。这位哲士所加持的瓦拿（ཝ་སྣ།）药水泉的附近，有他手和足的印迹及所骑骡子蹄印的痕迹，至今仍然很清楚。这寺左侧卓合曲水（གྲོག་ཆུ།）的上游，有前一世拉丹（ལྷ་བརྟན།）修建的郭达夏尔静修院（མགོ་འདལ་ཤར་རི་ཁྲོད།），拉卜楞寺的最知名的格西、第二世嘉木样亲传弟子却玛喇嘛（ཆོས་མའི་བླ་མ།）终生在该处修持。此后有托尕夏仲（ཐོག་ག་ཞབས་དྲུང་།）、年智（སྙན་གྲགས།）活佛等在此念修，被称为咱日山（ཙ་རི།）[145]第二。先前，曲科尔的家族从贡玛韩达隆那里来到这儿时，汉官在此筑堡长时居住，此地现称为加噶尔塘（རྒྱ་མཁར་ཐང་།[146]）。与此不远的唵奇（ཨོ་འཁྱིལ།），是贡塘·殊胜化身仁波切·贡乔丹贝嘉措（དཀོན་མཆོག་བསྟན་པའི་རྒྱ་མཚོ།）诞生之处。

在卓合曲水和多合曲水合流之处的南面，有博尔琼静修院扎喜曲培林（བོར་ཆུང་རི་ཁྲོད་བཀྲ་ཤིས་ཆོས་འཕེལ་གླིང་།）。那亥蒂（ནག་ཏིས།）噶居在自己的田地上修了房屋，他圆寂后献于戎康夏仲（རོང་ཁམས་ཞབས་དྲུང་།）。这位夏仲又送给珍哇肖多尔本（འབྲིང་བ་ཤུག་རྡོར་འབུམ།）的哥哥南木夸森格（ནམ་མཁའ་སེང་གེ），后来由圣教的大事业者甘珠尔巴贡乔华增护持。彼师是肖多尔本的儿子贡波扎喜（མགོན་པོ་བཀྲ་ཤིས།）和妻子鲁摩吉（ཀླུ་མོ་སྐྱིད།）的孩子，生于第十三胜生的木鸡年

（公元1765年，清乾隆三十年，乙酉），藏历九月二十六日，被荷什德寺丹贝坚赞（བསྟན་པའི་རྒྱལ་མཚན།）命名为贡波才丹。这时，听信热贡贡那亥（རེབ་གོང་མགོན་ནག）卦师讲说：“珍哇仓生了一位很稀奇的孩子，但难以养活。”所以，就把孩子和他母亲送到在杂义寺中居住的拉卜楞寺老僧人拉丹然绛巴·阿旺年扎（ངག་དབང་སྙན་གྲགས།）的座前和家乡断绝了往来。第二年的藏历四月中，因拉丹在苏柔克（སུ་རུག）之地新修了房屋，就去住在那儿。不久身患疾病，难以痊愈。拉丹然绛巴对他的弟子端珠嘉（དོན་གྲུབ་རྒྱལ།）说：

“今天晚上，你去从孩子母亲的怀中，设法把孩子偷出来，另外让一个人摇着我的嘛呢轮[147]，伪作逃跑之状把孩子抱到这儿来！”

他们按指示完成任务后，由众僧举行盛大的敬事经忏。这时，有一个人梦见：桑吉加（སངས་རྒྱས་སྐྱབས།）官人背着一支用蛇做枪带的火枪，率领许多军队说：“我击伤了两只水獭，但是一个藏起来了。”他们在寺院的各到去处巡察搜索。由于然绛巴他给孩子系了护身结并授长寿灌顶，遂从病中得救。三四岁时，光作念诵经文、书写文字、塑造佛像等事。七岁时，和然绛巴住在一起，这一年给他剃度出家，命名为阿旺朋措丹增（ངག་དབང་ཕུན་ཚོགས་བསྟན་འཛིན།）。给了一些衣服和需用物品，并说：“需要赠送经文作为礼物。”把全套的《章嘉全集》送给了他，让去博尔琼从叔叔珍哇宗哲（འབྲིང་བ་བརྩོན་འགྲུས།）学习文字及念诵。所有学科只要教他两三遍就能熟记。叔叔经常让他待在家中，把门上锁。他心中厌烦，于诵读经文之余，发现《乾闼婆开口》（དྲི་ཟ་ཁ་འབྱེད།）一书读了之后，神妙地制作施食，藏于箱中悄悄地举行了焦烟祭，进行念修。即看见了一位青人青服饰，头戴黄色花冠者。自此以后，经常不断地有潜形的异类前来谈话。想道：“这是不需要之类。”乃把施食送走进行焦烟祭，说道：“今后再不要这样那样地讲了！”接着再没有发生这种事。他善于塑造，凡石头上刻经咒的头像和以炒面掐施食等等，均极工妙，令人意夺。十五岁时，去杂义寺，往来于这两个寺中，轮流居住。这一年，奉怙主尊者的教令入拉卜楞寺经院学习。赐以和悦的谈话及食物，委派佐格·更登华桑（དགེ་འདུན་དཔལ་བཟང་།）为师傅。在赤钦索南智化的座前听闻教程，并参加考试。是年冬，参加大会堂举行的全部《集类学》、《集类学长注明义》（བསྡུས་གྲྭའི་རིང་འགྲེལ་བ་དོན་གསལ།）、《正义精要》《七十理义》等考试，并在怙主尊者座前应试。二十岁时，怙主尊者兼任亲教师与轨范师，赤钦索南旺嘉巴（བསོད་ནམས་དབང་རྒྱལ་བ།）任屏教师，阿柔然绛巴·吉美根登（འཇིགས་མེད་དགེ་འདུན།）等任增益师受近圆戒，命名为贡乔华增。适父亲弃养，乃返回家中，由于赛化身活佛和祖先关系密切，前去请求回向，交谈了各方情况。接着彼师报告了要去拉卜楞寺的愿望。赛活佛说：

“若听我的话，不要去做俗谚所说的把地上的石子和怀中的麦子混在一起的事。去闭关一年，静修马头明王！”

遂遵照嘱咐，前去念修，但因耽误了学习，被落了一学级。但仍于前一级行列中参加般若贺典，立宗辩论。怙主尊者授弥多罗灌顶时，由于听众拥挤，彼师被安置在宝座的后面，得以一字不漏地听清了讲授，记在心中。弟弟朋措（ཕུན་ཚོགས།）建议说：“把听到的用文字记下来。”

答道：“不用，我记在心中就可以了。”

怙主尊者无论授生起次第和圆满次第两者的甚深教授，以及授胜乐、密集等灌顶、《噶当书》的教敕等经法，彼师一一听闻从不间断。其次，先后尽可能地向贡塘·嘉贝样、圣·吉美柔贝森格（རྗེ་འཇིགས་མེད་རིགས་པའི་སེང་གེ）、桑木察赛赤仁波切、赤钦索南智化、恩师阿莽道扎、大善知识贡乔旺秀（དཀོན་མཆོག་དབང་ཕྱུག）、堪钦森达（མཁན་ཆེན་སི་ཏྲའི་མཚན་ཅན།）等师座前聆听经法，因此闻听极为广博。参加了祈愿大法会上的然绛巴巡回讲辩。铁狗年（公元1790年，清乾隆五十五年，庚戌）在怙主尊者座前聆听弥多罗灌顶时，于讲经完了之后，立即将所讲复习演习。弟弟朋措再三建议说：“由我把它写成文字。”

答道：“我不是这样想的，不要给别人讲！”

这一年，自己庄园的静修院中发生内讧，谁也调解不了，由于拉丹然绛巴再三要求，彼师乃前去予以调解。新建大威德、密集的供修仪轨，凡念诵的韵调、施食的制作、音乐的吹奏等等，都按下密院的规程，均由彼师一一教诲。

赛化身活佛委派担任喀加寺的法台。因怙主尊者这时任夏琼寺的堪布，暂时没有承允。经再三敦促后，于铁猪年（辛亥）藏历十二月初三日就职，依次任达仓拉摩寺（སྟག་ཚང་ལྷ་མོ།）的密宗学院的法台、拉日固寺、阿木去乎寺密宗学院法台及阿木去乎寺大会堂堪布，以政教二规进行护持。曾通读《甘珠尔》大藏经，以及为清除母亲的障碍，读《妙法莲华经》近七十遍。倡议敦请恩师阿莽道扎担任阿木去乎寺大会堂堪布，并请求讲授《正义精要》教言等一些经法。经这位尊者的指示，让彼师在该寺于铁龙年（公元1820年，清嘉庆二十五年，庚辰），为一百多名听法者授《甘珠尔》大藏经的教敕，于两年之中圆满。临结束时，尊者为首领诵《贤劫经》，并讲《圣教燃炽论》。由于尊者师徒再三地申述愿望，于拉卜楞寺授《甘珠尔》大藏经教敕两次，于塔尔寺、木相寺（རྨུ་གཟོང་དགོན།）、嘉蒂寺（རྒྱལ་ཏེའུ་དགོན།）、昂曼静修院、卓尼大寺、恰格寺、康托寺、佐格冈察寺（མཛོད་དགེ་ཀང་ཚ་དགོན།）及这座寺院等各方寺院先后计授《甘珠尔》大藏经教敕十七遍。听众之中出现了弘扬教敕传统的吉仓日朝巴（སྐྱིལ་ཚང་རི་ཁྲོད་པ།）等人。又讲传《圣·宗喀巴全集》五遍，历世班禅、第二世达赖喇嘛更敦嘉措、章嘉阿旺曲登、历世一切知、贡塘·嘉贝样、恩师阿莽道扎等全集许多遍，以及《四家合注》《总义大纲》等疏解和教敕许多遍。如《般若八千颂》和《菩提道次第广论》等大部头经论，于一次座次之内即行传授圆满，而且发音清楚，义理正确，解释清晰，使听众聚精会神，心意懽悦，不知讲授之完毕。还多次传授《修法百海》《纳塘百法》《修法宝源》等灌顶、随许。不论请求者之地位高低、贫富等等，凡请求什么，即满足其愿望，彼师之恩德与慈悲，可以说是无与伦比。手中有何东西，立即向多麦南北部各个寺院进行布施，向一切知师徒先后奉献供养；在德摩塘寺内殿的上下，绘制《如意藤》中所述的本师释迦牟尼道行的画，又将喇嘛的用具和府邸中的用具统统献于拉让，以遁世者身份自居。因遍照尊者再三敦促，于六十八岁的水龙年（公元1832年，清道光十二年，壬辰），担任完波塘寺的堪布。经费的开支比前增加；在祈愿法会上设置的供品全由彼师书写，清净无垢；对于讲辩，积极督促，功德颇巨。卸任之后，在本寺静修院中专心致志地念修，间休时期，仍以经法满足许多有志于学习者之愿望。木龙年（公元1844年，清道光二十四年，甲辰），享年八十岁示寂。恩师阿莽道扎负责火化遗体。转世的化身生于吉仓（སྐྱིས་ཚང་།），名吉美华旦嘉措（འཇིགས་མེད་དཔལ་ལྡན་རྒྱ་མཚོ།），现在世。

※　　　※　　　※

东面不远之处，有完波塘[148]寺·噶丹谢珠林（ཐོན་པོ་ཐང་དགའ་ལྡན་བཤད་སྒྲུབ་གླིང་།噶丹讲修洲）。达赖喇嘛给丹·额尔德尼堪布（འདུན་ཨེ་རྡེ་ནི་མཁན་པོ།）赐了一尊古老的青铜铸造有历史记载的释迦能仁圣像，授记道：

“到多麦地区去！兴修一座扎仓，很好地弘扬讲辩。”

彼师遵照指示，从各方筹集资金，与吉则多吉（འཇིགས་མཛད་རྡོ་རྗེ།）的瑜伽师塔尔木其洛桑敦珠（ཐར་མི་ཆེ་བློ་བཟང་དོན་གྲུབ།）结合在一起，两师于第十三胜生的第十二年土虎岁（公元1758年，清乾隆二十三年，戊寅），修建了这座寺院。前者的事绩已如上述。塔尔木其阿阇黎，生于杂义官人的家族，十一岁铁虎年（公元1710年，清康熙四十九年，庚寅），第一世一切知大师莅临加噶尔塘（རྒྱ་སྐར་ཐང་།汉营滩）时，前去叩谒。十五岁时，于拉卜楞寺赤干座前披剃出家。从赤干尊者于经院中三年之内学完了《集类学》。一切知大师授记说：“是嘉戎南木夸隆珠（རྒྱ་རོང་ནམ་མཁའ་ལྷུན་གྲུབ།）的转世。”这位南木夸隆珠的父亲，为了让他学习本教的经法，派他去卫地求学。但是他转变了思想，进入色拉寺麦扎仓学习。他的父亲听见之后，召集了许多本教徒，展施神通进行诅诛，结果使其死去。他的上一世据吉扎法座（འཇིགས་བྲལ་ཞབས།）说，是色拉寺的丹达尔巴（བསྟན་དར་པ།）云。彼师对于《宗印大全》有很深理解。他之所以披剃出家，曾说："可能这是它督促的缘起。"从一切知大师受弥多罗灌顶，并于密宗学院刚建立之时，聆听了《八大指引》。在赤干尊者的座前于二十岁时受近圆戒。每晚不解禅带，一心念修本尊。守护戒行至为严谨。一切知大师曾被五世达赖喇嘛嘱咐吉祥天母作守护神并赐了依止的器物，所以对于彼师也予以守舍云。彼师在《集类学》学级时，熟背《悟慧论》与《因理论》《释量论》正文以及教程中关于《释量论》的大部分，进入学习大论时，熟背《般若》的通论与专论，在《中观》级熟背《教程广释》；在《俱舍》级，熟背《俱舍论》本文和辨析等。二十三岁时，在聚集智者发心学级中，从赤仁波切聆听作为教程讲传的全部《中观辨析》，尊者广泛深入地释难去疑，说：

"现在像我这样讲《中观》者，很缺少。我按照一切知大师给我的教授，如实地奉献于您们，请不要忘记！"

接着钻研《毗奈耶》，从赤钦聆听大威德十三本尊灌顶，于两年多的时间内进行念修，计念诵根本咒和事业咒各达一千万遍，出现了证得悉地的征兆。其他，广泛地学习了如广略《菩提道次第论》《密宗道次第论》《四家合注》《正义精要》《明义简释》《宗印大全》《识色广论》《金鬘论》《疏深密极明论》《般若十万颂疏》《四百颂》《入菩萨行》《阿毗达磨集论》《集学论》《三十四本生传》《慈氏五论》《中观六论》等经论的深奥教言，以及许多指引、灌顶、随许和教敕。给恰格阿阇黎授胜乐、密集、大威德等灌顶。从朋措拉哲巴（ཕུན་ཚོགས་ལྷ་བྲིས་པ།）聆听全部怙主经法；从阿坝·曲郡聆听《五次第明灯》；从赤钦坚赞森格聆听胜乐身曼荼罗法和五尊法等；从密宗学院阿阇黎嘉样华丹聆听《三诀要》的指引等。曾再三地请一位证得称为措息洛桑达尔吉（མཚོ་བཞི་བློ་བཟང་དར་རྒྱས།）之见的人传授见解与指引，虽付出了极大的努力，但没有出现效益。乃向德干请教，指示说：“现在还不能获得验证，将来你前去内地之时，会能获得。”

后来，果然就如所说一一出现。彼师经常讽诵龙树的《中论》和寂天的《入菩萨行》。念修大威德时，如笔记中所载，修持了整整一年。同时彼师于二十五年之间，念根本咒一亿多遍，事业咒三亿多遍。出现智慧增长等等特殊征兆。大众传说，彼师曾挖一地洞铺上草，就在这地洞念修本尊十二年，因此，被称为“蚀洞者”云。第二世嘉木样怙主尊者说：

“对于讲经的喇嘛，您们大众都说郭托（ཀོ་ཐོབ།）和赛卡（གསེར་ཁ།）等贤妙。但是，据我观察，像塔尔木其一般贤妙者还不见有，他的智慧是本尊所加持的智慧呵!”

别人虽在食物中进毒，但未遭侵害。念修许多本尊、护法都达到标准。

密宗学院阿阇黎嘉样华增梦见有一位骑着骡子称为恰格阿阇黎的人，前去他的属民才仁敦珠（ཚེ་རིང་དོན་གྲུབ།）的家中。乃向彼师请教：

“这是不是生一位化身活佛的征兆?”

“他是不是阿阇黎，不甚清楚。可能是一位有福分的人。我梦见自拉卜楞寺至合作之间，供奉不断。”

彼师就这样予以回答。据说这是后来恰格活佛担任加喀尔寺（རྒྱ་མཁར།）堪布的征兆云。为了寺院兴旺发达，念修《增长幻轮》，出现神奇的征兆。当一切知大师圆寂之后，青海蒙古[149]的军队摧毁了乌尔盖时，彼师和官巴仁钦丹增（སྒོམ་པ་རིན་ཆེན་བསྟན་འཛིན།）、钦惹（མཁྱེན་རབ།）、赛喀（གསེར་ཁ།）、朋措丹增（ཕུན་ཚོགས་བསྟན་འཛིན།）等进行了许多次诛法的回遮法事。亲王丹津旺舒克患病，请彼师去泽云滩给予“塔尔木其”名号。亲王朝觐皇帝时，彼师作为护卫前去北京，叩谒章嘉仁波切。这时，座前有一位西藏卫地的格西，章嘉让彼师和这位格西辩论，使对方的辩才受挫。章嘉就《中观》的许多疑难点，提出问题，彼师细致而广泛地进行了回答，章嘉甚为喜悦。任乌尔盖寺法台，给赛殊胜化身阿旺嘉样扎喜（ངག་དབང་འཇམ་དབྱངས་བཀྲ་ཤིས།）、丹活佛等讲授经法。五十九岁时，修建了这座寺院。鼓谱等等都使与拉卜楞寺相同，以经法和财物护持这座寺院达二十年。梦见大会堂斋僧大锅之四周又围了许多小锅，锅内一一注满牛乳，众僧在颂赞吉祥。这象征着此后怙主尊者把许多村庄的寺院合并，寺院兴旺发达之兆云。为了使扎仓永固，彼师认真地举行了怙主大施食祭、息增施食祭、白法王施食祭等。先后对喀加寺法台阿旺却登（ངག་དབང་ཆོས་ལྡན།）、扎察华增（ཟླ་ཚ་དཔལ་འཛིན།）、阿阇黎阿旺桑吉（ངག་དབང་སངས་རྒྱས།）、拉摩寺的阿阇黎直秀（ཟག་ཁྲུལ།）活佛、噶丹然绛巴、德塘·洛桑云丹（བློ་བཟང་ཡོན་ཏན།）等本地和客地许多人讲授了所有的经法。阿阇黎曲郡嘉措（ཆོས་སྐྱོང་རྒྱ་མཚོ།）身体不适，请彼师予以梦兆占卜。占得“略约二十五日修心”云，乃予以相适应的谈话。圆寂之后，又为之举行火化仪式等。和合作寺堪布赛喀·索南嘉措（གསེར་ཁ་བསོད་ནམས་རྒྱ་མཚོ།）彼此传授经法，交流经验。

在本寺里，彼师迎请了一人身量高一点青铜铸造的觉阿释尊像，设置了许多供器、供物。怙主殿中按诀要绘制了独雄大威德、怙主、内、外、密法王、吉祥天母等画卷。关于仲巴仓（དྲུང་པ་ཚང་།）的小孩是否为赤·坚赞森格转世的化身？前来请教于彼师。梦见似乎在一座神坛之上，一杆大旗向四面招展。为怙主尊者从内地何时返回之事，进行梦兆占卜。梦见拉卜楞寺大经堂之上有八个海螺面向后山，有两个海螺面向寺前吹奏。似乎若从寺院后面的方向前来，则事业将更为兴旺增盛？后来，如彼师所预测从甘加方面前来。如此等等的梦兆，甚为清晰。七十八岁火鸡年（公元1777年，清乾隆四十二年，丁酉）圆寂。有赛阿阇黎编纂的大传。现在有转世系统及寝宫。当这座伽蓝修建后的第二十二年即土猪年（己亥），丹堪布敦请怙主尊者到寺，将寺院、寺属百姓和庄园田土等献于怙主，并签订了协议文书。在此之上，加上第十四胜生木牛年以前的八十七年，已历一百零八年矣。

怙主尊者提供了白银一百两、马牛五十头匹、绵羊一百只等，作为公积金。当合并各庄园的寺院时，卜合察寺（སྦྲག་ཚའི་དགོན།）由于僧人较多，翁则师巴林（འབའ་ཞིང་།）把怙主的信带到该寺。尔时，恰值大会堂正在念诵《密集》中所讲的“诸化身们聚集在一起”的这句经文，因缘会合，大众一致接受教令，合并在一起。委任隆来（ལུང་ལེབ།）多仁巴·楚臣森格为首任讲闻师，建立了考试教程背诵制度。第三世怙主按照前一世授记，把寺院迁移于前面所述的寺址上。历世嘉木样尊者依次地委任法台、代表、格贵师等。由于怙主尊者护持的恩德，寺院日渐兴旺，成为讲传五部大论的殊胜伽蓝。嘉（རྒྱལ།）寺的授记中有这样的话：“滩平似掌，如碧琉璃。”听人们说，这个授记指的就是德摩塘寺及这座寺院，毫不含糊。这座寺院中有怙主法座的拉让，其他有仲巴昂欠（དྲུང་པ་ནང་ཆེན།）、有阿木去乎寺菩提学院的卸任法台热洛阿阇黎·洛桑丹增转世的系统等一些府邸。有把释迦能仁王佛像捧在头上发誓要结成弟兄，因而被称为“世尊四子”的春托（ཁྲིམས་ཐོག）、革甲古达（གད་སྐྱ་ཀོ་ཞད།）、卜合察（སྦྲག་ཚ།）、博拉（འབོ་ར།）四部，后者有九个分部，这些都是寺属谿卡庄园。村落之中，仲巴、阿吉（ཨ་ཅི།）、全格（ཁྲིམས་དགེ）三部里各有弥勒佛殿一座，供奉一层楼高的弥勒佛像。

※　　　　※　　　　※

右侧谷中上部，有吉仓噶尔寺噶丹曲林（སྐྱིས་ཚང་སྒར་དགའ་ལྡན་ཆོས་གླིང་།噶丹法洲），该处有热水池，池子的上部有森林，称为池林（རྫིང་ཚལ།），池畔有一村落，叫作藏仓（རྫིང་ཚང་།）。吉仓克尊（སྐྱིས་ཚང་མཁས་བཙུན།）作为施主，由娘仓噶居曲珠（ཉང་ཚང་དཀའ་བཅུ་ཆོས་གྲུབ།）修建了这座寺院。彼师是当年新修拉卜楞寺密宗学院时的大威德神行列中之一，在喇嘛隆谷（བླ་མ་ལུང་།）修建静房长期居住，后来就建成为这座寺院。彼师转世的化身嘉样克珠（འཇམ་དབྱངས་མཁས་གྲུབ།），是第二世怙主尊者的弟子，现在依次转世住在这座寺院。第十四胜生的铁鼠年（公元1840年，清道光二十年，庚子），娘仓喇嘛把寺院献于恩师阿莽道扎。这一年，德赤仁波切在曲科尔寺居住，请求查勘寺址，遵照指示，把寺院迁移于曼康多（སྨན་ཁང་མདོ།），按照下密学院的规程，修建了密宗学院，并建立了经堂，设置了公积金。由于尊者再三地督促，成为讲闻密咒的清净严谨的扎仓。乃献于遍照尊者，规定了由历任阿木去乎寺堪布予以护持的制度，委派喇嘛翁则师和格贵师，订立寺院清规，照顾护持，无微不至。第二世一切知曾派噶居阿仲喇嘛（ཨ་མགྲོན་བླ་མ།）为吉仓禁食斋师的代表。他在这座寺和曲宗（ཆོས་རྫོང་།）两处设置了八方禁食斋行戒的经费，于藏历四月初八至十五日，守护禁食斋戒，这种传统，现仍在奉行。该寺有一切知法座的寝宫，禁食斋师阿旺扎喜（ངག་དབང་བཀྲ་ཤིས།）转世的后一世阿旺却桑（ངག་དབང་ཆོས་བཟང་།）也修建了寝宫，和昂拉一样，来往居住。

甫德·贡乔坚赞（ཕུག་སྡེ་དཀོན་མཆོག་རྒྱལ་མཚན།）修建的直苏呼静修院（བྲག་སོག་པའི་རི་ཁྲོད།），冬丑日朝巴·住持的塔玛尔禅院（མཐའ་དམར་སྒོམ་ཁང་།），沙捷隆禅院（སྤྲབ་ཅན་ལུང་གི་སྒོམ་ཁང་།），拉摩寺赛赤的支寺麦加寺（དམེ་རྒྱ་དགོན།）。

塘洒尔寺[150]·扎喜却派林（ཐང་སར་དགོན་བཀྲ་ཤིས་ཆོས་འཕེལ་གླིང་།吉祥兴法洲）恩师阿莽道扎八十六岁的土鸡年（公元1849年，清道光二十九年，己酉），将木多静修院石窟静房、隆务噶登嘉措亲传弟子敦约森格（དོན་ཡོད་སེང་གེ）修建的雅隆静修院（གཡའ་རིང་རི་ཁྲོད།），息肖娘仓（ཕྱི་སོའི་ཉང་ཚང་།）静修院·古仓冈谢主林（ཀོཙ་ཚང་སྐང་བཤད་སྒྲུབ་གླིང་།），吉塘（སྐྱིད་ཐང་།）嘛呢巴的静修院白麻顶（པད་མ་སྟེང་།[151]），洛措然乃亥玛（ལོ་ཚོ་རྣ་ནག་མ།）的静修院哦哇昂（ངོ་བ་ནང་།）等合并在一处，举行吉祥长净，进行卜地、划线、占卜等。提供经费，修建了经堂、弥勒佛殿及尊者的寝宫，出现了后山之上有两名僧人进行辩论的梦兆等兴旺发达的征兆。按照佑宁寺和曲藏寺静修院的实践规程，建立瑜伽母供修仪轨及舞蹈、道歌音律等。大威德的供修仪轨则按下密院的规程。建立藏历六月祈愿法会、五供节等，把寺院献于遍照尊者。遍照尊者赐以密集灌顶和它的供修仪轨。后来，又建立喜金刚生起次第与圆满次第及相适应的讲闻制度。至木牛年（乙丑），寺院的修建虽只有十七年，但已奠定了密宗讲修的基础。当年，为修建拉卜楞寺占卜吉日，上首弟子们前来时，曾于该处的上部阿雅尔贡喀（ཨ་ཡར་གོང་ཁ།）举行吉祥赞颂。一切知大师也亲自前来，住在山窟之中，看见东面山头上的一列列树木倾向于西，说道："若在此处修建一座寺院，会有许许多多的内地、蒙古的施主前来。"

该处有一切知大师师徒们历世转世者居住过的一系列座位。据上师说，朋措拉哲巴（ཕུན་ཚོགས་ལྷ་བྲིས་པ།）的[152]足迹似乎也到过这儿云。拉哲巴南木夸朋措（ལྷ་བྲིས་པ་ནམ་མཁའ་ཕུན་ཚོགས།）是木向尕贡（ཙ་ཀ་སྔོང་སྣ་གོང་།）人，哲蚌寺郭莽扎仓僧人，在该处绘有宗喀巴大师的画传，在安多地区给一切知大师于绢上绘弥多罗曼荼罗画，被授以止雨的教诫。一切知大师曾寻找达罗那他称为法王面颊骨或称为阎罗头盖骨，没有到手，他从自己家乡找到后献了上去，由于没有按上印记，受到斥责。在校订《大威德教法史》时，所有修习心愿的画也出自他手。他的侄子洛桑华丹（བློ་བཟང་དཔལ་ལྡན།）和德哇隆柔嘉措（ཉི་བ་ལུང་རིགས་རྒྱ་མཚོ།）同一学级。从前，这寺院的这处寺址上有阿拉（ཨ་ལ།）官人衮噶森格（ཀུན་དགའ་སེང་གེ།）的静修院，因与洛措噶尔寺不协，他于睡梦占卜时，梦见这样的话句：

"首先不要多争谦躬以自处，中间犹如血乳融合而居住，最后长久永固而出人头地，愿圣教向各方弘扬大吉祥!"

木多·嘉措端登（ཟུ་ཏོ་རྒྱ་མཚོ་དོན་ལྡན།）是曲居木多寺（ཆུ་རྒྱུན་ཟུ་ཏོ་དགོན།）的僧人，由于厌烦府邸中嘈杂打扰学习，遂赴西藏卫地求学。虽经释迦官人[153]前去敦请，也没有回来。官人立誓保证他用不着管理昂欠府邸的事务后，才答允了迎请。常居住不定地致力于修持。在离大成就者拿洛哇（ཉ་ལོ་བ།）的牧地不远之处，修建了静修院。他是杂义活佛的亲传弟子，因而撰写了师长的传记。由于需要和上师长期居住，乃在不远的地方，修建底琼静修院（ཏིའུ་ཆུང་རི་ཁྲོད།），但没有长久住下去。遵照德赤仁波切的指示，修建拉卜楞寺桥，还在其他地方修建了九座或十一座桥，因此被称为“修桥者木多”。第一世一切知大师也给他发了文书，让在各地区广泛地弘扬念诵六字真言的事业。他转世的化身就是木多拉干（སྨུ་ཏོ་བླ་ཀན།），其后是生于肖底（ཤོ་ཏིའུ།）的属木鸡（乙酉）相的贡乔敦登（དཀོན་མཆོག་དོན་ལྡན།），曾一度居住于拉卜楞寺。

木多拉卡贡玛（སྨུ་ཏོ་ལ་ཁ་གོང་མ།）吉美端珠（འཇིགས་མེད་དོན་གྲུབ།），曾被认定为拉卡·年智嘉措（ལ་ཁ་སྙན་གྲགས་རྒྱ་མཚོ།）的转世，但没有被赎请。长期在阿木去乎寺经院学习，在自己的庄园里塑造了一层楼高的弥勒佛像及释迦能仁王佛像等。贡塘·嘉贝样赐以在修建唐卓寺（མཐོང་གྲོལ།）时所用的六字真言的印版，乃进行印刷，在弥勒殿的周围修建了六十座转经法轮。在恩师阿莽道扎座前请求了大悲观世音的灌顶，首先开辟了尊者前赴该处的事业之门。有一次，尊者专门给他赐了瑜伽母的加持，恰在这一天的前夕，那班洛赛（ན་འབན་བློ་གསལ།）圆寂，来迎请木多拉干，献上了用黄丹绘制的曼荼罗画片及天灵盖等全部用具，因缘配合良好。为了遵照尊者的教导完成这项供修仪轨及迁移静修院，新修甫德噶尔洒寺（ཕུག་བདེ་སྨར་གསར།）顺缘。向甘珠巴钦波·贡乔华增座前请求了《甘珠尔》大藏经的教敕。下半生，在喜合热（གཤག་རལ།）成就圣地专门修持瑜伽母，准备就在该处谢世，但由于护法的原因，回到自己的家乡圆寂。转世的化身生于冈察，名贡乔喜年扎喜（དཀོན་མཆོག་བཤེས་གཉེན་བཀྲ་ཤིས།），入拉卜楞寺经院学习，现在与木多活佛同住在一个府邸之中，善事妙行，日益增盛。

创建乔典哦（མཆོད་རྟེན་ངོ་།）宝塔者吉察（སྐྱིད་ཚོ།）噶仁巴转世的化身、西藏卫地的云哇夏仲（གཞུང་པ་ཞབས་དྲུང་།），曾作为嘉堪庆的代表在嘉梅朵塘（རྒྱལ་མི་ཏོག་ཐང་།）居住，由他赎迎的一位化身活佛系统，现在被称为西肖娘仓（ཕྱི་ཤོའི་ཉང་ཚང་།）。

吉塘玛尼巴洛桑丹增（སྐྱིད་ཐང་མ་ཎི་པ་བློ་བཟང་བསྟན་འཛིན།），是卓尼吉塘人士，被

多数人们称为是成就者达恰尔哇（མདའ་འཕྲུར་བ།）的转世，修大圆满法有很大的效能。撰有关于灌顶、仪轨等经法约一小函。被此处的一些施主敦请前来，请于白玛顶（པདམ་སྡིང་།）修建寺院。说道：

“修建寺院没有寺址，可暂修一座静修院。我于第二次转世时即来此地。”

他转世的化身生于那班，是苟什德寺丹贝坚赞的弟子，名徐勒南吉（ཐུགས་ལས་རྣམ་རྒྱལ།），他撰有《贡完燔祭颂·赡部广阔》。此后暂时没有转世化身，由拉卜楞寺的然绛巴贡乔尼玛（དཀོན་མཆོག་ཉི་མ།）的第二世护理这座静修院。现在的夏仲贡乔群派（དཀོན་མཆོག་ཆོས་འཕེལ།）由第三世嘉木样遍照尊者认定，正游学于拉卜楞寺的会传。

这个地区有许多自然形成的圣物，如兰丹（ལན་དན།）地方有六字真言石，泡隆杂干石崖（ཕོ་ལུང་རྫ་ཀན་བྲག）如海螺之形，查色石崖（ཁྲ་སེའི་བྲག）有衣叶母（ལོ་གྱོན་མ།）像，托拉泽果石崖（ཐོག་ལྷ་རྩེ་སྒོད་བྲག）上有白海螺之形，这座石崖下河水彼岸之石崖壁上有玛尼字形等等。玛噶（མ་གལ།）谷内有度母圣地，吉祥天母石崖之上有增禄天母的圣像，据杂义活佛说“有宝瓶与瓶口饰花等俱全的伏藏”云。观察这些地势可以看到和《迦当书》上提到者相对应之处，此处不再叙述。

※　　　※　　　※

谷口左侧之旁，即阿细塘（ཨ་ཕྲུག་ཐང་།）。人们普遍传说索南耶西旺波（བསོད་ནམས་ཡེ་ཤེས་དབང་པོ།）活佛的念珠曾于此脱散云。但在达温的传中则说是达温波的念珠在此脱散。各到去处，有许多泥坯印造的小泥塔、泥像，患病者在此巡礼叩拜者很多。这条谷中的水汇于多合曲水，在两水汇合的北面的下部，有惹卜察（རིབ་ཚ།）阿阇黎洛桑闹吾（བློ་བཟང་ནོར་བུ།）的伽蓝上下欠木尕尔昂[154]（ཕྲམ་དཀར་ནང་གོང་འོག）。这座寺院后山上觉阿秦尕尔哇（ཇོ་བོ་ཕྱིང་དཀར་བ།）曾经居住，后讹为“欠木尕尔”（ཕྲམ་དཀར།）云。人们传说“此处若生长柏树林则迦当派的教法将会增盛”云。现在由阿旺楚臣嘉措

（ངག་དབང་ཚུལ་ཁྲིམས་རྒྱ་མཚོ།）活佛护持。与此不远之处，有洛巴寺·扎西曲科尔林（ལོ་པའི་དགོན་བཀྲ་ཤིས་ཆོས་འཁོར་གླིང་།）系戎康夏仲（རོང་ཁམས་ཞབས་དྲུང་།）所建，由其历世转世住持，欠木尕尔和娘仓轮流担任法台。与此不远之处，即是洛巴娘仓（ལོ་པའི་ཉང་ཚང་།）的豁卡。

娘·衮噶洛哲（ཉང་ཀུན་དགའ་བློ་གྲོས།）是娘仓当搜多哇（ཉང་ཚང་གདོང་ཟུག་མདོ་བ།）人。由于在此居住有所不便，有一段时间曾居于玉拉官秀（གཡུ་ལའི་དགོན་ཤུལ།）遗址之上。此后有藏·嘉哇洛热（གཙང་རྒྱལ་བ་ལོ་རས།）降生地的一些人前来此地，和被称为洛巴（ལོ་པ།）的地方和寺院结成供施关系，在该处修建了寝宫，被大众尊为上师，建立五供节，许多比丘聚集在一起，成为青海蒙古各旗的上师，尊为额尔德尼呼图克图，对官人[155]亦给以达尔汗昂索的职位。此后出了许多哲士，其中有娘·阿旺丹贝尼玛（ཉང་ངག་དབང་བསྟན་པའི་ཉི་མ།）者，弘法事业甚为增盛。彼师生于丹贝仁钦（བསྟན་པའི་རིན་ཆེན།）家，被娘仓赎请前去。自幼小时起，即明显地表现着哲士的行止，在隆务聆听了所有讲经院讲传的经法，厌烦作乡村经忏师，偷跑到大寺[156]，在该寺学习了《集类学》《因明》，又去哲蚌寺郭莽扎仓继续钻研没有学完的各大论。在圣·阿旺强巴（རྗེ་ངག་དབང་བྱམས་པ།）、卡多·索巴嘉措（མཁར་རྡོ་བཟོད་པ་རྒྱ་མཚོ།）等师座前聆听了显密二乘的许多甚深妙法。准备返回家乡时，喇嘛强巴（བླ་མ་བྱམས་པ།）送了袈裟和尊者自己的著作三函。他捧尊者之足于头顶之上进行了祈愿。回热贡后，由于加吾（རྒྱལ་བོ།）地方众静修僧的请求，乃住在该处。在大寺及拉卜楞寺亲近夏日诺们汗及嘉木样法座的足莲。法座赐予了一根藤手杖，后由他传给阿郭·南木夸森格，又由此师传予阿吉多卜丹。彼师遍礼各成就圣地和噶登[157]大师的大部分的静修圣地，和各圣地建立了联系。当准备担任大寺的堪布时，由于家乡人们前来迎请，再三恳求，乃回到这里。维修损坏过甚的神殿，塑造、迎请了许多依止圣物。先后讲授经法，弟子有杂义活佛、切巴嘉卡尔喇嘛（ཆས་པ་རྒྱ་མཁར་བླ་མ།）等人，和冈吾昂巴（ཀོང་དུ་ནང་པ།）相互交流经教，被觉绕（ཅོག་རོ།）的老官人尊为上师。在卓尼大寺向阿阇黎扎巴谢珠（གྲགས་པ་བཤད་སྒྲུབ།）请求他全集的教敕。给阿郭日朝巴·丹增嘉措授杂卜尔（ཛ་བིར།）气功指引和辟谷术指引，让其实践。彼师圆寂时，气向上行，头顶之上出现了大小如碗的气泡，白顶（པད་སྙིང་།）日朝巴肖底参禅者克宗森格（ཤོ་རྟེའུ་མཚམས་པ་མཁས་བཙུན་སེང་གེ）也受这位哲士的护持，巡礼五台山和卫地，用银汁书写了《般若十万颂》一部献于彼师。三十年之中，闭关修持大威德，生螺齿[158]一颗，上有大威德的圣像。在参禅的座次时间，人们看见他胸口上有虹光射照。示寂后，尸骨之上有大威德圣像及文字。彼师经常阅读从西藏卫地请来的经籍文献，圣·宗喀巴大师的许多显密大论及佛护论师所著《龙树中论释》(བུ་དྡྷ་པཱ་ལི་ཏ།)，在修持的座次时，从不间断大威德仪轨，在座次间休之时，则举行百施食法[159]及供养三分施食[160]等以此善行度日。博尔格·克珠(འབོར་དགེ་མཁས་གྲུབ།）修建了寝宫，作为博拉九部落的供养处所。据说，尔时对一些听经者们讲说了主宰娘仓的真正修持处所和许多极其灵异、明显的梦兆云。给杂义活佛和吉塘化身佛两位授《修法宝源》的全部随许、《般若十万颂》的读法教敕。在德摩塘向阿阇黎色拉哇献了续部和《般若十万颂》的教敕。尔时虽已享年近九十，但根本没有衰老之相，被称是修持辟谷术的功力云。不久即圆寂。彼师转世的化身生于吉仓巫师之家，名洛桑丹贝坚赞（བློ་བཟང་བསྟན་པའི་རྒྱལ་མཚན།），十四岁入拉卜楞寺经院学习，请求赤钦华热哇作了加入经堂的介绍。在怙主金刚持座前聆听了弥多罗等灌顶，并应试《正义精要》受到欣赏。怙主尊者迁转净土时，在遗体装入灵塔的这一段时间内，每晚在尸体前不间断地尽量多地念诵经典。尔时，梦见从不显现的处所传来悦耳的禅韵，说：

“这个孩子这样受苦受难，并不是为了母亲在吃苦，因此可能是由于怙主示寂而痛苦！”应《集类学》的考试，与江绕活佛进行《悟慧论》的磋朗辩论。先后从贡塘·嘉贝样座前聆听许多经法，患心脏病，念修马头明王后即告痊愈。彼师圆满地学习了《般若》和《中观》，成为悟、理兼备的第一流格西，其他剩余的诸大论，由于发生争论之故，予以搁置。在自己的庄园中新建佛堂，塑造了一人身量高以第一世一切知大师的帽子，喇嘛强巴的袈裟为内藏的弥勒佛像。有一段时间，在蒙古地方给土默特赛代（ཐུ་མེད་སེར་ཐེ།）授独雄大威德及胜乐五尊身曼荼罗等灌顶。返回途中，摧败了强盗的抢劫，所带的什物中，有一具海螺显示了“自鸣”等奇迹。经乌厄盖王府的调解，给彼师送上墨尔根呼图克图的名号。塑造千佛像、《如意藤》等画卷，并经郭莽嘉那化（སྒོ་མང་རྒྱ་ནག་པ།）的鼓励，铸造了一人身量高的青铜无量光佛像等许多三依止圣物。敦请苟什德活佛衮噶曲培（ཀུན་དགའ་ཆོས་འཕེལ།）、圣·喇嘛阿莽道扎、科采索南、东蒙古闹吾等师请求经法。从杂义活佛和泽卫觉巴两师学习了宁玛派的所有经法。亲近察尔察参禅师，按照他的指示，集中修持具德总摄轮的瑜伽获得证悟。第三世嘉木样前来此地时，说彼师是寺院的老僧，专门到其府邸以极大的悲悯心情予以看视，彼师也怀着与众不同的敬信。享寿八十多岁，著有《娘地法嗣史》（ཉང་གི་བླ་རབས་ལོ་རྒྱུས།）。转世的化身贡乔勒谢嘉措（དཀོན་མཆོག་ལེགས་བཤད་རྒྱ་མཚོ།）正在准备迎请坐床之时，又赎迎了阿吉喇嘛（ཨ་གཅི་བླ་མ།）化身的怀疑对象阿旺贡乔拉卜旦（ངག་དབང་དཀོན་མཆོག་རབ་བརྟན།），正在饶益众生。

下面的谷脑中，有甫尔夏山（ཕུར་ཤ་རི།）的日朝巴贡乔朋措（དཀོན་མཆོག་ཕུན་ཚོགས།）的静修院。在彼师的座前，圣·喜饶嘉措（རྗེ་ཤེས་རབ་རྒྱ་མཚོ།）曾学习赛活佛著的《集类学》（བསེའི་བསྡུས་གྲྭ།）、喀专乃典巴（ཁ་སྒྲོན་གནས་བརྟན་པ།）的全集，《十八支分》教敕等，对圣教传统的弘传，颇有贡献。现在该处仍有于藏历四月中举行禁食斋戒的传统。

几冷噶尔寺·噶丹拉卜吉林（ཀྱི་ལིང་སྐར་དགའ་ལྡན་རབ་རྒྱས་གླིང་།）由戎康夏仲却嘉措（ཆོས་རྒྱ་མཚོ།）修建并由其历世化身住持。欠木尕尔历世活佛担任法台。有依粉彩画规之上举行的密集供修仪轨、白伞盖供修仪轨，冬夏日至时，举行白伞盖大回遮法，是一座清净梵宫，法行严谨。供养的谿卡属于阿木去乎部落。

隆那亥噶尔寺·图丹拉卜吉林（ལུང་ནག་སྣར་ཐུབ་བསྟན་རབ་རྒྱས་གླིང་།）。

惹卜察甫寺·扎喜却林（རིབ་ཚ་ཕུའི་དགོན་བཀྲ་ཤིས་ཆོས་གླིང་།）由阿郭（ཇ་སྐོད།）的历世转世化身护持。该寺有措卡哇贡乔郡培（མཚོ་ཁ་བ་དཀོན་མཆོག་ཆོས་འཕེལ།）塑造的弥勒佛像、觉阿释尊像，以及阿吉多卜旦活佛献上的《甘珠尔》大藏经。

左边山谷中有一座惹卜察各个静修禅院的母寺嘉摩桑珠林寺[161]（རྒྱལ་མོ་བསམ་འགྲུབ་གླིང་།嘉摩如意林），由格勒达日玛（དགེ་ལེགས་དྷ་རྨ།）活佛修建。也有人说是噶桑温波（སྐལ་བཟང་དཔོན་པོ།）建成后献于彼师云。还有人说自喇嘛索南曲旺（བསོད་ནམས་ཆོས་དབང་།）至彼师，其间已历十八世上师云。据甘珠尔巴活佛说，在彼师之前，似已历三世云。这座寺院由格勒达日玛和他的文布云丹嘉措历世转世护持。格勒达日玛转世的化身甘珠尔巴·洛桑尼玛（བློ་བཟང་ཉི་མ།）生于黄河东岸河曲蒙旗阿秀家族之中，是拉卜楞寺新建时期的僧源，亲近一切知大师和赤干，学习圆满究竟，成为著名格西，精通怙主、法王、大威德法的教授。曾因食物中毒，彼赤干赐以净瓶之水，立即痊愈。先后去卫地两次，后一次和拉康隆（ལྷ་ཁང་ལུང་།）活佛同去，曾朝礼第七世达赖喇嘛噶桑嘉措，并在后藏朝礼第六世班禅贝丹耶喜；在扬官寺（ཡང་དགོན།）[162]叩谒嘉哇俄仁巴；在大小昭寺供养觉阿释尊像；在色拉寺、哲蚌寺、噶丹寺发放布施；向赤南桑波（ཁྲི་རྣམ་བཟང་པོ།）请求了法缘。在家乡事奉恰格阿阇黎、达仓阿阇黎等。从塘仓（ཐང་ཚང་།）阿阇黎聆听了《甘珠尔》大藏经的教敕，并进行弘传。和拉康隆巴一起关闭修持年禅和月禅数次。弥勒佛殿和怙主殿曾发生火灾，由他们两人予以修复。享年八十余岁，于土狗年（公元1778年，清乾隆四十三年，戊戌），于智合隆（བྲག་ལུང་།）静修院圆寂。怙主尊者曾亲临该处，详情见于传记之中。著作有一小函。

彼师转世的化身贡乔丹曲雅培（དཀོན་མཆོག་དམ་ཆོས་ཡར་འཕེལ།），于土猪年（公元1779年，清乾隆四十四年，己亥），生于佐格麦（མཛོད་དགེ་སྨན།）。六岁时， 从拉康隆巴披剃出家，八岁时，在第二世嘉木样怙主尊者座前受沙弥戒，聆听大悲观世音的随许，并在拉卜楞寺聆听弥多罗灌顶。彼师年龄虽幼，但已获得真挚的信仰，以后经常听到他忆念恩德的谈话。整整八年之中，详细学习经典的讽诵，以及藏文文法《三十颂》《音势论》等。佐格的日朝旺波（རི་ཁྲོད་དབང་པོ།）来到该处，看到他有时早晨还在睡觉，想道："没有这样的睡法呀！"经由喇嘛拉康隆巴指示，予以洗礼。听他说过这样的话：

"吾时而睡呀睡呀地参睡禅，听教导说：'当睡呀睡呀地参禅时，愚痴将从光音中显现'"。内疚地认识了自己的错误。在这位尊者[163]和拉康隆巴处聆听了所有经法，具有不同一般地敬信。二十岁时，在贡塘·嘉贝样座前受近圆戒。奉为根本上师，聆听了所传经法，并敦请至本寺，等等，关系非常密切，在尊者的传记中曾多次提到。这一年前赴卫地，当朝礼热振寺、冶尔哇寺（བྲག་གཡེར་བ།）、噶丹寺大金塔等处时，出现的一些奇兆，彼师泪珠盈眶地进行祈愿的情况，完全表现于尔时所写的道情之中。叩谒了胜者达赖喇嘛、班禅额尔德尼、嘉赛仁波切、萨钦旺杜宁波（ས་ཆེན་དབང་སྡུད་སྙིང་པོ།），请求护佑和结法缘。想在拉萨入经院的愿望非常强烈，但未能如愿。后来经常听他后悔地讲这一过程。钻研诸明处，尤其是向正理部阿阇黎请求详细指导《诗鉴论》本文和注释，成为讲传诗学的大师。著作有《贡塘·嘉贝样传·白法螺音韵》《诗学三十五饰法举例》以及一些传记和《供养上师颂》笔记等。向恩师阿莽道扎等许多圣哲请教经论，如仪亲近善知识，于五十岁时圆寂。遗嘱说没有转世化身。属民大众向遍照尊者请求后，指定出生于欧拉，现在游学于会传的桑热嘉措（གསུང་རབ་རྒྱ་མཚོ།）作为喇嘛的代表。

文布云丹嘉措（ཡོན་ཏན་རྒྱ་མཚོ།）生于拉康得合（ལྷ་ཁང་ལྷག）的惹卜察（རེབ་ཚ།）家族。三四岁时，即念诵六字真言和阿惹巴咱真言，在格勒却达尔活佛座前披剃出家，受沙弥戒，承事在座前，圆满学习所有关于讽诵的经典。刚达十七岁时，即前去卫地，入噶丹寺经院，一直住到快五十岁之时，成为无与伦比的格西。在本寺曾护持寺务数年，此后坚决远离戏论，在冬日顶卡（དུང་རི་སྟེང་ཁ།）修持终生，七十岁时圆寂。转世的化身生于鲁雪，名阿旺贤巴（ངག་དབང་བྱམས་པ།），忆念前生，甚为明显，精通医药、历算和诗学，是向趣木拉（བྱང་ཆུབ་མི་ལ།）的弟子，他著有颂彼师的文《珍宝华鬘》等。二十岁时入哲蚌寺郭莽扎仓学习五部大论，取得拉仁巴学位，在第五世达赖喇嘛座前受近圆戒。于五世达赖、款敦·贝觉隆珠（འཁོན་སྟོན་དཔལ་འབྱོར་ལྷུན་གྲུབ།）及柔增嘉样扎巴（རིག་འཛིན་འཇམ་དབྱངས་གྲགས་པ།）等处聆听经法。由五世达赖授以“呼图克图墨尔根曲结”的名号和教令，并赐以由达赖亲自念修的“比丘聚集”的转经轮。回到家乡后把寺院迁移重建，并把一些庄园纳入于寺属的供养谿卡。僧侣集聚者达二千人，开创了僧人共同聚集之例。把寺院交由文布索南隆珠（དབོན་བསོད་ནམས་ལྷུན་གྲུབ།）管理。彼师自己居于直合隆（བྲག་ལུང་།），五十四岁圆寂。

转世的化身拉康隆哇·更登嘉措（ལྷ་ཁང་ལུང་བ་དགེ་འདུན་རྒྱ་མཚོ།），水虎年（公元1722年，清康熙六十一年，壬寅），生于鄂（རྔོག）氏家族。从幼小之时起，即能看见释迦能仁王佛、弥勒佛和宗喀巴大师等圣容，吉祥天母和拜哈尔（པེ་ཧར།）从不离开地进行守护。事奉却科尔哇·索南班觉尔（ཆོས་འཁོར་བ་བསོད་ནམས་དཔལ་འབྱོར།）为诵读师，学习讽诵的经典。七岁时，在拉卜楞寺从赤干披剃出家并受沙弥戒。能忆念起是隆务曲巴仁波切的弟子达隆哇丹巴达尔杰（སྟག་ལུང་བ་བསྟན་པ་དར་རྒྱས།）和博多哇仁钦赛（པོ་ཏོ་བ་རིན་ཆེན་གསལ།）转世的本生。其次如在毗婆尸佛降生世间时，被称为“是财无过”长者，在迦叶佛时，是比丘极明童子，本师世尊弘法时，为因揭陀尊者，以及教长占加阿楞迦（བྲ་ཧྨ་ལ་ཀྵ།）、教长噶玛多努（ཀ་མ་ཧྲ་ཏུ།）、大成就者达尔玛菩提（དྷརྨ་བོ་དྷི།）、尼泊尔的教长德瓦阿噶拉赞扎（དེ་བ་ཨ་ཀ་ར་ཙནྡྲ།）、西藏的俺兰木尊巴嘉哇却阳（ངན་ལམ་བརྩོན་པ་རྒྱལ་བ་མཆོག་དབྱངས།）[164]、拉堆·丹巴玛尔波（ལ་སྟོད་དམ་པ་དམར་པོ།）、成就师尼热赛沃（ཉག་རེ་སེ）、博多哇、噶玛巴诸历世化身、大成就者却央宁波（ཆོས་དབྱངས་སྙིང་པོ།）或桑吉多杰（སངས་རྒྱས་རྡོ་རྗེ།）等，有切巴活佛洛桑图丹嘉措（ཆས་པ་བློ་བཟང་ཐུབ་བསྟན་རྒྱ་མཚོ།）撰写的历世本生传奇。彼师本身事绩则有甘珠尔活佛所辑的传记。他能熟背宗喀巴大师的《密宗道次第广论》《菩提道次第论》中本，及克珠杰所著的《续部总义》（རྒྱུད་སྡེ་སྤྱི་རྣམ།）、《菩提道次精要》等，从更登乔丹（དགེ་ལྡན་མཆོག་ལྡན།）学习《声明学》、医药和历算等。二十岁时，从德干洛桑顿珠（སྡེ་ཀན་བློ་བཟང་དོན་གྲུབ།）受近圆戒。从甘珠尔哇·洛桑尼玛、雅甫（ཡ་ཐུ།）阿阇黎·宗哲桑波（བཙོན་འགྲུས་བཟང་པོ།）、持律师索南桑波（བསོད་ནམས་བཟང་པོ།）等师处聆听显密二乘许多甚深妙法，从塘仓哇·洛桑喜饶（ཐང་ཚང་པ་བློ་བཟང་ཤེས་རབ།）聆听《甘珠尔》大藏经的教敕；特别从多卜登（སྟོབས་ལྡན།）俄仁巴处聆听了许多续部的经法。火兔年（公元1747年，清乾隆十二年，丁卯），同贡玛甘珠尔哇一同赴卫地，从土龙年（戊辰）起立下了每年闭关修持六个月的誓言。木狗年（甲戌）鄂（རྔོག）五部落在拉卜楞寺举办祈愿神变大法会，从切巴·洛桑程列（ཆས་པ་བློ་བཟང་འཕྲིན་ལས།）聆听经法，也给他讲传《金鬘论》教敕，向泽卫·智化桑波（རྗེ་དྲུས་གྲགས་པ་བཟང་པོ།）请教了《菩提道次第广论》教言和《菩提道次精要》《文殊亲教》两论的指引，对印证体会的这些讲说，心中甚为满意。火狗年（公元1766年，清乾隆三十一年，丙戌），因第二世一切知尊者赴卓尼，特敦请至本寺。火鸡年（丁酉）从怙主尊者聆听独雄大威德灌顶，双方心意极为相投。木龙年（公元1784年，清乾隆四十九年，甲辰），怙主尊者前赴西藏时，曾进行骑送，尊者返回后，又敦请至静修院。先后赴拉卜楞寺发放布施，列坐于大会堂，并奉献元宵节供养。从一切知尊者和赤坚赞森格（ཁྲི་རྒྱལ་མཚན་སེང་གེ）两师处听弥多罗灌顶两次。讲辩与修持结合在一起，成为这个地区持教者顶上的宝饰。七十六岁，火蛇年（公元1797年，清嘉庆二年，丁巳）圆寂。转世的化身衮乔程列嘉措（དཀོན་མཆོག་འཕྲིན་ལས་རྒྱ་མཚོ།），在贡塘·嘉贝样座前受近圆戒。现在是其转世的衮乔图丹嘉措（དཀོན་མཆོག་ཐུབ་བསྟན་རྒྱ་མཚོ།）。

支寺称为十八座禅院，于五供节、大祈愿法会时齐集于这座寺中。

僧侣将近二千人，以三天时间按下密院的规程在布绘曼荼罗前举行密集自入法仪轨，其余的日子则按上密院的实践规程进行，所有鼓谱和抛施食之法，都同上密院。新年元旦施食则按嘉（རྒྱལ།）派实践。意噶却增静修院（རི་ཁྲོད་ཡིད་དགའ་ཆོས་འཛིན།）也有元旦施食，由彼师建立，现在还明显地看到骡蹄的痕迹[165]、吉祥天母的守护甚为灵验。这座寺院和隆乃亥（ལུང་ནག）、博回冈（སྤོག་པའི་སྒང་།）、赛沃多（གསེར་པོ་མདོ།）、塘仓（ཐང་ཚང་།）等鄂格（ཇོག་དགེ）五寺的僧人都聚会于此寺，于夏秋季依粉彩画规曼荼罗举行大日如来、密集供修各七天，从不间断。这座寺属的五个豁卡部落是属于鄂·曲古多吉（ཇོག་ཆོས་སྐུ་རྡོ་རྗེ།）[166]的氏族云。有弥勒佛殿、具誓法王显灵居住的怙主殿，威灵显赫，有以宗喀巴大师头发、铙钹为内藏，称为捷惹玛（ཁྱི་རེམ།）的宗喀巴大师像。这是甘珠尔哇·洛桑尼玛赴卫地时，捷惹（ཁྱི་རེ།）店主对其敬仰，乃将这尊像奉献，具有加持力云。还有包括阿旺贤巴活佛迎请的《甘珠尔》大藏经，计有《甘珠尔》大藏经两部，如此等等三依处很多。

北边上面，有教长莲花生、班智达达哇那波(ཟླ་བ་ནག་པོ།)、索南耶希旺波活佛等加持的圣地直合隆静修院香趣达尔杰林（ཟབ་ལུང་རི་ཁྲོད་བྱང་ཆུབ་དར་རྒྱས་གླིང་།），也称为噶丹达尔杰林（དགེ་ལྡན་དར་རྒྱས་གླིང་།）。甘加的堪卓玛洛桑曲措（ཚོ་བཟང་ཆོས་མཚོ།）曾在这儿长期居住，她用的锣锅，现作为依止圣物之一。阿旺贤巴活佛晚年在此专门静修。甘珠尔哇·洛桑尼玛修建了静房，他的灵塔也供奉在此处，圣地山上有姊妹护法[167]凭临守护，极其灵异。

甘珠尔哇贡玛的兄弟曼干阿旺闹吾（སྨན་ཀན་ངག་དབང་ནོར་བུ།），彼师遵照怙主尊者教令作为寺公所的施药者，对于众生裨益颇大。怙主对他甚为欣赏，以开玩笑的方式给他画了一幅像，现存在大拉让中。曾再三向贡塘·嘉贝样建议要把衣服穿好一点，但贡塘仓未予重视。有一次，他请求说：

“衣服还是很重要。乡村人们的信仰乃是凭眼睛的，应该随和世间风俗。”

这个建议很投合贡塘仓的心意。有一次，在贡塘仓座前时，来了正理部的一位阿阇黎，他说：

“腰部发痛，是否筋脉之病?”向这位医生询问。他说：

“不经过诊断，不会知道。”

“小腿的肌肉疼痛，可能是筋脉之病。”接着询问艾柱火灸和放血之法。他答道：

“仅仅凭小腿肌肉疼痛，难以肯定就是筋脉病!针灸等等虽是诊治身体疾病的手段，但是，对身体是否合适，首先应从服药来考察。要想知道某种药是否是某种病的对治，须用各种方法观察，这很重要！一开始就说‘这是这种病，这种药对它有效’，接着就决定药方的诊断方式，我没有学过。我不知道。”接着开玩笑地说，“蒙古医生[168]会知道呵!”

言外之意，很值得玩味。德赤仁波切身体不适，一连多日他送药服食，但反而加重。他说：

“过去进行试探，现在已认清病情了，服这三剂药，就会痊愈。”

按他所说，立即痊愈。彼师示寂时，出现了往生兜率天的征兆，详情载于他的传中。他的后一世是贡塘·嘉贝样的医生贡乔丹达尔（དཀོན་མཆོག་བསྟན་དར།），他是一个乞丐的婴儿，在其母亲死去的尸旁玩要，当被收留予以抚育。长大后让其学医，后成为名医，被称为“医生小完第”。他的学生就是现在的直合隆医生（བྲག་ལུང་སྨན་པ།）。

拉康隆寺·格培桑丹林（ལྷ་ཁང་ལུང་དགེ་འཕེལ་བསམ་གཏན་གླིང་།），拉康隆哇（ལྷ་ཁང་ལུང་བ།）于其四十岁的铁蛇年（辛巳）创建了这寺。坐夏期间，为了比丘之事，曾在寺外于七日之中举行祭祀本尊和宾客两次，所有用具加持等等都按律典，建立极其纯净的实践。从拉卜楞寺招来卫地上密院的俄仁巴阿旺扎喜（ངག་དབང་བཀྲ་ཤིས།），让其在各个山寺详细教授关于大威德、怙主、法王、吉祥天母等法的酬补仪轨的韵律、腔调、抛掷施食等实践。在静修禅院和寺院两方面，关于大威德、胜乐的供修，大日如来的复诵韵调，药师仪轨等讽诵，都圆满齐备。三个山寺都由历世转世者护持。有以显有ལ字和ཧུ字的圣·更登嘉措的尸骨为内藏的宝塔。

向热寺·扎喜格培林（ཤིང་ར་དགོན་བཀྲ་ཤིས་དགེ་འཕེལ་གླིང་།）和察多寺·噶丹谢珠林（ཚ་མདོ་དགོན་དགའ་ལྡན་བཤད་སྒྲུབ་གླིང་།）两寺由前一世苟钦夏仲（ཀུག་ཆེན་ཞབས་དྲུང་།）创建，由惹卜察昂（府邸）照料。

回冈旺杰拉日寺·谢珠林（དབང་རྒྱལ་ལྷ་རིའི་དགོན་བཤད་སྒྲུབ་གླིང་།），拉康隆哇的亲传弟子、撰写这位尊者传记的切巴活佛就是这儿的，彼师还撰有《老鸹论》等一些零星著作。

赛沃多·噶丹谢珠林（གསེར་པོ་མདོ་དགའ་ལྡན་བཤད་སྒྲུབ་གླིང་།）。

塘仓寺·噶丹桑珠林（ཐང་ཚང་དགོན་དགའ་ལྡན་བསམ་འགྲུབ་གླིང་།），这寺由于塘仓格波切（ཐང་ཚང་སྐད་པོ་ཆེ།）或热朗（ར་ལངས།）阿阇黎·洛桑喜饶（བློ་བཟང་ཤེས་རབ།）讲传了《甘珠尔》大藏经的教敕等许多经法，故出了如多卜登（རྡོབས་ལྡན།）俄仁巴等许多学问渊博、德行高妙的学生，在其传记中有详细记载。彼师转世的化身可能是在嘉摩寺（རྒྱལ་མོ་དགོན།）中设置了许多供器、用具的热朗（ར་ལངས།）活佛，现在没有转世系统。还出了叫作唵贡（ཨ་མགོན།）拉仁巴的一位学者。卜回冈等三座寺院的寺属谿卡都是卓尼的土地和百姓。自此起，除了一些独立自主的寺院外，大部分寺院和静修禅院都属于卓尼。洮河流域的上述寺院，自岷州以上，雪珠古宁（ཤོ་གྲུ་གུ་ཉིན།）以下，大大小小各寺院，历世一切知喇嘛、贡塘·嘉贝样、圣喇嘛阿莽道扎等历世师徒都曾亲临该处，大降灌顶、教敕、诀要等法雨。设置公积金，发放布施，整顿和恢复寺规，建立许多念修曼荼罗的传统，在政教方面极力予以护持，详见于各该传记之中，此处不再赘述。

鲁雪方面的曲科尔噶萨寺、阿木去乎寺，以及完波塘、吉仓、木向、惹卜察嘉摩寺等处的寺院、静修禅院部分，叙述圆满。

注释：

［1］大夏河，古称漓水，系汉族的称谓，藏族称为桑曲河（བསང་ཆུ།）。

［2］克黎可足(公元815—838年在位)，本名赤祖德赞（ཁྲི་གཙུག་ལྡེ་བཙན།），又尊称赤热巴巾（ཁྲི་རལ་པ་ཅན།），汉籍作可黎可足，又尊称彝泰赞普（སྐྱིད་རྟག་བཙན་པོ།）。为藏史尊称的祖孙三王之一。此王任用沙门钵阐布勃兰伽云丹(བྲན་ཀ་ཡོན་ཏན།又作བྲན་ཀ་དཔལ་ཡོན།）与唐致力和好，重续甥舅之谊。公元821至822年（唐穆宗长庆元年至二年，吐蕃彝泰七年至八年)，吐蕃与唐朝互派专使先后会盟于长安和逻些，史称长庆会盟，亦称甥舅会盟。公元823年，在拉萨大昭寺前树立唐蕃会盟碑，至今仍保存完好。与此同时，在长安和唐蕃交界处公古麦如（约在甘肃同谷）亦各树立一碑，今已不存。盟文用藏汉两文写下“舅甥二主商议社稷如一，结立大和盟约，永无渝替”“社稷叶同如一，为此大和”。同样的文字也写入藏文纪念碑文之中。此王崇信佛教，大兴佛寺，使僧人坐在他的发辫所系的长绫带上讲经，故称“热巴巾”；令属民每七户赡养一僧；授权僧人制定教规与国法；宣布任何人不得歧视、指责僧人，违者处以严刑。后被保守派大臣所弑。他在发展藏族文化方面有卓越贡献，他厘定藏文的拼写使之规范化，沿用至今。他建立译场，统一译词，校订译文，并编出目录保存至今。

［3］今青海省化隆回族自治县的藏语称谓，亦译作哇燕，或称为巴燕戎、巴燕戎格。

［4］在青海省循化撒拉族自治县之孟达乡与道帏乡之间，意为螺山，今俗称“五台山”。

［5］今甘肃省甘南藏族自治州夏河县完尕滩乡。

［6］喀加措周，意为“喀加”等六部落。

［7］今青海省循化撒拉族自治县所属。

［8］今青海省黄南藏族自治州同仁县所属。

[9] 即青海省同仁县隆务。亦译作隆吾、隆卜、戎布、戎吾、陇卜等与化隆隆吾有别。

[10] 亦译作咱又，见《循化志》一三八页“族寨工屯”部分，今亦通作“扎油”。

[11] 为拉卜楞寺之第二任堪布赤干·钦德尔·阿旺扎喜转世系统之第二世，曾任拉卜楞寺之第十二任堪布，以与寺方意见不合，离开拉卜楞寺，在沙沟独立建寺，自成系统，与拉卜楞寺抗衡。俗称索藏活佛，索藏即赛仓之另一译法。

[12] 亦译作那木楼寺或南木楼寺。

[13] 亦译作俄卜旦寺。

[14] 亦译作亚日山。

[15] 赛仓二世时，与拉卜楞寺发生矛盾，斗争激烈。此处以宗教的言论，掩盖双方的不协。

[16] 即赛仓三世。

[17] 意为“意噶却增林新寺”。

[18] 按擦多尔赤钦，本书前作擦多尔诺们汗。据《清实录》及张其勤《清代藏事辑要》、牙含章《达赖喇嘛传》所载，此人前一世系噶勒丹锡图阿旺楚勒提穆（即策满林）“曾经奉命在藏掌印，办理商上事务”，赏有“额尔德尼诺们汗及噶勒丹锡呼图萨玛第巴克什”名号、敕书、印信，并特旨封为“衍宗禅师”，于乾隆五十六年（公元1791年）去世。其转世的呼毕勒罕阿旺扎木巴勒措（粗、楚）勒齐木。嘉庆二十年（公元1815年）第九世达赖喇嘛隆朵嘉措逝世后，由掌办商上事务之第穆呼图克图摄政。嘉庆二十四年（公元1819年）第穆逝世，清廷于这年六月谕：“布达拉商上事务，著阿旺扎木巴勒楚勒齐木接办”，领“额尔德蒙额诺们汗”名号敕印。道光二年（公元1822年）清廷命他充任第十世达赖喇嘛楚臣嘉措呼毕勒罕的正师傅。并将其前世所缴的名号、旧印“仍行赏

还，将噶勒丹锡呼图萨玛第巴克什作为阿旺扎木巴勒粗勒齐木本身之号”。道光七年（公元1827年）清廷没有批准把他“赏加札多呼图克图名号”的请求。“扎多”即“擦多”之异译。清廷虽然没有批准他为“扎（擦）多呼图克图”，但在藏区中这个名称已经传开，所以本书中多处称他为“擦多诺们汗”。此人办理商上事务多年，政绩不佳。被驻藏办事大臣琦善以据班禅额尔德尼等控诉“贪黩营私”等因转奏撤职查办。

［19］按此土尔扈特系指青海省河南蒙古族自治县之土尔扈特旗。擦多诺们汗回甘南之年不详。他被控撤职后，于道光二十五年（公元1845年）有潜回甘南计划，被揭露后未果。参阅《清实录·宣宗实录》，道光二十四年、二十五年各条。此处所指，有可能系被清廷“安置于黑龙江”时途经甘南之时。

［20］在今夏河县唐尕昂乡。

［21］在今夏河县唐尕昂乡隆哇沟。

［22］宣扬圣·宗喀巴大师生平事迹的八十幅画卷。

［23］即赛仓二世。

［24］在今夏河县扎油乡。

［25］即却图汗之子，参阅第一编第四章。此段下面所述的时间及人物关系似有笔误。

［26］博多瓦（པོ་ཏོ་བ།公元1031—1105年）为仲敦巴大师大弟子之一，创建博多寺，弘扬噶当派教法，故称为“博多瓦”。著作以《青色手册》（བེའུ་བུམ་སྔོན་པོ།）最著名，系其弟子等辑彼师语录而成。

［27］夏诺瓦（ཤར་བ།公元1070—1141年）为博多瓦的弟子，噶当派著名学者。

［28］敏珠林寺，在西藏扎囊县。系第五世达赖喇嘛的经师德达林巴（གཏེར་བདག་གླིང་པ།）于公元1676年（清康熙十五年，丙辰）所建，是南传宁玛派祖寺。

[29] 吐蕃赤松德赞王迎请莲花生大师入藏后，为王及其大臣等讲传密法，得成就证道果者有二十五人，故称为君臣二十五人（རྗེ་འབངས་ཉེར་ལྔ།）。

[30] 多吉扎寺，在西藏扎囊县，为宁玛派喇嘛扎喜多吉（བཀྲ་ཤིས་རྡོ་རྗེ།）创建，系北传宁玛派祖寺。

[31] 指毗婆尸佛、尸弃佛、毗舍浮佛、拘留孙佛、迦那迦牟尼佛、迦叶佛和释迦牟尼佛。

[32] 合作寺，旧作“黑作寺”。《循化志》卷六《寺院》：“黑作寺，在黑作寨，厅治南二百八十里。按今呼黑错寺，番名扎木喀尔寺。据拉卜楞呈，又称为加卡尔寺。”按“扎木喀尔”“加卡尔”即རྒྱ་མཁར།之音译，意为“汉城”，亦译作嘉喀尔寺。这座寺的修建过程，《循化志》中所载，与此书略有不同。见该志二五二页至二五五页。该志所载的“夕只喇嘛”，可能即拜·喜饶却登？夕只可能即ཤེས་རབ་སྒྲུལ་སྐྱ།之简称。

[33] 萨迦派兼摄政教两权者之称号。

[34] 指赤干钦德尔阿旺扎喜。

[35] 即赤钦坚赞森格。

[36] 此时合作赛仓与拉卜楞寺权力之争非常激烈，本书此处叙述含混隐晦。参阅《循化志》卷六。

[37] 指第二世嘉木样。

[38] 参阅《循化志》卷六，第二五二页，第二五五页。大拉让即嘉木样府。

[39] 即创建合作寺之拜·喜饶却登之转世化身阿旺泰乔旺秀。

[40] 指罗卜藏丹津叛乱事件。

[41] 亦译作麦务旧寺或美武旧寺。

[42] ཏ་དབོན།亦写作ཏཱ་དབེན།即“大元”之音译，亦译作达完。温布亦译作文布、文保、文波、完卜、温布等。

[43] 亦译贝吉德钦寺。

[44] 即上述的贡乔仁钦。

[45] 萨迦派称他们的款氏家族中出家为僧主持萨迦教法系统者为贡玛（གོང་མ།），意为先师、教主。如对八思巴以前主持萨迦寺教法的款氏五位大师（包括八思巴），称为萨迦五贡玛，通译作萨迦五祖，萨迦五教皇。其他宗教，也有对其先师称教祖者，如本教也有六大教祖（གོང་མ་ཆེ་དྲུག）之说。洮河流域对政教合一的喇嘛，也有称为贡玛者。

[46] 原稿此处似有误排。按文义：官人（དཔོན་པོ།）似应为文布（དཔོན་པོ།侄子）。

[47] 即南喀桑格的简称。下文所述上师传承数字似有笔误。

[48] 即端约森格之简称。

[49] 即准噶尔噶尔丹汗。

[50] 按发动青海蒙古叛乱事件者为罗卜藏丹津，其父为扎什巴图尔，本书第四章中已作交代。此处说和噶尔丹之子丹津为供施关系，按噶尔丹于康熙三十六（公元1697年）年死去，噶尔丹两个儿子之名也不叫丹津，青海叛乱事件中准噶尔并未介入。看来原文有笔误之处。又察罕丹津之父名博硕克图济农，但察罕丹津并未反抗清廷。因此，此处之噶尔丹博硕克图汗和丹津的真实情况，尚待考。

[51] 即上述之佐格噶尔宁寺。

[52] 在今青海省海北藏族自治州刚察县。

[53] 指噶尔宁寺。

[54] 此处叙述隐晦，似指清乾隆五十二年（公元1787年）以后麦务等部与噶尔宁寺分离事。参阅前面噶尔宁寺部分。

[55] 指赤钦吉美柔贝森格。

[56] 指圣·日朝旺波。

[57] 指嘉木样的府邸。

[58] 大乘菩萨十地与五道之简称。

［59］瓶风（རླུང་བུམ་པ་ཅན།），藏传佛教密宗的一种风息修习法，指下体的气息向上提升，上体的气息向下压抑，脐间气息，蕴结如闭口之瓶，故名。

［60］在今青海海循化撒拉族自治县孟达乡。

［61］指色派密宗在后藏日喀则西南名叫色的地方所建的密宗学院。

［62］指后藏日喀则附近的温萨派的道场——温萨寺。

［63］指倾科尔嘉寺。

［64］意为“毡帐谷脑”。

［65］旧译作火力藏，亦作火儿藏。参阅《循化志》第一八二页。

［66］按文内所述，八噶尔寺之中，没有这座寺。

［67］俗称为白石崖寺，参阅《明实录》洪武六年十月己卯条，洪武二十六年三月丙寅条等。

［68］远尼钦波名桑波贝（བཟང་པོ་དཔལ།公元1262—1322年），元国师。

［69］本书原文作（ཇེ་རིགས།）。按照佛教经籍对古印度四种姓的写法，应作（ཇེའུ་རིགས།）。

［70］指察罕丹津。

［71］此处之扎西奇，为拉卜楞寺未建前之地名。

［72］原文此处所指的政府（亦可译作朝廷、上级、公家等），不知指哪一级？从地方习惯来说，对中央政府，西藏地方政府和拉卜楞寺公所都有此种称呼。

［73］亦译作拉安、日安。

［74］系本教寺院。

［75］《循化志》作索力观寺。

［76］《循化志》作“笆篱寺”，亦写作“巴里寺”。

［77］据《循化志》，应为“吉祥大乐寺”，藏文缺一吉字。

［78］按《循化志》卷六作真修禅师。明朝对藏传佛教没有“帝师”

的封号，藏传佛教各派为了抬高本派的地位，常把受明廷敕封的喇嘛，私自称为帝师。如大慈法王释迦也失初封为国师，继封为法王，但藏文史书则称为帝师。如此等等之例甚多。此处所述可参阅《循化志》二〇七页至二一〇页。又二四四，二四五页。《明实录》洪武六年十月己卯条。韩家寺为俗称，建于明正统元年（公元1441年），被明廷赐名为永昌寺。明初所建的似即下文所述的“韩家旧寺”，此为“新寺”。

［79］韩家旧寺是否即《循化志》所列的普照纲寺？待考。

［80］冈秀寺下文作冈秀日贡寺（སྣང་ཤུལ་རི་དགོན།）。似一处有误。

［81］阿旺坚赞，《循化志》卷，五二〇九页作韩莪坚旺坚参。按《循化志》载：韩土司“十二世韩莪坚旺坚参袭都纲，弟韩成璘袭指挥使，阵亡；三弟韩成璋袭指挥使。”又《循化志》载，韩成璘于（乾隆）四十六年三月阵亡于起台堡，即循化撒拉族苏四十三起义的战争中。据此，则韩土司这一政教合一系统，正为此书中所述“还有昂索”及《循化志》中所述是以家族为中心分别世世承袭的政教合一实体。因此本书于此所述的所谓转世化身，乃作者就格鲁派转世制一般情况而言，但不是洮、岷、河等处的各土司地区的具体情况。这些地区的活佛——国师、禅师、都纲等俱系由本家族承袭，并不是由化身转世而产生，而且还要经过上级政府审批，对于本书所述的所谓转世化身应作具体分析。又《循化志》于阿旺坚赞作“韩蕃坚旺坚参”，“韩”为其土司之姓，“莠坚”之“坚”为衍文，当系排版时之误。“坚参”与“坚赞”皆一词之异译。

［82］从此处的叙述，可以明确韩土司政教系统承袭情况。按对廓尔喀战争发生于乾隆五十六年，结束于乾隆五十七年。文内说“阿旺坚赞”参加对廓尔喀战争而受奖，而其“转世化身”于乾隆三十六年修建静修院，并有六世班禅赐静修院之名的记载，则所谓“转世化身”之说如何自圆其说？这正说明这个政教系统的领导人是家庭承袭制而不是死后

“转世制”。待考。

［83］罗家洞的传说，参阅第一编第六章。

［84］以上这些地方，旧日都归青海循化县管辖，称为“东乡八族”，“南番二十一寨”。参阅《循化志》第一四五页至一八六页。

［85］亦译作周科河，在今甘南碌曲县。

［86］亦作苦河，在今甘南碌曲县。

［87］玛额亦译作麻艾，在今甘南碌曲县。

［88］亦译作拉仁关，在今甘南碌曲县。

［89］亦译作和日、乎日，在今甘南碌曲县。

［90］亦译作加格儿，在今甘南碌曲县。

［91］亦译作作麦日，在今甘南碌曲县。

［92］亦译作压藏、娘仓，在今甘南碌曲县。

［93］亦译作恰日，在今甘南碌曲县。

［94］亦译作则岔，在今甘南碌曲县。

［95］指拉卜楞寺。

［96］意为“虎道歌者”。

［97］为宗教徒在牛角等内置放咒语，念诵后抛出或埋于地下的一种诅咒法。

［98］意为“古格胖子”。

［99］原文如此。著者对历史的发展，系基于民族关系概念不清，故有此种以8、9世纪的历史情况来对待13世纪社会发展的怪论!

［100］亦译作边都，今作“文都”。青海省循化撒拉族自治县文都乡。

［101］达隆这名称遍于藏区作为地名及姓氏。其译音随地区的方言而有达隆、德隆、半合隆、斗亥隆、代克隆……等，皆藏文（སྟག་ལུང།）之不同译音。

［102］亦可译为“彻辰”“切尽”“车臣”。

［103］亦意译作“一棵树”。

［104］按热贡隆务寺建于明初，此处之隆务寺该系同名的另一座寺院。藏区之中，以隆务（戎布、隆布、隆卜……）为名之地区极多，此处说“占领尤端”，则当系川北藏区之地名。

［105］仲科尔，亦译作仲科。为西藏地方政府官职之名，此处指作八思巴时代的俗官。

［106］噶陀，为宁玛派的分支之一，以康区噶陀寺为其主寺。

［107］指青海蒙古和硕特前首旗与该处藏族所划的界址。即《十三排地图》中所标的“察罕丹津”处。

［108］亦译作“毛日”，在今甘肃省碌曲县。

［109］古印度摩竭陀国修习密乘获得成就的一位法师。

［110］古印度一位婆罗门，龙树论师的师傅。

［111］为萨迦派名师之一，名洛赛嘉措（བློ་གསལ་རྒྱ་མཚོ།），通称擦钦洛赛嘉措（公元1494—1566年）。

［112］为宁玛派“南藏”汇刻者，约15、16世纪间人。

［113］亦译作“双岔”和“散木察”。属甘肃省甘南藏族自治州碌曲县。

［114］娘仓（ཉང་ཚང།），原文前面作年仓（ཉ་ཚང།），亦通译作压仓。本书自此以下，则作ཉང་ཚང།所叙之事，前后并无二致。是否为原刻本之误？或ཉང་ཚང།　ཉ་ཚང།通用？待考。

［115］即噶尔·东赞域宋，《两唐书》作禄东赞（公元？—667？年），丹巴乃尊称之词。

［116］古印度的一佛学家，汉文意译作无垢友，吐蕃赤松德赞时，曾到吐蕃弘法。

［117］为吐蕃赤松德赞王时，藏族人氏第一次出家为佛教僧人的七

试士之一，曾被派去印度留学，请来无垢友和法称，翻译并弘扬密乘。

［118］指大元皇帝和上师八思巴。这是本书作者以僧人身份，用宗教语言即从“供族论”出发，来记述当时大元中央政治上的设施。

［119］［120］这两个名字，上下文不符，似有误排处。应如上文作“曼殊室利（མཉྫུ་ཤྲཱི།）”和“洛格肖然（ལོ་ཀི་ཤུ་ར།）。”

［121］本文前面作娘官人（ཉང་དཔོན་པོ།），此处作娘文波（ཉང་དཔོན་པོ།），似误排，应如前文所述作“娘官人”。

［122］济垅呼图克图第七世。

［123］此词有各种解释，此处系指这位汉人祖先世世代代事奉之神。

［124］指下寺。

［125］原文于这一句中似有掉字？因所提的这两部经籍，一般寺院都有收藏，此处是否指抄写本？或雕版？

［126］莲花生大师尊称之一。

［127］即上面之甫德贡乔坚赞巴之缩称。

［128］亦译作吉扎沟，在今甘肃省碌曲县。

［129］亦译作木道、穆道，在今甘肃省夏河县。

［130］亦译作“安果”。

［131］一般指固始汗。亦有把察罕丹津及罗卜藏丹津王者，此处叙述他与五世达赖有关系，似指固始汗。

［132］此师的生卒年月，按文内前后所叙的事实，前后矛盾极大。如生于公元1652年（清顺治九年，壬辰），则他于黑河朝礼第七世达赖噶桑措时，（公元1720年，清康熙五十九年）已有六十八岁，文内说他享年六十九岁，乃不大可能，并和他的前世与第五世达赖间交往事迹不符。若他生于1712年（清康熙五十一年）这个壬辰岁，则他去藏于黑河朝礼第七世达赖噶桑嘉措时，只有七八岁，亦不可能（文内说十九岁以后去卫藏）。此处暂作生于1652年，详细情况待考。

［133］亦译作博拉曲。

［134］亦译作阿米公洪山。

［135］参阅前面所述的墨尔根噶居多吉坚赞被青海丹津王拨给阿木去乎土地，建立政教合一的事。

［136］原文对这个姓氏有两种写法，འབྲང་ས།和འབྲིང་།前者可译为张，后者则与珍对音。一律译作“珍”。

［137］指第悉桑吉嘉措。

［138］原文如此，似有笔误，或手民误排。按下面文义，可能为赤干（ཁྲི་ཀན།）。

［139］藏区长度名，即两臂向左右伸开，两中尖指之间的长度。

［140］指西藏山南倾科尔嘉寺（ཆོས་འཁོར་རྒྱལ་དགོན།）。

［141］今意译作“桥头”。

［142］宗喀巴大师之名。

［143］原文作此，似有误，似为文布（དབོན་པོ།）。

［144］指拉卜楞寺与这座阿木去乎寺。

［145］咱日山（ཙ་རི།），西藏自治区珞瑜地区一山名。12世纪末，藏传佛教噶举派主巴噶举系藏巴·甲热耶喜多吉（གཙང་པ་རྒྱ་རས་ཡེ་ཤེས་རྡོ་རྗེ།）定为胜乐金刚圣地，开创猴年巡礼之例，称为“咱日巡礼”。

［146］意为汉营滩。亦译作加尕滩，在今甘肃省夏河县。

［147］亦译作转经轮。藏俗把印就的六字真言卷成筒状，中贯一轴，表面施以外壳，用水或人力转动以代替口诵经咒，也有手摇者。此处指手摇的经轮。

［148］亦译作“文布滩”。

［149］指清雍正元年(公元1723年)罗卜藏丹津进攻黄河南,打败察罕丹津事。

［150］亦译作“唐萨尔寺”。

［151］亦译作“完麻当寺”。

［152］拉哲巴意为绘佛像画师。

［153］原文作(དཔོན་པོ།官人,是否为དཔོན་པོ།)侄子？待考。

［154］亦译作“强个昂”。

［155］接文意似为文布(དཔོན་པོ།侄子),待考。

［156］指热贡隆务大寺,下同。此处之隆务与隆务大寺有别。

［157］指圣·噶登嘉措。

［158］藏传佛教徒一生念诵经咒,老去时偶有重生一颗牙齿之现象,一般称之为“螺齿”,亦译为“亿齿”,称为系诵咒语亿遍以上的功德所致云云。

［159］百八施食法,藏传佛教念修的施食法之一。是对自生本尊(བདག་བསྐྱེད།)、资粮田(ཚོགས་ཞིང་།)、有寂(འཁོར་འདས།)即世出、世间十一类宾客(མགྲོན་པོ།)各供施食十枚以禳灾祈福的一种宗教活动。

［160］三分施食法,藏传佛教念修的施食法之一。是把供养的施食分作三分:一份上供诸佛菩萨,一份中献十方护法,一份下施六道,特别对邪魔厉鬼等。

［161］亦译作“嘉门关”。“关”即“寺院”之音译。

［162］西藏卫地的一座古寺名。亦译作扬贡寺。

［163］指日朝旺波。

［164］是吐蕃王朝赤松德赞之时为接受观察能否出家持戒的七试士之一。

［165］吉祥天母的坐骑是骡子,本书在其他有关部分以及此处为了说吉祥天母的灵异,常以有“骡蹄的痕迹”来证明。

［166］鄂·曲古多吉(公元1036—1102年),亦作鄂敦曲古多言,为玛尔巴大译师的四大弟子之一,传承密教经典的讲解、阐释。

［167］密宗本尊马头明王眷属中之大红司命主。

［168］藏区对庸医的讽刺叫法。

第十五章　论洮河北部区域各地[1]政教发展情况

洮河河阳地区，有拉堆（ལྷ་འདུས།）静修院·噶丹推桑林（དགའ་ལྡན་ཐོས་བསམ་གླིང་།）、哇尔洞（བར་གདུང་།）静修院·扎喜桑丹林（བཀྲ་ཤིས་བསམ་གཏན་གླིང་།）。

泽卫静修院·格培桑丹林（ཚེ་དབུས་དགེ་འཕེལ་བསམ་གཏན་གླིང་།）或叫做德钦桑丹林（བདེ་ཆེན་བསམ་གཏན་གླིང་།），修建者为泽卫·智化桑波（ཚེ་དབུས་གྲགས་པ་བཟང་པོ།）。彼师与赤钦更登朋措（ཁྲི་ཆེན་དགེ་འདུན་ཕུན་ཚོགས།）同姓，而且这个家族之中，还出了许多能飞行于空中的本教成就者，如当尼耶喜（སྟོང་ཉིད་ཡེ་ཤེས།）、喜饶坚赞（ཤེས་རབ་རྒྱལ་མཚན།）等人。被称为泽卫拉卜合（ཚེ་དབུས་བླ་སྦོག）者，对其侄子索南坚赞（བསོད་ནམས་རྒྱལ་མཚན།）说：“从我的身上，如使本教徒改变信仰，可以改宗过来。”

于是把本教的神像法器等以神变的法术安置于人们不能通过的石窟之中。临死时，嘱咐说：

“把我的小骨头等装在坛子里，藏在烟囱之中，将来会有他的主人来到。”

侄子洒热哇（数学家）索南坚赞入色拉寺麦扎仓学习显密经论，特别承事第五世达赖喇嘛、遁世者洛桑仁钦（བྱ་བྲལ་བློ་བཟང་རིན་ཆེན།）、扎底大善知识（མ་ཏི་དགེ་བཤེས།）等钻研诸明处，成为学识渊博的学者。第四世班禅额尔德尼洛藏确坚让他使本教徒转变信仰，改宗佛教，并为回转它们的咒殃，赐予《白伞盖佛母胜幢重楼经》的指引连同实践法等。现在还存有当时所赐的印刷总持法轮的印版。他回到家乡后，变更本教徒的信仰让他们改宗佛教，将叔叔的骨灰和上泥打印了许多尊圣·似我母的像。在卓尼大寺建立历算学院，弟子之中出了阿坝·南喀森格（ཛ་བ་ནམ་མཁའ་སེང་གེ）等许多精通明处的学者。他的文布智化桑波（གྲགས་པ་བཟང་པོ།）生于第十二胜生的铁虎年（公元1710年，清康熙四十九年，庚寅），从幼小之时，即侍奉在叔叔数学家之座前学习文字及诵读。十一岁时，从阿阇黎智化谢珠（གྲགས་པ་བཤད་སྒྲུབ།）[2] 披剃出家。在热朗（ར་ལངས།）阿阇黎座前请求了大日如来佛灌顶和手印的指引。由于正法的习气很深，不久，即奔向卓尼大寺。在该寺学习了《集类学》和《因明》。二十岁，徒步前往西藏卫地。这期间，曾在塔尔寺立宗辩论。在色拉寺麦扎仓学习了二十年，钻研五部大论，成为权威学者。被授予林赛噶居和拉仁巴的学位。从第七世达赖喇嘛噶桑嘉措、班禅仁波切、赤南喀桑、喇嘛强巴等师座前聆听了许多经法。在自己的家乡修建了静修院，专门修持菩提道次第。遵照强巴喇嘛的指示，有计划地于秋、春两季讲传《菩提道次精要》和《文殊亲教》的学习经验。有一次，近侍人等看见彼师升至太空。但他佯装不知说：“清醒风邪罢了！”侍奉切巴·洛桑程列（ཆས་པ་བློ་བཟང་འཕྲིན་ལས།）、恰格·贡钦巴 [3]

洛桑扎喜二人为上师。常说：

“从两位师长处获得了所有想学的经法教授，几乎占到卫地所学的一半。经常忆念这种恩德。”

还从贡钦巴聆听了《甘珠尔》大藏经的教敕，也向师长奉献了一些经法的教授。给拉康隆哇·更登嘉措（ལྷ་ཁང་ལུང་བ་དགེ་འདུན་རྒྱ་མཚོ།）、香堪格西噶居阿旺丹巴（ཤིང་ཁམས་དགེ་བཤེས་བཀའ་བཅུ་ངག་དབང་བསྟན་པ།）、措歇·喜饶达吉（འཚོ་བྱེད་ཤེས་རབ་དར་རྒྱས།）等讲传所有妙法。德塘·洛桑云丹（བདེ་ཐང་བློ་བཟང་ཡོན་ཏན།）说道：

“您是一位圆满全部显密经论的大善知识，讲传《菩提道次第》的教授，恩德极重，若欲今后建立一座菩提道次学院时，愿提供顺缘。”

切巴阿阇黎把僧帽和念修百法的施食盘架等用具，赐予彼师，感到这是阿阇黎不再住世的征兆，没有接受。不久之后，阿阇黎圆寂，在其超荐场地，与穆乃（སྨུ་ནེ།）阿阇黎长时不拘形式地交谈关于教法意见。临起身时，说道：“您是老一辈格西，请允许我怀着崇敬的心情，再次拜谒座前。”

阿阇黎说道：“我只有从您口中讨教而外，我的口中您没有什么值得可取之处。请不要来了！”

彼师临逝世之前，徒众请问：“我们将向哪一处国土进行祈祷？”

“希望寄予兜率院，”彼师说：“就向该处祈祷，圣·宗喀巴大师将会接引。静修僧们要执行以三事的实践为主的静修僧法行，切不可使其衰落，这很重要！我对于怛特罗没有大的功力，我的小骨头上不会有文字出现。就是把火烧得再大，也不会有这回事儿。应把骨灰和上泥打印佛像，造小泥塔投于水中。

“若把我的座位说成是‘转世化身’，若按这种说法执行，则将与正法和誓言相违！”[4]

对整个教法弘传事宜，作了许多安排后，于五十六岁木鼠年（公元1744年，清乾隆九年，甲子）圆寂。彼师的文布、拉卜楞寺的老僧、然降巴喜饶坚赞（ཤེས་རབ་རྒྱལ་མཚན།）撰有彼师的传记。

彼师转世的化身嘉样喜年（འཇམ་དབྱངས་བཞེས་གཉེན།），为佐格如多玛（མཛོད་དགེ་རུ་སྟོད་མ།）部落的占巴·才仁多吉（དྲན་པ་ཚེ་རིང་རྡོ་རྗེ།）和其夫人桑吉措（སངས་རྒྱས་མཚོ།）之子，生于第十三胜生土牛年（公元1769年，清乾隆三十四年，己丑）。具有亿念前世行止的征兆。常说在中有时，和切巴·洛桑程列（ཆས་པ་བློ་བཟང་འཕྲིན་ལས།）两人一起在一块大磐石前看见有一泓洁净之水，想道：这是净瓶圣水！遂相互进行洗礼。切巴阿阇黎前往东面的地区，他来到了南面占巴巫师的帐房圈子之处，前去一处帐房的背后云。又再三说，明显地记得出生之际，在胎中头足颠倒位置时，恐惧号哭云云。七岁时，被迎请坐床，从拉康隆哇披剃出家并受沙弥戒。就在这位师长的座前学习，闻思境界，日益开阔。十五岁时，圣·拉康隆巴选择了地址，并举行镇地仪式，将原来的静修院迁移到现在的这处。入拉卜楞寺经院，但由于身患疾病，在该处学习的时间并不长，和切巴·洛桑程列的转世化身同一学级。十九岁时，在第二世一切知吉美旺波座前受近圆戒。在尊者座前受全部弥多罗灌顶和教授。二十六岁，前往卫藏朝礼诸圣地和依止处。曾向拉卜楞寺正理部发放整天布施两次；在鲁琼寺（ཀླུ་ཆུང་དགོན།）先后发放布施好多次。亲近第三世一切知、贡塘·嘉贝样、圣·阿莽道扎、堆夏巴·阿旺敦珠（དུས་ཞབས་པ་ངག་དབང་དོན་གྲུབ།）、喀加·达尔吉（ཁ་རྒྱ་དར་རྒྱས།）、曼隆·嘉样喜饶（སྨན་ལུང་འཇམ་དབྱངས་ཤེས་རབ།）、泉格（ཚོམ་དགེ）、喀专昂巴（ཁ་སྒྲོན་ནང་པ།）等许多哲士，尤其多次敦请德赤仁波切前去该寺，交谊甚笃。有这位尊者所撰的传记《珍宝华鬘》。在乌素寺（ཨུ་སུ་དགོན།）等下部戎农业区（རོང་སྨན།）和噶察（དགའ་ཚལ།）静修院等切巴系（ཆས་པ་གཉིས།）地区的各到去处，广泛地进行饶益众生之事，所建的念修六字明传统，直到现在仍在各地弘扬。在本寺和各客地弘传了许多灌顶、教敕和诀要的传统。经常在晨座和中座时念修觉派断我执法；午座时，阅读经论；座间休息时则念百余次施食法，设置巡礼依止圣物，积蓄巡礼次数。对于念修如大河之水，常流不息。照见上师、本尊、护法等圣容次数和梦境的稀奇征兆甚多。

有道情等著作一小函。六十岁时即土鸡年（公元1828年，清道光八年，戊子）圆寂。

他转世的化身，生于加咱（རྒྱ་བཟའ།），名嘉样丹增嘉措（འཇམ་དབྱངས་བསྟན་འཛིན་རྒྱ་མཚོ།）。于十六岁时，即木龙年（甲辰）圆寂。他转世的化身生于宗隆（རྫོང་ལུང་།），名贡乔钦惹嘉措（དཀོན་མཆོག་མཁྱེན་རབ་རྒྱ་མཚོ།），于十二岁时，即火龙年（丙辰）圆寂。现迎请前者的怀疑对象之一，于木蛇年（乙巳）生于幸丑（གཉེན་ཕྱུག）的嘉样贡乔曲藏（འཇམ་དབྱངས་དཀོན་མཆོག་ཆོས་བཟང་།）居于寺院，护持以前历世弘法传统，使其日益增盛中。

寺内有第七世达赖喇嘛噶桑嘉措赐予泽卫·智化桑波的具有加持力的释迦王佛像，为祈祷彼师长寿而修建的尊胜宝塔，其内藏是胜者噶桑哇(རྒྱལ་བ་སྐལ་བཟང་བ།[5]) 的尸盐和上泥打印的佛像和如来佛百字明、阿底峡尊者亲手所造的小泥佛、圣·宗喀巴大师亲手所造的牟尼佛小泥像、强巴喇嘛的尸骨、克珠琼波的舍利等圣物。还有被吐蕃国王达磨所损坏的释迦王佛像，有以圣·扎桑哇的尸骨火化时结晶形成的绿度母像及文字、各色舍利等为内藏的菩提宝塔，圣·嘉样喜年灵塔——青铜铸造有一人身量之高的尊胜宝塔、一人身量之高的青铜铸的弥勒佛像，洒热哇用泽卫拉卜合的骨灰和上泥打印的似我母的许多圣像、《甘珠尔》大藏经，以及一百多函经籍等。

鲁琼寺（ཀླུ་ཆུང་དགོན།）从前本教盛行时，这儿是朗秀·嘉哇洛哲（ཚང་ཞིག་རྒྱལ་བ་བློ་གྲོས།）、昂秀·旺格嘉波（སྣང་ཞིག་དབང་གི་རྒྱལ་པོ།）、朝辛·主苟坚赞（ཁྲོད་ཤེན་སྒྲུལ་སྐྱ་རྒྱལ་མཚན།）、泽秀·当尼耶希等人的总寺。当年，奉八思巴大师供施双方的命令，四大僧[6]改变本教的宗教信仰，朗秀、昂秀、泽吾（ཙེ་དབུ།）、喀泽(མཁར་རྩེ།) 等带领部属前往达温波处进行争辩，正与授《慈氏愿》和《普贤行愿品》的教敕相值，乃予以教诲，使他们的争辩勇气顿挫，从心底深处对这位佛教僧徒的行为，钦佩折服，把他们的本教寺院和各自神殿——不落胜幢殿、不变雍仲殿、任运成就吉祥殿、不毁道坛殿等一一奉献。达温波把曾被吐蕃国王达磨破坏损伤的释迦能仁王佛像赐予他们作为依止圣物，这可能就是现在供奉在泽卫静修院中那尊佛像。此后他们部落繁衍，朗秀分为两部，昂秀分为两部，喀泽也叫作日拉（རི་ལ།）分为两部，以及泽卫等现在称为主体七部落。卓尼土司洛桑敦珠（བློ་བཟང་དོན་གྲུབ།）和德塘堪布仓央巴（བདེ་ཐང་མཁན་པོ་ཚངས་དབྱངས་པ།）供施双方让五个本教部落改变其宗教信仰，改宗佛教格鲁派。于第十二胜生的土龙年（公元1688年，清康熙二十七年，戊辰），建起了格鲁派寺院噶丹朋措林（དགེ་དགོན་དགའ་ལྡན་ཕུན་ཚོགས་གླིང་།噶丹圆满洲），由土司自己兴建了经堂、神殿、怙主殿等，并建修房屋一百多处。尔时，寺院的寺址在鲁琼的地面上。后来，迁移于现在的这处寺址。主要的依止圣物有原来旧寺的圣像、药泥塑造的高大而有语化传说的药师佛像、圣·宗喀巴大师像、泽卫·嘉样喜年的灵塔，楼上楼下有称为弥勒佛郭旋玛像、觉阿释尊像。药师宫有《甘珠尔》大藏经两部，楼上七间走廊绘有释迦能仁王佛十六尊者、阿底峡尊者、圣·宗喀巴、弥勒佛、文殊菩萨、无量寿佛、观音菩萨等被神宾拥绕的七幅画像。经堂之内，有千佛像等画卷，都由泽卫·嘉样喜年兴建。又彼师还塑造一楼之高的弥勒佛和近侍佛子像，并撰有《述记》。这寺是切巴系（ཆས་པའི་གཞིས།）、辛察冈系（གཤེན་ཚ་སྒང་གཞིས།）等处总寺。五供节时，有近千名僧人聚集，寺院的堪布由卓尼委派，并兼任密宗院法台，进行护持。密宗殿中有许多身、语、意依止圣物和供器等，均按拉萨上密学院的规章制度，讽诵的腔调、韵律等令人意夺，成为大密正法的大树。这座寺院自土龙年建寺，经一百四十九年至火猴年建成密宗学院，加上至木牛年（公元1865年，清同治四年，乙丑）以前的二十九年，已历一百七十八年矣。

达仓（སྟག་ཚང་།）静修院·香趣林（བྱང་ཆུབ་གླིང་།菩提洲），也叫扎西曲林（བཀྲ་ཤིས་ཆོས་གླིང་།吉祥正法洲）。修建者系洛桑拉卜丹（བློ་བཟང་རབ་བརྟན།）阿阇黎，姓扎（ཟླ）氏。其祖先有称为衮桑（ཀུན་བཟང་།）者来自西藏，经宗喀（ཙོང་ཁ།）地区，来到此地。繁衍成辛察（གཉེན་ཚ།）、德塘（བདེ་ཐང་།）、团钦（ཐོན་ཆེན།）等部，计有近一千户人家。彼师于第十一胜生之末的火龙年（公元1686年，清康熙二十五年，丙寅），生于格塘（དགེ་ཐང་།）的一户人家，父名旺加嘉卜（དབང་རྒྱལ་སྐྱབས།），母名旦正乔（རྟ་མགྲིན་མཆོག）。五岁时，母亲带着他去卡隆（ཁ་ལུང་།）沟。途中，看见一对老夫妇在拖拉一头牛的死尸，力不能胜，困顿不堪。彼师问妈妈："为啥没有人帮助呀？"

"这是由于牛瘟而死去的，大伙都隔离起来躲避。"

尔时，彼师想到："只是仅此一户，遭受这样的灾祸呢，还是大伙儿都遭到了同样的不幸？"想到这里，眼泪潸潸流下，难以遏制。十三岁时，在德塘活佛洛桑南杰（བློ་བཟང་རྣམ་རྒྱལ།）处披剃出家，与这位师长及济垅（仲）仁波切（རྗེ་དྲུང་རིན་པོ་ཆེ།）、洛巴（ལོ་པ།）阿阇黎、切巴喇干（ཆས་པ་ལྷ་ཀན།）、郭仓（ཀོ་ཚང་།）活佛等结了法缘。十六岁时，在丹活佛洛桑丹增（བློ་བཟང་བསྟན་འཛིན།）座前聆听了一些经典的随许。在此以前，对仪轨、法行等已经精练纯熟，讽诵佳妙，现行清净，受到大众的极大尊敬。十九岁时，在哲蚌寺郭莽经院，先后于敦珠嘉措（དོན་གྲུབ་རྒྱ་མཚོ།）阿阇黎和衮噶鄂赛尔（ཀུན་དགའ་འོད་ཟེར།）阿阇黎座前聆听教程，在秋季学期的第二阶段学期时，正式加入经院学习。彼师曾说道：

"尔时由于对'有法为瓶，应是无常，以刹那性故'辩论方法没有理解，从而不能养成有条不紊的思维。到了冬季学期中，始熟悉这一方式。对于'瓶无常'理由从'一刹那'的本义'时边际刹那和事边际刹那'理解到是'坏法'，从而获得'一切有为法皆是无常'的真实义。"

彼师在此给人们提出了若不理解大论义理教诫的所指，而仅以熟悉辩论方式为事，则不管怎样熟悉，意义不大。这个教导的奥义颇为重要。

彼师熟背《现观庄严论》《入中论》《入宗印海之舟》等。复习大论旧教程等八品的专论等，在巴科尔却德（དཔལ་འཁོར་ཆོས་སྡེ།）道场参加巡回辩经；在郭莽扎仓的阿阇黎座前聆听许多对公众讲授和专门讲授之法；从第六世达赖喇嘛受《菩提道次第广论》的前面数页的教授和宗喀巴大师的《散简集》的教敕；从自在成就者周巴衮勒（འབྲུག་པ་ཀུན་ལེགས།）、第穆·南喀嘉样（དེ་མོ་ནམ་མཁའ་འཇམ་དབྱངས།）、持金刚丹增嘉措（བསྟན་འཛིན་རྒྱ་མཚོ།）、洛桑金巴（བློ་བཟང་སྦྱིན་པ།）阿阇黎等师处聆听教敕和指引；在格培静修院（དགེ་འཕེལ་རི་ཁྲོད།）一切知大师处，于一月余之时间内，聆听《菩提道次第广论》的释义和教敕与《文殊亲教》兼摄的指讲。在一切知大师前往担任郭莽扎仓阿阇黎时，曾在座前聆听教程《菩提道次第论》以及所授的许多灌顶、教诫等。在《中观》学级背诵《正义精要》和龙树《中论》。被任命为新建康村公所的负责施工人员，当快要完工时，患麻风病，乃依神佛及上师的教敕，在格派静修院关闭四个多月，遂告痊愈。先前，抵拉萨之际，向阿阇黎鄂赛哇（འོད་ཟེར་བ།）求授沙弥戒。水马年（公元1702年，清康熙四十一年，壬午），在第五世班禅罗桑耶喜座前受近圆戒。在聂塘、觉摩隆以及帕丹巴静修的洞窟中都留下了足迹。入密宗院修习密集。本拟找一处山间静修院静修，但由于木猴年之冬，贡玛[7]没有准许，乃返回家乡。由于身体不适，思想苦闷，乃依然绛巴洛桑扎喜（བློ་བཟང་བཀྲ་ཤིས།）意见，两人瞒着叔叔向北部游方。途中，向古尔雅·阿旺坚赞（ཀུར་ཡག་ངག་དབང་རྒྱལ་མཚན།）处请求详细讲传《菩提道次第略论》和《文殊亲教》的指引。在临洮留住六七个月，阅读《甘珠尔》大藏经，抄录了一部分需要的经文并熟记了一部分，依次来到沙峻寺[8]。这时，老僧们冬季闭关修行还没有解除，看到他们结合正月时举行长净之际，向病人和闭关修行者真诚地献上乐欲[9]，对先前没有得到的诸灌顶重新念诵，还净三次。沙弥们亦举行还净，凡见、断、问等实践极为详细。彼师意为之夺，发生留住该处的愿望，即在该圣地居住了四五年，向阿阇黎曲如喀哇（ཆུ་རུ་ཁ་བ།）、持金刚洛桑曲英（བློ་བཟང་ཆོས་དབྱངས།）、德钦寺（བདེ་ཆེན།）阿阇黎智化嘉措（གྲགས་པ་རྒྱ་མཚོ།）、夏琼寺热洛（ར་སོ）活佛等许多哲士处请求了大量的灌顶、教敕和随许。恰格（ཕྱ་དགེ།）阿阇黎来到该处，两人心投意合，成为莫逆之交。接着回家乡与叔叔会晤后，在曲梅隆静修院（ཆུ་མིག་ལུང་རི་ཁྲོད།）静修。

铁虎年（公元1710年，清康熙四十九年，庚寅），章嘉仁波切前来佑宁寺，乃专门前去叩拜，向尊者和布庆曲结·洛哲嘉措（བུ་ཆེན་ཆོས་རྗེ་བློ་གྲོས་རྒྱ་མཚོ།），噶钦·衮噶坚赞（བཀའ་ཆེན་ཀུན་དགའ་རྒྱལ་མཚན།）等以及在一切知大师、德钦寺智干巴师徒等处聆听了经法。水龙年（公元1712年，清康熙五十一年，壬辰），叔叔自西藏卫地回来，按照班禅仁波切的授记，由彼师修建了这座静修院。尔时，凡吉祥长净、相地乞地、奠基划线、委任执事人员和管理香积厨等都由彼师负责进行。建立三事实践和密集、胜乐的仪轨。以巧妙的方式，主持讲授和所缘等背诵辅导及考试等。凡三十余年，成为殊胜的静修胜地。建立许多身、语、意的圣物。向西藏卫地先后尽量奉献布施。木羊年（公元1715年，清康熙五十四年，乙未），在青海朝礼第七世达赖喇嘛，请求结了法缘。火蛇年（丙申），一切知大师莅临卓尼，前去叩谒。希望最上给予圣喇嘛[10]的广略《菩提道次第论》奥义和广大胜道的体验，在此之上，给予密集、胜乐、大威德三本尊的正确修持；最低限度也希望给予菩提道次第的简要缘境及大威德本尊明显骄傲的体验都一一赐予于他，显示了这是对诸凡乞求修持得到解脱者讲传的最殊胜的教诫。铁鼠年（公元1720年，清康熙五十九年，庚子），贡玛喇干示寂，然绛巴又去哈拉隆静修院（ཧ་ལ་ལུང་གི་རི་ཁྲོད།），被卓尼土司尊为上师，向恰格阿阇黎、阿摩（ཨ་མོ།）阿阇黎、拉摩的日朝巴（ལྷ་མོའི་རི་ཁྲོད་པ།）、卓阿阇黎·洛桑丹巴（ཀྲོ་དཔོན་སློབ་བློ་བཟང་བསྟན་པ།）等处请求了经法。同时，彼师也向后两位阿阇黎讲传《菩提道次第论》的指引等，满足了他们的意愿。土狗年（公元1718年，清康熙五十七年，戊戌），从班智达阿阇黎处聆听他按照圣·格勒嘉措（དགེ་ལེགས་རྒྱ་མཚོ།）讲传的体系讲授的《菩提道次第论》。并给卓阿阇黎·阿旺扎喜（ཀྲོ་དཔོན་སློབ་ངག་དབང་བཀྲ་ཤིས།）、噶庆·洛桑丹巴（བཀའ་ཆེན་བློ་བཟང་བསྟན་པ།）阿阇黎、阿郭·南木夸森格、噶庆·洛桑拉卜杰（བཀའ་ཆེན་བློ་བཟང་

རབ་རྒྱས།)、贡格（གོང་དགེ）阿阇黎等讲传大量的经法。向多卜丹俄仁巴请求了吉祥天母法的随许。徒众之中也出了许多高举修持胜幢者。彼师著有《自传》及各种论述等一函，已雕版行世，还有这些著作的教敕传统。七十岁即木牛年（公元1745年，清乾隆十年，乙丑）圆寂。由群则嘉样闹吾（འཇམ་དབྱངས་ནོར་བུ།）暂时护持寺院。彼师为了护理、住持静修禅院，乃迎赎生于格塘的阿旺嘉华智化作为代理喇嘛，他承事喀摩且哇洛桑云丹(མཁར་མོ་ཆེ་བ་བློ་བཟང་ཡོན་ཏན།）学习明处，被称为有哲士习气云。撰述阿阇黎传记补遗的完扎苟什德（ཝཛྲ་ཀི་རྟི།）活佛就是彼师。由他迎请生于江（ལྗང་།）地的洛桑丹贝尼玛（བློ་བཟང་བསྟན་པའི་ཉི་མ།）为阿阇黎的呼毕勒罕在寺坐床。在贡塘·嘉贝样座前受沙弥戒。他转世的化身，就是现在的贡乔洛桑拉卜丹（དཀོན་མཆོག་བློ་བཟང་རབ་བརྟན།)。

圣·贡玛[11]的尸骨上出现有佛、菩萨的像、梵藏文字母元音和子音，乃以这些灵骨和他用过的金刚杵、铃等和包括他的没有烧损的心、舌、眼等作为内藏修建了灵塔。这座寺院还有由这位圣者绘制的画卷十五帧，药泥塑造的佛像九尊；有密集、胜乐、大威德三本尊的《本续》《佛说文殊师利一百八梵赞》《集经》《净治三途经》等；有一丈二尺高的大灵塔，《甘珠尔》大藏经写本一部，印刷本两部等许多依止圣物。这座寺院被第五世班禅洛桑耶喜和第七世达赖喇嘛誉为“灵鹫山”，第二世嘉木样吉美旺波也说：“我认为这儿建成像色拉、哲蚌、噶丹三大寺那样的道场也是可能的。”从如此等等的颂词，可以看到这座寺院的形势确实是圆满无缺的。详细情况，可以参阅阿阇黎他所撰的《圣地记》。

德塘·洛桑拉卜丹，生于蒂热多[12]（ཏེའུ་རིའི་མདོ།)。他是拉萨噶丹寺僧人，不能认为和阿阇黎是一个人。他和德塘的洛桑云丹是同级学僧，两人都是有名的格西。他们商定在家乡各修一座静修院进行修持。前者在代合日岗（རྟག་རི་སྒང་།）建了一座静修院，修持终生，圆寂之后静修院也衰落下去了。后者前往内地讲传了《弥多罗》等许多经法，生具福泽，当第二世嘉木样在拉卜楞寺修建时轮学院和塔尔木其阿阇黎修建完波塘寺时，都曾提供顺缘。这位师长和喀摩且哇也不是同一个人。

洒玛尔多[13]（ས་དམར་སྟོད།）有给巴索济仲阿旺贡乔尼玛（བ་སོ་རྗེ་དྲུང་ངག་དབང་དཀོན་མཆོག་ཉི་མ།[14]）前来讲经时所筑的座台，一切知历世都进行过加持颇有灵异。洒玛尔浦沟寺·扎喜曲丹林（ས་དམར་ཕུའི་བཀྲ་ཤིས་ཆོས་ལྡན་གླིང་།吉祥具法洲）和沟口的寺院噶丹桑珠林（དགའ་ལྡན་བསམ་འགྲུབ་གླིང་།），两寺附近有塘隆静修院（ཐང་ལུང་རི་ཁྲོད།）。

松巴静修院·扎喜桑丹林（སུམ་པའི་རི་ཁྲོད་བཀྲ་ཤིས་བསམ་གཏན་གླིང་།），由德塘寺居巴喇嘛卸任翁则师修建。他转世的化身于幼小时夭亡，现在由生于迭部（ཐེ་བོ།）的松巴夏仲·贡乔楚臣巴（སུམ་པ་ཞབས་དྲུང་དཀོན་མཆོག་ཚུལ་ཁྲིམས་པ།）在饶益众生。日拉喇嘛（རི་ལ་བླ་མ།）修建了扎觉塘谢珠曲科林（བྲག་སྐྱོག་ཐང་བཤད་སྒྲུབ་ཆོས་འཁོར་གླིང་།），后来由卓尼大寺卸任堪布贡乔桑珠（དཀོན་མཆོག་བསམ་འགྲུབ།）和卸任堪布贡乔朋措（དཀོན་མཆོག་ཕུན་ཚོགས།）两人迁移了寺址。

阿科云（ཨ་འཁོར་གཞུང་།）有扎噶尔寺·香曲林（བྲག་དཀར་བྱང་ཆུབ་གླིང་།白崖菩提寺），是德塘堪布洛桑仓央于第十二胜生的水羊年（公元1703年，清康熙四十二年，癸未），遵照第五世班禅洛桑耶喜的授记进行修建的。由扎噶尔隆丹巴（བྲག་དཀར་ལུང་བསྟན་པ།）绘造释迦能仁王佛画卷，迎请《甘珠尔》大藏经等。然绛巴曲增扎巴（ཆོས་འཛིན་གྲགས་པ།）敦请一切知大师、恰格阿阇黎、贡钦洛桑扎西（སློབ་ཆེན་བློ་བཟང་བཀྲ་ཤིས།）等前往，由一切知大师及济农王发给文书。铁猴年（公元1740年，清乾隆五年，庚申），由然绛巴阿旺闹卜（ངག་དབང་ནོར་བུ།）等迁移至寺院前面山间的瑙卜塘（ནོར་བུ་ཐང་།珍宝滩）。第十三胜生的铁蛇年（公元1761年，清乾隆二十六年，辛巳），由德塘·洛桑拉卜丹、贡黎克乔（དཀོན་ལི་མཁས་མཆོག）、德塘·洛桑云丹等提供顺缘，新建经堂，恩师圣·阿莽道扎为之写订寺院清规。胜乐五尊及密集、大威德法的腔调、韵律完全和拉萨下密院相同，三事实践等甚为兴盛。出了诗人扎噶尔·洛桑扎喜（བྲག་དཀར་བློ་བཟང་བཀྲ་ཤིས།）、拉尊贡乔却觉（ལྷ་བཙུན་དཀོན་མཆོག་ཆོས་འབྱོར།）

等许多擅长明处之人，后者有转世系统。扎噶尔圣山上有教长莲花生大师、巴索济仲等加持的标记，附近的石山有许多脚印很清晰，还有一切知大师和第三世嘉木样遍照尊者二师的手掌痕迹。岩石之上有自然形成的字母和佛像等许多形象和出现石头舍利等的上下静房。苟什德阿阇黎和前一世占巴（ཟན་པ།）巫师撰写的《圣地记》虽说：“每一座石崖上有许多猛静神。”但一般则盛称是吉祥天母的刹土云。

嘉喀尔寺·谢珠达尔吉林（རྒྱ་མཁར་དགོན་བཤད་སྒྲུབ་དར་རྒྱས་གླིང་།讲修昌隆洲），也叫作朋措塔尔哇林（ཕུན་ཚོགས་ཐར་པ་གླིང་།圆满解脱洲），由嘉喀尔贡玛（རྒྱ་མཁར་གོང་མ།）洛桑丹曲（བློ་བཟང་དམ་ཆོས།）修建。彼师入哲蚌寺郭莽扎仓学习，成为著名的拉仁巴，在自己家乡修建寺院建立讲辩制度。他转世的化身生于阿木去乎尼玛隆谷（ཉི་མ་ལུང་།），前赴西藏卫地学习，以大量的布施供养卫藏地区各个圣地、寺庙等，证得成就。他神通广大，把石头犹如糌粑团那样捏来团去。《娘地上师传》中，曾载有娘·阿旺丹贝尼玛（ངག་དབང་བསྟན་པའི་ཉི་མ།）对彼师的评语说：

“嘉喀尔活佛仁波切是教证功德的宝库，是他本生系统中的最殊胜的哲士，曾奉献了一些教法的传统，确系名实相符。”

通称的嘉喀尔喇嘛干巴（རྒྱ་མཁར་བླ་མ་རྐན་པ།），一般认为就是彼师，待考。曾在本寺以很长的时间护持讲辩，但他示寂后衰落不振。他的转世化身于第十三胜生的木虎年（公元1794年，清乾隆五十九年，甲寅）生于佐格如多玛，名贡乔丹贝坚赞（དཀོན་མཆོག་བསྟན་པའི་རྒྱལ་མཚན།），在佐格日朝旺波座前披剃出家并受沙弥戒。铁鸡（辛酉） 年，在寺院从底古（ཏི་ཁུ）的比丘贡乔森格（དཀོན་མཆོག་སེང་གེ）学习念诵，承事喀摩且哇·洛桑云丹（མཁར་མོ་ཆེ་བ་བློ་བཟང་ཡོན་ཏན།）接受名义、诸明处、三律义的教诫，菩提道次第、修心等教导。火牛年（丁丑），在贡塘·嘉贝样座前受近圆戒，先后聆听了大威德十三尊法的灌顶等。土兔年（公元1819年，清嘉庆二十四年，己卯），前往西藏卫地，于拿·噶尔玛塘（སྣ་ཀམ་ཐང་།）遇阿里活佛前赴青海，即进行叩谒。在哲蚌寺郭莽扎仓于阿阇黎隆布巴·阿旺楚臣（ཀླུ་འབུམ་པ་ངག་དབང་ཚུལ་ཁྲིམས།）处学习教程。于第十世达赖喇嘛楚嘉措（ཚུལ་ཁྲིམས་རྒྱ་མཚོ།）讲法的座前，聆听《本生经》和《因缘颂》的教敕。并亲近赤·绛曲却丕（ཁྲི་བྱང་ཆུབ་ཆོས་འཕེལ།）、热振赤钦（ར་སྒྲེང་ཁྲི་ཆེན།）、格仓喇嘛南照（ཀེའུ་ཚང་བླ་མ་རྣམ་གྲོལ།）等。在后藏朝礼第七世班禅丹贝尼玛（བསྟན་པའི་ཉི་མ།），请求结法缘。水羊年（公元1823年，清道光三年，癸未）当返回故里之际，西藏摄政擦多诺们汗授予“显扬噶丹教法诺木济堪布”（དགེ་ལྡན་བསྟན་པའི་གསལ་བྱེད་ནོམ་ཅི་མཁན་པོ།）职位及堪布服饰。在安多地区，在遍照尊者、恩师圣·阿莽道扎、甘珠尔哇钦波·贡乔华增、嘉堪庆智化坚赞、朗·贡乔捷贝洛哲（གླིང་དཀོན་མཆོག་དགྱེས་པའི་བློ་གྲོས།）、阿摩活佛贡乔丹坚（ཨ་མོ་སྤྲུལ་སྐུ་དཀོན་མཆོག་བསྟན་རྒྱན།）、堪布更登德钦（དགེ་འདུན་བདེ་ཆེན།）、措喀哇·贡乔却培（མཚོ་ཁ་བ་དཀོན་མཆོག་ཆོས་འཕེལ།）等师座前聆听讲传的经法。由于阿伍达日冈噶（ཨ་ཕྱག་ཏ་རི་ཀང་ཀ） 地方，有历世切巴（ཚས་པ།）活佛的噶尔瓦（府邸）、庄园和畜群，曾先后三次前往蒙古、内地。在该地和家乡给各方人士弘传灌顶、教敕、诀要等法统。给许多修持者授予沙弥、比丘的戒律，证得降雨、止雨和调服疯癫病[15]的神通，具有三摩地定力，能显示各式各样的梦感。在拉卜楞寺，于德赤仁波切座前请求了弥多罗大灌顶。这座寺院先前的那地址，由于土地潮湿，地基不固，有些僧侣常中土地凶煞的邪气等，乃请求遍照尊者予以占卜，选定了现在的这所寺址，于铁兔年（ལྕགས་ཡོས།）即辛卯岁（公元1831年，清道光十一年）进行迁移。请赤钦贡乔旺秀（དཀོན་མཆོག་དབང་ཕྱུག）举行相地、乞地、奠基划线等仪轨，并在这位尊者的座前聆听了《吉雪全集》的教敕等，也向他奉献一些经法。修建经堂、密宗院、护法神殿以及二层楼的寝宫等。所有费用计达白银一万两千余两，其中由切巴锡勒图（ཚས་པ་ཤི་རེ་ཐུ།）提供了许多秤白银的顺缘。在以八大清净弟子拥绕的圣·宗喀巴大师像、释迦能仁王佛和十六尊者像等许多金铜合铸的圣像为主各佛殿顶上安置了宝瓶、鞭蕔女墙等饰物、极为美观。在遍照尊者前赴卓尼之际，请求予以开光。密宗殿楼上走廊悬挂绘有十六明妃像等及许多缨络、幡等供器和用具。本拟在寺院建立法相学院，由于一部分人的行为，乃暂时搁置。于六十一岁的木虎年(公元1854年，清咸丰四年，甲寅）圆寂，尸骨之上出现了许多字母。

他转世的化身，生于底古（ཏི་ཁྲུ།），名贡乔嘉样丹增尼玛（དཀོན་མཆོག་འཇམ་དབྱངས་བསྟན་འཛིན་ཉི་མ།），现已迎请至寺坐床。

第一世嘉喀夏仲（རྒྱ་མཁར་ཞབས་དྲུང་།），是郭莽阿阇黎尕如哇·阿旺班觉尔(སྣ་རུ་བ་ངག་དབང་དཔལ་འབྱོར།)，据说彼师是尕如玉多（ཀ་རུ་བཞི་མདོ།）人，但可靠性不强。嘉喀尔喇嘛干巴说：

“据《达仓阿阇黎传》中的记述，曾任卓尼大寺堪布的切巴喇干居于彦巴静修院（གཡམ་པ་རི་ཁྲོད།），曾请求其摩顶并乞结法缘。”

根据这一资料，则似是卓尼大寺的第二十六任堪布切巴·洛桑楚臣(ཆས་པ་བློ་བཟང་ཚུལ་ཁྲིམས།)。他转世的化身生于察多（ཚ་མདོ།），三十二岁时，于德塘仁波切的寺院发生战乱时示寂。逝世之际显示了神奇的征兆。他转世的化身生于贡力（དགོན་ལི།），和昂曼活佛跋沃循奴闹日桑（ཨང་སྨོན་སྤྲུལ་སྐུ་དཔའ་བོ་གཞོན་ནུ་ནོར་བཟང་།）是同胞弟兄。五十岁时，圆寂于内蒙古。他转世的化身名贡乔丹贝尼玛（དཀོན་མཆོག་བསྟན་པའི་ཉི་མ།）也生于贡力，被班禅全知一切誉为“堪布呼图克图”。据说是白布禄金刚和金刚手菩萨所神变者云。念修马头明王、金刚手菩萨达到标准，曾亲见圣容，有很大神通云。他转世的化身，生于恰格的赛仓（བསེ་ཚང་།），属相土猪（己亥），名阿旺更登嘉措(ངག་དབང་དགེ་འདུན་རྒྱ་མཚོ།)。幼小时，由堪布贡乔丹坚巴（དཀོན་མཆོག་བསྟན་རྒྱན་པ།）抚育，即在其座前披剃出家并受沙弥戒，在拉卜楞寺学习《般若》《因明》，在贡塘仁波切、贡乔丹贝嘉措处受近圆戒；在圣·喜饶嘉措的座前受《甘珠尔》大藏经的教敕等；在一切知嘉木样师徒处接受许多法统；向亲王府群则洛哲嘉措（ བློ་གྲོས་རྒྱ་མཚོ།）处请教了《诗鉴论》的本文和注疏。现在和堪布活佛住在一个昂欠（府邸）之中，执掌寺院，日益增盛。

这座寺院的主要依止圣物有能避火和能防雷击的释迦能仁王佛像各

一尊，语化的圣林甫玛（རྗེ་གླིང་འཕྲུར་མ།）、乌坚萨贺玛（ཨུ་རྒྱན་ཟ་ཧོར་མ།）、夏鲁巴的本尊圣像——大威德铸像，具有加持力的马头明王塑像，据说切巴喇干曾看见像脚下所踏之蛇在抖颤云。有语化的吉祥天母的画卷，喷发戒香的释迦佛像，有自行飞来的清凉寒林的三块黑石，圣·宗喀巴大师的法铃和包钵盂的套子，第五世达赖喇嘛用过的经籍、颈橛、念珠，班禅确吉坚赞的坐垫，尕如哇·阿旺班觉尔的手鼓等许多内部依止物。密宗殿中有栴檀释尊像，每于贤妙时日散发着芬芳的香气，洋溢于佛堂之中，颇具灵异。还有称为“切巴锡勒图”的拉洒尔·贡乔曲觉尔哇（ལྷ་སར་དཀོན་མཆོག་ཆོས་འབྱོར་བ།）以白银一千八百两绣制的弥勒佛缎像等等三所依圣物很多。这座寺院自其迁移之时计算，至今木牛年（乙丑），已历三十五年矣。

外日静修院（བད་རིའི་རི་ཁྲོད།）。

曲弥隆谷（ཆུ་མིག་ལུང་།）或称为玉古尔静修院扎喜意噶（吉祥意喜），大成就者格洛格勒旺秀（དགེ་བློ་དགེ་ལེགས་དབང་ཕྱུག）创建。彼师曾赴西藏卫地，亲近雍增洛哲嘉措（ཡོངས་འཛིན་བློ་གྲོས་རྒྱ་མཚོ།）、持金刚嘉样扎巴（རྡོ་རྗེ་འཆང་འཇམ་དབྱངས་གྲགས་པ།）、圣·阿旺程列（རྗེ་ངག་དབང་འཕྲིན་ལས།）、圣·格勒旺徐（རྗེ་དགེ་ལེགས་དབང་ཕྱུག）、圣·阿旺洛哲（རྗེ་ངག་དབང་བློ་གྲོས།）、大成就者桑波坚赞（གྲུབ་ཆེན་བཟང་པོ་རྒྱལ་མཚན།）等师的足莲，进行闻思，获得证悟。德塘·洛桑云丹（བདེ་ཐང་བློ་བཟང་ཡོན་ཏན།）曾于很长时间内在此修持。由于古尔雅洛桑雅培（གུར་ཡག་བློ་བཟང་ཡར་འཕེལ།）出生于寺属谿卡之中，现在由他的转世系统执掌这座寺院。

切巴贡伍昂寺·噶丹扎喜桑主林（ཆས་པ་ཀོང་བུ་ནང་དགའ་ལྡན་བཀྲ་ཤིས་བསམ་འགྲུབ་གླིང་།兜率吉祥如意洲），亦叫作衮道合林（ཀུན་རྟོགས་གླིང་།普觉林）最初由赤钦洛桑雅培在此修建一座小寺，后由切巴·洛桑程列（ཆས་པ་བློ་བཟང་འཕྲིན་ལས།）、恰格活佛历世转世者加以扩建。

洛桑程列巴于第十二胜生的土虎年（公元1698年，清康熙三十七年，戊寅），生于外登庄（བད་སྙིང་གྲོང་།），父名盼德江乃，母名麻尼措。被认定为叫作切巴文布洒饶（གཟའ་རོ།）的转世化身，于八岁时迎至寺内坐床。第二年，在郭仓活佛洛桑楚臣（ཀོ་ཚང་སྤྲུལ་སྐུ་བློ་བཟང་ཚུལ་ཁྲིམས།）座前披剃出家，学习文字等颇为聪慧。十四岁时，因故不能在本寺安居，不得不在冬乃亥红钦寺（སྟོང་ནག་དགོན་ཆེན་དགོན།）等处居住。十九岁时，奉大皇帝圣旨掌管自己家乡。这正是第一世一切知大师莅临卓尼的那一年，于座前受近圆戒，聆听大威德的灌顶。二十岁时，于文布静修院（འོམ་བུའི་རི་ཁྲོད།）在恰格阿阇黎的座前请求了法王的内、外、密三法的随许。自这一年起，直至阿阇黎示寂之前，至少每年三次前来叩谒，请求对各项事务的指示，并聆听了许多经法。在拉卜楞寺于赤干处，在卓尼大寺于扎巴谢珠（གྲགས་པ་བཤད་སྒྲུབ།）处，以及达仓（སྟག་ཚང་།）阿阇黎、戎康夏仲（རོང་ཁམས་ཞབས་དྲུང་།）和他的贡玛（གོང་མ།）活佛阿旺洛桑坚赞（ངག་དབང་བློ་བཟང་རྒྱལ་མཚན།）、色拉班智达、卓格喇嘛（འབྲོང་དགེ་བླ་མ།）、木乃（སྨུ་ནེ།）阿阇黎、拉康隆哇（ལྷ་ཁང་ལུང་བ།）、娘仓（ཉང་ཚང་།）活佛、阿阇黎洛桑丹巴（བློ་བཟང་བསྟན་པ།）等师处请求了许多甚深妙法。在塘仓·甘珠尔哇（ཐང་ཚང་བཀའ་འགྱུར་བ།）处，聆听了《甘珠尔》大藏经的教敕。铁鼠年（公元1720年，清康熙五十九年，庚子），贡玛活佛阿旺哇[16]从内地、蒙古寄来白银三百两，乃以此作为基金修建了经堂。木兔年（公元1735年，清雍正十三年，乙卯），前赴卫地朝礼第七世达赖喇嘛，叩谒赤南桑巴（ཁྲི་ནམ་བཟང་པ།）、赤坚赞森格（ཁྲི་རྒྱལ་མཚན་སེང་གེ）、肖·敦约克珠（ཞོག་དོན་ཡོད་མཁས་གྲུབ།）、达泽（སྟག་རྩེ།）阿阇黎、森巴（སེམས་དཔལ།）活佛、巴日（བ་རི།）阿阇黎、雅曼达噶（ཡམ་རྟག）等，并于后藏朝礼班禅仁波切等，在这些师长大部分处结了法缘，在各圣地和圣物处都一一进行了朝拜供奉。在郭莽扎仓阿阇黎却扎（ཆོས་གྲགས།）和卸任堪布南木喀（ནམ་མཁའ།）两师座前，聆听了《菩提道次精要》《文殊亲教》的指引。于格派（དགེ་འཕེལ།）在赤南桑哇座前重新受近圆戒，并于该处闭关七日。返回家乡时，确如恰格阿阇黎所嘱咐的“就是一尺长的氆氇也不要置办”那样，除请来十六尊者像的印版两副外，没有他物。

土羊年（公元1739年，清乾隆四年，己未），前赴内蒙的途中朝礼五台山，在七海子（多伦）叩谒章嘉饶悲多吉，请求结了法缘。于马头明王殿楼上向噶钦·洛桑丹增（དཀའ་ཆེན་བློ་བཟང་བསྟན་འཛིན།）聆听了弥多罗、金刚鬘并允徒众等请求，讲传金刚鬘、三种百法等许多经法。四十九岁，火虎年（丙寅）返回本寺。大力弘传金刚鬘灌顶等法统。在安多、卫地各处亲近四十多位师长，聆听了许多经法。在这些师长之中，以恰格阿阇黎为无可比拟的上师，一切知吉美法座为根本上师，以贡庆洛桑扎喜、塘仓·洛桑喜饶（ཐང་ཚང་བློ་བཟང་ཤེས་རབ།）、多卜丹俄仁巴三师为无可匹敌的上师。土龙年（公元1748年，清乾隆十三年，戊辰），又去内地、蒙古朝礼五台山圣地。于喀尔喀叩谒哲布尊丹巴，在该地向来自卫地的格西森当玛（སེང་གདོང་མ།）请求讲授《修法宝源》。铁马年（庚午）遵照赤钦南桑巴命令，以白银六百余两为大金塔缝制锦缎帐幕，并奉上发放布施的费用，交由堪布府邸转献上去。施主王[17]请求《修法宝源》的随许，由于铃杵等法器，经中规定须要由珍宝制作，不能马虎从事，而命令又很紧迫，没有答允。王和杂饶亥喇嘛（ཙ་རོ་ཏས་ཟླ་མ།）以白银百两新置用具等，乃满足其心愿。铁羊年（辛未），在七海子于赤嘉那巴座前聆听密集的灌顶，向拉科（ར་ཀོ།[18]）阿阇黎请求结法缘。水猴年（公元1752年，清乾隆十七年，壬申）回到本寺，向拉卜楞寺、卓尼大寺、冶尔哇寺、恰格日贡寺（ཁྲ་དགེ་རི་དགོན།）等岷州以上的各寺院、各静修禅院熬放斋僧茶，布施念珠；向卫藏的怙主师徒[19]奉献供养礼品，为大祈愿法会提供经费；向三大寺、上下密宗学院等处熬放斋僧茶；向拉卜楞寺第二世一切知吉美法座先后供养礼品。晚年，修建衮桑德庆林静修院（རི་ཁྲོད་ཀུན་བཟང་བདེ་ཆེན་གླིང་།普贤大乐洲），住在该处。每年闭关坐禅五六个月，长时间念修大威德从不间断。并轮流修密集、胜乐二法，结合修行上师瑜伽，蓄集念诵《无所缘大悲颂》次数的数目，讽诵《供养上师颂》等经忏多遍，于念诵座次间休之隙，念修百施食法；讽诵《甘珠尔》大藏经两遍，《丹珠尔》大藏经一遍，又重新讽诵《律藏》两遍。有《圣·宗喀巴全集》等经籍三百函，都一一诵读。对本地外乡各方人士讲传了许多灌顶、教敕、随许，能各依所宜。亲睹圣容，梦兆如应感应，神通极为明显。被称为布顿大师转世，掌握着二次第瑜伽。赴佐格时，曾在岩石之上留下足迹。于六十七岁，木蛇年（公元1785年，清乾隆五十年，乙巳）圆寂。有《传记》一部，系其弟子古尔雅噶居·阿旺扎喜所著。

他转世的化身坚跋丹贝卓美（འཇམ་དཔལ་བསྟན་པའི་སྒྲོན་མེ།），在上一世圣者示寂五年后，于土鼠年[20]（公元1768年，清乾隆三十三年，戊子?），生于下佐格赛仓。入拉卜楞寺经院，拜佐格·更登华桑（དགེ་འདུན་དཔལ་བཟང་།）为师，学习《集类学》《因明》，以怙主尊者为根本上师聆听讲传的大量经法。先后前赴内地、蒙古，曾朝礼五台山圣地数次，在北京向赤嘉那巴请求了《金刚鬘》，在托颜曲结（ཐོ་ཡོན་ཆོས་རྗེ།）座前聆听了《修法宝源》和三种百法。向拉卜楞寺等处布施斋僧茶，在本寺新建弥勒大佛像等许多能依与所依的圣物，贡献巨大。他转世的化身，生于周察（ཇུག་ཚ།），名坚跋谢珠程列（འཇམ་དཔལ་བཤད་སྒྲུབ་འཕྲིན་ལས།）。他转世的化身生于赛仓，名贡乔桑丹嘉措（དཀོན་མཆོག་བསམ་གཏན་རྒྱ་མཚོ།）。以上两师都是拉卜楞寺的僧源，都享年不长。现在是恰格活佛的侄子贡乔丹贝尼玛（དཀོན་མཆོག་བསྟན་པའི་ཉི་མ།）正在被迎请坐床中。

恰格活佛嘉样丹贝却丹（འཇམ་དབྱངས་བསྟན་པའི་ཆོས་ལྡན།），于第十三胜生的铁龙年（公元1760年，清乾隆二十五年，庚辰），生于多麦的珍哇（འབྲིང་བ།）氏族。生后三天，即能叫“妈妈”，并再三地说是“恰格阿阇黎转世的化身”。木猴年（甲申），圣·洛桑程列让其到他座前时，即能认出喇嘛阿阇黎用过的念珠。尊者对之发生信解，但是也听到是其心传弟子贡钦巴的呼必勒罕的传说。当年，尊者为利他而示寂，乃在第二世一切知座前占卜认定后，于土鸡年[21]迎请至这座寺院坐床。在昂贡（ནང་གོང་།）的嘉喀尔喇嘛洛桑丹贝坚赞（རྒྱ་མཁར་བླ་མ་བློ་བཟང་བསྟན་པའི་རྒྱལ་མཚན།）处披剃出家，并受沙弥戒。后请求参直合堪布·洛桑达尔吉（མཚན་སྒྲོགས་མཁན་པོ་བློ་བཟང་དར་རྒྱས།）授近圆戒。入拉卜楞寺经院学习显宗经典，从古尔雅噶居学习藏文文法《三十颂》和《音势论》以及《声明》《诗鉴论》等，都一一精通。应托颜曲结·嘉样更登（འཇམ་དབྱངས་དགེ་འདུན།）的邀请，先后赴内地、蒙古两次。头一次，在七海子朝礼班禅全知一切[22]一直骑送至冶霍尔（ཡེ་ཧོར།）地方，并聆听了《菩提道次第精要》等教敕和《无量寿佛》《金刚心》《观世音》等随许。其次，在章嘉饶悲多吉、一切知吉美法座等座前聆听相宜的各种经法；在托颜曲结座前聆听了弥多罗、金刚鬘、胜乐、密集、大威德三本尊法等总别各法的灌顶及《修法宝源》、三种百法、全部怙主法、多闻子十五种法等多种经法。朝礼五台山圣地，在菩萨殿（ཕུ་ཟ་ཏེ་ན།）谷脑闭关静修大威德五个月。后一次，在该地闭关静修白文殊一年。前赴苏尼特旗途中，以白银四十五两赎回许多鱼予以放生，实践律典所定的巨细戒律，不食拼命而死的肉类。向拉卜楞寺僧众奉献斋僧茶，为新建弥勒佛像捐献洁净财物。在迭部戎区（农业区）、恰格寺、肖哇（ཤོ་བ།）、康托（ཁང་ཐོག）等处讲传了一些经法，在肖哇宗窟（ཤོ་བའི་རྫོང་།）闭关静修一个冬季，在直噶尔建立四月望日奉行禁食斋行的传统。在恰格格隆（ཁྲ་དགེ་དགེ་སླིང་།）处聆听《菩提道次第广论》的疏解和教敕、《章嘉全集》的教敕，在甘珠尔哇·拉人吉处聆听《甘珠尔》大藏经的教敕等。火龙年（公元1796年，清嘉庆元年，丙辰），前赴西藏卫地，先向安多北部各寺院、禅院布施斋僧茶，向各依止圣物一处不漏地进行供养，并叩谒土观仁波切。接着先去后藏，在扎什伦布寺朝礼等七世班禅额尔德尼丹贝尼玛，请求结法缘，丰盛地奉献礼物供养。继向后藏地区的各寺院、禅院、上下萨迦寺等处奉献布施。于赴印度途中，朝礼聂拉木寺·培吉林（གཉའ་ནང་འཕེལ་རྒྱས་གླིང་།）米拉大师的静房。在尼泊尔项礼教长世亲（དབྱིག་གཉེན།）的灵塔，并给恰绒大宝塔（བྱ་རོང་མཆོད་རྟེན།）[23]献涂白垩。朝礼印度灵鹫圣山和教长龙树静修过的禅院等，奉献供养布施，并诚恳地发愿。

火蛇年（公元1797年，清嘉庆二年，丁巳）三月，圆寂于后藏玛旁雍措湖（མ་ཕམ་གཡུ་མཚོ།）。

彼师转世的化身系坚跋丹仲（འཇམ་དཔལ་བསྟན་སྒྲོན།）[24]之侄，属相土马（戊午），名贡却图丹嘉措（དཀོན་མཆོག་ཐུབ་བསྟན་རྒྱ་མཚོ།）。在泽卫·嘉样谢年（རྗེ་དབུས་འཇམ་དབྱངས་བཤེས་གཉེན།）座前披剃出家，入拉卜楞寺经院学习。在一切知师徒座前聆听了许多深奥经法。在贡塘·嘉贝祥座前受近圆戒。曾先后去内地、蒙古两次，现正在本寺饶益众生，享年将近七十岁矣。

切巴·洛桑程列（ཆས་པ་བློ་བཟང་འཕྲིན་ལས།）创建了大经堂潘德扎喜却培林（ཕན་བདེ་བཀྲ་ཤིས་ཆོས་འཕེལ་གླིང་།利乐吉祥兴法洲）及以五岁身量的弥勒佛像为主佛的弥勒佛——弥勒法轮洲，把在噶丹寺巡礼道上获得的自然显现ཨ字的石头放在弥勒佛像的胸口及书殿善说洲；密集殿——密咒大乐洲；不动尊如来殿——妙喜洲；尊胜佛殿——具乐圆满洲；怙主殿——法界大乐洲；龙王殿——圆满尊胜洲；钟楼——遍集荣华声阁；香积厨——牟尼喜绕房等等稀奇的所依和能依处。此后，恰格活佛于土鸡年（公元1789年，清乾隆五十四年，己酉），敦请第二世一切知前去，观察迁移寺院的地址，认为现在这处地方很好，就予以划线奠基。由恰格活佛负责修建大经堂、弥勒殿、密宗院、护法殿、寝宫等，把寺院迁移过来，并写定寺规《取舍明镜》。这寺比丘的戒律极为严谨。转世化身坚跋丹仲也提供了大量的顺缘。先前，木龙年（公元1784年，清乾隆四十九年，甲辰），恰格活佛负责派曲结洛桑却丹（ཆོས་རྗེ་བློ་བཟང་ཆོས་ལྡན།）去拉卜楞寺，向怙主尊者启白："显密二乘讲闻的建立以何者为宜？"蒙指示："以建立密宗学院为宜。"并派仲译俄仁巴·却增达尔吉（ཆོས་འཛིན་དར་རྒྱས།）为法台，然降巴格勒（དགེ་ལེགས།）为喇嘛翁则师，凡讲闻及寺规均如下密学院，遂建立起了密宗学院。此后喇嘛翁则担任法台。现在上下两寺院中轮流举行定期法会，胜乐、密集、大威德三本尊法的腔调、韵律、修供仪轨及释疏和生起、圆满二次第的讲闻等关于密乘方面的讲修正在增盛之中。

这座寺院的主要依止有释迦能仁王佛金刚座像、那饶瓦的本尊金刚亥母佛像、郭莽阿阇黎曲扎（ཆོས་གྲགས།）所赠的布顿大师像、那饶瓦的禅带、松赞干布国王的大刀、八思巴洛哲（འཕགས་པ་བློ་གྲོས།）的牙齿、佛子寂天和萨迦班智达的帽子、历世达赖喇嘛的衣服等许多内部依止圣物。还有罗汉拥绕释尊的佛像、三十五尊忏悔佛像、胜乐的立体坛场、觉阿阿底峡派（ཇོ་ལུགས།）二十一尊度母青铜像。从赤坚赞森格（ཁྲི་རྒྱལ་མཚན་སེང་གེ）手中发现的赤·贝丹扎巴（ཁྲི་དཔལ་ལྡན་གྲགས་པ།）的本尊胜乐的画卷，用卡伍扎宗窟（ཁའུ་བྲག་རྫོང་།）的依止圣物三角神石雕成的怙主四面护法及五眷属像，八如来宝塔三处，冈吾昂哇贡玛（ཀོང་ངུ་ནང་བ་གོང་མ།）以白银汁缮写的《甘丹珠》大藏经，宫版[25]《甘珠尔》《丹珠尔》大藏经，《圣·宗喀巴全集》手抄本。由转世化身坚跋丹仲从内地请来的高三庹又一尺余的弥勒佛像（曾避雷击）等，有喀摩且哇洛桑云丹（མཁར་མོ་ཆེ་བ་བློ་བཟང་ཡོན་ཏན།）所编的《寺志》。

密宗学院中有以圣·洛桑程列的上面有文字的尸骨和许多舍利为内藏的灵塔以及他的转世化身坚跋丹仲巴的肉身像，还有药泥塑造的圣大师的像颇具加持力，以及《甘珠尔》大藏经、《丹珠尔》大藏经等难以数计的身、语、意依止圣物。

切巴地区三座寺院的僧侣们，于这座寺院举行祈愿法会，于上寺举行五供节祭。有僧人近五百余人，由达尔格昂巴（དར་དགེ་ནང་པ།）任法台。各寺院则由历任的僧官执掌。

拉则塘（ལྷ་རྫས་ཐང་།）有拉格静修院（ལྷ་དགེ་རི་ཁྲོད།）。

洮河之阴的上面有日甫静修院扎喜曲达尔林（རི་ཕུག་རི་ཁྲོད་བཀྲ་ཤིས་ཆོས་དར་གླིང་། 吉祥法盛洲）。昂秀修建有鲁琼静修院（ཀླུ་ཆུང་རི་ཁྲོད།）。

嘉玉昂（རྒྱ་ཡུ་ནང་།）有强巴喇嘛亲传弟子日拉文布（རི་ལ་དབོན་པོ།）修建的静修院，但不久即行废圮。达仓哇（སྟག་ཚང་བ།）传中所说的“嘉日昂（རྒྱ་རི་ནང་།）”，似就是这个寺院。

堪布仓阳巴（ཚངས་དབྱངས་པ།）的伽蓝——德塘寺噶丹却科林（བདེ་ཐང་དགོན་

དགའ་ལྡན་ཆོས་འཁོར་གླིང་།兜率法轮洲），也叫作噶丹桑珠林（དགའ་ལྡན་བསམ་འགྲུབ་གླིང་།兜率如意洲）仓阳巴的第一世是噶居索南扎喜（བསོད་ནམས་བཀྲ་ཤིས།），为雅如（ཡ་རུ།）周加（འབྲུག་རྒྱལ།）之子，被称为是噶丹寺赤巴仁波切鄂赛尔（འོད་ཟེར།）转世云。在卫地求学获得噶居巴的名号，享高寿示寂。他的转世化身于第十一胜生的土猪年（公元1659年，清顺治十六年，己亥），生于合作卡央冈（གཙོས་ཁ་ཡངས་སྒོང་།）的琼波吾杂（ཁྱུང་པོ་ཨུ་ཙ།）家族，名洛桑仓阳巧勒南结（བློ་བཟང་ཚངས་དབྱངས་ཕྱོགས་ལས་རྣམ་རྒྱལ།），七岁时被迎请坐床。就在这一年，于切巴喇嘛洛桑楚臣（བློ་བཟང་ཚུལ་ཁྲིམས།）处披剃出家，命名为楚臣南结（ཚུལ་ཁྲིམས་རྣམ་རྒྱལ།）。十九岁时，前赴卫地入郭莽扎仓经院拜被称为“交兰瓦”（སྦྱོར་ལམ་པ།）者敦珠嘉措巴（དོན་གྲུབ་རྒྱ་མཚོ་པ།）阿阇黎为师，钻研显乘，参加桑浦寺的噶居巴巡回辩经。二十三岁时，在五世达赖喇嘛座前受近圆戒。入上密学院拜阿阇黎·博包尔哇·洛桑群培（སྤོ་འབོར་བ་བློ་བཟང་ཆོས་འཕེལ།）为师，精研密乘。赴扎什伦布寺朝礼第五世班禅额尔德尼洛桑耶喜，请求结法缘。水狗年（公元1682年，清康熙二十一年，壬戌）返回家乡。没有多久，奉到达赖喇嘛和班禅额尔德尼两位及大臣多吉扎丹（རྡོ་རྗེ་གྲགས་ལྡན།）等的指示，在家乡科洛登（འཁོར་ལོ་སྡིང་།）地方，创建了这座寺院，兴修佛殿，有僧人十余人。水猴年（公元1692年，清康熙三十一年，壬申）前赴内地、蒙古时拉萨格派山（རི་བོ་དགེ་འཕེལ།）的堪钦洛桑仁钦巴（བློ་བཟང་རིན་ཆེན་པ།）正在呼和浩特，由于这位堪布和托颜喇嘛等之揄扬，被和硕、额金两人尊为上师。按彼师之指示，托颜喇嘛新修了噶丹木居尔林寺（དགའ་ལྡན་མི་འགྱུར་གླིང་།兜率不变洲），彼师任这寺和察罕底扬奇寺噶丹达尔吉林（ཆ་གན་དི་ཡང་ཆིའི་དགོན་དགའ་ལྡན་དར་རྒྱས་གླིང་།兜率兴盛洲）两寺的喇嘛。在巴索济垅（བ་སོ་རྗེ་དྲུང་།）和章嘉仁波切两师座前聆听讲传的许多经法，接受皇上的格格邦仁（བང་རིན།）公主等许多显贵的崇奉，铁蛇年（公元1701年，清康熙四十年，辛巳）途经塔尔寺前往卫地。向第六世达赖喇嘛仓央嘉措奉献供养的礼品，并以金银、珍珠、哈达等向各个伽蓝进行布施，由上级[26]授以“嘉吉堪布”（རྒྱལ་གྱི་

མཁན་པོ།）的名号，大第悉[27]誉为“妙音游戏金刚”。水羊年（公元1703年，清康熙四十二年，癸未）返回多麦，和卓尼土司昆仲供施双方于类乌齐（རི་བོ་ཆེ།[28]）修建寺院。木猴年（公元1704年，清康熙四十三年，甲申）彼师亲赴卫藏两处，奉献了大量的布施。请求班禅仁波切撰述本生颂，定为扎什伦布寺大会堂中念诵的课文。第二年应济农王[29]之请，前赴乌厄盖，接着在自己的家乡以讲修结合的方式，广作饶益众生之事。铁虎年（公元1710年，清康熙四十九年，庚寅）前赴呼和浩特，即长住在该地，前前后后广弘教法。因为本寺却科林新建弥勒佛殿，特派人员送来大批财物建起了弥勒殿的能依所依各圣物，并从安多和卫地等处迎请了一些有声望的佛像。著作有《咒语读法略述》《正字学（颂偈体）》等数种。土狗年（公元1718年，清康熙五十七年，戊戌）示寂。按照彼师的遗嘱，将白银一千四百五十两，锦缎八匹，绸子二百匹，交卓尼土司的昂索作为雕刻《丹珠尔》大藏经及寺志的经费。彼师是第一世一切知大师的亲传弟子，曾请求撰述一些著作。流传《麻雀问答》一书结尾中所述的雀鸟振翅向空中飞去之喻，即指彼师云。有五世班禅洛桑耶喜及曲藏·洛桑丹贝坚赞撰写的《本生祈祷文》，喀摩且哇·洛桑云丹活佛著有传记《雄师妙音传奇》。

彼师的后一世就是第二世嘉木样的弟子嘉样贡乔（འཇམ་དབྱངས་དཀོན་མཆོག），生于尼玛塘仓（ཉི་མ་ཐང་ཚང་།），又被称为堪布赞波玛（མཁན་པོ་བཙན་པོ་མ།）[30]。曾去过卫地。在内地、蒙古事业究竟圆满，富于资财。铁龙年（公元1760年，清乾隆二十五年，庚辰）为本寺迎请了觉阿释尊像等许多身、语、意依止的圣物。第二年，把大经堂等佛殿重新扩建，建立了大跳神会。又前赴蒙古，被森王和达尔汗王及其和硕等尊为上师。由于有人进行挑拨离间，被森王施以炮烙之刑，但是，丝毫也没有伤及他的身体，显示了如此等等证得成就的征兆。

他转世的化身生于第一世噶居哇降生的那个家族，父亲名楚臣（ཚུལ་

ཁྲིམས།），母名雍仲措（གཡུང་དྲུང་མཚོ།），属相土鸡（公元1768年，清乾隆三十三年，戊子），名嘉样巧勒南结（འཇམ་དབྱངས་ཕྱོགས་ལས་རྣམ་རྒྱལ།），拜喀摩且哇·洛桑云丹为师。这位师长精通诸明处及诗学，撰有《语灯论释》等许多著作。他在其座前学习诸明处，虽经历的时间不长，由于聪慧出众，博通所学，撰有《文法三十颂释》及《诗鉴论三十五喻例》等约近一函。虽想前赴拉萨学习，但扭不过所属寺院和属民等意见，前去内地、蒙古。从彼处返回后，即于二十岁土龙年（公元1808年，清嘉庆十三年，戊辰）[31]示寂。详细事略见于他的师长云丹所撰的《贤劫意乐传》。

他转世的化身洛桑丹增嘉措（བློ་བཟང་བསྟན་འཛིན་རྒྱ་མཚོ།），亦名嘉样却吉尼玛（འཇམ་དབྱངས་ཆོས་ཀྱི་ཉི་མ།）。于铁马年（公元1810年，清嘉庆十五年，庚午）生于达巴隆谷（སྟག་པ་ལུང་།），父噶土塔尔（དཀའ་ཐུབ་ཐར།），母雍木措（ཡུམ་མཚོ།）。由嘉贝样丹贝仲美（འཇམ་པའི་དབྱངས་བསྟན་པའི་སྒྲོན་མེ།），认定为前一世转世的化身，披剃出家。遵照这位尊者的意见，入拉卜楞寺学习，究竟圆满。在怙主尊者座前受近圆戒，在道扎尊者师徒座前博闻经法。曾担任密宗学院的法台，阿木去乎寺大会堂堪布及乌厄盖寺的喇嘛。木龙年（公元1844年，清道光二十四年，甲辰），按照下密学院的规程，在本寺修建密宗学院。火羊年（公元1847年，清道光二十七年，丁未），赴嘉戎（རྒྱ་རོང་།）地区，授金刚鬘灌顶等许多经法。土鸡年（己酉）示寂。现在是生于自己娘家的嘉样土丹嘉措（འཇམ་དབྱངས་ཐུབ་བསྟན་རྒྱ་མཚོ།），正入拉卜楞寺学习，勤奋如上弦皓月，日日增盛。

雅如（ཡ་རུ།）村庄之中，还出了色拉寺麦扎仓的堪布洛桑坚赞（བློ་བཟང་རྒྱལ་མཚན།）、德塘寺法台洛桑嘉措（བློ་བཟང་རྒྱ་མཚོ།），被堪布赞波玛提升为夏仲，有转世系统。

这座寺院的寝宫之内，供有曾被吐蕃国王朗达磨灭法时砍损的绿度母像、自然形成的黑石狮面母像，西藏地方政府依止圣物之一宝帐怙主像，颇具灵异。能避火的喇嘛向（བླ་མ་ཞང་།）的塑像、自然形成的克珠琼波

（མཁས་གྲུབ་ཁྱུང་པོ།）的本尊的大鹏、圣·宗喀巴大师亲手打印的泥像阿坦玛（ཨ་ཐམ་མ།）、乌金造的宝塔（内装迦叶佛舍利子十三粒为内藏）、康熙皇帝御用过的饭碗、印度护符轮、被称为恰巴（ཆ་བ།）的神变——嘉样云努杰贝多吉（འཇམ་དབྱངས་གཞོན་ནུ་དགྱེས་པའི་རྡོ་རྗེ།）的书籍《如意藤》等众多显密经籍。怙主殿中供有第五世达赖喇嘛亲手所供的大威德画卷、圣·宗喀巴大师的鼻血所绘的吉祥天母画像。觉阿殿中供有堪布赞波玛塑造和拉萨大昭寺觉阿释尊像一模一样的释尊像，就像霍尔活佛所撰的《述记》中所述那样；有工巧天神毗首羯磨亲手所造的释迦能仁王佛像，即称为世尊亲自所供过的语化像，正如喀摩且哇所撰的《述记》中所述那样；有哲蚌寺群科尔林巴·墨尔根噶居在担任呼和浩特的福晋的“帝师”[32]时，按照第五世达赖喇嘛授记所造的文殊菩萨栴檀像，如旧的《述记》中所述那样。弥勒殿中供有主佛弥勒大佛及其眷属像，北京版《甘珠尔》大藏经两部，里塘版《甘珠尔》大藏经一部，手抄本《丹珠尔》大藏经两部。法轮殿（却科尔神殿）所供者如仓赛苟贝多吉（ཚངས་སྲས་སྙིག་པའི་རྡོ་རྗེ།）的《述记》中所述。大经堂中有堪布仓阳巴先后两世的灵塔，后者的《塔志》系德塘活佛洛桑嘉措（བློ་བཟང་རྒྱ་མཚོ།）所辑。有夏鲁堪布洛桑克却巴（བློ་བཟང་མཁས་མཆོག་པ།）的金塔，第一世一切知大师的本尊十六罗汉拥绕如来画卷，卓尼版《甘珠尔》大藏经等。详细记载有第二世嘉木样所撰的寺志《开启信者之门》，霍尔活佛嘉样克珠（འཇམ་དབྱངས་མཁས་གྲུབ།）所辑的寺志《白晶镜》。

遵照下密院规章制度，密宗学院清净严谨，五供节、祈愿会有僧侣近三百人。在对面的山顶上原有一座卜拉岗静修院（བི་ལ་སྒང་རི་ཁྲོད།），认为它危害着寺院的僧众，现在已不存在。

切巴系（ཆས་པའི་གཤིས།）上部，有娘仓噶干（ཉང་ཚང་དཀའ་ཅན།）修建的嘉且静修院扎喜谢珠林（བརྒྱ་མཆེད་རི་ཁྲོད་བཀྲ་ཤིས་བཤད་སྒྲུབ་གླིང་།吉祥讲修洲），由历世娘当司（ཉང་གདོང་ཟུག）的上师们住持。有大威德法的韵调，大日如来法的复诵腔调。

嘉蒂寺·扎喜却培林（རྒྱ་དེའུ་དགོན་བཀྲ་ཤིས་ཆོས་འཕེལ་གླིང་།吉祥兴法洲）被誉为与仙人住处鹿野苑相同，由戎康夏仲（རོང་ཁམས་ཞབས་དྲུང་།）建立四部众逐渐兴旺。有经堂、弥勒殿等，还有《甘珠尔》大藏经。昂秀和朗秀的昂欠府形成虽甚早，现在各只有一个转世系统。由历世转世者住持。

噶采静修院·彭措拉卜吉林（དགའ་ཚལ་རི་ཁྲོད་ཕུན་ཚོགས་རབ་རྒྱས་གླིང་།圆满兴盛洲），亦名扎喜桑丹林（བཀྲ་ཤིས་བསམ་གཏན་གླིང་།吉祥禅定洲）这座寺院有喜饶达吉（ཤེས་རབ་དར་རྒྱས།）医生，曾敦请卫地的扎巴桑波（གྲགས་པ་བཟང་པོ།）于此建立三事实践制度，订立寺规《圣教严饰》。自此以后，由历世泽卫活佛护持。嘉样喜年（འཇམ་དབྱངས་བཞེས་གཉེན།）传中说：

“在这座圣地，曾照见胜乐内、外、密并有一空行母奉献了水果。认识到这是胜乐的圣山，曾巡礼一千三百匝。”

后由占巴（དྲན་པ།）活佛察看了寺址，迁移于现在的这处云。

云杂察静修院（ཡུན་རྫ་ཚྭའི་རི་ཁྲོད།）喇嘛丹巴达尔吉（བླམ་བསྟན་པ་དར་རྒྱས།）曾居住于此。尔时，被称为布顿大师转世的切巴·洛桑程列（ཆས་པ་བློ་བཟང་འཕྲིན་ལས།）命名为彭措却培林（ཕུན་ཚོགས་ཆོས་འཕེལ་གླིང་།圆满兴盛洲）。

更巴静修院·扎喜朋措林（དཀུན་འབབ་རི་ཁྲོད་བཀྲ་ཤིས་ཕུན་ཚོགས་གླིང་།吉祥圆满洲），该处有大悲观世音像，欠噶尔·丹巴拉卜吉（ཕུམ་དཀར་བསྟན་པ་རབ་རྒྱས།）撰有《寺志》。

辛康静修院·噶丹谢珠林（ཤིང་ཁམས་རི་ཁྲོད་དགའ་ལྡན་བཤད་སྒྲུབ་གླིང་།）。

果仓静修院·达吉却培林（མགོ་ཚང་རི་ཁྲོད་དར་རྒྱས་ཆོས་འཕེལ་གླིང་།）。

玛尔仓静修院·噶丹却培林（སྨར་ཚང་རི་ཁྲོད་དགའ་ལྡན་ཆོས་འཕེལ་གླིང་།）。

多科静修院·彭措达吉林（མདོ་ཁོག་རི་ཁྲོད་ཕུན་ཚོགས་དར་རྒྱས་གླིང་།）。

隆那登噶推桑达吉林（ལུང་ནག་སྟེང་ཀ་ཐོས་བསམ་དར་རྒྱས་གླིང་།闻思兴盛洲），由肖甫赤干（ཞོ་ཕུག་ཁྲི་ཀན།）创建，归达尔格赤干执掌，有吉祥天女法的大悲观世音修供。拉卜楞寺的四曲结之一——切巴活佛洛哲丹巴嘉措（བློ་གྲོས་བསྟན་པ་རྒྱ་མཚོ།），是这个静修院所属的豁卡隆多（ལུང་མདོ།）村噶格仓（མགར་དགེ་ཚང་།）的人，为赤干的僧源。有一次，在举行经忏法事时，他看见一位头戴很好看的圆形僧帽的僧人在此解小便，他投石子过去，那僧人一点也不理会，径直走去。冬季学期，当曼仁巴们立宗辩论时，那位僧人起来立宗，整个经院之中，戒香氤氲，他发生了净信。经调查说是阿莽·敦珠（དཔལ་མང་དོན་གྲུབ།），即拜为师傅，精研五大论，成为出类拔萃的格西。当举行《上座品》立宗时，彼师是集类学级僧人，提出辩论。“若是拉萨女房东，曾经是这位立宗者的妈妈，可允许其周遍。”对这论点，丹增嘉玉玛(བསྟན་འཛིན་རྒྱ་ཡུམ།)提问：“那么，若是拉萨女房东，你的靴子之中，因这位立宗者曾经睡过觉了？当能周遍”云。后来前赴内地、蒙古事业兴盛。曾以七千两白银置办了一幅锦缎佛像，后为火灾所毁，乃重行以三千两白银置办了一幅锦缎弥勒佛像，安置在拉卜楞寺。因寺后山坡上不能容纳，乃于寺前山坡上开辟了展拜场所，并遵照怙主尊者的教敕，奉献了祈愿会用具银质的净瓶。施主亲王[33]请其到王府念诵《十万白龙经》。彼师不肯前去。问原因时，答以：

“那是本教的经典!”

“虽是本教之经，但敦巴辛饶（སྟོན་པ་གཤེན་རབ།）[34]是释迦能仁王佛的化身呀!”

“这可能是对的。但是，若信奉两尊怙主，请求皈依，则将如一切知大师在《宗印大全》中所讲那样呐!”

晚年，在拉卜楞寺聆听怙主尊者讲传的所有经法，从不间断，和格西们交流意见，辨析疑问。直至示寂之际，诵读显密二道次第[35]、《疏要庄严论》《善缘开眼大纲》等不衰，是一位有妙善行止的哲士。彼师转世的化身，生于上迭部，属相铁猴（庚申），名阿旺丹贝尼玛（ངག་དབང་བསྟན་པའི་ཉི་མ།），入拉卜楞寺经院学习，承侍第三世一切知师徒，置办了正理部的锦缎弥勒像，曾先后前赴内地、蒙古，现仍在该地饶益众生。扎噶喇嘛（ཟག་འགག་བླམ།）转世的活佛洛桑坚赞（བློ་བཟང་རྒྱལ་མཚན།）也是这个地区的人。

恰哦静修院·意尕朋措林（བྱ་འོག་རི་ཁྲོད་ཡིད་དགའ་ཕུན་ཚོགས་གླིང་།意喜圆满洲），此处有恰哦噶居的转世系统，恰哦拉仁巴曾在此居住多年。

大噶代洒（དྭ་འགག་སྡེ་གསར།）新寺。喀钦系（མཁར་ཆེན་གཞིས།）有却惹静修院（ཆོས་རབ་རི་ཁྲོད།）。

达惹静修院·扎喜却培林（སྟ་རེ་རི་ཁྲོད་བཀྲ་ཤིས་ཆོས་འཕེལ་གླིང་།）。喀尔钦静修院意尕却增林（མཁར་ཆེན་རི་ཁྲོད་ཡིད་དགའ་ཆོས་འཛིན་གླིང་།）。卓登（སྒྲོ་སྡིང་།），亦称为只只静修院·谢珠格培林（ཀྱི་ཀྱིའི་རི་ཁྲོད་བཤད་སྒྲུབ་དགེ་འཕེལ་གླིང་།）。玛额静修院·桑阿惹培林（མ་ངོས་རི་ཁྲོད་གསང་སྔགས་རབ་འཕེལ་གླིང་།）。才司果察静修院（ཚེ་སྲིད་ཀོ་ཚ་རི་ཁྲོད།）由切巴喇嘛创建，他转世的活佛名洛桑楚臣（བློ་བཟང་ཚུལ་ཁྲིམས།）。玛尔娘（མར་བརྙང་།）支寺冬杂静修院德庆隆珠（སྟོང་ཙ་རི་ཁྲོད་བདེ་ཆེན་ལྷུན་གྲུབ།）。

切巴达尔格寺（ཆས་པ་དར་དགེ་དགོན།）[36]，亦称彭措达吉林（ཕུན་ཚོགས་དར་རྒྱས་གླིང་།），有寝宫和供有一层楼高弥勒佛像的弥勒殿。现在，一个昂欠府之中住有鲁旺西巴（ཀླུ་དབང་གཞིས་པ།）转世的活佛嘉样桑珠嘉措（འཇམ་དབྱངས་བསམ་འགྲུབ་རྒྱ་མཚོ།）等四位活佛，由他们执掌这座寺院。

切巴氏族的源流，据说有一位叫做阿米鲁郭徐（ཨ་མྱེས་ཀླུ་སྒོ་ཕྱུག）者，没有儿子，在一棵大树之顶找到了一个孩子，就招赘他为几个女儿的女婿。这个孩子原来是天魔之子，把他的几个女儿逐一吞吃，只剩下了一个。这时，吐蕃国王可黎可足的一位后裔叫做具证拉仁波（རྟོགས་ལྡན་ལྷ་རིང་པོ།）者，居住在桑木察，就去敦请彼师到来，降服了天魔之子，于是把切巴系这块地方送给了彼师。鲁郭徐他自己遵照上师的授记前去鲁纳桑喀（ཀླུ་ནག་ཟམ་ཁ།）。尔时，他带着许多匹马和犏牛穿过桑木察地方的杨柳林，把柳林丢在左边，于是把这块地方命名为江元（ལྕང་གཡོན།柳园之左），一百头犏牛疲乏卧倒之处，命名为嘉且（བརྒྱ་ཆད།百牛乏处）云。拉仁波于宗隆（རྫོང་ལུང་།）谷中修建了一座静房，现在，这座静房的遗墟及彼师在岩石上所留的手迹还仍存在云。他们的后裔繁衍兴旺，当时，有这样的谚语："切巴管田管地，切巴后裔如天之星"云。永乐皇帝之时，大成就师强巴更登

(བྱམས་པ་དགེ་འདུན།)、洛哲扬巴（བློ་གྲོས་ཡངས་པ།）两师，自卫藏来到这里，于尕务玉多（ཀ་རུ་བཞི་མདོ།）[37]修建寺院建立了显密讲闻，戒律实践极其清净。他们登座弘法，督促闻思，设置了用金、银汁和螺汁书写的《甘珠尔》大藏经各一部及其他经典多部，于水鸡年（癸酉）开始，五年之中圆满了这项工程。自此以后，历二十三代上师，日益增盛。第十二胜生的水羊年（公元1703年，清康熙四十二年，癸未），经第二十四代堪布丹巴雅培（བསྟན་པ་ཡར་འཕེལ།）[38]、德塘堪布仓央和卓尼土司两弟兄等把寺院迁至现在的这里，于德塘类伍齐（བདེ་ཐང་རི་བོ་ཆེ།）建成切巴地区总寺噶丹却手斗尔巧坦介勒南巴尔嘉贝林（དགའ་ལྡན་ཆོས་འཁོར་ཕྱོགས་ཐམས་ཅད་ལས་རྣམ་པར་རྒྱལ་བའི་གླིང་།兜率法轮战胜诸方洲），僧侣数目也逐渐增多，建立讲辩《释量论》的制度，有德塘、郭芒（སྒོ་མང་།）、达尔格（དར་དགེ）、多那（རྫ་ནག）、文布曲结（དཔོན་པོ་ཆོས་རྗེ།）等五个喇嘛系统。由于发生内讧，寺院荒圮，每个喇嘛系统，大都各占领一个寺院。后由卓尼堪布丹坚巴（བསྟན་རྒྱན་པ།）提供顺缘，重新加以集结，但没有得以持久。切巴三寺的法台都由这里任命，到赤钦贡乔却扎嘉措哇（ཁྲི་ཆེན་དཀོན་མཆོག་ཆོས་གྲགས་རྒྱ་མཚོ་བ།）时，已历四十八代堪布矣。与这座寺院不远之处，有一处牧区静修院。

又洮河之阳的上部有贡黎（དགོན་ལི།）阿阇黎洛桑克却巴（བློ་བཟང་མཁས་མཆོག་པ།）的寺院德钦桑莕林（བདེ་ཆེན་གསུང་རབ་གླིང་།大乐经教洲）。彼师生于却则（ཆོས་རྫས།），是卫地的格西，为强巴（བྱམས་པ།）喇嘛的学生。这位师长有一次于讲授《菩提道次第》的课程临结尾念诵菩提道次的祝愿文时，将其僧帽赐予彼师。在多麦地区讲传《菩提道次第论》教授学生，徒众甚多。特别被佐格·日朝旺波克珠丹增（རི་ཁྲོད་དབང་པོ་མཁས་གྲུབ་བསྟན་འཛིན།）尊为上师，临示寂之前，由于长时患病，他如仪护理颇得欢心。指示说：

“我若是觉阿阿底峡大师，则你将和仲敦巴一样，我们两人在以前的许多世里，都有关系，现在仍然没有分离，结合在一起。”

如此等等秘传事迹很多。并嘱咐塑造一尊弥勒佛大像，若积极完成这一功德，则将有特殊的成就。彼师还授记了许多关于来去之事。示寂之后的第七天，心传弟子尊者梦见彼师来到身旁，说道：“在现世和中有的两种修行态度中，后者的修行态度更胜百倍。”

《传奇妙会开门》中有这样的记载，据说曾让其跨在座骑白马的后胯上，遨游极乐世界、兜率天等清净国土，显示着上师和弟子会集的征兆云。

他的后一世名贡乔丹增程列（དཀོན་མཆོག་བསྟན་འཛིན་འཕྲིན་ལས།），生于察多（ཚ་མདོ།）。他转世的化身名洛桑丹增嘉措（བློ་བཟང་བསྟན་འཛིན་རྒྱ་མཚོ།），生于合作红果尔（དཔོན་སྐོར།）。现在的这一位，生于阿木去乎，名贡乔丹吉（དཀོན་མཆོག་བསྟན་རྒྱས།），正在拉卜楞寺学习会传经法。

艾伍果静修院（ནེའུ་མགོ་རི་ཁྲོད།）、尕日登（ཀ་རི་སྟེང་།）、伍贡寺（བོའུ་དགོན།）、仆仓岗（ཕུ་ཚང་སྒང་།）、玛尔藏静修院（དམར་རྩང་རི་ཁྲོད།）、代委昂寺(སྡེ་བཞི་ནང་དགོན།)、阿司塘（ཨ་ཟི་ཐང་།），这是赤·洛桑达吉巴（ཁྲི་བློ་བཟང་དར་རྒྱས་པ།）出生地。

从这儿翻过一座小山，就到了巴泽卡尔城（ཕྲ་ཙེ་མཁར།），此地上部辛才登喀（ཤིན་ཚད་སྟེང་ཁ།）之扎喜却顶（བཀྲ་ཤིས་ཆོས་སྡིངས།），有索南耶希旺波（བསོད་ནམས་ཡེ་ཤེས་དབང་པོ།）、达擦济垅（ཏ་ཚག་རྗེ་དྲུང་།）、东科·索南嘉措、一切知大师师徒等进行加持时所坐的宝座。

觉绕（ཅོག་རོ།）[39]僧纲的豁卡他与卓尼土司同宗。曲结仁钦隆波哇(ཆོས་རྗེ་རིན་ཆེན་ལྷུན་པོ་བ།）弟兄两人曾指示于卓尼大寺的东西两方面，各建寝宫护理寺院，他是继承西面寝宫这一系统者。大明宣德二年（公元1427年）授喇嘛索南藏卜（བསོད་ནམས་བཟང་པོ།）为土学（ཐུའུ་ཤུས།[40]），宣德十年（公元1435年）修建寺院，被赐名为永福寺（ཡུན་ཧྥུའུ་ཟི།），正德[41]十二年（1447年）授喇嘛班丹宗哲[42]（བླ་མ་དཔལ་ལྡན་བརྩོན་འགྲུས།）为都纲。清康熙二十二年，授土官杨惠（ཡང་ཧུས།）为僧纲[43]。现在由格隆贡乔楚臣（དཀོན་མཆོག་ཚུལ་ཁྲིམས།）格隆阿旺贡乔旺徐（ངག་དབང་དཀོན་མཆོག་དབང་ཕྱུག）叔侄二人主持掌管，他两人都精通医学，饶益众生。觉绕土官才旺南杰（ཚེ་དབང་རྣམ་རྒྱལ།）前赴卫地，和擦多教皇[44]结为弟兄。木蛇年（公元1758年，清乾隆五十年，乙巳），经西藏山南地区返回家乡。时第二世嘉木样正在拉萨，曾致书果洛三部，不要对他加害，西藏地方政府也发给护照并供应了乌拉。觉绕土官杨世杰（ཡད་ཤི་ཀྱི།）的弟弟杨世邦（ལང་ཤི་སྤང་།）[45]住在措松（ཚོགས་གསུམ།），其后裔充任措松的土官云。

巴泽卡尔城（ཟླ་ཚེ་མཁར།）以下有玛尔娘强巴林寺（མར་སྙིང་བྱམས་པ་གླིང་།）。原是一座古寺，出了很多被霍尔地区许多以骄横施主们尊为上师的大德，因所属豁卡的村子里，卫地商人前来贸易者多，因而寺内有无数的印度、西藏方面所造身、语、意的经、像、塔等重要依止圣物以及供器、用具等。《云裳秘笈》中说：

“奎勒寺（ཁོལ་ལས་དགོན་པ།）往黄寝宫（གཟིམས་ཁང་སེར་པོ།）迁移时，由上方[46]派去了玛尔娘然降巴和加喇嘛（རྒྱ་བླ་མ།）二人。”

在随康巴（གསས་ཁང་པ།）的《缘起颂注释》中说：“弟子之中有玛尔娘曲结·南木卡南杰（ནམ་མཁའ་རྣམ་རྒྱལ།）和曲结衮邦洛藏达尔吉（ཀུན་སྤངས་བློ་བཟང་དར་རྒྱས།）二人。”现在，有玛尔娘活佛（མར་སྙིང་སྐུ་ཕྲུགས།）、工隆昂巴(ཀོང་ལུང་ནང་པ།)、卡尔钦巴·洛藏勒谢嘉措（མཁར་ཆེན་པ་བློ་བཟང་ལེགས་བཤད་རྒྱ་མཚོ།）、阿米玛热京（ཨ་མྱེས་སྨ་ར་ཅན།美髯公）等。都有转世系统，由历世的转世活佛住持这寺。这座寺院有大经堂及它的内殿、密集殿，其他还有上密院、胜乐殿、普明殿、长寿仪轨殿、药师佛殿、白伞盖佛殿等。每个神殿都有各自数目的青铜铸造的佛像，轮流举行法会，都有修供仪轨。还有供奉高出一层楼的弥勒佛像的弥勒殿，据说主佛像的胸口内放有一尊自天空飞来的自然形成的弥勒佛像云。有新旧怙主殿，主要依止圣像为圣持水母，以及第五世达赖喇嘛的全套衣服，以一千两百银铸造的觉阿释尊银像，五部佛的千佛像——每一尊的眉间都嵌镶着一粒珍珠，《甘珠尔》大藏经和《丹珠尔》大藏经等。昂索的衙内有各个喇嘛的小寝舍，佛堂中供有以印度、尼泊尔铸造的无数青铜佛像为内藏的弥勒佛大像。密宗殿有如仪的定期法会，在正月和四月的法会上，有近五百名僧人聚集，有大跳神舞、抛掷施食等仪式。

曲隆静修院（ཆུ་ལུང་རི་ཁྲོད།）。扎贡静修院（ཟག་དགོན་རི་ཁྲོད།），这座静修院是这个地区的最初的静修院。称为阿本木浦（ཨ་འབུམ་ཕུག）的那洞窟是胜乐的成就刹土，以及拉卜静房（ལབ་སྒོམ་ཁང་།）、嘉隆静修庵（རྒྱལ་ལུང་སྒྲུབ་གནས།）。这三处是玛玖拉仲圣母和东代阿格旺徐（སྟོང་སྡེ་ངག་གི་དབང་ཕྱུག）师徒居住静修之地。拉卜静房中有她两位留下的足迹，可以朝礼。

嘉隆静修院南结降曲林（རྒྱལ་ལུང་རི་ཁྲོད་རྣམ་རྒྱལ་བྱང་ཆུབ་གླིང་།尊胜菩提洲），创建者为阿摩·洛藏曼兰（ཨ་མོ་བློ་བཟང་སྨོན་ལམ།），于第十一胜生的水鸡年（公元1672年，清康熙十一年，壬子），生于加果尔阿摩（བརྒྱ་སྐོར་ཨ་མོ།）三庄之一的茹摩且（རུ་མོ་ཆེ།）。从兄长学习文字及念诵，十三岁时，在曲嘉阿旺藏卜（ཆོས་རྒྱལ་ངག་དབང་བཟང་པོ།）法王的座前披剃出家。此后曾担任卓尼大寺的怙主弥勒殿的香火执事整四年，在学识渊博，德行严谨的桑波坚赞座前聆听了一些教敕。二十一岁时，入卫地色拉寺麦扎仓的经院学习全部经论，进入研讨大论的正班时，大众誉为藏区的狮子贤（སེང་གེ་བཟང་པོ།）[47]。向大密宗师洛藏群培（བློ་བཟང་ཆོས་འཕེལ།）求授沙弥戒。在这位尊者和巴索济垅、帕邦喀巴、嘉样扎巴（འཇམ་དབྱངས་གྲགས་པ།）、仓央周扎（ཚངས་དབྱངས་འབྲུག་སྒྲ།）等师处闻听了许多深奥妙法。二十九岁时，在后藏于第五世班禅洛桑耶喜座前受近圆戒。这一年取得林赛噶居学位。这时和彼师同学级的霍尔·宗哲曾颂誉道：

“掌握显密经论千千万，干吞对方二饮[48]之思维，因此狮贡[49]论师之美名，与汝名实二者确相符。”

水羊年（公元1703年，清康熙四十二年，癸未）在色拉孜（སེ་ར་རྗེ།）承侍圣·主康巴（རྗེ་སྒྲུབ་ཁང་པ།），轮流地在这里和喀尔多桑丹林（མཁར་རྡོ་བསམ་གཏན་གླིང་།）居住，钻研《菩提道次第》指引，又向喀尔多·索巴嘉措（བཟོད་པ་རྒྱ་མཚོ།）处请求了许多经法。请求班禅仁波切动员主康巴撰述《上师瑜伽颂》，曾照见许多本尊和护法的圣容，睡梦中感受的梦兆也很多。向第六世达赖喇嘛仁波切座前请求了《菩提道次第广论》的教敕；向一切知大师请求了独雄大威德和胜乐五尊的灌顶，《疏要庄严论》的疏解和教敕，闻听《见引四念住》及《圣道三要》的指引等；向色拉班智达、卓尼阿阇黎·嘉样朋措（འཇམ་དབྱངས་ཕུན་ཚོགས།）二师请求了如应的经法，并向对方也奉献了几种经法；也向赤·洛桑达吉（བློ་བཟང་དར་རྒྱས།）、圣·阿旺丹增嘉措（རྗེ་ངག་དབང་བསྟན་འཛིན་རྒྱ་མཚོ།）、金刚持洛藏顿珠（བློ་བཟང་དོན་གྲུབ།）阿里活佛、恰扎洛藏仁钦（བྲ་བྲལ་བློ་བཟང་རིན་ཆེན།）、藏巴噶钦（གཙང་པ་དཀའ་ཆེན།）等许多圣哲请求了经法。土牛年（公元1709年，清康熙四十八年，己丑）返回多麦，临行之际，上师主康巴赐予僧帽，他心口一致地请求上师赐予护佑。回到家乡后，有一座寺院为邪魔嘉贡（རྒྱལ་འགོང་།）侵居，他就在该寺闭关修禅，降服了这些邪魔。铁虎年（庚寅）在达完昂（སྟག་རྫོན་ནང་།）举行夏令安居，就在这一年修建了绛曲宗的静房，第二年，建成了这座静修院。木羊年（公元1715年，清康熙五十四年，乙未），在河南亲王乌厄盖寺朝礼第七世达赖喇嘛噶桑嘉措，请求结法缘。

有一次静房晃动，发生大声响，足下经行之处，有一狰狞可怕的黑色大蛇挡道，由于观想空性大悲藏，一切消失。向隆珠静修院僧人德钦巴洛藏却班（བདེ་ཆེན་པ་བློ་བཟང་ཆོས་དཔལ།）、霍尔达古尔哇（ཧོར་སྟག་མགུར་བ།）、达仓阿阇黎、雅沃阿阇黎（ཡ་བོའི་དཔོན་སློབ）、宗哲藏波（བརྩོན་འགྲུས་བཟང་པོ།）等师处分别闻听经法。向却典哦哇（མཆོད་རྟེན་ངོ་བ།）、隆桑昂哇（ལུང་བཟང་ནང་བ།）、切巴工伍昂哇（ཆས་པ་ཀོང་བུ་ནང་བ།）、扎贡喇嘛活佛（བྲག་དགོན་བླ་མའི་སྤྲུལ་སྐུ།）、托拉夏仲（གློ་ཞབས་དྲུང་།）、卓仓夏仲·阿旺丹增（གྲོ་ཚང་ཞབས་དྲུང་ངག་དབང་བསྟན་འཛིན།）、叶尔巴夏仲·洛藏丹贝坚赞（ཡེར་པ་ཞབས་དྲུང་བློ་བཟང་བསྟན་པའི་རྒྱལ་མཚན།）等广弘法统。有一次，看见天空和大地之上充满像水晶一样晶莹的文字，全是《菩提道次第论》的词句。向甘珠尔师噶钦·丹巴达吉（དཀའ་ཆེན་བསྟན་པ་དར་རྒྱས།）、噶钦·阿旺桑丹（དཀའ་ཆེན་ངག་དབང་བསམ་གཏན།）、塘仓·洛藏喜饶（ཐང་ཚང་བློ་བཟང་ཤེས་རབ།）等师处聆听了一些经法。土鸡年（公元1729年，清雍正七年，己酉）向拉卜楞寺施放布施，并向赤干请求经法。平常于黎明时，念诵《菩提道次第指引》，接着诵《上师瑜伽颂》，结合七分支诵传《菩提道次第》的传承，并蓄积忏悔的数目，观修密集的生起及圆满二次第；座次间隙之时，则诵百法，并尽量阅读显密经论；午饭以后，则修七分支及诵胜乐五尊的现观广本；傍晚时，修七分支；黄昏时，修大威德的生起及圆满二次第，依次略念之最后，则给阎王鬼卒及怙主的现观以施食供养，从不间断。其次，则最少要诵《佛说文殊师利一百八号梵赞》《缘起颂》《三地颂》《普贤行愿品》《弥勒菩萨愿文》等各一遍，《百字明》《长寿陀罗尼》《药师真言》《阿阏佛真言》《事部三怙主真言》各一百遍。彼师是一位凡三律回改、四力的忏戒、六座次瑜伽等念修从不间断，完全切合于圣大师教导的僧人。六十四岁木兔年（公元1735年，清雍正十三年，乙卯）圆寂。由心传弟子雅沃阿阇黎继承法位。有隆桑昂巴·洛藏桑丹所编的传记行世。

彼师的后一世生于贡黎（དགོན་ལི།），名阿旺丹达尔（ངག་དབང་བསྟན་དར།），亦名巴沃云努闹桑（དཔའ་བོ་གཞོན་ནུ་ནོར་བཟང་།）。前赴藏地由于在奥卡济仲（འོལ་ཁ་རྗེ་དྲུང་།）处听闻宁玛派经法，受到西藏地方政府的斥责，不得不逃亡于阿里地区。从前，卓尼地区曾出现过见修证虽很清净，属于他弟子之列的雅茹·强巴班桑等既不是佛教徒，也不是本教徒的几个人，经由喇嘛强巴他发布严厉的文书，才没有形成气候。

他转世的化身洛藏贡乔丹贝坚赞（བློ་བཟང་དཀོན་མཆོག་བསྟན་པའི་རྒྱལ་མཚན།），从贡塘·嘉贝样受近圆戒，请求这位圣者授胜乐鲁哦巴（ལཱུ་ཨི་པ།）、五尊和身曼荼罗等灌顶，敦请尊者到他豁卡的静修院中，为其新建的大慈殿进行开光，并请授《菩提道次精要》指引、十一面尊灌顶。还敦请第三世嘉木样，圣·阿莽道扎两位前去该处，先后聆听了许多经法。在拉卜楞寺买了一处府邸，就在该处圆寂。他转世的化身正在坐床之际，化身之花竟告凋谢，据说在色拉寺麦扎仓中有一位转世化身云。现在由拉卜楞寺密宗学院的阿摩夏仲护持这座寺院。在弥勒殿中有所依能依圣物，在寝宫中有称为圆满发光的觉阿释尊像及前两世和贡塘·嘉贝样的灵骨塔等。

※　　　※　　　※

卓尼大寺噶丹谢珠林（དགའ་ལྡན་བཤད་སྒྲུབ་གླིང་།兜率讲修洲），亦名定增达吉林（ཏིང་འཛིན་དར་རྒྱས་གླིང་།禅定兴盛洲[50]）当卓尼土司贡玛[51]江梯（སྦྱང་ཐི།）的时候，众生怙主八思巴法王被蒙古彻辰汗[52]敦请前去。尔时，八思巴说：

“这个地址风水很好，若修建一座寺院，对于正教将有裨益。”

圣者遂派他的一位亲门弟子萨迦格西前来勘定地址，并颁布修建神殿等措施和颁发需用的什物。据说曾看见这个地方有一棵稀奇的马尾松[53]，乃将寺院之名命为卓尼云。

据《丹珠尔》大藏经[54]的总目录中说：“这位格西按照八思巴的命令，于木羊年（公元1295年，元成宗元贞元年，乙未），开始动工建造了密集神殿和殿中依止圣物，以及怙主像等许多身、语、意的依止圣物。”

按众生怙主八思巴生于第四胜生的木羊年（公元1235年，宋理宗端平二年，蒙古窝阔台汗七年，乙未），于第五胜生的铁龙年（公元1280年，元世祖至元十七年，庚辰）圆寂，则这个木羊年应是从这一年数起之第十六年之木羊年。《达温史》中说：

“当年，达温波奉八思巴供施双方命令，为改变本教徒的宗教信仰，前来这里时，曾说：‘我要在这儿观察一下，我对此地颇感兴趣’。他住了一宿回到宫中，叩谒上师汇报情况之后，上师赐了一具白色海螺，授记道：‘这具海螺在哪个地方吹奏，就在那儿修建寺院。’他又重返多麦，就在这儿吹奏了海螺，于是逐步形成了寺院。”

这个说法，同上面所述的这座寺院的历史，似并不矛盾。

这座寺院的法嗣传中有理有据地说：

“圣大师示寂后约不到二十年，即噶丹寺修建后约三十多年之时，曲结仁钦隆波巴（ཆོས་རྗེ་རིན་ཆེན་ལྷུན་པོ་པ།）生。他遵照神和上师的授记，于第八胜生的土兔年（公元1149年，明正统十四年，己巳[55]）创建寺院。”

赤仁波切楚臣达吉巴（ཁྲི་རིན་པོ་ཆེ་ཚུལ་ཁྲིམས་དར་རྒྱས་པ།）传中则说：

“圣·更登主[56]给这位曲结送了一匹白骡子，授记说：‘在这匹骡子卧倒之地，修建寺院。’曲结他按照小昭寺的式样，修建了一座神殿，就是现在的密集殿。”

但《寺志》之中则说由曲结仁钦隆波改宗为格鲁派云。看来，这个说法合乎道理。土官江梯住了几代之后，后裔出了曲结弟兄四人，长兄杰波（བཙན་པོ།）袭土司职管理政务。以下三位弟弟都出家为僧。僧俗双方把寺院分为东西两部分，执掌住持[57]。据说这位曲结他前赴卫地，承事曲结耶希藏卜（ཆོས་རྗེ་ཡེ་ཤེས་བཟང་པོ།）、曲结勒巴却觉尔（ཆོས་རྗེ་ལེགས་པ་ཆོས་འབྱོར།）、曲结敦约班丹（ཆོས་རྗེ་དོན་ཡོད་དཔལ་ལྡན།）、曲结藏卜跋巴（ཆོས་རྗེ་བཟང་པོ་དཔལ་པ།）等，精研显密经论，究竟圆满。（可能是曲结耶希藏卜还没有担任噶丹寺赛赤之前进行叩谒的。）他把原来宗奉萨迦派的卓尼大寺改为宗奉格鲁派的伽蓝，他自己担任寺院的堪布进行护持云。还有这样的说法：他没有担任寺院堪布之前，敦请曲结仲本阿阇黎·洛哲坚赞（ཆོས་རྗེ་དྲུང་དཔོན་སློབ་བློ་གྲོས་རྒྱལ་མཚན།[58]）担任堪布云。正德九年授都纲司[59]，现在作为觉绕昂欠府的依止圣物之一。传数世后，出了大国师阿旺程列嘉措（ངག་དབང་འཕྲིན་ལས་རྒྱ་མཚོ།）。

彼师为土司洛藏顿珠（བློ་བཟང་དོན་གྲུབ།）之子，生于康熙二十七年，即第十二胜生之第十二年土龙岁（公元1688年，戊辰），从持律师阿旺索南（ངག་དབང་བསོད་ནམས།）出家，拜汉族黎先生（ལིས་ཞན་ཤིན།）为师，学习汉文写、读、著述三者，无不精妙。据说他撰述的汉文文章，就是许多号称汉文博学之士也难以洞晓云。又从年藏巴（ཉན་འཛངས་པ།）学习藏文，一年之中，熟背了唪诵的各种经籍，承事比丘贡却嘉措（དཀོན་མཆོག་རྒྱ་མཚོ།）学习书法。

火猴年公元1716年，康熙五十五年，丙申）和承袭土司的哥哥[60]一同朝觐康熙皇帝，敕封为大国师，赐僧帽、匾额、金印等。彼师精通僧俗二规，民众和官员都极钦佩。迎请了许多身、语、意依止圣物。承侍于古尔雅·阿旺坚赞（གུར་ཡག་ངག་དབང་རྒྱལ་མཚན།）的足莲之下，请求讲授了圣·宗喀巴大师的显密菩提道次第等许多经法；又从这位师长的弟子裕固哇·洛藏雅培（ཡུ་གུར་བ་བློ་བཟང་ཡར་འཕེལ།）处学习藏文文法《三十颂》和《音势论》；在圣·扎巴谢珠巴（རྗེ་གྲགས་པ་བཤད་སྒྲུབ་པ།）座前学习共同的明处《诗鉴论》《声律学》，以及许多灌顶、诀要等，凡内外诸明处无不精通。从恰格阿阇黎处受第四世班禅确坚全集的教敕；还从大寺在任堪布嘉样格勒（འཇམ་དབྱངས་དགེ་ལེགས།）、达仓（སྟག་ཚང་།）阿阇黎、拉科（རྭ་ཁོ།）阿阇黎等处闻听经法。又从多卜登（སྟོབས་ལྡན།）俄仁巴处请求许多关于真言咒语的疑难部分及广博深奥经法。为了新建学院，提供白银约一千五百两，建成了经堂后，以白银一千多两修建了觉阿释尊殿，又以白银五百余两修建了胜乐殿。又以白银两千两从宫中迎请了《甘珠尔》大藏经供奉于觉阿释尊殿中，其次又迎请了胜乐殿。又以白银两千两从宫中迎请了《甘珠尔》大藏经供奉于觉阿释尊殿中，其次又迎请以卫地版的《甘珠尔》大藏经和北京版的《甘珠尔》大藏经为主的许多三依止圣物。

羊年，母亲去世，为了超荐，向多麦各寺以及卫藏许多寺院进行了许多布施，以白银一千余两维修弥勒殿，在鲁琼寺（ཀླུ་ཆུང་།）、纳合多寺（ནགས་མདོ།）、贡索寺（གོང་སོ་དགོན།）等处修建了一些经堂、神殿。恰格寺和擦多寺新建经堂时，也尽量予以帮助。还新建了密宗学院。彼师不论在卓尼大寺、贡索寺、纳合多寺、鲁琼寺、图仓寺（ཐུ་ཚང་།）、岷州寺、林洒尔寺（གླིང་སར།）等何处居住，都建立学习法会，让密宗师阿阇黎扎巴尊者讲授生起与圆满两次第。在纳合多寺于藏历六月初四日，在贡索寺于藏历四月十五日，在这两天向僧众供养布施从不间断。在大会堂曾布施白银两次以及哈达等五种物质布施；对密宗学院每一名僧人布施白银三两及白银一两者多次，并以白银数千两购买冬纳土官的谿卡庄园，作为密宗学院的供祀费用基地。在各经堂、神殿等处置办了许多不可思议的各式各样的供器。彼师日常念诵的课文为《上师瑜伽颂》《供养上师颂》，包括《祈愿颂四圆满》、《菩提道次第指引》、胜乐、密集、大威德三本尊生起次第，都字字清晰地念诵；并唪诵《药师经》广释、《现观庄严论》《入中论》《佛说文殊师利一百八号梵赞》《集经》《普贤行愿品》《长寿经》《密集根本续》等及百法施食从不间断。在各个贤妙时日，持禁食斋，从净活罪障的金刚心修诵出发，诵百字明十万遍，其他对许多本尊念修仪轨，也都如仪究竟圆满。五十二岁土马年（公元1738年，清乾隆三年，戊午）圆寂。阿阇黎扎巴谢珠住持了火化仪式，尸骨之中出现了许多极为殊胜的舍利子，以此作为内藏修建了灵塔。

这位国师[61]的侄子洛藏丹贝坚赞（བློ་བཟང་བསྟན་པའི་རྒྱལ་མཚན།），是土司玛索贡波（དམག་ཟོར་མགོན་པོ།）之子，生于康熙四十七年土鼠年（公元1708年，戊子）。从幼小时起，圣哲的行止至为明显。在曲结嘉样朋措（ཆོས་རྗེ་འཇམ་དབྱངས་ཕུན་ཚོགས།）座前出家，承事长老程列达吉（འཕྲིན་ལས་དར་རྒྱས།），熟悉一切法行和胜乐、密集、大威德三本尊法，《普明经》《长寿经》仪轨以及关于护法各经法。在色拉班智达的座前受沙弥戒，闻听许多甚深妙法。从圣·扎巴谢珠学习《诗鉴论》和历算，颇为精博。在卓尼大寺的经院，仅一个月之中即能熟背《现观庄严论》《入中论》《集类学》等。向圣·扎巴座前及格西扎巴嘉措（གྲགས་པ་རྒྱ་མཚོ།）等师座前请求解决了一些疑难问题，对五部大论从理路入手进行钻研，成为出类拔萃的学者。二十岁时，在恰格阿阇黎座前受近圆戒。严守戒律，如仪守护。在这位阿阇黎和俄仁巴多卜丹嘉措（སྟོབས་ལྡན་རྒྱ་མཚོ）两师座前聆听了众多灌顶、随许、教敕、指引等，尤其在俄仁巴处闻听胜乐、密集、大威德三本尊法生起次第和圆满次第的指引；怙主法手册的教敕，包括念、修、作三方面的实践觉知和传承；六十施食法和大小铁城法的面授、缘次第、亲训；吉祥天母法念、修、作三方面的面授；黑哈拉手册全部图例、面授和实践；拜合泽护法全部教敕，以及包括它的实践、护轮的指引；作明佛母护轮的指引等，成为耳传诀要之主。雕刻《圣·宗喀巴全集》等印版。

建立以密集为主佛的密咒院，经恰格阿阇黎指示，乃和密宗学院合二为一，与法相学院一起进行护持。曾先后两次在卫地向班禅仁波切奉献布施进行供养，授予“堪布诺们汗“的名号，赐文书和印信。受曲玛城（ཆུ་མ་མཁར།）汉官们的敦请，凡有病患者一经禳解立即痊愈。绘制了《世尊本生传》《班禅本生传》《菩提道次上师传承》等画卷多幅，建立大威德金刚的立体坛城、文殊菩萨塑像和八如来宝塔，以及迎请《甘珠尔》大藏经、圣·宗喀巴师徒全集等，并雕刻了《班禅本生传》及《十六尊者拥绕如来像》的印版。每年贤妙之日，大量奉献百供和千供等供养，对山居静修僧们提供顺缘，以免他们为化缘而忙碌。他轮流地在静修院和寺院中居住，给求学的僧人们讲传甚深妙法。以闭关修行和护持律仪结合起来度此时日。给塘仓（ཐང་ཚང་།）阿阇黎洛藏喜饶巴（བློ་བཟང་ཤེས་རབ་པ།）为首的许多噶居、然绛巴授《修法海》的随许，各大论的教敕等，他也向塘仓阿阇黎请求了法缘。以白银约一千五百两在类乌齐修建比丘的伽蓝，修建许多佛殿和设置身、语、意依止圣物，在正以三轮[62]的行为弘扬能仁圣教之际示寂。

昂索阿旺克宗嘉措（ངག་དབང་མཁས་བཙུན་རྒྱ་མཚོ།），是上一世堪布的侄子，土观索南却培（བསོད་ནམས་ཆོས་འཕེལ།）之子，从木乃（མུ་ནེ།）阿阇黎桑吉班藏（སངས་རྒྱས་དཔལ་བཟང་།）披剃出家，并在这位师长座前受近圆戒。在法相学院侍奉许多大善知识，潜心研究《集类学》《中论》《般若》等，获得渊博的学识，取得了噶居的名号，并担任大寺的堪布之职，深入学习《诗鉴论》《词藻学》等许多名言之学，博学之名传遍远近。专心致志地守护三律仪、念修和善行。敦请贡塘·嘉贝样和圣喇嘛阿莽道扎两师，请求了金刚鬘和弥多罗的灌顶，享高寿后示寂。

现在的这位堪布仁波切贡乔丹却嘉措（དཀོན་མཆོག་དམ་ཆོས་རྒྱ་མཚོ།），父名曲嘉吉美道吉（ཆོས་རྒྱལ་འཇིགས་མེད་སྟོབས་རྒྱས།），母名德吉卓玛（བདེ་སྐྱིད་སྒྲོལ་མ།），生于木鸡年（甲申[63]），命名为衮噶宁波（ཀུན་དགའ་སྙིང་པོ།）。先前，贡塘·嘉贝样来到这儿时，曾遗留了一顶僧帽等，所以他曾被怀疑为这位尊者转世的化身之一，呼声很高。土鼠年（公元1828年，清道光八年，戊子），圣师阿莽道扎的足莲莅临此地，他于座前聆听《菩提道次第广论》的教言，发心供养，并请求出家，即予以披剃，命名为贡乔道登旺徐（དཀོན་མཆོག་སྟོབས་ལྡན་དབང་ཕྱུག）。水蛇年（公元1833年，清道光十三年，癸巳），尊者给他授《菩提道次精要》的指引，法王内、外、密三法，无量寿佛、马头明王、怙主三尊法；无量寿佛、白度母、尊胜佛母长寿三尊法的随许，并聆听成就佛母的长寿灌顶等。十岁，木马年（公元1834年，清道光十四年，甲午）在拉卜楞寺发放大量的布施，入经院学习，由大拉让于灵塔座次右边的座隙之间予以排座，各方面的照顾和尊重无以复加。委派郭莽堪布却达尔哇（ཆོས་དར་བ།）的殊胜化身洛桑贡乔却达尔（བློ་བཟང་དཀོན་མཆོག་ཆོས་དར།）为经院师傅。每日上课之时，必先捧献哈达作为授经谒见之礼，请求摩顶等，虔诚地侍奉在足莲之前。钻研《集类学》的理路，虽年纪幼小，但颖悟和辩才的结合使大众意为之夺。居住于圣·阿莽道扎的寝宫进行侍奉，请求受沙弥戒。铁鼠年（公元1840年，清道光二十年，庚子）在恰格寺，于这位尊者座前聆听《菩提道次第广论》、四家合注疏解和教敕，发心供养等及《故事宝鬘论》《圣道三要》的教敕和论述等，并请求撰述传记。这一年，于返回卓尼大寺时，在座前聆听十一面大悲观世音灌顶，《供养上师颂》《兜率上师瑜伽颂》的指引，作明佛母和绿度母的随许等，先后讲传的经法，不可数计。当在恰格寺聆听《菩提道次第广论》《四家合注》的教言之时，又从索扎活佛的转世化身仁波切处聆听了《明照解脱道疏》的教敕，以及其他一些随许。还从其他师长处聆听了《圣·宗喀巴全集》等教敕，接受了许多指引及灌顶、随许等经法，作为广征博引之助。学习《弥多罗》《金刚鬘》的曼荼罗，八如来宝塔的《尺度经》，各种字体的书写法，《声明学》《诗鉴论》等，书法佳妙纯正，所作颂偈散文精纯圆满，学者一见之下无不倾钦。木兔年（公元1844年，清道光二十四年，甲辰）父亲逝世，适第三世嘉木样正住在恰格，为了超荐，敦请尊者前赴卓尼，派司膳官以及许多侍从人等进行骑迎，备极崇奉，尊者在该地居住了约一月余，才命驾返回。广泛交换政教方面的意见，双方心意趋于一致，请求了大威德灌顶及作明佛母的共法及不共法的随许。土鸡年（公元1849年，清道光二十九年，己酉）于拉卜楞寺，在遍照尊者的座前受近圆戒，命名为贡乔丹却嘉措。由于虔诚信敬，凡尊者的任何仪态，都能一一回忆，惟妙惟肖地反映出来，说："对于这事，任何时候只要心中愿意，即能作出"云。戒行清净，修持入微，心中厌烦世俗法纪，分散了精力，凡任何事务前来请求时，都让谷口土司衙门予以解决。铁狗年（公元1850年，清道光三十年，庚戌）摄政诺们汗[64]前去该地，迎接在花园中小寝宫内，进行真诚的侍奉供养。这位诺们汗在摄理西藏政教事务时，曾对彼师授以印信、文书等以及极为超殊的堪布服饰，双方情意极其深切，就在这个时候，又请求了所想学的经法，每天侍奉在左右，满意地谈论关于汉藏蒙各方的情况。土羊年（公元1859年，清咸丰九年，己未）母亲去世，弟兄们共同举办了盛大的超荐法事，详见下文。于鲁琼寺创建上密学院，在恰格寺创建法相学院，在戎务黑西番[65]创建能容纳五百比丘的伽蓝。

有一次，一名侍者偷盗了彼师使用的银筋，被其他的仆从搜出来交给彼师。他向那侍者说：

"您既然喜欢银子，这把银筋就归您好了。但是今后再不要干这种事，也不必再担任我的侍从！"

这样，就打发他回自己的家乡去了。对于诸如此类的大大小小事件，都立即引用《萨迦格言》[66]和《珍珠树格言》[67]的有关训诫进行教育。一切行止都合乎上流君子，高士学者的好传统。诸凡政教的措施，都极贤妙，现在正以足莲威仪使主、支各寺的声望不断日益增盛之中。

这座伽蓝最初的曲结为仲哇洛哲坚赞（དྲུང་བ་བློ་གྲོས་རྒྱལ་མཚན།），据说是伟大的藏卜班（ཆེན་པོ་བཟང་པོ་དཔལ།）的弟子，见于《噶丹教法史》的记载，彼师弘传许多灌顶、教敕和诀要，事业遍及于多麦地区。接着依次是仲阿阇黎洛藏饶卜赛（བློ་བཟང་རབ་གསལ།）、曲结索南勒巴（བསོད་ནམས་ལེགས་པ།）、曲结扎巴仁钦（གྲགས་པ་རིན་ཆེན།）。彼师精熟生起次第与圆满次第的修证，能摄召死者的灵魂，使尸体跃起，内供沸腾[68]；能照见本尊的圣容，役使护法犹如奴仆；能使冰雹转变为雨，以如此等等证得悉地的标志饶益大众；能洞察未来，有许多关于未来的授记。接着是然绒·阿旺却扎贡乔主贝德（ར་རོང་ངག་དབང་ཆོས་གྲགས་དཀོན་མཆོག་གྲུབ་པའི་སྡེ།）。曲结洛哲扎巴（བློ་གྲོས་གྲགས་པ།）圆寂后，尸体火化时出现了许多舍利子，头部及心脏毫无损坏。其次为曲结班登藏巴（དཔལ་ལྡན་བཟང་པ།）、曲结帕巴坚赞（འཕགས་པ་རྒྱལ་མཚན།）、曲结索南隆卜（བསོད་ནམས་ལྷུན་པོ།），以上这些阿阇黎广泛进行讲辩闻听，曾聚集了许多徒众。夏琼·扎巴仁钦乔结（ཞ་ཁྱུང་གྲགས་པ་རིན་ཆེན་མཆོག་རྒྱལ།）之时，曾敦请森康贡活佛（གཟིམས་ཁང་གོང་སྤྲུལ་པའི་སྐུ།），建立四月祈愿法会，塑造弥勒佛金像。晚年，舍弃一切，前赴卫地，在热振寺圆寂。随康曲结·桑吉嘉措（གསོས་ཁང་ཆོས་རྗེ་སངས་རྒྱས་རྒྱ་མཚོ།），彼师建立因明学院，其略传见下文。曲结才丹顿珠（ཚེ་བརྟན་དོན་གྲུབ།）维修大经堂，他兼摄冈索寺，住持这两座寺院，后以遁世者行止前赴北部地区进行念修，即在该地圆寂，灵塔现供在冈索寺。曲结南夸南结（ནམ་མཁའ་རྣམ་རྒྱལ།）设置了《甘珠尔》大藏经，后辞去职务，在故乡的一座静修院中终生念修。此后随康巴又重任曲结。

曲结金巴达吉（སྦྱིན་པ་དར་རྒྱས།），木狗年（公元1574年，明神宗万历二年，甲戌）生于肖藏（ཤོ་བཟང་།），十三岁时，在森康贡活佛处披剃出家，就在该处的经院于曲结仁钦乔结和曲结衮邦两师座前聆听教程。从这一事实来推断，似乎于曲结仁乔巴[69]的时候，已建成因明学院，确否待考。据说两位上师对他极为赏识，鼓励他前赴卫地。在西藏承事第四世班禅确坚、第四世达赖喇嘛云丹嘉措、曲结桑吉仁钦（སངས་རྒྱས་རིན་ཆེན།）、曲结更登坚赞（དགེ་འདུན་རྒྱལ་མཚན།）、济仲更登扎西（རྗེ་དྲུང་དགེ་འདུན་བཀྲ་ཤིས།）、色拉麦扎仓桑吉仁钦（སངས་རྒྱས་རིན་ཆེན།）、赤却涅扎巴（ཁྲི་ཆོས་གཉེར་གྲགས་པ།）、曲结贡乔却培（དཀོན་མཆོག་ཆོས་འཕེལ།）等师，闻听显密教授潜心钻研，究竟圆满。取得色拉寺麦扎仓的噶居名号，并参加昂仁（ངམ་རིམ།）的巡回辩经。当正在上密学院学习时，彼师和强巴活佛、东科尔活佛三人被选任为达赖喇嘛的代表，派往蒙古地区弘法，事业至为增盛。从蒙古向上返回时，正值卫地发生扰乱[70]之际，彼师与第巴噶丹巴（དགའ་ལྡན་པ།）师徒、第悉索南群培、郭莽曲结等在青海湖畔会晤，连同第巴、拉尊等军队一同前赴拉萨，正和藏巴汗的大军直趋江塘冈（ལྷང་ཐང་སྒང།[71]）之际相逢。由班禅仁波切等从中调和，订立协议。彼师向色拉寺、哲蚌寺奉献布施进行供养，并把藏巴汗军队破坏了的色拉寺门窗等进行修复，由政府[72]把昂巴尕如巴（ནང་པ་སྣ་རུ་པ།）的地方、百姓以及包括山川的草、水、树木三者在内，统统划归寺院做为夏令学期的经费；修建三层楼的康村公所，并购买大片地皮，栽上树木，筑起垣墙建立了经院。这时第五世胜者达赖喇嘛殊胜化身住在羊卓雍措湖的纳噶尔孜（སྣ་དཀར་རྩེ།），彼师和许多人向第悉藏巴汗请求，于水狗年（公元1622年，明熹宗天启二年，壬戌）迎请至寺院[73]坐床。彼师又向第悉藏巴汗请求，将后藏达那结郭（རྟ་ནག་རྒྱལ་སྒོ།）以下之地方、十户百姓、五座水磨送给扎什伦布寺作为夏令学期的经费。彼师又前赴蒙古地区弘法，被察哈尔、额鲁特、喀尔喀、土默特等各王公尊为上师，广弘金刚鬘等法，被誉为“瓦齐尔达喇”呼图克图（ཨོ་ཆོར་དྷ་ར་ཧུ་ཐོག་ཁ་ཐོག།金刚持化身），奉上金银的印信。返回卫地时，行至青海湖畔，卓尼前来迎接的人员到达，乃派弟弟达尔汗曲结携带布施的经费等前赴卫地，彼师则回卓尼，于铁马年起至火鼠年（公元1630年，明崇祯三年，庚午至公元1636年，明崇祯十年，丙子）年底，先后七年担任卓尼大寺的堪布，大降金刚鬘等总别法雨，新建大经堂和胜乐殿，迎请《甘珠尔》大藏经，造白银的五部佛像等以及许多银制用具，设置锦缎天幕，跳神舞衣等。圣·随康巴把大寺和纳合多（ནགས་མདོ།）寺院交付于彼师，他前去朝礼醉香山的《八千颂》神变书——多仁哇（རྡོ་རིང་བ།）的传记中，也有关于朝礼了醉香城的叙述。火牛年（公元1637年，明崇祯十年，丁丑）正月中，固始汗率军在青海湖畔消灭了却图汗，恳切地敦请彼师前去，乃赴该地与固始汗一同前往卫地。向达赖、班禅奉献供养，向各寺院奉献大量布施。请求班禅仁波切讲传经法，作为第五世达赖喇嘛的侍从，于噶丹康洒（དགའ་ལྡན་ཁང་གསར།）宫从阿阇黎林麦夏仲·嘉样贡乔却培（གླིང་སྨད་ཞབས་དྲུང་འཇམ་དབྱངས་དཀོན་མཆོག་ཆོས་འཕེལ།）聆听《四家合注》。请求五世达赖给他和林麦夏仲、达向曲结（རྟ་ཞང་ཆོས་རྗེ།）、业哇曲结（གཉལ་བ་ཆོས་རྗེ།）等授第二世达赖喇嘛《更登嘉措全集》的教敕，献上萨迦班智达的舍利子结成的文殊语圣狮子的佛像，达赖喇嘛至为喜悦。为了迎请达赖和班禅，固始汗所派的使者阿郭（ངར་གོད།）噶居喜饶嘉措等到达。这时，彼师已经答允担任密宗院的上师，但由于五世达赖遍照尊者的派遣，乃返回青海湖畔。铁龙年（公元1640年，明崇祯十三年，庚辰）与固始汗的部队一同前赴卫地，第二年圆寂于色拉寺。尸骨之上出现右旋螺形，腕骨上显出ཨ字。由土司夫人衮江（ཀུན་འཀྱོང་།）作为施主，修建了银塔。以上摘自彼师的侄子赤仁波切楚臣达吉（ཚུལ་ཁྲིམས་དར་རྒྱས།）所撰的传记。

其后为曲结图吉隆珠（ཐུགས་རྗེ་ལྷུན་གྲུབ）、曲结宗哲班丹（བརྩོན་འགྲུས་དཔལ་ལྡན།），曲结拉旺嘉措（ལྷ་དབང་རྒྱ་མཚོ།），彼师维修密集佛殿，并修建觉阿释尊佛殿。其后为曲结却郡南结（ཆོས་སྐྱོང་རྣམ་རྒྱལ།）、曲结洛藏嘉措（བློ་བཟང་རྒྱ་མཚོ།）、曲结楚臣嘉措（ཚུལ་ཁྲིམས་རྒྱ་མཚོ།），彼师维修胜乐殿，并建无所缘殿。其后为摇洒·强巴扎喜（གཡོས་བྱམས་པ་བཀྲ་ཤིས།）、奥力喀（འོལ་ཁ།）、曲结·多尔吉坚赞（རྡོ་རྗེ་རྒྱལ་མཚན།）、卓乃·洛藏达吉（འབྲོག་ནས་བློ་བཟང་དར་རྒྱས།）、摇洒·更登扎巴（གཡོ་ས་དགེ་འདུན་གྲགས་པ།）、却巴·洛卜藏楚臣（ཆོས་པ་བློ་བཟང་ཚུལ་ཁྲིམས།）、查哦·嘉样扎西（ཁྲ་འོག་འཇམ་དབྱངས་བཀྲ་

ཤེས།)、德委昂巴·阿旺曼兰（རྡེ་བའི་ནང་པ་ངག་དབང་སྨོན་ལམ།)、噶登（སྐལ་ལྡན།）阿阇黎·阿旺索南（ངག་དབང་བསོད་ནམས།)。此后又由查哦·嘉样扎西担任，接着为曲结仁钦洛哲（རིན་ཆེན་བློ་གྲོས།)、摇洒的古尔哇（གུར་བ།）嘉样彭措（འཇམ་དབྱངས་ཕུན་ཚོགས།)，彼师是嘉样扎巴（འཇམ་དབྱངས་གྲགས་པ།）比丘的弟子，曾延请东科尔活佛讲法。其后为摇洒阿阇黎·扎巴谢珠（གྲགས་པ་བཤད་སྒྲུབ།)、曲结扎巴嘉措（གྲགས་པ་རྒྱ་མཚོ།)，彼师曾在色拉寺麦扎仓研究《集类学》，从而发生想学《释量论》的愿望，乃在拉萨热哇多（ར་བ་སྟོད།）学院钻研《因明》。学习《明照解脱道》获得了证悟，对于两位明行自在论师的论著，以正理之力证得真实见解，感奋之余为之泪下，其后在色拉寺麦扎仓继续学习其余四部大论，取得拉仁巴学位。当立宗辩论时，由于精熟《释量论》的理路，因而所肯定的“允许”，坚定妥当，一时誉为“像这样的格西，过去还没见出现过！”继续钻研《诗学》《历算》《声律学》等一切名处之学以及密咒，成为博学之士。返回故乡之时，被嘉戎格西等誉为“安多地区迎去了一车黄金”。曾担任夏琼寺的堪布。担任大寺的堪布时，建立了授予“噶仁巴”学位的制度，当举行立宗辩论时，恰格阿阇黎、达仓阿阇黎等曾出了席。当这一部分讲辩正理者们进行辩论时，出席的阿阇黎、现任堪布及卸任堪布等都喜悦非凡，备极称誉。彼师卸任后，于致力闭关修持之际圆寂，火化遗体时，彼师灵骨呈现出心、舌和眼不化的景象。

其后圣·扎巴谢珠又重新担任，接着由曲结阿旺格勒（ངག་དབང་དགེ་ལེགས）担任，彼师是赤仁波切洛藏达吉的侄子，去西藏卫地拜比丘嘉样扎巴（འཇམ་དབྱངས་གྲགས་པ།）等为师，闻思经论、坦特罗究竟圆满。曾任密宗学院的喇嘛翁则，但当担任本寺堪布之职时未能延寿。曲结更登嘉措（དགེ་འདུན་རྒྱ་མཚོ།)，彼师是前一任堪布阿旺格勒的侄子，在卫地学习曾取得林赛噶居及拉仁巴的学位。侍奉贡玛赤洛藏达吉的足莲达三十一年，此外还于其他的许多学者的座前，聆听了不可数计的甚深经法。曾任帕摩却德寺（ཕག་མོ་ཆོས་སྡེ།）的堪布，在本寺担任密宗学院的法台和大会堂的堪布之职，执掌政教二规，进行护理。

木乃（མུ་ནེ།）阿阇黎·桑吉班藏（སངས་རྒྱས་དཔལ་བཟང་།），从幼小时出家，向贡玛学习书写和诵读，达到精熟的程度。去西藏卫地在噶丹寺经院学习五部大论，聪慧绝顶。在本寺的法相学院中立宗辩论，又在本寺密宗学院钻研密咒，曾担任喇嘛翁则师之职。火蛇年（丁巳）就任大寺堪布。卸任后，修建一静修院致力于念修。有所辑的前任堪布圣·更登嘉措的略传《明慧求解脱颈饰》等零星著作数种。

曲结阿旺尼玛（ངག་དབང་ཉི་མ།）幼小时，从叔叔学习书写和念诵，领悟敏捷得贡玛的欣赏，提供盘缠派往西藏卫地学习。在色拉寺麦扎仓学习《中观》《般若》等，达到格西的水平，取得林赛噶居的学位。曾担任本寺密宗学院的领腔师及喇嘛翁则师。曲结阿旺索巴（ངག་དབང་བཟོད་པ།）在卫地拜堪布索南拉卜丹（བསོད་ནམས་རབ་བརྟན།）等为师，钻研经论，并曾进行巡回辩论。曲结仁钦班觉尔（རིན་ཆེན་དཔལ་འབྱོར།），彼师撰有《卓尼大寺教法史及法嗣录》，其他还有《卓尼史·花鬘饰》，扎巴谢珠也撰有《寺志·善说宝鬘》等。其后为曲结洛藏闹卜（བློ་བཟང་ནོར་བུ།）、曲结嘉样敦约（འཇམ་དབྱངས་དོན་ཡོད།），接着又由曲结仁钦班觉尔担任。其后为曲结洛藏群培（བློ་བཟང་ཆོས་འཕེལ།）、曲结更登朋措（དགེ་འདུན་ཕུན་ཚོགས།）、曲结更登嘉措、拉仁巴阿旺朋措（ངག་དབང་ཕུན་ཚོགས།），这一位系按原有的著述录出，但是，上述的各寺志中只说是卫地的格西，晚年专门致力于念修云云，至于详细的情况，则不大清楚。其次为曲玛塘哇·隆珠嘉措（ཆུ་མ་ཐང་བ་ལྷུན་གྲུབ་རྒྱ་མཚོ།），彼师经常诵读《现观庄严论明义释》，当任堪布时，给僧众授大威德灌顶。接着为拉尕（ལ་ཀ）阿阇黎更登闹卜（དགེ་འདུན་ནོར་བུ།），卜隆昂哇·衮噶嘉措（སྦུ་ལུང་ནང་བ་ཀུན་དགའ་རྒྱ་མཚོ།），彼师讲法时声音清亮，韵调非常正确，所以曾任大会堂翁则师之职。其次为卓乃·洛藏曲群（འབྲོག་གནས་བློ་བཟང་ཆོས་འབྱུང་།），他有转世系统。洮州阿阇黎阿旺桑吉（ངག་དབང་སངས་རྒྱས།）、曲玛塘哇·阿旺坚赞（ངག་དབང་རྒྱལ་མཚན།），是一位增上光明意乐的典型。隆交昂哇·嘉样却觉（ལུང་ཀྱིག་ནང་བ་འཇམ་

དབྱངས་ཆོས་འབྱོར།），彼师转生的化身为阿旺丹增，是色拉寺麦扎仓僧人，能熟背《菩提道次第广论》等许多部大论，现正在积极学习中。接着为摇洒阿阇黎·阿旺洛哲（ངག་དབང་བློ་གྲོས།），彼师的传记，正由恩师阿莽道扎撰述中，有转世化身，入拉卜楞寺经院中学习。曾前去内地、蒙古给拉卜楞寺供献了许多具铜制的粥桶；按照圣喇嘛阿莽道扎的指示在大经堂的楼上楼下，设置了十六罗汉拥绕如来像、释迦能仁王佛包括四大天王等一尺高的青铜圣像。现正在内地和蒙地饶益众生。采郭哇·敦约金巴（ཚལ་མགོ་བ་དོན་ཡོད་སྦྱིན་པ།）、格仓·仁钦班藏（དགེ་ཚང་རིན་ཆེན་དཔལ་བཟང་།）、托洛·扎巴塔木克（ཐྭ་ལོ་གྲགས་པ་ཐབས་མཁས།）、颇洒哇·更登闹卜（ཕོ་ས་བ་དགེ་འདུན་ནོར་བུ།）、加隆古尔哇·更登宗哲（སྦྱི་ལུང་ཀུར་བ་དགེ་འདུན་བརྩོན་འགྲུས།）、阿摩采哇·洛藏桑丹（ཨ་མོ་ཚལ་བ་བློ་བཟང་བསམ་གཏན།），彼师是色拉寺麦扎仓的林赛噶居。其次为那仁（སྣ་རིང་།）阿阇黎·阿旺坚赞（ངག་དབང་རྒྱལ་མཚན།），彼师是一梦兆灵异，多次于梦境中照见本尊圣容者。曲玛塘哇·洛藏勒巴（བློ་བཟང་ལེགས་པ།），他转世的化身贡乔坚班正在拉卜楞大寺学习。接着为古尔哇·衮噶闹卜（ཀུར་བ་ཀུན་དགའ་ནོར་བུ།）、曲隆巴·阿旺丹·达尔（ངག་དབང་བསྟན་དར།），彼师为桑浦寺的噶居。大通哇·仁钦达尔吉（ད་ཐང་བ་རིན་ཆེན་དར་རྒྱས།）、朗雄·洛藏金巴（སྣང་གསོང་བློ་བཟང་སྦྱིན་པ།）、德委昂巴·洛藏丹贝尼玛（བློ་བཟང་བསྟན་པའི་ཉི་མ།），彼师曾在塔尔寺及色拉寺麦扎仓学习，现在转世的化身名为洛藏欠热尼玛。鄂藏哇·嘉样达尔吉（རྡོ་བཟང་བ་འཇམ་དབྱངས་དར་རྒྱས།），在色拉寺麦扎仓曾参加措仁巴（ཚོགས་རམས་པ།）辩论。加隆古尔哇·扎巴敦约（སྦྱི་ལུང་ཀུར་བ་གྲགས་པ་དོན་ཡོད།），是色拉寺麦扎仓的林赛噶居。阿莽当哇·贡乔丹增藏卜（ཇ་མོང་གདོང་བ་དཀོན་མཆོག་བསྟན་འཛིན་བཟང་པོ།），是噶丹寺的噶居。班仓（བན་ཚང་།）阿阇黎群培敦约（ཆོས་འཕེལ་དོན་ཡོད།）、贾郭采哇·衮噶坚赞（བྱ་རྒོད་ཚལ་བ་ཀུན་དགའ་རྒྱལ་མཚན།）、辛察·贡乔桑珠（གཤེན་ཚ་དཀོན་མཆོག་བསམ་འགྲུབ།）、扎居塘巴·贡乔朋措巴（བྲག་སྟོག་ཐང་པ་དཀོན་མཆོག་ཕུན་ཚོགས་པ།）。此后的阿阇黎无论在任或卸任的虽都威仪严肃，其举止仪态、言论谈吐，都具备大德典范，一见即能引起信仰，由于互不熟悉，资料缺乏，无可记载。

卓尼大寺两座显密讲修学院兴起的情况是这样的：先前一些阿阇黎和贡玛们虽数次建立过讲闻制度，但都未能持久。尔时，大国师阿旺程列嘉措遵照大皇帝的旨意，他自己也有建立显密结合讲闻的意愿，于第十二胜生的木马年（公元1714年，清康熙五十三年，甲午），分别主次先建立因明学院，此后逾十五年，至土鸡年（公元1729年，清雍正七年，己酉），建立密宗学院。各建有两层楼的经堂和内殿，迎请、设置了丰富圆满的身、语、意的依止圣物和供器用具等。这两座学院起初的听闻师任命以发愿弘扬圣教愿力而证得悉地的阿阇黎扎巴谢珠子担任。彼师于第十一胜生的木兔年（公元1675年，清康熙十四年，乙卯）出生于摇洒地区，七岁时起学习文字和念诵，都达到熟练程度。九岁时，在卓尼大寺于阿阇黎更登扎巴座前披剃出家。十九岁时，赴西藏卫地，于青海湖滨见一位名叫达热格隆（སྟག་རིས་དགེ་སློང་།）的处所有几部医药书籍，他借看之后即能理解。有人请求他学医，他没有接受这个建议，说道："不愿去摸男男女女的手腕，而是想把手放在他们的头顶上。"

二十二岁时，在色拉寺麦扎仓圆满究竟地学完五部大论，由于记忆力强，凡教程的通论和专论，都一一熟记在胸。木鸡年（公元1705年，清康熙四十四年，乙酉），取得拉仁巴学位的提名，准备在来年正月大祈愿法会上立宗。但是，恰在这一年，第悉[74]逝世，为了超荐他，凡卫地管辖区域的各寺院，不论它属于哪一宗派，都在拉萨举行为期十天的法事。会场有两三万僧侣参加，上级规定，按照大祈愿法会规格，举行巡回辩经，色拉寺派彼师出席立宗。第二年，在后藏受近圆戒，入上密学院学习。三十三岁火猪年（公元1707年，清康熙四十九年，丁亥）返回安多。这时，向密宗学院阿阇黎洛藏达吉巴（བློ་བཟང་དར་རྒྱས་པ།）请假时，他阻拦道："不要回家乡，待在这里可能得到大喇嘛位置。"

回答说："我一关上门就是喇嘛。这儿不是有这样的比喻吆：'希望喇嘛等得头白!'我不需要这。"

在自己的寺院先后担任堪布两次，于第二次担任堪布期间，创建了法相学院，并兼任学院负责人，进行护持。在创建密宗学院时，他担任第一任金刚教长，建立显密两宗的讲辩，造就了许多明慧之士。彼师在安多、卫地两地于赤钦洛藏达尔吉、圣·主康巴、阿里活佛、济仲仁波切、第一世嘉木样大师、色拉班智达、恰格阿阇黎、绛曲米拉等座前聆听了许多经法，并弘扬这些法统。曾照见圣容及证得许多灵感感受。有著作十余函，给娘仓·阿旺丹贝尼玛传授了这些著作的教敕，由他传授于阿郭·南喀森格。后阿郭活佛从玛额阿阇黎洛藏坚赞处闻听。现在，教敕的传统是否还会存在，应该进行调查为是。七十四岁，土龙年（公元1748年，清乾隆十三年，戊辰）圆寂。彼师转世的化身，据说就是色拉寺麦扎仓的喇嘛扎巴鄂赛（གྲགས་པ་འོད་ཟེར།）云。彼师还撰有《自传》及《补遗》。

据说，自此以后，历任的阿阇黎大都要任喇嘛翁则师三年，法相学院的讲闻师三年，密宗学院的讲闻师三年，然后担任大会堂的堪布，形成了制度云。两个扎仓的法嗣，备见于上述大会堂法嗣之中。

在此地僧源之中，曾担任噶丹寺赛赤者有称为热琼瓦化身者赤颇洒瓦·却涅尔扎巴（ཁྲི་ཕོ་ས་བ་ཆོས་གཉེར་གྲགས་པ།）、赤雪藏巴·楚臣达尔吉（ཁྲི་ཤོ་བཟང་པ་ཚུལ་ཁྲིམས་དར་རྒྱས།）、赤阿司塘瓦·洛藏达尔吉（ཁྲི་ཨ་ཟི་ཐང་པ་བློ་བཟང་དར་རྒྱས།）等；这些赛赤的传记，见于《噶丹寺赛赤传》中，赤雪藏巴有自撰的传记续编，他侄子图登嘉措（ཐུབ་བསྟན་རྒྱ་མཚོ།）撰有《传记·白莲束》。

赤阿司塘瓦建有大菩提塔，撰有《塔记·心中兴喜》，其中详述其历史。

擦多赤钦阿旺楚臣（ངག་དབང་ཚུལ་ཁྲིམས）[75] 于没有前去卫地之前，曾在这座大寺长时间学习，由色拉寺麦扎仓堪布洛藏图杰撰述了《传记·信仰开门》，约有七百五十页。他转世的化身赤钦诺们汗阿旺绛跋楚臣嘉措，是卓尼多（ཅོ་ནེ་མདོ།）塔木克嘉措之子，生于水鼠年（公元1792年，清乾隆五十七年，壬子），由于具有公认的呼图克图行止，被确定为擦多诺们汗的呼毕勒罕。在色拉寺麦扎仓学习五部大论，究竟圆满取得拉仁巴学位，为立宗辩论时之第一名。以普通孤独僧人的身份，游学于密宗学院。从喇嘛翁则师逐步提升至噶丹寺赛赤兼理西藏政务。由于办事公正，于道光二年，水马年，被敕封为衍宗禅师，赏给敕书印信赐予无可比拟的嘉奖[76]。任第十世达赖喇嘛楚臣嘉措的经师，第十世达赖喇嘛圆寂后，又担任摄政，雪域西藏地区政教白伞之柄，由他一人执掌。从许多哲士大德处聆听第五世达赖喇嘛全集的教敕等各种甚深妙法。晚年，在这个大寺曾长时居住[77]，在大会堂及密宗学院等处大转正教法轮，自上佐格以下的各个地区都有他的足迹，对不断前来的各方主客，多麦南北各地求学者们都予以各自所欲的法施，给以各个满意的摩顶。在其行化事业接近圆满之时，专门前去土尔扈特之地显示了最后的行止，一般认为这是很有意义之事云。

此外有曾任夏孜曲结的圣·却巴勒坚赞（རྗེ་ཆོས་དཔལ་རྒྱལ་མཚན།）、曲结阿旺隆珠（ངག་དབང་ལྷུན་གྲུབ།）、曲结阿旺尼玛（ངག་དབང་ཉི་མ།）以及后来又担任曲结之职的拉赖巴（ལྷ་ལིངས་པ།）等四人。曾任色拉寺麦扎仓堪布的洛藏坚赞（བློ་བཟང་རྒྱལ་མཚན།）、堪布索南拉卜丹（བསོད་ནམས་རབ་བརྟན།）、堪布区勒南加（ཕྱོགས་ལས་རྣམ་རྒྱལ།）等三人。还有出身于哲蚌寺的嘉哇（རྒྱལ་བ།）喇嘛夏仲丹增却藏（ཞབས་དྲུང་བསྟན་འཛིན་ཆོས་བཟང་།）、见治（སྤྱན་གཡས།）堪布扎巴彭措（གྲགས་པ་ཕུན་ཚོགས།）、托冷（ཐོ་ལིང་།）堪布索巴坚赞（བཟོད་པ་རྒྱལ་མཚན།）、玛尔康（སྨར་ཁམས།）邦沃寺（བོང་བོ་དགོན་པ།）的喇嘛强巴格勒（བྱམས་པ་དགེ་ལེགས།）、桑俄卡尔（གསང་སྔགས་མཁར།）的堪布楚臣达尔吉（ཚུལ་ཁྲིམས་དར་རྒྱས།）、息日达吉林（ཞི་དར་རྒྱས་གླིང་།）的堪布然绛巴阿旺克宗（ངག་དབང་མཁས་བཙུན།）、桑浦寺堪布却吉喜年（ཆོས་ཀྱི་བཤེས་གཉེན།）、嘉戎曲钦寺·丹培林（རྒྱ་ཆེན་དགོན་བསྟན་འཕེལ་གླིང་།）的喇嘛阿旺藏卜（ངག་དབང་བཟང་པོ།），这位师长还担任过玉黎（ཡུ་ལི།）寺的堪布，其详细历史已附见于有关部分。嘉堪布更登扎巴（རྒྱལ་མཁན་པོ་དགེ་འདུན་གྲགས་པ།）、赤洛藏达吉巴的文布更登嘉措（དགེ་འདུན་རྒྱ་མཚོ།）是帕摩却德寺（ཕག་མོ་ཆོས་སྡེ།）的堪布，也担任过这里大寺的堪布。还

有许多人担任过五台山的扎萨克喇嘛，卓尼布温巴（འདུལ་དཔོན་པ།募化师），以及曲结金巴达吉叔侄等在蒙古地区弘扬佛法的许多大喇嘛。

《云裳秘笈》中说：

“卓尼大寺的法嗣们依次在蒙古地区承担圣教的重任，受到很大的尊敬。”

寺内有玛尔塘活佛、德委昂哇等转世系统，有一些府邸。

闻思堂的教程、纪律和念诵大都和色拉寺麦扎仓一样。密宗学院的念诵腔调、韵律、粉彩画规、施食做法，以及乐器的吹奏等都按上密学院的实践律规，戒行清净，显密二宗的讲辩，正日渐兴盛云。

大会堂有神变大祈愿法会，藏历六月初转法轮节时有定期法会，五供节祭等都举行二十余天。在这些法会期间，凡胜乐、密集、大轮、普明、无量寿、尊胜母、药师、不动尊，无所缘、十六罗汉拥绕如来等供祀仪轨都在各自佛殿中，由相适应的僧人们按各个经典举行修习、供奉、颂赞的仪轨。具有曼荼罗者都按粉彩举行护摩、龙仪轨等。怙主殿中于举行大威德十三尊法灌顶仪轨之后，每天从不间断地举行全部酬补仪轨。六月祈愿法会中，有多闻子、八马主等跳神舞蹈。五供节祭时有旧法的跳神舞蹈，和色拉寺麦扎仓一样。正月大祈愿法会中，有按扎什伦布寺的新法跳神舞蹈，连同抛掷施食等。有弥勒环寺，二十九日施食祭，日至月经忏法事。有时，密宗学院举行铁城法等一些季节性的法事。

其他还有跳神扎仓、历算扎仓等，是一处聚集显密教义和诸明处，弘扬伟大佛教的大伽蓝。

大堪布的拉让中有许多具有加持之力的佛像；药师拉让有曾在拉萨大昭寺走廊壁画之末写上：

“昔日药师师徒画卷，当前两位悉地金刚，一般[78]图画虽然相同，形态各别唯有我多。”

一偈标签的那位画师所绘的圣·宗喀巴大师、八清净弟子像及圣观世音和度母庄严佛土等许多稀世珍宝画卷。有《甘珠尔》大藏经及数百函经籍。自谷口至谷脑有四座寝宫及花园等。

扎仓的经堂中，有金汁书写的《圣·宗喀巴全集》，墨写的两位圣徒全集；从皇宫之中迎请来的栴檀雕刻的圣·宗喀巴大师像，其内藏为僧伽聚会轮，扎巴谢主阿阇黎的灵骨，语化的文殊菩萨画卷；经堂内殿中有释迦能仁王佛、弥勒佛、文殊菩萨像及二胜六庄严等大型塑像。有银汁书写的《甘珠尔》大藏经及北京版《甘珠尔》大藏经，卫地版的《甘珠尔》大藏经。密宗学院中有圣·宗喀巴大师像、栴檀释尊像和胜乐、密集、大威德三本尊像，龙树派密集、布禄金刚银像，颇有加持力。在扎仓及两处的怙主殿中，有大威德及怙主、法王为主的全部护法像，其他怙主殿中也都和它一样，有《甘珠尔》和《丹珠尔》大藏经。法轮殿中有《甘珠尔》大藏经大法轮，还有卡拜（ཁ་པད།）和拉黎（ལྷ་ལིས།）两地的塑绘师为互相炫耀技术而绘制的壁画。有供奉堆果（དུས་གོ།）的商人，从西藏卫地迎请来的千手千眼白伞盖大佛像的白伞盖殿。有供奉历任堪布灵塔、《甘珠尔》大藏经的东西寝宫及灵塔殿。新经堂之中，供奉着颇有灵异的龙树菩萨亲手以龙境的泥土塑成的释迦牟尼被十二弘化妙相所拥绕的像、赤楚臣达尔吉所送的圣·林普尔玛像、来自印度的不动忿怒明王护天母、以蛇心栴檀造的多闻子像，它具有加持力，在贝叶上书写的梵文《般若八千颂》，圣·宗喀巴大师书写的《金鬘论》，龙树菩萨亲手在贝叶上刻画的世尊像，空行母桑瓦耶喜的颅骨，嘉赛拉杰的腕骨，巴卧·仁钦贝（དཔལ་པོ་རིན་ཆེན་དཔལ།）的显有三颗文字的尸骨，一切知却古鄂赛尔（ཆོས་སྐུ་འོད་ཟེར།）颅骨，京俄旦却（ཞལ་སྔ་དམ་ཆོས།）的颅骨，赤洛藏达尔吉的颅骨，上有自然显现的ཨ字，班禅的那绕形[79]骨饰等。

按曲结金巴达吉的传中说：“赐有班禅洛藏确坚的那绕形骨饰”，可能即系这个骨饰。但圣·阿莽道扎则说：“似乎是其母亲的骨饰。”

还有以历世达赖喇嘛、班禅为首的许多哲士的帽子、衣服、鞋子等及赤洛藏达尔吉的本尊弥勒佛，其内藏为迦叶佛及释迦牟尼佛的舍利子。

大经堂中，有圣·宗喀巴大师塑像，帽子之上形成垢膜。有一卡高绿松石的无量寿佛像。两处青铜佛像殿中有从印度、内地、尼泊尔及西藏迎请来的大小青铜佛像二百余尊及称为第穆瓦亲手所绘的十六尊者像等画卷多轴，卫地版的《甘珠尔》大藏经，银质的大小宝塔十九座，黄金宝塔两座，栴檀的宝塔两座等。觉阿释尊殿中有以米底（ཨྠི།）亲手打印的释迦王佛泥像为内藏的犹如自然显现的释迦能仁佛像及菩提道次第全部师承的药泥像，其高如人，神态美妙。还有北京版《甘珠尔》大藏经。弥勒殿中有两层楼高的泥塑弥勒佛像，甚为美妙，胸口放有随康曲结的牙齿、舍利；有《甘珠尔》大藏经。门房中有四大天王的浮雕大像；城门的门房之上有二十一尊黄金青铜铸的度母像。密集殿中有三世诸佛、萨班、布顿、圣大师、八大菩萨像，都高逾人身，并绘有十六罗汉拥绕如来像，高如八岁身量。无所缘大悲殿有圣·宗喀巴大师全集，有赐于克珠仁波切的历史很清楚牙齿为内藏的圣·宗喀巴大师像。上述各仪轨大都有供奉各自的圣众海会的神殿，共二十余座神殿。曲隆官人修建的圣·宗喀巴大师锦缎像，头顶有自然显现的阿弥陀佛像，如此锦缎像共有七幅。完全用质地良好的锦缎制成的天幕和柱饰。曲结金巴达尔吉为了在大祈愿法会上展出，特提供经费制造的纯金冠饰，每一小幅之上有用丝绒绣成千佛像的祖衣等身、语、意的依止圣物，以及珍贵庄丽的供器和用具。各经堂和神殿的殿顶之上，都有金铜为饰的鞭蔴女墙、法轮、雄雌野兽、胜幢、宝瓶等宝光熠熠，上蔽天日。登记依止圣物的详目见于圣·扎巴谢珠所撰的《寺志》。寺内刻有《圣·宗喀巴全集》、《甘珠尔》大藏经和《丹珠尔》大藏经，以及谢珠巴阿阇黎全集等许多经籍的印版。

这座大伽蓝创建于第五胜生的木羊年（公元1295年，元成宗元贞元年，乙未），迄今已历五百七十一年。第八胜生的土兔年（公元1458年，明英宗天顺三年，己卯），改宗为格鲁派已经四百零七年。第十二胜生的木马年（公元1714年，清康熙五十三年，甲午），建立了法相学院，已经一百五十二年。自此经十六年的土鸡年（公元1729年，清雍正七年，己酉），建立了密宗学院，至今木牛年（公元1865年，清同治四年，乙丑），已经一百三十七年矣。

与卓尼大寺相连接的是卓尼土司的府邸——广聚王宫。这家土司姓嘎（དགའ།）氏。从前，悉补野聂赤赞普的后裔中一支，因没有儿子向天神祈祷，随着太空中自然发出的声音，面前出现了一个孩子，心中高兴之极，遂取姓为嘎[80]。这个孩子后来有了四个儿子，老大名叫达热京（སྟག་རིས་ཅན།[81]），他的后裔嘎·耶喜达尔吉（དགའ་ཡེ་ཤེས་དར་རྒྱས།），曾担任赞普热巴仪[82]的大臣，派至多麦地区征收赋税，就在佐格林（མཛོད་དགེ་སྒིང་།）地区建立起庄园。他有五个儿子，老大一支中的江梯（སྤྱང་ཐི།）和哦梯（ངོ་ཐི།）二人前来卓尼地区，被大伙儿拥立为长官。不久，众生怙主八思巴前去该地，由于圣者他提供了顺缘，乃创建了卓尼寺。

江梯官人前去朝礼寺院时，碰到一股大水流来，他恰和水头相逢。寺院内八思巴的弟子喇嘛格喜巴，给他说道：

“和水头相逢的这个因缘，将使你的后裔像恒河一样源远流长，部属众多而兴盛。”

遂将寺院交付于他，从此起被称为卓尼土司。奉天承运永乐皇帝十六年，前去朝觐，敕书嘉奖有加[83]。其弟哦梯没有执掌政务，其后裔经营畜产甚为兴旺。因此有“土司江梯，奴仆哦梯”之称。江梯的后裔经过几代，出了土司赞卜[84]（བཙན་པོ།）等弟兄四人。老大土司赞卜于京瞪皇帝（སྤྱན་འདེང་རྒྱལ་པོ།）[85]继位的那年，承袭了父亲的职权。其子土司扎喜（བཀྲ་ཤིས།）[86]于天顺皇帝（ཐེན་ཤུན་རྒྱལ་པོ།）时承袭，其子嘎节（དགའ་སྐྱེས།）[87]于成化皇帝（ཆིང་ཧྭ་རྒྱལ་པོ།）五年木马年（甲午[88]）承袭。他有两个儿子，老大为旺秀（དབང་ཕྱུག）袭土司职，正德（ཙིང་ཏྭ།）皇帝三年，即第九胜生水猴年（壬申）[89]入京朝觐，赐姓杨家（ཡང་ཀྱ།[90]），更名为杨洪（ཡང་ཧྲུང་།），赏赐甚厚。回来后居于拉隆（ལ་ལུང་།），其弟则居于却隆（ཆོས་ལུང་།），其后裔甚为兴旺。前者之子为杨瑧（ཡང་ཅིན།），他修筑了城墙，于嘉靖皇帝御极的三十年即火龙年（丙辰[91]），入京朝觐，敕封为慈惠禅师（ཙི་ཧུའི་ཀྲེན་ཤྲི།），对其部属分别委为百户、总甲、皂德（ཏིན་ཏྲུ）等，给予印信，命令遏制蒙古，防守藏区地界。其子为杨葵（ཡང་ཀྲུ།[92]），小时学习文字诵读及诸明处，成长后护理政务。万历皇帝御极的第十年入京朝觐，随从有其属下拿托洛（ན་ཐོ་ལོ།）、司纳兰木（སྣ་ལམ）、查哦（ཁྲ་འོག）、冈索（གོང་སོ།）、上下惹卜察（རེབ་ཚ་སྟོད་སྨད།）、辛察（གཤིན་ཚེ།）、哦（ཇོག）、德塘（བདེ་ཐང་།）、切白司卜（ཆས་པའི་སྦེབ།）等处人员。上谕："这些林居强悍者都交付于你管理"云。有二子为国龙[93]（ཀོ་ལྷུང་།）与苟辅（ཀི་ཧྲུ།），长子承袭土司之职，次子虽居于土司府中，似乎没有后代。前者之子才旺敦珠（ཚེ་དབང་དོན་གྲུབ།）或作却梁（ཆོཞ་ལང་།）[94]，生于清顺治皇帝即位后的第十五年铁龙年（庚辰）[95]，四岁时起，拜师学习藏文和历算等，尊随康曲结为供奉师。精于藏文正草书法，自己以金汁抄写《般若八千颂》，以墨汁抄写了《甘珠尔》大藏经一部，还用银汁抄写了一部。曲颇（ཆུ་སོ།）地区二十四个部落强悍不听命，一一把他们纳入于属下。康熙十三年，兰州地区的汉民们向长毛（ཆང་མོ།）[96]投诚，反抗皇上。十四年木兔年（乙卯）诏命该土司平息叛乱。这位土司和他的儿子洛藏敦珠（བློ་བཟང་དོན་གྲུབ།）为首，摆开战场，发起进攻，不久，即把叛乱者击败。皇上听到后，先后赐予参总（ཚན་ཙོང་།）[97]的顶戴和金印，又赐给他副将的顶戴，他的儿子也赐了顶戴，两个人都被赐予金印等[98]。被任为阶州[99]城的长官，通过兰州向上呈报，辞去了这个职务，改任洮州城副将之职多年，后被任为兰州总兵，又呈请辞去。所属部队的头目等也分别被任命为官员。鄂（ཇོག）部和喀加（ཁ་ཀྱ།）六部由于没有管理的头目，干出了偷盗抢劫等等不合王法的事情，他把他们收为部属，献于皇上。迭部所属的日扎巴（རི་བྲག་པ།）部落大都即于此时被征服。专门尊奉乃伍郭巴·阿旺坚赞（ཞིའུ་མགོ་པ་ངག་དབང་རྒྱལ་མཚན།）为上师，请求了经法，于古尔雅（གུར་ཡག）山间修建寝宫，请其居住，用金汁书写广、中、略三种《般若波罗密多经》[100]；读《甘珠尔》和《丹珠尔》大藏经及四续部[101]千遍。在卓尼大寺修建怙主殿、寝宫和药师殿等，对于僧伽大事供养布施。建立药师、十六罗汉拥绕如来和阿閦佛等仪轨，常年举行法事，如此等等的贡献，极为广大。他的儿子为洛藏敦珠和南结森格（རྣམ་རྒྱལ་སེང་གེ），老大承袭土司[102]，以《佛说文殊师利一百八号梵赞》等为日常念诵的课文，对于正法，极为虔诚。在阿甲（ཨ་ཀྱུ།）桥洞，有一鲁尕捷曲龙王，于他祖先之时一直反抗他们，这时，这位土司以行猎方法前去该地，用世俗的法律形式，以棍子敲打那龙王居住的山头，并严厉予以斥责。

当天晚上，他梦见在许多山神、厉神聚集会商之处，那龙王说：

“明天，我把一头戴金鼻圈的牝鹿送给这位人主，是否可行？”

“咱们于鹿角折断之处，送上一些白茅作礼品。”

第二天，于猎杀的雄鹿身上就有这两件东西。于是即在马上射出一箭，中在鹿头两角之前，鹿脑立即碎裂。如此等等显示了超群的武艺。由于迭部等地不信正教而且喜欢恶行，乃起兵征讨收为部属，弘传佛教。铁鸡年（公元1681年，清康熙二十年，辛酉）朝觐康熙皇帝，被问道：

“你是藏民的官员，懂得藏文的经典吗？”

“知道一点儿。”

皇上骑在马上，他边步行侍从，边念诵《佛说文殊师利一百八名号梵赞》。皇上笑了起来，心中非常喜悦。切巴的阴山地方[103]、辛察冈系（གཞིན་ཚ་སྣང་གཞིས།）、德塘等地的人们信仰本教，他令其改宗佛教。修建鲁琼旧寺的佛殿，从卓尼大寺派法台住持、成为定制。木牛年（公元1685年，清康熙二十四年，乙丑），于多贡寺（མདོ་དགོན།）修建了两座大宝塔，于卓尼大寺修建青铜佛殿、阿閦佛殿等。敦请济垅阿旺贡乔尼玛请求了经法，被赐以从事教政的次第及关于未来的一些授记。土蛇年，用金汁书写了

《甘珠尔》大藏经。他的夫人洛藏措（བློ་བཟང་མཚོ།）也以硃红和墨间杂书写了《甘珠尔》大藏经，经常念诵《胜乐根本续》《药师经》及《白伞盖经》《心经》和《度母经》三者，并维修了一些佛殿，是一位虔诚地致力于圣教事业的人士。

他夫妻两人有二子，长子为土司玛索贡波（དམག་ཟོར་མགོན་པོ།）[104]，次子为国师阿旺程列嘉措（ངག་དབང་འཕྲིན་ལས་རྒྱ་མཚོ།）。长子生于康熙二十五年火虎年（丙寅），六岁时父亲去世，承袭土司职，学习汉藏文达到精通程度，经常念诵《无量寿佛经》《药师经》《白伞经》《心经》《度母经》《无所缘大悲颂》等，并积极念诵《甘珠尔》大藏经，念修许多本尊法。康熙四十八年，土牛年（己丑），偶贝（ཨུག་སྦེས།）地区二十四个部落反抗汉人，奉上命，这位土司率领所部进行剿办，向皇上献捷并把黑西番招抚为部属。向古尔雅·乃伍部巴、玉委江喇嘛（བཞི་བའི་ཅང་བླ་མ།）等师请求经法，精通诸明处，供养各寺院，维修了许多佛堂。康熙五十五年，朝觐康熙皇帝，奉皇上旨谕，参加了围猎，表演了跑马、射箭等，皇上甚为喜悦。敦请第五世东科尔曼殊师利圣·索南嘉措、一切知嘉木样协巴、色拉班智达·洛藏金巴、多卜登俄仁巴、恰格阿阇黎等请求讲传经法。康熙五十七年，土狗年（戊戌），由于厄鲁特准噶尔的军队进入西藏，这位土司率部进驻通天河。对洮州的鄂巴（ཇོག་པ།）等处，河州的合作、下佐格，松州的迭部、洒仓（གཟའ་ཚང་།）等处以武力震摄，使地方秩序安宁，真像俗谚所说的虽“老妇携金上道，亦可安然无事”。这时聚集于卓尼大寺的僧侣，将近万人。

康熙六十铁牛年（辛丑），以理塘版、北京版、卫地版的正确抄本作为蓝本，开始雕刻《甘珠尔》大藏经印版。这项工程，历时十一年，始告圆满。夫人丹巴麦绛（དམ་པ་སྨད་བྱང་།）在卓尼大寺修建了尊胜母佛殿，建立念修这法的传统。她是一位积极念诵《胜乐根本续》《度母经》《心经》、尊胜母长陀罗尼的人。生有三子，长子嘉样诺尔卜（འཇམ་དབྱངས་ནོར་བུ།）、仲子洛藏班觉尔（བློ་བཟང་དཔལ་འབྱོར།）、幼子是昂索洛藏丹贝坚赞（བློ་བཟང་བསྟན་པའི་རྒྱལ་མཚན།）。长子生于康熙四十二年，水羊年（癸未），学习藏文，经常以《金刚经》《白伞盖经》《度母经》以及《祈愿经》等许多经典为念诵课文，并从岷州蒋太爷处学习汉文，颇为精通。阅读世间和出世间的两种典籍、菩提道次、道情歌集等，对于圣教极为虔信。从阿阇黎扎巴谢珠学习共法的一切明处学问。雍正三年，即第十二胜生的木蛇年（乙巳）[105]，承袭祖先的职务。第二年，科博（ཁོ་སྤྱོག）部落等反抗皇上，奉上谕，由他率部平定。为了消除这些罪障，在大会堂熬广茶、放布施，请其念诵《忏悔经》及《祈愿经》。因身体患病，乃敦请恰格阿阇黎，即告痊愈，双方心意融洽，极为投契。雍正九年，为了协助在青海乔东科（མཚོད་སྔོང་ཁོག）建筑城池工程，他率领筑城人员五百名前往，使工程立即告竣。这时，诺尔卜扎萨克反叛皇上，罪行证实，乃捕诺尔卜扎萨克送交汉官，上级给予丰厚的奖赏。在多卜登俄仁巴处聆听《菩提道次第论》广略两本的指引，大威德灌顶以及生起次第与圆满次第的指引、诀要等。在有空时，即于山间静修院或府邸中闭关坐禅，念修马头明王法及大威德法，诵读《甘珠尔》大藏经和《丹珠尔》大藏经，在贤妙时日举行供祭布施。母亲去世后，举办了盛大的超荐法事。绘制班禅本生等画卷约六十幅，塑造圣·宗喀巴大师等药泥像多尊及松绿石母像、海螺观世音像。以金汁书写《般若十万颂》《菩提道次第》《生起次第和圆次第》等经典，用二千多两白银造大宝塔一座，备极佳妙，及以金铜造八菩提塔等。从内地和卫地迎请青铜佛像多尊及《圣·宗喀巴全集》等。肖巴南拉秀（ཤོ་པ་གནམ་ལ་ཐུག）石碑就立于这时。由于厌烦府内事务庞杂而耽误学经，在玛日山（མ་རི།）庄园内修一寝室进行念修。铁羊年（公元1751年，清乾隆十六年，辛未），在赤坚赞森格哇座前请求讲传了《金刚鬘》，不久即行谢世。其弟洛卜藏班觉尔在白域（དཔལ་ཡུལ།）地方修建庄园，住在该处。

嘉样诺尔卜之子土司索南群培（བསོད་ནམས་ཆོས་འཕེལ།），他的长子名丹松才让（བསྟན་བསྲུང་ཚེ་རིང་།），仲子名索南多卜登（བསོད་ནམས་སྟོབས་ལྡན།），他在白域修建庄园居住。幼子为昂索阿旺克宗嘉措（ངག་དབང་མཁས་བཙུན་རྒྱ་མཚོ།）。

人王丹松才让[106]生于乾隆九年，即第十二胜生之末，木鼠年（甲子），十七岁承袭土司之职。这位土司和其祖父嘉样诺尔卜的第二夫人仁钦白宗（རིན་ཆེན་དཔལ་འཛོམས།）两人雕刻了《丹珠尔》大藏经的全部印版。敦请第二世一切知吉美尊者请求了密集、十一面尊、白伞盖等大灌顶及一些随许，大布供养布施之云，并请求撰述《丹珠尔》大藏经的总目录。尊者还撰述颂誉这家土司历代历史的《善说不可思议》一书。这位女人王为了护持正教，对持教的圣哲多次进行供养，尤其是第六世班禅贝丹耶喜前赴内地时，带领所属部队及许多朝礼者前赴塔尔寺，供养了以首次印刷的卓尼版《甘珠尔》和《丹珠尔》大藏经为首的许多珍贵礼品进行叩谒。被称为“卓尼老太太”，受到很高的荣誉。尔时察科梭磨(སོ་མང་།)土司夫人寄来一信提议：“班禅返回之时，我们敦请圣者到这个地区来。”她说道：“人世间之事，难以预料，我就要于现在前去朝礼。”

被称为有先知之明云。这位土司曾向大皇帝进贡了卓尼新版第一次印刷的《丹珠尔》大藏经，获得皇上的喜悦。日常顶礼、供祭、巡礼、祈请保佑等活动从不间断，虔诚地念诵《忏悔经》，白、绿《度母经》，《无所缘大悲颂》，事部三怙主的心要等，修建了极为殊胜的药师宫，在卓尼大寺修建法轮殿，设置圣·宗喀巴大师的锦缎绣像等许多三依止圣物。曾向以卓尼五寺为主的所有寺院、静修院，供养了多次布施，所作所为极为伟大。木乃阿阇黎·桑吉贝桑（སངས་རྒྱས་དཔལ་བཟང་།）撰有他的传记及历代土司传《智者严饰》。

丹松才让老爷之子丹增仁钦却嘉（བསྟན་འཛིན་རིན་ཆེན་ཆོས་རྒྱལ།[107]）承袭土司后，享年不长，其弟拉尊洛桑仁钦丹增（ལྷ་བཙུན་བློ་བཟང་རིན་ཆེན་བསྟན་འཛིན།[108]）时在卓尼大寺，乃令其承袭，命名为却嘉吉美多卜吉（ཆོས་རྒྱལ་འཇིགས་མེད་སྟོབས་རྒྱས།），

曾多次敦请恩师阿莽道扎前去，请授大悲观世音的灌顶等，聆听了许多经法。铁龙年（公元1820年，清嘉庆二十五年，庚辰），请贡塘·嘉贝样于衙门授成就佛母法长寿灌顶，法王内、外、密三随许。上述两位尊者先后在卓尼大寺授弥多罗、金刚鬘灌顶，他聆听了全部，提供了丰盛的随缘。水蛇年（公元1833年，清道光十三年，癸巳），洮州官员为了敲诈勒索，把圣·阿莽道扎阻拦在城中，他听到这个消息后，立即前去那里进行侍奉，为圣教的声华做出了有益之事。第二年，在拉卜楞大寺供养了盛大的布施，请遍照尊者莅临了大会。告别时，恳请尊者于他去世时务必临莅，尊者予以允许，如约成熟其要求。一生之中，除了白域方面争任堪布一事发生纠纷，所属各寺院的一部分僧徒前去兰州申诉之外，从未听说有战争之事，被称为是一位有福之人。后享高寿示寂。他的夫人德吉卓玛谦虚慈祥，信仰善业，是一位行为上流之人，有子三人，长子大爷（ཏ་ཡེ།），于幼小时去世，仲子担任堪布，幼小者名仁钦丹增却嘉程列多吉（རིན་ཆེན་བསྟན་འཛིན་ཆོས་རྒྱལ་འཕྲིན་ལས་རྡོ་རྗེ།[109]），承袭土司之职。他生于土鼠年（公元1828年，清道光八年，戊子），学习汉藏文字都很精通。曾奉皇上旨意，数次带领所属部队前赴军前都毫不困难地完成使命。他疼爱百姓，根本无欺骗对方的恶念，就是汉族的官员们也为之惊奇。为了超荐父亲，敦请第三世一切知前赴该地，尊者于一个月之内，每天修持所缘境并视察新茔。还经他请求，授予了大威德灌顶，红至尊母的随许等。自此以后，据说他举止稳重，心胸开阔，能和大众随顺云。供养的物资如云蒸霞蔚，丰盛之极。后来他母亲去世时，按地方习俗，花费白银数百两，给双亲举行汉族教法的经事。给近万名僧人发放布施。此后，又敦请摄政仁波切[110] 莅临大会。尊贵的堪钦负责为之举行胜乐、密集、大威德三本尊、时轮、不动尊等自入法，于四十九天之内不间断地举行普明的南门法，设置八善逝、三十五如来、极乐世界庄严、观世音和度母佛土庄严等画卷、祝愿文等，努力圆满超荐的仪式。当摄政前赴内地时，他骑送至兰州。从前，向总督递送公文时，须经洮州衙门转递。这时，想方设法达到自行投送的目的。受到珊瑚顶戴、孔雀花翎以及印信敕书等褒奖。对此后整个藏族的声誉，大有裨益。平常每天起床后，立即去佛堂顶礼，不做完功课时不肯用餐。下午则把杵铃、内供的颅器等瑜伽师资具聚集在一起，进行本尊、护法的施食仪轨等，凡祖先法王贡玛们的一切传统，都如仪护持使其昌盛不衰。

府邸内大佛堂的顶层楼上供奉着弥勒佛像，中层供奉释迦能仁王佛仲且玛像；有卓尼老太太以各种珍宝塑造的极为殊胜的药师佛殿，四大天王像，都以各自颜色相适应的螺、吠琉璃、珊瑚、琥珀塑造而成；楼下的殿中，则供奉着以圣·宗喀巴大师为主尊的塑像多尊，玛喀画神所绘的大威德十三尊黑色画卷等许多轴。供奉《八千颂》佛堂顶阁之每一个大字都以金叶锻成，每一颗字中各嵌有迦叶佛舍利一粒；有金汁书写的《般若十万颂》，金银汁相间书写的《甘珠尔》大藏经一部，墨汁书写的《甘珠尔》大藏经两部，木版印刷的《甘珠尔》大藏经一部，如此等等极为名贵的身、语、意三依止的圣物甚多。由卓尼大寺派香火师经管供祀事宜。怙主殿中，举行酬补法事从不间断。历代负责印刷经典的人员就驻在这里，把印刷《甘珠尔》和《丹珠尔》大藏经的印刷收益作为密宗学院的法事经费。衙门内外的许多建筑高大宏伟，一切雕饰美妙无比，令人目眩意夺，还有花园等等。初十佛殿供有莲花生祖师像，《五部遗教》的印版藏于此处。祖先苟辅（ཀོ་ཧྲུ།）居住的堡内佛堂中，供有十六尊者像，有灵异的传说。有供奉内地造的格萨尔[111]及其侍从像的宫，颇具规模。鲁日山崖头（ཀླུ་རི་བྲག་མགོ）上有土司玛索贡波的夫人曼绛所建的十一面尊神殿。色拉班智达静修庵中有多卜登俄仁巴居住这里时，每念一句雅玛拉杂真言，即以拇指掐泥一块，用以塑造的大威德像。贡波塘（མགོན་པོ་ཐང་།）的石崖上有自然形成的梵文、汉文和藏文等。

※　　※　　※

卓尼大寺后山有叶尔哇寺桑珠林（ཡེར་བ་དགོན་བསམ་འགྲུབ་གླིང་།）在一本偈颂体的《寺志》中说：

“此寺是无与伦比的觉阿大师的一位精通五明的弟子所建。约经二百一十年时，圣·宗喀巴大师诞生，大明宣德皇帝派遣敦请圣·宗喀巴大师和大慈法王释迦也失的使者太监侯显用许多财物维修了这座寺院。[112]”

以偈颂和散文撰写，勒于石碑的《寺志》中说：

“敦请大慈法王的大太监侯显，把许多财物交给他的侄子汉官侯文，让他在祖先贡玛的旧寺遗址上修建了这寺。”

另一本《寺志》中还说：

“卓尼中心叶哇寺、卓尼五部之古寺、觉阿阿底峡大师、太赛仓彦（ཐེམས་སེ་ཚངས་ཡན།）之弟子，修建而成并加持。”

赤钦洛藏达尔吉巴所撰的《乃伍郭哇传》中则说：

“据说忽必烈大帝承事众生怙主八思巴为帝师的晚年，把大地上的各个国家以武力征服作为部属。尔时，为了忏悔杀人的恶行，八思巴的指示让他从皇帝的宫城起至太阳西南方向的各去处，修建一百零八座寺院。看来，那时在卓尼五部似乎修建了许多寺院和神殿。”

所谓卓尼五部，即那克多、贡索（གོང་སོ།）、阿热（ཨ་ར།）、鲁琼（ཀླུ་ཆུང་།）和卓尼云哇（ཅོ་ནེ་གཞུང་བ།），其次是玛尔娘（མར་སྣང་།）、叶尔哇（ཡེར་བ།）、擦多寺（ཚ་རྡོར།）等。按上述，除阿热外，其他都有各自的古寺和它的传记。

这座寺院，供有以黄金制成的大明洪武东空（རྟོང་ཁྲུན།）[113]皇帝的牌位，石筑的太监侯显灵塔，塔内原用一木作为轴心，后来此木长成一株大树，从外边可以看见。这位国师[114]后来返回家乡，有两位汉官护送前来，他们分为东西居住于该地，其所居城池现有遗墟可寻。据说当年在四面筑有不动之钉——大石碑，上勒有东空皇帝的关于政教二规的法典。但后来由于战乱，埋于地下云。神殿之中有扎西桑珠（བཀྲ་ཤིས་བསམ་འགྲུབ།）、扎西敦珠（བཀྲ་ཤིས་དོན་འགྲུབ།）、多吉坚赞（རྡོ་རྗེ་རྒྱལ་མཚན།）、索南仁钦（བསོད་ནམས་རིན་ཆེན།）、楚臣森格（ཚུལ་ཁྲིམས་སེང་གེ）、桑丹森格（བསམ་གཏན་སེང་གེ）、仁钦坚赞（རིན་ཆེན་རྒྱལ་མཚན།）、贡乔仁钦（དཀོན་མཆོག་རིན་ཆེན།）、桑珠仁钦（བསམ་འགྲུབ་རིན་ཆེན།）以及直至扎西森格（བཀྲ་ཤིས་སེང་གེ）之间的传承上师像。

昂委神殿——扎西班巴尔（ནང་བའི་ལྷ་ཁང་བཀྲ་ཤིས་དཔལ་འབར།吉祥灵耀殿），有金汁书写的《甘珠尔》大藏经“吉祥光炽”，俱系敦察昂索（དོམ་ཚ་ནང་སོ།）灌顶大国师索南坚赞（བསོད་ནམས་རྒྱལ་མཚན།）设置。原先止贡派创始人世间怙主大师的弟子有敦察·释迦云丹（དོམ་ཚ་ཤཱཀྱ་ཡོན་ཏན།），其后裔敦察·也失坚赞（ཡེ་ཤེས་རྒྱལ་མཚན།）受大明成化皇帝诰敕，封为灌顶国师，他以一百多匹大锦缎制成大缎佛，设置金银汁书写的《甘珠尔》大藏经三部，建造高五十余弓的扎喜郭莽一见解脱宝塔一座，如此等等依止圣物。他的侄子文布就是这位国师。他六岁之时，前赴卫地，在许多哲士座下聆听经法，为了发扬哈立麻大宝法王事业，曾多次前赴大明京城，受到诰敕褒扬，先后去卫地向哈立麻座前贡献布施；在觉阿仁波切像的头顶献上黄金的千辐法轮及织金的华盖；向楚普寺[115]（མཚུར་ཕུ།）、噶丹寺、色拉寺、那烂陀寺、邦万德钦（སྤང་ལམ་སྡེ་ཆེན།）、南泽顶（གནམ་རྩེ་ལྡིང་།）、努却隆（སྣུབ་ཆོས་ལུང་།）等卫藏各寺院静修院供养布施；向各佛殿奉献许多供器，向正教的施主第巴仁邦巴（སྡེ་པ་རིན་སྤུངས་པ།[116]）和雅杰巴（ཡར་རྒྱས་པ།）等也送去礼物。正德皇帝六年之时，还前去洮州地区创建了许多佛殿，设置了许多三宝的依止圣物。有上下两处昂欠府邸，一段时间内，由无与伦比的喜饶藏卜（ཤེས་རབ་བཟང་པོ།）转世系统的洛藏贝丹年扎（བློ་བཟང་དཔལ་ལྡན་སྙན་གྲགས།）活佛住持法台事务，其后另行委任阿阇黎与昂索共同管理政教合一事务。

索南耶喜旺波（བསོད་ནམས་ཡེ་ཤེས་དབང་པོ།）活佛足迹遍历卓尼及这寺等南部各地，与他同时，东噶·周扎敦珠嘉措（དུང་དཀར་འབྲུག་གྲགས་དོན་གྲུབ་རྒྱ་མཚོ།）也到过这里。水龙年（壬辰[117]）被称为圣·宗喀巴大师的大弟子杜增巴转世的东科·索南嘉措曾赐予教法的喜筵。第七世达赖喇嘛噶桑嘉措授记有“建立讲闻显密的两伽蓝”之说。全知一切降白嘉措（འཇམ་དཔལ་རྒྱ་མཚོ།[118]）九岁的火狗年（公元1766年，清乾隆三十一年，丙戌），达赖喇嘛建立法相学院[119]，多搜绛哇（རྡོ་ཟུག་ཞང་བ།）承诺若建密宗院则充当施主，将众僧分为两部分。楚兴真木巴（ཚུལ་ཤིང་ཐིམ་པ།）建立了法相讲辩，经过了五十九年，木猴年（公元1824年，清道光四年，甲申），喇嘛洛藏贝丹年扎（བློ་བཟང་དཔལ་ལྡན་སྙན་གྲགས།）适住在强苏求图（ཆང་སུ་ཆུག་ཐུ།），乃敦请他担任法台。经过多搜（རྡོ་ཟུག）阿阇黎洛藏程列巴（བློ་བཟང་འཕྲིན་ལས་པ།）的请求，彼师提供了修建密宗学院的条件。这时，距法相学院的建成已历六十年。第十四胜生的火狗年（公元1826年，清道光六年，丙戌），按色拉寺结扎仓的规程像谷口寺院那样的讲闻制度，又按上密学院建立密宗院，进行显密兼修。加上木牛年（公元1865年，清同治四年，乙丑）以前的四十年，则法相学院修建后已历一百年，密宗学院建成后已历四十年矣。

这座寺院的大经堂中供有三世佛、十大菩萨像。青铜佛殿中供有圣·宗喀巴大师的金像利见佛，世尊能仁王佛金刚座像，一人身量高的弥勒佛像，十六尊者像，以及金、铜、银、栴檀等造的许多宝塔。扎仓经堂的主佛有圣·嘉木样协巴像，密宗学院主佛有大悲观世音；有供奉高大弥勒佛像的弥勒佛殿；有金、银、墨汁书写的《甘珠尔》大藏经六部，硃印《丹珠尔》大藏经、其他各圣哲全集等超过一千余函；有胜乐、密集、大威德三本尊佛殿，普明、无量寿佛、尊胜母、大悲观世音等佛像，每个法会都按相应的修供粉彩画规进行；还有圣·宗喀巴殿、药师殿、法轮神殿等，五供节的二十九日有跳神会和抛掷施食会。

与这座寺院相近者有年察（ཉན་ཚ།）土官的豁卡庄园，历世土官住持着寺院的供祀，进行照管。

四大年沁山之一赛苟冬春山（སེ་དཀྱུ་སྟོང་ཁྲིམ།）南麓有洮州城。

察多寺扎喜强巴南杰林（ཚ་རྡོར་དགོན་བཀྲ་ཤིས་བྱམས་པ་རྣམ་རྒྱལ་གླིང་།吉祥弥勒尊胜洲）是一座古寺，由图吉隆珠（ཞད་སྤྲ་ནས་ཐུགས་རྗེ་ལྷུན་གྲུབ།）活佛等住持。供有这

位圣者的本尊语化的能仁王佛像，具有历史传说颇具灵异的弥勒佛，龙境所出的药师像以及《甘珠尔》大藏经等许多依止圣物。执行三事实践，大祈愿法会及四月法会等轮流有跳神会、弥勒环寺巡礼，胜乐、密集、大威德三本尊，普明、无量寿佛，药师佛等修供和各个的神殿。出有随康巴的弟子擦多曲结强三木（ཏྲམས་སེམས།），擦多赤钦前一世的兄弟那烂陀寺堪布楚臣达尔吉（ཚུལ་ཁྲིམས་དར་རྒྱས།），以及他的侄子文布上密学院的堪布丹增嘉措（བསྟན་འཛིན་རྒྱ་མཚོ།）等许多哲士。大明永乐皇帝时，出了三位昂索，从此时起，直到现在的阎生江阿旺更登（ཡན་ཟིན་ཅང་ངག་དབང་དགེ་འདུན།）之间，昂索层出不穷，都执掌这座寺院。

森巴钦波强巴扎喜的静修禅院宗甫强巴林（རྫོང་ཕུ་བྱམས་པ་གླིང་།）这座禅院的小寝宫“大乐极明”之中，有恰格阿阇黎所建的胜乐生起次第。

还有隆云喇嘛（ལུང་ཡོན་བླ་མ།）洛哲丹增（བློ་གྲོས་བསྟན་འཛིན།）和阿阇黎衮噶坚赞（ཀུན་དགའ་རྒྱལ་མཚན།）等住持的隆云寺（ལུང་ཡོན་དགོན།）等十八座静修禅院。

卓尼大寺的前面洮河之阴，有古尔雅静修院桑丹林（གུར་ཡག་རི་ཁྲོད་བསམ་གཏན་གླིང་།）乃伍郭哇·阿旺坚赞所建。彼师生于第十一胜生的木狗年（公元1634年，明崇祯七年，甲戌），在伍·康洒尔昂巴（ཝོའུ་ཁང་སར་ནང་པ།）座前披剃出家。因出生在乃伍森郭（ནེའུ་གསེང་མགོ[120]），故被称为乃伍郭班第。从数学家东约喜饶（དོན་ཡོད་ཤེས་རབ།）学习各种文字的书写，从门格·塔克嘉措（མོན་དགེ་ཐབས་མཁས་རྒྱ་མཚོ།）学习念诵的经典。在琼如·更登扎喜（ཁྱུང་རུ་དགེ་འདུན་བཀྲ་ཤིས།）处受沙弥戒，聆听了密集、胜乐等灌顶。同赤洛藏达吉巴的经师噶钦阿旺曼兰（དཀའ་ཆེན་ངག་དབང་སྨོན་ལམ།）两人，在众人聚集之地念诵孤沙利（ཀུ་སུ་ལུ།）典籍，宣扬世尊所讲的生死无常等偈句，激励大家念诵六字真言，极力弃恶从善。被人们称为孤沙利阿阇黎，就和常得（ཏག་བརྗེས།）菩萨的事迹那样。摒弃一切，游方塔尔寺、佑宁寺等青海、宗喀上下各地区，承事土观噶居、西纳阿阇黎洛桑、达秀（ཏ་སྒྲུག）曲结、圣·噶登嘉措等进行闻思修。在卫藏于第五世达赖座前受近圆戒；在班禅洛桑耶喜、仲哇·嘉察巴·洛桑宗哲坚赞、帕邦卡巴·嘉样扎巴、赤泽当巴·洛桑坚赞（ཁྲི་རྩེ་དང་པ་བློ་བཟང་རྒྱལ་མཚན།）、吉雪活佛阿旺丹增、东噶·仓央周扎（དུང་དཀར་ཚངས་དབྱངས་འགྲུབ་གྲགས།）、帕巴拉、圣·宗喀巴大师母亲兴洒阿姐最末转世者噶居嘉甫巴（རྒྱལ་ཐུག་པ།）等许多哲士处聆听无数甚深妙法；从右侍阿阇黎洛桑南杰聆听《圣·更登嘉措全集》的教敕和小法百法的下函；在色拉寺通读《甘珠尔》大藏经一遍，在哲蚌寺格派山进行积福忏罪相结合的修持十年；在拉萨巡礼道环大昭寺巡礼达十万遍；其次还在各大圣地和静修处致力礼佛和念修。在多麦亍智观寺静修院进行避谷术三年，专门修持苦行善行，在很长的一段时间内，连自己的名字也不晓得；在凉州地区独自一人静修，卓尼土司才旺敦珠恳切地迎请为供奉上师，才予以放弃。由这位土司，于卓尼大寺前面的智噶尔格年（བྲག་དཀར་དགེ་བསྙེན།）白石崖之下，于彼师五十岁的水猪年（癸亥）给修建了一座茅庵。自此以后，历世上师都称古尔雅。彼师在该处修持终生。国师程列嘉措、土司洛藏敦珠、玛索贡波等都请求彼师讲法，有何指示都按吩咐办理，对圣教的弘传颇有贡献。赤洛藏达吉巴小时，行为比较粗劣，彼师令其凡于土筑神龛等处看见经页之后即诵读一遍，如是做后，就出现效验。曾向济垅仁波切等许多哲士座前请求了许多经法。彼师讲述其生平事迹的节略时，有时即腾身空中能毫无阻碍地行走。有一次，曾看见班禅仁波切的殊胜化身赐予了许多细针；有一次，看见湛蓝的天空中，至尊弥勒手持那伽树枝从东方出现前往西方；又从西方看见十一面尊，如此等等像睡梦一样地零零星星事迹颇多，不再叙述。彼师还说，虽然年岁较大，但每天还是阅读佛典，心不敢外骛进行思索。这种说法实令人鼓舞。彼师七十岁之时，曾患一场重病，弟子洛藏雅培（བློ་བཟང་ཡར་འཕེལ།）恳求住世。彼师说道：

“我似有能享年八十四岁的缘起。现在的病痛似乎难以忍耐，若一想起恶趣的痛苦，则算不了什么！但是，我的这种病痛虽然是由于以往世世之中积下的不可以数计的罪行所致，若从疼痛的情况来看，这是我在幼小之时，放牧牛只之际，有一头牛犊一再地跑向田地里，我恼怒起来，掷出一块大石头击中牛犊的腰部，致跌倒在地。我立即心生悲悯，后悔起来哭号说：‘竟有像我这样的恶人！’前去看望时，牛犊颤栗不止，腰部被石头击中的地方毛都脱去，血流不止。我号哭发愿说：‘牛犊呀，是不是你在前一世中，对我也像这样对待过？若不然，这种报应，愿以三宝的神通，异熟于我的身上！现在我想是否就是这个罪行所致？若是这样，由于三宝的增上之缘，在这一世异熟了，肯定要堕入恶趣，出现了灵验呐！”

彼师对于罪行如此衷心忏悔。若像我这样之人，则恐怕对于这种事情丝毫不会在意而放在心上的！

睡梦之中还出现过在世尊能仁王佛之前，须菩提和舍利子两人从空性出发进行辩论。八十三岁，火猴年（公元1716年，清康熙五十五年，丙申）十月初十日圆寂。尔时，请求显示示寂后的征兆，说道：

“我生的时候没有征兆，哪会有死去的征兆。”

临近示寂之际，说道：

“我将迁转于极乐世界或兜率天宫，似乎建立了善趣之门。昨天初五日黎明时，热琼瓦来到，说：‘起来吧，天亮了！’我一看，果然天亮了。初六日，热琼瓦又第二次来到，说：‘现在该走了！’”

从这来推测，被称为热琼瓦转世的化身赤仁波切颇洒巴·却涅尔扎巴（བོ་ས་པ་ཆོས་གཉེར་གྲགས་པ།）生于圣·宗喀巴大师升入兜率天宫后的一百二十八年，火马年（公元1546年，明嘉靖二十五年，丙午），享年七十三岁，示寂于土马年（公元1616年，明万历四十六年，戊午）。有转世化身生于蒙古地区，刚来本寺不久，二十岁时即逝世。他的后一世似乎就是彼师。见于彼师弟子赤钦洛藏达古巴所撰的《传记·妙高峰》。但是，前者去世之土马年至彼师诞生之木狗年，其间经历十七年？

裕固·洛藏雅培请求化身转生，没有采纳。又问：

“那么，这座寺院怎么办？”

“若详查各种因缘，他是可以的。”

如指示的那样，噶居哇·阿旺扎喜巴（ངག་དབང་བཀྲ་ཤིས་པ།）幼小之时，于祁彦村（འཁྱིལ་གཞར་སྡེ་བ།）的附近，叩谒了裕固哇。各种因缘相合，就向他的父母要了过来，由他教学藏文及念诵，按这位小沙弥自己的意愿，授予相适应的灌顶和随许。按照喇嘛的指示，在拉卜楞大寺学习《集类学》《因理论》《悟慧论》《中论》和《般若》，取得博学者的称号。在第二世一切知吉美尊者师徒等处聆听讲传的甚深妙法。在贡塘哇·阿旺丹贝坚赞座前受近圆戒。遵照律典护守戒律。去卫地入色拉寺复习学业，不久，即取得林赛噶居学位。在自己豁卡的静修院中，结合深广二次第，修持终生，取得深刻的体验，这些情况见于其弟子班丹贡波（དཔལ་ལྡན་མགོན་པོ།）的《问答》和彼师的传记之中。圣·阿莽道扎所撰的《古尔雅师徒历代传·摩尼宝鬘》中也有“从道情歌可以推知一切”的评语。彼师根本不欣赏杂糅各宗派见解之人是一位极其重视圣·宗喀巴大师教导身体力行之人。他转世的化身为敦珠森格哇（དོན་གྲུབ་སེང་གེ་བ།），其传记根据他的弟子们提供的资料略加整理，附载于此。

圣·乃伍郭哇的弟子洛藏雅培，于第十一胜生末的火虎年（公元1686年，清康熙二十五年，丙寅），生于裕固的扎氏（ཟླའི་རིགས།）家族，父名霍尔拉嘉（ཧོར་ལྷ་སྐྱབས།），母名才仁措（ཚེ་རིང་མཚོ།）。他长大之后，一心想出离，母亲不肯答允，曾先后偷跑到曲梅隆（ཆུ་མིག་ལུང་།）舅父格洛哇（དགེ་བློ་བ།）的座前，他害怕家中干涉，不敢予以披剃。但指教说：

“若去古尔雅静修院圣·乃伍郭哇的座前，他是卓尼土司的上师，家中不敢说什么。”

十五岁铁龙年的藏历十二月十三日，家中宰杀了一口猪，定于第二天为他举行订亲礼。他想道：“若不在今晚逃跑，再也没有办法了！”于是悄悄地拿上前去蒙古地区的哥哥的披单和禅裙，背上那口猪肉，佩弓插箭，带上腰刀，前往古尔雅静修院，请求乃伍郭哇授予出离。自此以后，舍弃了家庭，侍奉在喇嘛的座前。对于书写和经籍的念诵，虽在过去已经学会，又重新从《皈依经》学起，各种念诵经籍的名、义由喇嘛教授一次即行学会。接着详细教授《菩提道次精要》《文殊亲教》等许多关于菩提道次第方面的经典和藏文文法《三十颂》《音势论》为主的许多正字学著述，《咒语读法》等，并学习了《米拉传和道歌》等难以数计的教敕。由于家中不送生活资料，喇嘛的财物又因其他原因而丧失，生活条件极其困苦。二十六岁时前赴卫地，按照喇嘛的指示从赤洛藏达吉巴受近圆戒。虽想在拉萨居住，但被赤钦劝阻。回到家乡参拜喇嘛，仍如先前的那样侍奉在座前。在卓尼大寺给堪布大国师讲授藏文文法《三十颂》及《音势论》。三十一岁火猴年，上师乃伍郭哇圆寂，他想去向卡（ཞང་ཁ།）的某一僻静地，大国师恳切地请求他护持静修院，乃居于该处。考虑到自己任意行事，常有违于上师的意志之处，附带积有罪行，就在这一年闭关坐禅，念修《百字明咒》十万遍，《忏悔经》一万余遍，出现了流许多鼻血等清净罪障的征兆。为了医治不能摄取饮食等疾病，被上师赐予药师佛传统的路引。有一次梦见一位白色装束的人手持许多剖脉手术刀，把他的胸口以下剖开，说给他取病并吩咐道："不要毫无意义地负担什么！"第二天，疾病即告痊愈。他说：

"那人是怙度菩萨，所谓不要毫无意义地负担什么，就是说不要毫无意义地积累罪恶！"

从第二年起，每年以三个月又十五天的时间闭关坐禅，修持大威德法，从不间断。念诵《般若波罗密多心经》一亿多遍，生出了一颗螺齿。先后前赴各村庄作念修嘛呢丹药的引导者，给难以数计的男男女女，授禁食斋戒。出现了一天之内念诵嘛呢真言两万遍而保证永不间断的许多人士。被土司嘉样诺卜和洛藏班觉尔尊为上师。塑造喇嘛乃伍郭哇的药泥像，绘置班禅本生画卷等三十余轴，用银汁书写《般若十万颂》，用梼檀木雕制八如来宝塔等。托亲戚洛藏坚赞向班禅仁波切和赤洛藏达吉巴等奉献白银一百余两，作为礼品进行供养。在新修的经堂之中塑造弥勒佛等药泥像多尊，并又设置八如来宝塔等。铁猴年（庚申）建立夏令安居制度，并连同原有的于贤妙时日举行的法事提供了费用。从恰格阿阇黎、摇洒（གཡོ་ས།）阿阇黎、色拉班智达、多卜登俄仁巴、古尔巴·嘉样朋措（ཀུར་པ་འཇམ་དབྱངས་ཕུན་ཚོགས།）、德委昂哇·阿旺格勒等师座前聆听了许多甚深妙法，大弘法统。弟子之中出了德塘堪布的活佛、达仓阿阇黎、塘仓阿阇黎等许多学识渊博，德行高妙的学者，著作有《正字学名义明析》、《字义正谬》等数种。六十四岁土蛇年（公元1749年，清乾隆十四年，己巳）圆寂。有传记行世。

彼师转世的化身阿旺丹增群培（ངག་དབང་བསྟན་འཛིན་ཆོས་འཕེལ།），生于祁彦（འཁྲིལ་གཞན།）。十六岁时入色拉寺麦扎仓，学习十年之久，并从各方面进行积累资粮，清净罪障的修持。在第八世达赖喇嘛强白嘉措座前受近圆戒，并请求了《佛说文殊师利一百八名梵赞》和《皈依经》的教敕。此外，从隆多喇嘛等以及在家乡从贡塘·嘉贝样、皈依主圣·阿莽道扎、甘珠哇钦波·贡乔贝僧（དཀོན་མཆོག་དཔལ་འཛིན།）等师处聆听了许多经法。贡塘·嘉贝样查勘地形后，按其指示把旧静修院予以搬迁。曾前赴岷州以下的各地区多次，有一户缺少子嗣，于小孩未生之前给取了名字，有一户子嗣多死亡，也像上述那样给取了名字。第二年，这两户人家各生一个孩子。分别给他们建立光明八方斋戒和药师初十斋戒传统。曾在赛波喇嘛（སེར་པོ་བླ་མ།）的地方多次担任修持嘛呢丹药的引导师，并授予大威德灌顶，胜成母法的无量寿佛的随许。洮州城内一汉官名胡嘉者，他的妻子患乳腺肿病，用尽方法医治毫无效验，彼师给以咒水洗涤之后，顿时疼止肿消，即告痊愈。这位官员发生信仰，请求指示他的官位能不能升迁？乃对其未来如实予以指示。贡塘·嘉贝样居住在贡洒尔拉卜吉林寺时，前去座前聆听了大威德灌顶，请求给予舍利，指示说：“当于日后寄来。”几年之后，寄来了圣者他的药泥像，彼师把圣像放头顶之上，想道：“啊，奇怪！请求舍利，没有赐予，为啥赐予圣像呀！”

遂把圣像供于依止圣物之列。又过了几年，当为圣像拂拭灰尘时，文布发现有七粒舍利遂献于彼师。六十三岁蛇年圆寂。彼师转世的化身贡乔柔贝森格（དཀོན་མཆོག་རིགས་པའི་སེང་གེ），于土狗年（戊戌）生于代玉系（ཧྲ་ཡུ་གཞིས།）祁钦（འཁྱིལ་ཆེན།）村，父名白麻多吉（པདྨ་རྡོ་རྗེ།），母亲桑卓玛（གཟུངས་སྒྲོལ་མ།），由恩师阿莽道扎认定，予以披剃出家，并授沙弥戒。承事朗向（སྣང་གསོང།）阿阇黎，学习念诵。十四岁时，入拉卜楞大寺的经院，在现任堪布洛桑金巴座前聆听教程，熟背《集类学》《因理论》《悟慧论》《般若第一品》《第二品》《第四品》《正义精要》的“唯识”以上部分及《二十僧伽》《缘起教理宝库》等，积极钻研理路。十九岁时，在拉卜楞大寺，于摄政诺们汗[121]座前受近圆戒。第二年，前赴内地、蒙古地区，二十三岁时返回，现正在《新论》级中积极学习中。

这座寺院，有以第一世乃伍郭哇的显示着佛像及文字的尸骨和五色舍利等为内藏的宝塔、他的弟子裕固哇的灵塔等。三事等法行等毫不衰损，甚为清净。

阿摩（ཨ་མོ།）活佛华沃诺藏（དཔལ་བོ་ནོར་བཟང།）修建桑冬静修院扎喜噶才林（བཟང་གདོང་རི་ཁྲོད་བཀྲ་ཤིས་དགའ་ཚལ་གླིང།），此处曾是以卓尼大寺的数位卸任阿阇黎为首的许多三藏法师居住之处。

白域谿卡中，供有土司洛藏班觉尔塑造的以三世诸佛大像为主尊的许多佛像，设置有《甘珠尔》大藏经、《圣·宗喀巴全集》《第四世班禅确坚全集》，纯粹以白银造成的八如来宝塔等许多依止圣物。

堪布的谿卡中有林洒尔寺（གླིང་གསར།）。

代玉系（ཧྲ་ཡུ་གཞིས།）的曲果（ཆུ་མགོ）地方，有纳克多寺·洛藏德庆林（ནགས་མདོ་དགོན་བློ་བཟང་བདེ་ཆེན་གླིང།善慧大乐洲），也叫噶丹却林（དགའ་ལྡན་ཆོས་གླིང།兜率法洲）大多数认为创建者是随康（གསོས་ཁང།）曲结·桑吉嘉措（སངས་རྒྱས་རྒྱ་མཚོ།）。第四

世班禅确坚于铁鼠年（公元1660年，清顺治十七年，庚子）所发的一封文书中则说：

“为了执掌卓尼老喇嘛修建的纳克多寺，委派卓尼然绛巴洛藏坚赞（བློ་བཟང་རྒྱལ་མཚན།）前去。”

随康巴师诞生之处是卫地的潘域嘉卜尔冈巴（འཕན་ཡུལ་ལྕགས་ཕུར་སྒང་པ།），根本寺院是随康强巴林寺（གསོས་ཁང་བྱམས་པ་གླིང་།），执掌者是察哇玉扎宁波（ཚ་བ་གཡུ་གྲགས་སྙིང་པོ།）。彼师生于出了赤仁波切·仁钦奥赛（རིན་ཆེན་འོད་ཟེར།）等许多哲士的贵族家族，父名格年敦珠嘉措（དགེ་བསྙེན་དོན་གྲུབ་རྒྱ་མཚོ།），母亲是向敦巴(ཞང་སྟོན་པ།）的女儿，名拉摩贝（ལྷ་མོ་དཔལ།）。八岁时，在赤强巴嘉措（ཁྲི་བྱམས་པ་རྒྱ་མཚོ།）座前受居士戒。十岁时，即在其座前披剃出家并受沙弥戒。三十七岁时，在格登森康噶布（དགེ་ལྡན་གཟིམས་ཁང་དཀར་པོ།）由曲结桑吉仁钦巴（སངས་རྒྱས་རིན་ཆེན་པ།）任亲教师，曲结更登坚赞（དགེ་འདུན་རྒྱལ་མཚན།）任羯磨师，密宗学院的却涅尔扎巴（ཆོས་གཉེར་གྲགས་པ།）任屏教师，受近圆戒。侍奉全知一切索南嘉措（ཐམས་ཅད་མཁྱེན་པ་བསོད་ནམས་རྒྱ་མཚོ།[122]）、森巴钦波丹却贝巴尔（སེམས་དཔའ་ཆེན་པོ་དམ་ཆོས་དཔལ་འབར།）、瑜伽师之主桑波南结（བཟང་པོ་རྣམ་རྒྱལ།）、京俄循奴却贝桑波（གཞོན་ནུ་ཆོས་དཔལ་བཟང་པོ།）四师为最殊胜的上师，尤其将其中之桑波南结作为无与伦比的根本上师。其次还亲近上述的亲教师等以及拉尊索南贝桑（ལྷ་བཙུན་བསོད་ནམས་དཔལ་བཟང་།）、曲结扎喜贝桑（བཀྲ་ཤིས་དཔལ་བཟང་།）、班禅索南耶喜旺波（བསོད་ནམས་ཡེ་ཤེས་དབང་པོ།）、胜者的殊胜化身仁波切云丹嘉措[123]和兄长曲结南喀南结（ནམ་མཁའ་རྣམ་རྒྱལ།）等师，后来在康区又亲近帕巴·索南南结（འཕགས་པ་བསོད་ནམས་རྣམ་རྒྱལ།）、嘉赛·敦约却吉嘉措（རྒྱལ་སྲས་དོན་ཡོད་ཆོས་ཀྱི་རྒྱ་མཚོ།）、夏仲丹增洛藏坚赞（ཞབས་དྲུང་བསྟན་འཛིན་བློ་བཟང་རྒྱལ་མཚན།）、曲结嘉样敦珠（འཇམ་དབྱངས་དོན་གྲུབ།）等师，聆听讲传的无量无边的灌顶、随许、教敕、诀要、诸大论的疏解，背诵的经文、指教、指引，以总义辩驳为主，深入钻研显密教义。由于念修白文殊，白妙音佛母，白不动尊的神力，对内明的文义毫不感觉困难，洞晓无遗。其次又钻研诸明处，成为出类拔萃的学者。其他资料中说：

“虽然《颂释》之中投有明显的记载，但二十一岁虎年之时，即取得了噶居的名号。”证悟了圣道的共法与不共法，特别是心中完全掌握了具德应成派的正见。彼师在广略《正见指引》中说：“这一切都是依靠持金刚桑波南杰哇的恩德而获得。”

彼师在这位圣者座前聆听大威德圆满次第的指引之时，进行笔记，上师看见之后极为喜悦，赐名洛藏欧苟旺徐（བློ་བཟང་ངག་གི་དབང་ཕྱུག善慧语自在）及央京欧苟旺波（དབྱངས་ཅན་ངག་གི་དབང་པོ།妙音语主），这些见于其所撰的一些著作的跋文之中。四十岁时，兼任康区木雅热岗地区两座寺院的堪布。这时，彼师声名藉甚，卓尼夏哇（ཅོ་ནེ་ཤར་བ།卓尼东寺）的供施师意为之夺，向家乡去信报告情况，说：“有这样的喇嘛善知识，应该前来迎请！”

卓尼各部和喇嘛大众一致同意前来敦请。四十四岁牛年的二月上弦，登上卓尼大寺的宝座，计住持十二年，又复住持八年，修建了经堂、神殿、寝宫等，在寺院的四周围上垣墙，设置一些粉彩画规的曼荼罗，建立其各自的护摩仪轨，置备所需的资具，新建法相学院，建立讲辩制度。五十九岁的龙年，修建了这座寺院，在彼此两个寺院中轮流居住，并担任了曲宗寺及擦多寺的法台。彼师诞生于马年，其干支不能确知。从他住持卓尼大寺两次之后，卸任退休，让曲结金巴达吉于铁马年（公元1630年，明崇祯三年，庚午）担任堪布之事来推测，这一年应是彼师七十三岁的马年，则其生年，显系土马年。又《颂释》中说：

“多麦地区大学者塔尔寺的曲结敦珠嘉措和佑宁寺的曲结曲藏哇对彼师颂扬备至。”

根据这个说法，可能是第九胜生之末的土马年（公元1558年，明嘉靖三十七年，戊午）。比曲藏·南结班觉尔年长二十岁。《颂释·悉地摩尼》中说：

“彼师的事业，遍于自北部的塔尔寺至松州之间，自上面阿里克至下面临洮之间。有塔尔寺的曲结喜饶华巴尔、卓尼夏仲金巴达吉弟兄等一般弟子三十余人，还有大成就者洛藏诺卜、夏哇曲结洛藏班巴尔等特殊弟子二十余人。”

在青海第悉索南群培曾请求了七种随许和《上师瑜伽颂》。尔时，扎底第巴阿却巴（ལྷ་མཆོད་པ།）、第巴吉雪巴父子、蒙古火落赤王、拉尊丹迥嘉措和洛桑丹增弟兄两人等都曾先后请求讲法。对于土默特气数不长的授记，在其道歌中说：

“拉尊洛桑丹贝主，……”接着说：

“其他黑暗邪恶敌，一刹那间摧毁他！愿洛桑丹贝王旗帜，兴旺在水神之地方！”

如此等等预示很多。蝙牛城（弘化寺）国师索南嘉措和隆珠嘉措叔侄二人请求了四面怙主的随念法，卡泽喇嘛那波（མཁར་རྩེ་བླ་མ་ནག་པོ།）、甘加堪卓玛、赛波（སེར་པོ།）喇嘛桑吉扎（སངས་རྒྱས་གྲགས།）、拜歇（ཕྱིལ་ཤེལ།）喇嘛多吉藏（རྡོ་རྗེ་བཟང་།）、切巴喇干叔侄、巴哦喇嘛（བའོ་བླ་མ།）、隆务喇嘛玛尔波叔侄、道帏喇嘛耶喜、松州的国师桑吉丹巴等以及卓尼土司父子、夏哇国师洛藏坚赞和扎巴塔耶（གྲགས་པ་མཐའ་ཡས།）、努巴（ཉུབ་པ།[124]）都纲桑吉敦珠（སངས་རྒྱས་དོན་གྲུབ།）和班觉尔嘉措（དཔལ་འབྱོར་རྒྱ་མཚོ།）弟兄二人等各按自己的意愿，听闻了所有经法，甚至一些启示性的美妙回向词，都使所化者意为之夺。修建了哲哇（འབྲིལ་བ།）的隆珠（ལྷུན་གྲུབ།）禅院，道帏贤巴林（རྡོ་སྦིས་བྱམས་པ་གླིང་།）等，并负责护持。曾先后两次向卫地奉献供养的布施。设置了许多身、语、意依止圣物经、像、塔等。一生著作在显乘方面有关于《因明》《中观》《般若》《律典》的论述，密乘方面有关于胜乐、密集、大威德三本尊的《生起次第和圆满次第》《灌顶教授》《喜金刚仪轨》等论述，其他还有许多零散的著述，据说有撰述一百零八函的誓愿云。八十岁水羊年（公元1643年，明崇祯十六年，癸未）圆寂。尸骨显有许多舍利，心、舌、眼三者都完好无损，献作弥勒佛像的内藏。擦多隆哇干巴（ཚོང་བ་ཀན་པ།）所藏的牙齿之上，显有报身佛毗卢遮那头像，据说头发也显出了舍利云。

寺院法嗣为公鲁哇·洛藏嘉措（དཀུང་ལུ་བ་བློ་བཟང་རྒྱ་མཚོ།）、公哇·嘉样拉卜丹（དཀུང་བ་འཇམ་དབྱངས་རབ་བརྟན།）、却隆哇·桑热嘉措（ཆོས་ལུང་བ་གསུང་རབ་རྒྱ་མཚོ།），接着又由公哇·嘉样拉卜丹担任，其次为琼如扎喜嘉措（ཁྱུང་རུ་བཀྲ་ཤིས་རྒྱ་མཚོ།）、奎绛巴·洛藏拉卜吉（ཁོད་འབྱམ་པ་བློ་བཟང་རབ་རྒྱས།）、乃意·阿旺雅培（གནས་གཞི་ངག་དབང་ཡར་འཕེལ།）、芒替卡尔哇·贝丹隆珠（མང་མཐིལ་མཁར་བ་དཔལ་ལྡན་ལྷུན་གྲུབ།）、贾郭才巴·扎巴藏卜（བྱ་རྒོད་ཚལ་པ་གྲགས་པ་བཟང་པོ།），此后是绛曲木拉·阿旺索南（བྱང་ཆུབ་མི་ལ་ངག་དབང་བསོད་ནམས།），据称彼师系随康巴的转世化身，生于隆务的绛曲村，姓氏为阿秀（དབང་ཤུལ།）。原先有一位咒师把书籍和用具等驮于一块大磐石之上，将磐石像马似的赶着到了这个地方，就定居于该地云。彼师于第十一胜生的火狗年（公元1646年，清顺治二年，丙戌）出生在这个家族，比第一世嘉木样一切知大师年长两岁。父名南拉嘉（གནམ་ལྷ་རྒྱལ།），母名阿秀氏拉摩塔（ལྷ་མོ་ཐར།）。生后六个月时，火落赤的部队劫掠他们的村庄，母亲把他抱在怀中赶着家中仅有的一头犏牛，向外逃跑。他喊道：“妈妈！把犏牛放开呀！”

母亲拗不过他，疑惑不解地把犏牛放开了。这时，火落赤部队的一个兵抓住母亲的手腕准备抢走。她说道：“去把犏牛牵回来，我们就走！”

那个兵前去捉犏牛，她母子乘机逃跑。那头犏牛逃到山顶上去了，等火落赤的兵走后，即回到母亲的身旁。

彼师从小时起，看见小孩子们杀害小鸟等时，就向他们讲述杀生的果报就是堕入恶趣，劝他们多做善事。经常说：“我是随康巴，在卓尼和纳克多寺有我的经籍和佛像。”

五岁时，他在一棵柏树的树枝上做出了一百零八粒念珠。每天在郭仓（རྒོད་ཚང་།）附近的柏林的一座石洞里，按仪轨坐在那里念诵六字真言从不间断。七岁时，在幽静的圣地扎喜奇寺于圣·噶登嘉措座前披剃出家，并受沙弥戒。十四五岁时，在隆务大寺学习。二十岁赴卫地入哲蚌寺郭莽扎仓的经院，从《集类学》开始研究全部大论，在本扎仓和噶丹寺立宗辩论，取得噶居的名号。又入下密院钻研密乘。在第五世达赖喇嘛座前受近圆戒。二十七岁水鼠年（公元1672年，清康熙十一年，壬子），返回家乡，叩谒上师噶登巴。于安多和卫地各处在济垅贡乔尼玛、遍主阿旺程列隆珠（ཁྱབ་བདག་འཕྲིན་ལས་ལྷུན་གྲུབ།）、持金刚·扎巴扎喜、甘珠尔哇·洛桑嘉措、拉摩·阿旺洛桑丹贝坚赞、赤钦·阿旺洛哲坚赞、章嘉·阿旺洛桑却丹等师座前，聆听了显密两乘的许多经法，和隆务仁波切[125]结了法缘，事奉圣·噶登巴为根本上师，直至火蛇年（公元1677年，清康熙十六年，丁巳）上师圆寂之前，一直侍奉在左右。尔时，东科呼图克图·索南嘉措说：

“你们的喇嘛噶居哇他，不再长久驻世，将行迁转逝往太空，转向许多佛土。他对于化身转世并没有什么兴趣，经我再三恳求，才答允了。”

在隆务的扎喜奇寺、察嘉寺（ཚ་རྒྱལ་དགོན།）和瓜什则寺等处专心致力六座次和四座次的瑜伽等念修。铁猴年（公元1680年，清康熙十九年，庚申）因兄长珍·华本加杀死了一个人，把帐房搬往合作。彼师在一段时间内跟着前往，住在和他们不远的纳卜候（སྣ་དྲུག）。在佑宁寺和塔尔寺曾传《甘珠尔》大藏经的教敕三次。五十一岁的火鼠年（公元1696年，清康熙三十五年，丙子），经德委昂巴·阿旺曼兰巴（སྡེ་བའི་ནང་པ་ངག་དབང་སྨོན་ལམ་པ།）敦请前往卓尼。第二年，在拉摩[126]智华干巴（ལ་མོ་གྲགས་པ་ཆན་པ།）座前聆听《金刚鬘》。土虎年（公元1698年，清康熙三十七年，戊寅）担任卓尼大寺的堪布，给本地和他处的听经者们讲传他们想学的经法，甚至常常到了掌灯之时，仍在讲述。五十五岁时，给卓尼大寺制定寺院的清规纪律并撰述了《寺志·珍宝鬘饰》，这一年赴纳克多寺显示了忆念前世的许多行止，对这两座寺院不分彼此地进行护持。前去隆务寺，礼拜化身活佛阿旺程列嘉措[127]请求结法缘。木猴年（公元1704年，清康熙四十三年，甲申）前赴卫地朝礼第六世达赖喇嘛和班禅洛藏耶喜。彼师说：“此后没有兴起过庸俗之想。”向班禅请求再次授予近圆戒，发愿成为香巴拉国土法胤的侍从。在此以前，他曾先后赴卫地七次。每年在纳克多旧寺，冬季闭关坐禅，夏季休息并朝礼隆务化身活佛仁波切，于沿路各个山寺逐一奉献想学的经法，并进行供养，不曾或缺。有时候在草原之上吟诵圣·噶登热巴等许多哲士的道歌。有一次吟诵：

“世间太阳从远处升起，瑜伽衣着要从边束齐，众生务养着现世耕稼，瑜伽师要务养长久耕稼。”如此等等的歌词。

铁虎年（公元1710年，清康熙四十九年，庚寅）担任纳克多寺的堪布，在朝礼曲宗寺时，于散江神殿（ཟན་ཅུང་ཞྭ་ཁང།）的石头上留下足印。这一年的五供节时，照见圣·宗喀巴大师的圣容。铁兔年，在这座寺院建立法相学院。第二年，东科呼图克图·索南嘉措来卓尼大寺，前去拜谒。请问道：

“您是不是曾说过是曲结仁钦隆波（རིན་ཆེན་ལྷུན་པོ།）和随康曲结的转世？”呼图克图答以：

“是这样的。但是，要今后为所化之事降临时，须多多念修《普贤行愿品》!”

先后绘制了许多轴画卷，迎请了近二百函经典等许多三依止圣物。水蛇年（公元1713年，清康熙五十二年，癸巳）卸任。给阿阇黎扎巴谢珠（གྲགས་པ་བཤད་སྒྲུབ།），惹卜察活佛阿旺强巴（ངག་དབང་བྱམས་པ།）等讲传各种经法，于各方弘扬念诵六字真言的法统。七十岁木羊年（公元1715年，清康熙五十四年，乙未），去青海湖边朝礼第七世达赖喇嘛噶桑嘉措，于途中撰写了一首赞词，让朝圣的大众讽诵。词曰：

“集中三世十方诸佛陀，智慧神力观世音菩萨，为众生事现化缁衣身，顶礼怙主噶桑嘉措尊！”

于胜者达赖喇嘛座前献白螺一对，黄金三十钱等，请求了六字真言和《无所缘大悲颂》的教敕。按照圣·噶登巴的主张，修证的主要功夫放在阅经之上，经常诵读五部大论，特别是《中论》《般若》，其中尤以《中论》为主，精心钻研。彼师后来说："尚能把经典的奥义如实理解。"有著作约两函。七十一岁火猴年（公元1716年，清康熙五十五年，丙申），藏历二月初十日以圣·米拉形象的姿态圆寂，尸骨之上出现五色舍利，颅骨之上显八瓣莲花状，其一面则突现观世音十一面尊像等，由昂索国师捧在卓尼大寺，建一宝塔进行供奉。

彼师的后世，生于隆务，由卓尼大寺和纳克多寺迎请前去，现任职于达赖喇嘛仁波切的座前，位于仲科尔（དྲུང་འཁོར།）之列。以上所述，见于俄仁巴·扎巴奥赛（གྲགས་པ་འོད་ཟེར།）所编的传记之中。

历任堪布有摇洒·桑吉巴藏卜（གཡོ་ས་སངས་རྒྱས་དཔལ་བཟང་པོ།）、曲息昂哇·图多坚赞（ཆུ་བྱི་ནང་བ་མཐུ་སྟོབས་རྒྱལ་མཚན།）、玛尔塘·洛藏群派（མར་ཐང་བློ་བཟང་ཆོས་འཕེལ།），此师之前有五任，其后又有四任，资料均不全。接着有拿兰木（སྣ་ལམ།）阿阇黎、阿阇黎格仓哇（དགེ་ཚང་བ།）、拿隆哇·嘉样图多（ན་ལུང་བ་འཇམ་དབྱངས་མཐུ་སྟོབས།）、玛如·阿旺却丹（མ་རུ་ངག་དབང་ཆོས་ལྡན།）、塘纳巴·嘉样罗藏（ཐང་ནག་པ་འཇམ་དབྱངས་བློ་བཟང་།）、古尔钦·罗藏索南（གུར་ཆེན་བློ་བཟང་བསོད་ནམས།）、冶藏·强巴曲增（གཡས་གཙང་བྱམས་པ་ཆོས་འཛིན།）、徐仓·阿旺楚臣（ཞུ་ཚང་ངག་དབང་ཚུལ་ཁྲིམས།）、接格喇嘛（ཀྱེ་གི་བླ་མ།）、朱噶尔·阿旺嘉措（སྒྲོལ་དཀར་ངག་དབང་རྒྱ་མཚོ།）、托洛·扎巴班觉尔（ཐོ་ལོ་གྲགས་པ་དཔལ་འབྱོར།）、朱噶尔·洛桑敦珠（སྒྲོལ་དཀར་བློ་བཟང་དོན་གྲུབ།）、乔卜隆（ཚོབ་ལུང་།）阿阇黎、主玉卡哇·更登朋措（གྲུ་བཞི་ཁ་བ་དགེ་འདུན་ཕུན་ཚོགས།）、夏日贡洛藏（ཤ་རི་དཀུང་བློ་བཟང་།）、雅尔额（ཡར་ངོས།）阿阇黎、玛如（མ་རུ།）俄仁巴·阿旺多卜登（ངག་དབང་སྟོབས་ལྡན།）等以政教二规进行护持。内部依止圣物，供有能避雷的释迦能仁王佛像、曾遭朗达玛破坏的象牙雕刻的无量寿佛像、遇大旱时若将此佛像迎请至水泉边，进行洗浴，即能沛降大雨；还有具有加持力的观世音羯沙流波泥像、有以拉萨觉阿释尊像的材料造的金刚亥母像、圣·更登嘉措亲手所造的白栴檀成就法王像、赤仁波切楚臣达尔吉送的语化弥勒佛像，胜者索南嘉措[128]本尊佛像之一释迦能仁王佛金刚座像、四臂观世音菩萨像、普贤佛像、白度母佛像等以及圣·扎喜多卡玛（རྗེ་བཀྲ་ཤིས་དོ་ཁ་མ།）、八如来宝塔，以及见于裕固·洛桑雅培所撰的《寺志》中的许多圣物。

自第十胜生的火龙年（公元1616年，明万历四十四年，丙辰）建寺，已历二百五十年矣，于第十二胜生的铁兔年（公元1711年，清康熙五十年，辛卯），建立法相学院，至今木牛年（乙丑），也经历了一百五十年矣。

从这座寺院翻过一座山，即达戎哇（ད་རོང་བ།）水流域。有贡索寺绛曲林（གོང་སོ་དགོན་བྱང་ཆུབ་གླིང་།菩提洲），系姜哇·扎巴隆珠（འཇང་བ་གྲགས་པ་ལྷུན་གྲུབ།）创建。恰格阿阇黎建立夏令安居制度。有以紫金制成的觉阿释尊像为主尊的佛像，威光显赫，颇为灵异。纳隆谷（ན་ལུང་།）有木乃阿阇黎桑吉巴藏卜（སངས་རྒྱས་དཔལ་བཟང་པོ།）的伽蓝噶丹朋措林（དགའ་ལྡན་ཕུན་ཚོགས་གླིང་།）。本钦（དཔོན་ཆེན།[129]）寺院的分院苏如静修院（སུ་རུའི་རི་ཁྲོད།），由贾藏（བྱ་བཟང་།）活佛建立夏令安居制度。由此向前即达岷州地界。

※　　※　　※

东纳本钦寺·扎喜达尔吉林（སྟོང་ནག་དཔོན་ཆེན་དགོན་བཀྲ་ཤིས་དར་རྒྱས་གླིང་།吉祥兴盛洲）系东纳本钦[130]赵廷贤[131]藏语叫拉察坚吾（ལ་ཚ་རྒྱན་བུ།）的寺院。贾藏活佛建立夏令安居制度，长净梵行，从不间断。它的支寺有郭如系寺（སྒོ་རུ་གཉིས།）、冬摩寺（དོམ་མོ་དགོན།）、郭绕系寺·强巴曲科林（མགོ་རོགས་གཉིས་དགོན་བྱམས་པ་ཆོས་འཁོར་གླིང་།弥勒法轮洲）、乃娄寺（གནས་ལུགས་དགོན།）等，它们共同聚会举行五供节祭。有万历皇帝时的大钟，班禅贝丹耶喜赐给曲结曼兰扎巴的文书。

由此行一日程，即达岷州城，这里有称为新寺的汉寺。

都刚寺（དུ་གང་དགོན།[132]）有茶埠驿衙门，切巴雅尔塘（ཚས་པ་ཡར་ཐང་།）、觉绕（ཅོག་རོ།）、玛尔娘（མར་སྣང་།）、叶尔哇（ཡར་བ།）、擦多（ཚ་རྡོར།）寺等，称为

佛教五僧官（བོའུ་ཟིན་བཀྭན།），都是它所属。

贾纳寺（བྱ་ནག་དགོན།），亦称为露云寺，有自然形成的法王之角，圣·阿莽道扎称是水牛之角。

乃义寺（གནས་གཞི་དགོན།），亦称为乔坛（ཚོའུ་ཐེན།），有自然形成的甘露宝瓶，密集、大威德的圣像。

东寺，亦称为曲德寺·隆珠德庆林（ཆོས་སྡེ་དགོན་ལྷུན་གྲུབ་བདེ་ཆེན་གླིང་།天成大安洲，汉名大崇教寺）系岷州班丹扎喜（དཔལ་ལྡན་བཀྲ་ཤིས།[133]）或由他们家族的曲结创建。先前，赤热巴巾高扬威武赫奕的大旗，进军宗喀地区，当点阅部队，检查武器之时，其兄长名达尔哇（དར་བ།）者，两腋之下各挟一头公牦牛，两牛之蹄竟不着地，于是称为“牦牛兄长达尔哇”。由于众军之中，他最出众，遂给予“出众”称号，让他担任镇守汉藏边界的将军，在特州（ཐེབ་ཧྲུ།[134]）地区的被称为厉神之宫的白石崖（བྲག་དཀར།），建筑了险峻的城堡居住，担任多麦地区的民政官员。以后经历十三世，出了扎喜贝（བཀྲ་ཤིས་དཔལ།）。母亲果顿（མགོ་བདུན།）生了十八个儿子，三人出家为僧：喇嘛古容（གུ་རུམ།）能使血变成牛奶，为蒙古的帝师；喇嘛散尕（སཾ་ཀྲ།）住持五台山的寺院；堪布达玛帕拉（དྷརྨ་པ་ལ།）住持临洮的贝吉代钦寺（དཔལ་གྱི་སྡེ་ཆེན།）。此外担任民政官员者四人，其他都是地方首领。前四人之中有名叫文盘钦（དབེན་པོན་ཆེན།），也称为玛尔邓（མར་སྟེང་།）官人藏波贝（བཟང་པོ་དཔལ།）者，就是这位师长的父亲。彼师属相是圣·宁吉达尼钦波（སྙིང་རྗེ་བདག་ཉིད་ཆེན་པོ།[135]），享年二十一岁，火蛇年（公元1377年，明洪武十年，丁巳）。彼师自幼小时起，心存慈悲，敬事三宝和长辈，一切行止纯属哲士们的规范。虽想出离，但父母都不答允。十岁时，和彼师同一氏族的喇嘛坚贝喜年（འཇམ་དཔལ་བཤེས་གཉེན།）给父母说情后，把他带去交给教长索南嘉措（བསོད་ནམས་རྒྱ་མཚོ།）让学习藏文和各种经典。在喇嘛金巴（བླམ་སྦྱིན་པ།）、喇嘛贡波巴（མགོན་པོ་དཔལ།）、喇嘛桑吉扎（སངས་རྒྱས་གྲགས།）等师座前聆听了许多教敕和经法。十三岁时，叔叔向仲钦·班丹嘉措哇（ཧྲུང་ཆེན་དཔལ་ལྡན་རྒྱ་མཚོ་བ།）的座前献了以彼师为首的僧人二十名。十五岁时，由这位尊者予以披剃，正式出家，并授沙弥戒。让其背诵《入菩萨行》。十七岁，作为喇嘛的侍从赴新寺（ཞྭན་ཞི།[136]），照见了文殊菩萨的圣容，聆听了金刚鬘灌顶，学完了全部粉板演算。聆听六支加行的指引后，在暗室中观想，获得证悟。二十二岁时，由仲钦巴担任亲教师，喇嘛衮噶坚赞（ཀུན་དགའ་རྒྱལ་མཚན།）任轨范师，喇嘛云丹藏波（ཡོན་ཏན་བཟང་པོ།）任屏教师，受近圆戒。在喇嘛的座前聆听《道果》等的指引，以及全部灌顶、教敕、诀要等，念修摧破金刚、喜金刚、度母等，出现特殊的征兆。二十八岁[137]时，作为仲钦巴的侍从，于南台（ནམ་ཐས།）觐见太宗皇帝。第二年，为了迎接哈立麻得银协巴，派往多麦扎沃泽岗（ཟ་པོ་རྗེ་སྒང་།）的途中，被任命为哈立麻的翻译。回到京城时，喇嘛仲钦巴已经圆寂，举行追荐的法事，在五台山建立了佛龛。皇上选派彼师为首的戒行清净班第三十九人为哈立麻的随从。三十三岁[138]，作为哈立麻的侍从抵康地噶尔寺（ཁམས་དཀར་དགོན།[139]），第二年，居于楚普寺（མཚུར་ཕུ།）。这时传说王扎坚巴（དབང་གྲགས་རྒྱན་པ།[140]）因没有遵从皇上的旨意，将派兵征讨。彼师率领帕摩竹巴派的协敖扎结[141]等为侍从，于铁兔年（公元1411年，明永乐九年，辛卯）前去京师恳求情面。途中过通天河时值水大涨，乃以成就者的神通渡过了洪流。皇上立即颁发信息，派钦使赍圣旨宣抚，给阐化王扎坚颁赐了解除忧愁的赏赐。三十七岁时[142]，奉圣旨前赴卫地，朝礼喇嘛们都很欣喜。以阐化王为首的地方官员们感激说：

“您使我们的地方像乳酪那样凝结，平安无事，恩德无量!”

彼师在圣·宗喀巴大师、贾曹[143]、持律师杜增、哈立麻得银协巴及其转世化身、索南藏卜仁波切(རིན་པོ་ཆེ་བསོད་ནམས་བཟང་པོ།)、萨迦巴衮噶扎西（ས་སྐྱ་པ་ཀུན་དགའ་བཀྲ་ཤིས།）[144]、堪钦嘉却巴（རྒྱལ་མཆོག་པ།）、京俄·曲结·索结哇（སྤྱན་སྔ་ཆོས་རྗེ་བསོད་རྒྱལ་བ།）、达垅·曼殊师利（སྟག་ལུང་མཉྫུ་ཤྲཱི།）、喇嘛释迦贝（ཤཱཀྱ་དཔལ།）、萨迦巴·衮噶藏卜（ས་སྐྱ་པ་ཀུན་དགའ་བཟང་པོ།[145]）、曲结色拉哇（ཆོས་རྗེ་སེ་ར་བ།）、哲蚌曲

结索巴·噶细哇（སོག་པ་དཀའ་བཞི་པ།）、喇嘛桑贡巴（སངས་མགོན་པ།）等师座前聆听讲传的无数甚深妙法。向喇嘛邬巾巴（ཨུ་རྒྱན་པ།）请求授长寿灌顶时，宝瓶之中所插的干树枝绽开了花朵。

有人出于嫉妒之心，向皇上密报进谗。彼师听到圣上斥责消息后，立即于木羊年（公元1415年，明永乐十三年，乙未）前赴京城。当朝觐皇上之后，圣上不但息怒并赐奖赏。第二年，住持大都海渊寺时，捉住了称为代层（ཏའི་ཚེང་།）、觉层（ཇུའུ་ཚེང་།）两条蛇，降下了大雨。四十三岁时（公元1419年，明永乐十九年，辛丑），派任僧录司大僧官右阐教[146]等职务，岷州的地祇二郎神（དབྱི་ལང་།[147]）等亲自显现接迎。永乐二十一年，水兔年(癸卯)，为了审查大宝法王哈立麻的呼毕勒罕，派彼师前赴卫地[148]，于第二年起程，时法王的呼毕勒罕住在工布（ཀོང་པོ།[149]）咱日山（ཙ་རི།），木蛇年（公元1425年，明洪熙元年，乙巳）前去叩谒。当时，找不着道路，而雪山自动崩坠为之开辟了道路。又启程前往京城朝觐宣宗皇帝于武英殿。

宣德元年，火马年（公元1426年，丙午[150]），敕封彼师为“净觉慈济大国师”，敕赐重二百两之黄金印，钝金铸造的法冠，让住在春华寺。奉皇上的圣旨著《喜金刚修法·甘露海》及大轮大威德十三尊、普明、阿弥陀佛九尊等曼荼罗的仪轨，《多闻子修法》《中有解说》等，并将这些经典、仪轨等，连同藏文《喜金刚续第二品释》都译为汉文。火羊年，圣上颁发名号褒奖，他所住的春华寺被誉为大隆善寺，由国库拨款重新维修佛殿，并新建佛殿的殿顶和连接的两廊、寝宫以及比丘们的住房僧寮，共有五百余间房舍。每天念修不少于五场曼荼罗，都依粉彩画规进行供修。彼师每天下午和众僧在一起举行经忏法事，从不间断。彼师一过半夜，即开始念修白度母的瑜伽等一万遍，摄本《生起次第》一遍，以及着重念诵有关的延寿金刚心修诵。《道果》中所讲的全部幻轮一遍，七支加行和常规施食次第。每晨从天明起至最后黄昏时，举行金刚心修诵，大轮仪轨自入法；供施护法多闻子、宝帐怙主、四面怙主、六臂护法、四面尊、怙主知后歇力（ཌཀྐ།）、毗那夜迦、事业丧主等护法施食。中午则举行百八施食、六十施食及冤孽百八施食三份等。黄昏时，修菩提心大轮圆满次第等。以上这些念诵，不论事务如何繁忙从不间断。此外还同许多官员和侍从等每年于一定的时间内，举行许多念修法事。派弟子格西仁钦珠（དགེ་བཤེས་རིན་ཆེན་གྲུབ།）等前赴卫地，于觉阿释尊像前献精美的用具——灯芯，大红织金法衣三套；于噶丹寺圣·宗喀巴灵塔献塔衣，银灯和银曼荼罗。向贾曹仁波切、绛央曲结（འཇམ་དབྱངས་ཆོས་རྗེ།）[151] 等进行供养，并向二十多座伽蓝奉献布施。

土猴年（公元1428年，明宣德三年，戊申），于绛芬（ཛྀང་ཏྀང།音译）殿给皇上授大轮灌顶，于便殿授无量寿佛九尊灌顶，对真实的或梦境中出现的许多障碍都以大轮瑜伽一一予以涤荡无遗。五十六岁，念修白度母时，睡梦之中佛母授记："可享年八十余岁，梦境中照见了萨迦金法所传的怀柔佛母圣容。"又于梦中且舞且歌道：

"一切诸法原来无自性，有为无常苦乐无真实，此种现象犹如彼梦幻，了悟此虽遇何事心自安也！了悟此理瑜伽士心自安也。"

木虎年（公元1434年，明宣德九年，甲寅），度汉族地方官郭惠、袁绮、南印度人班第喇嘛约格沙拉等为僧，授比丘戒，用汉文讲传《五十上师颂》和《别解脱戒》。宣德十年，木兔年（乙卯）藏历正月，正统皇帝即位，为了追荐宣宗逝世，升彼师的名号，赐玉印[152]，为了祈祷皇上长寿，建立内藏为泥印佛像十万尊的宝塔。铁鸡年（公元1441年，明正统六年，辛酉），政府兴修金汁《甘珠尔》大藏经，彼师撰述总序。水狗年（公元1442年，明正统七年，壬戌），请求皇帝给全国僧人赐发度牒，于是有三万七千名僧人，被赐予了度牒。

先前彼师四十一岁的火鸡年（公元1417年，明永乐十四年，丙申），修建了隆珠德钦林（大崇教寺的前身）的佛殿，宣德三年，土猴年（公元1428年，戊申），为了维修佛殿特赐敕书，命两位大臣负责修佛殿的工程，又降圣旨派地方大小官员百多名，部落大小土官二百名，各种技术人员一百一十名，军人乌拉两千零五人，重新因故刹扩建为宫殿式大佛殿，钟、鼓、楼房两旁有抱厦庑堂六列，有天王殿、碑亭等，都饰以琉璃瓦和飞檐，还有廊房六十间。在这座大佛殿中供有三世诸佛，扎日玛尊者（གནས་བརྟན་བྲག་རི་མ།），汉文版《甘珠尔》大藏经。在宝顶殿有释迦能仁佛像、阿弥陀佛像、药师像、八近侍菩萨、《甘珠尔》大藏经等。右庑北首有大威德、护法神明王明妃；左庑北首有四臂怙主、宝帐怙主，六臂护法以及各自的眷属；东庑堂第一排中有金汁书写的《甘珠尔》大藏经两部，都以锦缎包裹，每包以象牙片作系带环扣，描金夹板，黄金的书夹扣；西庑第一排中，有以本教的持宗印师嘉戎哇·扎巴坚赞（རྒྱ་རོང་བ་གྲགས་པ་རྒྱལ་མཚན།）向皇上呈献的本教《丹珠尔》经为蓝本的墨书本教《丹珠尔》经[153]，包裹同上。寝宫之内有七座佛殿。包括寝宫大厅在内的密乘院中，供有和拉萨觉阿释尊像加持力相等的称为大崇教寺觉阿像，这座圣像悬坐在宝座之上，据说是从赤铜洲[154]请来者，以及以娑罗树雕成的金刚持像等；还有哈立麻大宝法王像，作为法王的修持本尊而设置的大轮圣像、四臂怙主、多闻子，坐在黄金莲花宝座之上为龙举起的白度母圣像，嵌镶着映青、映红、绿玉等宝石及珍珠等，极其庄严妙好；莲座之前，玛瑙宝瓶之中供着纯金制作的宝树，树冠嵌有珍宝制就的各色花卉；主要的供奉圣物还有黄金吉祥宝塔，塔用金铜火镀，三分之一为黄金，共有黄金二百五十两，塔高十五肘，塔座为白色水晶。药师佛殿的高度，超出其他佛殿三庹，供有金汁书写的《甘珠尔》大藏经和金汁书写的汉文《华严经》和藏文《华严经》，包裹装饰和前面所述者相同，极其珍贵。左右两佛殿中，供有大轮、胜乐六十二尊、大威德十三尊、无量寿佛九尊等的立体坛城，这四座曼荼罗中凡白色佛像用象牙雕塑，绿色和红色的诸佛像则于象牙之上染色而成，黄色者用白栴檀为内藏，黑色和青色者则用水晶制成。东面的最后佛殿，供有娑罗树木雕塑的阿弥陀佛像、弥勒像和度母像，其他三面的佛殿供有五种姓佛像。寝宫之中有彼师的塑像，黄金制的尊胜塔三座，其他还有金制像、银制像、如来藏像、青铜佛像、栴檀木和水晶木雕成的佛像，堆绣制作画卷及描写画卷以及为数无法统计的画卷多轴。火镀黄金制成的曼荼罗，其上佛土庄严都浮雕而成，每边有三庹宽；火镀的黄金神灯，浮雕与上相同；黄金制成的曼荼罗，饰有珍珠串和缨络；大小能容藏升三大升粮食、七个一组的铙钹三付；宝瓶座架饰以黄金花朵，其大盈一庹，共有三十朵，嵌镶于四周；大铙钹一付，每斤铙钹一个人之力仅能捧起；大小和藏升七大升相等的银灯；银制曼荼罗五付，景泰蓝曼荼罗，各种珍宝嵌镶的曼荼罗五付，白银的七付；水晶和玛瑙的花瓶，古铜的香炉多具，许多锦缎缝制的幡、伞、华盖等供祀用具为数难以言宣。这些佛殿的外围，有僧寮二百间，围以大垣墙，院内铺以石块和砖。从各方面来说，清净妙好，出人意料之外，详细情况，见于传记之中。

皇上供施双方按彼师的意见，又修建附属寺院圆觉寺（རྣམ་རྒྱལ་གླིང་།[155]），兴修了经堂和扎仓。任命三藏法师噶细巴（དཀའ་བཞི་པ།）、国师索南藏卜和土官、国师索南藏卜两人为法官（ཆོས་དཔོན།）。噶细巴·扎巴索南（གྲགས་པ་བསོད་ནམས།）、噶细巴·曼兰宗哲（སྨོན་ལམ་བརྩོན་འགྲུས།）、噶细巴·扎巴多吉等为苏钦巴（ཟུར་ཆེན་པ།）、让文布喜饶耶希（ཤེས་རབ་ཡེ་ཤེས།）等一百僧人建立《中观》《般若》讲辩制度，三事的实践极其清净。四季有辩经学期，其他每月的三个五日，讽诵《般若》广、中、略三种各一遍。在德钦（སྡེ་ཆེན།）[156]。则由灌顶大国师释迦室利（ཤཱཀྱ་ཤྲཱི།）、文布大国师却珠藏卜（ཆོས་གྲུབ་བཟང་པོ།[157]）等住持讲辩。初八、廿九日等举行四曼荼罗供、尊胜千供、大威德供修、六十施食法等及焰口母等四大施食。大祈愿法会上依粉彩画规举行密集、大轮、大威德、金刚界佛等供修。

怙主殿每天举行本尊供修和全体扩法的施食仪轨。早晨例茶诵经，中午经忏法事至为盛大，从不间断。僧人的一切顺缘，由俸粮支付。

与此同时，经呈报皇上，在大隆善[158]建立聚集和尚一百余名的会堂，由汉族堪布僧录司（ཟི་ལུའུ་ཟི།）的教钦（ཇོའ་ཆེན།[159]）觉福增（ཀུའུ་ཧྥུའུ་ཚེན།）和苏钦巴（ཟུར་ཆེན་པ།）胡觉寺（ཧུར་ཀུའུ་སི།）的藏拉鲁古圆（ཇང་ལ་ལུའུ་ཀུ་ཡོན།）两人负责，让其按汉族的规矩进行讲辩。

由于僧人们每年圆满地念修大轮十八尊、大威德十三尊、喜金刚九尊、胜乐六十二尊、大悲观世音密修十三尊、无量寿佛九尊、白伞盖等供修；曜佛母、摧破金刚、叶衣佛母等修供传统；四曼荼罗、尊胜千供、多闻子施食修供等，弘扬显密合修，使圣教明灯光耀于世。

著者曾看到雕版行世的彼师六十九岁以前的传记——《信仰庄严珍宝华鬘》，但雕版存于何处，无从知晓，这个传记现在很难到手，因此，特较详细地记载如上。

这座寺院创建于第七胜生的火鸡年（公元1417年，明永乐十五年，丁酉），经十一年后，于宣德三年进行扩建，建立讲辩制度，皇上赐额为大崇教寺[160]，亦叫丹巴托委代（བསྟན་པ་མཐོ་བའི་སྡེ།）[161]，立有颂扬的石碑[162]。由此计算，至木牛年（乙丑），已历四百三十七年矣。

此地洮河之阳有曲宗班乔寺（ཆོས་རྫོང་དཔལ་མཆོག་སྡེ།），亦称班藏寺（དཔལ་ཚང་དགོན།[163]），圣·班丹扎喜巴的经师仲钦·班丹嘉措创建。这位圣哲从四岁时起，即学习藏文，八岁时，学习《喜金刚续第二品》，于清晨诵习时，照见文殊菩萨圣容，证得诵记敏捷，守持所闻法义不忘的总持与辩才。十三岁时，背诵《入菩萨行》时，又像过去那样照见至尊的圣容，自此以后，何时想睹圣容即能照见。熟悉胜乐、喜金刚、瑜伽续等三部的仪轨和实践等。十七岁时，在喇嘛班乔巴（བླ་མ་དཔལ་མཆོག་པ།）座前受沙弥戒。二十岁，在喇嘛衮噶洛哲（ཀུན་དགའ་བློ་གྲོས།）座前受近圆戒。在这位师尊处聆听了《喜金刚续第二品》《入菩萨行》《阿毗达磨集论》等教授，《时轮》算法及六加行的指引。二十五岁时，前去卫地，亲近师尊索南坚赞（བསོད་

ནམས་རྒྱལ་མཚན།）等二十五位教长，精研《时轮》等，特别对于《释量论》及《现观庄严论》研析入微，在藏、卫等地进行巡回辩经，获得了学者的美名。对古印度的四大语系的文字都能写能读，对于《诗学》造诣，极为卓绝。在多麦地区的临洮、曲玛城（ཆུམ་མཁར།[164]）、岷州等处大转正教法轮。新寺（ཞིན་ཐི།）的王子尊为上师，请求了许多妙法。雕版印行《佛说文殊师利菩萨一百八名梵赞》等续部的许多小部头经典以及《妙法莲华经》等。从彼处返回家乡歇巴凑（ཞི་བླ་ཚོགས།），于隆（ཟློང་།）地区附近的叫作丹卜隆（འདམ་བུ་ལུང་།）的地方，创建了这座宏伟的曲宗寺大佛殿。《噶登教法史》中说：

“哲伍仓曲结（ཏི་ཞུ་ཚང་ཆོས་རྗེ།）与斗仓曲结（ཏིག་ཚང་ཆོས་རྗེ།）两人修建了岷州的曲德寺和曲宗寺。”

上述的哲伍仓曲结据说就是圣·宗喀巴大师的弟子释迦巴藏卜（ཤཱཀྱ་དཔལ་བཟང་པོ།）。彼师幼小时，被大明永乐皇帝收养为义子，送于哈立麻得银协巴，在卫地侍奉许多有教有证的学者精研三藏教理，四续奥义，又闭关坐禅，产生了证悟。由圣喇嘛[165]为亲教师，杜哇增巴为羯磨师，贾曹·达玛仁钦为屏教师授近圆戒，请求了深奥详尽的许多教授。赤楚臣达尔吉的传中说：

“大明皇帝先后七次派他敦请圣大师，最后一次时受了近圆戒。”是否与上述为一事，待考。

彼师回多麦时，正值萨迦与帕竹构兵之际，宣宗皇帝拟派军征讨，经彼师恳求，乃免予讨伐。彼师曾给皇上、皇后、太子等授许多灌顶和诀要，先后敕封为灌顶大国师[166]等，颁赐黄金五佛冠，重二百一十两的金印及金册诰封、珍珠袈裟、千辐金轮等，尊为法王。任大崇教寺的堪布，领导讲辩，兴旺发达，被称为“第二个卫地”。设置金汁书写的《甘珠尔》大藏经，以锦缎包裹，用描金书夹和织金的书夹系带，黄金的带扣。据说彼师有内容丰富的传记，但未能搜集到手，历世切居土官

（འཆད་འགྱུར་དགོན།）家族护理这座寺院。

由于他们三位对这个地区恩惠极大，所以后来诵传着这样的一首启白偈句：

“文殊所化班丹嘉措尊，持密宝库班丹扎喜跋，慈悲之主释迦藏卜[167]，启请恩德无比三上师。”

曲结释迦班有弟兄四人，长兄哦安杰（ཨོག་ཨན་རྒྱལ།）之子大老爷仁钦班丹（རིན་ཆེན་དཔལ་ལྡན།）侍奉叔叔曲结，颇合礼数，曾任圆觉寺的堪布。在这座曲宗寺修建了曲结的寝宫，灵耀大佛殿，建立僧伽学府，进行讲修结合，甚受上师师徒们赞赏。土官索南扎喜受封禅师，孝敬贡玛大老爷，建立十六罗汉拥绕如来神殿。曲结绛曲坚赞（བྱང་ཆུབ་རྒྱལ་མཚན།）于幼小时出家为僧，赴卫地学习，究竟圆满，于曲宗寺建立讲辩，以资财护持僧伽的伽蓝。灌顶大国师扎巴坚赞（གྲགས་པ་རྒྱལ་མཚན།）设置了银汁书写的《甘珠尔》大藏经。曲结释迦鄂赛（ཤཱཀྱ་འོད་ཟེར།）在卫地承事许多哲士，钻研显密教理，曾担任这座寺院的住持及北部达隆寺（སྟག་ལུང་དགོན།）曲结，毫不吝惜地向卫藏地区输送了许多财物，在扎什伦布寺于五供节时建立晚间全寺燃灯祈祷制度。曲结扎喜班藏（བཀྲ་ཤིས་དཔལ་བཟང་།）曾去卫地学习，担任这里的住持，设置身、语、意三依止的许多圣物，为贡玛扎坚[168]设置的《甘珠尔》大藏经修建了供奉的殿堂。国师却珠宁波（ཆོས་གྲུབ་སྙིང་པོ།）对宝顶大佛殿和曲结的寝宫进行维修。大悲更登班巴尔（ཐུགས་རྗེ་ཆེན་པོ་དགེ་འདུན་དཔལ་འབར།）在卫地钻研闻听，精辟到家获得学者的称号。在这寺大兴讲辩，并修建供奉高大的弥勒佛金像的神殿，在寺院所属的法庄，安置了许多户人家，向卫地供养了大量的布施。曲结索南嘉措（བསོད་ནམས་རྒྱ་མཚོ།）、曲结嘉样敦珠（འཇམ་དབྱངས་དོན་གྲུབ།）两位于幼小时起，即被贡玛更登班巴尔护持，派赴卫地闻思显密二乘，究竟圆满。于扎什伦布寺承事被称为班禅隆柔嘉措（པཎ་ཆེན་ལུང་རིགས་རྒྱ་མཚོ།）的转世者班禅索南嘉措（པཎ་ཆེན་བསོད་ནམས་རྒྱ་མཚོ།），在卫地承事文殊变化的冈沃活佛贝丹扎巴（གོང་པོ་སྤྲུལ་སྐུ་དཔལ་ལྡན་གྲགས་པ།），持金刚南喀藏卜（ནམ་མཁའ་བཟང་པོ།）等，聆听无数的教敕、指引、诀要。他们两位一同返回这座寺院，塑造极为殊胜的弥勒佛像，新建经堂，设置能供应一千多名僧伽广茶的大会堂大锅，命名为“吉祥运绕”。维修了灵耀大佛殿和《甘珠尔》大藏经殿堂，建立三事实践，督促听闻讲辩。曲结索南嘉措朝礼五台山并于该处闭关坐禅，被万历皇帝派使者邀请尊为帝师，敕授东王（ཏོང་ཝང་།[169]）名号，赐珍珠袈裟，各种珍宝嵌镶的僧帽。彼师为本寺迎请了《甘珠尔》大藏经及青铜铸造的圣·宗喀巴大师大像，并献怙主及其眷属等的舞衣十二套。六十三岁，土鼠年（公元1588年，明万历十六年，戊子）藏历二月二十八日圆寂。文希曲结嘉样（འཇམ་དབྱངས།）按上述舞衣的规格，配备红舞帽十二顶，怙主与其眷属的面具，维修了各个经院。还有国师索南拉卜丹（བསོད་ནམས་རབ་བརྟན།）、洛藏丹增（བློ་བཟང་བསྟན་འཛིན།）、大小两位文布，后者维修了圣·贝丹嘉措所建的《甘珠尔》大藏经经堂，修建了四座大寝宫，进行护持。国师扎坚巴的文布监巴宁波（འཇམ་དཔལ་སྙིང་པོ།）讲经说法时，获得不依靠他人的辩才，得到了大国师的诰封，设置了许多三依止圣物，呈请皇上颁发文书禁止任何人不得侵占、损坏供寺院供祭费用的各地森林、豁卡等。当卫藏的募化官楚臣仁钦前来，传达全知一切[170]的谕示，由他充任为嘉·梅朵塘寺（རྒྱལ་མེ་ཏོག་ཐང་།）设置锦缎佛像的施主。他弟兄五人，最小的一位名嘉样洛哲（འཇམ་དབྱངས་བློ་གྲོས།），从幼时起，哲士的习气明显醒觉，进入经院，在绛曲坚赞（བྱང་ཆུབ་རྒྱལ་མཚན།）活佛座前，聆听，钻研经法，又赴卫地，对五部大论以理路法则深入研究，获得究竟，在藏卫两处被称为博学者。曾担任藏区勒珠扎仓（ལེགས་གྲུབ་གྲྭ་ཚང་།）的喇嘛，在扎什伦布寺的闻思堂讲辩声誉增盛之际，又被任为哲蚌寺洛赛林扎仓的堪布，著有《般若》第四品前的纲要。他享寿不永，圆寂后，四十九天之中，尸体跏趺端坐，岿然不倒，火化后尸骨之上显有释迦能仁王佛及阿底峡像和许多字母，心、舌、眼完好，乃以这些为内藏，塑造弥勒佛像，供于洛赛林扎仓之中。他在世之时，被称为是弥勒佛的转世云。

禅师洛藏拉卜丹（བློ་བཟང་རབ་བརྟན།维修了这寺的各佛殿，塑造了弥勒佛金像，供奉于灵耀大佛殿之中。康熙二十四年，他新建曼兰寺（སྨན་ལམ་དགོན།）的佛殿。土官拉丹朋措（རབ་བརྟན་ཕུན་ཚོགས།）于康熙五十五年，修建东寝宫和南面的宫殿式门楼等，进行护持。

这座寺院还有人们前来朝礼的佛牙和称为自然形成的青铜曼荼罗。与这座寺院在同一地方的还有自然显现的度母之寺，亦称为潜禅寺（ཁྲན་ཐན་དགོན）。

大崇教寺的支寺除前面已经叙述过的新寺、都纲寺外，山顶之上还有某扎萨克所修的郎寺（ལང་དགོན།），止贡寺达尔吉隆卜（འབྲི་གུང་དགོན་དར་རྒྱས་ལྷུན་པོ།）、多素寺（དོག་སུ་དགོན།）、查拉甫寺（ཁྲ་ལ་སུ་དགོན།）、柴贾寺（ཁྲི་རྒྱག་དགོན།）、大占寺（ཏྲ་ཀན་དགོན།）、金寺（སྤྱིན་དགོན།）、白塔热寺（པེ་ཐལ་རི་དགོན།）、延觉寺（ཡན་འཇོ་དགོན།）、杨间寺（ཡང་ཀྱན་དགོན།）、歇海寺（ཞེ་ཧར་དགོན།）、杂底洒寺（ཙྭ་ཏི་ས་དགོན།）、尼卜寺（ཉི་འབག་དགོན།）、旁讲寺（ཕང་ཀྱང་དགོན།）、安卜寺（ཨན་འབག་དགོན།），古车寺（ཀུ་ཁྲི་དགོན།）、东木宁寺（ཏུམ་ཉིན་དགོན།）、喇嘛寺（བླམ་དགོན།）、占吉合寺（ཀམ་རྒྱག་དགོན།）、阎家寺（ཡན་ཀྱ་དགོན།）、洛德卜寺（བློ་དེབ་དགོན།）、丁香寺（ཏིང་ཧྱིང་དགོན།）、太子寺（ཐེལ་ཙེ་དགོན།）、侯加寺（ཧི་ཅག་དགོན།）、卜保寺（ཕག་སྤོ་དགོན།）、具加寺（སྐྱུས་ཅག་དགོན།）等。

曲宗寺的支寺有上面已经提到的贾那寺（ཅ་ནག）和乃义寺（གནས་གཞི།）外，还有哦乐寺（ངོ་ལོ་དགོན།）、胡额寺（ཧུ་ངོས་དགོན།）、东木加寺（ཏུམ་རྒྱག་དགོན།）、赛加寺（སེ་རྒྱག་དགོན།）、吉合玛寺（སྐྱག་དམག་དགོན།）、居苟寺（ཇུ་གག་དགོན།）、层加寺（ཚེན་ཀྱ་དགོན།）、朗寺（ལང་དགོན།）、后紫寺（ཧག་ཙག་དགོན།）、佐卜旗寺（ཙོག་བུག་ཆི་དགོན།）、朱喇嘛寺（ཀྲུ་བླམ་དགོན།）、楼加寺（ལུག་རྒྱག་དགོན།）等。两大寺合计有支寺约六十座，都分布于洮河阴阳两岸。

※　※　※

由大崇教寺越过一座山，约一日程之地，有一座叫拉玛累（ལྷ་མ་ཞིས།）

的藏族寺院。还有汉族的民乐寺（མིན་ལི་དགོན།）、康乐寺（ཁང་ལོ་དགོན།）、八角寺（པ་ཅི་དགོན།）、宗梅寺（ཙུང་ཧན་དགོན།）。这座寺院之中，有《甘珠尔》大藏经。官坡川（བཀན་པོའི་གཞུང་།）有赵土司衙门，该处有金汁书写的《甘珠尔》大藏经，以及供奉弥勒佛像等庙宇。这个土司由萨赛（ས་སྲས།）家族掌握，发展为一个小邦。有东本哦大寺（ཏུང་སྦུན་ངོ་དགོན་ཆེན།），以及属于临洮大寺的许多汉族支寺。

临洮城也叫香根城（ཤིང་ཀུན་མཁར།）。《达温传》中说：

“在这座城市里，有达温巴奉众生怙主八思巴供施双方的命令修建的寺院，当年聚集着数千名僧伽。

“贡玛供施双方前来视察时，由于皇上对上师极为崇信，要求要经常看得见上师的身相，听得到上师的讲说，不能有所分离。上师指示说：‘造一个和我相似的像！’乃以最佳妙的香木雕造了一尊上师的像，它在一个时期内，化为真实的上师，讲经说法。”

这尊像称为八思巴大师的木像，作为宝积寺（པུ་ཅི་དགོན།）的主要依止圣物。后来有一位叫西华康（ཤི་ཧྭའི་ཁང་།）的喇嘛，自卫地来到这里，由他把寺院改为格鲁派，把内修法王供奉作护法。因兴修了三座大塔，又称为宝塔寺（པུ་ཐ་དགོན།）。《第二世一切知嘉木样全集》中有嘉仁巴（རྒྱ་རམས་པ།）楚臣丹巴（ཚུལ་ཁྲིམས་བསྟན་པ།）请求为临洮噶丹却培林寺（དགའ་ལྡན་ཆོས་འཕེལ་གླིང་།）撰写寺规，可能就是给这座寺写的。有喇嘛敦珠仁钦（བླ་མ་དོན་གྲུབ་རིན་ཆེན།）的塑像，藏有永乐皇帝赐给他的印信、诰敕等。是否为曲结敦仁巴（ཆོས་རྗེ་དོན་རིན་པ།[171]）？待考。据《传记·信者津梁》中说：“曲结曾担任临洮新寺的堪布。”则这寺应是新寺。除这两座寺院外，其他八座寺院都属于萨迦派。

洪武二十三年二月二十九日，班第耶希仁钦（བན་དེ་ཡེ་ཤེས་རིན་ཆེན།）[172]从临洮前去朝觐，给他所颁的诏书中说：

“西陲之人喜欢抢劫，乃由于人们奉行教法不力，汝应为之说法。

“你要奉行善行，不可懈怠！

“授汝为伍紫（བའུ་ཙེ།）部落的土官。”

曾听得人们说，哈立麻得银协巴前来多麦时，曾有披袈裟的十万人进行迎接，这个地点似为岷州云。但是，尔时大崇教寺还没有修建，可能就是这个寺院，待考。全知一切索南嘉措传中说：

“在洮河上乘筏和船，到达了临洮，有八思巴的语化像，手指断裂，别人想尽方法，难以粘连，这位圣者没有费多大麻烦，即予以复合。”

现在每年藏历三月值八思巴诞辰之时，还举行着纪念仪式云。这座寺院有藏文书写本《甘珠尔》《丹珠尔》大藏经各一部，连同汉文《甘珠尔》大藏经，共有《甘珠尔》《丹珠尔》大藏经八部，还有密集、大威德的立体坛场，一人身量高一点的毗卢遮那佛像等塑造和绘画的佛像多尊。藏有法王八思巴的牙齿，众生怙主八思巴的嵌镶着珍珠的法衣，还有据说是初劫之时的一种东西，听德赤仁波切说：

“这就是汉族人们为了使香气氤氲，置于枕头之旁的一种瓜，是草木两本所生，称为木瓜。

“以此类推，把国师王的幽静离宫，汉族称为‘香宫’（ཤིང་ཀུན།），把众生怙主的牙齿称为法王八思巴的说法，就像把‘额尔德尼诺们汗’译为藏语一样啰[173]！”

人们谈论：从前，寺院都在城外，因有一罪人积下了因杀父而坠入无间地狱之孽，致寺院被毁，现寺院迁至与村庄相连之处，有一道垣墙相隔云。此处还有汉族称为青衣僧寺的三座寺院。属于沿洮河南北两岸的汉族寺院的讲闻等，虽然大都由于战乱而遭毁坏废弛，但是，《明镜》中说：

“称为先前国王身，获得语自性明镜，彼等现虽不存在，请看吾等无衰损！”

正如上所述，情况虽然如此，仍能弘传我佛正教事业。因此，对于凡能搜集到手的资料，不计其文辞繁冗，记载于上。

※　　　※　　　※

沿洮河北岸河阳为恰格地区，这个地区上部，有喀专乃丹洛桑丹增（ཁ་རྡོན་གནས་བརྟན་བློ་བཟང་བསྟན་འཛིན།）的伽蓝喀专静修院格培桑丹林（ཁ་རྡོན་རི་ཁྲོད་དགེ་འཕེལ་བསམ་གཏན་གླིང་།增善禅定洲）乃丹尊者生于卓钦（གྲོ་ཆེན།）村，父名觉·才仁敦珠（གཙོ་ཚེ་རིང་དོན་གྲུབ།），母名鲁茂乙亥（ཀླུ་མོ་ཡག）。七岁时，被叔叔坚华嘉措（འཇམ་དཔལ་རྒྱ་མཚོ།）带到恰格阿阇黎的座前受居士戒。指示说：“日后需要做僧人。”从这时起，每天念诵六字真言一万遍从不间断。从恰格赤干洛哲索南（ཆ་དགེ་ཁྲི་ཀན་བློ་གྲོས་བསོད་ནམས།）披剃出家。十九岁时，进静修院，以意乐加行两者承事大禅师洛藏扎西（སྒོམ་ཆེན་བློ་བཟང་བཀྲ་ཤིས།），在一切知大师讲章之上兼听《文殊亲教》二十一岁时，在雅甫（ཡ་རྩེ།）阿阇黎宗哲桑波（བརྩོན་འགྲུས་བཟང་པོ།）的座前受近圆戒，于喇嘛大禅师的座前详尽地学习了五部遮戒的修持。彼师从幼小时起，虽细小之恶作也不沾染，因此，被称为乃丹仓（གནས་བརྟན་ཚང་།），声华藉甚，戒香氤氲溢于四周。在苟什底·洛桑丹贝坚赞、阿阇黎扎巴谢珠、木乃·桑吉华桑、切巴·洛桑程列、观黎克乔（སྒོམ་ལི་མཁས་མཆོག）、多卜丹俄仁巴、拉康隆哇·更登嘉措、白日·图丹坚赞、智观巴·洛桑喜饶、杜增却觉尔（འདུལ་འཛིན་ཆོས་འབྱོར།）、圣·洛桑楚臣（རྗེ་བློ་བཟང་ཚུལ་ཁྲིམས།）、恰格·敦约仁钦（ཆ་དགེ་དོན་ཡོད་རིན་ཆེན།）等师座前聆听了许多甚深妙法。从赤坚赞森格听受《弥多罗》。土龙年（戊辰）起，以喀专静修院作为居住的中心，并与邻近的据说是索南耶喜旺波（བསོད་ནམས་ཡེ་ཤེས་དབང་པོ།）为了上师将莅临此地而修建的静房扎喜隆尕尔（བཀྲ་ཤིས་ལུང་དཀར།）、郭仓智噶尔（ཀོད་ཚང་བྲག་དཀར།），以及嘉摩喜合热（རྒྱ་མོ་གཤག་རལ།）、智加多吉宗（བྲག་སྐྱ་རྡོ་རྗེ་རྫོང་།）、阿本禅室（ཨ་འབུམ་སྒོམ་ཁང་།）、隆日的静房（ལུང་རིའི་སྒྲུབ་ཁང་།）、托尕尔（ཐོག་དཀར།）静修院等空荒无人、极其僻静的山谷之中，仅以熬煮刺梨皮等为茶维持生命，专心修持积净。自二十七岁起，十二年之间，于闭关坐年禅，月禅之余，还守护禁食斋戒一千次。三十七八岁时，佐格·克珠丹增巴（མཁས་གྲུབ་བསྟན་འཛིན་པ།），承事这位尊者足莲，心识立即顿开。尊者曾说道：

"上师若仅具备法相学识，尚嫌不足，最重要的是要有先前的联系，若具备这个条件，则不需要专为其讲授经法，在相互随顺谈论之中，会自然而然地转变其心意。"

赤干的教言《般若笔记》之中也说："不需要专看上师是否讲授了经法？若在座前或居于附近之处，则会特别摄入于加持。"

这种论述，与上面所讲完全相同。彼师向第二世一切知吉美尊者座前请求了胜乐五尊和身曼荼罗的灌顶，大威德集咒的随许、祈愿与行菩提心偕同发心等，奉献了所有的一切，真正实践了从前阿阇黎仁波切所讲的"信受第一世一切知为一切上师之自性，奉献供养"的行止。佐格日朝旺波和这位尊者一道在拉卜楞大寺于赤·索南旺杰哇（ཁྲི་བསོད་ནམས་དབང་རྒྱལ་བ།）座前聆听了《菩提道次第广论》的疏解和教敕。四十九岁，土狗年（公元1778年，清乾隆四十三年，戊戌），在恰格塑造了弥勒佛像。第六世班禅前赴内地之时，因足有病，不能前行，遂寄去了请求怙佑的信。六十六岁，木兔年（公元1795年，清乾隆六十年，乙卯），在康托寺（ཁང་ཐོག་དགོན།），于甘珠尔哇·吉美拉卜吉（འཇིགས་མེད་རབ་རྒྱས།）处聆听了《甘珠尔》大藏经的教敕、《五次第明灯论》的疏解和教敕。鉴于惹卜察（རེབ་ཆ།）四部和康托等处，在举行宴会时，需要大量的肉类而罪行很大，乃施巧计断绝了这种恶习，让他们分别签订协议。一生讲传了大量经法，弟子之中出了许多哲士，如白日·图多卜坚赞（བེ་རི་མཐུ་སྟོབས་རྒྱལ་མཚན།）、佐格·克珠丹增（མཁས་གྲུབ་བསྟན་འཛིན།）、智观巴·洛桑喜饶，大持律帅秀仓（ཤུག་ཚང་།）禅师耶喜嘉措（ཡེ་ཤེས་རྒྱ་མཚོ།），以及后来担任卓尼大寺堪布的隆交昂哇（ལུང་ཀྱོག་ནང་བ།）、阿琼·阿旺钦惹（ཨ་ཁྱུང་ངག་དབང་མཁྱེན་རབ།）、恰格昂哦玛·嘉样克珠嘉措（ཆ་དགེ་ནང་འོག་མ་འཇམ་དབྱངས་མཁས་གྲུབ་རྒྱ་མཚོ།）等。六十八岁，火蛇年（公元1797年，清嘉庆二年，丁巳）圆寂。尸骨作为静修院的主要依止圣物。有弟子惹卜察活佛贡乔丹却雅培（དཀོན་མཆོག་དམ་ཆོས་ཡར་འཕེལ།）所撰的《传记·信仰启门》，辑有全集雕版印行，并传有全集的教敕。尊者于其五十三岁水虎年，把静修院搬迁至现在的这所地址。经堂的念诵有密集、持铃五尊和身曼荼罗、大威德十三尊的自入法等，以及怙主法王三尊的酬补，结夏长净的传统从不间断，甚为兴盛。

恰格勒谢林（ཆ་དགེ་ལེགས་བཤད་གླིང་།）由恰格噶居敦约嘉措（དོན་ཡོད་རྒྱ་མཚོ།）创建。彼师姓琼波（ཁྱུང་པོ།）氏，是卫地的格西。印度的一位大成就师授记说："回到家乡去能饶益众生。"在这所寺院建立了佛殿，设置了《甘珠尔》大藏经，本尊大威德和大悲观世音慈悲摄受，吉祥天母如仪承办事业。圆寂时端坐跏趺而逝，尸骨之上出现了舍利，作为内藏，修有灵塔。

彼师的侄子为文布比丘丹巴惹赛（བསྟན་པ་རབ་གསལ།），他的文布是大堪布隆柔嘉措（ལུང་རིགས་རྒྱ་མཚོ།）。据阿阇黎的传记中说："这两师被大威德、马头明王、度母等许多本尊慈悲摄受。得到逝于清净国土的梦兆和授记。"他的文布阿阇黎洛哲嘉措（བློ་གྲོས་རྒྱ་མཚོ།），生于第十一胜生的木龙年（公元1664年，清康熙三年，甲辰），在贡玛隆柔嘉措的座前，披剃出家并受沙弥戒。在卫地哲蚌寺郭莽扎仓入《集类学》学级，逐步学习诸大论旧教程中的全部《般若》课程，以及四部分专论，和赤钦更登朋措（དགེ་འདུན་ཕུན་ཚོགས།）同一个学级。他们两位曾下降至第一品和第二品进行复习，从不缺一座次的课时。于经院中聆听阿阇黎敦珠嘉措哇（དོན་གྲུབ་རྒྱ་མཚོ་བ།）讲传的《菩提道次第广论》的全部疏解和教敕。以索扎巴（བསོད་གྲགས་པ།）的《戒律学》为基础，在热哇多扎仓（ར་བ་སྟོད།）钻研《律典》和《释量论》，在桑浦寺参加噶居的巡回辩经，取得"文殊之柱"的名号。在赤·洛哲嘉措(བློ་གྲོས་རྒྱ་མཚོ།)、甘珠尔哇·金巴嘉措（སྦྱིན་པ་རྒྱ་མཚོ།），以及这位师长的弟子曲结洛桑达尔吉、持金刚藏巴·阿旺金巴（ངག་དབང་སྦྱིན་པ།）、堪钦觉摩隆哇（སྐྱོར་མོ་ལུང་བ།）、周拉（འབྲུག་ལྷ།）阿阇黎·阿旺洛哲（ངག་དབང་བློ་གྲོས།）、霍尔·敏珠却吉嘉波(ཧོར་སྨིན་གྲོལ་ཆོས་ཀྱི་རྒྱལ་པོ།)，阿阇黎阿旺敦珠（ངག་དབང་དོན་གྲུབ།）、崔康（ཚེས་ཁང་།）格西却郡嘉措（ཆོས་སྐྱོང་རྒྱ་མཚོ།）等师座前聆听了许多甚深妙法。在帕邦喀哇·阿旺丹增（ངག་དབང་བསྟན་འཛིན།）座前受近圆戒。特别把第一世嘉木样一切知大师尊为根本上师，因此人们把这位尊者、塘司巴·额珠嘉措（ཐང་སག་པ་དངོས་གྲུབ་རྒྱ་མཚོ།）、大成就自在者坚贝嘉措（འཇམ་དཔལ་རྒྱ་མཚོ།）、喀尔多·索巴嘉措（མཁར་རྡོ་བཟོད་པ་རྒྱ་མཚོ།）等四位称为四大海圣徒。又把这位阿阇黎、阿阇黎扎巴谢珠（གྲགས་པ་བཤད་སྒྲུབ།）、达仓阿阇黎三位称为一切知大师直传的三位阿阇黎弟子。他把一切知大师讲传的大威德和胜乐生起次第，以笔记形式撰述成书行世，此外还有其他著述将近一函，雕版印行并有教敕传统。

彼师回到故乡后，在寺院修建了经堂等，供奉、设置了许多身、语、意三依止圣物。以清净无垢的三事等戒律实践作为重点，戒行严谨，直到现在，阿阇黎和寺院持律严谨的声誉远近颂扬。四十二岁，木鸡年，（公元1705年，清康熙四十四年，乙酉）朝礼塔尔寺、佑宁寺等多麦地区的许多大寺院，向大善知识达冬噶布（རྟ་གདོང་དཀར་པོ།）尊者洛桑曲央（བློ་བཟང་ཆོས་དབྱངས།）和噶钦·楚臣嘉措（དཀའ་ཆེན་ཚུལ་ཁྲིམས་རྒྱ་མཚོ།）两师请求了胜乐卢伊巴法的灌顶和八大导引。此外还向其他许多哲士请求了法缘，在夏琼寺立宗辩论。被卓尼大寺的堪布、土司及所属的土官等尊为上师，任何指示都一一承办，贡献极大。向卫地的诸上师和僧伽等进行供养，向多麦的许多寺院、静修院等奉献布施。木马年（公元1714年，清康熙五十三年，甲午），去拉卜楞大寺在一切知大师座前聆听《弥多罗》，出现照见上师和本尊无二致的许多征兆等，并照见许多本尊的圣容。后来在彼处伽蓝给钦德尔·阿旺扎喜（མཁྱེན་གཉེར་ངག་དབང་བཀྲ་ཤིས།[174]）为首超过两千余人的喇嘛僧侣授密集、胜乐，大威德三本尊和普明的灌顶。这位赤钦尊者有病时曾为之占卜，梦见太空之中降临一位释尊，在会场之中弘扬佛法，并说道：“宏传正法，进行妙行。”自去北部朝礼之后，先后于桑丹林静房和曲藏登噶（ཆོས་བཟང་སྟེངས་ཀ）二处居住，进行念修，成为名实相符的“静处者”。

彼师也说：

“噶举派对于闻思不大勤学，只专心于持心。圣·宗喀巴大师曾指示说：‘由于修禅失之于迷惑，现今在空山荒野里白白地送掉一生者太多了。’”

彼师主要钻研执掌释尊圣教全部教理的觉阿阿底峡噶当派的读、闻、思，并念诵《甘珠尔》大藏经等两遍，对胜乐、密集、大威德三本尊的圆满次第反复背诵，进行观修各一次。对于从各个地区前来求学者们不考虑其有何繁难，不看其供养厚薄，对于没有生活资料者还予以提供，传授了许多灌顶、随许、教敕、指引、教诫等，并告诫说：

“对于这一切，应以强烈的意向作为得到解脱和全知一切之因，再三地进行回向，善为广泛传播。”

像这样的事迹，正是人们所希望的处所。七十七岁，铁猴年（公元1740年，清乾隆五年，庚申）二月初三日圆寂。有自传《福缘满愿》，弟子大禅师洛藏扎西所撰的《增补》及佐格巫师所编的《密传·白莲华鬘》。彼师弟子巴尼当波（པ་ཉིད་དང་པོ།），原系一位有法力的咒师，据说他烧桑祭祀时，阿阇黎曾见他的桑祭坛侧有骑乘的宾客[175]张大眼睛在注视着云。后离开家庭在一切知大师座前受近圆戒，称为新比丘。承师上师阿阇黎，凡有吩示，都一一照办。在塘仓哇·洛桑喜饶的座前，聆听了《甘珠尔》大藏经的教敕。多次前去拉卜楞大寺向第二世嘉木样吉美尊者奉献《修法海》的随许和阿阇黎全集的教敕等。赤钦化身阿旺丹贝嘉措也曾请教过经法。一生在幽静地——曲藏登噶念修，于铁龙年圆寂。据切巴·洛桑程列（ཆས་པ་བློ་བཟང་འཕྲིན་ལས།）的传记中说是夏巴日旺秀（ཤ་པ་རི་དབང་ཕྱུག）的变化身云。总之，是一位不可思议的圣哲。其详细历史不悉。

阿阇黎仁波切家族的历世文布系统[176]，担任着这座寺院的寺主。藏历正月，五供节轮流举行法会，六月有念修嘛呢丹丸会，大酬补仪轨，密集、胜乐、药师、无量寿佛，十六罗汉拥绕如来的供祀仪轨，由各自扎仓的僧人们于初十二十五日举行法事等。在一切法行不曾损衰的基础上，蒙恩师阿莽道扎及卓尼堪布仁波切结合的恩德，于第十四胜生的木虎年（公元1844年，清嘉庆二十四年，甲辰)，按哲蚌寺郭莽扎仓的教程和色拉寺结扎仓教程，建立五大论讲辩制度，使这座寺院成为讲修圣教的出处，因缘之门任运成就。

这座寺院的主要依止圣物有以阿阇黎仁波切的整个尸体为内藏的灵塔，弟子大禅师贡钦巴的灵塔，内殿中有释迦能仁王佛像、弥勒佛像、文殊菩萨像，法王殿中，有历世一切知大师，阿阇黎师徒等许多哲士的衣服，无所缘殿中供奉着僧众如轮拥绕的圣·宗喀巴大师像，药师佛殿中有十六尊者的塑像，妙相庄严，释尊殿中有大禅师洛藏扎西塑造的三世诸佛像、八大菩萨像。在这座佛殿的上，下向阳窗处，有喀专乃丹塑造的弥勒佛像。天母殿中供有惹卜格洛赛（རེབ་དགེ་བློ་གསལ།）所献的据说出自夏琼寺德康哇之手的称为语所化的吉祥天母画卷。此外还有《甘珠尔》大藏经两部、《丹珠尔》大藏经、圣·宗喀巴大师师徒三尊等许多圣哲的全集。绘画的和塑造的佛像之多难以数计。依止圣物的详细目录，见于嘉贝样所撰的《导引幸福珍宝之车》。还有惹卜察活佛所编的《依止圣物嘛呢丹丸志》。各个佛堂的清洁卫生，供物的陈列等等都保持着第一世圣哲的规定，均能引起人们的敬仰。

这座寺院附近，有阿阇黎师徒的伽蓝文卜静修院桑丹林（འོམ་བུའི་རི་ཁྲོད་བསམ་གཏན་གླིང་།禅定洲）传记中说：

“文卜这处圣地的土地神，信仰正法，土地滋润，当地有水有树，是长净，结夏时数得着的几处静修院之一，多年以来，使大众善行增长。”

幽静的曲藏登噶静房，距此不远。文卜静修院中有阿阇黎仁波切的衣服等其他使用过的许多用具和经书。上述的喀专静修院和这座寺院两处的寺主由寺院的历届法嗣他们担任，各处管家执事人员由公所委派。这座伽蓝由于阿阇黎师徒的照管，重视戒律，是一座不可思议的遁世者习禅之处。

创建寺院的年限，传记之中不详，但是，曾看见有的文字中记载说：创建于第十胜生的火猪年（公元1587年，明万历十五年，丁亥）云。若如此说，则阿阇黎诞生于经过七十七年后之第十一胜生之木龙年（公元1664年，清康熙三年，甲辰）。彼师四十三岁之火狗年（公元1706年，清康熙四十五年，丙戌），建立了念修嘛呢丹丸会的传统。从这年起，居住在曲藏登噶静房。从这一年计算，经二十五年，即第十二胜生的铁狗年（公元1730年，清雍正八年，庚戌）喀专乃丹生。彼师五十三岁，十三胜生的铁虎年（公元1770年，清乾隆三十五年，庚寅），创建了格培林静修院（དགེ་འཕེལ་གླིང་།）。经过七十二年，即第十四胜生的木虎年（公元1854年，清咸丰四年，甲寅），建立讲辩，又经十二年，即今之木牛年（乙丑）。

拉索（རབ་སོ།）村中，有噶钦达喇嘛修建的三层楼佛殿。此处供有这位喇嘛的灵塔、《班禅本生传》《圣·宗喀巴全集》，以及达赖喇嘛师徒、阿阇黎贤巴等的衣服。怙主殿的楼上楼下，有莲花生八名号像等。这里出了这位大喇嘛、阿阇黎扎巴谢珠、大哲士扎巴阿旺洛哲（གྲགས་པ་ངག་དབང་བློ་གྲོས།）大寺[177]的许多阿阇黎，以及婆罗门祁伍噶杰（བྲམ་ཟེ་ཁྱེའུ་སྐར་རྒྱལ།）的化身者尚蒲巴·更登嘉样（སྒང་ཕུག་པ་དགེ་འདུན་འཇམ་དབྱངས།）等许多哲士。后者属木兔（乙卯）相，与扎巴谢珠同岁，十六岁披剃出家入大寺的会堂，三十三岁，火猪年（公元1707年，清康熙四十六年，丁亥），在肖哇仁波切座前受近圆戒。先前，他二十三岁之时，向第六世班禅洛桑耶喜请求特殊本尊时，班禅说道：

“以至尊文殊为特殊本尊，以六臂怙主为护法，以无所缘大悲颂为善行！”

乃绘文殊菩萨的画卷进行念修。出现了胸口正中有金黄色文殊菩萨，右边有青色文殊菩萨，左侧有红色文殊菩萨融入的印象。睡觉之时，迎请至尊，奉献七支，有何请求，就像和人谈话似的说出，立即在睡梦之中得到很明确的指示。有一次，叫做邹多尔周（གཙུག་ཏོར་འབྱུག）者请求道：

“阿阇黎古尔钦·格年扎喜（ཀུར་ཆེན་དགེ་བསྙེན་བཀྲ་ཤིས།）对我讲，念修空行母秘智，能于这一世中证得持明地等许多功德。请向至尊请示一下。”彼师按其嘱咐，请求了许多次，但都没有得到回答。再三恳求后，对于应诵何种秘籍，没有肯定说什么，指示说：

“努力奉诵百字明。”

此处仅作为例子叙述如上，详见于《散记》各节之中。彼师得到往生于极乐世界的授记，并出现了各种梦兆。七十六岁以前的事迹，有自传《信者之苗广述》可以查阅，此处不再摘述。

※　　　※　　　※

与此不远之处，有汉族称为莲花山，藏族叫作白玛山（པདྨའི་རི།[178]）的圣山。《柱下史》（བཀའ་ཆེམས་བཀའ་ཁོལ་མ།）中说：“有一座叫作莲花的山。”

传说中引证上述所说，来认定就是这座山峰，著者所见到的一些书籍中则称为“功德山”。第二世嘉木样说：

“松赞干布法王在西藏开始弘传圣教之时，就像法王在西藏帕邦喀镇那样，当汉族地区圣教开始弘传之际，也有一位文殊所化之身，称为邬欧曼珠室利（ཨུ་ལྷུག་མཉྫུ་ཤྲཱི།）的老和尚来到此处，进行了镇地仪轨。”

看来，拉萨布达拉宫内外的塑像等可能也是按这位哲士的面型塑造的。

曼隆古鲁（མན་ལུང་ཀུ་རུ།）在峭壁开凿石梯，直达峰顶。峰顶有贡子[179]修建的具有加持力的文殊殿。据说莲花生教长以神通来到此处，降伏了一切神鬼云。汉藏族的病人们前来朝礼此山者甚众，对他们的疾病之所以有裨益，据说这似乎是由于教长的加持云。现在，五月五日这一天，朝山的汉族和藏族民众难以数计。山峰被称为自然形成的汉式塑造的文殊菩萨的宝剑。

贡塘·嘉贝样颂道：

“曾云妙吉祥，作画赐加持，身剑所现形，百瓣莲蕊峙。胜者与佛子，化身无量数，憩息于宝塔，圣地加持藏。山形如莲花，神圣之大鼓，妙音响彻处，玛哈支那地。在此莲花山，众生庥幸福，果报已异熟，殊胜之国土。昔日成就主，白玛噶拉（པདྨ་ཀ་ར།）[180]尊，以燃炽金刚，灵耀之印记，对多麦大地，万物神鬼等，役使如仆役，是悉地坛城；俱生国土咒，是空行道场，仙人持明处，念修之处所，是十善荣华，财物丰盛地。圣地之稀奇，语言难尽叙。”

殊胜化身仁波切贡乔丹贝坚赞曾前去该处，听说认出了五台圣地，邬坚[181]静房等。详细情况不大了解。莲花山中峰之上，有圣·观世音十一面尊的神殿，东峰之上有帝释神殿，这座山峰之麓，圣·阿莽道扎塑造了五世达赖、章嘉饶悲多吉、一切知嘉木样协巴等像。有扬先云（ཡང་ཞན་བཞིན།）的静房——禅定洞（ཏིང་འཛིན་ཕུག）。这位哲士，原先是汉族的在家俗人，他舍弃一切，在许多幽静处所，尤其在这所静房长期静修禅定，证得坚定的持心之境。后来，他出家为僧，承事一切知上师师徒及喀专乃典巴等，成为同一教法的大士夫。该处有供奉文殊、释迦王佛、观世音等以及三世诸佛像的两座佛殿、度母佛殿、普贤等佛殿。还有许多供奉汉族神道的庙宇。

北面的云哇扣松（གཞོང་པ་ཁག་གསུམ།）被讹称为雪昂卡松（ཤོ་ནང་ཁ་གསུམ།）地区，有持律师杜增雪哇仁波切(འདུལ་འཛིན་ཤོ་བ་རིན་པོ་ཆེ།）的伽蓝惹卜察三寺（རབ་ཚའི་དགོན་པ་གསུམ།）。其中之上寺，叫多玛寺·彭措噶丹林（སྟོད་མ་དགོན་ཕུན་ཚོགས་དགའ་ལྡན་གླིང་།），于这位大持律师五十二岁那年，即第十一胜生的水狗年（公元1682年，清康熙二十一年，壬戌），由恰格，赛哇（གསེར་བ།）、佐秀（མཛོད་ཁུལ།）等地的喇嘛和官人，以及惹卜·格却扎喜（རབ་དགེ་ཚོས་བཀྲ་ཤིས།）等负责，把许多小寺院聚拢起来，在惹卜察的公地日吉拉雪（རི་རྗེའི་ལྷ་ཞོལ།）处，修建了这座寺院。规定会堂的僧帽、僧氅等等行止，都要合乎威仪，建立了三事实践，直到现在仍旧保持，三座寺院都相同。因和卓尼大寺思想一致，在寺院条例的序言之后，特别加有中间偈句。

佐秀（མཛོད་ཐུལ།）拉仁巴洛藏喜饶（བློ་བཟང་ཤེས་རབ།）、恰格募化师扎巴嘉措（གྲགས་པ་རྒྱ་མཚོ།）和旧法台（ཁྲི་བ་རྙིང་བ།）三人是这寺的同一级的僧辈，一同前赴西藏卫地，三人同属于哲蚌寺的郭莽扎仓，因佐秀拉仁巴是一位出类拔萃，无人匹敌的格西，他回家乡之后，流传着这样的话：“安多的山谷中，分去了一块磐石大的金子”云。据说他曾于秋季，看到荆棘树叶红遍山谷，乃想念拉萨，双手抱着头痛哭不止，并高声长吟文殊菩萨种子དྷཱི：作出辩论开始的动作云。

募化师在卫地居住了约二十年，取得了然绛巴的名号，在郭莽扎仓大会上被授予墨尔根曲结职衔和文书，命令担任募化师。水蛇年（癸巳），图杜衮旺达赖岱青授予文书，列入其旗下。木羊年（乙未），在夏琼寺朝谒曲藏诺们汗，授予前往华热地区募化的文书。他虽募化了许多财物，不为自己私事花费一丝一毫，把所有的一切，一一派人送往扎仓[182]。凡遇有人请求超荐死亡者之时，有人请求占卜之时，有人要求护身结之时，都在佛堂之中向所供的有灵验的怙主像前，念着施主之名，就像和人谈话似的请求赐予护佑，如此等等以衷诚信仰之神力饶益众生，成效卓著，直至生命圆满。

旧法台也是恰格部落之人，精研五部大论究竟圆满，据说临近取得拉仁巴学位之际，身患疾病，以致未果云。在他所撰的这座寺院《圣地颂》及《圣物述记》的结尾中有这样的词句：

“精确纯净郭莽经院里，众多知者结伴在一起，研讨深奥正义之往事，再三回忆衷心生信起。”

他受赛·阿旺嘉样扎喜之命，担任喀加寺的法台，因而被人们称为“旧法台”。尔时他从洛多（བློ་རྡོལ།）搬来几户人家，其后裔就是喀加的洒噶尔（ས་དཀར།）。其中出了一位称为赛尔哇阿卡活佛（གསེར་བ་ཨ་ཁུ་སྤྲུལ་སྐུ།）者，曾照见大悲观世音圣容，役使天母如仆役，直到现在这个家族的历代文布系统，还轮流护理。此外还有如额头自然现显帕丹巴像的多仓觉干[183]敦约森格（རྡོ་ཚང་གཙོད་ཀན་དོན་ཡོད་སེང་གེ），雪哇仁波切的亲门弟子一生参禅念修的多格扎巴却登（རྡོ་དགེ་གྲགས་པ་ཆོས་ལྡན།），还有称为曲卡觉干者[184]，当他布施自身时，别人真能直接感觉到他真的把身体交于宾客[185]的验证，如此等等的许多证悟者。稍后之时，则出了夏琼寺德康哇的弟子惹卜格·阿旺洛赛（རབ་དགེ་ངག་དབང་བློ་གསལ།），精于书写楷体藏文，以及堪为楷模的多仓格隆索南扎喜等洞晓显密及诸明处的许多人士。

这座寺院的依止圣物有以静修僧嘉格（རི་ཁྲོད་པ་རྒྱ་དགེ）从西藏卫地迎请而来的颇具灵异，称为"清净极乐世界"的圣·宗喀巴大师像和以德康哇的饭钵为内藏的具有巨大加持力的弥勒佛像，由恰格·赤巴敦珠塑造的雪哇仁波切像；由智观巴·洛藏喜饶塑造的文殊菩萨像，由卑孜向哇·嘉样敦珠（བིས་རྫེའི་བྱང་བ་འཇམ་དབྱངས་དོན་གྲུབ།）堂弟兄们自七海子（多伦淖尔）迎请来的一人身量之高的阿弥陀佛像，约不及一人身量之高的十一面尊和怙主五法王；卓尼卡拜（ཁ་བད།）的经师木乃卡加哇（མུ་ནེ་ཁ་སྐྱ་བ།）绘制的全部十二宏化，八十宗喀的画卷十多帧；遁世者强巴鄂赛尔（ཀུན་སྤངས་བྱམས་པ་འོད་ཟེར།）和静修僧图丹（རི་ཁྲོད་པ་ཐུབ་བསྟན།）二人的本尊阿弥陀佛庄严佛土和菩提道次第传承画卷。楼上有特别稀有的觉阿释尊像，壁上则有许多幅如意藤等绘画及雕塑像；语化的依止圣物有《甘珠尔》大藏经、《丹珠尔》大藏经，圣父子三人、第四世班禅确坚、章嘉仁波切，历世一切知、贡塘·嘉贝样、圣·阿莽道扎、土观·却吉尼玛等全集、卑孜·南木拉先（བིས་རྫེ་གནམ་ལྷ་བྱམས།）修建的高大美妙的尊胜宝塔，措卡哇·贡乔群培（མཚོ་ཁ་བ་དཀོན་མཆོག་ཆོས་འཕེལ།）辑有《述记》，以及八善逝宝塔等，还有第三世一切知的衣服、僧氅等以及其他一些哲士们的衣服，众生怙主八思巴的念珠等内部依止圣物。这座寺院，有一段时间内，经堂地下溢水，乃将寺院迁于郭察（གོ་ཚ།）昂欠之中。第十四胜生的土狗年（公元1838年，清嘉庆十八年，戊戌），恩师阿莽道扎负责迁于原先的旧寺址之中，出现了很大的妙会。依粉彩画规念修的密集、胜乐和大威德三本尊法的腔调、韵律，完全和下密院相似，清净无垢。神变祈愿节，藏历四月的现证菩提等节日，六月的转法轮节都有定期法会，六月份有念修嘛呢丹丸会，降天节日持禁食斋戒，五供节、年终则有二十九日供施，三座寺院完全相同。

戎康（རོང་ཁམས།）夏仲却嘉措（ཆོས་རྒྱ་མཚོ།）修建的卡噶尔静修院珠居格培林（ཁ་དཀར་རི་ཁྲོད་སྒྲུབ་རྒྱུད་དགེ་འཕེལ་གླིང་།）三事实践现仍盛行。上一世知观巴静房——玛色洞（དམར་ཟེའི་བྲག་ཕུག）。雪哇仁波切禅房——塔尕柔（མཐའ་སྐྱ་རགས།）。与此不远之处，有自然显现汉文的石崖。赤钦南桑哇亲传弟子觉加（ཇོ་སྒྲ）阿阇黎·洛藏扎西（བློ་བཟང་བཀྲ་ཤིས།）居住地托尕尔静修院（ཐོག་དཀར་རི་ཁྲོད།）。

※　　　※　　　※

康托寺[186]达尔吉林（ཁང་ཐོག་དགོན་དར་རྒྱས་གླིང་།）肖哇仁波切大持律师于其享年四十六岁的那一年，即火龙年（公元1676年，清康熙十五年，丙辰），由桑吉耶希官人，班穆（བན་སྨུག）官人两位献上康托地址，由圣者的弟子洛哇·仁钦嘉措（ལོ་བ་རིན་ཆེན་རྒྱ་མཚོ།），东科寺[187]僧官仲仁巴智化坚赞（དྲུང་རམས་པ་གྲགས་པ་རྒྱལ་མཚན།）、噶居智化扎喜（བཀའ་བཅུ་གྲགས་པ་བཀྲ་ཤིས།）、文布智化桑吉（གྲགས་པ་སངས་རྒྱས།）等负责，与玛尔格（དམར་དགེ）然绛巴·智化塔治（གྲགས་པ་མཐའ་ཡས།）、辛格（གཤིན་དགེ）然绛巴·金巴藏卜（སྦྱིན་པ་བཟང་པོ།）、嘉格（རྒྱ་དགེ）然绛巴·坚赞耶希（རྒྱལ་མཚན་ཡེ་ཤེས།）、察尔察（ཚར་ཚ།）噶居·宗哲坚赞（བརྩོན་འགྲུས་རྒྱལ་མཚན།）、洛格（ལོ་དགེ）噶居·坚赞智（རྒྱལ་མཚན་གྲགས།）、秦木格（ཚོམ་དགེ）噶居·索南敦珠（བསོད་ནམས་དོན་གྲུབ།）、洛格（ལོ་དགེ）、噶居·贡乔智（དཀོན་མཆོག་གྲགས།）、辛格（གཤིན་དགེ）文布·桑丹藏（བསམ་གཏན་བཟང་།）、嘉格（རྒྱ་དགེ）文布·智化扎喜（གྲགས་པ་བཀྲ་ཤིས།）等进行协商，取得一致意见，将洛哇寺（ལོ་བ་དགོན།[188]）、东科向趣林（སྟོང་འཁོར་བྱང་ཆུབ་གླིང་།）、监察寺（གཙན་ཚའི་དགོན།）等村中的古老小寺集中在一起，建成了这座寺院。康熙五十五年，火猴年（公元1716年，丙申），为了和卓尼和好，曾得到他们的文书。第二年，戎康夏仲到达这座寺院，由法台噶居·噶丹丹增（དཀའ་ལྡན་བསྟན་འཛིན།）、森康文布（གཟིམས་ཁང་དཔོན་པོ།

）、噶居·智化扎西（གྲགས་པ་བཀྲ་ཤིས།）等请求增订寺规。

阿阇黎仁钦嘉措哇（རིན་ཆེན་རྒྱ་མཚོ་བ།），生于第十一胜生的土虎年（公元1638年，明崇祯十一年，戊寅），藏历正月初三日。七岁时在阿阇黎藏卜（བཟང་པོ།）的座前学习文字等。十岁时，披剃出家并受沙弥戒。二十五岁时赴西藏卫地，在色拉寺结扎仓钻研理路，向许多哲土请求了所有的经法。三十一岁，即土猴年（公元1668年，清康熙七年，戊申），于第五世达赖喇嘛座前受近圆戒，觉得心事圆满，产生无比的欣慰，这一年，向阿阇黎嘉样隆珠（འཇམ་དབྱངས་ལྷུན་གྲུབ།）请了假，返回家乡。第二年八月之中，持律师雪哇仁波切来到多麦地区，乃向其请求在本寺建立三事的实践。火龙年（公元1676年，清康熙十五年，丙辰），持律师创建康托寺，于此时，由东科喇嘛和他两位也开始修建寝宫，并多方负责向卓尼请求文书等。这一段历史摘自这位哲士于其五十三岁铁马年建造的佛塔《述记》之中。

原先村中小寺向趣林的庄园，由惹卜察的洮官完第卡尔（ཁྲོའུ་བཀུན་བཏན་དེ་མཁར།）的侄子沙弥索南拉卜丹（བསོད་ནམས་རབ་བརྟན།）经管，由于兄弟死去，在众人逼迫之下，前去堪布东科仁波切的座前奉还戒律，在家作了俗人。为了消除罪孽，建造了《般若二万五千颂》。关于村中小寺院和庄园的主人，经报告堪布派遣东（སྟོང།）氏族姓的东科尔索南泽摩（སྟོང་འཁོར་བསོད་ནམས་རྩེ་མོ།）连同他们的家属前来，把寺院和财产以及田地等都奉献于他。索南泽摩同喜饶敦珠（ཤེས་རབ་དོན་གྲུབ།）、索南敦珠（བསོད་ནམས་དོན་གྲུབ།）、阿阇黎扎喜坚赞（བཀྲ་ཤིས་རྒྱལ་མཚན།）、比丘敦珠坚赞（དོན་གྲུབ་རྒྱལ་མཚན།）等负起新建寺院之责，建起了佛殿、弥勒殿、怙主殿等，塑造了一人身量高的许多佛像，贡献甚大。

监巴（གཅན་པ།）喇嘛曾赴西藏卫地两次，头一次受了近圆戒，第二次，进行学习并取得学位。先后担任本寺的格贵师、法台多次，在寺院周围栽植松树，用以代替垣墙，并修建经堂。秦木格阿阇黎阿旺丹增（ངག་དབང་བསྟན་འཛིན།）是拉卜楞寺的格西，曾在北部的一些讲辩院中进行过立宗。示寂之时，圣·阿莽道扎予以从取舍出发的许多教诫。毫无疑问是一位超殊的补特加罗。此外，还有夏日喇嘛（ཤར་བླ་མ།）、冬额（ཏོང་དེ།）喇嘛等历世上师进行护持。主要的依止圣物有第七世达赖喇嘛噶桑嘉措赐予监巴喇嘛的被称为语化的释迦能仁王佛金刚座像，智观巴洛桑喜饶塑造的弥勒佛像，当这尊佛像进行开光时，人们看见一位比丘身穿三法衣，手持禅杖隐入像中。还有察尔察苏乎（ཚར་ཚ་སོག་པོ།）迎请来的栴檀雕成的八善逝宝塔，切巴曼干（ཆས་པ་སྨན་ཀན།）迎请来的弥勒佛像，玛尔格（སྨར་དགེ）塑造的释迦牟尼佛像，觉加阿阇黎的本尊十一面尊，恰格阿阇黎师徒的本尊十六罗汉拥绕如来像，由于秦木格阿阇黎的恩德而得到的第三世嘉木样的衣服、僧氅和宝座。班禅仁波切等许多圣哲的衣服，萨钦[189]的念珠，《甘珠尔》大藏经和《丹珠尔》大藏经，以及如意滕佛龛等。四月节等法会有跳神舞，法王的面具据说是自然形成者。正月十五日神变祈愿法会，晚上有花灯供。胜乐、密集、大威德三本尊法及吉祥天母仪轨的大悲观世音修供，依粉彩画规进行的法行，日益增盛。

嘛呢静修院格培桑丹林（མ་ཎི་རི་ཁྲོད་དགེ་འཕེལ་བསམ་གཏན་གླིང་།），往昔，这里完全是参禅修行者的静地，后来来了大遁世者贤巴鄂赛哇（བྱམས་པ་འོད་ཟེར་བ།）终身在此念修。这位圣者自幼出离，以意乐和加行二者承事佐格·克珠增巴的足莲，精研菩提道次第、修心、显密经论以及包括诸明处的浩瀚经论，此外还从智观巴·洛桑喜饶、喀专乃典、秀仓（ཤུག་ཚང་།）禅师等处闻听所有的甚深妙法。胸中证得菩提心，贯通取舍的实践，获得往生兜率天的殊胜征兆。晚年在自己的山寺及曲科寺等处广弘灌顶、教敕、诀要等法统。对于所收布施一一经管起来，以施舍的方式，奉献于居住在贡洒尔丹培林（དགོན་གསར་བསྟན་འཕེལ་གླིང་།）的圣·阿莽道扎座前。他是一位寡欲知足，才识精湛，德行谨严，心地善良无比的大士夫哲士，有一部分著作行世。

雪哇寺克珠林（སོ་བ་མཁས་གྲུབ་གླིང་།），这是持律师雪哇仁波切的根本寺院。彼师五十五岁的木牛年（乙丑），玛尔仓郭哇[190]坚赞仁钦（རྒྱལ་མཚན་རིན་

ཆེན།）奉献建寺地址，遂进行修建。这位圣哲没有文字的传记，详细的情况不甚了解，兹据文布然绛巴·洛藏却培（བློ་བཟང་ཆོས་འཕེལ།）修建的佛塔《述记》等所列各种经典之后所附的零星记载及参照一些口传，略述于此：

彼师于第十一胜生之第五年，即铁羊年（公元1631年，明崇祯四年，辛未），生于热哇（ར་བ།），父名嘉尕尔加（རྒྱ་གར་སྐྱབས།），母名堪卓措（མཁའ་འགྲོ་མཚོ།）。彼被剪脐带时，血珠滴地处长出了一颗龙珠藤，从它开花的情况，可以推知一年之中年景的好坏，现在仍然这样。六七岁之时，曾丢失过数次，据说，有一次黄昏之际，向后山方面走去，父亲尾追前往，看见山麓有一头大鸟飞翔，即往该处寻找，于隆日静房（ལུང་རི་སྒོམ་ཁང་།）中寻得。第二天，人们问：

“小孩，你到哪里去了？”

“我有一匹吃草的马，我没有去牲畜那里；有一位食糌粑的小孩，我没有到人们行列中去住；我只在卡隆山(ཁ་ལུང་རི།）的石洞里转了一下。”

长大之后，前赴西藏卫地。那时，西康地方有人以银汁书写《般若十万颂》，他给书写者们担任仆役。庆贺书写完成的宴会上，人们谈论：

“今后，书写这样《般若十万颂》的人恐怕缺少。”他就说：

“若钱财多时，修造《般若十万颂》的人自会有的。但是，像我[191]这样的烧茶仆人，则恐怕不会有。”

同打箭炉的商人们做伴，一同前去卫地，到达一条大水[192]，水势大涨难以通过，恰有一条毛毯，乃张在水面上得以渡过。有一次，商人们取笑说：“现在该打尖了，今天该轮到出家人你呐！”他从牛驮上取下一口锣锅，向前走去。当商人们到达打尖地时，满满的一锣锅茶已经煮好，给大伙斟上怎么也喝不完。据曲加（ཆུ་སྐྱ།）持明师班丹扎西（དཔལ་ལྡན་བཀྲ་ཤིས།）说：

“于赴卫地途中，写有南道歌和北道歌两种，不论怎样说，这位圣哲曾显示了许多证果者的行止。”

但是这部书没有搜集到手，是否他们于回来时一同经过南部洛卡一路，不甚清楚。当他朝礼第五世达赖喇嘛时，被问道："那波哇来到了吗？"

被称为是古印度八十成就者之一——那波交巴（ནག་པོ་སྤྱོད་པ།）的化身云。于达赖喇嘛座前受近圆戒，命名为洛藏南加（བློ་བཟང་རྣམ་རྒྱལ།）。在色拉寺结扎仓钻研浩瀚的显密经论，曾于许多日内，僧寮中不举火，以如此等等苦行善良循规地参加会传学习，从不间断，受到大家的尊重和好评。遵照第五世达赖喇嘛再三郑重宣布的"在多麦地区建立伽蓝，要把圣教之事放在心上"的教令，于三十九岁的土鸡年（己酉）返回家乡。在洛哇寺（ལོ་བའི་དགོན།）按照阿阇黎仁钦嘉措哇（རིན་ཆེན་རྒྱ་མཚོ་བ།）的意见，遵照下密院的规程，建立长净，及比丘和沙弥二者失律还净等制度。在隆日山（ལུང་རི།）、观日山（སྒོམ་རི།）、塔尕柔（མཐའ་སྐྲ་རགས།）等处专心致力于修习所闻的经义。在居住于后者之时，有一天晚上听见一头獐子惨叫。心想：这是为了什么？乃前去寻找，在森林中发现獐子陷于套索之中，若砸坏它，则对不起置套索者，遂返回来，做了一个大饼，拿去放在套索之中，把獐子放开去。于人不能通行的石崖上，以神变设置泥佛像，迄今还能看见，可以朝拜。时机成热后，按照第五世达赖喇嘛的教令，修建了上、中，下三座寺院，建立三事实践等，戒律极其清净的法统一直遵守至今，奉行不衰。据说，这三座寺院作为代替三大寺而修建云。康熙三十七年土虎年（戊寅），向卓尼土司才旺敦珠（ཚེ་དབང་དོན་གྲུབ།[193]）请求其承担各伽蓝的主人。土司按彼师的指示答允照办，捧彼帅足莲于头顶之上，发下了支持的文书。为了祈祷土司长寿，规定各个扎仓于任何时候举行供祭时，必须念诵《普贤行愿品》。这位贤哲三十四岁的木龙年（甲辰），恰格阿阇黎诞生，七十岁的铁龙年（庚辰），阿阇黎似乎前去卫地，七十四岁的木猴（甲申）年示寂。其间之某一年，阿阇黎曾叩谒彼师，请求重新授予近圆戒，并请求了《菩提道次精要》的指引。阿阇黎的传记中说，尔时详谈住持正教的许多功德，指示说：

“若有益于圣教，去住山间静修院何用？假如要去居住，则仅靠喇嘛一人难以承担供修各事，应动员所有僧俗人等，应做一位继往开来之人！”

又赐予木拉尊者的瑜伽，指示说：

“先师们曾经教导过，若对此勤加祈祷，居于山间静修院不会碰到障碍。对于这些特殊的教敕，应放在心中，生无限的信仰。”

卓尼土司为了超荐所缘境，敦请前去。这时，因恰格阿阇黎已先在那里，派出了许多骑迎的人前来迎接。彼师则以遁世者的姿态徒步行进，人们不认识，没有迎接上。在进行净荐仪轨，抛撒咒过的白芥子时，人们看见它突然打穿锦缎之幕，进入棺材之中。据说这是土司嘉样闹卜之母逝世时之事，虽有此一说，但土司之母，逝于土马年（戊午），上述说法似不正确。在《丹珠尔》大藏经的总序中没有关于这位圣哲曾前赴卓尼的记载。但是，尔时曾奉献跳神法衣和面具等，而且大红司命主姊妹护法的面具至今还在，关于这一点，似不应怀疑。因示寂于白石崖之麓与云曲水（གཞུང་ཆུ།）不远之隆仁（ལུང་རིངས།）静房，人们谈论，它可以作为扎尕曲外日（བྲག་དཀར་ཆུ་བར།[194]）之代替云。

有一首祈祷词，据说是居于喇嘛东边的一位日朝巴所撰，其中说，

“长远抛弃世间之八法，于僻静处修无比大菩提，顶礼勤奋吃苦各方面，成为米拉第二大师尊!”

这篇颂扬的祈祷词，切合实际，是表示实践闻思修和三律仪究竟到家的非常重要的总结性的嗢陀南，但文辞较繁，未曾全引。

彼师的侄子文布然降巴·洛藏却培，属相水虎（公元1662年，清康熙元年，壬寅），在阿阇黎仁钦嘉措哇的座前学习藏文正草书法，十三岁时，披剃出家并受沙弥戒。二十一岁时，入色拉寺结扎仓学习显乘经论七年，又入下密学院学习密咒，成为显密兼通的格西。于噶丹寺、扎什伦布寺、昂仁寺等处参加巡回辩经。三十一岁返回故乡，如仪承事贡玛

持律师之足莲。持律师逝世后，举行盛大超荐法事，当时三个寺院都争喇嘛尸骨等。他说道：“我的喇嘛尸骨，应由我做主。”就在自己的寺院扎喜格培寺修建了菩提宝塔，敦请察罕诺们汗喇嘛为之开光。五十九岁铁鼠年（庚子），设置佛塔，在其《述记》中有他的零星事迹特摘录于此。先前的各古老乡村小寺由他们历世的阿阇黎护理。后来，热哇寺（ར་བའི་དགོན།）衰落下去，把灵塔敦请到这寺，重新涂饰金液作为主要依止圣物，戒香氤氲，芬芳四溢，每值神变祈愿法会，于塔前奉献食物时，通常有甘露下降。有以喀专乃典巴的尸骨——其上有许多佛陀、弥勒佛、菩萨等像——为内藏的灵塔，持律师雪哇仁波切的像，它的内藏之中据说有持律师前赴卫地为商人们打尖时烧茶之锣锅云。还有第二世达赖喇嘛更登嘉措所赐的银制宝塔，第五世达赖喇嘛的像，据传这是胜者特别赐给雪哇仁波切的云。另有一说，上述村庄之中，出了一位曾任西藏地方政府的官员——孜仲，由他迎请前来云。具有加持力的噶当灵塔，本隆（བོན་ལུང།）喇嘛修建的八如来宝塔，有《述记》行世。密宗事部三怙主像，其中文殊菩萨手中之宝剑据说来自五台山，颇具灵异。由清凉寒林之黑石雕成的怙主像，觉加阿阇黎的本尊十一面尊石像，颇具灵异。还有彼师的手摇转经轮和铃，大持律师的法衣、禅杖、钵、滤水器，恰格阿阇黎和噶托巴·多吉森格（ཀ་ཐོག་པ་རྡོ་རྗེ་སེང་གེ）两师的铃，古印度的护符轮，空行母的颅骨及许多哲士的衣服等为内部依止圣物。还有卫地所绘的全套佛陀本生传画卷，称为自然形成的马头明王画卷——系戎康夏仲却嘉措所造。怙主殿中有圣大师的鼻血所绘的吉祥天母的画卷，颇具灵异，还有从萨迦寺迎请而来的面具等。圣·阿莽道扎说：

“这座寺院的马头明王虽然声名很大，但是由于地址的关系，这座吉祥天母像则比较威严显赫。”

其地东北隅有湖，还有结日玛尔布山（ཁྲིས་རི་དམར་པོ།）及许多弯弯曲曲的结兰木玛尔布（ཁྲིས་ཐམ་དམར་པོ།）礼道等，被认为是守护神祇自然会聚的圣地。三座寺院之中各有千佛阁、法轮殿。这座寺院之中，有本隆昂哇（བོན་སྐྱོང་ནང་བ།）造的觉阿释尊像等所依与能依圣物，《甘珠尔》大藏经等三依止，难以数计。有四时期供、降天禁食斋戒、嘛呢丹丸修供会、藏历十二月二十九日抛掷施食祭等，与上述各寺相同。有按卓尼规矩的旧式跳神舞及抛掷施食等。这寺和康托寺两处，还有称为听命的具祥金刚玛沁山神的跳神舞。依粉彩画规于藏历三月有七天的时轮修供会，秋季则有毗卢遮那佛的修供会，包括韵吟腔调等法行事业，日益增盛。

第十一胜生的第五年，铁羊年（公元1631年，明崇祯四年，辛未），持律师雪哇仁波切诞生，第二年为水猴年（壬申），经十三年之木猴年（公元1644年，明崇祯十七年，甲申），汉族的江山为居尔济（ཇུར་ཅིད།满族）所有，顺治帝即位。顺治九年水龙年（壬辰），第五世达赖喇嘛被请至黄金首都。又经十一年之水虎年（壬寅），康熙皇帝即位。康熙八年土鸡年，持律师尊者来到多麦。自铁狗年（公元1670年，清康熙九年，庚戌）算起，经七年之火龙年（公元1676年，清康熙十五年，丙辰），即彼师四十六岁这一年，创建了康托寺达尔吉林（ཁང་ཐོག་དགོན་དར་རྒྱས་གླིང་།兴盛洲），自此岁经七年，于水狗年（壬戌），又创建了多玛寺[195]噶丹林（རྫོང་མའི་དགོན་དགའ་ལྡན་གླིང་།）。自此岁经四年，于木牛年（乙丑），又建雪哇寺[196]克珠林（ཤོ་བའི་དགོན་མཁས་གྲུབ་གླིང་།）。第二年，第十一胜生结束。第十二胜生的火兔年（公元1687年，清康熙二十六年，丁卯），赤·洛哲嘉措（ཁྲི་བློ་གྲོས་རྒྱ་མཚོ།）与皇帝大主宰[197]会晤，自此岁经十八年之木猴岁（甲申），这位大持律师圆寂。从木鸡年（乙酉）算起第五年，即一切知嘉木样协巴多吉享年六十二岁之土牛（乙丑）年，拉卜楞寺兴建。若从铁虎年（庚寅）算起，至今木牛（乙丑）年，则已历一百五十六年矣。因此，很明显康托达尔吉林的兴建，已经一百九十年，噶丹林的兴建，已经一百八十四年，克珠林的兴建已经一百八十一年矣。

宗昂智甲多吉宗窟（ཛོང་ནང་བྲག་སྐྱ་རྡོ་རྗེ་ཛོང་།），雪哇仁波切曾经居住的隆日山、观日山等都在此窟的附近。

云曲水之阴，司多玛尔库塘（སྲིབ་སྟོད་མར་ཁུའི་ཐང་།），阿阇黎图多坚赞（མཐུ་སྟོབས་རྒྱལ་མཚན།）曾于此修建了静修院，但未能长久维持下去。

喀加的洒尕尔静修院惹噶才培林（ས་དཀར་རི་ཁྲོད་རབ་དགའ་ཚེ་འཕེལ་གླིང་།）。

从前济农王[198]之子惇多布旺扎勒（དོན་གྲུབ་དབང་རྒྱལ།）之时，曾兴兵侵扰此地，为了阻塞道路，惹卜察四部落砍伐树木，修筑卡子工事进行拦截。因此，有一处地方称为惹卜察奇合（རིབ་ཚའི་ཆག[199]）。该处有智观巴·洛桑喜饶的伽蓝，奇合日山衮桑巴勒（ཆག་རི་ཀུན་བཟང་དཔལ་ལེགས།）的林间僻静地——桑丹林（བསམ་གཏན་གླིང་།），亦叫扎喜曲培林（བཀྲ་ཤིས་ཆོས་འཕེལ་གླིང་།）。这位哲士于土猴年（戊申），生于多尕如琼（རྡོ་དཀར་རུ་ཆུང་།）的鄂姓（རྡོག་རིགས།）家族，从小在家为僧，在曲宗密宗院（ཆོས་རྫོང་རྒྱུད་གྲྭ།）详细钻研胜乐、密集、大威德三本尊的仪轨、韵律、腔调等以及关于续部方面的学科。彼师勤奋苦学，就是向邻舍处讨火种之事也不肯做，只是在一陶罐之中装满清水，暴晒于太阳之下，使其微温，即行饮用。他认识到不能使闻思方面处于偏废的重要性，乃入合作寺（གཙོས་དགོན་པ།）的经院学习，在赤·坚赞森格座前受近圆戒，请求了许多经法。向拜惹（ཞེ་རེ།）阿阇黎图多坚赞（མཐུ་སྟོབས་རྒྱལ་མཚན།）聆听了《菩提道次精要》和《文殊亲教》的传授及金刚鬘的灌顶等。由于这两位师长的一些随从发生不和，僧众分为两派，致居住发生问题而和一位同伴来到山间，在杂义多隆谷（རྫོ་ལུང་།）靠水和花粉辟谷术为生，同伴吃不了这种苦，返回他的故里，彼师则结合上师的瑜伽，迅速修习菩提道次第，颇有体会。每天洗净木碗，献功德水数次。在该处于木多阿阇黎·嘉措敦登（རྒྱ་མཚོ་དོན་ལྡན།）的座前聆听那绕空行佛母加持力等全部章节。听说在轮流观想修证这位尊神之际，凝视根本上师嘉措敦登之脸，一心专注地高声念诵“唵啊吽”，自二十一次至百次不等。有一个坏蛋汉子，曾活活地剥去了一条狼崽之皮扔了进来，彼师看见他不敢向后观望，狼狈逃窜的情景，反而发生了良好效用。有一次，一位信仰者供养了一点点茶叶，因没有烧茶的器皿，就搁在那儿不用，第二次又送上了煮茶器皿，但茶叶发了霉，乃放在洞门外太阳之下晒，又被一个人偷了去。但是这个偷茶叶的人立刻发了疯，被引到座前经过禳解，才得以清醒。于是彼师被称为“智观巴仓”，事业顿时兴起。这次事件，被认为是一时之障碍云。居住不定地，在曼隆谷、多尔散、上下喜合热等处闭关进行年禅和月禅。在这期间，每天上午观想菩提道次第，下午观想胜乐、密集的二次第——生起次第及圆满次第，特别是修持空行母的十一瑜伽次第道，得以照见圣容，指示说：

“诸法理与大手印，义味不二，等行心，原始俱生是大乐，若欲享受入母怀!”心中出现了无限喜乐，情不自禁地撰写了“珊瑚色母夺意女”等启白词。当居住在冈察的多尔散，修持甚深奥义断魔之境时，出现蛇盘在床铺之上，老虎徘徊在静房门外，从无形之处爆起哨声，静房之中发生悲叹之音。喇嘛木多阿阇黎亲自前来，说道：“孩子，不要悲伤！要想生则独生，死则独死之理，努力修持！”

以一年之时间，念修怙主，看见本身体积与山岳相等。遵照苟什德洛桑丹贝坚赞的指示和为了朝礼多麦地区各大圣地，来到雪哇寺寻找雪哇仁波切的经籍和秘智空行母的颅骨进行朝拜。人们谈论是这位持律师的转世云。曾于嘛呢静修院居住了短暂时期，念诵大悲观世音胜者海藏一千万遍，照见了圣容，祈祷接引至极乐佛土！指示说：“暂时等一等，可以如愿完成！”

在喀专乃典·洛桑丹增巴的座前，以圆满增盛的仪式受近圆戒，聆听讲传《律经根本律》与其各种注释结合的教授，凡洒净水[200]，让施予[201]等虽微小之事，也必须付诸实践。授森康三律仪请点法，凡有记忆不起之部分，即进行忏悔，遇有坠罪，不使过夜，以如此等等行为，使三律仪严谨清净。接着创建了这座静修院，持律师阿旺图丹（འདུལ་འཛིན་ངག་དབང་ཐུབ་བསྟན།）等许多遁世者聚集于此，在上弦十日和下弦的二十五日这一天，会诵大威德自入法，胜乐五尊法，规定了结合阿弥陀佛的上师瑜伽，常年举行颂赞名号的月禅制度，从不间断。由于缺水，在附近穿井一口。在修持马头明王的念修禅时，画卷上的佛像放射着火花。因此，在这一方面，以息、增、怀、伏四业的护摩，施食的各种业次第，诅、烧、掷三式[202]，滚调伏（རི་འདུལ།）、迷调伏（སྨྱོ་འདུལ།）和斩魅魔（མི་ཁ་ཙོད།）[203]，写画各种护轮[204]，施放吃文[205]等等方法护持众生，功德巨大。虽不定规地讲传何种经法，但也像日朝旺波、克珠丹增巴那样聚集着许多徒众。有《胜者海生起次第大乐游戏海》《白财神酬补仪轨》等一些著作。在康托寺造高大的弥勒佛像；在这座静修院造释迦佛像；在佐格寺·扎喜却培林叩谒一切知吉美旺波，聆听了给大众共同讲传的胜乐、密集、大威德三本尊的灌顶，并单独请求了白文殊的随许。返回之后，立即绘造了一幅白文殊菩萨的画卷，画卷的上部绘有怙主尊者的像。念修六个月之后，见他的胸口放射灿灿白光烧遍全身，但没有一点灰烬，像空荡荡的境界似的。而文殊之像，则似为道所造的梦境。又朝礼班禅仁波切，请求赐予护佑并结法缘，被赐予《兜率上师瑜伽颂》的教材，指示道："在这一方面进行启白，可以往生兜率天。"

又梦见在一处被森林围绕山红岩麓，叩谒称为"邬怀"大师之人，在头顶之上被安放一具充满甘露的颅骨碗进行加持。还梦见觉阿阿底峡、仲敦巴师徒和圣大师师徒等，看见他们讲经说法，如此等等梦兆。还看见白云飘扬之上，圣大师被许多本尊神众拥绕；看见玛索玛天母答允于他未证得菩提之间与他为伴，如此等等看见圣容的印象很多，在此略作叙述。彼师为了利他，凡所占的卦，所授的预言，都非常明晰，口中常说：

"虽有用黄金书写的各种空行秘籍，但由于伺察很困难，所以出现了一些或灵验或不灵验的情事。"

有些人提出了一些大为稀奇之事。彼师则说："对于这些，用不着费脑筋而晕头转向嘛。”

洛扎杰尊徐多尔哇（ཀློ་བྲག་རྗེ་བཙུན་ཁྱུག་རྡོར་བ།）的传中说：“对于上师没有崇信之心，说什么看见了本尊的圣容，说生了美妙的证悟，纯是谎言！心中没有想着死亡，而去说什么已舍弃了世界；对于因果之业没有信解，而去说什么不要造孽；没有一点利他之心，而在说什么生出了慈悲；对一切世俗之法没有了解其不真实性，而在说什么已证得空性，这些都是谎言！要想真实不虚地学法，其根本信仰至关重要。”

对于上述这些说法，当然应加以衡量。然而对于这位圣哲看见圣容等等证悟，不为迷乱所惑，不随波逐流的楷模善知识们都可以伺察嘛！

铁猴年（庚申），当念修《胜者海》时，仿佛听本尊说：“现在应作赴极乐国土之准备！”

又于从不间断地依止尊米拉修六座次瑜伽之际，至尊说：“孩子，在离戏法身上，哪有真正生死之现象？名言之上因果不欺骗，死去准备是否已进行？”

出现了如此等等许多道歌的感受。这一年藏历六月的下弦，被敦请去冈察昂哦玛（ཀང་ཚ་ནང་འོག་མ།），为热隆喇嘛做圆寂后的超荐法事，尔时彼师身体略显病状，立即返回静修院，对文布洛藏图多卜说：“这次的病，似不会见愈！”

详细地做了一切布置，至藏历七月十六日早晨，让诸静修僧集合，和他们一起念胜乐、密集、大威德三本尊的祈愿和《观空行妙容》的祈愿经文，念毕之后，前赴佛堂。先前身上只单穿一条禅裙，这时，穿上三衣，铺上单层坐垫坐在上面，跏趺端坐时，做出许多游戏的体态。有些人发生疑惑。彼师睁大眼睛注视说：“以我一生精研隐没于六种次第之功夫，当然会做到这些。”从他常谈的“睡着时的善行，较之醒觉时的善行成效更大”的说法等等来伺察，证明彼师确是一位具证悟者。向诸弟子谈了许多要作有意义暇满的话之后，跏趺而坐，安详示寂。彼师灵塔和他塑造的称为具戒香的释迦牟尼像，作为静房的主要依止圣物。

被增益为这位哲士转世的著者，于第十三胜生的铁鸡年（公元1801年，清嘉庆六年，辛酉），生于合作丹增部落，没有经过多少时日，佐格静修院的日朝旺波于前赴拉卜楞之际，来到合作宦果尔（དགོན་སྒར།）牧区家中，口诵阿拉巴杂真言，在我舌上赐以唾沫，命名为嘉华敦珠（འཇམ་དཔལ་དོན་གྲུབ།），虽显现了摄益的征兆，但是佛陀和上师的加持，取决于自己的进取。关于这一点，自会领略。按照这位圣哲的遗嘱，恩师[206]正法之王贡却坚赞（དཀོན་མཆོག་རྒྱལ་མཚན།）于赴贡萨尔丹培林寺堪布之任时，在却典夏（མཆོད་རྟེན་ཤར།）的前一世诞生的家中，于我六岁之时，为之披剃出离，命名为贡却丹巴饶吉（དཀོན་མཆོག་བསྟན་པ་རབ་རྒྱས།），后来又向这位哲士请求了沙弥戒及近圆戒。当住在多仁（རྡོ་རིང།）时，承事持律师丹增旺徐（བསྟན་འཛིན་དབང་ཕྱུག）。第二年去奇合日山承事大遁世者贤巴为师，在这位师长座前，学习了文字及诵读。遁世者师尊不经请求，赐予《菩提道次第》的指引，大威德的灌顶及许多必需的经法章节的教敕等，恩德非常之大。自九岁起，侍奉在圣·阿莽道扎座前，直至五十三岁之间，就我来说虽没有以一丁点意乐加行承事上师之功德，但是，圣哲他慈悲照管，就是一刹那间，也没有舍弃过。虽生生世世，如头上之巾似的去进行尊敬，但恩德的萦绕无有涯际。由于这位圣哲之指示，在德摩塘寺和大伽蓝拉卜楞大寺之闻思堂及密宗学院等处，学习显密二乘之经典，此外承事师长，钻研《声明学》《声律学》《诗学》《词藻学》，以及天文历算、数术等，虽无所不学，但精通者则无一门。又幸运地得以承事第三世嘉木样怙主持金刚·洛桑图丹吉美嘉措，了义者嘉贝样·贡却丹贝仲美，持密悉地歌舞者德赤仁波切·嘉样图丹尼玛等犹如日月之师徒，取其足尘供养于顶。奉上师之命，先后去西藏卫地两次，在安多和卫地等处，虽从佛陀亲临似的许多圣哲之处得到了灌顶、教敕、诀要等范围不小的法统，但仅仅蓄积了一些品类而已。奉怙主尊者之教敕，先后任多噶尔却典夏寺的法台两次，又无法推卸担任了拉卜楞大寺时轮学院的法台，不敢推辞摄政霍尔仓仁波切之命，复担任密宗学院法台及偶像似的充任了大会堂堪布之职。担任前者之时，正值恩师阿莽道扎的化身现前，而后者之时，又正值怙主尊者的化身仁波切的尊容曼荼罗观前之际，产生了无限的欣喜与信仰。奉现在怙主尊者之命，兼任阿木去乎寺和吉仓两寺的堪布，还担任过杂义寺堪布。在这些时间里，嘉贝样的殊胜化身，索扎活佛两位依次坐床，得以叩谒，圆满心事。现在我年已六十二岁，心中没有一丝一毫之留恋，快临近赏观后世国土景色之际矣。

静修院附近有前一世圣哲的静修洞，该处石崖之上有自然显现的空行母之像。

※ ※ ※

上述雪哇寺之东北，有称为雪阿玛周措（ཤོ་ཨ་མ་འབྲུག་མཚོ།[207]）之湖，威灵极为显赫。从前朝湖之人曾看见湖中的许多情景，被东科·云丹嘉措认定为玛索玛的神湖，到达这座湖畔，就是人们常讲的“从前赤松德赞法三举兵北伐祝古地方”之北方“祝古国”[208]地区，据说该处有属于色拉寺的九座寺院，属于哲蚌寺的十八座寺院。从莲花山起依次有堆赛代仓寺（དུས་སེར་རྟེབ་ཚང་གི་དགོན།⊙）、贺哇寺扎西克珠林（ཧོ་བ་དགོན་བཀྲ་ཤིས་མཁས་གྲུབ་གླིང་།⊙），此寺有叫作旺仓寺（བང་ཚང་དགོན།）的一座支寺，八角寺（ཟླ་རྫོའི་དགོན།⊙）。杨喇嘛转世系统的寺院哇日寺（བ་རི་དགོན།⊙），现在转世于卓尼多尔郭·洛藏丹增（མདོར་མགོ་བློ་བཟང་བསྟན་འཛིན།）之子名阿旺达尔吉（ངག་དབང་དར་རྒྱས།），由他进行护持。他在大寺[209]及拉卜楞寺学习显密经典和诸明处，曾去西藏卫地逐一朝礼各圣地和依止圣物，返回后，现正担任大寺上密学院的翁则师。纳杂寺（ན་ཙ་དགོན།），杂纳寺（ཙ་ན་དགོན།）江隆班智达的伽蓝克加寺（ཁི་ཀྱ་དགོན།），也叫江隆寺。图丹达尔吉林（ཐུང་ལུང་དགོན་ཐུབ་བསྟན་དར་རྒྱས་གླིང་།）。彼师在蒙古的阿沃尕（ཨ་ཝག་ག）地方，修建有聚集僧伽一千余人的显密讲修院，历世的转世化身住在该处。在这座寺院里设置有跳神舞衣、供器等，贡献极大。秦家寺⊗，也叫王家寺。瞿家寺⊙，也叫康加寺，是汉族唐时的古寺，有尔时所铸的大钟，上有叙述其历史的铭文，它领受国库的俸银。这座寺院的供佛的田产、水磨以及禁止采伐的森林等范围甚广，现在仍在领受国库的俸银。赛哇寺·桑丹林（གསེར་བ་དགོན་བསམ་གཏན་གླིང་།⊙）。马家寺。丁家寺也叫哲仓寺（དེ་ཚང་དགོན།⊗）。苏家寺，也叫玛索寺（མར་སོ་དགོན།⊗）。胡家寺也叫闹卜寺（ནོར་བུ་དགོན།⊗）。有母寺与子寺共三座，据说它就是卓尼寺与叶尔哇寺的母寺。巴道寺，也叫乌聂寺（སྲུར་ཞུ་དགོན།），有康熙时的《甘珠尔》大藏经和《丹珠尔》大藏经。崔家寺⊙。洮家寺⊗，此寺出了一位哲蚌寺的募化师，名叫索南闹卜（བསོད་ནམས་ནོར་བུ།），他向达赖喇嘛献了一匹命名为“摩尼持运”的坐骑。贤德寺⊗。郭家大寺，也叫向趣寺（ཞང་ཆུབ་དགོན།⊗）。江家寺，也叫却仓塔哇林（ཆོས་ཚང་ཐར་བ་གླིང་།⊙）。雪哇曲结修建的向家寺，也叫雪哇寺（ཤོ་བ་དགོན།⊗）。达摩寺（སྟག་མོ་དགོན།⊙）。代若寺（ཉི་རོག་དགོན།⊙）。吉纳寺（ཀྱི་ན་དགོན།⊗）。玛散寺（སྨ་ཟན་དགོན།），有称为阿杂尔上寺（ཨ་ཙར་ཐར་དགོན།）和下寺（མར་དགོན།）的两座寺，此寺由历世雪哇曲结护持，此寺活佛贡乔克珠（དཀོན་མཆོག་མཁས་གྲུབ།）曾入拉卜楞寺经院学习，现赴内地、蒙古积极从事于饶益众生之事。汪家寺⊗。贡隆寺（དགོན་ལུང་དགོན།）。大场寺⊙。以上凡寺名后附有⊗符号诸寺，都是哲蚌寺僧源，它们共同举办四月法会，尔时僧伽之数，将近五百名，所有法行，怙主法王法的腔调、韵律，均按上密院的规程。又以上凡寺名后附有⊙符号者，属于色拉寺僧源。可能还有其他小寺，兹不详录。

※　　※　　※

后方玛尕（མ་གལ།）方面，临洮寺的分寺郭摩且噶丹却科林（སྒོ་མོ་ཆེ་དགའ་ལྡན་ཆོས་འཁོར་གླིང་།），这是贾曹全知一切的弟子夏尔哇宗哲仁钦（ཤར་བ་བརྩོན་འགྲུས་རིན་ཆེན།）的伽蓝。《噶登教法史》说：

“曲结宗哲仁钦巴在夏尔地方护持正教，进行修持，证得没有恶作[210]之定见。”

这位圣哲父名古贺尔潘（ཀུ་ཧོར་འཕན།），母名卓萨索南措（འགྲོ་བཟའ་བསོད་ནམས་མཚོ།）。八岁起，学习文字，贯通无遗，他智慧开悟的声名，使称为“神喇嘛”者意为之夺。神喇嘛他曾在卫地住了一十八载，是一位精研显密二乘的持教大士夫。他向彼师的父母处把他要到身边，从其十一岁起，珍爱护持，为之披剃出家。让其于熟背《般若》之上还遵守加行，并让其牢记修持许多坛城法。由这位神喇嘛提供顺缘，于二十六岁时前赴卫地，在噶丹寺由曲结贾曹任亲教师，杜哇增巴任屏教师，参加在十名僧人之列，受了近圆戒。如仪守护学处，在许多持金刚上师处请求了多种灌顶，随许。承事许多智者，于十五年之中钻研浩瀚的显密的经论，特别详尽地精研《般若》《因明》《三论[211]》《律典》《上下对法》[212]《究竟一性宝性论》。《入菩萨行》等，以及聆听《因明七论》《中观六论》《慈氏五论》《集学论》等和《丹珠尔》大藏经大部分的教敕，。《喜金刚续第二品》《时轮续释》《密集》《胜乐鲁知》（བདེ་མཆོག་སྙུ་དྲིལ།）的圆满次第，对那绕六法等生起次第和圆满次第的诀要的要义勤加闻思，解除了疑团，学习《密集》《时轮》《金刚界》等的许多仪轨、实践、含义、画规、线条、韵调等，获得讲、辩、著三方面智者的美誉。四十岁时，返回故里把一切工作放在授予出离、近圆戒律之上，为了建立圣教的基础，特别强调《律典》的讲说及《菩提道次第》等显密二乘大论的讲解和灌顶、随许、指引、实践的次第等之大量弘传。对于在家的俗人们则传授近住戒等，使其致力于善行。一生以修佛殿、宝塔和塑造神像，写造经文，发放施舍，转经轮，念诵、观想和正见慈悲等等与三轮有关的贤妙善行度日。有零散著作数种，著者曾见彼师的颂体自传一小部分，上述各点即从此录出。这本《自传》中还有这样的话：

“在此剩余年月里，昼夜念修为圣教，一生勤奋死去时，因无恶作得迁转，愿往生神圣佛国土，喜与佛子在一起！”

这座伽蓝的文布世系出有克宗藏卜（མཁས་བཙུན་བཟང་པོ།）、却吉旺秀（ཆོས་ཀྱི་

དབང་ཕྱུག），却藏（ཆོས་བཟང།）、敦珠嘉沃（དོན་གྲུབ་རྒྱལ་པོ།）、却旺珠巴（ཆོས་དབང་གྲུབ་པ།）、班觉森格（དཔལ་འབྱོར་སེང་གེ）等。后者自曲结算起，已历七世，从小披剃出家。二十七岁时，在卫藏两地聆听、钻研五部大论，究竟圆满。曾在昂仁、岗坚曲培（གངས་ཅན་ཆོས་འཕེལ།）、跋科德庆（དཔལ་འཁོར་བདེ་ཆེན།）等处参加巡回辩经，获得然绛巴名号，又在上密和下密学院等处研究密乘。回到家乡后，被部落头目居拜欠乩（ཙོའུ་སྤྱི་ཆན་པ།）的第八代后裔，甘居尧苟（ཀན་ཅུ་ཡོ་གི），交冬总苟（ཙོ་ཧུང་ཛུང་གི）为首的玛尕官人父子等及上下人等尊为上师，以甚深广大妙法进行教导，纳入于成熟解脱之道。朝礼五台山，担任万历皇帝的帝师，向圣上进献了许多灌顶和教敕。维修上下寺院[213]的佛殿，在两寺建立大祈愿法会的制度，设置了《甘珠尔》大藏经等许多身、语、意依止圣物。多次派人向卫地胜者圣师徒供奉礼物，向各个伽蓝发放布施。在以讲修二者弘扬能仁王佛的圣教之际，于六十五岁时圆寂。以其心、舌、眼及出现的五种舍利子为内藏，在两处寺院各修建金铜宝塔一座。临示寂前，手写遗嘱道：

"我在这富饶、狮子世界上所化的形象，现在已经圆满，现要在这里舍弃寿之行，往生于兜率天胜者弥勒的座前，在意悦持法刹土的千瓣莲花之上，成为一个殊胜智慧神子，永不满足地享受至尊的语之甘露。啊哈哈！"

此后有南嘉坚赞（ནམ་རྒྱལ་རྒྱལ་མཚན།）、洛藏坚赞（བློ་བཟང་རྒྱལ་མཚན།）、洛藏推芒（བློ་བཟང་ཐོས་མང་།）、洛藏楚臣（བློ་བཟང་ཚུལ་ཁྲིམས།）、洛藏却觉尔（བློ་བཟང་ཆོས་འབྱོར།）、洛藏贡波（བློ་བཟང་མགོན་པོ།）、洛藏却培（བློ་བཟང་ཆོས་འཕེལ།）直至阿旺敦珠巴（ངག་དབང་དོན་གྲུབ་པ།）之间，一直护理这座寺院。它的支寺有上下嘛呢寺、都尔寺（ཏུར་དགོན།）、金家寺、古颜寺（ཀོའུ་ཡན་དགོན།）、亥母寺。这座寺有金刚亥母的像，甚为灵验显赫，据堪钦森达说："是自然形成的三尊金刚亥母像之一"云。娑罗寺（ཟ་འོའི་དགོན།）、包作寺（པའོ་ཙེ་དགོན།）、冶前寺（ཡེ་ཆན་དགོན།）、灵池寺、冶台寺（ཡེ་ཐེས་དགོན།）、玛尔坝寺（མ་པ་དགོན།）、拜家寺、马家庵、洒尕尔寺（ཟ་ཀར་དགོན།）、高敏寺（ཀོལུ་མིང་དགོན།）、塔官寺、田家庵、宝莲寺等。这个地区和上述祝古地方的各水都在临洮上下随地形汇入洮河。洮河上下游的伽蓝和静房，除一部分而外，虽由于了解有些困难，但于此处比较详予记述。

※　　　　※　　　　※

北面的边勒多（ཐེན་ལེ་རྡོད།），有息梅代（ཤི་མེ་དེ།）或称为大悲观音的圣山。从前，洪武二年时，一位猎人在追猎野兽之时，来到云曲水之畔，看见一位姑娘在洗衣服。他想道："这里是旷野，她在干什么?"边想边去她那里。她奔向石崖，追随前去，突然在石崖的中间不见踪迹，看见石崖上有自然形成的大悲观世音像。他向回走时，迷了路，乃点燃一把草作为烧香的代替品，献上了去，叩首礼拜，祝告道："若能回得去，一定修建庙堂，作为侍从。"此后，他向地方人们讲说，敦请松山达隆寺的堪布秦贡钦（ཆེན་དགོན་ཆེན།）前来，按彼师的指示，在石崖上开通道路，佛像之上修建了殿宇，在乃东（གནས་མདུན།）圣地前面修起了静修院。这位哲士被卓尼杨奶奶敦请前去护理政务，颇有建树，乃奉献了承担点燃长明灯费用的一些牧户，并在一具大神灯之上刻上经过缘由的文字，此后一直供奉着新乳品。彼师长时在静修院居住，直至示寂，尸骨建有灵塔。他的转世化身前赴蒙古，在阿如、科尔沁、关东地方修建寺院，此后的转世系统，就住在那里。随着这位哲士前来这里的属民家族中，经过几代，出了一位称为藏经老爷（ཙང་ཀྱིན་ལྷོ་ཡེ།）者，在卫地取得然绛巴的名号。在蒙古、内地取得土司（ཐོའུ་སི།）官衔？诰敕。以一万两白银迎置了《甘珠尔》大藏经。他充当边勒地区的主人，迁移了乃东的静修院，建为边勒寺·噶丹却林（ཐེན་ལེ་དགོན་དགའ་ལྡན་ཆོས་གླིང་།）。他的化身转世生于霍尔仓。他之后的化身是生于雅尔塘（ཡར་ཐང་།）的扎喜尼玛（བཀྲ་ཤིས་ཉི་མ།），属相铁鼠（庚子）。曾入拉卜楞寺的经院，在贡塘·嘉贝样的座前受近圆戒，六十岁时圆寂。他转世的化身，生于河州的北塬，属相铁鼠（庚子），命名为贡乔勒歇嘉措（དཀོན་མཆོག་ལེགས་བཤད་རྒྱ་མཚོ།），现在世。

藏经老爷的孙子洛藏楚臣（བློ་བཟང་ཚུལ་ཁྲིམས།）是西藏卫地的然绛巴。他转世的化身贡乔阿旺楚臣，他们两位对寺院和圣山曾进行护持。第五世达赖喇嘛遍照尊者所撰的《胜者索南嘉措传》中说道：

“在称为‘救日者’的甲申年，沿炳灵寺前赴边勒，主仆少数人员在玛尕寺住了两宿后，前赴临洮。返回途中，藏历七月初十日，在有自然形成的大悲观世音圣像的夏日地方（ཤར་ཡུལ།）的边拉森林（སྤེན་ལྷའི་ནགས་ཚལ།），举行羯磨仪轨第八品供祭，看见被八名号莲花生拥绕着。由此，前赴宗喀。”

在寺院及其附近，有这位圣哲的宝座，还有记载此地历史的石碑。这座圣像是大悲观世音菩萨狮音像，石像的耳朵及手指用泥塑造，向圣像上奉献金汁之人虽多，都不接受[214]。从宝座下流出的成就水，作为饮用之水。左右的山峰，有石崖和松树等，各种树木荫蔽之处，有阿弥陀佛殿、度母殿、三世诸佛殿、帕丹巴殿、燃灯佛殿等，还有汉族人士所建的帝释殿、洞顶殿（རྫོང་ཐོག་ལྷ་ཁང་།）等许多所依、能依圣物。从藏历四月二十三日起，寺院有七天的祈愿法会，有跳神和抛掷施食等法事。在这期间，开放乃东静修院，让群众朝佛，汉藏人士聚者甚多。

支寺有拉尔寺（ལྷར་དགོན།）、焦家寺、李家寺、胡家寺、蓝家寺、塔瓦寺（ཐྷ་བ་དགོན།）、醉尼寺（ཚུས་ཉི་དགོན།）、阴洼寺、谢家寺、何徐寺（ཧོ་ཤུ་དགོན།）、新庄寺、纳伍紫寺（ནྷ་བོའུ་ཙི་དགོན།）、巴杂寺（པྷ་ཙ་དགོན།）。这座寺中有大威德、吉祥天母以及《修法宝源》中所述的圣海会众的塑像，壁画有《金刚鬘》曼荼罗、大威德像，据说是自然形成者。当佛殿、能依及所依修造时，适胜者索南嘉措来到该寺，乃请求为之开光。据说，圣者指示道：“于某日某时，献上供品，当于远处进行开光。”就在这一天约定的时刻里，举行开光仪式，鲜花直接下降云。于是在打尖起茶灶的地方，建了巴杂寺。又在丢失伙食驮子的地方，形成了寺院，就是上述的何徐寺[215]。还有向汪家寺、嘛呢寺、印模寺（ཡིན་མོའུ་དགོན།）、关滩寺、南阳坡寺、切巴寺

(ཆམ་པ་དགོན།)，它们共同举办藏历四月祈愿法会。

西州[216]岩山前面，雅塘曲（ཡར་ཐང་ཆུ།）水流域，有普陀山，亦叫作神窟，是大悲观世音菩萨的圣山，有寺院。它的支寺有阿泽（ཡ་ཚེ།）喇嘛的寺——骡子滩寺；息家活佛寺、印昙寺，这两座寺作为一个寺；嘛呢滩寺、薛寨寺、白家寺，这三座寺作为一个寺；焦家寺、姜家寺、居家寺，这三座寺作为一个寺；马藏寺、罗家寺、寺窪河，这三座寺的后两寺作为一个寺。以上总称为雅尔塘寺（ཡར་ཐང་དགོན།）的六支寺。每年的五月初一日起，在神窟举行祈愿法会五天，从初六日起，在阿泽喇嘛寺举行三天的祈愿法会，规定各寺的僧人都要聚集。历世由郭茂（མགོ་མོག）的张家夏仲在护持。

这方面的水和边勒水将要合流之处，有贾噶城（ཀུ་གའི་མཁར།），它的外边有居子谷寺（ཀྱིའུ་ཙི་ཀོའུ་དགོན།），有大悲观世音菩萨狮音像。此处及边勒和神窟三处供奉的三尊大悲观世音像，称为自然形成的三尊，三尊石像的形态都很相似。彼处还有称为张家寺的一座寺。这些寺院和供养谿卡都属于河州管辖之下，所有河流自临洮以下都汇入洮河，北向流经许多汉族村庄而汇入黄河。

洮河下游卓尼地区，岷州大崇教寺、临洮寺及其支寺，上下祝古、玛尕、边勒等处的情况圆满。

注释：

[1] 指洮河下游卓尼各部及洮、岷、临洮、临夏、康乐、广河、和政等县的地域。

[2] 亦译作扎巴谢珠。

[3] 意为“大禅师”。

[4] 意为不愿为他寻找转世的呼毕勒罕。从下文事隔二十多年，才找出转世之人可以看出此中的奥妙过程。

［5］指第七世达赖喇嘛。

［6］参阅本书第一编第三章。

［7］指本地的上级师长。

［8］即今青海省海东平安县之沙峻寺。

［9］佛学术语。为别境之一。乐欲者愿求欲望也，缘所欲乐事物而生希求之心所。具有发起勤奋的作用。

［10］指宗喀巴大师。

［11］指上述的洛桑拉卜丹。

［12］亦译作地利多，在今甘肃省卓尼县。

［13］亦译作沙冒多，在今甘肃省卓尼县。

［14］即第六世济垅呼图克图。

［15］本书中所说的“疯癫病”，乃指宗教人士所谓“鬼魅附体”之病，与一般疯癫病症的概念不同。

［16］即贡玛活佛阿旺洛桑坚赞。

［17］此王为谁，文中没有讲清楚，按当地的风俗，应是青海蒙古和硕特前首旗亲王，即俗称的河南亲王。

［18］拉科，亦译作“拉果”或“拉课”。拉科一世，为塔尔寺喇嘛，康熙五十八年，由达赖派为大堪布进京，赐予召见，着留京当差，先遣回藏，事毕再来。康熙五十九年至京，赏扎萨克达喇嘛，入班哮经。六十一年奉旨管理热河喇嘛事务。雍正八年调管归化城喇嘛事务。雍正十二年改管多伦喇嘛事务，乾隆二十一年圆寂，文内所述，正是拉科任管理多伦喇嘛事务之时。参阅塔尔寺部分。

［19］指达赖喇嘛及班禅额尔德尼。

［20］原文此处似有误，按文中所述，应是土鸡年，即已酉岁。

［21］按原文作此，似有误。土鸡年为公元1789年，即乾隆五十四年，乙酉，此处应是戊子，即公元1768年，清乾隆三十四年。鸡（51）似

为鼠（བྱི།）之误。

［22］指第六世班禅贝丹耶喜，公元1780年，清乾隆四十五年奉命进京。

［23］尼泊尔首都加德满都西一宝塔名，为佛教圣地之一。亦作恰戎卡肖（བྱ་རུང་ཁ་ཤོར།）。朝礼者常于塔身涂白垩，以表崇敬。

［24］即切巴·洛桑程列的转世化身坚跋丹贝仲美之简称。

［25］即明永乐九年（公元1411年）印行的通称为南京的藏文《甘珠尔》大藏经及明万历二十年（公元1594年）即行的北京版《丹珠尔》大藏经。

［26］指当时的西藏噶丹颇章政权。

［27］指第悉桑吉嘉措。

［28］指切巴德塘地区的类乌齐，意为大山，与昌都地区类乌齐名字相同。

［29］青海和硕特前首旗郡王察罕丹津。

［30］意为严厉的堪布。

［31］原著作土龙（ས་འབྲུག），似误。若确系土龙年，则应为四十岁而不是“二十岁”。

［32］按“帝师”为元时对萨迦法王的封号，此后明清两朝没有此种封号。此处所述乃系讹传，一个蒙旗的福晋，如何能有“帝师”称号的上师！

［33］原文作“王”，按习惯即指青海省河南蒙古族自治县和硕特前首旗亲王。

［34］本教的祖师，相传与佛教本师释迦牟尼同一时代。

［35］指宗喀巴大师所著的《菩提道次第论》和《密宗道次第论》。

［36］似即洮州之垂巴寺。

［37］《洮州厅志》作古务。

［38］《洮州厅志》译作丹巴牙拜。

[39] 按《洮州厅志》卷十六中，按地区读音，译作着络寺。

[40] 《洮州厅志》卷十六中，作“锁南藏卜于宣德二年为僧，宣传佛教，授都纲司世职，招中茶马”。此处原文译音似为都纲司之讹译。参阅卓尼大寺部分。

[41] 原文作ཅིང་དུང།可能系按该地方言的译音，此处依《洮州厅志》。

[42] 《洮州厅志》作“班南尖助”，系按方言所译。

[43] 《洮州厅志》作“康熙十四年，班就尖采子杨上格以恢复洮岷功授都纲司”。原文“杨惠”系汉文译音，“杨上格”为藏文译音。

[44] 擦多诺们汗·策满林·萨玛第巴克什·阿旺绛贝楚臣，亦译作阿旺扎木巴勒楚勒齐木，时任西藏地方摄政。故文内称为贡玛（教皇），清道光二十四年被参革职，发往黑龙江安置。此处所述嘉木样二世致书果洛三部勿加伤害之事，乃指清廷正在缉拿已革诺们汗令其弟工布等“集资汇缘”之事，觉绕土官是否与此事有牵连，文内并未叙述。但从其绕道山南返回来看，可能怕受株连。擦多诺们汗为安多籍的僧人执掌西藏摄政的人之一，故本书一再提及，不无依恋之处。参阅《清实录·宣宗实录》，卷四〇六、四一〇、四一一、四一二、四一四、四一五等各有关条及张其勤编，吴丰培辑补的《清代藏事辑要》412–417页及436–440页。

[45] 亦可译为杨世芳，似即于康熙三十五年承袭着逊族副千户土司之杨世芳。杨世杰似即于康三熙十九年承袭着洛寺都纲司之杨世杰，为杨上格之子。见《洮州厅志》卷十六。

[46] 指西藏噶丹颇章地方政府。

[47] 古印度一佛学家，著有《现观庄严论注释》及《般若八千颂注》等书。

[48] 二饮，为象之异名。

[49] 即狮子贡。

[50] 通称禅定寺。

［51］此处所指为卓尼土司。“贡玛”系教皇、祖师、师长和皇帝的称号，以“贡玛”称一个地区的土司，虽不伦不类，但因系政教合一制，其属下确有此种颂号。但也可以从这个名称窥见这个地区封建农奴制的实况。

［52］元世祖忽必烈之号。

［53］亦可作一块稀奇的苜蓿地。

［54］指卓尼版《丹珠尔》大藏经。

［55］按宗喀巴大师殁于公元1419年，即明成祖永乐十七年，此处说卓尼大寺的曲结仁钦隆波生于宗喀巴大师圆寂不满二十年之时，而修寺时间又定在1449年，则他修寺时只有十岁，似有误，应以下面所述为准。

［56］指第一世达赖喇嘛（公元1391—1474年）。按第一世达赖于明正统十二年（公元1447年，丁卯）修建后藏扎什伦布寺，任堪布二十余年。

［57］参阅前面觉绕寺部分。

［58］参阅下面叙述仲哇·洛哲坚赞的部分。

［59］参阅觉绕寺部分。

［60］据《洮洲厅志》，康熙四十五年杨如松承袭为土司，至乾隆十五年由其子扬冲霄承袭。此处所指，当为杨如松。又按康熙四十九年，禅定寺僧池莲因贡入京，赐“崇梵净觉禅师”。“池莲”，似为汉名。据《洮州厅志》载为土司杨朝选之孙。杨朝选不见于《洮州厅志》所载的卓尼土司世袭中，想系旁支或别名？”

［61］按前作“大国师”，此处则作“国师”。前后不一似有误处。又清时，康熙以后除章嘉大国师外，多封呼图克图等，没有“大国师”及“帝师”之封号，见乾隆撰《御制喇嘛说》。藏区宗教人士，对此常有混淆及有意借用以抬高身份之处。

［62］三轮，此处指行布施之三轮，指施者、施物与受施者。

[63] 按原稿此处仅标甲申年，没有如惯例写出属于哪一胜生纪年，以致推算较难。但从此师于本书成书时尚在人世推算，则此甲申系公元1824年，清道光四年之甲申。若为公元1764年，清乾隆二十九年之甲申，则此师于本书成书之时，已享年百岁似不可能。又据《洮州厅志》卷十六第910页记载，禅定寺“原例土司生二子，以一子袭禅师焉，至嘉庆十九年，无人承袭，土司杨宗基兼摄，至今永未承袭，数辈皆土司兼摄云”。同书卷十六第840页载，卓尼土司杨宗业“弟杨宗基于嘉庆十九年承袭，兼摄禅定寺世袭僧纲”。

[64] 原文没有署名是哪一位诺们汗。按公元1850年担政摄政者为热振阿齐图诺们汗，若向上推一个甲子，则系公元1790年，乃第八世达赖喇嘛亲政之岁，其前则为策满林萨玛第巴克什阿旺祖臣（公元1777—1786年在任），此人摄政之时不可能授堪布之职于生于1824年之人。热振诺们汗是否于1850年庚戌岁前去卓尼无资料可查。但与卓尼土司有联系者为策满林诺们汗萨满第巴克什阿旺绛跋楚臣（公元1819—1844年在任），但他于公元1844年获谴，发往黑龙江安置。因此这位诺们汗确系何人难以肯定。是否为阿旺绛跋楚臣获释后前去卓尼？待考。参照下面叙述噶丹赛赤的部分。

[65] 据《洮州厅志》记载，卓尼所属的黑番有四旗，即黑番阳山旗、黑番铁坝旗、黑番阴山旗、黑番代巴旗。分布在迭部东南黑河、白水口等处。俗称为黑西番。参照下面关于黑四番的部分。

[66] 萨迦派第四祖衮噶坚赞所著的有关世俗道德的论述。

[67] 为第五世达赖喇嘛所著。

[68] 秘密灌顶时的供品，如噶巴拉（人的颅骨）即其供器之一。

[69] 即曲结仁钦乔结的简称。

[70] 指藏巴汗噶玛丹迥旺波于公元1621年在拉萨与黄教争战之事，参阅本书第一编第四章。

[71] 亦有作结塘冈者。

[72] 亦可作“上级”不知是否指与藏巴汗订立协议后之黄教噶丹颇章上层集团，或居间调停的达垅夏仲（སྟག་ལུང་ཞབས་དྲུང་།）等人。

[73] 指迎至哲蚌寺。

[74] 指第悉桑吉嘉措被拉藏汗捕杀之事。

[75] 即策满林萨玛第巴克什阿旺楚尔提木。

[76] 参阅张其勤著，吴丰培增辑《清代藏事辑要》第395页。

[77] 按擦多诺们汗于清道光二十五年被参革，发往黑龙江“交该将军严加管束，毋许出外滋事，并不准与外人交接”。与此处所述有异，此处所述可能是解除管制后的情况。

[78] 原文作སྤྱི་ཚུགས།，意为倒垂，亦可作水瓶解，是否为སྤྱི་མཚན།之笔误？兹暂作“一般”译出，似与下句之“各别”对应，确否待考。

[79] 藏文第四个元音符号ˇ名称，以其形为羊角，故名。

[80] 嘎（དགའ།）意为喜欢。

[81] 意为虎纹者。

[82] 即克黎可足。

[83] 参阅《洮州厅志》卷十六，《明实录·成祖实录》馆本卷一九六作失加谛，即江梯之另一译法。

[84] 《洮州厅志》作赞卜必力。

[85] 按《洮州厅志》卷十六载，赞卜必力“于宣德四年承袭，照例约番、守隧、招中”。则此“京瞪皇帝”可能为明宣德之别号。

[86] 《洮州厅志》卷十六作“札什乩 ”，即（བཀྲ་ཤིས་དཔལ།）之译音，“དཔལ།”为旧时封建农奴主（包括僧俗）名字后附加的尊称之字。

[87] 《洮州厅志》卷十六作“哈节”。

[88] 按甲午岁，应是成化十年，本书原文有误。

[89] 按壬申岁应是正德七年，本书原文有误。

[90] 按“杨家”为当地俗称。

[91] 按“丙辰”为嘉靖三十五年，即公元1556年，本书原文有误。

[92] 按《洮州厅志》作“杨葵明”，本书原文似掉字。

[93] 《洮州厅志》作“杨国龙”。

[94] 按《洮州厅志》作“杨辅梁”。

[95] 按庚辰岁为明崇祯十三年，即公元1640年，顺治在位时，没有“庚辰”岁，此处似误。又原文ཆིཞུ་རིང།音不可解。本书在此以前作为清朝满族之称，此处按文义似为顺治；又本书中顺治与崇祯常有混淆之处，此处所指确否待考。

[96] 按《洮州厅志》卷十六所载，应是吴三桂之变，原文作“长毛”似误。

[97] 按原文参总ཚན་ཛོང།似为ཚན་ཛང།之笔误，或雕版之误。应是“参将”。

[98] 参阅《洮州厅志》卷十六。

[99] 今甘肃省武都县。

[100] 即《般若十万颂》《二万五千颂》和《八千颂》。

[101] 即密宗的事部、行部、瑜伽部和无上瑜伽部。

[102] 《洮州厅志》作杨威。

[103] 即上述的切白司卜。

[104] 按《洮州厅志》记载，即杨如松。此人承袭的时间，此处所述与《洮州厅志》有出入。

[105] 此处所述时间与《洮州厅志》有出入。其擒诺尔卜等事，参阅《西宁府新志·纲领志》。

[106] 此处人名、时间与《洮州厅志》不符，从其生于乾隆九年来看，可能即是《洮州厅志》之杨声。而其父索南群培，可能即未承袭而卒之杨昭。

[107]《洮州厅志》作杨宗业。

[108]《洮州厅志》作杨宗基。

[109]《洮州厅志》作杨元。

[110] 指被参革，安置于黑龙江之摄政擦多诺们汗。据文内所述，于此时途经卓尼。

[111] 此处叙述不详。按习俗此处之格萨尔宫，似指汉关羽庙，一些藏区对此分不清，常统以格萨尔庙称之。

[112] 此处所述，与正史不符，派人迎请宗喀巴大师之皇帝为永乐而不是他的孙子宣德。宣德时，宗喀巴大师早已圆寂，不存在"迎请"之举。据宗喀巴大师传中所述，永乐时派至西藏迎请人员为侯显。《明史·侯显传》载其第二次使西藏，在永乐十一年（公元1412年，壬辰岁），与《明史》及藏史所述"大慈法王于永乐十二年入朝"之时间相合。明宣德二年（公元1427年，丁未岁），显第五次使西藏。这时，并无迎请大慈法王释迦也失之事。明永乐时封释迦也失为"西天佛子大国师"，其受封为大慈法王则在宣德九年（公元1434年，甲寅）。由于侯显数次使西藏，多有贡献，故藏文史书常有记载，但时间常不一致。明初，洮岷一路为通藏交通要道，侯显在该地有广泛的社会关系，且有建树，《明史》中侯显传极简略，《洮州志》及《岷州志》中对侯显在该地的活动有所记载，可与本书中所载互相印证。

[113] 为藏文古籍中对中国皇帝的一种称谓，意为东君，参阅第一编第六章炳灵寺部分。

[114] 此处文义不明，按《明史·侯显传》，他并没有受到"国师"的封号。根据本书在此所述，似叶尔哇寺，即《洮州厅志》中之圆成寺，其僧职为"僧正"。参阅《洮州厅志》卷十六，第907页。

[115] 旧译作"簇尔卜寺"，亦译作"粗朴寺"，即哈立麻（噶玛巴）驻锡之寺。

［116］亦译作仁布巴，为15世纪中期至16世纪中期后藏一地方政权名。

［117］似指公元1712年，清康熙五十一年之壬辰岁。

［118］指第八世达赖喇嘛。

［119］此处似有错落之处，没有提出，这位达喇嘛之名它和达赖喇嘛之关系如何？也没有记载。他与本寺的关系及活动也无记载。

［120］意为草坪地头。

［121］似指察多诺们汗。

［122］指第三世达赖喇嘛。

［123］指第四世达赖喇嘛。

［124］指卓尼大寺的西寺。

［125］指隆务寺曲巴仁波切。

［126］指青海省尖扎县之拉摩德庆寺，不是洮南之达仓拉摩寺（郎木寺）。

［127］指圣·噶登嘉措的转世化身，青海省同仁县隆务寺弘修妙悟国师夏日诺们汗第二世。

［128］即第三世达赖喇嘛。

［129］即东纳本钦寺。

［130］汪元䌹编《岷州志》（康熙四十一年刻）作冬纳赵土司。

［131］参阅《岷州志》卷三《番属》。

［132］《岷州志》卷四载：“番僧纲向在城东北四十里大崇教寺，今移都纲寺，在城东一十五里。”

［133］《岷州志》译作班丹劄释，《明实录》译作班丹札失。参阅《岷州志》卷十六，第十一页。

［134］特州地望不详。原文作ཐེབ་དུ།是否系ཐེ་དུ之误，即叠州？待考。

［135］指圣·宗喀巴大师，意为慈悲大主宰。

［136］本书对此寺有ཞྭན་ཟི།、ཞུན་ཟི།、ཞིན་ཟི། 等三种写法，皆新寺之汉文译音。

［137］即公元1404年，明永乐二年。按永乐元年，遣司礼监少监侯显赍书、币往乌思藏征尚师哈立麻。参阅《明史》卷三百三十一，《明实录·太宗实录》馆本卷一七、卷五一、卷五四、卷六二、卷六三、卷六四、卷六五、卷六九、卷七三、卷七八。仲钦巴赴京，可能配合这一行动。

［138］公元1409年，明永乐七年，己丑。

［139］指昌都类乌齐地方噶玛丹萨寺。

［140］指明永乐四年所封西藏阐化王扎巴坚赞，《明史》作吉剌思巴监藏巴藏卜。

［141］即《明史》永乐十一年，随中官扬三保入贡的阐化王之侄剖结。

［142］公元1413年，明永乐十一年，癸巳。

［143］即宗喀巴大师的大弟子贾曹杰达尔玛仁钦。

［144］即明永乐时所封之大乘法王昆泽思巴。

［145］萨迦派俄尔支派创始人俄尔钦衮噶藏卜，亦译作衮噶桑波。

［146］见《明实录·仁宗实录》，馆本卷一二〇，本书藏文译右阐教为“གཡིའུ་ཚན་ཀྱིའུ་ཀེ”，ཀེ系衍文，有误。《明史·职官志》：“左右阐教，从六品。”

［147］参阅《岷州志》卷四及卷十九《艺文》上。

［148］这是中央政府审查藏传佛教各派转世喇嘛的开始。

［149］《岷州志》译作“恭卜”。

［150］按《明实录·仁宗实录》记载，洪熙元年十二月戊寅（公元1426年1月21日）封彼师为“净觉慈济大国师”。按藏历习惯，则应是“乙巳年”。此处计算不一致。

［151］即创建哲蚌寺的宗喀巴大师弟子扎希贝丹（བཀྲ་ཤིས་དཔལ་ལྡན།公元1379—1449年）。

［152］按《明实录·英宗实录》正统元年三月，“封绰竹藏卜为净觉慈济大国师，赐以诰命。”（馆本卷一五），又同年十一月，“陕西岷州卫大崇教寺大国师绰竹藏卜等……俱遣人贡马，赐綵币等物有差。”（馆本卷二四），与班丹扎喜之大国师名号——“净觉慈济”相同，岷州大崇教寺亦相同。一寺之内，有同一名号的大国师二人，似不成体统，是否《明实录》有漏载之处？本书藏文所称升赐名号，不知何指？又《岷州志》卷十六载：“正统庚午，诣京师，庆赞宝塔，有彩云之异，赐号‘宏通、妙戒、普慧、善应、慈济、辅国、阐教、灌顶、净觉、西天佛子、大智法王。”同书卷十七载明英宗所赐诰文则称“今宏通、妙戒、普慧、善应、辅国、阐教、灌顶、净觉、慈济大国师班丹劄释夙究三乘、慧性圆融、用阐如来之教，聿宏利济之功，事我祖考，始终一诚。朕嗣统以来，命修荐扬大斋，上资皇考宣宗章皇帝在天之福，益笃精虔。眷兹功能，是宜褒奖，今特颁诰印，加封为‘宏通、妙戒、普慧、善应、慈济、辅国、阐教、灌顶、净觉、西天佛子，大国师。”上引汉、藏文资料中“庆赞宝塔”，“修荐扬大斋”等事，似俱系正统元年之事，但《岷州志》则系于正统庚午，相差十余年，诰书中无“大智法王”字样，《岷州志》中则一再提为“大智法王”，按班丹扎喜受封为大智法王乃景泰三年十月事，《岷州志》误载。

［153］此处本书叙述略有含混。这位本教的持宗印人所献的《丹珠尔》大藏经，应是本教的。以此为蓝本抄写的《丹珠尔》大藏经也应是本教的。佛本两教各有它们的大藏经。但从此处叙述的大崇教寺的性质、规模来说，它不可能只设置几部佛教《甘珠尔》大藏经而不设置佛教的《丹珠尔》大藏经。但既称原来献书人为本教的持宗印人，按当时洮、岷、金川地区佛本两教斗争激烈的情况，以本教的头目，去献佛教的大部经典，系属突兀之举！此处可能就是本教的《丹珠尔》大藏经？故译时在《丹珠尔》前姑加“本教”一词。因大崇教寺中包含着汉藏佛教僧

徒，则存本教经籍之举，以明时洮岷地区负沟通卫藏重任的情况来看，为了兼收并蓄，也难以排除。尤其洮岷地区与嘉戎金川关系较密，清时还有这种看法（见擦多诺们汗被参革事件），因此，此事值得探索。

［154］佛书所说的南赡部洲范围内之一小洲名。

［155］《岷州志》载：“在荼埠山谷，国师居此。”

［156］即大宗教寺，文内亦作曲德（ཆོས་སྡེ།）。

［157］此人之名，亦可译为绰竹藏卜，是否即为正统元年封为净觉慈济大国师之绰竹藏卜？此人系班丹扎西之侄，可能班丹扎西于正统元年升封西天佛子后，他承袭了净觉济慈大国师。待考。

［158］按原文此处叙述不清。这个“大隆善”，是否即北京大隆善？或设在岷州大宗教寺内，无从了解。

［159］似即为大“觉义”之译音。苏钦巴为藏传佛教寺院之僧职，见上所述。

［160］《岷州志》卷三：“大宗教寺，在城东北四十里，宣德元年敕建，钦赐珠伞、棕桥、金印等物，犹存。”

［161］即大宗教寺之意译。

［162］指明宣宗《修大宗教寺碑文》碑，系词臣沈粲所书。文内称：“岷州其地距佛之境甚迩，其人习佛之教甚稔，颐寺宇弗称永矣。命有司于岷州因其故刹，撤而新之，拓而广之，殿堂崇邃，廊庑周回，金相庄严，天龙俨恪，供养有资，苾有处，足以祗奉觉圣，足以导迎景贶，特名之曰：大宗教寺……。”

［163］似即《州岷志》中所列之“法藏寺”，系按地区之发音译出者。

［164］《明实录》中译作叠州出麻，见《宣宗实录》馆本卷三三。

［165］圣·宗喀巴大师的尊称。

［166］根据此处叙述，则上文在大宗教寺住持讲辩的两大国师之一灌顶大国师释迦室利与此师为一人。此处作释迦巴藏卜，巴藏卜系尊称，

确否，待考。

[167] 按《明实录·宣宗实录》馆本卷六。载“陕西岷州卫禅师喇嘛高僧沙加等来朝贡马”，“赐……陕西岷州卫禅师沙加等九十一人钞……有差”。沙加即释迦之异译，巴藏卜亦译作“跋藏卜”，为加于姓名之后修饰语，意为尊荣等。似此则这个“沙加”即释迦班藏卜，据此则此时封号为禅师？大国师系景泰四年所封。

[168] 即上述的灌顶大国师扎巴坚赞。

[169] 此处系音译，明时对藏区僧人除康藏的阐化，灵藏等五王外，安多地区没有封王之举，此处资料出处不悉，恐系误译，待考。

[170] 指班禅额尔德尼。

[171] 即宗喀巴大师的师长曲结敦珠仁钦。

[172] 《明实录·太祖实录》，馆本卷二〇〇，作临洮僧巳什领占，即ཡེ་ཤེས་རིན་ཆེན异译，明洪武对他曾给以“尚师”称号。

[173] 此处论断，大属离奇！临洮藏名叫ཤིང་ཀུན亦可译为向耿、兴衮等。在7世纪已有之，见《敦煌古藏文文献》。此名恐不是从国王的“香宫”而来。至于对八思巴牙齿的说法，未免穿凿，宗教人士故作神秘之说。

[174] 即一切知大师的大弟子，拉卜楞寺第二任堪布，通称为“赛仓第一世”。

[175] 指咒师以法力请来的鬼类。

[176] 原文作“官宦后裔”（དཔོན་རྒྱུད།），似印刷时把（དབོན།）误排为（དཔོན）。原文在全书中（དཔོན་རྒྱུད།）和（དབོན་རྒྱུད།）多次出现，似以དབོན་རྒྱུད།为是。

[177] 此处之大寺，原文没有提出寺名。此处对卓尼大寺和拉卜楞大寺都称为大寺，但从所列人名来看，乃指卓尼大寺。

[178] 意亦为莲花山。

[179] 参阅第一编第六章炳灵寺部分。

[180] 为莲花生大师之号。

[181] 为莲花生大师之号。

[182] 指哲蚌寺郭莽扎仓。

[183] 意为多仓家的老觉师，即修玛玖拉仲所传的断我执行者。

[184] 曲卡觉干（ཆུ་ཁའི་གཅོད་ཀན།），意为水滨（地名）之老觉师。

[185] 指被摄召而来的一类鬼魔。

[186] 亦译作康多寺。

[187] 此东科寺即下文之东科向趣林，不是青海省湟源县之东科寺。

[188] 亦译作落巴寺。

[189] 即萨钦衮噶宁波。

[190] 即玛尔仓部落的头目。

[191] 原文此处，作ཁོ།意为他。似掉了一字，应作ཁོ་བོ(我)，这样似与上下文义相符。

[192] 此处原文作ཆུ་ཆེན།有二义：一为大渡河中游的名字，即小金；一为“大水”。彼师既已和打箭炉商人结伴同行，则已渡过了大渡河，不可能前行途中又有一个大渡河。原文叙述不清。故按后者译出。

[193] 按《洮州厅志》所载，康熙三十七年任卓尼土司兼都纲司者为杨生格。

[194] 为米拉大师静修处之一。白石崖之藏文为扎尕日，曲外日意两水之间，意为此处山水形势和米拉大师的静房环境一致。

[195] 亦译作多麻寺。

[196] 亦译作舒阿寺。

[197] 按此处原文作གོང་མ་བདག་ཉིད་ཆེན་པོ།有二义，一为皇帝大主宰，一为教祖大圣哲。本书在此之前以教祖和大圣哲称雪哇仁波切，似应译为前者。清康熙二十五年八月十六日清廷为调解喀尔卡七旗之内讧，派理藩

院尚书阿喇尼与第五世达赖喇嘛所遣的噶尔丹西勒图召集喀尔卡两翼汗等会盟。噶尔丹西勒图即དགའ་ལྡན་གསེར་ཁྲི།之异译。本书此处之赤·洛哲嘉措是否即此噶尔丹西勒图，不明确，待考。参阅《清实录·圣祖实录》卷一二五、一二六、一二七。

[198] 指察罕丹津。

[199] ཆག即卡子工事。

[200] 洒在僧众食物中表示食而无罪之水。

[201] 接受施予东西细行。

[202] 指以厌胜、焚烧魔体、抛掷施食等方式以禳灾祈福的三种宗教活动。

[203] 三种祛魔方式。

[204] 指以经咒制作的防灾难的护符，信仰者常佩于脖项之上。

[205] 宗教迷信施舍鬼魔活动之一。

[206] 指阿莽仓。

[207] 意为雪地区妈妈龙湖。

[208] 今译作足古川，在甘肃省康乐县南。

[209] 指卓尼大寺。

[210] 佛学术语，为四异转之一。恶作者，思念恶作之事而使心追悔之作用。

[211] 为《中论》《入中论》和《四百颂》三书的总名。

[212] 即《阿毗达磨集论》和《阿毗达磨俱舍论》。

[213] 指临洮寺和郭摩且噶丹却科林。

[214] 意为人们向像上贴金，都不能贴得住。

[215] 何徐为汉语伙食之音的讹转。

[216] 原文作ཞག་ཇུ།亦可译作夏州。

第十六章　论洮河南部区域各地政教发展情况

距洮河发源地的源头南面不远之处，有达仓跋吉拉摩寺（སྟག་ཚང་དཔལ་གྱི་ལྷ་མོ།）[1]，此地被称为是教长莲花生大师降伏魔类之地，由东科·云丹嘉措开启了这处圣地之门，撰有《圣地记》并赐予了授记。从前，该处确有老虎之窝[2]，由于山神们的神变，老虎对于有情众生为害很大。水虎（壬寅）年，苟什德·丹巴拉卜吉（ཀིརྟི་བསྟན་པ་རབ་རྒྱས།）来到这里，把山神当作坐骑而降伏了牠们，在石崖之上留下脚痕，开启了胜乐洞（བདེ་མཆོག་ཕུག）之门。圣·噶登嘉措和嘛呢巴喜饶扎喜（མ་ཎི་པ་ཤེས་རབ་བཀྲ་ཤིས།）曾在此处居住了很长时间。嘛呢巴的传中说，他修持的洞门口，经常有一头老虎徘徊，由于以慈悲进行观想，老虎没有为害云。苟什德·丹贝坚赞曾以其手杖之柄在大磐石上书写了ཨོཾ(唵）字。关于这处圣地的特点，这位圣哲所撰的《圣地记·水晶明镜》中记载颇详。被认为就是二十四圣地中之德伍郭支(དེ་ཝི་ཀོ་ཊི།)，吉祥天母现显居住云。最初，由托拉·阿旺跋藏（ཐོ་ལ་ངག་དབང་དཔལ་བཟང་།）在圣地的前面修建了静修院。尔时他曾向潘奇典干（པན་ཆེ་ཏེན་ཀན།）请问。他说道：

“你请我三次，会有明确的答复。”

最后一次请问时，授记道：

“若在护贝母（ཧུང་སྐྱིང་མ།）的圣地，建立四僧伽的伽蓝，则当树立三根胜幢，会出现三声螺声。你是光明善行的引导者，首先要明白这些。从前，你于多宝佛时，成为名叫跋莲（དཔལ་ལེན།）的施主，发愿要于边鄙的地区弘扬正法。应明白，现在时机已经成熟。”

《达温传》中也说，“这处圣地的那边和这边，曾出现海螺自然发声的事，这象征着未来之时将出现寺院。”这些都说明这里河阳河阴两处，将出现讲闻显密的法苑彼此竞争，如此等等的征兆很多。

第一世托拉出生于江察（སྐྱང་ཚ།）三部落之一的塘采（ཐང་ཚད།）部托拉(ཐོལ།）家族，称为持律师然绛巴，洛藏喜饶（བློ་བཟང་ཤེས་རབ།)。他转世的化身就是彼师，生于阿木去乎尼玛隆谷（ཉིམ་ལུང་།)，被迎至江察寺坐床，于济垅贡乔尼玛座前披剃出家。十八岁时，前赴西藏卫地，在哲蚌寺学习约七年，承事一切知大师，参卓·云丹扎巴（མཚན་སྒྲོགས་ཡོན་ཏན་གྲགས་པ།)，底蒲·衮噶丹增（ཏི་ཕུག་ཀུན་དགའ་བསྟན་འཛིན།)、戎康夏仲坚华多吉，扎沃（གྲ་བོ།）大成就师等，尤其把昂曼·洛藏曼兰（ཨང་སྨོན་བློ་བཟང་སྨོན་ལམ།）作为主要的上师，聆听了许多显密经论，被佐格仙美（བྱམས་མི།）尊为上师。铁猪年（公元1731年，清雍正九年，辛亥)，修建了静修院，长久居住。

他转世的化身洛桑丹增嘉措（བློ་བཟང་བསྟན་འཛིན་རྒྱ་མཚོ།)，于铁鸡年（公元1741年，清乾隆六年，辛酉)，生于底蒲（ཏྲི་ཕུག）曲结的牧场买（མལ།）氏家族之中。木鼠年（甲子）迎请坐床，从静修僧仁钦森格（རིན་ཆེན་སེང་གེ）和塑绘师阿旺曲增（ངག་དབང་ཆོས་འཛིན།）二师学习文字及诵读。八岁时，在苟什德·丹贝坚赞座前披剃出家并受沙弥戒。二十岁时，又在这位师长座前受近圆戒，聆听大威德灌顶等。向赤·坚赞森格、塔尔寺僧索南洛哲（སྨུ་འདུམ་པ་བསོད་ནམས་བློ་གྲོས།）、喀加·洛藏楚臣（ཁ་རྒྱ་བློ་བཟང་ཚུལ་ཁྲིམས།）等师处接受了许多经教，并在密宗院钻研密咒。二十三岁时，于扎什伦布寺朝礼第六世班禅贝丹耶喜，并和这位圣哲按吉祥天母的授记入色拉寺麦扎仓学习。于阿阇黎扎巴程列（གྲགས་པ་འཕྲིན་ལས།）处聆听总传经法，拜协噶尔（ཤེལ་དཀར།）堪布更登敦珠（དགེ་འདུན་དོན་གྲུབ།）、阿阇黎金巴却藏（སྦྱིན་པ་ཆོས་བཟང་།）二人为师，并赴热哇多扎仓学习。火狗年（丙戌），雍增耶喜坚赞（ཡེ་ཤེས་རྒྱལ་མཚན།）前来色拉寺，他于其座前聆听了所有讲传的经法并请求巴日（བ་རི།）赐予摄益。指示："到吉隆（སྐྱིད་ཤོང་།）来。"其次，于珠康巴·绛白坚措（གྲུབ་ཁང་པ་འཇམ་དཔལ་རྒྱ་མཚོ།）、格西年札、札日·阿旺敦珠（གྲག་རི་ངག་དབང་དོན་གྲུབ།）、夹日活佛（ཕྱུགས་རི་སྤྲུལ་སྐུ།）、格隆龙树嘉措（དགེ་སློང་ཀླུ་སྒྲུབ་རྒྱ་མཚོ།）、热卡扎（ར་ཁ་དྲག）喇嘛洛藏格勒（བློ་བཟང་དགེ་ལེགས།）等师座前聆听讲传的所有经法。于桑浦寺考取噶居时，得到"赛查巴（བསེ་ཁྲབ་པ།）的僧徒"之称。在上密学院以五个月的时间，在堪布洛藏丹培（བློ་བཟང་བསྟན་འཕེལ།）座前聆听讲传的《续释》《生起圆满次第》《隐义普显论》。又秘密地前往吉隆，请求了许多经法，并撰述教诫一文赐予于他。回来之后，于色拉孜（སེ་ར་རྗེ།）、热卡扎（ར་ཁ་དྲག）、曲藏（ཆུ་བཟང་།）、德庆尕甫（བདེ་ཆེན་གར་ཕུག）等处，闭关修觉派的禅，于迭部大厅（ཞེ་པོ་ཚོམས།）给在色拉寺学习的家乡的许多僧侣传授了许多经法。居日哇（འཇོག་རི་བ།）的《自传》中说：

"这位哲士给他授吉祥天母的随许，并赠送一尊药泥塑造的像。从此以后，事业能如理完成。当口授加持之时，门外来了两位游方行脚僧，口中咏诵'古鲁巴拉浩'。彼师是一位拥有护法者。"

铁兔年（辛卯）返回家乡，曾任苟什德寺密宗院法台两次，又任洒如寺（གཟའ་ཟུ།）法台，先后讲传念修和各种经法，不可数计。四十四岁木鼠年（甲子）圆寂。有传记《白晶明镜》行世。寺院有转世系统及噶尔畦府邸。

托拉·阿旺跋藏于土龙年（戊辰）[3]，把静修院献于苟什德·洛藏丹贝坚赞（ཀིརྟི་བློ་བཟང་བསྟན་པའི་རྒྱལ་མཚན།），由于这位圣哲提供的顺缘，出现了苟什德寺·南结德庆林（ཀིརྟི་དགོན་རྣམ་རྒྱལ་བདེ་ཆེན་གླིང་།尊胜大乐洲）。

这位圣者[4]的本生是这样的，从圣·优婆离起至森巴仁庆嘉（སེམས་དཔའ་རིན་ཆེན་རྒྱལ།）的弟子贡乔仁钦（དཀོན་མཆོག་རིན་ཆེན།）之间，共历三十七世。此后则是圣大师的弟子被称为多麦戎区四大智者之一，在边疆地区护持圣教的七杆大旗之一仲庆·更登嘉措（དྲུང་ཆེན་དགེ་འདུན་རྒྱ་མཚོ།）。他于木虎年（公元1374年，明洪武七年，甲寅），圣大师诞生后之第十八年生于多麦尤肖（བཞག་སྟོད།）地区，姓阿洒（ཨ་གསལ།），父名鲁本（ཀླུ་འབུམ།），母名阿曼（ཨ་སྨན།），被命名为却本木（ཆོས་འབུམ།），舌呈青色，上有很明显的“ཨ”字形，因而被称吉那巴（ལྗགས་ནག་པ།）[5]，胸口显有ཧཱུྃ字和ཧྲཱིཿ字，手掌和足心显有法轮的记号。他的父亲虽然信仰夏玛巴（ཞྭ་དམར་པ།）[6]，但不愿意让他出家。他秘密地念诵胜乐和大威德法，进行了许多次念修，得到了大悲观世音和度母的“到卫地去，叩谒文殊菩萨的化身”的授记。乃于十六岁土蛇年（乙巳）前赴卫地。在这段时间，彼师躲开同伴逃往潘域，由该处前赴藏地，在夏鲁寺于琼勒巴（ཁྱུང་ལྷས་པ།）的座前，圣大师住在该处之际[7]，即前去叩谒。向圣大师献了银曼荼罗，海螺一对，金黄色缎子两匹。圣大师高兴地说:“圣教在东方昌盛的缘起妙合。”

琼勒巴大师也这样指示。这一天，正在进行《幻网经》灌顶的“前行”，自此以后，凡所有讲传的经法，都一一参与听闻。从藏地至朵隆（སྟོད་ལུང་།）之间，一直作圣大师的侍从，向圣大师请求了出离并聆听了许多经法。鸡年，在加索甫（རྒྱ་སོག་ཕུ།）于圣大师的座前受近圆戒。这年春季，充当修复精奇寺（རྫིང་ཕྱི།）大弥勒佛像工作[8]的仆役。当时，有阿阇黎十二位，他完成了侍役的所有工作，并充任赴洛扎（ལྷོ་བྲག）地区的侍役，一同聆听所有讲传的经法。于热振寺（ར་སྒྲེང་དགོན།）向喇嘛洛杂哇[9]请求了密集的指引。圣大师于冬居期间，讲授密集、胜乐、喜金刚、大威德等许多续部的灌顶、指引并详细教授生起次第及圆满次第，他都一一熟记于胸。圣大师对这位哲士，察科官人和隆务·索南喜饶（རོང་པོ་བསོད་ནམས་ཤེས་རབ།）三人指示说，“要勤奋地学习密集和大威德法”，并对彼师指示：“要在上述诸法之外，还要加上观修胜乐五次第。”根据指示，于热振寺闭关六个月，又于奥喀（འོལ་ཁ།）的雪山之麓闭关六个月，进行念修，照见了密集、大威德和大轮的圣容，出现护法宝帐怙主自动地拥绕于左右的情况。遂将这些情况向圣大师报告，令其向克珠仁波切请求全部诀要，圣大师自己则授予宝帐怙主十二尊、四面护法、委托法的随许和禳解。圣大师住在色拉[10]期间，聆听讲授的《密宗道次第论》等，于两年又六个月时间，在圣大师和克主杰两位座前聆听了显密二乘的许多甚深妙法。土鼠年（公元1408年，明永乐六年，戊子），三十五岁，前赴冶尔哇（ཡེར་བ།）。这一年，父亲去世，母亲寄来礼物，幼时的伙伴衮藏和却加卜二人来到卫地，乃让二人于克主杰座前披剃出家，被命名为衮藏森格（ཀུན་བཟང་སེང་གེ།）和却吉森格（ཆོས་ཀྱི་སེང་གེ།）。这时嘉戎地区听到圣大师的声华，一时请求出离者达三十余人，都成为弟子。圣大师在拉萨建立神变祈愿法会时，彼师充任工作人员。为了请求修建噶丹寺的授记，前去喇嘛洛扎巴（བླ་མ་ལྷོ་བྲག་པ།）的座前，这位大堪布赐以他自己用的铃、铁质金刚杵及持金刚佛像的画卷等，指示于三十八岁时必须在自己的家乡修建寺院，并将修寺的地址等也予以授记。噶丹寺修建时，担任工地喇嘛。在“五天成”[11]之前，守持禁食斋三个月并进行祈愿。念修文殊七日禅，亲见圣容。虎年（公元1410年，明永乐八年，庚寅）年末，于圣大师座前聆听大威德灌顶时，赐谕道：“要在嘉戎地区树立圣教的旗幡！”

铁兔年（公元1411年，明永乐九年，辛卯），藏历正月初三日的早晨，圣大师授予了许多秘密的授记，并让克主杰书写书信，指示道：

“以胜乐、密集、大威德三尊为本尊，特别要以大威德为本尊，以宝帐怙主和四面护法及法王为护法！”

克珠杰也赐予了他所依止的宝帐怙主像。于是这位圣哲师徒三十六人及仆从七人于兔年的藏历四月起程，孟冬月十六日到达阿坝。有两只乌鸦指出了授记的地址。水龙年（公元1412年，明永乐十年，壬辰），修建了噶拉日山（ཀ་ལ་རི།）寺院。阿旺扎巴（ངག་དབང་གྲགས་པ།）土官也于铁虎年岁首来到家乡，他们两位发扬了圣大师事业的传统。赞拉（བཙན་ལྷ།）[12]土司敦请前去，降伏了叫做那波图捷的（ནག་པོ་ཐུགས་འཁྱིལ།）的恶鬼。被土司雍仲跋（གཡུང་དྲུང་དཔལ།）尊为上师。在卫地时有塘东杰布（ཐང་སྟོང་རྒྱལ་པོ།）的后裔名耶喜藏布（ཡེ་ཤེས་བཟང་པོ།）者等弟子十六名，给他们赐予了教诫。圣大师为利他而示寂后，进行超荐、祈祷，亲见圣容。七十七岁即铁马年(公元1450年，明景泰元年，庚午）的藏历三月二十一日圆寂。

彼师转世的化身丹巴仁钦（བསྟན་པ་རིན་ཆེན།）于前世示寂后的第二十五年木马年（公元1474年，明成化十年，甲午），生于下阿坝，姓夏措哇（ཤ་འཚོ་བ།）。十六岁前赴卫地，在热卡扎喇嘛曲跋藏布（ར་ཁ་བྲག་བླ་མ་ཆོས་དཔལ་བཟང་པོ།）处学习慈氏五论，于麦务巴·强巴仁钦（སྨེ་དུ་པ་བྱམས་པ་རིན་ཆེན།）处聆听《毗奈耶》和《俱舍论》。二十岁，于这位圣哲及巴索·却吉坚赞（བ་སོ་ཆོས་ཀྱི་རྒྱལ་མཚན།）[13]、帕邦喀巴·丹巴坚赞（ཕ་བོང་ཁ་པ་བསྟན་པ་རྒྱལ་མཚན།）等法定数目的比丘诸师处受近圆戒，被命名为丹巴仁钦却吉坚赞（བསྟན་པ་རིན་ཆེན་ཆོས་ཀྱི་རྒྱལ་མཚན།）。曾进行噶居巴的巡回辩经。前去萨迦寺，于达勤衮仁巴（བདག་ཆེན་ཀུན་རིན་པ།）的座前，聆听关于护法的经法，在卡伍捷勒（ཁའུ་སྐྱེད་ལྷས།）念修三年，有证悟的道歌。去嘉梅梅朵塘（རྒྱལ་མེ་ཏོག་ཐང་།）朝礼第二世达赖喇嘛更登哲蚌嘉措。遵照其命令，于三十一岁，即木鼠年（公元1504年，明弘治十七年，甲子）返回家乡。寺院、村庄、僧侣和徒众们抱怨说：“二十多年之间，化身未曾转世，转世之后，又隐藏起来，前后竟达五十余年！”乃为他们授予密集等灌顶。觉昂活佛嘉哇森格（རྒྱལ་བ་སེང་གེ）请求授予近圆戒，其所送的礼物之中，有宝剑一柄。由于这种缘起，加之尤肖地区的一座觉昂派寺院改宗黄帽派的原因，觉昂活佛发动臧哇[14]隆珠拉卜丹（གཙང་བ་ལྷུན་གྲུབ་རབ་བརྟན།）的军队，挑起军事冲突，臧哇和蕃双方的联军六千人前来准备摧毁噶拉日寺。当时，彼师自己所部仅有六十人，由于护法们以神变真实地幻化为军队，使他们都被冻僵，嘉哇森格靠着太阳密咒，仅以身免，其他都予以歼灭。三十五岁之龙年（戊辰）前赴若尔盖，司吉大明（ཟི་ཀྱི་དྲའི་མིང།）虽前来敦请，未予答允，赐以关于未来的许多授记。由于念修大威德、金刚手、马头明王、密集、胜乐、喜金刚、时轮、佛护乐、四座、玛哈玛雅（མ་ཧཱ་མ་ཡཱ།）等十本尊为首的许多本尊，得以照见圣容并得到授记。政府敕授“喇嘛成就佛陀”名号的诰封和印信。八十五岁，土马年（公元1558年，明嘉靖三十七年，戊午）圆寂。

彼师转世的化身于第九胜生的木鼠年（公元1564年，明嘉靖四十三年，甲子），生于阿里克，由教长多吉扎巴（རྡོ་རྗེ་གྲགས་པ།），夏仲丹巴扎巴（བསྟན་པ་གྲགས་པ།）等予以披剃出家。命名为洛藏丹巴拉卜吉（བློ་བཟང་བསྟན་པ་རབ་རྒྱས།）。十六岁时，与外地一位叫做多吉朋措（རྡོ་རྗེ་ཕུན་ཚོགས།）的喇嘛斗法，予以消灭。二十六岁时，被叫做曹玉（ཚེ་བཀྲི།）者出于宗派的怨恨，监禁于牢狱之中，他虽施用火烧、水淹、刀剑砍等等各种酷刑进行拷掠，正如当年迦玛跋希表现证果的行止那样，都使他们未能得逞。二十七岁时，前去西藏，于卫地朝礼第五世达赖喇嘛，于后藏朝礼第四世班禅罗桑确坚请求了近圆戒。又去萨迦寺，于达勤衮桑（བདག་ཆེན་ཀུན་བཟང་།）处聆听了四面护法的随许。受到达赖喇嘛和第悉的很大器重，在哲蚌寺给他送了一所房屋，现在人们称为戎务夏孜（རོང་བོའི་ཤར་རྩེ།）。返回家乡的途中，遭到了白利（བེ་རི།）部落的流窜匪徒们的抢劫。彼师祭起卜朵（ཕུ་ཏྲ།）法，使他们转而进行尊崇信奉。

三十九岁时，来到了达仓拉摩，在鲁肖（ཀླུ་སྨད།洮河下游）的登卡

(ཉིང་ཁ།) 石崖上留下了脚印，在嘉摩喜合热（རྒྱལ་མོ་གཤག་རལ།）开启了堪卓甫仁（མཁའ་འགྲོ་ཕུག་རིང།）[15]和德却颇章（བདེ་མཆོག་ཕོ་བྲང།）[16]两处圣地之门，以霹雳制伏伏藏之主，从伏藏之中取出铁橛，观看了空行秘笈，在捏贡智噶尔（གཉའ་གོང་བྲག་དཀར།）为胜乐金刚的圣像开了光；于炳灵寺空行秘密石岩之巅以神通树立了嘛呢旗幡，指出不空绢索的依止处。沿汉族地区途经塔尔寺前去凉州，在曼孜居住了一个月。复经热贡地区前去洮州，山神色古董春（སེ་གུ་སྟོང་ཁྱིམ།）降下霹霹冰雹，即予以制伏。在自己的家乡修建宁噶丹宫佛殿。赞拉土司敦请至瓜朵冬喀尔城（ཀྭ་ཧོ་དུང་མཁར།）。五世达赖喇嘛前赴汉地之前，彼师听到消息后，即前赴卫地住了约两个月。达赖喇嘛自汉地回来时，又前去朝礼于青海湖畔；于克塔尔（ཁི་ཐར།）有叫做拉邦冬噶尔（ལྷ་སྦོམ་སྟོང་དཀར།）和夏占（ཤ་བྲམ།）的神降下霹雳，彼师示指一竖，即予以收取。在五台山，于金龙湖（གསེར་འབྲུག་མཚོ།）石崖之上留下脚印。皇上迎请至皇宫住了一个月又五天，被赐以“鉴泰增泽古党师”（ཀྱིན་ཐའི་ཚེན་ཚེ་གེའུ་ཧྲང་སེ།）[17]之诰封以及印信，据称以神通回到家乡云。又前去卫地，朝礼第五世达赖喇嘛，七十二岁时回到家乡，八十岁水羊年（公元1643年，明崇祯十六年，癸未）圆寂。

彼师转世的化身洛藏嘉样（བློ་བཟང་འཇམ་དབྱངས།），于火猴年（公元1656年，清顺治十三年，丙申）生于下部的叫做巴拉（སྦ་ལ།）地方朱（འབྲུ།）姓家族。从幼小之时起即有许多证果的表现。墨尔根济农拥大军至热多（ར་མདོ།），彼师前往军前，予以劝阻，把军队挡回。后因和土官不睦，乃前去济农之前进行控诉。这时，济农的福晋南杰患中风之症，遂予以禳解，即告痊愈。二十六岁时赴卫地，朝礼达赖喇嘛和班禅，受近圆戒，被命名为洛藏嘉样嘉措（བློ་བཟང་འཇམ་དབྱངས་རྒྱ་མཚོ།）。铁马年（公元1670年，清康熙二十九年，庚午）在自己庄园小寺中修建了一座吉祥旋绕宫（བཀྲ་ཤིས་འཁྱིལ་བ།）。五十三岁之土鼠年（公元1708年，清康熙四十七年，戊子）圆寂。

彼师转世的化身，就是这座寺——达仓拉摩寺的创建者圣·洛藏丹贝坚赞[18]。彼师二十五岁之火龙年，徐玉噶居·扎巴德勒（ཁྲིགས་བཞི་བཀའ་བཅུ་གྲགས་པ་བདེ་ལེགས།）请求众生怙主丹巴拉卜吉（འགྲོ་མགོན་བསྟན་པ་རབ་རྒྱས།）撰述了《传记嗢陀南广释解脱如意树》，这本书中详细地记载有历世的历史事迹。其中说，自成就之主丹巴拉卜吉出生之木鼠（甲子）年起，经五十四年之火蛇（丁巳）岁，第五世达赖喇嘛诞生，水龙（壬辰）年前赴北京云。对于这个说法，应逐年编排，予以考证为是[19]。

这位圣哲于第十二胜生之水龙年（公元1712年，清康熙五十一年，壬辰），生于多朵（རྡོ་སྟོད།）地方属于董（སྟོང།）氏后裔的家族，父名才仁本（ཚེ་རིང་འབུམ།），母名吉姆雅（སྐྱིད་མོ་ཡག）。从康洒尔（ཁང་སར།）[20]喇嘛翁则师披剃出家。八岁时，即能撰写关于菩提道次第的片段文章。十六岁时，在阿坝于阿阇黎阿旺却培座前受沙弥戒，聆听胜乐、密集、大威德三本尊的灌顶等，在寺院修建昂索佛殿并扩修经堂。这时空行授记说：“有称为达温噶居洛藏森格（ཧྲ་དཔོན་དཀའ་བཅུ་བློ་བཟང་སེང་གེ）者，是一位极其精进地修持大悲观世音瑜伽行者，若想直接朝礼圣者[21]，已有以人身降临世间者，若去进行启白，会慈悲摄受。”乃前去叩谒。虎年前赴卫藏，时第七世达赖喇嘛已前去泰宁，乃在摄政嘉赛·吉美伊喜扎巴（རྒྱལ་སྲས་འཇིགས་མེད་ཡེ་ཤེས་གྲགས་པ།）的座前受近圆戒。向森巴钦波·扎巴坚赞（སེམས་དཔའ་ཆེན་པོ་གྲགས་པ་རྒྱལ་མཚན།）处，请求了三威猛结合的随许。在藏地，班禅仁波切因年寿已高，谢绝朝礼，但特别让彼师一人前去叩谒。西藏地方政府赠送六灵捧座[22]的觉阿释尊像及《甘珠尔》大藏经等许多经像。在本寺请夏哇塑绘师造释迦能仁王佛像等五十余尊，银汁书写《甘珠尔》大藏经，并修建扎喜康洒（བཀྲ་ཤིས་ཁང་གསར།）神殿等。木鼠年（公元1744年，清乾隆九年，甲子），在德格与土司丹巴才仁（བསྟན་པ་ཚེ་རིང།）结成供施关系。在彼处于俄尔巴（ངོར་པ།）跋丹却迥（དཔལ་ལྡན་ཆོས་སྐྱོང།）的座前，聆听了十三金法，关于宝帐怙主和四面护法的法，以及多吉扎宗玛（རྡོ་རྗེ་ཟབ་རྫོང་མ།）等耳传的许多甚深教授，迎请了《甘珠尔》大藏经一部以及《萨迦全集》等五十余函的经笈。

土龙年（公元1748年，清乾隆十三年，戊辰），与赤坚赞森格会晤。又于这一年，当第二世嘉木样吉美尊者于温泉向佐格行进的途中，被敦请到拉摩寺，双方心意极为融洽。木猴年（公元1764年，清乾隆二十九年，甲申），前去佑宁寺朝礼章嘉仁波切。返回路上，青海蒙古各施主奉献了供养。在热贡隆务，南木拉、霍尔仓、喀加措周、戎十八大部、卓尼地区、蒙古十一佐领[23]、霍尔蕃、克塔、佐格、阿坝、热多、察科等处，作了许多饶益众生之事，直到现在，彼师历世都一视同仁地在这些地区进行着事业。火猪年（丁亥），赎迎苟什德文干（ཀིཏི་དཔོན་ཀན།）转世灵童，对主客各地信徒授予了许多灌顶、教敕和随许。土牛年（乙丑）前后，因牛马繁殖达七千头，乃分别向各个寺院、静修院作为供养进行布施。彼师作为拉摩密宗学院和尕拉日寺院的护持者，设置了许多经、像、塔等三依止圣物。曾照见本尊的圣容，役使护法如同仆役，许多八部[24]献上生命，降伏了边鄙地区的许多鬼魅，有著作约三函。六十岁铁兔年（公元1771年，清乾隆三十六年，辛卯），藏历神变月[25]的初八圆寂。第二年，第二世嘉木样从内地、蒙古返回拉卜楞寺，霍尔仓活佛报告了亲口所诵的回向文及所送的礼物等情况，尊者非常伤感。指示“要把遗体整个地保存好”。赠送了建造灵塔的经费黄金五钱，白银五十两。并对霍尔仓说道：

“他是与众不同的成就者之主，不会经过多少时间，将有一位裨益众生的化身出世。在这期间，任何方面的护持都不能松懈。你是我们两人共同的弟子，需要什么帮助我可以去做，不要灰心”。

如前所说，这位哲士据说是嘉木样协巴的化身。霍尔仓活佛嘉样克珠著有他的一般共同的《传记》，至于不共的传记则有木多·嘉措敦登（སྨུ་ཏོ་རྒྱ་མཚོ་དོན་ལྡན།）所著的《空行密语金刚秘籍》连同笺注《钥匙》。

彼师转世的化身更登却吉旺秀（དགེ་འདུན་ཆོས་ཀྱི་དབང་ཕྱུག），于水龙年（公元1772年，清乾隆三十七年，壬辰），生于隆务的赛·曲玛尔（བསེ་ཆུ་མར།），父名阿旺拉卜丹（ངག་དབང་རབ་བརྟན།），母名娘毛塔（སྙིང་མོ་ཐར།）。火猴年（丙申）在叶什郡更登达智（དགེ་འདུན་ཟླ་གྲགས།）座前受居士戒。由于能认识前一世的念珠和金刚杵，安多和西藏卫地的神和喇嘛们所降的授记也都相同，乃于这一年的八月十七日迎请坐床。承事佐格·日朝旺波和昂曼活佛为经师，进行闻思。第二世嘉木样赴极乐世界而进行超荐时，敦请彼师作为拉摩寺的代表，献了白银五百两。彼师在寺院修建了大经堂。二十五岁火龙年（公元1796年，清嘉庆六年，丙辰）圆寂。也有人说圆寂于铁狗年（庚戌）。

他转世的化身衮噶却普图丹尼玛（ཀུན་དགའ་ཆོས་འཕགས་ཐུབ་བསྟན་ཉི་མ།），系从前一世的庄园迁来此处与前一世的妹妹扎喜吉（བཀྲ་ཤིས་སྐྱིད།）结亲的前夫佐格索巴（བཟོད་པ།）之子，属相火蛇（公元1797年，清嘉庆二年，丁巳），后来他们举家迁往隆务。水猪年（癸亥），在叶什郡活佛座前披剃出家，予以洗浴及必需的一些授记，并撰祈祷长寿的经文。木鼠年（公元1804年，清嘉庆九年，甲子），迎请坐床，钻研浩瀚的显密经典。木猪年（公元1815年，清嘉庆二十年，乙亥），在雍仲奇（གཡུང་དྲུང་ཁྱིལ།）拜谒贡塘·嘉贝样，详谈关于前赴西藏卫地的各项事宜并赠送了赆仪。在此之前，还于托拉活佛圆寂贡塘尊者前去举行超荐之时，聆听了长寿灌顶。土龙年（戊辰）又在拉卜楞寺聆听了金刚鬘灌顶等。在卫地，向胜者师徒等奉献礼品，向各处圣像上供施，向各个寺院进行布施，无一或缺。在第七世班禅丹贝尼玛座前受近圆戒。土鼠年（公元1828年，清道光八年，戊子），在拉卜楞寺，于遍照尊者的座前，聆听讲传的长寿灌顶、白度母随许等一些经法，在大会堂施放布施。水虎年（壬寅）夏天，敦请恩师阿莽道扎前去寺院，请求了密集灌顶和《供养上师颂》的指引，为新造现见解脱圣像进行开光。作为侍从在圣·甘珠尔钦波·贡乔华增座前聆听了《续释》的疏解和教敕。彼师先后给僧众授《圣·宗喀巴全集》的教敕等。经常过午不食，三律仪清净，实践到底，见修纯正。经常背诵《菩提道次第》略本等，具备哲士的行止，详细情况见于本传。恩师圣·阿莽道扎坐夏休沐之后，于嘉洒（རྒྱལ་ས།）和彼师会晤，按这位哲士的要求，详尽地授《菩提道次精要》的指引，临结尾时，把所戴的觉阿帽赠予彼师，再三地祈愿其作昌明圣教的中心。但从其行为情况推测，似对于他的身体健康有所“顾虑”，对其侍从人们布置“多作经忏佛事，祈祷延寿”。彼师临涅槃之际，遗嘱说：“圣·嘉木样协巴是真正的中观师，一心一意倾向于他，绝不会有欺骗之处！”

遵照所嘱，敦请遍照尊者，于铁狗年（公元1850年，清嘉庆三十年，庚戌）的祈愿法会时，命驾前来予以超荐。以白银五百两及许多匹骏马作为衬资进行供养。尊者安排了保存整个遗体的措施，任命图多却增（ཐུབ་སྟོབས་ཚོས་འཛིན།）专门负责执行，所有镶嵌的各种珍宝，都由法座的大拉让赠予。

彼师转世的化身，生于科采的拉德部落，是司膳师丹巴的侄子，名洛藏程列丹巴嘉措（བློ་བཟང་འཕྲིན་ལས་བསྟན་པ་རྒྱ་མཚོ།），属相铁狗（庚戌）。按上一世的遗嘱，由现任堪布贡乔丹增（དཀོན་མཆོག་བསྟན་འཛིན།）、卸任堪布洛藏塔冶（བློ་བཟང་མཐའ་ཡས།）、尤端小土官耶希、襄佐喜饶等负责前去拉卜楞寺向遍照尊者请示，于水牛年（公元1853年，清咸丰三年，癸丑），藏历五月初二日的那天，尊者和两位赛赤等阿阇黎、现卸任堪布及僧众在护法神殿向大护法唪诵护法降神经文广本，摇出炒面丸子，众望所归，予以认定。大拉让对各个人员赠予名签和贺喜哈达巾。当大众从寝宫出来时，正和在书库神殿的主佛圣·宗喀巴大师像之前请求加持青稞者相逢，大雨如注，伴着隆隆雷声，长虹经天，如此等等善妙征兆真实现显。听说这时，遍照尊者说：“梦见有一个人持右旋白螺，向着他说：‘吹这个会发出响彻四方的声音’”。尊者向内侍们说：“这将会是在地面上行化的一位大菩萨”云。尊者于初九日这一天，命驾去科采向殊胜化身仁波切授成就圣母长寿灌顶，并口授许多陀罗尼咒。给化身送骏马一匹，给其父母赐了大量的财物，显示极为密切的关系，暂时让道帏然绛巴教授文字等。在迎请坐床的同时，由贡乔曼兰（དཀོན་མཆོག་སྨོན་ལམ།）活佛为之披剃出家并授沙弥戒。聆听了弥多罗、金刚鬘的灌顶和教授及《修法宝源》等总的教授和专门教授等许多随许。由卸任堪布塔冶巴担任经师，闻思显密二乘经典和诸明处。贤正善良的妙行，正如上弦之月，日日增盛之中。

圣·洛藏丹贝坚赞于他三十七岁时，即第十三胜生的土龙年（公元1748年，清乾隆十三年，戊辰），为寺院奠基开始修建，经过十年，至火牛年（公元1757年，清乾隆二十二年，丁丑），敦请塔尔寺僧索南洛哲（བསོད་ནམས་བློ་གྲོས།）担任阿阇黎，从卓尼请密宗学院的僧人强巴嘉措（བྱམས་པ་རྒྱ་མཚོ།）担任翁则师，甫顿（ཕུག་འདུས།）·噶居担任格贵师，正式建立起密宗学院。章嘉仁波切题名为“噶登扎喜奇（དགའ་ལྡན་བཀྲ་ཤིས་འཁྱིལ།兜率吉祥绕）。”《噶当书》中说：“唱起受用空乐之法曲，护起吉祥安乐之风度。”

上述这些和授记完全相合，而且在关于未来的一授记中也说：“出了带有智化之名的伽蓝。”

这和苟什德智化（ཀིརྟི་གྲགས་པ།）相对应，也被认为就是他。彼师建造了密宗院的能依与所依。设置供应“俸茶”形式的经费。卜合察（སྦུག་ཚོ།）的后察丹增（ཨག་ཚ་བསྟན་འཛིན།）奉献了五十套上装[26]服装，于是需用的衣装等都准备齐全。自铁蛇年（公元1761年，清乾隆二十六年，辛巳）起，由历任的法台拉卜楞寺格西阿坝的喀加·洛藏楚臣（ཁ་གྱ་བློ་བཟང་ཚུལ་ཁྲིམས།）、塔尔木其·洛藏敦珠（བློ་བཟང་དོན་གྲུབ།）、霍尔活佛嘉样克珠、托拉活佛洛藏丹增（བློ་བཟང་བསྟན་འཛིན།）、喀嘉的鲁仓（གླུ་ཚང་།）活佛、拉卜楞寺僧嘉样却吉旺秀（འཇམ་དབྱངས་ཆོས་ཀྱི་དབང་ཕྱུག）、参仁巴·夏孜（འཚམས་རིང་པ་·ཤར་རྗེ།）、拉仁巴·洛藏却培（བློ་བཟང་ཆོས་འཕེལ།），此师也叫作苏化独觉（སོག་པ་རང་སངས་རྒྱས།），又由托拉活佛继任，接着是甘加然绛巴·格勒拉卜吉（དགེ་ལེགས་རབ་རྒྱས།）、拉卜楞寺格西更登哲蚌华藏（དགེ་འདུན་དཔལ་བཟང་།）、却宗活佛吉美智化（འཇིགས་མེད་གྲགས།），从拉卜楞寺请来的圣·甘珠尔哇钦波·贡乔华增、尤端俄仁巴·本寺僧洛藏坚赞

(བློ་བཟང་རྒྱལ་མཚན།)，色拉寺麦扎仓托拉群则·阿旺洛藏坚赞（ངག་དབང་བློ་བཟང་རྒྱལ་མཚན།），又由尤端俄仁巴担任，接着由喀嘉·洛藏楚臣的化身张哇·多却巴（འབྲོང་བ་རྡོ་ཆོག་པ།）、本寺僧杜哇·贡乔丹增（དཀོན་མཆོག་བསྟན་འཛིན།）、华热哇·桑丹敦珠（དཔལ་རི་བ་བསམ་གཏན་དོན་གྲུབ།）、本寺僧尤端巴·扎西迥乃（བཀྲ་ཤིས་འབྱུང་གནས།）。曾在拉加寺居住的下佐格鲁仓活佛·嘉样智化坚赞（འཇམ་དབྱངས་གྲགས་པ་རྒྱལ་མཚན།）、直至本寺僧伊麦巴·洛藏嘉样（གཡི་སྨད་པ་བློ་བཟང་འཇམ་དབྱངས།）等进行护理。学院的规章制度，仪轨、腔调、韵律等，一如上密学院，正日益增盛之中。

密宗学院建立后，经六十一年之土虎年（公元1818年，清嘉庆二十三年，戊寅），衮噶群培（ཀུན་དགའ་ཆོས་འཕེལ།）活佛敦请哲蚌寺洛色林扎仓的卸任堪布被称为戎周尕巴（རིང་དེ་ཀ་པ།）的洛藏朋措（བློ་བཟང་ཕུན་ཚོགས།）和藏哇阿向（གཙང་བ་ཨ་ཞང་།）两师建立了法相学院跋丹扎喜洛色林（དཔལ་ལྡན་བཀྲ་ཤིས་བློ་གསལ་གླིང་།具德吉祥明慧洲），修建了大会堂、经堂，向各方求要僧源。新加入者，每人发青稞官斗二斗，酥油一斤及披单、禅裙的费用，这种制度迄今仍在执行。设置了大量的布施基金，成为一座用善巧方法周详地规定寺规的圣教所缘缘的不可思议大伽蓝。最初的讲闻师由圣·洛藏朋措担任，建立和洛色林扎仓相同的规章制度，并写定寺规。接着由藏巴拉仁巴·洛藏丹增（བློ་བཟང་བསྟན་འཛིན།）、阿木去乎文波·夏孜拉仁巴·索南却智（བསོད་ནམས་ཆོས་གྲགས།）、加果（སྐྱ་མགོ）的堆巴（འདུས་པ།）活佛、本寺僧贡乔丹增（དཀོན་མཆོག་བསྟན་འཛིན།）等担任，后者有转世系统。其次则为本寺僧佐格·贡乔曼兰（དཀོན་མཆོག་སྨོན་ལམ།），彼师是法相学院新建时的僧源，经常给新受戒的僧徒们讲授学课。担任堪布之职后，讲闻极为精到，颇有裨益。在经堂中塑造文殊普现像，设置夏季学期例茶经费，有关于宗印、三摩地奥文指引等零散著作以及这座寺院的《寺志》。其次为当息巴·桑丹敦珠（སྟོང་གཤག་པ་བསམ་གཏན་དོན་གྲུབ།）、本寺僧人佐格仙美哇·丹巴嘉措（བསྟན་པ་རྒྱ་མཚོ།）、本寺僧人村如·阿旺朋措（ཚང་རུ་ངག་དབང་ཕུན་ཚོགས།）、本寺僧人贡肖哇·贡乔丹增（དཀོན་ཞོར་བ་དཀོན་མཆོག་བསྟན་འཛིན།）、直至洒如哇（གཟའ་རུ་བ།）郭莽扎仓格西·嘉样楚臣（འཇམ་དབྱངས་ཚུལ་ཁྲིམས།）之间。上述的这个学院和密宗学院后期的法嗣，不一定对。

这座寺院有四季的学期、月学期和中间学期，以九个学级进行学习，按洛色林扎仓的教程钻研五部大论，仔细地进行讲辩。法会上有大跳神舞及铁城伏魔法，还有正理部和五供节等。大伽蓝的良好传统，正日日增盛之中。

苟什德拉让之中，有圣·洛藏丹悲坚赞鼓励贝子巴图尔岱青哇塑造的觉阿释尊像，和拉萨大昭寺的觉阿释尊像完全相似，其内藏中有约如鸟卵大小的我佛的舍利子和热戎却扎（ར་རོང་ཆོས་གྲགས།）尸骨形成的舍利堆。还有圣·宗喀巴大师、白度母、宝帐怙主等像。有供奉彼师的整个尸体的银灵塔、更登哲蚌却吉旺秀的灵塔、梅檀觉阿释尊佛像，以及《甘珠尔》大藏经等许多经籍。在小寝宫里，有众生怙主丹巴拉卜吉从伏藏中取出的教长莲花生的金刚杵，和他亲手塑造的具誓护法像，圣语化母像，能避雷击的度母像，以及印度、内地、尼泊尔和西藏等处铸造的许多青铜佛像及一千余函经籍。怙主殿中有语化的宝帐怙主像，生命旋绕的神石，以及许多依止圣物。丹坚巴修建的千手千眼大悲观世音神殿。护法天王殿中有第五世达赖喇嘛赐给土官堪卓的玛瑙造胜乐像，颇具灵异的密集像，还有尕冬曲郡（དགའ་གདོང་ཆོས་སྐྱོང་།）的法器、经籍等。这些都来自墨尔根噶居手中，原由墨尔根巴图尔从吉恰（སྐྱིད་ཆ།）地方请来，有一段时间因未能供祀，威灵显赫，甚为严厉，由圣丹坚日作为这里的天王依止像，安置于这座神殿之中。还有护法的附体者[27]。衮普巴（ཀུན་འཕགས་པ།）修造的利见大宝塔。经堂之中有供奉衮普巴的整个尸体的灵塔。密宗学院卸任法台扎西迥乃塑造的弥勒佛像。霍尔嘉样克珠巴于旧弥勒殿的遗址上修造的一楼高的无量寿佛像、弥勒佛像和近侍弟子像；怙主殿中有噶丹寺护法法王的骨饰，由噶丹寺赛赤坚森巴迎请而来。密宗学院有释迦能仁王佛像，以及圣大二师师徒像等，如此等等三依止圣物甚多。在密宗学院后面有卸任堪布洛藏塔治修建的千佛殿，彼师被称为是阿果（ཨ་གོ）静修僧的转世，显密二乘及诸明处的学识极其渊博，现在担任殊胜化身仁波切的经师，讲修正日益增盛。藏拉（གཙང་བླ）的神殿中，有高大的文殊现显像、三十五尊忏悔神像、八如来像等，都是青铜铸造。这位师长[28]生于桑木察嘉仓（ཀྱི་ཚང）部落，当宦拉（དཔོན་བླ）整理修建寝宫地址时，有一天，彼师在其附近之处钉了四根木桩表示作为神殿的地址。宦拉说："他呀，要修建神殿啰！好嘛！"

给彼师舀了一碗乳酪。那时他的名字叫惹玛加（རིས་མ་སྐྱབས）。十六岁，前赴藏地朝礼第七世班禅丹贝尼玛。班禅指出他是达摩·阿黎跋丹森格（སྟག་མོ་ཨ་ལི་དཔལ་ལྡན་སེང་གེ）的转世，让其住在府中，发给堪布服饰、文书等派遣至内地。指示说："五台山是文殊菩萨的刹土。"彼师就在那里，迎请了上述诸佛像，在寺院修建了神殿。去藏地向班禅仁波切奉献了许多礼品，被赐予第四世班禅确坚的水瓶、圣大师的似我母像、吉祥多卡玛像，用栴檀木雕成的历世班禅像，极为超殊的香巴拉画卷、塘东杰波金刚杵等许多具有加持力的依止圣物。迎请《班禅全集》等许多函经籍，都供奉在这座神殿里。又前赴内地、蒙古。于三十六岁时，圆寂于该处。他转世的化身生于青海河南蒙古外斯旗，名贡乔图丹嘉措（དཀོན་མཆོག་ཐུབ་བསྟན་རྒྱ་མཚོ），属相铁狗（庚戌），由第三世嘉木样遍照尊者认定。一段时间内，在拉卜楞寺密宗学院学习全部诵读，应班禅德吉（པཎ་ཆེན་བདེ་སྐྱིད）的考试，成为学级僧，接着在苟什德寺被迎请坐床。进入经院，学习热多扎仓（རྟ་སྟོད）的《集类学》《因理论》《宗印本义》及其注释《白晶明镜》，索扎巴著的《第一品》《明义简释》《菩提道次第略论》《正义精要》，《入中论释明镜》等，一一熟记于胸，并经过大会堂背诵考试。前一世的兄弟赛琼·贡乔跋藏（སེར་ཆུང་དཀོན་མཆོག་དཔལ་བཟང）担任过密宗院法台，他置办了一幅大锦缎绣佛像，献于寺公所，从卓尼赎请《甘珠尔》大藏经，安置于寝宫之中。他们两人共居于一个昂欠府中，行止善妙，日益增盛。

托拉寝宫中，供有银铸的度母像，大宝法王哈立麻的帽子，《甘珠尔》和《丹珠尔》大藏经，以托拉·阿旺跋藏的尸骨舍利为内藏的灵塔。其他还有喀加格西洛藏、阿阇黎戎周尕巴、堆巴（འདོས་པ།）阿阇黎，称为尤端宦拉的密宗院卸任法台洛藏坚赞等师的寝宫，各有转世系统。圣地的前面有托拉静修院，后由圣·丹坚巴和喀加阿阇黎共同商定，迁移于寺院的后山。该寺供有黎察（ཀླི་ཚ།）活佛洛藏丹巴达尔吉的灵塔。

大伽蓝噶丹协珠白噶卓委林（དགའ་ལྡན་བཤད་སྒྲུབ་པད་དཀར་གྲོལ་བའི་གླིང་།兜率讲修白莲解脱洲）的创建者、文殊怙主上师[29]的伽蓝[30]的第五十三任赛赤坚赞森格(རྒྱལ་མཚན་སེང་གེ)，于第十一胜生的土马年（公元1678年，清康熙十七年，戊午），生于桑木察的尕德伍果（ཀ་དེའུ་མགོ），父名才仁扎西（ཚེ་རིང་བཀྲ་ཤིས།），母名娘毛吉（སྙིང་མོ་ཕྱུགས།），比第一世嘉木样一切知大师小三十岁。历世本生为圣·优婆离、年敦·贝白南觉尔（གཉན་སྟོན་སྤྲུལ་པའི་རྣལ་འབྱོར།）、圣·喜饶森格（རྗེ་ཤེས་རབ་སེང་གེ）、夏钦·仁钦坚赞（ཤར་ཆེན་རིན་ཆེན་རྒྱལ་མཚན།）[31]等化身。十一岁时，在达温楚臣森格座前披剃出家。二十七岁时，在西藏卫地入哲蚌寺郭莽扎仓的经院。于一切知大师座前聆听《集类学》教程的宣讲。一切知大师道：“他的身后，经常有护法法王在跟随着。”

彼师是赤跋丹扎巴（ཁྲི་དཔལ་ལྡན་གྲགས་པ།）的弟子，有一个坏心眼的家伙，在食物中投毒，送于赤巴丹扎巴，致师徒两人都中了毒。彼师这时背着老师艰难地行走，前去格派，向一切知大师报告情况。大师看出是中了毒，赠予净瓶中圣水制作引起呕吐的羯磨剂，于是师长的口中吐出紫黑色的一团腐坏食物，虽用刀割也难以割断，彼师口中吐出的东西也大致相同，但有棱有角，仅比师长吐出的小一些。进行根治医疗，病患遂告痊愈。一切知大师说道：“阿呀呀！这个背盟弃誓之徒，几乎把咱们的两位赛赤给杀害了！”

彼师于第五世班禅洛桑耶喜座前受沙弥戒及近圆戒，三十九岁的火猴年（公元1716年，清康熙五十五年，丙申），参加祈愿大法会上的巡回讲辩。准噶尔战乱之时，由于成为出类拔萃的格西，被委派为达哇杰参巴（ཟླ་བ་རྒྱལ་མཚན་པ།）的寺院——工布周拉（ཀོང་པོ་འབྲུ་ལྷ།）的堪布，任职三年后，入上密院的经院钻研密乘。四十九岁，任该学院的喇嘛翁则师。土鸡年（公元1729年，清雍正七年，己酉），任上密院堪布并兼夏孜法王，护理三年之后，于五十五岁的水鼠年（公元1732年，清雍正十年，壬子），足莲登上噶丹寺赛赤的宝座。修复噶丹寺护法的舌头，献上新衣服和骨饰，给昌都的帕巴拉、扎雅呼图克图，巴索呼图克图、吞诺们汗（ཐོན་ནོ་མིན་ཧན།）等授《菩提道次第广论》等的教授和弥多罗、金刚鬘灌顶多次。铁猴年（公元1740年，清乾隆五年，庚申），担任森巴钦布循奴呼图斡（གཞོན་ནུ་འོད།）的寺院的堪布八年，四年之中闭关坐禅，设置了释迦能仁王佛的锦缎绣像和大威德的立体坛城。在噶丹寺，以许多两黄金和白银兴建了菩提宝塔；在小昭寺会供法会上给每个僧人布施银章嘎一圆；在郭莽扎仓给每个僧人布施白银一两；在经堂之上安置了以一千两白银制造的金胜幢一对。给达温康村设置了公积金和施放了特殊的布施，为新造圣大师像及迎请《甘珠尔》大藏经提供了经费。在甲域哇（བྱ་ཡུལ་བ།[32]）的寺院芒拉（མང་ལ།）居住时，乌厄盖王[33]派遣额力齐（ཨིལ་ཆི།）前来敦请。第七世达赖喇嘛赐以他自己戴的长飘带僧帽、锦缎僧氅，《弥多罗》《金刚鬘》和曼荼罗画卷，圆形印章等作为送行贶仪。七十岁的火兔年（公元1747年，清乾隆十二年，丁卯），供施双方于乌厄盖晤面，于拉卜楞寺和一切知化身会晤，心意相投，极为密切。在大会堂给每个僧人施放了银章嘎一圆的布施，于乌厄盖授大威德灌顶，讲传经法，并举行护法回遮仪轨。第十三胜生的第二年戊辰岁（公元1748年，清乾隆十三年）藏历三月，供施双方会于温泉（ཆབ་ཚན།），考察占卜了这处寺址，并举行乞地仪轨作为拉让的基地。第二年，于合作寺建立了法相学院。铁羊年（公元1751年，清乾隆十六年，辛未），于佐格仙美、朗哇、尤端、巴乌（འབའ་ཐུ།）等处征集了僧源，于水猴年（公元1752年，清乾隆十七年，壬申）藏历十月初七日建立讲辩院，委任阿坝曲郡担任首任讲辩师，修建了经堂，安置了马、牛、羊二千头匹的公积金，并亲自写定寺院清规。在佐格仙美授金刚鬘的灌顶，著有《密集根本续》第五品以前诸品的释文等。七十九岁火鼠年（公元1754年，清乾隆二十一年，丙子），藏历九月十五日圆寂。

彼师转世的化身洛藏坚赞森格（བློ་བཟང་རྒྱལ་མཚན་སེང་གེ），生于火虎年（公元1757年，清乾隆二十二年，丁丑），曾护理寺院一个时期，因和文布跋丹森格（དཔལ་ལྡན་སེང་གེ）不和，乃前去住于合作寺。这座寺院由桑木察赤钦的化身活佛吉美南夸（འཇིགས་མེད་ནམ་མཁའ།）转世的怀疑对象之一洛藏丹贝卓美（བློ་བཟང་བསྟན་པའི་སྒྲོན་མེ།）的转世系统进行护理。这位化身，于第十四胜生的铁蛇年（公元1821年，清道光元年，辛巳），生于噶如的惹卜察（འགའ་རུའི་རེབ་ཚོ།）氏的家族中，父名多吉杰（རྡོ་རྗེ་རྒྱལ།），母名娘毛雅（སྙིང་མ་ཡག）。水羊年（癸未）的藏历五月十三日，被带至阿科（ཨ་འཁོར།）白石崖山巅，尔时，仿佛看见一位比丘在太空飞行，问他道：“你在这儿吗？”

据说，这个时日正是贡塘·嘉贝样为利他而示寂之时刻云。由于神灵和喇嘛的授记相合，被认为是前一世赤钦的转世。对于这事应不可拘泥于世俗流传的只有一个系统的狭隘之见为是。彼师十岁时，在卸任堪布洛藏达尔吉巴（བློ་བཟང་དར་རྒྱས་པ།）主仆等前来迎接的座前，披剃出家，受沙弥戒并被迎请坐床，先后拜噶钦·释迦敦珠（བཀའ་ཆེན་ཤཱཀྱ་དོན་གྲུབ།）和称为喇嘛赛宗巴（སེ་བཙུན་པ།[34]）的化身圣·洛藏朋措（བློ་བཟང་ཕུན་ཚོགས།）为经师，从后一位师长处聆听毗卢遮那灌顶，从卸任堪布洛藏达尔吉巴处聆听《菩提道次第广论》的教授等，并于圣·贡乔桑丹（དཀོན་མཆོག་བསམ་གཏན།）处聆听经法。有一次，曾指着一尊青铜铸的大威德像的明妃说：“她呀，经常问我能不能吃得消，常予扶持，用不着这样操心嘛！”

话刚一说毕，噼啪地一声响，本尊的面转向那一边去了。彼师说：“在开玩笑呗，请正面坐吧！”

佛像的面即刻转了过来，如同先前的那样。如此等等证果的感应很多。自木马年（公元1834年，清道光十四年，甲午）起，侍奉在阿旺踆丹（ངག་དབང་དཔལ་ལྡན།）经师座前，研究诸明处，聆听了《金刚鬘》和《修法宝源》。第二年，参加祈愿法会的会传。自火鸡年（丁酉）年起，设立侍讲师，辅导钻研经法。熟背《集类学》《因理论》《悟慧论》《七十理义》《宗印》《地道论述》《金鬘疏》等，详细钻研，讲辩《集类学》和《般若》。土猪年（己亥），在赤钦化身洛藏坚赞森格的座前，聆听《加行法》的指引，密集和独雄大威德的灌顶。第二年，就向这位尊者请求了近圆戒。铁牛年（辛丑），老文布踆丹森格去世，他被称为红阎摩敌（大威德）的化身，得有往生北方香巴拉国土的授记云。自这一年至木龙年（甲辰）为赴西藏卫地进行各方准备。自卫地返回后，正勤奋地为事业努力之际，由于障碍之故，于三十岁时示寂。现在的殊胜化身仁波切洛藏丹贝坚赞（བློ་བཟང་བསྟན་པའི་རྒྱལ་མཚན།）正在迎请坐床之中。

第一代法嗣阿坝·曲郡嘉措是拉卜楞寺的格西，彼师撰有他的《自传》及《供养上师颂疏》等一些著作。接着是哲蚌寺郭莽扎仓拉仁巴·洛藏喜饶（བློ་བཟང་ཤེས་རབ།）、松州建木科·克珠嘉措（རྒྱམ་ཁོ་མཁས་གྲུབ་རྒྱ་མཚོ།）、苏呼·洛藏群培（སོག་པོ་བློ་བཟང་ཆོས་འཕེལ།）、达温活佛洛藏森格、夏孜法王拉仁巴·桑桑阿旺仁青（སང་སང་ངག་དབང་རིན་ཆེན།）、夏孜法王拉仁巴·阿坝塔凑·阿旺喜饶（ཛ་བ་ཐར་ཚོགས་ངག་དབང་ཤེས་རབ།）、卡息（ཁྲི་ཤི།）阿阇黎阿旺朋措（ངག་དབང་ཕུན་ཚོགས།）、佐格本郭哇（ཏུམ་སྐོར་བ།）、本寺僧人阿洛·桑丹踆藏（ཛ་ལོ་བསམ་གཏན་དཔལ་བཟང་།）。接着又由卡息阿阇黎担任，其次则为本寺僧人阿拉·洛藏却登（ཨ་ལ་བློ་བཟང་ཆོས་ལྡན།）。彼师曾在大会堂训诫说：

“我们大伙儿既然在具有律仪的扎仓，那么，僧侣大伙应把脱鞋、取水、甚至抛洒净水以上的等等事情都得仔细地去做，应把各自所允诺的戒律，防护得纯洁严谨。这样，虽然对于显密经典奥义的讲述有的限于智慧，不能研讨得究竟圆满，但是，还可以作为一个称为‘持教的士夫’！若做不到这些，光在自己思想的鼻巾上擤鼻涕，虽对于别人能将深奥的妙法讲得头头是道，但不可能取得称为‘持教的士夫’之名！把堪布、阿阇黎及佛、佛子等本尊曼荼罗海会圣众们扔在一边，做出违犯自己允诺的三律仪的事，则对自己思想上的‘正教’，只能是作了‘破坏’的行径，只能得到被说成‘叛教者’者而已！我看呐，若不把戒律作为最珍贵的东西，而把它随便扔得无影无踪，光凭一些陈词滥调去贬低人家，把脑瓜子伸得高高的自鸣为‘圣教的持教士夫’，然而不求其滑向‘叛教者头子’的地位，很难保险呐！”

彼师所讲的这些，确是至关重要的训诫。其次担任法嗣的是哲蚌寺郭莽扎仓的拉仁巴阿司哇·洛藏坚赞（ཛ་ཟི་བ་བློ་བཟང་རྒྱལ་མཚན།）、哲蚌寺郭莽扎仓的拉仁巴·桑桑洛桑丹增（སང་སང་བློ་བཟང་བསྟན་འཛིན།）、本寺僧人存如·洛藏坚赞（ཚོང་རུ་བློ་བཟང་རྒྱལ་མཚན།）、哲蚌寺郭莽扎仓拉仁巴·阿坝·洛藏敦珠（ཛ་བ་བློ་བཟང་དོན་གྲུབ།）、本寺僧人佐格尼果·耶喜塔治（མཛོད་དགེ་ཉི་མགོ་ཡེ་ཤེས་མཐའ་ཟས།）、噶丹寺僧人被称为迭部洛同（ཐེ་བོ་བློ་ཐུང་།）的活佛阿旺洛藏却培（ངག་དབང་བློ་བཟང་ཆོས་འཕེལ།）、卡息活佛阿旺洛藏跋丹（ངག་དབང་བློ་བཟང་དཔལ་ལྡན།）、哲蚌寺郭莽扎仓僧人达温·桑丹森格（ཏྲ་དཔོན་བསམ་གཏན་སེང་གེ།）、本寺僧人松替·跋丹森格（སུམ་མཐིལ་དཔལ་ལྡན་སེང་གེ།）、卫地格西佐格尼果·阿旺桑培（མཛོད་དགེ་ཉི་མགོ་ངག་དབང་བསམ་འཕེལ།）、色拉寺麦扎仓佐格佐绕哇·洛藏朋措（མཛོ་རོ་བ་བློ་བཟང་ཕུན་ཚོགས།）、本寺僧人仙美·洛藏达尔吉（ཞམས་མི་བློ་བཟང་དར་རྒྱས།）、哲蚌寺郭莽扎仓僧人存如巴·阿旺洛藏（ཚོང་རུ་བ་ངག་དབང་བློ་བཟང་།）、华喜活佛洛藏丹贝坚赞（དཔའ་ཤེས་བློ་བཟང་བསྟན་པའི་རྒྱལ་མཚན།）、本寺僧人阿树·年孜哇·云丹嘉措（དབལ་ཤུལ་གཉན་རྗེ་བ་ཡོན་ཏན་རྒྱ་མཚོ།）、本寺僧人鲁肖巴·松波·阿旺跋丹（ཀླུ་ཤོད་པ་སུམ་པོ་ངག་དབང་དཔལ་ལྡན།）、本寺僧人卡息·洛藏却培（ཁྲ་ཤི་བློ་བཟང་ཆོས་འཕེལ།）、被称为布禄金刚化身的本寺僧人阿拉嘉样敦珠（ཨ་ལ་འཇམ་དབྱངས་དོན་གྲུབ།）、吉仓共隆哇·洛藏索南（སྐྱིས་ཚང་ཀོང་ལུང་བ་བློ་བཟང་བསོད་ནམས།），彼师有著作约两函，还编有记述这座寺院截止第三十一任堪布色拉寺麦扎仓迭部噶藏桑丹（སྐལ་བཟང་བསམ་གཏན།）以前的《法嗣史·白莲如意藤》，雕有印版。此后诸法嗣及密宗学院的历任阿阇黎则不详知。

这座寺院采用郭莽扎仓的新教程，分为三个《集类学》级，《因理论》和《悟慧论》，上下《本论》及《般若》、《中论》、《俱舍论》、《律典》，共十个学级，详细地研究，讲辩全部大论。辩论的学期则分为四个月学期、四个中间学期。学期会上及学期间歇时期的寺规纪律，大半和郭莽扎仓一样，讲闻至为兴盛。大祈愿神变法会及二十九日的施食供施法时，有扎什伦布寺式的跳神舞，正理部及五供节各十五天，结束时有抛掷施食祭。后来，赤钦殊胜化身仁波切于赴西藏卫地之时，招请了腔调师，建立了和上密学院一样的腔调、韵律。凡法行、酬补等仪规的腔调，大施食、铁城伏魔法、施食修供、回遮大法等密乘的舞蹈，画规和腔调唪诵等支分的实践，都表现了确是一座无与伦比的显密兼修伽蓝。

赛赤的拉让府中，有以第一世整个肉身为内藏而修建的灵塔和白玛喀哇（པད་མ་མཁར་བ།）活佛亲手塑造的黑阎摩敌像。怙主殿中有以甲域哇·循奴呼图斡的鼻血塑造的本尊像、赤钦化身洛藏坚赞森格亲手塑造的本尊像，以紫金按热译师派规程铸造的赤钦南桑哇的本尊大威德像，第五世达赖喇嘛供奉的似我母像。《丹珠尔》大藏经，金汁书写的《甘珠尔》大藏经等身、语、意等依止圣物很多。大会堂经堂之中，供有释迦能仁王佛金刚座像、绛央法王像，《甘珠尔》和《丹珠尔》大藏经。弥勒殿中供有弥勒佛大像及近侍弟子像。还有供奉十六罗汉拥绕如来的各岩窟神殿。以文殊显现为主尊的千佛神殿。老文布跋丹森格修建的三层楼的宝塔殿，净瓶之中，有第七世达赖赐予的栴檀木雕的洛迦肖惹（ལོ་ཀེ་ཤྭ་ར།[35]）像、印制的千佛像、金铜合铸的十六尊者像。药师宫的修建极其稀奇，供有以《甘珠尔》和《丹珠尔》大藏经为主的许多经籍，还有列为达赖喇嘛小寝宫中依止圣物之一的八十宗喀画卷等多轴。大会堂的怙主堂中供有圣·宗喀巴大师鼻血所绘的怙主和法王的画卷。密宗院供有赤南桑哇的本尊胜乐的画卷。其他还有莲花生大师神殿、马头明王神殿、具力天王的护法殿等，各供有许多身、语、意的依止圣物。历世桑桑阿阇黎的寝宫连同身，语、意等佛像、佛经和佛塔等由娘乃巴他献于赤哇拉让。其他还有阿阇黎阿旺跋丹寝宫，供有弥勒大佛；卡息冈哇（ཁྲི་ཤི་སྣང་བ།）拉让，供有弥勒像及《甘珠尔》和《丹珠尔》大藏经等大批依止圣物，由历世赤阿旺朋措和杜增洛藏达尔吉二人的转世系统住持。此外还有跋喜昂哇（དཔལ་ཤེས་ནང་བ།）的噶尔哇府等一些府邸。

这座寺院后面，有卡息静修院·扎喜格培林（ཁྲི་ཤི་རི་ཁྲོད་བཀྲ་ཤིས་དགེ་འཕེལ་གླིང་།），由卡息·阿旺朋措（ཁྲི་ཤི་ངག་དབང་ཕུན་ཚོགས།）创建。他设置了斋僧例茶经费，供奉了许多三依止圣物。会堂唪诵胜乐、密集、大威德三本尊的仪轨和自入法等，藏历四月守八方禁食斋，冬季有两个月闭关坐禅，每月有六天的贤妙日供，建有五供节、祈愿法会，并订有与此相适应的寺规纪律。彼师的文布卸任法台洛藏却培以一千多两白银修建了经堂。前者的历史，将于下文叙述。后者转世的化身卡息加热（ཁྲི་ཤི་རྒྱ་རས།），生于博拉遥巴（འབོར་ཡོག་པ།）[36]的加秀仓（རྒྱ་ཕྱུག་ཚང་།）。当时松替加热（སུམ་མཐིལ་རྒྱ་རས།）和他二人，被称为两加热。他转世的化身，生于西仓，正在学习之中，通称为下卡息。他赎迎了达温·桑丹森格转世的化身，现在世。

仙美洛藏桑丹（སྣོ་བ་བཟང་བསམ་གཏན།），他后来修建了静修院·意噶却培（རི་ཁྲོད་ཡིད་དགའ་ཆོས་འཕེལ།）。曾入哲蚌寺郭莽扎仓经院学习，戒行谨严，是一位出类拔萃的格西，曾在奥喀苦行念修，在安多及西藏卫地两处承事了许多哲士，闻听讲传的经法。曾作赛赤拉让府中的代理喇嘛，广泛护持饶益众生的事业，现在正在这座静修院修持。

第十三胜生的第二年土龙年（公元1748年，清乾隆十三年，戊辰），这座寺院——噶丹协珠白噶卓委林和苟什德寺开始动工修建。经过五年，于水猴年（壬申）在这寺建立法相学院。又经六年，于火牛年（丁丑），在苟什德寺建立密宗学院，又经六十二年，于土虎年（公元1818年，清嘉庆二十三年，戊寅）建立讲辩院，开始了显密兼修的传统。由这一年计算起，又经三十一年，于土猴年（公元1848年，清道光二十八年，戊申），这座伽蓝点燃了大密正法之灯，至今木牛年（公元1865年，清同治四年，乙丑）已历十八年矣，因此各经过了多少年，很容易推算出来。

这座寺院的谷口有佐格康萨寺（མཛོད་དགེ་ཁང་གསར་དགོན།），它兴建于嘉格寺（རྒྱལ་དགེ་དགོན།）之后，也有人说是噶钦扎纳巴（བཀའ་ཆེན་བྲག་ནག་པ།）所建云。总之，这是由于佐格法台们夏季在此居住结夏而逐渐形成的。

嘉格寺·扎喜拉卜丹林（རྒྱལ་དགེ་དགོན་བཀྲ་ཤིས་རབ་བརྟན་གླིང་།吉祥极固洲），热戎·却扎嘉措（ར་རོང་ཆོས་གྲགས་རྒྱ་མཚོ།）修建。它和康萨寺两处，由扎什伦布寺历年派噶钦[37]前来进行护持。热戎阿阇黎·阿旺却扎贡乔珠贝德（ངག་དབང་ཆོས་གྲགས་དཀོན་མཆོག་གྲུབ་པའི་སྡེ།）诞生于苏完（སོག་རྫོང་།），属相土兔（己巳），曾承事第二世达赖喇嘛更登哲蚌嘉措、堪布木雅·多吉藏卜（མི་ཉག་རྡོ་རྗེ་བཟང་པོ།）、班禅索南扎巴、圣·阿旺却扎（རྗེ་ངག་དབང་ཆོས་གྲགས།）、持金刚格勒跋桑（དགེ་ལེགས་དཔལ་བཟང་།）等从事闻思。由于妙音天母时时慈悲摄受，精通讲、辩、著三者。这位师长又降生于阿里地区叫作热庄（ར་གྲོང་།）地方，曾向第四世班禅额尔德尼确吉坚赞请求，被授为佐格的喇嘛。尔时，他曾在冈底斯山、玛旁雍措湖等处闭关坐禅。迄今，人们还称他为阿里巴热果（མངའ་རིས་པ་རེ་བསྐོ།）。被佐格土官桑吉藏（སངས་རྒྱས་བཟང་།）叔侄二人尊为上师，座下弟子有鄂格匡聂玛（རྫོ་དགེ་ཁྲུང་ཞལ་མ།）、喜饶森格（ཤེས་རབ་སེང་གེ）等持律者多人——占巴格赛尔（ཉན་པ་དགེ་གསར།）的上师达玛苟什德（དྷ་མ་ཀཱིརྟི།）似乎就是彼师。当这位哲士在设想“是否可以侍奉为上师”之际，睡梦之中出现叩谒比丘状阿弥陀佛的梦感——被韩达隆的昂索敦请前去，到了炳灵寺等处。曾任卓尼大寺的堪布三年，出了赤·却尼扎巴（ཆོས་གཉེར་གྲགས་པ།）、乃典绛曲藏卜（གནས་བརྟན་བྱང་ཆུབ་བཟང་པོ།）等许多博学者。尔时，东科尔呼图克图云丹嘉措前来卓尼，在彼师的座前聆听胜乐、密集、大轮、喜金刚、迦当派十六明点等许多灌顶，随许和教敕。彼师曾创建张吉寺（འབྲང་རྒྱས་དགོན།），聚集僧伽达两千余人，现在则已荒圮。在该处曾敦请东科夏仲请求了经法。据说彼师四十二岁的铁猴年（庚申）[38]，于佐格地区大伽蓝扎喜拉卜丹寺（བཀྲ

ཤིས་རབ་བརྟན་གཙུག་ལག་ཁང་།）胜幢高耸的寝宫里，讲述圣大师传记《圣教严饰诗学花束》云。似所指就是嘉格寺。此外还授圣·更登哲蚌嘉措的传记《悉地妙云》《缘起颂疏》《胜乐祈愿疏》《极白善法聚简述》等。有著作数部，如《天王堂游戏》等，西藏卫地的许多学者阅读之后，都予以高度评价。圆寂之后，东科尔呼图克图曾主持火化仪式，尸骨出现了三具白海螺，心、舌、眼三者完好无损，还有许多舍利子。

彼师转世的化身就是第一世一切知大师亲门弟子佐格活佛，由佐格公众赎回。念修本尊大威德金刚圆满，在拉卜楞寺侍奉一切知大师足莲，聆听弥多罗等。曾于哇隆甫（བ་ལུང་ཕུ།）修建寺院，但时间不长即废圮。此后，于嘉格寺的下边，修建了一座寺院，曾敦请一切知大师前去，似就是这两座寺院中的一座。彼师没有出现转世化身，寺院与嘉格寺合在一起。虽把称为嘉格活佛者——佐格寺一位法台的转世化身赎迎前来，但现在也没有转世系统。这座寺院的主要依止经像有释迦牟尼像，以如来藏像为内藏的喜金刚九尊像，汉地铸造的大威德十三尊青铜像，海螺雕大悲观世音像，松绿石大威德像，珊瑚雕无量寿佛像，白银雕白度母像，扎沃曼干老医生塑造的自然形成的千尊持金刚像，紫金造的胜乐像，第四世班禅确坚念诵的经典《般若八千颂》，以上这些大部分是从扎什伦布寺迎请来的。还有热戎哇的许多本尊像。十六罗汉拥绕如来堂中有称为包仓（སྦོ་ཚང་།）怙主的四面护法像，第四世班禅确坚的鼻血绘造的圣大师师徒三尊及法王的画卷，第一世东科尔呼图克图的帽子等。塘官寺和这寺合并到一起，该寺有卓尼版的《甘珠尔》大藏经等依止圣物，都供奉在这座寺里。经堂里有包仓群则设置的银汁书写的《甘珠尔》和《丹珠尔》大藏经，颇具灵异的尊胜宝塔。佐格神殿里有珍贵的金汁书写的《甘珠尔》大藏经等许多依止圣物。还有供奉北合泽护法的护法神殿。

占巴寺·协噶尔却顶林（དྲན་པའི་དགོན་ཤེལ་དཀར་ཆོས་སྡིངས་གླིང་།），占巴活佛创建。他的第一世生于温泉附近，是该地出了鄂格·匡聂玛、噶尔格·札藏（ཨ་གར་

དགེ་གྲགས་བཟང།)、占巴·格赛尔（དྲན་པ་དགེ་གསར།）三人当中的后者家族中的占巴·喜饶扎西（དྲན་པ་ཤེས་རབ་བཀྲ་ཤིས།）。这位哲士是前译期时出了本教师达仙巾(བོན་སྟག་ཤམ་ཅན།虎皮裙者)、大喇嘛占巴、占巴南夸（དྲན་པ་ནམ་མཁའ།）等许多证得成就者的后裔，属于婆罗门种姓，父亲和叔叔都是贯通显密二乘的博学者，念修许多本尊和护法，究竟彻底，据说具有役使护法如仆役的神通云。彼师自六岁起至十二岁之间，在父亲身旁学习文字及圆满地学习了关于马头明王之法，此后于六年之中钻研口授密乘方面的灌顶；护法方面的法力修炼、诅咒厌胜；声明、诗学、医药、历数，以及写、塑等工巧技术都达到精通地步。由于被人在食物中放毒，念修金刚持乌咱耶真言约一年之久，证得对甚深空性所缘的坚固的三摩地，从生、死、中有的可怖畏中解脱的定见。朝礼丹斗寺、塔尔寺、夏琼寺等。在夏琼寺披剃出离，向亲教师请求了大悲观世音的指引，念诵六字真言一千万遍，念修了许多护法，出现了欲界天主承办事业的征兆。阅读《嘛呢全集》以后，看到一切法从原始以来都是空而不真实，犹如虚幻戏法，曾说："出现了对诸法蕴能详尽地讲说的情景。"

曾向喇嘛热特那森达（རཏྣ་སིདྡྷ།）、喇嘛阿朝沃（ཨ་ཁྲོ་བོ།）、阿阇黎卓尼木雅巴（ཚེ་དེ་མི་ཉག་པ།）、教长向哇（བྱང་བ།）、教长达尔玛苟什德（དྷརྨ་ཀི་རྟི།）等请求了许多甚深妙法。三十岁时，想找一处僻静地静修，遂到处寻找，恰好碰到这处温泉喷溢，乃于其附近山岩筑了一所静房，专门致力于甚深妙法觉派的修持，调伏了地方神祇。由于生活条件困苦，想前去别处。这时，天空之中有声音说："就住在这儿！享受会来的，会完成意愿的。"

于是，念修许多特殊本尊，获得许多证兆，特别于念修阿惹巴杂时，更得到殊胜的兆头。以上摘自嘉·堪庆智化坚赞（གྲགས་པ་རྒྱལ་མཚན།）所撰的传记《东珠华鬘》。

这座伽蓝的修建者占巴活佛贡乔达尔吉（དཀོན་མཆོག་དར་རྒྱས།），于第十三胜生木羊年（公元1775年，清乾隆四十年，乙未）生于占巴巫师之家，谈话中，忆念前世的话头异常明显、清楚，于是被认为占巴协饶扎西的化身而赎迎前来。彼师戒行谨严，念修精进，看见隐秘事物的传说甚广，掌握着驯服鬼魔的能力。五十九岁水蛇年（公元1832年，清嘉庆十三年，癸巳）圆寂。他转生的化身于火猴年（丙申），生于前一世出生的豁卡之中，名洛桑程列嘉措哇（བློ་བཟང་འཕྲིན་ལས་རྒྱ་མཚོ་བ།），现由其护持寺院。占巴协扎巴时，佛堂中有三世诸佛的药泥像，经堂中塑有阿弥陀佛像，莲花生殿中设置能依和所依，达温昂欠府中有自然形成的萨迦和宁玛派的佛像等。

江察温泉（རྒྱོང་ཚའི་ཆབ་ཚན།[39]）最初由占巴·格赛尔开出这个地方，与温泉不远之处有彼师的静房，有长寿五姊妹[40]神山，有称为吉祥天母的血湖，此湖威灵显赫，有北合泽神仙，据说此山是铜山，铜绿自然滴出，还有寒水石、黄丹等许多药物。第一世一切知大师的传中载有：

“大师说：‘总的来说，这个地区的地方神祇，似喜欢光明界，这水里可以看到菩萨和佛陀的圣容。’”

恩师阿莽道扎说：

“一切知大师谈论过这温泉，曾在哦玛隆（འོ་མ་ལུང་།[41]）谷的谷脑之中居住过。这口变化的水泉具有加持力。由于菩萨祈愿之力，不但对于疾病有益，而且还具有涤除罪过的功能。”

总而言之，这是一处经历过一切知圣师徒和许多哲士们加持过的殊胜圣之地。

出生于江察[42]噶秀（རྒྱོང་ཚའི་སྣ་ཞིག）的迭部喇同（ཐེ་བོ་བླ་སྟུང་།[43]），据说曾在协噶尔（ཤེལ་དཀར།）神山之麓修了一座寝宫，设置了许多身、语、意依止圣物。似乎就是托拉静修院，现在已荒圮。彼师是噶丹寺的格西，学识渊博，德行高妙，是两位有学有证之人，于七十八岁时，显示了示寂的稀奇征兆而圆寂。他转世的化身是曾任拉摩宁寺法台的阿旺洛藏群培（ངག་དབང་བློ་བཟང་ཆོས་འཕེལ།），后游方行乞，流落于他方。自此以后，不再转世。

占巴第一世修建的札徐果静修院（བྲག་ཤུག་མགོའི་རི་ཁྲོད།），也有人说是赤坚森巴所建。他的弟子丹郡森格（བསྟན་སྐྱོང་སེང་གེ）曾长期于此修行。彼师曾向赤钦的化身洛藏坚森哇（བློ་བཟང་རྒྱན་སེང་བ།）奉献过铁城伏魔法和幻轮法的教诫。这所禅院和当摩村（དྭངས་མོ་ཆེ་བ།）相近，泽卫·扎巴藏卜（རྩེ་དབུས་གྲགས་པ་བཟང་པོ།）传中说：

“江察当摩静修院的有德行的长老之内，有十五名静修僧曾请求结法缘。”

这位长老他是强巴喇嘛（བླ་མ་བྱམས་པ།）的弟子，三事实践，喇嘛的行止传统，他们两位都相同，传文内所指高兴地进行了谈话，似乎就是这位静修僧。

热戎寺·格丹桑珠林（ར་རྫོང་དགོན་དགེ་ལྡན་བསམ་གྲུབ་གླིང་།），热戎·却扎（ར་རྫོང་ཆོས་གྲགས།）创建。当他为佛堂及以珍宝书写的《甘珠尔》大藏经开光时，虹光弥漫，花雨缤纷。与这寺不远的村庄修有寝宫。据说曾在佐格和迭部戎区交界之地有寝宫，他的灵塔也在该处云，似乎就是这位静修僧。

珍哇多（འབྲིང་བ་རྫོང་།）的智噶尔圣山（བྲག་དཀར་གནས་རི།）。据多主钦（རྡོ་གྲུབ་ཆེན།）的弟子邓德多杰（བདུད་འདུལ་རྡོ་རྗེ།）所撰的《寺志》中说：“莲花生大师在此曾降伏男女乾达婆或者罗刹。水晶形成的金刚亥母被总摄轮的身、语、意的全部圣众拥绕着，有千手千眼观世音菩萨像、千佛像、绿度母被千万空行母拥绕像、药师佛八尊像及马头明王、四臂和六臂怙主、宝帐怙主像、百种姓本尊、四大天王等像，以及教长莲花生的身体所留的痕迹。毗卢[44]的静房中有自然形成的宝座、背垫、头部和手的痕迹、大白护法阴阳体的像以及六字真言和诸法器等。玉扎宁波（གཡུ་སྒྲ་སྙིང་པོ།）洞窟中有他全身倚卧的痕迹等，这里忌讳荤腥葱蒜。若用守门狮子口中流下之水洗浴和礼拜、绕行，并喝这水时，就是寿命已尽者也能延寿三年，甚有裨益云。这部《寺志》中还说：“有自然形成的象征具光母的小野猪像，有七家牵引车子的玛如泽咒文的标签等”云。

圣·昂隆哇说：

“叫作赤惹（ཁྲི་རེ།）的石崖上有一洞穴，洞穴的深处有金刚亥母像，好像猪模样，有很大的加持力。”

此外许多人也把这头猪形的像认为是金刚亥母的像。又《路证》中说：

“高耸的石崖之上，有座岩门，形如箭筈，许多世间的厉神在此居住。沸腾的温泉水医治寒症，颇有效验。”

上述应是叠州的岩门（བྲག་སྒོ།）和江察的药水泉。这座圣山前面有一座小小的静修院。还有瑙绛静修院（ནོར་སྤོངས་རི་ཁྲོད།），静修僧扎徐丹郡森格（བྲག་ཤུག་བསྟན་སྐྱོང་སེང་གེ）的弟子洛藏索巴（བློ་བཟང་བསོད་པ།）于水狗年（壬戌）修建。松多（སུམ་མདོ།）噶尔寺中，有第一世苟什德塑造的颇有加持力的马头明王像，由其历世转世活佛护持。

隆纳喇滩（ལུང་ནག་བླ་ཐེམ།）静修院，或叫作康滩（ཁང་ཐེམ།）静修院。

隆桑昂哇·洛藏桑丹（ལུང་བཟང་ནང་བ་བློ་བཟང་བསམ་གཏན།）的隆桑静修院噶丹绛曲却培林（ལུང་བཟང་རི་ཁྲོད་དགའ་ལྡན་བྱང་ཆུབ་ཆོས་འཕེལ་གླིང་།）。这位哲士于第十二胜生的火兔年（公元1687年，清康熙二十六年，丁卯），藏历十月初一日生于铁布多玛（ཐེ་བོ་སྟོད་མ།[45]）的叫作折隆牙惹（རིད་ལུང་ཡ་རེ།）村的跋察（དཔལ་ཚ།）氏族。十二岁时，在智观喇嘛丹巴达尔吉座前披剃出家并受沙弥戒，聆听了无量寿佛九尊的灌顶。朝礼北部各寺之际，于雪巴寺（ཤོ་བ་དགོན།）向杜增洛藏南杰（འདུལ་འཛིན་བློ་བཟང་རྣམ་རྒྱལ།）处请求了马头明王灌顶。二十岁时，在切巴·洛藏程列（ཚས་པ་བློ་བཟང་འཕྲིན་ལས།）座前受近圆戒。在这位师长和夏仲坚跋多吉（ཞབས་དྲུང་འཇམ་དཔལ་རྡོ་རྗེ།）、跋协登喀哇（དཔལ་ཤེས་སྙིང་ཁ་བ།）、老密宗师喜饶仁钦（ཤེས་རབ་རིན་ཆེན།）、占巴·噶钦·阿旺却觉（དྲན་པ་བཀའ་ཆེན་ངག་དབང་ཆོས་འབྱོར།）、佐格寺法台·勒巴坚赞（ལེགས་པ་རྒྱལ་མཚན།）、道帏夏仲阿旺坚赞（ངག་དབང་རྒྱལ་མཚན།）等师处聆听了许多甚深妙法，在教长阿旺丹增（ངག་དབང་བསྟན་འཛིན།）等师处学习了正草书法及绘画佛像等技术。一切知第一世驾临热水时，前去叩谒，请求了密宗事部三怙主的随许。二十八岁时，前去西藏卫地朝圣，在藏地向第五世班禅洛桑耶喜又再次请求了近圆戒。于安多的丹仁（གདན་རིན།）地方，向圣·贡乔扎西（དཀོན་མཆོག་བཀྲ་ཤིས།）请求了《文殊亲教》的指引。在济农[46]的营地朝礼了第七世达赖喇嘛。火猴年（公元1716年，清康熙五十五年，丙申），前去昂曼阿阇黎座前，侍奉为主要的上师，请求了所有的教诫。三十一岁时，先后在折冈（ཏིད་སྒང།）和纳合多（ནགས་མདོ།）筑起静室，修行了一段时间。向恰格阿阇黎、圣·洛藏却培（རྗེ་བློ་བཟང་ཆོས་འཕེལ།）、班智达洛藏金巴（བློ་བཟང་སྦྱིན་པ།）、卓尼扎巴谢珠、智观喇嘛活佛、甘珠尔哇·洛藏尼玛（བློ་བཟང་ཉི་མ།）等师处聆听讲传的经法。水虎年（公元1722年，清康熙六十一年，壬寅），修建了这座隆桑静修院，在各方面组织、集会、引导，念修六字真言达一亿遍，对主客各地的人们讲授了许多经法。水牛年（公元1733年，清雍正十一年，癸丑）拜谒荀什德丹贝坚赞，两师畅叙已往许多世交往情况，详情略见于荀什德托美（གེ་རྫེ་ཐོགས་མེད།）所撰的他自己的本生传，及这位哲士的本生传《白琉璃鬘饰》。念修白文殊法，产生了证得两种菩提心的殊胜征兆，照见圣容及梦兆感受的次数很多。向牙甫（ཡ་ཟུ།）阿阇黎·宗哲藏卜（བཙོན་འགྲུས་བཟང་པོ།）请求了《圣·宗喀巴全集》的教敕。土马年，在温泉和参卓堪布云丹扎巴（ཡོན་ཏན་གྲགས་པ།）、卓仓（གྲོ་ཚང།）阿阇黎等会晤，相互轮流讲传经法。木鼠年（甲子），在静修院经堂设置能依与所依等。彼师撰有偈体《自传》等著作三函，已雕版行世。

他转世的化身阿旺洛藏丹增嘉措（ངག་དབང་བློ་བཟང་བསྟན་འཛིན་རྒྱ་མཚོ།）生于切巴系麦务宁（ཆས་པའི་གཤིས་མེ་རུ་ཉིན།），属相铁马（公元1750年，清乾隆十五年，庚午）。出现了许多忆念前世的行止及照见清净国土的感受。于贡玛然绛巴·洛藏丹增嘉措（བློ་བཟང་བསྟན་འཛིན་རྒྱ་མཚོ།）处披剃出家。父亲去世之后，曾给托拉阿阇黎说：“转生于跋干（དཔལ་རྒན།）的侍从之中，虽想尽办法，但没有得到任何裨益。”十三岁时，在荀什德丹贝坚赞座前受沙弥戒，二十岁时又请求了近圆戒。这一年，撰写了胜乐对生仪轨[47]。向佐格寺法台、蓄积资粮者、洛藏金巴（བློ་བཟང་སྦྱིན་པ།）请求了一些教敕，又在昂曼活佛丹达尔座前，聆听《圣·宗喀巴全集》的教敕。先前，教长嘉木样嘉措圆寂时，佐格寺法台说："已往生于一处清净国土。"此时，彼师心中确实产生了真实感。二十九岁时，前赴西藏卫地，朝礼各圣地、寺院。木龙年（公元1784年，清乾隆四十九年，甲辰）撰《三事明释摩尼华鬘》一书。第二年在德尔隆谷（གཏེར་ལུང་།）拜谒赛·阿旺嘉样扎西。天母南木主玛明显地承办事业，出现了掌握生起次第与圆满次第证悟的所有征兆。在寺院修建经堂，讲传《圣·宗喀巴全集》及他的第一世著作等教敕。四十五岁虎年，身体患病，冬季三个月，闭关坐禅。这时，他修持极为深奥的觉派的教授，照见了许多空行母的形象。前去德尔隆谷朝拜赛活佛，返回途中，于丹白贡康（དམ་པའི་སྒོམ་ཁང་།）附近的六佛龛处圆寂。

他转世的化身贡乔丹增嘉措（དཀོན་མཆོག་བསྟན་འཛིན་རྒྱ་མཚོ།）生于佐格多，父名桑珠多杰（བསམ་གྲུབ་རྡོ་རྗེ།），母名才吉（ཚེ་སྐྱིད།），属相火龙（公元1796年，清嘉庆六年，丙辰），在托拉活佛座前披剃出家，赛·阿旺嘉样扎西座前请求了沙弥戒。十九岁时，在贡塘·嘉贝样座前受近圆戒。在遥洒（གཡོས།）阿阇黎杰伍丹巴（སྐྱེས་བུ་དམ་པ།）处聆听大威德灌顶，当进行前行的那天晚上，梦见一座青山，上分五峰，在其边际，清水萦绕，杰伍丹巴师长用手舀水，让他喝下去。第二天向上师报告了这梦感。指示说："那座山显示着大威德金刚五种姓的形状，而那水则是灌顶之水。"

敦请贡塘·嘉贝样、恩师阿莽道扎去静修院，请求了胜乐和密集的灌顶，并多次前赴拉卜楞寺。二十五岁时，在本寺经堂绘造壁画，用金汁书写《般若八千颂》，描绘如意藤等，设置了许多身、语、意依止圣物。在唵紫察科寺（ཨེན་འཛི་ཚ་ཁོ་དགོན།）建立胜乐法，提供了铜钱洮州串一百串作为经费。在鲁琼寺密宗学院建立把第二世嘉木样的《秘传》和雍增经师的《菩提道次第偈颂》作为大会中念诵的经文的制度，为夏令安居提供了白银一百两，铜钱一百串作为经费，并向这个地区的许多寺院，禅院发放布施。由自己念诵并委托别人念诵六字真言达十亿遍。铁龙年（公元1820年，清嘉庆二十四年，庚辰），敦请遍照尊者前去，将寺院献于尊者。为本寺的夏令安居提供白银一百两，铜钱洮州串一百串作为经费。为寺院提供茶叶兰州驮[48]三十六驮，酥油一千二百斤，铜钱洮州串六百串，鞍具、绳索、皮袋齐全的犏牛十三头，马两匹，牦牛三十余头，犏乳牛四十头，小麦七十官斗，青稞五十驮，以及许多毡垫等作为公积金，并对每个僧人发大茶一包。然后他自己前赴喇滩静修院[49]念修上师瑜伽，胜乐阴阳双尊，权势天母等本尊，修持正日益增盛。

圣·洛藏桑丹于第十二胜生的水虎年（公元1722年，清康熙六十一年，壬寅）修建了静修院，规定每年的春夏秋三季讲传《菩提道次第》《修心》的领会指引，冬季闭关坐禅，念修大威德法，包括补充和护摩，长净、结夏、从不间断。新年则有吉祥天母的元旦施食等一系列有计划的法事，现在彼师又建立供祀十六罗汉拥绕如来的仪轨。第一世活佛塑造了三世诸佛和近侍像、八如来宝塔，书写了银汁的《圣·宗喀巴大师全集》。洛藏丹坚巴则绘造如意藤画卷。先后三代活佛塑造了圣大师像，觉阿释尊像；建立息净塔；经堂上下的墙壁上描绘了千佛等圣众海会许多画像；还有弥勒殿供奉着许多能依与所依圣物。

益多达道（གཡིས་སྟོད་སྟག་མདོ།）地方有曲结嘛呢哇·洛藏程列（ཆོས་རྗེ་མ་ཎི་བ་བློ་བཟང་འཕྲིན་ལས།）修建的扎喜德昂林寺（བཀྲ་ཤིས་བདེ་སྣང་གླིང་།），苟什德丹坚巴塑造了大悲观世音像，第二世一切知的弟子达道俄仁巴是这寺的僧人，现有转世系统。

苟什德寺的支寺热格静修院（ར་དགེ་རི་ཁྲོད།）两位热格喇嘛都有转世系统。存如多（ཚང་ཏུའི་སྟོད།）有斯纳智噶尔岩（ཟི་ནའི་བྲག་དཀར།）东科尔呼图克图道德嘉措（མདོ་སྡེ་རྒྱ་མཚོ།）开辟这所圣地之门，石崖之上有自然形成凸出的大悲观世音像。这里是仲哇贾曹巴（རྫང་པ་རྒྱལ་ཚབ་པ།）的弟子称为扎沃大成就师札沃曼干（ཟ་བོ་སྨན་ཀན།）的寺院，托拉·阿旺跋藏（ངག་དབང་དཔལ་བཟང་།）在彼师的座前聆听了一些经法。彼师有转世系统。

蔡隆寺（ཚེས་ལུང་དགོན།），由历世蔡隆活佛护理。

苟什德的支寺巴尔玛寺（བར་མའི་དགོན），第一世噶丹特朱活佛（དཀའ་ལྡན་ཐེ་སྦྱལ།），生于存如的苟甫（ཚོང་ཙུའི་དཀྱུ་ཐུ།）地方，姓朝外（ཁྲོ་བེ།），是噶丹寺的格西，被称为朝外喇嘛（ཁྲོ་བེ་བླ་མ།）。曾有在家乡修建了寺院的传说，苟甫地方有一座庙宇，是否就是他所建，不能肯定。他转世的化身洛藏桑珠（བློ་བཟང་བསམ་འགྲུབ།），生于洒如（གཟའ་ཙུ།）的华培（དཔལ་འཕེལ།），被存如迎赎前赴噶丹寺学习，究竟圆满，曾任夏孜扎仓的阿阇黎十年。于扎仓的新旧僧院先后敦请第七世达赖喇嘛噶桑嘉措两次，请求藏王颇罗鼐作新修僧院的支持者，献白银一千两，马百匹作为礼物。火羊年（丁未）承办桑浦寺定期法会。达赖喇嘛委派为纳肖（ནགས་ཤོད།）[50]地区的拉（ར）、达尔（སྟར）、绕（རོ）三寺的喇嘛，向青海蒙古及安多各地派募化师完成了僧院的建筑，请求藏王颇罗鼐塑造了圣大师的像。班禅说：

“从前，圣大师在世时，有两位游方僧献上恒河的水，发愿说：‘以此保养噶丹寺的风水’。看来，现在时机已经成熟。

“另一个游方僧，似是襄佐更登哲蚌南夸（དགེ་འདུན་ནམ་མཁའ།）”。

木牛年（乙丑），圆寂于纳肖达尔梅寺（སྟར་སྨོས་དགོན།）。他的后一世，是生于哦托（ཨོ་ཐོག）的伊希噶藏曲扎（ཡེ་ཤེས་སྐལ་བཟང་ཆོས་གྲགས།），被迎请于噶丹寺坐床，曾任定结（གཏིང་སྐྱེས།）扎西却培寺（བཀྲ་ཤིས་ཆོས་འཕེལ་དགོན།）和夏鲁寺的堪布。他转世的化身是讲修圣教的主宰圣·伊希图丹嘉措（ཡེ་ཤེས་ཐུབ་བསྟན་རྒྱ་མཚོ།）。历世都住在噶丹寺。

恰昂寺（ཆག་ནང་དགོན།），这座寺院由喇嘛苟什德管理，圣·丹坚巴曾塑造了大悲观世音像。年却静修院（ཉན་ཚབ་རི་ཁྲོད།）。洒如多（གཟའ་ཙུའི་སྟོད།）有灵鹫岩（ཟག་ཅ་གོད།），被称为胜乐的圣地。《阿吉多卜登传》（ཨ་སྐྱིད་སྟོབས་ལྡན་གྱི་རྣམ་ཐར།）中说：“是十六尊者的圣地，佛教徒和本教徒双方都在奉祀。”

《寺志》广略中则说：“有本教祖师敦巴辛饶所留下的足印痕迹，本教喇嘛向帕巴（བྱང་འཕགས་པ།）的静房里有他全身所留下的痕迹。在洒代宗窟（ས་གཏེར་རྫོང་།）、曲代宗窟（ཆུ་གཏེར་རྫོང་།）、雍仲宗窟（གཡུང་དྲུང་རྫོང་།）、东噶宗窟（དུང་དཀར་རྫོང་།）等处有自然形成的雍仲卍字符号[51]及文字。在司杰拉措湖（སྲིད་རྒྱལ་བླ་མཚོ།）等处有许多本教的依止物。”

然而，这是在一处山王的地址之上，为了教化，出现了不同形状的事物，不一定就是如上所说那样[52]！这座神山之前，有佐帕·达哇坚赞（གཙོ་འཕགས་ཟླ་བ་རྒྱལ་མཚན།）修建的尼夏寺（ཉི་ཤར་དགོན།）。洒如寺，在这座寺院里，苟什德丹坚巴曾提供迎请《甘珠尔》大藏经的经费，由其历世转世化身住持。洛格寺（ལོ་དགེ་དགོན།），由洛格土官护持。

上迭部地方的跋协登卡（དཔལ་ཤེས་སྟེང་ཁ།）地方有四大弟子[53]之一跋喜饶巴尔（དཔལ་ཤེལ་རབ་འབར།）的伽蓝上下跋喜昂贡寺（དཔལ་ཤེས་ནང་གོང་དགོན），这位哲士在萨迦寺承事众生怙主八思巴，聆听了许多经法，成为最赏识的弟子，作为侍从曾去皇帝的宫中，由于具有神通及证果者行止，得到皇上宠幸，颁赐了大小象牙印章等及上有皇上名号的锦缎大旗等诰封，进行表扬。奉八思巴供施双方的命令，在自己的家乡跋协登卡修建佛殿，建立僧众的伽蓝，弘扬圣教。在其晚年，于智乃亥（ཟག་ནག）修持，证得虹身。从前的一些口传中还说：彼师是“喇勤贡巴饶赛的弟子”云。彼师的历世文布系统，叫作跋察尔（དཔལ་ཚར།），是色拉、哲蚌、噶丹三大寺迭部康村的修建者，隆桑本琼（ལུང་བཟང་དཔོན་ཆུང་།）小土官也是他的后裔。现在由两个昂欠府的历世喇嘛进行护理。跋喜饶巴尔有皇上所赐的蓝黑色纸上用金汁工整书写的《甘珠尔》大藏经和八思巴的帽子等许多依止圣物，昂贡玛（上昂欠府）中有八思巴塑像，昂哦玛（下昂欠府）有狮音佛像，这二者皆系语所化者。每月有贤妙日法事三次，祈愿法事七日，皆有跳神舞及抛掷施食祭等。化身活佛洛藏丹贝坚赞（བློ་བཟང་བསྟན་པའི་རྒྱལ་མཚན།）在拉摩寺白噶林（ལྷ་མོའི་དགོན་པད་དཀར་གླིང་།）[54]学习，曾担任密宗学院及法相学院的法台，先后去西藏卫地两次，在昂哦玛修建经堂，塑造圣师徒三尊像。铁狗年（庚戌）提供经费建立结夏制度，讲授《甘珠尔》大藏经的教敕等许多经法。又以他为首赎迎合作赛赤的再次转世化身怀疑对象之一，现正在学习中。与这寺不远之处，有文布噶藏（སྐལ་བཟང་།）管理的林奇寺（གླིང་འཁྱིལ།）。

益麦智观昂（གཡིས་སྨད་བྲག་སྐམ་ནང་།）有拉索寺（ལྷ་གསོལ་དགོན།）。苟什德丹坚巴塑造了大悲观世音像，贡塘·嘉贝样的亲门弟子迭部·洛藏南杰（བློ་བཟང་རྣམ་རྒྱལ།）新建经堂，以显密二规进行护理。隆桑阿阇黎·洛藏桑丹（བློ་བཟང་བསམ་གཏན།）修建的鄂且静修院扎喜拉合桑奇（རྫོ་ཁེ་རི་ཁྲོད་བཀྲ་ཤིས་ལྷག་བསམ་འཁྱིལ།）。岗察（སྣང་ཚོ།）的包肖寺桑珠林（སྤོ་སོག་དགོན་བསམ་གྲུབ་གླིང་།），以上三寺，系苟什德寺的支寺。在涅日（ཉག་རི།）、额桑（ངོས་བཟང་།）、智卡（བྲག་ཁ།）、岗察（སྣང་ཚོ།）、白惹（པད་རིས།）、玉仁岗（ཡུ་རིང་སྔོང་།）、喀加昂（ཁ་རྒྱ་ནང་།）等处还有个别离世习禅者们居住的静修院。

卜贝隆谷（པགས་པའི་ལུང་བ།）有赛赤的支寺——底伍岗寺·噶丹彭措林（ཏི་ཙུ་སྣང་དགོན་དགའ་ལྡན་ཕུན་ཚོགས་གླིང་།），系隆桑文穹（ལུང་བཟང་བོན་ཆུང་།[55]）的弟子贡巴（སྒོམ་པ།）活佛洛藏达尔吉（བློ་བཟང་དར་རྒྱས།）所建。他转世的化身嘉样钦泽（འཇམ་དབྱངས་མཁྱེན་བརྩེ།），是色拉寺麦扎仓达然（སྟག་རི།）格西·洛藏的徒弟。他转世的这位化身现正在拉卜楞寺学习。僧侣人数近三百名，凡结夏、祈愿法会、五供节祭时的密集自入法，均按上密学院规程进行。藏历四月中有禁食斋戒会，年末二十九日的施食祭有七天。此外，在年空（ཉིན་ཁོང་།）、勒沃（གླི་བོ།）、伍洒（ཤུ་བཟའ།）、索然（ཟུ་ར།）、塔戎（མཐའ་རོང་།）、宗唵（རྫོང་ངམ།）、塞隆（གཟིས་ལུང་།）、甫多（སྤུ་མདོ།）、班曲昂（བན་ཆུ་ནང་།）、梅仁（མིག་རིང་།）、更登卡（དགེ་འདུན་ཁ།）、贡藏（གོང་བཟང་།）、热桑（རས་བཟང་།）、才隆（མཚོད་ལུང་།）、占卡（བྲན་ཁ།）、额衮（ངོས་ཀུན།）等处各有静修院一处，这些都是属于底伍岗寺的谿卡。

赛卡寺（བཟེད་ཁའི་དགོན།）、甲容寺（བྱ་རུང་དགོན།），这两寺是本教的寺院。

昂贡玛的支寺扎喜寺（བཀྲ་ཤིས་དགོན།）、司徐寺（སི་ཞུ་དགོན།）系本教寺院。以上这些寺院的豁卡是多玛的玛如周（སྟོད་མ་དམག་རུ་དྲུག）六部。

昂哦玛的支寺娘甘寺（ཉང་སྨམ་དགོན།）。喃紫科谷（ཨིན་འཛི་ཁོག）有察科寺（ཚ་ཁོ་དགོན།），系昂贡玛的支寺，隆桑活佛建立了在大会堂念诵胜乐的制度。底惹寺（ཏི་ཐུ་རིས་དགོན།）。

桑珠寺（བསམ་འགྲུབ་དགོན།）和嘉乃隆谷（རྒྱ་ནེའི་ལུང་།）的咱热寺（ཙ་རེ་དགོན།）这两寺都是本教寺院。

※　　　※　　　※

从上述的灵鹫岩翻过一座山，是阿吉（ཨ་སྐྱིད།）地区，该处有乃益静修院桑派瑙尔林（གནས་གཞིའི་རི་ཁྲོད་བསམ་འཕེལ་ནོར་གླིང་།），系衮邦阿旺多卜丹（ཀུན་སྤངས་ངག་དབང་སྟོབས་ལྡན།）于木马年（甲午）修建。彼师生阿吉牧区，属相土鸡（己酉），从幼小时起，学习前译期的许多羯磨仪轨以及施灵器、赎身物，投掷送祟彩盘等法事。父母准备给他娶亲，他偷偷地跑到卓仓[56]·洛藏耶喜处，于二十岁时披剃出家。拿出章嘉的《菩提道次第》指引，请求教授。二十四岁，在乃郡静修院修行时，卓仓静修僧阿旺强巴前去卓尼，他作为代理人住在该处。有一名叫作党阿·乙丹嘉（ཞང་ང་ཡི་དམ་རྒྱབས།）者说：

“你不要到静修院去了。你的母亲因灾荒而死去了！”

这个人还引来一位觉巴师赌誓作证。彼师说：

“我若不去，就把这些经法丢了！”

他们的阻止没有得逞。在该处按照圣·阿旺扎喜巴（རྗེ་ངག་དབང་བཀྲ་ཤིས་པ།）的指示，每天熟读《菩提道次第广论》六页，并应了考试。二十九岁时，在这位圣者座前受近圆戒。有一尊弥勒佛像，年久失修，损坏不堪，乃进行拂拭，予以修复。在卡息阿阇黎·雍增·阿旺却跋（ངག་དབང་ཆོས་དཔལ།）、阿坝·曲郡、达仓拉摩的阿米仓（ཨ་མེས་ཚང་།），卓尼牟乃阿阇黎、古尔雅噶居、热洛（ར་ལོ།）活佛洛藏丹增（བློ་བཟང་བསྟན་འཛིན།）、德摩塘哇·阿旺扎巴（ངག་དབང་གྲགས་པ།）、智噶尔·洛藏扎西（བྲག་དཀར་བློ་བཟང་བཀྲ་ཤིས།）、曼隆·嘉样喜饶、张泽然绛巴（འབྲོང་རྩེ་རབ་འབྱམས་པ།）、达仓然绛巴（སྟག་ཚང་རབ་འབྱམས་པ།）等师处如饥似渴、不知满足地聆听了甚深妙法。叩谒苟什德洛藏丹贝坚赞，被授记以和他有七世的法缘，指出乃是西藏山南洛扎恰多尔哇（ཐུག་རྡོར་བ།）的化身，请求在尊者为利他而示寂后，准予对其灵塔予以侍奉。本来准备在灵鹫岩长久居住，但是由于本教师江仓（རྐྱང་ཚང་།[57]）怀着敌意，遂没有去住，前去阿果（ཇ་སྒོད།）静修院，在圣·南森巴座前请求面授数术历算，赐予了许多甚深妙法，据说是胜乐和密集的教法的受教者云。在智观静修院闭关坐禅静修，在一次大旱之时，以觉派法力使甘霖沛降，一些龙王历神显示了它们的本相。具有断除疯癫病和瘟疫的能力。在本静修院和上下各到去处，讲传了许多经法，弟子之中出了一些弃世修行者。虽多次作念修六字真言丹丸会的怙主，但对于布施的财物，都一一退回。证得三摩地的住分，照见诸法都不真实。看见上师等形像的稀奇梦感很多，不食肉类，不衣皮革，如此等等严守戒律的行为堪称典范。阿果活佛撰有传记，于七十一岁的土羊年（己未）圆寂。彼师转世的化身生于佐格多玛（མཛོད་དགེ་སྟོད་མ།）的果察(མགོ་ཚ།)，修习成就法行。现在的这位现行清净，事业兴盛。

乃郡协主林寺（གནས་སྐྱོང་བཤད་སྒྲུབ་གླིང་།）衮邦多卜丹巴曾长期在这寺居住修行，在两个禅院[58]中修建了经堂，设置了许多身、语、意依止圣物，在上下两个寝宫中，有彼师的灵塔。

噶拉日寺（ཀ་ལ་རིའི་དགོན།），该寺有当年觉昂派军队前来准备摧毁这座寺院时出现的化身婆罗门手中所拿的人胫骨号角等。又衮邦·阿旺多卜丹他曾在阿吉多玛修建佛堂时，举行净地仪轨，在这座佛堂和雅隆嘉科勒(གཡའ་ལུང་རྒྱ་ཁོལ།）的佛堂等处亲手塑造三世诸佛等许多圣像。

本教喇嘛江帕南夸雍仲（རྐྱང་འཕགས་ནམ་མཁའ་གཡུང་དྲུང་།）的江仓寺（རྐྱང་ཚང་དགོན།），也有人说是嘉哇雍仲朋措（རྒྱལ་བ་གཡུང་དྲུང་ཕུན་ཚོགས།）所建。现在由化身噶藏克珠（སྐལ་བཟང་མཁས་གྲུབ།）护理。

曲结寺的分寺曲夏尔东寺（ཆུ་ཤར་གདོང་དགོན།）属萨迦派，是卓仓三雅部落的寺院（གྲོ་ཚང་ཡག་གསུམ་དགོན།）。

班智达的历世化身的伽蓝——协主达尔吉林（བཤད་སྒྲུབ་དར་རྒྱས་གླིང་།讲修兴盛洲）这是从前的一座古寺，据说由卓·衮桑尼玛（གྲོ་ཀུན་བཟང་ཉི་མ།）创建，已历十六代上师云。向第一世一切知大师请求撰祈祷文《澄水珠鬘》的庄仓（གྲོང་ཚང་།）昂索才跋闹卜旺杰（ཚེ་དཔལ་ནོར་བུ་དབང་རྒྱལ།），和昂索桑不是同一个人。曾被第五世达赖喇嘛颁赐文书褒奖。他的转世化身是卓班智达洛藏丹贝坚赞（གྲོ་པ་ཎྜིཏ་བློ་བཟང་བསྟན་པའི་རྒྱལ་མཚན།）。又有人说是曾被达赖喇嘛颁赐文书，派为青海蒙古喇嘛的叫作却等（ཆོས་ལྡན།）然绛巴的转世系统云。总之，洛藏丹坚巴他生于佐格的卓仓地方，出家于拉卜楞寺，后来前去塔尔寺。火牛年（丁丑），后有曼巴（སྨན་པ།）阿阇黎，新建僧院，讲闻极为善妙，在本寺塑造弥勒佛像，请苟什德丹贝坚赞开光。铁虎年（庚寅）圆寂于青海蒙古地方。从这一年算起之第十二年铁牛岁（公元1781年，清乾隆四十六年，辛丑），圣·阿旺程列隆珠巴（ངག་དབང་འཕྲིན་ལས་ལྷུན་གྲུབ་པ།）生于卓·扎喜塘（གྲོ་བཀྲ་ཤིས་ཐང་།），香萨阿阇黎洛桑达尔吉（བློ་བཟང་དར་རྒྱས།）侍奉为主要的上师，由他的安排担任了拉加寺的医学院法台，曾多次去拉卜楞寺，亲近遍照尊者，在前后两世的贡塘·嘉贝样、恩师阿莽道扎等，特别在德赤仁波切座前专门请求了金刚鬘、时轮、金刚界等灌顶。在寺院修建经堂和寝宫，规模颇为宏伟华丽，给本寺和前来的客人等弘扬金刚鬘、纳塘百法等灌顶、随许等许多法统。向第七世班禅丹贝尼玛请求怙佑摄益，被赐以将成为歼灭野蛮人军队的军官大神夏拉罢（ཤར་རྡོ།）的授记。将寺院献于遍照尊者，委派色拉活佛为法台。修建了密宗学院，按下密学院的韵律、腔调，实践纯正清净，成为大密圣教的严饰。六十六岁的火马年（公元1846年，清道光二十六年，丙午）圆寂。他转世的化身，生于欧拉（དངུལ་ར།），名阿旺洛藏嘉措（ངག་དབང་བློ་བཟང་རྒྱ་མཚོ།）五岁的水牛年（癸丑），被怙主尊者予以认定，让迎请坐床。自幼小时起，哲士的习气浓厚，现正在噶丹寺夏孜扎仓学习。

卓尖朗藏卜徐哇（གྲོ་སྤྱན་སོང་བཟང་པོ་ཞུ་བ།），被称为观世音的化身，他从卓尼迎请了《甘珠尔》大藏经，新建神殿供奉在那里。他转世的化身洛藏丹增（བློ་བཟང་བསྟན་འཛིན།），也被称为卓洛果（གྲོ་བློ་ཀོ）。尔时，寺院、教法、豁卡都很兴盛，并建立了法相的讲辩，但没有坚持下去。他对于调伏病魔，医治小儿疾病等，掌握有秘密的方术。因而获得“证得成就”的声名。由于事业兴旺，富有资财，曾修建具有一百根柱子的经堂，建立了许多善业的好传统。据说对于寺院以政教二规尽力进行裨益之人，除这位上师而外，还没有出现过其他之人云。享寿六十六岁。他转世的化身生于第十四胜生的水鸡年（公元1813年，清嘉庆十八年，癸酉），名柔增洛赛（རིག་འཛིན་བློ་གསལ།），三十九岁圆寂。现在是水牛年(公元1853年，清咸丰三年，癸丑）生于赛沃戎（གསེར་བོ་རོང་།）的洛藏强巴云丹（བློ་བཟང་བྱམས་པ་ཡོན་ཏན།）。曲结阿旺却扎的亲门弟子然绛巴衮噶班觉尔圆寂后，转世的化身阿旺克珠（ངག་དབང་མཁས་གྲུབ།）生于迭部当摩（ཐེ་བོ་དྲང་སྨོ།），由卓洛果赎迎，把寺院交付于他。

卓洛果师虽不愿有转世化身，但属下的人们又赎迎了一位化身。因此，后来另行修了一座昂欠府，人们称为当摩喇嘛，有转世系统。此外，还出了卓·洛藏耶希（གྲོ་བློ་བཟང་ཡེ་ཤེས།）、卓·阿旺却跋（གྲོ་ངག་དབང་ཆོས་དཔལ།）、喇干洛藏拉卜丹（བླ་ཀན་བློ་བཟང་རབ་བརྟན།）、阿旺扎巴等一些大士夫哲士。

班吉（དཔལ་སྐྱིད།）有一座萨迦派的班玉寺（བན་ཡུ་དགོན།）[59]。

安多智苟寺（ཨ་མདོ་བྲག་གི་དགོན།安多石岩寺）这里是先知的主宰智贡喇嘛（བྲག་དགོན།）[60] 丹巴达尔吉的伽蓝，他转世的化身是第一世昂曼的弟子洛藏丹增嘉措（བློ་བཟང་བསྟན་འཛིན་རྒྱ་མཚོ།）。司隆（གཟིགས་ལུང་།）静修院中，供有第一世阿吉多卜丹亲手塑造的密宗事部三怙主像。

包索[61]科（བོ་བཟོ་ཁོག）谷中有大庆·南夸坚赞（མདའ་ཆེན་ནམ་མཁའ་རྒྱལ་མཚན།）的噶布(དཀར་པོ།）静修院、大庆寺下院（མདའ་ཆེན་དགོན་འོག་མ།）、桑珠寺（བསམ་གྲུབ་

དགོན།)、日努寺（རི་ནོ་འུ་དགོན།）、贡向寺（དགོངས་བྱང་དགོན།）等，都是本教的寺院。

阿黎曲结（ཨ་ལི་ཆོས་རྗེ།）也叫做当甫曲结（སྟོང་ཕུག་ཆོས་རྗེ།）的寺院——协珠闹卜却培（བཤད་སྒྲུབ་ནོར་བུ་ཆོས་འཕེལ།讲修摩尼法兴洲）创建经过是这样的：仲敦（འབྲོམ་སྟོན།）巴的化身却扎藏卜（ཆོས་གྲགས་བཟང་པོ།）的时候，这个地区开始有佛教的传播。他的文布嘉样强巴贡乔藏卜（འཇམ་དབྱངས་བྱམས་པ་དཀོན་མཆོག་བཟང་པོ།）于其三十七岁的木鼠年（甲子），创建了寺院。他被称为是教长释迦喜年（ཤཱཀྱ་བཤེས་གཉེན།）、怙主的幻化者丹巴衮扎（དམ་པ་ཀུན་གྲགས།）、隆庆然绛巴（ཀློང་ཆེན་རབ་འབྱམས་པ།）[62]等的化身。《德尔隆》中所说的“多康下部地区出了一位名字之中有贡乔者之人”，被认为就指这位师长而言。他转世的化身有扎喜藏（བཀྲ་ཤིས་བཟང་།）等，哲士的本生连续不断，现在是强巴阿旺洛哲坚赞（བྱམས་པ་ངག་དབང་བློ་གྲོས་རྒྱལ་མཚན།）。他于土猪年（乙亥）生于豆察（དུག་ཚ།），曾去西藏卫地两次，在萨迦寺、那烂陀寺（ན་ལེནྡྲ།）进行闻思，于那烂陀寺森哦（གཟིམས་འོག）仁波切先后前来多麦时，于其座前聆听了关于道果及《修法海》随许等许多经法，是一位证得有教有证学问的人士。阿木去乎格西活佛的传中说：

“给曲结活佛授了浩瀚的胜乐灌顶二十部，他回授了纳绕空行母的生起次第瑜伽十一次，耳传的不共法亲训三次，扎宗（ཟག་རྫོང་།）不共法的随许，普尔哇（ཕུར་པ།）的灌顶等。”

上述的曲结，似就是这位师长，待考。也有人说是第五世达赖喇嘛的弟子曲结衮噶丹增（ཀུན་དགའ་བསྟན་འཛིན།）云。第二世嘉木样的亲门弟子如哇（རུ་བ།）活佛阿旺却扎（ངག་དབང་ཆོས་གྲགས།），生于第十三胜生的火兔年（公元1747年，清乾隆十二年，丁卯），在萨迦寺亲近达钦·阿旺衮噶洛哲（བདག་ཆེན་ངག་དབང་ཀུན་དགའ་བློ་གྲོས།），聆听了《离四耽着》的指引，缝纫派的大悲观音五尊经法的教敕等等无量无数的经法，并报告达钦，聘请了学问精湛的三位喇嘛，在寺院建立了三事的实践。于土牛年（乙丑）建立护持喜金刚、密集、大威德、金刚瑜伽母、金刚普尔哇等供修的密宗院及讲闻六部大论的讲辩院，进行显密双修。修建了一百根柱子的经堂，大量弘传金刚鬘灌顶等经法，造就了萨冈·阿旺却丹（ས་སྒང་ངག་དབང་མཆོག་ལྡན།）、阿吉·阿旺多卜丹（ཨ་སྐྱིད་ངག་དབང་སྟོབས་ལྡན།）等许多弟子。有著作约两函，还有文字较多的大传。他转世的化身，生于火鼠年（丙子）、名强巴阿旺衮噶坚赞（བྱམས་པ་ངག་དབང་ཀུན་དགའ་རྒྱལ་མཚན།），彼师亦被称为阿南达（ཨ་ནནྡ།）。铁牛年（辛丑），敦请萨迦、达波二处的堪布各一位，把扎仓分为两部分，虽以大力建立法相学院，但是，现在仍如先前状况。然而由于有藏区的金刚座具祥萨迦寺经院的历世阿阇黎进行护持，萨迦派实践的跳神舞和许多明处的学习传统，正在向上增盛。自第八胜生的木鼠年（公元1504年，明弘治十七年，甲子）创建寺院起，已历三百六十二年，自第十三胜生的土牛年（公元1769年，清乾隆三十四年，己丑）。建立显密二乘讲修院起，至今木牛年（乙丑）已历九十五年矣。

这座寺院的依止圣物，有迦叶佛的舍利子，婆罗门七世的肌肉，玛玖拉仲的颅骨，等等。

款·贡乔嘉布[63]以前，款氏家族出了许多证得前译期密咒成就的人士。款·贡乔嘉布从卓弥大译师（འབྲོག་མི་ལོ་ཙྪ་བ།）等师处学习新译密咒，在白土地带中心之旁[64]修建了寺院。从此开始，款氏世系中不断地出了萨迦五祖等许多学识渊博，法行精湛的人士，因而被称为萨迦派（ས་སྐྱ་པ།）。它具有显密经法的许多品类，胜乐、密集、大威德三本尊的许多单独传受的经教、时轮、喜金刚的四教旨；《金刚鬘》《修法海》十三金法或称为鲁哇（ལྭ་བ།）的十四金法等密乘四续的总法与单独传授的灌顶、随许；宝帐、喜金刚续、桑波扎（སམྦུ་ཊ།）三系列等关于续部的教授、诀要、羯磨集难以数计。特别是全部显密的关键最后是共与不共法的道次第不错乱的宝训“道果”。因明四量和四种耳传的教授特别超殊，因而形成了具祥萨迦派教授规律。其次，噶玛巴、周巴，以及其他噶举派也都接受中观的正见，其事迹与噶当派相同。周巴噶举派的白玛噶波（པད་མ་དཀར་པོ།）说：

“米拉尊者对才仁玛说：‘正见抉择于中观，观修道的次第统受生起次第和圆满次第要义的调伏，行为则应分开指示解脱中有关之要旨，进行业印瑜伽。”

止贡噶举派的吉典松贡[65]的传中说：

“圣教的根本是僧伽，鉴于这依随于戒律宝，就是居住于僻静之处者们，也绝不敢闲散自在。”

《云裳秘笈》中说：“宗轮的入门虽不一样，若能如理做出正法样子，就会像讫栗枳的睡梦[66]那样，出现走向解脱之结果。”

然而，多麦这个地域里，宗轮和各种法统，不相混淆。南北各地大大小小的寺院禅院，都是信奉持金色佛冠的教义者。观想圣上师与根本上师无二致的深妙宝道，上师瑜伽作为道的生命看待。按共同道是三士夫道的次第进行修心。由于在此之前没有脱离三藏的教授，道抉择于三学[67]自性、见、修、行三者不但没有一丝一毫之谬误，而且钻研密咒二次第瑜伽的任何时候，行为不能超越于戒学，因守护三律义，远离道之歧途，故其效果最为重大！圣大师的本尊五佛等四续本尊的次第，虽难以数计，其中以父母二续的安置方法主要指示幻身者是密集，以智分主要指示光明者是胜乐，以如此妙道宣讲究竟，五要旨俱全者是大威德。因胜乐、密集、大威德三尊不分离，道的要旨俱备，脱离障碍。护法也和大、中、小三士夫道的步调一致，以怙主、多闻子、法王三护法为主，主要亲近直至未证得菩提以前，能清除道的逆缘，提供顺缘的护法智尊。关于显密二乘的经典的解说教授、灌顶、随许、教敕、指引、诀要的传统，雪域之中能够掌握者虽大有人在，但其中只有圣师徒的犹如经得起烧、断、煅的黄金一样，远离错误之垢的学说，比较其他极为超殊。怛特罗、诀要、实践三者介绍的息、增、怀、伏的羯磨集极其浩瀚。其次如声明、因明、工巧、医药、诗学、词藻学、历算学等以名言、诸明表明圣教的传统者无不齐全。把这一切按其所有主次，用各种方式进行钻研，达到洞彻一切地位，则对于圣教的一切理论体系可以毫无矛盾地理解，自会对一切经论妙理出色地进行教授。像这样对于圣教的无垢的精义，以讲修任何方式发扬光大的情况，在上下部各到去处都很明显，应是衷心信仰处所啊！

杂委静修院·特乔泽（ཙ་བའི་རི་ཁྲོད་ཐེག་མཆོག་རྩེ།），这座寺院由原先是曲结寺的僧侣，后来亲近热巴丹凑多吉（རས་པ་དམ་ཆོས་རྡོ་རྗེ།），闻听宁玛派经法的多吉鄂赛尔（རྡོ་རྗེ་འོད་ཟེར།）修建。他转世的化身是强巴阿旺却培（བྱམས་པ་ངག་དབང་ཆོས་འཕེལ།），他的父亲在贾杰跋钦梅朗多吉（རྒྱལ་རྗེ་དཔལ་ཆེན་མི་ལོང་རྡོ་རྗེ།）的豀卡里，设置了大量的依止圣物。与卓官寺（གྲོ་དགོན་པ།）距离不很远的地方，有本教寺院——江仓寺（སྐྱང་ཚང་དགོན།）。

代合日·洛藏贡波（སྟག་རི་བློ་བཟང་མགོན་པོ།）历世化身的寺院——代合日·静修院(སྟག་རི་རི་ཁྲོད།)。达拉奇委寺（ཏ་རའི་འཁྱིལ་བའི་དགོན།）。

※ ※ ※

这地区上下所有的河流都分别汇合流在一起，自江曲河（ཀྱང་ཆུ།）至嘉摩戎（རྒྱ་མོ་རོང་།）以上，称为三岗六谷之一的迭布戎[68]，有旺仓寺[69]·扎喜朋措林（བང་ཚང་དགོན་བཀྲ་ཤིས་ཕུན་ཚོགས་གླིང་།吉祥圆满洲），原来有俄仁巴洛藏朋措(བློ་བཟང་ཕུན་ཚོགས།）和俄仁巴桑吉伊喜（སངས་རྒྱས་ཡེ་ཤེས།）在此居住，以后形成伽蓝。前者为纳合多寺（ནགས་མདོ།）僧人，后者为冈索寺（གོང་སོ།）的僧人。先前迭部地区出家为僧者不多，卓尼老太太下令：“兄弟二人者一人须出家，弟兄三人者二人须出家为僧。”于是僧人的人数增盛起来了。由卓尼大寺派朝沃喇嘛达摩（ཁྲོ་བོ་བླ་མ་སྟག་མོ།）、玛如喇嘛（མ་རུ་བླ་མ།）二人担任法台。僧侣达四百余人，有普明及大威德的修供，祈愿法会计十五天，有锦缎绣佛展拜，跳神舞蹈，弥勒环寺巡行，十五日的供祀等法事。藏历四月举行禁食斋戒，六月举行贤妙祭，夏令安居，四供和五供节[70]共七天。寺院清净，法行善妙。多拉科谷（རྡོ་ར་ཁོག[71]）有太宁哦[72]静修院（ཐེ་ཉིན་ངའི་རི་ཁྲོད།）。鲁琼喇嘛伊喜噶藏（ཡེ་ཤེས་སྐལ་བཟང་།）创建的巴尔咱寺（པར་ཙ་དགོན།），也有人说旺仓寺也是他创建云。他转世的化身贡乔洛藏（དཀོན་མཆོག་བློ་བཟང་།）住在拉卜楞寺。与此距离不远，有萨迦派白贡寺（སྡེ་གོང་དགོན།[73]）。大叶寺（ཏ་ཡེ་དགོན།）、牛察尔静修院（སྨུག་ཚར་རི་ཁྲོད།）等。

哲蚌寺郭莽扎仓的多仁巴·阿旺达尔吉（ངག་དབང་དར་རྒྱས།）于第十胜生年土猪年（公元1599年，明万历二十八年，乙亥）创建的克隆夺冷新寺（ཁེ་ལུང་རྡོག་ལིང་དགོན་གསར།）。

登喀寺·扎喜桑丹林（སྟེང་ཁ་དགོན་བཀྲ་ཤིས་བསམ་གཏན་གླིང་།），这座寺院原先建于达秀（ཏ་ཤུག），由于盗贼的侵扰，迁于此处，甲藏（བྱ་བཟང་།）活佛建立夏令安居制度。

赛塘寺[74]·噶丹协珠达吉林（གསེར་ཐང་དགོན་དགའ་ལྡན་བཤད་སྒྲུབ་དར་རྒྱས་གླིང་།兜率讲修兴盛洲）创建者甲藏阿米·徐哇·图丹扎巴（བྱ་བཟང་ཨ་མེས་ཞབ་ཐུབ་བསྟན་གྲགས་པ།），生于江曲水北之登勒卜（སྟེང་ལེབ།），父名贡波拉卜丹（མགོན་པོ་རབ་བརྟན།），母名卓玛吉（སྒྲོལ་མ་སྐྱིད།）。据称为萨乐和（ས་ར་ཧ།[75]）之变化者，不经督促即学通诵读。二十岁时，在纳合多绛曲木拉（བྱང་ཆུབ་མི་ལ།）的座前披剃出家，取名为阿旺图丹（ངག་དབང་ཐུབ་བསྟན།）。在该地居住多年，聆听了许多经法。在阿阇黎扎巴谢珠处受近圆戒。善于诵读，一天之中能唪诵《甘珠尔》大藏经两函，曾通读《甘珠尔》大藏经数遍。在故乡登勒卜闭关坐禅六年，实践归译密咒。尔时，该地属于本教的势力范围，彼师乃报请土司改变了他的信仰。分别在赛塘寺寺址的四面，闭关坐禅四年，于其坐禅的遗址修筑佛龛土塔各一座，现今仍存在。修起了佛殿、僧寮，创建了寺院。又在与寺院不远之处修了一座静房，一生在该处坐禅。遵照苟什德托麦的授记，于甲藏（བྱ་བཟང་།）的后山，开启了胜乐圣地之门。于尸体飞逝于太空等稀奇的示寂征兆中圆寂。他转世的化身克珠程列旺徐（མཁས་གྲུབ་འཕྲིན་ལས་དབང་ཕྱུག），于第十三胜生的狗年（生年的干支不详），生于江曲水北的达郭尔（རྟག་སྐོར།）氏族，对前世遗物认识清楚，由苟什德丹贝坚赞向护法请求授记后，予以肯定，在昂曼阿阇黎座前披剃出家。在苟什德寺的密宗学院侍奉托拉活佛学习文字等。熟记唪诵的各种经文和班禅索扎巴的密集生起次第和圆满次第。取得了俄仁巴学位，并于尼古（ཉི་ཀུ།）喇嘛桑吉仁钦（སངས་རྒྱས་རིན་ཆེན།）处学习了诸明处。在经师托拉活佛处受近圆戒。于贡塘·嘉贝样座前聆听了《弥多罗》，于香萨阿阇黎处聆听了《金刚鬘》。闭关坐年禅、月禅各数次，积蓄资粮，消除罪障。多次进行念修，获得证悟。曾多次担任念修六字真言丹丸法会的怙主，以降雨等等神通造福众生。想在赛塘寺建立法相讲辩，曾先后向贡塘·嘉贝样请求占卜，虽回答“卦象很好”，但又继续拖下去。给寺院提供了每月念诵《药师经》广本的经费铜钱洮州串六百多串，五供节经费铜钱洮州串一千串。以如此等等政教二规进行护持。嘉堪钦撰有历世的传记《甘露之池》，以上摘自该书。彼师修建的经堂中，供有《甘珠尔》大藏经等，还有供奉弥勒佛十岁身量佛像的弥勒殿。前一世修建有三世诸佛殿、十六尊者堂、药师殿。寺院的法台由卓尼大寺委派，兼管这寺和登卡寺两处。上世的寺院登勒卜却年（སྡིང་ལེབ་ཆོས་ཉན།）和甲藏寺等处有佛堂等能依与所依。导古寺（འདོད་དཀུ་དགོན།），甲藏活佛建有经堂。

这座寺院和专察班藏寺（མགོན་ཆ་བན་གཙང་དགོན།）、冈波寺（སྨམ་པོ་དགོན།）等本寺与支寺等都属土司大寺管辖。

白格寺（བྲི་གེ་དགོན།）。赛沃雄寺·扎喜隆布（གསེར་པོ་གཞོང་བཀྲ་ཤིས་ལྷུན་པོ།）系赛沃喇嘛敦珠嘉措（གསེར་པོ་བླ་མ་དོན་གྲུབ་རྒྱ་མཚོ།）所建。彼师生于腊麦三部（ཉག་སྨད་ཁོག་གསུམ།）之内的卜谋（ཤི་སྨུག）村，由其父送于兄弟作义子，叔叔去世后，他举行盛大的追荐后，把所有的家产变换为黄金，前去西藏卫地入色拉寺雄哇（གཞུང་བ།）康村。 但康村格根没有妥善地予以招待，乃转入迭部康村。经过诉讼，从此时起，土司大寺之下都可以入迭部康村。他从毡衫的缝隙之中取出约一盆黄金，乃以此修建了康村公所的三层楼房，并配备所有的供祀用具及什物。在祈愿法会上发放了布施，潜心学习，取得了学位。在家乡修建了寺院，于经堂塑造了弥勒佛像，并修建三世诸佛殿、药师佛殿等。又向卫地色拉寺、哲蚌寺等发放了布施，敦请班禅仁波切给寺院予以开光。指示说：“可以在这儿予以开光。”他心中不相信，提出了抱怨。这时，他的前面有一块宝镜，让他看看那宝镜，看到家乡的一切很清晰地显现在这块宝镜之中。后来，在开光的那一天，鲜花直接从空中下降。敦请积司（ཇི་སྲི།）堪布洛藏达吉（བློ་བཟང་དར་རྒྱས།）的途中，遇见一位返回家乡的汉族官员，结伴同行了解他是这个地方的豪雄，那位汉官提出保证说：“今后到北京来呀，当竭力帮助。”

后来，他前赴内地，先前的那位汉官把他引见于皇上，授予了土官职务，被誉为王土司，让其作六十二个大村寨的首领人。部属大伙儿再三要求：“土官职务应由子孙世袭。”乃奉还戒律，还俗娶邦藏哦桑玛为妻，生了四子二女。为了忏悔罪恶，绘造了千佛画卷，书写《贤劫经》，敦请绛曲木拉讲传经法。大儿子大爷性情凶暴，荼毒百姓，赛尔喇（སེར་གླ།）官人名周居扎巴（ཀྲུག་ཅུ་གྲགས་པ།）者，原系他的侍从，后来一同还了俗，和雄（གཞོང་།）部大官人伊喜坚赞（ཡེ་ཤེས་རྒྱལ་མཚན།）、兰冈（ལམ་སྒང་།）小官人洛藏敦珠（བློ་བཟང་དོན་གྲུབ།）等六人向政府控告，把大爷正法，其他两个儿子也被流放到玛尔曲河南部的叫作芒拿（མིང་ནག།）地方，据说他们的后裔现在仍在该地云。小儿承袭土官之职，这位敦珠（དོན་གྲུབ།）王子在岷州的叫作洒次（གསའ་ཚག）的汉族村子中毒而死，这是雍正八年之事。土官衙门内内外外破落不堪，同时寺院也形荒圮，皇上降旨予以修复，赐予华盖和匾额，让其作为祝延圣寿的寺院。不久，白莲教之乱起，遭受了很大的破坏，经典等都遭丢失。由然绛巴·洛藏隆珠（བློ་བཟང་ལྷུན་གྲུབ།）重新整理，用金汁书写了《般若十万颂》两部，《般若两万颂》一部，并用墨汁书写补齐了许多经籍。同时斗[76]、麦、巴尔（རྟག་སྨད་བར།）三部的人们修复了寺院。

这个寺院第一任法嗣是积司堪布洛藏达吉，亦称楚臣扎巴（ཚུལ་ཁྲིམས་གྲགས་པ།），彼师生于赛曲河（གསེར་ཆུ།）流域的唐哇尔（ཐང་བར།）官人所属的积司村。在色拉寺麦扎仓学习，究竟圆满后，担任阿里堪布，第悉桑吉嘉措颇为器重。前来此地，正当事业增兴之际，由于上述的原因[77]志愿未伸而告圆寂。接着是桑杰扎巴（སངས་རྒྱས་གྲགས་པ།）、洛藏勒协（བློ་བཟང་ལེགས་བཤད།）、当巴（སྟོང་པ།）活佛、然绛巴洛藏且却（བློ་བཟང་དམ་ཆོས།）、然绛巴洛藏丹巴（བློ་བཟང་བསྟན་པ།），以上两师是卓尼大寺的僧人。其次是阿旺丹增（ངག་དབང་བསྟན་འཛིན།）、隆珠嘉措（ལྷུན་གྲུབ་རྒྱ་མཚོ།）等。上述反抗土司的六位官人立誓各修建一座寺院，其中雄官人于登洛托（ཏིང་ས་ཐོག）修了一座佛堂，他的后裔之中出了一位登洛托活佛，据说是木乃阿阇黎的转世化身，在卓尼大寺学习并取得学位，曾赴蒙古地区数次，维修了佛堂，修建了寝宫，敦请昂曼活佛贡乔丹贝坚赞巴（དཀོན་མཆོག་བསྟན་པའི་རྒྱལ་མཚན་པ།）授普明灌顶，把寺院和谿卡献于该师。彼师按下密院的规程建立了密宗院。然绛巴洛藏仁钦（བློ་བཟང་རིན་ཆེན།）曾先后赴内地、蒙古数次，给密宗院奉献了难以匹敌的顺缘，他是拉卜楞寺的然绛巴，在一切知大师师徒座前接受了所有讲传的经法，是一位赤诚从事对圣教对众生有所裨益的事业之人。郭治（མགོ་གཡས།）小官人修建曲巴尔寺（ཆུ་བར་དགོན།），有德格版的《甘珠尔》大藏经，由曲巴尔昂巴（ཆུ་བར་ནང་པ།）的转世系统护持。前一世官人的侄子多吉扎喜（རྡོ་རྗེ་བཀྲ་ཤིས།）曾梦见一位喇嘛和一位官人前来借住房屋。不久，妻子怀孕于丈夫赴别处之后，生了双胞胎，妻子年轻害羞，把第二个孩子搁在牲畜圈的土堆之下。丈夫回来后，揪住妻子问："将有兼摄政教的两个孩子在哪里？"把情况告诉后，丈夫痛苦地死掉了。这一孩子长大后，用尽方法给他娶亲，他不肯接受，跑到卓尼大寺进入经院。把家中的房屋、田产和百姓交给一位亲属，自己绝了后裔。他学习圆满后，取得了然降巴的学位，在自己的寺院建立三事实践，大兴讲修，长久护持，聚集了许多僧侣，曲巴尔昂巴的声名传于各处。晚年修了格仓（དགེ་ཚང་།）静修院，在那里修持，因而也被称为"格仓阿米"，享高寿圆寂，现有转世系统。从曲巴尔寺分出的卜格寺（བྲི་དགེ་དགོན།），现正在兴盛之中。邦则角勒（སྤང་ཚད་ཆོག་ལེགས།）修建了邦则寺（སྤང་ཚད་དགོན།），与这寺邻近之处出了一位叫作化苟（ཐྲ་འགག）的活佛，是卓尼大寺的格西，修有佛堂。兰冈小官人修建了兰冈佛堂，邻近的村子中有成就之主张敦巴（འབྲོང་སྟོན་པ།）的小寺。这位成就者的尸体火化时，心、眼、舌三者及手腕骨自然结成了十一面尊像，现供在五司ཞུ་ཟི།）村中。据说六位官人之中，还有一位仅修了一间庙堂，其他则不清楚。

兰冈谷脑，有邦定寺·旦却达吉林（སྤང་ཏིང་དགོན་དམ་ཆོས་དར་རྒྱས་གླིང་།），是哲蚌寺格西博多哇（པོ་ཏོ་བ།）所建。此地出了一位众人称颂的色拉寺格西阿本（ཨ་འབུམ།），虽出了几次转世活佛，但没有任何裨益。西固城（ཞིས་ཀོའུ་མཁར།）附近的藏族村寨的僧侣们都在一处结夏。多赛（སྟོད་སེ།）六村的六处寺院和墙连（ཚང་ལེན།）五村的五处寺院以及各村所属寺院的僧人们共同举行五供节祈愿法会。

昂松寺·噶丹措培林（ཨོང་གསུམ་དགོན་དགའ་ལྡན་ཚོགས་འཕེལ་གླིང་།）有交多·楚臣云丹（ཇོ་ཏོ་ཚུལ་ཁྲིམས་ཡོན་ཏན།）者，前赴内地、蒙古，被乾隆皇帝赐予阿齐图墨尔根曲结（ཨ་ཆི་ཐུ་མེ་རྒན་ཆོས་རྗེ།）的职位，遵照章嘉饶悲多吉的教令，在自己的家乡敦请阿米裕固哇（ཨ་མྱེས་ཡུག་གུ་བ།）于狗年修建寺院。以白银约三百两修建了经堂，寺院的名字也由章嘉仁波切命定。乾隆三十五年，对历任的法台，都赐有古师（ཀུ་ཤྲི།[78]）的诰封。有一位色拉寺的拉仁巴按照色拉寺规程，订定寺规，首先规定自夏登（ཞྭ་སྟེང་།）以下，木（མུ།）和居角（ཇུ་ཀོ།）以上的僧人在此集会的规矩。第二世嘉木样的亲门弟子、拉卜楞寺的格西、喇嘛班觉尔（བླ་མ་དཔལ་འབྱོར།）建立了《集类学》《因明》的讲辩院，并开始授予学位，但于他圆寂后，衰落下去。这座寺院每月有四天贤妙日祭、五供节及四供节，各个法会也正在建立中，昂曼活佛还建立了结夏制度。

交多静修院协珠达吉林（ཇོ་ཏོ་རི་ཁྲོད་བཤད་སྒྲུབ་དར་རྒྱས་གླིང་།）。

洒尔勒寺（ཟར་ལེ་དགོན།）这座寺院，出了拉仁巴洛藏群培（བློ་བཟང་ཆོས་འཕེལ།）和卓尼大寺的格西，灌顶、教敕、诀要的宝库，众生怙主洛藏喜饶（བློ་བཟང་ཤེས་རབ།）等人物，后者曾任乌白寺（ཨུ་པེ་དགོན།）的法台。说道：

“在寺院居住时，曾读《般若十万颂》三次，虽未获得大的了悟，但对于怛特罗则大有好处。”

彼师圆寂于古尔雅静修院。然绛巴仁钦宁布（རིན་ཆེན་སྙིང་པོ།）和戎麦（རོང་སྨད།）地区的第一位多仁巴更登哲蚌巴桑（དགེ་འདུན་དཔལ་བཟང་།）也是这里的人氏。两位都是理路方面出类拔萃的学者。此后有桑勒莫代（ཟང་ལེ་མོ་འདེབས།）者曾迎请《甘珠尔》大藏经和《丹珠尔》大藏经供奉在这儿。兰尕系寺（ལན་ག་གཤིས་དགོན།）。自此以上属于塘哇尔（ཐང་བར།）部落。

※　　　　※　　　　※

阶州管辖区域内的乙接（ཡིད་ཀྱི）等八个藏族村寨中各有一座供施寺院。从前这些村寨中出了乙接喇嘛（ཡིད་ཀྱི་བླ་མ།）、喇嘛间巴（བླ་མ་ཀྱིན་པ།）、多仁巴嘉措（རྒྱ་མཚོ།）等几位拉卜楞寺的格西。从上述的多赛六村寨翻过一座山是多傲西古（སྟོད་ངོས་ཞིས་ཀོའུ།）官人所属的夏登（ཞྭ་སྟེང་།）村及察伍公（ཚྭ་བུ་གུང་།）村，两处各有一座小寺。裕化寺·桑丹协珠林（ཡག་ཧྭ་དགོན་བསམ་གཏན་བཤད་སྒྲུབ་གླིང་།）、格仓喇嘛阿旺坚赞（དགེ་ཚང་བླ་མ་ངག་དབང་རྒྱལ་མཚན།）和西古官人的谋士涅卜徐（སྙེ་བག་ཧྲུག）供施双方修了弥勒佛殿，雕有《金刚经》《吉祥积》《福运经》等印版。由卓尼大寺的格西阿旺却扎（ངག་དབང་ཆོས་གྲགས），叶尔哇寺的僧人坚赞丹增（རྒྱལ་མཚན་བསྟན་འཛིན།）护持，后者有零星著述。裕化静修院扎西却顶（ཡག་ཧྭ་རི་ཁྲོད་བཀྲ་ཤིས་ཆོས་སྟེངས།）。大化寺（མདའ་ཧྭ་དགོན།），此处由色拉寺的一位然绛巴和叶尔哇寺然绛巴阿旺洛藏（ངག་དབང་བློ་བཟང་།）两人召集许多僧徒进行教学，后来形成了寺院。这座静修院和裕化寺一块儿进行结夏，有四供节、五供节、二十九日施食祭和祈愿法会等。

瓜化寺扎喜格培林（ཀྭ་ཧྭ་དགོན་བཀྲ་ཤིས་དགེ་འཕེལ་གླིང་།）在总管（རྫོང་བཀྭན།）香达（ཤིང་ཏཱ།）[79]之时修建。其子赛周（གསེར་འབྲུག）又修建了经堂和弥勒佛殿，敦请惹卜察·甘珠尔活佛和泽卫·嘉样喜年两师予以开光。由甘珠尔哇进行安排，建立了夏令安居制，这个地方的历代人们对圣教极其崇敬。阿白寺扎喜达吉林（ཨ་བེ་དགོན་བཀྲ་ཤིས་དར་རྒྱས་གླིང་།），卓尼大寺的洋莫（གཡུང་མོ།）噶居·塔克扎喜（ཐབས་མཁས་བཀྲ་ཤིས།）于卸去赛塘寺法台之后，在此长时居住，进行修持。从前，这寺只有几名乡村僧人，这时聚集了许多僧侣。彼师虽想了许多办法建立法相讲辩，但因地点、时间的关系，没有成为事实。由于他督促学习善妙，出了一批有智慧的人士。他有著述数种。达日静修僧洛藏南嘉（བློ་བཟང་རྣམ་རྒྱལ།）建立结夏制度。古尔雅噶居、阿阇黎阿芒冬哇（ཛ་སྔོང་གདོང་བ།）、历世昂曼活佛等都来过这儿。由瓜化（ཀ་ཧྲ།）总管赛周和云久（ཡུམ་འཛུག）父子二人负责修建了经堂和弥勒佛殿。向拉卜楞寺敦请遍照尊者，派正理部活佛为代表前去。曾建有四百僧人念修六字真言丹丸法会。每月有贤妙日祭三天，坚持进行夏令安居等。

尕如寺扎喜却林（དགའ་རུའི་དགོན་བཀྲ་ཤིས་ཆོས་གླིང་།吉祥法洲）尕如卫巴（དགའ་རུ་དབུས་པ།）曾在村子后边修建佛堂。据说尔时，这个地区除了本教而外，佛教出家人的名字也从来未曾听见过。他流浪到西藏卫地，在哲蚌寺住了几年，把披单、禅裙带回家乡。大伙儿惊奇地说："他从天堂回来了！"受到很大的崇奉，事业兴盛。此后过了数代，出了叫做比丘爷爷更登哲蚌达吉（དགེ་འདུན་དར་རྒྱས།）者，这时仪轨的念诵才兴盛起来，他的侄子然绛巴喜饶森格（ཤེས་རབ་སེང་གེ）在拉摩赛池寺取得了学位，和卓尼大寺一位然绛巴僧人两人共同建起了称为"上佛殿"的三世诸佛殿，并盖了两处小房，奠定了寺院的基础。前者的侄子然绛巴洛藏克乔（བློ་བཟང་མཁས་མཆོག）在叶尔哇寺，后者的侄子阿旺却扎嘉措（ངག་དབང་ཆོས་གྲགས་རྒྱ་མཚོ།）在卓尼大寺学习了法相，两人又同在卓尼大寺密集院精研关于仪轨、实践等教授，承事阿阇黎大士夫请求讲传诸明处、学处、生起次第和圆满次第的指教。在本寺按上密学院的规程进行仪轨、法行等。然降巴洛藏为了给寺院募化顺缘，前赴蒙古地区，圆寂于该处。阿旺却扎他新建经堂，敦请甘珠尔哇活佛予以开光并撰述寺志。他过午不食，从不间断。经常积极从事于经籍的阅读和念修善行，五十五岁的藏历十二月二十五日白天，于念诵经忏时圆寂，有转世系统。现在由第一世洛藏克乔巴的侄子然绛巴克尊

(མཁས་བཙུན།) 进行护持。他曾入色拉寺麦扎仓学习，于会试时熟背《菩提道次第》等一千多页，取得了然绛巴的名号。又在安多和卫地等处，向许多哲士请求讲传了无数的甚深妙法，弘扬法统。从甘珠尔哇活佛处学习了《诗鉴论》本文和疏释，获得了讲辩诗学的辩才。在寺院按照色拉寺的规程，建立结夏制度，禁止妇女进入寺院和取水，禁止大声喧哗，僧人穿有袖衣服，用布缠头等，寺规极其严格。与这座院相近之处，还有这位哲士居住之处——智隆温乃程登绛曲林（བྲག་ལུང་དབེན་གནས་ཁྲིམས་ལྡན་བྱང་ཆུབ་གླིང་།），彼师修建了佛殿，绘塑了五种姓千佛像等，建立独雄大威德、胜乐持铃五尊、密集和怙主、法王及东方天王的酬补仪轨等会诵，普明法的韵律腔调等。并按西藏卫地密宗院的规程，于噶如寺（དགའ་རུ།）、当化寺（མདང་ཧྭ།）、裕化寺（ཡག་ཧྭ།）三处轮流举行定期法会，分别安置了法事经费，讲传《文殊亲教》、索扎巴的《密集生起次第》、第一世一切知的《大威德生起次第》、《普明疏释略》等的讲闻。是一座凡僧帽、僧氅、金刚杵铃、入装等完全同于行止威仪的清净禅院，现正从事于讲修，日益增盛之中，甫多（ཕུ་རྡོད།）村的附近，有一小寺，名扎喜伦波寺（བཀྲ་ཤིས་ལྷུན་པོ།），这些都属于塘哇尔部落管辖。

※　　　　※　　　　※

卓尼土司所属的黑西番（ཏས་ཞིས་སྤྲན།），由土司及堪布政教合一进行管理。第十四胜生的铁猪年（公元1851年，清咸丰元年，辛亥），把麻如（དམག་རུ།）四部的三十余所寺院、静修院集中在一起，于加喀尔塘（རྒྱ་མཁར་ཐང་།）修建了噶丹达吉林（དགའ་ལྡན་དར་རྒྱས་གླིང་།兜率兴盛洲），有僧人约四百余人。从前，哲蚌寺郭莽扎仓的拉仁巴洛藏耶喜（བློ་བཟང་ཡེ་ཤེས།）于塘向洒卜尔岗（མཐོང་ཞིང་ས་འབུར་སྒང་།）修建了寺院，披剃出家及受近圆戒者很多，从讲、辩、著三个方面，做了弘扬圣教的事情。他的兄长老坚（ལོ་ཛན།）先后派人赴西藏卫地发放布施两次，他本人先后赴塔尔寺发放布施九次，在家乡每隔三年，举行称为"念活经"[80]的法事一次。此后至第六代时，出了一位叫作化沃赛古（དཔའ་བོ་གསེར་ཀྱུ）者，他的儿子是精通本教的仪轨的咒师本吉（བོན་སྐྱིད།），他有四个儿子，小儿子名持咒师跋丹贡布（དཔལ་ལྡན་མགོན་པོ།），属相木羊（乙未），十六岁水鼠年（壬子），被安排于卓尼多（ཅོ་ནེའི་མདོ།）土司衙门的文书之列，对于经籍总的理解甚深，对诸明处也很精到，撰有《正理教诫》一文，其中说：

“看见美食不得靠前，对于工作不能后退；办一小事勿即颜开，若办不成切勿丧脸；权勿交人由己裁决，做事权柄必须自持；对有恩者勿使烦心，压制怨敌勿令逃逸；自己虽富勿瞋卑贱，虽贫勿揭贤者之短；位置虽高切戒骄嫚，勿炫幸福须知行止。”

如此等等零散撰述还很多，颇有独特风格。四十岁木狗年（甲戌），修建了塘息寺噶丹却林（ཐང་ཞེ་དགོན་དགའ་ལྡན་ཆོས་གླིང་།），七十四岁土猴年（戊申）逝世。有他的儿子喇嘛阿旺坚赞（ངག་དབང་རྒྱལ་མཚན།）于水兔年（癸巳）所撰的传记行世。跋丹贡布刚生下时，数术家推算说：

“雍仲院落未坏破，黄金金刚峙太空，白银之铃叮叮响，权势福寿盛而康。”

长大后不久，被喇嘛然绛巴带到这儿，领到那儿。说道：“这孩子可不是寻常之辈”。癸卯事变[81]时，正在塔尔寺，该寺被纵火焚烧之际，他飞上空际，得以逃脱，以讨乞流浪者样子，到过许多地方。在本地这儿也显示过飞行的成就征兆。后示寂于加机班吉岩洞（རྒྱལ་སྐྱི་བན་གྱི་གད་ཕུག）之内，尸体颜色不变，直至牛年，此后由于大伙作为圣缘[82]被分散而空。据说，该遗址之上修筑了叶座佛龛土塔云。离黑西番一天路程的地方，珠曲水（འབྲུ་ཆུ།）和流自赛沃雄[83]的赛曲水合流，经阶州城流向南方。自阶州向东南行七八月的地方，有从前称为唐宗[84]的西安府。文成公主诞生于该处。西藏迎去的觉阿释尊像的宝座，稀奇金色华盖，现在仍保存着。峨眉山等的北边，有一条来自印度的河流，自南向北流经这城的前面。在这条河流的冰面上，从印度扎了筏子，把觉阿释尊像迎请到来云。上述这些，系听土观的仲尼官香达噶居所讲。据说这位噶居巴曾去过西藏的卫区和藏区、咱日圣山、汉地的南海、峨眉山等处，是一位对这些地方有了解的人士[85]云。

从多拜（མདོ་སྦྱི།）流出的黑河（ཆུ་ནག）流域，有达隆寺[86]、白登寺（པད་སྟེང་དགོན།）、向察寺（ཞང་ཚ་དགོན།）、息哇寺（གཞི་བ་དགོན།）等四座寺院，属于萨迦派。还有叫作向仓本喇寺（ཞང་ཚང་བོན་བླའི་དགོན།[87]）。在黑河渡口，白河与黑河[88]汇合，绕南坪城流去。白河的上源直达昆波科（ཁོན་པོ་ཁོག）谷，该处另有一两处本教寺院。松州的加曲河（རྒྱ་ཆུ།）上源地区有昂秀（སྣང་ཞིག）、仁邦（རིན་སྤུངས།）、嘉底仓（རྒྱལ་ཏེའུ་ཚང་།）等一些本教寺院，还有曲结寺的支寺如哇寺（ཙ་བ་དགོན།）。

※ ※ ※

智合热寺扎喜协珠林（བྲག་ར་དགོན་བཀྲ་ཤིས་བཤད་སྒྲུབ་གླིང་།吉祥讲修洲），程（ཁྲིམས།）群则索南扎喜（བསོད་ནམས་བཀྲ་ཤིས།）创建。他生于程官人家中，是西藏卫地区的有名格西，与香萨洛藏达吉（ཤིང་བཟའ་བློ་བཟང་དར་རྒྱས།）、区西·强巴朋措（ཕྱོགས་བཞི་བྱམས་པ་ཕུན་ཚོགས།）两人一同应拉仁巴的立宗辩论，他们三位都是博学之士。回到家乡之后，在若尔盖建立法相讲辩，曾任赛沃寺（སེར་པོ་དགོན།）的法台。彼师亲自修建了这座寺院，贡献很大。据说有一些零星著作。他转世的化身贡乔程列隆珠（དཀོན་མཆོག་འཕྲིན་ལས་ལྷུན་གྲུབ།），属相土猪（己亥），入拉卜楞寺经院学习，八个学级掌握郭莽扎仓教程外，还精熟大论的讲闻及一切如下密院规程的仪轨、酬补等法。这寺有程格西迎请来的觉阿释尊像和他自己的灵塔；还有供在昂欠府中戒香氤氲的释迦牟尼佛像，虽曾遭过火灾，但未被烧毁。察科·阿旺扎巴（ཚ་ཁོ་ངག་དབང་གྲགས་པ།）亲手塑造的怙主像，颇具威灵。现在由程官人然绛巴护持。

赛沃寺·噶丹却科林（སེར་པོ་དགོན་དགའ་ལྡན་ཆོས་འཁོར་གླིང་།兜率法轮洲），由克多夏仲（ཁྲི་སྟོད་ཞབས་དྲུང་།）伊西朋措巴（ཡེ་ཤེས་ཕུན་ཚོགས་པ།）提供顺缘修建而成。彼师属相火牛（丁丑），生于松州城内汉族黄才伍（ཧོང་ཚེའུ།）家，被认定为克多俄仁巴·洛藏索巴（བློ་བཟང་བསོད་པ།）的转生，于水马年（壬午）迎请坐床。在赛郡格根（སེར་སྐྱོང་དགེ་རྒན།）处学习文字和诵读。朝礼玛沁雪山、北部各圣地及西藏卫地区各圣地。第二世嘉木样莅临该地时，请求了大悲观世音灌顶，在香洒活佛和赤干仓座前聆听经法。有一次，身体患病，梦见自己变成了一头大鹏鸟，把一批水生动物掷向大河之中；又去第二世嘉木样前，被赐了一颗药丸，一吞下去，立即梦醒，病患也好了。如此等等的梦感很多。三十七岁水牛年（公元1793年，清乾隆五十八年，癸丑），与赤干活佛共同修建了这座寺院。至木牛年（乙丑），已历七十三年矣。给寺院的地址付地价白银七百多两，又承担修建经堂的责任，经院的纪律，一如郭莽扎仓。密咒方面的念诵、实践和下密院略同。他们两人意见一致地建立的三事实践、祈愿法会、正理学部、五供节祭等传统，一直延续下来，由历世转世系统进行护持。

第一任法嗣赤干阿旺索巴（ཁྲི་ཀན་ངག་དབང་བསོད་པ།），于铁猴年（庚申）生于香雅尔登（ཞིང་ཡར་སྟེང་།）地方，比第二世嘉木样小十二岁，曾做程然绛巴·群则·扎喜嘉措（བཀྲ་ཤིས་རྒྱ་མཚོ།）的仆从，在赤·殊胜化身阿旺丹贝坚赞（ངག་དབང་བསྟན་པའི་རྒྱལ་མཚན།）、赤·坚赞森格（ཁྲི་རྒྱལ་མཚན་སེང་གེ）、苟什德丹贝坚赞、白日活佛、加仓（རྒྱ་ཚང་།）、朗（གླིང་།）格西、嘉科尔（རྒྱལ་འཁོར།）格西等师座前聆听经法。木猴年（甲申），与运送超荐梭磨（སོ་མང་།）女土司逝世的物资之人结伴前赴西藏卫地，时第八世达赖喇嘛绛白嘉措和班禅仁波切正在布达拉宫会晤，因而得以朝礼。在郭莽扎仓阿阇黎·阿旺格勒巴（ངག་དབང་དགེ་ལེགས་པ།）座前披剃出家受沙弥戒，并请求其介绍于经院。在松州格西阿旺朋措（ངག་དབང་ཕུན་ཚོགས།）、阿旺扎喜（ངག་དབང་བཀྲ་ཤིས།）二师处学习《集类学》《因理论》《悟慧论》等；在旦却（དམ་ཆོས།）格西处请求了《缘起颂》《了不了义辨折》《识色论》《中论》等指教。三十三岁水龙年（公元1772年，清乾隆三十七年，壬辰），在第七世班禅贝丹耶喜座前受近圆戒，聆听了《菩提道次精要》及《兜率上师瑜伽颂》的指引。铁牛年（辛丑），在格派等处专事修持。在隆多喇嘛处接受《甘珠尔》大藏经等教敕和大量的指引；在雍增伊喜嘉措巴座前接受了《般若八千颂》疏解和教敕等；在嘉赛持金刚、藏巴伊喜班觉尔（གཙང་པ་ཡེ་ཤེས་དཔལ་འབྱོར།）、贡塘·嘉贝样等处接受了所有讲传的经法。撰有《听闻记》一函。木龙年（公元1784年，清乾隆四十九年，甲辰）第二世嘉木样怙主尊者莅临卫地后，于座前聆听所有讲传的经法，从不间断。尊者返回多麦之际，嘱咐道："松州日朝巴，你最好返回家乡来呀！"

火羊年（公元1787年，清乾隆五十二年，丁未）与程群则结伴一起返回安多。临行时，隆多喇嘛赠送了僧帽和全套衣服，说道："这顶帽子，你于讲经之时戴它，其他都要在这儿穿上！"

让其在座前换穿。回到家乡后，有一户人家死了人，前来请他。从前在卫地时，雍增仁波切曾说过："你们安多的喇嘛，回到家乡时，就去啃咬死尸呐！"

他回忆起了这教导，就拒绝前去为死人作经忏法事。彼师住在村子对面的石崖之下，专事修持。因衣食用品缺乏，让亲属去村中亲戚人家化缘，被申斥道：

"你们真是，人家前来敦请时不肯前去，可到村中来乞讨。丢人现眼！"

什么东西也不肯给。土官夫人怕塔萨知道后，提供了顺缘。土猴年（戊申），于卡尔岗（མཁར་སྒང་།[89]）然绛巴伊喜却觉尔（ཡེ་ཤེས་ཆོས་འབྱོར།）的静修院中建立结夏制度。铁狗年（庚戌）在城内建立扎仓，并担任法台。水牛年（公元1793年，清乾隆五十八年，癸丑）迁移了寺院的地址，制定大会堂和经院的所有规章制度，开办一般和分别单独讲传的讲闻，提供正理部的经费等，以政教二规进行护持。火龙年（丙辰），在石崖之下修建了寝宫，直至铁马年（公元1810年，清嘉庆十五年，庚午）之间，住在那里。这一年，然绛巴阿旺扎喜在香散岗（ཤིང་ཟམ་སྒང་།）修建寝宫，乃于其中讲传《宝积经》《华严经》，以及许多《全集》的教敕；凡加持用具等戒律所定遮戒，不论如何微细，都一一执行；念修许多本尊，守护禁食斋至千余次。亲手印刷圣大师、不动尊佛、怙主等圣像十万份，还和泥打印小佛像，给许多行乞的小孩准备了披单、禅裙令其入大会堂。彼师一生专门致力于利他，快要示寂之际，格西托麦问："师心向往于何处?"

答："我似乎可以往生极乐世界。"

藏历四月晦日晚圆寂，当时白光经天，照遍四面八方。水牛年（癸丑），格西贡乔托麦继任，他撰有《赤干传·具信津梁》。土羊年（乙未），程堪布·索南扎喜（བསོད་ནམས་བཀྲ་ཤིས།）继任，他政教知识渊博，由于曾任郭莽扎仓的格贵师，应大众的请求，写订了寺院清规。水狗年（壬戌）又由格西托麦续任。木牛年（乙丑），然绛巴洛藏嘉样（བློ་བཟང་འཇམ་དབྱངས།）继任。此时，克多活佛、赤干仓（ཁྲི་ཀན་ཚང་།）等敦请第三世嘉木样，于火兔年（公元1807年，清嘉庆十年，丁卯）莅临，授普明灌顶。铁马年（庚午），然绛巴阿旺扎喜（ངག་དབང་བཀྲ་ཤིས།）继任。木猪年（乙亥）又由然绛巴洛藏嘉样继任。由于历任阿阇黎对于讲辩都勤加护持，现日益增盛。经堂中有药泥塑造的圣师徒三尊、释迦能仁王佛、弥勒佛等大像，妙相庄严，还有程堪布奉献的第二世嘉木样的鼻血所绘的大威德像及圣师徒亲手供奉的法王画卷。释尊殿中有以赤干的颅骨——上面自然形成阿惹巴咱咒文——为内藏的灵塔。还有阿阇黎托麦及夏仲衮噶丹增（ཀུན་དགའ་བསྟན་འཛིན།）等修建的弥勒殿，供有许多能依与所依圣物。

松州城中，有大明正统时期修建的称为九层佛堂的寺。据说与此同时，在上部和下部各处修建了许多寺庙，松州地区就有十三座支寺云。还传说在九层佛堂中供有念修怙主的瑜伽师噶尔·阿年旦巴（མཁར་ཨ་གཉན་དམ་པ།）的灵塔云。第十三胜生的铁狗年（公元1790年，清乾隆五十五年，庚戌），张大兴等请克多夏仲作佛堂的主人，他答允住持并建立扎仓，水牛年（癸丑）迁于城外。维修了城内的佛堂，塑造弥勒佛大像，花费了白银六百余两。现在历世转世化身仍旧予以照料。

卡隆曲水（མཁར་ལུང་ཆུ།）流域中，有数座本教的寺院及巴彦寺（བ་ཡན་དགོན།）的支寺智玛噶尔寺（ཟག་དམར་སྐར།）。翻过尼绕拉山（སྙི་རི་ལ།）即达若尔盖（དཟྱ་དགེ[90]）。此处有若尔盖扎喜科洛寺（དཟྱ་དགེ་བཀྲ་ཤིས་འཁོར་ལོའི་དགོན།若尔盖吉祥轮寺）。《传记·大香村》中说：

"阿旺扎巴和吉纳化（ཀྱེ་ནག་པ།[91]）二人会商之后，阿旺扎巴修建了'若尔盖桑珠林'寺，寺院的护法由结纳化塑造了宝帐怙主、四面护法像，命令其保护寺院，并用阎罗敌法进行开光。于是两位阿阇黎的寺院，于未来之时，不受边地军队侵凌缘起，任远而成。"

大堪布阿旺扎巴对本教施幻轮法进行镇压的地方，现在叫作科洛塘（འཁོར་ལོའི་ཐང་།[92]）。第二世东科尔呼图克图云丹嘉措和其第三世嘉哇嘉措（རྒྱལ་བ་རྒྱ་མཚོ།）[93]两师先后曾到过这儿，予以很大的照顾，由于这种因缘，噶居巴·释迦（ཤཱཀྱ།）等敦请圣·多居嘉措到来，把寺院奉献于他。尊者他修建了经堂、弥勒殿、怙主殿、寝宫等，设置了《甘珠尔》大藏经和《丹珠尔》大藏经为首的许多依止圣物，寺院一直兴盛，管理着若尔盖十八部落、夏日勒才（ཤར་ལི་ཚེ།）十八部落、纳日三部（ནགས་རི་ཁག་གསུམ།）、桑噶尔（ཟངས་དཀར།）、阿乔合（ཨ་མཆོག）、贤塘超科（ཁྱམས་ཐང་ཁྲོ་ཁོ།）、卡纳阿树（ཁ་ནག་དཔལ་ཤུལ།）、阿坝等部落，好像成为这一带地区之王。曼珠师利第五世[94]索南嘉措之时，因受四川汉人的迫害[95]，乃将寺院付托于哈塔喇嘛（ཧ་ཐའ་བླ་མ།），将涅塘（སྙི་ཐང་།）的豁卡、土地、农田等等托付于德仓赤干（བདེ་ཚང་ཁྲི་ཀན།）后，他返回自己的寺院去了。尔时，弥勒殿中梵天的像也显示了准备出走的模样，并且掉下了眼泪。就是现在，这尊像的颜面还表现着不同神态。有历世委托的称为东科寺神管家，十八部落有向其奉送粮食的制度。哈塔活佛是第一世一切知的亲门弟子，圆寂于土鼠年（公元1768年，清乾隆三十三年，戊子），为了追荐他，曾敦请第二世怙主尊者前去。他转世的化身哈塔·贡乔森格（ཧ་མཐའ་དཀོན་མཆོག་སེང་གེ），生于拉卜楞寺附近的洒噶尔（ས་དཀར།）村中由合作迁来的称为班第杰的家中，由怙主尊者认定为前一世的再生化身。入拉卜楞学习，在贡塘·嘉贝样、恩师圣·阿莽道扎等座前聆听了所有讲传的经法。承事泽卫觉巴师伊喜楚臣（གཅོད་པ་ཡེ་ཤེས་ཚུལ་ཁྲིམས།），修持觉派心法，获得了折服不驯顺的神鬼，能公开显现地照见未来等证悟。据说能以意识之体周游各地云。役使具誓大士夫如仆役，曾消灭了一些以邪念修行者。上半生大都居住于阿坝的阿乔合，后半生则居于桑噶尔，就在该处于火鸡年（丁酉）藏历二月十五日圆寂，至藏历三月二十五日仍跏趺端坐不倒。第三世一切知莅临该处，念诵超荐经典，撰述早日出世的祈祷文。转生化身生于夏唯（ཤ་བེད།），于幼小时去世，他的后一世生于克徐（ཁ་ཤུལ།）的跋多尔（དཔལ་རྡོར།）家，名贡乔丹增彭措（དཀོན་མཆོག་བསྟན་འཛིན་ཕུན་ཚོགས།），住在拉卜楞寺，对于本寺以善妙行止使其日益增盛。当年，哈塔第一世圆寂，怙主尊者临莅之时，有一位东科寺的烧茶老头把寺院献于尊者。棱磨女土司前来叩谒，命令她对于寺院进行供养、崇奉。从此以后，该部作为寺院的施主，以迄于今。又从这一年算起，经过十一年，即第十三胜生的土狗年（公元1778年，清乾隆四十三年，戊戌），怙主尊者在此建立密宗院，一开始僧侣的数目即达到密集的佛之数，心中极为高兴，就在经院从《续释》开始予以讲传。侄子拉仁巴·洛桑贡波（བློ་བཟང་མགོན་པོ།）前来叩谒，也让其立宗讲辩。尔时，恰有一位人士前来奉献《集类学》，显示了此后的缘起。设置三十二付铃杵等许多供器及经堂的经费，并为之新撰寺院清规，委任时轮学院的卸任教长洛藏仁钦为讲辩师。接着继任者有出类拔萃池拉仁巴·洛藏索南（བློ་བཟང་བསོད་ནམས།）、松州拉仁巴·格勒（དགེ་ལེགས།）、程群则、若尔盖文布多仁巴洛藏贡乔（བློ་བཟང་དཀོན་མཆོག）、卸任法台达隆活佛洛藏尼玛（བློ་བཟང་ཉི་མ།）等。密宗院建成后之第十六年水牛岁（癸丑），程群则索南扎西（བསོད་ནམས་བཀྲ་ཤིས།）、坚木科（རྒྱམ་ཀོ།）拉仁巴松州洛藏格勒（བློ་བཟང་དགེ་ལེགས།）两人以郭莽扎仓的教程为基础，建立起法相讲辩院，兼摄下密院，由程群则讲授讲辩，接着由松州格勒继任堪布，其后则委任瓦尔向（བར་ཞིང་།）拉仁巴丹增（བསྟན་འཛིན།）、哦太尔（རྫོ་ཐར།）拉仁巴坚赞（རྒྱལ་མཚན།）、若尔盖多仁巴、朗·贡乔捷白洛哲（གླིང་དཀོན་མཆོག་དགྱེས་པའི་བློ་གྲོས།）。此师曾敦请第三世嘉木样遍照尊者讲传金刚鬘等许多经法，扩大怙主殿为大佛殿，寺院和村寨的群众极其信仰尊崇，晚年前来这寺，在此圆寂。其次是格西塔益嘉措、时轮学院卸任法台·贡乔丹增（དཀོན་མཆོག་བསྟན་འཛིན།）、时轮学院卸任法台·贡乔却旦（དཀོན་མཆོག་ཆོས་ལྡན།）、时轮学院卸任法台冈察·洛藏（ཀང་ཚ་བློ་བཟང་།）、格西扎西图丹（བཀྲ་ཤིས་ཐུབ་བསྟན།）、密宗学院卸任法台跋丹扎巴（དཔལ་ལྡན་གྲགས་པ།），彼师整顿《般若》的立宗等，讲授讲辩，极为精辟，被称为“赤干仓”[96]，颇受爱戴。其后为时轮学院卸任法台更登哲蚌达吉（དགེ་འདུན་དར་རྒྱས།）、克仓贡钦活佛等。由于历世怙主尊者护持的恩德，这座伽蓝的僧人们不喜欢世间的行为，寡欲知足，一心钻研闻思，出了大批了悟与理路结合的明慧人士，如松州阿旺扎喜（ངག་དབང་བཀྲ་ཤིས།）曾任噶丹寺夏孜扎仓的法王，松州程列桑布曾任泰宁寺堪布；松州然绛巴程列曾充任五台山修建佛堂树立石碑的碑名题签者。此事见于《云裳秘笈》，似是松州或此处的人士。此后还有担任第十二世达赖喇嘛程列嘉措的法相堪布的拉仁巴鄂赛嘉措（འོད་ཟེར་རྒྱ་མཚོ།），担任现在位的济垅呼图克图经师的松州更登哲蚌（དགེ་འདུན།）等许多拉仁巴。生于格勒仓的格西朋措（ཕུན་ཚོགས།）是隆多喇嘛的亲门弟子，被派到嘉赛噶藏图丹（རྒྱལ་སྲས་སྐལ་བཟང་ཐུབ་བསྟན།）的座前，聆听了《菩提道次第》的指引，有听课的笔记雕版行世。在格培讲修炼合时圆寂，尸骨出现了舍利子，撰有独雄的生起次第与圆满次第及《般若波罗密多心经疏释》等多种。还有曾任郭莽扎仓堪布的松州格勒也是此地人士，他转世的化身生于欧拉（དངུལ་ར།）的洛穆（བློ་སྨུག），名吉美格勒嘉措（འཇིགས་མེད་དགེ་ལེགས་རྒྱ་མཚོ།），水牛（癸丑）年，由第三世嘉木样遍照尊者认定，赎迎的资财，大部由尊者赠予，并对灵童授长寿灌顶等，让迎请坐床，现正，在学习之中。这位活佛和哈塔、德仓（བདེ་ཚང་།）、朗（གླིང་།）、鄂太尔、瓦尔向、克仓、坚木科、息仓等都有噶尔瓦府和转世系统。

这寺有供奉圣·阿旺扎巴的本尊怙主的怙主殿，这尊像的胸口放有清凉园中石上自然显现的长寿主像。鄂太尔拉仁巴阿旺坚赞修建的释尊殿等佛殿，三依止圣物很多。距这寺不远之处有坚木科的静修院措典（མཚོ་སྙེམས།），瓦尔向静修院洒玛尔（ས་དམར།），老石崖上有毗卢遮那师的静房，迦玛巴·饶悲多吉曾在此居住过，后来东科尔呼图克图在此修建了寝宫，由麦巴（སྨད་པ།）三部落进行供祀，还有第三世一切知居住休沐的哲摩温泉（དྲིད་མོའི་ཆུ་ཚན།）。

此外还有察玛尔寺（ཚ་དམར་དགོན།），鲁索寺（ཀླུ་བཟོ་དགོན།）等寺院。

赤局云川（ཁྲི་བཅུའི་གཞུང་།）中，有吉哇寺（སྐྱི་བ་དགོན།），属萨迦派，聚有僧侣一千多人。由梭磨土司所属的阿杂（ཇ་རྩ།）部落的历世土官和喇嘛护持。在德钦林（བདེ་ཆེན་གླིང་།）有新派格鲁巴和旧派宁玛巴两个寺院。鲁干寺（ཀླུ་སྒམ་དགོན།）是宁玛派的寺院，由若尔盖克仓转世系统住持。翻过裕肖拉山（ཡག་ཤུ་ལ།），即入梭磨土司的境，从上述的吉哇寺到茂州城去的数天道路上完全是本教徒。赤局水、戎乃亥河（རོང་ཆུ་ནག戎黑水）、加曲河（རྒྱ་ཆུ།）等先后汇合在一起，又在威州城汇合梭磨水流向灌县。梭磨、察科同记于此。

以上所述的这一切，我不很了解，而且读过的传记和历史书籍又少，一些说法都是按别人的口述记录于此。

拉摩（郎木）河阴、河阳，上下迭部，松州地区和若尔盖等处情况圆满。

注释：

[1] 现译作郎木寺。

[2] 达仓藏文“སྟག་ཚང་།”意为“虎窝”。寺名之意译为“虎窝具祥天母寺”。

[3] 按本书原文在此作土龙（戊辰）年，似有笔误。托拉·阿旺跋藏于铁猪年修建了静修院，而他曾承事一切知嘉木样，则这个铁猪年应是公元1731年，即清雍正九年，辛亥。又此师转世的灵童生于铁鸡年，则应是公元1741年，即清乾隆六年之辛酉岁。而土龙年，则是公元1748年，即清乾隆十三年之戊辰岁。托拉·阿旺跋藏示寂之年，原文虽没有叙述，但他转生之年，则是辛酉，至戊辰岁时已有八年。显然，不可能死后献出静修院。因此献寺院者是否为彼师之转世化身洛桑丹增嘉措？

[4] 指苟什德洛藏丹贝坚赞。

[5] 即意为“黑舌头”。

[6] 即噶举派红帽支系，亦译作沙玛尔巴。

[7] 《宗喀巴传》载，公元1392年，即明洪武二十五年，壬申，去夏鲁寺，于夏鲁寺从琼波勒巴学密宗。

[8] 按这一年，即公元1394年，明洪武二十七年，甲戌岁。宗喀巴大师动员阿喀宗宗本重修精奇寺殿堂，由大师师徒募化完成彩画油漆的工程。

[9] 意为喇嘛译师。

[10] 全名为色拉登（སེ་ར་སྡེངས།），在今色拉寺地。

[11] 指拉萨大昭寺十一面观音像，像之内藏系天然形成的蛇心梅檀树观音像，松赞干布、文成公主和尼泊尔公主死后灵魂均没入其内，五和天然成就的事物，共聚于一体，故名。

[12] 亦译作小金，今四川省阿坝藏族自治州小金县。

[13] 第一世济垅呼图克图。

[14] 青海果洛等地区信奉觉昂派的部落。

[15] 意为空行长窟。

[16] 意为胜乐宫。

[17] 按本书原稿中此名系按汉文音译，其对音为何，难以猜测，待

考。

[18] 此师之名，本书写法不一，有时作洛藏丹巴坚赞，有时则作洛藏丹贝坚赞、苟什德·丹贝坚赞等。

[19] 关于此师之历史时代，原文按资料叙述，似有不实之处。朗木寺地处川、甘、青三省之交界处，苟什德转世系统，为在安多黄河以南地区有较大社会影响的活佛传承，对其历世的事迹有不同的流传和记载，乃藏区常见之事。正是由于这个寺院与这个活佛系统有较大的社会影响，对其时代，予以考证亦有必要。按宗喀巴大师弟子吉那巴的生卒之年，原文有明确记载，其转世之丹巴仁钦生卒之年，虽仅有干支的叙述，但可以从吉那巴的生卒之年推算出生于公元1474年，明成化十年，享年八十五岁，示寂于公元1558年，明嘉靖三十七年。他转世之洛藏丹巴拉卜吉，其生卒之年，则有明确的胜生纪元可考，按文内记载，他生于第九胜生之木鼠年。第九胜生开始于公元1507年，即明正德二年丁卯岁，他享年八十岁，示寂于水羊年，依干支推算应是生于公元1564年，明嘉靖四十三年，甲子岁，逝世于公元1643年癸未岁，即明崇祯十六年。然而本书则记载彼师与第五世达赖喇嘛有数次往来，他于二十七岁时，即公元1590年，明万历十八年之庚寅岁，第一次去拉萨朝礼五世达赖喇嘛。按第五世达赖喇嘛生于公元1617年，即明万历四十五年之丁巳岁，如上所述，则他第一次去西藏之时，还是第三世达赖喇嘛索南嘉措（公元1543—1588年）已示寂，第四世达赖喇嘛云丹嘉措（公元1589—1616年）刚刚出生之际，何来第五世达赖喇嘛阿旺·罗桑嘉措呢？又原书文内称他于二十七岁去西藏后在第四世班禅洛桑确坚座前受近圆戒。按第四世班禅生于公元1567年，即明隆庆六年之丁卯岁，也就是第十胜生开始之年，受戒之说可能成立。但是，文内又说他受到达赖和第悉的很大器重，按本书的写法，此第悉即指第悉桑吉嘉措。可是，桑吉嘉措出任第悉始于1679年，即康熙十八年。显然，当1590年时不会有第悉桑吉嘉

措，同时该时格鲁派的噶丹颇章并没有掌握卫藏的政权，卫藏的局势正处于扰攘之中。本书第一编第四章中已简略叙述了这些情况，可以覆按。因此，受第悉器重之说，没有根据。本书于此处还记载1652年第五世达赖喇嘛赴北京时，他曾迎送，此后又去卫地，于其七十二岁（按生年推算应是公1635年，即明崇祯八年，乙亥）返回，八十岁去世（应是公元1643年，明崇祯十六年，癸未），这些情节，皆与史实不符，因第五世达赖去北京时，他已去世多年，何来在青海湖畔迎送？又从何去北京接受敕封？又去卫地见第五世达赖？……等等。看来，正如原文此处所述，此师历史的编年，相当紊乱。第五世达赖逝世于公元1682年，即清康熙二十一年，若如原文此处所述，则彼师此时已享年一百二十多岁矣！前后出入太大。

[20] 亦译作“孔萨”或“孔洒”。

[21] 指观世音菩萨。

[22] 由妙翅鸟、龙女、神鲸、孩童、祥麟和巨象六类生灵之像重叠装饰成佛座背光。妙翅鸟独居高处，龙女等五类各有两个分居两旁。

[23] 即青海蒙古和硕特前首旗。

[24] 指八部鬼众。

[25] 即藏历正月。相传释迦牟尼于公元前511年的这一月示现种种神通变化，制伏外魔，故名。

[26] 密宗授灌顶入内坛场仪轨时的服饰。

[27] 指这个护法神附体的巫师。

[28] 指藏拉。

[29] 为对宗喀巴大师之尊称。

[30] 指拉萨噶丹寺。

[31] 亦作夏尔巴·仁钦坚赞（公元1257——1305年），曾为萨迦寺希托拉让的方丈，公元1303——1305年，任大元帝师。元史译作“辇真

坚赞”。

[32] 甲域哇，亦称甲域哇钦布（公元1075—1138年），名循奴呼图斡，为噶当派京俄巴（公元1038—1103年）的弟子，噶当派教授系统的名宿，于塔波地区以南的甲域建寺，聚徒讲学，故称甲域哇。

[33] 指青海蒙古和硕特前旗亲王。

[34] 为11世纪康地一高僧之尊称，为仲敦巴的最初师长。

[35] 观世音本名，意译世自在。

[36] 遥巴似为遥洒（ཡོག་ས།），པ为ས之误排，系地名。

[37] 噶钦（བཀའ་ཆེན།），扎什伦布寺的格西学位名。

[38] 从这位喇嘛同时代的人物第四世班禅等推测，似这一年即公元1680年，即清康熙十九年。

[39] 今四川省若尔盖县热水塘。

[40] 藏区神话中所说的长寿五仙女：祥寿仙女（བཀྲ་ཤིས་ཚེ་རིང་མ།）、翠颜仙女（མཐིང་གི་ཞལ་བཟང་མ།）、贞慧仙女（མི་གཡོ་བློ་བཟང་མ།）、冠咏仙女（ཅོད་པན་མགྲིན་བཟང་མ།）、施仁仙女（གཏད་དཀར་འགྲོ་བཟང་མ།）依次执掌福海、先知、农田、财宝和牲畜。

[41] 意为牛乳谷。

[42] 今四川省若尔盖县所属，亦译作“降札”。

[43] 前面“噶丹协珠白噶卓委林”的法嗣中作“迭部洛同”，待考。

[44] 指吐蕃赤松德赞时密宗译师毗卢遮那。

[45] 亦译作“上铁布”“上迭部”“迭部多玛”等。

[46] 指青海和硕特前首旗亲王察罕丹津。

[47] 亦译作“对面生起”，修持密乘的仪轨之一。

[48] 此处所述的茶叶，似指茯茶。洮河流域人们饮用的茶叶有茯茶和大茶两种，茯茶自兰州运来，大茶则从松潘运来。

[49] 指上述隆纳喇滩静修院。

[50] 指原纳舒克三十九族（今属西藏自治区黑河地区）。

[51] 象征坚固、永恒、吉祥的符号。佛教与本敦གཡང་དྲུང་།一名虽同，但符号不同，佛教作卍，本教作卐。此处在叙述本教的洞窟，应作卐。

[52] 此处作者以佛教徒的立场在驳斥本教的伪托。并非对所谓“自然形成的圣物”有不同的看法。统观全书，可以明了其要旨。

[53] 参阅第一编第三章关于八思巴的叙述。

[54] 即噶丹协珠白噶卓委林。

[55] 按前述之隆桑静修院系佛教寺院，此处所述者亦系应佛教寺院，但此人之名则似表明他是一个小本教徒（བོན་ཚང་།），显然有矛盾，是否在雕版时掉了一个前缀字母，把དབོན་ཚང་།作བོན་ཚང་།？དབོན་ཚང་།乃系一种常用的对活佛侄子等称谓之词，待考。

[56] 此处为四川省阿吉地区的卓仓，与青海省乐都县瞿昙寺之卓仓名虽相同，但地区各异。

[57] 亦写作“རྒང་ཚང་།”，见下面所述的江仓寺。按文内水系的叙述，似以རྒང་为是，རྒང་ཚང་之སྒང་།可能系误排。

[58] 指乃益静修院及这座乃郡静修院。

[59] 亦译作班佑寺。

[60] 此处之智贡喇嘛（བྲག་དགོན་བླ་མ།）之译音与本书作者之“智观巴”译音相近。但藏文意不相同，智贡（བྲག་དགོན།）意为“石岩寺”，而智观巴（བྲག་སྒོམ་པ།）之意为“石岩禅师”。一般按安多区方言，དགོན། སྒོམ།都译为“观、管”等，亦有把前者译为“贡、共”而把后者译为“贡木”者。为了区别，把བྲག་དགོན།译为“智贡”，把བྲག་སྒོམ་པ།译为“智观巴”。但是，在藏文的一些记载中，还有把བྲག་སྒོམ་པ་写作བྲག་དགོན་པ་者，常易混淆。

[61] 包索亦译作包座。

[62] 名吉美鄂赛（འཇིགས་མེད་འོད་ཟེར།），通称隆庆然绛巴（公元1308—1353年），藏传佛教宁玛派著名学者之一，一生著作甚富，以《隆庆七

藏》等最著名。

[63] 亦译昆·贡乔杰波（འཁོན་དཀོན་མཆོག་རྒྱལ་པོ།公元1034—1102年），意译作宝王，萨迦派创始人。

[64] 参阅《萨迦世系》。

[65] 意为三界怙主（འཇིག་རྟེན་གསུམ་མགོན།），止贡派的创始者仁钦贝（公元1143—1217年）之尊称，姓居绕（སྐྱུ་ར།）一般可称为居绕大师。

[66] 佛教故事。见《起世经》。

[67] 佛教术语，指学佛者修持的戒、定、慧三学。

[68] 亦译作铁吾戎。

[69] 亦译作旺藏寺，在今甘肃省甘南藏族自治州迭部县。

[70] 供节是纪念大慈法王释迦也失的忌辰活动，五供节则是纪念宗喀巴大师忌辰活动，前者在藏历四月二十四日，后者在同月二十五日。

[71] 亦译作多儿沟。

[72] 亦译作台力傲。

[73] 亦译作白固寺。

[74] 亦译作赛当寺，即今甘肃省甘南藏族自治州迭部县之桑坝。

[75] 为古印度一婆罗门名，龙树论师之师。

[76] 此处地名，原稿前面作ཞག腊)，此处作ཞག(斗)，似笔误。

[77] 此处叙述隐晦，不知是指大爷逞凶，六官人控告这一事，或指白莲教摧残之事，从文内所述的时间推测，似指前者。

[78] 原文作此，是否为国师？待考。

[79] 似与下文之香达噶居同一地区。

[80] 藏区民间于人还活在世上时，由本人主办自己死后的善根法事，称之为念活经。

[81] 指罗卜藏丹津的叛乱。

[82] 佛教徒各人缘分内应得之佛像、佛经和佛塔的称谓。

[83] 即赛沃水流经的河川。珠曲是否为འབྲུག་ཆུ།之笔误？即流经舟曲县之白龙江，因འབྲི་ཆུ།与舟曲འབྲུག་ཆུ།只一个后缀字母之差，待考。

[84] 为藏族史学家对唐太宗的称谓。

[85] 地理知识的缺乏，是藏区学者的通病。此处所述，系姑妄言之，是受时代的局限，虽属离奇，也可以理解其根源。

[86] 亦译为德隆、德合隆寺。

[87] 意为“向仓本教喇嘛的寺院”。

[88] 这是流经四川省南坪和甘肃省文县汇于白龙江的黑白水两水上源，它与流经四川省若尔盖县汇于黄河之黑河与白河有别。

[89] 地名，意为城岗。下文之城，即指此位于岗上之城堡。

[90] 通译作毛尔盖。

[91] 意为黑舌者，即噶拉日寺的创建人。

[92] 意为法轮滩。

[93] 指东科呼图克图第三世嘉哇嘉措，参阅第一编第六章东科寺部分。

[94] 东科呼图克图第四世多居嘉措于公元1665年，即清康熙四年被敕授为曼殊师利禅师，他的转世系统就以此为他们的称号。

[95] 东科呼图克图第五世索南嘉措之时，由于青海蒙古罗卜藏丹津叛乱事件，他在青海湟源县城附近的多卡尔寺被摧毁，清廷所颁的“青海善后事宜十三条”及“禁约青海十二事”中对于松潘地区也采取了一些措施，文内所称“受汉人的迫害”可能即指此。

[96] 意为老法台或老堪布。

第十七章　论阿曲河、热科河、察曲河、金川河等流域的政教发展情况

阿曲河 [1] 流域阿坝（རྔ་བ།）三部中的阿多（རྔ་སྟོད།）地区，有郭莽噶尔寺（སྒོ་མང་སྒར་དགའ་ལྡན་བསླབ་གསུམ་ཟུང་འཇུག་བདེ་ཆེན་གླིང་།噶丹三学双运大乐洲噶丹拉松桑玖德钦林） [2]。第二世嘉木样怙主尊者早有在阿坝地区修建寺院的愿望，后由赤钦·贡却德庆（ཁྲི་ཆེན་དཀོན་མཆོག་བདེ་ཆེན།）按嘉木样二世的主张，修建了一座法相院 [3]。初建时情况尚佳，后来由于受其他少数人的行为影响，致被盗贼侵扰，未能长期保存下来 [4]。铁狗年（公元1790年，乾隆五十五年，庚戌 [5]）。嘉木样怙主尊者亲临此处时，多尔夏（རྡོར་ཞར།）官人呈

述他的部落大半失于他人之手，请求保护。怙主虽然向麦仓女土司阿拜萨（ཨ་འབོས་བཟའ།）指示：“粤秀（ཟོ་ཤུལ།）和斯多（ཟེ་སྟོད།）两个部落归你管辖，其余的部落全部归还。但是她没有接受。为此派遣使者去成都府，由松潘的县官处理，从麦仓部落的手中收回了阿然（ཨ་རན།）八部落作为怙主的神庄百姓。他们请求需要一座供祀的寺院，尊者指示上首弟子贡塘·嘉贝样于铁猪年（公元1791年，清乾隆五十六年），会同松潘太兴[6]一起修建了密宗院，由贡塘仓担任法台，加持了寺院。上密院的俄仁巴·阿旺扎西（ངག་དབང་བཀྲ་ཤིས།）担任喇嘛翁则师，凡唪经的腔调、韵律以及实践均按上密院的规程进行。热科然绛巴耶喜（ར་ཀོ་རབ་འབྱམས་པ་ཡེ་ཤེས།）担任代表[7]兼涅巴[8]。这种规则执行到然绛巴格勒（རབ་འབྱམས་པ་དགེ་ལེགས།）以后，代表与涅巴的职务始分开担任。

第二任法台赤钦的转世化身久美南夸（འཇིགས་མེད་ནམ་མཁའ།），他修建了寝宫，为了巩固寺院费尽了心血。接着由顿然绛巴耶喜格勒（སྟོན་རབ་འབྱམས་པ་ཡེ་ཤེས་དགེ་ལེགས།）、夏孜法王采·罗桑却扎（ཤར་རྩེ་ཆོས་རྗེ་མཚེ་བློ་བཟང་ཆོས་གྲགས།）、多仁巴格西·嘉样嘉措（འཇམ་དབྱངས་རྒྱ་མཚོ།）、然绛巴勒夏仁钦（རབ་འབྱམས་པ་ལེགས་བཤད་རིན་ཆེན།）、恰格活佛官却曲丹（དཀོན་མཆོག་ཆོས་ལྡན།）等担任密宗的讲闻。后者据称是恰格阿阇黎的转世化身，曾作时轮学院卸任教长罗桑扎喜（བློ་བཟང་བཀྲ་ཤིས།）转世的活佛。木龙（甲辰）年，前世圆寂，此后的第六年即土鸡（己酉）年，出生在青海蒙古和硕特前首旗的库维（ཁུ་བེད།）地方，父名敦果（དོན་ཀོ），母名芒库（མང་ཁུ།），族姓为佳（རྒྱ།）。五岁时赴拉卜楞大寺，在贡塘·嘉贝样座前披剃出家，兼受沙弥戒，后又由这位尊者授予近圆戒。火蛇（丁巳年）年九岁时，入经院学习了各种大论，升入噶仁巴班级时，被委为这座寺院的法台，任期三年。又任赛仓寺（བསེ་ཚང།）的法台四年。二十七岁时，复又任这座寺院的法台，护理寺院至六十岁的土猴年（戊申）始卸任。卸任之后仍负责油漆大殿之责，所需的黄金由现任法台刚卡(སྐང་ཀ།)活佛资助。他还将自己所有的巨幅壁画、佛像、佛经、佛塔贡献于大殿之中进行供奉。这期间，多尔夏（རྡོར་ཞར།）大小官人内部不和，由拉让出面调解，由于土官贡玛旺杰（གོང་མ་དབང་རྒྱལ།）没有遵行，汉人与察科（ཚ་ཁོ།）的军队曾三次压境。在此期间的一切费用开支，均由被师承担。自此以后，历任法台和涅巴的威信很高。现在彼师虽享年已达七十七岁，但是身体还很健康。该寺有四季定期学期，以《明义释》《隐义普显论》《续释五次第明灯》，索巴著《密集生圆二次第论》《如意生起次第论》，班禅著《胜乐生起次第论》，克珠著《大威德生起次第论》和《大威德圆满次第论》等为必修的经典，是一座讲修结合的伽蓝，事业极为兴盛。护法智协力（ཟ་ཁྲད།）怙主护持事业的传说也比较多。寺院里供奉着印度铸造的觉阿释尊的青铜像，上级给予巴亚日（སྣ་ཡར།）堪布的与本多（འབུམ་སྡོད།）觉阿释尊像高度相等同一质量的释迦王佛像，颇具灵异。还有叫作阿坝更露（ཇ་བ་ཀུན་ཟླ།）者，曾朝礼峨眉山、南海普陀山、五台山、北京等地，搜集了许多佛像，特别是通过德赤仁波切向章嘉·耶喜丹巴坚参（ལྕང་སྐྱ་ཡེ་ཤེས་བསྟན་པའི་རྒྱལ་མཚན།）请求，给了一封向西藏擦多诺们汗介绍的信。这位诺们汗对他很照顾，因而也得到了许多珍贵佛像，如世尊像，造格登派像时作为内藏的释尊像和第一世嘉木样住在格派时，让索南木多卜扎勒（བསོད་ནམས་སྟོབས་རྒྱས།）王绘制的圣·宗喀巴大师事迹画像十五轴，原供奉在郭莽扎仓，第二世嘉木样赴西藏后，拿到了这些画卷，目前是该寺院的主要依止圣物。另外，还有然绛巴·端珠（རབ་འབྱམས་པ་དོན་གྲུབ།）塑造的弥勒佛像等许多圣像。这座寺院自第十三胜生铁猪年（公元1791年，乾隆五十六年，辛亥）建成，至今木牛年（乙丑），已历七十五年矣。

郭莽寺之西的佐曲（མཛོག་ཆུ།）河边，有觉囊派的孜囊寺（ཅི་ནང་དགོན།），苦修者在此处终生坐禅。著名者有吉美克宗嘉措（འཇིགས་མེད་མཁས་བཙུན་རྒྱ་མཚོ།）禅师，据说每一次参禅时均能看见百处佛土云。他有转世系统。古哇（དཀུ་བ།）喇嘛和聂察(སྙིས་ཚ།）喇嘛的庄园中修建有弥勒佛殿及三世诸佛佛殿，均极宏伟，这两处虽有法嗣传承数世，但现在已经中断，寺庙荒圮。

佳多（རྒྱ་སྟོད།）地区，参直·云登扎巴（མཚན་སྒྲོགས་ཡོན་ཏན་གྲགས་པ།）修建了经堂，有许多依止圣物。彼师姓年则（ཀ་ཉན་རྗེ），曾在色拉寺麦扎仓叶尔巴康村（ཡེར་པ་ཁམས་ཚན།）学习，被颇罗鼐尊为喇嘛，担任过参直寺堪布。回到自己的家乡后，饶益有情，目前多（སྟོད།）地区的各个牧区，密集的修持极为兴盛，全系此师之恩德。现在的转世化身贡却程列（དཀོན་མཆོག་འཕྲིན་ལས།），在阿树（དབང་ཤུལ།）地方修建了寺院，住在该处。督龙旁（ཏུད་ལོང་འཕོང་།）的静修院，系夏孜（ཤར་རྗེ།）格西拉卡·更嘎曲桑（ལ་ཁ་ཀུན་དགའ་ཆོས་བཟང་།）修建，以后由他奉献于自己的上师年则阿阇黎。曾担任拉摩宁堪布的塔尔凑（ཐར་ཚིགས།）拉仁巴·阿旺喜饶（ངག་དབང་ཤེས་རབ།）长期居住于此。他转世的化身，就是嘉木样三世遍照尊者亲门第子康撒堪布（ཁང་གསར་མཁན་པོ།）洛桑闹吾（བློ་བཟང་ནོར་བུ།）。彼师出生在米萨（མི་ས།）地方，在噶丹寺学习究竟圆满，获得了拉仁巴学位。曾作过第十世达赖喇嘛楚臣嘉措（ཚུལ་ཁྲིམས་རྒྱ་མཚོ།）的侍读，为了奖赏他，委任为倾科尔嘉寺的堪布。曾赴西藏两次，后一次赴藏时，在赤·阿旺曲培（ཁྲི་ངག་དབང་ཆོས་འཕེལ།）尊者座前聆听了金刚鬘灌顶。回来后，于第十四胜生木龙年（公元1844年，清道光二十四年，甲辰），迁移了静修院，修建了现在的康撒寺·噶丹达吉林（ཁང་གསར་དགོན་དགའ་ལྡན་དར་རྒྱས་གླིང་།兜率昌盛洲），大殿的建筑非常雄伟，他转世的化身现住在该寺。寺院内建有阿旺喜饶格西的上面自然显现阿（ཨ）字天灵骨的土佛龛。

阿兑寺（ཨ་འདུས་དགོན།）或称为采贡寺·桑钦扎喜林（མཚོ་དགོན་གསང་ཆེན་བཀྲ་ཤིས་གླིང་།大密吉祥洲），系阿旺扎巴（ངག་དབང་གྲགས་པ།）大堪布发愿修建一百零八座寺院后，由他修建的第一座寺院，亦称雅郭寺（ཡག་མགོ་དགོན།）。据说第六世达赖喇嘛曾在这里住过短暂的时间。当初寺院规模不大，只有不多的数名村中僧侣聚集，由采（མཚོ།）活佛罗桑丹巴尼玛（བློ་བཟང་བསྟན་པ་ཉི་མ།）管理。此师的前一世是采·罗桑曲扎（མཚོ་བློ་བཟང་ཆོས་གྲགས།），出生在康撒（ཁང་གསར།）地方，获得了噶丹寺格西拉仁巴（དགའ་ལྡན་དགེ་བཤེས་ལྷ་རམས་པ།）的学位，曾担任过第八世达赖喇嘛强白嘉措（འཇམ་དཔལ་རྒྱ་མཚོ།）的侍读，因此出任了夏孜扎仓的堪布。罗桑丹巴尼玛出生在麦德（དམེ་ཉི）地方，拜苟什德格西（ཀིརྟི་དགེ་བཤེས།）罗桑强巴（བློ་བཟང་བྱམས་པ།）为师，曾在噶丹寺学习，但时间不长，在自己的家乡扩建了雅郭寺，僧众发展至近百名，修建了经堂。于患病时，梦见班禅仁波切为他消除了障碍，疾病随之痊愈，又梦见怜悯魔鬼施舍了耳朵，因而发生了暂时的耳聋，乃朝礼塔寺尔等处。在大金瓦寺前进行洗涤耳朵仪轨，遂恢复了听觉。在拉卜楞寺拜见了怙主尊者和贡塘·嘉贝样。他转世的化身阿旺罗桑丹贝尼玛（ངག་དབང་བློ་བཟང་བསྟན་པའི་ཉི་མ།）正在饶益有情，利济众生。寺院里供奉着以前一世大堪布的心、舌、眼睛和隆多喇嘛的袈裟等为内藏的灵塔及《甘珠尔》大藏经等，还有称为多闻子自然显像的壁画。

年则（གཉན་རྗེ།）的徒弟嘉卜（འཇུབ།）喇嘛的静修院。在此附近有萨迦派的称为禁食比丘的庵堂，彼师专修禁食斋，在梦境里曾看见过八思巴的圣容。

郭莽噶尔寺的沟脑之处，有年则阿阇黎阿旺群培（ངག་དབང་ཆོས་འཕེལ།）的伽蓝拉果寺绛曲隆藏（ལ་མོ་དགོན་བྱང་ཆུབ་ལུང་བཟང་།）。彼师出生于年则，即果洛的后裔，自幼赴西藏入噶丹寺经院求学，智慧依怙主随时伴随，形影不离，夜间复习学课时，众人看到有一只恐怖的黑狗守护在身旁。在赤钦更登朋措（དགེ་འདུན་ཕུན་ཚོགས།）座前聆听了许多显密经典，尊者赐给了他自己佩带的骨饰。准噶尔侵据西藏，举行讲辩法会之时，彼师奉赤钦之命参加了讲辩，获胜后，委任为夏孜扎仓的堪布。彼师不愿遵命，深夜逃出拉萨，游方于阿里至咱日山之间各个圣地。返回之时，虽然准噶尔人已经返回，但留下书信说："你没有就任夏孜扎仓的堪布，这是对圣·宗喀巴大师忘恩负义之举！"乃就任了夏孜扎仓的堪布之任。在时轮学院云丹达吉（ཡོན་ཏན་དར་རྒྱས།）处聆听了所有灌顶和教授。据说在自己的家乡、上下阿坝等地区修建了十三座寺院云。当时该处全是本教的势力范围，乃与本教斗法，令弟子萨迦派的嘉卜喇嘛以施食击之，于是山崩地裂，裂缝之中洪水冲溢，次日本教的主要头子悲嚎而死。这些遗迹当今仍然历历在目。前一世德赤活佛罗桑端珠（བློ་བཟང་དོན་གྲུབ།）尊者前来请求学法，同来的随从中有拉丹嘉措（རབ་བརྟན་རྒྱ་མཚོ།）者，他的行止，使彼师意为之夺。高兴地说道：

“以这样的人作为随从，是不应该的！

“另外，还须注意，幡徐（འཕན་ཡུལ།）巫师以施食咒害持律师及比丘等，对佛教危害很大。”

德赤想道：“这是喇嘛的指示，是否该举行六十施食法？”但那巫师立即降神说：“击中了一名大威德瑜伽师之心意，应举行经忏法事！”他们就这样修炼起来，使德赤仁波切暂时发生了健忘之症，后来在任大会堂堪布期间，赴苏呼地区募化布施，途中遇见那巫师身穿神衣，赶着驮马而来，立即恢复了记忆，乃回向六十施食法，巫师立刻死了。

彼师作赤钦转世的化身阿旺丹贝坚赞（ངག་དབང་བསྟན་པའི་རྒྱལ་མཚན།）受近圆戒的亲教师，授胜乐、密集等灌顶及许多诀要，并将前世赤钦赐给自己的骨饰重新奉献。另外还有苟什德·罗桑丹贝坚赞、完巴（ཕམ་པ།）格西、阿旺朋措（ངག་དབང་ཕུན་ཚོགས།）等许多贤哲门徒。临终之时说道：

“原先这里只有出家者之形式，现在则出现了许多纯洁的比丘。断除了人死之后唪诵《闻解经》（ཐོས་གྲོལ།）的习惯[9]，建立了唪诵《普明经》（ཀུན་རིག）的制度，很能济世。”

享年七十二岁，毫无痛苦地于火鼠（丙子）年三月十五日圆寂。他转世的化身阿旺丹增程列（ངག་དབང་བསྟན་འཛིན་འཕྲིན་ལས།），当年出生在苏呼地方的拉莫德陶（ལ་མོ་སྡེ་ཐོག）地方。在参擦（མཚམས་ཚོ།）格西阿旺喜饶（ངག་དབང་ཤེས་རབ།）座前披剃出家，并受沙弥戒，聆听了许多灌顶和经法。入拉摩寺经院学习，见到了本尊与上师的圣容，被天母夏末尼（ཞྭམ་ཏས།）慈悲摄益，获得了许多授记，如理护理各寺院禅院，享年六十二岁，于火牛年（丁丑）圆寂。

他转世化身阿旺罗桑楚臣嘉措（ངག་དབང་བློ་བཟང་ཚུལ་ཁྲིམས་རྒྱ་མཚོ།），出生在阿乔合(ཨ་མཆོག) 拉科曲交（ར་ཁོ་ཆོས་འབྱོར།）的家中。在强巴（བྱམས་པ།）格西座前出家，入噶丹寺学习，颇有哲士风度。

粤秀（རྫོ་ཤུལ།）阿阇黎阿旺雅培（ངག་དབང་ཡར་འཕེལ།）修建的粤秀静修院彼师也称雅垅（ཉག་རོང་།）阿阇黎。该处住有年则的门徒夏孜堪布。

上下参让（འཚམས་རིང་།）的寺庙及弥勒殿内，供奉着《甘珠尔》、《丹珠尔》大藏经、佛像、佛塔等许多三依止圣物。上参让的弥勒佛像的内藏是寒林黑石自然形成的怙主像及圣·八思巴的牙齿。在索仓（སོག་ཚང་།）有历代转世系统。下参让有党纳曲杰（མདུང་ནག་ཆོས་རྗེ།）寺院，拉卜楞寺院正理学部的朝礼圣物之一金刚杵就是彼师所献。现在有转世系统。附近还有纳秀（ན་ཤུལ།）静修院。

斯哇静修院噶丹扎西曲林（ཟི་བ་དགའ་ལྡན་བཀྲ་ཤིས་ཆོས་གླིང་།兜率吉祥正法洲），第一世年则修建，供有修持密集法的密集佛像。由拉摩宁的阿阇黎阿树哇·云旦嘉措（ཡོན་ཏན་རྒྱ་མཚོ།）护理。

卓茨寺（སྒྲོ་ཚིགས།）原是一座古寺，后由参直·云旦扎巴（མཚན་སྒྲོགས་ཡོན་ཏན་གྲགས་པ།）的文布茨成嘉措（ཚུལ་ཁྲིམས་རྒྱ་མཚོ།）迁移扩建。彼师自幼赴色拉寺学习，成为一位杰出的学者，严守纪律的典范，获得了拉仁巴学位。曾在察哇（ཚ་བ།）格西·噶桑克珠（སྐལ་བཟང་མཁས་གྲུབ།）座前聆听许多经教。返回故乡后，在玛森林寺（སྨ་སེང་གླིང་།）两次担任讲闻师，对建立寺规很有贡献。现在由历代的文布管理，这个家族曾出现过几位拉仁巴。

喀达（མཁར་མདའ།）地区，昔日热巴更桑（རས་པ་ཀུན་བཟང་།）在此修建了四处塔，后来献于当浦却吉（ཧྲཱུཾ༔ ཐུག་ཆོས་རྗེ།）[10] 建为寺院，由历代转世化身护理。

自斯哇（ཟི་བ།）静修院至上阿坝的圣教发展情况圆满。

※ ※ ※

阿曲河之阳（北岸）的麦仓喀希静修院，扎西格培林（ཁྲི་ཤི་རི་ཁྲོད་བཀྲ་ཤིས་དགེ་འཕེལ་གླིང་།吉祥宏善洲）由喀希·阿旺朋措（ཁྲི་ཤི་ངག་དབང་ཕུན་ཚོགས།）修建。彼师是喀希本美（ཁྲི་ཤི་འབུམ་མེ།）之子。在采（མཚོ།）阿阇黎座前披剃出家，入哲蚌寺郭莽扎仓拜松潘格西罗桑喜饶（བློ་བཟང་ཤེས་རབ།）为师，学习诸大论，获得拉仁巴学位。也有人说是赤钦索南扎巴的徒弟。曾在扎什伦布寺就《释量论》立案辩论。在第六世班禅贝丹耶喜座前受近圆戒，被授记为“忿怒明王的化身，若在西藏居住，将有红黄伞盖拥绕的福分”。据说从班禅处辞别后，对同伴开玩笑说：“不需要红伞黄伞遮顶，要回到家乡吃肉去!”

曾在上密院学习曼荼罗，修建这座静修院后，按照上密院的规程，设立了胜乐、密集、大威德自入法。曾担任拉摩寺的堪布，修建了这座静修院后历世转世化身均居住在这里，护理着两处静修院。彼师文布中出了持律堪布罗桑达杰（བློ་བཟང་དར་རྒྱས།）和拉摩寺堪布罗桑群培（བློ་བཟང་ཚོས་འཕེལ།）等。

第二世嘉木样的传记里写道：

“在阿坝新寺举行长净，建立三个班级，设置教程，并新订寺规制度等，施放布施白银百两，及若干供物祭品等。”

它可能是尊者在如如塘（རུ་རུ་ཐང་།）修建的新寺，然而那寺并没有坚持下来。

党库寺玉杰桑丹林（གདོང་ཁུ་དགོན་གཡུལ་རྒྱལ་བསམ་གཏན་གླིང་།胜利禅定洲），由党库朋措(གདོང་ཁུ་ཕུན་ཚོགས།）创建。彼师承事拉卜楞寺赤钦阿旺扎西（ངག་དབང་བཀྲ་ཤིས།）足莲学习了一个阶段后，受喇嘛的指示返回故里。尔时，当地格鲁派只有他一人，他调解他人的纠纷，把有些僧人作为调解费取了过来，有些则赏给马匹等收买过来，创建寺院，塑造弥勒大佛像及法王像。完成之日，阿乔合（ཨ་མཆོག）的佳沃（རྒྱ་བོ།）喇嘛在一匹白马上驮了一头全牛之肉前来庆贺。说道：

“听到在阿坝奇浪（ཁྲི་ལུང།）沟里生出了鲜花，为此特来庆贺，今后当大力协助。”

以后由党库曲增（གདོང་ཁྲུ་ཆོས་འཛིན།）护理该寺。他转世的化身居住在拉卜楞寺。

在党库寺附近，有觉昂派的两位赛仓（སེ་ཚང།）喇嘛修建的寺院，和村庄混在一起。

本教的刚来卜大寺（སྣང་ལེབ་དགོན་ཆེན།）由历代昂秀多登（སྣང་ཞིག་རྟོགས་ལྡན།）管理，鲁琼的昂秀就是从这里分出去的。还有历世保来卜多登（སྒོ་ལེབ་རྟོགས་ལྡན།）的寺及照玛寺（སྒྲོ་མ་དགོན།）等几个小寺。第一世卓盖（འབྲོག་དགེ）修建的赛斯寺（སེ་སྲིབ་དགོན།）。

噶登嘉措的徒弟嘉克（རྒྱ་ཁེ།）喇嘛修建的南木吉静修院·南达林（གནམ་སྐྱག་རི་ཁྲོད་རྣམ་དག་གླིང་།清净洲），这座静修院曾受盗匪侵害，向卓盖龙珠（འབྲོག་དགེ་ལྷུན་གྲུབ།）和赤钦转世的化身桑木察请求了拜合泽护法的随许和诀要进行念修，出现了一些征兆，许多罪犯们都断了后裔。伍泽姊妹护法们直接拥绕寺院，由米果（མི་མགོ）格西护理，现在一直实践着胜乐手供。

直噶尔（ཐག་དཀར）俄仁巴喜饶森格（ཤེས་རབ་སེང་གེ）修建的扎西泽杰寺（བཀྲ་ཤིས་རྩེ་རྒྱལ།）也有人说是嘛呢哇喜饶扎西（ཤེས་རབ་བཀྲ་ཤིས།）所建。由于受果洛侵害而迁徙，改称为却典吉（མཆོད་རྟེན་སྐྱག），由参察（མཚམས་ཚོ།）格西·阿旺喜饶（ངག་དབང་ཤེས་རབ།）护理。彼师出生于从阿柔部落的参郭尔（མཚམས་སྐོར།）中分出的一个小部落，在噶丹寺学习，究竟圆满，是南木桑哇（ནམ་བཟང་བ།）的主要门徒，据说经常见到度母的圣容，担任过噶丹寺的协敖之职。曾制服地衹罗德噶保（ས་ཏེར་དཀར་པོ།）使它成为居士。长期在噶钦（དཀར་ཆེན།）持修，涅槃时跳着金刚舞而示寂。他转世的化身阿乔合活佛的喇嘛嘉样嘉措（འཇམ་དབྱངས་རྒྱ་མཚོ།），在第二世嘉贝样座前披剃出家，并受沙弥戒，学问渊博，为人谦逊，拜哈塔·关却森格（ཧ་མཐའ་དཀོན་མཆོག་སེང་གེ）为主要上师，做倒灰扫地等等杂役，颇得喇嘛的欢心。享年三十九岁逝世。现在该寺由住在嘉那化堪布昂欠府中称为冈哇仓的堪囊（མཁན་ནང་།）活佛耶喜曲丹（ཡེ་ཤེས་ཆོས་ལྡན།）护理，附近有他的谿卡庄园。

昂秀的拉登小寺（ལྷ་སྟེང་།）有噶丹寺称为司塘（ཟི་ཐང་།）的丝画卷之一颇有加持力的缎制胜乐绣像，伏藏师（གཏེར་ཆེན་པོ།）在此居住。

称为秀喇嘛（ཟླུག་བླ་མ།）的寺，是断我执觉昂派历世瑜伽师的小寺院。

热杂（རག་ཙ།）地方，有觉喇嘛（ཇོ་བླ་མ།）更噶丹增巴（ཀུན་དགའ་བསྟན་འཛིན་པ།）的寺院。

秀仓阿堆（ཟླུག་ཚང་ཨ་འདུས།）地方，供有由西藏卫地迎请来的有加持力的释尊像。

喀仓觉囊小寺（མཁར་ཚང་ཇོ་ནང་དགོན་ཆུང་།），这里有称为喀·衮噶丹巴曲派（ཀུན་དགའ་བསྟན་པ་ཆོས་འཕེལ）者，自幼出家诵时轮藏一亿遍，修习六支加行获得证悟。在格杂（དགེ་ཙེ།）活佛座前聆听时轮期间，公开显现地见到了时轮金刚的尊容。此时，其他听众们也都看到了天蓝色的本尊。于修习时，现示了稀奇的瑞兆而示寂。

萨冈寺·图丹格培林（ས་སྒང་དགོན་ཐུབ་བསྟན་དགེ་འཕེལ་གླིང་།弘法扬善洲），修建者萨冈·阿旺却旦（ས་སྒང་ངག་དབང་མཆོག་ལྡན།）。他姓阿堆（ཨ་འདུས།），是怙主尊者的门徒贡却端珠（དཀོན་མཆོག་དོན་གྲུབ།）的侄子，这位师长圆满地修念大威德法，又于念修法王时，看到了水牛[11]于作迁转瑜伽时示寂。年幼时，怙主尊者来到阿坝期间，曾前去礼谒，自此以后勤奋念修，在曲结阿旺曲扎（ངག་དབང་ཆོས་གྲགས།）座前聆听了金刚鬘灌顶。遵照曲结的指示，在当浦寺（ རྫ་ཕུག་དགོན།）学习法相，主要勤奋修持空行佛母，积三唵（ཨོཾ་གསུམ།）三十二万遍，出现了风息聚集的空乐感受。土牛（丁丑）年修建这座寺院。制定寺规，禁止与戒律相违的饮酒等等行为，建立三事实践，使寺僧的行止洁净严谨，成为典范。从而促进觉囊派的僧徒们也严守律仪。在粉彩之上修习喜金刚、密集和空行佛母的大威德八起尸法等念修仪轨，还与后者的修供仪轨结合兼修萨迦俄尔派（ངོར་ལུགས།）铁堡伏魔法的修持法统。在拉卜楞寺院于贡塘。嘉贝样·德赤仁波切、恩师阿莽道扎以及阿木去乎活佛座前，聆听了许多经法。他属相土猪（乙亥）。现在由他转世的化身阿旺华旦（ངག་དབང་དཔལ་ལྡན།）和前辈的侄子贡却贤巴罗哲（དཀོན་མཆོག་བྱམས་པ་བློ་གྲོས།）两位管理着寺院。

在觉囊拉隆禅室（དུང་ནང་ལྷ་ལུང་སྒྲུབ་ཁང་།）的遗墟上，热巴·多杰华桑（རས་པ་རྡོ་རྗེ་དཔལ་བཟང་།）筑有静房。

卓盖寺（འབྲོག་དགེ་དགོན།），这是觉囊派喇嘛夏措南卡坚赞（ཞ་འཚོ་བ་ནམ་མཁའ་རྒྱལ་མཚན།）大威德瑜伽师，曾在空中看见了妙吉祥的宝剑而修建的伽蓝。有一次，彼师将一绺头发交给门徒们说道：“把它撒开，祝愿长出檀香树来！”

那些门徒把头发撒了出去，祝愿道：“愿长出各种树木来！”

于是长出了许多树木。彼师说道：“树木长得太高了。”结果长到能拖挂披单之高度就停止再长云。在色斯（སེ་སྦིབ།）地方修建了觉囊寺院。第二世嘉木样的传记中提到的执掌觉囊派教法的喇嘛，可能就是他。

在洛达（ལོ་ཏ།）有博学者曲英嘉措（ཆོས་དབྱིངས་རྒྱ་མཚོ།）修建的时轮塔及菩提塔寺。

阿江寺（ཨ་སྐྱོང་དགོན།）或叫党日寺（ཧོང་རི་དགོན།），该寺有年则提供的许多设置。现在该寺由赛嘉（སེ་རྒྱ།）护理，有密集、十六明点、不动佛九尊等的修供仪轨。格鲁（དགེ་ལུ།）地方有一座本教寺院。

麦仓部分至此圆满。

※　　※　　※

阿钦（ཨ་འབྱམ།）部落的拜来寺（བད་ལེབ་དགོན།）由桥陶（ཚོ་བོ།）土官家族管理。在此沟脑的纳库当（ན་ག་ཁུ་གདོང་།）有桥陶的豁卡庄园。第一代桥陶喇嘛名叫闹吾（ནོར་བུ།），他的文布称为桥陶喇干（ཚོ་བོ་བླ་ཀན།），曾入上密院求学。桥陶喇干的文布为桥陶·噶桑桥珠（ཚོ་བོ་སྐལ་བཟང་མཆོག་གྲུབ།），有转世系统。

甲嘉寺（རྒྱ་རྒྱའི་དགོན།）是荀什德寺院的支寺，甲嘉喇嘛修建了经堂，阿钦（ཨ་འཁྱམས།）五部的僧徒都聚集在这里，现在由赛嘉（སེ་རྒྱ།）护理。

热曲河（ར་ཆུ།）和定曲河（ཞིང་ཆུ།）流域有五座禅院。

跋丹玛委森格林（དཔལ་ལྡན་སྨྲ་བའི་སེང་གེའི་གླིང་།具祥语狮洲）有度母游戏像。称为阿乔合加沃（རྒྱ་གོ།）的阿旺罗桑（ངག་དབང་བློ་བཟང་།），出生在阿乔合噶图耶（ཨ་མཆོག་དཀའ་ཐུབ་ཡག）的家中。父亲打算把儿子送到本教寺院为僧。舅父桥陶闹吾抢了过来，由他予以披剃出家，派往西藏卫地进入噶丹寺学习。准噶尔扰乱时期，获得了林赛格西学位。向第五世班禅罗桑耶喜请求了近圆戒，命名为罗桑益西（བློ་བཟང་ཡེ་ཤེས།），授记为巴沽拉尊者的转世。护法多闻子自然守护在左右。在故里按照桥陶堪布的指示，使阿乔合人改变对本教的信仰，信奉了格鲁派，修建了经堂，请求年则做开光仪轨，绘制多闻子壁画时神容自然显现。当时拉多(ར་མདོ།）地区还有本教，雍正皇帝驾崩升天时，大众恸哭哀悼的处所拉多赛康（ར་མདོའི་གསེར་ཁང་།）就是本教的寺院。据说自此以后，归于汉官管理之下云。加沃的兄弟扎喜（བཀྲ་ཤིས།）的儿子索南曲培（བསོད་ནམས་ཆོས་འཕེལ།）格西、木虎（甲寅）年，与然绛巴·曲交嘉措（ཆོས་འབྱོར་རྒྱ་མཚོ།）两人是兄弟，双亲早亡，依靠哥哥然绛巴抚养并教诵读。然绛巴送他前去西藏卫地，当别的送行人返回时，他不忍把弟弟扔下，乃一同前往西藏。叔叔加沃致书于赤·南桑哇请其管照，因而让他两人进了噶丹寺夏孜扎仓的索巴康村，委益西果赛尔（ཡེ་ཤེས་མགོ་སེར།）为师傅。其间然绛巴返回故里，他学习至学业圆满。在第八世达赖喇嘛强白嘉措首次到会场的那年，他与赤·嘉戎哇（རྒྱ་རོང་བ།）、前一世索扎（བསོད་གྲགས།）三人考试拉仁巴（ལྷ་རམས་པ།）学位，获得了第一名。当时的雄来巴是扎尼·阿旺格勒（ཟླ་ཉི་ངག་དབང་དགེ་ལེགས།）。又在上密院学习了曼荼罗。返回故里时，在雅垅拉卡（ཉག་རོང་ལ་ཁ།）看见了班禅仁波切的形像。在故里于一段时间内，兼摄喇嘛和官人职务，实行政教合一。闭关参禅期间，专心修持，在参禅座次时，对外界之事谢绝听闻。十六尊者降临禅室，别人闻到芳香四溢的气味，证得以威猛诛法摧毁对方的神通，具有无碍的先知之力。曾承认是贤劫期间的一位佛陀。有一次，准备示寂之际，采让（ཚེ་རིང།）咒师祈祷长寿，乃予以迟延。曾说道：

“若果现在逝世，将会在南赡部洲留一流传的示寂征兆。”

后来以跏趺坐姿态，安然圆寂。

他转世的化身是精通五明的权威圣·贡却丹贝坚参（དཀོན་མཆོག་བསྟན་པའི་རྒྱལ་མཚན།），姓董（སྟོང།）氏，第十三胜生土羊年（公元1799年，清嘉庆四年，己未），生于大堪布·阿旺扎巴（ངག་དབང་གྲགས་པ།）的土官家族，交则（ཅོག་ཙེ།）土司的伦布家，父名阿饶达本（ང་རོ་སྟག་འབུམ།），母名南卡见莫（ནམ་མཁའ་ལྷུམ་མོ།）。铁鸡（辛酉）年冬，贡塘·嘉贝样在达仓寺（ད་ཚང།）居住，为超荐交则土司嘉格尔本（རྒྱ་གར་འབུམ།）逝世，敦请贡塘·嘉贝样。彼师在父亲庄园皈依于尊者足下为居士。由前世的哥哥然绛巴曲交嘉措负责，于水狗（壬戌）年，迎请在噶钦寺（དཀར་ཆེན་དགོན།）坐床。当时突然一连三次诵一偈句道：“我之讲、辩、著乃同狮子声……”

然绛巴他和前一世一同求学，先后赴西藏卫地五次，具有照见隐秘处先知，第六世班禅贝丹耶喜对他非常喜爱。水猪年（癸亥）临圆寂时，于朦胧中看见班禅仁波切由北方香巴拉国土派人迎接。于是筵请五座静修禅院的僧伽们，彼师也莅临会场，说道：“已迎请化身活佛在寺院坐床，我心中泰然。”

讲说了如此等等的话。第二天早上，敷座而坐，面前放了一碗牛奶，说道：“怙主慈悲深重！”双手合掌而示寂。彼师是具有神奇的事迹者呵！

这位转世化身于六七岁时，在瓦·俄仁巴（ཝ་སྟགས་རམས་པ།）罗桑云丹（བློ་བཟང་ཡོན་ཏན།）座前聆听了许多灌顶、随许方面的教诫，从罗赛林僧人意希雅培（བློ་གསལ་གླིང་ཡེ་ཤེས་ཡར་འཕེལ།）处学习读诵及文字等，在采堪布（མཚོ་མཁན་པོ།）罗桑曲扎（བློ་བཟང་ཆོས་གྲགས།）座前披剃出家，受沙弥戒，聆听了《供养上师颂》

的指引及一些教敕。土蛇年（己巳）十一岁，为了前赴西藏卫地，向各方面进行募化。铁羊（辛未）年十三岁，赴西藏卫地。经热振和达隆，在噶丹寺现任堪布厅谒见了赤钦阿旺念扎(ངག་དབང་སྙན་གྲགས།)、夏孜喇嘛帕邦喀哇·罗桑曲培（ཕ་བོང་ཁ་བ་བློ་བཟང་ཆོས་འཕེལ།)、绛孜喇嘛穷结哇·罗桑班角（བློ་བཟང་དཔལ་འབྱོར།)。举行进入噶丹寺大会堂和入夏孜扎仓仪式。水猴（壬申）年大祈愿法会上朝礼了第九世达赖喇嘛隆多嘉措，桑浦寺的夏季法令的辩场上在与萨迦、格鲁派的十个扎仓学者辩论中，获得了噶居学位，被称为“智者之柱”。在拉卜楞寺僧贡却达杰（དཀོན་མཆོག་དར་རྒྱས།）格西处学习了《集类学》。第二年班禅为了给达赖授沙弥戒，前来卫地，乃前去叩谒。木狗（甲戌）年，桑浦寺夏季法会期间，参加德扬林（བདེ་ཡངས་གླིང་།）夜间辩论场，从不间断。在卸去夏孜扎仓堪布职务的昌都哇·罗桑丹达（བློ་བཟང་བསྟན་དར།）座前聆听了大威德灌顶。火鼠（丙子）年大祈愿法会结束后，在赤·阿旺念扎座前与昌都的息、帕、加（ཞི་འཕགས་ལྷགས།）一同聆听了《修法海》，在赤·绛曲（ཁྲི་བྱང་ཆུབ།）座前聆听纳塘百法等。坐夏期间，与朱倭霍尔（ཇི་བོ་ཧོར།）群则在集会上举行《了义不了义辨析》的磋朗辩论。在扎什伦布寺叩谒了班禅仁波切，在森钦·罗桑跋觉（སེང་ཆེན་བློ་བཟང་དཔལ་འབྱོར།）座前聆听了经典。这一年返回故里，在参擦活佛（མཚམས་ཚོ།）嘉样嘉措（འཇམ་དབྱངས་རྒྱ་མཚོ།）座前学习了《诗鉴论》，罗赛林的隆吾（རོང་པོ།）喇嘛贤巴来到噶钦寺，聆听其讲传的许多经法。铁龙年（庚辰）二十二岁，从这一年起，先后去拉卜楞寺多次，在遍照尊者、前后两世的贡塘·嘉贝样、赤德仁波切、金刚持阿莽道扎、索扎活佛等座前，聆听了讲传的无数经法。向嘉贝样请求了近圆戒。在声明学家土多（མཐུ་སྟོབས།）座前学习了《声明学》，诗人嘉样德钦（འཇམ་དབྱངས་བདེ་ཆེན།）座前又一次学习了《诗鉴论》。承事不抱宗派门户之见的大士夫约七十位，请求了经法，闻听极为广博。以苟什德格西罗桑贤巴（བློ་བཟང་བྱམས་པ།），瓦·俄仁巴·罗桑云丹和意希雅培（ཡེ་ཤེས་ཡར་འཕེལ།）经师三者作为最有恩德的上师。土鼠（戊子）年，患了龙病（ཀླུ་ནད།），以取舍所缘相调理后，乃告痊愈。土牛（乙丑）年，在寺院里向许多僧侣授修习《修法海》的随许及《如意藤》教敕等。铁兔（辛卯）年，在萨冈寺(ས་སྣང་དགོན།）讲授了《修心七十事》（བློ་སྦྱོང་དོན་བདུན་མ།）和胜乐鲁厄哇法(ལཱུ་ཨི་པ།）灌顶。第二年应觉囊派喇嘛鲁珠（ཀླུ་སྒྲུབ།）请求，讲授了《修心七十事》的指引，也向觉囊喇嘛聆听了度母瑜伽母的灌顶等。土狗（戊戌）年，敦请贡塘殊胜化身仁波切来寺院，供养了白银十一大升等，请求了大威德灌顶。铁鼠（庚予）年，在多科（རྡོ་ཁོག）于意希朋措（ཡེ་ཤེས་ཕུན་ཚོགས།）师前，聆听了《时轮大结》（དུས་འཁོར་སྡོམ་ཆེན།）、《胜乐小结》（བདེ་མཆོག་སྡོམ་ཆུང་།）、《胜乐文殊金刚二十五尊》（བདེ་མཆོག་འཇམ་རྡོར་ལྷ་ཉེར་ལྔ།）、《舍离错误六十二尊》(འཁྲུལ་སྤོང་ལྷ་རེ་གཉིས།)、《弥多罗十三尊》（མི་ཏྲ་ལྷ་བཅུ་གསུམ་མ།）、《律义十三尊》(སྡོམ་འབྱུང་ལྷ་བཅུ་གསུམ་མ།)、《十三罗婆师》（ཤ་བ་བཅུ་གསུམ་མ།）、《六转轮》（འཁོར་ལོ་བསྒྱུར་དྲུག）、《空行母海》（མཁའ་འགྲོ་རྒྱ་མཚོ།）、《金刚空行母》（རྡོ་རྗེ་མཁའ་འགྲོ།）、《作吽明王》（རྡོ་རྗེ་ཧཱུྃ་མཛད།）、《镇三界》（ཁམས་གསུམ་རྣམ་རྒྱལ།）、《金刚心三十七尊》（རྡོར་སེམས་ལྷ་སོ་བདུན་མ།）、《金刚亥母生起》（ཕག་མོ་འབྱུང་བ།）、《殊胜金刚亥母》（མཆོག་གི་རྡོ་རྗེ་ཕག་མོ།）等觉囊等派传承的珍贵的灌顶传统。铁牛（辛丑）年，给则哇德赛（ཇེ་བའི་སྡེ་གསར།）授金刚鬘灌顶。水虎（壬寅）年的夏季，在果洛的阿什羌（ཨ་སྐྱོང་།）地方，修建了散珠德登寺（བསམ་འགྲུབ་བདེ་ལྡན།）。第二年又向当浦曲杰（ཐྲི་ཕུག་ཆོས་རྗེ།）的转世化身授予了广大的胜乐二十尊灌顶。木龙（甲辰）年，向松潘嘉木科（རྒྱལ་ཀོ།）活佛授予了修习十三金法(གསེར་ཆོས་བཅུ་གསུམ།）的随许；在果洛新寺（མགོ་ལོག་དགོན་གསར།）修建了经堂，任喇嘛曲江多（བླམ་ཆོས་སྐྱོང་མདོ།）为领颂师，指示长净不得间断。木蛇（乙巳）年，　在寺院授金刚鬘灌顶。火马（丙午）年，给僧徒们授《经师全集》《甘珠尔》大藏经的教敕，以及所掌握的各大论的教敕，《菩提道次精要》的指引，给大会堂众人大降胜乐、空行母海灌顶等法雨。彼师门徒众多，有刚哇活佛（སྣང་བ་སྤྲུལ་སྐུ།）、阿木去乎活佛关却洛哲曲江（དཀོན་མཆོག་བློ་གྲོས་ཆོས་སྐྱོང་།）、格东（དགེ་འདུན།）活佛、拉让巴·阿旺罗桑扎喜（ངག་དབང་བློ་བཟང་བཀྲ་

ཤེས།）、全擦（ཚེམ་ཚ།）活佛、巧玉（ཕྱུགས་བཞི།）活佛及他的文布贡却嘉措（དཀོན་མཆོག་རྒྱ་མཚོ།）等。秋季去拉卜楞寺院。藏历十月二十日身体不适，火羊（丁未）年正月初六圆寂。 著作有《佛陀百颂和八十颂》（སངས་རྒྱས་ཀྱི་བསྟོད་པ་བརྒྱ་དང་བརྒྱད་བཅུ།）、《诗鉴论疏如意树》（སྙན་འགྲེལ་འདོད་འཇོ།）、《声律学注疏》（སྡེབ་སྦྱོར་འགྲེལ་བ།）等。以上摘自经阿乔合官人然绛巴阿旺释迦（ངག་དབང་ཤཱཀྱ།），尊者的文布库交（ཁུ་འཇོ།）然绛巴·贤巴丹达尔（བྱམས་པ་བསྟན་དར།）、萨冈喇嘛阿旺却旦（ངག་དབང་མཆོག་ལྡན།）、尊者的舅父阿旺曲培（ངག་དབང་ཆོས་འཕེལ།）等鼓励迭部活佛意希（ཡེ་ཤེས།）于土鸡（己酉）年所著的传记之中。现在由殊胜化身嘉样庆惹嘉措（འཇམ་དབྱངས་མཁྱེན་རབ་རྒྱ་མཚོ།）护理寺院。

前世尊者二十一岁之铁龙（庚辰）年，在拉卜楞寺院向贡塘·嘉贝样请求道："在我后半生，希望能在这儿，或到五台山，或到西藏去继续求学。"

回答道："你一个人独自学习，不如让众学者遍布于大地为好！总之，无论如何，一定要建立一座法相学院，我心中时常惦念着这件事。"

按照指示，于水马（壬午）年，在热科颇章玛布（ར་ཁོག་ཕོ་བྲང་དམར་པོ།）念修密集。水羊（癸未）年春季，在该处打好了兴建寺院的基线。施工人员更桑（ཀུན་བཟང་།）挖地基时，挖出了一尊文殊语狮石像，因而寺院的名称，被命名为具祥语狮洲（དཔལ་ལྡན་སྨྲ་བའི་སེང་གེ་གླིང་།）。六月初四日由苟什德格西罗桑贤巴（བློ་བཟང་བྱམས་པ།）或叫意希达杰（ཡེ་ཤེས་དར་རྒྱས།）任堪布，哲蚌寺郭莽扎仓的然绛巴·阿旺楚臣（ངག་དབང་ཚུལ་ཁྲིམས།）任格贵师，罗赛林然绛巴·格勒（དགེ་ལེགས།）任领腔师，由色拉寺、哲蚌寺、噶丹寺等处来的许多噶仁巴（དཀར་རམས་པ།）讲辩经论，建立了讲辩制度，委任罗赛林堪布戎智噶巴·罗桑朋措（རོང་རི་ཀ་པ་བློ་བཟང་ཕུན་ཚོགས།）为堪布。木猴（甲申）年，建立大祈愿法会，苟什德格西·罗桑扎巴讲授了《三十四本生传》。以后的历任堪布依次是：色拉寺多扎仓卸任堪布贤巴跋角（བྱམས་པ་དཔལ་འབྱོར།）、朗（གླིང་།）活佛·贡却杰白洛哲（དཀོན་མཆོག་དགྱེས་པའི་བློ་གྲོས།）、耶哇（ཡེ་བ།）拉仁巴·楚臣嘉措

(ཚུལ་ཁྲིམས་རྒྱ་མཚོ།)、噶丹寺的松潘拉仁巴·扎西图旦（བཀྲ་ཤིས་ཐུབ་བསྟན།）、阿莽琼哇(དཔལ་མང་ཆུང་བ།贡却曲培（དཀོན་མཆོག་ཆོས་འཕེལ།）、尊者本人、莫秀·格东朋措（མོ་ཤུལ་དགེ་འདུན་ཕུན་ཚོགས།），拉加寺僧罗桑丹贝嘉措（ར་རྒྱ་བ་བློ་བཟང་བསྟན་པའི་རྒྱ་མཚོ།）、哲蚌寺松潘哇·莫兰（སྨོན་ལམ།）等。后来将寺院奉献于贡塘殊胜化身。水牛（癸丑）年，遍照尊者师徒二人委任圣·贡却嘉措哇（དཀོན་མཆོག་རྒྱ་མཚོ་བ།）为堪布。以后由历任堪布管理寺院。

这座寺院讲授五部大论，念修时轮、妙吉祥金刚仪轨。四个康村实行密集、胜乐、普明佛、不动佛修供，授《时轮本续》，有时也授胜乐、密集、大威德三本尊续的讲闻，还有诸明处的学习传统。寺院里供有藏王颇罗鼐献的玉顶释迦能仁王佛像，以显有大威德佛像的赤钦跋丹（དཔལ་ལྡན།）的天灵盖为内藏的圣大师金身像，以自然形成的文殊语狮石像为内藏的文殊语狮像，居乃（རྒྱུ་ནེ།）喇嘛索南德钦（བསོད་ནམས་བདེ་ཆེན།）与库交（ཁྱུ་འཇོ།）官人塑造的两尊释尊像，前世格西的灵塔，《甘珠尔》大藏经，从噶丹寺迎请来的犀甲（བསེ་ཁྲབ།）护法画卷及不羂索等无数的经像塔圣物。

五大禅院之一噶钦强巴林（དཀར་ཆེན་བྱམས་པ་གླིང་།光明弥勒洲寺），参直堪布(མཚན་སྒྲོགས།）云丹扎巴（ཡོན་ཏན་གྲགས་པ།）所建。由阿乔合阿旺宗哲（ངག་དབང་བརྩོན་འགྲུས།)、参擦·阿旺喜饶（མཚམས་ཚང་ངག་དབང་ཤེས་རབ།)、阿乔合喇嘛洛桑跋角（བློ་བཟང་དཔལ་འབྱོར།)、索南群培（བསོད་ནམས་ཆོས་འཕེལ།）格西、俄仁巴·洛桑云登（བློ་བཟང་ཡོན་ཏན།)、然绛巴·曲交嘉措（ཆོས་འབྱོར་རྒྱ་མཚོ།)、索南龙智（བསོད་ནམས་ལྷུན་གྲུབ།)、索南曲扎（བསོད་ནམས་ཆོས་གྲགས།）格西等护理。俄仁巴是阿乔合·阿旺宗哲的转世，姓库交（ཁྱུ་འཇོ།)，在色拉寺短暂学习后，进入上密院拜藏巴耶希跋觉(གཙང་བ་ཡེ་ཤེས་དཔལ་འབྱོར།）和直嘉卜（བྲག་རྒྱབ།）俄仁巴为师，是一位学习胜乐的瑜伽师，他役使天母如仆役。土兔（乙卯）年，享年七十三岁圆寂。他转世的化身出生于鸡年，在噶丹寺院学习。这座寺院系根本主寺，由格西的历代转世兼摄玛森林（སྨ་སེང་གླིང་།）寺。寺院内有大部分法嗣的灵塔，阿乔合格西建造弥勒佛像，密集、大威德金刚的立体坛场等。在格东

（དགེ་འདུན།）昂欠府有新寺的大经堂。

热曲（ར་ཆུ།）河与定曲（རྫིང་ཆུ།）河交汇处附近有贡洒寺噶丹嘉样林（དགོན་གསར་དགའ་ལྡན་འཇམ་དབྱངས་གླིང་།新寺兜率妙音洲），由阿坝地区称为卡热（མཁར་རིས།）的格西洛桑楚臣（བློ་བཟང་ཚུལ་ཁྲིམས།）修建。彼师是拉卜愣寺院的格西，精通三诀要，曾任拉摩苟什德寺密宗院法台。当时在察科的苟什德（ཚ་ཁོའི་ཀཱིརྟི།）寺院供有一尊觉阿释尊像，被察科土司（ཚ་རྒྱལ།）抢劫去，乃对他施放了铁城伏魔法，立即使察科土司与汉人相遇，被依法惩处。雕刻了索扎巴的《密集生起次第》与《圆满次第》的印版。对大会堂僧众讲授初级修心的指引、密集灌顶等，一般与分别单独传授的讲闻极为精到，奠定了密乘讲修的基础。并且讲道：“我虽对圣大师的教法没有大建树，然而却来自拘留孙佛土。”历代转世都住在拉摩寺。也有人说，这寺是噶丹寺夏孜扎仓的蒙古族然绛巴·罗桑朋措（བློ་བཟང་ལྷུན་ཚོགས།）于第十三胜的木鸡年（公元1765年，乾隆三十年，乙酉）修建云。由历代的格乐喇嘛护理，苟什德格西贤巴（བྱམས་པ།）长期主持讲修。寺院内供有苟什德格西罗桑京巴（བློ་བཟང་སྦྱིན་པ།）建造的弥勒佛像等，还有五世达赖喇嘛的全集。

多哇寺桑丹林（མདོ་བ་དགོན་བསམ་གཏན་གླིང་།禅定洲）原由年则阿阇黎修建在孔热合（ཁུག་རག）山谷。以后由噶丹寺的僧人洛桑跋角（བློ་བཟང་དཔལ་འབྱོར།）迁到现在的地址。年则师曾将寺院交付法王护法守护，因而虽经果洛和察科（ཚ་ཁོ།）等几次侵害，但都现显了许多征兆。现在还有念修伏魔十六角铁堡法的传统。由噶尔丹僧人阿旺仁钦（ངག་དབང་རིན་ཆེན།）和绛曲昂嘉（བྱང་ཆུབ་དབང་རྒྱལ།）两人护理。寺院内供有颇有灵威的觉阿释尊像，法王画卷及《甘珠尔》大藏经等。

智噶尔扎喜格培林（བྲག་དཀར་བཀྲ་ཤིས་དགེ་འཕེལ་གླིང་།白崖吉祥宏善洲）寺，巧玉（སྐྱོགས་བཞི།）曲结散珠（བསམ་འགྲུབ།）修建。彼师出生于果洛哇玉（བར་བཞི།）地区姓卡日（མཁར་རི།）家族，是第四世班禅罗桑确吉坚赞的徒弟，第五世达赖喇嘛曾赐予文书，先在哇玉地立修建了四座寺院。赞塘（རྫམ་ཐང་།）[12]

曲结郭嘉（ཀོར་རྒྱལ།）出于教派的瞋恚，唆使果洛官人纳图（ནག་ཐུ།）首先派强盗驱逐，未予理会，后来又送去女儿强迫结亲。彼师没有接纳，穿着三法衣，从空中飞行到达此处。曾在阿坝上部，居住了一段时间，后来修建了这座寺院。也有人说是他的转世化身巧玉活佛罗桑程列（བློ་བཟང་འཕྲིན་ལས།）修建交给巧玉格西贤巴朋措（བྱམས་པ་ཕུན་ཚོགས།）云。彼师曾在色拉寺麦扎仓学习，通晓政教二规，获得了拉仁巴学位。在下密院修习密咒，并且立了宗，担任了格贵师。在故里委任巧玉·贤巴塔多（ཕྱུགས་བཞི་བྱམས་པ་ཐར་འདོད།）为法台，他自己念修本尊，按照菩提道次第要求利济众生，有转世系统。此后由巧玉官人贡确嘉措（དཀོན་མཆོག་རྒྱ་མཚོ།）等管理该寺院。巧玉塔西和第二世嘉木样的亲门弟子巧玉群则罗桑托美（བློ་བཟང་ཐོགས་མེད།）及称为阿底峡噶居（བཀའ་བཅུ་ཨ་ཏི་ཤ།）的贤巴格勒（དགེ་ལེགས།）三人是同胞弟兄。后者拜色拉寺麦扎仓的林赛格西强巴（བྱམས་པ།）喇嘛为师，遵守戒律非常严谨，在上部雪山进行修持。这时巧玉地方前来迎请群则托美，机会不凑巧，他正在担任普布觉（ཕུར་བུ་ལྕོགས།）活佛的经师，未能应邀。于是巧玉格西便请求第六世班禅贝丹耶喜颁发一封文书，前去请彼师。文书中说道："到多麦地区去，对圣教与众生都有裨益。"彼师怀着懊丧的心情返回故里。沿途遇到许多吃人的饿狼，由于菩提心之威力，没有受到伤害。在热麦（ར་སྨད།）修建了扎喜迥（བཀྲ་ཤིས་འབྱུང་།）静修处，聚集了曲培达杰（ཆོས་འཕེལ་དར་རྒྱས།）、哇果云登（བ་མགོ་ཡོན་ཏན།）、多那仓（མདོ་སྣ་ཚང་།）、修炼避谷术者阿斯（ཨ་སེད།）静修师、耶喜塔依（ཡེ་ཤེས་མཐའ་ཡས།）、程列（འཕྲིན་ལས།）、拉摩寺比丘洛桑（བློ་བཟང་།）等十五名持律者进行修持。彼师一生修持菩提道，做了难以数计的利济众生之事。他定力坚定，修行座次时，附近虽打霹雳也听不到。圆寂之后，僧众散往各方，静修院遂告荒圮。该寺供有彼师的灵塔，第七世达赖喇嘛噶桑嘉措赐给巧玉群则的释迦牟尼佛像，第四世班禅确吉坚赞语化的像，鼻血绘制的画卷，度母语化像等。

瑜徐噶丹禅定林寺（གཞུ་ཞབ་དགའ་ལྡན་བསམ་གཏན་གླིང་།），夏孜扎仓的索巴赛杰

（སོག་པ་སེར་སྐྱ།）的文布阿旺曲增（ངག་དབང་ཆོས་འཛིན།）拉仁巴修建。据说彼师专门遵守一切知嘉木样的教程，在考取拉仁巴格西学位时，与其他教程有矛盾之处，因而未能取得名次云。寺院由他的文布系统管理。该寺院有颇有加持力的法王面具、《丹珠尔》大藏经、《班禅全集》等。和其他禅院一起唪诵胜乐、密集、大威德三本尊法。这座寺院和噶钦寺两处还有伏魔九角铁堡法传统。

在定科（ཞིང་ཁོག）地方，全察（ཚོམ་ཚ།）喇嘛吉美楚臣（འཇིགས་མེད་ཚུལ་ཁྲིམས།）修建了曼扎勒（མཎྜལ་སྒང།）。第二世嘉木样怙主尊者命名为扎西嘉（བཀྲ་ཤིས་རྒྱལ།），并为之写了煨桑颂文。全察喇嘛是拉卜楞寺的僧徒，他的声音和唪诵都很优美，当创建跳神仪式时，第一个戴法王面具起舞的就是他。他转世的化身是阿乔合贡保嘉（ཨ་མཆོག་མགོན་པོ་རྒྱལ།）之子，进若尔盖寺经院学习，这座寺院初建时名叫定科南盖（ཞིང་ཁོག་གནམ་དགེ），因为选择地区失误，寺院未能长期保存下来。后来寺院迁徙到哲则（འབྲས་རྩེ།），现在称为嘉果寺（སྐྱ་མགོ་དགོན།），由担任拉卜楞寺扎仓翁则师的全巴龙珠（ཚོམ་པ་ལྷུན་གྲུབ།）与嘉热珠巴（རྒྱ་རིས་སྒྲུབ་པ།）的转世依次管理。

定曲（ཞིང་ཆུ།）河与阿曲（རྔ་ཆུ།）河交汇处，有本教的交洛寺（ལྗོག་ལོ།）和苟什德寺的支寺哇德（ཝ་རིས་དགོན།）寺，两寺彼此相望。本教徒常年向这寺抛祭施食，致喇嘛们享寿不永。一时有称为张加（སྒོང་རྒྱ།）曲结者施展奇异的法行，戏弄本教老者说："玩耍一番啰！"遂在石面上画了一些图画搁在那儿。后本教的阿阇黎们随即夭寿。还有人说，石面画的是米拉大师的身像云。

塔尔莫（ཐར་མོ།）静修院，这儿有称为莲花生大师转世的塔莫·班玛扎西（ཐར་མོ་པད་མ་བཀྲ་ཤིས།）咒师。据说此人曾把桑耶王（བསམ་ཡས་རྒྱལ་པོ།）监禁七日，未让其按时供养经藏云。瑜盖寺（ག་ཡུ་དགེ་དགོན།），寺主是修甚深空行旧断决派瑜伽师瑜盖·阿旺雅培（ག་ཡུ་དགེ་ངག་དབང་ཡར་འཕེལ།）。他的侄子是贡塘·嘉贝样的徒弟，名叫珠旺洛桑端珠（གྲུབ་དབང་བློ་བཟང་དོན་འགྲུབ།）。

阿钦（ཨ་འཁྱམ།）地区的情况叙述圆满。

※　　※　　※

完巴曼（ཡམ་པ་མན།）属于察科（ཚ་ཁོ།）部落。此处有瑜盖（ཀ་ཡུ་དགེ།）喇嘛周囊（འབྲུག་སྒང་།）修建的唯格寺（ཝེའུ་ཀི་དགོན།）。他在一个时期与卡秀（མཁར་ཤུལ།）部落不和，乃施展伍泽羯摩加行和厌胜六术，使卡秀部落出现了许多死人的事。现在由完巴（ཡམ་པ།）活佛转世的化身管理着该寺院。

玛茂寺（མ་མོ་དགོན།），第二世一切知吉美旺波的亲门弟子完巴格西阿旺朋措（ངག་དབང་ཕུན་ཚོགས།）修建。彼师土鸡（乙酉）年出生于卜格拉（ཕི་གི་ལ།）家族，幼年时名叫嘉鲁（འཇའ་ལུ།），喜爱羯磨加行，勤奋绘制符箓轮等，后在年则尊者座前披剃出家，并受近圆戒。聆听了密集等许多灌顶和经法。入色拉寺学习，究竟圆满后，获得了拉仁巴格西学位。拜扎嘉（བྲག་རྒྱབ།）阿阇黎强巴（བྱམས་པ།）喇嘛等为师。又在下密院修习密咒。返回故里修建禅院，大转法轮，弘扬佛法，六十五岁圆寂。他转世的化身贡确嘉措（དཀོན་མཆོག་རྒྱ་མཚོ།），在拉卜楞寺拜华丹扎巴（དཔལ་ལྡན་གྲགས་པ།）为师，学习《集类学》，成绩优良。在色拉寺学习了五部大论，获得了格西学位。

苟什德的噶拉日寺扎喜隆珠（གིདྡེའི་ཀླུ་ལ་རིའི་དགོན་བཀྲ་ཤིས་ལྷུན་གྲུབ།吉祥任运成就）戎哇吉纳巴（རོང་བ་སྙེ་ནག་པ།）遵循圣·宗喀巴和洛扎巴（ལྷོ་བྲག་པ།）喇嘛的授记。于水龙(壬辰）年，修建了经堂。当兔年他寻觅修寺地址时，由两只乌鸦指示了授记的圣地。这里原有本教的几位禅师修行，护法鼓励道："在其左侧筑一禅室念修时，将成为本教的地煞。"遂按指示去做，于是本教徒与村民发生了内讧，被驱逐出修行处。乃依两位依怙主的羯磨集，降伏了所有的非人魔类，使其充任运送土木石头等工料的助手。原先圣地旁边有一片柏树林，林中有一棵与众不同的大树，它发射着光芒；若在树底下喧哗时，会发生狂风。彼师从其根部挖出了大黑天的石像和石镰刀。乃截断柏树作为主轴，造了宝帐怙主和婆罗门身像，将洛扎大成就者赐给的金刚杵、萨迦的圣物——刻有宝帐怙主身像的依止石，有ཧོཿ字的寒林黑石、证果者达瓦扎巴诛灭外道用过的短杵、克珠杰·格勒白桑修持的依止圣物宝帐怙主像以及圣大师的头发、仲敦巴的上有ཧྲཱིཿ字的牙齿等，用莲花生大师的一件衣服包裹后装入神像的胸口。人们看到了两尊怙主融入的情景，于是神像自然生成。丹巴仁钦（བསྟན་པ་རིན་ཆེན།）时期，寺院受到藏蕃军队[13]的威胁。此时，婆罗门身像变化为部队，战胜了来犯之敌，获得的许多武器，现在存放在护法神殿里。塑造了以热译师多吉扎巴修持的避火弥勒佛铁像为内藏的大威德，并塑造千手千眼观世音像。由大堪布阿旺扎巴（ངག་དབང་གྲགས་པ།）和彼师两人以胜乐、密集、大威德仪轨做了开光仪轨。衮桑喜饶（ཀུན་བཟང་ཤེས་རབ།）修建了弥勒佛殿，曲吉喜饶（ཆོས་ཀྱི་ཤེས་རབ།）修建了三世诸佛殿，其他几位弟子各修建了一座神殿，令僧徒根东达日（དགེ་འདུན་དར།）吹响有大悲观世音菩萨凸出像的海螺，各方因缘妙合。寺内供有彼师圆寂后火化时显五种姓佛像的头盖骨，显有大威德、密集像、五部佛的法器的其他尸骨，以及显有护法像的两足骨等为内藏的灵塔，历代转世和灵塔和各自修建的佛堂，以及许多有名声的佛像、佛经、佛塔等。另外还有圣·宗喀巴赐给的依怙主画卷，四世班禅确吉坚赞先后赐给的十六尊者拥绕如来的画卷看我（ང་ལ་གཟིགས།），活佛亲绘的吉祥天母像等。这座寺院现在由拉摩寺堪布兼摄。

这座寺院有被称为戎智噶巴·洛桑朋措建立的大威德金刚及普明佛的仪轨、自入灌顶。这位师长出生于苟什德赞噶（ཀིརྟི་ཚམ་ཀ）地方，在丹贝坚赞（བསྟན་པའི་རྒྱལ་མཚན།）尊者座前披剃出家，清楚地看见了除盖障菩萨的圣容，受到了加持。在哲蚌寺罗赛林扎仓求学，学习圆满后，获得了拉仁巴格西学位，又入下密院，在藏哇·意希跋角（གཙང་བ་ཡེ་ཤེས་དཔལ་འབྱོར།）座前受近圆戒。在雍增仁波切、热振赤钦、直合柔（ཟག་རིག）格西恰达（ཁྱབ་བདག）等师长座前聆听了《甘珠尔》大藏经的教敕等许多经法，任森巴呼图克图的经师及罗赛林扎仓的堪布。又在隆多喇嘛的座前请求了一些深甚妙法，彼师说道：

“班禅索扎巴的教程中有‘声闻和独觉的相续里没有大悲观世音’之说，而嘉木样协巴则说‘有’。问题在于把利他之事，是否作为自己应负的责任，这就是有没有大悲观世音之说的区分。实际上两师的意见是相同的。

向苟什德活佛衮噶却帕（ཀུན་དགའ་ཆོས་འཕགས།）献了《悉地海》等念修文的教敕。依照彼师的意见在拉摩寺建立法相讲辩，而且由彼师进行教授。被交则（ཅོག་ཙེ།）土司才昂丹巴尼玛（ཚེ་དབང་བསྟན་པ་ཉི་མ།）尊为上师。在恰参（ཁྲབ་ཚན།）温泉地方聆听了贡塘·嘉贝样及阿莽道扎尊者讲传的一些经法。八十岁圆寂，有噶尔瓦府邸及转世系统。

离此处不远的附近，有丹贝坚赞尊者的修行处，后来苟什德格西洛桑贤巴长期居住在这里。彼师在幼年时起即由度母慈悲摄受，在哲蚌寺罗赛林扎仓学习五部大论，成绩优异。承事隆多喇嘛和他的弟子阿噶·洛桑楚臣（ཨ་ཀ་བློ་བཟང་ཚུལ་ཁྲིམས།），在多麦地区承事贡塘·嘉贝样、香萨·洛桑达杰（ཤིང་བཟའ་བློ་བཟང་དར་རྒྱས།）等师，聆听了许多甚深妙法。在数处静修庵修习，苟什德寺院衰败期间，彼师维持寺院做过有益的贡献。后半生住在阿坝的阿乔台数座寺院中，讲传《菩提道次第论》进行护持，并担任过玛森林寺的法台，后在新寺圆寂。当时阿木去乎活佛询问：“将迁转于何方?”答以：“为了众生，愿去恶趣。”就像且卡巴（མཆད་ཁ་བ།）[14]的事迹那样，非常神奇。

夏噶（ཤར་ཀ）森林里有罗赛林·夏噶克珠巴（བློ་གསལ་གླིང་ཤར་ཀ་མཁས་གྲུབ་པ།）世修行处。

完巴（ཡམ་པ།）地区部分至此圆满。其下与交则（ཅོག་ཙེ།）地区交界，离此有两天的路程，便是日则（རི་རྫས།）土司地界。完巴河（ཡམ་པ་ཆུ།）或叫作阿曲河（ཇ་ཆུ།），在此与玛尔曲河（སྨར་ཆུ།）汇合，流经峡谷在藏苟（ཛིང་འགག）与察曲河（ཚ་ཆུ།）相会，流入嘉戎（རྒྱལ་རོང་།）金川（ཆུ་ཆེན།）河。

※　　　※　　　※

察曲河流域有被誉为佛教长城的察瓦三部落（ཚ་བ་ཁག་གསུམ།）的地区。对它的历史有多种说法。据说嘉戎各土司之姓，都属于扎氏（བྲ།），擦科（ཚ་ཁོ།）语称为阿西杂（ང་ཞི།）。藏族的族姓分色氏（བསེ།）、木氏（རྨུ།）、董氏、（ལྡོང་།）、东氏（སྟོང་）四个贵胜族姓，称为“先是舅系向波，以后则是神族郭”。色氏贵胜种姓繁衍为色（བསེ།）、穹（ཁྱུང་）、扎（བྲ།）；木氏贵胜种姓繁衍为木（རྨུ།）、察（ཚ།）、噶（གླ།）；董氏贵胜种姓繁衍为阿（ཨ།）、波（སྦོ།）、董（ལྡོང་།）；东氏贵胜种姓阿（ཨ།）、甲（ལྗགས།）、珠（འབྲུ།）。此外剩下的贱种又分为芭（དཔལ།）和达（ཟི།）两种姓，这就是藏族原始六氏族。《传奇》中说：

“藏区古代六氏族，加上舅氏向波郭一支，共七个氏族。”

据说其中的色氏（བསེ།）与扎氏（བྲ།）原是一个氏族，可能与以往各王统中所说的色穹哲（བསེ་ཁྱུང་འབྲས།）是一回事，待考。有这样的传说：“三处隘口为扎氏所有，扎氏英勇莫当就由于此。”如所说，则多康地区四大河谷之一嘉戎河谷的三峡谷之地即扎氏的领地。从前，这里出了多协纳保（མདོ་བཞེར་ནག་པོ།）王，时毗遮那师也到此地，他的弟子玉扎宁保（གཡུ་སྒྲ་སྙིང་པོ།）也是察科人。后在书写时为了简缩，把多协那保种姓称为嘉纳（རྒྱལ་ནག）；如象雄（ཞང་ཞུང་།）扎嘉（བྲ་རྒྱལ།）称为象嘉（ཞང་རྒྱལ།）氏一样。此后出了一位称为察戎王科盘（ཁོ་འཕན།），把他简称为（ཚ་ཁོ།）。他就是三部土司的祖先，据说是从拉丹（རབ་བརྟན།）的后裔中繁衍出来的云。又吐蕃法王的一支后裔，开始居住在梭磨（སོ་མང་།）国，名采贡勒巴（ཚེ་དགོན་ལེགས་པ།）王，他的后裔繁衍多支，据说到了杂班塔尔（རྩ་བན་ཐར།）王，有三个儿子，各自分开立业，三个土司的首领住在梭磨瑙吾林（སོ་མང་ནོར་བུའི་གླིང་།），王统一直延续下来。其中一个时期，三个儿子政见不合，发生了王位之争，把土司职位交给了本族之人云。到了以“白发度母”著称的女土司卓玛措（སྒྲོལ་མ་མཚོ།）时期，汉族与金川发生了战争[15]，当时她使百姓安居守法，政府特颁赐诰敕，给予前所未有之奖励。第二世嘉木样吉美旺波赴毛尔盖时，她前去叩谒，把请求之事组成著名偈句，向怙主尊者献上：

“叩求深奥而广阔，所有全知之正法，如滴甘露之月种，一切无遗请赐予！请赐无偏和无私，大众均霑之行止，向百种圣者宝冠，足莲之前虔顶礼！”

接受了讲传的所有经法，供养了大量的礼品，并向藏区雪域喇嘛和僧伽作了极大的供奉。她之后，由女土司索南卓玛（བསོད་ནམས་སྒྲོལ་མ།）主持族内事务，被贡塘·嘉贝样誉为第二摩登伽。她迎请贡塘活佛、遍照尊者、大堪布森达等以财物供养，虔诚尊敬。由于一心笃信，使从前一个受惩处者虽转生为凶恶的夜叉，进行危害，但安然无患，享长寿逝世。在这两位女土司期间，权势很大，威震四方，统治着阿树、绰斯甲（ཁྲོ་སྐྱབས།）察科、果洛等地区。修建了许多经堂，迎请了许多依止圣物，从西藏卫地区迎请来称为玉浦释尊（གཡུ་ཕུག་ཇོ་བོ།）像，供养在敢木交寺（གམ་ཀྱི་དགོན།）的佛殿里，贡献卓著。

这个地区出了察科喇钦（ཚ་ཁོ་བླ་ཆེན།）、文布阿旺扎巴（བོན་པོ་ངག་དབང་གྲགས་པ།）、囊索曲吉森格（ནང་སོ་ཆོས་ཀྱི་སེང་གེ།）、克珠吉·格勒白桑的亲门弟子却吉扎巴（ཆོས་ཀྱི་གྲགས་པ།）、闹吾（ནོར་བུ།）喇嘛——彼师七年之中跏趺而坐从未解除过，以及宁玛派的证果者隆务顶髻者（རོང་པོ་ཐོར་ཅོག་ཅན།）、达斯丹巴（སྟག་གཟིག་བསྟན་པ།）等多位贤者。

文布阿旺扎巴，姓库交（ཁུ་འཇོ།）与扎氏同姓。昔日，康区扎氏种姓分为若干支，其中多绕康（རྫོ་རོལ་ཁང་།）六部和拉果当（ལ་མགོ་སྡིང་།）等，在扎·鲁协纳波（ཟླ་གླུ་གཞིར་ནག་པོ།）土官期间，由于地方上发生了灾荒，鲁协父子来到察戎（ཚ་རོང་།）投靠了察戎王，被委任为大臣，称为扎干（ཟླ་ཀན།）大臣。由于后来读音讹转，成为热干（ར་ཀན།）。以后鲁协（གླུ་གཞིར།）与甲莫（ལྕགས་མོ།）万户不和，被驱逐出去，暂时居住在小金（བཙན་ལྷ།）的松多（སུམ་མདོ།）地方，当阿西杂·扎西本（ང་ཚི་བཀྲ་ཤིས་འབུམ།）土司祭祀地祇卡哇达扎（ཁ་བ་ཏ་འདྲ།）

途中，他将吉祥螺湖（བཀྲ་ཤིས་དུང་མཚོ།）讥毁为好像蜂窝胃，致湖神发怒，用霹雳将他的碉堡庄园毁为平地。以后他便来到梭磨地方，被土司封为大臣，娶九贵胜种的九个女子，称为九大母亲，但都没有生下子嗣，又娶九个种姓低微的女子，有一人生育了三个儿子，在库交沟（ཁུ་འཇོའི་ལུང་།）安家立业，繁衍为上下库交及热干这一系统。有人说这就是上述政见不合的三个王子的后嗣云。不论怎么样，王与大臣是一个种姓。阿乔合格西转世的化身就生于这个世系。现在他们的家庭里还供奉着堪钦阿旺扎巴唪诵的《华严经》和铃等。由这里分出的后裔住在卓宗（འབྲོག་རྫོང་།），毗那夜伽公开显现，在大山两侧飞行，因而出了一位称为飞行喇嘛（བླ་མ་འཕུར་བྱེད།）的人士。这位土司统领着黑水河（ཁྲོ་ཆུ།）流域、科章（ཁོ་དྲུང་།）等和桑噶尔（ཟངས་དཀར།）游牧部落。黑水河流域有格鲁派的德钦寺（བདེ་ཆེན།）和贡钦活佛管理的宁玛派一座寺院。科章地方的地祇很勇武，贡塘·嘉贝样赴该地时，将那里的神鬼予以驱逐，据说七年之间没有为害云。桑噶尔地区有全察嘉热（ཚོམ་ཚ་རྒྱ་རིས།）修建的康玛尔寺(ཁང་དམར་དགོན།)。彼师是拉卜楞寺院的僧人，是怙主尊者无论去何处都充任侍从的噶仁巴（དཀའ་རམས་པ།）。他转世化身出生在毛尔盖，入拉卜楞寺的经院学习，与郭莽仓（སྒོ་མང་།）活佛同一学级，在阿莽尊者·森底堪钦、阿乔合格西转世的化身等师座前聆听了许多佛法，护理着这座寺院与嘉果寺（སྐྱ་མགོའི་དགོན།）。桑麦（ཟངས་སྨད།）地方有刷经寺（ཞ་རྒྱལ་སྒྲིང་།），寺内有《般若波罗密多经》的详、中、略本及萨迦派、格鲁派、宁玛派的各种经典的印版。这里还有一座阿息（ཨ་ཞི།）禅院。

去交则（ཚོག་ཚེ།）的途中，有毗卢遮那教长的禅院，里面有彼师整个身体痕迹等自然形成的许多形像。据说第六世达赖喇嘛曾在这里临时歇息过。有一个时期森巴钦波（སེམས་དཔའ་ཆེན་པོ།）扎什伦布寺院的洛桑坚跋（བློ་བཟང་འཇམ་དཔལ།）；放弃本教观点，信仰格鲁派教义的哲蚌寺院僧人耶希雅培(ཡེ་ཤེས་ཡར་འཕེལ།)；被度母从苦难中拯救出来，修习胜乐金刚，称为宁玛派胞尔堪喇嘛（བོར་མཁན་བླ་མ།）等三人，在此长期勤奋地修习善行。由于前两者的恩德，这儿持禁食斋戒的传统很兴盛。

交则达莫宗（ཚོག་ཙེ་སྟག་མོ་རྫོང་།）由土司森格嘉（སེང་གེ་རྒྱལ།）及其儿子南卡本（ནམ་མཁའ་འབུམ།）、南卡本的儿子聂嘉（ཉ་རྒྱལ།）、聂嘉的儿子嘉噶尔本（རྒྱ་གར་འབུམ།）、嘉噶尔本的儿子才旺龙智（ཚེ་དབང་ལྷུན་གྲུབ།）、才旺的儿子赛杂扎喜本（སེ་སྐྱ་བཀྲ་ཤིས་འབུམ།）、赛杂的小儿子衮噶南卡（ཀུན་དགའ་ནམ་མཁའ།）等治理。尊历世嘉木样。贡塘·嘉贝样、森底堪钦、和历世的苟什德为上师，贡塘·嘉贝样到达时，有萨迦派、格鲁派、宁玛派、觉昂派、噶玛噶举派、本教等七百僧众迎接，以身、语、意的行为调和各派的意见，使其趋于一致。为了扩建才旺龙智土司与女土司雍仲拉姆（གཡུང་དྲུང་ལྷ་མོ།）修建的格鲁派的丹达林寺（བསྟན་དར་གླིང་།），该土司曾希望通过阿杂热本（ཨ་ཙ་ར་འབུམ།）游方僧，改变本教的信仰，然而发生了这位服务人员突然身亡等许多原因，未能实现愿望。据说该土司系苟什德活佛的化身，精通诸明处，是一位勤奋修持作怖金刚法的瑜伽师。他之后的库交·达若德本（ཁུ་འཇོ་ཏ་རོ་སྟག་འབུམ།）也精通诸明处，并且武艺超群，他打算建立普明法修供仪轨，然而这里的人们和神祇都敌视佛法，计划未能实现。但是，比其他土司辖区，这里比较喜欢黄帽派，可能是堪钦阿旺扎巴的事业传统的继续。此后现任堪布敦细哇·绛孜·洛桑龙智（དོན་བཞི་བ་བྱང་ཆེ་བློ་བཟང་ལྷུན་གྲུབ།）、夏孜扎仓的曲结扎巴丹达（གྲགས་པ་བསྟན་དར།）两师都是交则人。土司寨落南面的察科寺噶丹达吉林（ཚ་ཁོ་དགོན་དགའ་ལྡན་དར་རྒྱས་གླིང་།兜率昌盛洲），有人说就是耶果寺（ཡག་མགོ་དགོན།），这里有阿旺扎巴堪钦尸骨为内藏的土佛龛，它的门廊处有赞波诺们汗（བཙན་པོ་ནོ་མིན་ཧན།）赐给的圣·宗喀巴大师像，杰麦·达若旺嘉（ཅི་སྨད་ཏ་རོ་དབང་རྒྱལ།）造的堪钦身像，杰麦·达若云登扎西（ཅི་སྨད་ཏ་རོ་ཡོན་ཏན་བཀྲ་ཤིས།）造的释尊像，达斯丹巴（སྟག་གཟིག་བསྟན་པ།）的尸骨塔，玛茂（མ་མོ།）护法神显现守护，由班玛（པདྨ།）喇嘛等本教系统（བོན་བརྒྱུད།[16]）管理。沟口有克珠吉的亲门弟子却吉扎巴（ཆོས་ཀྱི་གྲགས་པ།）的尸骨土龛。在土司寨落西面有历代本教喇嘛马尔康（མར་ཁམས།）护理的马尔康（མར་ཁམས་དགོན།）寺，附近还有赛索寺（ཟིམ་ཟོ་དགོན།），这里还有把摩罗（བདུད་མགོན།）和骑狮护法（དམ་ཅན་རྡོ་རྗེ་ལེགས་པ།）如仆人役使的库交喇嘛闹吾（ནོར་བུ།）修持的禅堂，其灵塔也供在这里，据说弘传着黄帽派的一些供修仪轨云。

距此处有两日路程的贾浦多（ཛ་ཕུག་སྟོད།）有答仓寺隆主林（ད་ཚང་དགོན་ལྷུན་གྲུབ་གླིང་།任运成就洲）据说堪钦阿旺扎巴因为完成了修建一百零八座寺院的誓愿，所以取了这个名字[17]云。彼师属于前面所叙述过的扎干等“库交”姓氏，出生在小金的松多（སུམ་མདོ།）地区。在西藏卫地曾侍奉圣·宗喀巴大师为师，请求了全部诀要，是圣·宗喀巴大师早期的四大弟子之一，耶希坚赞经师撰有他的本生传记，他曾任戎哇·吉纳巴（རོང་བ་ཕྱི་ནག་པ།）披剃出家时的工作人员。圣·宗喀巴大师指示他与吉纳巴两人赴多麦地区弘扬佛法。他于铁虎（庚寅）年初来到多麦地区，第二年，即兔（卯）年，藏历四月吉纳巴也来到多麦地方。该地区是本教的势力范围，于是与本教进行斗法，杀死了许多本教的掌门头目，说道：

“并非心中存傲慢，为弘佛法乃出此，本教徒头作箭靶，前去迁转空行境!”

在梭磨下库交（སོ་མང་ཁུ་འཇོ་འོག་མ།）一户人家所藏的古籍里记载说：“当时我施展了幻轮，阿交他祭起了神橛。”据此所谓“阿交”，可能是达斯丹巴（སྟག་གཟིག་བསྟན་པ།）？彼师修建了这座寺院及萨果寺（ས་མགོ་དགོན།）、丹果寺（དམ་མགོ་དགོན།），邀请戎务[18]吉纳巴做开光仪轨。尊者他在这里进行密集和《修法海》的念修，获得了特殊的征兆。曾说道：

“遵照持金刚，文殊上师旨，来此修寺院，弘扬政教事，做此事业者，功德兴盛矣，阿阇黎扎巴，心中应慈悲!”

按上文之“慈悲”（ཐུགས་རྗེ།）一词，似应是“喜欢”（ཐུགས་དགྱེས།）[19]。经过他们两位商议之后，这位尊者还修建了若尔盖寺。在答仓寺准备塑造怙主神像时，来了一位黑衣阿咱热游方僧，说他懂得造面具，乃让其造神像。当完成后送上谢仪时，该塑师说道：“在这座寺院永远存在之期间，给我一付份子？”即融入怙主神像之中去了。现在任何时候，凡分布施时，都提出“阿咱热”的一副份子，作为制度流传至今。这座寺院由库交喇嘛南卡坚赞（ནམ་མཁའ་རྒྱལ་མཚན།）和更登坚赞（དགེ་འདུན་རྒྱལ་མཚན།）等护理。火狗（丙戌）年苟什德洛桑丹贝坚赞提供了维修大经堂顺缘，并在山岗上修建了静修院。在这期间，交则的女土司才仁拉姆（ཚེ་རིང་ལྷ་མོ།）笃信本教，他与本教的都哇（འདུལ་བ།）喇嘛联合挑起了宗教战争。土鸡（乙酉）年，为了寻求保护者，将寺院奉献给怙主尊者。铁狗（庚戌）年，向松潘太尊和察科派遣使者平息了争战。怙主尊者在阿坝居住期间，答仓寺院的一百余名喇嘛僧众，交则和达饶（ཏ་རོ།）等三部落领着本教的都哇喇嘛到怙主座前，他自己提出愿意改宗格鲁派，乃予以出家，并授近圆戒，赐予了《兜率上师瑜伽颂》的教敕，委任亲门弟子嘉贝样为法台，尊者还数次来这里大转正教法轮。此后，由久美南卡（འཇིགས་མེད་ནམ་མཁའ།）尊者、久美柔巴桑格（འཇིགས་མེད་རིགས་པའི་སེང་གེ）尊者、森达堪钦等大弟子们护理。第三世嘉木样前后到该寺院两次，新修了寝宫，布施坐夏基金白银四百两，大施食基金白银九十两，念修施食基金马蹄银三锭，大小茶砖二十驮，牛马五十头匹，以及每月望日、晦日念送怙主施食的基金等。贡塘·嘉贝样资助了定期供祭上两代嘉木样的法事基金牛马一百四十三头匹，桑木察赤钦资助坐夏基金白银五十两，大茶六包等。在这些基金补助下，供施的各个法统，从未衰减。僧侣数额近五百名，年终有威猛护摩、跳神、抛掷施食等法事，新年有元旦施食供等，各种经典的唪诵、实践，在这个地区的所有寺院中，较为殊胜。色拉寺杰扎仓的堪布然绛巴丹巴达杰（རབ་འབྱམས་པ་བསྟན་པ་དར་རྒྱས།）是该寺的僧人。寺院中供有第七世达赖喇嘛噶桑嘉措在泰宁居住期间，派遣工人建造的弥勒佛像，还有圣·宗喀巴大师的牙齿、第八世达赖喇嘛强白嘉措的胫骨、纳卡哇（ན་ཁ་བ།）大成就者的手指和文殊藏巴七师[20]（འཇམ་དབྱངས་གཙང་པ་བདུན།）等许多不偏袒教派之见的圣哲们的灵塔和头发的舍利等，数量之多难以数计。这些的历史，都有详细记载。还有旺扎巴尊者的新旧身像，贤古哇（བྱམས་ཀུ་བ།）的祖父请求政府后迎请来的印度响铜铸成的一肘高释尊像，西藏地方政府赐予巧玉群则的观世音菩萨像，色拉寺麦札仓堪布强巴跋角（བྱམས་པ་དཔལ་འབྱོར།）及强巴朋措（བྱམས་པ་ཕུན་ཚོགས།）格西的灵塔，以及《甘珠尔》大藏经及《丹珠尔》大藏经等许多圣物。有称为甲果（རྒྱ་མགོ།）拉仁巴的贤古洛桑格勒（བྱམས་ཀུ་བློ་བཟང་དགེ་ལེགས།）的转世系统。

森巴交静修院（རི་ཁྲོད་སེམས་དཔའ་སྟོག）由弥卓（མི་འགྲོ）拉仁巴弟兄们护理。它峰顶之上是嘉赛·巴果云登（པ་མགོ་ཡོན་ཏན།）的巴果静修院（པ་མགོ་རི་ཁྲོད།），附近还有噶当派(བཀའ་གདམས་པ།）的曲培达杰（ཆོས་འཕེལ་དར་རྒྱས།）的修行处等。戎如（རོང་རུ།）附近有总摄轮胜乐的甘吾芝泽宫（གག་བུ་གྲག་རྩེ།）。贾浦（ཛ་ཕུག）下部地方有勤奋修持时轮的喇嘛洛哲嘉措（བླ་མ་བློ་གྲོས་རྒྱ་མཚོ།）等管理的觉囊派的拉耶寺（ཉ་ཡག་དགོན།），那里有许多修习六加行的禅师。更采尔寺（དཀྱུན་མཚེར་དགོན།），这是本教的寺院。此处还有达堆寺(དར་དུས་དགོན།）和沟口的多肖寺(སྟོ་ཤོ་དགོན།）等。

冬嘉（གདོང་རྒྱལ།）土司地区寨落中有本教的坚木关寺（འགྱུམ་དགོན།）和察鲁噶尔寺（ཚོད་ལུ་སྐར།）。纳尔堆（སྣར་འདུས།）地区有觉囊派的小寺院及山岗静修院。达绕才旺（ཏ་རོ་ཚེ་དབང་།）修建的卡古寺（མཁར་དཀུ་དགོན།）和措东班第寺(མཚོ་བདུན་བན་དེ་དགོན།）。这两处属于格鲁派。昂贝囊则（ནང་སོ་ལྷུང་མཛོད།）的豁卡，现在称为交则宗（ཅོ་ཅོག་རྫོང་།）拿达(ནྭ་དག）的寨落，那里圣物很多。昂贝囊则宁保（ནང་སོ་ནང་མཛོད་སྙིང་པོ།）修建的扎巴囊寺（བཀྲ་ཤིས་སྣང་།），有时轮、不动佛修供，依粉彩画进行修持，它的支寺有：保噶（རྡོ་ཀ།）、康撒尔（ཁང་གསར།）、巴拉（ཐ་ལ།）、察噶（ཚ་ཀ）等，全部是觉囊派的寺院。有嘉哇桑（རྒྱལ་བ་བཟང་།）曲结挖出的药水泉（སྨན་ཆུ།）。据说昔日有位静修僧每念诵《普贤菩萨行愿王经》一遍，即在陶罐中积一粒青稞，后贮满了一大陶罐，临终获得了虹身云，这圣地可能就是此处的玉拉静修院（བཞག་རའི་རི་ཁྲོད།）？还有科嘉寺

(ཀོལ་ཀྱཱ།）等多处寺院，大部分都位于这个地区的上部。

臧苟（ཛིང་འགག）峡土司寨落朋措宗（ཕུན་ཚོགས་རྫོང་།）由历世土司管辖。才旺（ཚེ་དབང）土司虽政教学识渊博，但受到皇帝的惩处被杀[21]。在吉保瑙吾林（ཅི་པོ་ནོར་བུ་གླིང་།）寺院，有该土司建立的时轮及胜乐的立体坛场，极为神奇。还有南嘉当寺（ནམ་རྒྱལ་སྟེང་དགོན།）、杂尔得寺（འཛར་ཏི་དགོན།）、纳尔堆寺（སྣར་འདུས་དགོན།）、西木德（ཤི་མི་སྡེ།）寺、杂合寺（ཙག་དགོན།）、芒格寺（སྨང་གི་དགོན།）等寺院，举行大祈愿发会时，这些寺院都参加在瑙吾林寺院，集聚的僧众达千余名。嘉木交（ཁྱམ་ཀྱོ།）村中，出了戎敦钦摩喜夏衮柔（རོང་སྟོན་ཆེན་མོ་ཤེས་བྱ་ཀུན་རིག）和库交·南卡坚赞（ཁུ་འཛོ་ནམ་མཁའ་རྒྱལ་མཚན།）等人。

阿坝上中下三部，热科、察哇三部等地区的政教发展情况叙述圆满。

※　　　※　　　※

大金川（ཆུ་ཆེན།）流域嘉摩戎（རྒྱལ་མོ་རོང་།）地区的十八家土司之一绰斯甲宗，约在三家土司的曾祖科盘（ཁོ་འཕན།）之后，出了绰吾嘉（ཁྲོ་བོ་སྐྱབས།）土司，他在这里建造宫室，其后裔称为绰斯甲（ཁྲོ་སྐྱབས།）。这个家族中出了许多本教的证悟者和绰沃坚赞（ཁྲོ་བོ་རྒྱལ་མཚན།）土司、向嘉·更噶闹吾（ཞང་རྒྱལ་ཀུན་དགའ་ནོར་བུ།）等。该处只有一尊把四臂大悲观世音菩萨（ཐུགས་རྗེ་ཆེན་པོ་ཕྱག་བཞི་པ།）称为绰斯甲大悲观世音菩萨的像，这里除了几位静修僧以外，没有听到有寺院的说法。在绰囊（ཁྲོ་སྣང་།）地方，有一座格鲁派、宁玛派、本教三者共处集会的寺院，第十四胜生的水猴年（公元1812年，清嘉庆十七年，壬申），以这个小寺为基地，由大善知识洛桑桑杰（བློ་བཟང་སངས་རྒྱས།）和巴旺（པ་ཝམ།）土司贡却才丹（དཀོན་མཆོག་ཚེ་བརྟན།）供施双方修建了浪钦寺却科林（གླིང་ཆེན་དགོན་ཆོས་འཁོར་གླིང་།法轮洲），寺院内供有洛桑东珠（བློ་བཟང་དོན་གྲུབ།）喇嘛由拉萨迎请来的释尊像和纳塘版的《甘珠尔》大藏经。

丹杰林寺（བསྟན་གླིང་།）经师洛桑喜饶（བློ་བཟང་ཤེས་རབ།）居住过的东噶（དུང་དཀར།）静修院。

大金川的河阳（北岸）地区有丹巴（བསྟན་པ།）、拉丹（རབ་བརྟན།）、小金等土司的寨落。后两者势大强盛，当年霍尔王（ཧོར་རྒྱལ་པོ།[22]）时期，据说未能把他们征服。乾隆皇帝时期，阿将军（ཨ་ཙང་ཇུན།）[23]领兵征战十二年之后，才把它征服，结束独立状态，由汉人派数名军官驻守。

拉丹（རབ་བརྟན།）的首府是本教的大圣地，该地水击石崖的阵阵砰訇声，好像是本教赞神的嗦声，有讲解本教法相的雍仲拉登寺（གཡུང་དྲུང་ལྷ་སྡེང་།），在皇帝的旨意下改为格鲁派的寺院，赐予了广法寺（བསྟན་འཕེལ་གླིང་།）的匾额并发放衣单粮[24]。哲蚌寺郭莽扎仓的藏哇桑吉鄂赛（གཙང་པ་སངས་རྒྱས་འོད་ཟེར།）被任为第一任堪布。彼师与霍尔噶桑爱珠（ཧོར་སྐལ་བཟང་དངོས་གྲུབ།）、嘉德扎巴（རྒྱ་ཏིག་གྲགས་པ།）三人同一个学级，学习成绩出类拔萃。幼年时被称为藏楚巴凑（གཙང་ཕྲུག་འབར་ཅིག），曾任过色派密宗道场的堪布职务。来到这里，正值本教的许多头目被法办，鬼魂作祟，地方遭殃，乃以护摩法予以息灭，对所辖各个寨落进行布置，使上述各个寺院弘扬圣·宗喀巴的事业。钦差大臣送来了许多百姓寨落和僧源但没有被接纳。他以后接任的是卓尼·扎巴朋措（ཅོ་ནེ་གྲགས་པ་ཕུན་ཚོགས།）。彼师曾说："当初把藏楚与我的前后次序搞错了。应该是我先来，将百姓和僧源等等完全都准备妥当，然后让他来。他是大士夫，饶益众生将无可限量"云。以后的堪布依次是：绰囊哇·罗赛林僧人·洛桑嘉样（བློ་བཟང་འཇམ་དབྱངས།）、嘉卡哇·色拉寺麦扎仓阿旺丹增（ངག་དབང་བསྟན་འཛིན།）、南噶哇钦波（ནམ་དཀའ་བ་ཆེན་པོ།）、扎什伦布寺的洛桑端丹（བློ་བཟང་དོན་ལྡན།）、哲蚌寺木里哇·嘉样曼兰（འཇམ་དབྱངས་སྨོན་ལམ།）、嘉卡哇·色拉寺麦扎仓的阿旺龙珠（ངག་དབང་ལྷུན་གྲུབ།）、格西杂哇（དགེ་བཤེས་ཙ་བ།）、罗赛林僧人丹巴仁钦（བསྟན་པ་རིན་ཆེན།）、噶丹寺卓尼哇·阿旺桑波（ངག་དབང་བཟང་པོ།）、色拉寺杰扎仓夏群哇·扎巴曲培（བློ་གྲགས་པ་ཆོས་འཕེལ།）、赛科（གསེར་ཁོག་པ།）哇·郭莽扎仓洛桑曲培（བློ་བཟང་ཆོས་འཕེལ།）、色拉麦扎仓嘉卡哇·桑杰丹增（སངས་རྒྱས་བསྟན་འཛིན།）、绰囊哇·罗赛林僧人嘉样雅培（འཇམ་དབྱངས་ཡར་འཕེལ།）等，以上是由清朝中央政府先后委派的十三代堪布。此后由西藏地方政府委派色拉寺麦扎仓嘉卡哇·洛桑丹曲（བློ་བཟང་དམ་ཆོས།）、拉丹散里哇（རབ་བརྟན་སེམས་ལི་བ།）噶丹寺僧人嘉样京巴（དཀའ་ལྡན་འཇམ་དབྱངས་སྦྱིན་པ།）、格西杂哇（དགེ་བཤེས་ཙ་བ།）罗赛林僧人嘉样雅培（བློ་བཟང་འཇམ་དབྱངས་ཡར་འཕེལ།）等管理。由于这些师长的恩德，在主寺与支寺，黄帽教义的弘扬极其兴盛。称为声明学与因明学家仁钦南嘉（རིན་ཆེན་རྣམ་རྒྱལ།）转世的嘉戎·南卡龙珠（རྒྱལ་རོང་ནམ་མཁའ་ལྷུན་གྲུབ།）也是拉丹（རབ་བརྟན་པ།）地方的人。据说康区的穆努王（མི་ནུབ་རྒྱལ་པོ།）就是小金，待考。

小金地方的松多寺（སུམ་མདོ་དགོན།）察科·阿旺扎巴（ཚ་ཁོ་ངག་དབང་གྲགས་པ།）修建，中间一个时期曾衰败荒芜，后来由贡却意希跋角（དཀོན་མཆོག་ཡེ་ཤེས་དཔལ་འབྱོར།）尊者建成静修院。他也叫霍尔·扎果活佛（ཧོར་བྲག་མགོའི་སྤྲུལ་ཞབས།）[25]。

结麦木浦寺·协主林（ཅེས་སྨད་མི་ཕུ་དགོན་བཤད་སྒྲུབ་གླིང་།讲修洲），色拉寺麦扎仓的然绛巴·扎巴索巴（གྲགས་པ་བཟོད་པ།）于第十三胜生的水鼠年（公元1792年，清乾隆五十七年，壬子）修建。在新旧经堂里供有炉霍（བྲག་མགོ）塑匠建造的释尊像等和理塘版《甘珠尔》大藏经。寺院的背面有塔哦宫（ཐ་འོག་སྐུ་མཁར།），僧众约二百余名，寺院由日泽扎萨克·阿旺丹增（རི་རྩེའི་བཀྲ་སག་ངག་དབང་བསྟན་འཛིན།）转世的化身阿旺嘉华德勒（ངག་དབང་འཇམ་དཔལ་བདེ་ལེགས།）护理。结麦（ཅེས་སྨད།）、索南雅合（བསོད་ནམས་ཡག）、僧格宗（སེང་གེ་རྫོང་།）、华宁（ཧྭ་ཉིང་།）等称为小金四部，仅索南雅合一处就有十八位第悉（སྡེ་སྲིད།）。清政府委派达若阿贤（ཏ་རོ་ཨ་ཉེན།）管理。他父亲为阿若周塔（ང་རོ་འབྲུག་ཐར།），曾打败尼泊尔（བལ་པོ།）。他又为了皇帝的事业，率军队前去大海的彼岸，他的整个尸体汉族立祠祭祀[26]。阿贤的儿子朋措多杰（ཕུན་ཚོགས་རྡོ་རྗེ།）生了嘉堪布（རྒྱལ་མཁན་པོ།）转世化身。周塔于第十三胜的木羊年（公元1775年，清乾隆四十年，乙未），放弃了本教信仰，修建了狮子吉祥正法洲（སེང་གེ་བཀྲ་ཤིས་ཆོས་གླིང་།），在旧经堂里供着三世诸佛像及理塘版《甘珠尔》大藏经；在新经堂里供着由安子·洛桑丹增（ཨེན་རི་བློ་བཟང་བསྟན་འཛིན།）从内地迎请来的释尊像等许多依止圣物，寺院有三百名僧众，在卫地也有僧源二百余名。以上种种显示了嘉戎土地辽阔，人们颖悟聪慧，出了许多格西。如嘉戎·绰囊哇（སྒྲོ་སྣང་བ།）洛桑曼兰（བློ་བཟང་སྨོན་ལམ།）及他转世的化身洛桑钦惹跋桑（བློ་བཟང་ཕྱིན་རབ་དཔལ་

བཟང་།）两人任过噶丹寺的赛赤；担任上密院堪布的有小金人色拉寺麦扎仓僧人嘉样程列（འཇམ་དབྱངས་འཕྲིན་ལས།）；担任下密院堪布者有嘉戎哇·罗赛林僧人洛桑楚臣（བློ་བཟང་ཚུལ་ཁྲིམས།）、索南雅合人罗赛林僧嘉措丹达尔（རྒྱ་མཚོ་བསྟན་དར།）、罗赛林僧嘉戎哇·嘉样丹曲（འཇམ་དབྱངས་དམ་ཆོས།）等三人，担任色拉寺杰扎仓堪布者有嘉戎哇·洛桑喜饶（བློ་བཟང་ཤེས་རབ།）；担任色拉寺麦扎仓堪布的有嘉戎哇·索南达杰（བསོད་ནམས་དར་རྒྱས།）、嘉戎哇·洛桑丹曲（བློ་བཟང་དམ་ཆོས།）、洛桑跋丹（བློ་བཟང་དཔལ་ལྡན།）等三人；担任萨迦派俄尔·艾旺寺（ངོར་ཨེ་ཝཾ།）堪布的有康定人楚臣龙珠（ཚུལ་ཁྲིམས་ལྷུན་གྲུབ།），人们称他为隆务阿居哇（རོང་པོ་ལྔ་བཅུ་པ།）；担任哲蚌寺嘉瓦（རྒྱལ་བ།）堪布的有绰囊哇·洛桑东珠（ཁྲོ་སྣང་བ་བློ་བཟང་དོན་གྲུབ།）；担任帕邦喀宫堪布的有下密院卸任堪布嘉戎哇·丹增桑波（བསྟན་འཛིན་བཟང་པོ།）；担任泰宁寺堪布的有穹鄂色察（ཁྱུང་ངོ་སེར་ཚ།）卸任喇嘛罗赛林僧洛桑克珠（བློ་བཟང་མཁས་གྲུབ།）、色拉寺麦扎仓格西下密院的僧人阿旺嘉措（ངག་དབང་རྒྱ་མཚོ།）、罗赛林扎仓僧人下密院的绛曲曼兰（བྱང་ཆུབ་སྨོན་ལམ།）等三人都是加卡人，都担任过泰宁寺堪布，塘斯合（ཐང་སག）堪布、嘉戎·洛桑曲培（བློ་བཟང་ཆོས་འཕེལ།）；索赞丹寺（སོག་ཙན་དན།）的堪布·僧格宗（སེང་གེ་རྫོང་།）人色拉寺麦扎仓的嘉样桑丹（འཇམ་དབྱངས་བསམ་གཏན།），他还担任过芒康波沃寺（སྨ་བསམས་པོ་བོད།）及前藏多绛林寺（རྡོ་དབྱངས་གླིང་།）的法台；担任芒康波沃寺喇嘛的有嘉戎·阿旺华丹（ངག་དབང་དཔལ་ལྡན།）；担任西日·达杰林寺（ཤྲཱི་དར་རྒྱས་གླིང་།）堪布的有嘉戎·丹巴曲达尔（རྒྱལ་རོང་བསྟན་པ་ཆོས་དར།）及嘉戎然绛巴（རྒྱལ་རོང་རབ་འབྱམས་པ།）二人；担任吉麦库拜（སྤྱི་སྨད་ཁུ་སྦྱི།）扎仓的喇嘛者有嘉戎·索南多杰（བསོད་ནམས་རྡོ་རྗེ།）；担任前藏多绛林寺的喇嘛者有嘉戎·洛桑坚赞（བློ་བཟང་རྒྱལ་མཚན།）；担任墨竹寺（མལ་གྲོ།）堪布者有嘉戎·程列嘉措（འཕྲིན་ལས་རྒྱ་མཚོ།）；担任厦郭尔寺（ཤག་སྐོར།）堪布者有嘉戎·阿旺程列（ངག་དབང་འཕྲིན་ལས།）及嘉戎·嘉样雅培（རྒྱལ་རོང་འཇམ་དབྱངས་ཡར་འཕེལ།）二人；担任桑浦寺堪布者有嘉戎夏冲·扎巴跋丹（གྲགས་པ་དཔལ་ལྡན།）；担任道·松惹林寺（དོལ་གསུང་རབ་གླིང་།）堪布者有嘉戎·贡却龙珠（རྒྱལ་རོང་དཀོན་མཆོག་ལྷུན་གྲུབ།）；担任侍读者有嘉戎·京巴（སྤྱན་པ།）等人以及担任五台山的扎萨喇嘛者多人。另外，从前的大哲士戎敦·洛桑扎巴（བློ་བཟང་གྲགས་པ།），在潘域（འཕན་ཡུལ།）修建那烂陀寺（ན་ལེནྡྲ།）的戎敦·释迦坚赞（ཤཱཀྱ་རྒྱལ་མཚན།），木雅（མི་ཉག）画像大师喜饶多吉（ཤེས་རབ་རྡོ་རྗེ།）的徒弟戎敦·洛哲仓美（བློ་གྲོལ་མཚུངས་མེད།），临终时修持空行母的察戎哇·索南桑波（བསོད་ནམས་བཟང་པོ།）等在十八个土司所属中都有很高的声誉，可以称为任何一个土司的属民。戎敦大师转世的德合聂柔惹（དྭགས་ཉག་རིག་རལ།）注释《现观庄严论》至第八品末尾时，适嘉蒂夏仲（རྒྱ་ཏིའི་ཞབས་དྲུང་།）夫妇失和，他置身于他们之间劝解，致头部中剑，乃以衣带包扎头部，写完了注释《现观庄严论》的结尾部分，并且说道：“对它需要校勘，但是我还在，还有何人敢做校勘的事？”说罢便逝世了。据说他之所以头部中剑，是因为昔日在色拉寺期间对吉尊巴不尊重的果报云。

在僧格宗（སེང་གེ་རྫོང་།），阿若阿本（ང་རོ་ཨ་འབུམ།）放弃本教，改宗格鲁派，修了一座格鲁派的小寺院。以后由阿若萨嘉（ང་རོ་ས་རྒྱལ།）做施主，哲蚌寺的罗赛林格西·阿旺丹增（ངག་དབང་བསྟན་འཛིན།）修建了佛塔冈却林（མཆོད་རྟེན་ལྷང་ཆོས་གླིང་།正法洲）寺院，在新旧经堂里供着理塘版的《甘珠尔》大藏经等，有僧众约二百余名。

小金宗（བཙན་ལྷའི་རྫོང་།赞拉宗）遗址上，由于清政府派驻粮台官及军官（དམག་དཔོན།）等，使他们放弃了本教的信仰，修建了嘉杂林（རྒྱལ་ཚ་གླིང་།）或称为弥陀寺（མིས་སྒྲོ་དགོན།），按照百余名僧众的名额，发放衣单粮。它的西面是珠喇嘛（གྲུབ་བླ་མ།）仁波切的伽蓝。

格西杂（དགེ་བཤེས་ཚ།）等其它各土司属于康区，由于不了解情况未敢叙述，他们各有自己的寺院，他们的头目，可能是历世拉登（ལྷ་སྟེང་།）堪布。

这地区阴阳（南北）诸水都汇入金川河，流向内地的沪定（铁索桥）。自小金以东行六日，便是成都府城，向西同样的路程，便是康定。《云裳秘笈》说：

“东面的康定，是汉藏地区的交界处，虽然收入富裕，诸凡享受比其它地区高，但是对此生来世的一切福果，追求并不迫切。因没有清净的供养之处，致此处居住的众生丢失了追求崇高至善行为，乃修建了噶丹利他洲（དགའ་ལྡན་གཞན་ཕན་གླིང་།）密宗院。”

自此再行两日路程，便是南察哇戎（རྣ་ཚ་བ་རོང་།），这里有毗卢遮那师的禅室，这可能是人们所说的大译师为了需要来到察哇戎住过的地方。它东面的地方便是峨眉山（གླིང་ཆེན་འགྱིང་རི།），它附近地方是赤扬登哇，洛桑曲培（བློ་བཟང་ཆོས་འཕེལ།）的出生地。

琼波（ཁྱུང་པོ།）地区[27]的噶曲（དཀར་ཆུ།）、纳曲（ནག་ཆུ།）、赛曲（སེར་ཆུ།）及其北方的索曲（སོག་ཆུ།）、那曲（ནག་ཆུ།）[28]和加敦（རྒྱ་སྟོན།）与嘉热边坝（ལྕགས་ར་དཔལ་འབར།）等地的河流汇合后流向嘉裕桥（ཞབས་ཡེ་ཟམ།）的河流，原称为欧曲河（དངུལ་ཆུ།[29]），现在则把嘉戎金川河（རྒྱལ་རོང་ཆུ་ཆེན།）也称为嘉摩欧曲河（རྒྱལ་མོའི་དངུལ་ཆུ།[30]）。民间传说：北方的长江（འབྲི་ཆུ།治曲），源于准噶尔（ཇུང་གར།）地方[31]上的一座像牦牛头似的石崖之下[32]，自西向东流经噶多（ཀ་སྟོད།）[33]、丹云（ལྡན་གཡུང་།）[34]、德格、三岩（སང་ནག）[35]、巴（འབའ།）[36]、奔子栏（སྤོམ་རྩེ་རག）[37]等地，向云南地区的汉族地方流去，后者那里有噶丹松赞林寺（དགའ་ལྡན་སུམ་རྩེན་གླིང་།兜率三游戏洲）[38]，有八个康村，近两千名僧侣；还有嘉塘柔阿寺（རྒྱལ་ཐང་རིགས་ལྔ་ལྷ་ཁང་།）[39]，听说此处无盗贼、无械斗、无差徭等的折磨，人们的信仰虔诚，是一处吉祥的情器世间云。由此处向东是扬塘（ཡང་ཐང་།）、丽江（ས་ཐམ།）和鸡足山（རི་བོ་བྱ་རྐང་།）等地。

又雅砻江流经丹多勒卜（ལྡན་སྟོད་ལབ།）寺院等背后自西向东、经丹玛咱曲亍（ལྡན་མ་རྫ་ཆུ་ཁ།）、德格咱多（སྡེ་དགེ་རྫ་སྟོད།）、德霍尔多甘孜（དེ་ཧོར་སྟོད་དཀར་མཛེས།）[40]至卡瓦隆（ཁ་བ་ལུང་།）山前，流向臬戎多（ཉག་རོང་སྟོད།[41]），这条河流和中康上部昌都地区之澜沧江，即与鄂穆曲河（ངོམ་ཆུ།）汇合之澜沧江不是一条河流[42]。

从臬多（ཉག་སྟོད།）北面的游牧地区向东流去的达曲河（རྟ་ཆུ།），经东谷（སྟོང་འཁོར།）[43]、霍尔朱倭（ཧོར་ཁྲེ་བོ།）、炉霍（བྲག་མགོ）等和从霍尔炉霍北面流来的尼曲河（ཉི་ཆུ།）[44]汇合后称为西曲河（གཉིས་ཆུ།[45]），在道孚（རྟའུ།）

有称为道孚白崖（རྟའུ་བྲག་དཀར།）的地方，该处有赤钦阿旺乔丹（ཁྲི་ཆེན་ངག་དབང་མཆོག་ལྡན།）的静房胜乐宫（བདེ་མཆོག་ཕོ་བྲང་།），在赤钦的传说中把“རྟའུ།”写作“རྟ་བོ།(达波)”似误。在臬戎（ཉག་རོང་།[46]），西曲河与咱曲河合流，称为臬曲（ཉག་ཆུ།[47]），这条河流经木雅的颇章阿泽（ཕོ་བྲང་ལྷ་རྩེ།）、木里（སྨུ་ལི།）等地，据说向东流经汉地白塔[48]云。泰宁和木雅的诸河流也与这条河合流。

自上述道孚东行约两三日程，便是泰宁（མགར་ཐར།噶塔尔）地方，由此再行两三日程，便到了康定（དར་རྩེ་མདོ།打箭炉）。从噶塔尔向东南依次是木雅地区，由此向南行五六日路程，就到了理塘（ལི་ཐང་།）。上康区（ཁམས་སྟོད།）的奥吉曲（ཛོད་ཀྱི་ཆུ།）和拉日果曲（ལྷ་རི་མགོའི་ཆུ།）等河流经波窝戎（སྤོ་བོ་རོང་།）汇入雅嘉藏布（ཡར་ཀྱབ་གཙང་པོ།）江。在《隆多全集》里，水名似不一致，有些也确认不了。看来自长江以东，至北面甘孜的咱曲河（རྫ་ཆུ།）和臬曲河（ཉག་ཆུ།）之间的地区，是属于绷波冈（སྤོ་འབོར་སྒང་།）的。但是关于详细叙述六冈地望的资料则没有见到。

朵甘地区的大小官人所辖的农牧地区广大辽阔，传承各教派的寺院和大士夫等为数之多，难以列举，可与圣教出处地卫藏地区相比，兹仅简述如上。

总之，关于历史资料，在《甘珠尔》大藏经和《丹珠尔》大藏经等显密经典里很难找到依据和准则，资料比较抽象不具体，实难写好。基于这些情况，做到经得起分析是比较困难的。特别是我自己年岁老大，疾病缠身，加之俗务繁忙，精力分散，未能详细认真地加以考证，形式和内容的错误在所难免，恳求贤哲对其不当之处，赐予指正，并恳勿予讥毁为幸！

注释：

[1] 通称阿坝河。

[2] 通称郭莽寺。

[3] 寺址在上阿坝塞竹卡。

[4] 拉卜楞寺在阿坝地区建寺，与阿坝土官等发生矛盾。此次毁寺乃由于上阿坝土官死后，其子年幼，由其母女土官掌权，见拉卜楞寺势力侵逼，乃率领所属百姓毁寺，将拉卜楞寺派去人员驱逐出境。参阅《松潘县志》。

[5] 按此纪年似有笔误？若此铁狗年为第十二胜生之庚戌岁时，则第二世嘉木祥刚刚两岁，还未被拉卜楞寺认定。若为第十三胜生之庚戌，则是年他任青海化隆夏琼寺的堪布。文内称他于这一年亲临阿坝，指示贡塘·嘉贝祥与四川松潘官员于铁猪年（公元1791年，乾隆五十六年）重建该寺。可是他于乾隆五十六年十月自夏琼寺回拉卜楞寺途中，卒于化隆甘都寺。而且按此处说法，这事还通过他请求四川总督解决。亲临阿坝的年份，究竟在哪一年，待考。

[6] “太兴”可能为“太尊”一音的异译，即知府的尊称，参阅《松潘县志》。

[7] 亦音译作“更察”或“苟察”。为拉卜楞寺嘉木祥派出的全权代表。

[8] 涅巴，亦译涅尔瓦，为拉卜楞寺嘉木祥派驻该寺管理财务人员。

[9] 《闻解经》为《静猛神变经》的别名，系宁玛派伏藏经籍之一。格鲁派禁止信徒哮诵此经。

[10] 原文对这个名字有两种写法，一为སྙིཿ ཐུག,一为སྙུཿ་ཐུག。

[11] 水牛为阎罗法王的坐骑。

[12] 现译作壤塘，此处指觉囊派的寺院。

[13] 参阅第三编第十六章苟什德寺与觉昂派之战部分。

[14] 噶当派一著名格西，为随念生死无常故，常居寒林墓地之中，因而得名。

[15] 原文叙述极简，此处即指乾隆时平定大小金川之事。

[16] 原文叙述过简，根据所列神像等，则似佛本两教混在一起的寺院，否则བོན་བརྒྱུད།当是དབོན་བརྒྱུད།之误排。

[17] 答仓意为现在圆满完成了。这寺亦译作“大藏寺”。

[18] 原文书写不一，有时作隆哇（རོང་བ།）、隆波（རོང་པོ།）或隆务、戎务(རོང་པོ།)。

[19] “喜欢”一词藏文之后一字ཇེ与“慈悲”一词之后一字དགྱེས།同音，但意各异。

[20] 指继宗喀巴大师之后，依次担任噶丹寺赛亦的贾曹杰、克珠杰、夏鲁巴·烈巴坚赞（ཞྭ་ལུ་པ་ལེགས་པ་རྒྱལ་མཚན།）、洛哲却迥（བློ་གྲོས་ཆོས་སྐྱོང་།）、巴索·却吉坚赞（པ་སོ་ཆོས་ཀྱི་རྒྱལ་མཚན།）、洛哲丹巴（བློ་གྲོས་བསྟན་པ།）和曼兰白瓦（སྨོན་ལམ་དཔལ་བ།）等七师。因都是西藏后藏人，所以有此称谓。

[21] 此处指乾隆时金川战役。才旺即泽旺之另一译法。

[22] 原文此处，只称ཧོར་རྒྱལ་པོ།不知是哪一位。ཧོར།为藏族对北方民族之泛称，所指民族随时代而不同。元以后则系蒙古族之泛称。此处之霍尔王不知在指元世祖南征大理时途经阿坝、甘孜等处的那次军事行动，或指青海和硕特蒙古固始汗及其后裔征服康区之事。按甘孜藏族自治州许多地方于明末被固始汗征服后曾分封其子孙七人于甘孜等地，征收赋税，称为霍尔七部。清末尚称霍尔五部（包括甘孜、朱倭、炉霍、东谷、道孚等地）。文内所指可能属后者。这些过程请参阅《汉蒙藏政教史》以及清雍正时所定的《青海善后事宜十三条》及《禁约青海蒙古十三事》等。

[23] 指清乾隆时负责金川军务的定边将军阿桂。

[24] 参阅土观《诸宗流源》关于本教的部分。

[25] 亦可译作霍尔炉霍（བྲག་མགོ）活佛。

[26] 此处所指是否为第一次鸦片战争，金川练勇参加的浙江大宝山之役？待考。

[27] 指原纳舒克三十九族或称为霍尔三十九族地区之丁青地区。

[28] 即今西藏黑河地区的黑河（那曲）。

[29] 通称怒江。

[30] 著者在此说明藏区有两条嘉摩欧曲河，一为怒江，一为大渡河上游之金川河。

[31] 著者此处叙述有误。长江发源地并不在准噶尔地区，也不在当时青海蒙古地区，而在今玉树地区。准噶尔并没有占领过这些地区。

[32] 旧称长江源头的治曲河（州曲）发源于唐古拉山口以西之北麓的治曲公卡（州曲公喀），此处所述，即指此地。现今已确定长江源于治曲公卡迤西格拉丹冬山，沱沱河为长江正源。

[33] 流经青海省玉树藏族自治州称多、玉树两县之长江两岸地区的古名。

[34] 今四川省甘孜藏族自治州邓柯地方。

[35] 今西藏自治区昌都地区贡觉县一地名。

[36] 即巴塘，亦曾称“巴安”。

[37] 在今云南省迪庆藏族自治州中甸县境。

[38] 亦写作“རྒྱལ་ཐང་སྒང་བཙན་གླིང་།”即嘉塘（中甸）松赞洲寺，汉名归化寺。

[39] 亦写作“རྒྱལ་བ་རིགས་ལྔ་ལྷ་ཁང་།”在今云南省中甸县，汉名大宝寺。

[40] 是否为“ཏྲེ་བོ་ཧོར་སྡེ་དཀར་མཛེས།”（朱倭、霍尔多、甘孜）？待考？

[41] 即今之新龙地区。

[42] 著者此处阐明这一带虽有两条河流都以“རྫ་ཆུ།”命名，但它们不在一处，也不是一条河流。坊间地图为了区别，把经昌都地区流入云南的那条河流译作杂曲，汉文作澜沧江，其下游即湄公河；又把流经雅

江、木里，在西昌渡口市汇入长江的那条河，其上游译作咱曲河，自雅江以下，则译作臬曲河，统称为雅砻江。

[43] 东谷在本书中亦作སྟོང་སྐོར།和སྟོང་འཁོར།通用，译时亦作东科。

[44] 亦译作尼柯河。

[45] 亦译作鲜水河。

[46] 意为臬曲河谷，臬戎通译作雅砻，雅砻江之得名，即由于此。即今之雅江一带。

[47] 即臬戎曲之简称。

[48] 此处白塔之地望不详。原文于此处叙述不清，有与黄河和洮河汇合处之白塔（即今刘家峡水库）误会之处。因黄、洮合流之处白塔，亦称白塔寺，为藏族史上较有名的地名，一般一提白塔，多指此处而言。对其它白塔则往往系以地区之名，以示所属。

第十八章　祝愿词　跋

同声颂赞：

对诸如来舍离斗诤地，
犹如佛及佛子之白莲，
以慈爱执为我有之毅勇，
证得自在之圣谛！

较贤劫期其他胜者日[1]，
所发殊胜心时异熟果，

结合极密大行之大道，
沛降三乘正法珍宝雨！

时时对于世间诸衰损，
全部予以扫除的圆满果，
智者全都掌握之功德，
一如远离烦恼之城市。

犹如无热龙城[2]出四水，
能仁密意圣域分诸宗，
以经、律为中心同勤修，
圣教犹如夏季海增长。

雪域[3]境内见解不同者，
各种教派名义虽众多，
皆以调伏本心之法行，
对于圣教、众生同饶益。

但是，毫无识别之见解，
对谁不分邪正之修观，
是以因果照顾情面之行正，
会使圣教尊严染污垢。

因此为制伏愚昧之幻轮，
具诸佛智悲效能之智分，
纯金佛冠之新歌舞者——

罗藏主义[4]无垢熠熠闪金光！
犹如圣域金刚座佛塔，
发出奕奕白光之授记，
现证圣谛各种之伽蓝，
遍于北方之北各地区。

为使该地彼处与彼处，
高举显密讲闻之胜幢，
化为师长与诸弟子状，
表诠诱导无数所记相。

有的涤荡全部不分别、
邪分别、犹疑、黑暗之岐途，
以正确甚深大方广妙道，
大布光明澄澈教理之喜筵。

有的弘扬圣道无上乘，
浩瀚续部大海之仪轨，
声韵犹如轰雷之浓云，
沛降大密圆满妙法雨。

或者远离尘嚣居幽静，
尽弃世间之法于身后，
以静虑之轮传承修持行，
使圣教之日放射无上光。

按贵贱缘分之次第，
同时指示近取身语之庄严；
有时以利见加持之所依，
发展众生福利与安乐。

虽不逾时领会事业之传承，
与领会者对象共同来显现，
虽远言诠或睹倦于言诠孩提心，
但幸承事扫除燥热之甘露。

未作周历各地遁世者，
阅读正确史乘又很少，
听闻传说会有真与伪，
恐出错误心中常愧悚！

然见远离有意义之言论，
遍喜绮语经线之飞扬，
浊时人们对于先辈之贤行，
传诵景仰之时极鲜见！

因此将所见所闻之一切，
不惮烦难一一加记载，
写成分量较大此卷书，
料不致与圣教正论相违背。

内容贫乏犹如乞儿之背囊，

虽无珍物祈请勿抛弃，
可供阅后虽不逾一步，
尚能看到世界之景观。

先哲政教二规之华鬘，
作此大地美丽之装饰，
时序推移暂时将会变为他，
“呜呼无常”师长早已有训示。

例如无裨益圣教众生意乐力，
而巧遇机缘兴师又动众，
以武力摧毁敌众之异熟果，
难忍拔除，明显如海潮！
应以六度[5]四摄[6]之行止，
满愿自他如彼如意树，
随机行化伟大菩萨行，
乃追随圣哲实践之指针。

承事圣哲，博闻显密之经轮，
如理修持，观暇满之难得，
既得应使名与实相符，
此乃欲解脱者众之清规！

无量数众广大佛堂中，
三宝圣像犹如行星园，
遍满持宝坛城[7]各去处，

此编将是幸运信徒之春华。
对于讲修正义甘露味，
对于圣哲正行不加景仰者，
此编亦可充作格萨尔稗史，
提供消磨长夏谈论之资料。

承事南方智者文风者[8]，
而今尚如阻达评论人两足[9]，
平凡语言更无足论矣，
尚希见谅诸如过当华丽句！

对圣教与持教者出离行，
以何方式增盛深加思虑者，
昼夜无间勤奋不倦伺察者，
愿悲悯怙主[10]主张圆满来！

以此发扬妙行光明之自性，
夺彼皓月与睡莲之荣华，
所有圣者、佛子真诚之祝愿，
愿如实不二任远成就来！

除三世诸佛，恩德与慈悲无与伦比的恩师·法王·持金刚·贡乔坚赞跛藏布指示著者说：

“多麦这个地区的教法发展情况，除大成就自在主圣·噶登嘉措著有《教法史总纲》以及松巴堪布耶希班觉尔在其所著的《教法史》中有零星叙述外，全无文字记载。人们对于安多地区的情况，了解者很少，应该写出。”

教令的华鬘颁于顶上。荷蒙集诸佛之自性的一切知嘉木样协巴多吉历世如日月之师徒的恩泽，于顶上承事怙主上师之足尘者智观夏仲·贡却丹巴饶吉于行年三十三岁之水蛇年（癸巳）圆满完成。当呈请审阅时，复蒙指示：“过于简略，能不能写得丰富些？”

并为之规定了编写的要点。其次又蒙精研圣教教义本支无与伦比的噶丹寺迭部活佛仁波切耶希图丹嘉措（ཡེ་ཤེས་ཐུབ་བསྟན་རྒྱ་མཚོ།），大伽蓝塔尔寺弥勒洲卸任阿阇黎卓仓智活佛洛桑旺徐噶藏嘉措（བློ་བཟང་དབང་ཕྱུག་སྐལ་བཟང་རྒྱ་མཚོ།），五明学科之宝库华热鄂科夏仲·阿旺勒协尼玛（ངག་དབང་ལེགས་བཤད་ཉི་མ།），于藏噶尔寺演讲百科经论的自在者梅玛尔格西·嘉样敦珠（འཇམ་དབྱངས་དོན་གྲུབ།）等许多哲士介绍情况详加指教，乃于土鸡年（己酉）写完了关于北部的各部分，在恩师座前进行诵读，又蒙赐修订。自此以后，由于事务繁忙，又搁置下来，直至六十五岁时，于汉历六十甲子之第二干支木牛年（公元1865年，清同治四年，乙丑），将先前所记略加增补，以后部分则根据所得的资料依次排列，于这一年的藏历十二月下弦吉日完成于大伽蓝拉卜楞寺自己的僧寮五明乐园。负责文字者为精通名义明处，学识渊博的亲属坚赞丹巴（རྒྱལ་མཚན་བསྟན་པ།）。

愿以此善行，祝圣教在各方、各时，永远兴盛发达。

※　　　※　　　※

此书由噶丹曲科林寺（阿木去乎）雕版行世。

注释：

[1] 指佛。

[2] 指佛经中之阿耨达池。

[3] 指藏区。

[4] 指宗喀巴大师的格鲁派。

[5] 佛学术语，即六波罗密，亦称六波罗密多。为一、布施；二、

持戒；三、忍辱；四、精进；五、禅定；六、智慧。

[6] 佛学术语，即一、布施摄；二、爱语摄；三、利行摄；四、同事摄。

[7] 指大地。

[8] 指古印度诗学之南方派文风，参阅才旦夏茸著《诗学通论》(སྙན་ངག་སྤྱི་དོན།)。

[9] 佛教神话，谓某一国中人皆独脚，见人有双足，诧谓非人。

[10] 指本书著者之师长阿莽仓·贡却坚赞。

译后记

《安多政教史》成书于公元1865年（清同治四年），原名为《多麦教法史》，全称为《详论多麦地区佛陀圣教发展史海》，一般通称为《史海》。多麦于元明时译作“脱思麻”，故本书有时亦被称为《脱思麻教法史》。1982年，甘肃民族出版社出版藏文铅印本时，以麦多地区现通称为“安多”，故署名为《安多政教史》。

本书作者智观巴·贡却乎丹巴饶吉，公元1801年（清嘉庆六年）生于甘肃省甘南藏族自治州夏河县合作丹增部落，于六岁时被认定为惹卜察奇合日寺桑丹林静修院智观巴·洛桑喜饶转世的化身，迎请坐床。自九岁时起，一直在拉卜楞寺阿莽·贡乔坚赞法师座前钻研内典，兼习诸明处，举凡显密义理、天文历算、声明、诗学，以及声律、词藻诸学科无不通晓，曾先后两次前赴西藏卫地进行深造，并遍历安多南北诸大丛林，求师访友，讲辩经义。所到之处，以学识渊博，有学有证，戒行严谨，德行贤妙而声誉鹊起。历任夏河县多噶尔却典夏寺，拉卜楞寺时轮、密宗两学院等处法台，拉卜楞大寺的堪布以及阿木去乎寺、泽仓寺、杂义寺等处的堪布。所到之处，促进讲学，整饬清规，颇多建树。作者所处时代，正值拉卜楞寺鼎盛发展之际，当时高僧辈出，名师如林，著述论说，蔚为风气。他的师长阿莽·贡乔坚赞不仅是一位著名佛学家而且是一位历史学者，著有《汉藏教法史》，其书简明扼要，传诵远近。彼师鉴于人们对安多地区政教发展情况，了解者不多，需要一部论述安多地区藏传佛教发展情况的著作以供社会之需要，特敦促作者承担“弥补这一缺陷”的责任，编写一部安多地区教法史。作者在其师长的启发指导和一些师友的鼓励下，于其三十三岁之年，慨然肩付这一任务，先后钻研有关资料，包括三大藏区的各种史志、各种遗教、教法史、史鉴、纪事、传记、本生记、佛统记、族谱、世系志、王统记、寺志、传奇等三百余种，并遍历黄河、洮河、大夏河、白龙江、隆务河、湟水等诸流域访问调查，积累了大量的第一手资料，乃发愤写作，历三十二年，几经易稿，并经其诸师友的修订，终于在他六十五岁的己丑岁（公元1865年，清同治四年），完成了这部有分量的巨著。把包括今甘肃陇南白龙江流域之武都、文县、迭部、舟曲等处；洮河流域的卓尼、临潭、岷县、临洮、和政、康乐、碌曲等处；大夏河流域之临夏、永靖、夏河、合作等处；河西走廊；四川的松潘、阿坝、大小金川等处；青海之黄河、湟水、隆务、大通诸河流域各处的大小寺院（主要对象为格鲁派）的建立，发展过程，大小政教合一实体的形成，中央政府对这些地区各主要寺院的敕建与其历史作用，各中心寺院的形成与兼并，主要历史人物的成长与作用，一些部落的形成与发展，以及一些地区的宗教斗争和青海与卫藏的关系等都一一抉择采录；对于各大寺院之各学院的设立，讲学制度，学级、课程、学位、僧侣数目，活佛府邸以及法会等等也都一一罗列；尤其对于各寺院所属的谿卡庄园，更缕述其隶属关系，被誉为史料十分可贵，概括性强，叙述完满，是一部值得信赖的卓越的政教史。雕版行世以后，不但流行于藏区，而且也流行于国外，成为国际藏学家们主要参考书之一。作者除本书外，还编有关于天文历算方面的一些著作。

本书的雕版，原藏于夏河阿木去乎寺。20世纪20年代初，在地方势力与封建军阀发生矛盾进行争战时，竟被封建军阀的部队烧毁，以致流传日少。如拉卜楞大寺书库中也只存一两部而已，使研究安多地方史者，感到十分不便。甘肃民族出版社于1982年出版了藏文铅印本，解决了广大读者的需要。

本书从其内容来看，是一部历史资料的汇编，是一部具有双重意义的历史资料。

第一，它是有关安多藏区藏传佛教传播的历史资料；同时更是格鲁派兴盛的历史资料。其上限虽起于藏传佛教之后弘期，但实际则从萨迦班智达衮噶坚赞被蒙古阔丹汗迎请至凉州这一划时代的政教活动开始，因此，它是一部教法史。

第二，由于特定的历史原因，藏传佛教于其后弘期开始，逐步走向形式不同，范围有别的政教合一制道路，作为三大藏区之一的安多地区，国家在这里的行政设置与管理，较之卫藏地区时间既早而又直接，故其政教合一制的形式既具独立发展的特点，更具国家直接授予的特色，它的形成与发展，处处与中央政府的政策相适应，这部资料之中，多处可与中央政府的文献互相对照，因此，它又是一部政教合一制的历史资料。

宗教是一种社会意识形态，宗教的产生既有社会的根源，又有认识上的根源。马克思说："宗教是被压迫生灵的叹息，是无情世界的感情"，"宗教是人民的鸦片"（马克思：《黑格尔法哲学批判导言》，《马克思恩格斯选集》第一卷上，第2页）。众所周知，阶级压迫和剥削制度所造成的社会苦难是宗教存在和发展的主要根源，统治阶级利用宗教来奴役和统治人民，宗教是统治阶级麻痹人民的鸦片，是统治阶级的工具。从特定的意义上讲，化身转世制是藏传佛教的特征之一，也是被统治集团作为工具的具体表现。化身转世虽源于佛学三身理论，但只作为象征性说法，其作为具体人，从理论化为实际的存在，则起于藏区社会的独特发展。是在教派纷起、封建割据势力剧烈竞争下的一种独特的法位和权力继承制度，也就是说，在政教合一逐步形成，各教派向外发展的新形势下，为了巩固本教派及依附于这个教派而统治压迫劳动人民群众的僧俗统治阶级的利益、巩固内部团结、加强对外斗争，这些僧俗统治阶级进一步利用佛学的三身说把世俗的世袭制成功而巧妙地向佛教圣职中移植的新的组织形式，是僧俗统治阶级争权争利、党同伐异的政治斗争工具，因而它自然而然成为各地区大小政教合一制的核心。《安多政教史》对各寺院的转世活佛一一缕述其本生事迹以炫耀其“利他”作用和神圣性，然而也就不可避免地从侧面泄露了这种转世化身之社会作用和人的因素，如关于拉卜楞寺、苟什德寺等处在解决转世活佛时之自我矛盾与派系斗争等给人们提供了研究转世制资料的绝妙素材。

《安多政教史》还给我们提供了元时的斯纳，明时的瞿昙、大崇教寺等处政教合一制形成的资料，这些都是最引人注意的部分。他们都是在元、明中央政府直接培养、批准下成立的实体（当然还有其他小型的），而他们又是执行中央民族政策人员和特使，尤其大崇教寺对西藏阐化王和大宝法王哈立麻之关系，班丹扎喜奉派审验哈立麻五世之转世化身一事，《明史》略而不载，《岷州志》中语焉不详，本书则叙述了这些事件的过程，可以补《明史》之阙，同时还给人们提供了中央政府对转世制过问的最早记录。早于清朝制定“金瓶掣签制”二百多年前，国家就注意到管理这种历史事态的发展。

藏传佛教与本教的斗争贯穿着整个藏区历史，但藏史往往只有简略的记载，而多麦地区则尤无闻焉。安多地区为本教的主要也是最后的一个堡垒，本书给我们提供了安多地区本教衰败的原因在于：第一，八思巴凭借大元中央政府的力量以强大的政治压力，勒令其改宗萨迦；第二，则是清廷对大小金川的征讨，在军事压迫下，格鲁派充任主要的工具，占领了这个阵地。然而，本教虽遭受极大的损失，但并没有灭绝，仍顽强地存在下去，凭其社会基础，渗入于藏传佛教一些仪式之中。本书提供一些地区有藏传佛教宁玛派与本教共处一寺之情况，这正是一般所谓“互相渗透”。虽事例不多，但说明这种事情的存在，是我们研究本教史和佛本关系不可多得的翔实资料。同时，《安多政教史》还给我们提供了藏传佛教觉囊派在四川阿坝、青海果洛一带传播和同格鲁派争战的资料，自第五世达赖喇嘛对觉囊派施加巨大压力，勒令其改宗格鲁派后，一般汉文记载常说“觉囊派已经不复存在了”。实际上这是错误的传说，本书这项资料，能足以纠正这种不确切的论述。

藏传佛教重视息、增、怀、伏四业，所谓伏业其中包括诅诛法，但一般多秘而不宣，不向外声张，因这种事毕竟不是光彩的行为。《安多政教史》出于历史的真实（也许是炫耀格鲁派的胜利），常如实地写出这些不体面的行径，大之如格鲁派对付藏巴第悉的战争，小之如个人之睚小眦怨，书内将这些籍诅诛法进行报复，一般谈虎色变的巫术，一一予以披露。诅诛法据说是本教的法门，如《米拉日巴传》中所说那样。藏传佛教之有这种传承，不能不说是受了本教巫术的影响。“狗脂虽臭，但为了治病，不能不使用”，这竟成了格鲁派噶丹颇章政权对付藏巴第悉的“秘密武器”。《安多政教史》叙述的这些资料，使人们看清楚原始巫教对藏区佛本两教之影响和对藏区人民心理之腐蚀。这些资料，涉及面广而时间久长，是研究藏区社会意识形态的珍贵材料。

以上论列是《安多政教史》给我们提供研究安多藏区社会的可资信赖的资料。然而，在“卫藏中心论”的地区偏见下，藏史之中，对于安多地区的社会发展不予记载，甚至对于立国近一百年的唃厮啰政权，也只以“宗喀王”几句话作象征性的叙述，其余则无闻焉！汉文历代官史及地方志中虽有些记载，但多简略，语而不详，因此长久以来，起码自元以来，居住在广大安多地区的藏族人民的历史和光辉灿烂的文化，在藏汉文史籍中竟没有一部系统完整的记载可资人们参考研究。智观巴·贡却乎丹巴饶吉的这部《安多政教史》可贵地弥补了这个缺陷。在祖国社会主义建设重点将要转移到大西北的前夕，翻译出版这部史籍，供人们了解安多地区藏族社会政教发展的情况，无疑有其现实的意义。但是，由于作者是宗教职业者，受宗教及时代等等因素的制约，凡所论列，不可否认有其一定的局限性。例如：

1.他继承了蒙藏僧人的历史观，强调宗教至上，强调政教合一，从而把自元朝以来中央政府在藏区的行政设施全部纳入于“供施论”的范畴之中。这是宗教糟粕，是昧于历史发展，不顾历史真实的落后封闭，自我陶醉的论调，应予以剔除，予以扬弃。

2.作者只全力注意安多地区政教发展演变的现象，还把这些发展演变，一一归功于宗教人士之身上，而很少提到这个地区社会经济的发展，这是藏史自我封闭的传统，也是他无法也不愿突破的局限。

3.作者既继承藏史的优良传统，歌颂汉藏民族相互依存关系，歌颂汉藏黄金桥，但也继承了藏史上的糟粕传统，把历代王朝与藏区的关系和汉藏人民划等号。藏族历史的发展，安多地区藏族历史的发展，人们都很清楚，都包括在中华民族历史发展之中；藏族历史的发展，安多藏区藏族历史的发展，既有其自身的特点，也必然受到中华民族发展的制约和影响，藏族历史上的发展演变，也必然和中华民族整体发展演变分不开。基于此，翻译时，对历代王朝及其行政官员称为“汉族”者，分别按具体情况，作为朝代处理，以明历史的真面目，避免无谓的民族成见。

以上这些，是本书的时代局限性，我们在使用这些资料时，应用辨证唯物主义的观点，加以甄别。

本书原刻的木版校对不精，讹伪较多，铅印时虽经校订，但手民之误，仍所在有之，翻译时，虽多方和有关专家学者们研讨，并对照其他资料，随时予以更正，但失当疏漏之处尚多，敬希见宥！

本书于1985年初开始翻译至1987年春完成，先后历时三个年头。翻译期间蒙青海师范大学古籍整理研究室支持资助，使参考资料的搜集、复印、抄录工作，得以顺利进行，解决了翻译上的许多困难，特此表示感谢。本书由我负责主译，毛继祖和马世林同志参与分译。毛继祖同志分译了第八、第九、第十章第四十四任堪布以前的部分、第十一、第十二、第十三等章；马世林同志分译了第五、第六、第七、第十章第四十五任堪布以后部分及第十七章；其他统由我翻译，并负责全书的修改、考订、注释等工作及最后定稿。由于个人水平有限，知识浅薄，译文和注释谬误之处定会不少，恳希读者同志们赐予指正！

本书翻译蒙曲藏呼图克图、复尔东活佛、赤干活佛嘉样程列旺波、多加苟洛教授、杂义活佛嘉央、尕藏洛哲等热情给予协助，解决了不少疑难问题。同时，根据许多同志的意见，为了便于查对，凡安多地区的人名、地名都按安多语音译出，其与卫藏有关或卫藏人地之名，则尽量求与通行译音相对应。这种尝试是否有当，统希指正。

吴　均

1987年6月于青海师范大学地方史研究室